ENGLISH LEAGUE FOOTBALL
THE COMPLETE RECORD

ENGLISH LEAGUE FOOTBALL
THE COMPLETE RECORD

WRITTEN AND COMPILED BY
IAN LASCHKE

First published by
Mount Vernon in 2024.

Mount Vernon is an imprint
of Mount Vernon
Publishing Group Ltd.

First Edition

Mount Vernon Publishing
Group, 71-75 Shelton Street,
Covent Garden, London,
WC2H 9JQ.

mountvernonpublishing.com

ISBN:
978-1-917064-89-7 (Softback)
978-1-917064-90-3 (Hardback)

Copyright © Ian Laschke, 2024

The right of Ian Laschke to be
identified as the author of this
work has been asserted by him in
accordance with the Copyright,
Designs and Patents Act 1988.

All rights reserved.
No part of this publication
may be reproduced, stored in
or introduced into a retrieval
system, or transmitted,
in any form, or by any means
(electronic, mechanical,
photocopying, recording or
otherwise) without the prior
written permission of the
publisher. Any person who does
any unauthorized act in relation
to this publication may be left
liable to criminal prosecution
and civil claims for damages.

A CIP catalogue record for
this book is available from the
British Library.

Cover design and typeset by
Leslie Priestley.

Printed and bound by Ingram.

Photographs: Alamy,
Mirror Group.

This book is sold subject to
the condition that it shall not,
by the way of trade or otherwise,
be lent, resold, hired out, or
otherwise circulated without
the author's prior consent in
any form of binding or cover
other than that in which it
was published and without a
similar condition including
this condition being imposed
on the subsequent purchaser.

Every effort has been made
to contact copyright holders
for photographs used in this
book. If we have overlooked
you in any way, please get
in touch so that we can rectify
this in future editions.

Contents

Acknowledgements	vi
Introduction	vii
English League Football 1888–2024	1
1888–1900	2
1900–1910	22
1910–1920	42
1920–1930	54
1930–1940	94
1946–1950	134
1950–1960	150
1960–1970	190
1970–1980	230
1980–1990	270
1990–2000	310
2000–2010	350
2010–2024	390
Club Statistics and Records	447
Roll of Honour	598
About the Author	599

Acknowledgements

It is now more than 40 years since the publication of my first book *The Rothmans Book of Football League Records 1888-89 to 1978-79.*

That book, along with a few necessary corrections, has formed the basis for this updated and expanded reference to **English League football**. The acknowledgements from that original book still hold good.

The original acknowledgements thanked **The Football League Limited** for allowing me to make use of their publication **The Story of The Football League** published in 1938 and 1939. In addition, the following major sources of information and assistance were acknowledged: **The British Library Newspaper Library, Guildford Public Library, The University of Surrey, Reading Public Library**, various editions of **The Rothmans Football Yearbook** and **Geoffrey Smith**, then Regional News Editor for **The Press Association Limited**.

Moving on to the production of this book, I am particularly grateful for the help and information provided by **Tony Brown** and his excellent **English National Football Archive**. Various publications from **Ray Spiller's Association of Football Statisticians**, further copies of the **Rothmans Football Yearbook** and the **Sky Sports Football Yearbook**, the **Sun Football Yearbook** and the **Utilita Football Yearbook**.

The checking process has also used annuals from **Playfair** and the **News of the World**, along with **Footymad.net**, and **The British Newspaper Archive** on line.

Working with **Leslie Priestley** on the checking process, page layout and design has been an absolute pleasure and I thank him for his help and guidance in getting things right.

Valuable guidance and assistance has been provided by **Fergus Fleming, Barry Hugman, Don Ross, Adrian Stephenson** and **Sean Willis** and I could not have completed this book without the much appreciated and continued support from **my wife Sue**.

Ian Laschke
Maybury, Woking,
August 2024

Whilst every effort has been made to ensure the accuracy of the content of this book, should you find an entry that you consider to be incorrect, please submit details to **hello@mountvernonpublishing.com**

Introduction

Since the formation of The Football League in 1888 there have been few books devoted entirely to its statistical past and this has remained the case as time has progressed.

The League's official history *The Story of The Football League*, published in 1938 and 1939, contained the results and dates of all football league matches played up to the end of the 1937-38 season, but no proper League tables. Since *The Story of The Football League* books containing final league tables from 1888-89 appeared but they frequently did not contain results and the league tables did not separate home and away details.

My book *The Rothmans Book of Football League Records 1888-89 to 1978-79*, was the first publication to provide league tables with home and away records separated and this theme was continued by Gordon Smailes in his *Breedon Book of Football League Records*.

From 1970 the *Rothmans Football Yearbook* and then the *Sky Sports Football Yearbook*, the *Sun football Yearbook* and the *Utilita football Yearbook* have provided excellent detailed information, but a full set requires a massive amount of shelf space and part of the motivation for producing this book has been to bring the key information into one manageable volume.

This book, *English League Football: The Complete Record* has been designed to provide a complete reference for all league related matches. The only exception to this is the detail of the Third Division North and South Cups as they were competitions related solely to their own divisions. For the first time in any published book the League tables are presented in a home, away and combined format with each team's leading goalscorer and goals total. The leading league goalscorers totals have also been completely reworked as I had discovered there were many errors in this area.

I researched the Third Division North v Third Division South Inter-League matches detail for my original book but it was not included. The information was then passed to Ray Spiller at the Association of Football Statisticians and was published in one of the AFS monthly journals, but it has not, to my knowledge, appeared in any published book to date.

The *Applications for Re-election* section may surprise a few as most published detail only starts at 1920 when the Third Division was added, but the re-election process goes right back to the beginning of the league and that complete data is incorporated in this book.

The section on First Division and Premier League winning teams not only gives appearances and goalscorers, but also each player's usually recognised playing position.

There are many ways of working out a table of merit to rank teams in order, but the 'Champions by Division' section was a pleasure to compile. The fact that 92 teams had won at least one divisional title was quite a surprise. It was pleasing to see the name of Accrington Stanley finally registering in this section at the end of the 2017-18 season.

Interpreting the Results Grids

The home team is listed down the left-hand side of the grid and the away team is listed along the top of the grid. Looking at the 1888-89 season, we can see that Stoke beat Burnley 4-3 at Stoke and Stoke lost 2-1 at Burnley.

Since a grid containing only dates would be of little use, the results are the most important detail and they appear above the date and this was the earliest established convention.

The use of letters to denote months is not a random issue. From 1888, when the League started, matches were only played from September to April. Since a month starts with a capital letter the month part of the date abbreviations is S = September, O = October, N = November, D = December, J = January, F = February, M = March and A = April.

The expansion of the League

The expansion of the League in the early 1920s meant an expansion of the fixture list meaning that matches were also played in August = a and May = m. Some really bad winters, such as 1946-47, have led to matches being played in June = j.

Until the Coronavirus pandemic in 2020 there had been no instances of a League match ever having been played in July. Measures to combat the pandemic meant that League football ceased on 10 March 2020 and Premier League and Championship matches resumed on 17 June 2020 to empty stadiums. Leagues 1 and 2 did not resume and final placings were decided on points per game previously achieved. The resumption of the Premier League and Championship matches extended the season well into July = jy.

The 2022 World Cup was played during November and December 2022 and, to accommodate this, the Championship, League 1 and League 2 all started in late July 2022.

Determination of League Position

Starting with season 1894-95, teams finishing level on points were placed according to goal average. This was determined by dividing the total number of goals scored by the total number of goals conceded. At the start of the 1976-77 season goal difference was introduced as it was thought this would encourage more attacking play. Goal difference is determined by deducting the total number of goals conceded from the total number of goals scored and usually resulted in a plus or minus figure. From the 1992-93 season up to and including the 1998-99 season for the level 2, 3 and 4 teams, goals scored, not goal difference was the only factor to used determine League position for teams finishing level on points. From the 1999-2000 season the system reverted to goal difference.

Opposite: 19 March 1966. With the crowd baying for a goal in Manchester United's first home game after winning 5-1 away at Benfica in the European Cup, Denis Law scores against Arsenal at Old Trafford after 90 seconds. The author was at this match to see Law, Best and Charlton in action. The crowd noise from the kick-off was off the scale!

English League Football
1888–2024

1888/89 FOOTBALL LEAGUE
SEASON 1

	Total Matches	132
	Total Goals	587
	Avg goals per match	4.44

#	Team	Accrington	Aston Villa	Blackburn Rov	Bolton Wand	Burnley	Derby County	Everton	Notts County	Preston N E	Stoke	W B A	Wolverhampton
1	Accrington		1-1 15D	0-2 19J	2-3 23M	5-1 1D	6-2 13O	3-1 29D	1-2 26J	0-0 20O	2-0 20A	2-1 24N	4-4 6O
2	Aston Villa	4-3 27O		6-1 13O	6-2 12J	4-2 22D	4-2 29D	2-1 22S	9-1 29S	0-2 9F	5-1 15S	2-0 19J	2-1 24N
3	Blackburn Rovers	5-5 15S	5-1 17N		4-4 8D	4-2 4F	3-0 15A	3-0 10N	5-2 15D	2-2 12J	5-2 27O	6-2 22S	2-2 20O
4	Bolton Wanderers	4-1 22D	2-3 20O	3-2 26J		3-4 15S	3-6 8S	6-2 29S	7-3 9M	2-5 24N	2-1 13O	1-2 17N	2-1 29D
5	Burnley	2-2 12J	4-0 5J	1-7 3N	4-1 6O		1-0 19J	2-2 17N	1-0 29D	2-2 15O	2-1 8D	2-0 10N	0-4 13O
6	Derby County	1-1 22S	5-2 9M	0-2 24N	2-3 26D	1-0 2M		2-4 20O	3-2 22D	2-3 29S	2-1 26J	1-2 15S	3-0 12J
7	Everton	2-1 8S	2-0 6O	3-1 30M	2-1 3N	3-2 24N	6-2 27O		2-1 15S	0-2 19J	2-1 12J	1-4 1D	1-2 9F
8	Notts County	3-3 10N	2-4 8D	3-3 6O	0-4 5M	6-1 27O	3-5 16M	3-1 13O		0-7 3N	0-3 24N	2-1 12J	3-0 19J
9	Preston North End	2-0 17N	1-1 10N	1-0 29D	3-1 22S	5-2 8S	5-0 8D	3-0 22O	4-1 5J		7-0 6O	3-0 13O	5-2 27O
10	Stoke	2-4 29S	1-1 3N	2-1 1D	2-2 19J	4-3 20O	1-1 6A	0-0 15D	3-0 22S	0-3 12N		0-2 8S	0-1 17N
11	West Bromwich Albion	2-2 3N	3-3 26J	2-1 22D	1-5 5N	4-3 29S	5-0 6O	1-0 23F	4-2 20O	0-5 26D	2-0 29D		1-3 5J
12	Wolverhampton Wanderers	4-0 8D	1-1 8S	2-2 29S	3-2 10N	4-1 22S	4-1 3N	5-0 26J	2-1 23F	0-4 15S	4-1 22D	2-1 15D	

Final League Table

Pos	Team	Pld	Home					Away					Totals					Pts	Leading Goalscorer	Gls
			W	D	L	F	A	W	D	L	F	A	W	D	L	F	A			
1	Preston North E	22	10	1	0	39	7	8	3	0	35	8	18	4	0	74	15	40	J Goodall	20
2	Aston Villa	22	10	0	1	44	16	2	5	4	17	27	12	5	5	61	43	29	A Allen	17
3	Wolverhampton	22	8	2	1	31	14	4	2	5	20	23	12	4	6	51	37	28	H Wood	13
4	Blackburn Rov	22	7	4	0	44	22	3	2	6	22	23	10	6	6	66	45	26	John Southworth	16
5	Bolton Wand	22	6	0	5	35	30	4	2	5	28	29	10	2	10	63	59	22	J Brogan	13
6	West Brom A	22	6	2	3	25	24	4	0	7	15	22	10	2	10	40	46	22	T Pearson	12
7	Accrington	22	5	3	3	26	17	1	5	5	22	31	6	8	8	48	48	20	A Barbour, J Kirkham	12
8	Everton	22	8	0	3	24	17	1	2	8	11	30	9	2	11	35	47	20	E Chadwick	6
9	Burnley	22	6	3	2	21	19	1	0	10	21	43	7	3	12	42	62	17	A Brady	7
10	Derby County	22	5	1	5	22	20	2	1	8	19	41	7	2	13	41	61	16	A Higgins	12
11	Notts County	22	4	2	5	25	32	1	0	10	15	41	5	2	15	40	73	12	R Jardine	9
12	Stoke	22	3	4	4	15	18	1	0	10	11	33	4	4	14	26	51	12	R McSkimming	7

During the first five seasons of the League the last four clubs had to apply for re-election to retain their places.

1889/90 FOOTBALL LEAGUE
SEASON 2

Total Matches	132
Total Goals	611
Avg goals per match	4.63

		Accrington	Aston Villa	Blackburn Rov	Bolton Wand	Burnley	Derby County	Everton	Notts County	Preston N E	Stoke	W B A	Wolverhampton
1	Accrington		4-2	2-2	3-1	2-2	6-1	5-3	1-8	2-2	2-1	0-0	6-3
			30N	28S	4J	19O	16N	22F	12O	15M	28D	8F	1J
2	Aston Villa	1-2		3-0	1-2	2-2	7-1	1-2	1-1	5-3	6-1	1-0	2-1
		26D		31M	25J	7S	12O	23N	14S	21S	7D	26O	2N
3	Blackburn Rovers	3-2	7-0		7-1	7-1	4-2	2-4	9-1	3-4	8-0	5-0	4-3
		23N	19O		21D	26O	21S	28D	16N	2N	4J	30N	14S
4	Bolton Wanderers	2-4	2-0	3-2		2-2	7-1	3-4	0-4	2-6	5-0	7-0	4-1
		14S	16N	9N		17M	30N	21S	26O	12O	8F	7D	24F
5	Burnley	2-2	2-6	1-2	7-0		2-0	0-1	3-0	0-3	1-3	1-2	1-2
		21S	5O	22F	1M		8M	8F	15M	28S	11J	12O	9N
6	Derby County	2-3	5-0	4-0	3-2	4-1		2-2	2-0	2-1	2-0	3-1	3-3
		15F	28D	8F	26D	4J		5O	28S	19O	26O	14S	23N
7	Everton	2-2	7-0	3-2	3-0	2-1	3-0		5-3	1-5	8-0	5-1	1-1
		26O	4J	7S	28S	14S	15M		7D	16N	2N	8M	30S
8	Notts County	3-1	1-1	1-1	3-5	1-1	3-1	4-3		0-1	3-1	1-2	0-2
		13M	9N	18F	11J	2N	21D	19O		27M	5O	21S	14D
9	Preston North End	3-1	3-2	1-1	3-1	6-0	5-0	1-2	4-3		10-0	5-0	0-2
		9N	25D	7D	23N	30N	11J	21D	1M		14S	5O	26O
10	Stoke	7-1	1-1	0-3	0-1	3-4	1-1	1-2	1-1	1-2		1-3	2-1
		1M	17M	23D	19O	10M	7S	9N	24M	11N		16N	28S
11	West Bromwich Albion	4-1	3-0	3-2	6-3	6-1	2-3	4-1	4-2	2-2	2-1		1-4
		21D	28S	11J	4N	23N	9N	22M	4J	26D	15M		19O
12	Wolverhampton Wanderers	2-1	1-1	2-4	5-1	9-1	2-1	2-1	2-0	0-1	2-2	1-1	
		5O	21D	26D	15M	7D	25J	16S	7S	4J	12O	28D	

Final League Table

Pos	Team	Pld	Home W	Home D	Home L	Home F	Home A	Away W	Away D	Away L	Away F	Away A	Totals W	Totals D	Totals L	Totals F	Totals A	Pts	Leading Goalscorer	Gls
1	Preston N E	22	8	1	2	41	12	7	2	2	30	18	15	3	4	71	30	33	N J Ross	22
2	Everton	22	8	2	1	40	15	6	1	4	25	25	14	3	5	65	40	31	F Geary	21
3	Blackburn Rov	22	9	0	2	59	18	3	3	5	19	23	12	3	7	78	41	27	**John Southworth**	**22**
4	Wolverhampton	22	6	3	2	28	14	4	2	5	23	24	10	5	7	51	38	25	D Wykes	15
5	West Brom A	22	8	1	2	37	20	3	2	6	10	30	11	3	8	47	50	25	T Pearson	14
6	Accrington	22	6	4	1	33	25	3	2	6	20	31	9	6	7	53	56	24	A Barbour	11
7	Derby County	22	8	2	1	32	13	1	1	9	11	42	9	3	10	43	55	21	A Higgins	12
8	Aston Villa	22	6	2	3	30	15	1	3	7	13	36	7	5	10	43	51	19	A Allen	10
9	Bolton Wand	22	6	1	4	37	24	3	0	8	17	41	9	1	12	54	65	19	J Cassidy	13
10	Notts County	22	4	3	4	20	19	2	2	7	23	32	6	5	11	43	51	17	H Daft	13
11	Burnley	22	3	1	7	20	21	1	4	6	16	44	4	5	13	36	65	13	C Lambie	8
12	Stoke	22	2	3	6	18	20	1	1	9	9	49	3	4	15	27	69	10	R Ramsey, F Gee	4

An exception to the rule that the last four clubs had to apply for re-election to retain their places occurred at the end of this season when Aston Villa (fifth from last) and Bolton Wanderers (fourth from last) both finished on 19 points. To settle the issue, the League exempted both teams from going to the vote. Sunderland were elected in place of Stoke.

1890/91 FOOTBALL LEAGUE
SEASON 3

Total Matches 132
Total Goals 554
Avg goals per match 4.20

		Accrington	Aston Villa	Blackburn Rov	Bolton Wand	Burnley	Derby County	Everton	Notts County	Preston N E	Sunderland	W B A	Wolverhampton
1	Accrington		1-3	0-4	2-1	1-1	4-0	1-2	3-2	1-3	4-1	1-0	1-2
			21M	4M	10J	6S	8N	27S	25O	11O	22N	18A	1J
2	Aston Villa	3-1		2-2	5-0	4-4	4-0	2-2	3-2	0-1	0-0	0-4	6-2
		15N		13D	22N	8N	25O	11O	13S	9M	26D	27S	14M
3	Blackburn Rovers	0-0	5-1		0-2	5-2	8-0	2-1	1-7	1-0	3-2	2-1	2-3
		13S	6D		7M	22N	3J	8N	14M	25O	11O	20D	27S
4	Bolton Wanderers	6-0	4-0	2-0		1-0	3-1	0-5	4-2	1-0	2-5	7-1	6-0
		13D	4O	28M		21M	13S	20S	6S	15N	25O	14M	29D
5	Burnley	2-0	2-1	1-6	1-2		6-1	3-2	0-1	6-2	3-3	5-4	4-2
		29N	20S	18O	11O		15N	14M	20D	7M	27S	6D	1N
6	Derby County	1-2	5-4	8-5	1-1	2-4		2-6	3-1	1-3	3-1	3-1	9-0
		6D	18O	6S	26D	24J		13D	27D	20S	7F	22N	10J
7	Everton	3-2	5-0	3-1	2-0	7-3	7-0		4-2	0-1	1-0	2-3	5-0
		26D	1J	29N	18O	27D	4O		3J	10J	15N	25O	13S
8	Notts County	5-0	7-1	1-2	3-1	4-0	2-1	3-1		2-1	2-1	3-2	1-1
		20S	29N	15N	2O	10F	27S	1N		6D	15D	11O	22N
9	Preston North End	1-1	4-1	1-2	1-0	7-0	6-0	2-0	0-0		0-0	3-0	5-1
		1N	24J	4O	27S	5F	20D	22N	8N		21F	13S	18O
10	Sunderland	2-2	5-1	3-1	2-0	2-3	5-1	1-0	4-0	3-0		1-1	3-4
		18O	10J	1N	10F	13S	21M	20D	24J	14M		8N	15S
11	West Bromwich Albion	5-1	0-3	1-0	2-4	3-1	3-4	1-4	1-1	1-3	0-4		0-1
		7M	1N	9M	3N	4O	29N	6S	18O	7F	20S		13D
12	Wolverhampton Wanderers	3-0	2-1	2-0	1-0	3-1	5-1	0-1	1-1	2-0	0-3	4-0	
		4O	6S	26D	8N	25O	11O	6D	22S	29N	27D	3J	

Final League Table

Pos	Team	Pld	Home					Away					Totals					Leading Goalscorer	Gls
			W	D	L	F	A	W	D	L	F	A	W	D	L	F	A	Pts		
1	Everton	22	9	0	2	39	12	5	1	5	24	17	14	1	7	63	29	29	F Geary	20
2	Preston N E	22	7	3	1	30	5	5	0	6	14	18	12	3	7	44	23	27	J Ross, J Dobson, H Gallacher	6
3	Notts County	22	9	1	1	33	11	2	3	6	19	24	11	4	7	52	35	26	J Oswald, W Locker	12
4	Wolverhampton	22	8	1	2	23	8	4	1	6	16	42	12	2	8	39	50	26	S Thomson, H Wood	9
5	Bolton Wand	22	9	0	2	36	14	3	1	7	11	20	12	1	9	47	34	25	J McNee	9
6	Blackburn Rov	22	7	1	3	29	19	4	1	6	23	24	11	2	9	52	43	24	**John Southworth**	**26**
7	Sunderland *	22	7	2	2	31	13	3	3	5	20	18	10	5	7	51	31	23	J Campbell	18
8	Burnley	22	7	1	3	33	24	2	2	7	19	39	9	3	10	52	63	21	C Lambie	17
9	Aston Villa	22	5	4	2	29	18	2	0	9	16	40	7	4	11	45	58	18	A Brown	12
10	Accrington	22	5	1	5	19	19	1	3	7	9	31	6	4	12	28	50	16	A Barbour, J Whitehead	8
11	Derby County	22	6	1	4	38	28	1	0	10	9	53	7	1	14	47	81	15	J Goodall	13
12	West Brom A	22	3	1	7	17	26	2	1	8	17	31	5	2	15	34	57	12	T Pearson	15

* Sunderland deducted two points for fielding an ineligible player. Stoke and Darwen elected extending the League to 14 clubs.

1891/92 FOOTBALL LEAGUE
SEASON 4

Total Matches: 182
Total Goals: 777
Avg goals per match: 4.27

		Accrington	Aston Villa	Blackburn Rov	Bolton Wand	Burnley	Darwen	Derby County	Everton	Notts County	Preston N E	Stoke	Sunderland	W B A	Wolverhampton
1	Accrington		3-2	1-0	0-3	1-0	1-1	1-1	1-1	2-0	1-3	3-0	3-5	4-2	3-2
			4J	27F	7N	5S	10O	2A	26S	21N	2J	9J	5M	23J	24O
2	Aston Villa	12-2		5-1	1-2	6-1	7-0	6-0	3-4	5-1	3-1	2-1	5-3	5-1	3-6
		12M		5S	10O	5D	26D	9J	28D	7N	16A	21N	28S	12S	18A
3	Blackburn Rovers	2-2	4-3		4-0	3-3	4-0	0-2	2-2	5-4	2-4	5-3	3-1	3-2	2-0
		26D	5M		21N	26S	26D	9J	3D	12S	24O	19M	7N	12M	10O
4	Bolton Wanderers	3-4	1-2	4-2		2-0	1-0	3-1	1-0	2-0	3-0	1-1	4-3	1-1	3-0
		3O	2A	31O		24O	12S	1J	17O	26M	26S	14N	19S	19D	5D
5	Burnley	2-1	4-1	3-0	1-2		9-0	2-4	1-0	1-0	2-0	4-1	1-2	3-2	1-1
		14N	17O	12D	5M		9J	16A	13F	15A	7S	19S	30A	28N	26M
6	Darwen	5-2	1-5	3-5	1-2	2-6		2-0	3-1	2-3	0-4	9-3	1-7	1-1	1-4
		19S	31O	17O	5S	2A		28N	14N	27F	1J	3O	23A	16A	1M
7	Derby County	3-1	4-2	1-1	3-2	0-1	7-0		0-3	3-0	1-2	3-3	0-1	1-1	2-1
		12S	3O	26M	26D	19D	21N		24O	19S	5D	17O	19M	6F	31O
8	Everton	3-0	5-1	3-1	2-5	1-1	5-3	1-2		4-0	1-1	1-0	0-4	4-3	2-1
		19M	23N	19S	18A	2J	7S	15A		16A	10O	5M	25D	7N	12D
9	Notts County	9-0	5-2	2-2	2-0	5-1	5-0	2-1	1-3		2-0	1-1	1-0	4-0	2-2
		28N	2J	19D	1O	1M	24O	20F	9J		5S	26S	9A	10O	14N
10	Preston North End	4-1	0-1	3-2	4-0	5-1	4-0	3-0	4-0	6-0		3-2	3-1	1-0	2-0
		15A	19S	14N	28N	21S	18A	5M	31O	12D		25D	12S	9J	3O
11	Stoke	3-1	2-3	0-1	0-1	3-0	5-1	2-1	0-1	1-3	0-1		1-3	1-0	1-3
		19D	24O	9N	12D	10O	5D	5S	12M	6F	7N		28N	23A	12S
12	Sunderland	4-1	2-1	6-1	4-1	2-1	7-0	7-1	2-1	4-0	4-1	4-1		4-0	5-2
		31O	26M	16A	1M	21N	12D	14N	3O	5D	12M	2A		24O	5S
13	West Bromwich Albion	3-1	0-3	2-2	0-2	1-0	12-0	4-2	4-0	2-2	1-2	2-2	2-5		4-3
		5D	14N	3O	2N	26D	4M	12D	5S	31O	21N	11A	17O		19S
14	Wolverhampton Wanderers	5-0	2-0	6-1	1-2	0-0	2-2	1-3	5-1	2-1	3-0	4-1	1-3	2-1	
		14S	19D	28N	16A	7N	28S	26S	21N	17O	2A	2J	26D	28D	

Final League Table

Pos	Team	Pld	Home					Away					Totals					Leading Goalscorer	Gls
			W	D	L	F	A	W	D	L	F	A	W	D	L	F	A	Pts		
1	Sunderland	26	13	0	0	55	11	8	0	5	38	25	21	0	5	93	36	42	J M Campbell	32
2	Preston N E	26	12	0	1	42	8	6	1	6	19	23	18	1	7	61	31	37	J Ross	16
3	Bolton Wand	26	9	2	2	29	14	8	0	5	22	23	17	2	7	51	37	36	J Cassidy	18
4	Aston Villa	26	10	0	3	63	23	5	0	8	26	33	15	0	11	89	56	30	J Devey	25
5	Everton	26	8	2	3	32	22	4	2	7	17	27	12	4	10	49	49	28	A Latta	17
6	Wolverhampton	26	8	2	3	34	15	3	2	8	25	31	11	4	11	59	46	26	W Devey	18
7	Burnley	26	9	1	3	34	14	2	3	8	15	31	11	4	11	49	45	26	T Nicol	15
8	Notts County	26	9	3	1	41	12	2	1	10	14	39	11	4	11	55	51	26	J Oswald	15
9	Blackburn Rov	26	8	3	2	39	26	2	3	8	19	39	10	6	10	58	65	26	John Southworth	26
10	Derby County	26	6	3	4	28	18	4	1	8	18	34	10	4	12	46	52	24	J Goodall	15
11	Accrington	26	7	3	3	24	20	1	1	11	16	58	8	4	14	40	78	20	A Elliott	7
12	West Brom A	26	6	3	4	37	24	0	3	10	14	34	6	6	14	51	58	18	T Pearson	12
13	Stoke	26	5	0	8	19	19	0	4	9	19	42	5	4	17	38	61	14	J Schofield	10
14	Darwen	26	4	1	8	31	43	0	2	11	7	69	4	3	19	38	112	11	D Alexander	12

At the end of this season the League was extended to two divisions. Newton Heath, Nottingham Forest and Sheffield Wednesday were elected to Division 1. Darwen became founder members of Division 2, along with Ardwick, Bootle, Burslem Port Vale, Burton Swifts, Crewe Alexandra, Grimsby Town, Lincoln City, Northwich Victoria, Sheffield United, Small Heath and Walsall Town Swifts.

1892/93 DIVISION 1
SEASON 5

Total Matches	240
Total Goals	936
Avg goals per match	3.9

	Team	Accrington	Aston Villa	Blackburn Rov	Bolton Wand	Burnley	Derby County	Everton	Newton Heath	Nottm Forest	Notts County	Preston N E	Sheffield Weds	Stoke	Sunderland	WBA	Wolverhampton
1	Accrington		1-1 15A	1-1 2J	1-1 8O	0-4 14J	0-3 31M	0-3 25F	2-2 26N	1-1 18M	4-2 10D	1-2 5N	4-2 24S	5-2 26D	0-6 3S	5-4 17D	4-0 31D
2	Aston Villa	6-4 25M		4-1 10D	1-1 24D	1-3 4A	6-1 29O	4-1 10S	2-0 6M	1-0 15O	3-1 18M	3-1 26N	5-1 7J	3-2 10O	1-6 17S	5-2 5N	5-0 3A
3	Blackburn Rovers	3-3 1O	2-2 11F		3-0 26N	2-0 17D	2-2 7J	2-2 17S	4-3 3S	0-1 31D	1-0 24D	0-0 29O	0-2 15O	3-3 25F	2-2 31M	2-1 28J	3-3 12N
4	Bolton Wanderers	5-2 4M	5-0 24S	2-1 18M		1-0 25F	0-3 2J	4-1 29O	4-1 3D	3-1 31M	4-1 25M	2-4 1N	1-0 17S	4-4 15O	2-1 1A	3-1 10S	3-1 1O
5	Burnley	1-3 29O	0-2 5S	0-0 3D	3-0 11F		2-1 8O	3-0 8A	4-1 17S	1-1 26N	3-0 22O	4-2 18M	4-0 31M	3-2 24S	2-3 15A	5-0 31D	2-0 1A
6	Derby County	3-3 3D	2-1 17D	3-0 22O	1-1 26D	1-0 12N		1-6 5N	5-1 11F	2-3 1O	4-5 19O	1-2 10S	2-2 25M	1-0 24D	1-1 8A	1-1 24S	2-2 26N
7	Everton	1-1 22O	1-0 1O	4-0 1A	3-0 3A	0-1 24D	5-0 15A		6-0 24S	2-2 3S	6-0 7J	6-0 11F	3-5 26N	2-2 12N	1-4 8O	1-0 14J	3-2 10D
8	Newton Heath	3-3 8A	2-0 19N	4-4 5N	1-0 10D	1-1 10S	7-1 31D	3-4 19O		1-3 14J	1-3 12N	2-1 1A	1-5 24D	1-0 31M	0-5 4M	2-4 8O	10-1 15O
9	Nottingham Forest	3-0 7J	4-5 12N	0-1 4M	2-0 20O	2-2 10D	1-0 28J	2-1 12J	1-1 29O		3-1 25F	1-2 24S	2-0 1D	3-4 10S	0-5 3D	3-4 2M	3-1 24D
10	Notts County	2-0 11F	1-4 31D	0-0 14J	2-2 6O	3-1 8D	1-1 17S	1-2 17D	4-0 26J	3-0 8O		3-1 10	0-1 3S	0-1 5N	3-1 26N	8-1 19N	3-0 8A
11	Preston North End	0-0 3A	4-1 22O	2-1 8O	2-1 3S	2-0 15O	0-1 10A	5-0 3D	2-1 26D	1-0 17S	4-0 31M		4-1 12S	2-1 31D	1-2 7J	1-1 13A	4-0 10A
12	Sheffield Wednesday	5-2 10S	5-3 3D	0-3 19N	4-2 5N	2-0 1O	3-3 10D	0-2 13F	1-0 22O	2-2 3O	3-2 3A	0-5 14J		0-1 1A	3-2 29O	6-0 2J	0-1 11M
13	Stoke	2-2 17S	0-1 12S	2-2 3A	6-0 14J	4-1 19N	1-3 3S	0-1 28J	7-1 7J	3-0 22O	1-0 11M	2-1 14N	2-0 17D		0-1 18M	1-2 11F	2-1 29O
14	Sunderland	4-2 15O	6-0 14J	5-0 24S	3-3 14F	2-0 5N	3-1 11M	4-3 3J	6-0 4A	1-0 19N	2-2 10S	2-0 17D	4-2 28J	3-1 1O		8-1 22O	5-2 2J
15	West Bromwich Albion	4-0 12N	3-2 19S	1-2 26D	1-0 7N	7-1 7J	3-1 1A	3-0 15O	0-0 1O	2-2 3A	4-2 29O	0-1 10D	3-0 18M	1-2 26N	1-3 24D		2-1 17S
16	Wolverhampton Wand	5-3 19N	2-1 8O	4-2 10S	1-2 22O	1-0 3S	2-1 25F	2-4 18M	2-0 17D	2-2 5N	3-0 24S	2-1 15A	2-0 11F	1-0 3D	2-0 26D	1-1 27D	

Final League Table

Pos	Team	Pld	Home					Away					Totals					Leading Goalscorer	Gls
			W	D	L	F	A	W	D	L	F	A	W	D	L	F	A	Pts		
1	Sunderland	30	13	2	0	58	17	9	2	4	42	19	22	4	4	100	36	48	J M Campbell	30
2	Preston N E	30	11	2	2	34	10	6	1	8	23	29	17	3	10	57	39	37	F Becton	17
3	Everton	30	9	3	3	44	17	7	1	7	30	34	16	4	10	74	51	36	F Geary	19
4	Aston Villa	30	12	1	2	50	24	4	2	9	23	38	16	3	11	73	62	35	J Devey	20
5	Bolton Wand	30	12	1	2	43	21	1	5	9	13	34	13	6	11	56	55	32	J Cassidy, J Dickenson	9
6	Burnley	30	10	2	3	37	15	3	2	10	14	29	13	4	13	51	44	30	W Bowes	9
7	Stoke	30	8	2	5	33	16	4	3	8	25	32	12	5	13	58	48	29	J Robertson	15
8	West Brom A	30	9	2	4	35	17	3	3	9	23	52	12	5	13	58	69	29	R McLeod	11
9	Blackburn Rov	30	5	8	2	29	24	3	5	7	18	32	8	13	9	47	56	29	W Sawers	11
10	Nottm Forest	30	7	2	6	30	27	3	6	6	18	25	10	8	12	48	52	28	A Higgins	12
11	Wolverhampton	30	11	2	2	32	17	1	2	12	15	51	12	4	14	47	68	28	H Wood	18
12	Sheffield Weds	30	8	2	5	34	28	4	1	10	21	37	12	3	15	55	65	27	A Rowan, F Spiksley	12
13	Derby County	30	5	6	4	30	28	4	3	8	22	36	9	9	12	52	64	27	J Goodall	12
14	Notts County	30	8	3	4	34	15	2	1	12	19	46	10	4	16	53	61	24	D Bruce	12
15	Accrington	30	5	5	5	29	34	1	6	8	28	47	6	11	13	57	81	23	H Cookson	14
16	Newton Heath	30	6	3	6	39	35	0	3	12	11	50	6	6	18	50	85	18	R Donaldson	18

After test matches, Newton Heath remained in Division 1 and Darwen and Sheffield United were promoted. Notts County and Accrington were relegated to Division 2. Accrington then resigned from the League.
For test match details see 'Test matches and play-offs' section.

1892/93 DIVISION 2 — SEASON 5

Total Matches 132
Total Goals 591
Avg goals per match 4.48

		Ardwick	Bootle	Burslem P V	Burton Swifts	Crewe Alex	Darwen	Grimsby Town	Lincoln City	Northwich V	Sheffield Utd	Small Heath	Walsall Town S
1	Ardwick		7-0	2-0	1-1	3-1	4-2	0-3	3-1	1-1	2-3	2-2	2-0
			3S	12S	26N	18F	17D	30J	8A	24S	4M	22O	1O
2	Bootle	5-3		1-1	3-2	2-1	5-1	3-1	4-1	2-5	2-0	1-4	7-1
		21J		17S	25F	25M	31D	17D	15A	3D	10S	5N	18M
3	Burslem Port Vale	1-2	0-0		1-0	4-1	2-4	0-1	1-2	4-0	0-10	0-3	3-0
		10O	12N		8O	24S	1O	11F	3D	4M	10D	25M	31D
4	Burton Swifts	2-0	2-1	3-3		7-1	0-2	5-1	4-2	2-0	0-3	2-3	3-2
		14J	24S	18M		3S	24D	8A	17D	5N	1A	3O	4F
5	Crewe Alexandra	4-1	2-1	5-0	2-4		2-2	1-0	4-1	4-2	0-4	1-3	5-6
		4F	7J	26N	1O		25F	10S	28J	17S	12A	31D	5N
6	Darwen	3-1	3-0	4-1	2-3	7-3		6-1	3-1	3-1	3-1	4-3	5-0
		8O	22O	5N	10S	3D		18M	14J	14F	19N	10D	24S
7	Grimsby Town	2-0	3-0	2-0	4-0	4-0	0-1		2-2	2-1	0-1	3-2	3-0
		5N	8O	14J	3D	24D	17S		18F	3S	31M	1O	1A
8	Lincoln City	2-1	5-1	3-4	5-1	1-1	1-1	1-3		5-1	1-0	3-4	3-1
		24D	1A	22O	11F	26D	12N	4M		25F	1O	7J	31M
9	Northwich Victoria	0-3	3-2	2-4	2-1	4-1	1-0	5-3	2-1		1-3	0-6	5-2
		10S	1O	8A	25M	22O	15A	7J	31D		18F	24D	26N
10	Sheffield United	2-1	8-3	4-0	3-1	4-0	2-0	2-0	4-2	1-1		2-0	3-0
		25M	26N	17D	6F	18M	15O	17S	3S	23J		17S	7J
11	Small Heath	3-2	6-2	5-1	3-2	6-0	3-2	8-3	4-1	6-2	1-1		12-0
		1A	18F	3S	12N	8O	29O	25F	24S	14J	3D		17D
12	Walsall Town Swifts	2-4	4-4	3-0	3-2	3-3	1-2	3-1	2-1	2-3	1-1	1-3	
		17S	24D	18F	4M	14J	3S	22O	8O	11F	15A	10S	

Final League Table

Pos	Team	Pld	Home W	Home D	Home L	Home F	Home A	Away W	Away D	Away L	Away F	Away A	Totals W	Totals D	Totals L	Totals F	Totals A	Pts	Leading Goalscorer	Gls
1	Small Heath	22	10	1	0	57	16	7	1	3	33	19	17	2	3	90	35	36	G Wheldon	25
2	Sheffield United	22	10	1	0	35	8	6	2	3	27	11	16	3	3	62	19	35	W Hammond	19
3	Darwen	22	10	0	1	43	15	4	2	5	17	21	14	2	6	60	36	30	W McKennie	15
4	Grimsby Town	22	8	1	2	25	7	3	0	8	17	34	11	1	10	42	41	23	W Higgins	9
5	Ardwick	22	6	3	2	27	14	3	0	8	18	26	9	3	10	45	40	21	D Weir	8
6	Burton Swifts	22	7	1	3	30	18	2	1	8	17	29	9	2	11	47	47	20	A Worrall	13
7	Northwich V	22	7	0	4	25	26	2	2	7	17	32	9	2	11	42	58	20	T Bradshaw	8
8	Bootle	22	8	1	2	35	20	0	2	9	14	43	8	3	11	49	63	19	J Clarkin, W Gallacher, C McLafferty, A Montgomery	9
9	Lincoln City	22	6	2	3	30	18	1	1	9	15	33	7	3	12	45	51	17	F Smallman	17
10	Crewe Alexandra	22	6	1	4	30	24	0	2	9	12	45	6	3	13	42	69	15	R Roberts	10
11	Burslem P V	22	4	1	6	16	23	2	2	7	14	34	6	3	13	30	57	15	W Deats	6
12	Walsall Town S	22	4	3	4	25	24	1	0	10	12	51	5	3	14	37	75	13	J Turner	7

Bootle resigned. Division 2 extended to 15 clubs with the election of Liverpool, Middlesbrough Ironopolis, Newcastle United, Rotherham Town and Woolwich Arsenal.

1893/94 DIVISION 1 SEASON 6

Total Matches 240
Total Goals 940
Avg goals per match 3.91

		Aston Villa	Blackburn Rov	Bolton Wand	Burnley	Darwen	Derby County	Everton	Newton Heath	Nottm Forest	Preston N E	Sheffield Utd	Sheffield Weds	Stoke	Sunderland	W B A	Wolverhampton
1	Aston Villa		2-1	2-3	4-0	9-0	1-1	3-1	5-1	3-1	2-0	4-0	3-0	5-1	2-1	3-2	1-1
			24M	3M	28O	26D	30S	23S	3F	14A	25N	30O	9D	11S	11N	2S	26M
2	Blackburn Rovers	2-0		0-1	3-2	4-1	0-2	4-3	4-0	6-1	1-0	4-1	5-1	5-0	4-3	3-0	3-0
		4N		2D	18N	25D	23M	16D	26M	3F	7O	15J	9S	14A	21O	13J	23S
3	Bolton Wanderers	0-1	2-1		2-0	1-0	1-1	0-1	2-0	1-1	0-3	0-1	1-1	4-1	2-0	0-3	2-0
		18N	16S		6J	7O	1J	14A	9D	23M	30S	14O	25D	2S	23A	7A	21O
4	Burnley	3-6	1-0	2-1		5-1	3-1	2-1	4-1	3-1	4-1	4-1	0-1	4-0	1-0	3-0	4-2
		7A	23D	3F		4S	10M	7O	21O	4N	9S	25D	23M	30S	2D	9D	14A
5	Darwen	1-1	2-3	1-3	0-0		2-3	3-3	1-0	0-4	2-1	3-3	2-1	3-1	0-3	2-1	3-1
		14O	2S	28O	6F		14A	1J	30S	23D	3F	6J	11D	16S	7A	11N	10M
6	Derby County	0-3	5-2	6-1	3-3	2-1		7-3	2-0	3-4	2-1	2-1	3-3	5-2	1-4	2-3	4-1
		2D	31M	26D	2A	18N		9S	7O	9D	6J	4N	21O	23D	7M	16S	3F
7	Everton	4-2	2-2	3-2	4-3	8-1	1-2		2-0	4-0	2-3	2-3	8-1	6-2	7-1	7-1	3-0
		16S	14O	26M	25N	21O	11N		6J	4S	28O	2S	23D	7A	30S	30D	24M
8	Newton Heath	1-3	5-1	2-2	3-2	0-1	2-6	0-3		1-1	1-3	0-2	1-2	6-2	2-4	4-1	1-0
		16D	12M	24M	2S	4N	17M	2D		23S	14A	10M	13J	23M	3M	14O	11N
9	Nottingham Forest	1-2	0-0	1-0	5-0	4-1	4-2	3-2	2-0		4-2	1-1	1-0	2-0	1-2	2-3	7-1
		7O	25N	5O	16S	15M	30D	18J	7A		24M	18N	28O	21O	13J	30S	2S
10	Preston North End	2-5	0-1	1-0	1-2	4-1	1-0	2-4	2-0	0-2		3-0	1-0	3-3	1-2	3-1	1-3
		18J	11N	4N	14O	23S	2S	13J	23D	2D		7A	26M	25D	16S	3M	16D
11	Sheffield United	3-0	3-2	4-2	1-0	2-1	1-2	0-3	3-1	0-2	1-1		1-1	3-3	1-0	0-2	3-2
		2O	3M	23S	26M	9S	4S	9D	25N	1J	20N		16O	3F	7O	28O	13J
12	Sheffield Wednesday	2-2	4-2	2-1	0-1	5-0	4-0	1-1	0-1	1-0	3-0	1-2		4-1	2-2	2-4	1-4
		6J	30S	16D	26D	15J	14O	4N	16S	5M	6F	13N		7D	2S	25S	2D
13	Stoke	3-3	3-1	5-0	4-2	3-1	3-1	3-1	3-1	2-1	2-1	5-0	4-1		2-0	3-1	0-3
		16O	28O	13J	11N	2D	23S	3M	31M	9S	13N	16D	7O		24M	20J	30D
14	Sunderland	1-1	2-3	2-1	2-2	4-0	5-0	1-0	4-1	2-0	6-3	4-1	1-1	4-0		2-1	6-0
		9S	9D	30D	16D	27M	28O	6F	6D	17M	1J	20J	23S	14O		25N	4N
15	West Bromwich Albion	3-6	2-1	5-2	1-1	2-2	0-1	3-1	3-1	3-0	2-0	3-1	2-2	4-2	2-3		0-0
		21O	6J	6N	23S	16D	24M	3F	9S	26M	4D	26D	27N	4N	23D		7O
16	Wolverhampton Wand	3-0	5-1	2-1	1-0	2-1	2-4	2-0	2-0	3-1	0-0	3-4	3-1	4-2	2-1	0-8	
		23D	26D	9S	3M	18S	20J	4D	28O	14O	9D	30S	4S	25N	6J	27D	

Final League Table

Pos	Team	Pld	Home					Away					Totals					Pts	Leading Goalscorer	Gls
			W	D	L	F	A	W	D	L	F	A	W	D	L	F	A			
1	Aston Villa	30	12	2	1	49	13	7	4	4	35	29	19	6	5	84	42	44	J Devey	21
2	Sunderland	30	11	3	1	46	14	6	1	8	26	30	17	4	9	72	44	38	J Millar	20
3	Derby County	30	9	2	4	47	32	7	2	6	26	30	16	4	10	73	62	36	S Bloomer	18
4	Blackburn Rov	30	13	0	2	48	15	3	2	10	21	38	16	2	12	69	53	34	H Chippendale	14
5	Burnley	30	13	0	2	43	17	2	4	9	18	34	15	4	11	61	51	34	P Turnbull	18
6	Everton	30	11	1	3	63	23	4	2	9	27	34	15	3	12	90	57	33	J Southworth	27
7	Nottm Forest	30	10	2	3	38	16	4	2	9	19	32	14	4	12	57	48	32	T McInnes	12
8	West Brom A	30	8	4	3	35	23	6	0	9	31	36	14	4	12	66	59	32	R McLean	15
9	Wolverhampton	30	11	1	3	35	24	3	2	10	18	39	14	3	13	53	63	31	J Butcher	14
10	Sheffield United	30	8	3	4	26	22	5	2	8	21	39	13	5	12	47	61	31	R Hill	11
11	Stoke	30	13	1	1	45	17	0	2	13	20	63	13	3	14	65	80	29	J Schofield	13
12	Sheffield Weds	30	7	3	5	32	21	2	5	8	16	36	9	8	13	48	57	26	F Spiksley	10
13	Bolton Wand	30	7	3	5	18	14	3	1	11	20	38	10	4	16	38	52	24	J Cassidy	11
14	Preston N E	30	7	1	7	25	24	3	2	10	19	32	10	3	17	44	56	23	J Ross	17
15	Darwen	30	6	4	5	25	28	1	1	13	12	55	7	5	18	37	83	19	J McKnight	10
16	Newton Heath	30	5	2	8	29	33	1	0	14	7	39	6	2	22	36	72	14	A Farman	8

After test matches Darwen and Newton Heath were relegated, Liverpool and Small Heath were promoted. For test match details see 'Test matches and play-offs' section.

1893/94 DIVISION 2 SEASON 6

Total Matches 210
Total Goals 861
Avg goals per match 4.1

		Ardwick	Burslem P V	Burton Swifts	Crewe Alex	Grimsby Town	Lincoln City	Liverpool	Middlesbrough I	Newcastle Utd	Northwich V	Notts County	Rotherham T	Small mHeath	Walsall T S	Woolwich A
1	Ardwick		8-1	1-4	1-2	4-1	0-1	0-1	6-1	2-3	4-2	0-0	3-2	0-1	3-0	0-1
			7O	11S	7A	9D	31M	16S	9S	21O	27J	28O	26D	30S	18N	30D
2	Burslem Port Vale	4-2		3-1	4-2	6-1	5-3	2-2	4-0	1-1	3-2	1-0	2-3	5-0	1-2	2-1
		2S		16D	16S	4D	10M	7A	18S	3F	30S	25N	21O	25S	10F	6J
3	Burton Swifts	5-0	5-3		6-1	0-3	1-3	1-1	7-0	3-1	6-2	0-2	4-1	0-2	8-5	6-2
		20S	19J		01M	7A	18F	21S	11M	23S	20	30U	30S	9D	24F	18N
4	Crewe Alexandra	1-1	1-1	1-2		3-3	1-1	0-5	5-0	1-1	3-0	0-2	2-0	3-5	1-1	0-0
		24F	9D	7O		20J	21O	28D	30S	27D	28O	2S	27J	13J	2D	3M
5	Grimsby Town	5-0	4-0	2-1	3-2		2-4	0-1	2-1	0-0	7-0	5-2	7-1	2-1	5-2	3-1
		13J	2D	16S	10M		28O	31M	3F	14A	2S	21O	10F	3M	30S	26D
6	Lincoln City	6-0	2-2	1-1	6-1	1-2		1-1	2-3	2-1	4-1	0-2	1-1	2-5	0-2	3-0
		24M	24F	23D	25D	23S		17M	26D	7O	16S	23M	2S	11N	7A	3F
7	Liverpool	3-0	2-1	3-1	2-0	2-0	4-0		6-0	5-1	4-0	2-1	5-1	3-1	3-0	2-0
		2D	14A	3M	24M	30D	9S		7O	4N	3F	18N	13J	23S	9D	1J
8	Middlesbrough Iron	2-0	3-1	2-1	2-0	2-6	0-0	0-2		1-1	2-1	0-0	6-1	3-0	1-1	3-6
		23S	1J	28O	6J	11N	13J	2S		25D	3M	16D	9D	25N	30D	24F
9	Newcastle United	2-1	2-1	4-1	2-1	4-1	5-1	0-0	7-2		3-0	3-0	4-0	0-2	2-0	6-0
		6J	30D	24M	23M	24F	1J	25N	2J		13J	9D	17F	28O	10M	30S
10	Northwich Victoria	1-4	1-5	1-1	1-2	0-1	0-3	2-3	2-1	5-3		0-1	1-1	0-7	1-0	2-2
		10F	23S	10M	9S	17F	20J	28M	7A	18N		11S	31M	6J	7O	9D
11	Notts County	5-0	6-1	6-2	9-1	3-0	1-2	1-1	3-0	3-1	6-1		4-2	3-1	2-0	3-2
		15M	26O	30N	17F	5O	16N	30S	4N	14O	23N		11J	3F	20J	9S
12	Rotherham Town	1-3	0-1	2-5	1-4	4-3	2-8	1-4	4-1	2-1	5-4	0-2		2-3	3-2	1-1
		26M	28O	11N	9A	9S	2D	6J	14A	20J	30D	16S		23M	3F	6F
13	Small Heath	10-2	6-0	6-1	6-1	5-2	6-0	3-4	2-1	1-4	8-0	3-0	4-3		4-0	4-1
		17M	24M	9S	6D	7O	30D	14O	23D	16D	2D	7A	4S		16S	21O
14	Walsall Town Swifts	5-2	0-5	3-4	5-1	5-0	5-2	1-1	1-0	1-2	3-0	2-1	3-0	1-3		1-2
		14A	9S	6J	23S	24M	26M	11N	21O	26D	23D	12M	26S	2S		12F
15	Woolwich Arsenal	1-0	4-1	0-2	3-2	3-1	4-0	0-5	1-0	2-2	6-0	1-2	3-0	1-4	4-0	
		11N	25D	14A	10F	25S	17F	28O	10M	2S	23M	24M	13N	31M	11S	

Final League Table

Pos	Team	Pld	Home W	Home D	Home L	Home F	Home A	Away W	Away D	Away L	Away F	Away A	Totals W	Totals D	Totals L	Totals F	Totals A	Pts	Leading Goalscorer	Gls
1	Liverpool	28	14	0	0	46	6	8	6	0	31	12	22	6	0	77	18	50	J Stott	14
2	Small Heath	28	12	0	2	68	19	9	0	5	35	25	21	0	7	103	44	42	**F Mobley**	**24**
3	Notts County	28	12	1	1	55	14	6	2	6	15	17	18	3	7	70	31	39	J Logan	21
4	Newcastle Utd	28	12	1	1	44	10	3	5	6	22	29	15	6	7	66	39	36	T Crate, J Wallace	12
5	Grimsby Town	28	11	1	2	47	16	4	1	9	24	42	15	2	11	71	58	32	T Mc Cairns	20
6	Burton Swifts	28	9	1	4	52	26	5	2	7	27	35	14	3	11	79	61	31	A Boggie, F Ekins	14
7	Burslem P V	28	10	2	2	43	20	3	2	9	23	44	13	4	11	66	64	30	W Beats	18
8	Lincoln City	28	5	4	5	31	22	6	2	6	28	36	11	6	11	59	58	28	W Lees	18
9	Woolwich A	28	9	1	4	33	19	3	3	8	19	36	12	4	12	52	55	28	A Elliott, W Shaw	11
10	Walsall T S	28	8	1	5	36	23	2	2	10	15	38	10	3	15	51	61	23	W McWhinnie	11
11	Middlesbrough I	28	7	4	3	27	20	1	0	13	10	52	8	4	16	37	72	20	W Adams, T Hunter	6
12	Crewe Alexandra	28	3	7	4	22	22	3	0	11	20	51	6	7	15	42	73	19	I Sandham	8
13	Ardwick	28	6	1	7	32	20	2	1	11	15	51	8	2	18	47	71	18	H Morris	7
14	Rotherham T	28	5	1	8	28	42	1	2	11	16	49	6	3	19	44	91	15	E Cutts	8
15	Northwich V	28	3	3	8	17	34	0	0	14	13	64	3	3	22	30	98	9	P Finnerhan	7

Middlesbrough Ironopolis and Northwich Victoria resigned. Division 2 increased to 16 teams by the election of Burton Wanderers, Bury and Leicester Fosse. Ardwick became registered as Manchester City on 16 April 1894.

1894/95 DIVISION 1 SEASON 7

Total Matches 240
Total Goals 917
Avg goals per match 3.82

	Team	Aston Villa	Blackburn Rov	Bolton Wand	Burnley	Derby County	Everton	Liverpool	Nottm Forest	Preston N E	Sheffield Utd	Sheffield Weds	Small Heath	Stoke	Sunderland	W B A	Wolverhampton
1	Aston Villa		3-0 8D	2-1 26J	5-0 6A	4-0 5J	2-2 24A	5-0 27O	4-1 24N	4-1 10N	5-0 12N	3-1 3D	2-1 1S	6-0 26D	1-2 15S	3-1 13O	2-2 15A
2	Blackburn Rovers	1-3 1D		2-1 13O	1-0 17N	0-0 12A	4-3 20O	1-1 1S	0-0 1J	1-1 27O	3-2 26D	3-1 29S	9-1 5J	6-0 15S	1-1 10N	3-0 22D	5-1 23M
3	Bolton Wanderers	4-3 23M	1-3 3N		1-1 20O	6-0 1J	1-3 6O	1-0 25D	4-1 12A	1-2 15S	6-2 14J	2-2 7J	1-2 24N	2-2 1S	4-1 29S	5-0 13A	6-1 15D
4	Burnley	3-3 23F	2-1 12J	1-0 5J		2-0 29S	2-4 16M	3-3 3S	0-1 27O	2-1 8D	2-4 22D	3-0 10N	3-1 13O	1-2 20A	0-3 13A	2-0 24N	2-1 22S
5	Derby County	0-2 22S	0-0 6A	2-2 26D	0-2 12D		2-2 12J	0-1 9J	4-2 8S	2-1 24N	4-1 15D	1-2 15S	4-1 30M	1-1 19J	1-2 13O	1-1 27O	1-3 26J
6	Everton	4-2 17J	2-1 24N	3-1 8D	3-2 21M	2-3 13A		3-0 13O	6-1 15S	4-2 23F	1-1 26J	3-1 1S	5-0 3S	3-0 7J	2-2 27O	4-1 29S	2-1 8A
7	Liverpool	1-2 8S	2-2 22S	1-2 13S	0-3 3N	5-1 2M	2-2 17N		5-0 12J	2-5 20A	2-2 6O	4-2 30M	3-1 15D	2-0 20O	2-3 25M	4-0 1J	3-3 1D
8	Nottingham Forest	2-1 6O	2-3 29D	3-3 16M	2-1 1S	2-1 3N	2-3 22S	3-0 6A		0-2 4O	3-0 17N	2-1 19J	2-0 26J	3-1 23F	2-1 27O	5-3 8D	0-2 13A
9	Preston North End	0-1 12J	1-1 6O	2-2 1D	4-0 26J	3-2 17N	1-2 15D	2-2 12A	3-1 23M		2-1 8S	3-1 13A	0-1 22S	3-0 25D	1-0 29D	5-0 26F	2-0 20O
10	Sheffield United	2-1 22O	3-0 8O	5-0 15A	2-2 15S	1-4 25D	4-2 26F	2-2 8D	3-2 29S	0-1 13O		1-0 12J	0-2 13A	3-0 9F	4-0 9M	2-1 1S	1-0 19J
11	Sheffield Wednesday	1-0 3N	4-1 8S	2-1 22S	4-3 6O	1-1 29D	3-0 1J	5-0 5J	0-0 15D	3-1 3S	2-3 27O		2-0 26D	2-4 17A	1-2 23M	3-2 1A	3-1 17N
12	Small Heath	2-2 20O	1-1 2M	2-0 8S	1-0 23M	3-5 16M	4-4 3N	3-0 29D	1-2 22D	4-4 29S	4-2 1D	0-0 25M		4-2 17N	1-1 9F	1-2 23F	4-3 6O
13	Stoke	4-1 29S	5-1 13A	5-0 12J	5-1 30M	4-1 23M	1-3 8S	3-1 10N	0-3 13O	2-1 12N	1-3 22S	0-2 8D	2-2 27O		2-5 26J	1-1 25M	0-0 4F
14	Sunderland	4-4 2J	3-2 15D	4-0 17N	3-0 8S	8-0 1S	2-1 20A	3-2 24N	2-2 5J	2-0 1J	2-0 23F	3-1 26F	7-1 8D	3-1 6O		3-0 22S	2-0 3N
15	West Bromwich Albion	3-2 17N	2-0 26J	1-1 5N	0-1 29D	2-2 20O	1-4 1D	5-0 15S	1-0 15A	4-5 5J	1-0 3N	6-0 22A	4-1 10N	3-2 15D	0-2 26D		5-1 8S
16	Wolverhampton Wand	0-4 22D	3-3 23F	4-2 27O	1-0 26D	2-2 8D	1-0 5J	3-1 29S	1-1 10N	1-3 1S	0-3 3S	2-0 13O	2-1 15S	0-0 24N	1-4 12J	3-1 27D	

Goal average introduced.

Final League Table

Pos	Team	Pld	Home					Away					Totals					Pts	GA	Leading Goalscorer	Gls
			W	D	L	F	A	W	D	L	F	A	W	D	L	F	A				
1	**Sunderland**	30	13	2	0	51	14	8	3	4	29	23	21	5	4	80	37	47	2.16	J M Campbell	21
2	Everton	30	12	2	1	47	18	6	4	5	35	32	18	6	6	82	50	42	1.64	J Bell	15
3	Aston Villa	30	12	2	1	51	12	5	3	7	31	31	17	5	8	82	43	39	1.90	J Devey	15
4	Preston N E	30	9	3	3	32	14	6	2	7	30	32	15	5	10	62	46	35	1.34	E Smith	12
5	Blackburn Rov	30	9	5	1	40	15	2	5	8	19	34	11	10	9	59	49	32	1.20	H Chippendale	12
6	Sheffield United	30	10	2	3	33	17	4	2	9	24	38	14	4	12	57	55	32	1.03	W Hammond	17
7	Nottm Forest	30	10	1	4	33	22	3	4	8	17	34	13	5	12	50	56	31	0.89	A Carnelly	16
8	Sheffield Weds	30	10	2	3	36	19	2	2	11	14	36	12	4	14	50	55	28	0.90	H Davis	8
9	Burnley	30	8	2	5	28	24	3	2	10	16	32	11	4	15	44	56	26	0.78	W Bowes, T Nicol	8
10	Bolton Wanderers	30	8	3	4	45	23	1	4	10	16	39	9	7	14	61	62	25	0.98	C Henderson	14
11	Wolverhampton	30	7	4	4	24	25	2	3	10	19	38	9	7	14	43	63	25	0.68	H Wood	10
12	Small Heath	30	6	6	3	35	28	3	1	11	15	46	9	7	14	50	74	25	0.67	F Mobley	16
13	West Brom A	30	9	2	4	38	21	1	2	12	13	45	10	4	16	51	66	24	0.77	T Hutchison	13
14	Stoke	30	7	3	5	35	25	2	3	10	15	42	9	6	15	45	50	24	0.74	W Dickson	13
15	Derby County	30	4	5	6	23	23	3	4	8	22	45	7	9	14	45	68	23	0.66	S Bloomer	9
16	Liverpool	30	6	4	5	38	28	1	4	10	13	42	7	8	15	51	70	22	0.72	T Bradshaw	16

After test matches, Liverpool were relegated and Bury were promoted. For test match details see 'Test matches and play-offs' section.

1894/95 DIVISION 2 SEASON 7

Total Matches 240
Total Goals 1023
Avg goals per match 4.26

		Burslem P V	Burton Swifts	Burton Wand	Bury	Crewe Alex	Darwen	Grimsby Town	Leicester Fosse	Lincoln City	Manchester City	Newcastle Utd	Newton Heath	Notts County	Rotherham T	Walsall T S	Woolwich A
1	Burslem Port Vale		2-0 4M	1-0 20O	1-2 15S	4-0 20A	0-3 17N	5-0 6A	1-1 23F	7-1 16M	1-2 2F	4-4 6O	2-5 24D	0-3 17S	1-1 16F	1-0 1S	0-1 19J
2	Burton Swifts	1-0 29S		2-2 16F	0-1 6A	4-0 1S	3-0 16M	2-1 19S	0-5 2M	6-1 26J	2-1 10N	5-3 5J	1-2 20O	2-2 22D	2-0 30M	1-2 1O	3-0 15S
3	Burton Wanderers	4-0 9M	1-2 27O		1-2 17N	4-0 10J	2-2 22M	0-0 13A	1-1 9F	4-1 23F	8-0 26D	9-0 15A	1-0 29S	1-0 9D	4-0 6O	7-0 13J	2-1 20A
4	Bury	4-0 10N	2-0 1D	4-0 22D		4-1 8S	1-0 29S	5-1 6O	4-1 25D	4-1 12J	4-2 1S	4-1 3N	2-1 15A	2-1 1J	2-1 18S	4-1 2A	2-0 2M
5	Crewe Alexandra	2-2 5J	1-3 6O	1-2 16M	1-5 20O		2-2 23F	2-1 9F	2-2 12J	1-4 27O	2-3 31D	2-1 9M	0-2 1D	0-3 16J	2-1 22S	2-3 29S	0-0 23M
6	Darwen	2-0 27O	5-0 20A	2-0 22S	0-1 15D	5-0 16F		4-1 12J	8-2 15J	6-0 8S	4-0 6A	5-0 1S	1-1 6O	2-1 26J	4-3 9M	2-0 1D	3-1 1J
7	Grimsby Town	4-1 26J	7-1 9M	7-2 29S	3-2 5J	5-0 8D	2-1 30M		4-3 1S	3-0 10N	2-1 20A	3-0 15S	2-1 17N	0-1 5F	4-1 27O	1-0 16M	4-2 26D
8	Leicester Fosse	2-1 23M	2-2 17N	1-2 15S	1-0 20A	4-0 18F	2-1 10N	1-0 15A		2-1 4M	3-1 16M	4-4 20O	2-3 22S	5-1 1D	4-2 8S	9-1 5J	3-1 7J
9	Lincoln City	6-1 8D	3-2 22S	0-2 30M	1-3 26D	5-2 13A	0-2 6J	1-5 20O	1-2 6A		0-2 2M	3-1 17N	3-0 29S	1-3 12A	2-0 25D	0-1 16F	5-2 1S
10	Manchester City	4-1 8S	4-1 13A	1-1 3S	3-3 8D	4-1 12A	2-4 20O	2-5 22S	1-1 30M	11-3 23M		4-0 9F	2-5 3N	7-1 9M	1-0 1J	6-1 6O	4-1 15D
11	Newcastle United	1-2 21A	6-3 8S	3-1 10N	1-0 16M	6-0 25D	3-2 13O	1-4 1D	2-0 29S	4-2 1J	5-4 27O		3-0 13A	2-2 22S	5-2 15D	7-2 22D	2-4 24N
12	Newton Heath	3-0 1J	5-1 8D	1-1 2M	2-2 12A	6-1 15S	1-1 24N	2-0 23M	2-2 27O	3-0 22D	4-1 5J	5-1 6A		3-3 20A	3-2 10N	9-0 2A	3-3 13O
13	Notts County	10-0 26F	5-1 12J	2-0 5J	2-1 24N	5-1 10N	2-1 15S	3-2 4O	3-0 6O	3-0 29S	1-3 13O	2-1 23M	1-1 15D		4-2 16M	5-0 25D	2-2 27O
14	Rotherham Town	2-1 2M	4-1 29D	1-3 1S	2-3 6N	2-0 15A	4-1 13A	3-2 7J	0-1 26J	5-2 15S	3-2 1O	1-0 26D	2-1 12J	1-2 5N		6-1 17N	1-2 20O
15	Walsall Town Swifts	2-0 22S	4-1 23M	3-1 16A	0-3 27O	4-0 26J	5-1 15A	4-3 8S	1-3 8D	1-2 20A	1-2 15S	2-3 29S	1-2 26D	2-1 25M	1-2 24S		4-1 10N
16	Woolwich Arsenal	7-0 25D	3-0 23F	1-1 26J	4-2 22S	7-0 6A	4-0 8D	1-3 10S	3-3 9M	5-2 6O	4-2 29S	3-2 12J	3-2 30M	2-1 3N	1-1 9F	6-1 12A	

Newton Heath beat Walsall Town Swifts 14-0 on 9 March 1895. The match was replayed on 2 April 1895 after a Walsall protest about the state of the Bank Street pitch was upheld by the League. Goal average introduced.

Final League Table

Pos	Team	Pld	Home W	Home D	Home L	Home F	Home A	Away W	Away D	Away L	Away F	Away A	Totals W	Totals D	Totals L	Totals F	Totals A	Pts	GA	Leading Goalscorer	Gls
1	Bury	30	15	0	0	48	11	8	2	5	30	22	23	2	5	78	33	48	2.36	H Millar	16
2	Notts County	30	12	2	1	50	15	5	3	7	25	30	17	5	8	75	45	39	1.66	E Allsop	16
3	Newton Heath	30	9	6	0	52	18	6	2	7	26	26	15	8	7	78	44	38	1.77	R Smith	18
4	Leicester Fosse	30	11	2	2	45	20	4	6	5	27	33	15	8	7	72	53	38	1.35	**D Skea**	**23**
5	Grimsby Town	30	14	0	1	51	16	4	1	10	28	36	18	1	11	79	52	37	1.51	T McCairns	20
6	Darwen	30	13	1	1	53	10	3	3	9	21	33	16	4	10	74	43	36	1.72	A Maxwell, W Townley	12
7	Burton Wand	30	10	3	2	49	9	4	4	7	18	30	14	7	9	67	39	35	1.71	Adrian Capes	16
8	Woolwich A	30	11	3	1	54	20	3	3	9	21	38	14	6	10	75	58	34	1.29	P Mortimer, P O'Brien	11
9	Manchester City	30	9	3	3	56	28	5	0	10	26	44	14	3	13	82	72	31	1.13	P Finnerhan	14
10	Newcastle Utd	30	11	1	3	51	28	1	2	12	21	56	12	3	15	72	84	27	0.85	W Thompson	16
11	Burton Swifts	30	9	2	4	34	20	2	1	12	18	54	11	3	16	52	74	25	0.70	D Willocks	15
12	Rotherham T	30	10	0	5	37	22	1	2	12	18	40	11	2	17	55	62	24	0.88	J Coupar	12
13	Lincoln City	30	8	0	7	32	27	2	0	13	20	65	10	0	20	52	92	20	0.56	A Flewitt	17
14	Walsall Town S	30	8	0	7	35	25	2	0	13	12	67	10	0	20	47	92	20	0.51	W Devey	7
15	Burslem P V	30	6	3	6	30	23	1	1	13	9	54	7	4	19	39	77	18	0.50	M Dean, R Evans	7
16	Crewe Alexandra	30	3	4	8	20	34	0	0	15	6	69	3	4	23	26	103	10	0.25	J Peake	5

Loughborough Town elected in place of Walsall.

1895/96 DIVISION 1
SEASON 8

Total Matches	240
Total Goals	807
Avg goals per match	3.36

#	Team	Aston Villa	Blackburn Rov	Bolton Wand	Burnley	Bury	Derby County	Everton	Nottm Forest	Preston N E	Sheffield Utd	Sheffield Weds	Small Heath	Stoke	Sunderland	W B A	Wolverhampton
1	Aston Villa		3-1	2-0	5-1	2-0	4-1	4-3	3-1	1-0	2-2	2-1	7-3	5-2	2-1	1-0	4-1
			19O	14D	2N	28D	21S	30S	25J	11J	16N	14M	7S	22F	5O	2S	6A
2	Blackburn Rovers	1-1		3-2	1-0	0-2	0-2	2-3	2-0	3-0	1-0	2-1	2-1	3-1	2-4	1-0	3-1
		28S		7D	5O	4J	22F	1J	14S	12O	25J	23N	21M	3A	26O	17F	9N
3	Bolton Wanderers	2-2	1-1		1-0	2-4	2-1	3-1	2-1	1-0	4-1	2-0	4-1	3-1	1-0	2-1	4-0
		7M	30N		21S	5O	1J	14S	19O	14M	3A	25A	22F	26O	21D	4A	4J
4	Burnley	3-4	6-0	1-2		3-0	2-1	1-1	0-0	1-0	5-0	2-0	1-1	2-0	0-0	3-0	3-1
		23N	18A	12O		14S	4A	26O	21D	28S	3F	4J	3A	16M	9S	11J	22F
5	Bury	5-3	2-0	0-3	3-4		1-2	1-1	1-0	1-2	1-0	6-1	4-5	0-1	1-2	3-0	3-0
		21M	25A	7S	1J		23N	11J	24M	14D	21S	9N	12O	30N	3A	2N	18F
6	Derby County	2-2	0-0	2-1	5-1	2-1		2-1	4-0	1-0	0-2	3-1	8-0	2-1	2-0	4-1	5-2
		8F	11A	26D	9N	19O		7A	7D	4M	14M	28S	30N	12O	14S	14D	26O
7	Everton	2-0	0-2	1-1	2-1	3-2	2-2		6-2	3-2	5-0	2-2	3-0	7-2	1-0	1-1	2-0
		21D	21S	6A	30N	9S	3A		7S	7M	5O	2S	3F	14D	16N	19O	2N
8	Nottingham Forest	0-2	4-2	0-0	2-1	5-0	2-5	2-1		0-1	3-1	1-0	3-0	4-0	3-1	2-0	3-2
		3A	28D	11J	7M	5S	5O	12O		26O	14D	7A	21S	28N	18J	16N	4A
9	Preston North End	4-3	1-1	1-0	1-1	1-1	1-0	1-1	6-0		4-3	0-1	3-2	0-1	4-1	0-0	4-3
		7D	2N	9N	19O	4A	28M	25J	22F		30N	6A	5O	25D	4J	3A	7S
10	Sheffield United	2-1	1-1	1-0	1-1	8-0	1-1	1-2	2-1	2-1		1-1	2-0	1-0	1-2	2-0	2-1
		14S	7M	30D	30M	6A	21D	9N	23N	30S		26D	2S	28S	7O	4J	8F
11	Sheffield Wednesday	1-3	3-0	1-1	1-0	1-3	0-4	3-1	3-0	1-1	1-0		3-0	2-1	3-0	5-3	3-1
		18J	11J	2N	14D	22F	28D	18F	30N	1J	7S		4A	16N	19O	5O	12O
12	Small Heath	1-4	2-1	1-2	1-0	1-0	1-3	0-3	1-0	5-2	2-1	1-1		1-2	0-1	2-2	3-2
		26O	29F	28S	26D	7M	4J	7D	9N	23N	7A	8F		14S	11A	21D	18J
13	Stoke City	1-2	3-0	2-0	2-1	0-2	2-1	1-2	1-0	4-0	4-0	5-0	6-1		5-0	3-1	4-1
		4J	4A	2S	7D	26D	7S	11A	21M	11N	2N	21F	19O		14M	21S	23N
14	Sunderland	2-1	2-1	1-0	3-1	0-0	2-2	3-0	1-1	4-1	1-1	2-1	2-1	4-1		7-1	2-2
		9N	7S	23N	18F	28S	2N	22F	8F	2S	11J	7M	14D	28M		25J	21S
15	West Bromwich Albion	1-1	3-2	2-3	0-2	1-3	0-0	0-3	3-1	1-2	1-0	2-3	0-0	1-0	1-1		2-1
		12O	29A	4N	7S	9M	18J	23N	28S	14S	22F	26O	6A	9N	26D		30N
16	Wolverhampton W	1-2	1-2	5-0	5-1	1-0	2-0	2-3	6-1	2-1	4-1	4-0	7-2	1-0	1-3	1-2	
		26D	14D	11A	2S	7A	16N	28S	28M	21D	19O	14S	25J	5O	27D	7M	

Final League Table

Pos	Team	Pld	Home					Away					Totals					Pts	GA	Leading Goalscorer	Gls
			W	D	L	F	A	W	D	L	F	A	W	D	L	F	A				
1	Aston Villa	30	14	1	0	47	17	6	4	5	31	28	20	5	5	78	45	45	1.73	J J Campbell	26
2	Derby County	30	12	2	1	42	13	5	5	5	26	22	17	7	6	68	35	41	1.94	S Bloomer	20
3	Everton	30	10	4	1	40	17	6	3	6	26	26	16	7	7	66	43	39	1.53	A Milward	17
4	Bolton Wanderers	30	12	2	1	34	14	4	3	8	15	23	16	5	9	49	37	37	1.32	W Joyce	12
5	Sunderland	30	10	5	0	36	14	5	2	8	16	27	15	7	8	52	41	37	1.26	J Campbell	14
6	Stoke	30	12	0	3	43	11	3	0	12	13	36	15	0	15	56	47	30	1.19	T Hyslop	18
7	Sheffield Weds	30	10	2	3	31	18	2	3	10	13	35	12	5	13	44	53	29	0.83	L Bell, H Davis, F Spiksley	8
8	Blackburn Rov	30	10	1	4	26	18	2	4	9	14	32	12	5	13	40	50	29	0.80	H Chippendale, J Haydock, P Turnbull	7
9	Preston N E	30	8	5	2	31	18	3	1	11	13	30	11	6	13	44	48	28	0.91	J Pierce	8
10	Burnley	30	8	5	2	33	11	2	2	11	15	33	10	7	13	48	44	27	1.09	T Nicol	10
11	Bury	30	7	1	7	32	24	5	2	8	18	30	12	3	15	50	54	27	0.92	J Plant, T Wylie	9
12	Sheffield Utd	30	9	4	2	28	12	1	2	12	12	38	10	6	14	40	50	26	0.80	W Hammond	9
13	Nottm Forest	30	11	1	3	34	16	0	2	13	8	41	11	3	16	42	57	25	0.73	T McInnes	10
14	Wolverhampton	30	10	0	5	43	18	0	1	14	18	47	10	1	19	61	65	21	0.93	H Wood	14
15	Small Heath	30	7	2	6	22	24	1	2	12	17	55	8	4	18	39	79	20	0.49	F Mobley	12
16	West Brom A	30	5	4	6	18	22	1	3	11	12	37	6	7	17	30	59	19	0.50	R McLeod	7

After test matches, Small Heath were relegated and Liverpool were promoted. For test match details see 'Test matches and play-offs' section.

1895/96 DIVISION 2
SEASON 8

Total Matches 240
Total Goals 943
Avg goals per match 3.93

#	Team	Burslem P V	Burton Swifts	Burton Wand	Crewe Alex	Darwen	Grimsby Town	Leicester Fosse	Lincoln City	Liverpool	Loughborough	Manchester City	Newcastle Utd	Newton Heath	Notts County	Rotherham T	Woolwich A
1	Burslem Port Vale		1-0	2-2	2-1	3-3	1-4	1-1	0-1	5-4	1-1	0-1	2-0	3-0	0-4	4-0	0-2
			11J	18J	26O	5O	16N	7M	22F	21O	7A	10F	20A	23M	14S	25J	15F
2	Burton Swifts	2-1		0-2	1-1	1-2	2-1	0-2	4-0	0-7	1-2	1-4	3-1	4-1	0-0	2-0	3-2
		14M		16A	4J	11A	9N	28M	30S	29F	28S	30S	7D	8F	18J	14S	21D
3	Burton Wanderers	2-1	2-1		4-0	3-0	2-1	0-0	4-1	2-1	4-0	4-1	0-3	5-1	1-3	6-1	4-1
		21S	25J		28D	7S	5O	19O	4A	7M	30J	16N	20F	10M	8A	21M	14D
4	Crewe Alexandra	3-2	1-3	0-1		3-1	0-1	1-1	2-2	0-7	1-2	0-2	3-0	0-2	5-1	3-2	0-1
		25M	16N	14S		7D	7M	22F	8F	28M	3A	19O	25J	28S	5O	9N	23D
5	Darwen	8-2	3-0	3-0	6-1		3-3	4-1	5-0	0-4	1-1	2-3	4-4	3-0	2-0	10-2	1-1
		19O	15F	4J	30N		14S	21S	28M	14D	22F	2N	9N	21D	1J	13J	14M
6	Grimsby Town	6-1	3-0	2-1	2-0	5-0		7-1	4-2	1-0	2-0	5-0	2-1	4-2	3-0	4-0	1-1
		4J	28D	28M	29F	25J		11A	7S	19O	30N	21S	26D	14M	21M	3M	4A
7	Leicester Fosse	5-0	2-1	1-3	4-1	2-3	1-2		1-3	2-0	5-0	1-2	2-0	3-0	2-1	8-0	1-0
		21M	7S	28S	21D	26O	6A		29F	30N	5O	4A	7A	4J	11J	3A	25J
8	Lincoln City	4-2	1-2	1-2	6-2	1-0	2-5	2-3		0-1	4-1	1-2	4-0	2-0	2-3	5-0	1-1
		18A	5O	30N	26D	7M	28S	15F		21D	9N	11J	28D	11A	3A	1F	14S
9	Liverpool	5-1	6-1	4-1	6-1	0-0	3-1	3-1	6-1		1-0	3-1	5-1	7-1	3-0	10-1	3-0
		28S	21M	30S	7O	23N	22F	9N	25J		7D	1J	14S	12O	26O	18F	11J
10	Loughborough	3-0	2-2	1-1	4-1	4-1	0-1	1-4	3-0	2-4		2-4	1-0	3-3	1-3	3-0	2-1
		11A	26D	15N	18A	21M	21D	16N	26O	21S		1F	7M	14S	28D	6A	29F
11	Manchester City	1-0	1-1	1-1	4-0	4-1	2-1	2-0	4-0	1-1	5-1		5-2	2-1	2-0	2-0	1-0
		17F	7M	23N	15F	12O	26O	14S	14M	3A	24F		4J	7D	8A	9S	28S
12	Newcastle United	4-2	5-0	4-0	6-0	7-2	1-5	1-0	5-0	1-0	3-0	4-1		2-1	5-1	6-1	3-1
		3A	4A	8F	25D	16N	11J	1J	2J	5O	7S	21M		26O	21S	21D	18J
13	Newton Heath	2-1	5-0	1-2	5-0	4-0	3-2	2-0	5-5	5-2	2-0	1-1	2-1		3-0	3-0	5-1
		6A	21S	29F	7S	3A	1J	3F	16N	2N	4A	5O	19O		14D	11J	30N
14	Notts County	7-2	5-0	1-4	6-0	4-1	5-3	1-2	2-0	2-3	2-0	3-0	0-1	0-2		0-0	3-4
		7D	22F	9N	4A	28S	3O	8F	19O	7S	25D	29F	14M	23N		30N	2N
15	Rotherham Town	0-2	1-4	1-6	4-0	3-0	1-0	2-0	2-2	0-5	4-0	2-3	1-1	2-3	1-0		3-0
		7S	23S	7D	21S	26D	8F	18J	16M	4J	14M	4N	28S	7M	16N		26O
16	Woolwich Arsenal	2-1	5-0	3-0	7-0	1-3	3-1	1-1	4-0	0-2	5-0	0-1	2-1	2-1	2-0	5-0	
		25O	19O	12O	21M	18A	2S	7D	21S	16N	4J	7S	6A	9N	7M	5O	

Final League Table

Pos	Team	Pld	Home W	Home D	Home L	Home F	Home A	Away W	Away D	Away L	Away F	Away A	Totals W	Totals D	Totals L	Totals F	Totals A	Pts	GA	Leading Goalscorer	Gls
1	Liverpool	30	14	1	0	65	11	8	1	6	41	21	22	2	6	106	32	46	3.31	G Allan	25
2	Manchester City	30	12	3	0	37	9	9	1	5	26	29	21	4	5	63	38	46	1.65	W Meredith	12
3	Grimsby Town	30	14	1	0	51	9	6	1	8	31	29	20	2	8	82	38	42	2.15	T McCairns	23
4	Burton Wand	30	12	1	2	43	15	7	3	5	26	25	19	4	7	69	40	42	1.72	Adrian Capes, B Garfield	16
5	Newcastle Utd	30	14	0	1	57	14	2	2	11	16	36	16	2	12	73	50	34	1.46	W Wardrope	15
6	Newton Heath	30	12	2	1	48	15	3	1	11	18	42	15	3	12	66	57	33	1.15	J Cassidy	16
7	Woolwich A	30	11	1	3	42	11	3	3	9	16	31	14	4	12	58	42	32	1.40	H Boyd	13
8	Leicester Fosse	30	10	0	5	40	16	4	4	7	17	28	14	4	12	57	44	32	1.29	W McArthur	11
9	Darwen	30	9	4	2	55	22	3	2	10	17	45	12	6	12	72	67	30	1.07	F Hunt	12
10	Notts County	30	8	1	6	41	22	4	1	10	16	32	12	2	16	57	54	26	1.05	W Bull	15
11	Burton Swifts	30	7	2	6	24	26	3	2	10	15	43	10	4	16	49	69	24	0.56	D Willocks	10
12	Loughborough	30	7	3	5	32	25	2	2	11	8	41	9	5	16	40	66	23	0.60	W Andrews	6
13	Lincoln City	30	7	1	7	36	24	2	3	10	17	51	9	4	17	53	75	22	0.70	W Gillespie	10
14	Burslem P V	30	6	1	8	26	24	1	0	14	18	54	7	4	19	43	78	18	0.55	E Beckett	8
15	Rotherham T	30	7	2	6	27	26	0	1	14	7	71	7	3	20	34	97	17	0.35	W Bryant	10
16	Crewe Alexandra	30	5	2	8	22	28	0	1	14	8	67	5	3	22	30	95	13	0.31	J Peake	7

Blackpool, Gainsborough Trinity and Walsall elected in place of Crewe Alexandra, Rotherham Town and Burslem Port Vale.

1896/97 DIVISION 1 SEASON 9

Total Matches	240
Total Goals	751
Avg goals per match	3.13

		Aston Villa	Blackburn Rov	Bolton Wand	Burnley	Bury	Derby County	Everton	Liverpool	Nottm Forest	Preston N E	Sheffield Utd	Sheffield Weds	Stoke	Sunderland	W B A	Wolverhampton
1	Aston Villa		3-0 17A	6-2 22M	0-3 2J	1-1 7N	2-1 24O	1-2 26S	0-0 13M	3-2 19D	3-1 22F	2-2 12S	4-0 21N	2-1 2S	2-1 16J	2-0 10O	5-0 19A
2	Blackburn Rovers	1-5 28N		1-0 17O	3-2 3O	1-2 20F	5-2 16J	4-2 6M	1-0 5S	0-0 14N	0-4 31O	1-3 6F	4-0 19S	2-1 20M	1-2 25D	1-2 1S	2-0 2J
3	Bolton Wanderers	1-2 27M	0-0 12S		2-1 13M	2-0 10O	1-3 6M	2-0 7D	1-4 1J	0-0 20M	3-1 3O	0-2 16A	2-1 10A	4-0 24O	1-0 26S	2-2 19D	1-2 5A
4	Burnley	3-4 8F	0-1 7N	0-2 6F		1-0 12S	2-3 5A	2-1 10O	4-1 26D	2-2 19S	2-2 17O	1-1 16J	1-1 19D	1-3 9J	1-1 7S	5-0 10A	0-3 20M
5	Bury	0-2 6F	3-0 27M	2-2 31O	1-1 1J		1-0 10A	3-1 2M	1-2 19S	2-0 25D	0-0 5S	0-1 20M	1-1 17O	4-2 14N	1-1 16A	3-0 13M	3-2 28N
6	Derby County	1-3 17O	6-0 21N	1-0 26D	3-2 14N	7-2 26S		0-1 20A	3-2 19D	1-1 5S	2-2 27M	1-3 10O	2-1 9J	5-1 7N	1-0 23J	8-1 25D	4-3 19S
7	Everton	2-3 19S	0-3 13M	2-3 14N	6-0 28N	1-2 24A	5-2 16J		2-1 3O	3-1 9J	3-4 6F	1-2 17O	2-1 5S	4-2 19D	5-2 26D	6-3 17A	0-0 31O
8	Liverpool	3-3 25D	4-0 24O	0-2 7S	1-2 27M	3-1 12S	2-0 12S	0-0 21N		3-0 10O	0-0 10A	0-0 2J	2-2 3A	1-0 16J	3-0 7N	0-0 26S	3-0 4M
9	Nottingham Forest	2-4 6M	2-1 12D	2-0 16J	4-1 24O	3-0 28D	1-2 18N	3-0 10M	2-0 28N		0-0 8A	2-2 26S	2-2 31O	4-0 12S	2-1 21N	0-1 2J	1-2 10A
10	Preston North End	0-1 26A	3-1 10O	2-3 21N	5-3 26S	2-2 26D	0-2 19A	4-1 3A	1-1 14N	3-2 7N		1-0 24O	2-2 20F	3-0 28N	5-3 12S	0-0 16A	4-0 16J
11	Sheffield United	0-0 3O	7-0 9J	1-0 29D	1-0 5S	2-2 21N	2-2 31O	1-2 1J	1-1 19O	0-3 10F	0-2 13M		2-0 26D	1-0 27M	3-0 19S	0-1 5D	1-3 23J
12	Sheffield Wednesday	1-3 14N	6-0 28D	0-0 27F	1-0 6M	2-0 17A	2-0 28N	4-1 24O	1-2 1S	3-0 5A	1-0 2J	1-1 2M		4-3 26S	0-0 10O	3-1 12S	0-0 12D
13	Stoke	0-2 31O	1-0 10A	2-3 19S	3-2 27F	3-0 12A	2-2 5D	2-3 2J	6-1 6F	3-0 17O	2-1 9N	2-0 15A	0-0 23J		0-1 3A	2-2 21N	2-1 5S
14	Sunderland	4-2 9J	0-1 19D	1-1 5S	1-1 2M	0-1 1S	1-2 2J	1-1 12D	4-3 17O	2-2 13M	1-0 1J	0-1 27F	0-0 5D	4-1 20F		2-1 6M	0-3 3O
15	West Bromwich Albion	3-1 5S	1-0 26D	1-0 2N	3-0 3A	0-0 24O	1-4 6F	1-4 16J	0-1 31O	4-0 23J	1-1 19S	0-1 14N	0-2 3O	1-2 12D	1-0 28N		1-0 17O
16	Wolverhampton Wand	1-2 26D	1-1 26S	4-0 20A	2-0 21N	1-1 27F	1-0 1S	0-1 12S	1-2 9J	4-1 5D	1-1 19D	1-1 6M	2-0 13M	1-2 10O	0-1 24O	6-1 28D	

Final League Table

Pos	Team	Pld	Home					Away					Totals						Leading Goalscorer	Gls
			W	D	L	F	A	W	D	L	F	A	W	D	L	F	A	Pts	GA		
1	**Aston Villa**	30	10	3	2	36	16	11	2	2	37	22	21	5	4	73	38	47	1.92	G Wheldon	17
2	Sheffield Utd	30	6	4	5	22	16	7	6	2	20	13	13	10	7	42	29	36	1.44	A Priest	11
3	Derby County	30	10	2	3	45	22	6	2	7	25	28	16	4	10	70	50	36	1.40	**S Bloomer**	**24**
4	Preston N E	30	8	4	3	35	21	3	8	4	20	19	11	12	7	55	40	34	1.37	D Boyd	12
5	Liverpool	30	7	6	2	25	10	5	3	7	21	28	12	9	9	46	38	33	1.21	G Ballan	16
6	Sheffield Weds	30	9	4	2	29	11	1	7	7	13	26	10	11	9	42	37	31	1.13	F Spiksley	12
7	Everton	30	8	1	6	42	29	6	2	7	20	28	14	3	13	62	57	31	1.08	J Bell	16
8	Bolton Wand	30	7	3	5	22	18	5	3	7	18	25	12	6	12	40	43	30	0.93	R Jack	11
9	Bury	30	7	5	3	25	15	3	5	7	14	29	10	10	10	39	44	30	0.88	H Millar	11
10	Wolverhampton	30	6	4	5	26	14	5	2	8	19	27	11	6	13	45	41	28	1.09	W Beats	8
11	Nottingham F	30	8	3	4	30	16	1	5	9	14	33	9	8	13	44	49	26	0.89	C Richards	9
12	West Brom A	30	7	2	6	18	16	3	4	8	15	40	10	6	14	33	56	26	0.59	A Flewitt, B Garfield	5
13	Stoke	30	8	3	4	30	18	3	0	12	18	41	11	3	16	48	59	25	0.81	W Maxwell, J Scofield	12
14	Blackburn Rov	30	8	1	6	27	18	3	2	10	8	37	11	3	16	35	62	25	0.56	J Wilkie	7
15	Sunderland	30	4	6	5	21	21	3	3	9	13	26	7	9	14	34	47	23	0.72	J Gillespie, J Hannah	8
16	Burnley	30	4	5	6	25	25	2	2	11	18	36	6	7	17	43	61	19	0.70	W Bowes	11

After test matches Burnley were relegated and Notts County were promoted. For test match details see 'Test matches and play-offs' section.

1896/97 DIVISION 2 SEASON 9

Total Matches 240
Total Goals 907
Avg goals per match 3.78

		Blackpool	Burton Swifts	Burton Wand	Darwen	Gainsborough T	Grimsby Town	Leicester Fosse	Lincoln City	Loughborough	Manchester City	Newcastle Utd	Newton Heath	Notts County	Small Heath	Walsall	Woolwich A
1	Blackpool		3-0 19A	5-0 19S	1-0 16A	1-1 24A	1-0 1J	3-0 27F	3-1 14N	4-1 27M	2-2 26S	4-1 13M	4-2 17O	3-2 28N	1-3 23J	3-2 13F	1-1 4J
2	Burton Swifts	2-2 24O		1-1 16A	2-0 28N	4-0 17A	0-0 16J	2-1 19S	4-0 6F	3-1 7N	5-0 26D	3-0 12A	3-5 5S	1-4 2J	1-1 26S	1-3 5O	1-2 13M
3	Burton Wanderers	3-1 29M	1-0 25D		1-0 14N	3-2 23J	5-1 12S	2-1 10D	2-0 3A	0-1 19A	1-1 0M	0-1 6D	1-2 20M	0-3 3O	2-6 13F	1-0 9J	0-3 14S
4	Darwen	2-3 12S	5-1 17O	3-0 26S		3-2 10A	3-1 20M	4-1 24O	4-1 19D	5-1 13F	3-1 9J	2-1 7N	0-2 13M	2-1 27F	2-0 21N	12-0 26D	4-1 1J
5	Gainsborough Trinity	2-0 3A	4-1 13F	2-1 7N	2-4 25D		1-1 3O	0-2 6F	7-0 27M	2-0 5D	1-1 12S	2-0 28D	2-0 21O	3-2 6M	1-3 2J	2-0 26S	4-1 26D
6	Grimsby Town	2-2 20F	3-0 3A	3-0 2J	4-2 6M	1-1 5S		4-1 23J	3-1 26S	8-1 17O	3-1 24O	3-2 26D	2-0 19S	3-1 21N	2-1 12D	0-1 13M	3-1 8A
7	Leicester Fosse	2-1 3O	3-0 6M	2-1 16J	4-1 5S	0-0 19A	4-2 5D		4-1 7N	4-2 25D	3-3 12A	5-0 9J	1-0 28D	2-3 12S	0-1 27M	4-2 28N	6-3 13F
8	Lincoln City	3-1 5S	1-1 20M	2-3 26D	1-0 16J	0-2 20F	0-3 9J	2-1 10A		0-2 3O	0-1 13F	1-2 24O	1-3 1A	1-1 31M	1-3 13M	2-1 16A	2-3 3D
9	Loughborough	4-1 30J	0-2 12S	6-0 17A	4-2 2J	1-0 14N	1-4 2S	0-2 26S	3-0 6M		2-0 17M	3-0 20F	2-0 10A	0-1 24O	2-0 19D	1-2 10O	8-0 12D
10	Manchester City	4-2 7N	3-1 14N	2-1 28N	4-1 19S	4-1 27F	3-1 19D	4-0 13M	3-0 21S	1-1 16A		1-2 17O	0-0 3O	1-4 31O	3-0 1J	5-0 6J	1-1 5S
11	Newcastle United	4-1 16J	2-1 27M	3-0 10A	5-1 3O	1-2 20M	3-0 10O	3-1 14N	2-1 2J	4-1 28N	3-0 6F		2-0 1J	2-2 12D	4-3 12S	2-0 6M	2-0 23J
12	Newton Heath	2-0 26D	1-1 9J	3-0 24O	3-1 2M	2-0 1S	4-2 7N	2-1 20F	3-1 12S	6-0 6F	2-1 25D	4-0 26S		1-1 27M	1-1 10O	2-0 7S	1-1 22M
13	Notts County	3-1 20M	6-1 5D	5-0 13M	4-0 6F	2-0 9J	1-3 1O	6-0 17O	8-0 23J	3-1 5S	3-3 10O	3-1 19S	3-0 19J		1-2 3A	5-2 14N	7-4 7N
14	Small Heath	1-3 6M	1-2 3O	3-2 27F	5-1 14S	2-2 17O	0-1 31O	2-2 16A	1-2 19S	3-0 20M	3-1 19A	3-1 5S	1-0 28N	3-1 10A		3-3 25D	5-2 14N
15	Walsall	2-0 10A	5-2 23J	2-0 5S	4-0 21A	1-1 19S	0-1 27F	1-1 20M	5-0 17A	5-1 31O	3-2 23N	0-2 3A	2-3 21S	1-3 16J	1-6 24O		5-3 17O
16	Woolwich Arsenal	4-2 19D	3-0 20F	3-0 12O	1-0 19A	6-1 24O	4-2 28N	2-1 17A	6-2 25D	2-0 19S	1-2 28A	5-1 16A	0-2 3A	2-3 26S	2-3 29M	1-1 12S	

Final League Table

Pos	Team	Pld	Home					Away					Totals					Pts	GA	Leading Goalscorer	Gls
			W	D	L	F	A	W	D	L	F	A	W	D	L	F	A				
1	Notts County	30	12	1	2	60	18	7	3	5	32	25	19	4	7	92	43	42	2.14	T Boucher, J Murphy	22
2	Newton Heath	30	11	4	0	37	10	6	1	8	19	24	17	5	8	56	34	39	1.64	J Cassidy	17
3	Grimsby Town	30	12	2	1	44	15	5	2	8	22	30	17	4	9	66	45	38	1.46	H Fletcher	17
4	Small Heath	30	8	3	4	36	23	8	2	5	33	24	16	5	9	69	47	37	1.46	J Inglis	14
5	Newcastle Utd	30	13	1	1	42	13	4	0	11	14	39	17	1	12	56	52	35	1.07	D Smellie	13
6	Manchester City	30	10	3	2	39	15	2	5	8	19	35	12	8	10	58	50	32	1.16	W Meredith	10
7	Gainsborough T	30	10	2	3	35	16	2	5	8	15	31	12	7	11	50	47	31	1.06	W Spouncer	15
8	Blackpool	30	11	3	1	39	16	2	2	11	20	40	13	5	12	59	56	31	1.05	J Parkinson	15
9	Leicester Fosse	30	11	2	2	44	19	2	2	11	15	37	13	4	13	59	56	30	1.05	W Dorrell, J McMillan	11
10	Woolwich A	30	10	1	4	42	20	3	3	9	26	50	13	4	13	68	70	30	0.97	P O'Brien	14
11	Darwen	30	13	0	2	54	16	1	0	14	13	45	14	0	16	67	61	28	1.09	F Hunt	15
12	Walsall	30	8	2	5	37	25	3	2	10	16	44	11	4	15	53	69	26	0.76	A Griffin	12
13	Loughborough	30	10	0	5	37	14	2	1	12	13	50	12	1	17	50	64	25	0.78	W Jones	14
14	Burton Swifts	30	7	4	4	33	20	2	2	11	13	41	9	6	15	46	61	24	0.75	T Leigh	10
15	Burton Wand	30	8	1	6	22	22	1	1	13	9	45	9	2	19	31	67	20	0.46	W Devey	7
16	Lincoln City	30	4	2	9	17	27	1	0	14	10	58	5	2	23	27	85	12	0.31	J Kirton	7

Luton Town elected in place of Burton Wanderers.

1897/98 DIVISION 1 — SEASON 10

Total Matches	240
Total Goals	724
Avg goals per match	3.02

Results Grid

	Team	Aston Villa	Blackburn Rov	Bolton W and	Bury	Derby County	Everton	Liverpool	Nottm Forest	Notts County	Preston N E	Sheffield Utd	Sheffield Weds	Stoke	Sunderland	W B A	Wolverhampton
1	Aston Villa		5-1 (11D)	3-2 (2O)	3-1 (18S)	4-1 (5M)	3-0 (13N)	3-1 (30O)	2-0 (30A)	4-2 (16O)	4-0 (5F)	1-2 (15J)	5-2 (1S)	1-1 (2A)	4-3 (27N)	4-3 (4S)	1-2 (11A)
2	Blackburn Rovers	4-3 (25S)		1-3 (11S)	1-1 (19M)	1-1 (27N)	1-1 (1J)	2-1 (8J)	1-1 (15J)	0-1 (9A)	1-0 (9O)	1-1 (20N)	1-1 (23O)	1-1 (8A)	2-1 (25D)	1-3 (5F)	2-3 (26F)
3	Bolton Wanderers	2-0 (20N)	1-2 (14A)		0-0 (3J)	3-3 (1J)	1-0 (26M)	0-2 (25D)	2-0 (23O)	1-0 (18S)	1-0 (25S)	0-1 (8A)	0-3 (9O)	2-1 (13N)	1-0 (30O)	2-0 (2A)	2-1 (12M)
4	Bury	1-2 (12M)	1-0 (16A)	2-1 (11D)		4-0 (29M)	0-1 (23O)	0-2 (26M)	2-2 (4A)	0-0 (27N)	1-0 (12F)	2-5 (9O)	3-0 (11S)	3-3 (1J)	1-0 (8A)	3-2 (2O)	2-1 (6N)
5	Derby County	3-1 (22J)	3-1 (4S)	1-0 (27D)	2-2 (16O)		5-1 (11S)	3-1 (12A)	5-0 (11A)	1-2 (25D)	3-1 (12M)	1-1 (13N)	1-2 (19F)	4-1 (6N)	2-2 (11D)	3-2 (18S)	3-2 (8J)
6	Everton	2-1 (25D)	1-1 (2O)	2-1 (4S)	4-2 (5M)	3-0 (8A)		3-0 (16O)	2-0 (2A)	1-0 (11D)	1-1 (21M)	1-4 (30O)	1-1 (8J)	2-0 (17J)	6-1 (11A)	3-0 (27N)	3-0 (18S)
7	Liverpool	4-0 (16A)	0-1 (18D)	1-1 (19M)	2-2 (31M)	4-2 (23O)	3-1 (25S)		1-2 (6N)	2-0 (12M)	0-0 (11S)	0-4 (5F)	4-0 (11A)	4-0 (9O)	0-2 (27D)	1-1 (1J)	1-0 (20N)
8	Nottingham Forest	3-1 (26M)	3-1 (16O)	2-0 (8J)	3-1 (9A)	3-4 (30O)	2-2 (12M)	2-3 (27N)		1-1 (4S)	4-1 (13N)	1-1 (18S)	1-0 (22J)	3-1 (19F)	1-1 (2O)	0-1 (11D)	1-1 (8A)
9	Notts County	2-3 (11S)	0-0 (5M)	1-2 (6N)	2-1 (26F)	1-1 (25S)	3-2 (15J)	3-2 (2A)	1-3 (9O)		1-1 (7O)	1-3 (1J)	0-0 (4D)	4-0 (23O)	0-1 (5F)	2-2 (19M)	2-2 (18D)
10	Preston North End	3-1 (6N)	1-4 (30O)	0-0 (16O)	2-1 (8J)	5-0 (9A)	1-1 (20N)	1-1 (2O)	3-0 (25D)	3-1 (8A)		1-3 (4S)	2-0 (18D)	0-0 (5M)	2-0 (18S)	1-1 (31M)	1-2 (27N)
11	Sheffield United	1-0 (8J)	5-2 (4O)	4-0 (7F)	1-1 (25S)	2-1 (1S)	0-0 (22F)	1-2 (29D)	0-1 (4D)	2-1 (19F)		1-1 (23O)	4-3 (27D)	1-0 (11S)	2-0 (2A)	2-0 (11A)	2-1 (22J)
12	Sheffield Wednesday	3-0 (27S)	4-1 (13N)	3-0 (27N)	3-0 (20N)	3-1 (15J)	2-1 (5F)	4-2 (18S)	3-6 (1J)	3-1 (20)	2-1 (11D)	0-1 (16O)		4-0 (25D)	0-1 (4S)	3-0 (9A)	2-0 (5M)
13	Stoke	0-0 (18D)	2-1 (18S)	2-0 (15J)	3-1 (27D)	2-1 (2O)	2-0 (9A)	2-2 (4S)	1-2 (20N)	2-0 (2S)	1-2 (8N)	2-1 (11D)	2-1 (26M)		0-1 (8J)	0-0 (30O)	0-2 (16O)
14	Sunderland	0-0 (23O)	2-1 (12M)	2-0 (22F)	2-1 (15J)	2-1 (9O)	0-0 (18D)	1-0 (22J)	4-0 (23A)	2-0 (3J)	1-0 (1J)	3-1 (5M)	1-0 (25S)	4-0 (4D)		0-2 (16O)	3-2 (11S)
15	West Bromwich Albion	1-1 (9O)	1-1 (27D)	2-0 (1N)	1-0 (18D)	3-1 (20N)	2-2 (6N)	2-1 (13N)	2-0 (11S)	0-3 (4A)	3-1 (15J)	2-0 (26R)	0-2 (12M)	2-0 (25S)	2-2 (19F)		2-2 (23O)
16	Wolverhampton W	1-1 (27D)	3-2 (2A)	2-0 (9A)	3-0 (4S)	2-0 (4D)	2-3 (9O)	2-1 (11D)	0-0 (25S)	3-1 (30O)	3-0 (1S)	1-1 (20)	5-0 (16A)	4-2 (5F)	4-2 (13N)	1-1 (28D)	

Final League Table

Pos	Team	Pld	Home W	Home D	Home L	Home F	Home A	Away W	Away D	Away L	Away F	Away A	Totals W	Totals D	Totals L	Totals F	Totals A	Pts	GA	Leading Goalscorer	Gls
1	Sheffield Utd	30	9	4	2	27	14	8	4	3	29	17	17	8	5	56	31	42	1.80	W Bennett	12
2	Sunderland	30	12	2	1	27	8	4	3	8	16	22	16	5	9	43	30	37	1.43	H Wilson	9
3	Wolverhampton	30	10	4	1	36	14	4	3	8	21	27	14	7	9	57	41	35	1.39	W Beats, W Smith, H Wood	11
4	Everton	30	11	3	1	33	12	2	6	7	15	27	13	9	8	48	39	35	1.23	L Bell	12
5	Sheffield Weds	30	12	0	3	39	15	3	3	9	12	27	15	3	12	51	42	33	1.21	F Spiksley	17
6	Aston Villa	30	12	1	2	47	21	2	4	9	14	30	14	5	11	61	51	33	1.19	**G F Wheldon**	**23**
7	West Brom A	30	8	5	2	25	16	3	7	5	19	29	11	10	9	44	45	32	0.97	B Garfield	11
8	Nottm Forest	30	7	5	3	30	19	4	4	7	17	30	11	9	10	47	49	31	0.95	L Benbow	10
9	Liverpool	30	7	4	4	27	16	4	2	9	21	29	11	6	13	48	45	28	1.06	F Becton	11
10	Derby County	30	10	3	2	40	19	1	3	11	17	42	11	6	13	57	61	28	0.93	S Bloomer	16
11	Bolton Wand	30	9	2	4	18	13	2	2	11	10	28	11	4	15	28	41	26	0.68	J Cassidy	7
12	Preston N E	30	7	5	3	26	15	1	3	11	9	28	8	8	14	35	43	24	0.81	A Brown	12
13	Notts County	30	4	6	5	23	23	4	2	9	13	23	8	8	14	36	46	24	0.78	T Boucher	7
14	Bury	30	8	3	4	25	19	0	5	10	14	32	8	8	14	39	51	24	0.76	J Settle	10
15	Blackburn Rov	30	4	7	4	20	22	3	3	9	19	32	7	10	13	39	54	24	0.72	J Proudfoot	9
16	Stoke	30	8	3	4	21	14	0	5	10	14	41	8	8	14	35	55	24	0.63	W Maxwell	9

Test matches were played, but each Division was increased to 18 clubs. Blackburn Rovers and Stoke stayed in Division 1 and Burnley and Newcastle United were promoted. For test match details see 'Test matches and play-offs' section.

1897/98 DIVISION 2
SEASON 10

Total Matches 240
Total Goals 860
Avg goals per match 3.58

		Blackpool	Burnley	Burton Swifts	Darwen	Gainsborough T	Grimsby Town	Leicester Fosse	Lincoln City	Loughborough	Luton Town	Manchester C	Newcastle Utd	Newton Heath	Small Heath	Walsall	Woolwich A
1	Blackpool		1-1	2-1	1-0	5-0	1-1	2-1	5-0	4-0	1-0	0-2	2-3	0-1	4-1	1-1	3-3
			11S	9O	8A	18D	16A	8J	19F	23A	30A	18S	25D	25S	16O	2A	1J
2	Burnley	5-1		2-0	6-1	1-1	6-0	4-0	2-1	9-3	4-0	3-1	3-0	6-3	4-1	4-1	5-0
		4S		16O	27N	12M	11D	15J	1J	28M	13N	30O	20	7M	5F	18S	6S
3	Burton Swifts	2-1	0-2		2-0	1-1	4-0	2-3	1-1	3-0	2-1	0-0	3-1	0-4	1-3	3-2	1-2
		26F	5M		19F	23A	1D	27N	8J	9A	25D	9A	19D	11O	1O	2O	15J
4	Darwen	3-1	0-1	1-2		2-4	1-0	1-2	3-2	2-1	0-2	2-4	1-3	2-3	1-1	1-2	1-4
		13N	6N	26M		1J	16O	18D	18S	25S	26F	4S	5M	19M	2O	12F	12M
5	Gainsborough Trinity	4-1	0-0	3-2	3-1		2-0	1-0	4-0	4-0	3-3	1-0	1-3	2-1	0-0	1-1	1-0
		2O	9A	23M	24D		25S	19M	16O	5M	27N	26F	4D	27D	19F	22J	26M
6	Grimsby Town	3-0	2-1	7-2	5-0	4-2		0-0	4-2	7-0	1-3	3-4	2-0	1-3	3-1	1-2	1-4
		19M	23O	5F	11S	4S		18S	2O	4D	22J	18D	6N	2A	13N	5M	12F
7	Leicester Fosse	4-1	0-1	1-1	0-1	3-1	1-0		4-0	1-1	0-0	1-1	1-1	2-0	3-1	2-1	2-1
		6N	9O	12M	5F	16A	11A		12F	25D	4S	2A	9A	20N	26M	16O	4D
8	Lincoln City	3-2	1-1	3-0	2-2	2-1	1-1	1-4		2-3	4-2	2-1	2-3	1-0	1-2	0-2	2-3
		5F	8A	29J	9O	13N	25D	5M		23O	4D	19M	25S	6N	15J	9A	27D
9	Loughborough	0-2	0-2	3-2	0-1	0-5	2-1	1-1	4-2		2-0	0-3	0-1	0-0	0-2	2-1	1-3
		26M	22J	27D	8J	5F	9A	13N	27N		16O	2O	11A	16N	18S	4S	18D
10	Luton Town	3-1	2-0	1-1	3-0	4-0	6-0	0-1	9-3	7-0		3-0	3-1	2-2	1-2	6-0	0-2
		29N	19M	6N	11A	11S	27D	8A	18D	15J		1J	19F	21M	2A	5F	2O
11	Manchester City	3-3	1-1	9-0	5-0	3-0	3-0	2-1	3-1	3-0	2-1		1-1	0-1	3-3	3-2	4-1
		30M	20N	16A	23O	1S	9O	11D	24J	11S	26M		8J	25D	11A	3J	25S
12	Newcastle United	2-0	0-1	3-1	1-0	5-2	4-0	4-2	3-0	3-1	4-1	2-0		2-0	4-0	2-1	4-1
		23O	27D	18S	15J	2A	26M	22J	26F	3J	12M	16M		9O	27N	1J	4S
13	Newton Heath	4-0	0-0	4-0	3-2	1-0	2-1	2-0	5-0	5-1	1-2	1-1	0-1		3-1	6-0	5-1
		15J	12J	1J	23A	8A	27N	2O	4S	29M	18S	16O	13N		9A	30O	26F
14	Small Heath	2-3	2-2	2-1	5-1	4-3	0-2	2-1	4-0	1-0	4-2	0-1	1-0	2-1		6-0	2-1
		29J	8J	25S	25D	9O	12M	11S	16A	6N	12F	27D	12A	23O		4D	23A
15	Walsall	6-0	1-2	4-0	5-0	3-0	1-1	2-1	3-1	3-0	5-0	2-2	2-3	1-1	1-2		3-2
		27D	25S	23O	27S	11A	20N	26F	12M	9O	8J	15J	11S	11D	18D		6N
16	Woolwich Arsenal	2-1	1-1	3-0	3-1	4-0	4-1	0-3	2-2	4-0	3-0	2-2	0-0	5-1	4-2	4-0	
		27N	2A	11A	9A	18S	1S	23O	11S	19M	9O	5F	16O	8J	5M	13N	

Final League Table

Pos	Team	Pld	Home					Away					Totals					Pts	GA	Leading Goalscorer	Gls
			W	D	L	F	A	W	D	L	F	A	W	D	L	F	A				
1	Burnley	30	14	1	0	64	13	6	7	2	16	11	20	8	2	80	24	48	3.33	J Ross	23
2	Newcastle Utd	30	14	0	1	43	10	7	3	5	21	22	21	3	6	64	32	45	2.00	J Peddie	17
3	Manchester City	30	10	4	1	45	15	5	5	5	21	21	15	9	6	66	36	39	1.83	W Gillespie	18
4	Newton Heath	30	11	2	2	42	10	5	4	6	22	25	16	6	8	64	35	38	1.82	H Boyd	20
5	Woolwich A	30	10	4	1	41	14	6	1	8	28	35	16	5	9	69	49	37	1.40	F Hunt	11
6	Small Heath	30	11	1	3	37	18	5	3	7	21	32	16	4	10	58	50	36	1.16	W Abbott	19
7	Leicester Fosse	30	8	5	2	26	11	5	2	8	20	24	13	7	10	46	35	33	1.31	R McLeod	13
8	Luton Town	30	10	2	3	50	13	3	2	10	18	37	13	4	13	68	50	30	1.36	T McInnes, W Stewart	10
9	Gainsborough T	30	10	4	1	30	12	2	2	11	20	42	12	6	12	50	54	30	0.92	W Wigmore	17
10	Walsall	30	9	3	3	42	15	3	2	10	16	43	12	5	13	58	58	29	1.00	G Johnson	12
11	Blackpool	30	8	4	3	32	15	2	1	12	17	46	10	5	15	49	61	25	0.80	J Cox	12
12	Grimsby Town	30	9	1	5	44	24	1	3	11	8	38	10	4	16	52	62	24	0.83	H Fletcher	13
13	Burton Swifts	30	7	3	5	25	21	1	2	12	13	48	8	5	17	38	69	21	0.55	T Leigh	12
14	Lincoln City	30	6	2	6	27	27	0	2	10	10	55	6	5	19	43	82	17	0.52	A Hulmes, H Hobertson	10
15	Darwen	30	4	1	10	21	32	2	1	12	10	44	6	2	22	31	76	14	0.40	A Crook	7
16	Loughborough	30	5	2	8	15	26	1	0	14	9	61	6	2	22	24	87	14	0.27	R Pegg	7

Division 2 increased to 18 clubs with the election of Barnsley, Burslem Port Vale, Glossop North End and New Brighton Tower.

1898/99 DIVISION 1 SEASON 11

Total Matches	306
Total Goals	868
Avg goals per match	2.84

		Aston Villa	Blackburn Rov	Bolton Wand	Burnley	Bury	Derby County	Everton	Liverpool	Newcastle Utd	Nottm Forest	Notts County	Preston N E	Sheffield Utd	Sheffield Weds	Stoke	Sunderland	West Brom A	Wolverhampton
1	Aston Villa		3-1	2-1	4-0	3-2	7-1	3-0	5-0	1-0	3-0	6-1	4-2	1-1	3-1	3-1	2-0	7-1	1-1
			19N	29O	14J	7J	5N	17D	29A	26D	22O	22A	8O	24S	25M	3S	3D	24A	10D
2	Blackburn Rovers	0-0		4-1	0-2	0-0	3-0	1-3	1-3	4-2	3-3	6-0	2-2	2-1	2-0	4-1	3-2	4-1	2-2
		18M		10S	26D	1O	14J	29O	24D	10D	31D	2J	15A	1A	4F	12N	15O	24S	18F
3	Bolton Wanderers	0-0	0-2		2-0	0-1	2-1	2-4	2-1	0-0	0-2	0-1	2-2	3-0	0-0	0-2	6-1	3-3	2-1
		17A	7J		3J	17D	31M	25F	1A	18M	10D	15O	26N	12N	17S	18F	21J	3S	1O
4	Burnley	2-4	2-0	2-0		2-1	2-1	0-0	2-1	2-1	1-1	1-1	3-1	1-0	5-0	1-1	1-0	1-1	4-2
		17S	26N	5N		21J	11M	22A	22O	8O	6M	3S	5S	31M	3D	17A	8A	19N	17D
5	Bury	2-1	3-2	3-1	1-1		0-0	3-1	3-0	1-1	2-0	2-0	3-1	1-3	0-0	5-2	1-2	1-1	0-2
		10S	14F	15A	24S		31D	18M	19N	22O	3D	8A	5N	8O	2J	24D	31M	14J	14M
6	Derby County	1-1	0-0	1-1	2-1	1-2		5-5	1-0	3-1	2-0	4-2	1-0	0-9	1-1	4-2	4-1	6-2
		4M	17S	26D	12N	3S		15O	10D	26N	2OA	18F	1A	22A	21J	29O	1O	7J	4F
7	Everton	1-1	2-1	1-0	4-0	0-1	1-2		1-2	3-0	1-3	1-2	2-0	1-0	2-0	2-0	0-0	1-0	2-1
		15A	1S	8O	24D	26N	3A		24S	10S	2J	1A	14J	31D	5N	10D	11M	22O	19N
8	Liverpool	0-3	2-0	2-0	2-0	1-0	4-0	2-0		3-2	0-1	0-0	3-1	2-1	4-0	1-0	0-0	2-2	1-0
		15O	22A	3D	18F	20A	8A	21J		3A	25M	1O	12N	29O	3S	4F	7J	17D	17S
9	Newcastle United	1-1	1-0	4-1	4-1	2-0	2-0	2-2	3-0		0-1	1-2	2-1	1-2	2-2	3-0	0-1	3-0	2-4
		1O	8A	14N	4F	18F	25M	7J	5N		11M	17S	25F	15O	17D	21J	22A	3D	3S
10	Nottingham Forest	1-0	0-1	1-2	0-1	1-2	3-3	0-0	0-3	2-0		0-0	2-2	2-1	1-1	2-1	1-1	3-0	3-0
		18F	3S	8A	29O	1A	17D	1O	26N	12N		4F	6O	4M	7J	15O	17S	22A	21J
11	Notts County	1-0	5-3	2-1	2-2	4-1	2-2	0-1	1-1	3-1	2-2		1-0	2-2	1-0	2-0	5-2	0-0	0-2
		24D	5N	3A	31D	10D	22O	3D	27D	14J	8O		24S	10S	11M	15A	19N	9M	25M
12	Preston North End	2-0	1-1	0-1	1-1	3-1	3-1	0-0	1-2	1-0	1-0	2-0		1-0	1-1	4-2	2-3	4-0	2-1
		4F	17D	29A	15O	26D	3D	17S	11M	29O	19N	20M		18F	22A	1O	3S	8A	7J
13	Sheffield United	1-3	1-1	3-1	1-1	4-1	2-1	1-1	0-2	2-2	2-2	2-2	1-1		2-1	1-1	2-0	5-0	1-0
		21J	3D	11M	1O	4F	19N	3S	2J	26S	5N	7J	22O		26D	17S	17D	25M	12S
14	Sheffield Wednesday	4-1	1-2	1-0	1-0	3-2	3-1	1-2	0-3	1-3	2-1	1-1	2-1	1-1		1-3	0-1	1-2	3-0
		13M	8O	14J	1A	15O	24S	4M	31D	15A	10S	12N	19S	30		27M	18F	14F	29O
15	Stoke	3-0	0-1	2-3	4-1	1-1	0-0	2-1	2-1	0-0	2-1	1-1	2-1	1-1	1-0		1-0	2-1	2-4
		31D	11M	22O	10S	22A	1S	8A	8O	24S	26D	17D	14N	14J	19N		25M	5N	3D
16	Sunderland	4-2	0-1	0-0	0-1	3-0	1-0	2-1	1-0	2-3	1-1	1-1	1-0	1-0	2-0	2-0		2-0	3-0
		1A	3A	24S	10D	29O	2J	12N	10S	24D	14J	18M	31D	29A	22O	26N		8O	4M
17	West Bromwich Albion	0-1	6-2	1-0	0-1	2-0	1-1	3-0	0-1	2-0	2-0	2-0	2-0	3-0	2-0	0-1	1-0		1-2
		12N	21J	31D	18M	17S	10S	7N	26D	1A	24D	29O	10D	26N	1O	4M	4F		15O
18	Wolverhampton Wand	4-0	2-1	1-0	4-0	1-2	2-2	1-2	0-0	0-0	0-2	1-0	0-0	4-1	0-0	3-2	2-0	5-1	
		3A	22O	4A	15A	12N	8O	29A	14J	31D	24S	26N	10S	24D	25F	1A	5N	27D	

Automatic promotion and relegation introduced.

Final League Table

Pos	Team	Pld	Home					Away					Totals					Pts	GA	Leading Goalscorer	Gls
			W	D	L	F	A	W	D	L	F	A	W	D	L	F	A				
1	Aston Villa	34	15	2	0	58	13	4	5	8	18	27	19	7	8	76	40	45	1.90	J Devey	21
2	Liverpool	34	12	3	2	29	10	7	2	8	20	23	19	5	10	49	33	43	1.48	J Walker	12
3	Burnley	34	11	5	1	32	15	4	4	9	13	32	15	9	10	45	47	39	0.95	W Bowes	10
4	Everton	34	10	2	5	25	13	5	6	6	23	28	15	8	11	48	41	38	1.17	J Proudfoot	12
5	Notts County	34	9	6	2	33	20	3	7	7	14	31	12	13	9	47	51	37	0.92	A Maconnachie	14
6	Blackburn Rov	34	9	5	3	41	23	5	3	9	19	29	14	8	12	60	52	36	1.15	D Hurst	15
7	Sunderland	34	11	3	3	26	10	4	3	10	15	31	15	6	13	41	41	36	1.00	J Leslie	7
8	Wolverhampton	34	11	3	3	30	13	5	2	10	24	35	14	7	13	54	48	35	1.12	J Miller	12
9	Derby County	34	11	5	1	46	19	1	6	10	16	38	12	11	11	62	57	35	1.08	S Bloomer	24
10	Bury	34	9	5	3	31	18	5	2	10	17	31	14	7	13	48	49	35	0.98	C Sagar	10
11	Nottm Forest	34	6	6	5	22	18	5	5	7	20	24	11	11	12	42	42	33	1.00	F Spencer	9
12	Stoke	34	10	4	3	29	17	3	3	11	18	35	13	7	14	47	52	33	0.90	W Maxwell	17
13	Newcastle Utd	34	8	3	5	33	18	2	5	10	16	30	11	8	15	49	48	30	1.02	J Peddie	17
14	West Brom A	34	11	1	5	28	9	1	5	11	14	48	12	6	16	42	57	30	0.73	W Richards	9
15	Preston N E	34	10	4	3	29	14	0	5	12	15	33	10	9	15	44	47	29	0.93	T Pratt	13
16	Sheffield Utd	34	7	8	2	31	20	2	3	12	14	31	9	11	14	45	51	29	0.88	G Hedley	9
17	Bolton Wand	34	6	5	6	24	21	3	2	12	13	30	9	7	18	37	51	25	0.72	A Gilligan, H Morgan	6
18	Sheffield Weds	34	8	2	7	26	24	0	6	11	6	37	8	8	18	32	61	24	0.52	W Hemmingfield	8

1898/99 DIVISION 2 SEASON 11

Total Matches 306
Total Goals 1103
Avg goals per match 3.6

	Team	Barnsley	Blackpool	Burslem P V	Burton Swifts	Darwen	Gainsborough T	Glossop N E	Grimsby Town	Leicester Fosse	Lincoln City	Loughborough	Luton Town	Manchester City	New Brighton T	Newton Heath	Small Heath	Walsall	Woolwich A
1	Barnsley		2-1 11F	2-1 31D	2-0 15A	6-0 8O	1-0 22O	2-2 27D	3-4 25F	1-0 24S	9-0 3A	2-1 28J	1-1 10S	1-1 5N	0-2 25M	7-2 4A	1-1 14J	2-1 3D	2-1 24D
2	Blackpool	3-1 15M		0-4 24S	3-0 14J	6-0 31M	4-0 15A	1-2 31D	3-6 18F	2-2 1A	3-0 12N	2-1 8O	2-3 26N	2-4 24D	1-2 4M	0-1 3A	1-1 8M	1-2 10S	1-1 22M
3	Burslem Port Vale	2-0 3S	6-1 21J		4-1 24D	3-1 18M	2-1 26N	1-2 3A	2-0 1O	0-2 12N	2-1 18F	3-0 17S	4-1 4M	1-1 1A	0-0 15O	1-0 4F	1-0 7J	0-1 15A	3-0 5S
4	Burton Swifts	5-0 17D	3-1 17S	2-0 28J		4-0 12N	2-1 18M	1-2 1A	1-2 21J	1-1 4M	2-1 12A	1-1 7J	1-1 26D	3-3 26N	1-1 4F	5-1 1O	2-6 3S	0-2 31N	1-2 18F
5	Darwen	1-1 21M	0-2 8A	1-3 2J	0-2 11M		0-3 11F	0-2 25F	0-2 17D	3-0 1O	1-2 7J	0-1 3D	4-1 11A	0-2 22O	2-4 31D	1-1 22A	1-1 25M	1-1 5N	1-4 17S
6	Gainsborough Trinity	2-0 18F	7-0 17D	3-2 25M	1-2 26O	2-2 15O		2-4 5N	5-1 22A	4-0 4F	2-2 17S	3-0 26D	2-3 1O	3-1 25F	3-1 7J	0-2 3S	1-1 3D	0-0 11M	0-1 21J
7	Glossop North End	1-0 31M	4-1 3S	0-0 8A	5-0 3D	5-0 7M	5-1 4M		4-2 7J	1-3 18F	2-0 1O	4-0 22A	5-0 15O	1-2 12N	5-0 21J	1-2 17S	1-2 17D	2-0 25M	2-0 4F
8	Grimsby Town	0-1 26D	2-1 22O	3-1 21F	1-3 24S	9-2 15A	0-2 24D	1-1 10S		1-0 31M	1-1 18M	5-0 11F	5-0 1A	1-2 11A	2-2 12N	3-0 4M	2-0 8O	2-1 14J	1-0 26N
9	Leicester Fosse	3-1 21J	4-0 3D	1-1 11M	1-0 5N	4-0 26D	1-0 8O	4-2 22O	2-0 3A		3-2 3S	1-0 27D	1-1 17S	1-1 11F	4-1 22A	1-0 17D	0-0 29A	2-2 25F	2-1 7J
10	Lincoln City	1-0 1S	0-0 11M	1-0 22O	1-1 11F	2-0 10S	1-0 14J	2-2 26D	1-6 8A	3-1 31D		6-0 5N	2-0 24D	3-1 24S	1-2 27D	2-0 25M	2-2 31M	1-1 6O	2-0 15A
11	Loughborough	2-0 11M	1-3 4F	0-3 14J	1-0 10S	10-0 1A	0-0 3A	1-3 24D	1-3 17A	0-3 26N	2-4 4M		4-1 18M	1-3 10D	6-0 29A	0-1 18F	1-1 24S	1-1 31D	0-0 12N
12	Luton Town	4-1 7J	3-2 25M	0-1 5N	3-0 3A	8-1 24S	4-2 28J	0-2 11F	3-1 3D	1-6 14J	2-0 22A	2-2 31M		0-3 8O	2-3 17D	0-1 8A	2-3 11M	3-2 22O	0-1 3S
13	Manchester City	5-0 4M	4-1 22A	3-1 3D	6-0 25M	10-0 18F	4-0 31M	0-2 2J	7-2 3S	3-1 15O	3-1 22F	5-0 17D	2-0 4F		1-1 17S	4-0 26D	2-0 8A	2-0 19N	3-1 1O
14	New Brighton Tower	2-1 26N	4-0 5N	1-0 11F	2-2 8O	7-0 22D	3-2 10S	2-2 24S	2-0 11M	1-0 24D	4-1 1A	3-0 25F	4-0 15A	0-1 14J		0-3 19N	4-0 22O	5-0 28J	3-1 10D
15	Newton Heath	0-0 12N	3-1 10D	2-2 8O	2-2 2J	9-0 24D	6-1 31D	3-2 14J	2-2 5N	1-0 15A	6-1 26N	5-0 22O	3-0 12A	1-2 10S	1-2 18M		2-0 25F	1-0 24S	2-2 1A
16	Small Heath	3-1 17S	5-0 26D	1-2 10S	4-1 31D	8-0 26N	6-1 1A	1-1 15A	2-1 4F	0-3 18M	4-1 5S	6-0 21J	9-0 12N	4-1 27D	3-2 18F	4-1 15O		2-1 24D	4-1 4M
17	Walsall	1-1 1A	6-0 7J	1-1 17D	7-1 4A	10-0 4M	6-1 12N	2-0 26N	4-1 17S	1-1 26S	3-2 4F	7-0 3S	6-0 18F	1-1 18M	1-1 1O	2-0 21J	2-0 22A		4-1 15O
18	Woolwich Arsenal	3-0 22A	6-0 18M	1-0 25F	2-1 22O	6-0 14J	5-1 24S	3-0 13F	1-1 25M	4-0 10S	4-2 17D	3-1 13M	6-2 31D	0-1 3A	4-0 8A	5-1 3D	2-0 5N	0-0 11F	

Automatic promotion and relegation introduced. Gainsborough v Grimsby Town played at Sincil Bank, Lincoln. Loughborough v Blackpool played at Filbert Street, Leicester.

Final League Table

Pos	Team	Pld	Home					Away					Totals					Pts	GA	Leading Goalscorer	Gls
			W	D	L	F	A	W	D	L	F	A	W	D	L	F	A				
1	Manchester City	34	15	1	1	64	10	8	5	4	28	25	23	6	5	92	35	52	2.62	W Meredith	29
2	Glossop N E	34	12	1	4	48	13	8	5	4	28	25	20	6	8	76	38	46	2.00	R Donaldson	18
3	Leicester Fosse	34	12	5	0	35	12	6	4	7	29	30	18	9	7	64	42	45	1.52	T Galbraith	16
4	Newton Heath	34	12	4	1	51	14	7	1	9	16	29	19	5	10	67	43	43	1.55	J Cassidy	19
5	New Brighton T	34	13	2	2	48	13	5	5	7	23	39	18	7	9	71	52	43	1.36	A Milward	19
6	Walsall	34	12	5	0	64	11	3	7	7	15	25	15	12	7	79	36	42	2.19	J Aston, T Vail	16
7	Woolwich A	34	14	2	1	55	10	4	3	10	17	31	18	5	11	72	41	41	1.75	F Hunt	15
8	Small Heath	34	14	1	2	66	17	3	6	8	19	33	17	7	10	85	50	41	1.70	**W Abbott**	**34**
9	Burslem P V	34	12	2	3	35	13	5	3	9	21	22	17	5	12	56	34	39	1.64	E Beckett, R Evans	12
10	Grimsby Town	34	10	3	4	39	17	5	2	10	32	43	15	5	14	71	60	35	1.18	J Cockshutt	16
11	Barnsley	34	11	4	2	44	18	1	3	13	8	38	12	7	15	52	56	31	0.92	H Davis	15
12	Lincoln City	34	10	5	2	31	16	2	2	13	20	40	12	7	15	51	56	31	0.91	H Robertson	20
13	Burton Swifts	34	7	5	5	35	25	3	3	11	16	45	10	8	16	51	70	28	0.72	H Griffiths	13
14	Gainsborough T	34	8	4	5	40	22	2	1	14	16	50	10	5	19	56	72	25	0.77	W Wigmore	19
15	Luton Town	34	8	1	8	37	31	2	2	13	14	64	10	3	21	51	95	23	0.53	J Kemplay	14
16	Blackpool	34	6	3	8	35	30	2	1	14	14	60	8	4	22	49	90	20	0.54	R Birket	16
17	Loughborough	34	5	4	8	31	26	1	2	14	7	66	6	6	22	38	92	18	0.41	R Pegg	8
18	Darwen	34	2	4	11	16	32	0	1	16	6	109	2	5	27	22	141	9	0.15	O Pilkington	4

Chesterfield Town and Middlesbrough were elected in place of Blackpool and Darwen. Glossop Dropped the 'North End' part of their name to avoid confusion with Preston North End.

1899/1900 DIVISION 1 SEASON 12

Total Matches	306
Total Goals	868
Avg goals per match	2.84

Results Grid

	Team	Aston Villa	Blackburn Rov	Burnley	Bury	Derby County	Everton	Glossop	Liverpool	Manchester City	Newcastle Utd	Nottm Forest	Notts County	Preston N E	Sheffield United	Stoke	Sunderland	West Brom A	Wolverhampton
1	Aston Villa		3-1 23S	2-0 25N	2-1 7O	3-2 3F	1-1 13J	9-0 4S	1-0 24M	2-1 21O	2-1 4N	2-2 9D	6-2 17F	3-1 7A	1-1 3M	4-1 23D	4-2 30D	0-2 9S	0-0 11N
2	Blackburn Rovers	0-4 20J		2-0 1J	3-2 16D	2-0 14A	3-1 25N	2-2 3M	2-0 30S	4-3 2S	2-3 16S	2-1 5M	2-0 28A	3-0 14O	3-3 13J	3-0 10M	1-2 11N	2-0 24M	2-1 7A
3	Burnley	1-2 31M	1-0 7O		1-0 21O	1-2 17F	3-1 3F	3-1 30D	2-1 2D	2-0 4N	1-3 18N	2-2 23D	3-0 3M	0-1 21A	1-0 23A	2-2 9S	3-1 13J	2-0 23S	0-1 9D
4	Bury	2-0 1J	2-0 25A	1-1 14M		1-1 23D	4-1 9D	2-1 11N	2-1 14O	1-4 16S	2-1 30S	2-1 25D	0-1 6J	2-0 28O	2-1 20J	0-1 13A	2-0 25N	1-0 7A	3-0 2S
5	Derby County	2-0 30S	0-2 9D	4-1 14O	3-0 28A		2-1 7A	4-1 26D	3-2 25D	0-0 6J	2-1 20J	2-2 28O	0-1 2S	2-0 4A	0-1 16S	2-0 11N	2-0 24M	4-1 25N	0-2 16D
6	Everton	1-2 16S	0-0 31M	2-0 30S	2-0 14A	3-0 2D		4-1 16A	3-1 20J	4-0 28A	3-2 6J	2-1 14O	0-0 16D	1-0 1J	1-2 2S	2-0 25D	1-0 10M	1-3 11N	0-1 24M
7	Glossop	1-0 16D	4-2 27F	2-0 2S	0-0 17M	1-3 13A	1-1 21O		1-2 28A	0-2 31M	0-0 14A	3-0 16S	0-0 18N	0-2 6J	2-2 2D	1-2 3F	0-2 7O	1-1 24A	2-3 20J
8	Liverpool	3-3 18N	3-1 3F	0-1 7A	2-0 9A	0-2 7O	1-2 23S	5-2 23D		5-2 3M	2-0 17M	1-0 21A	3-1 21O	1-0 9D	2-2 4N	0-0 30D	0-2 9S	2-0 13J	1-1 25N
9	Manchester City	0-2 19M	1-1 30D	1-0 10M	2-2 13J	4-0 9S	1-2 23D	4-1 25N	0-1 28O		1-0 14O	2-0 9A	5-1 23S	3-1 11N	1-2 25D	1-0 7A	2-1 9D	4-0 21A	1-1 30S
10	Newcastle United	3-2 10M	4-1 13J	2-0 24M	2-1 3F	2-0 23S	1-0 9S	1-1 14M	0-0 11N	1-1 13A		3-1 7A	6-0 7O	0-0 25N	0-0 21O	2-2 21A	2-4 23D	4-2 30D	0-1 28O
11	Nottingham Forest	1-1 14A	3-2 21O	4-0 28A	2-2 4N	4-1 3M	4-2 17F	5-0 13J	1-0 16D	2-0 27D	1-0 2D		0-3 17M	3-1 2S	4-0 31M	1-0 23S	1-3 17A	6-1 7O	0-0 6J
12	Notts County	1-4 14O	5-1 23D	6-1 28O	2-2 9S	0-0 30D	2-2 21A	0-0 24M	2-1 5O	1-1 20J	0-0 16A	1-2 11N		3-0 10M	1-2 30S	1-3 25N	3-1 7A	1-2 9D	0-0 16S
13	Preston North End	0-5 2D	2-0 30A	1-1 16D	1-0 3M	0-0 21O	1-1 5O	1-0 9S	1-3 14A	0-2 16A	4-1 31M	3-0 30D	4-3 4N		0-1 18N	3-0 13J	0-1 23S	5-2 3F	2-0 28A
14	Sheffield United	2-1 28O	3-0 9S	0-0 11N	4-0 23S	1-1 13J	5-0 30D	4-0 7A	1-2 10M	3-0 7O	3-1 26M	3-0 25N	1-1 3F	1-0 24M		1-0 9D	2-2 2O	1-1 23D	5-2 14O
15	Stoke	0-2 13N	4-1 4N	2-0 26D	1-1 16A	1-1 17M	1-0 28O	3-2 30S	1-0 2S	2-2 2D	0-0 16D	3-1 20J	1-1 31M	0-1 16S	1-1 14A		1-0 26M	1-2 21O	1-3 18S
16	Sunderland	0-1 2S	1-0 16A	2-1 16S	1-0 31M	2-0 21A	1-0 4N	0-0 24F	1-0 6J	3-1 14A	1-2 28A	1-0 30S	5-0 2D	1-1 20J	1-1 16D	3-0 14O		3-1 3M	1-2 1J
17	West Bromwich Albion	0-2 6J	1-0 2A	2-0 20J	0-1 2D	0-0 31M	0-0 26D	3-3 14O	2-0 16S	0-0 16D	1-1 2S	8-0 16A	0-0 14A	1-0 30S	1-2 6N	4-0 19M	1-0 28O		3-2 10M
18	Wolverhampton Wand	0-1 16A	4-0 2D	3-0 14A	1-0 30D	3-0 21A	2-1 17M	4-0 23S	0-1 31M	1-1 3F	1-1 3M	2-2 9S	2-2 13J	1-3 23D	1-2 17A	0-2 7O	1-0 26D	2-0 4N	

Final League Table

Pos	Team	Pld	Home W	D	L	F	A	Away W	D	L	F	A	Totals W	D	L	F	A	Pts	GA	Leading Goalscorer	Gls
1	Aston Villa	34	12	4	1	45	18	10	2	5	32	17	22	6	6	77	35	50	2.20	W Garraty	27
2	Sheffield United	34	11	5	1	40	11	7	7	3	23	22	18	12	4	63	33	48	1.90	W Bennett	15
3	Sunderland	34	12	2	3	27	9	7	1	9	23	26	19	3	12	50	35	41	1.42	W Hogg, C McLatchie	9
4	Wolverhampton	34	8	4	5	28	16	7	5	5	20	21	15	9	10	48	37	39	1.29	G Harper	10
5	Newcastle United	34	10	5	2	34	15	3	5	9	19	28	13	10	11	53	43	36	1.23	J Peddie	15
6	Derby County	34	11	2	4	32	15	3	6	8	13	28	14	8	12	45	43	36	1.04	S Bloomer	19
7	Manchester City	34	10	3	4	33	15	3	5	9	17	29	13	8	13	50	44	34	1.13	W Meredith	14
8	Nottm Forest	34	12	3	2	42	16	1	5	11	14	39	13	8	13	56	55	34	1.01	J Calvey	13
9	Stoke	34	9	5	3	24	15	4	3	10	13	30	13	8	13	37	45	34	0.82	W Maxwell	10
10	Liverpool	34	9	4	4	31	19	5	1	11	18	26	14	5	15	49	45	33	1.08	J Walker	10
11	Everton	34	11	1	5	30	15	2	6	9	17	34	13	7	14	47	49	33	0.95	J Settle	10
12	Bury	34	12	2	3	29	14	1	4	12	11	30	13	6	15	40	44	32	0.90	J McLuckie	13
13	West Brom A	34	8	6	3	27	11	3	2	12	16	40	11	8	15	43	51	30	0.84	C Simmons	11
14	Blackburn Rov	34	12	2	3	38	22	1	2	14	11	39	13	4	17	49	61	30	0.80	A Whittaker	11
15	Notts County	34	5	7	5	29	24	4	4	9	17	38	9	11	14	46	60	29	0.76	J McMain	13
16	Preston N E	34	9	3	5	28	20	3	1	13	10	28	12	4	18	38	48	28	0.79	A Henderson	11
17	Burnley	34	10	2	5	28	17	1	3	13	6	37	11	5	18	34	54	27	0.63	E Chadwick	11
18	Glossop	34	4	6	7	19	22	0	4	13	12	52	4	10	20	31	74	18	0.41	W Gallacher	7

1899/1900 | DIVISION 2
SEASON 12

Total Matches 306
Total Goals 985
Avg goals per match 3.22

		Barnsley	Bolton Wand	Burslem P V	Burton Swifts	Chesterfield T	Gainsborough T	Grimsby Town	Leicester Fosse	Lincoln City	Loughborough	Luton Town	Middlesbrough	New Brighton T	Newton Heath	Sheffield Weds	Small Heath	Walsall	Woolwich A
1	Barnsley		1-6	3-0	4-1	0-0	5-0	0-1	1-2	0-4	7-0	2-1	5-2	1-1	0-0	1-0	1-1	2-2	3-2
2	Bolton Wanderers	2-0		5-0	5-0	3-0	3-0	1-2	2-2	4-0	7-0	3-0	3-0	2-1	2-1	1-0	1-1	2-0	1-0
3	Burslem Port Vale	3-1	0-2		2-1	2-0	1-0	2-3	0-2	2-1	3-1	1-0	3-1	1-1	1-0	0-3	3-0	1-0	1-1
4	Burton Swifts	4-0	2-5	2-2		2-1	1-1	1-2	2-0	0-0	3-1	3-1	5-0	2-2	0-0	0-5	0-3	2-1	2-0
5	Chesterfield Town	2-1	3-3	0-4	0-4		3-1	3-1	0-0	2-2	1-0	2-0	7-1	5-2	2-1	1-0	0-0	1-3	3-1
6	Gainsborough Trinity	1-0	1-1	4-0	4-1	3-5		2-3	3-0	3-1	4-2	2-2	5-0	1-1	0-1	0-2	1-4	2-0	1-1
7	Grimsby Town	8-1	0-0	1-1	6-0	0-3	3-0		6-1	5-2	3-0	3-3	2-0	1-2	0-7	1-2	2-0	4-2	1-0
8	Leicester Fosse	1-0	0-0	2-0	1-0	2-2	5-0	3-0		2-0	5-0	2-2	4-1	1-2	2-0	0-0	2-0	2-1	0-0
9	Lincoln City	1-1	1-0	1-1	3-0	2-0	2-1	1-1	2-0		3-2	2-0	3-0	0-0	1-0	1-2	0-0	3-1	5-0
10	Loughborough	0-0	2-3	1-2	2-1	0-4	1-2	0-0	0-2	0-1		1-1	1-1	1-2	0-2	0-0	1-2	0-0	2-3
11	Luton Town	3-0	0-2	1-1	5-2	0-3	4-0	0-4	0-0	0-2	4-0		1-1	1-4	0-1	0-1	1-2	4-0	1-2
12	Middlesbrough	3-0	0-3	1-0	8-1	0-1	0-0	1-0	0-1	1-1	3-0	0-0		5-2	2-0	1-2	1-3	1-1	1-0
13	New Brighton Tower	6-2	3-1	2-0	5-0	2-3	5-0	2-1	2-2	3-0	3-0	5-1	1-1		1-4	2-2	2-2	0-1	0-2
14	Newton Heath	3-0	1-2	3-0	4-0	2-1	2-2	1-0	3-2	1-0	4-0	5-0	2-1	2-1		1-0	3-2	5-0	2-0
15	Sheffield Wednesday	5-1	2-1	4-0	6-0	5-1	5-1	2-1	2-0	1-0	5-0	6-0	3-0	4-0	2-1		4-0	2-0	3-1
16	Small Heath	5-0	0-0	2-1	2-0	5-3	8-1	0-1	4-1	5-0	6-0	3-0	5-1	2-0	1-0	4-1		3-2	3-1
17	Walsall	4-2	2-2	0-1	2-0	6-3	1-0	1-1	1-2	3-1	1-0	7-3	1-1	2-1	0-0	1-1	1-0		2-0
18	Woolwich Arsenal	5-1	0-1	1-0	1-1	2-0	2-1	2-0	0-2	2-1	12-0	3-1	3-0	5-0	2-1	1-2	3-0	3-1	

Loughborough v Bolton Wanderers played at Filbert Street, Leicester.

Final League Table

Pos	Team	Pld	Home W	Home D	Home L	Home F	Home A	Away W	Away D	Away L	Away F	Away A	Totals W	Totals D	Totals L	Totals F	Totals A	Pts	GA	Leading Goalscorer	Gls
1	Sheffield Weds	34	17	0	0	61	7	8	4	5	23	15	25	4	5	84	22	54	3.81	J Wright	26
2	Bolton Wand	34	14	2	1	47	7	8	6	3	32	18	22	8	4	79	25	52	3.16	L Bell	23
3	Small Heath	34	15	1	1	58	12	5	5	7	20	26	20	6	8	78	38	46	2.05	R McRoberts	21
4	Newton Heath	34	15	1	1	44	11	5	3	9	19	16	20	4	10	63	27	44	2.33	J Cassidy	16
5	Leicester Fosse	34	11	5	1	34	8	6	4	7	19	28	17	9	8	53	36	43	1.47	R King	13
6	Grimsby Town	34	10	3	4	46	24	7	3	7	21	22	17	6	11	67	46	40	1.45	C Richards	18
7	Chesterfield T	34	10	4	3	35	24	6	2	9	30	36	16	6	12	65	60	38	1.08	H Munday	20
8	Woolwich A	34	13	1	3	47	12	3	3	11	14	31	16	4	14	61	43	36	1.41	R Gaudie	14
9	Lincoln City	34	11	5	1	31	9	3	3	11	16	34	14	8	12	47	43	36	1.09	J Hartley	15
10	New Brighton T	34	9	4	4	44	22	4	5	8	22	36	13	9	12	66	58	35	1.13	W Hammond	13
11	Burslem P V	34	11	2	4	26	17	3	4	10	13	33	14	6	14	39	50	34	0.78	H Harvey	10
12	Walsall	34	10	5	2	35	18	2	3	12	15	37	12	8	14	50	55	32	0.90	J Moffatt	13
13	Gainsborough T	34	8	4	5	37	24	1	3	13	10	51	9	7	18	47	75	25	0.62	A Radford	15
14	Middlesbrough	34	8	4	5	28	15	0	4	13	11	54	8	8	18	39	69	24	0.56	G Longstaff, C Pugh	6
15	Burton Swifts	34	8	5	4	31	24	1	1	15	12	60	9	6	19	43	84	24	0.51	H Griffiths	10
16	Barnsley	34	8	5	4	36	15	0	2	15	10	56	8	7	19	46	79	23	0.58	R Jones	8
17	Luton Town	34	5	3	9	25	25	0	5	12	15	50	5	8	21	40	75	18	0.53	J Brock	9
18	Loughborough	34	1	6	10	12	26	0	0	17	6	74	1	6	27	18	100	8	0.18	J Tebbs	4

Blackpool and Stockport County were elected in place of Loughborough Town and Luton Town.

1900/01 DIVISION 1
SEASON 13

Total Matches 306
Total Goals 855
Avg goals per match 2.79

	Team	Aston Villa	Blackburn Rov	Bolton Wand	Bury	Derby County	Everton	Liverpool	Manchester City	Newcastle Utd	Nottm Forest	Notts County	Preston N E	Sheffield United	Sheffield Weds	Stoke	Sunderland	West Brom A	Wolverhampton
1	Aston Villa		3-3 29O	3-0 26D	1-0 10S	2-1 29S	1-2 15S	0-2 16M	7-1 1D	2-2 17N	2-1 15D	1-2 13O	4-0 3S	0-0 30M	2-1 9M	2-0 1S	2-2 19J	0-1 5J	0-0 27O
2	Blackburn Rovers	2-2 22D		2-0 24N	0-2 13A	1-0 23M	2-1 9M	3-1 29D	1-0 22S	0-0 8S	1-3 6O	0-2 6A	3-1 1J	1-0 12J	2-2 13O	3-2 23F	0-1 10N	1-1 27O	2-0 20A
3	Bolton Wanderers	1-0 6O	1-0 30M		3-2 16M	0-1 1S	1-0 15D	1-0 16F	0-0 3N	3-2 20O	4-2 1J	0-1 5A	1-1 22S	0-0 2M	1-1 5J	1-0 1D	0-0 2J	3-2 13A	1-0 29A
4	Bury	3-1 8D	0-1 29S	3-0 10N		2-1 9M	3-0 1J	0-0 20A	4-0 8S	1-0 22S	0-1 27M	1-0 23M	2-1 24N	1-1 29D	2-0 15S	3-2 5A	0-0 27O	6-1 13O	0-1 6A
5	Derby County	3-0 22A	4-0 17N	4-2 29D	5-2 3N		0-1 13A	2-3 6O	2-0 2M	1-1 16F	0-0 16M	2-1 8S	0-0 12J	4-0 20O	3-1 27A	4-1 30M	1-1 26D	4-0 11D	4-5 22S
6	Everton	2-1 12J	0-0 3N	2-3 20A	3-3 26D	2-0 8D		1-1 22S	5-2 16F	0-1 8A	4-1 2M	0-1 22D	4-1 29D	3-1 6O	1-1 24N	3-0 16M	1-0 6A	1-0 17N	5-1 8S
7	Liverpool	5-1 10N	3-0 1S	2-1 13O	1-0 15D	0-0 25D	1-2 19J		3-1 13A	3-0 30M	2-0 27A	1-0 8A	3-2 27O	1-2 1D	1-1 23M	3-1 1J	1-2 29S	5-0 15S	1-0 9M
8	Manchester City	4-0 27A	1-3 19J	1-1 9M	1-0 5J	2-0 27O	1-0 13O	3-4 8D		2-1 20A	1-0 15S	2-0 10N	3-1 23F	2-1 22D	2-2 1S	2-0 29S	1-1 25D	1-0 5A	3-2 24N
9	Newcastle United	3-0 17A	1-0 5J	3-0 27M	0-0 27A	2-1 13O	1-0 29S	1-1 24N	2-1 15D		0-0 1S	2-0 27O	3-5 9M	3-0 13A	0-0 6A	2-1 15S	0-2 24A	1-1 19J	3-1 10N
10	Nottingham Forest	3-1 20A	0-1 8A	3-0 25D	1-1 22S	1-0 10N	2-1 27O	0-0 22D	4-2 12J	1-2 29D		5-0 24N	4-1 4O	2-0 8S	1-0 29S	1-1 13O	0-0 9M	2-3 13M	2-1 8D
11	Notts County	2-0 16F	2-1 1D	1-0 15S	1-0 17N	2-1 5J	3-2 9A	3-0 20O	0-0 15M	3-1 2M	1-0 26D		6-1 27M	2-4 3N	2-0 19J	2-4 13A	2-2 1S	1-0 15D	4-1 6O
12	Preston North End	0-2 20O	4-1 8D	1-3 23M	3-1 30M	3-2 15S	1-2 1S	2-2 2M	0-4 17N	0-1 3N	1-1 1D	0-1 29S		3-1 16M	3-2 5A	4-2 25D	1-1 5J	2-3 15A	1-1 16F
13	Sheffield United	2-2 24N	2-1 15S	0-2 27O	0-3 1S	2-1 11M	2-1 25D	0-2 22A	1-1 26D	2-0 8D	0-1 5J	4-2 9M	2-1 10N		1-0 15D	0-4 19J	2-0 13O	1-1 29S	1-1 25M
14	Sheffield Wednesday	3-2 3N	1-1 16F	1-0 8S	1-2 12J	2-1 22D	3-1 30M	3-2 17N	4-1 29D	2-2 1D	4-1 9A	4-1 22S	0-1 6O	1-0 29A		4-0 2M	1-0 13A	2-1 16M	2-0 1J
15	Stoke	0-0 29D	2-0 20O	2-1 12N	1-2 6O	0-1 24N	0-2 10N	1-2 8S	2-1 26J	2-0 12J	0-3 16F	1-1 10S	5-0 26D	0-1 22S	2-1 27O		0-0 23M	2-0 9M	3-0 22D
16	Sunderland	0-0 22S	2-0 16M	5-1 8A	4-1 2M	2-1 1J	2-0 1D	0-1 23F	3-0 20O	1-1 6O	0-1 3N	1-1 29D	3-1 8S	3-0 16F	1-0 8D	6-1 17N		3-0 30M	7-2 12J
17	West Bromwich Albion	0-1 8S	1-1 2M	7-2 8D	1-2 16F	1-1 3S	0-2 22A	0-1 29A	0-3 6O	1-6 22S	1-0 5N	0-1 22D	0-2 30A	1-1 10N	2-2 3N	1-0 24N			1-2 29D
18	Wolverhampton Wand	0-0 8A	2-2 15D	1-1 29S	1-1 1D	0-0 19J	1-1 5J	2-1 3N	1-0 30M	1-0 16M	3-2 13A	2-2 3S	3-0 13O	1-1 17N	0-2 26D	2-2 9A	0-0 15S	1-1 1S	

Final League Table

Pos	Team	Pld	Home					Away					Totals					Pts	GA	Leading Goalscorer	Gls
			W	D	L	F	A	W	D	L	F	A	W	D	L	F	A				
1	Liverpool	34	12	2	3	36	13	7	5	5	23	22	19	7	8	59	35	45	1.68	S Raybould	16
2	Sunderland	34	12	3	2	43	11	3	10	4	14	15	15	13	6	57	26	43	2.19	G Livingstone	11
3	Notts County	34	13	2	2	39	18	5	2	10	15	28	18	4	12	54	46	40	1.17	J Morris	16
4	Nottm Forest	34	10	4	3	32	14	6	3	8	21	22	16	7	11	53	36	39	1.47	A Morris	15
5	Bury	34	11	3	3	31	10	5	4	8	22	27	16	7	11	53	37	39	1.43	J McLuckie	13
6	Newcastle United	34	10	5	2	27	13	4	5	8	15	24	14	10	10	42	37	38	1.13	J Peddie	13
7	Everton	34	10	4	3	37	17	6	1	10	18	25	16	5	13	55	42	37	1.31	J Settle, J Taylor	10
8	Sheffield Weds	34	13	2	2	38	11	0	8	9	14	26	13	10	11	52	42	36	1.23	A Wilson	13
9	Blackburn Rov	34	9	4	4	24	18	3	5	9	15	29	12	9	13	39	47	33	0.83	H Morgan, A Whittaker	8
10	Bolton Wand	34	10	5	2	21	12	3	2	12	18	43	13	7	14	39	55	33	0.70	L Bell, J McKie	8
11	Manchester City	34	12	3	2	32	16	1	3	13	16	42	13	6	15	48	58	32	0.82	J Cassidy	14
12	Derby County	34	10	4	3	43	18	2	5	12	12	24	12	7	15	55	42	31	1.31	S Bloomer	24
13	Wolverhampton	34	6	10	1	21	15	3	3	11	18	40	9	13	12	39	55	31	0.70	W Wooldridge	8
14	Sheffield United	34	8	4	5	22	23	4	3	10	13	29	12	7	15	35	52	31	0.67	W Bennett, C Field	6
15	Aston Villa	34	8	5	4	32	18	2	5	10	13	33	10	10	14	45	51	30	0.88	J Devey	12
16	Stoke	34	8	6	3	23	15	3	2	12	23	42	11	5	18	46	57	27	0.80	W Maxwell	15
17	Preston N E	34	6	4	7	29	30	3	3	11	20	45	9	7	18	49	75	25	0.65	F Becton	10
18	West Brom A	34	4	4	9	21	27	3	4	10	14	35	7	8	19	35	62	22	0.56	C Simmons	5

1900/01 | DIVISION 2 — SEASON 13

Total Matches 306
Total Goals 819
Avg goals per match 2.68

		Barnsley	Blackpool	Burnley	Burslem P V	Burton Swifts	Chesterfield T	Gainsborough T	Glossop	Grimsby Town	Leicester Fosse	Lincoln City	Middlesbrough	New Brighton T	Newton Heath	Small Heath	Stockport Co	Walsall	Woolwich A
1	Barnsley		0-1 29S	2-1 5A	1-3 6A	3-2 8S	4-1 15S	1-3 22D	2-2 8A	2-3 23F	1-0 1J	0-0 27O	3-1 14M	1-1 20A	6-2 9A	1-2 13O	2-0 9F	2-1 29D	3-0 19J
2	Blackpool	1-1 20M		0-1 8D	2-1 5A	2-0 22S	1-1 13O	1-1 8S	0-0 24N	0-1 9M	1-0 22D	2-0 10N	3-0 6A	1-2 29D	1-2 23M	0-0 27O	3-0 23F	1-0 12J	1-1 6O
3	Burnley	4-0 30M	4-0 13A		1-0 16F	2-1 3S	5-1 26J	2-1 25D	5-1 19J	3-0 1S	0-0 20O	1-0 5J	2-0 29S	2-1 3N	1-0 15S	0-1 27A	3-1 15D	0-0 16M	3-0 1D
4	Burslem Port Vale	3-2 1D	4-0 15D	1-0 13O		4-0 30M	5-1 23F	1-1 16M	0-0 29S	0-0 3N	0-0 2M	2-0 15S	0-2 11M	1-3 17N	2-0 19J	2-2 1S	0-1 3S	2-2 25D	1-0 13A
5	Burton Swifts	1-1 5J	1-2 19J	1-0 23M	0-2 24N		0-4 1S	1-0 20A	1-3 9M	1-2 13O	0-1 10	0-0 23F	0-0 10N	1-0 25D	3-1 27O	0-2 15A	3-2 29S	2-1 22D	1-0 15S
6	Chesterfield Town	1-2 12J	2-0 16F	1-3 6O	1-1 20O	2-0 29D		2-2 1D	0-1 8S	3-3 30M	1-0 5A	2-0 8A	2-3 22S	0-1 26D	2-1 22D	1-1 16M	4-2 2M	1-1 20A	0-1 19F
7	Gainsborough Trinity	4-2 24O	1-3 5J	3-0 9M	2-1 10N	2-1 15D	2-3 6A		1-1 27F	0-1 29S	0-0 23M	1-1 9F	1-1 27O	4-1 24N	0-1 13O	1-2 19J	2-0 15S	1-0 13A	1-0 29D
8	Glossop	2-1 16M	6-0 30M	0-1 22S	1-2 9F	3-0 5A	1-1 25D	3-1 20O		0-0 15D	3-1 6O	2-0 27A	2-0 12J	0-1 16F	1-0 1S	2-0 13A	6-0 1D	2-0 2M	0-1 17N
9	Grimsby Town	1-0 20O	2-0 26J	2-1 29D	6-1 8S	5-2 16F	5-2 24N	0-0 5A	1-0 20A		4-1 12J	4-0 1D	2-0 22D	5-2 22S	2-0 8D	1-1 17N	5-1 10N	0-0 6O	1-0 2M
10	Leicester Fosse	2-0 25D	3-1 9A	1-1 17N	0-0 27O	5-2 1D	1-3 9M	1-0 8A	1-2 21F	4-0 15S		0-2 19J	1-0 13O	1-1 16M	1-0 29S	1-1 5J	2-2 1S	5-0 30M	1-0 15D
11	Lincoln City	3-0 2M	3-0 16M	2-0 8S	2-2 12J	2-1 20O	2-0 13A	6-0 6O	1-1 26D	0-1 25D	1-0 22S		1-2 29D	2-0 1A	3-1 5A	4-0 30M	2-0 8D	3-3 16F	3-3 26J
12	Middlesbrough	3-0 26D	3-1 1D	0-0 9A	4-0 6O	3-1 16M	2-0 19J	9-2 2M	2-2 15S	0-0 27A	2-1 16F	2-0 1S		2-1 20O	1-2 1J	0-1 15D	2-0 13A	2-1 9M	1-1 30M
13	New Brighton Tower	2-0 15D	0-0 1S	2-1 27O	1-1 9M	3-1 6A	1-1 23M	3-2 30M	1-0 13O	5-0 19J	0-0 10N	2-0 29S	3-1 25M		2-0 19F	0-0 15S	3-0 1J	5-1 1D	1-0 27A
14	Newton Heath	1-0 13M	4-0 26D	0-1 12J	4-0 22S	1-1 2M	1-0 27A	0-0 16F	3-0 29D	1-0 13A	2-3 20M	4-1 15D	4-0 8S	1-0 6O		0-1 1D	3-1 30M	1-1 20O	1-0 16M
15	Small Heath	3-1 16F	10-1 2M	0-1 22D	2-1 29D	2-0 6O	0-0 10N	6-0 22S	1-0 8D	2-1 1A	0-0 8S	2-0 24N	2-1 20A	4-0 12J	1-0 6A		2-0 26D	2-1 8A	2-1 20O
16	Stockport County	2-1 6O	0-1 20O	3-2 20A	1-1 22D	2-0 27A	3-1 27O	1-3 12J	0-1 6A	1-3 16M	0-1 29D	3-1 23M	1-0 5A	0-1 8S	0-5 24N	1-0 9M		4-1 22S	3-1 16F
17	Walsall	3-0 1S	1-2 15S	2-0 10N	2-1 23M	1-5 24S	2-2 15D	3-3 26D	2-1 27O	0-0 9F	2-0 24N	3-0 13O	0-0 22A	3-3 6A	1-1 25F	2-2 29S	1-3 19J		1-0 24D
18	Woolwich Arsenal	1-2 22S	3-1 8A	3-1 6A	3-0 8D	3-1 12J	1-0 29S	2-1 1S	2-0 23M	1-1 27O	2-1 3N	0-0 9M	1-0 24N	2-1 22D	2-1 10N	1-0 22A	2-0 13O	1-1 8S	

Final League Table

Pos	Team	Pld	Home W	Home D	Home L	Home F	Home A	Away W	Away D	Away L	Away F	Away A	Totals W	Totals D	Totals L	Totals F	Totals A	Pts	GA	Leading Goalscorer	Gls
1	Grimsby Town	34	14	3	0	46	11	6	6	5	14	22	20	9	5	60	33	49	1.81	T Lakey	12
2	Small Heath	34	14	2	1	41	8	5	8	4	16	16	19	10	5	57	24	48	2.37	J McMillan, R McRoberts	13
3	Burnley	34	15	2	0	39	6	5	2	10	14	23	20	4	10	53	29	44	1.82	W Jenkinson	10
4	New Brighton T	34	12	5	0	34	8	5	3	9	23	30	17	8	9	57	38	42	1.50	B Hulse	14
5	Glossop	34	11	2	4	34	9	4	6	7	17	24	15	8	11	51	33	38	1.54	F Crump	15
6	Middlesbrough	34	11	4	2	38	13	4	3	10	12	27	15	7	12	50	40	37	1.25	A Robertson, W Wardrope	9
7	Woolwich A	34	13	3	1	30	11	2	3	12	9	24	15	6	13	39	35	36	1.11	R Gaudie	7
8	Lincoln City	34	12	3	2	39	11	1	4	12	4	28	13	7	14	43	39	33	1.10	J Hartley	10
9	Burslem P V	34	8	6	3	28	14	3	5	9	17	33	11	11	12	45	47	33	0.95	A Capes	10
10	Newton Heath	34	11	3	3	31	9	3	1	13	11	29	14	4	16	42	38	32	1.10	T Leigh	15
11	Leicester Fosse	34	9	5	3	30	15	2	5	10	9	22	11	10	13	39	37	32	1.05	T Brown	9
12	Blackpool	34	7	6	4	20	11	5	1	11	13	47	12	7	15	33	58	31	0.56	R Birket	10
13	Gainsborough T	34	8	4	5	26	18	2	6	9	19	42	10	10	14	45	60	30	0.75	E Gettins	13
14	Chesterfield T	34	6	5	6	25	22	3	5	9	21	36	9	10	15	46	58	28	0.79	W Gooing, H Munday	9
15	Barnsley	34	9	3	5	34	23	2	2	13	13	37	11	5	18	47	60	27	0.78	**A Swann**	**18**
16	Walsall	34	7	7	3	29	23	0	6	11	11	33	7	13	14	40	56	27	0.71	A Dean	11
17	Stockport Co	34	9	2	6	25	21	2	1	14	13	47	11	3	20	38	68	25	0.55	Jack Foster	14
18	Burton Swifts	34	7	3	7	16	21	1	1	15	18	45	8	4	22	34	66	20	0.51	F Burton	11

New Brighton Tower resigned and Walsall failed to gain re-election. Their places were taken by Bristol City and Doncaster Rovers. Burton Swifts and Burton Wanderers amalgamated to become Burton United.

1901/02 DIVISION 1
SEASON 14

Total Matches **306**
Total Goals **840**
Avg goals per match **2.75**

Results Grid

		Aston Villa	Blackburn Rov	Bolton Wand	Bury	Derby County	Everton	Grimsby Town	Liverpool	Manchester City	Newcastle Utd	Nottm Forest	Notts County	Sheffield United	Sheffield Weds	Small Heath	Stoke	Sunderland	Wolverhampton
1	Aston Villa		1-1	1-0	2-0	3-2	1-1	4-1	0-1	2-2	0-0	3-0	2-0	1-2	4-1	1-0	0-0	0-1	2-1
2	Blackburn Rovers	4-0		2-0	0-3	3-1	3-1	2-0	1-1	1-4	0-0	1-0	4-2	2-1	2-0	3-1	6-1	0-1	2-0
3	Bolton Wanderers	2-2	4-0		2-2	2-1	1-3	4-0	1-0	3-3	3-1	3-0	1-1	1-0	3-1	4-0	2-1	0-0	2-2
4	Bury	0-0	2-0	2-2		2-0	1-0	1-1	0-0	3-0	4-0	1-1	3-0	1-2	2-0	2-0	4-2	1-0	2-1
5	Derby County	1-0	1-1	1-2	1-0		3-1	2-0	1-1	2-0	1-0	1-1	2-0	3-1	2-2	0-0	1-0	1-0	3-1
6	Everton	2-3	0-2	1-0	1-1	2-0		0-1	4-0	3-1	0-0	1-0	0-1	2-1	5-0	1-0	1-0	2-0	6-1
7	Grimsby Town	4-1	2-1	4-1	2-0	1-1	0-2		1-1	3-2	3-0	1-0	1-0	0-1	3-1	1-0	1-2	3-3	3-0
8	Liverpool	1-0	1-0	1-1	1-0	0-2	2-2	2-2		4-0	0-1	0-2	0-1	1-0	1-2	3-1	7-0	0-1	4-1
9	Manchester City	1-0	1-1	1-0	2-0	0-0	2-0	3-0	2-3		2-0	3-1	1-0	4-0	0-3	1-4	2-2	0-3	3-0
10	Newcastle United	2-1	0-3	4-1	1-1	0-1	1-1	5-1	1-0	3-0		3-0	8-0	1-1	2-1	2-0	5-1	0-1	3-1
11	Nottingham Forest	1-1	3-0	4-1	2-1	3-1	4-0	0-1	1-1	3-1	0-2		1-0	2-1	1-1	1-0	2-0	2-1	2-0
12	Notts County	0-3	3-0	2-1	2-1	3-2	0-2	3-0	2-2	2-0	0-2	3-0		4-0	6-1	6-1	1-1	2-0	5-3
13	Sheffield United	6-0	4-1	2-0	3-1	3-0	0-0	2-2	2-1	5-0	1-0	2-2	3-0		3-0	1-4	1-1	0-1	0-0
14	Sheffield Wednesday	1-0	0-1	5-1	4-1	2-0	1-1	3-1	1-1	2-1	0-0	0-2	4-0	1-0		1-2	3-1	1-1	1-1
15	Small Heath	0-2	2-0	2-0	1-0	5-1	0-1	6-0	0-0	1-0	3-1	1-1	0-0	5-1	1-1		1-1	2-3	1-2
16	Stoke	1-0	2-2	4-0	1-2	1-1	1-2	2-0	1-0	2-0	0-0	1-1	3-0	3-2	1-2	1-0		3-0	3-0
17	Sunderland	1-0	3-2	2-1	3-0	1-0	2-4	3-1	1-1	1-0	0-0	4-0	2-1	3-1	1-2	1-1	2-0		2-0
18	Wolverhampton Wand	0-2	3-1	1-2	1-0	0-0	2-1	2-0	3-1	0-0	3-0	2-0	3-1	1-1	1-0	2-1	4-1	4-2	

Final League Table

Pos	Team	Pld	Home W	Home D	Home L	Home F	Home A	Away W	Away D	Away L	Away F	Away A	Totals W	Totals D	Totals L	Totals F	Totals A	Pts	GA	Leading Goalscorer	Gls
1	Sunderland	34	12	3	2	32	14	7	3	7	18	21	19	6	9	50	35	44	1.42	W Hogg	10
2	Everton	34	11	2	4	31	11	6	5	6	22	24	17	7	10	53	35	41	1.51	J Settle	18
3	Newcastle Utd	34	11	3	3	41	14	3	6	8	7	20	14	9	11	48	34	37	1.41	R Roberts	15
4	Blackburn Rov	34	12	2	3	36	15	3	4	10	16	32	15	6	13	52	47	36	1.08	J Dewhurst	17
5	Nottm Forest	34	11	4	2	32	13	2	5	10	11	30	13	9	12	43	43	35	1.00	J Calvey	12
6	Derby County	34	11	5	1	26	10	2	4	11	13	31	13	9	12	39	41	35	0.95	S Bloomer	15
7	Bury	34	11	5	1	31	9	2	3	12	13	29	13	8	13	44	38	34	1.15	C Sagar	12
8	Aston Villa	34	9	5	3	27	13	4	3	10	15	27	13	8	13	42	40	34	1.05	J McLuckie	14
9	Sheffield Weds	34	9	5	3	30	14	4	3	10	18	38	13	8	13	48	52	34	0.92	Harry Chapman	10
10	Sheffield United	34	10	5	2	38	13	3	2	12	15	35	13	7	14	53	48	33	1.10	A Priest	18
11	Liverpool	34	8	3	6	28	16	2	9	6	14	22	10	12	12	42	38	32	1.10	S Raybould	16
12	Bolton Wand	34	10	6	1	38	17	2	2	13	13	39	12	8	14	51	56	32	0.91	T Barlow	11
13	Notts County	34	12	2	3	44	19	2	2	13	7	38	14	4	16	51	57	32	0.89	P Humphreys	14
14	Wolverhampton	34	12	3	2	32	13	1	3	13	14	44	13	6	15	46	57	32	0.80	W Wooldridge	13
15	Grimsby Town	34	11	3	3	33	16	2	3	12	11	44	13	6	15	44	60	32	0.73	D Ronaldson	9
16	Stoke	34	10	4	3	31	12	1	5	11	14	43	11	9	14	45	55	31	0.81	A Lockett, W Watkins	10
17	Small Heath	34	8	5	4	31	14	3	3	11	16	31	11	8	15	47	45	30	1.04	R McRoberts	12
18	Manchester City	34	10	3	4	28	17	1	3	13	14	41	11	6	17	42	58	28	0.72	W Gillespie	15

1901/02 | DIVISION 2 | SEASON 14

Total Matches 306
Total Goals 885
Avg goals per match 2.89

Results Grid

#	Team	Barnsley	Blackpool	Bristol City	Burnley	Burslem P V	Burton United	Chesterfield T	Doncaster Rov	Gainsborough T	Glossop	Leicester Fosse	Lincoln City	Middlesbrough	Newton Heath	Preston N E	Stockport Co	West Brom A	Woolwich A
1	Barnsley		2-0 8M	2-2 25D	2-2 1J	2-2 5O	4-0 7S	3-2 8F	3-2 5A	3-0 19O	2-0 26D	1-4 11J	2-3 12A	2-2 22F	2-7 22M	3-2 21S	0-4 31M	3-1 19A	0-2 28D	2-0
2	Blackpool	2-1 9N		0-2 7S	2-1 29M	1-0 1J	1-0 11J	0-0 12A	3-1 12O	3-0 21D	1-1 1F	4-0 28M	3-0 15F	0-2 26A	2-4 28S	1-4 23N	1-0 18J	2-2 26O	1-3 1M
3	Bristol City	3-1 1M	3-0 4J		1-0 12A	4-0 29M	0-2 26A	5-2 7D	3-0 1F	4-0 25J	2-0 28S	2-1 9N	1-1 12O	1-0 21D	4-0 18J	2-0 15M	3-0 14S	1-2 15F	0-3 26O
4	Burnley	2-0 28S	2-0 30N	0-1 22M		4-1 22F	0-0 19O	0-0 2N	7-0 28D	6-0 8M	1-1 19A	1-0 1F	1-0 4J	2-2 16N	1-0 28M	0-3 12O	3-0 9S	0-0 14S	0-0 18J
5	Burslem Port Vale	2-1 1F	0-1 5A	3-0 9S	1-1 26O		2-1 10M	4-2 8M	2-2 4J	1-1 28M	1-0 28D	3-0 12O	1-2 14S	1-1 22M	1-1 19A	0-0 15F	1-1 14D	2-3 18J	1-0 28S
6	Burton United	2-1 4J	1-1 14S	2-2 28D	5-2 15F	2-1 1M		0-1 15M	1-1 9N	5-0 29M	1-1 26O	2-0 18J	0-6 23N	3-2 12A	0-0 12O	1-1 1F	3-2 28S	1-3 7D	2-0 19A
7	Chesterfield Town	1-2 12O	3-1 31M	1-0 5A	3-0 1M	4-3 9N	3-1 28M		0-0 14S	2-0 22M	1-0 4J	3-3 15F	0-1 18J	0-0 30N	3-0 17M	2-0 26O	8-1 19A	0-3 28S	1-3 1F
8	Doncaster Rovers	0-1 7D	4-3 8F	3-0 5O	3-0 26A	3-3 7S	2-0 8M	4-1 11J		3-0 21S	1-2 31M	2-1 12A	1-1 15M	0-0 28M	4-0 22F	4-0 19A	2-0 19O	2-0 23N	1-0 29M
9	Gainsborough Trinity	0-0 15F	3-0 19A	2-0 2A	1-1 9N	2-3 15M	1-4 30N	0-0 23N	4-1 18J		2-1 14S	3-3 26O	2-2 28S	1-4 5A	1-1 4J	0-1 1M	1-1 28D	1-1 1F	2-2 12O
10	Glossop	1-1 29M	3-1 5O	1-2 4M	0-0 21D	0-1 26A	2-1 22F	3-1 7S	3-1 1M	0-0 11J		1-1 7D	1-1 9N	1-0 21S	0-0 19O	3-1 12A	2-1 8F	1-2 15M	0-1 23N
11	Leicester Fosse	2-0 14S	1-0 15M	0-1 8M	2-1 5O	1-0 25J	4-0 21S	3-0 19O	1-0 26D	2-0 22F	1-1 1A		3-1 19A	0-2 2N	3-2 30N	1-0 31M	1-1 23N	0-3 28D	2-1 4J
12	Lincoln City	1-1 28M	0-0 19O	1-0 21A	1-0 7S	1-1 11J	0-0 22M	4-0 21S	0-0 25D	3-0 16A	1-0 8M	2-0 21D		2-1 5O	2-0 26D	2-1 26A	5-0 22F	1-0 29M	0-0 7D
13	Middlesbrough	2-1 26O	2-1 28D	2-0 19A	3-0 15M	3-0 23N	5-0 1J	7-1 29M	6-0 28S	3-1 7D	5-0 18J	5-0 1M	0-0 1F		5-0 14S	2-1 9N	6-0 4J	1-2 12O	1-0 15F
14	Newton Heath	1-0 23N	0-1 25J	1-0 21S	2-0 11F	1-0 21D	3-1 21A	2-0 23A	6-0 26O	3-0 7S	2-0 15F	0-0 29M	1-2 1M	0-0 7A		0-2 1J	3-3 5O	1-2 9N	0-1 15M
15	Preston North End	4-0 14D	1-1 22M	0-0 30N	3-1 7A	2-0 19O	1-0 5O	5-0 22F	3-0 21D	4-1 25D	2-2 28M	5-0 28S	8-0 28D	0-3 8M	5-1 7D		4-0 29M	1-2 4J	2-0 14S
16	Stockport County	2-3 15M	3-1 21S	1-1 11J	1-2 7D	4-2 12A	2-0 14A	3-0 21D	1-2 15F	2-1 26A	0-0 12O	2-0 24M	1-3 26O	1-0 7S	0-2 1F	1-0 5A		0-2 1M	0-0 9N
17	West Bromwich Albion	3-1 21D	7-2 22F	2-2 19O	3-0 11J	3-1 21S	2-1 5A	4-0 9S	2-2 22M	7-0 5O	0-1 2S	1-0 6J	4-1 9D	2-0 14D	4-0 8M	3-1 7S	3-0 26D		2-1 12A
18	Woolwich Arsenal	2-1 2S	0-0 25D	2-0 22F	4-0 21S	3-1 26D	0-1 21D	3-2 5O	1-0 30N	5-0 8F	4-0 22M	2-0 7S	2-0 5A	0-3 19O	2-0 16N	0-0 11J	3-0 8M	2-1 31M	

Final League Table

Pos	Team	Pld	Home W	Home D	Home L	Home F	Home A	Away W	Away D	Away L	Away F	Away A	W	D	L	F	A	Pts	GA	Leading Goalscorer	Gls
1	West Brom A	34	14	2	1	52	13	11	3	3	30	16	25	5	4	82	29	55	2.82	C Simmons	23
2	Middlesbrough	34	15	1	1	58	7	8	4	5	32	17	23	5	6	90	24	51	3.75	J Brearley	20
3	Preston N E	34	12	3	2	50	11	6	3	8	21	21	18	6	10	71	32	42	2.21	H Wilcox	13
4	Woolwich A	34	13	2	2	35	9	5	4	8	15	17	18	6	10	50	26	42	1.92	T Briercliffe	10
5	Lincoln City	34	11	6	0	26	4	3	7	7	19	31	14	13	7	45	35	41	1.28	W Smith	12
6	Bristol City	34	13	1	3	39	12	4	5	8	13	23	17	6	11	52	35	40	1.48	H Banks	10
7	Doncaster Rov	34	12	3	2	39	12	1	5	11	10	46	13	8	13	49	58	34	0.84	W Langham	11
8	Glossop	34	7	6	4	22	15	3	6	8	14	25	10	12	12	36	40	32	0.90	F Crump	12
9	Burnley	34	9	6	2	30	8	1	4	12	11	37	10	10	14	41	45	30	0.91	C Hogan	10
10	Burton United	34	8	6	3	32	23	3	2	12	14	31	11	8	15	46	54	30	0.85	T Arkesden	15
11	Barnsley	34	9	3	5	36	33	3	3	11	15	30	12	6	16	51	63	30	0.81	D Lees	10
12	Burslem P V	34	7	7	3	26	17	3	2	12	17	42	10	9	15	43	59	29	0.72	A Capes	15
13	Blackpool	34	9	3	5	27	21	2	4	11	13	35	11	7	16	40	56	29	0.71	G Anderson	12
14	Leicester Fosse	34	11	2	4	26	14	1	3	13	12	42	12	5	17	38	56	29	0.67	T Brown	9
15	Newton Heath	34	10	2	5	27	12	1	4	12	11	41	11	6	17	38	53	28	0.71	S Preston	10
16	Chesterfield T	34	10	3	4	35	18	1	3	13	12	50	11	6	17	47	68	28	0.69	H Munday	10
17	Stockport Co	34	8	3	6	25	20	0	4	13	11	52	8	7	19	36	72	23	0.50	F Chesworth	7
18	Gainsborough T	34	4	9	4	26	25	0	2	15	4	55	4	11	19	30	80	19	0.37	J Raby	9

Newton Heath became Manchester United on 24 April 1902.

1902/03 DIVISION 1 — SEASON 15

Total Matches	306
Total Goals	885
Avg goals per match	2.89

Results Grid

		Aston Villa	Blackburn Rov	Bolton Wand	Bury	Derby County	Everton	Grimsby Town	Liverpool	Middlesbrough	Newcastle Utd	Nottm Forest	Notts County	Sheffield United	Sheffield Weds	Stoke	Sunderland	West Brom A	Wolverhampton
1	Aston Villa		5-0	4-2	2-2	0-0	2-1	2-2	1-2	5-0	7-0	3-1	2-1	4-2	1-0	2-0	0-1	0-3	3-1
2	Blackburn Rovers	0-2		4-2	0-3	2-4	3-2	2-0	3-1	0-1	3-1	3-1	2-2	1-2	2-0	2-1	1-1	0-2	1-0	1-0
3	Bolton Wanderers	0-1	1-2		1-0	2-0	1-3	0-1	1-1	2-1	0-2	1-1	0-1	1-0	0-2	2-3	2-0	0-1	4-1
4	Bury	0-1	1-1	3-0		1-0	4-2	2-1	3-1	3-1	1-0	3-1	3-1	3-1	4-0	2-1	3-1	1-2	4-0
5	Derby County	2-0	1-0	5-0	2-0		0-1	2-2	2-1	3-2	0-0	0-1	4-1	1-0	1-0	2-0	5-2	1-0	3-1
6	Everton	0-1	0-3	3-1	3-0	2-1		4-2	3-1	3-0	0-1	1-1	2-0	1-0	1-1	0-1	0-3	3-1	2-1
7	Grimsby Town	0-2	4-1	1-1	2-1	4-1	0-0		3-1	2-2	1-0	0-1	1-1	1-2	0-1	2-2	2-4	4-0	1-2
8	Liverpool	2-1	5-2	5-1	2-0	3-1	0-0	9-2		5-0	3-0	2-1	0-2	2-4	4-2	1-1	1-1	0-2	4-1
9	Middlesbrough	1-2	4-0	4-3	1-1	3-1	1-0	2-0	0-2		1-0	2-0	2-1	0-2	2-1	1-1	0-1	1-1	2-0
10	Newcastle United	2-0	1-0	2-0	1-0	2-1	3-0	1-0	1-2	0-1		0-2	6-1	0-0	3-0	5-0	1-0	1-0	2-4
11	Nottingham Forest	2-0	1-0	1-2	3-0	2-3	2-2	2-1	1-0	1-0	3-2		0-0	2-2	1-4	1-3	5-2	3-1	2-0
12	Notts County	2-1	4-0	1-3	1-0	2-1	2-0	0-1	1-2	2-0	2-2	1-1		1-1	0-3	3-0	0-3	1-1	0-0
13	Sheffield United	2-4	2-1	7-1	1-0	3-2	0-2	3-0	2-0	1-3	2-1	2-0	3-0		2-3	1-3	1-0	1-2	3-0
14	Sheffield Wednesday	4-0	0-0	3-0	2-0	0-1	4-1	1-1	3-1	2-0	3-0	1-0	2-0	0-1		1-0	1-0	3-1	1-1
15	Stoke	1-0	0-2	2-0	1-0	2-0	2-0	1-1	0-2	5-0	3-2	0-2	0-1	4-0		1-1	3-0	3-0
16	Sunderland	1-0	2-2	3-1	3-1	2-0	2-1	5-1	2-1	2-1	0-0	0-1	2-1	0-0	0-1	0-0		0-0	3-0
17	West Bromwich Albion	1-2	5-3	2-1	1-3	0-3	2-1	1-0	1-2	1-0	6-1	2-0	3-2	3-3	2-3	2-1	0-3		2-2
18	Wolverhampton Wand	2-1	2-0	3-1	3-2	3-0	1-1	3-0	0-2	2-0	3-0	2-1	2-0	1-3	2-1	1-0	3-3	1-2	

Sunderland v Middlesbrough played at Newcastle.

Final League Table

Pos	Team	Pld	Home					Away					Totals						Leading Goalscorer	Gls
			W	D	L	F	A	W	D	L	F	A	W	D	L	F	A	Pts	GA		
1	Sheffield Weds	34	12	3	2	31	7	7	1	9	23	29	19	4	11	54	36	42	1.50	H Davis	14
2	Aston Villa	34	11	3	3	43	18	8	0	9	18	22	19	3	12	61	40	41	1.52	J McLuckie	18
3	Sunderland	34	10	5	2	27	11	6	4	7	24	25	16	9	9	51	36	41	1.41	J Hewitt	9
4	Sheffield United	34	11	0	6	36	22	6	5	6	22	22	17	5	12	58	44	39	1.31	A Priest	9
5	Liverpool	34	11	3	3	48	21	6	1	10	20	28	17	4	13	68	49	38	1.38	S Raybould	31
6	Stoke	34	11	2	4	29	11	4	5	8	17	27	15	7	12	46	38	37	1.21	W Watkins	12
7	West Brom A	34	10	2	5	37	27	6	2	9	17	26	16	4	14	54	53	36	1.01	W Lee	11
8	Bury	34	14	1	2	41	14	2	2	13	13	29	16	3	15	54	43	35	1.25	C Sagar, W Wood	13
9	Derby County	34	13	2	2	34	11	3	1	13	16	36	16	3	15	50	47	35	1.06	S Bloomer	12
10	Nottm Forest	34	10	3	4	33	22	4	4	9	16	25	14	7	13	49	47	35	1.04	A Morris	25
11	Wolverhampton	34	12	3	2	34	17	2	3	12	14	40	14	5	15	48	57	33	0.84	A Haywood	11
12	Everton	34	10	2	5	28	18	3	4	10	17	29	13	6	15	45	47	32	0.95	J Brearley	7
13	Middlesbrough	34	10	3	4	27	16	4	1	12	14	34	14	4	16	41	50	32	0.82	J Cassidy	7
14	Newcastle United	34	12	1	4	31	11	2	3	12	10	40	14	4	16	41	51	32	0.80	R McColl	9
15	Notts County	34	8	5	4	25	16	4	2	11	16	33	12	7	15	41	49	31	0.83	P Humphreys	14
16	Blackburn Rov	34	9	2	6	27	24	3	3	11	17	39	12	5	17	44	63	29	0.69	A Whittaker	10
17	Grimsby Town	34	6	5	6	28	22	2	4	11	15	40	8	9	17	43	62	25	0.69	G Appleyard	11
18	Bolton Wand	34	6	2	9	18	20	2	1	14	19	53	8	3	23	37	73	19	0.50	S Marsh	10

1902/03 DIVISION 2
SEASON 15

Total Matches	306	
Total Goals	939	
Avg goals per match	3.06	

Results Grid

		Barnsley	Blackpool	Bristol City	Burnley	Burslem P V	Burton United	Chesterfield T	Doncaster Rov	Gainsborough T	Glossop	Leicester Fosse	Lincoln City	Manchester City	Manchester Utd	Preston N E	Small Heath	Stockport Co	Woolwich A
1	Barnsley		6-0	2-0	3-0	1-0	4-0	2-2	2-0	2-3	0-1	1-2	0-0	0-3	0-0	3-0	3-0	2-1	1-1
			10J	11A	1J	10A	6D	21M	24J	28M	20D	18O	4O	14A	25A	7M	13A	6S	20S
2	Blackpool	3-3		0-1	2-0	2-5	3-3	2-1	4-0	4-0	2-2	2-0	2-3	0-3	2-2	0-1	2-0	0-0	
		13S		1J	7F	3J	27S	13A	25D	17J	11O	4A	21M	13D	14F	27D	29N	25O	7M
3	Bristol City	3-3	0-1		3-0	3-0	3-1	2-1	4-2	1-0	1-1	6-1	0-2	3-2	3-1	2-1	1-1	7-1	1-0
		25D	31J		21M	4A	27D	6S	18O	18A	10J	7M	30M	15N	20S	29N	1N	24J	4O
4	Burnley	1-2	1-1	0-0		3-3	4-1	1-1	1-1	3-2	2-1	1-3	1-0	1-1	0-2	1-1	2-1	3-2	0-3
		28F	20D	22N		25O	14M	8S	6S	8N	28M	24J	10J	4O	6D	14F	20S	11A	15N
5	Burslem Port Vale	2-0	1-1	2-0	3-1		4-2	2-1	3-0	3-1	1-0	2-0	5-1	1-4	1-1	0-0	2-2	3-1	1-1
		20A	6S	6D	30M		28M	7M	20S	22N	11A	7F	24J	18O	20D	8S	4O	10N	10J
6	Burton United	1-1	2-0	0-3	0-0	0-0		1-0	1-0	3-0	2-1	2-3	2-2	0-5	3-1	2-1	0-1	5-1	2-1
		4A	24J	25A	1S	13A		20D	7F	11A	6S	26D	18O	7M	10J	21M	21F	20S	25D
7	Chesterfield Town	3-0	1-1	3-0	2-0	3-0	1-0		1-1	0-1	10-0	5-0	1-0	0-1	2-0	4-2	1-1	4-1	2-2
		22N	28F	3J	11O	8N	18A		28M	6D	17J	13S	11A	27S	31J	25O	27D	14F	14M
8	Doncaster Rovers	2-0	3-0	0-0	2-1	3-2	1-1	3-4		0-0	4-1	0-0	2-1	1-2	2-2	1-2	1-0	2-0	0-1
		27S	14M	14F	10A	17J	11O	29N		31J	25O	18A	4A	27D	28F	13S	13D	8N	22N
9	Gainsborough Trinity	1-2	0-0	2-1	3-0	1-1	3-1	3-2	3-0		1-1	5-1	4-0	0-3	0-1	1-0	1-0	0-0	0-1
		25M	20S	20D	7M	21M	10A	4A	4O		25A	21F	15A	22O	6S	14M	18O	7F	24J
10	Glossop	2-2	1-0	0-2	2-0	2-1	3-0	0-3	3-0	4-2		1-2	2-0	0-1	1-3	1-0	0-1	3-0	1-2
		18A	17F	13S	2D	9D	3J	20S	24F	27D		10A	28F	21M	24J	4A	7M	25D	18O
11	Leicester Fosse	1-2	2-1	2-2	2-1	2-0	0-1	0-2	0-1	4-1	3-2		0-0	1-1	1-1	1-1	1-3	0-2	0-2
		14F	6D	8N	27S	11O	28F	10J	20D	25D	14M		14A	17J	22N	31J	6S	26M	11A
12	Lincoln City	1-3	0-2	1-1	4-1	4-1	4-0	0-0	4-2	1-0	1-2	0-0		1-0	1-3	2-3	0-1	3-1	2-2
		21J	22N	25O	13S	27S	14F	25D	6D	11O	26D	27D		3J	8N	17J	10A	15S	28M
13	Manchester City	3-2	2-0	2-2	6-0	7-1	2-0	4-2	4-1	9-0	5-2	3-1	3-1		0-2	1-0	4-0	5-0	4-1
		24N	11A	14M	31J	14F	8N	24J	1J	28F	22N	20S	6S		10A	11O	23F	6D	20D
14	Manchester United	2-1	2-2	1-2	4-0	2-1	1-0	2-1	4-0	3-1	1-1	5-1	1-2	1-1		0-1	0-1	0-0	3-0
		27D	26D	17J	4A	18A	13S	4O	13A	3J	27S	21M	7M	25D		30M	15N	23M	9M
15	Preston North End	3-0	3-1	1-0	5-0	5-1	1-1	1-1	5-0	0-0	0-0	2-0	0-1	0-2	3-1		2-1	6-1	2-2
		8N	10A	28M	18O	28F	22N	20A	10J	13A	6D	4O	20S	26D	11A		24J	20D	6S
16	Small Heath	2-1	5-1	2-0	3-0	5-1	2-0	2-1	12-0	1-0	3-1	4-3	3-1	4-0	2-1	3-1		2-0	2-0
		11O	28M	28F	17J	31J	25O	26D	11A	14F	8N	3J	20D	13S	20A	27S		22N	6D
17	Stockport County	4-1	4-0	0-1	3-0	0-4	0-2	2-2	1-0	1-1	2-3	2-2	3-1	0-2	2-1	1-1	1-2		0-1
		3J	21F	27S	13A	13D	17J	18O	7M	10J	31J	29N	14M	4A	11O	18A	21M		1J
18	Woolwich Arsenal	4-0	2-1	2-1	5-1	3-0	3-0	3-0	6-1	0-0	0-0	2-1	1-0	0-1	3-1	6-1	3-1		
		17J	8N	11O	27D	13S	31J	10A	21M	27S	14F	13A	29N	1N	25O	3J	4A	28F	

Final League Table

Pos	Team	Pld	Home					Away					Totals						Leading Goalscorer	Gls
			W	D	L	F	A	W	D	L	F	A	W	D	L	F	A	Pts	GA		
1	Manchester City	34	15	1	1	64	15	10	3	4	31	14	25	4	5	95	29	54	3.27	W Gillespie	30
2	Small Heath	34	17	0	0	57	11	7	3	7	17	25	24	3	7	74	36	51	2.05	R McRoberts	16
3	Woolwich A	34	14	2	1	46	9	6	6	5	20	21	20	8	6	66	30	48	2.20	J Coleman	18
4	Bristol City	34	12	3	2	43	18	5	5	7	16	20	17	8	9	59	38	42	1.55	R Wombwell	11
5	Manchester Utd	34	9	4	4	32	15	6	4	7	21	23	15	8	11	53	38	38	1.39	J Peddie	11
6	Chesterfield T	34	11	4	2	43	10	3	5	9	24	30	14	9	11	67	40	37	1.67	G Milward, H Munday	13
7	Preston N E	34	10	5	2	39	12	3	5	9	17	28	13	10	11	46	40	36	1.40	P Smith	17
8	Barnsley	34	9	4	4	32	13	4	4	9	23	38	13	8	13	55	51	34	1.07	B Green	15
9	Burslem P V	34	11	5	1	36	16	2	3	12	21	46	13	8	13	57	62	34	0.91	A Capes	18
10	Lincoln City	34	8	3	6	30	22	4	3	10	16	31	12	6	16	46	53	30	0.86	J Hartley	13
11	Glossop	34	9	1	7	26	19	2	6	9	17	38	11	7	16	43	57	29	0.75	I Thornley	14
12	Gainsborough T	34	9	4	4	28	14	2	3	12	13	45	11	7	16	41	59	29	0.69	J Dixon	11
13	Burton United	34	9	4	4	26	20	2	3	12	13	39	11	7	16	39	59	29	0.66	T Arkesden, W Joyce	9
14	Blackpool	34	7	5	5	32	24	2	5	10	12	35	9	10	15	44	59	28	0.74	W Cookson	8
15	Leicester Fosse	34	5	5	7	20	23	5	3	9	21	42	10	8	16	41	65	28	0.63	T Brown	14
16	Doncaster Rov	34	8	5	4	27	17	1	2	14	8	55	9	7	18	35	72	25	0.48	G Ratcliffe	7
17	Stockport Co	34	6	4	7	26	24	1	2	14	12	50	7	6	21	38	74	20	0.51	I Evenson, J Raby	7
18	Burnley	34	6	7	4	25	25	0	1	16	5	52	6	8	20	30	77	20	0.39	C Hogan	6

Bradford City elected in place of Doncaster Rovers.

1903/04 DIVISION 1 SEASON 16

Total Matches	306
Total Goals	939
Avg goals per match	3.07

		Aston Villa	Blackburn Rov	Bury	Derby County	Everton	Liverpool	Manchester city	Middlesbrough	Newcastle Utd	Nottm Forest	Notts County	Sheffield United	Sheffield Weds	Small Heath	Stoke	Sunderland	West Brom A	Wolverhampton
1	Aston Villa		2-3 12D	0-2 2A	3-0 10O	3-1 26S	2-1 28N	0-1 13J	2-1 19M	3-1 7N	3-1 16A	4-0 24O	6-1 27F	2-1 26D	1-1 16J	3-1 30J	2-0 2J	3-1 12S	2-0 14N
2	Blackburn Rovers	0-3 9A		2-2 5S	2-1 7N	0-2 24O	2-3 23A	2-5 12M	1-1 19D	4-0 5D	3-1 1J	3-0 21N	3-0 26M	0-0 26S	1-1 13F	2-0 25D	1-3 30J	2-0 10O	1-1 9J
3	Bury	2-2 5D	3-0 2J		2-2 27F	0-0 13F	2-2 19D	1-3 7N	1-1 9A	0-3 26M	2-2 12S	3-0 1J	0-1 21N	1-0 16J	1-0 10O	2-2 24O	3-1 26S	2-1 30J	0-0 23A
4	Derby County	2-2 28D	3-0 11A	2-2 31O		0-1 16A	2-0 25D	2-3 9J	2-2 17O	1-3 30	2-6 14N	0-1 19S	3-5 23J	0-2 30A	4-1 1S	5-0 26D	7-2 28N	4-2 2A	2-1 5S
5	Everton	1-0 23J	3-1 1S	2-1 17O	0-1 19D		5-2 1A	1-0 25A	2-0 30	4-1 19S	0-2 31O	3-1 5S	2-0 9J	2-0 4A	5-1 28N	0-1 9A	0-1 14D	4-0 18A	2-0 2A
6	Liverpool	1-1 26M	1-2 26D	3-0 16A	3-1 24O	2-2 10O		2-2 27F	1-0 22F	0-0 21N	2-1 2J	3-0 7N	1-3 12M	0-2 12S	0-0 30J	2-1 13F	0-0 16J	1-3 26S	1-2 12D
7	Manchester City	1-0 17O	1-0 14N	3-0 11A	2-1 12S	1-3 26D	3-2 31O		1-1 1J	1-3 1A	0-0 13A	3-0 23J	0-1 30	1-1 28N	4-0 16A	2-2 2J	2-1 2A	6-3 12D	4-1 19S
8	Middlesbrough	2-1 21N	0-2 16A	1-0 12D	0-0 13F	3-0 30J	1-0 2A	6-0 24O		1-3 12M	1-1 26D	1-0 27F	4-1 7N	0-1 2J	3-1 26S	2-0 10O	2-3 12S	2-2 16J	1-2 28N
9	Newcastle United	1-1 2S	2-1 2A	3-2 28N	0-0 30J	1-0 16J	1-1 19M	1-0 10O	2-1 14N		3-1 12D	4-1 13F	0-1 24O	4-0 16A	3-1 12S	1-0 26S	1-3 26D	1-0 2J	3-0 31O
10	Nottingham Forest	3-7 19D	0-1 19S	2-2 9J	5-1 12M	0-4 27F	2-1 5S	0-3 21N	1-1 23A	1-0 9A		0-1 25D	1-1 5D	0-1 30J	0-1 24O	4-2 25N	3-0 10O	2-0 30M	5-0 23J
11	Notts County	0-0 1A	4-2 19M	0-0 14N	2-2 16J	0-3 2J	4-2 1O	0-3 26S	3-2 31O	1-3 17O	2-1 28N		1-0 4A	2-0 2A	1-0 26D	2-1 12S	2-3 12D	0-2 20F	3-0
12	Sheffield United	1-2 31O	2-2 28N	0-0 19M	3-2 26S	2-1 12S	2-1 14N	5-3 28D	3-0 28M	2-2 25D	2-0 2A	3-1 10O		1-1 12D	1-1 2J	1-1 16J	1-2 16A	4-0 26D	7-2 17O
13	Sheffield Wednesday	4-2 23A	3-1 23J	1-1 19S	1-0 21N	1-0 7N	2-1 9J	1-0 26M	4-1 5S	1-1 19D	2-1 30	2-0 22F	3-0 9A		3-2 27F	1-0 12M	0-0 13F	1-0 24O	4-0 1J
14	Small Heath	2-2 19S	2-1 17O	1-0 4A	1-0 9A	1-1 26M	1-2 30	0-3 19D	2-2 23J	3-0 9J	3-3 7S	2-0 23A	1-3 5S	0-0 31O		1-0 5D	2-1 5M	0-1 14N	3-0 19M
15	Stoke	2-0 30	6-2 31O	4-1 1S	1-1 23A	2-3 12D	5-2 17O	1-2 5S	0-0 28D	2-3 23J	2-3 5M	0-2 9J	3-4 19S	3-1 14N	1-0 2A		3-1 19M	5-0 28N	5-1 19D
16	Sunderland	6-1 5S	2-0 3O	6-0 23J	2-0 26M	2-1 12M	1-1 19S	3-1 5D	1-1 9J	3-1 1J	4-1 4A	2-1 1S	3-1 19D	1-0 17O	3-0 7N	3-0 21N		1-1 27F	2-1 1A
17	West Bromwich Albion	1-3 9J	2-1 28D	3-2 3O	0-0 14D	0-0 21N	2-2 23J	2-1 9A	0-0 19S	1-2 5S	1-1 17O	0-0 19D	2-2 23A	0-1 2S	0-1 12M	3-0 26M	1-1 31O		1-2 5M
18	Wolverhampton Wand	3-2 12M	1-0 12S	0-0 26D	2-2 2J	2-2 5D	4-2 28D	1-6 21M	2-2 26M	3-2 27F	3-2 26S	1-1 30J	1-0 13F	2-1 10O	1-0 21N	0-0 4A	2-1 24O	1-0 7N	

Final League Table

Pos	Team	Pld	Home W	Home D	Home L	Home F	Home A	Away W	Away D	Away L	Away F	Away A	Totals W	Totals D	Totals L	Totals F	Totals A	Pts	GA	Leading Goalscorer	Gls
1	Sheffield Weds	34	14	3	0	34	10	6	4	7	14	18	20	7	7	48	28	47	1.71	Harry Chapman	16
2	Manchester City	34	10	4	3	35	19	9	2	6	36	26	19	6	9	71	45	44	1.57	W Gillespie	18
3	Everton	34	13	0	4	36	12	6	5	6	23	20	19	5	10	59	32	43	1.84	A Young	11
4	Newcastle United	34	12	3	2	31	13	6	3	8	27	32	18	6	10	58	45	42	1.28	G Appleyard	15
5	Aston Villa	34	13	1	3	41	16	4	6	7	29	32	17	7	10	70	48	41	1.45	J Bache	15
6	Sunderland	34	12	3	2	41	15	5	2	10	22	34	17	5	12	63	49	39	1.28	J Craggs	14
7	Sheffield United	34	9	6	2	40	21	6	2	9	22	36	15	8	11	62	57	38	1.08	A Brown	17
8	Wolverhampton	34	10	6	1	29	23	4	2	11	15	43	14	8	12	44	66	36	0.66	W Wooldridge	16
9	Nottm Forest	34	7	3	7	29	26	4	6	7	28	31	11	9	14	57	57	31	1.00	S Sugden	13
10	Middlesbrough	34	9	3	5	30	17	0	9	8	16	30	9	12	13	46	47	30	0.97	J Cassidy	12
11	Small Heath	34	8	5	4	25	19	3	3	11	14	33	11	8	15	39	52	30	0.75	W Jones	8
12	Bury	34	6	8	3	25	20	1	7	9	15	33	7	15	12	40	53	29	0.75	C Sagar	10
13	Notts County	34	9	3	5	27	26	3	2	12	10	35	12	5	17	37	61	29	0.60	A Green	19
14	Derby County	34	7	3	7	41	33	2	7	8	17	27	9	10	15	58	60	28	0.96	S Bloomer	20
15	Blackburn Rov	34	7	5	5	29	23	4	1	12	19	37	11	6	17	48	60	28	0.80	L Watson	16
16	Stoke	34	9	2	6	45	26	1	5	11	9	31	10	7	17	54	57	27	0.94	A Capes	10
17	Liverpool	34	7	5	5	24	20	2	3	12	25	42	9	8	17	49	62	26	0.79	J Cox	10
18	West Brom A	34	4	8	5	19	19	3	2	12	17	41	7	10	17	36	60	24	0.60	C Simmons	8

1903/04 DIVISION 2
SEASON 16

	Total
Total Matches	306
Total Goals	942
Avg goals per match	3.08

	Team	Barnsley	Blackpool	Bolton Wand	Bradford City	Bristol City	Burnley	Burslem P V	Burton United	Chesterfield T	Gainsborough T	Glossop	Grimsby Town	Leicester Fosse	Lincoln City	Manchester Utd	Preston N E	Stockport Co	Woolwich A
1	Barnsley		2-2 9J	1-0 4A	1-2 20F	2-0 3O	1-1 9A	1-0 5M	2-1 23J	0-0 26M	2-0 19S	4-0 17O	3-1 23A	1-1 5S	2-1 12M	0-2 5A	1-0 19D	0-0 21N	2-1 31O
2	Blackpool	0-2 12S		1-4 10O	0-1 26D	0-1 2A	0-5 13F	1-0 1A	4-1 20F	0-0 30J	2-1 19M	3-2 25D	3-0 27F	1-2 7N	2-1 16J	2-1 9M	0-3 24O	4-1 26S	2-2 2J
3	Bolton Wanderers	5-1 25D	3-0 1J		1-0 11A	1-1 31O	1-1 9J	5-0 2J	3-0 1S	4-0 26D	5-0 17O	0-1 14N	4-0 23J	3-1 3O	1-2 12D	0-0 25A	0-2 19S	0-1 16A	2-1 28N
4	Bradford City	3-1 24O	0-2 23A	3-3 21N		1-0 19S	3-0 26M	1-1 28D	3-0 9J	2-6 12M	1-3 5S	2-1 6F	1-0 9A	4-0 19D	2-1 27F	3-3 23J	1-1 5D	0-0 12D	0-3 19A
5	Bristol City	2-0 30J	5-0 5D	2-0 27F	1-1 16J		6-0 7N	2-1 23A	4-0 19D	3-2 24O	2-1 9A	5-0 12S	4-0 21N	4-0 26M	3-1 10O	1-1 2J	3-1 12M	6-0 13F	0-4 26S
6	Burnley	2-2 1A	1-4 17O	0-0 12S	3-2 28N	2-3 5M		1-0 19S	2-1 25D	4-0 2J	2-0 20F	2-4 19M	2-0 3O	2-1 6F	3-1 16A	2-0 7S	2-1 23J	2-0 26D	1-0 2A
7	Burslem Port Vale	3-0 7N	5-0 12M	2-3 7S	5-2 10O	3-1 26D	2-2 16J		3-1 9A	3-0 16A	3-0 26M	1-1 26S	1-2 13F	6-2 27F	2-2 21N	1-0 12S	0-1 30J	2-0 5D	2-3 24O
8	Burton United	1-1 26S	1-1 26M	2-1 24O	0-2 12S	2-3 16A	1-2 27F	0-0 4A		4-0 13F	2-1 5D	2-0 2J	1-0 12M	0-0 21N	5-2 30J	2-2 26D	0-0 28D	7-0 10O	3-1 16J
9	Chesterfield Town	1-0 30A	2-1 3O	1-1 13A	1-1 4A	1-0 20F	0-0 5S	1-1 19D	2-1 17O		6-1 6F	0-0 5M	0-1 19S	2-0 23J	0-1 2A	0-2 1A	0-1 9J	4-1 28D	1-0 19M
10	Gainsborough Trinity	4-2 16J	3-1 21N	3-1 13F	3-0 2J	3-1 1A	1-2 24O	3-0 29D	1-2 2A	1-0 10O		0-1 26D	4-2 6A	4-0 12M	0-0 26S	0-1 16A	2-0 27F	2-2 30J	0-2 12S
11	Glossop	7-0 13F	0-1 19D	3-3 12M	2-0 1M	1-0 9J	6-2 21N	4-1 23J	0-1 5S	0-2 7N	0-2 23A		1-1 5D	5-0 9A	5-0 24O	0-5 19S	2-2 26M	5-1 27F	1-3 10O
12	Grimsby Town	5-1 26D	4-0 4A	0-0 26S	2-0 1S	2-0 19M	0-0 30J	3-1 17O	4-0 1A	1-0 16J	3-1 5M	2-0 2A		4-3 20F	1-1 2J	3-1 12A	1-1 10O	2-1 12S	2-2 16A
13	Leicester Fosse	2-0 2J	5-1 5M	2-2 30J	1-2 16A	1-0 25F	0-0 10O	1-1 25D	1-3 19M	0-0 26S	2-2 4A	4-2 12D	1-1 24O		2-2 12S	0-1 2A	1-4 13F	3-0 16J	0-0 26D
14	Lincoln City	0-0 28D	0-0 19S	1-0 9A	1-0 1A	2-6 7M	3-1 19D	3-2 19M	1-0 3O	0-2 5D	0-1 23J	3-1 20F	2-1 5S	6-1 9J		0-0 17O	0-0 23A	3-1 25D	0-2 5M
15	Manchester United	4-0 10O	3-1 9A	0-0 7N	3-1 26S	2-2 5S	3-1 12M	2-0 9J	2-0 23A	3-1 25D	4-2 19D	3-1 16J	2-0 26M	5-2 30A	2-0 13F		0-2 21N	3-1 24O	1-0 30J
16	Preston North End	1-1 16A	3-0 30A	3-1 16J	4-0 2A	3-0 14N	3-1 26S	4-1 3O	2-1 5M	2-0 12S	3-0 25D	2-0 28N	3-0 31O	4-3 17O	2-1 26D	1-1 19M		1-1 2J	0-0 1A
17	Stockport County	2-2 19M	2-1 23J	3-2 19D	2-0 5M	1-1 17O	2-2 23A	1-1 2A	1-1 6F	2-0 9A	1-4 30	3-0 1A	1-1 9J	2-0 19S	4-0 28M	0-3 28M	1-5 5S		0-0 1J
18	Woolwich Arsenal	3-0 27F	3-0 5S	3-0 26M	4-1 25D	2-0 14M	4-0 29F	0-0 25A	8-0 19S	6-0 21N	6-0 9J	2-1 4A	5-1 19D	8-0 26O	4-0 7N	4-0 30	0-0 9A	5-2 12M	

Final League Table

Pos	Team	Pld	Home W	Home D	Home L	Home F	Home A	Away W	Away D	Away L	Away F	Away A	Totals W	Totals D	Totals L	Totals F	Totals A	Pts	GA	Leading Goalscorer	Gls
1	Preston N E	34	13	4	0	38	10	7	6	4	24	14	20	10	4	62	24	50	2.58	P Smith	26
2	Woolwich A	34	15	2	0	67	5	6	5	6	24	17	21	7	6	91	22	49	4.13	T Shanks	24
3	Manchester Utd	34	14	2	1	42	14	6	6	5	23	19	20	8	7	65	33	48	1.97	T Arkesden	11
4	Bristol City	34	14	2	1	53	12	4	4	9	20	29	18	6	10	73	41	42	1.78	F Corbett	15
5	Burnley	34	12	2	3	31	20	3	7	7	19	35	15	9	10	50	55	39	0.90	H Williams	9
6	Grimsby Town	34	12	5	0	39	12	2	3	12	11	37	14	8	12	50	49	36	1.02	F Rouse	13
7	Bolton Wand	34	10	3	4	38	11	2	7	8	21	30	12	10	12	59	41	34	1.43	S Marsh	16
8	Barnsley	34	10	5	2	25	12	1	5	11	13	45	11	10	13	38	57	32	0.66	A Hellewell	7
9	Gainsborough T	34	10	2	5	34	17	4	1	12	19	43	14	3	17	53	60	31	0.88	F Foxall	12
10	Bradford City	34	8	5	4	30	25	4	2	11	15	34	12	7	15	45	59	31	0.76	J McMillan	14
11	Chesterfield T	34	8	5	4	22	12	3	3	11	15	33	11	8	15	37	45	30	0.82	H Munday	13
12	Lincoln City	34	9	4	4	25	18	2	4	11	16	40	11	8	15	41	58	30	0.70	E Brown	10
13	Burslem P V	34	10	3	4	44	20	0	6	11	10	32	10	9	15	54	52	29	1.03	A Capes	14
14	Burton United	34	8	6	3	33	16	3	1	13	12	45	11	7	16	45	61	29	0.73	J Lewis	12
15	Blackpool	34	8	2	7	25	27	3	3	11	15	40	11	5	18	40	67	27	0.59	C Bennett	9
16	Stockport Co	34	7	7	3	28	23	1	4	12	12	49	8	11	15	40	72	27	0.55	J Raby	8
17	Glossop	34	7	4	6	42	25	3	2	12	15	39	10	6	18	57	64	26	0.89	I Thornley	21
18	Leicester Fosse	34	5	8	4	26	21	1	2	14	16	61	6	10	18	42	82	22	0.51	I Evenson	8

Doncaster Rovers elected in place of Stockport County.

1904/05 DIVISION 1
SEASON 17

Total Matches	306
Total Goals	904
Avg goals per match	2.95

		Aston Villa	Blackburn Rov	Bury	Derby County	Everton	Manchester city	Middlesbrough	Newcastle Utd	Nottm Forest	Notts County	Preston N E	Sheffield United	Sheffield Weds	Small Heath	Stoke	Sunderland	Wolverhampton	Woolwich A
1	Aston Villa		3-0 7J	2-0 24D	0-2 15O	1-0 12S	3-2 29A	0-0 10D	0-1 26N	2-0 17S	4-2 12N	1-2 1S	3-0 18M	0-2 21J	2-1 29O	3-0 3S	2-2 1O	3-0 27A	3-1 26D
2	Blackburn Rovers	4-0 10S		0-2 31D	3-1 2J	1-0 29O	3-1 12N	0-2 15A	2-0 1A	0-0 21J	1-0 18M	1-1 10D	2-4 26N	0-1 1O	1-4 4M	4-0 17S	2-1 26D	3-0 24D	1-1 15O
3	Bury	2-3 22A	0-2 3S		2-0 26D	1-2 15O	2-4 22O	1-0 1A	2-4 18M	5-1 7J	2-0 21A	0-1 26N	7-1 12N	1-4 17S	1-1 2J	3-1 17D	1-0 21J	3-1 10D	1-1 1O
4	Derby County	0-2 11F	1-1 22O	3-2 8O		1-2 27D	0-1 4M	4-2 24S	1-1 10S	3-2 25F	1-1 24D	3-1 14J	2-3 31D	1-0 5N	3-0 10D	3-0 26N	1-0 11M	2-1 28J	0-0 19N
5	Everton	3-2 22O	1-0 25F	2-0 11F	0-0 3D		0-0 24D	1-0 28J	2-1 14J	5-1 5N	5-1 31D	1-0 24S	2-0 10S	5-2 11M	2-1 15A	4-1 10D	0-1 19N	2-1 8O	1-0 5A
6	Manchester City	2-1 9N	2-1 11M	3-2 25F	6-0 17D	2-0 21A		3-2 11F	3-2 28J	1-1 19N	2-1 14J	6-1 8O	1-1 24S	1-1 3S	2-1 7J	1-0 3D	5-2 14N	5-1 8A	1-0
7	Middlesbrough	3-1 8A	2-1 17D	2-2 3D	2-0 21J	1-0 1O	0-1		0-3 29A	0-0 4M	2-5 24A	1-1 12N	0-1 29O	1-3 3S	0-1 24D	2-1 18M	1-3 7J	3-1 25M	1-0 17S
8	Newcastle United	2-0 5A	1-0 3D	3-1 19N	2-0 7J	3-2 17S	2-0 1O	3-0 5N		5-1 8A	1-0 2J	1-0 25F	1-1 15O	6-2 17D	0-1 21J	4-1 21A	1-3 22A	3-0 11M	3-0 3S
9	Nottingham Forest	1-1 14J	5-2 24S	5-1 10S	0-1 29O	0-2 24A	2-1 18M	1-1 24D	1-3 10D		2-1 26N	0-1 6O	1-2 1A	2-1 26D	0-2 12N	0-1 1O	2-3 15O	2-2 31D	0-3 27D
10	Notts County	1-2 11M	2-1 19N	0-1 5N	0-0 18F	1-2 3S	1-1 17S	0-0 22O	0-3 8O	1-2 25M,		1-3 11F	1-5 28J	2-2 3D	0-0 7J	0-0 21J	2-2 8A	3-4 25F	1-5 17D
11	Preston North End	2-3 3D	0-0 8A	2-0 25M	1-0 17S	1-1 21J	0-1 26D	2-0 11M	0-1 29O	3-1 17D		4-0 15O	1-0 21A	2-2 22A	2-1 1O	3-1 10A	2-2 3S	2-2 19N	3-0 7J
12	Sheffield United	0-3 19N	3-1 25M	4-0 11M	3-1 3S	1-0 7J	0-3 21J	0-1 25F	1-3 11F	4-0 3D	2-1 10	1-0 22O		4-2 8A	2-1 17S	5-2 26D	1-0 17D	4-2 5N	4-0 28D
13	Sheffield Wednesday	3-2 24S	1-2 28J	4-0 14J	1-1 3A	5-5 12N	2-1 26N	5-0 31D	1-3 26A	2-0 8O	1-0 1A	2-0 2J	1-3 10D		3-1 18M	3-0 15O	1-1 27D	4-0 10S	0-3 29O
14	Small Heath	0-3 25F	2-0 5N	5-0 22O	2-0 8A	1-2 17D	3-1 31D	2-1 8O	2-1 24S	1-2 11M	1-2 10S	2-0 28J	2-0 14J	2-1 19N		0-1 22A	1-1 25M	4-1 11F	2-1 3D
15	Stoke	1-4 31D	4-0 14J	2-0 15A	1-2 1S	2-2 8A	1-0 10S	3-1 19N	1-0 22O	0-0 28J	0-2 24S	1-1 5N	2-1 8O	2-1 11F	1-0 29A		1-3 25F	2-1 3D	2-0 11M
16	Sunderland	2-3 28J	2-1 8O	3-0 24S	2-3 12N	2-3 18M	0-0 1A	1-1 10S	3-1 24D	1-0 2J	5-0 5S	3-2 31D	2-1 24A	3-0 22O	1-4 26N	3-1 29O		3-0 14J	1-1 4M
17	Wolverhampton Wand	1-1 17D	2-0 22A	2-0 8A	2-0 1O	0-3 26D	0-3 24A	5-3 26N	1-3 12N	3-2 3S	3-1 29O	0-0 18M	4-2 5S	1-0 7J	0-1 15O	1-3 1A	1-0 17S		4-1 21J
18	Woolwich Arsenal	1-0 8O	2-0 11F	2-1 28J	0-0 18M	2-1 22A	1-0 10D	1-1 14J	0-2 31D	0-3 22O	1-2 15A	0-0 10S	1-0 24D	3-0 25F	1-1 1A	2-1 12N	0-0 5N	2-0 24S	

Final League Table

Pos	Team	Pld	Home					Away					Totals						Leading Goalscorer	Gls
			W	D	L	F	A	W	D	L	F	A	W	D	L	F	A	Pts	GA		
1	Newcastle United	34	14	1	2	41	12	9	1	7	31	21	23	2	9	72	33	48	2.18	G Appleyard	14
2	Everton	34	14	2	1	36	11	7	3	7	27	25	21	5	8	63	36	47	1.75	A Young	13
3	Manchester City	34	14	3	0	46	17	6	3	8	20	20	20	6	8	66	37	46	1.78	A Turnbull	19
4	Aston Villa	34	11	2	4	32	15	8	2	7	31	28	19	4	11	63	43	42	1.46	H Hampton	14
5	Sunderland	34	11	3	3	37	19	5	5	7	23	25	16	8	10	60	44	40	1.36	G Holley	10
6	Sheffield United	34	13	0	4	39	20	6	2	9	25	36	19	2	13	64	56	40	1.14	A Brown	23
7	Small Heath	34	11	1	5	32	17	6	4	7	22	21	17	5	12	54	38	39	1.42	T Jones	16
8	Preston N E	34	9	5	3	28	13	4	5	8	14	24	13	10	11	42	37	36	1.13	P Smith	14
9	Sheffield Weds	34	10	3	4	39	22	4	2	11	22	35	14	5	15	61	57	33	1.07	A Wilson	15
10	Woolwich A	34	9	5	3	19	12	3	4	10	17	28	12	9	13	36	40	33	0.90	C Satterthwaite	11
11	Derby County	34	9	4	4	29	19	3	4	10	8	29	12	8	14	37	48	32	0.77	S Bloomer	13
12	Stoke	34	10	3	4	26	18	3	1	13	14	40	13	4	17	40	58	30	0.69	F Rouse	13
13	Blackburn Rov	34	9	3	5	28	18	2	3	12	12	33	11	6	17	40	51	27	0.78	A Bowman	12
14	Wolverhampton	34	10	2	5	30	23	1	2	14	17	50	11	4	19	47	73	26	0.64	W Wooldridge	13
15	Middlesbrough	34	7	3	7	21	24	2	5	10	15	32	9	8	17	36	56	26	0.64	H Astley, R Atherton, A Brown, A Common, T Green	4
16	Nottm Forest	34	9	3	4	24	28	4	4	9	16	33	9	7	18	40	61	25	0.65	W Shearman	13
17	Bury	34	8	2	7	34	26	2	2	13	13	41	10	4	20	47	67	24	0.70	C Sagar	15
18	Notts County	34	3N	1	7	9	16	33	4	1	12	20	36	5	8	21	36	69	18	J Dean, A Green	8

Division 1 extended to 20 clubs. Bury and Notts County re-elected. Small Heath became Birmingham.

1904/05 DIVISION 2
SEASON 17

	Total
Total Matches	306
Total Goals	903
Avg goals per match	2.95

		Barnsley	Blackpool	Bolton Wand	Bradford City	Bristol City	Burnley	Burslem PV	Burton United	Chesterfield T	Doncaster Rov	Gainsborough T	Glossop	Grimsby Town	Leicester Fosse	Lincoln City	Liverpool	Manchester Utd	West Brom A
1	Barnsley		2-1	2-1	1-0	1-0	1-2	3-0	7-0	1-0	2-1	2-1	0-0	2-2	2-1	2-1	0-2	0-0	1-1
2	Blackpool	6-0		0-2	2-0	2-4	2-0	3-0	1-0	1-1	1-0	2-2	4-1	1-1	0-0	1-0	0-3	0-1	0-0
3	Bolton Wanderers	2-1	3-0		2-0	3-1	4-0	3-1	7-1	4-3	2-0	5-1	4-0	4-1	0-1	4-1	2-0	2-4	2-1
4	Bradford City	1-2	3-1	2-1		2-3	4-1	2-1	3-1	0-1	4-1	3-1	1-1	0-0	0-0	0-0	2-4	1-1	3-1
5	Bristol City	3-0	2-0	3-4	1-0		0-0	4-2	5-0	2-1	4-1	1-1	2-0	5-0	3-0	2-0	0-1	1-1	2-1
6	Burnley	3-0	0-1	0-1	2-1	2-3		5-0	1-1	2-0	4-3	1-3	3-1	1-0	2-0	2-1	0-2	2-0	1-4
7	Burslem Port Vale	0-2	2-2	1-2	1-1	3-2	3-1		4-2	0-0	2-0	3-2	0-1	2-0	1-3	0-1	1-2	2-2	3-2
8	Burton United	1-2	0-0	0-1	1-0	2-0	3-1	2-3		0-3	1-0	1-3	2-2	1-0	0-3	2-1	2-1	2-3	0-6
9	Chesterfield Town	2-0	2-0	1-0	0-0	0-3	1-1	2-1	6-0		4-1	3-2	1-2	0-0	0-0	0-0	1-1	2-0	1-0
10	Doncaster Rovers	2-0	0-0	0-4	0-1	0-2	0-2	2-2	1-3	0-2		1-5	2-1	0-2	3-0	0-2	1-4	0-1	0-1
11	Gainsborough Trinity	4-0	1-1	0-4	3-2	4-1	3-1	1-0	2-0	1-1	2-0		0-0	2-1	2-0	2-0	1-2	0-0	4-2
12	Glossop	5-0	0-0	1-2	3-1	0-1	0-0	0-0	1-1	0-1	2-0	3-1		2-0	0-0	3-2	0-2	1-2	2-1
13	Grimsby Town	0-0	2-0	2-2	0-2	4-0	1-0	0-3	1-0	3-1	2-1	0-0	3-0		2-0	1-0	0-1	0-1	1-3
14	Leicester Fosse	2-0	3-1	2-4	1-2	2-1	2-2	3-0	2-0	1-1	3-2	1-1	0-2	5-1		0-1	0-3	0-3	3-1
15	Lincoln City	2-0	1-0	0-2	1-1	1-3	2-0	3-3	3-1	0-0	3-0	4-1	3-0	0-0	5-1		0-2	3-0	0-2
16	Liverpool	2-1	5-0	1-1	4-1	3-1	3-0	8-1	2-0	6-1	6-1	2-2	5-0	4-0	1-1	1-1		4-0	3-2
17	Manchester United	4-0	3-1	1-2	7-0	4-1	1-0	6-1	5-0	3-0	6-0	3-1	4-1	2-1	4-1	2-0	3-1		2-0
18	West Bromwich Albion	4-1	4-2	0-1	0-2	0-0	1-1	0-1	4-0	0-2	6-1	4-3	1-0	0-2	2-0	2-0	0-2	0-2	

Final League Table

Pos	Team	Pld	Home W	Home D	Home L	Home F	Home A	Away W	Away D	Away L	Away F	Away A	W	D	L	F	A	Pts	GA	Leading Goalscorer	Gls
1	Liverpool	34	14	3	0	60	12	13	1	3	33	13	27	4	3	93	25	58	3.72	R Robinson	24
2	Bolton Wand	34	15	0	2	53	16	12	2	3	34	16	27	2	5	87	32	56	2.71	S Marsh	26
3	Manchester Utd	34	16	0	1	60	10	8	5	4	21	20	24	5	5	81	30	53	2.70	J Allan, J Peddie	17
4	Bristol City	34	12	3	2	40	12	7	1	9	26	33	19	4	11	66	45	42	1.46	S Gilligan	15
5	Chesterfield T	34	9	6	2	26	11	5	5	7	18	24	14	11	9	44	35	39	1.25	H Munday	13
6	Gainsborough T	34	11	4	2	32	15	3	4	10	29	43	14	8	12	61	58	36	1.05	J Twigg	16
7	Barnsley	34	11	4	2	29	13	3	1	13	9	43	14	5	15	38	56	33	.067	A Jones	11
8	Bradford City	34	8	5	4	31	20	4	3	10	14	29	12	8	14	45	49	32	0.91	T Forrest	13
9	Lincoln City	34	9	4	4	31	16	3	3	11	11	24	12	7	15	42	40	31	1.05	D O'Donnell	14
10	West Brom A	34	8	2	7	28	20	5	2	10	28	28	13	4	17	56	48	30	1.16	W Jack	14
11	Burnley	34	10	1	6	31	21	2	5	10	12	31	12	6	16	43	52	30	0.82	D McFarlane	12
12	Glossop	34	7	5	5	23	14	3	5	9	14	32	10	10	14	37	46	30	0.80	W Cameron	11
13	Grimsby Town	34	9	3	5	22	14	2	5	10	11	32	11	8	15	33	46	30	0.71	W Ross	8
14	Leicester Fosse	34	8	3	6	30	25	3	4	10	10	30	11	7	16	40	55	29	0.72	A Mounteney	10
15	Blackpool	34	8	5	4	26	15	1	5	11	10	33	9	10	15	36	48	28	0.75	E Chadwick	7
16	Burslem PV	34	7	4	6	28	25	3	3	11	19	47	10	7	17	47	72	27	0.65	M Allman, G Price	8
17	Burton United	34	7	2	8	20	29	1	2	14	10	55	8	4	22	30	84	20	0.35	W Gould	8
18	Doncaster Rov	34	3	2	12	12	32	0	0	17	11	49	3	2	29	23	81	8	0.28	J Carnegie	4

Doncaster Rovers failed to gain re-election. Division 2 extended to 20 clubs with the election of Chelsea, Hull City, Leeds City, Clapton Orient and Stockport County.

1905/06 DIVISION 1
SEASON 18

Total Matches 380
Total Goals 1242
Avg goals per match 3.27

	Team	Aston Villa	Birmingham	Blackburn Rov	Bolton Wand	Bury	Derby County	Everton	Liverpool	Manchester city	Middlesbrough	Newcastle Utd	Nottm Forest	Notts County	Preston N E	Sheffield United	Sheffield Weds	Stoke	Sunderland	Wolverhampton	Woolwich A
1	Aston Villa		1-3	0-1	1-1	3-3	6-0	4-0	5-0	2-1	4-1	0-3	3-1	2-1	0-1	4-1	3-0	2-1	6-0	2-1	
2	Birmingham	2-0		3-0	2-5	0-3	3-1	1-0	1-0	3-2	7-0	0-1	5-0	4-2	1-1	2-0	5-1	2-0	3-0	3-3	2-1
3	Blackburn Rovers	1-1	5-1		4-1	3-0	3-0	1-2	0-0	1-1	1-1	1-0	1-1	1-3	1-2	2-1	1-0	3-0	0-3	3-1	2-0
4	Bolton Wanderers	4-1	0-1	1-0		4-0	5-0	3-2	3-2	1-3	2-1	1-1	6-0	2-0	1-2	1-2	1-0	1-2	6-2	3-2	6-1
5	Bury	0-1	1-0	5-0	2-1		0-2	3-2	0-0	2-4	1-1	1-4	2-1	0-0	1-1	2-5	2-2	3-0	3-1	0-1	2-0
6	Derby County	1-0	0-0	1-2	0-1	3-1		0-0	0-3	1-2	1-1	2-1	2-2	1-1	2-1	1-0	2-1	1-0	1-0	2-0	5-1
7	Everton	4-2	1-2	3-2	3-1	1-2	2-1		4-2	0-3	4-1	1-2	4-1	6-2	1-0	3-2	2-0	0-3	3-1	2-2	0-1
8	Liverpool	3-0	2-0	1-3	2-2	3-1	4-1	1-1		0-1	6-1	3-0	4-1	2-0	1-1	3-1	2-1	3-1	2-0	4-0	3-0
9	Manchester City	1-4	4-1	1-1	3-1	5-2	1-2	1-0	0-1		4-0	1-4	5-0	5-1	0-0	1-2	2-1	2-0	5-1	4-0	1-2
10	Middlesbrough	1-2	1-0	1-1	4-4	5-1	0-1	0-0	1-5	6-1		1-0	2-0	4-1	1-2	0-1	2-2	5-0	2-1	3-1	2-0
11	Newcastle United	3-1	2-2	3-0	2-1	3-1	0-1	4-2	2-3	2-2	4-1		3-2	3-1	1-0	2-1	0-3	5-0	1-1	8-0	1-1
12	Nottm Forest	2-2	2-1	1-2	4-0	3-2	0-0	4-3	1-2	0-1	2-1	2-1		1-2	1-0	4-1	3-4	3-1	1-2	3-1	3-1
13	Notts County	2-1	0-0	1-1	3-3	2-2	1-0	0-0	3-0	3-0	1-1	1-0	1-1		2-2	2-3	1-3	1-1	4-1	5-2	1-0
14	Preston North End	2-0	3-0	2-1	3-0	1-0	3-1	1-1	1-2	2-0	2-1	0-0	3-1	4-1		1-1	0-1	2-0	1-1	3-2	2-2
15	Sheffield United	1-1	3-0	0-2	5-2	1-1	1-0	3-2	1-2	1-3	1-0	2-0	1-4	1-0	0-0		0-2	1-1	4-1	4-1	3-1
16	Sheffield Weds	2-2	4-2	0-1	1-2	1-1	1-0	3-1	3-2	1-0	3-0	1-1	1-0	3-1	1-1	1-0		2-0	3-3	5-1	4-2
17	Stoke	0-1	2-2	3-0	1-2	4-2	2-2	2-2	2-1	0-0	1-1	1-0	4-0	3-0	3-0	2-1	4-0		1-0	4-0	2-1
18	Sunderland	2-0	3-1	3-0	3-3	0-3	2-0	2-1	1-2	2-0	2-1	3-2	0-1	1-3	2-0	2-0	2-0	1-0		7-2	2-2
19	Wolverhampton W	4-1	0-0	2-1	0-2	2-2	7-0	2-5	0-2	2-3	0-0	0-2	2-1	6-1	2-3	1-1	0-0	1-2	5-2		0-2
20	Woolwich Arsenal	2-1	5-0	3-2	0-0	4-0	1-0	1-2	3-1	2-0	2-2	4-3	3-1	1-1	2-2	5-1	0-2	1-2	2-0	2-1	

Final League Table

Pos	Team	Pld	Home W	Home D	Home L	Home F	Home A	Away W	Away D	Away L	Away F	Away A	Totals W	Totals D	Totals L	Totals F	Totals A	Pts	GA	Leading Goalscorer	Gls
1	Liverpool	38	14	3	2	49	15	9	2	8	30	31	23	5	10	79	46	51	1.71	J Hewitt	22
2	Preston N E	38	12	5	2	36	15	5	8	6	18	24	17	13	8	54	39	47	1.38	R Bond	17
3	Sheffield Weds	38	12	5	2	40	20	6	3	10	23	32	18	8	12	63	52	44	1.21	J Stewart	20
4	Newcastle Utd	38	12	4	3	49	23	6	3	10	25	25	18	7	13	74	48	43	1.54	R Orr	17
5	Manchester City	38	11	2	6	46	23	8	3	8	27	31	19	5	14	73	54	43	1.35	I Thornley	21
6	Bolton Wand	38	13	1	5	51	22	4	6	9	30	45	17	7	14	81	67	41	1.20	A Shepherd	26
7	Birmingham	38	14	2	3	49	20	3	5	11	16	39	17	7	14	65	59	41	1.10	W Jones	22
8	Aston Villa	38	13	2	4	51	19	4	4	11	21	37	17	6	15	72	56	40	1.28	W Garraty, H Hampton	18
9	Blackburn Rov	38	10	5	4	34	18	6	3	10	20	34	16	8	14	54	52	40	1.03	A Bowman	15
10	Stoke	38	12	5	2	41	15	4	2	13	13	40	16	7	15	54	55	39	0.98	F Rouse	11
11	Everton	38	12	1	6	44	30	3	6	10	26	36	15	7	16	70	66	37	1.06	A Young	13
12	Woolwich A	38	12	4	3	43	21	3	4	13	19	43	15	7	16	62	64	37	0.96	J Coleman	12
13	Sheffield United	38	10	4	5	33	23	5	2	12	24	39	15	6	17	57	62	36	0.91	A Brown	15
14	Sunderland	38	13	2	4	40	21	2	3	14	21	49	15	5	18	61	70	35	0.87	A Bridgett	18
15	Derby County	38	10	5	4	27	16	4	2	13	12	42	14	7	17	39	58	35	0.67	S Bloomer	12
16	Notts County	38	8	9	2	34	21	3	3	13	21	50	11	12	15	55	71	34	0.77	A Green, W Tarplin	13
17	Bury	38	8	5	6	30	26	3	5	11	27	48	11	10	17	57	74	32	0.77	J Lindsay	8
18	Middlesbrough	38	10	4	5	41	28	0	7	12	15	48	10	11	17	56	71	31	0.78	A Common	17
19	Nottm Forest	38	11	2	6	40	27	2	3	14	18	52	13	5	20	58	79	31	0.73	A Morris	19
20	Wolverhampton	38	7	5	7	38	28	1	2	16	20	71	8	7	23	58	99	23	0.58	W Wooldridge	12

1905/06 DIVISION 2 SEASON 18

Total Matches	380
Total Goals	1116
Avg goals per match	2.94

		Barnsley	Blackpool	Bradford City	Bristol City	Burnley	Burslem P V	Burton United	Chelsea	Chesterfield T	Clapton Orient	Gainsborough T	Glossop	Grimsby Town	Hull City	Leeds City	Leicester Fosse	Lincoln City	Manchester Utd	Stockport Co	West Brom A
1	Barnsley		1-1	0-1	2-2	1-2	4-0	3-0	1-2	8-1	4-1	2-1	1-1	2-0	2-0	3-0	0-0	4-2	0-3	4-0	3-0
2	Blackpool	0-0		2-2	1-3	0-1	2-1	2-0	0-1	2-1	3-0	2-2	1-0	2-0	1-2	0-3	0-1	2-0	0-1	2-0	0-3
3	Bradford City	0-0	2-1		1-2	0-1	2-0	1-0	1-1	1-0	3-0	1-2	2-0	0-1	0-2	1-0	3-3	2-2	1-5	0-1	0-1
4	Bristol City	3-0	2-1	1-0		2-0	4-0	4-0	2-1	3-1	1-0	2-0	2-1	2-0	2-1	2-0	1-2	1-0	1-1	7-0	1-0
5	Burnley	2-1	4-1	0-0	2-2		1-3	1-0	2-0	1-1	3-0	1-0	1-0	0-0	1-3	4-3	0-2	2-1	1-3	0-1	0-2
6	Burslem Port Vale	1-2	1-2	2-1	0-1	2-2		4-1	3-2	4-3	2-1	1-0	3-3	2-2	1-3	2-0	2-0	1-3	1-0	0-0	0-1
7	Burton United	4-1	1-1	0-1	0-1	1-3	1-0		2-4	4-0	1-0	3-1	1-0	0-3	1-1	0-0	2-0	0-2	0-2	2-2
8	Chelsea	6-0	6-0	4-2	0-0	1-0	7-0	3-0		0-1	6-1	1-3	0-0	2-0	5-1	4-0	3-3	4-2	1-1	4-2	1-0
9	Chesterfield Town	2-0	2-0	1-1	1-2	3-0	2-0	1-0	0-2		1-1	0-0	3-1	1-4	1-2	0-2	3-3	1-2	1-0	3-1	0-3
10	Clapton Orient	0-0	0-0	4-2	0-2	3-0	1-3	0-1	0-3	3-3		1-0	2-0	1-2	0-1	0-0	0-2	3-0	0-1	1-0	0-2
11	Gainsborough Trinity	1-0	0-1	2-3	1-3	0-1	4-0	5-2	0-2	4-0	2-1		2-0	1-0	3-1	4-1	0-1	2-3	2-2	0-0	2-1
12	Glossop	2-2	4-1	2-3	1-5	1-1	3-2	2-0	2-4	2-0	5-0	1-0		2-0	3-1	1-2	0-0	2-2	1-2	1-0	1-3
13	Grimsby Town	2-1	1-1	1-0	1-1	2-0	5-0	1-0	1-1	2-0	4-1	2-0	1-1		1-0	1-1	1-1	2-2	0-1	2-0	3-2
14	Hull City	4-1	2-0	5-2	0-3	1-1	3-2	1-1	4-3	3-0	3-1	1-2	0-1		0-0	0-0	2-1	0-1	3-0	4-0
15	Leeds City	3-2	3-0	0-2	1-1	1-1	3-1	2-1	0-0	3-0	6-1	1-0	1-0	3-0	3-1		4-1	2-2	1-3	1-1	0-2
16	Leicester Fosse	1-0	2-0	2-4	1-2	2-0	2-1	1-1	0-1	1-1	2-1	4-0	2-1	2-0	1-2	0-1		3-1	2-5	2-0	0-0
17	Lincoln City	4-1	1-1	5-0	0-3	5-0	3-1	5-1	1-4	0-1	2-3	3-0	4-1	3-1	1-4	1-2	3-1		2-3	2-0	1-2
18	Manchester United	5-1	2-1	0-0	5-1	1-0	3-0	6-0	0-0	4-1	4-0	2-0	5-2	5-0	5-0	0-3	3-2	2-1		3-1	0-0
19	Stockport County	0-0	2-1	1-0	2-3	3-1	3-0	2-0	1-0	0-0	3-3	2-0	2-0	5-0	2-2	2-1	2-1	1-1	3-0		2-2
20	West Bromwich Albion	5-3	5-0	6-1	1-3	1-2	4-1	3-0	1-1	3-0	1-1	4-0	6-0	1-1	2-1	3-0	1-1	1-0	3-1	

Final League Table

Pos	Team	Pld	Home W	D	L	F	A	Away W	D	L	F	A	Totals W	D	L	F	A	Pts	GA	Leading Goalscorer	Gls
1	Bristol City	38	17	1	1	43	8	13	5	1	40	20	30	6	2	83	28	66	2.96	W Maxwell	25
2	Manchester Utd	38	15	3	1	55	13	13	3	3	35	15	28	6	4	90	28	62	3.21	J Picken	20
3	Chelsea	38	13	4	2	58	16	9	5	5	32	21	22	9	7	90	37	53	2.43	F Pearson	18
4	West Brom A	38	13	4	2	53	16	9	4	6	26	20	22	8	8	79	36	52	2.19	A Haywood, F Shinton	21
5	Hull City	38	10	5	4	38	21	9	1	9	29	33	19	6	13	67	54	44	1.24	D Gordon, J Smith	12
6	Leeds City	38	12	5	2	38	19	5	4	10	21	24	17	9	12	59	47	43	1.25	R Wilson	13
7	Leicester Fosse	38	10	3	6	30	21	5	9	5	23	27	15	12	11	53	48	42	1.10	A Hubbard	12
8	Grimsby Town	38	11	7	1	33	13	4	3	12	13	33	15	10	13	46	46	40	1.00	L Baker	10
9	Burnley	38	9	4	6	26	23	6	4	9	16	30	15	8	15	42	53	38	0.79	D Mc Farlane	10
10	Stockport Co	38	11	6	2	36	16	2	3	14	8	40	13	9	16	44	56	35	0.78	R Maanson	10
11	Bradford City	38	7	4	8	21	22	6	4	9	25	38	13	8	17	46	60	34	0.76	W Smith	19
12	Barnsley	38	11	4	4	45	17	1	5	13	15	45	12	9	17	60	62	33	0.96	G Wall	15
13	Lincoln City	38	10	1	8	46	29	2	5	12	23	43	12	6	20	69	72	30	0.95	P Machin	18
14	Blackpool	38	8	3	8	22	21	2	6	11	15	41	10	9	19	37	62	29	0.59	J Connor	7
15	Gainsborough T	38	10	2	7	35	22	2	2	15	9	35	12	4	22	44	57	28	0.77	F Taylor	10
16	Glossop	38	9	4	6	36	28	1	4	14	13	43	10	8	20	49	71	28	0.69	W Cameron	12
17	Burslem P V	38	10	4	5	34	25	2	0	17	15	57	12	4	22	49	82	28	0.59	H Mountford	16
18	Chesterfield T	38	8	4	7	26	24	2	4	13	14	48	10	8	20	40	72	28	0.55	H Munday	12
19	Burton United	38	9	4	6	26	20	1	2	16	8	47	10	6	22	34	67	26	0.50	A Aston, W Bradshaw, F Hunt	7
20	Clapton Orient	38	6	4	9	19	22	1	3	15	16	56	7	7	24	35	78	21	0.44	W Leigh	8

1906/07 DIVISION 1
SEASON 19

Total Matches	380
Total Goals	1148
Avg goals per match	3.02

Results Grid

	Team	Aston Villa	Birmingham	Blackburn Rov	Bolton Wand	Bristol City	Bury	Derby County	Everton	Liverpool	Manchester city	Manchester Utd	Middlesbrough	Newcastle Utd	Notts County	Preston N E	Sheffield United	Sheffield Weds	Stoke	Sunderland	Woolwich A
1	Aston Villa		4-1	4-2	0-2	3-2	3-1	2-0	2-1	4-0	4-1	2-0	2-3	0-0	0-0	3-0	5-1	8-1	1-0	2-2	2-2
2	Birmingham	3-2		2-0	4-2	2-2	3-1	2-1	1-0	2-1	4-0	1-1	0-0	2-4	2-0	3-0	0-0	1-1	2-1	2-0	5-1
3	Blackburn Rovers	2-1	1-0		2-3	0-1	4-1	5-1	2-1	1-1	4-0	2-4	4-1	4-0	0-2	1-1	1-1	0-2	3-1	2-1	2-3
4	Bolton Wanderers	1-2	2-3	5-2		1-2	1-0	1-0	1-3	3-0	1-1	0-1	1-0	4-2	0-0	3-0	6-1	0-0	1-1	1-0	3-0
5	Bristol City	2-4	0-0	3-0	1-2		2-0	3-0	2-1	3-1	2-0	1-2	3-0	2-1	1-0	1-0	3-3	2-0	4-0	1-1	1-3
6	Bury	0-3	1-0	0-0	2-3	1-1		1-0	1-2	1-3	3-1	1-2	1-1	3-2	3-0	2-0	2-1	0-0	2-0	2-3	4-1
7	Derby County	0-1	1-1	2-3	0-1	1-3	2-1		5-2	0-1	2-2	2-2	1-0	0-0	3-0	3-0	3-0	1-0	2-1	1-1	0-0
8	Everton	1-2	3-0	2-0	1-0	2-0	1-0	2-0		0-0	9-1	3-0	5-1	3-0	2-2	1-0	4-2	2-0	3-0	4-1	2-1
9	Liverpool	5-2	2-0	0-2	0-2	2-4	2-2	2-0	1-2		5-4	0-1	2-4	4-1	5-1	6-1	2-2	1-2	1-0	1-2	4-0
10	Manchester City	4-2	1-0	0-0	1-1	0-1	2-2	2-2	3-1	1-0		3-0	3-1	1-1	2-1	1-1	0-2	0-1	2-2	2-3	1-4
11	Manchester United	1-0	2-1	1-1	1-2	0-0	2-4	1-1	3-0	0-0	1-1		3-1	1-3	0-0	3-0	2-0	5-0	4-1	2-0	1-0
12	Middlesbrough	1-0	1-0	0-1	0-0	1-0	3-1	4-1	2-2	0-1	2-3	2-0		0-3	2-0	0-1	1-3	5-0	2-1	5-3
13	Newcastle United	3-2	2-0	3-1	4-0	3-0	3-2	2-0	1-0	2-0	2-0	5-0	4-0		4-3	2-1	0-0	5-1	1-0	4-2	1-0
14	Notts County	1-1	2-2	1-2	0-0	2-3	1-2	4-0	0-1	2-0	0-0	3-0	2-2	1-0		0-0	4-0	2-2	2-2	0-0	4-1
15	Preston North End	2-0	2-0	1-0	3-1	3-1	3-2	1-0	1-1	3-1	1-3	2-0	4-2	2-2	0-0		2-1	1-0	2-2	2-0	0-3
16	Sheffield United	0-0	2-0	3-0	2-1	1-1	3-0	2-0	4-1	1-0	1-4	0-2	1-1	0-0	2-1	3-1		2-1	2-0	3-2	4-2
17	Sheffield Weds	2-1	0-1	3-1	2-0	3-0	1-2	1-1	1-1	2-3	3-1	5-2	0-2	2-2	1-3	2-1	2-2		0-1	2-1	1-1
18	Stoke	0-2	3-0	1-1	3-0	0-3	3-1	2-1	2-0	1-1	3-0	1-2	0-2	1-2	1-1	0-2	1-1	1-1		2-2	2-0
19	Sunderland	2-1	4-1	1-0	1-2	3-3	3-5	0-2	1-0	5-5	1-1	4-1	4-2	2-0	3-1	1-0	1-2	1-1	3-1		2-3
20	Woolwich Arsenal	3-1	2-1	2-0	2-2	1-2	3-1	3-2	3-1	2-1	4-1	4-0	2-0	1-0	1-0	0-1	1-0	2-1	0-1		

Final League Table

Pos	Team	Pld	Home W	Home D	Home L	Home F	Home A	Away W	Away D	Away L	Away F	Away A	W	D	L	F	A	Pts	GA	Leading Goalscorer	Gls
1	Newcastle Utd.	38	18	1	0	51	12	4	6	9	23	34	22	7	9	74	46	51	1.60	G Appleyard	17
2	Bristol City	38	12	3	4	37	18	8	5	6	29	29	20	8	10	66	47	48	1.40	W Maxwell	17
3	Everton	38	16	2	1	50	10	4	3	12	20	36	20	5	13	70	46	45	1.52	A Young	28
4	Sheffield United	38	13	4	2	36	17	4	7	8	21	38	17	11	10	57	55	45	1.03	A Brown	21
5	Aston Villa	38	13	4	2	51	19	6	2	11	27	33	19	6	13	78	52	44	1.50	H Hampton	21
6	Bolton Wand.	38	10	4	5	35	18	8	4	7	24	29	18	8	12	59	47	44	1.25	A Shepherd	16
7	Woolwich A	38	15	1	3	38	15	5	3	11	28	44	20	4	14	66	59	44	1.11	C Satterthwaite	18
8	Manchester Utd.	38	10	6	3	33	15	7	2	10	20	41	17	8	13	53	56	42	0.94	G Wall	11
9	Birmingham	38	13	5	1	41	17	2	3	14	11	35	15	8	15	52	52	38	1.00	W Jones	15
10	Sunderland	38	10	4	5	42	31	4	5	10	23	35	14	9	15	65	66	37	0.98	A Bridgett	26
11	Middlesbrough	38	11	2	6	33	21	4	4	11	23	42	15	6	17	56	63	36	0.88	S Bloomer	18
12	Blackburn Rov.	38	10	3	6	40	25	4	4	11	16	34	14	7	17	56	59	35	0.94	J Martin	11
13	Sheffield Weds.	38	8	5	6	33	26	4	6	9	16	34	12	11	15	49	60	35	0.81	A Wilson	18
14	Preston N E	38	13	4	2	35	19	1	3	15	9	38	14	7	17	44	57	35	0.77	G Dawson	11
15	Liverpool	38	9	2	8	45	32	4	5	10	19	33	13	7	18	64	65	33	0.98	S Raybould	16
16	Bury	38	9	4	6	30	23	4	2	13	28	45	13	6	19	58	68	32	0.85	F Bevan	16
17	Manchester City	38	7	7	5	29	25	3	5	11	24	52	10	12	16	53	77	32	0.68	I Thornley	13
18	Notts County	38	6	9	4	31	18	2	6	11	15	32	8	15	15	46	50	31	0.92	P Humphreys	13
19	Derby County	38	8	6	5	29	19	1	3	15	12	40	9	9	20	41	59	27	0.69	G Davis, J Long	8
20	Stoke	38	7	6	6	27	22	1	4	14	14	42	8	10	20	41	64	26	0.64	J Chalmers	11

1906/07 | DIVISION 2
SEASON 19

Total Matches 380
Total Goals 1155
Avg goals per match 3.04

		Barnsley	Blackpool	Bradford City	Burnley	Burslem P V	Burton United	Chelsea	Chesterfield T	Clapton Orient	Gainsborough T	Glossop	Grimsby Town	Hull City	Leeds City	Leicester Fosse	Lincoln City	Nottm Forest	Stockport Co	West Brom A	Wolverhampton
1	Barnsley		3-2	3-1	5-0	3-2	6-1	3-1	2-1	3-2	6-0	3-0	1-1	4-2	3-0	2-2	6-2	0-1	3-1	0-1	0-1
2	Blackpool	2-3		1-0	2-0	0-1	1-1	0-0	0-0	1-3	1-0	4-1	4-3	1-1	1-0	1-0	2-0	1-2	0-1	2-1	1-2
3	Bradford City	2-0	3-0		3-1	3-2	2-3	6-3	1-0	5-2	1-1	2-1	1-0	1-0	2-2	3-1	3-0	1-2	1-0	4-0	2-3
4	Burnley	2-2	2-1	0-1		6-0	4-0	1-1	0-0	3-0	1-0	1-1	2-0	4-1	1-2	5-0	5-1	2-1	3-0	0-1	3-0
5	Burslem Port Vale	2-2	3-0	2-3	4-4		0-0	2-0	2-2	3-2	1-0	4-1	3-2	2-1	1-2	1-2	4-2	4-2	5-0	2-1	0-0
6	Burton United	1-1	0-0	1-0	0-1	2-0		2-1	3-1	2-1	0-0	1-2	2-3	1-2	0-2	0-1	3-4	0-2	0-1	2-0	4-1
7	Chelsea	2-1	3-0	5-1	2-0	2-1	1-0		7-1	2-1	4-1	9-2	2-0	3-0	2-0	1-0	2-0	0-2	2-0	2-0	4-0
8	Chesterfield Town	3-2	0-1	3-4	0-1	4-2	2-0	0-0		2-1	7-0	1-3	1-3	3-1	1-0	2-1	1-0	1-1	0-2	2-2	3-2
9	Clapton Orient	1-0	0-0	1-1	2-1	1-1	1-0	0-1	1-2		3-1	3-0	1-0	2-1	1-1	1-0	1-1	0-1	1-1	1-4	4-0
10	Gainsborough Trinity	1-1	2-0	4-1	0-2	2-0	2-0	1-1	1-0	3-1		2-1	2-1	1-1	1-0	1-2	2-1	2-3	3-1	2-4	1-0
11	Glossop	2-1	0-0	1-2	1-0	4-0	2-2	0-1	3-1	3-0	3-1		1-0	2-4	2-0	2-2	0-2	0-2	2-3	0-0	2-1
12	Grimsby Town	1-0	0-0	0-2	1-0	2-0	1-1	2-1	3-1	1-2	2-0	2-1		1-3	4-0	0-1	4-0	3-1	3-1	2-1	2-1
13	Hull City	2-0	3-0	0-3	1-1	4-1	3-0	0-1	2-0	2-0	2-4	5-0	4-2		2-1	1-1	1-2	1-2	3-0	0-1	5-1
14	Leeds City	2-1	1-1	1-1	0-1	2-0	3-1	0-1	1-0	3-2	4-0	1-4	4-3	2-2		1-1	1-1	1-4	6-1	3-2	2-0
15	Leicester Fosse	2-1	5-1	1-0	2-0	4-1	3-0	1-1	2-0	2-1	3-1	2-2	2-0	3-0	2-2		3-0	1-2	1-0	3-0	2-0
16	Lincoln City	1-0	0-1	0-2	1-2	4-0	2-0	0-5	1-0	3-0	4-0	2-1	2-1	0-1	1-1	2-2		1-2	3-1	2-1	0-4
17	Nottm Forest	0-0	3-0	3-0	2-0	2-2	2-0	3-1	3-1	4-0	3-1	2-0	0-3	2-1	3-0	2-1	3-1		2-1	3-1	1-0
18	Stockport County	0-0	0-0	2-1	2-1	3-0	2-0	1-2	1-1	1-1	1-2	5-0	3-0	1-1	2-2	1-0	1-0	0-0		0-1	0-0
19	West Bromwich Albion	3-1	3-0	3-0	3-2	3-0	5-1	1-2	5-2	5-0	5-0	5-1	6-1	3-0	5-0	0-1	2-1	3-1	1-1		1-1
20	Wolverhampton W	5-1	1-1	1-1	6-2	3-0	1-2	2-1	4-3	6-1	1-0	4-0	5-0	1-1	3-2	1-0	3-0	2-0	1-1	0-3	

Final League Table

Pos	Team	Pld	Home					Away					Totals					Pts	GA	Leading Goalscorer	Gls
			W	D	L	F	A	W	D	L	F	A	W	D	L	F	A				
1	Nottm Forest	38	16	2	1	43	13	12	2	5	31	23	28	4	6	74	36	60	2.05	A Morris	22
2	Chelsea	38	18	0	1	55	10	8	5	6	25	24	26	5	7	80	34	57	2.35	G Hilsdon	27
3	Leicester Fosse	38	15	3	1	44	12	5	5	9	18	27	20	8	10	62	39	48	1.59	H Wilcox	14
4	West Brom A	38	15	2	2	62	15	6	3	10	21	30	21	5	12	83	45	47	1.84	**F Shinton**	**28**
5	Bradford City	38	14	2	3	46	21	7	3	9	24	32	21	5	12	70	53	47	1.32	W Smith	13
6	Wolverhampton	38	13	4	2	49	16	4	3	12	17	37	17	7	14	66	53	41	1.24	J Roberts	15
7	Burnley	38	12	4	3	45	13	5	2	12	17	34	17	6	15	62	47	40	1.31	R Smith	17
8	Barnsley	38	14	2	3	56	21	1	6	12	17	34	15	8	15	73	55	38	1.32	A Hellewell, J Mordue, G Reeves	12
9	Hull City	38	11	2	6	41	20	4	5	10	24	37	15	7	16	65	57	37	1.14	J Smith	19
10	Leeds City	38	10	5	4	38	26	3	5	11	17	37	13	10	15	55	63	36	0.87	W McLeod	17
11	Grimsby Town	38	13	2	4	34	16	3	1	15	23	46	16	3	19	57	62	35	0.91	T Rodger	13
12	Stockport Co	38	8	8	3	26	12	4	3	12	16	40	12	11	15	42	52	35	0.80	F Crump	12
13	Blackpool	38	9	4	6	25	19	2	7	10	8	32	11	11	16	33	51	33	0.64	W Grundy	8
14	Gainsborough T	38	12	3	4	33	20	2	2	15	12	52	14	5	19	45	72	33	0.62	F Foxall	12
15	Glossop	38	10	4	5	32	21	3	2	14	21	58	13	6	19	53	79	32	0.67	S Napier	12
16	Burslem P V	38	11	5	3	45	26	1	2	16	15	57	12	7	19	60	83	31	0.72	W Beats	13
17	Clapton Orient	38	9	7	3	25	13	2	1	16	20	54	11	8	19	45	67	30	0.67	W Martin	17
18	Chesterfield T	38	10	3	6	36	26	1	4	14	14	40	11	7	20	50	66	29	0.75	H Munday	12
19	Lincoln City	38	10	2	7	29	24	2	2	15	17	49	12	4	22	46	73	28	0.63	W Watson	9
20	Burton United	38	7	3	9	24	23	1	4	14	10	45	8	7	23	34	68	23	0.50	W Bradshaw	6

Burslem Port Vale resigned and Burton United failed to gain re-election. Fulham and Oldham Athletic were elected in their places.

1907/08 DIVISION 1 SEASON 20

Total Matches 380
Total Goals 1176
Avg goals per match 3.09

		Aston Villa	Birmingham	Blackburn Rov	Bolton Wand	Bristol City	Bury	Chelsea	Everton	Liverpool	Manchester City	Manchester Utd	Middlesbrough	Newcastle Utd	Nottm Forest	Notts County	Preston N E	Sheffield United	Sheffield Weds	Sunderland	Woolwich A
1	Aston Villa		2-3	1-1	2-0	4-4	2-2	0-0	0-2	5-1	2-2	1-4	6-0	3-3	4-0	5-1	3-0	1-0	5-0	1-0	0-1
2	Birmingham	2-3		1-1	2-1	0-4	0-1	1-1	2-1	1-1	2-1	3-4	1-4	1-1	1-0	0-0	2-0	0-0	2-1	0-2	1-2
3	Blackburn Rovers	2-0	1-0		3-2	4-1	1-0	2-0	2-0	1-3	0-0	1-5	2-0	1-1	3-3	1-1	1-1	3-3	2-0	4-2	1-1
4	Bolton Wanderers	3-1	1-0	3-1		1-2	3-6	1-2	3-0	0-4	2-0	2-2	1-1	4-0	0-1	2-0	1-1	2-1	2-3	3-1
5	Bristol City	2-2	0-0	2-2	2-0		1-1	0-0	3-2	2-0	2-1	1-1	0-1	1-1	3-0	2-1	1-3	3-2	0-2	3-0	1-2
6	Bury	2-1	1-0	1-1	2-2	1-1		1-1	3-0	3-1	0-0	0-1	1-4	1-2	0-0	0-0	5-1	3-2	0-2	2-1	3-2
7	Chelsea	1-3	2-2	1-0	1-3	4-1	3-4		2-1	0-2	2-2	1-4	1-0	2-0	0-4	1-2	0-0	2-4	3-1	2-1	2-1
8	Everton	1-0	4-1	4-1	2-1	0-0	6-1	0-3		2-4	3-3	1-3	2-1	2-0	1-0	1-0	2-1	2-1	0-0	0-3	1-1
9	Liverpool	5-0	3-4	2-0	1-0	3-1	2-1	1-4	0-0		0-1	7-4	0-1	1-5	0-0	6-0	1-2	3-0	3-0	1-0	4-1
10	Manchester City	3-2	2-1	1-0	1-0	0-0	2-2	0-3	4-2	1-1		0-0	2-1	1-0	4-2	2-1	5-0	0-2	3-2	0-0	4-0
11	Manchester United	1-2	1-0	1-2	2-1	2-1	2-1	1-0	4-3	4-0	3-1		2-1	1-1	4-0	0-1	2-1	2-1	4-1	3-0	4-2
12	Middlesbrough	0-1	1-0	3-0	0-1	0-2	0-2	3-1	0-2	3-1	2-0	2-1		2-1	1-1	3-1	1-0	2-0	6-1	3-1	0-0
13	Newcastle United	2-5	8-0	3-0	3-0	2-0	3-0	1-0	2-1	3-1	1-1	1-6	1-1		3-0	1-1	0-0	2-3	2-1	1-3	2-1
14	Nottm Forest	2-2	1-1	3-2	1-0	3-1	1-2	6-0	5-2	3-1	3-1	2-0	0-3	0-0		2-0	2-2	1-1	2-2	4-1	1-0
15	Notts County	0-3	0-0	0-2	0-1	3-1	2-1	2-0	2-1	2-2	1-0	1-1	2-0	0-1	2-0		0-1	0-3	1-2	4-0	2-0
16	Preston North End	3-0	1-1	1-1	2-0	3-0	3-1	2-4	2-2	3-0	2-4	0-0	1-1	2-0	0-1	1-0		0-0	1-1	3-2	3-0
17	Sheffield United	1-1	1-0	4-2	1-0	2-0	0-2	0-3	2-0	0-0	1-2	2-0	0-0	1-1	2-2	0-1	2-0		1-3	5-3	2-2
18	Sheffield Weds	2-3	1-4	2-0	5-2	5-3	2-0	3-1	1-2	1-0	2-5	1-2	0-0	3-1	2-1	2-0	1-0	2-0		2-3	6-0
19	Sunderland	3-0	1-0	4-0	1-2	3-3	6-2	3-0	1-2	1-0	2-5	1-2	0-0	2-4	7-2	4-3	4-1	1-2	0-3		5-2
20	Woolwich Arsenal	0-1	1-1	2-0	1-1	0-4	0-0	0-0	2-1	2-1	1-0	4-1	2-2	3-1	1-1	1-1	5-1	1-1	4-0		

Final League Table

Pos	Team	Pld	Home W	D	L	F	A	Away W	D	L	F	A	Totals W	D	L	F	A	Pts	GA	Leading Goalscorer	Gls
1	Manchester Utd.	38	15	1	3	43	19	8	5	6	38	29	23	6	9	81	48	52	1.68	A Turnbull	25
2	Aston Villa	38	9	6	4	47	24	8	3	8	30	35	17	9	12	77	59	43	1.30	J Bache	23
3	Manchester City	38	12	5	2	36	19	4	6	9	26	35	16	11	11	62	54	43	1.14	I Thornley	14
4	Newcastle Utd.	38	11	4	4	41	24	4	8	7	24	30	15	12	11	65	54	42	1.20	G Appleyard	14
5	Sheffield Weds.	38	14	0	5	50	25	5	4	10	23	39	19	4	15	73	64	42	1.14	A Wilson	17
6	Middlesbrough	38	12	2	5	32	16	5	5	9	22	29	17	7	14	54	45	41	1.20	S Bloomer	13
7	Bury	38	8	7	4	29	22	6	4	9	29	39	14	11	13	58	61	39	0.95	W Hibbert	18
8	Liverpool	38	11	2	6	43	24	5	4	10	25	37	16	6	16	68	61	38	1.11	J Hewitt	20
9	Nottm Forest	38	11	6	2	42	21	2	5	12	17	41	13	11	14	59	62	37	0.95	E West	26
10	Bristol City	38	8	7	4	29	21	4	5	10	29	40	12	12	14	58	61	36	0.95	S Gilligan	19
11	Everton	38	11	4	4	34	24	4	2	13	24	40	15	6	17	58	64	36	0.90	A Young	16
12	Preston N E	38	9	7	3	33	18	3	5	11	14	35	12	12	14	47	53	36	0.88	P Smith	11
13	Chelsea	38	8	3	8	30	35	6	5	8	23	27	14	8	16	53	62	36	0.85	G hilsdon	24
=14	Blackburn Rov	38	10	7	2	35	23	2	2	15	16	40	12	12	17	51	63	36	0.81	W Davies	11
=14	Woolwich A	38	9	8	2	32	18	3	4	12	19	45	12	12	14	51	63	36	0.81	J Coleman	9
16	Sunderland	38	11	2	6	53	31	5	1	13	25	44	16	3	19	78	75	35	1.04	G Holley	24
17	Sheffield United	38	8	6	5	27	22	4	5	10	25	36	12	11	15	52	58	35	0.89	A Brown	15
18	Notts County	38	9	3	7	24	19	4	5	10	15	32	13	8	17	39	51	34	0.76	F Jones	6
19	Bolton Wand.	38	10	3	6	35	26	4	2	13	17	32	14	5	19	52	58	33	0.89	A Shepherd	25
20	Birmingham	38	6	6	7	22	28	3	6	10	18	32	9	12	17	40	60	30	0.66	E Eyre, B Green	8

Blackburn Rovers and Woolwich Arsenal finished equal.

1907/08 DIVISION 2 SEASON 20

	Total Matches	380
	Total Goals	1187
	Avg goals per match	3.12

Results Grid

		Barnsley	Blackpool	Bradford City	Burnley	Chesterfield T	Clapton Orient	Derby County	Fulham	Gainsborough T	Glossop	Grimsby Town	Hull City	Leeds City	Leicester Fosse	Lincoln City	Oldham Athletic	Stockport Co	Stoke	West Brom A	Wolverhampton
1	Barnsley		0-0	1-2	2-3	5-2	2-2	2-4	6-0	1-2	4-1	2-1	4-2	1-3	1-3	2-1	2-1	0-0	0-1	1-3	5-0
2	Blackpool	1-1		2-1	1-0	2-0	5-0	1-0	2-1	0-1	4-0	3-0	1-1	2-3	2-2	4-3	1-0	1-3	1-0	0-1	0-2
3	Bradford City	2-0	3-0		2-0	8-1	1-0	3-1	1-3	7-1	2-1	1-1	2-1	5-0	1-5	2-0	1-0	5-0	6-0	0-0	6-2
4	Burnley	4-1	2-1	2-1		1-1	3-0	2-2	0-1	2-0	1-0	5-1	5-0	1-0	4-1	1-2	2-1	4-0	3-1	1-1	1-0
5	Chesterfield Town	1-3	3-2	1-1	2-4		1-1	0-2	1-1	2-2	3-7	0-0	1-2	4-3	2-2	2-1	1-2	4-1	2-4	1-0	2-0
6	Clapton Orient	2-0	1-1	0-3	0-1	5-1		1-0	0-1	2-0	0-0	2-1	1-0	0-0	0-1	2-0	2-0	4-1	3-0	2-2	1-1
7	Derby County	3-0	2-1	2-3	1-0	0-0	4-0		0-1	5-2	2-0	4-0	4-1	6-1	1-2	4-0	1-0	3-0	3-0	2-0	3-2
8	Fulham	2-0	3-0	0-2	2-1	5-0	4-0	0-0		6-0	6-1	0-1	0-1	2-0	5-1	6-1	1-2	0-1	5-1	1-1	2-1
9	Gainsborough Trinity	0-1	2-1	1-5	2-0	2-1	0-0	1-4	3-3		1-0	3-2	1-2	2-1	1-1	5-1	1-1	3-2	2-0	1-2	0-1
10	Glossop	3-1	2-2	2-2	3-1	3-2	2-1	2-3	1-2	1-0		1-2	5-1	0-2	2-3	3-1	0-0	1-1	2-0	2-1	1-1
11	Grimsby Town	4-1	2-2	0-1	4-3	0-0	1-0	0-4	1-4	4-0			1-1	2-0	1-1	0-2	2-0	2-1	1-0	2-2	0-1
12	Hull City	2-0	3-2	0-2	3-1	2-0	5-0	4-0	1-2	0-1	3-2	4-2		4-1	3-2	5-3	3-2	0-0	2-1	4-2	2-0
13	Leeds City	1-1	1-1	0-1	2-2	0-0	5-2	5-1	0-1	0-0	2-1	4-1	3-2		0-0	2-1	1-2	3-0	0-1	1-0	3-1
14	Leicester Fosse	4-0	2-1	2-1	3-1	3-1	0-2	1-3	2-3	3-0	3-1	1-1	3-2	2-2		1-0	4-1	2-1	1-0	3-0	1-0
15	Lincoln City	0-2	2-0	2-4	1-3	4-0	2-2	1-0	2-4	2-0	0-1	1-0	0-1	5-0	0-3		0-2	1-1	1-2	0-2	3-1
16	Oldham Athletic	1-0	3-2	4-0	1-1	4-0	4-1	3-1	3-3	4-1	0-0	2-0	3-0	4-2	1-1	4-0		5-0	3-1	2-1	2-0
17	Stockport County	2-0	1-1	1-1	1-3	1-0	6-1	2-1	2-0	1-1	3-2	3-0	2-3	2-1	2-1	1-1	2-3		1-2	1-2	1-3
18	Stoke	4-0	3-1	3-0	0-0	1-1	3-0	0-3	6-1	5-0	4-0	5-0	1-1	2-1	0-1	3-0	1-3	1-0		1-1	0-0
19	West Bromwich Albion	1-1	3-0	3-2	5-0	4-0	3-0	1-0	3-1	0-1	1-1	1-2	1-0	1-1	5-2	1-2	2-0	1-0	1-0		1-0
20	Wolverhampton W	0-1	1-0	0-0	5-1	0-0	2-0	2-2	2-0	1-0	5-0	5-1	1-2	2-0	0-0	3-0	2-1	0-1	2-0	1-2	

Final League Table

Pos	Team	Pld	Home W	D	L	F	A	Away W	D	L	F	A	Totals W	D	L	F	A	Pts	GA	Leading Goalscorer	Gls
1	Bradford City	38	15	2	2	58	16	9	4	6	32	26	24	6	8	90	42	54	2.14	F O'Rourke	23
2	Leicester Fosse	38	14	2	3	41	20	7	8	4	31	27	21	10	7	72	47	52	1.53	P Humphreys	19
3	Oldham Athletic	38	15	4	0	53	14	7	2	10	23	28	22	6	10	76	42	50	1.81	F Newton	28
4	Fulham	38	12	2	5	50	14	10	3	6	32	35	22	5	11	82	49	49	1.67	R Dalrymple	19
5	West Brom A	38	13	3	3	38	13	6	6	7	23	26	19	9	10	61	39	47	1.56	D Walker	17
6	Derby County	38	15	1	3	50	14	6	3	10	27	32	21	4	13	77	45	46	1.71	A Bentley	27
7	Burnley	38	14	3	2	44	14	6	3	10	23	36	20	6	12	67	50	46	1.34	R Smith	23
8	Hull City	38	15	1	3	50	23	6	3	10	23	39	21	4	13	73	62	46	1.17	John Smith	31
9	Wolverhampton	38	11	4	4	34	11	4	3	12	16	34	15	7	16	50	45	37	1.11	G Hedley	12
10	Stoke	38	11	5	3	43	13	5	0	14	14	39	16	5	17	57	52	37	1.09	T Holford	12
11	Gainsborough T	38	9	6	4	31	28	5	3	11	16	43	14	7	17	47	71	35	0.66	J Kitchen	9
12	Leeds City	38	9	6	4	33	18	3	2	14	20	47	12	8	18	53	65	32	0.81	W McLeod	16
13	Stockport Co	38	9	4	6	35	26	3	4	12	13	41	12	8	18	48	67	32	0.71	F Crump	12
14	Clapton Orient	38	10	5	4	28	13	1	5	13	12	52	11	10	17	40	65	32	0.61	W Martin	10
15	Blackpool	38	11	3	5	33	19	0	6	13	18	39	11	9	18	51	58	31	0.87	R Whittingham	15
16	Barnsley	38	8	3	8	41	31	4	3	12	13	37	12	6	20	54	68	30	0.79	G Reeves	13
17	Glossop	38	9	5	5	36	26	2	3	14	18	48	11	8	19	54	74	30	0.73	J T Robertson	14
18	Grimsby Town	38	8	5	6	27	24	3	3	13	16	47	11	8	19	43	71	30	0.60	N Blanthorne	14
19	Chesterfield T	38	6	6	7	33	38	0	5	14	13	54	6	11	21	46	92	23	0.50	C Simmons	7
20	Lincoln City	38	7	2	10	27	28	2	1	16	19	55	9	3	26	46	83	21	0.55	R Brewis	13

Stoke resigned and Lincoln City failed to gain re-election. Bradford (Park Avenue) and Tottenham Hotspur were elected in their places.

1908/09 DIVISION 1
SEASON 21

	Total Matches	380
	Total Goals	1185
	Avg goals per match	3.12

Results Grid

#	Team	Aston Villa	Blackburn Rov	Bradford City	Bristol City	Bury	Chelsea	Everton	Leicester Fosse	Liverpool	Manchester city	Manchester Utd	Middlesbrough	Newcastle Utd	Nottm Forest	Notts County	Preston N E	Sheffield United	Sheffield Weds	Sunderland	Woolwich A
1	Aston Villa		1-1 3O	1-3 13F	1-1 28N	3-0 26D	0-0 30J	3-1 27F	1-1 31O	1-1 25D	2-1 24A	3-1 17O	0-3 12D	3-0 26A	1-2 9J	1-1 14N	2-4 10A	3-0 9A	1-1 5S	2-0 19S	2-1 13M
2	Blackburn Rovers	3-1 15F		1-1 13M	1-1 1S	0-1 23J	2-0 24O	0-0 27M	3-0 28N	1-0 12S	3-2 2J	1-3 14N	0-0 25D	2-4 24A	0-3 10O	0-2 12D	1-1 1J	0-1 26S	2-2 31O	8-1 22M	1-3 10A
3	Bradford City	1-1 10O	0-2 7N		0-1 25D	4-1 26S	3-0 20A	1-1 28N	4-1 10A	0-2 23J	0-0 12S	1-0 29A	0-2 2J	1-2 23M	1-1 30N	2-2 24A	2-0 12A	3-1 27M	0-0 14N	0-2 24O	4-1 12D
4	Bristol City	0-0 3A	1-4 13A	0-1 26D		4-2 20M	1-0 19D	0-2 5S	1-1 9J	1-0 7N	0-0 28A	0-0 12A	1-1 24O	3-3 3O	2-1 5D	1-0 30J	2-3 17M	1-1 21N	1-1 13F	2-4 17A	2-1 19S
5	Bury	1-2 1J	1-1 19S	2-1 30J	1-2 14N		2-1 31M	2-2 13F	2-2 17O	2-1 12D	1-0 10A	2-2 3O	2-1 28N	1-1 13M	3-2 25D	3-1 31O	0-1 27M	1-2 1S	4-2 24A	4-2 5S	1-1 27F
6	Chelsea	0-2 26S	1-1 27F	1-1 31O	3-1 26A	4-1 12S		3-3 14N	1-0 29A	3-0 2J	1-2 26D	1-1 13M	3-0 9A	1-2 12D	2-1 21S	3-2 10A	0-0 1S	1-1 15	2-2 23J	2-0 17O	1-2 28O
7	Everton	3-1 24O	4-4 21N	0-1 3A	5-2 2J	4-0 10O	3-2 20M		4-2 24A	5-0 9A	6-3 26S	3-2 5D	1-1 23J	0-1 1J	3-3 24M	0-1 25D	0-1 12S	5-1 20F	1-0 12D	4-0 7N	0-3 7S
8	Leicester Fosse	4-2 27M	2-4 3A	1-4 5D	1-1 12S	2-5 20F	5-2 21N	0-2 19D		3-2 10O	3-1 11M	3-2 17A	1-1 26S	0-4 2J	0-3 7N	0-2 12A	0-0 23J	1-1 24O	1-1 1S	4-3 20M	1-1 25D
9	Liverpool	3-2 1S	1-1 9J	4-0 19S	1-2 13M	2-2 17A	2-1 5S	0-1 3O	4-1 13F		1-3 28N	3-1 30J	2-1 27M	1-1 31O	2-1 26D	1-1 27F	2-1 14N	1-2 19D	3-0 10A	2-2 12A	2-2 17O
10	Manchester City	2-0 19D	3-3 5S	4-3 9J	5-1 31O	6-1 5D	1-2 25D	4-0 30J	5-2 3O	4-0 3A		1-2 19S	0-0 14N	0-2 27F	2-1 13M	1-0 17O	4-1 13M	1-3 17A	4-0 27M	1-0 1S	2-2 13F
11	Manchester United	0-2 31M	0-3 20M	2-0 21N	0-1 9A	2-1 7S	0-1 7N	2-2 10A	4-2 12D	3-2 26S	3-1 23J		6-3 12S	1-0 26D	2-2 24O	4-3 1J	0-2 2J	2-1 10O	3-1 28N	2-2 15M	1-4 27A
12	Middlesbrough	1-0 17A	1-0 12A	0-1 5S	4-0 27F	0-1 3A	1-4 1J	2-3 19S	6-2 30J	1-0 21N	3-0 20M	5-0 9J		0-0 17O	4-0 19D	1-2 13F	4-2 31O	1-2 5D	2-1 13M	0-3 9S	1-1 3O
13	Newcastle United	0-2 21N	2-0 19D	1-0 2S	2-1 9S	3-1 7N	1-3 17A	3-0 12A	2-0 5S	0-1 30A	2-0 24O	2-1 25D	1-0 31M		1-1 3A	1-0 19S	2-0 10O	4-0 20M	1-9 30J	3-1 5D	3-1 9J
14	Nottm Forest	1-2 12S	2-1 13F	2-1 17O	1-1 10A	0-2 12A	2-1 3O	1-2 31O	12-0 21A	5-1 1O	0-2 28D	2-0 27F	4-1 24A	0-4 28N		0-1 27M	1-1 12D	2-1 2J	1-2 19S	1-2 30J	0-1 14N
15	Notts County	1-1 20M	2-3 17A	1-1 19D	0-1 26S	3-2 24M	3-0 5D	0-0 26D	2-3 9A	1-2 24O	5-1 20F	0-1 13A	3-2 10O	0-4 23J	3-0 21N		1-0 10M	3-1 7N	1-0 9J	0-0 3A	2-1 5S
16	Preston North End	3-2 5D	2-0 26D	0-0 9A	2-1 17O	0-2 21N	6-0 7S	3-3 9J	0-1 19S	2-0 20M	3-0 7N	0-3 5S	1-1 6M	0-1 13F	1-1 17A	0-0 3O		1-1 3A	4-1 27F	1-0 19D	0-0 30J
17	Sheffield United	3-1 6F	0-0 30J	3-0 3O	3-1 5A	2-2 1M	1-3 19S	1-5 17O	2-1 27F	0-2 14S	4-0 12D	0-0 13F	2-0 10A	1-1 14N	1-2 5S	3-2 13M	2-1 28N		2-1 26D	0-2 9J	1-1 31O
18	Sheffield Weds	4-2 2J	1-2 19A	0-2 20M	2-0 10O	4-3 19D	5-1 22M	2-0 17A	3-1 1J	2-3 5D	3-1 21N	2-0 3A	3-2 7N	2-0 26S	3-0 23J	2-0 12S	1-0 24O	1-0 25D		2-5 29M	6-2 28D
19	Sunderland	4-3 23J	0-1 17O	2-1 27F	0-2 12D	3-1 2J	1-2 13F	2-0 13M	3-1 14N	1-4 1J	2-0 9A	6-1 31O	2-0 26D	3-1 10A	2-1 26S	0-1 28N	2-1 24A	3-1 12S	4-2 3O		1-0 27M
20	Woolwich Arsenal	0-1 7N	0-1 5D	1-0 17A	1-1 23J	4-0 24O	0-0 3A	0-4 2S	2-1 26D	5-0 20F	3-0 10O	0-1 19D	1-1 17M	1-2 12S	1-2 20M	1-0 2J	1-0 26S	0-0 1A	0-4 12A	0-4 21N	

Final League Table

Pos	Team	Pld	Home W	Home D	Home L	Home F	Home A	Away W	Away D	Away L	Away F	Away A	Totals W	Totals D	Totals L	Totals F	Totals A	Pts	GA	Leading Goalscorer	Gls
1	Newcastle Utd.	38	14	1	4	32	20	10	4	5	33	21	24	5	9	65	41	53	1.58	A Shepherd	12
2	Everton	38	11	3	5	51	28	7	7	5	31	29	18	10	9	82	57	46	1.43	B Freeman	36
3	Sunderland	38	14	0	5	41	23	7	2	10	37	40	21	2	15	78	63	44	1.23	G Holley	19
4	Blackburn Rov.	38	6	6	7	29	26	8	7	4	32	24	14	13	11	61	50	41	1.22	W Davies	19
5	Sheffield Weds.	38	15	0	4	48	24	2	6	11	19	37	17	6	15	67	61	40	1.09	F Bradshaw, A Wilson	18
6	Woolwich A	38	9	3	7	24	18	5	7	7	28	31	14	10	14	52	49	38	1.06	T Fitchie, H Lee	8
7	Aston Villa	38	8	7	4	31	22	6	3	10	27	34	14	10	14	58	56	38	1.03	J Bache	11
8	Bristol City	38	7	7	5	24	25	6	5	8	21	33	13	12	13	45	58	38	0.77	S Gilligan	9
9	Middlesbrough	38	11	2	6	38	21	3	7	9	21	32	14	9	15	59	53	37	1.11	J Hall	17
10	Preston N E	38	8	7	4	29	17	5	4	10	19	27	13	11	14	48	44	37	1.09	J Wilson	11
11	Chelsea	38	8	7	4	33	22	6	2	11	23	39	14	9	15	56	61	37	0.91	G Hilsdon	25
12	Sheffield United	38	9	5	5	31	25	4	10	5	20	34	14	9	15	51	59	37	0.86	H Hardinge	10
13	Manchester Utd.	38	10	3	6	37	33	5	4	10	21	35	15	7	16	58	68	37	0.85	J Turnbull	17
=14	Nottm Forest	38	9	2	8	39	24	5	6	8	27	33	14	8	16	66	57	36	1.15	E West	22
=14	Notts County	38	9	4	6	31	23	5	4	10	20	25	14	8	16	51	48	36	1.06	J Cantrell	18
16	Liverpool	38	9	5	5	36	25	6	1	12	21	40	15	6	17	57	65	36	0.87	R Orr	20
17	Bury	38	9	6	4	35	27	5	2	12	28	50	14	8	16	63	77	36	0.81	W Hibbert	26
18	Bradford City	38	7	6	6	27	20	5	4	10	20	27	12	10	16	47	47	34	1.00	F O'Rourke	19
19	Manchester City	38	12	3	4	50	23	3	1	15	17	46	15	4	19	67	69	34	0.97	I Thornley	18
20	Leicester Fosse	38	6	6	7	32	41	2	3	14	22	61	8	9	21	54	102	25	0.52	J Donnelly	10

1908/09 DIVISION 2
SEASON 21

Total Matches	380
Total Goals	1026
Avg goals per match	2.7

Results Grid

		Barnsley	Birmingham	Blackpool	Bolton Wand	Bradford P A	Burnley	Chesterfield T	Clapton Orient	Derby County	Fulham	Gainsborough T	Glossop	Grimsby Town	Hull City	Leeds City	Oldham Athletic	Stockport Co	Tottenham H	West Brom A	Wolverhampton
1	Barnsley		3-1	4-0	0-1	3-1	1-2	4-0	3-0	1-0	1-2	2-2	1-3	3-1	2-1	2-1	2-0	2-0	1-1	0-2	1-1
2	Birmingham	2-1		2-2	2-0	3-1	2-0	3-0	1-0	1-1	1-3	2-2	1-2	3-1	1-2	1-0	2-0	4-2	3-3	0-0	1-1
3	Blackpool	1-1	2-0		1-2	2-1	0-0	2-2	1-3	2-2	2-0	3-0	2-1	2-2	2-3	1-0	1-0	2-1	1-1	0-2	3-1
4	Bolton Wanderers	3-0	2-1	3-1		0-1	2-1	4-0	2-0	1-0	0-0	4-0	2-0	1-0	2-0	3-0	4-1	0-1	1-1	1-1	1-1
5	Bradford Park Avenue	3-2	1-2	4-3	1-2		2-3	1-0	0-1	2-0	1-1	4-1	1-0	0-2	1-0	3-4	0-1	0-2	0-0	4-1	
6	Burnley	3-2	1-1	1-1	1-2	3-3		0-1	0-1	2-0	1-3	5-2	3-2	2-0	1-0	0-0	1-0	5-1	1-2	0-2	3-5
7	Chesterfield Town	1-0	4-2	3-1	0-2	2-1	1-0		2-0	2-4	2-1	2-1	2-1	1-2	0-4	2-0	1-1	1-2	1-3	2-2	1-1
8	Clapton Orient	1-1	3-2	1-1	0-2	2-0	0-1	1-1		2-0	1-1	2-2	0-2	2-1	1-2	0-0	2-0	5-0	0-0	1-0	1-3
9	Derby County	0-0	1-2	1-1	0-0	3-1	1-0	1-1	1-0		2-1	5-0	4-0	2-1	0-0	5-1	1-0	5-0	1-1	2-1	2-1
10	Fulham	2-2	1-1	3-0	1-2	3-1	3-0	0-0	1-2	1-2		4-0	2-3	5-2	0-3	0-1	3-2	5-1	2-3	2-0	1-1
11	Gainsborough Trinity	4-1	1-3	1-0	2-1	2-1	1-0	3-0	2-0	0-0	1-1		3-1	0-3	2-0	1-1	1-4	3-2	0-2	2-0	1-0
12	Glossop	3-0	3-1	3-0	0-2	1-1	1-2	2-0	4-0	3-1	0-0	2-2		1-0	2-1	0-0	2-1	3-0	1-1	1-3	3-2
13	Grimsby Town	0-0	0-3	2-1	1-0	1-1	0-1	1-0	1-0	2-0	2-2	1-2	2-0		0-0	0-1	2-0	3-0	1-2	1-1	3-0
14	Hull City	4-0	4-1	2-0	2-0	2-3	3-2	1-0	3-2	4-0	2-0	5-1	0-0	0-1		4-1	1-0	4-1	1-0	2-2	0-1
15	Leeds City	2-0	2-0	1-0	1-2	0-3	1-1	3-0	0-0	2-5	2-0	0-2	3-1	4-1	2-0		3-0	2-1	1-0	1-1	5-2
16	Oldham Athletic	0-0	2-0	3-1	1-1	2-0	4-1	2-0	2-0	1-1	1-0	2-0	2-1	4-0	2-2	6-0		0-1	1-0	2-0	2-1
17	Stockport County	2-1	3-2	1-0	1-0	0-1	2-1	2-0	1-1	1-0	1-0	2-1	4-2	0-1	3-1	1-0	1-3		1-0	1-0	1-0
18	Tottenham Hotspur	4-0	4-0	4-1	2-1	3-0	4-2	4-0	0-1	0-0	1-0	1-1	3-3	2-0	0-0	3-0	3-0	0-0		1-3	3-0
19	West Bromwich Albion	1-1	1-1	5-1	2-0	1-0	0-0	2-2	1-0	2-0	1-1	2-0	1-0	7-0	1-0	2-1	1-0	2-0	3-0		0-2
20	Wolverhampton W	2-0	2-0	2-2	1-2	1-1	2-1	3-0	5-1	1-1	0-1	4-0	0-0	3-0	2-1	1-1	2-0	1-0	0-1		

Final League Table

Pos	Team	Pld	Home W	Home D	Home L	Home F	Home A	Away W	Away D	Away L	Away F	Away A	Totals W	Totals D	Totals L	Totals F	Totals A	Pts	GA	Leading Goalscorer	Gls
1	Bolton Wand.	38	14	3	2	37	8	10	1	8	22	20	24	4	10	59	28	52	2.10	W Hughes	16
2	Tottenham H.	38	12	5	2	42	12	8	6	5	25	20	20	11	7	67	32	51	2.09	V Woodward	19
3	West Brom A.	38	13	5	1	35	9	6	8	5	21	18	19	13	6	56	27	51	2.07	C Hewitt	15
4	Hull City	38	14	2	3	44	15	5	4	10	19	24	19	6	13	63	39	44	1.61	A Temple	17
5	Derby County	38	13	5	1	38	11	3	6	10	17	30	16	11	11	55	41	43	1.34	**A Bentley**	24
6	Oldham Athletic	38	14	4	1	39	9	3	2	14	16	34	17	6	15	55	43	40	1.27	F Newton	14
7	Wolverhampton	38	10	6	3	32	12	4	5	10	24	36	14	11	13	56	48	39	1.16	W Radford	21
8	Glossop	38	11	5	3	35	17	4	3	12	22	36	15	8	15	57	53	38	1.07	H Stapley	18
9	Gainsborough T.	38	12	3	4	30	20	3	5	11	19	50	15	8	15	49	70	38	0.70	E Spievens	10
10	Fulham	38	8	4	7	39	26	5	7	7	19	22	13	11	14	58	48	37	1.20	F Harrison	13
11	Birmingham	38	10	6	3	35	21	4	3	12	23	40	14	9	15	58	61	37	0.95	W Beer	8
12	Leeds City	38	12	3	4	35	19	2	4	13	8	34	14	7	17	43	53	35	0.81	W McLeod	15
13	Grimsby Town	38	9	5	5	23	14	5	2	12	18	40	14	7	17	41	54	35	0.75	T Coxon, H Leonard	6
14	Burnley	38	8	4	7	33	28	5	4	11	18	30	13	7	18	51	58	33	0.87	R Smith	13
15	Clapton Orient	38	7	7	5	25	19	5	2	12	12	30	12	9	17	37	49	33	0.75	F Parker, G Scott	7
16	Bradford P A	38	9	2	8	30	25	4	4	11	21	34	13	6	19	51	59	32	0.86	J McClarence	14
17	Barnsley	38	11	3	5	36	19	0	7	12	12	29	11	10	17	48	57	32	0.84	O Lillycrop	16
18	Stockport Co.	38	11	2	6	25	19	3	1	15	14	52	14	3	21	39	71	31	0.54	B Whitehouse	11
19	Chesterfield T	38	10	3	6	30	28	1	5	13	7	39	11	8	19	37	67	30	0.55	F Hall	7
20	Blackpool	38	9	6	4	30	22	0	5	14	16	46	9	11	18	46	68	29	0.67	R Whittingham	13

The re-election requirement was reduced to two clubs from the 1908-09 season. Chesterfield Town failed to gain re-election. Lincoln City were elected in their place.

1909/10 DIVISION 1
SEASON 22

	Total
Total Matches	380
Total Goals	1194
Avg goals per match	3.14

Results Grid

#	Team	Aston Villa	Blackburn Rov	Bolton Wand	Bradford City	Bristol City	Bury	Chelsea	Everton	Liverpool	Manchester Utd	Middlesbrough	Newcastle Utd	Nottm Forest	Notts County	Preston N E	Sheffield United	Sheffield Weds	Sunderland	Tottenham H	Woolwich A
1	Aston Villa		4-3	3-1	3-1	1-0	4-1	4-1	3-1	3-1	7-1	4-2	4-0	0-0	1-1	3-0	2-1	5-0	3-2	3-2	5-1
2	Blackburn Rovers	3-2		4-2	2-0	5-2	5-1	1-0	2-1	1-1	3-2	1-1	2-0	2-2	2-0	2-2	3-1	0-0	0-0	2-0	7-0
3	Bolton Wanderers	1-2	1-2		1-1	4-2	1-3	5-2	0-1	1-2	2-3	1-1	0-4	2-1	3-4	3-1	1-0	0-2	2-1	0-2	3-0
4	Bradford City	1-2	2-0	1-0		3-1	0-0	4-1	2-0	1-2	0-2	4-1	3-3	1-1	2-1	2-0	2-0	2-0	3-1	5-1	0-1
5	Bristol City	0-0	2-2	1-0	2-0		1-1	1-0	3-1	0-1	2-1	4-1	0-3	4-0	3-1	2-0	0-2	1-1	2-3	0-0	0-1
6	Bury	0-2	2-1	1-2	3-4	1-2		4-2	2-2	1-1	2-1	1-2	4-1	1-1	3-1	2-0	3-2	0-1	3-1	1-2	
7	Chelsea	0-0	3-1	3-2	0-3	4-1	2-0		0-1	2-1	1-1	2-1	2-1	0-1	2-2	2-0	2-2	4-1	1-4	2-1	0-1
8	Everton	0-0	0-2	3-1	1-1	1-0	3-0	2-2		2-3	3-3	1-1	1-4	0-4	2-0	2-1	1-2	1-1	2-1	4-2	1-0
9	Liverpool	2-0	3-1	3-0	1-0	0-1	2-2	5-1	0-1		3-2	0-0	6-5	7-3	2-1	2-0	0-0	3-1	1-4	2-0	5-1
10	Manchester United	2-0	2-0	5-0	1-0	2-1	2-0	2-0	3-2	3-4		4-1	1-1	2-6	2-1	1-1	1-0	0-3	2-0	5-0	1-0
11	Middlesbrough	3-2	1-3	1-2	3-7	0-0	0-5	0-1	1-1	2-2	1-2		1-1	2-1	2-0	1-0	0-2	4-0	3-2	4-3	5-2
12	Newcastle United	1-0	4-1	1-0	1-0	3-1	2-2	1-0	1-2	1-3	3-4	2-0		1-2	1-3	5-2	0-0	3-1	1-0	1-0	1-1
13	Nottm Forest	1-4	0-4	2-0	1-1	0-0	3-3	0-0	1-0	1-4	2-0	0-1	0-1		2-1	0-0	2-3	0-6	1-3	2-2	1-1
14	Notts County	2-3	2-2	0-0	3-2	0-2	3-1	2-1	2-3	3-1	3-2	2-1	2-2	4-1		3-1	1-2	0-0	1-1	3-0	5-1
15	Preston North End	1-0	3-2	1-0	2-2	3-0	2-1	2-0	0-1	2-0	1-0	1-0	4-0	0-1	4-0		1-1	1-0	1-0	4-1	3-4
16	Sheffield United	0-1	3-0	2-2	1-2	4-0	2-0	0-0	3-0	4-2	0-1	2-0	4-0	1-4	2-2	5-1		3-3	3-0	1-1	2-0
17	Sheff'd Weds	3-2	2-1	0-0	2-1	2-0	1-4	4-1	1-3	3-0	4-1	1-5	3-1	4-3	0-0	4-1	1-3		1-0	1-1	1-1
18	Sunderland	1-1	0-0	3-0	3-0	4-0	2-3	4-0	0-1	2-1	3-0	2-2	1-3	0-4	2-2	1-3	2-1	0-3		3-1	6-2
19	Tottenham Hotspur	1-1	4-0	1-1	0-0	3-2	1-0	2-1	3-0	1-0	2-2	1-3	0-4	2-2	1-3	2-1	2-1	3-0	5-1		1-1
20	Woolwich Arsenal	1-0	0-1	2-0	0-1	2-2	0-0	3-2	1-0	0-0	3-0	0-3	0-1	1-2	1-3	0-0	0-1	1-2	1-0		

Final League Table

Pos	Team	Pld	Home W	Home D	Home L	Home F	Home A	Away W	Away D	Away L	Away F	Away A	Totals W	Totals D	Totals L	Totals F	Totals A	Pts	GA	Leading Goalscorer	Gls
1	Aston Villa	38	17	2	0	62	19	6	5	8	22	23	23	7	8	84	42	53	2.00	H Hampton	26
2	Liverpool	38	13	3	3	47	23	8	3	8	31	34	21	6	11	78	57	48	1.36	J Parkinson	30
3	Blackburn Rov.	38	13	6	0	47	17	5	3	11	26	38	18	9	11	73	55	45	1.32	W Aitkenhead	12
4	Newcastle Utd.	38	11	3	5	33	22	8	4	7	37	34	19	7	12	70	56	45	1.25	A Shepherd	28
5	Manchester Utd.	38	14	2	3	41	20	5	5	9	28	41	19	7	12	69	61	45	1.13	G Wall	14
6	Sheffield United	38	10	5	4	42	19	6	5	8	20	22	16	10	12	62	41	42	1.51	J Kitchen	21
7	Bradford City	38	12	3	4	38	17	5	5	9	26	30	17	8	13	64	47	42	1.36	R Whittingham	21
8	Sunderland	38	12	3	4	40	18	6	2	11	26	33	18	5	15	66	51	41	1.29	G Holley	19
9	Notts County	38	10	5	4	41	26	5	5	9	26	33	15	10	13	67	59	40	1.13	J Cantrell	22
10	Everton	38	8	6	5	30	28	8	2	9	21	28	16	8	14	51	56	40	0.91	B Freeman	22
11	Sheffield Weds.	38	11	4	4	38	28	4	5	10	22	35	15	9	14	60	63	39	0.95	A Wilson	12
12	Preston NE	38	14	2	3	36	13	1	3	15	16	45	15	5	18	52	58	35	0.89	D McLean	18
13	Bury	38	8	3	8	35	30	4	6	9	27	36	12	9	17	62	66	33	0.93	W Hibbert	20
14	Nottm Forest	38	4	7	8	19	34	7	4	8	35	38	11	11	16	54	72	33	0.75	A Morris	19
15	Tottenham H	38	10	6	3	35	23	1	4	14	18	46	11	10	17	53	69	32	0.76	W Minter	17
16	Bristol City	38	9	5	5	28	18	3	3	13	17	42	12	8	18	45	60	32	0.75	J Cowell	20
17	Middlesbrough	38	8	4	7	34	36	3	5	11	22	37	11	9	18	56	73	31	0.76	J Hall	14
18	Woolwich A	38	6	5	8	17	19	5	4	10	20	48	11	9	18	37	67	31	0.55	W Buckenham, D Neave, D Greenaway, W Lawrence	5
19	Chelsea	38	10	4	5	32	24	1	3	15	15	46	11	7	20	47	70	29	0.67	J Windridge	6
20	Bolton Wand.	38	7	2	10	31	34	2	4	13	13	37	9	6	23	44	71	24	0.62	W Hughes	12

1909/10 DIVISION 2 — SEASON 22

Total Matches 380
Total Goals 1166
Avg goals per match 3.07

Results Grid

#	Team	Barnsley	Birmingham	Blackpool	Bradford PA	Burnley	Clapton Orient	Derby County	Fulham	Gainsborough T	Glossop	Grimsby Town	Hull City	Leeds City	Leicester Fosse	Lincoln City	Manchester City	Oldham Athletic	Stockport Co	West Brom A	Wolverhampton
1	Barnsley		5-1	1-0	4-0	0-0	2-1	5-1	2-1	4-1	3-0	2-1	1-2	1-1	3-1	2-1	1-1	2-1	1-0	2-1	7-1
2	Birmingham	2-1		1-2	0-1	2-1	1-2	1-3	1-1	5-0	2-2	2-4	0-2	1-2	2-1	1-0	1-1	2-2	3-0	0-1	1-0
3	Blackpool	0-0	2-0		0-0	2-3	2-2	1-1	1-1	0-2	1-1	1-0	1-2	3-1	0-1	3-0	0-0	1-3	0-0	2-1	2-0
4	Bradford Park Avenue	2-0	5-0	2-1		3-1	3-1	1-2	3-0	2-0	3-3	6-1	0-1	4-2	1-3	0-1	2-0	1-6	2-4	1-0	2-3
5	Burnley	2-0	2-0	5-1	1-0		2-0	1-2	2-0	2-1	0-1	3-1	0-1	3-0	5-2	3-0	3-3	1-2	2-2	2-3	4-2
6	Clapton Orient	4-0	3-0	2-1	0-1	2-1		0-2	0-0	2-0	0-0	0-0	0-0	0-2	3-0	1-2	3-2	1-2	2-0	1-3	1-0
7	Derby County	2-1	3-1	2-1	1-2	5-2	1-0		3-1	2-2	2-1	6-0	4-0	1-0	0-1	2-0	3-1	1-1	1-0	2-1	5-0
8	Fulham	3-0	0-0	0-1	3-1	2-1	0-0	0-0		0-1	2-0	3-2	3-1	5-1	2-0	1-1	1-1	1-1	2-0	0-2	0-0
9	Gainsborough Trinity	0-0	1-0	3-1	3-1	2-0	0-1	2-4	2-0		1-3	1-1	0-1	2-0	0-1	0-0	1-3	0-2	1-0	3-1	0-2
10	Glossop	3-0	4-1	2-3	3-1	2-0	3-1	1-1	0-1	4-0		3-0	2-1	2-1	1-0	0-1	0-3	6-2	1-0	3-2	2-0
11	Grimsby Town	7-0	0-2	0-1	0-1	5-3	2-0	1-1	0-2	2-1	4-0		2-3	3-1	0-0	1-2	0-1	0-0	1-1	3-0	1-0
12	Hull City	1-0	7-0	1-2	2-1	3-2	3-0	0-0	3-2	5-1	4-2	5-1		3-1	2-1	0-0	1-2	4-0	1-1	5-1	2-2
13	Leeds City	0-7	2-1	3-2	2-3	1-0	2-1	2-1	2-2	0-0	1-2	3-1	1-1		1-1	5-0	1-3	3-5	0-2	0-1	1-0
14	Leicester Fosse	1-1	3-1	3-2	3-0	1-1	4-0	6-0	2-3	9-1	3-1	3-1	3-1	6-2		4-1	1-3	3-0	1-0	2-1	2-1
15	Lincoln City	2-1	3-2	2-2	1-1	0-0	4-0	2-3	2-2	4-0	1-2	0-0	1-3	0-0	3-1		0-2	0-2	1-0	0-3	1-0
16	Manchester City	0-0	3-0	1-2	3-1	4-0	2-1	2-1	3-1	3-3	2-0	3-0	3-0	2-0	6-2			0-2	2-1	3-2	6-0
17	Oldham Athletic	5-0	1-1	2-0	1-1	1-0	5-0	4-0	0-1	2-0	1-0	4-1	3-0	2-1	2-1	6-1	1-0		3-0	1-2	3-0
18	Stockport County	5-0	1-1	2-0	2-1	1-1	3-0	1-1	0-2	3-0	5-0	2-1	1-5	0-0	6-2	1-1	1-2	2-0		0-2	1-1
19	West Bromwich Albion	4-3	3-1	0-3	1-0	1-2	3-0	0-0	3-2	5-0	0-0	4-3	0-2	3-1	1-2	1-1	0-0	1-1	0-1		0-1
20	Wolverhampton W	1-0	4-2	2-1	0-2	3-1	3-1	2-3	1-1	0-0	3-1	8-1	2-2	5-0	4-1	4-2	3-2	1-0	2-1	3-1	

Final League Table

Pos	Team	Pld	Home W	Home D	Home L	Home F	Home A	Away W	Away D	Away L	Away F	Away A	Totals W	Totals D	Totals L	Totals F	Totals A	Pts	GA	Leading Goalscorer	Gls
1	Manchester City	38	15	2	2	51	17	8	6	5	30	23	23	8	7	81	40	54	2.02	G Dorsett	13
2	Oldham Athletic	38	15	2	2	47	9	8	5	6	32	30	23	7	8	79	39	53	2.02	J Fay	26
3	Hull City	38	13	4	2	52	19	10	3	6	28	27	23	7	8	80	46	53	1.73	**John Smith**	**32**
4	Derby County	38	15	2	2	46	15	7	7	5	26	32	22	9	7	72	47	53	1.53	A Bentley	31
5	Leicester Fosse	38	15	2	2	60	20	5	2	12	19	38	20	4	14	79	58	44	1.36	F Shinton	32
6	Glossop	38	14	1	4	42	18	4	6	9	22	39	18	7	13	64	57	43	1.12	H Stapley	21
7	Fulham	38	9	7	3	28	13	5	6	8	23	30	14	13	11	51	43	41	1.18	F Harrison	14
8	Wolverhampton	38	14	3	2	51	22	3	3	13	13	41	17	6	15	64	63	40	1.01	W Blunt	23
9	Barnsley	38	15	3	1	48	15	1	4	14	14	44	16	7	15	62	59	39	1.05	G Lillycrop	22
10	Bradford P A	38	12	1	6	47	28	5	3	11	17	31	17	4	17	64	59	38	1.08	F Newton	11
11	West Brom A	38	8	5	6	30	23	8	0	11	28	33	16	5	17	58	56	37	1.03	F Buck	15
12	Blackpool	38	7	7	5	24	18	7	1	11	26	34	14	8	16	50	52	36	0.96	W Miller	15
13	Stockport Co.	38	9	6	4	37	20	4	2	13	13	27	13	8	17	50	47	34	1.06	F Kelly	10
14	Burnley	38	12	2	5	43	21	2	4	13	19	40	14	6	18	62	61	34	1.01	B Green	17
15	Lincoln City	38	7	6	6	27	24	3	5	11	15	45	10	11	17	42	69	31	0.60	W Hunter	8
16	Clapton Orient	38	10	4	5	26	15	2	2	15	11	45	12	6	20	37	60	30	0.61	F Bevan	7
17	Leeds City	38	8	4	7	30	33	6	3	14	16	47	14	7	21	46	80	27	0.57	W McLeod	15
18	Gainsborough T	38	8	3	8	22	21	3	14	11	54	10	6	22	33	75	26	0.44	E Mettam	9
19	Grimsby Town	38	8	3	8	31	19	1	3	15	19	58	9	6	23	50	77	24	0.64	H Leonard	17
20	Birmingham	38	7	4	8	28	26	1	3	15	14	52	8	7	23	42	78	23	0.53	W Freeman	10

Grimsby Town failed to gain re-election. Huddersfield Town were elected in their place.

1910/11 DIVISION 1 SEASON 23

Total Matches	380
Total Goals	1028
Avg goals per match	2.71

		Aston Villa	Blackburn Rov	Bradford City	Bristol City	Bury	Everton	Liverpool	Manchester City	Manchester Utd	Middlesbrough	Newcastle Utd	Nottm Forest	Notts County	Oldham Athletic	Preston N E	Sheffield United	Sheffield Weds	Sunderland	Tottenham H	Woolwich A
1	Aston Villa		2-2 10	4-1 28J	2-0 11M	4-1 26D	2-1 27M	1-1 24D	2-1 15O	4-2 22A	5-0 26N	3-2 12N	3-1 11F	3-1 10D	1-1 3S	0-2 8A	3-0 14A	2-1 29O	2-1 7J	4-0 25F	3-0 17S
2	Blackburn Rovers	0-0 24A		3-0 22O	2-0 8A	6-2 21J	0-1 6A	1-2 10S	2-0 12N	1-0 31D	5-1 24D	3-1 10D	4-1 27M	1-1 1S	1-0 29O	0-1 2J	1-2 24S	6-1 26N	0-1 8O	3-0 22A	1-0 18F
3	Bradford City	1-2 24S	1-0 28F		3-1 26N	2-2 10S	3-1 12N	1-3 31D	1-0 14M	1-0 27D	1-0 27A	1-0 8A	2-1 29O	0-1 17A	1-2 15O	1-0 24D	0-1 21J	5-2 4A	3-0 11A	3-0 10D	3-0 8O
4	Bristol City	1-2 5N	1-0 3D	0-2 1A		2-0 22O	0-1 29A	1-1 18F	2-1 17D	3-2 8O	1-0 21J	5-1 31D	1-0 15A	0-2 4F	3-2 27D	0-0 24S	0-2 4M	2-2 26D	1-1 18M	1-1 10S	0-1 19N
5	Bury	1-0 2J	2-2 17S	0-1 7J	2-1 25F		0-0 11F	3-0 10D	5-2 1O	0-3 8A	4-2 12N	1-1 29O	1-0 28J	0-0 26N	2-2 17D	1-0 25M	1-1 29A	1-1 15O	0-0 14A	2-1 11M	1-1 3S
6	Everton	0-1 22O	6-1 19N	0-0 18M	4-3 24D	2-1 8O		0-1 27D	1-0 3D	0-1 24S	2-0 31D	1-5 2J	2-1 14A	5-0 21J	1-0 10D	2-0 10S	1-0 18F	1-1 22A	2-2 4M	2-0 1S	2-0 5N
7	Liverpool	3-1 29A	2-2 7J	1-2 3S	4-0 15O	2-0 1O	0-2		1-1 28J	3-2 26N	3-0 11M	3-0 25F	2-3 17S	2-1 25M	1-0 18A	3-0 12N	2-0 17D	3-0 11F	1-2 26D	1-2 29O	1-1 17A
8	Manchester City	1-1 18F	0-0 18M	1-3 5N	1-2 22A	5-1 1S	2-1 8A	1-2 24S		1-1 21J	2-1 14A	2-0 24D	1-0 19N	0-1 10S	2-0 26N	0-2 31D	0-4 8O	1-2 10D	3-3 22O	2-1 3J	1-1 4M
9	Manchester United	2-0 17D	3-2 3S	1-0 2J	3-1 11F	3-2 3D	2-1 28J	2-0 1A	1-2 17S		2-0 29O	4-2 15O	0-0 7J	5-0 12N	1-1 25M	3-2 11M	1-1 15A	5-1 1O	3-2 29A	5-0 15M	5-0 26D
10	Middlesbrough	0-1 1A	2-3 29A	3-2 17D	3-0 17S	2-1 18M	1-0 3S	2-2 5N	0-0 26D	2-2 4M		0-2 28J	2-2 2J	4-1 22O	1-2 11F	2-0 18F	3-1 19N	0-1 7J	1-0 3D	2-0 1O	1-1 15A
11	Newcastle United	1-0 18M	2-2 15A	6-1 3D	0-1 3S	5-1 4M	1-0 26D	6-1 22O	3-3 29A	0-1 18F	0-0 24S		4-1 17D	2-0 8O	3-0 7J	1-1 3J	1-1 5N	0-2 14A	1-1 19N	1-1 21J	0-1 1A
12	Nottm Forest	3-1 8O	5-2 5N	0-2 4M	3-3 10D	1-1 24S	2-0 26N	2-0 21J	0-0 25M	2-1 10S	0-1 27D	0-1 5A		0-2 31D	4-1 12N	1-3 6O	1-2 4F	0-1 8A	1-3 18F	1-2 24D	2-3 22O
13	Notts County	1-2 15A	2-0 14A	1-1 26D	2-0 1O	1-0 1A	0-0 17S	1-0 19N	0-1 7J	1-0 18M	0-1 18A	2-2 11F	1-1 3S		1-0 11M	3-3 29O	0-3 3D	2-0 28J	1-1 17D	1-0 15O	0-2 29A
14	Oldham Athletic	1-1 31D	2-0 4M	1-0 18F	1-0 14A	0-0 22A	2-0 15A	3-1 3D	1-1 1A	1-0 19N	1-1 8O	0-2 10S	2-0 18M	2-1 5N		2-1 22O	3-0 17A	0-1 24D	1-0 21J	2-1 24S	3-0 6M
15	Preston North End	0-1 3D	0-0 26D	2-0 29A	4-0 28J	2-0 19N	0-2 7J	2-1 18M	1-1 3S	0-2 5N	1-1 15O	2-1 1O	0-2 1S	2-0 4M	1-1 25F		1-1 1A	1-3 17S	0-2 15A	2-0 11F	4-1 17D
16	Sheffield United	2-1 28D	1-1 28J	0-1 17S	0-4 29O	3-0 24D	0-1 15O	2-0 19S	2-2 11F	2-0 10D	2-1 27M	0-0 3A	0-1 1O	0-2 8A	1-2 26D	5-0 26N		0-1 25F	1-2 3S	3-0 12N	3-2 7J
17	Sheffield Weds	1-0 4M	1-0 1A	0-1 19N	2-1 2J	1-0 18F	0-2 17D	1-0 8O	4-1 15A	0-0 17A	1-1 10S	0-2 27D	5-2 3D	1-3 24S	0-0 29A	2-0 21J	0-0 22O		1-1 5N	2-1 31D	0-0 18M
18	Sunderland	3-2 10S	2-2 11F	1-1 1O	3-1 12N	4-1 4F	4-0 29O	4-0 2J	4-0 25F	1-2 24D	3-1 8A	2-1 1S	2-2 15O	1-2 22A	2-1 17S	1-1 10D	0-2 31D	1-2 11M		4-0 26N	2-2 28J
19	Tottenham Hotspur	1-2 19N	2-2 17D	2-0 15A	3-2 7J	5-0 5N	0-1 17A	1-0 4M	1-1 27D	2-2 22O	6-2 13F	1-2 17S	1-4 26D	3-0 18F	2-0 27M	1-1 8O	2-1 18M	3-1 3S	1-1 1A		3-1 3D
20	Woolwich Arsenal	1-1 15M	4-1 15O	0-0 11F	3-0 25M	3-2 31D	1-0 11M	0-0 14A	0-1 29O	1-2 1S	0-2 10D	1-2 26N	3-2 25F	2-1 24D	0-0 1O	2-0 22A	0-0 10S	1-0 12N	0-0 24S	2-0 8A	

Final League Table

Pos	Team	Pld	Home					Away					Totals						Leading Goalscorer	Gls
			W	D	L	F	A	W	D	L	F	A	W	D	L	F	A	Pts	GA		
1	Manchester Utd.	38	14	4	1	47	18	8	4	7	25	22	22	8	8	72	40	52	1.80	E West	19
2	Aston Villa	38	15	3	1	50	18	7	4	8	19	23	22	7	9	69	41	51	1.68	H Hampton	17
3	Sunderland	38	10	6	3	44	22	5	9	5	23	26	15	15	8	67	48	45	1.39	J Coleman	20
4	Everton	38	12	3	4	34	17	7	4	8	16	19	19	7	12	50	36	45	1.38	G Beare, W Lacy, A Young	8
5	Bradford City	38	13	1	5	33	16	7	4	8	18	26	20	5	13	51	42	45	1.21	F O'Rourke	13
6	Sheffield Weds.	38	10	5	4	24	15	7	3	9	23	33	17	8	13	47	48	42	0.97	H Chapman	11
7	Oldham Athletic	38	13	4	2	30	12	3	5	11	14	29	16	9	13	44	41	41	1.07	A Toward	12
8	Newcastle Utd.	38	8	7	4	37	18	7	3	9	24	25	15	10	13	61	43	40	1.41	A Shepherd	25
9	Sheffield United	38	8	3	8	27	21	7	5	7	22	22	15	8	15	49	43	38	1.14	J Kitchen	18
10	Woolwich A	38	9	6	4	24	14	4	6	9	17	35	13	12	13	41	49	38	0.83	J Chalmers	15
11	Notts County	38	9	6	4	21	16	5	4	10	16	29	14	10	14	37	45	38	0.82	J Cantrell	13
12	Blackburn Rov.	38	12	2	5	40	14	1	9	9	22	40	13	11	14	62	54	37	1.14	W Davies	18
13	Liverpool	38	11	3	5	38	19	4	4	11	15	34	15	7	16	53	53	37	1.00	J Parkinson	19
14	Preston N E	38	8	5	6	25	19	4	6	9	15	30	12	11	15	40	49	35	0.81	J Bannister, D McLean	7
15	Tottenham H	38	10	5	4	40	23	3	1	15	12	40	13	6	19	52	63	32	0.82	W Minter	19
16	Middlesbrough	38	9	5	5	31	21	2	5	12	18	42	11	10	17	49	63	32	0.77	G Elliott	10
17	Manchester City	38	7	5	7	26	26	2	8	9	17	32	9	13	16	43	58	31	0.74	G Wynn	9
18	Bury	38	8	9	2	27	18	1	2	16	16	53	9	11	18	43	71	29	0.60	W Hibbert	19
19	Bristol City	38	8	4	7	23	21	3	1	15	20	45	11	5	22	43	66	27	0.65	E Owers	16
20	Nottm Forest	38	5	4	10	28	31	4	3	12	27	44	9	7	22	55	75	25	0.73	A Morris	11

1910/11 DIVISION 2
SEASON 23

Total Matches 380
Total Goals 1050
Avg goals per match 2.76

Results Grid

#	Team	Barnsley	Birmingham	Blackpool	Bolton Wand	Bradford PA	Burnley	Chelsea	Clapton Orient	Derby County	Fulham	Gainsborough T	Glossop	Huddersfield T	Hull City	Leeds City	Leicester Fosse	Lincoln City	Stockport Co	West Brom A	Wolverhampton
1	Barnsley		2-3 (25F)	1-2 (28J)	0-0 (17A)	7-0 (25M)	0-1 (26N)	3-2 (7J)	1-2 (17S)	0-2 (24D)	4-2 (12N)	2-2 (8A)	4-0 (10)	1-2 (17N)	0-1 (11M)	4-0 (10D)	1-1 (14A)	2-2 (11F)	1-1 (22A)	1-1 (29O)	2-2 (3S)
2	Birmingham	1-0 (22O)		2-0 (1A)	2-1 (29A)	1-0 (10S)	1-1 (21J)	2-1 (18M)	0-1 (19N)	2-0 (18F)	1-1 (31D)	1-1 (24S)	1-2 (3D)	2-1 (17D)	1-0 (14A)	2-1 (4F)	1-0 (4M)	0-1 (15A)	1-3 (8O)	1-1 (27D)	1-3 (5N)
3	Blackpool	1-0 (24S)	3-1 (26N)		1-1 (29O)	4-1 (24D)	1-0 (14A)	0-2 (18F)	1-1 (22O)	0-1 (21J)	1-2 (22A)	1-1 (2J)	1-0 (11M)	1-1 (25M)	2-0 (10D)	1-2 (31D)	2-0 (29M)	5-1 (12N)	2-1 (10S)	0-0 (8A)	2-0 (8O)
4	Bolton Wanderers	4-0 (2J)	5-1 (24O)	1-0 (4M)		1-0 (8O)	1-1 (22O)	2-0 (26A)	2-1 (18F)	2-0 (22A)	3-0 (24S)	4-0 (5N)	3-1 (18M)	2-1 (3D)	3-0 (10S)	6-2 (19N)	3-1 (31D)	2-2 (1A)	3-1 (1S)	4-1 (5S)	0-1 (21J)
5	Bradford Park Avenue	2-3 (19N)	2-2 (7J)	1-0 (29A)	1-1 (11F)		1-1 (18F)	2-1 (15A)	3-0 (17D)	2-1 (18M)	1-0 (10)	5-0 (22O)	6-0 (26D)	0-1 (3S)	2-0 (28J)	0-2 (4M)	3-1 (1A)	6-0 (2J)	3-2 (5N)	3-3 (17S)	1-0 (3D)
6	Burnley	0-0 (1A)	2-2 (17S)	1-1 (26D)	1-3 (20M)	1-1 (15O)		1-1 (17D)	2-0 (29A)	2-1 (19N)	1-0 (11F)	1-1 (4M)	0-0 (5S)	2-1 (7J)	0-0 (10)	4-1 (5N)	2-1 (3D)	3-1 (3S)	5-3 (18M)	2-0 (28J)	1-1 (15A)
7	Chelsea	3-1 (10S)	2-2 (12N)	0-0 (15O)	3-0 (10)	3-0 (10D)	3-0 (22A)		1-0 (11F)	3-2 (31D)	2-0 (8A)	3-0 (24D)	2-0 (6M)	2-0 (20M)	2-0 (26N)	4-1 (14A)	2-0 (21J)	7-0 (29O)	2-0 (27D)	2-1 (29M)	2-0 (24S)
8	Clapton Orient	3-0 (21J)	2-1 (25M)	2-1 (25F)	0-0 (15O)	1-0 (22A)	0-2 (24D)	0-0 (8O)		1-0 (10S)	1-0 (10D)	1-0 (26D)	4-0 (29O)	2-0 (12N)	1-1 (8A)	3-1 (17A)	2-0 (24S)	1-0 (11M)	0-0 (31D)	0-0 (26N)	3-1 (20M)
9	Derby County	5-1 (29A)	1-0 (15O)	1-1 (17S)	2-2 (17D)	4-2 (12N)	3-0 (25M)	1-4 (3S)	3-1 (7J)		2-2 (15M)	4-0 (26N)	2-1 (28J)	3-2 (8O)	2-2 (29O)	3-0 (8A)	5-0 (26D)	4-1 (10)	1-3 (10D)	2-0 (1M)	2-0 (27D)
10	Fulham	0-2 (18M)	3-0 (3S)	2-1 (17D)	2-0 (28J)	4-0 (13F)	3-0 (8O)	1-0 (3D)	1-1 (15A)	3-1 (5N)		1-0 (18F)	2-2 (29A)	2-1 (26D)	0-1 (17S)	2-1 (22O)	3-1 (19N)	0-0 (17A)	6-2 (4M)	0-1 (7J)	0-1 (1A)
11	Gainsborough Trinity	1-1 (26O)	1-0 (28J)	2-0 (27D)	1-0 (11M)	1-2 (25F)	1-2 (29O)	3-1 (29A)	3-1 (14A)	0-0 (1A)	0-1 (15O)		3-0 (3S)	3-1 (17S)	1-1 (11F)	1-2 (18M)	2-0 (15A)	1-0 (7J)	0-0 (4F)	1-1 (10)	1-3 (17D)
12	Glossop	1-1 (28M)	2-1 (8A)	3-1 (5N)	1-0 (12N)	0-1 (14A)	1-1 (2J)	2-1 (22O)	1-3 (4M)	2-2 (24S)	2-1 (24D)	3-1 (31D)		5-2 (26N)	0-0 (22A)	2-1 (10S)	1-0 (8O)	2-2 (25M)	0-0 (21J)	0-2 (10D)	5-1 (18F)
13	Huddersfield Town	2-0 (18F)	7-1 (22A)	2-2 (4F)	1-1 (10D)	0-0 (31D)	0-1 (10S)	3-1 (18A)	2-0 (18M)	0-3 (11F)	1-2 (28F)	2-1 (21J)	1-0 (1A)		2-0 (2J)	3-2 (24S)	1-2 (22O)	1-1 (8A)	4-1 (14J)	0-2 (24D)	3-1 (4M)
14	Hull City	5-1 (5N)	4-1 (26D)	1-1 (15A)	1-1 (7J)	2-2 (24S)	3-0 (27D)	1-1 (1A)	1-2 (3D)	0-0 (4M)	3-2 (21J)	1-0 (8O)	2-2 (17D)	0-2 (17A)		1-1 (18F)	2-2 (18M)	2-1 (29A)	4-1 (22O)	1-1 (3S)	2-2 (19N)
15	Leeds City	0-0 (15A)	1-1 (10)	1-2 (3S)	1-0 (25M)	2-0 (29O)	0-0 (27M)	3-3 (26D)	1-0 (27D)	3-2 (3D)	3-1 (25F)	4-0 (12N)	0-2 (7J)	5-2 (28J)	1-0 (15O)		2-3 (17D)	0-1 (17S)	4-0 (1A)	3-1 (11F)	1-0 (29A)
16	Leicester Fosse	1-1 (27D)	2-0 (29O)	2-0 (1O)	5-0 (3S)	2-0 (26N)	1-1 (8A)	1-0 (17S)	2-1 (28J)	1-2 (17A)	3-2 (25M)	1-0 (10D)	1-1 (11F)	3-2 (25F)	1-0 (12N)	2-1 (22A)		2-0 (15O)	5-1 (24D)	2-3 (11M)	2-3 (7J)
17	Lincoln City	1-0 (8O)	0-1 (10D)	0-1 (18M)	1-3 (26N)	0-0 (1S)	1-0 (31D)	0-0 (4M)	0-2 (5N)	0-0 (8F)	2-1 (14A)	0-0 (10S)	2-2 (14S)	2-2 (27D)	1-4 (24D)	1-1 (21J)	2-0 (18F)		2-0 (24S)	1-2 (22A)	1-5 (22O)
18	Stockport County	2-2 (17D)	3-1 (13F)	1-3 (7J)	0-1 (25F)	1-0 (11M)	4-2 (12N)	2-2 (2J)	0-3 (3S)	3-2 (15A)	1-1 (29O)	2-0 (25M)	1-1 (17S)	0-1 (3O)	1-1 (24A)	0-4 (26N)	1-0 (29A)	3-2 (28J)		0-1 (15O)	1-0 (14A)
19	West Bromwich Albion	3-3 (4M)	1-0 (17A)	0-1 (3D)	2-0 (26D)	3-0 (21J)	2-1 (24S)	1-3 (19N)	3-0 (1A)	1-1 (22O)	2-1 (10S)	2-1 (18A)	3-1 (15A)	1-0 (29A)	0-2 (31D)	2-0 (8O)	5-1 (5N)	3-0 (17D)	4-2 (18F)		2-1 (18M)
20	Wolverhampton W	1-0 (31D)	0-1 (11M)	0-3 (11F)	3-0 (17S)	0-0 (8A)	1-0 (10D)	0-0 (28J)	1-0 (10)	1-2 (5S)	5-1 (26N)	1-1 (22A)	2-0 (15O)	0-3 (29O)	0-0 (25M)	3-1 (24D)	1-0 (10S)	2-1 (24A)	0-0 (26D)	2-3 (12N)	

Final League Table

Pos	Team	Pld	Home W	Home D	Home L	Home F	Home A	Away W	Away D	Away L	Away F	Away A	Totals W	Totals D	Totals L	Totals F	Totals A	Pts	GA	Leading Goalscorer	Gls
1	West Brom A	38	14	2	3	40	18	8	7	4	27	23	22	9	7	67	41	53	1.63	S Bowser	23
2	Bolton Wand.	38	17	2	0	53	12	4	7	8	16	28	21	9	8	69	40	51	1.72	W Hughes	21
3	Chelsea	38	17	2	0	48	7	3	7	9	23	28	20	9	9	71	35	49	2.02	**R Whittingham**	**30**
4	Clapton Orient	38	14	4	1	28	7	5	3	11	16	28	19	7	12	44	35	45	1.25	F Bevan	12
5	Hull City	38	8	10	1	38	21	6	6	7	17	18	14	16	8	55	39	44	1.41	T Browell	16
6	Derby County	38	11	5	3	48	24	6	3	10	25	28	17	8	13	73	52	42	1.40	J Bauchop, S Bloomer	19
7	Blackpool	38	10	5	4	29	15	6	5	8	20	23	16	10	12	49	38	42	1.28	J Clennell	20
8	Burnley	38	9	9	1	31	18	4	6	9	14	27	13	15	10	45	45	41	1.00	B Green	11
9	Wolverhampton	38	10	5	4	26	16	5	3	11	25	36	15	8	15	51	52	38	0.98	J Needham	13
10	Fulham	38	12	5	2	35	15	3	4	12	17	33	15	7	16	52	48	37	1.08	J Smith	11
11	Leeds city	38	11	4	4	35	18	4	3	12	23	38	15	7	16	58	56	37	1.03	W McLeod	14
12	Bradford P A	38	12	4	3	44	18	2	5	12	9	37	14	9	15	53	55	37	0.96	T Little	19
13	Huddersfield T	38	10	4	5	35	21	3	4	12	22	37	13	8	17	57	58	34	0.98	J Richardson	14
14	Glossop	38	11	4	4	36	21	4	4	13	12	41	13	8	17	48	62	34	0.77	H Stapley	15
15	Leicester Fosse	38	12	3	4	37	19	2	2	15	15	43	14	5	19	52	62	33	0.83	D Walker	7
16	Birmingham	38	10	4	5	23	18	2	4	13	19	46	12	8	18	42	64	32	0.65	J Hall	12
17	Stockport Co	38	10	4	5	27	26	1	4	14	20	53	11	8	19	47	79	30	0.59	D Prout	16
18	Gainsborough T	38	9	5	5	26	16	0	6	13	11	39	9	11	18	37	55	29	0.67	O Tummon	12
19	Barnsley	38	5	7	7	36	26	2	7	10	16	36	7	14	17	52	62	28	0.83	H Tufnell	13
20	Lincoln City	38	5	7	7	16	23	2	3	14	12	49	7	10	21	28	72	24	0.38	F Haydock	5

Lincoln City failed to gain re-election. Grimsby Town elected in their place.

1911/12 DIVISION 1
SEASON 24

Total Matches	380
Total Goals	1057
Avg goals per match	2.78

	Team	Aston Villa	Blackburn Rov	Bolton Wand	Bradford City	Bury	Everton	Liverpool	Manchester City	Manchester Utd	Middlesbrough	Newcastle Utd	Notts County	Oldham Athletic	Preston N E	Sheffield United	Sheffield Weds	Sunderland	Tottenham H	West Brom A	Woolwich A
1	Aston Villa		0-3	0-1	0-0	5-2	3-0	5-0	3-1	6-0	2-1	2-0	5-1	6-1	1-0	1-0	2-3	1-3	2-2	0-3	4-1
2	Blackburn Rovers	3-1		2-0	3-1	2-0	2-1	1-0	2-0	2-2	2-1	1-1	0-0	1-0	3-0	1-0	0-0	2-2	0-0	4-1	2-0
3	Bolton Wanderers	3-0	2-0		2-0	1-0	1-2	2-1	2-1	1-1	1-0	0-2	3-0	2-1	3-0	0-3	4-2	3-0	1-0	2-0	2-2
4	Bradford City	2-1	1-0	1-0		1-0	1-0	0-2	4-1	0-1	2-1	1-1	2-3	0-0	0-1	1-0	5-1	2-1	3-0	4-1	1-1
5	Bury	1-1	1-2	1-3	2-0		1-2	2-2	1-2	0-1	0-2	2-1	0-1	1-1	0-0	3-1	2-2	0-2	2-1	1-0	3-1
6	Everton	1-1	1-3	1-0	1-0	1-1		2-1	1-0	4-0	2-1	1-1	1-1	1-0	3-2	1-0	1-0	2-2	3-0	4-0	1-0
7	Liverpool	1-2	1-2	1-0	1-0	1-1	1-3		2-2	3-2	1-1	0-1	3-0	1-0	0-1	2-0	1-1	2-1	1-2	1-3	4-1
8	Manchester City	2-6	3-0	3-1	4-0	2-0	4-0	2-3		0-0	2-0	1-1	4-0	1-3	0-0	4-0	2-0	2-1	0-2	3-3
9	Manchester United	3-1	3-1	0-0	0-1	0-0	2-1	1-1	0-0		3-4	0-2	0-3	1-0	0-1	1-3	2-2	1-2	1-2	2-0
10	Middlesbrough	1-2	2-1	1-0	1-0	1-1	0-0	3-2	3-1	3-0		1-1	4-0	3-0	4-2	1-1	1-1	3-3	2-0	1-0	0-2
11	Newcastle United	6-2	4-2	5-2	0-2	3-2	2-0	1-1	1-0	2-3	0-1		3-2	1-1	1-0	2-2	0-2	3-1	2-0	0-0	1-2
12	Notts County	2-0	1-3	3-2	0-0	2-0	0-1	0-0	0-1	0-1	2-1	1-4		1-1	1-2	2-0	1-0	3-1	2-2	2-0	3-1
13	Oldham Athletic	1-2	0-1	3-1	3-0	2-0	3-0	0-1	4-1	2-2	2-0	2-4	1-2		1-0	2-3	1-0	0-0	2-1	3-1	0-0
14	Preston North End	4-1	2-2	1-2	2-2	1-0	2-1	2-1	2-1	0-0	0-3	2-1	2-1	0-1		3-0	2-3	0-3	0-1	1-1	0-1
15	Sheffield United	0-1	1-1	0-5	7-3	4-0	2-1	3-1	6-2	6-1	1-1	2-1	1-3	4-0	4-2		1-1	1-2	1-2	1-1	2-1
16	Sheffield Wednesday	3-0	1-1	0-1	4-2	2-1	1-3	2-2	3-0	3-0	0-2	1-2	3-0	1-0	0-1	1-1		8-0	4-0	4-1	3-0
17	Sunderland	2-2	3-0	0-1	1-1	1-0	4-0	1-2	1-1	5-0	1-0	1-2	5-0	4-2	3-0	0-0	0-0		1-1	3-2	1-0
18	Tottenham Hotspur	2-1	0-2	1-0	2-3	2-1	0-1	2-0	0-2	1-1	2-1	1-2	2-2	4-0	6-2	1-1	3-1	0-0		1-0	5-0
19	West Bromwich Albion	2-2	2-0	0-0	0-0	2-0	1-0	1-0	1-1	1-0	3-1	3-1	2-1	0-0	0-2	0-1	1-5	1-0	2-0		1-1
20	Woolwich Arsenal	2-2	5-1	3-0	2-0	1-0	0-1	3-2	2-0	2-1	3-1	2-0	0-3	1-1	4-1	3-1	0-2	3-0	3-1	0-2	

Final League Table

Pos	Team	Pld	Home					Away					Totals					Pts	GA	Leading Goalscorer	Gls
			W	D	L	F	A	W	D	L	F	A	W	D	L	F	A				
1	Blackburn Rov.	38	13	6	0	35	10	7	3	9	25	33	20	9	9	60	43	49	1.39	W Aitkenhead	15
2	Everton	38	13	5	1	29	12	7	1	11	17	30	20	6	12	46	42	46	1.09	T Browell	12
3	Newcastle Utd.	38	10	4	5	37	25	8	4	7	27	25	18	8	12	64	50	44	1.28	W Hibbert, J Stewart	14
4	Bolton Wand.	38	14	2	3	35	15	6	1	12	19	28	20	3	15	54	43	43	1.25	J Smith	22
5	Sheffield Weds.	38	11	3	5	44	17	5	6	8	25	32	16	9	13	69	49	41	1.40	D McLean	25
6	Aston Villa	38	12	2	5	48	22	5	5	9	28	41	17	7	14	76	63	41	1.20	H Hampton	25
7	Middlesbrough	38	11	6	2	35	17	5	2	12	21	28	16	8	14	56	45	40	1.24	G Elliott	17
8	Sunderland	38	10	6	3	37	14	4	5	10	21	37	14	11	13	58	51	39	1.13	G Holley	25
9	West Brom A	38	10	6	3	23	15	5	3	11	20	32	15	9	14	43	47	39	0.91	R Pailor	10
10	Woolwich A	38	12	3	4	38	19	3	5	11	17	40	15	8	15	55	59	38	0.93	A Common	17
11	Bradford City	38	12	3	4	31	15	3	5	11	15	35	15	8	15	46	50	38	0.92	H Walden	11
12	Tottenham H	38	10	4	5	35	20	4	5	10	18	33	14	9	15	53	53	37	1.00	W Minter	17
13	Manchester Utd.	38	9	5	5	29	19	4	6	9	16	41	13	11	14	45	60	37	0.75	E West	17
14	Sheffield United	38	10	4	5	47	29	3	6	10	16	27	13	10	15	63	56	36	1.12	R Evans	12
15	Manchester City	38	10	5	4	39	20	3	4	12	17	38	13	9	16	56	58	35	0.96	G Wynn	17
16	Notts County	38	9	4	6	26	20	5	3	11	20	43	14	7	17	46	63	35	0.73	S Richards	13
17	Liverpool	38	8	4	7	27	23	4	6	9	22	32	12	10	16	49	55	34	0.89	J Parkinson	13
18	Oldham Athletic	38	10	3	6	32	19	2	7	10	14	35	12	10	16	46	54	34	0.85	E Jones	17
19	Preston N E	38	8	4	7	26	25	5	3	11	14	32	13	7	18	40	57	33	0.70	W Kirby	14
20	Bury	38	6	5	8	23	25	0	4	15	9	34	6	9	23	32	59	21	0.54	T Kay	12

1911/12 DIVISION 2
SEASON 24

	Total
Total Matches	380
Total Goals	1032
Avg goals per match	2.72

		Barnsley	Birmingham	Blackpool	Bradford P A	Bristol City	Burnley	Chelsea	Clapton Orient	Derby County	Fulham	Gainsborough T	Glossop	Grimsby Town	Huddersfield T	Hull City	Leeds City	Leicester Fosse	Nottm Forest	Stockport Co	Wolverhampton
1	Barnsley		1-0	1-0	1-0	4-1	1-1	0-2	2-1	0-2	2-2	4-0	1-0	2-2	0-0	1-2	3-4	0-0	1-0	2-1	2-1
2	Birmingham	1-3		2-1	2-3	0-0	4-0	1-4	4-0	0-4	1-3	2-2	2-0	2-2	1-0	5-1	4-3	4-0	4-2	2-0	3-1
3	Blackpool	0-0	1-0		0-4	1-0	0-0	1-0	1-0	1-0	3-1	0-0	2-0	1-2	3-1	3-2	3-0	1-1	2-0	0-1	1-0
4	Bradford Park Avenue	1-0	3-0	0-0		0-1	2-1	1-1	2-1	0-1	0-2	5-0	1-1	4-1	2-1	2-1	1-1	1-1	2-1	1-0	0-2
5	Bristol City	0-1	2-1	2-0	1-0		0-3	1-1	1-0	1-1	1-0	2-0	2-0	3-0	3-2	0-0	4-1	0-1	2-2	2-1	0-3
6	Burnley	3-0	1-1	1-1	3-1	4-2		2-2	1-0	0-0	5-1	2-0	4-0	1-1	3-0	5-1	4-2	3-0	2-0	4-1	2-1
7	Chelsea	2-1	0-2	4-1	1-0	2-2	0-2		3-0	1-0	1-0	1-0	0-0	4-1	3-1	1-0	4-2	2-1	2-0	0-0	4-0
8	Clapton Orient	2-0	2-0	2-0	2-0	4-0	1-2	1-4		3-0	4-0	3-0	2-1	1-0	2-1	4-0	2-1	4-1	0-2	4-2	1-0
9	Derby County	0-0	0-1	5-1	1-0	3-0	2-0	2-0	5-1		6-1	4-0	5-0	2-1	4-2	2-3	5-2	5-0	1-0	2-0	1-1
10	Fulham	2-2	2-1	3-0	2-0	2-1	3-4	0-1	0-2	0-0		7-1	0-2	1-3	3-1	0-1	7-2	4-1	2-0	3-1	1-1
11	Gainsborough Trinity	1-2	0-0	0-0	2-3	1-0	0-2	1-1	0-1		0-1		1-1	2-3	5-0	0-3	2-1	0-1	1-2	0-0	1-0
12	Glossop	0-2	2-0	1-1	0-0	3-0	1-3	1-2	3-3	3-1	1-1	1-1		5-2	2-3	1-1	2-1	6-0	0-0	1-1	0-1
13	Grimsby Town	0-0	1-0	1-0	0-0	3-0	1-0	2-1	2-1	0-3	1-0	3-3	0-0		1-2	1-0	1-2	4-0	1-4	2-2	0-0
14	Huddersfield Town	2-1	3-2	4-0	3-1	1-2	1-1	1-3	0-0	0-0	2-2	3-1	2-0	2-0		0-2	1-2	1-2	1-2	2-0	1-1
15	Hull City	0-0	4-0	3-0	5-1	3-0	4-1	1-0	0-2	0-0	2-3	1-1	2-0	1-0	0-1		1-0	4-1	2-1	0-2	3-0
16	Leeds City	3-2	0-0	1-0	1-2	3-1	1-5	0-0	0-2	0-1	0-2	0-0	2-1	1-2	2-0	0-0		2-1	3-1	1-1	1-1
17	Leicester Fosse	0-0	5-2	4-0	3-0	2-0	3-2	2-0	0-0	0-1	2-5	2-0	1-0	0-2	0-2	3-0	2-1		1-1	1-1	1-1
18	Nottm Forest	0-2	0-1	2-1	2-1	2-0	0-1	2-3	3-0	1-3	2-0	0-1	1-0	2-1	0-0	2-1	4-1			1-2	0-0
19	Stockport County	1-1	2-0	1-2	1-0	0-1	0-0	0-1	1-1	4-0	2-1	0-3	3-0	3-0	3-1	1-1	3-3	2-3	2-2		1-2
20	Wolverhampton W	5-0	1-0	3-0	1-1	3-1	2-0	3-1	0-1	0-1	0-0	1-0	1-1	1-2	1-2	8-0	5-0	1-0	1-0	4-0	

Final League Table

Pos	Team	Pld	Home W	D	L	F	A	Away W	D	L	F	A	Totals W	D	L	F	A	Pts	GA	Leading Goalscorer	Gls
1	Derby County	38	15	2	2	55	13	8	6	5	19	15	23	8	7	74	28	54	2.64	S Bloomer	18
2	Chelsea	38	15	2	2	36	13	9	4	6	28	21	24	6	8	64	34	54	1.88	R Whittingham	26
3	Burnley	38	14	5	0	50	14	8	3	8	27	27	22	8	8	77	41	52	1.87	**B Freeman**	32
4	Clapton Orient	38	16	0	3	44	14	5	3	11	17	30	21	3	14	61	44	45	1.38	R McFadden	18
5	Wolverhampton	38	12	3	4	41	16	4	7	8	16	23	16	10	12	57	33	42	1.72	W Halligan	19
6	Barnsley	38	10	5	4	28	19	5	7	7	17	23	15	12	11	45	42	42	1.07	H Tufnell	11
7	Hull City	38	12	3	4	36	13	5	5	9	18	38	17	8	13	54	51	42	1.05	A Temple	17
8	Fulham	38	10	3	6	42	24	6	4	9	24	34	16	7	15	66	58	39	1.13	H Pearce	21
9	Grimsby Town	38	9	8	2	24	18	6	3	10	24	37	15	9	14	48	55	39	0.87	A Hubbard, A Mounteney	12
10	Leicester Fosse	38	11	4	4	34	18	4	3	12	15	48	15	7	16	49	66	37	0.74	H Sparrow	11
11	Bradford P A	38	10	5	4	30	16	3	4	12	14	29	13	9	16	44	45	35	0.97	J Turnbull	9
12	Birmingham	38	11	3	5	44	29	3	3	13	11	30	14	6	18	55	59	34	0.93	J Hall	21
13	Bristol City	38	11	4	4	27	17	3	2	14	14	43	14	6	18	41	60	34	0.68	J Butler	11
14	Blackpool	38	12	4	3	24	12	1	4	14	8	40	13	8	17	32	52	34	0.61	A Wolstenholme	8
15	Nottm Forest	38	9	3	7	26	18	4	4	11	20	30	13	7	18	46	48	33	0.95	A Morris	11
16	Stockport Co.	38	8	5	6	31	22	3	6	10	16	32	11	11	16	47	54	33	0.87	F Smith	10
17	Huddersfield T	38	8	8	3	30	22	5	1	13	20	42	13	9	16	50	64	32	0.78	J Macauley	11
18	Glossop	38	6	8	5	33	23	2	4	13	9	33	8	12	18	42	56	28	0.75	J Moore, H Stapley	13
19	Leeds City	38	7	6	6	21	22	3	2	14	29	56	10	8	20	50	78	28	0.64	W McLeod	14
20	Gainsborough T	38	4	6	9	17	22	1	7	11	13	42	5	13	20	30	64	23	0.46	C Young	14

Gainsborough Trinity failed to gain re-election. Lincoln City were elected in their place.

1912/13 DIVISION 1
SEASON 25

Total Matches	380
Total Goals	1153
Avg goals per match	3.03

Results Grid

		Aston Villa	Blackburn Rov	Bolton Wand	Bradford City	Chelsea	Derby County	Everton	Liverpool	Manchester city	Manchester Utd	Middlesbrough	Newcastle Utd	Notts County	Oldham Athletic	Sheffield United	Sheffield Weds	Sunderland	Tottenham H	West Brom A	Woolwich A
1	Aston Villa		1-1	1-1	3-1	1-0	5-1	1-1	1-3	2-0	4-2	5-1	3-1	1-0	7-1	4-2	10-0	1-1	1-0	2-4	4-1
2	Blackburn Rovers	2-2		6-0	5-0	1-1	0-1	1-2	5-1	2-2	0-0	5-2	2-0	2-1	7-1	3-1	0-1	4-0	6-1	2-4	1-1
3	Bolton Wanderers	2-3	1-1		2-0	1-0	1-1	0-0	1-1	2-2	2-1	3-2	1-2	0-0	3-0	4-2	3-0	1-3	2-0	2-1	5-1
4	Bradford City	1-1	0-2	4-1		2-2	2-3	4-1	2-0	2-1	1-0	1-2	2-0	1-0	0-0	3-1	0-0	1-5	3-1	1-1	3-1
5	Chelsea	1-2	1-6	2-3	0-3		3-1	1-3	1-2	2-1	1-4	2-3	1-0	5-2	1-1	4-2	0-4	2-0	1-0	0-2	1-1
6	Derby County	0-1	1-1	3-3	4-0	3-1		1-4	4-2	2-0	2-1	0-2	2-1	1-0	1-2	5-1	1-4	0-3	5-0	1-2	4-1
7	Everton	0-1	2-1	2-3	2-1	1-0	2-2		0-2	0-0	4-1	1-0	0-6	4-0	2-3	0-1	3-1	0-4	1-2	1-3	3-0
8	Liverpool	2-0	4-1	5-0	2-1	1-2	2-1	0-2		1-2	0-2	4-2	2-1	0-0	2-0	2-2	2-1	2-5	4-1	2-1	3-0
9	Manchester City	1-0	3-1	2-0	1-3	2-0	2-0	1-1	4-1		0-2	3-0	0-0	2-0	3-0	2-2	1-0	2-2	2-1	0-1	
10	Manchester United	4-0	1-1	2-1	2-0	4-2	4-0	2-0	3-1	0-1		2-3	3-0	2-1	0-0	4-0	2-0	1-3	2-0	1-1	2-0
11	Middlesbrough	1-1	0-0	4-0	1-1	0-3	4-1	0-0	3-4	0-0	3-2		0-0	1-1	2-2	4-1	0-2	0-2	1-1	3-1	2-0
12	Newcastle United	2-3	0-1	2-1	1-1	3-2	2-4	2-0	0-0	1-3	3-1		0-0	4-1	1-2	1-0	1-1	3-0	1-1	1-3	3-1
13	Notts County	1-1	3-1	1-0	1-1	0-0	0-1	0-1	3-0	0-1	1-2	1-3	0-1		2-1	0-1	1-2	2-1	0-1	1-1	2-1
14	Oldham Athletic	2-2	0-0	2-3	0-0	3-2	2-2	2-0	3-1	2-0	1-1	0-0	1-2	4-0		2-0	2-0	3-0	4-1	0-0	0-0
15	Sheffield United	3-2	0-0	0-2	3-2	3-3	4-1	4-1	4-1	1-1	2-1	1-0	1-1	2-0	1-1		0-2	1-3	4-0	1-0	1-3
16	Sheffield Wednesday	1-1	2-1	2-2	6-0	3-2	3-3	1-2	1-0	1-0	3-3	3-1	1-2	3-1	5-0	1-0		1-2	2-1	3-2	2-0
17	Sunderland	3-1	2-4	2-1	1-0	4-0	0-2	3-1	7-0	1-0	3-1	4-0	2-0	4-0	1-1	1-0	0-2		2-2	3-1	4-1
18	Tottenham Hotspur	3-3	0-1	0-1	2-1	1-0	1-2	0-2	1-0	4-0	1-1	5-3	1-0	0-3	1-0	1-0	2-4	1-2		3-1	1-1
19	West Bromwich Albion	2-2	1-1	2-2	1-1	0-1	0-0	3-1	0-2	1-2	2-0	1-0	2-0	2-3	3-1	1-1	3-1	4-1	2-1		
20	Woolwich Arsenal	0-3	0-1	1-2	1-1	0-1	1-2	0-0	1-1	0-4	0-0	1-1	0-0	0-0	1-3	2-5	1-3	0-3	1-0		

Final League Table

Pos	Team	Pld	Home					Away					Totals						Leading Goalscorer	Gls
			W	D	L	F	A	W	D	L	F	A	W	D	L	F	A	Pts	GA		
1	Sunderland	38	14	2	3	47	15	11	2	6	39	26	25	4	9	86	43	54	2.00	C Buchan	27
2	Aston Villa	38	13	4	2	57	21	6	8	5	29	31	19	12	7	86	52	50	1.65	H Hampton	25
3	Sheffield Weds.	38	12	4	3	44	23	9	3	7	31	32	21	7	10	75	55	49	1.36	D McLean	30
4	Manchester Utd.	38	13	3	3	41	14	6	5	8	28	29	19	8	11	69	43	46	1.60	E West	21
5	Blackburn Rov.	38	10	5	4	54	21	6	8	5	25	22	16	13	9	79	43	45	1.83	E Latheron	14
6	Manchester City	38	12	3	4	34	15	6	5	8	19	22	18	8	12	53	37	44	1.43	G Wynn	14
7	Derby County	38	10	2	7	40	29	7	6	6	29	37	17	8	13	69	66	42	1.04	H Leonard	15
8	Bolton Wand.	38	10	6	3	36	20	6	4	9	26	43	16	10	12	62	63	42	0.98	J Smith	22
9	Oldham Athletic	38	11	7	1	33	12	3	7	9	17	43	14	14	10	50	55	42	0.90	J Walters	12
10	West Brom A	38	8	7	4	30	20	5	6	9	27	30	13	12	13	57	50	38	1.14	R Pailor	15
11	Everton	38	8	2	9	28	31	7	5	7	20	23	15	7	16	48	54	37	0.88	T Browell	12
12	Liverpool	38	12	2	5	40	24	4	3	12	21	47	16	5	17	61	71	37	0.85	A Metcalf	14
13	Bradford City	38	10	5	4	33	22	2	6	11	17	38	12	11	15	50	60	35	0.83	O Fox	13
14	Newcastle Utd.	38	8	5	6	30	23	5	3	11	17	24	13	8	17	47	47	34	1.00	J Stewart	9
15	Sheffield United	38	10	4	5	36	24	4	1	14	20	46	14	6	18	56	70	34	0.80	H Hardinge	11
16	Middlesbrough	38	6	9	4	29	22	5	1	13	26	47	11	10	17	55	69	32	0.79	G Elliott	22
17	Tottenham H	38	9	3	7	28	25	3	3	13	17	47	12	6	20	45	72	30	0.62	J Cantrell	15
18	Chelsea	38	7	2	10	29	40	4	4	11	22	33	11	6	21	51	73	28	0.69	V Woodward	10
19	Notts County	38	6	4	9	19	20	1	5	13	9	36	7	9	22	28	56	23	0.50	J Peart	7
20	Woolwich A	38	1	8	10	11	31	2	4	13	15	43	3	12	23	26	74	18	0.35	C Randall	4

1912/13 DIVISION 2
SEASON 25

	Total Matches	380
	Total Goals	1122
	Avg goals per match	2.95

Results Grid

	Team	Barnsley	Birmingham	Blackpool	Bradford P A	Bristol City	Burnley	Bury	Clapton Orient	Fulham	Glossop	Grimsby Town	Huddersfield T	Hull City	Leeds City	Leicester Fosse	Lincoln City	Nottm Forest	Preston N E	Stockport Co	Wolverhampton
1	Barnsley		1-0	5-3	4-0	7-1	1-4	4-3	0-0	2-1	2-1	3-0	2-0	2-1	2-0	1-0	4-0	1-0	1-1	1-1	3-2
2	Birmingham	3-1		3-2	1-1	3-0	3-0	1-2	1-1	2-1	0-0	2-1	3-2	3-1	2-2	5-1	4-1	2-0	0-1	1-1	0-0
3	Blackpool	0-1	2-0		0-2	1-1	0-2	2-1	2-0	2-0	1-1	2-1	2-1	1-2	0-3	2-1	1-1	2-1	0-1	1-1	1-2
4	Bradford Park Avenue	0-0	0-0	4-2		4-1	2-3	3-1	3-0	2-3	5-0	3-0	2-1	0-0	0-1	2-2	3-0	3-1	0-0	4-2	5-1
5	Bristol City	3-0	0-3	0-0	0-0		3-3	1-5	1-0	2-1	3-3	2-2	0-0	1-1	1-1	1-0	2-0	1-2	1-1	7-2	3-1
6	Burnley	0-1	3-0	4-0	5-1	2-2		3-1	5-0	5-0	2-1	3-2	4-0	0-0	2-2	5-1	3-1	3-5	2-2	5-3	4-2
7	Bury	2-0	3-0	1-1	2-0	0-1	1-1		0-0	1-0	4-1	4-2	0-2	3-0	1-1	2-2	0-3	2-0	0-0	2-0	1-0
8	Clapton Orient	2-2	0-2	1-0	1-0	0-0	2-0	1-2		2-1	1-0	1-3	1-1	2-1	2-0	1-1	1-2	2-2	1-2	4-1	0-0
9	Fulham	1-1	3-2	4-2	3-1	0-0	4-2	3-1	1-1		2-0	0-1	2-0	2-0	4-0	1-1	3-1	0-0	3-1	7-0	4-2
10	Glossop	1-0	0-2	2-0	4-3	3-1	1-3	1-1	3-0	2-0		2-0	1-0	0-3	2-1	3-0	0-1	4-3	2-3	2-2	1-3
11	Grimsby Town	1-1	2-2	1-1	3-0	3-0	2-0	4-0	1-2	2-1	0-0		0-0	2-0	3-2	2-0	0-0	0-0	0-0	4-1	2-1
12	Huddersfield Town	2-0	0-0	3-0	2-0	5-0	1-0	4-0	0-0	5-1	6-0	0-2		5-2	1-0	3-0	5-1	1-1	1-1	3-3	2-1
13	Hull City	0-1	1-2	4-1	5-0	3-1	0-0	2-0	2-1	0-1	2-0	5-0	1-3		6-2	2-0	2-0	2-1	2-2	3-2	0-1
14	Leeds City	2-0	4-0	0-2	4-1	4-1	4-2	3-1	2-3	4-0	1-2	2-0	0-3	1-0		5-1	2-2	1-0	5-1	2-1	2-2
15	Leicester Fosse	1-0	1-2	5-1	3-0	3-1	2-3	3-0	1-0	1-0	1-4	1-0	0-0	3-2	1-1		1-0	3-1	0-3	4-1	0-1
16	Lincoln City	2-0	0-1	1-0	1-1	2-0	1-3	0-1	1-1	3-0	0-0	3-0	3-1	1-1	3-3	3-0		2-1	0-0	3-2	2-1
17	Nottm Forest	2-0	3-1	1-1	1-2	4-1	2-1	1-1	0-0	2-4	3-2	1-2	0-1	5-0	1-2	4-2	1-2		0-2	2-1	2-0
18	Preston North End	4-0	1-0	2-1	4-2	5-1	1-1	2-0	0-1	1-0	2-0	2-0	2-1	1-0	3-2	1-0	0-0	1-1		1-1	1-1
19	Stockport County	0-3	0-1	2-0	1-0	0-1	0-1	1-2	2-0	1-0	1-1	1-1	3-1	3-3	6-0	1-2	2-4	2-1	1-1		5-1
20	Wolverhampton W	3-0	2-2	4-0	0-0	1-1	0-2	3-1	1-1	2-1	3-1	3-0	2-0	0-1	2-1	1-1	2-0	2-3	2-0	1-0	

Final League Table

Pos	Team	Pld	Home W	Home D	Home L	Home F	Home A	Away W	Away D	Away L	Away F	Away A	Totals W	Totals D	Totals L	Totals F	Totals A	Pts	GA	Leading Goalscorer	Gls
1	Preston N E	38	13	5	1	34	12	6	10	3	22	21	19	15	4	56	33	53	1.69	B Green	13
2	Burnley	38	13	4	2	58	23	8	4	7	30	30	21	8	9	88	53	50	1.66	B Freeman	31
3	Birmingham	38	11	6	2	39	18	7	4	8	20	26	18	10	10	59	44	46	1.34	W Jones	16
4	Barnsley	38	15	3	1	46	18	4	4	11	11	29	19	7	12	57	47	45	1.21	G Lillycrop	22
5	Huddersfield T	38	13	5	1	49	12	4	4	11	17	28	17	9	12	66	40	43	1.65	F Mann	15
6	Leeds City	38	12	3	4	45	22	3	7	9	25	42	15	10	13	70	64	40	1.09	W McLeod	27
7	Grimsby Town	38	10	8	1	32	11	5	2	12	19	39	15	10	13	51	50	40	1.02	T Mayson, T Rippon	15
8	Lincoln City	38	10	6	3	31	16	5	4	10	19	36	15	10	13	50	52	40	0.96	G Barrell	12
9	Fulham	38	13	5	1	47	16	4	0	15	18	39	17	5	16	65	55	39	1.18	J Coleman	20
10	Wolverhampton	38	10	6	3	34	16	4	4	11	22	38	14	10	14	56	54	38	1.03	W Halligan	15
11	Bury	38	10	6	3	29	14	5	2	12	24	43	15	8	15	53	57	38	0.93	W Smith	16
12	Hull City	38	12	2	5	42	18	3	4	12	18	37	15	6	17	60	55	36	1.09	A Fazackerley	19
13	Bradford P A	38	12	4	3	47	18	2	4	13	13	42	14	8	16	60	60	36	1.00	T Little	17
14	Clapton Orient	38	8	6	5	25	20	2	8	9	9	27	10	14	14	34	47	34	0.72	R McFadden	10
15	Leicester Fosse	38	12	2	5	34	20	1	5	13	15	45	13	7	18	49	65	33	0.75	F Osborn	14
16	Bristol City	38	7	9	3	32	25	2	6	11	14	47	9	15	14	46	72	33	0.63	E Owers	13
17	Nottm Forest	38	9	3	7	35	25	3	5	11	23	34	12	8	18	58	59	32	0.98	T Gibson	17
18	Glossop	38	11	2	6	34	26	1	6	12	15	42	12	8	18	49	68	32	0.72	J Moore	18
19	Stockport Co.	38	8	4	7	32	23	0	6	13	24	55	8	10	20	56	78	26	0.71	N Rodgers	15
20	Blackpool	38	8	4	7	22	22	1	4	14	17	47	9	8	21	39	69	26	0.56	G Wilson	10

1913/14 DIVISION 1
SEASON 26

Total Matches	380
Total Goals	1103
Avg goals per match	2.9

	Team	Aston Villa	Blackburn Rov	Bolton Wand	Bradford City	Burnley	Chelsea	Derby County	Everton	Liverpool	Manchester city	Manchester Utd	Middlesbrough	Newcastle Utd	Oldham Athletic	Preston N E	Sheffield United	Sheffield Weds	Sunderland	Tottenham H	West Brom A
1	Aston Villa		1-3	1-0	0-1	1-0	1-2	3-2	3-1	2-1	1-1	3-1	1-3	1-3	0-0	3-0	3-0	2-0	5-0	3-3	2-0
2	Blackburn Rovers	0-0		3-2	0-0	0-0	3-1	3-1	6-0	6-2	2-1	0-1	6-0	3-0	2-1	5-0	3-2	3-2	3-1	1-1	2-0
3	Bolton Wanderers	3-0	1-0		3-0	0-0	1-1	3-1	0-0	2-1	3-0	6-1	1-1	3-1	6-2	0-3	3-1	0-1	2-1	3-0	1-0
4	Bradford City	0-0	0-2	5-1		1-1	0-0	0-0	0-1	1-0	3-2	1-1	2-3	2-0	0-1	0-0	2-1	3-1	0-2	2-1	1-0
5	Burnley	4-0	1-2	2-2	2-2		6-1	5-1	2-0	5-2	2-0	1-2	1-2	1-0	2-0	3-4	0-0	3-0	0-1	3-1	1-0
6	Chelsea	0-3	2-0	2-1	2-1	0-0		2-1	2-0	3-0	1-0	0-2	3-2	0-1	2-1	2-0	2-0	2-1	1-1	1-3	1-1
7	Derby County	0-2	2-3	3-3	3-1	3-1	0-1		1-0	1-1	2-4	4-2	2-2	2-0	1-2	0-1	3-5	1-1	1-1	4-0	1-2
8	Everton	1-4	0-0	1-1	1-1	1-1	0-0	5-0		1-2	1-0	5-0	2-0	2-0	0-2	2-0	5-0	1-1	1-5	1-1	2-0
9	Liverpool	0-1	3-3	2-1	0-1	1-1	3-0	1-0	1-2		4-2	1-2	2-1	0-0	0-3	3-1	2-1	1-2	1-3	2-1	0-0
10	Manchester City	3-1	1-2	0-1	1-0	4-1	2-1	1-2	1-1	1-0		0-2	1-1	0-1	2-1	1-1	2-1	1-2	3-1	2-1	2-3
11	Manchester United	0-6	0-0	0-1	1-1	0-1	0-1	3-3	0-1	3-0	0-1		0-1	2-2	4-1	3-0	2-1	2-1	3-1	3-1	1-0
12	Middlesbrough	5-2	3-0	2-3	1-1	2-1	2-0	3-2	2-0	4-0	2-0	3-1		3-0	0-0	4-1	2-3	5-2	3-4	6-0	3-0
13	Newcastle United	2-2	0-0	4-3	0-0	3-1	1-0	1-1	0-1	1-2	0-1	0-1	1-0		0-0	2-0	2-1	3-1	2-1	2-0	3-3
14	Oldham Athletic	0-1	1-1	2-0	3-1	1-1	3-2	0-0	2-2	1-3	2-2	3-0			3-0		2-1	1-0	2-4	2-1	3-0	2-0
15	Preston North End	3-2	1-5	1-1	2-1	2-1	3-3	2-0	1-0	0-1	2-2	4-2	4-1	4-1	0-1		2-4	5-0	2-2	1-2	0-2
16	Sheffield United	3-0	1-0	2-0	1-1	5-0	2-2	4-1	0-1	1-3	2-0	3-1	2-0	2-1	2-0			0-1	1-0	1-4	1-1
17	Sheffield Wednesday	2-3	3-1	1-1	1-3	2-6	3-0	1-3	2-2	4-1	2-2	1-3	2-0	0-0	1-2	2-1	2-1		2-1	2-0	1-4
18	Sunderland	2-0	2-1	3-2	0-1	1-1	2-0	1-0	5-2	1-2	0-0	2-0	4-2	1-2	2-0	3-1	1-2	0-1		2-0	0-0
19	Tottenham Hotspur	0-2	3-3	3-0	0-0	2-0	1-2	1-1	4-1	0-0	3-1	0-1	0-0	3-1	1-0	2-1	1-1	1-4			3-0	6-0
20	West Bromwich Albion	1-0	2-0	1-1	2-1	4-1	3-1	2-1	1-1	0-1	0-0	2-1	2-1	1-1	2-2	1-0	2-1	1-1	2-1	1-1	

Final League Table

Pos	Team	Pld	Home W	Home D	Home L	Home F	Home A	Away W	Away D	Away L	Away F	Away A	Tot W	Tot D	Tot L	Tot F	Tot A	Pts	GA	Leading Goalscorer	Gls
1	Blackburn Rov.	38	14	4	1	51	15	6	7	6	27	27	20	11	7	78	42	51	1.85	D Shea	28
2	Aston Villa	38	11	3	5	36	21	8	3	8	29	29	19	6	13	65	50	44	1.30	H Hampton	19
3	Middlesbrough	38	14	2	3	55	20	5	3	11	22	40	19	5	14	77	60	43	1.28	G Elliott	31
4	Oldham Athletic	38	11	5	3	34	16	6	4	9	21	29	17	9	12	55	45	43	1.22	A Gee, O Tummon	10
5	West Brom A	38	11	7	1	30	16	4	6	9	16	26	15	13	10	46	42	43	1.09	A Bentley	16
6	Bolton Wand.	38	13	4	2	41	14	3	6	10	24	38	16	10	12	65	52	42	1.25	G Lillycrop	24
7	Sunderland	38	11	3	5	32	17	6	3	10	31	35	17	6	15	63	52	40	1.21	G Holley	15
8	Chelsea	38	12	3	4	28	18	4	4	11	18	37	16	7	15	46	55	39	0.83	H Halse	10
9	Bradford City	38	8	6	5	23	17	4	8	7	17	23	12	14	12	40	40	38	1.00	O Fox	9
10	Sheffield United	38	11	4	4	36	19	5	1	13	27	41	16	5	17	63	60	37	1.05	S Fazackerley	22
11	Newcastle Utd.	38	9	6	4	27	18	4	5	10	12	30	13	11	14	39	48	37	0.81	A Shepherd	10
12	Burnley	38	10	4	5	43	20	2	8	9	18	33	12	12	14	61	53	36	1.15	B Freeman	16
13	Manchester City	38	9	3	7	28	23	5	5	9	23	30	14	8	16	51	53	36	0.96	T Browell	13
14	Manchester Utd.	38	8	4	7	27	24	7	2	10	25	39	15	6	17	52	62	36	0.83	G Anderson	14
15	Everton	38	8	7	4	32	18	4	4	11	14	37	12	11	15	46	55	35	0.83	R Parker	17
16	Liverpool	38	8	4	7	27	25	6	3	10	19	37	14	7	17	46	62	35	0.74	T Miller	16
17	Tottenham H	38	9	6	4	30	19	3	4	12	20	43	12	10	16	50	62	34	0.80	J Cantrell	15
18	Sheffield Weds.	38	8	4	7	34	34	5	4	10	19	36	13	8	17	53	70	34	0.75	A Wilson	15
19	Preston N E	38	9	4	6	39	31	3	2	14	13	38	12	6	20	52	69	30	0.75	F Osborn	22
20	Derby County	38	6	8	5	34	32	2	6	11	21	39	8	11	19	55	71	27	0.77	H Barnes	24

1913/14 DIVISION 2
SEASON 26

Total Matches 380
Total Goals 1011
Avg goals per match 2.66

Results Grid

Columns: Barnsley, Birmingham, Blackpool, Bradford P A, Bristol City, Bury, Clapton Orient, Fulham, Glossop, Grimsby Town, Huddersfield T, Hull City, Leeds City, Leicester Fosse, Lincoln City, Nottm Forest, Notts County, Stockport Co, Wolverhampton, Woolwich A

	Bar	Bir	Bla	BPA	BrC	Bur	CO	Ful	Glo	Gri	Hud	Hul	Lee	LeF	Lin	NF	NC	Sto	Wol	WA
1 Barnsley		1-1	2-1	1-2	3-0	2-0	2-1	1-0	2-0	3-1	2-1	0-2	1-4	3-0	1-0	5-0	0-1	1-0	2-1	1-0
2 Birmingham	0-0		0-0	1-2	2-2	1-0	2-0	0-1	6-0	1-2	1-4	1-1	0-2	1-0	2-0	2-0	2-1	3-2	4-1	2-0
3 Blackpool	3-1	2-2		2-1	0-1	0-0	1-1	1-1	1-1	0-1	2-2	1-0	2-1	2-1	0-0	2-2	2-0		2-0	1-1
4 Bradford Park Avenue	1-1	5-1	4-1		4-3	3-1	1-0	1-0	2-1	3-0	2-1	2-0	3-1	3-2	3-0	1-0	0-0	0-2	1-0	2-3
5 Bristol City	1-1	1-2	1-0	2-0		2-0	3-0	0-1	4-1	1-0	1-0	2-1	1-1	1-0	4-1	1-0	1-1	5-0	0-0	1-1
6 Bury	4-0	3-1	1-0	0-0	3-1		0-0	1-0	2-0	3-1	2-1	2-0	1-1	1-1	1-0	3-3	1-0	1-4	1-1	
7 Clapton Orient	1-0	2-2	2-0	1-0	5-2	1-0		1-0	5-1	0-0	0-0	3-0	3-1	1-0	5-1	3-1	1-0	1-1	2-2	1-0
8 Fulham	1-2	1-0	0-0	1-6	3-1	1-1	2-0		2-1	2-2		0-1	0-1	1-2	4-0	2-0	1-2	2-0	1-0	6-1
9 Glossop	5-1	4-1	1-2	2-1	1-1	2-1	0-3	0-1		3-0	2-3	2-1	1-0	0-2	4-0	3-0	0-1	1-1	1-2	0-2
10 Grimsby Town	1-1	0-2	2-0	0-0	1-0	1-0	2-0	0-3	3-0		2-1	1-3	0-1	3-0	1-3	3-0	0-0	2-0	1-0	1-1
11 Huddersfield Town	3-1	7-0	1-0	0-1	1-2	1-1	1-0	3-1	2-1	1-2		0-3	1-1	1-2	2-1	1-1	2-1	1-0	0-0	1-2
12 Hull City	0-1	0-0	0-0	1-3	0-1	0-1	2-0	1-1	3-0	2-1	4-1		1-0	0-0	1-1	2-0	3-0	7-1	1-0	1-2
13 Leeds City	3-0	3-2	2-1	5-1	1-0	2-1	0-0	2-1	3-0	4-1	5-1	1-2		2-1	1-0	8-0	2-4	5-1	5-0	0-0
14 Leicester Fosse	0-2	1-0	0-1	2-3	3-0	0-0	1-0	3-0	1-3	2-0	1-0	0-4	5-1		2-0	5-1	0-2	2-5	2-3	1-2
15 Lincoln City	2-2	1-1	1-2	0-3	2-1	1-0	0-0	0-1	1-5	1-3	3-0	0-0	1-0	3-0		1-0	0-0	0-3	1-0	5-2
16 Nottm Forest	0-2	3-1	3-0	1-0	1-1	2-1	1-1	1-1	2-0	4-1	1-1	1-2	2-1	1-3	2-1		1-0	2-2	1-3	0-0
17 Notts County	3-1	5-1	2-0	2-3	4-0	2-0	3-0	4-0	2-2	4-0	3-0	4-1	4-0	4-1	2-1	2-2		2-1	2-0	1-0
18 Stockport County	1-1	2-0	0-0	3-1	5-1	3-0	0-1	1-3	1-1	2-2	0-0	2-1	2-1	3-0	2-3	2-1	1-2		0-0	2-0
19 Wolverhampton W	0-1	1-0	1-0	1-0	0-2	3-1	1-0	1-0	4-1	2-2	1-0	1-3	2-1	1-0	4-1	4-1	3-1			1-2
20 Woolwich Arsenal	1-0	1-0	2-1	2-0	1-1	0-1	2-2	2-0	2-0	0-1	0-0	1-0	2-1	3-0	3-2	3-0	4-0	3-1		

Final League Table

Pos	Team	Pld	Home W	D	L	F	A	Away W	D	L	F	A	Totals W	D	L	F	A	Pts	GA	Leading Goalscorer	Gls
1	Notts County	38	16	2	1	55	13	7	5	7	22	23	23	7	8	77	36	53	2.13	J Peart	28
2	Bradford PA	38	15	1	3	44	20	8	2	9	27	27	23	3	12	71	47	49	1.51	J Smith	25
3	Woolwich A	38	14	3	2	34	10	6	6	7	20	28	20	9	9	54	38	49	1.42	S Stonley	13
4	Leeds City	38	15	2	2	54	16	5	5	9	22	30	20	7	11	76	46	47	1.65	W McLeod	27
5	Barnsley	38	14	1	4	33	15	5	6	8	18	30	19	7	12	51	45	45	1.13	J Moore	14
6	Clapton Orient	38	14	5	0	38	11	2	6	11	9	24	16	11	11	47	35	43	1.34	R McFadden	17
7	Hull City	38	9	5	5	29	13	7	4	8	24	24	16	9	13	53	37	41	1.43	S Stevens	28
8	Bristol City	38	12	5	2	32	10	4	4	11	20	40	16	9	13	52	50	41	1.04	W Brown	10
9	Wolverhampton	38	14	1	4	33	16	4	4	11	18	36	18	5	15	51	52	41	0.98	S Brooks	11
10	Bury	38	12	6	1	30	14	3	4	12	9	26	15	10	13	39	40	40	0.97	W Cameron, W Peake	10
11	Fulham	38	10	3	6	31	20	6	3	10	15	23	16	6	16	46	43	38	1.07	H Pearce	14
12	Stockport Co.	38	9	6	4	32	18	4	4	11	23	39	13	10	15	55	57	36	0.96	N Rodgers	12
13	Huddersfield T	38	8	4	7	28	22	5	4	10	19	31	13	8	17	47	53	34	0.88	F Mann	10
14	Birmingham	38	10	4	5	31	18	2	6	11	17	42	12	10	16	48	60	34	0.80	A W Smith	10
15	Grimsby Town	38	10	4	5	24	15	3	4	12	18	43	13	8	17	42	58	34	0.72	A Gregson	12
16	Blackpool	38	6	10	3	24	19	3	4	12	9	25	9	14	15	33	44	32	0.75	J Lane	11
17	Glossop	38	8	3	8	32	24	3	3	13	19	43	11	6	21	51	67	28	0.70	H Stapley	13
18	Leicester Fosse	38	7	2	10	29	28	4	2	13	16	43	11	4	23	45	71	26	0.73	T Benfield	11
19	Lincoln City	38	8	5	6	23	23	2	1	16	13	43	10	6	22	36	66	26	0.54	W Egerton	7
20	Nottm Forest	38	7	7	5	27	23	0	7	12	10	53	7	9	22	37	76	23	0.48	J Derrick	8

Woolwich Arsenal became known as 'The Arsenal' in April 1914. After the war this reverted to 'Arsenal' which was their official name.

1914/15 DIVISION 1
SEASON 27

Total Matches	380
Total Goals	1201
Avg goals per match	3.16

Results Grid

		Aston Villa	Blackburn Rov	Bolton Wand	Bradford P A	Bradford City	Burnley	Chelsea	Everton	Liverpool	Manchester city	Manchester Utd	Middlesbrough	Newcastle Utd	Notts County	Oldham Athletic	Sheffield United	Sheffield Weds	Sunderland	Tottenham H	West Brom A
1	Aston Villa		2-1	1-7	1-2	0-0	3-3	2-1	1-5	6-2	4-1	3-3	5-0	2-1	2-1	0-0	1-0	0-0	1-3	3-1	2-1
2	Blackburn Rovers	1-2		2-2	2-2	2-1	6-0	3-2	2-1	4-2	0-1	3-3	4-0	2-3	5-1	4-1	1-2	1-1	3-1	4-1	2-1
3	Bolton Wanderers	2-2	3-2		3-2	3-5	3-1	3-1	0-0	0-1	2-3	3-0	4-0	0-0	1-2	2-0	0-1	0-3	1-1	4-2	1-1
4	Bradford Park Avenue	2-2	1-2	1-2		3-0	2-2	2-0	1-2	1-0	3-1	5-0	2-0	1-0	3-1	1-1	2-0	1-1	2-1	5-1	1-4
5	Bradford City	3-0	3-0	4-2	3-2		0-0	2-2	0-1	3-2	0-0	4-2	1-1	1-1	3-1	1-0	1-1	1-0	3-1	2-2	5-0
6	Burnley	2-1	3-2	5-0	2-0	0-1		2-0	1-0	3-0	1-2	3-0	4-0	2-0	0-0	2-3	1-2	2-3	2-1	3-1	0-2
7	Chelsea	3-1	1-3	2-1	0-1	2-0	1-4		2-0	3-1	0-0	1-3	2-2	0-3	4-1	2-2	1-1	0-0	3-0	1-1	4-1
8	Everton	0-0	1-3	5-3	4-1	1-1	0-2	2-2		1-3	4-1	4-2	2-3	3-0	4-0	3-4	0-0	0-1	7-1	1-1	2-1
9	Liverpool	3-6	3-0	4-3	2-1	2-1	3-0	3-3	0-5		3-2	1-1	1-1	2-2	1-1	1-2	2-1	2-1	2-1	7-2	3-1
10	Manchester City	1-0	1-3	2-1	2-3	4-1	1-0	2-1	0-1	1-1		1-1	1-1	1-1	0-0	0-0	0-0	4-0	2-0	2-1	4-0
11	Manchester United	1-0	2-0	4-1	1-2	1-0	0-2	2-2	1-2	2-0	0-0		2-2	1-0	2-2	1-3	1-2	2-0	3-0	1-1	0-0
12	Middlesbrough	1-1	1-4	0-0	1-3	3-0	1-1	3-0	5-1	3-0	1-0	1-1		1-0	4-1	2-2	3-1	2-3	7-5	2-0	
13	Newcastle United	3-0	2-1	1-2	1-1	1-0	1-2	2-0	0-1	0-0	2-1	2-0	1-2		1-1	1-2	4-3	0-0	2-5	4-0	1-2
14	Notts County	1-1	1-1	0-0	1-2	0-0	0-0	2-0	0-0	3-1	0-2	4-2	5-1	1-0		2-1	3-1	1-2	2-1	1-2	1-1
15	Oldham Athletic	3-3	3-2	5-3	6-2	1-0	1-2	0-0	1-1	0-2	0-0	1-0	5-1	1-0	2-0		3-0	5-2	4-5	4-1	1-1
16	Sheffield United	3-0	1-2	3-1	3-2	1-1	1-0	1-1	1-0	2-1	0-0	3-1	0-1	1-0	1-0	3-0		0-1	1-1	1-1	2-0
17	Sheffield Wednesday	5-2	1-1	7-0	6-0	3-3	0-0	3-2	1-4	2-1	1-0	3-1	2-1	0-0	2-2	1-1		2-2	1-2	3-2	0-0
18	Sunderland	4-0	5-1	4-3	3-3	1-1	2-1	2-1	0-3	2-2	0-2	1-0	4-1	2-4	3-1	1-2	3-2	3-1		5-0	1-2
19	Tottenham Hotspur	0-2	0-4	4-2	3-0	0-0	1-3	1-1	1-3	1-1	2-2	2-0	3-3	0-0	2-0	1-0	1-1	6-1	0-6		2-0
20	West Bromwich Albion	2-0	0-0	3-0	1-0	3-0	3-0	2-0	1-2	4-0	0-1	0-0	1-2	2-0	4-1	0-0	1-1	0-0	1-2	3-2	

Middlesbrough v Oldham Athletic abandoned after 55 minutes when an Oldham Athletic full-back refused to leave the field after being ordered off by the referee. The Football League ordered the score to stand as the final result.

Final League Table

Pos	Team	Pld	Home W	Home D	Home L	Home F	Home A	Away W	Away D	Away L	Away F	Away A	Totals W	Totals D	Totals L	Totals F	Totals A	Pts	GA	Leading Goalscorer	Gls
1	Everton	38	8	5	6	44	29	11	3	5	32	18	19	8	11	76	47	46	1.61	R Parker	36
2	Oldham Athletic	38	11	5	3	46	25	6	6	7	24	31	17	11	10	70	56	45	1.25	G Kemp	16
3	Blackburn Rov.	38	11	4	4	51	27	7	3	9	32	34	18	7	13	83	61	43	1.36	P Dawson	20
4	Burnley	38	12	1	6	38	18	6	6	7	23	29	18	7	13	61	47	43	1.29	E Hodgson	19
5	Manchester City	38	9	7	3	29	15	6	6	7	20	24	15	13	10	49	39	43	1.25	F Howard	18
6	Sheffield United	38	11	5	3	28	13	4	8	7	21	28	15	13	10	49	41	43	1.19	J Kitchen	12
7	Sheffield Weds.	38	10	7	2	43	23	5	6	8	18	31	15	13	10	61	54	43	1.13	D McLean	22
8	Sunderland	38	11	3	5	46	30	7	2	10	35	42	18	5	15	81	72	41	1.12	C Buchan	23
9	Bradford P A	38	11	4	4	40	20	6	3	10	29	45	17	7	14	69	65	41	1.06	J Bauchop	26
10	West Brom A	38	11	5	3	31	9	4	5	10	18	34	15	10	13	49	43	40	1.14	F Morris	11
11	Bradford City	38	11	7	1	40	18	2	7	10	15	31	13	14	11	55	49	40	1.12	O Fox	18
12	Middlesbrough	38	10	6	3	42	24	3	6	10	20	50	13	12	13	62	74	38	0.83	W Tinsley	23
13	Liverpool	38	11	5	3	45	34	3	4	12	20	41	14	9	15	65	75	37	0.86	F Pagnam	24
14	Aston Villa	38	10	5	4	39	32	3	6	10	23	40	13	11	14	62	72	37	0.86	H Hampton	19
15	Newcastle Utd.	38	8	4	7	29	23	3	6	10	17	25	11	10	17	46	48	32	0.95	W Hibbert	14
16	Notts County	38	8	7	4	28	18	1	6	12	13	39	9	13	16	41	57	31	0.71	J Peart	11
17	Bolton Wand.	38	8	5	6	35	27	3	3	13	33	57	11	8	19	68	84	30	0.81	J Smith	23
18	Manchester Utd.	38	8	6	5	27	19	1	6	12	19	43	9	12	17	46	62	30	0.74	G Anderson, E West	10
19	Chelsea	38	8	6	5	32	25	0	7	12	19	40	8	13	17	51	65	29	0.78	R Thomson	12
20	Tottenham H	38	7	7	5	30	29	1	5	13	27	61	8	12	18	57	90	28	0.63	H Bliss	21

After the First World War, Divisions 1 and 2 were increased to 22 clubs. Chelsea were re-elected to Division 1, Derby County and Preston North End were promoted from Division 2 and Arsenal were elected to Division 1.

1914/15 | DIVISION 2
SEASON 27

		Total Matches	380
		Total Goals	1135
		Avg goals per match	2.99

		Arsenal	Barnsley	Birmingham	Blackpool	Bristol City	Bury	Clapton Orient	Derby County	Fulham	Glossop	Grimsby Town	Huddersfield T	Hull City	Leeds City	Leicester Fosse	Lincoln City	Nottm Forest	Preston N E	Stockport Co	Wolverhampton
1	Arsenal		1-0	1-0	2-0	3-0	3-1	2-1	1-2	3-0	3-0	6-0	0-3	2-1	2-0	6-0	1-1	7-0	1-2	3-1	5-1
2	Barnsley	1-0		2-1	1-2	2-1	2-0	1-0	1-0	2-2	2-0	0-0	1-0	1-0	2-1	1-0	3-1	3-0	2-1	2-0	2-1
3	Birmingham	3-0	2-0		3-0	1-1	1-0	1-0	0-2	1-0	11-1	3-0	1-0	2-2	6-3	2-0	2-0	3-0	1-1	0-1	1-2
4	Blackpool	0-2	1-1	3-1		2-0	3-4	5-1	2-1	2-2	3-0	5-0	3-2	1-2	1-0	1-0	0-0	3-0	0-2	4-2	1-0
5	Bristol City	1-1	3-1	2-3	2-1		1-0	3-0	2-3	0-0	3-1	7-0	0-1	5-2	1-0	1-0	2-1	1-2	4-0	0-2	0-1
6	Bury	3-1	1-2	1-3	2-2	2-1		3-0	2-0	1-0	5-0	2-2	3-1	0-1	0-0	3-1	1-1	4-2	0-0	2-1	4-1
7	Clapton Orient	1-0	4-2	1-1	2-0	2-0	2-2		0-1	2-1	5-2	2-1	3-1	0-3	2-0	2-0	3-1	0-0	1-1	3-0	1-1
8	Derby County	4-0	7-0	1-0	5-0	1-0	2-1	0-3		1-1	1-1	1-1	1-0	4-1	1-2	1-0	3-0	1-0	2-0	1-0	3-1
9	Fulham	0-1	2-0	2-3	0-1	1-2	6-3	4-0	2-0		2-0	2-1	2-3	4-1	1-0	1-0	3-1	2-1	0-2	1-0	0-1
10	Glossop	0-4	0-1	3-3	1-3	2-1	3-0	3-1	1-1	1-0		0-0	2-2	0-5	0-3	2-3	1-2	1-0	0-1	1-1	0-2
11	Grimsby Town	1-0	2-3	1-0	2-0	2-3	1-0	2-1	1-2	1-1	1-0		0-0	1-1	2-5	1-0	5-1	4-0	2-2	6-1	1-4
12	Huddersfield Town	3-0	1-0	0-0	5-0	5-3	0-1	1-1	0-0	2-2	0-1	3-1		1-0	1-0	3-1	0-1	4-0	3-1	2-1	2-0
13	Hull City	1-0	2-1	0-0	1-3	1-1	3-1	0-1	1-0	2-0	2-0	4-1	0-4		2-6	2-1	6-1	3-1	0-1	1-0	5-1
14	Leeds City	2-2	0-1	2-0	2-0	1-1	2-1	0-1	3-5	0-1	3-0	5-0	1-0	2-3		7-2	3-1	4-0	0-0	1-3	2-3
15	Leicester Fosse	1-4	0-1	1-0	2-2	1-3	1-3	1-1	0-6	0-2	3-2	2-0	1-2	1-1	5-1		2-2	3-1	2-3	5-4	0-3
16	Lincoln City	1-0	3-0	0-1	0-1	3-1	2-3	1-0	0-0	3-1	2-1	1-1	0-3	0-1	2-3			2-1	3-1	2-2	2-2
17	Nottm Forest	1-1	2-1	1-1	2-1	0-1	1-1	0-1	2-2	2-2	1-0	4-2	3-2	1-0	1-3	3-2			1-1	1-1	3-1
18	Preston North End	3-0	5-2	2-0	1-0	4-1	2-0	2-2	1-3	2-1	1-0	3-0	1-1	2-1	2-0	1-0	0-0	2-2		2-0	5-3
19	Stockport County	1-1	1-2	3-1	0-2	2-2	1-0	2-0	3-2	0-2	2-1	1-1	2-1	3-0	3-1	3-0	1-0	1-0	2-1		2-2
20	Wolverhampton W	1-0	4-1	0-0	2-0	2-2	1-1	0-0	0-1	2-0	4-0	0-1	4-1	1-2	5-1	7-0	3-1	5-1	2-0	4-1	

After the First World War, Leicester Fosse re-formed and resumed as Leicester City.

Final League Table

Pos	Team	Pld	Home					Away					Totals						Leading Goalscorer	Gls
			W	D	L	F	A	W	D	L	F	A	W	D	L	F	A	Pts	GA		
1	Derby County	38	14	3	2	40	11	9	4	6	31	22	23	7	8	71	33	53	2.15	J Moore	21
2	Preston N E	38	14	4	1	41	16	6	6	7	20	26	20	10	8	61	42	50	1.45	F Osborn	17
3	Barnsley	38	16	2	1	31	10	6	1	12	20	41	22	3	13	51	51	47	1.00	H Tufnell	9
4	Wolverhampton	38	12	4	3	47	13	7	3	9	30	39	19	7	12	77	52	45	1.48	F Curtis	25
5	Arsenal	38	15	1	3	52	13	4	4	11	17	28	19	5	14	69	41	43	1.68	H King	26
6	Birmingham	38	13	3	3	44	13	4	6	9	18	26	17	9	12	62	39	43	1.59	A Smith	19
7	Hull City	38	12	5	2	36	23	7	3	9	29	31	19	5	14	65	54	43	1.20	S Stevens	25
8	Huddersfield T	38	12	4	3	36	13	5	4	10	25	29	17	8	13	61	42	42	1.45	R Shields	17
9	Clapton Orient	38	12	5	2	36	17	4	4	11	14	31	16	9	13	50	48	41	1.04	J McFadden	21
10	Blackpool	38	11	3	5	40	22	6	2	11	18	35	17	5	16	58	57	39	1.01	J Lane	**28**
11	Bury	38	11	5	3	39	19	4	3	12	22	37	15	8	15	61	56	38	1.08	J Lythgoe	16
12	Fulham	38	12	0	7	35	20	3	7	9	18	27	15	7	16	53	47	37	1.12	H Lee	16
13	Bristol City	38	11	2	6	38	19	4	5	10	24	37	15	7	16	62	56	37	1.10	W Brown	13
14	Stockport County	38	12	4	3	33	19	3	3	13	21	41	15	7	16	54	60	37	0.90	N Rodgers	21
15	Leeds City	38	9	3	7	40	25	5	1	13	25	39	14	4	20	65	64	32	1.01	W McLeod	18
16	Lincoln City	38	9	4	6	29	23	2	5	12	17	42	11	9	18	46	65	31	0.70	W Egerton	11
17	Grimsby Town	38	10	4	5	36	24	1	5	13	12	52	11	9	18	48	76	31	0.63	G Hampton	18
18	Nottm Forest	38	9	7	3	32	24	1	2	16	11	53	10	9	19	43	77	29	0.55	J Coleman	14
19	Leicester Fosse	38	6	4	9	31	41	4	0	15	16	47	10	4	24	47	88	24	0.53	W Mills	11
20	Glossop	38	5	5	9	21	33	0	1	17	10	54	6	6	26	31	87	18	0.35	R Thompson	7

After the First World War, Division 2 was increased to 22 clubs. Tottenham Hotspur were relegated from Div 1, Glossop resigned after the war. Coventry City, South Shields, Rotherham County, Stoke and West Ham United were elected to Division 2.

1919/20 DIVISION 1 SEASON 28

Total Matches 462
Total Goals 1332
Avg goals per match 2.88

	Team	Arsenal	Aston Villa	Blackburn Rov	Bolton Wand	Bradford P A	Bradford City	Burnley	Chelsea	Derby County	Everton	Liverpool	Manchester city	Manchester Utd	Middlesbrough	Newcastle Utd	Notts County	Oldham Athletic	Preston N E	Sheffield United	Sheffield Weds	Sunderland	West Brom A
1	Arsenal		0-1 24J	0-1 40	2-2 8N	3-0 1m	1-2 25O	2-0 10A	1-1 6D	1-0 26D	1-1 18O	1-0 8S	2-2 3J	0-3 21F	2-1 27M	0-1 30a	3-1 22N	3-2 7F	0-0 24A	3-0 13M	3-1 20D	3-2 20S	1-0 5A
2	Aston Villa	2-1 11F		1-2 7A	3-6 20M	1-0 28F	3-1 3J	2-2 25D	5-2 1S	2-2 14F	2-2 20S	0-1 26A	0-1 6D	2-0 1N	5-3 5A	4-0 3A	3-1 20D	3-0 18O	2-4 29N	4-0 17A	3-1 6S	3-2 15N	1-0 15N
3	Blackburn Rovers	2-2 27S	5-1 15A		2-2 20D	3-3 24J	4-1 11D	2-3 13S	3-1 11M	2-0 6D	3-2 1N	1-4 7F	5-0 15N	0-2 24A	1-1 15S	0-1 13M	4-0 1J	4-0 10A	1-0 30a	4-0 1m	1-0 18O	3-0 2A	1-5 3J
4	Bolton Wanderers	2-2 15N	2-1 13M	2-1 27D		1-2 30a	1-1 13D	1-1 1S	1-2 7F	3-0 4O	0-3 29N	0-2 24J	6-2 20S	3-5 10A	2-1 1m	0-3 21F	1-0 3J	1-0 27M	4-1 25D	1-0 24A	2-0 1J	1-0 1N	1-2 18O
5	Bradford Park Avenue	0-0 28A	6-1 27S	5-2 23F	2-0 6S		0-0 11F	0-1 29N	1-0 25O	1-1 20M	0-2 3S	2-1 8N	1-4 22M	1-1 6A	0-1 27D	0-1 11O	2-0 14F	3-3 13S	1-0 13D	3-0 26D	2-2 28F	0-4 17A	0-4 3A
6	Bradford City	1-1 1N	1-1 17M	3-1 22N	0-1 6D	0-0 3J		2-1 1m	3-1 24J	3-1 20S	1-3 15N	1-0 30a	2-1 5A	1-0 27M	0-1 24A	3-4 7F	1-1 20D	2-2 13M	1-1 10S	1-2 10A	2-0 25D	2-0 18O	3-0 3A
7	Burnley	2-1 3A	0-0 17J	3-1 20S	2-1 10S	2-6 22N	1-1 8S		2-3 4O	2-0 28F	5-0 17A	1-2 25O	2-0 14F	2-1 8N	5-3 25D	1-0 2A	2-1 6S	1-1 13D	2-2 27D	2-0 11O	2-1 17F	2-1 20M	2-2 6M
8	Chelsea	3-1 13D	2-1 2A	2-1 28F	2-3 14F	4-0 1N	0-1 4F	0-1 27S		0-0 17A	1-1 6S	1-0 11O	1-0 3A	3-2 17J	1-0 29N	2-0 13S	1-0 17M	4-0 26D	1-0 15N	1-1 27D	2-0 20M	2-0 1S	2-0 26A
9	Derby County	2-1 25D	1-0 8S	0-0 13D	1-2 27S	0-0 27M	3-0 13S	0-2 21F	5-0 24A		2-1 5A	3-0 10A	0-0 29N	1-1 30a	1-2 7F	0-0 1m	3-1 11O	1-1 25O	2-0 13M	5-1 24J	2-1 8N	3-1 3J	0-4 20D
10	Everton	2-3 11O	1-0 7F	3-3 25O	2-0 12N	4-1 8S	2-2 8N	2-3 24A	4-1 30a	0-2 2A		0-0 20D	2-0 26D	0-0 13M	5-2 10A	4-0 24J	1-2 6D	0-2 18F	1-2 1m	3-0 27M	1-1 3J	3-1 4O	1-3 2-5
11	Liverpool	2-3 1S	2-1 13S	3-0 14F	2-0 4F	3-3 15N	2-1 6S	0-1 1N	0-1 18O	3-0 3A	3-1 27D		1-0 20M	0-0 1J	1-1 13D	3-0 27S	0-0 28F	2-2 5A	1-2 29N	2-0 17J	3-2 10M	3-2 25D	0-0 17A
12	Manchester City	4-1 17J	2-2 1m	8-2 8N	1-4 13S	4-1 13M	1-0 1J	3-1 7F	1-0 10A	3-1 22N	1-2 25D	3-3 27M		1-0 11O	0-0 24J	4-1 24A	3-1 27S	1-0 8S	3-3 17M	4-2 30a	1-0 25O	1-0 27D	2-3 6D
13	Manchester United	0-1 28F	1-2 13D	1-1 17A	1-1 3A	0-1 2A	0-0 20M	0-1 15N	0-2 3J	0-2 6M	1-0 26D	0-0 18O	1-0 4O		1-1 20D	2-1 26A	0-0 11F	1-1 20S	5-1 1N	3-0 1S	0-0 14F	2-0 25F	1-2
14	Middlesbrough	1-0 20M	1-4 25O	2-2 3S	1-3 17S	1-2 20D	4-0 17A	4-0 1J	0-0 22N	2-0 14F	1-1 3A	3-2 6D	0-2 18F	1-1 27S		0-1 8N	5-2 5A	1-0 11O	4-1 3J	1-0 13S	3-0 6S	1-3 6M	0-2 28F
15	Newcastle United	3-1 6S	2-0 1J	0-0 6M	0-1 28F	4-0 18O	0-1 14F	3-0 26D	3-0 20S	3-0 24S	3-0 11F	2-1 4O	0-0 17A	2-1 27D	0-0 3D		2-1 20M	0-1 3J	1-0 1N	2-1 13D	1-1 3A	2-3 29N	0-2 3S
16	Notts County	2-2 29N	2-1 10A	5-0 25D	2-2 17J	5-2 7F	0-0 27D	2-0 30a	0-1 13M	2-2 18O	1-1 13D	0-2 26F	1-1 4O	0-0 1m	1-1 2A	0-0 27M		2-1 24A	1-2 24J	2-2 2O	3-1 20S	2-2 15N	2-0
17	Oldham Athletic	3-0 14F	0-3 27D	0-0 3A	2-0 20M	2-2 20S	0-1 22M	1-0 6D	1-0 1J	4-1 1N	1-1 28F	1-3 2A	0-3 1S	1-2 22N	1-0 18O	0-0 17J	0-0 17A		4-1 4O	4-0 15N	1-0 26A	2-1 8M	2-1 6S
18	Preston North End	1-1 17A	3-0 11O	0-0 6S	1-1 26D	0-3 6D	1-5 1S	0-1 20D	3-1 8N	1-1 6M	1-1 26A	2-1 28N	1-1 28F	2-1 13S	3-1 17J	2-3 25O	2-0 4M	2-1 27S		2-0 2A	3-0 14F	5-2 3A	0-1 20M
19	Sheffield United	2-0 6M	1-2 22N	2-0 20O	3-2 17A	2-2 25D	0-0 3A	1-3 18O	3-1 20D	0-0 9F	1-1 20M	3-2 3J	3-1 6S	2-2 25O	5-1 20S	2-1 6D	3-0 1S	1-0 8N	2-1 1J		3-0 4O	3-1 28F	1-0 14F
20	Sheffield Wednesday	1-2 27D	0-0 29A	0-0 11O	0-2 5A	0-1 19A	1-0 26D	3-1 24J	0-2 6A	1-0 15N	2-2 17J	1-0 13M	0-0 1N	0-1 8S	0-1 30a	0-1 22M	0-0 13S	0-1 1m	2-1 7F	0-0 27S		0-2 13D	0-3 29N
21	Sunderland	1-1 13S	2-1 30a	2-0 5A	2-0 25O	2-0 24A	3-0 11O	3-2 27M	2-1 10S	2-3 17J	0-1 27S	2-1 1m	3-0 2O	1-1 7F	2-0 13M	3-1 22N	3-0 8N	1-0 24J	3-2 10A	2-1 1R			4-1 1J
22	West Bromwich Albion	1-0 6A	1-2 10N	5-2 17J	4-1 11O	3-1 10A	4-1 27S	4-1 13M	4-0 1m	3-0 27D	4-3 13S	1-1 24A	2-0 13D	4-1 21F	3-0 8S	8-0 25O	3-1 30a	4-1 27M	0-2 7F	1-3 22N	4-0 26D	1J	

League Table

Pos	Team	Pld	Home					Away					Totals						Leading Goalscorer	Gls
			W	D	L	F	A	W	D	L	F	A	W	D	L	F	A	Pts	GA		
1	West Brom A	42	17	1	3	65	21	11	3	7	39	26	28	4	10	104	47	60	2.21	F Morris	37
2	Burnley	42	13	5	3	43	27	8	4	9	22	32	21	9	12	65	59	51	1.10	B Freeman	12
3	Chelsea	42	15	3	3	33	10	7	2	12	23	41	22	5	15	56	51	49	1.09	J Cock	21
4	Liverpool	42	15	5	1	35	18	7	5	9	24	26	19	10	13	59	44	48	1.34	H Chambers	15
5	Sunderland	42	17	2	2	45	16	5	2	14	27	43	22	4	16	72	59	48	1.22	C Buchan	22
6	Bolton Wand.	42	11	3	7	35	29	8	6	7	37	36	19	9	14	72	65	47	1.10	F Roberts	26
7	Manchester City	42	14	5	2	52	27	4	4	13	19	35	18	9	15	71	62	45	1.14	H Barnes, T Browell	22
8	Newcastle Utd	42	11	5	5	31	13	6	4	11	13	26	17	9	16	44	39	43	1.12	A Smailes	10
9	Aston Villa	42	11	3	7	49	36	7	3	11	26	37	18	6	18	75	73	42	1.02	C Stephenson	28
10	Arsenal	42	10	5	6	32	21	5	7	9	24	37	15	12	15	56	58	42	0.96	H White	17
11	Bradford P A	42	8	6	7	31	26	7	6	8	29	37	15	12	15	60	63	42	0.95	D McLean	14
12	Manchester Utd.	42	6	8	7	29	17	7	6	8	25	33	13	14	15	54	50	40	1.08	J Spence	14
13	Middlesbrough	42	10	5	6	35	22	5	5	11	26	42	15	10	17	61	65	40	0.93	G Elliott	31
14	Sheffield United	42	14	5	2	43	20	2	3	16	16	49	16	8	18	59	69	40	0.85	J Kitchen	14
15	Bradford City	42	10	4	6	36	25	4	5	12	18	38	14	9	18	54	63	39	0.85	F McIlvenny	13
16	Everton	42	8	6	7	42	29	4	8	9	27	39	12	14	16	69	68	38	1.01	W Kirsopp	13
17	Oldham Athletic	42	12	4	5	33	19	3	4	14	16	33	15	8	19	49	52	38	0.94	A Gee	13
18	Derby County	42	12	5	4	36	18	1	7	13	11	39	13	12	17	47	57	38	0.82	H Leonard	13
19	Preston N E	42	9	6	6	35	27	5	4	12	22	46	14	10	18	57	73	38	0.78	W Roberts	26
20	Blackburn Rov.	42	11	4	6	48	30	2	5	14	17	47	13	11	18	64	77	37	0.83	E Hawksworth	18
21	Notts County	42	9	8	4	39	25	3	4	14	17	49	12	12	18	56	74	36	0.75	H Hill	12
22	Sheffield Weds.	42	4	8	11	14	14	1	5	15	14	41	7	9	26	28	64	23	0.43	J Gill	8

1919/20 DIVISION 2 SEASON 28

Total Matches	462
Total Goals	1285
Avg goals per match	2.78

		Barnsley	Birmingham	Blackpool	Bristol City	Bury	Clapton Orient	Coventry City	Fulham	Grimsby Town	Huddersfield T	Hull City	Leeds City	Leicester City	Lincoln City	Nottm Forest	Port Vale	Rotherham Co	South Shields	Stockport Co	Stoke	Tottenham H	West Ham Utd	Wolverhampton
1	Barnsley		0-5 14F	1-1 17A	0-0 2A	1-3 5A	2-1 3J	1-0 20M	4-1 6M	0-1 9F	3-3 3A	2-3 8N	x x	0-1 28F	5-3 18O	2-2 20S	1-0 26D	4-0 4O	0-1 6D	0-0 25O	1-2 6S	3-0 20D	7-0 1S	4-1 22N
2	Birmingham	0-0 7F		4-2 11O	1-0 17J	0-2 27M	2-1 24A	4-1 13S	2-0 6A	4-0 27D	4-2 27S	4-1 30a	x x	0-1 26D	7-0 13M	8-0 10M	3-0 10A	2-2 22N	4-0 10S	1-1 24J	2-1 13D	0-1 1m	0-1 25O	2-0 8N
3	Blackpool	0-2 24A	3-0 18O		0-0 27D	1-0 2A	3-0 24J	2-0 29N	1-1 15N	0-3 4O	2-1 13D	4-2 27M	3-0 30a	6-0 1N	3-2 8S	x 1m	5-1 1J	0-3 21F	1-0 10A	3-1 20S	0-1 7F	0-0 3J	1-1 13M
4	Bristol City	3-1 1m	1-1 3J	0-0 20D		1-0 30a	1-1 7F	1-0 1N	0-3 4O	3-1 6D	2-1 29N	2-2 10A	x x	0-0 5A	6-0 20S	0-0 8S	1-1 3LJ	2-1 19O	3-1 19M	1-1 01A	1-2 0N	1-1 23F	0-0 20D	1-1 2UM
5	Bury	2-0 1J	1-0 20M	1-2 25D	0-1 6S		3-0 22N	2-2 28A	2-2 17A	1-1 6M	2-0 1S	2-0 27S	x x	1-0 3A	3-0 20D	1-1 17J	2-1 6D	4-1 14F	2-1 25O	0-2 13S	1-0 28F	2-1 8N	1-0 11F	2-0 11O
6	Clapton Orient	2-0 17J	2-1 17A	3-0 18M	1-0 14F	2-1 29N		2-2 27D	0-1 4S	3-0 3A	0-1 6S	2-2 2A	x x	3-0 26A	1-0 1N	1-0 13D	2-1 15N	1-2 6M	4-0 27S	2-1 25D	2-0 20M	0-4 18O	1-0 28F	0-0 13S
7	Coventry City	1-0 27M	1-3 20S	0-0 22N	0-0 25O	2-1 1m	0-0 20D		0-1 11O	0-2 6A	0-1 8N	0-4 21F	x 11S	1-2 x	2-0 24A	4-2 10A	x 3J	1-1 24J	1-1 13M	1-1 25D	3-2 30a	0-5 6D	0-0 x	1-0 7F
8	Fulham	1-1 13M	1-2 5A	1-1 8N	1-1 13O	1-0 24A	2-1 15S	0-0 18O		2-2 25D	1-0 25O	2-2 7F	x x	5-0 20S	3-0 10A	1-0 27M	4-0 1m	3-0 29S	1-0 30a	4-1 21F	0-0 3J	1-4 6D	1-2 22N	1-1 24J
9	Grimsby Town	1-1 24J	0-3 20D	1-1 27S	2-2 13D	1-2 13M	2-0 10A	0-2 1J	1-0 2A		1-0 13S	2-1 25O	x x	1-2 3J	2-2 21F	1-0 7F	2-0 27M	0-1 8N	3-1 1m	0-3 30a	2-0 29N	2-0 24A	0-1 11O	0-1 8S
10	Huddersfield Town	4-1 10A	0-0 4O	1-3 6D	1-0 22N	5-0 9S	2-1 30a	5-0 15N	3-0 1N	3-0 20S		2-0 13M	x x	0-0 18O	4-2 1m	2-1 28A	4-1 3J	7-1 25D	2-2 7F	3-0 12A	1-1 6A	2-0 24J	2-0 20D	2-0 14A
11	Hull City	3-1 15N	0-0 6S	0-1 20M	0-0 3A	4-2 4O	3-1 13O	0-1 28F	2-0 14F	4-1 1N	1-1 18M		5-1 20S	5-2 12F	2-0 6D	0-1 18O	x x	1-0 26A	3-0 17J	4-1 22N	3-0 1S	1-3 26D	1-1 17A	10-3 27D
12	Leeds City	x x	x 6S	1-0 x	x x	x x	x x	3-0 5X	x x	x x	x 13S	1-2 x		x x	x x	x x	x x	x x	x x	x x	x x	x x	x x	1-1 27S
13	Leicester City	0-0 4M	1-0 25D	2-3 25O	2-1 6A	0-5 10A	1-1 1m	1-0 27S	3-2 13S	2-0 17J	3-2 11O	4-3 24J	x x		4-0 27M	0-0 13M	0-1 24A	1-1 6D	0-0 22N	0-2 7F	3-1 20D	2-4 11S	0-0 8N	1-2 30a
14	Lincoln City	0-4 11O	2-2 6M	0-3 1S	0-0 13S	2-1 27D	4-1 25O	0-1 17A	2-0 3A	1-3 28F	2-0 1J	x 13D	x x	0-3 20M		1-4 25D	0-0 22N	0-1 31J	2-0 5A	2-1 8N	1-1 14F	1-4 4O	4-0 6S	4-0 17J
15	Nottm Forest	0-1 13S	1-2 28F	2-0 3O	1-2 1S	1-0 3J	2-1 6D	2-1 3A	0-3 20M	2-0 14F	1-2 17A	0-2 11O	x x	0-0 6M	2-1 26D		0-1 18F	4-1 6S	0-0 8N	1-1 27S	0-2 28J	1-1 22N	2-1 5A	1-1 25O
16	Port Vale	0-2 25D	1-3 3A	2-2 x	3-1 26J	4-2 13D	3-4 24N	2-1 x	0-0 1J	x 20M	1-2 29M	1-0 x	x x	4-1 17A	1-0 29N	4-1 31J		4-2 28F	1-0 10N	2-0 8A	0-3 6M	0-1 27O	1-0 14F	x x
17	Rotherham County	1-0 27S	0-3 29N	1-2 5A	2-2 11O	1-2 7F	3-1 13M	4-3 17J	1-1 27D	3-1 15N	1-3 26D	1-2 1m	x x	1-0 13D	3-0 24J	2-0 30a	2-2 21F		1-0 10A	1-3 8S	1-1 1N	1-1 27M	0-1 13S	2-0 24A
18	South Shields	0-0 13D	1-0 1S	0-2 28F	0-2 10M	0-0 1N	2-0 4O	1-0 31J	2-0 6S	1-2 6S	0-1 14F	1-2 3J	x x	2-0 29N	2-2 2A	5-2 15N	2-0 18O	6-2 3A		3-2 27D	2-2 17A	0-3 20S	3-0 20M	0-0 1J
19	Stockport County	1-0 1N	2-1 15M	0-0 3A	2-3 17A	1-1 20S	3-1 26D	1-1 6M	2-1 28F	1-2 6S	2-0 20M	2-0 29N	x x	3-0 14F	1-0 15N	0-0 4O	4-1 2A	1-0 1S	1-0 20D		3-1 18O	1-2 3J	1-0 26A	4-1 13D
20	Stoke	2-0 30a	0-1 6D	2-0 13S	2-0 17N	1-1 21F	2-0 27M	6-1 26D	1-0 17J	3-0 22N	0-1 5A	3-1 8S	x x	3-0 27D	1-3 7F	0-2 24J	3-0 13M	0-0 25O	3-0 24A	2-1 11O		1-3 10A	2-1 27S	3-0 1m
21	Tottenham Hotspur	4-0 27D	0-0 26A	2-1 14F	2-0 28F	2-1 15N	2-1 11O	4-0 6S	3-1 13D	2-0 17A	4-0 16F	4-0 25D	x x	6-1 1S	5-2 27S	2-0 29N	2-0 1N	2-0 20M	2-0 13S	2-0 17J	2-0 3A		2-0 22M	4-2 2A
22	West Ham United	0-2 8S	1-2 1N	1-0 17J	2-0 25D	1-0 24J	0-1 4M	2-0 13D	0-1 29N	1-1 18O	2-0 27D	2-1 24A	x x	1-0 15N	5-1 30a	3-1 2A	1-0 7F	3-0 20S	1-0 27M	3-0 1m	1-1 4O	2-1 13M		4-0 10A
23	Wolverhampton W	2-4 29N	0-2 15N	0-3 6M	3-1 19A	1-0 18O	1-2 20S	2-0 14F	2-1 23F	6-1 1S	2-3 28F	2-4 20D	1-1 4O	4-0 6S	4-0 3J	1-1 1N	x x	0-1 17A	0-0 26D	2-2 6D	4-0 26A	0-0 5A	1-1 3A	

Wolverhampton Wanderers home matches v Barnsley and Stockport County played at The Hawthorns, West Bromwich. Leeds City were expelled after 8 matches following financial irregularities. * Port Vale took over their results and remaining fixtures.

League Table

Pos	Team	Pld	Home					Away					Totals						Leading Goalscorer	Gls
			W	D	L	F	A	W	D	L	F	A	W	D	L	F	A	Pts	GA		
1	Tottenham H	42	19	2	0	60	11	13	4	4	42	21	32	6	4	102	32	70	3.18	H Bliss	31
2	Huddersfield T	42	16	4	1	58	13	12	4	5	39	25	28	8	6	97	38	64	2.55	S Taylor	35
3	Birmingham	42	14	3	4	54	16	10	5	6	31	18	24	8	10	85	34	56	2.50	B Millard	13
4	Blackpool	42	13	4	4	40	18	8	6	7	25	29	21	10	11	65	47	52	1.38	J Lane	26
5	Bury	42	14	4	3	35	15	6	4	11	25	29	20	8	14	60	44	48	1.36	H Hird	13
6	Fulham	42	11	6	4	36	18	8	3	10	25	32	19	9	14	61	50	47	1.22	D Cock	25
7	West Ham Utd.	42	14	3	4	34	14	5	6	10	13	26	19	9	14	47	40	47	1.17	S Puddefoot	21
8	Bristol City	42	9	9	3	30	18	4	8	9	16	25	13	17	12	46	43	43	1.07	J Howarth	14
9	South Shields	42	13	5	3	47	18	2	7	12	11	30	15	12	15	58	48	42	1.20	J Smith	13
10	Stoke	42	13	3	5	37	15	5	3	13	23	39	18	6	18	60	54	42	1.11	D Brown	13
11	Hull City	42	13	4	4	53	23	5	2	14	25	49	18	6	18	78	72	42	1.08	S Stevens	18
12	Barnsley	42	9	5	7	41	28	6	5	10	20	27	15	10	17	61	55	40	1.10	J Halliwell	20
13	Port Vale *	42	11	3	7	35	27	5	5	11	24	35	16	8	18	59	62	40	0.95	R Blood	24
14	Leicester City	42	8	6	7	26	29	7	4	10	15	32	15	10	17	41	61	40	0.67	J Paterson	11
15	Clapton Orient	42	14	3	4	34	17	2	3	16	17	42	16	6	20	51	59	38	0.86	J Tonner	10
16	Stockport Co.	42	11	4	6	34	24	3	5	13	18	37	14	9	19	52	61	37	0.85	A Metcalf	14
17	Rotherham Co.	42	10	4	7	32	27	3	4	14	19	56	13	8	21	51	83	34	0.61	E Glennon, J Lees	11
18	Nottm Forest	42	9	4	8	23	22	2	5	14	20	51	11	9	22	43	73	31	0.58	J Lythgoe	11
19	Wolverhampton	42	8	4	9	41	32	2	6	10	14	48	10	10	22	55	80	30	0.69	R Richards	10
20	Coventry City	42	7	7	7	20	26	2	4	15	15	47	9	11	22	35	73	29	0.47	R Parker	9
21	Lincoln City	42	8	6	7	27	30	1	3	17	17	71	9	9	24	44	101	27	0.43	W Chesser	8
22	Grimsby Town	42	8	4	9	23	24	2	1	18	11	51	10	5	27	34	75	25	0.45	H Storer	12

Southern League Cardiff City and the re-formed Leeds United were elected to Division 2. Lincoln City failed to gain re-election. Grimsby Town together with the remaining clubs from Division 1 of the Southern League formed the new Division 3.

1920/21 DIVISION 1 — SEASON 29

Total Matches	462
Total Goals	1276
Avg goals per match	2.76

Results Grid

	Team	Arsenal	Aston Villa	Blackburn Rov	Bolton Wand	Bradford P A	Bradford City	Burnley	Chelsea	Derby County	Everton	Huddersfield T	Liverpool	Manchester City	Manchester Utd	Middlesbrough	Newcastle Utd	Oldham Athletic	Preston N E	Sheffield United	Sunderland	Tottenham H	West Brom A
1	Arsenal		0-1	2-0	0-0	2-1	1-2	1-1	1-1	2-0	1-1	2-0	0-0	2-1	2-0	2-2	1-1	2-2	2-1	2-6	1-2	3-2	2-1
2	Aston Villa	5-0		3-0	2-0	4-1	1-2	0-0	3-0	1-0	1-3	0-0	0-2	3-1	3-4	0-1	0-0	3-0	1-0	4-0	1-5	4-2	0-0
3	Blackburn Rovers	2-2	0-1		2-2	1-0	2-3	1-3	0-0	2-0	0-0	1-2	1-1	0-2	2-0	3-2	3-3	5-1	2-2	1-1	2-0	1-1	5-1
4	Bolton Wanderers	1-1	5-0	2-1		2-0	1-1	1-1	3-1	1-0	4-2	3-1	1-0	3-0	1-1	6-2	3-1	1-1	3-0	2-2	6-2	1-0	3-0
5	Bradford Park Avenue	0-1	4-0	1-1	2-1		1-2	1-3	0-2	2-1	3-3	1-1	1-3	1-2	2-4	3-0	0-2	2-1	1-3	2-0	1-1	1-1	0-3
6	Bradford City	3-1	3-0	3-4	2-2	2-1		2-0	1-1	2-2	2-2	0-2	0-0	1-2	1-1	0-1	1-1	1-3	6-2	4-0	2-2	1-0	1-1
7	Burnley	1-0	7-1	4-1	3-1	1-0	1-4		4-0	2-1	1-1	3-0	1-0	2-1	1-0	2-1	3-1	7-1	2-0	6-0	2-2	2-0	1-1
8	Chelsea	1-2	5-1	1-2	1-0	4-1	3-1	1-1		1-1	0-1	1-1	1-1	2-1	1-2	1-1	2-0	1-1	1-1	2-1	3-1	0-4	3-0
9	Derby County	1-1	2-3	0-1	0-0	1-0	1-1	0-0	0-0		2-4	2-1	0-0	3-0	1-1	0-0	0-1	3-3	1-1	1-1	0-1	2-2	1-1
10	Everton	2-4	1-1	2-1	2-3	1-1	2-2	1-1	5-1	3-1		0-0	0-3	3-0	2-0	2-1	3-1	5-2	0-1	3-0	1-1	0-0	2-2
11	Huddersfield Town	0-4	1-0	0-0	0-0	0-0	1-0	1-0	2-0	2-0	0-1		1-2	0-1	5-2	0-1	1-3	3-1	1-0	1-0	0-0	2-0	5-1
12	Liverpool	3-0	4-1	2-0	2-3	0-1	2-1	0-0	2-1	1-1	1-0	4-1		4-2	2-0	0-0	1-0	5-2	6-0	2-2	0-0	1-1	0-0
13	Manchester City	3-1	3-1	0-0	3-1	1-0	1-0	3-0	1-0	0-0	2-0	3-2	3-2		3-0	2-1	3-1	5-1	2-1	3-1	2-0	4-0	
14	Manchester United	1-1	1-3	0-1	2-3	5-1	1-1	0-3	3-1	2-0	1-1	1-1		0-1		2-0	1-1	1-6	1-8	0-9	2-3	0-3	0-0	1-4
15	Middlesbrough	2-1	1-4	1-1	4-1	2-1	2-1	0-0	0-0	1-0	3-1	2-0	0-1	3-1	2-4		0-0	1-2	0-0	2-2	2-0	1-0	0-1
16	Newcastle United	1-0	2-1	1-2	1-0	2-1	4-0	1-2	1-0	2-1	1-0	2-0	1-1	6-3	2-0	1-2		4-2	3-0	6-1	1-1	1-1	
17	Oldham Athletic	1-1	1-1	1-0	0-0	1-0	2-0	2-2	1-2	2-1	0-1	1-2	0-0	2-0	2-2	3-3	0-0		0-2	0-0	2-1	2-5	0-3
18	Preston North End	0-1	6-1	4-2	1-2	3-3	0-0	3-2	1-0	0-3	2-1	1-0	0-1	2-3	0-1	0-0	0-0	4-0		2-0	1-1	4-1	2-1
19	Sheffield United	1-1	0-0	1-1	2-2	2-0	4-1	1-1	0-1	0-1	2-0	1-1	0-1	1-1	0-0	1-1	0-3	3-0	1-0		1-1	1-1	0-2
20	Sunderland	5-1	0-1	2-0	0-0	5-1	0-0	1-0	3-0	0-2	2-1	2-1	1-0	2-3	1-2	0-2	1-1	2-2	3-1		0-1	3-0	
21	Tottenham Hotspur	2-1	1-2	1-2	5-2	2-0	2-0	1-2	5-0	2-0	2-0	1-0	2-0	4-1	2-2	2-0	5-1	1-2	4-1	0-0		1-0	
22	West Bromwich Albion	3-4	2-1	1-1	2-1	0-1	2-0	2-0	1-1	3-0	1-1	2-2	0-2	0-1	0-0	0-3	1-1	4-1	3-1				

Final League Table

Pos	Team	Pld	Home W	Home D	Home L	Home F	Home A	Away W	Away D	Away L	Away F	Away A	Totals W	Totals D	Totals L	Totals F	Totals A	Pts	GA	Leading Goalscorer	Gls
1	Burnley	42	17	3	1	56	16	6	10	5	23	20	23	13	6	79	36	59	2.19	J Anderson	25
2	Manchester City	42	19	2	0	50	13	5	4	12	20	37	24	6	12	70	50	54	1.40	T Browell	31
3	Bolton Wand.	42	15	6	0	53	17	4	8	9	24	36	19	14	9	77	53	52	1.45	J Smith	38
4	Liverpool	42	11	7	3	41	17	7	8	6	22	18	18	15	9	63	35	51	1.80	H Chambers	22
5	Newcastle Utd.	42	14	3	4	43	18	6	7	8	23	27	20	10	12	66	45	50	1.46	A Smailes	18
6	Tottenham H	42	15	2	4	46	16	4	7	10	24	32	19	9	14	70	48	47	1.45	H Bliss	17
7	Everton	42	9	8	4	40	26	8	5	8	26	29	17	13	12	66	55	47	1.20	C Crossley	15
8	Middlesbrough	42	10	6	5	29	21	7	6	8	24	32	17	12	13	53	53	46	1.00	G Elliott	26
9	Arsenal	42	9	8	4	31	25	6	6	9	28	38	15	14	13	59	63	44	0.93	F Pagnam	14
10	Aston Villa	42	11	4	6	39	21	7	3	11	24	49	18	7	17	63	70	43	0.90	W Walker	26
11	Blackburn Rov.	42	7	9	5	36	27	6	6	9	21	32	13	15	14	57	59	41	0.96	P Dawson	17
12	Sunderland	42	11	4	6	34	19	3	9	9	23	41	14	13	15	57	60	41	0.95	C Buchan	25
13	Manchester Utd.	42	9	4	8	34	26	6	6	9	30	42	15	10	17	64	68	40	0.94	T Miller, E Partridge, G Sapsford, J Spence	7
14	West Brom A	42	8	7	6	31	23	5	7	9	23	35	13	14	15	54	58	40	0.93	F Morris	15
15	Bradford City	42	7	9	5	38	28	5	6	10	23	35	12	15	15	61	63	39	0.96	W Hibbert	13
16	Preston N E	42	10	4	7	38	25	5	5	11	23	40	15	9	18	61	65	39	0.93	W Roberts, R Woodhouse	
17	Huddersfield T	42	11	4	6	26	16	4	5	12	16	33	15	9	18	42	49	39	0.85	J Swan	8
18	Chelsea	42	9	7	5	35	24	4	6	11	13	34	13	13	16	48	58	39	0.82	J Cock	12
19	Oldham Athletic	42	6	6	9	23	26	3	6	12	26	60	9	15	18	49	86	33	0.57	R Butler	16
20	Sheffield United	42	5	11	5	22	19	1	7	13	20	49	6	18	18	42	68	30	0.61	H Johnson	12
21	Derby County	42	3	12	6	21	23	2	4	15	11	35	5	16	21	32	58	26	0.55	W Paterson	8
22	Bradford P A	42	6	5	10	29	35	2	3	16	14	41	8	8	26	43	76	24	0.56	D McLean	22

1920/21

DIVISION 2
SEASON 29

	Total Matches	462
	Total Goals	1061
	Avg goals per match	2.3

		Barnsley	Birmingham	Blackpool	Bristol City	Bury	Cardiff City	Clapton Orient	Coventry City	Fulham	Hull City	Leeds United	Leicester City	Nottm Forest	Notts County	Port Vale	Rotherham Co	Sheffield Weds	South Shields	Stockport Co	Stoke	West Ham Utd	Wolverhampton
1	Barnsley		1-1 2A	0-1 27D	1-1 11D	5-0 27N	0-2 12F	1-0 13N	2-2 30A	3-1 26F	0-0 2O	1-1 16A	2-1 15J	0-0 1J	2-2 6S	3-0 28M	2-1 29J	0-0 28a	1-1 18S	2-0 30O	1-0 7m	1-1 12M	3-2 16O
2	Birmingham	1-3 26M		3-0 16O	0-0 19M	4-0 5M	1-1 18S	0-0 19F	3-2 4D	1-0 29M	5-1 30a	1-0 18D	5-0 2O	3-0 9A	2-1 6F	4-0 2m	3-2 23A	4-0 30O	1-1 4S	5-0 22J	3-0 27N	2-1 27D	4-1 13N
3	Blackpool	1-0 25D	3-0 9O		1-2 30a	0-0 4S	2-4 20N	2-2 13S	4-0 11S	1-0 6N	1-2 26M	1-0 25S	2-0 4D	1-0 22J	0-2 18D	1-0 5M	0-1 19F	1-1 5F	3-2 19M	1-1 23A	3-1 25M	1-0 23O	3-0 9A
4	Bristol City	1-0 4D	0-1 12M	1-1 8S		1-0 13N	0-0 15J	2-0 30O	2-0 16A	2-1 12-	0-0 18S	1-0 2A	0-1 29J	1-0 20N	0-1 28a	3-0 27O	2-4 1J	0-1 7m	4-2 28M	5-1 16O	5-0 30A	1-0 26F	2-0 2O
5	Bury	0-0 20N	0-1 26F	2-2 28a	2-0 6N		3-1 1J	0-1 9O	2-0 2A	1-1 15J	0-0 25M	1-1 12M	4-0 8S	2-2 23O	0-1 7m	1-0 29J	1-0 4D	1-0 30A	1-1 25D	1-3 2O	3-0 16A	1-0 12F	3-1 18S
6	Cardiff City	3-2 9M	2-1 11S	0-0 27N	1-0 22J	2-1 18D		0-0 30a	0-1 27D	3-0 16O	0-0 23A	1-0 28M	2-0 13N	3-0 4A	1-1 30O	1-2 26M	1-0 11D	1-0 9A	3-0 4S	0-1 5F	0-0 25S	0-0 2m	
7	Clapton Orient	3-2 25N	1-1 12F	0-0 7m	0-0 23O	1-0 16O	2-0 6S		0-0 12M	3-0 4D	1-1 25D	1-0 26F	2-1 28a	3-0 2O	0-0 30A	2-0 25N	1-0 20N	1-0 16A	1-0 5F	5-0 18S	3-2 2A	0-1 15J	0-1 25M
8	Coventry City	3-1 23A	0-4 11D	0-2 18S	2-1 9A	1-0 26M	2-4 25D	1-1 19M		0-2 5F	3-2 22J	1-1 27N	1-0 29M	0-0 2m	1-1 13N	0-0 30a	1-1 4S	2-3 2O	1-0 16O	1-1 5M	1-0 30O	0-1 4O	4-0 24F
9	Fulham	1-0 5M	5-0 25M	1-2 13N	3-0 28F	0-0 22J	0-3 9O	1-0 11D	2-0 14M		3-0 2m	1-0 27D	1-1 30O	2-1 19M	3-1 25S	1-0 9A	0-0 26M	0-0 27N	3-1 23A	1-3 30a	0-0 1J	1-1 11S	1-1 28a
10	Hull City	3-0 25S	1-0 6S	2-1 2A	2-0 11S	1-0 28M	3-0 30A	1-0 27D	1-0 15J	0-0 7m		0-1 23O	1-0 16A	0-3 4D	1-1 12M	1-1 6N	1-1 9O	1-1 26F	0-2 27N	1-1 3F	1-1 12F	2-1 4S	0-1 18D
11	Leeds United	0-0 9A	1-0 1J	2-0 2O	0-1 26M	1-0 19M	1-2 29M	2-1 5M	4-0 1D	0-0 25D	1-1 30O		3-1 18S	1-1 23A	3-0 11D	3-1 4S	1-0 8J	2-0 16O	1-2 1S	0-2 19F	0-0 13N	1-2 29J	3-0 22J
12	Leicester City	2-0 22J	3-0 25S	1-0 11D	4-0 5F	2-0 2S	2-0 6N	1-1 4S	0-0 28M	1-1 23O	0-0 9A	1-1 11S		2-0 19F	0-3 27N	0-0 19M	1-1 5M	2-1 1J	2-0 26M	3-1 2m	1-0 25D	0-0 9O	0-0 28A
13	Nottm Forest	0-0 18D	1-1 16A	3-1 15J	0-1 27N	4-2 30O	1-2 26F	1-1 25S	0-2 7m	5-1 12M	2-0 11D	1-0 30A	1-2 12F		1-0 11S	1-4 9O	6-1 25D	4-2 7O	1-2 13N	1-1 25M	2-2 28a	1-0 2A	1-1 5F
14	Notts County	1-0 30a	0-0 16F	0-2 1J	2-2 4S	2-1 2m	1-2 23A	3-1 6N	2-1 2O	4-1 19M	1-2 4D	1-1 20N	1-2 18S	2-0		0-1 19F	1-0 22J	3-0 27D	2-0 5M	3-0 9A	3-0 16O	1-1 28M	1-1 26M
15	Port Vale	1-1 25M	0-2 7m	0-1 26F	0-2 25D	3-0 5F	0-0 2A	4-0 1J	0-0 6S	0-0 16A	4-0 13N	0-0 28a	0-1 12M	1-2 16O	0-0 12F		1-1 11S	1-0 15J	0-2 30O	6-1 11D	2-1 25S	1-2 30A	2-3 27N
16	Rotherham County	1-0 5F	1-1 30A	0-0 12F	0-0 20S	0-5 11D	2-0 12M	0-0 27N	2-3 28a	2-0 2A	1-1 16O	0-2 7m	1-1 26F	0-0 27D	2-0 15J	1-0 18S		2-0 1N	5-4 2O	1-0 13N	1-1 6S	2-0 16A	1-0 3OO
17	Sheffield Wednesday	0-0 4S	1-2 23O	0-1 7F	2-2 2m	2-0 23A	0-1 4D	1-1 9A	3-0 25S	3-0 20N	3-0 21M	2-0 9O	0-0 18D	0-0 30a	1-1 25D	1-0 22J	2-0 28M		1-1 19F	2-1 26M	1-3 11S	0-1 6N	6-0 11A
18	South Shields	3-2 11S	3-0 28a	1-0 12M	0-0 25M	2-0 27D	0-1 16A	3-0 2F	4-1 9O	3-0 30A	4-3 20N	0-1 8S	1-0 2A	6-1 6N	1-0 26F	1-0 23O	2-0 25S	2-3 12F		3-1 1J	1-0 15J	0-1 7m	1-0 4D
19	Stockport County	3-2 23O	0-3 15J	2-2 3OA	0-2 9O	1-2 25S	2-5 28a	6-0 11S	3-0 26F	1-1 13S	2-2 5F	3-1 12F	0-0 7m	1-0 28M	1-0 16A	0-0 4D	0-1 6N	0-1 2A	0-0 18D		2-0 12M	2-0 20N	1-2 25D
20	Stoke	3-2 2m	1-0 20M	1-0 28M	0-0 23A	0-1 9A	0-0 14F	1-3 26M	1-2 23O	1-3 18D	4-0 11A	1-1 6N	4-0 27D	1-0 4S	0-1 9O	2-0 20a	0-1 18S	1-0 22J	1-0 19M	1-0		1-0 4D	1-0 10M
21	West Ham United	2-1 19M	1-1 25D	1-1 3OO	1-0 5M	0-1 1F	1-1 2O	1-0 22J	7-0 1J	2-0 18S	1-1 28a	3-0 5F	0-1 16O	3-0 26M	0-2 25M	1-1 23A	1-0 9A	4-0 13N	2-1 2m	5-0 27N	1-0 11D		1-0 6S
22	Wolverhampton W	1-1 9O	0-3 6N	1-1 16A	0-3 25S	0-0 11S	2-1 7m	1-3 28M	0-2 12F	1-0 4S	1-3 1J	3-0 30A	2-1 15J	1-0 14F	2-2 2A	3-0 20N	1-2 23O	1-2 30a	3-0 12M	2-3 11D	1-2 27D	1-2 26F	

Stockport County v Leicester City Played at Old Trafford, Manchester.

Final League Table

Pos	Team	Pld	Home					Away					Totals					Pts	GA	Leading Goalscorer	Gls
			W	D	L	F	A	W	D	L	F	A	W	D	L	F	A				
1	Birmingham	42	16	4	1	55	13	8	6	7	24	25	24	10	8	79	38	58	2.07	H Hampton	16
2	Cardiff City	42	13	5	3	27	9	11	5	5	32	23	24	10	8	59	32	58	1.84	J Gill	19
3	Bristol City	42	14	3	4	35	12	5	10	6	14	17	19	13	10	49	29	51	1.69	W Pocock, J Wilcox	14
4	Blackpool	42	12	3	6	32	19	8	7	6	22	23	20	10	12	54	42	50	1.28	J Heathcote	18
5	West Ham Utd.	42	13	5	3	38	11	6	5	10	13	19	19	10	13	51	30	48	1.70	S Puddefoot	29
6	Notts County	42	12	5	4	36	17	6	6	9	19	23	18	11	13	55	40	47	1.37	H Hill	11
7	Clapton Orient	42	13	6	2	31	9	3	7	11	12	33	16	13	13	43	42	45	1.02	O Williams	9
8	South Shields	42	13	4	4	41	16	4	6	11	20	30	17	10	15	61	46	44	1.32	A Hawes	17
9	Fulham	42	14	4	3	33	12	2	6	13	10	35	16	10	16	43	47	42	0.91	B Travers	11
10	Sheffield Weds.	42	9	7	5	31	14	6	4	11	17	34	15	11	16	48	48	41	1.00	J McIntyre	27
11	Bury	42	10	8	3	29	13	5	2	14	16	36	15	10	17	45	49	40	0.91	N Bullock	10
12	Leicester City	42	10	8	3	26	11	2	8	11	13	35	12	16	14	39	46	40	0.84	J Paterson	16
13	Hull City	42	7	10	4	24	18	3	10	8	19	35	10	20	12	43	53	40	0.81	H Sergeaunt	8
14	Leeds United	42	11	5	5	30	14	3	5	13	10	31	14	10	18	40	45	38	0.88	R Thompson	11
15	Wolverhampton	42	11	4	6	34	24	5	2	14	15	42	16	6	20	49	66	38	0.74	G Edmonds	11
16	Barnsley	42	9	10	2	31	17	1	6	14	17	33	10	16	16	48	50	36	0.96	W Wainscott	13
17	Port Vale	42	7	6	8	28	19	4	8	9	15	30	11	14	17	43	49	36	0.87	R Blood	20
18	Nottm Forest	42	9	6	6	37	26	3	6	12	11	29	12	12	18	48	55	36	0.87	J Spaven	11
19	Rotherham Co.	42	8	9	4	23	21	4	3	14	14	32	12	12	18	37	53	36	0.69	E Glennon, J Lees	6
20	Stoke	42	9	5	7	26	16	3	6	12	20	40	12	11	19	46	56	35	0.82	A Watkin	15
21	Coventry	42	8	6	7	24	25	4	2	15	15	45	12	11	19	39	70	35	0.55	W Morgan	7
22	Stockport Co.	42	8	6	7	30	24	1	6	14	12	51	9	12	21	42	75	30	0.56	A Waterall	8

Stockport County relegated to new Division 3 (North).

1920/21 | DIVISION 3 | SEASON 29

Total Matches: 462
Total Goals: 1133
Avg goals per match: 2.45

		Brentford	Brighton & H A	Bristol Rovers	Crystal Palace	Exeter City	Gillingham	Grimsby Town	Luton Town	Merthyr Town	Millwall	Newport County	Northampton T	Norwich City	Plymouth A	Portsmouth	Q P R	Reading	Southampton	Southend Utd	Swansea Town	Swindon Town	Watford
1	Brentford		2-0 11S	0-0 13N	0-4 25S	0-0 4S	3-3 22J	5-0 28M	1-0 11D	0-0 25A	1-0 30a	2-2 18D	1-1 26M	3-1 16O	0-0 2m	1-2 5M	0-2 25D	3-2 27N	1-1 30O	2-2 9A	1-2 5F	0-1 19F	1-0 19M
2	Brighton & Hove Albion	4-0 18S		2-0 2O	0-2 25D	1-1 22J	1-0 19M	1-3 29S	1-1 30O	0-0 1S	1-0 19F	1-0 5M	3-2 7m	2-0 25M	1-0 13N	3-0 9A	2-1 4D	2-2 16O	1-1 5F	1-0 4S	1-1 27N	0-3 26M	0-3 23A
3	Bristol Rovers	2-1 6N	3-1 25S		2-1 9O	5-0 2m	2-0 5F	2-0 11S	5-0 29M	1-1 9A	1-2 4S	3-2 1S	4-2 19M	2-2 23O	2-0 23A	2-2 19F	3-0 25M	3-2 11D	1-2 27N	2-1 26M	1-2 25D	3-1 22J	2-0 5M
4	Crystal Palace	4-2 2O	3-2 27D	3-0 16O		2-1 27N	4-1 5M	2-0 9F	2-1 13N	3-0 4S	3-2 22J	2-0 19F	5-1 23A	1-0 18S	0-0 1S	3-0 26M	0-0 1J	2-0 30O	1-1 29M	2-3 3N	0-1 11D	1-0 19M	2-2 9A
5	Exeter City	3-0 28a	1-0 15J	1-0 7m	1-1 20N		2-1 9O	1-1 12F	1-0 2A	3-3 5F	4-0 11S	0-1 25S	4-0 4D	1-1 1S	1-1 27D	0-0 28M	0-1 26F	0-1 30A	1-0 16A	0-0 20O	1-2 12M	1-0 23O	1-2 6N
6	Gillingham	1-3 15J	1-0 12M	0-1 29J	1-0 26F	2-1 16O		2-1 2A	0-0 7m	0-0 11S	1-4 30O	2-5 13N	0-0 25D	0-1 12F	1-1 2O	1-2 15S	1-0 16A	1-1 8S	1-1 28a	2-1 25M	1-1 30A	1-1 13A	1-1 16M
7	Grimsby Town	2-0 25M	2-2 1J	3-1 18S	1-0 5F	2-0 19F	2-0 26M		0-1 16O	1-1 30O	0-2 5M	1-1 19M	2-0 28a	1-1 25D	1-1 22J	0-3 23A	2-1 20N	2-0 2O	3-0 11D	1-0 30a	0-2 13N	3-0 9A	3-0 2m
8	Luton Town	2-0 4D	3-2 23O	1-2 1J	2-2 6N	3-0 26M	5-0 28D	3-1 9O		1-0 5M	0-0 9A	2-3 23A	1-4 22J	1-1 20N	2-2 19M	2-1 30a	6-0 2O	1-1 9F	4-0 25D	3-0 2m	2-0 11S	1-0 4S	1-0 28M
9	Merthyr Town	3-1 30A	4-1 6S	2-2 16A	2-1 28a	7-1 29J	6-1 18S	3-1 23O	4-1 26F		0-1 27D	1-2 28M	1-0 6N	0-0 7m	0-0 18D	2-1 21F	3-1 15J	1-0 2A	1-1 12M	2-0 22N	0-3 12F	2-2 2O	2-0 9O
10	Millwall	0-0 6S	0-1 12F	2-0 28a	0-1 15J	2-0 18S	4-0 23O	0-1 26F	0-0 16A	1-0 25D		2-0 16O	0-0 1J	1-0 11D	2-0 28M	0-0 2O	2-0 12M	0-1 7m	4-2 30A	2-0 5F	1-0 2A	5-0 6N	1-0 20N
11	Newport County	3-1 1J	0-4 26F	0-2 9S	0-1 5M	2-0 12F	1-0 2O	2-1 6N	2-0 12M	0-3 30A	3-1 25M		1-1 29J	2-0 13J	0-0 18S	1-3 23O	0-0 2A	0-0 28a	1-1 7m	1-1 25D	1-1 9A	0-1 21O	0-2 4D
12	Northampton Town	6-2 2A	0-1 2m	1-2 12M	2-2 30A	3-3 11D	2-0 27D	4-1 4S	1-0 15J	2-2 13N	0-2 13S	0-2 5F		1-0 16A	1-1 27N	0-3 9O	1-0 6S	2-0 26F	1-0 12F	2-0 30O	2-0 25S	1-2 29M	0-1 11S
13	Norwich City	0-0 9O	0-1 28M	0-1 30O	1-1 11S	0-0 8S	2-1 19F	0-0 27D	2-1 27N	2-0 2m	1-0 4D	0-0 22J	3-3 9A		0-0 4S	2-2 19M	2-0 5F	0-1 13N	3-1 25S	1-1 23A	3-2 1J	1-1 5M	1-1 26M
14	Plymouth Argyle	1-0 7m	5-0 6N	2-1 30A	0-1 8S	0-0 25D	3-1 25S	0-0 15J	1-0 12M	2-1 1J	0-2 25M	5-1 11S	0-2 20N	1-1 28a		2-0 13A	1-0 12F	1-1 16A	0-0 2A	1-0 11D	0-0 26F	0-0 9O	1-0 23O
15	Portsmouth	0-2 26F	3-0 16A	1-0 12F	0-0 2A	2-1 25M	2-1 27N	3-0 30A	2-1 8S	1-0 11D	0-0 25S	2-0 30O	2-0 16O	2-1 12M	1-1 5F		0-0 7m	2-2 15J	0-1 18S	3-0 13N	1-1 28a	1-0 18D	1-0 7D
16	Queens Park Rangers	1-0 27D	4-0 11D	2-1 28M	3-0 18D	2-1 5M	0-1 9A	2-0 27N	4-1 25S	4-2 22J	0-0 19M	2-0 26M	1-2 2S	2-0 17F	4-0 17M	0-0 2m		2-0 11S	0-0 13M	2-0 9O	1-1 30O	1-0 23A	1-2 28a
17	Reading	2-1 20N	0-1 9O	2-1 4D	1-0 23O	0-1 23A	1-2 1S	4-1 25S	0-1 5F	2-0 26M	0-1 29J	4-0 4S	4-0 5M	1-1 6N	1-0 9A	1-1 22J	1-0 18S		0-4 18D	1-1 19M	1-3 28M	2-3 25D	0-0 19F
18	Southampton	3-0 23O	1-0 23F	0-1 20N	1-1 28M	3-0 9A	3-0 4S	0-1 4D	1-1 27D	5-0 19M	1-1 2A	0-0 2m	3-1 9M	1-0 2O	1-0 26M	2-0 11S	2-2 6N	1-2 1J		3-0 5M	3-0 9O	4-0 30a	4-1 22J
19	Southend United	4-1 16A	2-0 28a	1-0 2A	0-2 7m	0-0 1J	0-1 28M	3-1 6S	1-0 12F	0-1 27N	1-2 6A	1-2 27D	3-1 23O	2-1 30A	1-0 4D	1-0 6N	1-0 16O	1-0 12M	0-0 26F		1-2 15J	1-3 11S	4-1 2O
20	Swansea Town	1-1 28A	0-0 20N	2-2 27D	0-0 4D	2-1 19M	2-0 23A	3-1 6N	1-1 18S	0-0 19F	1-2 26M	2-2 16A	5-2 20	0-0 16S	0-0 5M	1-3 4S	2-1 23O	1-1 25M	2-0 16O	1-1 22J		1-1 2m	2-1 2S
21	Swindon Town	1-0 12F	2-0 2A	2-1 15J	1-3 12M	1-1 30O	1-1 11D	0-0 16A	9-1 28A	3-0 25S	4-1 13N	5-0 27N	2-1 28M	4-2 26F	1-1 16O	5-2 1J	0-1 30A	2-0 27D	3-2 6S	3-0 18S	0-0 7m		2-0 20A
22	Watford	1-0 12M	1-0 30A	2-1 26F	1-1 16A	0-0 13N	3-1 1J	4-2 7m	1-0 25M	1-0 16O	0-0 27N	5-1 11D	7-1 18S	2-0 2A	1-1 3O	3-2 25D	0-2 4S	1-2 12F	0-0 15J	3-0 25S	3-0 8S	0-1 5F	

Crystal Palace v Exeter City played at Southampton.

Final League Table

Pos	Team	Pld	Home					Away					Totals					Pts	GA	Leading Goalscorer	Gls
			W	D	L	F	A	W	D	L	F	A	W	D	L	F	A				
1	Crystal Palace	42	15	4	2	45	17	9	7	5	25	17	24	11	7	70	34	59	2.05	J Connor	28
2	Southampton	42	14	5	2	46	10	5	11	5	18	18	19	16	7	64	28	54	2.28	W Rawlings	18
3	Queens Park R.	42	14	4	3	38	11	8	5	8	23	21	22	9	11	61	32	53	1.90	J Smith	19
4	Swindon Town	42	14	5	2	51	17	7	5	9	22	32	21	10	11	73	49	52	1.49	H Fleming	16
5	Swansea Town	42	9	10	2	32	19	9	5	7	24	26	18	15	9	56	45	51	1.24	J Edmondson	20
6	Watford	42	14	4	3	40	15	6	4	11	19	29	20	8	14	59	44	48	1.34	F Hoddinott	22
7	Millwall	42	11	5	5	25	8	7	6	8	17	22	18	11	13	42	30	47	1.40	W Keen	10
8	Merthyr Town	42	13	5	3	46	20	2	10	9	14	29	15	15	12	60	49	45	1.22	W Walker	17
9	Luton Town	42	14	6	1	51	15	2	6	13	10	41	16	12	14	61	56	44	1.08	E Simms	28
10	Bristol Rovers	42	15	3	3	51	22	3	4	14	17	35	18	7	17	68	57	43	1.19	A Leigh	21
11	Plymouth Argyle	42	10	7	4	25	13	1	14	6	10	21	11	21	10	35	34	43	1.02	H Raymond	7
12	Portsmouth	42	10	8	3	28	14	2	7	12	18	34	12	15	15	46	48	39	0.95	J Stringfellow	13
13	Grimsby Town	42	12	5	4	32	16	3	4	14	17	43	15	9	18	49	59	39	0.83	J Clarke	15
14	Northampton T.	42	11	4	6	32	23	4	4	13	27	52	15	8	19	59	75	38	0.78	G Whitworth	28
15	Newport County	42	8	5	8	20	23	6	4	11	23	41	14	9	19	43	64	37	0.67	W Devlin	12
16	Norwich City	42	9	10	2	31	14	1	6	14	13	39	10	16	16	44	53	36	0.83	G Travers	8
17	Southend United	42	13	2	6	32	20	1	2	18	12	41	14	8	20	44	61	36	0.72	A Fairclough	15
18	Brighton & H A	42	11	6	4	28	14	3	2	16	14	41	14	8	20	42	61	36	0.68	J Doran	22
19	Exeter City	42	9	7	5	27	15	1	8	12	12	39	10	15	17	39	54	35	0.72	C Vowles, W Wright	9
20	Reading	42	8	4	9	26	22	4	3	14	16	37	12	7	23	42	59	31	0.71	W Bailey	11
21	Brentford	42	7	9	5	27	23	2	3	16	15	44	9	12	21	42	67	30	0.62	H King	17
22	Gillingham	42	6	9	6	19	24	2	3	16	15	50	8	12	22	34	74	28	0.45	T Hall	9

Aberdare Athletic and Charlton Athletic elected as Grimsby Town were transferred to new Division 3 North. This was formed of teams from a variety of Northern and Midland leagues to redress the southern bias of the recently formed Division 3 which then became Division 3 South.

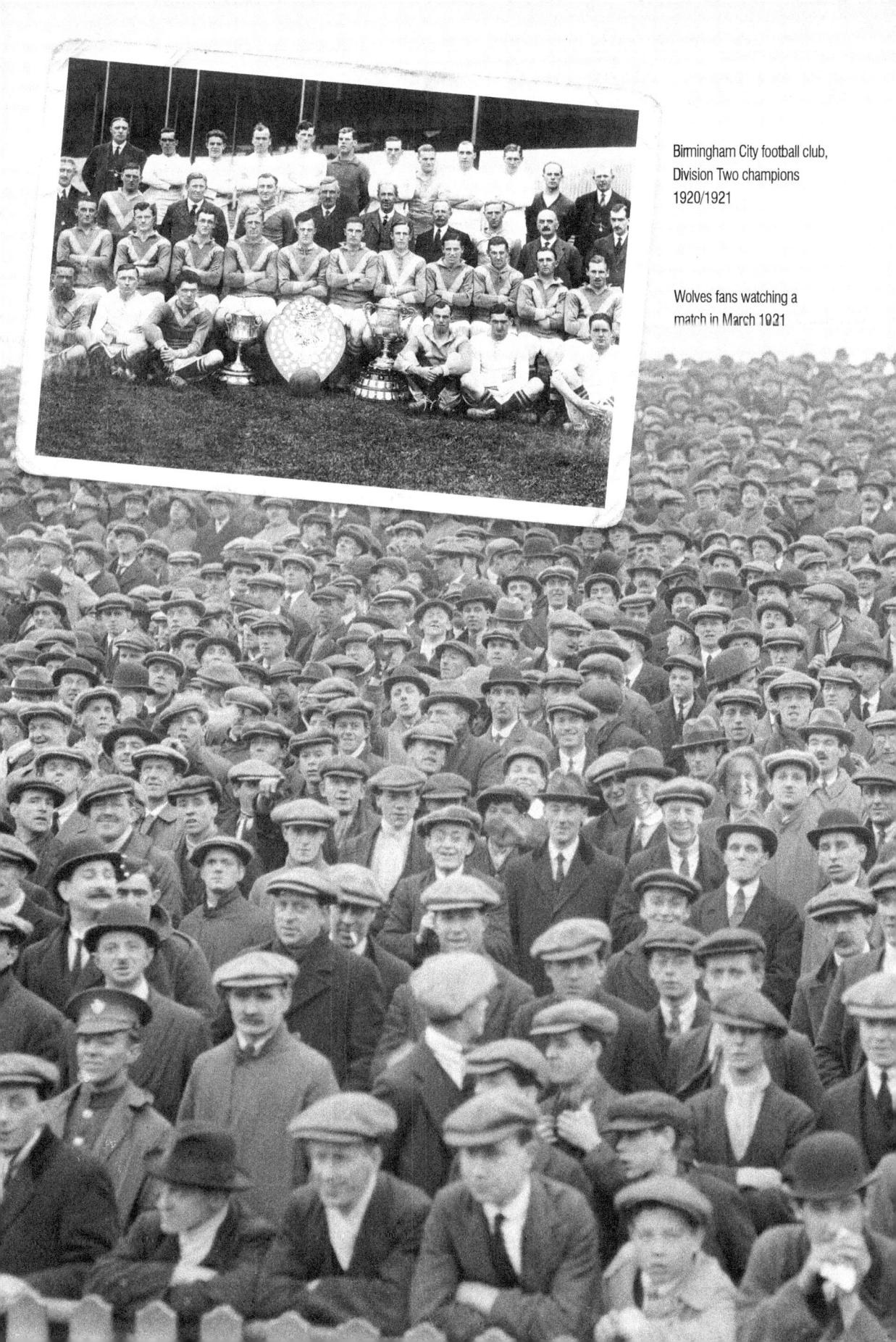

Birmingham City football club, Division Two champions 1920/1921

Wolves fans watching a match in March 1921

1921/22 DIVISION 1 SEASON 30

Total Matches: 462
Total Goals: 1244
Avg goals per match: 2.69

Results Grid

	Arsenal	Aston Villa	Birmingham	Blackburn Rov	Bolton Wand	Bradford City	Burnley	Cardiff City	Chelsea	Everton	Huddersfield T	Liverpool	Manchester City	Manchester Utd	Middlesbrough	Newcastle Utd	Oldham Athletic	Preston N E	Sheffield United	Sunderland	Tottenham H	West Brom A
1 Arsenal		2-0	5-2	1-1	1-1	1-0	0-0	0-0	1-0	1-0	1-3	1-0	0-1	3-1	2-2	2-1	0-1	1-0	1-2	1-2	1-0	2-2
2 Aston Villa	2-0		1-1	1-1	2-1	7-1	2-0	2-1	1-4	2-1	2-0	1-1	4-0	3-1	6-2	1-0	2-0	2-0	5-3	2-0	2-1	0-1
3 Birmingham	0-1	1-0		1-0	1-1	2-3	0-1	5-1	1-1	0-2	0-2	3-1	0-1	4-3	0-4	3-0	0-2	2-1	1-0	0-3	0-2
4 Blackburn Rovers	0-1	1-2	1-1		1-2	3-1	3-2	1-3	1-1	2-2	2-0	0-1	3-0	2-2	0-2	3-2	3-0	2-3	1-2	1-1	2-3
5 Bolton Wanderers	1-0	1-0	1-2	1-1		3-3	0-1	1-2	0-2	1-0	3-1	1-3	5-0	1-0	4-2	3-2	5-1	2-2	3-1	1-1	1-0	2-0
6 Bradford City	0-2	3-2	1-2	1-1	4-3		0-4	1-0	0-1	3-1	4-0	0-0	1-2	2-1	0-2	2-3	1-0	1-1	0-0	0-4	1-1
7 Burnley	1-0	2-1	3-1	1-2	2-0	4-0		1-1	5-0	2-0	1-0	1-1	5-2	4-2	3-1	2-0	0-1	3-3	2-1	2-0	1-0	4-2
8 Cardiff City	4-3	0-4	3-1	1-3	1-2	6-3	4-2		2-0	2-1	0-0	0-2	3-1	3-1	1-0	0-1	3-0	1-1	1-0	2-1	2-0
9 Chelsea	0-2	1-0	1-2	1-0	0-3	1-0	4-1	1-0		1-0	0-1	0-0	0-0	1-1	1-1	1-0	0-0	0-2	1-0	1-2	1-1
10 Everton	1-1	3-2	2-1	2-0	1-0	2-0	2-0	0-1	2-3		6-2	1-1	2-2	5-0	4-1	2-3	2-2	0-0	1-1	3-0	0-0	1-2
11 Huddersfield Town	2-0	1-0	1-0	3-0	3-0	1-2	1-0	0-1	2-0	1-2		0-1	2-0	1-1	2-1	1-2	0-1	6-0	1-1	1-2	1-1	2-0
12 Liverpool	4-0	1-0	2-0	0-2	2-1	2-1	5-1	1-1	1-2	2-0		3-2	2-1	4-0	1-0	2-0	4-0	1-1	2-1	1-1	1-2
13 Manchester City	2-0	2-1	1-0	1-1	2-3	3-2	2-0	1-1	0-0	2-1	2-1	1-1		4-1	2-2	1-0	2-0	2-2	3-0	3-3	6-1
14 Manchester United	1-0	1-0	0-1	0-1	0-1	1-1	0-1	1-1	0-0	0-2	1-1	0-0	3-1		3-5	0-1	0-3	1-1	3-2	3-1	2-3
15 Middlesbrough	4-2	5-0	1-1	0-1	4-2	1-2	4-1	0-0	0-1	3-1	5-1	3-1	4-1	2-0		1-1	1-1	1-0	1-1	3-0	0-0	3-2
16 Newcastle United	3-1	1-2	0-1	2-0	2-1	1-2	2-1	0-0	1-0	3-0	1-2	1-1	5-1	3-0	0-0		1-1	3-1	2-1	2-2	0-2	3-0
17 Oldham Athletic	2-1	3-1	0-1	1-1	0-0	0-0	0-1	2-1	0-3	0-0	1-1	4-0	0-1	1-1	0-0		2-0	0-2	3-0	1-0	1-0
18 Preston North End	3-2	1-0	2-2	2-1	3-1	2-1	2-1	1-1	1-0	1-0	0-3	2-1	1-1	2-0	0-0		3-0	1-1	1-2	0-3
19 Sheffield United	4-1	2-3	1-2	0-1	1-0	1-0	0-1	0-2	1-2	1-0	1-1	0-1	1-0	3-0	6-1	1-1	1-0	3-0		4-1	1-0	0-0
20 Sunderland	1-0	1-4	2-1	3-1	6-2	0-0	3-2	4-1	1-2	1-2	2-2	3-0	2-3	2-1	1-1	0-0	5-1	1-0	1-0		2-0	5-0
21 Tottenham Hotspur	2-0	3-1	2-1	2-1	1-2	1-0	1-1	4-1	0-0	2-0	1-0	0-1	3-1	2-2	2-4	4-0	3-1	5-0	2-1	1-0		2-0
22 West Bromwich Albion	0-3	0-1	1-0	0-2	0-1	1-1	2-2	2-2	1-1	3-2	1-0	2-0	0-0	0-0	1-2	0-1	2-0	3-0	2-1	3-0	

Final League Table

Pos	Team	Pld	Home W	Home D	Home L	Home F	Home A	Away W	Away D	Away L	Away F	Away A	Totals W	Totals D	Totals L	Totals F	Totals A	Pts	GA	Leading Goalscorer	Gls
1	Liverpool	42	15	4	2	43	15	7	9	5	20	21	22	13	7	63	36	57	1.75	H Chambers	19
2	Tottenham H.	42	15	3	3	43	17	6	6	9	22	22	21	9	12	65	39	51	1.66	C Wilson	11
3	Burnley	42	16	3	2	49	18	6	2	13	23	36	22	5	15	72	54	49	1.33	J Anderson	20
4	Cardiff City	42	13	2	6	40	26	6	8	7	21	27	19	10	13	61	53	48	1.15	J Gill	20
5	Aston Villa	42	16	3	2	50	19	6	0	15	24	36	22	3	17	74	55	47	1.34	I Dickson, W Walker	21
6	Bolton Wand.	42	12	4	5	40	24	8	3	10	28	35	20	7	15	68	59	47	1.15	D Jack	24
7	Newcastle Utd.	42	11	5	5	36	19	7	5	9	23	26	18	10	14	59	45	46	1.31	N Harris	22
8	Middlesbrough	42	12	6	3	46	19	4	8	9	33	50	16	14	12	79	69	46	1.14	A Wilson	32
9	Chelsea	42	9	6	6	17	16	8	6	7	23	27	17	12	13	40	43	46	0.93	J Cock	13
10	Manchester City	42	13	7	1	44	21	5	2	14	21	49	18	9	15	65	70	45	0.92	T Browell	21
11	Sheffield United	42	11	3	7	32	17	4	7	10	27	37	15	10	17	59	54	40	1.09	H Johnson	17
12	Sunderland	42	13	4	4	46	23	3	4	14	14	39	16	8	18	60	62	40	0.96	C Buchan	21
13	West Brom A	42	8	6	7	26	23	7	4	10	25	40	15	10	17	51	63	40	0.81	S Davies	15
14	Huddersfield T.	42	12	3	6	33	14	3	6	12	20	40	15	9	18	53	54	39	0.98	E Islip	11
15	Blackburn Rov.	42	7	6	8	35	31	6	6	9	19	26	13	12	17	54	57	38	0.94	P Dawson	13
16	Preston N E	42	12	7	2	33	20	1	5	15	9	45	13	12	17	42	65	38	0.64	W Roberts	18
17	Arsenal	42	10	6	5	27	19	5	1	15	20	37	15	7	20	47	56	37	0.83	H White	14
18	Birmingham	42	9	2	10	25	29	6	5	10	23	31	15	7	20	48	60	37	0.80	J Bradford, J Crosbie	10
19	Oldham Athletic	42	8	7	6	21	15	5	4	12	17	35	13	11	18	38	50	37	0.76	R Butler	13
20	Everton	42	10	7	4	42	22	2	5	14	15	33	12	12	18	57	55	36	1.03	S Fazackerley	12
21	Bradford City	42	8	5	8	28	30	3	5	13	20	42	11	10	21	48	72	32	0.66	W Hibbert	13
22	Manchester Utd.	42	7	7	7	25	26	1	5	15	16	47	8	12	22	41	73	28	0.56	J Spence	15

1921/22 DIVISION 2 — SEASON 30

Total Matches 462
Total Goals 1061
Avg goals per match 2.29

Results Grid

#	Team	Barnsley	Blackpool	Bradford PA	Bristol City	Bury	Clapton Orient	Coventry City	Crystal Palace	Derby County	Fulham	Hull City	Leeds United	Leicester City	Nottm Forest	Notts County	Port Vale	Rotherham Co	Sheffield Weds	South Shields	Stoke	West Ham Utd	Wolverhampton
1	Barnsley		3-2	2-0	1-1	3-0	4-0	0-1	3-1	2-1	2-1	4-1	2-2	0-0	2-0	3-0	3-2	0-1	2-0	2-1	2-2	1-1	2-1
2	Blackpool	1-0		1-1	2-0	0-1	2-0	2-1	1-3	4-2	0-2	0-1	1-3	2-0	2-1	1-2	0-1	3-1	0-2	4-0	3-2	3-1	1-3
3	Bradford Park Avenue	2-3	0-0		2-1	1-1	3-1	1-2	0-0	5-1	1-2	1-1	0-1	0-1	1-0	2-1	2-0	4-2	2-1	1-0	2-4	2-0	0-0
4	Bristol City	3-0	0-1	1-0		2-0	2-1	0-2	1-2	1-2	1-0	1-0	0-0	1-1	0-1	2-2	2-1	1-2	3-1	0-1	2-1	0-0	0-0
5	Bury	1-2	3-0	2-2	5-0		0-0	3-2	1-2	2-0	1-0	4-0	2-1	0-1	1-2	1-0	5-0	1-2	1-0	0-1	0-1	0-2	2-1
6	Clapton Orient	2-1	3-0	1-0	0-1	3-1		4-0	0-0	3-2	4-2	0-2	4-2	0-0	1-2	2-1	2-0	1-2	1-1	0-1	1-0	0-0	1-0
7	Coventry City	0-1	0-1	1-1	1-2	1-2	1-1		1-1	2-0	2-0	1-0	0-0	0-1	4-2	4-1	4-0	2-2	0-1	0-1	1-0	2-0	3-1
8	Crystal Palace	0-1	1-0	1-1	1-1	4-1	1-0	1-1		3-1	2-0	0-2	1-2	4-1	1-0	0-0	2-0	2-2	1-2	0-2	1-2	1-1	
9	Derby County	1-0	1-0	1-3	5-1	1-0	3-0	1-0	2-0		1-1	0-0	2-0	0-1	1-2	1-1	3-2	4-0	0-1	0-2	2-4	3-1	2-3
10	Fulham	0-0	1-0	2-1	0-0	0-1	2-0	5-0	1-1	2-2		6-0	1-0	0-0	2-0	4-0	1-0	4-0	3-1	3-0	2-1	2-0	1-0
11	Hull City	1-3	2-0	3-0	1-0	1-1	2-1	2-0	1-0	1-1	2-1		1-0	5-2	0-1	2-0	2-0	0-1	0-0	1-1	7-1	0-0	2-0
12	Leeds United	4-0	0-0	3-0	3-0	2-0	2-1	0-0	2-0	5-0	2-1	1-1		2-0	3-0	0-0	1-1	0-2	1-1	0-0	1-0	0-0	0-0
13	Leicester City	1-0	1-0	2-1	4-1	0-0	1-0	1-1	2-0	1-1	1-2	0-1	0-0		2-2	3-0	3-0	1-0	1-1	1-0	3-4	2-1	0-1
14	Nottm Forest	1-1	0-0	1-0	1-1	1-2	2-0	1-0	2-1	3-0	0-0	3-2	1-0	0-0		0-0	1-1	1-0	2-0	3-1	2-0	0-0	
15	Notts County	1-4	2-1	3-0	0-2	1-1	0-0	1-1	3-2	1-2	3-0	2-0	4-1	0-0	1-1		1-2	2-0	2-0	0-0	1-1	4-0	
16	Port Vale	2-3	1-0	0-1	3-1	5-2	3-0	1-2	3-0	0-1	1-1	1-0	0-1	1-1	0-0	0-0		1-0	1-0	1-1	0-1	2-1	0-2
17	Rotherham County	0-0	0-1	2-0	0-0	1-1	2-0	0-0	1-1	2-0	1-0	0-0	1-0	0-1	3-0	0-1			0-0	1-1	0-0	0-1	1-0
18	Sheffield Wednesday	2-3	5-1	2-1	1-0	4-1	0-0	3-2	1-0	1-1	1-4	0-0	2-1	1-0	0-4	0-0	2-0	1-0		0-3	0-1	2-1	3-1
19	South Shields	5-2	2-1	1-0	2-0	1-1	1-1	2-1	1-1	3-1	1-0	1-0	0-0	0-0	0-1	2-0	0-0		1-1		1-0	1-0	0-2
20	Stoke	1-0	1-1	0-1	3-0	1-0	3-0	0-2	5-1	1-1	3-0	0-0	3-0	1-1	1-1	0-0	0-0	1-1	1-1	2-1		2-0	3-0
21	West Ham United	4-0	0-2	1-0	3-0	3-2	1-2	3-0	2-0	3-1	1-1	1-1	1-0	0-1	2-1	3-0	1-2	2-0	1-1	3-0			2-0
22	Wolverhampton W	2-0	4-0	5-0	2-2	1-1	0-2	1-0	0-1	0-3	0-0	0-2	0-0	1-1	2-0	1-2	2-0	3-1	0-0	3-2	1-1	0-1	

Final League Table

Pos	Team	Pld	Home W	Home D	Home L	Home F	Home A	Away W	Away D	Away L	Away F	Away A	Tot W	Tot D	Tot L	Tot F	Tot A	Pts	GA	Leading Goalscorer	Gls
1	Nottm Forest	42	13	7	1	29	9	9	5	7	22	21	22	12	8	51	30	56	1.70	J Spaven	19
2	Stoke	42	9	11	1	31	11	9	5	7	29	33	18	16	8	60	44	52	1.36	J Broad	25
3	Barnsley	42	14	5	2	43	18	8	3	10	24	34	22	8	12	67	52	52	1.28	B Fletcher	18
4	West Ham Utd.	42	15	3	3	39	13	5	5	11	13	26	20	8	14	52	39	48	1.33	S Puddefoot	15
5	Hull City	42	13	5	3	36	13	6	5	10	15	28	19	10	13	51	41	48	1.24	C Flood	17
6	South Shields	42	11	7	3	25	13	6	5	10	18	25	17	12	13	43	38	46	1.13	J Smith	10
7	Fulham	42	14	5	2	41	8	4	4	13	16	30	18	9	15	57	38	45	1.50	B Travers	17
8	Leeds United	42	10	8	3	31	12	6	5	10	17	26	16	13	13	48	38	45	1.26	J Howarth	13
9	Leicester City	42	11	6	4	30	16	3	11	7	9	18	14	17	11	39	34	45	1.14	J Paterson, A Trotter	7
10	Sheffield Weds.	42	12	4	5	31	24	3	10	8	16	26	15	14	13	47	50	44	0.94	J Lofthouse, J McIntyre	8
11	Bury	42	11	3	7	35	19	4	7	10	19	36	15	10	17	54	55	40	0.98	J Trotter	11
12	Derby County	42	11	3	7	34	22	4	6	11	26	42	15	9	18	60	64	39	0.93	J Moore	16
13	Notts County	42	10	7	4	34	18	2	8	11	13	33	12	15	15	47	51	39	0.92	D Brown, H Hill	7
14	Crystal Palace	42	9	6	6	28	20	4	7	10	17	31	13	13	16	45	51	39	0.88	J Conner	8
15	Clapton Orient	42	12	4	5	28	18	3	5	13	10	32	15	9	18	43	50	39	0.86	C Rennox	11
16	Rotherham Co.	42	8	9	4	17	7	6	2	13	15	36	14	11	17	32	43	39	0.74	A Pape	10
17	Wolverhampton	42	8	7	6	28	19	5	4	12	16	30	13	11	18	44	49	37	0.89	G Edmonds	13
18	Port Vale	42	10	5	6	28	19	4	3	14	15	38	14	8	20	43	57	36	0.75	T Page	9
19	Blackpool	42	11	1	9	33	27	4	3	14	11	30	15	5	22	44	57	33	0.77	H Bedford	11
20	Coventry City	42	8	5	8	31	21	4	5	12	20	39	12	10	20	51	60	34	0.85	S Stevens	20
21	Bradford P A	42	10	5	6	32	22	2	4	15	14	40	12	9	21	46	62	33	0.74	J Bauchop	13
22	Bristol City	42	8	9	3	25	18	2	6	13	12	40	12	9	21	37	58	33	0.63	A Fairclough	11

1921/22 DIVISION 3 (North)
SEASON 30

Total Matches	380
Total Goals	1150
Avg goals per match	3.02

Pos	Team	Accrington S	Ashington	Barrow	Chesterfield	Crewe Alex	Darlington	Durham City	Grimsby Town	Halifax Town	Hartlepools U	Lincoln City	Nelson	Rochdale	Southport	Stalybridge C	Stockport Co	Tranmere R	Walsall	Wigan B	Wrexham
1	Accrington Stanley		3-0	3-0	3-1	2-0	1-0	5-1	1-0	1-2	4-1	2-0	4-1	4-0	1-2	4-1	1-3	3-0	3-3	4-0	1-0
2	Ashington	2-1		0-2	1-0	0-1	1-0	1-0	1-0	3-1	4-1	4-2	4-0	7-3	2-2	2-3	2-0	1-0	2-3	3-1	2-2
3	Barrow	3-1	2-0		1-0	1-2	0-2	0-1	2-2	1-1	0-1	2-0	0-2	1-0	2-1	2-1	0-2	2-0	1-1	2-0	5-2
4	Chesterfield	0-1	0-1	2-0		1-1	0-3	2-1	4-1	2-0	2-1	3-0	1-2	2-1	2-1	4-0	0-1	3-0	1-0	1-1	3-0
5	Crewe Alexandra	2-1	1-2	2-1	1-2		7-3	3-2	1-2	2-1	2-0	0-2	2-1	2-0	1-0	5-1	0-1	1-1	2-0	2-1	3-0
6	Darlington	3-0	5-0	3-0	7-0	0-1		2-2	2-0	0-0	4-2	0-1	2-1	3-0	3-0	1-0	4-0	5-0	3-0	3-0	1-5
7	Durham City	3-1	1-0	2-0	3-1	4-2	3-7		1-2	3-1	0-1	2-0	2-0	0-2	2-0	3-1	0-2	3-0	2-0	6-0	3-0
8	Grimsby Town	2-1	6-1	4-0	2-2	3-0	3-1	5-2		4-1	2-0	3-1	3-1	3-0	0-0	1-1	2-1	5-1	3-1	1-1	2-0
9	Halifax Town	2-1	3-0	3-2	1-2	5-5	5-1	3-2	2-0		3-0	1-2	3-1	1-1	1-1	2-3	1-0	0-2	1-3	1-2	0-0
10	Hartlepools United	2-1	2-1	3-1	7-0	1-1	0-0	0-1	0-0	4-0		1-1	6-1	5-3	1-0	0-1	0-0	0-0	1-0	0-0	0-1
11	Lincoln City	1-1	4-1	1-0	2-1	2-3	0-2	3-0	0-2	3-1	1-1		0-2	1-2	3-1	2-1	0-1	4-1	1-0	3-0	1-0
12	Nelson	0-1	0-2	1-1	2-0	1-2	1-1	3-5	3-0	0-0	0-4	0-0		4-1	3-2	1-0	2-2	0-0	1-0	1-2	4-0
13	Rochdale	6-3	2-1	0-1	0-1	2-0	0-2	1-0	0-2	3-3	0-1	0-2	2-2		0-1	2-1	0-1	2-1	7-0	4-2	3-0
14	Southport	1-1	0-0	1-0	3-0	2-0	3-1	1-1	7-1	3-0	0-0	0-1	2-1		5-1	2-1	1-1	3-0	1-1	1-2	
15	Stalybridge Celtic	3-1	2-0	3-0	6-0	2-2	1-0	4-3	3-0	2-1	1-3	2-0	2-0	1-0	0-0		0-4	4-0	2-0	0-0	4-1
16	Stockport County	2-1	3-2	2-0	2-1	1-1	1-0	4-0	0-1	0-0	1-0	2-2	3-0	3-0	2-1	4-0		0-0	3-1	3-0	0-0
17	Tranmere Rovers	2-4	2-3	2-2	2-0	4-1	0-1	3-3	2-2	2-2	1-2	4-0	4-0	7-0	0-1	4-1	0-2		0-1	2-0	0-0
18	Walsall	6-1	6-2	3-1	2-1	1-0	0-1	2-0	2-1	4-1	3-1	3-0	4-0	4-1	2-2	0-2	2-0			4-1	2-2
19	Wigan Borough	0-1	1-1	1-2	1-0	2-0	3-3	2-0	4-3	1-0	3-1	1-4	3-2	3-2	0-2	0-1	0-0	4-2			2-1
20	Wrexham	2-1	2-0	0-0	6-1	1-0	1-1	3-1	0-1	5-1	0-2	3-1	4-2	1-1	2-0	2-0	0-0	1-3	4-0	3-2	

Final League Table

Pos	Team	Pld	W	D	L	F	A	W	D	L	F	A	W	D	L	F	A	Pts	GA	Leading Goalscorer	Gls
1	Stockport Co.	38	13	5	1	36	10	11	3	5	24	11	24	8	6	60	21	56	2.85	J O'Kane	12
2	Darlington	38	15	2	2	52	7	7	4	8	29	30	22	6	10	81	37	50	2.18	F Hooper	18
3	Grimsby Town	38	15	4	0	54	15	6	4	9	18	32	21	8	9	72	47	50	1.53	J Carmichael	37
4	Hartlepools Utd.	38	10	6	3	33	11	7	2	10	19	28	17	8	13	52	39	42	1.33	P Robertson	12
5	Accrington S.	38	15	1	3	50	15	4	2	13	23	42	19	3	16	73	57	41	1.28	T Green	23
6	Crewe Alex.	38	13	1	5	39	21	5	4	10	21	35	18	5	15	60	56	41	1.07	W Caulfield	19
7	Stalybridge C.	38	14	3	2	42	15	4	2	13	20	48	18	5	15	62	63	41	0.98	C Petrie	17
8	Walsall	38	15	2	2	52	17	3	1	15	14	48	18	3	17	66	65	39	1.01	G Reid	22
9	Southport	38	11	6	2	39	12	3	4	12	16	32	14	10	14	55	44	38	1.25	J Glover	26
10	Ashington	38	13	2	4	42	22	4	2	13	17	44	17	4	17	59	66	38	0.89	T Robertson	19
11	Durham City	38	14	0	5	43	20	3	3	13	25	47	17	3	18	68	67	37	1.01	H Cousins	17
12	Wrexham	38	12	4	3	40	17	2	5	12	11	39	14	9	15	51	56	37	0.91	M Burton	9
13	Chesterfield	38	12	2	5	33	15	4	1	14	15	52	16	3	19	48	67	35	0.71	H Williams	10
14	Lincoln City	38	11	2	6	32	20	3	4	12	16	36	14	6	18	48	59	34	0.81	R Chambers	12
15	Barrow	38	11	6	2	29	18	3	1	13	13	36	14	9	15	42	54	33	0.77	B Sharkey	14
16	Nelson	38	7	6	6	27	23	6	1	12	21	43	13	7	18	48	66	33	0.72	J Eddleston	16
17	Wigan Borough	38	9	4	6	32	28	2	5	12	14	44	11	9	18	46	72	31	0.63	B Freeman	14
18	Tranmere Rov.	38	7	5	7	41	25	2	6	11	10	36	9	11	18	51	61	29	0.83	F Groves	7
19	Halifax Town	38	9	4	6	37	28	1	5	13	19	48	10	9	19	56	76	29	0.73	J Woods	12
20	Rochdale	38	7	2	10	30	30	2	2	15	15	53	11	4	23	52	77	26	0.67	H Dennison	17

1921/22 DIVISION 3 (South) SEASON 30

Total Matches 462
Total Goals 1118
Avg goals per match 2.42

		Aberdare Ath	Brentford	Brighton & H A	Bristol Rovers	Charlton Ath	Exeter City	Gillingham	Luton Town	Merthyr Town	Millwall	Newport County	Northampton T	Norwich City	Plymouth A	Portsmouth	Q P R	Reading	Southampton	Southend Utd	Swansea Town	Swindon Town	Watford
1	Aberdare Athletic		2-0	2-0	2-0	3-3	0-2	6-1	2-0	0-0	0-0	3-0	4-2	1-2	0-0	0-0	4-2	0-1	0-1	1-1	2-1	3-2	3-0
2	Brentford	2-1		4-0	4-2	0-2	5-2	0-1	0-2	0-1	1-0	1-0	1-0	2-1	3-1	2-2	5-1	2-0	1-0	1-0	3-0	3-0	1-1
3	Brighton & Hove Albion	1-2	2-1		3-1	2-0	3-1	0-1	1-1	1-3	0-1	3-0	7-0	0-2	1-1	3-0	2-1	1-1	0-1	0-0	0-0	2-1	1-1
4	Bristol Rovers	5-1	0-0	1-2		4-2	1-3	0-3	2-0	2-0	0-0	3-4	2-0	4-2	1-3	1-1	1-1	2-0	0-0	1-0	0-0	1-1	1-1
5	Charlton Athletic	2-1	1-1	1-0	2-0		1-0	0-0	0-1	1-0	2-1	1-1	2-2	2-1	0-0	1-2	1-1	0-1	1-2	4-0	1-0	4-5	1-0
6	Exeter City	0-1	1-0	0-3	2-2	1-0		1-1	0-1	1-0	1-0	2-2	2-0	2-0	0-2	1-4	0-1	1-3	0-0	4-1	1-1	1-4	1-3
7	Gillingham	3-1	0-0	1-0	3-2	2-0	3-0		0-1	5-0	0-1	0-2	3-2	5-2	1-2	1-2	2-0	2-0	1-0	0-0	2-2	1-1	
8	Luton Town	1-2	3-0	2-0	1-2	0-0	4-0	7-0		3-0	1-0	4-0	3-0	2-1	1-0	1-0	3-1	0-1	0-0	3-0	3-0	2-1	1-1
9	Merthyr Town	0-1	2-0	2-1	0-2	1-0	0-0	2-0			3-1	2-1	2-1	3-0	0-1	2-1	2-0	2-0	0-1	2-2	1-0	4-1	1-2
10	Millwall	0-0	1-1	2-0	4-1	0-1	1-0	1-0	1-1	4-0		1-1	0-0	2-2	1-1	1-1	0-0	3-0	0-1	0-0	0-0	0-0	1-1
11	Newport County	1-0	2-1	0-1	0-1	2-1	1-1	1-1	2-2	0-2	1-0		2-2	1-0	0-0	0-0	0-1	1-0	0-1	2-1	2-3	4-0	0-0
12	Northampton Town	2-0	2-0	2-0	2-1	1-0	2-3	3-1	2-0	2-0	0-3	2-0		3-0	1-3	0-0	1-0	2-1	0-0	0-2	0-1	2-1	1-0
13	Norwich City	0-0	0-0	1-1	0-1	2-0	0-0	2-0	0-1	2-0	3-1	2-2	2-0		1-1	2-1	0-0	4-1	2-2	1-1	3-2	1-2	1-1
14	Plymouth Argyle	3-0	4-1	3-1	1-0	3-0	0-0	3-0	2-0	0-0	1-0	2-0	1-1			0-0	4-0	2-0	1-0	4-0	3-1	1-0	3-0
15	Portsmouth	2-2	1-0	0-0	1-0	1-0	2-0	4-1	1-1	2-1	2-2	4-3	1-1	0-1	3-1		1-0	1-0	0-2	6-0	3-0	1-3	2-0
16	Queens Park Rangers	1-0	1-1	3-0	1-2	3-1	2-1	1-0	1-0	0-0	6-1	2-1	0-4	2-0	1-1			1-1	2-2	1-0	0-0	4-0	1-0
17	Reading	0-1	0-3	0-0	4-0	1-2	0-0	2-1	2-1	5-0	1-0	1-0	0-0	2-1	0-1	1-1	0-1		0-1	4-0	2-0	1-1	2-1
18	Southampton	1-0	0-0	3-0	1-0	6-0	2-0	2-0	1-1	4-2	5-0	8-0	2-0	0-1	1-1	0-0			5-0	1-1	3-1	2-0	
19	Southend United	3-2	1-1	1-2	3-0	1-1	0-1	2-0	0-1	2-1	1-1	0-1	1-1	0-1	1-0	1-2	1-2	2-0	0-0		1-0	1-2	1-4
20	Swansea Town	1-2	1-0	2-1	8-1	0-0	2-1	2-0	1-1	3-2	3-0	2-2	2-2	1-1	3-0	2-2	1-0	0-0	1-0	1-1		1-3	3-5
21	Swindon Town	2-2	2-1	1-0	0-1	0-0	1-1	0-0	1-1	3-0	1-1	3-2	4-2	6-1	1-2	0-0	2-0	4-0	2-3	6-1	1-0		0-3
22	Watford	3-0	0-0	1-0	2-2	0-0	1-0	4-1	4-1	0-1	1-0	2-2	4-2	0-1	0-3	2-2	2-2	1-1	4-1	0-0	2-2		

Final League Table

Pos	Team	Pld	Home					Away					Totals					Pts	GA	Leading Goalscorer	Gls
			W	D	L	F	A	W	D	L	F	A	W	D	L	F	A				
1	Southampton	42	14	7	0	50	8	9	8	4	18	13	23	15	4	68	21	61	3.23	W Rawlings	29
2	Plymouth A.	42	17	4	0	43	4	8	7	6	20	20	25	11	6	63	24	61	2.62	F Richardson	31
3	Portsmouth	42	13	5	3	38	18	5	12	4	24	21	18	17	7	62	39	53	1.59	P Cherrett	21
4	Luton Town	42	16	2	3	47	9	6	6	9	17	26	22	8	12	64	35	52	1.82	E Simms	18
5	Queens Park R.	42	13	7	1	36	12	5	6	10	17	32	18	13	11	53	44	49	1.20	J Birch	19
6	Swindon Town	42	10	7	4	40	21	6	6	9	32	39	16	13	13	72	60	45	1.20	T Phillipson	12
7	Watford	42	9	9	3	34	21	4	9	8	20	27	13	18	11	54	48	44	1.12	F Pagnam	15
8	Aberdare Ath.	42	11	6	4	38	18	6	4	11	19	33	17	10	15	57	51	44	1.11	J Martin	16
9	Brentford	42	15	2	4	41	17	1	9	11	11	26	16	11	15	52	43	43	1.20	D Morris	18
10	Swansea Town	42	11	8	2	40	19	2	7	12	10	28	13	15	14	50	47	41	1.06	J Edmondson	11
11	Merthyr Town	42	14	2	5	33	15	3	4	14	12	41	17	6	19	45	56	40	0.80	H Turner	13
12	Millwall	42	6	13	2	22	10	4	5	12	16	32	10	18	14	38	42	38	0.90	W Keen	8
13	Reading	42	10	5	6	28	15	4	5	12	12	32	14	10	18	40	47	38	0.85	S Jennings	13
14	Bristol Rovers	42	8	8	5	32	24	6	2	13	20	43	14	10	18	52	67	38	0.77	A Leigh	15
15	Norwich City	42	8	10	3	29	17	4	3	14	21	45	12	13	17	50	62	37	0.80	S Austin	9
16	Charlton Athletic	42	10	6	5	28	19	3	5	13	15	37	13	11	18	43	56	37	0.76	D Bailey	8
17	Northampton T.	42	13	3	5	30	17	0	8	13	17	54	13	11	18	47	71	37	0.66	W Lockett	17
18	Gillingham	42	11	4	6	36	20	3	4	14	11	40	14	8	20	47	60	36	0.78	C Freeman	11
19	Brighton & H A	42	9	6	6	33	19	4	2	14	12	32	13	8	20	45	51	35	0.88	J Doran	23
20	Newport County	42	8	7	6	22	18	3	5	13	22	43	11	12	19	44	61	34	0.72	W Edwards	10
21	Exeter City	42	7	5	9	22	29	4	7	10	16	30	11	12	19	38	59	34	0.64	C Vowles	11
22	Southend United	42	7	5	9	23	23	1	6	14	11	51	8	11	23	34	74	27	0.45	J Evans	10

1922/23 DIVISION 1 SEASON 31

Total Matches	462
Total Goals	1215
Avg goals per match	2.63

		Arsenal	Aston Villa	Birmingham	Blackburn Rov	Bolton Wand	Burnley	Cardiff City	Chelsea	Everton	Huddersfield T	Liverpool	Manchester City	Middlesbrough	Newcastle Utd	Nottm Forest	Oldham Athletic	Preston N E	Sheffield United	Stoke	Sunderland	Tottenham H	West Brom A
1	Arsenal		2-0	1-0	1-1	5-0	1-1	2-1	3-1	1-2	1-1	1-0	1-0	3-0	1-2	2-0	2-0	1-1	2-0	3-0	2-3	0-2	3-1
			31M	9D	2A	26D	28a	16S	24F	11N	16D	2S	20J	10M	28O	10F	17M	14A	28A	30D	25N	30S	7O
2	Aston Villa	1-1		3-0	2-0	2-0	3-1	1-3	1-0	3-0	2-1	0-1	2-0	2-2	1-1	4-0	3-0	1-0	0-1	6-0	1-0	2-0	2-0
		7A		24M	26a	21O	26D	4S	30M	21A	3M	25N	3F	23S	16D	27J	11N	30D	9D	17F	5m	7O	9S
3	Birmingham	3-2	1-0		1-1	2-0	1-0	0-0	0-1	1-1	0-0	0-1	0-1	2-0	0-2	2-0	2-3	1-0	4-2	2-0	1-3	0-1	0-2
		2D	17M		14O	30S	28A	4N	2S	16D	25D	31M	16S	28O	28a	18N	10F	10M	12M	13S	6J	14A	20J
4	Blackburn Rovers	0-5	4-2	1-1		1-0	2-1	3-1	0-0	5-1	0-0	1-0	0-0	2-0	1-1	2-0	1-0	1-1	1-5	0-0	1-0	5-1	
		1J	2S	7O		16D	28O	20J	28A	16S	11N	12M	2D	14A	10M	17M	31M	25D	18S	22J	23S	10F	30D
5	Bolton Wanderers	4-1	3-0	3-0	3-0		2-1	0-0	1-1	0-2	1-0	1-1	2-1	1-1	0-0	4-2	3-1	1-1	1-1	1-1	1-1	3-0	
		25D	28O	23S	23D		10F	30D	14A	30M	7O	18A	25N	31M	17M	2J	4S	2S	20J	4N	9S	11A	9D
6	Burnley	4-1	1-1	0-2	3-1	2-1		1-5	1-0	0-1	1-2	2-0	2-0	3-0	0-0	8-2	1-1	2-0	1-4	3-2	2-0	0-1	3-0
		4S	25D	5m	21O	12M		30M	18N	7A	24M	30S	17F	9D	14O	4N	16D	20J	6J	3M	21A	16S	26a
7	Cardiff City	4-1	3-0	1-1	5-0	1-0	2-2		6-1	0-2	0-1	3-0	3-1	2-0	5-0	3-1	2-0	1-0	2-1	2-4	2-3	5-0	
		9S	28a	11N	27J	6J	2A		10M	23S	25N	28O	16D	17M	10F	25A	28A	31M	14A	2D	7O	2S	26D
8	Chelsea	0-0	1-1	1-1	1-1	3-0	0-1	1-1		3-1	2-2	0-0	1-1	1-1	3-0	2-2	4-0	0-1	0-0	2-2	1-3	0-0	2-2
		17F	2A	26a	5m	21A	25N	3M		14F	2D	30D	7A	9S	20J	25D	23S	11N	7O	4S	21O	16D	25A
9	Everton	1-0	2-1	2-1	2-0	1-1	1-0	3-1	3-1		0-3	0-1	0-0	5-3	3-2	4-2	0-0	1-0	5-1	4-0	1-1	3-1	0-1
		4N	14A	23D	9S	2A	31M	30S	10F		30D	14O	25D	28F	2S	28O	10M	28A	17M	20J	9D	1J	25N
10	Huddersfield Town	4-0	3-5	4-0	0-2	0-2	2-0	1-0	3-0	1-0		0-0	0-0	0-2	2-0	2-1	3-0	2-0	2-1	1-0	1-0	1-0	4-1
		23D	10M	26D	4N	14O	17M	18N	9D	6J		14A	30S	2S	31M	28a	28O	21M	10F	16S	27J	28A	3A
11	Liverpool	5-2	3-0	0-0	3-0	3-0	3-0	3-1	1-0	5-1	1-1		2-0	2-0	0-2	2-1	2-1	5-2	2-1	1-0	5-1	0-0	2-0
		26a	18N	7A	17F	3M	23S	21O	6J	7O	21A		24M	27J	2D	16D	26D	16S	30M	5m	6S	11N	7F
12	Manchester City	0-0	1-1	2-1	2-0	1-0	5-3	0-0	2-1	3-1	1-0	2-1		1-0	1-1	3-2	2-1	3-2	2-1	3-2	2-1	1-0	3-0
		27J	10F	9S	9D	18N	24F	23D	31M	26D	23S	17M		28a	28A	14A	30D	28O	2S	14O	2A	14M	11N
13	Middlesbrough	2-0	2-2	2-1	1-2	1-2	4-1	0-1	2-1	2-4	2-2	0-2	5-0		1-1	4-0	2-1	1-1	3-2	3-1	2-0	2-0	0-1
		3M	30S	21O	21A	7A	2D	24M	16S	17F	26a	20J	4S		26D	2A	14O	25N	4N	16D	18A	30D	5m
14	Newcastle United	1-1	0-0	0-0	5-1	1-0	0-2	3-1	0-0	2-0	1-0	2-0	1-1	1-1		0-0	1-0	3-1	3-0	1-0	2-1	1-1	2-0
		21O	23D	6S	3M	16A	7O	28F	27J	26a	7A	9	5m	25D		6J	1J	23S	9S	21A	4N	25N	14F
15	Nottm Forest	2-1	3-1	1-1	1-0	1-1	1-0	3-2	0-4	2-1	0-1	1-3	2-0	2-1	0-1		1-0	3-0	1-0	0-1	1-0	0-1	0-4
		3F	20J	25N	24M	5O	11N	17F	26D	21O	4S	23D	21A	30M	30D		16S	7O	23S	7A	26a	9D	3M
16	Oldham Athletic	0-0	0-2	1-0	3-1	1-1	3-1	2-0	1-0	0-3	0-2	0-3	0-0	0-0	2-0	2-1		0-2	4-1	0-0	0-3	0-0	
		24M	4N	3F	7A	11S	23D	5m	30S	3M	21O	25D	6J	7O	30M	9S		9D	25N	26a	17F	20J	21A
17	Preston North End	1-2	3-2	2-3	1-0	3-1	3-1	3-0	2-0	2-2	1-0	1-3	0-2	1-2	1-0	2-2	5-1		2-3	4-2	2-0	2-0	0-0
		21A	6J	3M	26D	26a	27J	7A	4N	5m	17F	9S	21O	18N	30S	14O	2D		23D	8F	24M	2A	4S
18	Sheffield United	2-1	1-1	7-1	1-1	2-2	2-1	0-0	0-2	1-0	0-2	4-1	2-0	4-1	0-2	0-0	2-2	2-2		2-0	3-1	2-0	3-1
		2O	2D	17F	4S	27J	30D	21A	14O	16A	9A	2A	26a	11N	16S	30S	18N	16D		21O	3M	26D	7A
19	Stoke	1-0	1-1	0-0	1-1	2-0	0-1	3-1	1-2	4-1	2-2	0-0	1-1	0-0	1-0	0-1	2-2	4-2	4-0		1-2	0-0	0-2
		6J	24F	2A	18N	1N	10M	9D	28a	27J	9S	28A	7O	23D	14A	31M	2S	10F	28O		26D	17M	23S
20	Sunderland	3-3	2-0	5-3	4-3	5-1	3-1	2-1	1-1	3-1	1-1	1-0	2-0	2-1	2-0	0-0	2-2	3-5	2-0	2-0		2-0	3-2
		18N	28A	30D	30S	16S	14A	14O	28O	2D	20J	30a	30M	10F	11N	2S	24F	17M	11A	1J		31M	16D
21	Tottenham Hotspur	1-2	1-2	2-0	2-0	0-1	1-3	1-1	3-1	2-0	0-0	2-4	3-1	2-0	0-1	2-1	3-0	1-1	2-1	3-1	0-1		3-1
		23S	14O	21A	14F	17F	9S	26a	23D	4S	5m	4N	3M	6J	18N	2D	27J	30M	25D	24M	7A		21O
22	West Bromwich Albion	7-0	3-0	3-0	1-0	3-0	2-1	3-0	0-0	0-0	0-2	0-0	2-0	1-0	2-0	1-0	0-0	1-0	2-2	4-0	0-1	5-1	
		14O	16S	27J	6J	2D	2S	27D	17M	18N	2A	10F	4N	28A	14M	10M	14A	28a	31M	30S	23D	28O	

Final League Table

Pos	Team	Pld	Home					Away					Totals					Pts	GA	Leading Goalscorer	Gls
			W	D	L	F	A	W	D	L	F	A	W	D	L	F	A				
1	Liverpool	42	17	3	1	50	13	9	5	7	20	18	26	8	8	70	31	60	2.25	H Chambers	22
2	Sunderland	42	15	5	1	50	25	7	5	9	22	29	22	10	10	72	54	54	1.33	C Buchan	30
3	Huddersfield T.	42	14	2	5	35	15	7	9	5	25	17	21	11	10	60	32	53	1.87	C Wilson	14
4	Newcastle Utd.	42	13	6	2	31	11	5	6	10	14	26	18	12	12	45	37	48	1.21	T McDonald	15
5	Everton	42	14	4	3	41	20	6	3	12	22	39	20	7	15	63	59	47	1.06	W Chadwick, W Williams	13
6	Aston Villa	42	15	3	3	42	11	3	7	11	22	40	18	10	14	64	51	46	1.25	W Walker	21
7	West Brom A	42	12	7	2	38	10	5	4	12	20	39	17	11	14	58	49	45	1.18	S Davies	20
8	Manchester City	42	14	6	1	38	16	3	5	13	12	33	17	11	14	50	49	45	1.02	H Barnes	21
9	Cardiff City	42	15	2	4	51	18	3	5	13	22	41	18	7	17	73	59	43	1.23	L Davies	19
10	Sheffield United	42	11	7	3	41	20	5	3	13	27	44	16	10	16	68	64	42	1.06	H Johnson	17
11	Arsenal	42	13	4	4	38	16	3	6	12	23	46	16	10	16	61	62	42	0.98	R Turnbull	20
12	Tottenham H	42	11	3	7	34	22	6	4	11	16	28	17	7	18	50	50	41	1.00	A Lindsay	11
13	Bolton Wand.	42	11	8	2	36	17	3	4	14	14	41	14	12	16	50	58	40	0.86	J Smith	14
14	Blackburn Rov.	42	12	7	2	32	19	2	5	14	15	43	14	12	16	47	62	40	0.75	J McKay	10
15	Burnley	42	12	3	6	39	24	4	3	14	19	35	16	6	20	58	59	38	0.98	R Kelly	17
16	Preston N E	42	12	3	6	41	26	1	8	12	19	38	13	11	18	60	64	37	0.93	W Roberts	28
17	Birmingham	42	10	4	7	25	19	3	7	11	16	38	13	11	18	41	57	37	0.71	J Bradford	18
18	Middlesbrough	42	11	4	6	41	25	2	6	13	16	38	13	10	19	57	63	36	0.90	G Elliott	24
19	Chelsea	42	5	13	3	29	20	4	5	12	16	33	9	18	15	45	53	36	0.84	H Ford, B Sharp	6
20	Nottm Forest	42	12	2	7	25	23	1	6	14	16	47	13	8	21	41	70	34	0.58	J Spaven	10
21	Stoke	42	7	9	5	28	19	3	1	17	19	48	10	10	22	47	67	30	0.70	J Broad	22
22	Oldham Athletic	42	9	6	6	21	20	1	4	16	14	45	10	10	22	35	65	30	0.53	J Marshall	6

1922/23 DIVISION 2 SEASON 31

Total Matches 462
Total Goals 1055
Avg goals per match 2.28

Results Grid

		Barnsley	Blackpool	Bradford City	Bury	Clapton Orient	Coventry City	Crystal Palace	Derby County	Fulham	Hull City	Leeds United	Leicester City	Manchester U	Notts County	Port Vale	Rotherham Co	Sheffield Weds	Southampton	South Shields	Stockport Co.	West Ham Utd	Wolverhampton
1	Barnsley		2-2 20J	3-1 2A	2-1 28a	2-1 2S	6-2 31M	1-2 25N	5-0 23S	0-1 11N	1-0 2D	1-0 10F	0-1 30D	2-2 28A	1-0 7O	0-1 14A	2-2 26D	2-4 16D	3-0 9S	5-0 10M	1-1 28O	2-0 16A	1-0 17M
2	Blackpool	0-1 27J		3-0 9S	5-1 14A	0-0 28a	0-1 10M	4-0 2D	3-2 7O	3-0 25N	0-0 16D	1-0 2S	1-2 26D	1-0 31M	1-1 11N	0-2 17M	1-0 28A	3-0 30D	1-2 23S	3-0 10F	0-0 30M	4-1 28O	3-1 24F
3	Bradford City	2-0 3A	0-2 16S		4-0 31M	1-2 28A	4-0 24F	1-1 30D	0-0 25N	2-1 16D	2-1 20J	0-2 30S	2-2 7O	1-1 17M	1-2 9D	2-0 10M	0-1 14A	1-1 26D	0-0 11N	1-0 28O	0-2 28a	0-1 2S	1-1 10F
4	Bury	2-1 6S	3-0 21A	1-0 7A		5-1 2D	1-1 14O	2-1 21O	4-1 3M	0-1 14F	1-0 26a	1-1 25D	2-0 5m	2-2 18N	2-2 17F	2-0 11N	1-0 16O	4-0 27J	0-0 24M	1-0 16S	3-0 30D	0-0 2A	3-0 30S
5	Clapton Orient	0-1 26a	0-1 4S	1-0 5m	0-2 8D		0-0 2A	3-1 17F	0-0 7A	0-0 3M	0-0 3F	3-0 7O	1-1 9S	2-1 11N	0-0 24M	5-2 23S	1-0 30D	0-0 21O	0-2 21A	0-2 16D	0-2 26D	0-2 25N	4-1 27J
6	Coventry City	3-0 7A	1-2 3M	2-1 17F	3-0 7O	2-1 3A		2-1 7S	1-0 21O	1-0 11D	0-1 5m	1-2 16D	1-1 24M	2-0 23S	1-2 26a	1-2 9S	2-1 11N	1-1 21A	2-0 30A	0-2 20J	1-0 25N	1-3 30D	7-1 25D
7	Crystal Palace	2-0 18N	1-1 9D	2-0 6J	1-1 28O	2-0 24F	2-0 30a		2-2 26D	0-0 9S	1-1 7O	1-0 17M	0-1 23S	2-3 2S	0-1 30M	2-0 23D	4-0 10F	2-0 11N	1-1 27J	3-0 14A	1-5 10M	5-0 31M	5-0 28A
8	Derby County	0-1 30S	1-0 14O	0-2 18N	1-0 11A	0-0 31M	4-0 28O	6-0 25D		2-0 20J	0-2 30M	0-1 28A	2-0 16D	1-1 14M	0-0 30D	1-2 10F	1-1 17M	0-2 16S	1-0 2D	1-2 11N	2-1 14A	1-1 4S	1-1 2S
9	Fulham	0-1 4N	1-1 18N	3-0 23D	0-0 10F	1-2 10M	4-0 9D	2-1 16S	3-1 27J		0-3 30S	0-0 31M	2-0 30M	0-0 28O	2-1 26D	1-1 2S	1-2 24F	0-0 14O	1-1 6J	0-1 28A	3-0 17M	0-2 14A	2-0 28a
10	Hull City	2-1 9D	0-0 23D	1-0 27J	2-2 2S	2-1 10F	1-1 28A	1-1 14O	4-2 2A	1-0 23S		3-1 10M	1-3 11N	2-1 30D	0-2 16S	3-0 28a	2-3 18N	0-0 25D	1-3 31M	2-0 24F	0-0 17M	1-1 14A	0-0
11	Leeds United	1-1 24F	1-1 26a	1-0 23S	0-0 26D	1-0 14O	4-1 23D	1-0 24M	1-1 5m	2-2 7A	1-0 3M		0-0 21O	0-1 27J	3-0 21A	2-1 6J	2-0 30M	0-0 17F	1-0 4S	0-1 18N	2-0 9S	3-1 4N	1-0 2D
12	Leicester City	2-2 6J	1-2 25D	2-0 14O	2-0 28A	2-0 16S	2-1 17M	3-0 30S	0-1 23D	2-1 2A	1-0 4N	2-1 28O		0-1 14A	2-1 20J	3-0 31M	3-1 28a	2-1 2D	3-0 18N	2-0 26F	0-6 2S	7-0 15F	1-0 10M
13	Manchester United	1-0 1J	2-1 7A	1-1 21M	0-1 25N	0-0 4N	2-1 30S	2-1 26a	0-0 17M	1-1 21O	3-2 6J	0-0 20J	0-2 21A		1-1 21F	1-2 7O	3-0 2D	1-0 4S	1-2 3M	3-0 30M	1-0 16D	1-2 25D	1-0 16S
14	Notts County	1-0 14O	2-0 4N	0-0 2D	1-0 21M	3-1 17M	2-0 2S	0-4 2A	1-2 6J	1-0 25D	0-1 9S	1-1 14A	1-6 27J	1-0 10F		1-0 28O	2-0 10M	1-0 30S	2-0 16D	2-0 28A	2-0 31M	0-0 18A	4-1 18N
15	Port Vale	1-1 21A	2-0 3F	1-2 3M	2-0 4N	3-1 30S	0-1 16S	2-0 16D	2-3 26F	0-1 26a	1-0 4S	1-2 30D	0-0 7A	1-0 14O	0-0 21O		0-0 25N	2-2 5m	0-0 17F	3-0 25D	0-2 13J	1-3 20J	1-0 30M
16	Rotherham County	1-1 25D	1-0 5m	0-2 21A	0-0 23D	0-2 6J	4-1 4N	1-3 6N	0-1 26M	3-0 17F	1-3 21O	0-1 2A	1-0 4S	1-1 9D	1-0 3M	3-1 18N		1-2 26a	0-0 7A	2-1 30S	2-1 27J	2-2 16S	3-2 14O
17	Sheffield Wednesday	2-3 23D	2-3 6J	2-2 25D	2-0 20J	4-1 28O	3-0 14A	3-1 4N	0-1 9S	1-0 7O	1-0 25N	3-1 19M	2-1 9D	1-0 28a	0-1 23S	2-0 28A	1-0 2S		0-0 1J	4-1 17M	0-2 10F	1-0 30A	1-0 31M
18	Southampton	2-2 16S	1-1 30S	2-0 4N	0-3 17M	2-0 14A	3-0 10F	0-4 20J	0-2 9D	2-1 30D	0-1 28a	0-0 25N	0-0 11A	1-6 23D	0-0 5M	3-1 31M	4-2 1-1 2A			0-2 2S	1-0 28A	2-0 14O	3-0 28O
19	South Shields	2-0 3M	1-0 21M	0-0 21O	0-2 9S	3-0 23D	1-0 27J	2-0 21A	3-1 4N	2-0 5m	0-0 7A	0-2 25N	2-1 17F	0-3 2A	1-0 4S	3-1 1J	2-0 23S	1-1 24M	0-0 26a		3-0 7O	0-0 9D	1-1 6J
20	Stockport Co.	3-1 21O	2-2 1J	1-0 4S	1-0 6J	0-2 25D	5-1 18N	2-2 3M	2-1 21A	0-2 24M	1-1 17F	4-5 16S	1-0 26a	0-2 23D	1-0 7A	0-1 9D	0-2 20J	1-0 15M	0-1 5m	1-1 14O		2-1 30S	1-1 4N
21	West Ham United	0-0 17F	2-0 21O	1-2 26a	0-0 30M	1-0 18N	1-0 6J	1-1 7A	0-0 28a	1-0 21A	3-0 9A	0-0 11N	2-2 10F	0-2 26D	0-1 5m	0-0 27J	4-0 9S	2-1 3M	1-1 7O	1-0 2D	0-1 23S		1-0 23D
22	Wolverhampton W	3-3 24M	3-4 17F	4-1 19F	1-1 23S	1-3 20J	1-2 26D	1-0 5m	0-1 26a	0-0 4S	1-2 23A	0-1 9D	1-0 3M	3-0 25N	3-2 2A	2-0 7O	0-0 7A	1-0 21O	3-1 30D	1-4 11N		1-0 16D	

Final League Table

Pos	Team	Pld	Home W	D	L	F	A	Away W	D	L	F	A	Totals W	D	L	F	A	Pts	GA	Leading Goalscorer	Gls
1	Notts County	42	16	1	4	29	15	7	6	8	17	19	23	7	12	46	34	53	1.35	D Cock	13
2	West Ham Utd.	42	9	8	4	21	11	11	3	7	42	27	20	11	11	63	38	51	1.65	V Watson	24
3	Leicester City	42	14	2	5	42	19	7	7	7	23	25	21	9	12	65	44	51	1.47	J Duncan	20
4	Manchester Utd.	42	10	6	5	25	17	7	8	6	26	19	17	14	11	51	36	48	1.41	E Goldthorpe, A Lochhead	13
5	Blackpool	42	12	4	5	37	14	6	7	8	23	29	18	11	13	60	43	47	1.39	H Bedford	32
6	Bury	42	14	5	2	41	16	4	6	11	14	30	18	11	13	55	46	47	1.19	N Bullock	22
7	Leeds United	42	11	8	2	26	10	7	3	11	17	26	18	11	13	43	36	47	1.19	P Whipp	15
8	Sheffield Weds.	42	14	3	4	36	16	3	9	9	18	31	17	12	13	54	47	46	1.14	S Binks, A Smailes, S Taylor	13
9	Barnsley	42	12	5	4	42	21	5	7	9	20	30	17	11	14	62	51	45	1.21	E Hine	23
10	Fulham	42	10	7	4	29	12	6	5	10	14	20	16	12	14	43	32	44	1.34	F Osborne	10
11	Southampton	42	10	5	6	28	21	4	9	8	12	19	14	14	14	40	42	42	1.00	A Dominy	14
12	Hull City	42	9	8	4	29	22	5	6	10	14	23	14	14	14	43	45	42	0.95	G Martin	12
13	South Shields	42	11	7	3	26	12	4	3	14	9	32	15	10	17	35	44	40	0.79	J Oxberry	8
14	Derby County	42	9	5	7	25	16	5	6	10	21	34	14	11	17	46	50	39	0.92	J Lyons, J Moore	11
15	Bradford City	42	8	7	6	27	18	4	6	11	14	27	12	13	17	41	45	37	0.91	F Rhodes	6
16	Crystal Palace	42	10	7	4	33	16	3	4	14	21	46	13	11	18	54	62	37	0.87	G Whitworth	17
17	Port Vale	42	8	6	7	23	18	6	3	12	16	33	14	9	19	39	51	37	0.76	T Butler	9
18	Coventry City	42	12	2	7	35	21	3	5	13	11	42	15	7	20	46	63	37	0.73	W Toms	18
19	Clapton Orient	42	9	6	6	26	17	3	6	12	14	33	12	12	18	40	50	36	0.80	J Tonner, O Williams	8
20	Stockport Co.	42	10	6	5	32	24	4	2	15	11	34	14	8	20	43	58	36	0.74	T Green	17
21	Rotherham Co.	42	10	7	4	30	19	3	2	16	14	44	13	9	20	44	63	35	0.69	A Pape	19
22	Wolverhampton	42	7	4	8	32	26	0	5	16	10	51	9	9	24	42	77	27	0.54	G Edmonds	14

1922/23 DIVISION 3 (North)
SEASON 31

Total Matches	380
Total Goals	1019
Avg goals per match	2.68

Results Grid

	Team	Accrington S	Ashington	Barrow	Bradford P A	Chesterfield	Crewe Alex	Darlington	Durham City	Grimsby Town	Halifax Town	Hartlepools U	Lincoln City	Nelson	Rochdale	Southport	Stalybridge C	Tranmere R	Walsall	Wigan B	Wrexham
1	Accrington Stanley		4-1	3-4	4-3	0-4	0-0	2-1	3-1	4-0	4-1	2-1	1-0	0-1	2-1	3-1	1-0	4-1	2-1	0-0	1-0
2	Ashington	2-5		2-6	2-1	2-0	2-4	3-1	0-0	2-1	3-2	4-2	0-2	0-2	2-0	1-1	0-3	3-1	3-0	2-1	1-1
3	Barrow	5-2	3-0		1-2	3-1	2-0	0-1	2-1	2-0	0-1	0-0	1-3	1-0	4-1	2-0	0-0	2-1	0-0	2-3	1-0
4	Bradford P A	5-1	3-0	3-0		1-0	3-0	2-1	4-1	2-1	2-2	1-1	4-1	6-2	3-0	5-1	1-0	3-0	2-2	1-1	0-1
5	Chesterfield	3-1	2-2	2-1	2-2		2-1	0-0	3-1	3-2	3-0	1-1	3-3	1-2	4-0	3-0	1-0	5-0	6-0	3-1	2-1
6	Crewe Alexandra	1-1	3-1	1-0	0-1	2-0		3-0	4-0	3-0	2-1	2-1	3-1	1-0	0-1	1-0	4-1	2-0	0-0	0-1	0-0
7	Darlington	4-0	1-1	3-2	2-0	4-1	5-0		1-0	1-3	0-1	4-0	0-0	2-3	1-1	2-1	1-0	4-0	2-0	2-0	4-1
8	Durham City	4-1	1-1	4-1	0-0	1-1	2-0	0-0		0-3	2-2	3-2	7-1	0-1	1-1	1-0	0-0	1-0	0-2	2-2	2-0
9	Grimsby Town	7-1	7-4	2-0	0-1	3-1	2-3	0-1	1-0		0-1	1-0	1-0	0-2	1-1	2-1	3-0	0-1	0-1	1-2	0-0	4-0
10	Halifax Town	0-0	0-0	3-0	3-0	2-0	1-0	2-1	1-3	1-0		3-0	3-1	2-2	1-0	0-1	2-1	3-1	1-2	0-1	1-1
11	Hartlepools United	0-0	3-1	2-0	0-1	5-0	1-1	1-0	2-1	2-0	3-2		2-0	5-1	0-2	1-1	4-0	0-1	2-2	0-0	1-1
12	Lincoln City	0-0	2-0	1-1	0-0	0-0	1-0	1-1	3-1	1-2	0-0	2-1		1-0	0-1	2-0	1-1	2-0	0-2	2-1	2-0
13	Nelson	2-1	1-3	2-1	1-0	4-0	0-0	3-0	4-0	1-1	2-0	4-1	2-1		1-2	2-0	1-0	3-0	1-0	2-0
14	Rochdale	1-1	2-0	3-1	0-3	0-2	1-1	2-2	2-0	0-1	0-1	4-0	1-1	0-3		3-2	2-0	0-0	0-0	3-2	5-0
15	Southport	1-2	1-0	2-0	0-0	1-0	2-0	2-1	1-0	3-1	1-3	1-0	3-0	0-1	0-1		0-0	0-0	2-1	1-0	1-0
16	Stalybridge Celtic	1-0	2-1	2-0	1-0	1-2	0-1	4-2	1-0	3-2	4-3	1-1	0-1	2-0	0-0	1-0		4-1	2-0	0-2	3-2
17	Tranmere Rovers	4-1	1-0	3-0	0-0	2-3	1-2	2-2	5-1	3-2	2-1	1-1	2-0	0-2	2-0	2-0	1-1		2-3	4-2	4-0
18	Walsall	0-2	2-1	3-1	1-0	0-1	1-1	2-2	2-0	1-0	2-1	2-2	2-0	5-0	0-0	1-0	2-1	2-1		3-1	1-0
19	Wigan Borough	2-0	6-1	3-2	1-0	1-1	3-0	0-2	1-0	0-1	2-0	9-1	3-1	1-0	6-0	1-0	3-0	0-0	1-0		1-1
20	Wrexham	2-0	0-0	0-0	3-0	3-1	2-1	0-0	1-0	1-1	2-1	2-0	0-2	2-1	3-1	1-1	2-1	2-1	1-0	2-1	

Final League Table

Pos	Team	Pld	Home W	Home D	Home L	Home F	Home A	Away W	Away D	Away L	Away F	Away A	Totals W	Totals D	Totals L	Totals F	Totals A	Pts	GA	Leading Goalscorer	Gls
1	Nelson	38	15	2	2	37	10	9	1	9	24	31	24	3	11	61	41	51	1.48	J Eddleston	22
2	Bradford P A	38	14	4	1	51	15	5	5	9	16	23	19	9	10	67	38	47	1.76	G McLean	20
3	Walsall	38	13	4	2	32	14	6	4	9	19	30	19	8	11	51	44	46	1.15	E Groves	13
4	Chesterfield	38	13	5	1	49	18	6	2	11	19	34	19	7	12	68	52	45	1.30	G Beel	23
5	Wigan Borough	38	14	3	2	45	11	4	5	10	19	28	18	8	12	64	39	44	1.64	H Dennison	13
6	Crewe Alex.	38	13	3	3	32	9	4	6	9	16	29	17	9	12	48	38	43	1.26	T Bentley, P Bricker	12
7	Halifax Town	38	11	4	4	29	14	6	3	10	24	32	17	7	14	53	46	41	1.15	E Dixon	19
8	Accrington S.	38	14	2	3	40	21	3	5	11	19	44	17	7	14	59	65	41	0.90	A Metcalf	21
9	Darlington	38	13	3	3	43	14	2	7	10	16	32	15	10	13	59	46	40	1.28	F Hooper	16
10	Wrexham	38	13	5	1	29	12	1	5	13	9	36	14	10	14	38	48	38	0.79	W Cotton	12
11	Stalybridge C.	38	13	4	2	32	18	2	4	13	10	29	15	6	17	42	47	36	0.89	C Sambrooke	9
12	Rochdale	38	8	5	6	29	22	5	5	9	13	31	13	10	15	42	53	36	0.79	G Guy, W Sandham	7
13	Lincoln City	38	9	7	3	21	11	4	3	12	18	44	13	10	15	39	55	36	0.70	T Griffiths, H Pringle	7
14	Grimsby Town	38	10	3	6	35	18	4	2	13	20	34	14	5	19	55	52	33	1.05	J Carmichael	23
15	Hartlepools Utd	38	10	6	3	34	14	0	6	13	14	40	10	12	16	48	54	32	0.88	C Hardy	11
16	Tranmere Rov.	38	11	4	4	41	21	1	4	14	8	38	12	8	18	49	59	32	0.83	S Beswick, S Sayer	9
17	Southport	38	11	3	5	21	12	1	4	14	11	34	12	7	19	32	46	31	0.69	J Glover	7
18	Barrow	38	12	6	1	31	17	2	2	15	19	43	13	4	21	50	60	30	0.83	W Kellock	12
19	Ashington	38	10	3	6	34	33	1	5	13	17	44	11	8	19	51	77	30	0.66	T Robertson	18
20	Durham City	38	7	9	3	31	19	2	1	16	12	40	9	10	19	43	59	28	0.72	T Roe	8

Stalybridge Celtic resigned. Clubs increased to 22 with the election of Doncaster Rovers and New Brighton.

1922/23 DIVISION 3 (South)
SEASON 31

Total Matches	462	
Total Goals	1141	
Avg goals per match	2.47	

Results Grid

#	Team	Aberdare Ath	Brentford	Brighton & H A	Bristol City	Bristol Rovers	Charlton Ath	Exeter City	Gillingham	Luton Town	Merthyr Town	Millwall	Newport County	Northampton T	Norwich City	Plymouth A	Portsmouth	QPR	Reading	Southend Utd	Swansea Town	Swindon Town	Watford
1	Aberdare Athletic		0-0	0-1	0-1	0-0	3-1	3-1	2-0	2-1	0-0	0-1	6-2	0-2	0-3	2-2	0-2	0-0	0-0	1-1	0-1	3-3	3-1
2	Brentford	0-1		1-2	4-0	0-1	0-3	0-1	2-0	3-2	3-1	1-1	0-0	2-1	1-4	2-0	1-0	1-3	1-1	0-0	0-1	3-0	2-1
3	Brighton & Hove Albion	3-1	2-1		2-1	2-1	1-0	3-0	3-0	0-0	2-0	2-1	1-0	0-0	1-0	7-1	2-0	3-1	0-1	1-3	1-1	3-0	3-0
4	Bristol City	0-0	1-1	3-1		0-1	3-1	1-1	2-1	1-0	3-0	1-1	2-0	1-0	4-0	2-0	2-1	3-2	2-1	5-0	1-0	3-1	3-1
5	Bristol Rovers	1-0	1-1	0-0	1-2		1-1	3-3	1-0	1-1	3-0	0-0	3-1	0-0	3-2	0-1	0-1	1-3	1-1	2-0	0-0	2-0	1-2
6	Charlton Athletic	1-1	1-1	0-1	1-0	0-0		0-0	3-1	2-1	0-1	0-2	6-0	2-0	3-0	1-0	0-2	1-1	5-1	3-1	3-1	0-0
7	Exeter City	1-0	0-2	1-0	0-0	0-0	0-0		0-1	1-2	2-1	2-1	4-0	1-2	2-0	0-0	2-3	1-2	4-0	2-1	1-0	2-1	1-2
8	Gillingham	4-0	2-0	1-0	1-1	0-1	2-2	2-1		1-0	2-0	3-0	3-0	0-3	5-0	1-0	4-2	0-1	2-1	1-0	2-2	1-0	1-4
9	Luton Town	4-1	4-0	1-1	1-1	1-0	2-2	6-0	2-0		2-1	2-2	1-0	2-1	4-0	2-1	0-2	1-0	1-2	2-0	6-1	3-2	0-1
10	Merthyr Town	0-2	1-0	0-1	1-1	3-0	3-1	1-0	0-1	1-1		1-0	3-0	0-1	0-1	3-0	0-1	1-1	2-1	2-1	1-1	2-3	
11	Millwall	1-0	1-1	2-1	1-1	1-0	1-1	3-0	3-1	0-0	1-0		0-0	2-0	3-0	0-0	1-3	0-0	0-0	1-1	0-2	1-1	5-1
12	Newport County	0-0	0-1	1-0	0-1	4-1	4-0	6-2	2-1	0-3	1-1	0-0		1-1	1-3	0-0	1-0	3-0	0-2	1-2	2-2	0-1	
13	Northampton Town	3-1	1-1	0-0	2-1	1-0	0-0	3-0	1-0	2-0	1-1	2-1	2-1		1-1	1-0	3-0	4-2	5-2	1-3	1-2	1-1	
14	Norwich City	1-4	0-2	1-0	2-2	0-0	2-3	6-0	1-1	1-2	1-1	3-2	1-1	1-0		1-0	0-2	1-1	2-0	2-1	1-4	0-0	2-0
15	Plymouth Argyle	2-0	3-0	2-2	5-1	3-0	2-0	5-1	2-0	4-0	2-0	1-0	1-0	1-1			2-0	2-0	3-0	1-1	2-0	2-0	1-0
16	Portsmouth	1-0	3-0	1-2	1-2	0-0	3-4	6-1	1-2	1-1	2-0	2-0	0-0	2-1	1-2			1-1	1-0	0-0	0-3	4-1	5m
17	Queens Park Rangers	4-1	1-1	0-0	1-2	3-1	1-2	2-0	2-1	4-0	1-1	2-3	1-1	3-2	2-0	2-3	0-1		1-0	1-0	2-1	0-2	1-2
18	Reading	1-0	1-0	0-0	0-0	0-0	0-1	2-1	1-3	1-1	3-0	1-0	1-2	0-0	0-0	4-1	0-1	0-0		1-1	4-4	1-0	1-0
19	Southend United	4-0	1-2	0-0	0-3	0-0	0-0	5-0	1-1	1-3	1-1	4-0	3-1	1-2	3-1	2-1	0-0	2-0	3-1		0-1	2-0	2-1
20	Swansea Town	5-1	0-0	0-0	4-1	0-1	3-2	5-1	1-0	1-0	1-1	0-1	5-0	0-1	1-1	2-1	3-0	2-1	1-0			5-0	0-0
21	Swindon Town	5-4	3-0	3-0	0-1	1-0	2-1	2-1	0-1	1-1	4-0	0-0	2-2	2-0	1-2	2-1	3-0	1-0	3-1	3-0	2-1		1-1
22	Watford	6-0	2-0	1-2	1-1	0-1	2-2	4-0	5-2	2-1	1-0	0-0	2-1	1-0	2-3	0-3	1-0	1-1	3-2	0-1	0-3		

Final League Table

Pos	Team	Pld	Home W	Home D	Home L	Home F	Home A	Away W	Away D	Away L	Away F	Away A	Totals W	Totals D	Totals L	Totals F	Totals A	Pts	GA	Leading Goalscorer	Gls
1	Bristol City	42	16	4	1	43	13	8	7	6	23	27	24	11	7	66	40	59	1.65	A Fairclough	20
2	Plymouth A.	42	18	3	0	47	6	5	4	12	14	23	23	7	12	61	29	53	2.10	J Fowler	17
3	Swansea Town	42	13	6	2	46	14	9	3	9	32	31	22	9	11	78	45	53	1.73	J Smith	23
4	Brighton & H A	42	15	3	3	39	13	5	8	8	13	21	20	11	11	52	34	51	1.52	E Fuller	13
5	Luton Town	42	14	4	3	47	18	7	3	11	21	31	21	7	14	68	49	49	1.38	S Reid	19
6	Millwall	42	9	10	2	27	13	5	8	8	18	27	14	18	10	45	40	46	1.12	D Morris, A Moule	8
7	Portsmouth	42	10	5	6	34	20	9	3	9	24	32	19	8	15	58	52	46	1.11	J Mackie	10
8	Northampton T.	42	13	6	2	40	17	4	5	12	14	27	17	11	14	54	44	45	1.22	W Lockett	15
9	Swindon Town	42	14	4	3	41	17	3	7	11	21	39	17	11	14	62	56	45	1.10	J Johnson	20
10	Watford	42	10	6	5	35	23	7	4	10	22	31	17	10	15	57	54	44	1.05	F Pagnam	30
11	Queens Park R	42	10	4	7	34	24	6	6	9	20	25	16	10	16	54	49	42	1.10	R Parker	16
12	Charlton Athletic	42	11	6	4	33	14	3	8	10	22	37	14	14	14	55	51	42	1.07	A Steele	13
13	Bristol Rovers	42	7	9	5	25	19	6	7	8	10	17	13	16	13	35	36	42	0.97	F Lunn	9
14	Brentford	42	9	4	8	27	23	4	9	8	14	28	13	13	17	41	51	38	0.80	D Morris	13
15	Southend United	42	10	6	5	35	18	2	7	12	14	36	12	13	17	49	54	37	0.90	W Goodwin	21
16	Gillingham	42	13	4	4	38	18	2	3	16	13	41	15	7	20	51	59	37	0.86	C Freeman, T Hall, H Williams	10
17	Merthyr Town	42	10	4	7	27	17	1	10	10	12	31	11	14	17	39	48	36	0.81	E Turner	12
18	Norwich City	42	8	7	6	29	26	5	3	13	22	45	13	10	19	51	71	36	0.71	R Dennison	11
19	Reading	42	9	8	4	24	15	0	14	12	40	40	10	14	18	36	55	34	0.65	S Jennings	14
20	Exeter City	42	10	4	7	27	18	3	3	15	20	66	13	7	22	47	84	33	0.56	H Crockford	17
21	Aberdare Ath.	42	6	8	7	25	23	3	3	15	17	47	9	11	22	42	70	29	0.60	J Martin	16
22	Newport County	42	8	6	7	28	21	0	5	16	12	49	8	11	23	40	70	27	0.57	T Lowes	8

Bournemouth & Boscombe Athletic elected to Division 3 South.

1923/24 DIVISION 1 — SEASON 32

Total Matches: 462
Total Goals: 1143
Avg goals per match: 2.47

Results Grid

		Arsenal	Aston Villa	Birmingham	Blackburn Rov	Bolton Wand	Burnley	Cardiff City	Chelsea	Everton	Huddersfield T	Liverpool	Manchester City	Middlesbrough	Newcastle Utd	Nottm Forest	Notts Co.	Preston N E	Sheffield United	Sunderland	Tottenham H	West Brom A	West Ham Utd.
1	Arsenal		0-1 16F	2-2 29S	0-0 1D	2-0 27O	2-0 5A	1-2 19J	0-1 29D	1-3 21A	3-1 15D	1-2 1M	2-1 13O	1-4 3N	1-0 25a	0-0 22M	1-2 27D	1-3 3m	2-0 25F	1-1 12A	1-0 17N	4-1 15S	10S
2	Aston Villa	2-1 12M		0-0 1S	1-0 2A	1-0 26J	1-1 13O	2-1 29D	0-0 15S	1-1 12S	3-1 30A	0-0 17N	2-0 29a	0-0 1D	6-1 21A	2-0 19A	0-0 3N	5-1 29S	2-2 22D	0-1 9F	0-0 15M	4-0 27O	1-1 25D
3	Birmingham	0-2 22S	3-0 25a		1-1 6O	0-3 10S	2-1 27F	0-0 3m	0-1 22M	0-1 8D	2-1 20O	3-0 5S	2-1 26D	4-1 16F	0-2 5A	0-2 19J	0-0 17N	1-1 1M	2-0 19A	0-1 8S	3-2 5J	0-0 22D	2-0 10N
4	Blackburn Rovers	2-0 8D	3-1 1M	4-1 13O		3-1 12A	1-1 3N	2-1 20M	3-0 25a	2-0 15S	1-0 29D	0-0 22M	0-1 20O	2-1 2F	1-1 17S	4-1 5A	2-0 1J	1-1 25D	3-2 16F	0-1 24N	4-0 22D	0-0 29S	19J
5	Bolton Wanderers	1-2 20O	1-0 19J	1-1 1J	3-0 19A		0-0 1M	2-2 1S	4-0 10N	2-0 29D	3-1 17N	4-1 12M	0-0 15S	2-0 22M	4-0 18A	7-1 16F	0-0 15D	1-2 5A	4-2 3S	1-1 13O	3-1 29S	2-0 25D	1-1 1D
6	Burnley	4-1 28A	1-2 6O	1-2 9F	1-2 10N	1-0 1A		1-2 19A	2-0 15D	2-2 27a	1-1 18A	2-0 22S	3-2 17M	0-0 25D	3-2 1D	2-4 8S	1-1 1S	1-0 29D	2-0 27O	0-3 15M	2-2 26a	4-0 26J	5-1 17N
7	Cardiff City	4-0 26J	0-2 5J	2-0 26A	2-0 9F	3-2 25a	2-0 12A		1-1 13O	0-0 29M	0-0 14A	1-1 22D	1-0 24N	1-0 21A	4-1 29S	0-2 8D	1-1 15M	3-1 20O	2-1 26D	2-1 27a	3-0 7A	1-0 3N	1-0 15S
8	Chelsea	0-0 5J	0-0 8S	1-1 15M	2-0 1S	0-0 3N	3-2 22D	1-2 6O		1-1 23F	0-1 26J	2-1 18A	3-1 30A	2-0 24N	1-0 19a	1-1 26D	0-6 9F	1-2 8D	1-1 22S	4-1 26A	0-1 27a	0-0 12M	0-0 20O
9	Everton	3-1 18A	2-0 19S	2-0 1D	0-0 8S	2-2 5J	3-3 3S	0-0 5A	2-0 16F		1-1 22S	1-0 6O	6-1 22D	1-0 19J	2-2 1M	2-1 25a	3-0 27O	1-1 6F	2-0 10N	2-3 26D	4-2 19A	2-0 17N	2-1 22M
10	Huddersfield Town	6-1 22D	1-0 5A	1-0 27O	1-0 5J	1-0 24N	1-0 22A	2-0 1M	0-1 19J	2-0 29S		3-1 10N	1-0 12A	1-1 25a	3-0 27F	0-0 3m	4-0 15S	1-0 4S	3-2 22M	2-1 8D	0-0 26D	1-1 13O	16F
11	Liverpool	0-0 2A	0-1 24N	6-2 29a	0-0 15M	3-1 9F	1-0 29S	0-2 15D	3-1 1J	1-2 13O	1-1 3N		0-0 26J	3-1 12A	0-1 25D	4-2 20O	1-0 26A	2-3 15S	4-2 8D	1-0 19M	0-0 29M	1-0 1S	0-0 29D
12	Manchester City	1-0 6O	1-2 5S	1-0 18A	3-1 27O	1-1 8S	2-2 16F	1-1 17N	1-0 5A	2-1 15D	1-1 19J	0-1 19J		3-2 1M	1-1 3N	1-3 13F	1-0 1D	2-2 22M	2-1 25a	4-1 22S	1-0 1J	3-3 29D	2-1 3m
13	Middlesbrough	0-0 10N	0-2 8D	0-1 23F	2-0 8M	1-2 15M	3-0 26D	0-1 1J	2-0 17N	1-1 26J	2-0 1S	1-1 19A	1-1 2A		1-0 20O	5-2 6O	2-3 29a	1-2 22D	0-1 5J	1-3 29M	0-1 15S	0-1 9F	0-1 29S
14	Newcastle United	1-0 1S	4-1 1J	2-1 9A	1-0 29a	2-0 12S	1-1 8D	2-1 22S	3-1 12A	0-1 2A	2-1 9F	4-1 26D	3-2 10N	4-0 27O		1-2 5J	3-1 19M	2-2 24N	2-0 8S	2-2 22B	1-1 26J	0-0 15M	1-0 13O
15	Nottingham Forest	2-1 15M	0-0 12A	1-1 26J	0-0 29M	1-0 23F	0-0 15S	2-0 1D	1-0 25D	1-1 1S	0-1 26A	1-2 27O	3-1 9F	0-0 13O	29D		1-0 29S	1-1 21A	1-2 17N	1-2 8M	0-0 3N	1-1 27a	2-1 15D
16	Notts County	1-2 26D	0-1 10N	1-1 24N	3-0 18A	1-1 22D	2-0 25a	1-1 22M	1-2 5M	0-0 20O	1-0 8S	2-0 3m	1-0 8D	1-0 4O	2-1 16F	0-0 22S		0-0 19J	0-2 5A	1-2 5J	0-0 6O	1-0 19A	1-1 1M
17	Preston North End	0-2 26A	2-2 22S	1-0 8M	0-1 26D	0-2 29M	5-0 5J	3-1 27O	1-1 1D	0-1 9F	1-3 27a	0-1 8S	4-1 15M	4-0 15D	1-2 17N	3-2 2F	2-1 26J		1-1 6O	1-2 10N	2-2 1S	1-2 19M	2-1 19A
18	Sheffield United	3-1 9F	2-1 15D	0-2 12A	4-0 23F	0-0 27a	2-1 20O	1-1 25D	4-0 29S	0-1 3N	1-1 15M	3-0 1D	0-1 1S	2-0 29D	3-1 15S	4-0 24N	4-0 7A	4-0 130		1-1 26J	6-2 8M	2-0 26A	0-2 1J
19	Sunderland	1-1 19A	2-0 13F	1-1 15S	5-1 17N	2-2 6O	0-1 22M	0-3 5S	2-0 17O	3-0 1J	2-1 1D	0-0 16F	5-2 29S	3-2 5A	3-2 15D	1-0 1M	1-1 29D	2-1 3N	2-2 19J		1-0 20O	2-0 18A	0-0 25a
20	Tottenham Hotspur	3-0 24N	2-3 22M	1-1 29D	2-1 15D	0-0 22S	1-1 3m	0-1 16F	2-5 3S	1-0 12A	1-1 25D	4-1 5A	2-1 21A	2-0 8S	1-3 19J	2-0 10N	1-2 13O	1-1 25a	1-0 1M	0-0 27O		0-0 1D	0-1 22A
21	West Bromwich Albion	4-0 8S	1-0 20O	0-0 15D	3-3 22S	0-5 26D	0-3 19J	2-4 10N	2-2 1M	5-0 24N	2-4 6O	2-0 25a	2-1 5J	1-1 9A	0-0 22M	3-2 3S	5-0 12A	1-2 16F	3-1 3m	3-1 21A	4-1 8D		0-0 5A
22	West Ham United	1-0 27a	1-0 26D	4-1 3N	0-1 26J	0-1 8D	0-0 24N	2-0 8S	2-1 27O	2-3 15M	1-0 27M	1-2 5J	1-1 26A	1-0 22S	3-2 6O	1-1 22D	3-1 8M	2-2 12A	0-1 21A	0-0 1S	1-0 9F	29M	

Final League Table

Pos	Team	Pld	Home W	Home D	Home L	Home F	Home A	Away W	Away D	Away L	Away F	Away A	Totals W	Totals D	Totals L	Totals F	Totals A	Pts	GA	Leading Goalscorer	Gls
1	Huddersfield T.	42	15	5	1	35	9	8	6	7	25	24	23	11	8	60	33	57	1.81	C Wilson	18
2	Cardiff City	42	14	5	2	35	13	8	8	5	26	21	22	13	7	61	34	57	1.79	L Davies	22
3	Sunderland	42	12	7	2	38	20	10	2	9	33	34	22	9	11	71	54	53	1.31	C Buchan	26
4	Bolton Wand.	42	13	6	2	45	13	5	8	8	23	21	18	14	10	68	34	50	2.00	D Jack	24
5	Sheffield United	42	15	4	2	39	16	7	7	7	30	33	19	12	11	69	49	50	1.40	H Johnson	15
6	Aston Villa	42	10	10	1	33	11	8	3	10	19	26	18	13	11	52	37	49	1.40	L Capewell	20
7	Everton	42	13	7	1	43	18	5	6	10	19	35	18	13	11	62	53	49	1.17	W Chadwick	28
8	Blackburn Rov.	42	14	5	2	40	13	3	6	12	14	37	17	11	14	54	50	45	1.08	E Harper	18
9	Newcastle Utd.	42	13	5	3	40	21	4	5	12	20	33	17	10	15	60	54	44	1.11	G Seymour	16
10	Notts County	42	9	7	5	21	15	5	7	9	23	34	14	14	14	44	49	42	0.89	D Cock	11
11	Manchester City	42	11	7	3	34	24	4	5	12	20	47	15	12	15	54	71	42	0.76	H Barnes	20
12	Liverpool	42	11	5	5	35	20	4	6	11	14	28	15	11	16	49	48	41	1.02	J Walsh	16
13	West Ham United	42	10	6	5	26	17	3	9	9	14	26	13	15	14	40	43	41	0.93	W Moore	13
14	Birmingham	42	10	4	7	25	19	3	9	9	16	30	13	13	16	41	49	39	0.83	J Bradford	24
15	Tottenham H	42	9	6	6	30	22	3	8	10	20	34	12	14	16	50	56	38	0.89	A Lindsay	19
16	West Brom A	42	10	6	5	43	30	2	8	11	8	32	12	14	16	51	62	38	0.82	R Blood	17
17	Burnley	42	10	5	6	39	27	2	7	12	16	33	12	12	18	55	60	36	0.91	G Beel	19
18	Preston N E	42	8	4	9	34	27	4	6	11	18	40	12	10	20	52	67	34	0.77	W Roberts	26
19	Arsenal	42	8	5	8	25	24	4	4	13	15	39	12	9	21	40	63	33	0.63	H Woods	13
20	Nottm Forest	42	7	9	5	19	15	3	3	15	23	49	10	12	20	42	64	32	0.65	D Walker	17
21	Chelsea	42	7	9	5	23	21	2	5	14	8	32	9	14	19	31	53	32	0.58	A Wilson	5
22	Middlesbrough	42	6	4	11	23	23	1	4	16	14	37	7	8	27	37	60	22	0.61	A Wilson	8

1923/24 DIVISION 2
SEASON 32

Total Matches 462
Total Goals 1125
Avg goals per match 2.44

	Team	Barnsley	Blackpool	Bradford City	Bristol City	Bury	Clapton Orient	Coventry City	Crystal Palace	Derby County	Fulham	Hull City	Leeds United	Leicester City	Manchester U.	Nelson	Oldham Ath.	Port Vale	Sheffield Weds	Southampton	South Shields	Stockport Co.	Stoke
1	Barnsley		3-1 23F	2-1 15D	3-1 27a	2-0 21A	1-0 29D	1-1 1S	5-2 26A	1-3 8M	2-1 9F	0-0 29M	1-3 24N	3-1 27O	1-0 26D	0-0 15M	4-1 29S	3-0 2F	0-0 3N	1-1 26J	1-0 15S	0-0 13O	0-0 19A
2	Blackpool	0-2 16F		2-1 1M	2-0 3N	3-1 19J	3-0 3m	5-0 20O	2-0 29S	4-0 22D	3-0 8D	0-0 18A	1-1 5A	3-1 19A	1-0 6F	1-1 29D	2-2 25a	6-1 22M	1-0 13O	2-0 24N	1-1 3S	0-0 26D	1-1 15S
3	Bradford City	3-2 22D	0-2 8M		1-1 26J	2-2 25D	0-0 12M	0-0 27a	0-1 27O	1-2 15M	1-0 23F	2-1 12A	0-0 10N	2-2 13O	0-0 29D	0-2 29M	2-1 15S	2-0 17N	4-1 1S	2-1 9F	0-1 21A	0-1 29S	2-1 26A
4	Bristol City	1-1 3S	1-1 10A	0-1 19J		4-1 1D	0-2 22M	2-2 15S	0-0 25D	0-8 29S	0-1 20O	1-0 15D	0-1 16F	0-1 17N	1-2 1M	1-0 9F∩	0-0 17N	0-0 13A	2-3 18A	1-1 19O	1-0 3m	3-0 5A	1-1 29D
5	Bury	1-1 18A	0-0 26J	0-0 1J	0-0 8D		0-0 22S	5-0 26A	1-1 29M	1-0 9F	2-1 27a	1-0 8M	3-0 22D	2-0 2J	2-0 8S	2-2 23F	0-0 27O	5-0 5J	1-0 12A	0-0 25a	2-1 6O	1-0 3N	1-0 15M
6	Clapton Orient	2-1 5J	1-0 26A	1-1 8D	2-0 15M	1-0 29S		4-0 8M	1-0 9F	2-0 15S	0-0 19A	0-0 27a	0-1 6O	1-0 25D	1-0 18A	5-1 1S	1-2 17N	1-1 3N	0-0 23F	0-0 29M	3-0 20O	1-1 22D	0-2 26J
7	Coventry City	2-3 25a	3-1 27O	1-0 3S	1-1 8S	1-0 2F	1-1 1M		0-0 29D	0-1 22A	3-0 6O	0-2 17D	2-1 10M	2-4 16F	1-1 17N	4-0 10N	5-2 5A	1-3 19J	5-1 25D	0-0 22S	1-0 19A	0-0 22M	1-2 15D
8	Crystal Palace	3-1 3m	3-1 22S	3-0 20O	1-0 26D	1-0 5A	2-1 22A	3-1 5J		0-1 8D	1-1 8S	0-0 3N	1-1 5S	4-3 19J	1-1 19A	1-1 6O	2-3 1M	1-2 25a	3-0 15D	0-0 18A	1-0 22M	1-1 16F	5-1 24N
9	Derby County	2-1 1M	2-0 15D	0-0 22M	2-3 22S	0-2 27F	1-0 8S	1-0 21A	5-0 1D		3-3 24N	4-1 13O	2-0 19A	4-0 3m	3-0 16F	6-0 26D	2-1 3S	2-0 5A	1-1 29D	0-0 27O	6-1 19J	4-1 25a	1-1 10N
10	Fulham	3-0 10M	2-3 1D	1-1 16F	1-1 27O	0-2 3S	0-0 12A	1-1 13O	1-0 15S	3-2 17N		1-1 25D	0-2 22M	1-0 5A	3-1 19J	0-0 15D	0-0 29D	3-0 1M	4-1 29S	3-2 10N	2-3 25a	1-0 3m	3-0 21A
11	Hull City	1-2 5A	2-1 21A	2-0 19A	5-0 22D	0-1 1M	2-2 3S	3-2 8D	2-2 10N	0-1 6O	4-2 26D		1-2 22S	1-1 25a	1-1 22M	2-1 8S	0-0 14F	1-2 3m	1-0 24N	0-0 5J	1-0 16F	1-0 19J	2-0 20O
12	Leeds United	3-1 17N	0-0 29M	1-0 3N	0-0 19M	1-2 15D	1-0 13O	3-1 9F	3-0 27a	1-3 12A	1-0 15M	5-2 29S		1-2 15S	0-0 1D	3-0 26A	1-0 26D	3-0 27O	1-0 26J	3-0 8M	0-2 27F	2-1 21A	2-1 1S
13	Leicester City	2-0 20O	1-2 12A	0-1 6O	5-1 8M	3-0 17N	1-2 26D	2-0 23F	1-0 26J	3-0 26A	2-1 29M	1-1 1S	2-0 8S		2-2 3N	3-1 22A	1-1 15D	2-0 22S	2-1 9F	0-1 15M	4-1 1D	1-1 29D	5-0 27a
14	Manchester United	1-2 25D	0-0 9F	3-0 5J	2-1 1S	0-1 15S	2-2 21A	1-2 2J	5-1 12A	0-0 23F	0-0 26J	1-1 15M	3-1 8D	3-0 10N		0-1 8M	2-0 13O	5-0 22D	2-0 26A	1-0 27a	1-1 29S	3-0 20O	2-2 29M
15	Nelson	4-3 22M	2-3 5J	1-1 5A	2-1 24N	0-5 16F	1-1 25a	3-0 3N	4-2 13O	2-1 25D	1-1 22D	1-1 15S	3-1 3m	1-1 21A	0-2 1M		2-1 19J	1-3 12A	1-1 20O	0-0 11S	0-2 2F	1-1 3S	2-0 29S
16	Oldham Athletic	1-1 22S	0-0 1S	0-0 8S	0-0 12A	0-0 20O	1-0 3D	1-1 29M	1-0 8M	2-0 27a	2-1 5J	0-0 9F	0-0 25D	3-2 22D	1-0 6O	2-0 26J		2-0 18A	0-0 15M	1-3 26A	1-0 3N	3-1 8D	0-0 23F
17	Port Vale	4-1 8D	2-6 15M	2-2 24N	0-2 9F	2-1 29D	1-0 10N	1-1 26J	3-4 1S	2-0 29M	3-1 8M	2-2 26A	0-1 20O	2-1 29S	0-1 15D	0-0 19A	3-0 21A		2-0 27a	1-1 17M	0-1 21J	0-1 15S	2-4 13O
18	Sheffield Wednesday	1-0 10N	2-2 6O	0-0 25a	1-0 21A	1-1 19A	1-0 16F	2-1 26D	6-0 22D	1-0 5J	2-1 22S	0-0 17N	2-1 19J	0-0 11F	2-1 3m	3-0 27O	2-1 22M	5-0	1-2	1-1 8S	5-0 5A	3-0 1M	3-0 8D
19	Southampton	6-0 19J	3-2 17N	2-0 11F	1-0 6O	3-0 1S	5-0 5A	1-3 29S	0-0 21A	0-0 20O	1-0 3N	2-0 29D	0-1 1M	1-0 22M	0-0 3S	3-0 8D	3-1 3m	1-1 16F	3-0 15S		0-0 15D	0-0 19A	0-1 15O
20	South Shields	2-0 8S	1-0 27a	0-0 18A	1-1 26A	1-0 13O	1-1 27O	4-2 12A	3-2 15M	1-0 26J	2-1 1S	0-1 23F	1-2 5J	1-0 8D	3-0 22S	2-0 9F	3-3 10N	1-1 1J	1-2 29M	3-1 22D		1-0 24N	0-0 8M
21	Stockport County	1-1 6O	2-1 25D	1-2 22S	0-0 29M	3-2 10N	2-0 31M	0-0 15M	2-2 10M	0-0 1S	2-1 26A	5-1 26J	1-1 18A	0-1 5J	3-2 27O	1-0 27a	0-1 1J	0-1 8S	1-0 8M	2-3 12A	3-2 10D		0-1 9F
22	Stoke	2-0 12A	2-2 8S	2-0 26D	3-0 5J	0-0 22M	0-1 19J	2-1 22D	1-1 17N	0-0 3N	1-0 22A	1-1 27O	3-0 25A	4-0 3S	1-1 5A	0-1 22S	0-1 16F	1-1 6O	1-1 1D	0-0 24S	0-0 1M	0-0 2F	

Final League Table

Pos	Team	Pld	Home W	D	L	F	A	Away W	D	L	F	A	Totals W	D	L	F	A	Pts	GA	Leading Goalscorer	Gls
1	Leeds United	42	14	5	2	41	10	7	7	7	20	25	21	12	9	61	35	54	1.74	J Swan	18
2	Bury	42	15	5	1	42	7	6	4	11	21	28	21	9	12	63	35	51	1.80	J Ball	14
3	Derby County	42	15	4	2	52	15	6	5	10	23	27	21	9	12	75	42	51	1.78	H Storer	24
4	Blackpool	42	13	7	1	43	12	5	6	10	29	35	18	13	11	72	47	49	1.53	**H Bedford**	**32**
5	Southampton	42	13	5	3	36	9	4	9	8	16	22	17	14	11	52	31	48	1.67	W Rawlings	19
6	Stoke	42	9	11	1	27	10	5	7	9	17	32	14	18	10	44	42	46	1.04	J Broad	14
7	Oldham Athletic	42	10	10	1	24	12	4	7	10	21	40	14	17	11	45	52	45	0.86	J Blair	14
8	Sheffield Weds.	42	15	5	1	42	9	1	7	13	12	42	16	12	14	54	51	44	1.05	S Binks	16
9	South Shields	42	13	5	3	34	16	4	5	12	15	34	17	10	15	49	50	44	0.98	E Simms	9
10	Clapton Orient	42	11	7	3	27	10	3	8	10	13	26	14	15	13	40	36	43	1.11	T Green	10
11	Barnsley	42	12	7	2	34	16	4	4	13	23	45	16	11	15	57	61	43	0.93	E Hine	19
12	Leicester City	42	13	4	4	43	16	4	4	13	21	38	17	8	17	64	54	42	1.18	A Chandler	24
13	Stockport Co.	42	10	7	4	32	21	3	9	9	12	31	13	16	13	44	52	42	0.84	W Woodcock	8
14	Manchester Utd.	42	10	7	4	37	15	3	7	11	15	29	13	14	15	52	44	40	1.18	A Lochhead	14
15	Crystal Palace	42	11	7	3	37	19	2	6	13	16	46	13	13	16	53	65	39	0.81	G Whitworth	16
16	Port Vale	42	9	5	7	33	29	4	7	10	17	37	13	12	17	50	66	38	0.75	W Briscoe	10
17	Hull City	42	8	7	6	32	23	2	10	9	14	28	10	17	15	46	51	37	0.90	B Mills	11
18	Bradford City	42	8	7	6	24	21	3	8	10	11	27	11	15	16	35	48	37	0.72	F Rhodes	7
19	Coventry City	42	9	6	6	34	23	2	7	12	18	45	11	13	18	52	68	35	0.76	F Herbert	12
20	Fulham	42	9	8	4	30	20	1	6	14	15	36	10	14	18	45	56	34	0.80	G Edmonds	13
21	Nelson	42	8	8	5	32	31	2	5	14	8	43	10	13	19	40	74	33	0.54	J Eddleston	14
22	Bristol City	42	5	8	8	19	26	2	7	12	13	39	7	15	20	32	65	29	0.49	A Fairclough	8

1923/24 DIVISION 3 (North)
SEASON 32

Total Matches	462
Total Goals	1150
Avg goals per match	2.49

Results Grid

		Accrington S	Ashington	Barrow	Bradford PA	Chesterfield	Crewe Alex	Darlington	Doncaster Rov	Durham City	Grimsby Town	Halifax Town	Hartlepools U	Lincoln City	New Brighton	Rochdale	Rotherham Co	Southport	Tranmere R	Walsall	Wigan B	Wolverhampton	Wrexham
1	Accrington Stanley		0-1	3-1	2-2	2-0	1-1	2-0	0-0	5-4	2-0	1-2	2-0	3-1	0-0	0-1	3-2	2-0	3-1	0-3	2-2	1-0	1-0
2	Ashington	1-1		2-0	1-0	1-1	3-0	2-1	3-1	2-1	1-0	4-0	0-0	2-1	5-0	1-0	1-2	2-0	3-3	3-1	3-0	1-7	0-2
3	Barrow	0-0	2-2		1-1	2-0	1-2	1-0	0-0	1-2	3-1	1-0	1-2	2-1	2-1	1-2	1-3	1-1	0-1	2-1	2-2	0-0	
4	Bradford PA	1-1	3-1	3-0		2-1	1-1	1-0	4-2	3-0	2-1	1-0	4-0	3-1	1-1	4-2	2-0	2-0	2-0	5-0	4-0	0-1	2-0
5	Chesterfield	3-0	2-0	2-1	2-3		2-1	5-1	2-1	1-1	4-2	1-1	5-1	2-1	1-0	1-1	3-1	4-0	5-0	7-0	1-0	0-0	1-0
6	Crewe Alexandra	1-2	1-3	2-0	1-1	0-1		2-1	0-2	0-0	2-2	2-1	1-2	2-0	0-2	1-0	1-1	2-0	0-2	0-0	1-1		1-1
7	Darlington	2-1	3-2	5-1	3-1	2-1	1-1		1-1	3-2	1-0	0-0	5-0	1-0	3-1	2-2	1-0	3-1	4-1	4-2	3-1	1-1	3-0
8	Doncaster Rov.	1-2	2-1	2-2	1-1	0-2	4-1	1-0		2-1	2-1	7-0	3-1	3-2	2-0	0-0	0-1	3-0	4-0	3-0	0-0	0-2	1-0
9	Durham City	3-0	4-0	1-2	2-0	1-1	3-1	3-2	2-1		0-1	2-2	3-0	1-0	2-1	0-0	3-2	0-1	1-1	1-0	2-2	2-3	4-3
10	Grimsby Town	2-0	4-0	5-0	2-0	0-0	2-0	3-0	1-1	1-0		1-1	0-1	2-2	0-0	1-1	1-0	0-0	1-0	1-1	1-1	2-0	0-0
11	Halifax Town	3-0	3-0	1-0	0-0	3-0	2-0	1-4	0-1	2-1	1-3		1-0	1-0	2-1	0-1	0-2	1-0	0-0	3-0	1-2	2-2	0-0
12	Hartlepools United	3-0	0-1	1-0	0-0	2-3	2-0	0-1	1-0	0-0	1-1	1-3		1-1	0-1	1-2	2-5	1-0	2-1	0-1	0-0	0-1	1-0
13	Lincoln City	0-2	2-0	4-1	2-3	0-1	0-0	2-0	1-1	3-1	1-3	1-1	1-1		1-0	0-2	2-1	1-1	1-1	2-0	1-1	0-0	4-2
14	New Brighton	1-2	1-1	5-0	1-0	0-0	2-1	1-1	2-0	2-0	0-0	0-0	3-1	3-1		1-1	1-2	0-0	0-0	1-0	5-0	0-1	0-0
15	Rochdale	4-1	1-0	3-1	3-0	3-0	1-0	0-0	2-0	2-0	4-2	3-0	1-0	1-0	6-2		1-0	2-2	1-0	1-0	1-0	0-0	0-0
16	Rotherham Co.	2-0	1-0	2-0	1-0	1-2	1-0	2-0	3-0	5-1	3-2	5-2	0-0	3-1	0-0	1-1		5-1	0-0	0-4	1-1	2-1	
17	Southport	1-0	2-0	2-0	1-0	1-0	1-0	2-2	1-0	3-0	2-2	3-2	3-0	0-1	0-0		1-1		1-1	1-1	0-0	1-0	
18	Tranmere Rovers	2-0	2-4	3-0	2-1	0-0	1-1	3-4	3-0	1-0	2-1	3-0	1-2	2-1	0-1	1-1		3-1		1-0	3-1	1-0	0-1
19	Walsall	2-0	1-1	1-1	2-3	0-1	1-0	2-1	5-2	1-1	2-0	2-0	0-0	3-0	0-1	1-1	0-1	0-4		3-0	2-1	1-2	
20	Wigan Borough	2-0	1-1	4-0	0-1	3-1	3-0	2-2	1-0	0-1	4-0	0-1	4-1	0-0	1-0	3-1	1-1	1-2	2-1		1-1	3-1	
21	Wolverhampton W	5-1	1-0	3-0	2-0	2-1	1-0	2-0	1-0	2-1	4-1	2-1	3-0	5-1	0-0	3-0	2-1	3-0	0-0	3-3			3-0
22	Wrexham	1-0	4-0	3-0	2-2	0-0	1-0	0-1	2-2	0-0	1-1	0-1	2-1	0-0	1-1	1-0	3-0	1-1	0-0	0-0	2-2		

Final League Table

Pos	Team	Pld	Home					Away					Totals					Pts	GA	Leading Goalscorer	Gls
			W	D	L	F	A	W	D	L	F	A	W	D	L	F	A				
1	Wolverhampton	42	18	3	0	51	10	6	12	3	25	17	24	15	3	76	27	63	2.81	H Lees	21
2	Rochdale	42	17	4	0	40	8	8	8	5	20	18	25	12	5	60	26	62	2.30	W Prouse	14
3	Chesterfield	42	16	4	1	54	15	6	6	9	16	24	22	10	10	70	39	54	1.79	H Crockford	19
4	Rotherham Co.	42	16	3	2	46	13	7	3	11	24	30	23	6	13	70	43	52	1.62	J Hammerton	24
5	Bradford PA	42	17	3	1	50	12	4	7	10	19	31	21	10	11	69	43	52	1.60	K McDonald	17
6	Darlington	42	16	5	0	51	19	4	3	14	19	34	20	8	14	70	53	48	1.32	**D Brown**	**27**
7	Southport	42	13	7	1	30	10	3	7	11	14	32	16	14	12	44	42	46	1.04	J Sibbald	13
8	Ashington	42	14	4	3	41	21	4	4	13	18	40	18	8	16	59	61	44	0.96	W Gardner	19
9	Doncaster Rov.	42	13	4	4	41	17	2	8	11	18	36	15	12	15	59	53	42	1.11	T Keetley	21
10	Wigan Borough	42	12	5	4	39	15	2	9	10	16	38	14	14	14	55	53	42	1.03	L Armitage	21
11	Grimsby Town	42	11	9	1	30	7	3	4	14	19	40	14	13	15	49	47	41	1.04	J Carmichael	20
12	Tranmere Rov.	42	11	5	5	32	21	2	10	9	19	39	13	15	14	51	60	41	0.85	S Sayer	16
13	Accrington S.	42	12	5	4	35	21	4	3	14	13	40	16	8	18	48	61	40	0.78	J Keetley	8
14	Halifax Town	42	11	4	6	26	17	4	6	11	16	42	15	10	17	42	59	40	0.71	E Dixon	14
15	Durham City	42	12	6	3	40	23	3	4	14	19	37	15	9	17	59	60	39	0.98	T Elliott	13
16	Wrexham	42	8	11	2	24	12	2	7	12	13	32	10	18	14	37	44	38	0.84	W Cotton	14
17	Walsall	42	10	5	6	31	20	4	3	14	13	39	14	8	20	44	59	36	0.74	E Groves	12
18	New Brighton	42	9	9	3	28	10	2	4	15	12	43	11	13	18	40	53	35	0.75	W Crooks	7
19	Lincoln City	42	8	8	5	29	22	2	4	15	19	37	10	12	20	48	59	32	0.81	A Roe	12
20	Crewe Alex.	42	6	7	8	20	22	1	6	14	12	34	7	13	22	32	58	27	0.55	F Birtles	6
21	Hartlepools Utd.	42	5	7	9	22	24	2	4	15	11	46	7	11	24	33	70	25	0.47	W Smith	10
22	Barrow	42	7	7	7	25	24	1	2	18	10	56	8	9	25	35	80	25	0.43	A Ormston	10

1923/24 DIVISION 3 (South)
SEASON 32

		Total
Total Matches		462
Total Goals		1177
Avg goals per match		2.55

Pos	Team	Aberdare Ath	Bournemouth	Brentford	Brighton & H A	Bristol Rovers	Charlton Ath	Exeter City	Gillingham	Luton Town	Merthyr Town	Millwall	Newport County	Northampton T	Norwich City	Plymouth A	Portsmouth	QPR	Reading	Southend Utd	Swansea Town	Swindon Town	Watford
1	Aberdare Athletic		1-0 22S	1-2 10S	3-1 10N	2-0 31M	4-1 1S	0-0 29D	1-1 15M	0-1 20O	0-0 22A	1-1 8S	2-0 26A	2-2 8M	0-0 27a	1-2 12A	0-0 17M	1-1 29M	1-0 6O	5-2 26D	4-2 23F	2-2 26J	4-0 9F
2	Bournemouth & B A	0-1 29S		2-4 25D	1-0 15D	0-1 29D	1-0 26A	1-0 15S	0-0 23F	2-3 8D	3-3 12A	2-0 20O	0-1 5A	2-1 9F	1-2 13O	0-0 15M	0-0 21A	3-1 8M	0-0 24N	0-1 10N	0-0 19J	0-0 1S	1-1 19S
3	Brentford	1-1 8D	2-0 26D		1-2 22S	1-2 13O	0-0 23F	1-0 24N	3-2 22D	2-1 8S	0-0 9F	1-3 5J	0-0 26J	3-0 26A	1-1 8M	0-1 27a	4-1 10N	3-1 1S	0-0 21A	4-1 27O	3-1 12A	2-2 15M	2-2 29M
4	Brighton & Hove Albion	5-0 3N	5-0 22D	2-0 29S		2-1 15S	3-0 15M	1-0 20O	2-2 29a	4-0 26D	0-0 8M	2-2 9D	4-0 29M	2-0 1O	3-0 8F	4-1 13O	0-4 8J	3-0 6J	4-0 18A	2-0 24N	4-1 12A	1-1 3-0 26A
5	Bristol Rovers	2-0 24N	3-4 5J	2-0 6O	2-0 8S		2-0 8M	0-0 3N	2-0 1S	1-1 21A	0-0 23F	4-1 22D	0-0 9F	1-1 8D	3-1 15M	1-1 26J	0-1 27O	2-1 27a	0-0 26D	3-1 22S	2-0 26A	0-1 29M	4-2 12A
6	Charlton Athletic	3-1 25a	1-2 3m	3-1 16F	0-2 22M	1-3 1M		1-0 7A	1-0 5J	1-0 5A	0-1 8S	2-1 22S	0-0 6O	0-0 22D	1-0 20O	2-1 21A	1-1 10M	0-0 26D	3-0 19A	4-1 3S	1-3 8D	3-1 3N	1-1 24N
7	Exeter City	1-1 5J	0-2 8S	1-0 2A	0-1 27O	3-1 10N	0-0 26J		2-1 12A	2-1 6O	1-0 29a	2-0 21A	5-0 1S	2-1 29M	1-2 9F	0-4 26D	0-0 12S	3-0 26A	3-2 22S	2-0 23F	1-0 15M	3-1 19M	1-0 8M
8	Gillingham	3-1 22M	1-0 16F	6-0 19M	1-1 5S	1-0 25a	0-1 29D	1-1 19A		0-0 19J	2-1 12M	0-2 1M	2-1 20O	3-1 6O	1-0 25D	0-0 17N	0-0 3m	1-0 3N	0-0 2F	1-0 5A	3-2 29S	0-1 18A	1-0 15S
9	Luton Town	1-0 27O	6-2 1D	2-1 15S	0-0 25D	0-0 18A	0-1 29M	1-1 13O	1-1 26J		1-1 15M	2-0 24N	2-0 8M	1-1 27a	2-1 12A	0-2 23F	4-1 29S	2-0 9F	2-0 15D	4-4 29D	1-2 1S	3-2 26A	0-0 3N
10	Merthyr Town	0-0 21A	4-2 19A	2-0 2F	2-1 1M	1-1 16F	2-1 15S	3-0 6S	0-0 8D	0-0 22M		1-0 3m	3-3 25D	0-0 24N	2-3 29S	1-0 5J	2-2 19J	2-0 22D	1-1 5A	3-2 25a	0-0 3N	2-0 13O	2-1 27O
11	Millwall	2-0 15S	4-2 27O	4-1 29D	0-0 1D	1-0 15D	1-0 29S	3-1 18A	5-0 8M	0-1 17N	6-0 26A		2-1 12A	4-3 16F	2-1 1S	1-0 29M	2-0 25D	0-0 15M	0-0 10N	2-1 13O	1-0 9F	2-0 27a	2-0 26J
12	Newport County	0-0 3m	2-0 29M	3-2 22A	0-0 16F	0-1 2F	2-0 13O	2-0 25a	1-0 27O	1-0 1M	4-2 26D	2-1 19A		1-1 22S	1-0 3N	2-1 15D	2-1 6S	2-1 1J	2-0 22M	5-0 8S	4-1 21A	3-0 1D	0-0 29D
13	Northampton Town	1-2 7A	3-1 2F	2-3 3m	3-0 25a	0-0 10S	1-0 13M	1-0 5A	2-0 13O	2-0 3S	3-0 17N	2-1 23F	0-0 29S		1-0 29D	1-0 10N	0-4 19A	3-0 20O	3-1 19J	8-0 22M	2-0 15S	1-1 27D	1-2 22A
14	Norwich City	5-0 3S	1-1 6O	2-3 1M	1-0 5A	3-1 22M	2-2 27O	4-0 14F	1-0 26D	2-0 19A	2-0 22S	1-1 25a	3-1 10N	1-4 5J		0-1 8S	3-1 16F	5-0 21A	2-2 3m	3-1 19J	2-0 28A	2-0 17N	0-0 10S
15	Plymouth Argyle	2-0 19A	4-0 22M	4-1 3S	3-0 30A	2-2 19J	1-1 18A	4-0 25D	3-0 24N	0-0 16F	1-1 29D	1-1 5A	3-2 22D	0-0 3N	2-0 15S		1-2 25a	2-0 8D	2-1 1M	7-1 3m	2-0 20O	1-3 29S	1-0 13O
16	Portsmouth	4-0 22D	3-0 18A	3-0 3N	1-3 6O	1-1 20O	4-0 9F	3-0 8D	1-0 26A	0-0 22S	1-0 26J	5-0 29a	1-3 12A	4-0 23F	1-3 1S	2-1		7-0 5J	1-1 8S	3-0 24N	4-1 29M	4-0 30A	0-0 15M
17	Queens Park Rangers	3-0 5A	0-1 1M	1-0 25a	1-0 19J	1-2 5S	0-0 25D	2-0 3m	1-1 10N	0-2 2F	3-0 15D	1-1 22M	0-3 12S	3-2 27O	2-1 18A	3-2 1D	0-2 29D		1-4 16F	0-0 19A	2-2 13O	2-2 15S	2-1 29S
18	Reading	0-1 13O	1-2 17N	1-0 18A	0-1 29D	3-2 25D	3-1 12A	1-0 29S	4-0 9F	0-1 22D	2-0 29M	1-1 3N	1-0 15M	3-0 26J	1-2 26A	1-4 8M	4-0 15S	1-2 23F		1-0 12J	3-4 29a	1-0 27O	1-1 1S
19	Southend United	1-1 25D	1-1 3N	3-1 20O	1-0 21A	1-0 29S	2-2 27a	0-0 22D	3-2 29M	1-1 5J	3-1 1S	0-0 6O	2-0 15S	5-1 15M	3-1 26A	0-2 19S	0-1 12A	4-2 8D	2-1		0-0 8M	0-2 9F	3-0 19M
20	Swansea Town	1-0 16F	1-1 26J	4-0 19A	1-0 17N	3-1 3m	1-0 1D	1-0 22M	5-1 22S	1-2 25a	2-1 10N	2-1 18A	1-0 8S	1-0 22D	0-0 27O	0-0 5A	2-0 6O	5-1 3S	2-1 1M	0-0		1-1 29D	1-0 25D
21	Swindon Town	3-1 19J	3-1 25a	2-1 22M	4-0 19A	0-0 5A	1-1 10N	0-1 16F	4-1 21A	3-2 3m	3-0 6O	1-0 3S	2-0 8D	4-2 26D	0-1 24N	0-0 22S	0-0 1M	0-0 8S	1-0 20O	3-0 2A	1-0 5J		0-0 15D
22	Watford	2-0 18A	0-0 5S	0-1 5A	0-0 3m	4-0 19A	1-0 17N	4-1 1M	1-0 8S	0-0 10N	4-1 20O	1-1 8D	8-2 19J	0-0 5J	0-0 21A	0-1 8D	2-1 6O	1-2 22M	0-2 2S	2-1 25a	4-1 16F	2-2 26D	

Final League Table

Pos	Team	Pld	Home W	D	L	F	A	Away W	D	L	F	A	Totals W	D	L	F	A	Pts	GA	Leading Goalscorer	Gls
1	Portsmouth	42	15	3	3	57	11	9	8	4	30	19	24	11	7	87	30	59	2.90	W Haines	28
2	Plymouth A.	42	13	6	2	46	15	10	3	8	24	19	23	9	10	70	34	55	2.05	P Cherrett	27
3	Millwall	42	17	3	1	45	11	5	7	9	19	27	22	10	10	64	38	54	1.68	D Morris	19
4	Swansea Town	42	18	2	1	39	10	4	6	11	21	38	22	8	12	60	48	52	1.25	H Deacon	15
5	Brighton & H A	42	16	4	1	56	12	5	5	11	12	25	21	9	12	68	37	51	1.83	T Cook	25
6	Swindon Town	42	14	5	2	38	11	3	8	10	20	33	17	13	12	58	44	47	1.31	J Johnson	15
7	Luton Town	42	11	7	3	35	19	5	7	9	15	25	16	14	12	50	44	46	1.13	A Kerr	20
8	Northampton T.	42	14	3	4	40	15	3	8	10	24	32	17	11	14	64	47	45	1.36	W Lockett, E Myers	17
9	Bristol Rovers	42	11	7	3	34	15	4	4	13	18	31	15	13	14	52	46	43	1.13	W Phillips	23
10	Newport County	42	15	4	2	39	15	2	5	14	17	49	17	9	16	56	64	43	0.87	J Conner, T Lowes	15
11	Norwich City	42	13	5	3	45	18	3	3	15	15	41	16	8	18	60	59	40	1.01	S Austin, J Jackson	15
12	Aberdare Ath.	42	9	9	3	35	18	3	5	13	10	40	12	14	16	45	58	38	0.77	D Burgess	15
13	Merthyr Town	42	11	8	2	33	19	0	5	16	12	46	11	13	18	45	65	38	0.69	E Turner	15
14	Charlton Ath.	42	8	7	6	26	20	3	8	10	12	25	11	15	16	38	45	37	0.84	R Thomson	9
15	Gillingham	42	11	6	4	27	15	1	7	13	16	43	12	13	17	43	58	37	0.74	E North	11
16	Exeter City	42	14	3	4	33	17	1	4	16	4	35	15	7	20	37	52	37	0.71	H Kirk	8
17	Brentford	42	9	8	4	33	21	5	0	16	21	50	14	8	20	54	71	36	0.76	R Parker	18
18	Reading	42	12	2	7	35	20	1	7	13	16	37	13	9	20	51	57	35	0.89	S Jennings	19
19	Southend Utd.	42	11	7	3	35	19	1	3	17	10	65	12	10	20	53	84	34	0.63	B Whitham	10
20	Watford	42	8	8	5	35	18	1	7	13	10	36	9	15	18	45	54	33	0.83	A Mummery	12
21	Bournemouth	42	6	8	7	19	19	5	3	13	21	46	11	11	20	40	65	33	0.61	H Davey	20
22	Queens Park R.	42	9	6	6	28	26	2	3	16	9	51	11	9	22	37	77	31	0.48	R Parker	14

1924/25 DIVISION 1 — SEASON 33

Total Matches	462
Total Goals	1192
Avg goals per match	2.58

		Arsenal	Aston Villa	Birmingham	Blackburn Rov	Bolton Wand	Burnley	Bury	Cardiff City	Everton	Huddersfield T	Leeds United	Liverpool	Manchester City	Newcastle Utd	Nottm Forest	Notts Co.	Preston N E	Sheffield United	Sunderland	Tottenham H	West Brom A	West Ham Utd
1	Arsenal		1-1 18O	0-1 26D	1-0 4O	1-0 7M	5-0 18A	0-1 13O	1-1 4A	3-1 21M	0-5 14F	6-1 20D	2-0 6S	1-0 1S	0-2 17J	2-1 27D	0-1 8N	4-0 6D	2-0 20S	0-0 22N	1-0 25O	2-0 14A	1-2 23M
2	Aston Villa	4-0 1A		1-0 14F	4-3 29A	2-2 8N	3-0 20D	3-3 1S	1-2 6D	3-1 22N	1-1 4O	2-1 26D	1-4 21J	2-1 1OA	0-0 6S	2-0 2m	0-0 21M	1-0 18A	1-1 17J	1-4 4A	0- 7M	1-0 25O	1-1 20S
3	Birmingham	2-1 25D	1-0 11O		1-1 1N	1-0 8S	0-1 27S	0-1 13D	2-1 13S	2-2 30a	0-0 28F	5-2 7F	2-1 29N	1-1 25A	1-1 28M	1-0 11A	3-0 15S	1-1 24J	2-1 15N	0-2 3J	0-0 3S	0-1 16M	1-1 14M
4	Blackburn Rovers	1-0 7F	1-1 27S	7-1 2A		0-2 22N	0-3 17J	0-1 19M	3-1 20D	3-0 6D	2-3 24J	2-3 25O	3-1 15S	3-1 11O	1-1 1S	0-0 13A	0-2 4A	0-1 25D	2-2 27D	1-1 18A	1-1 21M	1-0 8N	0-1 6S
5	Bolton Wanderers	4-1 1N	4-0 14M	3-0 1J	6-0 22A		5-0 21F	3-3 6S	3-0 7F	1-0 24J	1-0 15N	1-0 1OA	2-0 25A	4-2 28M	3-2 13D	1-0 25D	0-0 13S	6-1 11O	3-1 11A	1-2 27S	3-0 27D	1-1 1S	5-0 29N
6	Burnley	1-0 13D	1-1 25A	3-2 2F	3-5 13S	0-0 18O		4-0 29N	0-0 30a	0-0 8S	1-5 25D	1-1 20S	2-1 15N	1-0 11A	1-3 14M	0-0 28M	1-1 1OA	1-0 3J	1-1 1N	1-2 29S	1-4 14F	0-1 6D	5-4 28F
7	Bury	2-0 2m	4-3 8S	1-4 18A	1-1 18O	1-0 3J	1-0 4A		4-1 21M	1-0 7M	0-1 1OA	0-1 6D	1-0 20S	0-0 30a	0-2 11F	3-0 17J	2-1 25O	1-1 22N	1-0 4O	3-5 8N	2-2 1J	0-2 20D	4-2 14F
8	Cardiff City	1-1 29N	2-1 11A	1-0 17J	3-0 15A	1-2 4O	4-0 11F	4-1 15N		2-1 18O	2-2 13O	3-0 6S	1-3 5D	0-2 1A	3-0 28F	1-0 14M	1-1 14F	0-0 2m	1-1 1S	2-0 13A	0-2 18M	0-1 2OS	2-1 26D
9	Everton	2-3 15N	2-0 28M	2-1 27D	1-0 11A	2-2 20S	3-2 1J	0-0 1N	1-2 25F		0-2 29N	1-0 2m	0-1 4O	3-1 29O	0-1 25D	3-1 28F	1-0 18M	0-0 13A	1-1 27A	0-3 11O	1-0 17J	1-0 6S	1-0 13D
10	Huddersfield Town	4-0 11O	4-1 7F	0-0 25O	0-0 20S	0-0 21M	2-0 26D	2-0 14A	0-0 18A	2-0 4A		1-1 31J	1-1 2m	0-0 21F	3-0 27D	0-0 2S	0-0 22N	1-0 20D	2-1 6S	6-0 4D	1-2 21F... 8N	1-1 11M	1-2 17J
11	Leeds United	1-0 25A	6-0 25D	0-1 4O	1-1 28F	2-1 14A	0-2 24J	1-0 11A	0-0 3J	1-0 17S	1-1 27S		4-1 28M	0-3 13D	1-1 15N	1-1 29N	1-1 10S	4-0 13S	1-1 14M	1-1 30a	1-0 18O	0-1 14F	2-1 1N
12	Liverpool	2-1 3J	2-4 30a	1-1 4A	0-0 15O	0-0 20D	3-0 21M	4-0 24J	1-2 29A	3-1 7F	2-3 7N	1-0 22N		5-3 13S	1-1 14F	3-0 27S	0-1 26D	3-1 8N	3-1 18O	3-1 25O	1-0 18A	1-1 6D	2-0 10A
13	Manchester City	2-0 17S	1-0 13A	2-2 20D	1-3 14F	2-2 25O	3-3 6D	0-0 31J	2-2 22N	2-2 8N	1-1 18O	4-2 18A	5-0 17J		3-1 20S	4-2 6S	2-1 7M	2-1 4A	1-3 23F	1-0 21M	1-2 2m	1-2 25D	3-1 4O
14	Newcastle United	2-2 13S	4-1 3J	4-0 22N	0-1 10S	0-1 18A	2-2 8N	1-2 27S	1-2 25O	1-1 26D	3-1 30a	4-1 21M	0-0 11O	2-0 24J		4-1 7F	1-0 2OD	3-1 7M	0-0 1J	2-1 21F	1-0 6D	0-1 4A	4-1 17S
15	Nottingham Forest	0-2 30a	0-2 2O	1-1 6D	0-2 1OA	1-1 26D	0-0 22N	2-0 13S	2-1 8N	0-1 25O	0-1 8S	4-0 4A	0-1 4F	0-3 3J	1-1 4O		0-0 24J	0-1 21M	2-3 14F	1-1 7M	1-0 2OD	0-1 18A	2-1 18O
16	Notts County	2-1 14M	0-0 15N	0-1 2m	0-0 29N	0-1 17J	1-1 13A	3-0 28F	3-1 11O	1-1 27S	1-0 29A	1-2 1S	2-0 25D	2-0 1N	0-0 25A	1-0 2OS		1-0 1A	2-0 13D	4-1 7F	0-0 6S	0-2 27D	4-1 11A
17	Preston North End	2-0 11A	3-2 13D	1-0 2OS	3-2 26D	1-0 14F	0-2 6S	1-1 28M	1-3 15S	1-1 1OA	1-4 25A	4-0 17J	2-3 14M	0-1 29N	3-1 1N	0-1 15N	0-1 18O		0-1 28F	1-2 2OS	0-3 4O	1-2 12F	3-2 27D
18	Sheffield United	2-1 24J	2-2 13S	4-3 21M	2-3 30a	2-0 6D	4-0 6A	0-1 7F	1-0 8S	1-1 2OD	1-1 3J	0-1 8N	0-5 16M	1-2 27S	1-2 13A	0-3 11O	3-0 18A	2-1 25O		2-1 26D	2-0 4A	2-0 22N	0-1 22S
19	Sunderland	2-0 28M	1-1 29N	4-0 6S	1-0 13D	1-0 11F	1-1 2m	1-1 14M	1-0 1J	4-1 14F	1-1 11A	2-1 27D	3-0 28F	3-2 15N	1-1 18O	3-1 1N	0-1 4O	2-0 3S	0-1 25D		4-1 20S	3-0 17J	1-1 25A
20	Tottenham Hotspur	2-0 28F	1-3 1N	0-1 1OA	5-0 15N	3-0 30a	1-1 11O	1-1 25D	0-0 27S	1-2 13S	2-1 14M	1-1 9M	3-0 13D	1-0 1ON	1-1 11A	2-0 25A	4-1 3J	1-0 7F	2-0 29N	4-1 24J		0-1 22S	1-1 28M
21	West Bromwich Albion	2-0 13A	4-1 28F	1-1 18O	1-1 14M	0-0 2m	1-4 7F	1-1 25A	1-0 24J	3-0 3J	1-0 1N	3-1 11O	0-0 11A	3-1 26D	2-0 29N	5-1 13D	1-2 30a	1-1 27S	2-1 3OM	2-1 13S	2-0 8S		4-1 15N
22	West Ham United	1-0 27S	2-0 14J	0-1 8N	2-0 3J	1-1 4A	2-0 25O	1-1 11O	3-2 25D	4-1 18A	0-0 13S	0-0 7M	0-1 13A	4-0 7F	0-0 8S	0-0 2A	3-0 6D	1-0 30a	6-2 14A	4-1 20D	1-1 22N	2-1 21M	

Final League Table

Pos	Team	Pld	Home					Away					Totals						Leading Goalscorer	Gls
			W	D	L	F	A	W	D	L	F	A	W	D	L	F	A	Pts	GA		
1	Huddersfield T.	42	10	8	3	31	10	11	8	2	38	18	21	16	5	69	28	58	2.46	C Wilson	24
2	West Brom A.	42	13	6	2	40	17	10	4	7	18	17	23	10	9	58	34	56	1.70	G James	24
3	Bolton Wand.	42	18	2	1	61	13	4	9	8	15	21	22	11	9	76	34	55	2.23	D Jack	26
4	Liverpool	42	13	5	3	43	20	7	5	9	20	35	20	10	12	63	55	50	1.14	R Forshaw	19
5	Bury	42	13	4	4	35	20	4	11	6	19	31	17	15	10	54	51	49	1.05	J Ball	15
6	Newcastle Utd.	42	11	6	4	43	18	5	10	6	18	24	16	16	10	61	42	48	1.45	N Harris	20
7	Sunderland	42	11	8	2	39	14	6	4	11	25	37	19	10	13	64	51	48	1.25	R Marshall	18
8	Birmingham	42	10	8	3	27	17	7	4	10	22	36	17	12	13	49	53	46	0.92	J Bradford	11
9	Notts County	42	11	6	4	29	12	5	7	9	13	19	16	13	13	42	31	45	1.35	A Davis, A Widdowson	10
10	Manchester City	42	10	7	3	44	29	6	2	13	32	39	17	9	16	76	68	43	1.11	F Roberts	31
11	Cardiff City	42	11	5	5	35	19	5	6	10	21	32	16	11	15	56	51	43	1.09	L Davies	20
12	Tottenham H.	42	9	8	4	32	16	6	4	11	20	27	15	12	15	52	43	42	1.20	J Seed	15
13	West Ham Utd.	42	12	7	2	37	12	3	5	13	25	48	15	12	15	62	60	42	1.03	V Watson	22
14	Sheffield United	42	10	5	6	24	25	3	8	10	21	38	13	13	16	55	63	39	0.87	T Boyle, H Johnson	16
15	Aston Villa	42	10	7	4	34	25	3	6	12	24	46	13	13	16	58	71	39	0.81	W Walker	18
16	Blackburn Rov.	42	7	6	8	31	26	4	7	10	22	40	11	13	18	53	66	35	0.80	J McIntyre	12
17	Everton	42	11	4	6	25	20	1	7	13	15	40	12	11	19	40	60	35	0.66	J Broad	8
18	Leeds United	42	9	8	4	29	17	2	4	15	17	42	11	12	19	46	59	34	0.78	J Swan	11
19	Burnley	42	7	6	8	28	31	4	4	13	18	44	11	10	21	46	75	32	0.61	W Roberts	14
20	Arsenal	42	12	3	6	33	17	2	2	17	13	41	14	5	23	46	58	33	0.79	J Brain	12
21	Preston N E	42	8	2	11	29	35	2	4	15	8	39	10	6	26	37	74	26	0.50	G Harrison	9
22	Nottm Forest	42	5	6	10	17	23	1	6	14	12	42	6	12	24	29	65	24	0.44	D Walker	7

1924/25 DIVISION 2 — SEASON 33

Total Matches: 462
Total Goals: 1068
Avg goals per match: 2.31

Results Grid

		Barnsley	Blackpool	Bradford City	Chelsea	Clapton Orient	Coventry City	Crystal Palace	Derby County	Fulham	Hull City	Leicester City	Manchester U.	Middlesbrough	Oldham Ath.	Portsmouth	Port Vale	Sheffield Weds	Southampton	South Shields	Stockport Co.	Stoke	Wolverhampton
1	Barnsley		2-4	3-1	3-3	1-1	3-1	3-0	3-0	1-0	1-2	1-1	0-0	1-1	0-0	1-4	1-3	3-0	1-1	1-0	0-1	1-1	0-0
2	Blackpool	1-2		1-2	1-2	1-0	3-1	0-1	5-1	4-1	0-0	2-1	1-1	1-1	1-2	1-1	4-1	2-2	1-0	5-0	0-1	1-2	2-4
3	Bradford City	1-0	1-0		2-0	0-0	1-0	0-0	0-3	1-1	4-1	1-1	0-1	0-1	1-1	2-0	1-1	2-0	1-2	1-0	3-0	1-0	3-1
4	Chelsea	0-1	3-0	3-0		1-1	1-0	2-2	1-1	0-0	1-0	4-0	0-0	2-0	4-1	2-3	1-0	0-0	1-0	1-1	1-1	2-1	1-0
5	Clapton Orient	0-0	1-0	0-0	0-0		1-2	3-0	0-1	3-0	0-0	0-1	0-1	0-1	0-1	1-1	3-1	1-0	1-0	0-0	1-1	0-2	2-1
6	Coventry City	3-2	2-1	0-0	0-3	1-0		1-4	0-0	0-1	0-0	4-2	1-0	2-2	5-1	2-1	0-0	1-1	1-0	0-1	4-2	3-1	2-4
7	Crystal Palace	0-1	1-2	4-1	1-0	0-1	0-0		2-0	1-2	1-0	0-2	2-1	2-2	0-1	1-2	0-0	0-1	3-1	0-0	3-0	0-1	2-1
8	Derby County	1-1	2-2	2-0	1-0	3-0	5-1	3-0		5-1	4-0	0-3	1-0	3-1	1-0	6-1	4-1	2-1	3-0	0-0	2-0	1-2	0-1
9	Fulham	1-2	1-0	1-1	1-2	0-2	2-0	3-1	0-2		4-0	2-2	1-0	0-0	1-0	0-0	1-1	2-1	1-0	1-1	2-0	1-0	1-0
10	Hull City	5-2	1-1	0-0	1-0	2-1	4-1	5-0	1-1	3-0		2-1	0-0	0-0	1-0	5-0	2-1	4-2	1-1	0-1	3-0	0-0	0-1
11	Leicester City	6-0	0-2	1-0	4-0	4-2	5-1	3-1	0-0	4-0	1-0		3-0	0-0	3-0	4-0	7-0	6-1	0-0	1-1	4-0	0-1	2-0
12	Manchester United	1-0	0-0	3-0	1-0	4-2	5-1	1-0	1-1	2-0	2-0	1-0		2-0	0-1	2-0	4-0	2-0	1-1	1-0	2-0	2-0	3-0
13	Middlesbrough	2-0	4-1	1-0	1-1	1-1	1-1	0-0	1-3	1-3	0-1	1-5	1-1		0-0	1-1	0-1	2-0	0-0	1-1	1-1	1-0	2-0
14	Oldham Athletic	2-0	4-1	1-3	0-5	2-1	5-0	0-2	0-1	0-0	1-0	0-1	0-3	0-0		0-2	2-0	1-1	1-1	1-0	0-0	2-0	2-0
15	Portsmouth	0-0	1-1	5-0	0-0	0-2	1-0	0-0	1-1	3-0	2-0	1-1	3-1	2-2	2-0		2-0	1-1	1-1	1-0	1-1	0-0	2-2
16	Port Vale	2-0	1-2	1-0	1-1	4-2	4-0	3-0	2-1	0-1	1-1	1-2	2-1	2-1	1-0	0-2		1-0	1-1	0-0	4-1	2-0	1-3
17	Sheffield Wednesday	1-0	2-6	3-3	2-1	0-0	2-0	0-1	0-1	3-1	5-0	1-4	1-1	2-0	1-0	5-2	0-1		1-0	0-1	3-0	2-1	2-0
18	Southampton	3-1	2-1	2-0	0-0	2-0	3-0	2-0	1-0	2-2	0-0	0-2	1-1	2-0	0-0	1-0	1-0	1-0		1-1	2-1	3-0	1-1
19	South Shields	5-2	1-3	1-0	1-1	2-0	4-1	1-1	1-0	2-1	2-0	1-1	1-2	0-1	0-0	0-2	3-0	0-1	1-1		0-1	4-0	3-3
20	Stockport County	1-0	1-0	3-0	4-0	0-1	1-1	1-0	0-0	4-1	0-2	0-2	2-1	1-1	2-0	1-2	0-2	1-0	1-1	0-0		2-0	1-1
21	Stoke	1-1	3-1	0-0	1-0	0-1	4-1	1-1	1-1	2-0	1-1	0-0	0-1	0-1	2-1	0-1	0-2	2-0	0-0	3-0			0-3
22	Wolverhampton W	0-1	2-0	2-0	0-1	1-2	3-1	3-1	0-4	2-1	2-1	0-1	0-0	1-0	2-0	0-5	1-0	1-0	3-0	2-1	3-0	1-0	

Final League Table

Pos	Team	Pld	Home					Away					Totals						Leading Goalscorer	Gls
			W	D	L	F	A	W	D	L	F	A	W	D	L	F	A	Pts	GA		
1	Leicester City	42	15	4	2	58	9	9	7	5	32	23	24	11	7	90	32	59	2.81	A Chandler	32
2	Manchester Utd.	42	17	3	1	40	6	6	8	7	17	17	23	11	8	57	23	57	2.47	W Henderson	14
3	Derby County	42	15	3	3	49	15	7	8	6	22	21	22	11	9	71	36	55	1.97	A Fairclough	22
4	Portsmouth	42	7	13	1	28	14	8	5	8	30	36	15	18	9	58	50	48	1.16	W Haines	17
5	Chelsea	42	11	8	2	31	12	5	7	9	20	25	16	15	11	51	37	47	1.37	W Whitton	16
6	Wolverhampton	42	14	1	6	29	19	6	5	10	26	32	20	6	16	55	51	46	1.07	T Phillipson	16
7	Southampton	42	12	8	1	29	9	1	10	10	11	26	13	18	11	40	36	44	1.11	W Rawlings	14
8	Port Vale	42	12	4	5	34	19	5	4	12	14	37	17	8	17	48	56	42	0.85	W Kirkham	26
9	South Shields	42	9	6	6	33	21	3	11	7	9	17	12	17	13	42	38	41	1.10	J Oxberry	15
10	Hull City	42	12	6	3	40	14	3	5	13	10	35	15	11	16	50	49	41	1.02	B Mills	25
11	Clapton Orient	42	8	7	6	22	13	6	5	10	20	29	14	12	16	42	42	40	1.00	A Pape	10
12	Fulham	42	11	6	4	26	15	4	4	13	15	41	15	10	17	41	56	40	0.73	W Prouse	16
13	Middlesbrough	42	6	10	5	22	21	4	9	8	14	23	10	19	13	36	44	39	0.81	I Dickson, O Williams	7
14	Sheffield Weds.	42	12	3	6	36	23	3	5	13	14	33	15	8	19	50	56	38	0.89	J Trotter	16
15	Barnsley	42	8	8	5	30	23	5	4	12	16	36	13	12	17	46	59	38	0.78	E Hine	15
16	Bradford City	42	11	6	4	26	13	2	6	13	11	37	13	12	17	37	50	38	0.74	R Butler	15
17	Blackpool	42	8	5	8	37	26	6	4	11	28	35	14	9	19	65	61	37	1.06	H Bedford	24
18	Oldham Athletic	42	9	5	7	24	21	4	6	11	11	30	13	11	18	35	51	37	0.68	C Jones	6
19	Stockport Co.	42	10	6	5	26	15	3	5	13	11	42	13	11	18	37	57	37	0.64	T Meads	10
20	Stoke	42	7	8	6	22	17	5	3	13	12	29	12	11	19	34	46	35	0.73	H Davies	8
21	Crystal Palace	42	8	4	9	23	10	4	6	11	15	35	12	10	20	38	54	34	0.70	G Whitworth	13
22	Coventry City	42	10	6	5	32	26	1	3	17	13	58	11	9	22	45	84	31	0.53	A Pynegar	16

After Stoke-on-Trent was granted city status in 1925, Stoke became Stoke City.

1924/25 DIVISION 3 (North)
SEASON 33

Total Matches: 462
Total Goals: 1320
Avg goals per match: 2.86

Results Grid

	Team	Accrington S	Ashington	Barrow	Bradford P A	Chesterfield	Crewe Alex	Darlington	Doncaster Rov	Durham City	Grimsby Town	Halifax Town	Hartlepools U	Lincoln City	Nelson	New Brighton	Rochdale	Rotherham Co	Southport	Tranmere R	Walsall	Wigan B	Wrexham
1	Accrington Stanley		2-2 28F	1-2 30S	2-2 8S	2-2 3J	1-0 28M	2-0 1J	3-2 14M	6-0 23F	0-3 4O	2-0 20S	4-1 14F	0-2 25A	2-0 13S	0-1 27A	2-2 18O	2-0 30a	5-1 1N	2-1 22A	1-1 11A	3-1 17S	1-0 2m
2	Ashington	1-2 25O		5-2 13S	1-0 18A	2-1 30a	1-1 21F	4-2 6D	2-0 1S	0-2 10A	0-2 21M	2-0 7M	0-3 22N	2-1 24J	1-1 3J	1-1 8N	4-3 2J	3-1 1J	2-0 2m	1-0 27S	6-1 7F	1-1 14F	2-0 20D
3	Barrow	3-1 26D	3-2 17J		2-1 4A	1-0 20D	2-0 1S	0-4 22N	4-0 27D	2-0 15S	3-2 7M	2-1 31J	1-1 8N	1-2 7F	3-0 20S	1-1 25O	1-0 21M	3-1 18A	1-0 6S	1-1 11O	3-2 21F	0-1 10A	2-2 6D
4	Bradford P A	3-0 1S	7-1 17D	1-1 1J		3-0 13A	6-1 28F	0-0 24F	4-1 25D	0-1 4O	2-1 6S	3-0 15N	4-0 17J	1-1 28M	5-2 11A	0-0 27D	3-0 20S	1-0 21F	5-1 25A	2-0 4M	5-1 14M	2-2 1N	3-0 11O
5	Chesterfield	1-0 6S	1-1 27D	1-1 25A	1-1 10A		1-0 10J	0-1 18O	2-1 1N	6-0 14M	2-0 14A	1-3 17J	4-0 4O	2-0 11M	0-1 26D	3-0 20S	2-1 14F	3-2 30M	1-2 28F	4-1 11A	1-0 8S	3-1 22N	3-0 1J
6	Crewe Alexandra	4-2 22N	1-0 18O	3-1 10S	2-1 25O	1-1 21M		0-5 24J	1-1 4O	3-0 31J	0-1 18A	1-1 4A	3-1 20D	2-1 17S	1-0 10A	2-0 6D	3-1 26D	1-1 8N	0-0 14F	1-1 30a	1-1 3J	1-1 13S	1-2 7M
7	Darlington	2-1 10A	2-1 11A	3-0 28M	2-1 27S	3-3 21F	5-1 20S		1-1 25A	0-0 25D	0-0 27D	3-0 1J	2-0 6S	0-1 11F	3-1 15N	3-1 3S	3-1 17J	4-0 11O	2-1 17D	2-1 14M	3-0 1N	5-0 28F	3-1 7F
8	Doncaster Rov.	4-1 8N	7-3 8S	0-0 30a	1-0 26D	0-1 7M	1-1 7F	0-2 20D		0-0 11O	2-2 4A	0-1 21M	1-0 6D	2-1 3J	1-1 14A	0-0 22N	1-1 18A	4-1 25O	0-1 10A	2-0 13S	1-1 24J	0-0 27S	1-2 21F
9	Durham City	2-0 21M	0-0 3S	6-0 2m	1-0 7F	1-1 8N	4-1 27S	2-1 13A	1-0 14F		6-1 6D	1-2 22N	0-1 18A	5-0 1J	3-1 25A	0-0 4A	3-2 20D	1-1 7M	0-0 18O	0-3 18M	0-2 13S	1-1 24J	1-0 25O
10	Grimsby Town	4-0 7F	1-3 10J	2-1 1N	2-0 3J	0-0 27S	0-0 13D	0-0 30a	0-2 1J	1-1 11A		1-1 11O	2-1 1S	1-2 28F	2-0 14M	2-3 21F	1-1 15N	3-1 24J	3-1 28M	6-1 13A	2-1 25D	4-0 25A	0-1 13S
11	Halifax Town	2-2 24J	0-0 1N	2-0 27S	1-3 2m	1-0 13S	2-2 12M	1-1 14A	2-0 26J	3-0 28M	1-0 14F		2-0 18O	1-0 25D	2-4 28F	1-2 4O	3-1 13A	4-0 3J	2-0 14M	1-3 20D	1-1 13D	1-2 11A	3-1 30a
12	Hartlepools United	1-0 11O	1-0 28M	2-2 14M	1-0 13S	0-1 7F	1-1 25A	2-0 3J	1-1 11A	2-1 22A	1-1 10S	1-1 21F		1-1 1N	2-4 25M	0-2 13A	1-1 30a	0-0 27S	1-2 1O	2-1 28F	3-1 1J	1-0 25D	1-1 24J
13	Lincoln City	3-0 20D	5-0 20S	2-1 4O	0-4 22N	3-1 18A	4-1 2m	0-1 21M	2-0 6S	3-0 27D	0-0 25O	1-1 26D	2-1 7M		2-1 18M	2-0 14F	1-2 8N	3-1 6D	1-1 17J	3-2 18O	0-1 10A	1-0 1S	1-1 4A
14	Nelson	4-1 17J	1-3 6S	2-0 24J	2-2 6D	1-0 25D	7-0 13A	1-1 4A	3-0 9S	7-1 16S	1-0 8N	2-1 25O	2-0 21M	1-0 27S		5-0 7M	1-0 22N	4-1 20D	2-1 21A	4-1 7F	2-1 11O	1-0 21F	2-0 18A
15	New Brighton	4-0 27S	4-4 14M	3-0 28F	0-0 30a	2-1 24J	3-0 11A	1-0 2m	0-2 28M	4-0 10D	3-2 18O	3-1 7F	2-0 10A	4-1 11O	5-0 1N		5-0 17S	3-1 13S	1-1 10J	1-0 26D	3-2 25A	3-0 13D	2-1 3J
16	Rochdale	0-1 21F	0-0 4A	5-1 28A	2-2 24J	2-1 11O	5-0 25D	2-1 13S	5-2 24F	3-0 10J	2-0 2m	3-1 10A	3-0 27D	0-1 14M	2-0 28M	2-0 14A		4-1 7F	1-0 11A	2-1 1N	3-0 28F	3-2 6S	3-1 27S
17	Rotherham Co.	1-1 27D	1-4 25D	0-1 16M	1-1 18O	1-3 2m	1-3 14M	1-1 14F	3-0 28F	1-2 1N	3-0 20S	0-0 6S	1-2 31J	1-1 13D	1-0 25A	2-1 17J	1-3 4O		1-3 14A	2-0 1S	2-0 28M	3-4 15N	0-1 13A
18	Southport	3-1 7M	3-0 16S	5-0 3J	3-0 20D	0-2 25O	2-0 11O	1-0 18A	3-0 13A	1-3 21F	3-1 22N	2-0 8N	4-0 4A	1-0 13S	2-0 30a	2-0 21M	0-0 6D	2-0 9S		1-0 24J	1-0 27S	0-1 4O	1-0 25D
19	Tranmere Rovers	2-1 18A	5-4 31J	4-1 14F	2-0 21M	5-1 6D	2-2 27D	0-1 8N	1-2 17J	1-1 6S	2-3 10A	0-2 25A	4-3 25O	0-0 21F	1-3 4O	2-1 1J	3-1 7M	1-0 4A	1-0 20S		0-1 2O	2-3 14A	2-0 22N
20	Walsall	1-1 6D	1-0 4O	0-2 18O	0-0 8N	0-0 4A	2-1 6S	4-0 7M	2-2 20S	2-0 17J	1-1 26D	0-1 18A	1-2 2m	0-2 13A	0-1 14F	2-0 20D	0-0 25O	2-0 22N	0-0 31J	2-0 10J		3-1 27D	3-0 21M
21	Wigan Borough	1-2 4A	2-0 11O	2-0 13A	1-0 7M	0-0 28M	3-4 17J	1-1 25O	2-0 31J	0-0 20S	3-1 20D	2-0 6D	0-0 26D	4-0 8S	1-1 18O	0-1 3J	2-3 21M	4-1 7F	2-0 2m	4-0 30a	0-0 8N		5-0 8N
22	Wrexham	1-0 24S	3-1 25A	3-0 11A	1-3 14F	0-0 1/S	2-1 1N	0-2 4O	2-1 18O	3-1 13D	1-2 7J	0-0 27D	3-1 20S	1-1 10	0-0 10J	3-1 6S	2-3 31J	4-0 10A	1-1 26D	6-2 28M	1-1 15N	6-2 14M	

Final League Table

Pos	Team	Pld	Home W	Home D	Home L	Home F	Home A	Away W	Away D	Away L	Away F	Away A	Totals W	Totals D	Totals L	Totals F	Totals A	Pts	GA	Leading Goalscorer	Gls
1	Darlington	42	16	4	1	50	14	8	6	7	28	19	24	10	8	78	33	58	2.36	D Brown	39
2	Nelson	42	18	2	1	58	14	5	5	11	21	36	23	7	12	79	50	53	1.58	J Eddleston	27
3	New Brighton	42	17	3	1	56	16	6	4	11	19	34	23	7	12	75	50	53	1.50	J Wilcox	35
4	Southport	42	17	2	2	41	7	5	5	11	18	30	22	7	13	59	37	51	1.59	J Sambrook	16
5	Bradford P A	42	15	5	1	59	13	4	7	10	25	29	19	12	11	84	42	50	2.00	R Wilson	22
6	Rochdale	42	17	2	2	53	16	4	5	12	22	37	21	7	14	75	53	49	1.41	H Anstiss	23
7	Chesterfield	42	14	3	4	42	15	3	8	10	18	29	17	11	14	60	44	45	1.36	N Whitfield	12
8	Lincoln City	42	13	4	4	39	19	5	4	12	14	39	18	8	16	53	58	44	0.91	H Pringle	15
9	Halifax Town	42	11	5	5	36	22	5	6	10	20	30	16	11	15	56	52	43	1.07	E Dixon, W Howson, A Seabrook	12
10	Ashington	42	13	4	4	41	24	3	6	12	27	52	16	10	16	68	76	42	0.89	W Gardner	16
11	Wigan Borough	42	10	7	4	39	16	5	4	12	23	49	15	11	16	62	65	41	0.95	G Glover	16
12	Grimsby Town	42	10	6	5	38	21	5	3	13	22	39	15	9	18	60	60	39	1.00	J Carmichael	18
13	Durham City	42	11	6	4	38	17	2	7	12	12	51	13	13	16	50	68	39	0.73	W Bertram	12
14	Barrow	42	14	4	3	39	22	2	3	16	12	52	16	7	19	51	74	39	0.68	C Vowles	13
15	Crewe Alex.	42	11	7	3	35	24	2	6	13	16	54	13	13	16	53	78	39	0.67	J Sullivan	16
16	Wrexham	42	11	5	5	37	21	4	3	14	16	40	15	8	19	53	61	38	0.86	J Jones	12
17	Accrington S.	42	12	5	4	43	23	3	3	15	17	49	15	8	19	60	72	38	0.83	R Thompson	17
18	Doncaster Rov.	42	12	5	4	36	17	2	5	14	18	48	14	10	18	54	65	38	0.83	T Keetley	22
19	Walsall	42	10	6	5	27	16	3	5	13	17	37	13	11	18	44	53	37	0.83	F Burrill	14
20	Hartlepools Utd	42	9	8	4	28	21	3	3	15	17	42	12	11	19	45	63	35	0.71	W Smith	12
21	Tranmere Rov.	42	11	3	7	40	29	3	1	17	19	49	14	4	24	59	78	32	0.75	W Dean	27
22	Rotherham Co.	42	6	5	10	27	31	1	2	18	15	57	7	7	28	42	88	21	0.47	J Hammerton	8

After a merger with Rotherham Town, Rotherham County became Rotherham United.

1924/25 DIVISION 3 (South) SEASON 33

Total Matches: 462
Total Goals: 1120
Avg goals per match: 2.42

	Team	Aberdare Ath	Bournemouth	Brentford	Brighton & H A	Bristol City	Bristol Rovers	Charlton Ath	Exeter City	Gillingham	Luton Town	Merthyr Town	Millwall	Newport County	Northampton T	Norwich City	Plymouth A	Q P R	Reading	Southend Utd	Swansea Town	Swindon Town	Watford
1	Aberdare Athletic		4-2	2-1	1-2	1-2	2-1	2-0	3-1	2-1	1-1	2-0	0-1	1-3	1-1	2-1	3-1	1-1	3-0	3-0	3-1	1-1	2-0
2	Bournemouth & B A	3-1		2-0	0-0	1-3	0-1	2-1	1-1	3-0	2-1	2-0	0-1	0-0	1-2	0-0	0-1	0-2	0-0	1-0	0-2	0-0	2-1
3	Brentford	2-2	1-2		2-4	1-0	1-1	0-0	2-5	2-1	3-0	2-2	1-0	2-1	1-3	1-1	1-0	0-1	0-1	2-2	3-1	0-0	0-0
4	Brighton & Hove Albion	4-1	0-1	4-1		1-0	1-0	0-0	2-0	2-0	2-1	3-1	3-3	4-1	0-1	3-1	2-3	5-0	0-1	2-1	0-0	3-1	2-0
5	Bristol City	0-1	2-1	3-0	2-1		2-0	1-1	0-1	2-1	2-0	1-0	4-1	2-0	1-0	2-2	5-0	3-0	5-0	0-0	0-0	1-1
6	Bristol Rovers	1-0	1-0	2-0	0-1	2-0		4-0	0-1	0-0	1-1	1-0	1-1	0-1	0-2	3-0	1-0	1-3	3-0	0-1	2-0
7	Charlton Athletic	5-1	2-2	3-0	1-0	0-1	1-1		1-0	2-0	3-0	0-2	1-0	0-0	3-2	2-1	2-0	1-2	0-0	0-0	1-0	1-1
8	Exeter City	3-1	2-1	5-1	2-0	0-2	1-1	2-1		3-3	0-1	2-1	0-0	4-3	0-0	1-3	1-0	0-1	2-0	1-0	4-0
9	Gillingham	2-0	0-0	1-0	2-0	1-1	0-0	2-0	1-1		4-1	2-1	1-0	0-1	3-1	0-3	1-0	0-0	3-1	0-0	1-1	0-0
10	Luton Town	0-0	0-2	3-1	3-1	3-0	1-1	0-0	1-0	0-0		6-0	1-1	2-2	0-0	1-1	3-0	1-0	4-0	0-0	2-2	0-3
11	Merthyr Town	3-1	3-1	4-0	1-2	2-3	1-0	2-1	0-1	0-1	0-0		2-1	1-0	0-2	0-2	1-2	2-3	0-0	1-0	0-2	1-5	0-1
12	Millwall	2-1	3-1	3-0	1-1	3-1	0-0	1-0	2-0	2-0	2-2	3-1		3-0	3-1	0-0	0-0	3-0	0-1	2-0	1-2	1-2	0-1
13	Newport County	1-0	2-0	1-0	0-0	0-2	4-1	2-1	2-1	2-0	1-1	3-0	2-3		1-0	3-0	0-0	0-0	1-1	1-1	3-0	3-1	3-0
14	Northampton Town	5-0	3-0	0-2	1-0	1-2	5-0	2-1	2-1	1-0	1-0	2-0	0-2	0-2		1-1	5-2	1-0	2-0	0-1	1-3	0-0	1-1
15	Norwich City	1-1	6-3	3-0	2-2	0-0	1-1	2-1	0-1	0-0	1-1	1-0	2-2	2-1	4-0		1-1	5-0	0-2	0-1	2-0	4-0	2-1
16	Plymouth Argyle	2-0	2-0	7-1	1-0	7-1	3-2	3-2	1-1	2-0	4-0	2-0	1-1	0-2	2-1	5-0		1-0	2-0	6-0	1-1	2-0	1-1
17	Queens Park Rangers	4-1	0-2	1-0	2-0	3-0	1-2	0-0	1-4	1-1	2-1	1-1	0-0	4-3	2-0	1-2	0-1		1-0	3-1	0-0	1-0	0-0
18	Reading	2-0	0-1	3-1	0-0	0-1	4-1	0-0	1-1	0-1	3-0	2-1	1-2	0-1	0-1	2-0	0-0	2-1		2-2	2-0	1-1	3-0
19	Southend United	2-1	3-0	6-1	2-0	2-0	2-1	0-3	3-0	4-0	2-1	2-1	1-0	0-1	0-1	0-1	0-3	1-0	3-0		1-0	0-0	0-4
20	Swansea Town	2-2	1-0	7-0	1-0	1-1	2-2	6-1	2-1	2-0	4-1	2-0	2-2	1-0	2-1	2-0	2-0	2-0	1-0	4-0		2-0	3-1
21	Swindon Town	2-0	4-0	2-0	3-0	3-0	3-0	2-2	1-0	2-0	4-1	5-1	1-0	2-2	5-0	1-0	1-5	3-1	0-0	5-3	2-1		0-1
22	Watford	0-0	2-1	3-1	0-1	1-0	1-0	0-0	3-0	1-2	1-1	3-0	1-0	0-5	1-0	0-2	1-0	1-0	0-3	1-3	1-0	

Final League Table

Pos	Team	Pld	Home W	Home D	Home L	Home F	Home A	Away W	Away D	Away L	Away F	Away A	W	D	L	F	A	Pts	GA	Leading Goalscorer	Gls
1	Swansea Town	42	17	4	0	51	12	6	7	8	17	23	23	11	8	68	35	57	1.94	J Fowler	28
2	Plymouth A.	42	17	3	1	55	12	6	7	8	22	26	23	10	9	77	38	56	2.02	J Leslie	14
3	Bristol City	42	14	5	2	40	10	8	4	9	20	31	22	9	11	60	41	53	1.46	T Walsh	21
4	Swindon Town	42	17	2	2	51	13	3	9	9	15	25	20	11	11	66	38	51	1.73	J Johnson	17
5	Millwall	42	12	5	4	35	14	6	8	7	23	24	18	13	11	58	38	49	1.52	A Moule	18
6	Newport County	42	13	6	2	35	12	7	3	11	27	30	20	9	13	62	42	49	1.47	W Charlton	14
7	Exeter City	42	13	4	4	37	19	6	5	10	22	29	19	9	14	59	48	47	1.22	W Compton, H Kirk	11
8	Brighton & H A	42	14	3	4	43	17	5	5	11	16	28	19	8	15	59	45	46	1.31	T Cook	18
9	Northampton T.	42	12	3	6	34	18	8	3	10	17	26	20	6	16	51	44	46	1.15	L Page	13
10	Southend United	42	14	1	6	34	18	5	4	12	17	43	19	5	18	51	61	43	0.83	J McClelland	16
11	Watford	42	12	3	6	22	20	5	6	10	16	27	17	9	16	38	47	43	0.80	L Andrews, J Bell, F Pagnam	6
12	Norwich City	42	10	8	3	39	18	4	5	12	14	33	14	13	15	53	51	41	1.03	J Jackson	14
13	Gillingham	42	11	8	2	25	11	2	6	13	10	33	13	14	15	35	44	40	0.79	F Brown, F Marshall	8
14	Reading	42	9	6	6	28	15	5	4	12	9	23	14	10	18	37	38	38	0.97	W Ferguson	9
15	Charlton Athletic	42	12	6	3	31	13	1	6	14	15	35	13	12	17	46	48	38	0.95	E Rees	11
16	Luton Town	42	9	10	2	34	15	1	7	13	15	42	10	17	15	49	57	37	0.86	G Dennis, S Reid	12
17	Bristol Rovers	42	10	5	6	26	13	2	8	11	16	36	12	13	17	42	49	37	0.85	W Phillips	10
18	Aberdare Athletic	42	13	4	4	40	21	1	5	15	14	46	14	9	19	54	67	37	0.80	J Smith	16
19	Queens Park R	42	10	0	5	20	19	4	2	15	14	44	14	8	20	42	63	36	0.66	H Johnson	10
20	Bournemouth	42	8	6	7	20	17	5	2	14	20	41	13	8	21	40	58	34	0.69	C Eyre	11
21	Brentford	42	8	7	6	28	26	1	0	20	10	65	9	7	26	38	91	25	0.41	J Allen	14
22	Merthyr Town	42	8	3	10	24	27	0	2	19	11	50	8	5	29	35	77	21	0.45	W Arblaster	9

1925/26 DIVISION 1
SEASON 34

Total Matches 462
Total Goals 1703
Avg goals per match 3.69

Results Matrix

	Team	Arsenal	Aston Villa	Birmingham	Blackburn Rov	Bolton Wand	Burnley	Bury	Cardiff City	Everton	Huddersfield T	Leeds United	Leicester City	Liverpool	Manchester City	Manchester U.	Newcastle Utd	Notts Co.	Sheffield United	Sunderland	Tottenham H	West Brom A	West Ham Utd.
1	Arsenal		2-0 5A	3-0 1m	4-2 3A	2-3 10O	1-2 3F	6-1 14N	5-0 17O	4-1 31O	3-1 17A	4-1 26S	2-2 31a	1-1 12S	3-2 20M	3-0 16J	4-0 13F	3-0 25D	4-0 17M	2-0 28N	0-1 29a	1-0 12D	3-2 21S
2	Aston Villa	3-0 2A		3-3 17O	1-2 12D	2-2 26A	10-0 29a	1-1 6M	0-2 31O	3-1 3A	3-0 14N	3-1 3F	2-2 10M	3-0 6A	3-1 28N	2-2 7S	2-2 12S	2-1 26S	2-2 20M	4-2 5O	3-0 17A	2-1 13F	2-0 26D
3	Birmingham	1-0 19D	2-1 27F		2-0 5S	0-1 7N	1-7 10A	2-3 23J	3-2 10O	3-1 21S	1-3 16S	2-1 5D	1-1 24O	2-0 21N	1-0 31a	2-1 19A	1-0 13M	0-1 19S	2-0 13F	2-1 2J	3-1 25D	3-0 26S	1-0 24A
4	Blackburn Rovers	2-3 21N	3-1 24A	4-4 16J		3-0 27F	6-3 13M	1-2 29a	6-3 26S	2-2 25D	2-1 11F	2-2 7N	0-0 19D	1-1 5D	3-3 10O	7-0 10A	1-2 12O	4-1 24O	3-1 1M	3-0 21S	4-2 13F	1-2 12S	1-0 27M
5	Bolton Wanderers	1-1 28A	1-3 19S	5-3 1J	2-2 17O		4-2 16S	3-2 16J	0-1 28N	0-2 1m	6-1 12D	1-0 7S	2-2 6F	0-1 2A	5-1 14N	3-1 17M	2-2 29a	2-1 23J	2-1 17A	3-2 7A	1-1 3A	2-1 31O	1-0 3O
6	Burnley	2-2 19S	2-3 2J	3-1 7D	1-3 31O	1-1 9S		2-2 17A	4-1 1m	1-3 17O	1-1 20F	6-3 26D	4-0 5S	2-1 3O	1-2 6A	0-1 6F	1-0 2A	0-0 7S	1-1 14N	5-2 20M	1-2 12D	3-4 3A	2-2 23J
7	Bury	2-2 27M	2-3 24O	2-1 12S	3-1 2J	0-5 5S	8-1 16D		4-1 13F	1-0 1J	0-0 5A	4-1 13M	0-2 24A	4-0 10A	6-5 25D	1-3 21N	1-1 7N	3-1 27F	7-4 26S	2-2 28O	3-0 10O	4-1 24F	2-2 19D
8	Cardiff City	0-0 27F	2-0 13M	0-0 20F	4-1 6F	0-1 10A	2-3 19D	3-2 3O		2-1 5S	1-2 30	0-0 27N	5-2 24A	2-2 2J	2-2 24O	0-2 21N	2-2 5D	2-1 5A	0-0 23S	0-1 21S	3-2 25D	4-0 7S	0-1 7S
9	Everton	2-3 13M	1-1 21N	2-2 9S	3-0 26D	2-1 19D	1-1 27F	1-1 2A	1-1 16J		2-3 3O	4-2 24O	1-0 30J	3-3 6F	1-1 10F	1-3 7N	3-0 24A	3-0 27M	2-2 29a	2-1 17M	1-1 12S	4-0 16S	2-0 5D
10	Huddersfield Town	2-2 5D	5-1 27M	4-1 28D	3-1 6A	3-0 12A	2-1 10O	2-1 8S	1-1 12S	3-0 13F		3-1 27F	3-0 21N	0-0 25N	2-2 26S	5-0 13M	0-1 24O	2-0 19D	4-1 16J	1-1 26D	1-1 3M	2-1 29a	1-1 10A
11	Leeds United	4-2 6F	2-2 5S	0-0 17A	2-1 20M	2-1 31a	2-2 25D	2-3 31O	1-0 14N	1-1 6M	0-4 17O		1-0 23J	1-1 20F	3-4 12D	2-0 30	2-0 16S	1-0 2J	2-0 3A	4-1 6A	0-2 1m	4-1 28N	5-2 19S
12	Leicester City	0-1 7S	1-2 10O	1-0 6M	2-1 20F	5-2 26S	3-2 16J	2-0 12D	1-2 20M	1-1 28N	2-0 3A	1-3 12S		3-1 29a	2-3 17A	1-3 28D	3-2 22F	1-0 13F	2-2 26D	4-1 14N	5-3 31O	3-0 17O	1-1 5A
13	Liverpool	3-0 23J	3-1 1J	2-2 3A	2-2 17A	2-2 5A	3-2 13F	0-1 28N	0-2 12D	5-1 26S	1-2 20M	1-1 10O	0-3 2J		2-1 17O	5-0 19S	6-3 25D	2-0 2S	2-2 1m	2-2 31O	0-0 6M	1-3 14N	5-5 5S
14	Manchester City	2-5 7N	4-2 10A	2-0 2A	0-1 17M	8-3 29M	0-2 24O	3-2 26D	4-4 29a	1-5 19S	2-1 6F	1-1 27F		1-1 12S		1-2 19D	1-1 21N	2-1 4N	4-1 3O	0-0 16J	3-1 1J	2-0 2-0	1-3 13M
15	Manchester United	0-1 5S	3-0 2S	3-1 14N	2-0 28N	6-1 25D	0-1 26S	1-0 3A	0-0 28A	1-1 20M	2-1 31O	3-2 13F	3-3 16S	1-6 10M	2-1 23J		2-1 10O	0-1 100	1-2 5A	5-1 12D	0-0 21A	3-2 17O	2-1 1m 2J
16	Newcastle United	7-0 3O	2-2 23J	1-3 31O	1-7 9S	5-1 2J	3-0 1J	4-0 20M	3-3 3A	0-0 12D	3-2 6M	3-0 5A	3-2 19S	3-2 26D	4-1 1m		6-3 14A		3-1 5S	0-0 9D	3-1 17O	0-0 14N	4-1 17A 6F
17	Notts County	4-1 26D	1-0 6F	3-0 3M	1-1 6M	3-0 12S	0-1 21S	4-1 17O	2-4 17A	0-3 14N	4-2 1m	1-0 29a	2-2 3O	1-2 1O	1-0 3A	0-3 2A	1-3 16J		2-0 31O	2-0 12D	4-2 28N	0-0 20M	1-1 22M
18	Sheffield United	4-0 24O	4-1 7N	4-1 3O	1-1 19S	2-0 5D	6-1 19A	3-1 6F	11-2 1J	1-1 2J	2-3 5S	2-0 21N	2-4 25D	3-1 19D	8-3 26O	2-0 24A	4-3 10A	2-0 13M		4-1 23J	2-3 31a	2-1 20F	1-1 27F
19	Sunderland	2-1 10A	3-2 19D	3-1 29a	6-2 2S	2-1 24O	2-2 7N	1-0 14O	1-3 31M	7-3 10O	4-1 20J	1-3 1J	3-0 27M	3-2 13M	5-3 13F	2-2 5D	2-1 27F	2-2 24A	3-1 12S		6-1 26S	3-0 16J	4-0 21N
20	Tottenham Hotspur	1-1 1J	2-2 5D	2-1 26D	4-2 3O	2-3 21N	0-2 24A	4-2 20F	1-2 14S	1-1 23J	5-5 19S	3-2 19D	1-3 18M	3-1 24O	1-0 5S	0-1 27F	0-1 25M	1-0 10A	0-2 7S	3-2 6F		3-2 2A	4-2
21	West Bromwich Albion	2-1 24A	1-1 3O	5-1 6F	1-1 23J	0-3 13M	5-3 21N	4-0 9N	3-0 26D	1-1 2S	2-2 2J	3-0 10A	3-1 27F	0-3 27M	4-1 23S	5-1 19D	4-0 5D	4-4 7N	2-0 10O	2-5 5S	1-0 5A		7-1 24O
22	West Ham United	0-4 5O	5-2 25D	2-2 12D	2-1 14N	6-0 13F	2-0 12S	0-2 1m	3-1 31a	1-0 17A	2-3 28N	4-2 30J	1-1 2A	1-2 16J	3-1 31O	1-0 29a	1-0 26S	1-0 10O	1-3 17O	0-2 3A	0-1 20M	0-0 6M	

Final League Table

Pos	Team	Pld	Home W	D	L	F	A	Away W	D	L	F	A	Totals W	D	L	F	A	Pts	GA	Leading Goalscorer	Gls
1	Huddersfield T	42	14	6	1	50	17	9	5	7	42	43	23	11	8	92	60	57	1.53	G Brown	35
2	Arsenal	42	16	2	3	57	19	6	6	9	30	44	22	8	12	87	63	52	1.38	J Brain	34
3	Sunderland	42	17	2	2	67	30	4	4	13	29	50	21	6	15	96	80	48	1.20	D Halliday	38
4	Bury	42	12	4	5	55	34	8	3	10	30	43	20	7	15	85	77	47	1.10	N Bullock	31
5	Sheffield United	42	15	3	3	72	29	4	5	12	30	53	19	8	15	102	82	46	1.24	H Johnson	23
6	Aston Villa	42	12	7	2	56	25	4	5	12	30	51	16	12	14	86	76	44	1.13	L Capewell	32
7	Liverpool	42	9	8	4	43	27	5	8	8	27	36	14	16	12	70	63	44	1.11	R Forshaw	27
8	Bolton Wand.	42	11	6	4	46	31	6	4	11	29	45	17	10	15	75	76	44	0.98	J Smith	16
9	Manchester Utd.	42	12	4	5	40	26	7	2	12	26	47	19	6	17	66	73	44	0.90	C Rennox	17
10	Newcastle Utd.	42	13	3	5	59	33	3	7	11	25	42	16	10	16	84	75	42	1.12	H Gallacher	23
11	Everton	42	9	9	3	42	26	3	9	9	30	44	12	18	12	72	70	42	1.02	W Dean	32
12	Blackburn Rov.	42	11	6	4	59	33	4	5	12	32	47	15	11	16	91	80	41	1.13	E Harper	43
13	West Brom A	42	13	5	3	59	29	3	3	15	20	49	16	8	18	79	78	40	1.01	S Davies	19
14	Birmingham	42	14	2	5	35	25	2	6	13	31	56	16	8	18	66	81	40	0.81	J Bradford	27
15	Tottenham H.	42	11	4	6	45	36	4	5	12	21	43	15	9	18	66	79	39	0.83	F Osborne	25
16	Cardiff City	42	8	5	8	30	25	8	2	11	31	51	16	7	19	61	76	39	0.80	H Ferguson	26
17	Leicester City	42	11	3	7	42	32	3	7	11	28	48	14	10	18	70	80	38	0.87	A Chandler	26
18	West Ham Utd.	42	14	2	5	45	27	1	5	15	18	49	15	7	20	63	76	37	0.82	V Watson	19
19	Leeds United	42	11	5	5	38	28	3	3	15	26	48	14	8	20	64	76	36	0.84	T Jennings	27
20	Burnley	42	7	7	7	43	35	6	3	12	42	73	13	10	19	85	108	36	0.78	L Page	26
21	Manchester City	42	8	7	6	48	42	4	4	13	41	58	12	11	19	89	100	35	0.89	T Browell, F Roberts	21
22	Notts County	42	11	4	6	37	26	2	3	16	17	48	13	7	22	54	74	33	0.73	A Davis	14

1925/26 | DIVISION 2

SEASON 34

Total Matches	462
Total Goals	1487
Avg goals per match	3.22

#	Team	Barnsley	Blackpool	Bradford City	Chelsea	Clapton Orient	Darlington	Derby County	Fulham	Hull City	Middlesbrough	Nottm Forest	Oldham Ath.	Portsmouth	Port Vale	Preston N E	Sheffield Weds	Southampton	South Shields	Stockport Co.	Stoke City	Swansea Town	Wolverhampton
1	Barnsley		2-0	0-0	2-3	3-1	1-1	0-1	2-2	2-1	0-1	4-1	3-4	2-2	3-0	2-0	1-1	2-0	3-1	1-1	2-1	2-0	1-1
			3O	31a	23J	5S	6F	5A	24O	19S	27M	28D	2J	21N	1J	19D	13M	20F	24A	27F	7N	5D	6M
2	Blackpool	4-0		3-0	0-0	3-0	0-1	1-2	2-0	2-2	2-3	3-0	2-1	2-2	2-2	3-1	1-0	2-1	1-0	4-1	0-0	0-0	4-0
		13F		30J	25D	10O	14S	12S	5D	2A	7S	16J	3A	27F	26S	7N	19D	29a	13M	10A	27M	24A	24O
3	Bradford City	4-1	1-0		4-2	0-3	2-0	0-0	0-0	0-1	2-0	0-1	1-1	0-1	2-0	2-0	1-4	0-5	1-1	2-2	2-1	3-1	1-2
		7S	19S		6J	7O	23J	20F	19D	5S	10A	3O	24O	5D	5A	21N	25D	6F	27M	24A	27F	20J	13M
4	Chelsea	3-2	2-3	2-0		1-3	5-2	2-1	4-0	4-0	0-1	0-0	3-0	0-0	3-1	5-0	0-0	0-0	0-0	3-2	1-1	1-3	3-3
		12S	26D	29a		10F	20F	26A	26S	3O	24A	7S	13M	19D	16J	24O	10A	[illegible]	27F	7N	5D	21N	27M
5	Clapton Orient	4-0	2-2	3-1	1-2		1-2	0-1	1-1	0-0	1-0	0-1	1-2	1-1	1-2	1-1	0-0	2-1	1-2	2-1	4-0	2-0	2-1
		16J	8M	19A	19S		3O	24S	27F	6F	10D	2A	7N	27M	29a	24A	5D	25D	24O	12S	13M	10A	21M
6	Darlington	2-2	1-3	1-3	1-1	6-0		0-0	1-2	1-2	0-2	0-0	1-0	7-1	4-0	1-1	5-1	3-1	4-1	3-2	1-2	3-3	3-4
		26S	23S	13S	10O	13F		16J	13M	25D	27F	29a	10A	24O	30J	9S	27M	30S	7N	17A	21N	19D	24A
7	Derby County	4-0	5-2	0-0	4-2	3-1	0-2		3-1	3-1	2-0	2-0	1-0	0-2	2-0	2-0	4-1	2-2	2-0	4-0	7-3	5-0	2-0
		6A	23J	10O	28D	31a	5S		27M	2J	5D	6F	24A	13M	26D	10A	27F	19S	21N	19D	24O	3O	7N
8	Fulham	2-2	1-1	2-0	0-3	0-2	4-0	1-1		1-1	2-0	0-2	2-1	2-3	3-3	2-1	3-0	1-1	2-1	1-0	2-4	0-1	1-2
		19A	17A	1m	6F	17O	31O	14N		20M	25D	3A	23J	5A	12D	10O	2J	28N	13F	19S	5S	31a	5O
9	Hull City	2-2	1-2	5-0	0-1	2-0	1-1	0-0	1-0		1-2	4-1	1-2	1-0	3-0	1-1	0-1	4-0	1-3	4-0	1-0	4-2	3-1
		30J	5A	16J	13F	26S	26D	29a	7N		24O	12O	5D	24A	12S	27F	21N	7S	10O	13M	10A	26A	19D
10	Middlesbrough	5-0	3-2	2-5	1-2	1-2	3-2	1-2	4-0	3-3		1-0	2-1	4-1	3-1	5-1	3-0	3-0	1-2	4-0	3-0	0-3	4-1
		14N	2S	28N	12D	1m	17O	17A	26D	6M		31O	3O	2J	3A	23S	19S	20M	1J	20F	6F	23J	5S
11	Nottm Forest	4-2	1-1	0-0	1-5	1-0	2-0	1-2	2-2	4-0	1-0		1-1	3-1	2-0	4-0	2-0	1-2	4-1	2-0	1-2	0-2	1-4
		25D	5S	13F	31a	5A	2J	26S	21N	21A	13M		19D	7N	10O	5D	24O	23J	10A	27M	24A	27F	19S
12	Oldham Athletic	2-1	3-2	3-0	1-1	1-1	0-1	2-0	4-0	2-1	4-1	8-3		1-3	3-2	3-2	1-1	1-0	2-1	3-0	7-2	0-0	1-2
		29a	21N	6M	31O	20M	8F	14D	12S	17A	13F	1m		10O	17O	26S	7S	14N	16M	30J	14S	2A	25D
13	Portsmouth	1-2	2-0	3-1	4-0	3-2	2-0	2-2	0-0	2-2	1-5	5-1	0-2		3-2	5-2	1-2	1-2	4-2	4-0	2-0	0-0	3-0
		3A	17O	17A	1m	14N	6M	31O	2A	12D	29a	20M	20F		28N	30S	6F	16J	7D	26D	3O	19S	23J
14	Port Vale	3-0	5-0	2-0	0-6	4-2	6-1	0-1	0-1	3-1	4-0	1-1	3-0	1-1		3-0	4-3	1-1	2-0	2-0	3-0	3-0	3-0
		14S	6F	2A	5S	2J	19S	25D	24A	23J	21N	12A	27F	10A		27M	7N	3O	19D	24O	31a	13M	5D
15	Preston N E	4-2	6-4	3-1	3-1	4-1	0-0	2-1	2-1	4-0	1-0	2-0	2-1	3-2	4-0		0-3	2-2	0-4	5-3	2-0	4-2	1-0
		1m	20M	3A	6M	12D	2A	28N	25M	17O	14S	17A	6F	31a	14N		23J	31O	26D	3O	19S	5S	2J
16	Sheffield Wednesday	3-0	2-0	5-1	4-1	3-0	4-0	1-4	3-0	2-0	2-0	2-0	5-1	4-2	0-2	5-1		2-1	1-0	6-2	2-0	3-1	2-1
		31O	1m	26D	28N	17A	14N	17O	29a	3A	22F	22M	28D	26S	20M	12S		12D	16J	21S	6A	10O	13F
17	Southampton	0-0	2-2	1-2	0-1	2-0	4-1	2-1	2-0	0-2	3-1	2-0	3-1	1-3	2-3	2-0	1-2		0-1	3-0	1-2	4-1	4-2
		10O	2J	26S	5A	26D	5O	10F	10A	31a	7N	12S	27M	5S	13F	13M	24A		5D	21N	19D	24O	27F
18	South Shields	3-0	3-4	1-3	0-0	1-0	2-4	0-0	5-2	1-3	2-2	3-1	0-0	5-1	5-2	1-1	1-1	2-0		4-2	5-1	3-1	3-1
		12D	31O	14N	17O	24M	20M	3A	3O	3M	2A	28N	19S	26O	1m	5A	5S	6M		6F	23J	2J	7S
19	Stockport County	1-1	4-3	1-1	0-0	3-2	1-1	3-0	1-2	0-1	1-2	3-0	1-0	3-3	2-2	1-1	0-2	1-2	4-1		2-1	1-3	1-0
		17O	28N	12D	20M	23J	5D	1m	9F	31O	10O	14N	5S	25D	6M	13F	31a	3A	26S		2J	1J	2A
20	Stoke City	1-2	1-3	1-0	1-3	0-0	6-1	0-1	5-0	3-1	4-0	1-1	1-0	2-1	0-3	1-3	0-1	1-1	0-1	3-0		1-1	0-0
		20M	14N	17O	17A	31O	3A	6M	16J	28N	26S	12D	26A	13F	7S	22F	5A	1m	12S	29a		26D	10O
21	Swansea Town	3-0	6-1	1-0	0-0	0-0	1-1	2-0	6-0	2-0	4-0	3-0	3-3	1-0	1-0	4-1	2-2	3-1	1-2	4-0	1-1		2-4
		17A	25F	20M	3A	12A	1m	13F	21S	14N	12S	17O	5A	18M	31O	16J	11M	29M	29a	14S	25D		26S
22	Wolverhampton W	7-1	0-0	1-1	0-0	3-0	1-0	2-0	0-0	3-1	3-1	4-0	2-1	4-1	3-1	3-0	1-2	4-1	2-0	5-1	5-1	2-3	
		26A	12D	31O	14N	3A	1M	20M	12A	1m	16J	8F	26D	12S	17A	29a	3O	17O	14S	5A	20F	6F	

Final League Table

Pos	Team	Pld	Home					Away					Totals							Leading Goalscorer	Gls
			W	D	L	F	A	W	D	L	F	A	W	D	L	F	A	Pts	GA		
1	**Sheffield Weds.**	**42**	**19**	**0**	**2**	**61**	**17**	**8**	**6**	**7**	**27**	**31**	**27**	**6**	**9**	**88**	**48**	**60**	**1.83**	**J Trotter**	**37**
2	Derby County	42	17	2	2	57	17	8	5	8	20	25	25	7	10	77	42	57	1.83	H Bedford	27
3	Chelsea	42	10	7	4	42	22	9	7	5	34	27	19	14	9	76	49	52	1.55	R Turnbull	29
4	Wolverhampton	42	15	4	2	55	15	6	3	12	29	45	21	7	14	84	60	49	1.40	T Phillipson	36
5	Swansea Town	42	13	6	2	50	16	6	5	10	27	41	19	11	12	77	57	49	1.35	J Fowler	28
6	Blackpool	42	12	6	3	41	16	5	5	11	35	53	17	11	14	76	69	45	1.10	A Fishwick	19
7	Oldham Athletic	42	14	4	3	52	24	4	4	13	22	38	18	8	16	74	62	44	1.19	A Ormston	21
8	Port Vale	42	15	3	3	53	18	4	3	14	26	51	19	6	17	79	69	44	1.14	W Kirkham	35
9	South Shields	42	11	6	4	50	29	7	2	12	24	36	18	8	16	74	65	44	1.13	J Smith	19
10	Middlesbrough	42	14	1	6	56	28	7	1	13	21	40	21	2	19	77	68	44	1.13	J McClelland	32
11	Portsmouth	42	12	4	5	48	27	5	6	10	31	47	17	10	15	79	74	44	1.06	W Haines	20
12	Preston N E	42	17	2	2	54	28	1	5	15	17	56	18	7	17	71	84	43	0.84	A James	14
13	Hull City	42	11	4	6	40	19	5	5	11	23	42	16	9	17	63	61	41	1.03	B Mills	17
14	Southampton	42	11	2	8	39	25	4	6	11	24	38	15	8	19	63	63	38	1.00	W Rawlings	20
15	Darlington	42	9	5	7	51	31	5	5	11	21	46	14	10	18	72	77	38	0.93	M Hooper	18
16	Bradford City	42	9	5	7	28	26	4	5	12	19	40	13	10	19	47	66	36	0.71	N Winn	8
17	Nottm Forest	42	11	4	6	38	25	3	4	14	13	48	14	8	20	51	73	36	0.69	S Gibson	10
18	Barnsley	42	10	7	4	38	22	2	5	14	20	62	12	12	18	58	84	36	0.69	E Hine	12
19	Fulham	42	8	6	7	32	29	3	6	12	14	48	11	12	19	46	77	34	0.59	A Pape	11
20	Clapton Orient	42	8	6	7	30	21	4	3	14	20	44	12	9	21	50	65	33	0.76	D Cock	13
21	Stoke City	42	8	5	8	32	23	4	3	14	22	54	12	8	22	54	77	32	0.70	R Archibald	11
22	Stockport Co.	42	8	7	6	34	28	0	2	19	17	69	8	9	25	51	97	25	0.52	T Mitchell	9

1925/26 DIVISION 3 (North)
SEASON 34

- Total Matches: 462
- Total Goals: 1628
- Avg goals per match: 3.52

Results Grid

#	Team	Accrington S	Ashington	Barrow	Bradford P A	Chesterfield	Coventry City	Crewe Alex	Doncaster Rov	Durham City	Grimsby Town	Halifax Town	Hartlepools U	Lincoln City	Nelson	New Brighton	Rochdale	Rotherham U	Southport	Tranmere R	Walsall	Wigan B	Wrexham
1	Accrington Stanley		2-1	2-0	1-4	2-0	3-1	2-0	2-3	3-1	1-0	0-1	1-2	3-1	3-2	0-2	1-3	2-3	4-3	4-3	5-2	4-0	4-2
2	Ashington	3-1		1-4	1-1	0-0	2-0	2-0	6-1	0-1	4-2	0-1	2-0	4-1	5-1	1-1	0-1	4-2	1-1	1-0	2-0	3-3	2-2
3	Barrow	1-2	2-3		0-1	0-3	1-4	0-1	0-2	1-4	0-3	1-2	1-4	3-0	1-0	2-3	1-3	1-2	0-3	3-3	5-2	1-1	4-3
4	Bradford P A	3-0	1-0	3-0		1-0	3-0	3-0	2-0	2-1	0-1	2-2	4-0	4-1	3-0	1-0	3-1	6-1	6-1	3-0	8-0	6-1	1-1
5	Chesterfield	7-2	6-1	3-1	1-1		4-3	4-2	2-2	2-0	1-0	5-2	2-0	3-1	3-0	1-2	6-1	3-0	4-0	4-0	4-0	3-1
6	Coventry City	2-1	2-0	2-0	2-2	2-4		2-1	4-0	3-1	1-1	4-1	5-2	3-2	1-0	0-0	2-2	7-0	0-0	1-2	3-2	9-3	0-0
7	Crewe Alexandra	3-0	2-1	4-1	1-2	2-0	2-1		2-2	2-0	1-1	0-1	2-1	3-1	1-4	4-1	3-2	3-1	0-1	1-1	2-1	3-1	2-0
8	Doncaster Rov.	6-2	2-1	0-1	0-3	3-0	8-1	5-2		4-1	1-4	2-2	2-1	1-0	1-1	2-0	2-0	0-0	6-1	4-0	1-1	1-1	1-1
9	Durham City	5-1	0-0	2-1	2-1	5-2	4-1	1-1	3-0		0-0	2-0	0-0	3-2	0-2	0-0	0-2	5-1	3-2	2-1	4-1	2-0	2-1
10	Grimsby Town	5-2	3-1	4-0	3-0	1-0	2-0	2-0	3-0	3-1		1-0	2-0	4-0	3-0	1-0	3-0	3-0	3-2	8-0	5-1	1-1	1-0
11	Halifax Town	1-1	0-0	3-2	1-2	2-0	1-0	1-0	0-3	2-1	0-2		2-1	0-2	1-1	1-0	1-1	5-1	3-0	1-1	5-0	2-0	2-1
12	Hartlepools United	5-1	2-1	2-0	0-3	2-1	3-2	0-0	2-1	1-1	1-1	1-1		4-2	2-0	6-1	4-2	2-1	5-0	3-2	9-3	0-0	5-0
13	Lincoln City	3-1	2-0	4-3	1-1	2-1	0-3	2-2	3-1	1-0	4-1	0-1	2-1		1-0	3-1	0-2	0-3	3-0	1-3	5-1	2-1	3-2
14	Nelson	1-0	2-2	3-3	2-2	3-3	4-1	2-1	5-3	4-0	1-1	1-1	5-2	5-2		1-1	1-3	3-0	3-3	7-0	2-0	7-0	5-1
15	New Brighton	4-1	1-1	2-1	1-1	1-2	5-1	2-3	2-1	1-2	1-4	2-1	3-2	5-0	0-0		3-0	5-1	1-0	3-2	3-2	4-2	2-2
16	Rochdale	3-2	1-3	2-1	2-0	2-4	4-1	2-0	4-1	5-0	5-2	2-1	6-0	0-1	2-0	2-1		2-2	3-1	3-2	2-0	2-1	1-2
17	Rotherham United	3-1	5-1	2-1	2-3	0-1	2-1	2-2	1-1	2-0	2-1	1-1	1-0	1-3	1-3	1-0	0-4		5-2	2-0	4-1	1-0	6-2
18	Southport	1-3	1-1	2-0	2-1	1-3	1-2	0-0	3-3	6-1	0-1	3-1	1-1	3-2	2-1	3-2	1-7	1-1		2-1	1-1	3-1	0-1
19	Tranmere Rovers	2-2	1-4	3-0	3-2	0-4	2-1	2-0	1-0	2-1	0-0	3-1	2-0	2-0	4-2	0-1	3-5	3-1	1-0		2-1	5-1	4-1
20	Walsall	3-3	2-0	1-2	3-1	3-1	4-1	0-3	2-1	0-1	2-2	3-1	1-2	0-0	0-2	3-1	1-5	4-1	2-2	1-3		0-1	5-1
21	Wigan Borough	5-0	0-2	4-1	1-3	2-0	5-1	3-1	0-1	4-1	2-2	0-0	1-0	3-3	5-0	3-1	2-2	0-1	3-1	2-2	2-0		6-0
22	Wrexham	5-6	2-3	0-0	4-2	1-1	3-1	1-1	0-2	3-0	4-1	2-0	2-2	1-1	3-2	1-2	1-0	2-2	3-2	0-2	0-1	1-0	

Final League Table

Pos	Team	Pld	Home W	Home D	Home L	Home F	Home A	Away W	Away D	Away L	Away F	Away A	Totals W	Totals D	Totals L	Totals F	Totals A	Pts	GA	Leading Goalscorer	Gls
1	Grimsby Town	42	20	1	0	61	8	6	8	7	30	32	26	9	7	91	40	61	2.27	J Carmichael	34
2	Bradford P A	42	18	2	1	65	10	8	6	7	36	33	26	8	8	101	43	60	2.34	K McDonald	43
3	Rochdale	42	16	1	4	55	25	11	4	6	49	33	27	5	10	104	58	59	1.79	W Ferguson	19
4	Chesterfield	42	18	2	1	70	19	7	3	11	30	35	25	5	12	100	54	55	1.85	J Cookson	44
5	Halifax Town	42	12	5	4	34	19	5	6	10	19	31	17	11	14	53	50	45	1.06	E Dixon	21
6	Hartlepools Utd.	42	15	5	1	59	23	3	3	15	23	50	18	8	16	82	73	44	1.12	H Wensley	22
7	Tranmere Rov.	42	15	2	4	45	27	4	4	13	28	56	19	6	17	73	83	44	0.88	F Marquis	23
8	Nelson	42	12	8	1	67	29	4	3	14	22	42	16	11	15	89	71	43	1.25	J Eddleston	20
9	Ashington	42	11	6	4	44	23	5	5	11	26	39	16	11	15	70	62	43	1.12	W Turnbull	18
10	Doncaster Rov.	42	11	7	3	52	25	5	4	12	28	47	16	11	15	80	72	43	1.11	T Keetley	23
11	Crewe Alex.	42	14	3	4	43	23	3	6	12	20	38	17	9	16	63	61	43	1.03	H Lovatt	14
12	New Brighton	42	13	4	4	51	29	4	4	13	18	38	17	8	17	69	67	42	1.03	A Mathieson	12
13	Durham City	42	14	5	2	45	19	4	1	16	18	51	18	6	18	63	70	42	0.90	J Dent	18
14	Rotherham Utd.	42	14	3	5	44	28	4	4	13	25	64	17	7	18	69	92	41	0.75	J Scott	14
15	Lincoln City	42	14	2	5	42	28	3	5	13	24	54	17	5	20	66	82	39	0.80	H Havelock	18
16	Coventry City	42	13	6	2	47	19	3	0	18	26	63	16	6	20	73	82	38	0.89	N Paterson	25
17	Wigan Borough	42	12	5	4	53	22	1	6	14	15	52	13	11	18	68	74	37	0.91	W Dickinson	20
18	Accrington S.	42	14	0	7	49	34	3	3	15	32	71	17	3	22	81	105	37	0.77	J Jepson	28
19	Wrexham	42	9	6	6	39	31	2	4	15	24	61	11	10	21	63	92	32	0.68	J Lyons, J Nock	13
20	Southport	42	9	6	6	37	34	2	4	15	25	58	11	10	21	62	92	32	0.67	J Sambrook	14
21	Walsall	42	9	4	8	40	34	1	2	18	18	73	10	6	26	58	107	26	0.54	H Crockford	17
22	Barrow	42	4	2	15	28	49	3	2	16	22	49	7	4	31	50	98	18	0.51	J Skillen	14

Coventry City transferred to Division 3 (South).

1925/26 DIVISION 3 (South) SEASON 34

Total Matches 462
Total Goals 1555
Avg goals per match 3.37

Final League Table

Pos	Team	Pld	Home W	D	L	F	A	Away W	D	L	F	A	Totals W	D	L	F	A	Pts	GA	Leading Goalscorer	Gls
1	Reading	42	16	5	0	49	16	7	6	8	28	36	23	11	8	77	52	57	1.48	H Davey	23
2	Plymouth Argyle	42	16	2	3	71	33	8	6	7	36	34	24	8	10	107	67	56	1.59	J Cock	31
3	Millwall	42	14	6	1	52	12	7	5	9	21	27	21	11	10	73	39	53	1.87	A Moule	15
4	Bristol City	42	14	3	4	42	15	7	6	8	30	36	21	9	12	72	51	51	1.41	T Walsh	25
5	Brighton & H A	42	12	4	5	47	33	7	5	9	37	40	19	9	14	84	73	47	1.15	S Jennings	21
6	Swindon Town	42	16	2	3	48	22	4	4	13	21	42	20	6	16	69	64	46	1.07	F Richardson	17
7	Luton Town	42	16	4	1	60	25	2	3	16	20	50	18	7	17	80	75	43	1.06	J Thompson	24
8	Bournemouth	42	10	5	6	44	30	7	4	10	31	61	17	9	16	75	91	43	0.82	C Eyre	27
9	Aberdare Ath.	42	11	6	4	50	24	6	2	13	24	42	17	8	17	74	66	42	1.12	J Smith	24
10	Gillingham	42	11	4	6	36	19	6	4	11	17	30	17	8	17	53	49	42	1.08	F Brown	16
11	Southend Utd.	42	13	2	6	50	20	6	2	13	28	53	19	4	19	78	73	42	1.06	W Shaw	18
12	Northampton T.	42	13	3	5	47	26	4	4	13	35	54	17	7	18	82	80	41	1.02	E Cockle	26
13	Crystal Palace	42	16	1	4	50	21	3	2	16	25	58	19	3	20	75	79	41	0.94	P Cherrett	26
14	Merthyr Town	42	13	3	5	51	25	1	8	12	18	50	14	11	17	69	75	39	0.92	J Rumney	24
15	Watford	42	12	5	4	47	26	3	4	14	26	63	15	9	18	73	89	39	0.82	J Swan	21
16	Norwich City	42	11	5	5	35	26	4	4	13	23	47	15	9	18	58	73	39	0.79	J Jackson	19
17	Newport County	42	11	5	5	39	27	3	5	13	25	47	14	10	18	64	74	38	0.86	J Davis	20
18	Brentford	42	8	7	6	44	32	4	2	15	25	62	16	6	20	69	94	38	0.73	F Watkins	10
19	Bristol Rovers	42	9	4	8	44	28	6	2	13	22	41	15	6	21	66	69	36	0.95	J Wilcox	18
20	Exeter City	42	13	2	6	54	25	2	3	16	18	45	15	5	22	72	70	35	1.02	W Lievesley	18
21	Charlton Athletic	42	9	7	5	32	23	2	6	13	16	45	11	13	18	48	68	35	0.70	W Cox, A Steele, R Tricker	6
22	Queens Park R	42	5	7	9	23	32	1	2	18	14	52	6	9	27	37	84	21	0.44	D Burgess	8

1926/27 DIVISION 1
SEASON 35

Total Matches	462
Total Goals	1668
Avg goals per match	3.61

		Arsenal	Aston Villa	Birmingham	Blackburn Rov	Bolton Wand	Burnley	Bury	Cardiff City	Derby County	Everton	Huddersfield T	Leeds United	Leicester City	Liverpool	Manchester U.	Newcastle Utd	Sheffield United	Sheffield Weds	Sunderland	Tottenham H	West Brom A	West Ham Utd
1	Arsenal		2-1	3-0	2-2	2-1	6-2	1-0	3-2	2-1	1-2	0-2	1-0	2-2	2-0	1-0	2-2	1-1	6-2	2-3	2-4	4-1	2-2
2	Aston Villa	2-3		4-2	4-3	3-4	1-1	1-2	0-0	3-1	5-3	3-0	5-1	2-0	1-1	2-0	1-2	4-0	2-2	3-1	2-3	2-0	1-5
3	Birmingham	0-0	1-2		3-1	6-1	1-0	2-2	1-2	1-0	1-0	1-3	2-0	2-1	3-0	4-0	2-0	2-3	0-0	2-0	1-0	1-0	0-2
4	Blackburn Rovers	1-2	0-2	3-2		0-3	1-5	2-2	1-0	4-4	3-3	4-2	4-1	2-1	2-1	2-1	1-2	3-4	2-2	0-2	1-0	0-0	4-1
5	Bolton Wanderers	2-2	0-2	1-0	5-1		3-1	2-2	2-0	3-1	5-0	4-0	3-0	2-0	2-1	4-0	2-1	4-1	3-2	2-2	2-2	1-1	2-0
6	Burnley	2-0	6-3	0-2	3-1	4-3		0-0	4-3	1-0	5-1	2-2	3-2	1-1	4-0	1-0	3-3	2-5	1-0	4-2	5-0	2-1	2-1
7	Bury	3-2	0-1	3-1	0-2	2-0	3-3		2-3	1-2	5-2	2-2	4-2	0-0	0-3	3-2	4-4	2-0	1-2	0-0	7-3	1-2	
8	Cardiff City	2-0	2-3	1-0	0-1	1-0	0-0	2-1		2-0	1-0	2-0	3-1	0-1	2-0	0-2	1-1	3-0	3-2	3-0	1-1	1-1	1-2
9	Derby County	0-2	2-3	4-1	4-5	2-0	4-1	2-0	6-3		0-0	4-4	1-0	4-1	2-1	2-2	1-1	1-0	8-0	4-2	4-1	2-1	3-0
10	Everton	3-1	2-2	3-1	1-0	1-1	3-2	2-2	0-1	3-2		0-0	2-1	3-4	1-0	0-0	1-3	2-0	2-1	5-4	1-2	0-0	0-3
11	Huddersfield Town	3-3	0-0	0-2	5-0	1-0	2-0	3-1	0-0	4-2	0-0		4-1	5-3	1-0	0-0	1-0	0-2	4-3	0-0	2-0	4-1	2-1
12	Leeds United	4-1	3-1	2-1	4-1	2-5	0-2	4-1	0-0	1-0	1-3	1-1		1-1	0-0	2-3	1-2	1-1	4-1	2-2	1-1	3-1	6-3
13	Leicester City	2-1	5-1	5-2	4-0	0-1	0-3	1-1	3-1	1-1	6-2	2-4	3-2		3-2	3-2	2-1	2-2	5-3	2-1	2-2	5-0	3-0
14	Liverpool	3-0	2-1	2-1	2-2	3-2	2-2	2-2	5-0	3-2	1-0	2-3	2-4	1-0		4-2	1-2	5-1	3-0	1-2	1-0	2-1	0-0
15	Manchester United	2-2	2-1	0-1	2-0	0-0	2-1	1-2	1-1	2-2	2-1	0-0	2-2	1-0	0-1		3-1	5-0	0-0	0-0	2-1	2-0	0-3
16	Newcastle United	6-1	4-0	5-1	6-1	1-0	1-5	3-1	5-0	4-2	5-0	1-0	1-1	1-0	4-2	2-0		2-1	1-0	3-3	5-2	2-0	
17	Sheffield United	4-0	3-1	4-3	5-3	1-1	2-2	2-0	3-1	1-0	3-3	3-3	1-0	0-3	1-4	2-2	2-1		2-0	2-0	3-3	2-1	0-2
18	Sheffield Wednesday	4-2	3-1	4-4	0-3	2-1	1-3	3-0	2-1	4-0	1-1	1-0	2-2	3-2	2-0	3-2	2-3			4-1	3-1	2-1	1-0
19	Sunderland	5-1	1-1	4-1	2-5	6-2	7-1	3-0	2-2	1-2	3-2	1-1	6-2	3-0	2-1	6-0	2-0	3-0	4-1		3-2	4-1	2-3
20	Tottenham Hotspur	0-4	0-1	6-1	1-1	1-0	4-1	1-0	4-1	3-2	2-1	3-3	4-1	2-2	1-2	1-1	1-3	3-1	7-3	0-2		3-0	1-3
21	West Bromwich Albion	1-3	6-2	1-2	2-0	1-1	4-2	3-1	1-2	3-1	3-2	2-2	2-4	0-1	0-1	2-2	4-2	1-0	2-2	3-0	5-0		1-3
22	West Ham United	7-0	5-1	1-0	1-5	4-4	2-1	1-2	2-2	1-2	2-1	3-2	3-2	3-3	3-3	4-0	1-1	3-0	1-1	1-2	1-2	

Final League Table

Pos	Team	Pld	Home W	D	L	F	A	Away W	D	L	F	A	Totals W	D	L	F	A	Pts	GA	Leading Goalscorer	Gls
1	Newcastle Utd.	42	19	1	1	64	20	6	5	10	32	38	25	6	11	96	58	56	1.65	H Gallacher	36
2	Huddersfield T.	42	13	6	2	41	19	4	11	6	35	41	17	17	8	76	60	51	1.26	G Brown	27
3	Sunderland	42	15	3	3	70	28	6	4	11	28	42	21	7	14	98	70	49	1.40	D Halliday	36
4	Bolton Wand.	42	15	5	1	54	19	4	5	12	30	43	19	10	13	84	62	48	1.35	D Jack	16
5	Burnley	42	15	4	2	55	30	4	5	12	36	50	19	9	14	91	80	47	1.13	G Beel	24
6	West Ham United	42	9	6	6	50	36	10	2	9	36	34	19	8	15	86	70	46	1.22	V Watson	34
7	Leicester City	42	13	4	4	58	33	4	8	9	27	37	17	12	13	85	70	46	1.21	A Chandler	28
8	Sheffield United	42	12	6	3	46	33	5	4	12	28	53	17	10	15	74	86	44	0.86	H Johnson	23
9	Liverpool	42	13	4	4	47	27	5	3	13	22	34	18	7	17	69	61	43	1.13	H Chambers	17
10	Aston Villa	42	11	4	6	51	34	7	3	11	30	49	18	7	17	81	83	43	0.97	L Capewell, W Walker	16
11	Arsenal	42	12	5	4	47	33	5	4	12	30	56	17	9	16	77	86	43	0.89	J Brain	30
12	Derby County	42	14	4	3	60	28	3	3	15	26	45	17	7	18	86	73	41	1.17	H Bedford, J Gill	22
13	Tottenham H.	42	11	4	6	48	33	5	5	11	28	45	16	9	17	76	78	41	0.97	J Dimmock	19
14	Cardiff City	42	12	3	6	31	17	4	6	11	24	48	16	9	17	55	65	41	0.84	H Ferguson	25
15	Manchester Utd.	42	9	8	4	29	19	4	6	11	23	45	13	14	17	52	64	40	0.81	J Spence	18
16	Sheffield Weds.	42	15	3	3	49	29	0	6	15	26	63	15	9	18	75	92	39	0.81	J Trotter	37
17	Birmingham	42	13	3	5	37	17	4	1	16	27	56	17	4	21	64	73	38	0.87	J Bradford	22
18	Blackburn Rov.	42	9	5	7	40	40	6	3	12	37	56	15	8	19	77	96	38	0.80	F Harper	35
19	Bury	42	8	5	8	43	38	4	7	10	25	39	12	12	18	68	77	36	0.88	J Ball	23
20	Everton	42	10	6	5	35	30	2	4	15	29	60	12	10	20	64	90	34	0.71	W Dean	21
21	Leeds United	42	9	7	5	43	31	2	1	18	26	57	11	8	23	69	88	30	0.78	T Jennings	35
22	West Brom A	42	10	4	7	47	33	1	4	16	18	53	11	8	23	65	86	30	0.75	J Carter, S Davies	15

1926/27 DIVISION 2 SEASON 35

Total Matches 462
Total Goals 1668
Avg goals per match 3.61

Results Grid

	Team	Barnsley	Blackpool	Bradford City	Chelsea	Clapton Orient	Darlington	Fulham	Grimsby Town	Hull City	Manchester C	Middlesbrough	Nottm Forest	Notts County	Oldham Ath.	Portsmouth	Port Vale	Preston N E	Reading	Southampton	South Shields	Swansea Town	Wolverhampton
1	Barnsley		6-1 22J	1-0 11D	3-0 23A	4-2 19F	3-2 27D	5-0 28D	2-1 28a	1-2 13N	1-1 26F	0-2 12M	4-4 25S	0-1 30O	2-0 30a	2-0 18A	3-0 16O	2-2 14M	2-0 11S	5-1 7m	6-1 9A	1-1 5F	4-1 26M
2	Blackpool	6-1 4S		3-0 13N	3-1 26M	6-0 11D	1-1 18S	0-0 26F	6-2 27D	4-0 12M	2-4 29J	2-2 23A	2-2 15J	5-0 7m	2-0 2O	2-0 12F	2-2 27N	2-3 30O	3-1 30a	3-2 9A	6-1 15A	3-1 1J	2-3 16O
3	Bradford City	1-1 30A	4-1 2A		0-1 18S	1-3 8S	0-1 5M	1-0 19M	2-2 6N	1-2 26F	4-3 18D	0-1 29S	1-1 4D	1-2 19A	0-1 11S	1-2 23O	1-2 28a	0-1 12F	1-1 20N	2-0 22J	3-1 2O	5-0 16A	1-2 27D
4	Chelsea	4-2 4D	1-1 6N	5-2 5F		2-1 1J	2-2 18D	2-2 25S	2-2 19M	2-0 25D	1-0 30A	0-0 2??	3-0 18A	2-0 ??	2-0 CB	1-0 ??0	0-0 4m	0-0 10M	2-0 2O	2-1 2A	0-0 11S	2-3 26F	4-1 20N	2-2	1-0 18A
5	Clapton Orient	0-1 2O	1-0 30A	1-1 2S	3-0 28A		0-4 6N	2-3 16A	2-4 4D	1-2 23F	2-4 19M	2-3 9O	2-2 23O	2-1 12F	3-1 20N	4-5 2A	1-2 25D	1-1 15J	5-1 18D	1-0 15A	1-0 4S	1-0 21M	2-0 18S
6	Darlington	3-3 25D	1-3 5F	3-0 16O	2-2 7m	2-1 26M		5-0 22J	2-3 11S	1-3 27N	2-2 15A	1-4 30O	4-2 9O	4-2 13N	0-1 28a	0-4 8N	4-3 30a	0-1 11D	4-2 25S	1-2 12M	8-2 23A	3-1 2m	3-1 9A
7	Fulham	1-0 13S	1-0 9O	1-1 30O	1-2 12F	2-2 27N	2-1 4S		0-5 19F	3-1 7m	2-5 15J	0-3 9A	2-1 30a	3-0 23A	1-1 18S	0-0 14M	6-2 13N	0-1 12M	1-2 27D	3-0 28M	2-2 16O	4-3 15A	4-1 11D
8	Grimsby Town	1-3 15J	2-1 25D	4-2 26M	0-0 30O	2-2 23A	2-1 29M	2-0 2O		0-1 16O	2-2 4S	4-7 8F	1-1 1J	1-4 29J	2-5 12F	0-0 18S	4-4 9A	5-2 26F	0-1 15A	0-1 13N	1-1 12M	0-1 30a	6-0 7m
9	Hull City	5-1 2A	3-0 23O	4-0 9O	0-1 27D	4-0 11S	2-1 16A	2-0 18D	2-3 5M		3-2 20N	3-3 5F	1-2 6N	2-0 22J	2-1 30A	0-0 4D	3-1 25S	1-1 18A	0-0 20S	2-0 14M	2-1 30a	1-0 19M	1-0 28a
10	Manchester City	1-1 9O	2-1 11S	8-0 7m	1-0 11D	6-1 30O	7-0 18A	4-2 28a	2-0 22J	2-2 9A		3-5 25D	1-1 19F	4-1 26M	3-0 23S	4-0 1S	4-1 12M	1-0 23A	3-0 5F	3-4 16O	1-2 27N	3-1 25S	2-1 13N
11	Middlesbrough	5-1 23O	4-4 4D	4-3 22S	0-0 15J	6-0 26F	4-1 19M	6-1 20N	3-0 16A	2-1 18S	2-0 27D		1-0 5M	4-2 2O	3-1 2A	7-3 6N	5-2 1J	0-2 4S	5-0 30A	3-1 27M	5-0 16M	7-1 18D	2-0 12F
12	Nottm Forest	3-1 12F	2-0 28a	3-0 23A	4-1 27N	1-1 12M	5-1 26F	2-0 7O	1-1 6S	3-1 26M	3-3 2O	4-3 16O		2-0 5F	1-1 15A	0-0 27D	0-3 7m	7-0 9A	5-1 22J	3-1 11D	2-2 13N	2-2 11S	1-1 30O
13	Notts County	1-1 19M	2-3 18D	4-0 18A	5-0 13S	3-1 25S	3-1 2A	4-0 4D	3-0 30A	1-0 4S	1-0 6N	2-2 23F	1-2 18S		1-2 16A	2-3 20N	2-1 9O	1-2 1J	2-0 16M	0-1 25J	4-1 15J	1-3 23O	2-2 9F
14	Oldham Athletic	0-4 1J	1-3 19F	2-1 29J	1-2 12M	5-2 9A	3-2 15J	3-1 5F	1-1 25S	1-2 11D	2-1 6S	3-3 13N	5-2 18A	0-0 27N		1-0 4S	1-3 26M	5-1 16O	3-1 9O	1-1 30O	3-2 7m	5-2 25D	2-0 23A
15	Portsmouth	1-2 15A	5-0 25S	1-0 12M	2-3 16O	1-1 24N	0-0 25O	2-0 11S	5-2 5F	2-0 23A	2-1 1J	0-1 26M	0-0 25D	9-1 9A	7-2 22J		4-0 30O	5-1 7m	5-0 30M	3-1 28a	1-1 11D	1-0 9O	2-1 27N
16	Port Vale	3-2 5M	2-4 16A	0-0 15J	0-0 4S	3-0 27D	3-2 20S	7-1 2A	6-1 20N	0-0 12F	3-1 23O	0-2 15A	6-2 18D	3-0 26F	3-1 6N	0-0 19M		2-0 28M	1-3 4D	3-1 27S	4-2 18S	1-1 30A	1-1 2O
17	Preston N E	2-1 16A	4-1 19M	3-2 25S	0-2 21M	2-2 28a	4-1 19F	2-2 23O	3-2 9O	1-0 15A	2-4 4D	2-2 22J	1-0 20N	4-1 30a	5-2 5M	1-2 18D	4-4 11S		3-1 6N	1-0 5F	4-0 27D	4-0 2A	2-0 27S
18	Reading	3-2 6A	0-1 8S	2-3 9A	2-1 13N	0-1 7m	4-2 12F	2-0 25D	1-1 18A	0-1 15S	2-1 18S	4-0 20A	7-1 4S	6-1 16O	2-0 26F	3-0 2O	3-0 23A	27A		1-0 1J	2-1 30O	3-0 15J	1-2 12M
19	Southampton	3-1 18D	5-3 20N	0-0 4S	1-1 4A	1-2 18A	3-1 23O	4-1 6N	0-0 2A	0-1 2O	1-1 25A	2-1 30a	1-0 30A	2-0 27D	0-1 19M	0-2 15J	2-2 13S	1-1 18S	1-1 16A		6-2 12F	1-1 4D	1-0 26F
20	South Shields	7-1 20N	2-2 18A	3-3 2M	5-1 9O	2-1 22J	1-0 4D	1-1 5M	3-2 23O	3-1 1J	2-2 16A	0-0 11S	1-1 5O	5-0 28a	4-1 18D	1-0 30A	3-3 5F	1-1 25D	3-0 19M	1-2 25S		0-1 6N	1-2 2m
21	Swansea Town	5-2 18S	2-0 20S	1-0 27N	2-1 9A	3-2 16O	5-1 2O	4-2 18A	1-1 13S	1-0 30O	1-3 12F	0-1 7m	2-1 10M	0-1 12M	3-0 27D	1-1 26F	2-2 11D	0-0 13N	3-0 28a	2-2 23A	2-0 26M		4-1 22J
22	Wolverhampton W	9-1 6N	4-1 21M	7-2 25D	0-3 30a	5-0 5F	2-1 20N	2-1 30A	3-4 18D	5-2 15J	4-1 2A	1-2 25S	2-0 19M	0-1 11S	1-1 4D	0-1 16A	1-2 19A	1-2 13S	1-1 23O	2-2 9O	2-0 25A	2-2 4S	

Final League Table

Pos	Team	Pld	Home W	Home D	Home L	Home F	Home A	Away W	Away D	Away L	Away F	Away A	Totals W	Totals D	Totals L	Totals F	Totals A	Pts	GA	Leading Goalscorer	Gls
1	Middlesbrough	42	18	2	1	78	23	9	6	6	44	37	27	8	7	122	60	62	2.03	G Camsell	59
2	Portsmouth	42	14	4	3	58	17	9	4	8	29	32	23	8	11	87	49	54	1.77	W Haines	40
3	Manchester City	42	15	3	3	65	23	7	7	7	43	38	22	10	10	108	61	54	1.77	T Johnson	25
4	Chelsea	42	13	7	1	40	17	7	5	9	22	35	20	12	10	62	52	52	1.19	R Turnbull	17
5	Nottm Forest	42	14	6	1	57	23	4	8	9	23	32	18	14	10	80	55	50	1.45	S Gibson	17
6	Preston N E	42	14	4	3	54	29	6	5	10	20	43	20	9	13	74	72	49	1.02	W Roberts	26
7	Hull City	42	13	4	4	43	19	7	3	11	20	33	20	7	15	63	52	47	1.21	G Whitworth	16
8	Port Vale	42	11	6	4	50	26	5	7	9	38	52	16	13	13	88	78	45	1.12	W Kirkham	38
9	Blackpool	42	13	5	3	65	26	5	3	13	30	54	18	8	16	95	80	44	1.18	W Tremelling	30
10	Oldham Athletic	42	12	3	6	37	37	7	3	11	37	47	19	6	17	74	84	44	0.88	A Pynegar	18
11	Barnsley	42	13	5	3	56	23	4	4	13	32	64	17	9	16	88	87	43	1.01	J Curran, F Eaton	21
12	Swansea Town	42	13	5	3	44	21	3	6	12	24	51	16	11	15	68	72	43	0.94	L Thompson	26
13	Southampton	42	9	8	4	35	22	6	4	11	25	40	15	12	15	60	62	42	0.96	W Rawlings	23
14	Reading	42	14	1	6	47	20	2	7	12	17	52	16	8	18	64	72	40	0.88	F Richardson	21
15	Wolverhampton	42	10	4	7	54	30	4	3	14	19	45	14	7	21	73	75	35	0.97	T Phillipson	31
16	Notts County	42	11	4	6	45	24	4	1	16	25	72	15	5	22	70	96	35	0.72	A Davis, N Harris	16
17	Grimsby Town	42	6	7	8	39	39	5	11	35	52	11	12	19	74	91	34	0.81	J Robson	24
18	Fulham	42	11	4	6	39	31	2	4	15	19	61	13	8	21	58	92	34	0.63	J Tonner	13
19	South Shields	42	10	8	3	49	25	1	0	17	22	71	11	11	20	71	96	33	0.74	R Parker	16
20	Clapton Orient	42	9	3	9	37	35	3	4	14	23	61	12	7	23	60	96	31	0.62	D Cock	15
21	Darlington	42	10	3	8	53	42	2	3	16	26	56	12	6	24	79	98	30	0.80	T Ruddy	25
22	Bradford City	42	6	4	11	30	28	1	5	15	20	60	7	9	26	50	88	23	0.56	R Burkinshaw, C Moore	8

1926/27 DIVISION 3 (North) SEASON 35

Total Matches 462
Total Goals 1692
Avg goals per match 3.66

		Accrington S	Ashington	Barrow	Bradford P A	Chesterfield	Crewe Alex	Doncaster Rov	Durham City	Halifax Town	Hartlepools U	Lincoln City	Nelson	New Brighton	Rochdale	Rotherham U	Southport	Stockport Co.	Stoke City	Tranmere R	Walsall	Wigan B	Wrexham
1	Accrington Stanley		3-0 19M	0-1 19F	2-3 18D	2-1 1J	3-1 25S	2-0 16A	3-0 20S	4-2 9O	7-2 5F	1-1 28S	0-5 23O	2-3 6N	0-1 28a	2-3 30A	2-2 22J	2-4 11S	0-1 4D	2-3 25D	3-5 5M	3-1 20N	1-1 2A
2	Ashington	2-1 30O		3-0 26F	2-2 9A	2-1 26F	4-1 3J	1-1 18A	3-1 18S	3-0 1J	1-0 13N	1-2 23A	1-1 26M	2-3 23M	2-2 15J	4-4 16O	4-1 20	1-1 7m	0-2 11A	4-3 12F	0-1 23O	1-1 4A	1-1 29J 4S
3	Barrow	1-1 2O	2-2 20N		0-3 11S	1-0 2A	3-1 22J	0-1 18D	2-1 20F	1-1 26F	1-3 18S	0-3 15J	0-1 12F	0-3 6N	2-3 2m	2-2 13S	1-4 23O	1-3 18A	0-0 25D	2-1 5M	1-0 30a	2-2 19M	0-5 30A 4D
4	Bradford P A	6-1 7m	2-0 9O	1-0 29J		5-0 19F	2-0 30O	7-3 25D	3-0 11D	2-1 12M	4-1 26M	3-1 16O	2-2 25S	1-1 30a	5-1 8J	2-2 4S	6-2 9A	3-1 13N	3-0 15J	5-3 23A	5-1 5F	2-1 1J	5-0 18A
5	Chesterfield	1-1 30a	4-1 27S	8-1 13N	3-2 20		3-0 9A	1-1 29J	7-1 12M	2-0 26M	1-0 19A	4-2 30O	1-1 15A	3-1 25D	2-3 7m	5-2 12F	5-1 13S	3-0 23A	1-1 18S	3-1 16O	2-0 26F	5-2 4S	1-3 15J
6	Crewe Alexandra	4-0 12F	2-1 16A	5-0 4S	1-1 19M	0-0 20N		1-3 5M	2-1 2O	1-2 29J	0-1 27D	3-3 18S	2-1 2A	3-2 4D	4-0 6S	2-2 15J	1-0 20A	3-2 15A	0-2 23O	4-1 26F	1-1 6N	2-4 18D	5-1 30A
7	Doncaster Rov.	2-0 25A	3-1 5F	7-0 7m	4-1 27D	0-3 11S	0-2 16O		5-1 9A	2-0 4A	1-3 12M	6-0 23A	2-2 22J	2-3 25S	2-2 26M	3-1 19A	1-2 30O	3-1 6S	3-1 15A	4-1 13N	2-2 28a	2-2 9O	2-2 19F
8	Durham City	2-0 27D	0-2 25D	1-1 9O	2-1 30A	2-1 23O	1-2 19F	2-2 20N		0-1 8S	2-1 25S	4-2 18A	3-3 5M	2-2 19M	1-3 22J	0-1 4D	4-2 11S	1-5 5F	1-2 16A	0-3 28a	3-0 2A	3-1 2A	1-0
9	Halifax Town	4-3 26F	1-1 2A	5-1 5F	2-0 23O	3-1 6N	3-1 11S	2-1 30A	1-2 30a		2-1 22J	2-1 2O	4-1 19M	2-0 20N	1-0 1J	4-2 5M	1-1 25D	4-1 28a	2-2 18D	2-0 19A	1-1 25S	0-0 4D	0-1 16A
10	Hartlepools United	3-1 18S	0-1 4D	1-1 28a	2-4 6N	1-2 16A	1-1 25D	3-0 23O	4-0 12F	0-1 4S		1-1 29J	3-2 20N	3-2 30A	3-1 26F	2-0 19M	1-2 1J	1-3 3J	2-1 22S	2-2 2O	2-1 2A	2-1 5M	4-0 18D
11	Lincoln City	4-0 13S	4-0 6N	3-1 25S	5-1 5M	3-1 19M	3-3 5F	0-0 4D	5-0 15A	3-1 19F	1-2 11S		1-4 9O	4-1 2A	2-3 27D	1-2 18D	1-1 28a	1-3 22J	1-2 30A	3-3 6S	2-0 23O	2-2 16A	2-2 20N
12	Nelson	7-0 12M	4-0 13S	3-0 26M	1-0 12F	0-3 18A	7-1 13N	5-1 4S	1-1 16O	0-0 30O	6-2 9A	2-1 26F		2-0 15S	3-1 5A	5-3 18S	1-2 23A	6-1 8J	1-0 29J	0-2 7m	3-2 2O	4-0 15J	3-0 1J
13	New Brighton	0-1 26M	4-0 28a	3-1 8J	3-1 8S	1-0 27D	3-0 23A	0-2 12F	3-1 30O	0-3 9A	2-1 11D	1-1 13N	7-2 27A		1-2 12M	3-0 26F	4-1 16O	1-2 7m	5-0 20	0-0 22J	3-1 15A	3-1 18S	2-1 29J
14	Rochdale	2-1 15J	5-0 5M	5-1 19A	3-0 16A	8-1 18D	3-1 31a	7-2 6N	1-3 4S	2-0 18A	3-0 9O	7-3 25D	2-1 30A	1-1 23O		2-1 20N	1-0 25S	2-0 19F	4-0 2A	3-1 29J	4-4 4D	4-1 19M	3-1 18S
15	Rotherham United	1-1 24J	5-0 19F	2-0 12M	1-1 22J	0-4 25S	2-1 28a	1-3 1J	3-1 23A	2-4 16O	5-3 30O	2-4 7m	2-3 5F	0-0 9O	1-1 11D		1-2 13N	1-2 26M	2-2 27D	2-2 8J	4-1 11S	2-0 1N	2-0 30a
16	Southport	2-1 4S	4-1 18D	3-0 15A	2-1 20N	2-1 30A	2-2 28S	2-0 19M	4-5 3m	0-0 27D	1-0 31a	2-3 15J	3-4 4D	7-2 5M	1-1 12F	2-0 2A		2-2 9O	0-3 6N	1-1 18S	6-2 16A	2-2 20	6-0 23O
17	Stockport County	3-3 8F	6-2 30A	7-0 27D	1-2 2A	4-0 4D	3-1 1J	1-0 30a	4-0 18S	1-3 15J	3-3 18A	3-3 4S	4-1 16A	1-0 18D	3-0 2O	3-1 6N	2-4 26F		2-2 19M	2-1 12F	0-2 20N	4-1 23O	3-2 5M
18	Stoke City	1-0 23A	7-0 25S	4-0 16O	0-0 28a	3-2 5F	2-0 12M	0-0 18A	4-0 8J	5-1 7m	3-1 13S	2-0 1J	4-1 1S	1-1 19F	3-1 13N	4-1 25D	4-0 26M	0-1 3O		2-0 9A	4-1 22J	2-0 30a	2-0 9O
19	Tranmere Rovers	2-1 18A	2-1 27F	7-2 1J	1-2 4D	3-2 5M	1-0 9O	1-1 2A	8-3 15J	0-0 15A	2-0 19F	1-1 20S	2-3 18D	4-1 4S	0-1 11S	4-0 16A	3-0 5F	0-0 25S	1-1 20N		6-0 30A	3-1 6N	3-2 19M
20	Walsall	5-1 16O	1-0 6S	1-0 30O	1-0 18S	0-1 9O	2-3 26M	1-0 15J	1-1 7m	1-1 12F	0-1 13N	2-2 12M	1-2 19F	4-1 18A	0-1 23A	4-1 29J	3-2 25A	1-1 9A	1-0 4S	0-1 24J		5-1 25D	3-2 27S
21	Wigan Borough	3-0 9A	1-4 11S	8-0 13D	1-2 20S	1-2 28M	2-2 7m	1-1 8J	3-0 13N	1-1 3J	3-2 16O	2-1 28F	3-2 28a	0-3 5F	0-0 30O	3-1 18N	2-0 12M	0-3 6S	1-1 26M	5-2 27D	1-1 25S		1-1
22	Wrexham	5-0 13N	1-1 22J	0-2 23A	1-0 15A	3-1 28a	3-1 6A	0-1 2O	3-1 26M	1-2 8J	4-0 7m	1-1 27A	2-2 27D	2-2 11S	3-0 5F	3-0 8S	2-1 12M	2-1 16O	2-6 26F	0-1 30O	1-2 15S	2-0 2M	

Final League Table

Pos	Team	Pld	Home					Away					Totals						Leading Goalscorer	Gls
			W	D	L	F	A	W	D	L	F	A	W	D	L	F	A	Pts	GA		
1	Stoke City	42	17	3	1	57	11	10	6	5	35	29	27	9	6	92	40	63	2.30	H Davies	14
2	Rochdale	42	18	2	1	72	22	8	4	9	33	43	26	6	10	105	65	58	1.61	A Whitehurst	44
3	Bradford P A	42	18	3	0	74	21	6	4	11	27	38	24	7	11	101	59	55	1.71	K McDonald	38
4	Halifax Town	42	13	6	2	46	23	8	5	8	24	30	21	11	10	70	53	53	1.32	E Dixon	22
5	Nelson	42	16	2	3	64	20	6	5	10	40	55	22	7	13	104	75	51	1.38	J Hampson, B Sharp	23
6	Stockport Co. *	42	13	4	4	60	31	9	3	9	33	38	22	7	13	93	69	49	1.34	H Burgess	28
7	Chesterfield	42	15	4	2	65	24	6	1	14	27	44	21	5	16	92	68	47	1.35	J Cookson	42
8	Doncaster Rov.	42	13	4	4	58	27	5	7	9	23	38	18	11	13	81	65	47	1.24	T Keetley	34
9	Tranmere Rov.	42	13	5	3	54	22	6	3	12	31	45	19	8	15	85	67	46	1.26	J Flanagan	26
10	New Brighton	42	14	2	5	49	21	4	8	9	30	46	18	10	14	79	67	46	1.17	H Williams	33
11	Lincoln City	42	9	5	7	50	33	6	7	8	40	45	15	12	15	90	78	42	1.15	W Dinsdale	22
12	Southport	42	9	11	5	54	32	4	4	13	26	53	13	15	18	80	85	39	0.94	G Beadles	19
13	Wrexham	42	10	5	6	41	26	4	5	12	24	47	14	10	18	65	73	38	0.89	J Smith	16
14	Walsall	42	10	4	7	35	32	4	6	11	33	59	14	10	18	68	81	38	0.84	H White	24
15	Crewe Alex.	42	11	5	5	46	28	3	4	14	25	53	14	9	19	71	81	37	0.87	D Brown	22
16	Ashington	42	9	8	4	42	30	3	4	14	18	60	12	12	18	60	90	36	0.66	W Harris	11
17	Hartlepools Utd.	42	11	4	6	43	26	3	2	16	23	55	14	6	22	66	81	34	0.81	H wensley	16
18	Wigan Borough	42	10	6	5	48	28	1	4	16	22	55	11	10	21	66	83	32	0.79	W Dickinson	26
19	Rotherham Utd.	42	8	6	7	41	35	2	6	13	29	57	10	12	20	70	92	32	0.76	C Ramsden	11
20	Durham City	42	9	4	8	35	35	3	2	16	23	70	12	6	24	58	105	30	0.55	W Oxley	15
21	Accrington S	42	9	3	9	45	38	1	4	16	17	60	10	7	25	62	98	27	0.63	J Gee	14
22	Barrow	42	5	6	10	22	40	2	2	17	12	77	7	8	27	34	117	22	0.29	A Boomworth	6

* Stockport County deducted 2 points for playing an ineligible player (Joe Smith). Walsall transferred to Division 3 (South).

1926/27 DIVISION 3 (South)
SEASON 35

Total Matches 462
Total Goals 1592
Avg goals per match 3.45

		Aberdare Ath	Bournemouth	Brentford	Brighton & H A	Bristol City	Bristol Rovers	Charlton Ath	Coventry City	Crystal Palace	Exeter City	Gillingham	Luton Town	Merthyr Town	Millwall	Newport County	Northampton T	Norwich City	Plymouth A	Q P R	Southend Utd	Swindon Town	Watford
1	Aberdare Athletic		2-1	3-1	2-2	3-7	2-1	0-0	0-7	2-3	3-1	0-1	1-2	1-3	0-1	6-1	1-2	5-6	0-2	1-0	1-4	3-2
			28a	23A	7m	25D	9A	1J	18A	26F	26M	12F	12M	30O	6S	11S	8J	16O	22J	20S	5F	11D	2O
2	Bournemouth & B A	3-0		3-1	1-0	2-0	0-1	0-3	1-2	1-1	4-3	4-2	2-0	1-1	0-1	2-1	3-1	0-1	6-2	6-2	3-0	1-2	6-0
		15J		16M	2M	18A	30O	26F	12F	18S	12M	4S	26J	16O	26M	27D	9A	23A	1J	2O	7m	22S	29J
3	Brentford	1-4	0-0		4-0	3-0	0-2	2-0	7-3	3-0	6-1	0-0	2-2	1-1	0-0	1-1	1-3	0-0	4-2	3-1	2-2	3-0
		4D	2A		28a	6N	12F	19M	23O	5M	26F	30A	1J	15A	18S	16A	22J	27D	20N	11S	6S	2O	18D
4	Brighton & Hove Albion	3-1	0-2	1-1		3-0	7-0	3-2	1-1	1-1	5-2	3-2	1-1	4-0	3-1	1-0	2-0	3-2	1-2	4-1	2-1	9-3	4-1
		18D	16A	15J		20N	29J	7A	19M	1S	17S	5M	16A	2O	4D	30A	2OD	6O	4O	6N	28r	18S	23O
5	Bristol City	2-1	2-0	1-0	0-2		3-1	4-1	3-0	5-4	3-2	9-4	6-0	3-0	4-1	4-1	4-3	1-0	4-2	1-0	5-1	2-0	5-0
		27D	15A	26M	9A		26F	2O	18S	29J	16O	15J	23A	7m	30O	1S	13N	9F	22S	12F	23F	12M	4S
6	Bristol Rovers	4-0	2-1	1-3	0-0	0-5		1-1	1-2	4-1	3-1	2-1	1-2	2-1	1-1	4-0	5-2	1-0	2-2	4-1	5-1	3-1	0-2
		2ON	19M	25S	11S	9O		23O	18D	30A	28D	16A	28a	6S	19A	2A	5F	22J	6N	5M	25D	18A	4D
7	Charlton Athletic	5-1	1-3	1-1	1-0	0-1	3-1		4-2	1-2	1-0	3-0	2-2	3-2	1-1	3-0	5-2	2-0	1-1	2-0	1-0	2-2	2-1
		16S	9O	30O	23M	19F	12M		29J	4S	7m	25D	3M	31J	12F	28A	26M	9A	18A	18S	23A	16O	15J
8	Coventry City	1-0	6-2	3-1	1-2	2-5	2-2	1-0		3-1	0-0	0-2	4-1	5-1	1-4	3-1	0-3	1-0	3-3	1-0	1-1	1-3	5-1
		19A	25S	12M	30O	5F	7m	11S		25D	23A	6S	13N	8J	16O	9O	28a	26M	19F	22J	9A	28D	1J
9	Crystal Palace	0-0	2-2	4-3	2-0	4-2	7-4	2-1	1-2		1-0	2-2	1-1	1-1	1-6	6-2	3-0	7-1	1-1	2-1	5-3	5-0	0-1
		9O	5F	16O	1J	11S	16M	22J	27D		9F	18A	26M	9A	7m	19F	12M	30O	25S	28a	13N	23A	8S
10	Exeter City	2-1	4-0	3-1	0-0	1-1	1-1	1-0	8-1	3-1		5-1	1-2	3-0	1-1	2-1	3-2	1-0	0-2	0-2	2-0	3-1	2-0
		6N	23O	9O	25S	15M	15S	18D	4D	16A		2A	11S	28a	18A	19M	19F	5F	27D	30A	22J	1J	2ON
11	Gillingham	2-1	1-0	1-2	2-3	1-1	2-0	1-1	2-0	2-1	3-2		0-0	0-1	2-1	0-1	1-2	1-0	4-1	2-2	2-3	4-4	3-0
		25S	22J	30M	16O	28a	23M	27D	15S	15A	13N		19F	26M	23A	8J	7m	12M	11S	1S	17S	30O	26F
12	Luton Town	3-3	4-0	2-1	4-0	0-0	1-1	1-0	4-1	1-0	2-2	2-1		2-1	6-0	4-1	2-0	2-2	3-3	2-0	0-0	1-1	2-2
		23O	30A	30a	18A	4D	15J	16A	2A	6N	29J	2O		18S	25D	5M	13S	9O	18D	2ON	12F	4S	19M
13	Merthyr Town	2-2	4-6	1-0	1-0	1-1	3-2	3-0	1-0	1-2	3-3	2-0	4-1		1-0	1-2	2-0	1-1	5-1	4-0	0-1	1-2	1-1
		19M	5M	19A	19F	18D	30a	30A	16A	2m	15J	6N	5F		13S	4S	9O	25S	23O	4D	11S	27D	2A
14	Millwall	1-0	1-1	3-0	1-0	0-1	2-3	3-0	1-0	1-0	4-2	2-0	7-0	3-1		4-1	4-2	6-1	1-3	2-1	2-0	4-1	3-1
		16A	6N	5F	22J	19M	2O	25S	14M	18D	15A	4D	27D	20S		20N	11S	28a	2A	23O	1J	26F	30A
15	Newport County	5-2	2-1	0-0	0-1	0-0	1-0	2-1	4-1	2-1	2-0	1-0	3-2	4-3	1-1		1-0	0-0	2-1	0-2	3-0	5-3	2-1
		29J	25D	25A	31M	9S	13N	30S	26F	2O	30O	18S	16O	22J	11D		1J	7m	28a	15A	12M	26M	12F
16	Northampton Town	2-1	2-2	2-3	0-2	2-0	3-0	0-1	2-1	1-1	2-2	2-1	2-1	2-0	1-4	1-2		3-0	2-1	1-0	2-1	1-0	3-2
		30A	20N	4S	27D	2A	18S	6N	15J	23O	2O	18D	28D	26F	7A	4D		6S	16A	19M	19A	12F	5M
17	Norwich City	2-2	4-1	2-1	0-2	1-1	2-0	2-3	3-0	0-1	4-4	0-0	3-2	4-0	0-2	1-0	6-1		0-2	0-1	1-1	2-1	4-0
		5M	4D	25D	28O	16A	4S	20N	6N	19M	18S	23O	26F	12F	15J	18D	20S		30A	2A	2O	29J	18A
18	Plymouth Argyle	2-0	1-1	2-1	2-0	4-2	3-2	3-1	3-0	7-1	2-0	0-0	1-0	1-1	1-1	4-3	0-2	2-1		2-0	2-1	3-1	4-0
		4S	8S	9A	23A	4m	26M	15A	2O	12F	25D	29J	7m	12M	13N	15J	1S	25A		11D	16O	30O	18S
19	Queens Park Rangers	3-0	1-1	1-1	2-2	1-2	2-2	2-1	1-1	0-2	1-1	1-1	1-0	5-1	1-1	2-0	4-2	4-0	4-2		3-2	0-1	2-4
		30S	19F	5m	26M	25S	16O	5F	4S	15J	24F	1J	9A	23A	12M	18A	30O	13N	9O		8J	7m	25D
20	Southend United	5-1	0-3	3-1	0-1	0-1	2-1	5-0	3-1	3-1	1-2	1-0	2-1	1-1	5-0	2-0	3-3	1-2	0-3			2-2	2-0
		18S	18D	15S	9O	30A	27D	4D	2ON	2A	4S	19M	25S	29J	30a	23O	18A	19F	5M	16A		15J	6N
21	Swindon Town	3-2	2-0	4-2	2-2	2-2	3-5	2-0	2-2	6-1	4-2	1-0	2-0	3-2	3-0	3-1	3-1	3-2	1-2	6-2	5-1		4-2
		2A	13S	9M	5F	23O	15A	5M	30A	4D	30a	2ON	22J	25D	9O	6N	25S	11S	19M	18D	28a		16A
22	Watford	2-2	1-2	0-0	1-0	0-1	3-3	1-0	1-0	1-2	1-0	4-0	2-1	4-1	2-4	0-0	4-0	1-1	1-4	1-2	4-2	2-2	
		19F	11S	7m	12M	22J	23A	28a	1S	15S	9A	9O	30O	13N	28D	25S	16O	15A	5F	27D	26M	8J	

Final League Table

Pos	Team	Pld	Home					Away					Totals						Leading Goalscorer	Gls
			W	D	L	F	A	W	D	L	F	A	W	D	L	F	A	Pts	GA		
1	Bristol City	42	19	1	1	71	24	8	7	6	33	30	27	8	7	104	54	62	1.92	T Walsh	34
2	Plymouth Argyle	42	17	4	0	52	14	8	6	7	43	47	25	10	7	95	61	60	1.55	J Cock	32
3	Millwall	42	16	2	3	55	19	7	8	6	34	32	23	10	9	89	51	56	1.74	R Parker	36
4	Brighton & H A	42	15	4	2	61	24	6	7	8	18	26	21	11	10	79	50	53	1.58	S Jennings	25
5	Swindon Town	42	16	3	2	64	31	6	9	6	36	54	21	9	12	100	85	51	1.17	**D H Morris**	**47**
6	Crystal Palace	42	12	6	3	57	33	6	3	12	27	48	18	9	15	84	81	45	1.03	P Cherett	32
7	Bournemouth	42	13	2	6	49	24	5	6	10	29	42	18	8	16	78	66	44	1.18	C Eyre	29
8	Luton Town	42	12	9	0	48	19	3	5	13	20	47	15	14	13	68	66	44	1.03	J Thompson	18
9	Newport County	42	15	4	2	40	20	4	2	15	17	51	19	6	17	57	71	44	0.80	G Johnson	9
10	Bristol Rovers	42	12	4	5	46	28	4	5	12	32	52	16	9	17	78	80	41	0.97	W Culley	26
11	Brentford	42	10	9	2	46	20	3	2	16	24	41	13	14	15	70	61	40	1.14	E Watkins	20
12	Exeter City	42	14	4	3	46	18	1	6	14	30	55	15	10	17	76	73	40	1.04	H Blackmore	25
13	Charlton Athletic	42	13	5	3	44	22	3	3	15	16	39	16	8	18	60	61	40	0.98	D Sherlaw	19
14	Queens Park R	42	9	8	4	41	27	6	1	14	24	44	15	9	18	65	71	39	0.91	G Goddard	22
15	Coventry City	42	11	4	6	44	33	4	3	14	27	53	15	7	20	71	86	37	0.82	F Herbert	25
16	Norwich City	42	10	5	6	34	25	2	6	13	25	46	12	11	19	59	71	35	0.83	R Cropper	14
17	Merthyr Town	42	11	5	5	42	25	2	4	15	21	55	13	9	20	63	80	35	0.78	J Phillips	29
18	Northampton T	42	13	4	4	36	23	2	1	18	23	64	15	5	22	59	87	35	0.67	E Cockle	15
19	Southend Utd.	42	12	3	6	44	25	2	3	16	20	52	14	6	22	64	77	34	0.83	W Hick	25
20	Gillingham	42	10	5	6	36	26	1	5	15	18	46	11	10	21	54	72	32	0.75	W Arblaster	18
21	Watford	42	9	6	6	36	27	3	2	16	21	60	12	8	22	57	87	32	0.65	G Edmonds	12
22	Aberdare Ath.	42	8	2	11	38	48	1	5	15	24	53	9	7	26	62	101	25	0.61	J Jones	19

Aberdare Athletic failed to gain re-election, Torquay United elected in their place.

1927/28 DIVISION 1 — SEASON 36

Total Matches: 462
Total Goals: 1765
Avg goals per match: 3.82

Results Grid

	Arsenal	Aston Villa	Birmingham	Blackburn Rov	Bolton Wand	Burnley	Bury	Cardiff City	Derby County	Everton	Huddersfield T	Leicester City	Liverpool	Manchester U.	Middlesbrough	Newcastle Utd	Portsmouth	Sheffield United	Sheffield Weds	Sunderland	Tottenham H	West Ham Utd
1 Arsenal		0-3	2-2	3-2	1-2	4-1	3-1	3-0	3-4	3-2	0-0	2-2	6-3	0-1	3-1	4-1	0-2	6-1	1-1	2-1	1-1	2-2
2 Aston Villa	2-2		1-1	2-0	2-2	3-1	1-0	3-1	0-1	2-3	3-0	0-3	3-4	3-1	5-1	3-0	7-2	1-0	5-4	4-2	1-2	1-0
3 Birmingham	1-1	1-1		2-1	1-1	4-0	2-2	1-3	2-1	2-2	3-1	0-2	2-0	0-0	3-2	0-2	2-0	4-1	1-0	1-1	3-2	1-2
4 Blackburn Rovers	4-1	0-1	4-4		1-6	2-1	0-1	0-0	3-2	4-2	1-1	0-0	2-1	3-0	3-0	1-0	6-0	1-0	3-1	0-0	2-1	1-0
5 Bolton Wanderers	1-1	3-1	3-2	3-1		7-1	2-1	2-1	1-3	1-1	0-1	3-3	2-1	3-2	0-0	1-2	3-1	1-1	2-0	1-1	4-0	4-0
6 Burnley	1-2	4-2	2-1	3-1	2-2		2-3	2-1	4-2	3-5	0-1	5-1	2-2	4-0	1-1	5-1	2-0	5-3	3-1	3-0	2-2	0-0
7 Bury	5-1	0-0	2-3	2-3	1-0	2-0		3-0	3-3	2-3	2-3	1-1	5-2	4-3	1-4	4-0	1-0	4-2	5-3	1-2	3-1	
8 Cardiff City	2-2	2-1	2-1	1-1	2-1	3-2	0-1		4-4	2-0	4-0	3-0	1-1	2-0	1-1	3-1	3-1	2-2	1-1	3-1	2-1	1-5
9 Derby County	4-0	5-0	4-1	6-0	1-0	3-4	5-2	7-1		0-3	0-0	2-1	2-3	5-0	2-1	1-1	2-2	2-1	4-6	1-0	1-1	2-3
10 Everton	3-3	3-2	5-2	4-1	2-2	4-1	1-1	2-1	2-2		2-2	7-1	1-1	5-2	3-1	3-0	0-0	0-0	4-0	0-1	2-5	7-0
11 Huddersfield Town	2-1	1-1	2-0	3-1	1-0	1-2	3-0	8-2	2-1	4-1		3-1	2-4	4-2	2-4	1-3	4-1	0-1	1-0	4-2	4-2	5-2
12 Leicester City	3-2	3-0	3-0	6-0	4-2	5-0	2-2	4-1	4-0	1-0	1-2		1-1	1-0	3-3	3-0	6-2	3-1	2-2	3-3	6-1	2-3
13 Liverpool	0-2	0-0	2-3	4-2	4-2	2-2	5-1	1-2	5-2	3-3	4-2	1-1		2-0	1-1	0-0	8-2	2-1	5-2	2-5	2-0	1-3
14 Manchester United	4-1	5-1	1-1	1-1	2-1	4-3	0-1	2-2	5-0	1-0	0-0	5-2	6-1		3-0	1-7	2-0	2-3	1-1	2-1	3-0	1-1
15 Middlesbrough	2-2	0-0	1-1	2-0	2-5	2-3	6-1	1-2	3-3	4-2	3-1	1-1	1-1	1-2		1-1	5-3	3-0	3-3	0-3	3-1	2-2
16 Newcastle United	1-1	7-5	1-1	0-1	2-2	1-1	2-3	2-0	4-3	2-2	2-3	1-5	1-1	4-3	1-2		1-3	1-0	4-3	3-1	4-1	3-1
17 Portsmouth	2-3	2-1	2-2	2-2	1-0	1-0	3-0	2-2	1-3	2-1	2-0	1-0	1-0	4-1	0-1		4-1	0-0	3-5	3-0	2-1	
18 Sheffield United	6-4	0-3	3-1	2-3	4-3	5-2	3-1	3-4	1-0	1-3	1-7	1-1	1-1	2-1	4-1	1-3		1-1	5-1	3-1	6-2	
19 Sheffield Wednesday	1-1	2-0	2-3	4-1	3-0	5-0	4-0	3-3	2-2	1-2	0-5	1-2	4-0	0-2	2-3	0-0	2-0	3-3		0-0	4-2	2-0
20 Sunderland	5-1	2-3	4-2	1-0	1-1	2-3	0-2	0-1	0-2	3-0	2-2	2-1	4-1	1-0	1-1	3-3	0-1	2-3			0-0	3-2
21 Tottenham Hotspur	2-0	2-1	1-0	1-1	1-2	5-0	1-4	1-0	1-2	1-3	2-2	2-1	3-1	4-1	4-2	5-2	0-3	2-2	1-3	3-1		5-3
22 West Ham United	2-2	0-0	3-3	4-3	2-0	2-0	1-2	2-0	2-2	0-0	4-2	4-0	3-1	1-2	4-5	5-2	4-2	1-1	1-2	2-4	1-1	

Final League Table

Pos	Team	Pld	Home W	Home D	Home L	Home F	Home A	Away W	Away D	Away L	Away F	Away A	Totals W	Totals D	Totals L	Totals F	Totals A	Pts	GA	Leading Goalscorer	Gls
1	Everton	42	11	8	2	60	28	9	5	7	42	38	20	13	9	102	66	53	1.54	W Dean	60
2	Huddersfield T	42	15	1	5	57	31	7	6	8	34	37	22	7	13	91	68	51	1.33	G Brown	27
3	Leicester City	42	14	5	2	66	25	4	7	10	30	47	18	12	12	96	72	48	1.33	A Chandler	34
4	Derby County	42	12	4	5	59	30	5	6	10	37	53	17	10	15	96	83	44	1.15	H Bedford	26
5	Bury	42	13	1	7	53	35	7	3	11	27	45	20	4	18	80	80	44	1.00	J Ball	19
6	Cardiff City	42	12	7	2	44	27	5	3	13	26	53	17	10	15	70	80	44	0.87	H Ferguson	18
7	Bolton Wand.	42	12	5	4	47	26	4	6	11	34	40	16	11	15	81	66	43	1.22	D Jack	24
8	Aston Villa	42	13	3	5	52	30	4	6	11	26	43	17	9	16	78	73	43	1.06	G Cook	23
9	Newcastle Utd.	42	9	7	5	49	41	6	6	9	30	40	15	13	14	79	81	43	0.97	H Gallacher	21
10	Arsenal	42	10	6	5	49	33	3	9	9	33	53	13	15	14	82	86	41	0.95	J Brain	22
11	Birmingham	42	10	7	4	36	25	3	8	10	34	50	13	15	14	70	75	41	0.93	J Bradford	29
12	Blackburn Rov.	42	13	5	3	41	22	3	4	14	25	56	16	9	17	66	78	41	0.84	T Mitchell	23
13	Sheffield United	42	12	4	5	56	42	3	6	12	23	44	15	10	17	79	86	40	0.91	H Johnson	33
14	Sheffield Weds.	42	9	6	6	45	29	4	7	10	36	49	13	13	16	81	78	39	1.03	M Hooper	22
15	Sunderland	42	9	5	7	37	29	6	4	11	37	47	15	9	18	74	76	39	0.97	D Halliday	35
16	Liverpool	42	10	6	5	54	36	3	7	11	30	51	13	13	16	84	87	39	0.96	G Hodgson	24
17	West Ham Utd.	42	9	7	5	48	34	5	4	12	33	54	14	11	17	81	88	39	0.92	J Ruffell	18
18	Manchester Utd.	42	12	6	3	51	27	4	1	16	21	53	16	7	19	72	80	39	0.90	J Spence	22
19	Burnley	42	12	5	4	55	31	4	2	15	27	67	16	7	19	82	98	39	0.83	G Beel	35
20	Portsmouth	42	13	4	4	40	23	3	3	15	26	67	16	7	19	66	90	39	0.73	W Haines, J Smith	11
21	Tottenham H	42	12	3	6	47	34	3	5	13	27	52	15	8	19	74	86	38	0.86	E O'Callaghan	19
22	Middlesbrough	42	7	9	5	46	35	4	6	11	35	53	11	15	16	81	88	37	0.92	G Camsell	33

1927/28 DIVISION 2
SEASON 36

Total Matches 462
Total Goals 1607
Avg goals per match 3.48

		Barnsley	Blackpool	Bristol City	Chelsea	Clapton Orient	Fulham	Grimsby Town	Hull City	Leeds United	Manchester C	Nottm Forest	Notts County	Oldham Ath.	Port Vale	Preston N E	Reading	Southampton	South Shields	Stoke City	Swansea Town	West Brom A	Wolverhampton
1	Barnsley		2-1 28A	2-3 29O	3-1 24D	4-2 24S	8-4 28J	1-4 14A	1-1 27a	2-1 26S	0-3 26D	2-1 10A	0-0 31M	0-1 10D	4-2 20F	2-1 7J	2-0 26N	0-1 12N	0-0 15O	3-1 19M	3-3 10S	2-4 17M	2-2 1O
2	Blackpool	1-3 17D		6-2 24S	2-4 7J	0-1 10S	4-0 5m	4-5 2J	2-1 10M	0-2 19N	2-2 22O	5-3 24M	3-3 25F	1-2 29a	1-6 3D	4-1 5N	3-1 26D	1-0 8O	4-1 21A	3-1 11F	2-2 27a	4-3 28J	3-0 7A
3	Bristol City	2-0 10M	2-2 4F		1-1 1O	5-1 18F	3-0 22O	0-0 21J	0-1 21A	1-2 17D	2-0 3D	0-0 7A	1-2 31D	2-1 3S	4-0 31a	1-3 19N	4-1 17S	3-0 26D	1-1 5m	4-0 6A	2-1 24M	0-1 15O	4-1 5N
4	Chelsea	1-2 5m	3-0 3S	5-2 11F		1-0 28J	2-1 21J	4-0 14M	2-0 22O	2-3 21A	0-1 24M	2-1 19N	5-0 7S	2-1 6A	1-0 7A	2-1 10N	0-0 01D	0-2 25F	6-0 3D	1-0 8O	4-0 5N	1-1 24S	2-0 17D
5	Clapton Orient	2-0 4F	2-5 21J	4-2 8O	2-1 17S		3-2 5N	1-2 31D	0-0 04M	2-1 3D	0-2 19N	2-2 21A	8-1 9A	2-0 16A	0-1 17D	1-1 22O	3-0 3S	2-0 29a	3-2 7A	1-1 25F	0-0 10M	0-0 11F	0-0 5m
6	Fulham	3-1 17S	2-2 24D	5-0 3M	1-1 10S	2-0 17M		2-2 26N	0-2 26M	1-1 15O	1-1 9A	2-0 15S	2-1 10D	1-1 14A	4-0 1O	2-2 27A	1-0 28A	1-0 31M	2-0 18F	1-5 12N	3-2 7J	3-1 29O	7-0 4F
7	Grimsby Town	3-1 3D	3-3 6A	1-4 10S	1-1 26D	2-2 27a	1-0 7A		1-1 25F	3-2 22O	4-1 5N	2-1 10M	1-0 11F	1-2 8O	3-0 19N	4-6 5m	3-3 30a	2-2 24S	4-1 24M	1-2 6M	1-2 17D	0-6 7J	0-1 21A
8	Hull City	2-1 31D	2-2 29O	1-1 10D	0-2 3M	2-2 12N	3-2 27D	0-1 15O		3-1 4F	0-0 16A	2-0 1O	1-1 28A	2-2 24D	1-0 21J	0-0 5S	0-1 17M	1-0 26N	1-0 17S	0-2 14A	1-1 6A	1-1 31M	2-0 3S
9	Leeds United	2-2 29a	4-0 31M	3-2 28J	5-0 10D	4-0 14A	2-1 25F	0-0 3M	2-0 24S		0-1 25A	4-0 10S	6-0 17M	1-0 29O	3-0 27D	2-4 11F	6-2 12N	2-0 3S	3-0 31D	5-1 24D	5-0 8O	1-2 26N	3-0 10A
10	Manchester City	7-3 2J	4-1 3M	4-2 14A	0-1 12N	5-3 31M	2-1 6A	2-0 17M	2-1 8O	2-1 17S		3-3 4F	3-1 24D	3-1 1O	1-0 3S	2-2 25F	4-1 29O	6-1 28A	3-0 21J	4-0 26N	7-4 29a	3-1 10D	3-0 31D
11	Nottm Forest	1-1 9A	4-1 12N	1-1 26N	2-2 31M	4-3 10D	7-0 29a	5-2 29O	1-1 11F	2-2 21J	4-5 24S		2-1 17S	2-1 17M	0-2 26A	3-1 8O	5-3 29M	1-1 24D	7-2 3S	0-2 28A	0-2 25F	3-2 14A	3-2 26D
12	Notts County	9-0 19N	3-1 15O	1-2 2A	0-1 6O	3-0 6A	0-1 21A	3-2 1O	1-1 17D	2-2 5N	2-1 5m	1-2 22F		2-1 4F	2-4 22O	6-2 7A	1-1 18F	0-0 10S	4-1 10M	1-2 7J	2-0 3D	3-0 27D	1-2 24M
13	Oldham Athletic	0-1 21A	6-0 5S	4-1 7J	2-1 9A	5-0 27D	4-2 3D	1-0 18F	5-0 5m	0-1 10M	3-2 11F	4-1 5N	0-0 24S		4-1 24M	0-0 17D	3-2 15O	3-1 31J	2-2 22O	3-1 10S	0-1 7A	3-1 27a	3-0 19N
14	Port Vale	2-1 8O	3-0 14A	5-1 19S	1-1 26N	0-0 28A	4-1 11F	2-2 31M	1-2 10S	1-2 26D	2-2 7J	3-0 27a	1-0 3M	2-0 12N		2-0 6F	3-0 10D	4-0 29O	2-3 6A	0-0 17M	2-0 24S	4-1 24D	2-2 25F
15	Preston N E	1-2 3S	2-1 17M	5-1 31M	0-3 29O	0-0 3M	1-2 31D	3-0 24D	4-2 29a	5-1 1O	1-0 15O	5-0 5M	4-0 26N	1-1 28A	4-0 17S		4-0 6A	1-2 14A	7-2 4F	2-0 10D	4-2 26D	3-3 12N	5-4 21J
16	Reading	1-1 7A	1-0 27D	3-1 15F	1-2 27a	4-0 7J	2-2 17D	3-0 14S	0-1 5N	1-1 24M	0-2 10M	2-2 22O	1-0 8O	1-0 25F	0-0 21A	2-1 9A		0-0 11F	5-1 19N	1-1 24S	0-0 5m	1-4 10S	2-1 3D
17	Southampton	6-1 24M	2-0 18F	3-2 27D	2-4 15O	1-3 5S	5-2 19N	5-0 4F	2-0 7A	1-4 7J	1-1 17D	2-1 5m	5-1 21J	5-2 17S	1-3 10M	0-0 3D	0-0 1O		3-5 5N	3-6 27a	0-2 21A	3-2 9A	4-1 22O
18	South Shields	0-0 25F	2-2 10D	1-3 24D	2-1 14A	2-2 26N	1-2 8O	1-0 12N	1-5 22F	0-1 27a	3-4 10S	2-3 7J	0-1 29O	2-0 3M	0-3 9A	0-1 24S	2-1 31M	2-1 17M		2-3 2J	3-1 11F	2-3 28A	2-2 12S
19	Stoke City	0-0 22O	2-0 1O	1-0 9A	1-0 20F	2-0 15O	5-1 24M	0-0 17S	3-1 3D	5-1 5m	2-0 7A	1-3 17D	3-0 3S	3-0 21J	0-2 5N	3-2 21A	4-1 4F	2-1 31D	3-1 27D		1-1 19N	1-1 5S	2-2 10M
20	Swansea Town	3-0 21J	1-0 31D	1-1 12N	0-0 17M	5-0 29O	2-1 3S	3-2 28A	2-0 9A	0-1 18F	5-3 5S	2-0 15O	1-1 14A	0-0 26N	2-0 4F	0-1 27D	5-3 24D	0-0 10D	2-0 1O	6-3 31M		3-2 3M	6-0 17S
21	West Bromwich Albion	1-1 5N	6-3 17S	0-0 25F	3-0 4F	4-1 1O	4-0 10M	3-1 3S	1-1 19N	0-1 7A	1-2 21A	2-3 3D	2-2 26D	0-0 31D	2-0 5m	2-4 24M	5-3 21J	2-1 10A	3-0 17D	2-4 31a	5-2 22O		4-0 18F
22	Wolverhampton W	2-1 11F	2-4 26N	5-2 17M	1-2 28A	5-3 24D	3-1 24S	0-1 10D	1-1 7J	0-0 9A	2-2 27a	1-0 27D	2-2 12N	3-1 31M	2-1 15O	2-1 10S	2-3 14A	2-1 3M	2-1 5S	1-2 29O	1-1 30A	4-1 8O	

Final League Table

Pos	Team	Pld	Home					Away					Totals					Pts	GA	Leading Goalscorer	Gls
			W	D	L	F	A	W	D	L	F	A	W	D	L	F	A				
1	Manchester City	42	18	2	1	70	27	7	7	7	30	32	25	9	8	100	59	59	1.69	F Roberts	20
2	Leeds United	42	16	2	3	63	15	9	5	7	35	34	25	7	10	98	49	57	2.00	T Jennings, J White	21
3	Chelsea	42	15	2	4	46	15	8	6	7	29	30	23	8	11	75	45	54	1.66	J Thompson	25
4	Preston N E	42	15	3	3	62	24	7	6	8	38	42	22	9	11	100	66	53	1.51	N Robson	19
5	Stoke City	42	14	5	2	44	17	8	3	10	34	42	22	8	12	78	59	52	1.32	C Wilson	31
6	Swansea Town	42	13	6	2	46	17	5	6	10	29	46	18	12	12	75	63	48	1.19	W Lewis	25
7	Oldham Athletic	42	15	3	3	55	18	4	12	5	20	33	19	8	15	75	51	46	1.47	A Pynegar	18
8	West Brom A	42	10	7	4	50	28	7	5	9	40	42	17	12	13	90	70	46	1.28	J Cookson	38
9	Port Vale	42	11	6	4	45	20	7	2	12	23	37	18	8	16	68	57	44	1.19	W Kirkham	15
10	Nottm Forest	42	10	6	5	54	37	5	4	12	29	47	15	10	17	83	84	40	0.98	N Burton	16
11	Grimsby Town	42	8	6	7	41	41	6	9	28	42	14	12	16	69	83	40	0.83	J Robson	26
12	Bristol City	42	11	5	5	42	18	4	4	13	34	61	15	9	18	76	79	39	0.96	A Keating	17
13	Barnsley	42	10	5	6	43	36	4	6	11	22	49	14	11	17	65	85	39	0.76	F Eaton	15
14	Hull City	42	9	8	4	25	19	3	7	11	16	35	12	15	15	41	54	39	0.75	G Martin	8
15	Notts County	42	10	4	7	47	26	3	8	10	21	48	13	12	17	68	74	38	0.91	B Mills	18
16	Wolverhampton	42	11	5	5	43	31	2	5	14	20	60	13	10	19	63	91	36	0.69	W Chadwick	19
17	Southampton	42	11	3	7	54	40	3	4	14	14	37	14	7	21	68	77	35	0.88	W Rawlings	20
18	Reading	42	9	8	4	32	22	2	5	14	21	53	11	13	18	53	75	35	0.70	H Davey	12
19	Blackpool	42	8	3	10	50	42	3	8	10	33	59	11	11	20	83	101	34	0.82	J Hampson	31
20	Clapton Orient	42	9	7	5	32	25	2	5	14	23	60	11	12	19	55	85	34	0.64	P Whipp	12
21	Fulham	42	12	7	2	46	22	1	0	20	22	67	13	7	22	68	89	33	0.76	S Elliott	26
22	South Shields	42	5	5	11	30	41	2	4	15	26	70	7	9	26	56	111	23	0.50	J Oxberry	21

1927/28 DIVISION 3 (North)
SEASON 36

Total Matches 462
Total Goals 1676
Avg goals per match 3.63

Results Grid

#	Team	Accrington S	Ashington	Barrow	Bradford P A	Bradford City	Chesterfield	Crewe Alex	Darlington	Doncaster Rov	Durham City	Halifax Town	Hartlepools U	Lincoln City	Nelson	New Brighton	Rochdale	Rotherham U	Southport	Stockport Co.	Tranmere R	Wigan B	Wrexham
1	Accrington Stanley		3-1	5-1	2-1	1-1	0-0	5-0	0-0	1-3	2-0	3-2	2-2	1-0	7-1	2-1	1-0	3-1	4-1	1-0	2-3	2-4	2-0
2	Ashington	1-1		1-0	0-3	2-2	0-0	0-2	2-3	1-2	2-2	3-3	3-1	4-5	5-1	3-2	5-1	6-0	1-3	4-1	3-0	6-3	2-1
3	Barrow	1-0	1-1		0-0	0-0	2-0	1-1	2-0	0-0	1-2	6-2	2-0	3-3	3-1	2-1	1-3	1-1	3-1	2-3	2-1	6-2	2-2
4	Bradford P A	3-3	5-0	1-1		5-0	1-0	2-0	6-3	0-2	4-0	3-2	3-0	3-0	3-2	2-1	4-1	3-1	5-3	2-0	6-2	5-1	2-0
5	Bradford City	2-0	5-0	4-1	2-3		3-3	4-1	0-1	1-0	4-0	0-0	2-1	3-1	9-1	3-1	2-2	3-1	2-0	2-2	3-1	3-0	2-3
6	Chesterfield	3-1	3-0	6-0	0-0	2-0		3-2	1-3	1-0	3-0	1-3	0-1	6-0	2-3	1-3	2-5	5-2	1-1	2-2	0-0		0-1
7	Crewe Alexandra	2-3	3-0	4-1	1-3	2-1	4-1		3-3	4-1	5-2	1-1	4-0	0-0	6-1	1-1	1-1	3-2	0-1	3-0	2-3	1-2	1-1
8	Darlington	3-0	5-1	1-1	1-3	1-2	4-2	1-3		3-0	5-0	2-0	5-0	9-2	4-1	3-0	4-0	1-0	4-1	3-1	3-1	3-7	1-0
9	Doncaster Rov.	0-0	3-2	4-0	2-0	2-1	4-0	3-1	5-0		5-0	1-1	1-1	3-0	4-2	5-1	5-2	2-0	0-1	0-2	5-2	4-1	1-1
10	Durham City	2-1	0-0	4-1	0-1	3-2	2-0	5-1	3-3	1-3		1-1	1-0	0-4	3-0	2-1	3-2	1-0	0-0	1-2	1-3	3-0	1-1
11	Halifax Town	3-1	6-1	5-2	1-1	2-1	1-2	0-0	2-1	0-1	3-1		4-1	3-1	5-1	1-1	1-1	0-0	1-0	1-3	2-2	2-2	4-1
12	Hartlepools United	0-2	4-1	6-2	1-1	2-3	1-0	4-3	0-1	1-0	2-1	0-1		1-2	4-5	3-3	0-2	1-3	2-1	2-1	2-0	1-1	4-2
13	Lincoln City	3-1	3-1	5-0	2-0	2-2	0-0	5-2	1-0	2-0	2-1	5-2	1-5		0-0	1-2	3-1	4-1	2-0	2-0	1-1	4-1	5-0
14	Nelson	1-4	1-5	4-0	1-2	0-3	3-3	3-3	4-0	0-1	2-1	3-2	4-2	1-3		0-3	6-3	6-1	1-1	0-4	3-5	3-3	4-0
15	New Brighton	3-1	6-0	3-3	1-2	1-1	3-3	5-1	0-0	3-1	4-0	3-1	2-1	2-3	4-0		2-1	1-1	0-1	0-0	0-1	2-1	0-0
16	Rochdale	3-2	2-2	3-0	0-4	3-3	5-1	4-0	4-1	1-0	2-2	2-2	0-1	1-0	0-0	2-1		5-2	2-1	1-2	1-2	3-0	0-0
17	Rotherham United	2-1	1-1	3-0	1-0	0-0	1-2	2-0	3-1	2-1	1-1	0-0	5-0	2-4	4-3	0-0	3-1		1-1	0-1	2-1	6-0	0-1
18	Southport	5-0	3-3	4-0	2-1	5-1	2-1	3-2	2-0	1-2	3-1	0-2	3-1	1-2	4-2	3-1	1-1	4-0		0-1	2-1	4-1	
19	Stockport County	3-3	3-0	4-0	2-2	3-0	3-0	1-0	4-0	2-1	2-1	3-0	2-2	2-0	8-0	0-0	5-1	2-0	6-3		1-0	1-1	5-0
20	Tranmere Rovers	3-2	5-3	5-0	2-2	2-1	6-3	3-3	3-1	0-0	11-1	2-2	1-2	2-1	1-1	4-0	3-0	2-0	1-0	5-2		5-2	2-1
21	Wigan Borough	2-0	0-0	1-0	1-3	2-2	3-2	2-1	0-3	1-1	3-0	1-3	0-2	1-3	4-2	2-2	1-2	0-0	1-3	1-3	1-0		3-0
22	Wrexham	0-1	5-1	5-0	1-1	0-1	1-2	2-0	1-2	4-0	2-0	3-2	1-0	5-2	0-2	2-3	1-0	2-0	3-0	1-0	2-0	5-1	

Final League Table

Pos	Team	Pld	Home W	Home D	Home L	Home F	Home A	Away W	Away D	Away L	Away F	Away A	Totals W	Totals D	Totals L	Totals F	Totals A	Pts	GA	Leading Goalscorer	Gls
1	Bradford P A	42	18	2	1	68	22	9	7	5	33	23	27	9	6	101	45	63	2.24	K McDonald	31
2	Lincoln City	42	15	4	2	53	20	9	3	9	38	44	24	7	11	91	64	55	1.42	W Dinsdale	24
3	Stockport Co.	42	16	5	0	62	14	7	3	11	27	37	23	8	11	89	51	54	1.74	J Smith	38
4	Doncaster Rov.	42	15	4	2	59	18	8	3	10	21	26	23	7	12	80	44	53	1.81	F Keetley	36
5	Tranmere Rov.	42	14	6	1	68	28	8	3	10	37	44	22	9	11	105	72	53	1.45	W Charlton, T Waring	22
6	Bradford City	42	15	4	2	59	19	3	8	10	26	41	18	12	12	85	60	48	1.41	C Moore	16
7	Darlington	42	15	1	5	63	28	6	4	11	26	46	21	5	16	89	74	47	1.20	R Gregg	22
8	Southport	42	15	2	4	55	24	5	3	13	24	46	20	5	17	79	70	45	1.12	G Beadles	23
9	Accrington S.	42	14	4	3	49	22	4	4	13	27	45	18	8	16	76	67	44	1.13	J Parkin	28
10	New Brighton	42	10	8	3	45	22	4	7	10	27	40	14	14	14	72	62	42	1.16	J Harley, F Laycock	14
11	Wrexham	42	15	1	5	48	19	3	5	13	16	48	18	6	18	64	67	42	0.95	C Smith	13
12	Halifax Town	42	11	7	3	47	24	2	8	11	26	47	13	15	14	73	71	41	1.02	E Dixon	20
13	Rochdale	42	13	4	4	45	24	4	3	14	29	53	17	7	18	74	77	41	0.96	A Whitehurst	32
14	Rotherham Utd.	42	11	6	4	39	19	3	5	13	26	50	14	11	17	65	69	39	0.94	J Scott	19
15	Hartlepools Utd.	42	10	3	8	41	35	6	3	12	28	46	16	6	18	69	81	38	0.85	W Robinson	28
16	Chesterfield	42	10	8	3	46	25	3	6	12	25	49	13	10	19	71	78	36	0.91	R Williams	15
17	Crewe Alex.	42	10	6	5	51	28	4	2	15	26	58	12	10	20	77	86	34	0.89	J Owen	20
18	Ashington	42	10	5	6	54	36	1	6	14	23	67	11	11	20	77	103	33	0.74	G Johnson	15
19	Barrow	42	10	8	3	41	24	0	3	18	13	78	10	11	21	54	102	31	0.52	A Agar, D Brown, E McDonald, J Parsons, W Smith	7
20	Wigan Borough	42	8	5	8	30	32	2	5	14	26	65	10	10	22	56	97	30	0.57	W Dickinson	16
21	Durham City	42	10	5	6	37	30	1	2	18	16	70	11	7	24	53	100	29	0.53	F Leedham	8
22	Nelson	42	8	4	9	50	49	2	2	17	26	87	10	6	26	76	136	26	0.55	B Radford	17

Durham City failed to gain re-election, Carlisle United elected in their place.

1927/28

DIVISION 3 (South)
SEASON 36

Total Matches 462
Total Goals 1680
Avg goals per match 3.64

Final League Table

Pos	Team	Pld	Home					Away					Totals						Leading Goalscorer	Gls
			W	D	L	F	A	W	D	L	F	A	W	D	L	F	A	Pts	GA		
1	Millwall	42	19	2	0	87	15	11	3	7	40	35	30	5	7	127	50	65	2.54	J Landells	33
2	Northampton T	42	17	3	1	67	23	6	6	9	35	41	23	9	10	102	64	55	1.59	H Loasby	17
3	Plymouth Argyle	42	17	2	2	60	19	6	5	10	25	35	23	7	12	85	54	53	1.57	S Black	17
4	Brighton & H A	42	14	4	3	51	24	5	6	10	30	45	19	10	13	81	69	48	1.17	T Cook	25
5	Crystal Palace	42	15	3	3	46	23	3	9	9	33	49	18	12	12	79	72	48	1.09	G Clarke	22
6	Swindon Town	42	12	6	3	60	26	7	3	11	30	43	19	9	14	90	69	47	1.30	D Morris	38
7	Southend United	42	14	2	5	48	19	6	4	11	32	45	20	6	16	80	64	46	1.25	W Hick	25
8	Exeter City	42	11	6	4	49	27	6	6	9	21	33	17	12	13	70	60	46	1.16	F Dent	26
9	Newport County	42	12	5	4	52	38	6	4	11	29	46	18	9	15	81	84	45	0.96	A Waterston	26
10	Queens Park R	42	8	5	8	37	35	9	4	8	35	36	17	9	16	72	71	43	1.01	G Goddard	26
11	Charlton Athletic	42	12	5	4	34	27	3	8	10	26	43	15	13	14	60	70	43	0.85	D Sherlaw	13
12	Brentford	42	12	4	5	49	30	4	4	13	27	44	16	8	18	76	74	40	1.02	J Phillips	18
13	Luton Town	42	13	5	3	56	27	3	2	16	38	60	16	7	19	94	87	39	1.08	A Rennie	24
14	Bournemouth	42	12	6	3	44	24	1	6	14	28	55	13	12	17	72	79	38	0.91	C Eyre	30
15	Watford	42	10	5	6	42	34	4	5	12	26	44	14	10	18	68	78	38	0.87	W Sheppard	25
16	Gillingham	42	10	3	8	33	26	3	8	10	29	55	13	11	18	62	81	37	0.76	J Wilcox	25
17	Norwich City	42	9	8	4	41	26	1	8	12	25	44	10	16	16	66	70	36	0.94	P Varco	29
18	Walsall	42	9	6	6	52	35	3	3	15	23	66	12	9	21	75	101	33	0.74	M Lane	36
19	Bristol Rovers	42	11	3	7	41	36	3	1	17	26	57	14	4	24	67	93	32	0.72	A Ormston	14
20	Coventry City	42	5	8	8	40	36	6	1	14	27	60	11	9	22	67	96	31	0.69	J Heathcote	16
21	Merthyr Town	42	7	6	8	38	40	2	7	12	15	51	9	13	20	53	91	31	0.58	A Mays	14
22	Torquay United	42	4	10	7	27	36	4	4	13	26	67	8	14	20	53	103	30	0.51	H Turner	11

1928/29 DIVISION 1 SEASON 37

Total Matches	462
Total Goals	1688
Avg goals per match	3.65

Results Grid

		Arsenal	Aston Villa	Birmingham	Blackburn Rov	Bolton Wand	Burnley	Bury	Cardiff City	Derby County	Everton	Huddersfield T	Leeds United	Leicester City	Liverpool	Manchester C.	Manchester U.	Newcastle Utd	Portsmouth	Sheffield United	Sheffield Weds	Sunderland	West Ham Utd.
1	Arsenal		2-5 24N	0-0 15S	1-0 29M	2-0 1S	3-1 22D	7-1 30M	2-1 16M	1-3 29a	2-0 22A	2-0 29S	1-0 27A	1-1 13A	4-4 27O	0-0 2F	3-1 8D	1-2 2A	4-0 19J	2-0 10N	2-2 29D	1-1 26D	2-3 13O
2	Aston Villa	4-2 6A		1-2 9M	2-1 17N	3-5 20O	4-2 2F	7-1 13O	1-0 29S	2-3 3N	2-0 1D	4-1 20A	1-0 29D	4-2 2A	3-1 1S	5-1 19D	0-0 27a	1-1 15S	3-2 26D	3-2 20F	4-1 4m	3-1 23M	5-2 19J
3	Birmingham	1-1 13M	2-4 27O		4-0 22S	0-2 25D	3-6 24N	3-2 27A	0-0 13A	1-1 6O	1-3 8S	1-2 5J	5-1 22D	1-0 10S	0-0 16M	4-1 25a	1-1 2M	0-0 30M	1-0 1A	2-2 8D	4-1 23F	1-0 9F	2-2 10N
4	Blackburn Rovers	5-2 25D	2-5 30M	4-1 2F		1-3 19J	1-1 2m	1-1 10N	2-0 22D	3-1 29D	2-1 13O	1-1 1A	0-1 8D	1-1 24N	2-1 27A	2-2 29S	0-3 13A	2-0 24S	4-0 15S	1-1 16M	4-1 1S	2-0 17S	2-0 27O
5	Bolton Wanderers	1-2 5J	3-1 17A	6-2 26D	0-3 8S		0-1 8D	0-1 6O	1-0 1J	3-0 22S	2-3 25a	1-1 3S	4-1 10N	5-0 22D	0-0 30M	1-1 1A	1-1 16M	4-2 13A	3-1 13O	2-3 27O	2-2 9F	2-2 20F	4-1 24N
6	Burnley	3-3 4m	4-1 22S	4-0 6A	2-2 20O	3-1 20a		0-0 18F	3-0 5J	2-2 9M	2-0 3N	3-2 16A	5-0 23F	0-1 9F	3-2 25D	2-3 17N	3-4 6O	4-3 10S	4-1 1D	2-1 8S	0-2 15D	3-1 25a	3-3 3S
7	Bury	1-0 17N	2-2 23F	3-1 20M	1-0 23M	3-4 1m	2-1 15S		4-1 2F	3-3 4m	1-2 6A	2-1 1D	2-2 1J	3-1 25D	2-2 29D	1-2 20A	1-3 29M	2-0 19J	0-0 9M	4-0 29S	4-1 20O	1-3 3N	0-3 1S
8	Cardiff City	1-1 3N	0-2 9F	1-4 1D	1-1 4m	1-1 15D	7-0 1S	4-0 22S		3-0 19J	0-0 23M	2-1 17N	1-2 26D	1-2 6O	1-3 1A	2-2 6A	1-3 23F	2-0 29D	1-1 20S	0-0 9M	3-1 20O	0-1 5J	3-2 10S
9	Derby County	0-0 26S	1-0 16M	2-2 16F	5-1 25a	2-1 2F	4-0 27O	3-1 22D	2-0 8S		3-0 2A	1-2 26D	3-4 24N	5-2 10N	2-5 13A	1-1 13O	6-1 30M	1-2 27A	1-0 29S	2-2 2M	6-0 15S	0-0 5J	6-0 8D
10	Everton	4-2 6O	0-1 13A	0-2 19J	5-2 23F	3-0 29D	2-0 16M	1-0 24N	4-0 10N	1-0 1J		0-3 2F	0-1 27O	3-1 8D	1-0 29S	2-6 15S	2-4 27A	5-2 22D	4-0 1S	1-3 30M	0-0 29a	0-0 25D	0-4 10A
11	Huddersfield Town	0-1 9F	3-0 8D	0-0 1S	0-2 6O	4-1 27a	7-1 10N	0-2 13A	1-1 30M	0-0 25D	3-1 22S		6-1 15S	1-1 27A	1-3 10A	2-2 19J	1-2 27O	2-1 16M	3-1 29D	6-1 24N	0-0 2A	1-2 23F	N-0 22D
12	Leeds United	1-1 15D	4-1 25a	0-0 4m	0-1 20A	2-2 29A	2-1 13O	3-0 27a	1-1 25D	3-1 6A	1-1 9M	1-2 1m		4-3 5J	2-2 2F	4-1 20O	3-2 8S	2-0 16F	0-0 3N	2-0 2A	0-2 17N	0-3 1D	4-1 29S
13	Leicester City	1-1 1D	4-1 1A	5-3 27a	2-1 6A	6-1 4m	1-1 29S	5-2 26D	2-0 21F	1-0 23M	4-1 20A	4-1 15D	4-4 1S		2-0 19J	3-2 9M	2-1 29D	1-0 2F	10-0 20O	3-1 13O	1-1 3N	1-0 17N	5-0 15S
14	Liverpool	2-4 9M	4-0 5J	1-2 3N	1-1 15D	3-0 17N	8-0 26D	3-0 25a	1-0 29M	2-0 1D	4-0 9F	2-3 20O	1-1 22S	6-3 8S		1-1 4m	2-3 13O	2-1 17A	0-0 5A	1-2 20A	3-2 13M	5-2 6A	2-1 13M
15	Manchester City	4-1 22S	3-0 27A	2-3 29D	1-2 9F	5-1 29M	4-1 30M	6-4 30J	1-2 24N	2-3 23F	5-1 26J	3-2 8S	3-0 2M	2-3 27O	2-3 22D		2-2 1S	2-4 10N	2-1 10	3-1 13A	2-2 26D	5-3 6O	4-2 16M
16	Manchester United	4-1 20A	2-2 1J	1-0 20O	1-4 1D	1-0 3N	1-0 16F	0-1 1A	0-1 13O	1-1 17N	1-0 15D	1-2 9M	1-1 19J	2-2 25a	1-1 5J	2-3		5-0 29S	0-0 4m	1-1 25D	2-1 23M	3-0 6A	2-3 2F
17	Newcastle United	0-3 20O	2-1 13M	1-0 17N	0-2 1J	4-1 1D	2-7 29a	2-1 8S	1-1 25a	4-1 15D	2-0 4m	4-1 3N	3-2 6O	1-0 22S	2-2 23F	4-0 23M	5-0 9F		0-1 6A	4-2 5J	2-1 20A	4-3 9M	1-0 26D
18	Portsmouth	2-0 8S	3-2 25D	3-1 29M	2-2 13M	4-4 23F	3-1 13A	4-0 27O	1-5 8D	3-0 9F	1-0 5J	0-1 25a	0-1 16M	1-0 10A	0-1 10N	0-3 5S	0-1 22D	0-1 24N		2-3 29A	3-2 6O	4-0 22S	3-0 30M
19	Sheffield United	2-2 23M	1-3 6O	3-2 20A	2-1 3N	1-1 9M	10-0 19J	6-1 9F	3-1 15S	2-1 20O	2-1 17N	1-0 6A	1-1 1A	1-4 23F	1-3 10S	6-1 1D	3-1 26D	3-1 1S	3-0 15D		1-1 2F	4-0 4m	3-3 29D
20	Sheffield Wednesday	3-2 25a	4-1 22D	3-0 13O	1-0 5J	0-0 29S	1-1 2M	3-1 27O	1-0 18F	5-0 3S	1-0 1J	1-1 30M	4-2 16M	1-0 24N	3-2 25D	4-0 10N	2-1 8D	3-1 4M	2-1 22S	5-2		2-1 8S	6-0 13A
21	Sunderland	5-1 1J	1-3 10N	3-4 29S	3-1 29a	4-0 15S	2-1 29D	3-1 16M	1-0 2M	4-0 1S	2-2 29M	4-1 13O	2-1 13A	2-1 30M	2-1 8D	3-1 16F	5-1 24N	5-2 27O	5-0 2F	4-4 22D	4-3 19J		4-1 27A
22	West Ham United	3-4 23F	4-1 8S	2-1 23M	3-3 9M	3-0 6A	4-0 29M	2-3 5J	1-1 17S	2-2 20A	2-4 2O	1-1 4m	8-2 9F	2-1 4M	1-1 6O	3-0 3N	3-1 22S	1-0 25D	0-1 17N	4-0 25a	3-2 1D	3-3 15D	

Final League Table

Pos	Team	Pld	Home					Away					Totals					Pts	GA	Leading Goalscorer	Gls
			W	D	L	F	A	W	D	L	F	A	W	D	L	F	A				
1	Sheffield Weds.	42	18	3	0	55	16	3	7	11	31	46	21	10	11	86	62	52	1.38	J Allen	33
2	Leicester City	42	16	5	0	67	22	5	4	12	29	45	21	9	12	96	67	51	1.43	A Chandler	34
3	Aston Villa	42	16	2	3	62	30	7	2	12	36	51	23	4	15	98	81	50	1.21	T Waring	25
4	Sunderland	42	16	2	3	67	30	4	5	12	26	45	20	7	15	93	75	47	1.24	D Halliday	43
5	Liverpool	42	11	4	6	53	28	6	8	7	37	36	17	12	13	90	64	46	1.40	G Hodgson	30
6	Derby County	42	12	5	4	56	24	6	5	10	30	47	18	10	14	86	71	46	1.21	H Bedford	28
7	Blackburn Rov.	42	11	6	4	42	26	6	5	10	30	37	17	11	14	72	63	45	1.14	J Roscamp	16
8	Manchester City	42	12	3	6	63	40	6	6	9	32	46	18	9	15	95	86	45	1.10	T Johnston	38
9	Arsenal	42	11	6	4	43	25	5	7	9	34	47	16	13	13	77	72	45	1.06	D Jack	23
10	Newcastle Utd.	42	15	2	4	48	29	4	4	13	22	43	19	6	17	70	72	44	0.97	H Gallacher	23
11	Sheffield United	42	12	5	4	57	30	3	6	12	29	55	15	11	16	86	85	41	1.01	H Johnson	33
12	Manchester Utd.	42	8	8	5	32	23	6	5	10	34	53	14	13	15	66	76	41	0.86	J hanson	19
13	Leeds United	42	11	5	5	42	28	5	4	12	29	56	16	9	17	71	84	41	0.84	C Keetley	20
14	Bolton Wand.	42	10	6	5	44	25	4	6	11	29	55	14	12	16	73	80	40	0.91	H Blackmore	30
15	Birmingham	42	8	7	6	37	32	7	3	11	31	45	15	10	17	68	77	40	0.88	J Bradford	23
16	Huddersfield T	42	9	6	6	45	23	5	5	11	25	38	14	11	17	70	61	39	1.14	G Brown, A Jackson	14
17	West Ham United	42	11	6	4	55	31	4	3	14	31	65	15	9	18	86	96	39	0.89	V Watson	29
18	Everton	42	11	2	8	38	31	6	2	13	25	44	17	4	21	63	75	38	0.84	W Dean	26
19	Burnley	42	12	5	4	58	32	3	3	15	23	71	15	8	19	81	103	38	0.78	G Beel	30
20	Portsmouth	42	13	2	6	43	26	2	4	15	13	54	15	6	21	56	80	36	0.70	J Smith	9
21	Bury	42	9	5	7	38	35	3	2	16	24	64	12	7	23	62	99	31	0.62	J Smith	20
22	Cardiff City	42	7	7	7	34	26	1	6	14	9	33	8	13	21	43	59	29	0.72	H Ferguson	15

1928/29 DIVISION 2 — SEASON 37

Total Matches: 462
Total Goals: 1576
Avg goals per match: 3.41

Results Grid

	Team	Barnsley	Blackpool	Bradford P A	Bristol City	Chelsea	Clapton Orient	Grimsby Town	Hull City	Middlesbrough	Millwall	Nottm Forest	Notts County	Oldham Ath.	Port Vale	Preston N E	Reading	Southampton	Stoke City	Swansea Town	Tottenham H.	West Brom A	Wolverhampton
1	Barnsley		3-1	1-2	4-2	0-1	2-0	0-2	2-2	2-2	2-2	1-2	2-0	2-1	6-0	4-1	2-3	4-1	4-2	2-1	4-1	2-0	2-2
2	Blackpool	0-1		3-0	2-1	0-1	0-1	1-1	2-1	3-0	3-0	2-2	3-2	4-0	4-0	3-2	7-0	3-0	2-0	2-2	2-2	0-2	3-0
3	Bradford Park Avenue	2-1	5-2		3-2	1-2	2-1	1-0	5-1	3-2	4-0	1-1	2-2	2-0	2-0	7-2	1-0	4-1	2-1	3-1	4-1	4-1	4-1
4	Bristol City	3-1	3-2	1-0		0-0	1-0	2-2	0-0	0-1	5-0	2-5	0-4	6-0	2-1	1-0	0-0	1-1	1-1	2-1	0-1	2-3	3-2
5	Chelsea	1-0	2-3	3-1	3-0		2-2	3-2	0-0	2-0	0-3	3-0	1-1	2-3	2-1	2-1	1-1	3-1	4-0	1-1	2-5	0-2	
6	Clapton Orient	3-1	2-4	1-0	0-1	1-0		3-1	0-0	3-0	1-1	1-4	2-2	2-0	1-0	1-0	1-1	1-0	1-2	2-3	0-2	2-0	
7	Grimsby Town	2-1	1-1	4-2	3-2	1-0	6-1		0-1	1-4	3-0	2-2	2-2	1-0	3-1	1-0	4-0	3-1	2-1	4-1	2-0	3-1	2-0
8	Hull City	0-0	1-3	1-0	5-1	2-2	0-0	2-3		1-1	4-0	0-1	1-1	1-0	2-0	5-1	3-0	2-2	1-3	1-1	1-1	4-1	1-3
9	Middlesbrough	1-0	4-1	5-3	3-1	4-5	4-0	3-0	1-1		3-0	1-0	3-1	1-0	2-3	0-0	1-2	1-0	0-0	3-0	1-1	8-3	
10	Millwall	0-2	2-1	1-3	2-1	2-1	2-0	4-1	0-0	2-3		1-1	0-1	3-3	2-1	3-1	5-1	2-4	1-3	3-0	5-1	2-2	0-5
11	Nottm Forest	1-3	2-0	3-2	1-1	3-0	0-0	0-1	3-1	1-1	0-4		1-2	3-1	2-2	4-1	1-2	1-1	1-5	2-1	2-2	1-2	2-1
12	Notts County	4-1	3-1	3-3	2-0	4-3	2-0	1-2	6-0	0-3	4-5	1-1		2-0	3-0	0-1	1-1	1-1	1-0	5-1	2-0	3-1	3-0
13	Oldham Athletic	1-0	4-2	2-1	1-0	1-0	1-1	0-3	0-1	1-3	4-1	2-0	3-2		1-1	2-1	2-1	3-1	1-0	2-1	3-1	3-0	0-4
14	Port Vale	3-0	1-0	0-1	5-0	1-0	3-0	0-3	4-1	2-3	5-2	4-2	3-0	2-1		3-2	4-0	1-2	1-2	0-0	2-1	8-1	1-4
15	Preston N E	2-1	3-1	2-0	2-2	3-0	5-2	5-2	1-0	0-0	3-4	3-2	0-1	3-2	7-1		7-0	0-1	2-2	2-2	2-2	1-1	5-1
16	Reading	1-0	4-1	4-0	2-1	3-3	4-2	1-3	3-0	2-3	0-2	1-2	6-1	2-1	1-0	0-0		0-1	1-1	2-0	4-3	5-3	3-0
17	Southampton	1-2	8-2	2-2	2-1	1-2	2-0	3-1	3-2	1-1	3-0	2-1	4-0	2-1	1-2	4-0	2-2		0-0	3-0	1-1	1-1	2-1
18	Stoke City	0-0	1-1	2-0	2-0	0-1	3-1	1-2	1-1	3-2	0-0	1-1	5-0	1-1	2-1	1-1	5-0	3-0		5-0	2-0	4-1	4-3
19	Swansea Town	2-1	5-5	3-1	0-2	0-1	2-1	0-1	2-0	2-0	3-5	1-0	3-2	2-0	5-0	0-1	1-1	3-3			4-0	6-1	2-0
20	Tottenham Hotspur	2-0	1-2	3-2	1-1	4-1	2-1	2-1	4-1	2-5	2-1	2-1	3-0	4-1	4-2	2-0	2-2	3-2	1-0	1-1		2-0	3-2
21	West Bromwich Albion	6-2	2-2	1-2	1-1	3-0	3-1	1-0	2-0	1-1	3-2	3-0	1-3	1-0	3-1	1-1	5-0	3-1	2-3	5-1	3-2		0-2
22	Wolverhampton W	3-1	1-5	3-1	2-1	1-1	3-2	2-2	2-4	3-3	0-1	2-3	3-1	0-0	4-0	1-2	2-0	1-1	4-0	0-0	4-2	0-1	

Final League Table

Pos	Team	Pld	Home W	Home D	Home L	Home F	Home A	Away W	Away D	Away L	Away F	Away A	Totals W	Totals D	Totals L	Totals F	Totals A	Pts	GA	Leading Goalscorer	Gls
1	Middlesbrough	42	14	4	3	54	22	8	7	6	38	35	22	11	9	92	57	55	1.61	G Camsell	31
2	Grimsby Town	42	16	2	3	49	24	8	3	10	33	37	24	5	13	82	61	53	1.34	J Robson	31
3	Bradford P A	42	18	2	1	62	22	4	2	15	26	48	22	4	16	88	70	48	1.25	G McLean	27
4	Southampton	42	12	6	3	48	22	5	8	8	26	38	17	14	11	74	60	48	1.23	W Haines	16
5	Notts County	42	13	4	4	51	24	6	5	10	27	41	19	9	14	78	65	47	1.20	H Andrews	20
6	Stoke City	42	12	7	2	46	16	5	5	11	28	35	17	12	13	74	51	46	1.45	C Wilson	22
7	West Brom A	42	13	4	4	50	25	6	4	11	30	54	19	8	15	80	79	46	1.01	J Cookson, T Glidden	21
8	Blackpool	42	13	4	4	49	18	6	3	12	43	58	19	7	16	92	76	45	1.21	J Hampson	40
9	Chelsea	42	10	6	5	40	30	7	4	10	24	35	17	10	15	64	65	44	0.98	G Biswell, A Wilson	9
10	Tottenham H	42	16	3	2	50	26	1	6	14	25	55	17	9	16	75	81	43	0.92	F Osborne	16
11	Nottm Forest	42	8	6	7	34	33	7	6	8	37	37	15	12	15	71	70	42	1.01	S Jennings	15
12	Hull City	42	8	8	5	38	24	5	6	10	20	39	13	14	15	58	63	40	0.92	K McDonald	23
13	Preston N E	42	12	6	5	58	27	3	3	15	20	52	15	9	18	78	79	39	0.98	A Hair	19
14	Millwall	42	10	4	7	43	35	6	3	12	28	51	16	7	19	71	86	39	0.82	J Cock	22
15	Reading	42	12	3	6	48	30	3	6	12	15	56	15	9	18	63	86	39	0.73	W Johnstone	19
16	Barnsley	42	12	4	5	51	28	4	2	15	18	38	16	6	20	69	66	38	1.04	F Eaton	15
17	Wolverhampton	42	9	6	6	41	31	6	1	14	36	50	15	7	20	77	81	37	0.95	R Weaver	18
18	Oldham Athletic	42	15	2	4	37	24	1	3	17	17	51	16	5	21	54	75	37	0.72	S Littlewood	12
19	Swansea Town	42	12	3	6	46	26	1	7	13	16	49	13	10	19	62	75	36	0.82	H Deacon	12
20	Bristol City	42	11	6	4	37	25	2	4	15	21	47	13	10	19	58	72	36	0.80	C Blakemore, P Vials	13
21	Port Vale	42	14	1	6	53	25	1	3	17	18	61	15	4	23	71	86	34	0.82	W Kirkham	15
22	Clapton Orient	42	10	6	5	29	25	2	4	15	16	47	12	8	22	45	72	32	0.62	R Turnbull	13

1928/29 DIVISION 3 (North)
SEASON 37

Total Matches 462
Total Goals 1696
Avg goals per match 3.67

	Team	Accrington S	Ashington	Barrow	Bradford City	Carlisle United	Chesterfield	Crewe Alex	Darlington	Doncaster Rov	Halifax Town	Hartlepools U	Lincoln City	Nelson	New Brighton	Rochdale	Rotherham Utd	Southport	South Shields	Stockport Co.	Tranmere R	Wigan B	Wrexham
1	Accrington Stanley		0-1	1-0	0-1	2-3	0-0	2-0	4-0	6-0	1-1	2-2	0-1	4-4	3-1	2-2	1-3	2-0	2-0	2-0	2-0	2-0	4-3
2	Ashington	2-2		1-0	2-8	0-4	0-2	0-5	4-2	4-7	0-3	3-1	1-1	3-2	1-1	2-1	0-1	1-3	1-3	0-1	3-2	1-1	2-2
3	Barrow	2-1	3-0		1-3	1-1	1-2	2-4	3-1	2-2	1-3	2-1	2-3	7-2	0-0	3-3	4-0	1-2	1-1	2-4	1-2	1-0	2-2
4	Bradford City	4-1	2-0	8-0		4-2	6-1	4-1	3-0	3-0	2-2	4-1	2-3	0-2	5-2	0-0	11-1	5-0	3-1	2-1	8-0	1-0	5-0
5	Carlisle United	4-3	5-1	4-1	2-2		1-2	1-0	3-0	1-2	2-1	8-0	3-1	4-0	2-1	4-2	1-1	4-2	5-0	0-5	4-1	2-1	1-1
6	Chesterfield	4-1	4-1	3-0	0-5	1-2		1-0	2-1	0-1	3-2	4-1	1-1	3-2	0-2	2-1	1-2	6-0	3-2	1-2	4-1	0-0	3-1
7	Crewe Alexandra	4-0	7-0	3-1	0-0	1-1	6-1		2-0	1-1	3-0	4-2	1-3	1-1	3-0	1-1	3-0	1-1	1-5	2-0	0-1	0-4	3-1
8	Darlington	0-0	4-0	1-2	3-3	0-0	2-2	4-2		1-0	2-0	4-1	2-1	3-2	3-1	5-3	2-1	3-1	2-2	2-3	1-2	3-0	0-0
9	Doncaster Rov.	4-1	2-1	1-0	1-1	3-0	2-0	0-1	3-1		1-0	4-1	0-0	2-2	1-2	4-2	1-0	4-2	2-1	0-2	2-1	1-2	1-0
10	Halifax Town	4-2	1-0	2-0	1-1	5-2	1-1	2-2	5-1	2-2		2-0	4-2	1-2	1-1	3-1	2-1	0-2	1-1	2-0	1-0	1-2	
11	Hartlepools United	1-3	1-3	1-0	1-3	1-0	0-2	2-1	2-0	2-2	3-1		3-2	2-2	5-2	0-2	1-1	4-2	0-5	1-1	4-1	1-3	0-2
12	Lincoln City	3-1	3-1	5-0	3-4	3-0	1-0	1-0	0-0	2-1	3-0	7-1		5-1	4-0	2-0	1-1	4-1	5-0	1-2	3-1	1-3	1-1
13	Nelson	0-2	5-0	3-4	0-1	1-0	1-0	4-1	2-1	2-4	3-1	1-0	3-4		3-0	3-0	4-2	1-1	0-4	4-1	4-2	2-1	1-3
14	New Brighton	2-1	3-2	1-3	0-3	1-0	2-3	2-3	1-0	1-1	1-0	1-3	6-1	0-1		6-1	0-0	3-1	1-0	4-1	1-2	2-2	2-0
15	Rochdale	2-1	5-0	4-2	1-3	4-0	2-1	2-1	5-0	1-3	2-2	7-4	0-2	2-1	4-2		2-1	1-1	1-2	1-3	5-1	0-0	4-4
16	Rotherham United	2-1	0-0	2-1	2-2	4-0	2-0	1-2	0-0	1-2	1-0	3-2	3-2	4-0	3-1	5-0		0-2	1-1	3-3	0-1	4-2	2-1
17	Southport	3-1	2-1	2-2	0-3	4-3	1-0	6-2	3-1	3-3	1-0	6-2	2-1	5-1	0-0	1-1	2-0		5-0	1-1	1-2	3-0	1-3
18	South Shields	3-0	0-0	2-2	1-1	5-0	6-3	3-0	1-3	1-0	2-1	1-1	1-0	3-2	0-2	5-2	10-1	4-0		0-1	4-1	2-2	3-2
19	Stockport County	6-1	4-0	3-2	2-1	2-2	3-1	2-2	7-3	4-1	3-0	3-0	7-3	3-0	2-1	4-0	1-0	2-1	7-1		4-1	2-1	6-2
20	Tranmere Rovers	1-1	3-2	2-1	1-0	1-2	4-0	1-1	4-0	1-1	2-1	3-0	2-1	6-1	1-3	5-1	3-0	6-1	4-0	2-1		3-2	1-1
21	Wigan Borough	5-2	5-1	2-1	2-0	2-2	5-1	4-2	2-0	4-2	1-1	2-0	4-0	1-0	1-1	1-0	1-0	4-0	4-0	0-1			1-1
22	Wrexham	4-1	4-0	5-0	2-1	5-1	4-3	1-2	4-3	4-2	2-2	3-1	2-1	3-1	1-1	3-0	2-0	3-1	1-0	2-1	3-1	1-3	

Final League Table

Pos	Team	Pld	Home					Away					Totals					Pts	GA	Leading Goalscorer	Gls
			W	D	L	F	A	W	D	L	F	A	W	D	L	F	A				
1	Bradford City	42	17	2	2	82	18	10	7	4	46	25	27	9	6	128	43	63	2.97	A Whitehurst	24
2	Stockport Co.	42	19	2	0	77	23	9	4	8	34	35	28	6	8	111	58	62	1.91	H Burgess	30
3	Wrexham	42	17	2	2	59	25	4	8	9	32	44	21	10	11	91	69	52	1.31	A Mays	32
4	Wigan Borough	42	16	4	1	55	16	5	5	11	27	33	21	9	12	82	49	51	1.67	W Lievesley, C Smith	13
5	Doncaster Rov.	42	14	3	4	39	20	6	7	8	37	46	20	10	12	76	66	50	1.15	T Keetley	40
6	Lincoln City	42	15	3	3	58	18	6	3	12	33	49	21	6	15	91	67	48	1.35	W Dinsdale	23
7	Tranmere Rov.	42	15	3	3	55	21	7	0	14	24	56	22	3	17	79	77	47	1.02	S Beswick	17
8	Carlisle United	42	15	3	3	61	27	4	5	12	25	50	19	8	15	86	77	46	1.11	J McConnell	42
9	Crewe Alex.	42	11	6	4	47	23	7	2	12	33	45	18	8	16	80	68	44	1.17	J Hart, M Shaw	13
10	South Shields	42	13	5	3	57	24	5	3	13	26	50	18	8	16	83	74	44	1.12	R Maycock	19
11	Chesterfield	42	13	2	6	46	28	5	3	13	25	49	18	5	19	71	77	41	0.92	S Taylor	20
12	Southport	42	13	5	3	52	27	3	3	15	23	58	16	8	18	75	85	40	0.88	G Beadles	18
13	Halifax Town	42	11	7	3	42	24	2	6	13	21	38	13	13	16	63	62	39	1.01	E Dixon	18
14	New Brighton	42	11	3	7	40	28	4	6	11	24	43	15	9	18	64	71	39	0.90	P Cowper	16
15	Nelson	42	14	1	6	48	28	3	4	14	29	62	17	5	20	77	90	39	0.85	B Radford	24
16	Rotherham Utd.	42	12	5	4	44	23	3	4	14	16	54	15	9	18	60	77	39	0.77	Bottrill	10
17	Rochdale	42	12	4	5	55	34	1	6	14	24	62	13	10	19	79	96	36	0.82	J Milsom	25
18	Accrington S.	42	11	5	5	42	22	2	3	16	26	60	13	8	21	68	82	34	0.83	J Jepson	22
19	Darlington	42	12	6	3	47	26	1	1	19	17	62	13	7	22	64	88	33	0.72	W Eden	11
20	Barrow	42	7	6	8	42	37	3	2	16	22	56	10	8	24	64	93	28	0.68	F Ferrari	14
21	Hartlepools Utd.	42	9	4	8	35	38	1	2	18	24	74	10	6	26	59	112	26	0.52	W Richardson	19
22	Ashington	42	6	5	10	31	52	2	2	17	14	63	8	7	27	45	115	23	0.39	G Johnson	16

Ashington failed to gain re-election, York City elected in their place.

1928/29 DIVISION 3 (South)
SEASON 37

Total Matches 462
Total Goals 1614
Avg goals per match 3.49

		Bournemouth	Brentford	Brighton & H A	Bristol Rovers	Charlton Ath	Coventry City	Crystal Palace	Exeter City	Fulham	Gillingham	Luton Town	Merthyr Town	Newport County	Northampton T	Norwich City	Plymouth A	Q P R	Southend Utd	Swindon Town	Torquay Utd.	Walsall	Watford
1	Bournemouth & B A		1-1	3-2	6-2	4-2	2-1	2-0	3-1	1-0	4-3	3-3	3-0	0-1	2-0	2-0	4-1	2-3	2-2	2-1	4-3	1-2	3-3
2	Brentford	0-0		5-1	2-0	1-0	1-0	2-4	4-2	1-2	4-1	0-1	2-1	1-3	2-2	4-0	0-2	1-1	1-0	2-0	0-0	1-0	0-1
3	Brighton & Hove Albion	1-0	3-2		4-0	2-3	0-1	1-5	3-2	2-0	3-1	1-0	2-1	2-1	0-3	3-0	2-1	2-1	2-1	2-2	1-2	2-1	1-1
4	Bristol Rovers	1-2	2-0	3-0		3-0	1-1	1-1	1-1	5-3	2-4	1-1	3-0	0-3	1-2	2-0	0-1	1-1	4-1	1-4	2-1	4-1	1-1
5	Charlton Athletic	6-2	1-0	3-0	1-2		3-1	1-3	3-1	0-0	1-1	4-1	2-2	2-2	3-1	1-0	2-1	2-2	3-2	4-1	2-0	5-0	2-0
6	Coventry City	1-2	1-0	3-0	0-1			1-3	1-1	1-2	2-0	1-1	6-1	3-1	0-2	3-0	1-4	0-0	1-1	4-1	2-1	1-1	1-1
7	Crystal Palace	1-3	1-0	1-0	5-2	0-2	0-3		1-0	2-1	3-0	3-0	2-0	1-1	1-0	2-1	1-4	1-4	3-2	6-1	2-0	1-1	3-0
8	Exeter City	6-3	2-3	4-1	2-2	2-5	2-3	1-2		1-4	4-2	1-1	5-0	6-1	2-0	3-1	1-2	1-1	1-2	1-1	1-3	1-1	2-2
9	Fulham	3-0	1-0	3-1	6-1	2-5	2-2	2-2	0-0		4-2	4-2	4-0	2-3	2-1	2-1	5-2	5-0	2-4	2-0	2-1	5-1	2-3
10	Gillingham	2-2	1-2	1-1	1-0	1-0	1-1	0-1	1-3	2-2		1-0	1-0	0-4	2-1	4-0	2-0	0-0	0-2	0-0	1-1	1-4	0-0
11	Luton Town	2-1	2-1	1-0	4-2	3-0	1-1	5-3	4-0	1-3	8-0		2-0	5-2	4-0	2-1	2-2	3-2	4-2	5-3	1-2	3-1	2-2
12	Merthyr Town	1-0	2-2	1-0	4-0	2-3	2-2	2-2	2-1	4-1	2-3	3-4		2-1	2-2	2-1	2-2	1-2	2-1	0-0	3-0	1-0	2-1
13	Newport County	0-2	1-1	1-2	2-0	2-0	2-1	1-3	1-1	3-3	5-0	1-2	6-1		0-3	2-2	1-0	0-0	2-2	0-1	4-1	3-1	0-2
14	Northampton Town	2-0	1-1	1-1	3-1	4-1	3-3	8-1	4-0	3-3	1-0	2-2	7-0			2-0	3-0	4-2	2-3	1-1	6-1	4-2	3-0
15	Norwich City	5-1	2-4	3-1	2-1	0-1	3-0	0-1	5-0	2-2	1-2	3-0	3-1	3-1	1-1		0-3	3-1	2-5	1-1	3-0	2-1	5-2
16	Plymouth Argyle	2-0	4-0	1-0	2-0	2-2	3-0	1-1	0-0	4-2	3-0	2-0	4-0	5-2	1-1	4-0		1-2	1-1	3-0	4-0	2-2	2-0
17	Queens Park Rangers	0-0	2-2	3-2	0-3	2-2	3-1	1-1	1-0	2-1	1-0	1-1	8-0	0-0	4-1	3-0	2-0		3-1	4-2	5-1	2-2	3-2
18	Southend United	4-4	1-1	1-1	1-0	1-3	0-0	3-0	1-0	0-1	2-0	5-0	5-1	4-2	2-2	5-3	1-1	0-3		1-1	3-0	3-1	1-3
19	Swindon Town	3-3	3-1	2-2	2-1	1-1	1-2	3-2	2-0	1-2	2-1	4-2	2-1	5-2	0-1	1-2	0-0	2-1	3-1		1-1	5-1	5-0
20	Torquay United	4-1	1-0	5-1	0-1	3-1	0-2	1-2	1-3	1-1	2-1	2-2	6-2	4-1	0-1	0-3	2-2	3-4	2-1	2-4		3-2	1-0
21	Walsall	2-1	2-0	1-2	1-3	0-2	0-0	3-1	7-2	2-2	4-0	0-0	1-1	3-1	4-3	3-3	1-1	3-1	4-1	1-1	1-0		4-0
22	Watford	0-3	2-0	2-1	1-0	3-1	4-2	3-3	3-0	2-6	1-0	3-2	4-0	3-0	1-1	2-2	6-3	4-1	4-1	3-2	0-2	4-1	

Final League Table

Pos	Team	Pld	Home W	Home D	Home L	Home F	Home A	Away W	Away D	Away L	Away F	Away A	Totals W	Totals D	Totals L	Totals F	Totals A	Pts	GA	Leading Goalscorer	Gls
1	Charlton Athletic	42	14	5	2	51	22	9	3	9	35	38	23	8	11	86	60	54	1.43	F Whitlow	24
2	Crystal Palace	42	14	2	5	40	25	9	6	6	41	42	23	8	11	81	67	54	1.20	P Havelock	20
3	Northampton T	42	14	6	1	68	23	6	6	9	28	34	20	12	10	96	57	52	1.68	E Bowen	36
4	Plymouth Argyle	42	14	6	1	51	13	6	6	9	32	38	20	12	10	83	51	52	1.62	E Bowden	21
5	Fulham	42	14	3	4	60	31	7	7	7	41	40	21	10	11	101	71	52	1.42	J Temple	26
6	Queens Park R	42	13	7	1	50	22	6	7	8	32	39	19	14	9	82	61	52	1.34	G Goddard	36
7	Luton Town	42	16	3	2	64	28	3	8	10	25	45	19	11	12	89	73	49	1.21	A Rennie	43
8	Watford	42	15	3	3	55	31	4	7	10	24	43	19	10	13	79	74	48	1.06	F McPherson	33
9	Bournemouth	42	14	4	3	54	31	5	5	11	30	46	19	9	14	84	77	47	1.09	C Eyre	31
10	Swindon Town	42	12	5	4	48	27	3	8	10	27	45	15	13	14	75	72	43	1.04	D Morris	26
11	Coventry City	42	9	6	6	35	23	5	8	8	27	34	14	14	14	62	57	42	1.08	J Starsmore, E Toseland	10
12	Southend United	42	10	7	4	44	27	5	4	12	36	48	15	11	16	80	75	41	1.06	J Shankly	32
13	Brentford	42	11	4	6	34	21	3	6	12	22	39	14	10	18	56	60	38	0.93	E Watkins	14
14	Walsall	42	11	7	3	47	25	2	1	14	26	54	13	12	17	73	79	38	0.92	M Lane	15
15	Brighton & H A	42	14	2	5	39	19	2	4	15	19	48	16	6	20	58	76	38	0.76	D Kirkwood	20
16	Newport County	42	8	6	7	37	28	5	3	13	32	58	13	9	20	69	86	35	0.80	R Pugh	12
17	Norwich City	42	12	3	6	49	29	2	3	16	20	52	14	6	22	69	81	34	0.85	F McKenna	18
18	Torquay United	42	10	3	8	46	36	4	3	14	20	48	14	6	22	66	84	34	0.78	C Hemingway	11
19	Bristol Rovers	42	9	6	6	39	28	4	1	16	21	51	13	7	22	60	79	33	0.75	J Phillips	12
20	Merthyr Town	42	11	6	4	42	28	0	2	19	13	75	11	8	23	57	103	30	0.53	S Gibbon	12
21	Exeter City	42	7	6	8	49	40	2	5	14	18	48	9	11	22	67	88	29	0.76	R Doncaster, H Houghton	9
22	Gillingham	42	7	8	6	22	24	3	1	17	21	59	10	9	23	43	83	29	0.51	A Dominy	14

1929/30 DIVISION 1 — SEASON 38

Total Matches	462
Total Goals	1758
Avg goals per match	3.81

Results Grid

		Arsenal	Aston Villa	Birmingham	Blackburn Rov	Bolton Wand	Burnley	Derby County	Everton	Grimsby Town	Huddersfield T	Leeds United	Leicester City	Liverpool	Manchester C.	Manchester U.	Middlesbrough	Newcastle Utd	Portsmouth	Sheffield United	Sheffield Weds	Sunderland	West Ham Utd.
1	Arsenal		2-4	1-0	4-0	1-2	6-1	1-1	4-0	4-1	2-0	4-0	1-1	0-1	3-2	4-2	1-2	0-1	1-2	8-1	2-3	0-1	0-1
2	Aston Villa	5-2		2-1	3-0	2-0	1-2	2-2	5-2	4-1	5-3	3-4	3-0	2-3	0-2	1-0	4-2	2-0	0-1	5-1	1-3	2-1	2-3
3	Birmingham	2-3	1-1		1-2	3-1	2-0	2-4	0-0	0-2	4-1	1-0	3-0	1-0	3-0	0-1	1-1	5-1	1-0	2-1	1-0	3-1	4-2
4	Blackburn Rovers	1-1	2-0	7-5		3-1	8-3	0-3	3-1	4-1	5-2	2-1	3-1	1-0	1-3	5-4	7-0	4-2	1-0	0-1	0-1	5-3	3-3
5	Bolton Wanderers	0-0	3-0	0-0	2-1		1-1	1-2	5-0	2-3	7-1	4-2	1-0	0-2	1-2	4-1	2-2	1-1	2-1	2-1	1-3	3-0	4-1
6	Burnley	2-2	1-4	3-1	3-2	2-2		6-2	1-1	3-1	1-3	0-3	1-1	4-1	4-2	4-0	4-1	0-3	4-0	5-0	2-4	2-0	1-1
7	Derby County	4-1	4-0	3-1	4-3	2-1	1-3		2-1	5-4	2-2	3-0	2-2	2-2	4-2	1-1	3-1	3-1	3-2	2-1	4-1	3-0	4-3
8	Everton	1-1	3-4	2-4	2-2	3-3	3-0	4-0		2-4	0-2	1-1	4-5	3-3	2-3	0-0	3-2	5-2	1-1	3-2	1-1	4-1	1-2
9	Grimsby Town	1-1	0-2	2-1	5-3	1-1	4-0	2-1	0-3		4-2	1-2	1-4	3-2	2-2	0-3	4-0	1-1	4-1	0-5	0-1	2-2	
10	Huddersfield Town	2-2	1-1	1-1	0-0	0-2	3-0	0-1	1-2	0-1		1-0	3-2	3-0	1-1	2-2	1-0	2-0	2-1	2-2	4-1	0-2	3-0
11	Leeds United	2-0	4-1	1-0	4-2	2-1	3-0	2-1	2-1	6-0	0-1		1-2	1-1	3-2	3-1	1-2	5-2	1-0	2-2	3-0	5-0	1-3
12	Leicester City	6-6	4-3	2-1	1-1	5-2	4-3	0-0	5-4	1-0	1-2	2-2		2-1	3-1	4-1	4-1	6-1	0-5	3-3	2-1	1-2	1-2
13	Liverpool	1-0	2-0	1-1	1-1	3-0	1-3	2-2	0-3	2-0	3-0	1-0	1-1		1-6	1-0	5-2	0-0	2-0	2-0	1-3	0-6	3-1
14	Manchester City	3-1	1-2	1-4	1-1	2-0	2-2	3-0	1-2	3-1	1-1	4-1	3-2	4-3		0-1	3-1	3-0	5-2	2-1	3-3	2-2	4-3
15	Manchester United	1-0	2-3	0-0	1-0	1-1	3-0	3-2	3-3	2-5	1-0	3-1	2-1	1-2	1-3		0-3	5-0	3-0	1-5	2-2	2-1	4-2
16	Middlesbrough	1-1	2-3	5-1	2-4	3-1	3-1	4-0	1-2	1-3	1-1	1-1	0-2	5-0	1-0	2-3		2-2	2-0	3-1	4-1	3-0	2-0
17	Newcastle United	1-1	2-2	1-1	5-1	2-3	2-1	2-3	1-0	3-1	5-2	2-1	2-1	3-1	2-2	4-1	3-2		4-1	3-5	1-3	3-0	1-0
18	Portsmouth	0-1	1-2	2-1	4-0	3-0	7-1	3-1	1-4	1-1	0-1	0-0	3-0	3-3	2-2	3-0	1-1	2-0		3-1	0-4	1-1	3-1
19	Sheffield United	4-1	3-3	4-2	5-7	2-3	3-1	2-0	2-0	2-3	0-1	3-2	7-1	4-0	1-2	3-1	1-3	1-0	2-3		2-2	4-2	4-2
20	Sheffield Wednesday	0-2	3-0	1-1	4-0	1-0	4-1	6-3	4-0	1-0	3-1	1-2	4-0	2-1	5-1	7-2	1-0	4-2	1-1	1-1		1-1	2-1
21	Sunderland	0-1	4-1	2-0	3-1	4-1	3-3	3-1	2-2	2-0	1-0	1-4	2-1	2-3	5-2	2-4	3-2	1-0	1-1	3-2	2-4		4-2
22	West Ham United	3-2	5-2	0-1	2-3	5-3	1-0	2-0	3-1	2-0	2-3	3-0	1-2	4-1	3-0	2-1	5-3	5-1	0-1	1-0	1-1	1-1	

League Table

Pos	Team	Pld	Home W	Home D	Home L	Home F	Home A	Away W	Away D	Away L	Away F	Away A	Totals W	Totals D	Totals L	Totals F	Totals A	Pts	GA	Leading Goalscorer	Gls
1	Sheffield Weds.	42	15	4	2	56	20	11	4	6	49	37	26	8	8	105	57	60	1.84	J Allen	34
2	Derby County	42	16	4	1	61	32	5	4	12	29	50	21	8	13	90	82	50	1.09	H Bedford	30
3	Manchester City	42	12	5	4	51	33	7	4	10	40	48	19	9	14	91	81	47	1.12	T Tait	27
4	Aston Villa	42	13	1	7	54	33	8	4	9	38	50	21	5	16	92	83	47	1.10	G Brown	28
5	Leeds United	42	15	2	4	52	22	5	4	12	27	41	20	6	16	79	63	46	1.25	W Wainscott	15
6	Blackburn Rov.	42	15	2	4	65	36	4	5	12	34	57	19	7	16	99	93	45	1.06	C Bourton	21
7	West Ham United	42	14	2	5	51	26	5	3	13	35	53	19	5	18	86	79	43	1.08	V Watson	42
8	Leicester City	42	12	5	4	57	42	5	4	12	29	48	17	9	16	86	90	43	0.95	A Chandler	32
9	Sunderland	42	13	3	5	50	35	5	4	12	26	45	18	7	17	76	80	43	0.95	R Gurney	15
10	Huddersfield T.	42	9	7	5	32	21	8	2	11	31	48	17	9	16	63	69	43	0.91	H Davies	9
11	Birmingham	42	13	3	5	40	21	3	6	12	27	41	16	9	17	67	62	41	1.08	J Bradford	23
12	Liverpool	42	11	5	5	33	29	5	4	12	30	50	16	9	17	63	79	41	0.79	J Smith	23
13	Portsmouth	42	10	6	5	43	25	5	4	12	23	37	15	10	17	66	62	40	1.06	J Weddle	21
14	Arsenal	42	10	2	9	49	26	4	9	8	29	40	14	11	17	78	66	39	1.18	J Lambert	18
15	Bolton Wand.	42	11	5	5	46	24	4	4	13	28	50	15	9	18	74	74	39	1.00	H Blackmore	30
16	Middlesbrough	42	11	3	7	48	31	5	3	13	34	53	16	6	20	82	84	38	0.97	G Camsell	28
17	Manchester Utd.	42	11	4	6	39	34	4	4	13	28	54	15	8	19	67	88	38	0.76	H Rowley, J Spence	12
18	Grimsby Town	42	8	6	7	39	39	7	1	13	34	50	15	7	20	73	89	37	0.82	J Robson	30
19	Newcastle Utd.	42	13	4	4	52	32	2	3	16	19	60	15	7	20	71	92	37	0.77	H Gallacher	29
20	Sheffield United	42	12	2	7	59	39	3	4	14	32	57	15	6	21	91	96	36	0.94	J Dunne	36
21	Burnley	42	11	5	5	53	34	3	2	15	26	63	14	8	20	79	97	36	0.81	L Page	16
22	Everton	42	6	7	8	48	46	6	4	11	32	46	12	11	19	80	92	35	0.87	W Dean	22

1929/30 DIVISION 2 SEASON 38

Total Matches 462
Total Goals 1513
Avg goals per match 3.27

League Table

Pos	Team	Pld	Home					Away					Totals					Pts	GA	Leading Goalscorer	Gls
			W	D	L	F	A	W	D	L	F	A	W	D	L	F	A				
1	Blackpool	42	17	1	3	63	22	10	3	8	35	45	27	4	11	98	67	58	1.46	J Hampson	45
2	Chelsea	42	17	3	1	49	14	5	8	8	25	32	22	11	9	74	46	55	1.60	G Mills	14
3	Oldham Athletic	42	14	5	2	60	21	7	6	8	30	30	21	11	10	90	51	53	1.76	S Littlewood	28
4	Bradford P A	42	14	5	2	65	28	5	7	9	26	42	19	12	11	91	70	50	1.30	G McLean	20
5	Bury	42	14	2	5	45	27	8	3	10	33	40	22	5	15	78	67	49	1.16	J Smith	29
6	West Brom A	42	16	1	4	73	31	5	4	12	32	42	21	5	16	105	73	47	1.43	J Cookson	32
7	Southampton	42	14	6	1	46	22	3	5	13	31	54	17	11	14	77	76	45	1.01	R Rowley	24
8	Cardiff City	42	14	4	3	41	16	4	4	13	20	43	18	8	16	61	59	44	1.03	R Williams	11
9	Wolverhampton	42	14	3	4	53	24	2	6	13	24	55	16	9	17	77	79	41	0.97	W Hartill	33
10	Nottm Forest	42	9	6	6	36	28	4	9	8	19	41	13	15	14	55	69	41	0.79	J Dent	16
11	Stoke City	42	12	4	5	41	20	4	4	13	33	52	16	8	18	74	72	40	1.02	C Wilson	20
12	Tottenham H	42	11	8	2	43	24	4	1	16	16	37	15	9	18	59	61	39	0.96	E Harper	14
13	Charlton Athletic	42	10	6	5	39	25	4	5	12	20	40	14	11	17	59	63	39	0.93	F Whitlow	26
14	Millwall	42	10	7	4	36	26	2	8	11	21	47	12	15	15	57	73	39	0.78	J Cock	15
15	Swansea Town	42	11	5	5	42	23	3	4	14	15	38	14	9	19	57	61	37	0.93	R Williams	12
16	Preston N E	42	7	7	7	42	36	6	4	11	23	44	13	11	18	65	80	37	0.81	J McClelland, G Smithies	10
17	Barnsley	42	12	7	2	39	22	2	1	18	17	49	14	8	20	56	71	36	0.78	Jack Wallbanks	12
18	Bradford City	42	7	7	7	33	30	5	5	11	27	47	12	12	18	60	77	36	0.77	A Cochrane	18
19	Reading	42	10	7	4	31	20	2	4	15	23	47	12	11	19	54	67	35	0.80	F Kennedy, F McPherson	8
20	Bristol City	42	11	4	6	36	30	2	5	14	25	53	13	9	20	61	83	35	0.73	B Williams	16
21	Hull City	42	11	3	7	30	24	3	4	14	21	54	14	7	21	51	78	35	0.65	S Alexander	14
22	Notts County	42	8	7	6	33	26	1	8	12	21	44	9	15	18	54	70	33	0.77	H Andrews	16

1929/30 DIVISION 3 (North)
SEASON 38

		Total Matches	462
		Total Goals	1681
		Avg goals per match	3.64

Results Grid

		Accrington S	Barrow	Carlisle United	Chesterfield	Crewe Alex	Darlington	Doncaster Rov	Halifax Town	Hartlepools U	Lincoln City	Nelson	New Brighton	Port Vale	Rochdale	Rotherham Utd.	Southport	South Shields	Stockport Co.	Tranmere R	Wigan B	Wrexham	York City
1	Accrington Stanley		3-1	7-2	3-0	0-3	3-1	3-3	7-1	3-0	0-3	3-0	5-0	0-2	6-2	2-0	1-1	1-2	0-1	3-3	3-1	1-3	1-1
2	Barrow	3-1		0-2	0-1	1-0	0-1	1-0	0-4	3-0	2-1	0-2	3-0	1-1	2-0	5-1	0-2	1-3	1-4	1-1	4-1	3-3	0-0
3	Carlisle United	2-1	7-1		6-0	2-0	1-4	1-1	2-0	5-2	2-4	2-2	2-2	1-4	2-0	3-1	4-0	4-1	1-5	4-3	5-0	5-1	2-2
4	Chesterfield	4-2	2-1	3-1		5-1	4-1	2-1	2-0	2-0	2-1	3-0	1-0	1-1	2-0	2-1	2-0	1-2	1-3	1-0	5-0	5-0	3-0
5	Crewe Alexandra	2-1	0-0	1-2	2-1		1-2	4-0	4-1	5-2	1-1	4-0	2-3	0-2	6-1	6-1	5-4	2-2	1-1	3-1	2-1	2-0	2-2
6	Darlington	2-4	4-0	3-0	1-4	3-0		6-2	3-2	0-0	1-1	6-1	1-2	0-1	3-0	8-1	2-1	8-3	1-2	7-2	2-0	5-1	5-2
7	Doncaster Rov.	3-1	4-0	1-4	2-1	2-1	3-1		1-0	0-0	0-0	3-0	1-1	0-2	3-1	2-0	3-1	1-0	1-1	4-2	4-2	0-3
8	Halifax Town	1-1	0-1	1-0	3-2	1-3	3-1	1-0		0-0	1-1	1-1	4-0	1-2	2-3	1-1	1-1	0-2	0-3	0-1	2-1	2-0	2-2
9	Hartlepools United	2-2	2-0	1-0	0-0	5-1	2-5	3-0	3-0		4-0	1-2	1-1	2-0	2-8	5-1	1-1	2-1	0-1	2-0	4-0	5-0	3-1
10	Lincoln City	3-3	3-0	4-1	2-1	2-2	2-2	3-1	0-1	2-2		4-1	5-3	3-2	0-0	1-1	1-1	2-2	1-0	8-0	2-0	3-0	3-0
11	Nelson	2-1	2-0	2-2	0-2	1-1	0-1	4-1	1-0	3-2	0-0		2-1	2-3	1-0	0-1	2-2	0-1	1-2	0-1	1-3	4-0	3-1
12	New Brighton	5-0	5-0	2-1	1-1	3-1	1-3	1-0	4-0	0-0	2-1		0-1	2-0	2-2	1-3	4-1	3-2	3-0	5-0	2-1	1-1
13	Port Vale	5-2	5-0	4-0	4-1	2-0	0-2	2-1	3-0	2-1	5-2	3-1	5-1		3-3	7-1	1-0	3-0	1-2	1-0	4-0	3-0	1-1
14	Rochdale	4-0	6-1	2-0	2-1	3-1	4-1	2-4	0-3	1-1	3-4	4-1	5-0	0-0		1-2	2-2	2-0	3-1	2-1	2-1	5-2	4-2
15	Rotherham United	2-4	7-0	4-1	1-1	2-1	1-4	2-0	0-4	1-0	1-2	2-2	2-2	0-4		6-3	0-1	2-2	5-0	4-1	1-3	2-5
16	Southport	2-0	0-2	4-3	5-1	0-3	1-1	4-0	1-1	1-2	0-0	2-1	1-2	2-3	7-1		2-1	1-2	4-1	1-5	1-0
17	South Shields	2-2	2-0	5-2	3-1	1-0	3-3	2-1	1-0	3-5	3-1	2-1	1-2	0-0	2-2	5-0	4-0		2-3	1-5	2-2	1-1	4-1
18	Stockport County	1-0	5-0	7-1	1-0	2-3	4-0	3-0	6-0	5-1	1-1	6-1	2-0	4-2	4-2	6-1	2-2	2-0		3-1	1-1	0-1	2-3
19	Tranmere Rovers	2-2	5-2	3-0	1-2	1-2	3-0	2-1	3-3	7-1	0-1	2-3	3-1	1-5	2-2	5-4	3-1	3-0	2-0		3-0	2-1	4-4
20	Wigan Borough	2-1	2-0	8-0	2-1	2-2	3-2	3-2	2-1	1-3	4-1	2-0	5-0	0-3	3-1	1-1	1-1	1-1	0-1	0-2		2-1	0-2
21	Wrexham	0-1	3-0	3-3	1-1	1-0	2-2	0-2	2-1	3-5	5-1	2-1	0-2	8-0	1-0	1-2	1-3	1-1	2-0	2-1		1-1
22	York City	2-0	3-1	2-2	1-1	4-2	1-1	2-2	3-0	4-1	1-0	1-0	3-0	0-2	6-0	3-0	0-4	2-2	1-2	0-0	4-0	0-0	

League Table

Pos	Team	Pld	Home					Away					Totals					Pts	GA	Leading Goalscorer	Gls
			W	D	L	F	A	W	D	L	F	A	W	D	L	F	A				
1	Port Vale	42	17	2	2	64	18	13	5	3	39	19	30	7	5	103	37	67	2.78	S Jennings	24
2	Stockport Co.	42	15	3	3	67	20	13	4	4	39	24	28	7	7	106	44	63	2.40	F Newton	36
3	Darlington	42	14	2	5	71	29	8	4	9	37	44	22	6	14	108	73	50	1.47	M Wellock	34
4	Chesterfield	42	18	1	2	53	15	4	5	12	23	41	22	6	14	76	56	50	1.35	J Bullock	30
5	Lincoln City	42	12	8	1	54	23	5	6	10	29	38	17	14	11	83	61	48	1.36	H Roberts	21
6	York City	42	11	7	3	43	20	4	9	8	34	44	15	16	11	77	64	46	1.20	W Bottrill	17
7	South Shields	42	11	6	4	49	32	7	4	10	28	42	18	10	14	77	74	46	1.04	R Maycock	17
8	Hartlepools Utd.	42	13	4	4	50	24	4	7	10	31	50	17	11	14	81	74	45	1.09	A Pape	21
9	Southport	42	11	5	5	49	31	4	8	9	32	43	15	13	14	81	74	43	1.09	J Cowen	24
10	Rochdale	42	14	4	3	57	30	4	4	13	32	61	18	7	17	89	91	43	0.97	T Tippett	29
11	Crewe Alex.	42	12	5	4	55	28	5	3	13	27	43	17	8	17	82	71	42	1.15	J Scullion	29
12	Tranmere Rov.	42	12	4	5	57	35	4	5	12	26	51	16	9	17	83	86	41	0.96	W Charlton	20
13	New Brighton	42	13	4	4	48	22	3	4	14	21	57	16	8	18	69	79	40	0.87	J Taylor	21
14	Doncaster Rov.	42	13	5	3	39	22	2	4	15	23	47	15	9	18	62	69	39	0.89	L Lievesley	12
15	Carlisle United	42	13	4	4	63	34	3	3	15	27	67	16	7	19	90	101	39	0.89	J McConnell	27
16	Accrington S.	42	11	4	6	55	30	3	5	13	29	51	14	9	19	84	81	37	1.03	J Jepson	20
17	Wrexham	42	10	5	6	42	28	3	3	15	25	60	13	8	21	67	88	34	0.76	T Bamford	25
18	Wigan Borough	42	12	5	4	44	26	1	3	17	16	62	13	7	22	60	88	33	0.68	R Hughes, C Smith, W Welsh	9
19	Nelson	42	9	4	8	31	25	4	3	14	20	55	13	7	22	51	80	33	0.63	T Carmedy, E Dixon	9
20	Rotherham Utd.	42	9	4	8	46	40	2	4	15	21	73	11	8	23	67	113	30	0.59	E Murden	20
21	Halifax Town	42	7	7	7	27	26	3	1	17	17	53	10	8	24	44	79	28	0.55	S Cooper	7
22	Barrow	42	9	4	8	31	28	2	1	18	10	70	11	5	26	41	98	27	0.41	M Rock	11

South Shields relocated to Gateshead after this season and became Gateshead A F C.

1929/30 DIVISION 3 (South) SEASON 38

Total Matches 462
Total Goals 1632
Avg goals per match 3.53

	Bournemouth	Brentford	Brighton & HA	Bristol Rovers	Clapton Orient	Coventry City	Crystal Palace	Exeter City	Fulham	Gillingham	Luton Town	Merthyr Town	Newport County	Northampton T	Norwich City	Plymouth A	QPR	Southend Utd	Swindon Town	Torquay Utd.	Walsall	Watford
1 Bournemouth & B A		1-2	1-1	3-1	5-1	1-0	2-1	3-0	5-0	1-2	5-1	4-2	1-1	3-1	2-3	1-1	0-0	0-0	1-3	4-1	1-1	3-2
2 Brentford	1-0		5-2	2-1	3-1	3-1	2-0	2-0	5-1	2-1	2-0	6-0	1-0	2-0	3-0	3-0	3-0	2-1	3-2	5-0	6-2	5-0
3 Brighton & Hove Albion	4-3	2-0		1-0	1-0	1-1	1-2	1-1	5-0	2-0	4-1	4-1	3-2	2-1	6-3	0-1	2-3	1-0	3-0	5-0	4-0	2-1
4 Bristol Rovers	2-1	4-1	1-0		0-0	1-3	2-3	1-0	4-1	3-0	2-2	2-2	2-3	2-3	0-1	2-3	4-1	4-2	3-2	2-0	3-1	1-2
5 Clapton Orient	0-0	1-1	4-1	3-0		3-1	2-1	3-0	2-4	2-0	6-1	1-0	3-1	0-0	0-0	0-2	2-4	1-1	2-1	1-1	1-1	1-1
6 Coventry City	0-2	2-1	1-0	0-2	1-0		5-2	1-0	3-3	3-1	5-0	5-1	2-2	2-0	2-2	3-1	1-0	2-3	5-1	1-2	4-1	4-0	3-1
7 Crystal Palace	1-1	2-1	2-2	3-1	3-0	4-3		1-1	4-3	5-1	4-1	6-1	1-0	1-3	3-2	3-0	1-1	1-2	1-0	4-2	5-1	1-1
8 Exeter City	1-2	0-0	1-4	5-2	4-0	1-1	6-1		2-1	3-0	2-2	1-1	0-4	6-4	3-0	1-1	0-2	3-1	5-1	0-0	0-2	1-0
9 Fulham	3-3	2-0	5-1	6-2	2-2	2-0	1-2	2-2		2-1	1-1	5-4	2-1	1-0	3-3	1-3	0-2	2-2	4-1	1-0	3-2	6-1
10 Gillingham	1-5	1-3	2-2	3-3	0-0	3-1	1-1	2-0	0-1		2-0	6-0	5-0	5-2	1-2	0-0	3-1	1-0	0-0	0-2	2-1	1-2
11 Luton Town	1-0	2-1	1-0	3-0	1-2	1-1	2-2	0-4	4-1	2-0		4-0	4-2	1-0	1-1	5-2	2-1	0-3	1-1	3-1	2-3	2-0
12 Merthyr Town	0-1	2-3	2-8	1-1	0-1	2-2	5-2	0-2	3-4	1-1	3-1		5-1	1-0	1-5	0-3	1-4	2-2	3-3	3-0	2-3	2-2
13 Newport County	1-1	1-3	2-2	2-2	0-0	4-2	0-0	4-1	1-1	5-1	0-0	10-0		2-1	4-4	0-2	4-5	0-0	2-1	2-1	3-2	1-0
14 Northampton Town	2-0	1-1	1-3	6-1	3-0	2-2	2-0	2-2	3-1	3-1	4-1	2-0	2-0		4-0	1-1	2-1	5-1	3-3	2-2	1-0	2-0
15 Norwich City	1-0	2-2	2-0	4-2	1-0	10-2	2-2	3-1	0-4	2-0	1-1	5-1	4-1	4-3		1-2	3-0	1-1	1-5	2-0	3-0	3-1
16 Plymouth Argyle	2-1	1-1	1-1	3-0	3-0	3-0	6-1	4-1	3-1	3-0	6-1	2-3	3-1	1-0	4-1		4-0	1-0	5-0	5-0	1-1	2-1
17 Queens Park Rangers	3-1	2-1	3-1	2-1	1-1	3-1	4-1	2-0	0-0	2-1	1-0	2-0	4-1	0-2	3-2	1-2		2-5	8-3	1-1	2-2	0-0
18 Southend United	4-1	2-0	0-0	6-0	4-1	1-2	3-2	1-0	1-2	0-0	1-1	6-0	2-1	1-2	1-1	1-0		3-1	1-1	0-0	1-3	
19 Swindon Town	1-0	0-2	0-1	2-2	0-0	1-1	3-1	1-0	1-3	1-1	0-4	6-3	5-1	2-0	2-1	1-2	2-2	5-1		2-1	3-1	1-3
20 Torquay United	7-0	2-1	5-2	2-1	0-5	1-3	2-2	2-1	2-4	1-1	2-2	4-0	3-2	0-1	2-2	3-4	1-3	1-1	1-1		5-2	4-0
21 Walsall	2-2	1-2	2-0	0-0	0-1	3-2	0-0	5-2	2-2	1-2	1-0	6-0	2-1	1-0	1-3	4-0	1-3	4-0	7-0			1-2
22 Watford	0-0	1-2	3-0	4-3	3-0	1-1	2-1	0-0	4-1	0-4	2-3	2-3	1-2	2-1	0-2	1-1	2-1	4-1	2-2	2-1		

Queens Park Rangers v Coventry City played at Highbury (Arsenal Stadium).

League Table

Pos	Team	Pld	Home W	Home D	Home L	Home F	Home A	Away W	Away D	Away L	Away F	Away A	Totals W	Totals D	Totals L	Totals F	Totals A	Pts	GA	Leading Goalscorer	Gls
1	Plymouth Argyle	42	18	3	0	63	12	12	5	4	35	26	30	8	4	98	38	68	2.57	S Black	22
2	Brentford	42	21	0	0	66	12	7	5	9	28	32	28	5	9	94	44	61	2.13	W Lane	33
3	Queens Park R	42	13	5	3	46	26	8	4	9	34	42	21	9	12	80	68	51	1.17	G Goddard	37
4	Northampton T	42	14	6	1	53	20	7	2	12	29	38	21	8	13	82	58	50	1.41	E Bowen	26
5	Brighton & H A	42	16	2	3	54	20	5	6	10	33	43	21	8	13	87	63	50	1.38	H Vallance	30
6	Coventry City	42	14	3	4	54	25	5	6	10	34	48	19	9	14	88	73	47	1.20	J Loughlin	22
7	Fulham	42	12	6	3	54	33	6	5	10	33	50	18	11	13	87	83	47	1.04	W Haley	22
8	Norwich City	42	14	4	3	55	28	6	6	11	33	49	18	10	14	88	77	46	1.14	T Hunt	25
9	Crystal Palace	42	14	5	2	56	26	3	7	11	25	48	17	12	13	81	74	46	1.09	P Simpson	36
10	Bournemouth	42	11	6	4	47	24	4	7	10	25	37	15	13	14	72	61	43	1.18	C Eyre	23
11	Southend United	42	11	6	4	41	19	4	7	10	28	40	15	13	14	69	59	43	1.16	F Baron	21
12	Clapton Orient	42	10	8	3	38	21	4	5	12	17	41	14	13	15	55	62	41	0.88	A Edmonds	13
13	Luton Town	42	13	4	4	42	25	1	8	12	22	53	14	12	16	64	78	40	0.82	A Rennie	17
14	Swindon Town	42	10	7	4	42	26	3	5	13	31	58	13	12	17	73	83	38	0.88	D Morris	27
15	Watford	42	10	4	7	37	30	5	4	12	23	43	15	8	19	60	73	38	0.82	F McPherson	22
16	Exeter City	42	10	6	5	45	29	2	5	14	22	44	12	11	19	67	73	35	0.91	C Hemingway	18
17	Walsall	42	10	4	7	45	24	3	4	14	26	54	13	8	21	71	78	34	0.91	A Walters	25
18	Newport County	42	9	9	3	48	29	3	1	17	26	56	12	10	20	74	85	34	0.87	T Martin	34
19	Torquay United	42	9	6	6	60	30	1	5	15	14	56	10	11	21	64	94	31	0.68	J Pointon	22
20	Bristol Rovers	42	11	3	7	45	31	0	5	16	22	62	11	8	23	67	93	30	0.72	J Phillips	24
21	Gillingham	42	9	5	7	38	28	2	3	16	13	52	11	8	23	51	80	30	0.63	F Cheesmur	18
22	Merthyr Town	42	5	6	10	39	49	1	3	17	21	86	6	9	27	60	135	21	0.44	R Parker	13

Merthyr Town failed to gain re-election, Thames elected in their place.

1930/31 DIVISION 1 SEASON 39

Total Matches: 462
Total Goals: 1823
Avg goals per match: 3.95

		Arsenal	Aston Villa	Birmingham	Blackburn Rov	Blackpool	Bolton Wand	Chelsea	Derby County	Grimsby Town	Huddersfield T	Leeds United	Leicester City	Liverpool	Manchester C.	Manchester U.	Middlesbrough	Newcastle Utd	Portsmouth	Sheffield United	Sheffield Weds	Sunderland	West Ham Utd.
1	Arsenal		5-2	1-1	3-2	7-1	5-0	2-1	6-3	9-1	0-0	3-1	4-1	3-1	3-1	4-1	5-3	1-2	1-1	1-1	2-0	1-3	1-1
2	Aston Villa	5-1		1-1	5-2	4-1	3-1	3-3	4-6	2-0	6-1	4-3	4-2	4-2	4-2	7-0	8-1	4-3	2-2	4-0	2-0	4-2	6-1
3	Birmingham	2-4	0-4		4-1	1-1	0-2	6-2	1-2	4-1	2-0	0-1	2-1	2-0	3-2	0-0	1-2	1-1	2-1	3-1	2-0	1-0	0-2
4	Blackburn Rovers	2-2	0-2	2-1		5-0	2-2	2-0	1-0	5-2	5-3	3-1	3-0	3-3	0-1	4-1	4-5	1-0	1-2	2-1	5-2	3-0	1-0
5	Blackpool	1-4	2-2	0-1	1-1		3-3	2-1	1-0	3-1	1-1	3-7	5-4	1-3	2-2	5-1	1-0	2-2	2-1	0-4	3-1	1-3	
6	Bolton Wanderers	1-4	1-1	2-0	1-1	1-0		1-1	1-2	4-2	1-0	2-0	4-1	2-0	1-1	3-1	3-0	0-3	3-1	6-2	2-2	2-2	4-2
7	Chelsea	1-5	0-2	1-0	3-2	3-0	0-1		1-1	5-0	1-2	1-0	1-0	2-2	6-2	4-0	1-1	2-0	1-0	0-0	5-0	2-1	
8	Derby County	4-2	1-1	0-0	1-1	3-2	4-1	6-2		1-0	4-1	4-1	1-0	2-2	1-1	6-1	1-2	1-5	5-1	4-3	2-3	4-1	1-1
9	Grimsby Town	0-1	1-2	4-1	2-0	6-2	4-1	0-1	5-3		2-1	2-0	8-2	0-0	3-5	2-1	4-1	2-2	0-3	2-1	2-3	2-1	4-0
10	Huddersfield Town	1-1	1-6	1-0	1-1	10-1	3-2	1-1	3-0	2-2		3-0	4-1	2-1	1-1	3-0	2-2	0-3	1-3	1-1	1-1	2-0	2-0
11	Leeds United	1-2	0-2	3-1	4-2	2-2	3-1	2-3	3-1	0-0	1-2		1-3	1-2	4-2	5-0	7-0	1-0	2-2	4-0	2-3	0-3	3-0
12	Leicester City	2-7	4-1	2-1	3-1	6-0	2-1	2-1	1-0	0-1	1-2	4-0		3-2	3-2	5-4	0-3	3-1	3-1	2-2	2-5	1-1	1-1
13	Liverpool	1-1	1-1	0-0	2-1	5-2	7-2	3-1	0-0	1-1	1-4	2-0	3-1		0-2	1-1	3-1	4-2	3-1	6-1	1-2	2-4	2-0
14	Manchester City	1-4	3-1	4-2	3-0	2-4	3-0	2-0	4-3	0-1	0-0	1-0	0-2	1-1		4-1	4-2	2-0	1-0	0-4	2-0	2-0	1-1
15	Manchester United	1-2	3-4	2-0	0-1	0-0	1-1	1-0	2-1	0-2	0-6	0-0	0-0	4-1	1-3		4-4	4-7	0-1	1-2	4-1	1-1	1-0
16	Middlesbrough	2-5	3-1	1-1	4-1	5-1	3-0	2-2	4-1	2-1	2-3	5-0	2-2	3-3	4-1	3-1		3-1	0-1	4-1	2-0	1-0	2-2
17	Newcastle United	1-3	2-0	2-2	2-3	0-2	4-0	1-0	2-5	1-2	1-1	4-1	5-2	0-4	0-1	4-3	0-5		4-7	1-0	1-2	2-0	4-2
18	Portsmouth	1-1	5-0	2-0	3-0	4-3	1-0	1-1	2-0	4-3	2-2	1-1	2-1	4-0	1-1	4-1	1-0	1-2		2-3	2-4	1-1	2-0
19	Sheffield United	1-1	3-4	3-1	1-1	5-1	2-0	4-0	3-3	2-1	0-2	1-1	0-2	4-1	2-2	3-1	4-2	3-1	3-1		1-1	3-3	1-2
20	Sheffield Wednesday	1-2	3-0	9-1	1-3	7-1	1-0	1-1	3-2	4-1	2-1	2-1	4-0	3-5	1-1	3-0	3-2	2-1	2-2	1-3		7-2	5-3
21	Sunderland	1-4	1-1	1-0	8-2	2-4	3-1	2-0	1-3	3-2	4-2	4-0	2-5	6-5	3-3	1-2	1-1	5-0	0-0	2-1	5-1		6-1
22	West Ham United	2-4	5-5	1-2	4-3	3-2	1-4	4-1	0-1	3-4	2-1	1-1	2-0	7-0	2-0	5-1	0-3	3-2	4-3	4-1	3-3	0-3	

Final League Table

Pos	Team	Pld	Home W	Home D	Home L	Home F	Home A	Away W	Away D	Away L	Away F	Away A	W	D	L	F	A	Pts	GA	Leading Goalscorer	Gls
1	Arsenal	42	14	5	2	67	27	14	5	2	60	32	28	10	4	127	59	66	2.15	J Lambert	38
2	Aston Villa	42	17	3	1	86	34	8	6	7	42	44	25	9	8	128	78	59	1.64	T Waring	49
3	Sheffield Weds.	42	14	3	4	65	32	8	5	8	37	43	22	8	12	102	75	52	1.36	J Ball	27
4	Portsmouth	42	11	7	3	46	26	7	6	8	38	41	18	13	11	84	67	49	1.25	J Easson	29
5	Huddersfield T.	42	10	8	3	45	27	8	4	9	36	38	18	12	12	81	65	48	1.24	J Robson	18
6	Derby County	42	12	6	3	56	31	6	4	11	38	48	18	10	14	94	79	46	1.19	J Bowers	37
7	Middlesbrough	42	13	5	3	57	28	6	3	12	41	62	19	8	15	98	90	46	1.08	G Camsell	31
8	Manchester City	42	13	2	6	41	29	5	8	8	34	41	18	10	14	75	70	46	1.07	E Brook	16
9	Liverpool	42	11	6	4	48	28	4	6	11	38	57	15	12	15	86	85	42	1.01	G Hodgson	36
10	Blackburn Rov.	42	14	3	4	54	28	3	5	13	29	56	17	8	17	83	84	42	0.98	J Bruton	19
11	Sunderland	42	12	4	5	61	38	4	5	12	28	47	16	9	17	89	85	41	1.04	R Gurney	30
12	Chelsea	42	13	4	4	42	19	2	6	13	22	48	15	10	17	64	67	40	0.95	H Gallacher	14
13	Grimsby Town	42	13	2	6	55	31	3	3	14	27	56	16	5	20	82	87	39	0.94	E Coleman	35
14	Bolton Wand.	42	12	4	5	40	25	3	6	12	28	56	15	10	17	68	81	40	0.84	H Blackmore	27
15	Sheffield United	42	10	7	4	49	31	4	3	14	29	53	14	10	18	78	84	38	0.92	J Dunne	41
16	Leicester City	42	12	4	5	50	38	4	2	15	30	57	16	6	20	80	95	38	0.84	E Hine	19
17	Newcastle Utd.	42	9	2	10	41	45	6	4	11	37	42	15	6	21	78	87	36	0.89	H Bedford, D Lindsay	12
18	West Ham Utd.	42	11	3	7	56	44	3	5	13	23	50	14	8	20	79	94	36	0.84	W Gibbins	18
19	Birmingham	42	11	3	7	37	28	2	7	12	18	42	13	10	19	55	70	36	0.78	G Briggs	15
20	Blackpool	42	8	7	6	41	44	3	3	15	30	81	11	10	21	71	125	32	0.56	J Hampson	31
21	Leeds United	42	10	3	8	49	31	2	4	15	19	50	12	7	23	68	81	31	0.84	C Keetley	16
22	Manchester Utd.	42	6	6	9	30	37	1	2	18	23	78	7	8	27	53	115	22	0.46	T Reid	17

1930/31 DIVISION 2 SEASON 39

Total Matches 462
Total Goals 1608
Avg goals per match 3.48

Results Grid

		Barnsley	Bradford P A	Bradford City	Bristol City	Burnley	Bury	Cardiff City	Charlton Ath.	Everton	Millwall	Nottm Forest	Oldham Ath.	Plymouth A	Port Vale	Preston N E	Reading	Southampton	Stoke City	Swansea Town	Tottenham H.	West Brom A	Wolverhampton
1	Barnsley		1-0	2-1	1-0	0-1	2-1	4-0	5-0	1-1	2-3	3-1	1-2	0-4	5-2	1-1	3-2	3-1	4-2	1-0	0-1	0-0	3-0
2	Bradford Park Avenue	1-0		1-2	5-2	4-1	5-1	3-0	3-2	4-1	6-0	4-1	4-0	7-1	5-1	2-2	1-3	1-1	2-2	5-1	4-1	3-1	1-1
3	Bradford City	1-0	0-4		1-1	2-3	3-1	2-1	3-2	0-3	0-0	0-0	1-0	0-0	1-0	2-1	0-0	4-3	2-2	3-0	2-0	2-3	4-1
4	Bristol City	2-1	2-0	0-1		1-1	4-2	1-0	3-0	0-1	1-2	1-4	1-0	2-1	1-1	1-1	1-0	2-1	1-1	2-1	2-1	1-1	0-3
5	Burnley	2-2	3-2	1-1	4-2		0-2	1-0	1-1	8-1	2-1	5-2	6-1	2-2	1-2	1-0	8-1	3-2	1-2	2-2	1-0	2-1	4-2
6	Bury	3-1	3-1	3-1	6-0	2-1		3-0	0-1	2-2	5-0	1-0	1-3	2-0	0-3	3-0	2-2	1-0	0-3	2-0	2-0	2-2	1-0
7	Cardiff City	2-0	0-3	1-1	0-1	4-0	1-3		0-2	1-2	4-4	1-1	0-0	4-1	2-1	0-0	5-0	0-1	3-2	1-0	0-0	3-6	0-3
8	Charlton Athletic	1-1	3-1	2-0	0-0	2-1	3-2	4-1		0-7	2-0	1-1	1-1	1-3	3-1	1-3	2-1	3-1	1-2	3-0	1-0	0-4	1-2
9	Everton	5-2	4-2	4-2	1-3	3-2	3-2	1-1	7-1		2-0	2-0	6-4	9-1	2-3	2-1	3-2	2-1	5-0	5-1	4-2	2-1	4-0
10	Millwall	4-1	1-1	1-1	2-0	2-1	1-0	0-0	6-0	1-3		5-1	1-0	4-1	0-1	5-7	4-0	1-0	1-3	3-1	2-3	2-0	1-1
11	Nottm Forest	3-3	1-0	4-1	6-1	3-3	3-0	3-1	4-3	2-2	2-1		4-1	1-1	1-0	1-4	1-1	3-1	3-0	3-0	2-2	1-6	3-4
12	Oldham Athletic	0-0	2-0	3-0	1-3	3-1	3-2	4-2	0-3	3-3	3-1	3-1		2-1	3-3	2-0	1-1	2-1	3-5	1-1	1-2	2-2	2-0
13	Plymouth Argyle	4-0	0-0	0-2	5-3	1-2	3-6	5-1	1-3	2-3	5-0	1-0	1-1		2-1	1-2	3-1	2-3	1-2	0-0	2-0	5-1	3-2
14	Port Vale	5-2	8-2	1-0	1-0	0-0	1-1	2-0	1-1	1-3	3-2	3-2	2-0	2-1		1-0	2-1	1-0	2-0	3-0	1-0	0-1	0-1
15	Preston N E	1-1	1-1	4-2	2-2	2-0	3-0	7-0	4-1	2-1	1-3	2-4	1-0	2-1	1-3		3-3	5-0	5-1	0-0	2-1	2-3	5-4
16	Reading	6-1	3-0	0-0	4-1	3-1	3-4	2-0	0-2	0-2	1-1	5-2	1-3	1-2	0-3	1-4		1-1	7-3	1-0	1-2	0-3	3-0
17	Southampton	4-0	2-3	4-1	5-1	1-1	5-0	0-1	3-0	2-1	3-1	0-0	1-0	3-3	2-0	2-1	3-2		2-1	1-2	0-3	1-1	2-0
18	Stoke City	0-0	1-1	1-1	3-1	1-1	3-1	1-0	2-0	2-3	1-0	4-0	0-0	1-0	3-1	2-1	1-3			5-0	2-1	0-1	1-2
19	Swansea Town	1-0	2-1	1-2	5-2	1-1	5-2	3-2	1-1	2-5	4-1	3-2	0-0	2-0	2-1	2-1	2-1	0-1	1-2		1-2	1-1	1-1
20	Tottenham Hotspur	4-2	3-2	3-1	4-1	8-1	3-1	2-2	5-0	1-0	4-1	2-1	4-0	1-1	5-0	0-0	7-1	1-3	5-0	3-0		2-2	1-0
21	West Bromwich Albion	5-0	1-1	1-0	3-0	2-0	2-0	3-2	3-2	1-2	0-0	2-1	2-0	1-2	4-1	2-0	1-0	1-2	4-0	0-0	0-2		2-1
22	Wolverhampton W	2-0	1-1	0-1	0-1	2-4	7-0	4-1	1-1	3-1	2-0	4-2	3-0	4-3	3-0	2-0	3-1	3-2	5-1	3-1	3-1	1-4	

Final League Table

Pos	Team	Pld	Home W	Home D	Home L	Home F	Home A	Away W	Away D	Away L	Away F	Away A	Totals W	Totals D	Totals L	Totals F	Totals A	Pts	GA	Leading Goalscorer	Gls
1	Everton	42	18	1	2	76	31	10	4	7	45	35	28	5	9	121	66	61	1.83	W Dean	39
2	West Brom A	42	14	3	4	40	16	8	7	6	43	33	22	10	10	83	49	54	1.69	W Richardson	18
3	Tottenham H	42	15	5	1	64	20	7	2	12	24	35	22	7	13	88	55	51	1.60	E Harper	36
4	Wolverhampton	42	15	2	4	56	25	6	3	12	28	42	21	5	16	84	67	47	1.25	W Hartill	24
5	Port Vale	42	15	3	3	39	16	6	2	13	28	45	21	5	16	67	61	47	1.09	S Jennings	15
6	Bradford P A	42	15	4	2	71	24	3	6	12	26	42	18	10	14	97	66	46	1.47	W Rhodes	18
7	Preston N E	42	12	5	4	55	31	5	6	10	28	33	17	11	14	83	64	45	1.29	T Scott	14
8	Burnley	42	13	5	3	55	30	4	6	11	26	47	17	11	14	81	77	45	1.05	G Beel	25
9	Southampton	42	13	4	4	46	22	6	2	13	28	40	19	6	17	74	62	44	1.19	W Haines	15
10	Bradford City	42	12	5	4	39	26	5	5	11	22	37	17	10	15	61	63	44	0.96	J Hallows	19
11	Stoke City	42	11	6	4	34	17	6	4	11	30	54	17	10	15	64	71	44	0.90	W Kirkham, R Liddle	14
12	Oldham Athletic	42	13	5	3	45	28	3	5	13	16	44	16	10	16	61	72	42	0.84	J Dyson	15
13	Bury	42	14	3	4	44	20	5	0	16	31	62	19	3	20	75	82	41	0.91	J R Smith	27
14	Millwall	42	12	4	5	47	25	4	3	14	24	55	16	7	19	71	80	39	0.88	J Cock	15
15	Charlton Athletic	42	11	4	6	35	33	4	5	12	24	53	15	9	18	59	86	39	0.68	D Astley	11
16	Bristol City	42	11	5	5	29	23	4	3	14	25	59	15	8	19	54	82	38	0.65	S Elliott	14
17	Nottm Forest	42	12	6	3	54	35	2	3	16	26	50	14	9	19	80	85	37	0.94	J Dent	24
18	Plymouth A	42	10	3	8	47	33	4	5	12	29	51	14	8	20	76	84	36	0.90	S Black	19
19	Barnsley	42	13	3	5	42	23	0	6	15	17	56	13	9	20	59	79	35	0.74	Jack Wallbanks	11
20	Swansea Town	42	11	5	5	40	29	1	5	15	11	45	12	10	20	51	74	34	0.68	R Williams	17
21	Reading	42	11	2	8	47	33	1	4	16	25	63	12	6	24	72	96	30	0.75	A Bacon	29
22	Cardiff City	42	7	6	8	32	31	1	3	17	15	56	8	9	25	47	87	25	0.54	W Robbins	12

1930/31 DIVISION 3 (North)
SEASON 39

Total Matches	462
Total Goals	1714
Avg goals per match	3.71

Results grid (home team rows vs away team columns: Accrington S, Barrow, Carlisle United, Chesterfield, Crewe Alex, Darlington, Doncaster Rov, Gateshead, Halifax Town, Hartlepools U, Hull City, Lincoln City, Nelson, New Brighton, Rochdale, Rotherham Utd, Southport, Stockport Co, Tranmere R, Wigan B, Wrexham, York City):

#	Team	AS	Ba	CU	Ch	CA	Da	DR	Ga	HT	HU	HC	LC	Ne	NB	Ro	RU	So	SC	TR	WB	Wr	YC
1	Accrington Stanley	—	3-1	3-0	1-3	3-1	2-1	2-0	2-1	1-1	0-2	1-3	5-3	3-1	3-0	2-3	3-2	2-0	2-2	5-2	3-0	1-3	4-2
2	Barrow	0-0	—	7-2	0-3	2-0	3-2	3-1	0-0	3-1	4-0	3-0	3-2	2-1	4-1	0-0	1-0	1-1	1-0	1-3	4-1	2-3	1-2
3	Carlisle United	7-3	0-1	—	0-0	4-1	2-1	1-1	2-2	6-2	3-0	1-5	3-6	8-1	2-0	7-1	1-2	4-3	5-1	3-0	6-1	1-1	2-0
4	Chesterfield	7-3	3-1	2-1	—	2-0	2-1	2-1	8-1	7-0	3-0	0-4	3-2	2-1	1-0	4-1	2-1	2-1	1-1	5-1	3-1	4-0	3-1
5	Crewe Alexandra	2-1	6-2	3-5	2-1	—	2-2	2-1	6-2	0-1	2-1	3-4	2-0	4-2	1-3	3-1	2-3	0-0	1-1	1-2	3-2	2-1	5-1
6	Darlington	1-1	3-2	3-0	5-1	1-2	—	0-0	2-2	4-1	4-2	2-4	0-1	2-1	3-1	1-2	2-2	2-3	1-2	2-0	2-3	1-1	3-0
7	Doncaster Rov.	6-1	1-0	2-0	1-0	2-0	1-2	—	1-1	3-3	1-1	0-2	0-1	2-0	0-0	4-0	3-3	0-0	2-0	6-0	5-1	1-1	0-2
8	Gateshead	4-0	4-1	1-0	3-3	2-2	1-1	2-1	—	3-1	0-0	1-0	0-1	2-0	4-0	3-0	2-3	2-3	3-0	4-2	4-3	2-1	2-1
9	Halifax Town	1-1	4-0	1-5	1-1	4-0	1-0	0-2	3-0	—	3-1	1-1	3-2	1-0	1-0	0-1	0-0	3-0	2-1	0-1	0-0	0-1	1-1
10	Hartlepools United	3-3	2-1	3-5	1-3	2-0	1-1	0-2	2-3	2-1	—	1-3	0-3	4-0	4-1	4-0	4-2	0-2	1-2	1-2	6-1	2-1	3-0
11	Hull City	1-1	1-1	1-1	3-1	5-1	1-1	8-2	4-0	10-0	5-0	—	1-3	4-0	3-0	3-1	2-2	5-1	1-1	1-0	0-0	2-3	3-1
12	Lincoln City	5-2	5-0	5-1	1-1	3-1	1-0	1-0	0-0	4-1	1-0	3-0	—	2-0	4-0	5-0	1-3	6-1	1-3	2-0	3-2	4-1	4-1
13	Nelson	4-2	0-3	1-2	0-5	1-1	3-1	2-0	2-2	3-2	1-1	0-2	1-2	—	2-2	0-0	0-0	1-4	0-4	2-1	2-0	2-5
14	New Brighton	0-0	3-1	0-0	0-1	1-5	2-0	3-0	1-0	1-1	2-1	2-0	—	2-1	—	3-1	1-2	0-2	1-3	0-2	1-1	5-3
15	Rochdale	1-6	4-2	1-3	2-3	1-0	1-2	3-5	0-1	2-3	1-2	1-0	4-2	5-4	2-0	—	6-1	0-4	1-0	1-3	0-4	4-3	2-2
16	Rotherham United	8-1	6-0	1-0	0-1	1-1	0-2	2-3	1-0	3-0	1-1	2-2	3-0	2-0	1-3	1-0	—	3-3	3-4	4-6	5-2	1-4	2-1
17	Southport	3-3	3-2	1-2	3-0	3-1	0-1	2-1	1-0	5-2	2-0	1-0	2-1	8-1	3-0	4-0	4-1	—	2-0	1-1	3-1	1-1	1-0
18	Stockport County	4-1	6-0	3-0	2-1	2-0	0-1	2-2	3-1	3-0	3-1	3-2	4-2	1-0	2-0	2-2	5-2	2-0	—	1-1	4-1	2-2	0-0
19	Tranmere Rovers	8-0	5-0	2-0	2-0	0-0	1-2	1-2	2-1	2-2	5-4	4-0	3-3	7-1	3-2	7-3	4-2	3-1	3-0	—	5-1	2-1	4-1
20	Wigan Borough	3-2	2-1	1-2	1-5	6-0	2-0	3-3	0-3	3-2	3-1	0-1	3-1	1-1	3-0	0-0	1-0	0-0	2-1	4-3	—	1-1	3-1
21	Wrexham	6-1	1-1	2-1	2-1	7-0	2-0	4-1	5-0	3-2	2-0	2-0	5-1	2-1	1-1	3-2	2-4	3-2	2-2	2-0	—	3-2
22	York City	3-1	4-2	4-0	2-2	4-3	2-1	4-2	4-3	4-1	4-2	3-2	1-1	3-0	4-1	3-0	1-1	3-1	1-2	3-1	2-3	0-1	—

Final League Table

Pos	Team	Pld	W	D	L	F	A	W	D	L	F	A	W	D	L	F	A	Pts	GA	Leading Goalscorer	Gls
1	Chesterfield	42	19	1	1	66	22	7	5	9	36	35	26	6	10	102	57	58	1.78	A Pynegar	26
2	Lincoln City	42	16	3	2	60	19	9	4	8	42	40	25	7	10	102	59	57	1.72	W Dinsdale	19
3	Wrexham	42	16	4	1	61	25	5	8	8	33	37	21	12	9	94	62	54	1.51	T Bamford	34
4	Tranmere Rov.	42	16	3	2	73	26	8	3	10	38	48	24	6	12	111	74	54	1.50	J Kennedy	34
5	Southport	42	15	3	3	52	19	7	6	8	36	37	22	9	11	88	56	53	1.57	A Waterston	31
6	Hull City	42	12	7	2	64	20	8	3	10	35	35	20	10	12	99	55	50	1.80	S Alexander	24
7	Stockport Co.	42	15	5	1	54	19	5	4	12	23	42	20	9	13	77	61	49	1.26	F Newton	34
8	Carlisle United	42	13	4	4	68	32	7	1	13	30	49	20	5	17	98	81	45	1.21	J McConnell	37
9	Gateshead	42	14	4	3	46	22	2	9	10	25	51	16	13	13	71	73	45	0.97	W McNaughton	24
10	Wigan Borough	42	14	4	3	48	25	5	1	15	28	61	19	5	18	76	86	43	0.88	J Jepson	28
11	Darlington	42	9	6	6	44	30	7	4	10	27	29	16	10	16	71	59	42	1.20	M Wellock	23
12	York City	42	15	3	3	59	30	3	3	15	26	52	18	6	18	85	82	42	1.03	T Fenoughty	17
13	Accrington S.	42	14	2	5	51	31	1	7	13	33	77	15	9	18	84	108	39	0.77	S Abel, H Riley	18
14	Rotherham Utd.	42	9	6	6	50	34	4	6	11	31	49	13	12	17	81	83	38	0.97	W Hick	28
15	Doncaster Rov.	42	9	8	4	40	18	4	3	14	25	47	13	11	18	65	65	37	1.00	W Bott	17
16	Barrow	42	13	4	4	45	23	2	3	16	23	66	15	7	20	68	89	37	0.76	W Millar	25
17	Halifax Town	42	11	6	4	30	16	2	6	13	25	73	13	9	20	55	89	35	0.61	A Pape	15
18	Crewe Alexandra	42	13	2	6	52	35	1	4	16	14	58	14	6	22	66	93	34	0.71	A French	17
19	New Brighton	42	12	4	5	36	25	1	3	17	13	51	13	7	22	49	76	33	0.64	G Stevens	13
20	Hartlepools Utd.	42	10	2	9	47	37	2	4	15	20	49	12	6	24	67	86	30	0.77	H Simmons	17
21	Rochdale	42	9	1	11	42	50	3	5	13	20	57	12	6	24	62	107	30	0.57	T Tippett	18
22	Nelson	42	6	7	8	28	40	0	0	21	15	73	6	7	29	43	113	19	0.38	L Raisbeck	11

Nelson failed to gain re-election. Chester elected in their place.

1930/31 DIVISION 3 (South)

SEASON 39

Total Matches	462
Total Goals	1669
Avg goals per match	3.61

#	Team	Bournemouth	Brentford	Brighton & H A	Bristol Rovers	Clapton Orient	Coventry City	Crystal Palace	Exeter City	Fulham	Gillingham	Luton Town	Newport County	Northampton T	Norwich City	Notts County	Q P R	Southend Utd	Swindon Town	Thames	Torquay Utd.	Walsall	Watford
1	Bournemouth & B A		1-0	1-2	4-0	1-1	2-0	0-0	3-1	2-1	2-1	0-0	4-2	1-3	4-1	2-1	2-0	0-0	4-1	3-3	2-2	0-2	1-1
			18A	22N	25O	27S	26D	20D	21M	6A	8N	21F	7M	6D	11O	28J	3S	6S	27D	7F	4A	17S	13S
2	Brentford	1-2		3-2	4-0	3-0	1-2	8-2	2-1	4-1	1-1	0-1	3-2	0-4	3-1	2-2	5-3	3-1	5-2	6-1	0-0	6-1	2-1
		18D		4O	6S	28M	18O	25D	31J	17S	20S	27D	17J	3S	14M	24S	1N	3A	25A	15N	14F	28F	11A
3	Brighton & Hove Albion	3-1	1-0		4-0	3-1	2-0	1-1	3-2	1-1	5-0	2-0	5-0	1-1	1-0	1-3	1-1	1-2	1-0	2-4	3-0	3-3	1-0
		28M	7F		26D	1N	22A	11O	6S	11A	27D	17O	6A	21J	18O	14M	17J	3S	8O	28F	28J	25A	15N
4	Bristol Rovers	2-5	2-5	3-3		4-1	1-0	2-1	1-1	2-1	1-0	5-1	2-0	1-4	3-0	2-2	3-0	2-3	4-1	4-0	3-1	1-2	1-5
		28F	3J	25D		25A	15N	13S	8S	14M	2m	27S	14F	30a	11A	7F	14J	28J	4N	17D	6A	28M	18O
5	Clapton Orient	0-0	3-0	1-0	3-1		3-3	3-2	2-3	2-0	0-2	3-2	3-1	2-2	2-0	1-4	2-3	3-1	2-3	2-1	4-0	2-5	4-0
		31J	22N	7M	20D		6S	4A	25O	17J	21F	18A	3S	21M	26D	14F	6A	6D	20S	18S	8N	27D	4O
6	Coventry City	3-3	0-1	0-0	5-1	4-0		3-5	3-1	2-1	1-2	1-2	6-4	0-1	3-0	1-2	2-0	0-0	4-0	7-1	6-1	2-1	2-2
		25D	21F	18A	21M	3J		25O	6D	2m	4A	8N	22N	11O	24J	30a	27S	7M	8S	13S	20D	7F	7A
7	Crystal Palace	1-0	5-1	0-1	0-2	3-1	1-0		7-2	5-2	5-0	5-1	7-1	0-0	2-1	1-1	4-0	3-1	3-1	2-1	5-0	6-3	6-1
		25A	26D	14F	17J	20A	28F		4O	18O	31J	6S	20S	17S	15N	11A	14M	27D	3A	28M	2m	1N	17D
8	Exeter City	4-1	4-0	2-2	0-3	6-1	2-3	4-3		3-2	3-0	1-1	3-0	3-3	1-0	3-3	2-0	1-1	3-1	4-3	2-2	2-5	2-1
		15N	27S	3J	17S	15A	11A	7F		14J	6A	3S	26D	28J	30a	1N	25A	11O	28M	18O	13S	18F	14M
9	Fulham	1-0	1-1	0-1	6-2	2-0	0-0	2-0	4-2		1-1	2-1	0-1	4-2	1-0	3-1	0-2	1-0	6-1	4-2	3-0	5-2	3-2
		3A	8S	6D	8N	13S	1S	21F	4A		22N	7M	21M	20D	27S	3J	7F	25O	26D	24J	18A	11O	30a
10	Gillingham	0-0	1-1	0-0	1-1	0-0	2-0	6-2	3-5	3-2		4-0	4-1	0-2	2-1	0-5	2-2	1-0	0-1	3-1	2-3	2-0	4-2
		14M	28J	30a	3S	18O	10J	27S	3A	28M		11O	10S	13S	25A	28F	17D	7F	15N	25D	3J	11A	1N
11	Luton Town	2-3	1-1	2-2	4-1	0-1	2-0	1-2	3-1	5-0	4-1		3-1	4-0	1-0	3-0	5-1	2-1	4-0	8-0	3-1	0-0	4-1
		18O	30a	8S	31J	23M	14M	3J	29S	1N	14F		4O	6A	10J	25A	28M	13S	28F	11A	25D	15N	28J
12	Newport County	7-3	0-2	2-0	1-1	1-1	1-1	2-1	4-0	1-3	1-3	3-1		5-2	3-0	2-3	2-3	3-1	3-1	1-1	2-1	1-1	0-2
		1N	13S	6A	11O	2m	28M	26J	25D	15N	15S	7F		3J	18D	18O	11A	27S	14M	25A	30a	22J	28F
13	Northampton Town	2-2	1-2	2-1	1-1	0-0	0-3	0-0	1-0	4-2	0-1	0-0	1-0		3-1	0-0	6-0	4-0	3-0	4-1	0-3	3-0	2-3
		11A	2m	31J	27D	15N	14F	8S	20S	25A	17J	7A	6S		1N	28M	28F	26D	13D	14M	4O	18O	15J
14	Norwich City	2-1	3-0	2-2	1-3	2-0	2-2	2-1	1-2	1-1	4-0	1-0	4-1	1-1		2-2	1-1	0-1	2-0	0-0	3-0	3-1	0-1
		14F	8N	21F	6D	25D	20S	21M	27D	31J	20D	4A	18A	7M		8S	6S	22N	4O	6A	25O	17J	2m
15	Notts County	2-0	1-0	2-2	3-0	5-0	4-1	2-2	1-2	6-1	2-1	1-0	5-0	2-2	4-0		2-0	1-1	2-0	4-0	2-0	6-1	1-0
		20S	4A	8N	4O	11O	27D	6D	7M	6S	25O	20D	21F	22N	2O		26D	18A	17J	3S	21M	3A	31J
16	Queens Park Rangers	3-0	3-1	4-1	2-0	4-2	2-0	4-0	7-2	0-2	1-0	3-1	7-1	0-2	3-1	4-1		0-2	1-2	3-0	1-2	3-0	2-3
		2m	7m	13S	4A	3A	31J	8N	20D	4O	18A	22N	6D	25O	3J	25D		21M	14F	30a	21F	20S	11S
17	Southend United	4-0	0-1	0-2	4-0	2-0	2-0	2-4	5-1	2-4	3-2	0-2	6-2	2-1	2-0	2-1	2-0		5-3	1-0	6-3	2-0	1-0
		13D	6A	2m	20S	11A	1N	30a	18M	28F	4O	17J	31J	25D	28M	17D	15N		18O	10J	8S	14M	25A
18	Swindon Town	4-1	3-2	1-1	3-1	5-1	4-0	4-4	2-1	4-1	5-2	0-0	4-4	5-1	5-2	1-2	4-1	1-1		3-0	4-0	4-3	2-1
		30a	20D	4A	7M	24J	17S	6A	22N	25D	21M	25O	8N	18A	7F	13S	11O	21F		27S	6D	3S	3J
19	Thames	1-4	2-0	0-0	1-2	3-0	1-2	0-2	1-0	0-0	2-2	1-0	3-1	2-1	2-0	0-0	1-0	3-0	3-2		1-1	4-1	3-2
		4O	21M	25O	18A	11S	17J	22N	21F	20S	26D	6D	20D	8N	3A	2m	27D	4A	31J		7M	6S	16F
20	Torquay United	4-4	0-3	3-1	3-3	5-2	0-0	3-1	0-0	3-1	3-0	1-1	3-0	3-0	2-0	1-4	6-2	3-1	5-0	5-1		0-1	3-1
		21J	11O	20S	24S	14M	25A	3S	17J	17D	6S	26D	27D	7F	28F	15N	18O	17S	11A	1N		31J	28M
21	Walsall	3-3	1-4	0-0	4-2	4-2	1-2	2-1	2-1	2-0	2-2	0-1	1-0	2-6	7-0	2-1	0-2	1-3	2-2	6-0	0-4		2-2
		8S	25O	20D	22N	30a	4O	7M	18A	14F	6D	21M	4A	21F	13S	6A	24J	8N	2m	3J	27S		25D
22	Watford	2-0	1-3	5-0	2-2	1-2	4-1	0-2	0-1	2-2	1-0	1-0	6-2	1-2	2-2	0-1	0-4	1-3	3-0	1-0	6-0	2-2	
		17J	6D	21M	21F	7F	3A	18A	8N	27D	7M	20S	25O	4A	3S	27S	17S	20D	6S	11O	22N	26D	

Clapton Orient v Brentford and Southend United played at Wembley Stadium.

Final League Table

Pos	Team	Pld	Home W	Home D	Home L	Home F	Home A	Away W	Away D	Away L	Away F	Away A	Totals W	Totals D	Totals L	Totals F	Totals A	Pts	GA	Leading Goalscorer	Gls
1	**Notts County**	**42**	**16**	**4**	**1**	**58**	**13**	**8**	**7**	**6**	**39**	**33**	**24**	**11**	**7**	**97**	**46**	**59**	**2.10**	T Keetley	39
2	Crystal Palace	42	17	2	2	71	20	5	5	11	36	51	22	7	13	107	71	51	1.50	**P Simpson**	**46**
3	Brentford	42	14	3	4	62	30	8	3	10	28	34	22	6	14	90	64	50	1.40	W Lane	28
4	Brighton & H A	42	13	5	3	45	20	4	10	7	23	33	17	15	10	68	53	49	1.28	G Nicol	19
5	Southend United	42	16	0	5	53	26	6	5	10	23	34	22	5	15	76	60	49	1.26	J Shankley	29
6	Northampton T	42	10	6	5	37	20	8	6	7	40	39	18	12	12	77	59	48	1.30	E Bowen	28
7	Luton Town	42	15	3	3	61	17	4	5	12	15	34	19	8	15	76	51	46	1.49	A Rennie	18
8	Queens Park R	42	15	0	6	57	23	5	3	13	25	52	20	3	19	82	75	43	1.09	G Goddard	24
9	Fulham	42	15	3	3	49	21	3	4	14	28	54	18	7	17	77	75	43	1.02	H Hammond	14
10	Bournemouth	42	11	7	3	39	22	4	6	11	33	51	15	13	14	72	73	43	0.98	C Eyre	24
11	Torquay United	42	13	5	3	56	26	4	4	13	24	58	17	9	16	80	84	43	0.95	J Trotter	26
12	Swindon Town	42	15	5	1	68	29	3	1	17	21	65	18	6	18	89	94	42	0.94	D Morris	35
13	Exeter City	42	12	6	3	55	35	5	2	14	29	55	17	8	17	84	90	42	0.93	H Houghton	24
14	Coventry City	42	11	4	6	55	28	5	5	11	20	37	16	9	17	75	65	41	1.15	W Lake	22
15	Bristol Rovers	42	12	3	6	49	36	4	5	12	26	56	16	8	18	75	92	40	0.81	A Attwood	24
16	Gillingham	42	10	6	5	40	29	4	4	13	21	47	14	10	18	61	76	38	0.80	H Loasby	10
17	Walsall	42	9	5	7	44	38	5	4	12	34	57	14	9	19	78	95	37	0.82	J Eyres	16
18	Watford	42	9	4	8	41	29	5	3	13	31	46	14	7	21	72	75	35	0.96	G James	24
19	Clapton Orient	42	12	3	6	47	33	2	4	15	16	58	14	7	21	63	91	35	0.69	R Tricker	18
20	Thames	42	12	5	4	34	20	1	3	17	20	73	13	8	21	54	93	34	0.58	E Perry	16
21	Newport County	42	10	5	6	45	31	1	1	19	24	80	11	6	25	69	111	28	0.62	C Pearce	22
22	Norwich City	42	10	7	4	37	20	0	1	20	10	56	10	8	24	47	76	28	0.61	T Williams	12

Newport County failed to gain re-election. Mansfield Town elected in their place. Walsall transferred to Division 3 (North).

1931/32 DIVISION 1 — SEASON 40

Total Matches 462
Total Goals 1727
Avg goals per match 3.74

Results Grid

	Team	Arsenal	Aston Villa	Birmingham	Blackburn Rov	Blackpool	Bolton Wand	Chelsea	Derby County	Everton	Grimsby Town	Huddersfield T	Leicester City	Liverpool	Manchester C.	Middlesbrough	Newcastle Utd	Portsmouth	Sheffield United	Sheffield Weds	Sunderland	West Brom A	West Ham Utd
1	Arsenal		1-1	3-0	4-0	2-0	1-1	1-1	2-1	3-2	4-0	1-1	2-1	6-0	4-0	5-0	1-0	3-3	0-2	3-1	2-0	0-1	4-1
2	Aston Villa	1-1		3-2	1-5	5-1	2-1	1-3	2-0	2-3	7-0	2-3	3-2	6-1	2-1	7-1	3-0	0-1	5-0	3-1	2-0	2-0	5-2
3	Birmingham	2-2	1-1		2-1	3-0	2-2	4-0	1-1	4-0	2-1	5-0	2-0	3-1	1-5	3-0	4-1	2-1	1-3	1-2	0-0	1-0	4-1
4	Blackburn Rovers	1-1	2-0	1-2		5-1	3-1	2-2	3-2	5-3	3-2	3-0	6-0	1-3	2-2	4-2	0-3	5-3	1-2	1-6	5-2	2-0	2-4
5	Blackpool	1-5	1-3	1-1	2-1		0-3	2-4	2-1	2-0	4-3	2-0	2-3	2-2	2-2	1-2	3-1	1-1	2-0	1-2	3-2	1-2	7-2
6	Bolton Wanderers	1-0	2-1	5-1	3-1	1-2		1-0	1-2	2-1	5-3	1-2	1-0	8-1	1-1	4-2	2-1	4-0	3-1	2-4	3-1	1-0	0-1
7	Chelsea	2-1	3-6	2-1	1-2	4-1	3-0		2-1	0-0	4-1	0-1	1-0	2-0	3-2	4-0	4-1	0-0	1-1	2-3	2-2	0-2	3-2
8	Derby County	1-1	3-1	2-1	1-1	5-0	5-1	1-0		3-0	3-3	3-2	1-1	1-2	2-1	5-2	1-1	2-1	1-3	0-1	3-1	3-1	5-1
9	Everton	1-3	4-2	3-2	5-0	3-2	1-0	7-2	2-1		4-2	4-1	9-2	2-1	0-1	5-1	8-1	0-1	5-1	9-3	4-2	2-1	6-1
10	Grimsby Town	3-1	2-2	1-1	4-3	0-0	2-0	1-2	2-1	1-2		1-4	3-0	5-1	2-1	2-0	1-2	3-1	0-2	3-1	1-3	0-0	2-1
11	Huddersfield Town	1-2	1-1	1-1	1-1	5-0	2-0	2-1	6-0	0-0	1-1		2-1	4-3	1-0	1-1	1-2	1-0	2-2	6-1	4-1	2-2	3-1
12	Leicester City	1-2	3-8	3-1	1-0	2-2	1-3	1-0	1-1	0-1	1-2	2-4		2-1	4-0	2-2	4-2	2-1	4-3	3-2	5-0	2-3	2-1
13	Liverpool	2-1	2-0	4-3	4-2	3-2	2-2	2-1	1-1	1-3	4-0	0-3	3-3		4-3	7-2	4-2	1-3	2-1	3-1	1-2	4-1	2-2
14	Manchester City	1-3	3-3	2-1	3-1	7-1	2-1	1-1	3-0	1-0	4-1	3-0	5-1	0-1		1-2	5-1	3-3	1-1	1-2	1-1	2-5	0-1
15	Middlesbrough	2-5	1-1	2-0	0-2	0-3	3-1	0-2	5-2	1-0	4-0	1-0	1-1	4-1	3-3		2-1	0-1	4-3	4-0	0-1	1-0	3-2
16	Newcastle United	3-2	3-1	0-3	5-3	2-2	3-1	4-1	3-3	0-0	2-0	2-1	3-2	0-1	2-1	3-1		0-0	5-3	4-1	1-2	5-1	2-2
17	Portsmouth	0-3	0-3	2-1	2-0	2-2	3-2	1-0	2-0	0-3	2-0	3-2	0-1	2-0	3-2	2-0	6-0		2-1	2-0	0-0	0-1	3-0
18	Sheffield United	4-1	5-4	1-0	3-2	1-5	0-4	3-1	1-5	2-1	0-2	2-2	3-0	2-1	2-1	0-3	1-2	1-2		1-1	1-1	1-0	6-0
19	Sheffield Wednesday	1-3	1-0	5-1	5-1	3-0	7-1	2-2	3-1	1-3	4-1	4-1	3-1	1-1	1-1	1-1	2-0	3-1	2-1		3-2	2-5	6-1
20	Sunderland	2-0	1-1	2-3	2-2	4-0	3-0	2-1	0-0	2-3	2-0	1-3	4-1	1-3	2-0	1-4	5-1	1-0	3-1	0-2		2-1	2-0
21	West Bromwich Albion	1-0	3-0	0-1	4-1	4-0	3-0	4-0	4-0	1-1	5-6	3-2	1-2	1-2	1-1	1-2	2-1	3-0	0-1	1-1	1-0		3-1
22	West Ham United	1-1	2-1	2-4	1-3	1-1	3-1	3-1	2-1	4-2	3-1	1-1	1-4	1-0	1-1	0-2	2-1	2-1	1-2	1-2	2-2	1-5	

Final League Table

Pos	Team	Pld	Home W	Home D	Home L	Home F	Home A	Away W	Away D	Away L	Away F	Away A	Totals W	Totals D	Totals L	Totals F	Totals A	Pts	GA	Leading Goalscorer	Gls
1	Everton	42	18	0	3	84	30	8	4	9	32	34	26	4	12	116	64	56	1.81	W Dean	45
2	Arsenal	42	14	5	2	52	16	8	5	8	38	32	22	10	10	90	48	54	1.87	D Jack	20
3	Sheffield Weds.	42	14	4	3	60	28	8	2	11	36	54	22	6	14	96	82	50	1.17	J Ball	23
4	Huddersfield T.	42	11	8	2	47	21	8	2	11	33	42	19	10	13	80	63	48	1.27	D Mangnall	33
5	Aston Villa	42	15	1	5	64	28	4	7	10	40	44	19	8	15	104	72	46	1.44	T Waring	29
6	West Brom A.	42	12	4	5	46	21	8	2	11	31	34	20	6	16	77	55	46	1.40	W Richardson	27
7	Sheffield United	42	13	3	5	47	32	7	3	11	33	43	20	6	16	80	75	46	1.06	J Dunne	33
8	Portsmouth	42	14	2	5	37	21	5	5	11	25	41	19	7	16	62	62	45	1.00	J Weddle	22
9	Birmingham	42	13	5	3	48	22	5	3	13	30	45	18	8	16	78	67	44	1.16	J Bradford	26
10	Liverpool	42	13	4	4	56	38	6	2	13	25	55	19	6	17	81	93	44	0.87	G Hodgson	26
11	Newcastle Utd.	42	13	5	3	52	31	5	1	15	28	56	18	6	18	80	87	42	0.92	J Boyd	18
12	Chelsea	42	12	4	5	43	27	4	4	13	26	46	16	8	18	69	73	40	0.94	H Gallacher	17
13	Sunderland	42	11	4	6	42	29	4	6	11	25	44	15	10	17	67	73	40	0.91	R Gurney	15
14	Manchester City	42	10	5	6	49	30	3	7	11	34	43	13	12	17	83	73	38	1.13	D Halliday	28
15	Derby County	42	13	3	5	51	25	1	5	15	20	50	14	10	18	71	75	38	0.94	J Bowers	25
16	Blackburn Rov.	42	12	3	6	57	41	4	3	14	32	54	16	6	20	89	95	38	0.93	J Thompson	23
17	Bolton Wand.	42	15	1	5	51	25	2	3	16	21	55	17	4	21	72	80	38	0.90	J Milsom	19
18	Middlesbrough	42	12	3	6	41	29	3	5	13	23	60	15	8	19	64	89	38	0.71	G Camsell	19
19	Leicester City	42	11	3	7	46	39	4	4	13	28	55	15	7	20	74	94	37	0.78	E Hine	21
20	Blackpool	42	9	4	8	42	40	3	5	13	23	62	12	9	21	65	102	33	0.63	J Hampson	23
21	Grimsby Town	42	11	4	6	39	28	2	2	17	28	70	13	6	23	67	98	32	0.68	E Coleman, E Glover	13
22	West Ham United	42	9	5	7	35	37	3	2	16	27	70	12	7	23	62	107	31	0.57	V Watson	23

1931/32 DIVISION 2 — SEASON 40

Total Matches: 462
Total Goals: 1567
Avg goals per match: 3.39

Results Grid

#	Team	Barnsley	Bradford PA	Bradford City	Bristol City	Burnley	Bury	Charlton Ath.	Chesterfield	Leeds Utd	Manchester U	Millwall	Nottm Forest	Notts County	Oldham Ath.	Plymouth A	Port Vale	Preston NE	Southampton	Stoke City	Swansea Town	Tottenham H.	Wolverhampton
1	Barnsley		2-2 5M	1-2 29a	1-1 20F	0-1 16A	0-1 7S	1-4 30A	3-1 12D	0-2 16J	0-0 7O	2-1 26D	3-1 19M	1-1 6F	3-1 31a	0-0 3O	3-0 28M	4-2 28N	3-3 2A	1-0 14N	2-3 12S	3-2 30J	2-2 31O
2	Bradford Park Avenue	1-0 24O		1-0 7N	2-0 26M	2-0 26S	2-1 9A	3-0 16S	1-0 30J	3-0 25D	3-1 29a	1-2 23A	4-1 12S	1-1 12M	5-0 21N	2-0 19D	2-2 5D	1-5 17F	2-1 10O	2-1 31a	2-1 27F	2-1 16J	2-1 29M
3	Bradford City	9-1 2J	0-0 19M		3-0 19S	1-2 14N	1-3 3O	1-1 17O	3-0 2A	4-1 28M	4-3 12D	0-0 7m	2-2 28N	0-2 5S	2-0 6F	3-1 27J	1-1 20F	0-0 30A	5-2 31O	2-2 5M	2-1 26D	2-0 16A	2-2 7S
4	Bristol City	4-0 10O	0-0 14N	0-1 30J		1-6 28M	1-3 29a	1-2 28N	1-1 17O	0-2 26S	2-1 30A	1-4 12S	1-1 5M	3-2 2S	1-1 25D	0-2 22O	0-2 10J	4-2 19M	0-1 12D	0-0 16A	1-1 13F	1-1 31O	0-4 2A
5	Burnley	5-3 5D	3-2 6F	1-1 20M	1-2 20M		2-2 24O	0-1 23J	2-2 7S	0-5 21N	2-0 3O	1-1 19D	1-1 7m	1-4 23A	1-1 27F	1-1 7N	2-2 12M	1-3 25D	1-3 2J	4-1 5S	2-0 9A	1-0 20F	1-3 19S
6	Bury	7-1 14S	4-2 28N	0-2 17F	2-1 2J	1-0 5M		6-0 12D	0-1 31O	1-4 10O	0-0 2A	2-0 26S	2-2 30A	2-1 25M	2-1 5S	2-2 1J	2-0 30J	4-1 17O	3-0 3F	0-1 19M	2-1 31a	1-1 14N	1-0 16A
7	Charlton Athletic	3-1 7M	2-2 7S	1-0 27F	2-0 9A	0-1 12S	3-0 23A		0-0 16J	0-1 24O	1-0 28M	1-3 10O	3-1 29a	2-2 26M	2-0 5D	2-1 21N	2-1 7N	2-3 30J	1-1 26S	3-3 15F	2-5 12M	3-2 26D	3-2 7m
8	Chesterfield	2-2 23A	3-2 19S	2-2 21N	3-1 27F	5-1 12M	4-1 5S	3-2 6F		1-1 9A	1-3 6M	1-0 26M	1-0 20F	1-4 7N	0-2 24O	1-2 31a	4-0 19D	3-1 28M	1-0 25D	1-3 2J	1-2 5D	4-2 3O	1-2 27J
9	Leeds United	0-1 5S	3-2 26D	1-1 29M	1-0 6F	3-1 2A	1-0 20F	2-0 5M	3-3 28N		1-4 19M	0-1 7S	1-1 2-2 16A	2-2 23J	5-0 3O	0-2 19S	4-1 7m	1-0 14N	1-0 30A	2-0 31O	3-2 2J	1-0 12D	2-1 17O
10	Manchester United	3-0 27F	0-2 2J	1-0 23A	0-1 19D	5-1 17F	1-2 21N	0-2 26S	3-1 7N	2-5		2-0 5D	3-2 30J	3-3 24O	5-1 26M	2-1 12M	2-0 4A	3-2 10O	2-3 2S	1-1 16S	2-1 5S	1-1 12S	3-2 25D
11	Millwall	2-0 25D	3-0 12D	6-1 31a	1-0 25J	2-0 30A	2-1 6F	1-0 20F	5-0 14N	2-3 14S	1-1 16A		1-0 2A	4-3 2J	0-0 19S	1-3 5S	2-2 3O	4-1 31O	0-1 5M	1-0 17O	3-1 25M	1-2 28N	1-2 19M
12	Nottm Forest	1-2 7N	6-1 27J	2-1 3a	3-1 24O	1-2 1O	0-2 19D	3-2 2J	4-0 10O	3-3 19S	2-1 21N	1-1		2-1 3O	2-0 12M	3-2 27F	2-1 26M	2-2 16S	2-0 25M	1-1 26D	6-1 23A	1-3 6F	2-0 5S
13	Notts County	2-3 26S	0-2 31O	1-1 16J	3-0 7m	5-0 12D	0-1 28M	2-2 14N	1-1 19M	1-1 12S	2-0 5M	2-6 29a	13F		1-0 23S	3-0 20F	4-2 25D	1-4 16A	5-0 28N	2-1 2A	1-2 30J	3-1 17O	3-1 30A
14	Oldham Athletic	2-2 7m	2-1 2A	1-1 26S	2-1 26D	3-1 17O	1-2 16J	1-0 16A	6-1 5M	2-1 15	1-1 14N	2-4 30J	5-2 31O	1-3 14S		3-0 25M	2-2 12S	2-0 29a	1-3 19M	2-0 12D	1-2 10O	1-2 30A	0-2 28N
15	Plymouth Argyle	3-0 13F	4-1 30A	3-3 12S	2-1 16S	4-0 19M	5-1 26D	1-1 2A	4-0 7m	3-2 30J	3-1 31O	8-1 16J	5-1 17O	3-4 10O	5-0 28M		1-3 29a	1-2 12D	1-1 16A	4-2 28N	4-1 26S	3-3 5M	3-3 14N
16	Port Vale	3-0 25M	1-3 16A	2-0 10O	4-2 5S	1-3 31O	2-1 19S	2-1 19M	1-2 30A	1-2 31a	2-2 28N	2-0 13F	2-0 14N	1-1 26D	2-0 25J	2-0 2J		0-1 5M	0-0 17O	3-0 6F	0-4 21S	1-3 2A	1-7 12D
17	Preston NE	1-2 9A	1-0 3O	5-2 19D	1-1 7N	2-1 26D	0-2 29F	3-2 19S	2-2 25M	0-0 26M	0-0 20F	1-1 12M	0-0 7S	2-3 5D	5-2 2J	1-4 23A	24O		2-1 5S	2-0 25F	1-0 21N	2-0 7m	4-2 6F
18	Southampton	2-0 21N	0-3 20F	0-1 12M	1-1 23A	1-1 29a	1-2 12S	2-1 6F	1-1 26D	3-1 19D	4-0 7m	3-1 24O	1-0 28M	0-6 9A	5-3 7N	1-0 5D	0-5 27F	6-3 16J		1-2 19S	3-0 26M	2-1 7S	1-3 3O
19	Stoke City	2-0 26M	1-0 7m	3-1 24O	1-1 5D	3-0 16J	3-2 7N	4-0 3O	2-1 29a	3-4 12S	3-0 7S	0-0 27F	2-1 25D	2-2 21N	1-1 23A	3-2 9A	4-0 26S	4-1 12S	2-0 30J		0-0 19D	2-2 28M	2-1 20F
20	Swansea Town	3-0 23J	1-0 17O	0-1 25D	2-0 3O	5-2 28N	2-0 31O	1-1 16A	0-2 29a	3-1 16J	4-0 28M	4-1 12D	5-1 19S	1-0 20F	4-1 6F	2-3 7S	0-3 2A	3-4 14N	1-1 30A	1-1 19M		1-1 5M	1-1 5M
21	Tottenham Hotspur	4-2 19S	3-3 5S	1-5 5D	2-1 12M	1-1 10O	0-0 26M	0-1 25D	3-3 13F	3-1 23A	4-1 23J	1-0 9A	1-3 26S	2-0 27F	3-2 19D	0-1 24O	9-3 21N	4-0 31a	5-2 14S	3-3 25M	6-2 7N		3-3 2J
22	Wolverhampton W	2-0 12M	6-0 28M	3-1 14S	4-2 21N	3-1 30J	6-0 5D	3-1 28D	6-0 12S	1-1 27F	7-0 26D	5-0 7N	0-0 16J	0-0 15S	7-1 9A	2-0 26M	2-0 23A	3-2 26S	5-1 13F	0-1 10O	2-0 24O	4-0 29a	

Final League Table

Pos	Team	Pld	Home W	D	L	F	A	Away W	D	L	F	A	Totals W	D	L	F	A	Pts	GA	Leading Goalscorer	Gls
1	Wolverhampton	42	17	3	1	71	11	7	5	9	44	38	24	8	10	115	49	56	2.34	W Hartill	30
2	Leeds United	42	12	5	4	36	22	10	5	6	42	32	22	10	10	78	54	54	1.44	C Keetley	23
3	Stoke City	42	14	6	1	47	19	5	8	8	22	29	19	14	9	69	48	52	1.43	J Mawson	20
4	Plymouth Argyle	42	14	4	3	69	29	6	5	10	31	37	20	9	13	100	66	49	1.51	E Bowden	21
5	Bury	42	13	4	4	44	21	8	3	10	26	37	21	7	14	70	58	49	1.20	D Lindsay	16
6	Bradford P A	42	17	2	2	44	18	4	5	12	28	45	21	7	14	72	63	49	1.14	J Parris	13
7	Bradford City	42	10	7	4	53	26	6	6	9	27	35	16	13	13	80	61	45	1.31	J Hallows	22
8	Tottenham H	42	11	6	4	58	37	5	5	11	29	41	16	11	15	87	78	43	1.11	G Hunt	25
9	Millwall	42	13	3	5	43	21	4	6	11	18	40	17	9	16	61	61	43	1.00	L Smith	15
10	Charlton Athletic	42	11	5	5	38	28	6	4	11	23	38	17	9	16	61	66	43	0.92	J Horton	13
11	Nottm Forest	42	13	4	4	49	27	3	6	12	28	45	16	10	16	77	72	42	1.06	W Dickinson	21
12	Manchester Utd.	42	12	3	6	44	31	5	5	11	27	41	17	8	17	71	72	42	0.98	J Spence	19
13	Preston N E	42	11	6	4	37	25	5	4	12	38	52	16	10	16	75	77	42	0.97	E Harper	24
14	Southampton	42	10	5	6	39	30	7	2	12	27	47	17	7	18	66	77	41	0.85	J Arnold	21
15	Swansea Town	42	12	4	5	45	22	4	3	14	28	53	16	7	19	73	75	39	0.97	C Pearce	35
16	Notts County	42	10	4	7	43	30	3	8	10	32	45	13	12	17	75	75	38	1.00	T Keetley	28
17	Chesterfield	42	11	3	7	43	33	2	8	11	21	53	13	11	18	64	86	37	0.74	S Abel	21
18	Oldham Athletic	42	10	4	7	41	34	3	6	12	21	50	13	10	19	62	84	36	0.73	W Johnstone	12
19	Burnley	42	7	6	8	36	36	6	1	14	23	51	13	9	22	59	87	35	0.67	G Beel	12
20	Port Vale	42	8	4	9	30	33	5	3	10	28	56	13	7	22	58	89	33	0.65	W Nolan	9
21	Barnsley	42	8	7	6	35	30	4	2	15	20	61	12	9	21	55	91	33	0.60	J Wallbanks	23
22	Bristol City	42	4	7	10	22	37	2	4	15	17	41	6	11	25	39	78	23	0.50	C Sargeant	11

1931/32 DIVISION 3 (North) SEASON 40

Total Matches 420
Total Goals 1510
Avg goals per match 3.59

	Team	Accrington S	Barrow	Carlisle United	Chester	Crewe Alex	Darlington	Doncaster Rov	Gateshead	Halifax Town	Hartlepools U	Hull City	Lincoln City	New Brighton	Rochdale	Rotherham Utd.	Southport	Stockport Co.	Tranmere R	Walsall	Wigan B	Wrexham	York City
1	Accrington Stanley		2-0	5-3	2-3	2-0	4-0	3-2	1-2	4-0	5-0	1-1	2-2	4-1	3-0	5-2	1-1	2-0	2-2	1-0		5-0	2-1
2	Barrow	3-0		4-1	4-0	2-1	3-4	3-2	3-1	3-1	4-1	0-2	0-2	4-1	4-1	3-0	1-1	4-2	3-1	7-1		1-0	3-1
3	Carlisle United	3-0	3-1		4-3	2-1	0-2	5-1	0-0	4-0	3-2	0-1	0-3	0-0	4-0	1-2	2-2	1-1	1-1	4-0		2-2	1-1
4	Chester	1-0	4-2	4-1		1-0	3-1	1-1	1-1	3-1	2-3	2-0	2-1	2-0	7-2	2-1	4-0	2-1	3-1	5-1	4-0	2-5	3-0
5	Crewe Alexandra	3-1	3-2	5-1	1-0		0-1	2-0	3-5	4-3	6-0	4-3	8-1	3-2	1-0	5-0	1-1	2-2	0-0	2-1	4-3	3-0	8-1
6	Darlington	4-1	0-2	0-1	4-1	1-0		2-3	1-2	3-0	6-3	2-1	0-6	3-0	3-1	2-1	0-1	2-0	1-2	2-0	5-0	1-1	4-1
7	Doncaster Rov.	3-1	1-0	3-3	3-0	2-1	3-2		1-2	3-1	1-3	2-1	0-3	2-1	2-0	2-0	3-0	1-1	2-2	2-1		2-4	1-0
8	Gateshead	4-0	4-0	4-0	1-2	3-3	3-2	2-1		1-1	3-1	2-1	2-3	4-0	3-1	4-1	2-0	2-1	3-3	2-0		4-0	6-0
9	Halifax Town	1-0	1-0	1-1	2-1	4-1	0-3	4-0	1-2		2-0	2-2	3-0	0-0	3-2	1-1	3-0	2-2	0-0	1-2		1-0	4-1
10	Hartlepools United	1-0	0-2	2-2	2-2	3-1	3-3	5-0	1-2	4-1		2-3	4-3	1-0	3-0	1-4	2-1	2-2	0-5	4-3		0-1	7-2
11	Hull City	3-0	3-0	2-0	0-2	2-4	4-1	4-1	0-1	1-0	3-1		4-1	4-1	4-1	0-1	1-0	4-4	3-0	3-0		5-0	2-3
12	Lincoln City	5-1	3-1	3-1	4-0	5-1	2-0	1-2	1-0	9-1	6-0	1-0		3-0	3-0	3-1	7-0	1-2	4-2	3-0	3-0	0-0	1-1
13	New Brighton	2-1	0-3	4-1	0-1	0-1	0-0	1-0	1-3	2-0	1-1	1-2	2-1		1-1	3-1	3-1	2-1	1-1	0-1		1-1	0-2
14	Rochdale	2-2	0-6	0-3	0-3	2-3	1-1	3-1	0-3	1-4	1-3	3-6	3-5	3-2		1-4	0-1	1-0	3-6	0-1		2-4	3-5
15	Rotherham United	2-3	0-2	4-1	3-0	0-2	2-4	6-3	2-1	5-0	1-2	2-0	0-1	2-2	5-0		2-0	1-1	1-0	3-0		0-0	0-1
16	Southport	4-2	3-1	2-0	1-1	1-1	3-0	5-0	1-1	2-2	1-2	1-0	1-1	1-0	3-1	3-2		1-0	1-0	5-1		2-0	3-0
17	Stockport County	3-0	2-0	0-0	0-0	1-2	1-0	1-0	1-1	2-1	3-2	2-0	0-1	3-1	3-1	1-0	0-1		0-1	0-1		5-1	3-2
18	Tranmere Rovers	8-1	6-1	3-0	2-2	4-1	3-0	0-1	4-3	5-2	5-0	2-2	1-0	5-1	9-1	6-1	2-0	2-2		4-1		3-1	2-2
19	Walsall	5-5	1-2	3-1	1-1	2-1	1-0	2-0	1-2	4-2	2-3	1-4	0-3	3-0	2-1	3-0	2-1	3-1	2-1		3-0	2-0	2-2
20	Wigan Borough		3-2					2-1	0-1	1-1	3-1	0-3											
21	Wrexham	2-1	0-1	1-0	1-1	2-4	3-0	2-1	2-3	5-3	2-1	1-3	2-1	4-0	1-0	1-1	2-1	2-1	5-1	5-0			2-1
22	York City	1-0	1-0	2-4	3-1	3-3	3-0	1-2	3-2	7-2	3-1	0-0	1-1	4-0	5-2	2-0	1-2	1-0	3-2	2-0		3-2	

Final League Table

Pos	Team	Pld	Home W	Home D	Home L	Home F	Home A	Away W	Away D	Away L	Away F	Away A	Totals W	Totals D	Totals L	Totals F	Totals A	Pts	GA	Leading Goalscorer	Gls
1	Lincoln City	40	16	2	2	65	13	10	3	7	41	34	26	5	9	106	47	57	2.25	B A Hall	40
2	Gateshead	40	15	3	2	59	20	10	4	6	35	28	25	7	8	94	48	57	1.95	W McNaughton	22
3	Chester	40	16	2	2	54	22	5	6	9	24	38	21	8	11	78	60	50	1.30	T Jennings	30
4	Tranmere Rov.	40	15	4	1	76	23	4	7	9	31	35	19	11	10	107	58	49	1.84	E Dixon	20
5	Barrow	40	16	1	3	59	23	8	0	12	27	36	24	1	15	86	59	49	1.45	W Millar	30
6	Crewe Alex.	40	15	3	2	64	24	6	3	11	31	42	21	6	13	95	66	48	1.43	H Deacon	22
7	Southport	40	14	5	1	44	15	4	5	11	14	38	18	10	12	58	53	46	1.09	A Waterston	13
8	Hull City	40	14	1	5	52	21	6	4	10	30	32	20	5	15	82	53	45	1.54	D Duncan	19
9	York City	40	14	3	3	49	24	4	4	12	27	57	18	7	15	76	81	43	0.93	R Baines	28
10	Wrexham	40	14	2	4	42	25	4	5	11	22	44	18	7	15	64	69	43	0.92	T Bamford	31
11	Darlington	40	12	1	7	41	27	5	3	12	25	42	17	4	19	66	69	38	0.95	M Wellock	14
12	Stockport Co.	40	12	3	5	31	15	1	8	11	24	38	13	11	16	55	53	37	1.03	J Griffiths	12
13	Hartlepools Utd.	40	10	4	6	47	37	6	1	13	31	63	16	5	19	78	100	37	0.78	S Lumley	18
14	Accrington S.	40	14	3	3	42	22	1	2	17	19	60	15	6	19	75	80	36	0.93	A Agar	14
15	Doncaster Rov.	40	12	3	5	28	27	4	1	15	21	53	16	4	20	59	80	36	0.73	W Atherton	12
16	Walsall	40	12	5	3	42	30	4	0	16	15	55	16	3	21	57	85	35	0.67	G Alsop	15
17	Halifax Town	40	11	6	3	36	18	2	2	16	25	69	13	8	19	61	87	34	0.70	E Crawford	20
18	Carlisle United	40	9	7	4	40	23	2	4	14	24	56	11	11	18	64	79	33	0.81	J McConnell	19
19	Rotherham Utd.	40	10	3	7	41	24	4	1	15	22	49	14	4	22	63	72	32	0.87	A Parkin	15
20	New Brighton	40	8	5	7	25	23	0	3	17	13	53	8	8	24	38	76	24	0.50	G Stevens	20
21	Rochdale	40	4	2	14	33	63	0	1	19	15	72	4	3	33	48	135	11	0.35	R Watson	8
22	Wigan Borough	0	0	0	0	0	0	0	0	0	0	0	0	0	0	0	0	0			

Wigan Borough resigned on 26 October 1931 and their record was expunged. Leading goalscorers records exclude goals scored against Wigan Borough.

1931/32 DIVISION 3 (South)
SEASON 40

Total Matches 462
Total Goals 1694
Avg goals per match 3.67

		Bournemouth	Brentford	Brighton & HA	Bristol Rovers	Cardiff City	Clapton Orient	Coventry City	Crystal Palace	Exeter City	Fulham	Gillingham	Luton Town	Mansfield T	Northampton T	Norwich City	QPR	Reading	Southend Utd	Swindon Town	Thames	Torquay Utd	Watford
1	Bournemouth & B A	—	1-3	1-2	2-2	3-0	0-1	2-2	4-1	5-2	0-3	0-2	1-1	3-2	1-1	1-0	2-2	2-2	0-0	2-1	4-2	5-0	3-3
2	Brentford	4-2	—	2-2	4-2	2-3	3-0	4-2	1-1	2-2	0-0	1-1	1-0	1-1	2-0	0-1	1-0	3-0	2-3	2-0	1-0	3-0	1-2
3	Brighton & Hove Albion	4-1	1-2	—	2-0	0-0	1-1	4-1	0-3	1-1	2-3	7-0	3-2	4-0	0-0	2-1	1-0	2-0	1-2	1-0	4-1	0-2	2-1
4	Bristol Rovers	4-1	2-0	0-4	—	2-2	2-1	3-1	6-1	2-4	2-2	5-2	3-1	1-1	3-2	0-1	1-1	2-0	0-0	0-2	4-1	1-1	3-2
5	Cardiff City	0-0	3-2	1-1	3-1	—	5-0	6-1	1-3	5-2	0-3	1-0	4-1	2-0	5-0	0-4	5-1	2-3	3-0	9-2	5-2	2-1	5M
6	Clapton Orient	1-2	2-2	2-2	1-0	1-1	—	5-2	1-3	2-2	0-1	3-1	0-0	4-0	3-2	1-3	3-0	2-2	2-4	4-2	1-1	1-3	2-2
7	Coventry City	6-1	0-1	4-3	1-1	2-1	4-2	—	8-0	4-0	5-5	6-4	3-2	5-1	4-1	3-0	1-0	5-1	0-2	3-2	2-0	3-1	5-0
8	Crystal Palace	1-1	1-0	2-0	5-0	5-0	0-0	2-2	—	3-0	2-0	1-0	1-1	2-1	4-0	3-1	1-1	1-1	3-2	2-1	5-2	7-0	2-1
9	Exeter City	1-0	4-1	3-1	1-0	3-1	4-3	3-0	0-1	—	0-3	4-0	1-1	3-0	0-0	3-0	6-2	4-0	3-0	1-1	4-1	3-1	2-0
10	Fulham	3-0	2-1	3-0	3-2	4-0	5-1	5-3	4-0	3-1	—	0-2	3-2	2-1	1-3	4-0	1-3	3-3	1-1	2-2	8-0	10-2	5-0
11	Gillingham	1-4	0-2	0-0	1-0	1-1	0-2	1-3	0-0	0-1	2-1	—	1-3	2-0	3-2	3-3	1-0	1-1	4-0	2-1	2-0	1-1	0-1
12	Luton Town	1-0	1-1	3-2	3-0	2-1	1-5	3-1	3-0	6-3	1-3	2-0	—	3-1	1-0	7-1	4-1	6-1	1-3	6-0	2-0	6-1	0-1
13	Mansfield Town	2-1	2-0	3-3	0-3	1-2	4-3	3-3	1-1	3-1	1-2	3-1	5-2	—	2-0	5-2	2-2	1-7	4-4	3-2	4-0	2-4	3-2
14	Northampton Town	1-1	3-0	0-1	6-0	1-0	4-3	3-2	5-0	2-1	0-1	1-0	1-2	3-0	—	2-2	6-1	2-4	1-2	4-1	0-4	2-0	1-1
15	Norwich City	1-2	1-0	2-1	6-0	2-0	3-2	6-2	3-2	0-1	2-2	1-1	3-3	1-1	0-0	—	2-1	0-0	1-1	4-2	7-0	2-0	4-1
16	Queens Park Rangers	0-3	1-2	1-1	2-1	2-3	3-2	1-1	2-2	1-0	3-1	7-0	3-1	1-1	3-2	2-2	—	2-0	2-1	1-2	6-0	3-1	4-4
17	Reading	3-1	1-2	3-1	3-0	5-1	5-0	2-1	3-0	2-0	4-2	2-0	2-1	4-1	3-2	1-1	3-2	—	3-1	5-2	5-1	4-1	2-1
18	Southend United	1-3	1-0	2-0	4-1	1-1	1-3	4-0	0-1	4-1	2-0	1-1	5-2	0-1	2-0	0-0	1-1	3-0	—	1-1	4-2	3-0	4N
19	Swindon Town	3-0	1-3	1-2	2-1	1-4	2-3	2-2	3-2	2-1	2-2	4-0	3-2	5-2	3-0	2-0	1-2	0-2	1-2	—	2-0	3-0	4-1
20	Thames	4-2	1-1	1-0	0-2	1-2	3-3	5-2	1-3	0-0	0-0	3-0	2-4	6-3	0-2	1-0	3-2	0-0	1-3	1-1	—	1-1	1-2
21	Torquay United	1-1	1-1	1-1	8-1	2-2	3-0	3-3	3-1	2-1	2-3	1-0	1-2	2-2	4-1	2-4	2-3	1-4	2-1	2-1	3-1	—	3-6
22	Watford	4-2	1-1	2-2	5-2	3-0	2-1	2-0	1-1	2-1	0-3	4-1	1-1	1-2	3-2	1-1	3-2	1-1	4-3	1-2	1-0	—	

Queens Park Rangers home matches played at The White City.

Final League Table

Pos	Team	Pld	Home W	D	L	F	A	Away W	D	L	F	A	Totals W	D	L	F	A	Pts	GA	Leading Goalscorer	Gls
1	Fulham	42	15	3	3	72	27	9	6	6	39	35	24	9	9	111	62	57	1.79	A Newton	41
2	Reading	42	19	1	1	65	21	4	8	9	32	46	23	9	10	97	67	55	1.44	J Palethorpe	23
3	Southend United	42	12	5	4	41	18	9	6	6	36	35	21	11	10	77	53	53	1.45	J Shankley	19
4	Crystal Palace	42	14	7	0	48	12	6	4	11	26	51	20	11	11	74	63	51	1.17	P Simpson	24
5	Brentford	42	11	6	4	40	22	8	4	9	28	30	19	10	13	68	52	48	1.30	W Lane	23
6	Luton Town	42	16	1	4	62	25	4	6	11	33	45	20	7	15	95	70	47	1.35	T Tait	25
7	Exeter City	42	16	3	2	53	16	4	4	13	24	46	20	7	15	77	62	47	1.24	H Houghton	17
8	Brighton & H A	42	12	4	5	42	21	5	8	8	31	37	17	12	13	73	58	46	1.25	A Attwood	25
9	Cardiff City	42	14	2	5	62	29	5	6	10	25	44	19	8	15	87	73	46	1.19	J McCambridge	26
10	Norwich City	42	12	7	2	51	22	5	5	11	25	45	17	12	13	76	67	46	1.13	C Blakemore	16
11	Watford	42	14	4	3	49	27	5	4	12	32	52	19	8	15	81	79	46	1.02	G James	25
12	Coventry City	42	17	2	2	74	28	1	6	14	34	69	18	8	16	108	97	44	1.11	C Bourton	49
13	Queens Park R	42	11	6	4	50	30	4	6	11	29	43	15	12	15	79	73	42	1.08	G Goddard	17
14	Northampton T	42	12	3	6	48	26	4	4	13	21	43	16	7	19	69	69	39	1.00	E Bowen, A Dawes	12
15	Bournemouth	42	8	8	5	42	32	5	4	12	28	46	13	12	17	70	78	38	0.89	C Eyre	19
16	Clapton Orient	42	7	8	6	41	35	5	3	13	36	55	12	11	19	77	90	35	0.85	C Fletcher, R Tricker	20
17	Swindon Town	42	12	2	7	47	31	2	4	15	23	53	14	6	22	70	84	34	0.83	D Morris	29
18	Bristol Rovers	42	11	6	4	46	30	2	2	17	19	62	13	8	21	65	92	34	0.70	T Cook	18
19	Torquay United	42	9	6	6	49	39	3	3	15	23	67	12	9	21	72	106	33	0.67	W Clayson	14
20	Mansfield Town	42	11	5	5	54	45	0	5	16	21	63	11	10	21	75	108	32	0.69	H Johnson	31
21	Gillingham	42	8	6	7	26	26	2	2	17	14	56	10	8	24	40	82	28	0.48	W White	9
22	Thames	42	6	7	8	35	35	1	2	18	18	74	7	9	26	53	109	23	0.48	L Davies, J Dimmock	12

Thames did not seek re-election. Mansfield Town transferred to Division 3 (North). Aldershot and Newport County elected.

1932/33 DIVISION 1 SEASON 41

Total Matches	462
Total Goals	1645
Avg goals per match	3.56

		Arsenal	Aston Villa	Birmingham	Blackburn Rov	Blackpool	Bolton Wand	Chelsea	Derby County	Everton	Huddersfield T	Leeds Utd	Leicester City	Liverpool	Manchester C	Middlesbrough	Newcastle Utd	Portsmouth	Sheffield United	Sheffield Weds	Sunderland	West Brom A	Wolverhampton
1	Arsenal		5-0	3-0	8-0	1-1	3-2	4-1	3-3	2-1	2-2	1-2	8-2	0-1	2-1	4-2	1-0	2-0	9-2	4-2	6-1	1-2	1-2
2	Aston Villa	5-3		1-0	4-0	6-2	6-1	3-1	2-0	2-1	0-3	0-0	4-2	5-2	1-1	3-1	3-0	4-1	3-0	3-6	1-0	3-2	1-3
3	Birmingham	0-1	3-2		3-1	2-1	2-1	0-0	3-1	4-0	0-2	2-1	0-4	3-0	3-0	1-4	1-2	4-0	4-1	2-1	2-0	1-1	0-0
4	Blackburn Rovers	2-3	0-5	2-0		6-5	3-2	1-3	3-3	3-1	4-2	1-1	1-1	2-2	1-0	4-2	2-1	3-2	3-0	1-1	1-3	4-4	1-0
5	Blackpool	1-2	6-2	0-1	3-0		1-3	4-0	4-1	2-1	1-1	2-1	2-1	4-1	1-0	3-1	0-4	0-2	0-3	3-4	3-1	2-4	2-2
6	Bolton Wanderers	0-4	0-1	2-2	4-2	1-0		2-3	1-1	2-4	2-1	5-0	5-0	3-3	2-1	4-3	2-2	4-1	3-3	3-0	0-0	2-2	2-0
7	Chelsea	1-3	0-1	4-2	2-2	1-0	1-1		1-3	1-0	0-1	6-0	4-1	0-2	3-1	2-1	0-1	4-4	3-0	0-2	1-1	1-2	3-1
8	Derby County	2-2	0-0	2-2	2-1	1-1	4-1	0-1		2-0	2-3	5-1	3-2	1-1	4-0	2-2	3-2	2-0	3-0	2-0	3-1	0-2	2-4
9	Everton	1-1	3-3	4-1	6-1	2-0	2-2	3-2	4-2		2-0	0-1	6-3	3-1	2-1	0-0	0-0	1-1	1-0	2-1	6-1	1-2	5-1
10	Huddersfield Town	0-1	0-0	0-0	0-3	0-1	2-1	2-0	0-0	0-0		2-2	4-1	3-1	1-1	0-0	4-0	2-2	1-0	4-0	2-1	2-1	3-2
11	Leeds United	0-0	1-1	1-1	3-1	3-1	4-3	2-0	0-2	1-0	1-1		1-1	5-0	2-1	0-1	6-1	0-1	1-3	3-2	2-3	1-1	2-0
12	Leicester City	1-1	3-0	2-2	1-1	3-0	2-2	1-1	4-0	2-2	3-1	3-1		1-2	1-2	1-1	0-3	2-1	1-1	0-0	4-2	6-2	2-2
13	Liverpool	2-3	0-0	1-0	2-2	4-3	0-1	3-0	6-1	7-4	2-2	0-1	1-2		1-1	1-3	3-0	4-3	2-2	4-1	3-3	2-0	5-1
14	Manchester City	2-3	5-2	1-0	2-3	5-1	2-1	1-2	2-1	3-0	3-0	0-0	4-1	1-1		2-3	1-2	3-1	1-0	2-2	2-4	1-0	4-1
15	Middlesbrough	3-4	0-2	2-2	4-0	2-0	2-1	2-1	0-3	0-2	1-1	0-1	1-1	0-1	2-0		2-3	5-4	2-2	1-1	1-2	3-1	2-1
16	Newcastle United	2-1	3-1	2-1	2-1	1-2	3-1	2-0	0-0	1-2	0-4	3-1	2-1	4-3	2-0	5-1		1-1	2-0	3-1	0-1	3-0	3-2
17	Portsmouth	1-3	2-4	1-1	2-0	2-1	2-1	2-0	2-0	2-2	1-0	3-3	2-1	2-0	1-2	2-0	2-0		1-0	3-0	1-3	3-0	2-1
18	Sheffield United	3-1	1-0	2-1	2-1	1-0	3-2	4-1	4-3	3-2	1-2	0-0	5-2	6-2	2-5	2-0	3-1	2-3		2-3	3-0	1-1	0-0
19	Sheffield Wednesday	3-2	0-2	1-1	1-1	4-1	2-0	2-2	0-0	3-1	2-1	0-0	4-1	3-0	2-1	2-1	2-0	2-1	3-3		3-1	3-1	4-0
20	Sunderland	3-2	1-1	1-0	4-2	1-1	7-4	2-1	0-2	3-1	1-2	0-0	3-2	0-0	0-2	0-3	2-2	1-2		2-2	0-1		
21	West Bromwich Albion	1-1	3-1	1-0	1-3	2-1	4-0	3-2	2-0	3-1	2-1	0-1	4-3	2-1	4-0	0-1	3-2	4-2	0-1	2-0	5-1		4-1
22	Wolverhampton Wand.	1-7	2-4	1-0	5-3	2-3	4-1	1-2	0-1	4-2	6-4	3-3	1-1	3-1	1-2	2-0	1-1	5-2	5-1	3-5	0-2	3-3	

Final League Table

Pos	Team	Pld	Home					Away					Totals					Pts	GA	Leading Goalscorer	Gls
			W	D	L	F	A	W	D	L	F	A	W	D	L	F	A				
1	Arsenal	42	14	3	4	70	27	11	5	5	48	34	25	8	9	118	61	58	1.93	C Bastin	33
2	Aston Villa	42	16	2	3	60	29	7	6	8	32	38	23	8	11	92	67	54	1.37	G Brown	33
3	Sheffield Weds.	42	15	5	1	46	20	6	4	11	34	48	21	9	12	80	68	51	1.17	J Ball	33
4	West Brom A	42	16	1	4	50	23	4	8	9	33	47	20	9	13	83	70	49	1.18	W Richardson	28
5	Newcastle Utd.	42	15	2	4	44	24	7	3	11	27	39	22	5	15	71	63	49	1.12	J Allen	19
6	Huddersfield T	42	11	6	4	32	17	7	5	9	34	36	18	11	13	66	53	47	1.24	G McLean	12
7	Derby County	42	11	8	2	49	25	4	6	11	27	44	15	14	13	76	69	44	1.10	J Bowers	35
8	Leeds United	42	10	6	5	39	24	5	8	8	20	38	15	14	13	59	62	44	0.95	A Hydes	16
9	Portsmouth	42	14	3	4	39	22	4	4	13	35	54	18	7	17	74	76	43	0.97	J Weddle	20
10	Sheffield United	42	14	3	4	50	30	3	6	12	24	50	17	9	16	74	80	43	0.92	J Dunne	26
11	Everton	42	13	6	2	54	24	3	3	15	27	50	16	9	17	81	74	41	1.09	W Dean	24
12	Sunderland	42	8	7	6	33	31	7	3	11	30	49	15	10	17	63	80	40	0.78	R Gurney	19
13	Birmingham	42	13	3	5	40	23	1	8	12	17	34	14	11	17	57	57	39	1.00	J Bradford	14
14	Liverpool	42	10	6	5	53	33	4	5	12	26	51	14	11	17	79	84	39	0.94	G Hodgson	24
15	Blackburn Rov.	42	11	6	4	48	41	3	4	14	28	61	14	10	18	76	102	38	0.74	J Thompson	17
16	Manchester City	42	12	3	6	47	30	4	2	15	21	41	16	5	21	68	71	37	0.95	S Tilson	17
17	Middlesbrough	42	8	5	8	35	33	6	4	11	28	40	14	9	19	63	73	37	0.86	G Camsell	17
18	Chelsea	42	9	4	8	38	29	5	3	13	25	44	14	7	21	63	73	35	0.86	H Gallacher	19
19	Leicester City	42	9	9	3	43	25	2	4	15	32	64	11	13	18	75	89	35	0.84	H Maw	17
20	Wolverhampton	42	10	4	7	56	48	3	5	13	24	48	13	9	20	80	96	35	0.83	W Hartill	33
21	Bolton Wand.	42	10	7	4	49	33	2	2	17	29	59	12	9	21	78	92	33	0.84	J Milsom	25
22	Blackpool	42	11	2	8	44	35	3	3	15	25	50	14	5	23	69	85	33	0.81	J Hampson	17

1932/33 DIVISION 2 SEASON 41

Total Matches 462
Total Goals 1542
Avg goals per match 3.34

		Bradford P A	Bradford City	Burnley	Bury	Charlton Ath.	Chesterfield	Fulham	Grimsby Town	Lincoln City	Manchester U	Millwall	Nottm Forest	Notts County	Oldham Ath.	Plymouth A	Port Vale	Preston N E	Southampton	Stoke City	Swansea Town	Tottenham H.	West Ham Utd
1	Bradford Park Avenue		2-0 21J	0-4 3S	4-0 3D	3-0 11F	5-1 22O	1-4 11M	1-1 17A	6-0 6m	1-1 5A	3-0 19N	3-4 24S	1-5 17D	1-0 31a	4-2 1F	2-0 22A	2-1 31D	2-2 8A	1-0 8O	1-0 25M	3-3 26D	3-0 5N
2	Bradford City	1-0 10S		2-1 12N	3-0 27D	3-0 18M	4-2 7J	2-0 27a	2-2 1A	1-1 18A	1-2 15A	1-5 18F	2-2 29O	1-2 4F	3-0 10D	2-3 4M	7-0 10	0-0 29A	1-0 15O	1-1 24D	1-1 17S	0-1 26N	5-1 7S
3	Burnley	2-0 7J	0-0 25M		1-0 6m	0-1 24S	1-1 27a	3-3 22O	2-0 27D	0-0 5N	1-1 8O	1-1 8A	4-0 31J	1-1 22A	1-1 14A	1-1 10S	4-0 19N	2-0 5S	2-0 3D	1-2 11F	1-1 17D	1-1 24A	4-0 11M
4	Bury	0-0 15A	1-1 26D	5-3 24D		3-1 10D	6-0 25F	1-1 8O	4-1 4M	2-2 24S	2-2 12N	3-3 3S	5-2 1A	3-1 29a	3-3 29O	2-1 26N	0-0 31D	1-2 18M	1-0 21J	3-2 29A	3-0 2J	1-0 17S	6-1 11F
5	Charlton Athletic	0-2 1O	0-0 5N	2-2 4F	1-3 22A		2-5 6m	1-2 3O	2-3 2O	4-2 19N	0-1 29a	1-2 25M	3-0 15O	0-3 22O	1-0 21J	0-3 18F	2-1 26A	0-1 17S	2-0 17D	1-0 14A	1-0 11M	0-3 31D	3-1 8A
6	Chesterfield	2-1 4M	1-2 3S	6-0 31D	1-0 15O	2-3 24D		3-2 2J	1-2 10D	2-0 27D	1-1 26N	1-0 1O	0-1 18M	0-0 17S	3-1 29A	1-1 29O	2-2 4F	4-3 12N	1-0 22F	1-2 15A	1-0 21J	1-1 1A	1-0 14A
7	Fulham	5-2 29O	1-0 31D	2-1 8M	3-3 18F	3-1 15A	2-2 5S		0-1 29A	3-2 15O	3-1 1A	1-1 4F	0-3 24D	3-4 21J	1-0 12N	3-1 18M	1-1 17S	1-0 14A	4-2 1O	1-3 16N	2-2 3S	1-2 10D	4-2 26D
8	Grimsby Town	5-1 14A	1-1 19N	1-2 26D	1-0 22O	5-5 7J	1-1 22A	1-0 17D		3-1 11F	1-1 31J	1-1 5N	1-1 27a	5-1 3D	2-3 18F	6-1 6S	5-5 6m	2-2 15O	0-1 11M	2-1 10S	3-2 8A	3-2 24S	2-1 25M
9	Lincoln City	2-2 24D	0-0 14A	2-1 18M	1-1 4F	2-1 1A	1-5 26D	5-3 5A	6-3 1O		3-2 29A	3-0 21J	1-1 26N	1-3 31D	1-3 4M	2-0 15A	2-1 3S	1-0 29O	1-0 17S	2-3 10D	2-2 29a	2-2 12N	6-0 8O
10	Manchester United	2-1 15O	0-1 3D	2-1 22F	1-3 25M	1-1 7S	2-1 8A	4-3 19N	1-1 17S	4-1 17D		7-1 22O	2-1 17A	2-0 5N	2-0 4F	4-0 2J	1-1 11M	0-0 1O	1-2 7J	0-2 27a	1-1 6m	2-1 21J	1-2 22A
11	Millwall	1-1 1A	3-3 8O	4-1 26N	5-2 7J	2-1 12N	0-0 11F	2-1 24S	0-1 18M	2-0 10S	2-0 4M		1-1 29A	6-1 27D	2-0 24D	1-0 10D	1-1 17A	3-0 15A	1-1 27a	0-0 5S	3-1 25F	1-4 29O	1-0 31J
12	Nottm Forest	1-1 4F	3-1 11M	1-1 17S	0-2 19N	0-1 16M	2-3 5N	1-0 6m	3-2 31D	2-2 8A	3-2 14A	0-0 17D		3-0 18F	2-3 3S	1-1 10	2-1 25M	2-1 21J	4-2 22A	1-0 27D	2-2 22O	3-1 29a	2-2 3D
13	Notts County	1-4 29A	2-0 24S	4-2 10D	2-2 6O	3-2 4M	1-1 1F	1-2 10S	1-3 15A	1-1 27a	1-0 18M	0-2 26D	2-4 8O		2-1 26N	4-1 12N	5-0 15O	0-0 1A	1-2 17A	3-4 29O	1-2 11F	3-0 24D	2-2 7J
14	Oldham Athletic	1-3 5S	6-1 22A	2-2 17A	2-1 11M	0-0 10S	2-0 17D	1-3 25M	0-3 8O	5-2 22O	1-1 24S	1-0 6m	1-2 7J	5-0 8A		3-1 27a	2-1 5N	0-2 31J	2-0 19N	1-1 11F	0-1 18M	0-1 13M	3-2 13M
15	Plymouth Argyle	3-2 17S	2-1 22O	4-0 21J	1-0 8A	6-1 8O	1-0 11M	2-3 5N	4-0 31a	0-3 3D	2-3 26D	0-0 22A	1-1 11F	0-2 25M	2-1 31D		3-1 17D	5-0 3S	1-1 19N	1-0 25F	1-0 4F	2-2 17A	4-1 6m
16	Port Vale	3-1 10D	2-0 11F	1-1 1A	2-1 27a	2-1 27D	9-1 24S	1-2 28J	4-2 24D	2-3 7J	0-1 29O	4-0 14A	2-4 12N	0-1 20M	4-0 15A	2-4 29A		0-1 26N	0-2 5S	1-3 4M	2-1 8O	1-1 18M	4-0 10S
17	Preston N E	2-3 27a	1-4 17D	6-1 29a	1-3 5N	4-2 28J	2-0 25M	1-2 17A	4-2 2M	5-0 11M	3-3 11F	0-1 3D	2-1 10S	3-0 19N	2-2 26D	3-0 7J	3-1 8A		3-1 6m	1-3 24S	1-0 22A	2-6 8O	4-1 22O
18	Southampton	2-0 26N	3-1 25F	3-1 15A	1-0 10S	3-0 29A	2-1 8O	2-2 11F	3-0 29O	4-0 28J	4-2 3S	2-3 31D	0-2 0D	6-2 14A	2-0 18M	2-2 1A	1-0 29a	1-0 24D		1-0 12N	2-0 27D	1-1 4M	4-3 24S
19	Stoke City	4-0 18F	4-1 6m	3-0 1O	2-3 17D	2-0 17A	2-1 3D	0-1 8A	2-0 21J	5-2 22A	0-0 31J	1-2 29a	0-0 26D	0-2 11M	4-0 17S	2-0 15O	1-0 22O	1-1 4F	3-1 25M		2-0 5N	2-0 3S	0-0 19N
20	Swansea Town	3-1 12N	2-0 28J	2-0 29A	2-1 17A	2-0 29O	3-0 10S	3-0 7J	1-0 26N	2-1 5S	1-0 24D	0-1 15O	2-0 4M	0-1 1O	2-0 24S	3-1 18F	3-1 10D	2-1 26D	0-2 18M	0-2		1-0 15A	1-0 27a
21	Tottenham Hotspur	2-0 27D	1-1 8A	4-1 15O	2-1 1F	4-1 27a	4-1 19N	0-0 22A	4-3 4F	3-2 25M	6-1 10S	2-1 11M	0-0 5N	0-3 6m	1-1 10	0-0 14A	4-0 5N	1-1 18F	5-0 22O	3-2 7J	7-0 3D		2-2 17D
22	West Ham United	2-1 20M	2-4 29a	4-4 29O	0-1 1O	7-3 26N	3-1 17A	1-1 27D	5-2 12N	0-0 27M	3-1 10D	3-0 17S	4-3 15A	1-1 3S	5-2 15O	2-2 24D	5-0 21J	1-1 6M	3-1 4F	1-2 1A	3-1 31D	1-0	

Final League Table

Pos	Team	Pld	Home					Away					Totals						Leading Goalscorer	Gls
			W	D	L	F	A	W	D	L	F	A	W	D	L	F	A	Pts	GA		
1	Stoke City	42	13	3	5	40	15	12	3	6	38	24	25	6	11	78	39	56	2.00	J Mawson	16
2	Tottenham H	42	14	7	0	58	19	6	8	7	38	32	20	15	7	96	51	55	1.88	G Hunt	33
3	Fulham	42	12	5	4	46	31	8	5	8	32	34	20	10	12	78	65	50	1.20	F Newton	26
4	Bury	42	13	7	1	55	23	7	2	12	29	36	20	9	13	84	59	49	1.42	D Robbie, J Vernon	15
5	Nottm Forest	42	12	6	3	37	28	8	7	6	30	31	17	15	10	67	59	49	1.13	W Dickinson	14
6	Manchester Utd.	42	11	5	5	40	24	4	8	9	31	44	15	13	14	71	68	43	1.04	W Ridding	11
7	Millwall	42	13	7	1	39	20	5	4	12	19	37	14	11	15	59	57	43	1.03	G Bond	16
8	Bradford P A	42	13	4	4	51	27	4	4	13	26	44	17	8	17	77	71	42	1.08	E Suggett	22
9	Preston N E	42	12	2	7	53	36	4	8	9	21	34	16	10	16	74	70	42	1.05	E Harper	37
10	Swansea Town	42	17	0	4	36	12	2	4	15	14	42	19	4	19	50	54	42	0.92	T Martin	16
11	Bradford City	42	10	6	5	43	24	4	7	10	22	37	14	13	15	65	61	41	1.06	S Alexander	15
12	Southampton	42	15	3	3	48	22	3	2	16	18	44	18	5	19	66	66	41	1.00	E Drake	21
13	Grimsby Town	42	8	10	3	49	34	6	3	12	30	50	14	13	15	79	84	41	0.94	E Glover	22
14	Plymouth Argyle	42	13	4	4	45	22	4	5	13	18	45	17	9	17	63	67	41	0.94	S Black	13
15	Notts County	42	10	4	7	41	31	5	6	10	26	47	15	10	17	67	78	40	0.85	T Keetley	15
16	Oldham Athletic	42	10	4	7	38	26	5	4	12	29	49	15	8	19	67	80	38	0.83	J Pears	12
17	Port Vale	42	12	3	6	49	27	2	7	12	29	52	14	10	18	79	79	38	0.83	W Kirkham	15
18	Lincoln City	42	11	6	4	46	28	1	7	13	26	59	12	13	17	72	87	37	0.82	B Hall	23
19	Burnley	42	9	8	4	35	20	3	5	13	32	59	11	14	17	67	79	36	0.84	l Jones	16
20	West Ham United	42	12	6	3	56	31	1	3	17	19	62	13	9	20	75	93	35	0.80	V Watson	24
21	Chesterfield	42	10	5	6	36	25	2	5	14	25	59	12	10	20	61	84	34	0.72	S Abel	17
22	Charlton Athletic	42	9	3	9	35	35	3	4	14	25	56	12	7	23	60	91	31	0.65	C Pearce	23

1932/33 DIVISION 3 (North)
SEASON 41

Total Matches	462
Total Goals	1691
Avg goals per match	3.66

Final League Table

Pos	Team	Pld	Home W	Home D	Home L	Home F	Home A	Away W	Away D	Away L	Away F	Away A	Totals W	Totals D	Totals L	Totals F	Totals A	Pts	GA	Leading Goalscorer	Gls
1	Hull City	42	18	3	0	69	14	8	4	9	31	31	26	7	9	100	45	59	2.22	W McNaughton	41
2	Wrexham	42	18	2	1	75	15	6	7	8	31	36	24	9	9	106	51	57	2.07	T Bamford	31
3	Stockport Co.	42	16	2	3	69	30	5	10	6	30	28	21	12	9	99	58	54	1.70	J Griffiths	21
4	Chester	42	15	4	2	57	25	7	4	10	37	41	22	8	12	94	66	52	1.42	J Mantle	34
5	Walsall	42	16	4	1	53	15	3	6	12	22	43	19	10	13	75	58	48	1.29	G Alsop	28
6	Doncaster Rov.	42	13	8	0	52	26	4	6	11	25	53	17	14	11	77	79	48	0.97	A Waterston	24
7	Gateshead	42	12	5	4	45	25	7	4	10	33	42	19	9	14	78	67	47	1.16	J Ranson	21
8	Barnsley	42	14	3	4	60	31	5	5	11	32	49	19	8	15	92	80	46	1.15	J Wallbanks	23
9	Barrow	42	12	3	6	41	24	6	4	11	19	36	18	7	17	60	60	43	1.00	J Brain	17
10	Crewe Alex.	42	16	3	2	57	16	4	0	17	23	68	20	3	19	80	84	43	0.95	J McConnell	20
11	Tranmere Rov.	42	11	4	6	49	31	6	4	11	21	35	17	8	17	70	66	42	1.06	R Bell	17
12	Southport	42	15	3	3	54	20	2	4	15	16	47	17	7	18	70	67	41	1.04	J Appleby	14
13	Accrington S	42	12	4	5	55	29	3	6	12	23	47	15	10	17	78	76	40	1.02	F Fitton	24
14	Hartlepools Utd.	42	13	3	5	56	29	3	4	14	31	87	16	7	19	87	116	39	0.75	J Hewitt	23
15	Halifax Town	42	12	4	5	39	23	3	4	14	32	67	15	8	19	71	90	38	0.78	W Chambers	20
16	Mansfield Town	42	13	4	4	57	22	1	3	17	27	78	14	7	21	84	100	35	0.84	H Johnson	29
17	Rotherham Utd.	42	14	3	4	42	21	0	3	18	18	63	14	6	22	60	84	34	0.71	J Nock	10
18	Rochdale	42	9	4	8	32	33	4	3	14	26	47	13	7	22	58	80	33	0.72	G Snow, W Watson	12
19	Carlisle United	42	8	7	6	34	25	5	0	16	17	50	13	7	22	51	75	33	0.68	J Slinger	15
20	York City	42	10	4	7	51	38	3	2	16	21	54	13	6	23	72	92	32	0.78	R Baines	28
21	New Brighton	42	8	6	7	42	36	3	4	14	21	52	11	10	21	63	88	32	0.71	P Miller	13
22	Darlington	42	9	4	8	42	32	1	2	18	24	77	10	6	26	66	109	26	0.60	R Johnson	14

1932/33 DIVISION 3 (South) SEASON 41

Total Matches	462
Total Goals	1634
Avg goals per match	3.54

		Aldershot	Bournemouth	Brentford	Brighton & H A	Bristol City	Bristol Rovers	Cardiff City	Clapton Orient	Coventry City	Crystal Palace	Exeter City	Gillingham	Luton Town	Newport Co	Northampton T	Norwich City	Q P R	Reading	Southend Utd	Swindon Town	Torquay Utd.	Watford
1	Aldershot		1-1	1-1	1-1	1-0	1-0	1-0	4-0	1-1	3-1	4-1	3-0	2-2	2-1	0-1	1-3	2-0	4-4	1-2	0-1	2-0	2-1
			19N	6m	29M	22O	26D	24S	5N	14A	7J	22A	10S	3D	8A	11M	8O	7S	11F	27a	25M	17D	1F
2	Bournemouth & B A	1-0		1-1	1-1	6-1	2-2	3-2	4-2	3-1	3-2	1-1	1-0	0-2	1-2	1-1	1-1	3-0	0-3	4-0	5-1	1-2	2-2
		1A		11F	18M	28J	12N	7S	7J	24S	10D	25F	29A	26D	17A	10S	29O	18J	4M	15A	27a	8O	24D
3	Brentford	2-0	1-1		2-1	2-1	0-0	7-3	4-2	2-1	2-0	0-2	1-2	1-0	6-0	1-0	2-2	2-0	1-1	3-1	1-0	3-1	2-1
		24D	1O		26A	17A	29A	1A	15O	8S	29O	21J	18M	17S	4F	27D	15A	31D	3m	4M	18F	3S	12N
4	Brighton & Hove Albion	0-2	3-0	1-2		7-0	0-3	1-0	0-0	1-0	1-2	2-1	1-0	2-0	1-0	2-1	1-1	4-1	5-3	1-2	5-1	1-1	3-0
		18O	8N	22A		6m	1M	10S	22O	17D	7J	8A	27a	19N	25M	11F	24S	27O	1F	14A	11M	3D	7J
5	Bristol City	2-2	1-1	1-2	3-4		3-1	3-1	3-0	5-3	3-3	0-1	1-1	5-2	3-2	5-4	1-1	2-3	4-1	5-1	5-1	2-0	2-3
		4M	17S	14A	24D		15O	15A	1O	26D	12N	31A	1A	3S	21J	18F	29A	29O	26A	18M	4F	31a	25J
6	Bristol Rovers	4-1	1-0	2-4	5-3	1-1		0-0	2-1	2-3	1-0	1-0	0-0	2-2	4-3	1-1	4-1	1-0	3-1	1-0	0-2	2-0	
		27D	25M	17D	8O	29M		28J	11M	6m	27a	3D	7J	8A	19N	22O	11F	17A	24S	7S	5N	22A	10S
7	Cardiff City	2-1	3-0	2-1	1-2	1-1	4-3		6-1	2-2	1-1	1-3	1-0	3-2	1-3	6-0	4-2	2-5	0-1	2-0	3-0	2-1	1-1
		4F	29a	19N	21J	3D	17S		17D	8A	15O	5N	26D	11M	22O	22A	3S	1O	31D	18F	6m	25M	14A
8	Clapton Orient	2-3	1-1	1-5	2-0	2-3	0-3	3-0		2-1	4-1	2-2	1-2	0-0	3-1	2-2	0-0	2-2	2-5	0-0	7-1	1-4	2-0
		18M	3S	25F	4M	11F	29O	29A		8O	14J	14A	15A	29a	31D	24S	17S	12N	24D	1A	21J	26D	10D
9	Coventry City	3-0	3-0	2-3	2-2	6-0	2-0	5-0	5-0		6-2	4-0	4-2	4-0	3-1	3-1	3-5	7-0	3-1	2-3	2-1	5-0	1-3
		18A	4F	29a	29A	27D	24D	14J	18F		18M	3S	12N	21J	17S	15O	2F	4M	15A	29O	1O	31D	1A
10	Crystal Palace	3-0	3-0	2-1	5-0	2-2	2-0	4-1	2-1	1-3		2-2	5-1	3-3	0-0	2-0	4-0	0-1	1-1	4-1	4-3	2-1	0-3
		3S	22A	11M	31a	25M	31D	25F	8A	5N		4F	11F	6m	17D	19N	14A	21J	26D	17S	3D	22O	8O
11	Exeter City	0-0	2-3	1-2	4-1	2-0	1-0	1-0	3-0	5-0	1-1		2-1	2-0	4-0	3-1	2-1	2-0	4-1	3-0	5-0	5-0	5-2
		26A	15O	10S	18J	27a	15A	18M	17A	7J	24S		4M	1O	18F	7S	1A	29A	12N	24D	27D	28J	29O
12	Gillingham	5-2	4-0	1-3	2-0	4-2	2-0	1-1	3-1	3-0	2-0	1-2		1-1	2-0	5-1	0-2	4-1	4-1	3-2	3-1	1-1	3-3
		21J	17D	5N	31D	19N	3S	27D	3D	25M	10	22O		22F	6m	8A	31a	17S	14A	4F	22A	11M	25F
13	Luton Town	2-1	1-2	5-5	0-0	5-4	1-1	8-1	4-1	4-1	1-1	4-0	2-1		2-2	2-1	1-1	3-1	1-1	3-3	6-2	2-1	3-2
		15A	27D	1F	1A	7J	13M	29O	5S	10S	24D	11F	8O		15O	27a	12N	18A	18M	29A	14A	24S	26A
14	Newport County	2-1	1-1	1-6	5-2	1-1	3-1	4-2	0-2	2-1	1-3	1-1	0-2	3-2		0-3	3-4	5-1	3-3	1-3	1-2	3-1	2-0
		19J	14J	24S	17N	10S	1A	4M	27a	28J	29A	8O	24D	5A		7J	18M	15A	29O	9F	5S	11F	26D
15	Northampton Town	5-2	6-0	1-0	0-0	2-1	1-1	2-0	3-0	5-1	1-0	5-3	1-0	1-0	8-0		2-2	2-1	1-0	0-0	6-0	2-0	0-0
		29O	21J	26D	22S	8O	4M	10A	4F	25F	1A	29a	14J	31D	3S		24D	18M	29A	12N	17S	18A	15A
16	Norwich City	3-2	6-0	3-0	1-0	3-0	1-1	3-1	2-0	2-1	3-0	0-0	2-0	2-1	3-0	2-0		3-2	2-2	1-0	5-2	1-2	1-2
		23F	11M	3D	4F	17D	1O	7J	28J	22A	17A	19N	5S	25M	5N	6m		15O	10S	27D	22O	8A	27a
17	Queens Park Rangers	2-2	3-1	2-3	0-1	1-1	1-1	5-1	2-1	3-3	2-1	1-3	1-1	3-1	6-1	1-1	2-2		0-3	6-1	4-2	1-1	2-1
		1S	8A	27a	26D	11M	14A	11F	25M	22O	10S	17D	28J	22A	3D	5N	25F		8O	7J	19N	6m	24S
18	Reading	2-2	6-2	1-3	3-0	2-2	3-1	4-2	3-1	3-3	2-3	2-2	4-0	4-1	4-1	4-0	3-2	3-1		1-1	7-1	5-2	2-0
		1O	22O	8A	17S	22A	4F	27a	6m	3D	27D	25M	17A	5N	11M	17D	21J	18F		15O	7J	19N	7S
19	Southend United	5-1	2-1	0-1	2-1	3-1	2-2	2-2	3-3	1-3	1-2	1-2	2-2	2-1	3-0	1-0	2-1	0-1	3-1		0-0	2-1	2-1
		31D	3D	22O	17A	5N	29a	8O	19N	11M	1F	6m	24S	17D	14S	25M	26D	3S	25F		8A	21J	11F
20	Swindon Town	3-2	2-0	0-0	5-1	1-4	1-0	6-2	3-3	1-2	1-0	2-2	1-1	1-1	2-0	1-2	2-4	0-0	0-1	2-2		0-0	1-2
		12N	31D	8O	2N	24S	18M	24D	10S	11F	15A	26D	26A	17A	31a	28J	4M	1A	3S	1M		25F	29A
21	Torquay United	1-0	2-1	1-1	1-0	0-0	1-1	4-1	1-1	3-3	2-1	1-3	1-2	3-1	4-0	5-1	2-2	3-1	1-1	8-1	4-3		3-2
		29A	18F	7J	15A	7S	26A	12N	27D	27a	4M	17S	29O	4F	1O	17A	14J	24D	1A	10S	15O		18M
22	Watford	2-0	2-1	1-1	0-4	1-0	3-1	2-1	1-1	3-1	1-0	0-0	2-0	4-1	3-2	1-0	1-2	2-2	1-1	2-2	2-2	0-0	
		17S	6m	25M	3S	8A	21J	17A	22A	19N	18F	11M	15O	22O	27D	3D	31D	4F	31a	1O	17D	5N	

Queens Park Rangers home matches played at The White City.

Final League Table

Pos	Team	Pld	Home W	Home D	Home L	Home F	Home A	Away W	Away D	Away L	Away F	Away A	Totals W	Totals D	Totals L	Totals F	Totals A	Pts	GA	Leading Goalscorer	Gls
1	Brentford	42	15	4	2	45	19	11	6	4	45	30	26	10	6	90	49	62	1.83	J Holliday	36
2	Exeter City	42	17	2	2	57	13	7	8	6	31	35	24	10	8	88	48	58	1.83	F Whitlow	34
3	Norwich City	42	16	3	2	49	17	6	10	5	39	38	22	13	7	88	55	57	1.60	O Brown, K Burditt	19
4	Reading	42	14	5	2	68	30	5	8	8	35	41	19	13	10	103	71	51	1.45	J Palethorpe	29
5	Crystal Palace	42	14	4	3	51	21	5	4	12	27	43	19	8	15	78	64	46	1.21	P Simpson	14
6	Coventry City	42	16	1	4	75	24	3	5	13	31	53	19	6	17	106	77	44	1.37	C Bourton	41
7	Gillingham	42	14	4	3	54	24	4	4	13	18	37	18	8	16	72	61	44	1.08	G Nicol	24
8	Northampton T.	42	16	5	0	54	11	2	3	16	22	55	18	8	16	76	66	44	1.15	A Dawes	32
9	Bristol Rovers	42	13	5	3	38	22	2	9	10	23	34	15	14	13	61	56	44	1.08	W Gibbins	14
10	Torquay United	42	12	7	2	51	26	4	2	15	21	41	16	9	17	72	67	44	1.07	G Stabb	24
11	Watford	42	11	8	2	37	22	5	4	12	29	41	16	12	14	66	63	44	1.04	W Lane	22
12	Brighton & H A	42	13	3	5	42	20	4	5	12	24	45	17	8	17	66	65	42	1.01	A Attwood	20
13	Southend United	42	11	5	5	39	27	4	6	11	26	55	15	11	16	65	82	41	0.79	J Morfitt	14
14	Luton Town	42	12	8	1	60	32	1	5	15	18	46	13	13	16	78	78	39	1.00	T Tait	18
15	Bristol City	42	11	5	5	59	37	1	8	12	24	53	12	13	17	83	90	37	0.92	E Bowen	27
16	Queens Park R.	42	9	8	4	48	32	4	3	14	24	55	13	11	18	72	87	37	0.82	A Brown	14
17	Aldershot	42	11	6	4	37	21	2	4	15	24	51	13	10	19	61	72	36	0.84	F Gamble	15
18	Bournemouth	42	10	7	4	44	27	2	5	14	16	54	12	12	18	60	81	36	0.74	J Russell	20
19	Cardiff City	42	12	4	5	48	30	0	3	18	21	69	12	7	23	69	99	31	0.69	J McCambridge	16
20	Clapton Orient	42	7	8	6	39	35	1	5	15	20	58	8	13	21	59	93	29	0.63	R Tricker	14
21	Newport County	42	9	4	8	42	42	2	3	16	19	63	11	7	24	61	105	29	0.58	J Gardner, W Thomas	12
22	Swindon Town	42	7	9	5	36	29	2	2	17	24	76	9	11	22	60	105	29	0.57	D Morris	12

1933/34 DIVISION 1 — SEASON 42

Total Matches 462
Total Goals 1524
Avg goals per match 3.29

Results Grid

	Team	Arsenal	Aston Villa	Birmingham	Blackburn Rov	Chelsea	Derby County	Everton	Huddersfield T	Leeds Utd	Leicester City	Liverpool	Manchester C	Middlesbrough	Newcastle Utd	Portsmouth	Sheffield United	Sheffield Weds	Stoke City	Sunderland	Tottenham H	West Brom A	Wolverhampton
1	Arsenal		3-2	1-1	2-1	2-1	1-0	1-2	3-1	2-0	2-1	2-1	1-1	6-0	3-0	1-1	2-0	1-1	3-0	2-1	1-3	3-1	3-2
2	Aston Villa	2-3		1-1	1-1	2-0	0-2	2-1	4-3	3-0	2-3	4-2	0-0	3-0	2-3	1-1	3-0	1-0	1-2	2-1	1-5	4-4	6-2
3	Birmingham	0-0	0-0		2-0	0-3	2-1	2-2	1-3	4-0	3-0	1-2	0-1	0-0	1-2	3-1	4-2	3-0	0-1	1-1	2-0	0-1	0-0
4	Blackburn Rovers	2-2	2-1	3-1		4-2	2-1	1-1	2-2	4-2	3-0	3-1	3-0	0-0	3-2	3-2	3-1	3-1	4-1	0-0	1-0	4-0	7-1
5	Chelsea	2-2	1-0	1-1	3-0		0-2	2-0	2-3	1-1	2-0	2-0	1-2	2-3	2-1	4-0	5-0	0-1	2-0	4-0	0-4	3-2	5-2
6	Derby County	2-4	1-1	4-0	1-1	1-0		1-1	1-1	3-1	2-1	3-1	4-1	2-0	1-1	0-1	5-1	1-1	5-1	0-0	4-3	1-1	3-1
7	Everton	3-1	2-2	2-0	7-1	2-1	0-3		0-1	2-0	1-1	0-0	2-0	1-1	3-7	1-1	4-0	2-3	2-2	1-0	1-1	1-0	1-2
8	Huddersfield Town	0-1	2-1	0-0	5-3	6-1	2-0	1-0		0-0	5-1	0-2	1-0	2-1	4-1	4-0	6-1	3-2	2-2	2-1	2-1	3-1	3-1
9	Leeds United	0-1	2-4	1-0	4-0	3-1	0-2	2-1	1-1		8-0	5-1	3-1	5-2	3-0	1-0	1-1	2-1	2-0	3-1	0-0	3-0	3-3
10	Leicester City	4-1	1-1	3-7	1-2	1-1	2-0	3-1	1-0	2-2		1-0	0-0	1-2	3-2	2-1	4-0	2-0	3-1	0-0	1-3	0-1	1-1
11	Liverpool	2-3	2-3	4-1	4-0	3-0	4-2	3-2	2-2	4-3	1-3		3-2	6-2	1-2	2-2	3-2	1-3	1-1	1-1	3-1	1-1	1-1
12	Manchester City	2-1	1-0	1-0	3-1	4-2	2-0	2-2	2-2	0-1	1-1	2-1		5-2	1-1	2-1	4-1	2-3	4-2	4-1	2-0	2-7	4-3
13	Middlesbrough	0-2	1-2	0-3	3-1	2-2	3-1	2-0	3-0	2-1	4-1	4-1	2-1		1-0	2-0	10-3	2-3	6-1	0-4	1-1	3-0	0-0
14	Newcastle United	0-1	1-1	0-0	3-1	2-2	1-1	1-2	3-3	2-0	1-1	9-2	2-2	1-1		2-2	3-1	0-0	2-2	2-1	1-5	2-1	5-1
15	Portsmouth	1-0	3-2	0-2	2-0	0-2	1-0	0-0	3-0	2-1	3-5	1-0	2-0	4-1	2-0		1-1	0-2	3-1	0-0	0-1	2-2	1-1
16	Sheffield United	1-3	3-3	2-1	1-0	4-1	2-0	1-1	1-4	2-1	2-1	2-2	1-1	3-1	4-0	0-1		5-1	1-2	2-0	0-1	0-0	3-1
17	Sheffield Wednesday	1-2	1-2	2-1	4-0	2-1	1-1	0-0	1-2	0-2	1-1	1-2	1-1	3-0	3-1	1-2	0-1		2-2	2-0	2-1	3-1	2-1
18	Stoke City	1-1	1-1	1-1	2-0	1-0	0-4	1-2	3-0	0-1	2-1	1-1	2-0	2-1	2-1	3-0	0-1			3-0	2-0	4-1	1-1
19	Sunderland	3-0	5-1	4-1	3-0	0-0	0-0	3-2	1-1	4-2	2-1	4-1	0-0	2-0	0-2	5-0	4-0	4-1			6-0	2-2	3-3
20	Tottenham Hotspur	1-1	3-2	3-2	4-1	2-1	1-2	3-0	1-3	5-1	0-1	0-3	5-1	2-0	4-0	0-0	4-1	4-3	0-0	3-1		2-1	4-0
21	West Bromwich Albion	1-0	2-1	1-2	0-1	3-1	5-1	3-3	2-3	0-3	2-0	2-2	4-0	3-0	1-1	2-1	3-0	1-1	5-1	6-5	1-2		2-0
22	Wolverhampton Wand.	0-1	4-3	2-0	5-3	1-1	3-0	2-0	5-2	2-0	1-1	3-2	8-0	0-1	2-1	1-1	3-2	6-2	0-2	1-8	1-0	0-0	

Final League Table

Pos	Team	Pld	Home W	Home D	Home L	Home F	Home A	Away W	Away D	Away L	Away F	Away A	W	D	L	F	A	Pts	GA	Leading Goalscorer	Gls
1	Arsenal	42	15	4	2	45	19	10	5	6	30	28	25	9	8	75	47	59	1.59	C Bastin, E Bowden	13
2	Huddersfield T.	42	16	3	2	53	19	7	7	7	37	42	23	10	9	90	61	56	1.47	C Luke, G McLean	18
3	Tottenham H.	42	14	3	4	51	24	7	4	10	28	32	21	7	14	79	56	49	1.41	G Hunt	32
4	Derby County	42	11	8	2	45	22	6	3	12	23	32	17	11	14	68	54	45	1.25	J Bowers	34
5	Manchester City	42	14	4	3	50	29	3	7	11	15	43	17	11	14	65	72	45	0.90	A Herd	18
6	Sunderland	42	14	6	1	57	17	2	6	13	24	39	16	12	14	81	56	44	1.44	R Gurney	21
7	West Brom A.	42	12	4	5	49	28	5	6	10	29	42	17	10	15	78	70	44	1.11	W Richardson	25
8	Blackburn Rov.	42	16	5	0	57	21	2	2	17	17	60	18	7	17	74	81	43	0.91	J Bruton, E Harper	15
9	Leeds United	42	13	5	3	52	21	4	3	14	23	45	17	8	17	75	66	42	1.13	A Hydes	16
10	Portsmouth	42	11	5	5	31	21	4	7	10	21	34	15	12	15	52	55	42	0.94	J Weddle	17
11	Sheffield Weds.	42	9	5	7	33	24	7	4	10	29	43	16	9	17	62	67	41	0.92	H Burgess	12
12	Stoke City	42	11	5	5	33	19	4	6	11	25	52	15	11	16	58	71	41	0.81	T Sale	14
13	Aston Villa	42	10	5	6	45	34	4	7	10	33	41	14	12	16	78	75	40	1.04	D Astley	25
14	Everton	42	9	7	5	38	27	3	9	9	24	36	12	16	14	62	63	40	0.98	T White	14
15	Wolverhampton	42	13	4	4	50	28	1	8	12	24	58	14	12	16	74	86	40	0.86	W Hartill, C Phillips	13
16	Middlesbrough	42	13	3	5	51	27	3	4	14	17	53	16	7	19	68	80	39	0.85	G Camsell	23
17	Leicester City	42	10	6	5	36	26	4	5	12	23	48	14	11	17	59	74	39	0.79	D Liddle	13
18	Liverpool	42	10	6	5	52	37	4	4	13	27	50	14	10	18	79	87	38	0.90	G Hodgson	24
19	Chelsea	42	12	3	6	44	24	2	5	14	23	45	14	8	20	67	69	36	0.97	G Mills	14
20	Birmingham	42	8	6	7	29	20	4	6	11	25	36	12	12	18	54	56	36	0.96	F Roberts	8
21	Newcastle Utd.	42	6	11	4	42	29	4	3	14	26	48	10	14	18	68	77	34	0.88	S Weaver	14
22	Sheffield United	42	11	5	5	40	25	1	2	18	18	76	12	7	23	58	101	31	0.57	W Boyd	15

1933/34 DIVISION 2 SEASON 42

Total Matches 462
Total Goals 1441
Avg goals per match 3.12

Results Grid

	Team	Blackpool	Bolton Wand	Bradford P A	Bradford City	Brentford	Burnley	Bury	Fulham	Grimsby Town	Hull City	Lincoln City	Manchester U	Millwall	Nottm Forest	Notts County	Oldham Ath.	Plymouth A	Port Vale	Preston N E	Southampton	Swansea Town	West Ham Utd
1	Blackpool		1-1	1-1	3-2	3-1	1-1	2-0	4-3	3-4	0-0	2-0	3-1	2-2	2-3	2-1	0-0	1-1	1-0	1-2	4-2	2-1	1-1
2	Bolton Wanderers	1-2		0-1	3-0	3-2	4-1	2-0	3-1	0-4	3-3	1-2	3-1	5-0	1-1	1-0	1-0	2-0	3-0	0-2	2-0	2-1	5-1
3	Bradford Park Avenue	1-2	1-4		2-1	5-2	5-0	0-1	3-1	2-1	3-1	2-1	6-1	4-0	6-2	3-2	4-2	4-1	2-2	2-1	3-1	5-1	0-0
4	Bradford City	1-0	5-1	3-0		2-1	2-1	2-2	1-0	2-1	1-2	3-0	1-1	1-0	3-2	3-1	5-2	3-4	1-2	1-0	2-2	2-1	2-2
5	Brentford	1-0	3-1	2-0	2-1		5-2	2-3	1-2	1-2	2-2	5-0	3-4	3-0	2-1	2-2	2-1	3-0	2-0	3-2	2-0	2-0	4-1
6	Burnley	3-2	1-3	1-0	4-2	3-1		1-2	2-1	2-0	3-1	3-1	1-4	2-1	1-0	1-0	0-1	2-2	0-0	1-4	2-1	3-1	4-2
7	Bury	2-5	1-1	2-1	1-0	1-2	1-1		3-3	1-3	3-1	0-2	2-1	5-1	4-2	3-1	1-1	4-0	0-3	2-1	1-0	4-1	2-1
8	Fulham	1-0	0-2	0-2	0-1	1-1	1-1	2-1		1-0	1-1	1-0	0-2	2-0	3-1	3-0	1-2	3-2	3-0	1-0	1-0	1-0	3-1
9	Grimsby Town	7-0	2-3	3-2	1-4	2-2	1-0	2-0	3-1		4-1	3-0	7-3	5-2	2-1	2-2	2-1	5-1	1-2	3-0	3-1	3-1	1-1
10	Hull City	3-0	1-0	1-2	2-2	0-1	0-1	3-1	0-0	0-1		2-0	4-1	3-2	2-2	0-1	2-0	5-4	2-1	0-1	1-0	0-0	2-0
11	Lincoln City	2-2	2-2	2-1	0-1	0-2	4-0	1-2	5-0	3-3	2-1		5-1	0-1	0-0	0-1	1-1	1-1	0-0	0-1	1-1	1-0	0-2
12	Manchester United	2-0	1-5	0-4	2-1	1-3	5-2	2-1	1-0	1-3	4-1	1-1		1-1	0-1	1-2	2-3	0-3	2-0	1-0	1-0	1-1	0-1
13	Millwall	0-0	2-1	0-1	1-1	2-0	0-0	0-0	0-1	0-1	2-0	4-1	0-2		0-0	3-2	1-0	0-0	0-3	1-1	0-2	2-2	2-2
14	Nottm Forest	0-0	2-2	3-0	1-2	1-1	0-2	7-2	2-0	4-2	0-1	6-2	1-1	2-0		2-0	1-3	2-1	6-1	2-3	4-1	4-2	0-1
15	Notts County	1-1	1-2	1-0	3-0	1-2	3-1	2-1	4-1	1-2	0-0	2-0	0-0	0-1	1-0		1-1	2-1	3-2	2-2	2-2	1-1	1-2
16	Oldham Athletic	2-0	1-3	1-3	4-3	1-4	1-0	2-2	2-2	1-5	7-0	3-0	2-0	1-0	4-1	2-0		1-1	5-1	3-1	1-1	0-0	4-1
17	Plymouth Argyle	0-3	3-0	4-1	3-0	1-1	1-0	3-3	4-0	0-2	1-1	3-0	4-0	4-3	1-0	1-0		3-0	0-0	0-0	2-2	4-4
18	Port Vale	1-0	0-0	3-1	3-1	1-0	0-2	4-1	2-2	0-1	3-0	1-0	2-3	5-1	3-1	0-0	2-0	4-0		2-0	2-1	1-0	0-0
19	Preston N E	3-0	1-1	3-1	0-1	3-2	3-2	0-3	2-0	1-2	5-0	2-1	3-2	4-2	4-0	2-0	1-0	1-1	0-0		3-1	3-0	3-1
20	Southampton	3-2	1-0	5-0	4-1	0-0	2-1	1-0	2-0	4-2	1-1	3-1	1-0	2-3	2-0	3-2	1-0	0-1	1-4	0-1		1-0	3-2
21	Swansea Town	2-2	0-0	5-1	2-1	2-3	3-0	1-1	1-0	1-1	1-0	2-1	2-0	1-1	1-1	2-2	2-1	4-0	1-2	1-0		1-1
22	West Ham United	1-2	4-2	0-1	1-2	3-2	1-2	3-1	5-1	3-1	2-1	4-1	2-1	1-1	2-1	5-3	1-4	5-1	1-0	6-0	0-0	1-1	

Final League Table

Pos	Team	Pld	Home						Away						Totals						Leading Goalscorer	Gls
			W	D	L	F	A	W	D	L	F	A	W	D	L	F	A	Pts	GA		
1	Grimsby Town	42	15	3	3	62	28	12	2	7	41	31	27	5	10	103	59	59	1.74	E Glover	42
2	Preston N E	42	15	3	3	47	20	8	3	10	24	32	23	6	13	71	52	52	1.36	G Stephenson	16
3	Bolton Wand.	42	14	2	5	45	22	7	7	7	34	33	21	9	12	79	55	51	1.43	J Milsom	23
4	Brentford	42	15	2	4	52	24	7	5	9	33	36	22	7	13	85	60	51	1.41	J Holliday	27
5	Bradford P A	42	16	2	3	63	27	7	1	13	23	40	23	3	16	86	67	49	1.28	H Blackmore	25
6	Bradford City	42	14	4	3	46	25	6	2	13	27	42	20	6	16	73	67	46	1.09	J Spence	23
7	West Ham Utd.	42	13	3	5	51	28	4	8	9	27	42	17	11	14	78	70	45	1.11	V Watson	26
8	Port Vale	42	14	4	3	39	14	5	3	13	21	41	19	7	16	60	55	45	1.09	W Nolan	22
9	Oldham Athletic	42	12	5	4	48	28	5	5	11	24	32	17	10	15	72	60	44	1.20	T Reid	17
10	Plymouth Argyle	42	12	7	2	43	20	3	6	12	26	50	15	13	14	69	70	43	0.98	J Cookson	27
11	Blackpool	42	10	8	3	39	27	5	5	11	23	37	15	13	14	62	64	43	096	J Hampson	13
12	Bury	42	12	4	5	43	31	5	5	11	27	42	17	9	16	70	73	43	0.95	J Vernon	15
13	Burnley	42	14	2	5	40	29	4	4	13	20	43	18	6	18	60	72	42	0.83	C Smith	17
14	Southampton	42	15	2	4	40	21	0	5	15	14	37	15	8	19	54	58	38	0.93	E Drake	22
15	Hull City	42	11	4	6	33	20	2	8	11	19	48	13	12	17	52	68	38	0.76	W McNaughton	15
16	Fulham	42	13	3	5	29	17	2	4	15	19	50	15	7	20	48	67	37	0.71	H Hammond	15
17	Nottm Forest	42	11	4	6	50	27	2	5	14	23	47	13	9	20	73	74	35	0.98	J Dent	26
18	Notts County	42	9	7	5	32	22	3	4	14	21	40	12	11	19	53	62	35	0.85	C MacCartney	16
19	Swansea Town	42	10	9	2	36	19	0	3	18	15	41	10	5	17	51	60	35	0.85	J Firth, S Lowery	11
20	Manchester Utd.	42	9	3	9	29	33	5	3	13	30	52	14	6	22	59	85	34	0.69	N Dewar	8
21	Millwall	42	8	8	5	21	17	3	3	15	18	51	11	11	20	39	68	33	0.57	L Fishlock	7
22	Lincoln City	42	7	7	7	31	23	2	1	18	13	52	9	8	25	44	75	26	0.58	C Read	8

1933/34 DIVISION 3 (North)
SEASON 42

Total Matches: 462
Total Goals: 1800
Avg goals per match: 3.89

Results Grid

	Team	Accrington S	Barnsley	Barrow	Carlisle United	Chester	Chesterfield	Crewe Alex	Darlington	Doncaster Rov	Gateshead	Halifax Town	Hartlepools U	Mansfield T	New Brighton	Rochdale	Rotherham Utd	Southport	Stockport Co.	Tranmere R	Walsall	Wrexham	York City
1	Accrington Stanley		0-9	0-4	2-1	4-1	1-0	0-2	2-0	4-1	5-2	1-1	2-2	1-1	8-0	1-3	2-2	3-2	0-3	2-2	1-0	1-1	4-1
2	Barnsley	6-0		3-1	1-0	2-0	3-2	5-2	4-0	2-2	0-0	1-0	5-4	6-1	2-0	4-1	5-1	3-2	2-0	5-1	1-1	3-0	1-0
3	Barrow	2-6	3-4		2-0	9-0	2-0	0-3	5-2	2-1	12-1	5-2	2-2	6-3	3-3	5-3	4-1	3-3	2-0	1-3	5-5	3-1	2-2
4	Carlisle United	3-0	1-4	0-0		1-0	1-1	6-1	3-3	0-1	6-0	1-0	4-1	3-2	1-2	3-0	0-1	0-0	2-2	2-1	3-2	0-0	3-2
5	Chester	7-0	4-2	1-3	3-3		3-2	1-0	8-0	3-1	4-0	1-2	3-3	1-1	0-0	7-1	5-1	1-0	1-1	4-2	0-1	1-2	1-1
6	Chesterfield	1-0	3-0	2-1	4-0	6-1		3-2	0-1	1-1	6-2	4-2	3-1	3-2	4-0	3-0	2-1	2-1	1-0	1-0	1-2	4-0	2-0
7	Crewe Alexandra	4-2	4-2	1-3	4-0	3-5	1-2		2-3	4-0	3-2	1-1	1-0	2-1	6-2	4-1	0-2	2-2	2-2	3-1	1-4	1-0	5-3
8	Darlington	3-1	0-4	4-1	1-2	0-4	1-1	1-1		4-0	3-3	4-2	5-3	1-4	1-0	1-1	4-1	4-0	1-2	1-3	2-1	2-1	4-0
9	Doncaster Rov.	5-1	4-4	3-2	2-1	3-1	1-3	4-0	3-2		5-2	3-0	3-0	1-0	1-0	5-0	2-1	3-0	0-2	2-0	4-0	1-4	3-1
10	Gateshead	2-0	1-4	0-0	2-3	1-3	2-1	2-1	2-2	2-4		4-0	6-3	5-3	6-0	2-1	4-1	2-2	0-4	1-2	2-1	0-3	0-2
11	Halifax Town	2-1	1-1	4-1	3-2	1-0	5-0	3-2	2-0	0-1	2-4		6-2	4-2	1-1	4-2	3-2	6-2	4-2	0-2	2-0	1-3	3-0
12	Hartlepools United	3-0	1-2	7-0	3-2	1-0	0-3	2-1	6-2	2-2	3-3	5-0		3-1	2-1	2-1	4-0	1-2	3-1	1-0	1-1	4-1	2-0
13	Mansfield Town	5-0	1-5	0-5	6-0	2-1	0-3	4-1	4-0	1-1	1-1	6-1	1-1		5-2	5-0	3-0	2-2	1-1	0-0	1-2	1-1	0-2
14	New Brighton	0-3	0-1	2-2	2-1	0-2	0-0	2-1	3-2	2-2	3-1	5-1		0-2		3-1	5-2	2-1	1-0	2-0	1-0	2-0	2-1
15	Rochdale	0-1	3-1	1-2	0-1	6-0	0-1	2-0	1-0	0-2	2-0	1-2	3-0	2-2	1-1		0-2	3-3	1-1	1-0	3-3	1-2	3-6
16	Rotherham United	3-1	0-2	1-1	0-1	0-3	1-3	3-4	0-0	0-0	3-2	1-2	4-2	1-2	2-2	4-0		0-1	1-1	2-2	1-1	1-3	2-2
17	Southport	1-1	2-2	1-3	1-1	3-1	0-0	1-1	3-2	0-0	1-1	1-4	0-2	3-3	4-0	3-0	4-0		1-4	2-2	3-1	1-1	0-0
18	Stockport County	3-0	1-1	4-1	4-0	4-2	0-0	1-1	6-0	4-3	1-0	13-0	5-2	3-1	5-1	4-1	3-1	9-2		2-1	3-2	7-3	2-1
19	Tranmere Rovers	2-0	5-2	4-1	3-1	6-1	0-1	5-1	2-2	2-0	2-1	3-2	3-2	1-0	4-0	1-2	5-0	1-1			1-0	1-2	3-0
20	Walsall	5-0	5-1	2-4	3-2	5-0	2-2	5-1	3-0	2-0	5-1	2-0	5-0	0-0	2-1	2-0	3-1	4-1	2-0	5-3		3-1	1-0
21	Wrexham	3-2	4-2	3-2	8-1	0-3	2-3	5-1	6-1	1-1	2-3	0-2	3-1	5-0	5-4	4-1	4-0	2-1	0-1	5-1	4-2		2-3
22	York City	3-2	1-1	6-1	4-1	3-2	1-2	4-1	1-1	1-2	1-1	1-0	1-3	1-0	2-1	6-1	0-1	1-0	2-2	1-0	2-2	2-4	

Final League Table

Pos	Team	Pld	Home W	Home D	Home L	Home F	Home A	Away W	Away D	Away L	Away F	Away A	Totals W	Totals D	Totals L	Totals F	Totals A	Pts	GA	Leading Goalscorer	Gls
1	Barnsley	42	18	3	0	64	18	9	5	7	54	43	27	8	7	118	61	62	1.93	A Blight	31
2	Chesterfield	42	18	1	2	56	17	9	6	6	30	26	27	7	8	86	43	61	2.00	C Cook	28
3	Stockport Co.	42	18	3	0	84	23	6	8	7	31	29	24	11	7	115	52	59	2.21	A Lythgoe	46
4	Walsall	42	18	2	1	66	18	5	5	11	31	42	23	7	12	97	60	53	1.61	G Alsop	40
5	Doncaster Rov.	42	17	3	1	58	24	5	8	8	25	37	22	9	11	83	61	53	1.36	R Dodd	24
6	Wrexham	42	14	1	6	68	35	9	4	8	34	38	23	5	14	102	73	51	1.39	T Bamford	44
7	Tranmere Rov.	42	16	2	3	57	21	4	5	12	27	42	20	7	15	84	63	47	1.33	R Bell	35
8	Barrow	42	12	5	4	78	45	7	4	10	38	49	19	9	14	116	94	47	1.23	J Shankley	39
9	Halifax Town	42	15	2	4	57	30	5	2	14	23	61	20	4	18	80	91	44	0.87	W Chambers	30
10	Chester	42	11	6	4	59	26	6	0	15	30	60	17	6	19	89	86	40	1.03	J Mantle	18
11	Hartlepools Utd	42	14	3	4	54	24	2	4	15	35	69	16	7	19	89	93	39	0.95	J Hewitt	20
12	York City	42	11	5	5	44	28	4	3	14	27	46	15	8	19	71	74	38	0.95	M Dando	25
13	Carlisle United	42	11	6	4	43	23	4	2	15	23	58	15	8	19	66	81	38	0.81	J Slinger	31
14	Crewe Alex.	42	12	3	6	54	38	3	3	15	27	59	15	6	21	81	97	36	0.83	H Swindells	14
15	New Brighton	42	13	3	5	41	25	1	5	15	21	62	14	8	20	62	87	36	0.71	T Davis	24
16	Darlington	42	11	4	6	47	36	2	5	14	23	66	13	9	20	70	101	35	0.69	J Best	16
17	Mansfield Town	42	9	7	5	49	28	2	5	14	32	59	11	12	19	81	88	34	0.92	H Johnson	19
18	Southport	42	6	11	4	35	29	2	6	13	28	61	8	17	17	63	90	33	0.70	J Diamond	20
19	Gateshead	42	10	3	8	46	40	2	6	13	30	70	12	9	21	76	110	33	0.69	J Wesley	25
20	Accrington S.	42	10	6	5	44	38	3	1	17	21	63	13	7	22	65	101	33	0.64	J Cheetham	15
21	Rotherham Utd.	42	5	7	9	31	35	5	1	15	22	56	10	8	24	53	91	28	0.58	E Wright	16
22	Rochdale	42	7	5	9	34	30	2	1	18	19	73	9	6	27	53	103	24	0.51	J Robson	10

1933/34 DIVISION 3 (South)
SEASON 42

Total Matches 462
Total Goals 1526
Avg goals per match 3.30

		Aldershot	Bournemouth	Brighton & H A	Bristol City	Bristol Rovers	Cardiff City	Charlton Ath	Clapton Orient	Coventry City	Crystal Palace	Exeter City	Gillingham	Luton Town	Newport Co	Northampton T	Norwich City	Q P R	Reading	Southend Utd	Swindon Town	Torquay Utd.	Watford
1	Aldershot		0-0	0-1	2-2	0-1	1-3	3-2	0-0	1-1	0-4	0-2	0-2	0-0	3-2	1-1	2-1	3-1	3-0	2-0	1-2	3-0	3-2
2	Bournemouth & B A	1-2		1-1	5-0	2-0	1-3	1-2	2-0	3-3	1-1	1-3	1-1	4-3	0-0	4-0	2-4	3-2	1-1	1-4	1-1	3-4	3-2
3	Brighton & Hove Albion	3-1	6-0		5-1	0-2	4-0	1-0	0-0	1-1	4-1	2-1	5-2	1-1	1-1	3-3	1-1	0-1	1-1	1-0	3-0	3-1	2-0
4	Bristol City	1-1	3-1	5-0		0-3	3-0	0-1	3-0	0-0	2-2	1-1	1-1	0-0	1-1	2-3	0-1	0-2	1-2	5-1	2-2	2-0	1-0
5	Bristol Rovers	4-1	3-0	1-1	5-1		3-1	2-5	2-2	4-1	0-1	1-1	4-2	0-1	2-0	1-1	3-0	4-1	1-0	3-1	3-0	2-1	1-0
6	Cardiff City	1-2	4-2	1-4	1-5	1-5		1-1	1-2	3-3	4-0	2-1	1-3	0-4	1-1	1-3	0-2	3-1	2-0	1-1	0-1	0-1	4-1
7	Charlton Athletic	1-0	4-3	4-3	2-1	2-1	2-0		1-1	2-0	4-2	4-1	2-2	0-0	6-1	1-1	3-3	1-2	0-0	1-3	1-0	6-0	4-3
8	Clapton Orient	9-2	4-1	2-1	4-0	0-0	4-2	1-3		0-0	2-0	4-0	2-1	1-1	3-0	5-1	3-2	2-2	2-3	5-2	1-0	4-1	2-3
9	Coventry City	5-1	4-1	2-0	9-0	5-3	4-1	3-2	3-1		5-1	1-3	7-1	2-2	5-2	3-1	0-0	0-1	0-0	2-0	5-1	3-1	2-0
10	Crystal Palace	4-1	4-1	2-1	0-1	1-2	3-2	2-1		0-0		3-2	2-2	1-1	1-2	0-1	4-1	0-0	1-1	0-0	4-1	4-3	
11	Exeter City	0-0	4-0	3-0	2-0	0-0	4-0	2-0	0-3	1-0	1-2		2-0	4-2	1-1	0-2	3-4	1-1	4-1	2-0	2-2	4-0	3-1
12	Gillingham	1-2	5-1	3-0	2-1	3-2	6-2	1-1	1-1	3-7	0-5	1-1		1-1	1-2	1-4	5-1	0-0	3-3	3-3	3-3		
13	Luton Town	1-1	2-0	1-2	3-0	2-2	3-1	2-1	2-0	0-1	2-1	3-2	4-2		1-1	3-1	2-3	4-2	3-1	3-1	2-3	10-2	2-1
14	Newport County	1-2	1-1	2-2	2-2	1-0	2-2	1-1	1-1	0-0	1-0	3-1	1-2			2-0	0-0	1-2	1-2	3-0	1-2	0-0	0-3
15	Northampton Town	0-0	4-1	1-1	2-3	1-2	2-0	1-2	3-0	2-2	4-2	5-3	1-0	2-3	5-3		2-2	2-1	2-4	2-0	2-2	1-1	1-0
16	Norwich City	2-2	6-1	4-3	7-2	0-0	3-0	3-0	3-1	2-0	1-1	4-1	4-0	2-1	2-0		1-0	3-2	0-0	3-2	0-2	3-1	
17	Queens Park Rangers	2-4	1-0	2-0	1-0	1-0	4-0	2-1	2-0	0-1	2-1	2-0	5-0	2-1	2-1	2-1	5-2		0-0	4-0	1-0	2-0	0-0
18	Reading	3-2	4-0	2-0	1-1	2-2	3-1	1-0	4-0	1-0	0-0	3-1	2-0	4-1	4-0	2-2	1-0	5-0		5-0	2-0	5-2	6-1
19	Southend United	1-0	1-2	0-0	3-0	2-2	1-1	1-0	2-1	2-1	0-4	3-1	1-2	0-1	3-5	2-0	0-0	0-2	2-2		4-1	3-1	1-1
20	Swindon Town	1-0	3-2	1-1	4-2	1-0	6-3	1-3	3-0	0-1	3-2	1-1	3-1	3-1	1-1	0-0	3-1	3-1	1-4	2-0		1-0	
21	Torquay United	0-0	1-0	3-0	2-2	2-1	3-1	1-4	2-1	1-3	2-1	0-2	2-1	0-1	1-2	3-2	1-2	1-1	1-1	3-0	2-0		1-3
22	Watford	3-0	1-2	1-0	1-1	0-0	1-2	0-1	6-0	3-3	3-1	2-0	2-1	0-1	2-0	1-3	0-0	2-0	2-1	4-0	5-0		

Final League Table

Pos	Team	Pld	Home W	Home D	Home L	Home F	Home A	Away W	Away D	Away L	Away F	Away A	Totals W	Totals D	Totals L	Totals F	Totals A	Pts	GA	Leading Goalscorer	Gls
1	Norwich City	42	16	4	1	55	19	9	7	5	33	30	25	11	6	88	49	61	1.79	E Vinall, W Warnes	21
2	Coventry City	42	16	3	2	70	22	5	9	7	30	32	21	12	9	100	54	54	1.85	C Bourton	25
3	Reading	42	17	4	0	60	13	4	8	9	22	37	21	12	9	82	50	54	1.64	F Newton	25
4	Queens Park R	42	17	2	2	42	12	7	4	10	28	39	24	6	12	70	51	54	1.37	J Blackman	24
5	Charlton Athletic	42	14	5	2	53	27	8	3	10	30	29	22	8	12	83	56	52	1.48	C Pearce	26
6	Luton Town	42	14	3	4	55	28	7	7	7	28	33	21	10	11	83	61	52	1.36	A Rennie	16
7	Bristol Rovers	42	14	4	3	49	21	6	7	8	28	26	20	11	11	77	47	51	1.63	J McCambridge	17
8	Swindon Town	42	13	6	2	43	25	4	6	11	21	43	17	11	14	64	68	45	0.94	T Armstrong	21
9	Exeter City	42	12	5	4	43	19	4	6	11	25	38	16	11	15	68	57	43	1.19	S Hurst, F Whitlow	13
10	Brighton & H A	42	12	7	2	47	17	3	6	12	21	42	15	13	14	68	60	43	1.13	O Brown	12
11	Clapton Orient	42	14	4	3	60	25	2	6	13	15	44	16	10	16	75	69	42	1.08	D Halliday	19
12	Crystal Palace	42	11	6	4	40	25	5	3	13	31	42	16	9	17	71	67	41	1.06	P Simpson	20
13	Northampton T.	42	10	6	5	45	32	4	6	11	26	46	14	12	16	71	78	40	0.91	G Henson	17
14	Aldershot	42	8	6	7	28	27	5	6	10	24	44	13	12	17	52	71	38	0.73	A Smithson	11
15	Watford	42	12	4	5	43	16	3	3	15	28	47	15	7	20	71	63	37	1.12	T Barnett	17
16	Southend United	42	9	6	6	32	27	3	4	14	19	47	12	10	20	51	74	34	0.68	G Stevens	20
17	Gillingham	42	8	8	5	49	41	3	3	15	26	55	11	11	20	75	96	33	0.78	S Raleigh	18
18	Newport County	42	6	9	6	25	23	2	8	11	24	47	8	17	17	49	70	33	0.70	G Reed	11
19	Bristol City	42	7	8	6	33	22	0	5	16	25	63	10	13	19	58	85	33	0.68	J Riley	13
20	Torquay United	42	10	4	7	32	28	3	3	15	21	65	13	7	22	53	93	33	0.57	G Stabb	12
21	Bournemouth	42	7	7	7	41	37	2	2	17	19	65	9	9	24	60	102	27	0.58	J Russell	12
22	Cardiff City	42	6	4	11	32	43	3	2	16	25	62	9	6	27	57	105	24	0.54	E Postin	13

Albert Dawes was the leading goalscorer for this Division with 27 League goals, having scored 11 for Northampton to 16 December 1933 and then 16 for Crystal Palace after transferring to them.

1934/35 DIVISION 1 SEASON 43

Total Matches: 462
Total Goals: 1677
Avg goals per match: 3.63

Results Grid

#	Team	Arsenal	Aston Villa	Birmingham	Blackburn Rov	Chelsea	Derby County	Everton	Grimsby Town	Huddersfield T	Leeds Utd	Leicester City	Liverpool	Manchester C	Middlesbrough	Portsmouth	Preston N E	Sheffield Weds	Stoke City	Sunderland	Tottenham H	West Brom A	Wolverhampton
1	Arsenal		1-2	5-1	4-0	2-2	0-1	2-0	1-1	1-0	3-0	8-0	8-1	3-0	8-0	1-1	5-3	4-1	2-0	0-0	5-1	4-3	7-0
2	Aston Villa	1-3		2-2	1-1	0-3	3-2	2-2	3-2	1-1	1-1	5-0	4-2	4-2	0-3	5-4	4-2	4-0	4-1	1-1	1-0	2-3	2-1
3	Birmingham	3-0	2-1		1-0	0-1	3-2	2-1	3-0	0-4	3-1	2-3	1-3	1-3	4-2	2-1	3-0	0-0	0-0	2-2	2-1	1-2	1-1
4	Blackburn Rovers	2-0	5-0	3-1		1-2	2-5	6-2	2-2	4-2	1-1	0-0	0-2	1-0	3-2	0-0	1-0	2-1	0-1	0-0	2-0	3-0	4-2
5	Chelsea	2-5	2-0	2-2	4-2		1-1	3-0	2-0	2-1	7-1	3-1	4-1	4-2	2-1	1-1	0-0	1-2	0-2	2-2	1-3	2-3	4-2
6	Derby County	3-1	1-1	1-1	1-1	3-0		4-1	1-4	4-1	1-2	1-1	1-2	1-2	2-0	0-1	0-3	4-0	0-2	3-1	2-1	9-3	2-0
7	Everton	0-2	2-2	6-0	5-2	3-2	2-2		3-1	4-2	4-4	2-1	1-0	1-2	1-3	2-2	4-1	2-2	5-0	6-2	5-2	4-0	4-2
8	Grimsby Town	2-2	5-1	4-3	1-2	3-1	1-3	0-0		1-1	3-2	3-1	3-2	1-1	2-2	3-0	3-1	3-1	3-1	0-0	3-0	3-0	2-1
9	Huddersfield Town	1-1	1-0	2-2	6-0	3-0	1-0	1-1	1-5		3-1	2-3	8-0	3-0	3-1	2-0	3-4	4-0	1-4	0-3	0-0	3-0	4-1
10	Leeds United	1-1	1-1	1-1	5-1	5-2	4-2	2-0	3-1	2-0		0-2	0-3	1-2	2-4	3-1	3-3	0-0	4-2	2-4	4-3	4-1	1-1
11	Leicester City	3-5	5-0	2-1	0-1	1-0	0-1	5-2	2-2	0-3	1-0		3-1	1-3	3-1	6-3	0-0	0-1	0-3	0-2	6-0	0-0	1-3
12	Liverpool	0-2	3-1	5-4	2-0	6-0	1-3	2-1	1-1	3-2	4-2	5-1		2-1	2-2	0-1	0-0	1-2	5-0	2-2	4-1	3-2	2-1
13	Manchester City	1-1	4-1	0-0	3-3	2-0	0-1	2-2	1-0	0-0	3-0	6-3	3-1		6-2	2-4	1-2	4-1	3-1	1-0	3-1	3-2	5-0
14	Middlesbrough	0-1	4-1	0-0	3-3	2-2	1-1	3-2	0-2	2-1	3-3	1-0	2-0	1-2		1-1	3-3	5-3	2-0	0-0	3-1	0-0	2-2
15	Portsmouth	3-3	0-1	2-1	3-1	1-1	5-1	5-1	1-0	5-0	0-0	1-1	1-2	4-2	1-0		4-0	2-1	0-1	2-4	1-1	0-2	0-1
16	Preston North End	2-1	0-0	0-1	3-1	2-0	0-1	2-2	1-0	2-0	0-2	2-0	2-2	2-4	2-0	1-1		2-1	5-2	1-1	1-0	1-2	2-1
17	Sheffield Wednesday	0-0	2-1	2-1	2-2	3-1	1-0	0-0	1-0	1-1	1-0	1-1	4-1	1-0	3-3	3-0	2-1		4-1	2-2	4-0	2-1	3-1
18	Stoke City	2-2	4-1	2-0	3-1	0-1	1-1	3-2	0-0	2-0	8-1	3-0	1-1	2-0	2-0	0-1	1-2	3-1		0-3	4-1	3-0	1-2
19	Sunderland	2-1	3-3	5-1	3-0	4-0	1-4	7-0	3-0	4-1	3-0	2-0	2-3	3-2	1-1	4-1	3-1	2-2	4-1		1-2	0-1	0-0
20	Tottenham Hotspur	0-6	0-2	1-1	1-0	1-3	2-2	1-1	2-1	0-0	1-1	2-2	5-1	0-0	3-1	4-1	1-2	3-2	3-2	1-1		0-1	3-1
21	West Bromwich Albion	0-3	2-2	1-2	2-2	2-2	4-3	0-1	4-2	4-1	6-3	4-1	1-1	6-3	4-2	0-0	1-1	3-0	1-1	4-0			5-2
22	Wolverhampton Wand.	1-1	5-2	3-1	2-1	6-1	5-1	4-2	0-3	2-3	1-2	3-1	5-0	5-0	6-3	2-3	2-2	2-2	2-1	1-2	6-2	3-2	

Final League Table

Pos	Team	Pld	Home W	Home D	Home L	Home F	Home A	Away W	Away D	Away L	Away F	Away A	Totals W	Totals D	Totals L	Totals F	Totals A	Pts	GA	Leading Goalscorer	Gls
1	Arsenal	42	15	4	2	74	17	8	8	5	41	29	23	12	7	115	46	58	2.50	E Drake	42
2	Sunderland	42	13	4	4	57	24	6	12	3	33	27	19	16	7	90	51	54	1.76	R Gurney	29
3	Sheffield Weds.	42	14	7	0	42	17	4	6	11	28	47	18	13	11	70	64	49	1.09	E Rimmer	18
4	Manchester City	42	13	5	3	53	25	7	3	11	29	42	20	8	14	82	67	48	1.22	S Tilson	18
5	Grimsby Town	42	13	6	2	49	25	4	5	12	29	35	17	11	14	78	60	45	1.30	E Glover	34
6	Derby County	42	10	4	7	44	28	8	5	8	37	38	18	9	15	81	66	45	1.22	H Gallacher	23
7	Liverpool	42	13	4	4	53	29	6	3	12	32	59	19	7	16	85	88	45	0.96	G Hodgson	27
8	Everton	42	14	5	2	64	32	2	7	12	25	56	16	12	14	89	88	44	1.01	W Dean	26
9	West Brom A	42	10	8	3	55	33	7	2	12	28	50	17	10	15	83	83	44	1.00	W Richardson	24
10	Stoke City	42	12	5	4	46	20	6	1	14	25	50	18	6	18	71	70	42	1.01	T Sale	25
11	Preston N E	42	11	5	5	33	22	4	7	10	29	45	15	12	15	62	67	42	0.92	J Maxwell	23
12	Chelsea	42	11	5	5	49	32	5	4	12	24	50	16	9	17	73	82	41	0.89	R Spence	19
13	Aston Villa	42	11	6	4	50	36	3	7	11	24	52	14	13	15	74	88	41	0.84	D Astley	21
14	Portsmouth	42	10	5	6	41	24	5	5	11	30	48	15	10	17	71	72	40	0.98	J Weddle	25
15	Blackburn Rov.	42	12	5	4	42	23	2	6	13	24	55	14	11	17	66	78	39	0.84	J Bruton, J Thompson	18
16	Huddersfield T	42	11	5	5	52	27	3	5	13	24	44	14	10	18	76	71	38	1.07	A Lythgoe	17
17	Wolverhampton	42	13	3	5	65	38	2	5	14	23	56	15	8	19	88	94	38	0.93	W Hartill	27
18	Leeds United	42	10	6	5	48	35	3	6	12	27	57	13	12	17	75	92	38	0.81	A Hydes	23
19	Birmingham	42	10	3	8	36	36	3	7	11	27	45	13	10	19	63	81	36	0.77	C Jones	14
20	Middlesbrough	42	8	9	4	38	29	2	5	14	32	61	10	14	18	70	90	34	0.77	G Camsell	15
21	Leicester City	42	9	4	8	39	30	3	5	13	22	56	12	9	21	61	86	33	0.70	D Liddle	14
22	Tottenham H	42	8	8	5	34	31	2	2	17	20	62	10	10	22	54	93	30	0.58	W Evans	12

1934/35 DIVISION 2
SEASON 43

	Total Matches	462
	Total Goals	1502
	Avg goals per match	3.25

	Team	Barnsley	Blackpool	Bolton Wand	Bradford P A	Bradford City	Brentford	Burnley	Bury	Fulham	Hull City	Manchester U	Newcastle U	Norwich C	Nottm Forest	Notts County	Oldham Ath	Plymouth A	Port Vale	Sheffield Utd	Southampton	Swansea Town	West Ham Utd
1	Barnsley		2-2	1-1	1-1	2-0	3-3	0-0	3-0	2-0	2-2	0-2	2-1	2-1	1-2	1-1	4-0	1-4	2-0	0-0	1-1	1-0	1-1
			30M	10A	29D	22A	27A	2F	24N	22D	13A	19J	16N	27O	8D	27a	29S	2M	1S	1J	13O	15S	10N
2	Blackpool	3-0		1-1	1-0	2-1	2-2	1-0	1-1	1-1	2-1	1-2	4-1	2-1	1-0	3-1	4-0	4-1	3-1	1-0	4-1	2-1	3-2
		17N		4m	29S	1D	15S	20O	29D	2F	1S	3N	27a	13O	19J	20A	25D	16F	23M	6A	15D	9M	19A
3	Bolton Wanderers	8-0	4-2		1-2	3-0	2-0	7-0	2-0	4-0	1-2	3-1	1-0	4-0	2-3	5-1	2-0	3-2	2-0	1-1	4-0	1-0	3-1
		6O	22D		30M	22S	1m	2J	1S	10N	6M	3S	8D	13A	27O	30J	29D	24N	23F	9F	8S	19A	27A
4	Bradford Park Avenue	3-2	0-0	4-0		2-1	2-3	1-1	2-1	0-0	1-2	1-2	1-3	1-1	1-1	0-0	2-0	2-2	1-1	1-3	3-1	3-1	1-3
		25a	9F	17N		9M	22A	1D	6O	25D	23F	16D	20J	00	00	3N	6A	5J	4m	20O	23M	20A	22S
5	Bradford City	1-0	0-2	1-1	3-1		3-0	1-1	0-0	0-0	3-2	2-0	3-3	1-1	4-0	2-0	2-0	0-1	3-0	2-5	1-1	2-0	0-2
		23A	13A	2F	27O		13O	19J	8D	2M	27A	29D	30M	10N	22D	16F	15S	16M	26D	27a	29S	1S	24N
6	Brentford	8-1	2-1	1-0	1-0	2-0		6-1	2-1	1-0	2-1	3-1	3-0	2-1	1-1	4-1	2-1	0-0	8-0	3-1	3-2	1-0	4-1
		15D	26J	3N	19A	23F		17N	22S	5S	9F	1D	5J	25a	6O	20O	23M	25D	20A	4m	9M	6A	8S
7	Burnley	4-1	1-2	2-1	1-2	2-0	0-3		3-3	3-1	1-3	1-2	0-3	1-0	2-1	4-0	4-2	1-2	2-2	0-2	3-0	3-0	5-2
		22S	5M	25D	13A	8S	30M		27O	24N	19M	6O	22D	27A	10N	5J	19A	8D	9F	28J	25a	23F	3S
8	Bury	4-1	1-5	2-1	2-4	2-1	4-1	0-0		2-0	0-1	0-1	0-2	1-0	1-0	1-0	2-0	2-1	3-1	3-1	4-1	2-1	2-4
		6A	25a	5J	16F	20A	2F	9M		29S	19J	23M	19A	17S	15S	15D	20O	13O	17N	1D	4m	3N	25D
9	Fulham	1-3	4-1	2-1	2-2	3-1	2-2	2-0	1-2		4-0	3-1	3-2	1-3	2-1	1-0	7-0	3-1	3-0	2-0	7-2	3-3	4-1
		4m	22S	23M	26D	20O	27a	6A	9F		6O	20A	8S	5J	23F	9M	17N	25a	15D	19A	3N	1D	26J
10	Hull City	1-1	2-2	0-2	2-0	1-0	2-1	1-3	0-1	1-2		3-2	1-1	1-0	5-0	5-1	1-1	1-1	1-0	0-3	0-0	0-1	4-0
		1D	5J	20O	13O	15D	29S	3N	8S	16F		17N	26D	22A	2F	4m	9M	10S	6A	20A	31J	23M	17S
11	Manchester United	4-1	3-2	0-3	2-0	2-0	0-0	3-4	1-0	1-0	3-0		0-1	5-0	3-2	2-1	4-0	3-1	2-1	3-3	3-0	3-1	3-1
		8S	16M	12S	27A	25a	13A	27M	10N	8D	30M		2M	22S	24N	25D	13O	22D	6F	5J	1J	29S	27O
12	Newcastle United	4-1	4-1	1-3	0-1	4-2	2-5	2-0	5-1	1-1	6-2	0-1		2-0	2-0	1-1	4-2	3-0	1-2	4-1	1-0	5-1	3-0
		3N	12S	20A	15S	17N	1S	4m	1J	19J	25D	20O		29S	29D	6A	15D	2F	9M	23M	1D	16F	23F
13	Norwich City	0-1	1-1	2-3	3-0	6-1	2-1	2-3	4-1	0-0	3-0	3-2	2-0		3-3	7-2	0-0	3-0	0-0	3-1	4-0	2-2	1-2
		9M	23F	1D	19J	23M	29D	15D	27a	1S	19A	2F	9F		26D	17N	20A	15S	20O	3N	6A	4m	6O
14	Nottm Forest	4-1	0-0	0-1	2-2	2-0	0-0	5-0	1-4	1-1	2-1	2-2	5-1	5-2		2-3	4-0	1-3	2-0	2-1	3-1	1-0	2-0
		20A	8S	9M	4O	4m	28F	23M	6F	13O	22S	6A	25a	25D		9F	3N	19A	1D	15D	20O	17N	5J
15	Notts County	1-4	3-2	0-2	1-1	2-3	0-1	1-0	1-2	1-1	1-1	1-0	0-1	1-0	3-5		2-1	1-3	3-2	0-1	3-1	4-0	0-2
		3S	8D	15S	16M	6O	2M	1S	27A	27O	22D	26D	24N	30M	29S		19J	10N	22A	23F	2F	29D	13A
16	Oldham Athletic	1-4	2-3	1-4	1-1	3-1	1-2	7-2	2-1	5-0	3-1	3-2	4-2	0-5	1-0	1-1		1-1	2-0	3-2	0-2	2-2	1-2
		9F	26D	25a	24N	5F	10N	22A	2M	30M	27O	23F	27A	8D	16M	8S		13A	6O	25a	5J	3S	22D
17	Plymouth Argyle	3-1	1-2	1-0	2-2	3-1	1-1	2-2	3-0	3-1	6-4	0-2	1-3	0-1	5-2	4-0	2-0		2-1	2-0	4-0	3-2	0-1
		20O	6O	6A	1S	3N	26D	20A	23F	29a	4m	22S	6F	22A	23M	1D		19J	9M	17N	15D	9F
18	Port Vale	4-0	2-2	1-3	1-1	1-0	2-2	3-1	0-1	1-1	2-2	1-3	1-1	2-0	5-3	2-0	2-2			2-0	4-1	2-1	2-2
		5J	10N	13O	22D	25D	8D	29S	30M	27A	24N	15S	27O	2M	13A	19A	16F	8S		25a	3S	2F	16M
19	Sheffield United	2-1	1-1	6-2	3-1	1-2	1-2	0-0	5-3	1-2	3-4	3-2	5-1	1-1	2-1	3-0	2-1	1-2	3-0		6-1	1-1	1-2
		26D	24N	29S	2M	10S	22D	15S	13A	22A	8D	1S	10N	16M	27A	13O	2F	27O	29D		16F	19J	30M
20	Southampton	0-1	2-0	1-2	4-1	1-1	1-0	0-0	2-1	1-3	1-0	2-0	1-4	1-2	1-1	2-2	1-0	0-0	1-1	1-0		1-0	2-2
		23F	27A	19J	10N	9F	27O	29D	20O	16M	15S	22A	13A	24N	2M	22S	1S	30M	27a	6O		26D	8D
21	Swansea Town	1-1	2-1	2-1	0-0	3-1	2-4	2-0	1-0	2-0	2-1	1-0	3-4	1-1	3-0	2-1	5-1	3-0	1-1	0-0	0-1		5-4
		31J	27O	22A	8D	5J	24N	13O	16M	13A	10N	9F	6O	22D	30M	25a	27a	27A	22S	8S	25D		2M
22	West Ham United	4-3	2-1	4-1	2-1	1-0	2-0	1-2	3-0	2-1	1-2	0-0	3-2	1-0	3-1	4-0	2-0	2-1	3-1	2-0	2-1	2-0	
		23M	22A	15D	2F	6A	19J	27a	26D	15S	29D	9M	13O	18F	1S	1D	4m	29S	3N	17N	20A	20O	

Final League Table

Pos	Team	Pld	Home						Away						Totals						Leading Goalscorer	Gls
			W	D	L	F	A	W	D	L	F	A	W	D	L	F	A	Pts	GA		
1	Brentford	42	19	2	0	59	14	7	7	7	34	34	26	9	7	93	48	61	1.93	J Holliday	25
2	Bolton Wand.	42	17	1	3	63	15	9	3	9	33	33	26	4	12	96	48	56	2.00	J Milsom	31
3	West Ham Utd.	42	18	1	2	46	17	8	3	10	34	46	26	4	12	80	63	56	1.27	J Ruffell	20
4	Blackpool	42	16	4	1	46	18	5	7	9	33	39	21	11	10	79	57	53	1.38	J Hampson	20
5	Manchester Utd.	42	16	2	3	50	21	7	2	12	26	34	23	4	15	76	55	50	1.38	G Mutch	18
6	Newcastle Utd.	42	14	2	5	55	25	8	2	11	34	43	22	4	16	89	68	48	1.30	J Smith	16
7	Fulham	42	15	3	3	62	26	2	9	10	14	30	17	12	13	76	56	46	1.35	H Hammond	22
8	Plymouth A	42	13	3	5	48	26	6	5	10	27	38	19	8	15	75	64	46	1.17	H Vidler	21
9	Nottm Forest	42	12	5	4	46	23	5	3	13	30	47	17	8	17	76	70	42	1.08	T Peacock	20
10	Bury	42	14	1	6	38	26	5	3	13	24	47	19	4	19	62	73	42	0.84	A Buttery	13
11	Sheffield United	42	14	4	6	51	30	5	5	11	28	40	19	9	17	79	70	41	1.12	E Dodds	19
12	Burnley	42	11	3	7	48	32	5	7	9	20	41	16	9	17	63	73	41	0.86	G Brown	21
13	Hull City	42	9	6	6	32	22	7	2	12	31	52	16	8	18	63	74	40	0.85	A Duncan	12
14	Norwich City	42	11	6	4	51	23	3	5	13	20	38	14	11	17	71	61	39	1.16	E Vinall	16
15	Bradford P A	42	7	8	6	32	28	4	8	9	23	35	11	16	15	55	63	38	0.87	T Lewis, J Robertson	9
16	Barnsley	42	8	10	3	32	22	5	2	14	28	61	13	12	17	60	83	38	0.72	F Chivers	13
17	Swansea Town	42	13	5	3	41	28	1	3	17	15	45	14	8	20	56	67	36	0.83	S Lowery, T Martin	10
18	Port Vale	42	10	7	4	42	28	5	2	15	13	46	11	12	19	55	74	34	0.74	W Nolan	16
19	Southampton	42	8	9	4	28	19	2	4	15	10	55	11	12	19	46	75	34	0.61	N Cole	8
20	Bradford City	42	10	7	4	34	20	2	1	18	16	48	12	8	22	50	68	32	0.73	H Adamson	10
21	Oldham Athletic	42	10	3	8	44	40	0	3	18	12	55	10	6	26	56	95	26	0.58	W Walsh	11
22	Notts County	42	8	3	10	29	33	1	4	16	17	64	9	7	26	46	97	25	0.47	F Shaw	12

1934/35 DIVISION 3 (North)
SEASON 43

Total Matches 462
Total Goals 1593
Avg goals per match 3.45

Final League Table

Pos	Team	Pld	Home					Away					Totals						Leading Goalscorer	Gls
			W	D	L	F	A	W	D	L	F	A	W	D	L	F	A	Pts	GA		
1	Doncaster Rov.	42	16	0	5	53	21	10	5	6	34	23	26	5	11	87	44	57	1.97	A Turner	26
2	Halifax Town	42	17	2	2	50	24	8	3	10	26	43	25	5	12	76	67	55	1.13	A Valentine	34
3	Chester	42	14	4	3	62	27	6	10	5	29	31	20	14	8	91	58	54	1.56	J Wallbanks	24
4	Lincoln City	42	14	3	4	55	21	8	4	9	32	37	22	7	13	87	58	51	1.50	J Campbell	17
5	Darlington	42	15	5	1	50	15	6	4	11	30	44	21	9	12	80	59	51	1.35	J Best	30
6	Tranmere Rov.	42	15	4	2	53	20	5	7	9	21	35	20	11	11	74	55	51	1.34	M Burgin	20
7	Stockport Co.	42	15	2	4	57	22	7	1	13	33	50	22	3	17	90	72	47	1.25	A Lythgoe, W McNaughton	15
8	Mansfield Town	42	16	3	2	55	25	3	6	12	20	37	19	9	14	75	62	47	1.21	H Johnson	17
9	Rotherham Utd.	42	14	4	3	56	27	5	3	13	30	52	19	7	16	86	73	45	1.17	W Dickinson	24
10	Chesterfield	42	13	4	4	46	21	4	6	11	25	31	17	10	15	71	52	44	1.36	H Brown	15
11	Wrexham	42	12	5	4	47	25	4	6	11	29	44	16	11	15	76	69	43	1.10	G Snow	18
12	Hartlepools Utd.	42	12	4	5	52	34	5	3	13	28	44	17	7	18	80	78	41	1.02	D Lindsay	21
13	Crewe Alex.	42	12	6	3	41	25	2	5	14	25	61	14	11	17	66	86	39	0.76	H Swindells	19
14	Walsall	42	11	7	3	51	18	2	3	16	30	54	13	10	19	81	72	36	1.12	G Alsop	39
15	York City	42	12	5	4	50	20	3	1	17	26	62	15	6	21	76	82	36	0.92	M Dando	21
16	New Brighton	42	9	8	6	32	25	5	2	14	27	51	14	8	20	59	76	36	0.77	T Davis	26
17	Barrow	42	11	5	5	37	31	2	4	15	21	56	13	9	20	58	87	35	0.66	M Robinson	11
18	Accrington S	42	10	5	5	44	36	1	5	15	19	53	12	10	20	63	89	34	0.70	F Brown	12
19	Gateshead	42	12	4	5	36	28	1	4	16	22	68	13	8	21	58	96	34	0.60	J Spedding	13
20	Rochdale	42	9	5	7	39	35	2	6	13	14	36	11	11	20	53	71	33	0.74	L Clarke	13
21	Southport	42	6	6	9	27	36	4	6	11	28	49	10	12	20	55	85	32	0.64	R Worswick	19
22	Carlisle United	42	7	6	8	34	36	1	1	19	17	66	8	7	27	51	102	23	0.50	P Ferguson	11

1934/35 DIVISION 3 (South)
SEASON 43

Total Matches	462
Total Goals	1534
Avg goals per match	3.32

Results Grid

	Team	Aldershot	Bournemouth	Brighton & HA	Bristol City	Bristol Rovers	Cardiff City	Charlton Ath	Clapton Orient	Coventry City	Crystal Palace	Exeter City	Gillingham	Luton Town	Millwall	Newport Co	Northampton T	QPR	Reading	Southend Utd	Swindon Town	Torquay Utd	Watford
1	Aldershot		1-1 2M	1-0 16F	1-0 30M	1-2 25D	2-0 29S	3-2 19A	1-1 1m	3-1 13A	2-2 25a	0-0 22D	0-1 16M	0-0 13O	3-2 6M	2-0 27A	1-0 22S	2-5 5J	3-2 10N	3-0 5S	3-0 30J	2-0 8S	0-0 27O
2	Bournemouth & BA	4-1 20O		1-0 23M	1-1 22A	3-0 1D	3-1 16F	2-2 6A	1-0 19J	0-2 1S	1-1 17N	3-2 25D	1-1 15S	1-3 3N	3-1 29D	3-1 5S	0-1 29S	0-2 4m	4-1 2F	2-1 20A	1-1 9M	1-2 15D	1-2 23F
3	Brighton & Hove Albion	3-0 6O	2-0 10N		2-0 27A	3-1 25a	3-1 23F	2-1 5J	3-0 16J	2-0 30M	3-0 8S	6-0 27O	1-1 13A	4-1 26D	0-2 22D	3-1 2M	2-3 16M	5-1 26J	1-0 20M	2-2 19A	2-2 9F	0-0 22S	2-0 5S
4	Bristol City	2-0 17N	2-1 19A	1-0 15D		1-1 6F	4-0 4m	1-4 23M	0-0 13M	0-2 29S	0-1 3N	2-0 8S	3-1 13O	0-2 9M	4-2 2F	2-1 5J	1-1 20A	5-1 5S	1-0 20O	2-0 6A	2-0 1U	1-0 25a	3-1
5	Bristol Rovers	1-0 26D	4-1 13A	0-0 29D	2-2 15S		3-2 22A	0-0 22S	1-2 27A	2-1 27O	5-3 9F	5-5 10N	4-3 22D	1-1 1S	2-0 2M	5-3 16M	7-1 16J	2-0 6O	3-0 30M	2-1 19J	2-2 29a	1-0 23F	23A
6	Cardiff City	1-1 9F	2-1 6O	0-0 13O	3-3 22D	4-1 19A		2-1 25a	3-0 13A	2-4 16J	2-0 5J	5-0 27A	0-2 8D	1-0 27a	3-1 30M	3-4 27O	2-2 10N	2-1 8S	1-2 16M	1-0 10S	1-3 22S	1-1 26J	2-1 2M
7	Charlton Athletic	4-0 22A	2-1 12J	3-1 1S	4-1 10N	2-0 2F	3-1 29D		2-1 27O	3-3 2M	2-2 6O	1-0 16M	2-0 27A	4-2 19J	3-1 29S	6-0 8D	0-1 30M	3-1 23F	3-0 22D	3-0 15S	6-0 25D	3-2 27a	5-2 13A
8	Clapton Orient	3-1 20A	0-1 8S	6-0 6A	4-0 6O	5-2 15D	0-1 1D	1-2 9M		0-1 30a	0-0 20O	0-3 9F	2-2 19A	1-1 17N	2-1 23F	4-0 22S	3-2 5J	3-1 26D	2-1 25a	3-0 4m	2-0 3N	3-1	1-1 26J
9	Coventry City	0-0 1D	4-1 5J	0-2 17N	1-1 9F	1-0 9M	2-0 6A	4-0 20O	4-0 3S		1-1 23F	1-1 22S	4-0 25D	1-0 4m	5-1 6O	5-0 26J	2-0 25a	4-1 23M	1-2 23A	6-3 15D	3-0 20A	6-0 3N	1-1 8S
10	Crystal Palace	3-0 29D	1-0 30M	3-0 19J	3-1 16M	2-0 29S	6-1 1S	1-2 16F	1-0 2M	3-1 13O		0-1 20A	2-0 27O	2-1 15S	1-1 10N	6-0 13A	2-3 22D	3-1 5S	1-0 27A	7-0 2F	2-2 19A	0-0 26D	12J
11	Exeter City	8-1 4m	4-1 26D	3-1 9M	3-0 19J	2-2 23M	2-1 15D	3-1 3N	1-1 29S	2-0 2F	0-6 26J		2-0 16F	1-2 20O	0-1 15S	0-1 25a	3-0 5S	3-0 1D	2-3 13O	4-3 5J	3-3 17N	1-1 6A	1-1 22A
12	Gillingham	1-1 3N	3-1 26J	0-0 1D	1-1 23F	1-0 4m	3-6 20A	1-0 15D	2-5 22A	2-0 26D	2-1 9M	1-1 6O		1-3 6A	5-0 29a	3-1 9F	0-0 8S	1-1 20O	2-2 5J	2-0 17N	2-0 23M	3-0 25a	1-2 22S
13	Luton Town	6-1 23F	4-0 16M	4-0 25D	1-1 27O	6-2 5J	4-0 3S	1-2 8S	3-0 30M	4-0 22D	2-2 30J	4-0 2M	2-2 1m		2-1 24N	4-1 22A	2-2 23A	1-1 22S	2-4 13A	1-1 25a	2-0 6O	3-1 9F	2-2 10N
14	Millwall	3-0 6A	2-0 10S	3-1 4m	0-1 22S	0-2 20O	2-2 17N	1-3 9F	1-1 13O	1-3 16F	3-2 23M	1-0 31J	3-2 17S	1-4 15D		2-0 8S	0-1 19A	2-2 3N	1-0 25D	4-2 9M	1-0 1D	4-2 20A	0-0 5J
15	Newport County	2-0 15D	6-1 27a	1-0 20O	2-0 1S	1-1 3N	4-0 9M	0-2 20A	3-3 2F	2-1 15S	2-3 1D	1-3 29D	2-2 29S	2-4 19A	1-2 19J		1-3 13O	2-1 6A	2-2 28F	0-5 23M	1-2 4m	1-4 17N	0-1 25D
16	Northampton Town	0-0 2F	0-1 9F	4-1 3N	2-2 26D	1-0 6A	3-0 23M	1-1 17N	3-1 1S	3-4 29D	3-2 4m	2-1 27a	2-1 19J	2-1 20A	1-0 22A	2-0 23F		1-0 15D	1-3 15S	1-1 1D	4-2 20O	3-0 9M	1-0 6O
17	Queens Park Rangers	2-0 1S	2-1 22D	2-1 15S	4-1 1J	2-0 16F	2-2 19J	0-3 13O	6-3 25D	1-1 10N	3-3 29a	1-1 13A	2-0 2M	3-0 2F	1-0 16M	4-1 12J	3-1 27A		2-0 27O	1-1 29S	1-1 29D	5-1 19A	2-1 30M
18	Reading	5-4 23M	4-1 22S	4-4 20A	2-0 29a	5-1 17N	1-1 3N	2-2 4m	0-0 29D	2-0 19A	6-1 15D	2-0 23F	3-0 1S	1-0 1D	2-1 26D	6-1 6O	3-1 30J	0-0 9M		3-2 6A	2-1 19J	3-1 20O	3-2 9F
19	Southend United	2-1 29a	0-0 10A	3-2 22A	6-0 2M	5-1 8S	2-1 26D	0-3 26J	0-2 22D	1-1 27A	1-4 22S	1-2 1S	0-0 30M	3-3 29D	2-1 27O	0-1 10N	2-1 13A	2-0 9F	6-1 1m		2-0 23F	2-3 6O	0-2 16M
20	Swindon Town	3-2 15S	0-2 27O	4-4 29S	1-0 10A	1-0 5S	2-1 2F	2-2 26D	1-1 16M	0-0 1m	1-1 22A	6-1 30M	3-0 10N	0-1 16F	0-0 13A	5-3 22D	3-1 2M	1-1 25a	5-0 8S	1-1 13O		5-0 5J	2-1 27A
21	Torquay United	2-1 19J	1-2 27A	3-0 2F	3-1 13A	1-2 13O	5-2 15S	1-2 5S	4-2 10N	1-0 16M	7-1 25D	3-0 12J	5-0 29D	6-2 29S	1-1 13M	2-1 30M	2-0 27O	7-0 22A	1-1 2M	2-0 16F	2-1 1S		1-3 22D
22	Watford	0-1 9M	3-1 13O	0-1 29a	4-0 29D	3-0 20A	1-3 20O	2-0 1D	5-0 15S	2-0 19J	2-0 6A	0-1 19A	3-1 2F	2-2 23M	2-3 1S	7-0 26D	1-1 16F	2-0 17N	1-0 29S	3-1 3N	7-4 14D	3-0 4m	

Final League Table

Pos	Team	Pld	Home W	D	L	F	A	Away W	D	L	F	A	Totals W	D	L	F	A	Pts	GA	Leading Goalscorer	Gls
1	Charlton Athletic	42	17	2	2	62	20	10	5	6	41	32	27	7	8	103	52	61	1.98	R Allen	32
2	Reading	42	16	5	0	59	23	5	6	10	30	42	21	11	10	89	65	53	1.36	T Tait	18
3	Coventry City	42	14	5	2	56	14	7	4	10	30	36	21	9	12	86	50	51	1.72	L Jones	27
4	Luton Town	42	12	7	2	60	23	7	5	9	32	37	19	12	11	92	60	50	1.53	J Ball	30
5	Crystal Palace	42	15	3	3	51	14	4	7	10	35	50	19	10	13	86	64	48	1.34	A Dawes	19
6	Watford	42	14	2	5	53	19	5	7	9	23	30	19	9	14	76	49	47	1.55	W Lane	27
7	Northampton T	42	14	4	3	40	21	5	4	12	25	46	19	8	15	65	67	46	0.97	T Bell	13
8	Bristol Rovers	42	14	6	1	54	27	3	4	14	19	50	17	10	15	73	77	44	0.94	G McNestry	19
9	Brighton & H A	42	15	4	2	51	16	2	5	14	18	46	17	9	16	69	62	43	1.11	O Brown	22
10	Torquay United	42	15	2	4	60	22	3	4	14	21	53	18	6	18	81	75	42	1.08	A Hutchinson	19
11	Exeter City	42	11	5	5	48	29	5	4	12	22	46	16	9	17	70	75	41	0.93	H Poulter	18
12	Millwall	42	11	4	6	33	26	6	3	12	24	36	17	7	18	57	62	41	0.91	J Yardley	15
13	Queens Park R	42	14	6	1	49	22	2	3	16	14	50	16	9	17	63	72	41	0.87	J Blackman	20
14	Clapton Orient	42	13	3	5	47	21	2	7	12	18	44	15	10	17	65	65	40	1.00	D Halliday	14
15	Bristol City	42	14	3	4	37	18	1	6	14	15	50	15	9	18	52	68	39	0.76	E Harston	18
16	Swindon Town	42	11	7	3	45	22	2	5	14	22	56	13	12	17	67	78	38	0.85	A Fowler	19
17	Bournemouth	42	10	5	6	36	26	5	2	14	18	45	15	7	20	54	71	37	0.76	G Farrow, A Ritchie	11
18	Aldershot	42	12	6	3	35	20	1	4	16	15	55	13	10	19	50	75	36	0.66	J Oakes	15
19	Cardiff City	42	11	6	4	42	27	2	3	16	20	55	13	9	20	62	82	35	0.75	R Keating	17
20	Gillingham	42	10	7	4	36	25	1	6	14	19	50	11	13	18	55	75	35	0.73	W Baldwin	14
21	Southend United	42	10	4	7	40	29	1	5	15	25	49	11	9	22	65	78	31	0.83	H Johnson	15
22	Newport County	42	7	4	10	36	40	3	1	17	18	72	10	5	27	54	112	25	0.48	A Bird	15

1935/36 DIVISION 1
SEASON 44

Total Matches	462
Total Goals	1556
Avg goals per match	3.37

Results Table

		Arsenal	Aston Villa	Birmingham	Blackburn Rov	Bolton Wand.	Brentford	Chelsea	Derby County	Everton	Grimsby Town	Huddersfield T	Leeds Utd	Liverpool	Manchester C	Middlesbrough	Portsmouth	Preston N E	Sheffield Weds	Stoke City	Sunderland	West Brom A	Wolverhampton
1	Arsenal		1-0	1-1	5-1	1-1	1-1	1-1	1-1	1-1	6-0	1-1	2-2	1-2	2-3	2-0	2-3	2-1	2-2	1-0	3-1	4-0	4-0
2	Aston Villa	1-7		2-1	2-4	1-2	2-2	2-2	0-2	1-1	2-6	4-1	3-3	3-0	2-2	2-7	4-2	5-1	1-2	4-0	2-2	0-7	4-2
3	Birmingham	1-1	2-2		4-2	0-0	2-1	2-1	2-3	4-2	1-1	4-1	2-0	2-0	0-1	1-0	4-0	0-0	4-1	0-5	2-7	1-3	0-0
4	Blackburn Rovers	0-1	5-1	1-2		0-3	1-0	1-0	0-0	1-1	1-0	2-1	0-3	2-2	4-1	2-2	3-1	1-1	3-2	0-1	1-1	3-1	1-0
5	Bolton Wanderers	2-1	4-3	2-0	3-1		0-2	2-3	0-2	2-0	4-0	1-2	3-0	0-0	3-3	3-1	4-0	1-1	1-1	2-1	3-1	0-3	
6	Brentford	2-1	1-2	0-1	3-1	4-0		2-1	6-0	4-1	3-0	1-2	2-2	1-2	0-0	1-0	3-1	5-2	2-2	0-0	1-5	2-2	1-F
7	Chelsea	1-1	1-0	0-0	5-1	2-1	2-1		1-1	2-2	0-2	1-0	2-2	2-1	2-1	1-0	5-2	1-2	3-5	3-1	2-2	2-2	
8	Derby County	0-4	1-3	2-2	1-0	4-0	2-1	1-1		3-3	2-0	2-0	2-1	2-2	3-0	3-2	1-1	2-0	3-1	0-1	4-0	2-0	3-1
9	Everton	0-2	2-2	4-3	4-0	3-3	1-2	5-1	4-0		4-0	1-3	0-0	0-0	2-2	5-2	3-0	4-3	5-1	0-3	5-3	4-1	
10	Grimsby Town	1-0	4-1	1-0	1-1	3-1	6-1	1-3	4-1	0-4		1-1	0-0	3-1	1-0	1-2	0-0	4-0	3-0	4-0	4-2	2-1	
11	Huddersfield Town	0-0	4-1	1-0	1-1	0-0	2-2	2-0	1-1	2-1	1-0		1-2	1-0	1-1	4-1	1-1	1-0	1-0	2-1	1-0	2-3	1-1
12	Leeds United	1-1	4-2	0-0	1-4	5-2	1-2	2-0	1-0	3-1	1-2	2-2		1-0	1-1	0-1	1-0	0-1	7-2	4-1	3-0	1-1	2-0
13	Liverpool	0-1	3-2	1-2	4-1	1-1	0-0	2-3	0-0	6-0	7-2	3-0	2-1		0-2	2-2	2-0	2-1	1-0	2-0	0-3	5-0	0-2
14	Manchester City	1-0	5-0	3-1	2-0	2-1	0-0	1-0	1-0	0-3	1-2	1-3	6-0		6-0	0-0	1-3	1-2	0-1	1-0	2-1		
15	Middlesbrough	2-2	1-2	0-2	6-1	0-0	0-0	4-1	0-3	6-1	5-1	4-2	1-1	2-0		3-2	2-0	5-0	0-0	6-0	3-1	4-2	
16	Portsmouth	2-1	3-0	0-3	3-1	2-1	1-3	2-0	3-0	2-0	3-2	0-0	2-2	2-1	1-2	1-0		1-1	3-2	2-0	2-2	3-1	
17	Preston North End	1-0	3-0	3-1	2-0	1-0	2-4	2-0	1-0	2-2	1-0	4-0	5-0	3-1	4-0	0-5	1-1		0-1	1-1	3-2	3-0	2-0
18	Sheffield Wednesday	3-2	5-2	3-1	0-0	2-2	3-3	4-1	1-0	3-3	3-0	1-2	3-0	0-0	1-0	0-0	0-1	1-0		0-1	0-0	0-5	0-0
19	Stoke City	0-3	2-3	3-1	2-0	1-2	2-2	3-0	0-0	2-1	1-0	3-1	2-1	1-0	1-1	2-0	2-1	0-3			0-2	3-2	4-1
20	Sunderland	5-4	1-3	2-1	7-2	7-2	1-3	3-3	3-1	3-3	3-1	4-3	2-1	2-0	2-0	2-1	5-0	4-2	5-1	1-0		6-1	3-1
21	West Bromwich Albion	1-0	0-3	0-0	8-1	2-2	1-0	1-2	0-3	6-1	4-1	1-2	3-2	6-1	5-1	5-2	2-0	2-4	2-2	2-0	1-3		2-1
22	Wolverhampton Wand.	2-2	2-2	3-1	8-1	3-3	3-2	3-3	0-0	4-0	1-0	2-2	3-0	3-1	4-3	4-0	2-0	4-2	2-1	1-1	3-4	2-0	

Final League Table

Pos	Team	Pld	Home W	Home D	Home L	Home F	Home A	Away W	Away D	Away L	Away F	Away A	Totals W	Totals D	Totals L	Totals F	Totals A	Pts	GA	Leading Goalscorer	Gls
1	Sunderland	42	17	2	2	71	33	8	4	9	38	41	25	6	11	109	74	56	1.47	H Carter, R Gurney	31
2	Derby County	42	13	5	3	43	23	5	7	9	18	29	18	12	12	61	52	48	1.17	H Gallacher	15
3	Huddersfield T.	42	12	7	2	32	15	6	5	10	27	41	18	12	12	59	56	48	1.05	A Lythgoe	15
4	Stoke City	42	13	3	5	35	24	7	4	10	22	33	20	7	15	57	57	47	1.00	T Sale	14
5	Brentford	42	11	5	5	48	25	6	7	8	33	35	17	12	13	81	60	46	1.35	D McCulloch	26
6	Arsenal	42	9	9	3	44	22	6	6	9	34	26	15	15	12	78	48	45	1.62	C Drake	23
7	Preston N E	42	15	3	3	44	18	3	5	13	23	46	18	8	16	67	64	44	1.04	J Maxwell	17
8	Chelsea	42	11	7	3	39	27	4	6	11	26	45	15	13	14	65	72	43	0.90	J Bambrick	15
9	Manchester City	42	13	2	6	44	17	4	6	11	24	43	17	8	17	68	60	42	1.13	E Brook	13
10	Portsmouth	42	14	4	3	39	22	3	4	14	15	45	17	8	17	54	67	42	0.80	J Weddle	16
11	Leeds United	42	11	5	5	41	23	4	6	11	25	41	15	11	16	66	64	41	1.03	G Brown	18
12	Birmingham	42	10	6	5	38	31	5	5	11	23	32	15	11	16	61	63	41	0.96	C Jones	20
13	Bolton Wand.	42	11	4	6	47	27	3	9	9	20	49	14	13	15	67	76	41	0.88	J Milsom	20
14	Middlesbrough	42	12	4	5	56	23	3	6	12	28	47	15	10	17	84	70	40	1.20	G Camsell	28
15	Wolverhampton	42	13	7	1	59	28	2	3	16	18	48	15	10	17	77	76	40	1.01	W Wrigglesworth	12
16	Everton	42	12	5	4	61	31	1	8	12	28	58	13	13	16	89	89	39	1.00	J Cunliffe	14
17	Grimsby Town	42	13	4	4	44	20	4	1	16	21	53	17	5	20	65	73	39	0.89	E Glover	31
18	West Brom A	42	12	3	6	54	31	4	2	15	35	57	16	6	20	89	88	38	1.01	W G Richardson	39
19	Liverpool	42	11	4	6	43	23	2	8	11	17	41	13	12	17	60	64	38	0.93	F Howe	19
20	Sheffield Weds.	42	9	8	4	35	23	4	4	13	28	54	13	12	17	63	77	38	0.81	N Dewar	19
21	Aston Villa	42	7	6	8	47	56	6	3	12	34	54	13	9	20	81	110	35	0.73	D Astley	19
22	Blackburn Rov.	42	10	6	5	32	24	2	3	16	23	72	12	9	21	55	96	33	0.57	J Thompson	15

1935/36 DIVISION 2 SEASON 44

Total Matches 462
Total Goals 1533
Avg goals per match 3.32

Results Grid

	Barnsley	Blackpool	Bradford P A	Bradford City	Burnley	Bury	Charlton Ath.	Doncaster Rov.	Fulham	Hull City	Leicester City	Manchester U	Newcastle U	Norwich C	Nottm Forest	Plymouth A	Port Vale	Sheffield Utd	Southampton	Swansea Town	Tottenham H	West Ham Utd
1 Barnsley		1-2	5-1	0-1	3-1	1-1	1-2	2-1	2-0	5-1	3-3	0-3	3-2	2-3	0-2	1-2	4-2	3-2	3-1	0-0	0-0	1-2
2 Blackpool	3-0		4-2	3-3	2-0	2-3	6-2	5-2	1-1	4-1	3-5	4-1	6-0	2-1	1-4	3-1	3-1	3-0	2-1	1-1	2-4	4-1
3 Bradford Park Avenue	3-0	3-2		1-1	2-0	1-1	3-0	3-1	1-1	2-1	3-1	1-0	3-2	1-0	1-4	2-2	3-3	2-1	1-1	2-5	2-0	
4 Bradford City	1-1	2-1	2-1		0-0	2-0	2-1	3-1	1-0	1-1	2-0	1-0	3-2	0-1	0-0	2-2	1-1	2-1	2-1	2-2	0-1	3-1
5 Burnley	3-0	3-2	1-1	3-0		1-1	0-2	1-1	0-2	2-0	2-2	2-2	1-2	1-1	1-0	5-1	1-1	2-0	5-2	0-0	1-0	
6 Bury	3-0	1-1	1-0	1-1	0-4		1-1	5-1	0-0	3-1	3-0	2-3	3-4	0-1	2-6	2-0	5-0	3-2	0-0	2-1	1-1	3-0
7 Charlton Athletic	3-0	1-1	3-1	2-1	4-0	5-2		3-0	2-1	4-1	1-0	0-0	4-2	4-1	4-0	1-1	1-1	1-2	4-1	2-1	2-2	
8 Doncaster Rovers	1-1	0-3	3-2	2-1	1-0	1-0	2-0		0-0	6-1	1-0	0-0	2-2	3-0	0-0	1-2	2-0	0-0	0-1	1-1	2-1	0-2
9 Fulham	1-1	4-2	4-1	5-1	2-2	7-0	0-0	1-3		3-0	2-0	2-2	3-1	1-1	6-0	2-2	7-0	3-1	0-2	0-1	1-2	4-2
10 Hull City	1-3	0-3	1-1	2-5	1-2	2-3	2-4	2-3	1-1		3-3	1-1	2-3	0-0	2-1	2-1	1-2	2-2	3-2	1-0	2-3	
11 Leicester City	2-0	4-1	5-0	2-1	0-1	1-2	4-1	6-0	5-2	2-2		1-1	1-0	1-1	2-1	2-0	2-0	1-3	1-1	4-1	4-1	1-1
12 Manchester United	1-1	3-2	4-0	3-1	4-0	2-1	3-0	1-0	2-0	0-1			3-1	2-1	5-0	3-2	7-2	3-1	4-0	3-0	0-0	2-3
13 Newcastle United	3-0	1-0	3-3	3-2	1-1	3-0	1-2	2-1	6-2	4-1	3-1	0-2		1-1	5-1	5-0	2-2	3-0	4-1	2-0	1-4	3-3
14 Norwich City	3-1	0-1	4-1	1-1	2-0	5-3	3-1	2-1	1-0	3-0	1-2	3-5	1-0		4-0	0-0	4-2	0-1	5-1	0-1	1-0	4-3
15 Nottm Forest	6-0	2-2	2-0	1-0	2-0	2-2	0-0	6-2	1-1	0-0	0-1	1-1	1-2	2-2		0-1	9-2	0-1	2-0	2-2	4-1	0-2
16 Plymouth Argyle	7-1	3-2	2-0	0-1	2-0	3-2	4-2	1-3	2-0	0-1	2-1	3-1	1-0	5-1	3-1		4-1	1-1	0-0	1-2	2-1	4-1
17 Port Vale	0-4	2-2	3-2	2-1	1-1	2-2	2-1	2-0	1-0	4-0	1-1	0-3	3-0	3-1	2-0	2-0		1-1	0-2	0-1	1-5	2-3
18 Sheffield United	2-0	1-0	2-1	3-0	2-0	3-0	2-2	3-0	4-1	7-0	1-2	1-1	5-1	3-2	1-0	0-0	4-0		2-1	4-1	1-1	4-2
19 Southampton	0-1	1-0	3-0	0-0	1-0	0-0	2-5	1-0	1-2	1-0	1-0	2-1	1-3	1-1	7-2	2-0	0-1	0-1		4-3	2-0	2-4
20 Swansea Town	0-0	1-0	1-0	0-1	1-3	4-1	1-2	2-0	0-2	6-1	2-0	2-1	1-2	4-3	2-1	2-0	3-2	1-3	0-0		1-1	0-1
21 Tottenham Hotspur	3-0	3-1	4-0	4-0	5-1	4-3	1-1	3-1	2-2	3-1	1-1	0-0	1-2	2-1	1-1	1-2	5-2	1-1	8-0	7-2		1-3
22 West Ham United	2-0	2-1	1-0	1-1	0-0	6-0	1-3	1-2	0-0	4-1	3-2	1-2	4-1	3-2	5-2	4-2	4-0	3-2	0-0	4-0	2-2	

Final League Table

Pos	Team	Pld	Home W	Home D	Home L	Home F	Home A	Away W	Away D	Away L	Away F	Away A	Totals W	Totals D	Totals L	Totals F	Totals A	Pts	GA	Leading Goalscorer	Gls
1	Manchester Utd.	42	16	3	2	55	16	6	9	6	30	27	22	12	8	85	43	56	1.97	G Mutch	21
2	Charlton Athletic	42	15	6	0	53	17	7	5	9	32	41	22	11	9	85	58	55	1.46	H Hobbis	23
3	Sheffield United	42	15	4	2	51	15	5	8	8	28	35	20	12	10	79	50	52	1.58	E Dodds	34
4	West Ham Utd.	42	13	5	3	51	23	9	3	9	39	45	22	8	12	90	68	52	1.32	D Mangnall	24
5	Tottenham H.	42	12	6	3	60	25	6	7	8	31	30	18	13	11	91	55	49	1.65	J Morrison	25
6	Leicester City	42	14	5	2	53	19	5	5	11	26	38	19	10	13	79	57	48	1.38	J Carroll, H Maw	15
7	Plymouth Argyle	42	15	2	4	50	20	5	6	10	21	37	20	8	14	71	57	48	1.24	S Black	15
8	Newcastle Utd.	42	13	5	3	56	27	7	1	13	32	52	20	6	16	88	79	46	1.11	J Smith	22
9	Fulham	42	11	6	4	58	24	4	9	8	18	28	15	14	13	76	52	44	1.46	H Hammond	15
10	Blackpool	42	14	3	4	64	34	4	4	13	29	38	18	7	17	93	72	43	1.29	R Finan	34
11	Norwich City	42	14	2	5	47	25	3	7	11	25	41	17	9	16	72	65	43	1.10	E Vinall	25
12	Bradford City	42	12	7	2	32	18	3	6	12	23	47	15	13	14	55	65	43	0.84	H Travis	15
13	Swansea Town	42	11	3	7	42	26	4	6	11	25	50	15	9	18	67	76	39	0.88	J Brain	13
14	Bury	42	10	6	5	41	27	3	6	12	25	57	13	12	17	66	84	38	0.78	E Matthews	28
15	Burnley	42	9	8	4	35	21	3	5	13	15	38	12	13	17	50	59	37	0.84	C Smith	10
16	Bradford P A	42	13	6	2	43	26	1	3	17	19	58	14	9	19	62	84	37	0.73	W Nolan	14
17	Southampton	42	11	3	7	32	24	4	6	11	15	41	14	9	19	47	65	37	0.72	V Watson	14
18	Doncaster Rov.	42	10	7	4	28	17	4	2	15	23	54	14	9	19	51	71	37	0.71	R Baines	19
19	Nottm Forest	42	8	8	5	43	29	4	3	14	26	40	12	11	19	69	76	35	0.90	T Peacock	20
20	Barnsley	42	9	4	8	40	32	3	5	13	14	48	12	9	21	54	80	33	0.67	E Hine	14
21	Port Vale	42	10	5	6	34	30	2	3	16	22	76	12	8	22	56	106	32	0.52	J Roberts	12
22	Hull City	42	4	7	10	33	45	1	3	17	14	66	5	10	27	47	111	20	0.42	J Acquroff	13

1935/36 DIVISION 3 (North)
SEASON 44

Total Matches	462
Total Goals	1533
Avg goals per match	3.32

Results Grid

	Team	Accrington S	Barrow	Carlisle United	Chester	Chesterfield	Crewe Alex	Darlington	Gateshead	Halifax Town	Hartlepools U	Lincoln City	Mansfield T	New Brighton	Oldham Athletic	Rochdale	Rotherham Utd.	Southport	Stockport Co.	Tranmere R	Walsall	Wrexham	York City
1	Accrington Stanley	—	2-0	0-0	0-3	0-1	2-1	1-0	6-1	2-0	3-2	2-2	1-1	5-2	1-0	2-4	1-1	1-0	1-1	3-1	3-1	0-1	7-2
2	Barrow	0-1	—	1-1	2-4	1-1	1-1	2-0	3-0	0-0	1-1	0-0	2-2	3-0	3-0	6-2	3-0	0-1	1-0	0-0	1-0	2-1	1-1
3	Carlisle United	3-1	2-2	—	1-3	2-1	1-2	3-0	2-0	0-0	4-1	3-0	3-0	2-1	4-3	1-1	4-0	2-1	0-1	2-1	5-1	0-0	
4	Chester	4-0	1-2	3-2	—	1-1	0-1	4-1	4-0	3-1	4-0	4-2	4-0	8-2	1-1	5-2	0-0	5-1	2-0	1-1	2-0	1-1	12-0
5	Chesterfield	0-3	6-1	5-0	1-0	—	6-0	5-1	2-0	3-1	2-0	0-1	2-1	3-1	3-0	2-2	5-0	5-0	0-0	3-1	3-0	5-0	2-2
6	Crewe Alexandra	4-0	3-1	2-0	1-1	5-6	—	2-0	2-4	3-2	3-2	2-1	1-1	5-1	2-2	3-1	4-1	4-1	0-1	0-0	4-3	3-2	2-1
7	Darlington	2-1	4-1	4-1	1-1	1-2	2-2	—	5-2	3-2	4-2	1-0	2-1	4-1	5-0	4-0	3-1	3-2	3-1	1-3	1-1	4-2	3-0
8	Gateshead	0-0	4-3	1-1	2-0	3-3	2-1	1-1	—	2-2	1-0	4-0	3-1	3-1	0-0	1-0	1-1	3-1	1-0	1-1	2-2	2-0	0-0
9	Halifax Town	1-0	3-2	1-0	2-3	2-3	2-4	0-1	1-1	—	0-1	2-1	1-0	3-0	4-2	2-0	1-0	1-2	0-0	1-0	1-1	4-1	2-0
10	Hartlepools United	2-1	0-0	1-1	0-2	2-1	1-0	2-1	2-0	1-0	—	1-1	4-1	4-1	0-1	1-0	5-1	2-1	1-1	2-2	5-0	1-1	4-2
11	Lincoln City	6-0	2-0	2-0	1-1	0-1	6-2	2-1	5-0	3-1	1-0	—	1-2	2-0	2-1	5-1	4-0	4-0	3-0	5-0	4-1	3-1	3-2
12	Mansfield Town	3-1	1-3	1-1	0-0	0-1	1-1	4-2	3-1	3-2	4-0	2-2	—	2-0	1-0	3-0	8-2	5-1	2-1	2-3	2-2	3-2	5-0
13	New Brighton	2-3	2-3	3-0	3-3	1-2	3-1	1-1	1-0	1-4	0-0	0-5	1-0	—	1-3	2-0	3-0	2-1	2-0	0-0	1-1	0-4	0-2
14	Oldham Athletic	3-0	3-1	0-3	1-3	0-0	0-0	2-0	2-2	3-0	2-2	2-3	4-1	6-0	—	3-3	4-1	4-0	1-3	4-1	2-1	5-2	6-2
15	Rochdale	2-2	1-1	0-0	1-1	1-1	2-1	1-1	5-0	2-0	0-1	0-0	3-1	1-0	2-6	—	1-1	2-1	1-1	0-0	6-4	2-1	2-3
16	Rotherham United	1-3	1-0	4-0	1-2	0-0	3-1	4-0	3-0	2-0	3-0	1-1	2-1	5-0	1-0	6-0	—	5-0	1-1	1-2	2-0	1-2	5-0
17	Southport	2-1	3-1	0-3	2-1	1-0	1-1	4-1	1-1	2-0	1-1	0-3	3-3	2-1	1-1	1-1	2-1	—	2-3	1-1	1-0	1-1	0-1
18	Stockport County	1-2	2-1	2-0	2-0	2-2	0-1	2-0	3-1	1-0	2-1	4-0	6-1	1-1	2-0	4-0	1-2	1-0	—	2-1	0-1	3-2	3-2
19	Tranmere Rovers	6-0	1-0	4-1	3-1	1-3	4-2	2-4	2-0	0-2	3-1	1-1	4-2	3-1	13-4	5-2	2-2	5-2	4-1	—	3-1	6-1	3-1
20	Walsall	2-0	5-1	3-0	1-0	1-1	4-1	4-1	2-0	2-1	6-0	4-1	7-0	1-2	1-2	1-0	0-1	3-1	0-1	0-0	—	5-0	6-0
21	Wrexham	3-0	2-0	1-1	1-0	0-1	0-1	3-1	2-4	1-3	1-0	1-1	5-1	3-0	0-1	0-1	2-0	4-2	4-0	4-0	1-1	—	1-0
22	York City	1-1	1-2	2-0	1-2	1-1	4-1	4-1	2-2	2-2	2-1	7-5	2-0	3-1	2-1	2-1	0-0	0-4	2-0	0-0	1-1		—

Final League Table

Pos	Team	Pld	Home W	Home D	Home L	Home F	Home A	Away W	Away D	Away L	Away F	Away A	Totals W	Totals D	Totals L	Totals F	Totals A	Pts	GA	Leading Goalscorer	Gls
1	Chesterfield	42	15	3	3	60	14	9	9	3	32	25	24	12	6	92	39	60	2.35	M Dando	27
2	Chester	42	14	5	2	69	18	8	6	7	31	27	22	11	9	100	45	55	2.22	F Wrightson	26
3	Tranmere Rovers	42	17	2	2	75	28	5	9	7	18	30	22	11	9	93	58	55	1.60	R Bell	33
4	Lincoln City	42	18	1	2	64	14	4	8	9	27	37	22	9	11	91	51	53	1.78	J Campbell	28
5	Stockport County	42	15	2	4	45	18	5	6	10	20	31	20	8	14	65	49	48	1.32	J Hill	19
6	Crewe Alex.	42	14	4	3	55	31	5	5	11	25	45	19	9	14	80	76	47	1.05	H Swindells	21
7	Oldham Athletic	42	13	5	3	60	25	5	4	12	26	48	18	9	15	86	73	45	1.17	W Walsh	32
8	Hartlepools Utd.	42	13	6	2	41	18	2	6	13	16	43	15	12	15	57	61	42	0.93	J Wigham	16
9	Accrington S.	42	12	5	4	43	24	5	3	13	20	48	17	8	17	63	72	42	0.87	R Mortimer	18
10	Walsall	42	15	3	3	58	13	1	7	13	21	46	16	9	17	79	59	41	1.33	W Evans	24
11	Rotherham Utd.	42	14	3	4	52	13	2	6	13	17	53	16	9	17	69	66	41	1.04	W Dickinson	17
12	Darlington	42	16	3	2	60	26	1	3	17	14	53	17	6	19	74	79	40	0.93	J Best	19
13	Carlisle United	42	13	5	3	44	19	1	7	13	12	43	14	12	16	56	62	40	0.90	J Mantle	22
14	Gateshead	42	11	10	0	37	18	2	4	15	19	58	13	14	15	56	76	40	0.73	J Allen	12
15	Barrow	42	9	9	3	33	16	4	3	14	25	49	13	12	17	58	65	38	0.89	T Reid	17
16	York City	42	10	8	3	41	28	3	4	14	21	67	13	12	17	62	95	38	0.65	F Speed	12
17	Halifax Town	42	12	3	6	34	22	3	4	14	23	39	15	7	20	57	61	37	0.93	A Valentine	29
18	Wrexham	42	12	3	6	39	18	3	4	14	27	57	15	7	20	66	75	37	0.88	C MacCartney	24
19	Mansfield Town	42	13	5	3	55	25	1	4	16	25	66	14	9	19	80	91	37	0.87	E Harston	26
20	Rochdale	42	8	10	3	35	26	2	3	16	23	62	10	13	19	58	88	33	0.65	J Wiggins	14
21	Southport	42	9	8	4	31	26	2	1	18	17	64	11	9	22	48	90	31	0.53	T Savage	13
22	New Brighton	42	8	5	8	29	33	1	1	19	14	69	9	6	27	43	102	24	0.42	D Westcott	10

Walsall transferred to Division 3 South.

1935/36 DIVISION 3 (South)
SEASON 44

Total Matches 462
Total Goals 1497
Avg goals per match 3.24

		Aldershot	Bournemouth	Brighton & H A	Bristol City	Bristol Rovers	Cardiff City	Clapton Orient	Coventry City	Crystal Palace	Exeter City	Gillingham	Luton Town	Millwall	Newport Co	Northampton T	Notts County	Q P R	Reading	Southend Utd	Swindon Town	Torquay Utd.	Watford
1	Aldershot		2-0	1-0	0-0	6-1	1-1	1-0	1-2	1-3	3-0	0-2	0-1	1-1	1-1	2-0	3-1	1-3	1-0	1-1	1-3	1-0	1-1
2	Bournemouth & B A	0-0		1-2	3-0	2-1	4-4	2-0	1-1	2-5	1-1	1-2	2-1	1-2	2-0	4-0	0-1	0-1	4-1	2-1	1-0	1-1	2-2
3	Brighton & Hove Albion	2-1	0-1		3-0	4-1	1-0	1-3	2-1	2-1	3-1	1-1	1-0	0-0	7-1	5-1	1-1	1-1	4-2	1-3	0-2	3-2	2-1
4	Bristol City	1-0	1-0	0-3		0-2	0-2	2-0	0-0	2-0	2-1	2-1	1-2	4-1	1-2	3-2	1-1	0-0	1-1	2-1	5-0	2-0	2-2
5	Bristol Rovers	2-2	2-1	5-2	1-1		1-1	1-1	3-2	2-4	6-1	4-3	2-2	2-0	3-0	5-2	0-0	1-1	1-4	3-2	2-1	3-0	0-1
6	Cardiff City	0-1	1-1	1-0	1-0	0-0		4-1	1-0	1-1	5-2	4-0	2-3	3-1	2-0	0-0	3-2	3-2	2-3	1-1	2-1	1-2	0-2
7	Clapton Orient	0-1	1-1	3-1	2-0	2-0	2-1		0-1	1-0	1-2	3-1	3-0	1-0	4-0	4-0	0-2	1-0	1-0	3-0	1-2	1-1	0-2
8	Coventry City	0-2	2-0	5-0	3-1	3-1	5-1	2-0		8-1	3-0	4-0	0-0	5-0	7-1	4-0	5-1	6-1	3-1	3-0	3-1	2-1	2-0
9	Crystal Palace	2-1	2-0	4-0	5-1	5-3	3-2	2-2	3-1		2-2	1-1	5-1	5-0	6-0	6-1	0-0	0-2	2-0	3-0	5-1	1-0	1-2
10	Exeter City	5-1	1-3	3-3	0-1	3-1	2-0	2-3	1-3	1-0		2-5	1-2	4-3	3-3	3-1	0-0	0-0	4-5	1-0	0-3	1-1	1-3
11	Gillingham	4-2	1-2	1-2	2-1	1-2	3-0	3-0	1-1	0-2	2-2		0-1	1-3	3-0	2-3	0-0	2-2	2-0	2-1	3-1	1-0	0-0
12	Luton Town	2-2	0-0	2-1	1-0	12-0	2-2	5-3	1-1	6-0	3-1	1-2		0-0	7-0	3-3	1-0	2-0	2-1	1-2	2-1	1-0	2-1
13	Millwall	1-2	3-0	0-0	1-1	2-1	2-4	1-0	2-2	4-0	2-2	4-1	0-0		2-2	2-1	2-1	2-0	0-1	1-2	1-0	1-1	0-0
14	Newport County	1-1	0-0	0-2	2-0	1-0	0-0	2-3	2-1	2-5	2-1	4-2	0-2	4-1		5-1	1-2	3-4	1-5	3-1	2-2	1-6	0-5
15	Northampton Town	3-0	2-1	1-0	0-2	3-3	2-0	2-0	2-4	3-1	1-1	0-0	0-0	2-4	3-0		3-1	1-4	4-2	2-0	0-0	2-1	2-0
16	Notts County	1-2	1-3	1-1	1-1	6-0	2-0	2-0	2-1	3-1	3-1	3-3	0-3	0-0	6-2	3-0		3-0	1-3	1-2	0-0	1-0	0-2
17	Queens Park Rangers	5-0	2-0	3-2	4-1	4-0	5-1	4-0	0-0	3-0	3-1	5-2	0-0	2-3	1-1	0-1	2-2		0-1	2-1	5-1	2-1	3-1
18	Reading	3-1	0-3	3-0	5-2	3-2	4-1	4-1	2-1	0-1	2-0	1-0	2-1	3-1	2-1	5-2	3-1	1-2		2-1	2-0	2-0	3-0
19	Southend United	2-2	3-3	0-0	0-1	1-1	3-1	2-1	0-0	7-1	4-0	4-2	0-1	6-0	1-2	0-1	0-0	0-1	1-2		1-0	2-1	1-1
20	Swindon Town	3-2	2-3	1-2	1-1	3-0	2-1	2-2	1-2	0-2	1-1	3-0	3-0	3-1	1-1	3-1	2-1	2-2	4-1	1-3		4-1	1-6
21	Torquay United	3-1	0-2	1-0	2-0	2-0	2-1	1-0	3-3	3-2	2-1	4-2	2-1	1-3	3-2	3-3	0-1	4-2	0-0	1-1	2-1		2-1
22	Watford	0-0	4-1	2-1	0-2	1-2	4-0	1-1	5-0	3-2	1-0	1-2	1-3	2-1	2-5	4-1	1-2	2-1	4-2	5-0	2-1	2-2	

Final League Table

Pos	Team	Pld	Home W	Home D	Home L	Home F	Home A	Away W	Away D	Away L	Away F	Away A	Totals W	Totals D	Totals L	Totals F	Totals A	Pts	GA	Leading Goalscorer	Gls
1	**Coventry City**	42	19	1	1	75	12	5	8	8	27	33	24	9	9	102	45	57	2.26	C Bourton	22
2	Luton Town	42	13	6	2	56	20	9	6	6	25	25	22	12	8	81	45	56	1.80	J Payne	13
3	Reading	42	18	0	3	52	20	8	2	11	35	42	26	2	14	87	62	54	1.40	T Tait	23
4	Queens Park R	42	14	4	3	55	19	8	5	8	29	34	22	9	11	84	53	53	1.58	T Cheetham	35
5	Watford	42	12	3	6	47	29	8	6	7	33	25	20	9	13	80	54	49	1.48	W Devan	14
6	Crystal Palace	42	15	4	2	64	20	7	1	13	32	54	22	5	15	96	74	49	1.29	**A Dawes**	**38**
7	Brighton & H A	42	13	4	4	48	25	5	4	12	22	38	18	8	16	70	63	44	1.11	A Law	24
8	Bournemouth	42	9	6	6	36	26	7	5	9	24	30	16	11	15	60	56	43	1.07	J Riley	25
9	Notts County	42	10	5	6	40	25	5	7	9	20	32	15	12	15	60	57	42	1.05	W Notley	9
10	Torquay United	42	14	4	3	41	27	2	5	14	21	35	16	9	17	62	62	41	1.00	A Hutchinson	10
11	Aldershot	42	9	6	6	29	21	5	6	10	24	40	14	12	16	53	61	40	0.86	L Williams	13
12	Millwall	42	9	8	4	33	21	5	4	12	25	50	14	12	16	58	71	40	0.81	J McCartney, J Thorogood	12
13	Bristol City	42	11	5	5	32	21	4	5	12	16	38	15	10	17	48	59	40	0.81	R Armstrong	11
14	Clapton Orient	42	13	2	6	34	15	3	4	14	21	46	16	6	20	55	61	38	0.90	E Crawford	23
15	Northampton T.	42	12	5	4	38	24	3	3	15	24	66	15	8	19	62	90	38	0.68	T Bell	16
16	Gillingham	42	9	5	7	34	25	5	4	12	32	52	14	9	19	66	77	37	0.85	G Tadman	18
17	Bristol Rovers	42	11	6	4	48	31	3	5	13	21	64	14	11	17	69	95	37	0.72	J Woodman	15
18	Southend United	42	8	7	6	38	21	5	3	13	23	41	13	10	19	61	62	36	0.98	H Lane	13
19	Swindon Town	42	10	5	6	43	33	4	3	14	21	40	14	8	20	64	73	36	0.87	S Lowery	16
20	Cardiff City	42	11	5	5	37	23	2	5	14	23	50	13	10	19	60	73	36	0.82	R Keating	10
21	Newport County	42	8	4	9	36	44	3	5	13	24	67	11	9	22	60	111	31	0.54	A Derrick	15
22	Exeter City	42	7	5	9	38	41	1	6	14	21	52	8	11	23	59	93	27	0.63	J McCambridge	16

1936/37 DIVISION 1 SEASON 45

Total Matches	462
Total Goals	1555
Avg goals per match	3.37

	Team	Arsenal	Birmingham	Bolton Wand.	Brentford	Charlton Ath.	Chelsea	Derby County	Everton	Grimsby Town	Huddersfield T	Leeds Utd	Liverpool	Manchester C	Manchester U	Middlesbrough	Portsmouth	Preston N E	Sheffield Weds	Stoke City	Sunderland	West Brom A	Wolverhampton
1	Arsenal		1-1	0-0	1-1	1-1	4-1	2-2	3-2	0-0	1-1	4-1	1-0	1-3	1-1	5-3	4-0	4-1	1-1	0-0	4-1	2-0	3-0
2	Birmingham	1-3		1-1	4-0	1-2	0-0	0-1	2-0	2-3	4-2	2-1	5-0	2-2	2-2	0-0	2-1	1-0	1-1	2-4	2-0	1-1	1-0
3	Bolton Wanderers	0-5	0-0		2-2	2-1	2-1	1-3	1-2	1-2	2-2	2-1	0-1	0-2	0-4	1-3	1-0	0-0	1-0	0-0	1-1	4-1	1-2
4	Brentford	2-0	2-1	2-2		4-2	1-0	6-2	2-2	2-3	1-1	4-1	5-2	2-6	4-0	4-1	4-0	1-1	2-1	2-1	3-3	2-1	3-2
5	Charlton Athletic	0-2	2-2	1-0	2-1		1-0	2-0	2-0	1-0	1-0	1-0	1-1	1-1	3-0	2-2	0-0	3-1	1-0	2-0	3-1	4-2	4-0
6	Chelsea	2-0	1-3	0-1	2-1	3-0		1-1	4-0	3-2	0-0	2-1	2-0	4-4	4-2	1-0	1-1	0-0	1-1	1-0	1-3	3-0	0-1
7	Derby County	5-4	3-1	3-0	2-3	5-0	1-1		3-1	3-1	3-3	5-3	4-1	0-5	5-4	0-2	1-3	1-2	3-2	2-2	3-0	1-0	5-1
8	Everton	1-1	3-3	3-2	3-0	2-2	0-0	7-0		3-0	2-1	7-1	2-0	1-1	2-3	2-3	4-0	2-2	3-1	1-1	3-0	4-2	1-0
9	Grimsby Town	1-3	1-1	3-1	2-0	0-1	3-0	3-4	1-0		2-2	4-1	2-1	5-3	6-2	5-1	1-0	6-4	5-1	1-3	6-0	2-3	1-1
10	Huddersfield Town	0-0	1-1	2-0	1-1	1-2	4-2	2-0	0-3			3-0	4-0	1-1	3-1	2-0	1-2	4-2	1-0	2-1	2-1	1-1	4-0
11	Leeds United	3-4	0-2	2-2	3-1	2-0	2-3	2-0	3-0	2-0	2-1		2-0	1-1	2-1	5-0	3-1	1-0	1-1	2-1	3-0	3-1	0-1
12	Liverpool	2-1	2-0	0-0	2-2	1-2	1-1	3-3	3-2	7-1	1-1	3-0		0-5	2-0	0-2	0-0	1-1	2-2	2-1	4-0	1-2	1-0
13	Manchester City	2-0	1-1	2-2	2-1	1-1	0-0	3-2	4-1	1-1	3-0	4-0	5-1		1-0	2-1	3-1	4-1	4-1	2-1	2-4	6-2	4-1
14	Manchester United	2-0	1-2	1-0	1-3	0-0	0-0	2-2	2-1	1-1	0-0	2-5	3-2		2-1	0-1	1-1	1-1	2-1	0-1	1-1	2-2	1-1
15	Middlesbrough	1-1	3-1	2-0	3-0	1-1	2-0	1-3	2-0	0-0	5-0	4-2	3-3	2-0	3-2		2-2	2-1	2-0	1-0	5-5	4-1	1-0
16	Portsmouth	1-5	2-1	1-1	1-3	0-1	4-1	1-2	2-2	2-1	1-0	3-0	6-2	2-1	2-1	2-1		0-1	1-0	1-0	3-2	5-3	1-1
17	Preston North End	1-3	2-2	1-2	1-1	0-0	1-0	5-2	1-0	3-2	1-1	1-0	3-1	2-5	3-1	2-0	1-1		1-1	0-1	2-0	3-2	1-3
18	Sheffield Wednesday	0-0	0-3	0-0	0-2	3-1	1-1	2-3	6-4	2-1	1-2	1-2	5-1	1-0	0-0	0-1			0-0	2-0	2-3	1-3	
19	Stoke City	0-0	2-0	2-2	5-1	1-1	2-0	1-2	2-1	2-0	1-1	2-1	1-1	2-2	3-0	6-2	2-4	0-2	1-0		5-3	10-3	2-1
20	Sunderland	1-1	4-0	3-0	4-1	1-0	2-3	3-2	3-1	5-1	3-2	2-1	4-2	1-3	1-1	4-1	3-2	3-0	1-1	1-0		6-2	
21	West Bromwich Albion	2-4	3-2	0-2	1-0	1-2	2-0	1-3	2-1	4-2	2-1	3-0	3-1	2-2	1-0	3-1	3-1	0-0	2-3	2-2	6-4		2-1
22	Wolverhampton Wand.	2-0	2-1	2-3	4-0	6-1	1-2	3-1	7-2	5-2	3-1	3-0	2-0	2-1	3-1	0-1	1-1	5-0	4-0	2-1	1-1	6-2	

Final League Table

Pos	Team	Pld	Home					Away					Totals					Pts	GA	Leading Goalscorer	Gls
			W	D	L	F	A	W	D	L	F	A	W	D	L	F	A				
1	Manchester City	42	15	5	1	56	22	7	8	6	51	39	22	13	7	107	61	57	1.75	P Doherty	30
2	Charlton Athletic	42	15	5	1	37	13	6	7	8	21	36	21	12	9	58	49	54	1.18	G Tadman	11
3	Arsenal	42	10	10	1	43	20	8	6	7	37	29	18	16	8	80	49	52	1.63	E Drake	20
4	Derby County	42	13	3	5	58	39	8	4	9	38	51	21	7	14	96	90	49	1.06	D Astley	25
5	Wolverhampton	42	16	2	3	63	24	5	3	13	21	43	21	5	16	84	67	47	1.25	J Clayton	24
6	Brentford	42	14	5	2	58	32	4	5	12	24	46	18	10	14	82	78	46	1.05	D McCulloch	31
7	Middlesbrough	42	14	6	1	49	22	5	2	14	25	49	19	8	15	74	71	46	1.04	M Fenton	22
8	Sunderland	42	17	2	2	59	24	2	4	15	30	63	19	6	17	89	87	44	1.02	H Carter	26
9	Portsmouth	42	13	3	5	41	29	4	7	10	21	37	17	10	15	62	66	44	0.93	C Parker	12
10	Stoke City	42	12	6	3	52	27	3	6	12	20	30	15	12	15	72	57	42	1.26	F Steele	33
11	Birmingham	42	9	7	5	36	24	4	8	9	28	36	13	15	14	64	60	41	1.06	S Morris	15
12	Grimsby Town	42	13	3	5	60	32	4	4	13	26	49	17	7	18	86	81	41	1.06	E Glover	30
13	Chelsea	42	11	6	4	36	21	3	7	11	16	34	14	13	15	52	55	41	0.94	G Mills	22
14	Preston NE	42	10	6	5	35	28	4	7	10	21	39	14	13	15	56	67	41	0.83	F O'Donnell	16
15	Huddersfield T.	42	12	5	4	39	21	0	10	11	23	43	12	15	15	62	64	39	0.96	J Richardson	12
16	West Brom A	42	13	3	5	45	32	3	3	15	32	66	16	6	20	77	98	38	0.78	H Jones	18
17	Everton	42	12	7	2	56	23	2	2	17	25	55	14	9	19	81	78	37	1.03	W Dean	24
18	Liverpool	42	9	8	4	38	26	3	3	15	24	58	12	11	19	62	84	35	0.73	F Howe	16
19	Leeds United	42	14	3	4	44	20	1	1	19	16	60	15	4	23	60	80	34	0.75	A Hydes	13
20	Bolton Wand.	42	6	6	9	22	33	4	8	9	21	33	10	14	18	43	66	34	0.65	J Milsom	13
21	Manchester Utd.	42	8	9	4	29	26	2	3	16	26	52	10	12	20	55	78	32	0.70	T Bamford	14
22	Sheffield Weds.	42	8	5	8	32	29	1	7	13	21	40	9	12	21	53	69	30	0.76	N Dewar	9

1936/37 DIVISION 2 — SEASON 45

Total Matches 462
Total Goals 1479
Avg goals per match 3.2

Final League Table

Pos	Team	Pld	Home W	Home D	Home L	Home F	Home A	Away W	Away D	Away L	Away F	Away A	Totals W	Totals D	Totals L	Totals F	Totals A	Pts	GA	Leading Goalscorer	Gls
1	Leicester City	42	14	4	3	56	26	10	4	7	33	31	24	8	10	89	57	56	1.56	J Bowers	33
2	Blackpool	42	13	4	4	49	19	11	3	7	39	34	24	7	11	88	53	55	1.66	R Finan	28
3	Bury	42	13	4	4	46	26	9	4	8	28	29	22	8	12	74	55	52	1.34	E Matthews	18
4	Newcastle United	42	11	3	7	45	23	11	2	8	35	33	22	5	15	80	56	49	1.42	J Smith	24
5	Plymouth Argyle	42	11	6	4	42	22	7	7	7	29	31	18	13	11	71	53	49	1.34	J Connor	17
6	West Ham Utd.	42	14	5	2	47	18	5	6	10	26	37	19	11	12	73	55	49	1.32	L Goulden	15
7	Sheffield United	42	16	4	1	48	14	2	6	13	18	40	18	10	14	66	54	46	1.22	E Dodds	23
8	Coventry City	42	11	5	5	35	19	6	6	9	31	35	17	11	14	66	54	45	1.22	J Brown	12
9	Aston Villa	42	10	6	5	47	30	6	6	9	35	40	16	12	14	82	70	44	1.17	F Broome	28
10	Tottenham H.	42	13	3	5	57	26	4	6	11	31	40	17	9	16	88	66	43	1.33	J Morrison	29
11	Fulham	42	11	5	5	43	24	4	8	9	28	37	15	13	14	71	61	43	1.16	R Rooke	19
12	Blackburn Rov.	42	11	3	7	49	32	5	7	9	21	30	16	10	16	70	62	42	1.12	J Bruton	15
13	Burnley	42	11	5	5	37	20	5	5	11	20	41	16	10	16	57	61	42	0.93	C Fletcher	12
14	Barnsley	42	11	6	4	30	23	5	3	13	20	41	16	9	17	50	64	41	0.78	E Hine	13
15	Chesterfield	42	12	3	6	54	34	4	5	12	30	55	16	8	18	84	89	40	0.94	W Ponting	28
16	Swansea Town	42	14	2	5	40	16	1	5	15	10	49	15	7	20	50	65	37	0.76	J Brain	9
17	Norwich City	42	8	6	7	38	29	6	2	13	25	42	14	8	20	63	71	36	0.88	F Manders	16
18	Nottm Forest	42	10	6	5	42	30	2	4	15	26	60	12	10	20	68	90	34	0.75	D Martin	29
19	Southampton	42	10	8	3	38	25	1	4	16	15	52	11	12	19	53	77	34	0.68	J Dunne	14
20	Bradford P A	42	10	4	7	33	33	2	5	14	19	55	12	9	21	52	88	33	0.59	M McPhee	17
21	Bradford City	42	8	8	5	36	31	1	4	16	18	63	9	12	21	54	94	30	0.57	G Murphy	11
22	Doncaster Rov.	42	6	6	9	18	29	1	4	16	12	55	7	10	25	30	84	24	0.35	E Perry	6

1936/37 | DIVISION 3 (North) SEASON 45

Total Matches 462
Total Goals 1602
Avg goals per match 3.47

Results Grid

		Accrington S	Barrow	Carlisle United	Chester	Crewe Alex	Darlington	Gateshead	Halifax Town	Hartlepools U	Hull City	Lincoln City	Mansfield T	New Brighton	Oldham Athletic	Port Vale	Rochdale	Rotherham Utd.	Southport	Stockport Co.	Tranmere R	Wrexham	York City
1	Accrington Stanley		5-0	2-1	2-1	4-1	1-0	2-1	3-2	1-2	0-1	1-2	0-3	5-0	1-1	2-3	3-1	3-0	6-3	2-1	4-0	2-2	2-1
2	Barrow	1-0		5-0	1-2	2-2	1-0	3-0	1-2	3-1	2-3	0-4	2-2	2-1	1-2	3-1	3-0	5-1	2-1	0-0	2-0	1-1	2-2
3	Carlisle United	2-0	2-2		1-1	4-0	2-0	2-1	1-2	2-0	1-1	3-1	1-2	1-1	2-1	5-2	1-0	4-1	1-1	1-0	3-1	2-1	1-1
4	Chester	1-1	6-0	4-0		5-0	2-1	6-0	1-1	3-0	3-1	7-3	5-1	4-1	2-1	0-0	2-2	2-1	2-3	1-1	5-2	4-1	3-1
5	Crewe Alexandra	2-2	4-1	1-2	1-1		1-1	3-1	0-1	1-1	2-1	2-1	2-1	0-2	1-2	0-1	2-2	0-2	3-2	1-2	2-2	1-1	2-2
6	Darlington	4-1	2-4	1-5	1-3	0-3		0-2	3-3	5-5	2-2	2-2	0-0	1-2	0-3	1-0	4-1	6-3	4-2	1-1	3-2	1-1	1-1
7	Gateshead	1-1	1-1	1-0	1-1	2-0	5-0		0-2	2-2	6-3	0-5	3-3	1-1	0-3	0-1	3-1	2-1	5-4	0-0	4-0	0-0	3-2
8	Halifax Town	3-0	2-1	6-1	1-0	4-1	4-1	2-1		2-0	1-0	2-3	0-0	0-0	0-1	3-2	4-1	1-1	1-1	2-1	1-2	1-2	
9	Hartlepools United	1-0	3-1	3-0	0-1	4-1	1-3	6-1	5-3		2-2	3-1	3-0	5-0	1-0	2-0	4-1	0-2	2-0	2-4	2-1	2-0	2-0
10	Hull City	0-3	3-2	1-1	1-1	2-0	4-3	3-2	0-0	1-0		1-1	3-0	4-1	2-0	1-1	1-1	2-1	3-2	0-1	5-2	1-0	1-0
11	Lincoln City	3-3	6-0	3-0	3-0	2-4	4-3	4-0	4-1	3-0	5-0		2-0	1-0	2-0	1-0	5-3	3-0	4-1	0-2	1-0	6-2	3-1
12	Mansfield Town	2-1	2-1	1-4	5-0	1-4	3-1	3-2	3-0	8-2	5-2	2-2		2-3	1-2	7-1	6-2	4-1	3-0	0-2	2-3	3-0	1-2
13	New Brighton	1-1	1-1	1-1	1-0	1-2	2-0	1-1	1-1	4-0	1-1	1-2	0-0		0-2	2-0	5-1	4-0	3-1	1-1	1-2	1-0	4-1
14	Oldham Athletic	3-1	4-3	2-1	1-0	1-1	1-1	4-0	1-0	2-0	3-1	1-0	1-1	3-1		5-1	3-0	4-1	3-3	0-2	3-0	2-2	2-2
15	Port Vale	1-1	3-2	1-0	4-0	0-0	2-2	4-2	3-1	1-0	1-3	1-1	5-1	3-1	1-0		1-1	2-1	0-2	3-0	2-1	0-3	1-1
16	Rochdale	4-1	3-1	3-0	0-1	2-0	4-0	0-2	3-5	1-1	4-0	2-3	1-3	4-0	3-0	0-0		1-0	2-1	2-2	2-1	1-1	1-1
17	Rotherham United	2-2	4-1	0-1	2-1	3-2	2-4	3-0	6-0	2-4	0-0	3-1	4-1	3-0	4-4	2-0	1-1		3-0	1-1	3-1	2-2	2-2
18	Southport	3-1	3-3	2-1	1-2	1-1	0-0	3-0	2-1	1-1	1-4	2-1	3-2	3-0	2-0	3-3	1-1	4-1		1-1	1-0	1-1	1-4
19	Stockport County	3-2	4-1	1-2	4-0	1-0	3-3	4-2	0-0	1-1	3-1	2-0	3-1	4-1	1-0	3-0	4-2	2-1			5-0	2-0	6-0
20	Tranmere Rovers	1-2	0-0	5-1	5-0	6-1	1-1	6-1	2-1	1-0	2-1	2-2	0-2	3-3	4-2	4-3	1-2	3-3	2-2			1-1	0-0
21	Wrexham	1-0	2-1	1-0	1-2	5-0	4-0	6-0	0-2	0-1	2-1	0-3	2-3	4-1	1-1	1-0	0-1	4-2	3-3	0-0	2-0		2-0
22	York City	4-2	1-2	5-2	0-2	2-3	3-0	2-0	4-0	4-1	1-1	0-0	1-1	2-1	3-1	1-2	4-1	4-3	4-0	2-1	4-0	3-4	

Final League Table

Pos	Team	Pld	Home					Away					Totals					Pts	GA	Leading Goalscorer	Gls
			W	D	L	F	A	W	D	L	F	A	W	D	L	F	A				
1	**Stockport County**	42	17	3	1	59	18	6	11	4	25	21	23	14	5	84	39	60	2.15	J Hill	19
2	Lincoln City	42	18	1	2	65	20	7	6	8	38	37	25	7	10	103	57	57	1.80	J Campbell	36
3	Chester	42	15	5	1	68	21	7	4	10	19	36	22	9	11	87	57	53	1.52	F Wrightson	32
4	Oldham Athletic	42	13	7	1	49	25	7	4	10	28	34	20	11	11	77	59	51	1.30	T Davis	33
5	Hull City	42	13	6	2	39	22	4	6	11	29	47	17	12	13	68	69	46	0.98	C Hubbard	15
6	Hartlepools Utd.	42	16	1	4	53	21	3	6	12	22	48	19	7	16	75	69	45	1.08	S English	18
7	Halifax Town	42	12	4	5	40	20	6	5	10	28	43	18	9	15	68	63	45	1.07	A Valentine	25
8	Wrexham	42	12	3	6	41	21	4	9	8	30	36	16	12	14	71	57	44	1.24	H Lapham	21
9	Mansfield Town	42	13	1	7	64	35	5	7	9	27	41	18	8	16	91	76	44	1.19	**E Harston**	**55**
10	Carlisle United	42	13	6	2	42	19	5	2	14	23	49	18	8	16	65	68	44	0.95	J Mantle	16
11	Port Vale	42	12	6	3	39	23	5	4	12	19	41	17	10	15	58	64	44	0.90	T Ward	14
12	York City	42	13	3	5	54	27	3	8	10	25	43	16	11	15	79	70	43	1.12	A Thompson	24
13	Accrington S.	42	14	2	5	51	26	2	7	14	25	43	16	9	19	76	69	41	1.10	R Mortimer	32
14	Southport	42	10	8	3	39	28	2	5	14	34	59	12	13	17	73	87	37	0.83	J Patrick	29
15	New Brighton	42	10	8	3	38	16	3	3	15	19	54	13	11	18	55	70	38	0.78	A Ainsworth	11
16	Barrow	42	11	5	5	42	25	2	5	14	28	61	13	10	19	70	86	36	0.81	W Ouchterlonie	22
17	Rotherham Utd.	42	11	7	3	52	28	3	0	18	26	63	14	7	21	78	91	35	0.85	E Smith	22
18	Rochdale	42	12	3	6	44	27	1	6	14	25	59	13	9	20	69	86	35	0.80	S Hunt	24
19	Tranmere Rov.	42	10	8	3	52	30	2	1	18	19	58	12	9	21	71	88	33	0.80	T Waring	15
20	Crewe Alexandra	42	6	8	7	31	31	4	4	13	24	52	10	12	20	55	83	32	0.66	J Waring	21
21	Gateshead	42	9	8	4	40	31	2	2	17	23	67	11	10	21	63	98	32	0.64	J McDermott	13
22	Darlington	42	6	8	7	42	46	2	6	13	24	50	8	14	20	66	96	30	0.68	A Brallisford	24

Mansfield Town transferred to Division 3 South.

1936/37 DIVISION 3 (South)
SEASON 45

Total Matches 462
Total Goals 1497
Avg goals per match 3.24

		Aldershot	Bournemouth	Brighton & H A	Bristol City	Bristol Rovers	Cardiff City	Clapton Orient	Crystal Palace	Exeter City	Gillingham	Luton Town	Millwall	Newport Co	Northampton T	Notts County	Q P R	Reading	Southend Utd	Swindon Town	Torquay Utd.	Walsall	Watford
1	Aldershot		1-3	0-1	3-0	4-0	0-1	1-1	2-2	1-1	3-0	2-3	1-2	2-0	0-2	0-1	0-0	0-2	1-2	2-1	0-1	4-4	2-2
2	Bournemouth & B A	2-1		1-0	0-0	3-0	0-2	2-1	3-1	0-0	1-0	2-1	2-1	5-0	3-2	1-0	3-1	2-1	1-0	5-2	3-3	3-2	3-2
3	Brighton & Hove Albion	1-0	1-0		2-0	5-2	7-2	1-1	1-0	1-0	4-0	2-1	2-2	2-0	1-2	2-2	4-1	1-1	1-0	2-0	5-1	3-0	1-1
4	Bristol City	3-0	4-1	1-0		4-1	2-1	4-0	1-0	2-1	2-0	2-3	2-0	3-1	0-1	1-1	3-2	1-2	0-1	1-2	4-1	0-0	2-2
5	Bristol Rovers	1-0	4-0	2-0	3-1		5-1	4-0	1-0	4-2	0-3	4-0	2-1	1-1	2-0	2-3	1-1	2-2	1-2	2-1	5-1	3-0	0-1
6	Cardiff City	4-1	2-1	1-2	3-1	3-1		2-1	1-1	3-1	2-0	3-0	0-1	0-1	2-1	0-2	2-0	1-1	1-2	0-2	2-2	2-2
7	Clapton Orient	1-1	2-1	2-0	0-0	2-1	0-1		1-1	1-0	0-2	1-0	1-2	3-1	1-0	0-0	3-2	3-0	1-1	2-0	2-2	1-1
8	Crystal Palace	3-0	2-2	2-0	1-0	3-0	2-2	2-3		8-0	1-1	0-4	1-0	6-1	2-2	1-2	0-0	3-1	1-1	2-0	0-0	3-1	2-0
9	Exeter City	1-2	1-1	0-4	3-0	3-2	3-1	0-2	3-2		1-1	2-4	1-1	3-1	2-5	1-3	0-3	2-0	2-2	1-1	2-1	3-0	2-1
10	Gillingham	1-2	1-0	1-0	5-3	1-0	0-0	2-2	0-2	2-2		1-0	1-0	4-4	2-3	2-0	1-0	4-1	1-0	2-2	2-1
11	Luton Town	5-2	1-0	2-1	4-0	2-0	8-1	2-0	5-2	2-2	5-2		5-0	5-0	3-2	2-1	0-1	4-1	1-0	5-1	2-0	2-0	4-1
12	Millwall	4-2	0-2	3-0	3-1	1-2	3-1	2-1	3-0	3-3	3-0	0-2		7-2	1-0	0-0	2-0	1-2	1-1	1-1	3-1	2-1
13	Newport County	4-0	4-0	1-4	0-0	2-2	2-3	1-1	1-1	2-0	0-0	2-1	1-2		1-3	2-0	1-2	3-0	6-2	1-1	1-1	1-2	1-3
14	Northampton Town	5-3	0-0	2-0	5-1	4-1	2-0	1-1	2-0	2-1	5-0	3-1	2-2	3-2		1-1	0-1	2-1	4-3	4-0	3-0	6-3	0-1
15	Notts County	3-0	4-3	0-1	1-0	4-3	4-0	0-0	0-1	3-1	2-0	2-1	1-1	3-1	3-2		1-2	1-0	3-2	2-0	3-3	2-1
16	Queens Park Rangers	3-0	1-2	2-3	5-0	2-1	6-0	2-1	1-3	4-0	0-1	2-1	0-1	6-2	3-2	0-2		0-0	7-2	1-1	3-0	2-0	1-2
17	Reading	2-0	3-2	2-0	2-1	2-0	3-0	1-1	1-1	1-0	6-2	2-2	3-0	4-4	3-1	4-1	2-0		2-3	2-2	5-1	0-2	3-0
18	Southend United	2-2	0-0	2-1	3-0	2-3	8-1	0-0	2-1	4-4	0-2	3-0	0-0	9-2	2-0	2-3	3-2	1-1		2-0	0-0	3-0	1-1
19	Swindon Town	5-1	3-1	1-2	0-1	4-1	4-2	1-3	4-0	3-1	3-0	2-2	3-0	1-2	2-0	2-2	1-1	1-2	4-0		4-2	3-0	1-1
20	Torquay United	5-1	0-0	0-2	5-2	1-0	1-0	4-1	3-0	0-1	0-2	2-2	0-2	5-0	2-2	1-1	2-2	1-4	2-0		3-1	4-7
21	Walsall	0-0	1-1	1-4	1-5	5-2	1-0	3-2	1-0	4-2	2-1	0-1	0-3	1-2	2-2	2-1	2-4	0-1	3-0	5-2	1-0		3-1
22	Watford	5-3	4-0	1-0	1-0	3-0	2-0	2-1	3-1	1-1	6-1	1-3	2-2	3-0	4-1	0-2	2-0	6-1	1-3	6-2	4-0	0-0	

Final League Table

Pos	Team	Pld	Home					Away					Totals						Leading Goalscorer	Gls
			W	D	L	F	A	W	D	L	F	A	W	D	L	F	A	Pts	GA		
1	Luton Town	42	19	1	1	69	16	8	3	10	34	37	27	4	11	103	53	58	1.94	J Payne	55
2	Notts County	42	15	3	3	44	23	8	7	6	30	29	23	10	9	74	52	56	1.42	H Gallacher	25
3	Brighton & H A	42	15	5	1	49	16	9	0	12	25	27	24	5	13	74	43	53	1.72	H Stephens	24
4	Watford	42	14	4	3	53	21	5	7	9	32	39	19	11	12	85	60	49	1.41	T Barnett	20
5	Reading	42	14	5	2	53	23	5	6	10	23	37	19	11	12	76	60	49	1.26	T Tait	14
6	Bournemouth	42	17	3	1	45	20	3	6	12	20	39	20	9	13	65	59	49	1.10	J Riley	25
7	Notrthampton T.	42	15	4	2	56	22	5	2	14	29	46	20	6	16	85	68	46	1.25	R Allen	27
8	Millwall	42	12	4	5	43	24	6	6	9	21	30	18	10	14	64	54	46	1.18	G Burditt	18
9	Queens Park R	42	12	2	7	51	24	6	7	8	22	28	18	9	15	73	52	45	1.40	H Lowe	17
10	Southend United	42	10	8	3	49	23	7	3	11	29	44	17	11	14	78	67	45	1.16	W Dickinson, H Lane	16
11	Gillingham	42	14	5	2	36	18	4	3	14	16	48	18	8	16	52	66	44	0.78	J Watson	19
12	Clapton Orient	42	10	8	3	29	17	4	7	10	23	35	14	15	13	52	52	43	1.00	E Crawford	12
13	Swindon Town	42	12	4	5	52	24	2	7	12	23	49	14	11	17	75	73	39	1.02	J Cookson	25
14	Crystal Palace	42	11	7	3	45	20	2	5	14	17	41	13	12	17	62	61	38	1.01	J Blackman	12
15	Bristol Rovers	42	14	3	4	49	20	2	1	18	22	60	16	4	22	71	80	36	0.88	H Houghton	14
16	Bristol City	42	13	3	5	42	20	2	3	16	16	50	15	6	21	58	70	36	0.82	J Haycox	17
17	Walsall	42	11	3	7	38	34	2	7	12	25	51	13	10	19	63	85	36	0.74	W Evans	15
18	Cardiff City	42	10	5	6	35	24	4	2	15	19	63	14	7	21	54	87	35	0.62	G Walton	8
19	Newport County	42	7	7	7	37	28	5	2	13	30	70	12	10	20	67	98	34	0.68	F Chadwick, A Derrick	13
20	Torquay United	42	9	5	7	42	32	2	5	14	15	48	11	10	21	57	80	32	0.71	B Morton	23
21	Exeter City	42	9	5	7	36	37	1	7	13	23	51	10	12	20	59	88	32	0.67	R Williams	29
22	Aldershot	42	5	6	10	29	29	3	8	10	21	60	8	14	20	50	89	23	0.56	C Ray	13

1937/38 DIVISION 1
SEASON 46

Total Matches	462
Total Goals	1430
Avg goals per match	3.09

		Arsenal	Birmingham	Blackpool	Bolton Wand.	Brentford	Charlton Ath.	Chelsea	Derby County	Everton	Grimsby Town	Huddersfield T	Leeds Utd	Leicester City	Liverpool	Manchester C	Middlesbrough	Portsmouth	Preston N E	Stoke City	Sunderland	West Brom A	Wolverhampton
1	Arsenal		0-0	2-1	5-0	0-2	2-2	2-0	3-0	2-1	5-1	3-1	4-1	3-1	1-0	2-1	1-2	1-1	2-0	4-0	4-1	1-1	5-0
2	Birmingham	1-2		1-1	2-0	0-0	1-1	1-1	1-0	0-3	2-2	2-2	3-2	4-1	2-2	2-2	3-1	2-2	0-2	1-1	2-2	2-1	2-0
3	Blackpool	2-1	0-3		2-2	1-1	1-0	0-2	1-1	1-0	2-2	4-0	5-2	2-4	0-1	2-1	4-2	2-0	1-0	0-1	0-0	3-1	0-2
4	Bolton Wanderers	1-0	1-1	3-0		2-0	1-0	5-5	0-2	1-2	3-1	2-0	0-0	6-1	0-0	2-1	3-1	1-1	1-4	1-0	1-1	3-0	1-2
5	Brentford	3-0	1-2	2-4	1-1		5-2	1-1	2-3	3-0	6-1	2-0	1-1	1-1	1-3	2-1	3-3	2-0	2-1	0-0	4-0	2-2	2-1
6	Charlton Athletic	0-3	2-0	4-1	1-1	1-0		3-1	1-2	3-1	0-0	4-0	1-1	2-0	3-0	0-0	1-0	5-1	0-0	3-0	2-1	3-1	4-1
7	Chelsea	2-2	2-0	1-3	0-0	2-1	1-1		3-0	2-0	1-0	3-1	4-1	4-1	6-1	2-2	0-1	3-1	0-2	2-1	0-0	2-2	0-2
8	Derby County	2-0	0-0	3-1	4-2	1-3	3-2	4-0		2-1	1-2	0-4	2-2	0-1	4-1	1-7	1-1	1-0	1-1	4-1	2-2	5-3	1-2
9	Everton	1-4	1-1	3-1	4-1	3-0	3-0	4-1	1-1		3-2	1-2	1-1	3-0	1-3	4-1	2-2	5-2	3-5	3-0	3-3	5-3	0-1
10	Grimsby Town	2-1	4-0	1-0	0-1	0-1	1-1	2-0	0-0	2-1		4-2	1-1	2-1	0-0	3-1	2-1	1-0	1-1	1-5	0-2	1-4	1-0
11	Huddersfield Town	2-1	2-1	3-1	1-0	0-3	1-1	1-2	2-0	1-3	1-2		0-3	0-0	1-2	1-0	3-0	2-0	1-3	3-0	1-1	2-1	1-0
12	Leeds United	0-1	1-0	1-1	1-1	4-0	2-2	2-0	0-2	4-4	1-1	2-1		0-2	2-0	2-1	5-3	3-1	0-0	2-1	4-3	1-0	1-2
13	Leicester City	1-1	1-4	0-1	1-1	0-1	1-0	1-0	0-0	3-1	1-0	2-1	2-4		2-2	1-4	0-1	3-3	1-0	2-0	4-0	4-1	1-1
14	Liverpool	2-0	3-2	4-2	2-1	3-4	1-2	2-2	3-4	1-2	2-1	0-1	1-1	1-1		2-0	1-1	3-2	2-2	3-0	4-0	0-1	0-1
15	Manchester City	1-2	2-0	2-1	1-2	0-2	5-3	1-0	6-1	2-0	3-1	3-2	6-2	3-0	1-3		1-6	2-1	1-2	0-0	0-0	7-1	2-4
16	Middlesbrough	2-1	1-1	2-2	1-2	0-1	3-1	4-3	4-2	1-2	0-1	2-0	4-2	1-1	4-0			0-0	2-1	2-1	2-1	4-1	0-3
17	Portsmouth	0-0	1-1	1-2	1-1	4-1	2-1	2-4	4-0	3-1	3-0	4-0	1-1	1-1	2-0	0-2			3-2	2-0	1-0	2-3	1-0
18	Preston North End	1-3	2-1	2-0	2-2	1-1	0-1	4-1	2-1	1-1	1-3	0-0	4-1	2-2	1-1	0-0	1-0		2-1	0-0	1-1	1-2	0-0
19	Stoke City	1-1	2-2	1-3	3-2	3-0	2-0	2-1	8-1	1-1	1-1	0-1	0-1	1-2	2-0	3-2	3-0	3-1	1-1		0-0	4-0	1-1
20	Sunderland	1-1	1-0	2-1	3-1	1-0	1-1	1-1	2-0	2-0	2-2	2-1	0-0	1-0	2-3	3-1	3-1	0-2	0-2	1-1		3-0	1-0
21	West Bromwich Albion	0-0	4-3	1-2	2-4	4-3	0-0	4-0	4-2	3-1	2-1	5-1	2-1	1-3	5-1	1-1	3-1	1-2	1-1	0-1	1-6		2-2
22	Wolverhampton Wand.	3-1	3-2	1-0	1-1	2-1	1-1	1-1	2-2	2-0	1-1	1-4	1-1	10-1	2-0	3-1	0-1	5-0	0-0	2-2	4-0	2-1	

Final League Table

Pos	Team	Pld	Home W	Home D	Home L	Home F	Home A	Away W	Away D	Away L	Away F	Away A	Totals W	Totals D	Totals L	Totals F	Totals A	Pts	GA	Leading Goalscorer	Gls
1	Arsenal	42	15	4	2	52	16	6	6	9	25	28	21	10	11	77	44	52	1.75	E Drake	17
2	Wolverhampton	42	11	8	2	47	21	9	3	9	25	28	20	11	11	72	49	51	1.46	D Westcott	19
3	Preston N E	42	9	9	3	34	21	7	8	6	30	23	16	17	9	64	44	49	1.45	J Dougal	14
4	Charlton Athletic	42	14	5	2	43	14	2	9	10	22	37	16	14	12	65	51	46	1.27	G Tadman	12
5	Middlesbrough	42	12	4	5	40	26	7	4	10	32	39	19	8	15	72	65	46	1.10	M Fenton	17
6	Brentford	42	10	6	5	44	27	8	3	10	25	32	18	9	15	69	59	45	1.16	D McCulloch	26
7	Bolton Wand.	42	11	6	4	38	22	4	9	8	26	38	15	15	12	64	60	45	1.06	R Westwood	23
8	Sunderland	42	12	6	3	32	18	2	10	9	23	39	14	16	12	55	57	44	0.96	H Carter	13
9	Leeds United	42	11	6	4	38	26	3	9	9	26	43	14	15	13	64	69	43	0.92	G Hodgson	25
10	Chelsea	42	11	6	4	40	22	3	7	11	25	43	14	13	15	65	65	41	1.00	G Mills	13
11	Liverpool	42	9	5	7	40	30	6	6	9	25	41	15	11	16	65	71	41	0.91	A Hanson	14
12	Blackpool	42	10	5	6	33	26	6	3	12	28	40	16	8	18	61	66	40	0.92	W Buchan, R Finan	11
13	Derby County	42	10	5	6	42	36	5	5	11	24	51	15	10	17	66	87	40	0.75	D Astley	17
14	Everton	42	11	5	5	54	34	5	2	14	25	41	16	7	19	79	75	39	1.05	T Lawton	28
15	Huddersfield T.	42	11	3	7	29	24	6	2	13	26	44	17	5	20	55	68	39	0.80	R Barclay	12
16	Leicester City	42	9	6	6	31	26	5	5	11	23	49	14	11	17	54	75	39	0.72	J Bowers, D Liddle	11
17	Stoke City	42	10	7	4	42	21	3	5	13	16	38	13	12	17	58	59	38	0.98	F Steele	18
18	Birmingham	42	7	11	3	34	28	3	7	11	24	34	10	18	14	58	62	38	0.93	C Jones	10
19	Portsmouth	42	11	6	4	41	22	2	6	13	21	46	13	12	17	62	68	38	0.91	J Beattie	11
20	Grimsby Town	42	11	5	5	29	23	2	7	12	22	45	13	12	17	51	68	38	0.75	J Coulter, C Craven	11
21	Manchester City	42	12	2	7	49	33	2	6	13	31	44	14	8	20	80	77	36	1.03	P Doherty	23
22	West Brom A	42	10	5	6	46	36	4	3	14	28	55	14	8	20	74	91	36	0.81	W Richardson	15

1937/38 DIVISION 2 SEASON 46

Total Matches 462
Total Goals 1346
Avg goals per match 2.91

		Aston Villa	Barnsley	Blackburn R	Bradford P A	Burnley	Bury	Chesterfield	Coventry City	Fulham	Luton Town	Manchester U	Newcastle U	Norwich C	Nottm Forest	Plymouth A	Sheffield Utd	Sheffield Weds.	Southampton	Stockport Co.	Swansea Town	Tottenham H	West Ham Utd
1	Aston Villa		3-0	2-1	2-0	0-0	2-1	0-2	1-1	2-0	4-1	3-0	2-0	2-0	1-2	3-0	1-0	4-3	3-0	7-1	4-0	2-0	2-0
2	Barnsley	0-1		0-0	0-1	2-2	2-2	1-1	1-1	0-0	3-1	2-2	3-0	0-0	2-2	3-2	1-1	4-1	0-2	2-0	2-0	1-1	1-0
3	Blackburn Rovers	1-0	5-3		0-0	3-3	2-1	3-3	1-3	2-2	2-2	1-1	2-1	5-3	5-1	2-1	2-3	1-0	4-0	3-0	3-1	2-1	2-1
4	Bradford Park Avenue	1-2	4-3	7-1		3-1	1-1	3-2	0-1	1-2	1-1	4-0	2-0	3-0	2-2	2-0	5-1	1-1	2-0	4-1	0-1	2-1	2-1
5	Burnley	3-0	1-0	3-1	1-1		2-0	2-0	1-0	3-2	1-0	2-1	0-0	0-0	0-2	2-0	1-1	4-0	0-0	2-0	2-1	2-0	
6	Bury	1-1	0-2	2-1	5-1	4-0		4-0	0-2	4-2	3-4	1-2	1-1	3-1	2-0	2-0	1-0	2-0	2-1	1-3	0-0	1-2	4-3
7	Chesterfield	0-1	0-0	3-0	0-3	0-1	1-2		4-0	0-2	5-2	1-7	2-0	6-2	1-0	2-0	1-0	5-0	1-0	4-1	2-2	0-1	
8	Coventry City	0-1	1-0	3-2	0-0	1-0	0-2	2-2		0-1	2-1	1-0	1-0	2-0	1-1	4-0	2-2	0-1	2-0	1-0	5-0	2-1	1-1
9	Fulham	1-1	0-0	3-1	1-1	2-1	4-0	1-1	3-4		4-1	1-0	1-2	3-4	2-0	2-3	1-1	0-0	1-2	0-0	8-1	3-1	1-1
10	Luton Town	3-2	4-0	4-1	4-2	3-1	0-1	1-1	1-4	4-0		1-0	4-1	1-1	2-2	1-1	2-3	2-2	1-3	6-4	5-1	2-4	2-2
11	Manchester United	3-1	4-1	2-1	3-1	4-0	2-0	4-1	2-2	1-0	4-2		3-0	0-0	4-3	0-0	0-1	1-0	1-2	3-1	5-1	0-1	4-0
12	Newcastle United	2-0	0-1	2-0	3-0	2-2	1-0	3-1	1-2	1-2	1-3	2-2		0-1	3-1	3-1	6-0	1-0	3-0	0-0	1-0	1-0	2-2
13	Norwich City	1-0	1-0	3-2	1-1	1-0	1-2	2-1	0-2	1-2	0-4	2-3	1-1		2-0	4-0	2-2	3-1	4-3	1-0	1-1	2-1	2-2
14	Nottm Forest	0-2	2-1	3-1	1-0	1-1	1-0	4-2	2-1	0-1	1-0	2-3	0-0	1-2		1-0	2-1	0-1	2-1	1-2	2-1	3-1	0-0
15	Plymouth Argyle	0-3	2-2	2-2	1-0	2-3	2-1	1-1	3-1	4-0	2-4	1-1	2-1	1-1	1-0		2-0	2-4	4-0	2-1	2-2	2-2	2-1
16	Sheffield United	0-0	4-3	1-1	3-1	2-1	2-1	0-2	3-2	2-1	2-0	1-2	4-0	2-1	0-0	0-0		2-1	5-0	2-0	1-1	1-0	1-0
17	Sheffield Wednesday	1-2	0-1	1-1	1-0	2-1	2-0	1-0	2-1	2-1	4-0	1-3	3-0	1-0	0-2	1-1	0-1		0-0	3-3	1-1	0-3	1-0
18	Southampton	0-0	2-0	1-0	2-1	0-0	4-1	0-1	0-4	4-0	3-6	3-3	1-0	3-1	2-0	0-0	2-1	5-2		4-1	1-1	2-1	3-3
19	Stockport County	1-3	1-2	0-1	1-2	3-1	0-1	1-1	1-1	2-0	2-1	1-0	1-3	1-1	1-0	1-3	1-0	1-3	1-1		1-0	3-2	0-0
20	Swansea Town	2-1	1-0	3-2	0-1	3-1	1-0	1-0	3-3	2-0	1-1	2-2	2-0	1-0	1-0	3-5	1-1	0-0	0-2	3-2		3-2	0-0
21	Tottenham Hotspur	2-1	3-0	3-1	2-1	4-0	1-3	2-0	0-0	1-1	3-0	0-1	2-2	4-0	3-0	3-2	1-2	1-2	5-0	2-0	2-0		2-0
22	West Ham United	1-1	4-1	2-0	3-1	1-0	3-1	5-0	0-0	0-0	1-0	1-0	3-3	2-1	0-1	0-2	1-0	3-1	1-0	2-1	1-3		

Final League Table

Pos	Team	Pld	Home W	Home D	Home L	Home F	Home A	Away W	Away D	Away L	Away F	Away A	Totals W	Totals D	Totals L	Totals F	Totals A	Pts	GA	Leading Goalscorer	Gls
1	Aston Villa	42	17	2	2	50	12	8	5	8	23	23	25	7	10	73	35	57	2.08	F Broome	20
2	Manchester Utd.	42	15	3	3	50	18	7	6	8	32	32	22	9	11	82	50	53	1.64	T Bamford	14
3	Sheffield United	42	15	4	2	46	19	7	5	9	27	37	22	9	11	73	56	53	1.30	E Dodds	21
4	Coventry City	42	12	5	4	31	15	8	7	6	35	30	20	12	10	66	45	52	1.46	J Brown, W McDonald	12
5	Tottenham H.	42	14	3	4	46	16	5	3	13	30	38	19	6	17	76	54	44	1.40	J Morrison	22
6	Burnley	42	15	4	2	35	11	2	6	13	19	43	17	10	15	54	54	44	1.00	R Brocklebank	14
7	Bradford P A	42	13	4	4	51	22	4	5	12	18	34	17	9	16	69	56	43	1.23	G Henson	27
8	Fulham	42	10	7	4	44	23	6	4	11	17	34	16	11	15	61	57	43	1.07	R Rooke	17
9	West Ham Utd.	42	13	5	3	34	16	1	9	11	19	36	14	14	14	53	52	42	1.01	S Foxall, A Macaulay	10
10	Bury	42	12	5	4	43	26	6	2	13	20	34	18	5	19	63	60	41	1.05	G Davies	25
11	Chesterfield	42	12	2	7	39	24	4	7	10	24	39	16	9	17	63	63	41	1.00	H Clifton	25
12	Luton Town	42	10	6	5	53	36	5	4	12	36	50	15	10	17	89	86	40	1.03	J Payne	15
13	Plymouth Argyle	42	10	7	4	40	30	4	5	12	17	35	14	12	16	57	65	40	0.87	W Hullett	10
14	Norwich City	42	11	5	5	35	28	3	6	12	21	47	14	11	17	56	75	39	0.74	E Coleman	15
15	Southampton	42	12	6	3	42	26	3	3	15	13	51	15	9	18	55	77	39	0.71	H Osman	22
16	Blackburn Rov.	42	13	6	2	51	30	1	4	16	20	50	14	10	18	71	80	38	0.88	L Butt	20
17	Sheffield Weds.	42	10	5	6	27	19	4	5	12	22	35	14	10	18	49	56	38	0.87	E Matthews, J Robinson	7
18	Swansea Town	42	12	6	3	31	21	1	6	14	14	52	13	12	17	45	73	38	0.61	H Lewis, C Pearce	8
19	Newcastle Utd.	42	12	4	5	38	18	2	4	15	13	40	14	8	20	51	58	36	0.87	W Imrie, J Park	9
20	Nottm Forest	42	12	3	6	29	21	2	5	14	18	39	14	8	20	47	60	36	0.78	D Martin	13
21	Barnsley	42	7	11	3	30	20	4	3	14	20	44	11	14	17	50	64	36	0.78	D Hunt	13
22	Stockport County	42	8	6	7	31	24	3	3	15	19	46	11	9	22	43	70	31	0.61	J Smailes	7

1937/38 DIVISION 3 (North)
SEASON 46

Total Matches 462
Total Goals 1401
Avg goals per match 3.03

		Accrington S	Barrow	Bradford City	Carlisle United	Chester	Crewe Alex	Darlington	Doncaster Rov.	Gateshead	Halifax Town	Hartlepools U	Hull City	Lincoln City	New Brighton	Oldham Athletic	Port Vale	Rochdale	Rotherham Utd.	Southport	Tranmere R	Wrexham	York City
1	Accrington Stanley		2-0	3-1	1-4	0-0	3-2	2-1	0-1	1-5	3-4	2-1	0-2	0-3	3-1	1-2	2-1	0-1	0-0	3-0	0-1	4-0	1-2
2	Barrow	0-0		0-0	4-2	0-2	1-0	1-1	1-1	1-3	2-1	0-0	1-0	4-1	3-0	2-1	3-0	0-1	1-0	1-2	2-2	0-1	1-2
3	Bradford City	2-2	1-0		4-0	2-2	3-1	2-1	2-0	1-1	3-0	4-1	1-2	2-0	3-0	1-1	5-0	3-1	3-2	1-1	1-3	2-2	0-1
4	Carlisle United	3-1	2-1	2-0		1-3	5-1	3-0	2-2	1-0	5-2	3-1	0-1	0-1	1-1	1-1	3-1	0-1	0-1	1-0	0-0	0-0	2-1
5	Chester	3-1	3-1	3-1	1-0		0-3	3-2	4-0	2-1	1-1	6-0	1-3	1-1	1-2	3-3	7-2	4-1	2-3	2-1	1-1	2-1	4-3
6	Crewe Alexandra	3-1	4-0	3-1	4-1	1-0		2-2	0-0	1-3	4-0	2-0	0-1	2-0	1-0	0-1	1-2	5-1	3-1	5-0	1-0	1-1	4-2
7	Darlington	3-0	0-1	4-2	3-1	2-1	0-1		1-1	1-2	3-0	2-0	1-3	1-4	1-0	1-0	2-2	2-4	2-1	1-1	0-2	5-3	2-2
8	Doncaster Rovers	5-1	1-0	4-0	1-3	2-1	0-0	4-0		1-0	2-2	3-3	2-1	3-0	1-0	3-2	5-0	0-1	3-0	1-1	2-0	2-1
9	Gateshead	1-0	6-0	3-0	2-1	3-1	2-0	5-2	2-3		4-1	2-1	3-2	1-1	3-1	0-0	2-1	3-1	0-0	5-0	2-1	2-2	2-2
10	Halifax Town	1-2	1-1	0-2	0-0	1-1	2-1	1-0	0-1	2-0		0-0	1-0	2-0	2-0	2-1	2-1	2-3	1-3	1-1	1-0	0-0	2-2
11	Hartlepools United	2-0	1-1	1-1	4-1	0-1	2-2	2-1	0-0	1-3	2-2		2-2	2-0	1-0	2-0	2-1	3-3	4-0	1-2	2-2	2-0	0-0
12	Hull City	0-0	4-0	2-2	2-1	2-2	1-1	4-0	2-1	3-1	0-1	4-0		1-1	1-1	4-0	0-1	1-1	10-1	0-1	3-2	3-1
13	Lincoln City	2-0	5-0	4-0	0-1	1-1	3-2	0-0	2-2	3-2	2-0	2-1	2-1		4-1	0-1	1-0	2-0	5-0	1-3	0-1	7-1	2-0
14	New Brighton	2-1	2-1	1-1	5-1	4-0	4-0	3-0	1-2	4-1	2-0	4-1	0-0	0-1		1-0	1-1	2-0	2-3	2-2	0-1	1-1	2-1
15	Oldham Athletic	1-0	0-0	1-2	3-0	3-2	0-0	3-0	2-1	3-1	2-1	3-1	1-1	2-2	2-1		3-0	4-2	3-1	2-0	2-1	2-0	6-2
16	Port Vale	4-1	4-0	4-3	2-2	2-2	1-1	1-0	1-1	2-2	0-2	5-1	2-4	1-0	3-2	2-2		4-1	0-0	1-1	1-0	2-0	3-2
17	Rochdale	0-1	3-3	2-0	3-1	4-0	1-4	4-5	2-2	1-1	2-2	0-0	0-1	2-1	1-1	1-1		2-0	3-2	0-0	6-1	0-0
18	Rotherham United	1-1	3-0	1-1	0-1	4-1	1-0	4-2	2-2	1-1	4-1	3-1	2-2	0-1	4-1	2-1	3-2	1-0		1-1	2-1	1-1	3-0
19	Southport	2-1	2-0	2-0	1-1	2-2	3-1	1-1	1-3	0-0	2-2	2-0	2-1	1-1	0-0	2-2	1-0	2-0	0-3		1-3	1-2	2-3
20	Tranmere Rovers	5-0	3-2	2-1	5-0	0-0	2-2	1-1	2-0	4-2	2-0	4-0	3-1	2-0	5-2	1-1	2-1	3-2	0-2	7-2		3-2	1-2
21	Wrexham	2-0	3-2	2-1	0-0	3-1	1-0	4-0	2-0	0-0	6-3	0-1	1-0	0-1	1-0	0-0	2-1	2-0	4-1	1-3			1-1
22	York City	1-1	1-2	3-1	3-1	4-0	1-2	1-2	2-0	5-1	1-1	1-0	0-1	3-1	3-1	0-0	2-2	0-5	4-1	1-2	2-0	2-1	

Final League Table

Pos	Team	Pld	Home W	Home D	Home L	Home F	Home A	Away W	Away D	Away L	Away F	Away A	Totals W	Totals D	Totals L	Totals F	Totals A	Pts	GA	Leading Goalscorer	Gls
1	Tranmere Rov.	42	15	4	2	57	21	8	6	7	24	20	23	10	9	81	41	56	1.97	T Waring	22
2	Doncaster Rov.	42	15	4	2	48	16	6	8	7	26	33	21	12	9	74	49	54	1.51	E Perry	24
3	Hull City	42	11	8	2	51	19	9	5	7	29	24	20	13	9	80	43	53	1.86	J Fryer, H McNeill	23
4	Oldham Athletic	42	16	4	1	48	18	3	9	9	19	28	19	13	10	67	46	51	1.45	J Diamond	18
5	Gateshead	42	15	5	1	53	20	5	6	10	31	39	20	11	11	84	59	51	1.42	J Smith	24
6	Rotherham Utd.	42	13	6	2	45	21	7	4	10	23	35	20	10	12	68	56	50	1.21	A Bramham	21
7	Lincoln City	42	14	3	4	48	17	5	5	11	18	33	19	8	15	66	50	46	1.32	J Campbell	12
8	Crewe Alex.	42	14	3	4	47	17	4	6	11	24	36	18	9	15	71	53	45	1.34	T Foster	17
9	Chester	42	13	4	4	54	31	3	8	10	23	41	16	12	14	77	72	44	1.06	C Sergeant	16
10	Wrexham	42	14	4	3	37	15	2	7	12	21	48	16	11	15	58	63	43	0.92	H Lapham	16
11	York City	42	11	4	6	40	25	5	6	10	30	43	16	10	16	70	68	42	1.02	R Baines	23
12	Carlisle United	42	11	5	5	35	19	4	3	14	22	48	15	8	19	57	67	39	0.85	H Mills	18
13	New Brighton	42	12	5	4	43	18	3	3	15	17	43	15	8	19	60	61	38	0.98	J Montgomery	24
14	Bradford City	42	13	6	2	46	21	2	4	15	20	48	14	10	18	66	69	38	0.95	J Deakin	20
15	Port Vale	42	11	8	2	45	27	1	6	14	20	46	12	14	16	65	73	38	0.89	J Roberts	28
16	Southport	42	8	8	5	30	26	4	6	11	23	56	12	14	16	53	82	38	0.64	J Patrick	20
17	Rochdale	42	7	10	4	38	27	6	1	14	29	51	13	11	18	67	78	37	0.85	J Wynn	20
18	Halifax Town	42	9	7	5	24	19	5	3	13	20	47	12	12	18	44	66	36	0.66	E Widdowfield	11
19	Darlington	42	10	4	7	37	31	1	6	14	17	48	11	10	21	54	79	32	0.68	R Chester, T Feeney	9
20	Hartlepools Utd.	42	10	8	3	36	20	0	4	17	17	60	10	12	20	53	80	32	0.66	S English, J Wigham	9
21	Barrow	42	9	6	6	28	20	2	4	15	13	51	11	10	21	41	71	32	0.57	R McIntosh	9
22	Accrington S.	42	9	2	10	31	32	2	5	14	14	43	11	7	24	45	75	29	0.60	J Blakeney, F Curran	11

Port Vale transferred to Division 3 South.

1937/38 DIVISION 3 (South)
SEASON 46

Total Matches 462
Total Goals 1264
Avg goals per match 2.74

Final League Table

Pos	Team	Pld	Home					Away					Totals						Leading Goalscorer	Gls
			W	D	L	F	A	W	D	L	F	A	W	D	L	F	A	Pts	GA		
1	Millwall	42	15	3	3	53	15	8	7	6	30	22	23	10	9	83	37	56	2.24	D Mangnall	18
2	Bristol City	42	14	6	1	37	13	7	7	7	31	27	21	13	8	68	40	55	1.70	A Rowles	18
3	Queens Park R	42	15	3	3	44	17	7	6	8	36	30	22	9	11	80	47	53	1.70	W Bott	17
4	Watford	42	14	4	3	50	15	7	7	7	23	28	21	11	10	73	43	53	1.69	T Jones	14
5	Brighton & H A	42	15	3	3	40	16	6	6	9	24	28	21	9	12	64	44	51	1.45	H Stephens	22
6	Reading	42	17	2	2	44	21	3	9	9	27	42	20	11	11	71	63	51	1.12	T Tait	14
7	Crystal Palace	42	14	4	3	45	17	4	8	9	22	30	18	12	12	67	47	48	1.42	J Blackman	16
8	Swindon Town	42	12	4	5	33	19	5	6	10	16	30	17	10	15	49	49	44	1.00	A Fowler	15
9	Northampton T.	42	12	4	5	30	19	5	5	11	21	38	17	9	16	51	57	43	0.89	R Allen	14
10	Cardiff City	42	13	7	1	57	22	2	5	14	10	32	15	12	15	67	54	42	1.24	J Collins	23
11	Notts County	42	10	6	5	29	17	6	3	12	21	33	16	9	17	50	50	41	1.00	W Chalmers, W Fallon	8
12	Southend United	42	12	5	4	43	23	3	5	13	27	45	15	10	17	70	68	40	1.02	T Martin	16
13	Bournemouth	42	8	10	3	36	20	6	2	13	20	37	14	12	16	56	57	40	0.98	H Mardon	13
14	Mansfield Town	42	12	5	4	46	26	3	4	14	16	41	15	9	18	62	67	39	0.92	**H Crawshaw**	**25**
15	Bristol Rovers	42	10	7	4	28	23	3	6	12	18	41	13	13	16	46	61	39	0.75	A Iles	14
16	Newport County	42	9	10	2	31	15	2	6	13	12	37	11	16	15	43	52	38	0.82	J Hickman, T Wood	9
17	Exeter City	42	10	4	7	37	32	3	8	10	20	38	13	12	17	57	70	38	0.81	H Bowl	18
18	Aldershot	42	10	11	4	6	23	14	4	1	16	16	45	15	5	22	39	59	35	0.66	H Egan	13
19	Clapton Orient	42	10	7	4	27	19	3	0	18	15	42	13	7	22	42	61	33	0.68	F Tully	12
20	Torquay United	42	7	5	9	22	28	2	7	12	16	45	9	12	21	38	73	30	0.52	B Morton	11
21	Walsall	42	10	4	7	34	37	1	3	17	18	51	11	7	24	52	88	29	0.59	R Dodd	9
22	Gillingham	42	9	5	7	25	26	1	1	19	11	52	10	6	26	36	77	26	0.46	J Watson	8

Gillingham failed to gain re-election. Ipswich Town elected in their place.

1938/39 DIVISION 1 SEASON 47

Total Matches 462
Total Goals 1418
Avg goals per match 3.07

Results Grid

		Arsenal	Aston Villa	Birmingham	Blackpool	Bolton Wand.	Brentford	Charlton Ath.	Chelsea	Derby County	Everton	Grimsby Town	Huddersfield T	Leeds Utd	Leicester City	Liverpool	Manchester U	Middlesbrough	Portsmouth	Preston N E	Stoke City	Sunderland	Wolverhampton
1	Arsenal		0-0	3-1	2-1	3-1	2-0	2-0	1-0	1-2	2-0	2-0	1-0	2-3	0-0	2-0	2-1	1-2	2-0	1-0	4-1	2-0	0-0
2	Aston Villa	1-3		5-1	3-1	1-3	5-0	2-0	6-2	0-1	0-3	0-2	4-0	2-1	1-2	2-0	0-2	1-1	2-0	3-0	3-0	1-1	2-2
3	Birmingham	1-2	3-0		2-1	0-2	5-1	3-4	1-1	3-0	1-0	1-1	1-1	4-0	2-1	0-0	3-3	2-1	2-0	1-3	1-2	1-2	3-2
4	Blackpool	1-0	2-4	2-1		0-0	4-1	0-0	5-1	2-2	0-2	3-1	1-1	1-2	1-1	1-1	3-5	4-0	2-1	2-1	1-1	1-1	1-0
5	Bolton Wanderers	1-1	1-2	3-0	0-1		1-1	2-1	0-2	2-1	4-2	1-1	3-2	2-2	4-0	3-1	0-0	4-1	5-1	0-2	1-3	2-1	0-0
6	Brentford	1-0	2-4	0-1	1-1	2-2		1-0	1-0	1-3	2-0	1-2	2-1	0-1	2-0	2-1	2-5	2-1	2-0	3-1	1-0	2-3	0-1
7	Charlton Athletic	1-0	1-0	4-4	3-1	2-1	1-1		2-0	1-0	2-1	3-1	2-0	1-0	1-3	7-1	3-0	3-3	3-1	4-2	3-0	1-0	0-4
8	Chelsea	4-2	2-1	2-2	1-1	1-1	1-3	1-3		0-2	0-2	5-1	3-0	2-2	3-0	4-1	0-1	4-2	1-0	3-1	1-1	4-0	1-3
9	Derby County	1-2	2-1	0-1	2-1	3-0	1-2	3-1	0-1		2-1	4-1	1-0	1-0	1-1	2-2	5-1	1-4	0-1	2-0	5-0	1-0	2-2
10	Everton	2-0	3-0	4-2	4-0	2-1	2-1	1-4	4-1	2-2		3-0	3-2	4-0	4-0	2-1	3-0	4-0	5-1	0-0	1-1	6-2	1-0
11	Grimsby Town	2-1	1-2	1-0	2-0	1-1	0-0	1-1	2-1	1-1	3-0		3-3	3-2	6-1	2-1	1-0	0-2	2-1	1-1	3-1	1-3	2-4
12	Huddersfield Town	1-1	1-1	3-1	2-1	1-2	4-0	3-1	3-0	3-0	2-0		0-1	2-0	1-1	1-1	0-1	0-3	1-4	0-1	1-2		
13	Leeds United	4-2	2-0	2-0	1-0	1-2	3-2	2-1	1-1	1-4	1-2	0-1	2-1		8-2	1-1	3-1	0-1	2-2	2-1	0-0	3-3	1-0
14	Leicester City	0-2	1-1	2-1	3-4	0-1	1-1	1-5	3-2	2-3	3-0	0-2	0-1	2-0		2-2	1-1	5-3	5-0	2-1	2-2	0-2	0-2
15	Liverpool	2-2	3-0	4-0	1-0	1-2	1-0	1-0	2-1	2-1	0-3	2-2	3-3	3-0	1-1		1-0	3-1	4-4	4-1	1-0	1-1	0-2
16	Manchester United	1-0	1-1	4-1	0-0	2-2	3-0	0-2	5-1	1-1	0-2	3-1	1-1	0-2	3-1	1-0		1-1	1-1	1-1	0-1	0-1	1-3
17	Middlesbrough	1-1	1-1	2-2	9-2	1-2	3-1	4-0	1-1	2-0	4-4	3-2	4-1	1-2	3-2	3-0	3-1		8-2	2-2	5-1	3-0	1-0
18	Portsmouth	0-0	0-0	2-0	1-0	2-0	2-1	2-2	0-2	1-1	2-1	4-0	2-0	0-1	1-1	0-0	1-1	0-0		2-0	2-1	1-0	2-0
19	Preston North End	2-1	3-2	5-0	1-1	2-2	2-0	2-0	1-1	4-1	0-1	1-1	3-0	2-0	2-1	1-0	1-1	3-1	2-2		1-1	2-1	4-2
20	Stoke City	1-0	3-1	6-3	1-1	4-1	3-2	1-0	6-1	3-0	0-0	1-2	2-2	1-1	1-3	1-1	3-1		1-0	1-1		3-1	5-3
21	Sunderland	0-0	1-5	1-0	1-2	2-2	1-1	1-1	2-0	1-2	1-1	0-0	2-1	2-0	2-3	5-2	1-2	0-2	1-2	3-0	2-1		2-1
22	Wolverhampton Wand.	0-1	2-1	2-1	1-1	1-1	5-2	3-1	2-0	0-0	7-0	5-0	3-0	4-1	0-0	2-2	0-0	6-1	3-0	3-0	3-0	0-0	

Final League Table

Pos	Team	Pld	Home					Away					Totals						Leading Goalscorer	Gls
			W	D	L	F	A	W	D	L	F	A	W	D	L	F	A	Pts	GA		
1	Everton	42	17	3	1	60	18	10	2	9	28	34	27	5	10	88	52	59	1.69	T Lawton	34
2	Wolverhampton	42	14	6	1	55	12	8	5	8	33	27	22	11	9	88	39	55	2.25	D Westcott	32
3	Charlton Athletic	42	16	3	2	49	24	6	3	12	26	35	22	6	14	75	59	50	1.27	G Tadman	24
4	Middlesbrough	42	13	6	2	64	27	7	3	11	29	47	20	9	13	93	74	49	1.25	M Fenton	34
5	Arsenal	42	14	3	4	34	14	5	6	10	21	27	19	9	14	55	41	47	1.34	E Drake	14
6	Derby County	42	12	3	6	39	22	7	5	9	27	33	19	8	15	66	55	46	1.20	R Dix, D McCulloch	16
7	Stoke City	42	13	6	2	50	25	4	6	11	21	43	17	12	13	71	68	46	1.04	F Steele	26
8	Bolton Wand.	42	10	6	5	39	25	5	9	7	28	33	15	15	12	67	58	45	1.15	G Hunt	23
9	Preston N E	42	13	7	1	44	19	3	5	13	19	40	16	12	14	63	59	44	1.06	J Dougall	19
10	Grimsby Town	42	11	6	4	38	26	5	5	11	23	43	16	11	15	61	69	43	0.88	F Howe	15
11	Liverpool	42	12	6	3	40	24	2	8	11	22	39	14	14	14	62	63	42	0.98	W Fagan, B Nieuwenhuys, P Taylor	14
12	Aston Villa	42	11	3	7	44	25	5	6	10	27	35	16	9	17	71	60	41	1.18	F Broome	16
13	Leeds United	42	11	5	5	40	27	5	4	12	19	40	16	9	17	59	67	41	0.88	G Hodgson	20
14	Manchester Utd.	42	7	9	5	30	20	4	7	10	27	45	11	16	15	57	65	38	0.87	J Hanlon	12
15	Blackpool	42	9	8	4	37	26	3	2	16	19	42	12	14	16	56	68	38	0.82	E Dodds	10
16	Sunderland	42	7	7	7	30	29	6	5	10	24	38	13	12	17	54	67	38	0.80	H Carter	16
17	Portsmouth	42	10	7	4	25	15	2	6	13	22	55	12	13	17	47	70	37	0.67	J Anderson	10
18	Brentford	42	11	2	8	30	27	3	6	12	23	47	14	8	20	53	74	36	0.71	T Cheetham	8
19	Huddersfield T.	42	11	4	6	38	18	1	7	13	20	46	12	11	19	58	64	35	0.90	A Price	11
20	Chelsea	42	10	5	6	43	29	2	4	15	21	51	12	9	21	64	80	33	0.80	J Payne	17
21	Birmingham	42	10	5	6	40	27	2	3	16	22	57	12	8	22	62	84	32	0.73	F Harris	14
22	Leicester City	42	7	8	6	35	35	2	5	14	13	47	9	11	22	48	82	29	0.58	G Dewis	10

1938/39 DIVISION 2 SEASON 47

Total Matches 462
Total Goals 1441
Avg goals per match 3.12

#	Team	Blackburn R	Bradford PA	Burnley	Bury	Chesterfield	Coventry City	Fulham	Luton Town	Manchester C	Millwall	Newcastle U	Norwich C	Nottm Forest	Plymouth A	Sheffield Utd	Sheffield Weds	Southampton	Swansea Town	Tottenham H	Tranmere Rov	West Brom A	West Ham Utd
1	Blackburn Rovers		6-4 23J	1-0 18F	1-0 26D	3-0 31D	0-2 5N	2-1 10A	2-0 16M	3-3 24S	3-1 4F	3-0 19N	6-0 3D	3-2 18M	4-0 17D	1-2 8O	2-4 2J	3-0 15A	4-0 10S	3-1 22O	3-2 27a	3-0 1A	3-1 19S
2	Bradford Park Avenue	0-4 17S		2-2 5N	3-2 11F	0-0 26D	0-2 1A	1-5 28J	2-1 18F	4-2 3S	1-0 14J	0-1 4M	3-0 24D	1-2 3D	2-2 22O	0-3 15A	3-1 1O	2-1 19N	1-1 29a	0-0 18M	3-0 19S	4-4 17D	1-2 11A
3	Burnley	3-2 15O	0-0 11M		0-1 29O	1-2 25M	1-0 24D	2-0 5S	3-2 1O	1-1 10D	2-0 25F	2-0 14J	3-0 28J	2-1 3S	1-0 11F	2-3 7A	1-2 22A	2-1 30a	1-1 12N	1-0 26D	3-1 26N	0-3 17S	1-0 8A
4	Bury	2-4 27D	0-1 8O	1-0 4M		3-1 24S	5-0 18F	0-2 29a	2-5 19N	1-5 7A	1-1 2J	1-1 15A	2-3 18M	2-1 22O	3-0 1A	2-2 3D	2-3 24D	5-2 0O	4-0 4F	3-1 17D	5-0 21J	3-0 5N	1-1 10S
5	Chesterfield	0-2 3S	2-2 27D	3-2 19N	2-1 28J		3-0 4M	0-1 24A	1-2 15A	0-3 20A	3-0 24U	2-0 7A	2-0 22O	7-1 17D	3-1 5N	1-0 18M	3-1 17S	6-1 3D	6-1 6m	3-1 1A	3-0 11F	3-1 18F	1-0 1O
6	Coventry City	0-1 11M	3-1 26N	1-1 27a	0-0 15O	0-0 29O		3-1 10D	1-0 5S	0-1 25M	2-1 12N	1-0 1O	2-0 11A	5-1 28J	1-2 26D	0-3 29A	1-0 25F	3-0 10S	3-0 8A	4-0 31D	2-0 22A	1-1 11F	0-0 24A
7	Fulham	2-3 7A	4-0 24S	0-3 12S	1-2 29A	2-0 10S	1-0 15A		2-1 3D	2-1 4F	2-1 8O	1-1 18M	2-0 1A	2-2 5N	1-2 4M	1-2 17D	2-2 17A	1-1 22O	1-1 23J	1-0 18F	1-0 31D	3-0 19N	3-2 27a
8	Luton Town	1-1 29O	2-2 15O	1-0 4F	2-1 25M	5-0 10D	1-3 6m	2-1 8A		3-0 14J	0-0 22A	2-1 31a	1-0 3S	3-4 27D	2-0 21J	1-5 24S	6-2 26N	6-3 7A	0-0 25F	3-0 8O	3-1 11M	1-2 24D	1-2 12N
9	Manchester City	3-2 28J	5-1 31D	3-0 15A	0-0 10A	3-1 29A	3-0 19N	3-5 1O	1-2 10S		1-6 17S	4-1 3D	4-1 17D	3-0 1A	1-3 18F	3-2 22O	1-1 26A	2-1 18M	5-0 27a	5-2 5N	3-3 27D	3-2 4M	2-4 7S
10	Millwall	4-1 1O	3-1 10S	1-1 22O	0-0 5S	3-1 27a	0-0 18M	1-1 11F	2-1 17D	3-1 13M		1-1 1A	6-0 4M	5-0 19N	4-0 24S	2-0 18F	0-1 7A	1-1 5N	2-0 31S	0-1 15A	2-0 29A	1-5 3D	0-2 27N
11	Newcastle United	2-2 25M	1-0 29O	3-2 10S	6-0 10D	0-1 2J	0-4 4F	2-1 12N	2-0 29A	0-2 8A	2-2 26N		4-0 27D	4-0 8O	2-1 27a	0-0 31D	2-1 11M	1-0 24S	1-2 22A	0-1 1M	5-1 15O	5-1 14S	2-0 25F
12	Norwich City	4-0 8A	1-3 27a	4-0 24S	3-1 12N	2-0 25F	1-1 10A	3-1 26N	2-1 31D	0-2 22A	1-1 29O	1-0 16m		2-1 6m	2-2 10S	1-2 2F	3-0 25M	2-1 8O	2-0 15O	1-2 4F	2-0 10D	2-3 1S	2-6 11M
13	Nottm Forest	1-3 12N	2-0 8A	2-2 31D	1-1 25F	0-1 22A	3-0 24S	1-1 11M	2-4 26D	3-4 26N	3-0 25M	2-0 15F	1-0 7S		2-1 29A	0-2 27a	3-3 10D	0-2 8F	1-2 29O	2-2 17S	2-0 4F	2-0 7A	0-0 15O
14	Plymouth Argyle	1-0 22A	4-1 25F	0-0 8O	0-0 26N	0-2 11M	0-0 27D	4-1 29O	0-0 17S	2-2 15O	0-1 1A	1-0 3O	3-0 3m	0-1 31a		1-1 4F	0-2 8A	2-0 6m	1-4 10D	0-0 10A	1-3 12N	2-1 3S	0-0 25M
15	Sheffield United	0-0 26A	3-1 10D	1-1 2J	1-1 8A	1-1 12N	0-0 29a	2-0 22A	2-2 28J	1-0 25F	2-1 15O	0-0 3S	4-0 17S	0-1 24D	0-1 1O		0-0 29O	5-1 26D	1-2 11M	6-1 6m	2-0 25M	1-1 14J	3-1 26N
16	Sheffield Wednesday	3-0 8S	2-0 4F	4-1 17D	2-0 27a	0-0 20M	2-2 22O	5-1 27D	4-1 1A	3-1 8O	0-2 10A	7-0 5N	1-1 19N	1-2 15A	1-0 3D	0-0 4M		2-0 18F	1-1 24S	1-0 29A	2-0 10S	2-1 18M	1-4 31D
17	Southampton	1-3 10D	3-2 25M	2-1 29A	0-0 31D	2-2 8A	0-2 14J	2-1 25F	0-4 10A	1-2 12N	1-1 11M	0-0 28J	3-1 11F	2-2 17S	2-1 14S	2-2 27D	4-3 15O		4-1 26N	1-2 27a	3-1 29O	2-1 1O	0-2 22A
18	Swansea Town	2-1 14J	2-2 29A	2-4 18M	0-1 1O	1-1 5S	2-0 3D	1-2 17S	2-0 22O	1-1 24D	0-1 3S	0-1 17D	0-0 18F	2-1 4M	1-2 15A	0-0 5N	2-1 28J	1-3 1A		1-1 19N	1-0 10A	3-2 27D	3-2 16F
19	Tottenham Hotspur	4-3 25F	2-2 12N	1-0 27D	4-3 22A	2-2 26N	2-1 3S	1-0 15O	0-1 11F	2-3 11M	4-0 10D	1-0 17S	4-1 1O	4-1 14J	1-0 7A	2-2 12S	3-3 29a	1-1 24D	3-0 25M		3-1 8A	2-2 28J	2-1 29O
20	Tranmere Rovers	1-1 24D	2-1 2J	0-3 1A	5-0 17S	0-1 8O	1-2 17D	0-1 3S	2-3 5N	2-0 26D	0-3 29a	0-1 18F	1-1 15A	2-0 1O	1-4 18M	1-1 19N	2-0 14J	4m	1-2 7A	3-0 3D		0-2 22O	3-1 28J
21	West Bromwich Albion	2-0 26N	0-2 22A	1-2 1F	6-0 11M	1-0 15O	3-1 8O	3-0 25M	2-0 27a	3-1 29O	0-0 8A	5-2 7S	4-2 29A	0-0 10A	4-2 31D	3-4 10S	5-1 12N	2-0 4F	0-0 19A	4-3 24S	2-0 25F		3-2 10D
22	West Ham United	1-2 29a	0-2 7A	1-0 3D	0-0 14J	1-1 4F	4-1 17S	1-0 24D	0-1 18M	2-1 6m	0-0 27D	1-1 22O	2-0 5N	0-0 18F	2-1 19N	0-0 1A	2-3 3S	1-2 17O	5-2 8O	0-2 4M	6-1 24S	2-1 15A	

Final League Table

Pos	Team	Pld	Home W	D	L	F	A	Away W	D	L	F	A	Totals W	D	L	F	A	Pts	GA	Leading Goalscorer	Gls
1	Blackburn Rov.	42	17	1	3	59	23	8	4	9	35	37	25	5	12	94	60	55	1.56	A Clarke	21
2	Sheffield United	42	9	9	3	35	15	11	5	5	34	26	20	14	8	69	41	54	1.68	E Dodds	17
3	Sheffield Weds.	42	14	4	3	47	18	7	7	7	41	41	21	11	10	88	59	53	1.49	D Hunt	24
4	Coventry City	42	13	4	4	35	13	8	4	9	27	32	21	8	13	62	45	50	1.37	T Crawley	14
5	Manchester City	42	13	3	5	56	35	8	4	9	40	37	21	7	14	96	72	49	1.33	A Herd	20
6	Chesterfield	42	16	1	4	54	20	4	8	9	15	32	20	9	13	69	52	49	1.32	T Lyon	22
7	Luton Town	42	13	4	4	47	27	9	1	11	35	39	22	5	15	82	66	49	1.24	H Billington	28
8	Tottenham H.	42	13	6	2	48	27	6	3	12	19	35	19	9	14	67	62	47	1.08	A Hall	10
9	Newcastle United	42	13	3	5	44	21	5	7	9	17	27	18	10	14	61	48	46	1.27	W Cairns	19
10	West Brom A	42	15	3	3	54	20	3	6	12	35	50	18	9	15	89	72	45	1.23	H Jones	18
11	West Ham United	42	10	5	6	36	21	7	5	9	34	31	17	10	15	70	52	44	1.34	A Macaulay	16
12	Fulham	42	12	5	4	35	20	5	6	11	26	35	17	11	15	61	55	44	1.10	R Rooke	20
13	Millwall	42	12	6	3	44	18	2	8	11	20	35	14	14	14	64	53	42	1.20	J Rawlings	13
14	Burnley	42	13	3	5	32	20	2	6	13	18	36	15	9	18	50	56	39	0.89	J Clayton	10
15	Plymouth Argyle	42	9	7	5	24	13	6	1	14	25	42	15	8	19	49	55	38	0.89	W Hullett	10
16	Bury	42	9	5	7	48	36	3	8	10	17	38	12	13	17	65	74	37	0.87	G Davies	10
17	Bradford P A	42	8	6	7	33	35	4	5	12	28	47	12	11	19	61	82	35	0.74	F Smith	21
18	Southampton	42	9	6	6	35	34	4	3	14	21	48	13	9	20	56	82	35	0.68	F Briggs	14
19	Swansea Town	42	8	6	7	33	30	3	6	12	17	53	11	12	19	50	83	34	0.60	T Bamford	14
20	Nottm Forest	42	8	6	7	33	29	2	5	14	16	53	10	11	21	49	82	31	0.59	H Crawshaw, J Surtees	9
21	Norwich City	42	10	5	6	39	29	3	0	18	11	62	13	5	24	50	91	31	0.54	F Manders	8
22	Tranmere Rov.	42	4	4	11	26	38	2	0	19	13	61	6	5	31	39	99	17	0.39	S Docking	7

1938/39 DIVISION 3 (North)
SEASON 47

Total Matches 462
Total Goals 1609
Avg goals per match 3.48

	Team	Accrington S	Barnsley	Barrow	Bradford City	Carlisle United	Chester	Crewe Alex	Darlington	Doncaster Rov.	Gateshead	Halifax Town	Hartlepools U	Hull City	Lincoln City	New Brighton	Oldham Athletic	Rochdale	Rotherham Utd.	Southport	Stockport Co.	Wrexham	York City
1	Accrington Stanley		0-2	0-2	2-3	1-1	2-3	2-1	3-0	0-0	1-1	1-2	0-0	1-1	3-4	1-2	1-3	0-5	2-1	1-4	3-2	3-1	3-1
2	Barnsley	4-1		4-0	5-2	3-0	3-0	5-2	7-1	1-1	2-0	1-0	2-0	5-1	4-0	1-1	3-0	2-0	2-0	3-1	0-1	2-1	1-0
3	Barrow	2-3	1-2		2-1	5-0	0-1	1-2	2-0	4-4	1-1	0-0	1-1	3-1	2-2	3-0	3-1	4-1	4-0	0-2	4-0	2-0	
4	Bradford City	2-1	0-2	3-0		2-0	1-0	4-1	6-2	2-1	1-1	1-0	0-1	6-2	3-0	3-3	1-4	3-0	5-2	2-1	4-0	4-0	6-0
5	Carlisle United	6-4	3-1	3-0	0-2		1-3	1-0	1-1	2-3	2-2	1-2	2-0	1-2	4-3	1-1	2-0	5-1	3-1	1-1	3-2	1-1	1-3
6	Chester	1-0	2-1	1-2	3-2	6-1		4-0	0-0	0-4	2-2	5-1	8-2	1-1	0-0	1-3	4-2	0-0	1-4	2-0	4-3	4-2	5-1
7	Crewe Alexandra	2-1	0-0	1-1	0-0	7-1	0-2		2-0	1-2	3-2	2-2	3-2	0-1	6-0	7-1	1-2	4-1	0-0	4-2	2-1	1-0	8-2
8	Darlington	3-0	0-1	3-1	0-4	2-1	3-3	1-0		1-2	5-2	1-0	3-0	0-1	3-1	3-0	3-3	1-2	0-2	4-3	3-1	1-2	
9	Doncaster Rovers	7-1	1-3	1-1	1-2	1-0	4-1	1-2	4-1		2-3	0-0	3-1	1-0	4-1	4-1	3-2	5-0	1-1	0-0	3-1	0-0	1-0
10	Gateshead	4-1	1-1	2-1	0-0	1-1	3-0	0-5	0-2	2-0		2-0	2-2	4-0	0-3	2-0	2-2	7-1	0-0	4-1	5-1	2-3	
11	Halifax Town	2-0	1-4	1-0	2-2	5-1	1-1	0-0	1-1	0-0	3-3		2-0	1-0	2-0	3-1	0-0	2-1	1-1	1-1	3-3	0-2	2-1
12	Hartlepools United	2-1	0-1	1-2	1-3	2-1	2-5	0-1	3-0	1-3	1-0	1-0		3-3	2-1	3-2	0-0	4-2	1-1	0-2	4-2	0-0	3-2
13	Hull City	6-1	0-1	4-0	3-2	11-1	3-0	2-1	3-2	0-0	1-0	1-1	4-1		4-2	3-0	0-2	3-3	0-2	2-1	4-4	1-1	2-0
14	Lincoln City	3-0	2-4	1-1	4-0	2-1	3-0	2-5	1-0	0-0	2-2	0-3		0-0		1-0	2-0	2-0	0-1	0-1	3-2	8-3	3-3
15	New Brighton	4-1	1-2	2-0	2-1	2-3	1-3	1-2	3-0	3-6	0-1	1-0	5-2	6-1	3-2		0-1	3-1	3-0	1-1	0-0	2-3	3-2
16	Oldham Athletic	2-0	4-2	1-0	2-1	6-0	1-3	3-0	2-0	0-0	1-3	1-0	4-2	4-1	1-0	1-0		1-2	2-0	2-4	3-1	4-2	6-0
17	Rochdale	4-1	2-1	2-2	1-1	2-3	5-2	5-0	6-1	1-1	5-2	4-5	3-4	4-0	4-0	2-0	1-2		0-1	5-0	0-1	0-0	2-2
18	Rotherham United	2-1	0-1	1-2	2-0	4-0	2-0	4-1	3-3	0-0	2-2	0-1	5-1	0-2	1-3	3-0	4-0	3-1		1-0	3-2	3-0	2-0
19	Southport	1-0	0-0	4-1	2-2	7-1	2-0	1-2	4-1	0-4	2-0	1-0	2-0	4-0	4-1	1-1	0-0	4-1	1-0		3-0	3-1	1-1
20	Stockport County	3-0	1-1	3-1	2-0	3-0	0-0	5-1	5-2	1-2	3-2	3-3	5-0	2-2	3-3	1-1	3-1	1-2	5-0	3-1		2-1	3-1
21	Wrexham	2-0	1-1	3-0	1-1	2-5	3-2	0-4	3-1	3-0	3-2	0-3	4-2	1-0	1-2	4-1	1-0	2-0	4-3	2-1	0-1		1-3
22	York City	2-2	2-3	2-3	0-1	4-1	2-2	4-1	1-1	2-2	1-1	3-0	2-0	1-0	1-3	2-0	4-1	0-1	0-7	0-1	2-3	1-2	

Final League Table

Pos	Team	Pld	Home W	Home D	Home L	Home F	Home A	Away W	Away D	Away L	Away F	Away A	Totals W	Totals D	Totals L	Totals F	Totals A	Pts	GA	Leading Goalscorer	Gls
1	Barnsley	42	18	2	1	60	12	12	5	4	34	22	30	7	5	94	34	67	2.76	B Asquith	28
2	Doncaster Rov.	42	12	5	4	47	21	9	9	3	40	26	21	14	7	87	47	56	1.85	M Killourhy	15
3	Bradford City	42	16	2	3	59	21	6	6	9	30	35	22	8	12	89	56	52	1.58	J Deakin	22
4	Southport	42	14	5	2	47	16	6	5	10	28	38	20	10	12	75	54	50	1.38	J Patrick	26
5	Oldham Athletic	42	16	1	4	51	21	6	4	11	25	38	22	5	15	76	59	49	1.28	R Ferrier	21
6	Chester	42	12	5	4	54	31	8	4	9	34	39	20	9	13	88	70	49	1.25	W Pendergast	26
7	Hull City	42	13	5	3	57	25	5	5	11	26	49	18	10	14	83	74	46	1.12	A Cunliffe	20
8	Crewe Alex.	42	12	5	4	54	23	7	1	13	28	47	19	6	17	82	70	44	1.17	G Stevens	23
9	Stockport County	42	13	6	2	57	24	4	3	14	34	53	17	9	16	91	77	43	1.18	A Lythgoe	20
10	Gateshead	42	11	6	4	45	24	3	8	10	29	43	14	14	14	74	67	42	1.10	H Gallacher	18
11	Rotherham Utd.	42	12	4	5	45	21	5	4	12	19	43	17	8	17	64	64	42	1.00	A Bramham	30
12	Halifax Town	42	9	10	2	33	22	4	6	11	19	32	13	16	13	52	54	42	0.96	E Widdowfield	23
13	Barrow	42	11	5	5	46	22	5	4	12	20	43	16	9	17	66	65	41	1.01	T Harris	24
14	Wrexham	42	15	2	4	46	28	2	5	14	20	51	17	7	18	66	79	41	0.83	G Burditt	22
15	Rochdale	42	10	5	6	58	29	5	4	12	34	53	15	9	18	92	82	39	1.12	J Wynn	28
16	New Brighton	42	11	2	8	46	32	4	7	10	22	41	15	9	18	68	73	39	0.93	A Frost	18
17	Lincoln City	42	9	6	6	40	33	3	3	15	26	59	12	9	21	66	92	33	0.71	J Clare, W Ponting	16
18	Darlington	42	12	2	7	43	30	1	5	15	19	62	13	7	22	62	92	33	0.67	T Feeney	13
19	Carlisle United	42	10	5	6	44	33	3	2	16	22	78	13	7	22	66	111	33	0.59	S Hunt	32
20	York City	42	8	5	8	37	34	4	3	14	27	58	12	8	22	64	92	32	0.69	R Mortimer	22
21	Hartlepools Utd.	42	10	4	7	36	33	2	3	16	19	61	12	7	23	55	94	31	0.58	T McGarry	12
22	Accrington S.	42	6	5	10	30	39	1	1	19	19	64	7	6	29	49	103	20	0.47	T Waring	10

1938/39 DIVISION 3 (South)
SEASON 47

Total Matches: 462
Total Goals: 1319
Avg goals per match: 2.85

Results Grid

#	Team	Aldershot	Bournemouth	Brighton & H A	Bristol City	Bristol Rovers	Cardiff City	Clapton Orient	Crystal Palace	Exeter City	Ipswich Town	Mansfield Town	Newport Co	Northampton T	Notts County	Port Vale	Q P R	Reading	Southend Utd	Swindon Town	Torquay Utd	Walsall	Watford
1	Aldershot		2-1 17D	1-1 18F	0-1 31a	1-0 7S	1-1 3D	1-0 17S	2-1 27D	2-0 1A	3-1 15A	1-0 5N	3-0 28J	0-3 1O	1-0 11F	0-3 19A	1-1 18M	1-0 22O	1-0 19N	1-1 3S	1-1 14J	3-3 4M	1-1 7A
2	Bournemouth & B A	4-0 22A		2-0 10A	4-0 15O	5-2 29M	0-0 8O	0-0 25M	1-1 27a	2-0 4F	0-0 6m	1-1 10S	0-1 12N	3-1 11M	3-2 29O	1-1 15M	4-2 21J	0-0 31a	0-4 ·24S	2-0 8A	2-5 18J	3-1 31D	1-1 25F
3	Brighton & Hove Albion	0-3 15O	1-1 7A		1-0 27D	6-3 29A	1-2 4F	2-0 12N	0-0 25F	6-1 24S	2-0 8O	3-0 31D	1-0 11M	2-0 29O	1-0 22A	3-1 8A	2-2 10S	3-0 7S	4-0 8F	2-0 7J	3-0 25M	0-0 27a	3-1 26A
4	Bristol City	1-0 29A	2-0 18F	2-0 26D		2-1 22O	1-1 1A	3-1 28J	1-1 10A	4-1 10M	3-2 1M	2-0 1O	0-2 11F	0-0 7J	2-1 3S	5-1 5N	2-2 15A	5-1 18M	1-0 14J	1-1 17S	1-3 17D	2-1 24D	2-0
5	Bristol Rovers	0-0 12S	1-0 27D	0-1 30a	1-1 25F		1-1 24S	1-0 11M	1-2 17A	4-1 21J	3-3 4F	3-0 27a	0-0 29O	0-1 22A	0-0 15O	0-0 7J	2-4 31D	4-1 8O	5-0 10S	0-1 25M	2-0 12N	1-1 7A	0-1 8A
6	Cardiff City	2-4 8A	5-0 11F	4-1 1O	2-1 11J	0-2 28J		1-2 15O	0-1 25M	1-2 27a	2-1 14J	0-0 29A	1-2 31D	2-0 25F	4-1 17A	2-4 11M	1-0 26D	0-1 17S	1-0 10A	2-1 29O	3-1 22A	2-1 5S	5-3 12N
7	Clapton Orient	2-0 21J	1-1 19N	2-0 18M	1-1 24S	2-1 5N	1-1 18F		4-0 4F	3-3 7A	1-1 17D	0-0 3D	1-3 27a	3-0 31D	1-1 10S	1-0 8S	2-1 15A	1-2 4M	5-0 22O	5-0 29A	3-0 17A	1-1 1A	0-0 8O
8	Crystal Palace	3-0 26D	3-0 24D	1-0 22O	3-2 7A	0-0 15A	2-0 19N	4-2 1O		3-2 18M	3-0 1A	6-2 17D	1-1 11F	2-0 7S	5-1 29A	1-0 14J	0-1 4M	0-0 3D	4-3 5N	1-1 17S	1-3 28J	4-0 1A	2-0 3S
9	Exeter City	3-3 7J	0-0 1O	2-2 28J	1-1 25M	2-1 17S	1-1 24D	2-1 10A	4-4 12N		3-0 3S	2-0 7S	3-1 25F	3-2 10D	1-0 8A	1-3 29O	1-1 29A	3-2 14J	3-3 27D	0-0 22A	1-2 15O	3-2 15F	1-3 11M
10	Ipswich Town	7-2 26A	0-2 7S	0-0 11F	4-0 8A	0-0 1O	1-2 15O	3-0 22A	2-1 18J	2-2 31D		5-1 26D	1-0 15O	2-0 21J	1-0 25F	2-0 12N	1-0 10A	2-1 3m	4-2 27a	3-1 11M	1-0 29A	1-0 1-0	5-1 25M
11	Mansfield Town	1-0 11M	2-0 14J	4-2 3S	3-2 29O	1-3 24D	2-2 31a	1-0 8A	0-0 22A	4-2 6m	0-1 27D		0-2 11J	1-1 25M	2-0 12N	2-2 28J	0-0 4F	3-1 7A	1-1 8O	4-0 25F	0-0 8M	0-0 17S	0-0 15O
12	Newport County	1-0 24S	2-2 18M	2-0 5N	0-2 4F	2-0 4M	3-0 3S	2-1 24D	2-0 8O	0-0 22O	3-2 18F	0-0 1A		1-1 10S	2-1 2F	0-2 29A	2-0 3D	3-0 17D	6-4 15A	1-0 27D	2-1 7A	1-0 19N	1-0 8S
13	Northampton Town	5-0 4F	2-0 5N	1-4 4M	2-2 8O	2-1 17D	2-1 22O	3-0 3S	0-0 6m	0-0 15A	2-0 17S	3-4 19N	1-0 14J		2-1 24S	2-0 26D	1-0 1A	1-1 18F	2-2 3D	0-2 10A	4-1 24D	4-1 18M	2-0 29a
14	Notts County	1-1 8O	0-1 4M	4-3 17D	0-1 6m	3-1 18F	1-1 15A	1-0 14J	0-1 31a	3-1 3D	2-1 22O	1-1 18M	2-0 17S	1-0 28J		4-0 10A	0-0 19N	2-0 1O	4-1 1A	2-0 24D	5-1 3S	0-0 5N	0-3 27D
15	Port Vale	1-3 27a	2-0 15A	1-1 3D	4-0 31D	2-1 1A	1-1 5N	1-1 6m	2-0 10S	3-2 4M	0-0 18M	3-0 24S	2-1 29a	0-2 27D	3-1 7A		1-2 18F	0-2 19N	2-2 17D	2-0 1O	0-1 11F	5-1 22O	1-2 21J
16	Queens Park Rangers	7-0 12N	2-0 17S	1-2 14J	3-1 11M	1-5 3S	0-0 27D	1-1 24A	1-2 29O	5-0 1S	0-0 7A	3-0 1O	0-0 8A	3-0 9J	0-1 25M	3-0 15O		2-2	1-1 24D	2-1 6m	1-1 11F	3-0 25F	1-0 28J	1-0 22A
17	Reading	5-0 25F	1-0 29A	3-0 14S	2-2 10D	2-0 11F	0-0 1F	2-2 29O	3-1 8A	1-1 10S	2-1 24S	0-0 10A	2-0 21J	0-1 15O	5-1 4F	3-1 25M	2-1 27a		2-4 31D	3-0 12N	3-0 11M	3-5 26D	1-1	3-2 11J
18	Southend United	2-1 25M	2-2 28J	1-0 17S	2-0 12N	3-2 14J	2-0 7A	1-0 25F	3-1 11M	0-1 12A	0-0 19A	2-0 11F	5-0 2m	2-0 8A	2-0 25A	0-0 22A	2-1 7S	2-0 3S		2-3	1-1 150	2-0 31a	3-0 1O	3-0 29O
19	Swindon Town	2-1 31D	4-2 3D	3-2 1A	1-0 10S	2-1 19N	4-1 4M	2-0 31a	2-2 21J	2-1 17D	1-1 5N	1-2 22O	8-0 26D	1-0 7A	4-1 27a	1-1 4F	2-2 8O	4-2 18M	2-1 18F		3-1 6m	1-4 15A	3-1 24S
20	Torquay United	1-1 10S	2-0 1A	0-2 19N	3-1 21J	2-3 18M	2-1 17D	1-2 27D	0-1 24S	1-2 18F	1-1 4M	3-0 15A	1-1 10A	1-2 27a	0-2 31D	2-3 8O	1-1 22O	2-0 5N	1-3 29A	0-1 7S		0-1 3D	2-1 4F
21	Walsall	2-2 29O	1-2 3S	0-2 24D	5-0 22A	2-2 10A	6-3 6m	5-1 12J	1-1 15O	1-2 8O	0-1 29a	0-0 2F	1-1 25M	1-0 12N	3-3 11M	4-0 25F	0-1 24S	3-0 27D	0-2 4F	5-0 24A	5-0 8A		2-0 14J
22	Watford	1-1 10A	1-0 22O	1-1 15A	2-2 27a	4-1 3D	1-0 18M	4-1 11F	4-2 31D	0-0 5N	2-0 19N	1-1 18F	2-0 14S	0-1 29A	2-0 26D	4-1 17S	3-1 17D	3-0 1A	4-1 4M	0-0 28J	4-2 1O	2-1 10S	

Final League Table

Pos	Team	Pld	Home W	D	L	F	A	Away W	D	L	F	A	Totals W	D	L	F	A	Pts	GA	Leading Goalscorer	Gls
1	Newport County	42	15	4	2	37	16	7	7	7	21	29	22	11	9	58	45	55	1.28	A Hydes	13
2	Crystal Palace	42	15	4	2	49	18	5	8	8	22	34	20	12	10	71	52	52	1.36	A Dawes	13
3	Brighton & H A	42	14	5	2	43	14	5	6	10	25	35	19	11	12	68	49	49	1.38	H Stephens	17
4	Watford	42	14	6	1	44	15	3	6	12	18	36	17	12	13	62	51	46	1.21	W Dunderdale	19
5	Reading	42	12	6	3	46	23	4	8	9	23	36	16	14	12	69	59	46	1.16	M McPhee	25
6	Queens Park R.	42	10	8	3	44	15	5	6	10	24	34	15	14	13	68	49	44	1.38	T Cheetham	22
7	Ipswich Town	42	14	3	4	46	21	2	9	10	16	31	16	12	14	62	52	44	1.19	F Chadwick	18
8	Bristol City	42	14	5	2	42	19	2	7	12	19	44	16	12	14	61	63	44	0.96	L Booth	15
9	Swindon Town	42	15	4	2	53	25	3	4	14	19	52	18	8	16	72	77	44	0.93	B Morton	28
10	Aldershot	42	13	6	2	31	15	3	6	12	22	51	16	12	14	53	66	44	0.80	C Ray	21
11	Notts County	42	12	6	3	36	16	5	3	13	23	38	17	9	16	59	54	43	1.09	D Martin	16
12	Southend United	42	14	5	2	38	13	2	4	15	23	51	16	9	17	61	64	41	0.95	A Smirk	12
13	Cardiff City	42	12	1	8	40	28	3	10	8	21	37	15	11	16	61	65	41	0.93	J Collins	18
14	Exeter City	42	9	9	3	40	32	4	5	12	25	50	13	14	15	65	82	40	0.79	H Bowl	23
15	Bournemouth	42	10	8	3	38	22	3	5	13	14	36	13	13	16	52	58	39	0.89	J Kirkham	14
16	Mansfield Town	42	10	8	3	33	19	2	7	12	11	43	12	15	15	44	62	39	0.71	T Dutton	12
17	Northampton T.	42	13	5	3	41	20	2	3	16	10	38	15	8	19	51	58	38	0.87	J McCartney	9
18	Port Vale	42	10	5	6	36	23	4	4	13	16	35	14	9	19	52	58	37	0.89	W Nolan	17
19	Torquay United	42	7	5	9	27	28	7	4	10	27	42	14	9	19	54	70	37	0.77	R Allen	15
20	Clapton Orient	42	10	9	2	40	16	1	4	16	13	39	11	13	18	53	55	35	0.96	R Williams	17
21	Walsall	42	9	6	6	47	23	2	5	14	21	46	11	11	20	68	69	33	0.98	G Alsop	24
22	Bristol Rovers	42	8	8	5	30	17	2	5	14	25	44	10	13	19	55	61	33	0.90	F Curran	21

1939/40 DIVISION 1
SEASON ABANDONED

Total Matches 33
Total Goals 83
Avg goals per match 2.52

#	Team	Arsenal	Aston Villa	Blackburn R	Blackpool	Bolton Wand.	Brentford	Charlton Ath.	Chelsea	Derby County	Everton	Grimsby Town	Huddersfield T	Leeds Utd	Liverpool	Manchester U	Middlesbrough	Portsmouth	Preston N E	Sheffield Utd	Stoke City	Sunderland	Wolverhampton
1	Arsenal		1-0 30a																	5-2 2S			
2	Aston Villa								1-2 28a								2-0 26a						
3	Blackburn Rovers								2-2 2S														
4	Blackpool					2-1 28a																	2-1 2S
5	Bolton Wanderers																2-1 2S						
6	Brentford										1-0 2S												
7	Charlton Athletic																2-0 2S						
8	Chelsea				3-2 26a										1-1 30a								
9	Derby County	1-0 2S															2-0 30a						
10	Everton					1-1 26a																	
11	Grimsby Town																	2-0 2S					0-0 29a
12	Huddersfield Town			0-1 26a																			
13	Leeds United						0-1 30a													0-1 2S			
14	Liverpool						1-0 2S									4-1 30a							
15	Manchester United									4-0 26a													
16	Middlesbrough																					2-2 2S	
17	Portsmouth			2-1 26a																			
18	Preston North End							0-0 26a												0-0 30a			
19	Sheffield United													2-1 26a									
20	Stoke City		1-2 28a			4-0 26a																	
21	Sunderland									3-0 26a			1-2 30a										
22	Wolverhampton Wand.	2-2 26a																					

Season abandoned due to outbreak of war. Results void. Results and scorers do not count in official records.

Final League Table

Pos	Team	Pld	Home W	D	L	F	A	Away W	D	L	F	A	Totals W	D	L	F	A	Pts	GA	Leading Goalscorer	Gls
1	Blackpool	3	2	0	0	4	2	1	0	0	1	0	3	0	0	5	2	6	2.50	E Dodds	3
2	Sheffield United	3	1	0	0	2	1	1	1	0	1	0	2	1	0	3	1	5	3.00	Three with	1
3	Arsenal	3	2	0	0	6	2	0	1	0	2	2	2	1	0	8	4	5	2.00	E Drake	4
4	Liverpool	3	2	0	0	5	1	0	0	1	1	2	2	0	1	6	3	4	2.00	P Taylor	2
5	Everton	3	0	1	0	1	1	1	1	0	4	3	2	2	0	5	4	4	1.25	T Lawton	4
6	Bolton Wand.	3	1	0	0	2	1	1	0	1	4	4	2	0	1	6	5	4	1.20	D Howe	2
7	Derby County	3	2	0	0	3	0	0	0	1	0	3	2	0	1	3	3	4	1.00	Three with	1
8	Charlton Athletic	3	1	0	0	2	0	1	0	1	1	4	2	0	1	3	4	4	0.75	G Tadman	2
9	Stoke City	3	1	0	1	5	2	0	1	0	2	2	1	1	1	7	4	3	1.75	T Sale	3
10	Manchester Utd.	3	1	0	0	4	0	0	1	1	1	3	1	1	1	5	3	3	1.66	W Bryant	2
11	Brentford	3	1	0	0	1	0	0	1	1	2	3	1	1	1	3	3	3	1.00	Three with	1
12	Chelsea	3	1	1	0	4	3	0	0	1	0	1	1	1	1	4	4	3	1.00	J Smith	2
13	Grimsby Town	3	1	1	0	2	0	0	0	1	0	4	1	1	1	2	4	3	0.50	F Howe	2
14	Aston Villa	3	1	0	1	3	2	0	0	1	0	1	1	0	2	3	3	2	1.00	Three with	1
15	Sunderland	3	1	0	1	4	2	0	0	1	2	5	1	0	2	6	7	2	0.85	H Carter	3
16	Wolverhampton	3	0	1	0	2	2	0	1	1	1	2	0	2	1	3	4	2	0.75	R Dorsett	2
17	Huddersfield T.	3	0	0	1	0	1	1	0	1	2	2	1	0	2	2	3	2	0.66	A Price, own goal	1
18	Portsmouth	3	1	0	0	2	1	0	0	2	1	4	1	0	2	3	5	2	0.60	Three with	1
19	Preston N E	3	0	2	0	0	0	0	0	1	0	2	0	2	1	0	2	2	0.00	No scorer	0
20	Blackburn Rov.	3	0	1	0	2	2	0	0	2	1	3	0	1	2	3	5	1	0.60	W Rogers	1
21	Middlesbrough	3	0	1	0	2	2	0	0	2	1	6	0	1	2	3	8	1	0.37	M Fenton	3
22	Leeds United	3	0	0	2	0	4	0	1	0	0	0	0	1	2	0	4	1	0.00	No scorer	0

1939/40 DIVISION 2
SEASON ABANDONED

Total Matches: 32
Total Goals: 110
Avg goals per match: 3.43

Pos	Team	Barnsley	Birmingham	Bradford P A	Burnley	Bury	Chesterfield	Coventry City	Fulham	Leicester C	Luton Town	Manchester C	Millwall	Newcastle U	Newport Co.	Nottm Forest	Plymouth A	Sheffield Weds.	Southampton	Swansea Town	Tottenham H	West Brom A	West Ham Utd
1	Barnsley															4-1 26a							
2	Birmingham			2-0 2S						2-0 30a													
3	Bradford Park Avenue								0-3 30a			2-2 2S											
4	Burnley							1-1 26a															
5	Bury							3-1 28a															
6	Chesterfield			1-0 26a																			
7	Coventry City	4-2 2S																				3-3 28a	
8	Fulham									1-1 2S													
9	Leicester City										4-3 26a												
10	Luton Town																	3-0 26a					
11	Manchester City				1-1 30a	2-0 2S																	
12	Millwall													3-0 26a	0-2 28a								
13	Newcastle United																	8-1 2S					
14	Newport County															3-1 26A					1-1 31a		
15	Nottm Forest										2-0 31a		2-1 2S										
16	Plymouth Argyle																						1-3 26a
17	Sheffield Wednesday	3-1 28a																	0-1 2S				
18	Southampton				3-0 2S															1-3 30a			
19	Swansea Town																					1-2 26a	
20	Tottenham Hotspur	1-1 26a																					
21	West Bromwich Albion																					3-4 2S	
22	West Ham United						2-1 28a	0-2 2S															

Season abandoned due to outbreak of war. Results void. Results and scorers do not count in official records.

Final League Table

Pos	Team	Pld	Home W	Home D	Home L	Home F	Home A	Away W	Away D	Away L	Away F	Away A	Totals W	Totals D	Totals L	Totals F	Totals A	Pts	GA	Leading Goalscorer	Gls
1	Luton Town	3	1	0	0	3	0	1	1	0	4	1	2	1	0	7	1	5	7.00	H Billington	5
2	Birmingham	3	2	0	0	4	0	0	1	0	1	1	2	1	0	5	1	5	5.00	Four plus own goal with	1
3	Plymouth Argyle	3	0	0	1	1	3	2	0	0	3	0	2	0	1	4	3	4	1.33	C Sargeant	2
4	Coventry City	3	1	1	0	7	5	0	1	0	1	1	1	2	0	8	6	4	1.33	T Crawley, T Green, E Lager	2
5	West Ham United	3	1	0	1	2	3	1	0	0	3	1	2	0	1	5	4	4	1.25	C Hubbard, E Wood	2
6	Leicester City	3	1	0	0	4	3	1	0	1	2	2	2	0	1	6	5	4	1.20	A Smith	2
7	Tottenham H.	3	0	1	0	1	1	1	1	0	5	4	1	2	0	6	5	4	1.20	J Morrison	3
8	Nottm Forest	3	2	0	0	4	1	0	0	1	1	4	2	0	1	5	5	4	1.00	C Perry	2
9	Millwall	3	0	0	1	3	2	0	1	0	2	2	1	1	1	5	4	3	1.25	J Richardson	3
10	Newport County	3	1	0	0	4	2	0	0	1	1	2	1	1	1	5	4	3	1.25	A Hydes	3
11	Manchester City	3	1	1	0	3	1	0	0	1	3	4	1	1	1	6	5	3	1.20	P Doherty, J Milsom	2
12	West Brom A	3	0	0	1	3	4	1	1	0	5	4	1	1	1	8	8	3	1.00	E Jones	4
13	Bury	3	1	0	0	3	1	0	1	1	1	4	1	1	1	4	5	3	0.80	Four with	1
14	Newcastle Utd.	3	1	0	0	8	1	0	0	2	0	5	1	0	2	8	6	2	1.33	E Bowden	3
15	Chesterfield	2	1	0	0	2	0	0	0	1	0	2	1	0	1	2	2	2	1.00	Two with	1
16	Barnsley	3	0	1	0	4	1	0	0	2	3	7	0	1	2	7	8	2	0.87	J Maxwell	4
17	Southampton	3	1	0	1	4	3	0	0	1	1	3	1	0	2	5	6	2	0.83	N Higham, A Holt	2
18	Sheffield Weds.	3	1	0	1	3	2	0	0	1	0	3	1	0	2	3	5	2	0.60	C Napier	2
19	Swansea Town	3	0	0	1	1	2	1	0	1	4	9	1	0	2	5	11	2	0.45	I Bamford	4
20	Fulham	3	0	0	1	0	1	0	2	2	5	0	0	2	3	6	1	0.50	R Rooke	2
21	Burnley	2	0	1	0	1	1	0	0	1	0	2	0	1	1	1	3	1	0.33	R Hornby	1
22	Bradford P A	3	0	1	1	2	5	0	0	1	0	2	0	1	2	2	7	1	0.28	Two with	1

1939/40 DIVISION 3 (North)
SEASON ABANDONED

Total Matches: 31
Total Goals: 87
Avg goals per match: 2.80

	Team	Accrington S	Barrow	Bradford City	Carlisle United	Chester	Crewe Alex	Darlington	Doncaster Rov	Gateshead	Halifax Town	Hartlepools U	Hull City	Lincoln City	New Brighton	Oldham Athletic	Rochdale	Rotherham Utd	Southport	Stockport Co	Tranmere R	Wrexham	York City
1	Accrington Stanley															2-0 2S							
2	Barrow	1-2 28a		2-2 2S																			
3	Bradford City	0-2 26a																					
4	Carlisle United																	2-0 2S					
5	Chester						1-0 30a													2-0 2S			
6	Crewe Alexandra								0-0 2S														
7	Darlington														1-0 26a								
8	Doncaster Rovers																2-0 26a						
9	Gateshead						0-3 26a						3-0 30a										
10	Halifax Town																2-0 28a					1-1 2S	
11	Hartlepools United		1-1 26a																				
12	Hull City													2-2 26a									
13	Lincoln City						0-2 28a		4-3 2S														
14	New Brighton			2-1 30a					4-2 2S														
15	Oldham Athletic				3-1 26a																		
16	Rochdale																				1-0 29a	1-0 2S	
17	Rotherham United								2-2 2S														2-1 28a
18	Southport												1-1 2S								3-3 29a		
19	Stockport County								0-3 26a														
20	Tranmere Rovers																		3-1 26a				
21	Wrexham													2-0 26a									
22	York City				2-2 26a																		

Season abandoned due to outbreak of war. Results void. Results and scorers do not count in official records.

Final League Table

Pos	Team	Pld	Home W	D	L	F	A	Away W	D	L	F	A	Totals W	D	L	F	A	Pts	GA	Leading Goalscorer	Gls
1	Accrington S.	3	1	0	0	2	0	2	0	0	4	1	3	0	0	6	1	6	6.00	M Conroy, P Robbins	2
2	Halifax Town	3	1	1	0	3	1	1	0	0	3	0	2	1	0	6	1	5	6.00	E Widdowfield	2
3	Chester	3	2	0	0	3	0	0	1	0	2	2	2	1	0	5	2	5	2.50	J McGough	2
4	Darlington	3	1	0	0	1	0	1	1	0	4	2	2	1	0	5	2	5	2.50	W Odell	2
5	New Brighton	3	2	0	0	6	3	0	0	1	0	2	2	0	1	6	5	4	1.20	R Dodd	3
6	Rochdale	3	2	0	0	2	0	0	0	1	0	2	2	0	1	2	2	4	1.00	W Reynolds, J Wynn	1
7	Crewe Alex.	2	0	1	0	0	0	1	0	0	3	0	1	1	0	3	0	3	∞	F Chandler	2
8	Wrexham	3	1	0	0	2	0	0	1	1	1	2	1	1	1	3	2	3	1.50	Three with	1
9	Tranmere Rovers	3	1	0	0	3	1	0	1	1	3	5	1	1	1	6	6	3	1.00	H Bridges, J Sloan	2
10	Lincoln City	3	1	0	1	4	5	0	1	0	2	2	1	1	1	6	7	3	0.85	W Ponting	3
11	Rotherham Utd.	3	1	1	0	4	3	0	0	1	1	3	1	1	1	5	6	3	0.83	R Bastow, A Bramham	2
12	Carlisle United	2	1	0	0	2	0	0	0	1	1	3	1	0	1	3	3	2	1.00	Two plus own goal with	1
13	Hull City	2	0	1	0	2	2	0	1	0	1	1	0	2	0	3	3	2	1.00	R Lowe	2
14	Gateshead	3	1	0	1	3	3	0	0	1	3	4	1	0	2	6	7	2	0.85	R Birtley, J Callender, P Spooner	2
15	Barrow	3	0	1	1	3	4	0	1	0	1	1	0	2	1	4	5	2	0.80	Four with	1
16	Doncaster Rovers	3	1	0	0	2	0	0	0	2	2	5	1	0	2	4	5	2	0.80	E Perry	2
17	Southport	3	0	2	0	4	4	0	0	1	0	1	0	2	1	4	5	2	0.80	Four with	1
18	Oldham Athletic	3	1	0	0	3	1	0	0	2	0	4	1	0	2	3	5	2	0.60	A Valentine	2
19	Hartlepools Utd.	3	0	1	0	1	1	0	1	1	3	3	0	2	1	4	2	0.25	J Mantle	1
20	York City	3	0	1	0	2	2	0	0	2	1	3	0	1	2	3	5	1	0.60	W Allen	2
21	Bradford City	3	0	0	1	0	2	0	0	1	3	4	0	0	2	3	6	1	0.50	Three with	1
22	Stockport County	2	0	0	1	0	3	0	0	1	0	2	0	0	2	0	5	0	0.00	No scorer	0

1939/40 DIVISION 3 (South)
SEASON ABANDONED

	Total
Total Matches	32
Total Goals	102
Avg goals per match	3.18

		Aldershot	Bournemouth	Brighton & H A	Bristol City	Bristol Rovers	Cardiff City	Clapton Orient	Crystal Palace	Exeter City	Ipswich Town	Mansfield Town	Northampton T	Norwich C	Notts County	Port Vale	Q P R	Reading	Southend Utd	Swindon Town	Torquay Utd	Walsall	Watford
1	Aldershot				0-1 26a																		
2	Bournemouth & B A											10-0 2S							2-2 30a				
3	Brighton & Hove Albion	2-1 30a																0-0 26a					
4	Bristol City		3-3 2S															1-2 30a					
5	Bristol Rovers																				2-2 26a		
6	Cardiff City														2-4 2S								
7	Clapton Orient									2-2 26a												0-0 31a	
8	Crystal Palace				3-0 2S																		
9	Exeter City																				2-2 26a		
10	Ipswich Town				2-0 30a															1-1 2S			
11	Mansfield Town								4-5 26a														
12	Northampton Town								1-2 28a											1-0 26a			
13	Norwich City					1-2 26a																	
14	Notts County		2-1 26a																				
15	Port Vale								0-1 2S														
16	Queens Park Rangers																						2-2 26a
17	Reading								5-0 30a											1-0 2S			
18	Southend United																				3-2 26a		
19	Swindon Town	2-2 2S							0-1 30a														
20	Torquay United									2-2 2S											0-0 30a		
21	Walsall																1-0 2S						
22	Watford								1-1 2S											1-2 30a			

Season abandoned due to outbreak of war. Results void. Results and scorers do not count in official records.

Final League Table

Pos	Team	Pld	Home					Away					Totals					Pts	GA	Leading Goalscorer	Gls
			W	D	L	F	A	W	D	L	F	A	W	D	L	F	A				
1	Reading	3	2	0	0	6	0	0	1	0	2	2	2	1	0	8	2	5	4.00	M McPhee	3
2	Exeter City	3	1	0	1	0	2	2	2	0	0	3	1	2	1	0	5	3	5	1.66	R Ebdon, H Riley	2
3	Notts County	2	1	0	0	2	1	1	0	0	4	2	2	0	0	6	3	4	2.00	D Martin	2
4	Ipswich Town	3	1	1	0	3	1	0	1	0	2	2	1	2	0	5	3	4	1.66	F Chadwick	2
5	Brighton & H A	3	1	1	0	2	1	0	1	0	3	3	1	2	0	5	4	4	1.25	J Davie	2
6	Cardiff City	3	0	0	1	2	4	2	0	0	3	1	2	0	1	5	5	4	1.00	J Collins	4
7	Crystal Palace	3	1	0	0	3	0	1	0	1	5	9	2	0	1	8	9	4	0.88	E Waldron	5
8	Bournemouth	3	1	1	0	12	2	0	0	1	1	2	1	1	1	13	4	3	3.25	J Kirkham	4
9	Bristol City	3	0	1	1	4	5	1	0	0	1	0	1	1	1	5	5	3	1.00	Five with	1
10	Clapton Orient	3	0	2	0	2	2	0	1	0	1	1	0	3	0	3	3	3	1.00	R Williams	2
11	Mansfield Town	3	0	0	1	4	5	1	1	0	4	3	1	1	1	8	8	3	1.00	W Akers, T Ward	3
12	Norwich City	3	0	0	1	1	2	1	1	0	3	2	1	1	1	4	4	3	1.00	W Furness	2
13	Southend United	3	1	0	0	3	2	0	1	1	0	1	1	1	1	3	3	3	1.00	S Bell, J Ormandy	1
14	Torquay United	3	0	2	0	2	2	0	1	0	2	2	0	3	0	4	4	3	1.00	J Conley	2
15	Walsall	3	1	0	0	1	0	0	1	1	2	3	1	1	1	3	3	3	1.00	C Bulger	2
16	Queens Park R	3	0	1	0	2	2	0	1	1	2	3	0	2	1	4	5	2	0.80	D Mangnall	3
17	Watford	3	0	1	1	2	3	0	1	0	2	2	0	2	1	4	5	2	0.80	Four with	1
18	Northampton T.	3	1	0	1	2	2	0	0	1	0	10	1	0	2	2	12	2	0.16	R Ellwood, E Melaniphy	1
19	Aldershot	0	0	0	0	0	0	0	1	1	3	4	0	1	2	3	5	1	0.60	Three with	1
20	Swindon Town	3	0	1	1	2	3	0	0	1	0	1	0	1	2	2	4	1	0.50	A Fowler	2
21	Bristol Rovers	3	0	1	0	2	2	0	0	2	0	5	0	1	2	2	7	1	0.28	R Warren	2
22	Port Vale	2	0	0	1	0	1	0	0	1	0	0	0	0	1	0	1	1	0.00	No scorer	0

1946/47 DIVISION 1 SEASON 48

Total Matches 462
Total Goals 1513
Avg goals per match 3.27

		Arsenal	Aston Villa	Blackburn Rov.	Blackpool	Bolton Wand.	Brentford	Charlton Ath.	Chelsea	Derby County	Everton	Grimsby Town	Huddersfield T	Leeds Utd	Liverpool	Manchester U	Middlesbrough	Portsmouth	Preston N E	Sheffield Utd.	Stoke City	Sunderland	Wolverhampton
1	Arsenal		0-2	1-3	1-1	2-2	2-2	1-0	1-2	0-1	2-1	5-3	0-2	4-2	1-2	6-2	4-0	2-1	4-1	2-3	1-0	2-1	1-1
			18J	4S	8F	30N	12O	14D	1M	21S	31m	26A	4A	16N	24m	1F	12A	25D	15M	2N	19O	7S	28D
2	Aston Villa	0-2		2-1	1-1	1-1	5-2	4-0	2-0	2-0	0-1	3-3	2-2	2-1	1-2	0-0	0-1	1-1	4-2	2-3	0-1	4-0	3-0
		14S		10m	25J	16N	28S	19O	29M	4J	2S	12A	25D	14D	26A	2N	31a	12O	17M	30N	26m	8A	16S
3	Blackburn Rovers	1-2	0-1		1-1	2-1	0-3	1-0	1-2	1-1	4-1	1-1	2-2	1-0	0-0	2-1	1-2	0-1	1-2	2-0	0-2	1-2	1-2
		17S	5O		25D	15M	1J	26m	7A	15F	7S	30N	18J	1M	2N	14D	16N	28D	12A	19O	26A	1F	21S
4	Blackpool	2-1	1-0	1-0		0-1	4-2	0-0	1-0	2-1	0-3	2-3	2-1	3-0	3-2	3-1	0-5	4-3	4-0	4-2	0-2	0-5	2-0
		5O	21S	26D		1M	2S	17m	2N	1F	7A	16N	28D	29M	30N	19O	15D	23S	15F	15M	12A	18J	7S
5	Bolton Wanderers	1-3	2-1	0-0	1-1		1-0	0-1	1-1	5-1	0-1	1-2	4-0	2-0	1-3	2-2	1-1	1-0	1-2	3-2	3-2	0-1	0-3
		5A	22M	9N	26O		10m	19F	28D	23N	22F	28S	7D	3F	14S	25D	12O	7S	1J	4A	11S	21D	19A
6	Brentford	0-1	0-2	0-3	2-1	1-0		1-4	0-2	0-3	1-1	0-1	2-0	1-1	0-0	0-0	1-3	2-3	2-1	1-4	0-3	4-1	
		26m	1F	3m	18S	2N		16N	15M	5O	28D	29M	7S	30N	17m	12A	26A	4A	19O	26D	14D	21S	18J
7	Charlton Athletic	2-2	1-1	5-2	0-2	0-1	2-0		3-0	2-3	2-4	4-1	0-0	0-3	5-0	1-3	1-3	3-3	0-0	0-0	1-2	1-0	5-0
		19A	22F	23N	21D	5O	22M		1F	7D	26O	26D	8M	25S	10m	7S	4A	5A	18J	21S	28D	11S	9N
8	Chelsea	2-1	1-3	0-2	1-4	4-3	3-2	2-2		3-0	1-1	0-0	1-0	3-0	3-1	0-3	2-0	0-3	1-2	1-4	2-5	2-1	1-2
		26O	23N	4A	8M	31a	9N	28S		5A	7D	8F	19A	14S	4J	4S	10m	26m	25D	3m	12O	22M	21D
9	Derby County	0-1	1-2	2-1	1-2	1-3	2-1	1-0	3-1		5-1	4-1	1-0	2-1	1-4	4-3	1-1	2-0	2-2	1-2	3-0	5-2	2-1
		10m	7S	12O	28S	29M	1M	12A	30N		26D	14D	3m	26A	16N	15M	19O	4S	2N	17m	18J	28D	7A
10	Everton	3-2	2-0	1-0	1-1	2-1	0-2	1-1	2-0	4-1		3-3	1-0	4-1	1-0	2-2	2-1	1-0	2-0	2-3	2-2	4-2	0-2
		11S	1J	4A	19O	31a	24m	12A	25D		2N	1F	26m	29J	16N	30N	14S	26A	14D	29M	15F	5O	
11	Grimsby Town	0-0	0-3	2-1	2-3	2-2	2-1	3-1	2-1	2-0	2-2		1-0	4-1	1-6	0-0	4-0	3-2	2-3	2-1	2-5	1-2	0-0
		21D	7J	5A	22M	1F	23N	25D	21S	19A	8M		9N	17m	5O	28D	3m	26O	7S	18J	4A	10m	3S
12	Huddersfield Town	0-0	1-0	0-0	1-3	1-0	3-0	5-1	1-4	5-2	1-0	3-2		1-0	1-4	2-2	3-1	1-2	3-0	1-1	1-0	0-0	0-1
		7A	26D	14S	31a	12A	4J	2N	14D	11S	28S	15M		10m	19O	29M	17m	29J	16N	26A	30N	25S	26m
13	Leeds United	1-1	1-1	0-1	4-2	4-0	1-2	0-2	2-1	1-2	2-1	1-0	5-0		1-2	0-2	3-3	0-1	0-3	2-2	1-2	1-1	0-1
		22M	19A	26O	23N	21S	5A	4S	18J	21D	9N	12O	5O		1F	8A	25D	24m	28D	7S	3m	7D	22F
14	Liverpool	4-2	4-1	2-1	2-3	0-3	1-0	1-1	7-4	1-1	0-0	5-0	1-0	2-1		1-0	1-0	3-0	3-0	1-2	1-0	1-0	1-5
		23N	21D	8M	5A	18J	26O	12O	7S	22M	21S	12F	22F	28S		3m	4S	9N	7A	28D	26D	19A	7D
15	Manchester United	5-2	2-1	4-0	3-0	1-0	4-1	4-1	1-1	4-1	3-0	2-1	5-2	3-1	5-0		1-0	3-0	1-1	6-2	1-1	0-3	3-1
		28S	8M	19A	22F	26D	7D	4J	18S	9N	22M	31a	23N	7A	11S		14S	17m	5O	26m	5F	26O	5A
16	Middlesbrough	2-0	1-2	0-1	1-2	3-1	2-0	1-2	3-2	1-0	4-0	3-0	4-1	3-0	2-2	2-4		3-3	2-0	2-4	5-4	1-3	1-1
		7D	28D	22M	19A	15F	21D	7A	5O	22F	5A	1J	26O	90	18J		23N	21S	1F	7S	9N	8M	
17	Portsmouth	0-2	3-2	3-1	0-1	2-0	3-0	0-2	1-2	2-1	4-1	3-1	4-1	1-2	0-1	3-1		4-4	0-0	1-3	4-1	1-1	
		26D	15F	31a	11S	4J	7A	30N	19O	31m	18J	1M	21S	2N	15M	26A	29M		14D	12A	16N	5O	3m
18	Preston North End	2-0	3-1	4-0	2-0	0-4	5-2	1-1	1-1	2-1	3-0	6-2	3-2	0-0	1-1	0-1	1-1		1-2	1-3	2-2	2-2	
		9N	26O	7D	12O	16S	22F	14S	26D	26m	21D	4J	22M	31a	4A	10m	29J	19A		4S	28S	5A	23N
19	Sheffield United	2-1	1-2	0-1	4-2	4-2	6-1	1-3	2-2	3-2	2-0	1-1	2-2	6-2	0-1	2-2	2-1	3-1	2-3		2-1	4-2	2-0
		7j	5A	22F	9N	7A	25D	31m	9S	26O	19A	14S	21D	4J	31a	12O	28S	10m	24m		14j	23N	22M
20	Stoke City	3-1	0-0	0-0	4-1	1-2	3-1	2-2	6-1	3-2	1-0	3-0	3-0	5-2	2-1	3-2	3-1	1-1	5-0	3-0		0-0	0-3
		22F	9N	21D	7D	2S	19A	31a	15F	14S	23N	7A	5A	16S	25D	21S	4J	22M	1F	5O		17m	26O
21	Sunderland	1-4	4-1	1-0	3-2	3-1	2-1	1-1	1-2	3-2	4-1	1-2	3-0	1-0	1-4	1-1	1-0	0-0	0-2	2-1	0-1		0-1
		4J	4A	28S	14S	26A	24m	3m	16N	31a	12O	19O	4S	12A	14D	1M	15M	8F	30N	29M	2N		25D
22	Wolverhampton Wand.	6-1	1-2	3-3	3-1	5-0	1-2	2-0	6-4	7-2	2-3	2-0	6-1	1-0	1-2	3-2	2-4	3-1	4-1	3-1	0-0	2-1	
		31a	11S	17m	4J	14D	14S	15M	26A	8A	10m	23S	12O	19O	31m	30N	2N	28S	29M	16N	1M	26D	

All Manchester United home matches were played at Manchester City's ground at Maine Road, Manchester.

Final League Table

Pos	Team	Pld	Home					Away					Totals					Pts	GA	Leading Goalscorer	Gls
			W	D	L	F	A	W	D	L	F	A	W	D	L	F	A				
1	Liverpool	42	13	3	5	42	24	12	4	5	42	28	25	7	10	84	52	57	1.61	J Balmer, A Stubbins	24
2	Manchester Utd.	42	17	3	1	61	19	5	9	7	34	35	22	12	8	95	54	56	1.75	J Rowley	26
3	Wolverhampton	42	15	1	5	66	31	10	5	6	32	25	25	6	11	98	56	56	1.75	D Westcott	38
4	Stoke City	42	14	5	2	52	21	10	2	9	38	32	24	7	11	90	53	55	1.69	F Steele	29
5	Blackpool	42	14	1	6	38	32	8	5	8	33	38	22	6	14	71	70	50	1.01	S Mortensen	28
6	Sheffield United	42	12	4	5	51	32	9	3	9	38	43	21	7	17	89	75	49	1.18	C Collindridge	18
7	Preston N E	42	10	7	4	45	27	8	4	9	31	47	18	11	13	76	74	47	1.02	W McIntosh	26
8	Aston Villa	42	9	6	6	39	24	9	3	9	28	29	18	9	15	67	53	45	1.26	R Dorsett	13
9	Sunderland	42	11	3	7	33	27	5	9	7	32	39	18	8	16	65	66	44	0.98	J Robinson, C Whitelum	17
10	Everton	42	13	5	3	40	24	4	4	13	22	43	17	9	16	62	67	43	0.92	E Dodds	17
11	Middlesbrough	42	11	3	7	46	32	6	5	10	27	36	17	8	17	73	68	42	1.07	M Fenton, W Mannion	18
12	Portsmouth	42	11	3	7	42	27	5	6	10	24	33	16	9	17	66	60	41	1.10	J Reid	29
13	Arsenal	42	9	5	7	43	33	7	4	10	29	37	16	9	17	72	70	41	1.02	R Lewis	29
14	Derby County	42	13	2	6	44	28	5	3	13	29	51	18	5	19	73	79	41	0.92	H Carter	19
15	Chelsea	42	9	3	9	33	39	7	4	10	36	45	16	7	19	69	84	39	0.82	T Lawton	24
16	Grimsby Town	42	9	6	6	37	35	4	6	11	24	47	13	12	17	61	82	38	0.74	W Cairns	17
17	Blackburn Rov.	42	6	5	10	23	27	8	3	10	22	26	14	8	20	45	53	36	0.84	J Smith	12
18	Bolton Wand.	42	8	5	8	30	28	5	3	13	27	41	13	8	21	57	69	34	0.82	N Lofthouse	18
19	Charlton Athletic	42	6	6	9	34	32	5	6	10	23	39	11	12	19	57	71	34	0.80	W Robinson	23
20	Huddersfield T.	42	11	4	6	34	24	2	3	16	19	55	13	7	22	53	79	33	0.67	J Glazzard	11
21	Brentford	42	5	5	11	19	35	4	2	15	26	53	9	7	26	45	88	25	0.51	L Townsend	8
22	Leeds United	42	6	5	10	30	30	0	1	20	15	60	6	6	30	45	90	18	0.50	G Ainsley	11

1946/47 DIVISION 2
SEASON 48

Total Matches	462
Total Goals	1547
Avg goals per match	3.35

	Team	Barnsley	Birmingham C	Bradford P A	Burnley	Bury	Chesterfield	Fulham	Fulham	Leicester C	Luton Town	Manchester C	Millwall	Newcastle U	Newport Co.	Nottm Forest	Plymouth A	Sheffield Weds.	Southampton	Swansea Town	Tottenham H	West Brom A	West Ham Utd
1	Barnsley		3-1	3-1	1-0	4-0	1-2	0-2	4-1	1-0	4-0	0-2	4-1	1-1	3-1	3-2	1-3	4-1	4-4	3-1	1-3	2-1	1-2
			14S	7D	16S	26O	23N	4J	3m	22M	10m	19A	5A	28S	4A	31a	9N	9S	25D	17m	12O	26m	21D
2	Birmingham City	1-2		4-0	0-2	3-0	0-0	2-0	2-1	4-0	1-0	3-1	4-0	2-0	1-1	4-0	6-1	3-1	3-1	3-1	1-0	1-0	3-0
		18J		3m	7S	7D	22F	15F	5A	4S	19A	9N	26O	7A	21S	5O	21D	23N	1F	25D	28D	25S	22M
3	Bradford Park Avenue	1-3	2-0		0-1	2-2	0-0	5-1	1-2	1-2	2-1	1-1	0-0	2-1	2-1	0-1	3-2	1-1	2-3	0-0	2-1	2-4	0-1
		12A	2N		14D	25S	28D	15M	12O	25D	4S	14m	7S	19O	30N	16N	26m	12M	29M	18J	26A	27m	28S
4	Burnley	2-2	1-0	1-2		1-1	1-1	1-1	2-0	0-0	1-1	0-0	3-0	3-0	3-2	3-0	2-1	2-0	1-0	1-0	0-0	0-2	2-1
		30S	4J	19A		26m	5A	31a	26O	23N	9N	21D	7D	28J	9S	25D	30M	22F	4A	28S	18F	14S	12O
5	Bury	4-4	2-0	6-3	2-2		0-2	1-0	7-2	2-3	3-0	2-2	5-0	2-2	0-1	5-0	3-3	4-2	2-1	3-3	1-2	4-0	4-0
		1M	12A	1J	2N		5O	14D	31a	1F	18J	18S	15F	17m	19O	26A	21S	25D	4J	16N	3m	30N	4A
6	Chesterfield	2-1	0-1	1-1	0-0	[illegible]		2-1	1-1	2-0	2-1	0-1	2-3	1-0	2-0	1-1	4-1	4-2	5-0	1-0	0-0	1-1	3-1
		29M	19O	31a	30N	31m		26m	28S	17m	12O	4J	26D	26A	16N	2N	1J	7j	3m	14D	12A	4A	14S
7	Coventry City	1-1	0-0	0-0	0-3	3-1	1-1		1-0	2-1	0-0	1-1	4-0	1-1	6-0	1-1	1-0	5-1	2-0	3-2	3-1	3-2	2-1
		7S	12O	9N	28D	19A	26O		7D	10m	21D	22M	24m	16S	18J	1F	17m	5A	21S	8A	25D	2S	23N
8	Fulham	6-1	0-1	0-3	1-0	2-0	2-1	2-0		4-2	2-1	2-2	3-2	0-3	4-1	1-1	3-1	1-2	0-0	3-0	1-1	0-1	3-2
		19O	30N	31m	17m	28D	10m	12A		21S	7S	1M	5O	16N	26D	26m	18J	7A	26A	15M	2N	29M	9S
9	Leicester City	6-0	2-1	2-1	1-4	0-0	0-1	1-0	2-0		2-1	0-3	5-0	2-4	3-0	1-1	4-1	3-5	2-0	0-1	1-1	1-1	4-0
		16N	12S	26D	24m	28S	19S	19O	7j		3m	31a	8A	14D	15M	1M	12O	14S	2N	12A	30N	26A	4J
10	Luton Town	3-1	1-3	3-0	1-3	2-0	1-1	1-1	2-0	1-2		0-0	3-0	4-3	6-3	3-2	3-4	4-1	2-2	3-0	3-2	2-0	2-1
		2N	14D	24m	15M	14S	15F	26A	4J	5O		7A	11S	30N	31m	29J	1F	31a	19O	29M	16N	12A	26D
11	Manchester City	5-1	1-0	7-2	1-0	3-1	0-0	1-0	4-0	1-0	2-0		1-0	0-2	5-1	2-1	4-3	2-1	1-1	1-1	1-0	5-0	2-0
		14D	15M	21S	10m	4S	7S	16N	1J	28D	4A		18J	3m	14j	29M	25D	12O	30N	19O	1F	2N	24m
12	Millwall	3-1	0-2	0-1	1-1	1-0	1-1	3-5	1-1	1-0	2-0	1-3		1-4	3-1	4-0	1-1	2-2	3-1	1-1	0-3	1-2	0-0
		30N	17m	4J	7j	12O	25D	2N	14j	4A	7O	14S		31a	29M	15M	2S	28S	16N	26A	14D	19O	25J
13	Newcastle United	4-2	2-2	5-0	1-2	1-1	2-1	3-1	1-3	1-1	7-2	3-2	0-2		13-0	3-0	3-2	4-0	1-3	1-1	1-0	2-4	2-3
		1F	4A	10m	21S	23N	21D	11S	22M	19A	5A	26O	28D		5O	1J	7D	9N	15F	7S	18J	25D	26m
14	Newport County	2-1	0-3	1-3	0-3	2-0	3-0	4-2	4-2	2-3	1-3	0-3	3-1	4-2		2-5	1-0	4-3	1-2	2-4	2-4	2-7	1-1
		7A	26m	17m	3m	24m	22M	14S	25D	9N	26O	7D	23N	7j		4J	10m	21D	24O	12O	19S	28S	19A
15	Nottm Forest	2-1	1-1	4-0	1-0	2-0	1-0	1-0	2-1	2-0	4-2	0-1	1-2	0-2	6-1		5-1	2-2	6-0	1-1	1-1	1-1	4-3
		28D	10m	14j	26D	21D	27m	28S	19A	26O	21S	23N	9N	5S	7S		31m	7D	18J	3m	7A	12O	5A
16	Plymouth Argyle	3-2	0-2	2-4	2-2	3-1	1-0	2-2	2-2	4-0	2-1	2-3	0-2	0-1	4-1	2-0		4-1	2-3	2-1	3-4	2-1	3-1
		15M	26A	7A	16N	25J	11S	5O	14S	15F	28S	26D	3m	12A	2N	19O		4J	1M	30N	29M	14D	31a
17	Sheffield Wednesday	2-4	1-0	1-2	1-2	2-5	0-1	4-2	1-1	1-3	1-1	1-0	3-0	1-1	2-1	2-0	2-1		3-0	3-0	5-1	2-2	1-1
		2S	29M	5O	19O	26D	21S	30N	16S	18J	28D	26m	1F	24m	26A	12A	7S		14D	2N	1M	16N	1J
18	Southampton	1-1	1-0	3-2	0-1	1-1	1-1	5-2	2-0	1-1	1-3	0-1	1-2	1-1	5-1	5-2	5-1	3-1		4-0	1-0	0-1	4-2
		26D	28S	23N	7A	7S	9N	5F	24m	26m	22F	5A	22M	12O	28D	14S	26O	19A		4S	10m	8F	7D
19	Swansea Town	2-2	1-0	1-6	0-2	1-0	1-2	2-3	0-2	3-4	2-0	1-2	0-3	1-2	5-1	3-2	3-1	2-0	4-2		0-2	2-3	2-1
		5O	26D	14S	1F	22M	19A	7A	9N	7D	23N	22F	26m	4J	15F	9S	5A	10m	3O		21S	31a	26O
20	Tottenham Hotspur	1-1	1-2	3-3	1-1	2-1	3-4	0-0	1-1	2-1	2-1	0-0	2-1	1-1	3-1	2-0	2-1	2-0	2-1	3-1		2-0	0-0
		7j	31a	21D	5O	9N	7D	26D	8M	5A	22M	28S	19A	14S	7O	4A	23N	26O	9S	27J		4J	17m
21	West Bromwich Albion	2-5	3-0	1-1	1-1	3-0	3-2	1-1	6-1	4-2	1-2	3-1	2-4	3-2	2-2	5-1	2-5	2-1	2-0	2-1	3-2		2-3
		21S	18S	26O	18J	5A	7A	3m	23N	21D	7D	31m	10m	26D	1F	17m	19A	22M	5O	28D	7S		9N
22	West Ham United	4-0	0-4	1-1	0-5	3-3	5-0	1-2	3-2	0-2	2-1	1-0	3-1	0-2	3-0	2-2	4-1	2-1	4-0	3-0	2-2	3-2	
		26A	16N	1F	31m	7A	18J	29M	2S	7S	25D	5O	21S	2N	8F	30N	28D	3m	12A	1M	19O	15M	

Birmingham became Birmingham City in 1943.

Final League Table

Pos	Team	Pld	Home					Away					Totals							Leading Goalscorer	Gls
			W	D	L	F	A	W	D	L	F	A	W	D	L	F	A	Pts	GA		
1	**Manchester City**	**42**	**17**	**3**	**1**	**49**	**14**	**9**	**7**	**5**	**29**	**21**	**26**	**10**	**6**	**78**	**35**	**62**	**2.22**	G Smith	23
2	Burnley	42	11	8	2	30	14	11	6	4	35	15	22	14	6	65	29	58	2.24	H Potts	15
3	Birmingham City	42	17	2	2	51	11	8	3	10	23	22	25	5	12	74	33	55	2.24	C Trigg	17
4	Chesterfield	42	12	6	3	37	17	6	8	7	21	27	18	14	10	58	44	50	1.31	T Swinscoe	13
5	Newcastle united	42	11	4	6	60	32	8	6	7	35	30	19	10	13	95	62	48	1.53	**C Wayman**	**30**
6	Tottenham H.	42	11	8	2	35	21	6	6	9	30	32	17	14	11	65	53	48	1.22	L Bennett	16
7	West Brom A	42	12	4	5	53	37	8	4	9	35	38	20	8	14	88	75	48	1.17	D Walsh	28
8	Coventry City	42	12	8	1	40	17	4	5	12	26	42	16	13	13	66	59	45	1.11	G Lowrie	26
9	Leicester City	42	11	4	6	42	25	7	3	11	27	39	18	7	17	69	64	43	1.07	J Lee	18
10	Barnsley	42	13	2	6	48	29	4	6	11	36	57	17	8	17	84	86	42	0.97	G Robledo	24
11	Nottm Forest	42	13	5	3	47	20	2	5	14	22	54	15	10	17	69	74	40	0.93	R Brown	16
12	West Ham United	42	12	4	5	46	31	4	4	13	24	45	16	8	18	70	76	40	0.92	H Neary	15
13	Luton Town	42	13	4	4	50	29	3	3	15	21	44	16	7	19	71	73	39	0.97	H Billington	23
14	Southampton	42	11	5	5	45	24	4	4	13	24	52	15	9	18	69	76	39	0.90	J Bradley	14
15	Fulham	42	12	4	5	40	25	3	5	13	23	49	15	9	18	63	74	39	0.85	R Rooke	13
16	Bradford P A	42	7	6	8	29	28	7	5	9	36	49	14	11	17	65	77	39	0.84	A Gibbons	21
17	Bury	42	11	6	4	62	34	1	6	14	18	44	12	12	18	80	78	36	1.02	D Carter	18
18	Millwall	42	7	7	7	30	30	7	1	13	26	49	14	8	20	56	79	36	0.70	J Jinks,J Johnson	9
19	Plymouth Argyle	42	11	3	7	45	34	3	2	16	34	62	14	5	23	79	96	33	0.82	D Thomas	18
20	Sheffield Weds.	42	10	5	6	39	28	2	3	16	28	60	12	8	22	67	88	32	0.76	T Ward	19
21	Swansea Town	42	9	1	11	36	40	2	6	13	19	43	11	7	24	55	83	29	0.66	N Lockhart	11
22	Newport County	42	9	1	11	41	52	1	2	18	20	81	10	3	29	61	133	23	0.45	E Carr	18

1946/47 DIVISION 3 (North)
SEASON 48

Total Matches 462
Total Goals 1537
Avg goals per match 3.33

	Team	Accrington S	Barrow	Bradford City	Carlisle United	Chester	Crewe Alex	Darlington	Doncaster Rov.	Gateshead	Halifax Town	Hartlepools U	Hull City	Lincoln City	New Brighton	Oldham Athletic	Rochdale	Rotherham Utd.	Southport	Stockport Co.	Tranmere Rov.	Wrexham	York City
1	Accrington Stanley		1-3 14D	0-0 28D	4-3 24S	1-4 23N	2-3 26O	3-0 19A	0-1 1F	0-3 26D	1-1 4A	2-1 22F	0-0 21D	8-4 31m	3-1 10m	2-3 7S	2-3 5O	2-3 22M	1-0 9N	2-1 18J	2-1 7D	0-1 21S	1-2 14m
2	Barrow	1-3 5S		0-0 7S	3-1 26D	1-0 22M	0-2 22F	2-3 7D	0-1 5O	1-0 21D	3-0 12S	2-0 28D	1-0 19A	1-3 26O	0-1 7A	5-2 18J	2-2 10m	2-3 9N	2-1 3m	1-0 21S	0-1 5A	1-0 1F	0-1 23N
3	Bradford City	3-1 31a	5-0 4J		2-2 3m	0-0 9N	1-0 14S	2-0 5A	0-1 24m	2-2 19A	3-2 26D	1-1 21D	3-0 7D	2-1 14j	1-0 9S	0-1 21S	2-0 7A	5-1 31m	0-2 26O	2-2 1F	2-1 23N	3-2 5O	3-2 22M
4	Carlisle United	4-2 1J	4-1 25D	4-3 19S		3-2 5A	3-3 8M	1-5 21D	2-3 21S	3-1 22F	1-0 15F	5-1 26O	0-2 4A	1-0 9N	3-2 5O	1-2 8D	1-3 1F	1-1 23N	1-1 22M	4-2 7S	1-1 19A	1-1 10m	1-2 7D
5	Chester	3-1 29M	3-0 16N	1-3 10m	4-0 31m		2-0 15F	1-1 18J	1-3 4S	0-1 1F	2-0 12A	2-1 5O	2-1 21S	2-0 4A	1-0 14D	2-2 2N	2-1 26A	3-0 25D	2-1 25S	3-0 24m	4-1 7S	2-0 18S	6-0 28D
6	Crewe Alexandra	5-0 17m	0-1 19O	2-2 18J	2-0 2N	0-2 12O		3-2 25D	0-3 22J	1-1 28D	2-0 15M	1-1 7S	2-0 9S	0-5 25J	3-0 16N	3-0 26A	2-2 29M	1-2 1M	2-0 28S	3-2 10m	4-3 3m	1-0 12A	2-0 4A
7	Darlington	5-0 3m	0-1 12A	2-0 11J	2-1 26A	3-3 14S	4-0 26D		1-1 2N	2-0 4A	0-1 10m	2-1 11S	0-2 15F	4-3 1J	4-0 19O	1-1 29M	4-1 1M	4-3 4J	4-2 31a	1-2 16N	1-1 28S	1-1 7j	3-1 25J
8	Doncaster Rovers	5-0 28S	8-0 13M	4-3 12O	9-2 25J	3-0 3m	1-1 5A	5-0 8M		3-0 22M	2-0 14S	5-1 23N	4-1 9N	1-1 12A	0-0 4J	4-2 4A	2-1 31a	1-1 21D	2-0 10m	1-3 16S	2-0 26O	5-0 25D	0-0 7j
9	Gateshead	2-1 25D	0-5 26A	1-2 2J	1-3 19O	3-4 28S	2-1 31a	1-0 7A	1-3 16N		6-1 3m	0-1 4S	3-0 1J	3-0 4J	1-0 2N	3-0 12A	1-0 17m	2-2 25J	2-0 14S	2-2 15J	1-2 12O	3-1 29M	3-3 24m
10	Halifax Town	2-1 7A	3-2 16S	1-2 25D	0-1 12O	1-2 7D	1-2 9N	0-2 5O	4-2 18J	2-1 26O		1-4 24m	2-0 17m	2-3 7j	0-1 1F	1-1 2S	3-0 21S	2-3 5A	1-1 23N	1-2 28D	1-3 21D	0-0 7S	0-3 19A
11	Hartlepools United	0-2 19O	1-1 31a	0-0 26A	4-1 1M	5-1 8F	5-2 4J	4-1 16S	0-2 29M	1-3 26m	1-4 2N		0-0 25D	2-0 14S	3-0 15M	1-1 11J	0-3 16N	2-1 28S	3-0 25J	1-0 12A	1-0 4A	1-3 1J	1-1 12O
12	Hull City	3-0 26A	1-0 31m	0-2 12A	2-0 7A	1-1 6M	0-2 2S	2-1 12O	0-1 15M	3-0 16S	1-1 19O	0-0 26D		1-1 31a	0-0 7j	1-0 24m	0-1 2N	0-2 14S	4-0 4J	0-3 29M	1-0 10m	1-0 16N	2-2 28S
13	Lincoln City	1-1 2N	1-0 26m	0-1 19O	3-1 15M	2-2 7A	1-3 21S	2-0 4S	3-5 7D	4-0 7S	3-1 16N	5-2 18J	0-3 28D		5-1 29M	1-3 1F	2-3 22J	4-0 12O	4-2 17m	4-0 26A	2-1 26D	3-1 24m	2-2 3m
14	New Brighton	4-0 12O	0-1 4A	0-0 4S	2-2 26m	0-3 19A	4-0 22M	4-1 24m	2-5 7S	2-3 8M	2-1 28S	1-1 9N	1-5 26O	4-2 23N		4-0 26D	1-2 18J	1-0 14j	1-0 5A	1-0 1J	2-1 21S	1-0 31m	0-3 17m
15	Oldham Athletic	1-2 4J	0-1 14S	0-1 25J	0-2 31a	1-0 17m	3-1 21D	2-0 23N	0-1 7A	1-1 1J	6-1 19A	0-0 5A	1-2 28S	3-1 25D	2-2 9S		3-2 26O	0-1 22F	2-4 5O	0-0 22M	1-2 15F	1-5 9N	2-2 9N
16	Rochdale	5-1 24m	1-1 12O	0-1 4A	6-0 28S	2-1 21D	1-3 23N	0-2 26O	2-3 28D	2-3 9N	1-0 25J	5-2 22M	2-2 8M	1-3 5A	1-3 14S	1-1 17S		0-0 19A	1-4 7D	3-0 25D	3-1 31m	0-1 3S	0-1 7S
17	Rotherham United	4-1 16N	4-3 24m	2-1 2N	4-0 29M	3-1 26D	5-1 5O	4-1 7S	3-2 26A	4-0 21S	6-1 13J	4-0 1F	2-0 18J	3-0 10m	3-0 12A	8-0 26m	3-3 7j		2-1 7A	2-1 19O	6-0 28D	3-2 3m	6-1 1J
18	Southport	0-1 15M	2-2 2N	1-0 1M	0-2 16N	2-4 10S	2-2 1F	2-2 28D	0-5 19A	2-1 18J	6-1 29M	3-3 21S	3-1 7S	1-3 5O	2-0 11J	2-0 19O	2-0 12A	1-3 4A		4-1 15F	1-2 3S	1-1 26A	0-3 25D
19	Stockport County	2-0 14S	2-0 25J	4-0 28S	2-0 4J	0-3 26O	3-2 19A	1-0 22M	1-3 5A	2-0 31a	4-1 7D	1-2 23N	2-0 21D	3-2 3m	2-0 8F	3-2 26D	0-1 22F	4-0 12O	5-2 22F		1-2 12O	4-0 9N	4-2 31m
20	Tranmere Rovers	0-1 12A	1-1 11J	2-0 14D	1-1 24m	3-2 4J	3-2 18S	2-0 1F	3-5 1M	1-0 15F	1-1 26A	1-3 7A	5-2 5O	3-3 25D	4-2 25J	2-3 16N	2-1 19O	2-3 31a	1-4 1J	2-0 15M		0-0 2N	2-1 14S
21	Wrexham	4-0 25J	1-1 28S	2-0 17m	2-1 14S	0-4 26m	1-0 7D	7-1 9N	0-2 26D	2-0 23N	2-0 4J	4-1 5A	0-1 22M	4-1 19A	3-2 31a	2-1 12O	2-2 25S	1-1 11S	1-1 21D	2-1 7A	0-0 14j		3-1 26O
22	York City	0-1 11J	0-2 29M	0-3 16N	2-2 12A	4-4 31a	2-3 7A	3-0 21S	1-4 19O	3-1 5O	2-0 26m	1-4 10m	3-0 1F	2-4 11S	1-2 26A	1-0 21m	2-3 4J	2-3 4S	1-1 25D	3-2 5D	0-1 2N	2-2 18J	

Final League Table

Pos	Team	Pld	Home W	Home D	Home L	Home F	Home A	Away W	Away D	Away L	Away F	Away A	Totals W	Totals D	Totals L	Totals F	Totals A	Pts	GA	Leading Goalscorer	Gls
1	Doncaster Rov.	42	15	5	1	67	16	18	1	2	56	24	33	6	3	123	40	72	3.07	C Jordan	41
2	Rotherham Utd.	42	20	1	0	81	19	9	5	7	33	34	29	6	7	114	53	64	2.15	W Ardron	38
3	Chester	42	17	2	2	53	13	8	4	9	42	38	25	6	11	95	51	56	1.86	R Yates	36
4	Stockport County	42	17	0	4	50	19	7	2	12	28	34	24	2	16	78	53	50	1.47	K Shaw	16
5	Bradford City	42	12	5	4	40	20	8	5	8	22	27	20	10	12	62	47	50	1.31	G Murphy	13
6	Rochdale	42	9	5	7	39	25	10	5	6	41	39	19	10	13	80	64	48	1.25	J Hargreaves	23
7	Wrexham	42	13	5	3	43	21	4	7	10	22	30	17	12	13	65	51	46	1.27	J Boothway	17
8	Crewe Alex.	42	12	4	5	39	26	5	5	11	31	48	17	9	16	70	74	43	0.94	D Harrighan, E Jones	12
9	Barrow	42	10	2	9	28	24	7	5	9	26	38	17	7	18	54	62	41	0.87	A Burnett	13
10	Tranmere Rov.	42	11	5	5	43	33	6	2	13	23	44	17	7	18	66	77	41	0.85	H Atkinson	23
11	Hull City	42	9	5	7	25	19	7	3	11	24	54	16	8	18	49	53	40	0.92	B Lester	15
12	Lincoln City	42	13	3	5	52	32	5	2	14	34	55	17	5	20	86	87	39	0.98	T Cheetham	28
13	Hartlepools Utd.	42	10	5	6	36	26	5	4	12	28	47	15	9	18	64	73	39	0.87	S Scott	12
14	Gateshead	42	10	3	8	39	33	6	3	12	23	39	16	6	20	62	72	38	0.86	C McCormack	19
15	York City	42	6	4	11	35	42	8	5	8	32	39	14	9	19	67	81	37	0.82	A Patrick	17
16	Carlisle United	42	10	5	6	45	38	4	4	13	25	55	14	9	19	70	93	37	0.75	I Broadis	19
17	Darlington	42	12	4	5	48	26	3	2	16	20	54	15	6	21	68	80	36	0.85	J Clarke	17
18	New Brighton	42	11	3	7	37	30	5	3	13	20	47	16	6	20	57	77	36	0.74	W Pendergast	14
19	Oldham Athletic	42	6	5	10	29	31	6	3	12	26	49	12	8	22	55	80	32	0.68	F Howe	21
20	Accrington S.	42	8	3	10	37	38	6	1	14	19	54	14	4	24	56	92	32	0.60	S Mercer	13
21	Southport	42	6	5	10	35	41	1	6	14	18	44	7	11	24	53	85	25	0.62	H Hawkins	16
22	Halifax Town	42	6	3	12	28	36	2	3	16	15	56	8	6	28	43	92	22	0.46	S Waters	9

1946/47 DIVISION 3 (South)
SEASON 48

Total Matches: 462
Total Goals: 1458
Avg goals per match: 3.16

Results Grid

	Team	Aldershot	Bournemouth	Brighton & H A	Bristol City	Bristol Rovers	Cardiff City	Crystal Palace	Exeter City	Ipswich Town	Leyton Orient	Mansfield Town	Northampton T	Norwich City	Notts County	Port Vale	Q P R	Reading	Southend Utd	Swindon Town	Torquay Utd.	Walsall	Watford
1	Aldershot		2-1	1-3	4-3	0-2	0-1	0-2	2-0	4-1	0-0	1-1	1-1	3-1	1-1	0-0	1-2	1-3	0-0	2-0	0-0	1-2	1-2
2	Bournemouth & B A	2-2		1-0	0-0	1-3	2-0	4-0	4-1	1-1	2-0	3-1	2-1	0-1	1-2	3-0	1-1	1-0	3-1	5-2	5-0	2-3	0-1
3	Brighton & Hove Albion	2-1	1-1		1-1	1-2	0-4	1-0	1-6	0-0	2-1	5-0	2-2	3-3	3-2	0-0	0-2	1-4	2-1	1-4	2-0	2-0	1-1
4	Bristol City	9-0	1-0	0-0		4-0	2-1	3-0	2-2	1-2	3-0	5-2	2-3	2-1	1-1	3-0	1-1	5-2	2-0	3-1	5-0	1-2	1-2
5	Bristol Rovers	0-0	0-2	0-0	0-3		1-0	2-1	1-0	1-1	6-1	1-0	0-3	1-2	4-1	0-0	3-1	2-2	1-3	3-0	3-0	2-3	3-4
6	Cardiff City	2-1	2-0	4-0	1-1	4-0		0-0	5-0	3-2	1-0	5-0	6-2	6-1	2-1	1-0	2-2	3-0	3-1	5-0	1-0	3-0	1-0
7	Crystal Palace	0-0	0-1	1-0	0-0	2-1	1-2		1-0	1-1	2-0	1-1	2-2	0-1	2-2	1-2	0-0	2-1	0-3	4-1	6-1	1-1	2-0
8	Exeter City	4-1	4-1	2-1	1-3	3-2	0-2	2-1		0-0	3-1	1-0	1-0	3-0	2-2	1-1	3-0	1-3	1-5	1-1	1-2	1-2	1-0
9	Ipswich Town	1-1	2-1	1-2	3-2	0-2	0-1	1-1	2-1		0-0	2-1	1-2	5-0	1-2	2-1	1-1	2-0	1-0	3-1	1-1	2-1	2-0
10	Leyton Orient	1-3	2-3	2-1	4-1	3-0	0-1	3-1	2-2			3-1	2-1	3-0	1-3	5-3	1-1	3-3	1-1	0-0	0-0	1-1	0-3
11	Mansfield Town	1-3	1-1	0-3	1-3	3-1	1-3	3-1	1-0	4-3	1-3		3-2	4-4	1-0	0-3	0-3	2-2	0-1	1-1	1-0	1-1	2-0
12	Northampton Town	2-2	2-1	6-1	2-2	1-2	0-2	1-0	1-2	2-2	4-1	3-0		1-0	2-1	1-0	4-4	4-0	2-3	4-1	0-0	0-8	4-1
13	Norwich City	2-3	1-6	2-3	2-2	3-3	2-1	2-3	1-3	0-1	5-0	3-1	2-3		2-2	3-0	0-1	0-2	1-5	1-5	2-0	0-2	4-2
14	Notts County	2-0	1-0	2-0	0-3	6-0	1-1	0-0	0-0	1-2	1-2	5-1	1-0	3-0		3-2	1-2	1-0	0-2	0-0	0-2	3-1	4-1
15	Port Vale	4-2	1-0	4-1	2-1	2-1	0-4	4-2	1-2	1-0	2-1	4-1	1-1	1-3	4-1		2-2	5-1	5-1	1-1	2-1	2-2	3-0
16	Queens Park Rangers	4-1	3-0	2-0	1-0	0-2	2-3	1-2	2-0	1-3	2-0	3-1	1-0	1-1	4-1	2-0		2-0	1-0	7-0	0-0	1-0	2-1
17	Reading	1-0	3-2	2-0	2-5	1-1	0-0	10-2	4-0	1-3	2-0	3-0	3-0	4-3	1-1	0-2	1-0		7-2	3-3	2-2	1-1	2-3
18	Southend United	2-1	2-0	0-0	4-1	2-3	0-2	2-0	2-1	1-1	0-0	1-1	3-0	3-0	1-1	1-1	1-3	0-2		2-0	0-2	3-1	5-0
19	Swindon Town	7-0	1-3	2-2	1-1	1-0	3-2	1-0	2-0	1-2	2-0	6-1	3-1	1-1	4-2	2-1	3-2	2-2	2-1		2-4	4-1	5-0
20	Torquay United	0-1	2-2	3-1	2-3	3-0	0-0	2-1	2-0	0-0	3-2	2-2	2-1	2-1	1-2	1-0	0-0	0-0	0-1	1-5		2-0	2-0
21	Walsall	2-0	3-0	1-1	3-0	2-0	2-3	3-3	2-1	4-2	3-1	0-0	2-0	2-2	2-0	4-1	0-2	2-2	2-2	0-1	2-1		1-3
22	Watford	4-1	0-2	1-4	2-3	1-0	2-0	1-0	3-1	2-0	3-1	1-2	0-1	4-1	2-2	2-0	0-2	2-1	4-0	1-1	3-3	0-2	

Clapton Orient became Leyton Orient before the season started.

Final League Table

Pos	Team	Pld	Home W	Home D	Home L	Home F	Home A	Away W	Away D	Away L	Away F	Away A	Totals W	Totals D	Totals L	Totals F	Totals A	Pts	GA	Leading Goalscorer	Gls
1	Cardiff City	42	18	3	0	60	11	12	3	6	33	19	30	6	6	93	30	66	3.10	S Richards	31
2	Queens Park R	42	15	2	4	42	15	8	9	4	32	25	23	11	8	74	40	57	1.85	F Durrant	15
3	Bristol City	42	13	4	4	56	20	7	7	7	38	36	20	11	11	94	56	51	1.67	**D Clark**	**36**
4	Swindon Town	42	15	4	2	56	25	4	7	10	28	48	19	11	12	84	73	49	1.15	J Stephens	25
5	Walsall	42	11	6	4	42	25	6	6	9	32	34	17	12	13	74	59	46	1.25	D Wilshaw	18
6	Ipswich Town	42	11	5	5	33	21	5	9	7	28	32	16	14	12	61	53	46	1.15	S Parker	17
7	Bournemouth	42	12	4	5	43	20	6	4	11	29	34	18	8	16	72	54	44	1.33	J McDonald	17
8	Southend United	42	9	7	5	38	22	8	3	10	33	38	17	10	15	71	60	44	1.18	C Thompson	22
9	Reading	42	11	6	4	53	30	5	5	11	30	44	16	11	15	83	74	43	1.12	M McPhee	31
10	Port Vale	42	14	4	3	51	28	3	5	13	17	35	17	9	16	68	63	43	1.07	W Jones	23
11	Torquay United	42	11	5	5	33	23	4	7	10	19	38	15	12	15	52	61	42	0.85	J Conley	22
12	Notts County	42	11	4	6	35	19	4	6	11	28	44	15	10	17	63	63	40	1.00	J Sewell	21
13	Northampton T	42	11	5	5	46	33	4	5	12	26	42	15	10	17	72	75	40	0.96	A Garrett	26
14	Bristol Rovers	42	9	6	6	34	26	7	2	12	25	43	16	8	18	59	69	40	0.85	F Leamon	13
15	Exeter City	42	11	6	4	37	27	4	3	14	23	42	15	9	18	60	69	39	0.87	R Ebdon	16
16	Watford	42	11	4	6	39	27	6	1	14	22	49	17	5	20	61	76	39	0.80	D Evans	18
17	Brighton & H A	42	8	7	6	31	35	5	5	11	23	37	13	12	17	54	72	38	0.75	G Chapman	10
18	Crystal Palace	42	9	7	5	29	19	4	4	13	20	43	13	11	18	49	62	37	0.79	W Naylor	9
19	Leyton Orient	42	10	5	6	40	28	2	3	16	14	47	12	8	22	54	75	32	0.72	D Hunt, W Pullen	13
20	Aldershot	42	6	7	8	25	26	4	5	12	23	52	10	12	20	48	78	32	0.61	H Brooks	14
21	Norwich City	42	6	3	12	38	48	4	5	12	26	52	10	8	24	64	100	28	0.64	L Eyre	11
22	Mansfield Town	42	8	5	8	31	38	1	5	15	17	58	9	10	23	48	96	28	0.50	E Bryant	15

Mansfield Town transferred to Division 3 North.

1947/48 DIVISION 1 SEASON 49

Total Matches: 462
Total Goals: 1343
Avg goals per match: 2.91

Results Grid

	Team	Arsenal	Aston Villa	Blackburn Rov.	Blackpool	Bolton Wand.	Burnley	Charlton Ath.	Chelsea	Derby County	Everton	Grimsby Town	Huddersfield T	Liverpool	Manchester C	Manchester U	Middlesbrough	Portsmouth	Preston N E	Sheffield Utd.	Stoke City	Sunderland	Wolverhampton
1	Arsenal		1-0	2-0	2-1	2-0	3-0	6-0	0-2	1-2	1-1	8-0	2-0	1-2	1-1	2-1	7-0	0-0	3-0	3-2	3-0	3-1	5-2
			11O	3A	8N	10S	14F	3S	20M	17A	25O	1m	22N	27D	6D	6S	26M	4O	31J	3J	20S	23a	6M
2	Aston Villa	4-2		3-2	0-1	3-1	2-2	2-1	3-0	2-2	3-0	2-2	2-1	2-1	1-1	0-1	1-1	2-1	4-1	2-0	1-0	2-0	1-2
		28F		14A	13S	15N	29N	30M	21F	7A	8S	20D	27S	24A	30a	22M	13D	27M	1N	18O	10A	1S	26D
3	Blackburn Rovers	0-1	0-0		1-1	4-0	1-2	0-0	1-1	3-4	2-3	4-0	1-2	1-2	1-0	1-1	1-7	1-0	2-3	4-0	2-0	4-3	1-0
		15N	6S		15S	1N	18O	27M	1J	25D	23a	20S	26M	10A	14F	13D	29N	13M	4O	24A	28F	31J	3J
4	Blackpool	3-0	1-0	1-0		1-1	0-1	3-1	3-0	2-2	5-0	3-1	4-0	2-0	1-1	1-0	1-0	1-0	0-1	2-1	1-2	0-1	2-2
		27M	31J	8S		5A	7A	29N	23a	26M	3J	14F	1S	1N	4O	28A	10A	18O	13D	15N	25D	20S	6S
5	Bolton Wanderers	0-1	1-0	0-0	1-0		1-0	1-1	1-0	2-1	0-3	0-0	2-0	1-5	3-0	2-1	0-1	1-3	4-0	1-2	2-3	0-1	3-2
		1J	3A	20M	25O		3J	21F	3M	21A	17A	1m	17A	11O	7F	22N	29M	27S	6S	1S	27D	23a	6D
6	Burnley	0-1	1-0	0-0	1-0	2-0		0-2	1-0	0-2	0-1	4-1	2-1	3-0	1-1	0-0	3-0	3-2	1-0	0-0	4-0	4-0	1-1
		6M	17A	3A	6M	11O		20A	6D	26a	3A	20M	1m	17J	25O	8S	13S	20D	25D	21F	26M	22N	8N
7	Charlton Athletic	2-4	1-1	0-1	2-0	2-1	1-1		3-1	1-5	2-3	2-3	0-0	2-0	0-1	1-2	1-0	2-2	1-2	4-0	0-1	1-0	5-1
		27a	26m	8N	17A	4O	20S		25O	22N	6M	6D	20M	17S	3A	3J	25D	14F	6S	23a	31J	1m	11O
8	Chelsea	0-0	4-2	1-0	2-2	1-1	0-2	3-0		1-0	3-1	2-3	2-4	3-1	2-2	0-4	4-2	1-0	2-0	1-0	1-1	1-1	1-1
		1N	4O	27a	20D	13S	24A	13M		30a	20S	27D	17J	28F	26M	29N	18O	13D	27M	10A	15N	10S	14F
9	Derby County	1-0	1-3	5-0	1-0	2-1	1-0	0-3	5-1		1-0	4-1	0-0	0-4	0-0	1-1	4-2	2-1	2-1	1-1	1-1	5-1	1-2
		29N	20S	27D	29M	18O	3S	10A	3J		6S	4O	23a	31M	10S	15N	1N	28A	24A	27M	13D	14F	14A
10	Everton	0-2	3-0	4-1	1-2	2-0	0-3	0-1	2-3	1-3		3-1	1-1	0-3	1-0	2-0	2-1	0-2	2-1	2-0	0-1	3-0	1-1
		13M	17S	20D	30a	13D	15N	18O	14A	17J		29M	13S	27S	27a	10A	28F	24A	29N	1N	27M	26D	4O
11	Grimsby Town	0-4	3-0	2-2	0-1	0-2	1-2	1-3	0-0	2-3	3-0		3-0	0-2	1-0	1-1	0-5	1-0	1-1	0-3	0-0	1-2	0-4
		13D	23a	7F	27S	29N	1N	24A	25D	21F	26M		17S	27M	13S	17M	15N	10A	18O	6S	13M	3J	3S
12	Huddersfield Town	1-1	0-1	1-1	2-0	1-2	0-1	0-1	3-1	2-1	1-3	5-1		1-1	1-1	0-2	2-1	1-3	0-1	0-2	2-1	0-0	2-2
		10A	14F	29M	27a	28F	13D	1N	6S	20D	28A	10S		18O	27D	27M	13M	30a	15N	29N	24A	4O	20S
13	Liverpool	1-3	3-3	2-1	2-0	0-0	1-1	2-3	3-0	2-2	4-0	3-1	4-0		1-1	2-2	0-1	0-3	3-1	4-0	0-0	0-0	2-1
		25D	6D	22N	20M	20S	6S	1J	11O	25O	21A	8N	6M		17A	3S	21F	31J	23a	26M	3J	3A	1m
14	Manchester City	0-0	0-2	1-3	1-0	0-2	4-1	4-0	1-0	3-2	0-1	3-1	1-1	2-0		0-0	2-0	1-0	0-3	4-3	3-0	3-0	4-3
		24A	3J	27S	21F	10A	13M	15N	29M	17S	3S	31J	26D	29N		20S	27M	1N	21A	13D	18O	6S	23a
15	Manchester United	1-1	2-0	4-1	1-1	0-2	5-0	6-2	5-0	1-0	2-2	3-4	4-4	2-0	1-1		2-1	3-2	1-1	0-1	1-1	3-1	3-2
		17J	25O	1m	6D	26M	1J	30a	17A	3A	22N	11O	8N	27a	7A		20D	25D	14F	13S	4O	6M	20M
16	Middlesbrough	1-1	1-3	4-0	4-1	1-2	1-2	0-1	1-0	0-1	4-1	1-0	3-1	2-1	2-2	1-1		1-2	1-1	3-0	2-1	2-2	2-4
		29M	1m	17A	22N	14F	31J	27D	6M	20M	11O	3A	25O	4O	8N	23a		20S	3J	3S	6S	6D	1J
17	Portsmouth	0-0	2-4	1-1	1-1	2-0	0-1	3-1	2-1	0-0	3-0	4-0	3-2	1-0	1-0	1-3	6-1		1-0	6-0	3-0	2-2	2-0
		21A	8N	25O	6M	17J	23a	27S	1m	11O	6D	22N	3J	13S	20M	27D	14A		26M	17S	3S	17A	3A
18	Preston North End	0-0	3-0	2-1	0-7	1-0	3-2	1-0	2-0	7-4	3-0	2-1	0-2	3-3	2-1	2-1	2-1	1-2		3-3	2-1	2-2	1-3
		13S	20M	21F	1m	25a	26D	17J	8N	6D	17A	6M	3A	20D	11O	27S	30a	29M		7A	17S	25O	22N
19	Sheffield United	1-2	3-1	4-1	2-1	2-1	1-1	1-1	3-1	1-2	2-1	4-0	0-1	3-1	2-1	1-1	1-1	1-2	3-1		3-0	3-2	2-2
		30a	6M	6D	3A	25D	4O	20D	22N	8N	20M	17J	17A	8S	1M	31J	25a	1J	20S		14F	11O	25O
20	Stoke City	0-0	1-2	2-1	1-0	2-0	3-0	0-1	2-0	1-0	1-1	2-1	1-1	0-2	3-0	0-2	2-4	2-1	0-1	1-1		3-1	2-3
		7F	22N	11O	27D	20D	29M	13S	3A	1m	8N	25O	6D	30a	6M	21F	17J	25a	8S	27S		20M	17A
21	Sunderland	1-1	0-0	0-1	1-0	1-2	2-0	0-1	2-3	1-1	2-0	4-2	2-0	5-1	0-1	1-0	3-0	4-1	0-2	1-1	1-0		2-1
		20D	27a	13S	12A	24J	10A	13D	17S	25D	30a	21F	15N	17J	18O	24A	29N	13M	28F	1N			26M
22	Wolverhampton Wand.	1-1	4-1	5-1	1-1	1-0	1-1	2-0	1-0	1-0	2-4	8-1	2-1	1-2	1-0	2-6	1-3	3-1	4-2	1-1	1-2	2-1	
		18O	27D	30a	17J	24A	27M	28F	27S	13S	21F	27a	7F	13D	20D	1N	10S	15N	10A	13M	29N	29M	

All Manchester United home matches were played at Manchester City's ground at Maine Road, Manchester.

Final League Table

Pos	Team	Pld	Home					Away					Totals					Pts	GA	Leading Goalscorer	Gls
			W	D	L	F	A	W	D	L	F	A	W	D	L	F	A				
1	Arsenal	42	15	3	3	56	15	8	10	3	25	17	23	13	6	81	32	59	2.53	R Rooke	33
2	Manchester Utd	42	11	7	3	50	27	8	7	6	31	21	19	14	9	81	48	52	1.68	J Rowley	23
3	Burnley	42	12	5	4	31	12	8	7	6	25	31	20	12	10	56	43	52	1.30	H Potts	14
4	Derby County	42	11	6	4	38	24	8	6	7	39	33	19	12	11	77	57	50	1.35	H Carter, R Harrison	15
5	Wolverhampton	42	12	4	5	45	29	7	5	9	38	41	19	9	14	83	70	47	1.18	J Hancocks, J Pye	16
6	Aston Villa	42	13	5	3	42	22	6	4	11	23	35	19	9	14	65	57	47	1.14	T Ford	14
7	Preston N E	42	13	4	4	43	35	7	3	11	24	33	20	7	15	67	68	47	0.98	A McLaren	17
8	Portsmouth	42	15	5	1	44	17	4	2	15	23	51	19	7	16	68	50	45	1.36	J Reid	14
9	Blackpool	42	13	4	4	37	14	4	6	11	20	27	17	10	15	57	41	44	1.39	S Mortensen	21
10	Manchester City	42	13	3	5	37	22	2	9	10	15	25	15	12	15	52	47	42	1.10	A Black	16
11	Liverpool	42	9	8	4	39	23	7	2	12	26	38	16	10	16	65	61	42	1.06	A Stubbins	26
12	Sheffield United	42	13	4	4	44	24	3	6	12	21	46	16	10	16	65	70	42	0.92	C Collindridge, D Thompson	8
13	Charlton Athletic	42	8	4	9	33	29	9	2	10	24	37	17	6	19	57	66	40	0.86	C Vaughan	15
14	Everton	42	10	2	9	30	26	7	4	10	22	40	17	6	19	52	66	40	0.78	E Dodds	13
15	Stoke City	42	9	5	7	29	23	5	5	11	12	32	14	10	18	41	55	38	0.74	F Steele	10
16	Middlesbrough	42	8	7	6	37	27	6	2	13	34	46	14	9	19	71	73	37	0.97	M Fenton	18
17	Bolton Wand	42	11	2	8	29	25	5	3	13	17	33	16	5	21	46	58	37	0.79	N Lofthouse	18
18	Chelsea	42	11	6	4	38	27	3	3	15	15	44	14	9	19	53	71	37	0.74	K Armstrong, R Campbell	11
19	Huddersfield T	42	7	6	8	25	24	5	6	10	26	36	12	12	18	51	60	36	0.85	P Doherty	15
20	Sunderland	42	11	4	6	33	18	2	6	13	23	49	13	10	19	56	67	36	0.83	R Davis	12
21	Blackburn Rov	42	8	5	8	35	30	3	5	13	19	42	11	10	21	54	72	32	0.75	L Graham	15
22	Grimsby Town	42	5	5	11	20	35	3	1	17	25	76	8	6	28	45	111	22	0.40	W Cairns	16

1947/48 DIVISION 2
SEASON 49

Total Matches 462
Total Goals 1247
Avg goals per match 2.7

		Barnsley	Birmingham C	Bradford P A	Brentford	Bury	Cardiff City	Chesterfield	Coventry City	Doncaster R	Fulham	Leeds United	Leicester C	Luton Town	Millwall	Newcastle U	Nottm Forest	Plymouth A	Sheffield Weds	Southampton	Tottenham H	West Brom A	West Ham Utd
1	Barnsley		0-1	2-2	1-1	2-1	1-2	0-3	0-1	2-0	1-2	3-0	2-0	3-0	1-0	1-1	2-2	2-1	3-1	2-1	2-1	0-1	1-1
2	Birmingham City	2-3		4-3	0-0	2-0	2-0	0-0	1-1	3-0	3-1	5-1	1-0	2-1	1-0	0-0	2-1	1-1	1-0	0-0	0-0	4-0	0-1
3	Bradford Park Avenue	3-2	1-2		1-1	5-3	0-1	1-3	2-2	4-0	3-0	3-1	0-2	2-2	4-0	0-3	3-1	3-0	2-0	1-3	0-2	3-1	4-1
4	Brentford	3-3	1-2	2-1		4-1	0-0	0-3	1-4	2-0	0-2	3-0	2-2	0-3	2-1	1-0	3-1	0-0	1-0	2-2	2-0	1-0	1-1
5	Bury	1-1	1-1	0-4	2-2		1-2	2-0	0-0	1-2	1-0	1-1	0-2	2-2	0-0	3-5	1-0	0-0	1-2	3-0	2-0	1-2	1-2
6	Cardiff City	1-0	2-0	1-0	1-0	2-2		0-0	1-1	3-0	0-0	0-0	3-0	1-0	6-0	1-1	4-1	3-0	2-1	5-1	0-3	0-5	0-3
7	Chesterfield	1-1	0-3	0-1	4-0	1-2	2-2		4-3	0-3	1-0	3-0	2-3	2-0	2-0	0-1	0-0	1-1	0-2	0-1	3-1	0-2	6-0
8	Coventry City	3-2	0-1	5-0	3-0	0-0	1-0	3-0		1-0	5-2	1-2	0-1	4-1	0-1	1-1	1-1	0-0	3-1	0-1	1-1	1-0	0-1
9	Doncaster Rovers	1-2	0-0	3-0	0-0	1-3	2-2	1-0	0-0		0-1	3-0	1-1	0-2	2-2	0-3	2-0	2-0	1-1	1-1	1-2	2-1	1-0
10	Fulham	0-1	1-1	0-0	5-0	1-1	4-1	0-0	0-2	0-0		3-2	3-1	1-1	1-0	3-0	0-0	1-1	0-2	0-2	0-2	0-1	1-1
11	Leeds United	4-1	0-1	2-0	1-1	5-1	4-0	3-0	2-1	0-0	0-1		0-2	2-1	3-1	2-2	5-0	2-2	0-0	1-3	3-1	2-1	
12	Leicester City	4-1	0-0	2-0	1-2	2-1	1-1	2-2	3-2	0-2	2-0			3-2	3-0	2-2	3-1	2-1	2-3	0-0	0-3	1-1	1-3
13	Luton Town	2-1	0-1	3-3	3-0	1-1	1-1	2-1	2-3	2-1	0-3	6-1	2-1		1-2	2-1	2-1	0-0	1-1	0-2	0-0	1-1	0-0
14	Millwall	3-3	0-0	0-1	0-1	1-2	0-0	0-2	6-2	1-0	1-2	1-1	0-4	3-1		2-1	2-0	2-0	0-0	3-0	0-0	1-1	1-1
15	Newcastle United	1-0	1-0	2-0	1-0	1-0	4-1	2-3	0-0	2-0	1-0	4-2	2-0	4-1	1-0		0-2	6-1	4-2	5-0	1-0	3-1	1-0
16	Nottm Forest	1-1	0-2	1-2	2-0	2-1	1-2	1-3	4-0	4-2	0-2	1-0	1-0	5-2	0-0			1-1	0-0	1-1	1-0	2-1	2-1
17	Plymouth Argyle	1-0	0-3	2-2	0-0	0-0	3-0	1-2	0-0	2-2	3-2	1-0	0-0	1-3	1-1	3-0	1-1		0-2	3-1	1-1	2-1	1-1
18	Sheffield Wednesday	5-2	0-0	3-1	2-2	2-1	1-0	1-1	2-0	2-0	3-1	1-1	1-0	3-2	1-0	2-1	1-1			1-2	1-0	1-2	5-3
19	Southampton	4-1	2-0	1-2	2-1	1-0	2-2	3-0	3-1	6-1	1-0	1-2	3-1	3-1	5-1	4-2	2-1	2-3	3-1		1-1	1-1	3-1
20	Tottenham Hotspur	0-3	1-2	4-0	2-2	2-1	3-0	2-1	2-0	0-2	3-1	0-0	0-1	3-2	1-2	1-0	2-0	5-1	0-0			1-1	2-2
21	West Bromwich Albion	0-2	1-1	6-0	3-2	3-3	2-3	1-0	3-1	1-3	2-1	3-2	1-3	1-0	2-1	0-1	3-2	1-1	1-1	1-0			1-2
22	West Ham United	2-1	0-0	0-0	0-1	2-0	4-2	4-0	1-0	2-1	3-0	2-1	1-1	0-0	1-1	0-2	2-1	1-1	1-4	2-0	1-1	0-2	

Millwall v Newcastle played at Crystal Palace.

Final League Table

Pos	Team	Pld	Home W	Home D	Home L	Home F	Home A	Away W	Away D	Away L	Away F	Away A	Totals W	Totals D	Totals L	Totals F	Totals A	Pts	GA	Leading Goalscorer	Gls
1	Birmingham City	42	12	7	2	34	13	10	8	3	21	11	22	15	5	55	24	59	2.29	H Bodle	14
2	Newcastle Utd	42	18	1	2	46	13	6	7	8	26	28	24	8	10	72	41	56	1.75	J Milburn	20
3	Southampton	42	15	3	3	53	23	6	7	8	18	30	21	10	11	71	53	52	1.34	C Wayman	17
4	Sheffield Weds	42	13	6	2	39	21	7	5	9	27	32	20	11	11	66	53	51	1.24	**E Quigley**	**22**
5	Cardiff City	42	12	6	3	36	18	6	5	10	25	40	18	11	13	61	58	47	1.05	W Rees	11
6	West Ham Utd	42	10	7	4	29	19	6	7	8	26	34	16	14	12	55	53	46	1.03	E Parsons	11
7	West Brom A	42	11	4	6	37	29	7	5	9	26	29	18	9	15	63	58	45	1.08	**D Walsh**	**22**
8	Tottenham H	42	10	6	5	36	24	5	8	8	20	19	15	14	13	56	43	44	1.30	L Duquemin	16
9	Leicester City	42	10	5	6	36	29	6	6	9	24	28	16	11	15	60	57	43	1.05	J Lee	13
10	Coventry City	42	10	5	6	33	16	4	8	9	26	36	14	13	15	59	52	41	1.13	G Lowrie	18
11	Fulham	42	6	9	6	24	19	9	1	11	23	27	15	10	17	47	46	40	1.02	D McGibbon, A Stevens	10
12	Barnsley	42	10	6	5	31	22	5	5	11	31	42	15	11	16	62	64	40	0.96	J Griffiths, G Robledo, G Smith	9
13	Luton Town	42	8	8	5	31	25	6	4	11	25	34	14	12	16	56	59	40	0.94	H Billington	12
14	Bradford P A	42	11	3	7	45	30	5	5	11	23	42	16	8	18	68	72	40	0.94	J Downie	19
15	Brentford	42	10	6	5	31	26	3	8	10	13	35	13	14	15	44	61	40	0.72	A Gibbons	13
16	Chesterfield	42	8	4	9	32	26	8	3	10	22	29	16	7	19	54	55	39	0.98	T Capel	16
17	Plymouth Argyle	42	8	9	4	27	22	1	11	9	13	36	9	20	13	40	58	38	0.69	E Edds	14
18	Leeds United	42	12	5	4	44	20	2	3	16	18	52	14	8	20	62	72	36	0.86	**A Wakefield**	**22**
19	Nottm Forest	42	10	5	6	32	23	2	6	13	22	37	12	11	19	54	60	35	0.90	T Johnston	12
20	Bury	42	6	8	7	27	28	3	8	10	31	40	9	16	17	58	68	34	0.85	J Constantine	14
21	Doncaster Rov	42	7	8	6	23	20	2	3	16	17	46	9	11	22	40	66	29	0.60	P Todd	8
22	Millwall	42	7	7	7	27	28	2	4	15	17	46	9	11	22	44	74	29	0.59	J Jinks	8

1947/48 | DIVISION 3 (North)
SEASON 49

Total Matches 462
Total Goals 1369
Avg goals per match 2.86

	Team	Accrington S	Barrow	Bradford City	Carlisle United	Chester	Crewe Alex	Darlington	Gateshead	Halifax Town	Hartlepools U	Hull City	Lincoln City	Mansfield T	New Brighton	Oldham Athletic	Rochdale	Rotherham Utd.	Southport	Stockport Co.	Tranmere Rov.	Wrexham	York City
1	Accrington Stanley		0-1 20S	2-0 31J	1-2 6D	1-0 22N	2-1 17A	3-0 6M	1-0 11O	2-0 4O	4-2 23a	2-4 3J	2-1 27D	1-0 3A	5-3 30S	2-3 20M	1-2 1J	0-1 1m	0-0 29M	5-2 6S	1-0 25O	0-2 14F	1-0 8N
2	Barrow	3-0 7F		0-1 11S	2-0 6M	1-0 28a	2-0 11O	0-0 3A	1-2 8N	2-1 26D	1-2 20M	0-2 27S	0-1 13S	1-0 1m	1-1 30a	2-4 17A	0-1 13A	1-3 25O	2-0 20D	0-0 21F	3-0 22N	1-1 26M	1-0 6D
3	Bradford City	1-2 13S	1-1 17A		1-1 11O	3-2 1m	1-2 21F	4-0 8N	2-2 20M	2-1 30M	3-1 25O	2-0 7F	2-4 17J	0-1 6D	1-1 20D	0-2 22N	4-0 25D	0-1 6M	4-2 30a	1-0 27S	4-1 3A	1-0 27a	1-3 17A
4	Carlisle United	2-3 13D	1-2 18O	1-2 28F		2-0 21F	5-2 23a	4-2 3J	1-1 1N	5-2 6S	1-1 24J	0-0 10J	2-5 1J	3-1 15N	2-1 26M	4-1 27M	5-0 31J	0-3 10A	2-3 20S	4-0 27D	4-3 13M	1-2 4S	1-1
5	Chester	1-0 10A	0-0 3S	2-1 21A	4-1 4O		4-2 10S	1-1 6S	2-3 31J	0-0 18O	2-0 20S	4-1 17M	1-1 15N	1-2 26M	4-2 1N	2-1 23a	2-3 13M	0-0 14F	2-2 27M	4-0 24A	4-1 3J	2-3 28F	1-3 27D
6	Crewe Alexandra	0-0 7A	1-2 28F	3-0 4O	0-2 14F	1-0 17S		4-1 3J	0-1 6S	0-1 13M	2-0 31J	3-1 24A	3-0 10A	0-0 27a	4-0 27M	2-2 25D	2-1 1N	3-3 20S	4-1 15N	4-2 14A	3-2 23a	1-0 18O	1-3 26M
7	Darlington	3-1 18O	2-2 15N	1-1 27M	4-3 20D	1-1 17J	0-1 30a		1-1 1S	4-1 10J	1-0 26M	2-0 13M	1-3 28F	1-2 13S	3-1 24J	0-6 27S	0-0 24A	1-1 25D	1-3 1J	0-0 1N	0-2 21F	3-1 10A	1-1 7F
8	Gateshead	4-2 28F	0-2 27M	2-2 1N	1-3 30a	2-1 13S	2-0 17J	1-2 27a		3-0 10A	7-0 25D	0-1 18O	3-2 29M	2-1 7F	3-1 24A	3-5 21F	5-0 10J	1-1 20D	3-2 24J	1-1 13M	3-0 1J	2-2 15N	0-0 27S
9	Halifax Town	3-3 21F	1-1 25D	0-0 29M	2-1 20M	1-1 6M	4-1 25O	1-1 17A	0-0 22N		0-0 3A	0-2 15S	0-1 27S	1-1 11O	1-2 13S	1-5 1m	2-3 17J	2-1 8N	0-0 7F	4-0 1S	2-2 6D	0-1 23a	0-1 3J
10	Hartlepools United	4-0 28A	0-3 1N	0-2 13M	1-1 17J	2-1 7F	0-1 13S	3-0 29M	3-2 27D	1-1 15N		3-1 28F	1-2 24J	1-0 27S	3-1 10J	4-1 1J	2-2 10A	2-0 30a	0-0 24A	1-1 18O	0-2 2F	2-2 27M	2-1 21F
11	Hull City	4-2 30a	0-0 14F	2-1 20S	3-1 1m	2-1 17A	2-1 22A	0-3 25O	2-3 6M	2-1 11S	5-0 11O		0-1 20D	1-1 22N	3-0 29M	1-0 8N	0-0 28a	5-3 17J	1-0 26D	0-0 31J	3-0 20M	1-1 4O	1-1 3A
12	Lincoln City	2-3 25D	2-1 31J	3-0 6S	3-0 17A	4-2 3A	0-0 21N	3-1 11O	3-0 26M	1-0 14F	2-3 1m	2-0 23a		0-0 8N	1-2 10S	0-2 25O	3-0 4O	3-1 6D	3-0 3S	2-0 3J	2-1 6M	0-0 20S	2-0 20M
13	Mansfield Town	1-0 15N	1-0 24J	1-1 24A	2-3 8S	2-1 29M	3-1 1S	4-0 31J	1-2 20S	3-1 28F	3-2 14F	1-1 10A	0-2 27M		5-0 13M	1-1 3J	1-1 18O	2-1 4O	2-0 1N	1-2 5A	1-3 6S	1-0 27D	1-2 23a
14	New Brighton	0-1 3S	1-1 3J	0-2 23a	1-3 3A	0-1 20M	1-2 8N	2-1 1m	1-2 6D	1-0 31J	1-2 17A	1-0 26M	1-0 1J	2-2 25O		2-2 11O	0-0 20S	1-2 22N	2-2 21F	1-0 27D	2-2 14F	1-1 6S	2-1 6M
15	Oldham Athletic	1-0 1N	2-1 6A	3-0 10A	2-1 29M	3-1 20D	0-0 26D	3-3 14F	0-1 4O	1-1 24J	0-2 16S	0-0 27M	0-0 13M	1-1 30a	3-0 28F		1-1 13S	1-5 26a	1-1 18O	0-0 15N	0-1 20S	1-4 24A	2-2 17J
16	Rochdale	1-3 9S	2-2 23a	2-0 27D	2-1 8N	2-2 25O	1-2 20M	2-0 6D	2-0 17A	0-0 6S	1-1 22N	0-0 2S	1-1 6A	1-2 6M	2-0 7F	3-0 31J		1-0 3A	2-1 27S	1-1 26M	2-0 1m	2-1 3J	3-0 11O
17	Rotherham United	1-0 22S	0-0 13M	4-1 18O	7-2 13S	2-1 27S	5-1 7F	0-0 27D	0-0 23a	3-0 27M	3-2 3J	0-0 6S	0-2 24A	2-1 12A	6-1 10A	4-1 1S	4-1 15N		0-2 15S	4-1 28F	2-0 26M	6-0 1N	3-2 1J
18	Southport	1-1 26M	1-2 6S	0-4 3J	3-0 22N	2-0 8N	2-1 3A	2-0 8S	1-2 13D	2-0 20S	1-2 19A	1-1 25D	1-1 26a	4-0 20M	4-0 4O	2-2 6M	2-0 14F	1-2 17A		0-4 23a	1-4 11O	1-0 31J	2-1 25O
19	Stockport County	1-1 17J	2-3 4O	3-3 14F	2-3 7F	4-1 6D	2-1 1m	1-3 20M	1-1 25a	2-1 6M	2-0 13S	0-0 30a	1-1 17A	5-0 25D	1-2 3A	3-0 29M	4-0 11O	2-2 26A	0-3		2-0 8N	0-1 8S	4-2 22N
20	Tranmere Rovers	0-1 13M	1-0 10A	2-1 15N	0-3 26D	2-3 30a	2-0 20D	0-1 4O	3-0 9S	0-1 24A	1-0 2S	2-1 1N	1-4 18O	1-0 17J	1-0 27S	4-1 7F	0-1 24J	2-2 29M	2-3 28F	2-3 27M		2-3 10J	4-2 13S
21	Wrexham	1-1 27S	3-1 29M	4-2 3S	2-1 11O	2-1 6M	1-1 22N	1-2 3A	0-3 20D	6-3 8N	3-1 21F	1-0 7F	3-0 26D	2-1 17J	0-0 6D	1-2 30a	5-1 20M	1-3 13S	2-0 17S	2-0 17A	6-0		3-0 1m
22	York City	1-2 27M	0-0 24A	3-3 10J	2-2 25a	2-0 26D	0-1 29M	0-2 20S	3-1 14F	6-0 30a	4-0 15N	2-2 1N	0-1 1D	1-2 3-1	3-1 10O	0-0 6S	0-0 28F	3-3 10S	3-2 13M	1-2 10A	1-1 31J		24J

Final League Table

Pos	Team	Pld	Home					Away					Totals					Pts	GA	Leading Goalscorer	
			W	D	L	F	A	W	D	L	F	A	W	D	L	F	A				
1	Lincoln City	42	14	3	4	47	18	12	5	4	34	22	26	8	8	81	40	60	2.02	J Hutchinson	32
2	Rotherham Utd	42	15	4	2	56	18	10	5	6	39	31	25	9	8	95	49	59	1.93	W Ardron	27
3	Wrexham	42	14	3	4	49	23	7	5	9	25	31	21	8	13	74	54	50	1.37	W Tunnicliffe	20
4	Gateshead	42	11	5	5	48	28	8	6	7	27	29	19	11	12	75	57	49	1.31	H Hawkins, M Small	12
5	Hull City	42	12	5	4	38	21	6	6	9	21	27	18	11	13	59	48	47	1.22	N Moore	13
6	Accrington S	42	13	1	7	36	24	7	5	9	26	35	20	6	16	62	59	46	1.05	S Mercer	19
7	Barrow	42	9	4	8	24	19	7	9	5	25	21	16	13	13	49	40	45	1.22	E Miller	13
8	Mansfield Town	42	11	4	6	37	24	6	7	8	20	27	17	11	14	57	51	45	1.11	G Banks	14
9	Carlisle United	42	10	4	7	50	35	8	3	10	38	42	18	7	17	88	77	43	1.14	J Lindsay	26
10	Crewe Alex	42	12	4	5	41	24	6	3	12	20	39	18	7	17	61	63	43	0.96	D Harrigan	11
11	Oldham Athletic	42	6	10	5	25	25	8	3	10	38	39	14	13	15	63	64	41	0.98	W Blackshaw	17
12	Rochdale	42	12	4	5	32	28	3	7	11	16	49	15	11	16	48	72	41	0.66	H O'Donnell	9
13	York City	42	8	7	6	38	25	5	7	9	27	35	13	14	15	65	60	40	1.08	A Patrick	19
14	Bradford City	42	10	4	7	38	27	5	6	10	27	39	15	10	17	65	66	40	0.98	A Rosenthal	11
15	Southport	42	10	4	7	34	27	4	7	10	26	36	14	11	17	60	63	39	0.95	T Wyles	26
16	Darlington	42	7	8	6	30	31	6	5	10	24	39	13	13	16	54	70	39	0.77	J Clarke	14
17	Stockport Co	42	9	6	6	42	28	4	6	11	21	39	13	12	17	63	67	38	0.94	T Barkas, A Dainty	12
18	Tranmere Rovers	42	10	1	10	30	28	6	3	12	24	44	16	4	22	54	72	36	0.75	H Atkinson	9
19	Hartlepools Utd	42	10	6	5	34	23	4	2	15	17	50	14	8	20	51	73	36	0.69	J Isaac, F Richardson, J Sloan	7
20	Chester	42	11	6	4	44	25	2	3	16	20	42	13	9	20	64	67	35	0.95	T Burden	12
21	Halifax Town	42	4	10	7	25	27	3	3	15	18	49	7	13	22	43	76	27	0.56	A Collins	9
22	New Brighton	42	5	6	10	20	28	3	5	13	15	53	8	9	25	38	81	25	0.46	W Pendergast	12

1947/48 DIVISION 3 (South) SEASON 49

Total Matches 462
Total Goals 1327
Avg goals per match 2.87

Results Grid

		Aldershot	Bournemouth	Brighton & H A	Bristol City	Bristol Rovers	Crystal Palace	Exeter City	Ipswich Town	Leyton Orient	Newport Co.	Northampton T	Norwich City	Notts County	Port Vale	Q P R	Reading	Southend Utd	Swansea Town	Swindon Town	Torquay Utd.	Walsall	Watford
1	Aldershot		0-3 10A	1-1 27S	1-1 24A	2-0 26M	2-0 3S	0-0 18O	0-1 10J	0-0 28F	1-2 13M	1-1 17S	2-2 7A	1-0 27M	1-1 17J	1-4 13S	1-2 24J	1-1 1N	0-3 15N	2-2 30a	1-0 21A	3-1 27D	1-1 7F
2	Bournemouth & B A	1-1 22N		4-1 3J	2-0 13S	3-0 6D	0-0 3A	2-1 29M	4-0 17J	1-1 21F	5-0 17S	2-0 1m	1-3 3S	2-0 25O	3-0 14A	0-1 7F	2-0 27D	0-1 23a	1-0 20M	1-0 8N	6-2 27S	1-1 11O	1-1
3	Brighton & Hove Albion	1-1 14F	0-2 30a		0-2 18O	3-1 31J	1-1 4O	0-1 15N	0-0 24J	3-0 27M	2-3 10A	2-0 20S	1-3 6S	2-2 24A	0-5 27D	2-0 27a	1-0 13M	0-1 7A	1-0 1O	2-1 17S	0-4 26M	1-3 1N	28A
4	Bristol City	2-4 26A	0-4 31J	1-2 6M		5-2 14F	2-0 17A	1-1 27D	4-0 20S	6-0 17S	1-0 2O	1-1 1m	6-0 1m	1-0 8J	2-1 6N	2-1 20M	0-2 21F	6-0 28a	3-2 6S	2-2 3A	1-2 22N	0-0 26M	1-2 25O
5	Bristol Rovers	7-1 29M	1-1 24A	4-1 13S	0-2 27S		1-1 8S	2-2 1N	2-0 28A	0-2 13M	2-3 27M	1-2 4O	2-3 7F	2-0 10A	2-1 20D	0-1 30a	2-3 28F	1-2 15N	2-2 22S	3-1 25a	0-2 26D	2-3 18O	3-0 17J
6	Crystal Palace	1-0 27a	2-0 15N	0-0 12A	4-0 5A	0-0 17S		1-2 28F	2-0 10A	2-1 20D	1-0 18O	2-0 25D	1-1 29M	2-0 1N	0-1 13S	2-1 15M	0-0 24A	4-0 13M	1-1 27M	2-1 17J	2-3 30a	1-2 24J	1-2 27S
7	Exeter City	4-0 6M	1-1 26A	0-1 3A	3-1 26D	4-0 20M	2-0 11O		1-0 10S	1-0 30a	4-4 31J	1-1 25O	2-0 8N	0-1 14F	1-2 7A	1-0 17A	1-0 27a	0-0 20S	3-1 4O	2-0 1m	0-6 17J	3-1 21A	3-1 22N
8	Ipswich Town	2-0 17A	1-1 6S	4-0 11O	1-0 7F	0-4 1m	3-0 22N	2-0 17S		1-0 29M	3-0 27D	5-2 21A	1-2 31J	2-0 23A	2-1 20M	1-0 25O	1-0 27S	4-0 3S	3-2 3J	0-1 8N	2-1 3A	3-1 21F	1-3 6M
9	Leyton Orient	0-3 11O	2-0 4O	2-1 8N	0-2 11S	2-4 25O	1-1 23a	2-4 3J	1-1 26M		2-2 6S	5-0 6M	2-1 20M	2-1 20S	0-0 17A	1-3 22N	2-2 27D	2-0 31J	1-0 14F	0-3 6D	4-1 1m	0-1 4S	0-2 3A
10	Newport County	2-2 25O	2-2 11S	1-1 22N	1-0 28a	2-2 8N	3-1 6M	3-0 13S	3-2 25D	3-2 17J		1-2 20M	1-1 3A	3-1 4O	0-0 1m	2-0 6D	1-5 20D	1-1 14F	2-0 29M	1-0 8A	4-2 11O	4-2 30a	3-4 17A
11	Northampton Town	2-1 11S	3-6 29A	4-0 7F	0-4 24J	1-3 21F	3-1 27D	3-1 13M	4-2 24A	1-1 18O	1-1 1N		1-0 27S	1-2 15N	4-1 30a	1-1 8A	1-1 29M	2-0 27M	0-1 10A	0-0 18M	1-0 28a	2-1 28F	0-1 13S
12	Norwich City	0-1 4O	1-1 24J	2-2 17J	2-3 28F	1-5 20S	3-1 26M	3-0 27M	1-5 13S	3-0 1N	2-3 15N	2-3 14F		0-1 28A	1-2 27a	5-2 21A	2-1 18O	0-1 10A	1-2 24A	2-1 27D	1-1 10S	1-1 13M	1-0 30a
13	Notts County	0-2 8N	1-2 28a	4-0 22A	3-1 30a	4-2 22N	1-0 20M	1-1 27S	0-1 15A	1-4 7F	4-1 21F	3-2 3A	1-2 17A		2-1 11O	1-1 11S	5-1 17J	2-1 26M	5-1 26D	2-1 6M	0-0 25O	1-0 13S	3-3 1m
14	Port Vale	6-4 6S	2-1 13M	5-0 25D	1-0 27M	4-1 23a	4-1 31J	1-1 24A	4-1 1N	3-0 10J	4-1 24J	0-2 3J	2-0 1S	1-2 28F		0-2 26M	1-0 15N	2-1 4O	1-1 18O	1-0 14F	1-1 20S	0-1 10A	7-0 15S
15	Queens Park Rangers	0-0 31J	1-0 18O	2-0 4S	2-0 1N	5-2 3J	1-0 20S	3-1 25S	2-0 13M	1-2 10A	1-0 24A	2-0 6S	3-1 23a	4-1 18S	2-1 29M		2-0 27M	3-2 2O	0-0 26A	0-2 4O	3-3 14F	2-1 15N	5-1 27D
16	Reading	0-0 1m	0-0 20S	1-0 25O	2-7 4O	0-0 11O	0-0 21A	2-1 3S	1-2 14F	6-2 26D	0-0 23a	1-1 26M	2-4 6M	0-1 6S	1-1 3A	2-0 8N		3-2 3J	1-3 31J	4-1 22N	2-3 17S	2-0 17S	1-2 20M
17	Southend United	4-0 20M	0-2 26D	2-2 17A	4-0 20D	1-0 3A	2-1 25O	2-0 7F	3-2 27a	2-1 13S	1-0 27S	3-1 8N	0-0 22N	1-2 29M	1-1 21F	0-0 1m	1-1 30a		1-1 10S	1-0 11O	1-0 6M	1-1 17J	1-1 24J
18	Swansea Town	2-1 3A	3-2 20D	0-0 1m	6-1 17J	0-1 17A	2-0 8N	2-0 21F	1-1 30a	5-0 27S	3-0 26M	5-1 22N	3-2 6D	1-1 27D	3-0 6M	1-1 110	3-0 13S	3-0 18S		1-0 25O	1-1 20M	1-1 7F	3-0 28a
19	Swindon Town	1-0 3J	0-1 1N	1-1 10S	2-2 15N	1-1 3S	0-0 6S	3-2 14A	0-1 27M	0-1 24A	1-2 20S	0-0 23a	3-2 26D	1-1 18O	1-0 27S	0-0 21F	1-1 10A	0-0 28F	1-0 13M		2-2 31J	0-3 28A	3-0 26M
20	Torquay United	2-0 23a	1-0 27M	1-2 29M	3-2 10A	1-2 27D	3-3 3J	1-2 6S	3-0 15N	4-1 24J	4-2 28F	1-1 3S	2-2 17S	5-0 13M	1-2 7F	4-1 27S	1-1 28A	1-1 18O	1-1 1N	1-1 13S		3-2 24A	0-1 21F
21	Walsall	3-0 25D	0-0 14F	0-0 20M	2-0 29M	2-0 6M	1-1 6D	4-0 23a	1-2 4O	3-1 28a	1-1 3J	2-0 11O	3-2 25O	2-1 31J	0-1 22N	0-1 3A	1-0 11S	6-0 6S	2-1 20S	1-0 17A	1-0 15A		2-0 8N
22	Watford	1-2 20S	0-0 28F	0-3 23a	2-3 13M	1-1 6S	3-2 14F	0-5 10A	2-1 18O	1-2 10J	1-1 15N	2-1 31J	2-2 3J	1-3 7A	1-1 10S	0-1 26D	0-1 1N	2-2 24A	4-1 3S	1-0 29M	0-2 40	2-0 27M	

Final League Table

Pos	Team	Pld	Home					Away					Totals						Leading Goalscorer	Gls
			W	D	L	F	A	W	D	L	F	A	W	D	L	F	A	Pts	GA		
1	Queens Park R	42	16	3	2	44	17	10	6	5	30	20	26	9	7	74	37	61	2.00	C Hatton	21
2	Bournemouth	42	13	5	3	42	13	11	4	6	34	22	24	9	9	76	35	57	2.17	D Milligan	26
3	Walsall	42	13	5	3	37	12	8	4	9	33	28	21	9	12	70	40	51	1.75	D Massart	23
4	Ipswich Town	42	16	1	4	42	18	7	2	12	25	43	23	3	16	67	61	49	1.09	H Jennings	14
5	Swansea Town	42	14	6	1	48	14	4	6	11	22	38	18	12	12	70	52	48	1.34	F Rawcliffe	17
6	Notts County	42	12	4	5	44	27	7	4	10	24	32	19	8	15	68	59	46	1.15	T Lawton	18
7	Bristol City	42	11	4	6	47	26	7	3	11	30	39	18	7	17	77	65	43	1.18	L Townsend	31
8	Port Vale	42	14	4	3	48	18	2	7	12	15	36	16	11	15	63	54	43	1.16	R Allen	13
9	Southend United	42	11	8	2	32	16	4	5	12	19	42	15	13	14	51	58	43	0.87	C Thompson	13
10	Reading	42	10	5	6	37	19	6	10	5	19	30	15	11	16	56	58	41	0.96	M McPhee	16
11	Exeter City	42	11	6	4	34	22	4	5	12	21	41	15	11	16	55	63	41	0.87	D Regan	11
12	Newport County	42	9	8	4	38	28	5	6	10	23	45	14	14	14	61	73	41	0.83	E Carr	10
13	Crystal Palace	42	12	6	3	32	14	1	8	12	17	35	13	13	16	49	49	39	1.00	F Kurz	18
14	Northampton T	42	10	5	6	35	28	4	6	11	23	44	14	11	17	58	72	39	0.80	J Briscoe	11
15	Watford	42	6	6	9	31	37	8	4	9	26	41	14	10	18	57	79	38	0.72	W Davies	11
16	Swindon Town	42	6	10	5	21	20	4	6	11	20	26	10	16	16	41	46	36	0.89	M Owen	17
17	Leyton Orient	42	8	8	5	31	18	5	1	15	20	54	13	10	19	51	73	36	0.69	H Neary	15
18	Torquay United	42	8	7	6	40	29	4	7	10	23	33	11	13	18	63	62	35	1.01	R Shaw	17
19	Aldershot	42	5	10	6	22	26	6	4	11	23	41	10	15	17	45	67	35	0.67	R Hood	8
20	Bristol Rovers	42	7	3	11	39	34	6	5	10	32	41	13	8	21	71	75	34	0.94	V Lambden	11
21	Norwich City	42	8	3	10	33	34	5	5	11	28	42	13	8	21	61	76	34	0.80	L Eyre	15
22	Brighton & H A	42	8	9	4	26	31	3	8	10	17	42	11	12	19	43	73	34	0.58	T James	12

1948/49 DIVISION 1 SEASON 50

Total Matches: 462
Total Goals: 1303
Avg goals per match: 2.82

Results Grid

	Team	Arsenal	Aston Villa	Birmingham C	Blackpool	Bolton Wand.	Burnley	Charlton Ath.	Chelsea	Derby County	Everton	Huddersfield T	Liverpool	Manchester C	Manchester U	Middlesbrough	Newcastle Utd	Portsmouth	Preston N E	Sheffield Utd	Stoke City	Sunderland	Wolverhampton
1	Arsenal		3-1	2-0	2-0	5-0	3-1	2-0	1-2	3-3	5-0	3-0	1-1	1-1	1-1	1-1	0-1	3-2	0-0	5-3	0-0	5-0	3-1
2	Aston Villa	1-0		0-3	2-5	2-4	3-1	4-3	1-1	1-1	0-1	3-3	2-1	1-0	2-1	1-1	2-4	1-1	2-0	4-3	2-1	1-1	5-1
3	Birmingham City	1-1	0-1		1-1	0-0	0-0	1-0	1-0	0-1	0-0	1-0	0-1	4-1	1-0	0-0	2-0	3-0	1-0	1-2	2-1	0-0	0-1
4	Blackpool	1-1	1-0	1-0		1-0	1-1	0-1	2-1	1-1	3-0	0-0	1-0	1-1	0-3	1-1	1-3	1-0	2-2	0-3	2-1	3-3	1-3
5	Bolton Wanderers	1-0	3-0	3-0	2-2		0-1	2-2	1-1	4-0	1-0	1-2	0-3	5-1	0-1	4-1	1-5	1-2	5-3	6-1	2-1	4-1	0-5
6	Burnley	1-1	1-1	2-2	2-0	3-0		0-0	3-0	3-1	1-0	1-2	0-2	1-0	0-2	0-0	0-3	2-1	1-0	2-0	1-3	3-1	0-0
7	Charlton Athletic	4-3	0-2	1-1	0-0	1-4	3-1		1-1	1-5	3-1	3-1	2-1	3-2	2-3	2-0	0-0	0-1	0-2	2-1	4-1	4-0	2-3
8	Chelsea	0-1	2-1	2-0	3-3	2-2	1-0	2-2		0-3	6-0	5-0	2-1	1-1	1-1	0-0	2-3	1-2	5-3	1-0	2-2	0-1	4-1
9	Derby County	2-1	2-2	0-1	3-1	1-0	2-0	5-1	2-1		3-2	4-1	3-0	2-0	1-3	0-2	2-4	1-0	1-0	2-1	4-1	2-2	3-2
10	Everton	0-0	1-3	0-5	5-0	1-0	2-1	1-1	2-1	0-1		2-0	1-1	0-0	2-0	3-1	3-3	0-5	4-1	2-1	2-1	1-0	1-0
11	Huddersfield Town	1-1	0-1	0-0	1-0	0-2	1-0	1-2	3-4	1-1	1-1		0-4	1-0	2-1	0-0	0-2	0-0	0-2	0-0	1-3	2-0	4-0
12	Liverpool	0-1	1-1	4-0	0-1	1-1	1-1	1-1	0-0	0-0	0-1	0-1		0-1	0-2	4-0	1-1	0-0	3-1	0-2	3-3	4-0	0-0
13	Manchester City	0-3	4-1	1-0	1-1	1-0	2-2	0-1	1-0	2-1	0-0	3-1	2-4		0-0	0-0	1-0	1-1	3-2	1-0	0-0	1-1	3-3
14	Manchester United	2-0	3-1	3-0	3-4	3-0	1-1	1-1	1-2	0-0	4-1	0-0	0-0	1-0		1-1	3-2	2-2	3-0	1-2	2-0		4-4
15	Middlesbrough	0-1	6-0	1-1	1-0	5-0	4-1	2-4	1-1	1-0	1-0	0-1	0-1	1-4			3-2	1-1	1-0	3-1	1-1	0-0	4-4
16	Newcastle United	3-2	3-1	0-1	3-1	1-1	1-1	2-0	2-2	3-0	1-0	2-4	1-0	0-0	0-1	1-0		0-5	2-5	3-2	2-2	2-1	3-1
17	Portsmouth	4-1	3-0	3-1	1-1	0-0	1-0	3-1	5-2	1-0	4-0	2-0	3-2	1-1	2-2	1-0	1-0		3-1	3-0	1-0	3-0	5-0
18	Preston North End	1-1	0-1	0-0	1-3	1-0	0-3	2-3	3-2	0-0	3-1	2-0	3-2	1-3	1-6	6-1	2-1	2-2		4-1	2-1	1-3	1-1
19	Sheffield United	1-1	0-1	4-0	3-2	1-1	0-0	2-0	2-1	3-1	1-1	0-0	1-2	2-2	1-0	0-0	3-1	3-2			2-2	2-5	1-1
20	Stoke City	1-0	4-2	2-1	3-2	4-0	2-1	2-2	4-3	4-2	1-0	1-3	3-0	2-3	2-1	3-0	1-1	0-1	2-1	0-1		0-0	2-1
21	Sunderland	1-1	0-0	1-1	2-2	2-0	0-0	1-0	3-0	2-1	1-1	0-1	0-2	3-0	2-1	1-1	1-4	0-0	2-0	1-1			3-3
22	Wolverhampton Wand.	1-3	4-0	2-2	2-1	2-0	3-0	2-0	1-1	2-2	1-0	7-1	0-0	1-1	3-2	0-3	3-0	3-0	2-1	6-0	3-1	0-1	

All Manchester United home matches were played at Manchester City's ground at Maine Road, Manchester.

Final League Table

Pos	Team	Pld	Home W	Home D	Home L	Home F	Home A	Away W	Away D	Away L	Away F	Away A	Totals W	Totals D	Totals L	Totals F	Totals A	Pts	GA	Leading Goalscorer	Gls
1	Portsmouth	42	18	3	0	52	12	7	5	9	32	30	25	8	9	84	42	58	2.00	J Reid	18
2	Manchester Utd	42	11	7	3	40	20	10	4	7	37	24	21	11	10	77	44	53	1.75	J Rowley	20
3	Derby County	42	17	2	2	48	22	5	7	9	26	33	22	9	11	74	55	53	1.34	F Broome, W Steel	14
4	Newcastle Utd	42	12	5	4	35	29	8	7	6	35	27	20	12	10	70	56	52	1.25	J Milburn	19
5	Arsenal	42	13	5	3	51	18	5	8	8	23	26	18	13	11	74	44	49	1.68	R Lewis	16
6	Wolverhampton	42	13	5	3	48	19	4	7	10	31	47	17	12	13	79	66	46	1.19	J Pye	16
7	Manchester City	42	10	8	3	28	21	5	9	7	19	30	15	17	10	47	51	45	0.92	G Smith	12
8	Sunderland	42	8	10	3	27	19	5	7	9	22	39	13	17	12	49	58	43	0.84	R Davis	10
9	Charlton Athletic	42	10	5	6	38	31	5	7	9	25	36	15	12	15	63	67	42	0.94	C Vaughan	9
10	Aston Villa	42	10	6	5	40	36	6	4	11	20	40	16	10	16	60	76	42	0.78	T Ford	13
11	Stoke City	42	14	3	4	43	24	2	6	13	23	44	16	9	17	66	68	41	0.97	F Bowyer	21
12	Liverpool	42	5	10	6	25	18	8	4	9	28	25	13	14	15	53	43	40	1.23	J Balmer	12
13	Chelsea	42	10	6	5	43	27	2	8	11	26	41	12	14	16	69	68	38	1.01	R Bentley	20
14	Bolton Wand	42	10	4	7	43	32	4	6	11	16	36	14	10	18	59	68	38	0.86	W Moir	25
15	Burnley	42	10	6	5	27	19	2	8	11	16	31	12	14	16	43	50	38	0.86	J Chew	11
16	Blackpool	42	8	8	5	24	25	3	8	10	30	42	11	16	15	54	67	38	0.80	S Mortensen	17
17	Birmingham C	42	9	7	5	19	10	2	8	11	17	28	11	15	16	36	38	37	0.94	J Stewart	11
18	Everton	42	12	5	4	33	25	1	6	14	8	38	13	11	18	41	63	37	0.65	E Wainwright	10
19	Middlesbrough	42	10	6	5	37	23	1	9	11	9	34	11	12	19	46	57	34	0.80	M Fenton	13
20	Huddersfield T	42	6	7	8	19	24	6	3	12	21	45	12	10	20	40	69	34	0.58	P Doherty	13
21	Preston N E	42	8	6	7	36	36	3	5	13	26	39	11	11	20	62	75	33	0.82	R Langton	12
22	Sheffield United	42	8	9	4	32	25	3	2	16	25	53	11	11	20	57	78	33	0.73	C Collindridge	17

1948/49 DIVISION 2 — SEASON 50

Total Matches 462
Total Goals 1303
Avg goals per match 2.82

Results Grid

#	Team	Bar	BlR	BPA	Bre	Bur	CdC	Che	CvC	Ful	GrT	LeU	LeC	LnC	LuT	NtF	PlA	QPR	ShW	Sou	TtH	WBA	WHU
1	Barnsley		1-1	0-0	1-2	3-2	1-1	0-1	1-1	1-1	2-1	1-1	3-1	2-0	1-2	4-0	0-0	4-0	4-0	3-0	4-1	2-0	2-3
2	Blackburn Rovers	5-3		2-3	2-1	1-2	2-1	0-2	2-0	1-0	3-3	0-0	2-0	7-1	4-1	2-1	2-1	2-0	2-1	1-2	1-1	0-0	0-0
3	Bradford Park Avenue	0-2	2-0		3-1	4-1	3-0	1-1	2-1	0-1	1-1	3-3	0-3	4-1	1-2	2-2	0-0	1-1	2-0	1-1	4-1	4-1	2-3
4	Brentford	0-0	0-1	1-0		8-2	1-1	1-1	2-2	0-0	2-0	1-3	1-2	2-1	2-0	2-1	2-2	0-3	2-1	0-0	1-1	0-0	0-0
5	Bury	4-2	3-1	2-1	1-2		0-3	2-2	0-2	2-0	5-1	3-1	1-2	3-1	0-1	1-1	1-1	0-0	2-1	1-0	1-1	4-0	2-0
6	Cardiff City	0-3	1-0	6-1	2-0	2-1		0-4	3-0	2-1	3-0	2-1	1-1	3-1	3-3	1-0	1-0	3-0	1-1	2-1	0-1	2-2	4-0
7	Chesterfield	3-2	0-0	2-3	0-1	4-0	0-2		0-0	0-1	3-1	1-1	3-1	1-0	2-1	0-0	2-1	1-1	1-1	1-0	1-0	0-0	0-0
8	Coventry City	4-0	0-1	2-0	2-1	2-1	0-1	0-2		1-0	4-1	4-1	1-2	1-0	2-0	1-2	1-1	1-1	3-4	2-2	2-0	1-0	1-0
9	Fulham	1-1	1-1	2-0	2-1	7-2	4-0	2-1	1-0		3-1	1-0	1-0	2-1	4-1	4-0	6-1	5-0	1-1	1-0	1-1	1-2	2-0
10	Grimsby Town	3-0	1-2	0-3	1-0	2-3	2-2	3-3	4-1	2-3		5-1	1-0	2-2	2-1	1-2	2-2	4-1	2-0	0-1	1-1	1-0	3-0
11	Leeds United	4-1	1-0	4-2	0-0	1-0	0-0	1-0	4-1	1-1	6-3		3-1	3-1	2-0	1-0	1-2	1-1	1-1	1-1	0-0	1-3	1-3
12	Leicester City	1-1	3-1	2-2	0-0	3-2	2-2	2-3	0-3	1-1	6-2			5-3	1-1	4-2	1-1	2-3	2-2	1-3	1-2	0-3	1-1
13	Lincoln City	0-1	3-0	3-6	3-1	1-1	0-0	2-2	1-0	0-3	2-3	0-0	2-0		4-4	1-3	1-2	0-0	3-1	1-2	0-0	0-3	4-3
14	Luton Town	1-0	2-0	0-1	2-1	1-0	1-3	1-1	2-0	1-1	1-1	0-0	1-1	6-0		4-3	3-1	0-0	2-1	1-1	1-1	0-1	0-1
15	Nottm Forest	0-1	1-0	2-0	1-2	1-0	0-0	0-1	3-0	0-2	0-0	0-0	2-1	1-1	2-0		1-0	0-0	1-2	2-1	2-2	0-1	3-0
16	Plymouth Argyle	3-1	3-0	3-0	1-0	1-0	0-1	2-2	2-3	3-1	0-2	2-1	1-1	0-0	1-1	1-0		3-1	3-2	1-2	0-5	1-2	2-0
17	Queens Park Rangers	2-2	4-2	1-0	2-0	3-1	0-0	1-1	0-3	1-0	1-2	2-0	4-1	2-0	0-3	2-1	2-1		1-3	1-3	0-0	0-2	2-1
18	Sheffield Wednesday	1-1	3-0	2-1	0-0	1-2	1-1	0-0	2-1	1-2	4-1	3-1	0-1	2-2	0-0	2-1	2-1	2-0		2-0	3-1	2-1	3-0
19	Southampton	3-0	3-0	2-2	2-0	2-0	1-0	5-2	3-0	0-0	2-1	6-0	4-0	1-1	2-1	2-0	3-0	1-0			3-1	1-1	0-1
20	Tottenham Hotspur	4-1	1-0	5-1	2-0	3-1	4-0	4-0	1-1	5-2	2-2	1-1	1-2	2-1	2-1	3-0	1-0	3-2	0-1			2-2	1-1
21	West Bromwich Albion	2-0	2-1	7-1	2-0	2-3	2-0	0-0	1-0	1-2	5-2	1-0	2-1	5-0	2-1	3-0	1-1	1-0	2-0	2-2			2-1
22	West Ham United	2-0	2-1	4-1	1-1	2-1	3-1	1-2	2-2	1-0	1-0	3-2	4-1	2-2	0-1	0-5	3-0	2-0	2-2	1-1	1-0	1-0	

Final League Table

Pos	Team	Pld	Home W	Home D	Home L	Home F	Home A	Away W	Away D	Away L	Away F	Away A	Tot W	Tot D	Tot L	Tot F	Tot A	Pts	GA	Leading Goalscorer	Gls
1	Fulham	42	16	4	1	52	14	8	5	8	25	23	24	9	9	77	37	57	2.08	R Thomas	23
2	West Brom A	42	16	3	2	47	16	8	5	8	22	23	24	8	10	69	39	56	1.76	D Walsh	23
3	Southampton	42	16	4	1	48	10	7	5	9	21	26	23	9	10	69	36	55	1.91	C Wayman	32
4	Cardiff City	42	14	4	3	45	21	5	9	7	17	26	19	13	10	62	47	51	1.31	E Stevenson	12
5	Tottenham H	42	14	4	3	50	18	3	12	6	22	26	17	16	9	72	44	50	1.63	L Bennett	19
6	Chesterfield	42	9	7	5	24	18	6	10	5	27	27	15	17	10	51	45	47	1.13	J Hudson	12
7	West Ham Utd	42	13	5	3	38	23	5	5	11	18	35	18	10	14	56	58	46	0.96	K Wright	11
8	Sheffield Weds	42	12	6	3	36	17	3	7	11	27	39	15	13	14	63	56	43	1.12	E Quigley	17
9	Barnsley	42	10	7	4	40	18	4	5	12	22	43	14	12	16	62	61	40	1.01	J Baxter	15
10	Luton Town	42	11	6	4	32	16	3	6	12	23	41	14	12	16	55	57	40	0.96	J Amison	17
11	Grimsby Town	42	10	5	6	44	28	5	5	11	28	48	15	10	17	72	76	40	0.94	T Briggs	26
12	Bury	42	12	5	4	41	23	5	1	15	26	53	17	6	19	67	76	40	0.88	D Massart	25
13	Queens Park R	42	11	4	6	31	19	3	7	11	13	36	14	11	17	44	62	39	0.71	A Addinall	9
14	Blackburn Rov	42	12	5	4	41	23	3	3	15	12	40	15	8	19	53	63	38	0.84	D Westcott	21
15	Leeds United	42	11	6	4	36	21	1	7	13	19	42	12	13	17	55	63	37	0.87	L Browning	13
16	Coventry City	42	12	3	6	35	20	3	4	14	20	44	15	7	20	55	64	37	0.85	E Roberts	19
17	Bradford P A	42	8	8	5	37	26	5	3	13	28	52	13	11	18	65	78	37	0.83	G Ainsley	17
18	Brentford	42	7	10	4	28	21	4	4	13	14	32	11	14	17	42	53	36	0.79	F Monk	12
19	Leicester City	42	6	10	5	41	38	4	6	11	21	41	10	16	16	62	79	36	0.78	J Lee	21
20	Plymouth Argyle	42	11	4	6	33	25	1	8	12	16	39	12	12	18	49	64	36	0.76	M Tadman	15
21	Nottm Forest	42	9	6	6	22	14	5	1	15	28	40	14	7	21	50	54	35	0.92	G Lee	10
22	Lincoln City	42	6	7	8	31	35	2	5	14	22	56	8	12	22	53	91	28	0.58	E Dodds	17

1948/49 DIVISION 3 (North)
SEASON 50

		Total Matches	462
		Total Goals	1301
		Avg goals per match	2.82

Results Grid

	Team	Accrington S	Barrow	Bradford City	Carlisle United	Chester	Crewe Alex	Darlington	Doncaster R	Gateshead	Halifax Town	Hartlepools U	Hull City	Mansfield T	New Brighton	Oldham Athletic	Rochdale	Rotherham Utd.	Southport	Stockport Co.	Tranmere Rov.	Wrexham	York City
1	Accrington Stanley		1-1	6-0	2-1	3-1	2-0	3-2	2-0	1-2	1-0	1-2	1-2	1-1	5-1	1-1	0-0	2-3	3-1	2-1	0-2	0-1	2-1
2	Barrow	0-0		0-0	0-0	1-1	1-0	1-1	3-1	3-0	0-0	2-0	1-2	1-0	2-1	2-1	0-1	0-2	2-1	2-1	0-0	1-1	5-0
3	Bradford City	2-2	0-2		1-2	3-2	1-2	0-2	0-1	1-1	2-1	0-0	4-2	0-1	1-1	2-1	1-2	4-2	1-1	1-3	1-2	2-2	
4	Carlisle United	4-1	2-0	3-2		2-1	6-2	0-2	3-0	2-1	0-0	0-0	1-1	3-1	2-2	2-0	1-1	1-8	4-2	2-1	2-2	3-2	3-3
5	Chester	3-0	4-1	3-0	2-1		1-1	1-2	1-2	1-1	0-0	0-0	0-2	1-1	2-0	2-2	2-1	1-1	2-0	2-0	2-2	2-0	4-1
6	Crewe Alexandra	2-0	0-1	2-1	3-0	1-0		3-1	0-0	2-1	0-0	3-0	0-0	3-1	2-1	0-4	1-2	0-3	1-0	3-3	2-0	1-0	2-0
7	Darlington	3-0	2-3	1-5	2-2	3-3	4-1		1-5	1-3	2-1	2-0	0-1	1-2	0-2	2-1	6-1	2-0	0-1	1-1	3-2	3-1	3-1
8	Doncaster Rovers	0-0	0-0	2-0	2-0	0-0	0-1	1-1		2-1	1-2	0-0	0-1	1-1	3-0	1-0	0-0	1-2	3-1	2-0	4-2	1-0	
9	Gateshead	1-1	3-0	6-2	3-0	2-1	4-1	1-3	0-3		1-2	2-1	0-2	0-0	3-0	2-2	2-1	3-2	2-2	0-1	3-3	2-0	1-1
10	Halifax Town	1-0	1-0	1-1	3-4	1-2	0-0	0-3	1-0	2-2		2-0	2-4	2-2	0-2	3-1	2-1	0-0	1-1	0-1	0-1	2-0	1-1
11	Hartlepools United	1-0	1-0	1-0	1-0	2-1	4-1	0-1	2-1	1-3	0-0		0-2	1-1	3-1	1-2	6-1	1-4	2-2	0-0	3-0	2-2	2-3
12	Hull City	3-1	3-0	2-0	3-0	3-2	5-0	0-1	0-1	2-0	2-0	1-1		4-0	4-1	6-0	1-1	3-2	5-1	6-1	2-0	3-0	2-3
13	Mansfield Town	2-0	2-0	1-0	2-0	1-0	5-1	2-2	2-2	1-1	2-1	1-0	1-1		2-0	3-2	2-0	1-2	1-1	4-0	0-0	1-2	3-0
14	New Brighton	1-3	3-1	1-0	2-0	1-1	2-1	1-0	0-1	2-2	2-0	1-1	0-0	1-0		0-1	1-2	0-1	0-1	0-2	2-1	2-0	3-1
15	Oldham Athletic	4-3	2-1	1-2	1-0	1-1	3-2	7-1	0-2	0-0	2-2	5-1	1-1	4-0	4-2		0-1	1-3	2-1	5-2	0-2	1-1	4-0
16	Rochdale	4-1	3-0	1-1	1-0	3-1	3-0	3-4	0-2	3-0	1-0	0-1	1-1	0-0	1-1	1-2		2-0	1-0	2-0	2-1	2-1	2-0
17	Rotherham United	1-0	2-2	2-0	1-1	2-1	6-1	4-3	2-0	1-0	4-0	2-1	0-0	1-0	1-1	2-1	3-1		1-0	2-1	7-0	1-3	2-1
18	Southport	3-0	0-0	2-1	2-2	2-1	0-0	1-3	0-2	0-3	2-3	1-0	0-1	0-1	0-1	3-1	1-3		1-0	2-3	0-0	0-2	0-2
19	Stockport County	2-1	1-2	5-2	2-0	1-1	4-0	2-0	5-1	3-1	4-0	0-0	2-0	1-0	1-2	2-2	0-1	0-0		4-1	1-0	1-1	
20	Tranmere Rovers	2-2	2-0	1-0	2-1	1-1	2-2	2-1	2-0	1-1	2-2	0-2	1-2	1-0	0-1	1-1	0-0	2-1	1-0	0-0		0-2	0-0
21	Wrexham	1-0	1-0	5-0	4-0	1-0	2-2	4-3	2-0	1-4	2-1	1-0	0-0	1-1	2-1	1-1	2-0	0-4	2-0	0-0	0-0		3-3
22	York City	1-1	2-0	0-2	6-0	2-0	1-3	2-5	2-3	0-1	2-2	4-0	1-3	2-1	2-1	4-0	1-1	6-1	1-3	4-0	1-0	5-1	

Final League Table

Pos	Team	Pld	Home W	Home D	Home L	Home F	Home A	Away W	Away D	Away L	Away F	Away A	Totals W	Totals D	Totals L	Totals F	Totals A	Pts	GA	Leading Goalscorer	Gls
1	Hull City	42	17	1	3	65	14	10	10	1	28	14	27	11	4	93	28	65	3.32	N Moore	22
2	Rotherham Utd	42	16	4	1	47	17	12	2	7	43	29	28	6	8	90	46	62	1.95	W Ardron	29
3	Doncaster Rov	42	10	8	3	26	12	10	2	9	27	28	20	10	12	53	40	50	1.32	K Reeve	12
4	Darlington	42	10	3	8	42	36	10	3	8	41	38	20	6	16	83	74	46	1.12	A Quinn	23
5	Gateshead	42	10	6	5	41	28	6	7	8	28	30	16	13	13	69	58	45	1.19	G Wilbert	14
6	Oldham Athletic	42	12	4	5	49	28	6	5	10	26	39	18	9	15	75	67	45	1.11	E Gemmell	19
7	Rochdale	42	14	3	4	37	16	4	6	11	18	37	18	9	15	55	53	45	1.03	J Connor	10
8	Stockport Co	42	13	6	3	44	16	3	6	12	17	40	16	11	15	61	56	43	1.08	T Swinscoe	16
9	Wrexham	42	12	6	3	35	22	5	3	13	21	40	17	9	16	56	62	43	0.90	J Boothway	16
10	Mansfield Town	42	13	6	2	39	15	1	8	12	13	33	14	14	14	52	48	42	1.08	H Oscroft	14
11	Tranmere Rov	42	8	9	4	28	19	5	6	10	23	38	13	15	14	46	57	41	0.80	H Atkinson	11
12	Crewe Alex	42	13	4	4	31	18	3	5	13	21	56	16	9	17	52	74	41	0.70	J Basford	11
13	Barrow	42	10	8	3	27	13	4	4	13	14	35	14	12	16	41	48	40	0.85	A Burnett	10
14	York City	42	11	3	7	49	28	4	6	11	25	46	15	9	18	74	74	39	1.00	A Patrick	26
15	Carlisle United	42	12	7	2	46	32	2	4	15	14	45	14	11	17	60	77	39	0.77	I Broadis	13
16	Hartlepools Utd	42	10	5	6	34	25	4	5	12	11	33	14	10	18	45	58	38	0.77	F Richardson	9
17	New Brighton	42	10	4	7	25	19	4	4	13	21	39	14	8	20	46	58	36	0.79	F Taylor	10
18	Chester	42	10	7	4	36	19	1	6	14	21	37	11	13	18	57	56	35	1.01	A Burgess, A Foulds	9
19	Halifax Town	42	8	4	9	26	27	4	7	10	19	35	12	11	19	45	62	35	0.72	R Crossley	11
20	Accrington S	42	11	4	6	39	23	1	6	14	16	41	12	10	20	55	64	34	0.85	W Keeley	13
21	Southport	42	6	5	10	24	29	5	4	12	21	35	11	9	22	45	64	31	0.70	T Wyles	12
22	Bradford City	42	7	6	8	29	31	3	3	15	19	46	10	9	23	48	77	29	0.62	J Brown	11

1948/49 DIVISION 3 (South)
SEASON 50

Total Matches 462
Total Goals 1347
Avg goals per match 2.92

		Aldershot	Bournemouth	Brighton & H A	Bristol City	Bristol Rovers	Crystal Palace	Exeter City	Ipswich Town	Leyton Orient	Millwall	Newport Co.	Northampton T	Norwich City	Notts County	Port Vale	Reading	Southend Utd	Swansea Town	Swindon Town	Torquay Utd.	Walsall	Watford
1	Aldershot		0-0	1-1	0-0	1-5	3-0	1-2	2-0	1-1	5-0	1-2	3-1	4-1	0-1	0-1	0-6	1-0	1-2	1-2	1-3	0-1	0-0
2	Bournemouth & B A	1-0		0-1	0-0	1-0	2-0	1-0	4-2	3-0	2-0	1-2	5-2	1-2	2-1	2-0	1-3	3-2	1-1	3-0	5-0	2-0	2-1
3	Brighton & Hove Albion	0-4	1-6		0-0	2-1	1-1	2-0	6-1	3-1	1-2	3-2	0-0	1-0	3-2	1-0	2-0	1-0	0-2	1-1	3-1	1-2	0-0
4	Bristol City	1-1	2-1	1-1		1-1	2-0	1-0	2-0	3-0	0-0	1-1	3-0	1-6	3-1	1-1	0-2	2-1	0-0	1-3	0-2	2-2	1-1
5	Bristol Rovers	0-2	4-0	0-0	3-1		1-0	3-1	1-6	2-3	2-0	3-1	1-0	2-2	3-2	4-1	4-1	0-0	1-1	1-1	1-0	3-0	3-1
6	Crystal Palace	2-1	2-1	0-2	4-0	1-0		1-1	1-1	2-1	1-0	0-1	2-2	1-1	1-5	1-1	0-1	2-1	1-1	1-1	0-1	1-3	3-1
7	Exeter City	3-3	2-3	1-1	1-1	2-1	3-1		1-3	3-1	3-0	1-2	5-1	4-1	3-1	2-1	1-2	0-0	1-1	3-1	2-0	2-1	2-1
8	Ipswich Town	4-1	1-0	2-2	2-0	0-1	1-2	2-2		2-2	1-0	5-1	4-2	1-2	3-2	4-1	3-2	1-3	2-0	4-2	5-1	3-2	1-2
9	Leyton Orient	1-2	1-2	0-3	3-1	1-1	1-1	5-2	1-1		2-2	5-2	0-3	0-3	3-1	2-0	0-1	2-0	3-1	1-1	3-1	1-1	0-0
10	Millwall	1-1	4-0	6-2	4-1	1-1	1-0	2-1	0-0	0-0		3-1	3-2	1-3	3-2	1-1	1-1	1-0	2-0	3-1	1-3	2-1	2-2
11	Newport County	0-2	1-2	1-1	0-2	2-1	5-0	0-2	3-0	3-2	1-2		2-0	4-3	3-3	2-2	1-1	4-2	2-5	4-1	1-2	1-1	1-1
12	Northampton Town	2-0	1-0	1-1	3-1	0-1	3-2	4-0	1-1	4-1	4-0	2-1		1-0	1-2	2-2	1-2	2-2	0-1	0-0	0-0	1-1	1-1
13	Norwich City	0-0	1-1	2-1	4-0	3-0	3-0	3-0	2-0	0-0	1-2	0-0	2-1		3-0	2-0	1-2	3-0	1-0	0-0	0-0	1-2	0-1
14	Notts County	2-0	2-3	1-1	2-1	4-1	5-1	9-0	9-2	2-1	1-3	11-1	2-0	2-1		2-1	1-0	0-0	1-1	1-2	5-0	2-0	4-0
15	Port Vale	3-0	0-2	3-4	4-2	2-0	0-0	1-1	1-2	3-0	1-0	1-2	1-0	0-0	1-0		3-0	0-2	0-2	2-0	3-1	0-2	3-1
16	Reading	2-0	4-2	6-1	2-1	1-0	5-1	2-0	2-1	3-0	2-0	4-1	1-0	2-1	1-4	1-2		2-1	0-2	0-0	4-0	1-0	3-1
17	Southend United	1-0	0-0	0-0	1-0	0-1	0-1	0-0	1-1	2-2	2-1	0-1	0-1	2-2	3-2	0-0	0-0		0-0	3-4	1-1	2-0	0-1
18	Swansea Town	2-1	2-0	3-0	2-0	5-0	3-0	6-0	2-0	3-1	2-0	2-1	1-0	2-1	3-1	3-1	2-1	2-2		4-0	6-1	3-1	2-0
19	Swindon Town	3-1	2-2	0-0	2-1	1-1	1-0	1-1	4-0	1-1	2-0	5-2	2-2	3-3	3-0	0-2	1-1	2-1	1-0		1-1	2-1	1-0
20	Torquay United	2-2	1-1	1-1	0-2	0-2	2-0	2-1	1-1	7-1	2-1	4-0	3-0	2-1	3-1	0-0	4-2	0-3	0-4	3-1		5-1	3-1
21	Walsall	0-0	0-0	0-0	0-1	0-1	3-1	4-3	2-1	2-3	5-6	3-1	2-0	4-1	3-2	1-1	2-0	0-3	2-1	0-0	1-1		0-1
22	Watford	0-1	0-1	0-0	1-1	0-0	2-0	0-1	1-2	2-1	1-1	2-2	0-1	1-1	1-1	2-1	4-1	0-0	4-2	0-3	1-1	2-0	

Final League Table

Pos	Team	Pld	Home					Away					Totals					Pts	GA	Leading Goalscorer	Gls
			W	D	L	F	A	W	D	L	F	A	W	D	L	F	A				
1	Swansea Town	42	20	1	0	60	11	7	7	7	27	23	27	8	7	87	34	62	2.55	S Richards	26
2	Reading	42	17	1	3	48	18	8	4	9	29	32	25	5	12	77	50	55	1.54	M McPhee	16
3	Bournemouth	42	15	2	4	42	17	7	6	8	27	31	22	8	12	69	48	52	1.43	D McGibbon	30
4	Swindon Town	42	11	9	1	38	20	7	6	8	26	36	18	15	9	64	56	51	1.14	W Jones	25
5	Bristol Rovers	42	13	5	3	42	23	6	5	10	19	28	19	10	13	61	51	48	1.19	V Lambden	13
6	Brighton & H A	42	11	5	5	32	24	4	13	4	23	29	15	18	9	55	55	48	1.00	D Tennant	10
7	Ipswich Town	42	14	3	4	53	30	4	6	11	25	47	18	9	15	78	77	45	1.01	H Jennings	23
8	Millwall	42	12	7	2	42	23	5	4	12	21	41	17	11	14	63	64	45	0.98	J Constantine	23
9	Torquay United	42	12	5	4	45	26	5	6	10	20	44	17	11	14	65	70	45	0.92	J Conley	19
10	Norwich City	42	11	6	4	32	10	5	6	10	35	39	16	12	14	67	49	44	1.36	R Ashman	12
11	Notts County	42	15	3	3	68	19	4	2	15	34	49	19	5	18	102	68	43	1.50	J Sewell	26
12	Exeter City	42	12	5	4	45	26	3	5	13	18	50	15	10	17	63	76	40	0.82	D Regan	14
13	Port Vale	42	11	3	7	32	21	3	8	10	19	33	14	11	17	51	54	39	0.94	W Aveyard	13
14	Walsall	42	9	5	7	34	28	6	3	12	22	36	15	8	19	56	64	38	0.87	P Chapman	25
15	Newport County	42	8	6	7	41	35	6	5	10	27	57	14	9	19	68	92	37	0.73	R Parker	20
16	Bristol City	42	8	9	4	28	24	3	5	13	16	38	11	14	17	44	62	36	0.71	L Townsend	14
17	Watford	42	6	9	6	24	18	4	6	11	17	33	10	15	17	41	54	35	0.75	D Thomas	14
18	Southend United	42	5	10	6	18	18	4	6	11	23	28	9	16	17	41	46	34	0.89	F Dudley	11
19	Leyton Orient	42	9	6	6	36	29	2	6	13	22	51	11	12	19	58	80	34	0.72	H Neary	25
20	Northampton T	42	9	6	6	33	20	3	3	15	18	42	12	9	21	51	62	33	0.82	T Fowler, A Garrett	8
21	Aldershot	42	6	5	10	26	29	5	6	10	22	30	11	11	20	48	59	33	0.81	F Rawcliffe	14
22	Crystal Palace	42	7	8	6	27	27	1	3	17	11	49	8	11	23	38	76	27	0.50	F Kurz	12

1949/50 DIVISION 1 SEASON 51

Total Matches	462
Total Goals	1247
Avg goals per match	2.7

		Arsenal	Aston Villa	Birmingham C	Blackpool	Bolton Wand.	Burnley	Charlton Ath.	Chelsea	Derby County	Everton	Fulham	Huddersfield T	Liverpool	Manchester C	Manchester U	Middlesbrough	Newcastle Utd.	Portsmouth	Stoke City	Sunderland	West Brom A	Wolverhampton
1	Arsenal		1-3 29M	4-2 24S	1-0 22O	1-1 21J	0-1 20a	2-3 19N	2-3 31a	1-0 18F	5-2 8O	2-1 5N	1-0 14J	1-2 3S	4-1 1A	0-0 27D	1-1 8M	4-2 15A	2-0 3m	6-0 10A	5-0 24D	4-1 14S	1-1 3D
2	Aston Villa	1-1 26N		1-1 10D	0-0 10S	3-0 22A	0-1 25M	1-1 11A	4-0 8A	1-1 23a	2-2 24S	3-1 27a	2-1 18F	2-0 11M	1-0 17D	0-4 15O	4-0 21J	0-1 31D	1-0 5S	1-1 29O	2-0 12N	1-0 25F	1-4 27D
3	Birmingham City	2-1 4F	2-2 29A		0-2 5N	0-0 1O	0-1 3S	2-0 3D	0-3 20a	2-2 26D	0-0 22O	1-1 19N	2-1 4M	2-3 17S	1-0 18M	0-0 10A	0-0 15A	0-2 1A	0-3 8O	1-0 24D	1-2 14J	2-0 24a	1-1 14S
4	Blackpool	2-1 8A	1-0 14J	1-1 25M		2-0 29O	2-0 27D	2-0 17S	0-0 22A	1-0 12N	0-0 10A	4-1 1O	0-0 20a	0-0 15O	3-3 4F	1-0 26N	0-0 22a	3-3 5S	1-1 24D	4-2 10D	0-1 25F	3-0 11M	1-2 3S
5	Bolton Wanderers	2-2 17S	1-1 3D	1-0 18F	0-0 15A		0-1 24D	3-0 18M	1-0 10A	0-0 5S	1-2 8M	2-1 1A	1-2 8O	3-2 14J	3-0 19N	1-2 31a	1-2 22O	2-2 5N	1-0 4F	4-0 20a	2-1 3S	3-0 26D	2-4 29A
6	Burnley	0-0 17D	1-0 5N	1-1 31D	0-0 26D	2-1 27a		1-0 15A	1-2 18F	0-0 10S	1-0 3D	3-2 4M	0-0 18M	1-0 7A	0-2 22O	3-2 24S	1-2 29A	1-0 8O	2-1 19N	2-1 5S	2-2 22a	0-0 21J	1-1 1A
7	Charlton Athletic	1-1 11M	1-4 7A	2-0 22A	1-2 21J	0-0 26N	1-1 29O		1-0 15O	1-3 10D	2-0 18F	2-1 31D	2-2 14S	1-3 12N	3-1 27a	1-2 25F	0-3 24S	6-3 10S	1-2 26D	2-0 8A	2-2 25M	1-2 17D	2-3 24a
8	Chelsea	1-2 24a	1-3 22O	3-0 17D	1-1 3D	1-0 7A	0-1 1O	1-3 8M		1-2 27a	3-2 19N	0-0 21J	3-1 1A	1-1 26D	3-0 8O	1-1 10S	2-1 29M	1-3 29A	1-4 5N	2-2 4F	2-1 7S	1-1 31D	0-0 15A
9	Derby County	1-2 1O	3-2 31a	4-1 7D	0-0 1A	4-0 6m	1-1 14J	1-2 29A	2-2 24D		2-0 15A	2-1 18M	4-2 22O	2-2 4F	7-0 3D	0-1 20a	1-0 5N	1-1 29M	2-1 8M	2-3 3S	3-2 17S	3-1 7A	1-2 8O
10	Everton	0-1 25F	1-1 4F	0-0 8A	3-0 7A	1-0 15O	0-1 22A	0-1 1O	1-1 11M	1-2 29O		1-1 26D	3-0 3S	0-0 27a	3-1 6m	0-0 12N	2-1 17D	1-2 24a	2-1 14J	0-2 26N	1-2 10D	1-2 29M	1-2 17S
11	Fulham	2-2 25M	3-0 24D	0-0 11M	1-0 18F	3-0 12N	1-0 15O	1-2 3S	1-1 17S	0-0 26N	0-0 27D		4-1 31a	0-1 29O	1-0 14J	1-0 10D	1-2 6m	2-1 24S	0-1 10A	2-2 25F	0-3 8A	0-1 22A	1-2 20a
12	Huddersfield Town	2-2 10S	1-0 1O	1-0 15O	0-1 17D	2-0 25F	1-2 26N	2-1 7S	1-2 12N	2-0 8A	1-2 31D	2-2 24a		3-2 10D	1-0 26D	3-1 25M	2-2 27a	1-2 11A	0-1 17S	4-0 11M	3-1 22A	1-1 29O	1-0 4F
13	Liverpool	2-0 31D	2-1 19N	2-0 21J	0-1 8M	0-1 10S	1-0 1A	2-2 27D	3-1 24S	1-1 24D	2-3 15A	2-0 3m		4-0 5N	1-1 7S	2-0 8O	2-2 22O	2-1 3D	1-1 31a	4-2 20a	2-0 18F	0-1 8F	0-2 18M
14	Manchester City	0-2 12N	3-3 20a	4-0 26N	0-3 24S	1-1 11M	1-0 8A	2-0 24D	1-1 25F	2-2 22A	0-0 7S	2-0 10S	1-2 27D	1-2 29M		1-2 31D	0-1 18F	1-1 21J	1-0 31a	1-1 15O	2-1 29O	1-1 10D	2-1 10A
15	Manchester United	2-0 26D	7-0 8M	1-2 7A	3-0 18M	3-2 24a	3-2 4F	1-0 8O	0-0 14J	1-1 17D	3-0 1A	6-0 29A	0-0 5N	2-1 15M	1-1 3S		2-0 19N	1-1 3D	0-2 15A	2-2 17S	1-3 1O	1-1 27a	3-0 22O
16	Middlesbrough	1-1 15O	0-2 17S	1-0 29O	2-0 31a	2-0 8A	4-1 10D	1-0 4F	2-1 26N	3-1 25M	0-1 20a	1-2 7S	3-0 24D	4-1 25F	0-0 1O	2-3 11M		1-0 27D	1-5 3S	2-0 22A	2-0 10A	3-0 12N	2-0 14J
17	Newcastle United	0-3 29O	3-2 3S	3-0 12N	3-1 6m	0-0 25M	1-0 25F	2-2 14J	2-1 10D	4-0 11M	3-1 31a	0-0 4F	5-1 7A	4-2 8A	2-1 17S	0-1 22A	0-1 26D		1-3 20a	4-1 1O	2-2 15O	5-1 26N	2-0 24D
18	Portsmouth	2-1 10D	5-1 6m	2-0 25F	2-3 27a	1-1 24S	2-1 11M	1-0 27D	4-0 25M	3-1 15O	7-0 10S	3-0 7A	4-0 21J	2-1 22A	1-1 24a	0-0 29O	1-1 31D	1-0 17D		0-0 12N	2-2 26N	0-1 8A	1-1 10
19	Stoke City	2-5 6m	1-0 15A	3-1 27a	1-1 29A	3-2 17D	1-1 12S	0-3 22O	2-3 24S	1-3 31D	1-0 18M	0-2 8O	0-0 19N	2-0 22a	3-1 4M	1-0 21J	0-1 3D	0-1 18F	1-0 1A		2-1 27D	1-3 10S	2-1 5N
20	Sunderland	4-2 27a	2-1 1A	1-1 10S	1-1 8O	2-0 31D	2-1 31a	2-1 5N	4-1 6m	6-1 21J	4-2 29A	2-0 22O	1-1 3D	3-2 17D	1-2 15A	2-2 18F	2-2 7A	1-1 4M	1-0 18M	3-0 26D		2-1 24S	3-1 19N
21	West Bromwich Albion	1-2 7S	1-1 8O	3-0 31a	1-0 26A	2-1 27D	3-0 17S	1-1 20a	1-0 3S	4-0 10A	4-1 5N	0-0 3D	0-1 15A	1-2 1O	0-3 29A	1-1 24D	3-0 1A	0-0 18M	1-1 22O	3-0 14J	0-2 4F		1-1 4M
22	Wolverhampton Wand.	3-0 22A	2-3 26D	6-1 6m	3-0 31D	1-1 10D	0-0 12N	2-1 29a	2-2 29O	4-1 25F	1-1 21J	7-1 17D	1-1 24S	3-0 26N	1-1 11A	3-1 8A	2-1 10S	1-0 27a	2-1 18F	1-3 25M	1-3 11M	1-1 15O	

Final League Table

Pos	Team	Pld	Home					Away					Totals						Leading Goalscorer	Gls
			W	D	L	F	A	W	D	L	F	A	W	D	L	F	A	Pts	GA		
1	Portsmouth	42	12	7	2	44	15	10	2	9	30	23	22	9	11	74	38	53	1.94	I Clarke	17
2	Wolverhampton	42	11	8	2	47	21	9	5	7	29	28	20	13	9	76	49	53	1.55	J Pye	18
3	Sunderland	42	14	6	1	50	23	7	4	10	33	39	21	10	11	83	62	52	1.33	R Davis	25
4	Manchester Utd	42	11	5	5	42	20	7	9	5	27	24	18	14	10	69	44	50	1.56	J Rowley	20
5	Newcastle Utd	42	14	4	3	49	23	5	8	8	28	32	19	12	11	77	55	50	1.40	J Milburn	18
6	Arsenal	42	12	4	5	48	24	7	7	7	31	31	19	11	12	79	55	49	1.43	H Goring	21
7	Blackpool	42	10	8	3	29	14	7	7	7	17	21	17	15	10	46	35	49	1.31	S Mortensen	22
8	Liverpool	42	10	7	4	37	23	7	7	7	27	31	17	14	11	64	54	48	1.18	W Liddell	18
9	Middlesbrough	42	14	2	5	37	18	6	5	10	22	30	20	7	15	59	48	47	1.22	P McKennan	15
10	Burnley	42	9	7	5	23	17	7	7	7	17	23	16	13	13	40	40	45	1.00	H Potts	11
11	Derby County	42	11	5	5	46	26	6	5	10	23	35	17	10	15	69	61	44	1.13	J Stamps	22
12	Aston Villa	42	10	7	4	31	19	5	5	11	30	42	15	12	15	61	61	42	1.00	T Ford	12
13	Chelsea	42	7	7	7	31	30	5	9	7	27	35	12	16	14	58	65	40	0.89	R Bentley	17
14	West Brom A	42	9	7	5	28	16	5	5	11	19	37	14	12	16	47	53	40	0.88	D Walsh	14
15	Huddersfield T	42	11	4	6	34	22	3	5	13	18	51	14	9	19	52	73	37	0.71	V Metcalfe	11
16	Bolton Wand	42	10	5	6	34	22	0	9	12	11	37	10	14	18	45	59	34	0.76	N Lofthouse	10
17	Fulham	42	8	6	7	24	19	2	8	11	17	35	10	14	18	41	54	34	0.75	D Thomas	9
18	Everton	42	6	8	7	24	20	4	6	11	18	46	10	14	18	42	66	34	0.63	E Wainwright	11
19	Stoke City	42	10	4	7	27	28	1	8	12	18	47	11	12	19	45	75	34	0.60	F Bowyer	15
20	Charlton Athletic	42	7	5	9	33	35	6	1	14	20	30	13	6	23	53	65	32	0.81	C Vaughan	19
21	Manchester City	42	7	8	6	27	24	1	5	15	9	44	8	13	21	36	68	29	0.52	R Clarke	9
22	Birmingham City	42	6	8	7	19	24	1	6	14	12	43	7	14	21	31	67	28	0.46	J Dailey	9

1949/50 DIVISION 2 SEASON 51

Total Matches 462
Total Goals 1231
Avg goals per match 2.66

	Team	Barnsley	Blackburn Rov.	Bradford P A	Brentford	Bury	Cardiff City	Chesterfield	Coventry City	Grimsby Town	Hull City	Leeds United	Leicester C	Luton Town	Plymouth A	Preston N E	Q P R	Sheffield Utd.	Sheffield Weds.	Southampton	Swansea Town	Tottenham H	West Ham Utd
1	Barnsley		1-1	3-2	0-1	1-0	1-0	1-2	4-3	7-2	1-1	1-1	2-2	1-0	4-1	0-1	3-1	2-2	3-4	2-1	5-2	2-0	1-1
2	Blackburn Rovers	4-0		0-1	4-1	2-1	1-0	1-1	0-1	3-0	4-2	0-1	3-0	0-0	1-0	2-3	0-0	0-2	0-0	0-0	2-0	1-2	2-0
3	Bradford Park Avenue	1-3	2-2		0-2	1-2	3-3	2-0	2-2	4-1	5-1	1-2	2-2	1-0	3-2	1-2	1-0	1-1	1-3	0-0	0-2	1-3	2-1
4	Brentford	3-0	2-0	2-0		2-0	1-0	0-0	2-0	1-0	3-1	0-0	0-1	1-0	0-0	1-0	0-2	1-0	1-1	0-1	0-0	1-1	0-2
5	Bury	2-0	3-0	1-0	1-2		2-2	2-0	0-0	3-1	0-0	2-0	3-0	5-2	1-1	0-0	1-5	0-0	1-1	1-1	1-2	3-1	
6	Cardiff City	3-0	2-1	1-2	0-0	1-0		0-0	1-0	2-0	1-0	2-4	0-0	1-0	3-2	4-0	1-2	1-0	1-1	1-0	0-1	1-2N	
7	Chesterfield	1-0	2-1	1-1	3-1	2-1	0-1		0-1	2-1	0-1	3-1	1-0	0-1	2-0	2-1	0-1	1-2	0-0	4-1	1-1	1-0	
8	Coventry City	1-1	1-1	3-1	1-1	1-2	2-1	3-0		1-1	2-0	0-4	1-2	1-0	3-0	0-0	0-0	2-4	3-0	1-2	1-2	0-1	5-1
9	Grimsby Town	2-2	1-2	4-0	4-1	4-2	0-0	5-2	3-2		1-0	2-0	2-1	6-1	2-2	1-3	1-1	4-0	4-1	1-1	2-1	2-3	2-0
10	Hull City	2-0	3-1	3-3	2-0	3-2	1-1	1-0	2-1	2-2		1-0	4-0	1-1	4-2	4-2	1-1	0-4	1-1	1-2	1-0	0-0	1-1
11	Leeds United	1-0	2-1	0-0	1-0	4-1	2-0	0-0	3-3	1-0	3-0		1-1	2-1	1-1	3-1	1-1	0-1	1-1	1-0	1-2	3-0	2-2
12	Leicester City	2-2	3-3	4-1	1-1	0-2	1-0	0-1	1-0	1-0	1-2	1-1		3-2	0-0	1-0	3-2	1-1	2-2	2-2	0-0	1-2	2-1
13	Luton Town	3-1	5-2	3-1	1-0	2-1	0-0	1-1	2-0	0-0	0-3	1-0	1-0		1-1	1-1	1-2	1-3	0-0	1-1	1-2	1-1	2-2
14	Plymouth Argyle	2-2	0-0	1-1	2-0	2-0	0-0	2-1	1-2	4-2	1-3	1-2	2-1	0-0		1-0	0-2	0-1	0-1	0-0	0-1	0-2	0-3
15	Preston North End	1-1	3-1	3-0	2-0	3-1	3-0	0-0	1-1	2-0	4-2	1-1	2-1	0-1	0-0		3-2	4-1	0-1	0-3	2-1	1-3	2-1
16	Queens Park Rangers	0-5	2-3	0-1	3-3	1-0	0-1	3-2	2-0	1-2	1-4	1-1	2-0	3-0	0-2	0-0		1-3	0-0	1-0	0-0	0-2	0-1
17	Sheffield United	1-1	4-0	2-1	1-1	4-2	2-0	1-0	1-1	3-1	5-0	0-1	2-2	2-2	1-1	1-0	1-1		2-0	0-1	1-1	2-1	0-0
18	Sheffield Wednesday	2-0	2-0	1-1	3-3	1-0	1-1	4-2	1-1	4-0	6-2	5-2	3-1	1-1	2-4	0-1	1-0	2-1		2-2	3-0	0-0	2-1
19	Southampton	0-0	3-1	3-1	2-3	4-1	3-1	1-0	1-1	1-2	5-0	2-1	5-3	2-1	3-3	1-0	1-2	1-0	1-0		1-2	1-1	3-2
20	Swansea Town	4-0	2-0	2-0	3-0	1-2	5-1	0-2	1-2	2-1	1-2	1-2	0-0	0-0	2-2	2-1	0-1	1-2	4-0	1-0		1-0	1-0
21	Tottenham Hotspur	2-0	2-3	5-0	1-1	3-1	2-0	1-0	3-1	1-2	0-0	2-0	0-2	1-0	4-1	3-2	3-0	7-0	1-0	4-0	3-1		4-1
22	West Ham United	2-1	0-2	1-0	2-2	4-0	0-1	1-1	0-1	4-3	2-1	3-1	2-2	0-0	2-2	0-3	1-0	0-0	2-2	1-2	3-0	0-1	

Final League Table

Pos	Team	Pld	Home						Away						Totals						Leading Goalscorer	Gls
			W	D	L	F	A	W	D	L	F	A	W	D	L	F	A	Pts	GA		
1	Tottenham H	42	15	3	3	51	15	12	4	5	30	20	27	7	8	81	35	61	2.31	L Medley	18
2	Sheffield Weds	42	12	7	2	46	23	6	9	6	21	25	18	16	8	67	48	52	1.39	R Froggatt	14
3	Sheffield United	42	9	10	2	36	19	10	4	7	32	30	19	14	9	68	49	52	1.38	H Brook	17
4	Southampton	42	13	4	4	44	25	6	10	5	20	23	19	14	9	64	48	52	1.33	C Wayman	24
5	Leeds United	42	11	8	2	33	16	6	5	10	21	29	17	13	12	54	45	47	1.20	F Dudley	12
6	Preston N E	42	12	5	4	37	21	6	4	11	23	28	18	9	15	60	49	45	1.22	E Brown	12
7	Hull City	42	11	8	2	39	25	6	3	12	25	47	17	11	14	64	72	45	0.88	H Carter	16
8	Swansea Town	42	11	3	7	34	18	6	6	9	19	31	17	9	16	53	49	43	1.08	C Beech	9
9	Brentford	42	11	5	5	21	12	4	8	9	23	37	15	13	14	44	49	43	0.89	W Dare	14
10	Cardiff City	42	13	3	5	28	14	3	7	11	13	30	16	10	16	41	44	42	0.93	E Evans	8
11	Grimsby Town	42	13	5	3	53	25	3	3	15	21	48	16	8	18	74	73	40	1.01	T Briggs	36
12	Coventry City	42	8	6	7	32	24	5	7	9	23	31	13	13	16	55	55	39	1.00	P Murphy	15
13	Barnsley	42	11	6	4	45	28	2	7	12	19	39	13	13	16	64	67	39	0.95	A Wright	16
14	Chesterfield	42	12	3	6	28	16	3	6	12	15	31	15	9	18	43	47	39	0.91	J Hudson, H McJarrow	9
15	Leicester City	42	8	9	4	30	25	4	6	11	25	40	12	15	15	55	65	39	0.84	J Lee	22
16	Blackburn Rov	42	10	5	6	30	15	4	5	12	25	45	14	10	18	55	60	38	0.91	D Westcott	16
17	Luton Town	42	8	9	4	28	22	2	9	10	13	29	10	18	14	41	51	38	0.80	G Stobbart	9
18	Bury	42	10	8	3	37	19	4	1	16	23	46	14	9	19	60	65	37	0.92	D Massart	16
19	West Ham Utd	42	8	7	6	30	25	4	5	12	23	36	12	12	18	53	61	36	0.86	W Robinson	23
20	Queens Park R	42	6	5	10	21	30	5	7	9	19	27	11	12	19	40	57	34	0.70	A Addinall	11
21	Plymouth Argyle	42	6	6	9	19	24	2	10	9	25	41	8	16	18	44	65	32	0.67	W Strauss	10
22	Bradford P A	42	7	6	8	34	34	3	5	13	17	43	10	11	21	51	77	31	0.66	G Henry	11

1949/50 DIVISION 3 (North)
SEASON 51

Total Matches	462
Total Goals	1315
Avg goals per match	2.85

Results Grid

	Team	Accrington S	Barrow	Bradford City	Carlisle United	Chester	Crewe Alex	Darlington	Doncaster R	Gateshead	Halifax Town	Hartlepools U	Lincoln City	Mansfield T	New Brighton	Oldham Athletic	Rochdale	Rotherham Utd	Southport	Stockport Co.	Tranmere Rov.	Wrexham	York City
1	Accrington Stanley		1-0	3-2	1-1	4-0	1-1	3-0	2-2	0-1	1-0	1-2	2-0	2-2	3-0	3-4	1-0	1-4	4-0	4-2	2-0	2-0	0-0
2	Barrow	2-1		1-0	1-3	3-1	0-1	2-1	1-1	1-1	4-0	0-0	0-0	0-1	1-1	3-1	0-1	1-1	1-0	0-1	1-2	2-1	3-2
3	Bradford City	5-2	3-2		3-2	1-0	0-2	4-1	1-2	2-1	1-3	1-3	0-1	2-1	1-1	2-1	1-1	2-1	1-2	6-0	0-1	2-4	1-0	0-2
4	Carlisle United	2-1	2-0	3-0		5-1	2-2	0-1	0-0	4-2	0-2	2-1	0-2	1-1	0-0	3-0	2-0	3-1	3-3	2-0	0-0	1-1	0-0	4-3
5	Chester	1-0	1-0	4-1	2-4		0-1	4-4	3-1	0-3	5-1	3-0	3-1	6-3	2-0	1-1	0-2	4-2	4-1	0-4	0-0	2-1	2-3
6	Crewe Alexandra	2-1	1-1	2-2	2-1	1-2		2-0	0-2	3-1	6-3	1-0	3-2	1-1	1-2	1-1	0-1	4-1	1-2	1-0	2-0	1-1	3-3
7	Darlington	0-2	1-1	4-3	1-1	1-1	1-1		2-1	2-3	5-1	1-0	2-0	2-2	3-1	1-1	1-1	2-1	0-2	1-1	0-2	3-1	1-1
8	Doncaster Rovers	4-1	1-0	1-1	0-0	2-0	0-2	2-1		1-1	4-0	0-0	1-4	0-1	0-0	1-1	0-0	1-0	5-1	3-0	1-1	2-0	1-1
9	Gateshead	5-0	3-1	4-2	2-1	4-0	1-1	3-3	1-1		7-1	2-0	2-1	0-1	2-1	2-0	1-3	2-2	3-2	1-0	5-1	0-1	1-1
10	Halifax Town	1-4	1-0	3-1	1-1	2-1	3-1	1-3	2-2	5-2		1-2	0-1	0-3	3-0	1-1	3-2	4-3	0-0	3-1	0-1	0-0	1-2
11	Hartlepools United	0-0	2-3	3-0	1-5	5-1	1-6	2-0	1-1	3-5	3-3		2-1	1-3	2-0	0-2	1-2	1-2	1-1	1-0	2-0	3-1	2-0
12	Lincoln City	1-0	4-0	2-2	2-1	2-0	2-0	2-0	1-0	2-0	6-0		1-0	1-2	1-2	2-0	0-0	1-1	1-0	2-0	0-0	2-0	1-0
13	Mansfield Town	2-0	1-1	0-2	4-1	0-2	3-0	2-1	1-2	1-0	1-0	7-1	2-1		2-2	3-1	1-1	0-2	1-2	3-0	1-1	1-0	1-0
14	New Brighton	3-0	2-0	1-0	3-2	3-3	0-2	1-0	2-2	0-1	1-1	1-0	1-0	1-2		0-0	0-0	3-0	3-3	1-0	3-1	3-1	
15	Oldham Athletic	0-1	1-3	2-1	1-1	0-2	2-1	2-0	1-4	0-2	2-1	3-1	0-2	1-0	3-0		0-0	2-2	2-5	3-3	2-1	2-3	2-0
16	Rochdale	2-0	2-1	1-2	1-0	0-1	2-1	2-0	1-3	1-0	4-0	2-0	7-1	4-0	1-0	3-0		1-0	2-0	1-1	3-0	1-1	3-1
17	Rotherham United	6-0	1-2	5-2	1-1	3-2	0-0	1-1	0-2	1-2	2-1	5-1	1-3	2-2	3-0	0-1	4-3		4-0	2-1	1-1	2-2	2-1
18	Southport	1-0	0-1	1-1	1-2	1-1	2-2	1-1	3-3	0-3	1-1	2-1	1-1	1-0	2-3	3-2	4-0		1-0	2-1	0-0	1-1
19	Stockport County	1-0	1-3	1-0	2-0	3-0	4-1	2-1	0-1	2-1	2-0	1-0	1-1	1-0	0-2	1-3	1-1	0-2	3-2		2-1	2-1	3-1
20	Tranmere Rovers	0-1	2-1	1-0	0-0	2-1	2-2	3-1	2-4	1-0	2-1	2-1	2-2	2-1	2-1	4-2	1-0	0-2	2-0	2-0		2-1	1-0
21	Wrexham	1-1	1-1	0-0	1-1	1-1	1-2	2-1	0-1	0-1	2-3	1-0	4-0	0-0	2-2	2-1	3-0	0-1	1-0	0-2	0-0		2-0
22	York City	2-1	2-0	1-1	1-1	2-3	1-1	1-1	0-3	1-5	3-1	0-2	1-2	3-3	2-1	0-1	2-2	0-3	0-1	1-1	1-0	5-0	

Final League Table

Pos	Team	Pld	W	D	L	F	A	W	D	L	F	A	W	D	L	F	A	Pts	GA	Leading Goalscorer	Gls
			Home					Away					Totals								
1	Doncaster Rov	42	9	9	3	30	15	10	8	3	36	23	19	17	6	66	38	55	1.73	P Doherty	27
2	Gateshead	42	13	5	3	51	23	10	2	9	36	31	23	7	12	87	54	53	1.61	G Wilbert	17
3	Rochdale	42	15	3	3	42	13	6	6	9	26	28	21	9	12	68	41	51	1.65	J Connor, J Livesey	16
4	Lincoln City	42	14	5	2	35	9	7	4	10	25	30	21	9	12	60	39	51	1.53	E Dodds	25
5	Tranmere Rov	42	15	3	3	35	21	4	8	9	16	27	19	11	12	51	48	49	1.06	W Bainbridge	19
6	Rotherham Utd	42	10	6	5	46	28	9	4	8	34	31	19	10	13	80	59	48	1.35	G Guest	18
7	Crewe Alex	42	10	6	5	38	27	7	8	6	30	28	17	14	11	68	55	48	1.23	R Phillips	26
8	Mansfield Town	42	12	4	5	37	20	6	8	7	29	34	18	12	12	66	54	48	1.22	F Steele	17
9	Carlisle United	42	12	6	3	39	20	4	9	8	29	31	16	15	11	68	51	47	1.33	G Dick	19
10	Stockport County	42	14	2	5	33	21	5	5	11	22	31	19	7	16	55	52	45	1.05	A Herd	15
11	Oldham Athletic	42	10	4	7	32	31	6	7	8	26	32	16	11	15	58	63	43	0.92	R Haddington	19
12	Chester	42	13	3	6	47	33	5	3	13	23	46	17	6	19	70	79	40	0.88	A Burgess	24
13	Accrington S	42	12	5	4	41	21	4	2	15	16	41	16	7	19	57	62	39	0.91	D Travis	20
14	New Brighton	42	10	5	6	27	25	4	5	12	18	38	14	10	18	45	63	38	0.71	R Yates	13
15	Barrow	42	9	6	6	27	20	5	3	13	20	33	14	9	19	47	53	37	0.88	G King	12
16	Southport	42	7	10	4	29	26	5	3	13	22	45	12	13	17	51	71	37	0.71	W Ross	8
17	Darlington	42	9	8	4	35	27	2	5	14	21	42	11	13	18	56	69	35	0.81	A Quinn	17
18	Hartlepools Utd	42	10	3	8	37	35	4	2	15	15	44	14	5	23	52	79	33	0.65	T Owens	12
19	Bradford City	42	11	1	9	38	32	1	3	17	23	44	12	4	26	61	76	32	0.80	A Price	12
20	Wrexham	42	8	7	6	24	17	2	5	14	15	37	10	12	20	39	54	32	0.72	J Boothway, R Wynn	9
21	Halifax Town	42	9	5	7	35	31	3	3	15	23	54	12	8	22	58	85	32	0.68	F Dale	9
22	York City	42	6	7	8	29	33	3	6	12	23	37	9	13	20	52	70	31	0.74	A Patrick	14

Division extended to 24 clubs with the election of Scunthorpe and Lindsey United and Shrewsbury Town.

1949/50 DIVISION 3 (South) SEASON 51

Total Matches 462
Total Goals 1336
Avg goals per match 2.89

		Aldershot	Bournemouth	Brighton & H A	Bristol City	Bristol Rovers	Crystal Palace	Exeter City	Ipswich Town	Leyton Orient	Millwall	Newport Co.	Northampton T	Norwich City	Nottm Forest	Notts County	Port Vale	Reading	Southend Utd	Swindon Town	Torquay Utd.	Walsall	Watford
1	Aldershot		0-1	0-1	0-1	3-1	0-0	1-2	5-0	2-0	2-1	4-1	0-0	2-0	1-1	2-0	1-0	2-0	1-1	0-0	3-5	1-0	0-1
2	Bournemouth & B A	2-1		2-2	3-1	0-2	2-0	2-0	4-0	4-1	1-0	1-1	1-2	2-0	1-2	3-0	2-2	2-1	3-0	1-1	1-2	1-1	0-0
3	Brighton & Hove Albion	1-1	1-1		2-1	1-2	0-0	0-0	2-1	2-2	1-0	5-0	1-1	1-3	2-2	2-3	2-1	2-1	2-1	0-1	2-1	1-1	2-1
4	Bristol City	2-0	3-2	1-2		1-2	2-0	1-0	4-2	0-0	2-1	6-0	3-1	1-2	0-2	4-0	2-0	2-2	1-1	1-0	0-0	2-1	0-1
5	Bristol Rovers	2-1	1-0	3-0	2-3		0-0	1-0	2-0	3-0	3-1	3-0	0-0	5-1	0-3	0-3	2-1	2-1	1-1	2-0	2-0	1-1	0-2
6	Crystal Palace	2-1	1-0	6-0	1-1	1-0		5-3	2-0	1-1	1-0	1-0	0-4	2-0	1-1	1-2	0-1	1-1	2-1	2-2	1-3	2-0	2-0
7	Exeter City	1-0	1-2	2-3	0-0	2-0	2-1		1-1	1-1	2-1	3-3	1-3	3-1	0-0	2-2	3-1	3-4	1-1	3-0	1-1	2-1	3-1
8	Ipswich Town	1-0	1-2	2-2	0-0	3-1	4-0	1-0		4-4	0-3	1-0	2-2	3-0	1-2	0-4	2-1	2-0	1-3	3-1	3-1	1-5	1-1
9	Leyton Orient	2-7	2-1	0-1	1-0	1-0	2-2	4-1	4-0		1-1	2-1	1-0	1-2	1-1	1-4	1-0	2-1	2-2	1-3	2-1	2-2	0-0
10	Millwall	3-0	1-0	5-1	3-1	0-1	2-3	3-1	3-1	3-1		1-2	0-2	2-1	2-1	1-3	3-0	3-1	1-2	1-0	1-3	1-1	1-3
11	Newport County	6-0	5-0	0-1	6-4	2-3	2-2	1-2	1-0	3-2	4-3		1-4	3-2	4-1	1-1	1-1	1-1	2-1	1-2	1-0	2-1	3-3
12	Northampton Town	1-1	2-3	2-1	4-2	2-0	2-2	3-3	1-2	3-0	1-0	4-3		3-1	0-0	5-1	1-1	2-0	2-0	0-1	3-0	2-0	0-0
13	Norwich City	4-0	0-1	1-2	3-0	4-0	2-0	1-2	1-1	4-0	0-2	4-0	2-1		1-1	4-3	0-1	1-1	0-0	4-0	3-3	3-2	2-1
14	Nottingham Forest	3-0	3-0	0-1	3-0	2-0	2-0	5-0	2-0	2-1	3-1	3-0	0-1	0-1		1-2	2-0	1-2	2-1	1-2	1-0	0-1	
15	Notts County	3-1	2-0	4-2	4-1	2-0	0-1	3-3	2-0	7-1	2-0	7-0	2-0	5-0	2-0		3-1	4-0	2-0	3-0	1-1	1-1	1-0
16	Port Vale	0-1	1-1	3-0	0-2	1-0	2-0	1-0	2-2	2-0	4-0	1-0	3-1	2-2	2-0	3-1		1-1	0-0	0-1	2-0	2-0	
17	Reading	1-3	2-1	3-0	1-0	0-1	1-2	3-2	3-1	5-1	2-0	4-1	3-1	4-1	1-1	0-1	2-1		5-0	4-3	2-0	1-1	1-0
18	Southend United	3-0	1-0	3-2	2-0	3-1	0-0	1-0	2-2	2-0	3-0	6-0	1-2	1-0	2-3	2-0	1-0	3-2		2-0	2-0	2-2	1-1
19	Swindon Town	2-1	3-1	4-2	1-1	1-0	4-2	7-1	0-3	0-1	1-1	1-1	6-1	1-1	0-5	1-1	0-0	2-0	2-2		1-2	4-3	0-1
20	Torquay United	4-0	3-0	0-0	3-3	1-0	1-0	1-4	2-2	4-1	1-0	5-3	1-0	2-0	0-0	0-0	4-2	2-4	1-0			2-1	2-1
21	Walsall	0-0	1-1	4-2	1-1	3-1	3-1	3-0	1-3	1-2	0-1	2-0	1-3	1-1	1-3	3-3	1-0	2-0	1-1	0-0	7-1		1-1
22	Watford	1-0	4-1	0-0	0-2	0-0	1-2	6-0	2-1	0-0	0-1	0-0	0-0	1-1	0-1	0-2	1-1	1-0	1-2	1-0	3-0		

Final League Table

Pos	Team	Pld	Home W	Home D	Home L	Home F	Home A	Away W	Away D	Away L	Away F	Away A	Totals W	Totals D	Totals L	Totals F	Totals A	Pts	GA	Leading Goalscorer	Gls
1	Notts County	42	17	3	1	60	12	8	5	8	35	38	25	8	9	95	50	58	1.90	T Lawton	31
2	Northampton T	42	12	6	3	43	21	8	5	8	29	29	20	11	11	72	50	51	1.44	A McCulloch	17
3	Southend United	42	15	4	2	43	15	4	9	8	23	33	19	13	10	66	48	51	1.37	A Wakefield	23
4	Nottm Forest	42	13	0	8	37	15	7	9	5	30	24	20	9	13	67	39	49	1.71	W Ardron	25
5	Torquay United	42	13	6	2	40	23	6	4	11	26	40	19	10	13	66	63	48	1.04	J Conley	14
6	Watford	42	10	6	5	26	13	6	7	8	19	22	16	13	13	45	35	45	1.28	D Thomas	17
7	Crystal Palace	42	12	5	4	35	21	3	9	9	20	33	15	14	13	55	54	44	1.01	R Rooke	21
8	Brighton & H A	42	9	8	4	32	24	7	4	10	25	45	16	12	14	57	69	44	0.82	J McNichol	9
9	Bristol Rovers	42	12	5	4	34	18	7	0	14	17	33	19	5	18	51	51	43	1.00	W Roost	13
10	Reading	42	15	2	4	48	21	2	6	13	22	43	17	8	17	70	64	42	1.09	R Blackman	22
11	Norwich City	42	11	5	5	44	21	5	5	11	21	42	16	10	16	65	63	42	1.03	N Kinsey	14
12	Bournemouth	42	11	6	4	38	19	5	4	12	19	37	16	10	16	57	56	42	1.01	D McGibbon	18
13	Port Vale	42	12	6	3	33	13	5	13	14	29	15	11	20	47	42	41	1.11	C Pinchbeck	14
14	Swindon Town	42	9	7	5	41	30	6	4	11	18	32	15	11	16	59	62	41	0.95	W Jones	13
15	Bristol City	42	12	4	5	38	19	3	6	12	22	42	15	10	17	60	61	40	0.98	A Rodgers	18
16	Exeter City	42	9	8	4	37	27	5	3	13	26	48	14	11	17	63	75	39	0.84	R Smart	13
17	Ipswich Town	42	9	8	4	36	18	3	3	15	21	50	12	11	19	57	86	35	0.66	J O'Brien	11
18	Leyton Orient	42	10	6	5	33	30	2	5	14	20	55	12	11	19	53	85	35	0.62	G Sutherland	16
19	Walsall	42	8	9	5	37	26	1	0	12	24	37	9	16	17	61	62	34	0.98	J Devlin	22
20	Aldershot	42	10	5	6	30	16	3	3	15	18	44	13	8	21	48	60	34	0.80	C Mortimore	15
21	Newport County	42	11	5	5	50	34	2	3	16	17	64	13	8	21	67	98	34	0.68	L Comley	19
22	Millwall	42	11	1	9	39	29	3	3	15	16	34	14	4	24	55	63	32	0.87	J Constantine	12

Division extended to 24 clubs with the election of Colchester United and Gillingham.

1950/51 DIVISION 1
SEASON 52

Total Matches	462
Total Goals	1413
Avg goals per match	3.06

		Arsenal	Aston Villa	Blackpool	Bolton Wand.	Burnley	Charlton Ath.	Chelsea	Derby County	Everton	Fulham	Huddersfield T	Liverpool	Manchester U	Middlesbrough	Newcastle Utd.	Portsmouth	Sheffield Weds	Stoke City	Sunderland	Tottenham H	West Brom A	Wolverhampton
1	Arsenal		2-1 10M	4-4 9D	1-1 21A	0-1 16D	2-5 24F	0-0 23a	3-1 28O	2-1 6S	5-1 25N	6-2 16S	1-2 7A	3-0 14O	3-1 13J	0-0 3F	0-1 23M	3-0 2S	0-3 25D	5-1 11N	2-2 26a	3-0 30S	2-1 24M
2	Aston Villa	1-1 21O		0-3 3F	0-1 16S	3-2 17M	0-0 26D	4-2 18N	1-1 23D	3-3 2D	3-0 13J	0-1 3M	1-1 2S	1-3 4S	0-1 4N	3-0 7O	3-3 14A	2-1 31M	6-2 5m	3-1 21a	2-3 30S	2-0 19a	1-0 27M
3	Blackpool	0-1 2m	1-1 23S		2-0 23M	1-2 21a	0-0 26a	3-2 7O	3-1 17F	4-0 4N	4-0 4S	3-1 18N	3-0 25D	1-1 5m	2-2 14A	2-2 17M	3-0 3M	3-2 2D	3-0 31M	2-2 20J	0-1 16D	2-1 21O	1-1 9S
4	Bolton Wanderers	3-0 2D	1-0 20J	1-2 26M		1-1 10F	3-0 16D	1-0 4S	3-0 23S	2-0 3M	0-1 26D	4-0 17M	2-1 17F	1-0 26a	0-2 18N	0-2 21O	4-0 7O	0-1 14A	1-1 4N	1-2 9S	1-4 23a	0-2 31M	2-1 28A
5	Burnley	0-1 19a	2-0 28O	0-0 29a	2-0 9D		5-1 14O	2-1 23M	1-0 7A	1-1 26D	0-2 21A	0-1 13J	1-1 25N	1-2 24M	3-1 2S	0-1 16S	1-2 4S	1-1 23D	1-1 30S	1-1 10M	2-0 24F	1-2 3F	2-0 11N
6	Charlton Athletic	1-3 7O	2-2 25D	2-3 13S	4-3 19a	0-0 3M		1-2 4N	1-2 5m	2-1 21O	0-0 30a	3-2 2D	1-0 27J	2-0 20J	3-0 28A	1-3 14A	0-1 31M	2-1 13J	2-0 17M	3-0 17F	1-1 2S	2-3 18N	3-2 23S
7	Chelsea	0-1 30a	1-1 7A	0-2 28F	4-0 5m	0-2 26M	2-3 24M		1-2 25N	2-1 30S	2-0 9D	1-2 2S	1-0 21A	1-1 11N	3-1 23D	1-4 13J	4-0 26D	1-1 19a	3-0 3F	0-2 28O	1-2 14O	2-1 16S	1-2 25A
8	Derby County	4-2 17M	4-2 26a	4-1 30S	2-2 3F	1-1 18N	5-0 6S	1-0 14A		0-1 28A	3-2 16S	3-0 4N	1-2 13J	2-4 26M	6-0 31M	1-2 3M	2-3 2O	4-1 21O	1-1 30D	6-5 16D	1-1 25D	1-1 7O	1-2 23a
9	Everton	1-1 13S	1-2 21A	0-2 24M	1-1 14O	1-0 25D	0-0 10M	3-0 17F	1-2 9D		1-0 28F	3-2 19a	1-3 16S	4-3 28O	3-1 30a	1-5 23D	0-0 23S	0-3 26M	3-1 13J	1-2 25N	0-3 11N	1-2 2S	1-1 7A
10	Fulham	3-2 14A	2-1 9S	2-2 13S	0-1 25D	4-1 2D	1-3 23a	1-2 28A	3-5 20J	1-5 7O		1-1 21O	2-1 23S	2-2 16D	2-0 17M	1-1 31M	1-4 2m	4-2 18N	2-0 3M	1-1 30D	0-1 23M	0-1 4N	2-1 26a
11	Huddersfield Town	2-2 20J	4-2 14O	2-1 7A	0-4 28O	3-1 9S	1-1 21A	2-1 18A	2-0 24M	1-2 16D	1-2 10M		2-2 11N	2-3 9D	2-3 17F	0-0 13S	2-1 26a	3-1 23S	3-1 23a	1-4 7M	3-2 25N	1-2 27M	1-2 25D
12	Liverpool	1-3 18N	0-0 25A	0-0 26D	3-3 30S	1-0 14A	1-0 23M	1-0 2D	0-2 9S	2-0 20J	1-4 3F	31M		2-1 23a	0-0 21O	2-4 4N	2-1 10F	2-1 17M	0-0 7O	4-0 26a	2-1 6S	1-1 3M	1-4 16D
13	Manchester United	3-1 3M	0-0 13S	1-0 2S	2-3 23D	1-1 4N	3-0 16S	4-1 31M	2-0 23M	3-0 17M	1-0 19a	6-0 28A	1-0 30a		1-0 3F	1-2 2D	0-0 21O	3-5 70	2-1 18N	3-0 26D	2-1 13J	3-0 14A	2-1 17F
14	Middlesbrough	2-1 9S	2-1 24M	4-3 25N	1-1 7A	3-3 30D	7-3 26a	3-0 11N	1-1 23a	4-0 28O	1-1 30S	8-0 10M	1-1 23S	1-2		2-1 25D	3-1 16D	2-1 23M	1-0 14O	1-1 21A	1-1 6S	2-1 11A	1-2
15	Newcastle United	2-1 23S	0-1 4A	4-2 28O	0-1 18A	2-1 20J	3-2 25N	3-1 9S	3-1 14O	1-1 26a	1-2 11N	6-0 6S	1-1 24M	0-1 21A	2-1 5m		0-0 11A	2-0 17F	3-1 16D	2-2 23M	0-1 7A	1-1 23a	1-1 9D
16	Portsmouth	1-1 26M	3-3 25N	2-0 14O	2-1 24F	2-1 5m	3-3 11N	1-3 25D	2-2 21A	6-3 3F	1-0 30S	1-0 23D	1-3 9D	0-0 10M	1-1 19a	0-0 2S		4-1 30a	5-1 16S	0-0 7A	1-1 24M	2-2 13J	2-0 28O
17	Sheffield Wednesday	0-2 30D	3-2 11N	3-1 21A	3-4 25N	0-1 26a	1-2 9S	2-2 24F	4-3 18A	6-0 5m	2-2 7A	3-2 3F	4-1 28O	0-4 26F	0-1 16S	0-1 30S	2-1 21a		1-1 4S	3-0 24M	1-1 9D	3-0 26D	2-2 14O
18	Stoke City	1-0 26D	1-0 9D	1-0 11N	2-1 24M	0-0 17F	2-1 28O	4-1 23S	2-0 2S	1-1 9S	0-1 14O	2-3 28a	2-0 24F	2-0 7A	1-2 26M	1-2 19a	1-1 20J	1-1 11S		2-4 21A	0-0 10M	1-1 23D	0-1 25N
19	Sunderland	0-2 31M	3-3 30a	0-2 16S	1-2 13J	1-1 21O	4-2 30S	1-1 17M	1-0 19a	4-0 14A	0-1 2S	0-0 70	2-1 23D	2-1 25D	2-1 3M	0-0 26M	5-1 18N	1-1 4N	2D		0-0 3F	1-1 28A	0-0 5m
20	Tottenham Hotspur	1-0 23D	3-2 17F	1-4 19a	4-2 28a	1-0 70	2-1 30D	2-1 3M	3-0 26D	2-1 31M	0-2 26M	3-1 14A	1-0 5m	3-3 9S	7-0 2D	5-1 18N	6-1 4N	1-1 28A	1-1 21O	23S		5-0 17M	2-1
21	West Bromwich Albion	2-0 17F	2-0 16D	1-3 4A	0-1 11N	2-1 23S	3-0 7A	1-1 20J	1-2 24F	0-1 30D	0-0 24M	0-2 26M	1-1 14O	0-1 25N	2-3 13S	1-2 30a	5-0 9S	1-3 25D	1-1 26a	3-1 9D	1-2 28O		3-2 21A
22	Wolverhampton Wand.	0-1 4N	2-3 26M	1-1 13J	7-1 2S	0-1 31M	2-3 3F	2-1 21O	2-3 28a	4-0 18N	1-1 23D	3-1 26D	2-0 19a	0-0 30S	3-4 7O	0-1 2m	2-3 17M	4-0 3M	2-3 14A	2-1 6S	2-1 16S	3-1 2D	

Final League Table

Pos	Team	Pld	Home W	Home D	Home L	Home F	Home A	Away W	Away D	Away L	Away F	Away A	Totals W	Totals D	Totals L	Totals F	Totals A	Pts	GA	Leading Goalscorer	Gls
1	Tottenham H	42	17	2	2	54	21	8	8	5	28	23	25	10	7	82	44	60	1.86	W Walters	15
2	Manchester Utd	42	14	4	3	42	16	10	4	7	32	24	24	8	10	74	40	56	1.85	S Pearson	18
3	Blackpool	42	12	6	3	43	19	8	4	9	36	34	20	10	12	79	53	50	1.49	S Mortensen	30
4	Newcastle Utd	42	10	6	5	36	22	8	7	6	26	31	18	13	11	62	53	49	1.17	J Milburn	17
5	Arsenal	42	11	5	5	47	28	8	4	9	26	28	19	9	14	73	56	47	1.30	D Lishman	17
6	Middlesbrough	42	12	7	2	51	25	6	4	11	25	40	18	11	13	76	65	47	1.16	A McCrae	21
7	Portsmouth	42	8	10	3	39	30	8	5	8	32	38	16	15	11	71	68	47	1.04	J Reid	21
8	Bolton Wand	42	11	2	8	31	20	8	5	8	33	41	19	7	16	64	61	45	1.04	N Lofthouse	21
9	Liverpool	42	11	5	5	28	25	5	6	10	25	34	16	11	15	53	59	43	0.89	W Liddell	15
10	Burnley	42	9	7	5	27	16	5	7	9	21	27	14	14	14	48	43	42	1.11	W Holden	12
11	Derby County	42	10	5	6	53	33	6	3	12	28	42	16	8	18	81	75	40	1.08	J Lee	28
12	Sunderland	42	8	9	4	30	21	4	7	10	33	52	12	16	14	63	73	40	0.86	T Ford	16
13	Stoke City	42	10	5	6	28	19	3	9	9	22	40	13	14	15	50	59	40	0.84	F Bowyer	16
14	Wolverhampton	42	9	3	9	44	30	6	5	10	30	31	15	8	19	74	61	38	1.21	R Swinbourne	20
15	Aston Villa	42	9	6	6	39	29	3	7	11	27	39	12	13	17	66	68	37	0.97	J Dixon	15
16	West Brom A	42	7	4	10	30	27	6	7	8	23	34	13	11	18	53	61	37	0.86	R Allen	12
17	Charlton Athletic	42	9	4	8	35	31	5	5	11	28	49	14	9	19	63	80	37	0.78	J Evans, G Hurst	14
18	Fulham	42	8	5	8	35	37	5	6	10	17	31	13	11	18	52	68	37	0.76	R Thomas	14
19	Huddersfield T	42	8	4	9	40	40	7	2	12	24	52	15	6	21	64	92	36	0.69	H Hassall	18
20	Chelsea	42	9	4	8	31	25	3	2	14	22	40	12	8	22	53	65	32	0.81	R Bentlet	8
21	Sheffield Weds	42	9	6	6	43	32	3	2	16	21	51	12	8	22	64	83	32	0.77	H McJarrow	14
22	Everton	42	7	5	9	26	35	5	3	13	22	51	12	8	22	48	86	32	0.55	J McIntosh	11

1950/51 DIVISION 2
SEASON 52

Total Matches: 462
Total Goals: 1469
Avg goals per match: 3.18

Results Grid

	Team	Barnsley	Birmingham C	Blackburn Rov.	Brentford	Bury	Cardiff City	Chesterfield	Coventry City	Doncaster R	Grimsby Town	Hull City	Leeds United	Leicester C	Luton Town	Manchester C	Notts County	Preston N E	Q P R	Sheffield Utd.	Southampton	Swansea Town	West Ham Utd
1	Barnsley		0-2 3M	3-0 26M	2-3 6S	2-3 31M	0-0 18N	0-0 23D	3-0 14A	0-1 26D	3-1 7O	4-2 30a	1-2 20J	0-0 28A	6-1 9S	1-1 2D	2-0 17M	4-1 21O	7-0 4N	1-1 18A	1-2 19a	1-0 17F	1-2 23S
2	Birmingham City	2-0 14O		3-2 28O	1-1 25A	3-3 20J	0-0 23M	2-1 17F	1-1 6S	0-2 11N	1-1 26a	2-1 24M	0-1 21A	2-0 23a	3-0 25N	1-0 26D	1-4 30D	1-0 9S	1-1 23S	3-0 7A	2-1 28F	5-0 16D	3-1 9D
3	Blackburn Rovers	3-4 23M	2-3 17M		3-2 21a	2-4 25D	2-0 7O	1-1 2D	1-0 3M	4-2 17F	2-0 21O	2-2 23S	1-1 10F	0-0 14A	1-0 26a	4-1 18N	0-0 31M	2-1 4N	2-1 25A	0-2 16D	1-0 11S	3-0 20J	1-3 9S
4	Brentford	0-2 13S	2-1 21O	3-2 30a		4-0 10F	4-0 17M	4-0 14A	0-4 7O	1-1 23S	5-1 31M	2-1 20J	1-2 26o	0- 19M	1-0 19D	2-0 0M	1-3 4N	2-4 11F	2-1 2D	3-1 23M	4-0 26D	2-1 9S	1-1 30D
5	Bury	0-3 11N	4-1 16S	1-3 1J	2-1 9D		1-2 13J	2-2 23M	1-0 2S	3-1 21A	2-2 3F	1-0 25N	0-1 24F	2-3 19a	4-1 28O	2-0 27J	0-0 30S	3-1 30a	0-0 6S	1-1 10M	1-0 24M	1-1 7A	3-0 14O
6	Cardiff City	1-1 7A	2-1 26M	1-0 24F	1-1 28O	2-2 9S		1-0 23S	2-1 25D	0-0 10M	5-2 16D	2-1 11N	1-0 9D	2-2 17F	2-1 21A	1-1 26a	2-0 26a	0-2 30D	4-2 2O	2-0 25N	2-2 14O	1-0 24M	2-1 4S
7	Chesterfield	1-2 26a	1-1 30S	4-1 21A	2-2 25N	3-0 26M	0-3 3F		1-1 16S	1-4 7A	2-2 21a	0-0 14O	1-0 10M	1-0 2S	1-1 11N	1-2 13J	0-0 25D	2-0 11S	3-1 16D	0-2 24M	2-3 9D	3-1 24F	1-2 28O
8	Coventry City	3-3 25N	3-1 11S	6-1 14O	3-3 24F	5-2 30D	2-1 26D	1-0 2O		3-1 28O	1-0 27M	4-1 10M	1-0 21a	2-2 23S	4-1 9D	0-2 17F	1-2 16D	1-0 26a	3-0 9S	2-3 21A	2-2 7A	3-1 11N	1-0 24M
9	Doncaster Rovers	3-2 25D	0-1 31M	0-0 30S	0-3 3F	1-1 2D	0-0 21O	1-2 18N	2-1 17M		3-1 4N	2-4 13J	4-4 16D	2-2 3M	5-2 23M	4-3 7O	3-2 20J	2-0 26A	0-2 14A	1-1 5m	0-0 30a	1-0 27J	3-0 26a
10	Grimsby Town	3-1 24F	1-1 23D	1-1 10M	7-2 11N	2-1 23S	0-0 19a	1-2 30a	1-2 23M	1-0 24M		1-1 30D	2-2 25N	0-2 25D	0-2 7A	4-4 6S	1-4 9S	0-4 20J	2-2 17F	2-2 14O	4-2 28O	4-2 9D	0-1 21A
11	Hull City	3-3 24a	3-2 4N	2-2 3F	3-0 16S	4-0 14A	2-0 31M	2-1 3M	0-2 21O	1-2 9S	2-1 2S		2-0 23M	1-3 7O	5-3 5m	3-3 17M	1-0 28A	0-0 2D	5-1 18N	1-1 26D	4-1 30S	2-1 26a	1-2 16D
12	Leeds United	2-2 16S	3-0 2D	0-1 2S	1-0 23D	1-1 7O	2-0 28A	2-0 21O	1-0 30a	3-1 19a	1-0 14A	3-0 26M		2-1 31M	2-1 4N	1-1 18N	0-1 3M	0-3 17M	2-2 3F	1-0 13J	5-3 5m	2-0 26D	2-0 26D
13	Leicester City	1-2 9D	1-3 28a	2-0 25N	1-2 7A	4-0 16D	1-1 30S	1-0 30D	3-0 3F	2-0 14O	0-0 26D	4-0 24F	1-5 11N		3-1 24M	1-2 16S	1-1 4S	2-3 27M	6-2 26a	2-2 9S	3-1 21A	2-3 28O	1-0 10M
14	Luton Town	1-1 13J	1-1 14A	1-1 23D	2-0 19a	4-2 17M	1-1 2D	3-0 31M	1-1 28A	3-1 26M	4-0 18N	1-2 6S	2-2 17F	0-2 4N		2-2 3F	1-1 3M	1-2 7O	2-0 21O	0-0 16S	0-1 2S	3-1 26D	1-1 30a
15	Manchester City	6-0 21A	3-1 25D	1-0 7A	4-0 14O	5-1 26a	2-1 23a	5-1 9S	1-0 30S	3-3 24F	2-2 5m	0-0 28O	4-1 24M	1-1 20J	1-1 23S		0-0 26M	0-3 16D	5-2 4A	5-3 9D	2-3 25N	1-2 14M	2-0 11N
16	Notts County	2-1 28O	0-1 2S	1-1 11N	2-3 24M	4-2 17F	1-0 23D	0-2 26D	1-2 19a	3-2 16S	2-2 13J	0-0 9D	2-3 7A	2-2 5m	1-1 14O	1-1 30A		1-3 23S	3-3 31a	2-2 24F	3-0 10M	3-2 21A	4-1 25N
17	Preston North End	7-0 10M	1-0 13J	3-0 24M	4-2 30S	2-0 23a	1-1 2S	4-1 6S	1-1 23D	6-1 9D	2-0 16S	1-0 21A	2-0 14O	3-2 26M	1-0 24F	2-4 19a	3-1 3F		1-0 26D	1-1 28O	3-2 11N	5-1 25N	0-1 7A
18	Queens Park Rangers	2-1 24M	2-0 3F	3-1 9D	1-1 27J	3-2 5m	3-2 16S	1-1 19a	3-1 13J	1-2 25N	7-1 30S	3-3 7A	3-0 28O	1-1 23D	1-1 10M	1-2 2S	1-0 24a	1-4 25D		2-1 11N	2-0 23M	1-1 14O	3-3 24F
19	Sheffield United	0-2 2S	3-2 18N	0-3 19a	5-1 26M	3-0 21O	1-2 14A	4-1 4N	2-0 2D	0-0 11S	4-2 3M	3-1 25D	2-2 23S	2-1 13J	2-1 20J	0-0 28A	1-2 7O	2-3 17M	2-0 31M		1-2 23D	6-1 28a	1-1 17F
20	Southampton	1-0 16D	0-2 7O	1-1 6S	2-1 5m	1-0 4N	1-1 3M	1-1 28A	5-4 18N	1-1 23a	5-1 17M	2-3 17F	2-0 9S	2-2 2D	1-1 30D	1-2 14A	1-0 21O	3-3 31M	2-2 26M	1-0 26a		2-1 23S	2-2 20J
21	Swansea Town	1-0 30S	0-1 19a	1-2 16S	2-1 13J	2-0 18N	1-0 4N	2-0 7O	2-1 31M	2-2 2S	1-3 28A	1-0 23D	4-2 7S	2-1 17M	0-2 25D	2-3 21O	2-1 2D	1-0 14A	1-2 3M	1-0 24a	1-2 3F		3-2 26M
22	West Ham United	4-2 3F	1-2 28A	2-3 13J	1-2 2S	2-3 3M	0-0 5m	2-0 17M	3-2 4N	0-0 23D	2-1 2D	3-3 19a	3-1 25D	0-0 21O	2-1 24a	2-4 31M	4-2 14A	2-0 18N	4-1 7O	3-5 30S	3-0 16S	1-1 23M	

Final League Table

Pos	Team	Pld	Home W	Home D	Home L	Home F	Home A	Away W	Away D	Away L	Away F	Away A	Totals W	Totals D	Totals L	Totals F	Totals A	Pts	GA	Leading Goalscorer	Gls
1	**Preston N E**	42	16	3	2	53	18	10	2	9	38	31	26	5	11	91	49	57	1.85	C Wayman	27
2	**Manchester City**	42	12	6	3	53	25	7	8	6	36	36	19	14	9	89	61	52	1.45	D Westcott	25
3	Cardiff City	42	13	7	1	36	20	4	9	8	17	25	17	16	9	53	45	50	1.17	W Grant	14
4	Birmingham City	42	12	6	3	37	20	8	3	10	27	33	20	9	13	64	53	49	1.20	C Trigg	17
5	Leeds United	42	14	4	3	36	17	6	4	11	27	38	20	8	14	63	55	48	1.14	L Browning	19
6	Blackburn Rov	42	13	3	5	39	27	6	5	10	26	39	19	8	15	65	66	46	0.98	L Graham	13
7	Coventry City	42	15	3	3	51	25	4	3	14	24	34	19	7	16	75	59	45	1.27	K Chisholm	25
8	Sheffield United	42	11	4	6	44	27	5	8	8	28	35	16	12	14	72	62	44	1.16	J Hagan	16
9	Brentford	42	13	3	5	44	25	5	5	11	31	49	18	8	16	75	74	44	1.01	W Dare	16
10	Hull City	42	12	5	4	47	28	4	6	11	27	42	16	11	15	74	70	43	1.05	A Ackerman	21
11	Doncaster Rov	42	9	6	6	37	32	6	7	8	27	36	15	13	14	64	68	43	0.94	P Doherty	15
12	Southampton	42	10	9	2	38	27	5	4	12	28	46	15	13	14	66	73	43	0.90	E Brown	20
13	West Ham United	42	10	5	6	44	33	6	5	10	24	36	16	10	16	68	69	42	0.98	W Robinson	26
14	Leicester City	42	10	4	7	42	28	5	7	9	26	30	15	11	16	68	58	41	1.17	G Rowley	28
15	Barnsley	42	9	5	7	42	22	6	5	10	32	46	15	10	17	74	68	40	1.08	**J McCormack**	**33**
16	Queens Park R	42	13	5	3	47	25	2	5	14	24	57	15	10	17	71	82	40	0.86	A Addinall	17
17	Notts County	42	7	7	7	37	34	6	6	9	24	26	13	13	16	61	60	39	1.01	T Johnston, J Sewell	14
18	Swansea Town	42	14	1	6	34	25	2	3	16	20	52	16	4	22	54	77	36	0.70	D Thomas	9
19	Luton Town	42	7	9	5	34	23	2	6	14	23	42	9	14	19	57	70	32	0.81	G Stobbart	9
20	Bury	42	9	4	8	33	27	3	4	14	27	59	12	8	22	60	86	32	0.69	K Plant	20
21	Chesterfield	42	7	7	7	30	28	5	9	14	14	41	12	9	21	44	69	30	0.63	C Marron	11
22	Grimsby Town	42	6	8	7	37	38	2	4	15	24	57	8	12	22	61	95	28	0.64	W Cairns	15

1950/51 DIVISION 3 (North)
SEASON 52

Total Matches	552
Total Goals	1608
Avg goals per match	2.91

		Accrington S	Barrow	Bradford P A	Bradford City	Carlisle United	Chester	Crewe Alex	Darlington	Gateshead	Halifax Town	Hartlepools U	Lincoln City	Mansfield T	New Brighton	Oldham Athletic	Rochdale	Rotherham Utd	Scunthorpe U	Shrewsbury T	Southport	Stockport Co	Tranmere Rov	Wrexham	York City
1	Accrington S		1-0	3-3	0-2	0-4	1-2	1-0	1-0	2-2	1-0	2-0	3-1	0-2	1-1	1-2	1-2	0-2	0-0	2-0	3-1	2-3	0-2	1-0	2-0
2	Barrow	4-0		2-3	1-3	1-2	2-0	0-1	0-3	1-1	2-0	3-0	3-1	2-3	1-1	2-1	4-3	0-2	1-0	0-0	3-1	1-0	1-2	2-0	2-0
3	Bradford P A	3-0	5-0		3-1	0-2	2-0	1-1	2-1	2-0	2-1	1-1	2-1	1-0	2-1	3-1	0-1	0-4	2-2	2-4	2-0	3-0	4-1	0-1	4-0
4	Bradford City	7-0	5-1	4-1		2-4	0-1	1-1	0-3	2-2	2-0	3-1	0-0	2-3	3-0	1-0	2-1	3-4	2-0	1-0	3-0	0-1	2-2	5-3	5-2
5	Carlisle United	3-1	1-1	1-0	2-1		2-1	2-1	2-1	3-0	1-0	1-0	2-0	2-0	1-0	4-0	0-0	3-1	2-2	3-1	2-2	3-1	0-2	3-2
6	Chester	2-2	1-2	2-0	2-2	1-1		1-1	3-1	2-2	2-1	2-1	2-1	0-1	3-1	3-1	1-3	1-2	4-1	3-1	0-2	3-0	1-3	0-0	3-1
7	Crewe Alex	3-0	2-0	2-4	1-1	1-1	3-0		5-0	0-1	0-0	3-1	0-4	2-0	2-0	2-1	3-1	1-2	2-0	1-2	1-0	0-2	1-1	1-1	2-4
8	Darlington	3-0	1-1	1-4	2-1	1-0	0-0	2-0		4-2	2-0	0-1	1-1	1-2	5-3	0-0	0-2	2-2	3-2	2-1	1-1	2-1	1-1	1-1	0-3
9	Gateshead	7-0	1-0	5-0	2-0	4-3	2-1	4-0	5-2		5-0	0-1	1-2	1-3	4-0	3-2	4-1	0-3	1-0	3-0	1-3	2-0	2-0	0-0	3-0
10	Halifax Town	2-2	0-0	2-2	1-2	1-0	3-1	1-0	2-2	1-0		2-2	1-1	0-1	0-2	2-0	1-1	1-2	3-3	3-1	4-0	1-0	0-1	1-0	1-3
11	Hartlepools Utd	1-0	6-1	3-1	1-1	3-3	1-2	0-2	6-1	3-0	5-2		2-2	1-1	0-1	0-1	0-0	3-1	4-2	1-0	3-2	2-0	2-1	4-1	4-1
12	Lincoln City	9-1	3-0	1-3	1-4	1-1	2-1	4-1	3-0	2-1	3-1	1-0		3-0	3-0	2-0	4-2	0-2	2-1	5-0	1-2	6-0	2-1	2-1	2-1
13	Mansfield Town	5-0	4-0	3-2	1-1	2-1	4-1	2-1	2-1	3-1	1-0	1-1		4-0	3-1	1-0	1-1	1-1	4-0	2-2	2-1	2-1	1-0	3-1
14	New Brighton	1-1	1-2	3-3	0-6	0-1	1-0	0-2	2-2	0-1	1-0	1-0	0-1	0-1		2-0	1-5	2-4	1-2	0-0	1-0	1-0	1-1	3-0	0-0
15	Oldham Athletic	2-1	0-1	2-3	2-2	1-1	1-0	0-2	2-0	2-3	2-0	5-1	0-0	2-0	3-1		2-0	4-5	3-4	2-1	4-0	1-3	3-4	2-2	2-2
16	Rochdale	3-1	1-0	1-2	4-0	4-1	2-3	1-1	0-0	2-0	0-0	3-1	3-0	0-0	1-0	0-1		0-2	2-0	5-0	1-1	1-1	2-3	2-0	0-1
17	Rotherham Utd	6-2	3-0	2-1	1-0	3-0	0-0	2-3	0-1	1-2	2-0	2-1	3-0	2-0	3-0	5-0	3-1		4-1	2-0	1-1	0-0	1-2	5-0	3-1
18	Scunthorpe Utd	3-0	1-0	1-1	0-0	1-1	2-0	1-1	2-0	2-1	2-2	0-0	1-1	0-0	6-0	1-0	3-0	0-0		0-0	0-0	3-1	1-1	2-0	0-1
19	Shrewsbury T	0-1	1-0	1-0	2-0	0-3	1-0	0-1	2-2	1-0	2-0	1-0	1-2	1-1	4-2	2-2	0-2	1-2	3-1		1-5	0-3	1-2	2-1	1-0
20	Southport	3-0	2-1	2-4	0-1	1-0	0-1	2-0	1-0	1-1	3-0	0-2	0-1	0-1	1-4	1-1	0-1	2-2	1-2		2-0	0-1	3-1	1-1
21	Stockport Co	0-0	4-1	2-1	3-1	1-2	0-3	3-0	1-0	5-2	2-1	2-0	2-1	3-1	4-0	1-4	2-2	1-3	1-2	2-0	3-2		0-0	2-1	1-0
22	Tranmere Rov	1-1	3-0	2-2	3-1	2-2	3-1	3-0	2-2	3-2	1-0	0-1	2-1	4-3	1-0	2-1	2-1	1-0	0-1	4-0	1-1		1-2	7-2
23	Wrexham	1-1	1-0	3-1	0-3	2-1	2-0	0-2	3-1	0-0	2-2	1-0	2-3	2-2	0-1	0-2	3-1	0-0	3-1	1-0	3-3	2-0	2-1		4-3
24	York City	3-0	0-2	1-3	1-2	1-1	2-2	1-2	1-1	1-0	0-0	3-0	2-2	1-1	2-0	2-2	3-3	0-0	2-0	2-0	0-0	4-0	3-0		

Final League Table

Pos	Team	Pld	Home W	Home D	Home L	Home F	Home A	Away W	Away D	Away L	Away F	Away A	Totals W	Totals D	Totals L	Totals F	Totals A	Pts	GA	Leading Goalscorer	Gls
1	Rotherham Utd	46	16	3	4	55	16	15	6	2	48	25	31	9	6	103	41	71	2.51	J Shaw	37
2	Mansfield Town	46	17	6	0	54	19	9	6	8	24	29	26	12	8	78	48	64	1.62	W Coole	16
3	Carlisle United	46	18	4	1	44	17	7	8	8	35	33	25	12	9	79	50	62	1.58	P Turner	13
4	Tranmere Rov	46	15	5	3	51	26	9	6	8	32	36	24	11	11	83	62	59	1.33	A Rosenthal	18
5	Lincoln City	46	18	1	4	62	23	7	7	9	27	35	25	8	13	89	58	58	1.53	J Garvie	21
6	Bradford P A	46	15	3	5	46	23	8	5	10	44	49	23	8	15	90	72	54	1.25	R Crosbie	27
7	Bradford City	46	13	4	6	55	30	8	6	9	35	33	21	10	15	90	63	52	1.42	A Price	15
8	Gateshead	46	17	1	5	60	21	4	7	12	24	41	21	8	17	84	62	50	1.35	G Wilbert	18
9	Crewe Alex	46	11	5	7	38	26	8	5	10	23	34	19	10	17	61	60	48	1.01	J Basford	12
10	Stockport Co	46	15	3	5	45	26	5	5	13	18	37	20	8	18	63	63	48	1.00	A Black	17
11	Rochdale	46	11	6	6	38	18	6	5	12	31	44	17	11	18	69	62	45	1.11	J Connor	10
12	Scunthorpe Utd	46	10	12	1	32	9	3	6	14	26	48	13	18	15	58	57	44	1.01	E Gorin	12
13	Chester	46	11	6	6	42	30	6	3	14	20	34	17	9	20	62	64	43	0.96	A Burgess	22
14	Wrexham	46	10	6	7	35	28	3	6	14	18	43	13	12	21	53	71	42	0.77	F Fidler, W Tunnicliffe	14
15	Oldham Athletic	46	10	5	8	47	36	6	3	14	26	37	16	8	22	73	73	40	1.00	E Gemmell	20
16	Hartlepools Utd	46	14	5	4	55	26	2	2	19	9	40	16	7	23	64	66	40	0.97	L Wildon	26
17	York City	46	7	12	4	37	24	5	3	15	29	53	12	15	19	66	77	39	0.85	J Linaker, M Patrick	12
18	Darlington	46	10	6	7	39	29	3	6	14	20	48	13	12	21	59	77	39	0.76	H Yates	14
19	Barrow	46	12	3	8	38	27	4	4	15	13	49	16	7	23	51	76	39	0.67	G King	19
20	Shrewsbury T	46	11	3	9	28	30	4	4	15	15	44	15	7	24	43	74	37	0.58	R Brown	14
21	Southport	46	9	4	10	29	25	4	6	13	27	47	13	10	23	56	72	36	0.77	J Nuttall	12
22	Halifax Town	46	11	6	6	36	24	0	6	17	14	45	11	12	23	50	69	34	0.72	D Frost	12
23	Accrington S	46	10	4	9	28	29	1	6	16	14	72	11	10	25	42	101	32	0.41	W Keeley	13
24	New Brighton	46	7	6	10	22	32	4	2	17	18	58	11	8	27	40	90	30	0.44	J Jones	7

New Brighton failed to gain re-election. Workington Town elected in their place. Shrewsbury Town transferred to Division 3 (South).

1950/51 DIVISION 3 (South)
SEASON 52

	Total
Total Matches	552
Total Goals	1623
Avg goals per match	2.94

#	Team	Aldershot	Bournemouth	Brighton & H A	Bristol City	Bristol Rovers	Colchester Utd	Crystal Palace	Exeter City	Gillingham	Ipswich Town	Leyton Orient	Millwall	Newport Co	Northampton T	Norwich City	Nottm Forest	Plymouth A	Port Vale	Reading	Southend Utd	Swindon Town	Torquay Utd	Walsall	Watford
1	Aldershot		0-1	0-0	0-0	1-1	2-0	3-0	4-2	2-4	0-1	3-1	2-1	3-1	3-0	1-1	1-0	2-2	2-0	1-1	2-2	0-1	1-0	3-0	1-1
2	Bournemouth	4-0		2-2	1-0	2-0	2-0	5-0	1-1	3-1	2-1	5-0	1-0	2-0	1-0	0-0	3-2	0-2	3-1	1-0	3-1	2-1	0-0	3-1	3-3
3	Brighton & H A	1-2	2-1		1-1	2-2	3-1	1-0	4-1	2-2	4-0	2-3	9-1	5-1	1-1	1-2	0-6	2-2	1-1	2-1	1-0	2-2	1-0	1-1
4	Bristol City	1-1	2-0	2-0		1-0	0-2	2-0	3-1	2-0	4-1	2-1	2-1	1-0	2-2	0-3	1-0	3-1	3-3	0-3	0-3	0-0	0-2	3-3	3-0
5	Bristol Rovers	0-0	1-0	0-2	2-1		1-1	1-1	3-1	3-0	1-1	2-1	1-0	1-0	1-1	3-3	0-2	3-1	2-0	4-1	1-0	1-1	1-1	3-0
6	Colchester Utd	1-0	4-1	4-1	1-1	0-0		1-0	4-2	2-3	1-0	3-0	1-1	2-3	2-0	3-0	1-1	1-1	1-3	4-1	3-1	0-1	4-1
7	Crystal Palace	0-2	0-2	0-2	1-0	1-0	1-3		0-1	4-3	1-3	1-1	1-1	1-1	0-0	0-5	1-6	0-1	0-2	0-3	0-2	2-0	2-1	1-0	1-1
8	Exeter City	3-0	2-1	4-2	1-0	0-2	5-0	1-2		1-2	2-0	0-0	0-1	2-2	1-0	1-2	0-5	3-2	0-3	1-3	1-0	1-0	0-0	3-3
9	Gillingham	3-0	2-2	1-1	1-2	1-0	0-0	0-0	9-4		0-1	1-0	4-3	0-1	3-1	2-2	1-4	1-2	1-1	0-3	0-0	2-1	2-0	4-1	3-1
10	Ipswich Town	5-2	1-0	3-0	2-0	2-3	3-0	1-1	1-0	5-1		2-2	2-1	2-1	0-1	1-0	1-3	2-0	2-2	0-2	1-0	4-1	3-1	3-1	2-1
11	Leyton Orient	1-0	2-0	2-1	0-2	1-0	1-1	2-0	1-3	4-0	2-0		0-2	0-3	1-0	3-1	0-4	1-2	2-3	2-0	1-1	2-1	5-1	2-1	1-2
12	Millwall	1-0	3-0	1-1	5-3	1-0	2-0	1-0	5-0	4-3	4-0	3-1		2-4	2-1	1-1	1-1	2-2	1-3	1-1	1-0	4-1	2-0	4-0
13	Newport County	7-0	1-0	3-0	0-1	2-1	2-0	2-4	0-3	1-0	1-2	0-0	2-3		2-2	1-1	0-2	2-0	2-1	5-0	6-1	2-1	2-1	3-0	2-2
14	Northampton T	1-0	0-1	0-0	2-2	1-1	2-1	2-0	4-1	2-0	2-1	3-3	1-2	1-4		1-2	2-2	1-3	1-1	1-1	1-1	1-2	1-0	1-1	6-0
15	Norwich City	2-2	3-0	1-1	0-0	2-0	1-1	3-1	3-0	0-0	1-3	3-1	2-1	2-1	0-0		2-0	1-0	2-0	2-1	3-0	2-0	1-1	1-0	3-1
16	Nottm Forest	7-0	1-0	4-0	0-0	2-1	0-0	1-0	2-2	9-2	0-0	0-1	2-0	2-1	2-2	4-2		4-1	2-1	1-1	3-0	2-1	3-1	4-0	2-1
17	Plymouth Argyle	5-1	3-1	3-3	2-0	0-0	7-1	4-0	0-1	2-0	2-1	2-2	1-1	4-1	2-1	0-2		1-0	2-0	5-1	1-0	1-1	3-1
18	Port Vale	3-1	3-1	0-1	1-3	0-0	1-1	2-2	4-3	1-0	3-1	0-1	1-0	0-3	2-1	1-1	2-1		1-0	2-0	5-1	1-0	1-1	2-1
19	Reading	7-1	0-0	7-0	4-2	0-0	3-2	1-1	4-2	1-1	2-0	4-0	1-1	5-0	2-0	3-1	4-2	0-0	3-0		0-2	3-1	0-0	2-1	1-0
20	Southend United	4-2	6-1	3-1	1-1	1-1	4-2	5-2	5-1	4-0	1-0	0-1	0-3	3-0	3-0	0-2	3-2	1-0	1-1	3-3		8-2	3-0	0-1	5-1
21	Swindon Town	4-0	2-1	0-0	1-0	1-2	1-1	2-0	1-0	2-0	2-0	0-1	2-1	2-3	3-4	1-1	1-5	3-2	1-3	3-2	2-1		4-1	2-1	1-1
22	Torquay United	1-2	0-2	3-1	4-1	1-2	4-1	4-1	2-0	0-1	2-1	2-1	3-4	1-1	1-5	3-2	1-3	3-2	2-2	1-0		3-2	3-2
23	Walsall	3-1	0-1	1-0	3-1	4-2	0-0	0-2	2-1	2-0	1-1	4-0	0-0	1-0	0-2	1-1	2-0	1-2	1-2	1-0	3-1	1-0		1-1
24	Watford	1-2	2-1	1-1	1-2	1-0	2-0	1-0	1-2	5-0	0-2	0-0	0-2	0-1	0-2	1-1	1-1	2-0	3-1	1-3	1-2	2-2	1-3	

Final League Table

Pos	Team	Pld	Home W	Home D	Home L	Home F	Home A	Away W	Away D	Away L	Away F	Away A	Totals W	Totals D	Totals L	Totals F	Totals A	Pts	GA	Leading Goalscorer	Gls
1	Nottm Forest	46	16	6	1	57	17	14	4	5	53	23	30	10	6	110	40	70	2.75	W Ardron	36
2	Norwich City	46	16	6	1	42	14	9	8	6	40	31	25	14	7	82	45	64	1.82	J Gavin	17
3	Reading	46	15	6	2	57	17	6	9	8	31	36	21	15	10	88	53	57	1.66	R Blackman	35
4	Plymouth Argyle	46	16	5	2	54	19	8	4	11	31	36	24	9	13	85	55	57	1.54	M Tadman	23
5	Millwall	46	15	6	2	52	23	8	4	11	28	34	23	10	13	80	57	56	1.40	J Constantine	23
6	Bristol Rovers	46	15	7	1	46	18	5	8	10	18	24	20	15	11	64	42	55	1.52	V Lambden	20
7	Southend United	46	15	4	4	64	27	6	6	11	28	42	21	10	15	92	69	52	1.33	A Wakefield	15
8	Ipswich Town	46	15	4	4	48	24	8	2	13	21	34	23	6	17	69	58	52	1.19	S McCrory	21
9	Bournemouth	46	17	5	1	49	16	5	2	16	16	41	22	7	17	65	57	51	1.14	D McGibbon	17
10	Bristol City	46	15	4	4	41	25	5	7	11	23	34	20	11	15	64	59	51	1.08	A Rodgers	20
11	Newport County	46	13	4	6	48	25	6	5	12	29	45	19	9	18	77	70	47	1.10	R Parker	22
12	Port Vale	46	13	6	4	35	24	3	7	13	25	41	16	13	17	60	65	45	0.92	C Pinchbeck	16
13	Brighton & H A	46	11	8	4	51	31	2	9	12	20	48	13	17	16	71	79	43	0.89	J McNichol, C Thompson	12
14	Exeter City	46	11	4	8	33	30	7	2	14	29	55	18	6	22	62	85	42	0.72	A Smith	22
15	Walsall	46	12	4	7	32	20	6	6	14	20	42	15	10	21	52	62	40	0.83	D Dearson, J Winter	10
16	Colchester Utd	46	12	5	6	43	25	2	7	14	20	51	14	12	20	63	76	40	0.82	R Curry	13
17	Swindon Town	46	15	4	4	38	17	3	0	20	17	50	18	4	24	55	67	40	0.82	M Owen	9
18	Aldershot	46	11	8	4	37	20	4	2	17	19	68	15	10	21	56	88	40	0.63	P Bonnar	13
19	Leyton Orient	46	13	2	8	36	28	2	6	15	17	47	15	8	23	53	75	38	0.70	J Blair	16
20	Torquay United	46	13	2	8	47	39	1	7	15	17	42	14	9	23	64	81	37	0.79	R Collins, R Shaw	11
21	Northampton T	46	8	9	6	39	30	2	7	14	16	37	10	16	20	55	67	36	0.82	A Dixon	14
22	Gillingham	46	10	7	6	41	30	3	2	18	28	71	13	9	24	69	101	35	0.68	D Thomas	19
23	Watford	46	8	5	10	29	28	1	6	16	25	60	9	11	26	54	88	29	0.61	J Hartburn	13
24	Crystal Palace	46	6	5	12	18	39	2	6	15	15	45	8	11	27	33	84	27	0.39	N Kelly, R Rooke	5

1951/52 DIVISION 1 SEASON 53

Total Matches	462
Total Goals	1490
Avg goals per match	3.23

		Arsenal	Aston Villa	Blackpool	Bolton Wand.	Burnley	Charlton Ath.	Chelsea	Derby County	Fulham	Huddersfield T	Liverpool	Manchester C	Manchester U	Middlesbrough	Newcastle Utd.	Portsmouth	Preston N E	Stoke City	Sunderland	Tottenham H	West Brom A	Wolverhampton
1	Arsenal		2-1	4-1	4-2	1-0	2-1	2-1	3-1	4-3	2-2	0-0	2-2	1-3	3-1	1-1	4-1	3-3	4-1	3-0	1-1	6-3	2-2
2	Aston Villa	1-0		4-0	1-1	4-1	0-2	7-1	4-1	4-1	1-0	2-0	1-2	2-5	2-0	2-2	2-0	3-2	2-3	2-1	0-3	2-0	3-3
3	Blackpool	0-0	0-3		1-0	1-0	1-2	1-2	3-1	2-0	2-2	2-0	2-2	2-2	2-2	6-3	0-0	0-3	4-2	3-0	1-0	2-0	3-2
4	Bolton Wanderers	2-1	5-2	1-0		1-4	2-1	3-0	1-2	2-1	2-1	1-1	2-1	1-0	3-1	0-0	0-3	1-1	1-1	1-1	1-1	3-2	2-2
5	Burnley	0-1	2-1	2-0	1-3		1-0	1-1	0-1	1-0	0-2	0-0	0-0	1-1	7-1	2-1	1-0	0-2	4-0	0-1	1-1	6-1	2-2
6	Charlton Athletic	1-3	0-1	2-0	1-0	1-0		1-1	3-3	3-0	4-0	2-0	0-0	2-2	4-3	3-0	0-2	4-2	4-0	2-1	0-3	3-3	1-0
7	Chelsea	1-3	2-2	2-1	1-3	4-1	1-0		0-1	2-1	2-1	1-3	0-3	4-2	5-0	1-0	1-1	0-0	1-0	2-1	0-2	1-3	0-1
8	Derby County	1-2	1-1	1-1	5-2	1-0	1-3	1-1		5-0	2-1	1-1	1-3	0-3	3-1	1-3	1-0	4-3	4-2	3-4	4-2	2-1	1-3
9	Fulham	0-0	2-2	1-2	1-2	1-2	3-3	1-2	3-0		1-0	1-1	1-2	3-3	6-0	1-1	2-3	2-3	5-0	0-1	1-2	1-0	2-2
10	Huddersfield Town	2-3	3-1	1-3	0-2	1-3	1-0	1-0	1-1	1-0		1-2	5-1	3-2	1-0	2-4	0-1	2-0	0-2	2-2	1-1	3-0	1-7
11	Liverpool	0-0	1-2	1-1	1-1	3-1	1-1	1-1	2-0	4-0	2-1		1-2	0-0	1-1	3-0	0-2	2-2	2-1	2-1	1-1	2-5	1-1
12	Manchester City	0-2	2-2	0-0	0-3	0-1	4-2	3-1	4-2	1-1	3-0	1-2		1-2	2-1	2-3	0-1	1-0	0-1	3-1	1-1	1-2	0-0
13	Manchester United	6-1	1-1	3-1	1-0	6-1	3-2	3-0	2-1	3-2	1-1	4-0	1-1		4-2	2-1	1-3	1-2	4-0	0-1	2-0	5-1	2-0
14	Middlesbrough	0-3	2-0	1-0	2-0	5-0	2-1	0-0	0-0	2-0	2-1	3-3	2-2	1-4		2-1	2-1	2-5	3-0	0-2	2-1	0-1	4-0
15	Newcastle United	2-0	6-1	1-3	0-1	7-1	6-0	3-1	2-1	0-1	6-2	1-1	0-0	2-2	0-2		3-3	3-0	6-0	2-2	7-2	1-4	3-1
16	Portsmouth	1-1	2-0	1-3	3-0	2-2	1-0	1-0	3-1	4-0	3-1	1-1	1-0	5-4	3-1	1-0		1-2	4-1	0-2	2-0	1-1	2-3
17	Preston North End	2-0	2-2	3-1	2-2	1-2	3-0	1-0	0-1	0-1	5-2	4-0	1-1	1-2	0-1	1-2	2-2		2-0	4-2	1-1	1-0	3-0
18	Stoke City	2-1	4-1	2-3	1-2	2-1	1-2	1-2	3-1	1-1	0-0	1-2	3-1	0-0	3-2	4-5	2-0	0-0		1-1	1-6	1-1	1-0
19	Sunderland	4-1	1-3	1-3	0-2	0-0	1-1	4-1	3-0	2-2	7-1	3-0	3-0	1-2	3-1	1-4	3-1	0-0	0-1		0-1	3-3	1-1
20	Tottenham Hotspur	1-2	2-0	2-0	2-1	1-1	2-3	3-2	5-0	1-0	1-0	2-3	1-2	2-0	3-1	2-1	1-0	1-0	2-0	2-0		3-1	4-2
21	West Bromwich Albion	3-1	1-2	1-1	3-2	1-1	1-1	0-1	1-0	0-2	0-0	3-3	3-2	3-3	2-3	3-3	5-0	1-1	1-0	1-1	3-1		2-1
22	Wolverhampton Wand.	2-1	1-2	3-0	5-1	1-2	2-2	5-3	1-2	2-2	0-0	2-1	2-2	0-2	4-0	3-0	1-1	1-4	3-0	0-0	1-1	1-4	

Final League Table

Pos	Team	Pld	Home					Away					Totals					Pts	GA	Leading Goalscorer	Gls
			W	D	L	F	A	W	D	L	F	A	W	D	L	F	A				
1	Manchester Utd	42	15	3	3	55	21	8	8	5	40	31	23	11	8	95	52	57	1.82	J Rowley	30
2	Tottenham H	42	16	1	4	45	20	6	8	7	31	31	22	9	11	76	51	53	1.49	L Bennett	19
3	Arsenal	42	13	7	1	54	30	8	4	9	26	31	21	11	10	80	61	53	1.31	D Lishman	23
4	Portsmouth	42	13	3	5	42	25	7	5	9	26	33	20	8	14	68	58	48	1.17	J Reid	16
5	Bolton Wand	42	11	7	3	35	26	8	3	10	30	35	19	10	13	65	61	48	1.06	N Lofthouse	18
6	Aston Villa	42	13	3	5	49	28	6	6	9	30	42	19	9	14	79	70	47	1.12	J Dixon	26
7	Preston N E	42	10	5	6	39	22	7	7	7	35	32	17	12	13	74	54	46	1.37	C Wayman	24
8	Newcastle Utd	42	12	4	5	62	28	6	5	10	36	45	18	9	15	98	73	45	1.34	G Robledo	33
9	Blackpool	42	12	5	4	40	27	6	4	11	24	37	18	9	15	64	64	45	1.00	S Mortensen	17
10	Charlton Athletic	42	12	5	4	41	24	5	5	11	27	39	17	10	15	68	63	44	1.07	C Vaughan	22
11	Liverpool	42	6	11	4	31	25	6	8	7	26	36	12	19	11	57	61	43	0.93	W Liddell	19
12	Sunderland	42	8	8	5	41	28	7	6	8	29	33	15	12	15	70	61	42	1.14	T Ford	17
13	West Brom A	42	8	9	4	38	29	6	4	11	36	48	14	13	15	74	77	41	0.96	R Allen	32
14	Burnley	42	9	6	6	32	19	6	4	11	24	44	15	10	17	56	63	40	0.88	W Morris	18
15	Manchester City	42	7	5	9	29	28	6	8	7	29	33	13	13	16	58	61	39	0.95	J Hart	12
16	Wolverhampton	42	8	6	7	40	33	4	6	11	33	40	12	12	18	73	73	38	1.00	J Pye	18
17	Derby County	42	10	4	7	43	37	5	3	13	20	43	15	7	20	63	80	37	0.78	J Parry	11
18	Middlesbrough	42	12	4	5	37	25	3	2	16	27	63	15	6	21	64	88	36	0.72	L Delapenha	15
19	Chelsea	42	10	3	8	31	29	4	5	12	21	43	14	8	20	52	72	36	0.72	R Bentley, S D'Arcy	12
20	Stoke City	42	8	6	7	34	32	4	1	16	15	56	12	7	23	49	88	31	0.55	S Smyth	12
21	Huddersfield T	42	9	3	9	32	35	1	5	15	17	47	10	8	24	49	82	28	0.59	J Glazzard	10
22	Fulham	42	5	7	9	38	31	3	4	14	20	46	8	11	23	58	77	27	0.75	B Jezzard	8

1951/52 DIVISION 2
SEASON 53

Total Matches: 462
Total Goals: 1488
Avg goals per match: 3.22

Final League Table

Pos	Team	Pld	Home W	D	L	F	A	Away W	D	L	F	A	Totals W	D	L	F	A	Pts	GA	Leading Goalscorer	Gls
1	Sheffield Weds	42	14	4	3	54	23	7	7	7	46	43	21	11	10	100	66	53	1.51	D Dooley	46
2	Cardiff City	42	18	2	1	52	15	2	9	10	20	39	20	11	11	72	54	51	1.33	W Grant	26
3	Birmingham City	42	11	6	4	36	21	10	3	8	31	35	21	9	12	67	56	51	1.19	T Briggs	18
4	Nottm Forest	42	12	6	3	41	22	6	7	8	36	40	18	13	11	77	62	49	1.24	W Ardron	29
5	Leicester City	42	12	6	3	48	24	7	3	11	30	40	19	9	14	78	64	47	1.21	G Rowley	38
6	Leeds United	42	13	7	1	35	15	5	4	12	24	42	18	11	13	59	57	47	1.03	H Iggleden	19
7	Everton	42	12	5	4	42	25	5	5	11	22	33	17	10	15	64	58	44	1.10	J Parker	15
8	Luton Town	42	9	7	5	46	35	7	5	9	31	43	16	12	14	77	78	44	0.98	J Taylor	20
9	Rotherham Utd	42	11	4	6	40	25	6	4	11	33	46	17	8	17	73	71	42	1.02	J Shaw	24
10	Brentford	42	11	7	3	34	20	4	5	12	20	35	15	12	15	54	55	42	0.98	W Dare	13
11	Sheffield United	42	13	2	6	57	28	5	3	13	33	48	18	5	19	90	76	41	1.18	A Ringstead	24
12	West Ham United	42	13	5	3	48	29	2	6	13	19	48	15	11	16	67	77	41	0.87	A Hawkins	15
13	Southampton	42	11	6	4	40	25	4	5	12	21	48	15	11	16	61	73	41	0.83	E Brown	12
14	Blackburn Rov	42	11	3	7	35	30	6	3	12	19	33	17	6	19	54	63	40	0.85	E Quigley	11
15	Notts County	42	11	5	5	45	27	5	2	14	26	41	16	7	19	71	68	39	1.04	R Crookes	15
16	Doncaster Rov	42	9	4	8	29	28	4	8	9	26	32	13	12	17	55	60	38	0.91	H Tindill	11
17	Bury	42	13	2	6	43	22	2	5	14	24	47	15	7	20	67	69	37	0.97	H Bodle, K Plant	19
18	Hull City	42	11	5	5	44	23	2	6	13	16	47	13	11	18	60	70	37	0.85	S Gerrie	24
19	Swansea Town	42	10	4	7	45	26	2	8	11	27	50	12	12	18	72	76	36	0.94	D Turnbull	21
20	Barnsley	42	8	7	6	39	33	3	7	11	20	39	11	14	17	59	72	36	0.81	E McMorran	15
21	Coventry City	42	9	5	7	36	33	5	1	15	23	49	14	6	22	59	82	34	0.72	N Lockhart	15
22	Queens Park R	42	8	8	5	35	35	3	4	14	17	46	11	12	19	52	81	34	0.64	W Smith	13

1951/52 DIVISION 3 (North) SEASON 53

Total Matches 552
Total Goals 1658
Avg goals per match 3.00

	Team	Accrington S	Barrow	Bradford PA	Bradford City	Carlisle United	Chester	Chesterfield	Crewe Alex	Darlington	Gateshead	Grimsby Town	Halifax Town	Hartlepools U	Lincoln City	Mansfield T	Oldham Athletic	Rochdale	Scunthorpe U	Southport	Stockport Co	Tranmere Rov	Workington	Wrexham	York City
1	Accrington S		1-1	5-1	0-1	0-2	4-2	2-0	2-3	1-3	1-2	0-3	2-2	0-0	1-3	1-0	1-2	0-0	2-2	0-0	0-3	1-1	0-0	4-2	2-1
2	Barrow	3-1		0-2	1-0	0-1	1-0	2-0	2-1	2-2	2-1	3-1	0-0	2-1	1-2	1-1	0-1	4-0	2-1	0-0	1-3	2-0	1-0	3-1	0-0
3	Bradford PA	1-1	3-1		2-1	0-1	3-0	3-3	3-2	2-0	2-0	3-2	6-1	1-2	1-1	0-1	1-0	1-1	2-2	2-2	4-2	2-3	2-1	5-0	2-1
4	Bradford City	1-3	2-2	2-2		1-2	1-0	1-0	0-2	3-1	1-1	0-2	3-2	2-0	1-1	2-1	5-2	3-0	1-0	2-1	2-3	2-0	1-0	3-2	3-3
5	Carlisle United	4-1	0-1	1-0	1-0		0-0	2-3	2-0	1-1	0-0	1-2	2-2	2-1	1-4	0-0	3-3	1-1	3-0	0-2	2-1	1-0	0-1	2-0	2-1
6	Chester	3-1	0-0	4-2	1-0	4-2		3-0	2-0	2-0	0-3	0-3	5-1	3-3	0-1	1-5	1-2	4-0	3-1	2-1	0-0	4-1	2-2	2-1	1-1
7	Chesterfield	2-0	2-0	0-0	2-2	3-0	2-0		0-0	4-2	1-0	3-1	3-1	2-2	1-1	1-0	5-1	3-0	2-0	0-1	1-1	3-1	3-0	2-1	1-1
8	Crewe Alex	3-3	1-1	3-4	0-1	1-1	1-2	2-1		3-0	4-2	1-2	4-1	4-2	0-2	1-0	3-1	1-0	2-2	1-0	1-0	2-1	2-0	2-2	0-0
9	Darlington	4-5	1-2	3-0	3-1	1-2	1-1	3-0	0-1		3-2	0-2	0-2	2-1	1-1	2-1	2-2	2-1	2-3	1-1	1-2	2-2	2-1	2-1	1-0
10	Gateshead	1-0	2-0	0-1	2-2	1-1	0-1	1-1	1-0	2-2		1-1	3-0	2-0	3-1	4-1	1-0	1-0	2-1	3-0	0-2	4-1	1-1	1-1	1-0
11	Grimsby Town	2-1	1-0	3-0	2-1	4-1	2-1	2-0	0-1	3-0	2-0		8-1	2-0	2-3	1-1	3-1	4-0	3-2	4-1	4-0	1-0	5-0	1-0	0-0
12	Halifax Town	0-4	0-1	0-0	1-1	1-2	4-1	0-0	2-3	4-1	0-1	3-0		2-0	1-3	1-0	1-0	2-1	0-1	1-2	1-3	3-1	2-0	1-1	1-1
13	Hartlepools Utd	4-2	3-1	2-1	2-1	0-1	2-1	4-1	3-0	2-0	1-0	2-1	6-1		1-1	2-0	1-1	1-1	3-1	3-1	0-1	0-1	1-0	1-0	3-2
14	Lincoln City	2-2	3-0	2-0	2-1	2-2	4-1	5-1	11-1	7-2	1-0	0-2	4-1	4-3		1-2	4-0	2-0	4-1	4-0	2-1	3-0	7-0	3-2	3-1
15	Mansfield Town	3-0	2-1	1-0	2-1	1-2	3-1	2-1	2-1	3-2	2-3	2-2	4-2	0-1	1-0		2-1	1-1	4-1	4-0	1-0	3-2	3-0	1-1	1-0
16	Oldham Athletic	3-1	3-1	1-2	2-1	2-0	11-2	3-0	5-2	3-2	2-0	1-1	2-0	5-2	4-2	5-3		1-1	2-0	2-1	1-0	3-0	0-1	2-1	2-0
17	Rochdale	3-1	4-1	1-1	1-1	0-4	0-5	2-0	1-0	6-2	0-3	0-0	0-2	3-0	0-1	1-0	2-2		1-2	1-0	0-0	3-2	2-0	1-5	0-2
18	Scunthorpe Utd	3-1	0-0	0-0	1-0	1-1	2-2	1-1	2-0	5-2	1-1	1-3	2-1	2-0	1-3	4-1	2-2	3-1		1-1	1-1	2-0	3-1	0-0	1-1
19	Southport	0-0	2-2	0-0	1-1	2-1	1-0	4-1	1-1	3-0	0-2	2-0	3-2	2-0	0-3	0-1	0-0	1-2	5-1		0-0	1-0	4-2	2-1	2-1
20	Stockport Co	6-0	2-2	1-0	1-2	1-1	0-0	2-1	4-2	5-0	0-0	1-1	6-2	0-1	1-1	2-1	0-0	1-0	1-1	3-1		2-0	5-0	0-0	3-1
21	Tranmere Rov	3-1	3-1	1-2	3-1	3-2	3-1	2-0	1-0	3-0	5-1	2-3	2-1	4-1	2-2	1-1	0-4	4-3	3-1	5-2	2-0		3-1	3-1	2-0
22	Workington	0-2	3-1	2-3	0-1	1-2	2-2	3-1	3-1	2-1	1-2	2-4	2-1	1-1	0-3	0-1	0-1	1-1	0-0	6-1	0-3	1-2		2-0	1-0
23	Wrexham	1-0	1-0	4-3	2-0	3-1	3-2	0-3	4-0	1-1	2-1	2-0	2-1	0-0	4-2	3-1	1-0	2-0	1-2	3-0	0-0	0-1	0-0		1-1
24	York City	6-1	2-1	1-0	3-1	0-0	4-2	1-0	3-0	2-1	1-0	1-1	6-2	3-1	1-0	3-0	5-0	1-1	0-1	0-2	0-1	1-1	5-1	4-2	

Final League Table

Pos	Team	Pld	Home W	Home D	Home L	Home F	Home A	Away W	Away D	Away L	Away F	Away A	Totals W	Totals D	Totals L	Totals F	Totals A	Pts	GA	Leading Goalscorer	Gls
1	Lincoln City	46	19	2	2	80	23	11	7	5	41	29	30	9	7	121	52	69	2.32	A Graver	36
2	Grimsby Town	46	19	2	2	59	14	10	6	7	37	31	29	8	9	96	45	66	2.13	W Cairns	32
3	Stockport County	46	12	9	2	47	17	11	4	8	27	23	23	13	10	74	40	59	1.85	J Connor	15
4	Oldham Athletic	46	19	2	2	65	22	5	7	11	25	39	24	9	13	90	61	57	1.47	E Gemmell	28
5	Gateshead	46	14	7	2	41	17	7	4	12	25	32	21	11	14	66	49	53	1.34	I Winters	18
6	Mansfield Town	46	17	3	3	50	23	5	5	13	23	37	22	8	16	73	60	52	1.21	R Reeve	21
7	Carlisle United	46	10	7	6	31	24	9	6	8	31	33	19	13	14	62	57	51	1.08	G Ashman	20
8	Bradford PA	46	13	6	4	51	28	6	6	11	23	36	19	12	15	74	64	50	1.15	P Turner	22
9	Hartlepools Utd	46	17	3	3	47	19	4	5	14	24	46	21	8	17	71	65	50	1.09	L Wildon	18
10	York City	46	16	4	3	53	19	2	9	12	20	33	18	13	15	73	52	49	1.40	W Fenton	31
11	Tranmere Rov	46	17	2	4	59	29	4	9	10	17	42	21	6	19	76	71	48	1.07	T Tilston	15
12	Barrow	46	13	5	5	39	19	4	7	12	24	42	17	12	17	57	61	46	0.93	W Gordon	15
13	Chesterfield	46	15	7	1	47	16	2	4	17	18	50	17	11	18	65	66	45	0.98	C Marron	12
14	Scunthorpe Utd	46	10	11	2	39	23	4	5	14	26	51	14	16	16	65	74	44	0.87	R Powell	14
15	Bradford City	46	12	5	6	40	32	4	5	14	21	56	16	10	20	61	68	42	0.89	L Ward	12
16	Crewe Alex	46	13	7	3	42	25	4	1	18	19	52	17	8	21	61	77	42	0.79	R Kirkpatrick	14
17	Southport	46	12	6	5	36	22	3	5	15	17	49	15	11	20	53	71	41	0.74	J Lindsay	15
18	Wrexham	46	15	4	4	41	22	1	4	18	22	51	16	8	22	63	73	40	0.86	R Hewitt	16
19	Chester	46	13	4	6	46	30	2	5	16	26	55	15	9	22	72	85	39	0.84	R Kirkpatrick	10
20	Halifax Town	46	11	4	8	31	23	3	7	13	30	74	14	7	25	61	97	35	0.62	D Frost	24
21	Rochdale	46	10	5	8	32	34	1	8	14	15	45	11	13	22	47	79	35	0.59	A Foulds, A Middlebrough	10
22	Accrington S	46	6	8	9	30	34	5	4	14	31	58	10	12	24	61	92	32	0.66	W Watkinson	23
23	Darlington	46	10	5	8	39	34	1	4	18	25	69	11	9	26	64	103	31	0.62	H Yates	15
24	Workington	46	8	4	11	33	34	3	3	17	17	57	11	7	28	50	91	29	0.54	D McDowell	14

1951/52 DIVISION 3 (South) SEASON 53

Total Matches 552
Total Goals 1740
Avg goals per match 3.15

		Aldershot	Bournemouth	Brighton & H A	Bristol City	Bristol Rovers	Colchester Utd	Crystal Palace	Exeter City	Gillingham	Ipswich Town	Leyton Orient	Millwall	Newport Co	Northampton T	Norwich City	Plymouth A	Port Vale	Reading	Shrewsbury T	Southend Utd	Swindon Town	Torquay Utd	Walsall	Watford
1	Aldershot		1-3 200	0-2 3N	1-0 1D	1-3 29D	1-1 29S	3-0 30A	4-1 26J	2-1 16A	1-1 12A	0-1 5S	2-1 15M	4-0 6O	0-1 18a	2-0 15D	1-2 5J	4-1 26A	0-2 26D	1-1 23F	2-2 1M	4-0 11A	1-3 17N	3-1 29a	2-0 22D
2	Bournemouth	0-2 8M		3-1 29D	0-0 22a	1-0 22M	5-0 19A	1-2 8D	0-1 23A	3-3 25a	2-2 23F	3-2 25D	0-2 8S	5-1 29S	3-0 14A	1-2 5A	1-2 10N	0-1 5S	1-2 16J	2-0 130	2-1 26J	4-1 15S	3-1 12J	2-1 16F	0-0 27O
3	Brighton & H A	4-2 22M	0-1 1S		1-1 14A	1-1 5A	5-1 18a	4-3 26J	2-1 8D	0-0 23F	5-1 12S	3-1 13O	0-0 22D	1-2 15S	2-0 29S	2-0 19A	2-3 23A	2-1 15D	1-0 26J	1-0 27O	5-0 5J	4-0 16F	3-4 29a	5-1 8M	4-1 10N
4	Bristol City	1-1 15A	4-1 20a	4-1 11A			2-0 6M	1-1 27O	3-2 18O	0-2 1J	1-1 22O	2-1 10N	3-1 11O	2-0 19a	2-5 22D	1-1 16F	1-1 22D	1-1 5J	1-3 22O	3-0 20A	6-0 6F	2-1 22M	2-2 0S	2-0 6A	1-3 8D
5	Bristol Rovers	5-1 1S	1-2 3N	5-0 17N	2-0 19J		2-0 14A	6-0 3S	4-0 1m	2-2 12A	5-0 26A	1-0 27F	2-1 29M	1-1 20O	2-2 6O	1-1 29S	1-2 26J	4-1 25D	1-2 1M	3-3 25M	2-0 15M	1-0 20a	5-0 1D	5-1 28A	0-1 8S
6	Colchester Utd	0-2 9F	1-1 1D	0-0 1m	4-1 20O	2-1 11A		1-2 25a	1-0 2F	1-0 26D	1-0 1M	0-1 8S	2-2 26A	2-1 17N	2-5 3N	1-0 23a	0-0 13S	4-1 15M	2-2 3A	1-0 22S	2-0 12A	0-0 29D	3-2 6O	1-0 19J	0-1 3m
7	Crystal Palace	0-2 12J	2-2 26A	1-2 25D	2-1 15M	0-1 12S	2-2 22D		2-1 18a	0-2 6O	3-1 200	1-1 19J	1-0 29D	3-3 12A	2-0 3m	0-1 23F	3-1 29a	1-2 3N	1-1 17N	1-0 9F	0-0 1D	1-1 8S	2-1 1A	1-1 22S	0-0 14A
8	Exeter City	0-4 22S	2-2 12A	2-0 26A	0-0 1M	0-1 16J	0-0 23F	0-1 26M		4-2 22a	2-1 6O	6-1 29D	0-3 1D	3-4 29M	0-3 15M	2-4 4S	1-0 14A	2-0 20O	1-4 3N	4-2 19J	2-2 17N	1-2 25a	4-0 25D	1-0 8S	3-0 9F
9	Gillingham	3-3 10N	0-2 22D	2-3 2F	5-0 3m	2-1 23A	1-2 25D	4-4 16F	2-1 29a		1-1 11A	1-1 8M	1-1 18a	2-3 5J	2-1 26J	1-2 8D	4-2 19A	1-1 29S	0-0 15S	1-0 22M	2-0 1S	4-0 13O	3-0 12S	4-1 27O	1-0 5A
10	Ipswich Town	2-3 23A	3-1 2F	5-0 5S	1-1 26J	1-2 8D	0-2 13O	1-1 8M	2-4 16F	1-1 14A		1-0 22M	3-0 29a	3-2 22D	0-2 5J	2-2 25D	2-0 29S	4-2 15S	1-0 1S	4-1 5A	1-5 18a	2-0 27O	0-1 30J	1-1 10N	5-1 19A
11	Leyton Orient	0-1 1M	1-0 12S	2-3 26D	2-0 1m	3-3 7F	7-0 5J	0-4 15S	3-0 1S	1-0 200	2-0 3N		0-0 6O	1-1 26A	2-1 12A	3-3 22D	1-0 18a	2-0 17N	0-4 1D	4-1 14A	1-4 9F	1-0 26J	0-1 15M	3-0 19S	0-0 29a
12	Millwall	3-2 27O	1-1 5J	0-3 25a	3-2 19S	1-1 10N	1-1 8D	3-1 1S	4-0 19A	2-0 31M	4-0 22a	2-0 16F		2-1 26J	2-1 30A	2-1 23A	0-2 5A	1-1 11A	3-2 29S	0-0 8M	2-0 15S	0-0 26D	4-1 23F	2-1 13O	1-0 22M
13	Newport County	4-2 16F	2-0 9F	1-1 19J	0-0 28A	2-2 8M	0-1 5A	1-0 24A	4-0 10N	1-1 8S	2-1 25a	1-0 3A	2-1 22S		2-0 20a	2-2 22M	3-3 27O	1-1 23F	3-1 17S	3-1 25D	3-0 17J	0-0 19A	1-2 29D	4-2 11A	2-5 13O
14	Northampton T	6-2 24J	5-3 15A	3-0 9F	1-2 1S	2-0 16F	2-0 22M	5-2 10N	3-1 27O	2-1 22S	1-0 8S	4-0 24A	1-1 12J	5-0 6S		1-2 8M	3-1 13O	3-1 27S	1-0 23F	0-3 8D	6-0 20S	4-3 5A	1-0 19J	2-4 19A	4-1 1-4 26D
15	Norwich City	1-2 19J	2-0 17N	0-1 1D	1-0 6O	1-0 9F	5-2 29a	1-0 2F	1-1 12S	5-0 26A	2-0 25a	1-0 12A	1-0 3N	1-2 200	2-1		3-0 30A	2-3 1M	2-1 15M	3-2 8S	1-0 2A	2-0 3m	7-0 14A	8-0 29D	3-0 22S
16	Plymouth Argyle	2-1 8S	4-1 29M	2-2 12A	1-2 25D	2-1 22S	5-0 5S	2-1 22a	4-2 12J	2-0 1D	3-0 9F	5-0 19M	2-1 17N	3-0 15M	3-1 1M	3-1 16J		3-0 6O	3-2 200	6-1 29D	2-0 3N	3-0 13F	2-2 26A	3-0 25a	2-2 19J
17	Port Vale	4-1 8D	2-2 10S	1-1 12J	1-0 8S	1-1 26D	1-1 27O	2-0 22M	3-0 8M	1-0 9F	0-0 19J	3-0 5A	2-1 1m	4-2 24M	0-0 22D	0-0 130	1-0 16F		0-2 18a	1-0 19A	0-0 27a	2-2 10N	2-2 22S	1-0 21A	1-1 1S
18	Reading	5-1 25D	1-0 3m	1-4 22S	3-0 25a	4-2 13O	4-2 10N	3-1 5A	2-1 22M	2-1 19J	4-0 29D	1-1 19A	2-0 9F	2-0 12S	2-0 2F	1-1 27O	2-0 8M	5-1 20F		6-2 22a	5-2 14A	2-0 23A	6-1 8S	3-0 8D	4-1 16F
19	Shrewsbury T	5-1 2F	2-0 1M	1-1 15M	3-0 12A	2-1 22D	1-0 26J	2-1 26J	2-2 29S	0-2 15S	3-0 3N	1-1 17N	0-1 24S	1-4 200	3-0 26D	1-3 26A	1-1 5J	0-2 1S	2-1 1D		0-1 27a	0-1 60	1-1 24J	2-3 29M	2-3 3S 18a
20	Southend United	7-1 13O	1-0 22S	2-0 8S	5-1 27F	2-1 27O	3-2 22A	4-0 19A	0-0 5A	3-1 29D	5-0 29A	0-1 29S	0-1 19J	2-1 3m	2-0 11S	2-1 10N	1-1 22M	0-0 21a	2-0 11A	2-2 16F		2-2 8D	2-2 25a	3-0 26D	5-1 8M
21	Swindon Town	1-1 14A	0-0 19J	0-2 6O	0-0 3N	0-0 29a	2-1 1S	0-2 5J	3-1 22D	2-1 1M	2-0 15M	2-2 22S	1-1 25D	1-1 1D	1-1 17N	1-1 18a	2-2 27F	2-0 28A	1-2 12A	1-0 30A	1-0 26A		2-1 200	1-1 9F	0-1 12S
22	Torquay United	6-1 5A	2-2 18a	0-2 22a	1-2 29S	4-2 19A	3-1 16F	1-5 130	5-1 26D	2-1 5S	2-0 3m	1-1 27O	2-5 2F	1-2 1S	1-2 15S	3-2 19S	2-3 8D	0-3 26J	3-2 5J	0-3 10N	1-3 22D	9-0 8M		1-1 22M	2-0 23A
23	Walsall	1-0 23a	2-2 6O	1-1 200	2-0 17N	1-0 18a	1-3 15S	3-0 26J	1-2 5J	1-0 15M	1-3 29M	2-4 24J	1-2 1M	0-1 14A	3-0 1D	4-0 1S	2-5 22D	3-0 12A	2-0 26A	0-4 13S	2-0 25D	0-0 29S	2-3 3N		3-1 2F
24	Watford	2-2 25a	1-0 15M	2-3 3A	3-1 26A	0-3 5J	0-1 16J	2-0 11A	1-1 29S	2-2 17N	1-1 1D	0-1 23a	1-2 3N	1-1 1M	2-4 25D	1-1 26J	1-3 15S	2-0 29D	3-1 6O	4-1 12J	0-0 200	1-7 6S	1-2 12A	2-0 23F	

Final League Table

Pos	Team	Pld	Home					Away					Totals					Pts	GA	Leading Goalscorer	Gls
			W	D	L	F	A	W	D	L	F	A	W	D	L	F	A				
1	Plymouth Argyle	46	19	3	1	70	19	10	5	8	37	34	29	8	9	107	53	66	2.01	M Tadman	27
2	Reading	46	19	2	2	73	23	10	1	12	39	37	29	3	14	112	60	61	1.86	R Blackman	39
3	Norwich City	46	18	1	4	55	15	8	8	7	34	35	26	9	11	89	50	61	1.78	R Hollis	21
4	Millwall	46	16	5	2	46	21	7	7	9	28	32	23	12	11	74	53	58	1.39	H Neary	15
5	Brighton & H A	46	15	4	4	57	24	9	6	8	30	39	24	10	12	87	63	58	1.38	W Reed	19
6	Newport County	46	13	7	3	45	26	8	5	10	32	50	21	12	13	77	76	54	1.01	R Parker	18
7	Bristol Rovers	46	14	5	4	60	20	6	7	10	29	33	20	12	14	89	53	52	1.67	V Lambden	29
8	Northampton T	46	17	1	5	65	31	5	4	14	28	43	22	5	19	93	74	49	1.25	F Ramscar	24
9	Southend United	46	16	6	1	56	17	3	4	16	19	49	19	10	17	75	66	48	1.13	C Grant	17
10	Colchester Utd	46	12	7	4	32	22	5	5	13	24	55	17	12	17	56	77	46	0.72	V Keeble	16
11	Torquay United	46	10	3	10	53	42	7	7	9	33	56	17	10	19	86	98	44	0.87	R Collins, E Edds	22
12	Aldershot	46	11	4	8	40	27	7	4	12	38	62	18	8	20	78	89	44	0.87	K Flint, R Raine	12
13	Port Vale	46	11	11	1	33	16	3	4	16	17	50	14	15	17	50	66	43	0.75	A Mullard	13
14	Bournemouth	46	11	4	8	42	30	5	6	12	27	45	16	10	20	69	75	42	0.92	J Cross	18
15	Bristol City	46	13	6	4	44	26	2	6	15	14	43	15	12	19	58	69	42	0.84	A Rodgers	16
16	Swindon Town	46	9	8	6	29	22	5	6	12	22	46	14	14	18	51	68	42	0.75	M Owen	18
17	Ipswich Town	46	12	4	7	45	34	4	5	14	18	43	16	9	21	63	74	41	0.85	S McCrory	16
18	Leyton Orient	46	12	5	6	36	25	4	4	15	16	42	16	9	21	55	68	41	0.80	W Rees	12
19	Crystal Palace	46	9	4	7	32	28	6	2	15	29	52	15	9	22	61	80	39	0.76	A Burgess	21
20	Shrewsbury Town	46	11	3	9	35	29	2	7	14	27	37	13	10	23	62	66	36	0.72	R Brown	16
21	Watford	46	7	7	9	34	37	6	3	14	23	44	13	10	23	57	81	36	0.70	C Thompson	22
22	Gillingham	46	10	7	6	47	31	1	8	14	24	50	11	15	20	71	81	35	0.87	D Lewis	22
23	Exeter City	46	10	4	9	40	36	3	5	15	25	50	13	9	24	65	86	35	0.75	A Mackay	20
24	Walsall	46	11	3	9	38	31	2	9	17	17	63	13	5	28	55	94	31	0.58	H Evans, W O'Neill	12

t Vale transferred to Division 3 (North).

1952/53 DIVISION 1 SEASON 54

Total Matches: 462
Total Goals: 1508
Avg goals per match: 3.26

Results Grid

	Team	Arsenal	Aston Villa	Blackpool	Bolton Wand.	Burnley	Cardiff City	Charlton Ath.	Chelsea	Derby County	Liverpool	Manchester C	Manchester U	Middlesbrough	Newcastle Utd.	Portsmouth	Preston N E	Sheffield Weds	Stoke City	Sunderland	Tottenham H	West Brom A	Wolverhampton
1	Arsenal		3-1	3-1	4-1	3-2	0-1	3-4	2-0	6-2	5-3	3-1	3-0	3-2	1-1	2-2	3-1	1-2	4-0	2-2	5-3
2	Aston Villa	1-2		1-5	1-1	2-0	2-0	1-1	1-1	3-0	4-0	0-0	3-3	1-0	0-1	6-0	1-0	4-3	1-1	3-0	0-3	1-1	0-1
3	Blackpool	3-2	1-1		3-0	4-2	0-1	8-4	3-1	2-1	3-1	4-1	0-0	1-1	0-1	1-1	2-0	3-2	1-1	2-0	2-0	2-0
4	Bolton Wanderers	4-6	0-0	4-0		1-2	0-1	1-2	1-1	2-0	2-2	1-0	2-1	5-3	4-2	0-5	0-3	1-1	2-1	5-0	2-3	0-1	2-1
5	Burnley	1-1	1-0	0-1	0-1		0-0	2-0	1-1	1-2	2-0	2-1	2-1	0-1	2-1	3-2	2-2	1-1	3-2	5-1	3-2	5-0	0-0
6	Cardiff City	0-0	1-2	2-2	1-0	0-0		0-1	3-3	2-0	4-0	6-0	1-2	1-1	0-0	0-1	0-2	4-0	2-0	4-1	0-0	1-2	0-0
7	Charlton Athletic	2-2	5-1	2-0	2-0	0-0	3-1		2-2	3-1	3-2	1-2	2-2	2-0	0-0	2-2	2-1	3-0	5-1	3-1	3-2	0-0	2-2
8	Chelsea	1-1	4-0	4-0	1-0	0-2	0-2	0-1		1-1	3-0	3-1	2-3	1-1	1-2	2-0	5-3	1-0	0-0	3-2	2-1	0-2	1-2
9	Derby County	2-0	0-1	1-1	4-3	1-3	1-1	1-1	3-2		3-2	5-0	2-3	3-3	0-2	3-0	0-1	2-1	4-0	3-1	0-0	1-1	2-3
10	Liverpool	1-5	0-2	2-2	0-0	1-1	2-1	1-2	2-0	1-1		0-1	1-2	4-1	5-3	1-1	2-2	1-0	3-2	2-0	2-1	3-0	2-1
11	Manchester City	2-4	4-1	5-0	1-2	0-0	2-2	5-1	4-0	1-0	0-2		2-1	5-1	2-1	2-1	0-2	3-1	2-1	2-5	0-1	0-1	3-1
12	Manchester United	0-0	3-1	2-1	1-0	1-3	1-4	3-2	2-0	1-1	1-1	1-1		3-2	2-2	1-0	5-2	1-1	0-2	0-1	3-2	2-2	0-3
13	Middlesbrough	2-0	1-0	5-1	1-2	2-2	3-0	1-0	4-0	1-0	2-3	5-4	5-0		2-1	3-2	1-1	2-2	0-0	1-2	0-4	4-2	1-1
14	Newcastle United	2-2	2-1	0-1	2-3	0-0	3-0	3-2	2-1	1-0	1-2	2-0	1-2	1-0		1-0	4-3	1-5	1-2	2-2	1-1	3-5	1-1
15	Portsmouth	2-2	1-1	0-2	3-1	2-1	0-2	1-1	2-0	2-2	3-1	2-1	2-0	1-4	5-1		2-5	5-2	1-1	5-2	2-1	1-2	2-2
16	Preston North End	2-0	1-3	4-2	2-2	2-1	2-3	2-1	2-1	3-0	1-1	6-2	0-5	3-0	2-1	4-0		1-0	3-0	3-2	1-0	1-0	1-1
17	Sheffield Wednesday	1-4	2-2	2-0	1-1	2-4	2-0	0-3	1-0	2-0	0-2	1-1	0-0	2-2	3-4	1-1		1-0	4-0	2-0	4-5	2-3
18	Stoke City	1-1	1-4	4-0	1-2	1-3	0-0	1-1	1-2	3-1	2-1	3-1	1-0	2-4	0-0	1-3		3-0	2-0	5-1	1-2
19	Sunderland	3-1	2-2	1-1	2-0	2-1	4-2	2-1	2-1	2-1	3-1	3-3	2-2	1-1	0-2	1-1	2-2	2-1	1-1		1-1	1-0	5-2
20	Tottenham Hotspur	1-3	1-1	4-0	1-1	2-1	2-1	2-0	2-3	5-2	3-1	3-3	1-2	7-1	3-2	3-3	4-4	2-1	1-0	2-2		3-4	3-2
21	West Bromwich Albion	2-0	3-2	0-1	0-1	1-2	1-0	3-1	0-1	2-2	3-0	2-1	3-1	3-0	1-0	2-0	2-1	0-1	3-2	1-1	2-1		1-1
22	Wolverhampton Wand.	1-1	2-1	2-5	3-1	5-1	1-0	1-2	2-2	3-1	3-0	7-3	6-2	3-3	2-0	4-1	0-2	3-1	3-0	1-1	0-0	2-0	

Final League Table

Pos	Team	Pld	Home W	D	L	F	A	Away W	D	L	F	A	Totals W	D	L	F	A	Pts	GA	Leading Goalscorer	Gls
1	Arsenal	42	15	3	3	60	30	6	9	6	37	34	21	12	9	97	64	54	1.51	D Lishman	22
2	Preston N E	42	15	3	3	46	25	6	9	6	39	35	21	12	9	85	60	54	1.41	C Wayman	23
3	Wolverhampton	42	13	5	3	54	27	6	8	7	32	36	19	13	10	86	63	51	1.36	R Swinbourne	21
4	West Brom A	42	13	3	5	35	19	8	5	8	31	41	21	8	13	66	60	50	1.10	R Allen	20
5	Charlton Athletic	42	12	8	1	47	22	7	3	11	30	41	19	11	12	77	63	49	1.22	W Kiernan	14
6	Burnley	42	11	6	4	36	20	7	6	8	31	32	18	12	12	67	52	48	1.28	W Holden	22
7	Blackpool	42	13	5	3	45	22	6	4	11	26	48	19	9	14	71	70	47	1.01	A Brown, S Mortensen	15
8	Manchester Utd	42	11	5	5	35	30	7	5	9	34	42	18	10	14	69	72	46	0.95	S Pearson	16
9	Sunderland	42	11	9	1	42	27	4	4	13	26	55	15	13	14	68	82	43	0.82	T Ford	18
10	Tottenham H	42	11	6	4	55	37	4	5	12	23	32	15	11	16	78	69	41	1.13	L Duquemin	18
11	Aston Villa	42	9	7	5	36	23	5	6	10	27	38	14	13	15	63	61	41	1.03	J Dixon	13
12	Cardiff City	42	7	8	6	32	17	7	4	10	22	29	14	12	16	54	46	40	1.17	K Chisholm	13
13	Middlesbrough	42	12	5	4	46	27	2	6	13	24	50	14	11	17	70	77	39	0.90	W Mannion	19
14	Bolton Wand	42	9	4	8	39	35	6	5	10	22	34	15	9	18	61	69	39	0.88	N Lofthouse	22
15	Portsmouth	42	10	6	5	44	34	4	4	13	30	49	14	10	18	74	83	38	0.89	P Harris	23
16	Newcastle Utd	42	9	5	7	34	33	5	4	12	25	37	14	9	19	59	70	37	0.84	G Robledo	14
17	Liverpool	42	10	6	5	36	28	4	2	15	25	54	14	8	20	61	82	36	0.74	W Liddell	13
18	Sheffield Weds	42	8	6	7	35	30	4	5	12	27	40	12	11	19	62	72	35	0.86	D Dooley, J Sewell	16
19	Chelsea	42	10	4	7	35	24	2	7	12	21	42	12	11	19	56	66	35	0.84	R Bentley	10
20	Manchester City	42	12	2	7	45	28	2	5	14	27	59	14	7	21	72	87	35	0.82	W Spurdle	11
21	Stoke City	42	10	4	7	35	26	2	6	13	18	40	12	10	20	53	66	34	0.80	R Brown, H Oscroft	8
22	Derby County	42	9	6	6	41	29	2	4	15	18	45	11	10	21	59	74	32	0.79	J Lee	16

1952/53 DIVISION 2 — SEASON 54

Total Matches	462
Total Goals	1535
Avg goals per match	3.32

Results Grid

#	Team	Barnsley	Birmingham C	Blackburn Rov.	Brentford	Bury	Doncaster R	Everton	Fulham	Huddersfield T	Hull City	Leeds United	Leicester C	Lincoln City	Luton Town	Nottm Forest	Notts County	Plymouth A	Rotherham Utd	Sheffield Utd.	Southampton	Swansea Town	West Ham Utd
1	Barnsley		1-3	1-4	0-2	3-2	2-2	2-3	1-1	2-4	5-1	2-2	0-3	1-1	2-3	0-2	0-3	2-3	1-3	0-1	3-1	2-0	
2	Birmingham City	3-1		1-2	3-1	0-2	2-1	4-2	1-4	0-2	4-3	2-2	3-1	2-2	2-2	0-5	3-2	4-0	4-0	1-2	2-0	1-4	2-0
3	Blackburn Rovers	2-0	1-2		3-0	4-0	2-1	3-1	2-2	1-1	2-0	1-1	2-0	0-2	1-1	2-1	3-2	1-3	0-1	1-2	3-0	3-0	3-0
4	Brentford	4-0	1-2	3-2		2-2	1-0	2-4	2-2	1-3	1-0	3-3	4-2	1-0	1-1	1-1	5-0	1-2	1-1	0-0	3-0	0-0	1-4
5	Bury	5-2	3-0	1-0	3-0		2-1	0-5	1-1	1-1	2-1	2-2	1-4	0-0	1-0	2-0	0-1	3-2	2-0	0-4	0-0	1-3	1-1
6	Doncaster Rovers	1-1	1-0	3-3	0-2	1-1		3-0	0-0	1-1	3-1	0-0	0-0	2-0	1-0	1-0	2-0	1-1	2-1	0-2	1-0	2-3	1-1
7	Everton	2-1	1-1	0-3	5-0	3-0	7-1		3-3	2-1	0-2	2-2	2-2	0-3	1-1	3-0	1-0	2-0	0-1	0-0	2-2	0-0	2-2
8	Fulham	3-1	3-1	2-1	5-0	2-0	1-3	3-0		0-2	2-1	1-1	4-6	4-2	2-0	0-1	6-0	2-1	4-1	1-2	1-1	3-1	2-3
9	Huddersfield T	6-0	1-1	0-3	0-0	3-0	3-1	8-2	4-2		1-1	1-0	1-0	5-0	3-0	1-2	1-0	4-0	1-0	1-1	5-0	3-0	0-1
10	Hull City	2-2	2-0	3-0	2-2	0-2	1-1	1-0	3-1	0-2		1-0	1-1	1-1	0-2	3-1	6-0	0-1	3-2	4-0	1-0	1-1	1-0
11	Leeds United	4-1	0-1	0-3	3-2	2-0	1-1	2-0	2-0	2-1	3-1		0-1	2-1	2-2	2-1	3-1	1-1	4-0	0-3	1-1	5-1	3-2
12	Leicester City	2-2	3-4	2-1	2-3	4-2	4-2	6-1	2-1	5-0	3-3	3-2		1-1	1-1	3-0	2-0	3-2	0-0	4-1	2-1	0-0	8-3
13	Lincoln City	1-1	1-1	4-1	0-0	4-0	2-0	1-1	2-2	2-2	2-1	1-1	3-2		1-2	2-3	3-0	0-0	1-3	3-2	2-2	3-1	3-1
14	Luton Town	6-0	0-1	6-0	0-1	4-1	1-2	4-2	2-0	0-2	3-2	2-0	2-0	4-0		3-0	5-1	1-0	2-1	4-1	1-2	3-1	0-0
15	Nottm Forest	3-0	0-2	1-2	3-0	4-1	2-2	3-3	0-1	1-0	4-1	2-1	1-3	1-1	4-3		1-0	3-1	4-3	1-1	2-3	6-4	0-0
16	Notts County	1-0	2-0	5-0	4-0	2-1	4-3	2-2	1-0	0-3	2-2	1-1	2-2	1-1	1-2	3-2		0-4	2-1	0-3	1-2	3-4	1-1
17	Plymouth Argyle	4-0	2-1	3-1	1-0	0-0	0-0	1-0	3-1	0-2	1-2	0-1	2-1	0-0	2-1	0-3	2-2		4-3	5-2	3-1	3-2	1-1
18	Rotherham United	3-1	1-1	0-0	4-1	4-2	2-2	1-0	0-0	2-1	3-1	0-0	3-2	1-3	2-3	2-3	2-3	2-3		0-2	2-2	2-1	1-1
19	Sheffield United	3-0	2-2	3-0	3-2	3-1	2-2	1-0	2-1	0-2	0-2	2-1	7-2	6-1	1-1	2-0	2-1	5-0	1-4		5-3	7-1	3-1
20	Southampton	1-2	1-1	6-1	0-2	1-2	3-3	1-1	5-3	0-2	5-1	2-2	5-2	1-0	1-3	2-2	1-1	1-3	2-1	2-3		4-4	1-4
21	Swansea Town	3-0	1-1	1-1	3-2	2-0	2-1	2-2	1-1	3-3	3-0	3-2	1-1	1-1	4-2	2-1	5-1	2-2	0-0	1-2	1-2		4-1
22	West Ham United	3-1	1-2	0-0	3-1	3-2	1-3	3-1	1-0	2-1	0-1	0-0	2-2	4-1	5-1	0-1	3-2	2-2	0-1	2-4	1-1	1-0	3-0	

Final League Table

Pos	Team	Pld	Home W	Home D	Home L	Home F	Home A	Away W	Away D	Away L	Away F	Away A	Totals W	Totals D	Totals L	Totals F	Totals A	Pts	GA	Leading Goalscorer	Gls
1	Sheffield United	42	15	3	3	60	27	10	7	4	37	28	25	10	7	97	55	60	1.76	A Ringstead	22
2	Huddersfield T	42	14	4	3	51	14	10	6	5	33	19	24	10	8	84	33	58	2.54	J Glazzard	30
3	Luton Town	42	15	1	5	53	17	7	7	7	31	32	22	8	12	84	49	52	1.71	J Pye	24
4	Plymouth A	42	12	5	4	37	24	8	4	9	28	36	20	9	13	65	60	49	1.08	M Tadman	15
5	Leicester City	42	13	6	2	55	29	5	6	10	34	45	18	12	12	89	74	48	1.20	G A Rowley	39
6	Birmingham C	42	11	3	7	44	38	8	7	6	27	28	19	10	13	71	66	48	1.07	P Murphy	20
7	Nottm Forest	42	11	5	5	46	32	7	3	11	31	35	18	8	16	77	67	44	1.14	W Ardron	21
8	Fulham	42	14	1	6	52	28	3	9	9	29	43	17	10	15	81	71	44	1.14	B Jezzard	34
9	Blackburn Rov	42	12	5	4	40	20	6	4	11	28	45	18	8	16	68	65	44	1.04	E Quigley	18
10	Leeds United	42	13	4	4	42	24	1	11	9	29	39	14	15	13	71	63	43	1.12	W Charles	26
11	Swansea Town	42	10	9	2	45	26	5	3	13	33	55	15	12	15	78	81	42	0.96	T Medwin	17
12	Rotherham Utd	42	9	7	5	41	30	7	2	12	34	44	16	9	17	75	74	41	1.01	J Grainger	16
13	Doncaster Rov	42	9	9	3	26	17	3	7	11	32	47	12	16	14	58	64	40	0.90	R Harrison	12
14	West Ham Utd	42	9	5	7	38	28	4	8	9	20	32	13	13	16	58	60	39	0.96	F Kearns	10
15	Lincoln City	42	9	9	3	41	26	2	8	11	23	45	11	17	14	64	71	39	0.90	A Graver	18
16	Everton	42	9	6	6	38	23	3	6	12	33	52	12	14	14	71	75	38	0.94	T Eglington	14
17	Brentford	42	8	8	5	38	29	5	3	13	21	47	13	11	18	59	76	37	0.77	T Lawton	13
18	Hull City	42	11	6	4	36	19	3	2	16	21	50	14	8	20	57	69	36	0.82	S Gerrie	19
19	Notts County	42	11	5	5	41	31	3	3	15	19	57	14	8	20	60	88	36	0.68	J McCormack	13
20	Bury	42	10	6	5	33	30	3	3	15	20	51	13	9	20	53	81	35	0.65	K Plant	11
21	Southampton	42	5	7	9	45	44	5	6	10	23	41	10	13	19	68	85	33	0.80	E Day, F Dudley	13
22	Barnsley	42	4	4	13	31	46	1	4	16	16	62	5	8	29	47	108	18	0.43	T Taylor	20

1952/53 DIVISION 3 (North)
SEASON 54

Total Matches 552
Total Goals 1604
Avg goals per match 2.91

Results Grid

		Accrington S	Barrow	Bradford P A	Bradford City	Carlisle United	Chester	Chesterfield	Crewe Alex	Darlington	Gateshead	Grimsby Town	Halifax Town	Hartlepools U	Mansfield T	Oldham Athletic	Port Vale	Rochdale	Scunthorpe U	Southport	Stockport Co	Tranmere Rov	Workington	Wrexham	York City
1	Accrington S		1-0	3-2	1-1	1-0	1-1	1-1	1-1	1-0	1-1	1-2	1-1	1-1	2-2	0-2	1-1	2-1	2-1	1-2	1-4	0-2	0-1	1-2	1-0
2	Barrow	2-0		2-0	5-1	0-0	3-0	2-1	1-2	2-2	2-2	1-1	5-1	2-1	3-0	4-3	1-2	2-2	2-1	1-1	1-0	2-0	3-0	1-1	1-0
3	Bradford P A	4-0	1-0		2-2	2-2	1-0	0-1	1-0	3-0	0-3	1-2	1-1	1-1	0-0	2-2	2-1	1-1	1-0	1-1	1-0	6-1	1-2	2-3
4	Bradford City	3-2	2-2	2-1		7-2	2-2	2-1	1-3	4-3	3-1	1-0	5-0	1-1	2-1	0-0	1-0	0-3	0-0	2-2	3-0	5-3	4-0	3-1	1-1
5	Carlisle United	4-4	0-0	1-3	4-4		1-1	3-0	1-2	4-2	2-2	3-0	1-2	4-1	1-0	0-0	2-0	5-0	8-0	2-0	2-1	4-0	3-1	1-0	1-1
6	Chester	2-0	2-1	0-3	2-0	1-2		2-0	2-2	6-3	2-0	0-2	2-1	0-1	2-2	0-1	2-2	3-0	1-1	0-0	4-0	3-2	1-1	1-2	1-1
7	Chesterfield	3-0	1-1	1-1	1-1	4-2	2-1		1-0	3-0	1-1	3-2	2-1	2-0	4-1	1-2	1-0	1-1	1-2	2-1	1-2	1-1	2-1	2-1	1-2
8	Crewe Alex	3-2	1-1	2-3	1-1	2-2	4-1	2-1		0-1	4-3	1-2	1-1	2-0	1-0	0-1	1-4	4-2	2-0	2-0	1-0	4-0	3-3	3-0
9	Darlington	1-0	1-0	1-3	4-1	0-0	3-2	3-1	1-1		1-0	1-1	0-2	3-0	2-1	0-5	0-2	3-2	1-0	3-1	1-0	1-2	2-2	0-1
10	Gateshead	5-0	3-1	3-2	2-2	2-0	4-1	2-4	6-1	5-1		2-0	3-1	1-1	1-2	1-0	1-1	3-1	1-1	1-2	2-0	0-1	1-0	1-1
11	Grimsby Town	3-0	2-1	2-3	0-0	2-3	5-4	0-0	1-0	2-0	0-0		2-0	7-0	5-1	1-1	1-1	3-2	1-0	0-1	3-1	2-0	5-2	2-1
12	Halifax Town	3-0	1-0	2-4	1-1	2-1	3-1	1-3	3-2	1-3	3-2		3-2	1-2	2-2	1-2	3-1	2-1	4-1	3-0	0-0	5-2	0-0	0-0
13	Hartlepools Utd	4-1	2-0	0-1	0-0	1-0	2-2	2-0	2-1	1-0	0-0	2-0		4-1	2-0	2-1	1-1	3-0	0-2	4-1	2-2	1-2	2-1
14	Mansfield Town	0-0	2-2	1-1	3-1	2-1	2-2	1-4	3-0	2-0	1-1	2-1	2-0		0-2	1-0	2-1	1-0	2-2	2-2	1-0	0-0	0-2	1-1
15	Oldham Athletic	3-0	3-0	2-1	2-0	2-4	2-1	1-1	0-1	5-0	1-1	1-1	0-0	4-2	1-0		0-1	1-0	0-1	3-0	1-1	5-2	4-1	4-2	2-1
16	Port Vale	0-1	3-0	1-0	0-0	0-0	1-1	3-0	2-1	1-1	4-0	1-1	3-0	1-1	1-1		5-2	4-0	0-0	2-0	2-0	0-0	2-0
17	Rochdale	1-0	6-2	1-0	2-1	1-2	3-1	0-2	0-1	3-1	2-3	0-2	1-1	3-1	1-0	3-1	1-1		2-2	0-0	2-3	0-0	4-1	0-3
18	Scunthorpe Utd	5-2	1-2	1-2	4-0	1-2	1-1	1-0	2-0	2-0	0-0	0-1	1-1	1-2	5-1		3-0	2-2	2-0	1-1	1-2	2-0
19	Southport	1-0	3-2	2-2	3-0	2-0	2-0	1-0	3-0	3-2	4-3	1-0	0-0	1-3	1-0	0-0	1-0	2-3		3-0	1-2	2-0	1-0	2-0
20	Stockport Co	3-1	6-1	2-0	6-1	3-0	4-1	4-1	2-4	2-2	3-1	2-2	1-1	1-2	1-1	0-2	2-0	1-1	3-0		3-2	6-0	3-1	1-1
21	Tranmere Rov	2-0	2-0	4-0	3-1	4-1	4-0	3-1	1-0	5-2	2-0	2-1	0-0	0-2	1-0	0-0	1-1	1-0	0-1	1-1	1-0		3-0	4-2	1-3
22	Workington	3-0	3-1	2-2	3-2	1-1	1-2	2-3	4-0	3-1	0-2	3-1	2-0	1-1	0-1	1-1	1-2	0-3	2-2	0-2	2-0		4-0	1-3
23	Wrexham	3-1	4-0	0-3	2-1	3-0	7-0	2-2	1-0	4-2	1-0	3-1	2-1	3-2	1-0	2-2	3-1	3-0	2-3	3-2	5-2	1-0	3-0		1-1
24	York City	2-0	1-1	3-1	0-0	1-0	0-0	2-1	3-0	1-2	2-0	2-2	1-0	2-0	1-2	1-0	2-0	0-2	3-1	3-0	2-0	1-3	2-1	

Final League Table

Pos	Team	Pld	Home					Away					Totals					Pts	GA	Leading Goalscorer	Gls
			W	D	L	F	A	W	D	L	F	A	W	D	L	F	A				
1	Oldham Athletic	46	15	4	4	48	21	7	11	5	29	24	22	15	9	77	45	59	1.71	E Gemmell	23
2	Port Vale	46	13	9	1	41	10	7	9	7	26	25	20	18	8	67	35	58	1.91	C Hayward	21
3	Wrexham	46	18	3	2	59	24	6	5	12	27	42	24	8	14	86	66	56	1.30	T Bannan, T Tilston	17
4	York City	46	14	5	4	35	16	6	8	9	25	29	20	13	13	60	45	53	1.33	W Fenton	24
5	Grimsby Town	46	15	5	3	47	19	6	5	12	28	40	21	10	15	75	59	52	1.27	A McCue	13
6	Southport	46	16	4	3	42	18	4	7	12	21	42	20	11	15	63	60	51	1.05	J Billingham	16
7	Bradford P A	46	10	8	5	37	23	9	4	10	38	38	19	12	15	75	61	50	1.23	R Crosbie	16
8	Gateshead	46	13	6	4	51	24	4	9	10	25	36	17	15	14	76	60	49	1.26	G Wilbert	16
9	Carlisle United	46	13	7	3	57	24	5	6	12	25	44	18	13	15	82	68	49	1.20	J Whitehouse	29
10	Crewe Alex	46	13	5	5	46	28	7	3	13	24	40	20	8	18	70	68	48	1.02	J Basford	22
11	Stockport Co	46	13	8	2	61	26	4	5	14	21	43	17	13	16	82	69	47	1.18	J Connor	26
=12	Chesterfield	46	13	6	4	40	23	5	5	13	25	40	18	11	17	65	63	47	1.03	D Westcott	21
=12	Tranmere Rov	46	16	4	3	45	16	5	1	17	20	47	21	5	20	65	63	47	1.03	C Done	21
14	Halifax Town	46	13	5	5	47	31	3	10	10	21	37	16	15	15	68	68	47	1.00	D Frost	17
15	Scunthorpe Utd	46	10	6	7	38	21	6	8	9	24	35	16	14	16	62	56	46	1.10	J Haigh	13
16	Bradford City	46	14	7	2	54	29	0	11	12	21	51	14	18	14	75	80	46	0.93	E Carr	20
17	Hartlepools Utd	46	14	6	3	39	16	2	8	13	18	45	16	14	16	57	61	46	0.93	L Wildon	12
18	Mansfield Town	46	11	9	3	36	15	5	5	13	21	40	16	14	16	55	62	46	0.88	C Marron	16
19	Barrow	46	15	6	2	48	20	1	6	16	18	51	16	12	18	66	71	44	0.93	W Gordon	19
20	Chester	46	10	7	6	39	27	4	1	18	25	58	14	15	20	64	85	37	0.75	D Travis	24
21	Darlington	46	13	4	6	33	27	1	2	20	25	69	14	6	26	58	96	34	0.60	K Murray	8
22	Rochdale	46	12	5	6	41	28	2	0	21	21	56	14	5	27	62	83	33	0.74	A Foulds	13
23	Workington	46	9	5	9	40	33	2	5	16	15	58	11	10	25	55	91	32	0.60	C Simmonds	12
24	Accrington S	46	7	9	7	25	29	1	2	20	14	60	8	11	27	39	89	27	0.43	W Watkinson	14

1952/53 DIVISION 3 (South)
SEASON 54

Total Matches 552
Total Goals 1745
Avg goals per match 3.16

		Aldershot	Bournemouth	Brighton & H A	Bristol City	Bristol Rovers	Colchester Utd	Coventry City	Crystal Palace	Exeter City	Gillingham	Ipswich Town	Leyton Orient	Millwall	Newport Co	Northampton T	Norwich City	Q P R	Reading	Shrewsbury T	Southend Utd	Swindon Town	Torquay Utd	Walsall	Watford
1	Aldershot		1-0	1-2	1-2	0-0	0-0	4-1	0-1	1-1	3-2	1-1	2-0	1-2	2-2	2-1	1-2	4-1	2-2	4-2	1-1	2-2	0-2	2-0	1-2
2	Bournemouth	0-3		2-1	4-1	1-2	1-0	3-0	4-2	2-1	4-2	2-1	4-1	1-1	1-2	0-1	0-0	1-0	2-0	2-0	5-1	1-1	0-1	5-1	4-1
3	Brighton & H A	4-2	2-0		0-1	2-1	0-0	1-1	4-1	4-2	5-0	1-4	3-1	1-0	2-2	1-1	2-3	2-0	1-1	3-1	2-2	1-2	1-1	4-2	1-2
4	Bristol City	0-0	1-1	2-2		0-0	3-2	1-0	5-0	4-1	4-0	4-2	2-1	0-0	2-0	2-3	0-1	4-4	1-1	3-2	5-0	4-2	4-4	1-1	5-1
5	Bristol Rovers	4-1	2-1	7-0	0-0		3-1	5-2	2-0	0-0	3-1	3-0	2-1	1-1	3-1	1-1	3-1	2-1	4-0	2-1	2-1	1-2	3-0	2-0	0-3
6	Colchester Utd	1-2	1-1	0-0	3-1	0-3		0-1	3-0	3-1	1-1	0-0	3-1	0-0	3-3	1-2	0-4	1-1	2-1	1-0	3-3	3-1	4-1	6-1	1-1
7	Coventry City	3-0	2-3	3-1	2-2	1-1	2-2		4-2	1-0	2-1	2-0	3-0	4-1	0-1	1-1	2-1	2-0	4-0	0-0	2-1	1-2	7-2	3-1	1-0
8	Crystal Palace	3-0	1-0	2-1	1-3	1-0	3-1	2-2		2-0	0-0	1-1	2-2	0-1	2-1	4-3	1-1	4-2	0-3	1-2	0-0	3-0	2-2	4-1	1-0
9	Exeter City	2-2	5-1	1-5	1-1	0-0	2-1	0-1	2-0		0-0	1-1	0-1	1-0	3-2	2-0	1-0	2-2	2-0	0-2	1-2	4-1	6-1	1-1	
10	Gillingham	2-0	1-2	1-2	0-1	1-0	0-4	1-0	1-0	1-0		1-1	3-2	0-1	1-1	1-1	0-3	2-1	2-1	1-1	0-0	2-1	3-1	2-1	
11	Ipswich Town	2-1	2-1	1-0	1-0	1-5	2-2	3-0	2-0	0-1	1-1		0-1	1-6	3-0	2-1	0-1	1-2	2-1	0-0	1-1	2-2	5-0	1-1	
12	Leyton Orient	4-1	2-2	3-0	1-3	3-3	5-3	1-2	0-0	2-0	1-1	3-1		1-4	2-1	0-1	3-1	5-0	1-1	0-0	3-0	2-2	4-1	4-1	2-0
13	Millwall	0-0	3-1	1-1	1-1	3-1	2-0	0-0	0-0	3-1	3-2	0-0		3-0	1-2	2-3	2-1	0-1	4-1	4-1	3-0	3-0	3-0	1-1	
14	Newport County	2-1	2-1	0-3	4-3	2-2	0-1	4-4	3-2	1-0	1-2	1-3	0-1	1-3		4-1	1-1	2-0	1-0	4-2	0-0	3-0	3-2	1-1	
15	Northampton T	4-0	5-1	5-3	0-2	2-2	2-0	3-1	5-1	3-1	1-1	2-0	3-1	1-1	5-0		3-3	2-2	6-1	3-1	4-3	3-1	3-3	2-1	4-1
16	Norwich City	5-0	1-1	3-2	0-0	3-0	1-1	5-1	2-0	3-2	1-0	5-1	2-2	0-0	1-2		2-0	3-0	2-1	3-1	1-1	3-0	3-0	5-2	
17	Queens Park R	2-2	2-1	3-3	2-1	0-1	1-0	0-4	1-1	1-1	2-2	0-1	1-3	4-2	2-2	3-1		1-0	1-0	3-2	1-1	0-1	4-2	2-2	
18	Reading	2-3	1-3	0-0	4-0	2-0	2-0	1-0	4-1	3-1	3-2	1-1	2-0	5-0	2-1	2-0	2-0		5-3	1-0	4-1	4-1	0-0	3-0	
19	Shrewsbury T	2-1	1-0	0-0	1-1	0-1	3-0	1-0	1-1	1-3	3-1	2-2	2-0	2-4	1-1	2-4	1-8	0-3	1-1		7-1	2-1	2-1	1-0	3-1
20	Southend United	1-1	0-0	1-2	0-4	2-1	4-0	1-0	2-2	1-1	3-1	2-0	1-0	2-1	1-0	3-1	1-2	2-0	3-1	2-2		3-0	3-1	2-1	1-0
21	Swindon Town	3-2	1-2	3-0	0-0	1-3	3-6	0-3	3-6	5-2	0-0	2-0	1-1	1-2	2-0	3-0	2-1	1-3	2-0	2-2	1-3		2-0	1-2	0-0
22	Torquay United	1-2	5-1	1-2	1-2	1-0	5-1	2-1	1-1	5-2	3-2	4-1	5-0	1-0	3-3	3-0	4-1	1-1	2-0	4-0	4-2	3-1		0-3	2-2
23	Walsall	0-0	2-2	3-0	3-3	3-5	0-3	1-1	2-4	2-2	1-3	1-3	1-0	0-2	1-3	1-5	3-2	1-1	2-0	4-4	1-1	1-2	2-0		0-0
24	Watford	1-1	3-0	2-3	4-1	2-3	2-0	1-1	2-0	3-1	0-0	1-0	1-0	1-1	0-1	2-1	3-2	1-1	2-1	1-1	0-1	2-1	1-1	3-0	

Final League Table

Pos	Team	Pld	Home					Away					Totals					Pts	GA	Leading Goalscorer	Gls
			W	D	L	F	A	W	D	L	F	A	W	D	L	F	A				
1	Bristol Rovers	46	17	4	2	55	19	9	8	6	37	27	26	12	8	92	46	64	2.00	G Bradford	33
2	Millwall	46	14	7	2	46	16	10	7	6	36	28	24	14	8	82	44	62	1.86	J Shepherd	15
3	Northampton T	46	18	4	1	75	30	8	6	9	34	40	26	10	10	109	70	62	1.55	W O'Donnell	27
4	Norwich City	46	16	6	1	56	17	9	4	10	43	38	25	10	11	99	55	60	1.80	A Ackerman, J Gavin	20
5	Bristol City	46	13	8	2	62	28	9	7	7	33	33	22	15	9	95	61	59	1.55	A Rodgers	26
6	Coventry City	46	15	5	3	52	22	4	7	12	25	40	19	12	15	77	62	50	1.24	E Brown	20
7	Brighton & H A	46	12	6	5	48	30	7	6	10	33	45	19	12	15	81	75	50	1.08	A Addinall, K Bennett	11
8	Southend United	46	15	5	3	41	21	3	8	12	28	53	18	13	15	69	74	49	0.93	C Grant	13
9	Bournemouth	46	15	3	5	49	23	4	6	13	25	44	19	9	18	74	69	47	1.07	J Cross	14
10	Watford	46	12	8	3	39	21	3	9	11	23	42	15	17	14	62	63	47	0.98	J Meadows	12
11	Reading	46	17	3	3	53	18	2	5	16	16	46	19	8	19	69	64	46	1.07	R Blackman	24
12	Torquay United	46	15	4	4	61	28	3	5	15	26	60	18	9	19	87	88	45	0.98	R Collins	27
13	Crystal Palace	46	12	7	4	40	26	3	6	14	26	56	15	13	18	66	82	43	0.80	A Burgess	19
14	Leyton Orient	46	12	7	4	52	28	4	3	16	16	45	16	10	20	68	73	42	0.93	D Pacey	19
15	Newport County	46	12	4	7	43	34	4	6	13	27	48	16	10	20	70	82	42	0.85	R Parker	16
16	Ipswich Town	46	10	7	6	34	28	3	8	12	26	41	13	15	18	60	69	41	0.87	T Garneys	18
17	Exeter City	46	11	8	4	40	24	2	6	15	21	47	13	14	19	61	71	40	0.85	J Dailey	13
18	Swindon Town	46	9	9	5	38	33	5	7	11	26	46	14	16	16	64	79	40	0.81	M Owen	17
19	Aldershot	46	8	8	7	36	29	4	7	12	25	48	12	15	19	61	77	39	0.79	N Menzies	14
20	Queens Park R	46	9	9	5	37	34	3	6	14	24	48	12	15	19	61	82	39	0.74	W Smith	12
21	Gillingham	46	10	7	6	30	26	2	8	13	25	48	12	15	19	55	74	39	0.74	K Lambert, T Long	10
22	Colchester Utd	46	9	9	5	40	29	3	5	15	19	47	12	14	20	59	76	38	0.77	K McCurley	16
23	Shrewsbury Town	46	11	5	7	38	35	1	5	17	30	56	12	10	24	68	91	36	0.74	A Jackson	13
24	Walsall	46	5	9	9	35	46	2	1	20	21	72	7	10	29	56	118	24	0.47	J Bridgett	11

1953/54 DIVISION 1
SEASON 55

Total Matches	462
Total Goals	1626
Avg goals per match	3.52

Results Grid

	Team	Arsenal	Aston Villa	Blackpool	Bolton Wand.	Burnley	Cardiff City	Charlton Ath.	Chelsea	Huddersfield T	Liverpool	Manchester C	Manchester U	Middlesbrough	Newcastle Utd.	Portsmouth	Preston N E	Sheffield Utd	Sheffield Weds	Sunderland	Tottenham H	West Brom A	Wolverhampton
1	Arsenal		1-1	1-1	4-3	2-5	1-1	3-3	1-2	0-0	2-2	3-1	3-1	2-1	3-0	3-2	1-1	4-1	1-1	1-4	0-3	2-2	2-3
2	Aston Villa	2-1		2-1	2-2	5-1	1-2	2-1	2-2	2-2	2-1	3-0	2-2	5-3	1-2	1-1	1-0	4-0	2-1	3-1	1-2	6-1	1-2
3	Blackpool	2-2	3-2		0-0	2-0	4-1	3-1	2-1	3-1	3-0	2-0	2-0	0-0	1-3	1-1	4-2	2-2	1-2	3-0	1-0	4-1	0-0
4	Bolton Wanderers	3-1	3-0	3-2		0-0	3-0	3-1	2-2	0-0	2-0	3-2	0-0	3-2	2-2	6-1	0-2	2-1	2-1	3-1	2-0	2-1	1-1
5	Burnley	2-1	3-2	2-1	1-1		3-0	2-0	1-2	2-1	1-1	3-1	2-0	5-0	1-2	1-0	2-1	2-1	4-1	5-1	4-2	1-4	4-1
6	Cardiff City	0-3	2-1	0-1	1-1	1-0		5-0	0-0	2-1	3-1	0-3	1-6	2-0	2-1	3-2	2-1	2-0	2-2	1-1	1-0	2-0	1-3
7	Charlton Athletic	1-5	1-1	4-2	1-0	3-1	3-2		1-1	2-1	6-0	2-1	1-0	8-1	0-0	3-1	2-1	3-0	4-2	5-3	0-1	1-1	0-2
8	Chelsea	0-2	1-2	5-1	2-0	2-1	2-0	3-1		2-2	5-2	0-1	3-1	1-1	1-2	4-3	1-0	1-2	0-1	2-2	1-1	5-0	4-2
9	Huddersfield Town	2-2	4-0	0-0	2-1	3-1	2-0	4-1	3-1		2-0	1-1	0-0	2-1	3-2	5-1	2-2	2-2	2-0	2-1	2-5	0-2	2-1
10	Liverpool	1-2	6-1	5-2	1-2	4-0	0-1	2-3	1-1	1-3		2-2	4-4	4-1	2-2	3-1	1-5	3-0	2-2	4-3	2-2	0-0	1-1
11	Manchester City	0-0	0-1	1-4	3-0	3-2	1-1	3-0	1-1	0-1	0-2		2-0	5-2	0-0	2-1	1-4	2-1	3-2	2-1	4-1	2-3	0-4
12	Manchester United	2-2	1-0	4-1	1-5	1-2	2-3	2-0	1-1	3-1	5-1	1-1		2-2	1-1	2-0	1-0	2-2	5-2	1-0	2-0	1-3	1-0
13	Middlesbrough	2-0	2-1	0-1	3-2	1-3	0-0	0-2	3-3	0-3	0-1	0-1	1-4		2-3	2-2	0-4	2-0	4-1	0-0	3-0	1-1	3-3
14	Newcastle United	5-2	0-1	2-1	2-3	3-1	4-0	1-1	0-2	4-0	4-3	1-2	2-3		1-1	0-4	4-1	3-0	2-1	1-3	3-7	1-2	
15	Portsmouth	1-1	2-1	4-4	3-2	3-2	1-1	3-1	3-2	5-2	5-1	4-1	1-1	0-2	2-0		1-3	3-4	2-1	4-1	1-1	3-0	2-0
16	Preston North End	0-1	1-1	2-3	3-1	2-1	1-2	2-0	1-0	1-2	2-1	4-0	1-3	1-0	2-2	4-0		2-1	6-0	6-2	2-1	0-2	0-1
17	Sheffield United	1-0	2-1	3-4	3-0	2-1	0-1	1-1	1-3	3-6	3-1	2-2	1-3	2-2	3-1	3-1	1-1		2-0	1-3	5-2	1-2	3-3
18	Sheffield Wednesday	2-1	1-1	1-2	2-1	2-0	2-1	1-2	1-4	1-1	2-0	0-1	4-2	3-0	4-4	4-3	3-2			2-2	2-1	2-3	0-0
19	Sunderland	7-1	2-0	3-2	1-2	2-1	5-0	2-1	1-2	1-1	3-2	4-5	0-2	0-2	1-1	3-1	2-2	2-2	2-4		4-3	2-1	3-2
20	Tottenham Hotspur	1-4	1-0	2-2	3-2	2-3	0-1	3-1	2-1	1-0	2-1	3-0	1-1	4-1	3-0	1-1	2-6	2-1	4-2	3-1		0-3	2-3
21	West Bromwich Albion	2-0	1-1	2-1	1-1	0-0	6-1	2-3	5-2	4-0	5-2	1-0	2-0	2-1	2-2	2-3	3-2	2-2	4-2	2-0	3-0		0-1
22	Wolverhampton Wand.	0-2	1-2	4-1	1-1	1-2	3-1	5-0	8-1	4-0	2-1	3-1	3-1	2-4	3-2	4-3	1-0	6-1	4-1	3-1	2-0	1-0	

Final League Table

Pos	Team	Pld	Home W	Home D	Home L	Home F	Home A	Away W	Away D	Away L	Away F	Away A	Totals W	Totals D	Totals L	Totals F	Totals A	Pts	GA	Leading Goalscorer	Gls
1	Wolverhampton	42	16	1	4	61	25	9	6	6	35	31	25	7	10	96	56	57	1.71	J Hancocks, D Wilshaw	25
2	West Brom A	42	13	5	3	51	24	9	4	8	35	39	22	9	11	86	63	53	1.36	J Nicholls	28
3	Huddersfield T	42	13	6	2	45	24	7	5	9	33	37	20	11	11	78	61	51	1.27	J Glazzard	29
4	Manchester Utd	42	11	6	4	41	27	7	6	8	32	31	18	12	12	73	58	48	1.25	T Taylor	22
5	Bolton Wand	42	14	6	1	45	20	4	6	11	30	40	18	12	12	75	60	48	1.25	W Moir	24
6	Blackpool	42	13	6	2	43	19	6	4	11	37	50	19	10	13	80	69	48	1.15	S Mortensen	21
7	Burnley	42	16	2	3	51	23	5	2	14	27	44	21	4	17	78	67	46	1.16	W Gray	19
8	Chelsea	42	12	3	6	45	26	4	9	8	29	42	16	12	14	74	68	44	1.08	R Bentley	21
9	Charlton Athletic	42	14	4	3	51	26	5	2	14	24	51	19	6	17	75	77	44	0.97	S Leary	24
10	Cardiff City	42	12	4	5	32	27	6	4	11	19	44	18	8	16	51	71	44	0.71	K Chisholm, W Grant	12
11	Preston N E	42	12	2	7	43	24	7	3	11	44	34	19	5	18	87	58	43	1.50	C Wayman	25
12	Arsenal	42	8	8	5	42	37	7	5	9	33	36	15	13	14	75	73	43	1.02	D Lishman	18
13	Aston Villa	42	12	5	4	50	28	4	4	13	20	40	16	9	17	70	68	41	1.02	T Thompson	21
14	Portsmouth	42	13	5	3	53	31	1	6	14	28	58	14	11	17	81	89	39	0.91	P Harris	20
15	Newcastle Utd	42	9	2	10	43	40	5	8	8	29	37	14	10	18	72	77	38	0.93	J Milburn	16
16	Tottenham H	42	11	3	7	38	33	5	2	14	27	43	16	5	21	65	76	37	0.85	G Robb	12
17	Manchester City	42	10	4	7	35	31	4	5	12	27	46	14	9	19	62	77	37	0.80	J Hart, D Revie	12
18	Sunderland	42	11	4	6	50	37	3	4	14	31	52	14	8	20	81	89	36	0.91	T Wright	18
19	Sheffield Weds	42	12	4	5	43	30	3	2	16	27	61	15	6	21	70	91	36	0.76	D Woodhead	18
20	Sheffield United	42	9	5	7	43	38	2	6	13	26	52	11	11	20	69	90	33	0.76	H Brook, A Ringstead	15
21	Middlesbrough	42	6	6	9	29	35	4	4	13	31	56	10	10	22	60	91	30	0.65	L Delapenha	18
22	Liverpool	42	7	8	6	49	38	2	2	17	19	59	9	10	23	68	97	28	0.70	S Smyth	13

1953/54 DIVISION 2
SEASON 55

Total Matches	462
Total Goals	1535
Avg goals per match	3.32

	Birmingham C	Blackburn Rov	Brentford	Bristol Rovers	Bury	Derby County	Doncaster R	Everton	Fulham	Hull City	Leeds United	Leicester C	Lincoln City	Luton Town	Nottm Forest	Notts County	Oldham Athletic	Plymouth A	Rotherham Utd	Stoke City	Swansea Town	West Ham Utd
1 Birmingham City		0-0	5-1	1-1	0-0	3-0	0-1	5-1	2-2	2-0	3-3	1-0	5-1	2-2	3-0	2-1	3-0	2-3	1-0	6-0	2-0
2 Blackburn Rovers	3-0		2-2	1-1	4-2	0-3	2-0	0-0	5-1	3-1	2-2	3-0	6-0	2-0	2-0	2-0	4-0	2-3	3-0	3-0	1-0	4-1
3 Brentford	2-0	1-4		0-3	2-1	0-0	1-4	1-0	2-1	2-2	2-1	1-3	0-1	1-1	0-0	3-1	1-0	0-0	0-1	0-0	3-1	3-1
4 Bristol Rovers	1-1	1-2	0-0		2-0	3-0	0-1	0-0	2-1	4-2	1-1	3-0	0-1	3-3	1-0	1-1	1-0	3-1	1-0	2-0	0-1	2-2
5 Bury	1-1	0-0	1-1	3-1		4-0	2-1	2-2	1-3	3-0	4-4	2-3	1-1	0-1	2-1	3-3	1-0	3-0	0-6	1-2	2-0	
6 Derby County	2-4	2-2	1-1	0-1	3-1		2-0	2-6	3-3	2-0	0-2	2-1	2-0	1-2	1-2	0-0	3-1	1-4	1-1	1-1	4-2	2-1
7 Doncaster Rovers	3-1	0-2	3-0	1-0	0-1	1-3		2-2	2-2	4-1	0-0	0-2	1-1	1-3	1-3	4-2	1-0	3-3	1-2	1-0	1-0	
8 Everton	1-0	1-1	6-1	4-0	0-0	3-2	4-1		2-2	2-0	2-1	1-2	3-1	2-1	3-3	3-2	8-4	3-0	1-1	2-2	1-2	
9 Fulham	5-2	2-3	4-1	4-4	3-0	5-2	1-2	0-0		5-1	1-3	1-1	4-1	5-1	3-1	4-3	3-1	1-2	2-4	0-1	4-3	3-4
10 Hull City	3-0	0-2	2-0	4-1	3-0	3-0	3-1	1-3	2-1		1-1	0-3	3-0	1-2	3-0	0-2	8-0	2-0	1-0	1-2	4-3	2-1
11 Leeds United	1-1	3-2	4-0	3-3	3-4	3-1	3-1	3-1	1-2	0-0		7-1	5-2	2-1	0-2	6-0	2-1	1-1	4-2	1-1	3-2	1-2
12 Leicester City	3-4	4-0	6-0	1-0	2-0	2-2	2-0	2-2	2-2	1-3	5-0		9-2	2-1	1-0	2-2	1-0	4-2	4-1	4-0	4-1	2-1
13 Lincoln City	0-1	8-0	2-1	1-2	0-0	2-2	0-2	1-1	4-2	3-0	2-0	3-1		1-1	2-2	3-0	3-1	2-0	4-3	1-1	3-1	1-2
14 Luton Town	2-0	2-1	1-1	1-1	3-2	2-1	2-0	1-1	1-2	3-1	1-1	2-2	1-0		0-1	2-1	4-4	1-1	1-1	0-1	2-0	3-1
15 Nottm Forest	1-1	0-1	2-1	3-1	2-2	4-2	2-2	3-3	4-1	2-0	5-2	3-1	4-2	2-1		5-0	1-1	3-0	4-1	5-4	2-1	4-0
16 Notts County	2-1	0-5	2-0	1-5	0-0	0-1	1-5	0-2	0-0	1-1	2-0	1-1	1-1	1-2	1-1		2-0	2-0	1-2	2-1	3-0	3-1
17 Oldham Athletic	2-3	1-0	2-0	0-0	0-0	0-0	2-2	0-4	2-3	0-0	4-2	0-2	1-0	1-2	1-3			1-1	2-3	1-0	2-2	3-1
18 Plymouth Argyle	2-2	1-1	3-2	3-2	1-1	3-2	0-0	4-0	2-2	2-2	1-1	0-3	1-2	2-2	1-0	3-3	5-0		0-2	1-1	1-1	2-1
19 Rotherham United	1-0	1-4	1-1	1-1	1-0	5-2	4-0	1-2	3-2	3-2	2-4	1-1	4-1	2-1	3-0	0-1	7-0	2-1		2-2	2-1	5-0
20 Stoke City	3-2	3-0	1-1	3-2	4-0	2-2	2-2	2-4	1-3	0-1	4-0	2-2	4-1	1-1	1-1	0-1	0-1	3-2	1-1		5-0	1-1
21 Swansea Town	1-3	2-1	1-0	3-1	2-1	2-1	0-1	0-2	2-0	1-0	4-3	0-0	4-2	1-1	2-1	2-2	4-0	0-1	0-2	2-2		1-1
22 West Ham United	1-2	2-1	0-1	1-1	5-0	0-0	2-1	1-1	3-1	1-0	5-2	4-1	5-0	1-0	1-1	1-2	0-1	2-2	3-0	2-2	4-1	

Final League Table

Pos	Team	Pld	Home W	Home D	Home L	Home F	Home A	Away W	Away D	Away L	Away F	Away A	Totals W	Totals D	Totals L	Totals F	Totals A	Pts	GA	Leading Goalscorer	Gls
1	Leicester City	42	15	4	2	63	23	8	6	7	34	37	23	10	9	97	60	56	1.61	G Rowley	30
2	Everton	42	13	6	2	55	27	7	10	4	37	31	20	16	6	92	58	56	1.58	J Parker	31
3	Blackburn Rov	42	15	4	2	54	16	8	5	8	32	34	23	9	10	86	50	55	1.72	T Briggs	32
4	Nottm Forest	42	15	5	1	61	27	5	7	9	25	32	20	12	10	86	59	52	1.45	A Moore	25
5	Rotherham Utd	42	13	4	4	51	26	8	3	10	29	41	21	7	14	80	67	49	1.19	R Burke	32
6	Luton Town	42	11	7	3	36	23	7	5	9	28	36	18	12	12	64	59	48	1.08	G Turner	16
7	Birmingham City	42	12	6	3	49	18	6	5	10	29	40	18	11	13	78	58	47	1.34	E Purdon	15
8	Fulham	42	12	3	6	62	39	5	7	9	36	46	17	10	15	98	85	44	1.15	B Jezzard	38
9	Bristol Rovers	42	10	7	4	32	19	4	8	9	32	39	14	16	12	64	58	44	1.10	G Bradford	21
10	Leeds United	42	12	5	4	56	30	3	8	10	33	51	15	13	14	89	81	43	1.09	W J Charles	42
11	Stoke City	42	8	8	5	43	28	4	9	8	28	32	12	17	13	71	60	41	1.18	F Bowyer	14
12	Doncaster Rov	42	9	5	7	32	28	7	4	10	27	35	16	9	17	59	63	41	0.93	J Lawlor	16
13	West Ham United	42	11	6	4	44	20	4	3	14	23	49	15	9	18	67	69	39	0.97	T Dixon	17
14	Notts County	42	8	6	7	26	29	5	7	9	28	45	13	13	16	54	74	39	0.73	T Johnston	16
15	Hull City	42	14	1	6	47	22	2	5	14	17	44	16	6	20	64	66	38	0.97	A Ackerman	17
16	Lincoln City	42	11	6	4	46	23	3	3	15	19	60	14	9	19	65	83	37	0.78	A Graver	24
17	Bury	42	9	7	5	39	32	2	7	12	15	40	11	14	17	54	72	36	0.75	W Kelly	17
18	Derby County	42	9	5	7	38	35	3	6	12	26	47	12	11	19	64	82	35	0.78	H McLaren	11
19	Plymouth Argyle	42	6	12	3	38	31	3	4	14	27	51	9	16	17	65	82	34	0.79	M Tadman	11
20	Swansea Town	42	11	5	5	34	25	2	3	16	24	57	13	8	21	58	82	34	0.70	I Allchurch	17
21	Brentford	42	9	5	7	25	26	1	6	14	15	52	10	11	21	40	78	31	0.51	F Dudley	10
22	Oldham Athletic	42	6	7	8	26	31	2	2	17	14	58	8	9	25	40	89	25	0.44	R McIlvenny	6

1953/54 DIVISION 3 (North)
SEASON 55

Total Matches 552
Total Goals 1587
Avg goals per match 2.88

Results Grid

		Accrington S	Barnsley	Barrow	Bradford P A	Bradford City	Carlisle United	Chester	Chesterfield	Crewe Alex	Darlington	Gateshead	Grimsby Town	Halifax Town	Hartlepools U	Mansfield T	Port Vale	Rochdale	Scunthorpe U	Southport	Stockport Co	Tranmere Rov	Workington	Wrexham	York City
1	Accrington S.		3-0	3-2	0-0	0-1	2-2	1-0	2-2	2-1	0-0	2-2	3-1	3-0	2-0	5-1	2-2	1-0	0-1	1-1	2-1	0-1	4-2	1-2	2-0
2	Barnsley	5-0		3-2	2-1	4-2	1-1	3-0	4-1	1-1	5-1	0-2	0-0	1-2	3-2	2-1	0-1	2-1	0-1	2-1	4-1	3-0	4-2	3-0	2-1
3	Barrow	4-3	0-1		4-1	3-0	1-1	2-1	2-2	3-1	2-2	0-0	4-0	1-1	1-1	4-2	0-0	4-2	1-2	2-3	1-0	2-1	0-1	1-0	4-1
4	Bradford P A	6-4	0-2	2-1		4-0	2-4	5-0	1-1	1-1	2-2	3-1	4-2	5-0	1-0	1-2	2-2	2-2	1-1	3-2	1-2	3-1	2-0	2-0	
5	Bradford City	1-0	1-0	1-0	3-0		1-0	1-0	2-0	3-0	2-0	2-2	3-0	2-0	1-2	2-2	1-1	4-0	1-3	4-1	1-1	1-0	1-1	1-2	1-0
6	Carlisle United	2-1	2-4	2-2	0-1	2-0		1-1	2-3	5-0	1-1	1-0	3-3	5-0	2-3	5-0	0-0	7-0	5-1	3-2	2-0	0-2	2-2	0-0	1-1
7	Chester	3-0	1-1	1-1	1-2	2-3	3-0		2-2	2-0	2-2	5-0	1-1	3-1	1-1	0-2	0-1	2-0	0-0	1-0	1-2	3-0	2-1	3-1	
8	Chesterfield	0-0	1-1	1-1	5-1	2-3	5-0	4-0		0-2	1-1	1-1	1-0	1-2	2-1	0-0	1-2	2-1	1-0	2-0	4-0	2-1	1-0	1-0	3-2
9	Crewe Alex	0-3	3-2	2-0	1-1	1-2	0-0	1-0	2-0		1-0	3-1	1-1	3-1	3-0	0-0	0-0	2-1	1-1	0-0	1-5	1-2	3-1	1-2	1-1
10	Darlington	4-1	1-1	1-3	2-1	1-0	3-2	1-0	3-2	0-1		0-2	3-0	1-1	0-1	1-2	0-3	0-0	3-0	0-1	1-0	2-2	3-0	0-2	1-3
11	Gateshead	4-0	0-0	1-0	0-1	1-0	2-2	2-1	3-3	2-0	1-2		7-1	4-0	1-3	1-3	1-0	2-1	0-0	1-0	4-2	2-1	4-1	3-1	3-0
12	Grimsby Town	2-0	0-1	1-0	0-0	1-0	3-2	0-0	1-1	3-1	1-0	2-0		2-1	3-0	2-2	3-2	0-1	1-2	1-0	1-0	0-0	0-0	2-3	
13	Halifax Town	2-0	1-2	2-0	2-2	0-1	1-1	2-1	1-0	0-0	0-0		1-0		2-0	1-1	0-3	1-2	0-1	1-1	3-0	0-2	2-3		
14	Hartlepools Utd	0-1	0-1	2-2	0-2	1-1	1-1	2-0	0-1	0-0	1-0	1-0	3-0	2-0		3-1	2-1	6-0	3-2	1-1	6-0	1-2	2-2	1-1	2-2
15	Mansfield Town	1-1	2-0	2-3	1-1	0-0	2-1	2-1	2-2	6-0	6-0	1-1	5-1	3-1	1-0		1-2	2-0	2-1	4-2	3-1	2-0	0-2	4-0	7-2
16	Port Vale	1-0	0-0	4-0	2-0	3-0	1-0	1-0	2-2	1-0	1-0	0-0	2-0	2-0	3-1	1-1		6-0	0-0	7-0	2-0	2-2	1-0		
17	Rochdale	1-0	1-1	1-0	0-1	3-2	2-1	4-0	0-1	4-1	3-0	0-1	4-1	0-1	2-2	1-0	0-0		1-1	2-0	0-0	0-1	4-2	6-2	1-2
18	Scunthorpe Utd	1-2	6-0	3-2	4-1	2-1	2-1	1-0	2-1	2-2	1-1	1-1	2-1	3-2	0-0	2-2	0-2	1-1		1-1	2-0	3-1	4-1	3-1	3-0
19	Southport	5-3	5-2	1-1	1-0	0-1	3-0	0-1	2-1	1-2	3-0	2-4	2-1	1-0	2-1	2-1	0-0	1-1	4-3		1-2	0-0	1-1	4-0	1-1
20	Stockport Co	1-1	3-0	5-1	4-1	5-0	3-2	5-0	6-1	1-0	2-0	0-1	3-2	1-1	1-0	3-2	1-1	1-2	1-2	1-1		6-0	2-0	2-2	0-1
21	Tranmere Rov	1-0	0-1	1-0	1-1	0-1	1-2	2-1	1-2	1-0	1-0	1-4	2-4	1-0	3-2	2-5	1-3	5-1	1-1	2-0	2-2		4-2	6-1	1-1
22	Workington	3-1	2-0	1-1	1-1	2-2	2-2	4-0	1-2	1-1	2-0	2-0	3-1	0-0	1-1	2-0	0-1	1-3	0-0	0-0	2-1	1-1		1-1	5-2
23	Wrexham	4-2	1-1	1-2	2-0	0-1	4-2	2-1	1-2	1-1	4-2	5-1	4-0	5-0	2-0	2-0	1-1	2-0	3-1	2-1	1-0	3-0	8-0		1-1
24	York City	1-2	0-2	5-2	0-0	3-2	1-3	2-1	1-3	0-3	3-3	1-1	1-2	1-1	5-0	5-1	0-1	1-2	2-0	2-1	0-0	0-0	5-2		

Final League Table

Pos	Team	Pld	Home					Away					Totals					Pts	GA	Leading Goalscorer	Gls
			W	D	L	F	A	W	D	L	F	A	W	D	L	F	A				
1	**Port Vale**	46	16	7	0	48	5	10	10	3	26	16	26	17	3	74	21	69	3.52	C Hayward	22
2	Barnsley	46	16	3	4	54	24	8	7	8	23	33	24	10	12	77	57	58	1.35	R Brown	24
3	Scunthorpe Utd	46	14	7	2	49	24	7	8	8	28	32	21	15	10	77	56	57	1.37	J Gregory	17
4	Gateshead	46	15	4	4	49	22	6	9	8	25	33	21	13	12	74	55	55	1.34	W Watkin	12
5	Bradford City	46	15	6	2	40	14	7	3	13	20	41	22	9	15	60	55	53	1.09	A Rosenthal	15
6	Chesterfield	46	13	6	4	41	19	6	8	9	35	45	19	14	13	76	64	52	1.18	G Smith	19
7	Mansfield Town	46	15	5	3	59	22	5	6	12	29	45	20	11	15	88	67	51	1.31	K Murray	21
8	Wrexham	46	16	4	3	59	19	5	5	13	22	49	21	9	16	81	68	51	1.19	R Hewitt	15
9	Bradford P A	46	13	6	4	57	31	5	8	10	20	37	18	14	14	77	68	50	1.13	L Pickard	20
10	Stockport Co	46	14	6	3	57	20	4	5	14	20	47	18	11	17	77	67	47	1.14	J Connor	30
11	Southport	46	12	5	6	41	26	5	7	11	22	34	17	12	17	63	60	46	1.05	J Billingham, C McLean	11
12	Barrow	46	12	7	4	46	26	4	5	14	26	45	16	12	18	72	71	44	1.01	A McLaren	20
13	Carlisle United	46	10	8	5	53	27	4	7	12	30	44	14	15	17	83	71	43	1.16	G Ashman	29
14	Tranmere Rov	46	11	4	8	40	34	7	3	13	19	36	18	7	21	59	70	43	0.84	C Done	25
15	Accrington S	46	12	7	4	41	22	4	3	16	25	52	16	10	20	66	74	42	0.89	L Cocker	19
16	Crewe Alex	46	9	8	6	30	26	5	5	13	19	41	14	13	19	49	67	41	0.73	J Basford, F Broome, K Chapman	8
17	Grimsby Town	46	14	4	5	31	15	2	4	17	20	62	16	9	21	51	77	41	0.66	F Smith	12
18	Hartlepools Utd	46	10	8	5	40	21	3	6	14	19	44	13	14	19	59	65	40	0.90	L Wildon	15
19	Rochdale	46	12	5	6	40	20	3	5	15	19	57	15	10	21	59	77	40	0.76	J Haines	11
20	Workington	46	10	4	9	36	32	3	5	15	23	58	13	9	24	59	80	40	0.73	J Dailey	11
21	Darlington	46	11	3	9	31	27	1	11	11	19	46	12	14	20	50	71	38	0.70	C Robson	14
22	York City	46	8	7	8	39	32	4	6	13	25	54	12	13	21	64	86	37	0.74	D Dunmore	20
23	Halifax Town	46	9	6	8	26	21	3	4	16	18	52	12	10	24	44	73	34	0.60	A Hampson, L Horsman	7
24	Chester	46	10	7	6	39	22	1	3	19	9	45	11	10	25	48	67	32	0.71	D Travis	12

1953/54 DIVISION 3 (South)
SEASON 55

Total Matches 552
Total Goals 1695
Avg goals per match 3.07

Final League Table

Pos	Team	Pld	Home					Away					Totals					Pts	GA	Leading Goalscorer	Gls
			W	D	L	F	A	W	D	L	F	A	W	D	L	F	A				
1	Ipswich Town	46	15	5	3	47	19	12	5	6	35	32	27	10	9	82	51	64	1.60	T Garneys	19
2	Brighton & H A	46	17	3	3	57	31	9	6	8	29	30	26	9	11	86	61	61	1.41	A Addinall	20
3	Bristol City	46	18	3	2	59	18	7	3	13	29	48	25	6	15	88	66	56	1.33	P Atyeo	22
4	Watford	46	16	3	4	52	23	5	7	11	33	46	21	10	15	85	69	52	1.23	R Brown	21
5	Northampton T	46	18	4	1	63	18	2	7	14	19	37	20	11	15	82	55	51	1.49	J English	31
6	Southampton	46	17	5	1	51	22	5	2	16	25	41	22	7	17	76	63	51	1.20	E Day	26
7	Norwich City	46	13	5	5	43	28	7	6	10	30	38	20	11	15	73	66	51	1.10	R Brennan, J Gavin	13
8	Reading	46	14	3	6	57	33	6	6	11	29	40	20	9	17	86	73	49	1.17	R Blackman	27
9	Exeter City	46	12	2	9	39	22	8	6	9	29	36	20	8	18	68	58	48	1.17	C McClelland	19
10	Gillingham	46	14	3	6	37	22	5	7	11	24	44	19	10	17	61	66	48	0.92	E Morgan	21
11	Leyton Orient	46	14	5	4	48	26	4	6	13	31	47	18	11	17	79	73	47	1.08	D Pacey	16
12	Millwall	46	15	3	5	44	24	4	6	13	30	53	19	9	18	74	77	47	0.96	G Stobbart	16
13	Torquay United	46	10	10	3	48	33	7	2	14	33	55	17	12	17	81	88	46	0.92	R Collins	18
14	Coventry City	46	14	5	4	36	15	4	4	15	25	41	18	9	19	61	56	45	1.08	E Brown	20
15	Newport County	46	14	4	5	42	28	5	2	16	19	53	19	6	21	61	81	44	0.75	L Graham	24
16	Southend United	46	15	2	6	46	22	3	5	15	23	49	18	7	21	69	71	43	0.97	K Bainbridge	12
17	Aldershot	46	11	5	7	45	31	6	4	13	29	55	17	9	20	74	86	43	0.86	A McCulloch	19
18	Queens Park R	46	10	5	8	32	25	6	5	12	28	43	16	10	20	60	68	42	0.88	W Smith	17
19=	Bournemouth	46	12	5	6	47	27	4	3	16	20	43	16	8	22	67	70	40	0.95	F Fidler	13
19=	Swindon Town	46	13	5	5	48	21	2	5	16	19	49	15	10	21	67	70	40	0.95	M Bull	12
21	Shrewsbury	46	12	8	3	48	34	2	4	17	17	42	14	12	20	65	76	40	0.85	J Hudson, A McCue	11
22	Crystal Palace	46	11	7	5	41	30	3	5	15	19	56	14	12	20	60	86	40	0.69	R Thomas	20
23	Colchester Utd	46	7	7	9	35	29	3	7	13	15	49	10	14	22	50	78	30	0.64	H Barlow	10
24	Walsall	46	8	5	10	22	27	1	3	19	18	60	9	8	29	40	87	26	0.46	G Dean, F Morris	10

1954/55 DIVISION 1
SEASON 56

Total Matches 462
Total Goals 1572
Avg goals per match 3.4

		Arsenal	Aston Villa	Blackpool	Bolton Wand.	Burnley	Cardiff City	Charlton Ath.	Chelsea	Everton	Huddersfield T	Leicester City	Manchester C	Manchester U	Newcastle Utd.	Portsmouth	Preston N E	Sheffield Utd	Sheffield Weds	Sunderland	Tottenham H	West Brom A	Wolverhampton
1	Arsenal		2-0	3-0	3-0	4-0	2-0	3-1	1-0	2-0	3-5	1-1	2-3	2-3	1-3	0-1	2-0	4-0	3-2	1-3	2-0	2-2	1-1
2	Aston Villa	2-1		3-1	3-0	3-1	0-2	1-2	3-2	0-2	0-0	2-5	2-0	2-1	1-2	1-0	1-3	3-1	0-0	2-2	2-4	3-0	4-2
3	Blackpool	2-2	0-1		2-3	1-0	0-0	1-1	1-0	4-0	1-1	2-0	1-3	2-4	2-0	2-2	1-2	1-2	2-1	0-0	5-1	3-1	0-2
4	Bolton Wanderers	2-2	3-3	3-0		0-1	0-0	3-2	2-5	2-0	1-0	4-1	2-2	1-1	2-1	3-1	2-1	1-0	2-2	3-0	1-2	2-4	6-1
5	Burnley	3-0	2-0	0-1	2-0		1-0	3-0	1-1	0-2	1-1	3-1	2-0	2-4	0-1	1-0	2-2	2-1	2-0	0-1	1-2	0-1	1-0
6	Cardiff City	1-2	0-1	1-2	2-2	0-3		4-3	0-1	4-3	1-1	2-1	3-0	3-0	4-2	1-1	2-5	1-1	5-3	0-1	1-2	3-2	3-2
7	Charlton Athletic	1-1	6-1	3-3	2-0	3-1	4-1		0-2	5-0	2-1	2-3	1-1	1-1	1-1	2-2	0-4	3-1	3-0	1-3	1-2	1-3	1-3
8	Chelsea	1-1	4-0	0-0	3-2	1-0	1-1	1-2		0-2	4-1	3-1	0-2	5-6	4-3	4-1	0-1	1-1	3-0	2-1	2-1	3-3	1-0
9	Everton	1-0	0-1	0-1	0-0	1-1	1-2	2-2	1-1		4-0	2-2	1-0	4-2	1-2	2-3	1-0	2-3	3-1	1-0	1-0	1-2	3-2
10	Huddersfield Town	0-1	1-2	1-3	2-0	0-1	2-0	0-0	1-0	2-1		3-1	0-0	1-3	2-0	2-1	0-4	1-2	3-0	1-1	1-0	3-3	2-0
11	Leicester City	3-3	4-2	2-2	4-0	2-2	2-1	0-1	1-1	2-2	1-3		0-2	1-0	3-2	4-0	0-1	0-1	4-3	1-1	2-0	6-3	1-2
12	Manchester City	2-1	2-4	1-6	4-2	0-0	4-1	1-5	1-1	1-0	2-4	2-2		3-2	3-1	1-2	3-1	5-2	2-2	1-0	0-0	4-0	3-0
13	Manchester United	2-1	0-1	4-1	1-1	1-0	5-2	3-1	2-1	1-2	1-1	3-1	0-5		2-2	1-3	2-1	5-0	2-0	2-2	2-1	3-0	2-4
14	Newcastle United	5-1	5-3	1-1	0-0	2-1	3-0	3-1	1-3	4-0	2-2	2-0	2-0	2-0		2-1	3-3	1-2	5-0	1-2	4-4	3-0	2-3
15	Portsmouth	2-1	2-2	3-0	1-0	0-2	1-3	2-0	0-0	5-0	4-2	2-1	1-0	0-0	3-1		2-0	6-2	2-1	2-2	0-3	6-1	0-0
16	Preston North End	3-1	0-3	3-1	2-2	0-1	7-1	1-2	1-2	0-0	2-3	2-4	5-0	0-2	3-3	1-1		1-2	6-0	3-1	1-0	3-1	3-3
17	Sheffield United	1-1	1-3	2-1	2-0	1-0	1-3	5-0	1-2	2-5	2-2	1-1	0-2	3-0	6-2	5-2	0-5		1-0	1-0	4-1	1-2	1-2
18	Sheffield Wednesday	1-2	6-3	2-1	3-2	1-1	1-1	2-2	1-1	2-2	4-1	1-0	2-4	2-4	0-3	1-3	2-0	1-1		1-2	2-2	5-0	2-2
19	Sunderland	0-1	0-0	2-0	1-1	2-2	1-1	1-2	3-3	3-0	1-1	1-1	3-2	4-3	4-2	2-2	2-1	2-2	2-0		1-1	4-2	0-0
20	Tottenham Hotspur	0-1	1-1	3-2	2-0	0-3	0-2	1-4	2-4	1-3	1-1	5-1	2-2	0-2	2-1	1-1	3-1	5-0	7-2	0-1		3-1	3-2
21	West Bromwich Albion	3-1	2-3	0-1	0-0	2-2	1-0	2-1	2-4	2-2	3-1	6-4	2-1	2-0	4-2	3-1	2-0	3-3	1-2	2-2	1-2		1-0
22	Wolverhampton Wand.	3-1	1-0	1-0	1-2	5-0	1-1	2-1	3-4	1-3	6-4	5-0	2-2	4-2	2-2	2-2	1-1	4-1	4-2	2-0	4-2	4-0	

Final League Table

Pos	Team	Pld	Home					Away					Totals					Pts	GA	Leading Goalscorer	Gls
			W	D	L	F	A	W	D	L	F	A	W	D	L	F	A				
1	Chelsea	42	11	5	5	43	29	9	7	5	38	28	20	12	10	81	57	52	1.42	R Bentley	21
2	Wolverhampton	42	13	5	3	58	30	6	5	10	31	40	19	10	13	89	70	48	1.27	J Hancocks	26
3	Portsmouth	42	13	5	3	44	21	5	7	9	30	41	18	12	12	74	62	48	1.19	P Harris	23
4	Sunderland	42	8	11	2	39	27	7	7	7	25	27	15	18	9	64	54	48	1.18	K Chisholm	18
5	Manchester Utd	42	12	4	5	44	30	8	3	10	40	44	20	7	15	84	74	47	1.13	T Taylor, D Viollet	20
6	Aston Villa	42	11	3	7	38	31	9	4	8	34	42	20	7	15	72	73	47	0.98	T Thompson	14
7	Manchester City	42	11	5	5	45	36	7	5	9	31	33	18	10	14	76	69	46	1.10	J Hart	14
8	Newcastle Utd	42	12	5	4	53	27	5	4	12	36	50	17	9	16	89	77	43	1.15	J Milburn, R Mitchell	19
9	Arsenal	42	12	3	6	44	25	5	6	10	25	38	17	9	16	69	63	43	1.09	D Lishman	19
10	Burnley	42	11	3	7	29	19	6	6	9	22	29	17	9	16	51	48	43	1.06	W Holden	14
11	Everton	42	9	6	6	32	24	7	4	10	30	44	16	10	16	62	68	42	0.91	J Parker	19
12	Huddersfield T	42	10	4	7	28	23	4	9	8	35	45	14	13	15	63	68	41	0.92	J Glazzard	16
13	Sheffield United	42	10	3	8	41	34	7	4	10	29	52	17	7	18	70	86	41	0.81	D Hawksworth	24
14	Preston N E	42	8	5	8	47	33	8	3	10	36	31	16	8	18	83	64	40	1.29	J Baxter	17
15	Charlton Athletic	42	8	6	7	43	34	7	4	10	33	41	15	10	17	76	75	40	1.01	E Firmani	25
16	Tottenham H	42	9	4	8	42	35	7	4	10	30	38	16	8	18	72	73	40	0.99	J Gavin	17
17	West Brom A	42	11	5	5	44	33	5	3	13	32	63	16	8	18	76	96	40	0.79	R Allen	27
18	Bolton Wand	42	11	6	4	45	29	2	7	12	17	40	13	13	16	62	69	39	0.89	N Lofthouse	15
19	Blackpool	42	8	6	7	33	26	6	4	11	27	38	14	10	18	60	64	38	0.93	S Mortensen	11
20	Cardiff City	42	9	4	8	41	38	4	7	10	21	38	13	11	18	62	76	37	0.81	T Ford	19
21	Leicester City	42	9	6	6	43	32	3	5	13	31	54	12	11	19	74	86	35	0.86	G Rowley	23
22	Sheffield Weds	42	7	7	7	42	38	1	3	17	21	62	8	10	24	63	100	26	0.63	J Sewell	14

1954/55 DIVISION 2
SEASON 56

Total Matches 462
Total Goals 1597
Avg goals per match 3.46

#	Team	Birmingham C	Blackburn Rov.	Bristol Rovers	Bury	Derby County	Doncaster R	Fulham	Hull City	Ipswich Town	Leeds United	Lincoln City	Liverpool	Luton Town	Middlesbrough	Nottm Forest	Notts County	Plymouth A	Port Vale	Rotherham Utd	Stoke City	Swansea Town	West Ham Utd
1	Birmingham City		3-1	2-1	1-3	1-1	4-1	3-2	0-0	4-0	2-0	3-3	9-1	2-1	3-0	0-1	1-1	3-1	7-2	3-1	2-0	2-0	1-2
2	Blackburn Rovers	3-3		8-3	1-1	5-2	7-2	3-1	4-0	4-1	1-2	1-0	4-3	0-0	9-0	0-1	4-5	2-2	2-1	4-1	2-0	4-1	5-2
3	Bristol Rovers	1-1	2-1		2-1	4-1	1-0	4-1	1-0	4-0	5-1	2-3	0-3	3-2	2-2	2-1	1-4	3-1	1-0	1-0	1-1	7-0	2-4
4	Bury	0-1	2-1	3-1		2-2	1-4	1-3	4-1	2-1	5-3	3-1	3-4	2-1	0-1	1-1	1-2	3-1	2-2	2-2	1-1	2-1	4-1
5	Derby County	0-0	0-0	1-1	2-3		5-0	3-4	3-0	2-0	2-4	3-0	3-2	0-0	1-2	1-2	1-1	2-2	6-1	2-3	1-2	1-4	0-0
6	Doncaster Rovers	1-5	1-3	2-2	1-0	2-0		4-0	2-2	1-1	0-1	1-1	4-1	0-3	3-1	0-3	4-2	3-2	1-0	0-4	1-1	2-1	2-1
7	Fulham	2-1	5-1	2-3	0-0	2-0	5-2		0-1	4-1	1-3	3-2	1-2	3-1	1-2	1-1	3-1	2-3	3-1	1-1	2-2	5-1	0-0
8	Hull City	0-3	1-4	0-1	1-0	1-1	1-1	0-0		4-2	0-2	4-0	2-2	0-4	1-0	2-3	5-2	0-2	2-1	1-2	1-1	4-3	0-1
9	Ipswich Town	1-2	1-1	1-0	2-3	2-1	5-1	2-4	2-0		1-2	1-2	2-0	3-1	6-1	2-1	0-1	2-1	1-0	2-2	0-1	1-1	0-3
10	Leeds United	1-0	2-0	2-0	1-0	1-0	1-1	3-0	4-1			2-3	2-2	4-0	1-1	1-1	2-0	3-2	3-0	2-4	0-1	5-2	2-1
11	Lincoln City	1-1	2-1	0-2	3-2	3-0	5-1	2-2	0-1	1-1	2-0		3-3	1-2	3-3	2-1	1-2	3-2	0-1	2-3	1-4	2-2	2-1
12	Liverpool	2-2	4-1	5-3	1-1	2-0	3-2	4-1	2-1	6-2	2-2	2-4		4-4	3-1	1-0	3-1	3-3	1-1	3-1	2-4	1-1	1-2
13	Luton Town	1-0	7-3	2-0	3-2	2-0	3-0	3-0	1-1	3-2	0-0	2-1	3-2		2-0	3-0	3-1	3-1	4-2	4-0	3-1	1-2	2-0
14	Middlesbrough	2-5	4-3	1-0	1-1	3-1	3-1	4-2	1-2	0-1	1-0	2-1	1-2	0-2		1-4	2-0	4-1	2-0	5-1	1-2	4-2	6-0
15	Nottm Forest	0-2	1-2	1-0	2-3	3-0	3-1	2-0	0-1	2-0	1-1	1-1	3-1	1-5	4-2		0-1	2-0	2-3	0-2	0-3	0-0	1-1
16	Notts County	3-2	3-1	2-0	2-1	2-3	4-0	0-0	3-1	2-1	1-2	2-1	0-3	3-3	1-3	4-1		2-0	1-1	3-2	1-0	2-1	5-1
17	Plymouth Argyle	1-0	0-2	0-1	2-4	1-0	1-2	3-2	1-2	2-0	3-1	1-0	1-0	2-1	2-2	1-2	1-3		0-0	2-1	2-0	2-2	1-1
18	Port Vale	2-0	0-3	1-0	1-0	3-0	1-1	4-0	3-0	3-3	0-1	1-3	4-3	1-1	1-1	1-2	1-1	1-0		1-0	1-0	1-0	1-1
19	Rotherham United	0-2	5-1	6-2	4-2	2-1	2-3	2-3	2-0	3-2	3-0	3-0	6-1	2-0	3-0	3-2	2-0	2-0	3-0		2-1	2-0	2-2
20	Stoke City	2-1	1-1	2-0	3-2	3-1	3-0	1-1	0-0	3-0	0-1	4-2	2-0	0-0	1-2	2-0	3-0	3-1	0-0	0-2		4-1	0-2
21	Swansea Town	0-3	2-3	1-1	1-1	3-0	3-0	2-2	1-0	6-1	2-0	3-1	3-2	2-1	2-0	3-2	3-0	4-2	7-1	2-1	3-5		5-2
22	West Ham United	2-2	2-5	5-2	3-3	1-0	0-1	2-1	1-1	4-0	2-1	0-1	0-3	2-1	2-1	2-0	3-0	6-1	2-0	1-2	3-0	3-3	

Final League Table

Pos	Team	Pld	Home W	Home D	Home L	Home F	Home A	Away W	Away D	Away L	Away F	Away A	Totals W	Totals D	Totals L	Totals F	Totals A	Pts	GA	Leading Goalscorer	Gls
1	Birmingham City	42	14	4	3	56	22	8	6	7	36	25	22	10	10	92	47	54	1.95	P Murphy	20
2	Luton Town	42	18	2	1	55	18	5	6	10	33	35	23	8	11	88	53	54	1.66	G Turner	32
3	Rotherham Utd	42	17	1	3	59	22	8	3	10	35	42	25	4	13	94	64	54	1.46	J Grainger	19
4	Leeds United	42	14	4	3	43	19	9	3	9	27	34	23	7	12	70	53	53	1.32	H Brook	16
5	Stoke City	42	12	5	4	38	17	9	5	7	31	29	21	10	11	69	46	52	1.50	H Oscroft	21
6	Blackburn Rov	42	14	4	3	73	31	8	2	11	41	48	22	6	14	114	79	50	1.44	T Briggs	33
7	Notts County	42	14	3	4	46	27	7	3	11	28	44	21	6	15	74	71	48	1.04	J Jackson	17
8	West Ham United	42	12	4	5	46	28	6	6	9	28	42	18	10	14	74	70	46	1.05	J Dick	26
9	Bristol Rovers	42	15	4	2	52	23	4	3	14	23	47	19	7	16	75	70	45	1.07	G Bradford	26
10	Swansea Town	42	15	3	3	58	29	2	6	13	28	55	17	9	16	86	83	43	1.03	I Allchurch	20
11	Liverpool	42	11	7	3	55	37	5	3	13	37	59	16	10	16	92	96	42	0.95	W Liddell	30
12	Middlesbrough	42	13	1	7	48	31	5	5	11	25	51	18	6	18	73	82	42	0.89	L Delapenha	17
13	Bury	42	10	5	6	44	35	5	6	10	33	37	15	11	16	77	72	41	1.06	S Pearson	19
14	Fulham	42	10	5	6	46	29	4	6	11	30	50	14	11	17	76	79	39	0.96	B Jezzard, R Robson	23
15	Nottm Forest	42	8	4	9	29	29	8	3	10	29	33	16	7	19	58	62	39	0.93	H McLaren	9
16	Lincoln City	42	8	6	7	39	35	5	4	12	29	44	13	10	19	68	79	36	0.86	J Garvie	13
17	Port Vale	42	10	6	5	31	21	2	5	14	17	50	12	11	19	48	71	35	0.67	C Done	13
18	Doncaster Rov	42	10	5	6	35	34	4	2	15	23	61	14	7	21	58	95	35	0.61	J Walker	15
19	Hull City	42	7	5	9	30	35	5	5	11	14	34	12	10	20	44	69	34	0.63	A Ackerman, R Crosbie	11
20	Plymouth Argyle	42	10	4	7	29	26	2	3	16	28	56	12	7	23	57	82	31	0.69	P Anderson, E Davis, J Porteous	8
21	Ipswich Town	42	10	3	8	37	28	1	3	17	20	64	11	6	25	57	92	28	0.62	T Garneys	20
22	Derby County	42	6	6	9	39	34	1	3	17	14	48	7	9	26	53	82	23	0.64	T Powell	8

1954/55 DIVISION 3 (North)
SEASON 56

Total Matches	552
Total Goals	1627
Avg goals per match	2.95

Results Grid

		Accrington S	Barnsley	Barrow	Bradford PA	Bradford City	Carlisle United	Chester	Chesterfield	Crewe Alex	Darlington	Gateshead	Grimsby Town	Halifax Town	Hartlepools U	Mansfield T	Oldham Athletic	Rochdale	Scunthorpe U	Southport	Stockport Co	Tranmere Rov	Workington	Wrexham	York City
1	Accrington S		2-3	6-3	4-3	1-0	3-2	3-0	4-1	1-0	3-0	6-2	3-0	3-1	2-5	3-2	4-0	5-4	2-1	1-1	0-1	3-1	2-0	2-0	2-2
2	Barnsley	1-2		3-0	2-1	1-0	3-1	4-2	3-0	3-1	4-1	3-0	1-3	3-0	0-0	1-0	2-2	2-0	1-0	0-0	2-0	4-1	3-1	4-2	1-0
3	Barrow	1-2	3-1		3-1	3-2	2-1	2-0	2-0	0-3	1-1	0-1	2-0	1-3	0-2	2-2	3-1	4-2	1-3	2-1	2-0	1-0	2-2	1-1	1-5
4	Bradford PA	3-2	1-0	3-0		2-0	0-2	3-0	1-3	2-1	1-1	2-2	2-1	0-1	1-0	0-0	0-2	1-1	0-0	1-0	2-1	0-0	3-1	0-0	1-3
5	Bradford City	0-3	0-2	2-1	1-1		2-0	0-0	1-1	2-0	3-0	1-1	4-0	2-0	0-1	1-0	0-1	1-0	2-4	0-1	2-3	2-1	0-1	2-2	2-3
6	Carlisle United	1-0	2-4	4-0	3-2	1-0		1-2	1-2	4-0	0-1	1-2	3-1	4-0	3-2	1-2	5-2	7-2	1-2	2-1	3-3	1-2	0-4	1-0	4-5
7	Chester	1-1	0-2	3-1	2-0	1-0	1-2		1-0	3-1	0-2	1-2	1-0	1-3	1-0	0-0	1-2	2-0	0-0	1-0	1-0	0-1	0-2	1-0	1-2
8	Chesterfield	6-1	3-1	4-1	1-3	2-1	2-1	5-3		0-0	2-0	1-3	2-0	2-1	3-0	4-1	1-3	3-1	2-0	2-1	3-7	2-1	2-0	3-1	0-3
9	Crewe Alex	0-3	1-2	5-1	2-1	1-0	4-1	1-3	2-2		2-2	1-1	2-0	0-0	1-1	2-1	4-1	2-2	1-1	2-3	4-4	3-0	1-1	2-2	2-3
10	Darlington	3-3	0-1	3-2	3-0	4-0	1-1	4-1	0-2	2-1		5-1	1-3	1-0	0-1	3-1	0-2	2-2	1-1	2-0	0-0	2-2	1-2	2-2	1-0
11	Gateshead	1-1	0-4	3-1	3-2	2-1	0-0	0-0	1-3	1-0	1-1		1-0	4-0	3-0	4-0	2-2	0-1	0-1	1-0	4-4	3-1	3-2	0-1	1-1
12	Grimsby Town	2-1	1-3	1-0	1-0	1-4	2-0	3-1	1-2	2-0	0-2	1-1		0-1	1-0	3-2	1-1	1-1	0-1	1-0	2-2	0-1	1-3	2-1	
13	Halifax Town	1-1	1-1	1-2	0-0	0-0	5-3	3-1	2-0	3-3	4-1	4-0	3-2		1-0	1-2	0-0	1-3	2-1	1-0	1-2	0-0	2-2	2-0	3-3
14	Hartlepools Utd	1-3	0-3	0-0	0-1	0-0	1-0	3-2	2-1	1-0	0-0	3-2	1-0	1-2		3-1	4-2	2-1	2-1	4-0	3-2	3-0	1-0		
15	Mansfield Town	2-2	1-1	0-5	2-1	1-0	1-1	2-1	2-0	4-2	3-1	0-1	3-0	2-1	0-2		1-3	3-2	2-1	3-0	0-0	3-1	2-0	2-1	1-2
16	Oldham Athletic	0-1	4-1	3-2	5-0	1-1	2-1	2-1	4-1	4-0	3-1	1-2	4-0	1-2	0-1	1-1		0-0	1-1	1-0	1-1	2-1	2-1	3-2	
17	Rochdale	0-0	3-0	4-1	3-2	1-2	1-2	2-0	0-0	1-1	2-2	4-0	0-3	2-2	2-1	2-0	2-1		2-0	0-0	1-0	2-0	2-1	2-1	1-1
18	Scunthorpe Utd	4-0	1-0	3-0	1-1	1-0	1-1	1-1	2-1	3-1	1-0	0-2	5-1	2-0	6-1	2-2			2-0	3-0	1-2	1-1	1-0	1-2	
19	Southport	1-1	0-2	2-1	1-0	1-0	4-1	1-1	0-0	1-2	2-2	4-0	1-0	1-0	1-0	1-1		1-1		1-0	1-1	0-0	1-2	1-2	2-2
20	Stockport Co	0-0	1-0	1-2	6-0	1-1	5-2	3-0	3-2	6-1	3-0	2-1	0-0	2-1	0-2	2-2	3-2	1-4	4-2	0-2		2-0	0-1	4-0	1-2
21	Tranmere Rov	3-1	0-1	0-4	3-3	2-0	6-1	1-1	0-0	1-2	0-1	1-2	2-0	1-2	2-0	1-2	2-1	3-1	2-1	1-1			1-1	1-2	1-0
22	Workington	0-1	1-0	0-0	1-3	1-1	1-0	1-1	2-3	3-3	6-1	4-0	2-2	1-0	0-1	2-2	3-0	1-0	1-1	0-1	4-1	1-0		2-1	2-1
23	Wrexham	3-1	3-0	3-0	1-0	1-3	1-1	2-0	0-2	5-0	2-2	2-0	5-0	1-1	1-4	1-3	2-1	0-0	0-1	2-2	1-4	1-2	1-1		2-6
24	York City	1-1	1-3	1-4	1-2	0-1	2-1	5-0	3-2	3-1	3-1	2-1	0-0	2-1	1-0	3-1	2-1	2-0	2-3	1-1	4-0	1-0	0-0	3-3	

Final League Table

Pos	Team	Pld	Home W	Home D	Home L	Home F	Home A	Away W	Away D	Away L	Away F	Away A	Totals W	Totals D	Totals L	Totals F	Totals A	Pts	GA	Leading Goalscorer	Gls
1	Barnsley	46	18	3	2	51	17	12	2	9	35	29	30	5	11	86	46	65	1.87	L Chappell	22
2	Accrington S	46	18	2	3	65	32	7	9	7	31	35	25	11	10	96	67	61	1.43	G Stewart	28
3	Scunthorpe Utd	46	14	6	3	45	18	9	6	8	36	35	23	12	11	81	53	58	1.52	G Brown	23
4	York City	46	13	5	5	43	27	11	5	7	49	36	24	10	12	92	63	58	1.46	A Bottom	30
5	Hartlepools Utd	46	16	3	4	39	20	9	2	12	25	29	25	5	16	64	49	55	1.30	T McGuigan	18
6	Chesterfield	46	17	5	1	54	13	5	11	7	27	37	24	6	16	81	70	54	1.15	G Smith	18
7	Gateshead	46	11	7	5	38	26	9	5	9	27	43	20	12	14	65	69	52	0.94	R Ingham, J Oliver, K Smith	14
8	Workington	46	11	7	5	39	23	7	7	9	29	32	18	14	14	68	55	50	1.23	J Dailey	19
9	Stockport Co	46	13	4	6	50	27	5	8	10	34	43	18	12	16	84	70	48	1.20	J Connor	30
10	Oldham Athletic	46	14	5	4	47	22	5	5	13	27	46	19	10	17	74	68	48	1.08	D Travis	32
11	Southport	46	10	9	4	28	18	6	7	10	19	26	16	16	14	47	44	48	1.06	W Holmes	12
12	Rochdale	46	13	7	3	39	20	4	7	12	30	46	17	14	15	69	66	48	1.04	E Gemmell	19
13	Mansfield Town	46	14	4	5	40	28	4	5	14	25	43	18	9	19	65	71	45	0.91	J Adam, K Murray	12
14	Halifax Town	46	9	9	5	41	27	6	4	13	22	40	15	13	18	63	67	43	0.94	W Watkinson	15
15	Darlington	46	10	7	6	41	28	4	5	14	21	45	14	14	14	62	73	42	0.85	J Spuhler	15
16	Bradford PA	46	11	7	5	29	21	4	4	15	27	49	15	11	20	56	70	41	0.80	L Pickard	8
17	Barrow	46	12	4	7	39	34	5	2	16	31	55	17	6	23	70	89	40	0.78	W Gordon	18
18	Wrexham	46	9	6	8	40	35	4	6	13	25	42	13	12	21	65	77	38	0.84	T Bannan	16
19	Tranmere Rov	46	9	8	6	37	30	4	5	14	18	44	13	11	22	55	70	37	0.78	C Done	15
20	Carlisle United	46	12	1	10	53	39	3	5	15	25	50	15	6	25	78	89	36	0.87	J Whitehouse	24
21	Bradford City	46	9	5	9	30	26	4	5	14	17	29	13	10	23	47	55	36	0.85	G Williamson	6
22	Crewe Alex	46	8	10	5	45	35	2	5	4	17	23	10	14	22	68	91	34	0.74	A McLean	11
23	Grimsby Town	46	10	4	9	28	32	3	4	16	19	46	13	8	25	47	78	34	0.60	A Hughes	11
24	Chester	46	10	3	10	23	25	2	6	15	21	52	12	9	25	44	77	33	0.57	R Hughes	9

1954/55 DIVISION 3 (South)
SEASON 56

Total Matches 552
Total Goals 1677
Avg goals per match 3.04

Final League Table

Pos	Team	Pld	Home					Away					Totals						Leading Goalscorer	Gls
			W	D	L	F	A	W	D	L	F	A	W	D	L	F	A	Pts	GA		
1	Bristol City	46	17	4	2	62	22	13	6	4	39	25	30	10	6	101	47	70	2.14	J Atyeo	28
2	Leyton Orient	46	16	2	5	48	20	10	7	6	41	27	26	9	11	89	47	61	1.89	K Facey	21
3	Southampton	46	16	6	1	49	19	8	5	10	26	32	24	11	11	75	51	59	1.47	E Day	27
4	Gillingham	46	12	8	3	41	28	8	7	8	36	38	20	15	11	77	66	55	1.16	E Morgan	31
5	Millwall	46	14	6	3	44	25	6	5	12	28	43	20	11	15	72	68	51	1.05	J Summers	13
6	Brighton & H A	46	14	4	5	47	27	6	6	11	29	36	20	10	16	76	63	50	1.20	A Mundy	17
7	Watford	46	11	9	3	45	26	7	5	11	26	36	18	14	14	71	62	50	1.14	W Cook	26
8	Torquay United	46	12	6	5	51	39	6	6	11	31	43	18	12	16	82	82	48	1.00	R Collins	25
9	Coventry City	46	15	5	3	50	26	3	4	16	17	33	18	9	19	67	59	47	1.13	T Capel	19
10	Southend United	46	13	5	5	48	28	4	7	12	35	52	17	12	17	83	80	46	1.03	R Hollis	27
=11	Brentford	46	11	6	6	44	36	5	8	10	38	46	16	14	16	82	82	46	1.00	F Dudley	17
=11	Norwich City	46	13	5	5	40	23	5	5	13	20	37	18	10	18	60	60	46	1.00	R Brennan	15
13	Northampton T	46	13	5	5	47	27	6	3	14	26	54	19	8	19	73	81	46	0.90	B Jones	15
14	Aldershot	46	12	6	5	44	23	4	7	12	31	48	16	13	17	75	71	45	1.05	D Cheney, K Flint, N Menzies	13
15	Queens Park R	46	13	7	3	46	25	2	7	14	23	50	15	14	17	69	75	44	0.92	W Smith	17
16	Shrewsbury T	46	14	4	5	49	24	2	5	16	21	54	16	10	20	70	78	42	0.89	R Weigh	18
17	Bournemouth	46	7	8	8	32	29	5	10	8	25	36	12	18	16	57	65	42	0.87	S Newsham	24
18	Reading	46	7	10	6	32	26	6	5	12	33	47	13	15	18	65	73	41	0.89	D Uphill	21
19	Newport Co	46	8	8	7	32	29	3	8	12	28	44	11	16	19	60	73	38	0.82	T Johnston	26
20	Crystal Palace	46	9	11	3	32	24	2	5	16	20	56	11	16	19	52	80	38	0.65	J Belcher	10
21	Swindon Town	46	10	8	5	30	19	1	7	15	16	45	11	15	20	46	64	37	0.71	M Owen	12
22	Exeter City	46	9	7	7	30	31	2	8	13	17	42	11	15	20	47	73	37	0.64	C McClelland	9
23	Walsall	46	9	6	8	49	36	1	8	14	26	50	10	14	22	75	86	34	0.87	A Richards	22
24	Colchester Utd	46	7	6	10	33	40	2	7	14	20	51	9	13	24	53	91	31	0.58	K Plant	13

1955/56 DIVISION 1
SEASON 57

		Total Matches	462
		Total Goals	1529
		Avg goals per match	3.31

		Arsenal	Aston Villa	Birmingham C	Blackpool	Bolton Wand.	Burnley	Cardiff City	Charlton Ath.	Chelsea	Everton	Huddersfield T	Luton Town	Manchester C	Manchester U	Newcastle Utd.	Portsmouth	Preston N E	Sheffield Utd	Sunderland	Tottenham H	West Brom A	Wolverhampton
1	Arsenal		1-0	1-0	4-1	3-1	0-1	3-1	2-4	1-1	3-2	2-0	3-0	0-0	1-1	1-0	1-3	3-2	2-1	3-1	0-1	2-0	2-2
2	Aston Villa	1-1		0-0	1-1	0-2	2-0	2-0	1-1	1-4	2-0	3-0	1-0	0-3	4-4	3-0	1-3	3-2	3-2	1-4	0-2	3-0	0-0
3	Birmingham City	4-0	2-2		1-2	5-2	1-2	2-1	4-0	3-0	6-2	5-0	0-0	4-3	2-2	3-1	3-2	0-5	0-2	1-2	3-0	2-0	0-0
4	Blackpool	3-1	6-0	2-0		0-0	1-1	2-1	5-0	2-1	4-0	4-2	3-2	0-1	0-0	5-1	2-3	2-6	1-1	7-3	0-2	5-1	2-1
5	Bolton Wanderers	4-1	1-0	6-0	1-3		0-1	4-0	1-3	4-0	1-1	2-2	4-0	1-3	3-1	3-2	4-0	0-0	2-1	0-3	3-2	4-0	2-1
6	Burnley	0-1	2-0	3-2	0-2	2-0		0-2	2-1	5-0	0-1	2-0	3-1	2-2	0-0	3-1	3-0	1-2	1-1	4-0	2-0	1-2	1-2
7	Cardiff City	1-2	1-0	2-1	1-0	1-0	2-2		3-1	1-1	3-1	1-2	2-0	4-1	0-1	1-1	2-3	3-1	3-2	3-1	0-0	1-3	1-9
8	Charlton Athletic	2-0	3-1	2-0	1-2	3-1	2-1	0-0		1-2	0-2	4-1	2-2	5-2	3-0	0-2	6-1	2-1	3-2	2-1	1-2	5-1	0-2
9	Chelsea	2-0	0-0	1-2	2-1	0-2	0-0	2-1	3-1		6-1	0-0	0-0	2-1	2-4	2-1	1-5	0-1	1-0	2-3	2-0	2-3
10	Everton	1-1	2-1	5-1	1-0	1-0	1-1	2-0	3-2	3-3		5-2	0-1	1-1	4-2	0-0	0-2	0-4	1-4	1-2	2-1	2-0	2-1
11	Huddersfield Town	0-1	1-1	1-1	3-1	3-1	1-0	1-2	4-0	1-3	1-0		0-2	3-3	0-2	2-6	1-0	2-2	1-2	4-0	1-0	1-0	1-3
12	Luton Town	0-0	2-1	0-1	3-1	0-0	2-3	3-0	2-1	2-2	2-2	1-2		3-2	0-2	4-2	1-0	2-1	2-1	8-2	2-1	0-2	5-1
13	Manchester City	2-2	2-2	1-1	2-0	2-0	1-3	3-1	0-2	2-2	3-0	1-0	3-2		1-0	1-2	4-1	0-2	3-1	4-2	1-2	2-0	2-2
14	Manchester United	1-1	1-0	2-1	2-1	1-0	2-1	1-1	2-1	3-0	3-1	2-1	3-0	2-1		5-2	1-0	3-3	2-1	2-2	3-1	4-3	2-0
15	Newcastle United	2-0	2-3	2-2	1-2	3-0	3-1	4-0	4-1	1-1	1-2	1-1	4-0	3-1	0-0		2-1	5-0	4-2	3-1	1-2	0-3	3-1
16	Portsmouth	5-2	2-2	0-5	3-3	3-3	3-1	1-1	4-0	4-4	1-0	5-2	0-0	2-4	3-2	0-2		0-2	1-1	2-1	4-1	1-1	2-1
17	Preston North End	0-1	0-1	1-1	3-3	0-1	4-2	1-2	2-2	2-3	0-1	1-2	2-1	0-3	3-1	4-3	2-1		0-2	2-2	3-3	0-1	2-0
18	Sheffield United	0-2	2-2	0-3	2-1	1-3	1-2	2-1	0-0	2-1	1-1	3-1	0-4	1-1	1-0	2-1	1-3	3-1		2-3	2-0	2-3	3-3
19	Sunderland	3-1	5-1	1-0	0-0	0-0	4-4	1-1	3-2	4-3	0-0	4-1	1-2	0-3	2-2	1-6	4-2	2-2	3-2		3-2	2-1	1-1
20	Tottenham Hotspur	3-1	4-3	0-1	1-1	0-3	0-1	1-1	2-3	4-0	1-1	1-2	2-1	2-1	1-2	3-1	1-1	0-4	3-1	2-3		4-1	2-1
21	West Bromwich Albion	2-1	1-0	0-2	1-2	2-0	1-0	2-1	3-3	3-0	2-0	1-2	3-1	0-4	1-4	1-1	4-0	3-2	2-1	3-0	1-0		1-1
22	Wolverhampton Wand.	3-3	0-0	1-0	2-3	4-2	3-1	0-2	2-0	2-1	1-0	4-0	1-2	7-2	0-2	2-1	3-1	2-1	3-2	3-1	5-1	3-2	

Final League Table

Pos	Team	Pld	Home					Away					Totals						Leading Goalscorer	Gls
			W	D	L	F	A	W	D	L	F	A	W	D	L	F	A	Pts	GA		
1	Manchester Utd	42	18	3	0	51	20	7	7	7	32	31	25	10	7	83	51	60	1.62	T Taylor	24
2	Blackpool	42	13	4	4	56	27	7	5	9	30	35	20	9	13	86	62	49	1.38	J Mudie	22
3	Wolverhampton	42	15	2	4	51	27	5	7	9	38	38	20	9	13	89	65	49	1.36	J Hancocks	18
4	Manchester City	42	11	5	5	40	27	7	5	9	42	42	18	10	14	82	69	46	1.18	J Hayes	24
5	Arsenal	42	13	4	4	38	22	5	6	10	22	39	18	10	14	60	61	46	0.98	D Tapscott	17
6	Birmingham City	42	12	4	5	51	26	6	5	10	24	31	18	9	15	75	57	45	1.31	E Brown	21
7	Burnley	42	11	3	7	37	20	7	5	9	27	34	18	8	16	64	54	44	1.18	P McKay	24
8	Bolton Wand	42	13	3	5	50	24	5	1	15	21	34	18	7	17	71	58	43	1.22	N Lofthouse	32
9	Sunderland	42	10	8	3	44	36	7	1	13	36	59	17	9	16	80	95	43	0.84	C Fleming	28
10	Luton Town	42	12	4	5	44	27	5	4	12	22	37	17	8	17	66	64	42	1.03	G Turner	19
11	Newcastle Utd	42	12	4	5	49	24	5	3	13	36	46	17	7	18	85	70	41	1.21	V Keeble	26
12	Portsmouth	42	9	8	4	46	38	7	1	13	32	47	16	9	17	78	85	41	0.91	P Harris	23
13	West Brom A	42	13	3	5	37	25	5	2	14	21	45	18	5	19	58	70	41	0.82	R Allen	17
14	Charlton Athletic	42	13	2	6	47	26	4	3	14	28	55	17	6	19	75	81	40	0.92	S Leary	21
15	Everton	42	11	5	5	37	29	4	5	12	18	40	15	10	17	55	69	40	0.79	J Harris	19
16	Chelsea	42	10	4	7	32	26	4	7	10	32	51	14	11	17	64	77	39	0.83	R Bentley	15
17	Cardiff City	42	11	4	6	36	32	4	5	12	19	57	15	9	18	55	69	39	0.79	J Hitchens	15
18	Tottenham H	42	9	4	8	37	33	6	3	12	24	38	15	7	20	61	71	37	0.85	J Brooks, R Smith	10
19	Preston N E	42	6	5	10	32	36	8	3	10	41	36	14	8	20	73	72	36	1.01	T Thompson	20
20	Aston Villa	42	9	6	6	32	29	2	7	12	20	40	11	13	18	52	69	35	0.75	J Dixon	16
21	Huddersfield T	42	9	4	8	32	30	5	3	13	22	53	14	7	21	54	83	35	0.65	J Glazzard	11
22	Sheffield United	42	8	6	7	31	35	4	3	14	32	42	12	9	21	63	77	33	0.81	R Howitt	14

1955/56 DIVISION 2
SEASON 57

Total Matches	462
Total Goals	1628
Avg goals per match	3.52

Results Grid

#	Team	Barnsley	Blackburn Rov.	Bristol City	Bristol Rovers	Bury	Doncaster R	Fulham	Hull City	Leeds United	Leicester C	Lincoln City	Liverpool	Middlesbrough	Nottm Forest	Notts County	Plymouth A	Port Vale	Rotherham Utd	Sheffield Weds	Stoke City	Swansea Town	West Ham Utd
1	Barnsley		2-1	0-0	4-3	3-3	2-2	3-0	2-1	2-1	0-1	1-0	0-5	0-4	1-1	3-1	1-2	1-2	3-2	0-3	1-0	3-2	1-1
2	Blackburn Rovers	5-1		4-6	2-0	3-1	1-1	1-0	2-0	2-3	2-3	0-2	3-3	2-1	2-0	2-0	2-1	7-1	3-1	2-2	3-0	3-0	4-1
3	Bristol City	2-0	2-0		1-1	3-1	4-1	2-1	5-2	0-1	1-1	5-1	2-1	2-0	0-0	1-3	6-0	0-0	5-2	3-2	0-1	2-1	3-1
4	Bristol Rovers	1-1	1-0	0-3		4-2	4-2	2-2	4-2	4-1	2-1	3-0	1-2	7-2	4-1	2-0	2-1	1-2	1-4	4-3	4-2	1-2	1-1
5	Bury	3-0	0-4	1-1	0-1		5-1	1-5	3-2	1-0	3-1	3-3	1-1	1-1	1-2	4-0	7-1	2-2	2-1	2-5	1-0	2-4	1-1
6	Doncaster Rovers	1-1	2-2	3-2	2-1	8-0		4-2	3-0	1-2	6-2	2-0	1-0	0-1	1-3	1-1	3-1	3-0	1-1	2-2	2-4	3-1	2-1
7	Fulham	5-1	3-0	3-0	3-5	3-1	4-0		5-0	1-2	3-2	3-0	3-1	4-1	4-3	1-1	2-1	1-4	1-1	1-2	2-0	4-1	3-1
8	Hull City	4-1	0-3	1-3	1-2	2-3	1-1	2-2		1-4	2-4	2-1	1-2	2-2	0-3	2-0	0-1	2-1	0-3	2-2	3-2	1-4	3-1
9	Leeds United	3-1	1-2	2-1	2-1	1-0	3-0	6-1	1-0		4-0	1-0	4-2	3-0	1-0	4-2	1-1	4-1	2-1	1-0	2-2	3-3	
10	Leicester City	0-0	0-2	2-2	4-2	5-0	3-0	2-1	1-2	5-2		4-0	3-1	1-1	5-2	4-0	5-1	4-1	3-1	1-2	3-1	6-1	2-1
11	Lincoln City	4-0	3-0	2-0	2-0	4-2	1-1	6-1	2-0	1-1	7-1		2-0	1-2	1-3	2-0	1-0	1-0	1-1	2-2	2-1	3-1	1-1
12	Liverpool	1-1	1-2	2-1	0-2	4-2	1-2	7-0	3-0	1-0	3-1	2-1		1-1	5-2	2-1	4-1	4-1	2-0	0-3	2-2	4-1	3-1
13	Middlesbrough	1-1	1-0	2-1	0-1	1-3	4-1	1-1	5-1	5-3	4-3	4-2	1-2		3-2	3-0	1-2	1-1	0-1	2-2	1-3	4-1	2-0
14	Nottm Forest	1-0	1-1	0-2	1-1	0-2	5-0	1-0	2-1	2-0	2-0	2-2	1-3	2-4		0-2	3-1	2-2	1-0	0-1	2-3	2-1	0-0
15	Notts County	2-2	1-2	3-2	5-2	2-1	3-2	3-4	0-2	2-1	1-1	2-2	2-1	5-0	1-3		3-0	0-0	1-2	1-1	1-3	1-5	0-1
16	Plymouth Argyle	3-0	1-0	5-0	0-1	1-4	0-2	1-1	4-3	0-1	1-4	4-0	4-0	1-2	1-1	1-1		1-1	3-1	1-1	0-1	0-1	0-1
17	Port Vale	1-2	4-1	2-0	1-1	1-1	2-0	2-1	0-1	2-0	2-3	1-1	1-1	3-2	0-2	3-1	3-1		4-1	0-1	1-0	3-0	2-1
18	Rotherham United	0-0	3-2	1-3	1-0	1-3	3-3	2-3	0-2	0-2	3-1	2-2	0-1	2-1	2-1	1-1	0-0	1-0		2-3	0-1	2-3	3-2
19	Sheffield Wednesday	3-0	5-1	2-1	4-2	3-3	5-2	2-3	4-1	4-0	1-1	5-3	1-1	3-1	1-2	1-0	5-2	4-0	0-2		4-0	2-2	1-1
20	Stoke City	2-1	1-2	4-2	1-2	0-2	5-2	1-2	4-1	2-1	2-0	3-0	3-2	2-5	1-1	0-2	4-1	1-1	1-0	2-0		5-0	3-0
21	Swansea Town	3-1	2-1	2-1	1-2	5-3	2-0	2-0	4-1	1-1	6-1	0-2	2-1	2-0	1-0	5-1	2-2	0-0	4-1	2-1	0-0		4-2
22	West Ham United	4-0	2-3	3-0	2-1	3-2	6-1	2-1	1-1	1-3	2-4	2-0	1-0	1-2	6-0	4-0	0-2	1-1	3-3	2-0	5-1		

Final League Table

Pos	Team	Pld	Home W	Home D	Home L	Home F	Home A	Away W	Away D	Away L	Away F	Away A	Totals W	Totals D	Totals L	Totals F	Totals A	Pts	GA	Leading Goalscorer	Gls
1	Sheffield Weds	42	13	5	3	60	28	8	8	5	41	34	21	13	8	101	62	55	1.62	R Shiner	33
2	Leeds United	42	17	3	1	51	18	6	3	12	29	42	23	6	13	80	60	52	1.33	W J Charles	29
3	Liverpool	42	14	3	4	52	25	7	3	11	33	38	21	6	15	85	63	48	1.34	W Liddell	27
4	Blackburn Rov	42	13	4	4	55	29	8	2	11	29	36	21	6	15	84	65	48	1.29	T Briggs	31
5	Leicester City	42	15	3	3	63	23	6	3	12	31	55	21	6	15	94	78	48	1.20	**W Gardiner**	**34**
6	Bristol Rovers	42	13	3	5	53	33	8	3	10	31	37	21	6	15	84	70	48	1.20	G Bradford	25
7	Nottm Forest	42	9	5	7	30	26	10	4	7	38	37	19	9	14	68	63	47	1.07	J Barrett	17
8	Lincoln City	42	13	5	3	49	17	4	5	12	30	48	18	10	14	79	65	46	1.21	T Northcott	20
9	Fulham	42	15	2	4	59	27	5	4	12	30	52	20	6	16	89	79	46	1.12	B Jezzard	27
10	Swansea Town	42	14	4	3	49	23	6	2	13	34	58	20	6	16	83	81	46	1.02	T Medwin	20
11	Bristol City	42	14	4	3	49	20	5	3	13	31	44	19	7	16	80	64	45	1.25	P Atyeo	29
12	Port Vale	42	12	4	5	38	21	4	9	8	22	37	16	13	13	60	58	45	1.03	C Done, R Stephenson	12
13	Stoke City	42	13	2	6	47	27	7	2	12	24	35	20	4	18	71	62	44	1.14	F Bowyer, J King	16
14	Middlesbrough	42	11	4	6	46	31	5	4	12	30	47	16	8	18	76	78	40	0.97	L Delapenha	17
15	Bury	42	9	5	7	44	39	7	3	11	42	51	16	8	18	86	90	40	0.95	W Kelly	28
16	West Ham Utd	42	12	4	5	52	27	2	7	12	22	42	14	11	17	74	69	39	1.07	W Dare	18
17	Doncaster Rov	42	11	5	5	45	30	1	6	14	24	66	12	11	19	69	96	35	0.71	H Tindill	18
18	Barnsley	42	10	5	6	33	35	1	7	13	14	49	11	12	19	47	84	34	0.56	R Brown	11
19	Rotherham Utd	42	7	5	9	29	34	5	4	12	27	41	12	9	21	56	75	33	0.74	J Wilson	14
20	Notts County	42	8	5	8	39	37	3	4	14	16	45	11	9	22	55	82	31	0.67	J Jackson	8
21	Plymouth Argyle	42	7	6	8	33	25	3	2	16	21	62	10	8	24	54	87	28	0.62	P Langman	9
22	Hull City	42	6	4	11	32	46	4	2	15	21	52	10	6	26	53	97	26	0.54	W Bradbury	9

1955/56 DIVISION 3 (North)
SEASON 57

Total Matches: 552
Total Goals: 1771
Avg goals per match: 3.21

	Team	Accrington S	Barrow	Bradford P A	Bradford City	Carlisle United	Chester	Chesterfield	Crewe Alex	Darlington	Derby County	Gateshead	Grimsby Town	Halifax Town	Hartlepools U	Mansfield T	Oldham Athletic	Rochdale	Scunthorpe U	Southport	Stockport Co	Tranmere Rov	Workington	Wrexham	York City
1	Accrington S		2-0 10S	7-0 26S	2-0 3M	1-0 24S	4-0 21J	5-1 14S	5-1 14A	2-1 24D	2-0 26N	2-2 20a	0-1 11F	2-2 28J	1-0 15O	3-1 2A	2-2 31M	3-0 24a	2-0 29O	4-2 30A	3-1 3S	0-0 28A	5-1 12N	3-1 18F	1-3 17M
2	Barrow	3-1 14J		2-2 25a	3-1 28J	0-0 11F	1-2 24S	3-1 28A	5-0 26N	0-1 3S	1-2 17M	4-0 24D	0-0 2J	2-2 18F	3-2 14A	4-1 17S	2-0 29O	2-2 15S	0-2 3M	2-0 20a	1-1 15O	2-0 27D	0-3 31M	0-1 30M	0-1 12N
3	Bradford P A	1-0 23A	3-2 29a		1-1 15O	2-1 28A	1-1 12S	0-5 3S	2-0 29O	3-0 1O	2-4 3M	3-1 4F	2-1 27D	1-1 14A	1-3 31M	0-3 17M	4-1 3A	3-3 24D	2-0 20a	0-3 17S	2-0 12N	4-5 18A	4-0 18F	4-2 26N	2-1 14M
4	Bradford City	2-1 22O	1-1 21A	5-0 16A		0-0 2A	1-1 8O	3-5 7A	3-1 21J	3-0 10M	2-1 10S	3-1 5N	0-2 21S	2-0 7S	4-2 24S	0-0 25A	2-2 17D	4-3 3D	2-0 26D	4-1 24M	5-0 11F	2-0 7J	2-0 27a	4-3 24a	3-1 31D
5	Carlisle United	0-4 4F	2-0 1O	4-1 2J	0-0 30M		4-1 24A	1-1 20a	4-1 12N	2-0 17S	0-3 31M	2-1 14J	1-2 13S	5-2 30a	3-1 17M	1-2 12A	1-0 28J	2-0 27D	4-1 18F	0-3 3S	4-1 26N	0-3 24D	2-4 3M	0-1 15O	3-1 29O
6	Chester	1-1 17S	1-0 4F	0-0 7S	1-1 18F	3-3 28S		2-1 27D	0-0 17M	2-1 14J	2-5 12N	3-0 3S	2-0 31a	1-0 30M	0-1 26N	4-3 15O	3-2 3M	0-0 28A	3-5 2m	1-3 24D	1-4 14A	0-0 20a	1-0 29O	2-1 1O	2-2 31M
7	Chesterfield	0-1 7S	2-0 21S	5-1 31D	1-2 26N	2-1 17D	2-1 26D		8-0 28J	2-1 24a	3-0 18F	1-0 2J	3-0 27a	2-3 17M	2-1 3M	1-0 31M	7-2 15O	2-0 10S	5-1 14A	2-3 1O	2-4 29O	2-0 4F	5-1 17S	2-4 12N	3-1 2A
8	Crewe Alex	0-3 3D	0-1 7A	4-2 10M	1-4 17S	3-1 24M	0-0 11A	0-3 21A		1-1 25F	2-1 5S	1-0 21S	0-0 5N	1-4 14J	1-3 27D	2-1 24D	1-2 1O	2-0 22O	1-2 4F	1-1 30M	3-1 20a	4-0 8O	2-1 25A	1-2 3S	1-2 24a
9	Darlington	2-0 27a	4-2 31D	4-1 11F	1-1 29O	3-5 21J	0-2 10S	2-1 31a	4-1 15O		1-0 14A	0-0 27D	0-1 24S	1-2 3M	0-0 17M	3-1 18F	2-1 12N	2-0 28S	1-0 31M	0-1 28A	0-0 2A	6-2 14S	2-2 17M	2-2 28J	1-4 26N
10	Derby County	6-2 7A	2-1 7M	4-0 22O	4-1 14J	3-0 5N	3-1 24M	3-0 8O	3-3 14S	6-2 3D		4-1 25F	1-3 10M	4-3 3S	2-1 28A	4-0 20a	2-0 19M	2-2 21A	2-0 17S	2-0 31a	0-0 27D	2-2 2A	2-0 1O	2-2 24D	3-2 28S
11	Gateshead	4-0 17D	3-2 27a	3-0 24S	4-1 31M	2-3 10S	1-1 31D	3-3 26S	4-1 28A	0-1 26D	2-4 15O		2-0 21J	1-1 29O	3-0 30M	2-8 28J	1-3 17M	4-1 11F	1-0 12N	2-0 12S	2-1 18F	3-3 22a	4-3 26N	2-1 3M	3-2 14A
12	Grimsby Town	3-0 1O	3-0 27S	4-0 26D	2-0 28A	1-0 6S	3-0 23a	5-1 24D	1-0 31M	2-1 17A	3-1 29O	4-0 17S		4-0 15O	2-0 12N	5-1 26N	1-1 18F	0-1 20a	2-0 30M	5-1 25A	1-0 17M	0-1 3S	1-2 28J	1-0 14A	2-1 3M
13	Halifax Town	2-0 21A	1-0 8O	6-3 3D	3-2 12S	2-2 22a	0-1 2A	3-0 7J	2-0 10S	2-2 22O	3-3 31D	0-1 10M	0-1 30A		0-2 21J	1-1 11F	5-1 26D	1-1 7A	0-3 28A	0-1 5N	1-0 24S	0-2 24M	2-0 17D	1-1 26S	2-4 27a
14	Hartlepools Utd	0-0 3m	1-0 3D	3-1 5N	1-0 4F	3-0 30A	3-1 7A	3-0 22O	6-1 26D	3-0 20a	2-0 19S	3-1 2A	1-2 24M	3-2 17S		4-2 3S	1-0 2J	1-0 10M	0-2 1O	1-0 8O	0-0 2D	4-0 21A	1-0 29a	3-2 14J	0-1 5S
15	Mansfield Town	3-2 30M	4-0 21J	5-0 9A	0-0 26S	0-1 3D	3-0 25F	0-1 5N	1-1 27a	3-3 8O	1-1 17D	0-3 21A	0-2 7A	3-1 1O	5-1 31D		2-0 5S	6-0 24M	3-2 22a	0-1 18A	2-2 26A	6-0 7A	0-0 10S	6-1 10M	3-1 19S
16	Oldham Athletic	1-3 5N	6-1 10M	5-1 2A	1-1 20a	2-2 21A	4-1 22O	2-2 25F	3-3 11F	1-1 24M	1-2 24S	1-1 7J	1-2 8O	1-1 27D	3-2 27S	1-0 12S		2-2 31D	2-1 24D	1-1 7A	3-2 30a	4-1 3D	1-1 10S	1-1 28A	2-2 21J
17	Rochdale	1-1 29a	5-1 5S	4-2 27a	3-1 14A	5-2 26D	4-2 21S	1-5 18A	1-0 3M	1-0 24A	0-5 28a	1-1 1O	2-0 17D	2-1 26N	1-4 29O	1-1 12N	4-4 3S		3-2 15O	1-3 4F	0-0 31M	1-3 21S	1-0 30M	1-0 17M	3-1 10F
18	Scunthorpe Utd	2-3 10M	2-0 22O	4-2 17D	2-0 27D	4-0 8O	2-1 21A	2-0 3D	1-1 24S	0-1 5N	0-2 21J	1-1 24M	0-1 2A	5-1 21S	3-0 11F	2-1 31a	1-2 27a	1-2 22M		0-1 18A	1-5 26A	2-1 7A	1-1 31D	1-1 7S	1-1 10S
19	Southport	1-1 26D	2-1 17D	3-0 21J	3-1 12N	1-0 31D	1-0 27a	5-0 11F	0-1 2A	2-5 20S	2-0 23a	2-0 6S	0-0 10S	1-1 31M	1-1 18F	0-2 3M	0-0 26N	1-1 24S	2-2 17M		1-1 28J	1-0 27S	0-0 14A	1-1 29O	3-3 15O
20	Stockport Co	1-2 31D	4-1 25F	0-0 24M	1-0 1O	8-1 7A	2-1 3D	2-1 10M	2-1 17D	2-1 30M	2-1 26D	1-2 8O	0-0 15F	3-1 4F	4-0 27a	7-2 14J	0-0 22a	0-0 5N	3-2 26S	4-0 21A		7-0 22O	4-5 5S	4-0 17S	4-1 28A
21	Tranmere Rov	4-1 20S	1-1 26D	4-1 10S	1-1 17M	0-1 27a	4-0 17D	0-1 24S	1-0 18F	0-1 6S	0-1 30M	0-1 30a	2-2 31D	1-0 12N	2-2 28J	1-0 29O	0-3 14A	2-1 21J	1-2 26N	2-1 2J	1-2 3M		2-0 15O	0-2 31M	2-1 1O
22	Workington	0-0 24M	6-1 5N	4-0 8O	2-1 24D	4-0 22O	0-0 10M	1-1 21J	2-0 28S	0-3 7J	6-1 11F	0-0 7A	2-0 21a	5-1 20a	2-1 24a	4-3 28A	0-1 14J	1-2 2A	2-3 3S	0-1 3D	3-0 14S	3-0 25F		3-1 27D	0-0 24S
23	Wrexham	1-4 8O	0-0 2A	1-0 7A	2-1 31a	5-2 25F	0-0 11F	3-0 24M	4-2 31D	2-1 21A	3-1 27a	1-0 22O	1-2 3D	1-3 25A	2-0 10S	1-1 24S	0-0 21S	0-1 7J	2-1 14S	0-1 10M	3-1 21J	0-1 5N	0-1 26D		4-5 17D
24	York City	0-1 16A	3-2 24M	5-0 21A	0-2 3S	3-1 10M	3-0 5N	3-1 30M	1-1 29a	4-0 7A	1-0 23A	3-4 3D	5-0 22O	3-0 24D	1-1 12S	2-0 27D	1-2 17S	0-0 8O	0-1 9A	1-0 25F	2-4 19S	1-1 11F	1-3 4F	1-3 20a	

Final League Table

Pos	Team	Pld	Home W	Home D	Home L	Home F	Home A	Away W	Away D	Away L	Away F	Away A	Totals W	Totals D	Totals L	Totals F	Totals A	Pts	GA	Leading Goalscorer	Gls
1	Grimsby Town	46	20	1	2	54	10	11	5	7	22	19	31	6	9	76	29	68	2.62	R Crosbie	35
2	Derby County	46	18	4	1	67	23	10	3	10	43	32	28	7	11	110	55	63	2.00	J Parry	24
3	Accrington S	46	17	4	2	61	19	8	5	10	31	38	25	9	12	92	57	59	1.61	G Stewart	35
4	Hartlepools Utd	46	18	2	3	47	15	8	3	12	34	45	26	5	15	81	60	57	1.35	K Johnson	21
5	Southport	46	12	9	2	39	18	11	2	10	27	35	23	11	12	66	53	57	1.24	G Bromilow	22
6	Chesterfield	46	18	1	4	61	21	7	3	13	33	45	25	4	17	94	66	54	1.42	W Sowden	32
7	Stockport Co	46	16	4	3	65	22	5	5	13	25	39	21	9	16	90	61	51	1.47	J Connor	30
8	Bradford City	46	16	5	2	57	25	2	8	13	21	39	18	13	15	78	64	49	1.21	R Webb	18
9	Scunthorpe Utd	46	12	4	7	40	26	8	4	11	35	37	20	8	18	75	63	48	1.19	G Brown	21
10	Workington	46	13	4	6	47	20	6	5	12	28	43	19	9	18	75	63	47	1.19	J Dailey	23
11	York City	46	12	4	7	44	24	7	5	11	41	48	19	9	18	85	72	47	1.18	A Bottom	31
12	Rochdale	46	13	5	5	46	39	6	8	11	20	45	19	13	16	66	84	47	0.78	E Gemmell	13
13	Gateshead	46	15	4	4	56	32	2	7	14	21	52	17	11	18	77	84	45	0.91	G Lydon	14
14	Wrexham	46	11	5	7	37	28	5	5	13	29	45	16	10	20	66	73	42	0.90	E Evans	14
15	Darlington	46	11	6	6	41	28	5	3	15	19	45	16	9	21	60	73	41	0.82	K Morton	15
16	Tranmere Rov	46	11	4	8	33	25	5	5	13	26	59	16	9	21	59	84	41	0.70	F Jones	9
17	Chester	46	8	5	10	35	33	6	4	13	17	49	14	9	23	52	82	40	0.63	G Allman	12
18	Mansfield Town	46	13	6	4	59	21	1	5	17	25	60	14	11	21	84	81	39	1.03	B Jepson	22
19	Halifax Town	46	10	6	7	40	27	4	5	14	26	49	14	11	21	66	76	39	0.86	A Hampson	12
20	Oldham Athletic	46	7	12	4	48	36	3	6	14	28	50	10	18	18	76	86	38	0.88	D Travis	15
21	Carlisle United	46	11	3	9	45	36	4	5	14	26	59	15	8	23	71	95	38	0.74	G A Ashman	17
22	Barrow	46	11	6	6	44	25	1	3	19	17	58	12	9	25	61	83	33	0.73	W Gordon	19
23	Bradford P A	46	13	4	6	47	38	0	3	20	14	84	13	7	26	61	122	33	0.50	L Ward	13
24	Crewe Alex	46	9	4	10	32	35	0	6	17	18	70	9	10	27	50	105	28	0.47	J Rolfe	10

1955/56 DIVISION 3 (South)
SEASON 57

Total Matches 552
Total Goals 1772
Avg goals per match 3.21

		Aldershot	Bournemouth	Brentford	Brighton & H A	Colchester Utd	Coventry City	Crystal Palace	Exeter City	Gillingham	Ipswich Town	Leyton Orient	Millwall	Newport Co	Northampton T	Norwich City	Q P R	Reading	Shrewsbury T	Southampton	Southend Utd	Swindon Town	Torquay Utd	Walsall	Watford
1	Aldershot		1-3 7A	4-1 8O	0-3 31D	1-0 24M	2-2 25F	1-1 27a	1-0 10M	2-2 3D	0-3 24S	1-1 5N	2-1 21A	1-0 24a	2-0 14S	0-0 18A	1-2 26D	4-4 17O	2-0 21J	3-2 10S	3-3 22O	1-1 28A	1-2 28S	2-1 11F	1-1 2A
2	Bournemouth	2-2 26N		0-0 27a	2-0 28J	3-1 24a	0-1 17D	1-0 14A	0-0 26D	1-2 24S	1-1 18F	3-1 28A	4-0 21J	0-0 29O	0-1 31M	1-0 28S	1-0 12N	2-1 10S	2-0 30M	1-3 1O	4-1 7S	4-0 17M	2-0 3M	2-0 15O	4-0 31D
3	Brentford	2-0 18F	2-1 24D		4-2 3M	2-2 14J	1-1 23A	3-0 15O	2-0 4F	1-4 20a	3-2 12N	1-0 17S	2-2 12S	1-1 14A	2-1 2A	1-2 3S	2-0 30a	2-2 26D	1-1 17M	2-1 29O	2-1 1O	1-2 12M	1-3 26N	2-2 31M	0-0 19S
4	Brighton & H A	5-2 3S	4-1 21A	3-0 22O		2-0 7A	2-1 10M	5-0 14J	1-0 24M	5-0 28S	3-0 18A	1-1 2A	2-1 26D	4-1 24D	4-0 3D	6-0 20a	1-1 8O	3-1 11F	3-2 24S	5-0 3N	4-0 14S	2-0 28A	3-2 24a	3-0	2-3
5	Colchester Utd	4-0 12N	1-0 1S	0-3 10S	3-3 26N		2-0 31D	2-4 31M	5-1 17D	1-1 29S	3-3 26D	2-1 15S	1-2 11F	2-1 15O	2-0 17M	3-2 28A	4-1 29O	0-3 24S	2-0 28J	3-2 14A	3-6 27a	5-0 3M	3-2 18F	1-1 30M	4-1 21J
6	Coventry City	1-1 15O	3-1 20a	2-1 26S	3-2 29O	2-0 3S		1-3 3M	2-2 17S	2-0 12S	3-1 31M	3-0 14J	5-1 27D	3-0 10D	0-1 18F	5-3 24D	4-1 3A	0-0 28A	2-1 12N	2-0 17M	0-0 19M	6-0 1O	1-2 14A	1-0 26N	3-3 29a
7	Crystal Palace	1-0 24D	1-3 3D	0-2 25F	1-2 10S	1-1 7J	3-0 22O		0-1 5N	1-3 21A	1-0 11F	2-2 24M	1-0 31D	2-3 28A	2-0 20a	1-1 7A	2-3 14S	0-1 30M	0-2 24S	1-2 21J	0-2 10M	3-0 27D	2-0 31a	1-2 28S	1-2 8O
8	Exeter City	2-1 29O	2-0 27D	2-3 24S	0-5 12N	0-0 20a	2-3 21J	6-1 17M		2-1 28A	2-2 14A	1-1 24D	3-1 31a	2-0 2A	3-1 3M	1-1 14S	2-0 15O	0-2 28S	3-0 26N	3-2 11A	0-1 10S	1-2 18F	0-0 3S	1-1 28J	1-2 11F
9	Gillingham	2-0 14A	1-1 2m	1-2 17D	1-0 17S	2-1 25A	1-1 7S	1-1 28J	2-1 21S		0-0 15O	4-3 24a	3-2 10S	0-2 17M	3-1 26N	0-2 1O	3-1 31M	1-2 31D	2-3 18F	4-0 30M	1-3 27D	0-1 12N	0-1 29O	3-0 3M	3-0 27a
10	Ipswich Town	2-1 4F	1-0 8O	1-1 24M	2-1 25A	3-1 27D	1-0 7J	3-3 1O	2-2 3D	1-1 25F		2-0 21A	6-2 22O	3-2 24D	1-0 17S	4-1 30M	4-1 14J	3-3 10M	4-1 21S	2-0 24a	3-0 7A	6-2 3S	0-2 20a	5-2 7S	0-0 5N
11	Leyton Orient	8-3 17M	3-0 22S	2-1 21J	0-1 31M	6-0 8S	3-1 10S	8-0 12N	1-1 27a	2-0 1S	1-2 3m		2-1 26A	3-1 18F	1-1 29O	2-2 26D	7-1 3M	1-0 11F	5-2 14A	4-0 26N	1-1 31D	3-2 15O	4-0 30M	4-0 17D	3-1 24S
12	Millwall	3-3 28J	4-0 17S	4-0 5S	2-4 30M	0-1 1O	0-2 26D	1-1 3S	2-0 22a	5-0 14J	0-5 3M	5-0 30A		2-4 12N	4-1 14A	1-0 4m	4-0 26N	1-2 27a	3-2 15O	5-0 18F	1-1 28A	3-2 31M	5-0 17M	3-2 29O	1-1 17D
13	Newport County	0-1 1S	1-0 10M	1-2 3D	1-0 27D	0-0 25F	4-2 21A	0-1 22S	1-2 30M	2-1 5N	3-0 27a	1-4 8O	5-0 24M		0-1 29S	2-2 22O	2-1 1O	2-3 7J	1-2 17D	1-0 8S	1-0 19A	2-1 12A	2-1 10S	2-0 31D	0-1 7A
14	Northampton T	3-2 8S	2-1 12A	1-0 3A	3-0 27a	0-2 5N	2-1 8O	1-3 17D	1-0 22O	1-0 7A	0-5 21J	0-1 10M	4-0 3D	5-0 26A		1-1 24M	5-2 19S	1-2 21A	1-0 10S	3-1 31D	1-1 25F	2-1 1S	2-1 11F	3-1 24S	1-3 27D
15	Norwich City	0-1 31M	0-2 25A	1-3 31D	3-1 14A	1-1 21S	0-0 27a	3-1 26N	2-1 7S	5-1 11F	3-2 2A	2-2 27D	4-1 24S	2-3 3M	4-1 12N		1-0 17M	2-1 21J	3-1 24a	1-4 28J	7-2 17D	4-1 29O	0-0 15O	3-2 12A	4-1 10S
16	Queens Park R	2-2 27D	0-1 24M	1-1 22a	2-1 17D	6-2 10M	1-2 30M	0-3 5S	1-0 25F	2-2 7J	1-1 10S	4-0 22O	0-0 7A	3-2 11F	2-3 28A	2-3 5N		3-3 3D	1-1 31D	4-0 27a	1-2 8O	1-0 26S	3-1 24S	3-2 21J	3-2 21A
17	Reading	0-5 20a	0-2 14J	5-2 27D	0-2 18F	1-3 27F	1-0 21S	1-0 2A	1-2 25A	1-2 3S	1-5 29O	0-1 1O	4-1 24D	3-0 31M	4-1 28J	3-0 17S	2-2 14A		3-1 3M	0-1 15O	1-1 31a	4-1 26N	0-1 12N	0-3 17M	2-0 14S	6-1
18	Shrewsbury T	3-3 17S	1-1 2A	1-1 5N	1-1 1O	2-1 21A	3-0 24M	2-0 30A	2-0 7A	3-1 8O	1-1 28A	1-4 3D	3-1 25F	5-1 20a	6-1 14J	1-1 29a	6-1 3S	3-0 22O		2-0 26S	1-1 23A	1-1 24D	1-2 12S	2-1 26D	0-0 10M
19	Southampton	3-1 14J	3-2 11F	1-1 10M	0-3 4F	2-0 3D	3-1 5N	5-0 17S	1-1 31M	2-2 2A	1-2 31a	3-0 7A	3-3 8O	2-3 14S	2-5 3S	4-0 21A	1-0 24D	2-1 25F	3-0 7J		0-0 24M	2-1 20a	6-2 27D	4-1 21S	0-0 22O
20	Southend United	3-2 3M	4-1 14S	2-2 11F	1-2 17M	4-0 24D	3-0 24S	4-3 29O	6-0 14J	2-2 26D	2-3 26N	0-0 3S	3-1 21S	4-1 17S	2-0 15O	3-1 20a	5-1 18F	1-0 24a	1-0 31M	2-1 12N		0-0 30M	2-3 2m	3-2 14A	1-0 25A
21	Swindon Town	1-1 21S	2-2 5N	0-0 21A	0-0 7S	3-1 22O	1-0 11F	0-0 26D	0-1 8O	0-1 24M	1-2 31D	1-0 25F	1-2 28F	0-1 24S	0-1 24a	2-1 10M	1-1 25A	1-1 7A	2-1 27a	1-1 17D	1-1 2A		2-1 21J	1-2 10S	2-0 3D
22	Torquay United	5-0 25A	0-0 22O	3-3 7A	1-1 21S	0-1 8O	1-1 3D	3-1 24a	1-1 31D	2-1 10M	1-3 17D	3-0 2A	1-1 5N	3-1 14J	1-1 1O	1-2 25F	1-0 4F	0-0 24M	5-0 7S	3-2 26D	2-2 21A	4-0 17S		3-2 27a	4-1 28F
23	Walsall	4-2 1O	0-0 25F	1-2 3m	2-2 1S	0-0 2A	2-0 7A	4-0 26A	3-1 21A	2-1 22O	1-3 15S	0-2 20a	1-1 10M	2-1 3S	3-3 16A	2-0 8O	2-0 17S	2-2 5N	1-0 27D	1-3 28A	3-1 3D	4-0 14J	1-4 24D		2-1 24M
24	Watford	1-1 30M	0-2 3S	0-2 28A	1-3 15O	1-1 17S	2-1 23a	0-2 18F	2-3 1O	0-1 24D	0-2 17M	0-4 4F	4-2 20a	1-1 26N	2-2 26D	1-1 14J	0-1 28J	1-0 6S	3-4 29O	1-0 3M	3-2 27S	2-1 14A	2-1 31M	4-2 12N	

Final League Table

Pos	Team	Pld	Home					Away					Totals						Leading Goalscorer	Gls
			W	D	L	F	A	W	D	L	F	A	W	D	L	F	A	Pts	GA		
1	Leyton Orient	46	18	3	2	76	20	11	5	7	30	29	29	8	9	106	49	66	2.16	R Heckman	22
2	Brighton & H A	46	20	2	1	73	16	9	5	9	39	34	29	7	10	112	50	65	2.24	A Mundy	28
3	Ipswich Town	46	16	6	1	59	28	9	8	6	47	32	25	14	7	106	60	64	1.76	T Parker	30
4	Southend United	46	16	4	3	58	25	5	7	11	30	55	21	11	14	88	80	53	1.10	R Hollis	23
5	Torquay United	46	11	10	2	48	21	9	2	12	38	42	20	12	14	86	63	52	1.36	R Collins	40
6	Brentford	46	11	8	4	40	30	8	6	9	29	36	19	14	13	69	66	52	1.04	E Towers	20
7	Norwich City	46	15	4	4	56	31	4	9	10	30	51	19	13	14	86	82	51	1.04	R Hunt	31
8	Coventry City	46	16	4	3	54	20	4	5	14	19	40	20	9	17	73	60	49	1.21	K McPherson	14
9	Bournemouth	46	13	6	4	39	14	6	4	13	24	37	19	10	17	63	51	48	1.23	S Newsham	20
10	Gillingham	46	12	3	8	38	28	7	7	9	31	43	19	10	17	69	71	48	0.97	E Morgan	16
11	Northampton T	46	14	3	6	44	27	6	4	13	23	44	20	7	19	67	71	47	0.94	R Draper	15
12	Colchester Utd	46	14	4	5	56	37	4	7	12	20	44	18	11	17	76	81	47	0.93	K McCurley	30
13	Shrewsbury T	46	12	9	2	47	21	5	3	15	22	45	17	12	17	69	66	46	1.04	E O'Donnell	20
14	Southampton	46	13	6	4	60	30	5	2	16	31	51	18	8	20	91	81	44	1.12	E Day	28
15	Aldershot	46	9	9	5	36	33	4	7	13	34	57	13	16	18	70	90	40	0.77	N Menzies	15
16	Exeter City	46	10	6	7	39	30	5	4	14	19	47	15	10	21	58	77	40	0.75	R Burke	10
17	Reading	46	10	2	11	40	37	5	7	11	30	42	15	9	22	70	79	39	0.88	B Kirkup	16
18	Queens Park R	46	10	7	6	44	32	4	5	14	20	54	14	11	21	64	86	39	0.74	W Smith	19
19	Newport County	46	12	2	9	32	26	3	7	13	26	53	15	9	22	58	79	39	0.73	T Johnston	19
20	Walsall	46	13	5	5	43	28	2	3	18	25	56	15	8	23	68	84	38	0.81	A Richards	14
21	Watford	46	8	5	10	31	39	5	8	10	21	46	13	11	22	52	85	37	0.61	M Cook, L Graham	13
22	Millwall	46	13	4	6	56	31	2	2	19	27	69	15	6	25	83	100	36	0.83	J Summers	23
23	Crystal Palace	46	7	3	13	27	32	5	7	11	27	51	12	10	24	54	83	34	0.65	M Deakin	8
24	Swindon Town	46	4	10	9	18	28	4	4	15	16	56	8	14	24	34	78	30	0.43	M Owen	13

1956/57 DIVISION 1 SEASON 58

Total Matches 462
Total Goals 1612
Avg goals per match 3.49

	Team	Arsenal	Aston Villa	Birmingham C	Blackpool	Bolton Wand.	Burnley	Cardiff City	Charlton Ath.	Chelsea	Everton	Leeds United	Luton Town	Manchester C	Manchester U	Newcastle Utd.	Portsmouth	Preston N E	Sheffield Weds	Sunderland	Tottenham H	West Brom A	Wolverhampton
1	Arsenal		2-1 3N	4-0 22D	1-1 19A	3-0 17N	2-0 21a	0-0 18a	3-1 20A	2-0 26D	2-0 23F	1-0 6A	1-3 9M	7-3 6O	1-2 29S	0-1 15S	1-1 12J	1-2 4S	6-3 2F	1-1 1D	3-1 20O	4-1 1S	0-0 23M
2	Aston Villa	0-0 16M		3-1 27O	3-2 1S	0-0 29S	1-0 10N	4-1 13M	3-1 18a	1-1 24N	5-1 12J	1-1 2F	1-3 27A	2-2 4F	1-3 8D	3-1 13O	2-2 18F	2-0 30M	5-0 13A	2-2 8A	2-4 15S	0-0 27a	4-0 22A
3	Birmingham City	4-2 25a	1-2 10A		2-2 3N	0-0 6O	2-0 29D	2-1 22S	4-2 17N	0-1 19J	1-3 9M	6-2 20A	3-0 20O	3-3 27A	3-1 15D	6-1 5S	3-0 22a	4-0 8S	1-2 25D	0-0 6A	0-0 1D	2-0 23A	2-2 9F
4	Blackpool	2-4 22A	0-0 29D	3-1 16M		4-2 15D	1-0 1m	3-1 8D	3-2 22S	1-0 13A	5-2 27a	1-1 25D	4-0 8S	4-1 9F	2-2 27O	2-3 24N	5-0 30M	4-0 13O	3-1 2M	1-2 19J	4-1 3S	0-1 10N	3-2 25a
5	Bolton Wanderers	2-1 30M	0-0 9F	3-1 20F	4-1 18a		3-0 24N	2-0 15S	2-0 12S	2-2 27O	1-1 27A	5-3 12J	2-2 19A	1-0 26D	2-0 10N	3-1 8D	1-1 13A	2-3 2M	3-2 16M	2-1 5S	1-0 1S	1-1 13O	0-3 22S
6	Burnley	3-1 28a	2-1 15A	2-0 1S	2-2 6O	1-0 6A		6-2 22D	2-1 1D	2-0 18a	2-1 3S	0-0 20O	1-1 3N	0-3 20A	1-3 19A	3-2 2F	1-1 15S	2-2 25D	4-1 29S	2-0 9M	1-0 29A	3-0 12J	2-2 17N
7	Cardiff City	2-3 15D	1-0 3A	1-2 2F	3-4 9M	2-0 19J	3-3 25a		2-3 23M	1-1 8S	1-0 1D	4-1 6O	0-0 6A	1-1 3N	2-3 27A	5-2 22a	0-2 22A	2-3 29D	2-1 5S	1-0 17N	0-3 20A	0-0 29S	2-2 23F
8	Charlton Athletic	1-3 13O	0-2 15D	1-0 30M	0-4 2F	2-1 20S	1-2 13A	0-2 10N		3-1 16M	1-2 29S	1-2 23a	1-2 26a	1-0 15S	1-5 18F	1-1 27O	1-3 2M	3-4 8D	4-4 8S	3-2 29D	1-1 19A	3-2 24N	2-1 25D
9	Chelsea	1-1 25D	1-1 6A	1-0 15S	2-2 1D	2-2 23F	2-0 15D	1-2 12J	1-3 3N		5-1 20A	1-1 29D	4-1 17N	4-2 9M	1-2 5S	6-2 22A	3-3 29S	1-0 25a	0-0 19S	2-2 23M	2-4 6O	2-4 2F	3-3 20O
10	Everton	4-0 27O	0-4 8S	2-0 8D	2-3 22a	2-2 25a	1-0 12S	0-0 13A	5-0 9F	0-3 13O		2-1 15D	2-1 19J	1-1 22A	1-2 6M	2-1 30M	2-0 10N	1-4 2F	1-0 24N	2-1 22S	1-1 26D	0-1 16M	3-1 29D
11	Leeds United	3-3 24N	1-0 22S	1-1 13O	5-0 26D	3-2 8S	1-1 11M	3-0 16F	4-0 29a	0-0 1S	5-1 18A		1-2 9F	2-0 12S	1-2 30M	1-2 16M	0-0 8D	4-1 27O	1-2 10N	3-1 22A	1-1 2M	0-0 13A	2-1 19J
12	Luton Town	1-2 8D	0-0 5S	0-0 3A	0-2 12J	1-0 22A	0-2 16M	3-0 24N	2-2 22D	2-2 30M	0-0 15S	2-2 29S		3-2 1S	0-2 13A	4-1 16F	1-1 20M	2-0 13O	6-2 1m	1-3 0N	0-1 2F	1-0 27O	1-0 22a
13	Manchester City	2-3 20M	1-1 25a	3-1 10N	0-3 29S	1-3 25D	0-1 13O	4-1 16M	5-1 19J	5-4 8D	2-4 19A	1-0 5S	3-2 29D		2-4 2F	1-2 2M	5-1 24N	0-2 13A	4-2 27O	3-1 8S	2-2 22a	2-1 30M	2-3 15D
14	Manchester United	6-2 9F	1-1 9M	2-2 18a	0-2 23F	0-2 25M	2-0 22A	3-1 26D	4-2 6O	3-0 1J	2-5 20O	3-2 17N	3-1 1D	2-0 22S		6-1 12J	3-0 1S	4-1 29a	4-0 15S	0-0 20A	1-1 6A	3-0 29A	2-1 3N
15	Newcastle United	3-1 19J	1-2 20A	3-2 1J	2-1 6A	4-0 9M	1-1 22S	1-0 29a	3-1 23F	1-2 19A	0-0 17N	2-3 3N	2-2 6O	0-3 20O	1-1 8S		2-1 18a	1-2 9F	1-2 29D	6-2 22D	2-2 23M	5-2 26D	2-1 1D
16	Portsmouth	2-3 8S	5-1 6O	3-4 29a	0-0 17N	1-1 1D	1-0 19J	2-2 19A	3-2 20O	2-5 9F	2-2 23M	5-2 9M	0-1 13M	1-3 6A	2-2 29D	1-3 15D		2-2 22S	3-1 25a	1-1 1m	1-1 3N	0-1 27A	0-1 20A
17	Preston North End	3-0 10S	3-3 17N	1-0 12J	0-0 20A	2-2 20O	1-0 26D	6-0 1S	4-3 9M	1-0 27A	0-0 6O	3-0 23F	2-0 23M	3-1 1D	1-3 20a	1-0 29S	7-1 2F		1-0 19A	6-0 3N	1-4 18a	3-2 15S	1-0 6A
18	Sheffield Wednesday	2-4 22S	2-1 1D	3-0 29A	1-2 20O	1-2 3N	0-0 9F	5-3 12S	3-1 12J	4-0 22a	2-2 6A	2-3 26M	3-0 20A	2-2 23F	2-1 19J	4-0 1S	3-1 9A	2-0 22A		3-2 6O	4-1 17N	4-2 18a	2-1 9M
19	Sunderland	1-0 13A	1-0 25D	0-1 24N	5-2 15S	3-0 22a	2-1 8D	1-1 30M	8-1 1S	1-3 10N	1-1 2F	2-0 19A	1-0 15D	1-1 12J	1-3 13O	3-3 25a	0-0 27O	5-2 16M	0-0 16F		0-2 29S	1-4 13M	2-3 1J
20	Tottenham Hotspur	1-3 13M	3-0 13A	5-1 13a	2-1 27A	4-0 29D	2-0 27O	5-0 13O	6-2 22A	3-4 20F	5-1 25D	5-0 25a	3-2 22S	2-3 29a	3-1 24N	2-0 10N	1-1 16M	1-0 15D	5-2 30M	0-1 9F		2-2 8D	4-1 9M
21	West Bromwich Albion	0-2 29D	2-0 22a	0-0 22A	1-3 3A	3-2 20A	2-2 8S	1-2 9F	2-2 6A	2-1 22S	3-0 3N	0-0 1D	4-0 23F	1-2 17N	2-3 25a	1-0 25D	2-1 5S	0-0 19J	0-0 15D	1-4 20O	2-0 9M		1-1 6O
22	Wolverhampton Wand.	5-2 10N	3-0 23A	0-0 29S	4-1 22D	3-2 2F	1-2 30M	3-1 27O	7-3 16F	3-1 2M	2-1 1S	1-2 15S	5-4 29a	5-1 18a	1-1 16M	2-0 13a	6-0 13O	4-3 24N	2-1 8D	2-2 12S	3-0 12J	5-2 15A	

Final League Table

Pos	Team	Pld	Home W	Home D	Home L	Home F	Home A	Away W	Away D	Away L	Away F	Away A	Totals W	Totals D	Totals L	Totals F	Totals A	Pts	GA	Leading Goalscorer	gls
1	Manchester Utd	42	14	4	3	55	25	14	4	3	48	29	28	8	6	103	54	64	1.90	W Whelan	26
2	Tottenham H	42	15	4	2	70	24	7	8	6	34	32	22	12	8	104	56	56	1.85	R Smith, A Stokes	18
3	Preston N E	42	15	4	2	50	19	8	6	7	34	37	23	10	9	84	56	56	1.50	T Thompson	26
4	Blackpool	42	14	3	4	55	26	8	6	7	38	39	22	9	11	93	65	53	1.43	J Mudie	32
5	Arsenal	42	12	5	4	45	21	9	3	9	40	48	21	8	13	85	69	50	1.23	D Tapscott	25
6	Wolverhampton	42	17	2	2	70	29	3	6	12	24	41	20	8	14	94	70	48	1.34	H Hooper	19
7	Burnley	42	14	5	2	41	21	4	6	11	15	29	18	10	14	56	50	46	1.12	J McIlroy	14
8	Leeds United	42	10	8	3	42	18	5	6	10	30	45	15	14	13	72	63	44	1.14	W J Charles	38
9	Bolton Wand	42	13	6	2	42	23	3	6	12	23	42	16	12	14	65	65	44	1.00	N Lofthouse	28
10	Aston Villa	42	10	8	3	45	25	4	7	10	20	30	14	15	13	65	55	43	1.18	J Sewell	17
11	West Brom A	42	8	8	5	31	25	6	6	9	28	36	14	14	14	59	61	42	0.96	D Kevan	16
=12	Birmingham C	42	12	5	4	52	25	3	4	14	17	44	15	9	18	69	69	39	1.00	A Goven	10
=12	Chelsea	42	7	8	6	43	36	6	5	10	30	37	13	13	16	73	73	39	1.00	J McNichol	10
14	Sheffield Weds	42	14	3	4	55	29	2	3	16	27	59	16	6	20	82	88	38	0.93	A Quixall	22
15	Everton	42	10	5	6	34	28	4	5	12	27	51	14	10	18	61	79	38	0.77	A McNamara	10
16	Luton Town	42	10	4	7	32	26	4	5	12	26	50	14	9	21	58	76	37	0.76	G Turner	13
17	Newcastle Utd	42	10	5	6	43	31	4	3	14	24	56	14	8	20	67	87	36	0.77	E Davies	13
18	Manchester City	42	10	2	9	48	42	3	7	11	30	46	13	9	20	78	88	35	0.88	R Johnstone	16
19	Portsmouth	42	8	5	8	47	37	2	7	12	25	55	10	13	19	62	92	33	0.67	J Gordon	12
20	Sunderland	42	9	5	7	40	30	3	3	15	27	58	12	8	22	67	88	32	0.76	C Fleming	25
21	Cardiff City	42	7	6	8	35	34	3	3	15	18	54	10	9	23	53	88	29	0.60	G Hitchens	21
22	Charlton Athletic	42	7	3	11	31	44	2	1	18	31	76	9	4	29	62	120	22	0.51	J Summers	14

1956/57 DIVISION 2 — SEASON 58

Total Matches 462
Total Goals 1644
Avg goals per match 3.56

Final League Table

Pos	Team	Pld	Home W	Home D	Home L	Home F	Home A	Away W	Away D	Away L	Away F	Away A	Totals W	Totals D	Totals L	Totals F	Totals A	Pts	GA	Leading Goalscorer	Gls
1	Leicester City	42	14	5	2	68	36	11	6	4	41	31	25	11	6	109	67	61	1.62	A Rowley	44
2	Nottm Forest	42	13	4	4	50	29	9	6	6	44	26	22	10	10	94	55	54	1.70	J Barrett	27
3	Liverpool	42	16	1	4	53	26	5	10	6	29	28	21	11	10	82	54	53	1.51	W Liddell	21
4	Blackburn Rov	42	12	6	3	49	32	9	4	8	34	43	21	10	11	83	75	52	1.10	T Briggs	32
5	Stoke City	42	16	2	3	64	18	4	6	11	19	40	20	8	14	83	58	48	1.43	N Coleman	26
6	Middlesbrough	42	12	5	4	51	29	7	5	9	33	31	19	10	13	84	60	48	1.40	B Clough	37
7	Sheffield United	42	11	6	4	45	28	8	2	11	42	48	19	8	15	87	76	46	1.14	D Hawksworth	21
8	West Ham United	42	12	4	5	31	24	7	4	10	28	39	19	8	15	59	63	46	0.93	W Dare, E Lewis	9
9	Bristol Rovers	42	12	5	4	47	19	6	4	11	34	48	18	9	15	81	67	45	1.20	D Ward	19
10	Swansea Town	42	12	3	6	53	34	7	4	10	37	56	19	7	16	90	90	45	1.00	D Palmer	18
11	Fulham	42	13	1	7	53	32	6	3	12	31	44	19	4	19	84	76	42	1.10	R Dwight	25
12	Huddersfield T	42	10	8	3	33	27	8	3	10	35	47	18	11	13	68	74	42	0.91	D Hickson	19
13	Bristol City	42	13	2	6	49	32	3	7	11	25	47	16	9	17	74	79	41	0.93	J Atyeo	22
14	Doncaster Rov	42	12	5	4	51	21	3	5	13	26	56	15	10	17	77	77	40	1.00	A Jeffrey, H Tindill	15
15	Leyton Orient	42	7	8	6	34	38	8	2	11	32	46	15	10	17	66	84	40	0.78	T Johnston	27
16	Grimsby Town	42	12	4	5	41	26	5	1	15	20	36	17	5	20	61	62	39	0.98	J Scott	11
17	Rotherham Utd	42	9	7	5	37	26	4	4	13	37	49	13	11	18	74	75	37	0.98	P Johnson, J Grainger	14
18	Lincoln City	42	9	4	8	34	27	5	2	14	20	53	14	6	22	54	80	34	0.67	T Bannan	12
19	Barnsley	42	8	7	6	39	35	4	3	14	20	54	12	10	20	59	89	34	0.66	A Kaye	15
20	Notts County	42	7	6	8	34	32	2	0	13	24	54	9	12	21	58	86	30	0.67	G Wills	19
21	Bury	42	5	3	13	37	47	3	6	12	23	49	8	9	25	60	96	25	0.62	S Pearson	14
22	Port Vale	42	7	4	10	31	42	1	2	18	26	59	8	6	28	57	101	22	0.56	C Done	9

1956/57 DIVISION 3 (North) SEASON 58

		Total
Total Matches		552
Total Goals		1841
Avg goals per match		3.34

Results Grid

#	Team	Accrington S	Barrow	Bradford P A	Bradford City	Carlisle United	Chester	Chesterfield	Crewe Alex	Darlington	Derby County	Gateshead	Halifax Town	Hartlepools U	Hull City	Mansfield T	Oldham Athletic	Rochdale	Scunthorpe U	Southport	Stockport Co	Tranmere Rov	Workington	Wrexham	York City
1	Accrington S		4-1	5-0	0-2	1-2	4-0	1-1	5-0	4-2	0-0	2-0	4-0	2-1	0-3	3-3	2-2	2-1	0-1	4-2	4-0	1-0	2-1	1-0	3-0
2	Barrow	3-1		1-0	4-0	3-0	3-0	2-1	3-0	3-1	2-2	1-2	1-0	3-1	1-2	2-0	2-1	2-0	1-2	1-1	0-3	5-0	5-2	2-1	1-2
3	Bradford P A	2-0	4-1		2-0	1-3	3-1	2-0	4-3	3-1	3-2	0-1	2-1	0-2	4-1	1-4	2-2	0-0	1-2	2-3	3-2	1-2	1-3	0-4	0-2
4	Bradford City	1-2	0-2	2-0		3-2	1-0	3-2	5-1	1-2	0-2	3-1	1-0	1-1	2-1	4-3	4-1	1-1	3-1	3-1	1-1	4-1	2-3	2-1	0-2
5	Carlisle United	2-2	1-1	2-1	1-4		3-0	4-2	2-1	1-2	1-3	3-2	0-0	2-1	1-3	6-1	2-2	2-1	0-0	1-2	3-3	2-2	1-1	2-2	2-0
6	Chester	0-2	2-0	1-0	1-2	1-2		3-4	4-1	0-3	2-2	4-1	1-1	0-1	1-1	6-2	1-0	2-2	2-2	2-0	1-4	1-1	1-0	0-0	3-4
7	Chesterfield	1-0	3-2	4-1	1-1	2-2	3-0		2-0	4-1	2-2	6-0	2-1	5-1	3-1	1-0	0-2	2-1	1-0	6-0	1-0	3-1	2-2	2-1	3-4
8	Crewe Alex	3-4	1-1	2-0	1-0	2-2	0-0	0-4		1-3	2-5	0-3	1-3	1-2	2-3	6-4	2-2	1-6	2-1	0-0	0-1	0-0	0-1	3-0	1-1
9	Darlington	0-0	1-1	0-5	3-2	0-1	5-1	4-1	3-0		1-1	7-0	0-1	3-1	1-1	1-3	1-0	4-3	1-2	1-0	3-1	1-1	4-2	1-5	2-4
10	Derby County	2-2	3-3	6-1	0-2	3-0	3-0	7-1	4-0	1-1		5-3	6-0	2-0	1-0	4-0	3-2	3-0	4-0	2-0	2-0	4-0	2-3	1-0	1-0
11	Gateshead	1-1	2-2	1-3	1-2	4-2	4-1	1-3	1-1	1-2	1-1		2-1	4-3	2-0	1-1	2-3	2-1	0-0	3-1	1-5	3-1	1-2	4-2	0-2
12	Halifax Town	0-1	3-2	3-1	0-2	1-3	2-1	1-0	3-2	1-0	0-1	2-0		1-0	1-1	2-1	1-0	3-1	3-2	4-0	4-2	1-2	0-0		
13	Hartlepools Utd	2-1	2-0	2-1	2-0	2-1	2-2	5-1	2-0	2-1	2-1	4-1	0-1		3-3	2-1	4-1	0-0	0-0	5-2	4-1	5-1	2-1	2-1	2-0
14	Hull City	2-1	3-0	2-0	1-0	0-0	2-0	3-2	2-0	1-1	3-3	1-1	3-1	2-0		1-2	2-1	2-0	2-2	2-1	5-3	4-1	0-2	1-2	1-1
15	Mansfield Town	1-3	1-3	4-1	3-1	5-1	1-1	3-0	2-1	7-3	1-2	2-4	2-0	4-1	2-1		2-4	2-3	1-1	1-2	4-2	3-0	2-2	3-1	4-1
16	Oldham Athletic	2-4	0-1	3-1	1-1	2-2	0-0	3-3	2-0	3-2	1-2	1-2	4-3	0-0	1-3	1-1		0-1	1-1	2-1	2-0	1-0	1-0	1-2	3-1
17	Rochdale	0-2	1-0	2-1	4-1	2-1	2-1	1-0	1-1	3-0	3-1	0-0	1-1	1-0	4-3	0-0	0-2		3-0	6-1	2-2	1-0	0-0	0-2	1-0
18	Scunthorpe Utd	2-3	1-1	2-2	1-1	1-2	3-0	5-1	5-1	1-2	1-4	1-2	6-1	1-2	0-1	0-0	1-0		2-3	1-4	2-1	4-3	2-1		
19	Southport	3-5	0-0	5-1	1-5	4-1	1-1	0-0	0-1	1-0	3-2	2-3	1-1	1-6	1-0	1-1	2-0	0-1	2-2		0-1	1-0	0-1	1-1	1-1
20	Stockport Co	2-1	2-1	4-0	1-1	2-0	2-1	2-1	2-0	5-2	3-2	1-1	2-2	2-4	1-2	2-1	2-1	3-1	1-3	2-0		3-1	0-1	4-0	3-0
21	Tranmere Rov	1-2	0-2	3-0	0-0	0-1	3-1	2-2	3-0	2-2	0-1	0-0	0-2	0-1	2-4	3-1	2-1	4-2	4-2	1-1	2-2		1-1	2-4	3-3
22	Workington	4-1	0-1	0-1	5-1	2-0	0-1	2-1	4-0	6-2	2-1	2-1	3-1	1-1	4-3	3-3	0-0	5-0	2-2	2-0	4-1	3-2		3-0	3-2
23	Wrexham	5-2	5-0	2-0	1-2	6-4	2-2	1-3	5-0	5-0	0-2	4-1	3-2	2-2	5-2	0-0	4-4	4-1	1-1	1-1	2-3	1-0	3-0		1-1
24	York City	3-1	1-0	1-2	3-1	2-0	0-1	1-2	2-1	1-0	1-1	1-0	1-2	3-3	2-1	2-0	2-1	4-0	0-2	9-1	0-0	1-0	2-2	1-0	

Final League Table

Pos	Team	Pld	Home W	Home D	Home L	Home F	Home A	Away W	Away D	Away L	Away F	Away A	Tot W	Tot D	Tot L	Tot F	Tot A	Pts	GA	Leading Goalscorer	Gls
1	Derby County	46	18	3	2	69	18	8	8	7	42	35	26	11	9	111	53	63	2.09	R Straw	37
2	Hartlepools Utd	46	18	4	1	56	21	7	5	11	34	42	25	9	12	90	63	59	1.42	K Johnson	24
3	Accrington S	46	15	4	4	54	22	10	4	9	41	42	25	8	13	95	64	58	1.48	G Stewart	31
4	Workington	46	16	4	3	60	25	8	6	9	33	38	24	10	12	93	63	58	1.47	J Dailey	24
5	Stockport Co	46	16	3	4	51	26	7	5	11	40	49	23	8	15	91	75	54	1.21	R Drake	19
6	Chesterfield	46	17	5	1	60	22	5	4	14	36	57	22	9	15	96	79	53	1.21	G Smith	16
7	York City	46	14	4	5	43	21	7	6	10	32	40	21	10	15	75	61	52	1.23	A Bottom	21
8	Hull City	46	14	6	3	45	24	7	4	12	39	45	21	10	15	84	69	52	1.21	W Bradbury, D Clarke	18
9	Bradford City	46	17	3	3	47	31	5	8	10	31	37	22	8	16	78	68	52	1.14	L Samuels	19
10	Barrow	46	16	2	5	51	22	5	7	11	25	40	21	9	16	76	62	51	1.22	W Gordon	27
11	Halifax Town	46	16	2	5	40	24	5	3	15	18	41	21	7	18	65	70	49	0.92	H Darbyshire	21
12	Wrexham	46	14	6	3	47	63	5	5	13	34	41	19	10	17	97	74	48	1.31	R Hewitt	22
13	Rochdale	46	14	6	3	38	19	4	6	13	27	46	18	12	16	65	65	48	1.00	F Lord	15
14	Scunthorpe Utd	46	9	5	9	44	36	6	10	7	27	33	15	15	16	71	69	45	1.02	G Brown	14
15	Carlisle United	46	9	9	5	44	36	4	12	7	32	49	16	13	17	76	85	45	0.89	A Ackerman	20
16	Mansfield Town	46	13	3	7	58	38	4	7	12	32	52	17	10	19	91	90	44	1.01	G Darwin	19
17	Gateshead	46	9	6	8	42	40	8	4	11	30	50	17	10	19	72	90	44	0.80	R Ingham	14
18	Darlington	46	11	5	7	47	36	5	6	12	35	59	17	8	21	82	95	42	0.86	W Tulip	32
19	Oldham Athletic	46	9	7	7	35	31	3	8	12	31	43	12	15	19	66	74	39	0.89	D Travis	14
20	Bradford P A	46	11	2	10	41	40	5	1	17	25	53	16	3	27	66	93	35	0.71	J Smith	28
21	Chester	46	8	7	8	40	35	2	9	12	15	49	10	13	25	55	84	33	0.65	C Jepson	9
22	Southport	46	7	8	8	31	34	3	4	16	21	60	10	12	24	52	94	32	0.55	G Bromiloy, J McDermott	8
23	Tranmere Rov	46	5	9	9	33	38	2	4	17	18	53	7	13	26	51	91	27	0.56	J Dodd	10
24	Crewe Alex	46	5	7	11	31	46	1	2	20	12	64	6	9	31	43	110	21	0.39	D Mountford	7

1956/57 DIVISION 3 (South)
SEASON 58

Total Matches 552
Total Goals 1760
Avg goals per match 3.19

		Aldershot	Bournemouth	Brentford	Brighton & H A	Colchester Utd	Coventry City	Crystal Palace	Exeter City	Gillingham	Ipswich Town	Millwall	Newport Co	Northampton T	Norwich City	Plymouth A	Q P R	Reading	Shrewsbury T	Southampton	Southend Utd	Swindon Town	Torquay Utd	Walsall	Watford
1	Aldershot		3-2	0-2	1-4	2-1	0-1	2-1	1-4	0-0	3-1	3-0	3-1	4-0	0-0	0-2	4-2	1-4	1-1	1-1	5-3	2-2	0-1	4-1	3-1
2	Bournemouth	3-2		3-0	1-1	1-1	1-2	2-2	3-1	3-1	1-0	6-1	2-1	4-1	1-1	2-1	1-0	2-1	6-1	1-0	1-1	7-0	0-0	2-2	4-0
3	Brentford	2-2	2-2		2-5	1-1	1-1	1-1	3-0	3-2	1-1	5-0	0-0	2-1	1-1	4-1	2-0	4-0	3-1	4-0	3-2	4-1	0-0	6-2	1-5
4	Brighton & H A	2-2	2-2	1-2		0-0	2-1	1-1	3-0	3-1	3-2	3-2	2-0	5-0	3-0	3-1	1-0	8-3	4-3	1-0	1-1	2-0	6-0	1-3	2-2
5	Colchester Utd	1-1	3-0	1-0	0-0		3-2	3-3	4-0	0-0	0-0	2-1	1-0	5-1	1-1	2-1	1-1	3-2	6-0	3-1	3-2	1-1	2-1	1-9	2-0
6	Coventry City	5-1	4-2	1-1	1-2	2-4		3-3	1-0	4-1	1-1	1-2	2-0	3-1	3-2	1-4	5-1	0-1	3-3	2-1	2-0	3-0	3-2	2-2	0-2
7	Crystal Palace	2-1	1-1	0-2	2-2	2-4	1-1		0-0	1-2	1-3	2-2	2-1	1-1	4-1	2-1	2-1	1-1	0-1	1-2	2-0	0-0	1-1	3-0	1-6
8	Exeter City	1-1	1-2	1-1	1-3	0-2	4-2	2-1		4-0	1-2	1-1	2-0	0-0	0-0	2-1	0-0	1-1	5-1	0-4	6-1	3-2	1-1	0-1	1-2
9	Gillingham	6-2	1-0	2-1	0-0	1-2	1-2	4-1	2-1		1-1	1-3	1-1	1-2	1-1	0-3	0-1	0-0	1-1	0-0	0-2	3-0	1-1	2-1	0-3
10	Ipswich Town	4-1	1-0	4-0	4-0	3-1	4-0	4-2	3-0	1-1		0-2	5-0	0-1	3-1	2-1	4-0	4-2	5-1	2-0	3-3	4-1	6-0	2-2	1-1
11	Millwall	1-5	3-4	1-1	4-3	3-1	3-2	3-0	1-3	2-1	2-2		1-0	1-0	5-1	2-2	2-0	1-0	0-0	0-0	0-0	2-1	7-2	1-0	1-1
12	Newport County	3-0	5-3	3-0	0-0	1-0	3-0	2-2	1-1	4-0	1-0	0-0		3-0	3-1	4-1	1-1	1-2	2-0	2-3	2-1	2-1	3-0	2-2	3-0
13	Northampton T	4-2	2-2	5-1	1-0	1-0	4-0	1-0	1-1	4-1	2-1	2-1	0-3		1-1	2-0	3-0	3-1	1-1	2-2	2-0	3-0	2-3	1-2
14	Norwich City	1-1	1-3	1-1	1-1	1-2	3-0	1-0	1-3	1-2	2-0	1-1	2-1		3-0	1-2	2-5	3-0	0-3	1-2	2-4	1-2	2-2	1-2
15	Plymouth Argyle	2-2	2-0	2-0	2-0	2-2	0-0	0-1	5-0	2-0	1-2	0-0	3-2	4-3	3-2		1-2	0-6	1-1	2-1	0-0	1-0	0-0	2-4	3-3
16	Queens Park R	0-1	2-1	2-2	0-0	1-1	1-1	4-2	5-3	5-0	2-0	0-0	1-0	3-1	3-0		1-1	2-1	1-2	3-0	3-0	0-1	1-0	3-1
17	Reading	2-1	0-4	2-0	2-2	0-3	3-0	1-2	4-0	4-0	1-3	3-0	0-0	1-1	2-1	3-2	1-0		2-2	2-4	3-2	1-0	3-1	3-0	1-2
18	Shrewsbury T	2-2	0-0	3-2	4-0	1-3	5-0	1-1	1-2	1-0	1-1	2-0	2-0	2-0	4-5	3-1	0-0	1-1		0-0	7-3	1-1	3-2	1-0
19	Southampton	1-0	3-0	3-3	1-0	2-0	1-1	3-0	2-2	0-1	0-2	4-0	3-0	2-0	2-2	1-2	4-1	4-0		1-2	2-1	1-0	3-1	3-1
20	Southend United	2-4	2-1	1-0	3-1	3-2	1-2	1-1	2-0	5-0	2-0	3-3	0-1	0-0	0-1	3-0	4-0	1-2	1-2		1-0	2-0	2-0	2-0
21	Swindon Town	1-2	2-1	1-0	3-0	4-1	2-2	3-1	3-5	2-3	3-1	1-0	1-0	4-0	1-1	0-3	1-0	3-2	1-2	0-0	3-2		1-5	3-0
22	Torquay United	4-2	1-0	2-0	1-0	4-2	3-1	3-0	1-0	3-3	4-1	7-2	4-0	2-0	7-1	1-1	3-0	3-1	1-1	2-0	3-3	7-0		2-0	3-0
23	Walsall	5-1	0-0	7-0	3-2	2-1	1-1	1-2	2-0	2-2	2-0	7-1	0-0	2-2	6-3	1-0	0-2	3-2	1-1	1-1	0-1	1-2	0-1		2-0
24	Watford	3-0	1-1	1-1	2-1	0-0	1-0	1-4	1-1	2-3	2-1	2-0	5-0	2-1	3-3	0-1	2-4	1-0	2-3	4-2	1-1	3-4	4-1	1-0	

Final League Table

Pos	Team	Pld	Home					Away					Totals					Pts	GA	Leading Goalscorer	Gls
			W	D	L	F	A	W	D	L	F	A	W	D	L	F	A				
1	Ipswich Town	46	18	3	2	72	20	7	6	10	29	34	25	9	12	101	54	59	1.87	E Phillips	41
2	Torquay United	46	19	4	0	71	18	5	7	11	18	46	24	11	11	89	64	59	1.39	R Collins	30
3	Colchester Utd	46	15	8	0	49	19	7	6	10	35	37	22	14	10	84	56	58	1.50	K Plant	24
4	Southampton	46	15	4	4	48	20	7	6	10	28	32	22	10	14	76	52	54	1.46	D Reeves	19
5	Bournemouth	46	15	7	1	57	20	4	2	17	31	42	19	14	13	88	62	52	1.41	S Newsham	30
6	Brighton & H A	46	13	6	4	59	26	6	8	11	27	39	19	14	13	86	65	52	1.32	A Mundy	20
7	Southend United	46	14	3	6	42	20	4	9	10	31	45	18	12	16	73	65	48	1.12	R Hollis	18
8	Brentford	46	12	9	2	55	29	4	7	12	23	47	16	16	14	78	76	48	1.02	G Francis	23
9	Shrewsbury T	46	11	9	3	45	24	4	9	10	27	55	15	18	13	72	79	48	0.91	C Whitaker	19
10	Queens Park R	46	12	7	4	42	21	6	4	13	19	39	18	11	17	61	60	47	1.01	A Longbottom	14
11	Watford	46	11	6	6	44	32	7	4	12	28	43	18	10	18	72	75	46	0.96	L Graham	13
12	Newport County	46	15	6	2	51	18	1	7	15	14	44	16	13	17	65	62	45	1.04	D Harris	16
13	Reading	46	13	4	6	44	30	5	5	13	36	51	18	9	19	80	81	45	0.98	T Dixon	28
14	Northampton T	46	15	3	5	49	22	3	4	16	17	51	18	9	19	66	73	45	0.90	S Asher	11
15	Walsall	46	11	4	8	49	25	5	3	15	31	49	16	7	23	80	74	44	1.08	D Dorman	19
16	Coventry City	46	12	5	6	52	36	4	7	12	22	48	16	12	18	74	84	44	0.88	K McPherson	21
17	Millwall	46	13	7	3	46	29	3	5	15	18	55	16	12	18	64	84	44	0.76	J Shepherd	19
18	Plymouth Argyle	46	10	8	5	38	31	6	3	14	30	42	16	11	19	68	73	43	0.93	H Langman	17
19	Aldershot	46	11	5	7	43	35	4	7	12	36	57	15	12	19	79	92	42	0.85	N Menzies	20
20	Crystal Palace	46	7	10	6	31	28	4	8	11	31	47	11	18	17	62	75	40	0.82	M Deakin	10
21	Exeter City	46	8	8	7	37	29	4	5	14	24	50	12	13	21	61	79	37	0.77	J Currie	16
22	Gillingham	46	7	8	8	29	29	5	5	13	25	56	12	13	21	54	85	37	0.63	J Taylor	16
23	Swindon Town	46	12	3	8	43	33	3	3	17	23	63	15	6	25	66	96	36	0.68	R Edwards	26
24	Norwich City	46	7	5	11	33	37	1	10	12	28	57	8	15	23	61	94	31	0.64	R Hunt	23

1957/58 DIVISION 1 SEASON 59

Total Matches: 462
Total Goals: 1721
Avg goals per match: 3.73

Results Grid

	Arsenal	Aston Villa	Birmingham C	Blackpool	Bolton Wand.	Burnley	Chelsea	Everton	Leeds United	Leicester C	Luton Town	Manchester C	Manchester U	Newcastle Utd.	Nottm Forest	Portsmouth	Preston NE	Sheffield Weds	Sunderland	Tottenham H	West Brom A	Wolverhampton
1 Arsenal		4-0	1-3	2-3	1-2	0-0	5-4	2-3	2-1	3-1	2-0	2-1	4-5	2-3	1-1	3-2	4-2	1-0	3-0	4-4	2-2	0-2
2 Aston Villa	3-0		0-2	1-1	4-0	3-0	1-3	0-1	2-0	5-1	2-0	1-2	3-2	4-3	1-1	2-1	2-2	2-0	5-2	1-1	2-1	2-3
3 Birmingham City	4-1	3-1		0-0	5-1	2-3	3-3	2-1	1-1	0-1	1-1	4-0	3-3	1-4	0-2	4-1	3-1	1-0	2-3	0-0	3-5	1-5
4 Blackpool	1-0	1-1	4-2		2-3	2-4	2-1	0-1	3-0	5-1	1-2	2-5	1-4	3-2	3-0	2-1	1-2	2-2	7-0	0-2	2-0	3-2
5 Bolton Wanderers	0-1	4-0	1-0	3-0		2-1	3-3	1-5	0-2	2-3	1-2	0-2	4-0	1-1	2-0	1-0	0-4	5-4	2-2	3-2	2-2	1-1
6 Burnley	2-1	3-0	3-1	2-1	3-1		2-1	0-2	3-1	7-3	1-2	2-1	3-0	0-2	3-1	3-1	2-0	6-0	2-0	2-2	1-1	1-2
7 Chelsea	0-0	4-2	5-1	1-4	2-2	6-1		3-1	2-1	4-0	1-3	2-3	2-1	2-1	0-0	7-4	0-2	1-0	0-0	2-4	2-2	1-2
8 Everton	2-2	1-2	0-2	0-0	1-1	1-1	3-0		0-1	2-2	0-2	2-5	3-3	1-2	1-1	4-2	4-2	1-1	3-1	3-4	1-1	1-0
9 Leeds United	2-0	4-0	1-1	2-1	2-1	1-0	0-0	1-0		2-1	0-2	2-4	1-1	3-0	1-2	2-0	2-3	2-2	2-1	1-2	1-1	1-1
10 Leicester City	0-1	6-1	2-2	2-1	2-3	5-3	3-2	2-2	3-0		4-1	8-4	0-3	2-1	3-1	2-2	1-3	4-1	4-1	1-3	3-3	2-3
11 Luton Town	4-0	3-0	3-0	2-0	1-0	3-2	0-2	0-1	1-1	2-1		1-2	2-2	0-3	3-1	2-1	1-3	2-0	7-1	0-0	5-1	3-1
12 Manchester City	2-4	1-2	1-1	4-3	2-1	4-1	5-2	6-2	1-0	4-3	2-2		2-2	2-1	1-1	2-1	2-0	2-0	3-1	5-1	4-1	3-4
13 Manchester United	4-2	4-1	0-2	1-2	7-2	1-0	0-1	3-0	5-0	4-0	3-0	4-1		1-1	1-1	0-3	0-0	2-1	2-2	3-4	0-4	0-4
14 Newcastle United	3-3	2-4	1-2	1-2	1-2	1-3	1-3	2-3	1-2	5-3	3-2	4-1	1-2		1-4	2-0	0-2	0-0	2-2	3-1	3-0	1-1
15 Nottm Forest	4-0	4-1	1-1	1-2	0-0	7-0	1-1	0-3	1-1	3-1	1-0	2-1	1-2	2-3		2-0	2-1	5-2	2-0	1-2	0-2	1-4
16 Portsmouth	5-4	1-0	3-2	1-2	2-2	0-0	3-0	3-2	1-2	2-0	5-0	2-1	3-3	2-2	1-4		0-2	3-2	0-2	5-1	2-2	1-4
17 Preston North End	3-0	1-1	8-0	2-1	3-0	2-1	5-2	3-1	3-0	4-1	1-0	6-1	1-1	2-1	2-0	4-0		3-0	3-0	3-1	3-1	1-2
18 Sheffield Wednesday	2-0	2-5	5-3	0-3	1-0	1-2	2-3	2-1	1-3	2-1	4-5	1-0	1-2	4-2	4-4		3-3		2-0	1-2	2-1	
19 Sunderland	0-1	1-1	1-6	1-4	1-2	2-3	2-2	1-1	2-1	3-2	2-1	1-2	2-0	3-0	1-1	0-0	3-3			1-1	2-0	0-2
20 Tottenham Hotspur	3-1	6-2	7-1	2-1	4-1	3-1	1-1	3-1	2-0	1-4	3-1	5-1	1-0	3-3	3-4	3-5	3-3	4-2	0-1		0-0	1-0
21 West Bromwich Albion	1-2	3-2	0-0	1-1	2-2	5-1	1-1	4-0	1-0	6-2	4-2	9-2	4-3	2-1	3-2	3-1	4-1	3-1	3-0	0-2		0-3
22 Wolverhampton Wand.	1-2	2-1	5-1	3-1	6-1	2-1	2-1	2-0	3-2	5-1	1-1	3-3	3-1	3-1	2-0	1-0	2-0	4-3	5-0	4-0	1-1	

Final League Table

Pos	Team	Pld	Home					Away					Totals					GA	Leading Goalscorer	Gls
			W	D	L	F	A	W	D	L	F	A	W	D	L	F	A	Pts		
1	Wolverhampton	42	17	3	1	60	21	11	5	5	43	26	28	8	6	103	47	64	2.19	J Murray	29
2	Preston NE	42	18	2	1	63	14	8	5	8	37	37	26	7	9	100	51	59	1.96	T Thompson	34
3	Tottenham H	42	13	4	4	58	33	8	5	8	35	44	21	9	12	93	77	51	1.20	R Smith	36
4	West Brom A	42	14	4	3	59	29	4	10	7	33	41	18	14	10	92	70	50	1.31	R Robson	24
5	Manchester City	42	14	4	3	58	33	8	1	12	46	67	22	5	15	104	100	49	1.04	J Hayes	25
6	Burnley	42	16	2	3	52	21	5	3	13	28	53	21	5	16	80	74	47	1.08	J McIlroy	16
7	Blackpool	42	11	2	8	47	35	8	4	9	33	32	19	6	17	80	67	44	1.19	J Mudie, W Perry	18
8	Luton Town	42	13	3	5	45	22	6	3	12	24	41	19	6	17	69	63	44	1.09	G Turner	33
9	Manchester Utd	42	10	4	7	45	31	6	7	8	40	44	16	11	15	85	75	43	1.13	T Taylor, D Viollet	16
10	Nottm Forest	42	10	4	7	41	27	6	6	9	28	36	16	10	16	69	63	42	1.09	T Wilson	20
11	Chelsea	42	10	5	6	47	34	5	7	9	36	45	15	12	15	83	79	42	1.05	J Greaves	22
12	Arsenal	42	10	4	7	48	39	6	3	12	25	46	16	7	19	73	85	39	0.85	D Herd	24
13	Birmingham City	42	8	6	7	43	37	6	5	10	33	52	14	11	17	76	89	39	0.85	P Murphy	20
14	Aston Villa	42	12	4	5	46	26	4	3	14	27	60	16	7	19	73	86	39	0.84	P McParland	17
15	Bolton Wand	42	9	5	7	38	35	5	5	11	27	52	14	10	18	65	87	38	0.74	N Lofthouse	17
16	Everton	42	5	9	7	34	35	8	2	11	31	40	13	11	18	65	75	37	0.86	E Thomas	14
17	Leeds United	42	10	6	5	33	23	4	3	14	18	40	14	9	19	51	63	37	0.81	H Baird	20
18	Leicester City	42	11	4	6	59	41	3	1	17	32	71	14	5	23	91	112	33	0.81	G A Rowley	20
19	Newcastle United	42	6	4	11	38	42	6	4	11	35	39	12	8	22	73	81	32	0.90	L White	20
20	Portsmouth	42	10	6	5	45	34	2	2	17	28	54	12	8	22	73	88	32	0.3	P Harris	18
21	Sunderland	42	7	7	7	32	33	3	5	13	22	64	10	12	20	54	97	32	0.55	A O'Neill	13
22	Sheffield Weds	42	12	2	7	45	40	0	5	16	24	52	12	7	23	69	92	31	0.75	J Shaw	14

1957/58 DIVISION 2
SEASON 59

Total Matches: 462
Total Goals: 1637
Avg goals per match: 3.54

#	Team	Barnsley	Blackburn Rov.	Bristol City	Bristol Rovers	Cardiff City	Charlton Ath	Derby County	Doncaster R	Fulham	Grimsby Town	Huddersfield T	Ipswich Town	Leyton Orient	Lincoln City	Liverpool	Middlesbrough	Notts County	Rotherham Utd	Sheffield Utd	Stoke City	Swansea Town	West Ham Utd
1	Barnsley		0-2	4-1	2-2	1-1	4-1	3-0	1-1	1-0	3-3	2-3	5-1	3-0	2-1	1-1	1-1	3-0	0-2	1-2	1-0	1-1	1-0
2	Blackburn Rovers	3-1		5-0	2-0	4-0	1-1	3-1	3-2	1-1	3-0	1-1	0-0	4-1	0-1	3-3	3-3	3-0	5-0	1-0	1-0	2-2	2-1
3	Bristol City	5-0	0-0		3-2	2-0	1-2	2-1	2-2	0-5	3-2	1-3	1-0	2-2	4-0	1-2	0-0	3-1	0-1	1-4	2-1	1-2	1-1
4	Bristol Rovers	1-1	4-0	3-3		0-2	1-0	5-2	2-1	2-2	0-7	1-1	3-1	4-0	3-0	3-1	5-0	5-2	1-3	2-2	2-0	1-0	2-3
5	Cardiff City	7-0	4-3	2-3	0-2		0-3	3-2	3-1	3-0	1-3	1-0	1-1	3-2	6-1	0-2	2-0	2-2	0-0	5-2	2-3	0-0	0-3
6	Charlton Athletic	4-2	3-4	1-0	3-3	0-1		2-2	2-0	2-2	2-0	7-6	4-1	3-2	4-1	5-1	6-2	4-1	4-0	3-1	3-0	1-1	0-3
7	Derby County	1-4	0-3	5-2	2-1	0-2	1-3		1-0	3-3	1-0	2-4	2-2	2-0	3-2	2-1	2-1	3-4	2-0	0-0	1-0	2-3	
8	Doncaster Rovers	1-1	1-5	2-1	3-2	0-1	1-2	1-2		1-6	3-3	0-3	1-1	2-0	1-3	1-1	3-2	4-0	3-2	2-2	0-1	3-0	1-2
9	Fulham	1-1	1-1	3-4	3-0	2-0	3-1	2-0	4-1		6-0	2-1	0-0	3-1	4-1	2-2	0-1	1-0	3-1	6-3	3-4	2-0	2-2
10	Grimsby Town	2-1	3-4	1-1	3-2	1-1	4-2	3-2	3-1	3-1		4-1	0-2	7-2	4-0	3-1	4-1	2-0	3-1	1-3	0-0	2-2	1-2
11	Huddersfield Town	0-3	2-1	0-0	0-0	1-1	3-3	0-0	2-2	0-3	1-0		3-0	2-0	1-1	2-1	1-0	3-0	1-3	1-1	1-0	2-2	3-1
12	Ipswich Town	3-0	2-1	4-2	3-2	3-1	1-1	4-2	2-2	1-1	3-2	4-0		5-3	1-1	3-1	1-1	2-1	1-2	1-0	1-3	0-1	2-1
13	Leyton Orient	2-1	5-1	4-0	1-3	4-2	3-2	1-1	2-0	1-3	5-1	3-1	2-0		1-0	1-0	4-0	2-2	6-2	0-1	0-2	5-1	1-4
14	Lincoln City	1-3	1-1	4-0	0-1	3-1	2-3	1-1	1-1	0-1	1-4	1-1	2-1	2-0		0-1	2-3	2-2	2-0	2-2	1-3	4-0	1-6
15	Liverpool	1-1	2-0	4-3	2-0	3-0	3-1	2-0	5-2	2-1	3-2	1-1	3-1	3-0	1-0		0-2	4-0	2-0	1-0	3-0	4-5	1-1
16	Middlesbrough	3-1	2-3	0-0	4-3	4-1	2-0	3-2	5-0	2-0	5-1	0-1	5-2	2-0	3-1	2-2		3-1	2-2	1-2	1-3	2-1	1-3
17	Notts County	2-3	1-1	0-1	0-0	5-2	2-1	1-0	0-5	1-5	2-0	1-1	0-3	0-1	1-0	0-2	2-0		1-0	1-0	1-2	2-4	1-0
18	Rotherham United	4-1	1-2	4-1	2-0	3-1	1-5	0-2	2-1	3-1	2-0	1-1	1-4	2-2	1-2	1-4	1-3		1-6	0-2	5-2	1-2	
19	Sheffield United	0-0	4-2	0-3	2-0	3-0	0-3	0-1	3-0	1-1	3-1	3-2	1-1	0-2	4-0	1-1	3-2	1-0	2-0		3-0	2-2	2-1
20	Stoke City	3-1	2-4	3-0	3-5	3-0	2-2	2-1	0-0	1-2	4-1	1-1	5-1	1-3	1-1	1-2	4-1	0-1	4-1	2-3		6-2	1-4
21	Swansea Town	4-2	0-4	5-1	6-4	0-1	1-3	7-0	4-3	4-4	0-1	1-1	0-0	1-2	5-1	0-2	1-4	1-3	0-2	4-1			3-2
22	West Ham United	1-1	1-1	3-2	6-1	1-1	0-0	2-1	1-1	3-2	2-0	5-2	1-1	3-2	2-2	1-1	2-1	3-1	8-0	0-3	5-0	6-2	

Final League Table

Pos	Team	Pld	Home W	Home D	Home L	Home F	Home A	Away W	Away D	Away L	Away F	Away A	Totals W	Totals D	Totals L	Totals F	Totals A	Pts	GA	Leading Goalscorer	Gls
1	West Ham United	42	12	8	1	56	25	11	3	7	45	29	23	11	8	101	54	57	1.87	J Dick	21
2	Blackburn Rov	42	13	7	1	50	18	9	5	7	43	39	22	12	8	93	57	56	1.63	P Dobing	20
3	Charlton Athletic	42	15	3	3	65	33	9	4	8	42	36	24	7	11	107	69	55	1.55	J Summers	28
4	Liverpool	42	17	3	1	50	13	5	7	9	29	41	22	10	10	79	54	54	1.46	W Liddell	22
5	Fulham	42	13	5	3	53	24	7	7	7	44	35	20	12	10	97	59	52	1.64	R Dwight	22
6	Sheffield United	42	12	5	4	38	22	9	5	7	37	28	21	10	11	75	50	52	1.50	D Pace	15
7	Middlesbrough	42	13	3	5	52	29	6	4	11	31	45	19	7	16	83	74	45	1.12	B Clough	40
8	Ipswich Town	42	13	4	4	45	29	3	8	10	23	40	16	12	14	68	69	44	0.98	T Garneys	18
9	Huddersfield T	42	9	8	4	28	24	5	8	8	35	42	14	16	12	63	66	44	0.95	L Massie	12
10	Bristol Rovers	42	12	5	4	52	31	5	3	13	33	49	17	8	17	85	80	42	1.06	G Bradford	20
11	Stoke City	42	9	4	8	49	36	9	2	10	26	37	18	6	18	75	73	42	1.02	G Kelly	22
12	Leyton Orient	42	14	2	5	53	27	4	3	14	24	52	18	5	19	77	79	41	0.97	T Johnston *	35
13	Grimsby Town	42	13	4	4	54	30	4	2	15	32	53	17	6	19	86	83	40	1.03	R Rafferty	26
14	Barnsley	42	10	6	5	40	25	4	6	11	30	49	14	12	16	70	74	40	0.94	L Chappell	18
15	Cardiff City	42	10	5	6	44	31	4	4	13	19	46	14	9	19	63	77	37	0.81	R Hewitt	14
16	Derby County	42	11	3	7	37	36	3	5	13	23	45	14	8	20	60	81	36	0.74	R Ryan	14
17	Bristol City	42	9	5	7	35	31	4	4	13	28	57	13	9	20	63	88	35	0.71	P J Ateyo	24
18	Rotherham Utd	42	8	5	8	38	44	6	2	13	27	57	14	7	21	65	101	33	0.64	J Webster	11
19	Swansea Town	42	8	3	10	48	45	3	6	12	24	54	11	9	22	72	99	31	0.72	I Allchurch	14
20	Lincoln City	42	6	6	9	33	35	5	3	13	22	47	11	9	22	55	82	31	0.67	J Grainger	10
21	Notts County	42	9	3	9	24	31	3	3	15	20	49	12	6	24	44	80	30	0.55	J Lane	11
22	Doncaster Rov	42	7	5	9	34	40	1	6	14	22	48	8	11	23	56	88	27	0.63	R Walker	9

* T Johnston was the leading goalscorer with 43 Goals, scoring a further 8 Goals for Blackburn Rovers after transferring to them on 1 March 1958.

1957/58 DIVISION 3 (North)
SEASON 59

Total Matches	552
Total Goals	1783
Avg goals per match	3.23

	Team	Accrington S	Barrow	Bradford P A	Bradford City	Bury	Carlisle United	Chester	Chesterfield	Crewe Alex	Darlington	Gateshead	Halifax Town	Hartlepools U	Hull City	Mansfield T	Oldham Athletic	Rochdale	Scunthorpe U	Southport	Stockport Co	Tranmere Rov	Workington	Wrexham	York City
1	Accrington S		3-2	5-2	2-2	3-0	3-2	1-2	0-4	2-0	0-0	3-0	2-1	1-2	3-0	4-1	1-1	3-2	2-1	2-2	3-2	2-1	3-0	2-1	3-0
2	Barrow	3-1		0-0	1-2	4-2	2-3	4-1	4-1	0-1	2-1	1-2	0-3	3-3	0-0	2-1	2-2	2-1	0-1	1-0	1-1	1-4	0-0	2-2	1-0
3	Bradford P A	1-3	1-1		0-0	1-1	4-1	3-0	2-0	3-1	4-1	2-2	0-2	2-3	4-4	0-2	1-3	2-2	1-2	3-5	1-0	1-0	3-3	2-0	0-2
4	Bradford City	1-1	4-1	2-1		3-3	1-1	5-0	0-0	2-1	3-1	0-1	3-0	0-1	1-0	1-1	0-0	1-0	2-3	2-0	2-1	3-0	0-0	3-1	3-2
5	Bury	1-1	4-1	1-0	1-0		3-0	1-2	1-0	2-0	5-0	4-1	1-0	3-3	1-1	0-2	4-1	2-1	4-1	1-1	8-2	3-0	3-0	4-1	
6	Carlisle United	6-1	2-1	2-3	0-3	0-2		3-2	2-2	2-0	5-2	5-1	2-1	1-2	0-1	3-4	1-1	1-0	3-4	4-0	3-1	3-1	2-2	4-0	2-1
7	Chester	5-1	2-2	1-2	0-0	0-0	0-0		3-2	0-1	1-1	1-1	2-1	1-1	1-2	0-0	0-0	1-2	1-1	3-0	1-3	4-3	0-1	9-2	
8	Chesterfield	1-0	4-3	1-1	0-1	1-1	1-3	2-1		1-1	2-0	5-3	1-1	2-1	0-0	1-4	2-1	2-2	1-1	0-0	2-1	2-1	2-1	3-0	3-2	2-0
9	Crewe Alex	4-1	1-4	3-0	2-2	0-1	0-0	0-3	1-2		2-2	2-2	1-2	2-1	1-2	1-0	0-2	0-0	0-2	3-2	1-2	0-4	0-3	2-0	3-4
10	Darlington	0-2	3-0	4-0	4-0	3-2	1-2	2-3	2-0	3-0		5-0	1-3	2-2	2-0	3-1	4-2	1-1	1-2	1-0	2-1	3-1	2-1	2-0	
11	Gateshead	1-3	0-2	2-4	0-0	1-2	3-2	3-2	3-0	3-1	4-0		0-0	0-0	3-1	2-1	0-0	3-2	1-2	2-1	3-2	3-0	1-1	1-1	0-0
12	Halifax Town	0-2	3-1	2-0	3-2	1-2	5-0	2-1	3-2	2-0	1-0	4-1		3-0	2-2	4-0	4-1	0-1	4-1	0-0	1-1	2-2	0-0	3-1	1-1
13	Hartlepools Utd	1-1	4-1	0-0	2-0	2-1	0-1	2-1	0-2	1-1	5-1	2-2	5-0		5-1	2-0	4-1	1-3	1-2	2-1	1-2	1-1	1-0	1-2	2-2
14	Hull City	1-0	1-1	3-3	1-3	2-1	4-0	3-0	1-0	0-2	1-1	5-2	1-1	1-1		9-0	2-1	2-0	3-2	1-0	0-0	3-2	2-0	0-1	
15	Mansfield Town	0-2	4-2	2-1	5-2	6-4	2-0	3-1	1-1	2-1	4-2	3-0	2-1	5-1	1-3		4-4	2-4	3-5	3-0	2-2	4-1	6-3	2-1	2-1
16	Oldham Athletic	0-3	1-1	4-2	1-1	1-3	1-0	5-1	2-1	1-0	2-2	0-0	2-4	4-0	1-1	1-1		0-0	2-1	3-2	2-4	1-0	4-1	4-1	2-3
17	Rochdale	3-0	1-1	1-2	0-2	1-1	1-0	1-1	3-4	3-0	5-4	0-0	5-1	7-0	2-1	3-0	1-3		1-4	2-0	3-0	2-0	1-0	2-0	2-1
18	Scunthorpe Utd	1-0	1-0	6-2	0-2	1-0	3-1	2-1	1-1	3-2	5-0	2-1	1-1	2-0	2-0	3-3	1-1	2-0		1-0	4-0	1-0	2-2	1-0	5-2
19	Southport	3-3	0-4	2-1	0-2	2-2	2-0	5-2	2-0	0-3	1-0	0-3	0-0	1-2	4-1	2-1	0-0	1-2	0-1		1-2	1-0	1-3	0-1	
20	Stockport Co	0-0	2-0	3-0	0-4	4-0	4-1	2-2	4-1	5-1	4-1	5-1	4-2	2-1	1-0	3-3	0-0	3-0	0-3	2-1		1-2	2-1	0-2	1-1	2-1
21	Tranmere Rov	0-1	1-1	5-0	4-1	1-1	0-0	2-2	1-2	5-2	2-1	2-0	3-2	4-4	1-2	1-1	3-1	1-4	1-2	2-2		1-0	2-1	6-1	
22	Workington	0-1	0-1	1-2	1-1	3-0	2-1	5-3	0-2	3-2	2-2	1-1	4-4	1-0	3-2	4-0	4-2	1-2	3-2	2-0	1-1	1-2		4-2	0-0
23	Wrexham	1-0	0-0	1-1	1-1	2-0	1-0	2-2	0-1	2-0	1-2	2-1	3-1	6-0	4-2	2-2	2-0	1-0	1-0	2-2	1-1		2-2	
24	York City	0-3	0-0	3-0	2-0	2-1	0-5	1-2	3-3	3-1	3-0	2-2	1-1	2-2	3-1	3-1	2-2	1-0	0-0	1-0	0-0	4-0	3-0	1-2	

Final League Table

Pos	Team	Pld	Home W	Home D	Home L	Home F	Home A	Away W	Away D	Away L	Away F	Away A	Totals W	Totals D	Totals L	Totals F	Totals A	Pts	GA	Leading Goalscorer	Gls
1	Scunthorpe Utd	46	16	5	2	46	19	13	3	7	42	31	29	8	9	88	50	66	1.76	R Waldock	21
2	Accrington S	46	16	4	3	53	28	9	5	9	30	33	25	9	12	83	61	59	1.36	G Stewart	27
3	Bradford City	46	13	7	3	42	19	8	8	7	31	30	21	15	10	73	49	57	1.49	R Liversidge	12
4	Bury	46	17	4	2	61	18	6	6	11	33	44	23	10	13	94	62	56	1.51	J Parker	25
5	Hull City	46	15	6	2	49	20	4	9	10	29	47	19	15	12	78	67	53	1.16	W Bradbury	19
6	Mansfield Town	46	16	3	4	68	42	6	5	12	32	50	22	8	16	100	92	52	1.08	B Thomas	21
7	Halifax Town	46	15	5	3	52	20	5	6	12	31	49	20	11	15	83	69	51	1.20	W Smith	22
8	Chesterfield	46	12	8	3	39	28	6	7	10	32	41	18	15	13	71	69	51	1.02	G Lewis	24
9	Stockport Co	46	15	4	4	54	28	3	7	13	20	39	18	11	17	74	67	47	1.10	W Holden	17
10	Rochdale	46	14	4	5	50	25	5	4	14	29	42	19	8	19	79	67	46	1.17	J Dailey	20
11	Tranmere Rov	46	12	6	5	51	32	6	4	13	31	44	18	10	18	82	76	46	1.07	K Williams	28
12	Wrexham	46	13	8	2	39	18	4	4	15	22	45	17	12	17	61	63	46	0.96	J B Smith	10
13	York City	46	11	8	4	40	26	6	4	13	28	50	17	12	17	68	76	46	0.89	T Farmer	12
14	Gateshead	46	12	5	6	41	27	3	10	10	27	49	15	15	16	68	76	45	0.89	J Hogg	14
15	Oldham Athletic	46	11	7	5	44	32	3	10	10	28	52	14	17	15	72	84	45	0.85	G Duffy, P Neale	16
16	Carlisle United	46	13	3	7	56	35	6	3	14	24	43	19	6	21	80	78	44	1.02	A Ackerman	35
17	Hartlepools Utd	46	11	6	6	45	26	5	6	12	28	50	16	12	18	73	76	44	0.96	P Thompson	16
18	Barrow	46	9	7	7	36	32	4	8	11	30	42	13	15	18	66	74	41	0.89	B Birch	20
19	Workington	46	11	6	6	46	33	3	7	13	26	48	14	13	19	72	81	41	0.88	W Robson	11
20	Darlington	46	15	3	5	53	25	2	4	17	25	64	17	7	22	78	89	41	0.87	R Harbertson	15
21	Chester	46	7	10	6	38	26	6	1	16	31	55	13	11	20	73	81	39	0.90	B Jepson	23
22	Bradford P A	46	6	8	9	41	41	5	5	13	27	54	13	11	22	68	95	37	0.71	A Williams	17
23	Southport	46	8	3	12	29	40	3	3	17	23	48	11	6	29	52	88	28	0.59	R Gryba	9
24	Crewe Alex	46	6	5	12	29	41	2	2	19	18	52	8	7	31	47	93	23	0.50	E McMorran, S Smith, D Whiston	6

Clubs 2 to 12 formed new Division 3. Clubs 13 to 24 formed new Division 4.

1957/58 DIVISION 3 (South)
SEASON 59

Total Matches: 552
Total Goals: 1701
Avg goals per match: 3.08

		Aldershot	Bournemouth	Brentford	Brighton & H A	Colchester Utd	Coventry City	Crystal Palace	Exeter City	Gillingham	Millwall	Newport Co	Northampton T	Norwich City	Plymouth A	Port Vale	QPR	Reading	Shrewsbury T	Southampton	Southend Utd	Swindon Town	Torquay Utd	Walsall	Watford
1	Aldershot		0-0	0-2	2-3	2-1	1-1	4-1	2-2	2-0	2-2	2-1	0-0	2-1	3-3	0-1	1-1	1-0	0-1	1-5	0-2	2-1	1-1	1-3	2-2
2	Bournemouth	5-1		1-0	1-3	1-1	0-0	3-1	2-1	2-1	4-0	4-3	1-1	3-1	0-0	3-1	4-1	4-1	3-1	5-2	2-1	1-1	2-0	1-2	2-1
3	Brentford	4-2	4-2		1-0	3-3	1-3	0-3	1-0	1-0	4-1	2-1	7-1	7-1	2-0	4-1	1-1	2-1	2-0	0-0	4-2	0-0	0-1	2-1	0-0
4	Brighton & H A	0-1	2-1	1-1		5-2	3-0	3-2	2-2	5-2	4-2	5-3	1-4	0-1	3-2	0-0	1-1	1-2	2-1	1-1	3-1	1-0	1-1	2-0	6-0
5	Colchester Utd	1-1	3-2	1-1	1-2		4-1	1-1	3-0	3-2	2-1	1-1	1-0	1-2	1-2	2-1	1-3	3-0	4-2	1-0	1-3	3-0	1-1	4-0	
6	Coventry City	6-0	0-3	0-0	2-2	1-0		2-2	6-1	1-1	1-4	1-2	1-1	2-1	1-1	1-0	1-1	5-0	0-0	1-0	0-1	2-1	4-1	2-2	
7	Crystal Palace	1-1	3-0	2-1	2-4	1-1	2-0		3-0	0-0	2-2	1-3	0-3	3-0	1-0	2-3	2-2	3-0	1-4	2-0	4-1	1-1	4-1	4-2	
8	Exeter City	3-0	1-2	3-5	2-0	4-3	1-0	0-1		1-3	2-0	0-2	0-1	2-2	4-2	1-0	0-0	1-1	2-1	2-2	0-5	0-1	5-1	2-1	1-2
9	Gillingham	1-1	1-1	3-2	0-1	2-3	3-2	3-0	1-1		1-0	0-1	1-2	1-0	0-2	1-1	2-1	1-3	2-1	2-0	2-1	1-0	3-0	1-1	
10	Millwall	3-3	0-2	0-1	2-2	1-4	4-1	3-0	3-0	3-1		1-2	0-0	2-2	0-1	2-1	5-0	0-0	1-3	1-2	1-1	1-2	1-3	2-3	
11	Newport County	3-2	3-1	1-2	1-2	2-2	2-2	0-0		5-0	1-2		0-1	1-0	0-2	2-1	4-2	0-0	2-0	1-1	1-0	4-1	3-2	2-0	2-1
12	Northampton T	0-0	2-0	4-3	3-1	2-4	4-1	4-0	1-2	9-0	3-1	7-2		0-3		5-0	3-2	1-5	1-2	2-0	1-3	1-3	3-0	1-0	3-0	2-3
13	Norwich City	1-3	2-2	3-2	0-0	1-1	1-1	3-2	3-2	2-0	1-1	5-2	2-2		1-0	3-0	2-0	2-2	0-2	0-2	1-1	3-1	2-1	1-1	
14	Plymouth Argyle	4-2	3-1	0-0	2-1	1-1	4-0	1-0	2-1	1-0	1-0	0-0	3-0	0-1		1-0	3-1	1-0	2-2	4-0	2-3	2-2	1-0	2-1	2-1
15	Port Vale	6-1	2-3	0-1	2-2	2-0	0-1	4-0	3-2	2-0	1-1	2-2	3-0	2-2	0-0		2-1	1-2	0-0	4-0	1-3	3-1	2-1	2-1	5-0
16	Queens Park R	0-1	3-0	1-0	0-1	1-0	3-0	4-2	1-1	1-1	3-0	1-1	1-0	1-1	1-0	2-1		3-0	3-0	3-2	1-1	2-1	1-1	1-0	3-0
17	Reading	3-0	2-0	1-2	1-1	7-0	3-1	2-2	2-0	4-0	4-1	1-0	5-2	1-2	1-3	3-0	3-0		2-2	1-0	1-1	0-4	1-0	3-1	1-1
18	Shrewsbury T	5-1	0-4	0-2	1-0	0-0	1-3	0-0	1-0	2-1	0-1	1-1	3-1	0-0	0-0	1-1	0-2	0-2		1-3	1-1	1-3	3-0	2-0	1-1
19	Southampton	2-2	7-0	4-2	5-0	3-2	7-1	2-1	6-0	5-1	3-2	2-1	2-1	7-3	0-1	5-0	0-1	2-2		2-2	1-3	4-2	4-1	5-0	
20	Southend United	1-2	2-0	0-0	0-2	2-3	5-1	1-1	2-0	2-0	1-1	6-3	5-2	2-1	1-1	6-0	2-1	5-1	3-2		2-3	0-0	4-1	2-1	
21	Swindon Town	3-0	1-0	4-1	2-2	4-0	2-2	0-0	5-1	1-1	3-0	4-0	5-1	1-2	1-0	0-0	1-1	1-1	1-0	1-0	2-1		3-1	2-3	0-0
22	Torquay United	2-1	3-1	0-1	2-0	1-3	1-0	1-1	1-3	3-2	2-3	2-2	1-0	1-1	0-2	1-1	3-1	1-4	0-2	1-1	2-2	2-2		2-1	1-0
23	Walsall	0-0	3-1	0-2	2-3	3-0	4-1	2-1	3-0	1-1	4-2	3-0	2-1	2-1	0-2	3-0	1-2	0-0	0-1	1-1	1-1	0-0			1-3
24	Watford	1-3	1-1	4-1	0-1	1-1	1-0	2-1	5-4	3-0	3-0	2-2	0-2	1-4	0-2	0-2	0-0	1-1	3-0	1-1	0-0	1-0	1-1		

Final League Table

Pos	Team	Pld	Home W	Home D	Home L	Home F	Home A	Away W	Away D	Away L	Away F	Away A	Tot W	Tot D	Tot L	Tot F	Tot A	Pts	GA	Leading Goalscorer	Gls
1	Brighton & H A	46	13	6	4	52	30	11	6	6	36	34	24	12	10	88	64	60	1.37	P Harburn	22
2	Brentford	46	15	5	3	52	24	9	5	9	30	32	24	10	12	82	56	58	1.46	E Towers	28
3	Plymouth Argyle	46	17	4	2	43	17	8	4	11	24	31	25	8	13	67	48	58	1.39	W Carter	26
4	Swindon Town	46	14	7	2	47	16	7	8	8	32	34	21	15	10	79	50	57	1.58	J Richards	16
5	Reading	46	14	5	4	52	23	7	8	8	27	28	21	13	12	79	51	55	1.54	T Dixon	24
6	Southampton	46	16	3	4	78	31	6	7	10	34	41	22	10	14	112	72	54	1.55	D Reeves	31
7	Southend United	46	14	5	4	56	26	7	7	9	34	32	21	12	13	90	58	54	1.55	S McCrory	30
8	Norwich City	46	11	9	3	41	28	8	6	9	34	42	19	15	12	75	70	53	1.07	J Gavin	17
9	Bournemouth	46	16	5	2	54	24	5	4	14	27	50	21	9	16	81	74	51	1.09	G Dowsett	22
10	Queens Park R	46	15	6	2	40	14	3	8	12	24	51	18	14	14	64	65	50	0.98	A Longbottom	17
11	Newport County	46	12	6	5	40	24	5	8	10	33	43	17	14	15	73	67	48	1.09	D Harris	19
12	Colchester Utd	46	13	5	5	45	27	4	8	11	32	52	17	13	16	77	79	47	0.97	K Plant	19
13	Northampton T	46	13	1	9	60	33	6	5	12	27	46	19	6	21	87	79	44	1.10	A Woan	21
14	Crystal Palace	46	12	5	6	46	30	3	8	12	24	42	15	13	18	70	72	43	0.97	G Cooper	17
15	Port Vale	46	12	6	5	49	24	4	4	15	18	34	16	10	20	67	58	42	1.15	F Steele	21
16	Watford	46	9	8	6	34	27	4	8	11	25	50	13	16	17	59	77	42	0.76	T McMillan	10
17	Shrewsbury Town	46	10	6	7	29	25	5	4	14	20	46	15	10	21	49	71	40	0.69	K Smith	14
18	Aldershot	46	7	9	7	31	34	5	7	11	28	55	12	16	18	59	89	40	0.66	W Lacey	18
19	Coventry City	46	10	9	4	41	24	3	4	16	20	57	13	13	20	61	81	39	0.75	R Straw	14
20	Walsall	46	10	7	6	37	24	4	2	17	24	51	14	9	23	61	75	37	0.81	A Richards	20
21	Torquay United	46	8	7	7	33	34	2	5	16	16	40	11	13	22	49	74	35	0.66	T Northcott	13
22	Gillingham	46	12	5	6	33	24	1	4	18	19	57	13	9	24	52	81	35	0.64	R Saunders	18
23	Millwall	46	6	6	11	37	36	5	3	15	26	55	11	9	26	63	91	31	0.69	J Shepherd	11
24	Exeter City	46	10	4	9	37	35	1	5	17	20	64	11	9	26	57	99	31	0.57	E Calland	15

Clubs 2 to 12 formed new Division 3. Clubs 13 to 24 formed new Division 4.

1958/59 DIVISION 1
SEASON 60

Total Matches 462
Total Goals 1692
Avg goals per match 3.66

		Arsenal	Aston Villa	Birmingham C	Blackburn Rov	Blackpool	Bolton Wand.	Burnley	Chelsea	Everton	Leeds United	Leicester C	Luton Town	Manchester C	Manchester U	Newcastle Utd.	Nottm Forest	Portsmouth	Preston N E	Tottenham H	West Brom A	West Ham Utd	Wolverhampton
1	Arsenal		1-2 13D	2-1 4m	1-1 14M	1-4 29N	6-1 9S	3-0 26a	1-1 11A	3-1 17J	1-0 24F	5-1 30a	1-0 27D	4-1 20S	3-2 28F	3-2 1N	3-1 15N	5-2 25A	1-2 20D	3-1 13S	4-3 4O	1-2 28M	1-1 18O
2	Aston Villa	1-2 22O		1-1 23a	1-0 18F	1-1 20S	2-1 25O	0-0 18A	3-1 31J	2-4 8N	2-1 7M	1-2 4A	3-1 21M	1-1 6D	0-2 27D	2-1 4O	2-3 6S	3-2 25a	2-0 22N	1-1 30M	1-4 11O	1-2 3J	1-3 8S
3	Birmingham City	4-1 14A	4-1 20D		3-0 22A	4-2 13D	1-3 8A	2-1 13S	4-1 25A	2-1 21F	4-2 17S	0-1 27S	6-1 30a	0-4 26D	1-0 29N	0-3 15N	2-2 18O	5-1 1N	5-1 7F	0-6 11A	0-3 3S	3-0 28F	0-3 14M
4	Blackburn Rovers	4-2 25O	2-3 27S	3-2 8N		0-0 15S	1-1 6D	4-1 7M	0-3 25D	2-1 21M	2-4 22N	5-0 25a	3-1 20A	2-1 18A	1-3 2M	3-0 20D	3-0 27M	2-1 7F	4-1 11O	5-0 30a	0-0 4A	1-2 21F	1-2 13S
5	Blackpool	1-2 18A	2-1 7F	2-0 20A	1-1 8S		4-0 7M	1-1 11O	5-0 27M	1-1 25O	3-0 4A	2-1 21M	3-0 6D	0-0 22N	2-1 30a	3-0 25a	1-0 21F	1-1 13S	4-2 25D	0-0 20D	1-1 8N	2-0 27S	0-1 13A
6	Bolton Wanderers	2-1 17S	1-3 18M	2-0 6S	3-1 25A	4-0 18O		1-2 27S	6-0 4M	0-3 27D	4-0 23a	3-3 27M	4-2 31J	4-1 3S	6-3 15N	1-1 13D	3-2 20S	2-1 29N	2-1 21F	4-1 28M	2-1 3J	0-2 1N	2-2 11A
7	Burnley	3-1 2S	3-1 29N	0-1 31J	0-0 18O	3-1 17M	0-1 14A		4-0	4-1 9S	3-1 3J	3-3 27D	2-2 20S	3-4 23a	4-2 28M	2-2 25A	0-2 1N	2-1 11A	1-0 27M	3-1 13D	1-0 6S	0-2 14M	0-2 15N
8	Chelsea	0-3 22N	2-1 13S	4-1 6D	0-2 27D	3-1 30M	0-1 11O	1-3 21F		3-1 18A	2-0 25O	5-2 7M	3-3 4A	2-0 20D	2-3 10S	6-5 27S	4-1 17J	2-2 21M	3-1 27a	4-2 22A	0-2 7F	3-2 30a	6-2
9	Everton	1-6 6S	2-1 28M	3-1 4O	2-2 1N	3-1 14M	1-0 26D	1-2 17S	3-1 29N		3-2 20S	0-1 20D	3-1 30M	3-2 31J	0-2 18O	1-3 30a	2-1 11A	1-4 13D	2-1 27a	3-3 28F	2-2 18F	0-1 15N	25A
10	Leeds United	2-1 27S	0-0 18O	0-0 10S	2-1 11A	1-1 15N	3-4 20D	1-1 30a	4-0 28M	1-0 7F		1-1 13S	1-0 26a	0-4 21F	1-2 1N	1-0 29N	3-2 13D	1-1 28F	1-1 17J	1-3 14M	3-1 27D	1-0 25A	1-3 31M
11	Leicester City	2-3 3J	6-3 15N	2-4 18M	1-1 3S	0-3 1N	0-0 30M	1-1 26D	0-3 14M	2-0 23a	0-1 31J		3-1 4O	3-1 6S	2-1 25A	0-1 28F	0-3 29N	3-1 28M	2-2 17S	3-4 18O	2-2 20S	1-1 11A	1-0 13D
12	Luton Town	6-3 26D	2-1 1N	0-1 3J	1-1 13D	1-1 25A	0-0 13S	6-2 7F	2-1 18O	0-1 27M	1-1 3S	4-3 21F		5-1 17S	0-0 11A	4-2 28M	5-1 9A	3-1 22A	4-1 27S	1-2 15N	1-1 23a	4-1 6S	0-1 29N
13	Manchester City	0-0 7F	0-0 25A	4-1 27D	0-1 29N	0-2 11A	3-3 27a	1-4 20D	5-1 15N	1-3 13S	2-1 4O	3-1 29A	1-1 10S		1-1 27S	5-1 14M	1-1 28M	3-2 18O	1-1 30a	5-1 1N	0-2 30M	3-1 13D	1-4 28F
14	Manchester United	1-1 11O	2-1 26D	1-0 18A	6-1 6S	3-1 3J	3-0 4A	1-3 8N	2-1 23a	4-0 7M	4-1 21M	2-1 6D	4-1 20N	4-1 14F		4-4 31J	1-1 3S	6-1 27M	0-2 8O	2-2 20S	1-2 25O	4-1 17S	2-1 21F
15	Newcastle United	1-0 21M	1-0 21F	1-1 29A	1-5 23a	1-0 3S	2-0 22A	5-2 6D	1-2 17S	4-0 3J	2-2 18A	3-1 11O	1-0 8N	4-1 25O	1-1 13S		1-3 26D	2-0 27S	1-2 7M	1-2 17J	1-2 22N	3-1 30M	3-4 7F
16	Nottm Forest	1-1 4A	2-0 20A	1-7 7M	1-1 31M	2-0 4O	3-0 7F	1-2 21M	1-3 15A	2-1 22N	0-3 22A	1-4 18A	3-1 11O	4-0 8N	0-3 27a	3-0 27D		5-0 30a	0-1 25O	1-1 10S	1-1 6D	4-0 13S	1-3 20D
17	Portsmouth	0-1 6D	5-2 3S	1-1 21M	2-1 20S	1-2 31J	0-1 18A	4-2 22N	2-2 6S	2-3 15A	2-0 11O	4-1 8N	2-2 25O	3-4 7M	1-3 30M	1-5 11M	0-1 3J		1-2 4A	1-1 4O	2-6 17S	1-2 23a	3-5 26D
18	Preston North End	2-1 23a	4-2 11A	3-0 20S	1-2 28F	0-3 26D	0-0 4O	0-4 30M	2-0 1N	3-1 1S	1-2 6S	3-1 22S	0-0 6A	2-0 3J	3-4 13D	3-4 18O	3-1 16M	1-0 15N		2-2 25A	2-4 31J	2-1 29N	1-2 28M
19	Tottenham Hotspur	1-4 31J	3-2 27M	0-4 22N	3-1 3J	2-3 23a	1-1 8N	2-2 8A	4-0 3S	10-4 11O	2-3 25O	6-0 7M	3-0 4A	3-1 21M	1-3 7F	1-3 6S	1-0 17S	4-4 21F	1-2 6D		5-0 18A	1-4 26D	2-1 27S
20	West Bromwich Albion	1-1 21F	1-1 29A	2-2 27a	2-3 15N	3-1 28M	1-1 30a	2-4 11M	4-0 13D	2-3 27S	1-2 26D	2-2 7F	2-0 15A	3-0 31M	1-3 14M	2-2 11A	2-0 25A	1-2 13S	1-1 29N	4-3		2-1 18O	2-1 1N
21	West Ham United	0-0 8N	7-2 30a	1-2 11O	6-3 4O	1-0 16F	4-3 21M	1-0 25O	4-2 20S	3-2 4A	2-3 6D	0-3 22N	0-0 13A	5-1 20A	3-2 8S	3-0 27M	5-3 31J	6-0 20D	1-1 18A	2-1 25D	3-1 7M		2-0 25a
22	Wolverhampton Wand.	6-1 7M	4-0 17S	3-1 25O	5-0 31J	2-0 6S	1-2 22N	3-3 4A	1-2 3J	1-0 6D	6-2 14F	3-0 22A	5-0 18A	2-0 11O	4-0 4O	1-3 20S	5-1 23a	7-0 27D	2-0 8N	1-1 2M	5-2 21M	1-1 3S	

Final League Table

Pos	Team	Pld	Home					Away					Totals						Leading Goalscorer	Gls
			W	D	L	F	A	W	D	L	F	A	W	D	L	F	A	Pts	GA		
1	Wolverhampton	42	15	3	3	68	19	13	2	6	42	30	28	5	9	110	49	61	2.24	J Murray	21
2	Manchester Utd	42	14	4	3	58	27	10	3	8	45	39	24	7	11	103	66	55	1.56	R Charlton	29
3	Arsenal	42	14	3	4	53	29	7	5	9	35	39	21	8	13	88	68	50	1.29	D Herd	15
4	Bolton Wand	42	14	3	4	56	30	6	7	8	23	36	20	10	12	79	66	50	1.19	N Lofthouse	29
5	West Brom A	42	8	7	6	41	33	10	6	5	47	35	18	13	11	88	68	49	1.29	D Kevan	27
6	West Ham United	42	15	3	3	59	29	6	3	12	26	41	21	6	15	85	70	48	1.21	J Dick	27
7	Burnley	42	11	4	6	41	29	8	6	7	40	41	19	10	13	81	70	48	1.15	R Pointer	28
8	Blackpool	42	12	7	2	39	13	6	4	11	27	36	18	11	13	66	49	47	1.34	R Charnley	19
9	Birmingham City	42	14	1	6	54	35	6	5	10	30	33	20	6	16	84	68	46	1.23	B Larkin	18
10	Blackburn Rov	42	12	3	6	48	28	5	7	9	28	42	17	10	15	76	70	44	1.08	P Dobing	24
11	Newcastle United	42	11	3	7	40	29	6	4	11	40	51	17	7	18	80	80	41	1.00	L White	25
12	Preston N E	42	9	3	9	40	39	8	4	9	30	38	17	7	18	70	77	41	0.90	T Thompson	21
13	Nottm Forest	42	9	4	8	37	32	8	2	11	34	42	17	6	19	71	74	40	0.95	T Wilson	21
14	Chelsea	42	13	2	6	52	37	5	2	14	25	61	18	4	20	77	98	40	0.78	**J Greaves**	32
15	Leeds United	42	8	7	6	28	27	7	2	12	29	47	15	9	18	57	74	39	0.77	A Shackleton	16
16	Everton	42	11	3	7	39	38	6	1	14	32	49	17	4	21	71	87	38	0.81	D Hickson	22
17	Luton Town	42	11	6	4	50	26	1	7	13	18	45	12	13	17	68	71	37	0.95	A Brown	20
18	Tottenham H	42	10	3	8	56	42	3	7	11	29	53	13	10	19	85	95	36	0.89	R Smith	32
19	Leicester City	42	7	6	8	34	36	4	4	13	33	62	11	10	21	67	98	32	0.68	J Walsh	21
20	Manchester City	42	8	7	6	40	32	3	2	16	24	63	11	9	22	64	95	31	0.67	C Barlow	17
21	Aston Villa	42	8	5	8	31	33	3	3	15	27	54	11	8	23	58	87	30	0.66	G Hitchens	16
22	Portsmouth	42	5	4	12	38	47	1	5	15	26	65	6	9	27	64	112	21	0.57	R Saunders	21

1958/59 DIVISION 2
SEASON 60

Total Matches	462
Total Goals	1604
Avg goals per match	3.47

	Team	Barnsley	Brighton & H A	Bristol City	Bristol Rovers	Cardiff City	Charlton Ath	Derby County	Fulham	Grimsby Town	Huddersfield T	Ipswich Town	Leyton Orient	Lincoln City	Liverpool	Middlesbrough	Rotherham Utd	Scunthorpe U	Sheffield Utd	Sheffield Weds	Stoke City	Sunderland	Swansea Town
1	**Barnsley**		**0-2**	**4-7**	**0-0**	**3-2**	**7-1**	**0-0**	**2-4**	**3-1**	**1-0**	**3-0**	**1-3**	**2-2**	**0-2**	**1-0**	**1-1**	**0-1**	**1-3**	**0-1**	**2-1**	**0-2**	**3-1**
			14F	27a	7M	20D	10S	11O	18A	4O	30a	25O	29A	22N	30M	27D	31J	21M	20S	6D	8N	4A	20A
2	**Brighton & H A**	**1-1**		**2-2**	**1-1**	**2-2**	**2-2**	**3-1**	**3-0**	**2-0**	**2-0**	**4-1**	**2-2**	**2-1**	**2-2**	**4-6**	**3-0**	**2-1**	**2-0**	**1-3**	**2-2**	**2-0**	**2-2**
		27S		17J	8N	13S	30a	22A	27D	10S	7F	4A	25O	21M	24S	20D	21F	7M	30M	11O	18A	6D	22N
3	**Bristol City**	**3-1**	**3-0**		**1-1**	**2-3**	**2-4**	**1-3**	**1-1**	**1-0**	**2-1**	**3-0**	**0-1**	**1-0**	**1-3**	**2-2**	**6-1**	**0-1**	**3-1**	**1-2**	**2-1**	**4-1**	**4-0**
		2S	6S		21M	26D	4O	6D	8N	24F	16S	27M	18A	21A	20S	14F	23a	22N	3J	4A	7M	25O	11O
4	**Bristol Rovers**	**0-2**	**2-0**	**1-2**		**2-0**	**2-1**	**2-1**	**0-0**	**7-3**	**1-1**	**1-1**	**1-3**	**3-0**	**3-0**	**3-1**	**4-1**	**4-0**	**1-0**	**2-1**	**1-0**	**2-1**	**4-4**
		18O	28F	1N		8S	25A	22S	13S	15N	28M	27D	20D	7F	11A	[illegible]	14M	[illegible]	13D	30A	21F	27S	30M
5	**Cardiff City**	**0-1**	**3-1**	**1-0**	**2-4**		**1-2**	**0-0**	**1-2**	**4-1**	**3-2**	**1-2**	**2-1**	**3-0**	**3-0**	**3-2**	**1-0**	**0-2**	**3-1**	**2-2**	**2-1**	**2-1**	**0-1**
		23a	31J	27D	17S		31M	21M	4A	20S	3S	11O	6D	8N	14F	4O	3J	18A	6S	22N	25O	22A	7M
6	**Charlton Athletic**	**4-0**	**2-3**	**4-1**	**4-3**	**0-0**		**1-2**	**2-1**	**2-1**	**2-1**	**5-1**	**4-1**	**3-2**	**2-3**	**1-0**	**5-2**	**2-3**	**1-1**	**3-3**	**1-2**	**3-2**	**2-1**
		18S	3J	21F	6D	30M		18A	23A	6S	27D	21M	22N	25O	31J	20S	4S	4A	23a	8N	11O	7M	14F
7	**Derby County**	**3-0**	**1-3**	**4-1**	**3-2**	**1-3**	**3-2**		**2-0**	**3-0**	**3-1**	**3-2**	**1-2**	**1-0**	**3-2**	**0-3**	**1-1**	**3-1**	**2-1**	**1-4**	**3-0**	**2-0**	**3-1**
		28M	13D	25A	3S	1N	29N		7F	28F	20D	17S	30a	27S	15N	11A	18O	17J	14M	13S	30M	21F	26D
8	**Fulham**	**5-2**	**3-1**	**1-0**	**1-0**	**2-1**	**2-1**	**4-2**		**3-0**	**1-0**	**3-2**	**5-2**	**4-2**	**0-1**	**3-2**	**4-0**	**1-1**	**4-2**	**6-2**	**6-1**	**6-2**	**1-2**
		29N	26D	28F	31J	15N	13D	20S		28M	11A	6S	14F	17S	18O	14M	25A	4O	1N	27M	23a	3S	3J
9	**Grimsby Town**	**3-3**	**1-1**	**2-0**	**1-2**	**5-1**	**1-5**	**3-0**	**2-2**		**2-1**	**2-3**	**4-1**	**4-2**	**2-3**	**3-2**	**1-1**	**1-1**	**1-2**	**0-2**	**2-2**	**1-1**	**0-1**
		21F	16S	13S	4A	7F	14A	8N	11O		27S	22N	21A	26a	20D	30a	27M	25O	25D	7M	6D	21M	18A
10	**Huddersfield Town**	**2-1**	**3-2**	**0-1**	**1-2**	**3-0**	**1-0**	**1-1**	**2-1**	**2-0**		**3-0**	**0-0**	**2-1**	**5-0**	**5-1**	**3-0**	**0-1**	**0-2**	**1-2**	**1-2**	**1-1**	**3-2**
		3J	20S	9S	11O	27a	25D	23a	22N	14F		7M	21M	4A	4O	30M	6S	6D	31J	18A	22A	8N	25O
11	**Ipswich Town**	**3-1**	**5-3**	**1-1**	**0-2**	**3-3**	**3-1**	**1-1**	**1-2**	**2-1**	**0-0**		**2-1**	**4-1**	**2-0**	**2-1**	**1-0**	**3-1**	**1-0**	**0-2**	**0-2**	**0-2**	**3-2**
		14M	15N	30M	26D	28M	1N	10S	17J	11A	18O		27a	13S	29N	25A	13D	20D	30A	30a	27S	7F	21F
12	**Leyton Orient**	**5-1**	**2-2**	**4-2**	**1-3**	**3-0**	**6-1**	**1-3**	**0-2**	**0-1**	**2-5**	**2-0**		**0-0**	**1-3**	**5-2**	**2-0**	**2-1**	**1-1**	**0-2**	**0-1**	**6-0**	**0-0**
		6S	14M	29N	23a	25A	11A	3J	27S	13D	1N	4S		21F	28F	15N	28M	13S	18O	7F	26D	30M	18S
13	**Lincoln City**	**2-1**	**4-2**	**0-2**	**4-1**	**4-2**	**3-3**	**1-4**	**2-4**	**4-4**	**1-1**	**3-1**	**2-0**		**2-1**	**1-1**	**1-0**	**3-3**	**1-2**	**0-1**	**3-1**	**3-1**	**1-2**
		11A	1N	13D	20S	28F	14M	14F	10S	3S	15N	31J	4O		28M	18O	29N	27M	25A	27D	3J	23a	6S
14	**Liverpool**	**3-2**	**5-0**	**3-2**	**2-1**	**1-2**	**3-0**	**3-0**	**0-0**	**3-3**	**2-2**	**3-1**	**3-0**	**3-2**		**1-2**	**4-0**	**3-0**	**2-1**	**3-2**	**3-4**	**3-1**	**4-0**
		27M	3S	7F	22N	27S	13S	4A	7M	23a	21F	18A	8N	11O		8A	27D	22A	10S	25O	20M	3J	6D
15	**Middlesbrough**	**3-1**	**9-0**	**0-0**	**2-2**	**1-1**	**1-3**	**5-0**	**2-3**	**1-0**	**3-1**	**2-3**	**4-2**	**1-2**	**2-1**		**1-2**	**6-1**	**0-0**	**2-2**	**0-0**	**0-0**	**6-2**
		26D	23a	27S	18A	21F	7F	22N	25O	11M	1J	6D	4A	7M	6S		17S	8N	3S	22A	31J	11O	21M
16	**Rotherham United**	**3-0**	**0-1**	**1-2**	**3-3**	**1-0**	**4-3**	**3-0**	**4-0**	**2-1**	**0-1**	**1-2**	**1-1**	**1-0**	**0-1**	**1-4**		**1-0**	**2-2**	**1-0**	**0-0**	**0-4**	**3-3**
		13S	4O	20D	25O	30a	28a	7M	6D	30M	30A	23A	11O	18A	26D	11S		7F	15A	21M	4A	22N	8N
17	**Scunthorpe United**	**1-0**	**2-3**	**3-3**	**0-0**	**1-0**	**3-3**	**2-2**	**1-2**	**1-3**	**0-3**	**1-1**	**2-0**	**3-1**	**1-2**	**0-3**	**2-0**		**1-3**	**1-4**	**1-1**	**3-2**	**3-1**
		1N	18O	11A	3J	18D	15N	6S	21F	14M	25A	23a	31J	30M	13D	28F	20S		28M	27S	18S	26D	4S
18	**Sheffield United**	**5-0**	**3-1**	**4-0**	**5-2**	**1-1**	**5-0**	**1-2**	**2-0**	**2-1**	**0-0**	**2-0**	**2-3**	**6-1**	**2-0**	**0-1**	**2-0**	**4-1**		**1-0**	**2-1**	**3-1**	**2-0**
		7F	31M	30a	20A	27A	20D	25O	21M	27D	13S	8N	7M	6D	15S	25a	27S	11O		21F	22N	18A	4A
19	**Sheffield Wednesday**	**5-0**	**2-0**	**2-3**	**3-1**	**3-1**	**4-1**	**1-1**	**2-2**	**6-0**	**4-1**	**3-1**	**2-0**	**7-0**	**1-0**	**2-0**	**5-0**	**2-0**	**2-0**		**4-1**	**6-0**	**2-1**
		25A	28M	15N	6S	11A	27F	31J	30M	18O	29N	3J	20S	26D	14A	13D	1N	14F	4O		3S	17S	23a
20	**Stoke City**	**2-1**	**3-0**	**2-1**	**2-2**	**0-1**	**2-1**	**2-1**	**4-1**	**4-0**	**5-1**	**1-0**	**3-2**	**1-0**	**0-2**	**3-1**	**3-0**	**4-3**	**1-2**	**3-0**		**0-0**	**3-0**
		28F	29N	18O	4O	14M	28M	22O	20D	25A	13D	16F	27D	30a	1N	13S	15N	10S	11A	27a		6A	20S
21	**Sunderland**	**2-2**	**4-1**	**3-1**	**3-1**	**0-2**	**0-3**	**3-0**	**1-2**	**1-0**	**1-0**	**0-2**	**4-0**	**2-0**	**2-1**	**0-0**	**1-1**	**3-1**	**4-1**	**3-3**	**3-1**		**2-1**
		15N	25A	14M	14F	13D	18O	4O	27a	1N	28F	20S	1J	20D	30a	28M	11A	27D	29N	10S	6S		31J
22	**Swansea Town**	**2-1**	**4-2**	**1-0**	**2-1**	**1-3**	**2-2**	**4-4**	**1-2**	**1-1**	**0-1**	**4-2**	**3-3**	**3-1**	**3-3**	**5-2**	**3-0**	**3-0**	**0-2**	**4-0**	**1-0**	**5-0**	
		13D	11A	28M	27M	15A	27S	27D	30a	29N	14M	4O	11S	17J	25A	1N	28F	28a	15N	20D	7F	13S	

At the end of the 1957-58 season Scunthorpe and Lindsey United became Scunthorpe United.

Final League Table

Pos	Team	Pld	Home					Away					Totals							Leading Goalscorer	Gls
			W	D	L	F	A	W	D	L	F	A	W	D	L	F	A	Pts	GA		
1	**Sheffield Weds**	**42**	**18**	**2**	**1**	**68**	**13**	**10**	**4**	**7**	**38**	**35**	**28**	**6**	**8**	**106**	**48**	**62**	**2.20**	R Shiner	28
2	Fulham	42	18	1	2	65	26	9	5	7	31	35	27	6	9	96	61	60	1.57	J Haynes	25
3	Sheffield United	42	16	2	3	54	15	7	5	9	28	33	23	7	12	82	48	53	1.70	D Pace	26
4	Liverpool	42	15	3	3	57	25	9	2	10	30	37	24	5	13	87	62	53	1.40	J Melia	21
5	Stoke City	42	16	2	3	48	19	5	5	11	24	39	21	7	14	72	58	49	1.24	D Wilshaw	15
6	Bristol Rovers	42	13	5	3	46	23	5	7	9	34	41	18	12	12	80	64	48	1.25	D Ward	26
7	Derby County	42	15	1	5	46	29	5	7	9	28	42	20	8	14	74	71	48	1.04	J Parry	15
8	Charlton Athletic	42	13	3	5	53	33	5	4	12	39	57	18	7	17	92	90	43	1.02	J Summers	20
9	Cardiff City	42	12	2	7	37	26	6	5	10	28	39	18	7	17	65	65	43	1.00	R Hewitt	13
10	Bristol City	42	11	3	7	43	27	6	4	11	31	43	17	7	18	74	70	41	1.05	P J Atyeo	25
11	Swansea Town	42	12	5	4	52	30	4	4	13	27	51	16	9	17	79	81	41	0.97	M Charles	14
12	Brighton & H A	42	10	9	2	46	29	5	2	14	28	61	15	11	16	74	90	41	0.82	J Shepherd	17
13	Middlesbrough	42	9	7	5	51	26	6	3	12	36	45	15	10	17	87	71	40	1.22	**B Clough**	**43**
14	Huddersfield T	42	12	3	6	39	20	4	5	12	23	35	16	8	18	62	55	40	1.12	L Massie	15
15	Sunderland	42	13	4	4	42	23	3	4	14	22	52	16	8	18	64	75	40	0.85	D Kitchenbrand	21
16	Ipswich Town	42	12	4	5	37	27	5	2	14	25	50	17	6	19	62	77	40	0.80	R Crawford	25
17	Leyton Orient	42	9	4	8	43	30	5	4	12	28	48	14	8	20	71	78	36	0.91	E Brown, J Elwood, T Johnston	10
18	Scunthorpe Utd	42	7	6	8	32	37	5	3	13	23	47	12	9	21	55	84	33	0.65	R Waldock	14
19	Lincoln City	42	10	5	6	45	37	1	2	18	18	56	11	7	24	63	93	29	0.67	R Chapman	15
20	Rotherham Utd	42	9	5	7	32	28	1	4	16	10	54	10	9	23	42	82	29	0.51	J Webster	12
21	Grimsby Town	42	7	7	7	41	36	2	3	16	21	54	9	10	23	62	90	28	0.68	R Rafferty	19
22	Barnsley	42	8	4	9	34	34	2	3	16	21	57	10	7	25	55	91	27	0.60	L Chappell	17

1958/59 DIVISION 3 SEASON 60

Total Matches 552
Total Goals 1733
Avg goals per match 3.14

		Accrington S	Bournemouth	Bradford City	Brentford	Bury	Chesterfield	Colchester Utd	Doncaster Rov	Halifax Town	Hull City	Mansfield Town	Newport Co	Norwich City	Notts County	Plymouth A	Q P R	Reading	Rochdale	Southampton	Southend Utd	Stockport Co	Swindon Town	Tranmere Rov	Wrexham
1	Accrington S		3-2	1-3	1-1	0-2	3-1	1-1	2-0	4-2	0-1	2-0	2-2	0-2	3-0	1-1	2-4	4-3	4-2	0-0	3-0	2-2	0-0	3-1	1-1
2	Bournemouth	5-2		4-0	0-0	2-0	2-1	1-1	1-0	3-0	1-0	3-3	1-1	2-0	0-0	1-1	2-0	0-1	0-0	2-1	1-4	2-0	3-3	4-0	0-0
3	Bradford City	0-0	0-1		3-0	1-0	1-0	1-3	3-0	1-3	2-1	1-1	1-0	2-2	4-1	0-0	1-0	1-2	7-1	2-3	6-1	4-2	1-2	2-0	3-2
4	Brentford	2-1	1-1	4-0		0-0	1-1	2-0	1-1	2-0	1-1	2-0	3-0	0-4	4-0	3-0	1-0	3-1	2-1	2-0	6-1	1-4	2-2	5-2	2-1
5	Bury	3-1	5-1	2-2	1-1		1-0	0-0	5-0	3-1	2-1	2-2	0-0	3-2	0-1	1-1	3-1	1-1	6-1	1-0	2-3	3-3	0-0	4-2	3-0
6	Chesterfield	0-1	1-0	4-0	1-2	3-0		2-2	2-0	2-3	2-1	3-1	1-1	1-0	1-2	2-3	1-0	0-0	3-3	4-0	1-0	1-3	3-2	1-1	
7	Colchester Utd	1-0	3-1	3-2	0-4	1-3	1-0		1-0	3-1	1-3	1-3	3-2	2-1	4-1	2-0	3-0	3-1	2-1	1-3	0-1	8-2	1-0	1-1	1-1
8	Doncaster Rov	3-0	5-1	0-3	1-0	0-1	2-1	2-1		1-2	0-2	0-2	1-0	0-1	2-1	4-6	2-0	2-5	1-1	3-2	2-1	4-1	2-0	2-0	1-1
9	Halifax Town	0-2	0-1	3-3	0-0	4-2	3-2	4-1	5-1		1-2	0-0	3-1	1-1	1-0	0-1	2-1	4-1	2-1	2-0	1-0	4-3	1-0	3-0	4-1
10	Hull City	4-2	5-3	4-0	3-1	2-0	3-1	3-0	5-1	4-0		5-2	2-3	3-3	5-0	1-1	1-0	2-0	2-1	3-0	3-2	3-1	0-0	1-0	1-0
11	Mansfield Town	3-2	1-4	2-1	1-1	0-2	2-1	3-2	3-1	4-3	1-1		2-1	1-3	1-0	1-4	3-4	1-0	0-0	1-6	1-4	2-1	0-0	0-2	3-1
12	Newport County	2-1	4-1	3-2	0-1	1-1	0-0	0-1	3-1	1-2	0-0	2-2		3-1	0-1	3-1	2-1	1-0	4-2	3-1	2-0	3-0	3-0	2-1	
13	Norwich City	2-4	2-2	4-2	4-1	3-2	2-1	1-2	3-0	3-1	0-1	1-0	3-0		3-3	1-1	5-1	1-0	2-1	3-1	4-0	1-3	1-1	0-0	2-2
14	Notts County	1-1	4-3	1-3	0-0	1-1	3-1	0-1	2-2	4-4	1-1	3-4	1-1	1-3		1-2	0-1	3-1	1-1	1-2	1-4	0-2	1-0	1-1	2-0
15	Plymouth A	2-4	3-1	1-1	1-1	3-0	2-0	1-1	4-0	1-1	1-1	8-3	3-2	0-1	3-0		3-2	2-2	2-1	1-0	3-1	2-1	3-2	4-0	2-2
16	Queens Park R	3-1	0-4	3-0	1-2	2-1	2-2	4-2	3-1	3-1	1-1	1-1	4-2	2-1	2-1	2-1		2-0	3-0	2-2	1-3	0-0	2-1	1-1	5-0
17	Reading	5-0	1-2	3-2	3-1	1-0	1-2	0-0	2-0	3-0	2-0	3-3	1-3	3-1	3-1	0-2	2-2		3-0	4-1	3-0	2-1	3-1	0-0	2-1
18	Rochdale	1-0	2-1	0-3	0-0	1-0	0-0	0-1	1-0	1-0	0-1	2-2	1-1	1-2	1-0	2-2	1-0	1-0		1-0	0-2	1-1	1-4	3-1	
19	Southampton	3-1	0-0	1-2	0-6	4-2	0-0	1-0	3-0	1-1	5-0	6-1	3-2	3-3	1-1	3-0	5-1	1-0	3-3		6-1	3-2	2-1	1-1	2-3	1-2
20	Southend United	4-2	2-0	1-1	2-0	1-0	2-5	1-1	5-0	3-2	1-1	5-1	1-0	1-0	5-2	0-0	4-0	2-2	3-1	1-1		3-1	0-2	1-3	4-1
21	Stockport Co	0-0	3-1	1-1	1-1	0-1	1-1	0-1	2-0	0-1	2-1	4-1	2-1	2-3	1-2	2-3	0-1	1-0	4-0	0-1			2-0	1-0	2-2
22	Swindon Town	1-2	0-1	2-2	1-1	0-0	1-2	2-0	0-0	0-2	2-0	2-1	2-1	4-3	3-1	3-4	2-0	2-0	2-0	2-1	3-0		1-2	1-0	
23	Tranmere Rov	9-0	4-0	3-1	1-2	4-0	2-0	3-3	3-0	1-2	1-0	2-2	2-1	0-1	0-3	2-0	2-1	2-1	2-0	1-1	3-1	3-1			1-2
24	Wrexham	2-2	1-0	3-3	2-1	0-0	3-4	0-2	2-1	1-1	5-1	2-1	0-0	1-2	3-2	1-1	1-0	0-1	1-0	1-3	3-1	3-1	1-0	2-5	

Final League Table

Pos	Team	Pld	Home W	Home D	Home L	Home F	Home A	Away W	Away D	Away L	Away F	Away A	Totals W	Totals D	Totals L	Totals F	Totals A	Pts	GA	Leading Goalscorer	Gls
1	Plymouth Argyle	46	14	7	2	55	27	9	9	5	34	32	23	16	7	89	59	62	1.50	W Carter	22
2	Hull City	46	19	3	1	65	21	7	6	10	25	34	26	9	11	90	55	61	1.63	W Bradbury	30
3	Brentford	46	15	5	3	49	22	6	10	7	27	27	21	15	10	76	49	57	1.55	E J Towers	32
4	Norwich City	46	13	6	4	51	29	9	4	10	38	33	22	13	11	89	62	57	1.43	T Bly	22
5	Colchester Utd	46	15	2	6	46	31	6	8	9	25	36	21	10	15	71	67	52	1.06	H Langman	20
6	Reading	46	16	4	3	51	21	5	4	14	27	42	21	8	17	78	63	50	1.23	A Wheeler	22
7	Tranmere Rov	46	15	3	5	53	22	6	5	12	29	45	21	8	17	82	67	50	1.22	A Rowley	24
8	Southend United	46	14	6	3	52	26	7	2	14	33	54	21	8	17	85	80	50	1.06	B Houghton	20
9	Halifax Town	46	14	5	4	48	25	7	3	13	32	52	21	8	17	80	77	50	1.03	W Smith	22
10	Bury	46	12	9	2	51	24	5	5	13	18	34	17	14	15	69	58	48	1.19	J Parker	16
11	Bradford City	46	13	4	6	47	25	5	7	11	37	51	18	11	17	84	76	47	1.10	J McCole	28
12	Bournemouth	46	12	9	2	40	18	3	15	29	51	17	12	17	69	69	46	1.00	M Burgess	24
13	Queens Park R	46	14	6	3	49	28	5	2	16	25	49	19	8	19	74	77	45	0.96	A Longbottom	20
14	Southampton	46	12	7	4	57	33	5	4	14	31	47	17	11	18	88	80	45	1.10	D Reeves	16
15	Swindon Town	46	13	4	6	39	25	3	9	11	20	30	16	13	19	59	57	45	1.03	R Edwards, J Kelly	9
16	Chesterfield	46	12	5	6	40	25	5	3	15	27	38	17	10	19	67	64	44	1.04	B Frear	19
17	Newport County	46	15	2	6	43	24	2	7	14	26	44	17	9	20	69	68	43	1.01	K McPherson	15
18	Wrexham	46	12	6	5	40	30	2	8	13	23	47	14	14	18	63	77	42	0.81	T Bannan	15
19	Accrington S	46	10	8	5	42	31	5	4	14	29	56	15	12	19	71	87	42	0.81	J Anders	16
20	Mansfield Town	46	11	5	7	38	42	3	8	12	35	56	14	13	19	73	98	41	0.74	B Thomas	21
21	Stockport Co	46	9	7	7	33	23	4	3	16	32	50	13	10	23	65	78	36	0.83	W Holden	12
22	Doncaster Rov	46	13	2	8	40	32	1	3	19	10	58	14	5	27	50	90	33	0.55	J Fletcher, R Walker	9
23	Notts County	46	5	9	9	33	39	3	4	16	22	57	8	13	25	55	96	29	0.57	D Roby	13
24	Rochdale	46	6	9	8	21	26	0	5	18	16	53	8	12	26	37	79	28	0.46	L Spencer, E Wainwright	8

1958/59 DIVISION 4
SEASON 60

Total Matches 552
Total Goals 1794
Avg goals per match 3.25

		Aldershot	Barrow	Bradford P A	Carlisle Utd	Chester	Coventry City	Crewe Alex	Crystal Palace	Darlington	Exeter City	Gateshead	Gillingham	Hartlepools U	Millwall	Northampton T	Oldham Athletic	Port Vale	Shrewsbury T	Southport	Torquay Utd	Walsall	Watford	Workington	York City
1	Aldershot		0-1 30a	3-3 13D	4-0 20D	1-0 28F	0-4 1O	0-0 10J	1-2 26D	1-4 4S	1-0 22A	8-1 13S	4-2 30M	2-4 14M	4-2 14F	1-3 11A	1-3 17J	0-4 20S	0-0 17S	3-2 1N	1-4 28M	0-5 4O	0-0 18O	2-0 29N	0-1 25A
2	Barrow	3-4 3J		2-3 28F	1-3 29S	1-2 1N	0-3 4O	0-2 25A	1-0 14M	2-1 20S	1-0 1S	0-3 23a	2-2 15S	1-1 21A	3-1 6S	2-2 13D	2-1 30M	1-2 18O	3-4 14F	3-0 11A	2-2 29N	0-0 31J	0-4 28M	2-2 1J	2-3 27D
3	Bradford P A	5-1 27A	0-2 11O		0-3 7M	3-0 27S	2-0 8N	0-2 1J	5-0 7F	1-2 22N	0-3 21M	4-1 17J	2-0 25O	4-1 1S	4-1 24J	1-2 27M	2-1 26D	0-2 13S	3-1 4A	3-0 15S	3-1 29S	3-2 18A	1-1 21F	3-2 23a	2-1 3J
4	Carlisle United	1-0 23a	1-0 23S	1-1 18O		4-3 28M	1-6 14F	2-0 13D	3-3 1N	1-1 11M	1-2 4O	4-2 30M	1-2 26a	1-0 11A	0-2 3J	2-1 9S	3-0 3M	0-3 14M	0-0 20S	5-0 29N	0-1 25A	1-1 6S	2-0 16M	3-2 26D	0-0 28F
5	Chester	2-2 11O	2-0 21M	2-0 16A	2-1 8N		1-1 18A	0-1 22A	3-2 3S	1-0 29A	4-2 22N	0-1 7M	1-2 4A	1-1 8O	1-0 27D	2-3 6S	5-2 25O	1-2 4O	3-5 24J	2-1 30M	0-2 23a	2-0 17S	2-1 1O	1-2 31J	2-2 20S
6	Coventry City	7-1 22S	2-0 21F	0-0 28M	1-2 27S	5-1 29N		3-2 28F	0-0 11A	2-0 23a	4-1 13S	1-1 15S	4-1 7F	1-0 13D	2-0 6O	1-0 18O	1-0 1S	3-2 16M	1-0 3J	3-0 6S	0-0 26D	1-0 31M	0-0 25A	4-0 14M	1-1 1N
7	Crewe Alex	5-0 4A	5-0 24J	4-1 8O	3-1 17F	2-4 30a	1-1 11O		4-1 20D	2-1 25O	0-0 5M	0-0 22N	0-2 21F	4-1 13S	1-2 8N	5-0 1S	2-0 18A	2-4 27M	1-1 7M	1-1 7F	5-3 27S	1-3 21M	2-0 17J	2-4 18S	1-0 1O
8	Crystal Palace	4-1 27D	2-2 25O	2-0 20S	0-2 21M	3-3 27a	1-1 22N	6-2 23a		4-1 24J	1-1 4A	3-1 11O	4-1 8N	1-0 10	0-2 21F	1-3 3J	4-0 7M	1-1 14F	4-3 18A	1-0 8O	3-1 27M	1-3 29A	3-0 17S	1-1 6S	0-0 31J
9	Darlington	2-3 25a	5-2 7F	1-1 11A	0-0 13S	0-0 13D	1-4 20D	1-1 14M	1-4 25A		1-1 30a	3-2 21F	1-2 16A	3-1 27D	0-2 18S	2-2 1N	1-1 27S	2-0 29N	2-1 1J	4-0 28F	4-3 18O	2-3 1O	1-1 8O	1-1 28M	0-1 18M
10	Exeter City	2-0 8O	4-0 28a	4-0 1N	2-1 21F	1-1 11A	2-1 31J	3-0 27D	2-2 15A	1-1 3J		3-0 6A	3-1 27S	3-1 25A	2-0 30M	3-2 28F	3-4 10S	1-0 28M	3-2 6S	2-2 13D	2-2 20S	3-0 23a	1-0 29N	1-0 18O	0-2 14M
11	Gateshead	1-0 31J	4-0 20D	1-4 6S	4-1 27M	0-1 18O	1-1 8S	0-0 11A	1-3 28F	1-3 4O	1-2 27O		2-0 20A	3-0 1N	1-2 20S	4-1 29N	2-1 30a	0-4 1J	1-2 25a	1-1 28M	2-0 13A	1-0 14F	0-3 14M	0-3 25A	1-0 13D
12	Gillingham	3-0 27M	4-2 10S	1-1 14M	1-1 1S	3-3 17J	2-0 20S	1-1 4O	0-0 28M	0-2 6S	3-0 14F	4-1 8O		1-2 29N	4-1 23a	3-2 26D	0-2 1O	2-1 1N	2-0 31J	3-2 25A	4-2 8A	2-1 3J	5-1 11A	2-2 28F	2-2 18O
13	Hartlepools Utd	0-3 25O	10-1 4A	3-0 25a	1-2 22N	1-3 1J	2-1 27A	4-1 31J	1-0 22S	3-3 26D	0-0 24J	3-1 21M	0-0 18A		3-1 7M	3-0 20S	4-0 8N	1-5 8S	0-2 23a	1-1 3J	2-4 6S	1-1 11O	4-3 27M	0-3 14F	1-5 4O
14	Millwall	4-0 27S	3-0 17J	1-1 25A	1-0 30a	0-1 25D	1-1 20A	2-0 28M	2-1 4O	1-2 8S	1-1 27M	2-0 7F	0-2 20D	3-2 18O		3-0 10J	4-2 13S	4-2 13D	0-0 22S	1-1 14M	2-0 1N	1-3 1S	4-1 28F	1-1 11A	5-2 29N
15	Northampton T	1-0 22N	2-0 30A	4-1 31M	0-0 6A	4-0 13A	4-0 7M	3-0 28a	3-0 30a	1-3 21M	1-1 11O	4-2 18A	2-1 27D	0-1 7F	2-1 4A		2-1 24J	2-4 20D	3-3 25O	3-1 27S	1-1 21F	3-2 8N	2-1 13S	1-1 25S	1-2 9O
16	Oldham Athletic	0-1 6S	2-0 27M	1-0 27D	2-0 28A	3-5 14M	2-0 26a	2-1 29N	3-0 18O	1-3 14F	2-1 15S	3-0 3J	3-1 22S	1-1 28M	0-1 31J	1-3 25A		0-2 28F	3-1 4O	2-1 20A	1-0 11A	1-4 20S	3-5 1N	1-0 13D	0-1 23a
17	Port Vale	3-2 7F	4-1 7M	4-2 31J	1-1 25O	4-0 21F	3-0 4A	1-1 30M	2-3 27S	1-1 18A	5-3 8N	8-0 26D	3-1 21M	1-1 15S	5-2 27A	1-4 23a	0-0 11O		2-0 22N	4-1 29S	3-1 6O	2-1 23J	1-3 1S	2-0 2M	2-2 6S
18	Shrewsbury T	3-1 8S	1-2 27S	0-1 10J	4-1 7F	3-0 25A	4-1 30a	2-2 18O	2-1 29N	1-0 30M	3-0 30A	3-2 1S	3-0 13S	1-2 20D	4-0 29S	0-0 14M	4-3 21F		11A	6-2 26D	5-0 28F	2-0 20A	4-2 13D	1-1 1N	2-2 28M
19	Southport	0-1 21M	0-0 22N	1-0 9S	0-1 18A	1-1 27M	1-2 14A	3-0 20S	2-0 1J	2-1 11O	2-2 28A	1-1 8N	2-1 24J	1-2 30a	1-1 25O	1-2 14F	2-1 4A	0-1 23S	0-1 25D		2-2 31J	1-1 7M	0-3 20D	3-0 4O	1-0 2S
20	Torquay United	1-1 8N	1-0 18A	2-1 22S	0-0 25F	4-0 20D	1-1 27D	6-2 14F	0-2 30M	4-1 7M	3-4 7F	0-1 4A	3-1 29A	1-3 17J	2-0 21M	4-2 4O	2-1 22A	1-1 11O	1-4 13S	1-0		1-2 25O	2-3 30a	4-1 4S	1-1 17S
21	Walsall	2-4 21F	3-1 13S	3-2 29N	5-0 14A	2-2 11S	3-0 30M	6-0 31O	0-2 13D	0-0 25S	3-0 17M	0-1 27S	1-2 30a	0-0 28F	2-1 28a	3-0 28M	1-1 7F	1-1 25A	2-3 9O	5-1 18O	2-2 14M		3-2 26D	3-0 9A	5-0 11A
22	Watford	2-1 7M	1-1 8N	2-1 4O	2-2 4A	1-4 14O	0-1 24J	2-2 6S	0-0 9S	2-1 21A	5-1 18A	2-2 25O	4-1 22N	1-1 30M	3-1 31J	2-0 21M	1-1 26a	0-2 7m	1-4 23a	1-2 3J	1-2 27D	3-0 20S		2-3 14F	0-1
23	Workington	1-0 18A	2-2 8O	2-1 20D	0-1 27D	1-0 13S	2-2 25O	1-0 10S	0-4 16M	3-3 8N	2-2 7M	4-2 5D	0-1 11O	3-0 27S	1-1 22N	3-3 10	2-0 22A	2-2 30a	1-1 21F	2-0 25a	3-3 4A	0-1 7F	3-1		2-2 30M
24	York City	0-0 24J	1-0 26D	4-0 30a	1-1 11O	1-1 7F	0-0 21M	4-0 22S	1-1 13S	2-1 4A	0-2 25O	1-0 27A	3-1 7M	1-1 21F	3-3 18A	2-1 20A	3-1 20D	0-0 15A	2-0 8N	1-0 25a	3-2 8S	0-0 22N	2-2 27S		

Final League Table

Pos	Team	Pld	Home					Away					Totals						Leading Goalscorer	Gls
			W	D	L	F	A	W	D	L	F	A	W	D	L	F	A	Pts	GA		
1	Port Vale	46	14	6	3	62	30	12	6	5	48	28	26	12	8	110	58	64	1.89	S Steele	22
2	Coventry City	46	18	4	1	50	11	6	8	9	34	36	24	12	10	84	47	60	1.78	R Straw	27
3	York City	46	12	10	1	37	17	9	8	6	36	35	21	18	7	73	52	60	1.40	P Wragg	14
4	Shrewsbury Town	46	15	5	3	59	24	9	5	9	42	39	24	10	12	101	63	58	1.60	**G A Rowley**	38
5	Exeter City	46	16	4	3	55	24	7	7	9	32	37	23	11	12	87	61	57	1.42	E Calland	27
6	Walsall	46	13	5	5	56	25	8	5	10	39	39	21	10	15	95	64	52	1.48	A Richards	28
7	Crystal Palace	46	12	8	3	54	27	8	4	11	36	44	20	12	14	90	71	52	1.26	M Deakin	23
8	Northampton T	46	14	5	4	48	25	7	4	12	37	53	21	9	16	85	78	51	1.09	A Woan	32
9	Millwall	46	13	6	4	46	23	7	4	12	30	46	20	10	16	76	69	50	1.10	R Heckman	11
10	Carlisle United	46	11	6	6	37	30	8	6	9	25	35	19	12	15	62	65	50	0.95	H Fletcher	17
11	Gillingham	46	14	6	3	53	27	6	3	14	29	50	20	9	17	82	77	49	1.06	J Edgar	23
12	Torquay United	46	11	5	7	45	32	5	7	11	33	45	16	12	18	78	77	44	1.01	T Northcott	20
13	Chester	46	10	5	8	39	33	6	7	10	33	51	16	12	18	72	84	44	0.85	N Bullock	12
14	Bradford P A	46	15	1	7	51	29	3	6	14	24	48	18	7	21	75	77	43	0.97	J Buchanan	21
15	Watford	46	10	6	7	46	36	6	4	13	35	43	16	10	20	81	79	42	1.02	P Gordon	13
16	Darlington	46	7	8	8	37	36	6	8	9	29	32	13	16	17	66	68	42	0.97	D Carr	15
17	Workington	46	9	10	4	40	32	5	7	13	23	46	14	17	17	63	78	41	0.80	W Robson	18
18	Crewe Alex	46	11	5	7	52	32	4	1	18	18	50	15	10	21	70	82	40	0.85	H Llewellyn	15
19	Hartlepools Utd	46	11	4	8	50	41	4	6	13	24	47	15	10	21	74	88	40	0.84	H Clark	12
20	Gateshead	46	11	3	9	33	30	5	5	13	23	55	16	8	22	56	85	40	0.65	R Baldridge	17
21	Oldham Athletic	46	15	0	8	39	29	1	4	18	20	55	16	4	26	59	84	36	0.70	P Phoenix	17
22	Aldershot	46	8	4	11	37	45	6	3	14	26	52	14	7	25	63	97	35	0.64	R Stepney	10
23	Barrow	46	6	6	11	34	45	3	4	16	17	59	9	10	27	51	104	28	0.49	J Robertson	12
24	Southport	46	7	8	8	26	25	0	4	19	15	61	7	12	27	41	86	26	0.47	J McDermott	11

1959/60 DIVISION 1 SEASON 61

Total Matches	462
Total Goals	1618
Avg goals per match	3.5

		Arsenal	Birmingham C	Blackburn Rov	Blackpool	Bolton Wand.	Burnley	Chelsea	Everton	Fulham	Leeds United	Leicester C	Luton Town	Manchester C	Manchester U	Newcastle Utd.	Nottm Forest	Preston N E	Sheffield Weds	Tottenham H	West Brom A	West Ham Utd	Wolverhampton
1	Arsenal		3-0	5-2	2-1	2-1	2-4	1-4	2-1	2-0	1-1	1-1	0-3	3-1	5-2	1-0	1-1	0-3	0-1	1-1	2-4	1-3	4-4
			31O	6F	26S	15S	12D	9A	20F	15A	26M	15M	26D	12S	23A	27F	1S	17O	22a	5S	28N	14N	2J
2	Birmingham City	3-0		1-0	2-1	2-5	0-1	1-1	2-2	2-4	2-0	3-4	1-1	4-2	1-1	4-3	4-1	2-1	0-0	0-1	1-7	2-0	0-1
		16A		30A	21N	19M	27A	9S	2A	24O	3O	19S	7N	5D	5S	26a	5M	23J	10O	2J	18A	26D	22a
3	Blackburn Rovers	1-1	2-1		1-0	1-0	3-2	1-0	3-1	4-0	3-2	0-1	0-2	2-2	1-1	1-1	1-2	1-4	3-1	1-4	3-2	6-2	0-1
		19S	28N		25D	31a	17O	30M	21S	22a	27A	23A	15A	13F	31O	9A	2J	3O	5S	27F	14N	12D	23J
4	Blackpool	2-1	0-1	1-0		3-2	1-1	3-1	0-0	3-1	3-3	3-3	0-0	1-3	0-6	2-0	0-1	0-2	0-2	2-2	2-0	3-2	3-1
		13F	9A	26D		22a	23A	12D	18A	2J	17O	14S	31a	3O	27F	14N	5S	31O	23J	28N	26M	12M	19S
5	Bolton Wanderers	0-1	4-1	0-3	0-3		2-1	2-0	2-1	3-2	1-1	3-1	2-2	3-1	1-1	1-4	1-1	2-1	1-0	2-1	0-0	5-1	2-1
		9S	12D	26a	19D		27F	23A	29a	19S	31O	28N	9M	18A	14N	12M	13F	9A	3O	26M	17O	12S	26D
6	Burnley	3-2	3-1	1-0	1-4	4-0		2-1	5-2	0-0	0-1	1-0	3-0	4-3	1-4	2-1	8-0	2-1	3-3	2-0	2-1	1-3	4-1
		19M	26S	5M	10O	5D		16J	25a	30A	19D	15A	16A	24O	28D	6F	21N	8S	2A	1M	12S	29a	7N
7	Chelsea	1-3	4-2	3-1	2-3	0-2	4-1		1-0	4-2	1-3	2-2	3-0	3-0	3-6	2-2	1-1	4-4	0-4	1-3	2-2	2-4	1-5
		21N	16S	7N	19M	10O	5S		24O	13F	23J	2J	5M	2A	2S	26D	16A	22a	5D	15A	24F	19S	30A
8	Everton	3-1	4-0	2-0	4-0	0-1	1-2	6-1		0-0	1-0	6-1	2-2	2-1	2-1	1-2	6-1	4-0	2-1	2-1	2-2	0-1	0-2
		3O	14N	16S	15A	2J	2S	12M		5S	23A	31O	22a	26D	28N	25M	23J	27F	19S	9A	12D	17O	13F
9	Fulham	3-0	2-2	0-1	1-0	1-1	1-0	1-3	2-0		5-0	1-1	4-2	5-2	0-5	4-3	3-1	1-2	1-2	1-1	2-1	1-0	3-1
		18A	12M	19D	29a	6F	28N	26S	16J		27F	9A	12S	26a	26M	17O	3O	14N	28D	12D	23A	31O	9S
10	Leeds United	3-2	3-3	0-1	2-4	1-0	2-3	2-1	3-3	1-4		1-1	1-1	4-3	2-2	2-3	1-0	2-1	1-3	2-4	1-4	3-0	0-3
		7N	9M	24O	5M	16A	22a	12S	10O	5D		2S	2J	19M	16S	26S	30A	19A	21N	26D	6F	16J	2A
11	Leicester City	2-2	1-3	2-3	1-1	1-2	2-1	3-1	3-3	0-1	3-2		3-3	5-0	3-1	0-2	0-1	2-2	2-0	1-1	0-1	2-1	2-1
		24O	6F	10O	9S	30A	18A	29a	16A	21N	26a		5D	5M	24F	12S	2A	26D	7N	26S	16J	19D	19M
12	Luton Town	0-1	1-1	1-1	0-1	0-0	1-1	1-2	2-1	4-1	0-1	2-0		1-2	2-3	3-4	1-0	1-3	0-1	1-0	1-0	0-0	3-1	1-5
		28D	26M	18A	26a	5S	31O	17O	19D	23J	29a	27F		9S	9A	12D	19S	28N	13F	14N	12M	23A	3O
13	Manchester City	1-2	3-0	2-1	2-3	1-0	1-2	1-1	4-0	3-1	3-3	3-2	1-2		3-0	3-4	2-1	2-1	4-1	1-2	0-1	3-1	4-6
		23J	27F	26S	9M	15A	2m	14N	28D	2S	12D	17O	16S		19S	28N	22a	23A	2J	31O	9A	30M	5S
14	Manchester United	4-2	2-1	1-0	3-1	2-0	1-2	0-1	5-0	3-3	6-0	4-1	4-1	0-0		3-2	3-1	1-1	3-1	1-5	2-3	5-3	0-2
		10O	16J	16A	5D	2A	26D	26a	30A	7N	9S	3O	21N	6F		29a	19M	13F	24O	12S	19D	18A	5M
15	Newcastle United	4-1	1-0	3-1	1-1	0-2	1-3	1-1	8-2	3-1	2-1	0-2	3-2	0-1	7-3		2-1	1-2	3-3	1-5	0-0	0-0	1-0
		5D	2S	21N	2A	24O	19S	28D	7N	5M	13F	23J	19M	30A	2J		10O	5S	15A	22a	16S	3O	16A
16	Nottm Forest	0-3	0-2	2-2	0-0	2-0	0-1	3-1	1-1	2-2	4-1	1-0	2-0	1-2	1-5	3-0		1-1	2-1	1-3	1-2	3-1	0-0
		26a	17O	29a	16J	26S	31O	12S	20F	28N	14N	6F	19D	12D	23A		26M	9S	12M	28D	27F	19A
17	Preston North End	0-3	3-2	5-3	4-1	1-0	1-0	4-5	0-0	4-1	1-1	1-1	2-0	1-5	4-0	1-2	1-0		3-4	1-1	1-1	1-1	4-3
		5M	12S	1M	16A	21N	15S	19D	5D	2A	18A	28D	30A	10O	26S	16J	7N		19M	6F	29a	25a	24O
18	Sheffield Wednesday	5-1	2-4	3-0	5-0	1-0	1-1	1-1	2-2	1-1	1-0	2-2	2-0	1-0	4-2	2-0	0-1	2-2		2-1	2-0	7-0	2-2
		19D	23A	16J	12S	24F	14N	27F	6F	26D	9A	6A	26S	29a	30M	18A	16S	12D		17O	31O	28N	2S
19	Tottenham Hotspur	3-0	0-0	2-1	4-1	0-2	1-1	0-1	3-0	1-1	1-4	1-2	1-1	0-1	2-1	4-0	2-1	5-1	4-1		2-2	2-2	5-1
		16J	29a	5D	30A	7N	3O	18A	21N	19M	28D	13F	2A	16A	23J	19D	24O	19S	5M		26a	9S	10O
20	West Bromwich Albion	1-0	1-1	2-0	2-1	1-0	0-0	1-3	6-2	2-4	3-0	5-0	4-0	2-0	3-2	2-2	2-2	4-0	3-1	1-2		3-2	0-1
		30A	19A	2A	7N	5M	23J	3O	19M	10O	19S	5S	24O	21N	22a	9S	26D	2J	16A	2S		9M	5D
21	West Ham United	0-0	3-1	2-1	1-0	1-2	2-5	4-2	2-2	1-2	1-2	3-0	3-1	4-1	2-1	3-5	4-1	2-1	1-1	1-2	4-1		3-2
		2A	28D	19M	24O	23J	2J	6F	5M	16A	5S	22a	10O	7N	15A	20F	5D	31a	30A	14S	26S		21N
22	Wolverhampton Wand.	3-3	2-0	3-1	1-1	0-1	6-1	3-1	2-0	9-0	4-2	0-3	3-2	4-2	3-2	2-0	3-1	3-3	3-1	1-3	3-1	5-0	
		29a	19D	12S	6F	28D	30M	28N	26S	16S	14N	12D	23F	16J	17O	31O	18A	16M	26a	23A	27F	11A	

Final League Table

Pos	Team	Pld	Home					Away					Totals						Leading Goalscorer	Gls
			W	D	L	F	A	W	D	L	F	A	W	D	L	F	A	Pts	GA		
1	Burnley	42	15	2	4	52	28	9	5	7	33	33	24	7	11	85	61	55	1.39	J Connelly	20
2	Wolverhampton	42	15	3	3	63	28	9	3	9	43	39	24	6	12	106	67	54	1.58	J Murray	29
3	Tottenham H	42	10	6	5	43	24	11	5	5	43	26	21	11	10	86	50	53	1.72	R Smith	25
4	West Brom A	42	12	4	5	48	25	7	7	7	35	32	19	11	12	83	57	49	1.45	D Kevan	26
5	Sheffield Weds	42	12	7	2	48	20	7	4	10	32	39	19	11	12	80	59	49	1.35	J Fantham	17
6	Bolton Wand	42	12	5	4	37	27	8	3	10	22	24	20	8	14	59	51	48	1.15	D Stevens	14
7	Manchester Utd	42	13	3	5	53	30	6	4	11	49	50	19	7	16	102	80	45	1.27	**D Viollet**	**32**
8	Newcastle Utd	42	10	5	6	42	32	8	3	10	40	46	18	8	16	82	78	44	1.05	L White	20
9	Preston N E	42	10	6	5	43	34	6	6	9	36	42	16	12	14	79	76	44	1.03	T Finney	17
10	Fulham	42	12	4	5	42	28	5	6	10	31	52	17	10	15	73	80	44	0.91	G Leggat	18
11	Blackpool	42	9	6	6	32	32	6	4	11	27	39	15	10	17	59	71	40	0.83	R Charnley	18
12	Leicester City	42	8	6	7	38	32	5	7	9	28	43	13	13	16	66	75	39	0.88	A Cheesborough	15
13	Arsenal	42	9	5	7	39	38	6	4	11	29	42	15	9	18	68	80	39	0.85	D Herd	14
14	West Ham United	42	12	3	6	47	33	4	3	14	28	58	16	6	20	75	91	38	0.82	M Musgrove	15
15	Everton	42	13	3	5	50	20	0	8	13	23	58	13	11	18	73	78	37	0.93	R Collins	14
16	Manchester City	42	11	2	8	47	34	6	1	14	31	50	17	3	22	78	84	37	0.92	W McAdams	22
17	Blackburn Rov	42	12	3	6	38	29	4	2	15	22	41	16	5	21	60	70	37	0.85	P Dobing	18
18	Chelsea	42	7	5	9	44	50	7	4	10	32	41	14	9	19	76	91	37	0.83	J Greaves	29
19	Birmingham City	42	9	5	7	37	36	4	5	12	26	44	13	10	19	63	80	36	0.78	J Gordon	16
20	Nottm Forest	42	8	6	7	30	28	5	3	13	20	46	13	9	20	50	74	35	0.67	T Wilson	11
21	Leeds United	42	7	5	9	37	46	5	5	11	28	46	12	10	20	65	92	34	0.70	J McCole	22
22	Luton Town	42	6	5	10	25	29	3	7	11	25	44	9	12	21	50	73	30	0.68	W Bingham	16

1959/60 DIVISION 3 SEASON 61

Total Matches 552
Total Goals 1816
Avg goals per match 3.29

Results Grid

	Accrington S	Barnsley	Bournemouth	Bradford City	Brentford	Bury	Chesterfield	Colchester Utd	Coventry City	Grimsby Town	Halifax Town	Mansfield Town	Newport Co	Norwich City	Port Vale	QPR	Reading	Shrewsbury T	Southampton	Southend Utd	Swindon Town	Tranmere Rov	Wrexham	York City
1 Accrington S		2-1	2-1	0-4	3-4	1-3	1-3	1-2	0-2	2-4	0-5	0-1	0-0	3-4	1-3	1-2	0-0	2-2	2-2	0-4	3-1	1-3	2-2	4-0
2 Barnsley	5-0		1-0	2-0	1-2	2-2	3-1	2-1	1-0	3-3	1-2	2-2	0-2	2-0	1-0	2-1	3-3	0-0	1-0	4-1	0-3	2-0	6-1	1-1
3 Bournemouth	3-1	1-1		3-2	1-2	2-1	1-1	3-2	2-2	4-2	1-0	6-0	4-1	0-0	3-0	1-1	1-1	2-2	1-3	0-0	3-1	2-1	1-3	2-0
4 Bradford City	4-5	0-0	0-0		0-2	0-0	1-0	0-0	1-3	2-2	1-2	4-1	6-2	1-1	3-1	3-1	0-2	2-3	2-0	3-1	1-0	0-2	2-2	2-0
5 Brentford	3-0	3-0	1-0	4-0		1-1	3-0	2-0	3-1	0-2	1-1	1-1	1-2	3-4	2-0	1-1	2-2	2-1	2-2	3-1	2-1	3-1	1-2	
6 Bury	0-1	0-2	0-2	0-0	1-0		1-1	3-1	2-1	1-1	2-2	4-1	0-1	1-0	3-1	2-0	1-0	2-1	1-2	3-0	0-3	4-1	3-2	2-0
7 Chesterfield	0-3	4-1	4-0	1-2	1-0	0-2		1-1	0-3	2-2	2-1	0-1	2-0	2-1	4-1	0-4	2-1	2-2	3-2	1-0	1-3	2-0	5-1	2-0
8 Colchester Utd	5-1	2-2	1-2	2-1	2-1	3-0	1-0		0-0	2-2	1-0	3-0	2-1	3-0	3-1	2-0	4-2	3-2	1-1	2-3	0-0	4-0	3-1	2-2
9 Coventry City	2-1	2-1	4-0	2-2	2-1	0-1	1-0	3-1		0-2	0-1	2-0	1-1	2-1	1-1	0-0	1-1	1-1	4-1	2-0	3-1	1-0	5-3	5-2
10 Grimsby Town	4-0	2-0	1-1	1-3	1-2	2-2	5-1	4-1	3-0		3-2	2-1	0-1	1-1	1-1	3-1	0-1	2-1	3-2	1-1	3-0	1-1	3-1	2-2
11 Halifax Town	0-2	5-0	1-0	4-0	1-0	1-0	0-1	3-2	2-2	1-2		4-2	2-1	0-1	1-1	3-1	2-2	1-2	3-1	2-1	1-1	0-3	2-0	1-2
12 Mansfield Town	4-1	1-4	3-4	0-0	0-1	1-5	4-1	1-3	2-4	3-2	1-1		3-1	3-2	6-3	4-3	4-4	1-0	4-2	1-1	1-2	0-2	6-2	2-0
13 Newport County	1-3	4-0	5-2	2-0	4-2	3-1	3-1	3-2	2-0	0-2	5-1	0-1		1-1	4-3	2-3	3-2	1-3	5-1	1-1	1-3	2-1	4-1	3-2
14 Norwich City	4-0	0-0	2-3	0-0	2-1	2-0	3-0	3-2	1-4	1-1	3-0	5-1	1-0		5-1	1-0	4-2	1-1	1-2	4-3	3-2	3-0	3-1	1-0
15 Port Vale	2-0	1-0	1-0	0-2	3-1	3-0	3-1	1-1	0-1	2-1	7-0	4-1	2-1	2-1		0-0	4-1	0-3	1-1	3-1	6-1	1-1	3-1	2-0
16 Queens Park R	5-1	1-0	3-0	5-0	2-4	2-0	3-3	3-1	2-1	0-0	3-0	2-0	3-0	0-0	2-2		2-0	1-1	0-1	0-2	1-2	2-1	2-1	0-0
17 Reading	2-0	3-2	2-2	1-0	3-3	0-1	6-3	2-1	4-2	1-2	1-1	3-2	0-1	0-2	2-3	2-0		2-3	2-0	4-1	3-0	5-4	0-1	1-0
18 Shrewsbury T	5-0	2-2	0-0	3-0	1-1	0-2	2-4	4-1	3-2	5-2	2-2	6-3	6-2	1-3	2-1	1-1	3-2		1-1	1-3	3-0	0-0	3-2	4-0
19 Southampton	5-1	2-1	4-3	2-0	2-0	0-2	4-3	4-2	5-1	1-1	3-2	5-2	2-0	2-2	3-2	2-1	1-0	6-3		3-1	5-1	1-1	3-0	3-1
20 Southend United	6-1	2-2	3-0	2-1	2-0	0-4	1-2	1-0	1-0	3-0	3-0	0-2	3-2	1-0	2-1	3-2	2-0	2-1	2-4		1-3	7-1	1-1	1-1
21 Swindon Town	0-1	1-1	2-0	5-3	0-0	1-0	1-1	4-3	2-0	3-2	1-1	2-1	1-0	0-1	2-3	2-1	0-4	4-2	0-3	2-0		1-4	4-1	1-1
22 Tranmere Rov	5-1	2-0	1-1	2-3	2-1	2-0	3-0	1-1	3-1	2-0	1-1	4-2	2-2	0-0	6-0	0-3	3-1	0-1	3-3	2-4	1-0		4-1	2-2
23 Wrexham	2-3	1-0	1-2	4-3	3-2	1-1	2-3	1-1	1-3	2-1	2-1	3-0	0-0	1-2	1-0	1-1	2-1	1-1	2-1	3-1	1-2	1-0		3-1
24 York City	3-0	0-0	3-2	1-1	0-1	1-0	1-0	2-3	1-1	3-3	1-2	2-1	2-0	1-2	2-0	2-1	2-3	0-1	2-2	2-3	1-0	3-0	3-0	

Final League Table

Pos	Team	Pld	Home W	D	L	F	A	Away W	D	L	F	A	Totals W	D	L	F	A	Pts	GA	Leading Goalscorer	Gls
1	Southampton	46	19	3	1	68	30	7	6	10	38	45	26	9	11	106	75	61	1.41	D Reeves	39
2	Norwich City	46	16	4	3	53	24	8	7	8	29	30	24	11	11	82	54	59	1.51	T Allcock, M Hill	16
3	Shrewsbury Town	46	12	7	4	58	34	6	9	8	39	41	18	16	12	97	75	52	1.29	G A Rowley	32
4	Grimsby Town	46	12	7	4	48	27	6	9	8	39	43	18	16	12	87	70	52	1.24	R Hunt	33
5	Coventry City	46	14	6	3	44	22	7	4	12	34	41	21	10	15	78	63	52	1.23	R Straw	20
6	Brentford	46	13	6	4	46	24	8	3	12	32	37	21	9	16	78	61	51	1.27	G Francis	26
7	Bury	46	13	4	6	36	23	8	5	10	28	28	21	9	16	64	51	51	1.25	A Jackson	13
8	Queens Park R	46	14	7	2	45	16	4	6	13	28	38	18	13	15	73	54	49	1.35	N Bedford	25
9	Colchester Utd	46	15	6	2	51	22	3	5	15	32	52	18	11	17	83	74	47	1.12	M King	30
10	Bournemouth	46	12	8	3	47	27	5	5	13	25	45	17	13	16	72	72	47	1.00	R Bumstead, G Dowsett	13
11	Reading	46	13	3	7	49	34	5	7	11	35	43	18	10	18	84	77	46	1.09	A Wheeler	19
12	Southend United	46	15	4	4	49	28	4	4	15	27	46	19	8	19	76	74	46	1.02	T Price	28
=13	Newport County	46	15	2	6	59	36	5	4	14	21	43	20	6	20	80	79	46	1.01	J McSeveney	18
=13	Port Vale	46	16	4	3	51	19	3	4	16	29	60	19	8	19	80	79	46	1.01	G Barnett	14
15	Halifax Town	46	13	3	7	42	27	5	7	11	28	45	18	10	18	70	72	46	0.97	F Large	17
16	Swindon Town	46	12	6	5	39	30	7	2	14	30	48	19	8	19	69	78	46	0.88	D Layne	20
17	Barnsley	46	13	6	4	45	25	2	8	13	20	41	15	14	17	65	66	44	0.98	J Lunn	13
18	Chesterfield	46	13	3	7	41	31	5	4	14	30	53	18	7	21	71	84	43	0.84	B Frear	15
19	Bradford City	46	10	7	6	39	28	5	5	13	27	46	15	12	19	66	74	42	0.89	D Stokes	25
20	Tranmere Rov	46	11	8	4	50	29	3	5	15	22	46	14	13	19	72	75	41	0.96	A Rowley	14
21	York City	46	11	5	7	38	26	2	7	14	19	47	13	12	21	57	73	38	0.78	J Edgar	10
22	Mansfield Town	46	11	4	8	55	48	4	2	17	26	64	15	6	25	81	112	36	0.72	A Fitzsimons, I Hollett	15
23	Wrexham	46	12	5	6	39	30	2	3	18	29	71	14	8	24	68	101	36	0.67	D Weston	13
24	Accrington S	46	4	8	11	31	53	7	0	16	26	70	11	5	30	57	123	27	0.46	J Swindells, T Tighe	11

1959/60 DIVISION 2
SEASON 61

Total Matches: 462
Total Goals: 1565
Avg goals per match: 3.39

Results Grid

		Aston Villa	Brighton & HA	Bristol City	Bristol Rovers	Cardiff City	Charlton Ath	Derby County	Huddersfield T	Hull City	Ipswich Town	Leyton Orient	Lincoln City	Liverpool	Middlesbrough	Plymouth A	Portsmouth	Rotherham Utd	Scunthorpe U	Sheffield Utd	Stoke City	Sunderland	Swansea Town
1	Aston Villa		3-1	2-1	4-1	2-0	11-1	3-2	4-0	1-1	3-1	1-0	1-1	4-4	1-0	2-0	5-2	3-0	5-0	1-3	2-1	3-0	1-0
2	Brighton & HA	1-2		5-1	2-2	2-2	1-1	2-0	3-2	1-1	1-4	1-1	3-3	1-2	3-2	2-2	3-1	0-0	0-1	0-2	1-0	2-1	1-2
3	Bristol City	0-5	0-1		2-1	0-3	1-2	0-1	2-3	0-1	5-1	1-1	1-0	1-0	2-0	2-1	2-0	2-3	0-2	2-2	1-2	1-0	2-2
4	Bristol Rovers	1-1	4-5	2-1		1-1	2-2	2-1	2-0	1-0	2-1	2-2	3-3	0-2	0-2	2-0	2-0	3-1	1-1	3-2	3-1	3-1	3-1
5	Cardiff City	1-0	1-4	4-2	2-2		5-1	2-0	2-1	3-2	3-2	5-1	6-2	3-2	2-0	0-1	1-1	1-4	4-2	2-0	4-4	2-1	7-1
6	Charlton Athletic	2-0	3-1	4-2	2-2	2-1		6-1	1-1	3-2	1-3	0-0	2-2	3-0	1-0	5-2	6-1	2-2	5-2	1-1	1-2	3-1	2-2
7	Derby County	2-2	0-1	3-0	1-0	1-2	1-2		3-2	1-3	3-0	1-1	3-1	1-2	1-7	1-0	1-1	3-0	1-1	2-0	0-1	0-1	1-2
8	Huddersfield Town	0-1	2-0	6-1	0-1	0-1	4-0	2-2		1-0	3-1	1-1	3-0	1-0	2-0	2-0	6-3	2-1	2-0	0-1	2-3	1-1	4-3
9	Hull City	0-1	3-1	1-1	3-1	0-0	0-4	1-1	1-1		2-0	1-2	0-5	0-1	3-3	3-1	1-3	1-0	0-2	0-2	4-0	0-0	3-1
10	Ipswich Town	2-1	3-0	1-3	3-0	1-1	1-1	1-4	2-0	2-0		6-3	3-0	0-1	3-3	1-1	2-3	1-0	2-0	4-0	0-1	6-1	4-1
11	Leyton Orient	0-0	3-2	3-1	1-2	3-4	2-0	3-0	2-1	3-1	4-1		4-0	2-0	5-0	2-3	1-2	2-3	1-1	1-1	2-1	1-1	2-1
12	Lincoln City	0-0	2-1	3-1	0-1	2-3	5-3	6-2	0-2	3-0	0-1	2-2		4-2	5-2	0-1	0-2	0-1	2-1	2-0	3-0	0-0	2-0
13	Liverpool	2-1	2-2	4-2	4-0	0-4	2-0	4-1	2-2	5-3	3-1	4-3	1-3		1-2	4-1	1-1	3-0	2-0	3-0	5-1	3-0	4-1
14	Middlesbrough	0-1	4-1	6-3	5-1	1-1	3-0	3-0	1-0	4-4	4-1	2-2	3-2	3-3		6-2	0-0	3-0	3-1	1-2	1-0	1-1	2-0
15	Plymouth Argyle	3-0	3-2	1-4	5-3	1-1	6-4	0-5	1-3	3-2	3-1	1-0	0-2	1-1	2-2		1-1	1-0	4-0	1-1	2-3	0-0	3-1
16	Portsmouth	1-2	2-2	2-0	4-5	1-1	2-3	2-0	0-2	1-1	0-2	1-1	1-2	2-1	6-3	1-0		2-0	4-0	0-2	2-2	1-2	1-3
17	Rotherham United	2-1	1-0	3-1	3-0	2-2	3-3	1-2	1-1	1-0	1-4	1-1	1-0	2-2	0-2	1-1	2-1		1-1	0-0	3-0	1-0	1-1
18	Scunthorpe United	1-2	1-2	1-1	3-4	1-2	1-1	3-2	0-2	3-0	2-2	2-1	5-0	1-1	1-1	2-0	2-1			1-1	1-1	3-1	3-1
19	Sheffield United	1-1	4-1	5-2	1-1	2-1	2-0	2-1	2-0	6-0	1-0	0-2	3-2	2-1	0-0	4-0	0-0	2-3	2-1		0-1	1-2	3-3
20	Stoke City	3-3	1-3	1-3	0-1	0-1	1-3	2-1	1-1	3-1	1-2	6-1	1-1	2-5	1-0	4-0	2-3	1-3	1-2			3-1	4-2
21	Sunderland	1-0	0-0	3-2	2-2	1-1	1-3	3-1	0-0	1-3	0-1	1-4	2-4	1-1	2-2	4-0	2-0	1-2	1-0	5-1	0-2		4-0
22	Swansea Town	1-3	2-2	6-1	3-0	3-3	5-2	1-3	3-1	0-0	2-1	1-0	2-1	5-4	3-1	6-1	1-1	2-2	3-1	2-1	2-2	1-2	

Final League Table

Pos	Team	Pld	Home W	Home D	Home L	Home F	Home A	Away W	Away D	Away L	Away F	Away A	Totals W	Totals D	Totals L	Totals F	Totals A	Pts	GA	Leading Goalscorer	Gls
1	Aston Villa	42	17	3	1	62	19	8	6	7	27	24	25	9	8	89	43	59	2.07	G Hitchens	23
2	Cardiff City	42	15	2	4	55	36	8	10	3	35	26	23	12	7	90	62	58	1.45	D Tapscott	20
3	Liverpool	42	15	3	3	59	28	5	7	9	31	38	20	10	12	90	66	50	1.36	D Hickson, R Hunt	21
4	Sheffield United	42	12	5	4	43	22	7	7	7	25	29	19	12	11	68	51	50	1.33	D Pace	20
5	Middlesbrough	42	14	5	2	56	21	5	5	11	34	43	19	10	13	90	64	48	1.40	B Clough	39
6	Huddersfield T	42	13	3	5	44	20	6	6	9	29	32	19	9	14	73	52	47	1.40	L Massie	20
7	Charlton Athletic	42	12	7	2	55	28	5	6	10	35	59	17	13	12	90	87	47	1.03	S Lawrie	21
8	Rotherham Utd	42	9	9	3	31	23	8	4	9	30	37	17	13	12	61	60	47	1.01	B Sawyer	18
9	Bristol Rovers	42	12	6	3	42	28	6	5	10	30	50	18	11	13	72	78	47	0.92	A Biggs	22
10	Leyton Orient	42	12	4	5	47	25	3	10	8	29	36	15	14	13	76	61	44	1.24	T Johnston	25
11	Ipswich Town	42	12	5	4	48	24	7	1	13	30	44	19	6	17	78	68	44	1.14	E Phillips	24
12	Swansea Town	42	12	3	6	54	32	5	4	12	28	52	15	10	14	82	84	40	0.97	C Webster	22
13	Lincoln City	42	11	3	7	41	25	5	4	12	34	53	16	7	19	75	78	39	0.96	J McClelland	18
14	Brighton & H A	42	7	8	6	35	32	6	4	11	32	44	13	12	17	67	76	38	0.88	W Curry	23
15	Scunthorpe Utd	42	9	7	5	28	26	4	3	14	19	45	13	10	19	57	71	36	0.80	J Donnelly	15
16	Sunderland	42	8	6	7	35	29	4	6	11	17	36	12	12	18	52	65	36	0.80	W Lawther	17
17	Stoke City	42	8	3	10	40	38	6	4	11	26	45	14	7	21	66	83	35	0.79	F Bowyer, J King	13
18	Derby County	42	9	4	8	31	28	5	3	13	30	49	14	7	21	61	77	35	0.79	P Thompson	11
19	Plymouth Argyle	42	10	6	5	42	36	3	3	15	19	53	13	9	20	61	89	35	0.68	W Carter	22
20	Portsmouth	42	6	6	9	36	36	4	6	11	23	41	10	12	20	59	77	32	0.76	R Saunders	17
21	Hull City	42	7	6	8	27	30	3	4	14	21	46	10	10	22	48	76	30	0.63	R Shiner	8
22	Bristol City	42	8	3	10	27	31	3	2	16	33	66	11	5	26	60	97	27	0.61	P J Atyeo, J Rogers	16

1959/60 DIVISION 4 SEASON 61

Total Matches 552
Total Goals 1734
Avg goals per match 3.14

Results Grid

		Aldershot	Barrow	Bradford P A	Carlisle Utd	Chester	Crewe Alex	Crystal Palace	Darlington	Doncaster R	Exeter City	Gateshead	Gillingham	Hartlepools U	Millwall	Northampton T	Notts County	Oldham Athletic	Rochdale	Southport	Stockport Co	Torquay Utd	Walsall	Watford	Workington
1	Aldershot		6-1	6-1	0-2	3-2	6-1	1-0	3-0	1-1	1-0	3-2	3-1	3-0	1-2	3-0	1-1	2-0	0-0	0-0	1-0	1-3	0-2	2-2	3-1
2	Barrow	3-0		3-3	5-1	2-0	0-0	0-1	4-1	1-1	3-3	2-2	0-1	2-2	2-2	0-1	4-3	2-0	3-0	3-1	5-1	1-1	2-3	2-1	2-1
3	Bradford P A	3-2	2-0		1-1	1-1	2-2	3-1	1-0	3-3	1-0	4-2	3-0	6-2	1-1	3-0	1-1	2-0	0-0	3-0	1-1	2-2	1-3	1-1	3-2
4	Carlisle United	0-0	0-1	1-3		2-1	2-2	2-2	1-0	2-0	0-4	4-0	0-1	1-1	3-3	0-2	2-0	0-1	1-1	1-0	0-4	2-0	1-1	1-0	0-1
5	Chester	5-1	3-2	1-1	0-1		0-0	0-1	1-1	2-0	1-0	4-2	4-2	1-1	2-1	1-1	2-1	0-0	2-1	2-2	1-2	1-1	1-3	0-1	3-1
6	Crewe Alex	3-2	3-2	4-1	3-0	2-1		1-1	5-0	2-0	1-1	4-1	1-2	1-0	2-0	0-1	2-1	2-2	1-3	5-1	4-2	1-2	1-5	1-3	2-0
7	Crystal Palace	1-1	9-0	1-0	2-1	3-4	4-0		2-0	4-0	1-0	2-2	3-3	5-2	1-2	0-1	1-1	3-2	4-0	2-2	3-1	1-1	1-2	8-1	0-1
8	Darlington	4-0	3-1	4-3	2-1	0-0	1-1	1-1		2-2	0-1	2-1	2-1	2-0	1-1	3-2	5-2	1-3	0-0	5-0	1-2	1-0	0-2	0-3	0-3
9	Doncaster Rov	1-2	1-4	2-0	4-1	2-0	4-0	1-2	0-1		0-1	1-0	3-0	5-1	0-0	3-2	0-4	0-0	2-1	5-0	1-0	1-3	1-1	1-0	2-0
10	Exeter City	3-1	2-2	3-1	1-3	2-0	2-4	2-2	0-0	4-2		2-1	2-0	5-0	2-2	1-1	3-3	4-3	4-1	1-1	2-1	1-0	1-2	2-0	1-0
11	Gateshead	4-1	3-1	1-2	1-0	0-1	4-2	0-2	1-3	5-0	1-0		2-2	1-1	1-0	1-3	0-0	1-2	1-0	2-1	0-2	3-0	1-3	2-1	
12	Gillingham	3-1	1-0	2-0	3-3	3-1	1-1	0-0	2-1	2-2	5-4		3-1	3-1	2-1	0-1	2-2	2-0	4-1	0-2	1-0	2-0	2-0	2-2	
13	Hartlepools Utd	3-0	0-1	3-0	1-2	2-3	2-0	0-1	1-2	2-6	4-3	3-0	3-1		0-2	1-2	2-4	2-2	0-1	3-2	2-1	4-0	1-2	0-0	1-4
14	Millwall	2-0	3-3	2-0	1-1	7-1	1-4	1-0	5-2	1-1	2-3	4-0	3-3	4-0		2-1	1-1	0-1	2-0	2-2	3-2	2-0	1-1	2-2	3-0
15	Northampton T	2-0	6-0	3-1	2-2	1-0	0-0	0-2	3-1	3-1	1-1	2-0	2-1	3-0	0-3		4-2	8-1	3-1	2-2	1-1	3-0	0-1	1-2	0-0
16	Notts County	5-3	1-2	0-1	2-1	2-2	4-1	7-1	5-4	3-4	3-0	4-0	2-1	2-1		3-1	2-1	1-1	3-0	1-1	2-1	2-1	2-0		
17	Oldham Athletic	0-1	1-0	2-0	0-1	0-0	2-4	1-0	1-3	1-1	1-2	1-1	3-1	1-2	1-1	0-1	0-1		1-0	0-1	0-0	0-2	2-4	0-0	2-2
18	Rochdale	2-0	4-1	0-1	3-0	0-0	4-2	4-0	2-0	2-0	3-0	0-0	2-1	0-1	2-2	1-4	2-0		1-0	3-0	4-2	0-2	3-3	1-1	
19	Southport	0-4	1-0	1-1	0-1	0-1	3-1	0-1	1-1	3-2	1-0	1-1	1-0	1-0	0-1	1-1	0-4	1-2	1-0		2-2	3-0	1-2	1-4	1-1
20	Stockport Co	1-1	2-0	0-0	0-0	3-0	1-0	0-1	1-0	2-0	1-0	0-0	1-1	2-1	2-2	3-0	3-1	3-1	2-1	1-0		0-1	2-0	4-0	2-0
21	Torquay United	2-1	3-2	1-1	2-1	1-2	5-2	2-1	1-2	2-3	1-0	2-0	3-0	2-2	5-3	3-1	4-1	1-1	4-0	4-0		2-1	2-1	
22	Walsall	1-0	2-1	2-1	0-1	3-1	3-0	1-0	5-2	2-2	2-2	2-3	2-2	2-1	1-2	2-2	2-1	4-2	8-0	3-1	3-2			3-4	2-2
23	Watford	1-3	2-0	1-0	3-1	4-2	2-0	4-2	2-1	1-2	5-2	5-0	3-1	7-2	0-2	3-1	4-2	6-0	2-1	2-1	0-0	0-1	2-2		3-2
24	Workington	3-3	1-1	0-1	1-0	5-0	5-0	1-1	1-1	2-0	2-1	1-1	1-1	3-0	4-0	5-1	0-1	2-0	2-0	1-1	1-0	0-2	0-3	0-1	

Final League Table

Pos	Team	Pld	Home					Away					Totals					Pts	GA	Leading Goalscorer	Gls
			W	D	L	F	A	W	D	L	F	A	W	D	L	F	A				
1	Walsall	46	14	5	4	57	33	14	4	5	45	27	28	9	9	102	60	65	1.70	A Richards	24
2	Notts County	46	19	1	3	66	27	7	7	9	41	42	26	8	12	107	69	60	1.55	S Newsham	24
3	Torquay United	46	17	3	3	56	27	9	5	9	28	31	26	8	12	84	58	60	1.44	G Bond	21
4	Watford	46	17	2	4	62	28	7	7	9	30	39	24	9	13	92	67	57	1.37	C Holton	42
5	Millwall	46	12	8	3	54	28	6	9	8	30	33	18	17	11	84	61	53	1.37	A Ackerman	18
6	Northampton T	46	13	6	4	50	22	9	3	11	35	41	22	9	15	85	63	53	1.34	M Deakin	20
7	Gillingham	46	17	4	2	47	21	4	6	13	27	48	21	10	15	74	69	52	1.07	P Terry	19
8	Crystal Palace	46	12	6	5	61	27	7	6	10	23	37	19	12	15	84	64	50	1.31	J Byrne	16
9	Exeter City	46	13	7	3	50	30	6	4	13	30	40	19	11	16	80	70	49	1.14	J Rees	17
10	Stockport Co	46	15	6	2	35	10	4	5	14	23	44	19	11	16	58	54	49	1.07	M Davok	12
11	Bradford P A	46	12	10	1	48	25	5	5	13	22	43	17	15	14	70	68	49	1.02	J Allan	26
12	Rochdale	46	15	4	4	46	19	3	6	14	19	41	18	10	18	65	60	46	1.08	S Milburn	15
13	Aldershot	46	14	5	4	50	22	4	4	15	27	52	18	9	19	77	74	45	1.04	R Howfield	14
14	Crewe Alex	46	14	3	6	51	31	4	6	13	28	57	18	9	19	79	88	45	0.89	H Llewellyn	25
15	Darlington	46	11	6	6	40	30	6	3	14	23	43	17	9	20	63	73	43	0.86	R Baxter	14
16	Workington	46	10	8	5	41	20	4	6	13	27	40	14	14	18	68	60	42	1.13	R Morrison	17
17	Doncaster Rov	46	13	3	7	40	29	3	7	13	29	53	16	10	20	69	76	42	0.90	J Fernie	14
18	Barrow	46	11	8	4	52	29	4	3	16	25	58	15	11	20	77	87	41	0.88	W Murdock, J Robertson	17
19	Carlisle United	46	9	6	8	28	24	6	2	15	23	38	15	11	20	51	66	41	0.77	A McGill	12
20	Chester	46	10	8	5	37	26	4	4	15	22	51	14	12	20	59	77	40	0.76	W Kelly	12
21	Southport	46	9	7	7	30	32	1	7	15	18	60	10	14	22	48	92	34	0.52	E Moss	11
22	Gateshead	46	12	3	8	37	27	0	6	17	21	59	12	9	25	58	86	33	0.67	J Armstrong, K Smith	9
23	Oldham Athletic	46	5	7	11	20	30	3	5	15	21	53	8	12	26	41	83	28	0.49	P Stringfellow	11
24	Hartlepools Utd	46	9	2	12	40	41	1	5	17	19	68	10	7	29	59	109	27	0.54	H Clark	21

Gateshead failed to gain re-election. Peterborough United were elected in their place.

1960/61 DIVISION 1 SEASON 62

Total Matches	462
Total Goals	1724
Avg goals per match	3.73

Results Grid

		Arsenal	Aston Villa	Birmingham C	Blackburn Rov	Blackpool	Bolton Wand.	Burnley	Cardiff City	Chelsea	Everton	Fulham	Leicester C	Manchester C	Manchester U	Newcastle Utd.	Nottm Forest	Preston N E	Sheffield Weds	Tottenham H	West Brom A	West Ham Utd	Wolverhampton
1	Arsenal		2-1 150	2-0 6S	0-0 11M	0-0 8A	5-1 10D	2-5 17D	2-3 11F	1-4 12N	3-2 26N	4-2 3A	1-3 25F	5-4 14J	2-1 29O	5-0 17S	3-0 27a	1-0 23a	1-1 26D	2-5 10S	1-0 10	0-0 25M	1-5 22A
2	Aston Villa	2-2 4M		6-2 22O	2-2 21J	2-2 31D	4-0 4A	2-0 5N	2-1 12S	3-2 20a	3-2 3S	2-1 19N	1-3 10	5-1 3D	3-1 17S	2-0 8O	1-2 1A	1-0 15A	4-1 29A	1-2 11F	0-1 28M	2-1 29a	0-2 24D
3	Birmingham City	2-0 14S	1-1 11M		1-1 25M	0-2 22A	2-2 17D	0-1 27A	2-1 3A	1-0 15O	2-4 10D	1-0 14	0-2 26N	3-2 22M	3-1 12N	2-1 26D	3-1 24S	1-3 10S	1-1 27a	2-3 8A	3-1 31a	4-2 25F	1-2 29O
4	Blackburn Rovers	2-4 22O	4-1 10S	2-0 5N		2-0 27D	3-1 24S	1-4 8O	2-2 19N	3-1 19S	1-3 31M	5-1 3D	1-1 14J	4-1 18M	1-2 17D	2-4 29A	4-1 24a	1-0 4M	1-1 1A	1-4 27a	2-1 15A	4-1 20M	2-1 4F
5	Blackpool	1-1 19N	5-3 27a	1-2 3D	2-0 24D		0-1 10S	0-0 21M	6-1 5N	1-4 24S	1-4 5S	2-5 8O	5-1 17D	3-0 29A	2-1 31M	4-0 15A	0-1 22O	0-1 18F	1-3 15M	0-1 22a	3-0 1a	3-0 4F	5-2 4M
6	Bolton Wanderers	1-1 1A	3-0 3A	2-2 20a	0-0 11F	3-1 21J		3-5 19N	3-0 4A	4-1 3S	3-4 17S	0-3 22O	2-0 5N	3-1 10	1-1 3D	2-1 15A	3-1 29A	1-1 18M	0-1 7S	1-2 8O	0-1 31D	3-1 24a	0-2
7	Burnley	3-2 20a	1-1 25M	2-1 17S	1-1 25F	1-2 29O	2-0 8A		1-2 3S	4-4 11M	1-3 26D	5-0 10	3-2 10D	1-3 30a	5-3 15O	5-3 31D	4-1 31M	1-0 6S	3-4 11F	4-2 22A	0-1 21J	2-2 18A	5-3 12N
8	Cardiff City	1-0 24S	1-1 7S	0-2 31M	1-1 8A	0-2 24M	0-1 15O	2-1 14J		2-1 10D	1-1 12N	2-0 17D	2-1 28O	3-3 4F	3-2 26N	1-3 22F	2-0 10S	0-1 27a	3-2 24a	3-1 11M	1-1 26D	1-1 22S	3-2 25F
9	Chelsea	3-1 15A	2-4 17D	3-2 4M	5-2 7S	2-2 11F	1-1 14J	2-6 22O	6-1 1A		3-3 10	2-1 4F	1-3 24a	6-1 19N	1-2 24D	4-2 5N	4-3 29A	1-1 18M	0-2 26A	2-3 3A	7-1 3D	3-2 10S	3-3 27a
10	Everton	4-1 29A	1-2 22M	1-0 1A	2-2 3A	1-0 14S	1-2 4F	0-3 27D	5-1 15A	1-1 18F		1-0 4M	3-1 27a	4-2 24O	4-0 24a	5-0 19N	1-0 18M	0-0 8O	4-2 3D	1-3 17D	1-1 5N	4-1 24S	3-1 10S
11	Fulham	2-2 31M	1-1 8A	2-1 3S	1-1 22A	4-3 25F	2-2 11M	0-1 22F	2-2 20a	3-2 17S	2-3 15O		4-2 12N	0-4 26D	4-3 10D	1-0 31a	2-0 13S	1-6 24S	0-0 21J	1-2 25M	1-1 31D	1-3 29O	1-3 26N
12	Leicester City	2-1 8O	3-1 19A	3-2 29A	2-4 3S	1-1 20a	2-2 26D	2-2 1A	3-0 10A	1-3 31a	4-1 31D	1-2 15A		1-2 26A	6-0 21J	5-3 11F	1-1 3D	2-1 4N	1-2 19N	2-2 17S	5-1 22O	2-0 3A	14S
13	Manchester City	0-0 3S	4-1 22A	2-1 10	4-0 29O	1-1 19A	0-0 25M	2-1 24a	4-2 17S	2-1 8A	2-1 11M	3-2 24D	3-1 15O		1-3 4M	3-3 21J	1-2 17D	2-3 31M	1-1 7S	0-1 25F	3-0 11F	1-2 12N	1-3 10D
14	Manchester United	1-1 18M	1-1 4F	4-1 15A	1-3 20a	2-0 3A	3-1 18F	6-0 12A	4-3 29A	6-0 26D	3-1 31a	1-1 1A	5-1 10S	5-1 31D		3-2 22O	2-1 24O	1-0 3D	0-0 5N	2-0 16J	3-0 19N	6-1 14S	1-3 24S
15	Newcastle United	3-3 4F	2-1 25F	2-2 24D	3-1 26N	4-3 12N	4-1 22A	0-1 27a	5-0 10	1-6 25M	0-4 8A	7-2 24a	1-3 24S	1-3 10S	1-1 11M		2-2 14J	0-0 17D	0-1 31M	3-4 29O	3-2 14S	5-5 10D	4-4 15O
16	Nottm Forest	3-5 31D	2-0 10D	1-0 11F	1-1 31a	0-0 11M	2-2 12N	3-1 3A	2-1 21J	2-1 26N	1-2 29O	4-2 21S	2-2 22A	3-2 20a	0-2 25F	3-2 3S		2-0 24D	1-2 10	0-4 15O	1-2 17S	1-1 8A	1-1 25M	
17	Preston North End	2-0 30a	1-1 12N	2-3 21J	2-0 15O	1-0 10	0-0 18A	2-3 13S	1-1 31D	0-2 29O	1-0 25F	2-0 11F	0-0 25M	1-1 3A	2-4 22A	2-3 20a	0-1 26D		2-2 17S	0-1 10D	2-1 3S	4-0 11M	1-2 8A	
18	Sheffield Wednesday	1-1 23D	1-2 26N	2-0 31D	5-4 10D	4-0 15O	2-0 29O	3-1 24S	1-0 31a	1-2 25F	2-2 22A	3-1 10S	5-1 8A	1-1 14S	1-0 25M	5-1 3A	1-1 21F	0-5 4F		2-1 12N	1-0 20a	0-0 3S	5-1 11M	
19	Tottenham Hotspur	4-2 21J	6-2 24S	6-0 19N	5-2 31D	3-1 31a	3-1 14S	4-4 3D	3-2 2N	4-2 31M	2-0 20a	5-1 5N	2-3 4F	1-1 10O	4-1 3S	1-2 22M	1-0 26A	5-0 1A	2-1 17A		1-2 29A	2-0 24D	1-1 22F
20	West Bromwich Albion	2-3 18F	0-2 29O	1-2 24a	1-2 12N	3-1 10D	3-2 25F	0-2 10S	1-1 27D	3-0 22A	3-0 25M	2-4 27a	1-0 11M	6-3 8A	1-2 5S	3-2 4F	2-1 14J	0-1 17D	2-2 26N	1-3		1-0 15O	2-1 3A
21	West Ham United	6-0 5N	5-2 22a	4-3 8O	3-2 10	3-3 17S	2-1 27a	1-2 29a	2-0 3D	3-1 21J	4-0 11F	1-2 18M	1-0 31M	1-1 15A	2-1 5S	1-1 1A	2-4 19N	5-2 22O	1-1 14J	0-3 26D	1-2 4M		5-0 17D
22	Wolverhampton Wand.	5-3 3D	3-2 26D	5-1 18M	0-0 17S	1-0 3S	3-1 31a	2-1 15A	2-2 8O	6-1 31D	4-1 21J	2-4 29A	3-2 7S	1-0 1A	2-1 11F	2-1 8M	5-3 5N	3-0 19N	4-1 22O	0-4 10	4-2 28J	4-2 20a	

Final League Table

Pos	Team	Pld	Home					Away					Totals					Pts	GA	Leading Goalscorer	Gls
			W	D	L	F	A	W	D	L	F	A	W	D	L	F	A				
1	Tottenham H	42	15	3	3	65	28	16	1	4	50	27	31	4	7	115	55	66	2	R Smith	28
2	Sheffield Weds	42	15	4	2	45	17	8	8	5	33	30	23	12	7	78	47	58	1.66	J Fantham	20
3	Wolverhampton	42	17	2	2	61	32	8	5	8	42	43	25	7	10	103	75	57	1.37	J E Farmer	28
4	Burnley	42	11	4	6	58	40	11	3	7	44	37	22	7	13	102	77	51	1.32	J Robson	25
5	Everton	42	13	4	4	47	23	9	2	10	40	46	22	6	14	87	69	50	1.26	T R Vernon	21
6	Leicester City	42	12	4	5	54	31	6	5	10	33	39	18	9	15	87	70	45	1.24	J Walsh	22
7	Manchester Utd	42	14	5	2	58	20	4	4	13	30	56	18	9	15	88	76	45	1.15	R Charlton	21
8	Blackburn Rov	42	12	3	6	48	34	3	10	8	29	42	15	13	14	77	76	43	1.01	P Dobing	18
9	Aston Villa	42	13	3	5	48	28	4	6	11	30	49	17	9	16	78	77	43	1.01	G Hitchens	29
10	West Brom A	42	10	3	8	43	32	8	2	11	24	39	18	5	19	67	71	41	0.94	D Kevan	18
11	Arsenal	42	12	3	6	44	35	3	8	10	33	50	15	11	16	77	85	41	0.90	D Herd	29
12	Chelsea	42	10	5	6	61	48	5	2	14	37	52	15	7	20	98	100	37	0.98	J Greaves	41
13	Manchester City	42	10	5	6	41	30	3	6	12	38	60	13	11	18	79	90	37	0.87	D Law	19
14	Nottm Forest	42	8	7	6	34	33	6	2	13	28	45	14	9	19	62	78	37	0.79	C Booth	19
15	Cardiff City	42	11	5	5	34	26	2	6	13	26	59	13	11	18	60	85	37	0.70	D Tapscott	21
16	West Ham United	42	12	4	5	53	31	1	6	14	24	57	13	10	19	77	88	36	0.87	M Musgrove	17
17	Fulham	42	8	8	5	39	39	6	0	15	33	56	14	8	20	72	95	36	0.75	G Leggat	23
18	Bolton Wand	42	9	5	7	38	29	3	6	12	20	44	12	11	19	58	73	35	0.79	W McAdams	18
19	Birmingham City	42	10	4	7	23	35	4	2	15	27	48	14	6	22	62	84	34	0.73	J Harris, M Hellawell	10
20	Blackpool	42	9	3	9	44	34	3	6	12	24	39	12	9	21	68	73	33	0.93	R Charnley	27
21	Newcastle United	42	7	7	7	51	49	4	3	14	35	60	11	10	21	86	109	32	0.78	L White	28
22	Preston N E	42	7	6	8	28	25	3	4	14	15	46	10	10	22	43	71	30	0.60	A Alston	9

1960/61 DIVISION 2 SEASON 62

Total Matches 462
Total Goals 1609
Avg goals per match 3.48

		Brighton & H A	Bristol Rovers	Charlton Ath	Derby County	Huddersfield T	Ipswich Town	Leeds United	Leyton Orient	Lincoln City	Liverpool	Luton Town	Middlesbrough	Norwich City	Plymouth A	Portsmouth	Rotherham Utd	Scunthorpe U	Sheffield Utd	Southampton	Stoke City	Sunderland	Swansea Town
1	Brighton & H A		6-1	3-5	3-2	2-1	2-4	2-1	1-1	1-0	3-1	1-0	0-1	2-2	2-0	2-2	1-0	1-1	0-0	0-1	0-1	1-2	0-0
			27a	15O	17D	22A	7S	24S	24a	8A	14J	12N	18F	25F	31M	26N	10S	27R	11M	4F	29O	10D	25M
2	Bristol Rovers	0-1		3-1	1-1	1-2	1-1	4-4	4-2	3-1	4-3	4-1	2-3	3-1	2-5	2-0	2-1	3-3	3-1	4-2	1-0	1-0	4-2
		31D		26N	11F	29O	3S	29a	17S	15O	4A	25F	20a	8A	12N	11M	21J	22A	20M	10D	25M	1O	
3	Charlton Athletic	3-1	2-1		3-1	2-3	0-2	2-0	2-0	3-0	1-3	4-1	6-6	0-1	6-4	7-4	4-3	1-1	2-3	1-3	3-1	2-2	6-2
		4M	1A		3D	31M	8O	29A	18M	11F	19N	17S	22O	31a	26D	1O	15A	20a	31D	5N	3S	7S	21J
4	Derby County	4-1	1-1	2-3		1-1	1-4	2-3	3-1	3-1	1-4	4-1	1-0	0-0	4-1	6-2	3-0	2-5	2-0	2-2	1-1	1-1	2-3
		20a	24S	22A		25M	24D	21J	11M	18F	15O	31a	26N	8A	29O	3A	3S	10D	14S	17S	12N		25F
5	Huddersfield Town	0-1	4-0	2-2	1-3		1-3	0-1	1-0	4-1	2-4	1-1	1-0	1-1	1-5	3-3	0-1	1-2	0-1	3-1	0-0	4-2	3-1
		3D	29A	3A	5N		1A	21J	15A	31D	22O	20a	18M	21F	24S	3S	4M	19N	14S	8O	26D	4F	31a
6	Ipswich Town	4-0	3-2	2-1	4-1	4-2		4-0	6-2	3-1	1-0	0-1	3-1	4-1	3-1	2-2	1-1	2-0	0-1	3-3	2-1	4-0	0-3
		13S	14J	25F	27a	26N		18F	17D	12N	10S	25M	31M	27D	10D	8A	4F	30a	15O	24S	11M	22A	29O
7	Leeds United	3-2	1-1	1-0	3-3	1-4	2-5		1-3	7-0	2-2	1-2	4-4	1-0	2-1	0-0	2-0	2-2	1-2	3-0	0-1	2-4	2-2
		10F	24a	29O	27D	10S	1O		7S	22A	17D	8M	17S	11M	15O	10D	27a	25A	25M	14J	12N	25F	8A
8	Leyton Orient	2-1	3-2	1-1	2-1	2-0	1-3	0-1		1-2	1-3	2-1	1-1	1-0	1-1	2-1	2-1	2-1	1-4	1-1	3-1	0-1	2-2
		31a	4F	10D	10S	21M	20a	14S		29O	24S	11M	14M	22A	7M	25M	20F	31D	3S	29M	10A	8A	15O
9	Lincoln City	2-1	1-2	2-2	3-4	0-0	1-4	2-3	2-0		1-2	1-1	5-2	1-4	3-1	2-3	0-1	0-2	0-5	0-3	1-1	1-2	2-0
		19N	4M	24S	22O	27a	15A	3D	29A		8O	27D	1A	4F	10S	17D	24a	5N	22F	18M	31M	14J	14S
10	Liverpool	2-0	3-0	2-1	1-0	3-1	1-1	2-0	5-0	2-0		2-2	3-4	2-1	1-1	3-3	2-1	3-2	4-2	0-1	3-0	1-1	4-0
		3S	31M	8A	1O	11M	21J	20a	11F	25F		7S	31D	12N	24M	15O	26D	17S	26N	31a	22A	29O	10D
11	Luton Town	3-1	4-2	4-1	1-1	1-0	3-2	1-1	0-1	3-0	2-1		6-1	0-2	3-2	1-0	2-1	0-0	1-4	4-1	4-1	3-3	2-2
		15A	8O	26A	4M	17D	5N	1A	22O	26D	14S		19N	10S	14J	24a	18M	29A	24S	3D	23F	27a	31M
12	Middlesbrough	2-2	1-1	2-2	1-2	2-1	3-1	3-0	2-0	1-1	1-1	2-1		2-0	3-1	3-0	2-2	1-3	3-1	5-0	1-0	1-0	3-1
		1O	17D	11M	24a	10D	3A	4F	26D	26N	27a	8A		15O	25F	22A	14J	21S	29O	10S	25M	24S	12N
13	Norwich City	2-2	2-1	4-0	0-2	2-0	0-3	3-2	3-2	5-1	2-1	2-1	4-1		1-0	3-1	3-1	0-1	1-1	5-0	1-0	3-0	0-0
		8O	19N	24a	1A	1O	26D	22O	3D	17S	15A	21J	4M		7S	11F	5N	18M	20a	29A	31D	3A	3S
14	Plymouth Argyle	1-2	5-0	6-4	4-2	2-1	1-2	3-1	3-2	1-0	0-4	1-1	3-3	3-0		5-1	3-3	3-1	2-0	1-3	3-1	1-0	1-0
		3A	15A	27D	19N	11F	18M	4M	1A	21J	5N	3S	8O	14S		17S	29A	3D	31a	22O	20a	1O	31D
15	Portsmouth	4-0	3-0	1-1	3-2	1-3	1-0	3-1	1-2	3-0	2-2	3-2	0-3	3-0	0-2		2-2	2-2	1-2	1-1	1-0	2-1	1-1
		1A	19A	18F	29A	14J	19N	18M	5N	20a	4M	31a	28J	24S	4F		8O	15A	3A	31D	7S	10S	27D
16	Rotherham United	5-2	4-0	2-3	1-1	2-2	1-1	1-3	2-1	2-0	1-0	5-2	1-2	0-2	0-0	1-0		4-0	1-2	1-0	0-0	0-0	3-3
		18A	7S	12N	4A	15O	17S	31D	1O	29a	27D	10D	3S	25M	29O	25F		11F	8A	20a	26N	11M	22A
17	Scunthorpe United	2-2	2-1	0-0	1-2	0-1	4-0	3-2	2-2	3-1	2-3	1-0	1-1	2-1	2-0	5-1	1-1		1-1	2-0	1-1	3-3	1-2
		23D	10S	11A	14J	8A	25a	3A	27a	25M	4F	29O	15S	10D	22A	12N	24S		25F	18F	15O	26N	11M
18	Sheffield United	2-1	2-3	1-0	3-1	1-3	3-2	4-1	1-1	2-1	4-1	1-1	4-3	0-3	3-1	1-2	2-0	2-1		2-1	4-1	0-1	3-0
		22O	3D	27a	19A	6S	7M	5N	14J	1O	1A	11F	29A	17D	23a	20S	19N	8O		15A	21J	27D	17S
19	Southampton	4-2	4-2	1-2	5-1	4-2	1-1	2-4	1-1	2-3	4-1	3-2	3-2	2-2	1-1	5-1	3-2	4-2	0-1		0-1	3-2	5-0
		17S	26D	25M	7S	25F	11F	3S	3A	10D	24a	22A	21J	29O	11M	27a	17D	1O	12N		8A	15O	26N
20	Stoke City	0-2	2-0	5-3	2-1	2-2	2-4	0-0	3-1	2-3	3-0	1-1	1-1	9-0	1-0	1-4	2-0	2-0	1-2	0-0		1-3	
		29A	18M	16J	20M	24D	22O	15A	8O	3A	3m	1O	5N	27a	17D	12S	1A	4M	10S	19N		22a	11F
21	Sunderland	2-1	2-0	2-2	1-2	1-2	2-0	2-3	4-1	2-2	1-1	7-1	2-0	0-3	2-1	4-1	1-1	2-0	1-1	3-1	4-0		2-1
		18M	5N	14S	15A	17S	3D	8O	19N	3S	29A	31D	11F	31M	22F	21J	22O	1A	26D	17A	31a		20a
22	Swansea Town	2-3	2-3	3-1	2-0	2-1	3-2	1-0	1-2	2-0	3-1	3-2	4-1	1-2	4-0	2-1	2-2	3-0	4-1	0-0	3-3		
		5N	28F	10S	8O	23a	29A	19N	4M	6S	18M	15A	27a	26D	14M	24O	1A	4F	1A	24S	17D		

Plymouth Argyle v Ipswich Town played at Plainmoor, Torquay.

Final League Table

Pos	Team	Pld	Home					Away					Totals					Pts	GA	Leading Goalscorer	Gls
			W	D	L	F	A	W	D	L	F	A	W	D	L	F	A				
1	Ipswich Town	42	15	3	3	55	24	11	4	6	45	31	26	7	9	100	55	59	1.81	R Crawford	40
2	Sheffield United	42	16	2	3	49	22	10	4	7	32	29	26	6	10	81	51	58	1.58	D Pace	26
3	Liverpool	42	14	5	2	49	21	7	5	9	38	37	21	10	11	87	58	52	1.50	K Lewis	19
4	Norwich City	42	15	3	3	46	20	5	6	10	24	33	20	9	13	70	53	49	1.32	T Allcock	16
5	Middlesbrough	42	13	6	2	44	20	5	6	10	39	54	18	12	12	83	74	48	1.12	B Clough	34
6	Sunderland	42	12	5	4	47	24	5	8	8	28	36	17	13	12	75	60	47	1.25	W Lawther	24
7	Swansea Town	42	14	4	3	49	26	4	7	10	28	47	18	11	13	77	73	47	1.05	C Webster	19
8	Southampton	42	12	4	5	57	35	6	4	11	27	46	18	8	16	84	81	44	1.03	G O'Brien	22
9	Scunthorpe Utd	42	9	8	4	39	25	5	7	9	30	39	14	15	13	69	64	43	1.07	B Thomas	26
10	Charlton Athletic	42	12	3	6	60	42	4	8	9	37	49	16	11	15	97	91	43	1.06	D Edwards	24
11	Plymouth Argyle	42	13	4	4	52	32	4	4	13	29	50	17	8	17	81	82	42	0.98	W Carter	23
12	Derby County	42	9	6	6	46	35	6	4	11	34	45	15	10	17	80	80	40	1.00	W Curry	19
13	Luton Town	42	13	5	3	48	27	2	4	15	23	52	15	9	18	71	79	39	0.89	G Turner	26
14	Leeds United	42	7	7	7	41	38	7	3	11	34	45	14	10	18	75	83	38	0.90	J McCole	20
15	Rotherham Utd	42	9	7	5	37	24	3	6	12	28	40	12	13	17	65	64	37	1.01	A Kirkman	12
16	Brighton & H A	42	9	6	6	33	26	5	3	13	28	49	14	9	19	61	75	37	0.81	A Nicholas	13
17	Bristol Rovers	42	13	4	4	53	35	2	3	16	20	57	15	7	20	73	92	37	0.79	P Hooper	20
18	Stoke City	42	9	6	6	39	26	3	6	12	12	33	12	12	18	51	59	36	0.86	J King	11
19	Leyton Orient	42	10	5	6	31	29	6	3	14	24	49	8	20	66	70	36	0.70	I Johnston	16
20	Huddersfield T	42	7	5	9	35	33	6	4	11	29	38	13	9	20	62	71	35	0.87	D Stokes	16
21	Portsmouth	42	10	6	5	38	27	1	5	15	26	64	11	11	20	64	91	33	0.70	R Saunders	20
22	Lincoln City	42	5	6	4	12	30	43	3	4	14	18	52	8	8	26	48	95	24	0.50	R Chapman	15

1960/61 DIVISION 3
SEASON 62

Total Matches 552
Total Goals 1842
Avg goals per match 3.34

Results Grid

		Barnsley	Bournemouth	Bradford City	Brentford	Bristol City	Bury	Chesterfield	Colchester Utd	Coventry City	Grimsby Town	Halifax Town	Hull City	Newport Co	Notts County	Port Vale	Q P R	Reading	Shrewsbury T	Southend Utd	Swindon Town	Torquay Utd	Tranmere Rov	Walsall	Watford
1	Barnsley		2-3	5-2	1-1	2-0	3-1	3-1	3-0	4-1	3-2	1-1	1-0	1-3	5-2	5-1	3-3	1-1	4-2	2-1	2-1	1-0	2-1	2-2	0-1
2	Bournemouth	1-2		2-2	0-1	2-2	0-3	1-0	4-4	2-1	2-1	1-2	2-2	2-2	1-3	1-1	1-0	2-0	2-2	3-2	2-1	1-3	2-1	0-3	0-1
3	Bradford City	1-4	3-1		3-1	2-0	0-1	3-2	0-1	4-1	1-3	2-2	0-0	1-2	2-2	3-3	1-1	2-1	1-1	2-1	2-1	0-3	1-1	1-2	2-0
4	Brentford	0-0	2-2	2-2		2-0	1-5	2-2	0-0	1-1	0-1	2-0	2-2	2-4	3-0	0-0	2-0	2-1	4-0	1-1	2-1	2-3	4-1	3-1	2-1
5	Bristol City	4-0	1-0	1-2	3-0		1-2	3-0	5-0	2-0	2-1	3-2	1-2	3-0	2-1	3-4	1-1	2-0	0-0	2-0	1-1	2-2	2-0	2-0	4-1
6	Bury	2-1	1-1	2-2	1-0	1-0		3-3	4-0	1-0	2-0	4-1	3-0	4-1	7-0	3-1	1-0	3-0	3-1	2-0	3-0	6-0	3-3	3-4	0-2
7	Chesterfield	5-1	0-1	4-1	1-1	3-0	2-2		2-3	4-1	2-3	3-0	1-2	3-5	1-0	0-0	0-1	2-2	2-3	0-3	1-1	2-0	1-1	1-2	2-0
8	Colchester Utd	4-2	0-1	2-4	2-4	0-1	0-2	4-3		4-3	1-1	3-1	4-0	1-1	1-2	2-0	0-1	2-2	1-1	2-0	3-1	3-3	0-3	0-4	1-4
9	Coventry City	5-2	1-0	2-2	2-0	2-1	1-2	3-1	2-0		0-0	2-0	4-0	4-1	2-2	1-1	4-4	2-1	3-2	3-0	1-1	5-1	4-1	1-2	0-1
10	Grimsby Town	3-2	0-1	1-0	0-0	5-2	2-2	0-0	2-1	2-3		6-1	2-0	2-1	1-1	0-5	3-1	3-1	0-2	1-0	3-2	4-2	4-1	3-1	1-3
11	Halifax Town	1-0	2-1	3-2	1-0	2-1	0-2	2-1	2-1	2-2	0-0		3-0	2-1	0-1	3-3	1-1	1-0	1-1	6-2	1-1	3-2	5-0	1-0	0-0
12	Hull City	2-0	2-0	3-0	3-0	3-3	0-1	2-2	1-1	1-1	2-3	4-2		5-1	3-1	2-2	3-1	1-0	3-1	0-1	0-0	2-3	4-2	2-1	3-2
13	Newport County	2-3	2-0	1-0	0-1	4-1	0-0	5-1	3-2	3-3	1-1	1-1	3-1		2-2	2-1	1-3	5-2	1-1	1-2	2-0	2-2	1-0	4-2	5-1
14	Notts County	5-1	3-2	2-1	0-0	3-0	0-3	1-0	4-2	3-0	0-1	1-1	2-1	6-0		2-2	2-1	4-2	2-1	1-2	1-0	0-1	4-1	3-1	3-1
15	Port Vale	2-0	3-0	2-4	3-2	1-1	4-3	7-1	3-0	3-1	3-2	2-3	4-1	3-1	1-3		0-1	1-1	4-1	4-0	4-1	0-3	5-0	1-1	3-0
16	Queens Park R	4-2	3-1	1-0	0-0	1-1	3-1	1-2	3-2	2-1	2-0	5-1	2-1	2-0	1-0	1-0		5-2	1-1	2-1	3-3	9-2	1-0	2-1	1-1
17	Reading	0-1	4-3	3-1	4-0	1-1	1-3	2-0	2-1	0-0	3-1	1-2	2-4	2-3	2-0	2-1	3-1		2-1	3-0	1-1	5-1	1-2	3-2	1-1
18	Shrewsbury T	1-2	2-1	2-0	3-0	4-2	2-1	4-2	2-2	2-1	1-1	0-0	5-0	4-0	1-1	4-1	6-1		2-2	1-1	2-1	1-2	1-2	2-2	
19	Southend United	2-0	0-0	0-0	1-1	1-0	0-3	1-1	2-1	4-1	1-1	2-2	3-1	4-2	3-1	2-1	0-0	0-1	1-1		0-2	3-2	1-2	1-2	6-1
20	Swindon Town	1-0	1-0	4-0	1-1	3-1	4-0	2-0	0-2	1-2	3-0	1-1	1-1	2-0	1-0	6-0	1-0	1-1	2-2	1-1		3-1	1-0	1-0	1-2
21	Torquay United	1-1	0-1	2-1	1-1	0-0	1-1	3-0	1-1	3-0	0-0	1-1	1-0	0-0	2-2	1-1	1-6	4-2	2-0	2-1	1-1		5-2	3-0	2-2
22	Tranmere Rov	2-1	4-3	1-0	2-0	3-2	1-7	1-1	7-2	2-0	3-6	6-2	1-0	2-4	2-3	3-2	1-1	1-1	4-2	2-1	2-2	2-2		1-4	0-2
23	Walsall	1-0	2-0	4-0	4-0	1-0	2-1	3-0	1-1	2-1	0-0	1-0	2-2	2-1	6-2	4-3	2-2	3-2	5-1	2-1	3-0	3-1			5-2
24	Watford	1-2	0-1	2-2	6-1	0-1	1-1	3-1	2-2	7-2	2-0	4-3	2-2	4-1	2-2	0-0	0-3	2-0	3-1	3-0	1-0	3-0	2-2	2-0	

Final League Table

Pos	Team	Pld	Home W	Home D	Home L	Home F	Home A	Away W	Away D	Away L	Away F	Away A	Totals W	Totals D	Totals L	Totals F	Totals A	Pts	GA	Leading Goalscorer	Gls
1	Bury	46	18	3	2	62	17	12	5	6	46	28	30	8	8	108	45	68	2.40	A Jackson	24
2	Walsall	46	19	4	0	62	20	9	2	12	36	40	28	6	12	98	60	62	1.63	**A Richards**	**36**
3	Queens Park R	46	18	4	1	58	23	7	6	10	35	37	25	10	11	93	60	60	1.55	N Bedford	33
4	Watford	46	12	7	4	52	27	8	5	10	33	45	20	12	14	85	72	52	1.18	C Holton	32
5	Notts County	46	16	3	4	52	24	5	6	12	30	53	21	9	16	82	77	51	1.06	T Hateley	27
6	Grimsby Town	46	14	4	5	48	32	6	6	11	29	37	20	10	16	77	69	50	1.11	R Rafferty	24
7	Port Vale	46	15	3	5	63	30	2	12	9	33	49	17	15	14	96	79	49	1.21	C Portwood	24
8	Barnsley	46	15	5	3	56	30	6	2	15	27	50	21	7	18	83	80	49	1.03	F Bartlett	17
9	Halifax Town	46	14	7	2	42	22	2	10	11	29	56	16	17	13	71	78	49	0.91	F Large	18
10	Shrewsbury Town	46	13	7	3	54	26	2	9	12	29	49	15	16	15	83	75	46	1.10	G A Rowley	28
11	Hull City	46	13	6	4	51	28	4	6	13	22	45	17	12	17	73	73	46	1.00	C Chilton	19
12	Torquay United	46	8	12	3	37	26	6	5	12	38	57	14	17	15	75	83	45	0.90	T Northcott	25
13	Newport County	46	12	7	4	51	30	5	4	14	30	60	17	11	18	81	90	45	0.90	K McPherson	20
14	Bristol City	46	15	4	4	50	19	2	6	15	20	49	17	10	19	70	68	44	1.02	P J Atyeo	19
15	Coventry City	46	14	6	3	54	29	2	6	15	26	56	16	12	18	80	83	44	0.96	R Straw	18
16	Swindon Town	46	13	6	4	41	16	1	9	13	21	39	14	15	17	62	55	43	1.12	R Hunt	14
17	Brentford	46	10	9	4	41	28	3	5	15	15	42	13	14	19	56	70	43	0.80	E J Towers	21
18	Reading	46	13	5	5	48	29	1	7	15	24	54	14	12	20	72	83	40	0.86	A Wheeler	31
19	Bournemouth	46	8	7	8	34	39	7	3	13	24	37	15	10	21	58	76	40	0.76	R Bolton	10
20	Southend United	46	10	8	5	38	26	4	3	16	22	50	14	11	21	60	76	39	0.78	P Corthine, J Fryatt	15
21	Tranmere Rov	46	11	5	7	53	50	4	2	17	26	65	15	8	23	79	115	38	0.68	R Williams	27
22	Bradford City	46	8	8	7	37	36	3	6	14	28	51	11	14	21	65	87	36	0.74	D Layne	10
23	Colchester Utd	46	8	5	10	40	44	3	6	14	28	57	11	11	24	68	101	33	0.67	M King	23
24	Chesterfield	46	16	9	8	42	29	1	6	16	25	58	10	12	24	67	87	32	0.77	K Havenhand	21

1960/61 DIVISION 4
SEASON 62

Total Matches	552
Total Goals	1810
Avg goals per match	3.28

		Accrington S	Aldershot	Barrow	Bradford P A	Carlisle Utd	Chester	Crewe Alex	Crystal Palace	Darlington	Doncaster R	Exeter City	Gillingham	Hartlepools U	Mansfield Town	Millwall	Northampton T	Oldham Athletic	Peterborough U	Rochdale	Southport	Stockport Co	Workington	Wrexham	York City
1	Accrington S		1-0	0-0	1-2	1-0	2-0	1-3	2-3	2-2	2-2	0-1	3-0	3-0	1-4	3-3	3-2	5-1	3-2	2-0	2-1	4-1	1-2	0-3	2-0
2	Aldershot	3-1		2-1	3-0	2-1	3-2	5-0	2-1	1-3	5-0	3-1	0-1	4-0	2-0	0-2	2-2	4-0	1-1	3-0	1-0	3-2	0-0	0-0	6-1
3	Barrow	1-1	2-0		5-0	0-2	3-0	3-4	0-3	1-1	2-1	1-1	0-1	2-1	1-1	2-1	1-0	1-2	2-1	1-0	0-1	3-1	0-4	1-1	1-1
4	Bradford P A	2-2	1-0	4-0		0-0	1-0	2-0	3-1	1-0	1-1	5-2	0-0	1-3	2-1	2-1	1-3	5-1	1-0	2-1	1-0	4-2	4-0	3-1	3-3
5	Carlisle United	3-1	2-2	1-0	2-2		3-1	0-1	2-0	4-4	2-1	2-2	1-3	2-2	3-1	1-2	2-1	3-0	3-3	1-2	1-0	1-4	2-4	1-0	1-1
6	Chester	2-3	2-0	0-0	3-1	3-2		0-0	3-0	0-3	1-2	4-4	2-2	1-2	3-3	1-4	0-2	3-1	1-2	3-1	1-0	0-0	2-2	1-0	2-1
7	Crewe Alex	0-1	2-1	0-1	1-1	3-0	5-2		1-2	1-1	1-1	2-0	2-1	3-0	1-2	2-2	0-2	2-1	3-1	3-0	0-1	4-1	1-2	1-5	1-5
8	Crystal Palace	9-2	2-1	4-2	4-1	1-1	5-1	0-0		3-2	1-0	0-0	2-0	2-2	4-1	0-2	2-3	2-1	0-2	4-1	5-0	2-1	4-2	3-2	1-0
9	Darlington	3-2	2-2	2-3	0-0	0-0	5-1	0-1	0-1		1-0	3-0	2-2	4-0	3-2	5-2	1-1	0-1	2-2	1-0	1-0	0-0	1-1	1-2	2-1
10	Doncaster Rov	1-0	3-1	3-0	2-0	1-0	2-1	6-0	1-5	4-0		2-1	2-3	5-3	2-3	3-0	0-2	2-1	1-2	3-2	0-1	3-3	3-4	3-1	0-2
11	Exeter City	2-4	1-0	2-2	4-2	0-0	4-1	0-1	2-3	1-3	2-0		2-0	2-1	0-2	2-3	1-3	3-0	3-4	1-0	2-1	2-1	0-0	1-0	2-1
12	Gillingham	2-1	5-2	2-2	3-4	1-1	3-0	0-0	1-2	0-1	2-0	4-2		5-1	0-0	1-2	0-1	2-3	4-4	0-0	2-0	1-1	4-2	2-3	3-2
13	Hartlepools Utd	4-1	3-1	0-2	2-4	0-1	4-4	1-2	5-0	2-1	0-0	1-0		3-2	2-2	4-2	5-1	0-2	2-0	1-5	0-2	4-1	0-0	1-3	
14	Mansfield Town	0-0	2-0	5-1	1-2	1-3	3-1	1-2	2-1	1-2	2-3	1-0	2-1		5-1	4-2	1-2	1-0	0-2	1-2	2-2	2-0	0-3	1-3	
15	Millwall	2-2	2-2	3-0	5-1	4-2	5-1	2-3	0-2	0-1	1-1	2-2	1-2	5-2	3-0		3-1	4-3	4-1	3-1	3-0	0-3	2-3	3-2	
16	Northampton T	2-1	2-1	3-0	0-0	3-2	4-1	1-2	1-1	3-0	3-1	3-1	3-3	1-0	2-2		1-0	0-3	5-1	3-1	4-2	3-2	3-0		
17	Oldham Athletic	5-2	0-2	3-1	4-0	5-2	4-1	1-0	4-3	3-3	1-1	5-2	1-1	2-1	3-1	2-3	1-2		1-1	0-2	3-2	3-0	3-5	0-2	3-1
18	Peterborough U	3-0	7-1	6-2	3-1	5-0	6-0	4-1	4-1	5-1	6-2	7-1	2-0	3-2	2-1	4-2	4-3	2-2		3-4	4-0	2-1	3-0	1-1	
19	Rochdale	3-2	1-1	0-0	2-3	2-1	2-0	3-0	0-2	1-0	2-1	3-1	2-0	4-0	1-2	4-0	3-0	2-2		0-1	1-1	2-0	2-1	0-0	
20	Southport	3-0	1-1	4-1	2-3	3-0	1-2	2-0	3-3	1-4	2-0	1-1	2-0	1-2	2-0	2-1	4-1	2-0	2-0	3-3		0-1	1-0	3-0	2-2
21	Stockport Co	0-3	2-0	1-0	2-3	2-0	1-1	0-1	5-2	2-1	1-0	0-0	2-0	1-1	1-0	3-1	1-1	0-0	1-0	0-6	1-0		2-1	1-0	2-0
22	Workington	2-1	0-4	3-1	1-3	2-1	1-0	0-0	1-0	1-3	1-3	3-1	2-0	2-0	2-1	3-2	1-1	0-3	3-1	1-1	1-0	3-1		3-1	2-0
23	Wrexham	3-0	3-1	1-0	0-1	2-1	1-2	0-1	1-2	3-1	0-0	1-2	2-0	0-1	2-2	0-2	0-1	2-0	3-0	1-3	2-1		4-0		
24	York City	1-0	4-1	2-0	2-0	4-0	2-0	3-1	0-2	4-1	1-1	6-1	0-0	4-0	3-2	3-2	0-1	1-0	2-0	1-0	2-0	0-0	4-0	2-1	

Final League Table

Pos	Team	Pld	Home					Away					Totals						Leading Goalscorer	Gls
			W	D	L	F	A	W	D	L	F	A	W	D	L	F	A	Pts	GA		
1	Peterborough U	46	18	3	2	85	30	10	7	6	49	35	28	10	8	134	65	66	2.06	T Bly	52
2	Crystal Palace	46	16	4	3	64	28	13	2	8	46	41	29	6	11	110	69	64	1.59	J Byrne	30
3	Northampton T	46	16	4	3	53	25	9	6	8	37	37	25	10	11	90	62	60	1.45	L Brown	22
4	Bradford P A	46	16	5	2	49	22	10	3	10	35	52	26	8	12	84	74	60	1.13	J Buchanan	21
5	York City	46	17	3	3	50	14	4	6	13	30	46	21	9	16	80	60	51	1.33	P Wragg	22
6	Millwall	46	13	3	7	56	33	8	5	10	41	53	21	8	17	97	86	50	1.12	P Burridge	35
7	Darlington	46	11	7	5	41	24	7	6	10	37	46	18	13	15	78	70	49	1.11	R Baxter	15
8	Workington	46	14	3	6	38	28	7	4	12	36	48	21	7	18	74	76	49	0.97	T Dixon	17
9	Crewe Alex	46	11	4	8	40	29	9	5	9	21	38	20	9	17	61	67	49	0.91	W Stark	11
10	Aldershot	46	16	4	3	55	19	2	5	16	24	50	18	9	19	79	69	45	1.14	J Richards	8
11	Doncaster Rov	46	15	0	8	52	33	4	7	12	24	45	19	7	20	76	78	45	0.97	A Leighton	16
12	Oldham Athletic	46	13	4	6	57	38	6	3	14	22	50	19	7	20	79	88	45	0.89	H Lister	14
13	Stockport County	46	13	4	6	31	21	4	5	14	26	45	17	9	19	57	66	43	0.86	J Fletcher	14
14	Southport	46	12	6	5	47	27	7	0	16	22	40	19	6	21	69	67	44	1.03	R Blore	15
15	Gillingham	46	9	7	7	45	34	6	6	11	19	32	15	13	18	64	66	43	0.97	P Terry	20
16	Wrexham	46	12	4	7	38	22	5	4	14	24	58	17	8	21	62	65	42	1.10	M Metcalf	16
17	Rochdale	46	13	7	3	43	19	4	1	18	17	47	17	8	21	60	66	42	0.90	R Cairns	15
18	Accrington S	46	12	4	7	44	32	4	4	15	30	56	16	8	22	74	88	40	0.84	G Hudson	25
19	Carlisle United	46	10	7	6	43	37	3	6	14	18	42	13	13	20	61	79	39	0.77	G Walker	15
20	Mansfield Town	46	10	3	10	39	34	6	3	14	32	44	16	6	24	71	78	38	0.91	D Wragg	11
21	Exeter City	46	12	3	8	30	32	2	7	14	27	62	14	10	22	66	94	38	0.70	G Rees	14
22	Barrow	46	10	6	7	33	28	3	5	15	19	51	13	11	22	52	79	37	0.65	B Lowes	13
23	Hartlepools Utd	46	10	4	9	46	40	2	4	17	25	63	12	8	26	71	103	32	0.68	R Folland, K Johnson	12
24	Chester	46	9	7	7	38	35	2	2	19	23	69	11	9	26	61	104	31	0.58	R Davies	23

Gillingham v Wrexham played at Stonebridge Road, Northfleet.

1961/62 DIVISION 1 SEASON 63

Total Matches	462
Total Goals	1582
Avg goals per match	3.42

		Arsenal	Aston Villa	Birmingham C	Blackburn Rov	Blackpool	Bolton Wand.	Burnley	Cardiff City	Chelsea	Everton	Fulham	Ipswich Town	Leicester C	Manchester C	Manchester U	Nottm Forest	Sheffield Utd	Sheffield Weds	Tottenham H	West Brom A	West Ham Utd	Wolverhampton
1	Arsenal		4-5	1-1	0-0	3-0	1-2	2-2	1-1	0-3	2-3	1-0	0-3	4-4	3-0	5-1	2-1	2-0	1-0	2-1	0-1	2-2	3-1
2	Aston Villa	3-1		1-3	1-0	5-0	3-0	0-2	2-2	3-1	1-1	2-0	3-0	8-3	2-1	1-1	5-1	0-0	1-0	0-0	1-0	2-4	1-0
3	Birmingham City	1-0	0-2		2-1	1-1	2-1	2-6	3-0	3-2	0-0	2-1	3-1	1-5	1-1	1-1	1-1	3-0	1-1	2-3	1-2	4-0	3-6
4	Blackburn Rovers	0-0	4-2	2-0		1-1	2-3	2-1	0-0	3-0	1-1	0-2	2-2	2-1	4-1	3-0	2-1	1-2	0-2	0-1	1-1	1-0	2-1
5	Blackpool	0-1	1-2	1-0	2-1		2-1	1-1	3-0	4-0	1-1	2-1	1-1	2-1	3-1	2-3	1-3	1-3	1-2	2-2	2-0	7-2
6	Bolton Wanderers	2-1	1-1	3-2	1-1	0-0		0-0	1-1	2-4	1-1	2-3	0-0	1-0	0-2	1-0	4-1	2-0	4-3	1-2	3-0	1-0	1-0
7	Burnley	0-2	3-0	7-1	0-1	2-0	3-1		2-1	1-1	2-2	2-1	4-3	2-0	6-3	1-3	0-0	4-0	2-2	3-1	6-0	3-3
8	Cardiff City	1-1	1-0	3-2	1-1	3-2	1-2	1-1		5-2	0-0	0-3	0-3	0-4	0-0	1-2	2-2	1-1	2-1	1-1	2-2	3-0	2-3
9	Chelsea	2-3	1-0	1-1	1-1	1-0	1-0	1-2	2-3		1-1	0-0	2-2	1-3	1-1	2-0	2-2	6-1	1-0	0-2	4-1	0-1	4-5
10	Everton	4-1	2-0	4-1	1-0	2-2	1-0	2-2	8-3	4-0		3-0	5-2	3-2	0-2	5-1	6-0	1-0	0-4	3-0	3-1	3-0	4-0
11	Fulham	5-2	3-1	0-1	2-0	0-1	2-2	3-5	0-1	3-4	2-1		1-2	2-1	3-4	2-0	1-1	5-2	0-2	1-1	1-2	2-0	0-3
12	Ipswich Town	2-2	2-0	4-1	2-1	1-1	2-1	6-2	1-0	5-2	4-2	2-4		1-0	2-4	4-5	1-0	4-0	2-1	3-2	3-0	4-2	3-2
13	Leicester City	0-1	0-2	1-2	2-0	0-2	1-1	2-6	3-0	2-0	2-0	4-1	0-2		2-0	4-3	2-1	4-1	1-0	2-3	1-0	2-2	3-0
14	Manchester City	3-2	1-0	1-4	3-1	2-4	2-1	1-3	1-2	2-2	1-3	2-1	3-0	3-1		0-2	3-0	1-1	3-1	6-2	3-1	3-2	2-2
15	Manchester United	2-3	2-0	0-2	6-1	0-1	0-3	1-4	3-0	3-2	1-1	3-0	5-0	2-2	3-2		6-3	0-1	1-1	1-0	4-1	1-2	0-2
16	Nottm Forest	0-1	2-0	2-1	1-2	3-4	0-1	3-2	2-1	0-0	2-1	1-1	1-0	0-0	1-2	1-0		2-0	3-1	2-0	4-4	3-0	3-1
17	Sheffield United	2-1	0-2	3-1	0-0	2-1	3-1	2-0	1-0	3-1	1-1	2-2	2-1	3-1	3-1	2-3	2-0		1-0	1-1	1-1	1-4	2-1
18	Sheffield Wednesday	1-1	3-0	5-1	1-0	3-2	4-2	4-0	2-0	5-3	3-1	1-1	1-4	1-2	1-0	3-1	1-2	1-2		0-0	2-1	0-0	3-2
19	Tottenham Hotspur	4-3	1-0	3-1	4-1	5-2	2-2	4-2	3-2	5-2	3-1	4-2	1-3	1-2	2-0	2-2	4-2	3-3	4-0		1-2	2-2	1-0
20	West Bromwich Albion	4-0	1-1	0-0	4-0	7-1	6-2	1-1	5-1	4-0	2-0	2-0	1-3	2-0	2-2	1-1	1-2	3-2	1-2	0-2		0-1	1-1
21	West Ham United	3-3	2-0	2-2	2-3	2-2	1-0	2-1	4-1	2-1	3-1	4-2	2-2	4-1	0-4	1-1	3-2	1-2	2-3	2-1	3-3		4-2
22	Wolverhampton Wand.	2-3	2-2	2-1	0-2	2-2	5-1	1-1	1-1	1-1	0-3	1-3	2-0	1-1	4-1	2-2	2-1	0-1	3-0	3-1	1-5	3-2	

Final League Table

Pos	Team	Pld	Home					Away					Totals					Pts	GA	Leading Goalscorer	Gls
			W	D	L	F	A	W	D	L	F	A	W	D	L	F	A				
1	Ipswich Town	42	17	2	2	58	28	7	6	8	35	39	24	8	10	93	67	56	1.38	R Crawford	33
2	Burnley	42	14	4	3	57	26	7	7	7	44	41	21	11	10	101	67	53	1.50	R Pointer	25
3	Tottenham H	42	14	4	3	59	34	7	6	8	29	35	21	10	11	88	69	52	1.27	J Greaves	21
4	Everton	42	17	2	2	64	21	3	9	9	24	33	20	11	11	88	54	51	1.63	T R Vernon	26
5	Sheffield United	42	13	5	3	37	23	6	4	11	24	46	19	9	14	61	69	47	0.88	D pace	20
6	Sheffield Weds	42	14	4	3	47	23	6	2	13	25	35	20	6	16	72	58	46	1.24	J Fantham	18
7	Aston Villa	42	13	5	3	45	20	5	3	13	20	36	18	8	16	65	56	44	1.16	H Burrows	13
8	West Ham Utd	42	11	6	4	49	37	6	4	11	27	45	17	10	15	76	82	44	0.92	J Dick	23
9	West Brom A	42	10	7	4	50	23	5	6	10	33	44	15	13	14	83	67	43	1.23	D Kevan	33
10	Arsenal	42	9	6	6	39	31	7	5	9	32	41	16	11	15	71	72	43	0.98	A Skirton	19
11	Bolton Wand	42	11	7	3	35	22	5	3	13	27	44	16	10	16	62	66	42	0.93	F Hill	14
12	Manchester City	42	11	3	7	46	38	6	4	11	32	43	17	7	18	78	81	41	0.96	P Dobing	18
13	Blackpool	42	10	4	7	41	30	5	7	9	29	45	15	11	16	70	75	41	0.93	R Charnley	30
14	Leicester City	42	12	2	7	38	27	5	4	12	34	44	17	6	19	72	71	40	1.01	K Keyworth	15
15	Manchester Utd	42	10	3	8	44	31	5	6	10	28	44	15	9	18	72	75	39	0.96	D Herd	14
16	Blackburn Rov	42	10	6	5	33	22	4	5	12	17	36	14	11	17	50	58	39	0.86	W I Lawther	14
17	Birmingham City	42	9	6	6	37	35	5	4	12	28	46	14	10	18	65	81	38	0.80	K Leek	18
18	Wolverhampton	42	8	9	6	38	34	5	3	13	35	52	13	10	19	73	86	36	0.84	J Murray	16
19	Nottm Forest	42	12	4	5	39	23	1	6	14	24	56	13	10	19	63	79	36	0.79	C Booth	15
20	Fulham	42	8	3	10	38	34	5	4	12	28	40	13	7	22	66	74	33	0.89	M Cook	15
21	Cardiff City	42	6	9	6	30	33	3	5	13	20	48	9	14	19	50	81	32	0.61	D Ward	17
22	Chelsea	42	7	7	7	34	29	2	3	16	29	65	9	10	23	63	94	28	0.67	R Tambling	20

1961/62 DIVISION 2 SEASON 63

Total Matches 462
Total Goals 1473
Avg goals per match 3.19

		Brighton & H A	Bristol Rovers	Bury	Charlton Ath	Derby County	Huddersfield T	Leeds United	Leyton Orient	Liverpool	Luton Town	Middlesbrough	Newcastle Utd	Norwich City	Plymouth A	Preston N E	Rotherham Utd	Scunthorpe U	Southampton	Stoke City	Sunderland	Swansea Town	Walsall
1	Brighton & H A		1-0	0-2	2-2	1-2	2-2	1-3	0-1	0-0	2-1	2-0	0-4	0-3	3-2	0-0	0-3	0-3	0-0	2-1	1-1	2-2	3-2
2	Bristol Rovers	0-1		0-1	2-2	1-4	1-1	4-0	2-1	0-2	1-0	0-2	2-1	2-1	4-3	2-1	4-2	2-1	1-0	0-2	2-3	4-1	2-2
3	Bury	2-1	2-0		1-2	2-2	1-2	1-1	0-1	0-3	2-1	2-1	2-7	2-3	1-1	2-1	2-1	4-1	0-2	0-2	3-2	1-1	2-1
4	Charlton Athletic	2-3	2-1	1-0		4-0	0-2	3-1	1-2	0-4	0-1	1-0	1-1	2-2	3-1	4-0	0-2	3-3	1-0	2-2	2-0	3-2	3-3
5	Derby County	2-0	4-1	3-0	0-1		1-0	3-3	1-2	2-0	2-0	3-2	1-2	1-1	2-2	3-2	1-1	2-2	1-1	2-0	1-1	6-3	1-3
6	Huddersfield Town	2-0	4-1	2-0	0-2	4-0		2-1	1-1	1-2	1-2	0-0	2-1	1-1	5-1	2-2	0-3	1-2	1-0	3-0	0-0	3-1	4-2
7	Leeds United	1-1	0-0	0-0	1-0	0-0	1-1		0-0	1-0	2-1	2-0	0-1	0-1	2-3	1-2	1-3	1-4	1-1	3-1	1-0	2-0	4-1
8	Leyton Orient	4-1	2-3	2-0	2-1	2-0	3-0	0-0		2-2	0-0	2-0	2-0	2-0	1-2	0-2	1-1	0-1	1-3	3-0	1-1	1-0	3-0
9	Liverpool	3-1	2-0	5-0	2-1	4-1	1-1	5-0	3-3		1-1	5-1	2-0	5-4	2-1	4-1	4-1	2-1	2-0	2-1	3-0	5-0	6-1
10	Luton Town	2-1	2-0	4-0	1-6	4-2	3-4	3-2	1-3	1-0		3-2	1-0	0-2	4-1	4-3	1-2	1-4	0-0	1-2	5-1	2-0	
11	Middlesbrough	4-0	5-0	2-1	3-2	3-4	1-0	1-3	2-3	2-0	2-4		3-0	2-1	1-1	1-0	5-1	1-2	1-1	2-2	0-1	1-3	3-0
12	Newcastle United	5-0	5-2	1-2	4-1	3-0	1-1	0-3	0-0	1-2	4-1	3-4		0-0	0-2	0-2	1-0	2-1	3-2	2-0	2-2	2-2	1-0
13	Norwich City	3-0	2-2	3-1	2-2	3-2	1-2	2-0	0-0	1-2	0-4	5-4	0-0		0-2	2-0	0-1	2-2	1-1	1-0	3-1	2-1	3-1
14	Plymouth Argyle	5-0	3-1	1-2	2-1	2-3	4-2	1-1	2-1	2-3	0-3	1-1	1-1	3-1		1-0	2-5	3-1	4-0	3-1	3-2	0-0	2-1
15	Preston North End	3-1	1-0	1-2	2-0	1-0	1-0	1-1	3-2	1-3	2-0	4-3	0-1	2-0	1-1		2-0	4-1	1-1	1-2	0-1	1-1	2-3
16	Rotherham United	2-1	4-0	2-0	3-2	2-2	3-3	2-1	1-0	1-1	0-1	0-0	3-1	1-3	2-2		0-1	4-2	1-2	0-3	1-2	2-2	
17	Scunthorpe United	3-3	2-1	1-2	6-1	2-0	1-3	2-1	0-2	1-1	0-1	3-2	2-0	5-1	2-1	5-2		5-1	2-2	3-1	2-0	2-1	
18	Southampton	6-1	0-2	5-1	2-2	2-1	3-1	4-1	1-2	2-0	3-0	1-3	1-0	2-2	1-2	0-0	2-1	6-4		5-1	2-0	5-1	1-1
19	Stoke City	0-1	2-1	1-3	4-0	1-1	3-0	2-1	0-1	0-0	2-1	2-0	3-1	3-1	2-0	1-1	1-2	1-0	3-2		1-0	0-0	2-1
20	Sunderland	0-0	6-1	3-0	4-1	2-1	3-1	2-1	2-1	1-4	2-2	2-1	3-0	2-0	5-0	0-0	4-0	4-0	3-0	2-1		7-2	3-0
21	Swansea Town	3-0	1-1	0-1	1-0	3-1	1-1	2-1	1-3	4-2	3-2	3-3	3-2	0-3	5-0	1-2	2-2	2-1	0-1	1-0	1-1		1-3
22	Walsall	2-2	0-0	2-0	2-2	2-0	2-2	1-1	1-5	2-1	2-0	1-2	1-0	5-0	1-0	2-1	5-0	4-1	0-2	3-1	4-3	0-0	

Final League Table

Pos	Team	Pld	Home					Away					Totals						Leading Goalscorer	Gls
			W	D	L	F	A	W	D	L	F	A	W	D	L	F	A	Pts	GA		
1	Liverpool	42	18	3	0	68	19	9	5	7	31	24	27	8	7	99	43	62	2.30	R Hunt	41
2	Leyton Orient	42	11	5	5	34	17	11	5	5	35	23	22	10	10	69	40	54	1.72	D Dunmore	22
3	Sunderland	42	17	3	1	60	16	5	6	10	25	34	22	9	11	85	40	53	1.70	B Clough	29
4	Scunthorpe Utd	42	14	4	3	52	26	7	3	11	34	45	21	7	14	86	71	49	1.21	B Thomas	31
5	Plymouth Argyle	42	12	4	5	45	30	7	4	10	30	45	19	8	15	75	75	46	1.00	W Carter	19
6	Southampton	42	13	3	5	53	28	5	6	10	24	34	18	9	15	77	62	45	1.24	G O'Brien	28
7	Huddersfield T	42	11	5	5	39	22	5	7	9	28	37	16	12	14	67	59	44	1.13	D Stokes	14
8	Stoke City	42	13	4	4	34	17	4	4	13	21	40	17	8	17	55	57	42	0.96	T Thompson	17
9	Rotherham Utd	42	9	6	6	36	30	7	3	11	34	46	16	9	17	70	76	41	0.92	A Kirkman	21
10	Preston N E	42	11	4	6	34	23	4	6	11	21	34	15	10	17	55	57	40	0.96	A Biggs	21
11	Newcastle Utd	42	10	5	6	40	27	5	4	12	24	31	15	9	18	64	58	39	1.10	I Allchurch, B Thomas	10
12	Middlesbrough	42	11	3	7	45	29	5	4	12	31	43	16	7	19	76	72	39	1.05	A Peacock	24
13	Luton Town	42	12	1	8	44	37	5	4	12	25	34	17	5	20	69	71	39	0.97	G Turner	20
14	Walsall	42	11	7	3	42	23	3	4	14	28	52	14	11	17	70	75	39	0.93	C Taylor	17
15	Charlton Athletic	42	10	5	6	38	30	5	4	12	31	45	15	9	18	69	75	39	0.92	D Edwards	16
16	Derby County	42	10	7	4	42	27	4	4	13	26	48	14	11	17	68	75	39	0.90	W Curry	18
17	Norwich City	42	10	6	5	36	28	4	5	12	25	42	14	11	17	61	70	39	0.87	T Allcock	15
18	Bury	42	9	4	8	32	36	8	1	12	20	40	17	5	20	52	76	39	0.68	W Holden	11
19	Leeds United	42	9	6	6	24	19	3	6	12	26	42	12	12	18	50	61	36	0.82	W Bremner	12
20	Swansea Town	42	10	5	6	38	30	2	7	12	23	53	12	12	18	61	83	36	0.73	A B Reynolds	18
21	Bristol Rovers	42	11	3	7	36	31	2	4	15	17	50	13	7	22	53	81	33	0.65	R Jones	13
22	Brighton & H A	42	7	7	7	24	32	3	4	14	18	54	10	11	21	42	86	31	0.48	J Goodchild, R Laverick	10

1961/62 DIVISION 3 SEASON 63

Total Matches	552
Total Goals	1772
Avg goals per match	3.21

		Barnsley	Bournemouth	Bradford P A	Brentford	Bristol City	Coventry City	Crystal Palace	Grimsby Town	Halifax Town	Hull City	Lincoln City	Newport Co	Northampton T	Notts County	Peterborough U	Portsmouth	Port Vale	Q P R	Reading	Shrewsbury T	Southend Utd	Swindon Town	Torquay Utd	Watford
1	Barnsley		2-2 9F	1-2 7A	2-2 28O	7-3 11N	2-1 9M	0-3 16S	0-3 27J	1-2 27M	1-0 23A	0-1 26D	1-1 30a	3-2 11O	2-0 14O	0-3 9D	2-2 20J	2-1 24M	2-4 26a	2-3 2S	1-1 21A	1-1 24F	6-2 27S	4-2 2m	3-0 30S
2	Bournemouth	5-0 23S		2-2 9D	1-1 7A	2-1 21A	1-1 11N	1-0 20A	2-3 24M	2-1 9S	1-1 6S	0-0 16D	2-1 10M	3-2 27S	2-1 4O	1-1 24F	2-0 17F	1-0 14O	3-1 3F	1-0 27J	0-0 23a	3-0 28O	0-0 13J	3-1 26a	4-1 30D
3	Bradford P A	3-2 18N	1-2 28A		1-2 9D	2-0 4A	0-0 23S	2-0 16O	0-1 7M	2-0 24A	1-0 21O	2-0 3M	4-1 23a	3-2 25O	3-2 7O	6-2 26a	2-1 9S	2-1 31M	3-3 3F	1-3 14A	1-1 6S	4-0 13J	2-2 14M	3-1 17F	1-1 2D
4	Brentford	1-1 17M	2-2 18N	2-0 26D		0-2 10O	2-1 19S	4-2 13A	0-2 1m	0-2 22a	0-2 3m	1-0 2D	3-1 13J	3-0 27A	0-1 2F	2-0 17F	3-2 21O	1-2 20A	1-4 16D	1-2 26a	4-0 23S	0-0 9S	1-0 7O	0-2 3M	3-1 30M
5	Bristol City	0-0 31M	2-1 2D	6-1 10F	3-0 3O		3-2 24A	2-2 28A	3-0 29S	4-3 14A	1-1 7O	2-0 3F	1-2 5S	1-0 22a	6-0 16D	1-2 13J	0-4 6M	0-1 9S	2-0 18N	5-0 6F	0-1 26a	3-2 26S	5-3 21O	4-1 17M	2-1 3M
6	Coventry City	1-1 20O	0-1 30M	3-0 9O	2-0 25S	1-1 23A		0-2 17N	2-0 26D	3-1 4S	0-2 28A	2-2 2M	3-0 25a	1-0 2D	2-2 9S	1-2 23S	1-3 14A	2-0 16A	0-1 16M	2-3 16D	1-0 3F	4-1 13J	3-3 21a	2-1 6O	2-2 12M
7	Crystal Palace	1-3 3F	0-0 23A	0-0 24M	2-2 27J	2-3 9D	2-2 7A		4-1 11N	4-3 13J	1-2 21M	1-3 20S	2-0 28O	1-4 6S	4-1 23a	5-2 14O	1-2 23S	0-0 21A	2-2 9S	3-4 10M	2-1 24F	2-2 30S	3-1 26a	7-2 16D	1-1 11O
8	Grimsby Town	4-0 14A	3-0 6J	3-2 23A	1-0 5S	1-0 17F	0-0 10A	0-0 30M		3-0 17M	1-0 2D	4-1 7O	1-0 16D	3-2 3M	2-1 13J	2-1 3F	1-0 18N	1-1 23S	1-1 21O	4-0 26S	2-1 9S	3-1 26a	0-1 10O	2-3 22a	5-3 28A
9	Halifax Town	3-1 19a	3-1 20J	2-3 18A	1-0 28a	3-4 27J	0-2 30A	1-1 2S	3-3 28O		2-1 10F	0-0 24A	1-3 14O	1-2 30S	2-1 9A	0-1 11N	3-3 23D	1-1 7A	2-1 3m	1-2 23F	0-2 24M	2-0 21A	2-0 19M	1-0 19F	2-0 16S
10	Hull City	4-0 20A	2-1 12A	0-1 14O	3-0 24M	3-2 24F	3-1 9D	2-4 26D	2-1 21A	1-2 23S		1-0 13J	2-1 7A	1-0 26a	0-1 10M	3-1 16D	3-1 6J	3-1 31a	0-0 16F	3-1 11N	0-0 28O	0-1 27J	1-1 3F	2-1 9S	1-0 21S
11	Lincoln City	2-2 31J	0-2 19a	3-2 30a	3-3 21A	1-1 16S	1-2 14O	3-2 27S	1-1 23F	0-1 23A	0-3 2S		3-2 23M	0-0 20J	2-2 6A	1-2 10M	2-2 2m	1-1 28O	0-5 30A	2-3 9D	1-2 7F	2-0 11N	2-2 16F	1-3 23S	0-0 23D
12	Newport County	0-2 21a	0-1 21O	1-2 18S	6-1 2S	3-1 16O	1-2 23D	2-1 17M	0-2 19a	0-1 5M	0-2 18N	4-0 26M		2-0 31M	2-3 17F	0-5 20	1-1 5F	2-4 12M	0-0 7O	3-2 19M	0-3 16A	2-2 23S	0-3 2D	0-3 28A	0-0 14A
13	Northampton T	3-1 3O	0-3 18S	2-0 24F	5-0 9D	0-1 29a	4-1 21A	1-1 17O	7-0 14O	3-1 17F	2-0 23D	2-2 9S	5-0 11N		1-2 27J	2-2 28O	2-2 20M	1-1 2S	1-1 24A	1-0 24M	3-1 10M	3-1 7A	1-1 23S	1-2 3F	2-0 16D
14	Notts County	0-2 3M	3-2 12O	4-2 23D	3-1 16S	1-0 19a	2-0 20J	0-0 31a	2-0 2S	0-3 28A	1-0 3A	8-1 18N	1-4 30S	2-2 14A		2-2 7S	2-1 7O	2-3 21S	0-2 2D	2-2 10F	3-2 26D	2-0 23A	0-1 12A	2-0 31M	1-0 17M
15	Peterborough U	4-2 28A	1-2 7O	1-0 19M	6-0 30S	3-4 2S	2-3 10F	4-1 3M	2-1 16S	5-1 31M	3-2 19a	5-4 21O	2-1 9O	0-2 17M	2-0 30A		0-1 2D	1-3 23D	5-1 19F	0-0 23A	0-3 25S	4-1 26D	3-2 18N	2-1 14A	4-3 28a
16	Portsmouth	3-2 9S	1-1 30S	4-2 11N	4-0 10M	5-0 24M	3-2 27J	2-0 10F	1-1 7A	2-0 26a	2-0 11O	4-4 6S	0-3 16S	0-0 26D	0-3 24F	1-0 21A		1-0 9D	4-1 13J	2-0 28O	3-1 14O	1-0 23a	2-2 16D	2-0 27S	2-1 23A
17	Port Vale	2-0 5M	1-0 19M	3-2 16S	3-0 23A	0-2 20J	2-0 30S	0-1 2D	0-2 10F	1-1 18N	4-0 21a	4-0 17M	3-0 26D	1-1 13J	1-0 25S	0-1 26a	2-3 28A		2-3 31M	2-1 9D	4-1 16D	0-0 4S	1-1 14A	4-1 21O	1-3 7O
18	Queens Park R	3-0 19M	1-1 16S	1-2 11A	3-0 19a	4-1 7A	4-1 28O	1-0 20J	3-2 10M	6-2 25S	1-1 30S	1-3 9O	4-0 24F	2-0 23A	3-3 21A	0-1 24M	2-1 2S	2-1 11N		3-6 21a	3-1 9D	5-3 14O	6-0 4S	1-2 30D	1-2 10F
19	Reading	0-0 12J	0-1 14A	4-0 2m	2-2 23D	4-0 26D	2-1 19a	1-2 20O	3-2 20S	1-0 6O	4-0 30M	4-0 27A	2-1 8S	0-0 11A	4-2 23S	3-2 20A	0-3 16M	0-0 4O	0-2 30a		3-0 17F	3-1 2F	1-1 2M	1-0 2D	3-2 17N
20	Shrewsbury T	4-1 2D	2-2 30a	4-1 2S	1-3 10F	2-2 23O	1-1 16S	1-5 7O	1-2 20J	0-0 14M	2-0 17M	0-0 14A	4-1 23A	1-3 21O	3-0 28M	3-4 20S	0-1 3M	4-2 19a	1-2 28A	4-1 30S		1-1 25O	1-3 30M	1-1 18N	5-1 18O
21	Southend United	1-2 7O	0-0 17M	2-1 19a	0-0 20J	1-0 18S	2-0 2S	2-2 17F	2-1 23D	2-1 2D	0-1 14A	1-3 31M	3-2 10F	1-1 18N	1-2 20A	2-1 30D	4-1 28a	2-3 16O	0-2 3M	1-1 16S	2-0		0-2 28A	2-1 6J	0-1 21O
22	Swindon Town	1-1 19S	1-1 2S	3-2 28O	5-2 22F	0-4 10M	3-3 29a	5-0 23D	0-0 3O	6-0 16A	1-1 16S	4-0 30S	2-2 21A	1-0 10F	3-2 23M	1-3 7a	1-0 19a	0-0 30A	4-1 17O	1-2 13O	0-0 11N	0-0 9D		0-1 20A	3-1 20J
23	Torquay United	6-2 7S	2-1 22D	1-3 30S	3-1 14O	1-3 28O	1-0 24F	1-2 19a	2-3 30a	4-2 11O	3-4 20J	3-2 10F	1-2 9D	3-3 16S	1-3 11N	1-0 2A	0-2 20S	2-0 10M	2-2 26D	0-0 21A	3-1 7A	2-2 24M	3-0 23A		3-4 2S
24	Watford	3-1 17F	0-0 26D	0 2 21A	2-1 11N	1-1 14O	0-1 23M	3-2 30	2-1 9D	0-0 3F	1-1 26S	3-3 26a	3-1 27J	0-0 19a	3-1 28O	2-3 22a	0-0 20A	3-2 24F	1-1 233	1-1 0A	1-3 6S	2-0 9M	4-1 9S		

Final League Table

Pos	Team	Pld	Home					Away					Totals					Pts	GA	Leading Goalscorer	Gls
			W	D	L	F	A	W	D	L	F	A	W	D	L	F	A				
1	Portsmouth	46	15	6	2	48	23	12	5	6	39	24	27	11	8	87	47	65	1.85	R Saunders	26
2	Grimsby Town	46	18	3	2	49	18	10	3	10	31	38	28	6	12	80	56	62	1.42	R Rafferty	34
3	Bournemouth	46	14	8	1	42	18	7	9	7	27	27	21	17	8	69	45	59	1.53	G Dowsett	21
4	Queens Park R	46	15	3	5	65	31	9	8	6	46	42	24	11	11	111	73	59	1.52	N B Bedford	36
5	Peterborough U	46	16	0	7	60	38	10	6	7	47	44	26	6	14	107	82	58	1.30	T Bly	29
6	Bristol City	46	15	3	5	56	27	8	4	11	38	45	23	8	15	94	72	54	1.30	P J Atyeo	26
7	Reading	46	14	5	4	46	26	8	4	11	31	42	22	9	15	77	66	53	1.16	D Allen	17
8	Northampton T	46	12	6	5	52	24	8	5	10	33	33	20	11	15	85	57	51	1.49	C Holton*	36
9	Swindon Town	46	11	8	4	48	26	6	7	10	30	45	17	15	14	78	71	49	1.09	R P (Ernie) Hunt	18
10	Hull City	46	15	2	6	43	20	5	6	12	24	34	20	8	18	67	54	48	1.24	J McSeveney	14
11	Bradford P A	46	13	5	5	47	27	7	2	14	33	51	20	7	19	80	78	47	1.02	T Spratt	22
12	Port Vale	46	12	4	7	41	29	5	7	11	24	35	17	11	18	65	58	45	1.12	A Longbottom	16
13	Notts County	46	14	5	4	44	23	3	4	16	23	51	17	9	20	67	74	43	0.90	T Hateley	19
14	Coventry City	46	11	6	6	38	26	5	5	13	26	45	16	11	19	64	71	43	0.90	M Dixon	12
15	Crystal Palace	46	8	8	7	50	41	6	6	11	33	39	14	14	18	83	80	42	1.03	A Smillie	16
16	Southend United	46	10	8	5	31	26	3	9	11	26	43	13	17	16	57	69	43	0.82	K Jones	14
17	Watford	46	10	9	4	37	26	4	7	12	26	48	14	16	16	63	74	42	0.85	R Crisp, J Fairbrother	10
18	Halifax Town	46	9	5	9	34	35	6	5	12	28	49	15	10	21	62	84	40	0.73	F Large	15
19	Shrewsbury T	46	8	7	8	46	37	5	5	13	27	47	13	12	21	73	84	38	0.86	G A Rowley	23
20	Barnsley	46	9	6	8	45	41	4	7	13	26	54	13	13	21	71	95	38	0.74	F Bartlett	15
21	Torquay United	46	9	4	10	48	44	6	2	15	28	56	15	6	25	76	100	36	0.76	E pym	20
22	Lincoln City	46	4	10	9	31	43	5	7	11	26	44	9	17	20	57	87	35	0.65	B Punter	8
23	Brentford	46	11	3	9	34	29	2	5	16	19	64	13	8	25	53	93	34	0.57	G Francis	14
24	Newport County	46	6	5	12	29	38	1	3	19	17	64	7	8	31	46	102	22	0.45	A Bowman	9

* C Holton also scored one goal for Watford, making his total 37.

1961/62 DIVISION 4 SEASON 63

Total Matches 506
Total Goals 1690
Avg goals per match 3.34

	Accrington S	Aldershot	Barrow	Bradford City	Carlisle Utd	Chester	Chesterfield	Colchester U	Crewe Alex	Darlington	Doncaster R	Exeter City	Gillingham	Hartlepools U	Mansfield Town	Millwall	Oldham Athletic	Rochdale	Southport	Stockport Co	Tranmere Rov	Workington	Wrexham	York City
1 Accrington S		0-2 23S	2-2 25S	0-2 3F	1-0 9S	0-1 26a	0-0 27J	0-4 13J	1-0 14O	3-1 21a	x x	x x	x x	x x	0-0 4S	0-2 9D	1-0 2O	0-2 24F	x x	1-2 16F	1-1 16D	0-4 11N	0-2 28O	x x
2 Aldershot	2-2 9F		3-1 9M	2-2 26a	0-1 16D	6-2 4A	1-1 2S	1-0 23A	1-0 24M	6-1 30S	3-1 26J	1-1 11N	4-0 27S	1-1 9O	4-2 14O	0-2 24F	3-1 16S	3-0 28O	2-0 6S	4-1 20J	3-1 23a	3-1 21A	3-1 7A	2-0 9D
3 Barrow	3-1 1O	2-2 18S		1-1 17M	0-3 26M	3-2 18N	1-0 30S	4-0 31M	3-0 19a	3-0 9A	4-1 1J	3-0 23D	7-0 9O	5-1 28A	1-1 28a	2-2 3O	3-1 7O	0-1 20A	1-1 2D	3-1 3M	2-0 14A	1-1 16S	0-2 2S	0-0 10F
4 Bradford City	0-1 16S	2-1 14M	1-1 28O		3-2 23A	2-0 30a	0-2 18O	4-1 26D	3-3 11N	3-2 10F	2-0 25A	5-1 7A	5-2 24F	6-1 30S	2-4 10M	1-1 14O	1-0 20M	1-3 23M	3-1 11O	1-1 2S	0-3 11A	1-1 9D	5-3 2m	2-2 19a
5 Carlisle United	2-0 2OJ	2-1 19a	0-0 24M	2-4 2OA		2-0 1m	3-1 24F	1-1 29a	3-0 6A	1-0 16S	1-0 9D	2-1 27J	1-0 14O	1-0 10F	3-2 28O	2-0 10M	2-2 2S	2-1 11N	1-0 30S	0-3 23D	1-2 10O	1-0 26D	1-0 13M	3-2 27S
6 Chester	0-0 23D	2-3 26D	2-3 7A	1-2 23a	1-1 6S		4-1 10M	2-2 11O	1-0 21A	2-2 2S	2-3 27S	1-1 9D	1-1 28O	4-4 20J	0-1 11N	2-4 24M	1-0 19a	2-3 27J	2-0 16S	1-1 23A	1-3 9F	1-1 24F	1-1 30S	1-1 14O
7 Chesterfield	x x	2-3 13J	2-2 17F	2-1 18S	1-3 7O	4-1 21O		4-1 13M	3-1 30A	1-1 18N	3-0 20A	2-0 28a	3-2 9S	2-0 31M	0-4 23S	2-3 3F	1-0 2D	3-2 16A	3-2 9A	1-0 28A	1-2 17M	0-1 19a	1-5 26D	1-1 23D
8 Colchester Utd	3-2 2S	3-0 2OA	1-1 11N	9-1 30D	2-0 21a	5-2 2O	3-3 14O		5-3 27J	2-0 2Oa	5-3 30A	2-0 21A	6-0 10M	6-1 16S	2-0 23M	2-0 28O	5-1 23D	1-1 7A	2-0 1O	3-0 19a	3-0 30S	6-1 25S	2-4 9D	3-1 24F
9 Crewe Alex	4-0 2M	2-0 7M	1-1 16D	1-2 31M	3-0 18N	1-1 2D	2-1 6S	4-0 14A		5-1 7O	2-0 10F	3-1 2OJ	5-2 23a	3-0 20S	3-2 2OA	2-1 14F	3-5 21O	2-1 26a	3-1 13J	3-2 17M	3-0 28A	2-0 30S	0-3 16S	0-0 11O
10 Darlington	1-1 28a	2-0 17F	1-0 26D	3-3 23S	2-1 3F	4-4 13J	0-2 7A	2-1 9S	2-1 24F		1-0 28O	1-0 14O	1-1 27J	1-1 23A	2-3 19M	1-5 21A	3-0 4S	2-0 18S	1-2 16D	3-2 2O	2-1 26a	1-1 24M	1-0 10M	0-0 11N
11 Doncaster Rov	1-1 27F	2-1 13A	3-2 2O	2-0 2D	1-2 28A	2-0 19S	0-0 23S	1-4 5S	3-0 23S	1-2 17M		3-1 16F	2-1 16D	2-2 10M	0-1 12J	1-2 26a	0-0 30M	1-2 3F	1-2 18N	1-1 7O	6-1 22a	1-1 10O	0-2 26D	1-2 1-2
12 Exeter City	3-0 21O	2-1 31M	3-0 26a	1-2 18N	4-0 14A	5-0 28A	4-1 23a	0-2 2D	2-1 9S	0-1 3M	1-5 30S		1-3 26D	1-1 7O	2-1 16D	1-1 23A	3-3 17M	1-3 13J	1-1 19S	4-3 6J	1-0 3F	3-1 11O	1-1 10F	2-1 11A
13 Gillingham	5-1 2D	0-1 20S	3-2 4O	3-1 7O	4-1 3M	0-0 17M	5-1 20J	2-1 21O	0-1 30a	2-2 14A	2-2 19a	2-2 30D		4-0 18N	2-2 17F	3-1 23S	0-3 28A	4-2 3m	0-2 31M	4-0 3F	1-1 6J	0-1 23D	4-2 23A	2-3 2S
14 Hartlepools Utd	x x	0-2 2O	2-3 9D	1-3 17F	0-3 23S	1-3 9S	1-2 11N	1-1 3F	2-1 25S	1-0 20A	2-0 21O	0-0 24F	1-3 7A		0-1 21A	2-0 27J	1-1 21a	3-1 16D	4-2 26a	2-0 4S	0-0 13J	0-1 28O	1-4 14O	0-2 24M
15 Mansfield Town	x x	4-1 2M	0-1 21a	0-1 21O	5-2 17M	3-0 30M	2-2 10F	4-0 15J	1-1 23A	3-0 28A	4-0 2S	3-1 19a	3-1 30S	3-1 2D		0-0 16O	2-0 26M	0-1 26D	3-1 14A	2-0 7O	1-2 18N	4-1 20J	1-2 23D	3-1 16S
16 Millwall	x x	2-1 7O	1-0 4S	1-2 3M	3-0 21O	2-0 6J	2-0 16S	4-3 17M	4-2 30D	2-0 2D	2-0 5M	2-0 2OA	0-0 10F	3-2 14A	4-0 2O		2-0 17F	1-1 28a	1-1 18N	1-3 18S	3-0 31M	5-0 2S	0-1 19a	2-1 2OJ
17 Oldham Athletic	5-0 11O	2-1 3F	3-2 24F	2-2 9S	5-0 13J	4-1 16D	3-1 21A	2-2 26a	2-0 10M	0-1 2m	3-1 11N	1-1 28O	1-1 9D	5-2 30a	2-3 15N	4-2 30S		2-2 14O	2-1 26D	0-0 23S	2-0 23A	0-2 7A	1-1 24M	1-0 13M
18 Rochdale	1-0 7O	1-0 17M	0-0 23A	4-1 31J	1-1 31M	3-2 14A	1-1 11O	0-1 18N	3-0 13M	1-3 18O	2-3 16S	3-0 2S	3-1 6S	3-1 19a	3-2 11A	4-1 23a	3-1 3M		2-0 28A	3-3 21O	1-0 2D	1-3 10F	1-3 2OJ	3-1 30S
19 Southport	x x	2-1 1m	0-0 21A	2-1 3O	0-0 16F	1-0 3F	0-2 24M	1-1 23S	2-4 2S	3-1 19a	1-1 14O	1-1 25S	0-0 11N	2-1 23D	3-1 5M	0-5 7A	3-0 30D	3-0 9D		2-1 22a	2-1 9S	1-1 10M	4-2 24F	3-1 28O
20 Stockport Co	2-0 29S	3-1 8S	3-0 14O	3-1 13J	1-2 26a	0-1 2OA	2-1 12M	1-4 16D	0-1 28O	3-0 9O	2-1 6A	1-0 23M	3-1 16S	1-1 9A	1-1 23F	1-1 25S	5-2 10F	1-4 9M	3-0 28A		3-0 26D	3-1 19M	1-2 11N	2-1 21A
21 Tranmere Rov	2-0 19a	1-2 28a	2-1 24N	3-2 4S	0-3 20	4-1 23S	1-0 28O	5-2 17F	1-6 9D	0-0 12M	3-2 23F	3-4 16S	4-2 24M	3-2 1S	2-0 7A	5-1 11N	3-1 2OA	2-0 21A	3-1 19J	1-3 26M		3-2 14O	2-2 25S	2-2 9M
22 Workington	x x	2-1 2D	1-2 3F	5-3 28A	2-1 7M	4-1 7O	2-0 16D	1-2 21S	0-1 17F	2-1 4A	0-0 30a	3-1 4O	5-1 26a	1-1 17M	1-1 9S	2-2 13J	2-0 18N	3-0 23S	2-1 21O	3-0 14A	1-1 3M		1-0 11A	0-0 23A
23 Wrexham	x x	2-1 18N	1-1 13J	2-1 14A	2-2 2D	0-0 17F	4-2 28M	0-0 28A	1-1 3F	5-0 21O	3-1 18O	1-2 23S	3-0 2OA	10-1 3M	5-0 26a	2-2 16D	2-1 4A	3-0 9S	2-3 7O	0-1 30M	4-0 20S	2-3 4S		2-1 30a
24 York City	1-0 18N	0-1 28A	5-0 23S	4-0 16D	1-1 18S	5-1 3M	4-0 26a	5-0 7O	4-2 2O	2-1 31M	5-2 2A	2-1 4S	4-0 13J	2-0 19M	2-1 3F	0-1 9S	4-1 14A	2-1 17F	2-2 16M	1-0 2D	1-2 21O	4-0 20A	3-2 21a	

Final League Table

Pos	Team	Pld	Home					Away					Totals						Leading Goalscorer	Gls
			W	D	L	F	A	W	D	L	F	A	W	D	L	F	A	Pts	GA		
1	Millwall	44	16	3	3	47	18	7	7	8	40	44	23	10	11	87	62	56	1.40	P Burridge	23
2	Colchester Utd	44	17	4	1	78	24	6	5	11	26	47	23	9	12	104	71	55	1.46	R R Hunt	38
3	Wrexham	44	12	6	4	56	23	10	3	9	40	33	22	9	13	96	56	53	1.71	M Metcalfe	17
4	Carlisle United	44	15	3	4	35	22	7	5	10	29	41	22	8	14	64	63	52	1.01	G Walker	18
5	Bradford City	44	14	5	3	58	32	7	4	11	36	54	21	9	14	94	86	51	1.09	D Layne	34
6	York City	44	17	2	3	62	19	3	8	11	22	34	20	10	14	84	53	50	1.58	J Weir	28
7	Aldershot	44	16	4	2	56	20	6	1	15	25	40	22	5	17	81	60	49	1.35	R Howfield	23
8	Workington	44	12	6	4	40	23	7	5	10	29	47	19	11	14	69	70	49	0.98	M Commons	20
9	Barrow	44	12	7	3	49	20	5	7	10	25	38	17	14	13	74	58	48	1.27	J Kemp	15
10	Crewe Alex	44	16	3	3	53	24	4	3	15	26	46	20	6	18	79	70	46	1.12	F Lord	31
11	Oldham Athletic	44	12	7	3	47	26	5	5	12	30	44	17	12	15	77	70	46	1.10	J Frizzell	24
12	Rochdale	44	14	3	5	47	28	5	4	13	24	43	19	7	18	71	71	45	1.00	R Cairns	16
13	Darlington	44	13	5	4	37	24	5	4	13	24	49	18	9	17	61	73	45	0.83	L Robson	17
14	Mansfield Town	44	14	3	5	51	19	5	3	14	26	47	19	6	19	77	66	44	1.16	R Chapman	20
15	Tranmere Rov	44	15	2	5	53	37	5	2	15	17	44	20	4	20	70	81	44	0.86	A Arnell	23
16	Stockport Co	44	13	3	6	42	27	4	6	12	28	42	17	9	18	70	69	43	1.01	C McDonnell	16
17	Southport	44	13	5	4	36	25	4	4	14	25	46	17	9	18	61	71	43	0.85	J Blain	20
18	Exeter City	44	11	5	6	43	32	6	1	15	19	45	13	6	20	62	77	37	0.80	R Carter	16
19	Chesterfield	44	11	3	8	45	38	3	6	13	25	49	14	9	21	70	87	37	0.80	D Kerry	16
20	Gillingham	44	10	6	6	48	30	3	5	14	25	64	13	11	20	73	94	37	0.77	C Livesey	15
21	Doncaster Rov	44	8	5	9	34	29	3	2	17	20	50	11	7	26	60	85	29	0.70	A Leighton	14
22	Hartlepools Utd	44	6	5	11	27	35	2	6	14	25	66	8	11	25	52	101	27	0.51	J Edgar	20
23	Chester	44	5	9	8	36	37	2	3	17	18	59	7	12	25	54	96	26	0.56	R Davies	13

Accrington Stanley resigned after 33 games. Their results, shown here, were expunged from the records.
Barrow v Gillingham abandoned after 75 minutes because of bad light. The Football League ordered the result to stand.

1962/63 DIVISION 1 SEASON 64

Total Matches	462
Total Goals	1536
Avg goals per match	3.32

		Arsenal	Aston Villa	Birmingham C	Blackburn Rov	Blackpool	Bolton Wand.	Burnley	Everton	Fulham	Ipswich Town	Leicester C	Leyton Orient	Liverpool	Manchester C	Manchester U	Nottm Forest	Sheffield Utd	Sheffield Weds	Tottenham H	West Brom A	West Ham Utd	Wolverhampton
1	Arsenal		1-2 4S	2-0 21a	3-1 23M	2-0 8D	3-2 16F	2-3 11m	4-3 26M	3-0 14m	3-1 24N	1-1 22S	2-0 15D	2-2 9M	1-3 20A	0-0 25a	1-0 6A	1-2 10N	2-3 8S	3-2 23F	1-1 12A	5-4 13O	27O
2	Aston Villa	3-1 10S		4-0 16M	0-0 19J	1-1 1S	5-0 1D	2-1 17N	0-2 1A	1-2 3N	4-2 29S	3-1 15m	1-0 20O	2-0 18m	3-1 8m	1-2 9A	0-2 4m	1-2 15S	0-2 13A	2-1 20a	2-0 6O	3-1 18a	0-2 16A
3	Birmingham City	2-2 29a	3-2 27O		3-3 8D	3-6 20A	2-2 3A	5-1 8S	0-1 16A	4-1 22S	0-1 6A	3-2 18m	2-2 25a	0-2 24N	2-2 13O	2-1 10m	0-1 10N	2-0 23M	1-1 30M	0-2 15D	0-0 19S	3-3 1m	3-4 9M
4	Blackburn Rovers	5-5 3N	4-1 8S	6-1 27A		3-3 25M	5-0 29M	2-3 6O	3-2 17N	0-1 16M	0-1 15D	2-0 20O	1-1 1D	1-0 25a	4-1 1m	2-2 2M	2-5 20a	1-2 17S	3-0 12A	3-0 20m	3-1 13A	0-4 22S	5-1 13m
5	Blackpool	3-2 27A	4-0 29M	1-1 1D	4-1 23A		3-1 17N	0-0 20M	1-2 13A	0-0 20O	1-0 20a	1-1 8A	3-2 2M	1-2 15D	2-2 22S	2-2 6O	2-1 3S	3-1 15A	2-3 16M	1-2 8S	0-2 3N	0-0 13m	0-2 25a
6	Bolton Wanderers	3-0 29S	4-1 20A	0-0 24A	0-0 24N	3-0 6A		2-2 22a	0-2 15S	1-0 25a	1-3 8S	2-0 11m	0-1 15A	1-0 13m	3-1 10N	3-0 5S	1-0 27O	3-2 6m	0-4 8D	1-0 25M	1-2 23M	3-0 13O	3-0
7	Burnley	2-1 1S	3-1 6A	3-1 14m	1-0 2A	2-0 29S	2-1 28a		1-3 18a	4-0 12A	3-1 8D	1-1 4S	2-0 15S	1-3 23M	0-0 27O	0-1 4m	0-0 20A	5-1 13O	4-0 29D	2-1 24N	1-1 30A	2-0 9M	10N
8	Everton	1-1 24A	1-1 13O	2-2 15A	0-0 6A	5-0 10N	1-0 4m	3-1 15D		4-1 11m	3-1 27O	3-2 8S	3-0 5S	2-2 22S	2-1 23M	3-1 22a	2-0 9M	3-0 24N	4-1 25a	1-0 20A	4-2 29S	1-1 8D	0-0 23F
9	Fulham	1-3 15S	1-0 23M	3-3 4m	0-0 27O	2-0 9M	2-1 1m	1-1 15A	1-0 1S		1-1 13O	2-1 18a	0-2 29S	0-0 20A	2-4 24N	0-1 26D	3-1 23F	2-2 29a	4-1 19S	0-2 10N	1-2 18m	2-0 6A	0-5 8D
10	Ipswich Town	1-1 30M	1-1 21m	1-5 17N	3-3 18a	5-2 28a	4-1 17M	2-1 27A	0-3 19M	4-1 2M		0-1 60	1-1 13A	2-2 5M	0-0 11S	3-5 3N	1-1 1S	1-0 21D	2-0 1D	2-4 16M	1-1 20O	2-3 15A	2-3 22S
11	Leicester City	2-0 9F	3-3 8D	3-0 29S	2-0 9M	0-0 24N	4-1 1S	3-3 19S	3-1 12F	2-3 15D	3-0 23F		5-1 26D	3-0 13O	2-0 6A	4-3 16A	2-1 25a	3-1 27O	3-3 22a	2-2 23M	1-0 15S	2-0 10N	1-1 20A
12	Leyton Orient	1-2 18a	0-2 9M	2-2 22D	1-1 20A	0-2 13O	0-0 12A	0-1 7m	3-0 12S	1-1 16F	1-2 10N	0-2 3A		2-1 2m	1-1 23F	1-0 8S	0-2 23M	2-2 8D	2-4 22S	1-5 27O	2-3 29a	2-0 1S	0-4 24N
13	Liverpool	2-1 14N	4-0 13F	5-1 8m	3-1 22D	1-2 18a	1-0 60	1-2 3N	0-0 8A	2-1 1D	1-1 15S	0-2 2M	5-0 17N		4-1 29a	1-0 13A	0-2 18A	2-0 1S	0-2 29A	5-2 12A	2-2 20M	2-1 12S	4-1 16F
14	Manchester City	2-4 1D	0-2 25a	2-1 2M	0-1 29S	0-3 4m	2-1 13A	2-5 26M	1-1 3N	2-3 29M	2-1 5S	1-1 17N	2-0 60	2-2 2a		1-1 15m	1-0 12A	1-3 24A	3-2 20O	1-0 11m	1-5 27A	1-6 8S	3-3 15D
15	Manchester United	2-3 6m	2-2 24N	2-0 1S	0-3 13O	1-1 23F	3-0 12S	2-5 22S	0-1 29a	0-2 1A	1-2 23M	0-1 15A	2-2 18m	3-1 10N	3-3 15S		2-3 8D	5-1 20A	1-1 1m	1-3 9M	0-2 18a	2-2 27O	3-1 22A	2-1
16	Nottm Forest	3-0 17N	3-1 22S	0-2 13A	2-0 28a	2-0 11S	0-0 16M	2-1 1D	3-4 13N	3-1 60	0-2 10m	0-1 19F	1-1 3N	3-1 8S	1-1 15A	3-2 20m		2-1 18a	0-3 2M	1-1 18m	2-2 14m	4-2 29D	2-0 30A
17	Sheffield United	3-3 13A	0-2 1m	0-1 3N	1-1 5S	0-0 16A	4-1 20O	1-0 2M	2-1 30M	2-0 22a	2-1 25a	0-0 26M	2-0 26A	0-0 11m	3-1 3A	1-1 1D	3-1 15D		2-2 60	3-1 22S	1-0 17N	0-2 16F	1-2 8S
18	Sheffield Wednesday	2-3 18m	0-0 10N	5-0 15S	4-0 15A	0-0 27O	1-1 18a	0-1 23A	2-2 22D	1-0 12S	0-3 20A	0-3 29a	3-1 4m	2-0 8D	0-0 9M	0-3 29S	3-1 13O	3-1 15m		3-1 8A	1-3 1S	3-1 24N	3-1 23M
19	Tottenham Hotspur	4-4 60	4-2 29a	3-0 18a	4-1 15S	2-0 19J	4-1 27A	1-1 30M	0-0 1D	1-1 13A	5-0 26D	4-0 3N	2-0 27M	7-2 15A	4-2 1S	6-2 24O	9-2 29S	4-2 4m	1-1 17N		2-1 2M	4-4 22D	1-2 12S
20	West Bromwich Albion	1-2 15A	1-0 11m	1-0 12S	2-5 10N	5-4 23M	1-2 22S	0-4 25a	6-1 7m	6-1 8S	2-1 9M	2-1 4m	1-0 22a	2-1 27O	3-0 8D	1-4 15D	1-2 24N	0-3 6A	1-2 12J		1-0 13O	2-2 20A	
21	West Ham United	0-4 2M	1-1 15D	5-0 60	0-1 4m	2-2 14S	1-2 3N	1-1 22O	1-2 27A	2-2 17N	1-3 12A	2-0 13A	2-0 11m	6-1 3S	3-1 18m	4-1 18M	1-1 22A	2-0 29S	1-6 2A	2-2 25a	1D		1-4 20a
22	Wolverhampton Wand.	1-0 8A	3-1 15A	0-2 24O	4-2 1S	2-0 9m	4-0 20M	7-2 13A	0-2 60	2-1 27A	0-0 4m	1-3 1D	2-1 30M	3-2 29S	8-1 18a	2-3 17N	1-1 15S	0-0 19J	2-2 3N	2-2 19S	7-0 16M	0-0 29a	

Final League Table

Pos	Team	Pld	Home					Away					Totals						Leading Goalscorer	Gls
			W	D	L	F	A	W	D	L	F	A	W	D	L	F	A	Pts	GA		
1	Everton	42	14	7	0	48	17	11	4	6	36	25	25	11	6	84	42	61	2.00	T R Vernon	24
2	Tottenham H	42	14	6	1	72	28	9	3	9	39	34	23	9	10	111	62	55	1.79	J Greaves	37
3	Burnley	42	14	4	3	41	17	8	6	7	37	40	22	10	10	78	57	54	1.36	A Lochhead	19
4	Leicester City	42	14	6	1	53	23	6	6	9	26	30	20	12	10	79	53	52	1.49	K Keyworth	21
5	Wolverhampton	42	11	6	4	51	25	9	4	8	42	40	20	10	12	93	65	50	1.43	A Hinton	19
6	Sheffield Weds	42	10	5	6	38	26	9	5	7	39	37	19	10	13	77	63	48	1.22	D Layne	29
7	Arsenal	42	11	4	6	44	33	7	6	8	42	44	18	10	14	86	77	46	1.11	J Baker	29
8	Liverpool	42	13	3	5	45	22	4	7	10	26	37	17	10	15	71	59	44	1.20	R Hunt	24
9	Nottm Forest	42	12	4	5	39	28	5	6	10	28	41	17	10	15	67	69	44	0.97	C Addison	16
10	Sheffield United	42	11	7	3	33	20	5	5	11	25	40	16	12	14	58	60	44	0.96	D Pace	18
11	Blackburn Rov	42	11	4	6	55	34	4	8	9	24	37	15	12	15	79	71	42	1.11	F Pickering	23
12	West Ham United	42	8	6	7	39	34	6	6	9	34	35	14	12	16	73	69	40	1.05	G Hurst	13
13	Blackpool	42	8	7	6	34	27	5	7	9	24	37	13	14	15	58	64	40	0.90	R Charnley	22
14	West Brom A	42	11	1	9	40	37	5	6	10	31	42	16	7	19	71	79	39	0.89	A Jackson, D Kevan	14
15	Aston Villa	42	12	2	7	38	23	3	6	12	24	45	15	8	19	62	68	38	0.91	H Burrows	16
16	Fulham	42	8	6	7	28	30	6	4	11	22	41	14	10	18	50	71	38	0.70	M Cook	10
17	Ipswich Town	42	5	8	8	34	39	7	3	11	25	39	12	11	19	59	78	35	0.75	R Crawford	25
18	Bolton Wand	42	13	3	5	35	18	2	2	17	20	57	15	5	22	55	75	35	0.73	F Lee	12
19	Manchester Utd	42	6	6	9	36	38	6	4	11	31	43	12	10	20	67	81	34	0.82	D Law	23
20	Birmingham City	42	6	8	7	40	40	4	5	12	23	50	10	13	19	63	90	33	0.70	K Leek	20
21	Manchester City	42	7	5	9	30	45	3	6	12	28	57	10	11	21	58	102	31	0.56	A Harley	23
22	Leyton Orient	42	5	5	12	22	37	2	4	15	15	44	6	9	27	37	81	21	0.45	D Dunmore	11

1962/63 DIVISION 2 SEASON 64

Total Matches 462
Total Goals 1496
Avg goals per match 3.24

	Bury	Cardiff City	Charlton Ath	Chelsea	Derby County	Grimsby Town	Huddersfield T	Leeds United	Luton Town	Middlesbrough	Newcastle Utd	Norwich City	Plymouth A	Portsmouth	Preston N E	Rotherham Utd	Scunthorpe U	Southampton	Stoke City	Sunderland	Swansea Town	Walsall
1 Bury		1-0 3N	3-1 22S	2-0 16A	3-3 13A	2-0 6O	1-1 30M	3-1 18S	1-0 18a	1-0 17N	0-0 1D	0-3 19J	1-2 2M	2-0 2A	0-0 20O	0-5 19M	0-2 1S	1-1 7m	2-1 14m	3-0 29D	2-0 30a	0-0 27A
2 Cardiff City	3-1 23M		1-2 6A	1-0 23F	1-0 22D	5-3 12S	3-0 18m	0-0 8D	1-0 13O	1-2 1S	4-4 18a	2-4 29a	2-1 1m	1-2 22S	1-1 6m	4-1 10N	4-0 27O	3-1 9M	1-1 24N	5-2 20A	5-2 15S	2-2 15A
3 Charlton Athletic	0-0 9F	2-4 17N		1-4 22D	0-0 27A	0-3 20O	1-0 13A	1-2 15A	2-0 1S	3-4 1D	1-2 23A	0-2 2M	6-3 16M	2-0 30M	2-1 3N	2-3 29S	1-0 15S	2-1 18m	0-3 18S	2-2 28a	2-2 18a	3-2 6O
4 Chelsea	2-0 12A	6-0 6O	5-0 25a		3-1 27M	2-1 13A	1-2 2M	2-2 30A	3-1 1A	3-2 20O	4-2 3N	2-0 17N	1-1 1D	7-0 21m	2-0 27A	3-0 15D	3-0 22a	2-0 10S	0-1 11m	1-0 8G	2-2 22S	0-1 30M
5 Derby County	0-0 24n	1-2 25a	2-3 8D	1-3 27O		2-4 22S	2-1 15D	0-0 13O	1-0 23M	0-3 15A	0-1 19S	3-0 6m	3-2 20M	4-0 10m	3-2 8S	6-2 20A	3-1 6A	1-1 10N	2-2 22a	0-2 23F	2-0 9M	2-0 24A
6 Grimsby Town	5-1 18m	1-2 18S	2-1 9M	0-3 24N	0-0 4m		1-1 29D	1-1 10N	3-1 20A	3-4 29S	0-1 1S	0-2 15D	1-1 21a	1-1 12A	0-2 13O	3-0 25a	4-1 8D	1-1 27O	1-2 23M	1-0 6A	1-3 30A	3-1
7 Huddersfield Town	0-1 10N	1-0 8S	2-0 24N	1-0 13O	3-3 18a	0-0 24A		1-1 1S	2-0 9M	0-0 29A	2-1 16A	0-0 12S	4-2 1A	1-3 13m	1-0 22S	1-0 6A	2-0 23M	2-3 27O	3-3 20A	0-3 8D	4-1 6m	0-0 29a
8 Leeds United	1-2 5S	3-0 27A	4-1 16A	2-0 15S	3-1 2M	1-0 30M	0-1 11m		3-0 4m	2-3 6O	1-0 20O	0-6 3N	3-3 17N	4-1 1D	3-4 13A	1-0 22a	1-1 3A	3-1 29S	1-0 15D	5-0 25a	3-0 18M	3-0 13M
9 Luton Town	2-1 15D	2-3 24A	4-1 11m	0-2 26D	1-2 3N	2-2 1D	3-2 16M	2-2 22S		4-3 25M	2-3 30M	4-2 13A	3-0 27A	3-3 6O	0-2 5S	2-3 25a	1-0 15A	3-2 29a	0-0 8S	0-3 13m	3-1 1m	4-3 17N
10 Middlesbrough	0-0 6A	3-2 11m	2-1 20A	1-0 9M	5-1 12A	0-1 16F	0-5 25a	2-1 6m	0-2 27O		4-2 22a	6-2 21m	3-0 22S	4-2 7S	2-1 15m	4-3 24N	1-2 10N	2-2 23M	3-3 8D	2-2 15D	2-2 13O	2-3 12S
11 Newcastle United	1-3 20A	2-1 15D	3-2 3A	2-0 23M	0-0 12S	0-0 27M	1-1 12A	1-1 9M	3-1 10N	6-1 29a		2-1 22S	3-1 8S	1-1 25a	2-2 11m	4-1 8D	1-1 24N	4-1 6A	5-2 1m	1-1 13O	6-0 27O	0-2 8m
12 Norwich City	1-1 8S	0-0 22a	1-4 13O	4-1 6A	2-0 29S	0-0 11m	2-3 5S	3-2 23M	3-3 24N	3-4 29D	1-2 4m		2-1 25a	5-3 16A	1-1 15D	4-2 23F	3-3 8D	1-0 20A	6-0 9M	4-2 27O	5-0 10N	2-1 15S
13 Plymouth Argyle	0-0 13O	4-2 26D	6-1 27O	2-1 20A	2-1 15S	2-0 18a	1-1 29S	3-1 6A	3-1 8D	4-5 9F	0-2 19J	1-0 22D		2-0 19S	7-1 22a	2-2 9M	2-3 23F	2-1 12A	0-1 23M	1-1 10N	1-0 24N	3-0 1S
14 Portsmouth	2-1 27O	2-0 4m	3-3 10N	0-2 29S	1-0 1S	2-1 29a	1-1 15S	3-0 20A	3-1 23F	1-1 18m	0-2 22D	1-2 15A	0-2 12S		1-2 1m	1-2 23M	1-2 9M	1-1 13O	0-3 6A	3-1 24N	0-0 8D	4-1 18a
15 Preston North End	0-2 9M	2-6 29S	4-1 23M	1-3 8D	1-0 18m	0-0 15A	2-0 4m	4-1 24N	3-1 11S	0-1 15S	2-1 1S	2-2 18a	0-0 28a	4-2 26D		2-2 27O	3-1 13O	1-0 23F	1-1 10N	1-1 6A	6-3 20A	4-2 19M
16 Rotherham United	1-5 15S	2-1 29M	1-2 30A	0-1 18a	2-2 30N	0-0 7m	0-2 17N	2-1 28a	4-1 21D	3-1 13A	4-1 27A	0-3 5O	3-2 20O	0-0 3N	3-1 16M		1-0 17m	2-0 1S	1-2 26D	4-2 11s	2-1 15a	1-2 4m
17 Scunthorpe United	1-0 10m	2-2 15M	2-0 7m	3-0 28a	2-1 16N	1-1 21D	2-2 2N	0-2 23A	2-0 12A	1-1 29M	2-1 4S	3-1 26A	2-2 6O	1-2 19O	4-1 26M	1-0 8S		2-1 18a	0-0 22S	1-1 30A	1-0 11S	2-0 30N
18 Southampton	0-3 25a	3-5 31O	1-0 8S	2-1 19S	5-0 1m	4-1 13m	3-1 20M	2-2 15m	6-0 22a	3-0 3N	0-1 17N	1-1 1D	4-2 15A	1-0 2M	1-0 6O	1-1 11m	1-1 15D		2-0 22m	2-4 22S	3-0 22A	2-0 13A
19 Stoke City	2-0 29S	1-0 13A	6-3 12S	0-0 1S	3-3 29a	4-1 16M	2-1 1D	0-1 18a	2-0 18m	0-1 27A	3-1 6O	3-0 20O	2-2 3N	3-1 17N	3-0 30M	3-1 1A	2-3 4m	3-1 15S		2-1 15A	2-0 27M	3-0 2M
20 Sunderland	0-1 26D	2-1 1D	1-0 22a	0-1 18m	3-0 6O	6-2 3N	1-1 27A	2-1 22D	3-1 15S	0-0 18a	0-0 2M	7-1 20M	1-1 30M	1-0 13A	2-1 17N	0-0 5S	4-0 29S	0-0 4m	0-0 12A		3-1 1S	5-0 20O
21 Swansea Town	3-0 23a	2-1 4S	2-1 15D	2-0 9F	2-0 19O	1-0 17N	1-2 6O	0-2 8S	1-0 29S	1-1 2M	1-0 16M	2-0 9A	2-1 13A	0-0 27A	1-1 1D	2-2 16A	1-1 18S	1-1 26D	2-1 25a	3-4 11m		3-0 3N
22 Walsall	3-1 8D	2-1 16A	1-2 24m	1-5 16M	1-3 10N	4-1 8S	1-1 21a	1-1 27O	1-0 6A	0-6 4S	3-1 29S	2-2 14m	3-5 26M	4-1 15D	1-0 25a	1-1 20A	1-1 24N	0-0 13O	0-3 9M	0-1 23M		

Final League Table

Pos	Team	Pld	Home					Away					Totals					Pts	GA	Leading Goalscorer	Gls
			W	D	L	F	A	W	D	L	F	A	W	D	L	F	A				
1	Stoke City	42	15	3	3	49	20	5	10	6	24	30	20	13	9	73	50	53	1.46	D Viollet	23
2	Chelsea	42	15	3	3	54	16	9	1	11	27	26	24	4	14	81	42	52	1.92	R Tambling	35
3	Sunderland	42	14	5	2	46	13	6	7	8	38	42	20	12	10	84	55	52	1.52	B Clough	24
4	Middlesbrough	42	12	4	5	48	35	8	5	8	38	50	20	9	13	86	85	49	1.01	A Peacock	31
5	Leeds United	42	15	2	4	55	19	4	8	9	24	34	19	10	13	79	53	48	1.49	J Storrie	25
6	Huddersfield T	42	11	6	4	34	21	6	8	7	29	29	17	14	11	63	50	48	1.26	D Stokes	18
7	Newcastle Utd	42	11	8	2	48	23	7	3	11	31	36	18	11	13	79	59	47	1.33	B Thomas	15
8	Bury	42	11	6	4	28	20	7	5	9	23	27	18	11	13	51	47	47	1.08	W Calder	18
9	Scunthorpe Utd	42	12	7	2	35	18	4	5	12	22	41	16	12	14	57	59	44	0.96	J Kaye	13
10	Cardiff City	42	12	5	4	50	29	6	2	13	33	44	18	7	17	83	73	43	1.13	P Hooper	22
11	Southampton	42	15	3	3	52	23	2	5	14	20	44	17	8	17	72	67	42	1.07	G O'Brien	22
12	Plymouth Argyle	42	13	4	4	48	24	2	8	11	28	49	15	12	15	76	73	42	1.04	W Carter	14
13	Norwich City	42	11	6	4	53	33	6	2	13	27	46	17	8	17	80	79	42	1.01	T Allcock	26
14	Rotherham Utd	42	11	3	7	34	30	6	3	12	33	44	17	6	19	67	74	40	0.90	A Bennett	15
15	Swansea Town	42	13	5	3	33	17	2	4	15	18	55	15	9	18	51	72	39	0.70	E Thomas	15
16	Portsmouth	42	9	5	7	33	27	4	6	11	30	52	13	11	18	63	79	37	0.79	R Saunders	19
17	Preston N E	42	11	6	4	43	30	2	5	14	16	44	13	11	18	59	74	37	0.79	A Dawson	22
18	Derby County	42	10	5	6	40	29	2	7	12	21	43	12	12	18	61	72	36	0.84	W Curry	38
19	Grimsby Town	42	8	6	7	34	26	3	7	11	21	40	11	13	18	55	66	35	0.83	G McLean	15
20	Charlton Athletic	42	8	4	9	33	38	5	1	15	29	56	13	5	24	62	94	31	0.66	R Matthews	8
21	Walsall	42	7	7	7	33	37	4	2	15	20	52	11	9	22	53	89	31	0.59	C Taylor	10
22	Luton Town	42	10	4	7	45	40	1	3	17	16	44	11	7	24	61	84	29	0.72	R Davies	21

1962/63 DIVISION 3
SEASON 64

Total Matches 552
Total Goals 1855
Avg goals per match 3.36

Results Grid

#	Team	Barnsley	Bournemouth	Bradford PA	Brighton & HA	Bristol City	Bristol Rovers	Carlisle Utd	Colchester U	Coventry City	Crystal Palace	Halifax Town	Hull City	Millwall	Northampton T	Notts County	Peterborough U	Port Vale	QPR	Reading	Shrewsbury T	Southend Utd	Swindon Town	Watford	Wrexham
1	Barnsley	—	2-2	1-4	2-0	1-1	4-0	2-0	2-3	2-1	0-4	1-0	1-2	4-1	1-1	3-1	0-2	2-1	0-0	1-0	1-0	2-2	1-1	4-1	2-1
2	Bournemouth	1-1	—	2-2	1-0	1-1	1-1	5-1	1-1	1-1	3-0	1-1	3-0	3-1	3-3	2-0	2-1	1-0	0-0	0-0	0-0	0-0	0-0	0-0	0-3 1-3
3	Bradford PA	1-1	1-1	—	1-5	2-5	2-2	3-1	1-1	0-0	2-1	1-1	3-1	2-2	2-3	5-0	2-2	2-1	0-3	3-2	2-1	2-2	2-0	1-0	3-1
4	Brighton & HA	2-0	0-1	3-1	—	1-0	1-1	1-0	3-0	2-2	1-2	0-1	2-1	0-2	0-5	1-3	0-3	3-1	2-2	2-4	1-1	0-0	1-1	1-4	1-3
5	Bristol City	5-2	1-0	4-2	1-2	—	4-1	2-2	1-2	1-1	1-1	2-2	3-1	2-2	3-1	1-1	1-1	2-0	2-4	4-2	3-1	6-3	2-2	3-3	0-2
6	Bristol Rovers	3-2	1-2	3-3	4-1	1-2	—	1-1	2-0	2-2	2-0	5-2	2-5	2-0	2-2	1-1	3-1	1-1	0-0	1-0	2-0	1-2	2-0	3-1	1-1
7	Carlisle United	2-1	0-3	3-0	1-0	2-5	4-0	—	3-1	0-1	2-2	1-1	4-3	1-2	4-2	1-4	1-1	2-5	1-1	2-1	1-2	0-0	2-1	2-1	
8	Colchester Utd	1-1	3-1	1-4	4-1	1-0	1-0	2-1	—	0-0	1-2	1-1	2-3	2-5	2-2	2-2	2-0	0-1	2-1	4-2	3-2	3-1	0-2	3-2	1-1
9	Coventry City	2-0	1-2	3-1	1-1	4-2	5-0	3-2	2-2	—	1-0	5-4	2-2	2-0	1-1	2-0	3-3	0-1	4-1	2-1	0-0	3-4	2-0	3-1	3-0
10	Crystal Palace	1-2	1-0	6-0	2-2	3-2	2-1	3-0	0-1	0-0	—	0-0	1-1	3-0	1-1	1-0	0-2	2-1	1-0	2-1	2-2	2-3	0-0	0-1	5-0
11	Halifax Town	2-0	3-1	4-4	2-1	2-5	2-3	2-4	1-2	2-4	2-2	—	0-2	3-0	1-3	2-1	2-0	0-4	1-4	1-2	2-2	0-1	4-3	1-3	2-0
12	Hull City	0-2	1-1	1-0	2-1	4-0	3-0	3-1	2-2	2-0	0-0	2-0	—	4-1	2-0	1-1	3-2	0-1	4-1	0-0	2-2	1-2	1-1	1-0	1-3
13	Millwall	4-1	1-0	3-1	2-2	4-2	2-1	2-0	2-1	3-3	1-1	1-1	5-1	—	1-3	0-2	0-1	0-0	0-0	4-1	1-2	3-1	3-4	6-0	2-4
14	Northampton T	4-2	2-2	3-1	3-0	5-1	2-0	2-0	3-1	0-0	3-1	7-1	3-0	1-1	—	2-2	2-3	0-0	1-5	0-0	1-6	5-3	1-1	1-0	8-0
15	Notts County	2-0	2-0	3-2	0-1	3-2	1-3	1-0	6-0	1-1	2-2	5-0	1-1	3-3	2-1	—	2-0	1-0	3-2	1-0	1-5	2-1	2-0	1-3	5-2
16	Peterborough U	4-2	3-0	2-0	3-1	3-1	1-0	2-2	6-2	0-3	0-0	1-1	1-3	6-0	0-0	4-0	—	3-1	1-2	1-1	2-3	1-3	3-1	4-0	1-3
17	Port Vale	1-0	0-3	2-1	1-2	3-1	2-0	2-0	4-2	2-1	4-1	2-0	1-0	1-3	1-1	3-2	—	3-2	2-0	0-0	5-1	2-1	1-3	2-2	
18	Queens Park R	2-1	1-0	1-2	2-2	3-1	3-5	2-2	1-2	1-3	4-1	5-0	4-1	2-3	1-3	0-1	0-0	3-1	—	3-2	0-0	1-0	2-2	2-2	1-2
19	Reading	4-1	2-1	4-1	4-5	0-3	1-0	2-0	4-1	4-1	0-1	4-2	2-2	2-0	2-1	1-1	0-1	4-3	1-1	—	5-0	1-3	1-2	0-0	4-3
20	Shrewsbury T	1-3	2-1	1-2	2-1	3-3	7-2	1-1	1-2	2-1	3-1	4-2	1-4	3-3	1-0	2-2	5-4	2-1	0-3	2-1	—	6-0	1-2	3-0	4-2
21	Southend United	0-0	0-1	3-1	1-1	2-2	3-2	0-3	2-3	1-1	1-0	1-1	0-1	2-1	5-1	1-2	2-1	2-0	1-3	2-0	3-1	—	1-1	1-1	2-0
22	Swindon Town	2-1	2-1	2-1	5-1	3-2	3-0	2-0	6-1	4-1	1-0	1-1	2-0	1-0	2-3	3-1	2-3	2-3	5-0	1-1	1-0	4-1	—	3-1	3-0
23	Watford	0-0	0-1	3-2	2-0	1-4	0-1	5-1	1-1	6-1	1-4	2-1	4-2	0-2	4-2	4-0	2-3	1-2	2-5	4-0	4-3	3-1	3-3	—	3-1
24	Wrexham	2-1	1-0	3-1	0-0	2-1	5-2	2-1	4-1	5-1	3-4	3-1	2-0	5-1	1-4	5-1	4-4	0-1	3-1	1-1	2-0	1-1	0-0	0-0	—

Final League Table

Pos	Team	Pld	Home W	Home D	Home L	Home F	Home A	Away W	Away D	Away L	Away F	Away A	Totals W	Totals D	Totals L	Totals F	Totals A	Pts	GA	Leading Goalscorer	Gls
1	Northampton T	46	16	6	1	64	19	10	4	9	45	41	26	10	10	109	60	62	1.81	A Ashworth	25
2	Swindon Town	46	18	2	3	60	22	4	12	7	27	34	22	14	10	87	56	58	1.55	R P (Ernie) Hunt	24
3	Port Vale	46	16	4	3	47	25	7	4	12	25	33	23	8	15	72	58	54	1.24	A Richards	13
4	Coventry City	46	14	6	3	54	29	4	11	8	29	41	18	17	11	83	69	53	1.20	T Bly	25
5	Bournemouth	46	11	12	0	39	16	7	4	12	24	30	18	16	12	63	46	52	1.37	D Singer	12
6	Peterborough U	46	11	5	7	48	33	9	6	8	45	42	20	11	15	93	75	51	1.24	G Hudson	22
7	Notts County	46	15	3	5	46	29	4	10	9	27	45	19	13	14	73	74	51	0.98	T Hateley	22
8	Southend United	46	11	7	5	38	24	8	5	10	37	53	19	12	15	75	77	50	0.97	K Jones	17
9	Wrexham	46	14	6	3	54	27	6	3	14	30	56	20	9	17	84	83	49	1.01	M Metcalf	13
10	Hull City	46	12	6	5	40	22	7	4	12	34	47	19	10	17	74	69	48	1.07	J McSeveney	22
11	Crystal Palace	46	10	7	6	38	22	7	6	10	30	36	17	13	16	68	58	47	1.17	P Burridge	14
12	Colchester Utd	46	11	6	6	41	35	7	5	11	32	58	18	11	17	73	93	47	0.78	M King	26
13	Queens Park R	46	9	6	8	44	36	8	5	10	41	40	17	11	18	85	76	45	1.11	B Bedford	23
14	Bristol City	46	10	9	4	54	38	6	4	13	46	54	16	13	17	100	92	45	1.08	B Clark	23
15	Shrewsbury Town	46	13	4	6	57	41	3	6	14	26	40	16	10	18	83	81	44	1.02	G A Rowley	24
16	Millwall	46	11	6	6	50	32	4	7	12	32	55	15	13	18	82	87	43	0.94	P Terry	18
17	Watford	46	12	3	8	55	40	5	5	13	27	45	17	8	21	82	85	42	0.96	D Ward	29
18	Barnsley	46	12	8	3	35	15	3	4	16	28	59	15	12	19	63	74	42	0.85	A Leighton	22
19	Bristol Rovers	46	11	8	4	45	29	3	8	12	25	59	14	16	16	70	88	42	0.79	K Williams	17
20	Reading	46	13	4	6	51	30	3	4	16	23	48	16	8	22	74	78	40	0.94	D Allen	12
21	Bradford PA	46	10	9	4	43	36	4	3	16	36	52	14	12	20	79	97	40	0.81	K Hector	19
22	Brighton & HA	46	7	6	10	28	35	5	6	12	30	46	12	12	22	58	84	36	0.69	P Donnelly	11
23	Carlisle United	46	12	4	7	41	37	1	5	17	20	52	13	9	24	61	89	35	0.68	J Livingstone	12
24	Halifax Town	46	8	3	12	41	51	1	9	13	23	55	9	12	25	64	106	30	0.60	B Tait	22

From 6 October Queens Park Rangers played their home matches at The White City.

1962/63 DIVISION 4
SEASON 64

Total Matches	552
Total Goals	1755
Avg goals per match	3.18

Final League Table

Pos	Team	Pld	W	D	L	F	A	W	D	L	F	A	W	D	L	F	A	Pts	GA	Leading Goalscorer	Gls
			Home					**Away**					**Totals**								
1	Brentford	46	18	2	3	59	31	9	6	8	39	33	27	8	11	98	64	62	1.53	J Dick	23
2	Oldham Athletic	46	18	4	1	65	23	6	7	10	30	37	24	11	11	95	60	59	1.58	H Lister	30
3	Crewe Alex	46	15	4	4	50	21	9	7	7	36	37	24	11	11	86	58	59	1.48	F Lord	29
4	Mansfield Town	46	16	4	3	61	20	8	5	10	47	49	24	9	13	108	69	57	1.56	**K Wagstaff**	34
5	Gillingham	46	17	3	3	49	23	5	10	8	22	26	22	13	11	71	49	57	1.44	G Francis	12
6	Torquay United	46	14	8	1	45	20	6	8	9	30	36	20	16	10	75	56	56	1.33	B Handley	20
7	Rochdale	46	16	6	1	48	21	4	5	14	19	38	20	11	15	67	59	51	1.13	R Cairns, G Morton	14
8	Tranmere Rov	46	15	3	5	57	25	5	7	11	24	42	20	10	16	81	67	50	1.20	D Hickson	19
9	Barrow	46	14	7	2	52	26	5	5	13	30	54	19	12	15	82	80	50	1.02	T Dixon	16
10	Workington	46	13	4	6	42	20	4	9	10	34	48	17	13	16	76	68	47	1.11	D Carr	19
11	Aldershot	46	9	9	5	42	32	6	8	9	31	37	15	17	14	73	69	47	1.05	A Woan	21
12	Darlington	46	13	3	7	44	33	6	3	14	28	54	19	6	21	72	87	44	0.82	L Robson	18
13	Southport	46	11	9	3	47	35	4	5	14	25	71	15	14	17	72	106	44	0.67	R Blore	20
14	York City	46	12	6	5	42	25	4	5	14	25	37	16	11	19	67	62	43	1.08	N Wilkinson	15
15	Chesterfield	46	7	10	6	43	29	6	6	11	27	35	13	16	17	70	64	42	1.09	C Rackstraw	19
16	Doncaster Rov	46	9	10	4	36	26	5	4	14	28	51	14	14	18	64	77	42	0.83	C Booth	34
17	Exeter City	46	9	6	8	27	32	7	4	12	30	45	16	10	20	57	77	42	0.74	R Carter	19
18	Oxford United	46	10	10	3	44	27	3	5	15	26	44	13	15	18	70	71	41	0.98	B Houghton	16
19	Stockport Co	46	9	7	7	34	29	6	4	13	22	41	15	11	20	56	70	41	0.80	C McDonnell	16
20	Newport County	46	11	6	6	44	29	3	5	15	32	61	14	11	21	76	90	39	0.84	R Hunt	27
21	Chester	46	11	5	7	31	20	4	5	14	20	43	15	9	22	51	66	39	0.77	P Fitzgerald	8
22	Lincoln City	46	11	1	11	48	46	2	8	13	20	43	13	9	24	68	89	35	0.76	B Punter	13
23	Bradford City	46	8	8	7	37	40	3	5	15	27	53	11	13	22	64	93	32	0.68	H R Green	10
24	Hartlepools Utd	46	5	7	11	33	39	2	4	17	23	65	7	11	28	56	104	25	0.53	J Edgar, J D McLean	11

Oxford United elected to replace Accrington Stanley.

1963/64 DIVISION 1 SEASON 65

Total Matches: 462
Total Goals: 1571
Avg goals per match: 3.4

Results Grid

	Arsenal	Aston Villa	Birmingham C	Blackburn Rov	Blackpool	Bolton Wand.	Burnley	Chelsea	Everton	Fulham	Ipswich Town	Leicester C	Liverpool	Manchester U	Nottm Forest	Sheffield Utd	Sheffield Weds	Stoke City	Tottenham H	West Brom A	West Ham Utd	Wolverhampton
1 Arsenal		3-0 10S	4-1 5N	0-0 11A	5-3 23N	4-3 7S	3-2 8F	2-4 14M	6-0 10D	2-2 18J	6-0 5O	0-1 21D	1-1 7D	2-1 21S	4-2 26O	1-3 28M	1-1 24M	1-1 29F	4-4 15O	3-2 27a	3-3 9N	1-3 24a
2 Aston Villa	2-1 19O		0-3 30M	1-2 31a	3-1 11J	3-0 2N	2-0 4A	2-0 14S	0-1 7O	2-2 21M	0-0 30N	1-3 18A	2-2 19F	4-0 16N	3-0 14D	0-1 28S	2-2 7M	1-3 26a	2-4 16S	1-0 22F	2-2 1F	2-2 28D
3 Birmingham City	1-4 28D	3-3 31M		2-2 13M	3-2 9N	2-1 24a	0-0 18J	3-4 28M	0-2 5O	0-0 21D	1-0 21S	2-0 4S	3-1 22A	1-1 7S	3-3 23N	3-0 25A	1-2 8F	0-1 11A	1-2 29F	0-1 11S	2-1 7D	2-2 26O
4 Blackburn Rovers	4-1 30N	2-0 21D	3-0 16N		1-2 27M	3-0 9O	1-2 19O	2-2 16S	1-2 21M	2-0 5O	3-1 18A	5-2 7M	1-2 24a	1-3 22F	2-0 8F	2-2 4S	1-1 2N	1-0 21S	7-2 7S	0-2 4A	1-3 28D	1-1 18J
5 Blackpool	0-1 4A	0-4 7S	3-0 20M	3-2 30M		2-0 7M	1-1 22F	1-5 26D	1-1 2N	0-2 30S	2-2 19O	3-3 30N	0-1 21D	1-0 16S	2-2 5O	2-2 24a	0-2 18A	1-0 8F	2-0 18J	1-0 16N	0-1 2S	1-2 21S
6 Bolton Wanderers	1-1 11J	1-1 28M	0-2 14D	0-5 29F	1-1 26O		2-1 30M	1-0 11A	1-3 4S	2-1 8F	6-0 18S	0-0 14S	1-2 9N	0-1 5O	2-3 1F	3-0 8A	3-0 28D	3-4 12O	1-3 7D	1-2 31a	1-1 23N	0-4 24A
7 Burnley	0-3 28S	2-0 23N	2-1 14S	3-0 10	1-0 12O	1-1 31M		0-0 27a	2-3 11J	4-1 10S	3-1 14D	2-0 10M	0-3 14A	6-1 26D	1-1 7D	1-2 26O	3-1 31a	1-0 28M	7-2 21A	3-2 1F	3-1 3M	1-0 9N
8 Chelsea	3-1 16N	1-0 18J	2-3 2N	1-0 11S	1-0 28D	4-0 30N	2-0 4S		1-0 18A	1-2 7M	4-0 22F	1-0 6A	1-3 7S	1-0 20	3-2 30M	1-2 21D	3-3 19O	0-3 5O	3-1 21S	1-0 21M	0-0 24a	2-3 8F
9 Everton	2-1 2O	4-2 28F	3-0 18F	2-4 9N	3-1 28M	2-0 11S	3-4 7S	1-1 7D		3-0 24a	1-1 18J	0-3 28D	3-1 8F	4-0 21D	6-1 14M	4-1 15O	3-2 21S	2-0 23N	1-0 26O	1-1 27M	2-0 25A	3-3 11A
10 Fulham	1-4 14S	2-0 9N	2-1 31a	1-1 19F	1-1 29F	3-1 28S	2-1 18S	0-1 26O	2-2 14D		10-1 26D	2-1 1F	0-0 14M	3-1 27M	2-2 12O	0-0 23N	3-3 28a	1-1 25M	1-1 28M	0-2 11J	4-1 11A	0-1 7D
11 Ipswich Town	1-2 18F	4-3 11A	3-2 1F	0-0 7D	4-3 25A	1-3 10	3-1 24a	1-3 120	0-0 14S	4-2 28D		1-1 30M	1-2 26O	2-7 3S	4-3 28M	1-0 29F	1-4 11J	0-2 9N	2-3 23N	1-2 28S	3-2 20D	1-0 14A
12 Leicester City	7-2 31a	0-0 7D	3-0 28a	4-3 26O	2-3 11A	0-4 18J	2-4 5O	2-0 23N	0-1 26D	2-1 21S	2-1 31M		0-2 28M	3-2 8F	1-0 29F	3-0 9N	1-1 11S	2-1 11J	0-1 25A	0-2 14D	2-2 18M	2-0 14O
13 Liverpool	5-0 18A	5-2 5O	2-1 22F	1-2 14D	1-2 31a	2-0 20M	2-0 30N	2-1 11J	2-1 18S	2-0 16N	6-0 7M	0-1 2N		3-0 4A	1-2 28a	6-1 1F	3-1 9O	6-1 26D	3-1 30M	1-0 19O	1-2 14S	6-0 16S
14 Manchester United	3-1 1F	1-0 6A	1-2 11J	2-2 28O	3-0 11S	1-2 19F	5-1 28D	3-0 23M	3-0 31a	2-0 30M	3-1 28a	0-1 28S		3-1 25A	2-1 13A	3-1 14D	5-2 7D	4-1 9N	1-0 14S	0-1 26O	0-2 28M	2-2 28M
15 Nottm Forest	2-0 7M	0-1 24a	4-0 4A	1-1 28S	0-1 15F	3-1 21S	1-3 18A	0-1 31M	2-2 16N	2-0 22F	3-1 2N	2-0 8O	0-0 3S	1-2 19O		3-3 26D	3-2 21M	0-0 18J	1-2 21D	0-3 30N	3-1 17S	3-0 7S
16 Sheffield United	2-2 2N	1-1 8F	3-0 19O	0-1 28a	0-1 14D	2-0 16N	1-1 7M	0-0 31a	3-1 22F	3-1 4A	3-0 9O	1-2 21M	3-0 21S	1-2 30N	1-2 28D		1-1 14S	4-1 11S	3-3 5O	2-1 18A	2-1 11J	3-1 31M
17 Sheffield Wednesday	0-4 30M	1-0 26O	2-1 28S	5-2 28M	1-0 7D	3-0 26D	3-1 21D	3-2 29F	0-3 1F	3-0 4S	3-1 7S	1-2 20	2-2 4M	3-3 24a	3-1 9N	3-0 18J		2-0 8A	2-0 13A	2-2 15F	3-0 12O	5-0 23N
18 Stoke City	1-2 9O	2-2 4S	2-1 30N	1-2 1F	1-2 28S	0-1 22F	2-0 2N	3-2 4M	1-1 4A	9-1 19O	3- 21M	3-1 7S	3-0 29A	0-1 18A	1-0 14S	0-2 18S	4-4 16N		2-1 24a	1-1 7M	3-0 31M	0-2 21D
19 Tottenham Hotspur	3-1 22F	3-1 25J	6-1 20	4-1 11J	6-1 14S	1-0 18A	3-2 16N	1-2 1F	2-4 7M	1-0 2N	6-3 4A	1-1 19O	1-3 27M	2-3 21M	4-1 31a	0-0 15F	1-1 30N	2-1 14D		0-2 28D	3-0 28S	4-3 4S
20 West Bromwich Albion	4-0 4S	4-3 12O	1-3 18S	1-3 23N	2-1 13M	0-0 21D	1-1 21S	4-2 9N	3-0 31M	2-1 7S	2-2 24a	1-4 25A	2-2 18J	2-0 11A	1-3 7D	2-3 50	4-4 26O	2-1 26D	2-1 28M		0-1 3S	1-0 29F
21 West Ham United	1-1 21M	0-1 21S	5-0 17A	2-8 26D	3-1 26a	2-3 4A	1-1 7O	2-2 14D	4-2 19O	1-1 30N	2-2 30a	2-2 16N	1-0 18J	0-2 7M	0-2 9S	2-3 7S	4-3 22F	4-1 27M	4-0 8F	4-2 2N		1-1 5O
22 Wolverhampton Wand.	2-2 14D	3-3 26D	1-1 7M	1-5 14S	1-1 1F	2-2 19O	1-1 21M	4-1 28S	0-0 30N	4-0 18A	2-1 16N	1-3 22F	2-0 2N	2-3 11J	1-1 30M	1-1 4A	2-1 31a	1-4 28a	0-2 20	0-2 1/F		

Final League Table

Pos	Team	Pld	Home W	Home D	Home L	Home F	Home A	Away W	Away D	Away L	Away F	Away A	Totals W	Totals D	Totals L	Totals F	Totals A	Pts	GA	Leading Goalscorer	Gls
1	Liverpool	42	16	0	5	60	18	10	5	6	32	27	26	5	11	92	45	57	2.04	R Hunt	31
2	Manchester Utd	42	15	3	3	54	19	8	4	9	36	43	23	7	12	90	62	53	1.45	D Law	30
3	Everton	42	14	4	3	53	26	7	6	8	31	38	21	10	11	84	64	52	1.31	T R Vernon	17
4	Tottenham H	42	13	3	5	54	31	9	4	8	43	50	22	7	13	97	81	51	1.19	**J Greaves**	**35**
5	Chelsea	42	12	3	6	36	24	8	7	6	36	32	20	10	12	72	56	50	1.28	R Tambling	17
6	Sheffield Weds	42	15	3	3	50	24	4	8	9	34	43	19	11	12	84	67	49	1.25	D Layne	23
7	Blackburn Rov	42	10	4	7	44	28	8	6	7	45	37	18	10	14	89	65	46	1.36	M McEvoy	32
8	Arsenal	42	10	7	4	56	37	7	4	10	34	45	17	11	14	90	82	45	1.09	J Baker, G Strong	26
9	Burnley	42	14	3	4	46	23	3	7	11	25	41	17	10	15	71	64	44	1.10	A Lochhead	11
10	West Brom A	42	9	6	6	43	35	7	5	9	27	26	16	11	15	70	61	43	1.14	C Clark	16
11	Leicester City	42	9	4	8	33	27	7	7	7	28	31	16	11	15	61	58	43	1.05	K Keyworth, M Stringfellow	12
12	Sheffield United	42	10	6	5	35	22	6	5	10	26	42	16	11	15	61	64	43	0.95	D Pace	16
13	Nottm Forest	42	9	5	7	34	24	7	4	10	30	44	16	9	17	64	68	41	0.94	F Wignall	16
14	West Ham United	42	8	7	6	45	38	6	5	10	24	36	14	12	16	69	74	40	0.93	J Byrne	24
15	Fulham	42	11	8	2	45	23	2	5	14	13	42	13	13	16	58	65	39	0.89	G Leggat	15
16	Wolverhampton	42	6	9	6	36	34	6	6	9	34	46	12	15	15	70	80	39	0.87	R Crawford	15
17	Stoke City	42	9	4	8	49	33	5	4	12	28	45	14	10	18	77	78	38	0.98	J Ritchie	18
18	Blackpool	42	8	6	7	26	29	5	3	13	26	44	13	9	20	52	73	35	0.71	A Ball	13
19	Aston Villa	42	8	6	7	35	29	3	6	12	27	42	11	12	19	62	71	34	0.87	T Hateley	13
20	Birmingham City	42	7	7	7	33	32	4	0	17	21	60	11	7	24	54	92	29	0.58	R Auld	10
21	Bolton Wand	42	6	5	10	30	35	4	3	14	18	45	10	8	24	48	80	28	0.60	F Lee	12
22	Ipswich Town	42	9	3	9	38	45	0	4	17	18	76	9	7	26	56	121	25	0.46	G Baker	15

1963/64 DIVISION 2
SEASON 65

	Total Matches	462
	Total Goals	1467
	Avg goals per match	3.18

Results Grid

		Bury	Cardiff City	Charlton Ath	Derby County	Grimsby Town	Huddersfield T	Leeds United	Leyton Orient	Manchester City	Middlesbrough	Newcastle Utd	Northampton T	Norwich City	Plymouth A	Portsmouth	Preston N E	Rotherham Utd	Scunthorpe U	Southampton	Sunderland	Swansea Town	Swindon Town
1	Bury		4-1	0-2	1-2	1-	0-2	1-2	1-2	1-1	1-1	1-2	1-1	4-2	2-2	3-2	2-1	4-2	3-2	1-5	0-1	3-2	1-0
2	Cardiff City	2-1		1-1	2-1	0-0	2-1	0-0	2-1	2-2	1-1	2-2	1-0	3-1	3-1	1-2	0-4	2-1	3-1	2-4	0-2	1-1	1-0
3	Charlton Athletic	3-0	5-2		2-0	2-1	5-2	0-2	1-2	4-3	2-4	1-2	1-1	3-1	1-0	0-1	3-0	4-3	0-1	2-2	0-0	3-1	2-2
4	Derby County	2-1	2-1	1-1		0-0	2-0	1-1	1-0	1-3	2-2	1-2	0-0	2-1	3-1	3-1	1-2	1-4	2-2	3-2	0-3	3-0	3-0
5	Grimsby Town	1-0	0-2	0-2	1-3		2-2	0-2	1-1	1-1	3-1	2-1	4-1	3-1	1-1	0-3	0-3	1-3	2-0	2-2	2-2	1-1	1-2
6	Huddersfield Town	2-1	2-1	2-1	0-0	1-2		0-2	2-1	0-2	1-0	3-0	0-1	1-1	4-3	1-1	2-2	0-3	3-2	4-0	0-2	1-0	2-0
7	Leeds United	3-0	1-1	1-1	2-2	3-1	1-1		2-1	1-0	2-0	2-1	0-0	4-2	1-1	3-1	1-1	1-0	1-0	3-1	1-1	2-1	0-0
8	Leyton Orient	1-1	4-0	0-3	3-0	0-0	2-3	0-2		0-2	3-2	1-0	0-0	1-1	1-0	3-6	2-2	0-2	2-2	1-0	2-5	4-0	2-1
9	Manchester City	1-1	4-0	1-3	3-2	0-4	5-2	3-2	2-0		1-0	3-1	3-0	5-0	1-1	0-2	2-3	6-1	8-1	1-1	0-3	1-0	0-0
10	Middlesbrough	2-0	3-1	2-3	3-0	6-0	1-1	1-3	2-0	2-2		3-0	1-0	0-1	5-0	3-1	3-0	2-2	2-0	1-0	2-0	2-0	1-1
11	Newcastle United	0-4	0-4	5-0	3-1	4-0	2-0	0-1	3-0	3-1	2-0		2-3	2-0	1-1	1-0	2-4	5-2	3-1	2-2	1-0	4-1	4-1
12	Northampton Town	1-2	2-1	1-2	0-1	1-2	1-0	0-3	1-2	2-1	3-2	2-2		3-2	0-0	2-1	0-3	1-3	2-0	2-0	5-1	2-3	4-0
13	Norwich City	0-1	5-1	1-3	3-0	2-0	2-2	2-2	2-1	1-2	1-1	3-1	3-3		1-1	3-1	2-1	2-2	2-1	1-1	2-3	3-0	3-2
14	Plymouth Argyle	1-0	1-1	1-1	0-0	3-2	0-1	2-2	2-1	2-0	3-4	0-3	1-2	0-4		0-2	0-0	3-1	1-1	1-1	3-2	2-4	
15	Portsmouth	3-3	5-0	4-1	1-1	2-2	2-1	1-1	4-3	2-2	1-0	5-2	3-0	1-1	1-2		1-2	2-1	3-4	2-0	2-4	0-0	1-4
16	Preston North End	3-0	4-0	3-1	0-2	1-0	2-1	2-0	0-0	2-0	2-2	3-0	2-1	3-0	0-0	0-0		2-2	1-0	2-1	1-1	3-3	1-0
17	Rotherham United	6-2	1-0	5-0	2-0	1-0	3-1	2-2	2-4	1-2	2-1	2-3	1-0	4-0	3-1	4-2	4-2		2-1	2-3	2-2	3-3	0-0
18	Scunthorpe United	0-0	1-2	1-1	3-2	2-2	1-0	0-1	0-0	2-4	1-0	2-0	1-2	2-2	1-0	1-1	1-0	4-3		1-2	1-1	2-2	3-0
19	Southampton	0-1	3-2	6-1	6-4	6-0	1-1	1-4	3-0	4-2	2-2	2-0	3-1	3-0	1-2	2-3	4-5	6-1	7-2		0-0	4-0	5-1
20	Sunderland	4-1	3-3	2-1	3-0	3-0	3-2	2-0	4-1	2-0	0-0	2-1	0-2	0-0	1-0	3-0	4-0	2-0	1-0	1-2		1-0	6-0
21	Swansea Town	0-2	3-0	1-2	2-1	1-1	1-2	0-3	1-0	3-3	2-1	0-1	1-1	3-1	2-1	1-1	5-1	4-2	4-1	6-0	1-2		3-0
22	Swindon Town	2-1	1-2	2-2	0-0	2-1	1-2	2-2	5-0	3-0	2-0	0-0	2-3	2-2	2-1	2-0	1-4	3-1	3-0	1-2	1-0	2-1	

Final League Table

Pos	Team	Pld	Home W	Home D	Home L	Home F	Home A	Away W	Away D	Away L	Away F	Away A	Totals W	Totals D	Totals L	Totals F	Totals A	Pts	GA	Leading Goalscorer	Gls
1	Leeds United	42	12	9	0	35	16	12	6	3	36	18	24	15	3	71	34	63	2.08	A Johannesson	13
2	Sunderland	42	16	3	2	47	13	9	8	4	34	24	25	11	6	81	37	61	2.18	J Crossan	22
3	Preston N E	42	13	7	1	37	14	10	3	8	42	40	23	10	9	79	54	56	1.46	A Dawson	30
4	Charlton Athletic	42	11	4	6	44	30	8	6	7	32	40	19	10	13	76	70	48	1.08	R Matthews	21
5	Southampton	42	13	3	5	69	32	6	6	9	31	41	19	9	14	100	73	47	1.37	M Chivers, T Paine	21
6	Manchester City	42	12	4	5	50	27	6	6	9	34	39	18	10	14	84	66	46	1.27	D Kevan	30
7	Rotherham Utd	42	14	3	4	52	26	5	4	12	38	52	19	7	16	90	78	45	1.15	K Houghton, B Tiler	18
8	Newcastle United	42	14	2	5	49	26	6	3	12	25	43	20	5	17	74	69	45	1.07	B Thomas	20
9	Portsmouth	42	9	7	5	46	34	7	4	10	33	36	16	11	15	79	70	43	1.12	R Saunders	33
10	Middlesbrough	42	14	4	3	47	16	1	7	13	20	36	15	11	16	67	52	41	1.28	I Gibson	14
11	Northampton T	42	10	2	9	35	31	6	7	8	23	29	16	9	17	58	60	41	0.96	F Large	12
12	Huddersfield T	42	11	4	6	31	25	4	6	11	26	39	15	10	17	57	64	40	0.89	D Stokes	15
13	Derby County	42	10	6	5	34	27	4	5	12	22	40	14	11	17	56	67	39	0.83	A Durban	9
14	Swindon Town	42	11	5	5	39	24	3	5	13	18	45	14	10	18	57	69	38	0.82	R P (Ernie) Hunt	12
15	Cardiff City	42	10	7	4	31	27	4	3	14	25	54	14	10	18	56	81	38	0.69	I Allchurch	12
16	Leyton Orient	42	8	6	7	32	32	5	4	12	22	40	13	10	19	54	72	36	0.75	G Bolland	16
17	Norwich City	42	9	7	5	43	30	2	6	13	21	50	11	13	18	64	80	35	0.80	R Davies	26
18	Bury	42	8	5	8	35	36	5	4	12	22	37	13	9	20	57	73	35	0.78	A Alston	10
19	Swansea Town	42	11	4	6	44	26	1	5	15	19	48	12	9	21	63	74	33	0.85	A B Reynolds	12
20	Plymouth Argyle	42	6	8	7	26	32	2	8	11	19	35	8	16	18	45	67	32	0.67	F Lord	8
21	Grimsby Town	42	6	7	8	28	34	3	7	11	19	41	9	14	19	47	75	32	0.62	C Portwood	11
22	Scunthorpe Utd	42	8	8	5	30	25	2	2	17	22	57	10	10	22	52	82	30	0.63	K Hodgson	11

1963/64 DIVISION 3 SEASON 65

Total Matches	552
Total Goals	1730
Avg goals per match	3.13

Final League Table

Pos	Team	Pld	Home W	Home D	Home L	Home F	Home A	Away W	Away D	Away L	Away F	Away A	W	D	L	F	A	Pts	GA	Leading Goalscorer	Gls
1	Coventry City	46	14	7	2	62	32	8	9	6	36	29	22	16	8	98	61	60	1.60	G Hudson	25
2	Crystal Palace	46	17	4	2	38	14	6	10	7	35	37	23	14	9	73	51	60	1.43	P Burridge, C Holton	20
3	Watford	46	16	6	1	57	28	7	6	10	22	31	23	12	11	79	59	58	1.33	C Livesey	23
4	Bournemouth	46	17	4	2	47	15	7	4	12	32	43	24	8	14	79	58	56	1.36	D Coughlin	28
5	Bristol City	46	13	7	3	52	24	7	8	8	32	40	20	15	11	84	64	55	1.31	P J Atyeo	21
6	Reading	46	15	5	3	49	26	6	5	12	30	36	21	10	15	79	62	52	1.27	D Allen	13
7	Mansfield Town	46	15	8	0	51	20	5	3	15	25	42	20	11	15	76	62	51	1.22	K Wagstaff	29
8	Hull City	46	11	9	3	45	27	5	8	10	28	41	16	17	13	73	68	49	1.07	C Chilton	22
9	Oldham Athletic	46	13	3	7	44	35	7	5	11	29	35	20	8	18	73	70	48	1.04	H Lister	14
10	Peterborough U	46	13	6	4	52	27	5	8	10	23	43	18	14	14	75	70	47	1.07	A D Dougan	20
11	Shrewsbury Town	46	13	6	4	43	19	5	5	13	30	61	18	11	17	73	80	47	0.91	H Middleton	21
12	Bristol Rovers	46	9	8	6	52	34	10	2	11	39	45	19	10	17	91	79	48	1.15	A Biggs	30
13	Port Vale	46	13	6	4	35	13	3	8	12	18	36	16	14	16	53	49	46	1.08	A Richards	12
14	Southend United	46	9	10	4	42	26	6	5	12	35	52	15	15	16	77	78	45	0.98	M Beesley	13
15	Queens Park R	46	13	4	6	47	34	5	5	13	29	44	18	9	19	76	78	45	0.97	N B Bedford	23
16	Brentford	46	11	4	8	54	36	4	10	9	33	44	15	14	17	87	80	44	1.08	D Ward	19
17	Colchester Utd	46	10	8	5	45	26	2	11	10	25	42	12	19	15	70	68	43	1.02	R R Hunt	20
18	Luton Town	46	12	2	9	42	41	4	8	11	22	39	16	10	20	64	80	42	0.80	J O'Rourke	22
19	Walsall	46	7	8	9	7	34	35	6	5	12	25	41	13	14	19	59	76	40	0.77	G Matthews	15
20	Barnsley	46	9	9	5	34	29	3	6	14	34	65	12	15	19	68	94	39	0.72	A Leighton	24
21	Millwall	46	9	4	10	33	29	5	6	12	20	38	14	10	22	53	67	38	0.79	P Terry	10
22	Crewe Alex	46	10	5	8	29	26	1	7	15	21	51	11	12	23	50	77	34	0.64	W Haydock, J King	9
23	Wrexham	46	9	4	10	50	42	4	2	17	25	65	13	6	27	75	107	32	0.70	E Phythian	20
24	Notts County	46	8	8	7	29	26	1	9	13	16	66	9	9	28	45	92	27	0.48	J Astle	11

1963/64 DIVISION 4
SEASON 65

Total Matches 552
Total Goals 1631
Avg goals per match 2.95

		Aldershot	Barrow	Bradford P A	Bradford City	Brighton & H A	Carlisle Utd	Chester	Chesterfield	Darlington	Doncaster R	Exeter City	Gillingham	Halifax Town	Hartlepools U	Lincoln City	Newport County	Oxford United	Rochdale	Southport	Stockport Co	Torquay United	Tranmere Rov	Workington	York City
1	Aldershot		8-2	0-3	2-3	1-0	3-2	2-1	0-2	1-2	4-2	0-1	1-1	0-0	4-1	2-0	2-0	2-0	1-1	3-1	7-0	1-0	5-4	4-0	5-2
2	Barrow	0-2		2-2	2-3	1-1	2-2	2-2	5-2	3-1	0-2	1-1	0-3	0-0	1-2	0-0	1-1	1-1	1-2	1-3	1-2	1-0	1-1	1-1	1-2
3	Bradford P A	2-1	1-0		1-3	2-1	1-1	4-0	0-1	4-1	3-1	3-2	1-0	4-4	3-1	0-1	2-5	5-2	2-2	3-0	2-2	1-1	4-2	1-0	1-3
4	Bradford City	3-0	7-1	1-0		3-1	2-2	1-1	4-2	1-2	2-1	1-2	0-2	0-0	2-0	4-0	2-1	2-1	2-0	2-0	1-0	2-1	0-3	0-2	3-2
5	Brighton & H A	3-1	2-0	0-1	1-2		1-3	0-0	1-1	2-0	4-0	1-2	2-1	3-0	4-1	5-1	1-2	2-1	3-1	1-0	1-2	3-0	1-1	1-2	3-0
6	Carlisle United	4-0	4-1	4-0	1-2	0-1		3-1	1-0	3-3	6-0	3-0	3-1	3-0	7-1	5-0	3-3	2-1	1-0	5-2	0-0	0-1	5-2	3-1	4-0
7	Chester	2-0	2-0	1-0	3-0	0-0	4-2		4-2	0-1	1-1	2-0	1-0	5-2	2-1	3-1	3-0	0-2	2-0	5-0	2-1	2-1	0-2	2-1	1-1
8	Chesterfield	4-0	1-1	1-2	3-2	1-0	2-0	1-0		2-1	3-3	0-1	0-3	2-2	0-2	1-3	0-1	0-0	1-1	1-0	1-1	1-1	1-1	2-2	1-0
9	Darlington	0-1	3-3	2-2	1-2	1-2	1-6	1-0	3-2		2-0	1-1	1-1	0-0	0-0	1-1	3-1	3-0	3-2	2-2	2-3	2-0	3-5	1-1	4-2
10	Doncaster Rov	1-1	3-1	3-2	2-1	1-1	1-1	3-2	1-1	10-0		1-0	1-2	3-1	2-2	0-0	1-1	0-1	2-0	3-0	4-1	1-0	1-2	2-3	0-0
11	Exeter City	0-0	0-0	2-3	4-1	0-0	1-0	3-0	6-1	1-1	3-1		0-0	0-0	2-1	0-0	3-1	3-2	0-1	1-1	2-0	0-0	5-0	2-1	1-0
12	Gillingham	2-0	3-1	2-0	0-0	1-0	2-0	2-1	1-0	2-1	1-1	0-0		2-1	2-0	1-0	1-2	0-0	0-0	5-1	0-0	2-0	2-2	3-1	1-0
13	Halifax Town	3-3	1-0	2-1	0-1	2-2	1-2	1-0	3-2	2-0	0-2	2-0	0-0		4-1	0-2	2-0	3-3	4-1	4-2	5-1	2-0	1-3	2-0	1-0
14	Hartlepools Utd	1-4	0-0	4-2	1-0	2-2	0-6	2-0	1-0	0-2	2-1	1-1	0-0	1-1		1-2	1-1	2-1	1-1	2-3	3-0	1-4	3-2	1-2	0-1
15	Lincoln City	3-3	3-0	3-0	1-2	0-2	0-2	3-2	5-2	3-1	3-1	1-1	0-3	4-0	4-2		2-1	3-2	2-0	1-0	3-2	0-1	0-2	3-2	
16	Newport County	2-1	3-0	4-0	3-1	2-0	1-4	0-1	0-1	1-2	1-0	0-1	0-1	4-2	2-1	4-2		1-0	1-3	3-1	0-3	0-2	0-2	1-0	
17	Oxford United	1-1	0-0	2-1	1-1	1-3	1-2	2-1	1-2	5-0	0-1	0-2	3-1	2-2	5-1	2-0	2-1		1-1	0-0	1-1	0-0	1-0	0-2	4-4
18	Rochdale	2-2	1-3	0-0	1-2	1-1	1-1	0-0	0-1	2-1	2-2	1-3	2-1	4-1	2-0	2-2	0-0	0-0		4-0	1-0	1-2	1-1	5-0	2-0
19	Southport	4-1	3-3	0-1	3-3	3-3	3-0	0-2	0-1	3-3	3-0	1-1	1-1	3-1	2-1	1-0	4-2	1-2	2-1		2-0	1-0	2-0	0-3	0-3
20	Stockport Co	2-2	5-0	2-1	2-1	1-1	0-3	1-0	2-1	2-0	1-3	0-0	2-0	1-2	1-0	4-0	1-0	0-0	1-0	1-4		0-0	1-1	0-0	2-0
21	Torquay United	3-0	1-1	6-2	4-0	3-0	3-1	5-0	1-1	3-1	1-0	1-1	1-0	3-2	4-2	2-2	8-3	0-0	1-0	3-1	4-0		1-1	2-1	0-1
22	Tranmere Rov	3-0	1-1	1-1	1-2	6-1	3-3	2-1	3-0	2-1	0-0	2-2	2-3	3-0	2-3	1-3	2-1	2-0	4-2	3-1		0-2		1-0	
23	Workington	4-0	4-1	1-1	1-0	1-0	2-2	1-1	1-2	3-0	4-1	0-0	1-0	2-4	2-0	1-1	2-0	3-1	3-0	2-1	1-1	2-1	4-2		1-0
24	York City	1-2	1-2	2-0	1-0	3-2	0-0	1-0	2-0	3-1	3-1	1-2	0-1	1-3	0-1	0-0	3-0	0-2	0-3	4-1	2-0	1-1	1-2	0-1	

Final League Table

Pos	Team	Pld	Home					Away					Totals					Pts	GA	Leading Goalscorer	Gls
			W	D	L	F	A	W	D	L	F	A	W	D	L	F	A				
1	Gillingham	46	16	7	0	37	10	7	7	9	22	20	23	14	9	59	30	60	1.96	B Gibbs	17
2	Carlisle United	46	17	3	3	70	20	8	7	8	43	38	25	10	11	113	58	60	1.94	H McIlmoyle	39
3	Workington	46	15	6	2	46	19	9	5	9	30	33	24	11	11	76	52	59	1.46	D Carr	21
4	Exeter City	46	12	9	2	39	14	8	9	6	23	23	20	18	8	62	37	58	1.67	A Banks	18
5	Bradford City	46	15	3	5	45	24	10	3	10	31	38	25	6	15	76	62	56	1.22	H R Green	29
6	Torquay United	46	16	6	1	60	20	4	5	14	20	34	20	11	15	80	54	51	1.48	R Stubbs	24
7	Tranmere Rovers	46	12	4	7	46	30	8	7	8	39	43	20	11	15	85	73	51	1.16	J B Dyson	26
8	Brighton & H A	46	13	3	7	45	22	6	9	8	26	30	19	12	15	71	52	50	1.36	J Goodchild	14
9	Aldershot	46	15	3	5	58	28	4	7	12	25	50	19	10	17	83	78	48	1.06	R Fogg	21
10	Halifax Town	46	14	4	5	47	28	3	10	10	30	49	17	14	15	77	77	48	1.00	W Carlin	21
11	Lincoln City	46	15	2	6	49	31	4	7	12	18	44	19	9	18	67	75	47	0.89	A Morton	18
12	Chester	46	17	3	3	47	18	2	5	16	18	42	19	8	19	65	60	46	1.08	G Talbot	23
13	Bradford P A	46	13	5	5	50	34	5	4	14	25	47	18	9	19	75	81	45	0.92	K Hector	17
14	Doncaster Rov	46	11	8	4	46	23	4	4	15	24	52	15	12	19	70	75	42	0.93	C Booth	23
15	Newport County	46	12	3	8	35	24	5	5	13	29	49	17	8	21	64	73	42	0.87	J Bonson	25
16	Chesterfield	46	8	9	6	29	27	7	5	11	28	44	15	12	17	57	71	42	0.80	C Rackstraw	15
17	Stockport County	46	12	7	4	32	19	3	5	15	18	49	15	12	19	50	68	42	0.73	J Evans	10
18	Oxford United	46	10	7	6	37	27	4	4	15	22	36	14	11	19	59	63	41	0.93	A Longbottom	12
19	Darlington	46	8	9	6	40	37	6	3	14	26	56	14	12	20	66	93	40	0.71	K Allison	15
20	Rochdale	46	9	8	6	36	24	3	7	13	20	35	12	15	19	56	59	39	0.94	J Richardson	11
21	Southport	46	12	6	5	42	30	0	9	17	21	59	12	9	22	63	88	39	0.71	A Spence	27
22	York City	46	9	3	11	29	26	5	4	14	23	40	14	7	25	52	66	35	0.78	N Wilkinson	10
23	Hartlepools Utd	46	8	7	8	30	36	4	2	17	24	57	12	9	25	54	93	33	0.58	P Thompson	8
24	Barrow	46	10	6	7	30	30	2	8	13	21	57	6	18	22	51	93	30	0.54	E Ackerley, T Thompson	10

1964/65 DIVISION 1 SEASON 66

Total Matches	462
Total Goals	1543
Avg goals per match	3.34

		Arsenal	Aston Villa	Birmingham C	Blackburn Rov	Blackpool	Burnley	Chelsea	Everton	Fulham	Leeds United	Leicester C	Liverpool	Manchester U	Nottm Forest	Sheffield Utd	Sheffield Weds	Stoke City	Sunderland	Tottenham H	West Brom A	West Ham Utd	Wolverhampton
1	Arsenal		3-1	3-0	1-1	3-1	3-2	1-3	3-1	2-0	1-2	4-3	0-0	2-3	0-3	1-1	1-1	3-2	3-1	3-1	1-1	0-3	4-1
2	Aston Villa	3-1		3-0	0-4	3-2	1-0	2-2	1-2	2-0	1-2	1-0	0-1	2-1	2-1	2-1	2-0	3-0	2-1	1-0	0-1	2-3	3-2
3	Birmingham City	2-3	0-1		5-5	0-2	2-1	1-6	3-5	2-2	3-3	2-0	0-0	2-4	1-1	1-1	0-0	1-2	4-3	1-0	1-1	2-1	0-1
4	Blackburn Rovers	1-2	5-1	3-1		4-1	1-4	0-3	0-2	2-0	0-2	3-1	3-2	0-5	1-1	4-0	0-1	1-1	3-2	3-1	4-2	4-0	4-1
5	Blackpool	1-1	3-1	3-1	4-2		2-4	3-2	1-1	3-0	4-0	1-1	2-3	1-2	0-2	2-2	1-0	1-1	3-1	1-1	3-0	1-2	1-1
6	Burnley	2-1	2-2	2-0	1-1	2-2		6-2	1-1	4-0	0-1	2-1	1-5	0-0	2-2	3-1	4-1	1-0	0-0	2-2	0-1	3-2	1-1
7	Chelsea	2-1	2-1	3-1	5-1	2-0	0-1		5-1	1-0	2-0	4-1	4-0	0-2	0-1	3-0	1-1	4-0	3-1	3-1	2-2	0-3	2-1
8	Everton	1-0	3-1	1-1	2-3	0-0	2-1	1-1		2-0	1-0	2-2	2-1	3-3	1-0	1-1	1-1	1-1	1-1	4-1	3-2	1-1	5-0
9	Fulham	3-4	1-1	3-1	3-2	3-3	0-1	1-2	1-1		2-2	5-2	1-1	2-4	4-1	1-2	2-0	1-4	1-0	4-1	3-1	1-2	2-0
10	Leeds United	3-1	1-0	4-1	1-1	3-0	5-1	2-2	4-1	2-2		3-2	4-2	0-1	1-2	4-1	2-0	3-1	2-1	3-1	1-0	2-1	3-2
11	Leicester City	2-3	1-1	4-4	2-3	3-2	0-2	1-1	2-1	5-1	2-2		2-0	2-2	3-2	0-2	2-2	0-1	0-1	4-2	4-2	1-0	3-2
12	Liverpool	3-2	5-1	4-3	3-2	2-2	1-1	2-0	0-4	3-2	2-1	0-1		0-2	2-0	3-1	4-2	3-2	0-0	1-1	0-3	0-2	2-1
13	Manchester United	3-1	7-0	1-1	3-0	2-0	3-2	4-0	2-1	4-1	0-1	1-0	3-0		3-0	1-1	1-0	1-1	1-0	4-1	2-2	3-1	3-0
14	Nottm Forest	3-0	4-2	4-3	2-5	2-0	3-1	2-2	3-1	2-3	0-0	2-1	2-2	2-2		0-0	2-2	3-1	5-2	1-2	0-0	3-2	0-2
15	Sheffield United	4-0	4-2	3-1	1-1	1-3	2-0	0-2	0-0	1-1	0-3	0-2	3-0	0-1	0-2		2-3	0-1	3-0	3-3	1-1	2-1	0-2
16	Sheffield Wednesday	2-1	3-1	5-2	1-0	4-1	5-1	2-3	0-1	1-1	3-0	0-0	1-0	1-0	0-0	0-2		1-1	2-0	1-0	1-1	2-0	2-0
17	Stoke City	4-1	2-1	2-1	1-1	4-2	2-0	0-2	0-2	3-1	2-3	3-3	1-1	1-2	1-1	0-1	4-1		3-1	2-0	2-0	3-1	0-2
18	Sunderland	0-2	2-2	2-1	1-0	1-0	3-2	3-0	4-0	0-0	3-3	3-3	2-0	1-1	2-2	1-1	3-0	2-2		2-1	2-2	3-2	1-2
19	Tottenham Hotspur	3-1	4-0	4-1	5-2	4-1	4-1	1-1	2-2	3-0	0-0	6-2	3-0	1-0	4-0	2-0	3-2	2-1	3-0		1-0	3-2	7-4
20	West Bromwich Albion	0-0	3-1	0-2	0-0	1-3	1-2	0-2	4-0	2-2	1-2	6-0	3-0	1-1	2-2	0-1	1-0	5-3	4-1	2-0		4-2	5-1
21	West Ham United	2-1	3-0	2-1	1-1	2-1	3-2	3-2	0-1	2-0	3-1	0-0	2-1	3-1	2-3	3-1	1-2	0-1	2-3	3-2	6-1		5-0
22	Wolverhampton Wand	0-1	0-1	0-2	4-2	1-2	1-2	0-3	2-4	0-0	0-1	1-1	1-3	2-4	1-2	1-0	3-1	3-1	3-0	3-1	3-2	4-3	

Final League Table

Pos	Team	Pld	Home W	Home D	Home L	Home F	Home A	Away W	Away D	Away L	Away F	Away A	Totals W	Totals D	Totals L	Totals F	Totals A	Pts	GA	Leading Goalscorer	
1	Manchester Utd	42	16	4	1	52	13	10	5	6	37	26	26	9	7	89	39	61	2.28	D Law	28
2	Leeds United	42	16	3	2	53	23	10	6	5	30	29	26	9	7	83	52	61	1.59	J Storrie	16
3	Chelsea	42	15	2	4	48	19	9	6	6	41	35	24	8	10	89	54	56	1.64	B Bridges	20
4	Everton	42	9	10	2	37	22	8	5	8	32	38	17	15	10	69	60	49	1.15	F Pickering	27
5	Nottm Forest	42	10	7	4	45	33	7	6	8	26	34	17	13	12	71	67	47	1.06	C Addison	14
6	Tottenham H	42	18	3	0	65	20	1	4	16	22	51	19	7	16	87	71	45	1.22	J Greaves	29
7	Liverpool	42	12	5	4	42	33	5	5	11	25	40	17	10	15	67	73	44	0.91	R Hunt	25
8	Sheffield Weds	42	13	5	3	37	15	3	6	12	20	40	16	11	15	57	55	43	1.03	J Fantham	19
9	West Ham United	42	14	2	5	48	25	5	2	14	34	46	19	4	19	82	71	42	1.15	J Byrne	19
10	Blackburn Rov	42	12	2	7	46	33	4	8	9	37	46	16	10	16	83	79	42	1.05	M McEvoy	29
11	Stoke City	42	11	4	6	40	27	5	6	10	27	39	16	10	16	67	66	42	1.01	J Ritchie	25
12	Burnley	42	9	9	3	39	26	7	1	13	31	44	16	10	16	70	70	42	1.00	W Irvine	17
13	Arsenal	42	11	5	5	42	31	6	2	13	27	44	17	7	18	69	75	41	0.92	J Baker	25
14	West Brom A	42	10	5	6	45	25	3	8	10	25	40	13	13	16	70	65	39	1.07	C Clarke	11
15	Sunderland	42	12	6	3	45	26	2	3	16	19	48	14	9	19	64	74	37	0.86	D Sharkey	14
16	Aston Villa	42	14	1	6	36	24	2	4	15	21	58	16	5	21	57	82	37	0.69	A Hateley	20
17	Blackpool	42	9	7	5	41	28	3	4	14	26	50	12	11	19	67	78	35	0.85	R Charnley	21
18	Leicester City	42	9	6	6	43	36	2	7	12	26	49	11	13	18	69	85	35	0.81	J Goodfellow	11
19	Sheffield United	42	7	5	9	30	29	5	6	10	20	35	12	11	19	50	64	35	0.78	M Jones	11
20	Fulham	42	10	5	6	44	32	1	7	13	16	46	11	12	19	60	78	34	0.76	R Marsh	17
21	Wolverhampton	42	8	2	11	33	36	5	2	14	26	53	13	4	25	59	89	30	0.66	R Crawford	13
22	Birmingham City	42	6	8	7	36	40	2	3	16	28	56	8	11	23	64	96	27	0.66	S Lynn, G Vowden	10

1964/65 DIVISION 2
SEASON 66

Total Matches 462
Total Goals 1470
Avg goals per match 3.18

		Bolton Wand	Bury	Cardiff City	Charlton Ath	Coventry City	Crystal Palace	Derby County	Huddersfield T	Ipswich Town	Leyton Orient	Manchester City	Middlesbrough	Newcastle Utd	Northampton T	Norwich City	Plymouth A	Portsmouth	Preston NE	Rotherham Utd	Southampton	Swansea Town	Swindon Town
1	Bolton Wanderers		0-1 13F	1-0 28A	1-1 29M	1-3 29a	3-0 10O	3-1 7N	1-0 15D	0-0 23J	0-0 24A	4-0 10A	4-2 16S	1-1 19A	0-0 26D	5-2 27F	6-1 26S	3-2 21N	5-1 12S	2-0 24O	3-0 2S	2-1 13M	1-1 26M
2	Bury	2-1 2O		1-2 3A	2-0 20A	5-0 13N	3-1 6F	2-1 19D	0-2 19M	0-1 5M	2-1 8S	0-2 28D	3-2 23F	1-2 17O	1-4 17A	1-0 19S	0-2 6O	1-1 1S	1-1 27N	0-1 27A	3-3 30O	2-2 4S	6-1 22a
3	Cardiff City	1-3 5S	4-0 21N		2-1 7N	3-1 19A	0-0 10A	2-1 10O	1-1 16S	0-0 22a	0-2 27M	2-2 12M	6-1 15J	1-1 19S	0-2 6F	1-3 5D	4-0 19D	1-0 24O	3-3 26a	3-2 24A	2-2 24M	5-0 6A	2-0 27F
4	Charlton Athletic	1-3 6M	1-2 19A	2-2 22M		3-0 31O	1-2 15S	1-3 16J	0-0 17A	4-0 3A	2-0 28D	2-1 22a	0-2 6O	0-1 1S	1-1 20F	2-1 3O	3-2 28N	3-3 19D	2-3 14N	1-1 6F	2-5 17O	1-0 19S	3-2 5S
5	Coventry City	0-0 19D	2-1 27M	0-2 20A	2-0 13M		0-0 21N	0-2 15S	2-3 3O	5-3 1S	1-1 7N	2-2 24O	3-0 5S	5-4 16J	0-1 19S	3-0 10A	2-0 22a	1-2 27F	3-0 28D	3-5 5D	1-1 6F	1-3 24A	3-0 10O
6	Crystal Palace	2-0 7A	0-2 26S	0-0 28N	3-1 30S	2-2 3A		2-3 22a	3-0 14N	1-1 7O	1-0 13F	1-1 19A	3-1 17O	1-1 17A	1-2 31O	2-0 16J	2-1 19S	4-2 26D	1-0 17M	2-1 5S	0-2 20M	3-3 19D	3-1 2S
7	Derby County	2-3 20M	3-1 29a	1-0 20F	4-4 12S	2-1 9S	3-3 12D		2-0 7O	2-3 17A	1-0 2J	2-0 30J	3-3 14N	0-3 3A	2-2 28N	0-1 26a	3-2 31O	4-0 26S	3-1 17O	2-2 24M	2-1 6M	3-4 19A	4-1 13F
8	Huddersfield Town	1-1 22a	0-2 7N	3-1 29S	0-1 24O	2-1 13F	2-0 27M	3-1 24A		0-0 28D	0-0 13M	1-0 27F	1-0 3OM	0-0 5S	1-0 16J	0-0 21N	1-2 2S	2-1 10O	3-0 19A	1-0 10A	0-3 19S	4-0 5G	2-1 6F
9	Ipswich Town	1-4 19S	1-0 5D	1-1 12D	1-1 21N	1-3 25a	3-2 24A	2-1 24O	3-2 26D		1-1 10A	4-1 27M	5-2 6F	3-1 3O	0-0 15S	3-0 2J	2-2 16J	7-0 7N	1-5 29a	4-4 10O	2-0 19A	3-0 27F	0-0 13M
10	Leyton Orient	3-1 28S	1-0 14S	1-3 14N	4-2 26D	1-3 28A	0-1 3O	1-4 5S	1-0 31O	0-0 28N		4-3 31a	1-1 16A	2-1 20F	2-2 17O	2-3 6F	0-0 31M	5-2 22a	2-1 3A	2-1 19S	0-0 17A	2-3 16J	0-0 19D
11	Manchester City	2-4 28N	0-0 26D	2-0 31O	2-1 28A	1-1 17A	0-2 16A	2-0 19S	2-3 17O	4-0 14N	6-0 26a		1-1 6M	3-0 14O	0-2 29a	0-2 9S	2-1 3A	2-0 5S	4-3 20M	2-1 3O	3-1 20F	1-0 6F	1-2 16J
12	Middlesbrough	5-2 7S	3-3 10O	0-0 12S	1-2 24A	2-3 2J	0-0 27M	1-2 27M	2-4 29a	2-0 26S	0-1 19A	0-1 5D		0-2 26D	1-0 24a	2-0 24O	1-3 13F	4-1 9A	1-1 23J	3-5 13M	4-1 12D	4-1 7N	4-1 21N
13	Newcastle United	2-0 16A	2-3 27F	2-0 23J	1-1 24a	2-0 12S	2-2 24O	2-2 21N	2-1 2J	2-2 13F	5-0 10O	0-0 24A	2-1 28D		5-0 12D	2-0 13M	2-1 16S	3-0 5D	5-2 26S	3-1 7N	2-1 29a	3-1 27M	1-0 10A
14	Northampton Town	4-0 2M	2-0 24O	1-0 26S	1-0 10O	1-1 23J	1-1 13M	2-2 10A	3-2 11S	2-0 29S	2-0 27F	0-1 19D	1-0 1S	1-0 8S		0-0 7N	3-1 20A	1-1 24A	2-1 13F	2-2 27M	2-1 2J	2-1 21N	1-0 5D
15	Norwich City	3-2 17O	1-1 23J	2-1 6M	2-0 13F	1-0 28N	1-2 12S	5-2 2S	0-2 3A	2-1 5S	2-0 26S	4-1 16S	2-0 17A	1-1 31O	1-1 20M		3-0 20F	3-1 20A	4-2 7O	3-0 19D	2-2 14N	2-1 22a	3-1 30J
16	Plymouth Argyle	1-3 6F	2-2 24A	3-1 29a	1-5 10A	2-3 12D	1-1 23J	1-0 13M	0-0 26a	1-1 12S	3-2 5D	0-1 21N	2-1 3O	5-2 3OS	1-0 19A	2-1 10O		0-1 27M	1-1 2J	1-1 27F	4-0 17F	2-1 24O	2-1 7N
17	Portsmouth	3-0 3A	2-1 26a	1-0 17A	2-3 29a	0-2 17O	1-1 28D	3-1 6F	3-0 20F	0-2 20M	1-1 12D	1-1 2J	2-1 28N	1-2 6M	3-3 7O	4-0 19A	0-1 14N		1-0 31O	2-0 30S	0-3 12S	1-0 3O	5-0 19S
18	Preston North End	2-2 16J	2-2 10A	1-1 31a	2-1 26M	3-2 26D	1-0 5D	2-2 27F	2-0 20A	4-1 19D	3-0 21N	2-5 7N	4-3 19S	2-2 6F	3-1 3O	1-0 24A	6-1 5S	4-3 13M		0-0 22a	0-0 2N	2-2 10O	2-1 24O
19	Rotherham United	0-0 17A	3-0 12S	3-1 6O	3-2 26S	0-2 6M	1-1 2J	2-3 28D	2-2 28N	3-0 20F	0-0 6A	2-3 13F	1-1 31O	1-1 20M	4-0 14N	4-2 29a	1-0 17O	2-2 15S	12D		1-3 3A	4-2 25a	1-0 19A
20	Southampton	3-2 26a	3-1 13M	1-1 13F	4-1 27F	0-1 26S	3-3 7N	3-3 5D	1-1 23J	22 21A	1-0 24O	0-3 10O	0-1 22a	2-0 19D	1-0 5S	5-0 27M	2-2 26D	3-1 16J	6-1 16S	3-1 21N		2-1 10A	2-1 24A
21	Swansea Town	2-0 31O	2-2 2J	3-2 26D	1-3 23J	1-1 29S	2-1 29a	2-1 20A	2-2 6M	1-1 17O	2-5 12S	3-0 26S	1-2 20M	3-1 14N	1-2 3A	0-0 12D	3-0 17A	0-0 13F	4-0 23M	0-3 1S	3-3 28N		4-0 15S
22	Swindon Town	1-3 14N	2-0 12D	3-3 17O	2-0 2J	4-1 20F	2-0 25a	4-2 3O	4-1 26S	3-1 31O	1-0 29a	0-1 12S	1-6 3A	4-2 28N	0-1 23M	2-3 26D	0-0 20M	2-2 23J	3-2 17A	1-0 16A	3-0 1O	8S	

Final League Table

Pos	Team	Pld	Home					Away					Totals					Pts	GA	Leading Goalscorer	Gls
			W	D	L	F	A	W	D	L	F	A	W	D	L	F	A				
1	Newcastle United	42	16	4	1	50	16	8	5	8	31	29	24	9	9	81	45	57	1.80	R McGarry	16
2	Northampton T	42	14	7	0	37	16	6	9	6	29	34	20	16	6	66	50	56	1.32	R Brown, D Martin, T Robson	13
3	Bolton Wand	42	13	6	2	46	17	7	4	10	34	41	20	10	12	80	58	50	1.37	F Lee	23
4	Southampton	42	12	6	3	49	25	5	8	8	34	38	17	14	11	83	63	48	1.31	G O'Brien	32
5	Ipswich Town	42	11	7	3	48	30	4	10	7	26	37	15	17	10	74	67	47	1.10	G Baker	16
6	Norwich City	42	15	4	2	47	21	5	3	13	14	36	20	7	15	61	57	47	1.07	G Bolland	16
7	Crystal Palace	42	11	6	4	37	24	5	7	9	18	27	16	13	13	55	51	45	1.07	C Holton	11
8	Huddersfield T	42	14	4	5	28	15	5	6	10	25	36	17	10	15	53	51	44	1.03	L Massie	10
9	Derby County	42	11	5	5	48	35	5	6	10	36	44	16	11	15	84	79	43	1.06	A Durban, E Thomas	22
10	Coventry City	42	10	5	6	41	29	7	4	10	31	41	17	9	16	72	70	43	1.02	G Hudson	19
11	Manchester City	42	12	3	6	40	24	4	6	11	23	38	16	9	17	63	62	41	1.01	D Kevan	18
12	Preston N E	42	11	8	2	46	29	3	5	13	30	52	14	13	15	76	81	43	0.93	A Dawson	26
13	Cardiff City	42	10	7	4	43	25	3	7	11	21	32	13	14	15	64	57	40	1.12	I Allchurch	15
14	Rotherham Utd	42	10	7	4	39	25	4	5	12	31	44	14	12	16	70	69	40	1.01	A Bennett	24
15	Plymouth Argyle	42	10	7	4	36	28	6	1	14	27	51	16	8	18	63	79	40	0.79	M Trebilcock	15
16	Bury	42	9	8	4	36	30	5	6	10	24	36	14	10	18	60	66	38	0.90	C Bell	13
17	Middlesbrough	42	8	5	8	40	31	5	4	12	30	45	13	9	20	70	76	35	0.92	J Irvine	20
18	Charlton Athletic	42	8	5	8	35	34	5	4	12	29	41	13	9	20	64	75	35	0.85	E Firmani	16
19	Leyton Orient	42	10	4	7	36	34	2	7	12	14	38	12	11	19	50	72	35	0.69	E Phillips	13
20	Portsmouth	42	11	4	6	36	22	1	6	14	20	55	12	10	20	56	77	34	0.72	C Portwood	11
21	Swindon Town	42	12	3	6	43	30	2	2	17	20	51	14	5	23	63	81	33	0.77	M Summerbee	13
22	Swansea Town	42	9	7	5	40	29	2	3	16	22	55	11	10	21	62	84	32	0.73	K Todd	20

1964/65 DIVISION 3
SEASON 66

Total Matches	552
Total Goals	1667
Avg goals per match	3.02

		Barnsley	Bournemouth	Brentford	Bristol City	Bristol Rovers	Carlisle United	Colchester U	Exeter City	Gillingham	Grimsby Town	Hull City	Luton Town	Mansfield Town	Oldham Athletic	Peterborough U	Port Vale	QPR	Reading	Scunthorpe U	Shrewsbury T	Southend Utd	Walsall	Watford	Workington
1	Barnsley		2-2 10O	3-1 7N	1-2 3N	0-2 13M	1-2 10A	1-2 26M	0-0 27F	1-0 15S	1-0 30M	1-1 30S	3-0 30J	2-3 24A	0-1 24O	3-2 28D	0-2 21N	0-0 22a	1-1 4S	2-0 25S	6-2 18D	1-4 16J	0-1 13F	4-0 20O	0-3 20A
2	Bournemouth	1-0 20F		0-1 19A	1-2 28N	1-1 30S	0-4 6F	3-1 14O	2-2 26a	1-2 3A	1-2 5S	2-3 9J	4-0 19S	2-0 16J	0-0 9S	0-1 19D	3-0 3O	2-0 6M	3-2 22a	2-1 17O	2-1 28O	2-1 26D	4-0 17A	0-0 31O	4-0 20M
3	Brentford	1-0 20M	2-1 16A		2-1 26D	1-1 26S	6-1 19D	1-0 16J	2-1 20O	2-0 19S	2-0 15S	1-3 27O	2-2 22a	1-0 31a	2-2 13F	3-1 6O	4-0 5S	5-2 20F	2-1 17A	4-0 27A	2-0 17O	2-1 31O	0-0 3A	5-1 28N	3-0 7A
4	Bristol City	5-1 25a	0-0 9A	3-2 2M		2-1 13F	1-2 23O	1-0 10O	1-1 30J	1-2 26S	4-0 26M	1-2 23J	1-0 13M	2-0 7N	3-1 24A	3-0 21N	2-0 27F	2-0 13O	2-0 29S	2-1 12D	3-0 20A	4-0 8S	5-1 29a	1-1 2J	5-0 12S
5	Bristol Rovers	1-0 31O	4-2 6O	1-2 6F	1-1 3O		5-2 5S	2-2 19S	1-1 16A	3-0 27O	5-3 1S	1-1 6M	3-2 19D	4-1 22a	0-0 20O	4-0 15S	3-1 16J	1-0 26D	2-0 17O	0-0 20M	2-2 23F	0-1 17A	1-0 16M	1-0 3A	1-0 28N
6	Carlisle United	4-0 28N	3-4 26S	0-1 28a	1-1 16A	1-2 2J		4-1 12D	2-1 9M	3-1 17O	3-1 9J	0-0 20F	1-1 7O	3-0 20A	2-0 12S	2-1 13F	1-1 24a	2-0 30O	1-2 16M	3-1 6M	2-1 19M	4-3 2A	2-1 27O	1-1 8S	1-0 26D
7	Colchester Utd	4-1 9J	4-3 19O	0-3 12S	2-3 20F	1-1 23J	1-2 22a		1-1 13F	2-1 28D	1-0 5O	1-2 5S	0-1 31a	0-1 14S	2-2 26S	0-1 16A	2-0 19D	1-2 17O	2-2 31O	2-1 3A	0-4 17A	3-1 20M	2-1 28N	0-0 6M	1-1 26O
8	Exeter City	3-0 17O	1-3 28A	0-0 14O	0-1 6M	0-0 19A	2-0 19S	2-0 3O		1-1 28N	4-1 19D	0-2 3A	5-1 16J	2-3 5S	2-1 8O	4-2 22a	2-1 6F	2-2 31M	2-1 26D	1-2 8J	0-1 16S	1-1 20F	0-1 31O	1-0 20M	0-0 22M
9	Gillingham	1-0 9S	1-1 21N	1-0 23J	2-0 6F	1-3 24A	1-0 27F	2-1 26D	0-1 10A		0-0 7N	1-0 12S	5-0 24O	0-0 13M	2-1 30J	2-0 26M	2-0 10O	2-2 3O	2-1 16A	0-0 26a	5-0 21O	1-0 30S	4-0 12D	5-2 29a	5-1 2J
10	Grimsby Town	3-2 19S	2-2 2J	2-1 9S	0-2 9M	1-1 25a	1-1 21O	2-0 30S	1-0 29a	1-1 20M		3-0 31O	2-2 3O	1-1 6F	3-1 12D	2-0 12S	0-0 16A	1-1 3A	3-0 6M	2-2 6A	1-0 28N	2-2 28O	1-0 20F	2-2 17O	1-0 17A
11	Hull City	7-0 7O	2-1 27M	2-1 24A	3-2 19S	3-2 30J	1-0 9O	5-1 2J	3-1 17N	1-1 16J	3-3 13M		3-1 27F	1-1 24O	1-1 7N	0-2 28D	4-0 6F	3-1 12O	1-2 9S	1-2 3O	0-0 19A	2-0 26a	1-1 12D	1-1 26a	2-2 29a
12	Luton Town	5-1 7A	0-1 17F	4-2 12D	0-0 31O	0-2 29a	1-1 10	3-1 26a	1-2 12S	0-2 17A	1-1 13F	1-3 17O		1-1 21O	2-0 2J	1-1 26S	0-2 9S	2-0 20M	3-1 3A	1-2 28O	2-7 10M	1-3 28N	2-1 16A	2-4 26D	1-0 29A
13	Mansfield Town	4-3 26O	0-0 12S	4-1 24a	3-0 20M	3-0 12D	2-0 19A	0-1 7S	2-1 2J	2-2 31O	2-1 26S	2-0 17A	2-0 12O		4-1 29a	0-0 29M	2-2 28S	8-1 15M	3-2 28N	1-0 3O	6-1 3A	2-0 5A	2-0 28D	3-0 20F	3-5 17O
14	Oldham Athletic	1-1 17A	1-1 15S	1-1 3O	7-3 28O	1-2 14O	2-3 16J	3-1 6F	2-0 28S	2-0 6M	1-5 22a	2-1 28N	0-2 5S	2-1 19D		3-1 1S	0-1 19S	5-3 16A	1-2 20F	2-1 31O	1-3 28D	0-2 17O	1-3 20M	2-0 27J	0-2 3A
15	Peterborough U	4-1 26D	4-3 29a	3-1 28S	0-1 3A	3-1 7S	1-2 3O	4-1 19A	0-0 12D	1-0 28A	3-1 16J	2-1 20M	2-0 6F	4-5 19S	5-0 24a		2-2 12O	6-1 28N	2-1 26O	2-2 8M	4-1 15M	4-2 5S	3-2 17O	2-1 17A	0-4 31O
16	Port Vale	2-0 3A	1-2 13F	1-2 2J	1-2 17O	1-1 12S	1-3 31a	1-2 29a	0-4 26S	2-3 20F	1-0 20A	2-2 26D	2-1 14S	2-1 50	0-1 15M	0-1 19O		0-0 17A	2-0 20M	1-1 28N	1-1 31O	2-2 8J	2-2 26O	2-0 29M	
17	Queens Park R	3-2 11D	1-1 29J	1-3 9O	1-0 19O	1-3 28D	1-2 12M	3-1 26F	5-0 23A	0-0 13F	3-1 21N	1-1 25S	2-1 6N	7-1 26M	2-0 19A	1-1 10A	3-2 23O		3-1 7S	0-1 28a	2-1 50	2-0 24a	1-0 1J	2-2 11S	2-1 5A
18	Reading	1-1 2J	1-0 12D	1-1 24O	1-1 7O	1-1 27F	1-2 27M	1-1 13M	2-2 7A	3-0 19A	3-3 24M	1-2 21O	1-0 21N	4-2 10A	1-1 10O	4-2 24A	1-1 7N	5-3 16S		2-0 12S	3-1 26a	2-0 29a	0-2 23J	6-2 26S	1-0 13F
19	Scunthorpe Utd	2-3 5F	3-1 26F	2-0 26M	5-2 22a	1-1 7N	0-1 29J	0-0 20N	0-0 24O	2-3 3N	2-1 26D	1-1 15S	8-1 24A	0-1 12F	2-3 12M	0-0 10O	2-1 9A	1-1 18D	0-0 15J		1-1 4S	3-2 18S	1-4 13O	0-2 20A	1-1 29S
20	Shrewsbury T	3-3 29a	1-2 24A	1-0 27F	1-5 19A	2-1 10O	2-2 7N	3-0 24O	1-0 8S	2-0 13O	1-3 10A	0-4 13F	0-2 26M	1-1 3N	1-3 26D	1-1 7A	0-0 13M	3-2 12A	4-0 1S	3-2 2J		1-3 12D	3-1 11S	2-2 23J	6-1 26S
21	Southend United	2-0 12S	2-1 28D	0-1 13M	0-6 14S	3-1 24O	1-0 21N	0-6 7N	3-3 100	1-2 10A	4-0 50	2-1 1-4	1-4 30J	6-1 27F	2-0 2J	2-1 26M	0-0 31a	0-0 22O	1-1 19D	1-0 23J	0-0 22a		0-0 26S	0-1 13F	3-0 12O
22	Walsall	1-1 30	0-1 24O	4-3 21N	2-0 19D	1-0 27M	2-1 5D	2-1 10A	0-1 13M	0-1 22a	3-3 100	0-1 6A	3-2 19A	0-2 26D	1-1 7N	1-2 27F	0-1 30J	4-1 5S	1-2 19S	1-1 16J	2-3 6F	0-4 60		1-4 15S	
23	Watford	1-1 16M	2-0 13M	1-1 10A	2-2 5S	1-1 21H	0-0 17S	3-0 30J	1-0 7N	1-2 19D	1-1 27F	2-1 22a	2-1 28D	3-1 100	3-2 27M	1-1 24O	1-0 24A	0-2 16J	5-1 6F	5-0 16A	2-2 19S	2-1 3O	3-0 29S		3-2 8M
24	Workington	0-0 16A	2-0 7N	1-1 17M	1-0 15J	2-1 9A	0-1 28D	1-0 23A	0-1 26M	1-1 5S	2-2 24O	1-3 19D	1-0 9O	1-5 26F	0-0 21N	4-1 12M	0-0 22a	0-2 18S	2-0 20	2-2 5F	3-1 19O	3-1 28O	2-0 25A		

Final League Table

Pos	Team	Pld	Home					Away					Totals					Pts	GA	Leading Goalscorer	Gls
			W	D	L	F	A	W	D	L	F	A	W	D	L	F	A				
1	Carlisle United	46	14	5	4	46	24	11	5	7	30	29	25	10	11	76	53	60	1.43	J Evans	18
2	Bristol City	46	14	6	3	53	18	10	5	8	39	37	24	11	11	92	55	59	1.67	B Clark	24
3	Mansfield Town	46	17	4	2	61	23	7	7	9	34	38	24	11	11	95	61	59	1.55	H Middleton	16
4	Hull City	46	14	6	3	51	25	9	6	8	40	32	23	12	11	91	57	58	1.59	C Chilton	27
5	Brentford	46	18	4	1	55	18	6	5	12	28	37	24	9	13	83	55	57	1.50	W Cobb	15
6	Bristol Rovers	46	14	7	2	52	21	6	8	9	30	37	20	15	11	82	58	55	1.41	I Hamilton	21
7	Gillingham	46	16	5	2	45	13	7	4	12	25	37	23	9	14	70	50	55	1.40	B Gibbs	21
8	Peterborough U	46	16	3	4	61	33	6	4	13	24	41	22	7	17	85	74	51	1.14	P Deakin, A D Dougan	18
9	Watford	46	13	8	2	45	21	4	8	11	26	43	17	16	13	71	64	50	1.10	G Harris	19
10	Grimsby Town	46	11	10	2	37	21	5	7	11	31	46	16	17	13	68	67	49	1.01	G McLean	19
11	Bournemouth	46	12	6	5	47	24	6	7	10	32	39	18	11	17	72	63	47	1.14	K Hodgson	18
12	Southend United	46	14	4	5	48	24	5	4	14	30	47	19	8	19	78	71	46	1.09	R Gilfillan	22
13	Reading	46	12	8	3	45	26	4	6	13	25	44	16	14	16	70	70	46	1.00	D Webb	13
14	Queens Park R	46	15	5	3	48	23	2	7	14	24	57	17	12	17	72	80	46	0.90	N Bedford	23
15	Workington	46	11	7	5	30	22	6	5	12	28	47	17	12	17	58	69	46	0.84	K Napier	18
16	Shrewsbury Town	46	10	6	7	42	38	5	4	14	34	46	15	10	21	76	84	42	0.90	R Ross	19
17	Exeter City	46	8	7	8	33	27	4	10	9	18	25	12	17	17	51	52	41	0.98	D Curtis	9
18	Scunthorpe Utd	46	9	8	6	42	27	5	4	14	23	38	14	12	20	65	72	40	0.90	W Lawther, B Thomas	13
19	Walsall	46	9	4	10	34	36	6	3	14	21	44	15	7	24	55	80	37	0.68	A Clarke	23
20	Oldham Athletic	46	10	3	10	40	39	3	7	13	21	44	13	10	23	61	83	36	0.73	J Frizzell	11
21	Luton Town	46	6	8	9	32	36	5	3	15	19	58	11	11	24	51	94	33	0.54	T McKechnie, J O'Rourke	8
22	Port Vale	46	7	6	10	27	33	2	8	13	14	43	9	14	23	41	76	32	0.53	A Cheesebrough	7
23	Colchester Utd	46	7	10	6	30	34	3	4	16	20	55	10	14	22	50	89	30	0.56	W Stark	13
24	Barnsley	46	8	5	10	33	31	1	6	16	21	59	9	11	26	54	90	29	0.60	A Leighton	13

The leading goalscorer for the Division was **K Wagstaff** with 32, scoring 9 for Mansfield Town and then 23 for Hull City.

1964/65 DIVISION 4
SEASON 66

Total Matches: 552
Total Goals: 1820
Avg goals per match: 3.3

		Aldershot	Barrow	Bradford PA	Bradford City	Brighton & HA	Chester	Chesterfield	Crewe Alex	Darlington	Doncaster R	Halifax Town	Hartlepools U	Lincoln City	Millwall	Newport County	Notts County	Oxford United	Rochdale	Southport	Stockport Co	Torquay United	Tranmere Rov	Wrexham	York City
1	Aldershot		2-1	1-1	1-1	0-2	3-1	2-0	5-2	0-1	3-0	2-0	3-0	3-2	0-0	2-1	1-2	4-1	1-2	0-3	2-0	2-5	3-0	5-0	1-0
2	Barrow	2-0		2-1	1-0	1-4	2-1	1-2	1-3	1-2	1-0	4-2	2-2	0-5	1-4	2-0	1-1	2-2	1-1	0-1	2-1	0-2	0-2	0-2
3	Bradford PA	3-1	3-2		3-3	2-0	3-1	1-0	2-3	3-1	5-2	5-1	4-0	3-1	4-0	2-2	2-2	1-0	0-0	0-0	1-0	4-2	1-1	0-0	0-0
4	Bradford City	2-0	1-3	0-2		4-1	1-3	0-0	5-2	2-3	0-3	3-1	4-0	0-1	1-2	0-0	2-1	0-2	2-1	1-1	2-3	1-2	4-1	1-2
5	Brighton & HA	2-0	3-1	2-2	3-3		4-4	5-0	3-1	3-1	1-1	2-1	5-0	4-0	2-0	1-0	6-0	0-0	3-0	3-1	3-1	2-1	5-1	3-1
6	Chester	6-2	4-1	3-0	3-1	3-1		4-0	2-2	4-5	3-0	1-0	4-0	5-1	3-1	4-3	4-1	2-1	0-1	3-1	4-0	0-1	3-2	6-1	4-1
7	Chesterfield	0-1	2-0	2-4	3-1	1-1	1-3		2-1	3-0	1-0	3-0	3-1	1-0	2-3	2-1	0-0	2-1	1-1	1-2	2-0	2-1	1-0	0-0	1-1
8	Crewe Alex	4-1	6-2	1-1	2-1	3-2	5-1	0-2		1-2	4-4	2-2	2-3	5-0	1-1	1-1	2-1	2-2	1-1	4-1	3-2	2-0	1-1	1-0	2-3
9	Darlington	4-1	1-2	1-2	3-1	2-0	2-0	2-2	0-2		2-2	5-1	2-3	3-1	1-3	0-1	5-1	2-0	2-0	3-2	3-2	1-2	2-1	5-1	1-0
10	Doncaster Rov	1-0	4-2	1-1	0-0	2-1	1-4	2-0	3-1	6-3		4-0	0-1	1-2	4-0	1-0	0-0	2-2	2-2	1-2	3-0	2-0	1-0	1-1	4-3
11	Halifax Town	3-3	3-2	2-3	0-3	1-1	3-4	2-1	2-0	4-0	2-4		2-1	2-1	1-2	2-0	1-1	1-3	1-2	2-1	0-1	0-1	0-1	2-1	1-1
12	Hartlepools Utd	1-1	3-0	2-0	2-2	1-1	1-1	1-1	2-4	4-3	1-1	4-0		3-0	1-0	2-4	2-2	1-1	2-1	4-3	1-0	2-0	1-0	2-2	
13	Lincoln City	3-1	1-0	2-2	0-2	0-1	2-2	0-2	1-2	2-0	0-2	2-3	4-2		2-2	4-3	1-0	0-2	1-1	3-0	6-0	0-1	1-2	0-2	0-1
14	Millwall	5-0	3-1	1-0	3-0	2-0	1-0	4-2	0-0	1-1	1-1	5-1	0-0	2-1		4-0	4-1	2-2	0-0	0-0	1-0	2-2	1-0	2-2	1-1
15	Newport County	2-1	2-2	4-3	4-2	1-1	0-1	4-1	2-2	2-1	1-0	0-2	2-0	7-0	2-2		3-1	0-3	2-3	5-0	2-0	4-0	1-1	2-0	2-0
16	Notts County	0-0	4-1	3-3	1-0	1-2	1-1	5-1	4-2	5-2	4-0	1-0	2-1	1-2	1-0	0-0		0-0	0-0	2-0	0-0	2-4	1-3	3-1	
17	Oxford United	0-0	7-0	3-0	3-1	2-2	3-2	1-0	4-2	1-0	1-0	1-0	3-0	2-0	0-2	4-1	4-0		2-2	1-1	2-0	3-0	1-0	4-0	2-0
18	Rochdale	3-1	3-0	4-3	3-1	2-2	2-1	1-2	1-0	1-1	2-1	3-0	3-0	2-0	1-1	3-3		2-0	4-0	1-0	0-1	2-1	1-2		
19	Southport	3-1	0-4	1-1	0-4	1-2	2-2	1-0	2-3	3-3	3-5	5-2	1-1	4-4	0-0	5-3	0-0	0-3	1-0		1-1	0-1	2-2	0-2	0-1
20	Stockport Co	2-1	1-0	0-2	2-0	1-4	4-5	0-1	1-1	0-0	2-0	2-0	0-1	3-1	1-4	2-0	0-1	0-0	1-2	2-2		0-2	2-3	3-2	1-2
21	Torquay United	5-2	6-2	1-1	2-2	0-1	3-2	0-2	0-1	2-0	2-4	2-0	2-1	0-2	0-0	2-2	2-1	1-1	2-1	2-0	1-0		2-1	3-4	1-3
22	Tranmere Rov	3-1	3-0	0-0	5-1	4-2	4-1	0-0	1-0	2-1	3-0	5-2	4-1	1-0	3-2	4-0	2-4	4-1	3-1	1-1	3-1	6-0		2-1	
23	Wrexham	4-0	3-3	4-1	3-2	1-1	4-2	1-2	3-3	4-2	0-2	1-1	3-0	5-3	0-1	4-2	4-0	1-1	2-3	1-1	4-1	2-3	3-2		2-0
24	York City	1-0	2-0	0-1	5-2	2-1	3-2	7-1	3-1	2-1	4-2	4-0	0-0	3-0	3-1	5-1	2-1	2-1	2-1	3-2	3-0	1-2	4-0	2-1	

Final League Table

Pos	Team	Pld	Home W	Home D	Home L	Home F	Home A	Away W	Away D	Away L	Away F	Away A	Tot W	Tot D	Tot L	Tot F	Tot A	Pts	GA	Leading Goalscorer	Gls
1	Brighton & HA	46	18	5	0	68	20	8	6	9	34	37	26	11	9	102	57	63	1.78	W Gould	21
2	Millwall	46	13	10	0	45	15	10	6	7	33	30	23	16	7	78	45	62	1.73	H Curran	18
3	York City	46	20	1	2	63	21	8	5	10	28	35	28	6	12	91	56	62	1.62	P Aimson	26
4	Oxford United	46	18	4	1	54	13	5	11	7	33	31	23	15	8	87	44	61	1.97	C Booth	22
5	Tranmere Rov	46	20	2	1	72	20	7	4	12	27	36	27	6	13	99	56	60	1.76	J B Dyson	29
6	Rochdale	46	15	4	4	46	22	7	10	6	28	31	22	14	10	74	53	58	1.39	R Jenkins	25
7	Bradford PA	46	14	8	1	52	22	6	9	8	34	40	20	17	9	86	62	57	1.38	K Hector	29
8	Chester	46	19	1	3	75	26	6	5	12	44	55	25	6	15	119	81	56	1.46	G Talbot	28
9	Doncaster Rov	46	13	6	4	46	25	7	5	11	38	47	20	11	15	84	72	51	1.16	A Jeffrey	36
10	Crewe Alex	46	11	8	4	55	34	7	5	11	35	47	18	13	15	90	81	49	1.11	J Harkin	34
11	Torquay United	46	11	5	7	41	33	10	2	11	29	37	21	7	18	70	70	49	1.00	R Stubbs	31
12	Chesterfield	46	13	5	5	36	22	7	3	13	22	48	20	8	18	58	70	48	0.82	J Beresford, I Hollett	9
13	Notts County	46	12	7	4	43	23	3	7	13	18	50	15	14	17	61	73	44	0.83	J Rayner	14
14	Wrexham	46	15	5	6	59	37	5	4	14	25	55	17	9	20	84	92	43	0.91	M King	13
15	Hartlepools Utd	46	11	10	2	44	28	4	3	16	17	57	15	13	18	61	85	43	0.71	P Thompson	22
16	Newport County	46	14	5	4	54	26	3	17	31	55	17	8	21	85	81	42	1.04	L Sheffield	27
17	Darlington	46	14	2	7	52	30	4	15	32	57	18	6	22	84	87	42	0.96	J Lawton	25
18	Aldershot	46	14	3	6	46	25	1	4	18	18	59	15	7	24	64	84	37	0.76	P Kearns	14
19	Bradford City	46	9	2	12	37	36	8	6	14	33	52	12	8	26	70	88	32	0.79	T Brownlee	14
20	Southport	46	5	9	9	35	45	3	7	13	23	44	8	16	22	58	89	32	0.65	A Russell	16
21	Barrow	46	9	4	10	30	38	3	2	18	29	67	12	6	28	59	105	30	0.56	R Tait	14
22	Lincoln City	46	8	4	11	35	33	3	7	13	23	66	11	6	29	58	99	28	0.58	J Fell	9
23	Halifax Town	46	9	4	10	37	37	2	7	14	17	66	11	11	24	54	103	24	0.52	D Fidler, B Westlake	11
24	Stockport County	46	8	8	7	30	34	2	3	18	14	53	10	11	25	44	87	27	0.50	D Hodgkinson, L White	9

1965/66 DIVISION 1
SEASON 67

Total Matches 462
Total Goals 1457
Avg goals per match 3.15

		Arsenal	Aston Villa	Blackburn Rov	Blackpool	Burnley	Chelsea	Everton	Fulham	Leeds United	Leicester C	Liverpool	Manchester U	Newcastle Utd	Northampton T	Nottm Forest	Sheffield Utd	Sheffield Weds	Stoke City	Sunderland	Tottenham H	West Brom A	West Ham Utd
1	Arsenal		3-3 4D	2-2 23O	0-0 5M	1-1 5F	1-3 4S	0-1 12M	2-1 9O	0-3 5m	1-0 7m	0-1 8J	4-2 25S	1-3 26M	1-1 28S	1-0 14S	6-2 6N	5-2 28D	2-1 21a	1-1 23A	1-1 8M	1-1 5A	3-2 20N
2	Aston Villa	3-0 30A		3-1 19F	3-0 11S	2-1 16A	2-4 27N	3-2 11D	2-5 12M	0-2 23a	2-2 28a	0-3 26M	1-1 6A	4-2 1J	1-2 2A	3-0 15J	0-2 29J	2-0 30O	0-1 13N	3-1 6S	3-2 25S	1-1 16O	1-2 7F
3	Blackburn Rovers	2-1 15J	0-2 4S		1-3 2m	0-2 1J	0-1 16O	1-2 30O	3-2 1S	2-3 19M	0-2 8A	1-4 5F	1-4 7m	4-2 13N	6-1 11D	5-0 27N	0-0 2O	1-2 30A	0-1 15S	2-0 26F	0-1 9m	0-1 16A	1-1 18S
4	Blackpool	5-3 16O	0-1 26F	4-2 25D		1-3 30a	1-2 1J	2-0 15J	2-2 21a	1-0 28M	4-0 6S	2-3 4S	1-2 30O	1-1 20A	3-0 30a	0-3 16A	2-1 8A	2-1 27N	1-1 11D	1-2 18S	0-0 5F	1-1 13N	2-1 19M
5	Burnley	2-2 28a	3-1 20N	1-4 9O	3-1 24a		1-2 29J	1-1 19F	1-0 8J	0-1 7m	4-2 18D	2-0 23A	3-0 11S	1-0 12M	4-1 7S	4-1 26M	2-0 23O	2-1 11A	4-1 28D	1-0 9A	1-1 4D	1-2 25S	3-1 6N
6	Chelsea	0-0 19F	0-2 16m	1-0 4m	0-1 9O	1-1 21a		3-1 11S	1-0 5F	0-2 6N	0-1 23O	2-0 4D	1-1 12M	1-0 25S	0-0 28D	3-1 11A	1-0 7m	2-0 1S	1-1 1S	1-2 22F	3-2 8J	2-1 25A	6-2 9A
7	Everton	3-1 18S	2-0 8J	2-2 5O	0-0 23O	1-0 4S	2-1 26F		2-0 18D	0-0 20N	1-2 6N	0-0 19M	0-0 25A	5-2 11A	3-0 21a	1-3 15M	5-1 9A	2-1 31a	2-0 5F	3-1 4D	2-3 9O	2-2 7S	2-2 11J
8	Fulham	1-0 1J	3-6 18S	5-2 25a	0-0 29J	2-5 11D	0-3 28a	3-2 16O		1-3 8A	0-4 18A	2-0 26F	0-1 15J	2-0 30O	1-1 27N	0-0 13N	4-2 8S	1-1 16A	1-1 30A	3-0 19M	1-1 4S	3-0 2A	2-1 2O
9	Leeds United	2-0 13N	2-0 1S	3-0 25S	1-2 26M	1-1 30O	2-0 4A	4-1 16A	0-1 12A		3-2 12M	0-1 28D	1-1 12J	3-0 30A	6-1 16O	2-1 4S	2-2 11S	3-0 1J	2-2 15J	1-0 21a	2-0 15S	4-0 11D	5-0 5F
10	Leicester City	3-1 30O	2-1 5F	2-0 12A	0-3 14S	0-1 16O	1-1 21M	3-0 4m	5-3 28D	3-3 18S		1-3 21a	0-5 13N	1-2 16A	1-1 2O	2-1 30A	4-1 19M	1-0 11D	1-0 1J	4-1 4S	2-2 1S	2-1 27N	1-1 9m
11	Liverpool	4-2 11D	3-1 2O	5-2 17N	4-1 19F	2-1 27N	2-1 30A	5-0 25S	2-1 11S	0-1 27D	1-0 29J		2-1 1J	1-0 16O	5-0 13N	4-0 30O	0-1 25a	1-0 6A	2-0 16A	4-0 12F	1-0 12M	2-2 15J	1-1 15S
12	Manchester United	2-1 19M	6-1 9m	2-2 6N	4-2 27A	4-2 26F	4-1 18S	3-0 15D	4-1 23O	1-1 19m	1-2 9A	2-0 9O		1-1 15S	6-2 5F	0-0 1S	3-1 20N	1-1 21a	1-1 4S	1-1 8J	5-1 18D	1-1 27D	0-0 4D
13	Newcastle United	0-1 2O	1-0 9A	2-1 6N	2-0 18S	3-2 19M	0-1 8A	0-0 7m	1-1 16m	2-0 20N	1-5 18D	0-0 8S	1-2		2-0 4S	2-2 21a	0-2 23A	2-0 5F	3-1 26F	2-0 5M	0-0 23O	0-1 25a	2-1 8J
14	Northampton Town	1-1 25a	2-1 6N	2-1 8J	1-2 4D	2-3 15S	0-2 27D	2-4 29J	2-1 23A	2-0 5M	0-0 26M	1-1 9A	3-1 28a	1-1 19F		3-3 12M	0-1 9O	0-0 25S	3-1 12A	0-2 25A	3-4 20N	2-1 10S	2-1 23O
15	Nottm Forest	0-1 7S	1-2 23O	0-3 23A	2-1 20N	1-0 8M	1-2 12A	1-0 27D	1-2 26A	0-4 19F	2-0 4D	1-1 10m	4-2 24a	1-2 29J	1-1 18S		1-0 8J	1-0 7m	4-3 19M	0-0 18D	1-0 6N	3-2 28a	5-0 9O
16	Sheffield United	3-0 25A	1-0 21a	2-0 29M	0-1 11A	2-1 15J	1-2 30O	2-0 13N	2-0 15S	1-1 26F	2-2 25S	0-0 1S	3-1 16A	3-2 27N	2-1 1J	1-1 11D		1-0 18S	3-2 16O	2-2 5F	1-3 28D	0-3 30A	5-3 4S
17	Sheffield Wednesday	4-0 27D	2-0 27A	2-1 4D	3-0 4A	0-2 9m	1-1 2m	3-1 25a	1-0 20N	0-0 9O	1-2 8J	0-2 6N	0-0 29J	0-0 28a	3-1 19M	3-1 11S	2-2 12M		4-1 30M	3-1 23O	1-1 9A	1-2 19F	0-0 18D
18	Stoke City	1-3 29J	2-3 9A	4-1 8S	3-1 8J	2-2 27D	1-1 28a	3-2 28a	1-2 4D	1-0 23O	0-0 9O	2-2 19F	4-0 11S	6-2 12F	1-0 25S	2-0 25M	3-1 4m			1-1 6N	0-1 23A	1-1 12M	1-0 7m
19	Sunderland	0-2 20A	2-0 15S	1-0 11S	2-1 12M	0-4 13N	2-0 16A	2-0 30A	2-2 25S	2-0 29J	0-3 19F	2-2 11A	2-3 11D	2-0 3J	3-0 30O	3-2 16O	4-1 28a	0-2 26J	2-0 2A		2-0	1-5 26M	2-1 1J 1S
20	Tottenham Hotspur	2-2 11S	5-5 19M	4-0 29J	4-0 27a	0-1 30A	4-2 11D	2-2 1J	4-3 19F	3-2 8S	4-2 25a	2-1 18S	5-1 16O	2-2 15J	1-1 2A	2-3 27D	1-0 13N	2-3 27N	2-2 6O	3-0		2-1 30O	1-4 8A
21	West Bromwich Albion	4-4 11A	2-2 11F	2-1 20N	2-1 9A	1-2 19M	1-2 15S	1-1 6N	6-2 8J	1-2 22A	5-1 23O	3-0 4m	3-3 1S	1-2 26F	1-1 5F	5-3 4D	1-1 4S	4-2 18S	6-2 9O	4-1 7m	2-1		3-0 21a
22	West Ham United	2-1 16A	4-2 5M	4-1 12M	1-1 25S	1-1 2A	2-1 13N	3-0 27N	1-3 26M	2-1 28a	2-5 11S	1-5 6S	3-2 30A	4-3 11D	1-1 15J	0-3 1J	4-0 19F	4-2 16O	0-0 30O	1-1 23a	2-0 25A	4-0 29J	

Final League Table

Pos	Team	Pld	Home					Away					Totals						Leading Goalscorer	Gls
			W	D	L	F	A	W	D	L	F	A	W	D	L	F	A	Pts	GA		
1	Liverpool	42	17	2	2	52	15	9	7	5	27	19	26	9	7	79	34	61	2.32	R Hunt	29
2	Leeds United	42	14	4	3	49	15	9	5	7	30	23	23	9	10	79	38	55	2.07	P Lorimer, J Storrie	13
3	Burnley	42	15	3	3	45	20	9	4	8	34	27	24	7	11	79	47	55	1.68	W Irvine	29
4	Manchester Utd	42	12	8	1	50	20	6	7	8	34	39	18	15	9	84	59	51	1.42	D Herd	24
5	Chelsea	42	11	4	6	30	21	11	3	7	35	32	22	7	13	65	53	51	1.22	G Graham	17
6	West Brom A	42	11	6	4	58	34	8	6	7	33	35	19	12	11	91	69	50	1.31	J Astle, J Kaye	18
7	Leicester City	42	12	4	5	40	28	9	3	9	40	37	21	7	14	80	65	49	1.23	J Sinclair	22
8	Tottenham H	42	11	4	6	55	37	5	6	10	20	29	16	12	14	75	66	44	1.13	J Greaves	15
9	Sheffield United	42	11	6	4	37	25	5	5	11	19	34	16	11	15	56	59	43	0.94	M Jones	21
10	Stoke City	42	12	6	3	42	22	3	6	12	23	42	15	12	15	65	64	42	1.01	J Ritchie	13
11	Everton	42	12	6	3	39	19	3	5	13	17	43	15	11	16	56	62	41	0.90	F Pickering	18
12	West Ham United	42	12	5	4	46	33	3	4	14	24	50	15	9	18	70	83	39	0.84	G Hurst	23
13	Blackpool	42	9	5	7	36	29	5	4	12	19	36	14	9	19	55	65	37	0.84	A Ball	17
14	Arsenal	42	8	8	5	36	31	4	5	12	26	44	12	13	17	62	75	37	0.82	J Baker	13
15	Newcastle Utd	42	10	5	6	26	20	4	4	13	24	43	14	9	19	50	63	37	0.79	A Suddick	13
16	Aston Villa	42	10	3	8	39	34	5	4	12	30	46	15	6	21	69	80	36	0.86	A Hateley	27
17	Sheffield Weds	42	11	6	4	35	18	3	2	16	21	48	14	8	20	56	66	36	0.84	J Fantham	13
18	Nottm Forest	42	11	3	7	31	26	3	5	13	25	46	14	8	20	56	72	36	0.77	C Addison	9
19	Sunderland	42	13	2	6	36	28	1	6	14	15	44	14	8	20	51	72	36	0.70	N Martin, G Mulhall	8
20	Fulham	42	9	4	8	34	37	5	3	13	33	48	14	7	21	67	85	35	0.78	G Leggat	16
21	Northampton T	42	8	6	7	31	32	2	7	12	24	60	10	13	19	55	92	33	0.59	R Brown	9
22	Blackburn Rov	42	6	1	14	30	36	2	3	16	27	52	8	4	30	57	88	20	0.64	M A McEvoy, G Jones	10

1965/66 DIVISION 2 SEASON 67

Total Matches: 462
Total Goals: 1421
Avg goals per match: 3.08

Results Grid

		Birmingham C	Bolton Wand	Bristol City	Bury	Cardiff City	Carlisle United	Charlton Ath	Coventry City	Crystal Palace	Derby County	Huddersfield T	Ipswich Town	Leyton Orient	Manchester City	Middlesbrough	Norwich City	Plymouth A	Portsmouth	Preston N E	Rotherham Utd	Southampton	Wolverhampton
1	Birmingham City		0-1	1-3	4-0	4-2	2-1	2-2	0-1	2-1	5-5	2-1	4-1	2-2	3-1	1-1	1-1	1-0	1-3	1-1	3-0	0-1	2-2
2	Bolton Wanderers	1-2		1-2	2-1	2-1	4-0	4-2	4-2	3-0	0-1	1-1	3-1	2-0	1-0	6-0	1-1	0-1	2-0	1-3	1-3	2-3	2-1
3	Bristol City	2-0	2-2		2-1	1-1	2-0	0-0	1-1	1-1	1-1	2-1	4-1	2-0	1-1	2-2	0-0	0-0	1-0	2-1	0-1	0-0	0-1
4	Bury	5-1	1-1	1-2		1-1	2-1	3-0	1-1	2-2	4-1	0-4	1-1	3-0	2-1	2-0	2-5	1-0	1-1	5-0	6-1	1-3	1-0
5	Cardiff City	1-3	1-1	2-1	1-0		1-1	3-1	1-2	1-0	2-1	0-1	1-0	3-1	4-3	5-3	0-2	5-1	1-2	1-3	0-0	3-5	1-4
6	Carlisle United	1-0	1-1	5-0	4-1	2-0		3-1	2-2	3-1	2-1	2-0	3-1	1-0	1-2	2-1	4-1	1-3	2-1	0-2	1-0	1-0	2-1
7	Charlton Athletic	2-1	0-1	1-4	0-1	5-2	3-2		2-0	1-0	2-2	0-2	2-0	3-0	2-3	1-0	2-1	1-1	2-2	5-2	2-2	2-2	1-1
8	Coventry City	4-3	2-2	2-2	1-0	3-1	3-2	3-1		0-1	3-2	0-3	3-1	1-1	3-3	2-1	2-0	5-1	3-2	5-1	2-2	5-1	2-1
9	Crystal Palace	1-0	1-1	2-1	1-0	0-0	2-0	2-0	0-1		1-1	2-1	3-1	2-1	0-2	1-1	0-0	3-1	4-1	1-1	2-2	1-0	0-1
10	Derby County	5-3	2-0	2-1	4-1	1-5	3-1	2-0	1-0	4-0		4-1	2-2	1-3	1-2	5-0	3-1	1-2	3-1	1-0	1-3	0-3	2-2
11	Huddersfield Town	2-0	1-0	3-0	2-0	1-1	2-0	1-1	0-2	1-1	1-3		1-0	1-1	0-0	6-0	0-0	2-1	2-0	2-1	4-0	2-0	1-1
12	Ipswich Town	0-1	2-0	1-0	3-4	2-1	1-0	1-4	0-2	2-2	2-2	2-2		3-2	1-1	2-1	2-0	4-1	1-0	1-0	3-0	0-0	5-2
13	Leyton Orient	2-1	1-0	0-4	2-2	1-1	2-1	1-2	1-1	0-2	0-0	0-2	1-4		2-2	2-3	0-0	0-1	0-0	2-2	1-4	1-1	0-3
14	Manchester City	3-1	4-1	2-2	1-0	2-2	2-1	0-0	1-0	3-1	1-0	2-0	2-1	5-0		3-1	0-0	1-1	3-1	0-0	3-1	0-0	2-1
15	Middlesbrough	1-1	1-1	4-2	1-0	3-4	0-2	2-2	1-1	2-2	0-0	1-3	3-2	2-1	1-1		0-1	0-1	5-2	2-1	4-0	0-0	3-1
16	Norwich City	2-2	3-0	0-0	4-0	3-2	2-0	2-0	1-1	2-1	0-1	1-1	1-0	2-1	3-3	1-2		0-0	1-3	1-1	1-2	3-4	0-3
17	Plymouth Argyle	6-1	1-3	0-2	2-2	2-2	0-0	3-0	1-2	1-2	0-0	0-0	3-0	1-1	0-2	2-2	2-0		3-1	0-1	5-2	2-3	2-2
18	Portsmouth	0-1	1-0	2-4	4-0	3-1	4-1	3-1	2-0	1-1	2-1	1-0	4-1	2-2	2-1	4-1	0-3	4-1		4-1	1-1	2-5	2-0
19	Preston North End	3-3	0-1	1-1	2-1	9-0	2-1	3-3	0-0	2-0	2-0	1-1	0-1	1-2	0-3	1-1	0-0	2-0	4-1		1-1	1-1	2-2
20	Rotherham United	3-4	2-1	1-2	2-1	6-4	3-3	0-0	1-1	3-0	3-0	0-0	0-0	2-1	0-1	4-1	2-1	2-0	3-3	6-3		1-0	4-3
21	Southampton	0-1	5-1	2-2	6-2	3-2	1-0	1-0	1-0	3-1	0-1	1-2	1-0	0-1	3-1	2-2	4-1	2-2	5-2	1-1			9-3
22	Wolverhampton Wand	2-0	3-1	1-0	3-0	2-1	3-0	2-2	0-1	1-0	4-1	4-1	2-1	2-4	3-0	2-1	0-0	8-2	3-0	4-1	1-1		

Final League Table

Pos	Team	Pld	Home W	D	L	F	A	Away W	D	L	F	A	Totals W	D	L	F	A	Pts	GA	Leading Goalscorer	Gls
1	Manchester City	42	14	7	0	40	14	8	8	5	36	30	22	15	5	76	44	59	1.72	N Young	14
2	Southampton	42	13	4	4	51	25	9	6	6	34	31	22	10	10	85	56	54	1.51	M Chivers	30
3	Coventry City	42	14	5	2	54	31	6	8	7	19	22	20	13	9	73	53	53	1.37	G Hudson	13
4	Huddersfield T	42	12	7	2	35	12	7	6	8	27	24	19	13	10	62	36	51	1.72	A Gilliver	18
5	Bristol City	42	9	10	2	27	15	8	7	6	36	33	17	17	8	63	48	51	1.31	P J Atyeo	19
6	Wolverhampton	42	15	4	2	52	18	5	6	10	35	43	20	10	12	87	61	50	1.42	P Knowles	19
7	Rotherham Utd	42	12	6	3	48	29	4	8	9	27	45	16	14	12	75	74	46	1.01	J Galley	18
8	Derby County	42	13	2	6	48	31	3	9	9	23	37	16	11	15	71	68	43	1.04	A Durban	17
9	Bolton Wand	42	12	2	7	43	25	4	7	10	19	34	16	9	17	62	59	41	1.05	R Davies, F Lee	13
10	Birmingham City	42	10	6	5	41	29	6	3	12	29	46	16	9	17	70	75	41	0.93	G Vowden	21
11	Crystal Palace	42	11	7	3	29	16	3	6	12	18	36	14	13	15	47	52	41	0.90	B Whitehouse	7
12	Portsmouth	42	13	4	4	47	26	4	4	13	27	52	17	8	18	74	78	40	0.94	A McCann	12
13	Norwich City	42	8	7	6	33	27	4	8	9	19	25	12	15	15	52	52	39	1.00	R Davies	18
14	Carlisle United	42	16	2	3	46	19	1	3	17	17	44	17	5	20	60	63	39	0.95	C Balderstone, D Wilson	13
15	Ipswich Town	42	12	6	3	38	23	3	3	15	20	43	15	9	18	58	66	39	0.87	G Baker	11
16	Charlton Athletic	42	10	6	5	39	29	2	8	11	22	41	12	14	16	61	70	38	0.87	R Saunders	13
17	Preston N E	42	7	10	4	37	23	4	6	11	25	47	11	16	15	62	70	37	0.88	B Godfrey	17
18	Plymouth Argyle	42	7	8	6	37	26	5	5	11	17	37	12	13	17	54	63	37	0.85	M Trebilcock	11
19	Bury	42	12	5	4	45	25	2	2	17	17	51	14	7	21	62	76	35	0.81	R Pointer	17
20	Cardiff City	42	10	3	0	37	35	2	7	12	34	56	12	10	20	71	91	34	0.78	G Johnston	18
21	Middlesbrough	42	8	8	5	36	28	2	5	14	22	58	10	13	19	58	86	33	0.67	J Irvine	15
22	Leyton Orient	42	3	9	9	19	36	2	4	15	19	44	5	13	24	38	80	23	0.47	C Flatt, D Metchick	8

1965/66 DIVISION 3 SEASON 67

Total Matches 552
Total Goals 1628
Avg goals per match 2.95

		Bournemouth	Brentford	Brighton & H A	Bristol Rovers	Exeter City	Gillingham	Grimsby Town	Hull City	Mansfield Town	Millwall	Oldham Athletic	Oxford United	Peterborough U	Q P R	Reading	Scunthorpe U	Shrewsbury T	Southend U	Swansea Town	Swindon Town	Walsall	Watford	Workington	York City
1	Bournemouth		0-1	0-1	1-0	0-1	1-1	1-0	1-1	2-2	0-0	1-0	1-1	2-3	1-1	3-2	1-2	2-0	0-0	2-1	1-0	0-1	2-0	1-1	1-0
2	Brentford	1-0		2-0	0-5	1-2	0-2	3-2	2-4	0-3	1-2	0-0	5-1	1-0	6-1	1-1	0-1	4-0	2-0	2-0	0-1	2-2	1-1	0-1	0-1
3	Brighton & H A	1-2	2-0		4-3	2-1	0-1	1-2	1-2	6-4	2-2	3-1	2-0	1-0	0-2	1-1	0-1	1-1	9-1	1-1	1-0	2-1	2-0	3-1	3-1
4	Bristol Rovers	0-0	1-1	0-0		2-0	0-0	2-1	1-2	6-0	1-1	4-0	3-1	1-1	1-0	0-0	2-0	3-2	3-1	2-1	0-1	3-0	1-1	2-2	0-0
5	Exeter City	1-0	5-0	2-0	1-0		3-1	2-0	1-4	2-2	1-2	4-0	1-2	2-5	0-0	1-2	4-0	0-0	1-1	1-1	1-1	0-2	1-2	2-1	0-2
6	Gillingham	2-0	1-0	3-1	2-0	1-1		3-2	0-3	2-0	1-0	3-0	1-2	1-1	3-1	2-4	0-1	0-1	1-0	2-0	1-0	1-0	2-2	1-0	0-0
7	Grimsby Town	2-0	3-2	3-1	1-1	1-1	3-1		1-0	0-1	2-0	3-1	1-1	3-0	4-2	3-3	1-3	2-1	1-0	2-2	2-2	3-1	2-1	1-0	3-1
8	Hull City	3-0	4-1	1-0	6-1	6-1	1-0	1-1		4-0	1-0	5-1	2-1	2-1	3-3	3-2	2-1	1-0	4-1	1-0	3-2	3-1	6-0	1-4	
9	Mansfield Town	1-0	2-0	3-1	2-0	0-0	0-0	2-1	1-2		1-1	1-0	1-4	1-7	2-1	0-2	2-2	0-3	2-0	1-5	0-3	2-2	0-1	4-1	
10	Millwall	1-0	1-0	3-2	3-3	3-0	2-0	2-1	3-0	2-0		1-0	2-0	4-1	2-3	0-0	3-0	2-2	4-2	2-0	1-0	1-1	0-0	2-0	
11	Oldham Athletic	2-2	1-1	1-0	2-0	3-1	5-3	1-4	2-2	1-1	0-2		3-0	2-4	2-0	2-2	1-3	0-1	0-1	1-1	1-2	0-1	1-1	3-0	
12	Oxford United	2-1	2-0	0-0	1-0	0-1	0-4	2-0	0-2	4-1	3-1	3-3		1-0	1-3	2-0	0-3	0-1	3-2	2-2	0-3	7-1	1-2	0-2	4-1
13	Peterborough U	1-0	3-0	2-2	5-2	2-0	1-0	1-1	4-1	3-2	0-2	0-1	2-3		1-1	0-0	3-1	4-1	4-0	5-2	2-3	2-2	1-1	1-0	
14	Queens Park R	5-0	1-0	4-1	4-1	1-0	1-3	3-0	3-3	1-2	6-1	1-1	2-3	2-1		0-2	1-0	2-1	2-1	6-2	3-2	2-1	1-1	4-1	7-2
15	Reading	1-0	2-0	0-1	4-1	2-2	0-0	0-1	2-1	1-1	3-2	0-1	2-1		2-0		4-1	1-0	2-1	0-2	3-0	1-2	1-1	3-0	
16	Scunthorpe Utd	3-0	3-2	2-2	3-0	2-1	0-1	2-2	2-4	0-1	1-1	1-1	1-1	1-2	2-0			1-4	0-0	1-1	4-2	4-1	4-1	4-1	
17	Shrewsbury T	0-2	0-0	3-1	1-0	4-0	2-1	3-1	2-2	2-1	2-0	0-1	4-3	3-1	0-0	3-3	1-4		3-0	5-0	1-1	1-2	0-0	1-1	4-1
18	Southend United	1-2	1-0	0-0	2-0	4-2	5-2	3-1	0-2	1-0	0-2	0-2	2-1	2-0	1-3	2-1	0-1	2-0		2-0	4-2	5-3	1-0	3-1	2-3
19	Swansea Town	5-0	1-1	2-2	3-0	1-0	0-3	1-0	4-2	1-2	0-2	4-1	3-2	1-1	4-2	5-4	3-4	4-0	5-0		1-1	1-0	4-2	1-6	7-2
20	Swindon Town	0-0	2-1	3-2	4-3	2-2	0-1	0-0	3-1	6-2	1-0	0-1	0-0	3-0	2-1	5-0	0-0	0-0	4-0	2-2		0-0	0-1	0-1	6-0
21	Walsall	2-1	1-1	2-1	1-1	1-1	6-1	1-0	2-4	2-1	1-4	2-2	1-1	2-0	0-1	3-0	3-0	3-0	1-1	5-0			3-0	1-1	2-0
22	Watford	1-0	1-1	0-1	2-0	3-0	1-0	1-1	1-1	2-1	2-1	0-1	4-0	1-1	0-1	1-2	1-2	2-1	1-0	4-1	0-1	2-0		1-2	3-2
23	Workington	2-2	1-1	1-0	0-0	6-1	1-0	0-3	2-0	0-0	0-1	2-1	1-1	1-0	1-2	1-3	3-1	7-0	0-3	1-0	1-0	0-5	2-1		
24	York City	0-2	1-1	0-1	1-5	2-0	1-1	1-2	2-1	2-2	1-4	1-1	2-2	1-2	1-3	2-2	0-3	5-1	0-2	0-3	1-3	3-3			

Final League Table

Pos	Team	Pld	Home W	Home D	Home L	Home F	Home A	Away W	Away D	Away L	Away F	Away A	Totals W	Totals D	Totals L	Totals F	Totals A	Pts	GA	Leading Goalscorer	Gls
1	**Hull City**	46	19	2	2	64	24	12	5	6	45	38	31	7	8	109	62	69	1.75	K Wagstaff	27
2	Millwall	46	19	4	0	47	13	8	7	8	29	30	27	11	8	76	43	65	1.76	L Julians	22
3	Queens Park R	46	16	3	4	62	29	8	6	9	33	36	24	9	13	95	65	57	1.46	**L Allen**	**30**
4	Scunthorpe Utd	46	9	8	6	44	34	12	3	8	36	33	21	11	14	80	67	53	1.19	B Bedford	22
5	Workington	46	13	6	4	38	18	6	8	9	29	39	19	14	13	67	57	52	1.17	K Oliver	13
6	Gillingham	46	14	4	5	33	19	8	4	11	29	35	22	8	16	62	54	52	1.14	B Gibbs	23
7	Swindon Town	46	11	8	4	43	18	8	5	10	31	30	19	13	14	74	48	51	1.54	K East	19
8	Reading	46	13	5	5	36	19	6	8	9	34	44	19	13	14	70	63	51	1.11	P Terry	17
9	Walsall	46	13	7	3	48	21	7	3	13	29	43	20	10	16	77	64	50	1.20	A Clarke	18
10	Shrewsbury T	46	13	7	3	48	22	6	4	13	25	42	19	11	16	73	64	49	1.14	F Clarke	21
11	Grimsby Town	46	15	6	2	47	25	2	7	14	21	37	17	13	16	68	62	47	1.09	M Tees	28
12	Watford	46	12	4	7	33	19	5	9	9	22	32	17	13	16	55	51	47	1.07	C Holton	12
13	Peterborough U	46	13	6	4	50	26	4	6	13	30	40	17	12	17	80	66	46	1.21	J Byrne	19
14	Oxford United	46	11	3	9	38	33	8	5	10	32	41	19	8	19	70	74	46	0.94	G Atkinson	20
15	Brighton & H A	46	13	3	7	46	28	3	7	13	21	37	16	11	19	67	65	43	1.03	C Livesey	11
16	Bristol Rovers	46	11	10	2	38	15	3	4	16	26	49	14	14	18	64	64	42	1.00	H Jarman	15
17	Swansea Town	46	14	4	5	61	37	1	7	15	20	59	15	11	20	81	96	41	0.84	J McLaughlin	20
18	Bournemouth	46	9	8	6	24	19	4	6	13	14	30	13	14	19	38	56	38	0.67	D Coughlin	7
19	Mansfield Town	46	10	5	8	31	36	5	3	15	28	53	15	8	23	59	89	38	0.66	W Curry	14
20	Oldham Athletic	46	8	7	8	34	33	4	6	13	21	48	12	13	21	55	81	37	0.67	F Large	8
21	Southend United	46	15	1	7	43	28	1	3	19	26	54	16	4	26	54	83	36	0.65	E Firmani	16
22	Exeter City	46	9	6	8	36	28	3	5	15	17	51	12	11	23	53	79	35	0.67	A Banks	17
23	Brentford	46	9	4	10	34	30	1	8	14	14	39	10	12	24	48	69	32	0.69	W I Lawther	10
24	York City	46	5	7	11	30	44	4	2	17	23	62	9	9	28	53	106	27	0.50	P Aimson	17

1965/66 | DIVISION 4
SEASON 67

Total Matches 552
Total Goals 1723
Avg goals per match 3.12

		Aldershot	Barnsley	Barrow	Bradford P A	Bradford City	Chester	Chesterfield	Colchester U	Crewe Alex	Darlington	Doncaster R	Halifax Town	Hartlepools U	Lincoln City	Luton Town	Newport County	Notts County	Port Vale	Rochdale	Southport	Stockport Co	Torquay United	Tranmere Rov	Wrexham
1	Aldershot		1-1 23A	3-1 19F	5-1 27A	5-2 9A	2-2 9O	1-3 15S	1-3 20N	1-0 7m	0-1 23M	1-1 12M	0-0 8A	5-0 11S	2-0 23O	3-1 28a	2-1 6O	0-0 9M	3-0 12F	2-3 29J	3-0 25S	1-0 6N	3-2 16F	1-3 8J	2-2 26M
2	Barnsley	2-1 15M		3-0 15O	1-1 15A	4-2 28a	0-2 23N	0-0 3S	1-1 26F	0-1 29J	3-1 1O	1-5 29O	1-2 27D	2-2 15J	0-1 26A	3-0 1J	2-2 29A	1-1 12F	1-0 24a	5-0 8M	4-0 13m	1-2 18M	1-0 11D	4-0 17S	0-3 10m
3	Barrow	2-2 4S	1-5 18D		5-2 5F	2-0 23O	4-1 20N	3-2 19M	3-0 9O	1-1 18A	1-1 7m	2-1 27D	3-0 8J	2-2 4O	0-1 12m	2-1 25A	2-2 26F	0-2 23A	3-3 6N	1-0 2O	2-0 13S	1-1 5M	4-2 18S	1-1 11A	4-2 21a
4	Bradford P A	5-1 1N	2-3 20N	2-3 28a		5-1 23A	0-1 12A	3-1 4J	1-0 8J	2-1 9A	0-2 23O	0-1 11S	2-1 26M	4-1 19A	4-2 18D	1-3 29J	6-1 12F	4-0 9O	1-2 7m	1-2 24a	2-1 12M	3-0 24m	1-1 4O	1-1 6N	4-2 25S
5	Bradford City	1-1 30A	1-0 5F	0-0 15J	3-0 16F		1-2 5M	1-1 11A	1-2 4S	0-1 25a	1-1 19M	0-1 16m	1-3 16M	2-0 30O	2-2 2O	3-2 16O	0-0 11D	2-0 27A	2-1 12J	3-0 1J	1-7 20A	4-1 18S	2-4 21a	4-1 26F	4-1 12m
6	Chester	3-2 1J	3-3 6O	0-0 16A	2-4 8A	4-0 12F		3-0 30O	2-1 28D	3-0 27O	3-2 5F	1-4 30A	2-0 25S	4-2 27N	1-1 4S	6-1 28m	1-1 16O	1-2 26F	1-0 26M	1-0 2A	1-0 11D	1-1 21a	3-1 15J	3-1 15S	4-2 18S
7	Chesterfield	1-1 23a	3-1 19F	2-2 25S	0-3 27D	1-1 8A	2-2 28M		2-4 7m	3-1 9O	1-2 20N	3-2 25A	1-3 23O	1-3 25M	0-1 8J	1-3 12M	1-2 21a	0-0 6N	3-1 18D	4-1 11S	3-2 2m	2-1 23A	1-1 5F	0-0 9A	1-1 6S
8	Colchester Utd	0-0 16A	4-0 11S	2-2 1J	6-3 28F	0-1 19F	1-1 27D	3-0 11D		1-1 28a	0-1 25A	2-1 15J	1-0 23a	2-0 16O	3-0 5M	2-2 8A	3-2 27N	4-1 22N	3-0 29J	2-0 18S	0-0 30O	3-2 2O	0-2 30A	3-0 19M	1-1 2A
9	Crewe Alex	2-0 11D	0-1 21a	2-1 29O	2-5 30A	7-1 15S	1-1 18m	1-0 1J	0-2 5F		0-1 17S	0-1 11m	3-0 23F	3-1 1A	7-0 18M	2-0 15J	2-2 2M	1-0 1O	0-0 9M	3-1 16O	2-1 15A	1-1 4m	2-1 8A	1-2 4S	0-1 27N
10	Darlington	4-3 30O	2-1 26M	1-0 11D	4-1 14M	3-0 25S	0-1 28a	4-1 16A	2-0 16m	1-1 12M		3-2 11A	2-0 28M	1-1 28D	0-2 23a	1-0 30A	0-1 9m	2-1 29J	3-1 11S	2-0 28F	3-0 1J	0-0 4O	0-1 21m	1-0 7M	2-0 16O
11	Doncaster Rov	3-2 17S	2-1 3m	1-1 28D	6-2 25F	1-1 6N	1-1 9A	1-0 15F	2-0 4D	4-1 8J	6-3 12A		2-2 22A	4-0 24a	4-0 21a	1-1 23N	1-0 19m	0-3 6m	1-0 19N	2-0 4M	1-1 5F	1-0 9O	0-1 2O	3-1 18B	2-0 4S
12	Halifax Town	3-4 12A	2-2 28D	2-1 22J	1-0 1O	3-2 50	2-0 18M	4-1 12F	1-1 14S	1-0 5M	2-2 3S	2-3 8M		1-0 15A	2-2 26F	3-0 16m	4-4 31D	0-1 18S	2-0 10m	4-1 29A	1-2 5F	0-1 1O	0-2 16O	2-2 21a	4-0 10D
13	Hartlepools Utd	3-0 26F	1-2 23O	3-0 9m	2-3 4S	1-1 21m	2-0 23A	1-2 2O	0-1 18D	4-1 6N	1-1 27D	2-0 13S	1-2 20N		3-1 7m	2-0 5M	5-2 18S	0-0 9A	0-0 8J	3-1 16m	2-1 21a	0-0 19M	0-0 9O	0-0 4-2	5F
14	Lincoln City	2-1 15J	4-1 22M	4-0 30A	1-1 15O	1-0 25M	2-2 19F	0-2 9M	0-2 12F	1-1 24S	4-1 15S	0-3 28J	3-3 11S	2-1 11D		2-2 27N	1-1 30O	1-2 28a	0-1 12M	2-0 16A	4-0 8A	1-2 15M	1-1 2A	1-0 6O	0-2 1J
15	Luton Town	3-1 5F	5-4 9O	3-2 19m	3-1 21a	2-3 18D	5-2 8J	1-2 18S	1-1 11A	4-0 23O	2-2 9A	4-3 7O	4-1 6N	2-1 12F	0-0 23A		2-1 4S	5-1 20N	5-0 14m	4-1 19M	2-0 28D	3-2 7m	2-1 26F	1-0 26M	1-0 16S
16	Newport County	3-1 22N	1-0 9A	3-2 11S	3-1 7M	2-2 7m	3-2 23m	3-4 21a	2-1 28m	1-0 21M	3-0 8N	4-0 25S	3-1 9O	3-0 12M	0-0 2m	3-1 25m		1-2 25O	0-1 11A	1-1 28a	1-0 25M	3-2 8J	0-0 13S	2-2 19N	3-1 16m
17	Notts County	2-0 16O	0-1 5M	0-2 27N	2-0 1J	2-1 18m	3-3 11S	2-0 2A	1-0 7O	0-1 26M	0-0 21a	1-2 11D	1-1 12M	1-0 30A	2-1 5F	1-1 16A	1-1 15J		3-1 25S	3-3 21m	1-2 4S	1-1 16S	1-1 30O	1-2 13m	3-1 11A
18	Port Vale	2-1 5M	1-1 13S	0-0 2m	3-3 11D	0-0 4A	5-2 2O	1-1 16O	0-2 21a	1-0 4O	3-0 26F	0-1 16A	2-0 27A	0-0 21M	3-0 18S	1-2 30O	1-2 12A	1-0 19M		2-1 15J	4-1 27N	2-0 4S	0-0 1J	2-3 5F	1-0 30A
19	Rochdale	1-0 21a	2-1 11A	4-0 25M	2-3 14S	5-3 8O	3-0 5N	1-0 26F	1-1 11M	1-2 18D	0-1 22A	1-2 12F	0-1 19A	0-1 26A	1-0 20N	1-2 24S	2-0 5F	2-1 8J	0-2 22O		3-0 50	4-0 9A	2-3 4S	3-5 6m	6-0 27D
20	Southport	0-2 18M	3-1 4A	1-1 23a	2-1 17S	4-0 8J	2-0 7m	1-0 21m	1-1 10m	1-1 20N	2-1 8O	1-0 28a	4-1 9A	5-1 29J	3-2 11A	2-0 27D	1-0 2O	2-1 19F	4-0 23A	2-1 22N		2-0 17D	3-3 25A	1-1 23O	2-2 26F
21	Stockport Co	1-2 16m	1-0 24S	5-2 11F	2-3 29O	1-1 21M	0-1 28J	2-1 26N	1-0 25M	2-0 10S	1-1 22N	1-1 1J	3-0 27a	1-2 11A	4-1 21F	2-1 10D	1-3 20m	3-0 23a	3-1 18F	2-2 29A	2-2 15O		1-0 15A	1-2 6S	2-4 14J
22	Torquay United	5-1 27D	3-0 20O	0-1 12M	2-1 23N	4-3 29O	1-0 28a	2-1 9A	0-4 11A	0-0 8J	2-0 26M	2-0 2m	4-1 25S	2-0 6N	2-0 11S	2-0 25a	1-0 9m	1-0 9O	4-0 19F	2-1 22S	1-1 20N	1-4		2-1 23A	3-1 12F
23	Tranmere Rov	5-2 18O	1-0 11M	1-2 8A	1-2 1A	2-2 10S	1-3 23a	3-2 29A	2-0 24S	3-1 18F	1-2 4M	5-2 15O	6-1 28J	3-2 1J	2-0 22N	0-1 3N	0-3 15A	1-0 27D	6-2 27a	0-2 10D	6-2 14J	0-1 25A			6-3 29O
24	Wrexham	4-0 2O	6-3 8J	3-1 29J	3-2 19M	1-1 20N	2-1 12O	2-3 6N	1-4 23A	1-2 18D	4-3 19F	2-2 7m	1-1 28a	0-1 9O	2-0 23a	0-1 25A	1-3 8A	1-0 4m	2-2 30M	3-1 11S	1-4 23O	0-2 5M	1-5 29S	6-3 29O	

Final League Table

Pos	Team	Pld	Home					Away					Totals					Pts	GA	Leading Goalscorer	Gls
			W	D	L	F	A	W	D	L	F	A	W	D	L	F	A				
1	Doncaster Rov	46	15	6	2	49	21	9	5	9	36	33	24	11	11	85	54	59	1.57	L Sheffield	28
2	Darlington	46	16	3	4	41	17	9	6	8	31	36	25	9	12	72	53	59	1.35	R Cummings	23
3	Torquay United	46	17	2	4	43	20	7	8	8	29	29	24	10	12	72	49	58	1.46	T Spratt	18
4	Colchester Utd	46	13	7	3	45	21	10	3	10	25	26	23	10	13	70	47	56	1.48	R Stratton	17
5	Tranmere Rov	46	15	1	7	56	32	9	7	7	37	34	24	8	14	93	66	56	1.40	B Dyson	30
6	Luton Town	46	19	2	2	65	27	5	6	12	25	43	24	8	14	90	70	56	1.28	J O'Rourke	32
7	Chester	46	15	5	3	52	27	5	7	11	27	43	20	12	14	79	70	52	1.12	E Morris	24
8	Notts County	46	9	8	6	32	25	10	4	9	29	28	19	12	15	61	53	50	1.15	R Still	13
9	Newport County	46	14	6	3	46	24	4	6	13	29	51	18	12	16	75	75	48	1.00	A Hale	21
10	Southport	46	15	6	2	47	20	3	6	14	21	49	18	12	16	68	69	48	0.98	A Spence	18
11	Bradford P A	46	14	2	7	59	31	7	3	13	43	61	21	5	20	102	92	47	1.10	K Hector	44
12	Barrow	46	12	8	3	48	31	4	7	12	24	45	16	15	15	72	76	47	0.94	J Mulholland	16
13	Stockport County	46	12	4	7	42	29	6	2	15	29	41	18	6	22	71	70	42	1.01	L White	15
14	Crewe Alex	46	12	4	7	42	23	4	5	14	19	40	16	9	21	61	63	41	0.96	P Kane	11
15	Halifax Town	46	11	6	6	46	31	4	5	14	21	44	15	11	20	67	75	41	0.89	W Atkins	19
16	Barnsley	46	11	6	6	43	24	4	5	15	31	54	15	10	21	74	78	40	0.94	M Ferguson	18
17	Aldershot	46	12	6	5	47	27	3	4	16	28	57	15	10	21	75	84	40	0.89	J Howarth	16
18	Hartlepools Utd	46	13	4	6	44	22	3	4	16	19	53	16	8	22	63	75	40	0.84	E Phythian	17
19	Port Vale	46	12	7	4	38	18	3	2	18	10	41	15	9	22	48	59	39	0.81	J Rowland	21
20	Chesterfield	46	8	9	6	37	35	5	4	14	25	43	13	13	20	62	78	39	0.79	I Hollett	18
21	Rochdale	46	12	1	10	46	27	4	4	15	26	60	16	5	25	71	87	37	0.81	R Jenkins, R Stephenson	13
22	Lincoln City	46	9	7	7	37	29	4	4	15	20	53	13	11	22	57	82	37	0.69	B Hutchinson	18
23	Bradford City	46	10	5	8	37	34	2	8	13	26	60	12	13	21	63	94	37	0.67	K Leek	12
24	Wrexham	46	10	4	9	43	43	3	5	15	29	61	13	9	24	72	104	35	0.69	K Webber	22

1966/67 DIVISION 1 SEASON 68

Total Matches	462
Total Goals	1387
Avg goals per match	3.00

Results Grid

	Arsenal	Aston Villa	Blackpool	Burnley	Chelsea	Everton	Fulham	Leeds United	Leicester C	Liverpool	Manchester City	Manchester U	Newcastle Utd	Nottm Forest	Sheffield Utd	Sheffield Weds	Southampton	Stoke City	Sunderland	Tottenham H	West Brom A	West Ham Utd
1 Arsenal		1-0 27a	1-1 17S	0-0 3D	2-1 4F	3-1 25A	1-0 19N	0-1 5N	2-4 1O	1-1 28M	1-0 14J	2-0 3M	1-1 8O	2-0 22A	1-2 25M	2-0 6S	4-1 26D	3-1 6m	2-0 17D	0-2 7J	2-3 22O	2-1 23a
2 Aston Villa	0-1 31J		3-2 14J	0-1 22A	2-6 17S	2-4 6m	1-1 8A	3-0 8O	0-1 4F	2-3 1O	3-0 3S	2-1 3D	1-1 20a	1-1 19N	0-0 22O	0-1 22a	0-1 5S	2-1 25M	2-1 27D	3-3 4M	3-2 5N	0-2 28M
3 Blackpool	0-3 21J	0-2 10S		0-2 11F	0-2 27M	0-1 22A	0-1 3D	0-2 25M	1-1 22a	1-2 5S	0-1 24S	1-2 8O	6-0 22O	1-1 4M	0-1 8A	1-1 17D	2-5 27a	0-1 19N	1-1 7J	2-2 5N	1-3 6m	1-4 26D
4 Burnley	1-4 29A	4-2 26N	1-0 1O		1-2 25F	1-1 13m	3-0 23a	1-1 3S	5-2 15O	1-0 18M	2-3 29O	1-1 4F	0-2 14J	0-2 28M	4-0 20a	2-0 1A	4-1 12N	0-2 26D	1-0 15A	2-2 17S	5-1 31D	4-2 10D
5 Chelsea	3-1 24S	3-1 21J	0-2 24M	1-3 8O		1-1 3D	0-0 4M	2-2 6m	2-2 7S	1-0 24D	0-0 11F	1-3 5N	2-1 25M	2-1 24a	1-1 19N	0-0 27a	1-0 7J	1-1 22A	3-0 10S	0-2 26O	5-5 17D	5-5 10A
6 Everton	0-0 12N	3-1 1A	0-1 26N	1-1 6S	3-1 19A		1-1 17D	3-2 4F	2-0 29O	2-0 27a	3-1 29A	1-1 1O	1-2 23D	1-1 14J	0-1 15O	4-1 10M	2-0 18M	0-1 3S	0-1 16m	4-1 22M	0-1 17S	5-4 25F	4-0
7 Fulham	0-0 19A	5-1 12N	2-2 29A	0-0 29a	1-3 29O	0-1 20a		2-2 17S	4-2 27D	2-2 25F	4-1 26N	2-2 27M	5-1 4F	2-3 13m	0-1 3S	1-2 18M	3-1 10D	4-1 31D	3-1 1A	3-4 1O	2-2 14J	4-2 15O
8 Leeds United	3-1 15O	0-2 25F	1-1 10D	3-1 7J	1-0 1A	1-1 24S	3-1 21J		3-1 12N	0-0 3m	3-1 18M	5-0 27a	1-1 26D	2-0 10S	1-0 28M	0-1 15m	3-0 29O	2-1 11F	3-2 7S	2-1 17D	2-1 24a	2-1 26N
9 Leicester City	2-1 11F	1-1 24S	3-0 31a	5-1 5N	3-2 9m	2-2 4M	0-2 26D	0-0 10A		2-1 18J	2-1 28M	1-2 30N	4-2 6m	3-0 8O	2-2 22A	0-1 7J	1-1 10S	4-2 3D	1-2 21J	0-1 25M	2-1 19N	5-4 27a
10 Liverpool	0-0 27M	1-0 11F	1-3 13m	2-0 9N	2-1 26D	0-0 31D	2-2 8O	5-0 19N	3-2 20a		3-2 30a	0-0 25M	3-1 7A	4-0 5N	1-0 3D	1-1 10S	1-1 21J	2-1 4M	2-2 24S	0-0 6m	0-1 22A	2-0 7J
11 Manchester City	1-1 10S	1-1 19A	1-0 4F	1-0 4M	1-4 1O	1-0 19N	3-0 22A	2-1 8m	1-3 24M	2-1 24a		1-1 21J	1-1 5N	1-1 3D	0-0 6m	1-1 2J	3-1 17D	1-0 12A	1-2 27a	2-2 8O	1-4 25M	1-4 7S
12 Manchester United	1-0 29O	3-1 29A	4-0 25F	4-1 24S	1-3 15O	3-0 31a	2-1 28M	0-0 5-2 31D	5-2 18M	2-2 10D	1-0 17S		3-2 3S	1-0 11F	2-0 27M	3-0 12N	0-0 18A	5-0 13m	1-0 26N	1-0 14J	3-0 20a	3-0 1A
13 Newcastle United	2-1 25F	0-3 17D	2-1 18M	1-1 10S	2-2 10D	0-3 11F	1-1 24S	1-2 24D	1-0 1A	0-2 12N	2-0 15O	0-0 11M		0-0 21J	1-0 31a	3-1 26N	3-1 29A	3-1 24M	0-3 29O	0-2 27a	1-3 7S	1-0 26A
14 Nottm Forest	2-1 26N	3-0 15A	2-0 29O	4-1 27M	0-0 30a	1-0 26D	2-1 6S	1-0 14J	2-1 25F	0-0 15O	2-0 2m	4-1 1O	3-1 17S		3-1 31D	1-1 10D	1-2 1A	3-1 20a	1-1 12N	1-1 4F	2-1 3S	0-1 18M
15 Sheffield United	1-1 10D	3-3 18M	1-1 12N	1-1 17D	3-0 17A	0-0 10S	4-0 7J	1-4 27M	0-1 26N	0-1 28A	1-0 1A	2-1 26D	0-1 23a	1-2 27a		1-0 4F	2-0 25F	2-1 21J	2-0 15O	2-1 6S	4-3 1O	3-1 29O
16 Sheffield Wednesday	1-1 13m	2-0 31a	3-0 20a	7-0 6m	6-1 31D	1-2 5N	1-1 22O	0-0 3D	1-1 3S	0-1 14J	0-1 27D	1-0 10A	1-0 22A	0-0 25M	0-2 24S		2-2 11F	4-1 8O	1-3 28M	5-0 19N	1-0 19A	0-2 17S
17 Southampton	2-1 27D	6-2 13m	1-5 31D	4-0 8A	0-3 3S	1-3 25O	4-2 25M	0-2 4M	4-4 14J	1-2 17S	1-2 20a	2-0 19N	2-1 3D	2-3 6m	4-2 8O	4-2 1O		3-2 5N	3-1 31a	0-1 22A	2-2 29M	6-2 4F
18 Stoke City	2-2 1A	6-1 10D	2-0 15A	4-3 27D	1-1 26N	2-1 7J	0-0 27a	3-1 1O	2-0 29A	3-1 29O	0-0 12N	3-0 7S	6-1 27M	3-0 17D	1-2 17S	4-0 25F	0-2 15O		3-2 18M	3-0 24a	2-0 4F	1-1 10S
19 Sunderland	1-3 20a	2-1 26D	4-0 3S	4-3 19N	2-0 14J	0-2 25M	3-1 6m	0-2 13m	2-3 17S	2-2 4F	1-0 31D	0-0 22A	3-0 4M	1-0 19A	4-1 5N	2-0 24M	2-0 24a	2-1 25O		0-1 3D	2-2 8O	2-4 1O
20 Tottenham Hotspur	3-1 3S	1-0 29O	1-3 15O	2-0 21J	1-1 18M	2-0 27M	4-2 11F	3-1 20a	2-0 10D	2-1 1A	1-1 15F	2-1 10S	4-0 31D	2-1 24S	5-3 13m	2-0 15A	1-0 26N	5-3 31a	2-0 3m		0-0 27D	3-4 12N
21 West Bromwich Albion	0-1 18M	2-1 15O	3-1 1A	1-2 27a	0-1 12N	1-0 21J	5-1 10S	2-0 31a	1-0 15A	2-1 26N	0-3 10D	3-4 17D	6-1 13m	1-2 7J	1-2 11F	3-2 29O	0-1 24S	2-2 25F	3-0 26D	3-1 28A		
22 West Ham United	2-2 29a	2-1 24M	4-0 27D	3-2 25M	1-2 20a	2-3 8O	0-1 5N	0-1 22A	0-1 31D	1-1 3S	1-1 13m	1-6 6m	3-0 19N	3-1 26O	0-2 4A	3-0 21J	2-2 24S	1-1 14J	2-2 11F	0-2 9m	3-0 3D	

Final League Table

Pos	Team	Pld	Home W	D	L	F	A	Away W	D	L	F	A	Totals W	D	L	F	A	Pts	GA	Leading Goalscorer	Gls
1	Manchester Utd	42	17	4	0	51	13	7	8	6	33	32	24	12	6	84	45	60	1.86	D Law	23
2	Nottm Forest	42	16	4	1	41	13	7	6	8	23	28	23	10	9	64	41	56	1.56	I Storey-Moore	21
3	Tottenham H	42	15	3	3	44	21	9	5	7	27	27	24	8	10	71	48	56	1.47	J Greaves	23
4	Leeds United	42	15	4	2	41	17	7	7	7	21	25	22	11	9	62	42	55	1.47	M J Giles	12
5	Liverpool	42	12	7	2	36	17	7	6	8	28	30	19	13	10	64	47	51	1.36	R Hunt	14
6	Everton	42	11	4	6	39	22	8	6	7	26	24	19	10	13	65	46	48	1.41	A Ball	15
7	Arsenal	42	11	6	4	32	20	5	8	8	26	27	16	14	12	58	47	46	1.23	G Graham	11
8	Leicester City	42	12	4	5	47	28	6	4	11	31	43	18	8	16	78	71	44	1.09	J Sinclair	21
9	Chelsea	42	7	9	5	33	29	8	5	8	34	33	15	14	13	67	62	44	1.08	R Tambling	21
10	Sheffield United	42	11	5	5	34	22	5	5	11	18	37	16	10	16	52	59	42	0.88	M Jones	15
11	Sheffield Weds	42	9	7	5	39	19	5	6	10	17	28	14	13	15	56	47	41	1.19	D Ford	14
12	Stoke City	42	11	5	5	42	21	6	2	13	21	37	17	7	18	63	58	41	1.08	P Dobing	15
13	West Brom A	42	11	1	9	40	28	5	6	10	37	45	16	7	19	77	73	39	1.05	C Clark	19
14	Burnley	42	11	4	6	43	18	4	5	12	23	48	15	9	18	66	76	39	0.86	A Lochhead	18
15	Manchester City	42	8	9	4	27	25	4	6	11	16	27	12	15	15	43	52	39	0.82	C Bell	12
16	West Ham United	42	8	6	7	40	31	6	2	13	40	53	14	8	20	80	84	36	0.95	G Hurst	29
17	Sunderland	42	12	3	6	39	26	2	5	14	19	46	14	8	20	58	72	36	0.80	N Martin	20
18	Fulham	42	8	7	6	49	34	3	5	13	22	49	11	12	19	71	83	34	0.85	A Clarke	24
19	Southampton	42	10	3	8	49	41	4	3	14	25	51	14	6	22	74	92	34	0.80	R Davies	37
20	Newcastle United	42	9	5	7	24	27	3	4	14	15	54	12	9	21	39	81	33	0.48	B Robson	11
21	Aston Villa	42	7	5	9	30	33	4	2	15	24	52	11	7	24	54	85	29	0.63	L Chatterley	13
22	Blackpool	42	6	5	10	23	30	5	4	12	18	37	11	9	22	41	67	31	0.53	R Charnley	14

1966/67 DIVISION 2 SEASON 68

Total Matches	462
Total Goals	1361
Avg goals per match	2.95

Results Grid

		Birmingham C	Blackburn Rov	Bolton Wand	Bristol City	Bury	Cardiff City	Carlisle United	Charlton Ath	Coventry City	Crystal Palace	Derby County	Huddersfield T	Hull City	Ipswich Town	Millwall	Northampton T	Norwich City	Plymouth A	Portsmouth	Preston N E	Rotherham Utd	Wolverhampton
1	Birmingham City		1-1	2-2	4-0	1-3	1-2	1-2	4-0	1-1	3-1	2-0	0-1	2-1	2-2	2-0	3-0	2-1	0-0	3-0	3-1	2-3	3-2
2	Blackburn Rovers	1-0		0-0	1-0	2-1	4-1	2-0	2-1	0-1	2-1	0-0	2-0	4-1	1-2	1-0	3-0	0-0	3-0	2-2	2-0	1-1	0-0
3	Bolton Wanderers	3-1	0-1		0-0	3-1	3-1	3-0	2-1	1-1	0-0	3-1	1-0	2-1	1-1	5-0	1-2	1-1	1-2	0-1	4-2	2-2	0-0
4	Bristol City	3-1	2-2	1-1		3-3	1-2	3-0	4-0	2-2	0-1	4-1	1-1	2-1	1-1	1-1	1-0	1-0	1-0	3-3	2-0	1-2	1-0
5	Bury	0-2	1-2	2-1	2-1		2-0	0-2	2-1	0-1	1-1	2-2	0-0	3-2	1-2	0-1	1-2	2-0	1-0	1-3	3-4	5-2	2-1
6	Cardiff City	3-0	1-1	2-5	5-1	3-0		4-2	4-1	1-1	1-2	1-1	1-1	2-4	0-2	1-1	4-2	2-0	4-1	0-0	4-0	0-0	0-3
7	Carlisle United	2-0	1-2	6-1	2-1	2-0	3-0		1-0	2-1	3-0	0-0	2-1	2-0	2-1	2-1	2-0	1-0	0-0	5-1	1-1	2-3	1-3
8	Charlton Athletic	1-0	0-0	0-1	5-0	4-0	5-0	1-0		1-2	1-1	3-1	1-2	1-3	2-1	0-0	3-0	0-0	1-0	0-2	2-0	2-0	1-3
9	Coventry City	1-1	2-0	1-1	1-0	3-0	3-2	2-1	1-0		1-2	2-2	1-0	1-0	5-0	3-1	2-0	2-1	1-0	5-1	2-1	4-2	3-1
10	Crystal Palace	2-1	2-1	3-2	2-1	3-1	3-1	4-2	1-0	1-1		2-1	1-1	0-1	1-2	5-1	0-0	2-1	0-1	0-2	1-0	1-1	4-1
11	Derby County	1-2	2-3	2-2	2-0	3-1	1-1	0-1	0-2	1-2	2-0		4-3	2-3	2-2	5-1	4-3	1-1	1-1	0-0	5-1	2-0	0-3
12	Huddersfield Town	3-1	3-1	2-1	0-4	2-2	4-3	3-1	1-1	4-1	3-1	0-2		1-0	1-0	2-0	0-2	0-1	1-1	1-1	1-0	3-0	0-1
13	Hull City	0-2	2-3	1-1	0-2	2-0	1-0	1-2	2-2	2-2	6-1	1-3	2-0		1-1	2-0	6-1	5-0	4-2	2-0	2-2	1-0	3-1
14	Ipswich Town	3-2	1-1	2-2	0-0	2-0	0-0	1-2	0-0	1-1	2-3	3-0	5-4		4-1	6-1	0-2	1-1	4-2	0-0	3-2	1-1	2-0
15	Millwall	3-1	1-1	2-0	3-2	2-0	1-0	2-1	0-0	1-0	1-1	3-2	1-3	2-1	1-0		1-0	2-1	1-2	1-1	2-0	2-0	1-1
16	Northampton Town	2-1	2-1	2-1	2-1	0-0	2-0	3-3	1-1	0-0	1-0	0-2	1-0	2-2	1-1	1-2		1-2	2-1	2-4	1-5	3-1	0-4
17	Norwich City	3-3	0-1	1-0	1-0	2-0	3-2	2-0	1-1	1-1	4-3	4-1	0-0	0-2	1-2	1-1	1-0		3-1	0-0	1-1	1-0	1-2
18	Plymouth Argyle	1-1	4-0	2-0	1-2	4-1	7-1	1-2	2-1	1-0	1-2	2-3	3-1	1-1	0-2	1-1	3-1	1-0		2-2	0-0	1-0	0-1
19	Portsmouth	4-5	1-1	2-1	1-1	1-2	1-2	2-1	1-2	0-2	1-1	0-3	1-1	0-1	4-2	0-1	3-2	3-3	2-1		2-0	3-2	2-3
20	Preston North End	3-0	1-3	0-0	1-3	2-2	2-2	4-0	2-3	2-1	3-2	1-0	2-0	1-2	4-2	2-0	2-1	2-1	3-1	2-0		1-1	1-2
21	Rotherham United	3-2	2-1	0-1	3-3	3-0	4-1	2-3	2-0	1-1	0-1	0-0	4-2	1-1	0-2	3-1	1-2	2-1	4-2	0-1	2-1		2-2
22	Wolverhampton Wand	1-2	4-0	5-2	1-1	4-1	7-1	1-1	1-0	1-3	1-1	5-3	1-0	4-0	0-0	2-0	1-0	4-1	2-1	3-1	3-2	2-0	

Final League Table

Pos	Team	Pld	Home					Away					Totals					Pts	GA	Leading Goalscorer	Gls
			W	D	L	F	A	W	D	L	F	A	W	D	L	F	A				
1	Coventry City	42	17	3	1	46	16	6	10	5	28	27	23	13	6	74	43	59	1.72	R Gould	24
2	Wolverhampton	42	15	4	2	53	20	10	4	7	35	28	25	8	9	88	48	58	1.83	E Hunt	20
3	Carlisle United	42	15	3	3	42	16	8	3	10	29	38	23	6	13	71	54	52	1.31	E Welsh	13
4	Blackburn Rov	42	13	6	2	33	11	6	7	8	23	35	19	13	10	56	46	51	1.21	J Connelly	11
5	Ipswich Town	42	11	8	2	45	25	6	9	7	25	29	17	16	9	70	54	50	1.29	R Crawford	21
6	Huddersfield T	42	14	3	4	36	17	6	6	9	22	29	20	9	13	58	46	49	1.26	A Leighton	18
7	Crystal Palace	42	14	4	3	42	23	5	6	10	19	32	19	10	13	61	55	48	1.10	R Woodruff	18
8	Millwall	42	14	5	2	33	17	4	4	13	16	41	18	9	15	49	58	45	0.84	L Julians	17
9	Bolton Wand	42	10	7	4	36	19	4	7	10	28	39	14	14	14	64	58	42	1.10	F Lee	22
10	Birmingham C	42	11	5	5	42	23	5	3	13	28	43	16	8	18	70	66	40	1.06	G Vowden	16
11	Norwich City	42	10	7	4	31	21	3	7	11	18	34	13	14	15	49	55	40	0.89	L Sheffield	16
12	Hull City	42	11	5	5	46	25	5	2	14	31	47	16	7	19	77	72	39	1.06	K Wagstaff	21
13	Preston N E	42	14	3	4	44	23	2	4	15	21	44	16	7	19	65	67	39	0.97	A Dawson	13
14	Portsmouth	42	7	5	9	34	37	6	7	8	25	33	13	13	16	59	70	39	0.84	R Hiron, A McCann	11
15	Bristol City	42	10	8	3	38	22	2	6	13	18	40	12	14	16	56	62	38	0.90	R Peters	9
16	Plymouth Argyle	42	12	4	5	42	21	2	5	14	17	37	14	9	19	59	58	37	1.01	M Bickle	13
17	Derby County	42	8	6	7	40	32	4	6	11	28	40	12	12	18	68	72	36	0.94	K Hector	16
18	Rotherham Utd	42	10	5	6	39	28	3	5	13	22	42	13	10	19	61	70	36	0.87	L Chappell	17
19	Charlton Athletic	42	11	4	6	34	16	2	5	14	15	37	13	9	20	49	53	35	0.92	R Saunders	11
20	Cardiff City	42	9	7	5	43	28	3	2	16	18	59	12	9	21	61	87	33	0.70	R Brown	15
21	Northampton T	42	8	6	7	28	33	4	0	17	19	51	12	6	24	47	84	30	0.56	D Martin	13
22	Bury	42	9	9	9	31	30	2	3	16	18	53	11	6	25	49	83	28	0.59	P Aimson	9

1966/67 DIVISION 3 SEASON 68

Total Matches 552
Total Goals 1646
Avg goals per match 2.98

Final League Table

Pos	Team	Pld	Home W	Home D	Home L	Home F	Home A	Away W	Away D	Away L	Away F	Away A	Totals W	Totals D	Totals L	Totals F	Totals A	Pts	GA	Leading Goalscorer	Gls
1	Queens Park R	46	18	4	1	66	15	8	11	4	37	23	26	15	5	103	38	67	2.71	R Marsh	30
2	Middlesbrough	46	16	3	4	51	20	7	6	10	36	44	23	9	14	87	64	55	1.35	J O'Rourke	27
3	Watford	46	15	5	3	39	17	5	9	9	22	29	20	14	12	61	46	54	1.32	T Garbett	17
4	Reading	46	13	7	3	45	20	9	2	12	31	37	22	9	15	76	57	53	1.33	G Harris	24
5	Bristol Rovers	46	13	8	2	47	28	7	5	11	29	38	20	13	13	76	67	53	1.13	A Biggs	23
6	Shrewsbury Town	46	15	5	3	48	24	5	7	11	29	38	20	12	14	77	62	52	1.24	J Manning	17
7	Torquay United	46	17	3	3	57	20	4	6	13	16	34	21	9	16	73	54	51	1.35	R Stubbs	21
8	Swindon Town	46	14	5	4	53	21	6	5	12	28	38	20	10	16	81	59	50	1.37	D Rogers	25
9	Mansfield Town	46	12	4	7	48	37	8	5	10	36	42	20	9	17	84	79	49	1.06	W Curry	22
10	Oldham Athletic	46	15	4	4	51	16	4	6	13	29	47	19	10	17	80	63	48	1.27	I Towers	27
11	Gillingham	46	9	3	11	36	18	6	7	10	22	44	15	16	15	58	62	46	0.93	B Gibbs	15
12	Walsall	46	12	8	3	37	16	6	2	15	28	56	18	10	18	65	72	46	0.90	A Baker, C Taylor	13
13	Colchester United	46	14	3	6	52	30	3	7	13	24	43	17	10	19	76	73	44	1.04	M Stratton	24
14	Orient	46	10	9	4	36	27	3	9	11	22	41	13	18	15	58	68	44	0.85	C Holton	17
15	Peterborough Utd	46	12	4	7	40	31	2	11	10	26	40	14	15	17	66	71	43	0.93	J Fairbrother	17
16	Oxford United	46	10	8	5	41	29	5	5	13	20	37	15	13	18	61	66	43	0.92	G Atkinson, A Jones	13
17	Grimsby Town	46	13	5	5	46	23	4	3	16	15	45	17	9	20	61	68	43	0.89	H Green	12
18	Scunthorpe Utd	46	13	4	6	39	16	4	4	15	19	42	17	8	21	58	73	42	0.79	F Barton	11
19	Brighton & H A	46	10	8	5	37	27	3	7	13	24	44	13	15	18	61	71	41	0.85	W Gould, C Napier	9
20	Bournemouth	46	8	10	5	24	24	4	7	12	15	33	12	17	17	39	57	41	0.68	A Priscott, T Taylor	6
21	Swansea Town	46	9	9	5	50	30	3	6	14	35	59	12	15	19	85	89	39	0.95	I Allchurch, J Roberts	13
22	Darlington	46	8	8	7	26	28	5	4	14	21	53	13	11	22	47	81	37	0.58	B Conlon	12
23	Doncaster Rovers	46	11	6	6	40	40	1	2	20	18	77	12	8	26	58	117	32	0.49	T Ogden	10
24	Workington	46	9	3	11	35	35	3	4	16	20	54	12	7	27	55	89	31	0.61	P Foley	10

Leyton Orient became Orient in 1966.

1966/67 | DIVISION 4
SEASON 68

Total Matches 552
Total Goals 1500
Avg goals per match 2.72

	Team	Aldershot	Barnsley	Barrow	Bradford P A	Bradford City	Brentford	Chester	Chesterfield	Crewe Alex	Exeter City	Halifax Town	Hartlepools U	Lincoln City	Luton Town	Newport County	Notts County	Port Vale	Rochdale	Southend Utd	Southport	Stockport Co	Tranmere Rov	Wrexham	York City
1	Aldershot		3-2	0-1	1-2	0-3	3-1	3-0	4-0	1-0	1-0	0-1	1-1	1-0	4-1	5-0	4-1	0-1	4-0	5-2	4-1	1-1	1-1	2-0	0-0
2	Barnsley	1-1		2-3	2-0	1-1	0-1	1-2	0-3	1-0	2-1	4-1	1-2	2-1	2-1	1-1	0-0	1-0	3-1	1-2	0-0	1-2	2-2	2-2	0-1
3	Barrow	1-1	2-0		1-0	0-1	1-0	1-1	2-1	3-2	5-0	1-0	2-3	2-1	3-0	1-0	0-1	2-2	2-0	1-0	2-2	1-1	0-0	1-1	1-1
4	Bradford P A	1-1	0-3	0-1		2-0	2-2	2-3	2-0	1-4	2-2	1-0	1-2	2-1	0-0	3-1	4-1	1-0	0-3	1-2	0-0	0-1	2-3	1-3	1-0
5	Bradford City	4-1	1-1	5-2	2-3		2-2	1-0	1-0	0-3	1-1	1-2	3-0	2-1	2-1	1-2	3-1	2-0	4-1	2-1	3-3	0-1	1-0	3-3	1-0
6	Brentford	1-0	3-1	0-3	1-1	2-0		4-0	1-0	0-2	3-1	1-0	1-2	2-2	1-0	1-1	1-0	2-0	4-0	1-1	2-1	2-1	1-1	1-1	1-1
7	Chester	0-0	1-0	1-1	0-3	1-0	1-2		2-1	0-3	0-2	0-2	1-0	0-1	0-0	4-2	1-2	1-3	3-2	1-1	2-1	1-1	0-1	1-3	3-1
8	Chesterfield	1-1	1-0	1-2	4-1	0-1	3-0	0-2		0-0	1-0	1-1	1-0	3-1	0-0	0-1	1-1	2-1	0-0	2-1	2-1	3-1	4-0	1-1	
9	Crewe Alex	2-1	2-2	3-2	1-3	1-0	1-0	3-1	2-1		2-2	1-1	1-2	3-0	3-1	3-2	4-1	1-0	2-1	1-0	1-1	1-1	1-2	1-2	2-0
10	Exeter City	1-1	0-3	1-2	4-1	2-2	1-0	2-0	1-1	2-0		3-2	1-0	1-0	2-1	0-0	1-0	0-1	0-0	0-3	1-4	4-1	3-1		
11	Halifax Town	2-2	1-1	1-4	0-0	2-2	3-2	2-1	1-0	1-0	0-0		2-1	0-0	1-1	2-2	5-2	2-2	1-1	2-2	2-0	1-0	2-1	3-1	2-1
12	Hartlepools Utd	3-2	1-1	2-1	2-0	1-0	2-3	3-2	3-2	1-2	3-1	1-3		5-0	2-1	0-1	2-1	2-1	1-2	1-1	1-0	0-2	1-1	4-2	
13	Lincoln City	0-4	0-1	2-1	2-2	1-4	3-1	2-3	2-1	1-1	1-1	3-3	3-0		8-1	2-2	2-1	0-1	0-2	2-2	0-4	0-1	2-0	1-1	2-2
14	Luton Town	4-0	1-1	3-1	2-0	0-0	3-0	1-0	3-2	2-1	4-0	2-0	0-2	2-1		3-1	2-5	1-1	3-1	1-0	0-0	0-3	2-0	3-1	5-1
15	Newport County	1-2	2-0	0-1	0-0	1-1	1-2	2-3	4-1	2-1	3-2	3-0	0-2	0-0	2-0		1-0	1-1	2-2	3-0	0-0	1-1	1-2	1-1	4-2
16	Notts County	3-0	0-3	2-2	2-1	1-3	3-2	3-0	0-2	1-1	0-1	2-1	0-0	2-1	2-1		0-0	2-0	0-0	0-1	2-2	0-0	2-2	0-0	
17	Port Vale	0-2	3-1	2-1	0-0	3-2	1-3	1-1	2-3	1-1	2-0	0-1	0-0	0-0	2-2	1-0	2-0		5-0	1-3	2-1	0-2	1-1	0-2	4-1
18	Rochdale	2-1	1-1	1-3	1-0	0-1	1-3	0-1	2-1	0-1	1-0	3-0	3-2	1-0	3-0	0-2	1-1	1-2		1-2	1-1	1-0	1-2	1-3	2-2
19	Southend United	4-0	3-0	1-3	4-0	2-1	3-3	4-1	1-1	0-0	1-0	2-0	3-0	2-0	1-0	1-0	4-1	0-0		0-1	0-0	0-0	1-1	2-1	
20	Southport	1-0	3-0	4-1	1-0	2-1	2-0	4-3	1-2	4-1	1-1	2-0	3-1	2-1	4-1	0-2	1-0	2-1	0-0	1-2		4-0	1-0	1-0	2-0
21	Stockport Co	1-0	2-1	2-0	4-1	1-0	1-2	1-1	3-1	1-1	1-0	2-1	0-0	2-1	4-5	1-0	0-0	2-0	1-1	2-2	4-1		1-0	1-0	3-1
22	Tranmere Rov	2-2	3-3	1-2	2-2	3-1	0-0	0-0	1-0	5-0	1-1	1-0	2-0	1-0	0-1	2-1	3-0	2-1	3-1	1-2	1-2	3-0		2-1	2-1
23	Wrexham	2-0	2-2	1-1	6-0	1-1	0-0	3-1	3-2	1-1	0-0	4-0	1-0	0-0	2-0	2-2	3-2	0-1	4-2	2-0	1-1	2-2	0-0		1-1
24	York City	1-2	0-3	1-2	3-1	4-1	0-0	1-1	1-0	0-2	2-4	4-3	1-1	3-1	5-1	2-1	4-1	3-1	1-1	2-0	1-2	0-1	4-0		

Final League Table

Pos	Team	Pld	Home W	Home D	Home L	Home F	Home A	Away W	Away D	Away L	Away F	Away A	Totals W	Totals D	Totals L	Totals F	Totals A	Pts	GA	Leading Goalscorer	Gls
1	Stockport County	46	16	5	2	41	18	10	7	6	28	24	26	12	8	69	42	64	1.64	H Lister	11
2	Southport	46	19	2	2	47	15	4	11	8	22	27	23	13	10	69	42	59	1.64	A Spence	13
3	Barrow	46	12	8	3	35	18	12	3	8	41	36	24	11	11	76	54	59	1.40	J Mulholland	18
4	Tranmere Rov	46	14	6	3	42	20	8	8	7	24	23	22	14	10	66	43	58	1.53	G Yardley	15
5	Crewe Alex	46	14	5	4	42	26	7	7	9	28	29	21	12	13	70	55	54	1.27	P Gowans	11
6	Southend United	46	15	5	3	44	12	7	4	12	26	37	22	9	15	70	49	53	1.42	R Smith	19
7	Wrexham	46	11	12	0	46	20	5	8	10	30	42	16	20	10	76	62	52	1.22	S McMillan	18
8	Hartlepools Utd	46	15	3	5	44	19	7	4	12	22	35	22	7	17	66	54	51	1.03	E Phythian	23
9	Brentford	46	13	7	3	36	19	5	6	12	22	37	18	13	15	58	56	49	1.03	J Docherty	10
10	Aldershot	46	14	4	5	48	19	4	8	11	24	38	18	12	16	72	57	48	1.26	J Howarth	18
11	Bradford City	46	13	4	6	48	31	6	6	11	26	31	19	10	17	74	62	48	1.19	J Hall	17
12	Halifax Town	46	10	11	2	37	27	5	3	15	22	41	15	14	17	59	68	44	0.86	W Atkins	15
13	Port Vale	46	9	7	7	33	27	5	8	10	22	31	14	15	17	55	58	43	0.94	M Cullerton	12
14	Exeter City	46	11	6	6	30	24	3	9	11	20	36	14	15	17	50	60	43	0.83	R McNeil	11
15	Chesterfield	46	13	6	4	33	16	4	2	17	27	47	17	8	21	60	63	42	0.95	W Stark	15
16	Barnsley	46	8	7	8	30	28	5	10	8	30	36	13	17	16	60	64	43	0.93	B Thomas	10
17	Luton Town	46	15	5	3	47	23	1	4	18	12	50	16	9	21	59	73	41	0.80	B Rioch	10
18	Newport County	46	9	9	5	35	23	7	4	12	21	40	16	13	17	56	63	40	0.88	D Jones	13
19	Chester	46	8	5	10	24	32	7	6	11	30	46	15	11	21	54	78	40	0.69	L Jones	13
20	Notts County	46	10	7	6	31	25	3	4	16	22	47	13	11	22	53	72	37	0.73	S Marshall	12
21	Rochdale	46	10	4	9	30	27	3	7	13	23	48	13	11	22	53	75	37	0.70	R Jenkins	14
22	York City	46	11	5	7	45	31	1	6	16	20	48	12	11	23	65	79	35	0.82	T Spencer	17
23	Bradford P A	46	7	6	10	30	34	4	7	12	22	45	11	13	22	52	79	35	0.65	R Ham	15
24	Lincoln City	46	8	8	7	39	39	2	5	16	19	43	9	13	24	58	82	31	0.70	R Chapman	19

1967/68 DIVISION 1 SEASON 69

Total Matches 462
Total Goals 1398
Avg goals per match 3.03

		Arsenal	Burnley	Chelsea	Coventry City	Everton	Fulham	Leeds United	Leicester C	Liverpool	Manchester City	Manchester U	Newcastle Utd	Nottm Forest	Sheffield Utd	Sheffield Weds	Southampton	Stoke City	Sunderland	Tottenham H	West Brom A	West Ham Utd	Wolverhampton
1	Arsenal		2-0 27A	1-1 30D	1-1 2S	2-2 11N	5-3 28O	4-3 7m	2-1 13A	2-0 28a	1-0 23S	0-2 24F	0-0 10F	3-0 23D	1-1 13J	3-2 30A	0-3 15A	2-0 19a	2-1 14O	4-0 16S	2-1 11m	0-0 25N	0-2 16M
2	Burnley	1-0 2D		1-1 4N	2-1 19a	2-1 30D	2-0 30S	3-0 11m	1-1 15A	1-1 24O	0-1 2M	2-1 17F	2-0 18N	1-1 7O	0-2 4m	2-1 23D	2-0 23M	4-0 20A	3-0 16S	5-1 2S	0-0 6A	3-3 29a	1-1 3F
3	Chelsea	2-1 26D	2-1 22A		1-1 30S	1-1 14O	1-1 26a	0-0 20M	4-1 16M	3-1 12F	1-0 16A	1-1 25N	1-1 23a	1-0 3F	4-2 6S	3-0 11N	2-6 2S	2-2 16S	1-0 27A	2-0 13A	0-3 16D	1-3 28O	1-0 29A
4	Coventry City	1-1 6J	5-1 16D	2-1 10F		0-2 25N	0-3 11N	0-1 13A	0-1 27A	1-1 26D	0-3 9S	2-0 16M	1-4 20J	1-3 29a	2-2 26a	3-0 24F	2-1 5S	2-0 15A	2-2 28O	2-3 14O	4-2 23S	1-1 8D	1-0 30M
5	Everton	2-0 6A	2-0 26D	2-1 20A	3-1 2M		5-1 21m	0-1 16S	2-1 9A	1-0 3F	1-1 4N	3-1 19a	1-0 23M	1-0 2D	1-0 18N	4-2 15A	3-0 7O	3-0 4m	0-1 23D	2-1 29a	2-0 24O	4-2 5S	4-2 2S
6	Fulham	1-3 23M	4-3 10F	2-2 23D	1-1 6A	2-1 9J		0-5 6J	0-1 10J	1-1 2D	2-4 27O	0-4 12A	2-0 20A	0-1 18N	2-0 13M	2-2 28F	0-2 4m	3-2 1m	1-2 28a	1-2 30D	1-2 7O	0-3 23S	1-2 19a
7	Leeds United	3-1 4N	2-1 20S	7-0 7O	1-1 18N	2-0 20J	2-0 2S		3-2 23S	1-2 4m	2-0 23M	1-0 8N	2-0 25O	1-1 13M	3-0 6A	3-2 30D	5-0 13J	2-0 2D	1-1 19a	1-0 17A	3-1 20A	2-1 10F	2-1 23D
8	Leicester City	2-2 18N	0-2 16A	2-2 25O	0-0 2D	0-2 30S	1-2 16S	2-2 3F		2-1 7O	1-0 6A	2-2 23D	2-2 4N	4-2 4m	3-1 2M	3-0 30a	4-1 20A	0-0 11m	0-2 2S	2-3 19a	2-3 23M	2-4 30D	3-1 13J
9	Liverpool	2-0 22a	3-2 16M	3-1 9S	1-0 30D	1-0 23S	4-1 27A	2-0 9D	3-1 24F		1-1 16D	1-2 11N	6-0 26a	6-1 11m	1-2 12A	2-0 28O	2-1 20J	2-1 30S	1-1 13A	1-1 29A	4-1 8A	3-1 14O	2-1 25N
10	Manchester City	1-1 3F	4-2 25N	1-0 12A	3-1 9M	2-0 29A	5-1 16M	1-0 28O	6-0 11N	0-0 19a		1-2 30S	2-0 6S	5-2 2S	1-0 16S	4-2 25A	4-2 30a	1-0 23D	4-1 24F	0-2 9D	3-0 30D	3-0 13A	2-0 14O
11	Manchester United	1-0 7O	2-2 9S	1-3 2M	4-0 25O	3-1 16D	3-0 15A	1-0 23a	1-1 26a	1-2 6A	1-3 27M		6-0 4m	3-0 23M	1-0 20A	4-2 20J	3-2 18N	1-0 4N	1-2 11m	3-1 23S	2-1 2D	3-1 6J	3-1 26D
12	Newcastle United	2-1 30S	1-0 13A	5-2 30a	1-0 16S	1-0 28O	2-1 14O	1-1 16M	0-0 3A	1-1 23D	3-4 11m	2-2 9D		0-0 13J	1-0 3F	4-0 25N	3-0 19a	1-1 2S	2-1 26D	1-3 27A	2-2 12A	1-0 11N	2-0 24F
13	Nottm Forest	2-0 26a	2-1 24F	3-0 23S	3-3 22a	1-0 22A	2-2 13A	0-2 25N	2-1 19M	0-1 5S	0-3 6J	3-1 28O	4-0 9S		1-0 16D	0-0 14O	2-2 10F	3-0 26D	0-3 30M	0-0 16M	3-2 20J	1-1 16A	3-1 11N
14	Sheffield United	2-4 9S	1-0 9D	1-2 11m	2-0 23D	0-1 13A	2-3 23A	1-0 11N	0-0 25N	1-1 15A	0-3 20J	0-3 14O	2-1 23S	4-0 19a		0-1 2S	4-1 30D	1-0 29a	1-2 16M	3-2 26F	1-1 10F	1-1 27A	1-1 28O
15	Sheffield Wednesday	1-2 4m	2-1 26a	2-2 6A	4-0 7O	0-0 16A	4-2 6S	0-1 26D	2-1 23a	1-2 23M	1-1 2D	1-1 16S	1-1 2M	0-0 20A	1-1 6J		2-0 4N	1-1 23O	0-1 3F	1-2 17J	2-2 18N	4-1 16D	2-2 30S
16	Southampton	2-0 10A	2-2 28O	3-5 6J	0-0 11m	3-2 26F	2-1 8M	1-1 9S	1-5 14O	1-0 16S	3-2 23a	0-0 13A	2-2 16D	0-0 30S	3-3 26D	2-0 30M		1-2 3F	3-22 25N	1-2 11m	4-0 26a	0-0 16M	1-1 27A
17	Stoke City	0-1 16D	0-2 14O	0-1 20J	3-3 16A	1-0 9D	0-1 25N	3-2 23A	3-2 6S	2-1 15m	3-0 26a	2-4 30M	2-1 6J	1-3 30D	1-1 23a	0-1 16M	3-2 23S		2-1 11N	2-1 28O	0-0 9S	2-0 26F	0-2 13A
18	Sunderland	2-0 20A	2-2 20J	2-3 2D	1-1 23M	1-0 26a	3-0 23a	2-2 16D	0-2 6J	0-2 18N	1-3 7O	1-1 6S	1-2 30D	0-3 4N	0-3 25O	3-1 23S		3-1 2M		0-1 6A	0-0 10F	1-5 4m	2-0 9S	15A
19	Tottenham Hotspur	1-0 20J	5-0 30M	2-0 18N	4-2 20A	1-1 23a	2-2 26D	2-1 12A	0-1 16D	1-1 4N	1-3 4m	1-2 3F	1-1 2D	1-1 25O	1-1 7O	0-0 9S	2-1 6A	6-1 23M	3-0 30S		0-0 1M	5-1 26a	2-1 6S
20	West Bromwich Albion	1-3 6S	8-1 11N	0-1 19a	2-6 3F	2-1 16M	2-0 24F	0-0 14O	0-2 28O	3-2 2S	6-3 26D	2-0 29A	4-1 15A	1-1 16S	0-0 30S	3-0 13A	0-0 23D	3-2 13M	0-0 2A	2-0 25N		3-1 1m	4-1 30a
21	West Ham United	1-1 29M	4-2 21a	0-1 23M	0-0 4m	1-1 11m	7-2 3F	0-0 30S	4-2 26D	1-0 20A	2-3 18N	1-3 2S	5-0 6A	3-0 12A	3-0 2D	2-3 19a	0-1 23O	3-4 7O	1-1 24A	2-1 23D	2-3 11D		1-2 16S
22	Wolverhampton Wanderers	3-2 23O	3-2 23S	3-0 4m	2-0 4N	1-3 6J	3-2 16D	2-0 26a	1-3 9S	1-1 2M	0-0 20A	2-3 30D	2-2 7O	6-1 6A	1-3 23M	2-3 19M	2-0 2D	3-4 18N	2-1 9M	2-1 11m	3-3 23a	1-2 20J	

Final League Table

Pos	Team	Pld	Home					Away					Totals					Pts	GA	Leading Goalscorer	Gls
			W	D	L	F	A	W	D	L	F	A	W	D	L	F	A				
1	Manchester City	42	17	2	2	52	16	9	4	8	34	27	26	6	10	86	43	58	2.00	N Young	19
2	Manchester Utd	42	15	2	4	49	21	9	6	6	40	34	24	8	10	89	55	56	1.61	**G Best**	**28**
3	Liverpool	42	17	2	2	51	17	5	9	7	20	23	22	11	9	71	40	55	1.77	R Hunt	25
4	Leeds United	42	17	3	1	49	14	5	6	10	22	27	22	9	11	71	41	53	1.73	P Lorimer	17
5	Everton	42	18	1	2	48	13	5	11	5	19	14	23	6	13	67	40	52	1.67	A Ball	20
6	Chelsea	42	11	7	3	34	25	7	5	9	28	43	18	12	12	62	68	48	0.91	P Osgood	16
7	Tottenham H	42	11	7	3	44	20	8	2	11	26	39	19	9	14	70	59	47	1.18	J Greaves	23
8	West Brom A	42	12	4	5	45	25	5	8	8	30	37	17	12	13	75	62	46	1.21	J Astle	26
9	Arsenal	42	12	6	3	37	23	5	4	12	23	33	17	10	15	60	56	44	1.07	G Graham	16
10	Newcastle United	42	12	7	2	38	20	1	8	12	16	47	13	15	14	54	67	41	0.80	R W Davies	12
11	Nottm Forest	42	11	6	4	34	22	3	5	13	18	42	14	11	17	52	64	39	0.81	J Baker	16
12	West Ham United	42	8	5	8	43	30	6	5	10	30	39	14	10	18	73	69	38	1.05	G Hurst	19
13	Leicester City	42	7	7	7	37	34	6	5	10	27	35	13	12	17	64	69	38	0.92	M Stringfellow	13
14	Burnley	42	12	7	2	38	16	2	3	16	26	55	14	10	18	64	71	38	0.90	F Casper	14
15	Sunderland	42	8	7	6	28	28	5	4	12	23	33	13	11	18	51	61	37	0.83	C Suggett	14
16	Southampton	42	9	8	4	37	31	4	4	13	29	52	13	12	17	66	83	37	0.79	**R Davies**	**28**
17	Wolverhampton	42	10	4	7	45	36	4	4	13	21	39	14	8	20	66	75	36	0.88	A D Dougan	17
18	Stoke City	42	10	3	8	30	29	4	4	13	20	44	14	7	21	50	73	35	0.68	H Burrows	16
19	Sheffield Weds	42	6	10	5	32	24	5	2	14	19	39	11	12	19	51	63	34	0.81	J Ritchie	13
20	Coventry City	42	8	5	8	32	32	1	10	10	19	39	9	15	18	51	71	33	0.71	R Gould, N Martin, R Rees	8
21	Sheffield United	42	7	4	10	25	31	4	6	11	24	39	11	10	21	49	70	32	0.70	G Reece	13
22	Fulham	42	6	4	11	27	41	4	3	14	29	57	10	7	25	56	98	27	0.57	A Clarke	20

1967/68 | DIVISION 4
SEASON 69

Total Matches 552
Total Goals 1485
Avg goals per match 2.69

		Aldershot	Barnsley	Bradford P A	Bradford City	Brentford	Chester	Chesterfield	Crewe Alex	Darlington	Doncaster Rov	Exeter City	Halifax Town	Hartlepools U	Lincoln City	Luton Town	Newport County	Notts County	Port Vale	Rochdale	Southend Utd	Swansea Town	Workington	Wrexham	York City
1	Aldershot		1-1	1-1	3-3	1-0	2-1	3-0	2-0	0-0	2-1	0-0	1-1	2-0	3-2	0-1	0-0	0-0	2-0	2-1	1-3	1-1	5-0	3-1	2-2
2	Barnsley	1-0		2-0	1-0	3-0	2-1	0-0	3-1	1-0	1-0	2-1	0-0	4-0	2-1	2-2	4-2	3-1	2-0	1-1	1-1	3-0	2-1	2-2	1-0
3	Bradford P A	1-1	1-1		1-2	1-0	0-2	2-1	1-2	1-2	1-1	0-1	0-1	0-1	1-5	2-1	0-2	1-4	2-2	0-0	0-1	1-2	1-1	0-1	1-1
4	Bradford City	1-3	1-0	1-2		2-3	2-2	3-1	2-1	1-0	1-1	2-1	0-1	1-1	2-1	2-0	3-0	5-1	2-1	0-0	2-1	4-1	1-0	3-1	0-0
5	Brentford	1-1	0-1	2-1	0-1		3-1	1-1	2-1	2-0	4-2	1-1	0-0	0-1	1-3	0-2	3-1	2-1	3-1	4-0	1-2	2-1	2-1	0-0	3-1
6	Chester	2-5	1-1	0-0	2-3	3-0		3-0	0-4	0-1	2-3	3-1	3-2	0-2	0-6	1-3	2-1	1-3	1-1	0-0	0-0	2-3	1-2	1-1	1-1
7	Chesterfield	1-2	2-3	2-0	2-1	2-1	3-1		4-1	3-1	2-0	1-1	0-0	3-1	2-0	0-0	1-2	4-0	3-0	0-2	3-1	3-1	0-0	3-1	3-1
8	Crewe Alex	1-1	3-3	4-0	1-1	2-0	2-0	1-1		1-1	2-2	2-0	5-1	2-1	2-1	2-1	1-1	4-0	1-1	2-1	2-0	2-0	6-A	0-0	0-0
9	Darlington	6-2	0-2	0-0	2-2	2-3	0-2	1-1	0-0		1-1	0-1	0-0	2-3	1-1	1-2	1-0	2-2	2-2	2-0	1-1	2-0	1-0	1-1	3-1
10	Doncaster Rovers	3-0	1-2	2-0	2-2	2-0	0-0	1-0	2-2	2-1		3-1	0-0	0-1	0-0	2-0	1-1	3-1	0-0	2-0	2-1	1-2	3-0	2-2	2-0
11	Exeter City	3-0	2-0	0-0	4-1	0-3	1-0	1-1	1-4	0-0	0-1		0-0	0-0	0-1	0-5	2-1	3-3	3-1	3-1	0-2	1-3	1-0	2-2	3-1
12	Halifax Town	2-2	1-1	1-0	1-0	3-0	2-2	0-2	0-1	2-0	2-3	1-1		3-0	1-0	0-1	4-1	0-1	0-1	2-2	1-2	2-2	2-1	2-2	2-1
13	Hartlepools Utd	1-0	2-1	2-0	1-0	2-0	1-1	2-1	1-1	0-0	3-1	0-0	1-5		1-1	2-1	2-0	3-1	2-2	1-1	0-1	2-0	2-1	3-0	1-0
14	Lincoln City	1-1	0-1	5-1	2-0	1-0	3-0	2-2	2-4	1-2	2-0	1-1	1-0	1-2		2-3	2-1	1-3	0-1	3-2	4-2	3-0	3-0	0-2	1-3
15	Luton Town	3-1	2-0	2-0	1-3	2-1	0-0	1-0	4-0	3-1	5-3	0-0	2-0	1-0	4-2		1-1	2-0	2-0	4-1	3-1	4-0	4-0	2-1	3-1
16	Newport County	0-2	3-0	4-0	0-3	2-2	1-1	0-3	0-0	1-0	2-1	1-0	2-0	0-1	1-1	0-0		1-0	1-1	1-1	2-0	3-0	2-1	3-2	2-1
17	Notts County	0-1	1-4	0-0	1-0	2-1	1-2	1-0	0-0	0-2	1-0	1-3	0-3	0-0	2-2	3-1	0-0		2-0	4-3	3-2	2-1	1-1	5-1	1-1
18	Port Vale	0-3	2-0	4-0	1-2	4-1	4-4	0-1	0-2	0-1	4-2	1-0	2-1	2-3	1-1	0-0	0-1	4-1		1-1	1-2	4-2	4-2	1-1	1-0
19	Rochdale	0-2	1-0	1-1	3-2	1-1	1-1	1-4	1-1	1-0	2-0	2-2	2-1	1-1	1-2	2-2	4-3	0-0	3-1		0-1	1-2	1-3	3-0	3-2
20	Southend United	1-1	4-1	2-1	1-1	1-0	5-1	1-1	0-0	2-2	1-2	1-0	2-2	2-1	2-1	3-0	2-2	0-1	1-1	3-1		1-0	7-0	3-1	0-1
21	Swansea Town	1-0	1-1	1-1	0-0	2-1	1-0	0-1	1-2	0-1	3-1	1-1	2-1	1-2	0-2	2-2	2-2	4-2	2-0	1-0	4-2		1-0	5-2	2-0	1-1
22	Workington	3-2	0-1	2-2	0-1	2-0	1-0	3-1	2-2	0-1	2-2	1-0	1-1	2-1	2-4	0-1	1-1	5-1	1-1	0-1	2-2	3-1		1-2	1-1
23	Wrexham	2-1	2-0	3-0	0-2	1-2	2-0	3-0	1-0	3-1	0-0	0-0	2-0	6-0	2-1	1-1	2-0	1-0	2-0	4-1	2-1	5-0		3-1
24	York City	2-3	1-1	6-2	0-1	0-1	4-1	0-2	1-1	1-1	1-2	4-0	1-2	0-2	1-0	1-1	0-1	4-2	5-1	4-1	2-2	2-1	1-1	3-1	

Final League Table

Pos	Team	Pld	Home W	Home D	Home L	Home F	Home A	Away W	Away D	Away L	Away F	Away A	Totals W	Totals D	Totals L	Totals F	Totals A	Pts	GA	Leading Goalscorer	Gls
1	Luton Town	46	19	3	1	55	16	8	9	6	32	28	27	12	7	87	44	66	1.97	B Rioch	24
2	Barnsley	46	17	6	0	43	14	7	7	9	25	32	24	13	9	68	46	61	1.47	J Evans	15
3	Hartlepools Utd	46	15	7	1	34	12	10	3	10	26	34	25	10	11	60	46	60	1.30	T Bell	14
4	Crewe Alex	46	13	10	0	44	18	7	8	8	30	31	20	18	8	74	49	58	1.51	G Talbot	20
5	Bradford City	46	14	5	4	41	22	9	6	8	31	29	23	11	12	72	51	57	1.41	C Rackstraw	14
6	Southend United	46	12	8	3	45	21	8	6	9	32	37	20	14	12	77	58	54	1.32	J Chisnall	17
7	Chesterfield	46	15	4	4	47	20	6	7	10	24	30	21	11	14	71	50	53	1.42	K Randall	21
8	Wrexham	46	17	3	3	47	12	3	10	10	25	41	20	13	13	72	53	53	1.35	R Smith	18
9	Aldershot	46	10	11	2	36	19	8	6	9	34	36	18	17	11	70	55	53	1.27	J Howarth	20
10	Doncaster Rovers	46	12	8	3	36	16	6	7	10	30	40	18	15	13	66	56	51	1.17	A Jeffrey, K Webber	12
11	Halifax Town	46	10	6	7	34	24	5	10	8	18	25	15	16	15	52	49	46	1.06	L Massie	25
12	Newport County	46	11	7	5	32	22	5	6	12	26	41	16	13	17	58	63	45	0.92	L Hill	13
13	Lincoln City	46	11	3	9	41	31	6	6	11	30	37	17	9	20	71	68	43	1.04	R Holmes	14
14	Brentford	46	13	4	6	41	24	5	3	15	20	40	18	7	21	61	64	43	0.95	J Docherty, W Lawther	11
15	Swansea Town	46	11	8	4	38	25	5	2	16	25	52	16	10	20	63	77	42	0.81	I Allchurch	17
16	Darlington	46	6	11	6	31	27	6	6	11	26	26	12	17	17	57	53	41	0.88	R Cummings	12
17	Notts County	46	10	7	6	27	27	5	4	14	26	52	15	11	20	53	79	41	0.67	L Bradd	10
18	Port Vale	46	10	5	8	41	31	2	10	11	20	41	12	15	19	61	72	39	0.84	R Chapman	25
19	Rochdale	46	9	8	6	35	32	3	6	14	26	40	12	14	20	51	72	38	0.70	J Fletcher	15
20	Exeter City	46	9	7	7	30	30	2	9	12	15	35	11	16	19	45	65	38	0.69	J Corr	7
21	York City	46	9	0	6	0	44	30	2	8	13	21	38	11	14	21	65	68	36	0.95	E MacDougall	15
22	Chester	46	6	6	11	35	38	3	8	12	22	40	9	14	23	57	78	32	0.73	E Loyden	22
23	Workington	46	8	8	7	35	29	2	3	18	19	58	10	11	25	54	87	31	0.62	G McLean	11
24	Bradford P A	46	8	3	7	13	18	35	1	8	14	12	47	4	15	27	30	82	23	0.36	G Lloyd	10

Port Vale had to apply for re-election for breach of F A rules, meaning York City did not have to apply.

1968/69 DIVISION 1 SEASON 70

Total Matches	462
Total Goals	1213
Avg goals per match	2.63

Results Grid

		Arsenal	Burnley	Chelsea	Coventry City	Everton	Ipswich Town	Leeds United	Leicester C	Liverpool	Manchester City	Manchester U	Newcastle Utd	Nottm Forest	QPR	Sheffield Weds	Southampton	Stoke City	Sunderland	Tottenham H	West Brom A	West Ham Utd	Wolverhampton
1	Arsenal		2-0 15F	0-1 23N	2-1 12O	3-1 7D	0-2 18F	1-2 12A	3-0 13a	1-1 17a	4-1 27a	3-0 26D	0-0 9N	1-1 1F	2-1 31a	2-0 11J	0-0 29M	1-0 14S	0-0 28S	1-0 24M	2-0 21D	0-0 26O	3-1 7A
2	Burnley	0-1 30N		2-1 28S	1-1 31a	1-2 8A	1-0 2N	5-1 19O	2-1 28D	0-4 50	2-1 4M	1-0 14S	1-0 17a	3-1 1M	2-2 18J	2-0 12A	3-1 20a	1-1 14D	1-2 23A	2-2 29M	2-2 15M	3-1 8O	1-1 16N
3	Chelsea	2-1 14A	2-3 5A		2-1 10M	1-1 7S	3-1 50	1-0 30N	1-2 19O	2-0 18J	3-2 2N	1-1 15M	1-1 4A	2-1 14a	1-0 19A	2-3 28a	1-0 16N	1-0 5M	5-1 22F	2-2 31a	3-1 17a	1-1 21S	1-1 14D
4	Coventry City	0-1 14D	4-1 22M	0-1 10S		2-2 21S	0-2 30N	0-1 16N	1-0 1A	0-0 22A	1-1 19O	2-1 8A	2-1 7S	1-1 19A	5-0 25F	3-0 8M	1-1 2N	1-1 18M	3-1 4M	1-2 17S	4-2 27a	1-2 24a	0-1 50
5	Everton	1-0 29A	3-0 13a	1-2 29M	3-0 12A		2-2 18J	0-0 22A	7-1 30N	0-0 27a	0-0 50	0-0 10M	1-1 14A	2-1 31a	4-0 16N	3-0 14S	1-0 14D	2-1 19O	2-0 2N	0-2 17a	4-0 28S	1-0 1A	4-0 28J
6	Ipswich Town	1-2 24a	2-0 11J	1-3 26D	0-0 25M	2-2 9N		2-3 20a	2-1 3m	0-2 14S	2-1 11M	1-0 1F	1-4 12O	2-3 21D	3-0 27a	2-0 25A	0-0 12A	3-1 28S	1-0 4A	0-1 26O	4-1 7D	2-2 23N	1-0 10a
7	Leeds United	2-0 21S	6-1 21D	1-0 15F	3-0 1F	2-1 23N	2-0 12F		2-0 19A	1-0 31a	2-1 5A	2-1 11J	1-0 26D	4-1 30N	2-0 14a	3-2 7D	2-0 1M	1-1 17a	0-0 28a	0-0 9N	2-0 26O	2-0 12O	2-1 7S
8	Leicester City	0-0 8A	0-2 26O	1-4 21D	1-1 28S	1-1 14M	1-3 17a	1-1 14S		1-2 12A	3-0 21a	2-1 7D	2-1 11J	2-2 9N	2-0 12M	1-1 23N	3-1 31a	0-0 15M	2-1 5m	1-0 29A	0-2 12O	1-1 1F	2-0 90
9	Liverpool	1-1 31M	2-1 26D	2-1 9N	2-0 23N	1-1 8O	4-0 19A	0-0 28A	4-0 21S		2-1 10a	2-0 12O	0-2 26O	2-0 15F	1-0 7S	1-0 1F	2-1 3D	4-1 20a	1-0 24a	1-0 21D	2-0 11J	1-0 7D	1-0 5A
10	Manchester City	1-1 9O	7-0 7D	4-1 11J	4-2 21D	1-3 26D	1-1 31a	3-1 28S	2-0 4A	1-0 12m		0-0 17a	3-3 5m	1-0 26O	3-3 15M	0-1 9N	1-1 14S	3-1 29M	1-0 12A	4-0 12O	5-1 23N	1-1 30A	3-2 14a
11	Manchester United	0-0 50	2-0 19A	0-4 24a	2-1 21a	0-0 10a	0-0 16N	0-3 2N	1-0 17m	0-1 14D	3-1 8M		3-1 21S	3-1 5A	8-1 19M	1-0 22M	1-2 19O	1-1 24M	4-1 18J	3-1 28a	2-1 2A	1-1 7S	0-0 30N
12	Newcastle United	2-1 18J	1-0 8M	3-2 21a	2-0 29M	0-0 24a	0-1 14D	0-0 50	1-1 2N	1-0 16N	2-0 12A	1-1 28a		3-2 190	3-2 9A	4-1 30N	5-0 30A	1-1 22M	2-2 28S	2-3 14S	1-1 10a	0-1 21A	4-1 30N
13	Nottm Forest	0-2 16N	2-2 10a	1-2 8A	0-0 14S	1-0 25A	1-2 19O	0-2 25F	0-0 18J	0-1 30N	1-0 24M	0-1 31M	2-4 8O		1-0 4M		0-0 20a	3-3 11M	1-0 50	2-0 14D	3-0 12A	0-1 22M	0-0 8M	2N
14	Queens Park Rangers	0-1 22M	0-2 9N	0-4 14S	0-1 7D	0-1 1F	2-1 80	0-1 24J	1-1 10a	1-2 29M	1-1 24a	2-3 26O	1-2 21D	2-1 23N		3-2 12O	1-1 28S	2-2 12A	1-1 20a	0-4 15F	1-1 26D	0-1 11J	8M
15	Sheffield Wednesday	0-5 1M	1-0 21S	1-1 90	3-0 17a	2-2 19A	2-1 7S	0-0 1A	1-3 14A	1-2 16N	1-1 18J	5-4 31a	1-1 14a	0-1 7A	4-0 14D		0-0 28D	2-1 30N	1-1 50	0-0 12m	1-0 5M	1-1 5A	0-2 190
16	Southampton	1-2 7S	5-1 7A	5-0 1F	1-0 11J	2-5 12O	1-3 21S	1-0 10a	2-0 22M	3-0 14a	0-0 19A	2-0 21D	1-0 15F	1-1 7D	3-2 5A	1-1 26O		2-0 28a	1-0 8M	2-1 23N	3-0 9N	2-0 26D	2-1 2-1
17	Stoke City	1-3 19A	1-3 12O	2-0 26O	0-3 9N	0-0 21D	2-1 5A	1-5 8M	1-0 24a	0-0 7A	2-1 7S	3-1 23N	1-1 7D	0-1 26D	1-1 21S	1-0 22A	1-0 90		2-1 10a	1-1 11J	1-1 1F	0-2 14a	4-1 22M
18	Sunderland	0-0 5A	2-0 23N	3-2 7D	3-0 26O	1-3 11J	3-0 14a	0-1 90	0-2 7S	0-1 15M	1-1 21S	1-3 9N	0-0 31a	1-0 120	0-0 7A	1-0 26D	4-1 17a	1-0 1M		0-0 1F	0-1 10M	1-2 21D	2-0 19A
19	Tottenham Hotspur	1-2 10a	7-0 7S	1-0 22M	2-0 4A	1-1 8M	2-2 18M	0-0 18J	3-2 50	2-1 190	1-1 14D	2-2 90	0-1 2A	2-1 21S	3-2 29J	1-2 24a	2-1 22A	1-1 2N	5-1 16N		1-1 21a	1-0 19A	1-1 22F
20	West Bromwich Albion	1-0 190	3-2 24a	6-1 8M	1-1 90	2-2 5A	1-1 23A	1-0 9A	0-0 14D	2-1 2N	3-1 16A	2-5 19A	3-1 7S	0-0 50	1-0 10a	0-0 18J	1-2 16N	2-1 30N	3-0 7A	4-3		3-1 14A	0-0 21S
21	West Ham United	1-2 21A	5-0 26a	0-0 12A	5-2 14M	1-4 19a	1-3 21M	1-1 14D	4-0 16N	1-1 22F	2-1 30N	0-0 29M	3-1 1M	1-0 17a	4-3 2N	1-1 28S	0-0 50	0-0 8A	8-0 190	2-2 14S	4-0 31a		3-1 24M
22	Wolverhampton Wanderers	0-0 21a	1-1 1F	1-1 12O	1-2 15A	1-0 26O	1-0 1M	0-0 29M	1-1 28a	2-3 28S	2-2 15F	5-0 23N	1-0 11J	1-0 17a	1-0 21D	0-3 15M	0-0 3A	1-1 190	1-1 15M	2-0 31a	0-1 14S	2-0 7D	

Nottingham Forest v Coventry City, Ipswich Town, Newcastle United, Stoke City and Wolverhampton Wanderers all played at Notts County following a fire at the City ground.

Final League Table

Pos	Team	Pld	Home W	Home D	Home L	Home F	Home A	Away W	Away D	Away L	Away F	Away A	Totals W	Totals D	Totals L	Totals F	Totals A	Pts	GA	Leading Goalscorer	Gls
1	Leeds United	42	18	3	0	41	9	9	10	2	25	17	27	13	2	66	26	67	2.53	M Jones	14
2	Liverpool	42	16	4	1	36	10	9	7	5	27	14	25	11	6	63	24	61	2.62	R Hunt	13
3	Everton	42	14	5	2	43	10	7	10	4	34	26	21	15	6	77	36	57	2.13	J Royle	22
4	Arsenal	42	12	6	3	31	12	10	6	5	25	15	22	12	8	56	27	56	2.07	J Radford	15
5	Chelsea	42	11	7	3	40	24	9	3	9	33	29	20	10	12	73	53	50	1.37	R Tambling	17
6	Tottenham H	42	10	8	3	39	22	4	9	8	22	29	14	17	11	61	51	45	1.19	J Greaves	27
7	Southampton	42	13	5	3	41	21	3	8	10	16	27	16	13	13	57	48	45	1.18	R Davies	20
8	West Ham United	42	10	8	3	47	22	3	10	8	19	28	13	18	11	66	50	44	1.32	G Hurst	25
9	Newcastle United	42	12	7	2	40	20	3	7	11	21	35	15	14	13	61	55	44	1.10	B Robson	19
10	West Brom A	42	11	7	3	43	26	5	4	12	21	41	16	11	15	64	67	43	0.95	J Astle	21
11	Manchester Utd	42	13	5	3	38	18	2	7	12	19	35	15	12	15	57	53	42	1.07	G Best	19
12	Ipswich Town	42	10	4	7	32	26	5	7	9	27	34	15	11	16	59	60	41	0.98	R Crawford	16
13	Manchester City	42	13	6	2	49	20	2	4	15	15	35	15	10	17	64	55	40	1.16	C Bell, N Young	14
14	Burnley	42	11	4	6	36	25	4	3	14	19	57	15	9	18	55	82	39	0.67	F Casper	13
15	Sheffield Weds	42	7	9	5	27	26	3	7	11	14	28	10	16	16	41	54	36	0.75	J Whitham	7
16	Wolverhampton	42	7	10	4	26	22	3	5	13	15	36	10	15	17	41	58	35	0.70	A D Dougan	11
17	Sunderland	42	10	6	5	28	18	1	6	14	15	49	11	12	19	43	67	34	0.64	C Suggett	9
18	Nottm Forest	42	6	6	9	17	22	4	7	10	28	35	10	13	19	45	57	33	0.78	I Storey-Moore	17
19	Stoke City	42	9	7	5	24	24	0	8	13	16	39	9	15	18	40	63	33	0.63	D Herd	9
20	Coventry City	42	8	6	7	32	25	2	5	14	14	42	10	11	21	46	64	31	0.71	E Hunt	11
21	Leicester City	42	8	8	5	27	24	1	4	16	12	44	9	12	21	39	68	30	0.57	A Clarke	12
22	Queens Park R	42	4	7	10	20	33	0	3	18	19	62	4	10	28	39	95	18	0.41	B Bridges, M Leach	8

1968/69 DIVISION 2
SEASON 70

Total Matches: 462
Total Goals: 1185
Avg goals per match: 2.56

Results Grid

#	Team	Aston Villa	Birmingham City	Blackburn Rovers	Blackpool	Bolton Wanderers	Bristol City	Bury	Cardiff City	Carlisle United	Charlton Athletic	Crystal Palace	Derby County	Fulham	Huddersfield Town	Hull City	Middlesbrough	Millwall	Norwich City	Oxford United	Portsmouth	Preston North End	Sheffield United
1	Aston Villa		1-0 12A	1-1 15M	0-1 31a	1-1 8A	1-0 26a	1-0 15F	2-0 26D	0-0 26O	0-0 7D	1-1 12O	0-1 29M	1-1 17a	1-0 11J	1-1 14S	1-0 23N	1-1 19a	2-1 21D	2-0 28S	2-0 1F	0-1 9N	3-1 1M
2	Birmingham City	4-0 21S		3-1 18J	1-0 16N	5-0 25M	2-0 14D	1-3 17S	2-0 8O	3-0 5A	0-0 7A	0-1 8M	1-1 14J	5-4 5O	5-1 7S	5-2 30N	3-1 19A	1-2 19O	1-2 10a	0-1 2N	5-2 24a	3-1 21M	2-2 4M
3	Blackburn Rovers	2-0 24a	3-2 9N		1-1 28a	2-3 19A	1-3 22M	3-0 21D	1-0 11J	0-2 12O	0-1 23N	1-2 28A	1-1 10a	2-2 5A	0-0 7D	1-1 8M	1-1 25M	2-4 7S	3-0 26O	1-0 18S	3-1 7A	1-0 26D	1-0 21S
4	Blackpool	1-1 22M	2-1 1F	0-1 7O		1-0 7S	2-2 24a	6-0 23N	1-2 9N	1-0 21D	2-3 11J	3-0 26O	2-3 8M	2-2 21S	0-0 26D	2-0 10O	1-1 7D	1-0 19A	2-1 19M	1-0 7A	1-1 12O	1-1 16S	1-1 5A
5	Bolton Wanderers	4-1 18S	0-0 23N	1-1 14S	1-4 29M		1-0 7A	2-0 17a	1-2 21D	0-1 26D	3-0 12O	2-2 11J	1-2 28S	3-2 15M	2-3 26O	1-0 12A	0-0 1F	0-4 9O	1-1 4D	1-1 1M	1-0 7D	0-0 16A	4-2 31a
6	Bristol City	1-0 8O	0-0 12O	1-0 31a	1-1 15M	2-2 20a		2-1 7D	0-3 28S	3-0 15F	2-0 26D	1-1 25F	0-0 14S	6-0 1M	0-1 9N	1-1 29M	3-0 11J	0-0 8A	0-1 23N	2-0 12A	2-2 26O	2-1 1F	1-1 17a
7	Bury	3-2 30N	1-2 8A	1-3 19O	2-0 26M	2-1 7M	1-2 15A		3-3 21a	3-2 10a	2-3 27a	2-1 24a	0-1 25J	5-1 28D	1-1 5A	0-0 18J	2-3 21S	0-0 5O	1-2 22M	3-1 14D	3-2 18A	1-0 7S	0-2 16N
8	Cardiff City	1-1 5O	4-0 28a	2-1 2N	1-0 12F	0-2 19O	3-0 25J	2-0 7A		2-1 21S	0-4 14a	1-1 10a	0-2 16N	0-2 24M	3-0 19A	2-0 28D	2-0 7S	2-0 14D	3-1 7O	5-0 8F	2-2 21M	1-0 24a	4-1 30N
9	Carlisle United	0-1 28D	2-3 28S	4-1 14D	1-0 19O	1-1 5O	3-0 30N	2-0 1M	1-0 12A		1-1 17a	1-2 29M	1-1 11M	2-0 16N	0-0 31a	1-0 4N	3-0 15M	1-0 22F	0-4 14S	0-2 27a	0-0 13a	1-0 7A	0-1 18J
10	Charlton Athletic	1-1 22F	3-1 20a	4-0 15A	0-0 2N	2-2 14D	0-0 5O	2-2 8O	4-1 4A	1-1 8M		1-1 22M	2-0 18J	5-3 30N	1-1 21S	1-1 16N	2-0 5A	3-4 10a	2-1 24a	1-0 19O	2-1 7S	0-1 19A	2-1 25M
11	Crystal Palace	4-2 14D	3-2 17a	1-0 16N	1-2 25J	2-1 2N	2-1 19O	1-0 15M	3-1 1M	5-0 7S	3-3 31a		1-2 30N	3-2 19A	2-1 14a	2-0 22F	0-0 4A	4-2 19M	2-0 28a	1-1 26M	3-1 5A	1-2 21S	1-1 5O
12	Derby County	3-1 7S	1-0 26O	4-2 1M	1-1 17a	5-0 5A	2-0 19A	3-3 11J	2-1 1F	2-1 23N	3-0 9N	0-1 5M		1-0 18S	1-0 15M	2-2 28a	3-2 26D	1-1 21S	2-0 7D	2-1 31a	2-1 21D	1-0 12O	1-0 7A
13	Fulham	1-1 8M	2-0 26D	1-1 28S	0-0 12A	0-2 24a	1-0 10a	0-0 26O	1-5 7D	0-2 1F	0-1 15F	1-0 13S	0-1 2A		4-3 23N	0-0 21a	0-3 21D	2-0 22M	1-3 12O	0-1 29M	2-2 9N	2-1 26F	2-2 9O
14	Huddersfield Town	3-1 2N	0-0 29M	2-1 30A	2-1 5O	3-0 4M	4-1 18J	4-1 28S	3-0 14S	2-0 22M	0-0 12A	0-0 8A	2-0 24a	3-0 15A		0-3 14D	3-0 8O	0-2 16N	2-2 20a	2-1 30N	0-0 10a	1-0 8M	1-0 19O
15	Hull City	1-0 19A	1-2 15A	1-3 17a	2-2 1M	1-0 21S	1-1 7S	3-0 8N	3-3 26O	1-2 11J	5-2 1F	2-0 7D	1-0 9O	4-0 7A	3-0 12O		3-0 31a	0-1 5A	0-0 26D	2-2 14M	1-1 23N	1-1 20D	1-1 18S
16	Middlesbrough	0-0 4M	3-1 14S	2-0 30N	2-1 22F	0-0 16N	4-1 3D	2-3 12A	0-0 29M	1-0 24a	4-0 28S	0-0 20a	2-0 5O	2-0 19O	2-0 27a	5-3 22M		1-1 18J	0-0 8A	0-0 24J	2-0 8M	2-1 10a	3-1 28J
17	Millwall	0-1 4A	1-3 21D	2-2 28M	1-2 14S	3-1 26a	2-2 16S	1-0 26D	3-2 12O	0-2 7D	1-1 1M	3-2 23N	0-2 12A	0-1 31a	2-0 1F	5-1 28S	2-3 9N		3-1 11J	2-1 17a	0-0 15F	0-0 26O	1-0 14M
18	Norwich City	1-1 19O	1-1 1M	3-1 23A	0-1 30N	2-0 18J	1-1 26M	2-2 31a	3-1 19A	0-1 15M	0-1 9O	1-2 16A	2-0 14D	1-0 7A	1-2 50	0-2 14a	0-3 2N		1-1 16N	0-1 21S	1-1 5A	2-0 7S	
19	Oxford United	1-0 5A	1-2 11J	2-1 4A	0-0 21a	1-1 10a	0-0 21S	2-2 12O	0-2 23N	0-1 9O	0-2 21D	0-2 9N	3-0 22M	1-1 7S	2-4 15F	1-0 24a	0-2 26O	1-0 8M	0-2 1F		3-1 5M	2-1 7D	1-0 19A
20	Portsmouth	2-0 16N	0-0 15M	0-1 21a	1-0 14D	2-2 22F	1-1 28D	1-2 13S	1-3 31a	2-1 9A	4-1 29M	3-3 28S	0-1 19O	3-1 18J	1-2 1M	0-3 8F	5-2 17a	3-0 30N	0-2 12A	5-0		1-1 9O	2-1 2N
21	Preston North End	1-0 18J	4-1 31a	1-1 5O	1-0 8A	1-4 30N	1-0 16N	3-0 29M	0-1 15M	2-2 30S	1-1 14S	0-0 12A	0-0 14D	1-0 25N	1-0 17a	1-2 19O	0-1 1M	1-3 3M	2-1 28S	0-0 22F	0-0 26a		2-2 17M
22	Sheffield United	3-1 10a	2-0 7D	3-0 12A	2-1 28S	5-2 22M	2-1 8M	0-1 1F	2-0 11M	1-1 9N	2-0 26O	1-0 20a	0-0 27a	1-1 21D	1-3 8A	1-0 12O	0-1 24a	1-2 29M	2-0 14S	4-0 11J	0-1 23N		

Final League Table

Pos	Team	Pld	Home W	Home D	Home L	Home F	Home A	Away W	Away D	Away L	Away F	Away A	Totals W	Totals D	Totals L	Totals F	Totals A	Pts	GA	Leading Goalscorer	Gls
1	Derby County	42	16	4	1	43	16	10	7	4	22	16	26	11	5	65	32	63	2.03	K Hector	16
2	Crystal Palace	42	14	4	3	45	24	8	8	5	25	23	22	12	8	70	47	56	1.48	C Jackson	14
3	Charlton Athletic	42	11	8	2	39	21	7	6	8	22	31	18	14	10	61	52	50	1.17	M Tees	15
4	Middlesbrough	42	13	7	1	36	13	6	4	11	22	36	19	11	12	58	49	49	1.18	J Hickton	18
5	Cardiff City	42	13	3	5	38	19	7	4	10	29	35	20	7	15	67	54	47	1.24	J Toshack	22
6	Huddersfield T	42	13	6	2	37	14	4	6	11	16	32	17	12	13	53	46	46	1.15	C Dobson	11
7	Birmingham City	42	13	3	5	52	24	5	5	11	21	35	18	8	16	73	59	44	1.23	P Summerhill	16
8	Blackpool	42	9	8	4	33	20	5	7	9	18	21	14	15	13	51	41	43	1.24	A Suddick	12
9	Sheffield United	42	14	4	3	41	15	2	7	12	20	35	16	11	15	61	50	43	1.22	A Woodward	12
10	Millwall	42	10	5	6	33	23	7	4	10	24	26	17	9	16	57	49	43	1.16	D Possee, K Weller	15
11	Hull City	42	10	7	4	38	20	3	9	9	21	32	13	16	13	59	52	42	1.13	K Wagstaff	20
12	Carlisle United	42	10	6	5	25	17	6	5	10	21	32	16	10	16	46	49	42	0.93	H McIlmoyle	17
13	Norwich City	42	7	6	8	24	25	8	4	9	29	31	15	10	17	53	56	40	0.94	H Curran	17
14	Preston N E	42	8	8	5	23	19	4	7	10	15	25	12	15	15	38	44	39	0.86	W Irvine	15
15	Portsmouth	42	11	5	5	39	22	1	9	11	19	36	12	14	16	58	58	38	1.00	R Hiron	17
16	Bristol City	42	9	9	3	30	15	2	7	12	16	38	11	16	15	46	53	38	0.86	J Galley	19
17	Bolton Wand	42	8	7	6	29	26	4	7	10	26	41	12	14	16	55	67	38	0.82	R Greaves	11
18	Aston Villa	42	10	8	3	22	11	2	6	13	15	37	12	14	16	37	48	38	0.77	W Anderson	6
19	Blackburn Rovers	42	9	6	6	30	24	4	5	12	22	39	13	11	18	52	63	37	0.82	J Connelly, M Darling, D Martin	10
20	Oxford United	42	8	5	8	21	23	4	4	13	13	32	12	9	21	34	55	33	0.61	J Shuker	8
21	Bury	42	8	4	9	35	33	3	4	14	16	47	11	8	23	51	80	30	0.63	G Jones	10
22	Fulham	42	6	7	8	20	28	1	4	16	20	53	7	11	24	40	81	25	0.49	B Dear	6

1968/69 DIVISION 3 SEASON 70

Total Matches 552
Total Goals 1426
Avg goals per match 2.58

Final League Table

Pos	Team	Pld	Home					Away					Totals					Leading Goalscorer	Gls
			W	D	L	F	A	W	D	L	F	A	W	D	L	F	A	Pts	GA		
1	Watford	46	16	5	2	35	7	11	5	7	39	27	27	10	9	74	34	64	2.17	B Endean	18
2	Swindon Town	46	18	4	1	38	7	9	6	8	33	28	27	10	9	71	35	64	2.02	D Rogers	22
3	Luton Town	46	20	3	0	57	14	5	8	10	17	24	25	11	10	74	38	61	1.94	B Lewis	22
4	Bournemouth	46	16	2	5	41	17	5	7	11	19	28	21	9	16	60	45	51	1.33	K East	15
5	Plymouth Argyle	46	10	8	5	34	25	7	7	9	19	24	17	15	14	53	49	49	1.08	M Bickle	12
6	Torquay United	46	13	4	6	35	18	5	8	10	19	28	18	12	16	54	46	48	1.17	R Stubbs	18
7	Tranmere Rovers	46	12	3	8	36	31	7	7	9	34	37	19	10	17	70	68	48	1.02	K Beamish	13
8	Southport	46	14	8	1	52	20	3	5	15	19	44	17	13	16	71	64	47	1.10	G Andrews	19
9	Stockport County	46	14	5	4	49	25	2	9	12	18	43	16	14	16	67	68	46	0.98	W Atkins	18
10	Barnsley	46	13	6	4	37	21	3	8	12	21	42	16	14	16	58	63	46	0.92	E Winstanley	13
11	Rotherham United	46	12	6	5	40	21	4	7	12	16	29	16	13	17	56	50	45	1.12	J Storrie	14
12	Brighton & H A	46	12	7	4	49	21	4	6	13	23	44	16	13	17	72	65	45	1.10	A Dawson	17
13	Walsall	46	10	9	4	34	18	4	7	12	16	31	14	16	16	50	49	44	1.02	G Morris	9
14	Reading	46	13	3	7	41	25	2	10	11	26	41	15	13	18	67	66	43	1.01	J Collins	17
15	Mansfield Town	46	14	5	4	37	18	2	6	15	21	44	16	11	19	58	62	43	0.93	D Sharkey	13
16	Bristol Rovers	46	12	6	5	41	27	5	1	17	22	44	17	7	22	63	71	43	0.88	H Jarman	14
17	Shrewsbury Town	46	11	8	4	28	17	5	3	15	23	50	16	11	19	51	67	43	0.76	A Wood	11
18	Orient	46	12	8	5	31	19	4	6	13	20	39	16	14	18	51	58	42	0.87	B Dyson	10
19	Barrow	46	11	6	6	30	23	6	2	15	26	52	17	8	21	56	75	42	0.74	J Mulvaney	16
20	Gillingham	46	10	10	3	35	20	3	5	15	19	43	13	15	18	54	63	41	0.85	B Yeo	17
21	Northampton T	46	8	8	6	37	30	5	4	14	17	31	13	14	12	20	54	61	40	0.88	J Fairbrother	13
22	Hartlepool	46	6	12	5	25	29	4	7	12	15	41	10	19	17	40	70	39	0.57	P Blowman	8
23	Crewe Alex	46	11	4	8	40	31	2	5	16	12	45	13	9	24	52	76	35	0.68	T Curley	7
24	Oldham Athletic	46	9	6	8	33	27	4	3	16	17	56	13	9	24	50	83	35	0.60	K Bebbington, A Spence	12

1968/69 DIVISION 4
SEASON 70

Total Matches	552
Total Goals	1372
Avg goals per match	2.49

Final League Table

Pos	Team	Pld	Home W	Home D	Home L	Home F	Home A	Away W	Away D	Away L	Away F	Away A	Totals W	Totals D	Totals L	Totals F	Totals A	Pts	GA	Leading Goalscorer	Gls
1	Doncaster Rovers	46	13	8	2	42	16	8	9	6	23	22	21	17	8	65	38	59	1.71	A Jeffrey	12
2	Halifax Town	46	15	5	3	36	18	5	12	6	17	19	20	17	9	53	37	57	1.43	L Massie	16
3	Rochdale	46	14	7	2	47	11	4	13	6	21	24	18	20	8	68	35	56	1.94	D Butler	16
4	Bradford City	46	11	10	2	36	18	7	10	6	29	28	18	20	8	65	46	56	1.41	R Ham	18
5	Darlington	46	11	6	6	40	26	6	12	5	22	19	17	18	11	62	45	52	1.37	A Gauden	15
6	Colchester United	46	12	8	3	31	17	8	4	11	26	36	20	12	14	57	53	52	1.07	D Light	12
7	Southend United	46	15	3	5	51	21	4	10	9	27	40	19	13	14	78	61	51	1.27	W Best	20
8	Lincoln City	46	13	6	4	38	19	4	11	8	16	33	17	17	12	54	52	51	1.03	J Fletcher, D Smith	9
9	Wrexham	46	13	7	3	41	22	5	7	11	20	30	18	14	14	61	52	50	1.17	R Smith	15
10	Swansea Town	46	11	8	4	35	20	8	3	12	23	34	19	11	16	58	54	49	1.07	H Williams	10
11	Brentford	46	12	7	4	40	24	6	5	12	24	41	18	12	16	64	65	48	0.98	A Mansley	14
12	Workington	46	8	11	4	24	17	7	6	10	16	26	15	17	14	40	43	47	0.93	B Tinnion	8
13	Port Vale	46	12	8	3	33	15	4	6	13	13	31	16	14	16	46	46	46	1.00	R Chapman	13
14	Chester	46	12	4	7	43	24	4	9	10	33	42	16	13	17	76	66	45	1.15	G Talbot	22
15	Aldershot	46	13	3	7	42	23	6	4	13	24	43	19	7	20	66	66	45	1.00	J Howarth	19
16	Scunthorpe Utd	46	10	5	8	28	22	6	7	10	33	38	18	8	20	61	60	44	1.01	T Heath	15
17	Exeter City	46	11	8	4	45	24	5	5	13	21	41	16	11	19	66	65	43	1.01	A Banks	13
18	Peterborough Utd	46	8	9	6	32	23	5	7	11	28	34	13	16	17	60	57	42	1.05	J Hall	20
19	Notts County	46	10	8	5	33	22	2	10	11	15	35	12	18	16	48	57	42	0.84	D Masson	13
20	Chesterfield	46	7	7	9	24	22	6	8	9	19	28	13	15	18	43	50	41	0.86	K Randall	18
21	York City	46	12	0	3	36	25	2	3	18	17	50	14	11	21	53	75	39	0.70	E MacDougall	19
22	Newport County	46	9	9	5	31	26	2	5	16	18	48	11	21	49	74	36	0.66	A Buck	13
23	Grimsby Town	46	5	7	11	25	31	4	8	11	22	38	9	15	22	47	69	33	0.68	S Brace	10
24	Bradford PA	46	5	8	10	19	34	0	2	21	13	72	5	10	31	32	106	20	0.30	D Draper	7

Swansea Town became Swansea City after this season.

1969/70 DIVISION 1
SEASON 71

	Total Matches	462
	Total Goals	1212
	Avg goals per match	2.62

		Arsenal	Burnley	Chelsea	Coventry City	Crystal Palace	Derby County	Everton	Ipswich Town	Leeds United	Liverpool	Manchester City	Manchester U	Newcastle Utd	Nottm Forest	Sheffield Weds	Southampton	Stoke City	Sunderland	Tottenham H	West Brom A	West Ham Utd	Wolverhampton
1	Arsenal		3-2 13J	0-3 13D	0-1 17J	2-0 4O	4-0 30M	0-1 8N	0-0 9a	1-1 25O	2-1 19a	1-1 14M	2-2 22N	0-0 20S	2-1 27D	0-0 23a	2-2 6S	0-0 6D	3-1 6F	2-3 28F	1-1 16S	2-1 7O	2-2 4A	28M
2	Burnley	0-1 13S		3-1 26M	0-0 15A	4-2 15N	1-1 11O	1-2 14F	0-1 7M	1-1 27S	1-5 26a	1-1 26D	1-1 30a	0-1 29N	5-0 1N	4-2 21F	1-1 18O	1-1 24M	3-0 27M	0-2 16a	2-1 19a	3-2 21M	1-3 31J 10J
3	Chelsea	3-0 27S	2-0 17S		1-0 1N	1-1 30a	2-2 11O	1-1 15N	1-0 16a	2-5 10J	2-1 18A	3-1 20D	2-1 21M	0-0 25F	1-1 7M	3-1 25M	3-1 26D	1-0 17M	3-1 31J	1-0 4A	2-0 18O	0-0 20a	2-2 13S
4	Coventry City	2-0 31J	1-1 26M	0-3 28F		2-2 13S	1-1 16a	0-1 25O	3-1 26D	1-2 27S	2-3 3M	3-0 10J	1-2 8N	0-2 22N	1-0 16S	3-1 14M	1-1 31M	0-3 4A	1-1 24M	3-2 6S	3-1 12a	2-2 11O	1-0 30a
5	Crystal Palace	1-5 1N	1-2 11F	1-5 27D	0-3 13D		0-1 6D	0-0 8O	1-1 28M	1-1 18O	1-3 27a	1-0 6A	2-2 9a	0-3 4O	1-1 17J	0-2 21F	2-0 14M	3-1 6S	2-0 13a	0-2 23a	1-3 20S	0-0 24M	2-1 22N
6	Derby County	3-2 21F	0-0 9a	2-2 11F	1-3 8O	3-1 21M		2-1 6S	3-1 20a	4-1 30M	4-0 1N	0-1 18O	2-0 4O	2-0 6D	2-0 29N	1-0 17J	3-0 10S	5-0 23a	2-0 15N	3-0 20S	2-0 27D	3-0 7M	2-0 4A
7	Everton	2-2 14F	2-1 22N	5-2 28M	0-0 21F	2-1 16a	1-0 20D		3-0 10J	3-2 30a	0-3 6D	1-0 23D	3-0 19a	0-0 24J	1-0 1N	2-1 26a	4-2 27S	6-2 18O	3-1 11O	3-2 14M	2-0 1A	2-0 13S	1-0 31J
8	Ipswich Town	2-1 31M	0-1 17J	1-4 18N	0-1 23a	2-0 15N	0-1 12a	0-3 20S		3-2 21A	2-2 18O	1-1 1N	0-0 10F	1-0 6S	2-0 9a	1-1 40	2-0 4A	2-0 7M	0-1 21M	0-1 27D	1-0 6D	1-1 29N	1-1 16S
9	Leeds United	0-0 13a	2-1 4A	2-0 20a	3-1 17J	2-0 28F	2-0 25O	2-1 27D	4-0 8N		1-1 22N	1-3 18A	2-2 6S	1-1 23a	6-1 29O	2-0 13D	1-3 28M	2-1 4O	2-0 19N	3-1 9a	5-1 10F	4-1 17D	3-1 6D
10	Liverpool	0-1 29N	3-3 23a	4-1 9a	2-1 6S	3-0 3A	0-2 28F	0-2 21M	0-0 24M	0-0 7M		3-2 12a	1-4 13D	0-0 16F	1-3 4O	0-1 16M	3-0 25O	4-1 20S	3-1 9S	2-0 7O	0-0 17J	1-1 15N	2-0 8N
11	Manchester City	1-1 18F	1-1 6J	1-0 6S	3-1 20S	0-1 11M	0-1 27M	1-1 23a	1-0 28F	1-2 29N	0-2 20a		4-0 15N	2-1 8O	1-1 6F	4-1 9a	1-0 8N	0-1 17J	0-1 4A	1-1 13D	2-1 4O	1-5 21M	1-0 25O
12	Manchester United	2-1 10J	3-3 17M	0-2 6D	1-1 30M	1-1 14F	1-0 31J	0-2 13a	2-1 11O	1-2 26J	1-2 13S	0-0 28M		1-1 27a	2-2 18O	1-4 15A	1-1 16a	3-1 1N	3-1 30a	7-0 22N	5-2 8A	0-0 27S	0-0 26D
13	Newcastle United	3-1 30a	0-1 30M	0-1 25O	4-0 14A	0-0 31J	1-2 13S	4-0 17S	2-1 20D	1-0 26D	1-0 11O	5-1 16a	3-1 4A		3-1 15N	2-1 13a	3-0 11F	1-2 21M	0-2 8N	1-0 28F	2-1 6F	4-1 2M	1-1 27S
14	Nottm Forest	1-1 26D	1-1 25O	1-1 22N	1-4 7A	0-0 27S	1-3 14M	1-1 28F	1-0 10A	1-4 16a	1-0 31J	2-2 11O	1-2 31M	2-2 28M		2-1 6D	2-1 13S	0-0 12a	2-1 24J	2-2 8N	1-0 26a	1-0 30a	4-2 20D
15	Sheffield Wednesday	1-1 20D	2-0 28F	1-3 8N	0-0 28J	0-1 25O	2-2 27S	0-1 4A	2-1 31J	1-1 13S	1-2 30a	1-3 22A	1-0 17S	2-1 20a	0-0 21M		1-1 11O	2-0 15N	0-1 26D	2-0 30M	2-3 10M	2-3 10J	1-0 16a
16	Southampton	0-2 21M	1-1 6S	2-2 23a	0-0 18O	1-1 29N	1-1 15A	2-1 17J	4-2 27a	1-1 15N	0-1 11M	0-0 8A	0-3 8O	1-1 20S	1-2 13D	4-0 6F		0-0 27D	1-1 7M	2-2 40	0-2 9a	1-1 1N	2-3 20a
17	Stoke City	0-0 11O	2-1 8N	2-0 13A	1-0 27a	1-0 20D	0-1 26D	3-3 30M	1-0 22N	1-0 31J	2-0 10J	2-0 27S	2-2 28F	0-1 6D	1-1 20a	2-1 28M	2-1 30a		4-2 13S	1-1 25O	3-2 15A	2-1 16a	1-1 14F
18	Sunderland	1-1 18O	0-1 8O	0-0 40	0-0 9a	0-0 20a	1-1 28M	0-0 8A	2-1 6D	0-0 1N	0-1 15A	0-4 27a	1-1 27M	1-1 20S	2-1 23a	1-2 22N	1-2 13D	2-2 17J		0-3 6S	2-1 21F	2-2 14M	0-1 2-1
19	Tottenham Hotspur	1-0 2m	4-0 13a	1-1 27a	1-2 21M	2-0 26D	2-1 10J	0-1 11M	3-2 30a	1-1 14F	0-3 16a	2-1 13S	2-1 13A	4-1 18O	0-1 27M	1-0 1N	0-1 31J	0-1 21F	0-1 27S		2-0 15N	0-2 20D	0-1 11O
20	West Bromwich Albion	0-1 16a	0-1 6D	3-1 30M	0-1 20a	3-2 10J	0-2 30a	2-0 8N	2-2 30S	1-1 11O	2-2 27S	3-0 31J	2-1 25O	2-2 14M	4-0 1A	3-0 22N	1-0 20F	1-3 13S	3-1 27J	1-1 28M		3-1 26D	3-3 28F
21	West Ham United	1-1 25a	3-1 40	2-0 11a	1-2 11F	2-1 8N	3-0 22N	0-1 13D	0-0 14M	2-2 2A	1-0 28M	0-0 6D	1-1 17J	0-0 9a	1-1 27D	3-0 20S	1-0 28F	1-3 6O	1-1 25O	2-0 6S	1-3 23a		0-0 31M
22	Wolverhampton Wanderers	2-0 15N	1-1 20S	3-0 13D	0-1 10A	1-1 18M	1-1 27a	2-3 4O	2-0 24J	1-2 21M	0-1 30M	1-3 21F	0-0 23a	1-1 17J	3-3 6S	2-2 8O	2-1 13a	3-1 9a	1-0 29N	2-2 6F	1-0 1N	1-0 18O	

Final League Table

Pos	Team	Pld	Home					Away					Totals					Leading Goalscorer	Gls
			W	D	L	F	A	W	D	L	F	A	W	D	L	F	A	Pts	GA		
1	Everton	42	17	3	1	46	19	12	5	4	26	15	29	8	5	72	34	66	2.11	J Royle	23
2	Leeds United	42	15	4	2	50	19	6	11	4	34	30	21	15	6	84	49	57	1.71	A Clarke	17
3	Chelsea	42	13	7	1	36	18	8	6	7	34	32	21	13	8	70	50	55	1.40	P Osgood	23
4	Derby County	42	15	3	3	45	14	7	6	8	16	23	22	9	11	61	37	53	1.73	J O'Hare	13
5	Liverpool	42	10	7	4	34	20	10	4	7	31	22	20	11	11	65	42	51	1.54	R Graham	12
6	Coventry City	42	9	6	6	35	28	10	5	6	23	20	19	11	12	58	48	49	1.20	N Martin	14
7	Newcastle United	42	14	2	5	42	16	3	11	7	15	19	17	13	12	57	35	47	1.62	B Robson	22
8	Manchester Utd	42	8	9	4	37	27	6	8	7	29	34	14	17	11	66	61	45	1.08	G Best	15
9	Stoke City	42	10	7	4	31	23	5	8	8	25	29	15	15	12	56	52	45	1.07	H Burrows, J Ritchie	14
10	Manchester City	42	8	6	7	25	22	8	5	8	30	26	16	11	15	55	48	43	1.14	C Lee	13
11	Tottenham H	42	11	2	8	27	21	6	7	8	27	34	17	9	16	54	55	43	0.98	M Chivers	11
12	Arsenal	42	7	10	4	29	23	5	8	8	22	26	12	18	12	51	49	42	1.04	J Radford	12
13	Wolverhampton	42	8	8	5	30	23	4	8	9	25	34	12	16	14	55	57	40	0.96	H Curran	20
14	Burnley	42	7	7	7	33	29	5	8	8	23	32	12	15	15	56	61	39	0.91	S Kindon	17
15	Nottm Forest	42	8	9	4	28	28	2	9	10	22	43	10	18	14	50	71	38	0.70	I Storey-Moore	11
16	West Brom A	42	10	6	5	39	25	4	3	14	19	41	14	9	19	58	66	37	0.87	J Astle	25
17	West Ham United	42	8	8	5	28	21	4	4	13	23	39	12	12	18	51	60	36	0.85	G Hurst	16
18	Ipswich Town	42	9	5	7	23	20	1	6	14	17	43	10	11	21	40	63	31	0.63	C Viljoen	6
19	Southampton	42	3	12	6	24	27	3	5	13	22	40	6	17	19	46	67	29	0.68	M Channon	15
20	Crystal Palace	42	5	6	10	20	36	1	9	11	14	32	6	15	21	34	68	27	0.50	G Queen	9
21	Sunderland	42	4	11	6	17	24	2	3	16	13	44	6	14	22	30	68	26	0.44	G Harris	7
22	Sheffield Weds	42	6	5	10	23	27	2	4	15	17	44	8	9	25	40	71	25	0.56	J Whitham	8

1969/70 DIVISION 2
SEASON 71

	Total Matches	462
	Total Goals	1207
	Avg goals per match	2.61

Results Grid

Pos	Team	Aston Villa	Birmingham C	Blackburn Rov	Blackpool	Bolton Wand	Bristol City	Cardiff City	Carlisle United	Charlton Ath	Huddersfield T	Hull City	Leicester City	Middlesbrough	Millwall	Norwich City	Oxford United	Portsmouth	Preston N E	Q P R	Sheffield United	Swindon Town	Watford
1	Aston Villa		0-0	1-1	0-0	3-0	0-2	1-1	1-0	1-0	4-1	3-2	0-1	2-0	2-2	0-1	1-0	3-5	0-0	1-1	1-0	0-2	0-2
2	Birmingham City	0-2		3-0	2-3	2-0	2-2	1-1	1-1	3-0	2-2	2-4	0-1	0-0	2-0	3-1	1-3	1-1	1-0	3-0	2-1	2-0	0-0
3	Blackburn Rovers	2-0	1-1		2-1	3-3	1-0	1-0	3-0	0-2	2-1	3-1	4-0	4-0	3-1	2-0	0-3	4-2	1-1	5-2	0-0	2-0	1-0
4	Blackpool	2-1	2-0	0-0		1-1	1-0	3-2	1-1	2-0	2-0	0-1	1-1	1-1	1-1	0-0	1-0	2-1	0-0	1-1	1-0	3-2	0-3
5	Bolton Wanderers	2-1	2-0	1-0	0-2		3-1	0-1	0-0	1-1	1-1	2-1	2-3	2-1	4-1	0-0	1-1	0-1	2-0	6-4	0-0	0-1	2-3
6	Bristol City	1-0	2-0	4-0	2-1	2-2		0-2	0-0	6-0	1-2	3-1	0-0	0-0	1-1	4-0	2-0	3-0	0-0	2-0	0-1	3-3	1-0
7	Cardiff City	4-0	3-1	0-0	2-2	2-1	1-0		1-1	1-0	0-1	6-0	1-1	1-0	0-0	0-1	0-0	2-0	2-1	4-2	3-0	2-2	3-1
8	Carlisle United	1-1	4-3	0-1	1-2	2-1	2-1	2-3		1-1	0-2	2-2	1-0	4-0	2-1	1-1	3-3	1-0	3-2	0-1	2-2	5-0	
9	Charlton Athletic	1-0	0-1	0-0	0-2	1-1	2-1	0-0	2-1		1-2	1-4	0-5	0-2	2-2	3-0	1-0	2-2	2-1	1-1	3-2	1-1	0-0
10	Huddersfield Town	2-0	2-0	0-1	2-0	1-0	3-0	1-0	1-0	4-0		2-2	1-1	0-0	0-0	1-1	1-0	4-0	3-2	2-0	2-1	1-1	3-1
11	Hull City	3-1	0-0	3-0	1-0	4-2	2-0	1-1	2-4	1-1	2-3		4-1	3-2	2-1	1-0	3-1	3-3	3-1	1-2	2-3	1-1	1-1
12	Leicester City	1-0	3-1	2-1	0-0	2-2	2-0	1-2	1-2	2-2	1-1	2-2		2-1	1-1	3-0	2-1	2-1	3-0	2-1	0-1	0-2	3-1
13	Middlesbrough	1-0	4-2	4-1	0-2	4-0	2-0	2-1	2-2	0-0	1-1	1-0	2-1		3-1	0-0	2-0	2-1	1-1	1-0	1-0	0-0	3-1
14	Millwall	2-0	6-2	3-1	1-3	2-0	1-1	1-2	4-2	1-1	1-0	2-1	0-1	1-1		1-0	0-0	3-1	2-1	2-0	1-0	3-1	1-0
15	Norwich City	3-1	6-0	0-1	3-1	1-0	4-1	1-1	1-1	1-2	2-1	3-0	2-0	2-1		2-0	0-0	1-2	1-0	1-1	1-0	1-1	
16	Oxford United	2-2	2-0	1-0	2-0	3-1	2-0	1-1	0-0	1-1	1-2	0-0	0-1	1-1	0-0	1-0		0-2	3-1	0-0	0-0	0-0	2-1
17	Portsmouth	0-0	1-1	2-0	2-3	1-1	0-0	3-0	4-0	5-1	1-3	1-4	2-3	2-3	0-1	1-4	2-1		4-0	1-3	1-5	3-1	3-1
18	Preston North End	1-1	4-1	0-0	0-3	1-3	0-1	1-2	3-1	4-1	1-3	3-3	2-1	1-1	1-1	1-0	1-1	0-1		0-0	2-1	3-1	3-0
19	Queens Park Rangers	4-2	2-1	2-3	6-1	0-4	2-2	2-1	0-0	1-1	4-2	3-0	1-1	4-0	3-2	4-0	1-2	2-0	0-0		2-1	2-0	2-1
20	Sheffield United	5-0	6-0	4-0	2-3	0-1	2-1	1-0	1-0	0-0	3-0	1-0	3-0	3-1	0-0	1-0	5-1	5-0	2-0	2-0		1-2	1-1
21	Swindon Town	1-1	4-1	1-0	1-1	3-2	1-1	2-1	2-2	5-0	2-1	1-0	1-1	0-3	2-1	2-0	0-0	3-1	1-0	0-0	0-1		1-0
22	Watford	3-0	2-3	0-2	0-1	0-0	2-0	2-1	1-2	1-1	1-1	2-1	2-3	1-1	1-1	2-0	4-0	0-0	0-1	1-2	0-0		

Final League Table

Pos	Team	Pld	Home					Away					Totals						Leading Goalscorer	Gls
			W	D	L	F	A	W	D	L	F	A	W	D	L	F	A	Pts	GA		
1	Huddersfield T	42	14	6	1	36	10	10	6	5	32	27	24	12	6	68	37	60	1.83	F Worthington	22
2	Blackpool	42	10	9	2	25	16	10	4	7	31	29	20	13	9	56	45	53	1.24	F Pickering	17
3	Leicester City	42	12	6	3	37	22	7	7	7	27	28	19	13	10	64	50	51	1.28	R Fern	16
4	Middlesbrough	42	15	4	2	36	14	5	6	10	19	31	20	10	12	55	45	50	1.22	J Hickton	24
5	Swindon Town	42	13	7	1	35	17	4	9	8	22	30	17	16	9	57	47	50	1.21	A Horsfield	18
6	Sheffield United	42	16	2	3	50	10	6	3	12	23	28	22	5	15	73	38	49	1.92	A Woodward	18
7	Cardiff City	42	12	7	2	38	14	6	6	9	23	27	18	13	11	61	41	49	1.48	B Clark	18
8	Blackburn Rov	42	15	2	4	42	19	5	5	11	12	31	20	7	15	54	50	47	1.08	D Martin	13
9	Queens Park R	42	13	5	3	47	24	4	6	11	19	33	17	11	14	66	57	45	1.15	B Bridges	22
10	Millwall	42	14	4	3	38	18	1	10	10	18	38	15	14	13	56	56	44	1.00	D Possee	18
11	Norwich City	42	13	5	3	37	14	3	6	12	12	32	16	11	15	49	46	43	1.06	K Foggo	11
12	Carlisle United	42	10	6	5	39	28	4	7	10	19	28	14	13	15	58	56	41	1.03	C Balderstone, R Hatton	13
13	Hull City	42	11	6	4	43	28	4	5	12	29	42	15	11	16	72	70	41	1.02	C Chilton, K Wagstaff	18
14	Bristol City	42	11	7	3	37	13	2	6	13	17	37	13	13	16	54	50	39	1.08	G Sharpe	10
15	Oxford United	42	9	9	3	23	13	3	6	12	12	29	12	15	15	35	42	39	0.83	K Skeen	10
16	Bolton Wand	42	9	6	6	31	23	3	6	12	23	38	12	12	18	54	61	36	0.88	J Byrom	20
17	Portsmouth	42	8	4	9	39	35	5	5	11	27	45	13	9	20	66	80	35	0.82	R Hiron	18
18	Birmingham City	42	9	7	5	33	22	2	4	15	18	56	11	11	20	51	78	33	0.65	P Summerhill	10
19	Watford	42	6	8	7	26	21	3	5	13	18	30	9	13	20	44	57	31	0.77	B Endean	10
20	Charlton Athletic	42	7	8	6	23	28	0	9	12	12	48	7	17	18	35	76	31	0.46	R Treacy	6
21	Aston Villa	42	7	8	6	23	21	1	5	15	13	41	8	13	21	36	62	29	0.58	B Rioch	6
22	Preston N E	42	7	6	8	31	28	1	6	14	12	35	8	12	22	43	63	28	0.68	A Gemmill	6

1969/70 DIVISION 3 SEASON 71

Total Matches	552
Total Goals	1460
Avg goals per match	2.64

Results Grid

	Barnsley	Barrow	Bournemouth	Bradford City	Brighton & HA	Bristol Rovers	Bury	Doncaster Rov	Fulham	Gillingham	Halifax Town	Luton Town	Mansfield Town	Orient	Plymouth Argyle	Reading	Rochdale	Rotherham Utd	Shrewsbury T	Southport	Stockport Co	Torquay United	Tranmere R	Walsall
1 Barnsley		2-1	1-0	3-2	1-2	2-0	3-3	2-1	3-3	5-1	2-0	2-1	1-1	1-2	0-1	4-3	1-0	1-0	1-1	1-1	1-0	3-0	1-1	2-0
2 Barrow	1-1		1-1	0-1	1-1	1-1	3-1	1-1	1-1	0-1	2-1	0-1	1-1	1-1	2-2	2-0	1-0	4-1	0-4	0-3	0-1			
3 Bournemouth	3-1	0-0		0-0	0-0	2-2	2-0	3-1	2-2	2-1	0-0	0-1	1-0	0-2	1-3	1-2	0-3	3-3	1-0	1-0	1-2	2-2	2-2	
4 Bradford City	1-1	3-3	8-1		1-0	2-4	0-1	3-0	0-0	1-0	2-1	1-1	0-1	0-1	1-0	4-0	0-3	0-1	2-2	1-0	1-0	2-1	1-1	3-0
5 Brighton & H A	2-0	2-0	1-1	2-1		0-3	2-0	1-0	2-1	3-1	4-0	1-2	1-2	0-0	2-0	2-1	2-1	1-0	1-0	1-0	2-2	2-0	1-1	
6 Bristol Rovers	3-3	2-1	5-2	1-1	0-2		2-1	1-1	3-2	1-2	2-0	3-0	4-1	1-0	3-1	1-1	3-3	3-0	1-3	2-0	3-1	3-0	3-1	
7 Bury	1-2	4-0	1-0	0-2	1-2	2-2		1-1	1-0	3-1	1-3	1-0	0-1	3-1	2-1	2-1	2-2	4-3	4-1	1-0	8-0	4-2		
8 Doncaster Rovers	1-0	3-2	2-1	1-1	2-0	3-1	1-1		0-1	1-0	0-1	2-0	2-0	0-1	1-1	2-3	3-1	1-2	2-1	1-0	0-1	1-0	2-1	0-0
9 Fulham	0-0	2-1	1-1	0-0	4-1	3-1	2-4	1-1		2-1	2-1	0-1	1-1	1-1	4-3	2-1	2-0	3-2	3-1	3-2	1-1	1-1	1-1	4-0
10 Gillingham	1-3	0-1	0-0	1-1	0-1	1-0	1-0	2-1	2-0		2-0	0-2	3-3	0-1	4-0	1-3	2-2	1-1	2-1	2-4	0-2	2-4	0-0	1-3
11 Halifax Town	0-2	3-0	4-1	0-0	1-0	1-1	2-0	1-1	0-8	1-1		0-0	1-2	1-1	2-0	1-1	3-1	4-2	1-0	1-0	1-0	1-1	2-2	0-1
12 Luton Town	1-1	3-0	1-0	5-0	1-1	4-0	0-0	4-1	0-1	1-2	1-1		2-2	3-2	0-2	5-0	2-0	2-1	2-2	1-0	2-0	1-0	2-0	3-0
13 Mansfield Town	2-0	4-2	2-0	2-1	1-0	1-1	3-1	1-2	2-3	1-0	3-3	0-0		4-1	1-2	2-1	1-2	2-0	2-0	5-0	4-1	2-0	1-2	0-0
14 Orient	4-2	2-0	3-0	2-1	1-1	0-0	3-0	2-0	3-1	1-2	1-0	1-0	1-0		4-1	0-0	2-2	1-1	1-0	3-2	3-0	1-1	2-0	2-0
15 Plymouth Argyle	0-0	1-0	0-1	0-1	0-1	2-2	2-2	0-0	2-0	2-2	1-0	1-3	1-0	1-0		1-1	2-3	0-3	4-2	1-1	2-0	6-0	2-1	1-0
16 Reading	6-2	6-3	2-0	1-0	1-0	1-5	3-2	1-0	0-0	4-1	0-1	1-0	3-2	2-1		1-0	1-1	3-1	8-0	3-1	1-1	1-1	2-3	
17 Rochdale	1-1	1-0	0-1	1-2	2-1	0-0	3-3	2-0	0-1	0-0	5-0	1-2	0-1	2-1	0-3		2-1	3-2	4-2	3-0	1-1	2-0	1-1	4-0	1-2
18 Rotherham United	2-0	5-0	3-0	2-3	2-0	0-0	4-3	0-0	0-0	1-1	1-1	2-2	0-0	1-0	1-1	3-1		1-2	2-0	0-0	2-1	0-1	4-1	
19 Shrewsbury T	1-1	1-1	2-0	1-0	2-2	0-0	0-0	1-1	2-2	3-1	5-1	0-0	1-1	3-0	0-0	1-0	1-2		3-1	1-0	2-0	1-1		
20 Southport	0-1	1-0	3-0	1-0	2-0	0-0	4-0	2-2	0-2	1-1	2-0	0-3	0-1	1-0	0-0	6-2	0-3	2-1	0-2		1-1	4-2	2-0	0-1
21 Stockport County	1-0	2-2	0-2	0-2	0-1	0-1	1-0	3-1	1-4	1-0	0-1	1-1	1-3	0-2	2-2	0-1	1-1	1-0	0-0			0-1	0-2	2-2
22 Torquay United	1-1	1-1	2-2	2-1	2-1	1-2	3-0	2-1	1-1	3-2	0-1	2-2	0-2	0-1	1-2	1-1	3-0	0-0	3-0	0-3	0-0		5-1	0-0
23 Tranmere Rovers	0-1	5-0	1-5	1-0	2-0	5-2	3-2	1-3	1-0	0-0	1-1	3-2	1-1	1-1	3-1	1-5	0-0	2-2	3-1	0-1	3-0	1-1		0-0
24 Walsall	3-2	1-0	2-1	2-0	0-3	2-1	1-1	1-3	1-3	0-1	2-1	1-3	1-0	2-0	2-2	4-1	1-4	0-2	3-2	4-0	0-0	4-0	0-0	

Final League Table

Pos	Team	Pld	Home W	D	L	F	A	Away W	D	L	F	A	Totals W	D	L	F	A	Pts	GA	Leading Goalscorer	Gls
1	Orient	46	16	5	2	43	15	9	7	7	24	21	25	12	9	67	36	62	1.86	M Bullock	19
2	Luton Town	46	13	8	2	46	15	10	6	7	31	28	23	14	9	77	43	60	1.79	M Macdonald	25
3	Bristol Rovers	46	15	5	3	51	26	5	11	7	29	33	20	16	10	80	59	56	1.35	R Stubbs	15
4	Fulham	46	12	9	2	43	26	8	6	9	38	29	20	15	11	81	55	55	1.47	S Earle	22
5	Brighton & H A	46	16	4	3	37	16	7	5	11	20	27	23	9	14	57	43	55	1.32	A Gilliver	12
6	Mansfield Town	46	14	4	5	46	22	7	7	9	24	27	21	11	14	70	49	53	1.42	D Roberts	18
7	Barnsley	46	14	6	3	43	24	5	9	9	25	35	19	15	12	68	59	53	1.15	J Evans	15
8	Reading	46	16	3	4	52	29	5	8	10	35	48	21	11	14	87	77	53	1.13	L Chappell	24
9	Rochdale	46	11	6	6	39	24	7	4	12	30	36	18	10	18	69	60	46	1.15	R Jenkins	20
10	Bradford City	46	11	6	6	37	22	6	6	11	20	28	17	12	17	57	50	46	1.14	R Ham	17
11	Doncaster Rovers	46	13	4	6	31	19	4	8	11	21	35	17	12	17	52	54	46	0.96	M J Regan	13
12	Walsall	46	11	4	8	33	31	6	8	9	21	36	17	12	17	54	67	46	0.80	C Taylor	12
13	Torquay United	46	9	8	5	36	22	5	8	10	26	37	14	17	15	62	59	45	1.05	A Welsh	15
14	Rotherham United	46	10	8	5	36	19	5	6	12	26	35	15	14	17	62	54	44	1.14	S Downes, N Hague	8
15	Shrewsbury Town	46	10	12	1	35	17	3	6	14	27	46	13	18	15	62	63	44	0.98	T Harkin	11
16	Tranmere Rovers	46	10	8	5	38	29	6	8	9	18	43	16	16	14	56	72	44	0.77	G Yardley	17
17	Plymouth Argyle	46	10	7	6	32	23	6	4	13	24	41	16	11	19	56	64	43	0.87	M Bickle	18
18	Halifax Town	46	10	9	4	31	25	4	5	14	16	38	14	14	18	47	63	43	0.74	W Atkins, I Lawther, D Shawcross	7
19	Bury	46	13	4	6	47	29	2	7	14	28	51	15	11	20	75	80	41	0.93	G Jones	26
20	Gillingham	46	7	6	10	28	33	6	7	10	24	31	13	13	20	52	64	39	0.81	M Green	13
21	Bournemouth	46	8	9	6	28	27	4	6	13	20	44	12	15	19	48	71	39	0.67	E MacDougall	21
22	Southport	46	11	5	7	31	22	3	5	15	17	44	14	10	22	48	66	38	0.72	A Field	16
23	Barrow	46	7	9	7	28	27	1	5	17	18	54	8	14	24	46	81	30	0.56	J Mulvaney	11
24	Stockport County	46	4	7	12	17	30	2	4	17	10	41	6	11	29	27	71	23	0.38	J Rowlands	10

1969/70 DIVISION 4 SEASON 71

Total Matches	552
Total Goals	1464
Avg goals per match	2.65

		Aldershot	Bradford P A	Brentford	Chester	Chesterfield	Colchester Utd	Crewe Alex	Darlington	Exeter City	Grimsby Town	Hartlepool	Lincoln City	Newport County	Northampton T	Notts County	Oldham Athletic	Peterborough U	Port Vale	Scunthorpe Utd	Southend Utd	Swansea City	Workington	Wrexham	York City
1	Aldershot		4-2	1-2	3-1	1-0	1-1	4-1	4-0	1-0	2-2	4-1	1-1	1-1	5-2	2-0	1-0	1-0	2-0	3-1	2-1	2-2	3-1	0-2	4-1
2	Bradford P A	2-0		0-1	1-2	1-1	0-1	0-0	0-1	2-1	1-1	3-0	0-3	1-1	1-2	1-3	0-0	2-3	1-2	0-5	1-0	0-2	2-0	2-3	2-0
3	Brentford	0-0	1-1		2-0	0-1	2-0	1-1	1-1	2-0	3-0	3-0	2-1	1-0	1-0	1-1	5-2	1-0	3-0	3-1	2-2	1-0	0-0	0-0
4	Chester	2-1	1-0	1-2		1-2	1-0	2-1	1-3	2-0	3-1	2-1	1-2	2-0	0-1	2-1	2-3	1-1	1-1	2-0	2-2	3-0	2-0	3-0
5	Chesterfield	4-2	4-0	1-0	0-1		2-0	1-0	2-0	2-1	1-2	3-0	4-0	4-0	2-1	5-0	3-1	3-1	2-1	3-0	0-0	4-0	2-0	3-1
6	Colchester United	3-1	2-1	1-1	0-1	4-1		1-0	2-1	2-1	3-2	1-1	2-0	1-1	0-3	2-1	3-1	2-1	0-0	0-2	0-2	1-1	3-0	2-0	3-0
7	Crewe Alexandra	1-0	5-0	1-2	3-0	2-1	0-1		2-0	1-1	3-0	3-0	3-1	1-1	2-0	1-1	1-1	2-0	0-0	5-3	0-1	1-0	2-3	3-0
8	Darlington	0-2	1-1	1-2	1-2	0-1	3-2	4-0		4-0	0-0	0-3	0-0	2-2	1-2	1-1	1-2	2-2	2-0	0-2	0-2	1-1	2-1	1-0
9	Exeter City	2-1	3-0	2-2	1-0	1-1	2-1	3-0	1-2		0-1	6-0	1-2	1-1	1-0	1-1	0-2	1-1	1-2	4-1	3-0	6-0	5-1	1-0	2-1
10	Grimsby Town	2-2	2-2	2-1	4-1	1-0	5-3	0-2	0-1	2-0		2-0	2-0	1-1	0-1	2-1	4-1	0-0	2-0	1-1	2-2	0-2	1-1	0-0	0-0
11	Hartlepool	1-3	5-2	0-0	1-2	0-0	0-0	1-1	1-3	2-0	0-1		0-3	0-1	1-1	4-0	1-1	4-2	0-2	1-2	2-1	3-0	1-0	1-3	2-2
12	Lincoln City	1-1	5-2	1-0	2-0	0-2	3-3	2-1	1-0	1-0	2-0	3-0		3-0	0-0	2-4	0-1	3-0	0-0	1-2	3-3	0-0	1-1	0-0	4-0
13	Newport County	3-4	5-1	1-0	3-1	0-2	4-1	0-0	2-1	2-0	1-0	1-1	3-1		0-2	1-0	2-1	0-1	1-1	3-0	4-0	1-2	0-1	1-2	1-2
14	Northampton T	4-0	3-0	1-1	0-1	0-1	1-1	1-2	1-1	2-0	3-1	0-1	1-1	4-1		3-1	0-0	2-2	2-0	2-1	4-1	3-0	0-1	2-2
15	Notts County	3-0	5-2	1-0	3-0	1-1	5-1	0-1	4-1	4-0	2-1	1-0	2-0	4-1	2-0		0-0	2-2	1-2	3-1	2-0	0-1	0-3	3-2	0-2
16	Oldham Athletic	4-2	0-0	4-1	5-0	1-0	1-2	1-1	1-1	0-2	1-0	1-1	3-0	0-2	5-0		4-2	2-3	1-3	3-0	0-1	1-2	2-3	3-1
17	Peterborough Utd	4-1	2-1	0-0	0-0	1-2	1-1	3-0	3-2	1-1	1-0	4-0	2-1	1-0	1-0	1-0	8-1		0-0	2-2	3-4	1-1	1-1	5-2	3-1
18	Port Vale	0-0	4-1	0-0	3-0	1-1	1-1	2-0	4-0	2-0	1-0	3-0	0-0	3-1	4-1	1-1	1-0	0-0		1-2	3-0	0-0	3-1	1-0	1-1
19	Scunthorpe Utd	0-0	2-0	1-1	2-3	1-2	1-0	2-0	0-0	1-1	3-1	2-1	4-0	1-0	2-3	2-1	2-1		2-0	1-2	1-0	1-3	1-1	
20	Southend United	2-2	1-1	2-2	4-2	0-0	2-1	2-0	2-0	1-1	1-3	0-2	2-2	3-2	2-2	2-5	1-0	2-0	1-1	3-0		2-1	3-1	1-0	1-0
21	Swansea City	1-1	5-0	1-0	2-1	0-0	1-0	3-0	3-1	0-0	2-0	2-1	1-1	3-2	1-1	4-0	4-1	0-0	2-1	2-0		0-0	1-2	2-1
22	Workington	1-2	1-0	1-2	1-1	1-1	1-1	1-0	1-0	1-2	0-0	1-3	1-1	3-0	2-0	0-2	1-0	1-1	3-2	2-2	5-0	0-0		2-0	1-1
23	Wrexham	1-1	4-0	1-0	2-0	2-1	4-2	2-2	6-2	3-0	3-2	1-0	0-0	3-0	2-0	1-1	2-1	1-1	2-1	4-0	1-1	4-1		4-0
24	York City	2-0	4-1	4-2	0-0	1-1	4-2	0-0	2-1	1-0	1-1	0-0	2-0	2-1	1-1	1-2	0-0	3-0	0-1	3-2	1-0	3-0	1-0	2-1	

Final League Table

Pos	Team	Pld	Home W	Home D	Home L	Home F	Home A	Away W	Away D	Away L	Away F	Away A	Tot W	Tot D	Tot L	Tot F	Tot A	Pts	GA	Leading Goalscorer	Gls
1	Chesterfield	46	19	1	3	55	12	8	9	6	22	20	27	10	9	77	32	64	2.40	E Moss	20
2	Wrexham	46	17	6	0	56	16	9	3	11	28	33	26	9	11	84	49	61	1.71	A Kinsey	27
3	Swansea City	46	14	8	1	43	14	7	10	6	23	31	21	18	7	66	45	60	1.46	D Gwyther	15
4	Port Vale	46	13	9	1	39	10	7	10	6	22	23	20	19	7	61	33	59	1.84	J James	14
5	Brentford	46	14	8	1	36	11	6	8	9	22	28	20	16	10	58	39	56	1.48	R Ross	13
6	Aldershot	46	16	5	2	52	22	4	8	11	26	43	20	13	13	78	65	53	1.20	J Howarth	19
7	Notts County	46	14	4	5	44	21	8	4	11	29	41	22	8	16	73	62	52	1.17	D Masson	23
8	Lincoln City	46	11	8	4	38	20	6	8	9	28	32	17	16	13	66	52	50	1.26	J Fletcher	16
9	Peterborough Utd	46	13	8	2	51	21	4	6	13	26	48	17	14	15	77	69	48	1.11	J Hall	24
10	Colchester United	46	14	5	4	38	22	3	9	11	26	41	17	14	15	64	63	48	1.01	K Jones	16
11	Chester	46	13	3	6	39	23	7	3	13	19	43	21	6	19	58	66	48	0.87	D Draper	12
12	Scunthorpe United	46	11	6	6	34	23	4	12	7	33	42	15	18	13	67	65	46	1.03	N Cassidy	2
13	York City	46	14	7	2	38	16	2	7	14	17	46	16	14	16	55	62	46	0.88	M Mahon, K McMahon	10
14	Northampton T	46	11	7	5	41	19	5	5	13	23	36	16	12	18	64	55	44	1.16	J Fairbrother	23
15	Crewe Alex	46	12	6	5	37	18	4	6	13	14	33	16	12	18	51	51	44	1.00	A Bradshaw	11
16	Grimsby Town	46	9	9	5	33	24	5	6	12	21	34	14	15	17	54	58	43	0.93	S Brace	25
17	Southend United	46	12	8	3	40	28	3	2	18	19	57	15	10	21	59	85	40	0.69	W Best	23
18	Exeter City	46	13	5	5	48	20	1	6	16	9	39	14	11	21	57	59	39	0.96	A Banks	10
19	Oldham Athletic	46	11	4	8	45	28	2	9	12	15	37	13	13	20	60	65	39	0.92	D Shaw	12
20	Workington	46	9	9	5	31	21	3	5	15	15	43	12	14	20	46	64	38	0.71	I Massie	0
21	Newport County	46	12	3	8	00	28	1	8	14	14	50	13	11	22	53	74	37	0.71	R Mabbutt	14
22	Darlington	46	8	7	8	31	27	5	3	15	22	46	13	10	23	53	73	36	0.72	K Hale	8
23	Hartlepool	46	7	7	9	31	30	3	7	13	11	52	10	14	22	42	82	30	0.51	T Bell	12
24	Bradford P A	46	6	6	11	30	32	0	5	18	11	64	6	11	29	41	96	23	0.42	R Charnley	13

Bradford P A failed to gain re-election and were replaced by Cambridge United.

1970/71 DIVISION 1 SEASON 72

Total Matches	462
Total Goals	1089
Avg goals per match	2.36

		Arsenal	Blackpool	Burnley	Chelsea	Coventry City	Crystal Palace	Derby County	Everton	Huddersfield T	Ipswich Town	Leeds United	Liverpool	Manchester City	Manchester U	Newcastle Utd	Nottm Forest	Southampton	Stoke City	Tottenham H	West Brom A	West Ham Utd	Wolverhampton
1	Arsenal		1-0 20A	1-0 20A	2-0 3A	1-0 6A	1-1 14N	2-0 31O	4-0 17O	1-0 25a	3-2 20F	0-0 1S	2-0 28N	1-0 6F	4-0 22a	1-0 17A	4-0 3O	0-0 27D	1-0 1m	2-0 5S	6-2 19S	2-0 9J	2-1 12D
2	Blackpool	0-1 7N		1-1 26D	3-4 24O	1-0 12D	3-1 26A	0-1 20F	0-2 19S	2-2 17O	0-2 28N	1-1 13M	0-0 17a	3-3 1m	1-1 3A	0-1 17A	2-3 5S	0-3 3O	1-1 12A	0-0 22a	3-1 27F	1-1 6F	0-2
3	Burnley	1-2 12S	1-0 10A		0-0 1S	0-0 10O	2-1 31O	1-2 24A	2-2 9J	2-3 14N	2-2 27M	0-3 29a	1-2 15a	0-4 19D	0-2 25a	1-1 30J	2-1 21N	0-1 6M	1-1 23F	0-0 20M	1-1 5D	1-0 13A	2-3 26S
4	Chelsea	2-1 29a	2-0 6M	0-1 26A		2-1 24A	1-1 10A	2-1 15a	2-2 26a	0-0 20M	2-1 26S	3-1 27M	1-0 12A	1-1 10O	1-2 9J	1-0 5D	2-0 17F	2-2 31O	2-1 21N	0-2 14N	4-1 30J	2-1 19D	2-2 12S
5	Coventry City	1-3 24O	2-0 12F	3-0 17A	0-1 19S		2-1 21N	0-0 27A	3-1 3O	0-0 5S	1-0 9J	0-1 26F	0-1 13M	2-1 7N	2-1 13A	2-0 1m	1-0 17O	0-0 22a	1-0 5D	0-0 3A	1-1 26D	0-1 8F	0-1 25a
6	Crystal Palace	0-2 13M	1-0 2S	0-2 27F	0-0 13J	1-2 20F		0-0 12D	2-0 1m	0-0 24M	0-1 6F	1-1 7N	1-0 16J	0-1 19a	3-5 17A	1-0 22a	2-0 5S	3-1 3O	3-2 3A	0-3 19S	3-0 17O	1-1 1-1	1-1 29N
7	Derby County	2-0 27F	2-0 21N	1-0 19S	1-2 17O	3-4 2S	1-0 17F		3-1 17A	3-2 3A	2-0 26a	0-2 24O	0-0 7N	0-0 13M	4-4 26D	1-2 5S	1-2 31M	0-0 12A	2-0 22a	1-1 3O	2-0 1m	2-4 5D	1-2 9J
8	Everton	2-2 15a	0-0 24A	1-1 18a	3-0 16J	3-0 12A	3-1 26S	1-1 10O		2-1 6F	2-0 12S	0-1 19D	0-1 20F	0-1 29a	3-1 23F	0-1 24O	1-3 7N	0-1 12D	2-0 13M	0-0 28N	3-3 27F	0-1 30M	1-2 10A
9	Huddersfield Town	2-1 16J	3-0 15a	0-1 13M	0-1 7N	1-0 27M	0-2 12S	0-0 29a	1-1 5D		1-0 10O	0-0 12A	0-0 19D	1-0 10A	1-2 30J	1-1 13F	0-0 24O	3-1 18a	0-1 27F	1-1 1S	2-1 21N	1-1 26S	1-2 24A
10	Ipswich Town	0-1 21N	2-1 30J	3-0 5S	0-0 1m	0-2 18a	1-2 5D	0-1 16J	0-0 6A	2-0 17A		2-4 23F	1-0 24O	2-0 26F	4-0 19S	0-0 13M	1-0 22a	1-3 3A	2-0 17O	1-2 23M	1-2 3O	2-2 7N	2-3 1S
11	Leeds United	1-0 26A	3-1 14N	4-0 3A	1-0 5S	2-0 31O	2-1 20M	1-0 6M	3-2 22a	2-0 3O	0-0 12D		0-1 6F	2-2 28N	3-0 17O	2-0 26D	1-0 1m	4-1 19S	1-2 18N	1-2 9J	3-0 17A	3-0 26a	3-0 20F
12	Liverpool	2-0 30J	2-2 9J	1-0 17O	0-0 3O	1-1 14N	2-0 25a	3-2 20M	4-0 21N	2-1 22a	1-1 29M	0-0 5D		1-1 12J	1-1 5S	3-0 6A	1-1 19S	0-0 1m	0-0 26D	1-1 17A	1-0 2A	2-0 16F	3-1 31O
13	Manchester City	0-2 5D	2-0 26a	0-0 22a	1-1 17A	1-1 20M	1-0 9J	0-1 14N	3-0 3A	1-1 26D	2-0 31O	0-2 30J	2-2 26A		3-4 5m	1-1 3O	1-3 9A	1-1 17O	4-1 19S	0-1 1m	4-1 5S	2-0 21N	0-0 6M
14	Manchester United	1-3 19D	1-1 26S	0-0 16J	2-0 19a	0-1 12S	1-2 10O	2-0 2S	1-1 28N	0-2 24A	1-1 15a	1-4 19A	2-2 12D	1-4		1-0 27F	2-0 13M	5-1 20F	2-2 7N	2-1 6F	2-1 24O	1-1 29a	1-0 12A
15	Newcastle United	1-1 10O	1-2 29a	3-1 28N	0-1 6F	0-0 26S	2-0 19D	3-1 27M	2-1 18M	2-0 12D	0-0 14N	1-1 10A	0-0 12S	0-0 12A	1-0 31O		1-1 26a	2-2 20M	0-2 9J	1-0 20F	3-0 28A	1-1 24A	3-2 15a
16	Nottm Forest	0-3 13A	3-1 10O	1-0 20F	2-0 12D	3-1 15a	2-1 27M	2-4 28N	3-2 20M	1-3 6M	0-0 19D	0-0 26S	0-1 24A	1-2 12S	0-0 14N	0-1 16J		2-1 6F	2-0 27A	0-0 31O	1-0 18a	3-3 10A	1-0 4-1 29a
17	Southampton	1-2 10A	1-1 27M	2-0 24O	0-0 27F	3-0 19D	6-0 4m	4-0 12S	2-2 16F	1-0 9J	1-0 29a	0-3 24N	1-0 26S	0-3 15a	1-0 21N	0-1 7N	2-0 5D		4-1	2-1 30J	0-0 25a	1-0 13M	1-2 27A	1-2 10O
18	Stoke City	5-0 26S	1-1 13A	0-0 12D	1-2 20F	2-1 6F	0-0 29a	1-0 19D	1-1 14N	3-1 31O	0-0 15a	3-0 12S	0-1 10A	2-0 24A	1-2 20M	2-3 19a	3-0 2S	0-0 28N		0-1 5m	2-0 16J	1-0 10O	1-0 7A
19	Tottenham Hotspur	0-1 3m	3-0 12S	4-0 7N	2-1 13M	1-0 29a	2-0 24A	2-1 7A	2-1 30J	1-1 28A	2-0 10A	0-2 19a	1-0 10O	2-0 26S	2-2 5D	1-2 21N	0-1 10M	1-3 16J	3-0 24O		2-2 17F	2-2 15a	0-0 19D
20	West Bromwich Albion	2-2 24A	1-1 19D	1-0 6F	2-2 28N	0-0 10A	0-0 15a	2-1 26S	3-0 31O	2-1 20F	1-1 12A	0-0 10O	2-2 29a	1-1 27M	0-0 6M	4-3 2S	1-0 9J	0-1 14N	1-0 26a	5-2 12D		3-1 12S	2-1 20M
21	West Ham United	0-0 17a	2-1 31O	3-1 3O	2-2 22a	1-1 28N	0-0 6M	1-4 6F	1-2 5S	0-1 1m	2-2 20M	2-3 16J	1-2 12D	0-0 20F	2-1 2A	0-2 19S	2-0 24F	1-1 31a	1-0 17A	2-2 17O	2-1 9A		3-3 14N
22	Wolverhampton Wanderers	0-3 2M	1-0 5D	1-0 1m	0-0 13F	2-1 16J	2-4 30J	2-0 19a	3-1 26D	0-0 19S	2-3 28A	1-0 21N	3-0 27F	3-2 24O	3-2 4-0 30	4-0 17O	0-1 2A	1-1 17A	0-3 5S	2-1 22a	2-0 7N	13M	

Final League Table

Pos	Team	Pld	Home W	D	L	F	A	Away W	D	L	F	A	Totals W	D	L	F	A	Pts	GA	Leading Goalscorer	Gls
1	Arsenal	42	18	3	0	41	6	11	4	6	30	23	29	7	6	71	29	65	2.44	R Kennedy	19
2	Leeds United	42	16	2	3	40	12	11	8	2	32	18	27	10	5	72	30	64	2.40	A Clarke	19
3	Tottenham H	42	11	5	5	33	19	8	9	4	21	14	19	14	9	54	33	52	1.63	M Chivers	21
4	Wolverhampton	42	13	3	5	33	22	9	5	7	31	32	22	8	12	64	54	52	1.18	R Gould	17
5	Liverpool	42	11	10	0	30	10	6	7	8	12	14	17	17	8	42	24	51	1.75	A Evans	10
6	Chelsea	42	12	6	3	34	21	6	9	6	18	21	18	15	9	52	42	51	1.23	K Weller	13
7	Southampton	42	12	5	4	35	15	5	7	9	21	29	17	12	13	56	44	46	1.27	M Channon	18
8	Manchester Utd	42	9	6	6	29	24	7	5	9	36	42	16	11	15	65	66	43	0.98	G Best	18
9	Derby County	42	9	5	7	32	26	7	5	9	24	28	16	10	16	56	54	42	1.03	J O'Hare	13
10	Coventry City	42	12	4	5	24	14	4	6	11	13	26	16	10	16	37	38	42	0.97	R P 'Ernie' Hunt	10
11	Manchester City	42	7	9	5	30	22	5	8	8	17	20	12	17	13	47	42	41	1.11	F Lee	14
12	Newcastle United	42	9	9	3	27	16	5	4	12	17	30	14	13	15	44	46	41	0.95	B Robson	10
13	Stoke City	42	10	7	4	28	11	2	6	13	16	37	12	13	17	44	48	37	0.91	J Ritchie	13
14	Everton	42	10	7	4	32	16	2	6	13	22	44	12	13	17	54	60	37	0.90	J Royle	17
15	Huddersfield T	42	7	8	6	19	16	4	6	11	21	33	11	14	17	40	49	36	0.81	F Worthington	9
16	Nottm Forest	42	9	4	8	29	26	5	4	12	13	35	14	8	20	42	61	36	0.68	I Storey-Moore	10
17	West Brom A	42	9	8	4	34	24	1	7	13	24	50	10	15	17	58	75	35	0.77	**A Brown**	28
18	Crystal Palace	42	9	5	7	24	24	3	6	12	15	33	12	11	19	39	57	35	0.68	A Birchenall	10
19	Ipswich Town	42	9	4	8	28	22	3	6	12	14	26	12	10	20	42	48	34	0.87	C Viljoen	10
20	West Ham United	42	6	8	7	28	30	4	6	11	19	30	10	14	18	47	60	34	0.78	G Hurst	15
21	Burnley	42	4	8	9	20	31	3	5	13	9	32	7	13	22	29	63	27	0.46	E Probert	5
22	Blackpool	42	3	9	9	22	31	1	6	14	12	35	4	15	23	34	66	23	0.51	M Burns	10

1970/71 DIVISION 2 SEASON 72

Total Matches 462
Total Goals 1141
Avg goals per match 2.47

		Birmingham C	Blackburn Rov	Bolton Wand	Bristol City	Cardiff City	Carlisle United	Charlton Ath	Hull City	Leicester City	Luton Town	Middlesbrough	Millwall	Norwich City	Orient	Oxford United	Portsmouth	QPR	Sheffield United	Sheffield Weds	Sunderland	Swindon Town	Watford
1	Birmingham City		1-0 10A	4-0 20F	2-0 9J	2-0 27M	1-0 19D	1-1 26S	0-0 13A	0-0 20O	1-1 29a	0-1 1S	3-1 6F	2-2 28N	1-0 14N	1-1 12S	1-1 24A	2-1 15a	0-1 10O	1-0 12D	3-1 20M	2-1 31O	2-0 6M
2	Blackburn Rovers	2-2 26D		0-2 19S	2-2 1m	1-1 13M	0-2 20F	1-0 6F	0-1 12D	2-2 3O	1-0 16J	1-1 9A	0-2 17A	2-1 20a	0-0 22a	0-0 21S	1-1 27F	0-2 2S	1-3 7N	3-2 3A	0-1 28N	1-0 5S	2-3 17O
3	Bolton Wanderers	3-0 21N	1-1 24A		1-0 24O	0-2 12S	0-3 10A	4-0 10O	0-0 27M	0-3 27F	4-2 15a	0-3 13F	1-1 13M	0-1 7N	0-1 30S	0-2 26S	1-1 19D	2-2 29a	2-1 16J	2-1 19a	1-3 12A	0-3 5D	0-1 30J
4	Bristol City	2-1 29S	1-1 26S	1-1 6M		1-0 29a	2-1 28N	2-2 19D	3-3 12S	0-1 27A	3-2 9A	0-2 16J	3-2 20F	0-0 12D	0-0 6F	0-4 10O	2-0 10A	0-0 24A	0-1 27M	1-2 31O	4-3 15a	2-1 20M	3-0 14N
5	Cardiff City	2-0 5S	4-1 14N	0-1 7A	1-0 3A		4-0 6M	1-1 20F	5-1 31O	2-2 17O	0-0 28N	3-4 3O	2-2 22a	1-1 19S	1-0 1m	1-0 6F	1-0 28O	1-0 20M	1-1 2S	4-0 9J	3-1 12D	1-1 26D	0-1 17A
6	Carlisle United	0-3 22a	1-0 21N	1-0 26D	2-1 30J	1-1 24O		1-1 9J	2-0 1S	1-0 3A	1-0 13M	3-0 17O	4-2 2O	3-2 17A	2-0 5S	3-0 7N	6-0 5D	1-0 13F	3-0 27F	0-0 1m	0-0 20O	2-1 19S	2-1 13A
7	Charlton Athletic	1-1 1m	2-4 5D	4-1 17A	1-1 22a	2-1 21N	1-1 29S		0-1 16J	0-1 19S	1-1 24O	1-0 13M	1-3 5S	2-1 9A	2-0 3A	2-0 26F	2-2 7N	0-3 20A	0-2 13F	2-3 17O	1-1 27A	1-1 3O	1-2 2M
8	Hull City	0-1 3O	0-0 23F	1-0 5S	1-0 12A	1-1 27F	1-2 28A	2-0 21O		3-0 5D	0-2 7N	1-0 22a	2-0 19S	0-1 1m	0-1 17A	5-2 13M	0-1 30J	1-1 21N	1-1 24O	4-1 26D	4-0 9J	2-0 16O	1-0 3A
9	Leicester City	1-4 16J	1-1 13A	1-0 31O	4-0 2S	0-1 15a	2-2 29a	1-0 24A	0-0 6F		1-0 12S	3-2 30S	2-1 12D	2-1 20F	4-0 28N	2-0 27M	0-0 26S	0-0 19D	0-0 10A	1-1 10M	0-1 10O	3-1 14N	1-1 20M
10	Luton Town	3-2 3A	2-0 20O	2-0 17O	3-0 3O	3-3 4m	1-1 14N	3-1 6M	1-2 20M	1-3 12A		1-0 5S	1-1 30M	0-0 22a	0-0 19S	2-1 1S	0-0 21N	2-1 9J	2-2 5D	1-2 17A	1-1 31O	1-1 1m	1-0 13F
11	Middlesbrough	0-0 27A	1-1 12S	1-0 12D	1-0 20O	1-1 13A	2-1 15a	3-0 14N	1-0 19D	1-0 9J	2-1 27M		1-0 28N	5-0 6F	0-1 20M	0-2 29a	3-2 10O	6-2 26S	1-1 24A	1-1 20F	2-2 10A	3-0 6M	2-2 31O
12	Millwall	2-1 5D	2-0 10O	2-0 14N	2-0 21N	2-1 19D	2-1 5A	2-0 27M	4-0 24A	0-0 1M	4-0 10A	1-0 30J		2-2 23J	0-1 6M	1-0 15a	3-0 29a	1-0 31O	3-0 14S	1-0 20M	0-0 26S	2-2 9J	3-0 19O
13	Norwich City	2-2 30J	2-1 6M	2-1 20M	3-2 13F	1-2 24A	1-1 10O	2-0 12S	0-2 26S	2-2 21N	1-1 19D	1-1 5D	1-0 2S		4-2 31O	1-1 12A	1-1 15a	3-0 10A	1-0 29a	0-0 14N	3-0 27M	1-0 21O	2-1 9J
14	Orient	0-2 13M	1-1 19D	3-1 9J	1-1 5D	0-0 26S	0-1 27M	0-0 29a	0-1 10O	1-2 29M	0-0 24A	0-0 7N	1-1 24O	1-0 26F		0-0 10A	1-1 26A	0-1 12A	1-1 15a	1-0 19O	1-1 12S	1-1 13F	2-1 21N
15	Oxford United	1-0 9A	2-1 9J	1-1 1m	1-0 17A	1-0 5D	1-1 20M	2-1 31O	0-3 14N	1-0 5S	2-1 28A	2-2 3A	2-3 17O	1-1 3O	0-1 10M		1-1 24M	1-3 21O	1-2 30J	1-1 22a	0-0 6M	0-0 21N	2-1 19S
16	Portsmouth	1-0 19S	4-1 31O	0-1 22a	1-3 10M	1-4 16J	2-0 6F	2-2 20M	1-2 28N	0-1 1m	1-1 20F	0-1 17A	0-2 3A	0-2 17O	1-1 2S	1-0 12D		2-0 6M	1-5 30S	2-0 5S	2-1 14N	0-2 12A	5-0 3O
17	Queens Park Rangers	5-2 17O	2-0 27A	4-0 3A	2-1 19S	0-1 7N	1-1 12D	1-4 28N	1-1 20F	1-3 22a	0-1 29S	1-1 1m	2-0 27F	0-1 22M	5-1 3O	2-0 16J	2-0 24O		2-2 13M	1-0 6A	2-0 6F	4-2 17A	1-1 5S
18	Sheffield United	3-0 17A	5-0 23M	2-2 20O	3-3 5S	5-1 27A	2-2 31O	3-0 12D	1-2 9M	2-1 26D	2-1 6F	2-0 19S	0-0 13A	3-0 3A	2-0 17O	3-0 28N	2-0 9J	1-1 14N		3-2 3O	1-0 20F	2-1 22a	3-0 1m
19	Sheffield Wednesday	3-3 13F	1-1 29a	1-1 2S	2-0 27F	1-2 26a	3-0 15a	1-0 10A	1-1 24O	0-3 10O	1-5 21N	3-2 7N	1-0 13M	2-1 16J	2-1 19D	1-1 30M	3-1 12S	1-0 12A	0-0		1-2 24A	2-2 30J	2-1 5D
20	Sunderland	2-1 7N	3-2 30J	4-1 3O	1-0 17O	0-4 13F	2-0 16J	3-0 2S	0-1 7O	0-0 17A	0-0 27F	2-2 26D	0-1 1m	2-1 5S	1-0 9A	0-1 24O	0-0 13M	3-1 5D	0-0 21N	3-1 19S		5-2 3A	3-3 22a
21	Swindon Town	1-2 27F	3-0 26M	3-1 6F	2-1 7N	2-2 10A	0-0 24A	1-1 13A	1-1 15a	0-1 13M	0-0 26S	3-0 24O	3-0 29S	3-2 16J	1-1 12D	3-0 20F	2-1 12S	1-0 10O	3-0 19D	3-0 28N	2-0 29a		1-1 1S
22	Watford	2-1 24O	2-1 15a	1-1 28N	0-3 13M	0-1 10O	0-0 12S	1-1 10A	1-2 29a	0-1 7N	1-0 12D	0-4 26F	2-0 16J	0-0 30S	2-1 20F	0-0 24A	1-2 9A	0-0 27M	1-3 26S	0-0 6F	1-1 19D	1-2 28A	

Final League Table

Pos	Team	Pld	Home					Away					Totals						Leading Goalscorer	Gls
			W	D	L	F	A	W	D	L	F	A	W	D	L	F	A	Pts	GA		
1	Leicester City	42	12	7	2	30	14	11	6	4	27	16	23	13	6	57	30	59	1.90	A Brown	14
2	Sheffield United	42	14	6	1	49	18	7	8	6	24	21	21	14	7	73	39	56	1.87	A Woodward	15
3	Cardiff City	42	12	7	2	39	16	8	6	7	25	25	20	13	9	64	41	53	1.56	B Clark	15
4	Carlisle United	42	16	3	2	39	13	4	10	7	26	30	20	13	9	65	43	53	1.51	R Hatton	18
5	Hull City	42	11	5	5	31	16	8	8	5	23	25	19	13	10	54	41	51	1.31	C Chilton	21
6	Luton Town	42	12	7	2	40	18	6	6	9	22	25	18	13	11	62	43	49	1.44	M Macdonald	24
7	Middlesbrough	42	13	6	2	37	16	4	8	9	23	27	17	14	11	60	43	48	1.39	J Hickton	25
8	Millwall	42	14	3	4	36	12	5	6	10	23	30	19	9	14	59	42	47	1.40	B Bridges	15
9	Birmingham City	42	12	7	2	30	12	5	5	11	28	36	17	12	13	58	48	46	1.20	P Summerhill	16
10	Norwich City	42	11	8	2	34	20	4	6	11	20	32	15	14	13	54	52	44	1.03	K Foggo	15
11	Queens Park R	42	11	5	5	39	22	5	6	10	19	31	16	11	15	58	53	43	1.09	R Marsh	21
12	Swindon Town	42	12	7	2	38	14	3	5	13	23	37	15	12	15	61	51	42	1.19	D Rogers	16
13	Sunderland	42	11	6	4	34	21	4	6	11	18	33	15	12	15	52	54	42	0.96	J Baker	10
14	Oxford United	42	8	8	5	23	23	6	6	9	18	25	14	14	14	41	48	42	0.85	K Skeen, D Sloan	6
15	Sheffield Weds	42	10	7	4	32	27	2	5	14	19	42	12	12	18	51	69	36	0.73	M Prendergast	16
16	Portsmouth	42	9	4	8	32	28	1	10	10	14	33	10	14	18	46	61	34	0.75	R Hiron	12
17	Orient	42	5	11	5	16	15	4	5	12	13	36	9	16	17	29	51	34	0.56	M Lazarus	6
18	Watford	42	6	7	8	18	22	4	6	11	20	38	10	13	19	38	60	33	0.63	R Wigg	13
19	Bristol City	42	9	6	6	30	28	1	5	15	16	36	10	11	21	40	64	31	0.71	J Galley	12
20	Charlton Athletic	42	7	6	8	20	30	1	8	12	13	35	8	14	20	41	65	30	0.63	M Kenning, R Plumb, R Treacy	7
21	Blackburn Rov	42	5	8	8	20	28	1	7	13	17	41	6	15	21	37	69	27	0.53	B Conlon, E Rogers	6
22	Bolton Wanderers	42	6	5	10	22	31	1	5	15	13	43	7	10	25	35	74	24	0.47	R Hunt	8

1970/71 | DIVISION 3 — SEASON 72

Total Matches 552
Total Goals 1372
Avg goals per match 2.49

Results Grid

	Team	Aston Villa	Barnsley	Bradford City	Brighton & H A	Bristol Rovers	Bury	Chesterfield	Doncaster Rov	Fulham	Gillingham	Halifax Town	Mansfield Town	Plymouth Argyle	Port Vale	Preston N E	Reading	Rochdale	Rotherham Utd	Shrewsbury T	Swansea City	Torquay United	Tranmere R	Walsall	Wrexham
1	Aston Villa		0-0	1-0	0-0	1-1	1-0	0-0	3-2	1-0	2-1	1-1	0-1	1-1	1-0	2-0	2-1	1-0	1-0	2-0	3-0	0-1	1-0	0-0	3-4
2	Barnsley	1-1		2-0	1-0	0-4	1-1	1-0	0-1	0-1	3-1	2-2	1-0	2-0	1-0	0-1	3-0	2-2	2-1	2-1	0-0	2-0	0-0	1-2	3-1
3	Bradford City	1-0	1-0		2-3	1-1	1-3	1-0	3-0	2-3	0-1	0-1	1-1	0-1	1-1	0-2	0-1	3-0	1-1	1-0	0-2	2-0	1-1	0-0	1-3
4	Brighton & H A	1-0	1-2	1-2		0-0	1-0	1-2	3-0	3-2	3-1	0-2	2-0	1-1	0-0	0-0	2-0	1-1	1-1	1-2	2-2	0-0	0-0	2-2	2-0
5	Bristol Rovers	1-2	3-0	4-2	1-3		0-1	3-2	2-0	0-1	2-0	1-0	2-0	1-3	3-0	0-0	4-0	2-2	0-2	2-0	0-0	1-1	0-1	3-0	3-2
6	Bury	3-1	0-0	1-1	0-2	3-0		1-1	2-3	2-0	2-1	1-0	0-0	3-0	2-3	0-1	5-1	0-2	0-1	1-1	1-1	0-0	0-0	1-1	1-2
7	Chesterfield	2-3	4-2	0-1	2-1	2-0	0-0		4-0	0-0	2-0	5-0	2-2	2-0	3-0	0-0	4-0	1-1	1-1	2-0	0-0	5-0	2-0	1-1	1-0
8	Doncaster Rovers	2-1	1-0	3-1	2-0	0-1	2-0	2-1		0-1	2-2	1-2	1-2	0-0	1-2	1-1	2-0	1-2	0-2	1-1	1-2	0-1	2-2	1-2	2-1
9	Fulham	0-2	1-1	5-0	1-0	2-1	2-1	2-0	1-1		1-0	3-1	0-0	1-1	4-1	0-1	1-1	2-0	1-0	0-0	4-1	4-0	2-0	1-0	1-0
10	Gillingham	0-0	2-1	2-1	1-1	1-4	1-2	1-1	0-1	1-3		2-1	2-2	0-2	1-1	2-1	0-0	0-0	1-1	2-0	0-0	1-2	0-0	2-1	1-2
11	Halifax Town	2-1	4-1	1-2	0-1	0-0	3-0	1-0	4-0	2-1	2-1		0-1	4-1	2-0	4-0	1-1	1-3	2-0	2-2	2-0	4-3	2-1	2-0	0-0
12	Mansfield Town	2-0	1-2	3-5	1-0	4-1	1-0	2-2	2-1	1-0	2-0	3-2		1-5	2-0	3-1	0-0	0-3	1-1	1-1	2-0	0-0	6-2	2-2	1-1
13	Plymouth Argyle	1-1	2-1	1-3	1-1	0-0	3-4	1-1	2-1	1-1	2-1	1-1	0-0		2-1	1-1	4-0	2-2	4-1	4-4	2-3	1-2	0-1	3-1	2-2
14	Port Vale	2-0	1-1	0-0	2-1	2-0	0-0	1-0	0-1	1-1	0-2	2-1	1-0	1-0		3-1	4-1	1-0	0-1	4-0	0-1	2-2	1-1	0-3	
15	Preston North End	0-0	3-1	1-1	1-1	3-2	2-0	1-0	4-0	1-1	1-0	1-1	2-1	1-0	1-0		4-1	3-1	3-0	2-0	1-1	2-2	1-1	1-0	3-2
16	Reading	3-5	2-0	1-1	0-3	0-2	1-5	1-1	0-1	1-1	3-2	1-1	1-0	3-2	2-1	1-0		1-1	4-2	2-1	3-1	2-1	1-1	1-0	2-0
17	Rochdale	1-1	1-0	0-0	3-3	1-1	2-0	2-0	1-0	1-2	0-1	0-3	1-1	1-1	0-3	1-2	1-2		4-3	1-2	0-0	2-0	0-0	2-0	4-1
18	Rotherham United	1-1	1-0	1-1	2-0	1-1	3-2	1-2	2-0	1-1	0-0	2-2	2-1	1-1	2-1	1-1	2-1	5-1		1-1	2-0	3-1	2-0	1-0	1-1
19	Shrewsbury T	2-1	1-0	1-1	0-1	1-4	2-0	1-1	0-3	0-1	0-2	2-2	5-2	1-1	7-3	0-1	3-1	0-2	4-2		1-0	1-0	3-1	1-1	1-0
20	Swansea City	1-2	0-2	2-0	1-0	1-3	3-0	1-1	4-1	1-0	3-1	2-4	0-2	0-2	2-2	5-0	4-2	1-1	5-0			0-1	0-0	1-1	3-0
21	Torquay United	1-1	0-1	1-1	1-0	1-1	2-1	1-1	2-3	2-3	2-0	0-0	2-1	1-1	3-1	0-4	3-0	3-1	1-0	2-1			4-2	1-2	1-2
22	Tranmere Rovers	1-1	2-2	3-1	3-0	0-2	0-0	0-0	1-0	0-3	1-0	0-1	4-1	1-0	1-1	3-3	0-0	0-2	5-0	1-0	0-0	0-0		0-0	1-1
23	Walsall	3-0	1-2	1-2	1-0	1-2	3-0	2-1	1-2	3-2	3-0	0-0	0-1	1-0	3-1	0-1	1-2	0-3	0-1	0-1	1-4	2-0			3-1
24	Wrexham	2-3	1-0	2-0	1-1	1-0	3-2	0-3	0-0	2-3	2-4	2-2	4-0	4-0	1-1	1-2	0-3	1-1	2-1	1-1	1-0	4-1	2-1		

Final League Table

Pos	Team	Pld	Home W	Home D	Home L	Home F	Home A	Away W	Away D	Away L	Away F	Away A	Totals W	Totals D	Totals L	Totals F	Totals A	Pts	GA	Leading Goalscorer	Gls
1	Preston North End	46	15	8	0	42	16	7	9	7	21	23	22	17	7	63	39	61	1.61	G Ingram	22
2	Fulham	46	15	6	2	39	12	9	6	8	29	29	24	12	10	68	41	60	1.65	L Barrett	15
3	Halifax Town	46	16	2	5	46	22	6	10	7	28	33	22	12	12	74	55	56	1.34	W Atkins	18
4	Aston Villa	46	13	7	3	27	13	6	8	9	27	33	19	15	12	54	46	53	1.17	I Hamilton, A Lochhead	9
5	Chesterfield	46	13	8	2	45	12	4	9	10	21	26	17	17	12	66	38	51	1.73	K Randall	19
6	Bristol Rovers	46	11	5	7	38	24	8	8	7	31	26	19	13	14	69	50	51	1.38	R Stubbs	17
7	Mansfield Town	46	13	7	3	44	28	5	8	10	20	34	18	15	13	64	62	51	1.03	D Roberts	22
8	Rotherham United	46	12	10	1	38	19	5	6	12	26	41	17	16	13	64	60	50	1.06	N Hague, D Watson	9
9	Wrexham	46	12	8	3	43	25	6	5	12	29	40	18	13	15	72	65	49	1.10	A Kinsey	16
10	Torquay United	46	12	6	5	37	26	7	5	11	17	31	19	11	16	54	57	49	0.94	J Rudge	18
11	Swansea City	46	11	5	7	41	25	4	11	8	18	31	15	16	15	59	56	46	1.05	D Gwyther	18
12	Barnsley	46	12	6	5	30	19	5	5	13	19	33	17	11	18	49	52	45	0.94	J Evans, L Lea	9
13	Shrewsbury Town	46	11	6	6	37	28	5	7	11	21	34	16	13	17	58	62	45	0.93	G Andrews	18
14	Brighton & H A	46	8	10	5	28	20	6	6	11	22	27	14	16	16	50	47	44	1.06	K Napier	11
15	Plymouth Argyle	46	6	12	5	39	33	6	7	10	24	30	12	19	15	63	63	43	1.00	D Hutchins	11
16	Rochdale	46	8	8	7	29	26	6	7	10	32	42	14	15	17	61	68	43	0.89	R Jenkins	13
17	Port Vale	46	10	6	7	29	18	4	6	13	23	41	14	12	19	52	59	42	0.88	J James	15
18	Tranmere Rovers	46	8	11	4	27	14	2	11	10	18	37	10	22	14	45	55	42	0.81	K Beamish, M Moore	10
19	Bradford City	46	7	6	10	23	28	5	8	10	26	34	12	14	20	49	62	40	0.79	B Bannister	16
20	Walsall	46	10	1	12	30	27	4	10	9	21	30	14	11	21	51	57	39	0.89	C Taylor	13
21	Reading	46	10	7	6	32	33	4	4	15	16	52	14	11	21	48	85	39	0.56	R Habbin	12
22	Bury	46	9	7	7	30	23	3	4	16	22	37	12	13	21	52	60	37	0.86	G Jones	18
23	Doncaster Rovers	46	8	5	10	28	24	4	7	12	17	39	13	9	24	45	66	35	0.68	S Briggs	9
24	Gillingham	46	9	9	8	22	26	4	4	15	20	38	10	13	23	42	67	33	0.62	M Green	11

1970/71 DIVISION 4 SEASON 72

Total Matches 552
Total Goals 1527
Avg goals per match 2.77

		Aldershot	Barrow	Bournemouth	Brentford	Cambridge U	Chester	Colchester Utd	Crewe Alex	Darlington	Exeter City	Grimsby Town	Hartlepool	Lincoln City	Newport County	Northampton T	Notts County	Oldham Athletic	Peterborough U	Scunthorpe Utd	Southend Utd	Southport	Stockport Co	Workington	York City
1	Aldershot		3-0 24O	2-0 15a	1-0 16J	2-2 30S	1-1 9A	0-1 26F	0-0 27M	2-2 10O	2-2 20F	3-2 28N	1-0 24A	0-2 26S	1-1 6F	1-1 10A	0-1 29a	1-1 10M	2-2 19D	0-1 11S	2-2 29M	2-1 22F	5-0 28A	1-1 7N	0-1 13M
2	Barrow	1-1 6M		1-2 2J	0-1 6F	2-1 28N	1-4 10O	0-2 31a	0-1 29a	1-1 15a	1-1 14N	0-1 20F	3-0 27M	1-4 12S	3-1 23J	2-1 24A	1-2 19D	1-2 10A	2-3 26S	1-2 8M	0-2 20M	0-2 12A	2-2 31O	0-3 19O	0-2 9J
3	Bournemouth	1-1 17O	0-0 17M		1-0 17A	3-0 3O	3-1 6M	4-1 18S	2-2 28N	1-0 20M	4-1 27J	2-1 22a	3-0 14N	3-0 31O	2-2 3A	4-2 23J	1-1 6F	5-0 16J	1-0 31a	0-2 30S	4-0 9A	0-1 20F	2-0 5S	1-0 23S	4-0 1m
4	Brentford	2-3 19O	2-1 5D	1-2 10O		1-2 26A	1-2 15a	1-0 29M	3-1 8M	1-0 26S	5-0 31O	2-0 14N	1-0 24T	2-1 19D	0-3 20M	3-0 9A	2-2 21A	1-1 27M	0-1 12S	1-1 10A	4-2 6M	0-1 29a	3-0 9J	3-0 7m	6-4 9N
5	Cambridge United	1-1 9J	3-3 30J	0-2 13A	1-0 31a		1-1 8M	2-1 5D	1-0 24A	2-0 2J	2-0 6M	2-3 20M	2-0 26S	1-1 15a	3-2 14N	0-2 19D	2-1 10A	3-1 29a	1-1 10O	1-1 27M	0-3 31O	0-0 12S	1-1 19O	1-2 9N	1-1 13F
6	Chester	1-2 3O	2-1 17A	4-2 24O	1-2 17O	2-1 23S		2-1 22a	1-0 20F	2-1 6F	3-1 19S	5-0 7O	0-1 28N	1-0 2S	2-1 1m	2-2 16J	2-1 23J	1-0 7N	2-0 27F	2-0 13M	1-0 17M	3-0 30S	1-1 26D	1-1 3A	1-1 12A
7	Colchester United	5-2 30O	4-1 26A	1-1 23A	4-0 28N	2-1 5F	1-0 18D		3-0 25S	2-0 8M	1-1 20M	1-0 22F	1-0 15a	1-1 10A	4-2 20F	1-1 29a	2-3 12S	1-2 9O	3-0 9A	2-0 22M	1-1 13N	1-0 27M	1-1 7m	2-1 8J	1-0 19O
8	Crewe Alexandra	0-3 5S	1-0 3A	3-3 30J	5-3 23S	1-2 19S	6-3 11N	0-3 1m		3-0 9J	4-1 4Ja	4-0 17M	1-0 21O	3-1 13F	2-0 26D	3-0 13M	1-2 28A	0-1 27F	1-3 5D	3-1 24O	1-2 17A	0-1 7N	2-3 3O	1-0 17O	3-4 22a
9	Darlington	1-2 17A	3-1 17O	1-0 7N	2-1 1m	2-0 15M	5-1 5D	0-0 21S	0-1 28S		3-2 5S	5-1 26D	2-0 26A	3-2 30J	2-1 19S	0-0 24O	2-3 16J	3-1 13F	1-0 13M	0-4 9N	1-1 3A	1-1 27F	1-0 22a	0-1 12A	0-1 3O
10	Exeter City	4-1 11N	4-2 13M	0-0 10A	1-0 27F	1-3 24O	2-2 24A	6-2 7N	2-1 12S	2-1 27M		4-0 21O	1-1 10O	0-0 12A	1-1 9J	1-0 9F	0-0 26S	3-2 19D	1-1 29a	1-0 15a	2-0 2S	2-1 12D	2-1 13F	0-0 16F	0-2 5D
11	Grimsby Town	0-2 30J	3-1 10N	1-0 19D	1-5 13M	2-0 7N	2-2 27M	3-1 20A	2-0 4m	1-1 10A	1-2 16J		1-1 29a	1-1 9M	2-0 27A	0-2 12S	2-1 10O	4-1 15a	2-1 24A	1-0 9A	2-0 29S	1-2 26S	1-2 5D	1-0 27F	3-1 24O
12	Hartlepool	1-1 19S	2-1 5S	2-1 13M	0-0 15M	0-0 1m	0-0 30J	1-2 17O	0-2 16J	2-2 31a	3-0 17A	2-2 3A		0-0 5D	2-2 3O	2-2 27F	2-1 30S	1-2 9N	1-1 7N	0-1 13F	1-2 21S	3-0 24O	1-1 9A	2-1 22a	2-1 26D
13	Lincoln City	4-4 1m	0-3 9A	1-2 27F	0-0 22a	2-0 17O	1-2 28A	2-2 26D	2-1 23J	4-1 28N	3-0 3O	2-0 23S	2-0 6F		1-1 17M	0-3 18N	0-1 20F	2-1 13M	4-1 24O	1-2 7N	3-0 19S	1-1 16J	3-1 17A	1-1 5S	4-5 3A
14	Newport County	1-2 5D	3-2 12F	0-2 29a	0-1 7N	2-0 12M	0-1 26S	1-3 10N	1-3 10A	3-1 24A	0-1 29S	0-1 1S	2-0 13A	2-2 20A		0-1 15a	2-1 9M	1-4 12S	2-0 27M	2-3 10O	0-2 15J	2-2 19D	3-1 2M	2-2 24O	0-3 26F
15	Northampton T	2-0 26D	1-0 19S	2-3 13F	1-0 3O	2-1 22a	3-1 20O	2-1 3A	2-0 14N	2-2 5M	0-4 16M	2-0 13A	0-4 31O	2-1 9J	1-0 17O		1-1 20M	1-3 5D	2-0 10N	0-2 30J	2-1 1m	1-1 1S	5-0 22S	3-2 17A	5-S
16	Notts County	3-0 3A	3-1 22a	2-0 5D	0-0 19S	4-1 26D	2-1 13F	4-0 12A	5-1 2S	3-0 21O	1-1 1m	1-0 17A	3-0 9J	0-0 11N	2-0 23S	1-0 7N		2-0 24O	6-0 30J	3-0 27F	2-1 5S	3-1 13M	5-1 17M	2-2 3O	2-1 17O
17	Oldham Athletic	5-2 22S	2-1 26D	2-2 20O	5-1 5S	4-1 3A	1-1 20M	4-0 17A	5-3 31O	3-1 23J	2-1 22a	1-0 17O	3-0 30M	2-0 14N	4-2 12D	4-0 6F	1-1 6M		1-3	3-0 9M	1-1 6O	2-4 3O	1-1 28N	1-3 9m	1-1 19S
18	Peterborough Utd	1-0 22a	4-0 1m	3-1 28A	1-2 12A	2-3 17A	1-0 31O	1-2 3O	3-1 6F	0-1 14N	1-3 3A	1-1 19S	5-0 20M	1-1 6M	1-0 5S	1-1 20F	1-0 28N	2-1 30S		1-2 16J	4-0 26D	1-0 23J	5-1 17O	3-1 17M	2-1 23S
19	Scunthorpe Utd	2-1 13A	1-1 22S	1-1 9J	1-0 26D	0-0 5S	0-2 14N	1-1 15M	0-0 6M	1-0 20F	3-1 17O	0-1 3O	2-1 23J	2-2 20M	0-1 17A	1-1 28N	2-1 31O	2-1 1S	2-3 20O		3-0 22a	2-0 6F	1-2 3A	4-0 1m	0-1 19S
20	Southend United	2-2 12F	2-3 6N	1-2 11S	4-3 24O	1-1 26F	1-1 22F	1-1 12M	0-2 9O	0-0 28a	1-1 28A	2-0 8J	1-1 10M	1-0 3M	3-1 21O	1-0 25S	3-0 26M	1-1 12A	1-0 5A	3-0 18D		1-1 15a	2-1 9N	1-1 4D	1-0 29J
21	Southport	3-3 17M	1-0 2O	0-1 10N	2-0 3A	0-1 9A	2-1 9J	1-0 4S	0-3 19M	0-2 30O	1-1 21S	0-3 8S	1-0 5M	2-1 20O	6-1 21a	0-2 26A	0-2 14N	1-1 29J	1-4 12F	3-2 4D	5-1 16O		3-0 18S	1-0 26D	1-0 16A
22	Stockport County	1-0 31a	2-0 26F	1-1 26M	1-0 28S	0-1 15J	0-0 10A	2-2 23O	1-1 12A	0-3 18D	2-1 22J	2-1 5F	0-0 11S	1-1 9O	4-3 27N	3-2 12D	1-1 22F	1-0 25S	1-1 15a	0-0 28a	0-0 19F	3-0 23A		1-0 12M	1-0 6N
23	Workington	4-0 20M	1-0 16J	1-0 10M	1-1 24M	3-1 20F	1-0 29a	1-1 30S	0-0 15a	1-0 12S	0-0 28N	0-1 31O	2-1 19D	2-1 27M	1-0 6M	2-0 10O	1-0 8A	0-1 24A	0-0 31N	2-1 26S	1-0 6F	0-0 10A	2-1 13N		1-0 26A
24	York City	3-1 13N	4-3 12O	1-1 26S	0-0 20F	3-0 1M	1-1 12S	1-1 16J	1-0 19D	2-0 9A	2-2 6F	4-1 5M	4-0 10A	2-0 29a	1-0 30O	4-1 27N	0-0 15a	0-1 19A	2-1 8M	2-0 26A	3-0 24N	2-0 27N	2-1 9O	1-0 19M	

Final League Table

Pos	Team	Pld	Home					Away					Totals					Pts	GA	Leading Goalscorer	Gls
			W	D	L	F	A	W	D	L	F	A	W	D	L	F	A				
1	Notts County	46	19	4	0	59	12	11	5	7	30	24	30	9	7	89	36	69	2.47	A Hateley	22
2	Bournemouth	46	16	5	2	51	15	8	7	8	30	31	24	12	10	81	46	60	1.76	E MacDougall	42
3	Oldham Athletic	46	14	6	3	57	29	10	5	8	31	34	24	11	11	88	63	59	1.39	J Fryatt	24
4	York City	46	16	6	1	45	14	7	4	12	33	40	23	10	13	78	54	56	1.44	P Aimson	26
5	Chester	46	17	2	4	42	18	7	5	11	27	37	24	7	15	69	55	55	1.25	A Tarbuck	18
6	Colchester United	46	14	6	3	44	19	7	6	10	26	35	21	12	13	70	54	54	1.29	R Crawford	24
7	Northampton T	46	15	4	4	39	24	4	9	10	24	35	19	13	14	63	59	51	1.06	J Fairbrother	15
8	Southport	46	15	2	6	42	24	6	4	13	21	33	21	6	19	63	57	48	1.10	W E Redrobe	12
9	Exeter City	46	12	7	4	40	23	5	7	11	27	45	17	14	15	67	68	48	0.98	A Banks	21
10	Workington	46	13	7	3	28	13	5	5	13	20	36	18	12	16	48	49	48	0.98	J Martin, T Spratt	8
11	Stockport County	46	12	8	3	28	17	4	6	13	21	38	16	14	16	49	55	46	0.75	S McMillan	16
12	Darlington	46	15	3	5	42	22	2	8	13	16	35	17	11	18	58	57	45	1.01	A Harding	17
13	Aldershot	46	8	10	5	32	23	6	7	10	34	48	14	17	15	66	71	45	0.93	J Howarth	21
14	Brentford	46	13	3	7	45	27	5	5	13	21	35	18	8	20	66	62	44	1.06	R Ross	15
15	Crewe Alexandra	46	13	1	9	49	35	5	7	11	26	41	18	8	20	75	76	44	0.98	P Morrissey	20
16	Peterborough Utd	46	14	3	6	46	23	4	4	15	24	48	18	7	21	70	71	43	0.98	C Garwood	17
17	Scunthorpe United	46	9	7	7	36	23	6	6	11	20	38	15	13	18	56	61	43	0.91	T Heath	11
18	Southend United	46	8	11	4	32	24	6	6	11	21	42	14	15	17	53	66	43	0.80	W Best	19
19	Grimsby Town	46	13	4	6	37	26	5	3	15	20	45	18	7	21	57	71	43	0.80	M Tees	10
20	Cambridge United	46	9	9	5	31	27	6	4	13	20	39	15	13	18	51	66	40	0.77	I Hollott	11
21	Lincoln City	46	11	4	8	45	33	2	9	12	25	38	13	13	20	70	71	39	0.98	P Hubbard	18
22	Newport County	46	8	3	12	32	36	2	5	16	23	49	10	8	28	55	85	28	0.64	W Brown	13
23	Hartlepool	46	6	10	7	28	27	2	2	19	6	47	8	12	26	34	74	28	0.45	D Sharkey	8
24	Barrow	46	5	5	13	25	38	2	3	18	26	52	7	8	31	51	90	22	0.56	E Garbett	14

1971/72 DIVISION 1 SEASON 73

Total Matches: 462
Total Goals: 1160
Avg goals per match: 2.51

Results Grid

#	Team	Arsenal	Chelsea	Coventry City	Crystal Palace	Derby County	Everton	Huddersfield T	Ipswich Town	Leeds United	Leicester C	Liverpool	Manchester City	Manchester U	Newcastle Utd	Nottm Forest	Sheffield Utd	Southampton	Stoke City	Tottenham H	West Brom A	West Ham Utd	Wolverhampton
1	Arsenal		3-0	2-0	2-1	2-0	1-1	1-0	2-1	2-0	3-0	0-0	1-2	3-0	4-2	3-0	0-1	1-0	0-1	0-2	2-0	2-1	2-1
2	Chelsea	1-2		3-3	2-1	1-1	4-0	2-2	2-0	0-0	2-1	0-0	2-2	2-3	3-3	2-0	2-0	3-0	2-0	1-0	1-0	3-1	3-1
3	Coventry City	0-1	1-1		1-1	2-2	4-1	2-1	1-1	3-1	1-1	0-2	1-1	2-3	1-0	1-1	3-2	1-0	1-1	1-1	1-0	0-2	1-1	0-0
4	Crystal Palace	2-2	2-3	2-2		0-1	2-1	0-0	1-1	1-1	1-1	0-1	1-2	1-3	2-0	1-1	5-1	2-3	2-0	1-1	0-2	0-3	0-2
5	Derby County	2-1	1-0	1-0	3-0		2-0	3-0	1-0	2-0	3-0	1-0	3-1	2-2	0-1	4-0	3-0	2-0	4-0	2-2	0-0	2-0	2-1
6	Everton	2-1	2-0	1-2	0-0	0-2		2-2	1-1	0-0	0-0	1-0	1-2	1-0	1-1	0-1	8-0	0-0	1-1	2-1	2-1	2-2
7	Huddersfield Town	0-1	1-2	0-1	0-1	2-1	0-0		1-3	2-1	2-2	0-1	1-1	0-3	0-0	0-1	0-0	0-0	1-1	1-0	1-0	0-1
8	Ipswich Town	0-1	1-2	3-1	0-2	0-0	0-0	1-0		0-2	1-2	0-0	0-0	1-1	0-0	1-1	2-1	2-1	2-3	1-2	2-1	2-1
9	Leeds United	3-0	2-0	1-0	2-0	3-0	3-2	3-1	2-2		2-1	1-0	3-0	5-1	5-1	6-1	1-0	7-0	1-0	1-1	3-0	0-0	0-0
10	Leicester City	0-0	1-1	1-0	0-0	0-2	0-0	2-0	1-0	0-0		1-0	0-0	2-0	3-0	2-1	0-1	2-1	0-1	0-1	2-0	1-0	1-2
11	Liverpool	3-2	0-0	3-1	4-1	3-2	4-0	2-0	2-0	0-2	3-2		3-0	2-2	5-0	3-1	2-0	1-0	2-1	0-0	2-0	1-0	1-1
12	Manchester City	2-0	1-0	4-0	4-0	2-0	1-0	1-0	4-0	0-1	1-1	1-0		3-3	2-1	2-2	2-1	3-0	1-2	4-0	2-1	3-1	5-2
13	Manchester United	3-1	0-1	2-2	4-0	1-0	0-0	2-0	1-0	0-1	3-2	0-3	1-3		0-2	3-2	2-0	3-2	3-0	3-1	3-1	4-2	1-3
14	Newcastle United	2-0	0-0	4-2	1-2	0-1	0-0	0-0	1-0	2-0	3-2	0-0	0-1	2-1		1-2	3-1	0-0	3-1	4-2	2-2	2-0
15	Nottm Forest	1-1	2-1	4-0	1-0	0-1	0-2	1-0	1-2	0-2	0-2	1-2	2-3	3-2	0-0		1-0	2-3	2-3	0-0	0-1	4-1	1-0	1-3
16	Sheffield United	0-5	1-0	2-0	1-0	0-4	1-1	3-1	7-0	3-0	1-1	1-1	3-3	1-1	0-0	2-1		2-3	2-2	0-0	3-0	2-2
17	Southampton	0-1	2-2	3-1	1-0	1-2	0-1	1-2	0-0	2-1	1-0	0-1	2-0	2-5	1-2	4-1	3-2		3-1	0-0	1-1	3-3	1-2
18	Stoke City	0-0	0-1	1-0	3-1	1-1	1-1	1-0	3-3	0-3	3-1	0-0	1-3	1-3	3-3	0-2	2-2	3-1		2-0	1-1	0-0	0-1
19	Tottenham Hotspur	1-1	3-0	1-0	3-0	0-1	3-0	4-1	2-1	1-0	4-3	2-0	1-1	2-0	0-0	6-1	2-0	1-0	2-0		3-2	0-1	4-1
20	West Bromwich Albion	0-1	4-0	1-1	1-1	0-0	2-0	1-1	1-2	0-1	0-1	1-0	0-2	2-1	0-3	1-0	2-2	3-2	0-1	1-1		0-0	2-3
21	West Ham United	0-0	2-1	4-0	1-1	1-2	3-0	0-0	2-2	1-1	0-2	0-2	3-0	0-1	2-1	1-0	2-1	2-0	0-1		1-0		1-0
22	Wolverhampton Wanderers	5-1	0-2	1-1	1-0	2-1	1-1	2-2	2-2	2-1	0-1	0-1	2-1	1-1	2-0	4-2	1-2	4-2	2-0	2-2	0-1	1-0	

Leeds Utd. v Wolverhampton W. and Crystal Palace played at Huddersfield. Leeds Utd. v Tottenham H. played at Hull. Leeds Utd. v Newcastle Utd. played at Hillsborough. Sheffield. Manchester Utd. v Arsenal played at Liverpool. Manchester Utd. v West Bromwich Albion played at Stoke. All due to ground suspensions.

Final League Table

Pos	Team	Pld	Home W	Home D	Home L	Home F	Home A	Away W	Away D	Away L	Away F	Away A	Totals W	Totals D	Totals L	Totals F	Totals A	Pts	GA	Leading Goalscorer	Gls
1	Derby County	42	16	4	1	43	10	8	6	7	26	23	24	10	8	69	33	58	2.09	A Hinton	15
2	Leeds United	42	17	4	0	54	10	7	5	9	19	21	24	9	9	73	31	57	2.35	P Lorimer	23
3	Liverpool	42	17	3	1	48	16	7	6	8	16	14	24	9	9	64	30	57	2.13	J Toshack	13
4	Manchester City	42	16	3	2	48	15	7	8	6	29	30	23	11	8	77	45	57	1.71	F Lee	33
5	Arsenal	42	15	2	4	36	13	7	6	8	22	27	22	8	12	58	40	52	1.45	R Kennedy	12
6	Tottenham Hotspur	42	16	3	2	45	13	3	10	8	18	29	19	13	10	63	42	51	1.50	M Chivers	25
7	Chelsea	42	12	7	2	41	20	6	5	10	17	29	18	12	12	58	49	48	1.18	P Osgood	19
8	Manchester United	42	13	2	6	39	26	6	8	7	30	35	19	10	13	69	61	48	1.13	G Best	18
9	Wolverhampton Wanderers	42	10	7	4	35	23	8	4	9	30	34	18	11	13	65	57	47	1.14	A D Dougan	15
10	Sheffield United	42	10	8	3	39	26	7	4	10	22	34	17	12	13	61	60	46	1.01	W Dearden	16
11	Newcastle United	42	10	6	5	30	18	5	5	11	19	34	15	11	16	49	52	41	0.94	M Macdonald	23
12	Leicester City	42	9	6	6	18	11	4	7	10	23	35	13	13	16	41	46	39	0.89	A Brown	7
13	Ipswich Town	42	7	8	6	19	19	4	8	9	20	34	11	16	15	39	53	38	0.73	R Belfitt, M Hill	6
14	West Ham United	42	10	6	5	31	19	2	6	13	16	32	12	12	18	47	51	36	0.92	C Best	17
15	Everton	42	8	9	4	28	17	1	9	11	9	31	9	18	15	37	48	36	0.77	D Johnson, J Royle	9
16	West Bromwich Albion	42	6	7	8	22	23	6	4	11	20	31	12	11	19	42	54	35	0.77	A J Brown	7
17	Stoke City	42	6	10	5	26	25	4	5	12	13	31	10	15	17	39	56	35	0.69	J Ritchie	12
18	Coventry City	42	7	10	4	27	23	2	5	14	17	44	9	15	18	44	67	33	0.65	R P 'Ernie' Hunt	12
19	Southampton	42	8	5	8	31	28	4	2	15	21	52	12	7	23	52	80	31	0.65	M Channon	14
20	Crystal Palace	42	4	8	9	26	31	4	5	12	13	34	8	13	21	39	65	29	0.60	R Tambling	7
21	Nottingham Forest	42	6	4	11	25	29	2	5	14	22	52	8	9	25	47	81	25	0.58	I Storey-Moore	13
22	Huddersfield Town	42	4	7	10	12	22	2	6	13	15	37	6	13	23	27	59	25	0.45	J Lawson	9

1971/72 DIVISION 2 SEASON 73

Total Matches 462
Total Goals 1194
Avg goals per match 2.58

Final League Table

Pos	Team	Pld	Home W	D	L	F	A	Away W	D	L	F	A	Totals W	D	L	F	A	Pts	GA	Leading Goalscorer	Gls
1	Norwich City	42	13	8	0	40	16	8	7	6	20	20	21	15	6	60	36	57	1.66	K Foggo	13
2	Birmingham City	42	15	6	0	46	14	4	12	5	14	17	19	18	5	60	31	56	1.93	R Latchford	23
3	Millwall	42	14	7	0	38	17	5	10	6	26	29	19	17	6	64	46	55	1.39	D Possee	15
4	Queens Park R	42	16	4	1	39	9	4	10	7	18	19	20	14	8	57	28	54	2.03	R Marsh	17
5	Sunderland	42	11	7	3	42	24	6	9	6	25	33	17	16	9	67	57	50	1.17	D Tueart, D Watson	13
6	Blackpool	42	12	6	3	43	16	8	1	12	27	34	20	7	15	70	50	47	1.40	M Burns	17
7	Burnley	42	13	4	4	43	22	7	2	12	27	33	20	6	16	70	55	46	1.27	F Casper	18
8	Bristol City	42	14	3	4	43	22	4	7	10	18	27	18	10	14	61	49	46	1.24	J Galley	22
9	Middlesbrough	42	16	4	1	31	11	3	4	14	19	37	19	8	15	50	48	46	1.04	J Hickton	12
10	Carlisle United	42	12	6	3	38	22	5	3	13	23	35	17	9	16	61	57	43	1.07	S Bowles, R owen	11
11	Swindon Town	42	10	6	5	29	16	5	6	10	18	31	15	12	15	47	47	42	1.00	P Noble	14
12	Hull City	42	10	6	5	33	21	4	4	13	16	32	14	10	18	49	53	38	0.92	J S Pearson	15
13	Luton Town	42	7	8	6	25	24	3	10	8	18	24	10	18	14	43	48	38	0.89	P Anderson	10
14	Sheffield Weds	42	11	7	3	33	22	2	5	14	18	36	13	12	17	51	58	38	0.87	B Joicey	16
15	Oxford United	42	10	8	3	28	17	2	6	13	15	38	12	14	16	43	55	38	0.78	N Cassidy	10
16	Portsmouth	42	9	7	5	31	26	3	6	12	28	42	12	13	17	59	68	37	0.86	R Reynolds	10
17	Orient	42	12	4	5	32	19	2	5	14	19	42	14	9	19	50	61	37	0.82	I Bowyer	15
18	Preston North End	42	11	4	6	32	21	1	8	12	20	37	12	12	18	52	58	36	0.89	H McIlmoyle, A Tarbuck	10
19	Cardiff City	42	9	7	5	37	25	1	7	13	19	44	10	14	10	56	69	34	0.81	B Clark	21
20	Fulham	42	10	7	4	29	20	2	3	16	16	48	12	10	20	45	68	34	0.66	S Earle	11
21	Charlton Athletic	42	9	7	5	33	25	3	2	16	22	52	12	9	21	55	77	33	0.71	R Treacy	14
22	Watford	42	5	5	11	15	25	0	4	17	9	50	5	9	28	24	75	19	0.32	K Eddy	6

1971/72 DIVISION 3 SEASON 73

	Total Matches	552
	Total Goals	1407
	Avg goals per match	2.55

Results grid (home team rows × away team columns; scores with attendance figures below in hundreds, suffix letter indicates month):

	Aston Villa	Barnsley	Blackburn Rvrs	Bolton Wandrs	Bournemouth	Bradford City	Brighton & H A	Bristol Rovers	Chesterfield	Halifax Town	Mansfield Town	Notts County	Oldham Athletic	Plymouth Argyle	Port Vale	Rochdale	Rotherham Utd	Shrewsbury Tn	Swansea City	Torquay United	Tranmere Rovers	Walsall	Wrexham	York City
1 Aston Villa		2-0 22J	4-1 30O	3-2 18D	2-1 12F	3-0 4D	2-0 11S	2-1 3A	1-0 5m	1-0 1J	0-1 22S	1-0 13N	0-1 10A	3-1 14a	2-0 26F	2-0 28a	1-2 9O	3-0 19J	2-0 1A	5-1 29A	2-0 20O	0-0 18M	0-0 25S	1-0 5F
2 Barnsley	0-4 28S		0-0 8A	1-0 1A	0-0 27N	0-2 23O	0-1 4A	0-0 1J	1-4 9O	1-2 11S	1-1 29J	2-1 22A	2-2 6N	0-0 15J	3-3 21M	1-1 25S	0-1 18M	0-0 28a	0-0 18D	0-0 19F	4-2 31a	2-1 14a	2-1 8M	2-1 4M
3 Blackburn Rovers	1-1 19F	4-0 5F		0-3 11S	2-1 26A	1-0 6N	2-2 12A	1-2 27M	1-0 18D	2-0 8m	1-1 23O	0-2 20O	0-1 4D	3-2 18M	3-1 22J	3-0 9O	2-1 14a	1-0 31M	1-2 25S	1-0 4M	4-1 15A	1-1 1J	2-1 28a	3-0 15J
4 Bolton Wanderers	2-0 4S	1-0 27D	1-0 25M		0-0 21a	0-0 15M	1-1 4D	0-0 19F	0-0 4M	1-1 29S	2-0 2O	1-2 8J	2-1 16O	2-1 29J	3-0 11M	2-1 12A	2-2 29A	0-0 15A	0-0 23O	1-0 19A	1-0 3A	0-1 22M	0-2 6N	0-1 18S
5 Bournemouth	3-0 23O	0-0 15A	1-0 31a	1-2 18M		3-0 4M	1-1 1A	2-0 8M	1-0 25S	3-1 18D	1-1 19F	2-0 22J	1-0 29A	3-2 5F	4-1 19O	3-3 11S	1-1 28a	2-1 14a	1-0 9O	0-0 6N	0-0 3m	4-0 23F	2-2 1J	4D
6 Bradford City	0-1 22A	0-2 12F	1-2 26F	0-3 10m	2-2 13N		2-1 18M	1-1 18D	2-2 11S	2-1 28a	2-2 15J	2-3 27N	2-2 29J	0-1 20M	0-0 8A	1-1 1A	1-0 1J	2-1 25S	0-2 14a	0-1 26A	1-1 30O	3-0 9O	0-2 3A	3-1 29S
7 Brighton & H A	2-1 25M	0-0 2O	3-0 19A	1-1 22A	2-0 27D	3-1 21a		3-1 29S	2-1 27N	2-1 13N	1-1 8J	1-0 18S	3-0 15M	1-1 26F	1-1 16O	2-1 3m	3-0 26A	2-1 30O	1-0 29J	3-1 31M	1-2 11M	1-2 12F	3-2 8A	0-2 4S
8 Bristol Rovers	0-1 2O	3-0 18S	3-0 14M	2-0 30O	1-2 18A	7-1 4S	2-2 22J		3-1 2M	1-0 8A	2-1 11M	0-2 4A	1-0 25M	2-2 27N	2-1 27D	5-2 12F	1-2 9N	3-1 13N	2-0 25A	2-1 8J	2-1 21a	2-1 26F	3-1 22A	5-4 16O
9 Chesterfield	0-4 19A	0-0 11M	2-0 4S	2-1 13N	0-0 5A	0-1 25M	0-1 15A	1-3 29A		2-1 12F	2-0 18S	1-2 21a	0-1 2O	2-1 30O	2-0 8J	0-1 26F	0-0 12A	1-2 20O	0-0 4D	2-2 16O	1-1 15M	1-0 22J	1-0 6O	2-1 27D
10 Halifax Town	0-1 18S	2-0 25M	0-1 27D	0-1 22J	1-0 4S	2-1 8J	0-5 4M	2-1 5F	2-0 23O		1-1 16O	3-1 18A	0-0 11M	2-0 15N	2-2 4A	1-0 19O	0-1 6N	0-0 29A	3-2 15A	3-1 14M	4-1 2O	3-1 4D	0-1 19F	21a
11 Mansfield Town	1-1 24A	0-0 18O	1-0 12F	1-0 27M	0-5 29O	1-1 29a	0-3 28a	0-0 9O	2-1 1J	0-0 14a		1-1 26F	2-3 5F	0-1 18D	3-0 13N	1-0 18M	2-2 25S	0-2 20M	0-0 11S	1-1 4D	1-1 22J	1-1 1m	1-1 15A	
12 Notts County	0-3 4M	3-0 4D	1-0 29J	1-2 28a	1-1 29S	2-0 15A	1-0 1J	2-3 25S	1-4 18M	3-1 12A	2-0 6N		2-0 23O	1-0 9O	0-1 26A	4-0 14a	1-1 22M	1-0 11S	5-0 3A	2-1 3m	1-0 29A	1-0 18D	1-0 1A	2-2 19F
13 Oldham Athletic	0-6 27N	6-0 26F	1-1 11D	2-2 14a	3-1 21M	0-2 19O	2-4 15J	3-2 11S	1-1 31M	0-0 9O	2-1 8A	0-1 12F		0-1 25S	1-0 30O	3-2 1J	5-1 5m	1-4 18D	1-0 28M	1-0 22J	3-1 13N	1-3 28a	0-2 18M	1-0 31a
14 Plymouth Argyle	3-2 16O	2-1 14M	1-0 21a	2-0 12O	1-1 18A	1-4 6N	1-2 15A	2-1 19F	1-0 25A	1-1 4S	3-1 11M	1-1 3A	0-0 25M		0-0 22J	4-1 4M	2-1 2m	1-2 27D	4-1 18S	3-1 13S	3-2 23O	1-2 1A	4-0	
15 Port Vale	4-4 6N	1-0 29A	0-0 27S	1-1 9O	1-1 29J	1-0 5F	1-1 14a	0-0 1A	0-2 28a	1-0 25S	0-3 4M	1-0 30a	0-0 19F	1-0 11S		1-1 12m	1-2 8m	2-1 1J	3-0 18M	0-0 15A	2-1 4D	1-0 3A	1-3 18D	4-3 23O
16 Rochdale	1-0 8J	2-1 3A	2-2 11M	1-1 24A	1-0 25M	1-1 27D	0-2 29A	3-2 23O	0-1 6N	3-1 29J	1-1 21a	1-1 16O	3-2 18S	3-2 27S	3-2 13M		2-1 4D	0-0 5F	1-1 19F	5-0 2O	2-1 3S	0-1 15A	1-2 4M	1-2 17A
17 Rotherham United	0-2 11M	3-0 21a	2-1 16O	2-0 2m	0-0 18S	2-0 31a	2-4 29J	0-0 8A	0-1 26F	3-2 3A	3-1 14M	2-2 27D	3-1 13N	2-3 18A	3-1 22A	4-3	3-0 5-1		2-1 12F	4-0 28S	2-2 4S	0-0 25M	1-1 30O	2-2 27N	1-1 2O
18 Shrewsbury Town	1-1 15M	0-0 7J	7-1 2O	1-0 26N	3-2 15O	3-0 4A	3-5 19F	2-2 4M	3-4 28J	3-0 3m	4-2 19A	1-1 25M	2-4 4S	1-2 22A	0-0 18S	2-0 8A	0-1 23O		5N	3-0 21a	0-0 27D	4-1 1S	2-1 29S	2-0 10M
19 Swansea City	1-2 27D	0-0 4S	0-1 4A	3-2 12F	1-2 11M	0-0 16O	2-1 19O	1-3 31a	1-0 21A	1-1 27N	1-1 24M	0-1 2O	1-1 18A	0-0 8A	0-1 21a	1-0 30O	0-2 22J	1-0 26F		0-0 18S	1-1 8J	2-0 13N	0-2 11a	2-1 14M
20 Torquay United	2-1 12A	1-2 30O	3-1 13N	1-1 5m	0-2 26F	2-1 1S	2-2 25S	1-1 28a	3-2 14a	2-0 22M	0-1 22A	1-1 8A	0-2 29S	1-0 1A	2-1 27N	1-0 13S	0-2 18D	2-0 18M	1-4 1J		0-1 12F	2-2 15S	2-3 9O	0-1 29J
21 Tranmere Rovers	0-1 28J	0-0 24A	1-3 26N	0-0 24S	0-1 7A	4-1 19F	2-0 8O	0-1 17M	1-2 15m	2-3 31M	2-2 27S	2-1 8m	2-2 4M	3-2 1J	3-2 21A	2-0 17D	0-0 10S	0-0 10m	2-0 27a	0-0 22O		3-3 27M	2-1 14a	0-2 5N
22 Walsall	1-1 21a	1-1 16O	0-0 18S	1-1 8A	3-0 14M	0-1 11M	2-0 23O	1-1 6N	1-2 28S	2-1 21A	1-0 27D	2-0 4S	1-2 8J	0-3 11A	1-2 2O	1-1 26N	4-0 19F	1-0 25A	4-1 4M	1-0 18A	2-1 2J		2-1 29J	2-1 4A
23 Wrexham	0-2 31M	2-0 17A	1-1 8J	1-2 26F	1-3 18S	2-1 2O	1-2 5F	1-1 4D	2-0 20M	1-1 30O	1-1 13M	3-1 27D	0-2 21a	1-2 12F	1-3 4S	0-0 13N	2-1 15A	2-0 22J	1-2 29A	3-0 11M	3-1 16O	0-0 18O		2-0 25M
24 York City	0-1 8A	1-0 13N	0-1 29A	0-0 1J	0-0 22A	0-2 21J	3-1 18D	1-2 14a	0-0 1A	1-1 18M	1-2 27N	0-2 30O	0-0 24A	2-3 28a	2-0 12F	1-0 20M	1-1 31M	1-1 9O	1-1 24J	3-1 10O	5-0 26F	1-1 25S	2-0 11S	

Final League Table

Pos	Team	Pld	Home W	D	L	F	A	Away W	D	L	F	A	Totals W	D	L	F	A	Pts	GA	Leading Goalscorer	Gls
1	Aston Villa	46	20	1	2	45	10	12	5	6	40	22	32	6	8	85	32	70	2.65	A Lochhead	19
2	Brighton & H A	46	15	5	3	39	18	12	6	5	43	29	27	11	8	82	47	65	1.74	W Irvine, K Napier	16
3	Bournemouth	46	16	6	1	43	13	7	10	6	30	24	23	16	7	73	37	62	1.97	E MacDougall	35
4	Notts County	46	16	3	4	42	19	9	9	5	32	25	25	12	9	74	44	62	1.68	L Bradd	21
5	Rotherham United	46	12	8	3	46	25	8	7	8	23	27	20	15	11	69	52	55	1.32	C Gilbert	22
6	Bristol Rovers	46	17	2	4	54	26	4	10	9	21	30	21	12	13	75	56	54	1.33	B Bannister	12
7	Bolton Wanderers	46	11	8	4	25	13	6	8	9	26	28	17	16	13	51	41	50	1.24	J Byrom, R Hunt	11
8	Plymouth Argyle	46	13	6	4	43	26	7	4	12	31	38	20	10	16	74	64	50	1.15	D Rickard	14
9	Walsall	46	12	8	3	38	16	3	10	10	24	41	15	18	13	62	57	48	1.08	G Morris	11
10	Blackburn Rovers	46	14	4	5	39	22	5	5	13	15	35	19	9	18	54	57	47	0.94	A Field	17
11	Oldham Athletic	46	11	4	8	37	35	6	7	10	22	28	17	11	18	59	63	45	0.93	G D Shaw	17
12	Shrewsbury Town	46	13	5	5	50	29	4	5	14	23	36	17	10	19	73	65	44	1.12	A Wood	35
13	Chesterfield	46	10	5	8	25	23	8	3	12	32	34	18	8	20	57	57	44	1.00	D Wilson	12
14	Swansea City	46	10	6	7	27	21	7	4	12	19	38	17	10	19	46	59	44	0.78	D Gwyther	9
15	Port Vale	46	10	7	3	27	21	3	5	15	16	38	13	15	18	43	59	41	0.72	R Gough	10
16	Wrexham	46	10	5	8	33	26	6	3	14	26	37	16	8	22	59	63	40	0.93	A Kinsey	7
17	Halifax Town	46	11	6	6	31	22	2	6	15	17	39	13	12	21	48	61	38	0.78	W Atkins	8
18	Rochdale	46	11	7	5	35	26	1	6	16	22	57	12	13	21	57	83	37	0.68	P Gowans	9
19	York City	46	8	8	7	32	24	4	4	15	25	44	12	12	22	57	66	36	0.86	P Aimson	16
20	Tranmere Rovers	46	8	9	7	7	34	30	1	9	13	16	41	10	16	20	50	71	36	0.70	K Beamish	12
21	Mansfield Town	46	5	12	6	19	26	3	8	12	22	27	8	20	18	41	63	36	0.65	J Firbrother	16
22	Barnsley	46	10	7	6	23	30	3	6	14	19	34	9	13	19	32	64	36	0.50	J Seal	12
23	Torquay United	46	8	8	6	9	31	31	6	5	10	29	38	10	12	24	41	69	32	0.59	A Welsh	10
24	Bradford City	46	8	6	9	27	32	5	2	16	18	45	11	10	25	45	77	32	0.58	P Middleton, L O'Neill	9

1971/72 DIVISION 4
SEASON 73

Total Matches	552
Total Goals	1496
Avg goals per match	2.71

	Team	Aldershot	Barrow	Brentford	Bury	Cambridge Utd	Chester	Colchester Utd	Crewe Alex	Darlington	Doncaster Rvrs	Exeter City	Gillingham	Grimsby Town	Hartlepool	Lincoln City	Newport County	Northampton Tn	Peterborough U	Reading	Scunthorpe Utd	Southend Utd	Southport	Stockport Co	Workington
1	Aldershot		1-1 15J	1-2 18M	2-2 4M	1-1 31M	0-0 1S	0-2 9O	0-0 12A	3-0 23O	3-0 8A	0-0 1A	0-2 18D	1-1 27N	2-0 19F	0-0 22A	3-0 1J	0-2 29J	1-1 6N	1-2 28a	1-1 25S	0-0 11S	1-1 29S	4-0 3m	2-2 14a
2	Barrow	1-1 13M		0-3 24A	1-1 27D	1-1 27N	2-0 25M	2-2 6N	2-1 21a	0-4 17A	1-2 8J	0-0 20M	1-0 8A	0-0 4S	2-0 3A	2-2 2O	1-0 4M	0-1 14a	0-2 11M	0-0 27S	0-1 23O	2-1 19F	0-2 18S	3-2 28J	2-0 22A
3	Brentford	1-1 21a	4-0 30a		2-0 16O	2-1 8A	1-1 31M	0-2 4M	1-0 27D	6-2 8J	2-1 17A	1-0 22A	1-3 27N	2-0 25M	6-0 4S	2-0 13M	3-1 6N	6-1 2O	5-1 18S	1-2 29J	0-3 19F	1-2 23O	1-0 11D	2-0 27S	2-0 27M
4	Bury	3-1 13N	4-0 1A	0-2 14a		0-1 11S	3-1 26F	3-0 28a	2-0 12F	3-2 22J	3-3 11A	4-3 25S	5-0 21M	1-1 22A	1-1 19O	0-1 30O	3-0 31M	4-2 27N	1-1 25A	2-1 1J	3-1 9O	2-0 18D	2-1 8A	4-0 18M	2-0 9M
5	Cambridge United	1-1 2O	1-0 15A	1-1 5F	0-2 25M		2-0 16O	4-2 23O	3-2 4S	6-0 18S	1-1 11M	0-1 29S	2-1 26A	3-1 27D	2-1 15M	0-0 3A	0-1 19F	1-1 21a	2-5 19A	4-1 6N	2-0 29A	1-1 4D	0-0 8J	2-0 4M	0-0 20M
6	Chester	0-0 26A	0-0 11S	0-0 25S	2-0 6N	1-1 14a		2-1 3A	0-0 22A	2-1 19F	1-1 27N	1-2 1J	5-1 28a	1-2 8A	4-0 23O	2-1 21M	3-0 1A	3-2 29S	1-1 4M	2-0 18M	0-0 19A	1-1 9O	1-1 29J	0-0 15J	2-1 18D
7	Colchester United	1-0 11M	0-1 26F	1-1 13N	0-0 8J	1-1 12F	1-0 1O		4-2 17S	4-3 24M	1-2 13M	3-0 26N	2-2 29O	0-1 17A	1-0 20a	5-2 15O	2-3 24A	2-0 31M	1-1 27D	2-1 10A	1-1 21J	1-0 18O	1-0 3S	3-2 21A	1-0 7A
8	Crewe Alexandra	2-1 29A	1-0 18M	2-1 1A	0-0 23O	1-1 18D	3-1 4D	2-4 1J		1-1 5F	0-1 29S	0-1 31M	0-1 11S	0-1 29J	1-2 15A	3-1 1S	1-2 3M	0-1 4M	2-0 19F	2-0 25S	0-2 28a	1-2 15J	2-1 6N	3-1 14a	0-0 9O
9	Darlington	4-2 12F	0-1 27M	0-0 28a	0-0 27S	2-1 1J	1-1 30O	2-0 11S	1-1 8A		4-1 26F	2-1 15J	0-0 1m	3-2 13N	1-2 24A	3-3 27N	0-0 25S	5-2 20M	1-1 29J	1-0 18D	0-1 31M	2-3 18M	0-0 22A	1-2 9O	4-0 1A
10	Doncaster Rovers	2-1 5F	0-1 28a	0-3 21M	4-1 29A	1-1 9O	0-0 15A	2-0 15J	0-0 21J	4-0 6N		2-1 11S	1-1 4A	2-1 25A	2-1 4M	2-0 19O	4-2 14a	1-1 22O	3-2 4D	1-1 1A	0-2 18D	0-2 25S	2-1 19F	2-2 1J	0-0 18M
11	Exeter City	1-0 27D	7-1 29A	0-1 4D	3-2 3A	3-4 22J	1-1 18S	3-3 15A	3-1 2O	3-0 15M	1-0 25M		1-1 20O	3-4 21a	1-0 19A	1-2 11M	1-0 5F	1-3 8J	3-2 4S	0-0 19F	1-0 6N	0-0 4M	1-3 16O	2-0 23O	0-2 26A
12	Gillingham	0-1 4S	1-1 5F	0-1 15A	2-0 15M	2-0 1S	1-0 8J	0-2 19F	2-1 25M	4-2 16O	2-0 2O	0-2 29J		0-1 11M	1-0 18S	3-3 19A	1-2 23O	4-1 27D	1-1 3A	4-2 4M	0-1 4D	0-0 29A	2-1 21a	3-2 6N	0-0 29S
13	Grimsby Town	3-3 15A	2-0 18D	3-1 11S	4-1 4D	2-1 1A	1-0 5F	3-0 21M	2-3 19O	2-0 4M	3-1 31a	3-0 2m	2-1 9O		3-2 6N	2-2 22J	4-2 15J	4-2 19F	3-2 29A	2-0 31M	4-1 14a	4-1 1J	0-1 23O	4-1 25S	1-1 28a
14	Hartlepool	0-1 30O	4-3 25S	1-2 18D	3-1 29J	1-2 15J	2-1 12F	3-2 18M	1-0 27N	2-3 30a	0-0 13N	1-0 27M	3-1 1J	0-1 26F		2-1 8A	0-1 9O	2-0 22A	1-0 27S	3-1 14a	1-0 1A	2-2 28a	1-0 10A	5-0 31M	1-3 11S
15	Lincoln City	2-2 4D	3-2 12A	4-1 15J	2-0 19F	3-1 25S	4-0 29A	2-0 14a	0-0 26A	0-1 15A	2-0 29J	4-1 9O	1-1 9M	3-0 29S	2-1 5F		3-1 28a	2-0 6N	3-2 23O	0-0 11S	1-0 18M	0-0 1A	2-1 4M	2-1 18D	1-0 1J
16	Newport County	2-3 18S	2-1 13N	0-0 26F	2-1 2O	3-0 30O	1-0 27D	2-1 31a	2-0 18A	4-0 4A	1-3 16O	0-0 8A	1-2 12F	2-1 13M	0-2 10M	2-0 11D		1-1 4S	1-1 21a	2-1 22A	1-0 1m	2-0 22J	2-2 24M	1-0 11A	0-1 27N
17	Northampton Town	2-3 19O	2-0 15O	0-0 3A	2-2 15A	1-2 18M	4-2 22J	1-1 25S	4-1 12N	1-2 29A	1-1 12F	1-1 28a	6-1 1A	3-0 30O	2-1 4D	2-3 26F	1-1 18D		1-1 5F	5-0 9O	0-2 1J	1-1 11A	0-0 25A	2-0 10S	1-2 15J
18	Peterborough Utd	0-0 26F	7-0 9O	2-2 1J	2-0 30a	2-0 9M	2-0 13N	4-0 1A	2-0 30O	1-3 18O	2-0 22A	3-3 18D	2-1 25S	0-2 27M	2-2 22J	4-4 12F	3-1 18M	1-0 8A		3-2 1m	0-1 11S	2-0 14a	2-0 27N	4-2 28a	1-1 4A
19	Reading	2-0 8J	1-0 22J	2-1 20O	0-2 18S	1-0 26F	1-0 21a	2-4 29a	1-0 3A	2-0 4S	3-1 27D	3-1 30O	1-2 13N	1-3 2O	3-0 16O	0-1 25M	4-2 4D	2-1 11M	2-1 15M		2-0 15A	1-4 22M	1-1 19A	2-2 26A	0-0 12F
20	Scunthorpe United	1-0 4A	2-1 12F	0-0 30O	3-0 11M	2-1 11A	2-0 11D	2-0 28S	2-0 8J	3-1 2O	0-0 4S	3-0 26F	3-3 22A	1-2 16O	2-2 27D	2-1 21a	1-0 29J	0-0 17S	0-0 25M	1-1 27N		1-1 25A	1-0 14M	0-2 8A	2-0 13N
21	Southend United	1-0 24M	1-0 29O	3-1 12F	0-0 4S	1-2 21A	4-2 10M	1-4 29J	4-1 13M	3-0 20a	2-1 31M	3-0 12N	2-2 3m	3-1 17S	3-1 7J	2-1 27D	3-1 27S	4-1 17A	2-1 15O	4-1 7A	2-3 30a		2-1 1O	4-2 26N	2-0 26F
22	Southport	0-0 22J	1-0 1J	0-0 8O	0-1 5F	4-1 27a	4-3 18O	3-0 18D	4-2 26F	2-1 4D	3-0 30O	4-0 14a	1-0 18M	1-0 12F	1-0 28A	1-1 12N	4-2 10S	4-0 30a	2-4 15A	5-2 4m	1-1 15J	0-1 3A		1-0 1A	2-2 24S
23	Stockport County	0-0 17A	1-3 18O	0-1 21J	2-2 20a	3-0 12N	0-0 13M	2-2 3D	3-1 15O	2-1 10M	1-2 17S	0-4 12F	2-1 26F	0-2 3A	2-1 1O	4-2 3S	4-4 28A	3-1 24M	0-0 7J	0-1 30a	0-0 5F	2-2 14A	1-1 27D		1-1 29O
24	Workington	5-0 16O	0-1 4D	3-0 29A	1-0 19A	0-1 20O	0-0 4S	1-0 5F	1-0 11M	0-0 27D	2-0 21a	0-0 1S	1-1 22J	0-0 8J	0-0 25M	0-0 18S	3-0 15A	2-0 15M	4-1 2O	5-0 23O	2-1 4M	3-1 6N	0-0 31M	1-1 19F	

Final League Table

Pos	Team	Pld	Home					Away					Totals							Leading Goalscorer	Gls
			W	D	L	F	A	W	D	L	F	A	W	D	L	F	A	Pts	GA		
1	**Grimsby Town**	**46**	**18**	**3**	**2**	**61**	**26**	**10**	**4**	**9**	**27**	**30**	**28**	**7**	**11**	**88**	**56**	**63**	**1.57**	M Tees	27
2	Southend United	46	18	2	3	56	26	6	10	7	25	29	24	12	10	81	55	60	1.47	W Garner	25
3	Brentford	46	16	2	5	52	21	8	9	6	24	23	24	11	11	76	44	59	1.72	J O'Mara	25
4	Scunthorpe United	46	13	8	2	34	15	9	5	9	22	22	22	13	11	56	37	57	1.51	R Fletcher	19
5	Lincoln City	46	17	5	1	46	15	4	9	10	31	44	21	14	11	77	59	56	1.30	P Hubbard	15
6	Workington	46	12	9	2	34	7	4	10	9	16	27	16	19	11	50	34	51	1.47	T Spratt	10
7	Southport	46	15	5	3	48	21	3	9	11	18	25	18	14	14	66	46	50	1.43	W E Redrobe	12
8	Peterborough Utd	46	14	6	3	51	24	3	10	10	31	40	17	16	13	82	64	50	1.28	**P Price**	**28**
9	Bury	46	16	4	3	55	22	3	8	12	18	37	19	12	15	73	59	50	1.23	G Jones	20
10	Cambridge United	46	11	8	4	38	22	6	6	11	24	38	17	14	15	62	60	48	1.03	B Greenhalgh	19
11	Colchester United	46	13	6	4	38	23	6	4	13	32	46	19	10	7	70	69	48	1.01	B Lewis	14
12	Doncaster Rovers	46	11	8	4	35	24	5	6	12	21	39	16	14	16	56	63	46	0.88	M Elwiss	15
13	Gillingham	46	11	5	7	33	24	5	8	10	28	43	16	13	17	61	67	45	0.91	B Yeo	22
14	Newport County	46	13	5	5	34	20	5	3	15	26	52	18	8	20	60	72	44	0.83	W Brown, J Thomas	11
15	Exeter City	46	11	5	7	40	30	5	6	12	21	38	16	11	19	61	68	43	0.89	F Binney	17
16	Reading	46	14	3	6	37	26	3	5	15	19	50	17	8	21	56	76	42	0.73	G Cumming	16
17	Aldershot	46	5	13	5	27	20	4	9	10	21	34	9	22	15	48	54	40	0.88	M Brodie	8
18	Hartlepool	46	14	2	7	39	25	3	4	16	19	44	17	6	23	58	69	40	0.84	R Young	18
19	Darlington	46	9	9	5	37	24	5	2	16	27	58	14	11	21	64	82	39	0.78	P Graham	20
20	Chester	46	10	11	2	34	16	0	7	16	13	40	10	18	18	47	56	38	0.83	E Loyden	11
21	Northampton Town	46	8	9	6	43	27	4	4	15	23	52	12	13	21	66	79	37	0.83	F Large	18
22	Barrow	46	8	8	7	23	26	5	3	15	17	45	13	11	22	40	71	37	0.56	M Hollis	10
23	Stockport County	46	7	10	6	33	32	2	4	17	22	55	9	14	23	55	87	32	0.63	S McMillan	13
24	Crewe Alexandra	46	9	4	10	27	25	1	5	17	16	44	10	9	27	43	69	29	0.62	A Tewley	9

Barrow failed to gain re-election and were replaced by Hereford United.

1972/73 DIVISION 1 SEASON 74

Total Matches	462
Total Goals	1160
Avg goals per match	2.51

	Team	Arsenal	Birmingham C	Chelsea	Coventry City	Crystal Palace	Derby County	Everton	Ipswich Town	Leeds United	Leicester C	Liverpool	Manchester City	Manchester U	Newcastle Utd	Norwich City	Sheffield Utd	Southampton	Stoke City	Tottenham H	West Brom A	West Ham Utd	Wolverhampton
1	Arsenal		2-0	1-1	0-2	1-0	0-1	1-0	1-0	2-1	1-0	0-0	0-0	3-1	2-2	2-0	1-0	2-0	1-0	1-1	2-1	1-0	5-2
2	Birmingham City	1-1		2-2	3-0	1-1	2-0	2-1	1-2	2-1	1-1	2-1	4-1	3-1	3-2	4-1	1-2	1-1	3-1	0-0	3-2	0-0	0-1
3	Chelsea	0-1	0-0		2-0	0-0	1-1	1-1	2-0	4-0	1-1	1-2	2-1	1-0	1-1	3-1	4-2	2-1	1-3	0-1	3-1	1-3	0-2
4	Coventry City	1-1	0-0	1-3		2-0	0-2	1-0	2-1	0-1	3-2	1-2	3-2	1-1	0-3	3-1	3-0	1-1	2-1	0-1	0-0	3-1	0-1
5	Crystal Palace	2-3	0-0	2-0	0-1		0-0	1-0	1-1	2-2	0-1	1-1	1-0	5-0	2-1	0-2	0-1	3-0	3-2	0-0	0-2	1-3	1-1
6	Derby County	5-0	1-0	1-2	2-0	2-2		3-1	3-0	2-3	2-1	2-1	1-0	3-1	1-1	1-0	2-1	4-0	0-3	2-1	0-0	1-1	3-0
7	Everton	0-0	1-1	1-0	2-0	1-1	1-0		2-2	1-2	0-0	0-2	2-3	2-0	3-1	2-2	2-1	0-1	2-3	1-0	1-2	0-1	1-1
8	Ipswich Town	1-2	2-0	3-0	2-0	2-1	3-1	0-1		2-2	0-2	1-1	1-1	4-1	1-0	1-2	1-1	2-2	2-0	1-1	2-0	1-1	2-1
9	Leeds United	6-1	4-0	1-1	1-1	4-0	5-0	2-1	3-3		3-1	1-2	3-0	0-1	1-0	2-0	2-1	1-0	1-0	2-1	2-0	1-0	0-0
10	Leicester City	0-1	0-1	1-0	0-0	2-1	0-0	1-2	1-1	2-0		3-2	1-1	2-2	0-0	1-2	0-0	1-0	2-0	0-1	3-1	2-1	1-1
11	Liverpool	0-2	4-3	3-1	2-0	1-0	1-1	1-0	2-1	2-0	0-0		2-0	2-0	3-2	3-1	5-0	3-2	2-1	1-1	1-0	3-2	0-0
12	Manchester City	1-2	1-0	0-1	1-2	2-3	4-0	0-1	1-1	1-0	1-1	1-1		3-0	2-0	3-1	2-1	1-1	2-1	2-1	4-3	1-1	4-1
13	Manchester United	0-0	1-0	0-0	0-1	2-0	3-0	0-0	1-2	1-1	1-1	2-0	0-0		2-1	1-0	1-2	2-1	0-2	1-4	2-1	2-2	2-1
14	Newcastle United	2-1	3-0	1-1	1-1	2-0	2-0	1-0	2-2	3-2	2-2	2-1	2-1	2-1		3-1	4-1	0-0	1-0	1-1	1-2	2-1	
15	Norwich City	3-2	1-2	1-0	1-1	2-1	1-0	1-1	0-0	1-2	1-1	1-1	1-1	0-2	0-1		1-1	0-0	2-0	2-1	2-0	0-1	1-1
16	Sheffield United	1-0	0-1	2-1	3-1	2-0	3-1	0-1	0-0	0-2	2-0	0-3	1-1	1-0	1-2	2-0		3-1	0-0	3-2	3-0	0-0	1-2
17	Southampton	2-2	2-0	3-1	2-1	2-0	1-1	0-0	1-2	3-1	0-0	1-1	0-2	1-1	1-1	1-1	1-1		1-0	1-1	2-1	0-0	1-1
18	Stoke City	0-0	1-2	1-1	2-1	2-0	4-0	1-1	1-0	2-2	1-0	0-1	5-1	2-2	2-0	2-0	2-2	3-3		1-1	2-0	2-0	2-0
19	Tottenham Hotspur	1-2	2-0	0-1	2-1	2-1	1-0	3-0	0-1	0-0	1-1	1-2	2-3	1-1	3-2	3-0	2-0	1-2	4-3		1-1	1-0	2-2
20	West Bromwich Albion	1-0	2-2	1-1	1-0	2-1	2-1	4-1	2-0	1-1	1-0	1-1	1-2	2-2	2-3	0-1	0-2	1-1	2-2	0-1		0-0	1-0
21	West Ham United	1-2	2-0	3-1	1-0	4-0	1-2	2-0	0-1	1-1	5-2	0-1	2-1	2-2	1-1	4-0	3-1	4-3	3-2	2-2	2-1		2-2
22	Wolverhampton Wanderers	1-3	3-2	1-0	3-0	1-1	1-2	4-2	0-1	0-2	2-0	2-1	5-1	2-0	1-1	3-0	1-1	0-1	5-3	3-2	2-0	3-0	

Final League Table

Pos	Team	Pld	Home W	Home D	Home L	Home F	Home A	Away W	Away D	Away L	Away F	Away A	Totals W	Totals D	Totals L	Totals F	Totals A	Pts	GA	Leading Goalscorer	Gls
1	Liverpool	42	17	3	1	45	19	8	7	6	27	23	25	10	7	72	42	60	1.71	K Keegan, J Toshack	13
2	Arsenal	42	14	5	2	31	14	9	6	6	26	29	23	11	8	57	43	57	1.32	J Radford	15
3	Leeds United	42	15	4	2	45	13	6	7	8	26	32	21	11	10	71	45	53	1.57	A Clarke	18
4	Ipswich Town	42	10	7	4	34	20	7	7	7	21	25	17	14	11	55	45	48	1.22	B Hamilton, T Whymark	11
5	Wolverhampton	42	13	3	5	43	23	5	8	8	23	31	18	11	13	66	54	47	1.22	J Richards	27
6	West Ham United	42	12	5	4	45	25	5	7	9	22	28	17	12	13	67	53	46	1.26	B Robson	28
7	Derby County	42	15	3	3	43	18	4	5	12	13	36	19	8	15	56	54	46	1.03	K Hector	14
8	Tottenham H	42	10	5	6	33	23	6	8	7	25	25	16	13	13	58	48	45	1.20	M Chivers	17
9	Newcastle United	42	12	6	3	35	19	4	7	10	25	32	16	13	13	60	51	45	1.17	J Tudor	18
10	Birmingham City	42	11	7	3	39	22	4	5	12	14	32	15	12	15	53	54	42	0.98	R Latchford	19
11	Manchester City	42	12	4	5	36	20	3	7	11	21	40	15	11	16	57	60	41	0.95	F Lee, R Marsh	14
12	Chelsea	42	9	6	6	30	22	4	8	9	19	29	13	14	15	49	51	40	0.96	C Garland, P Osgood	11
13	Southampton	42	8	11	2	26	17	3	7	11	21	35	11	18	13	47	52	40	0.90	M Channon	16
14	Sheffield United	42	11	4	6	28	18	4	6	11	23	41	15	10	17	51	59	40	0.86	W Dearden	20
15	Stoke City	42	11	8	2	38	17	3	2	16	23	39	14	10	18	61	56	38	1.08	J Greenhoff	14
16	Leicester City	42	7	9	5	23	18	3	8	10	17	28	10	17	15	40	46	37	0.87	F Worthington	10
17	Everton	42	9	5	7	27	21	4	6	11	14	28	13	11	18	41	49	37	0.83	J Connolly, J Harper, J Royle	7
18	Manchester United	42	9	7	5	24	19	3	6	12	20	41	12	13	17	44	60	37	0.73	R Charlton	6
19	Coventry City	42	9	5	7	27	24	4	4	13	13	31	13	9	20	40	55	35	0.72	B Alderson	13
20	Norwich City	42	7	9	5	22	19	4	1	16	14	44	11	10	21	36	63	32	0.57	D Cross	11
21	Crystal Palace	42	7	7	7	25	21	2	5	14	16	37	9	12	21	41	58	30	0.70	D Rogers	13
22	West Brom A	42	8	7	6	25	24	1	3	17	13	38	9	10	23	38	62	28	0.61	A (Tony) Brown	12

1972/73 DIVISION 2 SEASON 74

Total Matches 462
Total Goals 1156
Avg goals per match 2.50

		Aston Villa	Blackpool	Brighton & H A	Bristol City	Burnley	Cardiff City	Carlisle United	Fulham	Huddersfield T	Hull City	Luton Town	Middlesbrough	Millwall	Nottm Forest	Orient	Oxford United	Portsmouth	Preston N E	Q P R	Sheffield Weds	Sunderland	Swindon Town
1	Aston Villa		0-0 11N	1-1 2S	1-0 14A	0-3 6J	2-0 27J	1-0 29a	2-3 3M	2-0 19a	2-0 2D	0-2 18N	1-1 28O	1-0 30S	2-2 26D	1-0 16D	2-1 31M	2-0 17M	1-1 17F	0-1 14O	2-1 24A	2-0 27S	2-1 16S
2	Blackpool	1-1 17O		6-2 19a	3-0 18N	1-2 26D	1-0 7M	0-0 4N	2-0 17M	1-1 17F	4-3 31M	1-1 3M	0-1 30S	2-1 2S	2-0 23A	1-1 16S	2-1 14O	3-1 2D	2-0 14A	2-0 28O	1-2 16D	0-0 28a	2-0 27J
3	Brighton & H A	1-3 20J	1-2 30D		1-1 12a	0-1 18N	2-2 4N	1-0 21M	2-1 9S	2-1 10M	1-1 7O	2-0 10F	0-2 2D	1-3 20S	2-2 28A	2-1 14A	2-2 23S	1-1 23A	2-0 31M	1-2 23D	3-3 21O	2-2 26a	3-1 24M
4	Bristol City	3-0 27M	3-0 21A	3-1 17F		0-1 16D	1-0 26D	4-1 7A	1-1 26S	0-0 30S	2-1 28A	0-1 28O	1-1 16S	2-2 19a	1-1 14O	0-0 27J	3-1 17M	2-1 3M	1-2 23A	1-2 1IN	1-0 25N	1-0 6J	3-0 6J
5	Burnley	4-1 26a	4-3 23S	3-0 21A	1-1 24F		3-0 21O	2-2 12a	2-2 30D	2-1 3F	4-1 10F	3-0 24A	0-0 26S	2-1 24M	1-0 25N	1-2 11N	1-1 23D	4-0 20M	2-0 29a	1-1 9S	0-1 10M	2-0 16A	2-1 7O
6	Cardiff City	0-2 9S	1-2 26a	1-1 27S	1-3 23S	0-1 17M		1-0 10F	3-1 25N	4-1 21A	0-2 9m	2-1 12a	2-0 14O	1-0 30a	2-1 11N	3-1 3M	2-0 19J	0-2 29D	3-0 28O	0-0 18A	4-1 9D	1-1 7m	1-1 7A
7	Carlisle United	2-2 28A	2-3 26S	5-1 16D	1-2 2D	1-1 17F	4-0 16S		2-1 14O	0-0 6J	0-1 14A	2-0 31M	1-1 27J	0-1 24A	1-2 2S	1-0 17M	6-1 18N	1-3 28O	1-1 26D	2-1 3M	4-3 30S	5-3 11N	5-3 19a
8	Fulham	2-0 7O	2-0 21O	5-1 27J	5-1 4N	1-1 19a	1-1 31M	1-0 10M		1-1 16S	2-0 20S	0-1 27M	2-1 6J	1-0 26D	3-1 16D	1-1 30S	0-2 14A	1-3 18N	0-2 2S	1-0 17O	1-3 17F	1-2 24M	1-2 0-0 20A
9	Huddersfield Town	1-1 30D	1-0 12a	0-2 14O	0-1 14N	0-2 14A	2-1 18N	1-1 26a	1-0 10F		1-3 23D	1-2 20J	1-1 17M	1-0 31M	1-1 3M	1-1 28O	2-0 9S	2-0 28A	0-0 2D	2-2 6M	1-1 4N	1-1 23S	1-1 19S
10	Hull City	1-2 7A	1-2 25N	2-0 2M	0-1 29a	1-1 16S	1-1 16D	1-2 9D	2-2 11N	0-0 23A		4-0 10A	3-1 26D	0-2 17F	0-0 19a	2-0 2S	0-1 27O	5-1 14O	6-2 27J	4-1 26S	1-0 6J	0-2 21A	3-2 30S
11	Luton Town	0-0 21A	2-2 7O	2-1 16S	1-3 24M	2-2 30S	1-1 17F	0-1 25N	1-0 2-0 2S	4-1 21O	1-2		0-1 23A	2-2 16D	1-0 27J	1-1 6J	0-1 30a	2-2 18O	1-0 19a	2-2 9D	0-0 26D	1-0 10M	0-1 4N
12	Middlesbrough	1-1 24M	2-0 2F	1-1 7A	2-1 10F	3-3 4N	2-0 10M	1-0 9S	1-2 26a	2-1 21O	1-0 23S	0-1 23D		1-0 7O	0-0 9D	3-2 28A	1-0 30D	3-0 24F	0-0 19S	0-0 20J	3-0 21A	2-1 25N	0-2
13	Millwall	1-1 23A	1-1 20J	3-0 11N	3-0 30D	1-1 28O	1-1 28A	1-0 23D	1-3 23S	1-0 25N	3-2 12a	1-0 26F	2M		2-1 25S	2-0 14O	3-1 10F	0-2 26a	4-1 17M	0-1 21A	2-1 7A	0-1 9S	1-1 9D
14	Nottingham Forest	1-1 23S	4-0 23D	1-0 29a	3-0 10M	2-1 31M	2-1 19S	1-1 20J	2-1 24F	1-1 7O	1-2 13M	0-1 9S	1-3 14A	3-2 4N		2-1 2D	2-1 26a	0-0 12a	0-0 18N	1-0 10F	0-0 24M	0-0 24A	2-2 21O
15	Orient	4-0 24F	2-0 10F	1-0 9D	0-2 9S	1-1 18S	0-0 7O	2-1 21O	3-2 23A	3-1 24M	0-0 20J	0-1 26a	2-0 28a	3-1 10M	3-0 7A		1-1 12a	0-1 23D	1-2 3N	2-2 23S	3-2 25N	1-1 30A	1-0 21A
16	Oxford United	2-0 25N	1-0 10M	3-0 26D	0-2 21O	0-2 20A	2-1 2S	1-0 21A	0-0 9D	5-2 27J	2-1 23M	0-1 28A	1-0 19a	2-1 16S	1-0 6J	2-1 17F		1-0 4N	1-3 30S	0-2 7A	2-0 20S	1-0 7O	5-1 16D
17	Portsmouth	0-1 21O	1-0 7A	2-0 30S	0-3 7O	0-2 2S	3-1 19a	0-0 24M	1-2 21A	1-2 30a	2-2 10M	2-2 11N	0-0 16D	1-1 6J	2-0 17O	1-0 20A	1-0 27S		0-1 16S	0-1 25N	1-0 27J	2-3 9D	1-1 26D
18	Preston North End	0-1 12a	0-3 9D	3-3 25N	1-1 23D	0-0 28A	1-0 24M	0-3 23S	0-0 20J	1-0 7A	0-3 9S	0-0 30D	0-1 11N	1-2 21O	0-0 21A	1-0 25S	2-1 24A	0-0 10F		0-5 26a	1-1 7O	1-3 19M	1-1 10M
19	Queens Park Rangers	1-0 10M	4-0 24M	2-0 24A	1-1 19S	2-0 27J	3-0 30S	4-0 7O	2-0 28A	3-1 6F	1-1 4N	2-0 14A	2-2 2S	1-3 18N	2-3 16S	3-0 26D	3-1 2D	0-0 31M	5-0 6J		4-2 19a	3-2 21O	5-0 17F
20	Sheffield Wednesday	2-2 23D	2-0 28F	1-1 17M	3-2 14M	0-1 14O	1-0 14A	0-0 23A	3-0 12a	3-2 27S	4-2 26a	4-0 23S	2-1 18N	2-2 2D	1-2 28O	2-0 31M	2-1 11N	2-1 9S	3-1 3M	1-0 30D		2-1 10F	0-2 16a
21	Sunderland	2-2 4N	1-0 28A	4-0 6J	2-2 31M	0-1 2D	2-1 23A	2-1 27M	0-0 28O	3-0 10A	1-1 18N	0-2 14O	4-0 17F	2-0 27J	4-1 30S	1-0 19a	2-0 3M	0-0 14A	0-3 16D	1-1 9m	1-1 16S		3-2 2S
22	Swindon Town	1-3 10F	0-0 9S	2-0 28O	2-1 26a	0-1 2M	3-0 27F	2-0 12M	2-1 23D	0-1 11N	2-1 24A	0-1 26S	0-0 31M	0-0 17M	3-1 18N	1-3 24F	1-1 23S	3-2 14O	2-2 12a	1-0 29a	1-1 20J	3-2 20J	

Final League Table

Pos	Team	Pld	Home					Away					Totals					Pts	GA	Leading Goalscorer	Gls
			W	D	L	F	A	W	D	L	F	A	W	D	L	F	A				
1	Burnley	42	13	6	2	44	18	11	8	2	28	17	24	14	4	72	35	62	2.05	P Fletcher	15
2	Queens Park R	42	16	4	1	54	13	8	9	4	27	24	24	13	5	81	37	61	2.18	D Givens	23
3	Aston Villa	42	12	5	4	27	17	6	9	6	24	30	18	14	10	51	47	50	1.08	R Graydon	9
4	Middlesbrough	42	12	6	3	29	15	5	7	9	17	28	17	13	12	46	43	47	1.07	J Hickton	13
5	Bristol City	42	10	7	4	34	18	7	5	9	29	33	17	12	13	63	51	46	1.23	G Gow	12
6	Sunderland	42	12	6	3	35	17	5	6	10	24	32	17	12	13	59	49	46	1.20	W Hughes	15
7	Blackpool	42	12	6	3	37	17	6	4	11	19	34	18	10	14	56	51	46	1.09	A Ainscow, A Suddick	10
8	Oxford United	42	14	2	5	36	18	5	5	11	16	25	19	7	16	52	43	45	1.20	H Curran	13
9	Fulham	42	11	6	4	32	16	5	6	10	26	33	16	12	14	58	49	44	1.18	S Earle	15
10	Sheffield Weds	42	14	4	3	40	20	3	6	12	19	35	17	10	15	59	55	44	1.07	B Joicey	10
11	Millwall	42	12	5	4	33	18	4	5	12	22	29	16	10	16	55	47	42	1.17	G Bolland	19
12	Luton Town	42	6	9	6	24	23	9	2	10	20	30	15	11	16	44	53	41	0.83	V Halom	10
13	Hull City	42	9	7	5	39	22	5	5	11	25	37	14	12	16	64	59	40	1.08	S Pearson	17
14	Nottm Forest	42	12	5	4	32	18	2	7	12	15	34	14	12	16	47	52	40	0.90	J Galley, N Martin, D McKenzie M O'Neill	6
15	Orient	42	11	6	4	33	18	1	6	14	16	35	12	12	18	49	53	36	0.92	B Fairbrother	11
16	Swindon Town	42	8	9	4	28	23	2	7	12	18	37	10	16	16	46	60	36	0.76	R Treacy	13
17	Portsmouth	42	7	6	8	21	22	5	5	11	21	37	12	11	19	42	59	35	0.71	R Hiron, N Piper	8
18	Carlisle United	42	10	5	6	40	24	1	7	13	10	28	11	12	19	50	52	34	0.96	J Laidlaw	14
19	Preston North End	42	6	8	7	19	25	5	4	12	18	39	11	12	19	37	04	34	0.57	A Bruce	13
20	Cardiff City	42	11	4	6	32	21	0	7	14	11	37	11	11	20	43	58	33	0.74	A McCulloch	14
21	Huddersfield Town	42	7	9	5	21	20	1	8	12	15	36	8	17	17	36	56	33	0.64	A Gowling	17
22	Brighton & H A	42	7	8	6	32	31	1	5	15	14	52	8	13	21	46	83	29	0.55	K Beamish, A Murray	9

1972/73 DIVISION 3 SEASON 74

Total Matches: 552
Total Goals: 1371
Avg goals per match: 2.48

Final League Table

Pos	Team	Pld	Home W	D	L	F	A	Away W	D	L	F	A	Totals W	D	L	F	A	Pts	GA	Leading Goalscorer	Gls
1	Bolton Wanderers	46	18	4	1	44	9	7	7	9	29	30	25	11	10	73	39	61	1.87	J Byrom	20
2	Notts County	46	17	4	2	40	12	6	7	10	27	35	23	11	12	67	47	57	1.42	K Randall	19
3	Blackburn Rovers	46	12	8	3	34	16	8	7	8	23	31	20	15	11	57	47	55	1.21	A Field	18
4	Oldham Athletic	46	12	7	4	40	18	7	9	7	32	36	19	16	11	72	54	54	1.33	G Shaw	17
5	Bristol Rovers	46	17	4	2	55	20	3	9	11	22	36	20	13	13	77	56	53	1.37	B Bannister	25
6	Port Vale	46	15	6	2	41	21	6	5	12	15	48	21	11	14	56	69	53	0.81	S Morgan, R Williams	11
7	Bournemouth	46	14	6	3	44	16	3	10	10	22	28	17	16	13	66	44	50	1.50	P Boyer, B Clark	12
8	Plymouth Argyle	46	14	3	6	43	26	6	7	10	31	40	20	10	16	74	66	50	1.12	A Welsh	12
9	Grimsby Town	46	16	2	5	45	18	4	6	13	22	43	20	8	18	67	61	48	1.09	S Brace	18
10	Tranmere Rovers	46	12	8	3	38	17	3	8	12	18	35	15	16	15	56	52	46	1.07	E Loyden	19
11	Charlton Athletic	46	12	7	4	46	24	5	4	14	23	43	17	11	18	69	67	45	1.03	A Horsfield	25
12	Wrexham	46	11	9	3	39	23	3	8	12	16	31	14	17	15	55	54	45	1.01	W Ashcroft	14
13	Rochdale	46	8	8	7	22	26	6	9	8	26	28	14	17	15	48	54	45	0.88	M Darling, R Jenkins	8
14	Southend United	46	13	6	4	40	14	4	4	15	21	40	17	10	19	61	54	44	1.13	C Guthrie	15
15	Shrewsbury Town	46	10	10	3	31	21	5	4	14	15	33	15	14	17	46	54	44	0.85	T Hughes	12
16	Chesterfield	46	13	4	6	37	20	4	5	14	20	39	17	9	20	57	61	43	0.93	R McHale	10
17	Walsall	46	14	3	6	37	20	4	9	10	18	40	18	7	21	56	66	43	0.84	C Jones	17
18	York City	46	8	10	5	24	14	5	5	13	18	32	13	15	18	42	46	41	0.91	B Pollard, E Rowles	7
19	Watford	46	11	8	4	32	19	1	10	12	11	25	12	17	17	43	48	41	0.89	P Morrissey	10
20	Halifax Town	46	9	8	6	29	23	4	7	12	14	30	13	15	18	43	53	41	0.81	A Robertson	8
21	Rotherham United	46	12	4	7	34	27	5	3	15	17	38	17	7	22	51	65	41	0.78	C Gilbert	7
22	Brentford	46	12	5	6	33	18	3	2	18	18	51	15	7	24	51	69	37	0.73	J Docherty, A Murray	7
23	Swansea City	46	11	5	7	37	29	3	2	16	14	44	14	9	23	51	73	37	0.69	D Gwyther, G Thomas	10
24	Scunthorpe United	46	8	7	8	18	25	2	3	18	15	47	10	10	26	33	72	30	0.45	J Fletcher	10

1972/73 DIVISION 4 SEASON 74

Total Matches 552
Total Goals 1347
Avg goals per match 2.44

	Aldershot	Barnsley	Bradford City	Bury	Cambridge U	Chester	Colchester Utd	Crewe Alex	Darlington	Doncaster R	Exeter City	Gillingham	Hartlepool	Hereford Utd	Lincoln City	Mansfield Town	Newport County	Northampton T	Peterborough U	Reading	Southport	Stockport Co	Torquay Utd	Workington
1 Aldershot		0-2	2-1	2-0	1-1	1-1	2-0	3-0	3-1	1-0	0-0	0-0	2-1	2-0	0-0	0-1	0-2	3-0	2-1	1-0	2-2	2-0	2-1	2-0
2 Barnsley	0-2		1-2	0-1	3-1	0-0	4-0	2-2	0-2	4-2	1-1	1-1	2-1	0-0	1-1	2-1	2-0	3-2	0-0	0-1	1-3	0-0	1-0
3 Bradford City	1-0	3-1		0-0	0-1	0-1	3-0	2-2	7-0	4-3	4-0	3-1	0-2	1-1	3-1	1-1	2-1	2-1	1-4	1-1	0-2	1-0	1-0	2-2
4 Bury	1-2	2-1	0-0		1-1	1-1	4-0	0-1	1-0	5-0	2-1	2-1	1-1	3-0	0-4	1-0	0-0	2-2	3-1	4-0	0-1	1-2	0-0	3-0
5 Cambridge United	2-2	1-1	2-1	2-2		1-0	3-0	1-0	0-3	3-1	1-3	3-1	1-1	1-0	2-1	3-2	3-1	3-1	1-0	2-2	1-0	0-0	1-0	
6 Chester	0-0	0-0	1-1	2-0	1-1		4-0	2-1	5-0	1-2	0-1	1-0	2-0	0-1	2-1	2-2	0-2	3-0	8-2	2-0	0-0	2-0	1-2	1-3
7 Colchester United	2-3	1-2	0-0	2-1	0-1	2-3		5-1	1-0	1-1	1-2	4-0	1-1	0-2	1-1	1-3	2-2	1-3	2-2	1-1	3-0	1-1	1-1	
8 Crewe Alexandra	0-2	1-0	1-2	2-1	1-1	1-2	0-0		0-1	1-0	1-1	2-0	2-1	1-1	0-0	0-1	0-2	0-0	0-2	0-0	0-1	1-1	2-0	
9 Darlington	1-4	0-0	1-0	1-1	3-3	1-1	2-1	3-1		0-1	4-2	1-2	2-2	1-1	2-3	2-3	0-0	2-2	0-2	0-7	2-0	0-3	2-1	
10 Doncaster Rovers	1-0	0-0	0-0	4-1	0-0	0-0	1-0	0-2	2-0		5-1	0-1	2-1	0-0	1-1	0-1	5-3	1-1	0-2	2-0	2-2	1-0	1-1	
11 Exeter City	1-0	2-1	5-1	1-1	3-1	0-0	1-0	0-0	1-1	0-1		3-2	1-1	1-0	2-0	4-2	0-0	4-1	1-1	0-0	0-1	3-0	3-2	4-2
12 Gillingham	1-2	5-1	4-2	2-2	1-2	1-0	2-1	3-2	4-0	3-0	1-0		2-0	2-0	1-1	2-1	0-0	1-3	2-0	1-0	2-0	3-0	1-1	0-2
13 Hartlepool	1-1	1-4	1-1	0-0	0-0	2-1	1-1	0-0	0-0	0-0	0-0	2-0		0-1	1-0	1-1	2-0	0-1	1-2	0-2	0-0	1-0	1-0	
14 Hereford United	1-0	1-2	1-0	1-0	2-1	3-1	4-1	1-0	0-3	1-0	0-0	0-0		2-1	3-1	2-0	2-0	3-0	3-0	2-2	1-0	2-1	0-0	
15 Lincoln City	0-2	1-2	2-1	2-2	2-1	1-0	3-2	1-1	1-0	2-2	1-0	1-2	4-1		1-1	0-0	1-1	1-0	0-0	3-1	5-3	1-1	1-1	
16 Mansfield Town	2-0	3-1	4-1	1-1	3-1	4-1	1-1	5-0	1-0	3-0	2-0	1-0	1-1	0-2		0-0	1-0	4-2	1-1	3-3	1-0	2-1	4-0	
17 Newport County	2-1	1-1	0-0	4-3	0-2	3-2	1-0	0-0	0-1	2-0	5-1	5-1	0-1	2-2	0-1		1-0	1-1	1-0	3-1	1-0	2-1	2-0	
18 Northampton T	0-2	2-2	1-2	0-1	2-2	1-0	4-0	1-0	2-2	0-2	1-2	2-1	3-1	0-4	0-0	1-0	0-1		1-3	1-1	0-1	1-1	0-2	1-0
19 Peterborough Utd	1-0	6-3	3-0	1-1	1-1	2-2	2-2	4-3	1-1	3-1	1-1	1-1	3-0	1-1	2-2	1-0	1-0	1-2		4-2	0-1	2-3	0-1	2-1
20 Reading	0-0	0-0	2-0	0-0	1-0	2-1	0-1	1-1	1-0	0-0	2-0	3-1	1-0	0-1	0-1	1-1	2-0	5-0	3-0		1-1	0-0	3-0	2-0
21 Southport	3-1	1-0	3-1	2-1	1-1	3-2	1-0	2-0	2-1	2-2	1-0	0-0	1-1	2-0	1-0	3-1	0-2	1-2	4-1			1-0	2-1	2-1
22 Stockport County	1-1	2-0	3-1	0-0	2-2	0-0	0-0	3-1	2-1	1-0	2-3	0-1	1-1	2-1	2-1	1-0	0-0	3-2	2-2	2-0			2-0	3-0
23 Torquay United	1-1	0-0	1-2	0-1	1-2	1-2	0-0	0-0	2-1	1-0	0-2	0-0	1-0	0-0	0-0	1-1	2-2	2-1	1-0	2-2	2-0	0-0		3-0
24 Workington	2-1	3-2	1-1	1-2	0-5	3-1	1-0	1-1	2-1	2-0	3-1	1-1	0-0	0-1	0-3	3-2	3-0	2-2	0-0	2-2	0-0	2-0	2-2	

Final League Table

Pos	Team	Pld	Home W	D	L	F	A	Away W	D	L	F	A	Totals W	D	L	F	A	Pts	GA	Leading Goalscorer	Gls
1	Southport	46	17	4	2	40	19	9	6	8	31	29	26	10	10	71	48	62	1.47	A Provan	21
2	Hereford United	46	18	4	1	39	12	5	8	10	17	26	23	12	11	56	38	58	1.47	G Owen	11
3	Cambridge United	46	15	6	2	40	23	5	11	7	27	34	20	17	9	67	57	57	1.17	B Greenhalgh	18
4	Aldershot	46	14	6	3	33	14	8	6	9	27	24	22	12	12	60	38	56	1.57	S Melledew	18
5	Newport County	46	14	6	3	37	18	8	6	9	27	26	22	12	12	64	44	56	1.45	W Brown	16
6	Mansfield Town	46	15	7	1	52	17	5	7	11	26	34	20	14	12	78	51	54	1.52	J Fairbrother	20
7	Reading	46	14	7	2	33	7	3	11	9	18	31	17	18	11	51	38	52	1.34	L Chappell	13
8	Exeter City	46	13	8	2	40	18	5	6	12	17	33	18	14	14	57	51	50	1.11	F Binney	28
9	Gillingham	46	15	4	4	44	20	4	7	12	19	38	19	11	16	63	58	49	1.08	D Richardson	14
10	Lincoln City	46	12	7	4	38	27	4	9	10	26	30	16	16	14	64	57	48	1.12	R McNeil	21
11	Stockport County	46	14	7	2	38	18	4	5	14	15	35	18	12	16	53	53	48	1.00	D Griffiths	13
12	Bury	46	11	7	5	37	19	3	11	9	21	32	14	18	14	58	51	46	1.13	J Connelly	15
13	Workington	46	15	7	1	44	20	2	5	16	15	41	17	12	17	59	61	46	0.96	A Geidmintis	12
14	Barnsley	46	9	8	6	32	24	5	8	10	26	36	14	16	16	58	60	44	0.96	L Lea	12
15	Chester	46	11	6	6	40	19	3	9	11	21	33	14	15	17	61	52	43	1.17	D Draper	15
16	Bradford City	46	12	6	5	42	25	4	5	14	19	40	16	11	19	61	65	43	0.93	A Gilliver	19
17	Doncaster Rovers	46	10	8	5	28	19	5	4	14	21	39	15	12	19	49	58	42	0.84	M Elwiss	11
18	Torquay United	46	8	10	5	23	17	4	7	12	21	30	12	17	17	44	47	41	0.93	M Trebilcock	10
19	Peterborough Utd	46	10	8	5	42	29	4	5	14	29	47	14	13	19	71	76	41	0.93	J Hall	21
20	Hartlepool	46	8	10	5	17	15	4	7	12	17	34	12	17	17	34	49	41	0.69	J Coyne	8
21	Crewe Alexandra	46	7	8	8	18	23	2	10	11	20	38	9	18	19	38	61	36	0.62	G Humphreys	11
22	Colchester United	46	8	8	7	36	28	2	3	18	12	48	10	11	25	48	76	31	0.63	M Mahon	12
23	Northampton Town	46	7	8	8	16	24	4	3	16	24	49	11	11	24	40	73	31	0.55	P Neal	9
24	Darlington	46	5	9	9	28	41	2	6	15	14	44	7	15	24	42	85	29	0.49	P Graham	11

1973/74 DIVISION 1 SEASON 75

Total Matches 462
Total Goals 1107
Avg goals per match 2.39

		Arsenal	Birmingham C	Burnley	Chelsea	Coventry City	Derby County	Everton	Ipswich Town	Leeds United	Leicester C	Liverpool	Manchester City	Manchester U	Newcastle Utd	Norwich City	QPR	Sheffield Utd	Southampton	Stoke City	Tottenham H	West Ham Utd	Wolverhampton
1	Arsenal		1-0	1-1	0-0	2-2	2-0	1-0	1-1	1-2	0-2	0-2	2-0	3-0	0-1	2-0	1-1	1-0	1-0	2-1	0-1	0-0	2-2
2	Birmingham City	3-1		2-2	2-4	1-0	0-0	0-2	0-3	1-1	3-0	1-1	1-1	1-0	1-0	2-1	4-0	1-0	1-1	0-0	1-2	3-1	2-1
3	Burnley	2-1	2-1		1-0	2-2	1-1	3-1	0-1	0-0	0-0	2-1	3-0	0-0	1-1	1-0	2-1	1-2	3-0	1-0	2-2	1-1	1-1
4	Chelsea	1-3	3-1	3-0		1-0	1-1	3-1	2-3	1-2	3-2	0-1	1-0	1-3	0-0	3-0	3-3	1-2	4-0	0-1	1-0	2-4	2-2
5	Coventry City	3-3	0-1	1-1	2-2		1-0	1-2	0-1	0-0	1-2	1-0	2-1	1-0	2-2	1-0	0-1	3-1	2-0	2-0	1-0	0-1	1-0
6	Derby County	1-1	1-1	5-1	1-0	1-0		2-1	2-0	0-0	3-1	1-0	2-2	1-0	1-1	1-2	4-1	6-2	1-1	2-0	1-1	2-0	1-0
7	Everton	1-0	4-1	1-0	1-1	1-0	2-1		3-0	0-0	1-1	0-0	1-1	4-1	1-0	1-1	0-3	1-1	1-1	1-0	2-1		
8	Ipswich Town	2-2	3-0	3-2	1-1	3-0	3-0		0-3	1-1	1-1	2-1	2-1	1-3	1-1	1-0	0-1	7-0	1-1	0-0	1-3	0-0	
9	Leeds United	3-1	1-0	1-4	1-0	3-0	2-0	3-1	3-2		1-1	1-0	1-0	0-0	1-1	1-0	2-2	0-0	2-1	1-1	1-1	4-1	4-1
10	Leicester City	2-0	3-3	2-0	3-0	0-2	0-1	1-0	2-1	5-0	2-2		1-1	1-1	1-0	1-0	3-0	2-0	1-1	1-1	3-0	0-1	2-2
11	Liverpool	0-1	3-2	1-0	1-0	2-1	2-0	0-0	4-2	1-0	1-1		4-0	2-0	2-1	1-0	2-1	1-0	1-0	3-2	1-0	1-0	
12	Manchester City	1-2	3-1	2-0	3-2	1-0	1-1	3	0-1	2-0	1-1			0-0	2-1	2-1	1-0	0-1	1-1	0-0	0-0	2-1	1-1
13	Manchester United	1-1	1-0	3-3	2-2	2-3	0-1	3-0	2-0	0-2	1-2	0-0	0-1		1-0	0-0	2-1	1-2	0-0	1-0	0-1	3-1	0-0
14	Newcastle United	1-1	1-1	1-2	2-0	5-0	2-1	3-1	0-1	1-1	0-0	1-0	3-2		0-0	1-1	2-0	0-1	2-1	0-2	1-1	2-1	
15	Norwich City	0-4	2-1	1-0	2-2	0-0	2-4	1-3	1-2	0-1	1-0	1-1	1-1	0-2	1-1		0-0	2-1	2-0	4-0	1-1	2-2	1-1
16	Queens Park Rangers	2-0	2-2	2-1	1-1	3-0	0-0	1-0	0-1	0-1	0-0	2-2	3-0	3-0	3-2	1-2		0-0	1-1	3-3	3-1	0-0	0-0
17	Sheffield United	5-0	1-1	0-2	1-2	0-1	3-0	1-1	0-3	0-2	1-1	1-0	1-2	0-1	1-1	1-0	1-1		4-2	0-0	2-2	1-0	1-0
18	Southampton	1-1	0-2	2-2	0-0	1-1	1-1	2-0	2-0	1-2	1-0	1-0	0-2	1-1	3-1	2-2	2-2	3-0		3-0	1-1	1-1	2-1
19	Stoke City	0-0	5-2	4-0	1-0	3-0	0-0	0-0	1-1	3-2	1-0	1-1	1-1	1-0	2-1	2-0	4-1	1-2	4-1		1-0	2-0	2-3
20	Tottenham Hotspur	2-0	4-2	2-3	1-2	2-1	1-0	0-2	1-1	0-3	1-0	1-1	0-2	2-1	0-2	0-0	0-0	1-2	3-1	2-1		2-0	1-3
21	West Ham United	1-3	0-0	0-1	3-0	2-3	0-0	4-3	3-3	3-1	1-1	2-2	2-1	2-1	1-2	4-2	2-3	2-2	4-1	0-2	0-1		0-0
22	Wolverhampton Wanderers	3-1	1-0	2-0	2-1	1-1	4-0	1-1	3-1	0-2	1-0	0-1	0-0	2-1	1-0	3-1	2-4	2-0	2-1	1-1	1-1	0-0	

Manchester United v Manchester City was abandoned after 85 minutes when spectators invaded the pitch after City had scored. The Football League ordered the result to stand.

Final League Table

Pos	Team	Pld	Home					Away					Totals					Pts	GA	Leading Goalscorer	Gls
			W	D	L	F	A	W	D	L	F	A	W	D	L	F	A				
1	Leeds United	42	12	8	1	38	18	12	6	3	28	13	24	14	4	66	31	62	2.12	M Jones	14
2	Liverpool	42	18	2	1	34	11	4	11	6	18	20	22	13	7	52	31	57	1.67	K Keegan	12
3	Derby County	42	13	7	1	40	16	4	7	10	12	26	17	14	11	52	42	48	1.23	K Hector	19
4	Ipswich Town	42	10	7	4	38	21	8	4	9	29	37	18	11	13	67	58	47	1.15	B Hamilton	16
5	Stoke City	42	13	6	2	39	15	2	10	9	15	27	15	16	11	54	42	46	1.28	J Ritchie	17
6	Burnley	42	10	9	2	29	16	6	5	10	27	37	16	14	12	56	53	46	1.05	P Fletcher	13
7	Everton	42	12	7	2	29	14	4	5	12	21	34	16	12	14	50	48	44	1.04	M Lyons	9
8	Queens Park R	42	8	10	3	30	17	5	7	9	26	35	13	17	12	56	52	43	1.07	S Bowles	20
9	Leicester City	42	10	7	4	35	17	3	9	9	16	24	13	16	13	51	41	42	1.24	F Worthington	20
10	Arsenal	42	9	7	5	23	16	5	7	9	26	35	14	14	14	49	51	42	0.96	A Ball	13
11	Tottenham H	42	9	4	8	26	27	5	10	6	19	23	14	14	14	45	50	42	0.90	M Chivers	17
12	Wolverhampton	42	11	6	4	30	18	2	9	10	19	31	13	15	14	49	49	41	1.00	A D Dougan	16
13	Sheffield United	42	7	7	7	25	22	7	5	9	19	27	14	12	16	44	49	40	0.89	A Woodward	17
14	Manchester City	42	10	7	4	25	17	4	5	12	14	29	14	12	16	39	46	40	0.84	F Lee	10
15	Newcastle United	42	9	6	6	28	21	4	6	11	21	27	13	12	17	49	48	38	1.02	M Macdonald	15
16	Coventry City	42	10	5	6	25	18	4	5	12	18	36	14	10	18	43	54	38	0.79	B Alderson	
17	Chelsea	42	9	4	8	36	29	3	9	9	20	31	12	13	17	56	60	37	0.93	T Baldwin	9
18	West Ham United	42	7	7	7	36	32	4	8	9	19	28	11	15	16	55	60	37	0.91	W Bonds	13
19	Birmingham City	42	10	7	4	30	21	2	6	13	22	43	12	13	17	52	64	37	0.81	R Hatton	12
20	Southampton	42	8	10	3	30	20	3	4	14	17	48	11	14	17	47	68	36	0.69	**M Channon**	21
21	Manchester Utd	42	7	7	7	23	20	3	5	13	15	28	10	12	20	38	48	32	0.79	S McIlroy	6
22	Norwich City	42	6	9	6	25	27	1	6	14	12	35	7	15	20	37	62	29	0.59	E MacDougall	11

Promotion and relegation between the top three divisions became three up, three down. The other requirements were unchanged.

1973/74 DIVISION 2 SEASON 75

Total Matches: 462
Total Goals: 1106
Avg goals per match: 2.39

Results Grid

#	Team	Aston Villa	Blackpool	Bolton Wand	Bristol City	Cardiff City	Carlisle United	Crystal Palace	Fulham	Hull City	Luton Town	Middlesbrough	Millwall	Nottm Forest	Notts County	Orient	Oxford United	Portsmouth	Preston NE	Sheffield Weds	Sunderland	Swindon Town	West Brom A
1	Aston Villa		0-1 15A	1-1 27F	2-2 20O	5-0 6O	2-1 13M	2-1 23O	1-1 19S	1-1 17N	0-1 2F	1-1 12J	0-0 1J	3-1 24A	1-1 22D	2-2 22S	2-0 8S	4-1 23M	2-0 25a	1-0 3N	1-2 20A	1-1 6A	1-3 2M
2	Blackpool	2-1 16A		0-2 2M	2-2 19M	2-1 16F	4-0 20A	1-0 17S	2-0 22O	1-2 6A	3-0 22D	0-0 22S	1-0 8S	2-2 20O	0-1 6O	1-1 12J	2-0 2F	5-0 3N	3-0 23M	0-0 1J	0-2 1D	2-0 17N	2-3 25a
3	Bolton Wanderers	1-2 13O	1-1 26D		2-1 20J	1-1 6A	2-0 23F	2-0 15S	0-0 2A	1-0 1S	1-0 23M	2-1 15A	0-1 20O	1-0 29S	1-3 17N	1-1 11S	2-1 3N	4-0 29D	0-2 20A	4-2 16F	1-0 5D	2-0 15D	1-1 9M
4	Bristol City	0-1 16M	0-1 27O	1-0 25a		3-2 2F	2-0 6A	0-1 10N	0-1 30M	3-1 18S	1-3 8S	1-1 22D	5-2 26F	1-0 22A	2-2 1D	0-2 1J	0-0 2M	0-2 20A	0-0 12J	2-0 22S	2-0 17N	1-0 23O	1-1 6O
5	Cardiff City	0-1 23F	1-0 13O	1-0 24N	0-1 15D		2-2 19J	1-1 30A	0-0 15S	1-3 29S	0-0 14N	3-2 13A	1-3 23M	1-1 8D	1-0 26J	1-1 27A	5-0 12S	1-1 1S	0-0 9M	4-1 20O	2-1 29D	1-0 26D	1-1 3N
6	Carlisle United	2-0 27A	2-3 8D	1-0 6O	2-1 24N	1-1 25a		1-0 16M	3-0 27O	4-0 10N	2-0 1J	1-1 23O	2-1 22D	1-1 13A	3-0 8S	2-1 2F	0-2 22S	2-2 18S	2-2 12J	1-0 16A	5-1 30M	0-1 25F	
7	Crystal Palace	0-0 11S	1-2 2O	0-0 12J	3-1 23M	3-3 22S	0-1 20O		0-2 16A	0-2 20A	1-2 6O	2-3 8S	1-1 17N	0-1 3N	1-4 25a	0-0 3M	2-0 17F	0-0 6A	2-0 3F	3-0 22D	4-2 9M	1-0 1D	1-0 1J
8	Fulham	1-0 2O	0-0 12S	1-0 22S	2-1 3N	0-1 12J	0-2 9M	1-3 12A		0-0 1D	2-1 5M	0-4 19M	2-0 25a	2-0 23M	0-3 16F	3-1 8S	2-0 22D	0-0 17N	4-1 6O	0-2 2F	4-1 20O	4-1 20A	0-0 6A
9	Hull City	1-1 13A	1-0 24N	0-0 1J	2-1 2O	1-1 22D	1-1 23M	3-0 8D	2-0 27A		1-3 9M	1-3 16F	1-1 12J	0-0 11S	0-0 2F	1-1 6O	0-0 25a	4-1 20O	1-0 8S	2-1 2M	2-0 3N	0-1 15A	0-0 22S
10	Luton Town	1-0 15D	3-0 29S	1-0 10N	1-0 29D	1-0 12D	6-1 1S	2-1 23F	1-1 26D	2-2 27O		0-1 30M	3-0 20A	2-2 19J	1-1 5F	3-1 16M	0-1 16A	3-3 15S	4-2 6A	2-1 17N	3-4 1m	2-1 13O	0-2 1D
11	Middlesbrough	0-0 15S	0-0 9F	0-0 9A	2-0 29S	3-0 17N	1-0 11S	2-0 29D	0-2 1S	1-0 13O	2-1 3N		2-1 9M	1-0 15D	4-0 6A	3-2 2O	1-0 23M	3-0 19J	3-0 11D	8-0 20A	2-1 26D	2-1 23F	0-0 20O
12	Millwall	1-1 1S	2-2 29D	2-1 16M	0-2 13O	1-0 10N	2-0 29S	1-2 13A	1-0 20J	3-0 15S	0-1 8D	0-1 27O		0-0 23F	0-0 30M	0-0 24N	1-1 27A	5-1 26D	1-0 22O	2-1 17S	3-0 15D	1-0 16F	1-1 12A
13	Nottingham Forest	1-2 27O	2-0 16M	3-2 22D	1-1 16A	2-1 20A	2-0 17N	1-2 30M	3-0 10N	0-0 23O	4-0 25a	5-1 2F	3-0 6O		0-0 3M	2-1 26F	1-1 1J	2-0 26M	1-1 22S	2-1 8S	2-2 6A	2-0 18S	1-4 12J
14	Notts County	2-0 29S	0-3 23F	0-0 23A	2-1 15A	1-0 29D	0-3 20J	1-3 13O	3-2 15D	1-1 11S	2-2 24N	3-3 3N	0-1 26D	0-1		2-4 8D	0-0 20	4-0 9F	2-1 20O	1-5 9M	1-4 1S	2-0 15S	1-0 23M
15	Orient	1-1 3m	3-2 15S	3-0 22O	0-1 1S	1-2 1D	0-1 15D	3-0 26D	1-0 29D	1-1 23F	2-0 20O	0-0 17S	1-1 6A	2-1 13O	1-1 20A		1-1 10M	2-1 15A	2-2 3N	0-1 23M	2-1 19J	0-0 29S	2-0 17N
16	Oxford United	2-1 29D	2-2 15D	0-2 30M	4-2 26D	0-1 24O	0-1 23A	0-0 13O	1-1 26S	1-0 19J	0-2 12A	0-3 10N	1-0 26J	0-2 1S	1-1 19S	1-1 27O		3-0 23F	1-1 17N	1-0 6A	0-1 15S	1-1 17M	1-0 20A
17	Portsmouth	2-0 10N	0-0 30M	0-2 8S	1-0 8D	1-0 1J	2-1 2O	2-2 24N	3-0 13A	3-1 16M	0-0 12J	0-1 25a	0-1 2M	0-0 27A	0-2 22S	1-2 12A	0-0 6O		2-1 22D	3-0 20F	1-1 11S	3-1 27O	1-1 3F
18	Preston North End	0-0 19J	1-3 10N	2-1 8D	1-2 15S	0-1 27O	1-1 26D	0-1 15D	2-0 23F	2-2 29D	2-4 24N	2-0 27A	2-0 11S	2-1 10F	0-2 16M	0-0 30M	0-0 13A	2-1 29S		0-0 12A	1-0 13O	1-1 1S	3-1 1O
19	Sheffield Wednesday	2-4 1A	0-0 1S	1-0 27A	3-1 10F	5-0 16M	1-0 15S	4-0 29S	0-3 15D	1-1 26D	2-2 13A	2-2 8D	3-2 3O	1-1 29D	0-0 27O	1-2 10N	0-1 24N	1-2 13O	1-0 15A		0-1 23F	2-1 19J	3-1 12S
20	Sunderland	2-0 8D	2-1 27A	1-0 13N	1-2 13A	1-1 8S	2-1 12A	0-0 27O	1-0 16M	1-0 30M	0-1 22S	0-2 2M	4-0 2F	0-0 24N	1-2 1J	1-0 25a	3-0 12J	2-1 5M	3-1 16F	4-1 6O		1-1 10N	2-2 22D
21	Swindon Town	1-0 24N	1-0 3F	2-2 11S	0-1 2M	1-1 3N	2-2 27A	0-1 8D	1-1 26J	1-1 26F	0-2 6O	0-1 22S	1-3 20	0-0 19F	1-4 22D	2-2 20O	1-0 9M	1-2 1J	3-1 25A	3-1 23M	0-2		1-0 8S
22	West Bromwich Albion	2-0 26D	1-1 19J	0-0 27O	2-2 23F	2-2 30M	1-1 13O	1-0 1S	2-0 24N	2-3 19M	1-1 27A	0-0 16M	3-3 17A	2-1 15S	1-0 10N	0-0 13A	1-0 8D	1-2 15D	0-2 18S	2-0 24O	1-1 29S	2-0 29D	

Final League Table

Pos	Team	Pld	Home W	D	L	F	A	Away W	D	L	F	A	Totals W	D	L	F	A	Pts	GA	Leading Goalscorer	Gls
1	Middlesbrough	42	16	4	1	40	8	11	7	3	37	22	27	11	4	77	30	65	2.56	A Foggon	19
2	Luton Town	42	12	5	4	42	25	7	7	7	22	26	19	12	11	64	51	50	1.25	B Butlin	17
3	Carlisle United	42	13	5	3	40	17	7	4	10	21	31	20	9	13	61	48	49	1.27	F Clarke	16
4	Orient	42	9	8	4	28	17	6	10	5	27	25	15	18	9	55	42	48	1.31	M Bullock	16
5	Blackpool	42	11	5	5	35	17	6	8	7	22	23	17	13	12	57	40	47	1.42	M Burns	14
6	Sunderland	42	11	6	4	32	15	8	3	10	26	29	19	9	14	58	44	47	1.31	V Halom	18
7	Nottm Forest	42	12	6	3	40	19	3	9	9	17	24	15	15	12	57	43	45	1.32	D McKenzie	26
8	West Brom A	42	8	8	5	28	24	6	7	8	20	21	14	16	12	48	45	44	1.06	A (Tony) Brown	19
9	Hull City	42	9	9	3	25	15	4	8	9	21	32	13	17	12	46	47	43	0.97	J Pearson	11
10	Notts County	42	8	6	7	30	35	7	7	7	25	25	15	13	14	55	60	43	0.91	K Randall	12
11	Bolton Wanderers	42	11	5	5	30	17	3	7	11	14	23	14	12	15	44	40	42	1.10	J Byrom	18
12	Millwall	42	10	6	5	28	16	4	8	9	23	35	14	14	14	51	51	42	1.00	A Wood	21
13	Fulham	42	11	4	6	26	20	5	6	10	13	23	16	10	16	39	43	42	0.90	V Busby	12
14	Aston Villa	42	8	9	4	33	21	6	0	15	15	24	13	15	14	48	45	41	1.06	R Graydon, B Little	8
15	Portsmouth	42	8	9	4	26	16	5	4	12	19	46	14	12	16	45	62	40	0.72	R Davies	13
16	Bristol City	42	9	5	7	25	20	5	5	11	22	34	14	10	18	47	54	38	0.87	K Fear	8
17	Cardiff City	42	8	7	6	27	20	2	9	10	22	42	10	16	16	49	62	36	0.79	A McCulloch	11
18	Oxford United	42	8	8	5	27	21	2	8	11	8	25	10	16	16	35	46	36	0.76	H Curran	12
19	Sheffield Weds	42	9	6	6	33	24	3	5	13	18	39	12	11	19	51	63	35	0.81	E Joicey	12
20	Crystal Palace	42	0	7	8	24	14	5	5	11	19	32	11	12	19	43	56	34	0.76	D Rogers	15
21	Preston North End	42	7	8	6	24	23	2	6	13	16	39	9	14	19	40	62	31	0.64	A Bruce	9
22	Swindon Town	42	6	7	8	22	27	1	4	16	14	45	7	11	24	36	72	25	0.50	P Eastoe	8

Preston North End deducted one point for fielding an ineligible player.

1973/74 DIVISION 3 SEASON 75

Total Matches 552
Total Goals 1362
Avg goals per match 2.47

Final League Table

Pos	Team	Pld	Home					Away					Totals					Pts	GA	Leading Goalscorer	Gls
			W	D	L	F	A	W	D	L	F	A	W	D	L	F	A				
1	Oldham Athletic	46	13	6	4	50	23	12	6	5	33	24	25	12	9	83	47	62	1.76	C Garwood	16
2	Bristol Rovers	46	15	6	2	37	15	7	11	5	28	18	22	17	7	65	33	61	1.97	A Warboys	22
3	York City	46	13	8	2	37	15	8	11	4	30	23	21	19	6	67	38	61	1.76	C Jones, J Seal	17
4	Wrexham	46	15	6	2	44	15	7	6	10	19	28	22	12	12	63	43	56	1.46	B Tinnion	13
5	Chesterfield	46	14	6	3	31	16	7	8	8	24	26	21	14	11	55	42	56	1.31	E Moss	17
6	Grimsby Town	46	14	6	3	48	21	4	9	10	19	29	18	15	13	67	50	51	1.34	F Lewis	13
7	Watford	46	12	6	5	34	21	7	6	10	30	35	19	12	15	64	56	50	1.14	W Jennings	26
8	Aldershot	46	13	6	4	47	22	6	5	12	18	30	19	11	16	65	52	49	1.25	J Howarth	25
9	Halifax Town	46	9	11	3	23	15	5	10	8	25	36	14	21	11	48	51	49	0.94	T Shanahan	13
10	Huddersfield Town	46	14	5	4	37	16	3	8	12	19	39	17	13	16	56	55	47	1.01	A Gowling	24
11	Bournemouth	46	11	5	7	25	23	5	10	8	29	35	16	15	15	54	58	47	0.93	J Sainty	13
12	Southend United	46	10	7	6	40	30	6	7	10	22	32	16	14	16	62	62	46	1.00	S Brace	20
13	Blackburn Rovers	46	13	4	6	38	21	5	6	12	24	43	18	10	18	62	64	46	0.96	A Field	11
14	Charlton Athletic	46	13	5	5	43	29	6	3	14	23	44	19	8	19	66	73	46	0.90	A Horsfield	19
15	Walsall	46	11	7	5	37	15	5	6	12	20	29	16	13	17	57	48	45	1.18	A Buckley	21
16	Tranmere Rovers	46	10	8	5	31	15	5	7	11	19	29	15	15	16	50	44	45	1.13	P Crossley	9
17	Plymouth Argyle	46	13	6	4	37	17	4	4	15	22	37	17	10	19	59	54	44	1.09	P Mariner	14
18	Hereford United	46	10	5	8	31	25	4	10	9	22	32	14	15	17	53	57	43	0.93	B Evans	8
19	Brighton & H A	46	10	3	10	31	31	6	9	8	21	27	16	11	18	52	58	43	0.89	K Beamish	12
20	Port Vale	46	12	6	5	37	23	2	8	13	15	35	14	14	18	52	58	42	0.89	J Woodward	15
21	Cambridge United	46	11	7	5	36	27	2	2	19	12	54	13	9	24	48	81	35	0.59	B Greenhalgh	10
22	Shrewsbury Town	46	7	8	8	24	24	3	4	16	17	38	10	12	24	41	62	32	0.66	A Durban	9
23	Southport	46	4	14	5	19	20	2	2	19	16	62	6	16	24	35	82	28	0.42	A Provan	7
24	Rochdale	46	1	12	10	24	38	1	5	17	14	56	2	17	27	38	94	21	0.40	L Skeets	9

1973/74 DIVISION 4
SEASON 75

Total Matches 552
Total Goals 1362
Avg goals per match 2.47

[Results grid matrix of all Division 4 matches 1973/74 — 24 clubs × 24 clubs with scores and attendance figures. Not transcribed in full.]

Final League Table

Pos	Team	Pld	Home					Away					Totals					Pts	GA	Leading Goalscorer	Gls
			W	D	L	F	A	W	D	L	F	A	W	D	L	F	A				
1	Peterborough Utd	46	19	4	0	49	10	8	7	8	26	28	27	11	8	75	38	65	1.97	J Cozens	19
2	Gillingham	46	16	5	2	51	16	9	7	7	39	33	25	12	9	90	49	62	1.83	B Yeo	31
3	Colchester United	46	16	5	2	46	14	8	7	8	27	22	24	12	10	73	36	60	2.02	R Svarc	24
4	Bury	46	18	3	2	51	14	6	8	9	30	35	24	11	11	81	49	59	1.65	G Hamstead, D Spence	12
5	Northampton T	46	14	7	2	39	14	6	11	6	24	34	20	13	13	63	48	53	1.31	P Stratford	15
6	Reading	46	11	9	3	37	13	5	10	8	21	24	16	19	11	58	37	51	1.56	L Chappell	24
7	Chester	46	13	6	4	31	19	4	9	10	23	36	17	15	14	54	55	49	0.98	J James	21
8	Bradford City	46	14	7	2	45	20	3	7	13	13	32	17	14	15	58	52	48	1.11	G Ingram	15
9	Newport County	46	13	6	4	39	23	3	8	12	17	42	16	14	16	56	65	45	0.86	W Brown	9
10	Exeter City	46	12	5	6	37	20	6	3	13	21	35	18	8	19	58	55	44	1.05	F Binney	25
11	Hartlepool	46	11	4	8	29	16	5	8	10	19	31	16	12	18	48	47	44	1.02	A Gauden	12
12	Lincoln City	46	10	8	5	40	30	6	4	13	23	37	16	12	18	63	67	44	0.94	R McNeil	19
13	Barnsley	46	15	5	3	42	16	2	5	16	16	48	17	10	19	58	64	44	0.90	M Butler	21
14	Swansea City	46	11	6	6	28	15	5	5	13	17	31	16	11	19	45	46	43	0.97	A Screen	7
15	Rotherham United	46	10	9	4	33	22	5	4	14	23	36	15	13	18	56	58	43	0.96	R Wigg	14
16	Torquay United	46	11	7	5	37	23	2	10	11	15	34	13	17	16	52	57	43	0.91	E Rowles	10
17	Mansfield Town	46	13	8	2	47	24	0	9	14	15	45	13	17	16	62	69	43	0.89	T Eccles	20
18	Scunthorpe United	46	12	7	4	33	17	2	5	16	14	47	14	12	20	47	64	42	0.73	N Keeley	11
19	Brentford	46	9	7	7	31	20	3	9	11	17	30	12	16	18	48	50	40	0.96	R Cross	17
20	Darlington	46	9	8	6	29	24	4	5	14	11	38	13	13	20	40	62	39	0.64	C Sinclair	9
21	Crewe Alexandra	46	11	5	7	28	30	3	5	15	15	41	14	10	22	43	71	38	0.60	B Purdie	12
22	Doncaster Rovers	46	10	7	6	32	22	2	4	17	15	58	12	11	23	47	80	35	0.58	P Kitchen, B O'Callaghan	10
23	Workington	46	10	8	5	33	26	1	5	17	10	48	11	13	22	43	74	35	0.58	D Murray	9
24	Stockport county	46	11	7	5	27	22	3	8	12	17	44	7	20	19	44	69	34	0.63	M Hollis	15

Newport deducted one point for fielding an ineligible player. Scunthorpe awarded two points after Exeter failed to fulfil a fixture on 2 Apr 1974.

1974/75 DIVISION 1 SEASON 76

Total Matches: 462
Total Goals: 1213
Avg goals per match: 2.63

Results Grid

Pos	Team	Arsenal	Birmingham C	Burnley	Carlisle United	Chelsea	Coventry City	Derby County	Everton	Ipswich Town	Leeds United	Leicester C	Liverpool	Luton Town	Manchester City	Middlesbrough	Newcastle Utd	QPR	Sheffield Utd	Stoke City	Tottenham H	West Ham Utd	Wolverhampton
1	Arsenal		1-1 15M	0-1 7S	2-1 11J	1-2 26D	2-0 8A	3-1 16N	0-2 1M	0-1 20a	1-2 12A	0-0 14D	0-0 1F	2-2 21S	4-0 24a	2-0 30N	3-0 18M	2-2 12O	1-0 31M	1-1 29M	1-0 26A	3-0 26O	0-0 2N
2	Birmingham City	3-1 28S		1-1 1F	2-0 25M	2-0 2N	1-2 5O	3-2 14S	0-3 18J	0-1 28D	1-0 15O	3-4 20a	3-1 21D	1-4 19A	4-0 16N	0-3 17a	3-0 19O	4-1 22M	0-0 29A	0-3 7D	1-0 18F	1-1 18M	1-1 31a
3	Burnley	3-3 22M	2-2 9N		2-1 28D	1-2 27a	3-0 31a	2-5 31M	1-1 26O	1-0 15O	2-1 14S	2-0 8F	1-1 8M	1-0 18J	2-1 12O	1-1 21D	4-1 23N	3-0 7D	2-1 22F	0-0 26A	3-2 12A	3-5 28S	1-2 17a
4	Carlisle United	2-1 7D	1-0 21S	4-2 1A		1-2 14D	0-0 5A	3-0 19O	3-0 29M	2-1 18J	1-2 23N	0-1 1M	0-1 5O	1-2 15M	0-0 24S	0-1 27a	1-2 26D	1-2 22F	0-2 8F	1-0 7S	0-1 24a	0-1 3N	1-0 19A
5	Chelsea	0-0 14S	2-1 8F	3-3 21a	0-2 17a		3-3 13N	1-2 8M	1-1 26A	0-0 31M	0-2 18J	0-0 9N	0-3 31a	2-0 7D	0-1 12A	1-2 22M	3-2 22F	0-3 28D	1-1 23A	3-3 26O	1-0 12O	1-1 21D	0-1 28S
6	Coventry City	3-0 23N	1-0 12A	0-3 1M	2-1 26O	1-3 24a		1-1 27a	1-1 21S	1-3 22F	1-3 9N	2-2 15M	1-1 30N	2-1 24S	2-2 7S	0-2 26A	2-0 14D	1-1 8F	2-2 28M	2-0 26D	1-1 15F	1-1 12O	2-1 11J
7	Derby County	2-1 22F	2-1 26D	3-2 21S	0-0 26A	4-1 25S	1-1 21a		0-1 14D	2-0 23N	0-0 8F	1-0 12O	2-0 11J	5-0 29M	2-1 1A	2-3 26O	2-2 7S	2-0 9N	1-2 24a	3-1 15M	1-0 1M	1-0 12A	1-0 9A
8	Everton	2-1 31a	4-1 23N	1-1 4A	2-3 21D	1-1 19O	1-0 31M	0-0 17a		1-1 22M	3-2 28S	3-0 11J	0-0 16N	3-1 25F	2-0 2N	1-1 28D	1-1 5O	2-1 8M	2-3 19A	2-1 20a	1-1 1F	0-0 15O	0-0 14S
9	Ipswich Town	3-0 27a	3-2 1A	2-0 24a	3-1 30N	2-0 21S	4-0 16N	3-0 25F	1-0 7S		0-2 12O	1-0 29M	0-1 2N	1-1 26D	2-0 26O	5-4 11J	2-0 15M	2-0 12A	0-1 1M	3-1 24S	4-0 14D	4-1 26A	2-0 1F
10	Leeds United	2-0 5O	1-0 24a	2-2 26D	3-1 25F	2-0 30N	0-0 1F	0-1 2N	0-0 15M	2-1 19A		2-2 31M	0-2 5A	1-1 7S	2-2 1M	2-2 16N	1-1 29M	0-1 21a	5-1 21S	3-1 14D	2-1 4D	2-1 11J	2-0 19O
11	Leicester City	0-1 17a	1-1 28a	1-0 2N	1-1 31a	1-1 1F	0-1 28S	0-0 19A	0-2 7D	0-1 20D	0-2 28D		1-1 19M	0-0 5O	1-0 8M	1-0 9A	4-0 5A	3-1 14S	3-0 19O	1-1 18J	1-2 16N	3-0 1A	3-1 22M
12	Liverpool	1-3 9N	1-0 29M	0-1 24S	2-0 12A	2-2 1M	2-1 18J	2-2 7D	0-0 22F	5-2 8F	1-0 26O	2-1 24a		2-0 14D	4-1 26D	2-0 12O	4-3 25M	1-0 26A	0-0 15M	3-0 21S	5-2 7S	1-1 23N	2-1 27a
13	Luton Town	2-0 25M	1-3 12O	2-3 30N	3-1 28S	1-1 11J	1-3 8M	1-0 21D	2-1 9A	1-4 14S	2-1 22M	3-0 12A	1-2 17a		1-1 26A	0-1 16O	1-0 8F	1-0 31a	0-1 9N	0-0 22F	1-1 26O	0-0 28a	3-2 28D
14	Manchester City	2-1 16O	3-1 22F	2-0 19A	1-2 19M	1-1 5O	1-0 22M	1-2 28D	2-1 8F	1-1 23A	2-1 31a	4-1 23N	2-0 14S	1-0 19O		2-1 28M	5-1 18J	1-0 28S	2-3 7D	1-2 9N	4-0 21a	4-0 17a	0-0 21D
15	Middlesbrough	0-0 18J	3-0 14D	2-0 29M	0-2 20a	1-1 7S	4-4 19O	1-1 5A	2-0 18M	3-0 7D	0-1 22F	3-0 10D	1-0 19A	1-1 24a	3-0 21S		0-0 9N	1-3 23N	1-0 26D	2-0 1M	3-0 15M	0-0 8F	2-1 5O
16	Newcastle United	3-1 23A	1-2 26A	3-0 15F	1-0 14S	5-0 16N	3-2 17a	0-2 22M	0-1 12A	1-0 28S	0-1 21D	4-1 26O	1-0 12F	2-1 2N	2-1 30N	1F		2-2 31M	2-2 21a	2-5 12O	2-0 11J	0-0 31a	2-0 16O
17	Queens Park Rangers	0-0 19A	0-1 7S	0-1 11J	2-1 16N	1-0 18M	2-0 2N	4-1 1F	2-2 24S	1-0 26D	1-1 19O	4-2 1M	0-1 15M	2-1 25F	2-0 21S	0-0	1-2		1-0 14D	0-1 24a	0-1 29M	0-2 30N	2-0 5A
18	Sheffield United	1-1 28D	3-2 26O	2-2 16N	2-1 2N	1-0 15F	1-1 20D	1-2 22F	3-1 15O	1-1 1A	4-0 26A	1-1 28S	1-1 1F	1-0 11J	1-1 14S	4-0 27a	1-1 17a	1-1		2-0 12A	0-1 30N	3-2 22M	1-0 8M
19	Stoke City	0-2 21D	0-0 11J	2-0 19O	5-2 22M	3-0 5A	2-0 14S	1-1 28S	1-1 28a	1-2 18M	3-0 17a	1-0 30N	2-0 31M	4-2 16N	4-0 1F	1-1 31a	0-0 19A	1-0 27N	3-2 5O		2-2 2N	2-1 28D	2-2 15F
20	Tottenham Hotspur	2-0 19O	0-0 23N	2-3 5O	1-1 16O	1-0 19A	2-0 28D	1-1 31a	0-1 9N	4-2 17a	0-3 28A	0-2 22F	2-1 22M	1-2 5A	1-0 28a	1-1 28S	1-2 7D	1-0 21D	0-2 18J	0-2 8F		2-1 14S	3-0 28M
21	West Ham United	1-0 28A	3-0 25S	2-1 15M	2-0 1F	0-1 29M	1-2 19A	2-2 5O	2-3 24a	1-0 19O	2-1 7D	6-2 21S	0-0 19F	0-0 19a	3-0 14D	0-1 2N	2-2 28F	2-2 18J	1-2 7S	2-2 28M	1-1 26D		5-2 16N
22	Wolverhampton Wanderers	1-0 8F	0-1 1M	4-2 14D	2-0 12O	7-1 15M	2-0 7D	0-1 18J	1-2 26D	1-1 6N	1-1 26A	0-0 7S	5-2 20a	1-0 31M	2-0 29M	4-2 12A	1-2 24a	1-1 26O	2-2 24S	2-3 23N	3-1 21S	5-2 22F	

Final League Table

Pos	Team	Pld	Home W	D	L	F	A	Away W	D	L	F	A	Totals W	D	L	F	A	Pts	GA	Leading Goalscorer	Gls
1	Derby County	42	14	4	3	41	18	7	7	7	26	31	21	11	10	67	49	53	1.36	B Rioch	15
2	Liverpool	42	14	5	2	44	17	6	6	9	16	22	20	11	11	60	39	51	1.53	J Toshack	12
3	Ipswich Town	42	17	2	2	47	14	6	3	12	19	30	23	5	14	66	44	51	1.50	B Hamilton, T Whymark	10
4	Everton	42	10	9	2	33	19	6	9	6	23	23	16	18	8	56	42	50	1.33	R Latchford	17
5	Stoke City	42	12	7	2	40	18	5	8	8	24	30	17	15	10	64	48	49	1.33	J Greenhoff	14
6	Sheffield United	42	12	7	2	35	20	6	6	9	23	31	18	13	11	58	51	49	1.13	A Woodward	12
7	Middlesbrough	42	11	7	3	33	14	7	5	9	21	26	18	12	12	54	40	48	1.35	A Foggon	16
8	Manchester City	42	16	3	2	40	15	2	7	12	14	39	18	10	14	54	54	46	1.00	C Bell	15
9	Leeds United	42	10	8	3	34	20	6	5	10	23	29	16	13	13	57	49	45	1.16	A Clarke	13
10	Burnley	42	11	6	4	40	29	6	5	10	28	38	17	11	14	68	67	45	1.01	L James	16
11	Queens Park R	42	10	4	7	25	17	6	6	9	29	37	16	10	16	54	54	42	1.00	D Givens	16
12	Wolverhampton	42	10	5	6	43	21	2	6	13	14	33	14	11	17	57	54	39	1.05	K Hibbitt	12
13	West Ham United	42	10	6	5	38	22	3	7	11	20	37	13	13	16	58	59	39	0.98	W Jennings	13
14	Coventry City	42	8	9	4	31	27	4	6	11	20	35	12	15	15	51	62	39	0.82	D Cross	8
15	Newcastle United	42	12	4	5	39	23	3	5	13	20	49	15	9	18	59	72	39	0.81	M Macdonald	21
16	Arsenal	42	10	6	5	31	16	3	5	13	16	33	13	11	18	47	49	37	0.95	B Kidd	16
17	Birmingham City	42	10	4	7	34	28	4	2	15	19	33	14	9	19	53	61	37	0.86	R Hatton	14
18	Leicester City	42	8	7	6	25	17	4	5	12	21	43	12	12	18	46	60	36	0.76	F Worthington	18
19	Tottenham H	42	8	4	9	29	27	5	4	12	23	36	13	8	21	52	63	34	0.82	J Duncan	12
20	Luton Town	42	8	6	7	27	26	3	5	13	20	39	11	11	20	47	65	33	0.72	A Alston, R Futcher, James Ryan	7
21	Chelsea	42	4	9	8	22	31	5	6	10	20	41	9	15	18	42	72	33	0.58	I Hutchinson	7
22	Carlisle United	42	8	2	11	22	21	4	3	14	21	38	12	5	25	43	59	29	0.72	J Laidlaw	12

1974/75 DIVISION 2 SEASON 76

Total Matches	462
Total Goals	1036
Avg goals per match	2.24

	Team	Aston Villa	Blackpool	Bolton Wand	Bristol City	Bristol Rovers	Cardiff City	Fulham	Hull City	Manchester Utd	Millwall	Norwich City	Nottm Forest	Notts County	Oldham Athletic	Orient	Oxford United	Portsmouth	Sheffield Weds	Southampton	Sunderland	West Brom A	York City
1	Aston Villa		1-0	0-0	2-0	1-0	2-0	1-1	6-0	3-0	1-1	3-0	0-1	5-0	3-1	0-0	2-0	3-1	3-0	2-0	3-1	4-0
			12O	5M	11J	26D	9A	8F	28a	22F	21S	24a	2O	9N	12A	7S	29N	23N	26O	15M	26A	29M	14D
2	Blackpool	0-3		2-1	2-0	0-0	4-0	1-0	1-2	0-3	1-0	2-1	0-0	3-1	1-0	0-0	0-0	2-2	3-1	3-0	3-2	2-0	1-1
		19A		24a	15F	15M	24S	18J	5O	19O	7S	14D	29M	7D	26D	20a	16N	5A	2N	1M	1F	31M	21S
3	Bolton Wanderers	1-0	0-0		0-2	5-1	2-1	0-0	1-1	0-1	2-0	0-0	2-0	1-1	1-1	1-1	3-0	0-1	3-2	0-2	0-1	1-1
		31a	22O		22M	18J	19O	28D	19A	8M	1F	15F	2N	28S	12N	5O	21D	17a	14S	16N	31M	7D	5A
4	Bristol City	1-0	0-1	2-1		1-1	0-0	3-1	2-0	1-0	2-1	0-1	1-0	3-0	3-1	0-0	3-0	3-1	1-0	2-0	1-1	2-1	0-0
		7D	23N	7S		1A	26D	26A	18J	9N	15M	29M	14D	26O	1M	24a	5N	8F	12A	21S	12O	2F	24S
5	Bristol Rovers	2-0	1-3	1-0	1-4		1-0	1-2	2-0	1-1	2-0	0-2	4-2	0-0	2-1	0-0	1-0	0-1	1-1	0-1	2-1	2-1	1-3
		14S	28S	30N	28D		5O	11M	31a	28M	19O	1F	5A	17a	11J	16N	15F	21D	17S	2N	22M	22O	19A
6	Cardiff City	3-1	1-1	1-2	0-1	2-2		0-0	1-2	0-1	0-1	2-1	2-1	0-0	3-1	0-0	1-1	1-0	0-0	2-2	2-0	0-2	3-2
		28D	8M	26A	14S	12A		11D	28S	31a	14F	11J	16N	21D	26O	1F	17a	2A	22M	29N	2N	12O	16O
7	Fulham	3-1	1-0	2-1	1-1	0-0	4-0		1-1	1-2	0-0	4-0	0-1	3-0	0-0	0-0	0-0	2-2	2-1	3-2	1-3	1-0	0-2
		2N	30N	28M	19O	25S	24a		1F	5O	4M	21S	11J	28a	15M	26D	22A	19A	25F	24M	16N	14D	7S
8	Hull City	1-1	1-0	2-0	1-0	2-0	1-1	2-1		2-0	1-0	0-0	1-3	1-0	1-1	0-0	1-0	0-0	1-1	1-1	3-1	1-0	2-0
		20a	12A	12O	30N	1M	15M	9N		23N	24S	7S	26D	8F	21S	29M	11J	22F	26A	14D	26O	24a	31M
9	Manchester United	2-1	4-0	3-0	0-1	2-0	4-0	1-0	2-0		4-0	1-1	2-2	1-0	3-2	0-0	4-0	2-1	2-0	1-0	3-2	2-1	2-1
		16N	26A	25S	1F	21S	1M	12A	15F		24a	15M	7S	12O	31M	14D	2N	28a	11J	26O	30N	26D	29M
10	Millwall	1-3	0-0	1-1	0-0	1-1	5-1	2-0	2-0	0-1		1-1	3-0	0-0	1-1	0-0	0-0	2-1	4-0	1-4	2-2	1-3
		1A	22M	9N	28S	26A	25J	31a	8M	16S		12A	19a	18J	8F	7D	14S	28D	21D	12O	17a	26O	22F
11	Norwich City	1-4	2-1	2-0	3-2	0-1	1-1	1-2	1-0	2-0	2-0		3-0	1-0	2-0	1-0	2-0	1-1	1-0	0-0	3-2	2-3
		30A	17a	23N	21D	9N	7D	31M	22M	28S	5O		19A	14S	22F	5A	28D	19O	31a	21a	8M	8F	18J
12	Nottingham Forest	2-3	0-0	2-3	0-0	1-0	0-0	1-1	4-0	0-1	2-1	1-3		0-2	1-0	2-2	1-2	1-2	1-0	0-0	1-1	2-1	2-1
		8M	21D	8F	17a	26O	22F	7D	14S	22M	27a	12O		28D	9N	18J	31a	17S	1A	12A	28S	26A	23N
13	Notts County	1-3	0-0	1-1	1-2	3-2	0-2	1-1	5-0	2-2	2-1	1-1	2-2		1-0	1-1	4-1	1-1	3-3	3-2	0-0	0-0	2-1
		1F	11J	15M	5A	14D	29M	20a	2N	19A	30N	26D	25M		24a	24S	19O	5O	16N	7S	15F	21S	1M
14	Oldham Athletic	1-2	1-0	1-0	2-0	3-4	4-0	1-0	0-1	1-0	1-1	2-2	2-0	1-0		0-0	1-1	2-0	2-1	1-1	0-0	0-0	2-1
		5O	14S	4F	31a	7D	5A	28S	28M	28D	2N	16N	1F	15O		19A	22M	8M	17a	15F	21D	18J	19O
15	Orient	1-0	0-0	0-0	1-0	1-0	1-1	0-0	0-0	0-2	2-1	0-3	1-1	0-1	3-1		1-1	1-1	1-0	2-1	1-1	0-2	1-0
		22M	27a	12A	15A	22F	9N	14S	21D	17a	11J	26O	30N	8M	12O		31M	31a	28S	26A	28D	23N	8F
16	Oxford United	1-2	0-0	2-1	2-0	2-1	1-0	2-1	3-1	1-0	3-1	2-1	1-0	3-1	2-0	1-2		1-0	1-0	0-4	1-0	1-1	3-1
		18J	22F	29M	23O	23N	14D	26O	7D	8F	26D	25J	28F	26A	7S	21S		9N	12O	25S	12A	15M	24a
17	Portsmouth	2-3	0-0	2-0	0-1	3-0	2-2	0-0	1-1	0-0	1-0	0-3	2-0	1-1	1-1	3-0	2-1		1-0	1-2	4-2	1-3	1-0
		18F	26O	14D	2N	29M	21S	12O	16N	15O	31M	26A	24a	12A	24S	28F	1F		30N	26D	11J	7S	15M
18	Sheffield Wednesday	0-4	0-0	0-2	1-1	1-1	1-2	1-0	2-1	4-4	0-1	0-1	2-3	0-1	1-1	0-1	1-1	0-2		0-1	0-2	0-0	0-1
		23A	8F	26D	5O	24a	7S	23N	19O	7D	29M	8A	21S	22F	14D	15M	19A	18J		31M	2O	25S	9N
19	Southampton	0-0	1-1	0-1	0-1	3-0	2-0	0-0	3-3	0-1	3-2	1-1	0-1	3-2	1-0	4-2	2-1	2-1	0-1		1-1	1-0	2-1
		28S	31a	22F	28M	8F	22A	21D	17a	5A	18A	27a	5O	22M	25J	19O	18M	14S	28D		14J	9N	7D
20	Sunderland	0-0	1-0	0-0	3-0	5-1	3-1	1-2	1-0	0-0	2-0	0-0	0-0	3-0	2-2	3-0	2-0	4-1	3-0	3-1		3-0	2-0
		19O	9N	21S	19A	7S	8F	22F	5A	18J	14D	24S	15M	23N	25M	28M	5O	7D	15O	24a		1M	26D
21	West Bromwich Albion	2-0	2-0	0-1	1-0	2-2	2-0	0-1	2-2	1-1	2-1	1-1	0-1	4-1	1-0	1-0	3-0	2-1	4-0	0-3	1-0		2-0
		21D	28D	8A	16N	6N	19A	17a	18S	14S	5A	2N	19O	2A	30N	15F	28S	22M	8M	1F	31a		5O
22	York City	1-1	0-0	1-3	1-0	3-0	1-0	3-2	3-0	0-1	2-1	1-0	1-1	2-2	0-0	0-1	1-1	3-0	3-0	0-1	1-3	
		17a	1A	26O	8M	12O	27a	22M	28D	21D	16N	30N	14F	31a	26A	1N	17S	28S	31J	10J	14S	12A	

Final League Table

Pos	Team	Pld	Home					Away					Totals					Pts	GA	Leading Goalscorer	Gls
			W	D	L	F	A	W	D	L	F	A	W	D	L	F	A				
1	Manchester United	42	17	3	1	45	12	9	6	6	21	18	26	9	7	66	30	61	2.20	J S Pearson	17
2	Aston Villa	42	16	4	1	47	6	9	4	8	32	26	25	8	9	79	32	58	2.46	B Little	20
3	Norwich City	42	14	3	4	34	17	6	10	5	24	20	20	13	9	58	37	53	1.56	E MacDougall	17
4	Sunderland	42	14	6	1	41	8	5	7	9	24	27	19	13	10	65	35	51	1.85	B Robson	19
5	Bristol City	42	14	5	2	31	10	7	3	11	16	23	21	8	13	47	33	50	1.42	K Fear, D Gillies	9
6	West Brom A	42	13	4	4	33	15	5	5	11	21	27	18	9	15	54	42	45	1.28	A (Tony) Brown	12
7	Blackpool	42	12	6	3	31	17	2	11	8	7	16	14	17	11	38	33	45	1.15	M Walsh	12
8	Hull City	42	12	8	1	25	10	3	6	12	15	43	15	14	13	40	53	44	0.75	K Wagstaff	10
9	Fulham	42	9	8	4	29	17	4	8	9	15	22	13	16	13	44	39	42	1.12	V Busby	11
10	Bolton Wand	42	9	7	5	27	16	6	5	10	18	25	15	12	15	45	41	42	1.09	H Curran	11
11	Oxford United	42	14	3	4	30	19	1	9	11	11	32	15	12	15	41	51	42	0.80	D Clarke, A McCulloch	8
12	Orient	42	8	9	4	17	16	3	11	7	11	23	11	20	11	28	39	42	0.71	D Possee	7
13	Southampton	42	10	6	5	29	20	5	5	11	24	34	15	11	16	53	54	41	0.98	M Channon	19
14	Notts County	42	7	11	3	34	26	5	5	11	15	33	12	16	14	49	59	40	0.83	J Scanlon	14
15	York City	42	9	7	5	28	18	5	3	13	23	37	14	10	18	51	55	38	0.92	J Seal	17
16	Nottm Forest	42	7	7	7	24	23	5	7	9	19	32	12	14	16	43	55	38	0.78	N Martin	10
17	Portsmouth	42	9	7	5	28	20	3	6	12	16	34	12	13	17	44	54	37	0.81	M Mellows	8
18	Oldham Athletic	42	10	7	4	28	16	0	8	13	12	32	10	15	17	40	48	35	0.83	I Robins	9
19	Bristol Rovers	42	10	4	7	25	23	2	7	12	17	41	12	11	19	42	64	35	0.65	A Warboys	12
20	Millwall	42	8	9	4	31	19	2	3	16	13	37	10	12	20	44	56	32	0.78	B Clark, P Summerill	6
21	Cardiff City	42	7	8	6	24	21	2	6	13	12	41	9	14	19	36	62	32	0.58	G Reece	9
22	Sheffield Weds	42	7	11	3	17	29	2	4	15	12	35	5	11	26	29	64	21	0.45	A McMordie	6

1974/75 DIVISION 3
SEASON 76

Total Matches	552
Total Goals	1427
Avg goals per match	2.59

Final League Table

Pos	Team	Pld	Home W	D	L	F	A	Away W	D	L	F	A	Totals W	D	L	F	A	Pts	GA	Leading Goalscorer	Gls
1	Blackburn Rovers	46	15	7	1	40	16	7	9	7	28	29	22	16	8	68	45	60	1.51	D Martin	15
2	Plymouth Argyle	46	16	5	2	38	19	8	6	9	41	39	24	11	11	79	58	59	1.36	W Rafferty	23
3	Charlton Athletic	46	15	5	3	51	29	7	6	10	25	32	22	11	13	76	61	55	1.24	D Hales	20
4	Swindon Town	46	18	3	2	43	17	3	8	12	21	41	21	11	14	64	58	53	1.10	P Eastoe	26
5	Crystal Palace	46	14	8	1	48	22	4	7	12	18	35	18	15	13	66	57	51	1.15	D Swindlehurst, P Taylor	14
6	Port Vale	46	15	6	2	37	19	3	9	11	24	35	18	15	13	61	54	51	1.13	R Williams	14
7	Peterborough Utd	46	10	9	4	24	17	9	3	11	23	36	19	12	15	47	53	50	0.88	D Gregory, T Robson	9
8	Walsall	46	13	5	5	46	13	3	8	12	21	39	18	13	15	67	52	49	1.28	A Buckley	21
9	Preston N E	46	16	5	2	42	19	3	6	14	21	37	19	11	16	63	56	49	1.12	M Holden	17
10	Gillingham	46	14	6	3	43	23	3	8	12	22	37	17	14	15	65	60	48	1.08	D Richardson	20
11	Colchester United	46	13	7	3	45	22	4	6	13	25	41	17	13	16	70	63	47	1.11	R Svarc	24
12	Hereford United	46	14	6	3	42	21	2	8	13	22	45	16	14	16	64	66	46	0.97	R McNeil	31
13	Wrexham	46	10	8	5	41	23	5	7	11	24	32	15	15	16	65	55	45	1.18	D Smallman	17
14	Bury	46	13	6	4	38	17	3	6	14	15	33	16	12	18	53	50	44	1.06	D Spence	17
15	Chesterfield	46	11	7	5	37	25	5	5	13	25	41	16	12	18	62	66	44	0.93	E Moss	20
16	Grimsby Town	46	12	8	3	35	19	3	5	15	20	45	15	13	18	55	64	43	0.85	F Lewis	21
17	Halifax Town	46	11	10	2	33	20	2	7	14	16	46	13	17	16	49	66	43	0.75	D Gwyther	12
18	Southend United	46	11	9	3	32	17	2	7	14	14	34	13	16	17	46	51	42	0.90	C Guthrie	12
19	Brighton & H A	46	14	7	2	38	19	2	3	18	18	43	16	10	20	56	64	42	0.87	A Towner	10
20	Aldershot	46	13	5	5	40	21	1	6	16	13	42	14	11	21	53	63	38	0.84	T J Bell	8
21	Bournemouth	46	9	6	8	27	25	4	6	13	17	33	13	12	21	44	58	38	0.75	T Howard	7
22	Tranmere Rovers	46	12	4	7	39	21	2	5	16	16	36	14	9	23	55	57	37	0.96	S Coppell, P Crossley	10
23	Watford	46	9	7	7	30	31	1	10	12	22	44	10	17	19	52	75	37	0.69	R Jenkins	11
24	Huddersfield Town	46	9	6	8	32	29	2	4	17	15	47	11	10	25	47	76	32	0.61	A Gowling	17

Aldershot deducted one point for fielding an ineligible player.

1974/75 DIVISION 4
SEASON 76

Total Matches 552
Total Goals 1407
Avg goals per match 2.55

		Barnsley	Bradford City	Brentford	Cambridge Utd	Chester	Crewe Alex	Darlington	Doncaster R	Exeter City	Hartlepool	Lincoln City	Mansfield Town	Newport County	Northampton T	Reading	Rochdale	Rotherham Utd	Scunthorpe Utd	Shrewsbury T	Southport	Stockport Co	Swansea City	Torquay Utd	Workington
1	Barnsley		2-2	1-1	1-1	0-1	1-1	1-1	0-1	1-0	2-1	0-2	1-3	2-1	5-1	2-0	5-3	1-1	2-2	1-0	3-0	2-0	1-0	0-1	0-1
2	Bradford City	2-0		1-0	1-1	2-0	1-2	1-1	2-0	0-1	3-0	1-2	1-1	0-1	2-1	1-3	1-0	1-1	3-0	1-2	2-0	1-2	3-0	1-1
3	Brentford	3-0	0-0		1-0	1-1	1-0	3-0	1-1	2-0	1-0	1-1	2-3	0-0	1-0	1-0	3-0	3-4	2-0	2-1	1-0	3-0	1-0	3-1	2-2
4	Cambridge United	2-0	0-1	2-0		3-0	2-0	1-0	4-1	1-1	3-2	5-0	2-2	1-1	3-4	1-0	1-1	0-0	2-0	0-2	1-0	2-0	3-1	3-0
5	Chester	2-1	1-0	2-0	1-1		2-0	1-0	3-0	1-1	3-0	4-1	0-0	4-1	4-1	2-0	4-0	0-1	1-0	1-1	3-0	3-1	3-0	0-0
6	Crewe Alexandra	1-1	0-0	1-1	0-0	0-1		2-1	2-1	2-1	2-0	1-0	0-2	1-2	3-1	0-0	1-1	0-0	0-0	2-0	2-2	0-1	0-0
7	Darlington	0-0	0-3	2-1	6-0	1-1	1-0		4-1	2-0	1-2	1-4	2-1	3-0	2-0	0-1	1-2	0-1	1-1	3-1	1-4	1-1	0-2	3-2	2-0
8	Doncaster Rovers	1-1	4-1	2-1	0-1	1-1	2-1	1-3		3-3	3-0	2-2	4-3	0-2	0-1	4-1	0-0	1-1	1-3	1-1	2-1	3-2	3-0	0-0
9	Exeter City	4-2	1-0	1-0	1-4	1-0	2-0	4-1	2-1		1-0	1-2	0-1	3-1	2-2	0-2	0-1	2-4	0-0	1-0	4-1	1-2	0-0	1-0
10	Hartlepool	4-3	1-2	3-2	1-1	1-0	1-1	0-3		2-0	2-1	2-0	2-0	2-3	5-0	3-2	1-0	1-1	1-1	1-1	0-2	0-0	3-0
11	Lincoln City	3-0	2-1	1-1	0-0	2-1	0-0	1-1	4-0	5-0	2-0		0-0	5-2	2-2	1-1	3-0	2-0	1-0	3-0	1-1	2-0	1-3	3-1	3-0
12	Mansfield Town	2-1	3-0	1-1	2-1	0-0	0-0	4-2	5-2	3-2	2-0	3-1		3-0	3-0	1-1	2-0	1-1	7-0	2-1	1-1	3-0	3-0	1-0
13	Newport County	3-4	2-1	1-0	1-2	3-0	1-1	2-1	0-2	1-2	2-0	1-1	2-1		2-1	2-2	3-2	1-1	2-0	2-4	1-0	3-3	3-0	2-1	3-1
14	Northampton T	2-1	1-2	0-0	1-2	2-0	3-0	2-0	1-1	3-0	1-0	0-2	3-2		0-3	0-1	1-1	3-3	1-1	4-1	5-1	1-1	3-0
15	Reading	0-3	1-1	1-0	2-0	2-1	1-1	3-0	3-0	0-0	1-0	1-1	3-0	3-2		2-1	1-1	1-1	1-2	4-1	1-3	1-2	1-0	3-0
16	Rochdale	3-1	1-1	0-0	0-0	0-1	3-0	2-0	1-1	3-0	1-1	1-0	1-1	2-4	2-2	0-2		1-2	4-2	0-0	3-3	3-0	1-0	1-1	2-0
17	Rotherham United	2-0	4-0	3-0	0-0	1-2	1-1	1-1	1-0	0-1	1-2	2-2	2-1	1-1	1-3	2-1	3-1		3-2	0-0	3-0	3-0	1-0	3-1	1-0
18	Scunthorpe United	1-0	1-2	1-2	2-0	1-3	1-1	1-1	0-0	2-1	1-1	1-1	0-1	4-1	2-1	0-1	2-2	0-3		1-0	3-3	0-0	1-2	0-2	2-1
19	Shrewsbury Town	3-1	3-2	1-0	1-0	2-0	0-1	2-0	7-4	2-2	0-1	0-4	0-1	1-0	6-0	2-0	1-1	3-1	5-0		1-0	0-0	2-0	2-0
20	Southport	1-0	1-2	3-0	2-2	2-1	1-1	1-0	2-1	3-0	0-0	3-2	1-1	1-3	0-0	2-0	1-0	2-0	1-0	1-2		2-1	3-0	1-1	2-2
21	Stockport County	0-3	1-1	1-1	1-0	1-1	0-0	2-1	0-2	3-2	1-1	0-0	3-2	1-1	1-0	0-0	1-2	3-3	0-2	1-0	3-2		0-3	2-1	1-0
22	Swansea City	0-3	1-1	0-1	2-1	0-1	2-1	1-0	3-3	0-2	1-0	2-1	1-2	2-0	1-0	1-2	3-3	0-2	1-0	1-4	2-2	1-0		0-1	0-1
23	Torquay United	1-1	0-1	3-2	1-0	3-0	1-0	0-0	2-0	2-2	2-1	1-3	0-2	0-1	0-1	2-1	3-0	0-3	1-1	1-1	3-2	2-2	0-0		2-1
24	Workington	1-2	0-0	0-1	1-2	0-0	3-0	1-2	0-3	0-1	1-1	0-2	1-3	3-1	2-2	2-1	2-1	0-2	1-1	0-2	0-1	1-0	2-0	2-1	

Final League Table

Pos	Team	Pld	Home					Away					Totals						Leading Goalscorer	Gls
			W	D	L	F	A	W	D	L	F	A	W	D	L	F	A	Pts	GA		
1	Mansfield Town	46	17	6	0	55	15	11	6	6	35	25	28	12	6	90	40	68	2.25	R Clarke	28
2	Shrewsbury Town	46	16	3	4	46	18	10	7	6	34	25	26	10	10	80	43	62	1.86	R Haywood	21
3	Rotherham United	46	13	7	3	40	19	9	8	6	31	22	22	15	9	71	41	59	1.73	J Finney, T Womble	14
4	Chester	46	17	5	1	48	9	6	6	11	16	29	23	11	12	64	38	57	1.68	L Owen	14
5	Lincoln City	46	14	8	1	47	14	7	7	9	32	34	21	15	10	79	48	57	1.64	S Ellis, J Ward	13
6	Cambridge United	46	15	5	3	43	16	5	9	9	19	28	20	14	12	62	44	54	1.40	R Shinton	15
7	Reading	46	13	6	4	38	20	8	4	11	25	27	21	10	15	63	47	52	1.34	R Friday	18
8	Brentford	46	15	6	2	38	14	3	7	13	15	31	18	13	15	53	45	49	1.17	D Simmons	12
9	Exeter City	46	14	3	6	33	24	5	8	10	27	39	19	11	16	60	63	49	0.95	K Bowker	14
10	Bradford City	46	10	5	8	32	21	7	8	8	24	30	17	13	16	56	51	47	1.09	R Ham	14
11	Southport	46	13	7	3	36	19	2	10	11	20	37	15	17	14	56	56	47	1.00	P Taylor	11
12	Newport County	46	13	5	5	43	30	6	4	13	25	45	19	9	18	68	75	47	0.90	E Woods	21
13	Hartlepool	46	13	6	4	40	24	3	5	15	12	38	16	11	19	52	62	43	0.83	M Moore	14
14	Torquay United	46	10	7	6	30	25	4	7	12	16	36	14	14	18	46	61	42	0.75	C Myers	8
15	Barnsley	46	10	7	6	34	24	5	4	14	28	41	15	11	20	62	65	41	0.95	M Butler	15
16	Northampton Town	46	12	6	5	43	22	3	5	15	24	51	15	11	20	67	73	41	0.91	P Stratford	14
17	Doncaster Rovers	46	10	9	4	41	29	4	3	16	24	50	14	12	20	65	79	40	0.82	M Kitchen	21
18	Crewe Alexandra	46	9	9	5	22	16	2	7	14	12	31	11	18	17	34	47	40	0.72	H Reed	9
19	Rochdale	46	9	9	5	35	22	4	4	15	24	53	13	13	20	59	75	39	0.78	R Mountford, A Whelan	10
20	Stockport County	46	10	8	5	26	27	2	6	15	17	43	12	14	20	43	70	38	0.61	K Hollis	11
21	Darlington	46	11	4	8	38	27	2	5	16	16	40	13	10	23	54	67	36	0.80	S Webb	16
22	Swansea City	46	9	4	10	25	31	6	2	15	21	42	15	6	25	46	73	36	0.63	R James, G Thomas	8
23	Workington	46	7	5	11	23	29	3	6	14	13	37	10	11	25	36	66	31	0.54	I Murray	7
24	Scunthorpe United	46	7	8	8	27	29	0	7	16	14	49	7	15	24	41	78	29	0.52	D Roberts	13

1975/76 DIVISION 1 SEASON 77

Total Matches: 462
Total Goals: 1230
Avg goals per match: 2.66

Results Grid

Pos	Team	Arsenal	Aston Villa	Birmingham C	Burnley	Coventry City	Derby County	Everton	Ipswich Town	Leeds United	Leicester C	Liverpool	Manchester City	Manchester Utd	Middlesbrough	Newcastle Utd	Norwich City	QPR	Sheffield Utd	Stoke City	Tottenham H	West Ham Utd	Wolverhampton
1	Arsenal		0-0 10J	1-0 21F	1-0 20D	5-0 11O	0-1 8N	2-2 20S	1-2 17A	1-2 6D	1-1 6S	1-0 24F	2-3 40	3-1 22M	2-1 25O	0-0 16M	2-1 26a	2-0 27D	1-0 31J	0-1 23a	0-2 3A	6-1 20M	2-1 13A
2	Aston Villa	2-0 13S		2-1 27S	1-1 25O	1-0 30a	1-0 19A	3-1 22N	0-0 6M	1-2 16a	1-1 29N	0-0 10A	1-0 27a	2-1 21F	2-1 24A	1-1 17J	3-2 13D	0-2 31J	5-1 8N	0-0 27M	1-1 11O	4-1 26D	1-1 24F
3	Birmingham City	3-1 15N	3-2 3A		4-0 20S	1-1 20M	2-1 6D	0-1 23a	3-0 13A	2-2 18O	2-1 20D	0-1 13M	2-1 14F	0-2 19a	2-1 7F	3-2 23S	1-1 28F	1-1 6S	2-0 40	1-1 27D	3-1 17A	1-5 1N	0-1 10J
4	Burnley	0-0 16a	2-2 28F	1-0 10A		1-3 24A	1-2 17J	1-1 19a	0-1 7F	0-1 27S	1-0 17F	0-0 6D	0-0 18M	0-1 19A	4-1 30a	0-1 26D	4-4 13S	1-0 18O	3-1 24F	0-1 1N	1-2 20M	2-0 13D	1-5 15N
5	Coventry City	1-1 13M	1-1 13A	3-2 29N	1-2 4O		1-1 19a	1-2 19D	0-0 6S	0-1 28F	0-2 3A	0-0 18O	2-0 23a	1-1 7F	0-1 23S	1-1 27M	1-1 15N	1-0 1N	1-1 10J	0-3 20S	2-2 27D	2-0 14F	3-1 17A
6	Derby County	2-0 18F	2-0 27D	4-2 27M	3-0 6S	2-0 31J		1-3 21A	1-0 4O	3-2 1N	2-2 17A	1-1 28F	1-0 20S	2-1 24S	3-2 29N	3-2 27a	3-1 13M	1-5 23a	3-2 20D	1-1 24M	2-3 10J	2-1 15N	1-0 18O
7	Everton	0-0 10A	2-1 18O	5-2 13D	2-3 31J	1-4 16a	2-0 30a		3-3 6D	1-3 20M	1-1 1N	0-0 27S	1-1 15N	3-1 23D	3-0 19A	1-1 13S	0-2 17J	3-0 13M	2-1 26a	1-0 7A	2-0 24F	3-0 24A	3-0 28F
8	Ipswich Town	2-0 26D	3-0 1N	4-2 30a	0-0 26a	1-1 17J	2-6 24A	1-0 27M		2-1 13D	1-1 18O	2-0 13S	2-1 7A	3-0 10A	0-3 27S	0-3 16a	2-0 23S	1-1 15N	1-1 29N	1-1 13M	1-2 31J	4-0 19A	3-0 17F
9	Leeds United	3-0 27M	1-0 20D	3-0 22N	2-1 3A	2-0 25O	1-1 2M	5-2 29N	1-0 23a		4-0 27D	0-3 26a	1-2 17A	0-2 11O	3-0 21F	0-3 8N	2-1 31J	0-1 40	2-0 14A	1-1 10J	1-1 20S	3-0 9M	1-1 6S
10	Leicester City	2-1 17J	2-2 20M	3-3 16a	3-2 8N	0-3 27S	2-1 26D	1-0 6M	0-0 22N	0-1 20A		1-1 30a	1-0 31J	0-0 24A	1-0 11O	1-0 13D	0-0 10A	1-1 25F	1-1 21F	2-3 27a	3-3 25O	2-0 13S	2-0 6D
11	Liverpool	2-2 2D	3-0 20S	3-1 11O	2-0 27M	1-1 22N	1-1 25O	1-0 3A	3-3 10J	2-0 7F	1-0 6A		1-0 27D	3-1 8N	0-2 6M	2-0 21F	1-3 29N	2-0 20D	1-0 6S	5-3 17A	3-2 23a	2-2 19a	2-0 40
12	Manchester City	3-1 24A	2-1 7F	2-0 8N	0-0 11O	4-2 13D	4-3 10A	3-0 21F	1-1 25O	0-1 26D	0-3 20a	2-2 19A		2-2 27S	4-0 13S	3-0 30a	0-0 16a	4-0 6M	1-0 24S	4-0 22N	2-1 17J	3-0 20M	3-2
13	Manchester United	3-1 18O	2-0 15N	3-1 31J	2-1 27D	1-1 27a	1-1 25F	2-1 17A	1-0 20S	3-2 13M	0-0 40	0-0 18F	2-0 4m		3-0 27M	1-0 29N	2-1 1N	5-1 10J	0-1 23a	3-2 21A	4-0 6S	1-0 28F	2-0 20D
14	Middlesbrough	0-1 28F	0-0 4O	2-1 26a	2-0 14F	0-2 24F	1-1 20M	2-0 27D	0-0 3A	0-1 15N	0-1 13M	0-0 1N	1-1 10J	0-0 6D		3-3 31J	0-0 6A	1-0 20S	3-3 17A	1-0 6S	3-0 20D	1-0 18O	1-0 23a
15	Newcastle United	2-0 1N	3-0 6S	4-0 7A	0-1 17A	4-0 6D	4-3 7F	5-0 10J	1-1 20D	2-3 31M	3-0 23a	1-2 15N	2-1 14A	3-4 20M	1-1 20a		5-2 18O	1-2 3A	1-1 27D	0-1 3M	2-2 4O	2-1 13M	5-1 20S
16	Norwich City	3-1 7F	5-3 23a	1-0 25O	3-1 10J	0-3 21F	0-0 11O	4-2 6S	1-0 31M	2-1 20a	0-1 20S	0-1 20M	2-2 20D	1-1 17M	0-1 8N	1-2 22N		3-2 17A	1-3 3A	0-1 40	3-1 6M	1-0 6D	1-1 27D
17	Queens Park Rangers	2-1 19A	1-1 19a	2-1 17J	1-0 22N	4-1 6M	1-1 13D	5-0 11O	3-1 21F	2-0 24A	1-0 23S	2-0 16a	1-0 27M	4-2 13S	1-0 10A	2-0 27S	4-2 26D		1-0 25O	3-2 29N	0-0 8N	1-1 30a	4-2 7F
18	Sheffield United	1-3 19a	2-1 14F	2-1 4m	0-1 23S	1-1 13S	0-0 16a	0-2 7F	1-2 20M	0-0 30a	2-2 15N	0-0 17J	1-1 1N	1-1 13D	1-0 26D	0-0 19A	1-0 27S	0-0 28F		0-2 18O	1-2 6D	3-2 10A	1-4 13M
19	Stoke City	2-1 13D	1-1 6D	1-0 19A	4-1 6M	0-1 10A	1-0 27S	3-2 8N	0-1 11O	3-2 13S	1-2 7F	1-1 26D	0-0 2A	1-0 30a	1-1 17J	0-2 25O	0-1 24A	1-1 20M	0-2 22N		1-2 21F	1-2 16a	2-2 20a
20	Tottenham Hotspur	0-0 27S	5-2 13M	1-3 26D	2-3 29N	2-1 19A	4-1 13S	2-2 10D	1-1 20a	0-0 10A	1-1 28F	0-4 13D	2-2 18O	1-0 17J	3-0 16a	0-3 24A	2-2 30a	0-1 14F	5-0 27M	1-1 15N		1-1 7F	2-1 1N
21	West Ham United	1-0 29N	2-2 17A	1-2 6M	3-2 23a	1-1 8N	1-2 21F	0-1 4O	1-2 27D	1-1 23F	1-1 10J	0-4 31J	1-0 6S	2-1 25O	2-1 22N	0-1 11O	1-0 27M	0-0 24J	1-0 20S	2-0 20D	3-1 25a		0-0 3A
22	Wolverhampton Wanderers	0-0 30a	0-0 23S	2-0 13S	3-2 21F	0-1 26D	1-0 22N	1-1 25O	2-2 8N	1-3 17J	0-4 27M	0-2 4m	1-2 29N	5-0 16a	1-0 13D	2-2 10A	5-1 19A	1-2 26a	5-1 31J	0-1 16M	0-1 27S		

Stoke City v Middlesbrough played at Port Vale due to storm damage at the Stoke ground.

Final League Table

Pos	Team	Pld	Home W	Home D	Home L	Home F	Home A	Away W	Away D	Away L	Away F	Away A	Totals W	Totals D	Totals L	Totals F	Totals A	Pts	GA	Leading Goalscorer	Gls
1	Liverpool	42	14	5	2	41	21	9	9	3	25	10	23	14	5	66	31	60	2.12	J Toshack	16
2	Queens Park R	42	17	4	0	42	13	7	7	7	25	20	24	11	7	67	33	59	2.03	D Givens	13
3	Manchester United	42	16	4	1	40	13	7	6	8	28	29	23	10	9	68	42	56	1.61	J S Pearson	13
4	Derby County	42	15	3	3	45	30	6	8	7	30	28	21	11	10	75	58	53	1.29	F C George	16
5	Leeds United	42	13	3	5	37	19	8	6	7	28	27	21	9	12	65	46	51	1.41	D McKenzie	16
6	Ipswich Town	42	11	6	4	36	23	5	8	8	18	25	16	14	12	54	48	46	1.12	T Whymark	13
7	Leicester City	42	9	9	3	29	24	4	10	7	19	27	13	19	10	48	51	45	0.94	R Lee	11
8	Manchester City	42	14	5	2	46	18	2	6	13	18	28	16	11	15	64	46	43	1.39	D Tueart	14
9	Tottenham H	42	6	10	5	33	32	8	5	8	30	31	14	15	13	63	63	43	1.00	J Duncan	20
10	Norwich City	42	10	5	6	33	26	6	5	10	25	32	16	10	16	58	58	42	1.00	E MacDougall	23
11	Everton	42	10	7	4	37	24	5	5	11	23	42	15	12	15	60	66	42	0.90	R Latchford	12
12	Stoke City	42	8	5	8	25	24	7	6	8	23	26	15	11	16	48	50	41	0.96	J Greenhoff	11
13	Middlesbrough	42	9	7	5	23	11	6	3	12	23	34	15	10	17	46	45	40	1.02	D Mills	11
14	Coventry City	42	6	9	6	22	22	7	5	9	25	35	13	14	15	47	57	40	0.82	D Cross	14
15	Newcastle United	42	11	4	6	51	26	4	5	12	20	36	15	9	18	71	62	39	1.14	M Macdonald	19
16	Aston Villa	42	11	8	2	32	17	0	9	12	19	42	11	17	14	51	59	39	0.86	R Graydon	12
17	Arsenal	42	11	4	6	33	19	2	6	13	14	34	13	10	19	47	53	36	0.88	B Kidd	11
18	West Ham United	42	10	5	6	26	23	3	5	13	22	48	13	10	19	48	71	36	0.67	A Taylor	13
19	Birmingham City	42	11	5	5	36	26	2	2	17	21	49	13	7	22	57	75	33	0.76	T Francis	16
20	Wolverhampton	42	7	6	8	27	25	3	4	14	24	43	10	10	22	51	68	30	0.75	J Richards	17
21	Burnley	42	6	6	9	23	26	3	4	14	20	40	9	10	23	43	66	28	0.65	R Hankin	13
22	Sheffield United	42	4	7	10	19	32	2	3	16	14	50	6	10	26	33	82	22	0.40	A Woodward	10

1975/76 DIVISION 2
SEASON 77

Total Matches 462
Total Goals 1106
Avg goals per match 2.39

		Blackburn Rov	Blackpool	Bolton Wand	Bristol City	Bristol Rovers	Carlisle United	Charlton Athletic	Chelsea	Fulham	Hull City	Luton Town	Nottm Forest	Notts County	Oldham Athletic	Orient	Oxford United	Plymouth A	Portsmouth	Southampton	Sunderland	West Brom A	York City
1	Blackburn Rovers		0-2 24S	1-1 8N	1-2 6S	1-2 6M	1-0 16A	2-0 29N	1-1 25O	0-1 4O	1-0 4N	3-0 3A	1-4 27D	2-1 27M	4-1 23a	1-1 20D	0-0 22N	3-1 31J	0-3 21F	1-1 28J	0-0 20S	0-0 11O	4-0 17A
2	Blackpool	1-1 24F		1-1 6M	2-1 3A	1-4 25O	2-1 17A	2-1 10J	0-2 22N	1-1 30D	2-2 31J	3-2 4O	1-1 4N	1-0 29N	1-1 6S	1-0 23a	2-0 21F	0-0 27M	0-0 11O	4-3 20S	1-0 20A	0-1 8N	0-0 27D
3	Bolton Wanderers	0-1 22M	1-0 1N		1-0 20D	3-1 28A	0-0 15N	5-0 4O	2-1 27M	2-2 23a	1-0 28F	3-0 27J	0-0 3A	4-1 18O	1-1 17A	0-1 20S	0-0 2M	4-1 13M	3-0 4N	2-1 6S	1-2 27D	1-2 29N	13A
4	Bristol City	1-0 17J	2-0 27S	1-0 16a		1-0 30a	0-0 6D	4-0 11O	2-2 10A	0-0 20M	3-0 13D	3-0 6M	0-2 21F	1-2 24A	1-0 24F	0-0 7N	4-1 12S	2-2 26D	1-0 20A	1-1 7F	3-0 19a	0-2 25O	4-1 22N
5	Bristol Rovers	1-1 1N	1-1 28F	2-2 23S	0-0 16A		0-1 20S	0-0 6S	1-2 29N	1-0 10J	0-1 13M	0-1 27D	4-2 4O	0-0 14F	1-1 20D	0-1 3A	0-0 27M	2-0 15N	2-0 31J	1-0 17A	1-1 18O	1-1 4N	2-1 23a
6	Carlisle United	0-1 30a	1-0 26D	3-2 21F	0-1 27M	4-2 10A		1-1 25O	2-1 12D	2-2 31J	0-0 20A	1-1 11O	1-1 6M	1-2 17J	2-1 4N	1-2 22N	1-1 16a	2-0 24A	2-1 15N	1-0 13S	2-2 29N	1-1 24F	1-0 27S 8N
7	Charlton Athletic	2-1 20M	1-1 13S	0-4 24A	2-2 12M	3-0 17J	4-2 27F		1-1 19A	3-2 17F	1-0 26S	1-5 3D	2-2 24F	1-2 16a	3-1 18O	1-1 23M	2-1 29a	2-0 12D	1-3 26D	4-1 31O	1-2 15N	2-1 9A	3-2 31J
8	Chelsea	3-1 28F	2-0 18O	0-1 6D	1-1 20S	0-0 23a	3-1 27D	2-3		0-0 6A	0-0 18F	2-2 16A	0-0 6S	2-0 15N	0-3 10J	0-2 17A	3-1 27a	2-2 1N	2-0 25F	1-1 13M	1-0 22D	1-2 31J	0-0 4O
9	Fulham	1-1 24A	0-0 16a	1-2 13D	1-2 29N	0-2 13S	3-0 20a	1-1 8N	2-0 27S		1-1 10A	2-0 22N	0-0 11O	3-2 26D	1-0 27M	1-1 25O	1-1 17J	0-0 19A	0-1 6M	1-0 9M	2-0 7F	4-0 30a	2-0 21F
10	Hull City	0-1 6F	1-0 19a	2-2 25O	3-1 23a	0-0 11O	2-3 27D	2-2 3A	1-2 8N	1-2 20S		1-2 20D	1-0 10J	0-2 23S	3-0 16A	1-0 6S	2-0 6M	4-0 29N	1-0 22N	0-0 4O	1-4 17A	2-1 21F	1-1
11	Luton Town	1-1 27S	3-0 24A	0-2 13S	0-0 1N	3-1 19A	3-1 13M	1-1 27M	3-0 30a	1-0 18O	2-0 16a		1-1 31J	1-1 10A	2-3 15N	1-0 29N	3-2 26D	1-1 24S	3-1 17J	1-0 2M	2-0 28F	2-1 13D	4-0 4N
12	Nottingham Forest	1-0 20A	3-0 7F	1-2 27S	1-0 15N	3-0 24A	4-0 1N	1-2 24S	1-3 17J	1-0 13M	0-0 13S	0-0 21O		0-1 30a	4-3 28F	1-0 27M	4-0 10A	2-0 16a	0-1 13D	3-1 18O	2-1 17M	0-2 26D	1-0 29N
13	Notts County	3-0 6D	1-2 20M	1-1 22N	1-1 4O	1-1 8N	1-0 6S	2-0 20D	3-2 21F	4-0 17A	1-2 24F	1-0 20S	0-0 13A		5-1 27D	2-0 27A	0-1 11O	1-0 4N	2-0 25O	0-0 23a	1-0 3A	0-2 6M	4-0 10J
14	Oldham Athletic	2-1 13D	1-0 17J	2-1 26D	2-4 7O	2-2 16a	2-0 7F	2-1 22N	2-2 13S	1-0 6D	1-1 30a	0-0 21F	1-1 25O	0-0 19A		1-1 6M	1-1 8N	3-2 27S	5-2 10A	3-2 21O	1-0 20M	0-1 24A	0-0 11O
15	Orient	1-1 16a	0-1 12D	0-0 10A	0-1 14F	0-0 26S	1-0 18O	0-1 2M	3-1 26D	2-0 28F	1-0 17J	3-0 20M	1-1 6D	1-1 19a	2-0 1N		2-1 24A	1-0 13S	0-1 29a	2-1 15N	0-2 13M	0-0 20A	1-0 23S
16	Oxford United	0-0 18O	1-3 15N	2-0 20a	1-1 10J	1-3 6D	0-0 20D	1-1 16A	1-3 7F	2-3 6S	1-3 1N	0-1 17A	2-1 20S	0-1 13M	1-1 14F	2-1 4O		2-2 28F	1-0 20M	1-2 27D	1-1 23a	1-0 12N	1-0 3A
17	Plymouth Argyle	2-2 21O	1-2 6D	2-3 11O	0-0 24J	3-0 21F	2-1 4O	1-0 23a	0-3 6M	4-0 27D	1-1 20M	3-0 24F	1-0 20D	1-3 7F	2-1 3A	3-0 10J	2-1 25O		3-1 8N	1-0 16A	1-0 6S	2-1 22N	1-1 20S
18	Portsmouth	0-1 15N	2-0 13M	0-1 7F	0-1 27D	1-2 21O	1-0 10J	2-2 17A	1-1 23S	0-1 1N	1-1 18O	0-0 6S	1-1 23a	1-3 28F	3-1 20S	1-2 13A	2-1 29N	2-0 14F		0-1 6A	0-0 4O	0-0 27M	0-1 20D
19	Southampton	2-1 13S	3-1 10A	0-0 17J	3-1 26a	3-0 26D	1-1 20M	3-2 12A	4-1 11O	2-1 24F	1-0 24A	0-3 8N	3-1 22N	0-3 13D	2-1 31J	3-2 21F	3-0 19A	2-1 29a	1-0 27S		4-0 6D	3-0 16a	2-0 25O
20	Sunderland	3-0 10A	2-0 30a	2-1 19A	1-1 23M	1-1 22N	3-2 23S	4-1 21F	2-0 16a	3-1 26a	2-0 26D	3-0 25O	4-0 8N	2-0 27S	3-1 29N	1-0 11O	2-1 13D	2-0 17J	3-0 24A	2-0 27M		1-0 13S	3-0 30M
21	West Bromwich Albion	2-2 13M	0-0 31M	2-0 20M	0-1 17M	3-0 7F	3-0 3A	1-1 20S	0-0 20a	3-1 14A	2-0 15N	1-0 23a	2-0 17A	0-0 1N	1-1 4O	1-1 27D	2-0 25F	1-0 18O	3-1 6D	0-2 19D	0-0 10J		2-2 6S
22	York City	2-1 26D	1-1 19A	1-2 30a	1-4 18O	0-0 13D	1-2 14F	1-3 21O	2-2 24A	1-0 15N	1-2 6D	2-3 7F	3-2 20M	1-2 13S	1-0 13M	0-2 24F	2-0 27S	3-1 10A	2-1 16a	2-1 28F	1-4 1N	0-1 17J	

Final League Table

Pos	Team	Pld	Home					Away					Totals					Pts	GA	Leading Goalscorer	Gls
			W	D	L	F	A	W	D	L	F	A	W	D	L	F	A				
1	Sunderland	42	19	2	0	48	10	5	6	10	19	26	24	8	10	67	36	56	1.86	B Robson	13
2	Bristol City	42	11	7	3	34	14	8	8	5	25	21	19	15	8	59	35	53	1.68	T Ritchie	18
3	West Brom A	42	10	9	2	29	12	10	4	7	21	21	20	13	9	50	33	53	1.51	Alistair Brown	10
4	Bolton Wand	42	12	5	4	36	14	8	7	6	28	24	20	12	10	64	38	52	1.68	G Jones, N Whatmore	11
5	Notts County	42	11	6	4	33	13	8	5	8	27	28	19	11	12	60	41	49	1.46	L Bradd	16
6	Southampton	42	18	2	1	49	16	3	5	13	17	34	21	7	14	66	50	49	1.32	M Channon	19
7	Luton Town	42	13	6	2	38	15	6	4	11	23	36	19	10	13	61	51	48	1.19	J Husband	14
8	Nottm Forest	42	13	1	7	34	18	4	11	6	21	22	17	12	13	55	40	46	1.37	I Bowyer	13
9	Charlton Athletic	42	11	5	5	40	34	4	7	10	21	38	15	12	15	61	72	42	0.84	D Hales	28
10	Blackpool	42	9	9	3	26	22	5	5	11	14	27	14	14	14	40	49	42	0.81	M Walsh	17
11	Chelsea	42	7	9	5	25	20	5	7	9	28	34	12	16	14	53	54	40	0.98	R Wilkins	11
12	Fulham	42	9	8	4	27	14	4	6	11	18	33	13	14	15	45	47	40	0.95	J Mitchell	9
13	Orient	42	10	6	5	21	12	3	6	12	16	27	13	12	17	37	39	40	0.94	L Cunningham	8
14	Hull City	42	9	5	7	29	23	5	6	10	16	26	14	11	17	45	49	39	0.91	R Greenwood, A Wood	6
15	Blackburn Rovers	42	8	6	7	27	22	4	8	9	18	28	12	14	16	45	50	38	0.90	K Beamish, T Parkes	7
16	Plymouth Argyle	42	13	4	4	36	20	0	8	13	12	34	13	12	17	48	54	38	0.88	P Mariner	15
17	Oldham Athletic	42	11	8	2	37	24	4	2	15	20	44	15	12	17	57	68	38	0.83	G Shaw	13
18	Bristol Rovers	42	7	9	5	20	15	4	7	10	18	35	11	16	15	38	50	38	0.76	B Bannister	13
19	Carlisle United	42	9	8	4	29	22	3	5	13	16	37	12	13	17	45	59	37	0.76	F Clarke	9
20	Oxford United	42	7	7	7	23	25	4	4	13	16	34	11	11	20	39	59	33	0.66	M Tait	12
21	York City	42	8	3	10	28	34	2	5	14	11	37	10	8	24	39	71	28	0.54	M Cave	8
22	Portsmouth	42	6	6	9	17	23	3	1	15	15	38	9	7	26	32	61	25	0.52	N Piper	11

1975/76 DIVISION 3 SEASON 77

Total Matches 552
Total Goals 1440
Avg goals per match 2.61

Results Grid

		Aldershot	Brighton & H A	Bury	Cardiff City	Chester	Chesterfield	Colchester Utd	Crystal Palace	Gillingham	Grimsby Town	Halifax Town	Hereford United	Mansfield Town	Millwall	Peterborough U	Port Vale	Preston N E	Rotherham Utd	Sheffield Weds	Shrewsbury T	Southend Utd	Swindon Town	Walsall	Wrexham
1	Aldershot		1-1 17A	1-1 10J	2-1 22O	1-1 13M	3-1 14F	2-2 18O	1-0 27D	3-0 1N	0-3 7A	1-2 23a	0-2 20D	2-1 6S	1-1 24S	1-0 24M	2-0 7F	1-1 20S	3-0 28F	1-1 15N	1-1 27M	2-1 4O	0-1 14A	3-2 29N	2-3 3A
2	Brighton & H A	4-1 30D		2-1 4N	0-1 30a	6-0 13S	3-0 27S	6-0 17J	2-0 24F	1-1 19A	4-2 17M	1-0 21F	5-0 6D	3-0 31J	1-0 3F	5-0 6M	3-0 10A	1-0 11O	3-0 16a	1-1 24A	2-2 10M	2-0 8N	2-0 20M	1-2 10S	3-2 25O
3	Bury	1-1 3J	1-1 30a		0-1 7F	3-1 4m	0-0 27A	1-0 13S	0-1 12A	2-0 6D	1-1 16a	0-0 8m	2-3 25O	2-1 20M	2-0 23S	2-1 27S	1-2 16M	2-0 19A	4-0 21F	0-0 10A	2-1 26D	1-0 30M	5-0 11O	1-1 21O	0-1 17J	8N
4	Cardiff City	1-0 31J	0-1 10J	1-1 23a		2-0 28F	4-3 1N	2-0 15N	0-1 6S	4-1 14F	2-1 3A	0-0 20S	2-0 14A	1-0 20J	0-0 27M	5-2 27D	1-1 25F	0-1 7A	1-1 13M	2-0 18O	3-0 29N	3-1 22D	0-0 17A	0-0 4N	3-0 4O
5	Chester	1-0 11O	3-0 24J	0-0 16A	1-1 25O		2-1 20M	1-0 24S	2-1 4m	2-2 6D	1-2 6S	0-1 7A	1-1 4O	3-1 10J	1-1 8N	1-0 20S	3-0 21F	1-0 27D	3-1 7F	1-0 21O	1-0 6M	1-1 23a	2-1 20D	1-1 16M	1-3 17A
6	Chesterfield	5-2 8N	2-1 7A	3-2 11F	1-1 6M	1-1 29M		6-1 5N	1-2 23a	0-1 31J	4-3 16A	1-2 20D	2-3 20S	1-2 17A	2-2 25O	1-1 6S	0-1 24J	3-0 4O	1-0 27M	0-1 24S	2-1 11O	1-2 27D	4-0 3A	2-1 21F	1-1 10J
7	Colchester United	2-0 16M	0-0 20S	0-0 4O	3-2 21F	1-0 24F	2-3 7F		0-3 10J	2-2 20M	1-0 27D	0-1 6S	1-4 24J	0-2 23a	0-1 23M	1-1 16A	1-0 25O	1-1 3A	0-1 21O	1-1 6D	2-1 8N	1-1 17A	1-2 6A	2-0 11O	0-2 20D
8	Crystal Palace	0-0 20A	0-1 23S	1-0 27M	0-1 10A	2-0 16a	0-0 28A	3-2 30a		0-1 30D	3-0 11O	1-1 13A	2-2 10M	4-1 29N	0-0 30M	1-1 8N	2-2 9M	2-0 16M	2-0 13S	1-1 27S	1-1 17J	1-1 25O	3-3 7F	0-1 6J	1-1 21F
9	Gillingham	1-1 6M	1-0 27D	2-0 3A	2-2 8N	2-0 27M	2-2 21O	0-1 29N	1-2 17A		3-0 23a	1-1 4O	3-4 6A	3-1 20S	3-1 21F	2-2 20D	2-1 11O	9-1 6S	0-0 23S	0-0 7F	1-2 16M	3-2 13A	3-2 10J	2-3 25O	1-1 24J
10	Grimsby Town	1-0 27S	2-1 18O	0-0 1N	2-0 16a	3-0 10A	0-1 3J	1-2 19A	2-1 13M	2-1 24A		2-2 23S	1-0 14F	4-1 15N	2-1 13S	1-1 7F	1-0 30M	0-0 29N	4-1 26D	1-1 17J	3-2 30a	2-2 27M	1-0 28F	1-2 9M	1-2 11N
11	Halifax Town	1-3 24A	1-3 15N	0-2 28F	1-1 17J	5-2 27S	1-1 30M	1-3 26A	1-1 1N	1-3 9M	2-1 24F		0-1 18O	1-2 4O	2-2 15N	1-0 6D	0-1 26D	1-3 6A	2-1 19A	0-1 2M	0-0 13S	1-0 23M	0-2 13M	2-1 30a	0-1 20M
12	Hereford United	2-1 31M	1-1 27M	2-0 19A	4-1 4F	5-0 10M	4-2 17J	0-0 13S	1-1 31J	1-1 27S	3-2 8N	1-2 17M		1-0 11F	0-0 10A	2-4 25O	0-0 16a	3-1 28A	3-2 24A	3-1 30a	3-1 19A	2-1 21F	1-0 24S	1-3 26D	2-0 11O
13	Mansfield Town	1-0 10A	1-0 1M	1-1 23F	1-4 13S	1-1 30a	0-1 26D	0-0 24A	1-1 20M	1-1 17J	1-0 21F	1-1 8N	2-2 7F		1-1 8M	3-1 11O	0-1 3J	1-1 25O	3-0 29M	1-2 19A	3-3 16a	4-1 15M	6-0 6D	6-0 27S	0-0 6M
14	Millwall	4-1 25F	3-1 16A	0-0 7A	1-3 6D	1-0 14F	2-0 28F	1-1 1N	2-1 20D	2-2 15N	1-1 24J	1-0 3A	1-0 6S	1-0 4O		2-0 17A	1-0 20M	2-0 10J	3-1 18O	1-0 13M	0-0 4N	1-0 20S	1-0 27D	2-1 31J	2-1 23a
15	Peterborough Utd	1-1 13S	1-0 1N	4-0 18O	0-0 19A	3-0 17J	0-1 10A	3-1 14J	2-0 18F	1-1 31M	4-2 4N	1-0 27M	0-3 27F	0-3 13M	1-1 26D		0-0 30a	2-0 31J	1-3 27S	2-2 10M	3-2 24A	3-2 29N	3-1 15N	0-0 16a	2-0 24S
16	Port Vale	0-1 3N	1-1 6S	2-1 27D	2-1 22S	0-1 15N	3-2 18O	0-1 28F	3-2 4O	4-3 13M	1-1 20D	1-1 17A	4-3 3A	1-1 20A	2-2 29N	2-0 10J		2-0 1N	1-1 23a	1-0 16F	0-0 31J	1-1 9F	3-0 20S	1-2 27M	3-1 5A
17	Preston North End	1-0 17J	1-0 13M	0-0 15N	3-1 27S	0-0 19A	3-1 9M	2-1 16a	4-0 18O	0-0 10A	2-1 20M	3-4 7F	0-2 1N	2-1 28F	2-1 30a	2-1 21O	3-0 24A		3-2 13J	4-2 30M	0-2 3F	5-1 24F	4-2 14F	3-1 13S	0-1 6D
18	Rotherham United	2-2 25O	3A	3-3 6S	1-0 11O	0-1 4N	2-0 6D	2-0 31J	4-1 3F	2-0 24F	3-0 17A	1-1 27D	2-1 23a	1-2 20D	1-1 16M	1-2 6A	1-1 6M	1-1 20A		1-0 20M	0-1 21F	2-0 10J	0-2 4O	3-1 8N	2-1 20S
19	Sheffield Weds	3-1 21F	3-3 23a	1-0 17A	2-1 17M	1-0 31J	1-0 24M	1-0 27M	1-0 7A	4-0 5N	0-0 20S	1-2 20A	0-0 10J	1-2 27D	2-0 11O	4-1 40	2-2 8N	0-2 20D	0-0 29N		1-1 25O	2-1 29A	0-2 24J	1-2 6M	0-1 6S
20	Shrewsbury Town	5-3 6D	1-2 4O	1-3 20D	3-1 20M	0-2 1N	1-0 13M	1-2 14F	1-0 20S	2-4 18O	1-0 10J	1-0 24J	2-0 27D	2-1 2A	1-2 7F	1-0 23a	0-3 21O	1-0 17A	1-0 15N	0-2 13A		3-1 6A	3-0 6S	1-1 24F	1-2 21A
21	Southend United	0-2 8M	4-0 17F	2-0 13M	0-2 29M	0-1 23A	1-1 19A	2-0 26D	1-2 27F	2-2 1M	5-2 5D	4-1 20O	1-3 26J	2-0 17O	0-0 16J	3-3 19M	0-2 13S	1-2 22S	2-1 30a	1-3 16a	3-0 27S		2-2 31O	2-2 9A	2-2 6F
22	Swindon Town	6-3 10F	3-2 29A	2-1 31J	4-0 26D	2-1 30M	0-1 16a	0-1 27S	1-2 4N	2-2 30a	3-0 25O	0-1 11O	0-2 24F	0-2 27M	2-1 20A	1-3 21F	1-1 17J	2-1 8N	1-1 9M	3-0 13S	0-0 10A	0-0 6M		5-1 24A	2-2 29A
23	Walsall	4-1 20M	2-0 20D	0-1 20S	2-3 7F	1-0 18O	1-0 15N	1-0 13M	1-1 16S	4-0 27F	2-0 4O	2-0 10J	0-0 17A	0-1 6A	1-1 21O	2-2 3A	3-1 6D	3-1 24J	5-1 13F	2-2 2D	1-0 22S	2-0 6S	2-3 23a		1-1 2-2 27D
24	Wrexham	3-1 16a	1-0 28F	2-1 14F	1-1 8M	1-1 26D	1-0 30a	1-1 13D	1-3 15N	2-0 13S	1-0 31J	1-0 29N	2-1 13M	1-0 1N	1-1 3J	3-0 23F	1-0 27M	3-0 17J	2-3 10A	2-2 9F	0-3 27A	0-3 18O	2-2 19A		

Final League Table

Pos	Team	Pld	Home					Away					Totals						Leading Goalscorer	Gls
			W	D	L	F	A	W	D	L	F	A	W	D	L	F	A	Pts	GA		
1	Hereford United	46	14	6	3	45	24	12	5	6	41	31	26	11	9	86	55	63	1.56	R McNeil	35
2	Cardiff City	46	14	7	2	38	13	8	6	9	31	35	22	13	11	69	48	57	1.43	A Evans	21
3	Millwall	46	16	6	1	35	14	4	10	9	19	29	20	16	10	54	43	56	1.25	G Hill, P Summerill	8
4	Brighton & H A	46	18	3	2	58	15	4	6	13	20	38	22	9	15	78	53	53	1.47	F Binney	23
5	Crystal Palace	46	7	12	4	30	20	11	5	7	31	26	18	17	11	61	46	53	1.32	D Swindlehurst	16
6	Wrexham	46	13	6	4	38	21	7	6	10	28	34	20	12	14	66	55	52	1.20	W Ashcroft	14
7	Walsall	46	11	8	4	43	22	7	6	10	31	39	18	14	14	74	61	50	1.21	A Buckley	34
8	Preston North End	46	15	4	4	45	23	4	6	13	17	34	19	10	17	62	57	48	1.08	A Bruce, M Elwiss	15
9	Shrewsbury Town	46	14	2	7	36	25	5	8	10	25	34	19	10	17	61	59	48	1.03	M Kearney	13
10	Peterborough Utd	46	12	7	4	37	23	3	11	9	26	40	15	18	13	63	63	48	1.00	D Gregory	14
11	Mansfield Town	46	8	10	4	31	22	8	6	9	11	27	16	16	15	58	52	47	1.11	R Clarke	24
12	Port Vale	46	10	10	3	33	21	5	6	12	22	33	15	16	15	55	54	46	1.01	M Cullerton	17
13	Bury	46	11	7	5	33	16	3	9	11	18	30	14	16	16	51	46	44	1.10	A Rowland	16
14	Chesterfield	46	11	5	7	45	30	6	4	13	24	39	17	9	20	69	69	43	1.00	M Darling	16
15	Gillingham	46	10	8	5	38	27	2	11	10	20	41	12	19	15	58	68	43	0.85	D Richardson, D Westwood	9
16	Rotherham United	46	11	6	6	35	22	4	6	13	19	43	15	12	19	54	65	42	0.83	R Finney	11
17	Chester	46	13	7	3	34	19	2	5	16	9	43	15	12	19	43	62	42	0.69	L Owen	7
18	Grimsby Town	46	13	7	3	39	21	2	3	18	23	53	15	10	21	62	74	40	0.83	F Lewis	15
19	Swindon Town	46	11	4	8	42	31	5	4	14	20	44	16	8	22	62	75	40	0.82	T Anderson	15
20	Sheffield Weds	46	12	6	5	34	25	0	10	13	14	34	12	16	18	48	59	40	0.81	M Prendergast	11
21	Aldershot	46	10	8	5	34	26	3	5	15	25	49	13	13	20	59	75	39	0.78	T Bell, J Howarth	7
22	Colchester United	46	9	6	8	25	27	3	8	12	16	38	12	14	20	41	65	38	0.63	S Leslie	6
23	Southend United	46	9	7	7	40	31	3	6	14	25	44	12	13	21	65	75	37	0.86	P Silvester	19
24	Halifax Town	46	8	6	9	29	32	5	8	10	19	29	11	13	22	41	61	35	0.67	R McHale	12

1975/76 DIVISION 4
SEASON 77

Total Matches	552
Total Goals	1442
Avg goals per match	2.61

		Barnsley	Bournemouth	Bradford City	Brentford	Cambridge Utd	Crewe Alex	Darlington	Doncaster R	Exeter City	Hartlepool	Huddersfield T	Lincoln City	Newport County	Northampton T	Reading	Rochdale	Scunthorpe Utd	Southport	Stockport Co	Swansea City	Torquay Utd	Tranmere Rov	Watford	Workington
1	Barnsley		2-0 9M	1-1 27M	1-1 10A	4-0 30M	1-1 12S	1-0 14F	0-1 24S	0-0 21O	3-1 28F	2-3 29N	0-1 19A	3-1 13M	3-1 30a	4-2 18O	2-1 26D	1-0 3J	2-0 24A	2-2 15N	0-0 1N	0-0 7F	1-0 17J	1-0 16a	0-0 27S
2	Bournemouth	1-1 4O		2-1 10J	3-0 24S	1-0 1N	1-2 7F	0-1 23a	1-0 6S	4-2 16A	1-0 3A	1-1 20D	2-0 26A	0-0 20S	0-1 29N	2-1 7A	1-0 22O	3-3 15N	2-0 13M	2-0 24J	0-0 27D	4-2 17A	4-1 18O	1-0 14F	1-0 27M
3	Bradford City	2-1 6D	0-1 30a		1-1 16a	1-2 24A	4-1 19A	2-0 1N	3-4 22O	0-0 7F	1-2 15N	2-2 24S	1-5 31M	3-0 3m	1-2 10A	1-1 13M	3-0 17J	0-0 26D	1-1 10M	1-2 18O	0-0 28F	3-1 20M	3-0 13S	1-0 27S	1-0 14J
4	Brentford	1-0 6S	1-2 23F	2-2 3A		0-0 28F	0-0 20M	3-0 20D	0-1 24J	5-1 17A	1-1 23a	0-0 5A	1-0 13M	1-3 4O	2-1 31J	2-2 27D	3-0 6D	1-0 1N	2-1 18O	1-0 20S	1-0 16A	1-1 10J	0-1 14F	1-0 15N	4-0 3N
5	Cambridge Utd	1-1 20D	1-0 6M	0-1 23a	2-1 25O		1-1 11O	1-0 4O	3-3 3A	0-1 24J	4-0 16A	0-0 20S	2-4 21O	0-1 6A	1-0 8N	2-2 21A	0-0 21F	2-2 7F	2-2 20M	0-1 6S	3-1 10J	2-1 27D	3-3 6D	4-1 23S	4-1 15M
6	Crewe Alexandra	1-1 23J	1-0 5N	1-3 27D	1-0 29N	1-2 13M		2-0 20S	1-2 10J	0-0 7A	0-0 4O	0-2 14A	2-3 1N	4-0 17A	0-1 27M	3-3 23a	0-0 24S	1-0 18O	4-0 13F	3-1 3A	2-1 20D	6-0 6S	1-0 15N	2-2 3M	0-0 31J
7	Darlington	2-0 8N	2-0 24A	2-2 22M	2-0 29M	1-1 13D	0-0 17J		2-2 25O	0-0 11O	1-2 3N	0-3 21F	0-0 27S	4-0 27M	0-1 13S	0-1 29N	4-0 20A	2-0 16a	2-0 3J	1-1 23F	1-1 28A	1-0 15M	2-0 10A	1-0 30a	1-0 26D
8	Doncaster Rov	2-2 24F	1-1 10A	1-1 30J	1-1 15S	0-2 16a	3-1 30a	3-2 28F		0-0 20M	3-0 14F	4-1 4N	2-4 26D	5-1 15N	0-4 9M	1-1 20J	1-2 19A	0-1 27S	5-2 13M	3-1 18O	0-1 6D	3-0 13D	1-2 17J	1-0 30M	
9	Exeter City	2-0 31J	1-0 2J	0-0 4N	1-2 26D	2-2 13S	1-1 27S	1-0 13M		3-1 18O	4-1 27M	0-0 17J	3-0 28F	0-0 13D	4-1 13F	1-0 9M	5-4 23A	2-0 16a	3-0 31O	0-0 14N	0-2 25F	1-3 29a	1-0 19A	1-0 10A	
10	Hartlepool	1-0 25O	1-1 16a	2-2 21F	1-0 24A	2-2 18F	1-3 10M	2-3 7F	2-1 8N	2-1 13O		1-1 6M	2-2 30a	4-1 29N	3-0 26D	2-4 22S	3-0 31M	1-2 13S	0-0 17J	3-0 22O	1-0 27M	0-1 11O	1-2 27S	2-1 10A	0-2 20A
11	Huddersfield T	1-2 20M	0-0 30M	0-0 29A	2-1 27S	2-0 17J	1-0 27J	1-0 15N	1-2 7F	0-1 6D	1-0 1N		0-1 13S	2-1 18O	1-1 16a	3-0 28F	0-0 30a	1-1 10A	1-2 19A	2-2 14F	2-0 13M	2-3 21O	1-0 26D	1-0 24A	2-0 9M
12	Lincoln City	2-1 27O	0-1 25O	4-2 20D	3-1 11O	3-0 31J	2-0 6M	2-1 7A	5-0 17A	4-1 20S	3-0 10J	0-0 23M		3A	4-3 17M	3-1 6S	2-0 8N	3-0 28N	6-0 25F	2-0 16A	4-0 4O	4-2 23a	2-2 4N	5-1 26M	4-1 21F
13	Newport County	1-0 11O	3-1 17J	3-1 8N	1-0 8M	2-0 27S	2-2 26D	4-1 6D	2-3 21F	3-3 25O	0-1 20M	1-2 17M	3-1 16a		1-1 20A	0-0 20O	1-1 10A	2-0 30a	2-2 13S	1-2 7F	0-2 23F	1-5 5M	0-2 3J	2-3 31M	2-2 24A
14	Northampton T	5-0 10J	6-0 20M	4-2 5S	3-4 21O	4-2 14F	2-1 6D	3-2 24J	2-1 3O	3-1 20D	5-2 17A	1-0 3A	3-0 18O		4-1 15A	2-1 7F	2-0 27F	4-0 15N	0-0 23A	2-2 19S	1-1 6A	3-0 12M	2-1 1N		2-1 23S
15	Reading	0-0 17M	2-1 27S	2-1 11O	1-0 19A	1-0 26D	3-1 24A	4-1 20M	0-1 6M	4-3 8N	1-0 25F	2-0 10A	1-1 2M	1-0 3J		2-0 16a	1-0 13D	5-0 30a	1-0 6D	1-0 5N	5-0 21F	3-0 31M	1-1 13S		1-0 17J
16	Rochdale	0-0 17A	2-2 10F	0-0 20S	1-2 27M	1-1 14N	0-1 22M	1-0 27D	1-0 16A	0-1 4O	1-1 20D	0-0 1M	0-0 14F	4-3 6S	0-2 3N	3A		1-1 12M	2-0 28F	2-3 5A	2-1 23a	2-2 24J	4-1 1N	2-1 18O	1-1 29N
17	Scunthorpe Utd	1-0 20A	2-0 17A	2-0 6M	2-1 4N	0-1 16a	1-0 3A	2-1 27D	2-1 23A	0-0 2M	5-1 6S	0-1 20M	0-2 10J	1-2 25O	0-2 4O	2-1 11O	1-3		1-2 6D	0-0 20A	1-1 6A	3-1 20S	2-2 24F	0-1 8N	3-0
18	Southport	0-0 23a	0-2 10O	1-2 3O	2-0 16M	2-4 29N	2-2 7N	2-0 16A	1-1 6A	1-0 19S	2-4 27D	1-2 24S	1-2 24J	3-0 21F	0-1 10J	1-2 25O	1-1 26M		2-0 17A	1-1 5S	1-3 19D	0-0 31J	1-2 4N	2-1 5M	
19	Stockport County	1-1 20F	0-0 12S	2-1 15M	2-0 16J	0-0 1J	0-0 16a	1-2 22S	2-1 10O	2-0 5M	0-1 30J	0-1 8N	1-3 12A	0-0 3N	0-1 22a	1-0 26M	1-0 26S	0-0 29M	1-0 26D		3-2 28N	1-0 24O	0-2 19A	2-2 12D	4-1 30a
20	Swansea City	3-1 5M	1-1 20A	3-1 25O	2-2 26A	1-0 30a	4-0 3J	2-1 21O	0-3 16M	3-1 20F	1-1 6D	2-2 11O	2-2 9M	1-1 23S	5-1 16J	1-1 6F	2-0 23A	1-0 27S	5-0 10A		3-0 19M	1-1 8N	4-2 16a	1-0 26D	1-0 13S
21	Torquay United	2-0 5N	2-1 30D	1-0 29N	2-3 30a	0-0 19A	2-1 10A	2-4 18O	2-2 27M	1-0 24S	1-1 13M	1-3 17F	0-1 24A	2-2 1N	1-0 27S	1-0 15N	1-0 13S	2-1 17J	4-1 31M	0-2 28F		0-2 14F	2-1 10M	1-0 3J	1-0 16a
22	Tranmere Rov	1-0 19S	2-0 15M	3-3 26A	5-1 7N	3-2 26M	2-1 20F	2-2 5S	1-1 22a	2-0 9J	3-0 6A	2-0 17A	3-1 6F	2-0 14A	2-0 10O	0-1 19D	2-1 6M	1-0 22S	1-0 20O	3-0 27D	5-0 2A	7-1 3O		3-0 28N	6-0 24O
23	Watford	1-0 3A	1-1 8N	3-0 6A	2-1 21F	3-2 24F	1-0 25O	2-1 10J	2-0 20S	2-1 27D	2-1 6S	0-2 23a	1-3 6D	5-0 20D	3-0 6M	0-1 24J	2-1 16M	3-0 21O	1-0 7F	2-0 4O	1-1 17A	2-1 16a	0-0 20M		2-0 11O
24	Workington	1-7 7A	1-3 6D	0-3 16A	1-1 7F	1-0 18O	0-3 17A	1-0 20D	1-2 6S	1-0 27D	0-0 4O	0-3 15N	0-2 23a	1-0 25F	0-2 20M	0-0 20M	2-3 14F	2-1 1N	1-2 9J	1-1 24J	1-3 3A	0-1 28F	1-3 13M		

Final League Table

Pos	Team	Pld	Home					Away					Totals						Leading Goalscorer	Gls
			W	D	L	F	A	W	D	L	F	A	W	D	L	F	A	Pts	GA		
1	Lincoln City	46	21	2	0	71	15	11	8	4	40	24	32	10	4	111	39	74	2.84	J Ward	24
2	Northampton Town	46	18	5	0	62	20	11	5	7	25	20	29	10	7	87	40	68	2.17	J Hall	21
3	Reading	46	19	3	1	42	9	5	9	9	28	42	24	12	10	70	51	60	1.37	R Friday	21
4	**Tranmere Rovers**	46	18	3	2	61	16	6	7	10	28	39	24	10	12	89	55	58	1.61	**R Moore**	**34**
5	Huddersfield Town	46	11	6	6	28	17	10	8	2	28	24	21	14	8	56	41	56	1.36	T Gray	15
6	Bournemouth	46	15	5	3	39	16	5	7	11	18	32	20	12	14	57	48	52	1.18	K Reeves	14
7	Exeter City	46	13	7	3	37	17	5	7	11	19	30	18	14	14	56	47	50	1.19	A Beer	20
8	Watford	46	16	4	3	38	18	6	2	15	24	44	22	6	18	62	62	50	1.00	R Jenkins	19
9	Torquay United	46	12	6	5	31	24	6	8	9	24	39	18	14	14	55	63	50	0.87	W Brown	14
10	Doncaster Rovers	46	10	6	7	42	31	9	5	9	33	38	19	11	16	75	69	49	1.08	M Kitchen	22
11	Swansea City	46	14	8	1	51	21	2	7	14	15	36	16	15	15	66	57	47	1.15	G Bray	19
12	Barnsley	46	12	8	3	34	16	2	8	13	18	32	14	16	16	52	48	44	1.08	J Peachey	10
13	Cambridge United	46	7	10	6	36	28	7	5	11	22	34	14	15	17	58	62	43	0.93	T Horsfall	15
14	Hartlepool	46	10	6	7	37	29	6	4	13	25	49	16	10	20	62	78	42	0.79	M Moore, D Smith	9
15	Rochdale	46	7	11	5	27	23	5	7	11	13	31	12	18	16	40	54	42	0.74	R Mountford	14
16	Crewe Alexandra	46	10	7	6	36	21	3	8	12	22	35	13	15	18	58	57	41	1.01	D Nelson	12
17	Bradford City	46	9	7	7	35	26	3	10	10	28	39	12	17	17	63	65	41	0.96	J Cooke	22
18	Brentford	46	12	7	4	37	18	2	6	15	19	42	14	13	19	56	60	41	0.93	R Cross	15
19	Scunthorpe United	46	11	8	4	31	19	3	7	13	19	40	14	15	17	50	59	38	0.84	R Green	15
20	Darlington	46	11	7	5	30	14	3	7	13	18	43	14	14	18	48	57	38	0.84	C Sinclair	21
21	Stockport County	46	8	7	8	23	23	5	5	13	20	53	13	12	21	43	76	38	0.56	R Davies, K Hollis	7
22	Newport County	46	8	7	8	35	33	5	2	16	22	57	13	9	24	57	90	35	0.63	J Parsons	15
23	Southport	46	6	6	11	27	31	2	4	17	14	46	8	10	28	41	77	26	0.53	J Galley	9
24	Workington	46	5	4	14	19	43	2	3	18	11	44	7	7	32	30	87	21	0.34	I Murray	6

1976/77 DIVISION 1 SEASON 78

Total Matches	462
Total Goals	1183
Avg goals per match	2.56

		Arsenal	Aston Villa	Birmingham C	Bristol City	Coventry City	Derby County	Everton	Ipswich Town	Leeds United	Leicester C	Liverpool	Manchester City	Manchester Utd	Middlesbrough	Newcastle Utd	Norwich City	Q P R	Stoke City	Sunderland	Tottenham H	West Brom A	West Ham Utd
1	Arsenal		3-0	4-0	0-1	2-0	0-0	3-1	1-4	1-1	3-0	1-1	0-0	3-1	1-1	5-3	1-0	3-2	2-0	0-0	1-0	1-2	2-3
2	Aston Villa	5-1		1-2	3-1	2-2	4-0	2-0	5-2	2-1	2-0	5-1	1-1	3-2	1-0	2-1	1-0	1-1	1-0	4-1	2-2	4-0	4-0
3	Birmingham City	3-3	2-1		3-0	3-1	5-1	1-1	2-4	0-0	1-1	2-1	0-0	2-3	3-1	1-2	3-2	2-1	2-0	2-0	1-2	0-1	0-0
4	Bristol City	2-0	0-0	0-1		0-0	2-2	1-2	1-2	1-0	0-1	2-1	1-0	1-1	1-2	1-1	3-1	1-0	1-1	4-1	1-0	1-2	1-1
5	Coventry City	1-2	2-3	2-1	2-2		2-0	4-2	1-1	4-2	1-1	0-0	0-1	0-2	1-1	1-1	2-0	2-0	5-2	1-2	1-1	1-1	1-1
6	Derby County	0-0	2-1	0-0	2-0	1-1		2-3	0-0	0-1	1-0	2-3	4-0	0-0	0-0	4-2	2-2	2-0	2-0	1-0	8-2	2-2	1-1
7	Everton	2-1	0-2	2-2	2-0	1-1	2-0		1-1	0-2	1-2	0-0	2-2	1-2	2-2	2-0	3-1	1-3	3-0	2-0	4-0	1-1	3-2
8	Ipswich Town	3-1	1-0	1-0	1-0	2-0	2-0	1-1		1-0	1-0	2-1	0-1	2-0	5-0	2-2	0-1	3-1	3-1	7-0	4-1		
9	Leeds United	2-1	1-3	1-0	2-0	1-2	2-0	0-0	2-1		2-2	1-1	0-2	0-2	2-1	2-2	3-2	0-1	1-1	1-1	2-1	2-2	1-1
10	Leicester City	4-1	1-1	2-6	0-0	3-1	1-1	1-1	1-0	0-1		0-1	2-2	1-1	3-3	1-0	1-1	2-2	1-0	2-0	2-1	0-5	2-0
11	Liverpool	2-0	3-0	4-1	2-1	3-1	3-1	3-1	2-1	3-1	5-1		2-1	1-0	0-0	1-0	1-0	3-1	4-0	2-0	2-0	1-1	0-0
12	Manchester City	1-0	2-0	2-1	2-0	3-2	1-1	2-1	2-1	5-0	1-1	1-1		1-3	1-0	0-0	0-0	0-0	1-0	5-0	1-0	0-0	4-2
13	Manchester United	3-2	2-0	2-2	2-1	2-0	3-1	4-0	0-1	1-0	1-1	0-0	3-1		2-0	3-1	2-2	1-0	3-0	3-3	2-3	2-2	0-2
14	Middlesbrough	3-0	3-2	2-2	0-0	1-0	2-0	2-2	0-2	1-0	0-1	0-1	0-0	3-0		1-0	1-0	0-2	0-0	2-1	1-0	1-0	1-1
15	Newcastle United	0-2	3-2	3-2	0-0	1-0	2-2	4-1	1-1	3-0	0-0	1-0	2-2	2-2	1-0		5-1	2-0	1-0	2-0	2-0	2-0	3-0
16	Norwich City	1-3	1-1	1-0	2-1	3-0	0-0	2-1	0-1	1-2	3-2	2-1	0-2	2-1	1-0	3-2		2-0	1-1	2-2	1-3	1-0	1-0
17	Queens Park Rangers	2-1	2-1	2-2	0-1	1-1	1-1	0-4	1-0	0-0	3-2	1-1	0-0	4-0	3-0	1-2	2-3		2-0	2-0	2-1	1-0	1-1
18	Stoke City	1-1	1-0	1-0	2-2	2-0	1-0	0-1	2-1	2-1	0-0	0-0	3-3	3-1	0-0	0-0	1-0		0-0	0-0	0-2	2-1	
19	Sunderland	2-2	0-1	1-0	1-0	0-1	1-1	0-1	1-0	0-0	0-0	2-1	4-0	2-2	0-1	1-0	0-0		2-1		6-1	6-0	
20	Tottenham Hotspur	2-2	3-1	1-0	0-1	0-1	0-0	3-3	1-0	1-0	2-0	1-0	2-1	1-3	0-0	0-2	1-1	3-0	2-0	1-1		0-2	2-1
21	West Bromwich Albion	0-2	1-1	2-1	1-1	1-1	1-0	3-0	4-0	1-2	2-0	0-1	4-0	2-1	1-1	2-0	1-1	3-1	2-3	4-2	3-0		
22	West Ham United	0-2	0-1	2-2	2-0	2-0	2-2	2-2	0-2	1-3	0-0	2-0	1-0	4-2	0-1	1-2	1-0	1-0	1-1	5-3	0-0		

From this season, for each division, goal difference replaced goal average to determine the placing of teams finishing equal on points.

Final League Table

Pos	Team	Pld	Home					Away					Totals					Pts	GD	Leading Goalscorer	Gls
			W	D	L	F	A	W	D	L	F	A	W	D	L	F	A				
1	Liverpool	42	18	3	0	47	11	5	8	8	15	22	23	11	8	62	33	57	+29	K Keegan	12
2	Manchester City	42	15	5	1	38	13	6	9	6	22	21	21	14	7	60	34	56	+26	B Kidd	21
3	Ipswich Town	42	15	4	2	41	11	7	4	10	25	28	22	8	12	66	39	52	+27	T Whymark	14
4	Aston Villa	42	17	3	1	55	17	5	4	12	21	33	22	7	13	76	50	51	+26	A Gray	25
5	Newcastle United	42	14	6	1	40	15	4	7	10	24	34	18	13	11	64	49	49	+15	M Burns	14
6	Manchester Utd	42	12	6	3	41	22	6	5	10	30	40	18	11	13	71	62	47	+9	G Hill, S Pearson	15
7	West Brom A	42	10	6	5	38	22	6	7	8	24	34	16	13	13	62	56	45	+6	D Cross	12
8	Arsenal	42	11	6	4	37	20	5	5	11	27	39	16	11	15	64	59	43	+5	M Macdonald	25
9	Everton	42	9	7	5	35	24	5	7	9	27	40	14	14	14	62	64	42	-2	R Latchford	17
10	Leeds United	42	8	8	5	28	26	7	4	10	20	25	15	12	15	48	51	42	-3	J Jordan	10
11	Leicester City	42	8	9	4	30	28	4	9	8	17	32	12	18	12	47	60	42	-13	F Worthington	14
12	Middlesbrough	42	11	6	4	25	14	3	7	11	15	31	14	13	15	40	45	41	-5	D Mills	8
13	Birmingham City	42	10	6	5	38	25	3	6	12	25	36	13	12	17	63	61	38	+2	T Francis	21
14	Queens Park R	42	10	7	4	31	21	3	6	12	16	31	13	13	16	47	52	38	-5	D Givens	10
15	Derby County	42	9	9	3	36	18	0	10	11	14	37	9	19	14	50	55	37	-5	L James	9
16	Norwich City	42	9	5	7	29	16	2	7	12	17	38	11	12	19	46	54	34	-8	R Lee	13
17	West Ham United	42	9	6	6	28	23	2	8	11	18	42	11	14	17	46	65	36	-19	B Robson	14
18	Bristol City	42	8	7	6	25	19	3	6	12	13	29	11	13	18	38	48	35	-10	C Garland, T Ritchie	7
19	Coventry City	42	7	9	5	34	26	3	6	12	14	33	10	15	17	48	59	35	-11	M Ferguson	9
20	Sunderland	42	9	5	7	29	16	2	7	12	17	38	11	12	19	46	54	34	-8	R Lee	13
21	Stoke City	42	9	8	4	21	16	1	6	14	7	35	10	14	18	28	51	34	-23	G Crooks	6
22	Tottenham H	42	9	7	5	26	20	3	2	16	22	52	12	9	21	48	72	33	-24	C Jones	9

1976/77 | DIVISION 2 — SEASON 78

Total Matches	462
Total Goals	1290
Avg goals per match	2.79

		Blackburn Rov	Blackpool	Bolton Wand	Bristol Rovers	Burnley	Cardiff City	Carlisle United	Charlton Athletic	Chelsea	Fulham	Hereford United	Hull City	Luton Town	Millwall	Nottm Forest	Notts County	Oldham Athletic	Orient	Plymouth Argyle	Sheffield United	Southampton	Wolverhampton
1	Blackburn Rovers		0-1 4S	3-1 21a	0-0 18S	2-2 27D	2-1 5F	1-3 6A	0-0 30A	0-2 23O	1-0 14m	1-0 27N	1-0 13N	1-0 30O	2-0 26M	1-3 1J	6-1 9O	2-0 19F	2-2 12M	2-0 2M	1-0 5M	3-0 20A	0-2 16A
2	Blackpool	1-1 12F		1-0 12M	4-0 22J	1-1 9A	1-0 2A	0-0 27D	2-2 16A	0-1 25S	3-2 27N	2-1 14F	0-0 1J	1-0 30A	4-2 11S	1-0 16O	1-1 26F	0-2 24a	3-0 28a	0-2 9O	1-0 13N	1-0 14m	2-2 30O
3	Bolton Wanderers	3-1 22J	0-3 2O		1-0 16O	2-1 9N	2-1 10M	3-4 22M	1-0 27N	2-2 26F	2-1 30O	3-1 30A	5-1 11S	2-1 21D	3-1 28a	1-1 27D	4-0 12F	3-0 2A	2-0 24a	3-0 5M	1-2 9A	3-0 16A	0-1 14m
4	Bristol Rovers	0-0 8M	1-4 21a	2-2 17m		1-1 16a	1-1 15J	2-1 11D	1-1 30O	2-1 5O	2-1 12F	2-3 13N	3-0 27N	1-0 1J	0-0 12M	1-1 30A	5-1 25S	0-0 28a	1-0 11S	1-1 23O	3-1 14m	2-3 9A	1-5 27D
5	Burnley	3-1 8A	0-0 28D	0-0 12A	1-1 20N		0-0 4D	2-0 26F	4-4 16O	1-0 23A	3-1 24a	1-1 12F	0-0 25S	1-2 28a	1-3 18D	0-1 2A	3-1 7m	1-0 6N	3-3 9O	0-2 3J	1-0 12M	2-0 11S	0-0 22J
6	Cardiff City	2-1 28a	2-2 23O	3-2 9O	1-2 25a	0-1 30A		1-1 14m	1-1 22J	1-3 12M	3-0 1J	1-1 27D	4-2 11D	0-0 16A	0-3 24S	2-3 27N	3-1 11S	0-1 12F	0-1 2M	0-2 26M	1-0 30O	1-0 10N	2-2 9A
7	Carlisle United	1-1 29D	1-1 12O	0-1 6N	2-3 7m	2-1 18S	4-3 18D		4-2 2O	0-1 5F	1-2 19M	2-2 14S	1-1 4S	1-1 16O	0-1 20N	1-1 5M	0-2 3J	1-1 12A	1-0 4D	3-1 23A	4-1 19F	0-6 22J	2-1 19A
8	Charlton Athletic	4-0 4D	1-2 20N	1-1 22A	4-3 3J	5-2 26A	0-2 21a	1-0 11M		4-0 11A	1-1 28a	1-1 25F	3-1 9O	4-3 10S	3-2 8A	2-1 14J	1-1 29J	2-1 7m	2-0 15F	3-1 5N	3-2 23O	6-2 24S	1-1 12F
9	Chelsea	3-1 2A	2-2 5M	2-1 18S	2-0 19M	2-1 27N	2-1 2O	2-1 28a	2-1 10M		2-0 27D	5-1 1J	4-0 14m	2-0 9A	1-2 12F	2-1 16A	1-1 25a	4-3 16O	1-1 22J	2-2 19F	4-0 30A	3-1 30O	3-3 11D
10	Fulham	2-0 14D	0-0 23A	0-2 3J	1-0 4S	2-2 15J	1-2 6N	2-0 16N	1-1 5F	3-1 8A		4-1 25S	0-0 23O	1-2 26F	2-3 28D	2-2 21a	1-5 20N	5-0 4D	6-1 7m	2-0 11A	3-1 26M	1-1 11M	0-0 11S
11	Hereford United	1-0 23A	1-1 7m	3-3 15D	1-1 11A	3-0 4S	2-2 6A	0-0 4m	1-2 18S	2-2 6N	1-0 5M		1-0 21a	0-1 19M	3-1 20A	0-1 2M	1-4 23O	0-0 20N	2-3 18D	1-1 9F	2-2 23M	2-0 11m	1-6 2O
12	Hull City	1-0 12A	2-2 6N	2-2 19F	0-1 23A	4-1 5M	1-2 7m	0-0 12F	1-1 19M	0-0 18D	1-1 2A	1-1 22J		3-1 24a	0-0 15F	1-0 2O	1-0 8A	0-1 28D	1-1 19A	3-1 20N	1-1 17S	4-0 28a	2-0 16O
13	Luton Town	2-0 15F	0-0 4D	1-1 7m	4-2 6N	2-0 5F	2-1 20N	5-0 26M	2-0 19F	4-0 29D	0-2 18S	2-0 9O	2-1 24J		1-2 12A	1-1 4S	4-2 23A	1-0 8M	0-0 11A	1-1 12M	2-0 21a	1-4 23O	2-0 5M
14	Millwall	0-1 16O	1-1 19F	3-0 5F	2-0 2O	0-0 14m	0-2 5M	1-1 16A	1-1 27D	3-0 4S	0-0 9A	4-2 30O	2-1 30A	4-2 13N		0-2 11D	2-5 22J	2-1 19M	0-1 2A	3-0 18S	0-1 27N	0-0 25a	1-1 1J
15	Nottingham Forest	3-0 6N	3-0 26M	3-1 6A	4-2 4D	5-2 23O	0-1 23A	5-1 25S	1-1 25a	1-1 20N	3-0 22J	4-3 11S	2-0 12M	1-2 12F	1-0 7m		1-2 8M	3-0 27A	3-0 29M	1-1 18D	6-1 9O	2-1 22M	1-3 28a
16	Notts County	0-0 19M	2-0 18S	0-1 4S	2-1 5M	1-0 2M	2-0 19F	0-1 30O	2-1 14m	0-0 15F	3-2 16A	1-1 1A	0-4 27D	1-2 27N	1-1 21a	0-4 9A		1-0 2O	0-1 16O	2-0 5F	2-2 28M	3-1 30A	1-1 13N
17	Oldham Athletic	2-0 11S	1-0 15J	2-2 23O	4-0 5F	3-1 15F	3-2 4S	4-1 13N	1-1 22M	0-0 19A	1-0 30A	3-5 16A	3-0 9A	1-2 14m	2-1 9O	1-0 30O	1-1 12M		0-0 25S	2-2 21a	1-2 27D	2-1 27N	0-2 15M
18	Orient	0-1 2O	0-1 10m	2-2 15M	2-0 19F	0-1 19M	3-0 18S	0-0 30A	0-0 9A	0-1 21a	0-0 11D	1-1 14m	1-0 17m	1-0 27D	0-1 8M	1-0 13N	1-0 26M	0-2 5M		2-2 4S	0-2 16A	2-3 26A	2-4 27N
19	Plymouth Argyle	4-0 24a	2-0 19M	1-1 25S	1-0 2A	0-1 30O	2-2 16O	0-1 27N	1-0 1J	2-3 11S	2-2 13N	1-2 9A	1-2 16A	1-0 2O	2-2 26F	1-2 2m	1-2 28a	0-0 22J	1-2 12F		0-0 11D	1-1 17D	0-0 30A
20	Sheffield United	1-1 25S	1-5 12A	2-3 28D	2-3 18D	1-0 2O	3-0 8M	3-0 11S	1-0 2A	0-0 3D	1-1 16O	1-1 28a	1-1 26F	0-3 22J	1-1 3m	2-0 19M	1-0 6N	2-1 5A	1-1 20N	1-0 7m		2-2 12F	2-2 24a
21	Southampton	2-0 7m	3-3 18D	1-3 20N	4-2 29D	1-2 19F	2-1 11A	1-1 21a	4-1 5M	1-0 7D	2-2 2O	1-0 16O	2-2 5F	1-1 2A	0-1 15J	2-1 18S	1-1 4D	0-0 23A	2-2 6N	4-1 8A	1-1 4S		1-0 3m
22	Wolverhampton Wanderers	1-2 20N	2-1 1M	1-0 18D	1-0 2A	0-0 21a	4-1 26A	4-0 23O	3-0 4S	1-1 7m	5-1 19F	2-1 12M	1-0 26M	1-2 25S	3-1 6N	2-1 5F	2-2 11A	5-0 18S	1-0 23A	4-0 4D	2-1 9F	2-6 5O	

Final League Table

Pos	Team	Pld	Home W	D	L	F	A	Away W	D	L	F	A	Totals W	D	L	F	A	Pts	GD	Leading Goalscorer	Gls
1	Wolverhampton	42	15	3	3	48	21	7	10	4	36	24	22	13	7	84	45	57	+39	K Hibbitt	16
2	Chelsea	42	15	6	0	51	22	6	7	8	22	31	21	13	8	73	53	55	+20	S Finnieston	24
3	Nottm Forest	42	14	3	4	53	22	7	7	7	24	21	21	10	11	77	43	52	+34	P With	16
4	Bolton Wanderers	42	15	2	4	46	21	5	9	7	29	33	20	11	11	75	54	51	+21	N Whatmore	25
5	Blackpool	42	11	7	3	29	17	6	10	5	29	25	17	17	8	58	42	51	+16	M Walsh	26
6	Luton Town	42	13	5	3	39	17	8	1	12	28	31	21	6	15	67	48	48	+19	R Futcher	13
7	Charlton Athletic	42	14	5	2	52	27	2	11	8	19	31	16	16	10	71	58	48	+13	M Flanagan	23
8	Notts County	42	11	5	5	29	20	8	5	8	36	40	19	10	13	65	60	48	+5	L Bradd, M Vinter	12
9	Southampton	42	12	6	3	40	24	5	4	12	32	43	17	10	15	72	67	44	+5	E MacDougall	23
10	Millwall	42	9	6	6	31	22	6	7	8	26	31	15	13	14	57	53	43	+4	J Seasman	14
11	Sheffield United	42	9	8	4	32	25	5	4	12	22	38	14	12	16	54	63	40	+9	K Edwards	18
12	Blackburn Rovers	42	12	4	5	31	18	3	5	13	11	36	15	9	18	42	54	39	-12	R Svarc	10
13	Oldham Athletic	42	11	6	4	37	23	3	4	14	15	41	14	10	18	52	64	38	-12	V Halom	18
14	Hull City	42	9	8	4	31	17	1	9	11	14	36	10	17	15	45	53	37	-8	P Daniel, J Hemmerman, D Sunley	6
15	Bristol Rovers	42	8	8	5	34	27	4	4	13	19	41	12	13	17	53	68	37	-15	A Warboys	11
16	Burnley	42	8	9	4	27	20	3	5	13	19	44	11	14	17	46	64	36	-18	P Noble	13
17	Fulham	42	9	8	4	25	25	2	6	13	15	36	11	13	18	54	61	35	-7	J Mitchell	20
18	Cardiff City	42	7	6	8	30	30	5	4	12	26	37	12	10	20	56	67	34	-11	A Evans	15
19	Orient	42	4	8	9	18	23	5	8	8	19	32	9	16	17	37	55	34	-18	L Cunningham	6
20	Carlisle United	42	7	7	7	31	33	4	5	12	18	42	11	12	19	49	75	34	-26	W Rafferty	16
21	Plymouth Argyle	42	5	9	7	27	25	3	7	11	19	40	8	16	18	46	65	32	-19	B Hall	10
22	Hereford United	42	6	9	6	28	30	2	6	13	29	48	8	15	19	57	78	31	-21	R McNeil	16

1976/77 DIVISION 3 SEASON 78

Total Matches 552
Total Goals 1426
Avg goals per match 2.58

Results Grid

	Brighton & H A	Bury	Chester	Chesterfield	Crystal Palace	Gillingham	Grimsby Town	Lincoln City	Mansfield Town	Northampton T	Oxford United	Peterborough U	Portsmouth	Port Vale	Preston N E	Reading	Rotherham Utd	Sheffield Weds	Shrewsbury T	Swindon Town	Tranmere Rov	Walsall	Wrexham	York City
1 Brighton & H A		1-1	3-0	2-1	1-1	2-0	3-0	4-0	3-1	2-0	3-2	1-0	4-0	1-0	2-0	2-0	3-1	3-2	4-0	4-0	1-1	7-0	0-2	7-2
2 Bury	3-0		2-0	3-1	0-0	3-1	2-0	2-1	2-1	1-1	2-1	4-1	1-0	3-0	3-2	1-0	1-1	1-3	0-1	0-1	2-1	0-2	0-2	4-2
3 Chester	0-1	1-0		1-2	2-1	1-0	2-0	1-0	1-0	2-1	1-3	2-1	1-1	1-1	0-0	3-1	1-3	0-1	1-2	2-1	1-0	1-0	1-2	1-0
4 Chesterfield	1-1	7-0	1-0		0-2	1-0	0-1	1-4	0-1	0-0	2-0	0-0	1-2	2-0	1-1	4-0	1-0	2-0	1-1	0-1	0-0	1-1	0-6	2-0
5 Crystal Palace	3-1	2-1	1-2	0-0		3-1	2-1	4-1	2-0	1-1	2-2	0-0	2-1	0-0	1-1	2-0	1-1	4-0	2-1	5-0	1-0	3-0	2-1	1-0
6 Gillingham	0-1	1-0	1-0	2-1	0-3		1-1	0-1	3-1	1-1	1-1	1-1	2-1	1-1	1-1	2-2	1-2	1-0	2-1	2-2	3-0	1-0	2-0	2-0
7 Grimsby Town	2-0	2-0	0-0	1-2	0-1	1-1		1-2	0-1	0-1	2-2	1-0	2-4	1-0	2-1	1-1	1-1	2-1	2-0	1-0	2-2	3-0	1-0	2-0
8 Lincoln City	2-2	2-3	3-3	3-2	3-2	4-0	2-0		3-2	5-4	0-1	1-1	2-1	2-0	3-1	2-2	1-1	1-1	0-0	2-2	4-1	1-1	2-0	
9 Mansfield Town	1-1	5-0	1-1	2-1	1-0	2-2	3-0	3-1		3-0	3-0	1-1	2-0	2-1	3-1	4-0	3-1	1-0	1-0	1-1	3-0	2-0	4-1	
10 Northampton T	0-2	3-0	0-0	2-1	3-0	1-2	0-0	1-0	0-1		1-0	2-2	3-1	3-0	0-1	1-2	1-4	0-2	5-3	1-1	3-4	0-1	0-2	3-0
11 Oxford United	1-0	2-2	2-0	3-2	0-1	3-1	5-2	1-0	0-3	1-0		2-3	2-1	0-0	2-2	1-0	1-2	1-1	4-2	0-0	1-1	0-0	2-2	0-2
12 Peterborough Utd	2-0	0-1	3-2	0-3	0-0	0-0	3-1	1-2	2-1	3-1	2-0		4-2	1-1	0-0	2-1	0-2	1-2	2-1	1-0	0-0	3-5	0-2	3-0
13 Portsmouth	1-0	1-1	2-1	0-1	0-0	3-2	1-2	1-1	2-2	2-1	1-1	0-0		1-1	0-0	0-2	5-1	0-3	2-0	2-1	0-1	0-1	0-3	1-1
14 Port Vale	2-2	0-1	1-0	1-1	4-1	1-2	2-0	1-0	1-4	2-1	2-1	1-1	1-0		0-0	1-0	1-4	2-0	1-2	2-2	1-1	0-2	2-3	0-2
15 Preston North End	1-1	0-1	3-4	2-2	2-1	1-0	2-1	3-0	1-2	3-0	0-1	6-2	0-0	4-0		3-0	0-0	4-1	2-1	2-0	1-0	0-1	2-1	4-2
16 Reading	2-3	1-3	2-0	2-0	0-0	1-2	1-0	2-4	2-0	1-0	2-0	1-1	0-2		0-3		0-1	0-0	4-1	0-0	2-1	2-0	1-1	
17 Rotherham United	0-0	3-0	1-1	1-0	1-1	1-0	3-2	1-0	3-0	2-0	1-1	0-0	2-2	1-1	2-0	1-2		0-1	1-0	1-1	1-2	1-0	2-0	1-1
18 Sheffield Weds	0-0	1-1	3-0	4-1	1-0	0-2	1-0	1-1	0-2	2-1	2-0	4-0	1-1	1-2	1-0	2-1	1-3		0-1	3-1	3-1	0-0	3-1	3-2
19 Shrewsbury Town	1-0	0-1	2-0	3-0	1-1	4-2	2-1	2-1	0-0	2-1	1-0	2-1	1-1	1-2	2-0	0-0	1-1			2-2	2-2	1-3	2-2	3-0
20 Swindon Town	2-1	0-1	2-1	3-0	1-1	2-2	4-1	2-2	0-1	5-1	1-0	0-4	4-3	1-0	0-1	2-2	2-4	5-2	1-0		1-1	2-2	3-2	5-1
21 Tranmere Rovers	1-3	1-2	0-1	2-1	1-0	2-0	2-2	4-0	2-1	1-1	2-1	1-3	1-1	0-0	2-1	0-0	0-1		2-1	0-1		0-0	0-0	4-4
22 Walsall	1-0	3-3	1-0	2-2	0-0	1-2	1-0	1-3	1-2	0-3	2-2	1-1	1-1	3-1	0-1	6-1	0-1	5-1	3-3	2-0	2-0		2-3	1-2
23 Wrexham	0-0	0-0	4-2	3-1	2-4	2-1	3-2	3-0	0-1	3-1	1-1	2-0	2-0	6-2	3-0	2-1	2-2	1-0	2-2	2-0	1-0			1-1
24 York City	0-1	1-2	0-2	2-1	2-1	2-2	1-1	2-2	0-1	1-4	2-1	1-0	1-0	1-1	0-2	0-3	4-2	1-0	0-0	0-0				

Final League Table

Pos	Team	Pld	Home W	Home D	Home L	Home F	Home A	Away W	Away D	Away L	Away F	Away A	Tot W	Tot D	Tot L	Tot F	Tot A	Pts	GD	Leading Goalscorer	
1	Mansfield Town	46	17	6	0	52	13	11	2	10	26	29	28	8	10	78	42	64	+36	K Randall	17
2	Brighton & H A	46	19	3	1	63	14	6	8	9	20	26	25	11	10	83	40	61	+43	P Ward	32
3	Crystal Palace	46	17	5	1	46	15	6	8	9	22	25	23	13	10	68	40	59	+28	R Harkouk	12
4	Rotherham United	46	11	9	3	30	15	11	6	6	39	29	22	15	9	69	44	59	+25	A Crawford	23
5	Wrexham	46	15	6	2	47	22	9	4	10	33	32	24	10	12	80	54	58	+26	G Whittle	28
6	Preston North End	46	15	4	4	48	21	6	8	9	16	22	21	12	13	64	43	54	+21	A Bruce	24
7	Bury	46	15	2	6	41	21	8	6	9	23	38	23	8	15	64	59	54	+5	A Rowland	17
8	Sheffield Weds	46	15	4	4	39	18	7	5	11	26	37	22	9	15	65	55	53	+10	R Wylde	21
9	Lincoln City	46	12	9	2	50	30	7	5	11	27	40	19	14	13	77	70	52	+7	J Ward	17
10	Shrewsbury Town	46	13	7	3	40	21	5	4	14	25	38	18	11	17	65	59	47	+6	P Bates	13
11	Swindon Town	46	12	6	5	48	33	3	9	11	20	42	15	15	16	68	75	45	-7	D Moss	14
12	Gillingham	46	11	8	4	31	19	5	4	14	24	45	16	12	18	55	64	44	-9	D Richardson	15
13	Chester	46	14	3	6	28	20	4	5	14	20	38	18	8	20	48	58	44	-10	P Crossley	14
14	Tranmere Rovers	46	10	7	6	31	23	3	10	10	20	36	13	17	16	51	53	43	-2	R Allen	17
15	Walsall	46	8	7	8	39	32	5	6	12	18	33	13	13	20	57	65	41	-8	A Buckley	20
16	Peterborough Utd	46	11	8	4	33	28	2	11	10	22	37	13	19	14	55	65	41	-10	D Gregory	9
17	Oxford United	46	9	8	6	34	29	3	7	13	21	36	12	15	19	55	65	39	-10	P Foley	7
18	Chesterfield	46	10	6	7	30	20	4	4	15	26	44	14	10	22	56	64	38	-8	R Fern	18
19	Port Vale	46	9	7	7	29	28	2	9	12	18	43	11	16	19	47	71	38	-24	K Beamish	12
20	Portsmouth	46	8	9	6	28	26	3	5	15	25	44	11	14	21	53	70	36	-17	D Kemp	14
21	Reading	46	10	5	8	29	24	3	4	16	20	49	13	9	24	49	73	35	-24	J Murray	15
22	Northampton Town	46	9	4	10	33	40	4	2	17	27	46	13	6	27	60	75	35	-15	P Stratford	12
23	Grimsby Town	46	10	6	7	29	22	2	3	18	16	47	12	9	25	45	69	33	-24	M Partridge	10
24	York City	46	8	8	7	29	25	2	4	17	21	64	10	12	24	50	89	32	-39	B Pollard	12

1976/77 DIVISION 4 SEASON 78

Total Matches 552
Total Goals 1423
Avg goals per match 2.58

#	Team	Aldershot	Barnsley	Bournemouth	Bradford City	Brentford	Cambridge Utd	Colchester Utd	Crewe Alex	Darlington	Doncaster R	Exeter City	Halifax Town	Hartlepool	Huddersfield T	Newport County	Rochdale	Scunthorpe Utd	Southend United	Southport	Stockport Co	Swansea City	Torquay Utd	Watford	Workington
1	Aldershot		0-1 26M	1-0 3J	2-1 21a	1-1 10S	1-3 18m	1-1 5A	1-1 29J	1-2 12M	1-0 15J	2-2 2M	0-0 4m	3-0 27N	1-0 23O	4-0 26F	0-2 27O	1-1 23A	0-0 6N	1-0 28a	2-0 9O	2-2 25S	0-1 12F	2-1 12A	2-0 7m
2	Barnsley	1-0 16O		3-1 29J	2-2 25S	2-0 22J	2-1 22A	0-1 27N	2-2 19O	1-1 11S	1-1 19M	3-4 3m	1-0 29D	3-0 18D	2-1 2O	2-0 28a	2-0 7m	5-1 6N	3-1 26O	1-0 2A	1-0 26F	1-0 12F	2-1 9N	1-1 9M	4-0 11A
3	Bournemouth	4-1 30O	1-0 19A		1-1 4D	3-1 1J	0-1 26F	0-0 25S	0-0 23O	0-1 16A	3-1 14m	2-0 9O	3-0 22J	2-0 12F	1-0 8J	1-1 2N	2-2 12M	2-0 11S	5-0 28a	3-0 13N	1-1 30A	1-1 27D	1-1 9A	2-1 26M	1-1 24a
4	Bradford City	3-1 9F	0-0 5M	1-1 7m		3-2 2O	0-0 6N	1-0 18D	1-0 11A	3-1 28a	3-1 2A	1-1 29J	3-0 27O	2-2 22D	3-1 19M	3-1 16O	4-0 6A	2-0 4m	1-0 23A	3-0 12F	3-3 11S	4-1 25a	3-2 26F	0-0 27N	4-1 3J
5	Brentford	0-1 19F	0-1 21a	3-2 6N	4-0 12M		0-2 27N	1-4 3J	0-0 2m	0-3 23O	2-2 4S	1-0 12A	2-1 29J	3-1 23A	1-3 5F	1-1 9O	3-2 22F	4-2 7m	1-0 8A	3-0 18S	4-0 15J	4-0 26M	3-2 5M	3-0 23M	5-0 25O
6	Cambridge United	4-1 9A	0-0 13N	2-0 18S	2-1 1J	3-2 30A		2-0 21a	2-0 19F	4-0 29J	3-0 3m	1-1 5F	4-0 1A	2-0 19M	1-1 2N	3-1 27D	0-0 15J	2-3 15O	5-1 20	2-2 16A	2-3 4D	4-1 14m	4-0 29O	4-0 4S	4-1 5M
7	Colchester United	1-0 27D	1-0 29A	1-0 4M	2-1 14m	2-1 30O	0-1 21J		3-2 18S	4-0 4D	1-0 15A	3-1 4S	3-0 24a	6-2 16O	3-1 19A	5-0 1J	1-0 5F	1-1 2A	0-1 19M	1-0 18J	1-0 12N	1-1 8A	4-0 1N	1-0 19F	3-1 1O
8	Crewe Alexandra	1-0 20A	1-0 27D	2-1 2A	1-0 3N	3-2 8J	1-0 11S	1-0 26F		1-1 16M	1-2 30A	2-0 11M	3-1 16O	3-1 28a	0-0 14m	2-0 23M	1-1 25S	2-1 12F	1-1 25a	0-0 9A	2-1 6A	3-1 30O	2-1 16A	2-0 9O	1-1 22J
9	Darlington	2-1 2O	2-1 19F	4-0 25O	0-0 5F	2-2 2A	0-2 18A	2-0 7m	4-0 23A		1-3 5M	2-1 27N	0-0 6N	3-1 8A	2-0 18S	1-0 23a	0-2 12A	5-2 7M	0-0 21F	2-1 19M	0-2 3S	0-4 22J	2-1 16O	0-0 18D	3-2 28D
10	Doncaster Rovers	1-2 14S	2-1 9O	0-0 18D	2-3 22O	5-0 12F	1-1 8J	3-2 25O	3-2 27N	4-0 25S		0-3 7m	3-0 12A	2-1 5N	1-0 26M	0-1 10S	2-0 11J	3-0 11A	0-3 28D	3-1 22J	1-0 11M	2-1 26F	0-4 28a	1-0 23A	6-3 19A
11	Exeter City	3-0 14m	1-0 8J	1-1 19M	0-0 20A	3-2 3N	1-1 28a	1-0 12F	3-0 2O	0-2 30A		4D		1-0 26F	3-1 22J	2-0 12N	1-0 9A	2-1 11S	2-0 29S	3-1 2A	3-1 30O	2-1 16A	2-0 1J	3-0 27D	2-2 5N	0-0 16O
12	Halifax Town	2-0 22M	0-1 9A	2-3 21a	2-1 16A	0-0 19A	1-2 23O	3-0 8M	2-1 26M	6-0 14F	1-2 2N		1-0 18S	0-0 24S	0-0 27D	0-0 30A	3-1 4S	1-1 9O	2-1 19F	1-0 14m	2-0 30O	1-0 9N	2-0 8F	1-1 12M	6-1 5F
13	Hartlepool	0-2 30A	0-2 14m	0-1 4S	0-1 13N	2-0 9O	2-2 26M	2-2 5F	3-0 27D	1-1 1J	0-0 21a	2-2 5M	1-0		0-1 30O	0-1 16A	2-0 23O	3-0 12M	1-1 18S	1-1 28M	1-1 1N	2-2 18A	4-0 8J	1-0 15J	2-0 19F
14	Huddersfield Town	2-0 2A	1-0 12M	0-0 3m	3-0 9O	1-0 28a	1-2 12A	0-0 21M	0-1 18D	3-1 26F	2-1 16O	0-1 23A	1-0 5A	4-1 15F		3-0 12F	2-1 26N	1-0 28D	1-1 7m	1-0 14S	2-2 25S	2-2 11S	2-1 22J	2-2 26O	2-1 6N
15	Newport County	2-1 18S	1-1 28M	1-1 12A	2-0 26M	3-1 18M	4-2 5A	2-1 22F	0-1 7m	1-2 14J	0-3 1M	1-1 26a	1-1 27N	1-1 25O	4S		3-0 23A	3-0 28J	3-1 10m	0-1 4M	0-0 21a	3-0 22O	2-1 2O	3-0 3m	1-0 17m
16	Rochdale	2-1 16A	2-3 25J	0-0 2O	0-1 27D	2-3 14m	2-2 23a	0-1 28a	2-2 5M	1-0 1N	1-2 3OO	4-1 19F	0-1 12F	2-2 2A	0-1 30A	0-0 13N		5-0 22J	0-0 16O	1-1 1M	1-0 9A	1-1 8J	0-1 26A	3-1 18S	0-3 19M
17	Scunthorpe United	1-3 13N	1-2 8F	0-0 19F	2-1 8J	2-1 25J	0-2 26M	2-0 23O	4-0 3S	3-0 3OO	1-1 27D	4-1 15M	2-1 19M	0-4 2O	0-2 9A	1-0 19A	0-1 21a		1-0 5M	1-1 2N	2-2 14m	0-3 16A	0-0 3OA	0-0 5F	3-1 18S
18	Southend United	5-0 1J	1-1 15A	2-2 4F	4-1 12N	2-1 27D	0-1 11M	0-0 8O	0-0 15J	2-0 2m	1-0 9A	2-1 23O	1-0 10S	1-1 25F	1-1 4D	3-0 29O	1-1 25M	3-2 24S		0-0 30A	0-0 28J	1-2 15M	0-3 13m	2-1 21a	3S
19	Southport	0-1 5F	1-0 22O	0-0 22A	0-4 3S	1-2 8M	0-0 26O	1-3 3m	0-0 29D	0-0 8O	2-1 21a	1-1 3J	0-0 18D	0-0 7m	1-2 15J	2-0 15S	1-1 6N	2-1 12A	0-0 27N		1-0 26M	1-3 11M	1-1 11S	1-3 29J	1-1 8A
20	Stockport County	0-0 19M	2-1 17S	1-0 26N	1-1 28M	2-0 23a	0-0 6m	1-1 22A	1-2 5N	2-2 11F	2-1 1O	0-0 25O	1-1 31J	1-2 7M	2-3 4M	0-1 21J	1-0 29D	0-0 17D	0-0 18A	2-2 15O		3-0 27a	2-1 1A	2-2 11J	1-0 7J
21	Swansea City	4-2 5M	2-1 4S	3-0 11A	2-3 1M	5-3 15O	2-1 18D	3-0 29D	2-1 4J	1-1 21a	0-0 19S	2-1 6N	1-0 23A	4-2 29J	2-1 26A	3-1 2A	3-2 3m	2-0 11D	2-0 12A	2-1 2O	4-4 22M		4-1 18M	1-4 7m	4-0 27N
22	Torquay United	0-1 4S	1-0 15J	2-1 18S	0-3 25S	1-1 3J	2-2 11A	2-2 27O	5-0 26M	0-1 5F	0-1 8A	3-2 7m	1-0 4m	1-0 21a	0-0 12M	1-0 29J	2-0 27N	1-3 18D	0-0 23M	0-0 23O	2-1 9O	2-1		3-1 6N	3-1 23A
23	Watford	1-1 2N	1-0 30O	1-1 16O	0-1 30A	2-1 9A	1-1 12F	3-1 11S	1-1 19M	5-1 14m	4-1 29M	0-0 25S	4-0 20	2-0 24a	2-0 16A	3-1 11J	2-1 26F	1-1 28a	2-0 22J	1-1 19A	2-0 27D	4-0 4D	4-0 1J		2A
24	Workington	1-1 16F	0-1 3N	1-0 9m	0-1 29O	1-3 16A	0-2 25S	2-4 12M	1-0 21a	2-3 9A	1-1 29J	1-1 26M	1-1 28a	1-1 11S	3-2 1J	0-1 14m	0-2 9O	1-0 26F	0-3 12F	2-2 27D	2-2 4m	1-3 30A	2-4 13N	0-1 23O	

Final League Table

Pos	Team	Pld	Home					Away					Totals					Pts	GD	Leading Goalscorer	Gls
			W	D	L	F	A	W	D	L	F	A	W	D	L	F	A				
1	Cambridge United	46	16	5	2	57	18	10	8	5	30	22	26	13	7	87	40	65	+47	A Biley	19
2	Exeter City	46	17	5	1	40	13	8	7	8	30	33	25	12	9	70	46	62	+24	A Beer	21
3	Colchester United	46	19	2	2	51	14	6	7	10	26	29	25	9	12	77	43	59	+34	R Gough	17
4	Bradford City	46	16	7	0	51	18	7	6	10	27	33	23	13	10	78	51	59	+27	J Cooke	17
5	Swansea City	46	18	3	2	60	30	7	5	11	32	38	25	8	13	92	68	58	+24	J Charles	23
6	Barnsley	46	16	5	2	45	18	7	4	12	21	37	23	9	14	62	39	55	+23	B Joicey	25
7	Watford	46	15	7	1	45	13	3	8	12	22	37	18	15	13	67	50	51	+17	K Mercer	22
8	Doncaster Rovers	46	16	2	5	47	25	5	7	11	24	40	21	9	16	71	65	51	+6	M Kitchen	23
9	Huddersfield Town	46	15	5	3	36	15	4	7	12	24	34	19	12	15	60	49	50	+11	K Johnson	13
10	Southend United	46	11	9	3	35	19	4	10	9	17	26	15	19	12	52	45	49	+7	S Parker	13
11	Darlington	46	13	5	5	37	25	5	8	10	22	39	18	13	15	59	64	49	-5	E Rowles	13
12	Crewe Alexandra	46	16	6	1	36	15	3	5	15	11	45	19	11	16	47	60	49	-13	B Purdie	9
13	Bournemouth	46	13	8	2	39	13	2	10	11	15	31	15	18	13	54	44	48	+10	F Barton	12
14	Stockport County	46	10	10	3	29	19	3	9	11	24	38	13	19	14	53	57	45	-4	B Daniels	17
15	Brentford	46	14	3	6	48	27	4	4	15	29	49	18	7	21	77	76	43	+1	G Sweetzer	23
16	Torquay United	46	12	5	6	33	22	5	4	14	26	45	17	9	20	59	67	43	-8	W Brown	18
17	Aldershot	46	10	8	5	29	19	6	3	14	20	40	16	11	19	49	59	43	-10	T Bell	13
18	Rochdale	46	8	7	8	23	25	5	5	13	18	34	13	12	21	50	59	38	-9	R Mountford	12
19	Newport County	46	11	6	6	33	21	3	4	16	9	37	14	10	22	42	58	38	-16	E Woods	12
20	Scunthorpe United	46	11	6	6	32	24	2	5	10	17	49	13	11	22	49	73	37	-24	N Keeley	12
21	Halifax Town	46	11	6	6	36	18	0	8	15	11	40	11	14	21	47	58	36	-11	M Bullock	9
22	Hartlepool	46	8	9	6	39	30	2	3	18	17	53	10	12	24	47	73	32	-26	M Poskett	10
23	Southport	46	3	12	8	17	28	0	7	16	16	49	3	19	24	33	77	25	-44	A Wilson	6
24	Workington	46	3	7	13	23	42	1	4	18	18	60	4	11	31	41	102	19	-61	P Ashworth	7

Workington failed to gain re-election. Wimbledon elected in their place. Hartlepool became Hartlepool United.

1977/78 DIVISION 1 SEASON 79

Total Matches 462
Total Goals 1231
Avg goals per match 2.66

Results Grid

	Arsenal	Aston Villa	Birmingham C	Bristol City	Chelsea	Coventry City	Derby County	Everton	Ipswich Town	Leeds United	Leicester C	Liverpool	Manchester City	Manchester Utd	Middlesbrough	Newcastle Utd	Norwich City	Nottm Forest	Q P R	West Brom A	West Ham Utd	Wolverhampton
1 Arsenal		0-1 4F	1-1 29O	4-1 18M	3-0 26D	1-1 12N	1-3 26N	1-0 23a	1-0 2J	1-1 10D	2-1 17S	0-0 4O	3-0 4M	3-1 1A	1-0 29A	2-1 15A	0-0 28F	3-0 3S	1-0 15O	4-0 25M	3-0 1O	3-1 14J
2 Aston Villa	1-0 10S		0-1 1O	1-0 28J	2-0 15A	1-1 26D	0-0 25M	1-2 27a	6-1 29A	3-1 26A	0-0 4M	0-3 1A	1-4 24a	2-1 29O	0-1 12N	2-0 17A	3-0 15O	0-1 5A	1-1 2J	3-0 10D	4-1 18M	2-0 23S
3 Birmingham City	1-1 21M	1-0 25F		3-0 27D	4-5 31D	1-1 8O	3-1 22O	0-0 17D	0-0 11A	2-3 14J	1-1 19N	0-1 3S	1-4 22A	1-4 20a	1-2 4F	3-0 17S	2-1 8A	0-2 3D	2-1 4O	1-2 28F	3-0 28M	2-1 5N
4 Bristol City	0-2 22O	1-1 3S	0-1 25M		3-0 21M	1-1 29A	3-1 12N	0-1 11M	0-2 10D	3-2 8O	0-0 14J	1-1 15A	2-2 17F	0-1 25A	4-1 26N	3-1 1A	3-0 4F	1-3 31D	2-2 1O	3-1 26D	3-2 17S	2-3 20a
5 Chelsea	0-0 27M	1-0 19N	2-0 24a	1-0 29O		1-2 27a	1-1 10S	5-3 3D	1-0 21J	2-0 1O	3-1 5O	0-0 4M	2-2 5m	0-0 11F	2-2 15O	1-1 18M	1-0 17D	3-1 5N	2-2 2m	2-1 2j	1-1 27D	1-1 22A
6 Coventry City	1-2 17D	2-3 21M	4-0 4M	1-1 3D	5-1 14J		3-1 20a	3-2 8A	1-1 22O	2-2 3S	1-0 11M	1-0 4F	4-2 4O	3-0 31D	2-1 17S	0-0 4A	5-4 27D	0-0 22A	4-1 19N	1-2 1O	1-0 5N	4-0 28M
7 Derby County	3-0 9m	0-3 27D	1-3 18M	1-0 17D	1-1 11M	4-2 2J		0-1 5N	0-0 24a	2-2 17S	4-1 22A	4-2 8M	2-1 3D	0-1 3S	4-1 1O	1-1 4M	2-2 29O	0-0 14J	2-0 27M	1-1 15O	2-1 19N	3-1 26A
8 Everton	2-0 31D	1-0 14J	2-1 12N	1-0 15O	6-0 29A	6-0 26N	2-1 1A		1-0 15A	2-0 20M	2-0 4F	0-1 5A	1-1 1O	2-6 26D	3-0 10D	4-4 29O	3-0 17S	1-3 20a	3-3 4M	3-1 4O	2-1 18F	0-0 3S
9 Ipswich Town	1-0 20a	2-0 3D	5-2 15O	1-0 22A	1-0 3S	1-1 18M	1-2 31D	3-3 19N		0-1 4F	1-0 17D	1-1 17S	0-1 5N	1-2 14J	1-1 21M	2-1 1O	4-0 27M	0-2 25A	3-2 27D	2-2 4M	0-2 29O	1-2 9m
10 Leeds United	1-3 22A	1-1 5O	1-0 27a	0-2 4M	2-0 25F	2-0 21J	2-3 12A	2-1 27D	5-1 10S		5-1 28M	1-2 15O	2-0 17D	1-1 24S	1-1 18M	5-0 2O	0-2 5N	2-2 19N	1-1 3D	1-0 24a	1-2 8A	2-1 27M
11 Leicester City	1-1 11F	0-2 8O	1-4 15A	0-0 27a	0-2 26A	1-2 15O	1-1 10D	1-5 10S	2-1 12N	0-0 29O		0-4 26N	0-1 2J	2-3 25M	0-0 26D	3-0 29A	2-2 18M	0-3 24S	0-3 21J	0-0 1A	1-0 24a	1-1 25F
12 Liverpool	1-0 25A	1-2 5N	2-3 21J	1-1 19N	2-0 8O	1-0 10S	0-0 24S	0-0 22O	3-2 18A	3-2 11M	1-0 8A		4-0 1m	3-1 25F	2-0 2J	2-0 23a	0-0 22A	0-0 4m	1-0 17D	3-0 27a	2-0 3D	0-0 27D
13 Manchester City	2-1 8O	2-0 31D	3-0 10D	2-0 24S	6-2 26N	3-1 25A	1-1 29A	1-0 25F	2-1 1A	2-3 12N	0-0 20a	3-1 29O		3-1 10S	2-2 25M	4-0 26D	4-0 3S	0-0 11A	2-1 11F	1-3 15A	3-2 14J	0-2 22O
14 Manchester United	1-2 5N	1-1 29M	1-2 2J	1-1 8F	0-1 17S	2-1 28a	4-0 21J	1-2 27M	0-1 27a	4-0 1M	3-1 27D	2-2 1O		0-0 15M	3-2 4M	2-2 4M	1-0 4M	0-4 15O	3-1 19N	1-1 17D	3-0 8A	3-1 18M	3D
15 Middlesbrough	0-1 3D	1-0 17D	1-2 10S	2-0 8A	2-0 4A	1-1 11A	3-1 25F	0-0 22A	1-1 24S	2-1 22O	0-1 27M	1-1 20a	2-1 27D	0-2 8O		2-0 27a	2-2 31D	2-2 29M	1-1 5N	1-0 21J	1-2 25A	0-0 19N
16 Newcastle United	1-2 19N	1-1 8A	1-1 15M	1-1 5N	1-0 22O	1-2 1-2	0-2 24S	0-1 8O	3-2 24M	2-0 25F	0-2 20a	2-2 3D	2-2 31D	2-4 29M	2-2 11M		2-0 26A	0-3 28D	0-3 22A	2-0 10S	4-0 3S	1-0 17D
17 Norwich City	1-0 24S	2-1 11M	1-0 26N	1-0 10S	0-0 12N	1-2 25M	0-0 29M	0-0 15M	1-0 26D	3-0 1A	2-1 22O	1-3 10D	1-3 21J	1-1 15A	2-1 24a		3-3 25F	1-1 27a	1-1 29A	2-2 2J	2-1 8O	
18 Nottingham Forest	2-0 21J	2-0 17S	0-0 29A	1-0 23a	3-1 1A	2-1 10D	3-1 27a	1-1 2J	2-0 4O	4-1 15A	1-1 14M	1-0 26D	2-1 15O	2-1 12N	4-0 29O	2-0 25M	1-1 1O		1-0 18A	6-0 26N	2-0 4M	2-0 4F
19 Queens Park Rangers	2-1 11A	1-2 20a	0-0 25A	2-2 25F	1-1 24S	2-1 15A	0-0 26D	1-5 8O	3-3 25M	0-0 29A	3-0 3S	2-0 12N	1-1 17S	2-2 26N	1-0 1A	0-1 10D	2-1 14J	0-2 22O		2-1 29O	1-0 14M	1-3 31D
20 West Bromwich Albion	1-3 27D	0-3 22A	2-1 24S	3-0 27M	3-3 20a	1-0 25F	1-0 18A	2-0 25A	0-1 8O	0-0 31D	4-0 5N	2-1 14J	2-0 19N	0-0 22O	2-1 3S	2-2 12A	2-0 3D	0-0 2m	2-0 22M		1-0 17D	2-2 17S
21 West Ham United	2-2 25F	2-2 22O	1-0 26D	1-2 11F	3-1 25M	2-1 1A	3-0 15A	1-1 24S	3-0 24M	0-1 26N	3-2 31D	0-2 29A	0-1 27a	2-1 10D	0-2 3O	1-0 21J	1-3 20a	0-0 8O	2-2 10S	3-3 12N		1-2 11M
22 Wolverhampton Wanderers	2-2 25F	2-2 22O	1-0 26D	1-2 11F	3-1 25M	2-1 1A	3-0 15A	1-1 24S	0-0 26N	3-1 10	3-0 25M	1-3 18M	1-1 29A	2-1 15A	0-0 12N	1-0 4M	3-3 10S	2-3 23a	1-0 14M	1-1 15O	2-2	

Final League Table

Pos	Team	Pld	Home						Away						Totals						Leading Goalscorer	Gls
			W	D	L	F	A	W	D	L	F	A	W	D	L	F	A	Pts	GD		
1	Nottm Forest	42	15	6	0	37	8	10	8	3	32	16	25	14	3	69	24	64	+45	J Robertson, P Withe	12
2	Liverpool	42	15	4	2	37	11	9	5	7	28	23	24	9	9	65	34	57	+31	K Dalglish	20
3	Everton	42	14	4	3	47	22	8	7	6	29	23	22	11	9	76	45	55	+31	R Latchford	30
4	Manchester City	42	14	4	3	46	21	6	8	7	28	30	20	12	10	74	51	52	+23	B Kidd	16
5	Arsenal	42	14	5	2	38	12	7	5	9	22	25	21	10	11	60	37	52	+23	M Macdonald	15
6	West Brom A	42	13	5	3	35	18	5	9	7	27	35	18	14	10	62	53	50	+9	A (Tony) Brown	18
7	Coventry City	42	13	5	3	48	23	5	7	9	27	39	18	12	12	75	62	48	+13	I Wallace	20
8	Aston Villa	42	11	4	6	33	18	7	6	8	24	24	18	10	14	57	42	46	+15	A Gray	13
9	Leeds United	42	12	4	5	39	21	6	6	9	24	32	18	10	14	63	53	46	+10	R Hankin	20
10	Manchester Utd	42	9	6	6	32	23	7	4	10	35	40	16	10	16	67	63	42	+4	G Hill	17
11	Birmingham City	42	8	5	8	32	30	8	4	9	23	30	16	9	17	55	60	41	-5	T Francis	25
12	Derby County	42	10	7	4	37	24	4	6	11	17	35	14	13	15	54	59	41	-5	C George	11
13	Norwich City	42	10	8	3	28	20	1	10	10	24	46	11	18	13	52	66	40	-14	J Ryan	15
14	Middlesbrough	42	8	8	5	25	19	4	6	11	17	35	12	15	15	42	54	39	-12	D Mills	10
15	Wolverhampton	42	7	8	6	30	27	5	4	12	21	37	12	12	18	51	64	36	-13	J Richards	11
16	Chelsea	42	7	11	3	28	20	4	3	14	18	49	11	14	17	46	69	36	-23	T Langley	11
17	Bristol City	42	9	6	6	37	26	2	7	12	12	27	11	13	18	49	53	35	-4	T Ritchie	11
18	Ipswich Town	42	10	5	6	32	24	1	8	12	15	37	11	13	18	47	61	35	-14	P Mariner	11
19	Queens Park R	42	8	8	5	27	26	1	7	13	20	38	9	15	18	47	64	33	-17	S Bowles, P Eastoe	6
20	West Ham United	42	8	6	7	31	28	4	2	15	21	41	12	8	22	52	69	32	-17	D Cross, D Hales	10
21	Newcastle United	42	4	6	11	26	37	2	4	15	16	41	6	10	26	42	78	22	-36	M Burns	15
22	Leicester City	42	4	7	10	16	32	1	5	15	10	38	5	12	25	26	70	22	-44	R Davies, G Salmons	4

1977/78 DIVISION 2 — SEASON 79

Total Matches: 462
Total Goals: 1235
Avg goals per match: 2.67

#	Team	Blackburn Rov	Blackpool	Bolton Wand	Brighton & HA	Bristol Rovers	Burnley	Cardiff City	Charlton Athletic	Crystal Palace	Fulham	Hull City	Luton Town	Mansfield Town	Millwall	Notts County	Oldham Athletic	Orient	Sheffield United	Southampton	Stoke City	Sunderland	Tottenham H
1	Blackburn Rovers		1-2 10S	0-1 26A	0-1 8A	0-1 11M	0-1 27M	3-0 27a	2-1 8O	3-0 3D	4-0 15M	1-1 24M	2-0 11F	3-1 19N	2-1 17D	1-0 2J	4-2 25F	1-0 24S	1-1 22A	2-1 5N	2-1 22O	1-1 27D	0-0 24a
2	Blackpool	5-2 4F		0-2 27D	0-1 3D	3-1 3S	1-1 28M	3-0 1O	5-1 14J	3-1 4O	1-2 18A	3-0 11M	2-1 22O	1-2 22A	2-2 19N	2-2 7M	1-1 20a	0-0 31D	1-1 5N	0-1 17D	1-1 8A	1-1 27M	0-2 17S
3	Bolton Wanderers	4-2 4O	2-1 25M		1-1 4M	3-0 15A	1-2 2J	6-3 10D	2-1 12N	2-0 18A	0-0 29A	1-0 21J	2-1 29O	2-0 15O	2-1 23a	2-0 26D	1-0 10S	2-0 1A	2-1 27a	0-0 18M	1-1 1O	2-0 7M	1-0 26N
4	Brighton & HA	2-2 26N	2-1 29A	1-2 8O		1-1 26D	2-2 11F	4-0 29O	1-0 25A	1-1 22O	2-0 25M	2-1 10S	3-2 27S	5-1 21J	3-2 27a	1-1 1A	1-0 10D	2-1 12N	1-1 24S	2-1 2J	2-1 11M	2-1 25F	3-1 15A
5	Bristol Rovers	4-1 15O	2-0 21J	0-1 19N	0-4 18A		2-2 4M	3-2 2J	2-2 25F	3-0 27D	0-0 27a	1-1 3D	1-2 10S	3-1 4O	2-0 5N	2-2 23a	0-0 24S	2-1 11F	4-1 8A	0-0 29O	4-1 22A	3-2 17D	2-3 18M
6	Burnley	2-3 26D	0-1 29O	0-1 20a	0-0 17S	3-1 8O		4-2 15A	1-0 10D	1-1 3S	2-0 25A	1-1 22O	2-1 29A	2-0 14M	0-2 1O	3-1 12N	4-1 25M	0-0 26N	4-1 11M	3-3 4F	1-0 1O	0-0 31D	2-1 1A
7	Cardiff City	1-1 14J	2-1 25F	1-0 22A	1-0 24M	1-1 20a	2-1 19N		1-0 31D	2-2 8A	3-1 24S	0-0 17D	1-4 8O	1-1 17S	4-1 28D	2-1 3m	1-0 22O	0-1 9m	1-6 3D	1-0 29M	2-0 5N	5-2 28J	1-0 3S
8	Charlton Athletic	2-2 4M	3-1 27a	2-1 17D	4-3 4O	3-1 30S	3-2 22A	0-0 4A		1-0 24M	0-1 2J	0-0 8A	2-2 21J	2-2 5N	2-1 28F	3-0 17M	1-1 10F	1-3 10S	3-2 19N	3-2 27D	4-1 28M	3-2 3D	4-1 15O
9	Crystal Palace	5-0 29A	2-2 25A	2-1 24S	0-0 18M	1-0 25M	1-1 21J	2-0 26N	1-1 29O		2-3 1O	0-1 27a	3-3 26D	3-1 23a	1-0 2J	2-0 10D	0-0 1A	1-0 15A	1-0 11F	1-2 15O	0-1 4M	2-2 10S	1-2 12N
10	Fulham	0-0 3S	1-1 8O	2-0 3D	2-1 28D	1-1 14J	1-0 4O	1-1 7M	1-1 20a	1-1 25F		2-0 19N	1-0 10M	0-2 27M	0-1 22A	5-1 17S	0-2 30D	1-2 22O	2-0 24M	1-1 7A	3-3 17D	1-1 5N	0-0 4F
11	Hull City	0-1 29O	2-0 15O	0-0 3S	1-1 4F	0-1 29A	1-3 18M	4-1 12N	0-2 26N	1-0 14J	0-1 15A		1-1 1A	0-2 1O	3-2 4M	1-1 25M	0-1 26D	2-2 10D	2-3 31D	0-3 11A	0-0 17S	3-0 20a	2-0 4O
12	Luton Town	0-0 17S	4-0 18M	2-1 21M	1-0 31D	1-2 8F	3-1 3D	7-1 4M	1-0 3S	1-1 27M	1-1 15O	1-1 5N		1-1 17D	1-0 1O	2-0 4O	1-0 14J	0-0 20a	1-2 27D	1-2 22A	1-3 19N	1-3 8A	1-4 22F
13	Mansfield Town	2-2 15A	1-3 10D	0-1 11M	1-2 3S	3-0 24A	4-1 24S	2-2 11F	0-3 1A	1-3 31D	2-1 26D	1-0 25F	3-1 12N		0-0 10S	1-3 29O	0-2 26N	1-1 29A	1-1 8O	1-2 14J	2-1 20a	1-2 22O	3-3 25M
14	Millwall	1-1 12N	2-0 15A	1-0 31D	0-1 14J	1-3 1A	1-1 25F	1-1 25M	1-1 24S	0-3 20a	1-1 10D	1-0 8O	1-0 25A	1-0 2m		0-0 26N	2-0 29A	1-1 21M	3-0 22O	0-0 17S	3-1 3S	1-3 18A	1-0 26D
15	Notts County	1-1 20a	1-1 24S	1-1 27M	1-0 5N	3-2 31D	3-0 17D	1-1 10S	2-2 22O	2-0 22A	1-1 4A	2-1 27D	2-0 25F	1-0 21M	1-1 8A		3-2 11M	1-1 8O	1-2 25A	2-3 3S	2-0 3D	2-2 19N	3-3 14J
16	Oldham Athletic	0-2 1O	2-1 2J	2-2 18F	1-1 22A	4-1 4A	2-0 27D	1-1 18M	1-1 17S	1-1 20O	2-1 23a	1-0 27M	0-1 27a	2-2 8A	2-1 3D	1-1 15O		2-1 21J	3-0 17D	1-1 19N	1-1 4O	1-1 24M	0-0 4M
17	Orient	0-0 4A	1-4 23a	1-1 5N	0-1 17D	2-1 17S	3-0 18A	2-1 15O	0-0 3m	0-0 19N	1-1 17M	2-1 22A	0-0 2J	4-2 3D	0-0 29O	0-0 4M	5-3 3S		3-1 27M	1-1 25A	2-0 27D	2-2 14J	1-1 1O
18	Sheffield United	2-0 10D	0-0 1A	1-1 14J	2-0 4A	1-1 26N	2-1 15O	0-1 29A	0-2 15A	2-1 17S	0-0 29O	4-1 23a	2-0 25M	5-2 4M	4-1 18M	1-0 4O	2-0 12N	0-0 26D		3-2 1O	1-2 14M	1-1 3S	2-2 2J
19	Southampton	5-0 1A	2-0 12N	2-2 22O	1-1 20a	3-1 27M	3-0 10S	3-1 26D	4-1 25M	2-0 11M	2-0 26N	1-0 24S	0-1 10D	1-0 27a	2-3 11F	3-1 2J	2-2 15A	1-0 4O	2-1 25F		1-0 31D	4-2 8O	0-0 29A
20	Stoke City	4-2 18M	1-2 26N	0-0 25F	1-0 15O	3-2 10D	2-1 27a	2-0 1A	4-0 26D	2-0 8O	0-0 12N	1-1 8M	0-0 15A	1-1 2J	2-1 12A	1-1 29A	3-0 26A	5-1 25M	4-0 10S	1-0 24a		0-0 24S	1-3 29O
21	Sunderland	0-1 25M	2-1 26D	0-2 17S	0-2 1O	5-1 12N	3-0 23a	1-1 4O	3-0 29A	0-0 14M	2-2 1A	2-0 2J	1-1 26N	0-2 18M	3-1 15O	1-1 15S	5-1 29O	0-0 27a	5-1 21J	0-0 4M	1-0 4A		1-2 10D
22	Tottenham Hotspur	4-0 31D	2-2 11F	1-0 8A	0-0 19N	9-0 22O	3-0 5N	2-1 21J	2-1 11M	2-2 17D	1-0 10S	2-0 26A	1-1 24S	3-3 27D	2-1 27M	5-1 7a	1-1 11N	4-2 25F	0-0 25F	3-0 20a	0-1 3D	2-3 22M	

Final League Table

Pos	Team	Pld	Home W	Home D	Home L	Home F	Home A	Away W	Away D	Away L	Away F	Away A	Totals W	Totals D	Totals L	Totals F	Totals A	Pts	GD	Leading Goalscorer	Gls
1	Bolton Wanderers	42	16	4	1	39	14	8	6	7	24	19	24	10	8	63	33	58	+30	N Whatmore	19
2	Southampton	42	15	4	2	44	16	7	9	5	26	23	22	13	7	70	39	57	+31	P Boyer	17
3	Tottenham H	42	13	7	1	50	19	7	9	5	33	30	20	16	6	83	49	56	+34	J Duncan	16
4	Brighton & HA	42	15	5	1	43	21	7	7	7	20	17	22	12	8	63	38	56	+25	P Ward	14
5	Blackburn Rovers	42	12	4	5	33	16	4	9	8	23	44	16	13	13	56	60	45	-4	N Brotherston	11
6	Sunderland	42	11	6	4	36	17	3	10	8	31	42	14	16	12	67	59	44	+8	G Rowell	18
7	Stoke City	42	13	5	3	38	16	3	5	13	15	33	16	10	16	53	49	42	+4	G Crooks	18
8	Oldham Athletic	42	9	10	2	32	20	4	6	11	22	38	13	16	13	54	58	42	-4	S Taylor	20
9	Crystal Palace	42	9	7	5	31	20	4	8	9	19	27	13	15	14	50	47	41	+3	D Swindlehurst	12
10	Fulham	42	9	8	4	32	19	5	5	11	17	30	14	13	15	49	49	41	0	J Mitchell	9
11	Burnley	42	11	6	4	35	20	4	4	13	21	44	15	10	17	56	64	40	-8	S Kindon	12
12	Sheffield United	42	13	4	4	38	22	3	4	14	24	51	16	8	18	62	73	40	-11	A Woodward	12
13	Luton Town	42	11	4	6	35	20	3	6	12	19	32	14	10	18	54	52	38	+2	R Futcher	10
14	Orient	42	8	11	2	30	20	2	7	12	13	29	10	18	14	43	49	38	-6	P Kitchen	21
15	Notts County	42	10	9	2	36	22	1	7	13	18	40	11	16	15	54	62	38	-8	M Vinter	18
16	Millwall	42	8	8	5	23	20	4	6	11	26	37	12	14	16	49	57	38	-8	I Pearson	9
17	Charlton Athletic	42	11	6	4	38	27	2	6	13	17	41	13	12	17	55	68	38	-13	M Flanagan	16
18	Bristol Rovers	42	10	7	4	40	26	3	5	13	21	51	13	12	17	61	77	38	-16	P Randall	20
19	Cardiff City	42	12	6	3	32	23	1	6	14	19	48	13	12	17	51	71	38	-20	J Buchanan	10
20	Blackpool	42	7	9	5	35	25	5	5	11	24	35	12	13	17	59	60	37	-1	R Hatton	22
21	Mansfield Town	42	6	6	9	30	34	4	5	12	19	35	10	11	21	49	69	31	-20	D Syrrett	16
22	Hull City	42	6	6	9	23	25	2	6	13	11	27	8	12	22	34	52	28	-18	A Warboys	7

1977/78 DIVISION 3 SEASON 79

Total Matches 552
Total Goals 1373
Avg goals per match 2.49

Results Grid

		Bradford City	Bury	Cambridge Utd	Carlisle United	Chester	Chesterfield	Colchester Utd	Exeter City	Gillingham	Hereford United	Lincoln City	Oxford United	Peterborough U	Plymouth Argyle	Portsmouth	Port Vale	Preston N E	Rotherham Utd	Sheffield Weds	Shrewsbury T	Swindon Town	Tranmere Rov	Walsall	Wrexham
1	Bradford City		2-1	4-0	2-2	2-2	1-3	1-2	1-2	2-1	0-0	2-2	2-3	2-1	0-1	1-0	1-1	1-1	3-0	3-2	2-0	2-1	2-0	2-3	2-1
2	Bury	2-2		5-2	1-1	1-1	0-0	1-1	5-0	2-2	1-1	1-0	3-2	0-0	1-1	0-0	3-0	1-1	1-1	3-0	0-3	0-0	1-0	0-1	2-3
3	Cambridge United	4-1	3-0		2-0	0-0	2-0	2-0	2-1	2-3	2-0	5-0	2-1	1-0	3-0	1-0	2-1	1-1	1-1	3-0	2-0	5-2	1-0	2-1	1-0
4	Carlisle United	1-1	0-3	1-1		0-0	2-1	1-3	2-0	1-0	2-0	2-3	2-2	0-0	0-0	3-1	1-1	3-1	2-1	1-0	1-0	2-2	2-2	2-0	1-4
5	Chester	3-2	1-0	0-0	2-2		2-1	2-1	2-1	2-2	4-1	2-2	3-1	4-3	1-1	2-0	2-1	1-2	2-1	2-1	1-0	1-0	0-0	1-1	1-1
6	Chesterfield	2-0	2-1	2-1	2-1	1-2		0-0	0-0	5-2	2-1	0-0	3-0	2-0	4-1	3-0	2-0	0-1	0-0	2-2	3-1	3-1	1-1	0-1	1-0
7	Colchester United	3-0	1-0	2-1	2-2	2-0	2-0		3-1	1-0	0-0	1-1	3-0	3-1	4-0	2-3	0-0	0-0	1-1	1-2	2-0	0-0	1-1	1-1	
8	Exeter City	1-0	2-2	2-4	0-1	1-1	0-0	0-0		2-1	1-0	3-0	2-1	1-0	0-0	0-1	4-1	2-0	1-0	2-1	1-1	0-0	4-2	1-1	0-1
9	Gillingham	4-1	1-4	3-1	1-1	1-0	3-0	1-3	1-0		4-0	0-0	2-1	0-0	1-1	0-0	1-1	2-1	2-1	2-1	1-1	2-2	1-1	3-1	0-0
10	Hereford United	2-1	1-0	0-0	1-0	2-2	2-1	1-0	4-0	2-0		1-1	2-1	0-0	1-3	0-2	1-1	0-0	2-3	0-1	1-1	1-1	0-1	3-2	1-1
11	Lincoln City	3-2	0-0	4-1	2-1	2-1	1-0	0-0	1-2	0-2	0-0		1-0	0-1	2-2	1-0	3-0	2-2	3-3	3-1	1-3	3-1	1-1	2-2	0-1
12	Oxford United	3-1	0-0	2-3	0-0	4-1	1-1	3-0	0-0	1-1	3-0	1-0		3-3	2-1	0-0	1-1	1-0	2-3	1-0	1-1	3-3	1-0	3-1	2-1
13	Peterborough Utd	5-0	2-1	2-0	2-1	0-0	2-0	1-0	1-1	1-1	2-1	0-1	1-0		1-1	2-1	1-0	2-1	2-1	2-0	1-0	0-0	2-2		
14	Plymouth Argyle	6-0	0-1	0-1	0-1	2-2	1-0	1-1	2-2	1-3	2-0	1-2	2-1	1-0		3-1	3-2	0-0	1-1	2-2	0-2	0-1	3-3	0-1	
15	Portsmouth	3-1	1-1	2-2	3-3	0-0	3-0	0-0	1-1	1-2	2-0	0-2	2-2	1-5		1-1	0-2	3-3	2-2	0-0	1-2	2-5	1-2	0-1	
16	Port Vale	1-0	1-2	1-1	0-1	0-0	1-3	0-3	4-0	2-2	1-0	2-1	1-1	0-0	3-3	2-0		0-0	3-0	0-0	1-2	1-0	1-1	2-2	1-1
17	Preston North End	3-1	4-0	2-0	2-1	2-1	0-0	4-0	0-0	2-0	1-0	4-0	3-2	0-1	5-2	3-1	2-0		3-2	2-1	2-2	1-1	2-1	1-0	1-3
18	Rotherham United	2-1	0-3	0-0	1-1	1-2	1-0	1-0	2-0	1-0	2-0	1-1	1-2	0-1	2-2	2-1		1-2		0-0	1-3	2-0	3-0	2-2	
19	Sheffield Weds	2-0	3-2	0-0	3-1	1-1	1-0	1-2	2-1	0-0	1-0	2-0	2-1	0-1	1-1	0-0	3-1	1-0	1-0		0-1	1-1	1-0	0-0	
20	Shrewsbury Town	4-0	5-3	3-3	0-3	0-0	1-1	1-0	0-2	1-2	3-0	0-1	1-0	0-0	3-1	6-1	3-0	0-0	4-1	0-0		2-3	3-1	0-0	2-1
21	Swindon Town	0-1	1-1	0-0	2-2	1-1	2-1	0-0	4-0	3-2	1-0	3-2	2-0	3-1	3-1	1-1	0-2	2-0	2-2	5-0		1-0	3-2	1-3	
22	Tranmere Rovers	0-0	0-0	0-1	3-2	5-0	1-1	1-0	2-1	1-1	2-1	3-1	4-1	0-2	1-1	2-0	2-1	1-0	2-2	3-1	2-0	1-1		0-1	3-1
23	Walsall	1-1	1-2	0-0	0-0	3-0	2-2	4-2	1-3	2-1	2-0	3-1	2-1	1-0	1-1	0-0	1-1	3-1	1-1	3-0	2-0	0-0			2-0
24	Wrexham	2-0	3-1	4-1	3-1	1-2	1-1	2-1	2-1	3-3	2-1	1-0	2-2	0-0	2-0	2-0	1-1	0-0	7-1	1-0	0-0	2-1	6-1	1-0	

Final League Table

Pos	Team	Pld	Home					Away					Totals					Pts	GD	Leading Goalscorer	Gls
			W	D	L	F	A	W	D	L	F	A	W	D	L	F	A				
1	Wrexham	46	14	8	1	48	19	9	7	7	30	26	23	15	8	78	45	61	+33	G Whittle	18
2	Cambridge United	46	19	3	1	49	11	4	9	10	23	40	23	12	11	72	51	58	+21	A Biley	21
3	Preston North End	46	16	5	2	48	19	4	11	8	15	19	20	16	10	63	38	56	+25	A Bruce	27
4	Peterborough Utd	46	15	7	1	32	11	5	9	9	15	22	20	16	10	47	33	56	+14	T Robson	14
5	Chester	46	14	8	1	41	24	2	14	7	18	32	16	22	8	59	56	54	+3	P Crossley	9
6	Walsall	46	12	8	3	35	17	6	9	8	26	33	18	17	11	61	50	53	+11	A Buckley	24
7	Gillingham	46	11	10	2	36	21	4	10	9	31	39	15	20	11	67	60	50	+7	K Price	20
8	Colchester United	46	10	11	2	36	16	5	7	11	19	28	15	18	13	55	44	48	+11	R Gough	13
9	Chesterfield	46	14	8	1	38	13	3	6	14	20	29	17	14	15	58	49	48	+9	R Fern	14
10	Swindon Town	46	12	7	4	40	22	4	9	10	27	38	16	16	14	67	60	48	+7	D Moss	16
11	Shrewsbury Town	46	11	7	5	42	23	5	8	10	21	34	16	15	15	63	57	47	+6	I Atkins, S Irvine	10
12	Tranmere Rovers	46	13	7	3	39	19	3	8	12	18	33	16	15	15	57	52	47	+5	R Moore	17
13	Carlisle United	46	10	9	4	32	26	4	10	9	27	33	14	19	13	59	59	47	0	W Rafferty	11
14	Sheffield Weds	46	13	7	3	28	14	2	9	12	22	38	15	16	15	50	52	46	-2	T Tynan	16
15	Bury	46	7	8	8	34	32	6	6	11	28	34	13	14	19	62	56	46	+6	A Rowland	14
16	Lincoln City	46	10	8	5	35	26	5	7	11	18	35	15	15	16	53	61	45	-8	P Graham, M Harford	9
17	Exeter City	46	11	8	4	30	18	4	6	13	19	41	15	14	17	49	59	44	-10	T Kellow	14
18	Oxford United	46	11	10	2	38	21	4	7	12	26	46	15	14	19	64	67	40	-3	P Foley	19
19	Plymouth Argyle	46	7	8	8	33	28	4	9	10	28	40	11	17	18	61	68	39	-7	T Austin	11
20	Rotherham United	46	11	5	7	26	19	2	8	13	25	49	13	13	20	51	68	39	-17	R Finney	13
21	Port Vale	46	7	11	5	28	21	1	9	13	18	44	8	20	18	46	67	36	-21	K Beamish	13
22	Bradford City	46	11	6	6	40	29	1	4	18	16	57	12	10	24	56	86	34	-30	B Wright	10
23	Hereford United	46	9	9	5	28	22	0	5	18	6	38	9	14	23	34	60	32	-26	S Crompton, S Davey	5
24	Portsmouth	46	4	11	8	31	38	3	6	14	10	37	7	17	22	41	75	31	-34	D Kemp	16

1977/78 DIVISION 4 SEASON 79

Total Matches 552
Total Goals 1427
Avg goals per match 2.59

Results Matrix

	Aldershot	Barnsley	Bournemouth	Brentford	Crewe Alex	Darlington	Doncaster R	Grimsby Town	Halifax Town	Hartlepool Utd	Huddersfield T	Newport County	Northampton T	Reading	Rochdale	Scunthorpe Utd	Southend United	Southport	Stockport Co	Swansea City	Torquay Utd	Watford	Wimbledon	York City
1 Aldershot		0-0	2-0	1-0	2-0	3-2	1-0	4-2	0-0	3-0	3-3	2-2	2-1	1-1	2-0	4-0	3-0	0-0	2-1	2-2	3-0	1-0	3-1	1-1
2 Barnsley	2-0		3-0	0-0	4-0	2-1	0-0	1-2	3-2	3-2	1-1	1-0	2-3	4-1	4-0	3-0	1-1	2-1	0-1	0-2	2-0	1-0	3-2	2-1
3 Bournemouth	0-0	2-2		3-2	1-0	2-0	0-1	1-0	0-0	1-0	0-0	4-2	1-1	1-0	1-0	1-1	0-3	3-1	1-0	0-1	1-1	1-2	1-2	2-1
4 Brentford	2-0	1-1	1-1		5-1	2-0	2-2	3-1	4-1	2-0	1-1	3-3	3-0	1-1	4-0	2-0	1-0	0-0	4-0	0-2	3-0	0-3	4-1	1-0
5 Crewe Alexandra	0-2	2-1	3-1	4-6		2-2	2-0	0-2	0-0	1-0	1-1	2-0	3-2	1-1	2-1	1-1	0-1	2-0	1-1	2-1	2-0	2-2	0-0	1-0
6 Darlington	1-1	0-2	1-0	1-3	2-0		1-1	1-2	2-1	1-2	2-2	2-1	2-0	2-0	1-1	2-0	3-0	2-2	1-1	0-0	0-0	3-1	0-2	4-1
7 Doncaster Rovers	4-3	2-1	0-0	3-1	2-0	1-2		0-1	1-1	2-0	4-3	2-2	4-2	1-1	1-1	2-0	2-1	1-0	1-1	1-0	0-1	0-2	1-1	1-1
8 Grimsby Town	1-0	1-0	0-2	2-1	2-2	2-0	0-0		0-0	2-1	1-0	1-0	0-1	0-1	2-1	0-0	2-0	0-0	2-1	3-1	1-1	3-1	1-1	3-2
9 Halifax Town	2-1	1-1	0-0	1-1	1-1	0-2	0-1	0-0		3-0	0-0	3-1	0-1	2-4	3-1	2-2	0-1	2-1	1-1	3-1	0-0	1-1	1-2	2-0
10 Hartlepool United	2-2	1-2	0-1	3-1	1-1	2-1	0-2	3-1	1-1		3-2	1-1	0-2	2-1	1-0	1-0	1-0	2-1	2-0	0-4	1-2	1-2	2-0	4-2
11 Huddersfield T	1-1	2-0	2-0	1-3	3-0	2-1	4-1	1-3	2-2	3-1		2-0	0-1	0-2	3-1	4-1	2-0	3-1	0-0	1-1	1-0	3-0	1-1	1-2
12 Newport County	2-1	3-1	3-2	1-2	1-0	1-1	1-0	3-0	2-0	4-2	2-0		5-3	0-0	3-0	3-1	1-2	1-1	2-2	1-0	0-0	2-2	0-1	2-1
13 Northampton T	1-1	1-1	1-0	2-2	0-0	2-2	0-0	2-1	1-2	5-3	3-1	2-4		0-2	3-1	1-2	0-0	1-0	2-1	3-1	1-0	0-2	0-3	1-1
14 Reading	1-0	0-0	0-0	1-0	2-0	2-1	3-0	0-0	2-1	2-3	1-0	2-0	0-0		4-3	1-0	0-1	3-1	2-1	1-4	3-3	1-3	2-2	1-0
15 Rochdale	0-0	1-1	1-1	1-0	0-2	3-1	1-3	3-1	0-0	0-0	0-1	1-1	1-0			1-1	1-2	2-1	2-1	1-3	2-3	5-0	1-0	1-2
16 Scunthorpe United	1-1	1-0	0-1	1-1	3-0	3-0	0-0	2-1	2-0	2-0	1-1	2-0	2-2	0-1	1-0		1-2	0-2	3-0	1-0	0-1	0-1	3-0	2-1
17 Southend United	3-1	0-0	5-1	2-1	1-0	2-0	4-0	1-1	5-0	1-1	1-3	4-2	0-0	0-2	3-1	2-0		4-2	0-2	2-1	4-0	1-0	1-0	0-0
18 Southport	1-1	1-1	0-0	1-3	1-2	1-0	0-1	1-1	2-2	1-2	1-1	3-3	3-1	1-1	3-1	1-1	0-0		2-0	0-3	0-0	2-0	0-5	4-1
19 Stockport County	2-1	3-0	0-1	1-1	1-2	1-0	1-1	2-0	1-3	6-0	0-1	2-0	1-1	1-0	2-1		1-1	2-1		2-0	3-0	1-3	2-2	2-0
20 Swansea City	1-0	2-1	1-0	2-1	5-0	1-2	3-0	2-0	1-0	8-0	1-0	4-0	2-4	2-1	3-0	3-1	0-0	1-1	3-1		1-1	3-3	3-0	1-1
21 Torquay United	1-2	3-1	1-1	2-1	1-2	0-0	2-0	3-1	2-2	0-0	2-1	2-0	1-3	3-0	4-2	1-1	1-2	2-2	0-2	2-4		2-3	1-1	3-0
22 Watford	1-0	0-0	2-1	1-1	5-2	2-1	6-0	1-0	1-1	1-0	2-0	2-0	3-0	1-0	1-0	4-1	1-1	3-2	1-0	2-1	1-0		2-0	1-3
23 Wimbledon	1-2	0-0	3-1	1-1	0-0	1-1	3-3	2-2	3-3	3-0	2-0	1-1	5-1	0-0	1-3	2-2	2-0	1-1	0-1	1-3			2-1	
24 York City	1-2	1-2	0-0	0-3	1-1	1-2	2-1	1-2	1-1	1-1	0-1	1-1	2-0	0-3	2-0	0-2	1-2	2-1	2-1	0-0	0-4	1-1		

Final League Table

Pos	Team	Pld	Home W	D	L	F	A	Away W	D	L	F	A	Totals W	D	L	F	A	Pts	GD	Leading Goalscorer	Gls
1	Watford	46	18	4	1	44	14	12	7	4	41	24	30	11	5	85	38	71	+47	R Jenkins	16
2	Southend United	46	15	5	3	46	18	10	5	8	20	21	25	10	11	66	39	60	+27	D Parker	19
3	Swansea City	46	16	5	2	54	17	7	5	11	33	30	23	10	13	87	47	56	+40	A Curtis	32
4	Brentford	46	15	6	2	50	17	6	8	9	36	37	21	14	11	86	54	56	+32	S Phillips	32
5	Aldershot	46	15	8	0	45	16	4	8	11	22	31	19	16	11	67	47	54	+20	J Dungworth	23
6	Grimsby Town	46	14	6	3	30	15	7	5	11	27	36	21	11	14	57	51	53	+6	T Donovan	14
7	Barnsley	46	15	4	4	44	20	3	10	10	17	29	18	14	14	61	49	50	+12	B Joicey	14
8	Reading	46	12	7	4	33	23	6	7	10	22	29	18	14	14	55	52	50	+3	O Kearns	16
9	Torquay United	46	12	6	5	43	25	4	9	10	14	31	16	15	15	57	56	47	+1	W Brown	12
10	Northampton Town	46	9	8	6	32	30	8	5	10	31	38	17	13	16	63	68	47	-5	G Reilly	22
11	Huddersfield Town	46	13	5	5	41	21	2	10	11	22	34	15	15	16	63	55	45	+8	M Butler	17
12	Doncaster Rovers	46	11	8	4	37	26	3	9	11	15	39	14	17	15	52	65	45	-13	J Laidlaw	13
13	Wimbledon	46	8	11	4	39	26	6	5	12	27	41	14	16	16	66	67	44	-1	R Connell	14
14	Scunthorpe United	46	12	6	5	31	14	2	10	11	19	41	14	16	16	50	55	44	-5	J Lumby	20
15	Crewe Alexandra	46	11	8	4	34	25	4	6	13	16	44	15	14	17	50	69	44	-19	P Coyne	16
16	Newport County	46	14	6	3	43	22	2	5	16	22	51	16	11	19	65	73	43	-8	H Goddard	16
17	Bournemouth	46	12	6	5	28	20	2	9	12	13	31	14	15	17	41	51	43	-10	D Showers	17
18	Stockport County	46	14	4	5	41	19	2	6	15	15	37	16	10	20	56	56	42	0	E Prudham	12
19	Darlington	46	10	8	5	31	22	4	5	14	21	37	14	13	19	52	59	41	-7	E Rowles, D Wann	7
20	Halifax Town	46	7	10	6	28	23	3	11	9	24	39	10	21	15	52	62	41	-10	D Rell	9
21	Hartlepool United	46	12	4	7	34	29	3	3	17	17	55	15	7	24	51	84	37	-33	W Ayre	12
22	York City	46	8	7	8	27	31	4	5	14	23	38	12	12	22	50	69	36	-19	G Staniforth	12
23	Southport	46	5	13	5	30	32	1	6	16	22	44	6	19	21	52	76	31	-24	T O'Neil	12
24	Rochdale	46	8	8	7	29	26	0	2	21	14	57	8	8	30	43	85	24	-42	T Owen	10

Southport failed to gain re-election. Wigan Athletic elected in their place.

1978/79 DIVISION 1 SEASON 80

Total Matches: 462
Total Goals: 1217
Avg goals per match: 2.63

Results Grid

	Team	Arsenal	Aston Villa	Birmingham C	Bolton Wand	Bristol City	Chelsea	Coventry City	Derby County	Everton	Ipswich Town	Leeds United	Liverpool	Manchester City	Manchester Utd	Middlesbrough	Norwich City	Nottm Forest	QPR	Southampton	Tottenham H	West Brom A	Wolverhampton
1	Arsenal		1-1 70D	3-1 30D	1-0 16S	2-0 10M	5-2 16A	1-1 3A	2-0 16D	2-2 18N	4-1 4N	2-2 19a	1-0 2D	1-1 24M	1-1 23S	0-0 10F	1-1 28A	2-1 13J	5-1 2S	1-0 21O	1-0 10A	1-2 26D	0-1 24F
2	Aston Villa	5-1 25A		1-0 3M	3-0 7M	2-0 18N	2-1 28A	1-1 28M	3-3 11A	1-1 16S	2-2 2m	2-2 26D	3-1 16A	1-1 4N	2-2 14O	0-2 27O	1-1 16D	1-2 3OS	3-1 20M	1-1 2S	2-3 24M	0-1 11m	1-0 19a
3	Birmingham City	0-0 5M	0-1 21O		3-0 21N	1-1 25N	1-1 23S	0-0 10M	1-3 26a	1-1 9D	0-1 3A	0-3 10F	1-2 9S	5-1 7O	1-3 11N	1-0 22a	0-2 27M	3-1 21A	2-2 6M	1-0 7A	1-0 24F	1-1 24A	1-1 14A
4	Bolton Wanderers	4-2 26M	0-0 5m	2-2 2S		1-2 19a	2-1 24F	0-0 4N	2-1 9S	3-1 3A	2-3 21A	3-1 7O	1-4 1m	2-2 21O	3-0 22D	0-0 14A	3-2 23S	0-1 25N	1-2 7A	2-0 24M	1-3 8m	0-1 18N	3-1 9D
5	Bristol City	1-3 28O	1-0 26a	2-1 31M	4-1 11N		3-1 10A	5-0 26D	1-0 2D	2-2 3OS	3-1 3F	0-0 28A	1-1 16D	1-2 3OD	1-1 3M	1-1 17M	2-0 22a	3-1 14O	1-3 3A	2-0 16S	3-1 13J	0-0 17A	1-0 21N
6	Chelsea	1-1 14m	0-1 9D	2-1 3F	4-3 14O	0-0 23D		1-3 21F	1-1 4A	0-1 19a	2-3 1m	0-3 2S	0-0 3M	1-4 16S	0-1 25N	2-1 21A	3-3 28O	1-3 7A	1-2 17M	1-3 14A	1-3 18N	1-3 3OS	1-2 24M
7	Coventry City	1-1 25N	1-1 7A	2-1 28O	2-2 17M	3-2 14A	3-2 9S		4-2 21N	3-2 23D	2-2 7O	0-0 23S	0-0 6M	0-3 24F	4-3 20M	2-1 11N	4-1 26a	0-0 22a	1-0 9D	4-0 21A	1-3 10F	1-3 3M	3-0 5m
8	Derby County	2-0 21A	0-0 23D	2-1 18N	3-0 21M	0-1 7A	1-0 7O	0-2 2S		0-0 24M	0-0 28F	0-1 10M	1-1 24F	1-3 19a	0-3 9D	1-1 5m	0-3 10F	1-2 14A	2-1 25N	2-1 23S	2-2 21O	3-2 16S	4-1 4N
9	Everton	1-0 26a	1-1 31J	1-0 28A	1-0 16A	4-1 10F	3-2 11N	3-3 10A	2-1 22a		0-1 24F	1-1 16D	1-0 28O	3-0 26D	2-0 21N	2-2 9S	1-1 30M	0-1 10M	2-1 3M	0-0 7O	1-1 30D	0-2 1m	2-0 23S
10	Ipswich Town	2-0 17M	0-2 9S	3-0 17A	3-0 16D	0-1 23S	5-1 13M	1-1 16A	2-1 14O	0-1		2-3 2D	0-3 22a	2-1 31M	3-0 26a	2-1 21N	1-1 26D	1-0 3M	1-0 28O	0-0 10F	2-1 28A	0-1 11N	3-1 20J
11	Leeds United	0-1 11N	1-0 14A	3-0 30S	5-1 25A	1-1 9D	2-1 22N	1-0 3F	4-0 28O	1-0 21A	1-1 7A		0-3 17m	1-1 13J	2-3 23a	3-1 23D	2-2 3M	1-2 15m	4-3 4m	4-0 25N	1-2 16S	1-3 14O	3-0 26a
12	Liverpool	3-0 7A	3-0 8m	1-0 13F	3-0 30S	1-0 21A	2-0 21O	1-0 16S	5-1 14O	2-0 13M	1-1 24M	2-0 4N		2-0 18N	2-0 14A	2-0 25N	6-0 21F	2-0 9D	1-1 19a	2-7 5m	0-2 2S	1-2 3F	2-0 20M
13	Manchester City	1-1 22a	2-3 15m	3-1 1m	2-1 3M	2-0 5m	2-3 20J	2-0 14O	1-2 11N	0-0 14A	1-2 25N	3-0 9S	1-4 26a		0-3 10F	1-0 24A	2-2 27F	0-0 23D	3-1 21A	1-2 9D	2-0 23S	2-2 28O	3-1 7A
14	Manchester United	0-2 3F	1-1 24F	1-0 19a	1-2 11A	1-3 21O	1-1 16m	0-0 16A	0-0 28A	1-1 2S	2-0 18N	4-1 24M	0-3 26D	1-0 3OS		3-2 7O	1-0 25A	1-1 16S	2-0 28F	1-1 4N	2-0 16D	3-5 3OD	3-2 7m
15	Middlesbrough	2-3 30S	2-0 10M	2-1 24M	1-1 26D	0-0 4N	7-2 16D	1-2 19a	3-1 13M	1-2 6M	0-0 2S	0-0 10A	0-1 11m	2-2 17A	2-2 27M		2-0 14O	1-3 3F	0-2 16S	2-0 18N	1-0 31M	1-1 28A	2-0 21O
16	Norwich City	0-0 9D	1-2 21A	4-0 16S	0-0 3F	3-0 24M	2-0 10M	3-0 18N	0-1 30S	0-1 25N	2-2 14A	1-1 21O	1-1 7O	2-2 2S	1-1 7A	1-1 24F		1-1 5m	1-1 31J	3-1 19a	2-2 4N	1-1 13J	0-0 7M
17	Nottingham Forest	2-1 9S	4-0 4A	1-0 16D	1-1 31M	2-0 24F	6-0 28M	3-0 24M	1-1 26D	0-0 4N	1-0 21O	0-0 16A	0-0 28A	3-1 9m	1-1 18A	2-2 23S	2-1 14M		0-0 18N	1-0 2m	1-1 19a	0-0 2S	3-1 7O
18	Queens Park Rangers	1-2 13F	1-3 23S	1-3 7m	1-0 2D	0-0 7O	5-1 4N	2-2 28A	1-1 31M	0-4 21O	1-4 11m	1-3 3OD	2-1 11N	1-1 16D	3-1 9S	2-1 20J	0-0 13A	0-0 26a		0-1 24F	2-2 26D	0-1 22a	3-3 10F
19	Southampton	2-0 3M	2-0 21A	1-0 2D	2-2 22a	2-0 20F	0-0 26D	4-0 16D	1-2 3F	3-0 17F	1-2 3OS	2-2 31M	1-1 24A	1-0 28A	1-0 3OA	2-1 26a	2-2 11N	0-0 28O	1-1 14O		3-3 16A	1-1 13A	3-2 9S
20	Tottenham Hotspur	0-5 28D	1-4 23a	1-0 14O	2-0 28O	1-0 9S	2-2 26a	1-1 3M	2-0 5m	1-1 9D	1-1 20J	0-0 22N	0-3 3F	1-2 21A	0-0 7A	1-1 17M	0-3 11N	1-2 14A	1-3 28M	1-0		1-0 14m	1-0 25N
21	West Bromwich Albion	1-1 14A	1-1 25N	1-0 4N	4-0 26a	3-1 1J	1-0 14M	7-1 21O	2-1 26M	1-0 7A	2-1 19a	1-2 24F	1-1 23S	4-0 4A	1-0 5m	2-0 9D	2-2 9S	0-1 18m	2-1 24M	1-0 8m	0-1 7O		1-1 21A
22	Wolverhampton Wanderers	1-0 14O	0-4 11N	2-1 26D	1-1 28A	2-0 2S	0-1 22a	1-1 3OD	4-0 24A	1-1 3F	1-0 16S	1-1 18N	0-1 10A	1-1 27M	2-4 20O	1-3 3M	1-0 16A	1-0 3OA	2-0 3OS	3-2 17J	0-3 3A	1-1 16D	

Final League Table

Pos	Team	Pld	Home					Away					Totals					Pts	GD	Leading Goalscorer	Gls
			W	D	L	F	A	W	D	L	F	A	W	D	L	F	A				
1	Liverpool	42	19	2	0	51	4	11	6	4	34	12	30	8	4	85	16	68	+69	K Dalglish	21
2	Nottm Forest	42	11	10	0	34	10	10	8	3	27	16	21	18	3	61	26	60	+35	G Birtles	14
3	West Brom A	42	13	5	3	38	15	11	6	4	34	20	24	11	7	72	35	59	+37	Alistair Brown	18
4	Everton	42	12	7	2	32	17	5	10	6	20	23	17	17	8	52	40	51	+12	A King	12
5	Leeds United	42	11	4	6	41	25	7	10	4	29	27	18	14	10	70	52	50	+18	J Hawley	16
6	Ipswich Town	42	11	4	6	34	21	9	5	7	29	28	20	9	13	63	49	49	+14	P Mariner	13
7	Arsenal	42	11	8	2	37	18	6	6	9	24	30	17	14	11	61	48	48	+13	F Stapleton	17
8	Aston Villa	42	8	9	4	37	26	7	7	7	22	23	15	16	11	59	49	46	+10	J Deehan	10
9	Manchester United	42	9	7	5	29	25	6	8	7	31	38	15	15	12	60	63	45	-3	S Coppell, J Greenhoff	11
10	Coventry City	42	11	7	3	41	29	3	9	9	17	39	14	16	12	58	68	44	-10	I Wallace	15
11	Tottenham H	42	7	8	6	19	25	6	7	8	29	36	13	15	14	48	61	41	-13	P Taylor	10
12	Middlesbrough	42	10	5	6	33	21	5	5	11	24	29	15	10	17	57	50	40	+7	M Burns	11
13	Bristol City	42	11	6	4	34	19	4	4	13	13	32	15	10	17	47	51	40	-4	K Mabbutt, T Ritchie	9
14	Southampton	42	9	10	2	35	20	3	6	12	12	33	12	16	14	47	53	40	-6	N Holmes	8
15	Manchester City	42	9	5	7	34	28	4	8	9	24	28	13	13	16	58	56	39	+2	M Channon, G Owen	11
16	Norwich City	42	7	10	4	29	19	0	13	8	22	38	7	23	12	51	57	37	-6	M Peters	10
17	Bolton Wanderers	42	10	5	6	36	28	2	6	13	18	47	12	11	19	54	75	35	-21	**F Worthington**	24
18	Wolverhampton	42	10	4	7	26	26	3	4	14	18	42	13	8	21	44	68	34	-24	J Richards	9
19	Derby County	42	8	5	8	25	25	2	6	13	19	46	10	11	21	44	71	31	-27	G Daly	13
20	Queens Park R	42	4	9	8	20	33	2	4	15	21	40	6	13	23	45	73	25	-28	M Busby, P Goddard	6
21	Birmingham City	42	5	9	7	24	25	1	2	19	13	39	6	10	26	37	64	22	-27	A Buckley	8
22	Chelsea	42	3	9	9	21	42	2	5	14	21	50	5	10	27	44	92	20	-48	T Langley	15

1978/79 DIVISION 4
SEASON 80

Total Matches 552
Total Goals 1409
Avg goals per match 2.55

Final League Table

Pos	Team	Pld	Home					Away					Totals					Pts	GD	Leading Goalscorer	Gls
			W	D	L	F	A	W	D	L	F	A	W	D	L	F	A				
1	Reading	46	19	3	1	49	8	7	10	6	27	27	26	13	7	76	35	65	+41	P Earles	15
2	Grimsby Town	46	15	5	3	51	23	11	4	8	31	26	26	9	11	82	49	61	+33	T Ford	16
3	Wimbledon	46	18	3	2	50	20	7	8	8	28	26	25	11	10	78	46	61	+32	A Cork	22
4	Barnsley	46	15	5	3	47	23	9	8	6	26	19	24	13	9	73	42	61	+31	D Bell	18
5	Aldershot	46	16	5	2	38	14	4	12	7	25	33	20	17	9	63	47	57	+16	J Dungworth	26
6	Wigan Athletic	46	14	5	4	40	24	7	8	8	23	24	21	13	12	63	48	55	+15	P Houghton	13
7	Portsmouth	46	13	7	3	35	12	7	5	11	27	36	20	12	14	62	48	52	+14	C Garwood	15
8	Newport County	46	12	5	6	39	28	9	5	9	27	27	21	10	15	66	55	52	+11	H Goddard	19
9	Huddersfield Town	46	13	8	2	32	15	5	3	15	25	38	18	11	17	57	53	47	+4	I Robins	16
10	York City	46	11	6	6	33	24	7	5	11	18	31	18	11	17	51	55	47	-4	G Staniforth	15
11	Torquay United	46	14	4	5	38	24	5	4	14	20	41	19	8	19	58	65	46	-7	L Lawrence	17
12	Scunthorpe United	46	12	3	8	33	30	5	8	10	21	30	17	11	18	54	60	45	-6	K Kilmore	17
13	Hartlepool United	46	7	12	4	35	28	6	6	11	22	38	13	18	15	57	66	44	-9	K Houchen	13
14	Hereford United	46	12	8	3	35	18	3	5	15	18	35	15	13	18	53	53	43	0	R Gould	13
15	Bradford City	46	11	5	7	36	26	6	4	13	26	42	17	9	20	62	68	43	-6	D McNiven	15
16	Port Vale	46	8	10	5	29	28	6	4	13	28	42	14	14	18	57	70	42	-13	B Wright	14
17	Stockport County	46	11	5	7	33	21	3	7	13	25	39	14	12	20	58	60	40	-2	S Lee	20
18	Bournemouth	46	11	6	6	34	19	3	5	15	13	29	14	11	21	47	48	39	-1	M Butler, E MacDougall	8
19	Northampton Town	46	12	4	7	40	34	3	5	15	24	46	15	9	22	64	76	39	-12	G Reilly	19
20	Rochdale	46	11	4	8	25	26	4	5	14	22	38	15	9	22	47	64	39	-17	T Owen	11
21	Darlington	46	8	8	7	25	21	3	7	13	24	45	11	15	20	49	66	37	-17	J Stone, A Walsh	10
22	Doncaster Rovers	46	8	8	7	25	22	5	3	15	25	51	13	11	22	50	73	37	-23	R Owen	10
23	Halifax Town	46	7	5	11	24	32	2	3	18	15	40	9	8	29	39	72	26	-33	K Johnson	7
24	Crewe Alexandra	46	8	7	8	23	22	3	7	13	19	49	6	14	26	43	90	26	-47	P Coyne	16

1979/80 DIVISION 1 SEASON 81

Total Matches: 462
Total Goals: 1159
Avg goals per match: 2.51

	Team	Arsenal	Aston Villa	Bolton Wand	Brighton & H A	Bristol City	Coventry City	Crystal Palace	Derby County	Everton	Ipswich Town	Leeds United	Liverpool	Manchester City	Manchester Utd	Middlesbrough	Norwich City	Nottm Forest	Southampton	Stoke City	Tottenham H	West Brom A	Wolverhampton
1	Arsenal		3-1	2-0	3-0	0-0	3-1	1-1	2-0	2-0	0-2	0-1	0-0	0-0	0-0	2-0	1-1	0-0	0-1	1-0	1-0	1-1	2-3
2	Aston Villa	0-0		3-1	2-1	0-2	3-0	2-0	1-0	2-1	1-1	0-0	1-3	2-2	0-3	0-2	2-0	3-2	3-0	2-1	1-0	0-0	1-3
3	Bolton Wanderers	0-0	1-1		0-2	1-1	1-1	1-2	1-1	0-1	1-1	1-1	0-1	1-3	2-2	1-0	0-0	2-1	2-1	2-1	0-0	0-0	0-0
4	Brighton & H A	0-4	1-1	3-1		0-1	1-1	3-0	2-0	0-0	2-0	0-0	1-4	4-1	0-0	2-1	2-4	1-0	0-0	0-0	0-2	0-0	3-0
5	Bristol City	0-1	1-3	2-1	2-2		1-0	0-2	0-2	2-1	0-3	2-2	1-3	1-0	1-3	2-3	1-1	0-1	0-0	0-0	1-3	0-0	2-0
6	Coventry City	0-1	1-2	3-1	2-1	3-1		2-1	2-1	2-1	4-1	3-0	1-0	0-0	1-2	2-0	2-0	0-3	3-0	1-3	1-1	0-2	1-3
7	Crystal Palace	1-0	2-0	3-1	1-1	1-1	0-0		4-0	1-1	4-0	1-0	0-0	2-0	1-2	0-0	1-0	0-0	1-0	0-0	1-1	2-2	1-0
8	Derby County	3-2	1-3	4-0	3-0	3-3	1-2	1-2		0-1	0-1	2-0	1-3	3-1	1-3	1-0	0-0	4-1	2-2	2-2	2-1	2-1	0-1
9	Everton	0-1	1-1	3-1	2-0	0-0	1-1	3-1	1-1		0-4	5-1	1-2	1-2	0-0	0-2	2-4	1-0	2-0	2-0	1-1	0-0	2-3
10	Ipswich Town	1-2	0-0	1-0	1-1	1-0	3-0	3-0	1-1	1-1		1-0	1-2	4-0	6-0	1-0	4-2	0-1	3-1	3-1	1-1	4-0	1-0
11	Leeds United	1-1	0-0	2-2	1-1	1-3	0-0	1-0	1-0	2-0	2-1		1-1	1-2	2-0	2-2	1-2	0-0	3-0	1-2	1-0	3-0	1-1
12	Liverpool	1-1	4-1	0-0	1-0	4-0	4-0	3-0	2-2	1-1	3-0	2-0		2-0	2-0	4-0	0-0	2-0	1-1	1-0	2-1	3-1	3-0
13	Manchester City	0-3	1-1	2-2	3-2	3-1	3-0	0-0	1-1	2-1	1-1	0-4		2-0	1-0	0-0	1-0	1-0	1-1	1-3	2-3		
14	Manchester United	3-0	2-1	2-0	2-0	4-0	2-1	1-1	1-0	0-0	1-1	2-1	1-0		2-1	5-0	3-0	1-0	4-0	4-1	2-0	0-1	
15	Middlesbrough	5-0	0-0	3-1	1-1	1-0	1-2	1-1	3-0	2-1	1-1	3-0	1-1	1-0		0-0	0-1	1-3	0-0	2-1	1-0		
16	Norwich City	2-1	1-1	2-1	2-2	2-0	1-1	4-2	0-0	3-3	2-1	3-5	2-2	0-2	0-0		3-1	2-1	2-2	4-0	1-1	0-4	
17	Nottingham Forest	1-1	2-1	5-2	0-1	0-0	4-1	4-0	1-0	1-0	2-0	0-0	1-0	4-0	2-0	2-2	2-0		2-0	1-0	4-0	3-1	3-2
18	Southampton	0-1	2-0	2-0	5-1	5-2	2-3	4-1	4-0	1-0	0-1	1-2	3-2	4-1	1-1	4-1	2-0	4-1		3-1	5-2	1-1	0-3
19	Stoke City	2-3	2-0	1-0	1-0	1-0	3-2	1-2	3-2	2-3	0-1	0-2	0-2	0-0	1-1	0-0	2-1	1-1	1-2		3-1	3-2	0-1
20	Tottenham Hotspur	1-2	1-2	2-0	2-1	0-0	1-1	0-0	3-0	0-2	2-1	2-0	2-1	1-2	1-3	3-2	1-0	0-0	1-0	1-0		1-1	2-2
21	West Bromwich Albion	2-2	1-2	4-4	2-2	3-0	4-1	3-0	0-0	1-1	0-0	2-1	0-2	4-0	2-0	0-1	1-5	4-0	0-1	2-1			0-0
22	Wolverhampton Wanderers	1-2	1-1	3-1	1-3	3-0	0-3	1-1	0-0	3-0	3-1	1-0	1-2	3-1	0-2	1-0	3-1	0-0	3-0	1-2	0-0		

Final League Table

Pos	Team	Pld	Home					Away					Totals					Pts	GD	Leading Goalscorer	Gls
			W	D	L	F	A	W	D	L	F	A	W	D	L	F	A				
1	Liverpool	42	15	6	0	46	8	10	4	7	35	22	25	10	7	81	30	60	+51	D Johnson	21
2	Manchester Utd	42	17	3	1	43	8	7	7	7	22	27	24	10	8	65	35	58	+30	J Jordan	13
3	Ipswich Town	42	14	4	3	43	13	8	5	8	25	26	22	9	11	68	39	53	+29	P Mariner	17
4	Arsenal	42	8	10	3	24	12	10	6	5	28	24	18	16	8	52	36	52	+16	F Stapleton	14
5	Nottm Forest	42	16	4	1	44	11	4	4	13	19	32	20	8	14	63	43	48	+20	T Francis	14
6	Wolverhampton	42	9	6	6	29	20	10	3	8	29	27	19	9	14	58	47	47	+11	J Richards	13
7	Aston Villa	42	11	5	5	29	22	5	9	7	22	28	16	14	12	51	50	46	+1	G Shaw	9
8	Southampton	42	14	2	5	53	24	4	7	10	12	29	18	9	15	65	53	45	+12	P Boyer	23
9	Middlesbrough	42	11	7	3	31	14	5	5	11	19	30	16	12	14	50	44	44	+6	D Armstrong	11
10	West Brom A	42	9	8	4	37	23	2	11	8	17	27	11	19	12	54	50	41	+4	P Barnes	15
11	Leeds United	42	10	7	4	30	17	3	7	11	16	33	13	14	15	46	50	40	-4	K Hird	8
12	Norwich City	42	10	8	3	38	30	3	6	12	20	36	13	14	15	58	66	40	-8	J Fashanu	11
13	Crystal Palace	42	9	9	3	26	13	3	7	11	15	37	12	16	14	41	50	40	-9	D Swindlehurst	7
14	Tottenham H	42	11	5	5	30	22	4	5	12	22	40	15	10	17	52	62	40	-10	G Hoddle	19
15	Coventry City	42	12	2	7	34	24	4	5	12	22	42	16	7	19	56	66	39	-10	I Wallace	13
16	Brighton & H A	42	8	8	5	25	20	3	7	11	22	37	11	15	16	47	57	37	-10	P Ward	16
17	Manchester City	42	8	8	5	28	25	4	5	12	15	41	12	13	17	43	66	37	-23	M Robinson	8
18	Stoke City	42	9	4	8	27	26	4	6	11	17	32	13	10	19	44	58	36	-14	G Crooks	12
19	Everton	42	7	7	7	28	25	2	10	9	15	26	9	17	16	43	51	35	-8	B Kidd	10
20	Bristol City	42	6	6	9	22	30	3	7	11	15	36	9	13	20	37	66	31	-29	T Ritchie	13
21	Derby County	42	9	4	8	36	29	2	4	15	11	38	11	8	23	47	67	30	-20	A Biley	9
22	Bolton Wand	42	5	11	5	19	21	0	4	17	19	52	5	15	22	38	73	25	-35	N Whatmore	16

1979/80 DIVISION 2 SEASON 81

Total Matches 462
Total Goals 1162
Avg goals per match 2.52

		Birmingham C	Bristol Rovers	Burnley	Cambridge Utd	Cardiff City	Charlton Athletic	Chelsea	Fulham	Leicester City	Luton Town	Newcastle Utd	Notts County	Oldham Athletic	Orient	Preston N E	Q P R	Shrewsbury T	Sunderland	Swansea City	Watford	West Ham Utd	Wrexham
1	Birmingham City		1-1	2-0	1-0	2-1	1-0	5-1	3-4	1-2	1-0	0-0	3-3	2-0	3-1	2-2	2-1	1-0	1-0	2-0	2-0	0-0	2-0
2	Bristol Rovers	1-0		0-0	0-0	1-1	3-0	3-0	1-0	1-1	3-2	1-1	2-3	2-0	1-2	3-3	1-3	2-1	2-2	4-1	1-1	0-2	1-0
3	Burnley	0-0	1-1		5-3	0-2	1-1	0-1	2-1	1-2	0-0	3-2	0-1	1-1	1-2	1-1	0-3	0-0	1-1	0-0	1-0	0-1	1-0
4	Cambridge United	2-1	4-1	3-1		2-0	1-0	0-1	4-0	1-1	1-2	0-0	2-3	3-3	1-1	3-2	2-1	2-0	3-3	0-1	2-2	2-0	2-0
5	Cardiff City	1-2	0-1	2-1	0-0		3-1	1-2	1-0	0-1	2-1	1-1	3-2	1-0	0-0	0-2	1-0	1-1	1-0	1-0	0-1	0-1	1-0
6	Charlton Athletic	0-1	4-0	3-3	1-1	3-2		1-2	0-1	2-0	1-4	1-1	0-0	2-1	0-1	0-3	2-2	2-1	0-4	1-2	0-0	1-0	1-2
7	Chelsea	1-2	1-0	2-1	1-1	1-0	3-1		0-2	1-0	1-1	4-0	1-0	3-0	1-0	2-0	0-2	2-4	0-0	3-0	2-2	2-1	3-1
8	Fulham	2-4	1-1	3-1	1-2	2-1	1-0	1-2		0-0	1-3	1-0	1-3	0-1	1-0	1-0	0-2	2-1	0-1	1-2	0-0	1-2	0-2
9	Leicester City	2-1	3-0	1-1	2-1	0-0	2-1	1-0	3-3		1-3	1-0	1-0	0-1	2-2	1-2	2-0	2-0	2-1	1-1	2-0	1-2	2-0
10	Luton Town	2-3	3-1	1-1	1-1	1-2	3-0	4-0	0-0		1-1	2-0	0-0	2-1	1-1	1-1	0-0	2-0	5-0	1-0	1-1	2-0	1-0
11	Newcastle United	0-0	3-1	1-1	2-0	1-0	2-0	2-1	2-0	3-2	2-2		2-2	3-2	2-0	0-0	4-2	1-0	3-1	1-3	0-2	0-0	1-0
12	Notts County	1-1	0-0	2-3	0-0	4-1	0-0	2-3	1-1	0-1	0-0	2-2		1-1	1-1	2-0	1-0	5-2	0-1	0-0	0-2	0-1	1-1
13	Oldham Athletic	1-0	2-1	2-1	1-1	0-3	4-3	1-0	0-1	1-1	2-1	1-0	1-0		1-0	3-2	0-0	0-2	3-0	4-1	1-1	0-0	2-3
14	Orient	2-2	2-1	2-2	2-0	1-1	1-1	3-7	1-0	0-1	2-2	1-4	1-0	1-1		2-2	1-1	0-1	2-1	0-0	1-0	0-4	4-0
15	Preston North End	0-0	3-2	3-2	2-2	2-0	1-1	1-1	3-2	1-1	1-0	2-0	0-1	2-2		0-3	3-0	2-1	1-1	1-2	1-1	0-0
16	Queens Park Rangers	1-1	2-0	7-0	2-2	3-0	4-0	2-2	3-0	1-4	2-2	2-1	1-3	4-3	0-0	1-1		2-1	0-0	3-2	1-1	3-0	2-2
17	Shrewsbury Town	1-0	3-1	2-0	1-2	1-2	3-1	3-0	5-2	2-2	1-2	3-1	1-1	0-1	1-0	1-3	3-0		1-2	2-2	1-0	3-0	3-1
18	Sunderland	2-0	3-2	5-0	2-0	1-1	4-0	2-1	2-1	0-0	1-0	1-0	3-1	4-2	1-1	1-1	3-0	2-1		1-1	5-0	2-0	1-1
19	Swansea City	0-1	2-0	2-1	2-4	2-1	1-0	1-1	4-1	0-2	2-0	2-3	0-1	2-0	0-1	1-0	1-2	2-0	3-1		1-0	2-1	1-0
20	Watford	1-0	0-0	4-0	0-0	1-1	2-3	4-0	1-3	0-1	2-0	2-1	1-0	0-3	0-0	1-2	0-1	1-1	0-0		2-0	3-1
21	West Ham United	1-2	2-1	2-1	3-1	3-0	4-1	0-1	2-3	3-1	1-2	1-1	1-2	1-0	2-0	2-0	2-1	1-3	2-0	1-1		1-0
22	Wrexham	1-0	1-2	1-0	1-0	0-1	3-2	2-0	1-1	0-1	1-0	1-0	1-1	2-1	2-0	1-3	0-1	0-1	1-0	3-0	1-0	

Final League Table

Pos	Team	Pld	Home					Away					Totals					Pts	GD	Leading Goalscorer	Gls
			W	D	L	F	A	W	D	L	F	A	W	D	L	F	A				
1	Leicester City	42	12	5	4	32	19	9	8	4	26	19	21	13	8	58	38	55	+20	A Young	14
2	Sunderland	42	16	5	0	47	13	5	7	9	22	29	21	12	9	69	42	54	+27	B Robson	20
3	Birmingham City	42	14	5	2	37	16	7	6	8	21	22	21	11	10	58	38	53	+20	K Bertschin	12
4	Chelsea	42	14	3	4	34	16	9	4	8	32	36	23	7	12	66	52	53	+14	C Walker	13
5	Queens Park R	42	10	9	2	46	25	8	4	9	29	28	18	13	11	75	53	49	+22	**C Allen**	**28**
6	Luton Town	42	9	10	2	36	17	7	7	7	30	28	16	17	9	66	45	49	+21	D Moss	24
7	West Ham United	42	13	2	6	37	21	7	5	9	17	22	20	7	15	54	43	47	+11	D Cross	12
8	Cambridge Utd	42	11	6	4	40	23	3	10	8	21	30	14	16	12	61	53	44	+8	T Finney	13
9	Newcastle United	42	13	6	2	35	19	2	8	11	18	30	15	14	13	53	49	44	+4	A Shoulder	20
10	Preston North E	42	8	10	3	30	23	4	9	8	26	29	12	19	11	56	52	43	+4	S Elliott	16
11	Oldham Athletic	42	12	5	4	30	21	4	6	11	19	32	16	11	15	49	53	43	-4	S Stainrod	11
12	Swansea City	42	13	1	7	31	20	4	8	9	17	33	17	9	16	48	53	43	-5	D Giles, A Waddle	8
13	Shrewsbury T	42	12	3	6	41	23	6	2	13	19	30	18	5	19	60	53	41	+7	S Biggins	13
14	Orient	42	7	9	5	29	31	5	8	8	19	23	12	17	13	48	54	41	-6	W Jennings	11
15	Cardiff City	42	11	4	6	21	16	5	4	12	20	32	16	8	18	41	48	40	-7	R Bishop, G Stevens	11
16	Wrexham	42	13	2	6	26	15	3	4	14	14	34	16	6	20	40	49	38	-9	R McNeil	14
17	Notts County	42	4	11	6	24	22	7	4	10	27	30	11	15	16	51	52	37	-1	R O'Brien	10
18	Watford	42	9	6	6	27	18	3	7	11	12	28	12	13	17	39	46	37	-7	L Blissett	10
19	Bristol Rovers	42	9	8	4	33	23	2	5	14	17	41	11	13	18	50	64	35	-14	S Barrowclough	12
20	Fulham	42	6	4	11	19	28	5	3	13	23	46	11	7	24	42	74	29	-32	G Davies	15
21	Burnley	42	5	9	7	19	23	1	6	14	20	50	6	15	21	39	73	27	-34	W Hamilton	7
22	Charlton Athletic	42	6	6	9	25	31	0	4	17	14	47	6	10	26	39	78	22	-39	D Hales	8

1979/80 DIVISION 3
SEASON 81

Total Matches	552
Total Goals	1422
Avg goals per match	2.58

Final League Table

Pos	Team	Pld	Home W	D	L	F	A	Away W	D	L	F	A	Totals W	D	L	F	A	Pts	GD	Leading Goalscorer	Gls
1	Grimsby Town	46	18	2	3	46	16	8	8	7	27	26	26	10	10	73	42	62	+31	K Drinkell	16
2	Blackburn Rovers	46	13	5	5	34	17	12	4	7	24	19	25	9	12	58	36	59	+22	A Crawford	18
3	Sheffield Weds	46	12	6	5	44	20	9	10	4	37	27	21	16	9	81	47	58	+34	E (Terry) Curran	22
4	Chesterfield	46	16	5	2	46	16	7	6	10	25	30	23	11	12	71	46	57	+25	E Moss	14
5	Colchester United	46	10	10	3	39	20	10	2	11	25	36	20	12	14	64	56	52	+8	T Lee	17
6	Carlisle United	46	13	6	4	45	26	5	6	12	21	30	18	12	16	66	56	48	+10	P Bannon	19
7	Reading	46	14	6	3	43	19	2	10	11	23	46	16	16	14	66	65	48	+1	M Kearney	12
8	Exeter City	46	14	5	4	38	22	5	5	13	22	46	19	10	17	60	68	48	-8	D Pullar	10
9	Chester	46	14	6	3	29	18	3	7	13	20	39	17	13	16	49	57	47	-8	I Rush	14
10	Swindon Town	46	15	4	4	50	20	4	4	15	21	43	19	8	19	71	63	46	+8	A Rowland	20
11	Barnsley	46	10	7	6	29	20	6	7	10	24	36	16	14	16	53	56	46	-3	R Glavin	20
12	Sheffield United	46	13	6	4	35	21	5	5	13	25	45	18	10	18	60	66	46	-6	J Bourne	11
13	Rotherham United	46	13	4	6	38	24	5	6	12	20	42	18	10	18	58	66	46	-8	R Finney	11
14	Millwall	46	13	6	4	49	23	2	7	14	16	36	15	13	17	65	59	45	+6	J Lyons	18
15	Plymouth Argyle	46	13	7	3	39	17	3	5	15	20	38	16	12	18	59	55	44	+4	D Kemp	15
16	Gillingham	46	8	9	6	26	18	6	2	15	23	33	14	11	21	49	51	42	-2	K Price	13
17	Oxford United	46	10	4	9	34	24	4	9	10	23	33	14	13	19	57	57	41	-5	P Berry	14
18	Blackpool	46	10	7	6	39	34	5	4	14	23	40	15	11	20	62	74	41	-12	T Kellow, S McEwan	12
19	Brentford	46	10	8	5	33	26	5	3	15	26	47	15	11	20	59	73	41	-14	S Phillips	12
20	Hull City	46	11	7	5	29	21	1	9	13	22	48	12	16	18	51	69	40	-18	K Edwards	14
21	Bury	46	10	4	9	30	23	6	3	14	15	36	16	7	23	45	59	39	-14	C Madden	10
22	Southend United	46	11	6	6	33	23	3	6	14	14	35	14	10	22	47	58	38	-11	D Parker	8
23	Mansfield Town	46	9	9	5	31	24	1	7	15	16	34	10	16	20	47	58	36	-11	T Austin	19
24	Wimbledon	46	8	8	9	34	38	2	4	17	18	43	10	14	22	52	81	34	-29	A Cork	12

1979/80 DIVISION 4 SEASON 81

Total Matches 552
Total Goals 1460
Avg goals per match 2.64

Final League Table

Pos	Team	Pld	Home					Away					Totals					Pts	GD	Leading Goalscorer	Gls
			W	D	L	F	A	W	D	L	F	A	W	D	L	F	A				
1	Huddersfield T	46	16	5	2	61	18	11	7	5	40	30	27	12	7	101	48	66	+53	I Robins	25
2	Walsall	46	12	9	2	43	23	11	9	3	32	24	23	18	5	75	47	64	+28	D Penn	25
3	Newport County	46	16	5	2	47	22	11	2	10	36	28	27	7	12	83	50	61	+33	J Aldridge	14
4	Portsmouth	46	15	5	3	62	23	9	7	7	29	26	24	12	10	91	49	60	+42	C Garwood	17
5	Bradford City	46	14	6	3	44	16	10	6	7	33	36	24	12	10	77	50	60	+27	D McNiven	17
6	Wigan Athletic	46	13	5	5	42	26	8	8	7	34	35	21	13	12	76	61	55	+15	P Houghton	15
7	Lincoln City	46	14	8	1	43	12	4	9	10	21	30	18	17	11	64	42	53	+22	M Harford	16
8	Peterborough U	46	14	3	6	39	22	7	7	9	19	25	21	10	15	58	47	52	+11	W Kellock	19
9	Torquay United	46	13	7	3	47	25	2	10	11	23	44	15	17	14	70	69	47	+1	S Cooper	17
10	Aldershot	46	10	7	6	35	23	6	6	11	27	30	16	13	17	62	53	45	+9	C Garwood	10
11	Bournemouth	46	8	9	6	32	25	5	9	9	20	26	13	18	15	52	51	44	+1	M Butler	11
12	Doncaster Rov	46	11	6	6	37	27	4	8	11	25	36	15	14	17	62	63	44	-1	S lister	12
13	Northampton T	46	14	5	4	33	16	2	7	14	18	50	16	12	18	51	66	44	-15	K Bowen	11
14	Scunthorpe Utd	46	11	9	3	37	23	3	6	14	21	52	14	15	17	58	75	43	-17	M Partridge	13
15	Tranmere Rov	46	10	4	9	32	24	4	9	10	18	32	14	13	19	50	56	41	-6	K Beamish	9
16	Stockport County	46	9	7	7	30	31	5	5	13	18	41	14	12	20	48	72	40	-24	E Prudham	9
17	York City	46	9	6	8	35	34	5	5	13	30	48	14	11	21	65	82	39	-17	T Eccles	9
18	Halifax Town	46	11	9	3	29	20	2	4	17	17	52	13	13	20	46	72	39	-26	F Firth	8
19	Hartlepool Utd	46	10	7	6	36	28	4	3	16	23	36	14	10	22	59	64	38	-5	K Houchen	14
20	Port Vale	46	8	9	6	34	24	4	6	13	22	46	12	15	19	56	70	36	-14	N Chamberlain	11
21	Hereford United	46	8	7	8	22	21	3	7	13	16	31	11	14	21	00	62	25	-14	F McGrellis	10
22	Darlington	46	7	11	5	33	26	2	6	15	17	48	9	17	20	50	74	35	-24	A Walsh	15
23	Crewe Alexandra	46	10	6	7	25	27	1	7	15	10	41	11	13	22	35	68	35	-33	D Nelson	8
24	Rochdale	46	6	7	10	20	28	1	6	16	13	51	7	13	26	33	79	27	-46	C Jones	9

The leading goalscorer for the Division was Colin Garwood with 27 goals - 17 for Portsmouth and then 10 for Aldershot after 1 February 1980.

1980/81 DIVISION 1
SEASON 82

		Total Matches	462
		Total Goals	1228
		Avg goals per match	2.66

		Arsenal	Aston Villa	Birmingham C	Brighton & H A	Coventry City	Crystal Palace	Everton	Ipswich Town	Leeds United	Leicester City	Liverpool	Manchester City	Manchester Utd	Middlesbrough	Norwich City	Nottm Forest	Southampton	Stoke City	Sunderland	Tottenham H	West Brom A	Wolverhampton
1	Arsenal		2-0 2m	2-1 31M	2-0 1N	2-2 31J	3-2 20A	2-1 22N	1-1 27D	0-0 11A	1-0 4O	2-0 28M	2-1 24F	2-2 20D	3-1 28F	1-0 21O	1-1 27S	2-0 19a	2-2 13S	2-0 18O	2-0 30a	2-2 15N	1-1 6D
2	Aston Villa	1-1 29D		3-0 13D	4-1 22O	1-0 30a	2-1 21F	0-2 13S	1-2 14A	1-1 15N	2-0 1N	2-0 10J	1-0 31J	3-3 14M	3-0 25A	1-0 20a	2-0 18A	2-1 28M	1-0 26D	4-0 4O	3-0 18O	1-0 8A	2-1 20S
3	Birmingham City	3-1 7O	1-2 11O		2-1 7F	3-1 16a	1-0 8N	1-1 2m	1-3 20D	0-2 21A	1-2 6D	1-1 6S	2-0 21M	0-0 23a	2-1 4A	4-0 20F	2-0 11N	0-3 17J	1-1 25O	3-2 27D	2-1 22N	1-1 20S	1-0 17M
4	Brighton & H A	0-1 4A	1-0 20D	2-2 13S		4-1 7M	3-2 27D	1-3 7O	1-0 11N	2-0 2m	2-1 20A	2-2 21F	1-2 25O	1-4 22N	0-1 8N	2-0 20S	0-1 11O	2-0 24F	1-1 21M	2-1 6D	0-2 31J	1-2 30a	2-0 16a
5	Coventry City	3-1 23a	1-2 17J	2-1 15N	3-3 4O		3-1 6S	0-5 27S	0-4 28F	2-1 1N	4-1 14M	0-0 19a	1-1 10J	0-2 11A	1-0 26D	0-1 18O	1-1 29N	1-0 25A	2-2 18A	2-1 21O	0-1 28M	3-0 13D	2-2 7F
6	Crystal Palace	2-2 26D	0-1 27S	3-1 25A	0-3 11A	0-3 18A		2-3 28F	1-2 13S	0-1 28M	2-1 18O	2-2 15N	2-3 29N	1-0 1N	5-2 23a	4-1 13D	1-3 25A	3-2 21O	1-1 10J	0-1 14M	3-4 19a	0-1 4O	0-0 17J
7	Everton	1-2 10J	1-3 7F	1-1 29N	4-3 13D	3-0 21F	5-0 20S		0-0 17J	1-2 14M	1-0 19a	2-2 18O	0-2 26D	0-1 28M	4-1 18A	0-2 11A	0-0 23a	2-1 4O	0-1 25A	2-1 15N	2-2 1N	1-1 21O	2-0 6S
8	Ipswich Town	0-2 18A	1-0 6S	5-1 13J	2-0 19a	2-0 20S	3-2 7F	4-0 30a		1-1 4O	3-1 15N	1-1 13D	1-0 25A	1-1 18O	1-0 17F	2-0 26D	2-0 10J	2-3 13m	4-0 31J	4-1 28M	3-0 14M	0-0 1N	3-1 21F
9	Leeds United	0-5 8N	1-2 16a	0-0 26D	1-0 29N	3-0 4A	1-0 25O	1-0 11O	3-0 31M		1-2 30a	0-0 18A	0-0 8O	2-1 20S	1-0 12N	0-0 31J	1-0 13D	0-3 10J	1-3 14F	1-0 21F	0-0 13S	0-0 6m	1-3 21M
10	Leicester City	1-0 7M	2-4 4A	1-0 25A	0-1 26D	1-3 11O	1-1 21M	0-1 12N	0-1 16a	0-1 17J		2-0 23a	1-1 8N	1-0 7F	1-2 13D	1-1 29N	1-2 28F	1-1 18A	2-2 8O	1-1 6S	0-1 27S	2-1 10J	0-2 25O
11	Liverpool	1-1 25O	2-1 22N	2-2 14F	4-1 27S	2-1 11N	3-0 16a	1-0 21M	1-1 11O	0-0 27D	1-2 31J		1-0 19m	0-1 14M	4-2 7O	4-1 30a	0-2 8N	3-0 28F	0-1 3A	2-1 2m	4-0 6D	1-1 13S	3-0 20D
12	Manchester City	1-1 6S	2-2 23a	0-1 18O	1-1 28M	3-0 22N	1-1 2m	3-1 20A	1-0 6D	3-3 20D	0-3 31M	1-1 4O		1-0 21F	3-2 17J	1-0 1N	1-1 7F	3-0 15N	1-2 20S	0-4 22O	3-1 14M	2-1 27D	4-0 27D
13	Manchester United	0-0 11O	3-3 8O	2-0 31J	2-1 10J	0-0 8N	1-0 4A	2-0 25O	2-1 21M	0-1 28F	5-0 13S	0-0 26D	2-2 27S		3-0 16a	1-0 25A	1-1 18M	1-1 29N	2-2 13D	1-1 30a	0-0 17F	2-1 18A	0-0 12N
14	Middlesbrough	2-1 20S	2-1 6D	1-2 1N	1-0 11A	0-1 21A	1-0 31J	0-1 27D	2m 19a	2-1 21O	1-0 5m	1-2 30a	2-1 15N	1-1 4O		6-1 6S	0-0 18O	1-1 21F	3-1 7F	1-0 20D	1-0 28M	4-1 7F	0-1 22N
15	Norwich City	1-1 21M	1-3 12N	2-2 27S	3-1 28F	2-0 20D	1-1 29O	2-1 8N	1-0 20A	2-3 23a	2-3 2m	0-1 17J	2-0 4A	2-2 6D	2-0 17M		1-1 25O	1-0 13S	5-1 16a	1-0 22N	2-2 27D	0-2 14F	1-1 11O
16	Nottingham Forest	3-1 21F	2-2 27D	2-1 20a	4-1 14M	1-0 2m	3-2 6D	1-2 31J	5-0 22N	0-0 20S	0-0 11A	1-2 13S	1-2 4O	2-1 3M	2-1 28M	5-0 1N		2-1 2-1 1N	5-0 30a	3-1 20D	0-3 15N	2-1 18O	1-0 20A
17	Southampton	3-1 11N	1-2 25O	3-1 30a	3-1 6S	1-0 6D	4-2 20D	3-0 17M	3-3 8N	2-1 22N	4-0 27D	2-2 20S	0-0 16a	1-0 7M	2-2 21M	0-0 7F	2-1 4A		1-2 11O	2-1 31J	1-1 20A	2-2 21F	4-2 7O
18	Stoke City	1-1 7F	1-1 20A	0-0 28M	0-0 18O	2-2 27D	1-0 22N	2-2 6D	2-0 23a	3-0 6S	1-0 20D	2-2 1N	2-1 18M	1-2 22O	1-0 27S	0-2 15N	3-0 18F	0-3 14M		2-0 11A	2-3 4O	0-0 20a	3-2 2m
19	Sunderland	2-0 13D	1-2 7M	3-0 18A	1-2 25A	3-0 21M	1-0 11O	3-1 16a	0-2 25O	4-1 27S	1-0 14F	2-4 29N	2-0 12N	2-0 28J	0-1 13S	3-0 10J	2-2 8O	1-2 23a	0-0 8N		1-1 28F	0-0 26D	0-1 4A
20	Tottenham Hotspur	2-0 17J	2-0 21M	1-0 10J	2-2 23a	4-2 25O	2-2 12N	5-3 4A	1-1 17D	1-2 7F	1-1 21F	1-1 25A	0-0 13D	3-2 6S	2-0 11O	4-4 18A	2-2 16a	0-0 26D	2-3 11M	1-2 20S		2-3 29N	2-2 22N
21	West Bromwich Albion	0-1 16a	0-0 8N	2-2 28F	2-0 17J	1-0 8O	2-0 7M	3-1 31M	1-2 4A	3-1 6D	2-0 22N	3-1 7F	3-1 11O	3-0 27D	3-0 25O	2-1 6S	2-1 21M	0-0 27O	2-1 25N	1-1 20A	4-2 2m		1-1 23a
22	Wolverhampton Wanderers	1-2 25A	0-1 28F	1-0 4O	0-2 15N	0-1 13S	2-0 30a	0-0 4m	0-2 27S	2-1 18O	0-1 28M	4-1 25N	1-3 18A	1-0 19a	3-0 10J	3-0 14M	1-4 26D	1-1 13D	1-0 29N	2-1 1N	1-0 30A	2-0 31J	

Final League Table

Pos	Team	Pld	Home W	Home D	Home L	Home F	Home A	Away W	Away D	Away L	Away F	Away A	Totals W	Totals D	Totals L	Totals F	Totals A	Pts	GD	Leading Goalscorer	Gls
1	Aston Villa	42	16	3	2	40	13	10	5	6	32	27	26	8	8	72	40	60	+32	P Withe	20
2	Ipswich Town	42	15	4	2	45	14	8	6	7	32	29	23	10	9	77	43	56	+34	J Wark	18
3	Arsenal	42	13	8	0	36	17	6	7	8	25	28	19	15	8	61	45	53	+16	F Stapleton	14
4	West Brom A	42	15	4	2	40	15	5	8	8	20	27	20	12	10	60	42	52	+18	C Regis	14
5	Liverpool	42	13	5	3	38	15	4	12	5	24	27	17	17	8	62	42	51	+20	T McDermott	13
6	Southampton	42	15	4	2	47	22	5	6	10	29	34	20	10	12	76	56	50	+20	S Moran	18
7	Nottm Forest	42	15	3	3	44	20	4	9	8	18	24	19	12	11	62	44	50	+18	I Wallace	11
8	Manchester Utd	42	9	11	1	30	14	6	7	8	21	22	15	18	9	51	36	48	+15	J Jordan	15
9	Leeds United	42	10	5	6	19	19	7	5	9	20	28	17	10	15	39	47	44	-8	C Harris	10
10	Tottenham H	42	9	9	3	44	31	5	6	10	26	37	14	15	13	70	68	43	+2	S Archibald	20
11	Stoke City	42	8	9	4	31	23	4	9	8	20	37	12	18	12	51	60	42	-9	L Chapman	15
12	Manchester City	42	10	7	4	35	25	4	4	13	21	34	14	11	17	56	59	39	-3	K Reeves	12
13	Birmingham City	42	11	5	5	32	23	2	7	12	18	38	13	12	17	50	61	38	-11	F Worthington	12
14	Middlesbrough	42	14	4	3	38	16	2	1	18	15	45	16	5	21	53	61	37	-8	B Jancovic	12
15	Everton	42	8	6	7	32	25	5	4	12	23	33	13	10	19	56	58	36	-3	P Eastoe	15
16	Coventry City	42	9	6	6	31	30	4	4	13	17	38	13	10	19	48	68	36	-20	G Daly, G Thompson	8
17	Sunderland	42	10	4	7	32	19	4	3	14	20	34	14	7	21	52	53	35	-1	G Rowell	10
18	Wolverhampton	42	11	2	8	26	20	2	7	12	17	35	13	9	20	43	55	35	-12	J Richards	13
19	Brighton & H A	42	10	3	8	30	26	4	4	13	24	41	14	7	21	54	67	35	-13	M Robinson	19
20	Norwich City	42	9	7	5	34	25	4	0	17	15	48	13	7	22	49	73	33	-24	J Fashanu	19
21	Leicester City	42	7	5	9	20	23	6	1	14	20	44	13	6	23	40	67	32	-27	J Melrose	11
22	Crystal Palace	42	6	4	11	32	37	0	3	18	15	46	6	7	29	47	83	19	-36	C Allen	9

1980/81 DIVISION 2 SEASON 82

Total Matches	462
Total Goals	1073
Avg goals per match	2.32

		Blackburn Rov	Bolton Wand	Bristol City	Bristol Rovers	Cambridge Utd	Cardiff City	Chelsea	Derby County	Grimsby Town	Luton Town	Newcastle Utd	Notts County	Oldham Athletic	Orient	Preston N E	Q P R	Sheffield Weds	Shrewsbury T	Swansea City	Watford	West Ham Utd	Wrexham
1	Blackburn Rovers		0-0 18A	1-0 11A	2-0 29N	2-0 22O	2-3 15N	1-1 18O	1-0 14F	2-0 20S	3-0 13S	3-0 25A	0-0 28M	1-0 20a	2-0 31J	0-0 26D	2-1 4O	3-1 14M	2-0 30a	0-0 1N	0-0 10J	0-0 13D	1-1 21F
2	Bolton Wanderers	1-2 27D		1-1 18O	2-0 6S	6-1 1N	4-2 7F	2-3 4O	3-1 24J	1-1 22N	0-3 2m	4-0 23a	3-0 25M	2-0 24F	3-1 6D	2-1 21O	1-2 19D	0-0 19a	0-2 14M	1-4 20S	2-1 11A	1-1 28M	1-1 20A
3	Bristol City	2-0 8N	3-1 13D		0-0 23a	2-0 10J	0-0 26D	0-0 18A	2-2 25O	1-1 10M	2-1 7O	2-0 11O	0-1 20S	1-1 29N	3-1 4A	0-0 15N	0-1 21F	1-0 7F	1-1 25A	0-1 6S	0-0 17J	1-1 19a	0-2 21M
4	Bristol Rovers	0-1 2m	2-1 14F	0-0 31J		0-1 4O	0-1 28F	1-0 14M	1-1 22N	2-2 30a	2-4 27D	0-0 27S	1-1 19D	0-0 13S	1-1 16a	0-2 28M	1-2 11N	3-3 18O	1-1 11A	1-2 21A	3-1 4N	0-1 1N	0-1 6D
5	Cambridge United	0-0 20D	2-3 4A	2-1 22N	1-3 7M		2-0 21M	0-1 13S	3-0 16a	5-1 2m	1-3 25O	2-1 8N	1-2 20A	3-1 11O	1-0 11N	1-0 14F	1-0 6D	0-2 24J	3-1 28F	3-1 17J	3-1 23a	1-2 27S	1-0 7O
6	Cardiff City	1-2 16a	1-1 13S	2-3 20A	2-1 20S	1-2 17O		0-1 31O	0-0 2m	1-1 6D	1-0 22N	0-1 25F	0-1 20F	0-2 31J	4-2 30a	1-3 11A	1-0 22O	0-0 4M	2-2 28M	3-3 27D	1-0 4O	0-0 6m	1-0 1O
7	Chelsea	0-0 21M	2-0 7M	0-0 27D	2-0 8O	3-0 7F	0-1 4A		1-3 12N	3-0 11O	0-2 20A	6-0 25O	0-2 2m	1-0 8N	0-1 20D	1-1 20S	1-1 30a	2-0 22N	3-0 31J	0-0 6D	0-0 21F	0-1 6S	2-2 16a
8	Derby County	2-2 6S	1-0 30a	1-0 28M	2-1 10J	0-3 15N	1-1 29N	3-2 20a		2-1 7F	2-2 31J	2-2 18A	4-1 11A	1-1 26D	1-2 21F	3-3 6m	3-1 18O	1-1 4O	1-1 1N	1-1 31M	2-0 13D	0-0 26N	1-1 20S
9	Grimsby Town	0-0 28F	4-0 10J	1-0 4O	2-0 17J	3-1 29N	0-1 25A	2-0 13D	0-1 13S		0-0 27S	2-1 26D	0-0 14M	2-0 18A	0-0 14F	0-0 19a	1-0 1N	0-0 21O	1-0 15N	1-1 28M	1-1 18O	1-5 11A	1-0 23a
10	Luton Town	3-1 7F	2-2 29N	1-1 14M	1-0 18A	0-0 28M	2-2 10J	2-0 26D	1-2 23a	0-2 21F		0-1 17J	1-1 4O	2-1 25A	4-2 20S	3-0 13D	1-1 11A	1-2 1N	3-3 18O	1-1 21O	2-2 19a	1-0 15N	3-2 6S
11	Newcastle United	0-0 15A	2-1 31J	0-0 20D	0-0 21F	2-1 11A	2-1 6S	1-0 28M	0-2 27D	1-1 20A	2-1 30a		1-1 20a	0-0 20S	3-1 2m	2-0 14M	1-0 7F	1-0 15N	1-2 22O	2-1 18O	0-0 1N	0-0 4O	0-1 22N
12	Notts County	2-0 25O	2-1 16a	2-1 28F	2-1 11O	2-0 5m	4-2 27S	1-1 29N	0-0 8N	0-1 7M	0-0 11N	0-0		0-2 13D	1-0 21M	0-0 18A	2-1 6S	2-0 23a	0-0 10J	2-1 7F	1-2 25A	1-1 17J	1-1 5A
13	Oldham Athletic	1-0 11N	1-1 27S	2-0 2m	1-0 7F	2-2 15M	2-0 23a	0-0 11A	0-2 20A	1-2 27D	0-0 6D	0-0 28F	0-1 21O		0-1 22N	1-1 1N	1-0 16a	2-0 6S	0-0 4O	2-2 20D	2-1 28M	0-0 18O	1-3 17F
14	Orient	1-1 23a	2-2 26A	3-1 1N	2-2 15N	3-0 19a	2-2 17J	0-1 21O	1-0 27S	0-0 6S	0-0 1M	1-1 29N	0-2 18O	2-3 10J		4-0 4O	2-0 31M	1-0 28M	1-1 13D	1-0 11A	0-2 26D	0-2 18A	2-1 7F
15	Preston North End	0-0 21A	1-2 24M	1-1 16a	0-0 25O	2-0 6S	3-1 8N	1-0 28F	0-3 6D	2-4 2D	1-0 11O	2-3 7O	2-2 27D	1-2 4A	3-0 7M		3-2 22N	2-1 14A	0-0 27S	1-3 2m	2-1 7F	0-0 23a	1-1 20D
16	Queens Park Rangers	1-1 7M	3-1 11O	5-0 27S	4-0 19a	5-0 25A	2-0 3F	1-0 17J	3-1 21M	1-0 4A	3-2 8N	1-2 15D	1-2 14F	2-0 15N	1-1 7O	0-0 10J		1-1 28F	1-2 29N	0-0 23a	0-0 18A	3-0 26D	0-1 25O
17	Sheffield Wednesday	2-1 7O	2-0 11N	2-1 13S	4-1 13D	4-1 18A	2-0 11O	0-0 10J	0-1 7M	1-2 28A	3-1 4A	2-0 16a	1-2 31J	3-0 14F	2-2 25O	3-0 30a	1-0 20S		1-1 26D	2-1 21F	1-0 29N	0-1 8m	2-1 8N
18	Shrewsbury Town	1-1 17J	1-2 7O	4-0 6D	3-1 8N	3-1 20S	2-0 25O	2-2 23a	1-0 4A	0-1 16a	1-1 19D	1-0 21M	2-2 22N	1-2 7M	3-0 30a	3-3 21F	2-0 2m	0-0 21A		2-0 11N	0-0 6S	0-2 7F	1-2 27D
19	Swansea City	2-0 4A	3-0 28F	0-0 17M	2-1 26D	1-1 30a	1-1 18A	3-0 25A	3-1 11O	1-0 24O	2-2 27A	4-0 13D	1-1 13S	3-0 7O	0-2 8N	3-0 28N	1-2 31J	2-3 27S	2-1 19a		1-0 16D	1-3 10J	3-1 6M
20	Watford	1-1 22N	3-1 8N	1-0 30a	3-1 21M	0-0 31J	4-2 7M	2-3 27S	1-1 7O	3-1 20D	1-0 11N	2-0 4A	2-1 6D	0-0 25O	2-1 17A	2-1 13S	2-1 27D	1-0 2m	2-1 14F	0-2 16a		1-2 28F	1-0 11O
21	West Ham United	2-0 11O	2-1 25O	5-0 11N	2-0 4A	4-2 21F	1-0 7O	4-0 14F	3-1 20D	2-1 8N	1-2 16a	1-0 7M	4-0 30a	1-1 21M	2-1 27D	5-0 31J	3-0 21A	2-1 6D	3-0 13S	2-1 22N	3-0 20S		1-0 2m
22	Wrexham	0-1 27S	0-1 26D	1-0 21O	3-1 25A	0-0 13D	0-1 19a	0-4 15N	2-2 28F	0-2 31J	0-0 10J	0-0 1N	1-1 30a	3-2 13S	3-1 180	0-1 28M	1-1 11A	4-0 4O	1-2 40	1-1 1N	0-1 4m	2-2 29N	

Final League Table

Pos	Team	Pld	Home					Away					Totals					Pts	GD	Leading Goalscorer	Gls
			W	D	L	F	A	W	D	L	F	A	W	D	L	F	A				
1	West Ham United	42	19	1	1	53	12	9	9	3	26	17	28	10	4	79	29	66	+50	D Cross	22
2	Notts County	42	10	8	3	26	15	8	9	4	23	23	18	17	7	49	38	53	+11	T Christie	14
3	Swansea City	42	12	5	4	39	19	6	9	6	25	25	18	14	10	64	44	50	+20	L James	15
4	Blackburn Rovers	42	12	8	1	28	7	4	10	7	14	22	16	18	8	42	29	50	+13	K Stonehouse	10
5	Luton Town	42	10	6	5	35	23	8	6	7	26	23	18	12	12	61	46	48	+15	B Stein	18
6	Derby County	42	9	8	4	34	26	6	7	8	23	26	15	15	12	57	52	45	+5	D Swindlehurst	11
7	Grimsby Town	42	10	8	3	21	10	5	7	9	23	32	15	15	12	44	42	45	+2	R Cumming	11
8	Queens Park R	42	11	7	3	36	12	4	6	11	20	34	15	13	14	56	46	43	+10	T Langley, D Neal	8
9	Watford	42	13	5	3	34	18	3	6	12	16	27	16	11	15	50	45	45	+5	M Poskett	13
10	Sheffield Weds	42	14	4	3	38	14	3	4	14	15	37	17	8	17	53	51	42	+2	A McCulloch	18
11	Newcastle United	42	11	7	3	22	13	3	7	11	8	32	14	14	14	30	45	42	-15	R Shinton	7
12	Chelsea	42	8	6	7	27	15	6	6	9	19	26	14	12	16	46	41	40	+5	C Lee	15
13	Cambridge Utd	42	13	1	7	36	23	4	5	12	17	42	17	6	19	53	65	40	-12	S Spriggs	9
14	Shrewsbury T	42	9	7	5	33	22	2	10	9	13	25	11	17	14	46	47	39	-1	S Biggins	9
15	Oldham Athletic	42	7	9	5	19	16	5	6	10	20	32	12	15	15	39	48	39	-9	R Wylde	12
16	Wrexham	42	5	8	8	22	24	7	6	8	21	21	12	14	16	43	45	38	-2	D McNeil	13
17	Orient	42	9	8	4	34	20	4	2	15	18	36	13	12	17	52	56	38	-4	J Chiedozie, I Moores	9
18	Bolton Wand	42	10	5	6	40	27	4	5	12	21	39	14	10	18	61	66	38	-5	N Whatmore	14
19	Cardiff City	42	7	7	7	23	24	5	5	11	21	36	12	12	18	44	60	36	-16	P Kitchen	13
20	Preston N E	42	8	7	6	28	26	3	7	11	13	36	11	14	17	41	62	36	-21	A Bruce	13
21	Bristol City	42	6	10	5	19	15	1	6	14	10	36	7	16	19	29	51	30	-22	K Mabbutt	9
22	Bristol Rovers	42	4	9	8	21	24	1	4	16	13	41	5	13	24	34	65	23	-31	G Mabbutt, A McCaffery	5

1980/81 DIVISION 3 SEASON 82

Total Matches 552
Total Goals 1337
Avg goals per match 2.42

Results Grid

	Barnsley	Blackpool	Brentford	Burnley	Carlisle United	Charlton Ath	Chester	Chesterfield	Colchester Utd	Exeter City	Fulham	Gillingham	Huddersfield T	Hull City	Millwall	Newport Co	Oxford United	Plymouth Argyle	Portsmouth	Reading	Rotherham Utd	Sheffield United	Swindon Town	Walsall
1 Barnsley		2-0	0-1	3-2	3-1	0-0	2-0	1-1	3-0	1-0	2-2	3-3	1-0	5-0	2-0	4-1	1-1	2-1	1-2	2-3	1-0	2-1	2-0	3-0
2 Blackpool	1-0		0-3	0-0	0-1	0-2	2-3	0-3	1-1	0-0	0-2	4-0	1-2	2-2	0-0	2-4	1-1	1-0	0-2	0-0	0-0	2-1	1-1	1-0
3 Brentford	1-1	2-0		0-0	1-1	0-1	0-1	3-2	2-1	0-1	1-3	3-3	0-0	2-2	1-0	0-1	3-0	0-1	2-2	1-2	2-1	1-1	1-1	4-0
4 Burnley	0-1	4-1	2-0		0-3	0-1	1-0	1-0	1-0	3-0	3-2	4-2	2-0	5-0	1-1	1-1	2-1	1-1	1-3	1-2	1-1	3-2	0-0	0-0
5 Carlisle United	2-2	2-0	1-2	3-2		1-2	3-0	2-6	4-0	1-1	2-2	0-0	1-1	2-0	2-1	1-4	0-0	2-0	0-0	0-0	0-1	0-3	2-1	1-1
6 Charlton Athletic	1-1	2-1	3-1	2-0	2-1		1-0	1-0	1-2	1-0	1-1	2-1	1-2	3-2	0-0	3-0	0-0	1-1	1-2	4-2	2-0	2-0	0-0	2-0
7 Chester	2-2	1-1	0-0	0-0	1-0	4-0		2-1	0-0	0-1	1-2	0-2	4-1	0-1	1-0	1-0	0-1	0-1	0-1	1-0	3-2	1-0	1-0	6-0
8 Chesterfield	0-0	3-2	2-1	1-0	0-1	2-0	3-0		1-0	0-0	2-0	2-1	1-0	3-0	3-2	2-1	2-2	3-0	3-2	2-0	1-0	2-2	1-2	
9 Colchester Utd	2-2	3-2	0-2	2-1	1-0	2-0	1-1	1-1		1-2	3-2	2-1	1-2	2-0	3-0	1-0	3-0	2-2	1-0	2-2	0-0	1-1	1-0	1-1
10 Exeter City	0-1	0-0	0-0	0-0	2-0	4-3	2-2	2-2	4-0		1-0	2-1	1-4	1-3	2-0	2-2	1-1	1-1	2-0	3-1	2-1	1-1	3-4	0-3
11 Fulham	2-3	1-2	1-1	0-2	2-3	1-0	0-1	1-1	1-0	0-1		3-2	2-2	0-0	1-1	2-1	0-4	0-0	3-0	1-2	1-1	2-1	2-0	2-1
12 Gillingham	1-1	3-1	2-0	0-0	0-1	0-1	2-1	1-0	0-1	1-5	1-0		0-0	2-0	1-2	3-2	1-1	0-1	0-1	2-0	0-0	2-2	0-0	1-0
13 Huddersfield T	0-1	1-1	3-0	0-0	1-1	0-1	0-0	2-0	2-0	5-0	4-2	1-0		5-0	0-1	4-1	2-0	2-0	0-0	4-1	1-0	1-0	0-2	1-1
14 Hull City	1-2	2-1	0-0	0-0	1-1	0-2	0-0	0-0	0-1	3-3	0-1	2-2	2-1		3-1	3-1	0-1	1-0	2-1	2-0	1-2	1-1	0-0	0-1
15 Millwall	1-1	0-0	2-2	2-2	3-0	2-0	1-0	0-2	3-1	1-0	0-0	2-1	1-1	0-0		2-1	1-1	0-0	2-1	0-1	1-4	3-1	0-1	
16 Newport County	0-0	3-1	1-1	1-2	4-0	1-2	1-1	5-1	1-0	2-1	2-1	1-1	3-2	4-0	2-1		0-1	0-2	2-1	0-0	0-1	4-0	0-2	1-1
17 Oxford United	1-1	0-2	1-1	0-2	1-2	1-0	0-0	0-3	2-1	1-2	2-0	1-1	0-2	1-1	1-0	0-1		0-0	1-2	2-1	1-1	2-0	0-0	1-1
18 Plymouth Argyle	1-3	0-2	0-1	2-1	4-1	1-1	2-0	1-0	1-1	0-2	4-1	0-0	0-0	2-0	3-2	3-0		1-0	2-1	3-1	1-0	0-3	1-0	1-1
19 Portsmouth	0-1	3-3	0-2	4-2	2-1	1-0	2-0	1-0	2-1	5-0	1-0	0-0	1-2	2-1	2-0	0-0	1-1	1-3		0-0	3-1	1-0	1-0	2-0
20 Reading	3-2	3-0	0-0	1-3	3-1	1-3	3-0	2-3	1-0	2-1	0-0	0-1	2-1	2-0	4-1	1-0	0-1	1-1	2-1		1-1	1-0	4-1	2-0
21 Rotherham Utd	2-0	4-0	4-1	1-0	3-0	3-0	0-0	0-0	2-3	1-2	2-0	0-0	1-1	3-0	1-0	0-0	2-1	3-0	2-0		2-1	1-0	2-1	
22 Sheffield United	1-1	4-2	0-0	0-0	2-2	3-2	2-0	2-0	3-0	3-1	1-2	0-1	2-2	3-1	2-3	2-0	1-0	0-0	1-0	2-0	1-1		3-0	0-1
23 Swindon Town	2-0	1-2	0-0	0-3	1-1	0-3	1-2	0-1	3-0	2-2	3-4	0-0	1-0	3-1	0-0	1-1	1-0	3-0	0-2	3-1	2-1	5-2		3-1
24 Walsall	1-1	2-2	2-3	3-1	4-3	2-2	2-1	4-3	3-1	1-3	1-2	3-3	2-2	1-1	0-0	1-0	0-3	1-3	2-0	2-2	0-2	4-4	2-1	

Final League Table

Pos	Team	Pld	Home W	Home D	Home L	Home F	Home A	Away W	Away D	Away L	Away F	Away A	Totals W	Totals D	Totals L	Totals F	Totals A	Pts	GD	Leading Goalscorer	Gls
1	Rotherham Utd	46	17	6	0	43	8	7	7	9	19	24	24	13	9	62	32	61	+30	R Moore	23
2	Barnsley	46	15	5	3	46	19	6	12	5	26	26	21	17	8	72	45	59	+27	R Glavin	18
3	Charlton Athletic	46	14	6	3	36	17	11	3	9	27	27	25	9	12	63	44	59	+19	D Hales	17
4	Huddersfield T	46	14	6	3	40	11	7	8	8	31	29	21	14	11	71	40	56	+31	S Kindon	18
5	Chesterfield	46	17	4	2	42	16	6	6	11	30	32	23	10	13	72	48	56	+24	A Birch	22
6	Portsmouth	46	14	5	4	35	19	8	4	11	20	28	22	9	15	55	47	53	+8	D Gregory	13
7	Plymouth Argyle	46	14	5	4	35	18	5	9	9	21	26	19	14	13	56	44	52	+12	D Kemp	24
8	Burnley	46	13	5	5	37	21	5	9	9	23	27	18	14	14	60	48	50	+12	S Taylor	16
9	Brentford	46	7	9	7	30	25	7	10	6	22	24	14	19	13	52	49	47	+3	R Booker	7
10	Reading	46	13	5	5	39	22	5	5	13	23	40	18	10	18	62	62	46	0	K Dixon	13
11	Exeter City	46	9	9	5	36	30	7	4	12	26	36	16	13	17	62	66	45	-4	A Kellow	25
12	Newport County	46	11	6	6	38	22	4	7	12	26	39	15	13	18	64	61	43	+3	D Gwyther	15
13	Fulham	46	8	7	8	28	29	6	10	7	29	35	14	13	15	57	64	43	-7	G Davies	18
14	Oxford United	46	7	8	8	20	24	6	9	8	19	23	13	17	16	39	47	43	-8	J Cooke	6
15	Gillingham	46	9	8	6	23	19	3	10	10	25	39	12	18	16	48	58	42	-10	K Price	11
16	Millwall	46	10	9	4	30	21	4	5	14	13	39	14	14	18	43	60	42	-17	N Chatterton	8
17	Swindon Town	46	10	6	7	35	27	3	9	11	16	29	13	15	18	51	56	41	-5	A Rowland	12
18	Chester	46	11	5	7	25	17	4	6	13	13	31	15	11	20	38	48	41	-10	T Phillips	8
19	Carlisle United	46	8	5	10	26	32	6	4	13	24	41	14	9	23	50	73	41	-23	W Lindsay	8
20	Walsall	46	8	9	6	43	43	5	6	12	16	31	13	15	18	59	74	41	-15	A Buckley	11
21	Sheffield United	46	12	6	5	38	20	2	6	15	27	43	14	12	20	65	63	40	+2	R Hatton	18
22	Colchester Utd	46	12	7	4	35	22	2	4	17	10	43	14	11	21	45	65	39	-20	K Bremner	8
23	Blackpool	46	5	9	9	19	28	4	5	14	26	47	9	14	23	45	75	32	-30	C Morris	12
24	Hull City	46	7	7	9	23	22	1	8	14	17	49	8	16	22	40	71	32	-31	K Edwards	13

1980/81 DIVISION 4
SEASON 82

Total Matches	552	
Total Goals	1364	
Avg goals per match	2.47	

Results grid (home teams down, away teams across: Aldershot, Bournemouth, Bradford City, Bury, Crewe Alex, Darlington, Doncaster R, Halifax Town, Hartlepool Utd, Hereford United, Lincoln City, Mansfield Town, Northampton T, Peterborough U, Port Vale, Rochdale, Scunthorpe Utd, Southend Utd, Stockport Co, Torquay Utd, Tranmere Rov, Wigan Athletic, Wimbledon, York City):

#	Team	Ald	Bou	Bra	Bur	Cre	Dar	Don	Hal	Har	Her	Lin	Man	Nor	Pet	PtV	Roc	Scu	Sou	Sto	Tor	Tra	Wig	Wim	Yor
1	Aldershot		0-0	1-1	1-0	2-0	2-1	1-0	2-1	2-1	4-0	0-0	1-0	0-0	0-0	0-0	0-0	1-2	3-0	2-1	3-2	0-1	2-0	1-1
2	Bournemouth	0-2		4-0	2-2	0-0	3-3	1-2	2-1	1-0	1-0	0-1	0-0	4-1	0-0	2-1	2-2	2-1	0-1	1-1	1-0	3-0	0-1	1-1
3	Bradford City	1-0	1-1		0-2	2-2	3-0	1-1	0-0	0-0	0-1	1-2	0-2	3-1	1-1	2-1	2-1	0-0	2-1	1-1	2-0	0-3	3-3	2-0	1-1
4	Bury	0-0	3-0	2-2		1-3	1-2	2-0	0-0	0-0	2-1	1-1	4-1	1-2	2-1	3-1	6-1	1-2	0-1	3-0	2-2	0-0	1-0	0-1
5	Crewe Alexandra	0-0	0-2	1-0	2-2		1-1	0-0	2-1	2-0	5-0	0-3	1-2	3-1	1-0	0-0	1-0	1-1	2-0	0-1	3-0	1-2	0-3	1-1
6	Darlington	1-2	1-2	2-1	2-1	2-1		5-0	3-1	3-0	2-1	0-0	2-2	1-0	2-0	1-1	0-2	2-2	1-0	2-0	3-1	4-1	0-0
7	Doncaster Rov	3-1	2-1	2-0	1-0	1-1	2-0		0-0	1-2	5-1	0-1	2-1	1-1	0-4	2-0	1-2	1-0	2-1	2-0	1-0	1-1	3-2
8	Halifax Town	1-0	1-2	2-0	4-2	1-0	1-2	0-3		1-2	0-0	1-3	0-2	0-1	2-3	2-2	1-0	1-5	2-0	2-1	1-1	0-1	0-1	3-1
9	Hartlepool United	1-0	1-0	2-2	1-2	6-2	2-0	1-0	3-0		2-0	2-0	0-1	2-3	1-1	3-0	2-2	0-0	1-3	1-0	0-2	3-0	3-1	2-3	1-0
10	Hereford United	0-0	1-0	4-0	0-1	0-0	0-1	1-3	0-1	3-0		0-2	2-1	4-1	1-1	2-3	3-0	2-1	0-0	2-0	0-1	1-1	1-1	1-1
11	Lincoln City	0-1	2-0	1-1	2-1	2-1	1-0	1-1	3-0	2-0	1-0		1-1	8-0	1-1	1-0	2-2	2-1	1-0	5-0	2-0	2-0	0-0	1-1
12	Mansfield Town	1-2	1-1	1-0	2-0	4-1	1-0	1-1	0-1	0-1	4-0	2-0		2-1	5-0	2-2	1-0	0-1	1-1	1-1	3-1	1-0	0-1
13	Northampton T	2-0	0-1	0-1	3-2	4-1	1-2	2-0	2-1	3-1	0-0	1-1	0-1		2-2	5-1	3-2	3-3	2-0	0-1	1-0	3-1	1-1	1-1	2-0
14	Peterborough U	0-0	1-0	2-2	2-0	2-1	1-0	0-1	2-2	1-1	3-0	1-0	3-0		1-1	2-2	0-2	5-2	1-2	1-3	4-1	0-0	1-1	3-0
15	Port Vale	0-1	0-2	2-1	1-3	2-2	4-2	3-0	0-0	1-1	4-0	0-0	1-1	1-1		1-1	2-2	1-0	2-0	3-1	5-1	3-0	2-3	2-0
16	Rochdale	0-2	0-0	0-0	2-1	2-0	0-0	2-1	1-1	0-0	1-0	1-4	0-1	2-0		4-0	0-2	2-1	2-1	3-3	0-2	3-0	5-0
17	Scunthorpe Utd	2-2	1-1	1-0	2-2	1-1	3-0	1-1	2-2	3-3	3-1	2-2	2-0	0-2	1-1	1-1	1-1		2-1	2-0	0-2	2-0	4-4	1-2	3-2
18	Southend United	3-0	2-1	3-1	1-0	3-0	1-0	0-0	5-1	4-0	2-0	0-0	0-0	1-0	1-2	2-0		2-0	3-1	2-0	1-0	1-0	3-0
19	Stockport County	1-0	2-1	1-2	1-3	0-1	2-1	1-1	0-2	0-0	0-0	2-1	1-2	0-0	1-0	2-2	2-0	1-0		4-1	1-0	0-1	0-0
20	Torquay United	2-0	2-0	2-0	3-1	1-0	0-2	2-3	1-0	2-0	0-1	1-2	1-1	3-3	2-0	4-0	2-0	2-1	0-3	1-2		2-1	2-0	2-3	1-2
21	Tranmere Rovers	3-1	0-1	1-1	3-1	0-1	3-1	1-1	2-0	2-2	2-1	0-0	1-0	3-2	1-2	2-1	3-1	1-2	2-2	1-0	1-0		2-3	3-0	5-0
22	Wigan Athletic	1-0	0-1	0-0	2-1	0-0	3-1	3-0	4-1	0-3	1-0	0-2	2-0	3-0	1-1	0-1	1-1	0-1	2-1	2-0	1-1		1-0	1-0
23	Wimbledon	4-0	2-0	2-2	2-4	2-0	1-1	1-0	3-0	5-0	0-0	0-1	2-1	0-0	2-1	0-4	4-1	2-2	0-1	1-2	1-0	2-1	1-0		3-0
24	York City	4-1	4-0	0-3	0-1	2-0	1-2	0-1	1-1	0-1	1-2	1-0	2-0	1-1	0-1	1-0	0-1	1-0	0-0	4-1	2-1	0-1		

Final League Table

Pos	Team	Pld	W	D	L	F	A	W	D	L	F	A	W	D	L	F	A	Pts	GD	Leading Goalscorer	Gls
			Home					**Away**					**Totals**									
1	Southend United	46	19	4	0	47	6	11	3	9	32	25	30	7	9	79	31	67	+48	D Spence	21
2	Lincoln City	46	15	7	1	44	11	10	8	5	22	14	25	15	6	66	25	65	+41	G Hobson	21
3	Doncaster Rovers	46	15	4	4	36	20	7	8	8	23	29	22	12	12	59	49	56	+10	I Nimmo	18
4	Wimbledon	46	15	4	4	42	17	8	5	10	22	29	23	9	14	64	46	55	+18	A Cork	23
5	Peterborough Utd	46	11	8	4	37	21	6	10	7	31	33	17	18	11	68	54	52	+14	R Cooke	22
6	Aldershot	46	12	9	2	28	11	6	5	12	15	30	18	14	14	43	41	50	+2	M Sanford	10
7	Mansfield Town	46	13	5	5	36	15	7	4	12	22	29	20	9	17	58	44	49	+14	R Allen	9
8	Darlington	46	13	6	4	43	23	6	6	11	22	36	19	11	16	65	59	49	+6	A Walsh	22
9	Hartlepool United	46	14	3	6	42	22	6	6	11	22	39	20	9	17	64	61	49	+3	K Houchen	17
10	Northampton T	46	11	7	5	42	26	7	6	10	23	41	18	13	15	65	67	49	-2	S Phillips	19
11	Wigan Athletic	46	13	4	6	29	16	5	7	11	22	39	18	11	17	51	55	47	-4	M Quinn	14
12	Bury	46	10	8	5	38	21	7	3	13	32	41	17	11	18	70	62	45	+8	S Johnson	13
13	Bournemouth	46	9	8	6	30	21	7	5	11	17	27	16	13	17	47	48	45	-1	D Mooney, T Morgan	10
14	Bradford City	46	9	9	5	30	24	5	7	11	23	36	14	16	16	53	60	44	-7	R Campbell	19
15	Rochdale	46	8	11	4	35	23	3	9	11	27	45	14	15	17	60	70	43	-10	B Wellings	14
16	Scunthorpe Utd	46	8	12	3	40	31	3	8	12	20	38	11	20	15	60	69	42	-9	C Cammack	15
17	Torquay United	46	13	2	8	38	26	5	3	15	17	37	18	5	23	55	63	41	-8	G Fell	12
18	Crewe Alexandra	46	10	7	6	26	23	3	7	13	20	41	13	14	19	48	61	40	-13	P Coyne	13
19	Port Vale	46	10	8	5	40	23	2	7	14	17	47	12	15	19	57	70	39	-13	M & N Chamberlain both	9
20	Stockport County	46	10	5	8	29	25	6	2	15	15	32	16	7	23	44	57	39	-13	L Bradd	10
21	Tranmere Rovers	46	12	5	6	41	24	1	5	17	18	49	13	10	23	59	73	30	-14	J Lumby	18
22	Hereford United	46	8	8	7	29	20	3	5	15	9	42	11	13	22	38	62	35	-24	F McGrellis	10
23	Halifax Town	46	9	3	11	28	32	2	9	12	16	39	11	12	23	44	71	34	-27	T Graham	9
24	York City	46	10	2	11	31	31	2	7	14	16	43	12	9	25	47	66	33	-19	I McDonald	11

1981/82 DIVISION 1 SEASON 83

Total Matches	462
Total Goals	1173
Avg goals per match	2.54

		Arsenal	Aston Villa	Birmingham C	Brighton & H A	Coventry City	Everton	Ipswich Town	Leeds United	Liverpool	Manchester City	Manchester Utd	Middlesbrough	Nottm Forest	Notts County	Southampton	Stoke City	Sunderland	Swansea City	Tottenham H	West Brom A	West Ham United	Wolverhampton
1	Arsenal		4-3 27M	1-0 22S	0-0 26J	1-0 31O	1-0 28N	1-0 13M	1-0 30J	1-1 11m	1-0 17O	0-0 26S	1-0 16F	2-0 17A	1-0 13F	4-1 15m	0-1 29a	1-1 12S	0-2 27F	1-3 12A	2-2 16M	2-0 1m	2-1 2F
2	Aston Villa	0-2 7N		0-0 26S	3-0 12A	2-1 27F	1-2 15m	0-1 31O	1-4 28A	0-3 30J	0-0 1m	1-1 12S	1-0 17A	3-1 28N	0-1 29a	1-1 10F	2-2 23S	1-0 2F	3-0 21m	1-1 17F	2-1 30M	3-2 17O	3-1 13M
3	Birmingham City	0-1 4m	0-1 20F		1-0 27M	3-3 26J	0-2 6A	1-1 1S	0-1 10A	3-0 8m	0-1 19S	0-0 6M	4-3 6F	2-1 5S	4-0 5D	2-1 10O	2-0 13M	2-1 16F	0-0 24A	3-3 23M	2-2 31O	2-2 3O	0-3 21N
4	Brighton & H A	2-1 10A	0-1 28D	1-1 7N		2-2 19S	3-1 6F	0-1 8m	3-3 2M	4-1 17O	0-1 3O	2-0 24A	0-1 5S	2-2 20F	1-1 21N	0-0 3A	2-1 31O	1-2 5D	1-3 1S	2-2 9M	2-2 27F	1-0 16J	2-0 4m
5	Coventry City	1-0 20M	1-1 10O	0-1 15m	0-1 30J		1-0 13A	2-4 16J	4-0 12S	1-2 22S	0-1 12D	2-1 29a	1-1 28N	0-1 9M	1-5 16F	4-2 26S	3-0 24N	6-1 27A	3-1 24O	0-0 1m	0-2 26D	1-0 17A	0-0 27M
6	Everton	2-1 24A	2-0 19D	3-1 29a	1-1 12S	3-2 28D		2-1 17O	1-0 4m	0-1 27M	3-3 31O	2-0 10A	2-1 13M	1-1 20A	0-0 22S	1-2 19J	3-1 13F	1-0 21N	0-0 5D	1-2 30J	1-0 26S	0-0 27F	1-1 8m
7	Ipswich Town	2-1 24O	3-1 20M	3-2 5J	3-1 30M	1-0 3A	3-0 6M		2-1 26S	2-0 12S	2-0 28N	2-1 20A	3-1 1m	1-3 15m	1-3 30J	5-2 16F	2-0 17A	3-3 29a	2-3 7N	2-1 17m	1-0 22S	3-2 13A	1-0 10O
8	Leeds United	0-0 19S	1-1 3O	3-3 12m	2-1 15m	0-0 6F	1-1 2S	0-2 20F		0-2 27F	0-1 10M	0-0 3A	1-1 13A	1-1 20M	1-0 7N	1-3 17A	0-0 1m	1-0 24O	2-0 16J	0-0 12D	3-1 17O	3-3 28N	3-0 5S
9	Liverpool	2-0 5S	0-0 19S	3-1 30M	0-1 6M	4-0 20F	3-1 7N	4-0 6F	3-0 10O		1-3 26D	1-2 24O	1-1 1S	2-0 1m	1-0 2A	0-1 28N	2-0 13A	1-0 20M	2-2 3O	3-1 15m	1-0 17A	3-0 5J	2-1 16J
10	Manchester City	0-0 6M	1-0 5D	4-2 30J	4-0 13F	1-3 8m	1-1 20M	1-1 24A	4-0 23S	0-5 10A		0-0 10O	3-2 7N	0-0 24O	1-1 5m	1-1 12S	1-2 9J	3-0 19D	0-1 21N	2-1 26S	0-1 29a	2-1 3A	2-1 28D
11	Manchester United	0-0 20F	4-1 6F	1-1 17M	2-0 28N	0-1 17M	1-1 6J	1-2 5S	1-0 30S	0-1 7A	1-1 27F		1-0 21O	0-0 31a	2-1 31O	1-0 1m	2-0 15m	0-0 27M	1-0 19S	2-0 17A	1-0 12A	1-0 27J	5-0 3O
12	Middlesbrough	1-3 8m	3-3 21N	2-1 12S	2-1 20A	0-0 24A	0-2 24O	0-1 5D	0-0 6A	0-0 18m	0-0 27M	0-2 22S		1-1 10O	3-0 10A	0-1 30J	3-2 26S	0-0 14N	1-1 13F	1-3 29a	1-0 9M	2-3 20M	0-0 6M
13	Nottingham Forest	1-2 21N	1-1 24A	2-1 9J	2-1 26S	2-1 17O	0-1 3A	2-1 17M	0-2 31O	0-1 5D	2-1 13M	0-2 5m	1-0 27F		0-2 23J	2-1 29a	0-0 30J	2-0 23S	2-0 8m	0-2 12m	0-0 12S	0-0 7N	0-1 10A
14	Notts County	2-1 3O	1-0 16J	1-4 1m	4-1 17A	2-1 5S	2-2 24N	1-4 19S	2m 27M	0-1 26J	1-1 1S	1-3 20M	0-1 11m	1-2 12A		1-1 6M	3-1 26A	2-0 10O	0-1 6F	2-2 28N	1-2 15m	1-1 24O	4-0 20F
15	Southampton	3-1 23J	1-0 10A	3-1 27F	0-2 8D	5-5 4m	1-0 5S	4-3 30	4-0 21N	2-3 24A	2-1 6F	3-2 5D	2-0 19S	3-1 13F		4-3 17O	1-0 3-1 27M	1-2 8m	0-0 28D	1-1 31O	2-1 13M	3-1 20F	4-1 1S
16	Stoke City	0-1 20J	1-0 5m	1-0 24O	0-0 20M	4-0 2S	3-1 3O	2-0 21N	1-2 5D	1-5 9M	1-3 5S	0-3 23J	2-0 20F	1-2 19S	2-2 8m	0-2 7N		0-1 10A	1-2 17O	0-2 27F	3-0 20m	2-1 6F	2-1 24A
17	Sunderland	0-0 6F	2-1 2S	2-0 12A	3-0 1m	0-0 3O	1-1 17A	0-1 7A	0-2 13M	1-5 31O	1-5 15m	0-2 7N	2-3 3a	1-1 25N	2-0 27F	0-2 10M	0-2 10F		0-1 20F	0-2 17O	1-2 28N	0-2 5S	0-0 19S
18	Swansea City	2-0 10O	2-1 15D	1-0 28N	0-0 24N	0-0 13M	1-5 1m	1-2 27M	5-1 29a	2-0 16F	2-0 17A	0-1 30J	1-2 15m	3-2 12D	1-0 12S	3-0 13A	2-0 6M	2-0 26S		2-1 22S	3-1 6A	0-1 30M	0-0 31O
19	Tottenham Hotspur	2-2 29M	1-3 5S	1-1 28A	0-1 24O	1-2 5D	3-0 19S	1-0 10A	2-1 8m	2-2 3m	2-0 20F	3-1 21N	1-0 27J	3-0 3O	3-1 24A	2-2 20M	2-1 10O	2-1 14A		1-2 5m	0-4 7N	6-1 2S		6F
20	West Bromwich Albion	0-2 2S	0-1 8m	1-1 20M	0-0 10O	1-2 10A	0-0 20F	0-1 5m	1-2 18m	2-0 21N	1-1 21A	0-1 12m	0-3 3O	2-0 6F	2-1 24M	2-4 24O	1-1 14N	1-2 24A	2-3 5S	4-1 27M		0-0 19S	3-0 5D
21	West Ham United	1-2 5D	2-2 6M	2-2 13F	1-1 29a	5-2 21N	1-1 10O	2-0 2M	4-3 24A	1-1 26S	1-1 2F	1-1 8m	3-2 31O	0-1 27M	1-0 13M	4-2 22S	3-2 12S	1-1 4m	1-1 10A	2-2 10m	3-1 30J		3-1 6A
22	Wolverhampton Wanderers	1-1 3A	0-3 24O	1-1 17A	0-1 22S	1-0 7N	0-3 23J	2-1 27F	1-0 16M	0-1 29a	4-1 12A	0-1 13F	0-0 17O	3-2 16F	0-0 26S	2-0 24N	0-1 28N	0-1 30J	0-1 20M	1-2 12S	2-1 1m	5m	

From this season onward, the number of points awarded for a win increased from 2 to 3.

Final League Table

Pos	Team	Pld	Home W	D	L	F	A	Away W	D	L	F	A	Totals W	D	L	F	A	Pts	GD	Leading Goalscorer	Gls
1	Liverpool	42	14	3	4	39	14	12	6	3	41	18	26	9	7	80	32	87	+48	I Rush	17
2	Ipswich Town	42	17	1	3	47	25	9	4	8	28	28	26	5	11	75	53	83	+22	A Brazil	22
3	Manchester Utd	42	12	6	3	27	9	10	6	5	32	20	22	12	8	59	29	78	+30	F Stapleton	13
4	Tottenham H	42	12	4	5	41	26	8	7	6	26	22	20	11	11	67	48	71	+19	G Crooks	13
5	Arsenal	42	13	5	3	27	15	7	6	8	21	22	20	11	11	48	37	71	+11	A Sunderland	11
6	Swansea City	42	13	3	5	34	16	8	3	10	24	35	21	6	15	58	51	69	+7	R James	14
7	Southampton	42	15	2	4	49	30	4	7	10	23	37	19	9	14	72	67	66	+5	K Keegan	26
8	Everton	42	11	7	3	33	21	6	6	9	23	29	17	13	12	56	50	64	+6	G Sharp	15
9	West Ham United	42	9	10	2	42	29	5	6	10	24	28	14	16	12	66	57	58	+9	D Cross	16
10	Manchester City	42	9	7	5	32	23	6	6	9	17	27	15	13	14	49	50	58	-1	K Reeves	13
11	Aston Villa	42	9	6	6	28	24	6	6	9	27	29	15	12	15	55	53	57	+2	P Withe	10
12	Nottm Forest	42	7	7	7	19	20	8	5	8	23	28	15	12	15	42	48	57	-6	I Wallace	13
13	Brighton & H A	42	8	8	5	30	24	5	5	11	13	28	13	13	16	43	52	52	-9	A Ritchie	13
14	Coventry City	42	9	4	8	31	24	4	7	10	25	38	13	11	18	56	62	50	-6	M Hateley	13
15	Notts County	42	8	5	8	32	33	5	3	13	29	36	13	8	21	61	69	47	-8	I McCulloch	16
16	Birmingham City	42	8	6	7	29	25	2	8	11	24	36	10	14	18	53	61	44	-8	A Evans	11
17	West Brom A	42	6	6	9	24	25	5	5	11	22	32	11	11	20	46	57	44	-11	C Regis	17
18	Stoke City	42	9	2	10	27	28	3	6	12	17	35	12	8	22	44	63	44	-19	L Chapman	16
19	Sunderland	42	6	5	10	19	26	5	6	10	19	32	11	11	20	38	58	44	-20	G Rowell	6
20	Leeds United	42	6	11	4	23	20	4	1	16	16	41	10	12	20	39	61	42	-22	A Graham, F Worthington	9
21	Wolverhampton	42	8	5	8	19	19	2	5	14	13	43	10	10	22	32	63	40	-31	M Eves	7
22	Middlesbrough	42	5	9	7	20	24	3	6	12	14	28	8	15	19	34	52	39	-18	W Ashcroft, H Otto, A McAndrew	4

1981/82 DIVISION 2
SEASON 83

Total Matches 462
Total Goals 1171
Avg goals per match 2.53

		Barnsley	Blackburn Rov	Bolton Wand	Cambridge Utd	Cardiff City	Charlton Athletic	Chelsea	Crystal Palace	Derby County	Grimsby Town	Leicester City	Luton Town	Newcastle Utd	Norwich City	Oldham Athletic	Orient	Q P R	Rotherham Utd	Sheffield Weds	Shrewsbury T	Watford	Wrexham
1	Barnsley		0-1 27F	3-0 12S	0-0 30J	1-0 26S	1-0 24A	2-1 12M	2-0 5D	0-0 10A	3-2 23M	0-2 4m	0-1 16M	0-1 17O	1-0 24F	3-1 7N	1-0 31O	3-0 8m	3-0 2A	1-0 22S	4-0 29a	0-0 9F	2-2 21N
2	Blackburn Rovers	2-1 10O		0-2 12A	1-0 23S	1-0 30J	0-2 13J	1-1 15m	1-0 27M	4-1 6M	2-0 13M	0-2 26S	0-1 14N	4-1 1m	3-0 28N	0-0 9A	2-0 12S	2-1 16F	2-0 23J	0-1 29a	0-0 25N	1-2 17A	0-0 31O
3	Bolton Wanderers	2-2 6F	2-2 28D		3-4 24O	1-0 6M	2-0 19D	2-2 16J	0-0 24A	3-2 4m	1-2 3O	0-3 10O	1-2 5S	1-0 29S	0-0 20M	0-2 19S	1-0 21N	1-0 5D	0-1 20F	3-1 8m	1-1 3A	2-0 7N	2-0 10A
4	Cambridge United	2-1 19S	1-0 4m	2-1 13M		2-1 31O	4-0	1-0	0-0 26J	1-2 1S	2-2 27F	1-2 24A	1-1	1-0 4A	1-2 6F	0-0 3A	2-0 20F	1-0 20A	3-0 9F	1-2 5S	2-0 21S	1-2 7N	2-3 17O	5D
5	Cardiff City	0-0 20F	1-3 19S	2-1 17O	5-4 20M		0-1 28D	1-2 5S	0-1 8m	1-0 4D	2-1 30M	3-1 21N	2-3 17m	0-4 3O	1-0 7N	0-1 20J	2-1 10A	1-2 24A	1-2 6F	0-2 27F	1-1 24O	2-0 3A	3-2 4N
6	Charlton Athletic	2-1 28N	2-0 5S	1-0 28A	0-0 23J	2-2 13A		3-4 24N	2-1 6F	2-1 3O	1-4 19S	0-0 7N	1-0 19J	3-1 3A	5-2 30D	1-2 20O	1-2 12M	0-3 31O	1-2 17A	1-2 17O	3-0 27F	1-0 1m	1-1 20F
7	Chelsea	1-2 24O	1-1 19D	2-0 29a	4-1 7A	1-0 17F	2-2 23S		1-2 17M	0-2 24A	1-1 21N	4-1 9M	1-2 8m	2-1 7N	2-1 26S	2-2 3A	2-2 5m	2-1 10A	1-4 20M	2-1 5D	3-1 30J	1-3 12S	2-0 10O
8	Crystal Palace	1-2 1m	1-2 7N	1-2 28N	0-1 29a	1-0 9M	2-0 12S	0-1 12A		0-1 24O	0-3 3A	0-2 23M	3-3 20M	1-2 15m	4-0 24N	1-0 17A	0-0 22S	3-3 30J	1-2 10O	4-0 19J	1-0 26S	0-3 27A	2-1 11m
9	Derby County	0-1 28A	1-1 17O	0-2 23S	2-1 25N	0-0 1m	1-1 13F	1-1 28N	4-1 13M		1-1 31O	3-1 12S	0-0 27M	2-2 27F	0-2 17A	1-0 23J	1-2 29a	3-1 26S	3-1 12A	3-1 30J	1-1 10M	3-2 15m	2-1 14N
10	Grimsby Town	3-2 9A	1-1 24O	1-1 2M	1-2 10O	0-1 15m	2-1 30J	1-0 17A	3-3 20A	1-0 20M		2-2 29a	0-0 6M	1-1 28N	1-2 22S	2-1 1m	1-2 9J	1-2 12S	0-1 9F	5-1 26S	6-2 27A	1-3 16M	1-3 27M
11	Leicester City	1-0 8S	1-0 20F	1-0 27F	4-1 28N	3-1 17A	3-1 27M	1-1 16O	1-1 3O	2-1 6F	1-2 12m		1-2 19S	3-0 2M	1-4 1m	2-1 13A	0-1 14N	3-2 13M	1-0 17M	0-0 31O	0-0 15m	1-1 12D	1-0 5S
12	Luton Town	1-1 15m	2-0 3A	2-0 24N	1-0 2M	2-3 22S	3-0 29a	2-2 20A	1-0 31O	3-2 7N	6-0 17O	2-1 30J		3-2 17A	2-0 12A	2-0 27F	3-2 30M	3-1 11m	0-3 28N	4-1 12S	4-1 30A	0-0 26S	12M
13	Newcastle United	1-0 6M	0-0 5D	2-0 3F	1-0 12S	2-1 13F	4-1 14N	1-0 27M	0-0 31O	3-0 10O	0-1 24A	0-0 10A	3-2 21N		2-1 3O	2-0 20M	1-0 26S	0-4 5m	1-1 24O	1-0 24F	0-0 25N	0-1 13M	4-2 8m
14	Norwich City	1-1 5S	2-0 24A	0-0 31O	2-1 14N	2-1 27M	5-0 10A	2-1 20F	1-0 2S	4-1 21N	2-1 5m	0-0 5D	1-3 28D	2-1 19S		1-2 3O	2-0 8m	2-3 27F	2-1 16J	4-2 3F	4-0 17O	4-2 13M	4-0 6F
15	Oldham Athletic	1-1 27M	0-3 26D	1-1 3O	2-0 26S	2-2 29a	1-0 4m	0-0 16N	1-1 21N	3-1 8m	1-1 5D	1-1 28D	3-1 10O	1-1 31O	3-1 16F		0-3 19D	3-2 22S	2-0 6M	0-3 13M	1-1 12S	1-1 9M	2-1 24A
16	Orient	1-3 23J	0-0 6F	3-0 17A	0-0 12A	1-1 28A	1-1 25O	0-2 28S	0-0 21F	3-2 16J	1-2 5S	3-0 18m	0-3 3O	1-0 24N	1-1 16M	0-3 15m		1-1 18O	1-2 1m	3-0 7N	2-0 28N	1-3 27F	0-0 19S
17	Queens Park Rangers	1-0 12D	2-0 3O	7-1 1m	2-1 15m	2-0 28N	4-0 20M	1-0 26D	3-0 19S	1-2 20F	3-0 6F	2-0 24O	1-2 1S	3-0 5S	2-0 10O	0-0 24N	3-0 6A		1-1 7N	2-0 29M	3-0 17A	0-0 12A	1-1 16J
18	Rotherham United	2-4 14N	4-1 8m	2-0 26S	1-0 13F	1-0 12S	2-1 21N	6-0 31O	2-0 27F	2-1 2F	2-2 10A	1-1 22S	2-2 24A	0-0 13M	4-1 29a	1-2 17O	1-0 5D	1-0 27M		2-2 4m	3-0 16F	1-2 30J	2-0 23F
19	Sheffield Wednesday	2-2 24N	2-2 16J	0-1 16F	2-1 17A	2-1 10O	1-1 6M	0-0 1m	1-0 5S	1-1 19S	1-1 20F	2-1 20M	2-1 6F	2-1 12A	1-2 15m	1-0 24O	0-3 27M	2-0 14N	2-0 8S		0-0 2M	3-1 28N	0-3 3O
20	Shrewsbury Town	0-2 2F	1-2 1S	2-0 14N	1-0 27M	1-1 13M	1-1 10O	1-0 19S	4-1 4m	2-0 5S	1-1 8m	2-2 30M	0-0 5D	0-2 20F	2-1 20A	2-0 6F	2-1 24A	2-1 21N	0-1 3O	0-1 10A		0-2 31O	1-1 16M
21	Watford	3-1 3O	3-2 21N	5-0 27M	0-0 6M	0-0 14N	2-2 5D	1-0 6F	1-1 9A	6-1 26J	0-3 1S	1-1 8m	2-0 20F	2-3 16J	3-0 24O	1-1 5S	3-0 10O	4-0 9M	1-0 19S	4-0 24A	3-1 20M		2-0 4m
22	Wrexham	0-0 17A	1-0 20M	2-1 9M	0-0 1m	3-1 24N	1-0 26S	1-0 27F	0-1 17O	1-1 3A	2-0 7N	0-0 20A	0-2 24O	4-2 6A	2-3 12S	0-3 28N	0-1 30J	1-3 29a	3-2 15m	0-1 13F	1-0 12A	0-1 22S	

Final League Table

Pos	Team	Pld	Home					Away					Totals						Leading Goalscorer	Gls
			W	D	L	F	A	W	D	L	F	A	W	D	L	F	A	Pts	GD		
1	**Luton Town**	42	16	3	2	48	19	9	10	2	38	27	25	13	4	86	46	88	+40	B Stein	21
2	Watford	42	13	6	2	46	16	10	5	6	30	26	23	11	8	76	42	80	+34	L Blissett	19
3	Norwich City	42	14	3	4	41	19	8	2	11	23	31	22	5	15	64	50	71	+14	K Bertschin	12
4	Sheffield Weds	42	10	8	3	31	23	10	2	9	24	28	20	10	12	55	51	70	+4	G Bannister	21
5	Queens Park R	42	15	4	2	40	9	6	2	13	25	34	21	6	15	65	43	69	+22	S Stainrod	17
6	Barnsley	42	13	4	4	33	14	6	6	9	26	27	19	10	13	59	41	67	+18	I Banks	15
7	Rotherham Utd	42	13	5	3	42	19	7	4	12	24	35	20	9	15	66	54	67	+12	**R Moore**	**22**
8	Leicester City	42	12	5	4	31	19	6	7	8	25	29	18	12	12	56	48	66	+8	G Lineker	17
9	Newcastle United	42	14	4	3	30	14	4	4	13	22	36	18	8	16	52	50	62	+2	I Varadi	18
10	Blackburn Rov	42	11	4	6	26	15	5	7	9	21	28	16	11	15	47	43	59	+4	S Garner	14
11	Oldham Athletic	42	9	9	3	28	23	6	5	10	22	28	15	14	13	50	51	59	-1	R Wylde	16
12	Chelsea	42	10	5	6	37	30	5	7	9	23	30	15	12	15	60	60	57	0	C Walker	16
13	Charlton Athletic	42	11	5	5	33	22	2	7	12	17	43	13	12	17	50	65	51	-15	P Walsh	13
14	Cambridge Utd	42	11	4	6	31	19	2	5	14	17	34	13	9	20	48	53	48	-5	J Mayo	8
15	Crystal Palace	42	9	2	10	25	26	4	7	10	9	19	13	9	20	34	45	48	-11	K Mabbutt	8
16	Derby County	42	9	8	4	32	23	3	4	14	21	45	12	12	18	53	68	48	-15	K Wilson	9
17	Grimsby Town	42	5	8	8	29	30	6	5	10	24	35	11	13	18	53	65	46	-12	T Whymark	11
18	Shrewsbury T	42	10	6	5	26	19	1	7	13	11	38	11	13	18	37	57	46	-20	I Atkins	11
19	Bolton Wand	42	10	4	7	28	24	3	3	15	11	37	13	7	22	39	61	46	-22	A Henry	13
20	Cardiff City	42	9	2	10	28	32	3	6	12	17	29	12	8	22	45	61	44	-16	G Stevens	13
21	Wrexham	42	9	4	8	22	22	2	7	12	18	34	11	11	20	40	56	44	-16	I Edwards	11
22	Orient	42	6	8	7	23	24	4	1	16	13	37	10	9	23	36	61	39	-25	K Godfrey	7

1981/82 DIVISION 3 SEASON 83

Total Matches	552
Total Goals	1422
Avg goals per match	2.58

Results Grid

		Brentford	Bristol City	Bristol Rovers	Burnley	Carlisle United	Chester	Chesterfield	Doncaster Rov	Exeter City	Fulham	Gillingham	Huddersfield T	Lincoln City	Millwall	Newport Co	Oxford United	Plymouth Argyle	Portsmouth	Preston N E	Reading	Southend Utd	Swindon Town	Walsall	Wimbledon
1	Brentford		0-1 7N	1-0 22M	0-0 31O	1-2 3O	1-0 28N	2-0 13M	2-2 1m	2-0 27F	0-1 23J	0-1 21S	0-1 2J	3-1 17O	4-1 9A	2-0 20F	1-2 3A	0-0 19S	2-2 6F	0-0 17A	1-2 15m	0-1 19O	4-2 19A	0-0 5S	2-3 26A
2	Bristol City	0-1 27M		1-2 12A	2-3 28N	1-1 6A	1-0 15m	0-0 31O	2-2 5S	3-2 23F	0-0 6F	2-1 1m	0-0 16J	0-1 13M	4-1 12m	2-1 19S	0-2 6M	3-2 22S	0-1 20F	0-0 10O	2-0 20O	0-2 14N	0-3 17A	0-1 3O	1-3 2J
3	Bristol Rovers	1-2 3m	1-0 29D		2-1 12S	0-1 19D	2-2 29a	1-0 19J	3-0 20M	3-2 9F	1-2 5D	2-0 7N	3-2 24O	0-2 26S	0-1 3A	2-0 3N	1-0 11m	2-3 8m	1-1 10A	2-0 13F	1-1 30J	2-1 27F	1-4 17O	2-1 24A	2-2 29S
4	Burnley	0-0 20M	4-0 24A	4-0 6F		1-0 4m	1-0 3N	1-1 18m	0-1 22S	3-3 17O	2-2 24O	1-0 2F	0-0 19S	1-1 10A	2-1 20F	2-1 16J	1-0 5D	3-0 5S	3-0 27F	3-5 11m	0-2 3A	2-1 20A	2-2 3O	0-0 8m	2-0 7N
5	Carlisle United	1-0 13F	2-2 29a	1-2 15m	1-0 29S		3-0 13A	3-0 9F	2-0 3N	3-2 20A	1-2 7N	2-0 28N	2-2 9M	1-0 30J	2-1 17A	2-2 20M	2-1 26S	3-1 17O	2-0 3A	1-0 2F	2-1 23M	3-2 12S	1-1 27F	2-1 24O	2-1 1m
6	Chester	1-2 24A	0-0 21A	1-1 23J	0-1 17M	0-1 19m		0-2 21O	1-1 2D	0-2 14N	0-2 5m	0-0 6F	3-1 20F	1-2 8m	0-0 19S	0-2 10A	2-2 10O	0-3 13M	3-2 19J	0-1 27M	2-3 31O	1-1 5D	0-0 5S	0-0 23S	1-1 31M
7	Chesterfield	0-2 24O	1-0 20M	2-0 5S	1-2 12A	1-0 22S	3-5 9M		3-1 2F	2-1 17A	3-0 19S	1-3 15m	1-0 3N	0-2 3A	0-1 27A	1-0 23J	0-2 7N	2-2 20F	2-2 30	0-0 5J	2-1 27F	1-2 17O	2-1 1m	1-0 6F	2-0 28N
8	Doncaster Rov	1-0 26S	2-2 18m	4-2 31O	0-1 9F	1-1 16M	4-3 10A	0-0		3-0 11S	2-1 8m	1-1 3A	1-2 6N	4-1 20O	1-0 7O	0-0 27F	1-1 23M	2-2 24A	0-0 5D	1-0 29S	0-1 29a	1-0 4m	0-0 12M	1-0 20A	1-3 26J
9	Exeter City	3-1 10O	4-0 10A	1-3 23S	2-1 6M	2-1 5S	3-0 3A	0-3 5D	2-1 6F		1-0 10M	1-0 20F	1-0 12m	1-2 24M	5-4 3O	1-0 24A	1-2 4N	1-1 28D	3-3 5m	4-3 24O	4-3 7N	1-1 8m	1-2 19S	2-0 16J	2-1 20M
10	Fulham	1-2 29a	2-1 12S	4-2 17A	1-1 13M	4-1 27M	2-0 26S	1-0 30J	3-1 6A	4-1 20O		0-0 11m	2-2 27F	1-1 18m	0-0 28N	3-1 17O	1-0 23F	3-0 16M	1-1 31O	2-2 15m	2-2 1m	2-1 29S	1-1 13A	1-1 14N	4-1 9F
11	Gillingham	1-1 9F	1-1 29S	2-0 27M	3-1 29a	0-0 24A	0-1 12S	3-2 6A	3-0 14N	2-3 26S	2-0 10A		3-2 17O	1-0 4M	1-1 12M	1-1 28D	2-1 8m	3-2 27F	4-2 20O	0-2 8m	2-1 27F	2-0 16M	1-0 31O	1-4 5D	6-1 13F
12	Huddersfield T	1-1 8m	5-0 4m	0-2 13M	1-2 30J	2-1 20O	1-2 29S	1-1 23M	1-2 27M	1-1 29a	1-0 10O	2-0 6M		0-2 2M	1-2 31O	2-0 30M	0-0 9J	0-1 5D	2-3 24A	6-1 9F	3-2 13F	3-0 26S	2-1 14N	1-1 10A	1-1 12S
13	Lincoln City	0-1 6M	1-2 24O	1-0 1m	1-1 31M	0-0 19S	3-0 3F	2-1 14N	5-0 10M	2-0 15m	1-0 5S	2-0 16J	2-0 12A		0-1 23S	2-2 3O	2-1 20M	2-0 6F	1-0 23J	1-2 4N	2-1 17A	1-1 27M	2-1 28N	1-1 20F	5-1 10O
14	Millwall	0-1 28D	2-0 3N	0-0 14N	4-3 26S	1-2 5D	2-1 30J	3-2 4m	0-2 4m	5-1 14F	4-3 25A	1-2 24O	1-3 6A	1-1 9F		1-0 9M	1-2 29S	2-1 20A	1-0 8m	2-1 29a	0-1 13S	1-1 12A	0-0 28M	2-0 11O	2-1 24F
15	Newport County	0-1 29S	1-1 30J	1-1 16M	0-0 1m	2-0 31O	0-1 26D	1-0 29a	1-0 10O	1-3 28N	4-2 7M	1-0 12A	0-0 15m	1-1 13F	0-0 20O		3-2 12S	0-1 14N	1-1 13M	3-1 26S	3-2 2J	1-0 11m	2-2 18m	0-0 27M	0-0 17A
16	Oxford United	1-2 14N	1-0 17O	1-1 21O	0-0 1A	2-1 20F	3-1 27F	1-0 27M	0-0 12A	2-0 17M	1-1 30	1-0 31M	0-0 5S	1-1 31O	0-0 1m	1-1 6F		1-0 28A	0-2 23S	3-0 28N	1-0 3F	5-0 13M	0-1 7A	0-1 19S	0-3 15m
17	Plymouth Argyle	1-0 30J	2-1 9F	4-0 2J	1-1 9J	1-0 6M	5-1 24O	0-2 26S	4-2 26N	2-1 9A	3-1 3N	1-2 10O	1-1 17A	0-2 12S	2-1 15m	1-2 2A	0-1 29a		0-0 7N	0-3 29S	1-1 13F	0-0 26D	2-1 20M	4-1 9M	2-0 14A
18	Portsmouth	2-2 12S	0-0 26S	0-0 26D	1-2 10O	1-2 14N	2-0 1m	5-1 13F	0-0 17A	2-0 29S	1-1 20M	2-1 9M	2-2 28N	1-0 29a	1-1 21m	0-0 24O	1-1 9F	1-0 27M		1-1 6A	3-0 12A	0-0 30J	1-0 15m	1-1 6M	3-N
19	Preston N E	1-3 5D	1-3 27F	0-1 3O	0-1 20O	0-1 10A	0-1 7N	2-0 8m	3-1 20F	1-0 13M	1-3 20A	1-1 19S	1-1 22S	1-1 16M	1-0 23J	2-1 4m	2-2 24A	1-0 16J	1-0 5S		0-0 17O	1-0 31O	0-0 6F	3-2 27A	3A
20	Reading	4-1 27J	3-1 10M	0-3 19S	1-1 14N	2-2 8m	4-1 20M	0-2 10O	3-3 17F	4-0 27M	0-3 20J	3-2 5S	1-2 3O	3-2 5D	4-0 6F	2-1 23S	0-3 10A	2-2 23J	2-1 6J	2-1 6M		0-2 24A	1-1 20F	0-0 4N	2-1 24O
21	Southend United	1-1 8M	3-0 3A	1-0 9O	1-4 14m	1-1 6F	2-0 17A	0-2 5M	1-1 16J	2-1 1J	0-0 19F	3-0 2N	4-0 1m	0-2 7N	2-2 1F	0-4 4S	0-1 24O	3-0 3O	2-2 19S	2-2 19M	2-2 27N		0-0 21S	3-2 23J	4-1 9A
22	Swindon Town	0-3 3N	0-0 5D	5-2 6M	1-2 13F	2-1 10O	3-0 27A	1-2 29S	2-2 24O	4-0 31J	1-5 30D	1-0 20M	1-2 3A	1-0 24A	1-2 7N	4-0 8m	1-1 10A	1-0 23F	3-2 12S	0-2 26S	2-0 9F	0-0		2-2 9M	4-1 29a
23	Walsall	3-0 19J	0-1 13F	2-1 28N	1-1 2M	1-1 13M	2-1 9F	1-1 12S	0-0 15m	1-1 1m	1-1 3A	1-0 17A	1-0 16F	2-1 29S	1-1 27F	3-1 7N	1-3 30J	0-1 31O	3-1 17O	0-1 13A	1-2 16M	0-1 29a	5-0 20O		1-0 26S
24	Wimbledon	1-2 12A	0-0 8m	1-0 20F	0-0 27M	3-1 11m	1-0 17O	3-1 24A	0-1 19S	1-1 31O	1-3 22S	0-2 30	2-0 6F	1-1 27F	1-3 5S	2-3 5D	2-3 20A	2-1 20O	3-2 18m	1-0 14N	3-0 13M	0-0 23J	1-1 4m	2-0	

Final League Table

Pos	Team	Pld	Home					Away					Totals					Pts	GD	Leading Goalscorer	Gls
			W	D	L	F	A	W	D	L	F	A	W	D	L	F	A				
1	Burnley	46	13	7	3	37	20	8	10	5	29	25	21	17	8	66	45	80	+21	W Hamilton	11
2	Carlisle United	46	17	4	2	44	21	6	7	10	21	29	23	11	12	65	50	80	+15	B Robson	15
3	Fulham	46	12	9	2	44	22	9	6	8	33	29	21	15	10	77	51	78	+26	G Davies	24
4	Lincoln City	46	13	7	3	40	16	8	7	8	26	24	21	14	11	66	40	77	+26	G Cockerill, G Shipley ***	11
5	Oxford United	46	10	8	5	28	18	9	6	8	35	31	19	14	13	63	49	71	+14	A Thomas	14
6	Gillingham	46	14	5	4	44	26	6	6	11	20	30	20	11	15	64	56	71	+8	K Price, D White	12
7	Southend United	46	11	7	5	35	23	7	8	8	28	28	18	15	13	63	51	69	+12	K Mercer	13
8	Brentford	46	8	6	9	28	22	11	5	7	28	25	19	11	16	56	47	68	+9	K Bowen, G Johnson **	8
9	Millwall	46	12	4	7	36	28	6	9	8	26	34	18	13	15	62	62	67	0	D Horrix	15
10	Plymouth Argyle	46	12	5	6	37	28	6	6	11	27	32	18	11	17	64	56	65	+8	J Sims	18
11	Chesterfield	46	12	8	3	33	27	6	6	11	24	31	18	10	18	57	58	64	-1	P Bonnyman	14
12	Reading	46	11	6	6	43	35	6	5	12	24	40	17	11	18	67	75	62	-8	N Webb	15
13	Portsmouth	46	11	10	2	33	14	3	9	11	23	37	14	19	13	56	51	61	+5	W Rafferty	17
14	Preston N E	46	10	7	6	25	22	6	6	11	25	34	16	13	17	50	56	61	-6	A Bruce	18
15	Bristol Rovers *	46	12	4	7	35	28	6	5	12	23	37	18	9	19	58	65	61	-7	P Randall	12
16	Newport County	46	9	10	4	28	21	5	6	12	26	33	14	16	16	54	54	58	0	T Tynan	13
17	Huddersfield T	46	10	5	8	38	25	5	7	11	26	34	15	12	19	64	59	57	+5	D Cowling	8
18	Exeter City	46	14	4	5	46	33	2	5	16	25	51	16	9	21	71	84	57	-13	T Kellow	21
19	Doncaster Rovers	46	9	5	9	31	24	4	8	11	24	44	13	13	20	55	68	52	-13	R Dawson	8
20	Walsall	46	10	7	6	32	23	3	7	13	19	32	13	14	19	51	55	53	-4	D Penn	14
21	Wimbledon	46	10	6	7	33	27	4	5	14	28	48	14	11	21	61	75	53	-14	F Joseph	13
22	Swindon Town	46	9	5	9	37	36	4	7	12	18	35	13	12	21	55	71	52	-16	P Rideout	14
23	Bristol City	46	7	6	10	24	29	4	7	12	16	36	11	13	22	40	65	46	-25	M Harford	11
24	Chester	46	8	2	13	16	30	3	6	14	17	48	11	8	27	32	78	32	-42	G Simpson	12

* Bristol Rovers deducted 2 points for fielding an ineligible player. ** G Roberts also scored 8 for Brentford. *** T Cunningham also scored 11 for Lincoln C.

1981/82 DIVISION 4
SEASON 83

Total Matches 552
Total Goals 1512
Avg goals per match 2.74

#	Team	Aldershot	Blackpool	Bournemouth	Bradford City	Bury	Colchester Utd	Crewe Alex	Darlington	Halifax Town	Hartlepool Utd	Hereford United	Hull City	Mansfield Town	Northampton T	Peterborough U	Port Vale	Rochdale	Scunthorpe Utd	Sheffield Utd	Stockport Co	Torquay Utd	Tranmere Rov	Wigan Athletic	York City
1	Aldershot		3-2 17O	2-0 20O	0-2 28F	1-2 7N	1-1 9F	3-0 31J	0-0 29a	3-1 12S	1-2 31O	2-2 12A	0-3 12M	2-3 26S	2-1 23F	0-1 16M	1-2 3A	2-2 14F	4-0 1m	1-1 17A	1-1 6A	1-1 3J	2-1 28N	2-0 15m	0-1 29S
2	Blackpool	0-2 6M		0-3 14N	1-0 3M	1-1 4N	0-0 17A	5-0 12S	1-0 30J	7-1 30S	2-2 15m	1-0 1m	3-1 26S	2-3 13F	1-0 17F	2-2 27M	2-3 11N	1-1 10F	2-0 9J	0-1 20M	2-0 29a	2-1 10O	1-2 13J	1-2 9A	3-1 10M
3	Bournemouth	2-2 9M	1-0 3A		0-2 2F	3-2 24O	1-1 26D	2-0 29a	2-0 12S	1-1 30J	5-1 17A	1-1 15m	1-0 1m	1-0 23F	1-1 10O	1-1 6M	1-1 7N	1-0 26S	2-0 3N	0-0 28N	1-1 13F	4-0 13A	1-1 20M	0-0 29S	5-1 9F
4	Bradford City	4-1 11O	1-0 24A	2-2 8m		1-1 24F	2-1 26S	4-1 5m	3-0 3J	5-2 10A	1-0 8N	0-0 30J	1-1 9J	3-4 20J	2-1 7M	2-0 5D	1-0 4N	2-0 30S	0-0 14F	0-2 24O	5-1 10M	3-0 21M	1-1 3A	3-3 29a	6-2 12S
5	Bury	1-1 27M	0-1 18m	2-2 13M	1-1 12A		4-3 1m	2-1 9F	2-0 26S	1-1 13F	1-1 19J	0-1 6A	0-2 28N	3-2 30J	3-1 31O	3-2 14N	1-1 17O	1-1 29a	2-1 29S	2-0 27A	0-1 12S	4-0 17A	5-3 27F	5-3 20O	3-1 15m
6	Colchester Utd	1-1 22S	2-1 4D	1-2 10A	1-2 19F	1-1 16J		1-1 30M	1-0 24A	1-1 12M	3-3 23J	4-0 20O	2-0 26M	0-1 16M	5-1 2O	1-1 27A	1-0 3m	3-2 26F	2-1 13N	5-2 6F	0-1 7m	3-0 18S	4-0 4S	1-2 30O	4-0 16O
7	Crewe Alexandra	2-3 18S	1-1 5F	0-1 23J	1-2 26A	1-3 23S			1-0 14N	0-1 31O	1-2 16M	2-0 23M	1-0 17A	1-1 13M	0-2 27M	2-2 19F	0-2 6O	1-2 21O	3-0 10O	2-3 1m	0-2 6M	0-1 6S	1-1 12A	0-1 26J	1-1 28N
8	Darlington	0-1 23J	2-2 19S	0-1 6F	1-5 22S	2-3 20F	1-2 28N	1-0 4A		1-1 2OO	5-2 12A	0-1 14M	2-1 23M	1-0 17O	3-0 17A	0-0 3O	1-1 5S	2-0 31O	4-1 17F	0-2 15m	2-0 7N	1-1 18m	1-2 30A	3-1 16M	3-1 28F
9	Halifax Town	2-2 6F	0-1 20F	1-1 19S	0-0 23M	2-1 3O	0-2 24O	2-1 20M	3-3 9M		2-0 1m	1-2 27F	2-2 14A	2-1 7N	2-1 4m	1-1 5S	1-1 22J	0-0 17O	1-2 28N	1-5 12A	4-1 2A	1-2 3N	0-2 22S	0-0 17A	0-0 11m
10	Hartlepool United	2-2 20M	2-2 28A	1-1 5D	0-2 27M	1-0 8m	1-3 29a	1-2 4N	1-2 3F	3-2 26S		2-1 13F	3-2 30S	3-0 5m	3-0 14N	3-1 10O	1-1 24A	3-3 31M	2-3 10F	2-2 6M	0-0 10A	0-0 24O	2-1 10M	3-2 12S	1-1 30J
11	Hereford United	0-1 3F	2-1 21A	1-2 31M	1-2 19S	3-0 5S	2-2 10M	4-1 8m	1-1 24O	2-2 10O	1-1		2-2 14N	3-1 24A	2-1 20F	2-1 5m	1-0 10A	0-0 5D	2-1 6M	1-1 17F	0-0 4N	0-3 23S	1-1 6F	3-0 27M	2-1 20M
12	Hull City	1-2 24O	0-0 4m	0-0 11m	2-3 5S	2-3 24A	1-0 7N	1-3 5D	2-0 10A	5-2 2M	2-1 20F	2-0 3A		2-0 27F	3-1 6F	1-1 22S	2-1 20M	2-0 8m	2-1 9M	0-0 19S	1-0 20A	1-2 23J	0-2 3O	0-2 17O	0-0 3N
13	Mansfield Town	1-0 20F	2-2 3O	0-2 5S	1-1 15m	1-3 19S	0-1 2N	2-3 24O	3-2 6M	3-2 27M	1-0 16J	2-0 28N	2-1 10O		4-1 21S	1-2 23J	2-3 6F	1-1 14N	1-1 13A	2-2 8M	3-1 2OM	3-3 1m	1-0 17A	1-2 2J	0-2 5A
14	Northampton T	0-0 10A	0-1 13O	1-0 27F	0-0 17O	1-0 20M	1-2 14F	3-0 8N	0-1 5D	2-0 20A	2-1 3A	2-3 26S	1-1 12S	1-1 9F		1-0 24A	3-5 2F	2-1 2m	1-1 29a	1-2 29S	0-0 9M	0-1 24O	2-3 30J	2-3 23M	5-0 —
15	Peterborough U	7-1 4N	2-1 7N	1-0 17O	2-0 17A	1-0 3A	2-2 13A	3-0 13F	3-1 26J	0-0 27F	4-4 28O	3-1 10F	3-0 29a	1-0 28N	1-0		1-0 10M	5-1 12S	2-1 20M	0-4 21A	2-0 30J	1-1 24M	0-1 15m	0-3 1m	0-1 24O
16	Port Vale	1-0 14N	2-0 13M	1-1 27M	1-0 15M	0-0 6M	2-1 28S	2-0 13F	2-2 20J	0-0 29a	5-2 28N	1-1 26A	2-0 31O	0-0 12S	1-0 12A	1-3 19O		1-1 30J	2-1 17A	0-2 10O	1-0 26S	2-0 15m	0-1 25J	0-1 8F	1-0 1m
17	Rochdale	0-0 4O	0-0 22S	0-1 2OF	1-1 1m	1-1 23J	1-2 11O	5-2 9M	3-2 2OM	0-1 13J	2-1 5S	0-1 17A	0-1 6A	1-1 3A	1-1 15m	5-3 6F	1-1 19S		1-1 20A	0-1 16J	4-1 24O	1-0 6N	0-0 3N	1-1 28N	2-0 12A
18	Scunthorpe Utd	1-1 23M	1-1 5S	0-2 16M	3-3 3O	2-2 4m	1-1 2A	0-1 28F	1-1 8m	0-0 24A	2-1 22S	2-2 17O	4-4 2OO	1-0 2F	2-1 23J	0-0 31O	1-0 5D	0-0 10A		2-1 20F	0-0 3OM	0-2 6F	2-1 19S	2-7 12M	0-3 7N
19	Sheffield United	2-0 5D	3-1 31O	0-0 24A	1-1 30M	1-1 10A	4-0 12S	0-0 29S	2-2 26J	1-1 2J	1-1 17O	2-2 29a	2-0 30J	4-1 20O	7-3 16M	4-0 8m	2-1 27F	3-1 4m	1-0 26S		4-0 9F	4-1 3A	2-0 7N	1-0 23M	4-0 13F
20	Stockport County	4-2 4S	2-3 1F	1-2 3O	2-3 19O	2-1 6F	0-0 22M	1-0 16O	2-1 26M	0-2 13N	1-1 25J	1-2 15M	4-2 12A	3-0 30O	0-0 3OA	3-0 18S	1-2 19F	0-4 12M	4-3 14m	1-0 21S		2-1 28N	1-1 15F	0-1 26F	4-1 16A
21	Torquay United	2-1 8m	1-1 27F	1-2 28D	2-0 31O	1-1 5D	1-0 30J	1-1 24F	2-2 5m	1-1 27A	1-2 13M	2-1 10F	2-0 29a	2-2 30S	2-2 21O	0-1 10A	0-1 19D	1-0 27M	1-1 12S	1-1 14N	1-0 24A		1-2 17O	0-0 13F	3-2 26S
22	Tranmere Rovers	1-0 24A	3-1 10A	0-1 31O	1-1 14N	1-3 10O	2-1 19m	3-0 29S	1-1 9F	1-1 20O	0-0 12S	2-2 13F	2-2 5D	2-2 13M	1-2 23F	1-2 8m	2-0 16M	0-1 8m	2-2 27M	0-1 4m	2-2 6M	2-0 —		0-0 26S	0-2 29a
23	Wigan Athletic	1-0 17F	2-1 30M	0-0 4m	4-1 23J	3-2 9M	3-2 20M	3-0 10A	2-1 4N	1-1 5D	1-1 6F	2-1 7N	3-1 6M	3-1 8m	5-0 19S	2-0 19J	1-1 23S	2-1 24A	0-1 24O	2-1 5S	1-0 10O	0-0 3O	4-1 5J		4-2 2A
24	York City	4-0 4m	0-4 20O	0-1 22S	0-3 6F	0-0 2F	3-0 5M	6-0 23A	2-2 9O	4-0 7m	1-2 18S	3-4 31O	1-3 16M	2-1 4S	2-1 13M	4-3 22F	2-0 27A	1-2 26M	3-1 3O	3-1 5D	2-1 19F	1-1 23J	1-3 14N	0-0 —	

Final League Table

Pos	Team	Pld	Home W	Home D	Home L	Home F	Home A	Away W	Away D	Away L	Away F	Away A	Totals W	Totals D	Totals L	Totals F	Totals A	Pts	GD	Leading Goalscorer	Gls
1	Sheffield United	46	15	8	0	53	15	12	7	4	41	26	27	15	4	94	41	96	+53	K Edwards *	35
2	Bradford City	46	14	7	2	52	23	12	6	5	36	22	26	13	7	88	45	91	+43	R Campbell	24
3	Wigan Athletic	46	17	5	1	47	18	9	8	6	33	28	26	13	7	80	46	91	+34	L Bradd	19
4	Bournemouth	46	12	10	1	37	15	11	9	3	25	15	23	19	4	62	30	88	+32	T Funnell	16
5	Peterborough U	46	16	3	4	44	22	8	7	8	25	35	24	10	12	71	57	82	+14	R Cooke	24
6	Colchester Utd	46	12	6	5	47	23	8	6	9	35	34	20	12	14	82	57	72	+25	I Allinson, K Bremner	21
7	Port Vale	46	9	12	2	26	17	9	4	10	30	32	18	16	12	56	49	70	+7	E Moss	13
8	Hull City	46	14	3	6	36	23	5	9	9	34	38	19	12	15	70	61	69	+9	L Mutrie	27
9	Bury	46	13	7	3	53	26	4	10	9	27	33	17	17	12	80	59	68	+21	C Madden	35
10	Hereford United	46	10	9	4	36	25	6	10	7	28	33	16	19	11	64	58	67	+6	S Phillips	12
11	Tranmere Rovers	46	7	9	7	27	25	7	9	7	24	31	14	18	14	51	56	60	-5	J Kerr	13
12	Blackpool	46	11	5	7	40	26	4	8	11	26	34	15	13	18	66	60	58	+6	D Bamber	15
13	Darlington	46	10	8	5	36	28	5	8	10	25	34	15	13	18	61	62	58	-1	D Speedie	17
14	Hartlepool United	46	9	8	6	39	34	4	8	11	34	50	13	16	17	73	84	55	-11	K Houchen	18
15	Torquay United	46	9	8	6	30	25	5	13	5	17	34	14	19	14	47	59	55	-12	A Brown	11
16	Aldershot	46	8	7	8	34	29	5	10	8	23	39	13	15	20	57	68	54	-11	M Sanford	11
17	York City	46	9	5	9	45	37	5	3	15	24	54	14	8	24	69	91	50	-22	K Walwyn	23
18	Stockport County	46	10	5	8	34	26	2	8	13	14	39	12	13	21	48	67	49	-19	O Williams	9
19	Halifax Town	46	6	11	6	28	28	3	11	9	23	42	9	22	15	51	72	49	-21	B Davison	20
20	Mansfield Town **	46	8	6	9	39	39	5	4	14	24	42	13	10	23	63	81	47	-18	J Lumby	14
21	Rochdale	46	7	9	7	26	22	3	7	13	24	40	10	16	20	50	62	46	-12	M Hilditch	14
22	Northampton T	46	9	9	5	32	27	2	4	17	25	57	11	13	22	57	84	46	-27	S Phillips	10
23	Scunthorpe Utd	46	7	8	8	37	26	2	6	15	17	44	9	14	23	54	70	41	-16	G Telfer	9
24	Crewe Alexandra	46	6	6	11	19	32	3	7	13	10	52	6	9	31	29	84	27	-55	M Palios	12

** Mansfield Town deducted 2 points for fielding an ineligible player.   * Also scored 1 goal for Hull City before transfer on 1 September 1981.

1982/83 CANON LEAGUE DIVISION 1
SEASON 84

Total Matches	462
Total Goals	1264
Avg goals per match	2.74

		Arsenal	Aston Villa	Birmingham C	Brighton & HA	Coventry City	Everton	Ipswich Town	Liverpool	Luton Town	Manchester City	Manchester Utd	Norwich City	Nottm Forest	Notts County	Southampton	Stoke City	Sunderland	Swansea City	Tottenham H	Watford	West Brom A	West Ham United
1	Arsenal		2-1	0-0	3-1	2-1	1-1	2-2	0-2	4-1	3-0	0-0	1-1	0-0	2-0	0-0	3-0	0-1	2-1	2-0	2-4	2-0	2-3
2	Aston Villa	2-1		1-0	1-0	4-0	2-0	1-1	2-4	4-1	1-1	2-1	3-2	4-1	2-0	2-0	4-0	1-3	2-0	4-0	3-0	1-0	1-0
3	Birmingham City	2-1	3-0		1-1	1-0	0-0	0-0	0-0	2-3	2-2	1-2	0-4	1-1	3-0	0-2	1-4	2-1	1-1	2-0	1-1	2-1	3-0
4	Brighton & H A	1-0	0-0	1-0		1-0	1-2	1-1	2-2	2-4	0-1	1-0	3-0	1-1	0-2	0-1	1-2	3-2	1-1	2-1	1-1	0-0	3-1
5	Coventry City	0-2	0-0	0-1	2-0		4-2	1-1	0-0	4-2	3-0	2-0	1-2	1-0	1-0	2-0	1-0	0-0	1-1	0-1	0-1	0-1	2-4
6	Everton	2-3	5-0	0-0	2-2	1-0		1-1	0-5	5-0	2-1	0-1	1-1	3-1	3-0	2-0	3-1	3-1	2-2	3-1	1-0	0-0	2-0
7	Ipswich Town	0-1	1-2	3-1	2-0	1-1	0-2		1-0	3-0	1-0	1-1	2-3	2-0	0-0	2-1	2-3	4-1	3-1	1-2	3-1	6-1	1-2
8	Liverpool	3-1	1-1	1-0	3-1	4-0	0-0	1-0		3-3	5-2	0-0	0-2	4-3	5-1	5-0	5-1	1-0	3-0	3-0	3-1	2-0	3-0
9	Luton Town	2-2	2-1	3-1	5-0	1-2	1-5	1-1	1-3		3-1	1-1	0-1	0-2	5-3	3-3	0-0	1-3	3-1	1-1	1-0	0-0	0-2
10	Manchester City	2-1	0-1	0-0	1-1	3-2	0-0	0-1	0-4	0-1		1-2	4-1	2-0	1-0	2-2	2-1	2-2	1-0	2-1	2-0		
11	Manchester United	0-0	3-1	3-0	1-1	3-0	2-1	3-1	1-1	3-0	2-2		3-0	2-0	4-0	1-1	1-0	0-0	2-1	1-0	2-0	0-0	2-1
12	Norwich City	3-1	1-0	5-1	2-1	1-1	0-1	0-0	1-0	1-0	1-2	1-1		0-1	1-2	1-1	4-2	2-0	1-0	0-0	3-0	1-3	1-1
13	Nottingham Forest	3-0	1-2	1-1	4-0	4-2	2-0	2-1	1-0	0-1	3-0	0-3	2-2		2-1	1-2	1-0	0-0	2-1	2-2	2-0	0-0	1-0
14	Notts County	1-0	1-0	0-0	1-0	5-1	1-0	0-6	1-2	1-1	1-0	3-2	2-2	3-2		1-2	4-0	0-1	0-0	3-0	3-2	2-1	1-2
15	Southampton	2-2	1-0	0-1	0-0	1-1	3-2	0-1	3-2	2-2	4-1	0-1	4-0	0-1	1-0		1-0	2-0	2-1	1-2	1-4	4-1	3-0
16	Stoke City	2-1	0-3	1-1	3-0	0-3	1-0	1-1	4-4	1-0	1-0	1-0	1-0	1-0	1-0	1-1		0-1	4-1	2-0	0-4	0-3	5-2
17	Sunderland	3-0	2-0	1-2	1-1	2-1	1-2	2-3	0-0	1-1	3-2	0-0	4-1	0-1	1-1	2-2			1-1	0-1	2-2	1-1	1-0
18	Swansea City	1-2	2-1	0-0	1-2	2-1	0-3	1-1	0-3	2-0	4-1	0-0	4-0	0-3	2-0	3-2	1-1	3-0		2-0	1-3	2-1	1-5
19	Tottenham Hotspur	5-0	2-0	2-1	2-0	4-0	2-1	3-1	2-0	2-2	1-2	2-0	0-0	4-1	4-2	6-0	4-1	1-1	1-0		0-1	1-1	2-1
20	Watford	2-1	2-1	2-1	4-1	0-0	2-0	2-1	1-2	5-2	2-0	0-1	2-1	1-3	5-3	2-0	1-0	8-0	2-1	0-1		3-0	2-1
21	West Bromwich Albion	0-0	1-0	2-0	5-0	2-0	2-2	4-1	0-1	1-0	0-2	3-1	1-0	2-1	2-2	1-0	1-1	3-0	3-3	0-1	1-3		1-2
22	West Ham United	1-3	2-0	5-0	2-1	0-2	1-1	3-1	2-3	4-1	3-1	0-1	1-2	2-0	1-1	1-1	2-1	3-2	3-0	2-1	0-1		

Final League Table

Pos	Team	Pld	Home W	D	L	F	A	Away W	D	L	F	A	Totals W	D	L	F	A	Pts	GD	Leading Goalscorer	Gls
1	Liverpool	42	16	4	1	55	16	8	6	7	32	21	24	10	8	87	37	82	+50	I Rush	24
2	Watford	42	16	2	3	49	20	6	3	12	25	37	22	5	15	74	57	71	+17	**L Blissett**	**27**
3	Manchester Utd	42	14	7	0	39	10	5	6	10	17	28	19	13	10	56	38	70	+18	F Stapleton	14
4	Tottenham H	42	15	4	2	50	15	5	5	11	15	35	20	9	13	65	50	69	+15	S Archibald	11
5	Nottm Forest	42	12	5	4	34	18	8	4	9	28	32	20	9	13	62	50	69	+12	I Wallace	13
6	Aston Villa	42	17	2	2	47	15	4	3	14	15	35	21	5	16	62	50	68	+12	G Shaw	17
7	Everton	42	13	6	2	43	19	5	4	12	23	29	18	10	14	66	48	64	+18	G Sharp	15
8	West Ham Utd	42	13	3	5	41	23	7	1	13	27	39	20	4	18	68	62	64	+6	P Goddard	10
9	Ipswich Town	42	11	3	7	39	23	4	10	7	25	27	15	13	14	64	50	58	+14	J Wark	20
10	Arsenal	42	11	6	4	36	19	5	4	12	22	37	16	10	16	58	56	58	+2	T Woodcock	14
11	West Brom A	42	11	5	5	35	20	4	7	10	16	29	15	12	15	51	49	57	+2	C Regis	9
12	Southampton	42	11	5	5	36	22	4	7	10	18	36	15	12	15	54	58	57	-4	D Wallace	12
13	Stoke City	42	13	4	4	34	21	3	5	13	19	43	16	9	17	53	64	57	-11	M Thomas	11
14	Norwich City	42	10	6	5	30	18	4	8	9	22	40	14	14	14	52	58	54	-6	J Deehan	20
15	Notts County	42	12	4	5	37	25	3	3	15	18	46	15	7	20	55	71	52	-16	I McCulloch	10
16	Sunderland	42	7	10	4	30	22	5	4	12	18	39	12	14	16	48	61	50	-13	G Rowell	16
17	Birmingham City	42	9	7	5	29	24	3	7	11	11	31	12	14	16	40	55	50	-15	M Ferguson	8
18	Luton Town	42	7	7	7	34	33	5	6	10	31	51	12	13	17	65	84	49	-19	B Stein, P Walsh	14
19	Coventry City	42	10	5	6	29	17	3	4	14	19	42	13	9	20	48	59	48	-11	S Whitton	12
20	Manchester City	42	9	5	7	26	23	4	3	14	21	47	13	8	21	47	70	47	-23	D Cross	12
21	Swansea City	42	10	4	7	32	29	0	7	14	19	40	10	11	21	51	69	41	-18	R Latchford	20
22	Brighton & H A	42	8	6	6	25	22	1	6	14	13	46	9	13	20	38	68	40	-30	M Robinson	7

1982/83 CANON LEAGUE DIVISION 2
SEASON 84

Total Matches: 462
Total Goals: 1244
Avg goals per match: 2.69

#	Team	Barnsley	Blackburn Rov	Bolton Wand	Burnley	Cambridge Utd	Carlisle United	Charlton Athletic	Chelsea	Crystal Palace	Derby County	Fulham	Grimsby Town	Leeds United	Leicester City	Middlesbrough	Newcastle Utd	Oldham Athletic	QPR	Rotherham Utd	Sheffield Weds	Shrewsbury T	Wolverhampton
1	Barnsley		2-2 23A	3-1 5M	3-0 18S	2-3 9A	2-2 11D	0-0 7m	1-1 13N	3-1 15J	1-1 19O	4-3 20	4-0 1J	2-1 27N	1-2 2A	2-0 19M	0-5 4m	1-1 4S	0-1 9O	2-1 26F	0-0 27D	2-2 30O	2-1 5F
2	Blackburn Rovers	1-1 4D		1-1 20N	2-1 4A	3-1 4S	3-2 6N	2-0 13M	3-0 16O	3-0 16A	2-0 2m	0-0 19F	2-1 5F	0-0 23O	3-1 18S	1-1 30A	1-2 1S	2-2 29D	1-3 26M	3-0 18D	2-3 2O	1-0 14m	2-2 15J
3	Bolton Wanderers	0-2 23O	1-0 1J		3-0 15J	2-0 23A	1-0 27D	4-1 11D	0-1 7M	1-0 2O	0-2 26M	0-1 5F	0-0 0m	1-2 2A	3-1 27N	3-1 26F	2-3 4S	3-2 28S	2-2 12M	2-2 9O	0-2 9A	1-4 6N	0-1 18S
4	Burnley	3-1 22J	0-1 27D	0-0 28a		2-1 13N	4-1 7S	7-1 26F	3-0 23A	2-1 9O	1-1 27N	1-0 5M	1-1 7m	1-2 9A	2-4 11D	1-1 3J	1-0 19M	1-2 30O	2-1 10m	1-2 11S	4-1 1J	1-2 25S	0-1 2A
5	Cambridge United	1-1 7S	2-0 3J	0-0 4D	2-0 26M		1-1 25S	3-2 11S	0-1 28a	1-0 28D	0-0 15J	1-0 5A	0-0 12M	3-1 12F	2-0 6N	1-0 17D	1-4 30A	1-4 14m	2-0 20N	2-2 22J	0-0 16O	0-0 16A	2-1 2N
6	Carlisle United	1-1 14m	3-1 19M	5-0 5A	1-1 16A	2-2 3m		4-1 9O	2-1 30O	4-1 18S	3-0 15J	3-2 18D	2-3 4S	2-2 26F	0-1 5F	1-3 28D	2-0 20N	0-0 5M	1-0 30A	2-2 13N	4-2 28S	2-3 4D	0-2 2O
7	Charlton Athletic	3-2 18D	3-0 30O	4-1 14m	2-1 16O	2-1 5F	0-0 19F		5-2 5M	2-1 4A	1-1 2O	3-0 28S	0-1 18S	0-1 19M	2-3 15J	2-0 13N	4-1 4D	1-3 17A	1-5 29D	0-3 20N	0-1 4S	0-1 29A	3-3 2m
8	Chelsea	0-3 26M	2-0 26F	2-1 18D	2-1 4D	6-0 15J	4-2 12M	3-1 23O		0-0 6N	1-3 5F	0-0 28D	5-2 2O	0-0 9O	1-1 4S	0-0 14m	0-2 16A	2-0 18S	0-2 4A	1-1 30A	1-1 2m	1-2 20N	0-0 31a
9	Crystal Palace	1-1 28a	2-0 11S	3-0 22F	1-0 17m	0-0 2A	2-1 9A	1-1 27D	0-0 19M		4-1 7m	1-1 30O	2-0 23A	1-1 13N	1-0 1J	3-0 25S	0-2 5M	1-0 16O	0-3 22J	1-1 3J	2-0 11D	2-1 7S	3-4 27N
10	Derby County	1-1 16A	1-2 25S	0-0 13N	2-0 30A	1-1 9O	0-3 28a	1-1 13A	1-0 8S	1-1 18D		1-0 14m	2-0 26F	3-3 22J	0-4 23O	1-1 11S	2-1 4A	2-2 20N	2-0 3J	3-0 4D	0-0 19M	2-3 29D	1-1 12M
11	Fulham	1-0 19A	3-1 9O	4-0 11S	3-1 23O	1-1 27D	2-0 7m	2-1 9A	1-1 2A	1-0 12M	2-1 11D		4-0 26M	3-2 25S	0-1 23A	1-0 22J	2-2 26F	0-3 6N	1-1 7S	1-1 28a	0-1 27N	2-1 3J	1-3 1J
12	Grimsby Town	1-2 20N	5-0 7S	1-0 25S	3-2 18D	1-0 30O	2-1 3J	1-0 22J	2-1 12F	1-1 4D	1-1 16O	0-4 13N		1-1 28a	2-0 19F	0-0 16A	2-0 28D	2-0 30A	1-1 14m	1-2 4A	1-1 5M	2-0 11S	1-1 19M
13	Leeds United	0-0 30A	2-1 5M	1-1 28D	3-1 20O	2-1 20	1-1 16O	1-2 6N	3-3 19F	2-1 26M	2-1 18S	1-1 16A	1-0 15J		2-2 2m	0-0 20N	3-1 30O	0-0 5A	0-1 4D	2-2 14m	1-2 27A	1-1 18D	0-0 4S
14	Leicester City	1-0 28D	0-1 22J	0-0 30A	0-0 14m	4-0 19M	6-0 11S	1-2 28a	3-0 3J	0-1 20N	1-1 5M	2-0 4D	0-1 9O	0-1 8S		1-0 5A	2-2 13N	2-1 18D	0-1 25S	3-1 16A	0-2 30O	3-2 22F	5-0 26F
15	Middlesbrough	2-0 6N	1-5 27N	1-0 16O	1-4 4S	0-1 7m	1-0 2A	3-0 26M	3-1 11D	2-0 10m	2-3 9A	1-4 18S	1-4 28S	0-0 1J	1-1 27D		1-1 5F	1-1 2O	2-1 23O	1-1 12M	1-1 15J	2-1 8M	0-0 23A
16	Newcastle United	1-2 25S	3-2 9A	2-2 3J	3-0 6N	2-0 27N	2-2 1J	4-2 23A	1-1 11S	1-0 23O	1-0 27D	1-4 16O	4-0 2A	2-1 12M	2-2 26M	1-1 8S		1-0 19F	1-0 28a	4-0 20A	2-1 7m	4-0 22J	1-1 11D
17	Oldham Athletic	1-1 3J	0-0 1A	2-3 22J	3-0 12A	3-0 11D	4-3 23O	2-2 25S	2-2 9A	2-0 26F	2-2 1J	1-0 19M	1-1 27N	2-2 26D	1-2 7m	3-0 12F	2-2 9O		0-1 11S	1-1 7S	1-1 23A	1-0 28a	4-1 13N
18	Queens Park Rangers	3-0 19F	2-2 13N	3-0 30O	2-1 2O	1-0 31a	5-1 27N	1-2 22M	0-0 27D	4-1 2S	3-1 4S	4-0 2m	1-0 11D	2-2 23A	6-1 9A	2-0 5M	2-0 15J	1-1 5F		4-0 19M	0-2 18S	4-0 16O	2-1 7m
19	Rotherham United	1-0 16O	3-1 7m	1-1 19F	1-1 5F	2-0 18S	1-2 26M	1-0 1J	1-0 27N	2-2 4S	1-0 23A	0-1 15J	3-0 27D	0-1 31a	1-3 30O	1-1 20	1-5 29J	1-3 6N	0-0		0-3 2A	0-3 5M	1-1 9A
20	Sheffield Wednesday	0-1 4A	0-0 15F	3-1 7S	1-1 20N	3-1 26F	1-1 22J	5-4 3J	3-2 25S	2-1 14m	2-0 6N	2-1 30A	2-2 23O	2-3 11S	3-1 22M	1-1 28a	1-1 18D	0-1 4D	0-1 19A	0-1 28D		0-0 26M	0-0 9O
21	Shrewsbury Town	3-1 12M	0-0 11D	1-0 19M	1-2 3m	2-1 28S	1-1 23A	0-0 27N	2-0 1J	1-1 5F	1-1 2A	0-1 4S	0-0 8A	0-0 7m	0-0 2O	0-2 9O	2-2 18S	2-1 15J	0-0 26F	0-0 23O	2-0 13N		0-2 27D
22	Wolverhampton Wanderers	2-0 11S	2-1 28a	0-2 16A	1-1 28D	2-1 5M	5-0 12F	2-1 7S	1-0 22J	2-1 30A	2-4 30O	3-0 20N	3-0 6N	0-3 3J	4-0 1O	2-2 4D	0-0 14m	0-0 26M	2-0 18D	1-0 25S	1-2 1M	0-2 4A	

Final League Table

Pos	Team	Pld	Home W	Home D	Home L	Home F	Home A	Away W	Away D	Away L	Away F	Away A	Totals W	Totals D	Totals L	Totals F	Totals A	Pts	GD	Leading Goalscorer	Gls
1	Queens Park R	42	16	3	2	51	16	10	4	7	26	20	26	7	9	77	36	85	+41	T Sealy	16
2	Wolverhampton	42	14	5	2	42	16	6	10	5	26	28	20	15	7	68	44	75	+24	M Eves	18
3	Leicester City	42	11	4	6	36	15	9	6	6	36	29	20	10	12	72	44	70	+28	**G Lineker**	**26**
4	Fulham	42	13	5	3	36	20	7	4	10	28	27	20	9	13	64	47	69	+17	G Davies	19
5	Newcastle United	42	13	6	2	43	21	5	7	9	32	32	18	13	11	75	53	67	+22	K Keegan, I Varadi	21
6	Sheffield Weds	42	9	8	4	33	23	7	7	7	27	24	16	15	11	60	47	63	+13	G Bannister	20
7	Oldham Athletic	42	8	10	3	38	24	6	9	6	26	23	14	19	9	64	47	61	+17	R Wylde	19
8	Leeds United	42	7	11	3	28	22	6	10	5	23	24	13	21	8	51	46	60	+5	A Butterworth	11
9	Shrewsbury T	42	8	9	4	20	15	7	5	9	28	33	15	14	13	48	48	59	0	A Brown	10
10	Barnsley	42	9	8	4	37	28	5	7	9	20	27	14	15	13	57	55	57	+2	R Glavin	17
11	Blackburn Rov	42	11	7	3	38	21	4	5	12	20	37	15	12	15	58	58	57	0	S Garner	22
12	Cambridge Utd	42	11	7	3	26	17	2	5	14	16	43	13	12	17	42	60	51	-18	G Reilly	10
13	Derby County	42	7	10	4	27	24	3	9	9	22	34	10	19	13	49	58	49	-9	R Davison, D Swindlehurst	8
14	Carlisle United	42	10	6	5	44	28	2	6	13	24	42	12	12	18	68	70	48	-2	A Shoulder	21
15	Crystal Palace	42	11	7	3	31	17	1	5	15	12	35	12	12	18	43	52	48	-9	K Mabbutt	10
16	Middlesbrough	42	8	7	6	27	29	3	8	10	19	38	11	15	16	46	67	48	-21	H Otto, D Shearer	9
17	Charlton Athletic	42	11	3	7	40	31	2	6	13	23	55	13	9	20	63	86	48	-23	D Hales	14
18	Chelsea	42	8	8	5	31	22	3	6	12	20	39	11	14	17	51	61	47	-10	M Fillery	9
19	Grimsby Town	42	9	7	5	32	26	3	4	14	13	44	12	11	19	45	70	47	-25	K Drinkell	17
20	Rotherham Utd	42	6	7	8	22	29	4	7	10	23	39	10	15	19	45	68	45	-23	J McBride	11
21	Burnley	42	10	4	7	38	24	2	4	15	18	42	12	8	22	56	66	44	-10	B Hamilton	13
22	Bolton Wand	42	10	2	9	30	26	1	9	11	12	35	11	11	20	42	61	44	-19	A Henry	9

1982/83 CANON LEAGUE DIVISION 3
SEASON 84

Total Matches: 552
Total Goals: 1617
Avg goals per match: 2.93

	Team	Bournemouth	Bradford City	Brentford	Bristol Rovers	Cardiff City	Chesterfield	Doncaster Rov	Exeter City	Gillingham	Huddersfield T	Lincoln City	Millwall	Newport Co	Orient	Oxford United	Plymouth Argyle	Portsmouth	Preston NE	Reading	Sheffield United	Southend Utd	Walsall	Wigan Athletic	Wrexham
1	Bournemouth		2-2	4-3	0-0	3-1	2-1	2-2	2-0	0-1	0-1	1-0	3-0	0-1	2-0	2-0	1-0	0-2	4-0	1-1	0-0	0-2	3-0	2-2	1-1
2	Bradford City	2-3		0-1	2-0	4-2	1-0	1-0	3-3	1-1	3-1	1-1	0-0	4-2	2-3	3-2	4-0	2-2	1-2	3-2	2-0	1-0	1-1	0-1	0-0
3	Brentford	2-1	0-2		5-1	1-3	4-2	1-0	4-0	1-1	1-0	2-0	1-1	2-0	5-2	1-1	2-0	1-1	3-1	1-2	2-1	4-2	2-3	1-3	4-1
4	Bristol Rovers	1-1	4-1	2-0		1-1	3-0	2-0	4-4	2-1	1-0	1-2	4-0	1-3	2-1	0-1	2-0	5-1	3-2	3-0	2-1	2-2	2-0	4-0	4-0
5	Cardiff City	1-1	1-0	3-1	3-1		1-1	3-0	2-0	1-0	1-1	1-0	3-0	3-2	2-0	0-0	1-0	3-1	0-0	2-0	4-1	3-1	3-2	1-2	1-0
6	Chesterfield	0-0	3-0	2-1	0-0	0-1		3-3	1-3	1-2	0-1	1-3	0-1	3-1	1-2	1-2	1-2	0-1	1-1	0-0	3-1	0-2	0-0	2-0	5-1
7	Doncaster Rov	2-1	1-2	4-4	1-2	2-2	0-0		6-1	0-2	0-4	2-2	2-1	0-0	0-3	0-1	2-2	0-2	2-0	7-5	2-0	0-0	1-3	3-6	1-1
8	Exeter City	4-2	2-1	1-7	0-1	0-2	2-3	3-0		2-2	3-4	3-1	0-1	2-0	3-1	1-0	1-1	5-1	2-2	0-3	4-3	4-3	2-1	3-3	
9	Gillingham	2-5	3-0	2-2	1-0	2-3	3-1	1-1	4-4		1-3	0-2	1-0	2-0	4-0	0-1	2-1	1-0	2-1	1-0	0-2	1-0	3-0	0-2	1-1
10	Huddersfield T	0-0	6-3	2-0	3-1	4-0	3-1	3-0	1-1	3-2		1-5	1-0	6-0	2-0	2-0	1-1	1-1	3-0	1-0	0-0	2-1	2-2	1-1	4-1
11	Lincoln City	9-0	1-0	2-1	2-1	2-1	2-0	5-1	4-1	3-1	1-2		3-1	1-4	2-0	1-1	1-2	0-3	3-0	4-0	3-0	0-1	2-1	2-1	2-0
12	Millwall	2-0	1-1	1-0	1-1	0-4	1-1	3-0	5-2	4-1	3-0	2-1		3-0	0-1	2-1	2-2	0-2	1-0	1-1	1-2	3-1	2-2	2-0	1-1
13	Newport County	5-1	1-0	0-4	2-0	1-0	1-0	1-2	1-1	2-1	2-1	1-0	2-2		4-1	1-2	2-2	0-3	3-0	1-0	3-1	1-1	1-1	1-0	4-0
14	Orient	5-0	0-1	3-3	1-5	4-0	2-0	1-0	5-1	2-0	1-3	1-1	2-3	1-5		1-5	0-2	2-1	2-1	3-3	4-1	1-1	2-1	1-1	0-0
15	Oxford United	2-0	5-1	2-2	4-2	2-2	1-0	3-0	1-1	1-1	1-1	1-0	1-0	0-3	2-2		1-1	1-1	3-2	1-2	0-0	1-0	4-2	2-0	2-0
16	Plymouth Argyle	2-0	3-1	2-0	0-4	3-2	2-0	1-2	1-0	2-0	2-1	0-2	3-1	2-4	2-0	2-1		0-1	1-1	3-0	3-1	1-0	0-0	0-2	2-0
17	Portsmouth	0-2	0-1	2-1	1-0	0-0	4-0	2-1	3-2	1-0	2-0	4-1	2-0	1-2	2-2	1-0	2-1		3-1	2-2	4-1	2-0	1-0	0-0	3-0
18	Preston NE	0-1	0-0	3-0	2-2	2-1	1-1	4-1	2-2	0-0	0-0	3-2	0-0	2-1	1-2	2-2	0-0		2-0	1-0	1-1	1-0	4-1	3-0	2-1
19	Reading	2-1	2-1	1-1	1-2	1-2	0-0	2-0	3-1	0-0	1-1	1-1	3-3	4-2	3-0	0-3	3-2	1-2	2-3		2-0	1-1	1-1	2-1	1-0
20	Sheffield United	2-2	2-1	1-2	2-1	2-0	3-1	3-1	3-0	0-2	2-0	0-1	1-2	2-0	3-0	3-2	3-2	2-1	2-1	1-1		0-1	3-1	2-0	2-0
21	Southend United	0-0	1-1	4-2	1-0	1-2	2-0	3-2	1-1	1-1	0-0	2-1	1-4	1-1	1-2	3-1	4-0	2-3	4-2	3-1		1-1	2-0	2-1	2-0
22	Walsall	3-1	1-1	2-1	5-0	1-2	0-1	1-0	3-2	0-0	2-0	1-1	4-0	2-1	2-0	1-0	2-0	0-3	2-1	2-1	0-0	1-3		2-0	1-1
23	Wigan Athletic	1-2	3-2	3-2	0-5	0-0	2-2	0-3	1-0	2-2	2-0	2-1	3-1	0-1	0-1	0-1	3-0	0-1	0-1	2-2	3-2	4-0	1-3		3-1
24	Wrexham	1-0	0-4	3-4	0-0	0-0	0-0	5-0	1-2	1-0	1-1	0-1	4-3	1-0	1-0	1-1	2-3	0-2	3-1	4-0	4-1	3-2	4-0	1-1	

Final League Table

Pos	Team	Pld	Home W	Home D	Home L	Home F	Home A	Away W	Away D	Away L	Away F	Away A	Totals W	Totals D	Totals L	Totals F	Totals A	Pts	GD	Leading Goalscorer	Gls
1	Portsmouth	46	16	4	3	43	19	11	6	6	31	22	27	10	9	74	41	91	+33	A Biley	22
2	Cardiff City	46	17	5	1	45	14	8	6	9	31	36	25	11	10	76	50	86	+26	J Hemmerman	22
3	Huddersfield T	46	15	8	0	56	18	8	5	10	28	31	23	13	10	84	49	82	+35	M Lillis	20
4	Newport County	46	13	7	3	40	20	10	2	11	36	34	23	9	14	76	54	78	+22	T Tynan	25
5	Oxford United	46	12	9	2	41	23	10	3	10	30	30	22	12	12	71	53	78	+18	N Whatmore	12
6	Lincoln City	46	17	1	5	55	22	6	6	11	22	29	23	7	16	77	51	76	+26	D Bell	23
7	Bristol Rovers	46	16	4	3	56	21	6	5	12	29	37	22	9	15	84	58	75	+26	P Randall	20
8	Plymouth Argyle	46	15	2	6	37	23	4	6	13	24	43	19	8	19	61	66	65	-5	K Hodges	11
9	Brentford	46	14	4	5	50	28	4	6	13	38	49	18	10	18	88	77	64	+11	F Joseph	23
10	Walsall	46	14	5	4	38	19	3	8	12	26	44	17	13	16	64	63	64	+1	A Buckley	13
11	Sheffield United	46	16	3	4	45	24	3	4	16	18	44	19	7	20	62	64	64	-2	C Morris	14
12	Bradford City	46	11	7	5	41	27	5	8	10	27	42	16	13	17	68	69	61	-1	B Campbell	25
13	Gillingham	46	12	4	7	37	29	4	9	10	21	30	16	13	17	58	59	61	-1	T Cascarino	14
14	Bournemouth	46	11	7	5	35	20	5	6	12	24	41	16	13	17	59	68	61	-9	T Morgan	12
15	Southend United	46	10	7	6	41	28	5	6	12	25	37	15	14	17	66	65	59	+1	S Phillips	17
16	Preston NE	46	11	10	2	35	17	3	6	14	25	52	15	13	16	60	69	58	-9	S Elliott	19
17	Millwall	46	12	6	5	41	24	2	6	15	23	53	14	13	19	64	77	55	-13	D Neal	18
18	Wigan Athletic	46	10	4	9	35	33	5	3	15	25	39	15	9	22	60	72	54	-12	E O'Keefe	16
19	Exeter City	46	12	4	7	49	43	4	5	14	32	61	14	12	20	81	104	54	-23	S Neville	17
20	Orient	46	6	7	4	44	38	5	3	15	20	50	15	9	22	64	88	54	-24	K Godfrey	11
21	Reading	46	10	8	5	37	28	2	9	12	27	51	12	17	17	64	79	53	-15	K Dixon	26
22	Wrexham	46	11	6	6	40	26	1	3	19	16	50	12	15	19	56	76	51	-20	S Buxton	10
23	Doncaster Rovers	46	6	8	9	38	44	3	3	17	19	53	9	11	26	57	97	38	-40	G Snodin	12
24	Chesterfield	46	6	6	11	28	28	2	7	14	15	40	8	13	25	43	68	37	-25	M Henderson	10

1982/83 CANON LEAGUE DIVISION 4
SEASON 84

Total Matches	552
Total Goals	1502
Avg goals per match	2.72

#	Team	Aldershot	Blackpool	Bristol City	Bury	Chester	Colchester Utd	Crewe Alex	Darlington	Halifax Town	Hartlepool Utd	Hereford United	Hull City	Mansfield Town	Northampton T	Peterborough U	Port Vale	Rochdale	Scunthorpe Utd	Stockport Co	Swindon Town	Torquay Utd	Tranmere Rov	Wimbledon	York City
1	Aldershot		2-1 27N	0-0 30O	1-1 9A	1-2 13N	0-1 2A	2-1 19O	1-6 1M	6-1 7m	0-2 5M	2-1 2m	1-2 25S	2-1 1J	3-0 12F	2-0 11S	1-4 28S	6-4 23A	1-1 15M	2-1 16O	1-1 27D	2-1 22J	1-0 28a	1-1 19F	2-3 19M
2	Blackpool	4-1 30A		1-4 16A	1-1 7S	1-1 29J	1-2 5F	2-0 6N	0-0 2O	1-2 9O	5-1 14m	1-1 23O	2-1 4D	0-0 15J	0-3 26M	2-0 3J	1-0 12M	3-1 26F	0-0 18D	2-1 1A	1-0 4S	0-2 2N	1-1 28D	1-1 18S	1-1 19O
3	Bristol City	2-0 12M	0-0 11S		2-1 23A	0-0 2N	0-2 27N	2-1 7m	2-2 2m	3-0 15F	2-0 26F	1-1 2A	2-1 28a	3-1 26M	1-3 22J	1-0 12F	1-3 27D	0-0 9A	0-2 25S	2-2 6N	1-1 1J	0-1 28S	1-0 18J	4-2 23O	2-2 9O
4	Bury	3-1 4D	4-1 22J	2-2 18D		3-2 19M	1-0 30O	0-1 11S	3-0 5M	2-0 25S	4-0 28D	3-2 28a	2-3 1M	1-0 19F	1-1 3J	0-1 16A	0-1 8J	0-0 12F	1-0 30A	3-2 19O	0-0 16O	3-0 13N	3-0 28S	1-3 14m	2-1 4A
5	Chester	1-1 26M	1-2 29S	1-0 11D	0-1 6N		1-1 5M	1-0 28a	2-3 19F	2-0 12F	2-1 4D	5-0 25S	0-0 30A	1-3 16O	2-1 16A	1-1 20O	1-0 22J	5-2 8J	0-0 14m	0-0 28D	0-0 30O	1-2 11S	0-1 4A	0-0 3J	0-1 18D
6	Colchester Utd	0-0 28D	4-1 25S	3-1 29A	2-1 12M	1-0 9N		4-3 21J	2-2 15O	1-0 28a	4-1 3J	3-2 7J	0-0 28S	2-0 5N	3-1 1M	1-0 1A	1-2 12A	4-1 10S	5-1 15A	3-0 17D	1-0 18F	1-0 13m	3-3 25M	3-0 2N	0-0 3D
7	Crewe Alexandra	0-0 15F	3-1 19M	4-1 7S	3-3 29J	3-2 15J	0-1 17S		2-5 3S	1-1 11M	3-0 15A	3-1 26F	0-3 17D	1-0 1O	0-3 4A	1-2 28D	1-1 22O	0-1 8O	3-0 12N	1-1 3J	3-0 5F	1-1 3D	0-0 13m	0-2 30A	2-1 2N
8	Darlington	1-1 2N	2-2 12A	1-2 3J	1-2 23O	0-2 9O	1-3 26F	1-1 8J		1-2 22J	2-1 4A	1-2 11S	0-0 28D	2-0 12M	4-3 30A	0-0 17M	3-0 25S	0-1 28a	3-1 28S	0-1 26M	0-1 6N	3-0 16A	0-1 15F	0-2 4D	1-3 14m
9	Halifax Town	1-3 18S	2-0 18F	2-2 19O	1-0 5F	0-0 1O	4-0 14J	0-3 29O	2-0 7S		1-1 29A	2-2 5N	1-2 4A	0-0 3S	2-0 1F	1-2 1M	0-2 15O	0-0 4M	3-1 28D	1-0 13m	1-0 15M	3-0 3J	1-2 17D	1-1 10m	2-2 15A
10	Hartlepool United	1-1 23O	2-1 1J	3-1 16O	0-1 2A	1-0 9A	1-4 2m	1-0 29S	2-0 27D	1-2 27N		0-1 26M	0-0 22J	0-4 3N	2-1 11S	0-0 12J	2-2 2M	3-0 7m	0-0 28a	3-2 19F	1-2 23A	0-2 12F	4-0 25S	1-1 6N	2-2 12M
11	Hereford United	2-1 3J	0-0 5M	1-3 28D	0-2 15J	5-2 5F	0-0 16O	0-0 29J	0-0 19M	1-0 13N	2-0 200	0-2 18D	0-1 14m	1-1 19F	0-1 30O	0-2 4D	1-0 2M	0-2 8S	0-0 5A	1-2 30A	0-1 1O	1-0 20	1-4 14	6-0 20	0-0
12	Hull City	2-2 5F	3-1 9A	1-0 15J	2-0 2N	3-0 27N	1-0 11D	0-0 23A	1-1 2A	1-1 27D	2-0 18S	2-0 15F		2-2 2m	4-0 23O	4-1 6N	1-0 26M	2-1 1J	1-1 26F	7-0 29J	0-0 2O	4-1 9O	0-1 12m	1-1 4S	4-0 7S
13	Mansfield Town	4-1 14m	2-1 28a	1-1 13N	1-4 9O	1-1 26F	1-0 19M	0-2 28M	1-2 30O	3-0 8J	0-1 14M	3-1 22J		3J	2-0 28D	0-0 27S	0-2 11S	2-1 25S	1-0 18O	1-0 4D	1-0 5M	2-1 17D	2-2 16A	2-2 5A	2-2 30A
14	Northampton T	1-1 2O	2-1 13N	7-1 19S	0-3 21S	1-1 7S	2-1 19O	4-0 27D	3-3 28N	3-1 10A	3-1 29J	2-1 23A	1-2 5M	1-2 2A		0-0 30O	2-2 1J	1-1 19A	2-1 20M	2-3 5F	0-1 28S	2-0 26F	1-0 100	2-2 15J	1-1 4S
15	Peterborough U	0-0 29J	3-0 4m	3-0 2O	1-1 18S	0-1 16F	2-1 27D	2-1 2A	1-1 23A	2-1 3N	4-0 4S	1-1 1J	3-2 19M	2-0 7m	0-0 12M		0-0 27N	1-0 13N	0-1 9O	4-3 15J	1-3 9A	3-0 23O	0-3 26F	0-3 8S	2-2 5F
16	Port Vale	2-1 16A	1-0 30O	1-1 4A	0-0 4S	2-1 18S	0-0 6S	1-1 5M	2-1 5F	3-0 26F	2-0 18O	1-0 9O	4-1 13N	1-2 29J	2-1 14m	2-1 29A		4-0 19M	0-1 9m	2-3 20	3-0 15J	1-0 28D	1-0 4D	2-1 18D	2-1 3J
17	Rochdale	3-1 18D	3-1 16O	1-0 20	0-0 4S	0-1 26A	2-1 15M	1-0 15J	2-1 23O	1-1 7S	2-2 12M	2-0 14M	4-1 5F	1-3 20	2-2 1N	2-0 26M	1-1 6N		3-3 4A	0-1 16A	1-0 18S	1-1 30A	2-2 3J	4-2 11D	0-2 28D
18	Scunthorpe Utd	1-1 4S	4-3 23A	1-1 5F	1-1 27N	2-0 1J	1-1 2O	2-0 20M	2-2 7m	2-0 1A	0-1 16J	0-1 8A	0-2 15O	2-2 1M	5-1 6N	5-1 3O	1-0 26A	1-1 2N		3-0 27D	2-0 7S	2-0 2m	3-0 12M	0-0 23O	6-0 19S
19	Stockport County	2-1 26F	3-0 27D	2-2 18M	2-1 14F	3-3 2A	3-0 22A	3-2 10D	2-1 12N	4-2 1J	1-1 80	2-1 1N	1-1 10S	0-1 8A	1-1 24S	1-1 28a	0-2 6m	2-2 27S	1-1 12F		1-2 26N	1-0 17A	3-2 21J	1-3 11M	2-1 22O
20	Swindon Town	2-0 4A	3-3 19A	2-0 14m	1-1 26F	2-3 12M	3-0 10O	1-0 25S	1-2 19M	0-1 11S	3-0 18D	3-2 12F	0-1 16A	4-0 23O	0-1 4M	1-5 28a	1-0 22J	1-0 3J	4-1 30A	2-2	2-0	2-1 26A	4-2 2N	0-1 28D	3-2 13N
21	Torquay United	4-2 8S	1-0 2M	0-2 20M	2-3 26M	0-1 7m	2-0 1J	2-1 9A	1-0 18S	1-3 2m	3-2 20	2-1 27D	0-0 19F	3-1 23A	3-1 16O	2-1 5M	0-1 2A	3-2 27N	1-1 30O	1-1 4S	1-0 20O		6N	0-1 5F	1-3 15J
22	Tranmere Rovers	1-1 25J	1-1 2A	2-2 4S	1-1 7m	2-4 27D	2-4 13N	1-1 1J	2-0 18O	1-2 23A	1-1 5F	2-1 27N	1-0 30O	1-0 6S	2-1 19F	0-0 16O	0-2 8A	0-0 16m	0-4 5M	1-1 18S	2-0 28F	2-0 18M		0-2 20	3-0 29J
23	Wimbledon	6-1 9O	5-0 7m	2-1 5M	2-1 1J	4-0 2m	2-1 15F	3-2 19A	3-1 9A	2-4 13N	2-0 19M	1-0 28S	1-2 8J	1-1 27D	1-1 28a	2-1 22J	1-0 23A	3-0 19O	2-2 11S	2-1 30O	0-0 1A	4-1 25S	4-0 15M		4-3 26F
24	York City	4-0 6N	2-0 15F	3-0 19F	3-1 27D	1-0 23A	3-0 9A	2-0 1M	3-2 1J	5-1 28S	5-1 30O	1-0 7m	6-1 19A	5-2 27N	1-0 15M	0-0 25S	2-1 2m	3-0 5M	0-0 26M	2-1 28a	3-0 11S	0-0 16O	2-1 11S	1-4	

Final League Table

Pos	Team	Pld	Home W	Home D	Home L	Home F	Home A	Away W	Away D	Away L	Away F	Away A	Totals W	Totals D	Totals L	Totals F	Totals A	Pts	GD	Leading Goalscorer	Gls
1	Wimbledon	46	17	4	2	57	23	12	7	4	39	22	29	11	6	96	45	96	+51	J Leslie	23
2	Hull City	46	14	8	1	48	14	11	7	5	20	25	25	15	6	75	34	90	+41	B Marwood	19
3	Port Vale	46	15	4	4	37	16	11	6	6	30	18	26	10	10	67	34	88	+33	R Newton	20
4	Scunthorpe Utd	46	13	7	3	41	17	10	7	6	30	25	23	14	9	71	42	83	+29	S Cammack	25
5	Bury	46	15	4	4	43	20	8	8	7	31	26	23	12	11	74	46	81	+28	C Madden	20
6	Colchester Utd	46	17	5	1	51	19	7	4	12	24	36	24	9	13	75	55	81	+20	I Allinson	22
7	York City	46	18	4	1	59	19	4	9	10	29	39	22	13	11	88	58	79	+30	K Walwyn	21
8	Swindon Town	46	14	3	6	45	27	5	8	10	16	27	19	11	16	61	54	68	+7	P Rideout	20
9	Peterborough U	46	13	6	4	38	23	4	7	12	20	29	17	13	16	58	52	64	+6	M Gynn	17
10	Mansfield Town	46	11	6	6	32	26	5	7	11	29	44	16	13	17	61	70	61	-9	J Dungworth	14
11	Halifax Town	46	9	6	8	31	23	7	4	12	28	43	16	12	18	59	66	60	-7	D Staniforth	15
12	Torquay United	46	12	3	8	38	30	5	4	14	18	35	17	7	22	56	65	58	-9	S Cooper	15
13	Chester	46	8	8	9	28	24	7	5	11	27	36	15	11	20	55	60	56	-5	J Thomas	20
14	Bristol City	46	8	8	7	33	22	5	9	11	27	45	13	17	16	59	70	56	-11	G Riley	16
15	Northampton T	46	10	8	5	43	29	4	4	15	22	46	14	12	20	65	75	54	-10	S Massey	21
16	Stockport County	46	11	8	4	41	31	3	4	16	19	48	14	12	20	60	79	54	-19	M Quinn	24
17	Darlington	46	8	5	10	27	30	5	8	10	34	41	13	13	20	61	71	52	-10	A Walsh	18
18	Aldershot	46	11	6	6	40	35	1	10	12	21	47	12	15	19	61	82	51	-21	D Banton	24
19	Tranmere Rovers	46	8	8	7	30	29	5	3	15	19	42	13	11	22	49	71	50	-22	O Brown	11
20	Rochdale	46	11	4	8	38	26	0	8	15	17	48	11	12	23	55	74	45	-19	M French	11
21	Blackpool *	46	10	8	5	32	23	3	4	16	20	61	13	12	21	55	74	49	-19	D Bamber	10
22	Hartlepool United	46	11	5	7	30	24	2	4	17	16	52	13	9	24	46	76	48	-30	P Bobson	8
23	Crewe Alexandra	46	9	5	9	35	32	2	3	18	18	39	11	8	27	53	71	41	-18	D Waller	17
24	Hereford United	46	8	6	9	19	23	3	2	18	23	56	11	8	27	42	79	41	-37	S Phillips	14

Blackpool deducted 2 points for fielding an ineligible player. After this season Chester became Chester City.

1983/84 CANON LEAGUE DIVISION 1
SEASON 85

Total Matches	462
Total Goals	1250
Avg goals per match	2.71

		Arsenal	Aston Villa	Birmingham C	Coventry City	Everton	Ipswich Town	Leicester City	Liverpool	Luton Town	Manchester Utd	Norwich City	Nottm Forest	Notts County	QPR	Southampton	Stoke City	Sunderland	Tottenham H	Watford	West Brom A	West Ham United	Wolverhampton
1	Arsenal		1-1	1-1	0-1	2-1	4-1	2-1	0-2	2-1	2-3	3-0	4-1	1-1	0-2	2-2	3-1	1-2	3-2	3-1	0-1	3-3	4-1
			18F	27D	15O	19N	10M	28A	10S	27a	6S	24S	22O	21J	4F	31D	7A	5N	21A	17D	3D	7m	24M
2	Aston Villa	2-6		1-0	2-0	0-2	4-0	3-1	1-3	0-0	0-3	1-0	1-0	3-1	2-1	1-0	1-1	1-0	0-0	2-1	4-3	1-0	4-0
		29O		15O	7A	7m	17D	19N	20J	4F	3M	10S	17M	28A	31D	24S	12N	29a	27D	21A	27a	3D	25F
3	Birmingham City	1-1	2-1		1-2	0-2	1-0	2-1	0-0	1-1	2-2	0-1	1-2	0-0	0-0	0-0	1-0	0-1	0-1	2-0	2-1	3-0	0-0
		23A	31M		5N	2J	17S	1O	5m	20M	7F	10D	26D	24M	14A	12m	6S	26N	22O	3S	28F	14J	11F
4	Coventry City	1-4	3-3	0-1		1-1	1-2	2-1	4-0	2-2	1-1	2-1	2-1	2-1	1-0	0-0	2-3	2-1	2-4	1-2	1-2	1-2	2-1
		31M	13M	3M		3S	1O	17S	10D	5m	26D	12m	17A	6S	12N	26N	18F	2J	24M	14J	22O	11F	14A
5	Everton	0-0	1-1	1-1	0-0		1-1	1-1	0-1	1-1	0-2	1-0	4-1	3-1	1-0	1-0	0-0	2-1	1-0	0-0	1-1	0-1	2-0
		9A	10D	24S	31D		17M	20M	3M	15O	5m	26N	12N	4F	12m	31M	27a	26D	21J	22O	10S	29a	23A
6	Ipswich Town	1-0	2-1	1-2	3-1	3-0		0-0	1-1	3-0	0-2	2-0	2-2	1-0	0-2	0-3	5-0	1-0	3-1	0-0	3-4	0-3	3-1
		12N	12m	21J	4F	6S		22O	26N	31M	10D	23A	14A	31D	15O	21F	10S	5m	27a	24M	24S	3M	26D
7	Leicester City	3-0	2-0	2-3	1-1	2-0	2-0		3-3	0-3	1-1	2-1	2-1	0-4	2-1	2-1	2-2	0-2	0-3	4-1	1-1	4-1	5-1
		26N	14A	4F	21J	29O	25F		18A	31a	12N	31M	5m	27a	26D	30N	24S	12m	10S	3M	31D	17M	10D
8	Liverpool	2-1	2-1	1-0	5-0	3-0	2-2	2-2		6-0	1-1	1-1	1-0	5-0	2-0	1-1	1-0	0-1	3-1	3-0	3-0	6-0	0-1
		11F	17S	3D	7m	6N	28A	27D		29O	2J	15m	3S	17D	25F	6S	19N	1O	10M	1F	21A	7A	14J
9	Luton Town	1-2	1-0	1-1	2-4	0-3	2-1	0-0	0-0		0-5	2-2	2-3	3-2	0-0	3-1	0-1	4-1	2-4	1-2	2-0	0-1	4-0
		14J	1O	12N	3D	7A	13M	24M	18F		12F	6S	2J	21A	3M	22O	7m	3S	19N	28A	18D	27D	17S
10	Manchester United	4-0	1-2	1-0	4-1	1-2	2-0	1-0	2-0			0-0	1-2	3-3	3-1	3-2	1-0	2-1	4-2	4-1	3-0	0-0	3-0
		17M	5N	7A	21A	3D	7m	10M	24S	10S		4F	29a	27D	27a	21J	31D	25F	16D	19N	15O	28A	29O
11	Norwich City	1-1	3-1	1-1	0-0	1-1	0-0	3-1	0-1	0-0	3-3		2-3	0-1	0-3	1-0	2-2	3-0	2-1	6-1	2-0	1-0	3-0
		2J	11F	7m	17D	28A	27D	19O	31a	17M	1O		17S	13M	29O	5N	21A	14J	3D	7A	19N	25F	3S
12	Nottingham Forest	0-1	2-2	5-1	3-0	1-0	2-1	2-1	3-2	0-1	1-0	2-0		3-0		3-1	3-2	0-1	0-0	1-1	2-2	5-1	3-1	5-0
		25F	7S	21A	28D	13M	19N	4D	31D	24S	16m	21J		16O		10S	27a	28A	29O	4F	7m	7A	17D	5N
13	Notts County	0-4	5-2	2-1	2-1	0-1	0-2	2-5	0-0	0-3	1-0	1-1	0-0		0-3	1-3	1-1	6-1	0-0	3-5	1-1	2-2	4-0
		17S	26N	30a	17M	1O	3S	14J	12m	26D	14A	12N	31M		5m	17m	22O	10D	21F	11F	3M	2J	1m
14	Queens Park Rangers	2-0	2-1	2-1	2-1	2-0	1-0	2-0	0-1	0-1	1-1	2-0	0-1	1-0		4-0	6-0	3-0	2-1	1-1	1-1	2-1	2-1
		1O	3S	19N	10M	17D	7A	21A	22O	5N	13J	14F	11F	3D		24M	17J	17S	28A	6S	7m	7F	2J
15	Southampton	1-0	2-2	2-1	8-2	3-1	3-2	2-2	2-0	2-1	3-0	2-1	0-1	0-2	0-0		3-1	1-1	5-0	1-0	1-0	2-0	1-0
		3S	2J	17D	28A	17A	29O	7A	16M	25F	17S	3M	23J	19N	29a		3D	11F	7m	27D	12N	21A	1O
16	Stoke City	1-0	1-0	2-1	1-3	1-1	1-0	0-1	2-0	2-4	0-1	2-0	1-1	1-0	1-2	1-1		2-1	1-1	0-4	3-1	3-1	4-0
		28J	10M	17M	29O	14J	11F	2J	14A	10D	3S	26D	26N	25F	23A	5m		31M	5N	17S	29a	1O	12m
17	Sunderland	2-2	0-1	2-1	1-0	2-1	1-1	1-1	0-0	2-0	0-1	1-1	1-1	0-0	1-0	0-2	2-2		1-1	3-0	3-0	0-1	3-2
		3M	24M	28A	24S	21A	3D	18D	4F	31D	22O	27a	18F	7m	7M	10S	15O		7A	12N	27D	19N	7S
18	Tottenham Hotspur	2-4	2-1	0-1	1-1	1-2	2-0	3-2	2-2	1-1	2-0	2-1	1-0	3-2	0-0	1-0	3-0			2-3	0-1	0-2	1-0
		26D	18A	25F	29a	17S	14J	11F	12N	14A	12m	5m	2O	29O	26N	10D	3M	8F		2J	17M	3S	31M
19	Watford	2-1	3-2	1-0	2-3	4-4	2-2	3-3	0-2	1-2	0-0	1-3	3-2	3-1	1-0	1-1	2-0	2-1	2-3		3-1	0-0	0-0
		12m	26D	31D	27a	25F	30a	5N	31M	26N	17A	15O	10D	10S	17M	24A	21J	20M	24S		4F	28O	5m
20	West Bromwich Albion	1-3	3-1	1-2	1-1	1-1	2-1	1-0	1-2	3-0	2-0	0-0	0-5	2-0	1-2	0-2	3-0	3-1	1-2	2-0		1-0	1-3
		5m	14J	29O	25F	11F	2J	3S	26D	12m	31M	14A	8F	5N	10D	14m	24M	23A	7S	1O		17S	26N
21	West Ham United	3-1	0-1	4-0	5-2	0-1	2-1	3-1	1-3	3-1	1-1	0-0	1-2	3-0	2-2	0-1	3-0	0-1	4-1	2-4	1-0		1-1
		10D	5m	27a	10S	14m	5N	6S	15O	17A	27N	22O	12m	24S	31M	26D	4F	14A	31D	21F	21J		10M
22	Wolverhampton Wanderers	1-2	1-1	1-1	0-0	3-0	0-3	1-0	1-1	1-2	1-1	2-0	1-0	0-1	0-4	0-1	0-0	0-0	2-3	0-5	0-0	0-3	
		29a	23O	10S	19N	27D	21A	7m	27a	21J	18F	31D	3M	7A	24S	4F	17D	17M	15O	3D	28A	12N	

Final League Table

Pos	Team	Pld	Home					Away					Totals					Pts	GD	Leading Goalscorer	Gls
			W	D	L	F	A	W	D	L	F	A	W	D	L	F	A				
1	Liverpool	42	14	5	2	50	12	8	9	4	23	20	22	14	6	73	32	80	+41	I Rush	32
2	Southampton	42	15	4	2	44	17	7	7	7	22	21	22	11	9	66	38	77	+28	S Moran	21
3	Nottm Forest	42	14	4	3	47	17	8	4	9	29	28	22	8	12	76	45	74	+31	G Birtles, P Davenport	15
4	Manchester Utd	42	14	3	4	43	18	6	11	4	28	23	20	14	8	71	41	74	+30	F Stapleton	13
5	Queens Park R	42	14	4	3	37	12	8	3	10	30	25	22	7	13	67	37	73	+30	C Allen	14
6	Arsenal	42	10	5	6	41	29	8	4	9	33	31	18	9	15	74	60	63	+14	T Woodcock	21
7	Everton	42	9	9	3	21	12	7	5	9	23	30	16	14	12	44	42	62	+2	A Heath	12
8	Tottenham H	42	11	4	6	31	24	6	6	9	33	41	17	10	15	64	65	61	-1	S Archibald	21
9	West Ham United	42	10	4	7	39	24	7	5	9	21	31	17	9	16	60	55	60	+5	A Cottee	15
10	Aston Villa	42	14	3	4	34	22	3	6	12	25	39	17	9	16	59	61	60	-2	P Withe	16
11	Watford	42	9	7	5	36	31	7	2	12	32	46	16	9	17	68	77	57	-9	M Johnston	20
12	Ipswich Town	42	11	4	6	34	23	4	4	13	21	34	15	8	19	55	57	53	-2	E Gates	13
13	Sunderland	42	8	9	4	26	18	5	4	12	16	35	13	13	16	42	53	52	-11	C West	12
14	Norwich City	42	9	8	4	34	20	3	7	11	14	29	12	15	15	48	49	51	-1	J Deehan	15
15	Leicester City	42	11	5	5	40	30	2	7	12	25	38	13	12	17	65	68	51	-3	G Lineker	22
16	Luton Town	42	7	5	9	30	33	7	4	10	23	33	14	9	19	53	66	51	-13	P Walsh	11
17	West Brom A	42	10	4	7	30	25	4	5	12	18	37	14	9	19	48	62	51	-14	G Thompson	13
18	Stoke City	42	11	4	6	30	23	2	7	12	14	40	13	11	18	44	63	50	-19	P Maguire	9
19	Coventry City	42	8	5	8	33	33	5	6	10	24	44	13	11	18	57	77	50	-20	T Gibson	17
20	Birmingham City	42	7	7	7	19	18	5	5	11	20	32	12	12	18	39	50	48	-11	H Gayle, M Harford	8
21	Notts County	42	6	7	8	31	36	4	4	13	19	36	10	11	21	50	72	41	-22	T Christie	19
22	Wolverhampton	42	4	8	9	15	28	2	3	16	12	52	6	11	25	27	80	29	-53	W Clarke	6

1983/84 CANON LEAGUE DIVISION 2
SEASON 85

Total Matches 462
Total Goals 1233
Avg goals per match 2.67

		Barnsley	Blackburn Rov	Brighton & H A	Cambridge Utd	Cardiff City	Carlisle United	Charlton Athletic	Chelsea	Crystal Palace	Derby County	Fulham	Grimsby Town	Huddersfield T	Leeds United	Manchester City	Middlesbrough	Newcastle Utd	Oldham Athletic	Portsmouth	Sheffield Weds	Shrewsbury T	Swansea City
1	Barnsley		0-0 23A	3-1 26N	2-0 26D	2-3 4F	2-1 12m	2-0 14A	0-0 10D	1-1 18F	5-1 31M	3-0 27a	3-1 27S	2-2 15O	0-2 22O	1-1 31D	0-2 10S	1-1 24S	0-1 5m	0-3 17M	0-1 3M	3-0 13M	3-2 12N
2	Blackburn Rovers	1-1 28D		2-2 24S	1-0 31D	1-1 7m	4-1 24M	1-1 21M	0-0 7S	2-1 17D	5-1 10S	0-1 29A	1-1 4D	2-2 27a	1-1 12N	2-1 21J	1-0 7A	1-1 20A	3-1 22O	2-1 19N	0-0 4F	1-1 16O	4-1 7M
3	Brighton & H A	1-0 28A	1-1 2J		3-0 28F	3-1 3D	1-1 17S	7-0 1O	1-2 3S	3-1 21A	1-0 6S	1-1 27D	2-0 7A	3-1 5N	3-0 24M	1-1 10M	3-0 7m	0-1 17D	4-0 14J	0-1 8O	1-3 22O	2-2 19N	1-1 11F
4	Cambridge United	0-3 21A	2-0 3S	3-4 29O		0-2 10M	0-2 14J	2-2 17S	0-1 11F	1-3 8O	0-1 5N	1-1 3D	2-2 28D	0-3 18O	2-2 7A	0-0 17D	0-0 19N	1-0 28A	2-1 1O	1-3 25F	1-2 17M	1-0 7m	1-1 2J
5	Cardiff City	0-3 1O	2-1 10D	2-2 5m	5-0 12N		2-0 8O	2-1 31J	3-3 31M	0-2 17A	1-0 23A	0-4 19F	3-1 3S	3-1 26N	0-1 11F	2-1 29a	2-1 3M	0-2 19O	2-0 14A	0-0 17S	0-2 12m	2-0 17M	3-2 26D
6	Carlisle United	4-2 17D	0-1 29a	1-2 21J	0-0 27a	1-1 7A		3-0 17M	0-0 22O	2-2 7m	2-1 4F	0-1 15O	1-0 28A	2-0 24S	1-1 3D	3-1 19N	2-0 20A	2-0 27D	0-0 18F	1-1 12N	0-1 31D	1-0 10S	2-0 3M
7	Charlton Athletic	3-2 19N	2-0 5N	2-0 4F	5-2 21J	2-0 27a	1-0 6S		1-1 15N	1-0 27D	1-0 24S	3-4 7m	3-3 10M	1-2 31D	2-0 15D	1-0 15O	2-0 3D	1-3 7A	2-1 24M	2-1 21A	1-1 10S	2-4 28A	2-2 22O
8	Chelsea	3-1 7m	2-1 16M	1-0 31B	2-1 10S	2-0 15O	0-0 25F	3-2 29O		2-2 19N	5-0 27a	4-0 7A	2-3 17D	3-1 4F	5-0 8A	0-1 3D	0-0 24S	4-0 12N	3-0 3M	2-2 27D	3-2 21J	3-0 21A	6-1 6D
9	Crystal Palace	0-1 29O	0-2 12m	0-2 26D	1-1 1A	1-0 8N	1-2 11D	2-0 23A	0-1 14A		0-1 15O	1-1 11S	0-1 25F	0-0 17M	0-0 3M	0-2 27a	1-0 4F	3-1 21J	2-1 12N	2-1 27S	1-0 26N	1-1 31D	2-0 5m
10	Derby County	0-2 8O	1-1 11F	0-3 17M	1-0 3M	2-3 27D	1-4 1O	0-1 2J	1-2 14J	3-0 7A		1-0 21A	1-2 29O	1-1 25F	1-1 19N	1-0 28A	3-2 12N	2-2 3D	2-0 17S	1-1 9m	0-1 29a	1-0 17D	2-1 3S
11	Fulham	1-0 14J	0-1 26N	3-1 23A	1-0 5m	0-2 31O	0-0 31M	0-1 10D	3-5 8O	1-1 11F	2-2 26D		1-1 2J	0-2 14A	2-1 17S	5-1 17M	2-1 27S	2-2 3M	3-0 12m	0-2 3S	1-1 11N	3-0 25F	5-0 1O
12	Grimsby Town	1-0 10A	3-2 5m	5-0 15O	0-0 23A	1-0 31D	1-1 26N	2-1 12N	0-1 12m	2-0 22O	2-1 21F	2-1 24S		2-1 31M	2-0 6S	1-1 4F	0-0 21J	1-1 10S	3-0 13D	3-4 3M	1-0 26D	1-1 27a	3-0 14A
13	Huddersfield Town	0-1 7A	0-2 14J	0-1 3M	3-0 24M	4-0 28A	0-0 2J	0-0 3S	2-3 1O	2-1 6S	3-0 22O	2-0 19N	0-0 8O		2-2 21A	1-3 27D	2-2 17D	2-2 7m	0-1 11F	2-1 3D	0-1 1m	1-0 12N	1-0 17S
14	Leeds United	1-2 25F	1-0 10M	3-2 29a	3-1 14O	1-0 10S	3-0 5m	1-0 12m	1-1 26N	1-0 5N	1-0 14A	0-0 21J	1-2 17M	1-2 26D		1-2 24S	4-1 31D	0-1 27a	2-0 24A	2-1 29O	1-1 31M	3-0 4F	1-0 15F
15	Manchester City	3-2 3S	6-0 17S	4-0 12N	5-0 12m	2-1 24M	3-1 14A	0-1 31M	0-2 4m	3-1 14J	1-1 26N	0-0 7S	2-1 1O	2-3 23A	1-1 2J		2-1 22O	1-2 18F	2-0 26D	1-2 11F	1-2 10D	1-2 3M	2-1 8O
16	Middlesbrough	2-1 11F	1-2 8O	0-0 10D	1-1 14A	2-0 5N	0-1 26D	1-0 5m	2-1 2J	1-3 1O	3-0 20M	0-2 24M	1-1 17S	0-0 12m	2-2 3S	0-0 25F		3-2 6S	3-2 31M	0-2 14J	4-0 25A	1-0 29O	1-0 26N
17	Newcastle United	1-0 2J	1-1 26D	3-1 12m	2-1 26N	3-1 25F	5-1 23A	2-1 8O	1-1 10M	3-1 17S	4-0 5m	3-2 5N	0-1 11F	5-2 10D	1-0 28M	5-0 29O	3-1 17M		3-0 3S	4-2 1O	0-1 14A	0-1 29a	2-0 31M
18	Oldham Athletic	1-0 3D	0-0 25F	1-0 27a	0-0 4F	2-1 19N	2-3 29O	0-0 27S	1-1 5N	3-2 10M	3-0 21J	3-0 17D	0-1 7m	2-2 10S	2-1 27D	1-2 20A	1-2 15O	1-2 31D		3-2 28A	1-3 24S	0-1 7A	3-3 17M
19	Portsmouth	2-1 6S	2-4 14A	5-1 31M	5-0 1N	1-1 21J	0-1 10M	4-0 26D	2-2 24A	0-1 24M	3-0 10D	1-4 31D	4-0 5N	1-1 5m	2-3 18F	1-2 10S	0-1 27a	1-4 4F	3-4 26N		0-1 15O	4-1 24S	5-0 12m
20	Sheffield Wednesday	2-0 5N	4-2 1O	2-1 25F	1-0 6S	5-2 17D	2-0 3S	4-1 11F	2-1 17S	1-0 28A	3-1 10A	1-1 7M	1-0 21A	0-0 29O	0-2 8O	4-2 7m	3-0 27D	0-2 19N	1-1 2J	2-0 7A		1-1 3D	6-1 14J
21	Shrewsbury Town	3-2 17S	1-0 30M	2-1 14A	1-0 10D	1-0 6S	0-0 11F	1-1 26N	2-4 26D	1-1 3S	3-0 12m	0-0 22O	1-2 14J	5-1 10M	1-3 1O	1-0 5N	2-2 28F	2-0 24M	2-0 8O	2-1 2J	2-1 5m		2-0 24A
22	Swansea City	1-0 10M	0-1 29O	1-3 10S	2-1 24S	3-2 21A	0-0 5N	1-3 25F	1-0 22N	2-0 3D	0-3 31D	0-1 5F	2-2 19N	2-2 18J	0-2 7m	1-2 7A	0-0 27A	0-0 16O	1-2 6S	1-0 17D	0-2 27a	0-2 27D	

Final League Table

Pos	Team	Pld	Home					Away					Totals					Pts	GD	Leading Goalscorer	Gls
			W	D	L	F	A	W	D	L	F	A	W	D	L	F	A				
1	Chelsea	42	15	4	2	55	17	10	9	2	35	23	25	13	4	90	40	88	+50	K Dixon	28
2	Sheffield Weds	42	16	4	1	47	16	10	6	5	25	18	26	10	6	72	34	88	+38	I Varadi	17
3	Newcastle United	42	16	2	3	51	18	8	6	7	34	35	24	8	10	85	53	80	+32	K Keegan	27
4	Manchester City	42	13	3	5	43	21	7	7	7	23	27	20	10	12	66	48	70	+18	D Parlane	16
5	Grimsby Town	42	13	6	2	36	15	6	7	8	24	32	19	13	10	60	47	70	+13	K Drinkell	15
6	Blackburn Rov	42	9	11	1	35	19	7	5	9	22	29	16	16	10	57	48	64	+9	S Garner	19
7	Carlisle United	42	10	9	2	29	13	6	7	8	19	28	16	16	10	48	41	64	+7	M Poskett	17
8	Shrewsbury T	42	13	5	3	34	18	4	5	12	15	35	17	10	15	49	53	61	-4	S Cross	9*
9	Brighton & H A	42	11	6	4	42	17	6	3	12	27	43	17	9	16	69	60	60	+9	T Connor	13
10	Leeds United	42	13	4	4	33	16	3	8	10	22	40	16	12	14	55	56	60	-1	G McLuskey, T Wright	8
11	Fulham	42	9	6	6	35	24	6	6	9	25	29	15	12	15	60	53	57	+7	G Davies	22
12	Huddersfield T	42	8	6	7	27	20	6	9	6	29	29	14	15	13	56	49	57	+7	M Lillis	11
13	Charlton Athletic	42	13	4	4	40	26	3	5	13	13	38	16	9	17	53	64	57	-11	D Hales	10
14	Cardiff City	42	12	3	6	34	27	4	3	14	21	39	16	6	20	55	66	54	-11	G Owen	14
15	Barnsley	42	9	6	6	33	23	6	1	14	24	30	15	7	20	57	53	52	+4	D Geddis	14
16	Portsmouth	42	8	3	10	46	32	6	4	11	27	32	14	7	21	73	64	49	+9	M Hateley	22
17	Middlesbrough	42	8	9	4	26	18	3	5	13	15	29	12	10	20	41	47	49	-6	D Currie	15
18	Crystal Palace	42	8	5	8	18	18	4	6	11	24	34	12	11	19	42	52	47	-10	A Evans	7
19	Oldham Athletic	42	10	6	5	33	27	3	2	16	14	46	13	8	21	47	73	47	-26	R Palmer	13
20	Derby County	42	9	5	7	26	26	2	4	15	10	46	11	9	22	36	72	42	-36	B Davison	14
21	Swansea City	42	7	4	10	20	28	0	4	17	16	57	7	8	27	36	85	29	-49	I Walsh	6
22	Cambridge Utd	42	4	7	10	20	33	0	5	16	8	44	4	12	26	28	77	24	-49	R Cooke, A Sinton	6

1983/84 CANON LEAGUE DIVISION 3
SEASON 85

Total Matches	552
Total Goals	1586
Avg goals per match	2.87

		Bolton Wand	Bournemouth	Bradford City	Brentford	Bristol Rovers	Burnley	Exeter City	Gillingham	Hull City	Lincoln City	Millwall	Newport Co	Orient	Oxford United	Plymouth Argyle	Port Vale	Preston N E	Rotherham Utd	Scunthorpe Utd	Sheffield United	Southend Utd	Walsall	Wigan Athletic	Wimbledon
1	Bolton Wand		0-1 28A	0-2 27M	1-0 3D	3-0 4F	0-0 27S	1-0 17M	0-1 7A	0-0 18O	0-2 14F	2-0 2J	2-3 15O	3-2 5N	1-0 27D	2-1 16A	2-0 25F	2-2 17D	2-0 24S	0-0 21J	3-1 7m	2-0 29O	8-1 10S	0-1 21A	2-0 27a
2	Bournemouth	2-2 26N		4-1 12m	0-3 18F	0-1 27S	1-0 9A	3-1 31D	2-0 24S	2-3 5N	3-0 4F	1-1 21J	1-1 26D	3-2 24A	2-1 22O	2-1 8O	1-1 5m	0-1 27a	4-2 1N	1-1 14A	0-1 24M	3-0 10M	0-1 3M	2-3 10S	2-3 31M
3	Bradford City	0-2 3S	5-2 17D		1-1 28A	0-1 2m	2-1 21A	1-3 10	3-2 11A	0-0 7S	0-0 7m	3-3 12N	1-0 25A	4-1 14J	2-2 3M	2-0 3D	2-2 11F	3-2 2J	1-0 18F	2-2 8O	2-1 7A	1-1 17S	0-0 22O	6-2 27D	5-2 7J
4	Brentford	3-0 14A	1-1 29O	1-4 26N		2-2 31M	0-0 24S	3-0 20A	2-3 4F	1-1 15O	3-0 10S	2-2 27a	2-0 31D	1-1 10M	1-2 17M	2-2 5N	3-1 18O	4-1 3A	2-1 20M	3-0 5m	1-3 25F	0-0 14F	1-1 12m	0-1 21J	3-4 24D
5	Bristol Rovers	2-1 1O	1-3 7A	1-0 15O	3-1 6S		2-1 12N	2-0 17S	3-0 27D	1-3 17D	3-1 28A	3-2 8m	4-0 14J	0-0 11F	1-1 21A	3-1 3M	0-0 28J	2-0 1N	3-1 6M	2-0 22O	4-1 3D	1-1 3S	2-1 18F	4-2 27M	1-1 17M
6	Burnley	2-2 31M	5-1 3S	1-2 26D	2-2 11F	0-0 10M		4-0 14F	2-3 15O	0-2 15m	4-0 25F	1-0 17M	2-0 6S	2-3 5m	1-1 27M	2-1 1O	7-0 26N	2-1 5N	2-2 14A	5-0 31D	2-1 8N	3-0 18O	0-2 23A	3-0 29O	0-2 12m
7	Exeter City	2-2 8O	0-2 7m	0-2 3F	1-2 27D	1-2 21J	1-1 2N		0-0 3M	2-1 3D	0-3 28S	3-2 17D	1-2 22O	3-4 18F	3-1 2J	1-1 21A	1-1 5N	0-1 28A	1-1 10S	1-2 1A	3-3 10M	0-1 23M	0-1 27a	1-1 7A	0-3 24S
8	Gillingham	2-0 6S	2-1 11F	0-2 14F	4-2 1O	1-2 23A	0-1 24M	3-1 18O		1-2 3S	2-0 5N	3-3 29O	4-1 5m	3-1 31M	2-3 17S	2-1 1m	1-1 14A	2-0 8O	4-2 26N	1-1 12m	4-2 14J	5-1 26D	1-3 10M	3-0 25F	0-1 31D
9	Hull City	1-1 3M	3-1 6M	1-0 31M	2-0 24M	0-0 12m	4-1 27a	1-0 14A	0-0 17A		2-0 24S	5-0 10S	0-0 12N	2-1 26N	0-1 28F	1-2 22O	1-0 31D	3-0 10A	5-0 23A	1-0 26D	4-1 8O	2-1 5m	2-2 1N	1-0 4F	1-0 27S
10	Lincon City	0-0 2N	3-0 1O	2-3 31D	2-0 1F	4-0 26N	3-1 22O	1-1 31M	4-0 7M	1-3 11F		2-2 15O	2-3 3M	2-0 7S	2-2 14J	3-1 17S	3-2 12m	1-0 18F	2-0 5m	1-2 12N	0-2 3S	1-2 23A	2-1 26D	0-1 17M	1-2 14A
11	Millwall	3-0 5m	1-1 17S	0-0 10M	1-2 15J	1-0 30D	3-0 9O	2-2 12m	1-0 19F	0-2 28J	1-1 1m		4-3 1N	2-1 26D	1-0 11F	3-2 3S	1-0 6S	2-0 21O	2-1 3M	1-2 26N	4-0 1O	2-0 18A	2-0 14A	1-1 4N	1-1 12A
12	Newport County	2-3 24M	2-1 21A	4-3 10S	1-1 7m	2-1 27a	1-0 7A	1-0 25F	1-1 27M	1-1 10M	1-0 18O	1-1 14F		0-0 8O	1-1 28A	2-0 27D	2-1 29O	1-1 27S	1-4 4F	1-1 24S	0-2 17D	1-1 5N	3-1 22J	5-3 3D	1-1 6M
13	Orient	2-1 6M	2-0 27D	2-0 27a	2-0 12N	0-1 23S	1-2 2J	2-2 29O	1-1 24O	1-1 28A	5-3 7A	2-2 21A	2-2 17M		1-2 7m	3-2 17D	3-0 14O	2-1 3D	2-0 22J	1-0 9S	2-0 18O	1-0 26F	0-0 7J	0-1 27J	2-6 4F
14	Oxford United	5-0 20A	3-2 25F	2-0 19O	2-1 8O	3-2 26D	2-2 10S	1-1 5m	0-1 13M	1-1 29O	3-0 27a	4-2 24S	2-0 26N	5-2 31D		5-0 24M	2-0 10M	2-0 4F	3-2 12m	1-0 31M	2-2 5N	2-1 14A	6-3 28S	0-0 6m	2-0 15F
15	Plymouth Argyle	2-0 12N	1-0 17M	3-0 9m	1-1 6M	1-1 18O	1-1 4F	2-2 26D	1-1 10S	2-2 25F	0-1 21J	0-1 20A	3-2 12m	2-1 15O		3-0 14F	1-0 24S	1-1 30M	4-0 27S	0-1 29O	4-0 31D	0-1 5m	1-1 25a	3-1 10A	
16	Port Vale	1-2 22O	2-1 2J	1-2 24S	4-3 3M	2-0 10S	2-2 28A	2-2 5M	0-1 3D	1-0 7m	1-0 17D	4-2 14m	2-0 18F	1-3 9A	0-1 12N	3-1 31O		1-1 21A	2-3 2A	0-0 27a	2-0 27D	1-2 30J	0-2 4F	1-2 26S	1-1 21J
17	Preston N E	2-1 12m	2-0 14J	1-2 5m	3-3 3S	1-0 14F	4-2 6M	2-1 26N	2-2 17M	0-0 17S	1-2 29O	0-0 25F	2-0 30M	3-1 14A	1-2 1O	0-2 11F	3-1 26D		4-0 12N	1-0 24A	1-0 31J	2-2 6S	4-1 31D	0-1 15O	2-3 18O
18	Rotherham Utd	1-1 11F	1-0 17A	1-0 29O	4-0 7A	2-2 5N	1-1 3D	0-3 1m	0-1 28A	1-1 27D	0-1 2J	0-1 18O	0-1 1O	1-2 17S	2-0 17D	2-1 6S	0-1 3S	0-1 10M		3-0 15m	0-1 21A	0-1 10A	4-1 8O	1-2 7m	1-2 25F
19	Scunthorpe Utd	1-0 16S	1-2 3D	2-1 17M	4-4 2J	2-2 25F	4-0 7m	3-1 3S	2-0 17D	0-0 21A	1-1 10M	3-3 27A	3-1 10F	0-0 1m	1-1 7S	0-0 7A	1-1 17A	1-5 27D	1-2 15O		1-1 27M	1-6 30S	0-0 5N	0-0 18O	5-1 29O
20	Sheffield United	5-0 31D	2-0 15O	2-0 27S	0-0 22O	4-0 14A	0-0 21J	2-2 12N	4-0 27a	2-2 17M	0-0 7F	2-0 4F	2-0 12m	0-1 3M	6-3 8M	1-2 28F	2-0 24A	3-1 10S	1-1 26D	3-0 1N		5-3 26N	5-0 31M	2-2 24S	1-2 5m
21	Southend United	0-1 6F	2-0 11N	2-1 16A	6-0 31O	1-2 9J	2-2 2M	0-3 15O	3-1 20A	2-2 2J	2-3 27D	3-1 19S	3-0 30A	0-1 21O	1-1 2D	1-2 7m	2-2 19M	0-0 6A	0-1 27a	2-2 3F	0-1 28A		0-0 24S	1-0 17D	1-0 10S
22	Walsall	1-0 28J	3-1 18O	1-2 25F	1-0 17D	2-1 29O	1-1 27D	4-1 14J	3-1 12N	2-1 27M	0-1 21A	1-3 3D	2-0 17S	0-1 3S	3-2 7A	0-1 2J	2-0 1O	1-1 7m	2-2 17M	1-1 6M	1-2 6S	4-0 11F		3-0 28A	4-0 15O
23	Wigan Athletic	0-1 26D	1-3 20M	0-1 23A	2-1 17S	0-0 17A	1-0 18F	1-1 6S	1-2 22O	1-1 10	2-0 8O	0-0 6M	0-1 14A	0-1 1N	0-2 3S	1-1 3A	3-0 31M	1-0 24M	2-1 31D	2-0 3M	3-0 11F	1-0 12m	0-1 26N		3-2 12N
24	Wimbledon	4-0 14J	1-3 6S	2-3 5N	4-1 21A	1-1 8O	1-4 17D	2-1 11F	1-3 7m	1-4 7A	3-1 3D	4-3 27D	6-0 33	3-1 1O	1-0 1N	4-2 28A	2-2 17D	3-1 9M	1-1 22O	3-2 10F	2-0 2J	2-0 20J	2-2 24M	2-2 10M	

Final League Table

Pos	Team	Pld	Home					Away					Totals						Leading Goalscorer	Gls
			W	D	L	F	A	W	D	L	F	A	W	D	L	F	A	Pts	GD		
1	Oxford United	46	17	5	1	58	22	11	6	6	33	28	28	11	7	91	50	95	+41	S Biggins	19
2	Wimbledon	46	15	5	3	58	35	11	4	8	39	41	26	9	11	97	76	87	+21	A Cork	29
3	Sheffield United	46	14	7	2	56	18	10	4	9	30	35	24	11	11	86	53	83	+33	K Edwards	33
4	Hull City	46	16	5	2	42	11	7	9	7	29	27	23	14	9	71	38	83	+33	B Marwood	16
5	Bristol Rovers	46	16	5	2	47	21	6	8	9	21	33	22	13	11	68	54	79	+14	A Stephens	13
6	Walsall	46	14	4	5	44	22	8	5	10	24	39	22	9	15	68	61	75	+7	A Brown	13
7	Bradford City	46	11	9	3	46	30	9	2	12	27	35	20	11	15	73	65	71	+8	J Hawley	22
8	Gillingham	46	13	4	6	50	29	7	6	10	24	40	20	10	16	74	69	70	+5	D Mehmet	16
9	Millwall	46	16	4	3	42	18	2	9	12	29	47	18	13	15	71	65	67	+6	K Bremner	15
10	Bolton Wand	46	13	4	6	36	17	5	6	12	20	43	18	10	18	56	60	64	-4	A Caldwell	19
11	Orient	46	13	5	5	40	27	5	4	14	31	54	18	9	19	71	81	63	-10	P Kitchen	12
12	Burnley	46	12	5	6	52	25	4	9	10	24	36	16	14	16	76	61	62	+15	B Hamilton	18
13	Newport County	46	11	9	3	35	22	5	5	13	23	48	16	14	16	58	75	62	-17	J Aldridge	20
14	Lincoln City	46	11	4	8	42	29	6	6	11	17	33	17	10	19	59	62	61	-3	J Thomas	15
15	Wigan Athletic	46	11	5	7	26	18	5	8	10	20	38	16	13	17	46	56	61	-10	D Lowe	8
16	Preston N E	46	12	5	6	42	19	3	6	14	24	39	15	11	20	66	66	56	0	S Elliott	16
17	Bournemouth	46	11	5	7	38	27	5	2	16	25	46	16	7	23	63	73	55	-10	T Morgan	16
18	Rotherham Utd	46	10	8	5	29	17	5	4	14	28	47	15	9	22	57	64	54	-7	K Kilmore	13
19	Plymouth Argyle	46	11	8	4	38	19	2	7	14	18	45	13	12	21	56	62	51	-6	T Tynan	12
20	Brentford	46	8	8	6	41	30	3	7	13	28	49	11	16	19	69	79	49	-10	F Joseph	18
21	Scunthorpe Utd	46	9	9	4	40	31	0	10	13	14	42	9	19	18	54	73	46	-19	S Cammack	18
22	Southend United	46	8	8	6	34	24	2	5	16	21	52	10	14	22	55	76	44	-21	S Phillips	16
23	Port Vale	46	10	4	9	33	29	1	6	16	18	54	11	10	25	51	83	43	-32	E O'Keefe	10
24	Exeter City	46	4	8	11	27	27	2	7	14	23	45	6	15	25	50	84	33	-34	R Pratt	16

1983/84 CANON LEAGUE DIVISION 4
SEASON 85

	Total Matches	552
	Total Goals	1505
	Avg goals per match	2.73

		Aldershot	Blackpool	Bristol City	Bury	Chester City	Chesterfield	Colchester Utd	Crewe Alex	Darlington	Doncaster Rov	Halifax Town	Hartlepool Utd	Hereford United	Mansfield Town	Northampton T	Peterborough U	Reading	Rochdale	Stockport Co	Swindon Town	Torquay Utd	Tranmere Rov	Wrexham	York City
1	Aldershot		3-2	1-0	1-2	5-2	2-1	5-1	0-0	0-0	2-1	5-2	2-1	1-4	7-1	1-0	3-2	0-0	2-1	1-1	2-1	3-1	1-1	1-0	1-4
2	Blackpool	5-0		1-0	1-1	3-3	1-0	3-2	3-0	3-1	3-1	4-0	1-0	3-1	2-0	2-3	1-2	1-0	0-2	1-1	1-0	0-1	4-0	3-0
3	Bristol City	2-1	1-1		3-2	4-2	2-0	4-1	2-1	1-0	1-2	3-0	2-0	1-0	4-0	4-1	0-1	3-1	1-1	3-1	1-0	5-0	1-1	2-1	1-0
4	Bury	0-3	2-0	2-1		2-1	2-0	1-1	1-1	0-3	2-3	3-0	3-0	1-4	2-2	1-2	2-2	2-3	2-1	2-1	0-0	0-0	0-0	1-3
5	Chester City	1-2	0-2	1-2	2-1		0-2	1-4	0-1	2-1	1-0	1-1	4-1	0-1	0-4	1-1	2-1	1-0	2-4	0-3	1-2	0-0	1-0	1-1
6	Chesterfield	3-1	1-1	1-1	1-5	1-1		1-1	1-3	1-1	0-0	0-0	4-1	0-0	0-0	2-1	1-0	2-1	3-0	2-0	1-0	3-2	3-3	1-1	2-1
7	Colchester Utd	4-1	2-1	0-0	1-0	1-0	2-0		2-0	2-1	1-1	4-1	6-0	3-0	1-0	2-2	1-1	3-0	4-0	1-1	0-0	3-0	0-1	1-1	1-3
8	Crewe Alexandra	0-0	2-1	2-2	2-1	1-1	2-1	1-1		2-1	1-1	6-1	2-0	1-1	1-3	3-2	0-1	1-1	0-1	0-3	2-0	2-1	3-0	1-1	0-3
9	Darlington	0-1	2-0	0-1	1-2	2-1	2-1	0-2	2-0		1-2	3-2	0-0	3-0	5-3	1-0	1-1	1-0	1-0	1-0	0-1	1-0	2-2	0-0
10	Doncaster Rov	3-1	2-1	1-0	3-1	2-1	2-1	3-3	1-0	3-2		3-2	0-1	3-0	3-1	3-1	1-0	1-1	2-3	2-1	3-0	1-1	1-1	3-0	2-2
11	Halifax Town	1-0	1-0	1-2	0-0	2-2	2-1	4-1	1-0	0-2	1-2		3-2	2-1	0-0	2-2	2-1	0-1	5-0	2-0	2-1	2-2	1-2	1-1	1-2
12	Hartlepool United	0-1	0-1	2-2	1-3	1-1	2-0	0-0	2-1	1-0	3-0	0-0		4-1	2-0	1-1	3-3	1-2	1-2	0-1	2-1	1-1	0-1	1-1	2-3
13	Hereford United	2-1	1-2	0-2	3-1	1-1	0-1	1-0	0-3	0-0	5-0		0-0	0-0	2-1	1-1	2-1	2-0	2-1	1-1	0-1	3-0	2-1
14	Mansfield Town	5-2	1-1	0-1	1-1	3-1	0-1	0-0	3-3	1-0	1-2	7-1	5-0	1-1		3-1	0-0	2-0	3-0	1-2	2-2	1-3	1-0	3-4	0-1
15	Northampton T	1-4	1-5	1-0	1-0	2-1	1-1	3-1	2-0	2-0	1-4	1-1	1-0	0-3	2-1		2-1	2-2	1-1	0-0	2-0	2-1	0-0	3-3	1-2
16	Peterborough U	1-2	4-0	4-1	2-1	1-0	2-0	1-0	2-1	1-1	4-0	3-1	1-1	1-0	0-0		3-3	2-0	2-0	1-1	5-0	2-0	0-1	0-2
17	Reading	1-0	2-0	2-0	1-1	1-0	1-1	1-0	5-0	1-0	3-2	1-0	5-1	3-1	4-0	3-0	1-1		0-0	6-2	2-2	2-2	1-0	4-1	1-0
18	Rochdale	3-1	1-0	0-1	0-2	1-1	2-4	0-0	1-0	2-0	3-3	1-1	2-2	3-3	0-0	1-1	2-1	4-1		2-2	3-3	1-0	2-3	1-2	0-2
19	Stockport County	2-2	1-2	0-0	1-1	2-1	2-0	2-3	2-0	0-2	4-0	1-0	0-0	1-0	4-1	3-0	2-1		1-3	2-1	2-1	1-0	0-2
20	Swindon Town	0-2	0-0	1-1	0-0	4-0	1-2	2-1	1-0	0-0	2-1	2-3	3-2	3-0	1-1	0-0	2-0	1-1	2-1	2-1		2-3	1-1	0-1	3-2
21	Torquay United	0-1	1-0	1-0	2-0	1-0	2-1	3-1	0-1	4-1	1-1	0-0	1-1	0-0	2-1	1-0	2-2	4-2	1-1	1-0		1-1	0-1	1-3
22	Tranmere Rovers	3-0	3-2	0-2	0-1	1-2	2-2	0-3	2-1	2-3	0-1	1-1	3-2	0-1	1-0	1-0	0-0	2-3	2-2	1-0	2-1	3-0		2-1	0-1
23	Wrexham	1-1	0-1	3-1	3-0	2-0	4-2	0-2	0-1	1-1	1-2	1-0	1-4	0-0	2-3	0-1	2-2	0-3	5-1	1-2	0-3	2-2	5-1		0-0
24	York City	2-0	4-0	1-1	3-0	4-1	1-0	3-0	5-2	2-0	1-1	4-1	2-0	4-0	2-1	3-0	2-0	2-2	2-0	3-1	2-0	2-3	1-1	3-2	

Final League Table

Pos	Team	Pld	Home W	Home D	Home L	Home F	Home A	Away W	Away D	Away L	Away F	Away A	Totals W	Totals D	Totals L	Totals F	Totals A	Pts	GD	Leading Goalscorer	Gls
1	York City	46	18	4	1	58	16	13	4	6	38	23	31	8	7	96	39	101	+57	J Byrne	27
2	Doncaster Rovers	46	15	6	2	46	22	9	7	7	36	32	24	13	9	82	54	85	+28	C Douglas, E Moss	15
3	Reading	46	17	6	0	51	14	5	10	8	33	42	22	16	8	84	56	82	+28	T Senior	36
4	Bristol City	46	18	3	2	51	17	6	7	10	19	27	24	10	12	70	44	82	+26	G Riley	16
5	Aldershot	46	14	6	3	49	29	8	3	12	27	40	22	9	15	76	69	75	+7	L Lawrence	23
6	Blackpool	46	15	4	4	47	19	6	5	12	23	33	21	9	16	70	52	72	+18	P Stewart	10
7	Peterborough Utd	46	15	5	3	52	18	3	9	11	20	32	18	14	14	72	48	68	+24	A Waddle	12
8	Colchester Utd	46	14	7	2	45	14	3	9	11	24	39	17	16	13	69	53	67	+16	A Adcock	26
9	Torquay United	46	13	7	3	32	18	5	6	12	27	46	18	13	15	59	64	67	-5	C Barnes, S Cooper, J Sims	8
10	Tranmere Rovers	46	11	5	7	33	26	6	10	7	20	27	17	15	14	53	53	66	0	J Aspinall	14
11	Hereford United	46	11	6	6	31	21	5	9	9	23	32	16	15	15	54	53	63	+1	S Phillips	17
12	Stockport County	46	12	5	6	34	23	5	6	12	26	39	17	11	18	60	64	62	-4	M Quinn	17
13	Chesterfield	46	10	11	2	34	19	5	4	14	25	37	15	15	16	59	61	60	-2	R Newton	14
14	Darlington	46	13	4	6	31	19	4	4	15	18	31	17	8	21	49	53	59	-1	A Walsh	10
15	Bury	46	9	7	7	34	32	6	7	10	27	32	15	14	17	61	64	59	-3	C Madden	15
16	Crewe Alexandra	46	10	8	5	35	27	6	3	14	21	40	16	11	19	56	67	59	-11	M Leonard, D Waller	10
17	Swindon Town	46	11	7	5	34	23	4	7	12	24	33	15	13	18	58	56	58	+2	A Mayes	17
18	Northampton T	46	8	8	5	32	32	3	6	14	21	46	11	14	19	53	78	53	-25	T Austin	10
19	Mansfield Town	46	9	8	6	37	22	4	5	14	29	48	13	13	20	66	70	52	-4	D Caldwell	21
20	Wrexham	46	7	6	10	34	33	4	9	10	25	41	11	15	20	59	74	48	-15	D Gregory	19
21	Halifax Town	46	11	6	6	36	25	1	6	16	19	46	12	12	22	55	80	48	-31	B Gallagher	14
22	Rochdale	46	8	8	7	36	35	3	4	16	17	49	11	13	22	52	80	46	-28	V Allatt, P Farrell	8
23	Hartlepool United	46	7	8	8	31	28	3	2	18	16	57	10	26	47	85	40	-38	P Dobson	12
24	Chester City	46	7	5	11	23	35	0	8	15	22	47	7	13	26	45	82	34	-37	A Holden, P Zelem	7

1984/85 CANON LEAGUE DIVISION 1
SEASON 86

Total Matches	462
Total Goals	1288
Avg goals per match	2.79

	Team	Arsenal	Aston Villa	Chelsea	Coventry City	Everton	Ipswich Town	Leicester City	Liverpool	Luton Town	Manchester Utd	Newcastle Utd	Norwich City	Nottm Forest	QPR	Sheffield Weds	Southampton	Stoke City	Sunderland	Tottenham H	Watford	West Brom A	West Ham United
1	Arsenal		1-1	1-1	2-1	1-0	1-1	2-0	3-1	3-1	0-1	2-0	2-0	1-1	1-0	1-0	1-0	4-0	3-2	1-2	1-1	0-1	2-1
2	Aston Villa	0-0		4-2	1-0	1-1	2-1	0-1	0-0	0-1	3-0	4-0	2-2	0-5	5-2	3-0	2-2	2-0	1-0	0-1	1-1	3-1	0-0
3	Chelsea	1-1	3-1		6-2	0-1	2-0	3-0	3-1	2-0	1-3	1-0	1-2	1-0	1-0	2-1	0-2	1-1	1-0	1-1	2-3	3-1	3-0
4	Coventry City	1-2	0-3	1-0		4-1	1-0	3-0	0-2	1-0	0-3	1-1	0-0	1-3	3-0	1-0	2-1	4-0	0-1	1-1	3-1	2-1	1-2
5	Everton	2-0	2-1	3-4	2-1		1-1	3-0	1-0	2-1	5-0	4-0	3-0	5-0	2-0	1-1	2-2	4-0	4-1	1-4	4-0	4-1	3-0
6	Ipswich Town	2-1	3-0	2-0	0-0	0-2		2-0	0-0	1-1	1-1	1-1	2-0	1-0	1-1	1-2	0-1	5-1	0-2	0-3	3-3	2-0	0-1
7	Leicester City	1-4	5-0	1-1	5-1	1-2	2-1		0-1	2-2	2-3	2-3	2-0	1-0	4-0	3-1	1-2	0-0	2-0	1-2	1-1	2-1	1-0
8	Liverpool	3-0	2-1	4-3	3-1	0-1	2-0	1-2		1-0	0-1	3-1	4-0	1-0	0-2	1-1	2-0	1-1	0-1	4-3	0-0	3-0	
9	Luton Town	3-1	1-0	0-0	2-0	2-0	3-1	4-0	1-2		2-1	2-2	3-1	1-2	2-0	1-2	1-1	2-0	2-1	2-2	3-2	1-2	2-2
10	Manchester United	4-2	4-0	1-1	0-1	1-1	3-0	2-1	1-1	2-0		5-0	2-0	2-0	3-0	1-2	0-0	5-0	2-2	1-0	1-1	2-0	5-1
11	Newcastle United	1-3	3-0	2-1	0-1	2-3	3-0	1-4	0-2	1-0	1-1		1-1	1-1	1-0	2-1	2-1	2-1	3-1	2-3	3-1	1-0	1-1
12	Norwich City	1-0	2-2	0-0	2-1	4-2	0-2	1-3	3-3	3-0	0-1	0-0		0-1	2-0	1-1	1-0	0-0	1-1	1-2	3-2	2-1	1-0
13	Nottingham Forest	2-0	3-2	2-0	2-0	1-0	2-0	2-1	0-2	3-1	3-2	0-0	3-1		2-0	0-0	2-0	1-1	3-1	1-2	1-1	1-2	1-2
14	Queens Park Rangers	1-0	2-0	2-2	2-1	0-0	3-0	4-3	0-2	2-3	1-3	5-5	2-2	3-0		0-0	0-4	2-0	1-0	2-2	0-0	3-1	4-2
15	Sheffield Wednesday	2-1	1-1	1-1	1-0	0-1	2-2	5-0	1-1	1-1	1-0	4-2	1-2	3-1	3-1		2-1	2-1	2-2	2-1	1-1	2-0	2-1
16	Southampton	1-0	2-0	1-0	2-1	1-2	3-0	3-1	1-1	1-0	0-0	1-0	2-1	1-0	1-1	0-3		0-0	1-0	1-0	1-2	4-3	2-3
17	Stoke City	2-0	1-3	0-1	0-1	0-2	0-2	2-2	0-1	0-4	2-1	0-1	2-3	1-4	0-2	2-1	1-3		2-2	0-1	1-3	0-0	2-4
18	Sunderland	0-0	0-4	0-2	0-0	1-2	1-2	0-4	0-3	3-0	3-2	0-0	2-1	0-2	3-0	0-0	1-0	1-0		1-0	1-1	1-1	0-1
19	Tottenham Hotspur	0-2	0-2	1-1	4-2	1-2	2-3	2-2	1-0	4-2	1-2	3-1	3-1	1-0	5-0	2-0	5-1	4-0	2-0		1-5	2-3	2-2
20	Watford	3-4	3-3	1-3	0-1	4-5	3-1	4-1	1-1	3-0	5-1	3-3	2-0	2-0	1-1	1-0	1-1	2-0	3-1	1-2		0-2	5-0
21	West Bromwich Albion	2-2	1-0	0-1	5-2	2-1	1-2	2-0	0-5	4-0	1-2	2-1	0-1	4-1	0-0	2-2	0-0	2-0	1-0	0-1	2-1		5-1
22	West Ham United	3-1	1-2	1-1	3-1	0-1	0-0	3-1	0-3	0-0	2-2	1-1	0-0	1-3	0-0	2-3	5-1	1-0	1-1	2-0	0-2		

Final League Table

Pos	Team	Pld	Home W	D	L	F	A	Away W	D	L	F	A	Totals W	D	L	F	A	Pts	GD	Leading Goalscorer	Gls
1	Everton	42	16	3	2	58	17	12	3	6	30	26	28	6	8	88	43	90	+45	G Sharp	21
2	Liverpool	42	12	4	5	36	19	10	7	4	32	16	22	11	9	68	35	77	+33	J Wark	18
3	Tottenham H	42	11	3	7	46	31	12	5	4	32	20	23	8	11	78	51	77	+27	M Falco	22
4	Manchester Utd	42	13	6	2	47	13	9	4	8	30	34	22	10	10	77	47	76	+30	M Hughes	16
5	Southampton	42	13	4	4	29	18	6	7	8	27	29	19	11	12	56	47	68	+9	J Jordan	12
6	Chelsea	42	13	3	5	38	20	5	9	7	25	28	18	12	12	63	48	66	+15	K Dixon	24
7	Arsenal	42	14	5	2	37	14	5	4	12	24	35	19	9	14	61	49	66	+12	I Allinson, B Talbot, T Woodcock	10
8	Sheffield Weds	42	12	7	2	39	21	5	7	9	19	24	17	14	11	58	45	65	+13	I Varadi	16
9	Nottm Forest	42	13	4	4	35	18	6	3	12	21	30	19	7	16	56	48	64	+8	P Davenport	16
10	Aston Villa	42	10	7	4	34	20	5	4	12	26	40	15	11	16	60	60	56	0	P Rideout	14
11	Watford	42	10	5	6	48	30	4	8	9	33	41	14	13	15	81	71	55	+10	L Blissett	21
12	West Brom A	42	11	4	6	36	23	5	3	13	22	39	16	7	19	58	62	55	-4	G Thompson	12
13	Luton Town	42	12	5	4	40	22	3	4	14	17	39	15	9	18	57	61	54	-4	M Harford	16
14	Newcastle United	42	11	4	6	33	26	2	9	10	22	44	13	13	16	55	70	52	-15	P Beardsley	17
15	Leicester City	42	10	4	7	39	25	5	2	14	26	48	15	6	21	65	73	51	-8	G Lineker	24
16	West Ham United	42	7	8	6	27	23	6	4	11	24	45	13	12	17	51	68	51	-17	A Cottee	17
17	Ipswich Town	42	8	7	6	27	20	5	4	12	19	37	13	11	18	46	57	50	-11	E Gates	13
18	Coventry City	42	11	3	7	29	22	4	2	15	18	42	15	5	22	47	64	50	-17	T Gibson	15
19	Queens Park R	42	11	4	6	41	30	2	5	14	12	42	13	11	18	53	72	50	-19	G Bannister	17
20	Norwich City	42	9	6	6	28	24	4	4	13	18	40	13	10	19	46	64	49	-18	J Deehan	13
21	Sunderland	42	7	6	8	20	26	3	4	14	20	36	10	10	22	40	62	40	-22	C Walker	10
22	Stoke City	42	3	3	15	18	41	0	5	16	6	50	3	8	31	24	91	17	-67	I Painter	6

1984/85 CANON LEAGUE DIVISION 2
SEASON 86

Total Matches 462
Total Goals 1255
Avg goals per match 2.72

		Barnsley	Birmingham C	Blackburn Rov	Brighton & H A	Cardiff City	Carlisle United	Charlton Athletic	Crystal Palace	Fulham	Grimsby Town	Huddersfield T	Leeds United	Manchester City	Middlesbrough	Notts County	Oldham Athletic	Oxford United	Portsmouth	Sheffield United	Shrewsbury T	Wimbledon	Wolverhampton
1	Barnsley		0-1 27A	1-1 1J	0-0 13M	2-0 15S	1-3 27a	1-0 27O	3-1 23M	1-0 1D	0-0 30A	2-1 13A	1-0 13O	0-0 6A	1-0 26F	0-0 29D	0-1 1S	3-0 2A	2-2 9F	1-0 13N	3-1 17N	0-0 6m	5-1 29S
2	Birmingham City	0-0 24N		0-2 13O	1-1 23M	2-0 4m	2-0 15S	2-1 20A	3-0 16A	2-2 29D	2-1 26D	1-0 29S	1-0 11m	0-0 19M	3-2 8D	2-1 9M	0-1 5M	0-0 27O	0-1 18S	4-1 8A	0-0 3N	4-2 1S	1-0 30M
3	Blackburn Rovers	0-0 8A	2-1 16M		2-0 10N	2-1 18S	4-0 1S	3-0 24N	0-1 23A	2-1 9F	3-1 15S	1-3 29D	2-1 26D	0-1 2M	3-0 20A	1-0 30M	1-1 20O	0-1 23F	3-1 4m	3-1 8D	2-0 6O	3-0 29S	2-0 11m
4	Brighton & H A	0-0 20O	2-0 6O	3-1 6M		1-0 9F	4-1 5F	2-1 8A	1-0 15S	2-0 29S	0-0 8D	0-1 1S	1-1 20A	0-0 3N	1-2 24N	2-1 28a	2-0 29M	0-0 16M	1-1 26D	1-0 11m	1-0 2M	2-1 29D	5-1 4m
5	Cardiff City	3-0 23A	1-2 1D	1-2 13A	2-4 8S		2-1 17N	0-3 25a	0-3 6m	0-2 9M	2-4 27O	3-0 27A	2-1 12S	0-3 22S	2-1 2F	1-4 17M	2-2 10N	0-2 6A	1-2 6O	1-3 22D	0-0 1J	1-3 15D	0-0 23F
6	Carlisle United	2-0 30M	2-1 12M	0-1 23D	0-3 25a	0-1 20A		1-1 3m	1-0 13O	3-0 20N	1-1 9M	0-1 27O	2-2 26F	0-0 8S	0-3 26D	1-0 24N	2-5 11m	0-1 2F	3-0 8D	1-1 22S	2-0 4S	6-1 23M	0-1 8A
7	Charlton Athletic	5-3 2M	2-1 17N	1-0 27A	0-1 1J	1-4 5M	1-1 30N		1-1 6A	1-2 13O	4-1 29D	2-2 28a	2-3 3N	1-3 15D	1-0 22M	3-0 1S	2-1 15S	3-3 7m	2-2 29S	0-0 16M	1-1 20O	0-1 13A	1-0 12M
8	Crystal Palace	0-1 7O	0-2 8S	1-1 25a	1-1 2a	1-1 9D	2-1 17M	2-1 26D		2-2 27O	0-2 11m	1-1 10N	3-1 22S	1-2 2F	1-0 4m	0-0 8A	3-0 25N	2-1 5F	1-3 20A	2-2 30M	0-5 6N	2-2 24F	0-0 9M
9	Fulham	1-1 4m	0-1 4S	3-2 8S	2-0 2F	3-2 20O	3-2 23F	0-0 16M	2-2 2M		2-1 20A	2-1 6O	0-2 30M	3-2 22D	2-1 22S	1-0 11m	3-1 7D	1-0 19F	1-3 8A	1-0 26D	1-2 25a	3-1 10N	1-2 24N
10	Grimsby Town	1-0 25a	1-0 5A	1-1 12J	2-4 7m	6-3 2M	1-0 20O	2-1 4S	1-3 15D	2-4 17N		5-1 1J	0-2 8S	4-1 13A	3-1 22D	2-0 23F	4-1 6O	1-2 22S	2-3 16M	0-2 2F	2-1 1D	2-1 27A	5-1 10N
11	Huddersfield Town	1-1 22S	0-1 2F	1-1 4S	1-2 22D	2-1 24N	2-0 2M	2-1 30M	2-0 16F	2-2 23M	0-0 9A		1-0 200	0-2 12J	3-1 3N	1-2 20A	2-1 26D	0-3 25a	0-2 11m	2-2 13m	1-5 8S	2-1 13O	3-1 8D
12	Leeds United	2-0 16M	0-1 15D	0-0 6A	1-0 17N	1-1 29D	1-1 10N	4-1 23F	2-0 13A	0-0 27a	0-0 9F	0-0 9M		1-1 1J	2-0 27O	5-0 19J	6-0 29S	1-0 27A	0-1 15S	1-1 6O	1-0 6m	5-2 1D	3-2 1S
13	Manchester City	1-1 26D	1-0 10N	2-1 27O	2-0 23F	2-2 30M	1-3 9F	5-1 11m	2-1 29S	2-3 1S	3-0 27a	1-0 15S	1-2 8A		1-0 9M	2-0 8D	0-0 4m	1-0 6O	2-2 24N	2-0 20A	4-0 16M	3-0 19J	4-0 29D
14	Middlesbrough	0-0 10N	0-0 6m	1-2 17N	2-1 27A	3-2 29S	1-2 6A	1-0 6O	2-0 1D	1-5 13A	2-2 1S	0-0 23F	0-0 2M	2-1 20O		0-1 9F	1-2 5F	0-1 1J	0-1 19J	0-0 16M	1-1 14D	2-4 18S	1-1 15S
15	Notts County	0-2 4S	1-3 20O	0-3 22S	1-2 14A	0-2 14O	3-0 27A	0-0 26J	0-0 1J	2-1 16D	1-1 3N	0-2 17N	1-2 25a	3-2 6m	3-2 8S		0-0 2M	2-0 1D	1-3 2A	0-0 12J	1-3 2F	2-3 6A	4-1 23M
16	Oldham Athletic	2-1 23D	0-1 25a	0-1 9M	1-0 22S	2-3 16F	2-1 15D	1-2 12J	2-1 27A	2-0 6m	2-2 23M	2-0 6A	1-1 2F	0-2 1D	3-2 2O	2-0 27O		0-0 17N	0-2 3N	2-2 8S	0-1 13A	0-1 1J	3-2 13O
17	Oxford United	4-0 11m	0-3 2M	2-1 3N	2-1 13O	4-0 26D	4-0 29S	5-0 8D	5-0 29D	3-2 15S	1-0 30M	3-0 17A	5-2 24N	3-0 23M	1-0 8A	1-1 4m	5-2 20A		1-1 1S	5-1 20O	1-0 24A	4-0 13M	3-1 19S
18	Portsmouth	0-0 8S	1-3 13A	2-2 1D	1-0 6A	0-0 23M	3-1 6m	0-1 2F	1-1 17N	4-2 1J	3-2 13O	3-2 15D	1-1 12M	1-0 27A	2-1 25a	3-1 10N	5-1 23F	2-0 22D		2-1 2O	3-0 22S	0-0 9M	0-1 27O
19	Sheffield United	3-1 23F	3-4 1J	1-3 6m	1-1 15D	2-1 1S	0-0 13A	1-1 10N	1-2 18S	0-1 6A	2-3 29S	0-2 1D	1-0 23M	0-0 17N	0-3 13O	3-0 15S	2-0 12F	1-1 9M	4-1 29D		0-1 27A	3-0 27O	2-2 26J
20	Shrewsbury Town	2-0 20A	1-0 23F	3-0 23M	0-0 27O	0-0 9A	4-2 29D	1-1 9M	4-1 1S	3-1 26J	4-1 4m	2-1 12M	5-2 8D	1-0 13O	0-4 11m	2-3 29S	1-0 18S	0-2 10N	4-2 30M	3-0 24N		1-2 15S	3-1 26D
21	Wimbledon	3-3 8D	1-2 22D	1-1 2F	1-0 2O	2-1 11m	3-0 6O	1-3 22S	3-2 4N	1-1 16A	1-1 24N	0-1 30A	2-2 4m	2-2 25a	1-1 30M	1-3 26D	1-0 9A	1-3 8S	3-2 20O	5-0 2M	4-1 27M		1-1 20A
22	Wolverhampton Wanderers	0-1 2F	0-2 22S	0-3 15D	0-1 1D	3-0 3N	0-2 1J	1-0 8S	2-1 20O	0-4 27A	0-1 5M	2-1 6m	0-2 22D	0-0 4S	2-3 12J	0-3 6O	1-2 16M	0-0 13A	2-2 2M	0-1 25a	3-3 6A	1-1 17N	

Final League Table

Pos	Team	Pld	Home W	Home D	Home L	Home F	Home A	Away W	Away D	Away L	Away F	Away A	Totals W	Totals D	Totals L	Totals F	Totals A	Pts	GD	Leading Goalscorer	Gls
1	Oxford United	42	18	2	1	62	15	7	7	7	22	21	25	9	8	84	36	84	+48	J Aldridge	30
2	Birmingham City	42	12	6	3	30	15	13	1	7	29	18	25	7	10	59	33	82	+26	W Clarke	17
3	Manchester City	42	14	4	3	42	16	7	7	7	24	24	21	11	10	66	40	74	+26	D Phillips, G Smith	12
4	Portsmouth	42	11	6	4	39	25	9	8	4	30	25	20	14	8	69	50	74	+19	N Webb	16
5	Blackburn Rovers	42	14	3	4	38	15	7	7	7	28	26	21	10	11	66	41	73	+25	C Thompson	15
6	Brighton & H A	42	13	6	2	31	11	7	6	8	23	23	20	12	10	54	34	72	+20	T Connor	14
7	Leeds United	42	12	7	2	37	11	7	5	9	29	32	19	12	11	66	43	69	+23	T Wright	14
8	Shrewsbury Town	42	12	6	3	45	22	6	5	10	21	31	18	11	13	66	53	65	+13	G Stevens	20
9	Fulham	42	13	3	5	35	26	6	5	10	33	38	19	8	15	68	64	65	+4	R Wilson	11
10	Grimsby Town	42	13	1	7	47	32	5	7	9	25	30	18	8	16	72	64	62	+8	K Drinkell, P Wilkinson	14
11	Barnsley	42	11	7	3	27	12	3	9	9	15	30	14	16	12	42	42	58	0	G Owen	14
12	Wimbledon	42	9	8	4	40	29	7	2	12	31	46	16	10	16	71	75	58	-4	S Evans	14
13	Huddersfield Town	42	9	5	7	28	29	6	5	10	24	35	15	10	17	52	64	55	-12	D Tempest	15
14	Oldham Athletic	42	10	4	7	27	23	5	4	12	22	44	15	8	19	49	67	53	-18	M Quinn	18
15	Crystal Palace	42	8	7	6	26	27	4	5	12	21	38	12	12	18	46	65	48	-19	T Aylott	8
16	Carlisle United	42	8	5	8	27	23	5	8	8	23	44	13	8	21	50	67	47	-17	D O'Riordan	10
17	Charlton Athletic	42	8	7	6	34	30	3	8	10	29	33	11	11	19	51	63	45	-12	M Flanagan	11
18	Sheffield United	42	7	8	6	31	28	3	7	11	23	38	10	14	18	54	66	44	-12	I Edwards	13
19	Middlesbrough	42	6	8	7	22	26	4	2	15	19	31	10	10	22	41	57	40	-16	D Mills	14
20	Notts County	42	6	5	10	20	32	4	2	15	25	41	10	7	25	45	73	37	-28	R Harkouk	15
21	Cardiff City	42	5	3	13	24	42	4	5	12	23	37	9	8	25	47	79	35	-32	N Vaughan	15
22	Wolverhampton	42	5	4	12	18	32	3	6	13	19	47	8	9	25	37	79	33	-42	A Ainscow, M Buckland, A Evans	5

1984/85 CANON LEAGUE DIVISION 3
SEASON 86

Total Matches	552
Total Goals	1503
Avg goals per match	2.72

Results Grid

#	Team	Bolton Wand	Bournemouth	Bradford City	Brentford	Bristol City	Bristol Rovers	Burnley	Cambridge Utd	Derby County	Doncaster Rov	Gillingham	Hull City	Lincoln City	Millwall	Newport Co	Orient	Plymouth Argyle	Preston NE	Reading	Rotherham Utd	Swansea City	Walsall	Wigan Athletic	York City
1	Bolton Wand		2-1 13O	0-2 6m	1-1 27A	1-4 5M	0-1 25a	1-3 2M	0-0 22D	3-0 12J	3-1 2F	1-2 24N	0-0 8S	1-0 3N	2-0 15D	3-1 13A	0-0 1J	7-2 22S	4-0 20O	1-2 23M	2-0 26J	0-0 16F	3-1 2O	1-0 6A	2-1 6N
2	Bournemouth	4-0 16M		4-1 26A	1-0 24N	2-1 15D	1-0 2F	1-1 6O	0-0 6A	1-0 25a	1-3 22S	2-0 1J	1-1 12J	3-1 9M	1-2 8m	3-0 13m	1-0 21D	2-0 26J	0-3 27O	3-0 23F	1-2 8S	4-1 2O	1-1 13A	4-1 6N	4-0 23O
3	Bradford City	2-1 29D	1-0 1D		5-4 23M	1-1 20O	2-0 13F	3-2 2A	2-0 10N	3-1 26D	0-1 2M	1-1 3O	2-0 11m	0-0 28N	3-1 22S	1-0 2F	4-1 30M	1-0 6M	2-5 4m	1-1 8A	1-1 26J	1-1 8S	1-1 12J	4-2 13O	1-0
4	Brentford	2-1 1D	0-0 20A	0-1 6O		1-2 23F	0-3 26D	2-1 5M	2-0 2F	1-1 30M	1-1 2O	5-2 20O	2-1 11m	2-2 10N	1-1 19m	2-5 26J	0-1 25a	3-1 8A	3-1 4m	2-1 29D	3-0 23A	3-0 22S	3-1 27M	2-0 8S	2-1 27O
5	Bristol City	3-2 23O	2-0 4m	2-0 9M	1-1 3N		3-0 10N	1-0 29D	3-0 26J	3-0 26F	1-0 30M	2-0 13O	2-0 8A	2-1 1D	0-1 2M	2-1 30A	3-2 22S	4-3 26D	4-0 20A	2-3 11m	0-1 2O	2-2 8S	1-2 2F	2-0 25a	1-0 23M
6	Bristol Rovers	1-2 29J	1-0 29S	2-0 18S	3-0 6A	1-0 13A		4-0 16A	2-1 1J	2-1 6O	1-1 20O	3-2 7m	1-1 27O	0-0 2A	1-1 24N	2-0 15D	1-0 27A	3-0 23F	1-0 1S	1-0 15S	4-2 16M	0-0 22D	2-0 23A	1-1 5M	1-1 14m
7	Burnley	3-2 27O	1-1 23M	1-2 24N	3-1 23O	0-1 6m	0-0 8S		2-0 13A	0-1 23A	0-1 12M	1-1 6N	1-2 22S	1-2 13O	1-0 27A	0-0 2O	1-1 16F	2-0 25a	0-2 23F	2-0 9M	7-0 2F	1-1 15D	1-2 22D	1-2 1J	1-1 6A
8	Cambridge Utd	2-3 11m	1-0 26D	0-4 23A	1-2 29S	2-3 15S	0-2 8A	2-3 10N		0-2 1D	1-1 5M	1-2 2A	1-3 30M	0-2 30A	1-0 1S	1-2 23F	2-3 16M	1-1 4m	0-3 18S	0-0 20A	0-2 29D	0-2 27O	0-1 6O	1-1 19O	0-4 9F
9	Derby County	3-2 1S	2-3 30J	0-0 13A	1-0 7N	1-0 19S	0-0 23M	2-2 15S	1-0 27A		3-1 28N	1-0 6A	3-1 20O	2-0 29S	1-2 3A	3-3 22D	1-0 15D	3-1 13O	2-0 13M	4-1 17A	1-1 2M	1-1 6m	2-0 6M	2-2 24N	1-0 1J
10	Doncaster Rov	2-0 29S	0-3 9F	2-2 6A	1-1 16F	2-2 6N	2-0 8M	3-2 31a	2-1 23O	0-1 22F		1-2 22D	3-2 16M	0-1 14S	1-2 18S	0-1 27A	1-1 6m	4-3 26O	1-2 26M	0-0 19J	0-1 7O	4-1 24N	4-1 1J	1-1 14D	3-0 14A
11	Gillingham	2-3 20A	3-2 9A	2-2 27O	2-0 9M	1-3 16M	4-1 29D	1-1 8S	3-0 26D	3-2 11m	2-1		1-0 26F	3-2 4m	1-4 6O	1-1 25a	2-0 12J	3-3 2O	4-0 1D	4-1 23O	2-1 10N	1-1 2F	3-0 22S	5-1 17m	1-0 23F
12	Hull City	2-2 2A	0-3 1S	0-2 16F	4-0 22D	2-1 1J	2-0 2M	2-0 9F	2-1 6N	3-2 9M	2-0 13O	2-0 18S		1-0 19M	2-1 6A	3-0 24N	5-1 13A	2-2 23M	1-2 15S	0-0 29S	4-1 3N	1-3 23O	3-1 15D	0-2 27A	6m
13	Lincoln City	2-0	0-0 23F	1-2 20O	1-1 22D	1-1 13A	1-2 27A	3-1 22S	1-0 16M	0-0 27N	0-2 2F	0-0 24A	0-0 25a		0-1 6M	2-2 7N	0-0 6A	4-5 8S	1-3 6O	1-0 27O	0-0 13M	0-0 1J	1-0 6m	0-0 16F	2-1 24N
14	Millwall	5-2 4m	2-1 29D	1-0 23F	2-0 13O	1-1 27O	1-0 20A	2-1 1D	2-1 16A	2-1 2O	2-1 3OA	2-1 23M	2-2 18D	2-0 23O		2-0 2F	1-0 9S	2-0 11m	3-0 10N	0-0 9A	0-0 29M	2-0 25a	4-1 26J	1-0 22S	1-0 9M
15	Newport County	3-2 10N	1-1 18S	0-1 16A	2-0 27N	0-0 1S	1-1 4m	2-1 2A	1-2 3N	1-3 11m	2-1 1D	0-3 12M	0-1 20A	2-1 3OM	3-2 29S		2-0 20O	1-0 29D	3-3 8A	1-2 26D	0-2 8D	0-2 13O	2-1 2M	1-1 23M	1-1 20M
16	Orient	4-3 9A	1-0 11m	1-0 29S	0-1 16A	1-4 9F	0-2 3OM	2-2 18S	2-2 13O	2-4 4m	4-5 1S	1-0 1O	1-0 10N	1-1 26D		3-0 29J		0-0 9M	0-0 23O	0-1 30A	4-2 30M	0-3 23M	1-1 3N	1-1 2M	1-3 15S
17	Plymouth Argyle	2-0 9F	0-0 15S	0-0 6N	1-1 1J	1-0 5A	3-2 3N	2-2 26M	2-0 15D	0-1 16M	2-1 19M	1-1 6O	0-1 16A	2-0 22D	3-1 6m	1-0 5M	1-1		6-4 29S	1-2 1S	1-0 20O	1-2 27A	1-3 24N	1-0 13A	1-1 18S
18	Preston NE	1-0 9M	2-1 2M	1-4 23O	1-1 15D	3-2 24N	2-2 12J	3-3 3N	3-1 26F	2-1 8S	2-0 25a	0-0 27A	1-4 23A	0-1 23M	2-1 13A	1-1 1J	0-1 2O	1-2 2F		0-2 13O	0-3 22S	3-2 6N	1-0 6A	2-5 6m	4-2 19D
19	Reading	3-1 6O	0-2 3N	0-3 15D	0-0 6m	1-0 22D	3-2 26J	5-1 20O	3-0 24N	1-0 22S	0-0 8S	1-4 14m	4-2 2F	1-1 2M	2-2 1J	0-1 6A	1-1 7N	1-3 24A	3-0 16M		1-0 25a	0-1 13A	1-1 1m	0-1 3O	1-2 27A
20	Rotherham Utd	3-1 15S	1-0 19J	1-2 1J	1-1 18S	2-1 16F	3-3 13O	3-2 29S	2-0 6m	2-3 27O	1-0 23M	1-1 13A	0-0 23F	0-0 1S	1-0 19M	2-1 23O	0-2 24N	3-0 9M	3-0 9F	3-0 26M		0-1 6A	0-1 27A	3-3 22D	4-1 15D
21	Swansea City	2-1 18S	0-0 12F	0-1 15S	3-2 9F	0-0 17m	3-2 11m	0-1 4m	2-2 1M	1-5 29D	3-1 19A	0-1 29S	0-2 5M	2-2 9A	1-2 26M	0-3 17O	0-3 1D	1-0 30M	4-1 10N	1-2 26D	1-0		1-2 2O	2-2 3N	1-3 1S
22	Walsall	1-0 19M	0-0 10A	0-0 2A	0-1 1S	4-1 29S	1-2 30M	2-3 11m	5-0 23M	0-0 23O	0-1 8A	0-0 16A	3-3 4m	1-1 29D	4-2 15S	0-3 27O	2-1 23F	3-1 20A	0-2 26D	3-0 18S	2-1 1D	0-2 9M		0-0 13O	3-0 26F
23	Wigan Athletic	1-0 26D	1-2 30M	1-0 1S	1-1 19J	2-2 23A	1-0 23O	2-0 8A	3-3 9M	5-2 20A	0-1 3m	1-1 15S	0-0 1D	0-1 18S	1-1 9F	4-2 6O	1-0 27O	0-1 10N	1-1 29D	2-1 13m	2-0 11m	1-2 30A	1-2 17M		1-2 29S
24	York City	0-3 29M	4-1 5M	1-2 17M	1-0 2M	0-2 6O	1-0 20	4-0 26D	3-2 22S	1-1 8A	3-1 11N	7-1 3N	1-2 20A	2-1 1-1	1-1 2O	2-0 20A	2-1 8S	0-0 2A	1-1 12F	2-1 11m	2-2 1D	3-0 3m	1-0 12J	2-0 25a	

Final League Table

Pos	Team	Pld	Home					Away					Totals						Leading Goalscorer	Gls
			W	D	L	F	A	W	D	L	F	A	W	D	L	F	A	Pts	GD		
1	Bradford City	46	15	6	2	44	23	13	4	6	33	22	28	10	8	77	45	94	+32	R Campbell	23
2	Millwall	46	18	5	0	44	12	8	7	8	29	30	26	12	8	73	42	90	+31	S Lovell	22
3	Hull City	46	16	4	3	46	20	9	8	6	32	29	25	12	9	78	49	87	+29	W Whitehurst	20
4	Gillingham	46	15	5	3	54	29	10	3	10	26	33	25	8	13	80	62	83	+18	T Cascarino	15
5	Bristol City	46	17	2	4	46	19	7	7	9	28	28	24	9	13	74	47	81	+27	A Walsh	20
6	Bristol Rovers	46	15	6	2	37	13	6	6	11	29	35	21	12	13	66	48	75	+18	P Randall	18
7	Derby County	46	14	7	2	40	20	5	6	12	25	34	19	13	14	65	54	70	+11	R Davison	24
8	York City	46	13	5	5	42	22	7	4	12	28	35	20	9	17	70	57	69	+13	D Banton, K Houchen	12
9	Reading	46	8	7	8	31	29	11	5	7	37	33	19	12	15	68	62	69	+6	T Senior	22
10	Bournemouth	46	16	3	4	42	16	3	8	12	15	30	19	11	16	57	46	68	+11	W Rafferty, I Thompson	13
11	Walsall	46	9	7	7	33	22	9	6	8	25	30	18	13	15	58	52	67	+6	R O'Kelly	16
12	Rotherham Utd	46	11	6	6	36	24	7	5	11	19	31	18	11	17	55	55	65	0	A Simmons	12
13	Brentford	46	13	5	5	42	27	3	9	11	20	37	16	14	16	62	64	62	-2	K Cassells, R Cooke	12
14	Doncaster Rovers	46	11	5	7	42	33	6	3	14	30	41	17	8	21	72	74	59	-2	G Snodin	18
15	Plymouth Argyle	46	11	7	5	33	23	4	7	12	29	42	15	14	17	62	65	59	-3	T Tynan	31
16	Wigan Athletic	46	12	6	5	36	16	3	8	12	24	43	15	14	17	60	64	59	-4	S Johnson	11
17	Bolton Wand	46	12	5	6	38	22	4	1	18	31	53	16	6	24	69	75	54	-6	A Caldwell	18
18	Newport County	46	9	6	8	30	30	4	7	12	25	37	13	13	20	55	67	52	-12	N Chamberlain	13
19	Lincoln City	46	8	11	4	32	20	3	7	13	18	31	11	18	17	50	51	51	-1	G Hobson, R Jack, G Shipley	7
20	Swansea City	46	7	5	11	31	39	5	6	12	22	41	12	11	23	53	80	47	-27	C Pascoe, D Saunders	9
21	Burnley	46	6	8	9	30	24	5	5	13	30	49	11	13	22	60	73	46	-13	W Biggins	18
22	Orient	46	7	7	9	30	36	4	6	13	21	40	11	13	22	51	76	46	-25	J Cornwell, K Godfrey	10
23	Preston NE	46	9	5	9	33	41	4	2	17	18	59	13	7	26	51	100	46	-49	J Kelly	7
24	Cambridge United	46	2	3	18	17	48	2	6	15	20	47	4	9	33	37	95	21	-58	R Cooke	6

Bradford City v Lincoln City was abandoned after 40 minutes due to fire. The score stands as the result.

1984/85 CANON LEAGUE DIVISION 4
SEASON 86

Total Matches 552
Total Goals 1478
Avg goals per match 2.68

		Aldershot	Blackpool	Bury	Chester City	Chesterfield	Colchester Utd	Crewe Alex	Darlington	Exeter City	Halifax Town	Hartlepool United	Hereford United	Mansfield Town	Northampton T	Peterborough U	Port Vale	Rochdale	Scunthorpe Utd	Southend United	Stockport Co	Swindon Town	Torquay Utd	Tranmere Rov	Wrexham
1	Aldershot		1-0 23M	0-1 13O	1-2 1S	1-1 5J	1-0 23A	1-1 26D	3-4 29S	1-1 15S	2-0 2A	1-0 1D	0-1 11m	0-0 23O	0-0 9M	0-0 18S	1-0 10N	5-0 17m	1-2 23F	6-2 27O	2-1 30M	0-1 20A	1-0 9A	3-2 4m	2-1 29D
2	Blackpool	1-0 6O		0-0 20O	3-1 29S	1-0 2A	1-1 26M	6-1 9A	0-0 15S	3-0 1S	1-1 5J	2-1 29D	2-0 20A	1-0 1D	2-1 27O	4-2 4-2	1-1 1-1	3-0 26D	1-0 16M	1-0 23F	4-1 10N	1-0 19F	3-3 4m	1-2 5M	0-0 11m
3	Bury	2-1 30A	1-0 9M		4-1 23A	0-0 29S	4-3 15S	2-2 10N	1-0 19M	2-2 9F	3-0 1S	1-0 8A	2-1 23O	0-0 20A	3-1 23F	1-1 11m	4-0 26D	2-2 29M	0-1 27O	2-0 6O	2-1 26M	2-0 18S	3-1 1D	3-0 29D	2-3 4m
4	Chester City	2-0 27M	0-0 2F	2-3 8S		1-1 27O	1-2 20O	0-2 6M	5-2 23F	1-3 16M	2-0 6O	1-0 11m	1-3 1m	2-0 30M	0-1 22S	1-3 9A	0-1 20A	1-1 11D	5-1 25a	2-1 26J	2-0 4m	0-1 30J	1-0 10N	2-4 3O	2-1 26D
5	Chesterfield	2-1 25a	2-1 22S	0-1 2F	3-1 2M		1-1 3N	3-1 4m	0-0 6O	5-1 20O	3-0 16M	0-0 12F	0-0 2O	3-1 26D	0-0 12J	2-1 29D	2-0 5M	0-0 11m	0-0 26J	1-0 8S	2-1 1D	3-0 9A	1-0 20A	4-2 10N	2-1 30M
6	Colchester Utd	2-0 22S	1-1 8S	1-0 26J	1-1 8M	3-1 22F		4-1 10m	1-2 15M	3-4 16O	1-3 26O	1-0 9N	2-2 26D	2-1 26F	4-1 1F	3-1 1D	3-2 28D	1-1 19A	1-1 2A	3-3 25a	3-0 23O	1-1 3m	2-1 2O	2-1 29M	4-1 8A
7	Crewe Alexandra	1-1 6A	0-2 1J	1-1 13A	2-0 23O	1-1 15D	1-4 21D		2-2 6m	0-0 27A	0-1 23N	2-0 1F	0-3 8S	1-1 26J	3-2 6N	2-1 23F	1-1 22M	0-0 27O	3-1 16F	1-1 2O	2-1 9M	3-2 13O	3-0 25a	1-3 26F	0-1 22S
8	Darlington	1-1 2F	0-4 1m	1-1 25a	2-1 3N	1-3 23M	4-0 13O	2-1 12M		2-1 2M	2-0 9M	0-1 2O	1-1 29M	3-1 8A	4-0 3S	2-1 20A	1-1 4m	1-0 23O	2-1 22S	3-1 2A	3-1 11m	1-0 2D	1-0 14m	2-1 26D	2-1 10N
9	Exeter City	3-0 26J	1-0 17A	0-2 22S	1-1 13O	0-1 9M	1-5 23M	0-2 1D	1-1 27O		1-0 23F	3-2 30M	0-0 29D	0-0 3O	5-0 25a	0-1 15D	2-1 8A	1-1 10N	2-1 8S	2-0 1F	0-2 20A	1-1 24O	4-3 26D	0-1 11m	2-0 13F
10	Halifax Town	1-2 8S	0-0 25a	4-1 12J	0-0 22M	1-0 13O	0-0 1M	1-1 19A	0-1 19O	2-3 26M		2-3 26D	2-1 3m	1-0 10N	1-0 26F	0-0 5M	2-1 30N	0-2 8A	1-2 1F	1-0 21S	2-1 23A	2-1 10m	0-1 30M	2-1 12F	1-2 16F
11	Hartlepool United	1-0 27A	0-2 6m	0-1 2J	2-1 22D	1-0 19S	2-1 13A	3-0 29S	1-2 17F	1-1 5N	0-1 6A		2-2 13O	0-0 27O	0-0 15D	0-3 9F	2-2 19J	0-2 15S	3-2 24N	2-1 24O	5-1 3A	2-2 1S	3-1 9M	2-4 23M	2-0 23F
12	Hereford United	2-1 23D	2-1 24N	5-3 6M	0-0 19S	0-1 20M	2-1 6A	3-2 24A	0-1 7N	1-2 6m	3-0 15D	2-1 16M		3-0 6O	1-1 27A	1-0 1S	1-0 29S	1-2 3A	1-0 13A	3-0 1J	2-0 15S	0-3 17A	1-0 23F	2-1 20O	2-1 27O
13	Mansfield Town	1-2 6M	1-1 27A	0-2 24N	2-0 7N	0-0 6A	0-1 19S	0-2 15S	2-0 1J	2-2 3A	2-1 13A	2-0 2M	1-1 23M		2-0 22D	0-0 27M	1-1 13M	5-1 15	0-1 24A	1-0 6m	0-0 17A	0-0 29S	1-0 13O	0-1 3N	0-1 2O
14	Northampton T	4-0 20O	0-1 2M	0-1 3N	0-2 19M	1-3 1S	1-3 29S	2-1 30M	5-2 23A	0-1 5J	2-0 15S	0-3 15A	1-0 1D	1-0 30A		0-3 26D	0-0 17A	0-0 18S	0-2 6O	1-2 17M	4-0 9A	4-0 10N	3-1 29D	2-0 20A	0-4 5M
15	Peterborough U	1-2 17A	2-0 7N	1-4 19D	3-1 1J	0-0 6m	0-1 27A	2-1 3N	1-1 24N	0-0 4m	2-0 24O	3-1 22S	1-1 12J	1-0 8S	0-0 2A		0-0 2M	3-1 9M	1-4 3O	3-1 13A	1-0 13O	1-0 23M	1-0 2F	1-0 25a	2-1 26J
16	Port Vale	1-2 13A	1-0 22A	0-0 6A	0-0 23N	3-2 22O	2-0 6m	0-2 6O	5-1 15D	3-1 1J	1-1 27A	3-0 8S	0-1 2F	0-3 25a	1-1 10	0-0 27O		3-1 16M	1-1 22D	4-1 5N	3-2 23F	2-0 9M	2-2 26J	2-1 22S	0-3 25M
17	Rochdale	1-2 2O	1-1 6A	1-1 6N	1-2 27A	3-1 21D	1-1 24N	1-3 2M	1-2 5M	2-0 13A	4-3 1J	0-1 30A	2-1 25a	3-0 14m	2-1 16F	1-2 20O	1-2 13O		3-3 6m	2-2 15D	0-0 8m	0-1 3N	0-0 22S	2-1 2F	0-2 8S
18	Scunthorpe Utd	2-1 3N	1-1 13O	2-2 2M	2-4 12M	2-2 15S	2-3 31a	0-1 18S	1-0 8F	7-1 19M	4-0 28S	1-0 19A	2-1 9N	2-2 4m	2-1 22M	1-1 12F	2-1 10m	3-3 26F		4-2 8M	1-0 26D	6-2 29M	2-0 23O	5-2 9A	5-2 30N
19	Southend United	1-0 2M	1-4 3N	3-3 23M	1-1 14S	0-1 23A	2-5 29J	3-1 8D	1-1 10S	1-0 28S	2-1 8F	1-1 4M	0-0 8A	1-1 29D	0-0 30	1-3 10N	2-1 29M	1-1 3m	0-2 19O		1-1 17S	3-2 26D	1-0 11m	2-3 1D	0-1 19A
20	Stockport County	6-0 25F	1-3 7D	2-0 1O	5-1 14D	0-1 27A	1-0 4M	0-1 19O	0-0 21D	0-3 24N	4-1 6m	2-1 25a	1-1 11M	4-2 22S	2-1 1J	3-1 16M	1-1 3N	1-1 5O	2-0 6A	1-2 15F		2-1 1M	1-2 1A	0-2 7S	2-2 1F
21	Swindon Town	2-1 24N	4-1 2O	1-0 12M	4-4 6m	4-0 1J	2-1 15D	1-1 16M	1-0 28A	2-0 5M	2-1 22D	2-1 31M	0-3 22S	1-0 2F	2-0 13A	1-1 7O	2-1 20O	0-1 23F	2-1 6N	0-0 6A	4-0 27O		1-3 8S	2-1 26J	1-1 25a
22	Torquay United	1-3 1J	0-2 15D	0-2 27A	2-0 13A	0-1 24N	1-1 16A	0-0 5J	1-1 18S	1-1 6A	1-0 6N	0-1 20O	1-0 3N	0-0 19M	1-0 6m	0-0 29S	1-3 15S	1-0 9F	0-0 5M	2-2 22D	0-0 1S	0-0 26F		1-1 2M	4-3 6O
23	Tranmere Rovers	4-3 15D	3-0 23O	3-2 6m	1-0 16A	0-1 13A	3-1 6N	3-1 1S	3-0 6A	3-2 21D	1-0 17S	1-2 6O	0-1 8M	0-0 22F	1-2 23N	4-0 5J	4-1 1A	3-1 29S	2-0 1J	2-0 26A	3-0 29A	0-2 14S	3-1 27O		3-1 16M
24	Wrexham	1-0 6m	1-2 22D	3-0 15D	2-0 6A	2-0 16A	2-2 1J	1-3 2A	1-1 13A	2-0 11S	0-1 12M	1-1 3N	2-2 2M	0-3 9M	1-3 16O	1-1 15S	2-0 1S	2-1 23A	1-2 27A	3-4 24N	4-0 29S	2-0 5J	4-0 23M	4-0 13O	

Final League Table

Pos	Team	Pld	Home					Away					Totals						Leading Goalscorer	Gls
			W	D	L	F	A	W	D	L	F	A	W	D	L	F	A	Pts	GD		
1	Chesterfield	46	16	6	1	40	13	10	7	6	24	22	26	13	7	64	35	91	+29	R Newton	15
2	Blackpool	46	15	7	1	42	15	9	7	7	31	24	24	14	8	73	39	86	+34	J Deary	13
3	Darlington	46	16	3	4	41	22	8	9	6	25	27	24	13	9	66	49	85	+17	C Airey	16
4	Bury	46	15	6	2	46	20	9	6	8	30	30	24	12	10	76	50	84	+26	C Madden	22
5	Hereford United	46	16	2	5	38	21	6	9	8	27	26	22	11	13	65	47	77	+18	S Phillips	19
6	Tranmere Rovers	46	17	1	5	50	21	7	2	14	33	45	24	3	19	83	66	75	+17	J Clayton	31
7	Colchester United	46	13	7	3	49	29	7	7	9	38	36	20	14	12	87	65	74	+22	A Adcock	24
8	Swindon Town	46	16	4	3	42	21	5	5	13	20	37	21	9	16	62	58	72	+4	C Gordon	17
9	Scunthorpe Utd	46	14	6	3	61	33	5	8	10	22	29	19	14	13	83	62	71	+21	S Cammack	24
10	Crewe Alexandra	46	10	7	6	32	28	8	5	10	33	41	18	12	16	65	69	66	-4	D Waller	15
11	Peterborough Utd	46	11	5	7	29	21	5	7	11	25	32	16	14	18	54	53	62	+1	E Kelly	11
12	Port Vale	46	11	8	4	39	24	3	10	10	22	35	14	18	14	61	59	60	+2	A Brown	17
13	Aldershot	46	11	6	6	33	20	6	2	15	23	43	17	8	21	56	63	59	-7	M Foyle	15
14	Mansfield Town	46	10	8	5	25	15	3	10	10	16	23	13	18	15	41	38	57	+3	D Caldwell	9
15	Wrexham	46	10	6	7	39	27	5	3	15	28	43	15	9	22	67	70	54	-3	J Steel	14
16	Chester City	46	11	3	9	35	30	4	6	13	25	42	15	9	22	60	72	54	-12	S Rimmer	14
17	Rochdale	46	8	7	8	33	30	5	7	11	22	39	13	14	19	55	69	53	-14	P Diamond	15
18	Exeter City	46	9	7	7	30	27	4	7	12	27	52	13	14	19	57	79	53	-22	R Pratt	19
19	Hartlepool United	46	10	6	7	34	29	4	4	15	20	38	14	10	22	54	67	52	-13	K Dixon	12
20	Southend United	46	8	0	5	7	30	14	3	15	28	49	13	11	22	58	83	50	-25	S Phillips	21
21	Halifax Town	46	9	3	11	26	32	6	2	15	16	37	15	5	26	42	69	50	-27	S Lowe	12
22	Stockport County	46	11	5	7	40	26	2	3	18	18	53	13	8	25	58	79	47	-21	T Sword	12
23	Northampton T	46	10	1	12	32	32	4	4	15	21	42	14	5	27	53	74	47	-21	I Benjamin	18
24	Torquay United	46	5	11	7	18	24	4	3	16	20	39	9	14	23	38	63	41	-25	M Walsh	5

1985/86 CANON LEAGUE DIVISION 1
SEASON 87

Total Matches	462
Total Goals	1288
Avg goals per match	2.79

Final League Table

Pos	Team	Pld	Home W	Home D	Home L	Home F	Home A	Away W	Away D	Away L	Away F	Away A	Totals W	Totals D	Totals L	Totals F	Totals A	Pts	GD	Leading Goalscorer	Gls
1	Liverpool	42	16	4	1	58	14	10	6	5	31	23	26	10	6	89	37	88	+52	I Rush	22
2	Everton	42	16	3	2	54	18	10	5	6	33	23	26	8	8	87	41	86	+46	G Lineker	30
3	West Ham United	42	17	2	2	48	16	9	4	8	26	24	26	6	10	74	40	84	+34	F McAvennie	26
4	Manchester Utd	42	12	5	4	35	12	10	5	6	35	24	22	10	10	70	36	76	+34	M Hughes	17
5	Sheffield Weds	42	13	6	2	36	23	8	4	9	27	31	21	10	11	63	54	73	+9	B Marwood	13
6	Chelsea	42	12	4	5	32	27	8	7	6	25	29	20	11	11	57	56	71	+1	K Dixon, D Speedie	14
7	Arsenal	42	13	5	3	29	15	7	4	10	20	32	20	9	13	49	47	69	+2	A Woodcock	11
8	Nottm Forest	42	11	5	5	38	25	8	6	7	31	28	19	11	12	69	53	68	+16	N Clough	15
9	Luton Town	42	12	6	3	37	15	6	6	9	24	29	18	12	12	61	44	66	+17	M Harford	22
10	Tottenham H	42	12	2	7	47	25	7	6	8	27	27	19	8	15	74	52	65	+22	M Falco	18
11	Newcastle United	42	12	5	4	46	31	5	7	9	21	41	17	12	13	67	72	63	-5	P Beardsley	19
12	Watford	42	11	6	4	40	22	5	5	11	29	40	16	11	15	69	62	59	+7	C West	13
13	Queens Park R	42	12	3	6	33	20	3	4	14	20	44	15	7	20	53	64	52	-11	G Bannister	17
14	Southampton	42	10	6	5	32	18	2	4	15	19	44	12	10	20	51	62	46	-11	D Armstrong	10
15	Manchester City	42	7	7	7	25	26	4	5	12	18	31	11	12	19	43	57	45	-14	M Lillis	11
16	Aston Villa	42	7	6	8	27	28	3	8	10	24	39	10	14	18	51	67	44	-16	S Stainrod, M Walters	10
17	Coventry City	42	6	5	10	31	35	5	5	11	17	36	11	10	21	48	71	43	-23	T Gibson	11
18	Oxford United	42	7	7	7	34	27	3	5	13	28	53	10	12	20	62	80	42	-18	J Aldridge	23
19	Leicester City	42	7	8	6	35	35	3	4	14	19	41	10	12	20	54	76	42	-22	A Smith	19
20	Ipswich Town	42	8	6	5	20	24	3	3	15	12	31	11	8	23	32	55	41	-23	K Wilson	7
21	Birmingham City	42	5	2	14	13	25	3	3	15	17	48	8	5	29	30	73	29	-43	D Geddis, A Kennedy	6
22	West Brom A	42	3	8	10	21	36	1	4	16	14	53	4	12	26	35	89	24	-54	I Varadi	9

1985/86 CANON LEAGUE DIVISION 2
SEASON 87

Total Matches 462
Total Goals 1264
Avg goals per match 2.74

		Barnsley	Blackburn Rov	Bradford City	Brighton & H A	Carlisle United	Charlton Athletic	Crystal Palace	Fulham	Grimsby Town	Huddersfield T	Hull City	Leeds United	Middlesbrough	Millwall	Norwich City	Oldham Athletic	Portsmouth	Sheffield United	Shrewsbury T	Stoke City	Sunderland	Wimbledon
1	Barnsley		1-1 12A	2-2 15M	3-2 20a	1-2 22M	2-1 14D	2-4 26A	2-0 31a	1-0 21S	1-3 31M	1-4 1J	3-0 27O	0-0 25M	2-1 30N	2-2 1F	1-0 2N	0-1 5O	2-1 8A	2-0 14S	0-0 24a	1-1 16N	0-1 28D
2	Blackburn Rovers	0-3 9N		3-0 5O	1-4 18M	2-0 31a	0-0 23N	1-2 15F	1-0 21S	3-1 5m	0-1 15A	2-2 1F	2-0 26D	0-1 5A	1-2 15M	2-1 20a	0-0 19O	1-0 1M	6-1 19A	1-1 24a	0-1 29M	2-0 14D	2-0 14S
3	Bradford City	2-0 12O	3-2 8M		3-2 20D	1-0 13D	1-2 19M	1-0 2N	3-1 2A	0-1 1M	3-0 22M	4-2 14S	0-1 9A	2-1 23A	0-0 30A	0-2 12A	1-0 4M	2-1 3D	1-4 26O	3-1 26A	3-1 1S	2-0 1J	1-1 8m
4	Brighton & H A	0-1 7D	3-1 7S	2-1 24a		6-1 5O	3-5 19O	2-0 1J	2-3 16A	2-2 17a	4-3 16N	3-1 30N	0-1 4S	3-3 18J	1-0 22M	1-1 2N	1-1 2A	2-3 31M	0-0 27a	0-2 12A	2-0 15M	3-1 26A	2-0 21S
5	Carlisle United	1-1 7S	2-1 18J	1-2 17a	2-0 29A		2-3 3m	2-2 27a	2-1 19A	1-2 11J	2-0 18M	2-1 11M	1-2 23N	1-0 26D	1-0 7D	0-4 12O	3-1 17S	0-1 22D	1-0 29M	0-2 28S	3-0 9N	1-2 19O	2-3 6A
6	Charlton Athletic	2-1 17a	3-0 26A	1-1 15O	2-2 4F	3-0 30N		3-1 7S	2-0 29A	2-0 21D	3-0 12A	1-2 16N	4-0 18J	2-0 27a	3-3 15A	1-0 31M	1-1 22M	1-2 15M	2-0 7D	4-1 2N	2-0 21S	2-1 5O	0-0 6m
7	Crystal Palace	1-0 23N	2-0 26O	2-1 5A	1-0 29M	1-1 1F	2-1 11J		0-0 14S	2-1 9N	2-3 31a	0-2 1O	3-0 19A	2-1 8M	1-2 21S	3-2 25J	2-1 12O	1-1 8A	0-1 3m	0-1 15D	1-1 18M	0-1 24a	1-3 26D
8	Fulham	2-0 18J	3-3 11M	4-1 7D	1-0 28S	0-1 8A	0-3 22A	2-3 22M		2-1 26a	2-1 26A	1-1 12A	3-1 17a	0-3 21D	1-2 31M	0-1 1J	2-2 30N	0-1 7S	2-3 17S	2-1 5O	1-0 19O	1-2 2N	0-2 15M
9	Grimsby Town	1-2 22A	5-2 30N	2-0 28S	0-2 14D	1-0 13S	2-2 24a	3-0 12A	1-0 1F		1-1 20a	0-1 1A	1-0 8F	3-2 26O	5-1 2N	1-0 26A	1-4 8M	0-0 16N	1-3 12O	3-1 1J	3-3 25J	1-1 22M	0-1 31a
10	Huddersfield Town	1-1 26D	0-0 3S	2-0 7S	1-0 19A	3-3 26O	0-2 9N	0-0 18J	1-3 23N	2-2 7D		2-1 25F	3-1 5O	0-3 29M	4-3 17a	0-0 21S	2-1 21D	2-1 26a	3-1 11J	1-0 15M	2-0 5A	2-0 1M	0-1 3m
11	Hull City	0-1 29M	2-2 26a	1-0 11J	2-0 2m	4-0 21S	1-1 19A	1-2 7D	5-0 9N	2-0 26D	3-1 19O		2-1 22D	0-0 7S	3-0 17S	1-0 29A	4-2 18J	2-2 17a	0-0 5A	4-3 4M	0-1 5O	1-1 15M	1-1 23N
12	Leeds United	0-2 15F	1-1 31M	2-1 21S	2-3 28D	2-0 26A	1-2 31a	1-3 16N	1-0 14D	1-1 19O	2-0 8M	1-1 24a		1-0 12O	3-1 12A	0-2 30N	3-1 1J	1-1 2N	1-1 28S	0-0 22M	1-0 1F	0-0 14S	0-0 21a
13	Middlesbrough	0-0 28S	0-0 2N	1-1 19O	0-1 31a	1-3 31M	1-3 1F	0-2 5O	1-0 24a	0-1 4M	3-1 1J	0-1 22M	1-2 15M		2-2 3-0 26A	1-1 14S	3-2 16N	1-0 12A	1-2 18M	3-1 30N	1-1 10S	2-0 28D	1-0 14D
14	Millwall	2-2 3m	0-1 12O	2-1 19A	0-1 14S	3-1 22O	2-2 29M	3-2 22A	1-1 18M	1-0 5A	2-1 26D	5-0 9N	3-1 23N	3-0		4-2 24a	0-1 28S	0-4 26O	3-0 8M	2-0 1F	2-3 11J	1-0 31a	0-1 11M
15	Norwich City	1-1 26a	3-0 7D	0-0 9N	3-0 5A	2-1 15M	3-1 26D	4-3 18S	2-1 29M	3-2 23N	4-1 12M	2-0 28S	4-0 3m	2-0 11J	6-1 21D		1-0 17a	2-0 18J	4-0 7S	3-1 19O	1-1 19A	0-0 9A	1-2 5O
16	Oldham Athletic	1-1 6A	3-1 8F	0-1 26D	4-0 26O	2-1 5m	2-1 13S	2-0 15M	2-1 3m	1-1 5O	3-1 24a	1-0 31a	3-1 28M	1-0 19A	0-0 1M	1-3 14D		2-0 21S	1-5 9N	4-3 20a	2-4 23N	2-2 1F	2-1 11J
17	Portsmouth	1-1 8M	3-0 28S	4-0 3m	1-2 26D	4-0 24a	1-0 12O	1-1 19O	3-1 11J	4-1 19A	1-1 1F	2-3 14D	1-0 5A	2-1 25J	2-0 25M	1-2 31a	1-2 22F		0-3 23N	4-0 28D	3-0 14S	3-0 20a	1-1 29M
18	Sheffield United	3-1 19O	3-3 16N	3-1 11M	3-0 1F	1-0 1J	1-1 1O	0-0 30N	2-1 28D	1-1 15M	1-1 14S	0-1 2N	3-2 22A	0-1 21S	1-3 5O	2-0 22M	1-2 12A	1-2 26A		1-1 31a	1-2 14D	4-0 31M	1-0 24a
19	Shrewsbury Town	3-0 11J	2-0 20D	2-0 23N	2-1 9N	0-0 1M	2-1 5A	0-2 18a	2-1 8M	0-2 29M	3-0 12O	0-0 26O	1-3 7S	2-1 3m	1-1 27a	0-3 8F	2-0 7D	1-1 3S	3-1 18J		1-0 26D	1-2 21S	1-1 19A
20	Stoke City	0-0 21D	2-2 1J	3-1 18J	1-0 12O	0-0 12A	0-0 22F	0-0 28S	1-0 18F	1-3 4S	3-0 2N	0-1 8M	6-2 26a	3-2 7D	0-0 7S	1-1 16N	2-0 26A	2-0 22A	1-3 17a	2-2 31M		1-0 30N	0-0 25O
21	Sunderland	2-0 19A	0-2 17a	1-1 29M	2-1 23N	2-2 8F	1-2 8M	1-1 22D	4-2 5A	3-3 7S	1-0 28S	1-1 12O	4-2 11J	1-0 22O	0-2 18J	1-2 26O	0-3 26a	1-3 7D	2-1 26D	2-0 29A	2-0 3m		2-1 9N
22	Wimbledon	1-0 3S	1-1 22M	1-0 26a	0-0 22F	4-1 3N	3-1 28S	1-1 1A	1-0 12O	3-0 18J	2-2 30N	0-3 26A	3-1 7D	0-0 17a	2-1 19O	0-0 8M	1-3 7S	1-3 1J	5-0 21D	2-1 16N	1-0 29A	3-0 12A	

Final League Table

Pos	Team	Pld	Home					Away					Totals						Leading Goalscorer	Gls
			W	D	L	F	A	W	D	L	F	A	W	D	L	F	A	Pts	GD		
1	Norwich City	42	16	4	1	51	15	9	5	7	33	22	25	9	8	84	37	84	+47	K Drinkell	22
2	Charlton Athletic	42	14	5	2	44	15	8	6	7	34	30	22	11	9	78	45	77	+33	J Pearson	14
3	Wimbledon	42	13	6	2	38	16	8	7	6	20	21	21	13	8	58	37	76	+21	A Cork	11
4	Portsmouth	42	13	4	4	43	17	9	3	9	26	24	22	7	13	69	41	73	+28	N Morgan	14
5	Crystal Palace	42	12	3	6	29	22	7	6	8	28	30	19	9	14	57	52	66	+5	A Gray	10
6	Hull City	42	11	7	3	39	19	6	6	9	26	36	17	13	12	65	55	64	+10	F Bunn	14
7	Sheffield United	42	10	7	4	36	24	7	4	10	28	39	17	11	14	64	63	62	+1	K Edwards	20
8	Oldham Athletic	42	13	4	4	40	28	4	5	12	22	33	17	9	16	62	61	60	+1	R Futcher	17
9	Millwall	42	12	3	6	39	24	5	5	11	25	41	17	8	17	64	65	59	-1	S Lovell	14
10	Stoke City	42	8	11	2	29	16	6	4	11	19	34	14	15	13	48	50	57	-2	K Bertschin	19
11	Brighton & H A	42	10	5	6	42	30	6	3	12	22	34	16	8	18	64	64	56	0	T Connor, D Saunders	14
12	Barnsley	42	9	6	6	29	26	5	8	8	18	24	14	14	14	47	50	56	-3	I Walsh	15
13	Bradford City	42	14	1	6	36	24	2	5	14	15	39	16	6	20	51	63	54	-12	G Abbott, R Campbell, J Hendrie	10
14	Leeds United	42	9	7	5	30	22	6	1	14	26	50	15	8	19	56	72	53	-16	I Baird	11
15	Grimsby Town	42	11	4	6	35	24	3	6	12	23	38	14	10	18	58	62	52	-4	G Hobson	15
16	Huddersfield T	42	10	6	5	30	23	4	4	13	21	44	14	10	18	51	67	52	-16	D Tempest	12
17	Shrewsbury T	42	11	5	5	29	18	3	4	14	23	44	14	9	19	52	64	51	-12	C Robinson	10
18	Sunderland	42	10	5	6	33	29	3	6	12	14	32	13	11	18	47	61	50	-14	E Gates	9
19	Blackburn Rov	42	10	4	7	30	20	2	9	10	23	42	12	13	17	53	62	49	-9	S Garner	12
20	Carlisle United	42	10	2	9	30	20	3	5	13	17	43	13	7	22	47	71	46	-24	A Hill	8
21	Middlesbrough	42	8	6	7	26	23	4	3	14	18	30	12	9	21	44	53	45	-9	G Rowell	10
22	Fulham	42	8	3	10	29	32	2	3	16	16	37	10	6	26	45	69	36	-24	D Coney	12

1985/86 CANON LEAGUE DIVISION 3
SEASON 87

Total Matches	552
Total Goals	1550
Avg goals per match	2.81

		Blackpool	Bolton Wand	Bournemouth	Brentford	Bristol City	Bristol Rovers	Bury	Cardiff City	Chesterfield	Darlington	Derby County	Doncaster Rov	Gillingham	Lincoln City	Newport Co	Notts County	Plymouth Argyle	Reading	Rotherham Utd	Swansea City	Walsall	Wigan Athletic	Wolverhampton	York City
1	Blackpool		1-1 26D	2-0 29A	4-0 26O	2-1 1M	4-2 9N	5-0 19O	3-0 21S	0-1 4F	0-0 28D	0-1 1F	4-0 1O	2-2 5O	2-0 25F	0-0 3m	1-3 24a	1-1 30N	0-0 18J	2-1 29M	2-0 31a	2-1 19A	1-2 15M	0-1 5A	0-2 14S
2	Bolton Wand	1-3 31M		1-0 2N	1-2 12O	0-4 26A	0-2 4F	1-4 26a	5-0 22M	2-1 14D	0-3 5N	0-1 23N	2-0 21D	0-1 11J	1-1 17S	4-0 22F	1-0 12A	3-1 28S	2-0 8M	1-1 17a	1-1 19O	3-1 25J	1-2 1J	4-1 7S	1-1 4M
3	Bournemouth	1-4 17S	2-1 18M		0-0 28D	5-0 24a	6-1 26O	2-1 12O	1-1 8M	3-2 31J	4-2 28S	1-1 18J	1-1 19A	2-3 19O	2-2 4M	0-1 31a	0-0 14S	1-3 5A	0-1 26D	1-2 17D	4-0 29M	0-1 3m	0-2 22F	3-2 9N	2-0 4F
4	Brentford	1-1 22M	1-1 14M	1-0 26a		1-2 13A	1-0 22D	1-0 14D	3-0 2N	1-0 23N	2-1 5m	3-3 8a	1-3 6N	1-2 24J	0-1 31M	0-0 22A	1-1 19O	1-2 21J	1-1 7S	1-0 17S	1-3 28S	1-3 5O	1-3 4F	2-1 11J	3-3 17a 26A
5	Bristol City	2-1 28S	2-0 30N	1-3 21D	0-0 9N		2-0 29M	4-1 4F	2-1 25J	0-0 5O	1-0 19O	0-1 17S	4-1 7J	1-2 26a	1-1 5A	1-3 4M	3-0 15M	2-0 26D	3-0 3m	3-1 11J	0-1 19A	2-3 17a	1-0 7S	3-0 26O	2-2 22F
6	Bristol Rovers	1-0 12A	2-1 22O	2-3 22M	0-1 24a	1-1 22A		2-1 5N	2-1 23N	1-1 26A	3-1 18J	0-0 31a	1-0 8F	1-0 14D	0-0 14S	2-0 1F	1-1 10	1-2 8M	0-2 28D	5-2 12O	0-0 1M	0-1 21S	1-1 1A	1-1 25M	0-1 2N
7	Bury	4-1 22A	2-1 25F	3-0 15M	0-0 3m	6-3 22O	1-1 5A		3-0 8A	1-1 18J	1-2 1F	1-2 14S	4-0 29M	1-1 21S	2-4 31a	0-1 26D	3-1 1M	2-0 9N	2-2 26O	2-1 19A	0-0 25M	3-1 30N	0-1 5O	3-1 1O	4-2 24a
8	Cardiff City	1-0 22F	0-1 26O	0-1 5O	1-0 4J	1-3 14S	2-0 19A	0-0 17S		0-2 24a	0-1 4F	0-2 28S	0-1 8N	1-1 15M	2-1 3m	1-3 28D	1-2 18J	1-3 28M	2-3 31a	1-0 25M	1-1 26D	3-1 5A	1-1 19O	1-1 30N	2-1 31J
9	Chesterfield	1-2 22O	3-0 3m	0-1 7S	1-3 19A	0-0 8M	2-0 15A	4-3 17a	3-4 20D		1-0 17S	1-0 22F	0-0 26O	1-1 25J	2-2 26D	3-1 9N	2-2 8F	1-2 18M	3-4 4M	2-0 27a	4-1 5A	2-3 25M	1-1 28S	3-0 29M	1-0 12O
10	Darlington	2-1 26a	0-1 24A	0-0 1M	3-5 10	1-1 15m	3-3 18a	1-1 30O	4-1 22O	2-1 22A		2-1 12m	0-2 8D	3-2 20D	1-0 29M	2-3 18M	0-2 22S	0-0 3m	2-2 19A	6-0 26D	0-3 9N	1-3 27O	1-1 29A	2-1 2A	1-0 9M
11	Derby County	1-2 7S	2-1 19A	3-0 17a	1-1 5A	2-0 19M	0-2 9A	1-1 30A	0-0 1M	1-1 21S	1-1 15M		1-1 3m	2-0 7A	7-0 9N	1-1 29M	0-2 5O	1-2 26O	1-1 30N	2-1 9m	5-1 2O	3-1 12M	1-0 22D	4-2 26a	2-1 19O
12	Doncaster Rov	0-0 4M	1-1 24a	1-1 23N	1-0 13S	1-1 2N	0-0 19O	0-2 1J	2-0 12A	2-0 21M	0-3 31a	2-3 15D		1-1 25A	1-1 1F	2-1 18J	1-0 28D	0-1 17S	0-0 28S	1-0 15A	0-0 4F	1-0 5O	2-2 5N	0-1 15M	1-1 31M
13	Gillingham	2-2 8M	2-1 31a	2-0 8F	1-2 18M	1-1 28D	2-0 3m	1-1 22F	1-1 12O	1-1 14S	1-2 24a	4-0 22O	1-0 30N		2-0 18J	0-1 29A	4-0 1F	1-1 4M	3-0 29M	3-0 4A	5-5 26O	2-2 9N	1-0 17S	1-2 19A	1-2 28S
14	Lincon City	0-3 2N	1-1 25M	3-2 2O	3-0 21S	1-1 6N	2-2 30A	2-0 11J	0-4 14J	2-1 31M	1-1 1J	0-1 12A	3-3 8S	1-0 17a		1-1 5O	0-2 22M	1-1 16A	0-1 19O	0-0 22D	4-1 16M	3-2 26a	0-0 26A	2-3 5m	3-4 24N
15	Newport County	1-1 14D	0-1 21S	2-1 11J	1-2 11M	1-1 1O	3-0 7S	1-0 31M	1-2 26a	3-3 12A	3-0 26A	1-1 22A	2-2 17a	1-1 2N	1-2 8M		1-2 23N	3-1 25J	0-2 12O	0-0 22O	2-0 16F	1-5 28F	3-3 22M	3-1 21D	1-1 6N
16	Notts County	1-2 22D	1-0 9N	3-1 15A	0-4 29M	4-0 12O	0-0 4M	2-2 28S	1-4 17a	2-0 19O	5-0 6m	3-0 8M	1-1 26a	1-1 7S	3-2 27O	1-2 19A		2-0 11J	0-0 5A	1-0 3m	3-1 30N	1-1 8A	1-1 4F	4-0 26D	3-1 17S
17	Plymouth Argyle	3-1 26A	4-1 22A	2-1 5N	2-0 1F	4-0 29A	4-2 5O	3-0 12A	4-4 1J	0-0 2N	4-2 14D	4-1 22M	0-1 15F	3-0 1O	2-1 22O	2-0 14S	0-1 31a		0-1 24a	4-0 8A	2-0 28D	2-0 15M	2-1 23N	3-1 21S	2-2 18J
18	Reading	1-0 17a	1-0 5O	1-2 31M	3-1 16A	1-0 14D	3-2 26a	2-0 22M	1-1 11J	4-2 2O	0-2 23N	1-0 26A	0-2 5m	2-2 1J	1-2 12M	0-2 15M	2-3 6N	4-3 21D		2-1 19M	2-0 21S	2-1 7S	1-0 2N	2-2 23O	0-0 12A
19	Rotherham Utd	4-1 1J	4-0 18J	4-1 26A	1-2 1M	2-0 31a	2-0 15M	3-0 23N	1-2 1O	1-2 28D	1-1 31M	2-1 2N	1-1 21S	1-0 6N	0-0 24a	1-0 4F	1-1 14D	1-2 19O	1-2 14S		4-1 1F	3-0 15F	0-0 12A	0-1 50	4-1 22M
20	Swansea City	2-0 11J	3-1 8F	1-1 1J	2-0 8M	1-3 23N	0-1 28S	2-0 2N	1-0 31M	2-0 5N	1-1 12A	2-2 6m	0-3 22O	0-2 22M	2-2 11O	3-1 17S	1-1 26A	0-0 26a	0-2 22F	2-3 7S		1-0 7J	2-1 17a	0-1 25J	0-2 14D
21	Walsall	1-1 23N	2-0 14S	4-2 14D	1-2 22O	2-1 18J	6-0 18M	3-2 26A	6-3 5N	3-0 31a	0-0 22M	1-1 31M	1-0 8M	4-1 12A	2-1 28D	2-0 28S	0-0 2N	2-2 12O	0-0 1F	3-1 17S	3-1 24a		3-3 15A	1-1 9F	3-1 1J
22	Wigan Athletic	1-1 12O	1-3 29M	5-0 21S	0-4 31a	1-1 1F	4-0 26D	1-0 11M	2-0 8F	2-0 1M	5-1 14S	2-1 24a	0-1 5A	3-2 15F	0-0 30N	3-1 26O	1-0 22O	3-0 19A	0-0 22A	0-0 9N	0-0 18J	5-0 10		5-3 3m	1-0 18M
23	Wolverhampton	2-1 5N	0-2 1F	0-3 12A	1-4 18J	2-1 22M	3-4 17S	2-1 18M	1-1 26A	3-1 1J	1-0 2N	0-4 28D	2-1 12O	1-3 23N	1-1 28S	1-2 24a	2-2 31M	0-3 11M	2-3 8A	0-0 4M	1-5 14S	0-0 19O	2-2 14D		3-2 31a
24	York City	3-0 6m	0-3 1O	2-1 22O	1-0 30N	1-1 12M	4-0 20U	0-0 7S	1-1 15M	2-0 30N	7-0 0F	1-3 26D	0-1 1M	2-0 19A	2-1 5A	3-1 22A	2-2 17a	2-1 9N	0-1 26O	2-3 3m	1-0 29M	4-1 26a	2-1 11J		

Final League Table

Pos	Team	Pld	Home					Away					Totals						Leading Goalscorer	Gls
			W	D	L	F	A	W	D	L	F	A	W	D	L	F	A	Pts	GD		
1	Reading	46	16	3	4	39	22	13	4	6	28	29	29	7	10	67	51	94	+16	T Senior	27
2	Plymouth Argyle	46	17	3	3	56	20	9	6	8	32	33	26	9	11	88	53	87	+35	S Hodges	16
3	Derby County	46	13	7	3	45	20	10	8	5	35	21	23	15	8	80	41	84	+39	R Davison	17
4	Wigan Athletic	46	17	4	2	54	17	6	10	7	28	31	23	14	9	82	48	83	+34	W Aspinall	21
5	Gillingham	46	14	5	4	48	17	8	8	7	33	37	22	13	11	81	54	79	+27	A Cascarino	14
6	Walsall	46	15	7	1	59	23	7	2	14	31	41	22	9	15	90	64	75	+26	N Cross	21
7	York City	46	16	4	3	49	17	4	7	12	28	41	20	11	15	77	58	71	+19	K Walwyn	22
8	Notts County	46	12	6	5	42	26	7	8	8	29	34	19	14	13	71	60	71	+11	I McParland	15
9	Bristol City	46	14	5	4	43	19	4	9	10	26	41	18	14	14	69	60	68	+9	S Neville	19
10	Brentford	46	8	8	7	29	2	10	4	9	29	32	18	12	16	58	61	66	-3	R Cooke	17
11	Doncaster Rovers	46	7	10	6	20	21	9	6	8	25	31	16	16	14	45	52	64	-7	C Douglas	13
12	Blackpool	46	11	6	6	38	19	6	6	11	28	36	17	12	17	66	55	63	+11	B O'Keefe	17
13	Darlington	46	10	7	6	39	33	5	6	12	22	45	15	13	18	61	78	58	-17	G MacDonald	16
14	Rotherham Utd	46	13	5	5	44	18	2	7	14	17	41	15	12	19	61	59	57	+2	T Tynan	13
15	Bournemouth	46	9	6	8	41	31	6	3	14	24	41	15	9	22	65	72	54	-7	C Clarke	26
16	Bristol Rovers	46	9	8	6	27	17	5	4	14	24	54	14	12	20	51	75	54	-24	T Morgan	16
17	Chesterfield	46	10	6	7	41	30	3	8	12	23	34	13	14	19	61	64	53	-3	E Moss	14
18	Bolton Wand	46	10	4	9	38	30	5	4	14	19	38	15	8	23	54	68	53	-14	A Caldwell	14
19	Newport County	46	7	8	8	35	30	4	10	9	17	32	11	18	17	52	65	51	-13	G Staniforth	9
20	Bury	46	11	7	5	46	26	1	6	16	17	41	12	13	21	63	67	49	-4	C Madden	14
21	Lincoln City	46	7	9	7	33	34	3	7	13	22	43	10	16	20	55	77	46	-22	N Redfearn, W Ward	8
22	Cardiff City	46	7	5	11	22	29	5	4	14	31	54	12	9	25	53	83	45	-30	N Vaughan	12
23	Wolverhampton	46	6	6	11	29	47	5	4	14	28	51	11	10	25	57	98	43	-41	A King	10
24	Swansea City	46	8	6	9	27	26	3	5	15	16	61	11	11	24	43	87	43	-44	R Gibbins	6

1985/86 CANON LEAGUE DIVISION 4
SEASON 87

Total Matches: 552
Total Goals: 1576
Avg goals per match: 2.86

		Aldershot	Burnley	Cambridge Utd	Chester City	Colchester Utd	Crewe Alex	Exeter City	Halifax Town	Hartlepool Utd	Hereford United	Mansfield Town	Northampton T	Orient	Peterborough U	Port Vale	Preston N E	Rochdale	Scunthorpe Utd	Southend United	Stockport Co	Swindon Town	Torquay Utd	Tranmere Rov	Wrexham
1	Aldershot		0-2	2-1	1-1	1-1	3-2	4-0	1-2	0-1	2-0	1-2	1-0	1-1	1-0	0-0	4-0	2-1	2-1	1-3	6-1	2-4	1-1	3-1	6-0
2	Burnley	1-2		1-1	1-0	0-0	0-2	0-1	3-1	1-3	2-0	3-2	2-1	3-2	1-0	1-1	1-2	1-1	0-0	1-2	1-3	0-1	0-2	3-0	5-2
3	Cambridge Utd	0-2	0-4		3-2	1-3	1-0	1-1	4-0	4-2	4-0	4-2	2-5	1-2	3-1	1-3	2-0	1-0	0-1	1-2	1-2	1-1	3-2	4-3
4	Chester City	1-0	4-0	1-1		4-0	4-0	2-1	1-1	1-1	1-0	0-2	3-0	2-3	2-1	4-1	2-0	1-1	1-1	2-0	1-2	0-1	3-1	1-0	2-1
5	Colchester Utd	4-0	2-2	4-1	2-3		1-2	1-1	3-1	3-1	4-0	0-0	4-0	5-0	1-0	4-0	0-1	1-1	2-0	3-1	1-1	0-0	1-2	5-2
6	Crewe Alexandra	2-0	3-1	0-1	2-2	0-2		0-1	2-2	0-0	2-0	2-1	0-1	1-3	1-1	0-1	3-3	4-2	4-0	1-1	0-1	2-0	1-0	2-1	3-2
7	Exeter City	2-0	2-2	0-0	1-3	2-2	1-2		1-0	1-2	3-2	0-1	1-2	1-1	1-0	3-0	2-0	2-0	1-0	0-3	2-2	1-0	0-1
8	Halifax Town	1-1	2-2	1-1	1-2	2-2	1-0	1-0		3-2	1-0	1-2	2-0	2-1	1-1	2-0	2-1	1-1	2-1	2-3	0-0	1-3	0-0	1-2	5-2
9	Hartlepool United	2-1	3-1	2-1	1-1	4-1	4-1	0-0	3-0		2-1	1-1	2-1	1-2	2-1	1-1	1-0	2-0	0-1	3-2	1-1	1-0	1-0	1-0	3-3
10	Hereford United	4-1	2-0	1-1	0-1	1-1	4-1	2-1	2-2		4-2	3-0	3-2	2-1	1-1	2-2	1-1	2-1	3-2	4-1	4-1	3-1
11	Mansfield Town	2-0	0-0	2-0	0-0	2-1	2-2	2-1	2-0	4-0	4-0		1-0	1-1	0-1	2-1	2-3	3-2	1-1	3-0	4-2	1-1	4-0	0-0	1-1
12	Northampton T	2-3	2-0	0-2	2-2	1-0	2-1	2-2	4-0	3-0	1-3	1-0		2-3	2-2	2-2	6-0	1-0	2-2	0-0	3-1	0-1	5-1	2-2	1-2
13	Orient	1-1	3-0	3-1	0-0	1-2	0-1	2-2	1-0	1-1	2-2	1-0	0-1		2-2	1-0	2-0	5-0	3-0	0-1	1-0	4-2	3-1	1-3
14	Peterborough U	3-0	0-0	2-0	3-0	1-2	0-0	1-1	3-1	0-0	4-2	0-5	2-2		1-0	1-1	1-1	1-1	2-0	3-0	2-0	0-1	1-1
15	Port Vale	3-1	1-1	4-1	1-1	1-1	5-0	0-0	3-2	4-0	1-0	0-0	2-0	2-0		0-1	1-1	3-1	4-0	1-1	3-0	1-0	0-0	4-0
16	Preston N E	1-3	1-0	1-2	3-6	3-2	1-2	2-2	0-1	2-1	2-0	0-2	1-1	1-3	2-4	0-1		1-1	0-1	3-2	1-2	0-3	4-0	2-2	1-0
17	Rochdale	2-0	1-0	2-1	1-2	3-3	1-0	1-1	1-0	0-2	1-1	1-1	3-2	1-4	2-1	3-3	1-1		1-0	2-1	4-1	1-2	5-0	1-1	3-2
18	Scunthorpe Utd	1-0	1-1	0-0	2-0	1-1	3-1	1-0	3-3	1-0	0-3	1-0	2-2	2-0	0-0	1-3	3-1		2-0	2-3	0-2	4-0	0-1	1-1
19	Southend United	2-0	2-3	1-0	1-1	2-4	0-1	2-0	2-1	3-2	3-1	3-1	0-4	5-1	0-1	2-1	2-1	5-0	2-1		0-0	0-0	1-2	2-2	3-0
20	Stockport County	3-2	1-1	3-1	2-2	1-1	3-0	1-1	2-1	1-3	1-1	0-2	1-0	2-3	2-2	1-2	2-1	3-0	0-0	2-1		0-2	1-1	1-1	2-0
21	Swindon Town	4-1	3-1	1-0	4-2	2-1	1-0	2-1	3-2	3-1	1-0	2-1	3-2	4-1	3-0	0-0	4-1	4-0	1-1	2-1	1-0		2-1	2-1	0-1
22	Torquay United	1-2	2-0	1-1	0-3	2-1	0-0	1-2	2-0	1-3	2-1	1-2	1-1	2-2	2-0	0-1	1-0	1-2	1-0	2-2	4-3	0-1		1-2	1-3
23	Tranmere Rovers	3-0	2-1	6-2	2-3	3-4	0-1	0-1	0-3	4-2	1-2	1-2	1-3	0-3	7-0	1-2	2-3	2-0	2-1	1-1	2-3	3-1	2-0		1-3
24	Wrexham	4-1	0-1	6-2	1-1	2-1	2-1	1-1	0-1	1-0	0-1	1-2	1-0	1-3	0-1	1-3	1-1	2-0	1-0	0-0	3-0	0-1	3-2	1-1	

Final League Table

Pos	Team	Pld	Home					Away					Totals					Pts	GD	Leading Goalscorer	Gls
			W	D	L	F	A	W	D	L	F	A	W	D	L	F	A				
1	Swindon Town	46	20	2	1	52	19	12	4	7	30	24	32	6	8	82	43	102	+39	C Henry	18
2	Chester City	46	15	5	3	44	16	8	10	5	39	34	23	15	8	83	50	84	+33	S Rimmer	16
3	Mansfield Town	46	13	8	2	43	17	10	4	9	31	30	23	12	11	74	47	81	+27	N Chamberlain	16
4	Port Vale	46	13	9	1	42	11	8	7	8	25	26	21	16	9	67	37	79	+30	R Earle	15
5	Orient	46	11	6	6	39	27	9	6	8	40	43	20	12	14	79	64	72	+15	P Shinners	16
6	Colchester Utd	46	12	6	5	51	22	7	7	9	37	41	19	13	14	88	63	70	+25	A Adcock	15
7	Hartlepool United	46	15	6	2	41	20	5	4	14	27	47	20	10	16	68	67	70	+1	A Shoulder	17
8	Northampton T	46	9	7	7	44	29	9	3	11	35	29	18	10	18	79	58	64	+21	I Benjamin	21
9	Southend United	46	13	4	6	43	27	5	6	12	26	40	18	10	18	69	67	64	+2	R Cadette	25
10	Hereford United	46	15	6	2	55	30	3	4	16	19	43	18	10	18	74	73	64	+1	O Kearns	13
11	Stockport County	46	9	9	5	35	28	8	4	11	28	43	17	13	16	63	71	64	-8	M Leonard	19
12	Crewe Alexandra	46	10	6	7	35	26	8	3	12	19	35	18	9	19	54	61	63	-7	D Waller	13
13	Wrexham	46	11	5	7	34	24	6	4	13	34	56	17	9	20	68	80	60	-12	S Charles	20
14	Burnley	46	11	3	9	35	30	5	8	10	25	36	16	11	19	60	65	59	-5	A Taylor	16
15	Scunthorpe Utd	46	11	7	5	33	23	4	7	12	17	32	15	14	17	50	55	59	-5	S Cammack	12
16	Aldershot	46	12	5	6	45	25	5	2	16	21	49	17	7	22	66	74	58	-8	G Johnson	15
17	Peterborough Utd	46	9	11	3	31	19	4	6	13	21	45	13	17	16	52	64	56	-12	J Gallagher	11
18	Rochdale	46	12	7	4	41	29	6	6	15	16	48	14	13	19	57	77	55	-20	S Taylor	25
19	Tranmere Rovers	46	9	1	13	46	41	6	8	9	28	32	15	9	22	74	73	54	+1	F Worthington	18
20	Halifax Town	46	10	8	5	35	27	4	4	15	25	44	14	12	20	60	71	54	-11	B Kellock	17
21	Exeter City	46	10	4	9	26	25	3	11	9	21	34	13	15	18	47	59	54	-12	A Kellow	9
22	Cambridge United	46	12	2	9	45	38	3	7	13	20	42	15	9	22	65	80	54	-15	D Crown	24
23	Preston N E	46	7	4	12	32	41	4	6	13	22	48	11	10	25	54	89	43	-35	J Thomas	17
24	Torquay United	46	8	3	12	19	29	1	5	17	14	56	9	10	27	43	88	37	-45	S Phillips	8

1986/87 TODAY LEAGUE DIVISION 1
SEASON 88

Total Matches 462
Total Goals 1215
Avg goals per match 2.63

Results Grid

		Arsenal	Aston Villa	Charlton Athletic	Chelsea	Coventry City	Everton	Leicester City	Liverpool	Luton Town	Manchester City	Manchester Utd	Newcastle Utd	Norwich City	Nottm Forest	Oxford United	QPR	Sheffield Weds	Southampton	Tottenham H	Watford	West Ham United	Wimbledon
1	Arsenal		2-1	2-1	3-1	0-0	0-1	4-1	0-1	3-0	3-0	1-0	0-1	1-2	0-0	0-0	3-1	2-0	1-0	0-0	3-1	0-0	3-1
2	Aston Villa	0-4		2-0	0-0	1-0	0-1	2-0	2-2	2-1	0-0	3-3	2-0	1-4	0-0	1-2	0-1	1-2	3-1	0-3	1-1	4-0	0-0
3	Charlton Athletic	0-2	3-0		0-0	1-1	3-2	2-0	0-0	0-1	5-0	0-0	1-1	1-2	0-1	0-0	2-1	1-1	1-3	0-2	4-3	2-1	0-1
4	Chelsea	1-0	4-1	0-1		0-0	1-2	3-1	3-3	1-3	2-1	1-1	1-3	0-0	2-6	4-0	3-1	2-0	1-1	0-2	0-0	1-0	0-4
5	Coventry City	2-1	0-1	2-1	3-0		1-1	1-0	1-0	0-1	2-2	1-1	3-0	2-1	1-0	3-0	4-1	1-0	1-1	4-3	1-0	1-3	1-0
6	Everton	0-1	3-0	2-1	2-2	3-1		5-1	0-0	3-1	0-0	3-1	3-0	4-0	2-0	3-1	0-0	2-3	3-0	1-0	3-2	4-0	3-0
7	Leicester City	1-1	1-1	1-0	2-2	1-1	0-2		2-1	1-1	4-0	1-1	1-1	0-2	3-1	2-0	4-1	6-1	2-3	1-2	1-2	2-0	3-1
8	Liverpool	2-1	3-3	2-0	3-0	2-0	3-1	4-3		2-0	0-0	0-1	2-0	6-2	3-0	4-0	2-1	1-1	1-0	0-1	1-0	1-0	1-2
9	Luton Town	0-0	2-1	1-0	1-0	2-0	1-0	1-0	4-1		1-0	2-1	0-0	0-0	4-2	2-3	1-0	0-0	2-1	3-1	0-2	2-1	0-0
10	Manchester City	3-0	3-1	2-1	1-2	0-1	1-3	1-2	0-1	1-1		1-1	0-0	2-2	1-0	1-0	0-0	1-0	2-4	1-1	1-2	3-1	3-1
11	Manchester United	2-0	3-1	0-1	0-1	1-1	0-0	2-0	1-0	1-0	2-0		4-1	0-1	2-0	3-2	1-0	3-1	5-1	3-3	3-1	2-3	0-1
12	Newcastle United	1-2	2-1	0-3	1-0	1-2	0-4	2-0	0-2	2-2	3-1	2-1		4-1	3-2	0-0	0-2	2-3	2-0	1-1	2-2	4-0	1-0
13	Norwich City	1-1	1-1	2-2	1-1	0-1	2-1	2-1	0-0	1-1	0-0	2-0	2-0		2-1	2-1	1-0	1-0	4-3	2-1	1-3	1-1	0-0
14	Nottingham Forest	1-0	6-0	4-0	0-1	0-0	1-0	2-1	1-1	2-2	2-0	1-1	2-1	1-1		2-0	1-0	3-2	0-0	2-0	1-1	1-1	3-2
15	Oxford United	0-0	2-2	3-2	1-1	2-0	1-1	0-0	1-3	4-2	0-0	2-0	1-1	0-1	0-1		2-1	0-1	2-1	3-1	2-4	1-3	0-0	3-1
16	Queens Park Rangers	1-4	1-0	0-0	1-1	3-1	0-1	0-1	1-3	2-2	1-0	1-1	2-1	1-0	3-1	1-1		2-2	2-1	2-0	3-2	2-3	2-1
17	Sheffield Wednesday	1-1	2-1	1-1	2-0	2-2	2-2	2-2	0-1	1-0	2-1	1-0	2-0	1-1	2-3	6-1	7-1		3-1	0-1	0-1	2-2	0-2
18	Southampton	0-4	5-0	2-2	1-2	2-0	0-2	4-0	2-1	3-0	1-1	1-1	4-1	1-2	1-3	3-0	5-1	1-1		2-0	3-1	1-0	2-2
19	Tottenham Hotspur	1-2	3-0	1-0	1-3	1-0	2-0	5-0	1-0	0-0	1-0	4-0	1-1	3-0	2-3	3-1	1-0	1-1	2-0		2-1	4-0	1-2
20	Watford	2-0	4-2	4-1	3-1	2-3	2-1	5-1	0-2	2-0	1-1	1-0	1-1	1-1	3-0	0-3	0-1	1-1	1-0			2-2	0-1
21	West Ham United	3-1	1-1	1-3	5-3	1-0	1-0	4-1	2-5	2-0	2-0	0-0	1-1	0-2	1-2	0-1	1-1	0-2	3-1	2-1	1-0		2-3
22	Wimbledon	1-2	3-2	2-0	2-1	2-1	1-2	1-0	1-3	0-1	0-0	1-0	3-1	2-0	2-1	1-1	1-1	3-0	2-2	2-2	2-1	0-1	

The play-off system was introduced from the end of this season. For details see Football League Play-Off Matches section. Automatic promotion and relegation for one club between the Fourth Division and the Football Conference was also introduced.

Final League Table

Pos	Team	Pld	Home W	Home D	Home L	Home F	Home A	Away W	Away D	Away L	Away F	Away A	Tot W	Tot D	Tot L	Tot F	Tot A	Pts	GD	Leading Goalscorer	Gls
1	Everton	42	16	4	1	48	11	10	4	7	27	20	26	8	8	76	31	86	+45	T Steven	14
2	Liverpool	42	15	3	3	43	16	8	5	8	29	26	23	8	11	72	42	77	+30	I Rush	30
3	Tottenham H	42	14	3	4	40	14	7	5	9	28	29	21	8	13	68	43	71	+25	C Allen	33
4	Arsenal	42	12	5	4	31	12	8	5	8	27	23	20	10	12	58	35	70	+23	M Hayes	19
5	Norwich City	42	9	10	2	27	20	8	7	6	26	31	17	17	8	53	51	68	+2	K Drinkell	16
6	Wimbledon	42	11	5	5	32	22	8	4	9	25	28	19	9	14	57	50	66	+7	J Fashanu	11
7	Luton Town	42	14	5	2	29	13	4	7	10	18	32	18	12	12	47	45	66	+2	M Newell, B Stein	12
8	Nottm Forest	42	12	8	1	36	14	6	3	12	28	37	18	11	13	64	51	65	+13	G Birtles, N Clough, N Webb	14
9	Watford	42	12	5	4	38	20	6	4	11	29	34	18	9	15	67	54	63	+13	M Falco	14
10	Coventry City	42	14	4	3	35	17	3	8	10	15	28	17	12	13	50	45	63	+5	C Regis	12
11	Manchester Utd	42	13	5	3	38	18	1	11	9	14	27	14	14	14	52	45	56	+7	P Davenport	14
12	Southampton	42	11	5	5	44	24	3	5	13	25	44	14	10	18	69	68	52	+1	C Clarke	20
13	Sheffield Weds	42	9	7	5	39	24	4	6	11	19	35	13	13	16	58	59	52	-1	L Chapman	14
14	Chelsea	42	8	6	7	30	30	5	7	9	23	34	13	13	16	53	64	52	-11	K Dixon	10
15	West Ham United	42	10	4	7	33	28	4	6	11	19	39	14	10	18	52	67	52	-15	T Cottee	22
16	Queens Park R	42	9	7	5	31	27	4	6	11	17	37	13	13	16	48	64	50	-16	G Bannister	14
17	Newcastle United	42	10	4	7	33	29	2	7	12	14	36	12	11	19	47	65	47	-18	P Goddard	11
18	Oxford United	42	8	8	5	30	25	3	5	13	14	44	11	13	18	44	69	46	-25	J Aldridge	15
19	Charlton Ath (P)	42	7	7	7	26	22	4	4	13	19	33	11	11	20	45	55	44	-10	J Melrose	14
20	Leicester City	42	9	7	5	39	24	2	2	17	15	52	11	9	22	54	76	42	-22	A Smith	17
21	Manchester City	42	8	6	7	28	24	0	9	12	8	33	8	15	19	36	57	39	-21	I Varadi	9
22	Aston Villa	42	7	7	7	25	25	1	5	15	20	54	8	12	22	45	79	36	-34	A Evans, S Stainrod, G Thompson	6

1986/87 TODAY LEAGUE DIVISION 2
SEASON 88

Total Matches 462
Total Goals 1131
Avg goals per match 2.45

Results Grid

	Team	Barnsley	Birmingham City	Blackburn Rov	Bradford City	Brighton & H A	Crystal Palace	Derby County	Grimsby Town	Huddersfield T	Hull City	Ipswich Town	Leeds United	Millwall	Oldham Athletic	Plymouth Argyle	Portsmouth	Reading	Sheffield United	Shrewsbury T	Stoke City	Sunderland	West Brom A
1	Barnsley		2-2	1-1	2-0	3-1	2-3	0-1	1-0	0-1	1-1	2-1	0-1	1-0	1-1	1-1	0-2	2-0	2-2	2-1	0-2	1-0	2-2
2	Birmingham City	1-1		1-1	2-1	2-0	4-1	1-1	1-0	1-1	0-0	2-2	2-1	1-1	1-3	3-2	0-1	1-1	2-1	0-2	0-0	2-0	0-1
3	Blackburn Rovers	4-2	1-0		2-1	1-0	0-2	3-1	2-2	1-2	0-2	0-0	2-1	1-0	1-0	1-2	1-0	0-0	0-2	2-1	2-1	6-1	0-1
4	Bradford City	0-0	0-0	2-0		2-0	1-2	0-1	4-2	4-3	2-0	3-4	2-0	4-0	0-3	2-2	1-0	3-0	1-1	0-0	1-4	3-2	1-3
5	Brighton & H A	1-1	2-0	0-2	2-2		2-0	0-1	0-1	1-1	2-1	1-2	0-1	0-1	1-2	1-1	0-0	1-1	2-0	3-0	1-0	0-3	0-0
6	Crystal Palace	0-1	6-0	2-0	0-1	2-0		1-0	0-3	1-0	5-1	3-3	1-0	2-1	2-1	0-0	1-0	1-3	1-2	2-3	1-0	2-0	1-1
7	Derby County	3-2	2-2	3-2	1-0	4-1	1-0		4-0	2-0	1-1	2-1	2-1	1-1	0-1	4-2	0-0	3-0	2-0	3-1	0-0	3-2	1-1
8	Grimsby Town	0-1	0-1	1-0	0-0	1-2	0-1	0-1		0-1	2-2	1-0	1-1	1-0	2-2	1-1	0-2	3-2	1-0	0-1	1-1	1-3	1-1
9	Huddersfield Town	2-2	2-2	1-2	5-2	2-1	1-2	2-0	0-0		1-3	1-2	1-1	3-0	5-4	1-2	2-0	1-1	2-1	2-2	0-2	2-1	7F
10	Hull City	3-4	3-2	0-0	2-1	1-0	3-0	1-1	1-1	0-0		2-1	0-0	2-1	1-0	0-3	0-2	0-2	0-0	3-0	0-4	1-0	2-0
11	Ipswich Town	1-0	3-0	3-1	1-0	1-0	3-0	0-2	1-1	3-0	0-0		2-0	0-0	0-1	3-0	0-1	1-1	2-2	1-0	2-0	1-1	1-0
12	Leeds United	2-2	4-0	0-0	1-0	3-1	3-0	2-0	2-0	1-1	3-0	3-2		2-0	0-2	4-0	3-1	3-2	0-1	1-0	2-1	1-1	3-2
13	Millwall	1-0	0-2	2-2	1-2	3-1	0-1	0-1	1-0	4-0	0-0	1-0	1-0		0-0	3-1	1-1	2-1	1-0	4-0	1-1	1-1	0-1
14	Oldham Athletic	2-0	2-2	3-0	2-1	1-1	1-0	1-4	1-1	2-0	0-0	2-1	0-1	2-1		2-1	0-0	4-0	3-1	3-0	2-0	1-1	2-1
15	Plymouth Argyle	2-0	0-0	1-1	3-2	2-2	3-1	1-1	5-0	1-1	4-0	2-0	1-1	1-0	3-2		2-3	1-0	1-0	3-2	1-3	2-4	1-0
16	Portsmouth	2-1	2-0	1-0	2-1	1-0	2-0	3-1	2-1	1-0	1-0	1-1	1-1	2-0	3-0	0-1		1-0	1-2	3-0	3-0	3-1	2-1
17	Reading	0-0	2-2	4-0	0-1	2-1	1-0	2-0	2-3	3-2	1-0	1-4	2-1	0-1	2-3	2-0	2-2		2-0	3-1	0-1	1-0	1-1
18	Sheffield United	1-0	1-1	4-1	2-2	0-1	0-0	0-1	1-2	0-0	4-2	0-0	0-0	2-1	2-0	2-1	1-0	3-3		1-1	3-1	2-1	1-1
19	Shrewsbury Town	1-0	1-0	0-1	0-1	1-0	0-0	4-1	1-2	3-0	2-1	0-2	1-2	2-0	1-1	1-0	0-0	1-0		4-1	0-1	1-0	
20	Stoke City	1-2	0-2	1-0	2-3	1-1	3-1	0-2	5-1	2-0	1-1	0-0	7-2	2-0	0-2	1-0	1-1	1-0	3-0	5-2		3-0	1-1
21	Sunderland	2-3	2-0	3-0	2-3	1-1	1-0	1-2	0-1	2-1	1-0	1-1	1-1	1-0	0-2	2-1	0-0	1-1	1-2	1-1	2-0		0-3
22	West Bromwich Albion	0-1	3-2	0-1	2-2	0-0	1-2	2-0	1-1	1-0	1-1	3-4	3-0	0-1	2-0	0-0	1-0	1-2	1-0	1-2	4-1	2-2	

Final League Table

Pos	Team	Pld	Home W	Home D	Home L	Home F	Home A	Away W	Away D	Away L	Away F	Away A	Totals W	Totals D	Totals L	Totals F	Totals A	Pts	GD	Leading Goalscorer	Gls
1	Derby County	42	14	6	1	42	18	11	3	7	22	20	25	9	8	64	38	84	+26	R Davison	19
2	Portsmouth	42	17	2	2	37	11	6	7	8	16	17	23	9	10	53	28	78	+25	M Quinn	22
3	Oldham Athletic	42	13	6	2	36	16	9	3	9	29	28	22	9	11	65	44	75	+21	R Palmer	16
4	Leeds United	42	15	4	2	43	16	4	7	10	15	28	19	11	12	58	44	68	+14	I Baird, J Sheridan	15
5	Ipswich Town	42	12	6	3	29	10	5	7	9	30	33	17	13	12	59	43	64	+16	K Wilson	20
6	Crystal Palace	42	12	4	5	25	20	7	1	13	16	33	19	5	18	51	53	62	-2	I Wright	9
7	Plymouth Argyle	42	12	6	3	40	23	4	7	10	22	34	16	13	13	62	57	61	+5	T Tynan	18
8	Stoke City	42	11	5	5	40	21	5	5	11	23	32	16	10	16	63	53	58	+10	C Saunders	13
9	Sheffield United	42	10	8	3	31	19	5	5	11	19	30	15	13	14	50	49	58	+1	P Beagrie, S Foley	9
10	Bradford City	42	10	5	6	36	27	5	5	11	26	35	15	10	17	62	62	55	0	J Hendrie	14
11	Barnsley	42	8	7	6	26	23	6	6	9	23	29	14	13	15	49	52	55	-3	S Gray	11
12	Blackburn Rovers	42	11	4	6	30	22	4	6	11	15	33	15	10	17	45	55	55	-10	S Barker	11
13	Reading	42	11	6	4	33	23	3	7	11	19	36	14	11	17	52	59	53	-7	T Senior	17
14	Hull City	42	10	6	5	25	22	3	8	10	16	33	13	14	15	41	55	53	-14	A Saville	9
15	West Brom A	42	8	6	7	29	22	5	6	10	22	27	13	12	17	51	49	51	+2	G Crooks	11
16	Millwall	42	10	5	6	27	16	4	6	13	12	29	14	9	19	39	45	51	-6	T Sheringham	13
17	Huddersfield T	42	9	6	6	38	30	4	6	11	16	31	13	12	17	54	61	51	-7	D Shearer	21
18	Shrewsbury T	42	11	3	7	24	14	4	3	14	17	39	15	6	21	41	53	51	-12	C Robinson	9
19	Birmingham City	42	8	9	4	27	21	3	8	10	20	38	11	17	14	47	59	50	-12	W Clarke	16
20	Sunderland	42	8	6	7	26	23	4	0	11	24	36	12	12	18	49	59	48	-10	D Buchanan, M Proctor	8
21	Grimsby Town	42	5	8	8	18	21	5	6	10	21	38	10	14	18	39	59	44	-20	I Walsh	9
22	Brighton & H A	42	7	6	8	22	20	2	6	13	15	34	9	12	21	37	54	39	-17	T Connor	9

1986/87 TODAY LEAGUE DIVISION 3
SEASON 88

Total Matches	552
Total Goals	1471
Avg goals per match	2.66

		Blackpool	Bolton Wand	Bournemouth	Brentford	Bristol City	Bristol Rovers	Bury	Carlisle United	Chester City	Chesterfield	Darlington	Doncaster Rov	Fulham	Gillingham	Mansfield Town	Middlesbrough	Newport Co	Notts County	Port Vale	Rotherham Utd	Swindon Town	Walsall	Wigan Athletic	York City
1	Blackpool		1-1	1-3	2-0	1-0	6-1	1-1	1-2	1-0	0-0	2-1	1-1	1-0	0-1	1-2	0-1	1-1	3-1	2-0	1-0	1-1	1-1	5-1	2-1
2	Bolton Wand	1-0		0-1	0-2	0-0	2-2	2-3	2-0	1-1	1-2	4-3	0-1	3-2	3-0	0-1	0-1	1-1	3-0	0-0	1-2	1-0	1-2	3-1	
3	Bournemouth	1-1	2-1		1-1	2-0	2-0	1-0	2-1	2-0	2-0	1-0	3-2	3-2	0-2	4-1	3-1	2-1	3-0	0-0	2-0	1-0	1-0	3-1	3-0
4	Brentford	1-1	1-2	1-1		1-1	1-2	0-2	3-1	3-1	2-2	5-3	1-1	3-3	3-2	3-1	0-1	2-0	1-0	0-2	2-0	1-1	0-1	2-3	3-1
5	Bristol City	3-1	4-1	2-0	0-2		0-1	2-3	3-0	1-0	1-0	1-1	5-0	0-0	2-0	0-0	2-2	4-0	3-1	1-0	0-1	1-1	2-1	2-1	3-0
6	Bristol Rovers	2-2	1-0	0-3	0-1	0-0		1-1	4-0	3-2	3-2	2-1	2-3	0-0	0-1	0-0	1-2	2-2	0-0	0-0	0-2	3-4	0-3	1-0	1-0
7	Bury	4-1	0-0	0-1	1-2	1-0			0-0	1-1	1-1	2-0	2-0	2-1	1-0	1-0	0-3	4-3	0-2	2-0	0-2	1-2	4-0	1-3	1-0
8	Carlisle United	3-1	0-0	0-0	0-0	1-2	2-0	2-1		0-2	3-0	1-0	1-0	1-3	2-4	1-2	0-1	2-2	0-2	2-0	3-5	0-3	0-3	0-2	2-2
9	Chester City	1-4	0-0	2-2	1-1	0-3	3-1	0-1	2-2		1-1	6-0	1-0	2-2	1-1	1-1	1-2	2-0	1-2	1-2	1-0	2-0	0-0	1-2	2-1
10	Chesterfield	1-1	0-0	1-1	1-2	0-3	1-1	1-1	3-2	0-1		1-0	4-1	3-1	0-0	0-1	2-1	3-2	1-2	2-4	2-1	1-3	3-2	4-3	1-0
11	Darlington	1-1	0-1	0-3	1-1	0-0	1-1	4-1	0-1	1-0	1-1		2-2	0-1	2-1	0-1	1-3	2-3	5-2	1-1	0-0	1-3	1-0	2-2	
12	Doncaster Rov	2-2	3-0	0-3	2-0	1-0	2-0	0-0	2-0	1-1	1-1	0-0		2-1	2-0	1-0	0-2	0-1	1-2	2-1	3-0	2-2	1-1	1-1	3-1
13	Fulham	0-1	4-2	1-3	1-3	0-3	2-2	2-1	3-0	0-5	3-1	3-1	0-0		2-2	1-1	2-2	2-0	3-1	0-6	1-1	0-2	2-2	2-2	1-0
14	Gillingham	2-1	1-0	2-1	2-0	1-1	4-1	1-1	0-1	1-2	3-0	4-1	2-1	4-1		2-0	0-0	1-1	3-1	0-0	1-0	1-3	4-0	0-0	2-0
15	Mansfield Town	1-1	2-2	1-1	1-0	2-0	5-0	1-3	2-0	2-3	1-1	1-0	2-1	1-0	1-0		1-1	1-0	1-2	0-1	0-0	0-0	2-0	1-5	1-1
16	Middlesbrough	1-3	0-0	4-0	2-0	1-0	1-0	3-1	1-0	1-2	2-0	1-1	1-0	3-0	6-0	1-1		2-0	2-0	2-2	0-0	1-0	3-1	0-0	3-1
17	Newport County	1-1	2-1	0-1	2-2	0-1	0-1	2-2	1-1	2-2	1-0	3-0	3-2	0-0	1-2	0-3	0-1		1-1	0-2	1-2	2-2	2-4	1-2	1-1
18	Notts County	3-2	0-0	1-1	2-0	1-0	3-0	1-2	1-1	2-1	2-2	3-1	2-3	3-1	0-0	1-0	5-2			4-1	5-0	2-3	2-1	2-0	5-1
19	Port Vale	1-6	1-1	0-2	4-1	0-0	4-1	2-0	0-1	2-1	2-2	1-2	4-2	0-1	1-2	3-2	0-0	6-1	1-1		1-1	3-4	4-1	0-1	2-3
20	Rotherham Utd	1-0	1-0	4-2	2-3	2-0	0-1	2-1	2-1	3-0	0-1	0-0	2-0	0-0	0-1	2-2	1-4	3-1	1-1	1-1		1-2	1-0	0-2	0-0
21	Swindon Town	2-6	2-0	1-1	2-0	1-2	1-2	1-0	2-0	1-1	2-1	1-1	1-0	1-1	3-0	1-0	3-0	1-2	1-0	2-0		0-0	3-1		
22	Walsall	2-1	3-3	2-0	5-2	1-1	0-3	3-1	3-0	1-0	2-1	4-2	1-3	1-1	1-0	2-0	1-0	0-1	5-2	4-1	1-0		2-3	3-2	
23	Wigan Athletic	4-1	2-1	0-2	1-1	3-1	4-3	1-0	2-0	2-2	1-1	1-1	2-0	3-1	3-0	0-2	1-2	0-1	2-1	2-1	3-2	5-1		3-2	
24	York City	1-1	2-1	2-0	2-1	1-1	1-0	1-0	2-0	1-1	1-1	3-1	1-1	2-1	1-3	3-1	3-0	1-1	1-4	2-1	0-3	1-5	1-1		

Final League Table

Pos	Team	Pld	Home W	Home D	Home L	Home F	Home A	Away W	Away D	Away L	Away F	Away A	Totals W	Totals D	Totals L	Totals F	Totals A	Pts	GD	Leading Goalscorer	Gls
1	Bournemouth	46	19	3	1	44	14	10	7	6	32	26	29	10	7	76	40	97	+36	C Richards	12
2	Middlesbrough	46	16	5	2	38	11	12	5	6	29	19	28	10	8	67	30	94	+37	B Slaven	17
3	Swindon Town (P)	46	14	5	4	37	19	11	7	5	40	28	25	12	9	77	47	87	+30	S White	15
4	Wigan Athletic	46	15	5	3	47	26	10	5	8	36	34	25	10	11	83	60	85	+23	R Campbell, D Lowe	16
5	Gillingham	46	16	5	2	42	14	7	4	12	23	34	23	9	14	65	48	78	+17	T Cascarino, D Shearer	16
6	Bristol City	46	14	6	3	42	15	7	8	8	21	21	21	14	11	63	36	77	+27	A Walsh	16
7	Notts County	46	14	6	3	52	24	7	7	9	25	32	21	13	12	77	56	76	+21	I McParland	24
8	Walsall	46	16	4	3	50	27	6	5	12	30	40	22	9	15	80	67	75	+13	D Kelly	23
9	Blackpool	46	11	7	5	35	20	5	9	9	39	39	16	16	14	74	59	64	+15	P Stewart	21
10	Mansfield Town	46	9	9	5	30	23	6	7	10	22	32	15	16	15	52	55	61	-3	K Cassells	16
11	Brentford	46	7	6	10	29	26	8	6	9	25	34	15	15	16	64	66	60	-2	R Cooke	20
12	Port Vale	46	8	6	9	43	36	6	7	10	33	34	15	12	19	76	70	57	+6	A Jones	29
13	Doncaster Rovers	46	11	8	4	32	19	3	7	13	24	43	14	15	17	56	62	57	-6	N Redfearn	14
14	Rotherham Utd	46	10	6	7	29	23	5	6	12	19	34	15	12	19	48	57	57	-9	G Evans	9
15	Chester City	46	7	9	7	32	28	6	8	9	29	31	13	17	16	61	59	56	+2	G Bennett	13
16	Bury	46	9	7	7	30	26	5	6	12	24	34	14	13	19	54	60	55	-6	N Greenwood	15
17	Chesterfield	46	11	8	4	37	25	2	10	11	20	36	13	18	15	57	56	69	-13	D Caldwell	14
18	Fulham	46	8	8	7	35	41	4	9	10	24	36	12	17	17	59	77	53	-18	D Coney	10
19	Bristol Rovers	46	7	8	8	26	29	6	4	13	23	46	13	12	21	49	75	51	-26	D Mehew	10
20	York City	46	11	8	4	34	29	1	5	17	21	50	12	13	21	55	79	49	-24	K Walwyn	11
21	Bolton Wand	46	8	5	10	29	26	2	10	11	17	32	10	15	21	46	58	45	-12	A Caldwell	14
22	Carlisle United	46	7	5	11	26	35	3	3	17	13	43	10	8	28	39	78	38	-39	P Baker	9
23	Darlington	46	6	10	7	25	28	1	6	16	20	49	7	16	23	45	77	37	-32	D Currie	12
24	Newport County	46	4	9	10	26	34	4	4	15	23	52	8	13	25	49	86	37	-37	R Carter, R Gibbins, M Vinter	7

1986/87 TODAY LEAGUE DIVISION 4
SEASON 88

ENGLISH LEAGUE FOOTBALL : THE COMPLETE RECORD | 297

Total Matches 552
Total Goals 1456
Avg goals per match 2.64

Final League Table

Pos	Team	Pld	Home					Away					Totals					Pts	GD	Leading Goalscorer	Gls
			W	D	L	F	A	W	D	L	F	A	W	D	L	F	A				
1	Northampton T	46	20	2	1	56	20	10	7	6	47	33	30	9	7	103	53	99	+50	R Hill	29
2	Preston N E	46	16	4	3	36	18	10	8	5	36	29	26	12	8	72	47	90	+25	J Thomas	21
3	Southend United	46	14	4	5	43	27	11	1	11	25	28	25	5	16	68	55	80	+13	R Cadette	24
4	Wolverhampton	46	12	3	8	36	24	12	4	7	33	26	24	7	15	69	50	79	+19	S Bull	15
5	Colchester Utd	46	15	3	5	41	20	6	4	13	23	36	21	7	18	64	56	70	+8	A Adcock	11
6	Aldershot (P)	46	13	5	5	42	40	7	5	11	24	35	20	10	16	64	57	70	+7	B Barnes, M Foyle, A King	11
7	Orient	46	15	2	6	40	25	5	7	11	24	36	20	9	17	64	61	69	+3	A Comfort	11
8	Scunthorpe Utd	46	15	3	5	52	27	3	9	11	21	30	18	12	16	73	57	66	+16	S Johnson	13
9	Wrexham	46	8	13	2	38	24	7	9	7	32	27	15	20	11	70	51	65	+19	J Steel	17
10	Peterborough U	46	10	7	6	29	21	7	7	9	28	29	17	14	15	57	50	65	+7	S Phillips	11
11	Cambridge Utd	46	12	6	5	37	23	5	5	13	23	39	17	11	18	60	62	62	-2	M Cooper	13
12	Swansea City	46	13	6	3	38	17	4	8	11	25	40	17	11	18	56	61	62	-5	S McCarthy	14
13	Cardiff City	46	6	12	5	24	18	9	4	10	24	32	15	16	15	48	50	61	-2	P Wimbleton	8
14	Exeter City	46	11	10	2	37	17	0	13	10	16	32	11	23	12	53	49	56	+4	T Kellow	15
15	Halifax Town	46	8	8	7	32	32	5	5	13	27	42	13	13	20	59	74	55	-15	P Brown	12
16	Hereford United	46	10	6	7	33	23	4	5	14	27	38	14	11	21	60	61	53	-1	O Kearns	16
17	Crewe Alexandra	46	8	9	6	38	35	5	5	13	32	37	13	14	19	70	72	53	-2	D Platt	22
18	Hartlepool United	46	6	11	6	24	30	5	7	11	20	35	11	18	17	44	65	51	-21	K Dixon	9
19	Stockport County	46	9	6	8	25	27	4	6	13	15	42	13	12	21	40	69	51	-29	V Allatt	10
20	Tranmere Rovers	46	6	10	7	32	37	5	7	11	22	35	11	17	18	54	72	50	-18	I Muir	20
21	Rochdale	46	8	8	7	31	30	3	9	11	23	43	11	17	18	54	73	50	-19	L Simmonds	10
22	Burnley	46	9	7	7	31	35	3	6	14	22	39	12	13	21	53	74	49	-21	L James	10
23	Torquay United	46	8	8	7	28	29	2	10	11	28	43	10	18	18	56	72	48	-16	P Dobson	16
24	Lincoln City	46	8	7	8	30	27	4	5	14	38	12	12	22	45	65	48	-20	G Lund	13

After this season, Orient reverted to Leyton Orient.

1987/88 BARCLAYS LEAGUE DIVISION 1
SEASON 89

Total Matches	420
Total Goals	1049
Avg goals per match	2.50

Results Grid

	Arsenal	Charlton Athletic	Chelsea	Coventry City	Derby County	Everton	Liverpool	Luton Town	Manchester Utd	Newcastle Utd	Norwich City	Nottm Forest	Oxford United	Portsmouth	Q P R	Sheffield Weds	Southampton	Tottenham H	Watford	West Ham United	Wimbledon
1 Arsenal		4-0	3-1	1-1	2-1	1-1	1-2	2-1	1-2	1-1	2-0	0-2	2-0	6-0	0-0	3-1	0-1	2-1	0-1	1-0	3-0
2 Charlton Athletic	0-3		2-2	2-2	0-1	0-0	0-2	1-0	1-3	2-0	2-0	1-2	0-0	2-1	0-1	3-1	1-1	1-1	1-0	3-0	1-1
3 Chelsea	1-1	1-1		1-0	1-0	0-0	1-1	3-0	1-2	2-2	1-0	4-3	2-1	0-0	1-1	2-1	0-1	0-0	1-1	1-1	1-1
4 Coventry City	0-0	0-0	3-3		0-3	1-2	1-4	4-0	0-0	1-3	0-0	0-3	1-0	1-0	0-0	3-0	2-3	2-1	1-0	0-0	3-3
5 Derby County	0-0	1-1	2-0	2-0		0-0	1-1	1-0	2-1	1-2	0-1	0-0	0-0	0-2	2-2	2-0	1-2	1-1	1-0	0-0	0-1
6 Everton	1-2	1-1	4-1	1-2	3-0		1-0	2-0	2-1	1-0	1-0	1-0	0-0	2-1	2-0	4-0	1-0	0-0	2-0	3-1	2-2
7 Liverpool	2-0	3-2	2-1	4-0	4-0	2-0		1-1	3-3	4-0	0-0	5-0	2-0	4-0	1-0	1-1	1-0	4-0	0-0	0-0	2-1
8 Luton Town	1-1	1-0	3-0	0-1	1-0	2-1	0-1		1-1	4-0	1-2	1-1	7-4	4-1	2-1	2-2	2-2	2-0	2-1	2-2	2-0
9 Manchester United	0-0	0-0	3-1	1-0	4-1	2-1	1-1	3-0		2-2	2-1	2-2	3-1	4-1	2-1	4-1	0-2	1-0	2-0	3-1	2-1
10 Newcastle United	0-1	2-1	3-1	2-2	0-0	1-1	1-4	4-0	1-0		1-3	0-1	3-1	1-1	1-1	2-2	2-1	2-0	3-0	2-1	5-5
11 Norwich City	2-4	2-0	3-0	3-1	1-2	0-3	0-0	2-2	0-0	1-1		0-2	4-2	0-1	1-1	0-3	0-1	2-1	0-0	4-1	0-1
12 Nottingham Forest	0-1	2-2	3-2	4-1	2-1	0-0	2-1	1-1	0-0	0-2	2-0		5-3	5-0	4-0	3-0	3-3	3-0	1-0	0-0	0-0
13 Oxford United	0-0	2-1	4-4	1-0	0-0	1-1	0-3	2-5	0-2	1-3	3-0	0-2		4-2	2-0	0-3	0-0	0-0	1-1	1-2	2-5
14 Portsmouth	1-1	1-1	0-3	0-0	2-1	0-1	0-2	3-1	1-2	1-2	2-0	0-1	2-2		0-1	1-2	2-2	0-0	1-1	2-1	2-1
15 Queens Park Rangers	2-0	2-0	3-1	1-2	1-1	1-0	0-1	2-0	0-2	1-1	3-0	2-1	3-2	2-1		1-1	3-0	2-0	0-0	0-1	1-0
16 Sheffield Wednesday	3-3	2-0	3-0	0-3	2-1	1-0	1-5	0-2	2-4	0-1	0-0	0-1	1-1	0-3	1-1		2-1	0-3	2-3	2-1	1-2
17 Southampton	4-2	0-1	3-0	1-2	1-2	0-4	2-2	1-1	2-2	1-1	0-0	1-1	3-0	0-2	0-1	1-1		2-1	1-0	2-1	2-2
18 Tottenham Hotspur	1-2	0-1	1-0	2-2	0-0	2-1	0-2	2-1	1-1	3-1	1-3	1-3	0-0	1-1	1-2	0-2	1-2		2-1	2-1	0-3
19 Watford	2-0	2-1	0-3	0-1	1-1	1-2	1-4	0-1	0-1	1-1	0-1	0-0	3-0	0-0	0-1	1-3	0-1	1-1		1-2	1-0
20 West Ham United	0-1	1-1	4-1	1-1	1-1	0-0	1-1	1-1	1-1	2-1	2-0	3-2	1-1	1-1	0-3	0-1	2-1	0-1	1-0		1-2
21 Wimbledon	3-1	4-1	2-2	1-2	2-1	1-1	1-1	2-0	2-1	0-0	1-0	1-1	1-1	2-2	1-2	1-1	2-0	3-0	1-2	1-1	

Final League Table

Pos	Team	Pld	Home W	D	L	F	A	Away W	D	L	F	A	Totals W	D	L	F	A	Pts	GD	Leading Goalscorer	Gls
1	Liverpool	40	15	5	0	49	9	11	7	2	38	15	26	12	2	87	24	90	+63	J Aldridge	26
2	Manchester Utd	40	14	5	1	41	17	9	7	4	30	21	23	12	5	71	38	81	+33	B McClair	24
3	Nottm Forest	40	11	7	2	40	17	9	6	5	27	22	20	13	7	67	39	73	+28	N Clough	19
4	Everton	40	14	4	2	34	11	5	9	6	19	16	19	13	8	53	27	70	+26	G Sharp	13
5	Queens Park R	40	12	4	4	30	14	7	6	7	18	24	19	10	11	48	38	67	+10	G Bannister	8
6	Arsenal	40	11	4	5	35	16	7	8	5	23	23	18	12	10	58	39	66	+19	A Smith	11
7	Wimbledon	40	8	9	3	32	20	6	6	8	26	27	14	15	11	58	47	57	+11	J Fashanu	14
8	Newcastle United	40	9	6	5	32	23	5	8	7	23	30	14	14	12	55	53	56	+2	M O'Neill	12
9	Luton Town	40	11	6	3	40	21	3	5	12	17	37	14	11	15	57	58	53	-1	M Stein	11
10	Coventry City	40	6	8	6	23	25	7	6	7	23	28	13	14	13	46	53	53	-7	C Regis	12
11	Sheffield Weds	40	10	2	8	27	30	5	6	9	25	36	15	8	17	52	66	53	-14	L Chapman	19
12	Southampton	40	6	8	6	27	26	6	6	8	22	27	12	14	14	49	53	50	-4	C Clarke	16
13	Tottenham H	40	9	5	6	26	23	3	6	11	12	25	12	11	17	38	48	47	-10	C Allen	11
14	Norwich City	40	7	5	8	26	26	5	4	11	14	26	12	9	19	40	52	45	-12	K Drinkell	12
15	Derby County	40	6	7	7	18	17	4	6	10	17	28	10	13	17	35	45	43	-10	P Gee, J Gregory	6
16	West Ham United	40	6	9	5	23	21	3	6	11	17	31	9	15	16	40	52	42	-12	D Cottee	13
17	Charlton Athletic	40	7	7	6	23	21	2	8	10	15	31	9	15	16	38	52	42	-14	G Crooks	10
18	Chelsea	40	7	11	2	24	17	2	4	14	26	51	9	15	16	50	68	42	-18	G Durie	12
19	Portsmouth	40	4	8	8	21	27	3	6	11	15	39	7	14	19	36	66	35	-30	K Dillon	9
20	Watford	40	4	5	11	15	24	3	6	11	12	27	7	11	22	27	51	32	-24	L Blissett	4
21	Oxford United	40	5	7	8	24	34	1	6	13	20	46	6	13	21	44	80	31	-36	D Saunders	12

1987/88 BARCLAYS LEAGUE DIVISION 2
SEASON 89

Total Matches	506
Total Goals	1389
Avg goals per match	2.74

		Aston Villa	Barnsley	Birmingham City	Blackburn Rov	Bournemouth	Bradford City	Crystal Palace	Huddersfield T	Hull City	Ipswich Town	Leeds United	Leicester City	Manchester City	Middlesbrough	Millwall	Oldham Athletic	Plymouth Argyle	Reading	Sheffield United	Shrewsbury T	Stoke City	Swindon Town	West Brom A
1	Aston Villa		0-0	0-2	1-1	1-1	1-0	4-1	1-1	5-0	1-0	1-2	2-1	1-1	0-1	1-2	1-2	5-2	2-1	1-1	1-0	0-1	2-1	0-0
			12S	22a	30S	17O	2M	21O	28D	1J	16J	12M	6F	31a	8S	7N	4A	27F	31O	26S	23A	26M	5D	18D
2	Barnsley	1-3		2-2	0-1	2-1	3-0	2-1	1-0	1-3	2-3	1-1	1-1	3-1	0-3	4-1	1-1	2-1	5-2	1-2	2-1	5-2	0-1	3-1
		2J		23A	13F	8M	7N	29a	4A	17O	27F	16a	12M	26M	2m	19D	26D	5S	20O	29S	21N	31O	15S	5D
3	Birmingham City	1-2	2-0		1-0	1-1	1-1	0-6	2-0	1-1	1-0	0-0	2-2	0-3	0-0	1-0	1-3	0-1	2-2	1-0	0-0	2-0	1-1	0-1
		12D	3N		15S	29a	5M	5S	3O	2A	28N	6m	14N	30A	24O	9F	19M	26D	10O	9A	19S	15a	2J	8M
4	Blackburn Rovers	3-2	0-1	2-0		3-1	1-1	2-0	2-2	2-1	1-0	1-1	3-3	2-1	0-2	2-1	1-0	1-1	1-1	4-1	2-2	2-0	0-0	3-1
		20F	18a	19D		12M	28D	21N	12S	16J	1S	3O	19M	6F	26S	5D	7N	24O	2m	1J	4A	17O	25A	22a
5	Bournemouth	1-2	1-2	4-2	1-1		2-0	2-3	0-2	6-2	1-1	0-0	2-3	0-2	0-0	1-2	2-2	2-2	3-0	1-2	2-0	0-0	2-0	3-2
		5M	31a	1J	10O		22a	7N	21N	6F	31O	26M	26S	1D	19D	19A	5D	29S	12S	16J	20O	27F	2m	28D
6	Bradford City	2-4	1-1	4-0	2-1	2-0		2-0	0-1	2-0	2-3	0-0	4-1	2-4	2-0	3-1	5-3	3-1	3-0	2-0	1-1	1-4	2-0	4-1
		28N	2A	17O	19S	12D		31O	1M	9A	7m	29a	30A	21O	3O	5S	13F	16S	20A	14N	26D	2J	15a	12M
7	Crystal Palace	1-1	3-2	3-0	2-0	3-0	1-1		2-1	2-2	1-2	3-0	2-1	2-0	3-1	1-0	3-1	5-1	2-3	2-1	1-2	2-0	2-1	4-1
		9A	1J	6F	30A	2A	19M		16J	22a	26S	28N	12S	7m	1S	10O	5M	3N	28D	13D	27F	14N	24O	8S
8	Huddersfield Town	0-1	2-2	2-2	1-2	1-2	1-2	2-2		0-2	1-2	0-0	1-0	1-0	1-4	2-1	2-2	2-1	0-2	0-2	0-0	0-3	0-3	1-3
		19S	14N	27F	2J	30A	29S	15A		20O	8A	15S	28N	2A	10O	31O	19A	12D	5M	7m	29a	26D	13F	26M
9	Hull City	2-1	1-2	2-0	2-2	2-1	0-0	2-1	4-0		1-0	3-1	2-3	0-0	3-1	0-0	1-0	1-1	2-2	1-2	1-1	0-0	1-4	1-0
		29a	5M	7N	15a	5S	3N	19D	23A		10O	3J	24O	29S	4A	2m	19S	19M	5D	27F	15S	13F	12A	21N
10	Ipswich Town	1-1	1-0	1-0	0-2	1-2	4-0	2-3	3-0	2-0		1-0	0-2	3-0	4-0	1-1	2-0	1-2	2-1	1-0	2-0	2-0	3-2	1-1
		15a	3O	2m	30J	19M	5D	26D	3N	12M		5S	20F	17O	23A	2J	21N	13F	7N	24O	18D	29a	19S	4A
11	Leeds United	1-3	0-2	4-1	2-2	3-2	2-0	1-0	3-0	0-2	1-0		1-0	2-0	2-0	1-2	1-1	1-0	0-0	5-0	2-1	0-0	4-2	1-0
		10O	16J	5D	27F	24O	1J	2m	19D	12S	6F		19a	26S	28D	6A	23A	5M	22a	19M	7N	30S	21N	31a
12	Leicester City	0-2	0-0	2-0	1-2	0-1	0-2	4-4	3-0	2-1	1-1	3-2		1-0	0-0	1-0	4-1	4-0	1-0	1-0	0-1	1-1	3-2	3-0
		5S	10O	5A	31O	26D	21N	2J	2m	26M	30S	13F		27F	5D	29a	16S	19S	23A	5M	15a	16M	7N	21O
13	Manchester City	0-2	1-1	3-0	1-2	2-0	2-2	1-3	10-1	2-0	2-0	1-2	4-2		1-1	4-0	1-2	2-1	2-0	2-3	1-3	3-0	1-1	4-2
		23J	24O	21N	5S	13F	23A	5D	7N	2M	5M	26D	3O		4N	16S	19D	15a	4A	10O	2J	19S	19M	2m
14	Middlesbrough	2-1	2-0	1-1	1-1	3-0	1-2	2-1	2-0	1-0	3-1	2-0	1-2	2-1		1-1	1-0	3-1	0-0	6-0	4-0	2-0	2-3	2-1
		14F	28N	26M	26D	15S	27F	23J	12M	14N	20O	19S	7m	9A		15a	29a	30A	29S	2A	31O	12D	6S	17O
15	Millwall	2-1	3-1	3-1	1-4	1-2	0-1	1-1	4-1	2-0	2-1	3-1	1-0	0-1	2-1		1-1	3-2	3-1	4-1	2-0	2-2	2-0	
		2A	22a	1S	7m	3N	6F	12M	19M	28N	12S	14N	1J	12D	16J		20F	9A	1D	28D	17O	30A	3O	26S
16	Oldham Athletic	0-1	1-0	1-2	4-2	2-0	0-2	1-0	3-2	1-2	3-1	1-1	2-0	1-1	3-1	0-0		0-1	4-2	3-2	2-2	5-1	4-3	2-1
		14N	26S	31O	1A	7m	18a	29J	31a	28D	30A	20O	12D	22a	1J	29S		28N	6F	12S	26M	9A	12M	16J
17	Plymouth Argyle	1-3	0-0	1-1	3-0	1-0	1-2	2-1	1-3	6-1	3-1	0-0	6-3	4-0	3-2	0-1	1-2		1-0	1-3	1-0	2-0	3-0	1-0	3-3
		3O	15A	26S	26M	26A	20D	23A	22a	31O	18a	17O	28D	16J	21N	20O	2m		1J	31a	5D	12M	4A	12S
18	Reading	0-2	2-1	1-1	0-0	0-0	1-1	2-3	3-2	0-0	1-1	0-1	1-2	0-2	0-0	2-3	3-0	0-1		2-1	1-0	0-1	0-1	1-2
		19M	9A	12M	28N	13A	24O	19S	17O	7m	2A	12D	30J	14N	20F	13F	5S	29a		30A	23J	16S	26D	3O
19	Sheffield United	1-1	1-0	0-2	3-1	0-1	1-2	1-1	2-2	2-1	4-1	2-2	2-1	1-2	0-2	1-2	0-5	1-0	4-1		0-0	1-0	1-0	0-0
		26D	20F	20O	29a	15a	4A	15S	5D	3O	26M	31O	17O	8M	7N	19S	2J	19A	21N		13F	5S	20D	23A
20	Shrewsbury Town	1-2	1-1	0-0	1-2	2-1	2-2	2-0	3-1	2-2	0-0	1-0	0-0	0-0	0-1	0-0	2-3	2-1	0-1	2-0		0-3	2-1	0-1
		3N	30A	28D	14N	8A	26S	3O	1J	12D	22a	2A	16J	12S	19M	5M	24O	7m	1S	17N		28N	20F	6F
21	Stoke City	0-0	2-1	3-1	2-1	1-0	1-2	1-1	1-1	1-1	1-2	2-1	2-1	1-3	1-0	1-2	2-2	1-0	4-2	1-0	1-1		1-0	3-0
		24O	19M	16J	5M	3O	12S	4A	26S	18a	1J	23F	31a	28D	22a	21N	8D	10O	19D	6F	2m		23A	7N
22	Swindon Town	0-0	3-0	0-2	1-2	4-2	2-2	2-2	4-1	0-0	4-2	1-2	3-2	3-4	1-1	0-1	2-0	1-1	0-0	2-0	1-1	2-0		2-0
		7m	16M	12S	9A	28N	30M	27M	1D	31a	28D	30A	2A	31O	6F	27F	10O	14N	26S	22a	29S	20O		1J
23	West Bromwich Albion	0-2	2-2	3-1	0-1	3-0	0-1	1-2	1-1	2-2	1-4	1-1	1-1	0-0	1-4	0-0	1-0	0-1	4-0	2-1	2-0	1-2		
		16S	7m	30S	12D	19S	10O	13F	24O	30A	14N	30J	9A	28N	5M	26D	15a	2J	27F	4N	5S	2A	29a	

Final League Table

Pos	Team	Pld	Home					Away					Totals						Leading Goalscorer	Gls
			W	D	L	F	A	W	D	L	F	A	W	D	L	F	A	Pts	GD		
1	Millwall	44	15	3	4	45	23	10	4	8	27	29	25	7	12	72	52	82	+20	T Sheringham	22
2	Aston Villa	44	9	7	6	31	21	13	5	4	37	20	22	12	10	68	41	78	+27	W Aspinall, G Thompson	11
3	Middlesbro' (P)	44	15	4	3	44	16	7	8	7	19	20	22	12	10	63	36	78	+27	B Slaven	21
4	Bradford City	44	14	3	5	49	26	8	8	6	25	28	22	11	11	74	54	77	+20	R Futcher	14
5	Blackburn Rovers	44	12	8	2	38	22	9	6	7	30	30	21	14	9	68	52	77	+16	S Garner	14
6	Crystal Palace	44	16	3	3	50	21	6	6	10	36	38	22	9	13	86	59	75	+27	**M Bright**	25
7	Leeds United	44	14	4	4	37	18	5	8	9	24	33	19	12	13	61	51	69	+10	J Sheridan	12
8	Ipswich Town	44	14	3	5	38	17	5	6	11	23	35	19	9	16	61	52	66	+9	D Lowe	17
9	Manchester City	44	11	4	7	50	28	8	4	10	30	32	19	8	17	80	60	65	+20	P Stewart	24
10	Oldham Athletic	44	13	4	5	43	27	5	7	10	29	37	18	11	15	72	64	65	+8	A Ritchie	19
11	Stoke City	44	12	6	4	34	22	5	5	12	16	35	17	11	16	50	57	62	-7	P Heath	8
12	Swindon Town	44	10	7	5	43	25	6	4	12	30	35	16	11	17	73	60	59	+13	J Quinn	21
13	Leicester City	44	12	5	5	35	20	4	6	12	27	41	16	11	17	62	61	59	+1	G McAllister	9
14	Barnsley	44	11	4	7	42	32	4	8	10	19	30	15	12	17	61	62	57	-1	S Lowndes	9
15	Hull City	44	10	8	4	32	22	4	7	11	22	38	14	15	15	54	60	57	-6	A Dyer, G Parker	8
16	Plymouth Argyle	44	12	4	6	44	26	4	4	14	21	41	16	8	20	65	67	56	-2	T Tynan	16
17	Bournemouth	44	7	7	8	36	30	6	3	13	20	38	13	10	21	56	68	49	-12	P Aylott	9
18	Shrewsbury T	44	7	8	7	23	22	4	8	10	19	32	11	16	17	42	54	49	-12	M Brown, D Geddis	5
19	Birmingham City	44	7	9	6	20	24	4	9	9	21	42	11	15	18	41	66	48	-25	S Whitton	14
20	West Brom A	44	8	7	7	29	26	4	4	14	21	43	12	11	21	50	69	47	-19	A Gray	10
21	Sheffield United	44	9	6	7	27	28	5	1	16	18	46	13	7	24	45	74	46	-29	T Philliskirk	9
22	Reading	44	5	7	10	20	25	5	12	24	45	10	12	22	44	70	42	-26	C Gordon	8	
23	Huddersfield T	44	4	6	12	20	38	2	4	16	21	62	6	10	28	41	100	28	-59	D Shearer	10

1987/88 BARCLAYS LEAGUE DIVISION 3
SEASON 89

Total Matches	552
Total Goals	1485
Avg goals per match	2.69

		Aldershot	Blackpool	Brentford	Brighton & H A	Bristol City	Bristol Rovers	Bury	Chester City	Chesterfield	Doncaster Rov	Fulham	Gillingham	Grimsby Town	Mansfield Town	Northampton T	Notts County	Port Vale	Preston N E	Rotherham Utd	Southend Utd	Sunderland	Walsall	Wigan Athletic	York City
1	Aldershot		0-0 29M	4-1 26S	1-4 12S	2-1 7N	3-0 1J	0-2 16J	4-1 6F	2-0 20O	2-1 31a	0-3 26M	6-0 28D	3-2 19D	3-0 19A	4-4 31O	0-2 23F	3-0 15A	0-0 2m	1-3 28N	0-1 4A	3-2 27F	0-1 9J	3-2 29S	1-2 5M
2	Blackpool	3-2 12M		0-1 16J	1-3 6F	4-2 3N	2-1 31a	5-1 1J	0-1 12S	4-2 2m	2-1 15A	3-3 3O	3-0 20F	2-0 23A	3-1 19M	1-1 28N	1-2 28D	3-0 4A	3-0 26S	1-1 7N	0-2 19D	1-2 17O	0-0 22a	2-1 24O	2-1 1M
3	Brentford	3-0 26D	2-1 19S		1-1 26M	0-2 29a	1-1 31O	0-3 12M	1-1 20O	2-0 15S	1-1 30A	3-1 14F	2-2 9A	0-2 23F	2-2 12D	0-1 9J	1-0 2A	1-0 3O	2-1 1M	1-1 5S	1-0 2J	0-1 15a	0-0 17O	2-1 21N	1-2 7m
4	Brighton & H A	1-1 2J	1-3 5S	2-1 24O		3-2 13F	2-1 7m	2-1 3O	1-0 12D	2-2 17F	2-0 4N	2-0 29a	0-0 2A	3-1 19M	3-0 30A	1-1 15A	2-0 28N	0-0 2M	1-1 17O	0-0 16S	3-1 26D	2-1 19S	1-0 12M	1-0 9A	1-0 15a
5	Bristol City	2-0 2A	2-1 9A	2-3 1J	5-2 28D		3-3 12S	3-2 6F	2-2 21N	2-1 29S	1-0 7m	4-3 15D	1-1 26S	1-2 5M	2-2 20F	2-1 27F	1-0 16J	3-1 31a	2-0 22a	3-2 26M	0-1 10O	0-0 20O	0-0 9F	4-1 30A	3-2 12D
6	Bristol Rovers	3-1 29a	2-0 27A	0-0 19M	1-2 19D	1-0 12A		0-0 4A	2-2 17O	2-2 7N	4-0 24O	3-1 26D	2-1 12M	0-2 28N	4-2 3O	2-1 19S	0-2 2M	1-1 23A	1-0 4N	1-2 15a	3-1 13F	0-0 24F	4-0 2m	3-0 5S	2-3 16S
7	Bury	1-0 19S	3-1 29a	2-2 10O	2-1 27F	1-1 5S	4-1 21N		0-1 7m	2-0 30J	2-1 19M	1-1 12D	2-1 30A	2-1 15S	1-0 3N	0-0 13F	0-1 9A	1-0 5M	4-0 24O	2-2 9J	2-2 15a	2-3 2J	2-2 29S	0-2 26D	0-1 2A
8	Chester City	4-1 5S	1-1 2J	1-1 23A	2-2 2m	1-0 4A	0-3 5M	4-4 18D		1-1 28N	1-1 5D	1-2 16S	3-1 2M	0-2 19S	0-5 24O	1-2 15a	1-0 3O	1-0 4N	1-0 19M	1-0 30J	1-1 9J	1-1 26D	1-2 7N	1-1 13F	1-0 29a
9	Chesterfield	1-0 9A	1-1 12D	2-1 19A	0-0 22a	1-4 1M	0-1 2A	0-1 31a	0-0 30A		0-1 16J	1-0 7m	1-4 6F	0-3 10O	3-1 1J	0-2 5M	2-0 26S	1-3 12S	0-0 20F	3-2 3O	3-1 24O	1-1 21N	2-1 28D	0-1 3N	2-1 19M
10	Doncaster Rov	0-0 31J	2-1 15S	0-1 28N	0-2 23A	1-2 19D	0-1 25M	1-0 31O	3-1 11M	1-0 18S		2-2 9J	4-2 3O	1-0 15a	0-2 1M	0-1 5S	0-1 17O	1-1 7N	3-2 4A	2-0 13F	0-0 2m	0-0 29a	3-4 20O	2-0 2J	2-0 26D
11	Fulham	1-2 24O	3-1 27F	2-2 28D	1-2 1J	0-0 19M	3-1 26S	0-1 2m	1-0 15A	1-3 19D	4-0 22a		0-2 12S	5-0 3N	0-0 6F	0-0 7N	1-2 1S	0-1 16J	3-1 28N	3-1 4A	0-2 23A	2-0 29S	3-2 20F	3-1 5M	3-1 10O
12	Gillingham	2-1 13F	0-0 15a	0-1 3N	1-1 7N	1-1 26D	3-0 10O	3-3 28N	0-1 29S	10-0 5S	3-1 27F	2-2 2J		1-1 2F	0-0 5M	1-2 4A	3-1 24O	0-0 19M	4-0 23A	0-2 2m	8-1 29a	0-0 15S	0-1 18D	0-1 23J	3-1 19S
13	Grimsby Town	1-1 7m	1-1 20O	0-1 31a	0-1 31O	1-4 17O	0-0 30A	2-0 26J	1-1 16J	1-1 12M	0-0 20F	0-2 9A	2-0 22a		2-3 12S	2-2 26M	0-0 1J	3-1 28D	1-0 6F	1-1 8M	1-3 3O	0-1 2A	0-2 26S	0-2 12D	5-1 21N
14	Mansfield Town	1-0 22M	0-0 31O	2-1 2m	1-1 21N	2-0 15a	1-0 27F	0-0 23A	1-2 26M	0-1 29a	2-0 29S	0-2 4S	2-2 17O	1-0 2J		3-1 200	1-1 12M	4-0 20D	0-0 7N	0-0 26D	1-0 19S	0-4 26A	1-3 5A	0-1 15S	2-1 13F
15	Northampton T	1-1 19M	3-3 30A	2-1 9S	1-1 31a	3-0 3O	2-1 16J	0-0 28D	4-0 20F	1-0 17O	3-2 6F	2-1 2A	2-1 21N	2-1 24O	2-0 10A		0-1 12S	1-0 26S	0-0 27J	4-0 11M	4-0 2M	1-0 12D	1-1 1J	1-1 30J	0-0 4N
16	Notts County	2-1 15S	2-3 13F	5-0 7N	0-2 4A	0-1 19S	1-1 29S	3-0 20O	1-0 27F	0-1 26D	2-0 5M	5-1 30J	0-1 26M	0-0 29a	1-1 110	3-1 2J		1-2 2m	4-2 19D	4-0 23A	6-2 5S	2-1 31O	3-1 21N	4-4 15a	3-0 9J
17	Port Vale	4-2 15a	0-0 22N	1-0 27F	2-0 28S	1-1 18A	2-1 19O	1-1 17O	0-1 9A	1-1 2J	0-0 2A	2-0 19S	1-1 31O	1-3 13F		7m	0-1 26D		1-3 12D	3-2 12M	0-0 29a	4-1 14S	0-1 30A	2-1 26M	2-1 25A	2-1 5S
18	Preston N E	0-2 12D	2-1 26D	1-2 29S	3-0 5M	2-0 9J	3-1 8A	1-0 26M	1-1 310	1-1 15a	0-1 21N	1-2 30A	2-1 200	1-1 5S	1-3 2A	1-0 15S	0-0 7m	1-2 100		3-2 19S	0-0 30J	1-1 13F	2-2 27F	1-0 29a	0-1 2J
19	Rotherham Utd	1-0 30A	0-1 2A	2-0 17F	1-0 16M	4-1 24O	1-1 20F	0-1 22a	1-0 31a	1-2 27F	0-2 28D	0-0 21N	0-1 12D	2-1 29S	2-2 26S	0-1 110	1-1 3N	2-2 1J	1-1 16J		1-1 5M	1-4 7m	0-1 12S	1-1 19M	0-1 8A
20	Southend United	0-1 21N	4-0 7M	2-3 12S	2-1 26S	2-0 11M	4-2 28D	1-0 20F	2-2 22a	3-0 25M	4-1 110	0-2 200	1-3 1J	0-0 26F	1-1 15J	1-2 29S	1-2 5F	3-3 22J	1-2 1S	1-1 160		1-4 9A	1-1 30O	3-2 1A	3-1 29A
21	Sunderland	3-1 3O	2-2 5M	2-0 20F	1-0 16J	0-1 23A	1-1 22a	1-1 12S	0-2 26S	3-2 4A	3-1 1J	2-0 1M	2-1 30J	1-1 7N	4-1 31a	3-1 2m	2-1 19M	1-1 28N	1-1 28D	2-1 20D	7-0 3N		1-1 6F	4-1 100	4-2 24O
22	Walsall	2-0 3N	3-2 23F	4-2 5M	1-1 10O	0-0 15S	2-1 12D	1-0 1M	0-1 2A	0-0 13F	3-2 9A	2-1 15a	1-0 7m	1-0 26D	1-0 28N	2-1 29a	0-1 30A	5-2 24O	2-1 3O	1-0 2J	5-2 19M	2-1 5S		1-2 19S	2-1 30J
23	Wigan Athletic	4-0 1M	0-0 25M	1-1 4A	3-3 200	1-1 28N	1-0 6F	0-2 26S	1-0 28D	1-2 23A	2-1 12S	1-3 17O	0-1 31a	0-1 2m	2-2 28M	2-1 19D	1-1 20F	2-0 12A	2-0 1J	3-0 31O	1-0 7N	2-2 12M	3-1 16J		1-1 3O
24	York City	2-2 17O	1-3 29S	1-1 18D	0-2 20F	0-1 2m	0-4 15A	1-1 7N	2-0 1J	1-1 31O	1-3 26S	0-0 12M	2-2 16J	2-2 4A	2-2 28D	3-5 23A	2-3 22a	1-1 6F	1-2 12S	0-3 200	2-1 28N	1-3 26M	3-1 31a	3-1 27F	

Final League Table

Pos	Team	Pld	Home W	Home D	Home L	Home F	Home A	Away W	Away D	Away L	Away F	Away A	Totals W	Totals D	Totals L	Totals F	Totals A	Pts	GD	Leading Goalscorer	Gls
1	Sunderland	46	14	7	2	51	22	13	5	5	41	26	27	12	7	92	48	93	+44	M Gabbiadini	21
2	Brighton & H A	46	15	7	1	37	16	8	8	7	32	31	23	15	8	69	47	84	+22	G Nelson	22
3	Walsall (P)	46	15	6	2	39	22	8	7	8	29	28	23	13	10	68	50	82	+18	D Kelly	20
4	Notts County	46	14	4	5	53	24	9	8	6	29	25	23	12	11	82	49	81	+33	I McParland	21
5	Bristol City	46	14	6	3	51	30	7	6	10	26	32	21	12	13	77	62	75	+15	A Walsh	29
6	Northampton T	46	12	8	3	36	18	6	11	6	34	33	18	19	9	70	51	73	+19	T Adcock, P Culpin, T Morley	10
7	Wigan Athletic	46	11	8	4	36	23	9	4	10	34	38	20	12	14	70	61	72	+9	R Campbell, P Jewell	11
8	Bristol Rovers	46	14	5	4	43	19	4	7	12	25	37	18	12	16	68	56	66	+12	G Penrice	18
9	Fulham	46	10	5	8	36	24	9	4	10	33	36	19	9	18	69	60	66	+9	L Rosenior	20
10	Blackpool	46	13	6	4	45	27	4	10	9	26	35	17	14	15	71	62	65	+9	M Taylor	21
11	Port Vale	46	12	8	3	36	19	6	3	14	22	37	18	11	17	58	56	65	+2	D Beckford	9
12	Brentford	46	9	8	6	27	23	7	6	10	26	36	16	14	16	53	59	62	-6	A Sinton	11
13	Gillingham	46	8	9	6	45	21	6	9	8	32	40	14	17	14	77	61	59	+16	S Lovell	25
14	Bury	46	9	7	7	33	26	6	7	10	25	31	15	14	17	58	57	59	+1	L Robinson	19
15	Chester City	46	9	8	6	29	30	5	8	10	22	32	14	16	16	51	62	58	-11	S Rimmer	24
16	Preston N E	46	10	6	7	30	23	5	7	11	18	36	15	13	18	48	59	58	-11	G Brazil	14
17	Southend United	46	10	6	7	42	33	4	7	12	23	50	14	13	19	65	83	55	-18	D Crown	17
18	Chesterfield	46	10	5	8	25	28	5	5	13	16	42	15	10	21	41	70	55	-29	D Waller	19
19	Mansfield Town	46	10	6	7	25	21	4	6	13	23	38	14	12	20	48	59	54	-11	S Charles	12
20	Aldershot	46	12	3	8	45	32	3	5	15	19	42	15	8	23	64	74	53	-10	T Langley	14
21	Rotherham United	46	8	8	7	28	25	4	8	11	22	41	12	16	18	50	66	52	-16	P Haycock	12
22	Grimsby Town	46	6	7	10	25	29	6	9	8	23	29	12	14	20	48	58	50	-10	M North	11
23	York City	46	4	6	12	27	45	4	2	17	21	46	8	9	29	48	91	33	-43	D Banton	16
24	Doncaster Rovers	46	6	5	12	25	36	2	4	17	15	48	8	9	29	40	84	33	-44	B Deane	10

1987/88 BARCLAYS LEAGUE DIVISION 4
SEASON 89

Total Matches 552
Total Goals 1404
Avg goals per match 2.54

		Bolton Wand	Burnley	Cambridge Utd	Cardiff City	Carlisle United	Colchester Utd	Crewe Alex	Darlington	Exeter City	Halifax Town	Hartlepool Utd	Hereford United	Leyton Orient	Newport County	Peterborough U	Rochdale	Scarborough	Scunthorpe Utd	Stockport Co	Swansea city	Torquay Utd	Tranmere Rov	Wolverhampton	Wrexham
1	Bolton Wand		2-1 4A	2-2 28N	1-0 22a	5-0 17O	4-0 2m	1-1 15a	1-1 11M	1-0 20O	2-1 12S	1-0 26S	1-2 6F	1-0 7N	6-0 23A	2-0 31a	0-0 26M	3-1 1J	0-0 19A	2-1 2D	1-1 31O	1-2 16J	2-0 1M	1-0 3O	2-0 19D
2	Burnley	2-1 21N		0-2 19S	1-2 7m	4-3 29a	0-3 15a	0-0 29S	2-1 13F	3-0 5M	3-1 8A	1-0 10O	0-0 12D	2-0 22M	2-0 9J	1-2 30A	4-0 26D	0-1 27F	1-1 20O	1-1 31O	1-0 5S	1-0 4m	1-1 2J	0-3 2A	1-0 15S
3	Cambridge Utd	2-2 29A	2-0 16J		0-1 1S	1-2 7m	0-1 24O	4-1 22a	1-0 1A	2-1 19F	2-1 26S	1-1 19A	0-1 3N	2-0 5M	4-0 10O	1-3 1J	1-2 21N	1-0 28D	3-3 12S	2-0 11D	0-3 27F	1-0 6F	1-1 19M	1-1 10A	0-1 29S
4	Cardiff City	1-0 15A	2-1 19D	4-0 30J		4-2 19S	1-0 13F	2-0 2m	3-1 15S	3-2 7N	0-0 29S	1-1 28N	0-1 10O	1-1 15a	4-0 4A	0-0 4M	2-0 31O	1-0 23A	2-0 26M	0-1 27F	1-0 29a	2-1 20O	3-0 26D	3-2 5S	1-1 16M
5	Carlisle United	0-2 5M	3-4 1J	2-1 18D	0-0 16J		4-0 23A	0-1 19M	3-3 29S	0-0 23J	1-1 19A	1-3 12S	3-1 31a	1-2 3N	3-1 7N	0-2 20F	2-0 27F	4-0 26S	3-1 22a	2-0 6F	0-1 2m	3-3 28N	3-2 24O	0-1 10O	0-4 4A
6	Colchester Utd	3-0 11D	0-1 19F	1-0 25M	2-1 28D	1-0 20O		1-4 5F	2-1 30O	0-2 25S	1-0 1A	0-0 15J	0-0 19A	0-0 9O	4-1 26F	1-0 12S	1-3 8A	0-3 31a	2-0 1J	2-1 29A	0-1 29S	0-0 21a	0-1 7m	1-2 21N	1-2 4M
7	Crewe Alexandra	2-1 20F	1-0 1m	0-0 15A	4-1 12D	0-0 31O	0-0 4S		3-1 9A	0-0 26M	1-1 29A	0-0 30	3-3 1A	2-1 18S	0-1 13F	0-1 29J	0-1 17O	1-0 21N	2-2 20O	3-1 26D	2-2 11M	0-0 15S	0-0 2J	0-2 29a	2-0
8	Darlington	1-0 10O	4-2 28D	0-1 8N	0-0 2F	2-1 9J	2-0 19M	1-0 3N		4-1 8D	4-1 20F	1-1 1J	3-1 4A	2-2 2m	0-2 15M	2-1 5M	2-1 12S	2-1 26S	1-4 22a	1-2 19D	2-0 31a	1-1 3O	0-0 24O	2-2 23A	2-1
9	Exeter City	1-1 9A	1-2 17O	3-0 15a	0-2 2A	1-1 16S	0-2 26D	3-1 24O	4-1 30A		1-2 7m	1-0 2M	2-2 19M	2-3 2J	3-0 29a	0-1 9M	1-1 19S	1-0 12M	1-1 12D	2-1 21N	3-1 9J	0-1 3O	0-1 30J	2-4 13F	1-1 5S
10	Halifax Town	0-0 12J	2-1 3N	1-1 26D	0-1 1M	1-1 26A	1-2 6N	1-2 27N	2-2 15a	2-0 18D		3-1 23N	2-1 3O	3-0 14A	0-0 5S	1-2 24O	2-2 28a	2-2 4A	3-1 12M	2-3 16O	2-1 16S	2-1 2m	2-1 18S	2-0 16F	2-0 23F
11	Hartlepool United	0-0 26D	2-1 16S	2-1 30A	0-1 2J	0-0 19S	3-1 27F	2-1 29a	2-5 30S	3-1 21O	2-1 7m		1-2 5S	2-2 15a	0-0 2A	0-1 13F	1-0 26M	1-0 31O	1-3 9A	0-2 30J	0-0 17O	1-2 21N	0-0 12D	1-2 26J	0-0
12	Hereford United	0-3 5S	2-1 2m	1-0 23A	1-2 13M	2-0 30J	1-0 16S	1-1 7N	0-0 19S	1-1 31O	2-1 27F	4-2 19D		0-3 28N	4-2 26D	0-1 30S	0-0 15a	1-1 21O	2-3 17O	0-1 26M	0-0 2J	0-0 4A	1-1 9J	1-2 29A	0-2 13F
13	Leyton Orient	1-2 2A	4-1 1S	0-2 17O	4-1 20F	4-1 9A	0-0 12M	1-1 16J	4-3 20N	2-3 12S	4-1 31O	0-2 6F	4-0 30A		4-1 29S	2-0 26S	8-0 20O	3-1 22a	1-1 28D	1-1 23J	3-0 26M	0-2 1J	3-2 12D	0-2 7m	2-1 27F
14	Newport County	0-1 3N	0-1 22a	0-0 12M	1-2 21N	1-2 2A	1-2 3O	2-1 28D	1-1 12J	1-0 1J	2-3 5F	0-0 19F	0-0 27S	0-4 1M		0-1 9A	0-4 7m	1-1 12A	1-2 16J	1-2 31a	3-1 5M	0-3 12S	1-3 30A	2-0 26A	2-0 24O
15	Peterborough U	0-4 30J	5-0 28N	1-0 29a	4-3 17O	1-0 15a	0-4 2J	1-2 18D	0-4 5S	2-1 23A	1-0 26M	0-1 7N	1-2 24F	1-2 26D	3-0 21O		1-1 9J	0-0 2m	1-1 30	0-0 12M	0-1 4A	0-2 31O	2-1 13F	1-1 16S	0-2 19S
16	Rochdale	2-2 24O	2-1 26S	0-0 4A	2-2 29M	1-2 30	4-2 3N	1-3 31a	0-0 17O	0-0 16J	0-2 1J	3-1 28D	1-3 20F	1-1 23A	0-0 19D	1-1 22a		1-1 28N	2-1 6F	0-1 12S	2-3 7N	1-1 26J	0-0 12M	0-1 1M	1-2 2m
17	Scarborough	4-0 29a	1-0 3O	0-0 13F	1-1 4N	3-1 26D	3-1 30J	2-0 5M	0-1 2J	3-1 10O	1-1 21N	2-1 24O	3-1 9A	3-1 24F	1-1 16S	2-1 12D	1-1 30A		0-0 2A	1-1 7m	2-0 19S	1-2 2M	2-0 5S	2-2 15a	0-2 19M
18	Scunthorpe Utd	1-1 15S	1-3 23A	3-2 2J	2-1 24O	1-0 12A	2-2 29a	0-1 4A	1-1 26D	0-3 2m	3-0 10O	3-2 19M	1-0 5M	5-0 13F	1-0 19S	0-1 27F	1-0 5S	0-1 7N		0-0 29S	1-2 28N	2-3 18D	0-4 15a	3-1 30J	3-1 3N
19	Stockport County	1-2 12F	2-0 18M	0-0 2m	3-0 2O	1-1 4S	1-1 27N	2-1 22A	1-0 19A	0-0 4A	2-1 4M	0-2 3N	1-2 23O	0-2 15S	0-2 29J	1-2 10O	5-1 2J	0-1 19D	0-1 1M		0-2 15a	2-1 6N	1-2 28a	0-2 19S	1-1 26D
20	Swansea City	1-0 18M	0-0 6F	1-1 3O	2-2 1J	3-1 12D	1-2 1M	2-4 26S	3-0 7m	0-2 22a	1-1 23J	2-1 31a	3-0 12S	3-0 24O	1-2 17O	2-1 21N	0-3 2A	3-0 16J	1-1 30A	1-1 19F		1-1 28D	1-2 9A	3-1 3N	2-1 10O
21	Torquay United	2-1 19S	0-3 24O	0-1 5S	2-0 9A	1-0 30A	0-0 15A	1-1 10O	1-2 27F	1-1 12D	1-1 5M	1-0 21N	1-1 29a	1-1 19A	1-1 19M	0-0 15S	6-0 29S	0-1 7m	5-0 2A	2-1 29M	0-1		1-0 3N	0-6 23F	0-0 15a
22	Tranmere Rovers	2-0 15D	0-1 11S	0-1 30O	0-1 25S	0-1 25M	3-0 18D	0-2 25A	2-2 26F	2-1 31a	2-0 15J	1-1 4A	0-1 21a	2-1 2m	4-0 16S	3-1 28D	6-1 9O	1-0 6F	1-3 20F	4-0 1J	1-2 20O	1-1 22A		3-0 4M	1-0 6N
23	Wolverhampton	4-0 27F	3-0 7N	3-0 20O	1-4 6F	3-1 12M	2-0 4A	2-2 12S	5-3 26M	3-0 28D	0-1 22a	2-0 2m	2-0 1J	2-0 19D	2-1 31O	0-0 22M	2-0 29S	4-1 19F	1-1 31a	2-0 16J	1-2 23A	3-0 26S	0-2 17O		28N
24	Wrexham	0-1 7m	1-3 2F	3-0 1M	3-0 12S	4-0 21N	0-1 17O	2-1 1J	0-1 20O	3-0 22M	2-2 31a	1-0 22a	0-0 28D	2-2 30	4-1 26M	3-1 16J	2-3 12D	1-0 31O	2-1 9A	2-1 26S	1-2 12M	2-3 20F	3-0 2A	4-2 30A	

Final League Table

Pos	Team	Pld	Home					Away					Totals						Leading Goalscorer	Gls
			W	D	L	F	A	W	D	L	F	A	W	D	L	F	A	Pts	GD		
1	Wolverhampton	46	15	3	5	47	19	12	6	5	35	24	27	9	10	82	43	90	+39	S Bull	34
2	Cardiff City	46	15	6	2	39	14	9	7	7	27	27	24	13	9	66	41	85	+25	J Gilligan	19
3	Bolton Wand	46	15	6	2	42	12	7	6	10	24	30	22	12	12	66	42	78	+24	J Thomas	22
4	Scunthorpe Utd	46	14	5	4	42	20	6	12	5	34	31	20	17	9	76	51	77	+25	A Flounders	24
5	Torquay United	46	10	7	6	34	16	11	7	5	32	25	21	14	11	66	41	77	+25	P Dobson	22
6	Swansea City (P)	46	9	7	7	35	28	11	3	9	27	28	20	10	16	62	56	70	+6	C Pascoe	13
7	Peterborough U	46	10	5	8	28	26	10	5	8	24	27	20	10	16	52	53	70	-1	M Gooding	18
8	Leyton Orient	46	13	4	6	55	27	6	8	9	30	36	19	12	15	85	63	69	+22	I Juryeff	16
9	Colchester United	46	10	5	8	23	22	9	5	9	24	29	19	10	17	47	51	67	-4	D Tempest	11
10	Burnley	46	12	5	6	31	22	8	2	13	26	40	20	7	19	57	62	67	-5	G Oghani	14
11	Wrexham	46	13	3	7	46	26	7	3	13	23	32	20	6	20	69	58	66	+11	K Russell	21
12	Scarborough	46	12	8	3	38	19	5	6	12	18	29	17	14	15	56	48	65	+8	S Mell	8
13	Darlington	46	13	6	4	39	25	5	6	13	32	44	18	11	17	71	69	65	+2	D Currie	21
14	Tranmere Rov *	46	14	2	7	43	20	5	7	11	18	33	19	9	18	61	53	64	+8	I Muir	27
15	Cambridge Utd	46	10	6	7	32	24	6	7	10	18	28	16	13	17	50	52	61	-2	D Crown	9
16	Hartlepool United	46	9	7	7	25	25	6	7	10	25	32	15	14	17	50	57	59	-7	P Baker	20
17	Crewe Alexandra	46	7	11	5	25	19	6	9	8	32	34	13	19	14	57	53	58	+4	D Platt	19
18	Halifax Town **	46	11	7	5	37	25	3	7	13	17	34	14	14	18	54	59	55	-5	R Holden	10
19	Hereford United	46	8	7	8	25	27	6	5	12	16	32	14	12	20	41	59	54	-18	P Stant	9
20	Stockport County	46	7	7	9	26	26	5	10	10	18	32	12	15	19	44	58	51	-14	R Colville	14
21	Rochdale	46	5	9	9	28	34	6	6	11	19	42	11	15	20	47	76	48	-29	L Simmonds	12
22	Exeter City	46	8	6	9	33	29	3	7	13	20	39	11	13	22	53	68	46	-15	D Edwards	12
23	Carlisle United	46	9	5	9	38	33	3	2	17	19	53	12	8	26	57	86	44	-29	M Poskett	13
24	Newport County	46	4	5	14	19	36	2	2	19	16	69	6	7	33	35	105	25	-70	R Taylor	4

* Deducted 2 points for failing to fulfill a fixture. ** Deducted 1 point for using an ineligible player.

1988/89 BARCLAYS LEAGUE DIVISION 1
SEASON 90

Total Matches 380
Total Goals 926
Avg goals per match 2.44

Results Grid

	Team	Arsenal	Aston Villa	Charlton Athletic	Coventry City	Derby County	Everton	Liverpool	Luton Town	Manchester Utd	Middlesbrough	Millwall	Newcastle Utd	Norwich City	Nottm Forest	QPR	Sheffield Weds	Southampton	Tottenham H	West Ham Utd	Wimbledon
1	Arsenal		2-3 / 3S	2-2 / 21M	2-0 / 29O	1-2 / 13m	2-0 / 8A	1-1 / 4D	2-0 / 25F	2-1 / 17D	3-0 / 19N	0-0 / 28O	1-0 / 15A	5-0 / 1m	1-3 / 11M	2-1 / 22O	1-1 / 21J	2-2 / 17S	2-0 / 2J	2-1 / 4F	2-2 / 17m
2	Aston Villa	0-3 / 31D		1-2 / 25F	1-1 / 13m	1-2 / 19N	2-0 / 22O	1-1 / 10S	2-1 / 1A	0-0 / 12M	1-1 / 29A	2-2 / 27a	3-1 / 14J	3-1 / 3D	1-1 / 24S	2-1 / 26D	2-0 / 4F	1-2 / 2m	2-1 / 29O	0-1 / 25M	0-1 / 8O
3	Charlton Athletic	2-3 / 26D	2-2 / 15O		0-0 / 25M	3-0 / 10m	1-2 / 12N	0-3 / 27a	3-0 / 14J	1-0 / 22A	2-0 / 1A	0-3 / 10S	2-2 / 24S	1-2 / 4F	0-1 / 26N	1-1 / 10D	2-1 / 29O	2-2 / 11M	2-2 / 8O	0-0 / 31D	1-0 / 6m
4	Coventry City	1-0 / 21F	2-1 / 26N	3-0 / 17S		0-2 / 17D	0-1 / 3S	1-3 / 22M	1-0 / 12N	3-4 / 10D	0-0 / 1O	1-2 / 15O	2-1 / 11F	2-2 / 8A	0-3 / 15m	5-0 / 22A	2-1 / 2J	1-1 / 27M	1-1 / 18M	1-1 / 5N	2-1 / 21J
5	Derby County	2-1 / 26N	2-1 / 6m	0-0 / 22O	1-0 / 1A		3-2 / 25F	0-1 / 26D	0-1 / 10D	2-2 / 12N	1-0 / 27a	0-1 / 31D	2-0 / 10S	0-1 / 8O	0-2 / 25M	0-1 / 24S	1-0 / 22A	3-1 / 4F	1-1 / 11M	1-2 / 14J	4-1 / 29O
6	Everton	1-3 / 14J	1-1 / 14F	3-2 / 10A	3-1 / 31D	1-0 / 15m		0-0 / 3m	0-2 / 24S	1-1 / 30O	2-1 / 26D	1-0 / 25M	4-0 / 27a	1-1 / 19N	4-1 / 10S	1-0 / 1A	4-1 / 11M	1-0 / 8O	1-0 / 3D	3-1 / 13m	1-1 / 4F
7	Liverpool	0-2 / 26m	1-0 / 3J	2-0 / 1M	0-0 / 22O	1-0 / 29M	1-1 / 11D		5-0 / 14M	1-0 / 3S	3-0 / 5N	1-1 / 12N	1-2 / 1O	0-1 / 17D	1-0 / 10m	2-0 / 16m	5-1 / 8A	2-0 / 21J	1-1 / 17S	5-1 / 23m	1-1 / 26N
8	Luton Town	1-1 / 25O	1-1 / 17D	5-2 / 2m	2-2 / 15A	3-0 / 29A	1-0 / 21J	1-0 / 8O		0-2 / 17S	1-0 / 18F	1-2 / 11M	0-0 / 3D	1-0 / 13m	2-3 / 4F	0-0 / 29O	0-1 / 18M	6-1 / 2J	1-3 / 28M	4-1 / 19N	2-2 / 3S
9	Manchester United	1-1 / 2A	1-1 / 5N	3-0 / 3D	0-1 / 29A	0-2 / 15A	1-2 / 10m	3-1 / 1J	2-0 / 25M		1-0 / 10S	3-0 / 14J	0-1 / 13m	1-2 / 26O	2-0 / 26D	0-0 / 27a	1-1 / 23N	2-2 / 19N	1-0 / 5F	2-0 / 24S	1-0 / 2m
10	Middlesbrough	0-1 / 6m	3-3 / 10D	0-0 / 17D	1-1 / 4F	0-1 / 18M	3-3 / 27M	0-4 / 11M	2-1 / 22O	1-0 / 2J		4-2 / 29O	1-1 / 26F	2-3 / 3S	3-4 / 22A	1-0 / 12N	0-1 / 26N	3-3 / 8A	2-2 / 21J	1-0 / 8O	0-0 / 17S
11	Millwall	1-2 / 11F	2-0 / 18M	1-0 / 2J	1-0 / 25F	1-0 / 3S	2-1 / 17S	1-2 / 11A	3-1 / 5N	0-0 / 8A	2-0 / 21F		4-0 / 19N	2-3 / 22J	2-2 / 22O	3-2 / 1O	1-0 / 17D	1-1 / 13m	0-5 / 29A	0-1 / 3D	0-1 / 27M
12	Newcastle United	0-1 / 12N	1-2 / 8A	0-2 / 21J	0-3 / 8O	0-1 / 2J	2-2 / 22M	0-0 / 4F	0-0 / 22A	0-0 / 27N	3-0 / 26O	1-1 / 6m		0-2 / 17S	1-2 / 29O	1-3 / 11M	3-3 / 27M	2-2 / 17D	1-2 / 3S	2-1 / 3m	1-0 / 10D
13	Norwich City	0-0 / 10D	2-2 / 22A	1-3 / 1O	1-2 / 14J	1-0 / 11F	1-0 / 6m	0-1 / 1A	2-2 / 26N	2-1 / 25F	0-0 / 31D	2-2 / 24S	0-2 / 25M		2-1 / 27a	1-0 / 10S	1-1 / 12N	1-1 / 29O	3-1 / 22O	2-1 / 27D	1-0 / 11M
14	Nottingham Forest	1-4 / 6N	4-0 / 21J	4-0 / 13m	0-0 / 19N	1-1 / 17S	2-0 / 2J	1-1 / 26O	0-0 / 10	2-0 / 27M	2-2 / 3D	4-1 / 3m	1-1 / 15M	2-0 / 5A		0-0 / 11F	1-1 / 3S	3-0 / 12A	1-2 / 22M	1-2 / 18m	0-1 / 18D
15	Queens Park Rangers	0-0 / 18F	1-0 / 27M	1-0 / 29A	2-1 / 3D	0-1 / 21J	0-0 / 17D	0-1 / 19N	1-1 / 21M	3-2 / 8m	0-0 / 15A	1-2 / 4F	3-0 / 5N	1-1 / 2J	1-2 / 8O		2-0 / 17S	0-1 / 3S	1-0 / 13m	2-1 / 15O	4-3 / 8A
16	Sheffield Wednesday	2-1 / 24S	1-0 / 1O	3-1 / 4M	1-2 / 10S	1-1 / 3D	1-1 / 5N	2-2 / 14J	1-0 / 27a	0-2 / 11F	1-0 / 13m	3-0 / 1A	1-2 / 26D	2-2 / 17m	0-3 / 31D	0-2 / 25M		1-1 / 18F	0-2 / 20N	0-2 / 9m	1-1 / 5A
17	Southampton	1-3 / 25M	3-1 / 12N	2-0 / 5N	2-2 / 26D	0-0 / 1O	1-1 / 11F	1-3 / 24S	2-1 / 10S	1-3 / 6m	2-2 / 14J	1-0 / 26N	0-0 / 1A	1-1 / 19A	1-1 / 10D	1-2 / 31D	1-2 / 22O		0-2 / 25F	4-0 / 27a	0-0 / 22A
18	Tottenham Hotspur	2-3 / 10S	2-0 / 1M	1-1 / 11F	1-1 / 23N	1-3 / 5N	2-1 / 22A	1-2 / 26M	0-0 / 26D	2-2 / 1O	3-2 / 24S	2-0 / 10D	2-0 / 31D	2-1 / 21F	1-2 / 15J	2-2 / 26N	0-0 / 12A	1-2 / 25O		3-0 / 1A	3-2 / 12N
19	West Ham United	1-4 / 1O	2-2 / 17S	1-3 / 3S	1-1 / 11M	1-1 / 8A	0-1 / 26N	0-2 / 29O	1-0 / 6m	1-3 / 21J	2-0 / 11A	3-0 / 22A	2-0 / 22O	0-2 / 27M	3-3 / 12N	0-0 / 25F	0-0 / 10D	1-2 / 15A	0-2 / 17D		1-2 / 2J
20	Wimbledon	1-5 / 27a	1-0 / 11F	1-1 / 19N	0-1 / 24S	4-0 / 1M	2-1 / 1O	4-0 / 13m	1-1 / 31D	1-1 / 22O	4-0 / 25M	0-2 / 26D	4-1 / 29A	1-0 / 5N	1-0 / 1A	2-1 / 14J	1-2 / 25F	0-1 / 3D	1-2 / 15A	0-1 / 10S	

Final League Table

Pos	Team	Pld	Home W	Home D	Home L	Home F	Home A	Away W	Away D	Away L	Away F	Away A	Totals W	Totals D	Totals L	Totals F	Totals A	Pts	GD	Leading Goalscorer	Gls
1	Arsenal	38	10	6	3	35	19	12	4	3	38	17	22	10	6	73	36	76	+37	A Smith	23
2	Liverpool	38	11	5	3	33	11	11	5	3	32	17	22	10	6	65	28	76	+37	J Aldridge	21
3	Nottm Forest	38	8	7	4	31	16	9	6	4	33	27	17	13	8	64	43	64	+21	N Clough	14
4	Norwich City	38	8	7	4	23	20	9	4	6	25	25	17	11	10	48	45	62	+3	R Fleck	10
5	Derby County	38	9	3	7	23	18	8	4	7	17	20	17	7	14	40	38	58	+2	D Saunders	14
6	Tottenham H	38	8	6	5	31	24	7	6	6	29	22	15	12	11	60	46	57	+14	C Waddle	14
7	Coventry City	38	9	4	6	28	23	5	9	5	19	19	14	13	11	47	42	55	+5	D Speedie	14
8	Everton	38	10	7	2	33	18	4	5	10	17	27	14	12	12	50	45	54	+5	T Cottee	13
9	Queens Park R	38	9	5	5	23	16	5	6	8	20	21	14	11	13	43	37	53	+6	M Falco	12
10	Millwall	38	10	3	6	27	21	4	8	7	20	31	14	11	13	47	52	53	-5	T Cascarino	13
11	Manchester Utd	38	10	5	4	27	13	3	7	9	18	22	13	12	13	45	35	51	+10	M Hughes	14
12	Wimbledon	38	10	3	6	30	19	4	6	9	20	27	14	9	15	50	46	51	+4	J Fashanu	12
13	Southampton	38	6	7	6	25	26	4	8	7	27	40	10	15	13	52	66	45	-14	Rod Wallace	12
14	Charlton Athletic	38	6	7	6	25	24	4	5	10	19	34	10	12	16	44	58	42	-14	P Williams	13
15	Sheffield Weds	38	6	6	7	21	25	4	6	9	13	26	10	12	16	34	51	42	-17	D Hirst	7
16	Luton Town	38	8	6	5	32	21	2	5	12	10	31	10	11	17	42	52	41	-10	D Wilson	7
17	Aston Villa	38	7	6	6	25	22	2	7	10	20	34	9	13	16	45	56	40	-11	A McInally	14
18	Middlesbrough	38	6	7	6	28	30	3	5	11	16	31	9	12	17	44	61	39	-17	B Slaven	15
19	West Ham United	38	3	6	10	19	30	7	2	10	18	32	10	8	20	37	62	38	-25	L Rosenior	7
20	Newcastle United	38	3	6	10	19	28	4	4	11	13	35	7	10	21	32	63	31	-31	F Da Silva (Mirandinha)	9

1988/89 BARCLAYS LEAGUE DIVISION 2
SEASON 90

Total Matches	552
Total Goals	1465
Avg goals per match	2.65

Results Grid

Columns (left to right): Barnsley, Birmingham C, Blackburn Rov, Bournemouth, Bradford City, Brighton & H A, Chelsea, Crystal Palace, Hull City, Ipswich Town, Leeds United, Leicester City, Manchester City, Oldham Athletic, Oxford United, Plymouth Argyle, Portsmouth, Shrewsbury T, Stoke City, Sunderland, Swindon Town, Walsall, Watford, West Brom A

	Bar	Bir	Bla	Bou	Bra	Bri	Che	CP	Hul	Ips	Lee	Lei	MC	Old	Oxf	Ply	Por	Shr	Sto	Sun	Swi	Wal	Wat	WBA
1 Barnsley	—	0-0	0-1	5-2	0-0	2-2	1-1	1-1	0-2	2-0	2-2	3-0	1-2	4-3	1-0	3-1	1-0	1-0	3-0	1-1	3-0	1-1	2-2	2-1
2 Birmingham City	3-5	—	2-0	0-1	1-0	1-2	1-4	0-1	1-0	1-0	0-0	2-3	0-2	0-0	0-0	0-1	0-0	1-2	0-1	3-2	1-2	1-0	2-3	1-4
3 Blackburn Rov	2-1	3-0	—	2-0	2-1	2-1	1-1	5-4	4-0	1-0	2-0	0-0	4-0	3-1	3-1	1-2	3-1	0-1	4-3	2-2	0-0	3-0	2-1	1-2
4 Bournemouth	3-2	0-1	2-1	—	3-0	2-1	1-0	2-0	5-1	1-0	0-0	2-1	0-1	2-2	2-1	0-0	1-0	0-1	0-1	2-3	2-1	0-1	2-1	
5 Bradford City	1-2	2-2	1-1	0-1	—		0-1	2-2	0-1	1-1	2-2	1-1	2-1	1-1	2-0	0-0	1-1	2-1	1-0	1-0	2-2	2-1	2-1	2-0
6 Brighton & H A	0-1	4-0	3-0	1-2	1-3	—	0-1	3-1	1-1	0-1	2-1	1-1	2-1	2-0	2-1	2-2	2-1	3-1	1-1	3-0	0-2	2-2	1-0	0-1
7 Chelsea	5-3	3-1	1-2	2-0	3-1	2-0	—	1-0	2-1	3-0	1-0	2-1	1-3	2-2	1-1	5-0	3-3	2-0	2-1	1-1	3-2	2-0	2-2	1-1
8 Crystal Palace	1-1	4-1	2-2	2-3	2-0	2-1	1-1	—	3-1	2-0	0-0	4-2	0-0	2-0	1-0	4-1	0-0	1-1	1-0	2-1	4-0	0-2	1-0	
9 Hull City	0-0	1-1	1-3	4-0	1-1	5-2	3-0	0-1	—	1-1	1-2	2-2	1-0	1-1	1-2	3-0	1-1	3-0	1-4	0-0	1-0	0-0	0-3	0-1
10 Ipswich Town	2-0	4-0	2-0	3-1	1-1	2-3	0-1	1-2	1-1	—	0-1	2-0	1-0	2-1	1-2	2-2	0-1	2-0	5-1	2-0	1-2	3-1	3-2	2-1
11 Leeds United	2-0	1-0	2-0	3-0	3-3	1-0	0-2	1-2	2-1	2-4	—	1-1	1-1	0-0	1-1	2-0	1-0	2-3	4-0	2-0	1-0	0-1	2-1	
12 Leicester City	0-1	2-0	4-0	0-1	1-0	1-0	0-0	2-2	0-2	0-1	1-2	—	0-0	1-2	1-0	2-1	1-1	2-0	1-1	3-3	1-0	2-2	1-1	1-1
13 Manchester City	1-2	0-0	1-0	3-3	4-0	2-1	2-3	1-1	4-1	4-0	0-0	4-2	—	1-4	2-1	2-0	4-1	2-2	2-1	1-1	2-1	2-2	3-1	1-1
14 Oldham Athletic	1-1	4-0	1-1	2-0	1-1	2-1	1-4	2-3	2-2	4-0	2-2	1-1	0-1	—	3-0	2-2	5-3	3-0	2-2	2-2	2-2	3-0	3-1	1-3
15 Oxford United	2-0	3-0	1-3	3-1	3-4	3-2	3-0	1-0	1-0	1-1	3-2	1-1	2-4	1-1	—	0-1	1-0	4-1	3-2	2-4	1-1	1-0	0-4	1-1
16 Plymouth Argyle	1-2	1-0	4-3	1-1	3-1	3-0	0-1	0-2	0-1	1-0	1-1	0-3	3-0	3-1		—	0-1	0-0	4-0	1-4	4-1	2-0	1-0	1-1
17 Portsmouth	3-0	1-0	1-2	2-1	1-2	2-0	2-3	1-1	1-3	0-1	4-0	3-0	0-1	1-1	2-1	2-0	—	2-0	0-0	2-0	0-2	1-1	2-2	0-0
18 Shrewsbury T	2-3	0-0	1-1	1-0	1-3	1-1	1-1	2-1	1-3	1-5	3-3	3-0	0-1	0-0	2-2	0-0	1-2	—	1-2	0-0	0-0	1-1	0-1	1-1
19 Stoke City	1-1	1-0	0-1	2-1	2-1	2-2	0-3	2-1	4-0	1-1	2-3	2-2	3-1	0-0	1-0	0-0	2-2	2-0	—	2-0	2-1	0-3	2-0	0-0
20 Sunderland	1-0	2-2	2-0	1-1	0-0	1-0	1-2	1-1	2-0	4-0	2-1	2-2	2-4	3-2	1-0	2-1	4-0	2-1	1-1	—	4-0	0-3	1-1	1-1
21 Swindon Town	0-0	2-1	1-1	3-1	1-0	3-0	1-1	1-0	1-0	2-3	0-0	2-1	1-2	2-2	3-0	1-0	1-1	1-0	3-0	4-1	—	1-0	1-1	0-0
22 Walsall	1-3	5-0	1-2	1-1	0-1	1-0	0-7	0-0	1-1	2-4	0-3	0-1	3-3	2-2	1-5	2-2	1-1	1-1	1-2	2-0	2-2	—	0-1	0-0
23 Watford	4-0	1-0	2-2	1-0	2-1	1-1	1-2	0-1	2-3	1-1	2-1	1-0	1-1	3-1	1-0	0-0	3-2	0-1	2-3	5-0		—		2-0
24 West Brom A	1-1	0-0	2-0	0-0	1-0	2-3	5-3	2-0	1-2	2-1	1-1	1-0	3-1	3-2	2-2	3-0	4-0	6-0	0-0	3-1	0-0	0-1		—

Final League Table

Pos	Team	Pld	Home W	Home D	Home L	Home F	Home A	Away W	Away D	Away L	Away F	Away A	Totals W	Totals D	Totals L	Totals F	Totals A	Pts	GD	Leading Goalscorer	Gls
1	Chelsea	46	15	6	2	50	25	14	6	3	46	25	29	12	5	96	50	99	+46	K Dixon	25
2	Manchester City	46	12	8	3	48	28	11	5	7	29	25	23	13	10	77	53	82	+24	P Moulden	13
3	Crystal Palace (P)	46	15	6	2	42	17	8	6	9	29	32	23	12	11	71	49	81	+22	I Wright	24
4	Watford	46	14	5	4	41	18	8	7	8	33	30	22	12	12	74	48	78	+26	P Wilkinson	19
5	Blackburn Rovers	46	16	4	3	50	22	6	7	10	24	37	22	11	13	74	59	77	+15	S Garner	20
6	Swindon Town	46	13	8	2	35	15	7	8	8	33	38	20	16	10	68	53	76	+15	D Shearer	14
7	Barnsley	46	12	8	3	37	18	8	6	9	29	37	20	14	12	66	58	74	+8	D Currie	16
8	Ipswich Town	46	13	3	7	42	23	9	4	10	29	38	22	7	17	71	61	73	+10	J Wark	13
9	West Brom A	46	13	7	3	43	18	5	11	7	22	23	18	18	10	65	41	72	+24	D Goodman	15
10	Leeds United	46	12	6	5	34	20	5	10	8	25	30	17	16	13	59	50	67	+9	B Davison	14
11	Sunderland	46	12	6	5	40	23	4	7	12	20	37	16	15	17	60	60	63	0	M Gabbiadini	18
12	Bournemouth	46	13	8	2	32	20	5	5	13	21	42	18	8	20	53	62	62	-9	L Blissett	19
13	Stoke City	46	10	9	4	33	25	5	5	13	24	47	15	14	17	57	72	59	-15	P Beagrie	7
14	Bradford City	46	8	11	4	29	22	5	6	12	23	37	13	17	16	52	59	56	-7	J Quinn	13
15	Leicester City	46	11	6	6	31	20	2	10	11	25	43	13	16	17	56	63	55	-7	M Newell	13
16	Oldham Athletic	46	9	10	4	49	32	2	11	10	26	40	11	21	14	75	72	54	+3	R Palmer	15
17	Oxford United	46	11	6	6	40	34	3	6	14	22	36	14	12	20	62	70	54	-8	M Foyle	14
18	Plymouth Argyle	46	11	4	8	35	22	3	8	12	20	44	14	12	20	55	66	54	-11	T Tynan	24
19	Brighton & H A	46	11	5	7	36	24	3	4	16	21	42	14	9	23	57	66	51	-9	K Bremner, G Nelson	15
20	Portsmouth	46	10	6	7	33	21	3	6	14	20	41	13	12	21	53	62	51	-9	M Quinn	18
21	Hull City	46	9	7	7	35	25	4	5	14	21	43	11	12	21	52	68	45	-16	K Edwards	26
22	Shrewsbury T	46	4	11	8	25	31	4	8	11	15	36	8	19	19	40	67	42	-27	C Griffiths	6
23	Birmingham City	46	6	4	13	21	33	2	7	14	10	43	8	11	27	31	76	35	-45	C Robinson, S Whitton	5
24	Walsall	46	8	3	12	27	40	2	6	15	14	40	10	9	27	41	80	39	-39	S Rimmer	8

1988/89 BARCLAYS LEAGUE DIVISION 3
SEASON 90

Total Matches	552
Total Goals	1495
Avg goals per match	2.71

Results Grid

		Aldershot	Blackpool	Bolton Wand	Brentford	Bristol City	Bristol Rovers	Bury	Cardiff City	Chester City	Chesterfield	Fulham	Gillingham	Huddersfield T	Mansfield Town	Northampton T	Notts County	Port Vale	Preston N E	Reading	Sheffield United	Southend Utd	Swansea City	Wigan Athletic	Wolverhampton
1	Aldershot		1-0 29A	0-3 24S	0-0 18D	0-1 21F	1-3 21J	4-1 8A	0-1 2J	1-1 29O	2-0 18M	1-2 25A	0-2 3S	0-1 22O	0-0 13m	5-1 4F	2-3 3D	2-2 11M	2-1 7J	1-1 27M	1-0 8N	2-2 17S	0-1 9O	3-1 4O	1-2 15A
2	Blackpool	4-0 12N		2-0 18F	0-3 27M	2-2 20S	1-1 17D	2-2 2J	1-0 29O	1-1 18M	1-2 22A	0-1 11M	4-1 1m	2-1 6m	1-1 17S	3-1 4O	0-1 3S	3-2 22O	1-0 21J	2-4 8A	1-2 15O	3-2 9m	0-0 26N	0-0 4F	0-2 28F
3	Bolton Wand	1-0 22A	2-2 8O		4-2 6m	2-0 11M	1-1 17S	2-4 12N	4-0 3S	0-1 17D	5-0 29O	3-2 20S	2-1 6J	3-1 1m	0-0 2J	2-1 26N	3-3 8A	1-1 25A	1-0 27M	1-1 21J	2-0 1O	0-0 18M	1-0 11F	1-1 9m	1-2 22O
4	Brentford	2-1 1A	1-0 26D	3-0 3D		3-0 4A	2-1 15A	2-2 25F	1-1 13m	0-1 11F	4-0 28F	1-1 24M	1-0 1O	1-0 27a	2-0 29A	2-1 14J	2-1 8N	2-0 29O	0-2 22O	3-2 11M	1-4 24S	4-0 9O	1-1 9m	1-1 10S	2-2 31D
5	Bristol City	1-1 25O	1-0 15A	1-1 5N	0-1 11A		0-1 2J	3-0 27M	2-0 17D	0-1 21J	4-0 3S	1-5 8O	1-0 11F	6-1 18A	2-0 21M	3-1 4M	0-4 18M	0-1 24S	1-1 17S	2-1 3D	2-0 13m	0-0 8A	2-0 1O	0-1 29A	0-1 8N
6	Bristol Rovers	2-2 10S	1-0 1A	2-0 28J	1-2 21S	1-1 25M		1-3 26N	0-1 4F	4-1 22O	2-1 11M	0-0 6m	2-0 12N	5-1 29O	0-0 18F	1-1 22A	2-2 15O	1-1 5A	1-1 1M	1-1 14J	1-1 1m	1-1 31D	3-2 27a	0-0 26D	
7	Bury	0-1 31D	0-0 25M	1-1 29A	3-1 15O	1-0 26D	0-0 13m		1-0 15A	2-1 8N	3-1 4F	2-1 28J	1-0 4M	0-1 1A	0-1 24S	1-1 4A	0-0 5N	1-1 10S	1-2 18F	3-1 4O	1-1 14M	2-3 25O	1-0 14J	1-1 3D	3-1 27a
8	Cardiff City	3-2 25M	0-0 16m	1-0 14J	1-0 26N	1-1 1A	2-2 1O	3-0 1N		2-0 9m	0-1 1m	1-2 27a	3-0 5N	0-0 10S	0-0 4M	0-1 12N	3-0 18A	0-0 28J	1-2 5m	0-0 8O	1-2 11F	0-0 22A	2-0 26D	2-2 30D	1-1 4A
9	Chester City	1-1 15M	1-0 27a	0-0 1A	3-2 5O	2-0 10S	2-0 4M	0-0 1m	3-1 15O		7-0 12N	2-0 5A	3-0 6m	0-0 24S	2-1 26O	1-0 31D	1-2 18F	0-0 14J	3-0 22A	1-1 4F	0-1 19A	2-4 26N	3-1 5N	1-0 26D	1-1 25M
10	Chesterfield	2-1 27a	0-0 24S	2-1 14M	2-0 25O	0-3 14J	1-2 5N	4-0 1O	1-2 21M	4-0 29A		4-1 31D	3-1 18F	1-1 26D	1-3 3D	1-1 28J	3-0 11F	1-2 15A	0-3 13m	2-4 25M	2-1 4M	2-1 1A	2-0 4A	1-1 10S	
11	Fulham	5-1 15O	1-1 5N	1-1 15A	3-3 2J	3-1 18F	0-2 4O	1-2 17S	2-0 18M	4-1 7J	2-1 8A		1-2 27M	1-2 4F	1-1 21J	3-2 25O	2-1 14M	1-2 13m	2-1 17D	2-1 8N	2-2 29A	1-0 3S	1-0 4M	1-1 24S	2-2 5O
12	Gillingham	1-1 14J	1-0 8N	0-1 4A	0-0 4F	0-1 1O	2-3 28A	3-4 22O	1-2 11M	0-2 3D	0-1 8O	0-1 26D		1-2 28J	3-0 15A	0-1 1A	2-0 13m	1-0 30D	1-3 28F	0-1 24S	2-1 10S	1-1 25F	2-3 27a	2-1 24M	1-3 29O
13	Huddersfield T	2-1 4M	1-1 3D	0-1 8N	1-2 25A	0-1 15O	2-3 14M	3-2 17D	1-0 21J	3-1 15A	1-2 27M	2-0 1l	1-1 17S		2-0 8A	1-2 18F	3-1 20S	0-0 11F	2-0 3S	2-2 7M	3-2 5N	3-2 2J	1-1 13m	1-1 29A	1-0
14	Mansfield Town	1-1 26N	0-1 28J	1-1 25M	1-0 12N	2-2 29O	2-1 8O	1-1 22A	2-2 22O	2-0 26N	3-1 10S	3-1 20S	2-1 31D	1-0 27a		1-1 1O	0-1 26D	0-3 11M	2-1 25F	4-0 4K	0-0 2m	0-1 14J	3-1 1A		
15	Northampton T	6-0 1O	4-2 11F	2-3 13m	1-0 3S	1-3 22O	1-2 24S	2-0 7J	3-0 29A	0-2 8A	3-0 17S	2-1 28F	1-2 18D	1-3 8O	2-1 18M		1-3 21J	1-3 8N	1-0 2J	1-3 29O	1-2 15A	2-2 27M	1-0 25F	1-1 11M	3-1 4D
16	Notts County	4-1 6m	1-1 14J	2-0 31D	5-0 1m	0-0 27a	1-0 25F	3-0 11M	2-0 28F	2-2 9O	4-0 4O	0-1 29O	1-2 26N	3-0 22A	2-1 4F	0-1 10S		1-4 25M	0-0 24S	3-3 22O	1-4 26D	1-1 12N	1-0 4A	1-0 1A	0-1 29J
17	Port Vale	3-0 13F	1-0 4M	2-1 15O	3-2 13M	0-1 21A	1-0 9m	1-3 21J	6-1 17S	1-2 1S	5-0 19S	3-0 26N	2-1 8A	2-0 3O	1-2 27M	1-2 1m	1-0 2J		1-1 18M	3-0 17D	3-3 24O	2-0 6N	2-1 12N	2-1 18F	0-0 4F
18	Preston N E	2-2 4A	1-0 10S	3-1 26D	5-3 4M	2-0 28J	1-1 11F	1-0 8O	3-3 3D	3-3 20S	6-0 25F	1-4 1A	5-0 250	1-0 14J	2-0 5N	3-2 25M	1-0 15A	1-3 27a		2-1 29A	2-0 31D	3-2 10	1-1 14M	2-2 8N	3-3 13m
19	Reading	3-1 26D	2-1 30D	1-1 10S	2-2 5N	1-2 5m	3-1 26O	1-1 11F	3-1 18F	0-0 10	1-2 26N	1-1 1m	0-0 22A	2-1 5A	1-0 15O	1-1 4M	1-3 1A	3-0 12N	2-2		1-3 27a	4-0 21S	0-3 25M	0-2 19A	1-1 14J
20	Sheffield United	1-0 1m	4-1 25F	4-0 4F	2-2 22A	3-0 26N	4-1 3S	2-1 29O	0-1 11A	6-1 17S	1-3 12N	4-2 21J	5-1 11M	1-2 25A	4-0 20S	1-1 27M	0-0 28F	3-1 8A	1-0 18M	1-2 17D		5-1 6m	2-1 22O	2-0 8O	
21	Southend United	1-1 28J	2-1 4A	2-0 27a	1-1 18A	1-2 31D	2-2 8N	1-1 28F	0-0 23S	1-0 13m	3-1 22O	0-0 13J	2-1 15O	2-4 25M	1-1 40	2-1 26D	1-1 28A	2-1 2D	2-1 3F	2-1 14A			0-2 9S	1-2 28O	1-0 10M
22	Swansea City	1-0 17F	1-2 13m	1-0 4O	1-1 17S	1-1 3F	1-1 8A	1-1 3S	1-1 27M	2-0 11M	3-2 17D	1-0 22O	3-1 19M	1-0 22M	2-0 8N	0-0 15O	1-1 7J	2-0 29A	1-1 29O	2-2 2J	2-0 3D	1-1 21J		1-2 15A	2-5 10M
23	Wigan Athletic	2-1 11F	2-1 30S	1-1 25O	1-1 21J	0-1 12N	3-0 3m	1-0 6m	1-0 7A	3-0 27M	0-2 7J	0-1 22A	3-0 2J	0-2 26N	0-0 3S	1-3 5N	0-2 18D	0-1 8O	0-2 1m	1-1 17S	3-0 4M	1-2 10D	3-0 1N		1-1 16m
24	Wolverhampton	1-0 20S	2-1 25O	1-0 4M	2-0 8A	2-0 1m	0-1 27M	4-0 18M	2-0 10J	3-1 2J	1-0 21J	5-2 11F	6-1 14M	4-1 12N	6-2 17D	3-2 6m	0-0 17S	3-3 1O	6-0 26N	2-1 3S	2-2 9m	3-0 5N	1-1 22A	2-1 15O	

Final League Table

Pos	Team	Pld	Home W	Home D	Home L	Home F	Home A	Away W	Away D	Away L	Away F	Away A	Totals W	Totals D	Totals L	Totals F	Totals A	Pts	GD	Leading Goalscorer	Gls
1	Wolverhampton	46	18	4	1	61	19	8	10	5	35	30	26	14	6	96	49	92	+47	S Bull	37
2	Sheffield United	46	16	3	4	57	21	9	6	8	36	33	25	9	12	93	54	84	+39	T Agana	24
3	Port Vale (P)	46	15	3	5	48	21	9	9	5	32	27	24	12	10	78	48	84	+30	D Beckford	20
4	Fulham	46	12	7	4	42	28	10	2	11	27	39	22	9	15	69	67	75	+2	G Davies	14
5	Bristol Rovers	46	9	11	3	34	21	10	6	7	33	30	19	17	10	67	51	74	+16	G Penrice	20
6	Preston N E	46	14	7	2	56	31	5	8	10	23	29	19	15	12	79	60	72	+19	A Ellis	20
7	Brentford	46	14	5	4	36	21	4	9	10	30	40	18	14	14	66	61	68	+5	R Cadette	12
8	Chester City	46	12	6	5	38	18	7	5	11	26	43	19	11	16	64	61	68	+3	C Dale	22
9	Notts County	46	11	5	7	37	22	7	6	10	27	32	18	13	15	64	54	67	+10	G Lund	8
10	Bolton Wand	46	12	8	3	42	23	4	8	11	16	31	16	16	14	58	54	64	+4	T Morgan	10
11	Bristol City	46	10	3	10	32	25	8	6	9	21	30	18	9	19	53	55	63	-2	A Walsh	11
12	Swansea City	46	10	8	4	33	22	6	8	9	18	31	16	16	13	51	53	61	-2	A Melville	10
13	Bury	46	11	7	5	27	17	5	6	12	28	45	16	13	17	55	67	61	-12	L Robinson	20
14	Huddersfield T	46	10	8	5	35	25	7	1	15	28	48	17	9	20	63	73	60	-10	C Maskell	28
15	Mansfield Town	46	10	8	5	32	15	4	10	9	16	37	14	18	14	48	52	59	-4	K Cassells	14
16	Cardiff City	46	10	9	4	30	16	4	6	13	14	40	14	15	17	44	56	57	-12	J Gilligan	15
17	Wigan Athletic	46	9	5	9	28	22	5	9	9	27	31	14	14	18	55	53	56	+2	B Griffiths	8
18	Reading	46	10	6	7	37	29	5	5	13	31	43	15	11	20	68	72	56	-4	T Senior	16
19	Blackpool	46	8	9	6	7	36	29	4	7	12	20	30	14	13	19	56	59	55	-3	A Garner	11
20	Northampton T	46	11	2	10	41	34	5	4	14	25	42	16	6	24	66	76	54	-10	A Adcock	17
21	Southend United	46	10	9	4	33	26	3	6	14	23	49	13	15	18	56	75	54	-19	D Crown	25
22	Chesterfield	46	9	9	5	35	35	5	2	16	16	51	14	7	25	51	86	49	-35	D Waller	18
23	Gillingham	46	7	8	13	25	25	5	1	17	22	49	12	4	30	47	81	40	-34	S Lovell	14
24	Aldershot	46	6	10	10	29	19	1	7	15	19	49	8	13	25	48	78	37	-30	D Puckett	11

1988/89 BARCLAYS LEAGUE DIVISION 4
SEASON 90

Total Matches 552
Total Goals 1498
Avg goals per match 2.71

Results grid (home team rows × away team columns; scores with attendance below):

	Burnley	Cambridge Utd	Carlisle United	Colchester Utd	Crewe Alex	Darlington	Doncaster Rov	Exeter City	Grimsby Town	Halifax Town	Hartlepool Utd	Hereford United	Leyton Orient	Lincoln City	Peterborough U	Rochdale	Rotherham Utd	Scarborough	Scunthorpe Utd	Stockport Co	Torquay Utd	Tranmere Rov	Wrexham	York City
1 Burnley		2-0	0-0	2-0	1-0	0-1	3-0	3-0	1-0	2-1	0-0	3-3	2-2	1-4	1-1	2-1	1-0	0-1	0-1	1-0	1-0	2-2	1-3	6-0
2 Cambridge Utd	2-1		3-2	3-1	1-1	1-3	0-0	2-0	4-1	2-1	6-0	2-1	2-2	2-3	2-1	2-0	1-1	2-2	0-3	1-0	3-0	1-1	2-0	1-1
3 Carlisle United	0-0	1-1		1-2	0-1	1-2	0-1	1-0	1-1	3-1	2-1	3-0	2-1	2-1	2-2	1-0	0-2	0-1	0-3	1-1	2-1	1-1	1-2	0-0
4 Colchester Utd	2-2	1-2	1-1		2-1	1-2	0-1	4-0	0-0	3-2	1-2	1-1	1-0	1-3	1-2	3-0	1-1	3-1	1-2	1-1	2-2	2-3	2-1	1-0
5 Crewe Alexandra	4-0	2-0	1-0	3-1		2-0	0-2	2-1	2-2	2-2	3-0	2-1	2-1	2-0	1-1	3-1	1-3	1-1	3-2	1-1	0-0	2-1	2-2	1-2
6 Darlington	1-1	1-1	2-3	1-2	1-1		1-3	2-2	1-1	0-2	0-0	0-0	1-3	2-1	2-2	1-2	1-1	2-1	3-3	1-4	0-0	1-2	2-1	2-2
7 Doncaster Rov	1-1	1-1	1-3	2-3	0-1	1-0		2-1	2-3	1-4	0-3	2-2	1-0	0-1	2-3	1-1	0-3	1-2	2-2	1-2	0-0	2-2	1-2	1-1
8 Exeter City	3-0	0-3	3-0	4-2	1-2	2-1	3-0		2-1	4-1	2-1	3-1	1-1	0-1	3-1	5-1	0-0	1-0	2-2	2-2	3-0	0-1	0-2	2-0
9 Grimsby Town	1-0	4-0	0-0	2-2	0-0	0-0	5-0	2-1		3-2	3-0	1-1	2-2	1-0	0-0	1-3	0-4	2-1	1-1	2-0	1-0	0-0	0-1	3-0
10 Halifax Town	1-2	0-0	3-3	3-2	0-1	1-0	2-0	0-3	2-1		1-0	2-2	2-2	0-1	5-0	4-1	1-1	0-2	5-1	2-2	2-0	2-3	4-0	0-0
11 Hartlepool United	2-2	3-2	2-0	2-1	0-3	2-1	2-1	2-2	1-1	2-0		1-1	1-0	3-2	2-1	0-1	1-1	3-1	0-2	2-2	0-1	2-2	1-3	0-1
12 Hereford United	0-0	4-2	2-1	1-0	0-1	1-1	3-1	1-0	2-1	3-1	2-0		1-1	3-2	4-0	4-4	1-1	1-3	1-2	2-1	1-1	2-1	0-0	1-2
13 Leyton Orient	3-0	1-1	2-0	8-0	0-0	1-0	4-0	4-0	5-0	2-0	4-3	1-3		3-1	1-2	3-0	2-3	4-1	1-2	3-1	2-0	0-1	4-0	4-0
14 Lincoln City	2-3	3-0	0-2	1-1	2-2	3-2	2-1	2-0	2-1	0-1	2-0	0-1	0-1		1-1	4-1	0-1	2-2	1-0	0-0	1-0	3-1	4-3	2-1
15 Peterborough U	3-0	1-5	1-4	3-0	3-2	1-1	2-0	0-1	1-2	2-1	0-1	2-1	0-0	1-1		1-0	0-3	1-4	1-2	1-0	0-1	1-1	1-0	0-1
16 Rochdale	2-1	2-1	0-0	1-1	2-1	2-2	2-0	0-2	1-1	0-0	2-2	0-2	2-2	0-0	0-2		2-1	1-0	1-1	2-1	3-1	3-3	2-0	0-1
17 Rotherham Utd	3-1	0-0	2-1	2-0	1-2	1-2	3-0	0-1	1-0	2-0	4-0	6-0	4-1	2-0	1-1	3-1		1-1	3-3	2-1	1-0	0-0	2-2	0-1
18 Scarborough	1-0	2-1	0-0	0-1	3-2	2-0	2-1	2-3	3-1	2-0	0-2	0-0	1-1	2-3	3-3	1-0		1-0	1-1	5-2	0-0	0-3	0-0	
19 Scunthorpe Utd	2-1	1-0	1-1	2-3	2-2	5-1	2-1	2-0	1-1	0-0	1-1	3-2	2-0	0-0	4-0	0-0	0-3		1-1	1-0	0-1	3-1	4-2	
20 Stockport County	0-0	1-1	0-1	1-0	0-1	0-0	2-0	4-0	3-1	1-1	3-0	1-2	0-0	1-0	1-2	3-0	1-3	2-2	1-2		0-0	1-1	2-2	3-2
21 Torquay United	2-0	3-1	1-0	1-3	2-1	1-0	3-2	0-4	2-2	0-2	2-0	1-0	2-0	1-0	1-0	1-2	0-1	0-2	2-1		3-2	0-0		
22 Tranmere Rovers	2-1	1-2	0-0	0-0	1-1	2-0	2-2	2-0	3-2	2-0	2-1	1-0	3-0	1-0	1-0	2-0	0-0	1-1	1-2	4-0	1-0		2-1	0-1
23 Wrexham	4-2	3-1	2-1	2-2	0-0	3-3	1-1	3-0	1-2	3-0	4-3	1-1	0-1	3-0	1-1	2-1	1-4	0-1	2-0	1-0	3-3			2-1
24 York City	0-0	1-2	1-0	1-3	4-1	1-1	3-1	0-3	5-3	2-3	4-1	1-1	2-1	5-3	1-1	0-0	1-2	2-0	1-1	0-1	1-0			

Final League Table

Pos	Team	Pld	Home W	D	L	F	A	Away W	D	L	F	A	Totals W	D	L	F	A	Pts	GD	Leading Goalscorer	Gls
1	Rotherham United	46	13	6	4	44	18	9	10	4	32	17	22	16	8	76	35	82	+41	B Williamson	27
2	Tranmere Rovers	46	15	6	2	34	13	6	11	6	28	30	21	17	8	62	43	80	+19	I Muir	21
3	Crewe Alexandra	46	13	7	3	42	16	8	8	7	25	24	21	15	10	67	40	78	+19	P Fishenden	16
4	Scunthorpe Utd	46	11	9	3	40	22	10	5	8	37	35	21	14	11	77	57	77	+20	A Daws	24
5	Scarborough	46	12	7	4	33	23	9	7	7	34	29	21	14	11	67	52	77	+15	G Brook	12
6	Leyton Orient (P)	46	16	2	5	61	19	5	10	8	25	31	21	12	13	86	50	75	+36	A Comfort	19
7	Wrexham	46	12	7	4	44	28	7	7	9	33	35	19	14	13	77	63	71	+14	K Russell	22
8	Cambridge United	46	13	7	3	45	25	5	7	11	26	37	18	14	14	71	62	68	+9	L Ryan, J Taylor	11
9	Grimsby Town	46	11	9	3	33	18	6	6	11	32	41	17	15	14	65	59	66	+6	K Alexander	14
10	Lincoln City	46	12	6	5	39	26	6	4	13	25	34	18	10	18	64	60	64	+4	G Hobson	15
11	York City	46	10	8	5	43	27	7	5	11	19	36	17	13	16	62	63	64	-1	I Helliwell	11
12	Carlisle United	46	9	6	8	26	25	6	9	8	27	27	15	15	16	53	52	60	+1	B Hetherington	11
13	Exeter City	46	14	4	5	46	23	4	2	17	19	45	18	6	22	65	68	60	-3	D Rowbotham	20
14	Torquay United	46	15	2	6	32	23	2	6	15	13	37	17	8	21	45	60	59	-15	D Edwards	8
15	Hereford United	46	11	8	4	40	27	3	8	12	26	45	14	16	16	66	72	58	-6	P Stant	28
16	Burnley	46	12	6	5	35	20	2	7	14	17	41	14	13	19	52	61	55	-9	B O'Connell	13
17	Peterborough U	46	10	3	10	29	32	4	9	10	23	42	14	12	20	52	74	54	-22	N Cusack	10
18	Rochdale	46	10	10	3	39	22	3	4	16	17	34	13	14	19	56	56	53	-26	D Frain	6
19	Hartlepool United	46	10	6	7	33	33	4	4	15	17	45	14	10	22	50	78	52	-28	S Grayson	13
20	Stockport County	46	8	10	5	31	20	2	11	10	23	32	10	21	15	54	52	51	+2	R Wylde	12
21	Halifax Town	46	10	7	6	42	27	3	4	16	27	48	13	11	22	69	75	50	-6	T McPhillips	23
22	Colchester United	46	8	8	7	35	30	4	6	13	25	43	12	14	20	60	73	50	-18	M Walsh	10
23	Doncaster Rovers	46	9	6	8	32	30	4	4	15	17	49	13	10	23	49	78	49	-29	M Rankine	11
24	Darlington	46	8	10	5	28	38	5	6	12	25	38	8	18	20	53	76	42	-23	G Worthington	12

1989/90 BARCLAYS LEAGUE DIVISION 1
SEASON 91

Total Matches	380
Total Goals	987
Avg goals per match	2.59

		Arsenal	Aston Villa	Charlton Athletic	Chelsea	Coventry City	Crystal Palace	Derby County	Everton	Liverpool	Luton Town	Manchester City	Manchester Utd	Millwall	Norwich City	Nottm Forest	QPR	Sheffield Weds	Southampton	Tottenham H	Wimbledon
1	Arsenal		0-1 11A	1-0 23S	0-1 17M	2-0 22a	4-1 1J	1-1 28O	1-0 31M	3-2 18A	4-0 16D	1-0 14O	2-0 3D	4-3 28A	3-0 4N	3-0 7M	5-0 18N	2-1 9S	1-0 2m	0-0 20J	0-0 26a
2	Aston Villa	2-1 30D		1-1 26a	1-0 14A	4-1 18N	2-1 28O	1-0 30S	6-2 5N	1-1 23a	2-0 10M	1-2 1A	3-0 26D	1-0 21A	3-3 28A	2-1 2D	1-3 23S	1-0 10F	2-1 20J	2-0 9S	0-3 24F
3	Charlton Athletic	0-0 27F	0-2 13J		3-0 29a	1-1 28O	1-2 16D	0-0 19a	0-1 16S	0-4 11A	2-0 19F	1-1 25N	2-0 4N	1-1 9D	0-1 3M	1-1 17M	1-0 31M	1-2 28A	2-4 1J	1-3 14O	1-2 17A
4	Chelsea	0-0 30S	0-3 1J	3-1 20J		1-0 23S	3-0 16A	1-1 31M	2-1 28A	2-5 16D	1-0 7A	1-1 28O	1-0 24F	4-0 4N	0-0 10M	2-2 9S	1-1 22a	4-0 26a	2-2 18N	1-2 10F	2-5 2D
5	Coventry City	0-1 9D	2-0 4M	1-2 24M	3-2 3F		1-0 13J	1-0 7A	2-0 19a	1-6 5m	1-0 16S	2-1 30a	1-4 21O	3-1 17F	1-0 25N	0-2 14O	1-1 16A	1-4 17M	1-0 11N	0-0 1J	2-1 16D
6	Crystal Palace	1-1 14A	2-0 24M	2-0 21A	2-2 26D	0-1 26a		1-1 20M	2-1 30S	0-2 20J	1-2 11N	1-1 5m	2-1 22a	4-3 21O	1-0 30D	0-3 23S	1-1 2D	3-1 24F	2-3 10F	2-0 18N	2-0 9S
7	Derby County	1-3 24M	0-1 17M	2-0 2D	0-1 21O	4-1 30D	3-1 14O		0-1 26D	0-3 9S	2-3 5m	6-0 11N	2-0 26a	2-0 14A	0-2 21A	0-2 20J	2-0 10F	2-0 18N	0-1 23S	2-1 24F	1-1 23a
8	Everton	3-0 21O	3-3 5m	2-1 10F	0-1 11N	2-0 2D	4-0 17M	2-1 16A		1-3 23S	2-1 1J	0-0 17D	3-2 9S	2-1 14O	3-1 24M	4-0 4A	1-0 7A	2-0 20J	3-0 26a	2-1 22a	1-1 18N
9	Liverpool	2-1 26N	1-1 9D	1-0 30D	4-1 21A	0-1 4N	9-0 12S	1-0 1m	2-1 3F		2-2 13J	3-1 19a	0-0 23D	1-0 3M	0-0 16S	2-2 14A	2-1 28A	3-2 26D	1-0 31M	2-1 29O	2-1 3A
10	Luton Town	2-0 21A	0-1 14O	1-0 9S	0-3 30D	3-2 7M	1-0 28A	1-0 4N	2-2 14A	0-0 26a		1-1 17M	1-3 18N	2-1 24M	4-1 21O	1-1 26D	1-1 20J	2-0 22a	1-1 24F	0-0 2D	1-1 23S
11	Manchester City	1-1 10M	0-2 22O	1-2 24F	1-1 21M	1-0 20J	3-0 4N	0-1 28A	1-0 21A	1-4 2D	3-1 30S		5-1 23S	2-0 30D	1-0 26D	0-3 18N	1-0 9S	2-1 14A	1-2 23a	1-1 26a	1-1 10F
12	Manchester United	4-1 19a	2-0 17A	1-0 5m	0-0 25N	3-0 31M	1-2 9D	1-2 13J	0-0 14M	1-2 18M	4-1 3M	1-1 3F		5-1 16S	0-2 30a	1-0 12N	0-0 1J	0-0 14O	2-1 28O	0-1 16D	0-0 30A
13	Millwall	1-2 11N	2-0 16D	2-2 22a	1-3 5m	4-1 9S	1-2 31M	1-1 1J	1-2 21M	1-2 19N	1-1 28O	1-1 7A	1-2 10F		0-1 30S	1-0 26a	1-2 24F	2-2 23S	2-2 2D	0-1 16A	0-0 20J
14	Norwich City	2-2 5m	2-0 11N	0-0 18N	2-0 14O	0-0 14M	1-0 4A	1-1 16D	0-0 28O	0-1 10F	2-0 31M	1-1 16A	2-2 21J	1-1 17M		1-1 23a	0-0 26a	2-1 2D	4-4 9S	2-2 23S	0-1 1J
15	Nottingham Forest	1-2 16S	1-1 19a	2-0 30S	1-1 17F	2-4 10M	3-1 3F	2-1 30a	1-0 25N	2-2 1J	3-0 16A	1-0 3M	4-0 2m	3-1 13J	0-1 9D		2-2 28O	0-1 4N	2-0 17D	1-3 7A	0-1 31M
16	Queens Park Rangers	2-0 3M	1-1 20M	0-1 21O	4-2 9D	1-1 26D	2-0 19a	0-1 16S	1-0 30D	3-2 11N	0-0 30a	1-3 11A	1-2 14A	0-0 25N	2-1 13J	2-0 24M		1-0 21A	1-4 14O	3-1 17M	2-3 5m
17	Sheffield Wednesday	1-0 17F	1-0 16S	3-0 11N	1-1 14J	0-0 30S	2-2 25N	1-0 3M	1-1 30a	2-0 29N	1-1 9D	0-1 1J	1-0 21M	1-1 3F	0-2 19a	0-3 5m	2-0 16D		0-1 7A	2-4 31M	0-1 28O
18	Southampton	1-0 26D	2-1 29a	3-2 14A	2-3 3M	3-0 28A	1-1 16S	2-1 10M	2-2 13J	4-1 21O	6-3 25N	2-1 9D	0-2 24M	1-2 19a	4-1 27F	2-0 21A	0-2 3A	2-2 30D		1-1 4N	2-2 30S
19	Tottenham Hotspur	2-1 18O	0-2 21F	3-0 10M	1-4 16S	3-2 14A	0-1 3M	1-2 25N	1-0 9D	2-1 21M	1-1 19a	2-1 13J	3-1 21A	4-0 26D	2-3 4F	3-2 30D	3-0 30S	2-1 21O	0-1 5m		11N
20	Wimbledon	1-0 13J	0-2 25N	3-1 26D	0-1 19a	0-0 21A	0-1 2m	1-1 9D	3-1 3M	1-2 14O	1-2 14F	0-2 16S	2-2 30a	2-2 29a	1-1 14A	1-3 21O	0-0 4N	1-1 24M	3-3 17M	1-0 28A	

Final League Table

Pos	Team	Pld	Home					Away					Totals						Leading Goalscorer	Gls
			W	D	L	F	A	W	D	L	F	A	W	D	L	F	A	Pts	GD		
1	Liverpool	38	13	5	1	38	15	10	5	4	40	22	23	10	5	78	37	79	+41	J Barnes	22
2	Aston Villa	38	13	3	3	36	20	8	4	7	21	18	21	7	10	57	38	70	+19	D Platt	19
3	Tottenham H	38	12	1	6	35	24	7	5	7	24	23	19	6	13	59	47	63	+12	G Lineker	24
4	Arsenal	38	14	3	2	38	11	4	5	10	16	27	18	8	12	54	38	62	+16	A Smith	10
5	Chelsea	38	8	7	4	31	24	8	5	6	27	26	16	12	10	58	50	60	+8	K Dixon	20
6	Everton	38	14	3	2	40	16	3	5	11	17	30	17	8	13	57	46	59	+11	T Cottee	13
7	Southampton	38	10	5	4	40	27	5	5	9	31	36	15	10	13	71	63	55	+8	M Le Tissier	20
8	Wimbledon	38	5	8	6	22	23	8	8	3	25	17	13	16	9	47	40	55	+7	J Fashanu	11
9	Nottm Forest	38	9	6	4	31	16	6	5	8	24	26	15	9	14	55	47	54	+8	S Hodge	10
10	Norwich City	38	7	10	2	24	14	6	4	9	20	28	13	14	11	44	42	53	+2	M Bowen, R Fleck	7
11	Queens Park R	38	9	4	6	27	22	4	7	8	18	22	13	11	14	45	44	50	+1	C Clarke, A Sinton, R Wegerle	6
12	Coventry City	38	11	2	6	24	25	3	5	11	15	34	14	7	17	39	59	49	-20	D Speedie	8
13	Manchester Utd	38	8	6	5	26	14	5	3	11	20	33	13	9	16	46	47	48	-1	M Hughes	13
14	Manchester City	38	9	4	6	26	21	3	8	8	17	31	12	12	14	43	52	48	-9	C Allen	10
15	Crystal Palace	38	8	7	4	27	23	5	2	12	15	43	13	9	16	42	66	48	-24	M Bright	12
16	Derby County	38	9	1	9	29	21	4	6	9	14	19	13	7	18	43	40	46	+3	D Saunders	11
17	Luton Town	38	8	8	3	24	18	2	5	12	19	39	10	13	15	43	57	43	-14	K Black	11
18	Sheffield Weds	38	8	6	5	21	17	3	4	12	14	34	11	10	17	35	51	43	-16	D Hirst	14
19	Charlton Athletic	38	4	6	9	18	25	3	3	13	13	32	7	9	22	31	57	30	-26	P Williams	10
20	Millwall	38	4	8	7	9	23	1	5	13	16	40	5	11	22	39	65	26	-26	T Cascarino, T Sheringham	9

1989/90 BARCLAYS LEAGUE DIVISION 2
SEASON 91

Total Matches 552
Total Goals 1523
Avg goals per match 2.76

		Barnsley	Blackburn Rov	Bournemouth	Bradford City	Brighton & H A	Hull City	Ipswich Town	Leeds United	Leicester City	Middlesbrough	Newcastle Utd	Oldham Athletic	Oxford United	Plymouth Argyle	Port Vale	Portsmouth	Sheffield United	Stoke City	Sunderland	Swindon Town	Watford	West Brom A	West Ham Utd	Wolverhampton
1	Barnsley		0-0 3A	0-1 21A	2-0 23S	1-0 26a	1-1 24F	0-1 2D	1-0 30D	2-2 28O	1-1 9S	1-1 18N	1-0 17M	1-0 31M	1-1 20J	0-3 14O	0-1 4N	1-2 17O	3-2 5S	1-0 10A	0-1 10F	0-1 26D	2-2 28A	1-1 14A	2-2 26S
2	Blackburn Rov	5-0 30S		1-1 3F	2-2 1J	1-1 5m	0-0 31O	2-2 11N	1-2 13J	2-4 9D	2-4 21N	2-0 24M	1-0 19a	2-2 2S	2-0 7A	1-0 17F	2-0 20M	0-0 1m	3-0 27J	1-1 16S	2-1 16A	2-2 21O	2-1 10M	5-4 25N	2-3 3M
3	Bournemouth	2-1 16D	2-4 23S		1-0 24F	0-2 2D	5-4 26a	3-1 20J	0-1 5m	2-3 17A	2-2 10F	2-1 9S	2-0 14O	0-1 6M	2-2 1J	1-0 26S	0-1 21O	2-1 11N	0-1 18N	1-2 17M	0-0 7A	1-1 24M	1-1 22a	1-1 1N	1-1 3A
4	Bradford City	0-0 3F	0-1 14A	1-0 25N		2-0 7O	2-3 11N	1-0 18O	0-1 28O	2-0 16S	0-1 26D	3-2 21M	1-1 7m	1-2 17F	0-1 5m	2-2 19a	1-1 2S	1-4 3M	1-0 10M	0-1 31M	1-1 30S	2-1 21A	2-0 30D	1-1 9D	1-1 13J
5	Brighton & H A	1-1 13J	1-2 4N	2-1 19a	2-1 17M		2-0 6A	1-0 27S	2-2 21A	1-0 17F	1-0 28F	0-3 21O	1-1 3M	0-1 30D	1-1 7M	2-0 2S	0-0 26D	2-2 14M	1-4 28A	1-2 25N	1-2 1N	1-0 14O	0-3 14A	3-0 16S	1-1 9D
6	Hull City	1-2 25N	2-0 10A	1-4 13J	2-1 28A	0-2 28O		4-3 1m	0-1 16S	1-1 19a	0-0 10M	1-3 30S	0-0 17O	1-0 3M	3-3 24A	2-1 9D	1-2 17F	0-0 3F	0-0 20M	3-2 1J	2-3 7O	0-0 4N	0-2 31M	1-1 2S	2-0 16A
7	Ipswich Town	3-1 19a	3-1 28A	1-1 2S	1-0 24M	2-1 10M	0-1 21A		2-2 17F	2-2 3M	3-0 30D	2-1 7O	1-1 25N	1-0 13M	3-2 21O	0-1 14A	1-1 10A	2-2 13J	1-1 30S	1-0 9D	1-0 20M	3-1 31O	1-0 4N	1-3 26D	1-3 16S
8	Leeds United	1-2 25A	1-1 26a	3-0 4N	1-1 7A	3-0 16D	4-3 10F	1-1 9S		2-1 28A	2-1 23a	1-0 2D	1-1 1J	2-1 27S	2-1 1N	0-0 7M	2-0 24M	4-0 16A	2-0 20J	2-0 14O	4-0 23S	2-1 18N	2-2 24F	3-2 17M	1-0 21O
9	Leicester City	2-2 7A	0-1 23a	2-1 26D	1-1 10F	1-0 23S	2-1 2D	0-1 18N	4-3 11N		2-1 21A	2-2 26a	3-0 3A	0-0 14O	1-0 24M	2-1 17M	2-5 14A	2-3 5m	2-1 24F	1-1 27S	1-3 21O	1-3 20J	1-0 9S	0-0 30D	0-0 1N
10	Middlesbrough	0-1 2m	0-3 17M	2-1 16S	2-0 16A	2-2 18O	1-0 27S	1-2 25A	0-2 9D	4-1 16D		4-1 5m	1-0 31M	0-2 25N	2-3 14O	2-3 11A	3-3 3F	0-1 2S	3-0 1J	0-2 14J	1-2 11N	0-0 7M	1-0 28O	0-1 3M	4-2 19a
11	Newcastle United	4-1 3M	2-1 18O	3-0 28F	1-0 14O	2-0 31M	2-1 7M	2-1 17M	5-2 19a	5-4 13J	2-2 4N		2S	2-1 9D	2-3 3A	3-1 28O	2-2 16S	1-0 25N	2-0 16A	3-0 4F	1-1 25A	0-0 27S	2-1 11A	2-1 28A	1-4 1J
12	Oldham Athletic	2-0 7O	2-0 1D	4-0 20M	2-2 31O	1-1 18N	3-2 24M	4-1 24F	3-1 13A	1-0 30S	2-0 21O	1-1 20J		4-1 1m	3-2 9S	2-1 26D	3-3 30D	0-2 28M	2-0 10F	2-1 4N	2-2 26a	1-1 22a	2-1 23S	3-0 21A	1-1 3m
13	Oxford United	2-3 21O	1-1 20J	1-2 30S	2-1 9S	0-0 25A	2-2 18N	2-4 23S	4-2 10M	3-1 21M	1-0 24F	0-1 13S	3-2 11N		0-0 2D	2-1 5m	3-0 7O	3-0 1J	2-1 1N	2-2 16A	1-1 24M	0-1 26a	0-1 10F	0-2 7A	2-2 16D
14	Plymouth Argyle	2-1 2S	2-2 28O	1-0 14A	2-1 4N	1-2 30S	1-0 29D	1-1 31M	3-1 10A	1-2 17O	1-1 20M	2-0 21A	2-0 18A	1m	19a	1-2 25N	0-2 10D	0-0 16S	3-0 7O	3-0 3M	0-3 10M	0-0 28A	2-2 26D	1-1 13J	0-1 3F
15	Port Vale	2-1 19M	0-0 9S	1-0 10M	3-2 2D	1-1 20J	5-0 12S	0-0 1J	2-1 30S	1-1 7O	1-2 30O	2-0 7A	1-2 16A	3-0 4N	24F		1-1 28A	1-1 16D	0-0 3F	1-2 1m	2-0 18N	1-0 10F	2-1 26a	2-2 21O	3-1 24M
16	Portsmouth	2-1 5m	1-1 14O	2-1 31M	3-0 20J	3-0 16A	2-2 9S	2-3 28O	3-3 17O	3-1 1J	1-1 23S	2-1 10F	2-1 24A	0-3 17M	2-0 12S	2-0 11N		7A	3-2 26a	0-0 16D	3-3 24F	1-1 2D	1-1 18N	1-0 26S	1-3 6M
17	Sheffield United	1-2 24M	1-2 30D	4-2 28A	1-1 18N	5-4 9S	0-0 23S	2-0 26a	2-2 26D	1-1 4N	1-0 20J	1-1 24F	2-1 26S	1-0 14A	2-1 10F	1-0 21A	2-1 31O		2-1 210	2-1 3A	1-3 12S	2-0 10A	4-1 2D	3-1 14O	3-0 17M
18	Stoke City	0-1 9D	0-1 21A	1-1 3M	3-2 26S	1-1 11N	0-0 14O	1-1 6M	0-0 2S	2-1 25N	1-2 14A	1-2 26D	2-0 16S	1-2 10A	0-0 17M	0-1 23S	0-1 13J	0-1 31M		0-2 28O	1-1 5m	2-2 30D	2-1 17O	1-1 19a	3-0 17F
19	Sunderland	4-2 31O	0-1 10F	3-2 3M	1-0 21O	2-1 24F	0-1 14A	2-4 22a	0-1 20M	0-1 10M	2-3 27a	1-0 24S	3-1 5m	2-2 26D	2-2 18N	2-2 30D	2-1 21A	2-1 30S	0-1 7A		2D	2-2 9S	4-0 20J	1-1 24M	4-3 11N
20	Swindon Town	0-0 16S	4-3 26D	2-3 5D	3-1 6M	1-2 10A	1-3 17M	3-0 14O	3-2 4F	1-1 31M	1-1 28A	1-1 30D	3-2 13J	3-0 17O	3-0 26S	2-2 3M	0-2 26N	6-0 10D	0-2 4N	19a		2-0 14A	2-2 21A	2-2 18F	3-1 3S
21	Watford	2-2 17A	3-1 31M	2-2 17O	7-2 16D	4-2 20M	3-1 5m	3-3 7A	1-0 3M	3-1 2S	0-0 30S	3-0 10M	0-1 9D	1-2 13J	1-0 11N	1-0 16S	1-3 19a	1-1 280	0-2 24A	1-1 17F	0-2 1J		0-2 70	0-1 13M	1-3 25N
22	West Brom A	7-0 11N	2-2 27S	2-2 9D	0-0 14M	3-0 1J	1-1 21O	1-3 5m	2-1 25N	0-1 21F	0-0 7A	1-5 1N	2-2 3F	3-2 16S	0-3 16A	2-3 13J	0-3 3M	0-0 19a	1-1 24M	1-1 2S	1-2 17D	2-0 17M		1-3 4A	1-2 15O
23	West Ham Utd	4-2 1J	1-1 24F	4-1 11A	2-0 23a	3-1 10F	1-2 20J	2-0 17A	0-1 7O	0-1 2m	0-0 18N	0-0 11N	3-2 16D	3-2 28O	2-2 26a	2-1 31M	5-0 10M	0-0 21M	5-0 2D	1-1 18O	1-0 9S	2-3 23S	4-0 30S		4-0 5m
24	Wolverhampton	1-1 10M	1-2 18N	3-1 30D	1-1 26a	2-4 12S	1-2 26D	2-1 10F	1-0 31M	5-0 10A	2-0 2D	0-1 14A	1-1 28O	2-0 21A	1-0 23S	2-0 17O	5-0 30S	1-2 7O	0-0 9S	0-1 28A	2-1 20J	1-1 24F	2-1 20M	1-0 4N	

Final League Table

Pos	Team	Pld	Home					Away					Totals						Leading Goalscorer	Gls
			W	D	L	F	A	W	D	L	F	A	W	D	L	F	A	Pts	GD		
1	Leeds United	46	16	6	1	46	18	8	7	8	33	34	24	13	9	79	52	85	+27	G Strachan	16
2	Sheffield United	46	14	5	4	43	27	10	8	5	35	31	24	13	9	78	58	85	+20	B Deane	21
3	Newcastle United	46	17	4	2	51	26	5	10	8	29	29	22	14	10	80	55	80	+25	M Quinn	32
4	Swindon Town	46	12	6	5	49	29	8	8	7	30	30	20	14	12	79	59	74	+20	D Shearer	20
5	Blackburn Rovers	46	10	9	4	43	30	9	8	6	31	29	19	17	10	74	59	74	+15	S Garner	18
6	Sunderland (P)	46	10	8	5	41	32	10	6	7	29	32	20	14	12	70	64	74	+6	M Gabbiadini	21
7	West Ham United	46	14	5	4	50	22	6	7	10	30	35	20	12	14	80	57	72	+23	J Quinn	12
8	Oldham Athletic	46	15	7	1	50	23	4	7	12	20	34	19	14	13	70	57	71	+13	R Palmer	16
9	Ipswich Town	46	13	7	3	38	22	6	5	12	29	44	19	12	15	67	66	69	+1	D Lowe	13
10	Wolverhampton	46	12	5	6	37	20	6	8	9	30	40	18	13	15	67	60	67	+7	S Bull	24
11	Port Vale	46	9	9	3	27	20	4	7	12	25	37	15	16	15	62	57	61	+5	D Beckford	17
12	Portsmouth	46	9	8	6	40	34	6	8	9	22	31	15	16	15	62	65	61	-3	G Whittingham	23
13	Leicester City	46	10	8	5	34	29	5	6	12	33	50	15	14	17	67	79	59	-12	G McAllister	10
14	Hull City	46	7	8	8	27	31	7	8	8	31	34	14	16	16	58	65	58	-7	A Payton	17
15	Watford	46	11	6	6	41	28	3	9	11	17	32	14	15	17	58	60	57	-2	P Wilkinson	16
16	Plymouth Argyle	46	9	8	6	30	23	5	5	13	28	40	14	13	19	58	63	55	-5	T Tynan	15
17	Oxford United	46	8	7	8	35	31	7	2	14	22	35	15	9	22	57	66	54	-9	J Durnin	13
18	Brighton & H A	46	10	6	7	28	27	5	3	15	28	45	15	9	22	56	72	54	-16	K Bremner	13
19	Barnsley	46	7	9	7	22	23	6	6	11	27	48	13	15	18	49	71	54	-22	S Agnew	8
20	West Brom A	46	6	8	9	35	37	6	7	10	32	34	12	15	19	67	71	51	-4	D Goodman	21
21	Middlesbrough	46	10	3	10	33	29	3	8	12	19	34	13	11	22	52	63	50	-11	B Slaven	21
22	Bournemouth	46	8	6	9	30	31	4	6	13	27	45	12	12	22	57	76	48	-19	L Blissett	18
23	Bradford City	46	9	6	8	26	24	0	8	15	18	44	9	14	23	44	68	41	-24	J Quinn	6
24	Stoke City	46	4	11	8	20	24	2	8	13	15	39	6	19	21	35	63	37	-28	W Biggins	10

Sunderland promoted as play-off winners Swindon Town denied promotion due to financial irregularities.

1989/90 BARCLAYS LEAGUE DIVISION 3
SEASON 91

Total Matches 552
Total Goals 1414
Avg goals per match 2.56

		Birmingham City	Blackpool	Bolton Wand	Brentford	Bristol City	Bristol Rovers	Bury	Cardiff City	Chester	Crewe Alexandra	Fulham	Huddersfield T	Leyton Orient	Mansfield Town	Northampton T	Notts County	Preston N E	Reading	Rotherham Utd	Shrewsbury T	Swansea City	Tranmere Rov	Walsall	Wigan Athletic
1	Birmingham City		3-1 6M	1-0 25N	0-1 13M	0-4 13J	2-2 16A	0-0 7A	1-1 31O	0-0 24M	3-0 19a	1-1 1J	0-1 21O	0-0 11N	4-1 3M	4-0 14O	1-2 24A	3-5 16D	0-1 5m	4-1 17M	0-1 27J	2-0 2S	2-1 16S	2-0 26S	0-0 17F
2	Blackpool	3-2 30S		2-1 16A	4-0 11N	1-3 13M	0-3 5m	0-1 31O	1-0 21O	1-3 24A	0-1 16S	2-2 16D	1-0 1J	3-1 20M	1-0 3F	0-0 24M	2-2 13J	0-0 10M	1-2 6O	0-1 7A	0-1 2S	2-2 30A	0-3 25N	4-3 3M	0-0 19a
3	Bolton Wand	3-1 24F	2-0 26D		0-1 24M	1-0 28A	1-0 9S	3-1 30D	3-1 20J	1-0 21O	0-0 20M	0-0 26a	2-2 1m	2-1 23S	1-1 30S	0-3 2D	3-0 10M	2-1 7A	3-0 3A	0-2 10F	0-1 21A	0-0 4N	1-1 14A	1-1 31O	3-2 7O
4	Brentford	0-1 23S	5-0 28A	1-2 17O		0-2 7O	2-1 20J	0-0 9S	0-1 21F	1-1 26a	0-2 10M	2-0 28O	2-1 10F	4-3 3D	3-2 17D	0-1 25F	3-2 7A	0-1 20M	2-2 16A	4-2 6J	1-1 31M	2-1 2m	2-4 4N	4-0 1J	3-1 30S
5	Bristol City	1-0 26a	2-0 9S	1-1 11N	2-0 17M		0-0 23S	1-0 20J	1-0 10F	1-0 30J	4-1 10A	5-1 16A	1-1 24A	2-1 16D	1-2 31M	1-1 28R	3-1 17O	2-0 1J	2-1 24F	0-1 2D	0-0 26S	2-1 14O	1-3 6M	1-3 5m	4-0 28O
6	Bristol Rovers	0-0 26D	1-1 4N	1-1 28J	1-0 19a	3-0 2m		2-1 21M	2-1 24M	2-1 7A	1-1 21A	2-0 7O	2-2 1N	0-0 11M	1-1 13J	4-2 21O	3-2 2S	3-0 16S	0-0 30S	2-0 14A	1-0 28A	2-0 25N	2-0 30D	2-0 18F	6-1 3M
7	Bury	0-0 28O	2-0 10A	2-0 24A	0-2 27J	1-1 19a	0-0 14O		2-0 5m	1-0 17M	0-3 25N	0-0 31M	6-0 16A	2-0 1J	3-0 16S	1-0 6M	3-0 3M	1-2 13J	4-0 11N	1-1 26S	0-0 3F	3-2 17O	1-2 17F	0-2 16D	2-2 2S
8	Cardiff City	0-1 10A	2-2 31M	0-2 19a	2-2 2S	0-3 16S	1-1 17O	3-1 3N		1-1 13O	0-0 17F	3-3 28A	1-5 17M	1-1 28O	1-0 27M	2-3 26S	1-3 16D	3-0 25N	3-2 1m	2-0 6M	0-1 2M	0-2 16A	0-0 13J	3-1 24A	1-1 3F
9	Chester	4-0 17O	2-0 30D	2-0 31M	1-1 12J	0-3 3M	0-0 28O	1-4 7O	1-0 20M		2-1 2S	0-2 30S	2-1 4N	1-0 6J	0-2 19a	0-1 14A	3-1 15S	3-1 3F	1-1 9M	2-0 28A	1-0 17F	0-2 26J	2-2 20A	1-1 24N	0-0 26D
10	Crewe Alexandra	0-2 20J	2-0 10F	2-2 14O	2-3 26S	0-1 31O	1-0 15D	2-1 24F	1-0 2D	0-0 13F		2-3 9S	3-0 13M	0-1 24A	2-1 10N	2-1 23S	1-0 1J	1-0 24M	0-0 25a	1-1 21O	1-1 6M	2-2 17M	3-3 6A	3-2 16A	3-2 5m
11	Fulham	1-2 14A	0-0 21A	2-2 13J	1-0 10A	0-1 26D	1-2 17M	2-2 21O	2-5 11N	1-0 6M	1-1 27J		0-0 26S	1-2 5m	0-0 2S	1-1 31O	1-1 17F	5-2 3M	3-1 24M	1-2 14O	1-1 30D	2-1 16S	2-0 19a	1-2 4A	0-0 25N
12	Huddersfield T	1-2 31M	2-2 14A	1-1 2S	1-0 16S	2-1 30D	1-1 10A	2-2 26D	2-3 7O	4-1 5m	0-1 3M	0-1 10M		2-0 30S	1-0 17F	2-2 11N	1-2 25N	0-2 3A	0-1 20M	2-1 21A	1-1 28O	1-0 19a	1-0 3F	1-0 13J	2-0 17O
13	Leyton Orient	1-2 28A	2-0 14O	0-0 27M	1-1 18F	0-1 21A	2-3 26S	3-1 14A	0-3 7A	2-1 31O	1-1 5N	1-0 6M	1-0		3-1 25N	1-1 26D	0-1 19a	3-1 2S	4-1 21O	1-1 24M	1-0 13J	0-2 3M	0-1 17M	1-1 27J	1-0 16S
14	Mansfield Town	5-2 3A	0-3 23S	0-1 6M	2-3 21A	1-0 21O	0-1 26a	1-0 10F	1-0 9S	2-1 20J	3-0 28A	1-2 13F	1-0 2D	1-0 24F		1-2 30D	1-3 4N	2-2 31O	1-1 7A	3-1 26D	2-1 17M	4-0 24O	1-0 24M	0-2 14O	1-0 14A
15	Northampton T	2-2 20M	4-2 17O	0-2 17F	2-2 25N	2-0 2S	1-2 31M	0-1 30S	1-1 10M	0-0 1J	3-1 30A	2-0 7A	1-0 28A	1-1 16A	1-2 24A		0-0 280	1-2 70	2-1 17D	1-2 4N	2-1 16S	1-1 13J	0-0 3M	1-1 20F	1-1 13M
16	Notts County	3-2 30D	0-1 26a	2-1 26S	3-1 31O	0-0 24M	3-1 26A	0-4 6J	2-1 21A	0-0 10F	2-0 14A	1-0 2D	0-0 24F	1-0 20J	4-2 5m	3-2 10A		2-1 21O	0-0 9S	2-0 23S	4-0 26D	2-1 6M	1-0 14O	1-0 17M	2-0 11N
17	Preston N E	2-2 21A	2-1 26S	1-4 28O	4-2 14A	2-2 10F	0-1 26a	2-3 24F	4-0 23S	5-0 17O	0-0 6J	1-0 9S	3-3 13F	0-3 10A	4-0 17M	0-0 31M	2-4		1-0 2D	0-1 20J	2-1 4N	2-0 28A	2-2 26D	2-0 6M	1-1 30D
18	Reading	0-2 4N	1-1 17M	2-0 3M	1-0 26D	1-1 25N	0-1 6M	0-1 28A	1-1 14A	3-2 26S	0-0 13J	1-1 17O	3-2 14O	1-1 31M	3-2 28O	1-1 21A	6-0 3m	1-1 17F		3-2 30D	3-3 19a	1-1 20F	0-0 2S	1-0 16S	1-0 10A
19	Rotherham Utd	5-1 7O	1-1 28O	1-0 16S	2-1 3M	1-2 3A	3-2 1J	1-0 10M	5-0 30S	1-3 11N	2-1 31M	0-0 20M	5-2 16D	0-0 17O	1-0 16A	1-2 5m	3-1 3F	1-1 19a	4-2 24A		3-2 25N	3-2 17F	0-0 27J	2-2 2S	1-2 13J
20	Shrewsbury T	2-0 9S	1-1 13F	3-3 16D	1-0 21O	0-1 10M	2-3 11N	3-1 23S	0-0 13M	2-0 2D	0-0 30S	2-0 24A	3-3 7A	4-2 26a	0-1 70	2-2 3A	2-0 17A	1-1 5m	1-1 20J	24F		1J	1-1 31O	3-1 24M	1-3 20M
21	Swansea City	1-1 13F	0-0 2D	0-0 5m	2-1 30D	0-5 20M	0-0 24F	0-1 23M	2-1 26D	3-2 9S	4-2 7O	1-3 10F	0-1 21J	1-0 3A	1-0 10M	1-1 26a	0-0 30S	2-1 11N	1-6 23S	1-0 31O	0-1 14A		1-0 200	2-0 7A	3-0 21A
22	Tranmere Rov	5-1 9F	4-2 23F	1-3 6J	2-2 5m	6-0 29S	1-2 23A	2-4 2D	3-0 26a	0-0 15D	1-1 27O	1-1 19J	4-0 22S	3-0 6O	1-1 16O	0-0 2m	2-0 19M	2-1 16A	3-1 12F	3-1 9S	3-0 9M	2-1 10N		2-1 0-1 9M	
23	Walsall	0-1 10M	1-1 27M	2-1 10A	2-1 14A	0-2 4N	1-2 2D	2-2 21A	0-2 30D	1-1 24F	1-1 26D	0-0 23S	2-3 26a	1-3 9S	1-0 20M	0-2 19a	2-1 7O	1-0 30S	1-1 10F	1-1 1m	0-2 17O	0-1 28O	2-1 28A		1-2 31M
24	Wigan Athletic	1-0 1D	1-1 20J	2-0 16M	2-1 6M	2-3 7A	1-2 4A	0-0 13F	1-1 23S	1-0 16A	2-1 4N	1-2 24F	0-2 24M	4-0 10F	0-0 1J	1-1 9S	0-1 28A	3-1 24A	0-3 31O	0-0 26a	2-0 14O	1-3 16D	3-0 26S	0-0 21O	

Final League Table

Pos	Team	Pld	Home					Away					Totals						Leading Goalscorer	Gls
			W	D	L	F	A	W	D	L	F	A	W	D	L	F	A	Pts	GD		
1	Bristol Rovers	46	15	8	0	43	14	11	7	5	28	21	26	15	5	71	35	93	+36	D Mehew	18
2	Bristol City	46	15	5	3	40	16	12	5	6	36	24	27	10	9	76	40	91	+36	R Taylor	27
3	Notts County (P)	46	17	4	2	40	18	8	8	7	33	35	25	12	9	73	53	87	+20	T Johnson	18
4	Tranmere Rovers	46	15	5	3	54	22	8	6	9	32	27	23	11	12	86	49	80	+37	I Muir	23
5	Bury	46	11	7	5	35	19	10	4	9	35	30	21	11	14	70	49	74	+21	L Robinson	17
6	Bolton Wand	46	12	7	4	32	19	6	8	9	27	29	18	15	13	59	48	69	+11	T Phillsikirk	18
7	Birmingham City	46	10	7	6	33	19	8	5	10	27	40	18	12	16	60	59	66	+1	D Bailey	18
8	Huddersfield T	46	11	5	7	30	23	6	9	8	31	39	17	14	15	61	62	65	-1	C Maskell	15
9	Rotherham United	46	12	6	5	48	28	5	7	11	23	34	17	13	16	71	62	64	+9	B Williamson	19
10	Reading	46	10	9	4	33	21	5	10	8	24	32	15	19	12	57	53	64	+4	T Senior	14
11	Shrewsbury Town	46	10	9	4	38	24	6	6	11	21	30	16	15	15	59	54	63	+5	J McGinlay	22
12	Crewe Alexandra	46	10	8	5	32	24	5	9	9	24	29	15	17	14	56	53	62	+3	A Sussex	9
13	Brentford	46	11	4	8	41	31	7	3	13	25	35	18	7	21	66	66	61	0	D Holdsworth	24
14	Leyton Orient	46	9	6	8	28	24	7	4	12	24	32	16	10	20	52	56	58	-4	M Cooper	11
15	Mansfield Town	46	13	2	8	34	25	3	5	15	16	40	16	7	23	50	65	55	-15	S Wilkinson	15
16	Chester City	46	11	7	5	30	23	2	8	13	13	32	13	15	18	43	55	54	-12	C Dale	9
17	Swansea City	46	10	6	7	25	27	4	6	13	20	36	14	12	20	45	63	54	-18	P Raynor	6
18	Wigan Athletic	46	10	6	7	29	22	3	8	12	19	42	13	14	19	48	64	53	-16	B Griffiths, M Hilditch	7
19	Preston N E	46	10	7	6	42	30	4	3	16	23	49	14	10	22	65	79	52	-14	W Joyce	11
20	Fulham	46	8	8	7	33	27	4	7	12	22	39	12	15	19	55	66	51	-11	C Walker	13
21	Cardiff City	46	8	9	8	30	35	5	2	16	21	35	13	11	24	51	70	50	-19	C Pike	18
22	Northampton T	46	7	7	9	27	31	4	7	12	24	37	11	14	21	51	68	47	-17	B Barnes	17
23	Blackpool	46	8	8	7	29	33	2	10	11	20	40	10	18	18	49	73	46	-24	A Garner	8
24	Walsall	46	8	9	6	23	30	1	6	16	17	42	9	15	22	40	72	41	-32	S Rimmer	10

1989/90 BARCLAYS LEAGUE DIVISION 4
SEASON 91

Total Matches 552
Total Goals 1436
Avg goals per match 2.60

		Aldershot	Burnley	Cambridge Utd	Carlisle United	Chesterfield	Colchester Utd	Doncaster Rov	Exeter City	Gillingham	Grimsby Town	Halifax Town	Hartlepool Utd	Hereford United	Lincoln City	Maidstone Utd	Peterborough U	Rochdale	Scarborough	Scunthorpe Utd	Southend United	Stockport Co	Torquay Utd	Wrexham	York City
1	Aldershot		1-1	0-2	1-0	0-0	4-0	1-1	0-1	1-0	0-0	2-0	6-1	0-2	0-1	0-2	0-1	1-1	1-1	4-2	0-5	2-1	1-2	1-0	2-2
2	Burnley	0-0		1-3	2-1	0-0	0-0	0-1	1-0	1-2	1-1	0-0	0-0	3-1	0-0	1-1	1-2	0-1	3-0	0-1	0-0	0-0	1-0	2-3	1-1
3	Cambridge Utd	2-2	0-1		1-2	0-1	4-0	1-0	3-2	2-1	2-0	1-0	2-1	0-1	2-1	2-0	3-2	0-3	5-2	5-3	2-1	0-2	5-2	1-1	2-2
4	Carlisle United	1-3	1-1	3-1		4-3	1-0	1-0	1-0	3-0	1-1	1-1	1-0	2-1	1-2	3-2	0-0	0-1	3-1	0-1	3-0	3-1	2-0	1-0	2-1
5	Chesterfield	2-0	0-1	1-1	3-0		1-1	0-1	2-1	2-0	2-0	4-3	3-1	2-1	0-0	3-1	1-1	2-1	2-2	1-1	1-1	1-1	5-1	3-0	0-0
6	Colchester Utd	1-0	1-2	1-2	4-0	1-0		2-0	0-1	2-0	1-0	2-2	3-1	1-1	0-1	4-1	0-1	1-2	0-0	1-0	0-2	0-1	0-3	1-3	0-2
7	Doncaster Rov	0-1	2-3	2-1	1-1	1-0	2-0		2-1	0-0	0-0	3-4	2-2	0-0	1-0	1-1	0-1	1-3	0-0	4-1	1-1	2-2	0-1	2-2	1-2
8	Exeter City	2-0	2-1	3-2	0-0	2-1	2-1	1-0		3-1	2-1	2-0	3-1	2-0	3-0	2-0	2-0	5-0	3-2	1-0	2-1	1-1	3-0	1-1	3-1
9	Gillingham	0-0	0-0	1-0	2-1	3-0	3-3	3-1	1-1		1-2	3-1	0-0	0-1	1-1	1-2	0-0	1-0	2-0	0-3	5-0	0-3	0-2	1-0	0-0
10	Grimsby Town	2-1	1-0	2-0	1-0	4-1	2-1	1-0	2-0	1-1		1-1	0-0	0-2	1-0	2-3	1-2	2-3	3-0	2-1	2-0	4-2	0-0	5-1	3-0
11	Halifax Town	4-1	0-0	0-0	1-1	1-1	1-1	0-2	1-2	0-1	2-2		4-0	1-1	0-1	1-2	2-2	1-0	1-2	0-1	1-2	1-2	3-1	4-2	2-2
12	Hartlepool United	2-0	3-0	1-2	1-0	3-1	0-2	0-6	0-3	1-2	4-2	2-0		1-2	1-1	4-2	2-2	1-0	1-2	1-1	1-2	3-1	4-2	2-2	2-2
13	Hereford United	4-1	0-1	0-2	2-2	3-2	0-0	2-1	1-2	0-1	0-1	4-1			2-2	3-0	1-2	1-3	3-1	1-2	0-3	1-2	0-0	0-0	1-2
14	Lincoln City	0-1	1-0	4-3	1-3	1-1	2-1	2-1	1-5	1-3	1-1	2-1	4-1	0-0		1-2	1-0	1-2	0-0	1-0	2-0	0-0	2-2	1-0	0-0
15	Maidstone Utd	5-1	1-2	2-2	5-2	0-1	4-1	1-0	1-0	0-1	2-2	1-2	4-2	2-0	2-0		1-1	2-0	4-1	1-1	3-0	0-1	5-1	2-0	1-0
16	Peterborough U	1-1	4-1	1-2	3-0	1-1	1-0	2-1	4-3	1-1	1-1	3-0	0-2	1-1	1-0	1-0		0-1	1-2	1-1	1-2	2-0	1-1	3-1	1-1
17	Rochdale	2-0	2-1	2-0	1-2	1-0	2-2	1-3	1-2	1-0	0-1	0-2	0-0	5-2	1-0	3-2	1-2		1-0	3-0	0-1	1-1	0-0	0-3	0-1
18	Scarborough	1-0	4-2	1-1	2-1	2-3	2-2	1-2	1-2	0-1	3-1	2-3	4-1	0-1	2-0	0-1	2-1	2-1		0-0	1-1	2-0	0-0	2-1	1-3
19	Scunthorpe Utd	3-2	3-0	1-1	2-3	0-1	4-0	4-1	5-4	0-0	2-2	1-1	0-1	3-3	1-1	1-0	0-0	0-1	0-1		1-1	5-0	2-0	3-1	1-1
20	Southend United	5-0	3-2	0-0	2-0	0-2	0-2	2-0	1-2	0-2	0-0	2-3	0-0	2-0	2-0	0-1	0-0	3-2	1-0	0-0		2-0	1-0	2-1	2-0
21	Stockport County	1-1	3-1	3-1	3-1	1-1	3-1	2-1	1-0	2-4	0-1	6-0	2-1	1-1	1-2	0-0	1-1	3-2	4-2	1-0	1-1		1-1	0-2	2-2
22	Torquay United	1-2	0-1	3-0	1-2	1-0	4-1	2-0	0-2	0-3	1-0	4-3	1-1	0-3	2-1	2-1	1-0	3-2	0-3	3-0	3-0	0-1		1-1	0-1
23	Wrexham	2-2	1-0	2-3	1-0	0-2	3-2	0-0	1-1	2-1	0-1	1-2	0-0	0-2	4-2	2-1	1-1	0-2	0-0	3-3	0-1	1-1			2-0
24	York City	2-2	1-3	4-2	0-1	4-0	3-1	2-1	3-0	1-0	0-1	0-2	1-1	1-2	0-0	0-0	1-0	1-2	0-1	2-1	0-3	1-1	1-0		

Final League Table

Pos	Team	Pld	Home W	Home D	Home L	Home F	Home A	Away W	Away D	Away L	Away F	Away A	Totals W	Totals D	Totals L	Totals F	Totals A	Pts	GD	Leading Goalscorer	Gls
1	Exeter City	46	20	3	0	50	14	8	2	13	33	34	28	5	13	83	48	89	+35	D Rowbotham	21
2	Grimsby Town	46	14	4	5	41	20	8	9	6	29	27	22	13	11	70	47	79	+23	T Rees	13
3	Southend United	46	15	3	5	35	14	7	6	10	26	34	22	9	15	61	48	75	+13	D Crown	19
4	Stockport County	46	13	6	4	45	27	8	5	10	23	35	21	11	14	68	62	74	+6	B Angell	23
5	Maidstone United	46	14	4	5	49	21	8	3	12	28	40	22	7	17	77	61	73	+16	S Butler	21
6	Cambridge Utd (P)	46	14	3	6	45	30	7	7	9	31	36	21	10	15	76	66	73	+10	D Dublin, J Taylor	15
7	Chesterfield	46	12	9	2	41	19	7	5	11	22	31	19	14	13	63	50	71	+13	D Waller	16
8	Carlisle United	46	15	4	4	38	20	6	4	13	23	40	21	8	17	61	60	71	+1	K Walwyn	11
9	Peterborough U	46	10	8	5	35	23	7	9	7	24	23	17	17	12	59	46	68	+13	M Halsall	11
10	Lincoln City	46	11	6	6	30	27	7	8	8	18	21	18	14	14	48	48	68	0	G Hobson, T Lormor	8
11	Scunthorpe Utd	46	9	9	5	42	25	8	6	9	27	29	17	15	14	69	54	66	+15	A Flounders	18
12	Rochdale	46	11	4	8	28	23	9	2	12	24	32	20	6	20	52	55	66	-3	S O'Shaughnessy	8
13	York City	46	10	5	8	29	24	6	11	6	26	29	16	16	14	55	53	64	+2	I Helliwell	14
14	Gillingham	46	9	8	6	28	21	8	3	12	18	27	17	11	18	46	48	62	-2	S Lovell	16
15	Torquay United	46	12	2	9	33	29	3	10	10	20	37	15	12	19	53	66	57	-13	M Loram	12
16	Burnley	46	6	10	7	19	18	8	4	11	26	37	14	14	18	45	55	56	-10	R Futcher, W White	7
17	Hereford United	46	7	4	12	31	32	8	6	9	25	30	15	10	21	56	62	55	-6	M Jones, P Wheeler	8
18	Scarborough	46	10	5	8	35	28	5	5	13	25	45	15	10	21	60	73	55	-13	P Dobson	15
19	Hartlepool United	46	12	4	7	45	33	3	6	14	21	55	15	10	21	66	88	55	-22	J Allon	17
20	Doncaster Rovers	46	7	7	9	20	20	7	2	14	21	41	14	9	23	53	60	51	-7	D Jones	12
21	Wrexham	46	8	8	7	28	28	5	4	14	23	39	13	12	21	51	67	51	-16	G Worthington	12
22	Aldershot	46	8	7	8	28	26	4	7	12	21	43	12	14	20	49	69	50	-20	D Puckett	18
23	Halifax Town	46	5	9	9	31	29	7	4	12	26	36	12	13	21	57	65	49	-8	N Matthews	12
24	Colchester United	46	8	3	11	26	25	2	7	14	22	50	11	10	25	48	75	43	-27	T Morgan	12

1990/91 DIVISION 1 SEASON 92

Total Matches 380
Total Goals 1051
Avg goals per match 2.77

		Arsenal	Aston Villa	Chelsea	Coventry City	Crystal Palace	Derby County	Everton	Leeds United	Liverpool	Luton Town	Manchester City	Manchester Utd	Norwich City	Nottm Forest	QPR	Sheffield United	Southampton	Sunderland	Tottenham H	Wimbledon
1	Arsenal		5-0	4-1	6-1	4-0	3-0	1-0	2-0	3-0	2-1	2-2	3-1	2-0	1-1	2-0	4-1	4-0	1-0	0-0	2-2
2	Aston Villa	0-0		2-2	2-1	2-0	3-2	2-2	0-0	0-0	1-2	1-5	1-1	2-1	1-1	2-2	2-1	1-1	3-0	3-2	1-2
3	Chelsea	2-1	1-0		2-1	2-1	2-1	1-2	1-2	4-2	3-3	1-1	3-2	1-1	0-0	2-0	2-2	0-2	3-2	3-2	0-0
4	Coventry City	0-2	2-1	1-0		3-1	3-0	3-1	1-1	0-1	2-1	3-1	2-2	2-0	2-2	3-1	0-0	1-2	0-0	2-0	0-0
5	Crystal Palace	0-0	0-0	2-1	2-1		2-1	0-0	1-1	1-0	1-0	1-3	3-0	1-3	2-2	0-0	1-0	2-1	2-1	1-0	4-3
6	Derby County	0-2	0-2	4-6	1-3	0-2		2-3	0-1	1-7	2-1	1-1	0-0	0-0	2-1	1-1	1-1	6-2	3-3	0-1	1-1
7	Everton	1-1	1-0	2-2	1-0	0-0	2-0		2-3	2-3	1-0	2-0	0-1	1-0	0-0	3-0	1-2	3-0	2-0	1-1	1-2
8	Leeds United	2-2	5-2	4-1	2-0	1-2	3-0	2-0		4-5	2-1	1-2	0-0	3-0	3-1	2-3	2-1	2-1	5-0	0-2	3-0
9	Liverpool	0-1	2-1	2-0	1-1	3-0	2-0	3-1	3-0		4-0	2-2	4-0	3-0	2-0	1-3	2-0	3-2	2-1	2-0	1-1
10	Luton Town	1-1	2-0	2-0	1-0	1-1	2-0	1-1	1-0	3-1		2-2	0-1	0-1	1-0	1-2	0-1	3-4	1-2	0-0	0-1
11	Manchester City	0-1	2-1	2-1	2-0	0-2	2-1	1-0	2-3	0-3	3-0		3-3	2-1	3-1	2-1	2-0	3-3	3-2	2-1	1-1
12	Manchester United	0-1	1-1	2-3	2-0	2-0	3-1	0-2	1-1	4-1	1-0		3-0	0-3	3-1	2-0	3-2	3-0	1-1	2-1	
13	Norwich City	0-0	2-0	1-3	2-2	0-3	2-1	1-0	2-0	1-1	1-3	1-2	0-3		2-6	1-0	3-0	3-1	3-2	2-1	0-4
14	Nottingham Forest	0-2	2-2	7-0	3-0	0-1	1-0	3-1	4-3	2-1	2-2	1-3	1-1	5-0		1-1	2-0	3-1	2-0	1-2	2-1
15	Queens Park Rangers	1-3	2-1	1-0	1-0	1-2	1-1	1-1	2-0	1-1	6-1	1-0	1-1	1-3	1-2		1-2	2-1	3-2	0-0	0-1
16	Sheffield United	0-2	2-1	1-0	0-1	0-1	1-0	0-0	0-2	1-3	2-1	1-1	2-1	2-1	3-2	1-0		4-1	0-2	2-2	1-2
17	Southampton	1-1	1-1	3-3	2-1	2-3	0-1	3-4	2-0	1-0	1-2	2-1	1-1	1-0	1-1	3-1	2-0		3-1	3-0	1-1
18	Sunderland	0-0	1-3	1-0	0-0	2-1	1-2	2-2	0-1	0-1	2-0	1-1	2-1	1-2	1-0	0-1	0-1	1-0		0-0	0-0
19	Tottenham Hotspur	0-0	2-1	1-1	2-2	1-1	3-0	3-3	0-0	1-3	2-1	3-1	1-2	2-1	1-1	0-0	4-0	2-0	3-3		4-2
20	Wimbledon	0-3	0-0	2-1	1-0	0-3	3-1	2-1	0-1	1-2	2-0	1-1	1-3	0-0	3-1	3-0	1-1	1-1	2-2	5-1	

Final League Table

Pos	Team	Pld	Home W	D	L	F	A	Away W	D	L	F	A	Totals W	D	L	F	A	Pts	GD	Leading Goalscorer	Gls
1	Arsenal *	38	15	4	0	51	10	9	9	1	23	8	24	13	1	74	18	83	+56	A Smith	23
2	Liverpool	38	14	3	2	42	13	9	4	6	35	27	23	7	8	77	40	76	+37	J Barnes, I Rush	16
3	Crystal Palace	38	11	6	2	26	17	9	3	7	24	24	20	9	9	50	41	69	+9	I Wright	15
4	Leeds United	38	12	2	5	46	23	7	5	7	19	24	19	7	12	65	47	64	+18	L Chapman	21
5	Manchester City	38	12	3	4	35	25	5	8	6	29	28	17	11	10	64	53	62	+11	N Quinn	20
6	Manchester Utd *	38	11	4	4	34	17	5	8	6	24	28	16	12	10	58	45	59	+13	S Bruce, B McClair	13
7	Wimbledon	38	8	6	5	28	22	6	8	5	25	24	14	14	10	53	46	56	+7	J Fashanu	20
8	Nottm Forest	38	11	4	4	42	21	3	8	8	23	29	14	12	12	65	50	54	+15	N Clough	14
9	Everton	38	9	5	5	26	15	4	7	8	24	31	13	12	13	50	46	51	+4	D Cottee	10
10	Tottenham H	38	8	9	2	35	22	3	7	9	16	28	11	16	11	51	50	49	+1	G Lineker	15
11	Chelsea	38	10	6	3	33	25	3	4	12	25	44	13	10	15	58	69	49	-11	G Durie	12
12	Queens Park R	38	8	5	6	27	22	4	5	10	17	31	12	10	16	44	53	46	-9	R Wegerle	9
13	Sheffield United	38	9	3	7	23	23	4	4	11	13	32	13	7	18	36	55	46	-19	B Deane	13
14	Southampton	38	9	6	4	33	28	3	3	13	25	47	12	9	17	58	69	45	-11	M Le Tissier	19
15	Norwich City	38	9	3	7	27	32	4	3	12	14	32	13	6	19	41	64	45	-23	D Gordon, T Sherwood	7
16	Coventry City	38	10	6	3	30	16	1	5	13	12	33	11	11	16	42	49	44	-7	K Gallacher	11
17	Aston Villa	38	7	9	3	29	25	2	5	12	17	33	9	14	15	46	58	41	-12	D Platt	19
18	Luton Town	38	7	5	7	22	18	3	2	14	20	43	10	7	21	42	61	37	-19	L Elstrup	15
19	Sunderland	38	6	6	7	15	16	2	4	13	23	44	8	10	20	38	60	34	-22	M Gabbiadini	9
20	Derby County	38	3	8	8	25	36	2	1	16	12	39	5	9	24	37	75	24	-38	D Saunders	17

* Arsenal were deducted two points and Manchester United were deducted one point due to a brawl in a match between the two teams at Old Trafford on 20 October 1990.

1990/91 DIVISION 2 SEASON 92

Total Matches	552
Total Goals	1481
Avg goals per match	2.68

Results Grid

	Barnsley	Blackburn Rov	Brighton & H A	Bristol City	Bristol Rovers	Charlton Athletic	Hull City	Ipswich Town	Leicester City	Middlesbrough	Millwall	Newcastle Utd	Notts County	Oldham Athletic	Oxford United	Plymouth Argyle	Port Vale	Portsmouth	Sheffield Weds	Swindon Town	Watford	West Brom A	West Ham Utd	Wolverhampton
1 Barnsley		0-1 23A	2-1 25a	2-0 1J	1-0 26F	1-1 16M	3-1 6A	5-1 2O	1-1 10N	1-0 11m	1-2 12J	1-1 7m	1-0 9A	0-1 8S	3-0 6O	1-0 30M	1-1 22S	4-0 19M	1-1 23O	5-1 27O	2-1 2M	1-1 20A	1-0 22D	1-1 24N
2 Blackburn Rov	1-2 15S		1-2 29S	0-1 15D	2-2 12M	2-2 13A	2-1 28a	0-1 19J	4-1 18S	1-0 1A	1-0 3N	0-1 1S	0-1 26D	2-0 23M	1-3 29D	0-0 20O	1-1 23N	1-1 9F	1-0 10N	2-1 2M	0-2 13O	0-3 16M	3-1 27A	1-1 4m
3 Brighton & H A	1-0 15D	1-0 16M		0-1 23A	0-1 26D	3-2 15S	3-1 24O	2-1 11m	3-0 20F	2-4 27O	0-0 24N	4-2 16J	0-0 13A	1-2 2M	0-3 20A	3-2 10N	1-2 3A	3-2 19S	0-4 3O	3-3 6O	3-0 19J	2-0 20M	1-0 10A	1-1 1S
4 Bristol City	1-0 13A	4-2 25a	3-1 22S		1-0 5M	0-1 1D	4-1 17N	4-2 9M	1-0 12M	3-0 29D	1-4 27A	0-3 29S	2-3 1A	3-1 20O	1-1 23F	1-1 8S	1-1 4m	0-4 26D	3-2 8D	2-0 12J	1-1 3N	0-2 2F	1-1 13O	1-1 23M
5 Bristol Rovers	2-1 7N	1-2 3A	1-3 30M	3-2 26J		2-1 1S	1-1 10A	1-0 15D	0-0 20A	2-0 2M	1-1 22D	0-1 16M	1-0 24N	2-0 24O	1-0 6A	0-0 10N	0-0 27O	2-0 6O	1-2 20M	0-1 16F	2-1 11m	3-1 1J	1-1 0-1	1-1 19J
6 Charlton Athletic	2-1 29S	0-0 1J	1-2 2F	2-1 2M	2-2 12J		2-1 22D	1-1 6A	1-2 13O	0-1 23F	0-0 22S	1-0 27A	3-1 22J	1-3 16J	3-3 17N	0-1 3N	0-1 23M	0-1 24N	1-2 8S	1-2 25a	0-1 20O	1-1 30M	1-0 4m	1-0 12M
7 Hull City	1-2 29D	3-1 8D	0-1 27A	1-2 16F	2-0 2F	2-2 1A		3-3 10N	5-2 23N	0-0 2M	1-1 16A	2-1 3N	1-2 25a	2-2 13O	3-3 26D	2-0 4m	3-2 29S	0-2 13A	0-1 12J	1-1 8S	1-1 12M	1-1 22S	0-0 23M	1-2 20O
8 Ipswich Town	2-0 25A	2-1 8S	1-3 3N	1-1 24N	2-1 22S	4-4 29D	2-0 23F		3-2 4m	0-1 26D	0-3 2F	2-1 20O	0-0 17N	1-2 27A	1-1 13A	3-1 22M	3-0 13O	2-2 2A	0-2 25a	1-1 8D	1-1 29S	1-0 12J	0-1 17A	0-0 2M
9 Leicester City	2-1 23F	1-3 26J	3-0 6A	3-0 3O	3-2 25a	1-2 20M	0-1 9M	1-2 27O		4-3 16M	1-2 30M	5-4 1D	2-1 6O	0-0 10A	1-3 11m	1-1 2F	2-1 12J	2-4 20A	2-2 22S	0-0 24O	0-1 23D	1-2 1J	1-0 8S	1-0 17N
10 Middlesbrough	1-0 3N	0-1 22D	2-0 4m	2-1 6A	1-2 2OO	1-2 10N	3-0 1D	1-1 30M	6-0 29S		2-1 13O	3-0 12M	1-0 8S	0-1 22S	1-2 9M	4-0 12J	1-2 9A	2-0 26F	1-2 1J	3-2 2F	2-3 23M	2-0 19F	1-2 25a	0-0 27A
11 Millwall	4-1 1S	2-1 11m	3-0 9M	1-2 24O	1-1 1D	3-1 10A	3-3 19S	1-1 15S	2-1 26D	2-2 20M		0-1 19J	1-2 20A	0-0 29D	1-2 7N	4-1 16F	1-2 13A	2-0 3O	4-2 27O	1-0 16M	0-2 15D	4-1 6O	1-1 10N	2-1 3A
12 Newcastle United	0-0 17N	1-0 12J	0-0 27F	0-0 16M	1-3 1A	1-2 24O	1-2 11m	2-2 20A	0-0 2M	1-2 3O	0-1 8S		0-2 29D	3-2 13A	2-2 10A	2-0 25a	2-0 2F	1-0 6O	1-1 17A	1-0 26D	1-1 24N	1-1 27O	1-1 22S	1-0 23F
13 Notts County	2-3 18S	4-1 30M	3-2 1J	3-2 22D	2-2 29S	2-1 30O	3-1 15D	0-2 7m	3-2 23M	0-1 19J	3-0 2OO	2-0 6A		2-0 4m	3-1 1S	4-0 27A	1-1 12M	2-1 15S	0-2 2M	0-0 24N	1-0 16A	4-3 10N	0-1 3N	1-1 13O
14 Oldham Athletic	2-0 19J	1-1 6O	6-1 1D	2-1 20A	2-0 9M	1-1 18S	1-2 20M	2-0 23O	2-0 28a	1-1 7m	1-1 6A	1-1 1J	2-1 2OO		3-0 15S	5-3 21D	2-0 16F	3-1 1S	3-2 11m	4-1 2O	2-1 10N	1-1 16M	1-1 29M	4-1 15D
15 Oxford United	2-0 23M	0-0 6A	3-3 2OO	3-1 10N	3-1 27A	1-1 16F	1-0 30M	2-1 1J	2-5 3N	0-0 24N	0-0 27F	3-3 13O	5-1 12J	0-0 2F		0-0 17A	5-2 25a	1-0 2M	2-2 22D	2-4 22S	0-1 4m	1-3 8S	2-1 13M	1-1 29S
16 Plymouth Argyle	1-1 26D	4-1 20A	2-0 23F	1-0 19J	2-0 29D	4-1 11m	0-0 27O	1-1 6O	3-2 15S	1-0 17N	0-1 16D	3-2 23O	1-0 1A	1-2 18S	2-2 1M		2-0 16M	1-1 19M	1-1 13A	3-3 28a	1-0 2O	1-2 24N	1-1 9A	1-1 9A
17 Port Vale	0-1 15A	3-0 9M	0-1 22D	3-2 27O	3-2 23F	1-1 6O	0-0 16M	1-2 18M	2-0 1S	3-1 17S	0-2 1J	0-1 15S	1-0 10	1-0 17N	1-0 15D	5-1 1D		3-2 19J	1-1 6m	3-1 11m	0-0 30M	1-2 22O	0-1 6A	1-2 28a
18 Portsmouth	0-0 13O	3-2 22S	1-0 16A	4-1 30M	3-1 4m	0-1 9M	5-1 1J	3-1 21D	0-3 20O	0-0 17N	1-2 12M	2-1 23M	1-4 2F	3-1 12J	1-1 1D	3-1 29S	2-4 8S		2-0 6A	2-1 23F	0-1 27A	1-1 25a	1-0 8D	0-0 3N
19 Sheffield Weds	3-1 27A	1-1 10A	1-1 13M	3-1 8m	1-0 23M	0-1 19J	5-1 1S	2-2 15D	0-0 24A	2-0 13A	2-1 4m	2-2 18S	2-2 1D	2-2 3N	2-2 1A	3-0 13O	1-1 2OO	2-1 29D		2-1 17N	2-0 15S	1-0 9M	1-1 29S	2-2 26D
20 Swindon Town	1-2 4m	1-1 1D	1-3 23M	0-1 2S	0-2 13O	1-1 15D	3-1 19J	1-0 28a	5-2 27A	1-3 15S	0-0 30S	3-2 30M	1-2 23A	2-2 12M	0-0 5M	1-1 1J	1-2 3N	3-0 10N	2-1 19F		1-2 6A	2-1 22D	0-1 2OO	1-0 18S
21 Watford	0-0 1D	0-3 19M	0-1 8S	2-3 11m	1-1 17N	2-1 20A	0-1 2O	1-1 16M	0-3 1A	1-2 6O	1-2 25a	1-3 9M	1-1 22S	1-3 23F	5-1 27O	0-3 8D	2-1 26D	0-1 23O	2-2 2F	2-2 29D		1-1 23A	0-3 12J	3-1 13A
22 West Brom A	1-1 2OO	2-0 7N	1-1 15S	2-1 3N	3-1 26D	1-0 1A	1-1 15S	1-2 6N	2-1 23M	0-1 4m	0-1 23F	1-1 29S	2-2 19J	0-0 13M	2-0 27A	1-2 15D	1-1 1A	0-0 24N	1-2 5D	2-1 1-1			0-0 2M	1-1 29D
23 West Ham Utd	3-2 1A	1-0 24O	1-1 17N	1-0 2OM	1-0 8m	2-1 27O	7-1 6O	3-1 19S	1-0 19J	0-0 15D	3-1 24F	1-1 24A	1-2 11m	2-0 26D	2-2 3O	0-0 5M	1-1 29D	1-3 29a	0-0 16M	2-0 2OA	0-3 1S	3-1 1D		1-1 15S
24 Wolverhampton	0-5 9M	2-3 27O	2-3 12J	4-0 6O	1-1 8S	3-0 2O	0-0 2OA	2-2 1D	2-1 5M	1-0 23O	4-1 22D	2-1 10N	0-2 19M	2-3 25a	3-3 16M	3-1 22S	3-1 26F	3-2 11m	1-2 30M	0-0 16A	2-2 1J	2-1 6A	1-1 2F	

Final League Table

Pos	Team	Pld	Home W	D	L	F	A	Away W	D	L	F	A	Totals W	D	L	F	A	Pts	GD	Leading Goalscorer	Gls
1	Oldham Athletic	46	17	5	1	55	21	8	8	7	28	32	25	13	8	83	53	88	+30	I Marshall	17
2	West Ham United	46	15	6	2	41	18	9	9	5	19	16	24	15	7	60	34	87	+26	T Morley	12
3	Sheffield Weds	46	12	10	1	43	23	10	6	7	37	28	22	16	8	80	51	82	+29	D Hirst	24
4	Notts County (P)	46	14	4	5	45	28	9	7	7	31	27	23	11	12	76	55	80	+21	T Johnson	16
5	Millwall	46	11	6	6	43	28	9	7	7	27	23	20	13	13	70	51	73	+19	T Sheringham	33
6	Brighton & H A	46	12	4	7	37	31	9	3	11	26	38	21	7	18	63	69	70	-6	M Small	15
7	Middlesbrough	46	12	4	7	36	17	8	5	10	30	30	20	9	17	66	47	69	+19	B Slaven	16
8	Barnsley	46	13	7	3	39	16	6	5	12	24	32	19	12	15	63	48	69	+15	A Rammell, A Saville	12
9	Bristol City	46	14	5	4	44	28	6	2	15	24	43	20	7	19	68	71	67	-3	N Morgan	13
10	Oxford United	46	10	9	4	41	29	4	10	9	28	37	14	19	13	69	66	61	+3	P Simpson	17
11	Newcastle United	46	8	10	5	24	22	6	7	10	25	34	14	17	15	49	56	59	-7	M Quinn	18
12	Wolverhampton	46	11	6	6	45	35	2	13	8	18	28	13	19	14	63	63	58	0	S Bull	26
13	Bristol Rovers	46	11	7	5	29	20	4	6	13	27	39	15	13	18	56	59	58	-8	C Saunders	16
14	Ipswich Town	46	9	8	6	32	28	4	10	9	28	40	13	18	15	60	68	57	-8	C Kiwomya	10
15	Port Vale	46	10	4	9	32	24	5	8	10	24	40	15	12	19	56	64	57	-8	D Beckford	22
16	Charlton Athletic	46	8	7	8	27	25	5	10	8	30	36	13	17	16	57	61	56	-4	R Lee	13
17	Portsmouth	46	10	6	7	34	27	5	14	24	43	14	11	21	58	70	53	-12	C Clarke, M Kuhl	13
18	Plymouth Argyle	46	10	10	3	36	20	2	7	14	18	48	12	17	17	54	68	53	-14	R Turner	14
19	Blackburn Rovers	46	8	8	7	26	27	6	4	13	25	39	14	10	22	51	66	52	-15	F Stapleton	10
20	Watford	46	5	8	10	24	32	7	8	8	21	27	12	15	19	45	59	51	-14	P Wilkinson	18
21	Swindon Town	46	8	6	9	31	30	4	8	11	31	40	12	14	20	65	70	50	-8	D Shearer	22
22	Leicester City	46	12	4	7	41	33	2	4	17	19	50	14	8	24	60	83	50	-23	D Kelly	14
23	West Brom A	46	7	11	5	26	21	3	7	13	26	40	10	18	18	52	61	48	-9	G Bannister	13
24	Hull City	46	6	10	7	35	32	4	5	14	22	53	10	15	21	57	85	45	-28	A Payton	25

1990/91 DIVISION 3 SEASON 92

Total Matches 552
Total Goals 1363
Avg goals per match 2.47

Results Grid

		Birmingham City	Bolton Wand	Bournemouth	Bradford City	Brentford	Bury	Cambridge City	Chester City	Crewe Alexandra	Exeter City	Fulham	Grimsby Town	Huddersfield T	Leyton Orient	Mansfield Town	Preston N E	Reading	Rotherham Utd	Shrewsbury T	Southend United	Stoke City	Swansea City	Tranmere Rov	Wigan Athletic
1	Birmingham City		1-3 29D	0-0 24N	1-1 5J	0-2 26D	1-0 15S	0-3 19J	1-0 23F	0-2 27A	1-1 18S	2-0 12M	0-0 20O	1-2 3N	3-1 1S	0-0 13A	1-1 29S	1-1 23M	2-1 15D	0-1 4m	1-1 13O	2-1 16A	2-0 2M	1-0 2A	0-0 5F
2	Bolton Wand	3-1 7A		4-1 1J	0-1 1S	1-0 5F	1-3 19M	2-2 22D	1-0 11m	3-2 15S	1-0 13F	3-0 9M	0-0 16F	0-1 9F	1-0 20A	1-1 20	1-2 18S	3-1 10N	0-0 23O	1-0 19J	1-0 30M	0-1 6O	1-0 27O	2-1 1D	2-1 16M
3	Bournemouth	1-2 16F	1-0 13A		3-1 18S	2-0 19J	1-1 1S	0-1 16A	1-0 2M	1-1 20O	2-1 5F	3-0 29S	2-1 2A	3-1 27A	2-2 29D	0-0 26D	0-0 2m	2-0 12M	4-2 10N	3-2 3N	3-1 23M	1-1 15S	1-0 14D	1-0 30O	0-3 5M
4	Bradford City	2-0 13F	1-1 12J	3-0 2F		0-1 6O	3-1 1J	0-1 15D	2-1 3O	2-0 26M	3-0 20M	0-0 30M	0-2 26J	2-2 3M	4-0 16M	1-0 20A	2-1 10N	2-1 8S	2-4 11m	2-1 22D	1-2 6A	0-1 24O	1-2 22S	2-1 25a	0-1 27O
5	Brentford	2-2 30M	4-2 22S	0-0 25a	6-1 23M		2-2 10N	0-3 14O	0-1 8S	1-0 6A	1-0 16F	1-2 16A	1-0 29S	1-0 30O	1-0 2D	0-0 12J	2-0 12M	1-0 27A	1-2 2F	3-0 1J	0-1 4N	0-4 9M	2-0 26J	0-2 4m	1-0 23D
6	Bury	0-1 26J	2-2 13O	2-4 12J	0-0 13A	1-1 23F		3-1 23M	2-1 25a	1-3 29S	3-1 15D	2-1 27A	1-0 9A	3-2 1A	2-1 19F	1-0 22S	0-1 29D	3-1 20O	3-1 8S	2-1 12M	0-1 4m	1-1 24N	1-0 2F	3-0 3N	2-2 2M
7	Cambridge Utd	0-1 25a	2-1 2A	4-0 24A	2-1 7m	2-0 19M	2-2 6O		1-1 21S	3-4 30N	1-0 16M	1-0 12J	0-0 29D	1-0 23F	0-0 2O	2-1 1F	1-1 13A	3-0 9A	4-1 27O	3-1 24N	1-4 9S	3-0 20A	2-0 11m	3-1 26D	2-3 23O
8	Chester City	0-1 10N	0-2 3N	0-0 1D	4-2 12M	1-2 30A	1-0 19J	0-2 25M		3-1 4m	1-2 1S	1-0 6A	1-2 13O	1-0 29S	1-1 15S	1-0 9M	1-2 27A	1-0 5M	1-0 30M	3-2 20O	1-0 22D	1-1 18S	2-1 23A	0-2 23M	1-2 26F
9	Crewe Alexandra	1-1 23O	1-3 16A	0-2 20A	0-0 24N	3-3 29D	2-2 16M	3-1 1M	1-3 27O		1-1 13A	1-1 25a	1-2 8S	1-1 15D	3-3 1A	3-0 11m	2-2 26D	1-0 1F	3-1 30A	1-2 22F	0-2 12J	1-2 2O	3-0 19M	2-3 21S	1-0 6O
10	Exeter City	0-2 2F	2-1 26M	2-0 22S	2-2 13O	1-1 24N	2-0 9M	0-1 29S	0-1 12J	3-0 1J		0-1 4m	0-0 3N	2-0 13M	2-0 23F	4-0 26J	1-3 23M	2-0 25a	2-0 22D	3-0 30A	1-2 27A	2-0 1D	2-0 8S	0-0 20O	1-0 30M
11	Fulham	2-2 2O	0-1 15D	1-1 16M	0-0 26D	0-1 23A	2-0 23O	0-2 1S	4-1 29D	2-1 19J	3-2 27O		0-0 13A	0-0 15S	1-1 11m	1-0 1A	1-0 5F	1-1 2M	2-0 6O	4-0 9A	0-3 23F	0-1 19M	1-1 20A	1-2 24N	1-2 1S
12	Grimsby Town	0-0 20A	1-1 24N	5-0 22D	1-1 15S	2-0 16M	0-1 5J	0-1 6A	2-0 20M	0-1 23A	2-1 11m	3-0 1J		4-0 18S	2-2 23O	4-1 1D	3-0 19J	2-1 30M	1-0 2O	1-0 5F	2-0 9M	1-0 27O	1-0 6O	0-1 23F	4-3 1S
13	Huddersfield T	0-1 11m	4-0 8S	1-3 23O	1-2 2D	1-2 20A	2-1 22D	3-1 10N	1-3 16M	1-0 9M	1-0 20	1-1 26J	0-1 2F		1-0 6O	2-2 27O	1-0 16F	0-0 22S	4-0 19M	2-1 30M	1-2 25a	3-0 6A	1-2 12J	2-1 26F	1-0 1J
14	Leyton Orient	1-1 12J	0-1 29O	2-0 6A	2-1 29S	1-2 3M	1-0 30M	0-3 12M	1-0 26J	3-2 10N	1-0 4N	0-2 27A	1-0 23M	1-0 23M		0-2 8S	1-0 15D	2-1 4m	4-0 22S	3-2 13O	0-1 9A	0-2 1J	3-0 25a	4-0 2F	1-1 23A
15	Mansfield Town	1-2 1J	4-0 12M	1-1 30M	0-0 20O	0-2 1S	2-2 5F	1-0 18S	1-3 15D	0-2 3N	1-1 15S	1-1 22D	0-9 2M	0-0 4m	3-3 16A		0-1 13O	1-2 6A	2-1 23A	0-1 23M	0-1 29S	0-0 5M	0-2 10N	0-2 27A	1-1 19J
16	Preston N E	2-0 16M	1-2 2F	0-0 27O	1-0 23F	0-3 20	1-1 6A	0-2 1J	0-0 23O	5-1 30M	1-0 60	1-0 22S	1-3 25a	1-1 24N	2-1 9M	3-1 19M		2-1 12J	1-2 20A	1-2 1D	4-2 26J	0-4 22D	0-2 26M	0-4 8S	2-1 11m
17	Reading	2-2 6O	0-1 23F	2-1 20	1-2 30A	1-2 23O	1-0 20A	2-2 15S	2-2 13A	2-1 18S	1-0 19J	1-0 1D	2-0 26D	1-2 26M	1-2 27O	2-1 29D	3-3 1S		2-0 16M	1-2 23A	2-4 24N	1-0 11m	0-0 1A	1-0 9M	3-1 26J
18	Rotherham Utd	1-1 9M	2-2 27A	1-1 23F	0-2 3N	2-2 18S	0-3 5M	3-2 4m	2-1 26D	1-1 9A	2-4 1A	3-1 23M	1-4 12M	1-3 13O	0-0 5F	1-1 24N	1-0 20O	0-2 29S		2-2 1S	0-1 1D	0-0 19J	2-3 13A	1-1 29D	5-1 15S
19	Shrewsbury T	4-1 27O	0-1 25a	0-1 11m	1-0 2A	1-1 13A	1-1 20	1-2 18A	1-0 20A	2-2 9N	2-2 29D	1-2 8S	0-0 22S	3-0 19F	0-3 19M	3-0 60	0-1 2M	5-0 7m	0-1 12J		0-1 2F	2-0 16M	1-2 23O	0-1 26M	0-0 15D
20	Southend United	2-1 18M	1-1 26D	2-1 50	1-1 28D	0-1 11m	2-1 27O	0-0 30A	1-1 2A	3-2 1S	2-1 23O	1-1 10N	2-0 15D	0-1 19J	1-1 7m	2-1 15M	3-2 14S	1-2 19F	2-1 1M	2-1 18S		1-0 5F	4-1 20	1-0 12A	0-2 19A
21	Stoke City	0-1 8S	2-2 23M	1-3 27F	2-2 27A	2-2 16D	1-0 16F	2-1 20O	2-1 2F	2-0 13M	2-0 2M	0-0 13O	2-0 4m	1-2 29D	3-1 13A	0-1 26M	1-2 1A	0-1 3N	0-1 25a	1-3 29S	4-0 22S		2-2 26D	1-1 12J	2-0 10N
22	Swansea City	2-0 1D	1-2 4m	1-2 9M	0-2 9m	2-2 15S	1-0 18S	0-0 3N	1-0 24N	1-0 13O	2-0 26F	1-0 20O	1-0 23M	0-0 1S	1-0 30A	0-0 23F	1-0 16A	0-2 22D	0-2 1J	1-0 27A	1-4 12M	2-1 30M		1-1 28S	1-6 6A
23	Tranmere Rov	1-0 21D	1-1 1M	1-0 18M	2-1 18J	2-1 26O	1-2 11m	2-0 29M	1-2 6O	2-0 4F	1-0 20A	1-1 16F	1-2 10N	2-0 5J	3-0 17S	6-2 22O	2-1 7m	0-0 14D	1-2 5A	3-1 14S	1-2 1J	2-1 31a	1-1 15M		1-0 1O
24	Wigan Athletic	1-1 22S	2-1 28S	2-0 8S	3-0 4m	1-0 1A	1-2 1D	2-0 27A	1-0 16A	4-1 23M	2-0 26D	2-0 2F	1-1 12J	1-2 13A	0-2 24N	2-1 25a	1-0 3N	2-0 13O	2-2 20M	4-1 0M	4-0 30O	2-4 23F	0-1 20D	0-1 12M	

Final League Table

Pos	Team	Pld	Home					Away					Totals					Pts	GD	Leading Goalscorer		Gls
			W	D	L	F	A	W	D	L	F	A	W	D	L	F	A					
1	Cambridge United	46	14	5	4	42	22	11	6	6	33	23	25	11	10	75	45	86	+30	D Dublin		16
2	Southend United	46	13	6	4	34	23	13	1	9	33	28	26	7	13	67	51	85	+16	B Angell		15
3	Grimsby Town	46	16	3	4	42	13	8	8	7	24	21	24	11	11	66	34	83	+32	D Gilbert, N Woods		12
4	Bolton Wanderers	46	14	5	4	33	18	10	6	7	31	32	24	11	11	64	50	83	+14	T Philliskirk		19
5	Tranmere R (P)	46	13	5	5	38	21	10	4	9	26	25	23	9	14	64	46	78	+18	I Muir		13
6	Brentford	46	12	4	7	30	22	9	9	5	29	25	21	13	12	59	47	76	+12	G Blissett		10
7	Bury	46	13	6	4	39	26	7	7	9	28	30	20	13	13	67	56	73	+11	D Lee		15
8	Bradford City	46	13	7	3	36	22	7	4	9	26	32	20	10	16	62	54	70	+8	S McCarthy		13
9	Bournemouth	46	14	6	3	37	20	5	7	11	21	38	19	13	14	58	58	70	0	L Blissett		19
10	Wigan Athletic	46	14	3	6	40	20	6	6	11	31	34	20	9	17	71	54	69	+17	D Page		13
11	Huddersfield T	46	13	3	7	37	23	5	10	8	20	28	18	13	15	57	51	67	+6	I Roberts		13
12	Birmingham City	46	8	9	6	21	21	8	8	7	24	28	16	17	13	45	49	65	-4	J Gayle, N Gleghorn, S Sturridge		6
13	Leyton Orient	46	15	2	6	36	19	3	8	12	19	39	18	10	18	55	58	64	-3	S Castle		12
14	Stoke City	46	9	7	7	36	29	7	5	11	19	30	16	12	18	55	59	60	-4	W Biggins		12
15	Reading	46	11	5	7	34	28	6	3	14	19	38	17	8	21	53	66	59	-13	T Senior		15
16	Exeter City	46	12	6	5	35	16	4	3	16	23	36	16	9	21	58	52	57	+6	M Cooper, S Neville		11
17	Preston N E	46	11	5	7	33	29	4	6	13	21	38	15	11	20	54	67	56	-13	G Shaw		10
18	Shrewsbury T	46	8	7	8	29	22	6	3	14	32	46	14	10	22	61	68	52	-7	W Clarke, M Heathcote, N Lyne, D Spink		6
19	Chester City	46	10	3	10	27	26	4	6	13	19	31	14	9	23	46	58	51	-12	C Dale		10
20	Swansea City	46	8	6	9	31	33	5	3	15	18	39	13	9	24	49	72	48	-23	J Gilligan		16
21	Fulham	46	8	8	7	27	22	2	8	13	14	16	10	16	20	41	56	46	-15	G Davies		6
22	Crewe Alexandra	46	6	9	8	35	35	5	2	16	27	45	11	11	24	62	80	44	-18	C Hignett		13
23	Rotherham United	46	5	10	8	31	38	5	2	16	19	49	10	12	24	50	87	42	-37	C Mendonca		10
24	Mansfield Town	46	5	6	12	23	27	3	6	14	19	36	8	14	24	42	63	38	-21	S Wilkinson		11

1990/91 DIVISION 4 SEASON 92

Total Matches 552
Total Goals 1415
Avg goals per match 2.56

Results Grid

		Aldershot	Blackpool	Burnley	Cardiff City	Carlisle United	Chesterfield	Darlington	Doncaster Rov	Gillingham	Halifax Town	Hartlepool Utd	Hereford United	Lincoln City	Maidstone Utd	Northampton T	Peterborough U	Rochdale	Scarborough	Scunthorpe Utd	Stockport Co	Torquay Utd	Walsall	Wrexham	York City
1	Aldershot		1-4 23F	1-2 16A	0-0 18S	3-0 13A	1-0 23A	0-2 19F	1-1 2M	1-0 27A	2-2 2N	1-5 12M	1-0 15D	0-3 23M	4-3 24N	3-3 14S	5-0 29D	2-2 19J	2-2 29S	3-2 1S	2-2 19O	2-3 12O	0-4 4m	3-2 5M	0-1 1A
2	Blackpool	4-2 10N		1-2 18S	3-0 17A	6-0 2A	3-0 5F	1-2 13O	2-0 16F	2-0 20O	2-0 30A	3-0 29S	5-0 2M	2-2 29D	2-1 15D	1-1 7m	0-0 26D	3-1 1S	3-1 12M	3-2 19J	1-0 27A	1-2 23M	4-1 3N	1-0 15S	1-0 13A
3	Burnley	3-0 22S	2-0 23A		2-0 1D	2-1 16M	0-1 30M	3-1 12J	1-0 30A	2-2 9M	2-1 24N	4-0 22D	2-1 19M	2-2 25a	2-1 23O	3-0 2O	4-1 20A	1-0 27O	2-1 8S	1-1 1J	3-2 26J	1-1 6A	2-0 23F	2-0 11m	0-0 6O
4	Cardiff City	1-3 1F	1-1 2m	3-0 1M		3-1 26D	2-1 10N	0-1 13A	0-2 23O	2-0 15F	1-0 29D	0-0 12J	1-0 20A	1-0 26J	1-1 11m	0-1 1A	1-1 27O	0-0 2O	0-0 25a	1-0 16M	3-3 22S	3-3 8S	0-2 15D	1-0 5O	2-1 19M
5	Carlisle United	1-2 1J	1-0 23D	1-1 28S	3-2 30M		1-0 2OO	0-2 26F	2-3 25a	0-4 12M	0-3 13O	1-0 22S	0-0 26J	1-1 3N	0-0 8S	1-0 15D	4-1 12J	3-2 16F	1-1 27A	4-1 6A	0-3 2F	1-0 4m	3-1 23M	0-3 2M	2-0 1ON
6	Chesterfield	1-0 30A	2-2 22S	2-1 5M	0-0 23F	4-1 20A		2-2 1A	2-1 27O	1-1 1D	2-1 9M	2-3 25a	1-0 8S	1-1 2F	1-2 13A	0-0 6O	2-2 11m	1-1 19M	0-1 12J	1-0 23O	1-1 29D	1-1 26J	2-2 25N	2-1 16M	2-2 2O
7	Darlington	3-1 30M	1-1 19M	3-1 1S	4-1 1J	3-1 5J	1-0 22D		1-1 16M	1-1 29J	3-0 15S	0-1 1ON	3-1 6O	1-1 9A	1-1 2OA	1-1 23O	0-1 2O	0-1 2O	2-1 11m	0-0 6A	1-0 27O	3-0 2M	1-0 15D	1-0 5M	1-0 5F 18S
8	Doncaster Rov	3-0 1D	1-0 24N	2-1 26F	1-1 27A	4-0 19J	0-1 4m	0-1 29S		1-1 3N	1-2 23A	2-2 13O	3-1 29O	1-0 2OO	3-0 26D	2-1 13A	0-2 22F	1-0 25J	0-2 24M	2-3 8M	1-0 1A	1-1 7m	2-0 18S	3-1 1S	2-2 5F
9	Gillingham	1-1 23O	1-1 2OA	3-2 15D	4-2 24N	2-1 2O	0-1 2M	1-0 25a	2-0 11m		1-0 22F	3-0 8S	2-1 2F	2-2 1A	0-2 22S	0-0 29D	2-3 26F	2-2 6O	1-1 25J	1-1 19M	1-3 13A	2-2 11J	1-0 26D	2-3 27O	0-0 16M
10	Halifax Town	3-0 11m	5-3 27O	1-2 16F	1-2 6A	1-1 19M	1-1 15D	0-0 26J	0-1 8S	1-2 9N		0-4 1J	1-1 23O	3-2 12J	2-1 16A	1-1 15M	1-2 1F	1-0 21D	1-2 3OM	0-0 6O	0-0 25a	1-5 21S	2-0 2M	2-0 26M	3-0 19A
11	Hartlepool United	1-0 2O	1-2 16M	0-0 1A	0-2 1S	4-1 5F	2-0 19J	0-0 23F	1-1 16A	1-0 3OA	2-1 13A		2-1 27O	2-0 15D	1-0 6O	3-1 11m	2-0 23O	2-2 18S	2-0 24N	2-0 9A	3-1 29J	0-0 2M	2-1 26M	2-1 2OA	0-1 16O
12	Hereford United	1-0 9M	1-1 1D	3-0 13O	1-1 2OO	4-2 15S	2-3 17A	1-1 23M	1-1 6A	1-0 19S	1-3 27A	1-0 4m		0-1 13M	4-0 23F	1-2 25a	0-0 24N	0-0 30J	3-3 3N	0-0 2OD	0-0 29S	0-0 1J	1-0 6F	0-1 30M	0-0 1S
13	Lincoln City	2-2 6O	0-1 6A	1-0 19J	0-0 15S	6-2 11m	1-1 19S	0-3 24N	0-0 2OA	1-1 22D	1-0 1S	3-1 9M	1-1 3O		2-1 16M	3-1 27O	0-2 2OM	1-2 24O	2-0 1D	0-3 17A	3-2 23F	2-1 3OM	0-0 5J	0-0 1J	2-1 26M
14	Maidstone Utd	1-1 8m	1-1 9M	1-0 27A	3-0 3N	0-0 1m	1-0 1J	2-3 2OO	0-1 3OM	3-1 24M	5-1 27F	1-4 23M	1-1 1ON	4-1 29S		2-0 1S	1-3 1D	2-0 6A	0-1 4m	0-1 15S	6-1 13M	2-3 22D	2-2 13O	1-3 31O	0-2 19J
15	Northampton T	2-1 26J	0-0 8S	0-0 12M	1-1 21D	2-0 9M	0-3 23M	0-0 27A	2-1 1J	1-0 6A	3-2 29S	3-0 3N	1-0 19J	1-1 3OA	2-0 12J		1-2 22S	3-2 1D	0-2 1F	2-1 3OM	1-0 13O	1-4 16A	5-0 19O	1-0 9N	2-1 15F
16	Peterborough U	3-2 6A	2-0 30M	3-2 2OO	3-0 4m	1-1 1S	2-1 3N	2-2 12M	1-1 10N	2-0 16A	2-0 18S	1-1 27A	3-0 7m	2-0 13O	2-0 2M	1-1 5F		1-1 2J	2-0 21D	0-0 23A	1-0 23M	1-2 29S	0-0 15S	2-2 19J	2-0 15D
17	Rochdale	4-0 25a	2-1 12J	0-0 4m	0-0 12M	1-1 24N	0-1 13O	3-0 3N	1-1 15S	1-3 23M	1-1 1A	0-0 23A	2-1 3OA	0-0 27A	3-2 29D	1-1 2M	0-3 13A		1-1 22S	2-1 28S	1-0 2OO	0-0 29S	3-2 15D	2-0 16A	2-1 5J
18	Scarborough	2-0 16M	0-1 3O	0-1 26M	1-1 19F	1-1 24O	0-1 1S	1-1 29D	2-1 7O	2-1 15S	4-1 26D	2-0 16F	2-1 11m	0-3 2M	0-2 27O	1-1 18S	3-1 3A	0-0 6F		3-1 2OA	0-2 16D	1-0 9N	1-1 13A	4-2 7D	2-2 5J
19	Scunthorpe Utd	6-2 12J	1-1 25a	0-0 13A	3-2 29S	0-3 29D	2-0 27A	3-1 4m	1-1 15D	1-0 13O	4-4 23M	2-1 26F	2-1 1A	2-2 22S	3-2 26J	2-0 5M	3-2 8S	1-1 1ON	2-1 2OO		3-0 3N	3-0 2F	3-0 12M	1-0 7m	2-1 2M
20	Stockport County	3-2 19A	0-0 22O	2-2 14S	1-1 26F	3-1 17S	3-1 6A	3-1 1D	0-0 21D	1-1 1J	5-1 18J	1-3 29M	4-2 1ON	4-0 10N	1-0 9A	2-0 6O	2-1 26M	3-0 8M	2-2 11m	5-0		2-1 23A	3-0 1S	2-0 4J	2-0 26O
21	Torquay United	5-0 8A	2-1 6O	2-0 29D	2-1 1OA	3-0 27O	2-0 15S	2-1 9M	1-0 2O	3-1 31a	3-1 5F	0-1 1D	1-1 13A	0-1 5M	1-1 2A	0-0 26M	3-2 15M	1-1 2OA	1-1 3OA	0-0 18S	1-1 7D		0-0 19J	1-0 16O	2-1 11m
22	Walsall	2-2 27O	2-0 11m	1-0 1ON	0-0 9M	1-1 6O	3-0 16F	2-2 8S	1-0 2F	0-0 3OM	3-1 1D	0-1 6A	0-0 22S	0-0 19F	3-3 2OM	0-1 2OA	0-1 26J	0-0 16M	3-3 1J	0-0 2O	2-1 12J	0-2 25a		1-0 21D	1-1 23O
23	Wrexham	4-2 8S	0-1 26J	2-4 3N	1-0 22M	3-0 1D	1-1 29S	1-1 22S	2-1 12J	3-0 4m	1-2 12M	2-2 2OO	1-2 26D	2-2 13A	2-2 9A	0-2 23F	0-0 25a	2-1 9M	1-2 13O	1-0 24N	1-3 16A	2-1 27A	1-1 1A		0-4 29D
24	York City	2-0 21D	1-0 1J	2-0 23M	1-2 13O	2-0 23F	0-2 12M	0-1 2F	3-1 22S	1-1 29S	3-3 2OO	0-0 26J	1-0 12J	0-1 26F	0-1 25a	0-0 24N	0-4 9M	0-2 30M	2-0 23A	2-2 1D	0-2 4m	0-0 3N	1-0 26A	0-0 6A	

Final League Table

Pos	Team	Pld	Home					Away					Totals					Pts	GD	Leading Goalscorer	Gls
			W	D	L	F	A	W	D	L	F	A	W	D	L	F	A				
1	Darlington	46	13	8	2	36	14	9	9	5	32	24	22	17	7	68	38	83	+30	J Borthwick	10
2	Stockport County	46	16	6	1	54	19	7	7	9	30	28	23	13	10	84	47	82	+37	C Beaumont	15
3	Hartlepool United	46	15	5	3	35	15	9	5	9	32	33	24	10	12	67	48	82	+19	J Allon	28
4	Peterborough U	46	13	9	1	36	15	8	8	7	29	30	21	17	8	67	45	80	+22	P Culpin	10
5	Blackpool	46	17	3	3	55	17	6	7	10	23	30	23	10	13	78	47	79	+31	D Bamber	17
6	Burnley	46	17	5	1	46	16	6	12	5	24	35	23	10	13	70	51	79	+19	R Futcher	18
7	Torquay Utd (P)	46	14	7	2	37	13	4	11	8	27	34	18	18	10	64	47	72	+17	D Edwards	15
8	Scunthorpe Utd	46	17	4	2	51	20	3	7	13	20	42	20	11	15	71	62	71	+9	A Flounders	23
9	Scarborough	46	13	5	5	36	21	6	7	10	23	35	19	12	15	59	56	69	+3	G Oghani	14
10	Northampton T	46	14	5	4	34	21	4	8	11	23	37	18	13	15	57	58	67	-1	B Barnes	13
11	Doncaster Rovers	46	12	5	6	36	22	5	9	9	20	24	17	14	15	56	46	65	+10	J Muir	13
12	Rochdale	46	10	9	4	29	22	5	8	10	21	31	15	17	14	50	53	62	-3	P Costello	10
13	Cardiff City	46	10	6	7	26	23	5	9	9	17	31	15	15	16	43	54	60	-11	C Pike	14
14	Lincoln City	46	10	7	6	32	27	4	10	9	18	34	14	17	15	50	61	59	-11	A Lormor	12
15	Gillingham	46	9	9	5	35	27	3	9	11	23	34	12	18	16	57	60	54	-3	S Lovell	19
16	Walsall	46	7	12	4	25	17	5	5	13	23	34	12	17	17	48	51	53	-3	S Rimmer	13
17	Hereford United	46	9	10	4	32	14	4	5	14	21	39	13	15	18	53	58	53	-5	J Narbett	11
18	Chesterfield	46	8	12	3	23	13	6	2	16	14	36	13	14	19	47	62	53	-15	L Turnbull	9
19	Maidstone United	46	9	5	9	42	34	4	7	12	24	37	13	12	21	66	71	51	-5	S Butler	20
20	Carlisle United	46	12	3	8	00	00	1	6	16	17	59	13	9	24	47	89	48	-42	E Gates	8
21	York City	46	8	6	9	21	23	5	7	11	20	34	13	13	22	45	57	46	-12	I Helliwell	7
22	Halifax Town	46	9	6	8	34	29	3	4	16	25	50	12	10	24	59	79	46	-20	S Norris *	30
23	Aldershot	46	8	7	8	38	43	2	4	17	23	58	10	11	25	61	101	41	-40	D Puckett	21
24	Wrexham	46	8	7	8	33	34	2	3	18	15	40	10	10	26	48	74	40	-26	C Armstrong	10

* S Norris also scored 2 goals for Carlisle United.

1991/92 DIVISION 1
SEASON 93

Total Matches: 462
Total Goals: 1166
Avg goals per match: 2.52

Results Grid

		Arsenal	Aston Villa	Chelsea	Coventry City	Crystal Palace	Everton	Leeds United	Liverpool	Luton Town	Manchester City	Manchester Utd	Norwich City	Nottm Forest	Notts County	Oldham Athletic	Q P R	Sheffield United	Sheffield Weds	Southampton	Tottenham H	West Ham Utd	Wimbledon
1	Arsenal		0-0 11J	3-2 50	1-2 7S	4-1 11A	4-2 21D	1-1 22M	4-0 20A	2-0 27a	1-1 31a	1-1 1F	3-3 11F	2-0 31M	1-1 260	2-1 10M	1-1 17a	5-2 21S	7-1 15F	5-1 2m	2-0 1D	1-1 2N	1-1 1J
2	Aston Villa	3-1 24a		3-1 20A	2-0 2m	0-1 4S	0-0 2F	1-4 24N	1-0 11A	4-0 50	3-1 7D	0-1 21a	1-0 28M	3-1 21S	1-0 16N	1-0 22F	0-1 14M	1-1 31M	0-1 18J	2-1 28D	0-0 7S	3-1 26D	2-1 260
3	Chelsea	1-1 25A	2-0 18S		0-1 14M	1-1 8F	2-2 28S	0-1 14S	2-2 190	4-1 31a	1-1 1J	1-3 15D	0-3 16N	1-0 30N	2-2 28a	4-2 21D	2-1 18A	0-3 21M	1-1 29F	1-1 12F	2-0 11J	2-1 4A	2-2 17a
4	Coventry City	0-1 4A	1-0 28S	0-1 2N		1-2 190	0-1 18A	0-0 18S	0-0 8F	5-0 21a	0-1 17a	0-0 29F	0-0 4M	0-2 11M	1-0 14S	1-1 21M	2-2 11J	3-1 28a	0-0 8A	2-0 30N	1-2 1J	1-0 25A	0-1 31a
5	Crystal Palace	1-4 14S	0-0 21M	0-0 260	0-1 1F		2-0 4A	1-0 10	1-0 14M	1-1 25F	1-1 11J	1-3 30N	3-4 29F	0-0 3M	1-0 1J	0-0 18A	2-2 28S	2-1 31a	1-1 25A	1-0 16N	1-2 22D	2-3 17S	3-2 27a
6	Everton	3-1 20a	0-2 2m	2-1 21S	3-0 15	2-2		1-1 23F	1-1 28D	1-1 14M	1-2 20A	0-0 24a	1-1 3S	1-1 19J	1-0 23N	2-1 7M	0-0 8F	0-2 11A	0-1 26D	3-1 1A	4-0 50	2-0 7D	2-0 16N
7	Leeds United	2-2 3S	0-0 3M	3-0 11A	1-0 20A	1-1 18J	1-0 30N		1-0 21S	2-0 29F	3-0 7S	1-1 29D	1-0 2m	3-0 20a	1-0 1F	2-0 260	4-3 16N	1-1 50	3-3 24a	1-1 26D	0-0 14D	5-1 28M	5-1 14M
8	Liverpool	2-0 29J	1-1 14S	1-2 1F	1-0 260	1-2 2N	3-1 31a	0-0 18A		2-1 11J	2-2 21D	2-0 26A	2-1 30N	2-0 14D	4-0 31M	2-1 17a	2-0 27a	1-2 1J	1-1 28S	0-0 29F	2-1 21M	1-0 11M	2-3 8A
9	Luton Town	1-0 26D	2-0 25A	2-0 28D	1-0 20D	1-1 7M	0-1 2N	0-2 7D	0-0 24a		2-2 23N	1-1 18A	2-0 8F	2-1 14A	1-1 28S	2-0 14S	0-1 17S	2-1 22F	2-2 190	2-1 4S	0-0 11M	0-1 18J	2-1 4A
10	Manchester City	1-0 28D	2-0 29F	1-0 28M	3-2 18J	0-1 24a	4-0 17S	2-1 4A	4-0 21a	0-0 15F		0-0 16N	2-1 260	2-0 4S	1-2 25A	2-2 28S	3-2 14D	0-1 260	0-1 14S	1-0 15M	1-0 1F	2-0 18A	0-0 30N
11	Manchester United	1-1 190	1-0 22J	1-1 26F	4-0 7D	2-0 22F	1-0 11J	1-1 31a	0-0 60	5-0 21S	1-1 7A		3-0 7S	1-2 20A	2-0 17a	1-0 28a	1-4 1J	2-0 2N	1-1 8F	1-0 16A	3-1 2m	2-1 23N	0-0 21M
12	Norwich City	1-3 8A	2-1 1J	0-1 11M	3-2 23N	3-3 7D	4-3 21M	2-2 28S	3-0 22F	0-0 260	1-3 28a	0-0 31M		0-0 2N	1-0 18A	2-1 11J	2-2 21D	1-0 17a	2-1 18S	0-1 1F	0-1 31a	1-1 14S	1-1 25A
13	Nottingham Forest	3-2 8D	2-0 18A	1-1 22F	1-0 16N	5-1 23N	2-1 17a	0-0 22D	1-1 22A	1-0 1J	2-0 21M	1-0 18M	2-0 14M		1-1 11J	3-1 31a	1-1 25A	2-5 1F	0-2 4A	1-3 260	1-3 28a	2-2 28S	4-2 14S
14	Notts County	0-1 8F	0-0 10M	2-0 26D	1-0 11A	2-3 28M	0-0 17M	2-4 190	1-2 7S	2-1 2m	1-3 60	1-1 18J	2-2 21S	0-4 24a		2-0 2N	0-1 30N	1-3 20A	2-1 3S	1-0 20a	0-2 7A	3-0 28D	1-1 25F
15	Oldham Athletic	1-1 16N	3-2 30N	3-0 21a	2-1 3S	2-3 21S	2-2 14D	2-0 8F	2-3 18J	5-1 11A	2-5 2m	3-6 26D	2-2 24a	1-1 28D	4-3 14M		2-1 15F	2-1 7S	3-0 28M	1-1 50	1-0 20A	2-2 190	0-1 29F
16	Queens Park Rangers	0-0 18J	0-1 2N	2-2 21S	1-1 24a	1-0 2m	3-1 260	4-1 11M	0-0 26D	2-1 20A	4-0 7M	0-0 28M	0-2 21a	1-1 50	1-3 22F		1-0 23N	1-1 7D	2-2 28D	1-2 7S	2-0 11A	0-0 4S	0-1	
17	Sheffield United	1-1 18A	2-0 14D	0-1 3S	0-3 260	1-1 28D	2-1 14S	2-3 26A	2-0 28M	1-1 30N	4-2 8F	1-2 14M	1-0 18J	4-2 190	1-3 17S	2-0 4A	0-0 29F		2-0 17N	0-2 24a	2-0 14A	1-1 20a	0-0 28S	
18	Sheffield Wednesday	1-1 23N	2-3 17a	1-1 7D	4-1 7M	2-1 50	1-6 28a	0-0 12J	3-2 2m	2-0 1F	1-0 11A	3-2 260	2-1 20A	1-0 7S	4-1 21M	1-1 1J	1-3 31a	1-3 11M		2-0 21S	0-0 2N	2-1 22F	2-0 21D	
19	Southampton	0-4 28S	1-1 31a	1-0 23N	0-0 22F	1-0 11M	1-2 1J	0-4 28a	1-1 7D	2-1 21M	0-3 2N	0-1 14S	0-0 190	0-1 8A	1-1 20D	1-0 25A	2-1 4A	2-4 11J	0-1 18A		2-3 17a	1-0 3M	1-0 18S
20	Tottenham Hotspur	1-1 22F	2-5 4A	1-3 24a	4-3 28M	0-1 16F	3-3 25A	1-3 7M	2-1 18D	4-1 16N	0-1 190	1-2 28S	3-0 28D	1-2 26D	2-0 7D	0-0 25J	2-0 14S	1-0 23N	0-2 14M	1-2 18J		3-0 1A	3-2 18S
21	West Ham United	0-2 14M	3-1 28a	1-1 7S	0-1 50	0-2 20A	0-2 29F	1-2 1J	1-3 17N	0-0 17a	0-0 21S	1-2 22A	0-4 11A	3-0 2m	0-2 31a	1-0 1F	2-2 21M	1-1 21D	1-2 30N	0-1 14A	2-1 260		1-1 11J
22	Wimbledon	1-3 28M	2-0 8F	1-2 18J	1-1 28D	1-1 26D	0-0 10M	0-0 2N	0-0 23N	3-0 7S	2-1 22F	1-2 3S	3-1 50	3-0 2A	2-0 7M	2-1 7D	0-1 190	3-0 2m	2-1 20	0-1 20A	3-5 21S	2-0 24a	

Final League Table

Pos	Team	Pld	Home					Away					Totals					Pts	GD	Leading Goalscorer	Gls
			W	D	L	F	A	W	D	L	F	A	W	D	L	F	A				
1	Leeds United	42	13	8	0	38	13	9	8	4	36	24	22	16	4	74	37	82	+37	L Chapman	16
2	Manchester Utd	42	12	7	2	34	13	9	8	4	29	20	21	15	6	63	33	78	+30	B McClair	18
3	Sheffield Weds	42	13	5	3	39	24	8	7	6	23	25	21	12	9	62	49	75	+13	D Hirst	18
4	Arsenal	42	12	7	2	51	22	7	8	6	30	24	19	15	8	81	46	72	+35	I Wright	24
5	Manchester City	42	13	4	4	32	14	7	6	8	29	34	20	10	12	61	48	70	+13	D White	18
6	Liverpool	42	13	5	3	34	17	3	11	7	13	23	16	16	10	47	40	64	+7	D Saunders	10
7	Aston Villa	42	13	3	5	31	16	4	6	11	17	28	17	9	16	48	44	60	+4	C Regis, D Yorke	11
8	Nottm Forest	42	10	7	4	36	27	6	4	11	24	31	16	11	15	60	58	59	+2	T Sheringham	13
9	Sheffield United	42	9	6	6	29	23	7	3	11	36	40	16	9	17	65	63	57	+2	B Deane	12
10	Crystal Palace	42	7	8	6	24	25	7	7	7	29	36	14	15	13	53	61	57	-8	M Bright	17
11	Queens Park R	42	6	10	5	25	21	6	8	7	23	26	12	18	12	48	47	54	+1	L Ferdinand	10
12	Everton	42	8	8	5	28	19	5	6	10	24	32	13	14	15	52	51	53	+1	P Beardsley	11
13	Wimbledon	42	10	5	6	32	20	3	9	9	21	33	13	14	15	53	53	53	0	J Fashanu	18
14	Chelsea	42	7	8	6	31	30	6	6	9	19	30	13	14	15	50	60	53	-10	D Wise	10
15	Tottenham H	42	7	3	11	33	35	8	4	9	25	28	15	7	20	58	63	52	-5	G Lineker	28
16	Southampton	42	7	5	9	17	28	7	5	9	22	27	14	10	18	39	55	52	-16	A Shearer	13
17	Oldham Athletic	42	11	5	5	46	36	3	4	14	17	31	14	9	19	63	67	51	-4	G Sharp	12
18	Norwich City	42	8	6	7	29	28	3	6	12	18	35	11	12	19	47	63	45	-16	R Fleck	11
19	Coventry City	42	6	7	8	18	15	5	4	12	17	29	11	11	20	35	44	44	-9	K Gallacher	8
20	Luton Town	42	10	7	4	25	17	0	5	16	13	54	10	12	20	38	71	42	-33	M Harford	12
21	Notts County	42	7	5	9	24	29	3	5	13	16	33	10	10	22	40	62	40	-22	T Johnson	9
22	West Ham Utd	42	6	6	9	22	24	3	5	13	15	35	9	11	22	37	59	38	-22	M Small	13

Ian Wright was the leading goalscorer for the Division with 29 goals, having scored 5 for Crystal Palace and then 24 for Arsenal.

1991/92 DIVISION 2 SEASON 93

Total Matches 552
Total Goals 1415
Avg goals per match 2.56

		Barnsley	Blackburn Rov	Brighton & H A	Bristol City	Bristol Rovers	Cambridge Utd	Charlton Athletic	Derby County	Grimsby Town	Ipswich Town	Leicester City	Middlesbrough	Millwall	Newcastle Utd	Oxford United	Plymouth Argyle	Port Vale	Portsmouth	Southend United	Sunderland	Swindon Town	Tranmere Rov	Watford	Wolverhampton
1	Barnsley		2-1	1-2	1-2	0-1	0-0	1-0	0-3	4-1	1-0	3-1	2-1	0-2	3-0	1-0	1-3	0-0	2-0	1-0	0-3	1-1	1-1	0-3	2-0
			28M	24a	19O	9N	8F	29F	4A	14D	14S	17S	5N	28S	30N	14M	18J	26D	12O	15F	20a	28D	18A	3S	25A
2	Blackburn Rov	3-0		1-0	4-0	3-0	2-1	0-2	2-0	2-1	1-2	0-1	2-1	2-1	3-1	1-1	5-2	1-0	1-1	2-2	2-2	2-1	0-0	1-0	1-2
		16N		2N	11J	14D	1J	21M	11F	26O	31a	18A	30N	25A	15F	29F	12O	14S	17a	10M	29A	1F	28S	17S	14A
3	Brighton & H A	3-1	0-3		0-0	3-1	1-1	1-2	1-2	3-0	2-2	1-2	1-1	3-4	2-2	1-2	1-0	3-1	2-1	3-2	2-2	0-2	0-2	0-1	3-3
		11J	14M		1J	28S	28M	1F	15A	6N	12O	30O	9N	21D	14D	15F	30N	18S	29A	29F	25A	26O	17a	14S	31a
4	Bristol City	0-2	1-0	2-1		1-0	1-2	0-2	1-2	1-1	2-1	2-1	1-1	2-2	1-1	1-1	2-1	1-0	3-0	0-2	2-2	1-0	1-1	2-2	1-0	2-0
		1F	24a	20a		4S	14M	30N	25A	29F	18A	4A	7A	17S	26O	28M	5N	28D	28S	18J	9N	26D	14S	12O	17M
5	Bristol Rovers	0-0	3-0	4-1	3-2		2-2	1-0	2-3	2-3	3-3	1-1	2-1	3-2	1-2	2-1	0-0	3-3	1-0	4-1	2-1	1-1	1-0	1-1	1-1
		21M	7M	20A	21D		7D	2N	23N	7S	17a	1J	5O	22F	31a	21S	19O	2N	29J	1A	8F	12A	11J	16N	11M
6	Cambridge Utd	2-1	2-1	0-0	0-0	6-1		1-0	0-0	0-1	1-1	5-1	0-0	1-0	0-2	1-1	1-1	4-2	2-2	0-1	3-0	3-2	0-0	0-0	2-1
		26O	25F	16N	2N	28F		15F	13S	18J	21M	29S	17M	4A	10M	30N	26D	25A	17A	3S	12O	24a	31J	29D	17S
7	Charlton Athletic	1-1	0-2	2-0	2-1	1-0	1-2		0-2	1-3	1-1	2-0	0-0	1-0	2-1	2-2	0-0	3-0	2-0	1-0	1-4	0-0	0-1	1-1	1-2
		7D	9N	19O	22F	12O	23N		1S	3M	30O	25A	28M	7M	18a	8J	4A	28S	14S	8F	17S	6N	28A	18A	15J
8	Derby County	1-1	0-2	3-1	4-1	1-0	0-0	1-2		0-0	1-0	1-2	2-0	0-2	4-1	2-2	0-2	3-1	2-0	1-2	1-2	2-1	0-1	3-1	1-2
		7S	4S	21S	5O	15F	1A	28D		26D	16N	30N	21a	8F	20A	11A	25M	11M	19O	24a	18J	2m	2N	29F	21M
9	Grimsby Town	0-1	2-3	1-0	3-1	0-1	3-4	1-0	0-1		1-2	0-1	1-0	1-1	1-1	1-0	2-1	1-2	1-1	3-2	2-0	0-0	2-2	0-0	0-2
		7M	8F	10M	7D	4A	17a	2N	7A		28S	17M	19O	23N	21M	11J	14S	12O	17S	18F	18A	22F	31a	25A	1J
10	Ipswich Town	2-0	2-1	3-1	4-2	1-0	1-2	0-2	1-0	1-2		0-0	2-0	0-0	3-2	2-1	0-0	3-2	1-0	5-2	1-0	0-1	1-4	4-0	1-2	2-1
		31M	28D	2m	21S	18J	9N	26D	28M	21A		14M	24a	19O	11A	5O	29F	20a	8F	7S	5N	3S	30N	17M	7A
11	Leicester City	3-1	3-0	2-1	2-1	1-1	2-1	0-2	1-2	2-0	2-2		2-1	1-1	1-2	2-1	2-0	0-1	2-2	2-0	3-2	3-1	1-0	1-2	3-0
		11A	21S	26D	7S	20N	21A	5O	22F	4S	2N		1A	7D	2m	8F	24a	23N	11M	28D	8A	18J	15A	21M	19O
12	Middlesbrough	0-1	0-0	4-0	3-1	2-1	1-1	2-0	1-0	2-0	1-0	3-0		1-0	3-0	2-1	2-1	1-0	2-0	1-1	2-1	2-2	1-0	1-2	0-0
		13A	22F	21M	23N	25A	7M	16N	1J	28A	11J	14S		17a	27a	15A	18A	26O	31a	2N	28S	7D	17S	4A	12O
13	Millwall	1-1	1-3	1-2	2-3	0-1	1-2	1-0	1-2	1-3	2-0	2-0	2-0		2-1	2-1	2-1	1-0	1-1	2-0	4-1	1-1	0-3	0-4	2-1
		22A	5O	4S	11A	30N	7S	26F	26O	15F	1F	29F	18J		21S	1A	28D	21M	2N	2m	24a	8A	11M	26D	16N
14	Newcastle United	1-1	0-0	0-1	3-0	2-1	1-1	3-4	2-2	2-0	1-1	2-0	0-1	0-1		4-3	2-2	2-2	1-0	3-2	1-0	3-1	2-3	2-2	1-2
		22F	23N	7M	8F	28D	6N	18J	28S	9N	17S	12O	26D	18A		19O	4S	7D	25A	20N	29M	14M	4A	24a	14S
15	Oxford United	0-1	1-3	3-1	1-1	2-2	1-0	1-2	2-0	1-2	1-1	1-2	1-2	2-2	5-2		3-2	2-1	0-1	3-0	5-3	1-0	0-0	1-1	
		2N	7D	23N	16N	18A	22F	23O	18S	24a	25A	26O	4S	14S	1F		28S	18J	21M	26D	28D	7M	12O	11M	4A
16	Plymouth Argyle	2-1	1-3	1-1	1-0	0-0	0-1	0-2	1-1	1-0	2-2	1-1	3-2	0-0	3-1	1-0		3-2	1-0	1-0	0-4	1-0	0-1	0-1	
		17a	2m	22F	10M	1F	11F	7S	7M	31M	7D	11J	21S	31a	20D	20A		16N	1J	11A	23N	5O	21M	26O	2N
17	Port Vale	0-0	2-0	2-1	1-1	0-1	1-0	1-1	1-0	0-1	1-2	1-2	1-0	0-2	0-1	2-1	1-0		0-2	0-0	3-3	2-2	1-1	2-1	1-1
		27a	31M	11A	31a	14M	5O	2A	6N	2m	1J	15F	8F	9N	29F	17a	28M		11J	21S	19O	7S	13D	30N	21D
18	Portsmouth	2-0	2-2	0-0	1-0	2-0	3-0	1-2	0-1	2-0	1-1	1-0	4-0	6-1	3-1	2-1	4-1	1-0		1-1	1-0	1-1	2-0	0-0	1-0
		2m	18J	7S	20A	26D	21S	31M	1F	11A	26O	5N	28D	14M	50	9N	4F	24a		14D	3S	28M	29F	22A	30N
19	Southend United	2-1	3-0	2-1	1-1	2-0	1-1	1-1	1-0	3-1	1-2	1-2	0-1	2-3	4-0	2-3	2-1	0-0	2-3		2-0	3-2	1-1	1-0	0-2
		23N	5N	7D	17a	14S	22D	26O	11J	28M	4A	31a	14M	12O	1J	30O	17S	15A	17M		22F	9N	25A	1F	28S
20	Sunderland	2-0	1-1	4-2	1-3	1-1	2-2	1-2	1-2	1-1	1-2	1-0	6-2	1-1	2-0	0-1	1-1	1-0	1-2		0-0	1-1	3-1	1-0
		1J	7S	5O	21M	26O	2m	11A	17a	21S	14A	14D	20A	11J	17N	31a	16A	1F	21D	30N		27A	11F	2N	29F
21	Swindon Town	3-1	2-1	2-1	2-0	1-0	0-2	1-2	1-2	1-0	0-0	0-0	3-1	2-1	1-1	1-0	2-3	1-0	1-0	5-3		2-0	3-1	1-0
		31a	19O	8F	4F	17S	11J	10M	12O	30N	20D	17a	29F	1J	2N	28J	25A	4A	16N	21M	14S		17M	28S	18A
22	Tranmere Rov	2-1	2-2	1-1	2-2	2-2	1-2	2-2	4-3	1-1	0-1	1-2	1-2	3-2	1-2	1-0	2-1	2-0	1-1	1-0	0-0		1-1	4-3
		21S	20A	17J	31M	23a	18O	3S	14M	28D	21F	27M	10A	5N	7S	2m	8N	6M	7A	4O	26D	22N		24J	8F
23	Watford	1-1	2-1	1-0	5-2	1-0	1-3	2-0	2-0	0-1	0-1	1-2	0-2	2-2	0-0	0-1	1-2	0-0	2-1	1-2	1-0	0-0	0-0		0-2
		22D	11A	31M	2m	28M	31a	21S	7D	5O	7M	9N	7S	29O	11J	6N	8F	22F	23N	19O	14M	20A	1J		17a
24	Wolverhampton	1-2	0-0	2-0	1-1	2-3	2-1	1-1	2-3	2-1	1-2	1-0	1-2	0-0	6-2	3-1	1-0	0-2	0-0	3-1	1-0	2-1	1-1	3-0	
		5O	26D	28D	7M	5N	11A	24a	9N	26N	23N	1F	2m	28M	31M	7S	14M	3S	22F	20A	7D	21S	26O	18J	

Final League Table

Pos	Team	Pld	Home					Away					Totals					Pts	GD	Leading Goalscorer	Gls
			W	D	L	F	A	W	D	L	F	A	W	D	L	F	A				
1	Ipswich Town	46	16	3	4	42	22	8	9	6	28	28	24	12	10	70	50	84	+20	C Kiwomya	16
2	Middlesbrough	46	15	6	2	37	13	8	5	10	21	28	23	11	12	58	41	80	+17	B Slaven	16
3	Derby County	46	11	4	8	35	24	12	5	6	34	27	23	9	14	69	51	78	+18	P Williams	13
4	Leicester City	46	14	4	5	41	24	9	4	10	21	31	23	8	15	62	55	77	+7	T Wright	12
5	Cambridge Utd	46	10	9	4	34	19	9	8	6	31	28	19	17	10	65	47	74	+18	D Dublin	15
6	Blackburn Rov (P)	46	14	5	4	41	21	7	6	10	29	32	21	11	14	70	53	74	+17	D Speedie	23
7	Charlton Athletic	46	9	7	7	25	23	11	4	8	29	25	20	11	15	54	48	71	+6	R Lee	12
8	Swindon Town	46	15	3	5	38	22	3	12	8	31	33	18	15	13	69	55	69	+14	D Shearer *	22
9	Portsmouth	46	15	6	2	41	12	4	9	10	24	39	19	12	15	65	51	69	+14	G Whittingham	11
10	Watford	46	9	5	9	25	23	9	6	8	26	28	18	11	17	51	48	65	+3	L Blissett	10
11	Wolverhampton	46	11	6	6	36	24	7	4	12	25	30	18	10	18	61	54	64	+7	S Bull	20
12	Southend United	46	11	5	7	37	26	6	6	11	26	37	17	11	18	63	63	62	0	B Angell	21
13	Bristol Rovers	46	11	9	3	43	29	5	5	13	17	34	16	14	16	60	63	62	-3	C Saunders	10
14	Tranmere Rov	46	9	9	5	37	32	5	10	8	19	24	14	19	13	56	56	61	0	J Aldridge	22
15	Millwall	46	10	4	9	32	32	7	6	10	32	39	17	10	19	64	71	61	-7	P Kerr	12
16	Barnsley	46	11	4	8	27	25	5	7	11	19	32	16	11	19	46	57	59	-11	A Rammell	8
17	Bristol City	46	10	4	9	30	24	3	7	13	25	47	13	11	22	55	71	54	-16	W Allison	10
18	Sunderland	46	10	10	3	36	23	4	3	16	25	42	14	13	19	61	65	53	-4	D Goodman	11
19	Grimsby Town	46	7	5	11	25	28	7	6	10	22	34	14	11	21	47	62	53	-15	N Woods	8
20	Newcastle United	46	9	8	6	38	30	4	5	14	28	54	13	13	20	66	84	52	-18	G Peacock	16
21	Oxford United	46	10	6	7	39	30	3	5	15	27	40	13	11	22	66	73	50	-7	J Magilton	12
22	Plymouth Argyle	46	11	5	7	26	26	2	4	17	16	38	13	9	24	42	64	48	-22	D Marshall	14
23	Brighton & H A	46	7	7	9	36	37	5	4	14	20	40	12	11	23	56	77	47	-21	M Gall	13
24	Port Vale	46	7	8	8	25	26	3	7	13	17	33	10	15	21	42	59	45	-17	M Foyle	11

* Duncan Shearer also scored 23 goals, having scored 22 for Swindon Town and then 1 for Blackburn Rovers.

1991/92 DIVISION 3 — SEASON 93

Total Matches	552
Total Goals	1435
Avg goals per match	2.6

Results Grid

	Birmingham City	Bolton Wand	Bournemouth	Bradford City	Brentford	Bury	Chester City	Darlington	Exeter City	Fulham	Hartlepool Utd	Huddersfield T	Hull City	Leyton Orient	Peterborough U	Preston N E	Reading	Shrewsbury T	Stockport Co	Stoke City	Swansea City	Torquay United	West Brom A	Wigan Athletic
1 Birmingham City		2-1	0-1	2-0	1-0	3-2	3-2	1-0	1-0	3-1	2-1	2-0	2-2	2-2	1-1	3-1	2-0	1-0	3-0	1-1	1-1	3-0	0-3	3-3
2 Bolton Wand	1-1		0-2	1-1	1-2	2-1	0-0	2-0	1-2	0-3	2-2	1-1	1-0	2-1	1-0	1-1	1-0	0-0	3-1	0-0	1-0	3-0	1-1	
3 Bournemouth	2-1	1-2		1-3	0-0	4-0	2-0	1-2	0-0	2-0	1-1	0-0	0-1	1-2	0-3	3-2	1-0	1-0	1-2	3-0	2-1	2-1	3-0	
4 Bradford City	1-2	1-1			0-1	1-1	1-1	0-1	3-4	1-1	1-1	2-1	1-1	1-1	1-0	3-0	1-0	0-4	4-6	2-0	1-1	1-1		
5 Brentford	2-2	3-2	2-2	3-4		0-3	2-0	4-1	3-0	4-0	1-0	2-3	4-1	4-3	2-1	1-0	1-0	2-0	2-1	2-0	3-2	3-2	1-2	4-0
6 Bury	1-0	1-1	0-1	0-1	0-3		1-2	2-0	3-1	3-1	1-1	4-4	3-2	4-2	3-0	2-3	0-1	0-0	1-3	1-0	0-0	1-1	1-4	
7 Chester City	0-1	0-1	0-1	0-0	1-1	3-1		2-5	5-2	2-0	0-0	1-1	1-0	2-4	3-2	2-2	1-4	3-2	0-0	2-0	2-0	1-2	1-0	
8 Darlington	1-1	3-2	0-0	1-3	1-2	0-2	1-1		5-2	3-1	4-0	1-3	0-1	0-1	1-2	0-2	2-4	3-3	1-3	0-1	1-1	3-2	0-1	0-1
9 Exeter City	2-1	2-2	0-3	1-0	1-2	5-2	0-0	4-1		1-1	1-1	0-1	0-3	2-0	2-2	4-1	2-1	1-0	2-1	0-0	2-1	1-1	1-1	0-1
10 Fulham	0-1	1-1	2-0	2-1	0-1	4-2	2-2	4-0	0-0		1-0	1-0	0-0	2-1	0-1	1-0	1-0	0-1	1-1	1-1	3-0	2-1	0-0	1-1
11 Hartlepool United	1-0	0-4	1-0	1-0	1-0	0-0	1-1	2-0	3-1	2-0		0-0	2-3	2-3	0-1	2-0	2-0	4-2	0-1	1-1	0-1	1-1	0-0	4-3
12 Huddersfield T	3-2	1-0	0-0	1-0	2-1	3-0	2-0	2-1	0-0	3-1	1-0		1-1	1-0	0-0	1-2	1-2	2-1	0-1	1-2	1-0	4-0	3-0	1-1
13 Hull City	1-2	2-0	0-1	0-0	0-3	0-1	1-0	5-2	1-2	0-0	0-2	1-0		1-0	2-2	0-1	4-0	0-2	0-1	3-0	4-1	1-0	1-1	
14 Leyton Orient	0-0	2-1	1-1	1-1	4-2	4-0	1-0	2-1	1-0	0-1	4-0	1-0	1-0		1-2	1-0	1-1	2-0	3-3	0-1	1-2	2-0	1-1	3-1
15 Peterborough U	2-3	1-0	2-0	2-1	0-1	0-0	2-0	1-1	2-1	3-2	2-0	3-0	0-2		1-0	5-3	1-0	3-2	1-1	3-1	1-1	0-0	0-0	7-5
16 Preston N E	3-2	2-1	2-2	1-1	3-2	2-0	0-3	2-1	1-3	1-2	1-4	1-0	3-1	2-1	1-1		1-1	2-2	3-2	2-2	1-1	3-0	2-0	3-0
17 Reading	1-1	1-0	0-0	1-2	0-0	3-2	0-0	2-2	1-0	0-2	0-1	1-0	0-1	3-2	1-1	2-2		2-1	1-1	3-4	1-0	6-1	1-2	3-2
18 Shrewsbury T	1-1	1-3	1-2	3-2	1-0	1-1	2-2	0-2	6-1	0-0	1-1	4-1	2-3	0-1	2-1	2-0	1-2		0-1	1-0	0-0	2-2	1-3	1-0
19 Stockport County	2-0	2-2	5-0	4-1	2-1	2-0	0-4	2-0	4-1	2-0	0-1	1-0	1-1	1-0	3-0	2-0	1-0	1-4		0-0	5-0	2-1	3-0	3-3
20 Stoke City	2-1	2-0	1-1	0-0	2-1	1-2	0-1	3-0	5-2	2-2	3-2	0-2	2-3	0-2	3-3	2-1	3-0	1-0	2-2		2-1	3-0	1-0	3-0
21 Swansea City	0-2	1-0	3-1	2-2	1-1	2-1	3-0	4-2	1-0	2-2	1-1	0-1	0-0	2-2	1-0	2-2	1-2	1-2	2-1	2-1		1-0	0-0	3-0
22 Torquay United	1-2	2-0	1-0	1-1	1-1	0-2	3-2	3-0	0-1	0-1	2-1	1-0	2-2	1-0	1-2	1-2	2-0	1-0	1-0		1-0		1-0	0-1
23 West Brom A	0-1	2-2	4-0	1-1	2-0	1-1	3-1	6-3	2-3	1-2	2-1	1-0	1-3	4-0	3-0	2-0	1-0	2-2	2-3	1-0				1-1
24 Wigan Athletic	3-0	1-1	2-0	2-1	2-1	2-0	2-1	1-2	4-1	0-2	1-1	1-3	0-1	1-1	3-0	3-0	1-1	1-3	1-0	1-0	0-0	0-1		

Final League Table

Pos	Team	Pld	Home W	D	L	F	A	Away W	D	L	F	A	Totals W	D	L	F	A	Pts	GD	Leading Goalscorer	Gls
1	Brentford	46	17	2	4	55	29	8	5	10	26	26	25	7	14	81	55	82	+26	D Holdsworth	24
2	Birmingham City	46	15	6	2	42	22	8	6	9	27	30	23	12	11	69	52	81	+17	N Gleghorn	17
3	Huddersfield T	46	15	4	4	36	15	7	8	8	23	23	22	12	12	59	38	78	+21	I Roberts	24
4	Stoke City	46	14	5	4	45	24	7	9	7	24	25	21	14	11	69	49	77	+20	W Biggins	22
5	Stockport County	46	15	5	3	47	19	7	5	11	28	32	22	10	14	75	51	76	+24	J Gannon	16
6	Peterborough U (P)	46	13	7	3	38	20	7	7	9	27	38	20	14	12	65	58	74	+7	K Charlery	16
7	West Brom A	46	12	6	5	45	25	7	8	8	19	24	19	14	13	64	49	71	+15	G Robson	9
8	Bournemouth	46	13	4	6	33	18	7	7	9	19	30	20	11	15	52	48	71	+4	J Quinn	19
9	Fulham	46	11	7	5	29	16	8	9	6	28	37	19	16	11	57	53	70	+4	G Brazil	14
10	Leyton Orient	46	12	7	4	36	18	6	4	13	26	34	18	11	17	62	52	65	+10	K Nugent	12
11	Hartlepool United	46	12	5	6	30	21	6	6	11	27	36	18	11	17	57	57	65	0	P Baker, P Dalton	13
12	Reading	46	9	8	6	33	27	7	5	11	26	35	16	13	17	59	62	61	-3	C Maskell	16
13	Bolton Wanderers	46	10	9	4	26	19	4	8	11	31	37	14	17	15	57	56	59	+1	A Walker	15
14	Hull City	46	9	4	10	28	23	7	9	7	26	31	16	11	19	54	54	59	0	G Atkinson, L Jenkinson	8
15	Wigan Athletic	46	11	6	6	33	23	4	8	11	25	41	15	14	17	58	64	59	-6	G Worthington	15
16	Bradford City	46	8	10	5	36	30	5	9	9	26	31	13	19	14	62	61	58	+1	S McCarthy	16
17	Preston N E	46	12	7	4	42	32	3	5	15	19	40	15	12	19	61	72	57	-11	G Shaw	14
18	Chester City	46	10	6	7	34	29	4	8	11	22	30	14	14	18	56	59	56	-3	S Rimmer	13
19	Swansea City	46	10	8	4	35	24	4	5	14	20	41	14	14	18	55	65	56	-10	J Williams	11
20	Exeter City	46	11	5	7	34	25	3	4	16	23	55	14	11	21	57	80	53	-23	S Moran	19
21	Bury	46	8	7	8	31	31	5	6	13	24	43	13	12	21	55	74	51	-19	I Stevens	17
22	Shrewsbury T	46	7	7	9	30	30	5	6	14	23	37	12	11	23	53	68	47	-15	C Griffiths, N Lyne	8
23	Torquay United	46	13	3	7	29	19	0	5	18	13	49	13	8	25	42	68	47	-26	J Fashanu	10
24	Darlington	46	8	5	13	31	39	5	2	16	25	51	10	7	29	56	90	37	-34	T Ellison	10

1991/92 DIVISION 4 SEASON 93

Total Matches 462
Total Goals 1254
Avg goals per match 2.71

		Aldershot	Barnet	Blackpool	Burnley	Cardiff City	Carlisle United	Chesterfield	Crewe Alexandra	Doncaster Rov	Gillingham	Halifax Town	Hereford United	Lincoln City	Maidstone Utd	Mansfield Town	Northampton T	Rochdale	Rotherham Utd	Scarborough	Scunthorpe Utd	Walsall	Wrexham	York City
1	Aldershot		0-1	2-5	1-2	1-2	2-2	x	0-2	0-0	0-0	1-3	x	0-3	3-0	1-3	1-4	1-1	0-1	x	0-0	1-1	x	x
			17J	5N	21D	8N	6S	x	1J	14D	11F	20S	x	14M	31a	21F	7M	4O	18O	x	3J	8F	x	x
2	Barnet	5-0		3-0	0-0	3-1	4-2	1-2	4-7	1-0	2-0	3-0	1-0	1-0	3-2	2-0	3-0	3-0	2-5	5-1	3-2	0-1	2-0	2-0
		3M		19O	24M	28S	5N	30N	17a	14S	18A	9N	31a	1J	15F	21D	4A	28M	11J	8F	17S	25A	14M	12O
3	Blackpool	1-0	4-2		5-2	1-1	1-0	3-1	0-2	1-0	2-0	3-0	2-0	3-0	1-1	2-1	1-0	3-0	3-0	1-1	2-1	3-0	4-0	3-1
		10M	18F		11J	14S	21D	21M	23N	14A	17S	30N	3M	13O	29F	4A	25A	15F	28S	2N	31a	17a	19N	1J
4	Burnley	2-0	3-0	1-1		3-1	2-0	3-0	1-1	2-1	4-1	1-0	2-0	1-0	2-1	3-2	5-0	0-1	1-2	1-1	1-1	2-0	1-2	3-1
		24a	7M	22F		22A	5O	3S	7S	28D	18J	14M	31M	8F	28M	9N	11F	21S	26D	20A	14D	19O	2m	5N
5	Cardiff City	2-0	3-1	1-1	0-2		1-0	4-0	1-1	2-1	2-3	4-0	1-0	1-2	0-5	3-2	3-2	1-2	1-0	2-1	2-2	2-1	5-0	3-0
		20M	20A	31M	29F		31a	25J	28A	26O	10M	11A	11J	17a	1J	31J	23N	7S	30N	21S	2N	3M	5O	15F
6	Carlisle United	x	1-3	1-2	1-1	2-2		1-2	2-1	1-0	0-0	1-1	0-2	3-3	1-2	3-0	1-2	2-1	0-0	1-3	2-2	0-0	3-3	1-1
		x	10M	24a	25A	28D		29F	26O	26D	2N	25J	23N	14S	30N	17S	18A	11J	3S	21M	12O	28S	24M	3M
7	Chesterfield	2-1	3-2	1-1	0-2	2-2	0-0		2-1	0-0	3-3	4-0	2-0	1-5	3-0	2-0	1-2	1-1	1-0	0-1	0-1	1-1	1-3
		28S	11F	9N	1J	7M	4J		24M	13J	25A	7A	26O	18A	17a	31a	21D	14M	22F	14S	17S	28M	4A
8	Crewe Alexandra	4-0	3-0	1-0	1-0	1-1	2-1	3-1		1-0	2-1	3-2	42	1-0	1-1	1-2	1-1	1-1	0-1	3-3	1-1	0-1	2-1	1-0
		3S	26D	28M	4A	24a	7F	15F		24A	28S	28F	30N	11J	5N	13S	17S	3M	28D	19O	18A	11O	9N	25F
9	Doncaster Rovers	1-0	1-0	0-2	1-4	0-2	0-1	1-3			1-1	0-2	2-0	1-5	3-0	0-1	2-1	0-1	0-3	2-0	1-1	3-2	1-2	0-1	3-1
		15F	31M	20S	31a	8F	17a	3M			19O	11J	18F	30N	2m	14M	1J	20A	6N	11A	20D	29F	7S	8N
10	Gillingham	3-1	3-3	3-2	3-0	0-0	1-2	0-1	0-1	2-1		2-0	2-1	1-3	1-1	2-0	3-1	0-0	5-1	2-0	4-0	4-0	2-1	1-1
		30N	21S	11A	3M	5N	14M	5O	20A	1F		2m	1J	29F	9N	28M	26O	17M	15F	7S	17a	11J	31M	21D
11	Halifax Town	x	3-1	1-2	0-2	1-1	3-2	2-0	2-1	0-0	0-3		0-2	1-4	1-1	1-3	0-1	1-1	0-0	1-0	1-4	1-0	4-3	0-0
		x	21M	12F	2N	17S	6M	19O	14A	22F	12O		11M	25A	21D	27S	17a	8F	13S	22N	18J	3A	13D	30a
12	Hereford United	1-0	2-2	1-2	2-0	2-2	1-0	1-0	1-2	0-1	2-0	0-2		3-0	2-2	0-1	1-2	1-1	1-0	4-1	1-2	1-2	3-1	2-1
		12O	28D	18J	14S	22F	28M	8F	12F	7M	4S	6N		28S	14M	25F	28A	9N	4A	24a	25A	18A	26O	17S
13	Lincoln City	0-0	0-6	3-0	0-3	0-0	1-0	1-2	2-2	2-0	1-0	0-3	3-0		2-0	1-2	0-3	0-2	4-2	1-0	0-0	0-0	0-0	
		2N	4S	2m	26O	26D	1A	21S	22F	12F	4J	5O	20A		11A	7M	21M	28D	24a	17D	23N	11M	18J	18M
14	Maidstone United	1-2	1-1	0-0	0-1	1-1	5-1	0-1	2-0	2-1	1-1	1-0	3-2	0-2		0-0	1-1	1-0	0-0	2-1	0-1	2-1	2-4	1-0
		28D	8J	4J	23N	4S	12F	26D	11M	12O	21M	24a	2N	17S		25A	18J	19O	18A	7M	4A	14S	22F	28S
15	Mansfield Town	3-0	1-2	1-1	0-1	3-0	2-1	2-1	4-3	2-2	4-3	3-2	1-1	0-0	2-0		2-0	2-1	1-0	1-2	1-3	3-1	3-0	5-2
		11J	24a	7S	21M	19O	11A	28D	31M	2N	23N	21A	15F	24M	50		10M	2m	3M	26D	8F	30N	3S	29F
16	Northampton Town	1-0	1-1	1-1	1-2	0-0	2-2	1-1	0-1	3-1	0-0	4-0	0-1	1-0	1-0	1-2		2-2	1-2	3-2	0-1	0-1	1-1	1-0
		4F	7S	5O	30N	28M	21S	15O	11A	3S	8F	26D	29F	9N	3M	5N		31M	14M	7D	19O	15F	28D	11J
17	Rochdale	x	1-0	4-2	1-3	2-0	3-1	3-3	1-0	1-1	2-1	1-0	2-1	1-0	1-2	0-2	1-0		1-1	2-2	2-0	1-1	2-1	1-1
		x	23N	14D	5m	4A	22F	2N	18J	28S	7M	26O	21M	31a	7A	12O	14S		17S	11F	10M	1J	22A	17a
18	Rotherham United	2-0	3-0	2-0	2-1	1-2	1-0	1-1	1-2	3-1	1-1	0-0	1-1	1-1	0-0	1-1	3-1	1-0		2-0	0-2	5-0	2-1	4-0
		1F	22F	20A	17a	11F	1J	2m	31a	10M	14D	31M	7S	21D	21S	18J	2N	11A		4J	21M	22N	7M	25O
19	Scarborough	0-2	0-4	1-2	3-1	2-2	2-2	3-2	2-1	1-0	2-3	1-0	1-1	2-0	1-1	1-1	2-0	0-0	2-1		3-2	0-3	4-1	2-3	4-1	1-0
		14S	26O	14M	28S	14A	9N	17M	18F	18S	4A	28M	7A	15F	29A	17a	12O	30N	29F		1J	31a	5N	25A
20	Scunthorpe United	1-0	1-1	2-1	2-2	1-0	4-0	2-0	1-0	3-2	2-0	1-0	1-0	0-2	1-4	3-0	6-2	1-0	1-1		1-1	3-1	1-0
		29F	11A	28D	15F	14M	2m	31M	21S	24a	26D	3M	5O	28M	7S	26O	14A	5N	9N	3S		25J	20A	30N
21	Walsall	3-1	2-0	4-2	2-2	0-0	0-0	2-2	2-3	1-3	0-1	3-0	0-0	1-1	3-3	1-2	1-3	0-2	2-1	0-0	2-1		0-0	1-1
		26O	5O	26D	1F	18J	21A	11A	2m	4J	22F	7S	21S	5N	31M	11F	28J	3S	28M	28D	7M		24a	14M
22	Wrexham	0-0	1-0	1-1	2-6	0-3	3-0	0-1	1-0	1-2	2-1	2-0	0-1	1-1	0-0	3-2	2-2	2-1	0-3	2-0	4-0	2-1		2-1
		17S	2N	8F	12O	25A	19O	23N	21M	3A	14S	15F	17a	3M	11J	1J	30a	29F	28A	10M	28S	20D		18A
23	York City	1-0	1-4	1-0	1-2	1-3	2-0	0-1	1-1	1-1	1-1	1-0	1-1	1-2	0-0	0-1	1-1	4-1	3-0	2-0	2-2		
		23N	2m	3S	28A	14D	18J	7S	7M	21M	24a	28D	11A	19O	10A	4J	22F	26D	8F	5O	11F	2N	21S	

Aldershot's record was expunged. Results and summary shown for information only.

Final League Table

Pos	Team	Pld	Home					Away					Totals					Pts	GD	Leading Goalscorer	Gls
			W	D	L	F	A	W	D	L	F	A	W	D	L	F	A				
1	Burnley	42	14	4	3	42	16	11	4	6	37	27	25	8	9	79	43	83	+36	M Conroy	24
2	Rotherham Utd	42	12	6	3	38	16	10	5	6	32	21	22	11	9	70	37	77	+33	T Cunningham	18
3	Mansfield Town	42	13	4	4	43	26	10	4	7	32	27	23	8	11	75	53	77	+22	P Stant	26
4	Blackpool (P)	42	17	3	1	48	13	5	7	9	23	32	22	10	10	71	45	76	+26	D Bamber	26
5	Scunthorpe Utd	42	14	5	2	39	18	7	4	10	25	41	21	9	12	64	59	72	+5	J White	11
6	Crewe Alexandra	42	12	6	3	33	20	8	4	9	33	31	20	10	12	66	51	70	+15	T Naylor	15
7	Barnet	42	16	1	4	48	23	5	5	11	33	38	21	6	15	81	61	69	+20	G Bull	20
8	Rochdale	42	12	6	3	34	22	6	7	8	23	31	18	13	11	57	53	67	+4	A Flounders	17
9	Cardiff City	42	13	3	5	42	26	4	12	5	24	27	17	15	10	66	53	66	+13	C Dale	22
10	Lincoln City	42	9	5	7	21	24	8	6	7	29	20	17	11	14	50	44	62	+6	T Lormor	9
11	Gillingham	42	12	5	4	41	19	3	7	11	22	34	15	12	15	63	53	57	+10	D Crown	22
12	Scarborough	42	12	6	3	34	18	3	5	13	30	50	15	11	16	64	68	57	-4	J Ashdjian	9
13	Chesterfield	42	6	7	8	26	26	8	4	9	23	33	14	11	17	49	61	53	-12	S Norris	10
14	Wrexham	42	11	4	6	31	26	3	5	13	21	47	14	9	19	52	73	51	-21	K Connolly, S Watkin	8
15	Walsall	42	5	10	6	28	26	7	1	13	20	32	12	13	17	48	58	49	-10	R McDonald	18
16	Northampton T	42	5	9	7	25	23	6	4	11	31	34	11	13	18	46	57	46	-11	T Adcock	7
17	Hereford United	42	9	4	8	31	24	3	4	14	13	33	12	8	22	44	57	44	-13	S Brain	10
18	Maidstone United	42	6	9	6	24	22	2	9	10	21	34	8	18	16	45	56	42	-11	L Henry, B Sandeman	7
19	York City	42	6	9	6	20	23	2	7	12	16	35	8	16	18	42	58	40	-16	I Blackstone, G Naylor	8
20	Halifax Town	42	7	5	9	21	29	3	15	11	13	40	10	8	24	34	75	38	-41	N Richardson	7
21	Doncaster Rovers	42	6	2	13	21	35	3	6	12	19	30	9	8	25	40	65	35	-25	K Noteman	10
22	Carlisle United	42	5	9	7	24	27	2	4	15	17	40	7	13	22	41	67	34	-26	A Watson	14
	Aldershot	36	1	6	10	14	30	2	1	16	7	33	3	8	25	21	63	17	-42	D Puckett	7

Aldershot were declared bankrupt and expelled from the League after their 36th League match on 20 March 1992. Maidstone United went into liquidation and did not retain their League place for the 1992-93 season.

1992/93 FA PREMIER LEAGUE
SEASON 1

Total Matches	462
Total Goals	1222
Avg goals per match	2.65

		Arsenal	Aston Villa	Blackburn Rov	Chelsea	Coventry City	Crystal Palace	Everton	Ipswich Town	Leeds United	Liverpool	Manchester City	Manchester Utd	Middlesbrough	Norwich City	Nottm Forest	Oldham Athletic	QPR	Sheffield United	Sheffield Weds	Southampton	Tottenham H	Wimbledon
1	Arsenal		0-1	0-1	2-1	3-0	3-0	2-0	0-0	0-0	0-1	1-0	0-1	1-1	2-4	1-1	2-0	0-0	1-1	2-1	4-3	1-3	0-1
			12A	12S	3O	7N	8m	24O	26D	24F	31J	28S	28N	19D	15a	21A	26a	4m	9J	29a	20M	11m	10F
2	Aston Villa	1-0		0-0	1-3	0-0	3-0	2-1	2-0	1-1	4-2	3-1	1-0	5-1	2-3	2-1	0-1	2-0	3-1	2-0	1-1	0-0	1-0
		28D		19O	2S	10A	5S	20F	6F	19a	19S	18A	7N	17J	28N	12D	2m	1N	27J	20M	22a	10M	27F
3	Blackburn Rovers	1-0	3-0		2-0	2-5	1-2	2-3	2-1	3-1	4-1	1-0	0-0	1-1	7-1	4-1	2-0	1-0	1-0	1-0	0-0	0-2	0-0
		18a	21A		21F	26J	2F	15S	12A	26D	3A	22a	24O	20M	3O	5S	26S	28N	19D	8m	9M	7N	9J
4	Chelsea	1-0	0-1	0-0		2-1	3-1	2-1	2-1	1-0	0-0	2-4	1-1	4-0	2-3	0-0	1-1	1-0	1-2	0-2	1-1	1-1	4-2
		1M	13F	26a		1m	7N	10M	17O	29N	10F	9J	19D	3A	12S	26S	15a	29a	31O	30J	26D	20M	12A
5	Coventry City	0-2	3-0	0-2	1-2		2-2	0-1	2-2	3-3	5-1	2-3	0-1	2-1	1-1	0-1	3-0	1-3	1-0	2-0	1-0	0-2	
		13M	26D	29a	24O		3O	7M	5D	8m	19D	21N	12A	15a	26S	9J	23J	26a	24M	3M	3A	14S	30J
6	Crystal Palace	1-2	1-0	3-3	1-1	0-0		0-2	3-1	1-0	1-1	0-0	0-2	4-1	1-2	1-1	2-2	1-1	2-0	1-1	1-2	1-3	2-0
		2N	10F	15a	15M	27F		9J	1m	20D	23M	17O	21A	12A	29a	21N	12S	3A	5D	25a	26S	30J	26D
7	Everton	0-0	1-0	2-1	0-1	1-1	0-2		3-0	2-0	2-1	1-3	0-2	2-2	0-1	3-0	2-2	3-5	0-2	1-1	2-1	1-2	0-0
		1m	25a	3M	21N	17O	19S		24M	16J	7D	31O	12S	26D	30J	13M	27F	12A	4m	15a	19D	10F	29a
8	Ipswich Town	1-2	1-1	2-1	1-1	0-0	2-2	1-0		4-2	2-2	3-1	2-1	0-3	1-1	2-1	1-2	1-1	0-0	0-1	0-0	1-1	2-1
		10A	15a	28D	6A	20M	24O	28N		3O	25a	12D	30J	2M	19A	8m	9J	9F	26S	10M	7N	30a	12S
9	Leeds United	3-0	1-1	5-2	1-1	2-2	0-0	2-0	1-0		2-2	1-0	0-0	3-0	0-0	1-4	2-0	1-1	3-1	3-1	2-1	5-0	2-1
		21N	13S	10A	24M	31O	17A	26S	27F		29a	13M	8F	30J	28D	5D	13F	1m	17O	12D	9J	25a	15a
10	Liverpool	0-2	1-2	2-1	2-1	4-0	5-0	1-0	2-0	0-2		1-1	1-2	4-1	4-1	0-0	1-0	1-0	2-0	1-1	1-1	6-2	2-3
		23a	9J	13DD	5S	17A	28N	20M	20F	21A		28D	6M	7N	25O	6F	10A	10M	19a	3O	1S	8m	26S
11	Manchester City	0-1	1-1	3-2	0-1	1-0	0-0	2-5	3-1	4-0	1-1		1-1	0-1	3-1	2-2	3-3	1-1	2-0	1-2	1-0	0-1	1-1
		16J	19D	30J	20S	10M	5m	8m	3A	7N	12A		20M	12S	26a	3O	29a	17a	26D	23F	24O	28N	21A
12	Manchester United	0-0	1-1	3-1	3-0	5-0	1-0	0-3	1-1	2-0	2-2	2-1		3-0	1-0	2-0	3-0	0-0	2-1	2-1	4-1	0-1	0-1
		24M	14M	3m	17A	28D	2S	19a	22a	6S	18O	6D		27F	12D	27J	21N	26S	6F	10A	20F	9M	31O
13	Middlesbrough	1-0	2-3	3-2	0-0	0-2	0-1	1-2	2-2	4-1	1-2	2-0	1-1		3-3	1-2	2-3	0-1	2-0	1-1	2-1	3-0	2-0
		6A	26S	5D	11D	6F	28D	10A	1S	22a	13M	19a	3O		8m	20F	22M	9J	5S	24O	26J	20A	21N
14	Norwich City	1-1	1-0	0-0	2-1	1-1	4-2	1-1	0-2	4-2	1-0	2-1	1-3	1-1		3-1	1-0	2-1	1-1	0-0	1-0	0-0	2-1
		3M	24M	28F	19a	16J	27J	22a	21D	14A	1m	20F	5A	31O		31a	13M	17O	21N	19S	5S	26D	5D
15	Nottingham Forest	0-1	0-1	1-3	3-0	1-1	1-1	0-1	0-1	1-1	1-0	0-2	0-2	1-0	0-3		2-0	1-0	0-2	1-2	1-2	2-1	1-1
		17O	4A	7A	16J	21S	3M	7N	31O	21M	16a	27F	29a	21O	17M		30J	24F	1m	12S	28N	12A	20D
16	Oldham Athletic	0-1	1-1	0-1	3-1	0-1	1-1	1-0	4-2	2-2	3-2	0-1	1-0	4-1	2-3	5-3		2-2	1-1	1-1	4-3	2-1	6-2
		20F	24O	16J	6F	5S	19a	4O	19S	1S	5m	26J	9M	28N	9N	22a		20M	13A	7A	8m	19D	3A
17	Queens Park Rangers	0-0	2-1	0-3	1-1	2-0	1-3	4-2	0-0	2-1	0-1	1-3	3-3	3-1	4-3	3-2			3-2	3-1	3-1	4-1	1-2
		2S	9m	24M	27J	20F	12D	28D	5S	24O	23N	6F	18J	1S	6M	10A	5D		22a	11m	19a	3O	13M
18	Sheffield United	1-1	0-2	1-3	4-2	1-1	0-1	1-1	3-0	3-1	2-1	1-0	1-2	2-1	2-0	0-0	0-0	1-2		1-1	2-0	6-0	2-2
		19S	29a	17A	8m	28N	20M	12D	16J	6A	12S	9A	15a	9F	10M	24O	22F	30J		8N	3O	2M	25a
19	Sheffield Wednesday	1-0	1-2	0-0	3-3	1-2	2-1	3-1	1-1	1-1	1-1	0-3	3-3	2-3	1-0	2-0	2-1	1-0	1-1		5-2	2-0	1-1
		6m	5D	31O	22a	2S	20F	6F	21N	4m	27F	5S	26D	1m	10J	19a	17O	19D	21A		12A	27S	24M
20	Southampton	2-0	2-0	1-1	1-0	2-2	1-0	0-0	4-3	1-1	2-1	0-1	0-1	2-1	3-0	0-1	1-0	1-2	3-2	1-2		0-0	2-2
		5D	30J	22N	10A	12D	16J	17A	13M	19S	13F	1m	24a	29a	10F	24M	31O	12S	27F	28D		15a	17O
21	Tottenham Hotspur	1-0	0-0	1-2	1-2	0-2	2-2	2-1	0-2	4-0	2-0	3-1	1-1	2-2	5-1	2-1	4-1	3-2	2-0	0-2	4-2		1-1
		12D	21N	5m	5D	19a	22a	5S	27,1	20F	31O	24M	19S	17O	0A	20D	17A	27F	2S	16J	7F		1m
22	Wimbledon	3-2	2-3	1-1	0-0	1-2	4-0	1-3	0-1	1-0	2-0	0-1	1-2	2-0	3-0	1-0	5-2	0-2	2-0	1-1	1-2	1-1	
		5S	3O	19S	28D	22a	9A	26J	18a	6F	16J	1S	9m	9M	20M	17A	1O	7N	20F	28N	6M	25O	

Final League Table

Pos	Team	Pld	Home					Away					Totals					Pts	GD	Leading Goalscorer	Gls
			W	D	L	F	A	W	D	L	F	A	W	D	L	F	A				
1	Manchester Utd	42	14	5	2	39	14	10	7	4	28	17	24	12	6	67	31	84	+36	M Hughes	15
2	Aston Villa	42	13	5	3	36	16	8	6	7	21	24	21	11	10	57	40	74	+17	D Saunders	13
3	Norwich City	42	13	6	2	31	19	8	3	10	30	46	21	9	12	61	65	72	-4	M Robins	15
4	Blackburn Rovers	42	13	4	4	38	18	7	7	7	30	28	20	11	11	68	46	71	+22	A Shearer	16
5	Queens Park R	42	11	5	5	41	32	6	7	8	22	23	17	12	13	63	55	63	+8	L Ferdinand	20
6	Liverpool	42	13	4	4	41	18	3	7	11	21	37	16	11	15	62	55	59	+7	I Rush	14
7	Sheffield Weds	42	9	8	4	34	26	6	6	9	21	25	15	14	13	55	51	59	+4	M Bright, D Hirst	11
8	Tottenham H	42	11	5	5	40	25	5	6	10	20	41	16	11	15	60	66	59	-6	**T Sheringham ***	**21**
9	Manchester City	42	7	8	6	30	25	8	4	9	26	26	15	12	15	56	51	57	+5	D White	16
10	Arsenal	42	8	6	7	25	20	7	5	9	15	18	15	11	16	40	38	56	+2	I Wright	15
11	Chelsea	42	9	7	5	29	22	5	7	9	22	32	14	14	14	51	54	56	-3	M Harford, G Stuart	9
12	Wimbledon	42	9	4	8	32	23	5	8	8	24	32	14	12	16	56	55	54	+1	D Holdsworth	19
13	Everton	42	7	6	8	26	27	8	2	11	27	28	15	8	19	53	55	53	-2	T Cottee	12
14	Sheffield United	42	10	6	5	33	19	4	4	13	21	34	14	10	18	54	53	52	+1	B Deane	15
15	Coventry City	42	7	4	10	29	28	6	9	6	23	29	13	13	16	52	57	52	-5	M Quinn	17
16	Ipswich Town	42	8	9	4	29	22	4	7	10	21	33	12	16	14	50	55	52	-5	C Kiwomya	10
17	Leeds United	42	12	8	1	40	17	0	7	14	17	45	12	15	15	57	62	51	-5	L Chapman	14
18	Southampton	42	10	6	5	30	21	3	5	13	24	40	13	11	18	54	61	50	-7	M Le Tissier	15
19	Oldham Athletic	42	10	6	5	43	30	3	4	14	20	44	13	10	19	63	74	49	-11	I Olney	9
20	Crystal Palace	42	6	9	6	27	25	5	7	9	21	36	11	16	15	48	61	49	-13	C Armstrong	15
21	Middlesbrough	42	8	5	8	33	27	3	6	12	21	48	11	11	20	54	75	44	-21	P Wilkinson	14
22	Nottm Forest	42	6	4	11	17	25	4	6	11	24	37	10	10	22	41	62	40	-21	N Clough	10

* T Sheringham also scored 1 goal for Nottingham Forest.

1992/93 BARCLAYS LEAGUE DIVISION 1 [LEVEL 2]
SEASON 94

Total Matches 552
Total Goals 1449
Avg goals per match 2.63

#	Team	Barnsley	Birmingham C	Brentford	Bristol City	Bristol Rovers	Cambridge Utd	Charlton Athletic	Derby County	Grimsby Town	Leicester City	Luton Town	Millwall	Newcastle Utd	Notts County	Oxford United	Peterborough U	Portsmouth	Southend United	Sunderland	Swindon Town	Tranmere Rov	Watford	West Ham Utd	Wolverhampton
1	Barnsley		1-0 21	3-2 24O	2-1 16J	2-1 27M	2-0 9M	1-0 28N	1-1 12S	0-2 10A	2-3 6M	3-0 10O	0-0 29a	1-0 13D	0-0 16M	0-1 24A	1-2 19S	1-1 30J	3-1 17A	2-0 21M	1-0 8m	3-1 28D	0-1 7N	0-1 16a	0-1 1S
2	Birmingham City	3-0 23M		1-3 5D	0-1 13M	2-1 24O	0-2 30J	1-0 8m	1-1 6A	2-1 30a	0-2 10O	2-1 9J	0-0 9F	2-3 4N	1-0 16a	0-0 6M	2-3 22J	2-0 13F	2-0 1S	1-0 16M	4-6 12A	0-2 24A	2-2 19D	1-2 3A	0-4 27S
3	Brentford	3-1 1m	0-2 20M		5-1 31O	0-3 30J	0-1 14F	2-0 7N	2-1 26D	1-3 21N	1-3 9J	1-2 13S	1-1 26S	1-2 4O	2-2 12A	1-0 28N	0-1 27F	4-1 1S	2-1 29a	1-1 6A	0-0 27M	0-1 9M	1-1 17O	0-0 20D	0-2 15a
4	Bristol City	2-1 26S	3-0 7N	4-1 8m		2-1 6A	0-0 24A	2-1 10O	0-0 20A	1-0 28M	2-1 24O	0-0 30J	0-1 9M	1-2 9J	1-0 28N	1-0 26D	0-1 19D	3-3 15a	0-0 12S	2-2 29a	1-3 21N	2-1 6M	1-5 20M	1-0 15S	1-0 12A
5	Bristol Rovers	1-5 3N	3-3 1m	2-1 22a	4-0 13D		1-1 17A	0-2 27J	1-2 14N	0-3 19S	0-3 3A	0-0 5D	2-0 31O	1-0 5S	1-2 30	3-3 6F	0-1 24M	3-1 10A	1-0 28D	0-2 16J	2-2 19a	3-4 20F	1-0 27F	0-3 17O	0-4 13M	1-1 5D
6	Cambridge Utd	1-2 14N	0-3 22a	1-0 4S	2-1 17O	0-1 18D		0-1 18a	1-3 3O	2-0 16J	1-3 23M	3-3 3N	1-1 27F	0-3 3A	3-0 6A	2-2 23J	2-2 16M	0-1 13M	3-1 1m	1-0 19S	0-1 20F	1-1 6F	2-1 13A	1-1 31O	1-1 5D
7	Charlton Athletic	0-0 3A	0-0 1N	1-0 13M	2-1 27F	4-1 25a	0-0 12S		2-1 1m	3-1 15a	2-0 4N	0-0 29a	0-2 18O	1-3 14N	2-1 30J	1-0 19D	1-0 12A	1-1 5D	0-1 3O	1-1 13F	2-0 26S	2-2 9J	3-1 6A	1-1 26D	0-1 23M
8	Derby County	3-0 10F	3-1 12D	3-2 10A	3-4 6S	3-1 10M	0-0 3M	4-3 24O		2-1 17A	2-0 24F	1-1 24A	1-2 7N	1-2 22a	2-0 5m	0-1 11O	2-3 6F	2-4 28D	2-0 26S	0-1 21N	2-1 21M	1-2 28N	1-2 20F	0-2 10J	2-0 8m
9	Grimsby Town	4-2 26D	1-1 20F	0-1 23M	2-1 14N	2-0 9J	1-1 26S	1-0 6F	0-2 20D		5D	1-3 13M	3-1 6A	1-0 4m	0-2 27F	3-3 5S	1-1 30	1-3 31O	3-0 17O	1-0 12A	2-1 26J	0-0 16M	3-2 22a	1-1 3N	1-0 3A
10	Leicester City	2-1 3O	1-0 28F	0-0 19S	0-0 1m	2-2 28N	3-1 21N	3-2 27M	3-0 26a	3-0 20M		2-1 15a	3-0 14A	0-1 31O	1-1 23J	2-1 7A	0-2 18O	1-0 29a	4-1 20A	3-2 10M	4-2 20D	0-1 7N	5-2 16J	1-2 30J	0-0 13S
11	Luton Town	2-2 27F	1-1 19S	0-0 9F	0-3 22a	1-1 20M	2-0 27M	1-0 20F	1-3 17O	1-4 7N	2-0 6F		1-1 21N	0-0 27J	0-0 16J	3-1 9M	0-0 1m	1-4 30	2-2 31O	0-0 19D	0-0 17M	3-3 5S	2-0 29N	1-1 13A	1-1 7A
12	Millwall	0-4 20F	0-0 12S	6-1 17J	4-1 4N	0-3 8m	2-2 10O	1-0 24A	2-1 13M	2-0 12D	1-0 28D	1-0 24M		1-2 17A	6-0 19S	3-1 22a	4-0 27J	1-1 3A	1-1 5D	0-0 6M	2-1 5S	0-0 10A	5-2 6F	2-1 15N	2-0 25O
13	Newcastle United	6-0 7A	2-2 28M	1-1 6M	0-0 19S	4-1 24F	2-2 28N	1-1 10M	2-1 31J	0-1 24O	7-1 9m	2-0 2S	1-1 20D		4-0 20M	2-1 6m	3-1 16J	3-2 12S	3-2 15a	1-0 25A	1-0 8N	2-0 10O	2-0 21N	2-1 29a	2-1 26D
14	Notts County	1-3 5S	3-1 6F	1-1 28D	0-0 3A	3-0 6M	1-0 12D	2-0 10A	0-2 3N	1-0 10O	1-1 22a	0-0 26S	1-2 9J	0-2 5D		1-1 24O	1-0 21F	0-1 17A	4-0 23M	3-1 8m	1-1 24A	5-1 26J	1-2 25a	1-0 13M	2-2 14N
15	Oxford United	0-0 17O	0-0 3O	0-2 3A	2-0 10A	2-1 15a	3-0 15S	0-1 17A	0-1 27F	0-0 23F	4-0 13D	3-0 14N	4-2 30J	1-1 28D	1-1 1m		2-1 20A	5-5 3N	0-1 13M	0-1 12S	01 9J	1-2 26S	1-1 31O	1-0 23M	0-0 29a
16	Peterborough Utd	1-1 9J	2-1 9M	0-0 10O	1-1 17A	1-1 21N	1-0 10A	1-0 28D	1-0 15a	3-0 6M	2-3 24A	0-0 24O	1-1 15S	0-0 26S	1-3 29a	1-1 20M		1-1 12D	1-0 30J	5-2 7N	3-3 29N	0-1 8m	1-0 27M	0-0 12S	1-3 13F
17	Portsmouth	1-0 22a	4-0 5S	1-0 23J	2-3 6F	4-1 26D	3-0 7N	1-0 20M	3-0 12A	2-1 8m	1-1 20F	2-1 6M	2-1 28N	1-0 9F	2-0 19D	0-0 27M	3-0 6A		4-0 0-0	2-0 9J	2-0 24O	3-1 10O	4-0 21N	1-0 9M	0-1 27S	2-0 24A
18	Southend United	3-0 19D	4-0 27J	1-0 21F	3-0 10F	1-1 14A	0-2 25O	0-0 6M	1-0 16J	3-1 23A	2-1 5S	3-3 8m	1-1 21M	3-1 20J	1-1 21N	0-3 7N	0-0 22a	0-0 18S		0-1 28N	1-1 10M	1-2 26K	1-2 1-0 7A	1-0 10O
19	Sunderland	2-1 5D	1-2 10A	1-3 12D	0-0 20F	1-1 26S	3-3 9J	0-2 5S	1-2 24M	2-0 28D	1-2 15N	2-0 17A	1-0 3O	2-2 18O	2-0 31O	3-0 9F	4-1 22M	0-0 1m	2-4 3A		0-1 6F	1-0 22a	1-0 27J	2-0 27F	3N
20	Swindon Town	1-0 31O	0-0 12J	0-2 3N	2-1 24M	2-2 12S	4-1 29a	2-2 16J	2-4 6D	1-0 29S	1-1 17A	1-0 10A	3-0 13F	2-1 13M	5-1 17O	2-2 20S	1-0 3A	3-2 27F	1-0 14N	15a		2-0 23F	3-1 3O	1-3 2m	1-0 30J
21	Tranmere Rov	2-1 12A	4-0 17O	3-2 14N	3-0 3O	2-1 28a	2-0 15a	0-0 18S	2-1 2A	1-1 12S	2-3 13M	0-2 13F	1-1 26D	0-3 28F	0-0 29S	3-0 15J	4-0 30O	1-1 23M	0-2 3N	2-1 4m	3-1 6A		2-1 1m	5-2 4D	1-0 19D
22	Watford	1-2 13M	1-0 17A	1-0 24A	0-0 5D	4-2 10O	2-2 28D	1-1 13D	0-0 29a	2-3 30J	0-3 26S	0-0 3A	3-1 15a	1-0 23M	1-3 12S	0-1 8m	1-2 3N	0-0 14N	0-0 10A	2-1 29S	0-4 6M	3-2 24O		1-2 13F	3-1 9J
23	West Ham United	1-1 6F	3-1 28N	4-0 17A	2-0 27J	21 24A	2-0 8m	0-1 22a	1-1 20S	2-1 9M	3-0 11A	2-2 28D	2-2 28M	0-0 0-0 21F	2-0 5-3 7N	2-1 21N	2-0 9F	2-0 16J	6-0 12D	0-1 11O	0-1 24O	2-1 20M	3-1 5S		3-1 6M
24	Wolverhampton	1-0 27J	0-2 17J	1-2 6F	0-0 28D	5-1 7N	1-2 2M	2-1 22N	0-2 31O	2-1 28N	3-0 18a	1-2 12D	3-1 1m	1-0 10A	3-0 9M	0-1 20F	4-3 5S	1-1 17O	1-1 27F	2-1 27M	2-2 22a	0-2 17A	2-2 19S	0-0 4O	

Final League Table

Pos	Team	Pld	Home W	D	L	F	A	Away W	D	L	F	A	Totals W	D	L	F	A	Pts	GS	Leading Goalscorer	Gls
1	Newcastle United	46	16	6	1	58	15	13	3	7	34	23	29	9	8	92	38	96	92	D Kelly	24
2	West Ham United	46	16	5	2	50	17	10	5	8	31	24	26	10	10	81	41	88	81	T Morley	20
3	Portsmouth	46	19	2	2	48	9	7	8	8	32	37	26	10	10	80	46	88	80	G Whittingham	42
4	Tranmere Rovers	46	15	4	4	48	24	8	6	9	24	32	23	10	13	72	56	49	72	J Aldridge	21
5	Swindon T (P)	46	15	5	3	41	23	6	8	9	33	36	21	13	12	74	59	76	74	C Maskell	19
6	Leicester City	46	14	5	4	43	24	8	5	10	28	40	22	10	14	71	64	76	71	S Walsh	15
7	Millwall	46	14	6	3	46	21	4	10	9	19	32	18	16	12	65	53	70	65	J Moralee	15
8	Derby County	46	11	2	10	40	33	8	7	8	28	24	19	9	18	68	57	66	68	P Kitson	17
9	Grimsby Town	46	12	6	5	33	25	7	1	15	25	32	19	7	20	58	57	64	58	P Groves	12
10	Peterborough U	46	7	11	5	30	25	9	3	11	25	37	16	14	16	55	63	62	55	T Adcock	16
11	Wolverhampton	46	11	6	6	37	26	5	7	11	20	30	16	13	17	57	56	61	57	S Bull	16
12	Charlton Athletic	46	10	8	5	28	19	6	6	12	21	27	16	13	17	49	46	61	49	A Pardew	9
13	Barnsley	46	12	4	7	29	19	5	5	13	27	41	17	9	20	56	60	60	56	W Biggins	14
14	Oxford United	46	8	7	8	29	21	6	7	10	24	35	14	14	18	53	56	56	53	J Durnin, J Magilton	11
15	Bristol City	46	10	7	6	29	25	4	7	12	20	42	14	14	18	49	67	56	49	A Cole	12
16	Watford	46	8	7	8	27	30	6	6	11	30	41	14	13	19	57	71	55	57	P Furlong	19
17	Notts County	46	10	7	6	33	21	2	9	12	22	49	12	16	18	55	70	52	55	M Draper	11
18	Southend United	46	8	9	6	33	22	4	5	14	21	42	13	13	20	54	64	52	54	S Collymore	15
19	Birmingham City	46	10	4	9	30	32	3	8	12	20	40	13	12	21	50	72	51	50	P Peschisolido, A Saville	7
20	Luton Town	46	6	13	4	26	26	4	8	11	22	36	10	21	15	48	62	51	48	P Gray	10
21	Sunderland	46	9	6	8	34	28	4	5	14	16	36	13	11	22	50	64	50	50	D Goodman	16
22	Brentford	46	7	6	10	28	26	6	4	13	24	41	13	10	23	52	71	49	52	G Blissett	21
23	Cambridge Utd	46	8	6	9	29	32	3	10	10	19	37	11	16	19	48	69	49	48	S Claridge	7
24	Bristol Rovers	46	6	6	11	30	42	4	5	14	25	45	10	11	25	55	87	41	55	J Taylor	14

1992/93 BARCLAYS LEAGUE DIVISION 2 [LEVEL 3]
SEASON 94

Total Matches 552
Total Goals 1479
Avg goals per match 2.68

		Blackpool	Bolton Wand	Bournemouth	Bradford City	Brighton & H A	Burnley	Chester City	Exeter City	Fulham	Hartlepool Utd	Huddersfield T	Hull City	Leyton Orient	Mansfield Town	Plymouth Argyle	Port Vale	Preston N E	Reading	Rotherham Utd	Stockport Co	Stoke City	Swansea City	West Brom A	Wigan Athletic
1	Blackpool		1-1 20F	2-0 15S	3-3 26D	2-2 19S	1-3 24O	2-0 13A	2-0 22a	1-1 20D	1-1 6M	2-2 3N	5-1 23M	3-1 26J	1-1 5S	1-1 3A	2-4 8m	2-3 10O	0-1 13M	2-0 16J	2-0 24A	1-3 21N	0-0 5J	2-1 6F	2-1 6A
2	Bolton Wand	3-0 1S		1-1 19S	5-0 19D	0-1 30J	4-0 28N	5-0 24A	4-1 20M	1-0 27M	1-2 10O	2-0 15a	2-0 24O	1-0 6M	2-1 9M	3-1 16J	1-1 7N	1-0 8m	2-1 29a	2-0 30M	2-1 6A	1-0 4m	3-1 12A	0-2 15S	2-1 26D
3	Bournemouth	5-1 9J	1-2 27A		1-1 6A	1-1 3N	1-1 13A	0-0 3A	1-3 6M	2-1 12S	0-2 5S	1-1 26S	0-0 19D	3-0 24A	4-1 20F	1-3 23M	2-1 22a	2-1 6F	1-1 21N	0-0 10O	1-0 24O	1-1 13M	0-2 26D	0-1 26J	0-0 8m
4	Bradford City	2-0 10A	2-1 17A	0-1 12D		1-1 29a	1-0 11O	3-1 15a	3-1 10M	3-2 7N	0-2 8m	0-1 14F	1-2 6M	1-0 24O	0-0 2J	0-0 30J	3-2 28D	4-0 19S	3-0 24A	0-3 28N	2-3 15S	3-3 2S	0-0 16J	2-2 28M	2-1 20M
5	Brighton & H A	1-1 31M	2-1 22a	1-0 20M	1-1 27J		3-0 26D	3-2 8m	3-0 20F	0-2 28N	1-1 24O	2-1 12S	2-0 14A	1-3 6F	3-1 7A	2-1 19D	0-2 6M	0-0 5S	1-1 26S	1-2 24A	2-0 7N	2-2 9J	0-2 27M	3-1 10M	1-0 10O
6	Burnley	2-2 1m	0-1 23M	1-1 16M	2-2 27F	1-3 10A		5-0 13F	3-1 17A	5-2 17O	3-0 3A	2-1 21N	2-0 13M	2-0 12D	1-0 19S	0-0 29S	1-1 15S	2-0 16F	1-1 3N	1-1 29a	0-2 30J	1-0 31O	2-1 15a	0-1 3O	0-1 16J
7	Chester City	1-2 28D	1-2 17O	1-0 9M	2-5 6F	2-1 31O	3-0 5S		0-3 27M	2-3 1m	1-0 20F	2-0 17A	3-0 30J	1-3 2J	1-2 1S	1-2 27F	1-2 16J	2-4 26J	0-3 12D	1-2 19M	0-3 19S	1-3 3O	3-2 7N	1-3 10A	1-2 28N
8	Exeter City	0-1 30J	1-3 3N	1-1 3O	0-1 3A	2-3 1S	2-2 19D	2-0 21N		1-2 31O	3-1 13M	1-2 1m	1-1 6A	1-0 19S	2-0 17O	0-1 26D	1-0 4m	0-1 12A	0-0 23M	0-2 15a	2-2 13F	2-2 29a	0-2 27F	2-3 16J	0-0 15S
9	Fulham	1-0 17A	1-4 21M	1-1 2M	1-1 13M	2-0 23M	4-0 24A	1-1 24O	1-1 8m		1-3 28D	0-1 2A	3-3 10O	1-0 10A	0-0 5D	3-1 19S	1-2 6F	0-0 22a	0-1 6M	2-1 12D	0-0 16J	0-0 3N	1-1 15S	1-1 5S	1-0 20F
10	Hartlepool United	1-0 2O	0-2 27F	0-1 13F	2-0 31O	0-0 1m	2-0 9M	1-3 1S	0-3 7N	0-3 12A		1-0 29a	0-2 26D	0-1 15S	1-1 27M	1-0 5A	0-0 19S	1-1 16J	1-0 15a	0-2 30J	3-2 28N	1-2 19D	0-1 17O	2-2 20M	0-0 2M
11	Huddersfield T	5-2 20M	1-1 6M	0-1 16J	1-2 6S	1-2 3M	1-1 27M	0-1 19D	0-0 24O	1-0 10M	3-0 27J		3-0 24A	1-1 20F	2-1 7N	2-1 15S	1-2 28N	1-0 17M	0-0 10O	1-1 6M	2-1 8m	1-0 7A	1-2 19S	0-1 22a	2-1 12A
12	Hull City	3-2 28N	1-2 30A	3-0 17A	0-2 3O	1-0 28D	0-2 7N	1-1 22a	4-0 12D	1-1 27F	3-2 10A	2-3 17O		0-0 16J	1-0 20M	2-0 28a	0-1 27M	2-4 15S	1-1 13F	0-2 19S	1-0 27A	0-1 15a	1-0 1S	1-2 31O	0-0 9M
13	Leyton Orient	1-0 29a	1-0 3O	1-0 17O	4-2 1m	3-2 15a	3-2 6A	4-3 12S	5-0 23J	0-0 26D	0-0 9J	4-1 1S	0-0 26S		5-1 28N	2-0 13F	0-1 20M	3-1 18D	1-2 30J	1-1 9M	3-0 12A	1-0 27F	4-2 31O	2-0 7N	1-2 27M
14	Mansfield Town	2-2 13F	1-1 3A	0-2 1S	5-2 12S	1-3 12D	1-1 23J	0-0 9J	2-3 24a	2-0 29a	0-0 16F	2-3 13M	2-0 3N	3-0 23M		3-0 15a	0-0 10A	0-1 24O	2-2 28D	1-1 8m	1-3 10O	2-0 26S	0-4 30J	3-3 17A	0-3 6M
15	Plymouth Argyle	2-1 9M	1-1 26S	2-1 28N	3-0 22a	3-2 17A	1-2 20F	2-0 10O	0-3 10A	1-1 23J	2-2 12D	1-3 30M	0-0 26J	2-3 5S	3-2 6F		0-1 24A	4-0 6M	2-2 8m	3-4 7N	1-1 27M	0-0 12S	1-0 20M	0-1 28D	2-0 24O
16	Port Vale	2-1 31O	0-0 13M	3-0 30J	1-2 13A	3-1 3O	3-0 9J	2-0 26S	2-2 12S	2-0 15a	1-0 9F	1-1 23M	2-0 21N	2-0 3N	3-0 27A	4-0 17O		2-2 6A	3-1 3A	4-2 1S	0-0 29a	0-2 31M	2-0 13F	2-1 27F	2-2 19D
17	Preston N E	3-3 27F	2-2 31O	1-1 15a	3-2 23J	1-0 13F	2-0 12S	4-3 29a	2-2 28D	2-2 30J	1-2 26S	0-2 10A	2-1 9J	1-2 17A	1-4 1m	1-5 30	1-2 12D		2-5 2O	2-0 27M	5-2 20M	2-3 17O	1-2 9M	1-3 28N	1-1 7N
18	Reading	0-0 7N	1-2 27J	3-2 27M	1-1 17O	3-0 16J	1-0 20M	0-1 7A	2-3 28N	3-0 2O	2-0 6F	1-2 27J	1-1 5S	1-3 22a	3-1 12A	3-0 31O	1-0 10M	4-0 20F		3-1 16S	2-4 19D	0-1 26D	2-0 1m	1-1 21A	4-0 19S
19	Rotherham United	3-2 26S	2-1 12S	1-2 26F	2-0 23M	1-0 17O	0-1 26J	3-3 3N	1-1 6F	1-0 22a	0-0 3O	0-1 9F	1-1 3A	0-0 31O	2-1 13M	1-0 20F	0-1 21N	2-0 9J	4-1 10M		3-2	0-2 2M	0-2 12A	0-0 18D	0-2 1m	2-3 5S
20	Stockport County	0-0 16O	2-0 9F	0-0 1m	2-2 9J	0-0 13M	2-1 22a	2-0 22J	2-2 5S	0-0 25S	4-1 23M	5-0 30O	5-3 12S	1-1 28D	0-1 26F	3-0 20N	0-0 16F	3-0 3N	3-0 16A	2-2 9A		1-1 3A	1-1 3O	5-1 20F	3-0 5F
21	Stoke City	0-1 27M	0-0 5S	2-0 7N	1-0 20F	1-1 16S	1-1 8m	4-0 6M	1-1 27J	0-1 20M	3-0 17A	2-1 12D	4-0 6F	1-0 10O	2-1 16J	2-0 28A	1-0 24O	2-0 24A	2-0 10A	2-1 28D	9M		4-3 28N	2-1 19S	0-0 22a
22	Swansea City	3-0 12S	1-2 28D	1-0 10A	0-1 26S	1-1 20N	4-2 5F	0-0 13M	2-2 10O	3-0 9J	1-0 24A	1-0 20A	4-0 20F	0-0 8m	2-0 22a	0-0 3N	2-1 5S	2-0 27A	1-2 24O	1-2 17A	5M	1-2 23M		0-0 12D	2-1 4m
23	West Brom A	3-1 15a	3-1 9J	2-1 29a	1-1 21N	3-1 3A	2-0 6M	2-0 26D	4-0 26S	3-1 13F	2-2 3N	3-1 30J	2-0 8m	2-5 13M	0-1 20D	3-2 12A	0-2 10O	3-0 24M	2-2 9S	0-3 24O	1-2 2S	3-0 23J	7A		5-1 24A
24	Wigan Athletic	2-1 12D	0-2 10A	0-0 31O	1-2 3N	1-2 27F	1-1 26S	1-2 23M	0-1 9J	1-3 1S	2-2 11S	1-0 16F	2-0 3A	3-1 21N	2-0 3O	0-2 1m	0-4 17A	2-3 12M	1-1 23J	1-2 13F	2-1 15a	2-3 30J	1-0 20a	1-0 17O	

Final League Table

Pos	Team	Pld	Home					Away					Totals					Pts	GS	Leading Goalscorer	Gls
			W	D	L	F	A	W	D	L	F	A	W	D	L	F	A				
1	Stoke City	46	17	4	2	41	13	10	8	5	32	21	27	12	7	73	34	93	73	M Stein	26
2	Bolton Wanderers	46	18	2	3	48	14	9	7	7	32	27	27	9	10	80	41	90	80	A Walker	26
3	Port Vale	46	14	7	2	44	17	12	4	7	35	27	26	11	9	79	44	89	79	I Taylor	15
4	West Brom A (P)	46	17	3	3	56	22	8	7	8	32	32	25	10	11	88	54	85	88	B Taylor	30
5	Swansea City	46	12	7	4	38	17	8	6	9	27	30	20	13	13	65	47	73	65	A Legg, C West	12
6	Stockport County	46	11	11	1	47	18	8	4	11	34	39	19	15	12	81	57	72	81	K Francis	28
7	Leyton Orient	46	16	4	3	49	20	5	5	13	20	33	21	9	16	69	53	72	69	R Taylor	18
8	Reading	46	14	4	5	44	20	4	11	8	22	31	18	15	13	66	51	69	66	J Quinn	17
9	Brighton & H A	46	13	6	4	36	24	7	5	11	27	35	20	9	17	63	59	69	63	K Nogan	20
10	Bradford City	46	12	5	6	36	24	6	9	8	33	43	18	14	14	69	67	68	69	S McCarthy	17
11	Rotherham United	46	9	7	7	30	27	8	7	8	30	33	17	14	15	60	60	65	60	C Wilder	8
12	Fulham	46	9	9	5	28	22	7	8	8	29	33	16	17	13	57	55	65	57	S Farrell	12
13	Burnley	46	11	4	8	38	21	4	8	11	19	38	15	16	15	57	59	61	57	A Heath	19
14	Plymouth Argyle	46	11	6	6	38	28	5	6	12	21	36	16	12	18	59	64	60	59	S Castle, K Nugent	11
15	Huddersfield T	46	10	6	7	30	29	7	3	13	24	39	17	9	20	54	61	60	54	I Roberts, P Starbuck	9
16	Hartlepool United	46	8	8	7	19	23	6	6	11	23	37	14	14	18	42	60	54	42	A Saville	13
17	Bournemouth	46	7	10	6	28	24	5	7	11	17	22	12	17	17	45	52	53	45	B McGorry	8
18	Blackpool	46	9	9	5	40	30	6	3	14	23	45	15	12	19	63	75	51	63	D Eyres	16
19	Exeter City	46	5	8	10	26	28	6	9	8	28	39	11	17	18	54	69	50	54	J Hodge	9
20	Hull City	46	9	5	9	28	26	4	6	13	18	43	13	11	22	46	69	50	46	D Windass	7
21	Preston N E	46	8	5	10	41	47	5	3	15	24	47	13	8	25	65	94	47	65	T Ellis	22
22	Mansfield Town	46	7	8	8	34	34	4	3	16	18	46	11	11	24	52	80	44	52	S Wilkinson	11
23	Wigan Athletic	46	5	6	11	26	34	4	4	15	17	38	9	10	25	43	72	41	43	B Griffiths	13
24	Chester City	46	2	9	12	15	30	4	3	16	18	42	6	13	28	33	49	102	49	S Rimmer	20

1992/93 BARCLAYS LEAGUE DIVISION 3 [LEVEL 4]
SEASON 94

Total Matches: 462
Total Goals: 1311
Avg goals per match: 2.84

		Barnet	Bury	Cardiff City	Carlisle United	Chesterfield	Colchester Utd	Crewe Alexandra	Darlington	Doncaster Rov	Gillingham	Halifax Town	Hereford United	Lincoln City	Northampton T	Rochdale	Scarborough	Scunthorpe Utd	Shrewsbury T	Torquay United	Walsall	Wrexham	York City
1	Barnet		1-0	2-1	2-0	2-1	3-1	3-2	0-0	2-0	2-0	2-0	0-0	1-1	3-0	2-0	3-1	3-0	2-2	5-4	3-0	3-1	1-5
			20A	22N	5S	6F	21a	31O	2J	20F	2M	3A	19S	1m	15S	12D	10A	17O	3O	28D	3N	16J	13M
2	Bury	0-0		1-0	6-0	3-0	3-2	1-2	1-1	3-0	1-0	1-2	2-0	1-2	3-3	2-2	0-2	0-0	1-0	2-0	2-1	3-1	1-1
		12S		23M	20F	26J	5S	1m	13M	6F	22a	17A	21N	17O	12D	16M	3O	3A	30M	26S	9J	27F	31O
3	Cardiff City	1-1	3-0		2-2	2-1	3-1	1-1	0-0	1-1	3-1	2-1	2-1	3-1	2-1	1-1	1-0	3-0	2-1	4-0	2-1	1-2	3-3
		27M	28N		8S	20M	7N	27F	15a	6A	19S	29a	2J	12A	1S	3O	9M	31O	1m	13F	30J	18D	26D
4	Carlisle United	0-1	5-1	1-2		3-1	0-2	1-3	2-2	1-1	1-0	1-1	0-0	2-0	2-0	3-0	2-2	0-2	1-0	0-1	3-4	0-2	1-2
		13F	1S	9J		23J	20M	12D	10A	27M	7N	3O	17A	29a	28N	27/F	31O	28S	9M	1m	15a	17O	12S
5	Chesterfield	1-2	2-1	2-1	1-0		4-0	2-1	2-0	0-0	1-1	2-1	1-0	2-1	1-3	2-3	0-3	1-2	2-4	1-0	2-1	2-3	1-1
		15a	29a	3N	19S		16J	15S	1S	19D	16F	23M	13M	2M	30J	31O	1m	3O	17O	27F	3A	12A	6A
6	Colchester United	1-2	0-0	2-4	2-1	3-0		3-2	0-3	2-0	3-0	2-1	3-1	2-1	2-0	4-4	1-0	1-0	0-2	2-0	3-1	2-4	0-0
		29J	13F	12M	3N	26S		16O	29a	8J	16A	26F	23M	15a	20A	21N	29D	1m	1S	11D	12S	30O	22J
7	Crewe Alexandra	4-1	2-1	2-0	4-0	0-2	7-1		1-0	4-0	3-1	2-1	1-1	1-2	3-2	1-1	2-3	1-0	2-2	4-2	0-1	0-1	3-1
		8m	24O	10O	6A	9J	24A		13F	12S	6M	1S	2A	21N	28a	12M	30J	20A	12A	15a	27A	26D	23M
8	Darlington	1-0	0-0	0-2	1-1	1-1	1-0	3-0		1-2	1-1	0-3	0-1	1-3	3-1	0-4	2-3	2-2	0-2	4-1	1-2	1-1	0-1
		28N	7N	6F	12J	20F	4m	5S		12A	27M	9J	21a	31O	20M	23J	17O	19D	27F	2O	6A	9M	25S
9	Doncaster Rovers	2-1	2-3	0-1	1-2	2-1	1-0	1-1	0-1		1-0	0-1	2-1	0-0	2-2	1-1	4-3	0-1	0-1	2-3	0-3	1-1	0-1
		1S	15a	11D	21N	17A	15S	16F	28D		10O	10A	23O	18S	24A	2J	16J	13M	29J	29a	8m	13F	5M
10	Gillingham	1-1	1-4	0-1	1-0	1-3	0-1	1-2	3-1	1-1		2-0	3-1	3-1	2-3	4-2	3-1	1-1	1-0	0-2	0-1	4-1	1-4
		29a	26D	23J	13M	12S	18D	3O	21N	27F		1m	3N	23M	15a	8J	13F	12A	6A	31O	26S	1S	2A
11	Halifax Town	1-2	0-1	0-1	0-2	1-1	2-4	1-2	1-0	2-2	2-0		0-1	2-1	2-2	2-3	3-4	0-0	1-1	0-2	0-4	0-1	0-1
		5D	19D	26J	6M	28N	10O	20F	15S	26D	24O		8m	16F	16J	6F	19S	22a	20M	7N	24A	26M	12A
12	Hereford United	1-1	3-1	1-1	0-1	1-3	0-1	1-1	0-2	3-1	3-0	0-0		0-2	3-2	1-1	1-2	2-2	1-1	3-1	1-3	1-1	1-1
		23J	27M	13S	12A	7N	28N	9M	30J	1m	20M	31O		1S	13F	26S	15a	6A	26D	17O	29a	3O	9J
13	Lincoln City	4-1	1-2	3-2	2-1	1-1	1-1	1-1	2-0	2-1	1-1	2-1	2-0		2-0	1-2	3-0	1-0	1-1	2-2	0-2	0-0	0-1
		24O	24A	28D	26J	10A	6F	27M	8m	23J	28N	12S	20F		6M	17A	20M	5S	26S	9M	10O	7N	22a
14	Northampton Town	1-1	1-0	1-2	2-0	1-0	0-2	1-2	0-1	2-2	2-5	1-0	2-0	0-2		1-0	1-3	1-0	0-0	0-1	0-0	0-0	4-3
		8J	6A	19F	23M	13O	26D	26J	3N	17O	6F	26S	6S	3O		2A	27F	12S	31O	23J	12A	27A	21N
15	Rochdale	0-1	1-2	1-2	2-2	2-1	5-2	0-1	3-1	1-1	1-1	2-3	1-3	5-1	0-3		3-0	2-0	2-0	1-0	4-3	1-2	1-0
		6A	13A	6M	10O	8m	27M	7N	19S	28N	15S	15a	16J	19D	9M		29a	26D	13F	20M	24O	30J	24A
16	Scarborough	2-2	1-3	1-3	2-2	2-2	0-1	1-0	0-3	1-1	1-1	2-0	2-0	0-1	4-2	1-1		1-2	1-2	1-0	4-1	1-1	4-2
		30M	6M	3A	8m	24O	13A	22a	24A	26S	5S	23J	6F	3N	100	20F		23M	20A	12S	13M	6A	19D
17	Scunthorpe United	2-2	2-0	0-3	0-0	0-1	3-1	3-3	1-3	0-1	2-2	4-1	3-1	1-1	5-0	5-1	1-2		1-1	2-2	2-0	0-0	1-2
		24A	9M	8m	16J	6M	24O	19S	17A	7N	28D	30J	12D	13F	30M	10A	28N		29a	27M	1S	20M	10O
18	Shrewsbury Town	1-0	2-0	3-2	2-3	2-2	4-3	4-1	1-2	2-1	2-1	1-0	1-1	3-2	2-3	1-2	2-0	2-1		0-1	0-3	0-1	1-1
		6M	19S	24O	3A	24A	20F	28D	10O	22a	12D	3N	10A	16J	8m	5S	15S	26J		17A	21N	2J	6F
19	Torquay United	0-1	0-1	2-1	0-2	2-2	2-2	1-2	0-2	1-2	2-1	0-0	1-2	1-0	0-2	1-3	0-1	1-0			0-1	1-1	1-0
		13A	16J	5S	24O	16O	6A	6F	6M	26J	8m	13M	24A	20A	19S	3N	2J	21N	20D		26D	15S	20F
20	Walsall	2-0	4-3	2-3	2-1	3-2	1-3	1-0	2-2	3-1	1-1	1-2	1-1	1-2	2-0	3-1	3-2	3-2	1-1	2-2		1-1	3-1
		20M	15S	22a	6F	9M	2J	17A	12D	31O	16J	17O	26J	27F	28D	1m	7N	20F	27M	10A		28N	5S
21	Wrexham	2-3	4-2	0-2	3-1	5-4	4-3	2-0	1-1	1-1	2-0	1-1	2-0	2-0	0-1	3-1	4-1	0-2	2-0	4-2	3-1		3-0
		26S	10O	17A	24A	28D	8m	10A	2A	5S	20F	21N	6M	13M	24O	22a	12D	3N	12S	9J	23J		26J
22	York City	2-0	1-2	3-1	2-2	0-0	2-3	0-1	0-0	1-1	1-1	1-1	4-2	2-0	2-1	3-0	1-0	5-1	2-0	2-1	0-1	4-0	
		7N	20M	10A	19J	12D	19S	28N	16J	9M	29D	15S	30J	26M	17O	17A	27F	15a	1S	13F	29a		

Final League Table

Pos	Team	Pld	Home					Away					Totals					Pts	GS	Leading Goalscorer	Gls
			W	D	L	F	A	W	D	L	F	A	W	D	L	F	A				
1	Cardiff City	46	13	7	1	42	20	12	1	8	35	27	25	8	9	77	47	83	77	C Pike	12
2	Wrexham	46	14	3	4	48	26	9	8	4	27	26	23	11	8	75	52	80	75	S Watkin	18
3	Barnet	46	16	4	1	45	19	7	6	8	21	29	23	10	9	66	48	79	66	G Bull	17
4	York City (P)	46	13	6	2	41	15	8	6	7	31	30	21	12	9	72	45	75	72	P Barnes	21
5	Walsall	46	11	6	4	42	31	11	1	9	34	30	22	7	13	76	61	73	76	W Clarke	21
6	Crewe Alexndra	46	13	3	5	47	23	8	4	9	28	33	21	7	14	75	56	70	75	T Naylor	16
7	Bury	46	10	7	4	36	19	8	2	11	27	36	18	9	15	63	55	63	63	I Stevens	14
8	Lincoln City	46	10	6	5	37	20	8	3	10	26	33	18	9	15	57	53	63	57	J Lee	12
9	Shrewsbury T	46	11	3	7	36	30	6	8	7	21	22	17	11	14	57	52	62	57	C Griffiths	27
10	Colchester Utd	46	13	3	5	38	26	5	2	14	29	50	18	5	19	67	76	59	67	R McDonough, S McGavin	9
11	Rochdale	46	10	3	8	38	29	6	7	8	32	41	16	10	16	70	70	58	70	A Flounders	14
12	Chesterfield	46	11	3	7	32	28	4	8	9	27	35	15	11	16	59	63	56	59	S Norris	11
13	Scarborough	46	7	7	7	32	30	8	2	13	34	41	15	9	18	66	71	54	66	D Foreman	27
14	Scunthorpe Utd	46	8	7	6	38	25	6	5	10	19	29	14	12	16	57	54	54	57	I Helliwell	13
15	Darlington	46	5	6	10	23	31	7	8	6	25	22	12	14	16	48	53	50	48	S Mardenborough	11
16	Doncaster Rovers	46	6	6	10	22	28	5	9	7	20	29	11	14	17	42	57	47	42	M Jeffrey	12
17	Hereford United	46	7	9	5	31	27	3	6	12	16	33	10	15	17	47	60	45	47	D Hall, O Pickard	9
18	Carlisle United	46	7	5	9	29	27	4	6	11	22	38	11	11	20	51	65	44	51	G Oghani	15
19	Torquay United	46	6	4	11	18	26	6	3	12	27	41	12	7	23	45	67	43	45	D Darby	12
20	Northampton T	46	6	5	10	19	28	5	3	13	29	46	11	8	23	48	74	41	48	S Brown	9
21	Gillingham	46	9	4	8	32	28	0	9	12	16	36	9	13	20	48	64	40	48	A Arnott, P Baker, N Forster	6
22	Halifax Town	46	3	6	14	13	20	6	4	11	25	33	9	9	24	45	68	36	45	I Thompstone	9

1993/94 FA CARLING PREMIERSHIP
SEASON 2

		Total
Total Matches		462
Total Goals		1195
Avg goals per match		2.58

Results Matrix

		Arsenal	Aston Villa	Blackburn Rov	Chelsea	Coventry City	Everton	Ipswich Town	Leeds United	Liverpool	Manchester City	Manchester Utd	Newcastle Utd	Norwich City	Oldham Athletic	QPR	Sheffield United	Sheffield Weds	Southampton	Swindon Town	Tottenham H	West Ham Utd	Wimbledon
1	Arsenal		1-2	1-0	1-0	0-3	2-0	4-0	2-1	1-0	0-0	2-2	2-1	0-0	1-1	0-0	3-0	1-0	1-0	1-1	1-1	0-2	1-1
2	Aston Villa	1-2		0-1	1-0	0-0	0-0	0-1	1-0	2-1	0-0	1-2	0-2	0-0	1-2	4-1	1-0	2-2	0-2	5-0	1-0	3-1	0-1
3	Blackburn Rovers	1-1	1-0		2-0	2-1	2-0	0-0	2-1	2-0	2-0	1-0	2-3	1-0	1-1	0-0	1-1	2-0	3-1	1-0	0-2	3-0	
4	Chelsea	0-2	1-1	1-2		1-2	4-2	1-1	1-1	1-0	0-0	1-0	1-0	1-2	0-1	2-0	3-2	1-1	2-0	2-0	4-3	2-0	2-0
5	Coventry City	1-0	0-1	2-1	1-1		2-1	1-0	0-2	1-0	4-0	0-1	2-1	1-1	0-1	1-1	1-1	1-1	1-0	1-1	1-0	1-2	
6	Everton	1-1	0-1	0-3	4-2	0-0		0-0	1-1	2-0	1-0	0-1	0-2	1-5	2-1	0-3	4-2	0-2	1-0	6-2	0-1	0-1	3-2
7	Ipswich Town	1-5	1-2	1-0	1-0	0-2	0-2		0-0	1-2	2-2	1-2	1-2	2-1	0-1	1-3	3-2	1-4	1-0	1-1	2-2	1-1	0-0
8	Leeds United	2-1	2-0	3-3	4-1	1-0	3-0	0-0		2-0	3-2	0-2	1-1	0-4	1-0	1-1	2-1	2-2	0-0	3-0	2-0	1-0	4-0
9	Liverpool	0-0	2-1	0-1	2-1	1-0	2-1	1-0	2-0		2-1	3-3	0-2	0-1	2-1	3-2	1-2	2-0	4-2	2-2	1-2	2-0	1-1
10	Manchester City	0-0	3-0	0-2	2-2	1-1	1-0	2-1	1-1	1-1		2-3	2-1	1-1	1-1	3-0	0-0	1-3	1-1	2-1	0-2	0-0	0-1
11	Manchester United	1-0	3-1	1-1	0-0	0-0	1-0	0-0	0-0	1-0	2-0		1-1	2-2	3-2	2-1	3-0	5-0	2-0	4-2	2-1	3-0	3-1
12	Newcastle United	2-0	5-1	1-0	0-0	4-0	2-0	1-0	1-1	3-0	2-0	1-1		3-0	3-2	1-2	4-0	4-2	1-2	7-1	0-1	2-0	4-0
13	Norwich City	1-1	1-2	2-2	1-1	1-0	3-0	1-0	2-1	2-2	1-1	0-2	1-2		1-1	3-4	0-1	1-1	4-5	0-0	1-2	0-0	0-1
14	Oldham Athletic	0-0	1-1	1-2	2-1	3-3	0-1	0-3	1-1	0-3	0-0	2-5	1-3	2-1		4-1	1-1	0-0	2-1	2-1	0-0	1-2	1-1
15	Queens Park Rangers	1-1	2-2	1-0	1-1	5-1	2-1	3-0	0-4	1-3	1-1	2-3	1-2	2-2	2-0		2-1	1-2	2-1	1-3	1-1	0-0	1-0
16	Sheffield United	1-1	1-2	1-2	1-0	0-0	0-0	1-1	2-2	0-0	0-3	2-0	1-2	2-1	1-1		1-1	0-0	3-1	2-2	3-2	2-1	
17	Sheffield Wednesday	0-1	0-0	1-2	3-1	0-0	5-1	5-0	3-3	3-1	1-1	2-3	0-1	3-3	3-0	3-1	3-1		2-0	3-3	1-0	5-0	2-2
18	Southampton	0-4	4-1	3-1	3-1	1-0	0-2	0-1	0-2	4-2	0-1	1-3	2-1	0-1	1-3	0-1	3-3	1-1		5-1	1-0	0-2	1-0
19	Swindon Town	0-4	1-2	1-3	1-3	3-1	1-1	2-2	0-5	0-5	1-3	2-2	2-2	3-3	0-1	1-0	0-0	0-1	2-1		2-1	1-1	2-4
20	Tottenham Hotspur	0-1	1-1	0-2	1-1	1-2	3-2	1-1	1-1	3-3	1-0	0-1	1-2	1-3	5-0	1-2	2-2	1-3	3-0	1-1		1-4	1-1
21	West Ham United	0-0	0-0	1-2	1-0	3-2	0-1	2-1	0-1	1-2	3-1	2-2	2-4	3-3	2-0	0-4	0-0	2-0	3-3	0-0	1-3		0-2
22	Wimbledon	0-3	2-2	4-1	1-1	1-2	1-1	0-2	1-0	1-1	1-0	4-2	3-1	3-0	1-1	2-0	2-1	1-0	3-0	2-1	1-2		

Final League Table

Pos	Team	Pld	Home W	Home D	Home L	Home F	Home A	Away W	Away D	Away L	Away F	Away A	Totals W	Totals D	Totals L	Totals F	Totals A	Pts	GD	Leading Goalscorer	Gls
1	Manchester Utd	42	14	6	1	39	13	13	5	3	41	25	27	11	4	80	38	92	+42	E Cantona	18
2	Blackburn Rovers	42	14	5	2	31	11	11	4	6	32	25	25	9	8	63	36	84	+27	A Shearer	31
3	Newcastle United	42	14	4	3	51	14	9	4	8	31	27	23	8	11	82	41	77	+41	A Cole	34
4	Arsenal	42	10	8	3	25	15	8	9	4	28	13	18	17	7	53	28	71	+25	I Wright	23
5	Leeds United	42	13	6	2	37	18	5	10	6	28	21	18	16	8	65	39	70	+26	Rod Wallace	17
6	Wimbledon	42	12	5	4	35	21	6	6	9	21	32	18	11	13	56	53	65	+3	D Holdsworth	17
7	Sheffield Weds	42	10	7	4	48	24	6	9	6	28	30	16	16	10	76	54	64	+22	M Bright	19
8	Liverpool	42	12	4	5	33	23	5	5	11	26	32	17	9	16	59	55	60	+4	I Rush	14
9	Queens Park R	42	8	7	6	32	29	8	5	8	30	32	16	12	14	62	61	60	+1	L Ferdinand	16
10	Aston Villa	42	8	5	8	23	18	7	7	7	23	32	15	12	15	46	50	57	-4	D Saunders	10
11	Coventry City	42	9	7	5	23	17	5	7	9	20	28	14	14	14	43	45	56	-2	P Ndlovu	11
12	Norwich City	42	4	9	8	26	29	8	8	5	39	32	12	17	13	65	61	53	+4	C Sutton	25
13	West Ham United	42	6	7	8	26	31	7	6	8	21	27	13	13	16	47	58	52	-11	T Morley	13
14	Chelsea	42	11	5	5	31	20	2	7	12	18	33	13	12	17	49	53	51	-4	M Stein	13
15	Tottenham H	42	4	8	9	29	33	7	4	10	25	26	11	12	19	54	59	45	-5	T Sheringham	13
16	Manchester City	42	6	10	5	24	22	3	8	10	14	27	9	18	15	38	49	45	-11	M Sheron	6
17	Everton	42	8	4	9	26	30	4	4	13	16	33	12	8	22	42	63	44	-21	T Cottee	16
18	Southampton	42	9	2	10	30	31	3	5	13	19	35	12	7	23	49	66	43	-17	M Le Tissier	25
19	Ipswich Town	42	5	8	8	21	32	4	8	9	14	26	9	16	17	35	58	43	-23	I Marshall	10
20	Sheffield United	42	6	10	5	24	23	2	8	11	18	37	8	18	16	42	60	42	-18	J Flo	9
21	Oldham Athletic	42	5	8	8	24	33	4	5	12	18	35	9	13	20	42	68	40	-26	G Sharp	9
22	Swindon Town	42	4	7	10	25	45	1	8	12	22	55	5	15	22	47	100	30	-53	J-A Fjortoft	12

1993/94 ENDSLEIGH LEAGUE DIVISION 1 [LEVEL 2]
SEASON 95

Total Matches 552
Total Goals 1450
Avg goals per match 2.63

	Team	Barnsley	Birmingham C	Brentford	Bristol City	Charlton Athletic	Crystal Palace	Derby County	Grimsby Town	Leicester City	Luton Town	Middlesbrough	Millwall	Nottm Forest	Notts County	Oxford United	Peterborough U	Portsmouth	Southend United	Stoke City	Sunderland	Tranmere Rov	Watford	West Brom A	Wolverhampton
1	Barnsley		2-3 28a	1-1 27N	1-1 15J	0-1 9O	1-3 20N	0-1 27D	1-2 7N	0-1 25S	1-0 26M	1-4 24a	0-1 3m	1-0 11S	0-3 4A	1-0 16A	1-0 11D	2-0 1J	1-3 23O	3-0 12F	4-0 29M	1-0 15M	0-1 12A	1-1 14a	2-0 30A
2	Birmingham City	0-2 5M		2-1 19O	2-2 16A	1-0 18D	2-4 31a	3-0 4S	1-1 18S	0-3 15M	1-1 25S	1-0 26M	1-0 31O	1-0 6N	0-3 19F	2-3 3J	1-1 5F	0-0 20N	0-1 9A	3-1 2A	3-1 22J	0-0 27N	0-3 16O	1-0 28D	2-2 22a
3	Bolton Wanderers	2-3 8m	1-1 30A		2-2 26M	3-2 5M	1-0 24N	0-2 30O	1-1 18D	1-2 18S	2-1 5m	4-1 23A	4-0 16O	4-3 26S	4-2 1J	1-0 31a	1-1 2N	0-2 4A	1-1 12A	0-0 21a	2-0 27D	2-1 23J	3-1 5F	1-1 7D	1-3 29M
4	Bristol City	0-2 16O	3-0 2N	2-0 2O		0-0 18S	2-0 21a	0-0 5M	1-0 9A	1-3 14S	1-0 19A	0-0 4D	2-2 13N	1-4 28D	0-2 22J	0-1 15M	4-1 8m	1-0 19M	2-1 4S	0-0 3J	2-0 30O	1-1 5F	1-1 23A	0-0 2A	2-1 18D
5	Charlton Athletic	2-1 22J	1-0 14a	3-0 28a	3-1 3m		0-0 26S	1-2 2N	0-1 5F	2-1 16O	1-0 4D	2-5 8m	0-0 11S	0-1 9A	5-1 13N	1-0 30O	5-1 23A	0-1 12D	4-3 2A	2-0 29D	0-0 22F	3-1 24a	2-1 26F	2-1 3J	0-1 26M
6	Crystal Palace	1-0 23A	2-1 11D	1-1 26F	4-1 22F	2-0 20M		1-1 5F	1-0 30O	3-2 22J	0-1 2N	1-0 23M	2-0 9A	1-2 24a	2-1 5D	3-2 3M	5-1 2A	1-0 1F	4-1 28a	1-0 29D	0-0 2O	0-2 12S	1-0 14a	1-0 8m	1-1 12M 17O
7	Derby County	2-0 2A	1-1 26F	2-0 12F	1-0 28a	2-0 16A	3-1 23O		2-1 20N	3-2 28D	2-1 9O	0-0 22F	1-1 12M	0-2 27A	2-0 20A	1-1 30A	2-0 11S	1-0 15J	1-3 27N	4-2 9A	5-0 14a	4-0 3J	1-2 29J	5-3 3O	0-4 7N
8	Grimsby Town	2-2 4D	1-0 12M	0-0 14a	1-0 1J	0-1 23O	1-1 12F	1-1 23A		0-0 2N	2-0 4A	1-1 29M	1-0 8m	0-0 3m	2-2 27D	1-0 26M	3-2 8M	1-1 24a	4-0 9O	0-0 15J	0-1 12A	0-0 28a	2-2 11S	2-2 1F	2-0 25S
9	Leicester City	0-1 19M	1-1 12S	1-1 3m	3-0 11D	2-1 16J	1-1 8D	3-3 5A	1-1 16A		2-1 12F	2-0 12M	4-0 28a	1-0 24O	3-2 2O	2-3 20N	2-1 14a	0-3 30M	3-0 6N	1-1 30A	2-1 1J	1-1 23F	4-4 27D	4-2 12J	2-1 27N
10	Luton Town	5-0 2O	1-1 19M	0-2 11S	0-2 5O	1-0 7N	0-1 16A	2-1 22J	2-1 29D	0-2 30O		1-1 8M	1-1 26A	1-2 28a	1-0 16O	3-0 5F	2-0 2A	4-1 22F	1-1 30A	6-2 27N	2-1 26F	0-1 11D	2-1 14a	3-2 3m	0-2 12A
11	Middlesbrough	5-0 26A	2-2 2O	0-1 21N	0-1 6N	2-0 19A	2-3 1m	3-0 21a	1-0 3J	2-0 29S	0-0 18S			4-2 6F	2-2 2A	3-0 18D	2-1 9A	1-1 30O	0-2 16A	1-0 15M	1-2 14S	4-1 17O	0-0 29D	1-1 22J	3-0 19M	1-0 5M
12	Millwall	2-0 4S	2-1 12F	1-0 15J	0-0 30A	2-1 15M	3-0 1J	1-0 18S	0-0 27N	2-2 6M	1-1 30M	2-1 24O		2-2 17A	2-0 20O	2-2 6N	1-0 22M	0-0 27D	1-4 22a	2-0 19D	2-3 6A	2-2 20N	2-1 20	2-1 9O	2-1 20A
13	Nottm Forest	2-1 16M	1-0 4D	3-2 19M	0-0 4A	1-1 1J	1-1 19F	1-1 18a	5-3 21a	4-0 6F	2-0 5M	1-1 27D	1-3 3N		1-0 30O	0-0 20O	2-0 2M	1-1 20	2-0 19D	2-3 19S	2-2 8m	2-1 16O	2-1 30M	0-0 24A	2-1 23J
14	Notts County	3-1 1M	2-1 11J	2-1 9A	2-0 9O	3-3 30A	3-2 6N	4-1 25S	2-1 2A	4-1 26M	1-2 15J	2-3 14a	1-3 11D	2-1 12F		2-1 28N	2-1 22F	1-1 23O	2-1 3J	2-0 20N	1-0 28a	0-0 12M	1-0 11S	1-0 15A	0-2 16A
15	Oxford United	1-1 2N	2-0 29M	0-2 11D	0-4 11S	1-3 12F	2-0 27D	2-2 13N	2-2 20	0-1 23A	1-1 23O	0-2 1J	1-0 4D	0-2 26F	1-0 8m		1-2 12M	3-2 14a	2-1 15J	1-0 10O	0-3 11J	1-0 19M	2-3 28a	1-1 12A	4-0 4A
16	Peterborough Utd	4-1 17a	1-0 23O	2-3 16A	0-2 27N	0-1 20N	1-1 29M	2-2 16M	2-1 4S	1-1 19D	0-0 27D	0-0 12F	0-0 25S	2-3 30A	1-1 21a	3-1 18S		2-2 9O	3-1 19F	1-1 26M	1-0 6N	0-0 5A	3-4 15J	2-0 1J	0-1
17	Portsmouth	2-1 9A	0-2 23A	0-0 28D	0-0 25S	1-2 17a	0-1 5M	3-2 16O	3-1 19F	0-1 26A	1-0 21a	2-0 2N	2-2 2A	0-0 26M	1-1 5F	2-0 18D	0-1 22J		0-2 18S	2-1 4S	3-3 4D	0-1 30O	2-0 7D	1-0 8m	3-0 15M
18	Southend United	0-3 5F	3-1 1J	1-0 12J	0-2 26F	4-2 27D	1-2 6A	4-3 8m	1-2 22J	0-0 5D	2-1 13N	1-0 11S	1-1 2M	1-1 15a	0-0 30M	1-1 16O	6-1 28a	3-0 12M		0-0 19M	0-1 23A	1-2 20	2-0 3N	0-3 11D	1-1 30O
19	Stoke City	5-4 30O	2-1 26D	2-0 22F	3-0 30M	1-0 4A	2-0 26M	2-1 1J	1-0 16O	1-0 14N	2-2 8m	3-1 1D	1-0 14a	0-1 12M	0-0 23A	1-0 22J	0-0 13A	1-1 26F	3-0 25S		0-1 3N	1-0 11S	1-2 4D	2-0 28a	1-1 5F
20	Sunderland	1-0 3J	1-0 9O	2-0 2A	0-0 12F	4-0 21a	1-0 16M	2-2 18D	2-3 28S	2-0 9A	2-1 20O	2-1 16J	2-3 28D	2-0 27N	2-3 5M	2-0 26A	2-3 2O	1-2 6N	0-2 20N	0-1 16A		3-2 30A	2-0 19M	0-0 23O	2-0 18S
21	Tranmere Rov	0-3 18S	1-2 8m	2-1 9O	2-2 23O	2-0 26A	4-0 19D	1-2 29M	1-0 5M	4-1 21a	4-0 14S	3-2 4A	1-2 23A	3-1 16J	2-0 4S	1-1 25S	2-1 3D	0-0 11F	2-1 25M	2-0 15M	4-1 13N		2-1 1J	3-0 2N	1-1 27D
22	Watford	0-2 21a	5-2 15J	4-3 23O	1-1 20N	2-2 4S	1-3 28N	3-4 19F	0-3 15M	1-1 2A	2-2 19D	2-0 10O	0-1 26M	1-2 3J	3-1 18S	2-1 5M	2-0 28D	3-1 30A	2-1 16A	1-0 6N	3-0 25S	1-3 9A		1-1 12F	1-2 7S	0-1 10
23	West Brom A	1-1 19D	2-4 27A	2-2 6N	0-1 27D	2-0 30M	1-4 18S	1-2 26M	1-0 30A	1-2 19F	1-1 1J	0-0 25S	0-2 22J	3-0 21N	3-1 16M	0-0 21a	3-0 16O	4-1 27N	2-2 1S	0-0 5M	2-1 5F	1-3 16A	4-1 30O		3-2 5S
24	Wolverhampton	1-1 13N	3-0 22F	1-0 3J	3-1 14a	1-1 20	2-0 15J	2-2 5D	0-0 19M	1-1 8m	1-0 23A	2-3 28a	0-1 25a	1-1 10N	3-0 2N	2-1 28D	1-1 9A	1-1 11S	0-1 12F	1-1 23O	1-1 3m	2-1 2A	2-0 11D	1-2 26F	

Final League Table

Pos	Team	Pld	Home					Away					Totals						Leading Goalscorer	Gls
			W	D	L	F	A	W	D	L	F	A	W	D	L	F	A	Pts	GS		
1	Crystal Palace	46	16	4	3	39	18	11	5	7	34	28	27	9	10	73	46	90	73	C Armstrong	22
2	Nottm Forest	46	12	9	2	38	22	11	5	7	36	27	23	14	9	74	49	83	74	S Collymore	19
3	Millwall	46	14	8	1	36	17	5	9	9	22	32	19	17	10	58	49	74	58	A Rae	13
4	Leicester City (P)	46	11	9	3	45	30	8	7	8	27	29	19	16	11	72	59	73	72	I Roberts	13
5	Tranmere Rovers	46	15	3	5	48	23	6	6	11	21	30	21	9	16	69	53	72	69	J Aldridge	21
6	Derby County	46	15	3	5	44	25	5	8	10	29	43	20	11	15	73	68	71	73	M Gabbiadini, T Johnson, P Kitson	13
7	Notts County	46	16	3	4	43	26	4	5	14	22	43	20	8	18	65	69	68	65	G McSwegan	15
8	Wolverhampton	46	10	10	3	34	19	7	7	9	26	28	17	17	12	60	47	68	60	S Bull	14
9	Middlesbrough	46	12	6	5	40	19	6	7	10	26	35	18	13	15	66	54	67	66	P Wilkinson	15
10	Stoke City	46	14	4	5	35	19	4	9	10	22	40	18	13	15	57	59	67	57	D Regis	10
11	Charlton Athletic	46	14	6	3	39	22	5	5	13	22	36	19	8	19	61	58	65	61	G Nelson	15
12	Sunderland	46	14	2	7	35	22	5	6	12	19	35	19	8	19	54	57	65	54	P Gray	14
13	Bristol City	46	11	7	5	27	18	5	9	9	20	32	16	16	14	47	50	64	47	W Allison	15
14	Bolton Wand	46	10	8	5	40	31	5	6	12	23	33	15	14	17	63	64	59	63	J McGinlay	25
15	Southend United	46	10	5	8	34	28	7	3	13	29	39	17	8	21	63	67	59	63	R Otto	13
16	Grimsby Town	46	7	14	2	26	16	6	6	11	26	31	13	20	13	52	47	59	52	C Mendonca	14
17	Portsmouth	46	10	6	7	29	26	5	7	11	23	36	15	13	18	52	58	58	52	G Creaney	11
18	Barnsley	46	9	3	11	26	25	7	4	12	30	41	16	7	23	55	67	55	55	A Payton, N Redfearn	12
19	Watford	46	10	6	8	39	35	5	4	14	27	45	15	9	22	66	80	54	66	P Furlong	18
20	Luton Town	46	12	4	7	38	26	2	7	14	18	33	14	11	21	56	60	53	56	K Dixon	9
21	West Brom A	46	9	7	7	38	31	4	5	14	22	38	13	12	21	60	69	51	60	R Taylor	10
22	Birmingham City	40	9	7	7	28	29	4	5	14	24	40	13	12	21	52	69	51	52	A Saville	10
23	Oxford United	46	10	5	8	33	33	3	5	15	21	42	13	10	23	54	75	49	54	P Moody	8
24	Peterborough U	46	6	9	8	31	30	2	4	17	17	46	8	13	25	48	76	37	48	T Adcock	12

1993/94 ENDSLEIGH LEAGUE DIVISION 2 [LEVEL 3]
SEASON 95

Total Matches: 552
Total Goals: 1508
Avg goals per match: 2.73

Final League Table

Pos	Team	Pld	Home					Away					Totals					Pts	GS	Leading Goalscorer	Gls
			W	D	L	F	A	W	D	L	F	A	W	D	L	F	A				
1	Reading	46	15	6	2	40	16	11	5	7	41	28	26	11	9	81	44	89	81	J Quinn	35
2	Port Vale	46	16	6	1	46	18	10	4	9	33	28	26	10	10	79	46	88	79	M Foyle	18
3	Plymouth Argyle	46	16	4	3	46	26	9	6	8	42	30	25	10	11	88	56	85	88	S Castle	21
4	Stockport County	46	15	3	5	50	22	9	10	4	24	22	24	13	9	74	44	85	74	K Francis	28
5	York City	46	12	7	4	33	13	9	5	9	31	27	21	12	13	64	40	75	64	P Barnes	24
6	Burnley (P)	46	17	4	2	55	18	4	6	13	24	40	21	10	15	79	58	73	79	D Eyres	19
7	Bradford City	46	13	5	5	34	28	6	8	9	27	33	19	13	14	61	53	70	61	S McCarthy	14
8	Bristol Rovers	46	10	8	5	33	26	10	2	11	27	33	20	10	16	60	59	70	60	J Taylor	23
9	Hull City	46	9	9	5	33	20	9	5	9	29	34	18	14	14	62	54	68	62	D Windass	23
10	Cambridge Utd	46	11	5	7	38	29	8	4	11	41	44	19	9	18	79	73	66	79	S Butler	21
11	Huddersfield T	46	9	8	6	27	26	8	9	6	31	35	17	14	15	58	61	65	58	P Starbuck	14
12	Wrexham	46	13	4	6	45	33	4	7	12	21	44	17	11	18	66	77	62	66	G Bennett	32
13	Swansea City	46	12	7	4	37	20	4	5	14	19	38	16	12	18	56	58	60	56	J Bowen	11
14	Brighton & H A	46	10	7	6	38	29	5	7	11	22	38	15	14	17	60	67	59	60	K Nogan	22
15	Rotherham Utd	46	11	4	8	42	30	4	9	10	21	30	15	13	18	63	60	58	63	I Varadi	14
16	Brentford	46	7	10	6	30	28	6	9	8	27	27	13	19	14	57	55	58	57	J Allon	13
17	Bournemouth	46	8	7	8	26	27	6	8	9	25	32	14	15	17	51	59	57	51	S Cotterill	14
18	Leyton Orient	46	11	9	3	38	26	3	6	14	19	45	14	14	18	57	71	56	57	C West	14
19	Cardiff City	46	10	7	6	39	33	3	8	12	27	45	13	15	18	66	79	54	66	N Blake	14
20	Blackpool	46	12	2	9	41	37	4	3	16	22	38	16	5	25	63	75	53	63	A Watson	20
21	Fulham	46	7	6	10	20	23	7	4	12	30	40	14	10	22	50	63	52	50	G Brazil	15
22	Exeter City	46	8	7	8	38	37	3	5	15	14	46	11	12	23	52	83	45	52	R Jepson	13
23	Hartlepool United	46	8	3	12	28	40	1	6	16	13	47	9	9	28	41	87	36	41	N Southall	9
24	Barnet	46	6	6	13	22	32	5	7	15	19	54	5	13	28	41	86	28	41	K Haag	8

1993/94 ENDSLEIGH LEAGUE DIVISION 3 [LEVEL 4]
SEASON 95

Total Matches 462
Total Goals 1265
Avg goals per match 2.74

		Bury	Carlisle United	Chester City	Chesterfield	Colchester Utd	Crewe Alexandra	Darlington	Doncaster Rov	Gillingham	Hereford United	Lincoln City	Mansfield Town	Northampton T	Preston N E	Rochdale	Scarborough	Scunthorpe Utd	Shrewsbury T	Torquay United	Walsall	Wigan Athletic	Wycombe Wand
1	Bury		2-1	1-1	2-1	0-1	1-0	5-1	4-0	0-0	5-3	1-0	2-2	0-0	1-1	0-1	0-2	1-0	2-3	1-1	1-2	3-0	1-2
			12F	16A	6N	19M	28a	27N	15J	19A	23O	12M	2O	14a	4J	30A	29J	11D	26F	29M	2A	9O	11S
2	Carlisle United	1-2		1-0	3-0	2-0	1-2	2-0	4-2	1-2	1-2	3-3	1-1	0-1	0-1	0-1	2-0	3-1	2-1	1-1	2-1	3-0	2-2
		25J		19M	11S	7m	28D	2A	11D	2O	9A	2N	16O	5F	20N	28a	26F	12M	3m	3J	30O	23A	14a
3	Chester City	3-0	0-0		3-1	2-1	1-2	0-0	0-1	1-0	3-1	1-1	1-1	1-0	3-2	3-1	4-1	0-2	1-0	1-1	2-1	2-1	3-1
		2N	25S		28a	9A	7m	22J	14a	1M	23A	1F	5F	20N	2A	26F	12M	11S	16O	30O	15M	26M	11D
4	Chesterfield	1-1	3-0	1-2		0-0	2-0	1-1	1-1	3-2	3-1	2-2	0-2	4-0	1-1	1-1	1-0	1-1	1-2	3-1	0-1	1-0	2-3
		23A	5M	19F		29M	30O	4S	25J	18D	21a	5F	31a	7m	22J	19M	2O	19M	4A	1J	16O	18S	2O
5	Colchester United	4-1	2-1	0-0	0-2		2-4	1-2	3-1	1-2	1-0	1-0	0-0	3-2	1-1	2-5	1-2	2-1	3-3	1-2	0-1	3-1	0-2
		25S	27N	1J	12F		11D	16A	30A	29J	15J	14a	27D	28a	26M	11S	4A	9O	31a	26F	6N	23O	12M
6	Crewe Alexandra	2-4	2-3	2-1	0-1	2-1		2-1	2-0	1-0	6-0	2-2	2-1	3-1	4-3	2-1	1-1	3-3	0-0	2-3	1-2	4-1	2-1
		19F	4A	27N	29J	21a		18S	1J	23O	19O	2O	4S	31a	17D	6N	15J	12F	16A	19M	5M	19A	30A
7	Darlington	1-0	1-3	1-2	0-0	7-3	1-0		1-3	2-1	1-3	3-2	2-0	0-1	0-2	1-1	0-2	2-1	0-2	1-2	0-0	0-0	0-0
		7m	27D	9O	8M	2N	12M		4A	15J	12F	11D	20N	6M	23A	14a	31a	29J	11S	28a	25S	25J	23O
8	Doncaster Rovers	1-3	0-0	3-4	0-0	2-1	0-0	1-3		0-0	1-0	0-0	0-1	2-1	1-1	2-1	0-4	3-1	0-0	0-2	4-0	3-1	0-3
		16O	21a	17D	2A	20N	9A	28D		3J	7m	22J	17S	30O	4M	2O	23A	1N	5F	8J	19F	4S	19M
9	Gillingham	1-0	2-0	2-2	0-2	3-0	1-3	2-1	0-0		2-0	1-1	1-0	0-2	2-2	1-2	2-2	1-0	2-0	2-2	1-1	2-2	0-1
		1J	26M	4A	14a	30O	5F	16O	31a		2N	7m	23A	27D	12A	11D	28a	25S	12M	11S	22J	20N	26F
10	Hereford United	3-0	0-0	0-5	0-3	5-0	1-2	1-1	2-1	2-0		1-2	2-3	1-1	2-3	5-1	0-1	1-2	0-1	2-2	0-1	3-0	3-4
		5F	1J	6N	15M	16O	22J	8J	27N	16A		28a	4A	11S	30O	12M	14a	29M	27D	30A	26M	25S	31a
11	Lincoln City	2-2	0-0	0-3	1-2	2-0	1-2	1-1	2-1	3-1	3-1		1-2	4-3	0-2	1-1	0-1	2-0	1-0	1-2	1-0	0-1	1-3
		18S	16A	31a	23O	15M	26M	21a	9O	27N	19F		5M	25S	4S	29J	1J	27D	4A	6N	30A	12F	15J
12	Mansfield Town	2-2	0-1	0-4	1-2	1-1	1-2	0-3	2-1	2-1	2-1	1-0		2-2	0-1	4-2	0-1	1-0	2-1	1-2	2-1	1-2	2-3
		26M	15J	23O	3J	2A	26F	30A	12M	6N	18J	11S		11D	25S	16A	9O	28a	14a	9A	27N	29J	12F
13	Northampton Town	0-1	1-1	1-0	2-2	1-1	2-2	1-0	0-0	1-2	0-1	0-0	5-1		2-0	1-2	3-2	4-0	0-3	0-1	0-1	0-2	1-1
		18D	23O	30A	27N	19F	3J	2O	29J	2A	5M	19M	12O		15M	9A	12F	8M	6N	16A	4S	18S	9O
14	Preston North End	3-1	0-3	1-1	4-1	1-0	0-2	3-2	3-1	0-0	3-0	2-0	3-1	1-1		2-1	2-2	2-2	6-1	3-1	2-0	3-0	2-3
		31a	30A	27D	9O	2O	14a	6N	11S	12F	1M	26F	19M	4A		23O	11D	1J	28a	12M	16A	15J	27N
15	Rochdale	2-1	0-1	2-0	5-1	1-1	2-1	0-0	0-1	3-0	2-0	0-1	1-1	6-2	2-1		2-1	2-3	1-2	4-1	0-0	1-2	2-2
		20N	19F	4S	25S	5M	23A	18D	26M	21a	18S	30O	2N	1J	5F		1M	7m	12a	22J	16O	31a	4A
16	Scarborough	1-0	0-3	0-1	1-0	0-2	1-2	3-0	2-0	1-1	0-1	2-2	1-1	2-1	3-4	2-1		0-1	1-3	1-2	1-0	4-1	3-1
		30O	4S	18S	30A	28D	16O	3J	6N	19F	18D	9A	22J	8J	21a	2A		26M	25S	27N	5F	5M	16A
17	Scunthorpe United	1-1	2-1	1-1	2-2	1-1	2-1	3-0	1-3	1-1	1-2	2-0	2-3	7-0	3-1	2-1	1-1		1-4	1-3	5-0	1-0	0-0
		21a	18S	5M	28D	22J	15M	30O	16A	19M	4S	2A	19F	16O	9A	27N	2O		30A	5F	3J	18D	6N
18	Shrewsbury Town	1-0	1-0	3-0	0-0	2-1	2-2	1-1	0-1	2-2	2-0	1-2	2-1	1-0	1-1	1-1	2-0	0-0		3-2	1-2	0-0	1-0
		4S	9O	15J	9A	3J	2N	5M	23O	18S	2A	1M	17D	23A	19F	12F	19M	20N		2O	21a	7m	29J
19	Torquay United	0-0	1-1	1-3	1-0	3-3	3-3	2-1	2-1	0-1	1-1	3-2	1-0	2-0	4-3	1-1	2-0	1-1	0-0		0-1	1-1	1-1
		5A	31a	29J	15J	4S	25S	19F	12F	5M	20N	23A	1J	2N	18S	9O	7m	23O	26M		18D	21a	27D
20	Walsall	0-1	0-1	1-1	0-1	1-2	2-2	3-0	1-2	1-0	3-3	5-2	0-2	1-3	2-0	1-0	0-0	0-1	1-2			1-1	4-2
		27D	29J	12F	12M	23A	11S	19M	28a	9O	2O	20N	7m	26F	2N	15J	23O	31a	11D	14a		5A	1J
21	Wigan Athletic	3-1	0-2	6-3	1-0	0-1	2-2	2-0	0-0	2-0	3-4	0-1	4-1	1-1	2-2	0-0	1-2	0-2	2-5	1-3	2-2		1-1
		22J	6N	2O	16A	5F	2A	9A	22M	30A	19M	29M	30O	12M	16O	4J	11S	14a	27N	11D	11J		28a
22	Wycombe Wanderers	2-1	2-0	1-0	2-1	2-5	3-1	2-0	1-0	1-1	3-2	2-3	1-0	1-1	1-1	4-0	2-2	1-1	3-0	0-1			
		5M	18D	21a	26M	18S	20N	29M	25S	4S	3J	16O	25J	22J	7m	19A	23A	30O	2A	9A	19F		

Final League Table

Pos	Team	Pld	Home						Away						Totals					Pts	GS	Leading Goalscorer	Gls
			W	D	L	F	A	W	D	L	F	A	W	D	L	F	A					
1	Shrewsbury T	46	10	8	3	28	17	12	5	4	35	22	22	13	7	63	39	79	63	D Spink	18
2	Chester City	46	13	5	3	35	18	8	6	7	34	28	21	11	10	69	46	74	69	D Pugh	12
3	Crewe Alexandra	46	12	4	5	45	30	9	6	6	35	31	21	10	11	80	61	73	80	D Rowbotham	15
4	Wycombe W (P)	46	11	6	4	34	21	8	7	6	33	32	19	13	10	67	53	70	67	K Scott	10
5	Preston N E	46	13	5	3	46	23	5	8	8	33	37	18	13	11	79	60	67	79	T Ellis	26
6	Torquay United	46	8	10	3	30	24	9	6	8	34	32	17	16	9	64	56	67	64	A Foster	15
7	Carlisle United	46	10	4	7	35	23	8	6	7	22	19	18	10	14	57	42	64	57	D Reeves	11
8	Chesterfield	46	8	8	5	32	22	8	6	7	23	26	16	14	12	55	48	62	55	S Norris	19
9	Rochdale	46	10	5	8	38	22	6	7	8	25	29	16	12	16	63	51	60	63	D Lancaster, S Whitehall	14
10	Walsall	46	7	5	11	28	26	10	4	9	20	27	17	9	16	48	53	60	48	D Peer	8
11	Scunthorpe Utd	46	9	7	5	40	26	6	7	8	24	30	15	14	13	64	56	59	64	M Carmichael	18
12	Mansfield Town	46	9	3	9	28	30	6	7	8	25	32	15	10	17	53	62	55	53	S Wilkinson	10
13	Bury	46	9	6	8	33	22	5	5	11	22	34	14	11	17	55	56	53	55	M Carter	20
14	Scarborough	46	8	4	9	29	28	7	4	10	26	33	15	8	19	55	61	53	55	C Whittington	10
15	Doncaster Rovers	46	8	6	7	24	26	6	4	11	20	31	14	10	18	44	57	52	44	K Hulme	8
16	Gillingham	46	8	8	5	27	23	4	7	10	17	28	12	15	15	44	51	51	44	N Forster	18
17	Colchester United	46	8	4	9	31	33	6	6	10	25	38	13	10	19	56	71	49	56	S Brown	11
18	Lincoln City	46	7	4	10	20	20	5	7	9	26	34	12	11	19	52	63	47	52	D Johnson	8
19	Wigan Athletic	46	6	7	8	33	33	5	5	11	18	37	11	12	19	51	70	46	51	A Lynns	11
20	Hereford United	46	6	4	11	34	33	6	2	13	26	46	12	6	24	60	79	42	60	C Pike	18
21	Darlington	46	7	5	9	24	28	3	5	12	18	36	10	11	21	42	64	41	42	R Painter	11
22	Northampton T	46	6	7	8	25	23	3	4	14	19	43	9	11	22	44	66	38	44	I Gilzean	10

1994/95 FA CARLING PREMIERSHIP
SEASON 3

Total Matches	462
Total Goals	1195
Avg goals per match	2.58

Results Grid

		Arsenal	Aston Villa	Blackburn Rov	Chelsea	Coventry City	Crystal Palace	Everton	Ipswich Town	Leeds United	Leicester City	Liverpool	Manchester City	Manchester Utd	Newcastle Utd	Norwich City	Nottm Forest	Q P R	Sheffield Weds	Southampton	Tottenham H	West Ham Utd	Wimbledon
1	Arsenal		0-0 26D	0-1 31a	3-1 15O	2-1 23O	1-2 1O	1-1 14J	4-1 15A	1-3 17D	1-1 11F	0-0 12A	3-0 20a	0-0 26N	2-3 18S	5-1 1A	1-0 21F	1-3 31D	0-0 6N	1-1 24J	1-1 29A	0-1 5M	0-0 4m
2	Aston Villa	0-4 17A		0-1 4M	3-0 28D	0-0 6M	1-1 27a	0-0 10D	2-0 10S	0-0 2J	4-4 22F	2-0 6m	1-1 3m	1-2 6N	0-2 10	1-1 150	0-2 22O	2-1 14J	1-1 27N	1-1 24a	1-0 25J	0-2 18M	7-1 11F
3	Blackburn Rovers	3-1 8M	3-1 24S		2-1 18M	4-0 27a	2-1 20A	3-0 10S	4-1 28J	1-1 1F	3-0 23a	3-2 150	2-3 17A	2-4 23O	1-0 8m	0-0 25F	3-0 14J	4-0 26N	3-1 12F	3-2 10D	2-0 5N	4-2 2J	2-1 22F
4	Chelsea	2-1 14m	1-0 15A	1-2 18S		2-2 6N	0-0 5M	0-1 26N	2-0 23O	0-3 11M	4-0 8O	0-0 18D	3-0 31a	2-3 26D	1-1 1A	2-0 20a	0-2 25J	1-0 29A	1-1 14J	0-2 12A	1-1 11F	1-2 2O	1-1 31D
5	Coventry City	0-1 21J	0-1 29a	1-1 11M	2-2 4F		1-4 2N	0-0 14m	2-0 10O	2-1 17S	4-2 25F	1-1 3D	1-0 29O	2-3 1m	0-0 17D	0-0 19N	1-2 26D	0-0 1A	2-0 15A	1-5 24S	0-4 31D	2-0 18F	1-1 20a
6	Crystal Palace	0-3 25F	0-0 4A	0-1 31D	0-1 24S	0-2 11F		1-0 22O	3-0 5N	1-2 30a	2-0 14J	1-6 20a	2-1 1A	1-1 25J	0-1 15O	1-2 17D	0-0 29A	2-1 26D	0-0 14M	1-1 26N	1-0 14A	0-0 6m	0-0 17S
7	Everton	1-1 29O	2-2 20a	1-2 1A	3-3 3m	0-2 15O	3-1 21J		4-1 31D	3-0 5D	1-1 24S	0-0 21N	2-0 15M	1-0 25F	2-0 14A	2-1 4F	1-0 30a	2-2 17S	1-4 26D	0-0 6m	0-0 17D	0-0 1N	0-0 29A
8	Ipswich Town	0-2 28D	0-1 1A	1-3 19N	2-2 21J	2-0 6m	0-2 4F	0-1 9m		2-0 1N	4-1 2J	1-3 29O	1-2 3D	3-2 24S	0-2 28F	1-2 19S	0-1 20a	0-1 11A	1-2 16O	2-1 25F	1-3 30a	1-1 17A	2-2 16D
9	Leeds United	1-0 23a	1-0 29A	1-1 15A	2-3 27a	3-0 18M	3-1 9m	1-0 22F	4-0 5A		2-1 24O	0-2 31D	2-0 10	2-1 11S	0-0 26D	2-1 6m	1-0 26N	4-0 24J	0-1 4M	0-0 14J	1-1 15O	2-3 10D	3-1 5N
10	Leicester City	2-1 23N	1-1 3D	0-0 17D	1-1 6m	2-2 3O	0-1 29O	2-2 4M	2-0 29A	1-3 15M		1-2 26D	2-0 15A	0-4 21a	1-3 11M	1-0 31a	2-4 31D	1-1 15O	0-1 17S	4-3 15A	3-1 4F	1-2 1A	3-4 1A
11	Liverpool	3-0 28a	3-2 8O	2-1 14m	3-1 9N	2-3 14M	0-0 11D	0-0 24J	2-0 14J	0-1 9A	0-1 17A		2-0 28D	2-0 19M	2-0 4M	4-0 2J	1-0 5N	1-1 11F	4-1 10	3-1 5A	1-1 26N	0-0 10S	3-0 22O
12	Manchester City	1-2 12D	2-2 31D	1-3 26D	1-2 8M	0-0 14J	1-1 10S	4-0 27a	2-0 22F	0-0 25F	0-2 25J	2-1 14A		0-3 11F	0-0 29A	2-0 24S	3-3 8O	2-3 14m	3-2 18M	3-3 5N	5-2 22O	3-0 24a	0-0 26N
13	Manchester United	3-0 22M	1-0 4F	1-0 22J	0-0 17A	2-0 3J	3-0 19N	2-0 1O	9-0 4M	0-0 2A	1-1 28D	2-0 17S	5-0 10N		2-0 29O	1-0 3D	1-2 17D	2-0 20a	1-0 7m	2-1 10m	0-0 15M	1-0 15O	3-0 31a
14	Newcastle United	1-0 19M	3-1 25F	1-1 9O	4-2 10S	4-0 24a	3-2 14M	2-0 1F	1-1 26N	1-2 17A	3-1 10D	1-1 24S	0-0 2J	1-0 15J		3-0 8A	2-1 11F	2-1 5N	5-1 22O	3-3 27a	2-0 3m	2-0 8M	2-1 25J
15	Norwich City	0-0 10S	1-1 14m	2-1 1O	3-0 10D	2-2 25J	0-0 24a	0-0 5N	3-0 20M	2-1 8O	2-1 26N	1-2 29A	1-1 4M	0-2 22F	2-1 31D		0-1 12A	4-2 22O	0-0 8M	2-2 11F	0-2 26D	1-0 27a	1-2 14J
16	Nottingham Forest	2-2 3D	1-2 21J	0-2 29O	1-0 19N	2-0 17A	4-1 2J	2-1 8M	3-0 10D	1-1 22M	1-1 27a	1-1 4F	1-0 6m	0-0 22a	1-1 7N	0-0 27D		2-0 20	3-2 10S	4-1 18M	3-0 4M	2-2 8A	1-1 17O
17	Queens Park Rangers	3-1 8A	2-0 29O	0-1 4A	1-0 22M	2-2 10S	0-1 17A	2-3 18M	1-2 27a	3-2 19N	2-0 8M	2-1 31O	1-2 15O	2-3 10D	3-0 4F	2-0 15M	1-1 26F		3-2 24a	2-2 28D	2-1 6m	2-1 4D	0-1 24S
18	Sheffield Wednesday	3-1 4F	1-2 18F	0-1 2N	1-1 29O	5-1 28D	0-0 3D	4-1 17A	1-1 14m	1-0 26S	1-2 8A	1-1 25F	0-0 17S	0-0 8O	1-7 21J	0-2 31a	1-0 1A	1-0 17D		1-1 2J	3-4 20a	1-0 19N	0-1 11M
19	Southampton	1-0 19N	2-1 19D	1-1 20a	0-1 3D	0-0 4M	3-1 3m	2-0 8O	3-1 10	1-3 29O	2-2 14m	0-2 31a	2-2 4F	2-2 31D	3-1 22M	1-1 2N	1-1 17S	2-1 15A	0-0 29A		4-3 2A	1-1 15M	2-3 26D
20	Tottenham Hotspur	1-0 2J	3-4 19N	3-1 5F	0-0 23N	1-3 9m	0-0 27D	2-1 24a	3-0 8M	1-1 14m	0-0 18M	0-0 22M	2-1 11A	0-1 27a	1-4 3D	1-1 17A	1-4 24S	1-1 8O	3-1 10D	1-2 12S		3-1 29O	1-2 25F
21	West Ham United	0-2 25S	1-0 17S	2-0 30A	1-2 25F	1-0 26N	2-2 8O	1-1 13F	1-0 26D	0-0 20a	1-0 5N	3-0 10m	3-0 17D	1-1 14m	1-3 31a	2-2 11M	3-1 31D	0-0 3m	0-2 23J	2-0 22O	1-2 14J		3-0 13A
22	Wimbledon	1-3 8O	4-3 9N	0-3 3D	1-1 10A	2-0 10D	2-0 18M	2-1 2J	1-1 23a	0-0 4F	2-1 10S	0-0 2m	2-0 21M	0-1 7M	3-2 19N	1-0 30O	2-2 13m	1-3 4M	0-1 27a	0-2 17A	1-2 10	1-0 28D	

Final League Table

Pos	Team	Pld	Home W	Home D	Home L	Home F	Home A	Away W	Away D	Away L	Away F	Away A	Totals W	Totals D	Totals L	Totals F	Totals A	Pts	GD	Leading Goalscorer	Gls
1	Blackburn Rovers	42	17	2	2	54	21	10	6	5	26	18	27	8	7	80	39	89	+41	A Shearer	34
2	Manchester Utd	42	16	4	1	42	4	10	6	5	35	24	26	10	6	77	28	88	+49	A Kanchelskis	14
3	Nottm Forest	42	12	6	3	36	18	10	5	6	36	25	22	11	9	72	43	77	+29	S Collymore	22
4	Liverpool	42	13	5	3	38	13	8	6	7	27	24	21	11	10	65	37	74	+28	R Fowler	25
5	Leeds United	42	13	5	3	35	15	7	8	6	24	23	20	13	9	59	38	73	+21	T Yeboah	12
6	Newcastle United	42	14	6	1	46	20	6	6	9	21	27	20	12	10	67	47	72	+20	P Beardsley	12
7	Tottenham H	42	10	5	6	32	25	6	9	6	34	33	16	14	12	66	58	62	+8	J Klinsman	20
8	Queens Park R	42	11	3	7	36	26	6	6	9	25	33	17	9	16	61	59	60	+2	L Ferdinand	24
9	Wimbledon	42	9	5	7	26	26	6	6	9	22	39	15	11	16	48	65	56	-17	E Ekoku	9
10	Southampton	42	8	9	4	33	27	4	9	8	28	36	12	18	12	61	63	54	-2	M Le Tissier	19
11	Chelsea	42	7	7	7	25	22	6	8	7	25	33	13	15	14	50	55	54	-5	J Spencer	11
12	Arsenal	42	6	9	6	27	21	7	3	11	25	28	13	12	17	52	49	51	+3	I Wright	18
13	Sheffield Weds	42	7	7	7	26	26	6	5	10	23	31	13	12	17	49	57	51	-8	M Bright	11
14	West Ham United	42	9	6	6	28	19	4	5	12	16	29	13	11	18	44	48	50	-4	T Cottee	13
15	Everton	42	8	9	4	31	23	3	8	10	13	28	11	17	14	44	51	50	-7	P Rideout	14
16	Coventry City	42	7	7	7	23	25	5	7	9	21	37	12	14	16	44	62	50	-18	D Dublin	13
17	Manchester City	42	8	5	8	37	28	4	6	11	16	36	12	13	17	53	64	49	-11	U Rosler	15
18	Aston Villa	42	6	9	6	27	24	5	6	10	24	32	11	15	16	51	56	48	-5	D Saunders	15
19	Crystal Palace	42	6	6	9	16	23	5	6	10	18	26	11	12	19	34	49	45	-15	C Armstrong	8
20	Norwich City	42	8	8	5	27	21	2	5	14	10	33	10	13	19	37	54	43	-17	A Ward	8
21	Leicester City	42	5	6	10	28	37	1	5	15	17	43	6	11	25	45	80	29	-35	I Roberts	9
22	Ipswich Town	42	5	3	13	24	34	2	3	16	12	59	7	6	29	36	93	27	-57	C Thomsen	5

1994/95 ENDSLEIGH LEAGUE DIVISION 1 [LEVEL 2]
SEASON 96

Total Matches 552
Total Goals 1389
Avg goals per match 2.52

	Barnsley	Bolton Wand	Bristol City	Burnley	Charlton Athletic	Derby County	Grimsby Town	Luton Town	Middlesbrough	Millwall	Notts County	Oldham Athletic	Portsmouth	Port Vale	Reading	Sheffield United	Southend United	Stoke City	Sunderland	Swindon Town	Tranmere Rov	Watford	West Brom A	Wolverhampton
1 Barnsley		3-0 26N	2-1 7D	2-0 7M	2-1 10D	2-1 13a	4-1 26D	3-1 14J	1-1 22A	4-1 21F	1-1 13S	1-1 2m	1-0 15A	3-1 18M	0-2 27a	2-1 29A	0-0 8O	2-0 5N	2-0 24M	2-1 1O	2-2 11F	0-0 10S	2-0 22O	1-3 31D
2 Bolton Wanderers	2-1 18F		0-2 20a	1-1 7m	5-1 21J	1-0 1O	3-3 17D	0-0 11A	1-0 11M	1-0 30a	2-0 19N	2-2 16O	1-1 17S	1-0 6D	1-0 2J	1-1 22M	3-0 4M	4-0 3S	1-0 17A	3-0 1N	1-0 27D	0-0 29O	3-0 8A	5-1 4F
3 Bristol City	3-2 4F	0-1 10D		1-1 18M	2-1 7M	0-2 13S	1-2 3D	2-2 25F	0-1 24S	1-0 8O	2-2 10S	1-1 18F	0-0 29O	1-2 27a	2-1 29A	0-0 21J	3-1 25M	0-0 27D	3-2 13a	0-1 20N	0-0 8A	1-0 2J	1-0 17A	1-5 1N
4 Burnley	0-1 3S	2-2 8O	1-1 30a		2-0 4A	3-1 15A	0-2 18F	2-1 21M	0-3 18D	1-2 1A	2-1 29O	1-2 11M	4-3 22A	1-2 28M	4-2 21J	5-1 20N	1-1 31D	1-1 20a	1-2 29A	1-1 4F	1-1 1O	1-1 1N	0-1 4M	0-1 17S
5 Charlton Athletic	2-2 20a	1-2 5N	3-2 3S	1-2 22O		3-4 14J	2-1 21M	1-0 22A	0-2 26N	1-1 1J	1-0 4M	2-0 17D	1-0 11M	1-1 29A	1-1 8O	3-1 30a	0-0 26D	1-1 1A	1-0 11F	1-0 17S	0-1 21F	3-0 1O	1-1 13N	3-2 15A
6 Derby County	1-0 17D	2-1 26F	3-1 1A	4-0 15M	2-2 29O		2-1 3S	0-0 20a	0-1 31a	3-2 11M	0-0 3D	2-0 17S	3-0 22J	2-0 19N	1-2 2N	2-3 4F	1-2 29A	1-2 25S	0-1 8A	3-1 22M	5-0 17A	1-1 8O	1-1 2J	3-3 12A
7 Grimsby Town	1-0 17A	3-3 13a	1-0 22O	2-2 26N	1-0 10S	0-1 7M		5-0 11F	2-1 5N	1-0 12N	2-1 28J	1-3 27D	2-0 1O	4-1 13S	0-0 8A	4-1 14J	0-0 21F	3-1 19M	1-1 4M	3-1 27a	0-0 10D	0-0 25M	0-0 29A	
8 Luton Town	0-1 29O	0-3 13S	0-1 1O	0-1 10S	0-1 2J	0-1 11D	0-0 1N		1-2 15O	5-1 4M	1-1 8A	2-0 4F	2-1 19N	2-0 7M	0-1 17A	3-6 3D	2-2 27a	2-3 7m	3-0 27D	3-0 18F	2-0 18M	1-1 26M	1-1 13a	3-3 4A
9 Middlesbrough	1-1 14M	1-0 27a	3-0 4M	2-0 13a	1-0 18F	2-4 18M	1-1 21J	2-1 30A		3-0 1O	2-1 28D	2-1 1N	4-0 3D	3-0 26M	0-1 4F	1-1 17A	1-2 10D	2-1 8A	2-2 11S	3-0 29O	0-1 8O	1-0 7M	2-1 14S	1-0 20N
10 Millwall	0-1 19N	0-1 19M	1-1 7m	2-3 14S	3-1 8A	4-1 27a	2-0 4F	0-0 24S	0-0 26F		0-0 19A	1-1 3J	2-2 2N	1-1 5A	2-1 8M	0-1 29O	3-1 13a	1-1 15O	2-0 10D	3-1 1M	2-1 25M	2-2 27D	1-0 10S	1-0 4D
11 Notts County	1-3 1A	1-1 7F	1-1 21M	3-0 14J	3-3 24S	0-0 23O	0-2 22A	5-1 31D	1-1 15A	0-1 26D		1-3 30a	2-1 17D	2-2 8O	1-0 25F	2-1 11M	2-2 11F	0-2 17S	3-2 5N	0-1 3S	1-0 6D	1-0 29A	2-0 26N	1-1 21a
12 Oldham Athletic	1-0 24S	3-1 29A	2-0 26N	3-0 27a	5-2 13a	1-0 25M	1-0 15A	0-0 12N	0-0 5A	0-1 22A	1-1 14M		3-2 8O	1-3 10D	3-3 10S	0-2 25F	0-0 7M	1-1 22O	0-0 14J	1-1 31D	0-0 6N	0-2 13S	1-0 21F	4-1 26D
13 Portsmouth	3-0 27D	1-0 25M	0-1 14J	0-1 2J	2-1 27a	3-2 6N	0-0 25F	3-2 21F	2-1 23O	1-0 15M	1-1 13a	1-1 7m		0-2 10S	1-1 10D	1-1 8A	1-1 18M	0-1 30N	1-4 26N	4-3 15O	1-1 14S	1-2 17A	0-0 8M	1-0 24S
14 Port Vale	2-1 30a	1-1 22O	2-1 11M	1-0 17A	0-2 15O	1-0 21F	1-2 1A	0-1 3S	2-1 17S	2-1 26N	1-1 7m	3-1 20a	1-0 2m		0-2 28D	0-2 24S	5-0 5N	1-1 14M	0-0 29N	2-2 17D	2-0 15J	0-1 8A	1-0 11F	2-4 25F
15 Reading	0-3 11M	2-1 21A	1-0 15O	0-0 5N	2-1 7m	3-1 11F	1-1 31D	0-0 26D	1-1 6D	0-0 3S	2-1 1O	0-0 21M	3-3 20a	0-0 15A		1-1 17S	2-0 21F	1-0 30a	0-2 22O	3-0 1A	1-3 26N	4-1 4M	0-2 14J	4-2 18D
16 Sheffield United	0-0 16O	3-1 10S	1-0 5N	2-0 21F	2-1 18M	3-1 12N	1-3 6m	1-1 22O	1-3 26D	2-0 14J	1-1 27a	2-0 1O	3-1 31D	1-1 4M	1-1 25M		2-0 26N	1-1 11F	0-2 13S	2-0 15A	3-0 7M	2-0 13a	3-3 10D	
17 Southend United	3-1 7m	2-1 24S	2-1 17S	3-1 8A	2-1 18A	1-0 16O	0-0 29O	3-0 11M	0-2 20a	0-1 17D	1-0 1N	1-0 3S	1-2 30a	1-2 28J	4-1 19N	1-3 18F		4-2 21M	0-1 25F	2-0 3D	0-0 2J	0-4 4F	2-1 27D	0-1 1A
18 Stoke City	0-0 12A	1-1 3m	2-1 15A	2-0 10D	3-2 14S	0-0 4M	3-0 19N	1-2 9O	1-1 31D	4-3 29A	2-0 25M	0-1 4D	0-2 4F	0-1 22A	0-1 18M	1-1 2N	4-1 10S		0-1 27a	0-0 26D	1-0 13a	1-0 4A	4-1 2O	1-1 30O
19 Sunderland	2-0 17S	0-1 26D	1-0 17D	0-0 15O	1-1 31D	1-1 30a	2-2 15A	1-1 21M	0-0 20a	1-1 21J	1-1 29O	2-0 18F	0-1 4F	0-1 3D	1-0 1A	0-1 1O	1-0 11M	1-0 22A		1-0 5M	1-3 19N	2-2 7m	1-1 3S	
20 Swindon Town	0-0 25F	0-1 5A	0-3 15F	1-1 23N	0-1 25M	1-1 11S	3-2 24S	1-2 26N	2-1 15J	1-2 5N	3-0 3m	3-1 8A	0-2 29A	2-0 14a	1-0 14S	1-3 27D	2-2 22O	0-1 17A	1-0 15M		2-2 10D	1-0 27a	3-2 31a	8O
21 Tranmere Rov	6-1 1N	2-0 14A	0-1 31F	4-1 25F	1-1 19N	3-1 26D	1-0 11M	4-2 30a	1-1 7m	3-1 17S	3-2 4F	1-1 22J	1-0 1A	1-0 29O	0-1 18F	0-2 3S	0-1 21A	1-0 17D	3-2 24S	1-0 20a		2-1 3D	3-1 15O	1-1 3m
22 Watford	3-2 21M	0-0 14J	1-0 22A	2-0 11F	2-1 2m	0-0 7m	2-4 20a	1-1 17S	0-1 3S	3-1 14A	1-2 1O	2-0 26D	3-2 31D	2-2 24S	0-0 17D	1-0 12N	0-0 26N	0-1 21F	2-0 11M	0-1 220			1-0 5N	2-1 30a
23 West Brom A	2-1 3D	0-0 31D	1-0 26D	1-0 24S	1-0 5F	0-0 22A	1-1 17S	1-0 18D	1-3 1A	3-0 22M	3-2 18F	0-2 19N	0-0 28S	2-0 2N	1-0 29O	2-0 18O	1-3 15A	1-3 25F	2-5 8O	5-1 19M	0-1 30A	2-0 1F		15M
24 Wolverhampton	0-0 8A	3-1 23N	2-0 11F	2-0 24M	2-0 28D	0-2 27N	2-1 15O	2-3 5N	0-2 21F	3-3 220	1-0 10D	2-1 17A	1-0 5M	2-1 1O	0-1 13a	2-2 2J	5-0 13S	2-0 14J	1-0 8M	1-1 7m	2-0 10S	1-1 18M	2-0 28a	

Final League Table

Pos	Team	Pld	Home					Away					Totals					Pts	GS	Leading Goalscorer	Gls
			W	D	L	F	A	W	D	L	F	A	W	D	L	F	A				
1	**Middlesbrough**	46	15	4	4	41	19	8	9	6	26	21	23	13	10	67	40	82	67	J Hendrie	15
2	Reading	46	12	7	4	34	21	11	3	9	24	23	23	10	13	58	44	79	58	S Lovell	11
3	Bolton Wand (P)	46	16	6	1	43	13	5	8	10	24	32	21	14	11	67	45	77	67	J McGinlay	16
4	Wolverhampton	46	15	5	3	39	18	6	8	9	38	43	21	13	12	77	61	76	77	S Bull	16
5	Tranmere Rovers	46	17	4	2	51	23	5	6	12	16	35	22	10	14	67	58	76	67	**J Aldridge**	**24**
6	Barnsley	46	15	6	2	42	19	5	6	12	21	33	20	12	14	63	52	72	63	A Liddell	13
7	Watford	46	14	6	3	33	17	5	7	11	19	29	19	13	14	52	46	70	52	K Phillips, C Ramage	9
8	Sheffield United	46	12	9	2	41	21	5	8	10	33	34	17	17	12	74	55	68	74	N Blake	17
9	Derby County	46	12	6	5	44	23	6	11	22	28	18	12	16	66	51	66	66	M Gabbiadini	11
10	Grimsby Town	46	12	7	4	36	19	5	7	11	26	37	17	14	15	62	56	65	62	N Woods	14
11	Stoke City	46	10	7	6	31	21	6	8	9	19	32	16	15	15	50	53	63	50	P Peschisolido	13
12	Millwall	46	11	8	4	36	22	5	6	12	24	38	16	14	16	60	60	62	60	A Rae	10
13	Southend United	46	13	2	8	33	25	5	6	12	21	48	18	8	20	54	73	62	54	G Jones, A Thomson	11
14	Oldham Athletic	46	12	7	4	34	21	4	6	13	26	39	16	13	17	60	60	61	60	S McCarthy	15
15	Charlton Athletic	46	11	6	6	33	25	5	13	25	41	16	11	19	58	66	59	58	D Whyte	19
16	Luton Town	46	8	8	6	35	30	7	7	9	26	34	15	15	18	61	64	60	61	D Marshall	11
17	Port Vale	46	11	5	7	30	24	4	8	11	28	40	15	13	18	58	64	58	58	M Foyle	16
18	Portsmouth	46	9	8	6	31	28	6	5	12	22	35	15	13	18	53	63	58	53	G Creaney	18
19	West Brom A	46	13	3	7	33	24	3	7	13	18	33	16	10	20	51	57	58	51	A Hunt	13
20	Sunderland	46	5	12	6	22	22	7	6	10	19	23	12	18	16	41	45	54	41	P Gray	12
21	Swindon Town	46	9	6	8	28	27	3	6	14	26	46	12	12	22	54	73	48	54	J A Γjortoft	16
22	Burnley	46	8	7	8	36	33	3	6	14	13	41	11	13	22	49	74	46	49	D Eyres	8
23	Bristol City	46	8	8	7	26	28	3	4	16	16	35	11	12	23	42	63	45	42	W Allison	13
24	Notts County	46	7	8	8	26	28	2	5	16	19	38	9	13	24	45	66	40	45	P Devlin	9

1994/95 ENDSLEIGH LEAGUE DIVISION 2 [LEVEL 3]
SEASON 96

Total Matches: 552
Total Goals: 1441
Avg goals per match: 2.61

		Birmingham City	Blackpool	Bournemouth	Bradford City	Brentford	Brighton & HA	Bristol Rovers	Cambridge Utd	Cardiff City	Chester City	Crewe Alexandra	Huddersfield T	Hull City	Leyton Orient	Oxford United	Peterborough U	Plymouth Argyle	Rotherham Utd	Shrewsbury T	Stockport Co	Swansea City	Wrexham	Wycombe Wand	York City
1	Birmingham City		7-1	0-0	0-0	2-0	3-3	2-0	1-1	2-1	1-0	5-0	1-1	2-2	2-0	3-0	4-0	4-2	2-1	2-0	1-0	0-1	5-2	0-1	4-2
2	Blackpool	1-1		3-1	2-0	1-2	2-2	0-2	2-3	2-1	3-1	0-0	1-4	1-2	2-1	2-0	4-0	5-2	2-2	2-1	1-2	2-1	2-1	0-1	0-5
3	Bournemouth	2-1	1-2		2-3	0-1	0-3	2-0	1-0	3-2	1-1	1-1	0-2	2-3	2-0	0-2	0-3	0-0	1-1	3-0	2-0	3-2	1-3	2-0	1-4
4	Bradford City	1-1	0-1	1-2		1-0	2-1	2-1	1-1	2-3	1-1	0-2	3-4	1-0	2-0	0-2	4-2	2-0	0-3	1-1	1-2	1-3	1-1	2-1	0-0
5	Brentford	1-2	3-2	1-2	4-3		2-1	3-0	6-0	2-0	1-1	2-0	0-0	0-1	3-0	2-0	0-1	7-0	2-0	1-0	1-0	0-0	0-2	0-0	3-0
6	Brighton & HA	0-1	2-2	0-0	1-0	1-1		1-2	2-0	0-0	1-0	0-1	0-0	1-0	1-1	1-2	1-1	1-1	2-1	2-0	1-1	4-0	1-1	1-0
7	Bristol Rovers	1-1	0-0	2-1	4-0	2-2	3-0		2-1	2-2	3-0	2-2	1-1	0-2	1-0	3-2	3-1	2-0	4-0	2-2	1-0	4-2	1-0	3-1
8	Cambridge Utd	1-0	0-0	2-2	4-1	0-0	0-2	1-1		2-0	2-1	1-2	1-1	2-2	0-0	1-2	0-0	1-1	2-1	3-1	3-4	1-3	1-2	2-2	1-0
9	Cardiff City	0-1	0-1	1-1	2-4	2-3	3-0	0-1	3-1		2-1	1-2	0-0	0-2	2-1	1-3	1-2	0-1	1-1	1-2	1-1	1-1	0-0	2-0	1-2
10	Chester City	0-4	2-0	1-1	1-4	1-4	1-2	0-0	1-3	0-2		0-1	1-2	1-2	1-0	2-0	1-1	1-0	4-4	1-3	1-0	2-2	1-1	0-2	0-4
11	Crewe Alexandra	2-1	4-3	2-0	0-1	0-2	4-0	2-1	4-2	0-0	2-1		3-3	3-2	3-0	3-2	1-3	2-2	3-1	1-0	2-1	1-2	1-3	1-2	2-1
12	Huddersfield T	1-2	1-1	3-1	0-0	1-0	3-0	1-1	3-1	5-1	5-1	1-2		1-1	2-1	3-3	1-2	2-0	1-0	2-1	2-1	2-0	2-1	0-1	3-0
13	Hull City	0-0	1-0	3-1	2-0	1-2	2-2	0-2	1-0	4-0	2-0	7-1	1-0		2-0	3-1	1-1	2-0	0-2	2-2	0-0	3-2	0-0	3-0	
14	Leyton Orient	2-1	0-1	3-2	0-0	0-2	0-3	1-2	1-1	2-0	2-0	1-4	0-2	1-1		1-1	4-1	0-2	0-0	2-1	0-0	0-1	1-1	0-1	0-1
15	Oxford United	1-1	3-2	0-3	1-0	1-1	0-0	0-0	1-0	1-0	2-1	3-1	4-0	3-2		1-0	1-0	2-1	0-0	4-0	1-2	0-0	0-2	0-2	
16	Peterborough Utd	1-1	1-0	0-0	0-0	2-2	2-1	0-0	2-2	2-1	2-0	1-5	2-2	2-1	0-0	1-4		1-2	2-2	1-1	0-1	1-0	1-0	1-3	1-1
17	Plymouth Argyle	1-3	0-2	0-1	1-5	1-5	0-3	1-1	0-0	1-0	3-2	0-3	2-1	1-1	0-1		0-0		1-0	0-2	2-1	4-1	2-2	1-2
18	Rotherham United	1-1	0-2	4-0	3-1	0-2	4-3	0-3	1-0	2-0	2-0	2-2	1-1	2-0	2-0	1-1	0-0	3-1		0-4	1-0	3-3	0-1	2-0	2-1
19	Shrewsbury Town	0-2	0-0	3-0	1-2	2-1	1-1	0-1	1-0	1-2	2-1	2-3	3-0	1-1	2-2	3-2	1-0		1-1	3-3	2-2	2-2	1-0		
20	Stockport County	0-1	3-2	1-0	1-2	0-1	2-0	2-1	2-1	4-1	2-2	3-1	1-2	4-0	2-1	0-2	1-1	2-4	1-2	2-1		0-1	1-1	4-1	2-3
21	Swansea City	0-2	1-0	1-0	0-0	0-2	1-0	0-0	1-0	4-1	0-1	0-1	1-1	2-0	2-0	1-3	2-0	1-0	0-0	3-0	1-0		0-0	1-1	0-0
22	Wrexham	1-1	0-1	2-0	1-0	0-0	2-1	1-1	0-1	0-3	2-2	1-0	1-1	2-2	4-1	3-2	3-3	3-1	3-1	0-1	1-0	4-1		4-1	1-1
23	Wycombe Wand	0-3	1-1	1-1	3-1	4-3	0-0	0-0	3-0	3-1	3-1	0-0	2-1	1-2	2-1	1-0	3-1	1-2	2-0	1-0	1-1	1-0	3-0		0-0
24	York City	2-0	4-0	1-0	0-0	2-1	1-0	0-3	2-0	1-1	2-0	1-2	3-0	3-1	4-1	0-2	1-1	1-0	2-0	3-0	2-4	2-4	0-1	0-0	

Final League Table

Pos	Team	Pld	Home					Away					Totals						Leading Goalscorer	Gls
			W	D	L	F	A	W	D	L	F	A	W	D	L	F	A	Pts	GS		
1	**Birmingham City**	46	15	6	2	53	18	10	8	5	31	19	25	14	7	84	37	89	84	S Claridge	20
2	Brentford	46	14	4	5	44	15	11	6	6	37	24	25	10	11	81	39	85	81	N Forster	24
3	Crewe Alexandra	46	14	3	6	46	33	11	5	7	34	35	25	8	13	80	68	83	80	W Collins	11
4	Bristol Rovers	46	15	7	1	48	20	7	9	7	22	20	22	16	8	70	40	82	70	P Miller	16
5	Huddersfield T (P)	46	14	5	4	45	21	8	10	5	34	28	22	15	9	79	49	81	79	A Booth	26
6	Wycombe Wand	46	13	7	3	36	19	8	8	7	24	27	21	15	10	60	46	78	60	S Garner, C Regis	9
7	Oxford United	46	13	6	4	30	18	8	6	9	36	34	21	12	13	66	52	75	66	P Moody	20
8	Hull City	46	13	6	4	40	18	8	5	10	30	39	21	11	14	70	57	74	70	D Windass	17
9	York City	46	13	4	6	37	21	8	5	10	30	30	21	9	16	67	51	72	67	P Barnes	16
10	Swansea City	46	10	8	5	23	13	9	6	8	34	32	19	14	13	57	45	71	57	S Torpey	11
11	Stockport County	46	12	3	8	40	29	7	11	5	23	31	19	14	13	63	60	63	A Armstrong	14
12	Blackpool	46	11	4	8	40	36	7	6	10	24	34	18	10	18	64	69	64	64	T Ellis	17
13	Wrexham	46	10	7	6	38	27	6	8	9	27	37	16	15	15	65	64	63	65	G Bennett	29
14	Bradford City	46	8	6	9	29	32	8	6	9	28	32	16	12	18	57	64	60	57	P Jewell	14
15	Peterborough U	46	7	11	5	26	29	7	7	9	28	40	14	18	14	54	69	60	54	K Charlery	16
16	Brighton & HA	46	9	10	4	25	15	5	7	11	29	34	14	17	15	54	53	59	54	J McDougald	10
17	Rotherham United	46	12	6	5	36	26	2	8	13	21	35	14	14	18	57	61	56	57	S Goater	19
18	Shrewsbury T	46	9	9	5	34	27	4	5	14	20	35	13	14	19	54	62	53	54	W Clarke	11
19	Bournemouth	46	9	4	10	30	34	4	7	12	19	35	13	11	22	49	69	50	49	S Jones	9
20	Cambridge United	46	8	9	6	33	28	3	6	14	19	41	11	15	20	52	69	48	52	C Corazzin	19
21	Plymouth Argyle	46	7	6	10	22	36	5	4	14	23	47	12	10	24	45	83	46	45	R Landon, K Nugent	7
22	Cardiff City	46	5	6	12	25	31	4	5	14	21	43	9	11	26	46	74	38	46	P Stant	13
23	Chester City	46	5	6	12	23	42	1	5	17	14	42	6	11	29	37	84	29	37	A Milner	8
24	Leyton Orient	46	6	6	11	21	29	0	2	21	9	46	6	8	32	30	75	26	30	C West	9

1994/95 ENDSLEIGH LEAGUE DIVISION 3 [LEVEL 4]
SEASON 96

Total Matches: 462
Total Goals: 1229
Avg goals per match: 2.66

Results Grid

#	Team	Barnet	Bury	Carlisle United	Chesterfield	Colchester Utd	Darlington	Doncaster Rov	Exeter City	Fulham	Gillingham	Hartlepool United	Hereford United	Lincoln City	Mansfield Town	Northampton T	Preston NE	Rochdale	Scarborough	Scunthorpe Utd	Torquay United	Walsall	Wigan Athletic
1	Barnet		1-1	0-2	4-1	0-1	2-3	0-0	1-1	0-0	1-0	4-0	2-2	2-1	2-2	2-3	2-1	6-2	3-1	1-2	2-0	1-3	1-1
2	Bury	3-0		2-0	2-1	4-1	2-1	2-0	0-0	0-0	3-2	2-0	1-1	2-0	2-2	5-0	0-0	0-1	1-0	2-0	3-1	0-0	3-3
3	Carlisle United	4-0	3-0		1-1	0-0	2-1	1-1	1-0	1-1	0-0	0-1	1-0	1-3	2-1	2-1	0-0	4-1	2-0	2-1	1-0	2-1	2-1
4	Chesterfield	2-0	0-0	1-2		2-2	0-0	2-0	2-0	1-2	2-0	1-0	1-0	0-1	3-0	1-0	2-2	0-1	3-1	1-0	0-0	0-0	0-0
5	Colchester United	1-1	0-0	0-1	0-3		1-0	0-3	3-1	5-2	2-2	1-0	2-2	1-2	1-1	0-1	3-1	0-0	0-2	4-2	1-3	3-2	0-1
6	Darlington	0-1	0-2	0-2	0-1	2-3		0-2	2-0	0-0	2-0	1-2	3-1	0-0	0-0	4-1	0-0	4-0	1-0	1-3	2-1	2-2	1-3
7	Doncaster Rovers	1-1	1-2	0-0	1-3	1-2	0-0		1-0	0-0	1-2	3-0	3-0	3-0	0-2	1-0	2-1	0-1	1-1	3-0	0-2	5-3	
8	Exeter City	1-2	0-4	1-1	1-2	1-0	0-2	1-5		0-1	3-0	2-1	1-1	1-0	2-3	0-0	0-1	0-0	5-2	2-2	1-2	1-3	2-4
9	Fulham	4-0	1-0	1-3	1-1	1-2	3-1	0-2	4-0		1-0	1-1	1-1	4-2	4-4	0-1	5-0	1-2	1-0	2-1	1-1	2-0	
10	Gillingham	2-1	1-1	0-1	1-1	1-3	2-1	4-2	3-0	4-1		0-0	0-0	0-0	0-2	3-1	2-3	1-1	3-1	2-2	1-0	1-3	0-1
11	Hartlepool United	0-1	3-1	1-5	0-2	3-1	1-0	2-1	2-2	1-2	2-0		4-0	0-3	3-2	1-1	3-1	1-0	3-3	1-4	1-1	1-1	0-1
12	Hereford United	3-2	1-0	0-1	3-2	0-0	0-1	3-0	0-0	1-1	2-1	1-0		0-3	0-0	2-1	0-0	2-1	1-1	0-0	2-1	1-1	1-2
13	Lincoln City	1-2	0-3	1-1	0-1	2-0	3-1	1-0	2-0	2-0	1-1	3-0	2-0		3-2	2-2	1-1	2-2	0-3	3-3	1-2	1-1	1-0
14	Mansfield Town	3-0	0-2	1-2	4-2	2-0	0-1	0-1	1-1	1-1	4-0	2-0	7-1	6-2		1-1	1-2	1-1	3-2	1-0	2-2	1-3	4-3
15	Northampton Town	1-1	0-5	2-1	2-3	1-1	2-1	0-0	2-1	0-1	2-0	1-1	1-3	3-1	0-1		2-1	1-2	0-3	0-1	2-0	2-2	1-0
16	Preston North End	1-0	5-0	1-0	0-0	2-1	1-3	2-2	0-1	3-2	1-1	3-0	4-2	4-0	2-1	2-0		3-0	1-0	0-1	0-1	1-2	1-0
17	Rochdale	2-2	0-3	1-1	4-1	0-0	2-0	0-0	0-1	1-2	2-1	1-0	1-3	1-0	3-3	0-0	0-1		1-1	1-2	2-0	0-2	1-0
18	Scarborough	0-1	1-2	1-2	0-1	0-1	3-1	2-2	0-2	3-1	0-0	2-2	3-1	1-1	2-5	0-0	1-1	2-4		3-0	1-1	1-2	0-1
19	Scunthorpe United	1-0	3-2	2-3	0-1	3-4	2-1	0-5	3-0	1-2	3-0	0-0	1-0	2-0	3-4	1-1	2-1	4-1	3-1		3-2	0-1	3-1
20	Torquay United	1-2	2-2	1-1	3-3	3-3	1-0	0-1	0-0	2-1	3-1	2-2	0-1	2-1	2-1	1-0	4-1	2-1	1-1			3-2	0-0
21	Walsall	4-0	0-1	1-2	1-3	2-0	2-0	1-0	1-0	5-1	2-1	4-1	4-3	2-1	1-0	1-1	2-2	0-0	4-1	2-1	1-0		2-0
22	Wigan Athletic	1-2	0-3	0-2	2-3	1-2	4-1	3-2	3-1	1-1	0-3	2-0	1-1	0-0	0-4	2-1	1-1	4-0	1-1	0-0	1-1	1-0	

Final League Table

Pos	Team	Pld	Home W	Home D	Home L	Home F	Home A	Away W	Away D	Away L	Away F	Away A	Totals W	Totals D	Totals L	Totals F	Totals A	Pts	GS	Leading Goalscorer	Gls
1	Carlisle United	46	14	5	2	34	14	13	5	3	33	17	27	10	5	67	31	91	67	D Reeves	21
2	Walsall	46	15	3	3	42	18	9	8	4	33	22	24	11	7	75	40	83	75	K Lightbourne	23
3	Chesterfield (P)	46	11	7	3	26	10	12	5	4	36	27	23	12	7	62	37	81	62	K Davies	11
4	Bury	46	13	7	1	39	13	10	4	7	34	23	23	11	8	73	36	80	73	D Pugh	16
5	Preston N E	46	13	3	5	37	17	6	7	8	21	24	19	10	13	58	41	67	58	M Conroy	10
6	Mansfield Town	46	10	5	6	45	27	8	6	7	39	32	18	11	13	84	59	65	84	S Wilkinson	22
7	Scunthorpe Utd	46	12	2	7	40	30	6	6	9	28	33	18	8	16	68	63	62	68	J Eyre, I Juryeff	8
8	Fulham	46	11	5	5	39	22	5	9	7	21	32	16	14	12	60	54	62	60	S Morgan	11
9	Doncaster Rovers	46	9	5	7	28	20	8	5	8	30	23	17	10	15	58	43	61	58	G Jones	12
10	Colchester United	46	8	5	8	29	30	8	5	8	27	34	16	10	16	56	64	58	56	S Whitton	10
11	Barnet	46	8	7	6	37	27	7	4	10	19	36	15	11	16	56	63	56	56	D Freedman	24
12	Lincoln City	46	10	7	4	34	22	5	4	12	20	33	15	11	16	54	55	56	54	G Bannister, M Carbon, T Daws	7
13	Torquay United	46	10	8	3	35	25	4	5	12	19	32	14	13	15	54	57	55	54	R Hancox	9
14	Wigan Athletic	46	7	6	8	28	30	7	4	10	25	30	14	10	18	53	60	52	53	A Lyons	15
15	Rochdale	46	8	6	7	25	20	4	8	9	19	44	12	14	16	44	67	50	44	S Whitehall	10
16	Hereford United	46	9	6	6	22	19	3	7	11	23	43	12	13	17	45	62	49	45	S White	15
17	Northampton T	46	8	5	8	25	29	2	9	10	20	38	10	14	18	45	67	44	45	N Grayson	8
18	Hartlepool United	46	6	5	7	23	22	5	4	14	20	37	11	10	21	43	69	43	43	K Houchen	13
19	Gillingham	46	8	7	6	31	25	2	4	15	15	39	10	11	21	46	64	41	40	C Pike	13
20	Darlington	46	7	5	9	25	24	4	3	14	18	33	11	8	23	43	57	41	43	R Painter	9
21	Scarborough	46	4	7	10	26	31	6	2	14	23	39	10	9	24	49	70	39	49	J White	11
22	Exeter City	46	5	5	11	25	36	3	5	13	11	34	8	10	24	36	70	34	36	M Cecere	10

1995/96 FA CARLING PREMIERSHIP
SEASON 4

Total Matches	380
Total Goals	988
Avg goals per match	2.6

		Arsenal	Aston Villa	Blackburn Rov	Bolton Wand	Chelsea	Coventry City	Everton	Leeds United	Liverpool	Manchester City	Manchester Utd	Middlesbrough	Newcastle Utd	Nottm Forest	QPR	Sheffield Weds	Southampton	Tottenham H	West Ham Utd	Wimbledon
1	Arsenal		2-0 21O	0-0 26N	2-1 5m	1-1 16D	1-1 3F	1-2 20J	2-1 6A	1-0 1m	3-1 5M	1-0 4N	1-1 20a	2-0 23M	1-1 29a	3-0 26D	4-2 21N	4-2 23S	0-0 15A	1-0 16S	1-3 30D
2	Aston Villa	1-1 2D		2-0 28F	1-0 30a	0-1 14O	4-1 16D	1-0 28O	3-0 3F	0-2 31J	0-1 27A	3-1 19a	0-0 19M	1-1 18N	1-1 23S	4-2 9M	3-2 6M	3-0 8A	2-1 21J	1-1 17A	2-0 16S
3	Blackburn Rovers	1-1 27A	1-1 9S		3-1 3F	3-0 28O	5-1 23S	0-3 30M	1-0 13M	2-3 24F	2-0 26D	1-2 28a	1-0 16D	2-1 8A	7-0 18N	1-0 19a	3-0 20J	2-1 14O	2-1 30D	4-2 2D	3-2 17A
4	Bolton Wanderers	1-0 30O	0-2 10F	2-1 26a		2-1 8A	1-2 30D	1-1 14O	0-2 27D	0-1 9D	1-1 30M	0-6 25F	1-1 9S	1-3 22a	1-0 2D	0-1 30S	2-1 23M	0-1 27A	2-3 20M	0-3 18N	1-0 13J
5	Chelsea	1-0 30S	1-2 6A	2-3 5m	3-2 22N		2-2 30a	0-0 19a	4-1 13A	2-2 30D	1-1 12M	1-4 21O	5-0 4F	1-0 9D	1-0 20J	1-1 23M	0-0 4N	3-0 16S	0-0 25N	1-2 17F	1-2 26D
6	Coventry City	0-0 26a	0-3 30S	5-0 9D	0-2 16M	1-0 10F		2-1 23D	0-0 5m	2-1 6A	0-4 23a	0-0 22N	2-1 24F	0-0 14J	1-1 9S	1-0 13A	1-1 21O	1-1 1J	2-3 4N	2-2 2M	3-3 25N
7	Everton	0-2 23a	1-0 5m	1-0 5N	3-0 6A	1-1 13J	2-2 9M		2-0 30D	1-1 16A	2-0 10F	2-3 9S	4-0 26D	1-3 1O	3-0 24F	2-0 22N	2-2 25N	2-0 26a	1-1 22O	3-0 11D	2-4 23M
8	Leeds United	0-3 14O	2-0 26a	0-0 1J	0-1 2M	1-0 18N	3-1 28O	2-2 17M		1-0 21a	0-1 2D	3-1 24D	0-1 30M	0-1 29a	1-3 8A	1-3 16S	2-0 30S	1-0 3A	1-3 2m	2-0 13J	1-1 9D
9	Liverpool	3-1 23D	3-0 3M	3-0 16S	5-2 23S	2-0 16M	0-0 14O	1-2 18N	5-0 20J		6-0 28O	2-0 17D	1-0 27A	1-0 3A	1-0 1J	1-1 30a	1-0 19a	1-0 2D	0-0 3F	2-0 8A	1-0 13M
10	Manchester City	0-1 10S	1-0 25N	1-1 2M	1-0 4N	0-1 23D	1-1 20J	0-2 30a	0-0 21O	2-2 5m		2-3 6A	0-1 23S	3-3 24F	1-1 18D	2-0 3F	1-0 13A	2-1 16M	1-1 19a	2-1 1J	1-0 22N
11	Manchester United	1-0 20M	0-0 13J	1-0 10F	3-0 16S	1-1 2D	1-0 8A	2-0 21F	1-0 17A	2-2 1O	1-0 14O		2-0 28O	2-0 27D	5-0 28A	2-1 30D	2-2 9D	4-1 18N	1-0 24M	2-1 23a	3-1 26a
12	Middlesbrough	2-3 13J	0-2 1J	2-0 30S	1-4 17F	2-0 26a	2-1 16S	0-2 2M	1-1 4N	2-1 25N	4-1 9D	0-3 5m		1-2 10F	1-1 16M	1-0 21O	3-1 5A	0-0 12S	4-2 21N	4-2 23D	1-2 13A
13	Newcastle United	2-0 2J	1-0 14A	1-0 8N	1-0 20J	2-0 24S	3-0 19a	2-1 16D	2-1 25N	2-1 4N	3-1 16S	0-1 4M	1-0 30a		3-1 23D	2-1 6A	2-0 3F	1-0 17A	1-1 5m	3-0 18M	6-1 21O
14	Nottingham Forest	0-1 10F	1-1 10D	1-5 13A	3-2 21O	0-0 23a	0-0 17A	3-2 17S	2-1 31J	1-0 23M	3-0 30S	1-1 27N	1-1 30D	1-1 2m		3-0 5m	1-0 26D	1-0 13J	2-1 6A	1-1 26a	4-1 6N
15	Queens Park Rangers	1-1 2M	1-0 23D	0-1 13J	2-1 16D	1-2 2J	1-1 19N	3-1 8A	1-2 6M	1-2 11F	1-0 26a	1-1 16M	2-3 2D	1-1 14O	2-3 28O		0-3 9S	3-0 30M	2-3 25S	3-0 27A	0-3 23a
16	Sheffield Wednesday	1-0 8A	2-0 16M	2-1 23a	4-2 1J	0-0 17A	4-3 4D	2-5 27A	1-1 16D	1-1 13J	1-0 18N	0-0 23S	0-1 15O	0-2 27a	1-3 2M	1-3 17F		2-2 23D	1-3 16S	0-1 28O	2-1 10F
17	Southampton	0-0 9D	0-1 20N	1-0 6A	1-0 25N	2-3 24F	1-0 25M	2-2 3F	1-1 30a	1-3 22O	1-1 31J	1-3 13A	2-1 20J	1-0 9S	3-4 19a	2-0 4N	0-1 20M		0-0 26D	0-0 2O	0-0 5m
18	Tottenham Hotspur	2-1 18N	0-1 23a	2-3 16M	2-2 23D	1-1 27A	3-1 30M	0-0 2D	2-1 9S	1-3 26a	1-0 13J	4-1 1J	1-1 8A	0-1 29O	1-0 14O	0-1 9D	1-0 24F	1-0 2M		0-1 12F	3-1 30S
19	West Ham United	0-1 24F	1-4 4N	1-1 21O	1-0 13A	1-3 11S	3-2 31J	1-1 23S	1-2 19a	0-0 22N	4-2 23M	0-1 22J	2-0 9M	2-0 21F	1-0 3F	1-1 25N	1-1 10D	2-1 30a	1-1 6A		1-1
20	Wimbledon	0-3 16M	3-3 24F	1-1 23D	3-2 19a	1-1 2M	0-2 27A	2-3 1J	2-4 23S	1-0 9S	3-0 8A	2-4 3F	0-0 18N	3-3 3D	1-0 30M	2-1 20J	2-2 30a	1-2 28O	0-1 16D	0-1 16O	

Final League Table

Pos	Team	Pld	Home					Away					Totals						Leading Goalscorer	Gls
			W	D	L	F	A	W	D	L	F	A	W	D	L	F	A	Pts	GD		
1	Manchester Utd	38	15	4	0	36	9	10	3	6	37	26	25	7	6	73	35	82	+38	E Cantona	14
2	Newcastle United	38	17	1	1	38	9	7	5	7	28	28	24	6	8	66	37	78	+29	L Ferdinand	25
3	Liverpool	38	14	4	1	46	13	6	7	6	24	21	20	11	7	70	34	71	+36	R Fowler	28
4	Aston Villa	38	11	5	3	32	15	7	4	8	20	20	18	9	11	52	35	63	+17	D Yorke	17
5	Arsenal	38	10	7	2	30	16	7	5	7	19	16	17	12	9	49	32	63	+17	I Wright	15
6	Everton	38	10	5	4	35	19	7	5	7	29	25	17	10	11	64	44	61	+20	A Kanchelskis	16
7	Blackburn Rovers	38	14	2	3	44	19	4	5	10	17	28	18	7	13	61	47	61	+14	**A Shearer**	**31**
8	Tottenham H	38	9	5	5	26	19	7	8	4	24	19	16	13	9	50	38	61	+12	T Sheringham	16
9	Nottm Forest	38	11	6	2	29	17	4	7	8	21	37	15	13	10	50	54	58	-4	J Lee, B Roy, I Woan	8
10	West Ham United	38	9	5	5	25	21	5	4	10	18	31	14	9	15	43	52	51	-9	T Cottee, J Dicks	10
11	Chelsea	38	7	7	5	30	22	5	7	7	16	22	12	14	12	46	44	50	+2	J Spencer	13
12	Middlesbrough	38	8	3	8	27	27	3	7	9	8	23	11	10	17	35	50	43	-15	N Barmby	7
13	Leeds United	38	8	3	8	21	21	4	4	11	19	36	12	7	19	40	57	43	-17	T Yeboah	12
14	Wimbledon	38	5	6	8	27	33	5	5	9	28	37	10	11	17	55	70	41	-15	R Earle	11
15	Sheffield Weds	38	7	5	7	30	31	3	5	11	18	30	10	10	18	48	61	40	-13	D Hirst	13
16	Coventry City	38	6	7	6	21	23	2	7	10	21	37	8	14	16	42	60	38	-18	D Dublin	14
17	Southampton	38	7	7	5	21	18	2	4	13	13	34	9	11	18	34	52	38	-18	M Le Tissier, N Shipperley	7
18	Manchester City	38	7	7	5	21	19	2	4	13	12	39	9	11	18	33	58	38	-25	U Rosler	9
19	Queens Park R	38	6	5	8	25	26	3	1	15	13	31	9	6	23	38	57	33	-19	D Dichio	10
20	Bolton Wand	38	6	4	10	16	31	2	1	15	23	40	8	5	25	39	71	29	-32	J McGinlay	6

1995/96 ENDSLEIGH LEAGUE DIVISION 1 [LEVEL 2]
SEASON 97

Total Matches 552
Total Goals 1417
Avg goals per match 2.57

Results Grid

	Barnsley	Birmingham C	Charlton Athletic	Crystal Palace	Derby County	Grimsby Town	Huddersfield T	Ipswich Town	Leicester City	Luton Town	Millwall	Norwich City	Oldham Athletic	Port Vale	Portsmouth	Reading	Sheffield United	Southend United	Stoke City	Sunderland	Tranmere Rov	Watford	West Brom A	Wolverhampton
1 Barnsley		0-5	1-2	1-1	2-0	1-1	3-0	3-3	2-2	1-0	3-1	2-2	2-1	1-1	0-0	0-1	2-2	1-1	3-1	0-1	2-1	2-1	1-1	1-0
2 Birmingham City	0-0		3-4	0-0	1-4	3-1	2-0	3-1	2-2	4-0	2-2	3-1	0-0	3-1	2-0	1-2	0-1	2-0	1-1	0-2	1-0	1-0	1-1	2-0
3 Charlton Athletic	1-1	3-1		0-0	0-0	0-1	2-1	0-2	0-1	1-1	2-0	1-1	1-1	2-2	2-1	1-1	1-1	0-3	2-1	1-1	0-0	2-1	4-1	1-1
4 Crystal Palace	4-3	3-2	1-1		0-0	5-0	0-0	1-1	0-1	2-0	1-2	0-1	2-2	2-2	0-0	0-0	2-0	1-1	0-1	2-1	4-0	1-0	3-2
5 Derby County	4-1	1-1	2-0	2-1		1-1	3-2	1-1	0-1	1-1	2-2	2-1	2-1	0-0	3-2	3-0	4-2	1-0	3-1	3-1	6-2	1-1	3-0	0-0
6 Grimsby Town	3-1	2-1	1-2	0-2	1-1		1-1	3-1	2-2	0-0	1-2	2-2	1-1	1-0	2-1	0-0	2-1	1-1	1-0	0-4	1-1	0-0	1-0	3-0
7 Huddersfield T	3-0	4-2	2-2	3-0	0-1	1-3		2-1	3-1	1-0	3-0	3-2	0-0	0-2	0-1	3-1	1-2	3-1	1-1	1-1	1-0	1-0	4-1	2-1
8 Ipswich Town	2-2	2-0	1-5	1-0	1-0	2-2	2-1		4-2	0-1	0-0	2-1	5-1	3-2	1-2	1-1	1-1	4-1	3-0	1-2	4-2	2-1	1-2
9 Leicester City	2-2	3-0	1-1	2-3	0-0	2-1	0-0	0-2		1-1	2-1	3-2	2-0	1-1	4-2	1-1	0-2	1-3	2-3	0-0	0-1	1-0	1-2	1-0
10 Luton Town	1-3	0-0	0-1	0-0	1-2	3-2	2-2	1-1	1-1		1-0	1-3	1-1	3-2	1-1	1-0	3-1	1-2	0-2	3-2	0-0	1-2	2-3
11 Millwall	0-1	2-0	0-2	1-4	0-1	2-1	0-0	2-1	1-1	1-0		2-1	0-1	1-2	1-1	1-1	1-0	0-0	2-3	1-2	2-2	1-2	2-1	0-1
12 Norwich City	3-1	1-1	0-1	1-0	1-0	2-2	2-0	2-1	0-1	1-1	0-0		2-1	2-1	1-1	3-3	0-0	0-1	0-0	1-1	1-2	2-2	2-3
13 Oldham Athletic	0-1	4-0	1-1	0-1	1-0	3-0	1-1	3-1	1-0	2-2	2-0			2-2	1-1	2-1	2-1	0-1	2-0	1-2	1-2	0-0	1-2	0-0
14 Port Vale	3-0	1-2	1-3	1-2	1-1	1-0	1-0	0-2	1-0	0-1	1-0	1-3		0-2	3-2	2-3	2-1	0-0	1-1	0-1	1-1	3-1	2-2
15 Portsmouth	0-0	0-1	2-1	2-3	2-2	3-1	1-1	0-1	2-1	4-0	0-1	1-0	2-1	1-2		0-1	1-2	4-2	3-3	2-2	0-2	4-2	0-2	0-2
16 Reading	0-0	0-1	0-0	0-2	3-2	0-2	0-2	1-1	1-4	1-1	3-1	1-2	0-3	2-0	2-2		0-1	0-3	3-3	1-0	1-1	1-0	0-0	3-1
17 Sheffield United	1-0	1-1	2-0	2-3	0-2	1-2	0-2	2-2	1-3	1-0	2-0	2-1	2-1	1-1	4-1	0-0		3-0	0-0	0-0	0-2	1-1	1-2	2-1
18 Southend United	0-0	3-1	1-1	1-1	1-2	1-0	0-0	2-1	2-1	0-1	2-0	1-1	1-1	2-1	2-1	0-0	2-1		2-4	0-2	2-0	1-1	2-1	2-1
19 Stoke City	2-0	1-0	1-0	0-1	1-1	1-2	1-1	3-1	1-0	5-0	1-1	1-1	0-1	1-1	0-1	1-1	0-1	2-2		1-0	0-0	2-0	2-1	1-0
20 Sunderland	2-1	3-0	0-0	1-0	3-0	1-0	3-2	1-0	1-2	0-0	6-0	0-1	1-0	0-0	1-1	2-2	2-0	1-0	0-0		0-0	1-1	0-0	2-0
21 Tranmere Rovers	1-3	2-2	0-0	2-3	5-1	0-1	3-1	5-2	1-1	1-0	2-2	1-1	2-1	1-2	2-1	1-1	3-0	0-0	2-0		2-3	2-2	2-2
22 Watford	2-3	1-1	1-2	0-0	0-0	6-3	0-1	2-3	0-1	1-1	0-1	0-2	2-1	5-2	1-2	4-2	2-1	2-2	3-0	3-3	3-0		1-1	1-1
23 West Brom A	2-1	1-0	2-3	2-3	3-2	3-1	1-2	0-0	2-3	0-2	1-0	1-4	1-0	1-1	2-1	2-0	3-1	3-1	0-1	0-1	1-1	4-4		0-0
24 Wolverhampton	2-2	3-2	0-0	0-2	3-0	4-1	0-0	2-2	2-3	0-0	1-1	0-2	1-3	0-1	2-2	1-1	1-0	2-0	1-4	3-0	2-1	3-0	1-1	

Final League Table

Pos	Team	Pld	Home W	Home D	Home L	Home F	Home A	Away W	Away D	Away L	Away F	Away A	Totals W	Totals D	Totals L	Totals F	Totals A	Pts	GS	Leading Goalscorer	Gls
1	Sunderland	46	13	8	2	32	10	9	9	5	27	23	22	17	7	59	33	83	59	C Russell	13
2	Derby County	46	14	8	1	48	22	7	8	8	23	29	21	16	9	71	51	79	71	D Sturridge	20
3	Crystal Palace	46	9	9	5	34	22	11	6	6	33	26	20	15	11	67	48	75	67	D Freedman	20
4	Stoke City	46	13	6	4	32	15	7	7	9	28	34	20	13	13	60	49	73	60	M Sheron	15
5	Leicester City (P)	46	9	7	7	32	29	10	7	6	34	31	19	14	13	66	60	71	66	I Roberts	19
6	Charlton Athletic	46	8	11	4	28	23	9	5	9	29	22	17	20	9	57	45	71	57	C Leaburn	9
7	Ipswich Town	46	13	5	5	45	30	6	7	10	34	39	19	12	15	79	69	69	79	I Marshall	19
8	Huddersfield T	46	14	4	5	42	23	3	8	12	19	35	17	12	17	61	58	63	61	A Booth	16
9	Sheffield United	46	9	7	7	29	25	7	7	9	28	29	16	14	16	57	54	62	57	N Blake	12
10	Barnsley	46	9	10	4	34	28	5	8	10	26	38	14	18	14	60	66	60	60	A Payton	17
11	West Brom A	46	11	5	7	38	26	5	7	11	26	39	16	12	18	60	68	60	60	B Taylor	17
12	Port Vale	46	10	5	8	30	29	5	10	8	29	37	15	15	16	59	66	60	59	T Naylor	11
13	Tranmere Rovers	46	9	9	5	42	29	5	8	10	22	31	14	17	15	64	60	59	64	J Aldridge	27
14	Southend United	46	11	8	4	30	22	4	6	13	22	39	15	14	17	52	61	59	52	D Regis	8
15	Birmingham City	46	11	7	5	37	23	4	6	13	24	41	15	13	18	61	64	58	61	J Hunt	11
16	Norwich City	46	7	9	7	26	24	7	6	10	33	31	14	15	17	59	55	57	59	R Fleck, A Ward	10
17	Grimsby Town	46	8	10	5	27	25	6	4	13	28	44	14	14	18	55	69	56	55	S Livingstone	11
18	Oldham Athletic	46	10	7	6	33	20	4	7	12	21	30	14	14	18	54	50	56	54	L Richardson	11
19	Reading	46	8	8	7	28	30	5	10	8	26	33	13	17	16	54	63	56	54	J Quinn	11
20	Wolverhampton	46	8	9	6	34	28	5	7	11	23	34	13	16	17	62	55	56	62	D Goodman	16
21	Portsmouth	46	8	6	9	34	32	5	7	11	27	37	13	13	20	61	69	52	61	P Hall, A McLoughlin	10
22	Millwall	46	7	6	10	25	28	6	7	10	20	35	13	13	20	43	63	52	43	A Rae	13
23	Watford	46	7	8	8	40	33	3	10	10	22	37	10	18	18	62	70	48	62	C Ramage	15
24	Luton Town	46	7	8	8	10	30	4	6	13	10	30	11	12	23	40	64	45	40	B Guentchev, D Marshall	9

1995/96 ENDSLEIGH LEAGUE DIVISION 2 [LEVEL 3]
SEASON 97

Total Matches: 552
Total Goals: 1414
Avg goals per match: 2.56

Results Grid

#	Team	Blackpool	Bournemouth	Bradford City	Brentford	Brighton & HA	Bristol City	Bristol Rovers	Burnley	Carlisle United	Chesterfield	Crewe Alexandra	Hull City	Notts County	Oxford United	Peterborough U	Rotherham Utd	Shrewsbury T	Stockport Co	Swansea City	Swindon Town	Walsall	Wrexham	Wycombe Wand	York City
1	Blackpool		2-1	4-1	1-0	2-1	3-0	3-0	3-1	3-1	0-0	2-1	1-1	1-0	1-1	2-1	1-2	2-1	0-1	4-0	1-1	1-2	2-0	1-1	1-3
2	Bournemouth	1-0		3-1	1-0	3-1	1-1	2-1	0-2	2-0	2-0	0-4	2-0	0-2	0-1	3-0	2-1	0-2	3-2	3-1	0-0	0-0	1-1	2-3	2-2
3	Bradford City	2-1	1-0		2-1	1-3	3-0	2-3	2-2	3-1	2-1	2-1	1-1	1-0	1-0	2-1	2-0	3-1	0-1	5-1	1-1	1-0	2-0	0-4	2-2
4	Brentford	1-2	2-0	2-1		0-1	2-2	0-0	1-0	1-1	1-2	2-1	1-0	0-0	1-0	3-1	1-1	0-2	1-0	0-0	0-2	1-0	1-0	1-0	2-2
5	Brighton & HA	1-2	2-0	0-0	0-0		0-2	2-0	1-0	1-0	0-2	2-2	4-0	1-0	1-2	1-2	1-1	2-0	1-1	0-2	1-3	0-3	2-2	1-2	1-3
6	Bristol City	1-1	3-0	2-1	0-0	0-1		0-2	0-1	1-1	2-1	3-2	4-0	0-2	0-2	0-1	4-3	2-0	1-0	1-0	0-0	0-2	3-1	0-0	1-1
7	Bristol Rovers	1-1	0-2	1-0	2-0	1-0	2-4		1-0	1-1	1-0	1-2	2-1	0-3	2-0	1-1	1-0	2-1	1-3	2-2	1-4	2-0	1-2	2-1	1-4
8	Burnley	0-1	0-0	2-3	1-0	3-0	0-0	0-1		2-0	2-2	0-1	2-1	3-4	0-2	2-1	2-1	2-1	4-3	0-0	1-1	2-2	1-1	3-3	
9	Carlisle United	1-2	4-0	2-2	2-1	1-0	2-1	1-2	2-0		1-1	1-0	2-0	0-0	1-2	1-1	2-0	1-1	0-1	3-0	0-1	1-1	1-1	4-2	2-0
10	Chesterfield	1-0	3-0	2-1	2-2	1-0	1-1	2-1	4-2	3-0		1-2	0-0	1-0	1-1	3-0	1-0	1-2	1-3	1-1	1-1	3-1	2-1		
11	Crewe Alexandra	1-2	2-0	1-2	3-1	3-1	4-2	1-2	3-1	2-1	3-0		1-0	2-2	1-2	2-1	0-2	3-0	0-1	4-1	0-2	1-0	0-0	2-0	1-1
12	Hull City	2-1	1-1	2-3	0-1	0-0	2-3	1-3	3-0	2-5	0-0	1-2		0-0	2-3	1-4	2-3	1-1	0-0	0-1	1-0	1-1	4-2	0-3	
13	Notts County	1-1	2-0	0-2	4-0	2-1	2-2	4-2	1-1	3-1	4-1	0-1	1-0		1-1	1-0	2-1	1-1	1-0	4-0	1-3	2-1	1-0	2-0	2-2
14	Oxford United	1-0	2-0	2-0	2-1	1-0	2-0	1-2	5-0	4-0	1-0	1-0	2-0	1-1		4-0	1-1	6-0	2-1	5-1	3-0	3-2	0-0	1-4	2-0
15	Peterborough U	0-0	4-5	3-1	0-1	3-1	1-1	0-0	0-2	6-1	0-1	3-1	3-1	0-1	1-1		1-0	2-2	0-1	1-1	0-2	2-3	1-0	3-0	6-1
16	Rotherham Utd	2-1	1-0	2-0	1-0	1-0	2-3	1-0	1-0	2-2	0-1	2-2	1-1	2-0	1-0	5-1		2-2	2-0	1-1	0-2	0-1	0-1	4-1	6-2
17	Shrewsbury T	0-2	1-2	1-1	2-1	2-1	4-1	1-1	3-0	1-1	0-0	2-3	1-1	0-1	2-0	1-1	3-1		1-2	1-2	0-2	2-2	1-1	2-1	
18	Stockport County	1-1	3-1	1-2	1-1	3-1	0-0	2-0	0-0	1-1	0-0	2-0	4-2	0-1	1-1	0-2		2-0	1-1	0-2	2-3	1-1	1-1		
19	Swansea City	0-2	1-1	2-0	2-1	2-1	2-1	2-2	2-4	1-1	3-2	2-1	0-0	0-0	1-1	0-0	0-0	1-1	0-3		0-1	2-1	1-3	1-2	1-1
20	Swindon Town	1-1	2-2	4-1	2-2	3-2	2-0	2-1	0-0	2-1	1-1	2-3	1-0	1-1	2-0	1-0	0-1	0-0	3-0		1-1	1-1	0-0	3-0	
21	Walsall	1-1	0-0	2-1	0-1	2-1	1-1	1-1	3-1	2-1	3-0	3-2	3-0	0-0	2-2	1-1	3-1	3-0	0-2	4-1	0-0		1-2	0-1	2-0
22	Wrexham	1-1	5-0	0-2	2-2	1-1	0-0	3-2	0-2	3-2	3-0	2-3	5-0	1-1	2-1	1-0	7-0	1-1	2-3	1-0	4-3	3-0		1-0	2-3
23	Wycombe Wand	0-1	1-2	5-2	2-1	0-2	1-1	1-1	4-1	4-0	1-0	2-2	1-0	0-3	1-1	1-1	2-0	4-1	0-1	1-2	1-0	1-1			2-1
24	York City	0-2	3-1	0-3	2-2	3-1	0-1	0-1	1-1	1-1	0-1	2-3	0-1	1-3	1-0	3-1	2-2	1-2	2-2	0-0	2-0	1-0	1-0	2-1	

Final League Table

Pos	Team	Pld	Home W	Home D	Home L	Home F	Home A	Away W	Away D	Away L	Away F	Away A	Totals W	Totals D	Totals L	Totals F	Totals A	Pts	GS	Leading Goalscorer	Gls
1	Swindon Town	46	12	10	1	37	16	13	7	3	34	18	25	17	4	71	34	92	71	W Allison	17
2	Oxford United	46	17	4	2	52	14	7	7	9	24	25	24	11	11	76	39	83	76	P Moody	17
3	Blackpool	46	14	5	4	41	20	9	8	6	26	20	23	13	10	67	40	82	67	T Ellis, A Preece	14
4	Notts County	46	14	6	3	42	21	7	9	7	21	18	21	15	10	63	39	78	63	D White	8
5	Crewe Alexandra	46	13	3	7	40	24	9	4	10	37	36	22	7	17	77	60	73	77	R Edwards	15
6	Bradford City (P)	46	15	4	4	41	25	7	3	13	30	44	22	7	17	71	69	73	71	M Stallard	9
7	Chesterfield	46	14	6	3	39	21	6	6	11	17	30	20	12	14	56	51	72	56	T Lormor	13
8	Wrexham	46	12	6	5	51	27	6	10	7	25	28	18	16	12	76	55	70	76	K Connolly	13
9	Stockport County	46	8	9	6	30	20	11	4	8	31	27	19	13	14	61	47	70	61	A Armstrong	13
10	Bristol Rovers	46	12	4	7	29	28	8	6	9	28	32	20	10	16	57	60	70	57	M Stewart	21
11	Walsall	46	13	7	4	38	20	7	5	11	22	25	19	12	15	60	45	69	60	K Lightbourne, K Wilson	11
12	Wycombe Wand	46	9	8	6	36	26	6	7	10	27	33	15	15	16	63	59	60	63	M De Souza	18
13	Bristol City	46	10	6	7	28	20	5	9	9	27	38	15	15	16	55	60	60	55	P Agostino, D Seal	10
14	Bournemouth	46	12	6	5	33	26	4	5	14	18	45	16	10	20	51	70	58	51	S Jones	17
15	Brentford	46	10	6	7	25	24	5	7	11	18	25	15	13	18	43	49	58	43	R Taylor	8
16	Rotherham United	46	11	7	5	31	20	3	7	13	23	42	14	14	18	54	62	56	54	S Goater	18
17	Burnley	46	9	6	8	35	28	5	5	13	21	45	14	11	21	56	68	55	56	K Nogan	20
18	Shrewsbury T	46	7	8	8	32	29	6	11	8	26	41	13	14	19	58	70	53	58	I Stevens	12
19	Peterborough U	46	9	8	6	40	27	4	7	12	19	39	13	8	20	59	66	52	59	G Martindale *	15
20	York City	46	8	9	6	28	29	5	7	11	30	44	13	13	20	58	73	52	58	P Barnes	15
21	Carlisle United	46	11	6	6	35	20	1	7	15	22	52	12	13	21	57	72	49	57	D Reeves	17
22	Swansea City	46	8	8	7	27	29	3	6	14	16	50	11	14	21	43	79	47	43	S Torpey	15
23	Brighton & HA	46	6	7	10	25	31	4	3	16	21	38	10	10	26	46	69	40	46	J Minton	8
24	Hull City	46	4	8	11	26	37	1	4	18	10	41	5	16	35	36	78	31	36	R Peacock	7

* **G Martindale** was joint leading goalscorer for this Division. He scored 15 goals for Peterborough and then scored a further 6 goals for Notts County.

1995/96 ENDSLEIGH LEAGUE DIVISION 3 [LEVEL 4]
SEASON 97

Total Matches 552
Total Goals 1346
Avg goals per match 2.44

Results Grid

		Barnet	Bury	Cambridge Utd	Cardiff City	Chester City	Colchester Utd	Darlington	Doncaster Rov	Exeter City	Fulham	Gillingham	Hartlepool Utd	Hereford United	Leyton Orient	Lincoln City	Mansfield Town	Northampton T	Plymouth A	Preston N E	Rochdale	Scarborough	Scunthorpe Utd	Torquay Utd	Wigan Athletic
1	Barnet		0-0	2-0	1-0	1-1	1-1	1-1	1-1	3-2	3-0	0-2	5-1	1-3	3-0	3-1	0-0	2-0	1-2	1-0	0-4	1-0	1-0	4-0	5-0
2	Bury	0-0		1-2	3-0	1-1	0-0	0-0	4-1	2-0	3-0	1-0	0-3	2-0	2-1	7-1	0-2	0-1	0-5	0-0	1-1	0-2	3-0	1-0	2-1
3	Cambridge Utd	1-1	2-4		4-2	1-1	3-1	0-1	2-2	1-1	0-0	0-0	0-1	2-2	2-0	2-1	0-2	0-1	2-3	2-1	2-1	4-1	1-2	1-1	2-1
4	Cardiff City	1-1	0-1	1-1		0-0	1-2	0-2	3-2	0-1	1-4	2-0	2-0	3-2	0-0	1-1	3-0	0-1	0-1	1-0	2-1	0-1	0-1	0-0	3
5	Chester City	0-2	1-1	1-1	4-0		1-1	4-1	0-3	2-2	1-1	1-1	2-0	2-1	1-1	5-1	2-1	1-0	3-1	1-1	1-2	5-0	3-0	4-1	0-0
6	Colchester Utd	3-2	1-0	2-1	1-0	1-2		1-1	1-0	1-1	2-2	1-1	4-1	2-0	0-0	1-3	1-0	2-1	2-2	1-0	1-1	2-1	3-1	1-2
7	Darlington	1-1	4-0	0-0	0-1	3-1	2-2		1-2	1-0	1-1	1-0	1-0	2-0	3-2	1-1	1-2	2-0	1-2	0-1	1-2	0-0	1-2	2-1
8	Doncaster Rov	1-0	0-1	2-1	0-0	1-2	3-2	1-2		2-0	0-2	0-1	1-0	0-0	4-1	1-1	0-0	1-0	0-0	2-2	0-3	1-0	2-0	1-0	2-1
9	Exeter City	1-0	1-1	1-0	2-0	1-2	2-2	0-1	1-0		2-1	0-0	0-0	2-2	1-1	2-2	1-2	1-1	1-1	2-0	2-0	1-0	0-0	0-4
10	Fulham	1-1	0-0	0-2	4-2	2-0	1-1	2-2	3-1	2-1		0-0	2-2	0-0	2-1	1-2	4-2	1-3	4-0	2-2	1-1	1-0	1-3	4-0
11	Gillingham	1-0	3-0	3-0	1-0	3-1	0-1	0-0	4-0	1-0	1-0		2-0	1-1	1-1	2-0	2-0	0-0	1-0	1-1	1-0	0-0	2-0	2-1
12	Hartlepool United	0-0	1-2	1-2	2-1	2-1	2-1	1-1	0-1	0-0	1-1	0-0		4-1	3-0	1-1	2-2	0-2	1-1	1-1	2-0	2-2	1-2
13	Hereford United	4-1	3-4	5-2	1-3	1-1	0-1	0-1	1-0	2-2	1-0	0-0	4-1		3-2	1-0	1-1	3-0	0-1	2-0	0-0	3-0	2-1	2-2
14	Leyton Orient	3-3	0-2	3-1	4-1	0-2	0-1	1-1	3-1	0-3	1-0	0-1	4-1	0-1		2-0	1-0	2-0	0-1	0-2	2-0	1-0	0-0	1-0	1-1
15	Lincoln City	1-2	2-2	1-3	0-1	0-0	0-0	0-2	4-0	1-1	4-0	0-3	1-1	2-1	1-0		2-1	1-0	0-0	0-0	1-2	3-1	2-2	5-0	2-4
16	Mansfield Town	2-1	1-5	2-1	1-1	3-4	1-2	2-2	0-0	1-1	1-0	0-1	0-3	1-2	0-0	1-2		0-0	1-1	0-0	2-2	2-0	1-1	2-0
17	Northampton T	0-2	4-1	3-0	1-0	1-0	2-1	1-1	3-3	0-0	2-0	1-1	0-0	1-1	1-2	1-1	3-3		1-0	1-2	2-1	2-0	1-2	1-1	0-0
18	Plymouth Argyle	1-1	1-0	1-0	0-0	4-2	1-1	0-1	3-1	2-2	3-0	1-0	3-0	0-1	1-1	3-0	1-0	1-0		0-2	2-0	5-1	1-3	4-3	3-1
19	Preston N E	0-1	0-0	3-3	5-0	2-0	1-1	1-0	2-0	1-1	0-0	3-0	2-2	4-0	1-2	6-0	0-3	3-2		1-2	3-2	2-2	1-0	1-1
20	Rochdale	0-4	1-1	3-1	3-3	1-3	1-1	1-2	1-0	4-2	1-1	2-0	4-0	0-0	1-0	3-3	1-1	1-2	0-1	0-3		0-2	1-1	3-0	0-2
21	Scarborough	1-1	0-2	1-0	0-0	0-0	1-2	0-2	0-0	2-2	0-2	1-2	2-2	0-1	0-0	1-1	2-1	2-2	1-2	1-1		1-4	2-1	0-0
22	Scunthorpe Utd	2-0	1-2	1-2	1-1	0-2	1-0	3-3	2-2	4-0	3-1	1-1	2-1	0-1	2-0	2-3	1-1	0-0	1-1	1-2	1-3	3-3		1-0	3-1
23	Torquay United	1-1	0-2	0-3	0-0	1-1	2-3	0-1	1-2	0-2	2-1	0-0	0-0	1-1	2-1	0-2	1-1	3-0	0-2	0-4	1-0	0-0	1-8		1-1
24	Wigan Athletic	1-0	1-2	3-1	3-1	2-1	2-0	1-1	2-0	1-0	1-1	2-1	1-0	2-1	1-0	1-1	2-6	1-2	0-1	0-1	2-0	2-0	2-1	3-0	

Final League Table

Pos	Team	Pld	Home W	Home D	Home L	Home F	Home A	Away W	Away D	Away L	Away F	Away A	Totals W	Totals D	Totals L	Totals F	Totals A	Pts	GS	Leading Goalscorer	Gls
1	Preston N E	46	11	8	4	44	22	12	9	2	34	16	23	17	6	78	38	86	78	A Saville	29
2	Gillingham	46	16	6	1	33	6	6	11	6	16	14	22	17	7	49	20	83	49	L Fortune-West	12
3	Bury	46	11	6	6	33	21	11	7	5	33	27	22	13	11	66	48	79	66	M Carter	16
4	Plymouth A (P)	46	14	5	4	41	20	8	7	8	27	29	22	12	12	68	49	78	68	A Littlejohn	17
5	Darlington	46	10	6	7	30	21	10	12	1	30	21	20	18	8	60	42	78	60	R Blake	11
6	Hereford United	46	13	5	5	40	22	7	9	7	25	25	20	14	12	65	47	74	65	S White	29
7	Colchester United	46	13	7	3	37	22	5	11	7	24	29	18	18	10	61	51	72	61	T Adcock	12
8	Chester City	46	11	9	3	45	22	7	7	9	27	31	18	16	12	72	53	70	72	C Priest, S Rimmer	13
9	Barnet	46	13	6	4	40	19	5	10	8	25	26	18	16	12	65	45	70	65	S Devine	19
10	Wigan Athletic	46	15	3	5	36	21	5	7	11	26	35	20	10	16	62	56	70	62	I Diaz	10
11	Northampton T	46	9	10	4	32	22	9	3	11	19	22	18	13	15	51	44	67	51	J White	16
12	Scunthorpe Utd	46	8	8	7	36	30	7	7	9	31	31	15	15	16	67	61	60	67	A McFarlane	16
13	Doncaster Rovers	46	11	6	6	25	19	5	13	5	24	41	16	19	11	49	60	59	49	G Jones	10
14	Exeter City	46	9	9	5	25	22	4	9	10	21	31	13	18	15	46	53	57	46	M Cooper	6
15	Rochdale	46	7	8	8	32	33	7	11	5	25	28	14	13	19	57	61	55	57	S Whitehall	20
16	Cambridge United	46	8	8	7	34	30	6	4	13	27	41	14	12	20	61	71	54	61	S Butler, C Corazzin	10
17	Fulham	46	10	9	4	39	26	2	8	13	18	37	12	17	17	57	63	53	57	M Conroy	9
18	Lincoln City	46	8	7	8	32	26	5	7	11	25	47	13	14	19	57	73	53	57	G Ainsworth	12
19	Mansfield Town	40	6	10	7	25	29	5	10	8	29	35	11	20	15	54	64	53	54	S Hadley	8
20	Hartlepool United	46	8	9	6	30	24	4	12	7	17	40	12	13	21	47	67	49	47	J Allon	8
21	Leyton Orient	46	11	4	8	29	22	1	7	15	15	27	12	11	23	44	63	47	44	C West	16
22	Cardiff City	46	8	6	9	24	22	3	6	14	17	42	11	12	23	41	64	45	41	C Dale	21
23	Scarborough	46	5	11	7	22	28	3	4	15	17	41	8	16	22	39	69	40	39	A Ritchie	8
24	Torquay United	46	4	9	10	17	36	1	5	17	13	48	5	14	27	30	84	29	30	P Baker, P Buckle	4

1996/97 FA CARLING PREMIERSHIP
SEASON 5

Total Matches	380
Total Goals	970
Avg goals per match	2.55

Results Grid

		Arsenal	Aston Villa	Blackburn Rov	Chelsea	Coventry City	Derby County	Everton	Leeds United	Leicester City	Liverpool	Manchester Utd	Middlesbrough	Newcastle Utd	Nottm Forest	Sheffield Weds	Southampton	Sunderland	Tottenham H	West Ham Utd	Wimbledon
1	Arsenal		2-2 (28D)	1-1 (19A)	3-3 (4S)	0-0 (19O)	2-2 (7D)	3-1 (19J)	3-0 (26O)	2-0 (12A)	1-2 (24M)	1-2 (19F)	2-0 (1J)	0-1 (3m)	2-0 (8M)	4-1 (16S)	3-1 (4D)	2-0 (28S)	3-1 (24N)	2-0 (17a)	0-1 (23F)
2	Aston Villa	2-2 (7S)		1-0 (21a)	0-2 (26D)	2-1 (19F)	2-0 (24a)	3-1 (5A)	2-0 (19O)	1-3 (16N)	1-0 (2M)	0-0 (21S)	1-0 (30N)	2-2 (11J)	2-0 (2N)	0-1 (29J)	1-0 (11m)	1-0 (1F)	1-1 (19A)	0-0 (15M)	5-0 (22D)
3	Blackburn Rovers	0-2 (12O)	0-2 (22M)		1-1 (16N)	4-0 (11J)	1-2 (9S)	1-1 (21S)	0-1 (4S)	2-4 (11m)	3-0 (3N)	2-3 (12A)	0-0 (8m)	1-0 (26D)	1-1 (11M)	4-1 (22A)	2-1 (30N)	1-0 (1M)	0-2 (17a)	2-1 (1F)	3-1 (15M)
4	Chelsea	0-3 (5A)	1-1 (15S)	1-1 (5M)		2-0 (24a)	3-1 (18J)	2-2 (7D)	0-0 (3m)	2-1 (19A)	1-0 (1J)	1-1 (22F)	1-1 (21a)	1-2 (23N)	2-0 (28S)	1-0 (28D)	1-0 (19M)	6-2 (16M)	3-1 (26O)	3-1 (21D)	2-4 (19O)
5	Coventry City	1-1 (21A)	1-2 (23N)	0-0 (28S)	3-1 (9A)		1-2 (3m)	0-0 (22F)	2-1 (14S)	0-0 (8M)	0-1 (4S)	0-2 (18J)	3-0 (28D)	2-1 (17D)	0-3 (17a)	0-0 (26O)	1-1 (13O)	2-2 (1J)	1-2 (7D)	1-3 (22M)	1-1 (3M)
6	Derby County	1-3 (11m)	2-1 (12A)	0-3 (28D)	3-2 (1M)	2-1 (30N)		0-1 (16D)	3-3 (17a)	0-0 (2N)	0-1 (1F)	1-1 (4S)	2-1 (17N)	0-1 (12O)	0-0 (23A)	2-2 (19F)	1-1 (9A)	1-0 (14S)	4-2 (22M)	1-0 (15F)	0-2 (28S)
7	Everton	0-2 (1M)	0-1 (4S)	0-2 (1J)	1-2 (11m)	1-1 (4N)	1-0 (15M)		0-0 (21D)	1-1 (9A)	1-1 (16A)	0-2 (22M)	1-2 (14S)	2-0 (17a)	2-0 (1F)	2-0 (28S)	7-1 (16N)	1-3 (30N)	1-0 (12A)	2-1 (12O)	1-3 (28D)
8	Leeds United	0-0 (1F)	0-0 (22A)	0-0 (7A)	2-0 (1D)	1-3 (26D)	0-0 (29J)	1-0 (8M)		3-0 (11J)	0-2 (16N)	0-4 (7S)	1-1 (11m)	0-1 (21S)	2-0 (120)	0-2 (20a)	0-0 (12M)	3-0 (2N)	0-0 (14D)	1-0 (1M)	1-0 (26a)
9	Leicester City	0-2 (24a)	1-0 (5M)	1-1 (7D)	1-3 (12O)	0-2 (21D)	4-2 (22F)	1-2 (23N)	1-0 (28S)		0-3 (15S)	2-2 (3m)	1-3 (15M)	2-0 (26O)	2-2 (28D)	1-0 (7m)	2-1 (21a)	1-1 (29J)	1-1 (19M)	0-1 (23A)	0-1 (18J)
10	Liverpool	2-0 (19a)	3-0 (18J)	0-0 (22F)	5-1 (21S)	1-2 (6A)	2-1 (27O)	1-1 (20N)	4-0 (19F)	1-1 (26D)		1-3 (19A)	5-1 (14D)	4-3 (10M)	4-2 (17D)	0-1 (7D)	2-1 (7S)	0-0 (24a)	2-1 (3m)	0-0 (11J)	1-1 (23N)
11	Manchester United	1-0 (16N)	0-0 (1J)	2-2 (25a)	1-2 (2N)	3-1 (1M)	2-3 (5A)	2-2 (21a)	1-0 (28D)	3-1 (30N)	1-0 (120)		3-3 (5m)	0-0 (8m)	4-1 (14S)	2-0 (15M)	2-1 (1F)	5-0 (21D)	2-0 (29S)	2-0 (11m)	2-1 (29J)
12	Middlesbrough	0-2 (21S)	3-2 (3m)	2-1 (19M)	1-0 (22M)	4-0 (7S)	6-1 (5M)	4-2 (26D)	0-0 (7D)	0-2 (3D)	3-3 (17a)	2-2 (23N)		0-1 (22F)	1-1 (24M)	4-2 (18J)	0-1 (11J)	0-3 (19A)	4-1 (19O)	4-S (4S)	0-0 (26O)
13	Newcastle United	1-2 (30N)	4-3 (30S)	2-1 (14S)	3-1 (16A)	4-0 (15M)	3-1 (19A)	4-1 (29J)	3-0 (1J)	4-3 (2F)	1-1 (23D)	5-0 (20O)	3-1 (3N)		5-0 (11m)	1-2 (24a)	0-1 (1M)	1-1 (5A)	7-1 (28D)	1-1 (16N)	2-0 (21a)
14	Nottingham Forest	2-1 (21D)	0-0 (22F)	2-2 (25N)	2-0 (11J)	0-1 (29J)	1-1 (19O)	0-1 (28O)	1-1 (19A)	0-0 (7S)	1-1 (15M)	0-4 (26D)	1-1 (24a)	0-0 (9D)		0-3 (5M)	1-3 (5A)	1-4 (21a)	2-1 (19J)	0-2 (21S)	1-1 (3m)
15	Sheffield Wednesday	0-0 (26D)	2-1 (17a)	1-1 (19O)	0-2 (7S)	0-0 (1F)	0-0 (21S)	2-1 (11J)	2-2 (22M)	2-1 (2S)	1-1 (11m)	1-1 (18D)	3-1 (1M)	1-1 (13A)	2-0 (18N)		1-1 (2N)	2-1 (12M)	2-1 (9A)	0-0 (30N)	1-1 (19A)
16	Southampton	0-2 (15M)	0-1 (7D)	2-0 (3m)	0-0 (18a)	2-2 (19A)	3-1 (21D)	2-2 (5M)	0-2 (23N)	2-2 (22M)	0-1 (29D)	6-3 (26O)	4-0 (28S)	2-2 (18J)	2-2 (4S)	2-3 (22F)		3-0 (19O)	0-1 (14S)	2-0 (12A)	0-0 (26F)
17	Sunderland	1-0 (11J)	1-0 (26O)	0-0 (18J)	3-0 (15D)	1-0 (21S)	2-0 (26D)	3-0 (3m)	0-1 (22F)	0-0 (17a)	0-0 (13A)	1-2 (8M)	2-2 (14O)	1-2 (4S)	1-1 (22M)	1-1 (23N)	0-1 (22A)		0-4 (4M)	0-0 (8S)	1-3 (7D)
18	Tottenham Hotspur	0-0 (15F)	1-0 (12O)	2-1 (29J)	1-2 (1F)	1-2 (11m)	1-1 (21a)	0-0 (24a)	1-0 (15M)	1-2 (22S)	0-2 (2D)	1-2 (12J)	1-0 (24A)	1-2 (7S)	0-1 (1M)	1-1 (21D)	3-1 (26D)	2-0 (16N)		1-0 (2N)	0-1 (5A)
19	West Ham United	1-2 (29J)	0-2 (4D)	2-1 (26O)	3-2 (12M)	1-1 (21a)	1-1 (23N)	2-2 (19A)	0-2 (20J)	1-0 (19O)	1-2 (29S)	2-2 (8D)	0-0 (9A)	0-0 (6m)	0-1 (1J)	5-1 (3m)	2-1 (24a)	2-0 (28D)	4-3 (24F)		0-2 (14S)
20	Wimbledon	2-2 (2N)	0-2 (9A)	1-0 (14D)	0-1 (22A)	2-2 (16N)	1-1 (11J)	4-0 (7S)	2-0 (16A)	1-3 (1M)	2-1 (6m)	0-3 (17a)	1-1 (1F)	1-1 (23M)	1-0 (30N)	4-2 (120)	3-1 (23S)	1-0 (11m)	1-0 (4S)	1-1 (18M)	

Final League Table

Pos	Team	Pld	Home W	Home D	Home L	Home F	Home A	Away W	Away D	Away L	Away F	Away A	Totals W	Totals D	Totals L	Totals F	Totals A	Pts	GD	Leading Goalscorer	Gls
1	Manchester Utd	38	12	5	2	38	17	9	7	3	38	27	21	12	5	76	44	75	+32	O Solskjaer	18
2	Newcastle United	38	13	3	3	54	20	6	8	5	19	20	19	11	8	73	40	68	+33	**A Shearer**	25
3	Arsenal	38	10	5	4	36	18	9	6	4	26	14	19	11	8	62	32	68	+30	I Wright	23
4	Liverpool	38	10	6	3	38	19	9	5	5	24	18	19	11	8	62	37	68	+25	R Fowler	18
5	Aston Villa	38	11	5	3	27	13	6	5	8	20	21	17	10	11	47	34	61	+13	D Yorke	17
6	Chelsea	38	9	8	2	33	22	7	3	9	25	33	16	11	11	58	55	59	+3	G Vialli	9
7	Sheffield Weds	38	8	10	1	25	16	6	5	8	25	35	14	15	9	50	51	57	-1	A Booth	10
8	Wimbledon	38	9	6	4	28	21	6	5	8	21	25	15	11	12	49	46	56	+3	E Ekoku	11
9	Leicester City	38	7	5	7	22	26	5	6	8	24	28	12	11	15	46	54	47	-8	S Claridge	11
10	Tottenham H	38	8	4	7	19	17	5	3	11	25	34	13	7	18	44	51	46	-7	T Sheringham	7
11	Leeds United	38	7	7	5	15	13	4	6	9	13	25	11	13	14	28	38	46	-10	B Deane, L Sharpe	5
12	Derby County	38	8	6	5	25	22	3	7	9	20	36	11	13	14	45	58	46	-13	D Sturridge	11
13	Blackburn Rovers	38	8	4	7	28	23	1	11	7	14	20	9	15	14	42	43	42	-1	C Sutton	11
14	West Ham United	38	7	6	6	27	25	3	6	10	12	23	10	12	16	39	48	42	-9	P Kitson	8
15	Everton	38	7	4	8	24	22	3	8	8	20	35	10	12	16	44	57	42	-13	D Ferguson	10
16	Southampton	38	6	7	6	32	24	4	4	11	18	32	10	11	17	50	56	41	-6	M Le Tissier	13
17	Coventry City	38	4	8	7	19	23	5	6	8	19	31	9	14	15	38	54	41	-16	D Dublin	13
18	Sunderland	38	7	6	6	20	18	3	4	12	15	35	10	10	18	35	53	40	-18	C Russell, P Stewart	4
19	Middlesbrough *	38	8	5	6	34	25	2	7	10	17	35	10	12	16	51	60	39	-9	F Ravanelli	16
20	Nottm Forest	38	3	9	7	15	27	3	7	9	16	32	6	16	16	31	59	34	-28	K Campbell, A Haaland	6

* Middlesbrough deducted 3 points for failing to fulfil a fixture at Blackburn Rovers on 21 December 1996. The fixture was re-scheduled to 8 May 1997.

1996/97 NATIONWIDE LEAGUE DIVISION 1 [LEVEL 2]
SEASON 98

Total Matches 552
Total Goals 1476
Avg goals per match 2.67

Final League Table

Pos	Team	Pld	Home					Away					Totals					Pts	GS	Leading Goalscorer	Gls
			W	D	L	F	A	W	D	L	F	A	W	D	L	F	A				
1	Bolton Wand	46	18	4	1	60	20	10	10	3	40	33	28	14	4	100	53	98	100	J McGinlay	24
2	Barnsley	46	14	4	5	43	19	8	10	5	33	36	22	14	10	76	55	80	76	N Redfearn	17
3	Wolverhampton	46	10	5	8	31	24	12	5	6	37	27	22	10	14	68	51	76	68	S Bull	23
4	Ipswich Town	46	13	7	3	44	23	7	7	9	24	27	20	14	12	68	50	74	68	P Mason	12
5	Sheffield United	46	13	5	5	46	23	7	8	8	29	29	20	13	13	75	52	73	75	P Katchuro, G Taylor, A Walker	12
6	Crystal Palace (P)	46	10	7	6	39	22	9	7	7	39	26	19	14	13	78	48	71	78	B Dyer	17
7	Portsmouth	46	12	4	7	32	24	8	4	11	27	29	20	8	18	59	53	68	59	L Bradbury	15
8	Port Vale	46	9	9	5	36	28	8	7	8	22	27	17	16	13	58	55	67	58	T Naylor	17
9	Queens Park R	46	10	5	8	33	25	8	7	8	31	35	18	12	16	64	60	66	64	J Spencer	17
10	Birmingham City	46	11	7	5	30	18	6	8	9	22	30	17	15	14	52	48	66	52	P Devlin	16
11	Tranmere Rovers	46	10	9	4	42	27	7	5	11	21	29	17	14	15	63	56	65	63	J Aldridge	18
12	Stoke City	46	15	3	5	34	22	3	7	13	17	35	18	10	18	51	57	64	51	M Sheron	19
13	Norwich City	46	9	10	4	28	18	8	2	13	35	50	17	12	17	63	68	63	63	D Edie	17
14	Manchester City	46	12	4	7	34	25	5	6	12	25	35	17	10	19	59	60	61	59	U Rosler	15
15	Charlton Athletic	46	11	8	4	36	28	5	3	15	16	38	16	11	19	52	66	59	52	C Leaburn	8
16	West Brom A	46	7	7	9	37	33	7	8	8	31	39	14	15	17	68	72	57	68	A Hunt, P Peschisolido	15
17	Oxford United	46	14	3	6	44	26	2	6	15	20	42	16	9	21	64	68	57	64	N Jemson	18
18	Reading	46	13	7	3	37	24	2	5	16	21	43	15	12	19	58	67	57	58	T Morley	22
19	Swindon Town	46	11	6	6	36	27	4	3	16	16	44	15	9	22	52	71	54	52	W Allison	11
20	Huddersfield T	46	10	7	6	28	20	3	8	12	20	41	13	15	18	48	61	54	48	A Payton	17
21	Bradford City	46	10	5	8	29	32	2	7	14	18	40	12	12	22	47	72	48	47	O Bundgot	6
22	Grimsby Town	46	7	7	9	31	34	4	6	13	29	47	11	13	22	60	81	46	60	C Mendonca	19
23	Oldham Athletic	46	6	8	9	30	30	4	5	14	21	36	10	13	23	51	66	43	51	S Barlow	12
24	Southend United	46	7	9	7	32	32	1	6	16	10	54	8	15	23	42	86	39	42	J Boere, A Rammell	9

1996/97 NATIONWIDE LEAGUE DIVISION 2 [LEVEL 3]
SEASON 98

Total Matches	552
Total Goals	1257
Avg goals per match	2.28

Results Grid

#	Team	Blackpool	Bournemouth	Brentford	Bristol City	Bristol Rovers	Burnley	Bury	Chesterfield	Crewe Alexandra	Gillingham	Luton Town	Millwall	Notts County	Peterborough U	Plymouth Argyle	Preston NE	Rotherham Utd	Shrewsbury T	Stockport Co	Walsall	Watford	Wrexham	Wycombe Wand	York City
1	Blackpool		1-1 9N	1-0 2A	1-0 22M	3-2 26A	1-3 25F	2-0 12A	0-1 17a	1-2 18J	2-0 12O	0-0 15A	3-0 25J	1-0 23N	5-1 8F	2-2 3D	2-1 15M	4-1 31M	1-1 21S	2-1 22F	2-1 7S	1-1 26O	3-3 15O	0-0 31a	3-0 21D
2	Bournemouth	0-0 1F		2-1 19N	1-0 29O	1-0 26D	0-0 15F	1-1 2N	3-0 11M	0-1 7S	2-2 12A	3-2 30N	1-1 14D	0-1 21S	1-2 31a	1-0 15O	2-0 11F	1-1 11J	0-0 1M	0-0 1A	0-0 1O	1-2 17a	2-1 26A	2-1 12O	1-1 22M
3	Brentford	1-1 14S	1-0 22F		0-0 18J	0-0 21J	0-3 15M	0-2 29M	1-0 15A	0-2 19A	2-0 27a	3-2 26O	0-0 3D	2-0 3m	0-1 10S	3-2 21D	0-0 5O	4-2 9N	0-0 19O	2-2 8F	1-1 23N	1-1 4M	0-0 28S	0-0	3-3
4	Bristol City	0-1 24a	0-1 25J	1-2 1O		1-1 15D	2-1 11J	1-0 5A	2-0 30A	3-0 22F	0-1 29M	5-1 27a	4-0 9N	2-0 26O	3-1 23N	0-2 26A	3-2 7S	1-1 18M	4-1 26D	1-1 7F	2-1 21S	2-1 3D	3-0 15A	2-0 15O	2-0 11O
5	Bristol Rovers	0-0 19O	3-2 10S	2-1 29O	1-2 16M		1-2 19N	4-3 30N	2-0 28S	0-0 4O	3-2 2N	1-0 15F	2-0 8A	1-0 20A	2-0 17a	1-0 25F	1-1 23M	0-1 3m	2-0 1F	1-1 31a	0-1 1M	2-0 14S	3-4 31M	1-1 21D	1-2 18J
6	Burnley	2-0 10S	1-0 23N	1-2 14D	2-3 28S	2-2 22F		3-1 17J	0-0 28J	2-0 9N	5-1 28D	0-2 29M	1-0 5A	1-0 19O	5-0 8M	2-1 26O	1-2 25J	3-3 19A	1-3 27a	5-2 5O	2-1 24a	4-1 3m	2-0 3D	2-1 14S	1-2 8F
7	Bury	1-0 5O	2-1 8F	1-1 17a	4-0 31a	2-1 26O	1-0 1O		1-0 22M	3-0 15A	0-0 15M	2-0 21S	1-0 3m	1-0 22F	2-1 19A	1-2 23N	1-0 3D	3-0 7S	3-1 4M	2-0 21D	2-1 8A	1-0 19O	0-0 25F	2-2 31M	4-1 9N
8	Chesterfield	0-0 29M	1-1 21D	0-2 7S	1-1 5O	1-0 11J	0-0 21S	1-2 24a		1-0 19O	2-2 5A	1-1 4M	1-0 19A	1-0 3m	2-1 3D	1-2 22F	2-1 9N	1-1 18F	2-1 1O	2-1 28A	0-1 27a	1-0 8A	0-0 8F	4-2 15M	2-0 26O
9	Crewe Alexandra	3-2 1O	2-0 28D	2-0 12O	1-2 25M	1-0 12A	1-1 1F	2-0 10S	1-2 26A		3-2 1M	0-0 15M	0-0 18M	3-0 20D	1-1 22M	3-0 28S	1-0 31M	1-0 29O	5-1 30N	1-0 17a	0-2 15F	3-1 31a	3-0 14S	0-1 2N	0-1 15O
10	Gillingham	2-3 19A	1-1 5O	1-2 31M	3-2 17a	1-0 8F	0-2 7S	2-2 14D	2-1 31a	1-2 3D		2-3 26D	0-0 19O	2-1 10	1-1 22F	3-1 25J	2-0 26O	1-0 21S	2-0 3m	3-1 16A	2-0 29A	0-1 8M	1-2 9N	1-0 22M	0-1 23N
11	Luton Town	1-0 28S	2-0 26O	1-0 21M	2-2 1A	2-1 23N	1-2 17a	0-0 22A	1-1 14S	6-0 14D	2-1 10S		0-2 8M	2-0 9N	3-0 19O	2-2 8F	5-1 22F	1-0 19A	0-0 3m	3-1 50	1-1 27J	3-1 18J	0-0 8A	0-0	2-0 3D
12	Millwall	2-1 30O	0-0 15M	0-0 29N	2-0 1F	2-0 7S	2-1 31a	1-0 16O	2-1 12O	2-0 21S	0-1 26A	1-0 18J		0-2 25F	0-2 26D	3-2 12A	2-0 11J	2-1 15F	3-4 20N	1-0 20	1-0 2N	1-1 22M	2-1 17a	2-1 1M	1-1 2A
13	Notts County	1-1 15F	0-2 4F	1-2 1M	2-0 30N	1-1 12O	0-1 26A	1-0 25M	0-0 15O	0-1 8M	1-1 18J	1-2 1F	1-2 14S		0-0 31M	2-1 15A	1-0 17a	1-2 14D	1-2 2N	2-0 22M	2-3 29O	0-0 10S	1-1 28S	2-0 12A	2-0 31a
14	Peterborough U	0-0 2N	3-1 5A	0-1 15O	3-1 15F	1-2 29M	3-2 20D	1-2 12O	1-1 1M	2-2 24a	0-1 19N	0-1 26A	3-3 10S	1-3 8O		0-0	6-2 18J	2-2 12A	0-2 30N	0-1 29O	2-1 15M	0-1 1F	3-0 4M	6-3 11F	2-2 14S
15	Plymouth Argyle	0-1 1M	1-0 3m	1-4 26D	0-0 19O	0-1 21S	1-0 30N	2-0 15F	0-3 19N	1-0 11J	2-0 29O	3-3 2N	0-0 50	0-0 7S	1-1 10		2-1	1-0 30a	2-2 8M	0-0 14D	2-0 8A	0-0 19A	1-0 31M	0-0 22M	2-1 17a
16	Preston NE	3-0 13D	0-1 14S	1-0 8M	0-2 28D	0-0 24a	1-1 29O	3-1 1M	0-1 1F	2-1 27a	1-0 30N	3-2 19N	2-0 28S	1-2 29M	3-2 50	2-0 5A		0-0 2N	2-1 19O	1-0 19A	2-0 3m	1-1 18J	2-1 18M	2-1 15F	1-0 10S
17	Rotherham Utd	1-2 27a	1-0 28S	0-1 11A	2-2 14S	0-0 15O	1-0 12O	1-1 28D	0-1 10S	1-4 25J	1-2 25M	0-3 5A	0-0 23N	2-2 15M	2-0 26O	1-2 21D	0-1 8F		1-2 24a	0-1 3D	1-2 29M	0-0 9N	0-0 22F	2-1 18J	0-2 26A
18	Shrewsbury T	1-3 1J	1-0 3D	0-3 31a	1-0 10S	2-0 12N	2-1 1A	1-1 14S	2-0 18J	0-1 26O	1-2 15O	1-2 12O	0-3 22F	1-1 25J	2-2 15M	2-3 26A	0-2 22M	0-2		3-2 23N	2-2 20D	1-0 28S	1-1 12A	1-1 18a	2-2 28D
19	Stockport County	1-0 19N	0-1 27a	1-2 1F	1-1 2N	1-0 5A	2-1 12A	1-0 8M	3-2 29M	1-1 28S	5-1 15O	0-0 18J	3-1 24a	1-0 14D	0-0 14S	3-1 12O	1-0 1M	3-1 15F		2-0 30N	1-0 14A	0-2 10S	2-1 26A	2-1 22A	
20	Walsall	1-1 18M	2-1 18J	1-0 26A	2-0 4M	1-0 3D	1-3 22M	3-1 28S	1-1 1A	0-3 23N	2-1 15A	3-1 12A	4-0 25J	0-1 9N	1-0 12O	1-1 15O	2-2 17a	1-1 8M	1-1 26O			1-1 14D	0-1 24S	2-2 10S	1-1 22F
21	Watford	2-2 30N	1-0 29M	2-0 2N	3-0 1M	1-0 18M	2-2 15O	0-0 26A	0-2 24A	0-1 5A	0-0 21D	1-1 29O	0-2 24a	0-0 26D	0-0 21S	2-1 27a	1-0 10	2-0 1F	1-0 25F	1-0 7S	1-0 15M		1-1 12O	1-0 19N	0-0 12A
22	Wrexham	2-1 3m	2-0 19O	0-2 25M	2-1 21D	1-0 17S	0-0 1M	1-1 29O	3-2 2N	1-1 22A	2-1 1F	3-3 12M	2-1 28M	1-2 11J	2-1 7S	0-0 24a	2-1 21S	1-2 8A	4-4 8O	1-0 26D	2-1 5A	1-2 19A		1-0 30N	0-0 15M
23	Wycombe Wand	1-0 5A	1-1 19A	0-1 21S	2-0 3m	2-0 8M	5-0 15A	0-1 27a	1-0 14D	2-0 8F	1-0 24A	1-0 7S	1-0 3D	1-0 50	1-0 25F	0-1 9N	2-0 23N	2-1 10	0-1 29M	4-2 19O	3-0 26D	0-2 22F	0-2 26O		3-1 25J
24	York City	1-0 8M	1-2 24a	2-4 11J	0-3 19A	2-2 10	0-2 2N	0-0 1F	1-1 30N	2-3 3m	1-1 15F	3-2 1M	1-2 27a	1-0 5A	1-0 29M	3-1 25O	0-0 7S	1-2 21S	0-2 11F	0-1 50	2-1 14D	1-0 29O			

Final League Table

Pos	Team	Pld	Home W	Home D	Home L	Home F	Home A	Away W	Away D	Away L	Away F	Away A	Totals W	Totals D	Totals L	Totals F	Totals A	Pts	GS	Leading Goalscorer	Gls
1	Bury	46	18	5	0	39	7	6	7	10	23	31	24	12	10	62	38	84	62	M Carter	12
2	Stockport County	46	15	5	3	31	14	8	8	7	28	27	23	13	10	59	41	82	59	B Angell	15
3	Luton Town	46	13	7	3	38	14	8	8	7	33	31	21	15	10	71	45	78	71	T Thorpe	28
4	Brentford	46	8	11	4	26	22	12	3	8	30	21	20	14	12	56	43	74	56	C Asaba	23
5	Bristol City	46	14	4	5	43	18	7	6	10	26	33	21	10	15	69	51	73	69	S Goater	23
6	Crewe Alex (P)	46	15	4	4	38	15	7	3	13	18	32	22	7	17	56	47	73	56	D Adebola	16
7	Blackpool	46	13	7	3	41	21	5	8	10	19	26	18	15	13	60	47	69	60	T Ellis	15
8	Wrexham	46	11	9	3	37	28	6	9	8	17	22	17	18	11	54	50	69	54	K Connolly	14
9	Burnley	46	14	3	6	48	27	5	8	10	23	28	19	11	16	71	55	68	71	P Barnes	24
10	Chesterfield	46	10	9	4	25	18	8	5	10	17	21	18	14	14	42	39	68	42	J Howard, T Lormor	8
11	Gillingham	46	13	3	7	37	25	6	7	10	23	34	19	10	17	60	59	67	60	I Onuora	21
12	Walsall	46	12	8	3	35	21	7	2	14	19	32	19	10	17	54	53	67	54	K Lightbourne	20
13	Watford	46	10	8	5	24	14	6	11	6	21	24	16	19	11	45	38	67	45	T Mooney	13
14	Millwall	46	12	4	7	27	22	4	9	10	23	33	16	13	17	50	55	61	50	S Crawford	11
15	Preston NE	46	14	5	4	33	19	4	2	17	16	36	18	7	21	49	55	61	49	D Reeves	11
16	Bournemouth	46	8	9	6	24	20	7	6	10	19	25	15	15	16	43	45	60	43	I Cox	8
17	Bristol Rovers	46	13	4	6	34	22	2	7	14	13	28	15	11	20	47	50	56	47	P Beadle	12
18	Wycombe Wand	46	13	4	6	31	14	2	6	15	20	42	15	10	21	51	56	55	51	D Carroll, S McGavin	9
19	Plymouth Argyle	46	7	11	5	19	18	5	7	11	28	40	12	18	16	47	58	54	47	M Evans	12
20	York City	46	8	6	9	27	31	5	7	11	20	37	13	13	20	47	68	52	47	N Pepper, N Tolson	12
21	Peterborough Utd	46	7	7	9	38	34	4	7	12	17	39	11	14	21	55	73	47	55	S Houghton	8
22	Shrewsbury T	46	8	6	9	27	32	3	4	16	22	42	11	13	22	49	74	46	49	I Stevens	17
23	Rotherham United	46	4	7	12	17	27	3	7	13	22	41	7	14	25	39	70	35	39	E Jean	6
24	Notts County	46	4	9	10	20	25	3	5	15	13	34	7	14	25	33	59	35	33	G Martindale	6

1996/97 NATIONWIDE LEAGUE DIVISION 3 [LEVEL 4]
SEASON 98

Total Matches: 552
Total Goals: 1383
Avg goals per match: 2.51

Final League Table

Pos	Team	Pld	Home W	Home D	Home L	Home F	Home A	Away W	Away D	Away L	Away F	Away A	Totals W	Totals D	Totals L	Totals F	Totals A	Pts	GS	Leading Goalscorer	Gls
1	Wigan Athletic	46	17	3	3	53	21	9	6	8	31	30	26	9	11	84	51	87	84	G Jones	31
2	Fulham	46	13	5	5	41	20	12	7	4	31	18	25	12	9	72	38	87	72	M Conroy	21
3	Carlisle United	46	16	3	4	41	21	8	9	6	26	23	24	12	10	67	44	84	67	A Smart	10
4	Northampton T (P)	46	14	4	5	43	17	6	8	9	24	27	20	12	14	67	44	72	67	N Grayson	12
5	Swansea City	46	13	5	5	37	20	8	3	12	25	38	21	8	17	62	58	71	62	D Penney	13
6	Chester City	46	11	8	4	30	16	7	8	8	25	27	18	16	12	55	43	70	55	A Milner	12
7	Cardiff City	46	11	4	8	30	23	9	5	9	26	31	20	9	17	56	54	69	56	S White	13
8	Colchester United	46	11	9	3	36	23	6	8	9	26	28	17	17	12	62	51	68	62	T Adcock	11
9	Lincoln City	46	10	8	5	35	25	8	4	11	35	44	18	12	16	70	69	66	70	G Ainsworth	22
10	Cambridge United	46	11	8	4	30	27	7	6	10	23	32	18	11	17	53	59	65	53	M Hyde, M Kyd, S McGleish	7
11	Mansfield Town	46	9	8	6	21	17	7	8	8	26	28	16	16	14	47	45	64	47	J Doolan	6
12	Scarborough	46	9	9	5	36	31	7	6	10	29	37	16	15	15	65	68	63	65	G Williams	10
13	Scunthorpe Utd	46	11	8	4	36	33	7	6	10	23	29	18	9	19	59	62	63	59	P Clarkson	13
14	Rochdale	46	10	6	7	34	24	4	10	9	24	34	14	16	16	58	58	58	58	A Russell, S Whitehall	9
15	Barnet	46	9	9	5	32	23	5	7	11	14	28	14	16	16	46	51	58	46	S Devine	11
16	Leyton Orient	46	11	6	6	28	20	4	6	13	22	38	15	12	19	50	58	57	50	A Inglethorpe	8
17	Hull City	46	9	8	6	29	26	4	10	9	15	24	13	18	15	44	50	57	44	D Darby	13
18	Darlington	46	11	5	7	37	28	3	5	15	27	50	14	10	22	64	78	52	64	D Roberts	16
19	Doncaster Rovers	46	9	7	7	29	23	5	3	15	23	43	14	10	22	52	66	52	52	C Cramb	18
20	Hartlepool United	46	8	6	9	33	32	6	3	14	20	34	14	9	23	53	66	51	53	J Allon, M Cooper	9
21	Torquay United	46	9	4	10	24	24	4	7	12	22	38	13	11	22	46	62	50	46	H Jack	10
22	Exeter City	46	6	9	8	25	30	6	3	14	23	43	12	12	22	48	73	48	48	D Rowbotham	9
23	Brighton & H A *	46	12	6	5	41	27	1	4	18	12	43	13	10	23	53	70	47	53	C Maskell	14
24	Hereford United	46	6	8	9	26	25	5	6	12	24	40	11	14	21	50	65	47	50	A Foster	16

* Brighton & H A deducted two points following pitch invasion.

1997/98 FA CARLING PREMIERSHIP
SEASON 6

Total Matches	380
Total Goals	1019
Avg goals per match	2.68

		Arsenal	Aston Villa	Barnsley	Blackburn Rov	Bolton Wand	Chelsea	Coventry City	Crystal Palace	Derby County	Everton	Leeds United	Leicester City	Liverpool	Manchester Utd	Newcastle Utd	Sheffield Weds	Southampton	Tottenham H	West Ham Utd	Wimbledon
1	Arsenal		0-0	5-0	1-3	4-1	2-0	2-0	1-0	1-0	4-0	2-1	2-1	0-1	3-2	3-1	1-0	3-0	0-0	4-0	5-0
			26O	4O	13D	13S	8F	11a	21F	29A	3m	10J	26D	30N	9N	11A	28M	31J	30a	24S	18A
2	Aston Villa	1-0		0-1	0-4	1-3	0-2	3-0	3-1	2-1	2-1	1-0	1-1	2-1	0-2	0-1	2-2	1-1	4-1	2-0	1-2
		10m		11M	13a	25A	1N	6D	14M	20S	22N	30a	10J	28F	18F	1F	27S	20D	26D	4A	18O
3	Barnsley	0-2	0-3		1-1	2-1	0-6	2-0	1-0	1-0	2-2	2-3	0-2	2-3	0-2	2-2	2-1	4-3	1-1	1-2	2-1
		25A	13S		1N	27a	24a	20O	17J	28D	7F	29N	27S	28M	10m	13D	11A	14M	18A	9a	28F
4	Blackburn Rovers	1-4	5-0	2-1		3-1	1-0	0-0	2-2	1-0	3-2	3-4	5-3	1-1	1-3	1-0	7-2	1-0	0-3	3-0	0-0
		13A	17J	31M		6D	22N	28S	28D	9a	8N	14S	28F	23a	6A	10m	25a	18O	7F	20D	25A
5	Bolton Wanderers	0-1	0-1	1-1	2-1		1-0	1-5	5-2	3-3	0-0	2-3	2-0	1-1	0-0	1-0	3-2	0-0	1-1	1-1	1-0
		31M	4O	26D	11A		26O	31J	2m	14D	1S	18A	28M	1N	20S	1D	14M	10J	23S	21F	29N
6	Chelsea	2-3	2-1	2-0	0-1	2-0		3-1	6-2	4-0	2-0	0-0	1-0	4-1	0-1	1-0	1-0	4-2	2-0	2-1	1-1
		21S	8M	31J	29A	10m		10J	11M	29N	26N	13D	18O	25A	28F	27S	19A	30a	11A	9N	26D
7	Coventry City	2-2	1-2	1-0	2-0	2-2	3-2		1-1	1-0	0-0	0-0	0-2	1-1	3-2	2-2	1-0	1-0	4-0	1-1	0-0
		17J	11A	21F	2m	23a	9a		24S	28M	25O	4O	29N	19A	28D	8N	7F	13S	13D	27a	29A
8	Crystal Palace	0-0	1-1	0-1	1-2	2-2	0-3	0-3		3-1	1-3	0-2	0-3	0-3	0-3	1-2	1-0	1-1	1-3	3-3	0-3
		18O	8N	12a	30a	27S	13S	28F		18A	10J	31J	11A	13D	27A	29N	10m	26D	28M	5m	9F
9	Derby County	3-0	0-1	1-0	3-1	4-0	0-1	3-1	0-0		3-1	0-5	0-4	1-0	2-2	1-0	3-0	4-0	2-1	2-0	1-1
		1N	7F	30a	11J	13A	5A	22N	20D		13S	15M	26A	10m	18O	26D	28F	27S	31J	6D	22O
10	Everton	2-2	1-4	4-2	1-0	3-2	3-1	1-1	1-2	1-2		2-0	1-1	2-0	0-2	0-0	1-3	0-2	0-2	2-1	0-0
		27S	28M	20S	14M	28D	18J	10m	9a	14F		11A	18A	18O	27a	28F	25A	2N	29N	23a	13D
11	Leeds United	1-1	1-1	2-1	4-0	2-0	3-1	3-3	0-2	4-3	0-0		0-1	0-2	1-0	4-1	1-2	0-1	1-0	3-1	1-1
		9a	28D	4A	11M	20D	8A	25A	23a	8N	6D		20S	26a	27S	18O	17J	28F	4M	23N	10m
12	Leicester City	3-3	1-0	1-0	1-1	0-0	2-0	1-1	1-1	1-2	0-1	1-0		0-0	0-0	0-0	1-1	3-3	3-0	2-1	0-1
		27a	9a	2m	24S	22N	21F	4A	6D	6O	20D	7F		17J	23a	29A	28D	14A	13S	27O	10N
13	Liverpool	4-0	3-0	0-1	0-0	2-1	4-2	1-0	2-1	4-0	1-1	3-1	1-2		6D	1-0	2-1	2-3	4-0	5-0	2-0
		6m	22S	22N	31J	7M	5O	20D	13A	25O	23F	26D	13a		6D	20J	13S	7F	8N	2m	10J
14	Manchester United	0-1	1-0	7-0	4-0	1-1	2-2	3-0	2-0	2-0	2-0	3-0	0-1	1-1		1-1	6-1	1-0	2-0	2-1	2-0
		14M	15D	25O	30N	7F	24S	30a	4O	21F	26D	4m	31J	10A		18A	1N	13a	10J	13S	28M
15	Newcastle United	0-1	1-0	2-1	1-1	2-1	3-1	0-0	1-2	0-0	1-0	1-1	3-3	1-2	0-1		2-1	2-1	1-0	0-1	1-3
		6D	23a	13A	25O	17J	2m	14M	18M	17D	24S	22F	1N	28D	21D		9a	22N	4O	7F	13S
16	Sheffield Wednesday	2-0	1-3	2-1	0-0	5-0	1-4	0-0	1-3	2-5	3-1	1-3	1-0	3-3	2-0	2-1		1-0	1-0	1-1	1-1
		2N	2m	8D	26D	8N	20D	20S	25O	24S	4O	13a	30a	14F	7M	10J		4A	21F	13A	31J
17	Southampton	1-3	1-2	4-1	3-0	0-1	1-0	1-2	1-0	0-2	2-1	0-2	2-1	1-1	1-0	2-1	2-3		3-2	3-0	0-1
		23a	18A	8N	21F	9a	29D	18F	27a	2m	7M	24S	13D	20S	19J	28M	29N		25O	4O	11A
18	Tottenham Hotspur	1-1	3-2	3-0	0-0	1-0	1-6	1-1	0-1	1-0	1-1	0-1	1-1	3-3	0-2	2-0	3-2	1-1		1-0	0-0
		28D	27a	20D	20S	1M	6D	13A	24N	23a	4N	1N	14F	14M	10a	25A	19O	10m		17J	27S
19	West Ham United	0-0	2-1	6-0	2-1	3-0	2-1	1-0	4-1	0-0	2-2	3-0	4-3	2-1	1-1	0-1	1-0	2-4	2-1		3-1
		2M	29N	10J	18A	18O	14M	26D	3D	11A	31J	30M	11M	27S	11M	20S	13D	25A	13a		30a
20	Wimbledon	0-1	2-1	4-1	0-1	0-0	0-2	1-2	0-1	0-0	0-0	1-0	2-1	1-1	2-5	0-0	1-1	1-0	2-6	1-2	
		11M	21F	23S	4O	4A	27a	1N	20S	17J	13A	25O	14M	9a	22N	31M	23a	7D	2m	28D	

Final League Table

Pos	Team	Pld	Home					Away					Totals					Pts	GD	Leading Goalscorer	Gls
			W	D	L	F	A	W	D	L	F	A	W	D	L	F	A				
1	Arsenal	38	15	2	2	43	10	8	7	4	25	23	23	9	6	68	33	78	+35	D Bergkamp	16
2	Manchester Utd	38	13	4	2	42	9	10	4	5	31	17	23	8	7	73	26	77	+47	A Cole	16
3	Liverpool	38	13	2	4	42	16	5	9	5	26	26	18	11	9	68	42	65	+26	M Owen	18
4	Chelsea	38	13	2	4	37	14	7	1	11	34	29	20	3	15	71	43	63	+28	T Flo, G Vialli	11
5	Leeds United	38	9	5	5	31	21	8	3	8	26	25	17	8	13	57	46	59	+11	J Hasselbaink	16
6	Blackburn Rovers	38	11	4	4	40	26	5	6	8	17	26	16	10	12	57	52	58	+5	C Sutton	18
7	Aston Villa	38	9	3	7	26	24	8	3	8	23	24	17	6	15	49	48	57	+1	D Yorke	12
8	West Ham United	38	13	4	2	40	18	3	4	12	16	39	16	8	14	56	57	56	-1	J Hartson	15
9	Derby County	38	12	3	4	33	18	4	4	11	19	31	16	7	15	52	49	55	+3	P Wanchope	13
10	Leicester City	38	6	10	3	21	15	7	4	8	30	26	13	14	11	51	41	53	+10	E Heskey	10
11	Coventry City	38	8	9	2	26	17	4	7	8	20	27	12	16	10	46	44	52	+2	D Dublin	18
12	Southampton	38	10	1	8	28	23	4	5	10	22	32	14	6	18	50	55	48	-5	M Le Tissier, E Ostenstad	11
13	Newcastle United	38	8	5	6	22	20	3	6	10	13	24	11	11	16	35	44	44	-9	J Barnes	6
14	Tottenham H	38	7	8	4	23	22	4	3	12	21	34	11	11	16	44	56	44	-12	J Klinsmann	9
15	Wimbledon	38	5	6	8	18	25	5	8	6	16	21	10	14	14	34	46	44	-12	C Cort, E Ekoku, J Euell, M Hughes, C Leaburn	4
16	Sheffield Weds	38	9	5	5	30	26	3	1	13	22	41	12	8	18	52	67	44	-15	P Di Canio	12
17	Everton	38	7	5	7	25	27	2	8	9	16	29	9	13	16	41	56	40	-15	D Ferguson	11
18	Bolton Wanderers	38	7	8	4	25	22	2	5	12	16	39	9	13	16	41	61	40	-20	N Blake	12
19	Barnsley	38	7	4	8	25	35	3	1	15	12	47	10	5	23	37	82	35	-45	N Redfearn	10
20	Crystal Palace	38	2	5	12	15	39	6	4	9	22	32	8	9	21	37	71	33	-34	N Shipperley	7

1997/98 NATIONWIDE LEAGUE DIVISION 1 [LEVEL 2]
SEASON 99

Total Matches: 552
Total Goals: 1410
Avg goals per match: 2.55

Final League Table

Pos	Team	Pld	Home W	Home D	Home L	Home F	Home A	Away W	Away D	Away L	Away F	Away A	Totals W	Totals D	Totals L	Totals F	Totals A	Pts	GS	Leading Goalscorer	Gls
1	Nottm Forest	46	18	2	3	52	20	10	8	5	30	22	28	10	8	82	42	94	82	P Van Hooijdonk	29
2	Middlesbrough	46	17	4	2	51	12	10	6	7	26	29	27	10	9	77	41	91	77	M Beck	14
3	Sunderland	46	14	7	2	49	22	12	5	6	37	28	26	12	8	86	50	90	86	K Phillips	29
4	Charlton Ath (P)	46	17	5	1	48	17	9	5	9	32	32	26	10	10	80	49	88	80	C Mendonca	23
5	Ipswich Town	46	14	5	4	47	20	9	9	5	30	23	23	14	9	77	43	83	77	D Johnson	20
6	Sheffield United	46	16	5	2	44	20	3	12	8	25	34	19	17	10	69	54	74	69	B Deane	11
7	Birmingham City	46	10	8	5	27	15	9	9	5	33	20	19	17	10	60	35	74	60	P Furlong	15
8	Stockport County	46	14	6	3	46	21	5	2	16	25	48	19	8	19	71	69	65	71	B Angell	18
9	Wolverhampton	46	13	6	4	42	25	5	5	13	15	28	18	11	17	57	53	65	57	R Keane	11
10	West Brom A	46	9	8	6	27	26	7	5	11	23	30	16	13	17	50	56	61	50	L Hughes	14
11	Crewe Alexandra	46	10	2	11	30	34	8	3	12	28	31	18	5	23	58	65	59	58	C Little	13
12	Oxford United	46	12	6	5	36	20	4	4	15	24	44	16	10	20	60	64	58	60	J Beauchamp	13
13	Bradford City	46	10	9	4	26	23	4	6	13	20	36	14	15	17	46	59	57	46	Edinho, R Steiner	10
14	Tranmere Rovers	46	9	8	6	34	26	5	6	12	20	31	14	14	18	54	57	56	54	D Kelly	11
15	Norwich City	46	9	8	6	32	27	5	5	13	20	42	14	13	19	52	69	55	52	C Bellamy	13
16	Huddersfield T	46	8	9	6	28	28	6	5	12	22	44	14	11	21	50	72	53	50	M Stewart	15
17	Bury	46	7	10	6	22	22	4	9	10	20	36	11	19	16	42	58	52	42	T Battersby, T Ellis, P Swan	6
18	Swindon Town	46	9	8	6	28	25	5	5	13	14	48	14	13	19	42	73	52	42	C Hay	14
19	Port Vale	46	7	6	10	25	24	6	4	13	31	42	13	10	23	56	66	49	56	L Mills	14
20	Portsmouth	46	8	9	6	28	30	5	4	14	23	33	13	13	20	51	63	49	51	J Aloisi	12
21	Queens Park R	46	8	9	6	28	21	2	10	11	23	42	10	19	17	51	63	49	51	M Sheron	11
22	Manchester City	46	6	0	11	28	26	6	6	11	28	31	12	12	22	56	57	48	56	P Dickov	9
23	Stoke City	46	8	5	10	30	40	3	6	12	14	34	11	13	22	44	74	46	44	P Thorne	12
24	Reading	46	8	4	11	27	31	3	5	15	12	47	11	9	26	39	78	42	39	C Asaba	8

1997/98 NATIONWIDE LEAGUE DIVISION 2 [LEVEL 3]
SEASON 99

Total Matches 552
Total Goals 1337
Avg goals per match 2.42

		Blackpool	Bournemouth	Brentford	Bristol City	Bristol Rovers	Burnley	Carlisle United	Chesterfield	Fulham	Gillingham	Grimsby Town	Luton Town	Millwall	Northampton T	Oldham Athletic	Plymouth Argyle	Preston N E	Southend United	Walsall	Watford	Wigan Athletic	Wrexham	Wycombe Wand	York City
1	Blackpool		1-0 17J	1-2 13A	2-2 3F	1-0 25A	2-1 8N	2-1 7S	2-1 21O	2-1 28F	2-1 21M	2-2 18O	1-0 9a	3-0 14F	1-1 4N	2-2 20S	0-0 2D	2-1 20D	3-0 27S	1-0 4A	1-1 7M	0-2 31J	1-2 28D	2-4 23a	1-0 22N
2	Bournemouth	2-0 30a		0-0 1N	1-0 7F	1-1 2S	2-1 25A	3-2 22N	2-0 14F	2-1 18O	4-0 26D	0-1 27S	1-1 13S	0-0 21O	3-0 10J	0-0 24J	3-3 3M	0-2 28F	2-1 18N	1-0 14A	0-1 20D	1-0 16a	0-1 14M	0-0 4A	0-0 2D
3	Brentford	3-1 13D	3-2 7M		1-4 8N	2-3 21O	2-1 27S	0-1 4N	0-0 16a	0-2 11A	2-0 2S	3-1 30a	2-2 25A	2-1 10J	0-0 21M	2-1 28M	3-1 31J	0-0 14F	1-1 26D	3-0 18O	1-2 24J	0-2 18A	1-1 29N	1-1 19S	1-2 28F
4	Bristol City	2-0 16a	1-1 20S	2-2 3M		2-0 14M	3-1 2D	1-0 4A	1-0 20D	0-2 2S	0-2 14F	4-1 10J	3-0 27S	4-1 26D	0-0 24J	1-0 1N	2-1 18N	2-1 21O	1-0 28F	2-1 25A	1-1 13A	3-0 30a	1-1 31J	3-1 22N	2-1 17O
5	Bristol Rovers	0-3 25O	5-3 28D	2-1 2m	1-2 4N		1-0 17J	3-1 23a	2-3 7F	1-2 8N	0-4 13S	2-1 12D	0-2 18A	3-1 29N	1-1 7M	2-2 21F	1-1 9a	2-2 21M	2-0 27M	2-0 9S	1-2 14O	5-0 10A	1-0 4O	3-1 24F	1-2 10M
6	Burnley	1-2 7A	2-2 25O	1-1 21F	1-0 11A	0-0 30a		3-1 11O	0-0 26D	2-1 18A	0-0 16a	2-1 28M	1-1 14M	1-2 18N	2-1 29N	0-0 2S	2-1 2m	1-1 20S	0-0 24J	2-1 1N	2-0 10J	0-2 13D	1-2 24F	2-2 4O	7-2 31J
7	Carlisle United	1-1 26D	0-1 28M	1-2 14M	0-3 29N	1-2 24J	1-2 28F		0-2 18N	2-1 13D	0-1 27S	1-0 21A	0-2 21O	3-1 3M	2-2 30a	0-2 11A	2-2 20S	5-0 17O	1-1 10J	0-2 14F	1-0 16a	2-2 2S	0-0 1N	0-0 31J	1-2 25A
8	Chesterfield	1-1 2m	0-0 4O	0-0 3J	1-0 18A	0-0 20S	1-0 7S	2-1 21M		0-2 ?	1-1 7M	1-0 4N	0-0 8N	3-1 13D	2-1 28M	2-1 11A	3-2 24F	1-0 17J	3-1 23a	0-1 9a	2-3 31J	3-1 11O	1-0 21F	1-1 25O	1-1 28D
9	Fulham	1-0 11O	1-1 24F	1-1 2D	1-0 28D	1-0 20S	1-0 3M	5-0 19D	1-1 13A		3-0 1N	0-2 21N	0-0 13S	1-2 23a	1-1 14M	3-1 25O	2-0 4O	2-1 9S	2-0 4A	1-1 7F	1-2 7A	2-0 2m	1-0 21F	0-0 9a	1-1 17J
10	Gillingham	1-1 18N	2-1 5S	3-1 29D	2-0 4O	1-1 31J	2-0 3J	1-0 21F	1-0 14M	2-0 28M		0-2 ?	2-1 29N	1-3 11A	1-0 1N	2-1 24F	0-0 3M	1-0 25O	1-2 9a	2-1 13D	2-2 23a	0-0 20S	1-1 2m	1-0 18A	0-0 11O 17J
11	Grimsby Town	1-0 24F	2-1 21F	4-0 17J	1-1 9a	1-2 13A	4-1 22N	1-0 20D	0-0 3M	1-1 31J	0-0 4A		0-1 7A	0-1 20S	1-0 11O	0-2 2m	1-0 24M	3-1 28D	5-1 1N	3-0 14M	0-1 25O	2-1 4O	0-0 23a	0-0 2D	0-0 9S
12	Luton Town	3-0 10J	1-2 31J	2-0 25O	0-0 21F	2-4 20D	2-3 4N	3-2 2m	3-0 14A	1-4 24J	2-2 2D	2-2 21M		0-2 2S	2-2 26D	1-1 30a	3-0 11O	1-3 8N	1-0 18a	0-1 22N	0-4 4O	1-1 24F	2-5 20S	0-0 7M	0-0 4A
13	Millwall	2-1 4O	1-2 2m	3-0 9a	0-2 29O	1-1 4A	1-0 21M	1-1 8N	1-1 22N	1-1 4N	2-0 7M	1-0 7F	0-1 28F		0-0 21F	2-1 11O	1-1 13A	0-0 25M	3-1 13S	0-1 3D	1-1 25F	0-1 25O	1-0 17J	1-0 20D	2-3 23a
14	Northampton T	2-0 14M	0-2 9a	4-0 18N	2-1 23a	1-1 1N	0-1 4A	2-1 17J	0-0 2D	1-0 25A	2-1 18O	2-1 28F	1-0 9S	2-0 27S		0-0 31J	2-1 20D	2-2 13A	3-1 14F	3-2 28D	0-1 22N	1-0 20S	0-1 3M	2-0 10F	1-1 21O
15	Oldham Athletic	0-1 7F	2-1 23a	1-1 22N	1-2 31M	4-4 27S	3-3 28A	3-1 2D	2-0 18O	1-0 14F	3-1 7N	2-0 21O	1-1 17J	2-2 28F	1-1 13S		2-0 4A	1-0 9S	2-0 25A	0-0 19D	2-2 21M	3-1 4N	3-0 27J	0-1 13A	3-1 9a
16	Plymouth Argyle	3-1 11A	3-0 8N	0-0 13S	2-0 21M	1-2 10J	2-2 21O	2-1 7F	1-4 30a	0-1 26D	2-2 25A	0-2 16a	3-0 28F	1-3 13D	0-2 18A	1-3 29N		0-2 ?	2-3 7M	2-1 18O	0-1 27S	3-2 2S	0-1 24J	4-2 28M	0-0 14F
17	Preston N E	3-3 18A	0-1 11O	2-1 4O	2-1 2m	1-2 18N	2-3 7F	0-3 24F	0-0 29N	3-1 10J	1-3 2S	2-0 3M	1-0 16a	2-1 13D	1-0 26D	1-1 1N	0-1 ?		1-0 11A	0-0 13S	2-0 30a	1-1 28M	0-1 25O	1-1 21F	3-2 14M
18	Southend United	2-1 21F	5-3 21M	3-1 5S	0-2 11O	1-1 22N	1-0 23a	1-1 9a	0-2 3A	1-0 20S	0-0 13A	1-2 7M	0-0 3J	1-1 31J	1-2 4O	0-0 25O	0-0 24F	1-1 2D		3-0 ?	3-2 17J	0-1 4N	0-3 8N	1-0 2m	4-4 19D
19	Walsall	2-1 29N	2-1 13D	0-0 24F	0-0 25O	0-1 26D	1-0 7M	3-1 40	1-1 10J	1-0 16a	0-0 31M	2-3 4N	2-0 28M	0-0 11A	0-1 2S	2-2 18A	0-2 21F	0-0 31J	0-1 3-1		0-0 8N	1-0 21M	3-0 11O	0-1 2m	2-0 20S
20	Watford	4-1 1N	2-1 28A	3-1 23a	1-1 13D	3-2 28F	1-0 9a	2-1 17M	2-1 13S	2-0 21O	0-2 8F	0-0 25A	1-1 14F	0-1 18O	1-1 28M	2-1 18N	1-1 28D	3-1 17J	1-1 14M	1-2 3M		2-1 29N	1-0 11A	2-1 7S	1-1 27S
21	Wigan Athletic	3-0 13S	1-0 7A	4-0 20D	0-3 17J	3-0 2D	5-1 13A	0-2 28D	2-1 28F	2-1 27S	1-4 21O	0-2 14F	1-1 18O	0-0 24A	1-1 7F	1-0 14M	1-4 23a	1-1 22N	1-4 17M	1-3 21A	2-0 4A		3-2 8S	5-2 9a	1-1 1N
22	Wrexham	3-4 2S	2-1 4N	2-2 4A	2-1 13S	1-0 14F	0-0 18O	2-2 7M	0-0 27S	0-0 10J	2-1 20D	1-0 31M	0-3 7F	0-0 17M	2-1 8N	1-0 16a	3-1 22N	1-0 25A	0-1 21O	3-1 28F	2-1 2D	1-1 26D		2-0 21M	1-2 13A
23	Wycombe Wand	2-1 24J	1-1 29N	0-0 7F	1-2 28M	1-0 18O	2-1 14F	1-4 13S	1-1 25A	2-0 30a	1-0 28F	1-1 10A	2-2 1N	0-0 18A	0-0 16a	2-1 13D	5-1 14M	0-0 27S	4-2 2S	0-0 21O	1-2 26D	0-0 10J	1-0 18N		1-0 3M
24	York City	1-1 28M	0-1 11A	3-1 11O	0-1 24F	0-1 16a	3-1 13S	4-3 25O	0-1 2S	0-1 21M	2-1 30a	0-0 26D	1-2 29N	2-3 24J	0-0 2m	0-0 10J	1-0 40	1-0 4N	1-1 18A	1-0 7F	1-1 21F	2-2 7M	1-0 13D	2-0 8N	

Final League Table

Pos	Team	Pld	Home					Away					Totals						Leading Goalscorer	Gls
			W	D	L	F	A	W	D	L	F	A	W	D	L	F	A	Pts	GS		
1	Watford	46	13	7	3	36	22	11	9	3	31	19	24	16	6	67	41	88	67	P Kennedy	11
2	Bristol City	46	16	5	2	41	17	9	5	9	28	22	25	10	1	69	39	85	69	S Goater	17
3	Grimsby Town (P)	46	11	7	5	30	14	8	7	8	25	23	19	15	12	55	37	72	55	K Donovan	16
4	Northampton T	46	14	5	4	33	17	4	12	7	19	20	18	17	11	52	37	71	52	D Seal	12
5	Bristol Rovers	46	13	2	8	43	33	7	8	8	27	31	20	10	16	70	64	70	70	B Hayles	23
6	Fulham	46	12	7	4	31	14	8	3	12	29	29	20	10	16	60	43	70	60	P Moody	15
7	Wrexham	46	10	10	3	31	23	8	6	9	24	28	18	16	12	55	51	70	55	N Roberts	8
8	Gillingham	46	13	7	3	30	18	6	6	11	22	29	19	13	14	52	47	70	52	A Akinbiyi	21
9	Bournemouth	46	11	8	4	28	15	7	4	12	29	37	18	12	16	57	52	66	57	S Fletcher	12
10	Chesterfield	46	13	7	3	31	19	3	10	10	15	25	16	17	13	46	44	65	46	R Willis	8
11	Wigan Athletic	46	12	5	6	41	31	5	6	12	23	35	17	11	18	64	66	62	64	D Lowe	16
12	Blackpool	46	13	6	4	35	24	4	5	14	24	43	17	11	18	59	67	62	59	P Clarkson	13
13	Oldham Athletic	46	13	7	3	43	23	2	9	12	19	31	15	16	15	62	54	61	62	S Barlow	12
14	Wycombe Wand	46	10	10	3	32	20	4	8	11	19	33	14	18	14	51	53	60	51	M Stallard	17
15	Preston N E	46	10	6	7	29	26	5	8	10	27	30	15	14	17	56	56	59	56	L Ashcroft	14
16	York City	46	9	7	7	26	21	5	10	8	26	37	14	17	15	52	58	59	52	R Rowe	10
17	Luton Town	46	7	7	9	35	38	7	8	8	25	26	14	15	17	60	64	57	60	T Thorpe	14
18	Millwall	46	7	8	8	23	23	7	5	11	20	31	14	13	19	43	54	55	43	P Shaw	11
19	Walsall	46	10	8	5	26	16	4	5	14	17	36	14	12	20	43	52	54	43	R Boli	12
20	Burnley	46	10	9	4	34	23	3	4	16	21	42	13	13	20	55	65	52	55	A Cooke	16
21	Brentford (R)	46	9	7	7	33	29	2	10	11	17	42	11	17	18	50	71	50	50	R Taylor	13
22	Plymouth Argyle (R)	46	10	5	8	36	30	2	8	13	19	40	12	13	21	55	70	49	55	C Corazzin	16
23	Carlisle United (R)	46	8	5	10	27	28	4	3	16	30	45	12	8	26	57	73	44	57	I Stevens	17
24	Southend United (R)	46	8	7	8	29	30	3	6	14	18	49	11	10	25	47	79	43	47	J Boere	14

1997/98 NATIONWIDE LEAGUE DIVISION 3 [LEVEL 4]
SEASON 99

ENGLISH LEAGUE FOOTBALL : THE COMPLETE RECORD | 341

Total Matches 552
Total Goals 1431
Avg goals per match 2.59

		Barnet	Brighton & H A	Cambridge Utd	Cardiff City	Chester City	Colchester Utd	Darlington	Doncaster Rov	Exeter City	Hartlepool Utd	Hull City	Leyton Orient	Lincoln City	Macclesfield T	Mansfield Town	Notts County	Peterborough U	Rochdale	Rotherham Utd	Scarborough	Scunthorpe Utd	Shrewsbury T	Swansea City	Torquay Utd
1	Barnet		2-0	2-0	2-2	2-1	3-2	2-0	1-1	1-2	1-1	2-0	1-2	0-0	3-1	0-1	1-2	2-0	3-1	0-0	1-1	0-1	1-1	2-0	3-3
2	Brighton & H A	0-3		0-2	0-1	3-2	4-4	0-0	0-0	1-3	0-0	2-2	0-1	0-1	1-1	1-0	2-1	2-2	2-1	1-2	1-1	2-1	0-0	0-1	1-4
3	Cambridge Utd	1-3	1-1		2-2	1-2	4-1	1-0	2-1	2-1	2-0	0-1	1-0	1-1	0-0	2-0	2-2	1-0	1-1	2-1	2-3	2-2	4-3	4-1	1-1
4	Cardiff City	1-1	0-0	0-0		0-2	0-2	0-0	7-1	1-1	1-1	2-1	1-0	0-1	1-2	4-1	1-1	0-0	2-1	2-2	1-1	0-0	2-2	0-1	1-1
5	Chester City	0-1	2-0	1-1	0-0		3-1	2-1	2-1	1-1	3-1	1-0	1-1	2-0	1-1	0-1	0-1	0-0	4-0	4-0	1-1	1-0	2-0	2-0	1-3
6	Colchester Utd	1-1	3-1	3-2	2-1	2-0		2-1	2-1	1-2	1-2	4-3	1-1	0-1	5-1	2-0	2-0	1-0	0-0	2-1	1-0	3-3	1-1	1-2	1-0
7	Darlington	2-3	1-3	0-1	0-1	0-0	4-2		5-1	3-2	1-1	4-3	1-0	2-2	4-2	0-0	0-2	3-1	1-0	1-1	1-2	1-0	3-1	3-2	1-2
8	Doncaster Rov	0-2	1-3	0-0	1-1	2-1	0-1	0-2		0-1	2-2	1-0	1-4	2-4	0-3	0-3	1-2	0-5	0-3	0-3	1-2	1-2	1-0	0-3	0-1
9	Exeter City	0-0	2-1	1-0	1-1	5-0	0-1	1-0	5-1		1-1	3-0	2-2	1-2	1-3	1-0	2-5	0-0	3-0	3-1	1-1	2-3	2-2	1-0	1-1
10	Hartlepool United	2-0	0-0	3-3	2-0	0-0	3-2	2-2	3-1	1-1		2-2	2-1	1-1	0-0	2-2	1-1	2-1	2-0	0-0	3-0	0-1	2-1	4-2	3-0
11	Hull City	0-2	0-0	1-0	0-1	1-2	3-1	1-1	3-0	3-2	2-1		3-2	0-2	0-0	0-0	0-3	3-1	0-2	0-0	3-0	2-1	1-4	7-4	3-3
12	Leyton Orient	2-0	3-1	0-2	0-1	1-0	0-2	2-0	8-0	1-0	2-1	2-1		1-0	1-1	2-2	1-1	1-0	2-0	1-1	3-1	1-0	2-3	2-2	2-1
13	Lincoln City	2-0	2-1	0-0	1-0	1-3	0-1	3-1	2-1	2-1	1-1	1-0	1-0		1-1	0-2	3-5	3-0	2-0	0-1	3-3	1-1	1-0	1-1	1-1
14	Macclesfield T	2-0	1-0	3-1	1-0	3-1	0-0	2-1	3-0	2-2	2-1	1-0	1-0	1-0		1-0	2-0	1-1	1-0	0-0	3-1	2-0	2-1	3-0	2-1
15	Mansfield Town	1-2	1-1	3-2	1-2	4-1	1-1	4-0	1-1	3-2	2-2	2-0	0-0	2-2	1-0		0-2	2-0	3-0	3-3	3-2	1-0	1-1	1-0	2-2
16	Notts County	2-0	2-2	1-0	3-1	1-2	0-0	1-1	5-2	1-1	2-0	1-0	1-0	1-2	1-1	1-0		2-2	2-1	5-2	1-0	2-1	1-1	2-1	3-0
17	Peterborough U	5-1	1-2	1-0	2-0	2-1	3-2	1-1	0-1	1-1	0-0	2-0	2-0	5-1	0-1	1-1	1-0		3-1	1-0	0-0	0-1	1-1	3-1	2-0
18	Rochdale	2-1	2-0	2-0	0-0	1-1	2-1	5-0	4-1	3-0	2-1	0-2	0-0	2-0	2-0	1-2	1-2	1-2		0-1	4-0	2-0	3-1	3-0	0-1
19	Rotherham Utd	2-3	0-0	2-2	1-1	4-2	3-2	3-0	3-0	1-0	2-1	5-4	2-1	3-1	1-0	2-2	1-1	2-2	2-2		0-0	1-3	0-1	1-1	0-1
20	Scarborough	1-0	2-1	1-0	3-1	4-1	1-1	2-1	4-0	4-1	1-1	2-0	2-2	2-1	2-2	1-2	1-3	1-0	1-2		0-0	0-0	3-2	4-1
21	Scunthorpe Utd	1-1	0-2	3-3	3-3	2-1	1-0	1-0	1-1	2-1	1-0	0-1	1-0	1-2	1-3	2-0	1-1	1-3		1-0	1-0	2-0	
22	Shrewsbury T	2-0	2-1	1-1	3-2	1-1	0-2	3-0	2-1	1-1	1-0	2-0	1-2	0-2	4-3	3-2	1-2	4-1	1-0	2-1	0-1	0-2		0-1	1-2
23	Swansea City	0-2	1-0	1-1	1-1	2-0	0-1	4-0	0-0	2-1	0-2	2-0	1-1	0-0	1-1	0-1	1-2	0-1	3-0	1-1	0-0	2-0	0-1		2-0
24	Torquay United	0-0	3-0	0-3	1-0	3-1	1-1	2-1	2-0	1-2	1-0	5-1	1-1	2-1	3-2	2-0	2-1	0-2	3-1	0-0	1-2	1-0	2-4	3-0	

Final League Table

Pos	Team	Pld	Home W	Home D	Home L	Home F	Home A	Away W	Away D	Away L	Away F	Away A	Totals W	Totals D	Totals L	Totals F	Totals A	Pts	GS	Leading Goalscorer	Gls
1	Notts County	46	14	7	2	41	20	15	5	3	41	23	29	12	5	82	43	99	82	G Jones	28
2	Macclesfield T	46	19	4	0	40	11	4	9	10	23	33	23	13	10	63	44	82	63	S Wood	13
3	Lincoln City	46	11	7	5	32	24	9	8	6	28	27	20	15	11	60	51	75	60	L Thorpe	14
4	Colchester U (P)	46	14	5	4	41	24	7	6	10	31	36	21	11	14	72	60	74	72	P Abrahams, N Gregory, M Sale and A Skelton	7
5	Torquay United	46	14	4	5	39	22	7	7	9	29	37	21	11	14	68	59	74	68	R Jack	12
6	Scarborough	46	14	6	3	44	23	5	9	9	23	35	19	15	12	67	58	72	67	G Williams	15
7	Barnet	46	10	8	5	35	22	9	5	9	26	29	19	13	14	61	51	70	61	S Devine	16
8	Scunthorpe Utd	46	11	7	5	30	24	8	5	10	26	28	19	12	15	56	52	69	56	J Forrester	11
9	Rotherham United	46	10	9	4	41	30	6	10	7	26	31	16	19	11	67	61	67	67	L Glover	17
10	Peterborough U	46	13	6	4	37	16	5	7	11	26	35	18	13	15	63	51	67	63	J Quinn	20
11	Leyton Orient *	46	14	5	4	40	20	5	7	11	22	27	19	12	15	62	47	66	62	C Griffiths	18
12	Mansfield Town	46	11	8	4	38	22	5	8	10	26	29	16	16	14	64	55	64	64	S Whitehall	24
13	Shrewsbury T	46	12	3	8	35	28	4	10	9	26	34	16	13	17	61	62	61	61	L Steele	13
14	Chester City	46	12	7	4	34	15	5	3	15	26	46	17	10	19	60	61	61	60	G Bennett	12
15	Exeter City	46	10	8	5	39	25	5	7	11	29	38	15	15	16	68	63	60	68	D Rowbotham	20
16	Cambridge United	46	11	8	4	39	27	3	10	10	24	30	14	18	14	63	57	60	63	M Kyd	11
17	Hartlepool United	46	10	12	1	40	22	2	11	10	21	31	12	23	11	61	53	59	61	J Cullen	12
18	Rochdale	46	15	3	5	43	15	2	4	17	13	40	17	7	22	56	55	58	56	R Painter	17
19	Darlington	46	13	6	4	43	28	1	6	16	13	44	14	12	20	56	72	54	56	D Roberts	12
20	Swansea City	46	8	8	7	24	16	5	3	15	25	46	13	11	22	49	62	50	49	T Bird	14
21	Cardiff City	46	5	13	5	27	22	4	10	9	21	30	9	23	14	48	52	50	48	A Saville	11
22	Hull City	46	10	6	7	36	32	1	2	20	20	51	11	8	27	56	83	41	56	D Darby	13
23	Brighton & H A	46	3	10	10	21	34	3	7	13	17	32	6	17	23	38	66	35	38	K Mayo, J Minton	6
24	Doncaster Rovers	46	3	3	17	14	48	1	5	17	16	65	4	8	34	30	113	20	30	P Moncrieffe	8

* Leyton Orient deducted 3 points for fielding suspended players.

1998/99 FA CARLING PREMIERSHIP
SEASON 7

Total Matches	380
Total Goals	963
Avg goals per match	2.53

		Arsenal	Aston Villa	Blackburn Rov	Charlton Athletic	Chelsea	Coventry City	Derby County	Everton	Leeds United	Leicester City	Liverpool	Manchester Utd	Middlesbrough	Newcastle Utd	Nottm Forest	Sheffield Weds	Southampton	Tottenham H	West Ham Utd	Wimbledon
1	Arsenal		1-0	1-0	0-0	1-0	2-0	1-0	1-0	3-1	5-0	0-0	3-0	1-1	3-0	2-1	3-0	1-1	0-0	1-0	5-1
			16m	6A	29a	31J	20M	2m	8N	20D	20F	9J	20S	29N	4O	17a	9M	17O	14N	26D	19A
2	Aston Villa	3-2		1-3	3-4	0-3	1-4	1-0	3-0	1-2	1-1	2-4	1-1	3-1	1-0	2-0	2-1	3-0	3-2	0-0	1-0
		13D		6F	8m	21M	27F	26S	18J	17F	24O	21N	5D	23a	9S	24A	28D	10A	7N	2A	12S
3	Blackburn Rovers	1-2	2-1		1-0	3-4	1-2	0-0	1-2	1-0	1-0	1-3	0-0	0-0	0-0	1-2	1-4	0-2	1-1	3-0	3-1
		25O	26D		5D	21S	7N	15a	10M	9J	29a	24A	12m	3A	12D	8m	20F	21N	30J	3O	20M
4	Charlton Athletic	0-1	0-1	0-0		0-1	1-1	1-2	1-2	1-1	0-0	1-0	0-1	1-1	2-2	0-0	0-1	5-0	1-4	4-2	2-0
		28D	21D	1m		3A	26S	12S	28N	17A	7N	13F	31J	14N	17J	27F	16m	22a	20A	24O	8F
5	Chelsea	0-0	2-1	1-1	2-1		2-1	2-1	3-1	1-0	2-2	2-1	0-0	2-0	1-1	2-1	1-1	1-0	2-0	0-1	3-0
		9S	9D	17F	17O		16J	16m	1m	5m	18A	27F	29D	26S	22a	12S	28N	6F	19D	13M	14N
6	Coventry City	0-1	1-2	1-1	2-1	2-1		1-1	3-0	2-2	1-1	2-1	0-1	1-2	1-5	4-0	1-0	1-0	1-1	0-0	2-1
		31O	3O	13M	6M	15a		19D	15N	16m	28N	30J	20F	17A	19S	9J	18O	5A	26D	29a	1m
7	Derby County	0-0	2-1	1-0	0-2	2-2	0-0		2-1	2-2	2-0	3-2	1-1	2-1	3-4	1-0	1-0	0-0	0-1	0-2	0-0
		5D	10M	16J	20F	12D	8m		7F	31O	19S	13M	24O	28D	3A	10A	9S	24A	3O	22N	22a
8	Everton	0-2	0-0	0-0	4-1	0-0	2-0	0-0		0-0	0-0	0-0	1-4	5-0	1-0	0-1	1-2	1-0	0-1	6-0	1-1
		13M	15a	26S	24A	5D	11a	26D		12S	9J	17O	31O	17F	23N	30J	5A	12D	29a	8m	27F
9	Leeds United	1-0	0-0	1-0	4-1	0-0	2-0	4-1	1-0		0-1	0-0	1-1	2-0	0-1	3-1	2-1	3-0	2-0	4-0	2-2
		11m	19S	24a	21N	25O	14D	20M	20F		3O	12A	25A	16J	6F	3A	8N	8S	10M	5D	29D
10	Leicester City	1-1	2-2	1-1	1-1	2-4	1-0	1-2	2-0	1-2		1-0	2-6	0-1	2-0	3-1	0-2	2-0	2-1	0-0	1-1
		12S	6A	28D	13M	21N	24A	5m	22a	1M		31O	16J	9S	8m	12D	6F	5D	19O	10A	27S
11	Liverpool	0-0	0-1	2-0	3-3	1-1	2-0	1-2	3-2	1-3	0-1		2-2	3-1	4-2	5-1	2-0	7-1	3-2	2-2	3-0
		22a	17A	29N	19S	4O	9S	7N	3A	14N	21A		5m	6F	28D	24O	19D	16J	1m	20F	16m
12	Manchester United	1-1	2-1	3-2	4-1	1-1	2-0	1-0	3-1	3-2	2-2	2-0		2-3	0-0	3-0	3-0	2-1	2-1	4-1	5-1
		17F	1m	14N	9S	16D	12S	3F	21M	29N	15a	24S		19D	8N	26D	17A	27F	16m	10J	17O
13	Middlesbrough	1-6	0-0	2-1	2-0	0-0	2-0	1-1	2-2	0-0	0-0	1-3	0-1		2-2	1-1	4-0	3-0	0-0	1-0	3-1
		24A	9J	17O	10A	14A	21N	29a	19S	15a	30J	26D	9m		6D	1N	3O	14M	20F	12D	5A
14	Newcastle United	1-1	2-1	1-1	0-0	0-1	4-1	2-1	1-3	0-3	1-0	1-4	1-2	1-1		2-0	1-1	4-0	1-1	0-3	3-1
		28F	30J	16m	15a	9J	17F	17O	17A	26D	19D	30a	13M	1m		26S	14N	12S	5A	31O	28N
15	Nottm Forest	0-1	2-2	2-2	0-1	1-3	1-0	2-2	0-2	1-1	1-0	2-2	1-8	1-2	1-2		2-0	1-1	1-0	0-0	0-1
		16J	28N	19D	3O	20F	22a	16N	8S	17O	16m	5A	6F	20M	10M		1m	28D	17A	19S	7N
16	Sheffield Wednesday	1-0	0-1	3-0	3-0	0-0	1-2	0-0	0-0	0-2	0-1	1-0	3-1	3-1	1-1	3-2		0-0	0-0	0-1	1-2
		26S	29a	12S	12D	25A	3A	30J	24O	13M	26D	8m	21N	27F	21A	7D		31O	9J	15a	3M
17	Southampton	0-0	1-4	3-3	3-1	0-2	2-1	0-1	2-0	3-0	2-1	1-2	0-3	3-3	2-1	2-1	1-0		1-1	1-0	3-1
		3A	14N	17A	9J	26D	24O	28N	16m	30J	1m	16a	3O	7N	20F	29a	20M		19S	6M	19D
18	Tottenham Hotspur	1-3	1-0	2-1	2-2	2-2	0-0	1-1	4-1	3-3	0-2	2-1	2-2	0-3	2-0	0-3	3-0			1-2	0-0
		5m	13M	9S	2N	10m	6F	27F	28D	26S	3A	5D	12D	13S	24O	21N	22a	2M		24A	16J
19	West Ham United	0-4	0-0	2-0	0-1	1-1	2-0	5-1	2-1	1-5	3-2	2-1	0-0	4-0	2-0	2-1	0-4	1-0	2-1		3-4
		6F	17O	27F	5A	8N	28D	17A	19D	1m	14N	12S	22a	16m	20M	13F	16J	28S	28N		9S
20	Wimbledon	1-0	0-0	1-1	2-1	1-2	2-1	2-1	1-2	1-1	0-1	1-1	1-1	2-2	1-1	1-3	2-1	0-2	3-1	0-0	
		21N	21F	31O	26D	11A	5D	9J	3O	29a	6M	13D	3A	24O	13M	19S	8m	15a	30J		

Final League Table

Pos	Team	Pld	Home					Away					Totals					Pts	GD	Leading Goalscorer	Gls
			W	D	L	F	A	W	D	L	F	A	W	D	L	F	A				
1	Manchester Utd	38	14	4	1	45	18	8	9	2	35	19	22	13	3	80	37	79	+43	D Yorke	18
2	Arsenal	38	14	5	0	34	5	8	7	4	25	12	22	12	4	59	17	78	+42	N Anelka	17
3	Chelsea	38	12	6	1	29	13	8	9	2	28	17	20	15	3	57	30	75	+27	G Zola	13
4	Leeds United	38	12	5	2	32	9	6	8	5	30	25	18	13	7	62	34	67	+28	J Hasselbaink	18
5	West Ham United	38	11	3	5	32	26	5	6	8	14	27	16	9	13	46	53	57	-7	I Wright	9
6	Aston Villa	38	10	3	6	33	28	5	7	7	18	18	15	10	13	51	46	55	+5	J Joachim	14
7	Liverpool	38	10	5	4	44	24	5	4	10	24	25	15	9	14	68	49	54	+19	M Owen	18
8	Derby County	38	8	7	4	22	19	5	6	8	18	26	13	13	12	40	45	52	-5	D Burton, P Wanchope	9
9	Middlesbrough	38	7	9	3	25	18	5	6	8	23	36	12	15	11	48	54	51	-6	H Ricard	15
10	Leicester City	38	7	6	6	25	25	5	7	7	15	21	12	13	13	40	46	49	-6	T Cottee	10
11	Tottenham H	38	7	7	5	28	26	4	7	8	19	24	11	14	13	47	50	47	-3	S Iversen	9
12	Sheffield Weds	38	7	5	7	20	15	6	2	11	21	27	13	7	18	41	42	46	-1	B Carbone	8
13	Newcastle United	38	7	6	6	26	25	4	7	8	22	29	11	13	14	48	54	46	-6	A Shearer	14
14	Everton	38	6	8	5	22	12	5	2	12	20	35	11	10	17	42	47	43	-5	K Campbell	9
15	Coventry City	38	8	6	5	26	21	3	3	13	13	30	11	9	18	39	51	42	-12	N Whelan	10
16	Wimbledon	38	7	5	7	22	21	3	5	11	18	42	10	12	16	40	63	42	-23	J Euell, M Gayle	10
17	Southampton	38	9	4	6	29	26	2	4	13	8	38	11	8	19	37	64	41	-27	M Le Tissier, E Ostenstad	7
18	Charlton Athletic	38	4	7	8	20	20	4	5	10	21	36	8	12	18	41	56	36	-15	C Mendonca	8
19	Blackburn Rovers	38	6	5	8	21	24	1	9	9	17	28	7	14	17	38	52	35	-14	K Gallacher, A Ward	5
20	Nottm Forest	38	3	7	9	18	31	4	2	13	17	38	7	9	22	35	69	30	-34	D Freedman	9

1998/99 NATIONWIDE LEAGUE DIVISION 1 [LEVEL 2]
SEASON 100

Total Matches 552
Total Goals 1455
Avg goals per match 2.64

		Barnsley	Birmingham C	Bolton Wand	Bradford City	Bristol City	Bury	Crewe Alexandra	Crystal Palace	Grimsby Town	Huddersfield T	Ipswich Town	Norwich City	Oxford United	Port Vale	Portsmouth	Queens Park R	Sheffield United	Stockport Co	Sunderland	Swindon Town	Tranmere Rov	Watford	West Brom A	Wolverhampton
1	Barnsley		0-0	2-2	0-1	2-0	1-1	2-2	4-0	0-0	7-1	0-1	1-3	1-0	0-2	2-1	1-0	2-1	1-1	1-3	1-3	1-1	2-2	2-2	2-3
2	Birmingham City	0-0		0-0	2-1	4-2	1-0	3-1	3-1	0-1	1-1	1-0	0-0	0-1	1-0	4-1	1-0	1-0	2-0	0-0	1-1	2-2	1-2	4-0	0-1
3	Bolton Wand	3-3	3-1		0-0	1-0	4-0	1-3	3-0	2-0	3-0	2-0	2-0	1-1	3-1	3-1	2-1	2-2	1-2	0-3	2-1	2-2	1-2	2-1	1-1
4	Bradford City	2-1	2-1	2-2		5-0	3-0	4-1	2-1	3-0	2-3	0-0	4-1	0-0	4-0	2-1	0-3	2-2	1-2	0-1	3-0	2-0	2-0	1-0	2-1
5	Bristol City	1-1	1-2	2-1	2-3		1-1	5-2	1-1	4-1	1-2	0-1	1-0	2-2	2-0	2-2	0-0	2-0	1-1	0-1	3-1	1-1	1-4	1-3	1-6
6	Bury	0-0	2-4	2-1	0-2	0-1		1-0	0-0	1-0	0-3	0-2	1-0	0-0	2-1	1-1	3-3	1-1	2-5	3-0	0-0	1-3	2-0	5-0	0-0
7	Crewe Alexandra	3-1	0-0	4-4	2-1	1-0	3-1		0-0	0-0	1-2	0-3	3-2	3-1	0-0	3-1	0-2	1-2	0-2	1-4	0-2	1-4	0-1	1-1	0-0
8	Crystal Palace	1-0	1-1	2-2	1-0	2-1	4-2	1-1		3-1	2-2	3-2	5-1	2-0	0-1	4-1	1-1	1-0	2-2	1-1	0-1	1-1	2-2	1-1	3-2
9	Grimsby Town	1-2	0-3	0-1	2-0	2-1	0-0	1-1	2-0		1-0	0-0	0-1	1-0	2-1	1-1	0-1	1-2	1-0	0-2	1-0	0-1	2-1	5-1	0-0
10	Huddersfield T	0-1	1-1	3-2	2-1	2-2	2-2	0-0	4-0	2-0		2-2	1-1	2-0	2-1	3-3	2-0	1-0	3-0	1-1	1-2	0-0	2-0	0-3	2-1
11	Ipswich Town	0-2	1-0	0-1	3-0	3-1	0-0	1-2	3-0	0-1	3-0		0-1	2-1	1-0	3-0	3-1	4-1	1-0	0-2	1-0	1-0	3-2	2-0	2-0
12	Norwich City	0-0	2-0	2-2	2-2	1-0	0-0	2-1	0-1	3-1	4-1	0-0		1-3	3-4	0-0	4-2	1-1	0-2	2-2	2-1	2-2	1-1	1-1	0-0
13	Oxford United	1-0	1-7	0-0	0-1	0-0	0-1	1-1	1-3	0-0	2-2	3-3	2-4		2-1	3-0	4-1	0-2	5-0	0-0	2-0	1-2	0-0	3-0	0-2
14	Port Vale	1-0	0-2	0-2	1-1	3-2	1-0	1-0	0-0	2-0	0-3	1-0	1-0	1-0		0-2	2-0	2-3	1-1	0-2	0-1	2-2	1-2	0-3	2-1
15	Portsmouth	1-3	0-1	0-2	2-4	0-1	2-1	2-0	1-1	1-0	0-0	1-2	2-2	4-0		1-2	3-0	1-0	3-1	1-1	5-2	1-1	1-2	2-1	1-0
16	Queens Park R	2-1	0-1	2-0	1-3	1-1	0-0	0-0	6-0	1-2	1-1	1-1	2-0	1-0	3-2	1-1		1-2	2-0	2-2	4-0	0-0	1-2	2-1	0-1
17	Sheffield United	1-1	0-2	1-2	2-2	3-1	3-1	3-1	1-1	3-2	2-1	1-2	2-1	1-2	3-0	2-1	2-0		1-1	0-4	2-1	2-3	3-0	3-0	1-1
18	Stockport County	0-1	1-0	0-1	1-2	2-2	0-0	1-1	1-2	2-0	1-1	0-1	0-2	2-0	4-2	2-2	1-0	0-1		2-0	1-0	0-0	1-1	2-2	1-2
19	Sunderland	2-3	2-1	3-1	0-0	1-1	1-0	2-0	2-0	3-1	2-0	1-0	1-0	7-0	2-0	2-0	1-0	0-0	1-0		2-0	5-0	4-1	3-0	2-1
20	Swindon Town	1-3	0-1	3-3	1-4	3-2	1-1	1-2	2-0	2-0	3-0	0-6	1-1	4-1	1-1	3-3	3-1	2-2	2-3	1-1		2-3	1-4	2-2	1-0
21	Tranmere Rovers	3-0	0-1	1-1	0-1	1-1	4-0	3-0	3-1	1-2	2-3	1-3	2-2	1-1	1-1	3-2	2-3	1-1	1-0	0-0			3-2	3-1	1-2
22	Watford	0-0	1-1	2-0	1-0	1-0	0-0	4-2	2-1	1-0	1-1	1-0	1-1	2-0	2-2	0-0	2-1	1-1	4-2	2-1	0-1	2-1		0-2	0-2
23	West Brom A	2-0	1-3	2-0	0-2	2-2	1-0	1-5	3-2	1-1	3-1	0-1	2-0	2-0	3-2	2-2	0-0	4-1	3-1	2-3	1-1	0-2	4-1		2-0
24	Wolverhampton	1-1	3-1	1-1	2-3	3-0	1-0	3-0	0-0	2-0	2-2	1-0	2-2	1-1	3-1	0-0	1-2	2-1	2-2	1-1	1-0	2-0	0-0	1-1	

Final League Table

Pos	Team	Pld	Home W	D	L	F	A	Away W	D	L	F	A	Totals W	D	L	F	A	Pts	GS	Leading Goalscorer	
1	Sunderland	46	19	3	1	50	10	12	9	2	41	18	31	12	3	91	28	105	91	K Phillips	23
2	Bradford City	46	15	4	4	48	20	11	5	7	34	27	26	9	11	82	47	87	82	L Mills	23
3	Ipswich Town	46	16	1	6	37	15	10	7	6	32	17	26	8	12	69	32	86	69	D Johnson, J Scowcroft	13
4	Birmingham City	46	12	7	4	32	15	11	5	7	34	22	23	12	11	66	37	81	66	D Adebol, P Furlong	13
5	Watford (P)	46	12	8	3	30	19	9	6	8	35	37	21	14	11	65	56	77	65	G Noel-Williams	10
6	Bolton Wand	46	13	6	4	44	25	7	10	6	34	34	20	16	10	78	59	76	78	B Taylor	15
7	Wolverhampton	46	11	10	2	37	19	8	6	9	27	24	19	16	11	64	43	73	64	R Keane	11
8	Sheffield United	46	12	6	5	42	29	6	7	10	29	37	18	13	15	71	66	67	71	Marcelo	16
9	Norwich City	46	7	12	4	34	28	8	5	10	28	33	15	17	14	62	61	62	62	I Roberts	19
10	Huddersfield T	46	11	9	3	38	23	4	7	12	24	48	15	16	15	62	71	61	62	M Stewart	22
11	Grimsby Town	46	11	6	6	25	18	6	4	13	15	34	17	10	19	40	52	61	40	P Groves	14
12	West Brom A	46	12	4	7	43	33	4	7	12	26	43	16	11	19	69	76	59	69	L Hughes	31
13	Barnsley	46	7	9	7	35	30	7	8	8	24	26	14	17	15	59	56	59	59	A Ward	12
14	Crystal Palace	46	11	10	2	43	26	3	6	14	15	45	14	16	16	58	71	58	58	C Morrison	12
15	Tranmere Rovers	46	8	7	8	37	30	4	13	6	26	31	12	20	14	63	61	56	63	K Irons	15
16	Stockport County	46	7	9	7	24	21	5	8	10	25	39	12	17	17	49	60	53	49	B Angell	17
17	Swindon Town	46	7	8	8	40	44	6	3	14	19	37	13	11	22	59	81	50	59	I Onuora	20
18	Crewe Alexandra	46	7	6	10	27	35	5	6	12	27	43	12	12	22	54	78	48	54	C Little	10
19	Portsmouth	46	10	5	8	34	26	1	9	13	23	47	11	14	21	57	73	47	57	J Aloisi	13
20	Queens Park R	46	9	7	7	34	22	3	9	11	18	39	12	16	18	52	61	47	52	K Gallen, G Peacock, M Sheron	8
21	Port Vale	46	10	3	10	22	28	3	5	15	23	47	13	8	25	45	75	47	45	M Foyle	9
22	Bury	46	9	7	7	24	27	1	10	12	11	33	10	17	19	35	60	47	35	L D'Jaffo	8
23	Oxford United	46	7	8	8	31	30	3	6	14	17	41	10	14	22	48	71	44	48	D Windass	15
24	Bristol City	46	7	8	8	35	36	2	7	14	22	44	9	15	22	57	80	42	57	A Akinbiyi	19

1998/99 NATIONWIDE LEAGUE DIVISION 2 [LEVEL 3]
SEASON 100

Total Matches 552
Total Goals 1358
Avg goals per match 2.46

		Blackpool	Bournemouth	Bristol Rovers	Burnley	Chesterfield	Colchester Utd	Fulham	Gillingham	Lincoln City	Luton Town	Macclesfield T	Manchester City	Millwall	Northampton T	Notts County	Oldham Athletic	Preston N E	Reading	Stoke City	Walsall	Wigan Athletic	Wrexham	Wycombe Wand	York City
1	Blackpool		0-0	1-2	0-2	1-1	2-1	2-3	2-2	0-1	1-0	2-1	0-0	2-3	2-1	1-0	3-0	0-0	2-0	0-1	0-2	1-1	1-1	0-0	1-2
			16M	24A	13A	5D	8m	31O	29a	20F	19S	30J	9J	10O	5S	8S	15a	21N	10A	6M	3A	26D	13M	12D	3O
2	Bournemouth	1-1		1-0	5-0	0-0	2-1	1-1	3-3	2-0	1-0	1-0	0-0	3-0	1-1	2-0	2-0	3-1	0-1	4-0	0-1	1-0	0-0	2-0	2-1
		1S		9M	21N	24A	27M	2M	20O	8a	28D	6A	13F	22a	17O	16J	26S	26J	13M	6F	13A	12S	8m	27F	12D
3	Bristol Rovers	0-2	1-0		3-4	0-0	1-1	2-3	0-1	3-0	1-0	0-0	2-2	3-0	1-1	1-1	2-2	2-2	4-1	1-0	3-4	3-2	0-0	0-2	2-0
		10N	3O		9J	8S	30J	12M	23F	19S	20F	18D	1m	27A	5A	27M	28N	5S	15a	20O	31O	29a	17O	23M	6M
4	Burnley	1-0	0-0	2-1		1-2	3-1	1-0	0-5	1-1	1-2	4-3	0-6	2-1	0-2	1-1	1-0	0-0	1-1	0-2	0-0	1-1	2-1	1-1	0-1
		28N	17A	8a		16J	5A	1m	27F	28D	6F	28M	9M	1S	19D	17O	20O	14M	13F	10N	2J	26S	31O	12S	22a
5	Chesterfield	1-2	3-1	0-0	1-0		3-1	1-0	1-0	3-0	3-1	2-0	1-1	2-1	0-0	3-0	1-3	0-1	1-0	1-1	0-1	1-1	2-1	2-0	2-1
		27M	10N	20A	15a		9J	17A	5S	7N	20M	28N	27F	2M	3m	20O	26D	23J	29a	5A	12S	19D	26S	30J	17O
6	Colchester United	2-2	2-1	0-3	0-4	1-0		0-1	1-1	1-3	2-2	1-1	0-1	0-0	1-0	2-1	2-2	1-0	1-1	0-1	1-0	2-1	1-3	2-1	2-1
		18D	27A	28D	9O	8a		22a	12S	1m	2J	6N	20M	28N	10N	16A	9M	2A	27F	31a	10A	12F	15J	26S	5F
7	Fulham	4-0	1-0	1-0	4-0	2-1	2-0		3-0	1-0	1-3	1-0	3-0	1-0	4-1	2-0	2-1	1-0	3-1	1-0	4-1	2-0	1-1	2-0	3-3
		20M	29a	7N	12D	21N	26D		13A	6M	3O	9J	14a	21A	30J	20F	26J	8m	23F	8S	24O	10A	24A	29S	19S
8	Gillingham	1-0	2-1	0-0	2-1	3-1	1-1	1-0		4-0	1-0	2-2	0-2	1-1	2-3	4-0	2-1	1-1	2-1	4-0	0-1	2-0	4-0	3-0	3-1
		2J	9A	22a	19S	6F	20F	28N		20M	24O	3O	17A	29D	8S	19D	10N	6M	1A	1m	8a	7N	1S	10O	16J
9	Lincoln City	1-2	2-1	1-0	1-1	2-0	0-0	1-2	1-2		2-2	1-0	2-1	2-0	1-0	0-1	1-3	3-4	2-2	1-2	0-1	1-0	0-0	0-1	1-2
		12S	9J	27F	30J	13M	12D	26S	31O		21N	26D	20O	13F	23J	5A	5S	29a	13A	17O	24A	15a	4m	8m	28M
10	Luton Town	1-0	2-2	2-0	1-0	1-0	2-0	0-4	1-0	0-1		1-2	1-1	1-2	0-0	2-0	1-1	1-1	1-2	0-1	0-4	1-2	3-1	0-1	0-1
		27F	30J	12S	5S	27A	29a	9M	27M	17A		1m	28N	19D	20O	23F	17O	15a	23M	13M	26S	23J	13F	9J	6A
11	Macclesfield Town	0-1	2-2	3-4	2-1	2-0	0-1	1-0	0-0	2-2			0-1	0-2	0-1	0-1	1-0	3-2	2-1	1-2	1-1	0-1	0-2	1-3	1-2
		28D	10O	8m	24O	13A	13M	8a	9M	22a	12D		12S	26J	31O	31a	13F	10A	26S	27A	21N	27F	6F	3M	24A
12	Manchester City	3-0	2-1	0-0	2-2	1-1	2-1	3-0	0-0	4-0	2-0	2-0		3-0	0-0	2-1	1-2	0-1	0-1	2-1	3-1	1-0	0-0	1-2	4-0
		8a	8S	12D	3O	19S	31O	16J	21N	10A	14A	20F		6F	6M	16M	13M	12O	24O	28D	2S	3A	22a	24A	8m
13	Millwall	1-0	1-2	1-1	1-2	0-0	2-0	0-1	3-3	2-0	0-0	0-0	1-1		2-1	1-3	1-1	2-2	1-1	2-0	1-2	3-1	3-0	2-1	3-1
		5A	26D	21N	23J	30	14A	17O	30J	9S	8m	29a	29S		19S	6M	31O	24A	12D	20F	13M	9J	27M	15a	21O
14	Northampton T	0-0	2-1	3-1	2-2	1-0	3-3	1-1	0-1	0-0	1-0	0-2	2-2	1-2		1-1	1-1	1-1	0-1	1-3	0-3	0-2	1-1	2-2	
		6F	2A	10O	8m	12D	24A	28D	13F	31a	10A	20M	26S	27F		22a	12S	24O	21N	8a	23F	29A	2M	7N	13A
15	Notts County	0-1	1-2	1-1	1-0	2-0	1-3	1-0	0-1	2-3	1-2	1-1	1-1	3-1	3-1		0-1	2-3	1-1	1-0	2-1	0-1	1-1	1-0	4-2
		13F	15a	24O	3A	10A	21N	12S	8m	10O	24A	4m	29a	26S	26D		9J	12D	30J	31O	27F	5S	13A	27A	13M
16	Oldham Athletic	3-0	2-3	2-1	1-1	2-0	1-0	1-1	1-4	2-0	1-1	1-2	0-3	0-1	1-3			0-1	2-0	1-0	0-2	2-3	3-2	0-0	2
		16J	6M	13A	10A	22a	3O	31a	24A	6F	2A	8S	7N	20M	20F	8a		19S	8m	4m	12D	9O	21N	24O	28D
17	Preston N E	1-2	0-1	2-2	4-1	2-0	2-0	0-1	1-1	5-0	2-1	2-2	1-1	0-1	3-0	1-1	2-1		4-0	3-4	1-0	2-2	3-1	2-1	3-0
		17A	20M	6F	7N	31a	17O	19D	26S	23F	16J	20O	5A	10N	27M	1m	27F		12S	22a	20A	28N	28D	13F	8a
18	Reading	1-1	3-3	0-6	1-1	1-2	1-1	0-1	0-0	2-1	3-0	1-0	1-3	2-0	0-1	1-0	1-1	2-1		2-1	0-1	0-1	4-0	2-1	4-N
		21O	7N	16J	9S	2J	19S	5A	17O	28N	22a	6M	27M	1m	17A	28D	19D	20F		3O	6F	11N	9J	20M	4N
19	Stoke City	1-3	2-0	1-4	1-4	0-0	3-3	0-1	0-0	2-0	3-1	2-0	1-1	0-0	3-1	2-3	2-0	0-0	0-4		2-0	2-1	1-3	2-2	2-0
		26S	5S	10A	24A	12O	23J	16M	12D	3A	7N	15a	29J	12S	9J	20M	29a	26D	10M		8m	24O	27F	14A	21N
20	Walsall	1-0	1-0	3-3	3-1	1-1	1-1	2-2	2-1	1-0	2-0	1-1	3-0	0-0	3-2	3-1	1-0	0-2	1-0			1-2	1-0	2-2	2-3
		17O	28N	20M	29a	20F	20O	4m	9J	10N	6M	17A	23J	7N	15a	18S	1m	3O	30S	19D		30J	6A	26D	8S
21	Wigan Athletic	3-0	2-1	1-0	0-0	3-1	1-1	2-0	4-1	3-1	1-3	2-0	0-1	0-1	1-0	3-0	2-2	4-1	2-3	2-0			1-1	0-0	5-0
		22a	20F	30M	3m	8m	8S	1D	13M	27A	31a	19S	17O	8a	3O	16F	5A	13A	24A	27M	28D		12D	21N	31O
22	Wrexham	1-1	0-1	1-0	1-0	0-0	2-4	0-2	2-1	2-1	1-1	2-1	0-0	1-0	1-0	1-2	0-5	3-0	0-1	2-1	0-2			0-2	1-1
		7N	19D	3A	20M	6M	15a	10N	20A	3O	8S	5S	26D	24O	29a	28N	17A	30J	8a	19S	10O	1m		10A	1-1
23	Wycombe Wand	2-2	0-2	1-1	2-0	1-0	2-2	1-1	0-2	4-1	0-1	3-0	1-0	0-1	1-2	1-1	3-0	0-1	2-3	0-1	1-2	2-1	3-0		1-2
		1m	19S	31a	20F	28D	6M	5F	5A	19D	8a	17O	10N	16J	13M	3O	27M	8S	31O	28N	22a	5m	20O		2J
24	York City	1-0	0-1	1-0	3-3	1-2	1-2	0-3	1-1	2-1	3-3	0-2	2-1	1-1	1-1	0-1	1-1	1-2	1-2	1-3	1-1	3-0			
		27A	1m	26S	26D	3A	5S	27F	15a	8D	10O	10N	19D	10A	20N	7N	30J	9J	23J	17A	13F	20M	12S	29a	

Final League Table

Pos	Team	Pld	Home					Away					Totals						Leading Goalscorer	Gls
			W	D	L	F	A	W	D	L	F	A	W	D	L	F	A	Pts	GS		
1	Fulham	46	19	3	1	50	12	12	5	6	29	20	31	8	7	79	32	101	79	G Horsfield	15
2	Walsall	46	13	7	3	37	23	13	2	8	26	24	26	9	11	63	47	87	63	A Rammell	18
3	Manchester C (P)	46	13	6	4	38	14	9	10	4	31	19	22	16	8	69	33	82	69	S Goater	17
4	Gillingham	46	15	5	3	45	17	7	9	7	30	27	22	14	10	75	44	80	75	C Asaba	20
5	Preston N E	46	12	6	5	46	23	10	7	6	32	27	22	13	11	78	50	79	78	K Nogan	18
6	Wigan Athletic	46	14	5	4	44	17	8	5	10	31	31	22	10	14	75	48	76	75	S Barlow	19
7	Bournemouth	46	14	7	2	37	11	7	6	10	26	30	21	13	12	63	41	76	63	M Stein	15
8	Stoke City	46	10	4	9	32	32	11	2	10	27	31	21	6	19	59	63	69	59	G Kavanagh	11
9	Chesterfield	46	14	5	4	34	16	3	8	12	12	28	17	13	16	46	44	64	46	D Reeves	10
10	Millwall	46	9	8	6	33	24	8	3	12	19	35	17	11	18	52	59	62	52	N Harris	15
11	Reading	46	10	6	7	29	26	6	7	10	25	37	16	13	17	54	63	61	54	M Williams	11
12	Luton Town	46	10	4	9	25	26	6	11	6	26	34	16	10	20	51	60	58	51	S Douglas	9
13	Bristol Rovers	46	8	9	6	35	28	5	8	10	30	28	13	17	16	65	56	56	65	J Cureton	25
14	Blackpool	46	7	8	8	24	24	7	6	10	20	30	14	14	18	44	54	56	44	P Clarkson	9
15	Burnley	46	8	8	7	28	23	5	8	10	26	30	13	16	17	54	73	55	54	A Payton	19
16	Notts County	46	8	6	9	29	27	6	9	8	23	34	14	12	20	52	61	54	52	I Richardson	7
17	Wrexham	46	8	6	9	21	28	5	8	10	22	34	13	14	19	43	62	53	43	K Connolly	11
18	Colchester United	46	9	7	7	26	25	5	6	12	26	45	14	13	19	52	70	52	52	D Gregory	11
19	Wycombe Wand	46	8	5	10	31	26	5	7	11	21	32	13	12	21	52	58	51	52	S Devine	8
20	Oldham Athletic	46	8	4	11	26	31	6	5	12	22	35	14	9	23	48	66	51	48	M Allott	7
21	York City	46	6	8	9	28	33	7	3	13	28	47	13	11	22	56	80	50	56	R Cresswell	16
22	Northampton T	46	4	12	7	26	31	6	6	11	17	26	10	18	18	43	57	48	43	C Corazzin	16
23	Lincoln City	46	9	4	10	27	34	4	3	16	15	40	13	7	26	42	74	46	42	L Thorpe	8
24	Macclesfield T	46	7	4	12	24	30	4	5	14	19	33	11	10	25	43	63	43	43	J Askey, N Sorvel, G Tomlinson, S Wood	4

1998/99 NATIONWIDE LEAGUE DIVISION 3 [LEVEL 4]
SEASON 100

Total Matches 552
Total Goals 1395
Avg goals per match 2.53

	Barnet	Brentford	Brighton & HA	Cambridge Utd	Cardiff City	Carlisle United	Chester City	Darlington	Exeter City	Halifax Town	Hartlepool Utd	Hull City	Leyton Orient	Mansfield Town	Peterborough U	Plymouth Argyle	Rochdale	Rotherham Utd	Scarborough	Scunthorpe Utd	Shrewsbury T	Southend United	Swansea City	Torquay Utd
1 Barnet		0-3	0-1	3-0	1-0	1-0	0-0	3-0	0-1	2-2	0-2	4-1	3-2	0-0	1-9	1-1	0-1	4-2	1-0	1-0	2-2	0-2	0-1	3-1
2 Brentford	3-1		2-0	1-0	1-0	1-1	2-1	3-0	3-0	1-1	3-1	0-2	0-0	3-0	3-0	3-1	2-1	0-3	1-1	2-1	0-0	4-1	4-1	3-2
3 Brighton & HA	0-1	3-1		1-3	0-2	1-3	2-2	0-4	0-1	0-1	3-2	0-0	1-2	1-3	0-0	1-3	1-1	4-1	1-0	1-3	1-0	0-2	1-0	2-0
4 Cambridge Utd	3-2	0-1	2-3		0-0	1-0	2-1	1-1	4-0	1-2	2-0	1-0	7-2	1-1	1-0	1-1	3-2	2-3	0-0	0-0	3-0	2-1	2-0	—
5 Cardiff City	1-0	4-1	2-0	0-1		2-1	0-0	3-2	1-0	1-1	4-1	1-1	0-0	4-2	1-3	1-0	2-1	0-1	1-0	0-0	3-0	2-0	0-0	2-2
6 Carlisle United	2-1	0-1	1-0	1-1	0-1		1-1	3-3	1-3	0-1	2-1	0-0	1-1	0-2	1-1	2-1	0-0	0-0	1-0	0-1	2-1	3-0	1-2	3-0
7 Chester City	3-0	1-3	1-1	0-3	2-2	2-1		1-0	0-0	2-2	1-1	2-2	0-2	1-1	1-1	1-1	1-3	0-2	1-1	1-1	0-2	1-1	1-1	2-0
8 Darlington	0-2	2-2	1-2	0-0	3-0	1-1	1-2		4-0	2-2	2-0	0-1	1-1	5-1	3-0	1-2	3-0	1-2	3-0	3-1	1-0	2-1	2-2	0-2
9 Exeter City	1-0	0-1	1-0	0-3	0-2	2-0	0-1	0-0		2-1	2-1	3-0	1-1	2-1	2-0	1-1	2-1	3-0	1-0	2-2	0-1	2-1	4-0	1-1
10 Halifax Town	1-1	1-0	1-0	3-3	1-2	1-0	3-2	0-0	1-1		2-1	0-1	1-2	2-2	2-2	0-0	2-4	1-2	1-0	2-0	3-1	2-0	1-1	—
11 Hartlepool United	2-2	0-1	0-0	2-2	1-1	0-0	2-0	2-3	4-3	2-0		1-0	1-0	1-2	1-2	2-0	0-1	0-0	3-0	1-2	1-1	2-4	1-2	4-1
12 Hull City	1-1	2-3	0-2	0-3	1-2	1-0	1-2	2-1	1-2	4-0		0-1	0-0	1-0	1-0	2-1	1-0	1-1	2-3	1-1	1-1	0-2	1-0	—
13 Leyton Orient	2-2	2-1	1-0	2-0	1-1	2-1	2-2	3-2	2-0	1-0	1-1	1-2		1-1	1-2	4-3	3-0	1-4	0-3	1-0	6-1	0-3	1-1	2-0
14 Mansfield Town	5-0	3-1	2-0	1-3	3-0	1-1	3-0	0-1	1-0	0-1	2-0	2-0	1-2		1-0	2-0	3-1	0-3	3-2	2-1	1-0	0-0	1-0	2-1
15 Peterborough U	5-2	2-4	1-2	2-1	2-1	0-1	0-1	4-1	0-2	1-1	1-1	3-0	1-0		0-2	2-0	2-4	3-1	2-1	2-2	1-1	0-1	4-0	—
16 Plymouth Argyle	2-0	3-0	1-2	2-2	1-1	2-0	2-0	1-0	1-0	0-0	0-0	2-4	3-0	0-2		2-1	1-0	0-0	5-0	2-0	0-3	1-2	0-0	—
17 Rochdale	0-0	2-0	2-1	0-2	1-1	1-1	3-1	0-0	1-1	0-1	3-0	1-0	3-0	1-0	0-3	1-1		0-0	0-1	2-2	1-0	1-0	0-3	0-2
18 Rotherham Utd	1-1	2-4	2-1	2-0	1-0	3-1	2-4	3-1	0-0	3-1	3-0	3-1	3-1	0-0	2-2	0-2	2-2		4-0	0-0	2-1	2-2	1-0	2-2
19 Scarborough	0-0	3-1	1-2	1-5	1-2	3-0	2-4	0-2	1-0	1-2	1-2	1-3	2-3	1-1	3-0	1-0	0-4		1-4	2-0	1-2	2-1	1-1	—
20 Scunthorpe Utd	3-1	0-0	3-1	3-2	0-2	3-1	2-1	0-1	2-0	0-4	3-0	2-0	3-2	1-1	0-2	0-1	4-3	5-1		3-0	1-1	1-2	2-0	—
21 Shrewsbury T	0-2	2-0	1-3	1-1	0-3	1-1	2-1	2-2	0-1	3-2	1-1	1-0	1-1	2-3	2-1	3-2	2-3	3-1	2-1		3-1	1-0	1-2	—
22 Southend United	2-3	1-4	3-0	0-1	1-1	2-1	0-0	0-0	1-1	0-1	2-2	1-2	2-0	1-0	1-1	3-0	1-0	0-1	2-1	2-0		2-0	0-0	—
23 Swansea City	2-1	2-1	2-2	2-0	2-1	1-1	1-1	2-0	0-1	2-0	1-1	1-0	0-0	2-3	1-1	1-1	2-0	1-2	1-1	3-1	—	—		0-0
24 Torquay United	1-1	3-1	1-1	0-1	0-0	2-2	0-3	2-2	1-0	4-0	3-0	2-0	1-1	0-0	0-1	1-1	2-1	2-0	0-1	1-0	0-3	2-0	1-1	

Final League Table

Pos	Team	Pld	Home W	D	L	F	A	Away W	D	L	F	A	Totals W	D	L	F	A	Pts	GS	Leading Goalscorer	Gls
1	Brentford	46	16	5	2	45	18	10	2	11	34	38	26	7	13	79	56	85	79	L Owusu	22
2	Cambridge United	46	13	6	4	41	21	10	6	7	37	27	23	12	11	78	48	81	78	M Butler, J Taylor	17
3	Cardiff City	46	13	7	3	35	17	9	7	7	25	22	22	14	10	60	39	80	60	K Nugent	15
4	Scunthorpe U (P)	46	14	3	6	42	28	8	5	10	27	30	22	8	16	69	58	74	69	J Forrester	20
5	Rotherham United	46	11	8	4	41	26	9	5	9	38	35	20	13	13	79	61	73	79	L Fortune-West	12
6	Leyton Orient	46	12	6	5	40	30	7	9	7	28	29	19	15	12	68	59	72	68	A Simba	10
7	Swansea City	46	11	9	3	33	19	8	5	10	23	29	19	14	13	56	48	71	56	S Watkin	17
8	Mansfield Town	46	15	2	6	38	18	4	8	11	22	40	19	10	17	60	58	67	60	L Peacock	17
9	Peterborough U	46	11	4	8	41	29	7	8	8	31	27	18	12	16	72	56	66	72	G Grazioli	15
10	Halifax Town	46	10	8	5	33	25	7	7	9	25	31	17	15	14	58	56	66	58	J Paterson	10
11	Darlington	46	10	6	7	41	24	8	5	10	28	34	18	11	17	69	58	65	69	M Gabbiadini	23
12	Exeter City	46	11	6	6	32	18	4	7	12	15	32	15	13	18	47	50	63	47	S Flack	11
13	Plymouth Argyle	46	11	6	6	32	19	6	4	13	26	35	17	10	19	58	54	61	58	D Marshall	12
14	Chester City	46	6	12	5	28	30	7	6	10	29	36	13	18	15	57	66	57	57	J Murphy	12
15	Shrewsbury T	46	11	6	6	36	29	3	8	12	16	34	14	14	18	52	63	56	52	L Steele	13
16	Barnet	46	10	5	8	30	31	4	8	11	24	40	14	13	19	54	71	55	54	K Charlery	16
17	Brighton & HA	46	8	3	12	25	35	8	4	11	24	31	16	7	23	49	66	55	49	G Hart	12
18	Southend United	46	8	6	9	24	21	6	6	11	28	37	14	12	20	52	58	54	52	B Conlon, R Newman	7
19	Rochdale	46	9	8	6	22	21	4	7	12	20	34	13	15	18	42	55	54	42	M Holt, A Morris	7
20	Torquay United	46	8	0	9	5	29	20	3	8	7	18	38	12	11	17	47	53	47	S Partridge	12
21	Hull City	46	8	5	10	25	28	6	6	11	19	34	14	11	21	44	62	53	44	D Brown	17
22	Hartlepool United	46	8	7	8	33	27	5	5	13	19	38	13	12	21	52	65	51	52	C Beech	9
23	Carlisle United	46	8	8	7	25	21	3	2	18	18	32	11	16	19	43	53	49	43	I Stevens	9
24	Scarborough	46	8	9	6	32	30	5	3	14	20	38	14	6	26	50	77	48	50	S Brodie, C Tate	12

1999/2000 FA CARLING PREMIERSHIP
SEASON 8

Total Matches	380
Total Goals	1060
Avg goals per match	2.79

Results Grid

	Team	Arsenal	Aston Villa	Bradford City	Chelsea	Coventry City	Derby County	Everton	Leeds United	Leicester City	Liverpool	Manchester Utd	Middlesbrough	Newcastle Utd	Sheffield Weds	Southampton	Sunderland	Tottenham H	Watford	West Ham Utd	Wimbledon
1	Arsenal		3-1	2-0	2-1	3-0	2-1	4-1	2-0	2-1	0-1	1-2	5-1	0-0	3-3	3-1	4-1	2-1	1-0	2-1	1-1
2	Aston Villa	1-1		1-0	0-0	1-0	2-0	3-0	1-0	2-2	0-0	0-1	1-0	0-1	2-1	0-1	1-1	1-1	4-0	2-2	1-1
3	Bradford City	2-1	1-1		1-1	1-1	4-4	0-0	1-2	3-1	1-0	0-4	1-1	2-0	1-1	1-2	0-4	1-1	3-2	0-3	3-0
4	Chelsea	2-3	1-0	1-0		2-1	4-0	1-1	0-2	1-1	2-0	5-0	1-1	1-0	3-0	1-1	4-0	1-0	2-1	0-0	3-1
5	Coventry City	3-2	2-1	4-0	2-2		2-0	1-0	3-4	0-1	0-3	1-2	2-1	4-1	4-1	0-1	3-2	0-1	4-0	1-0	2-0
6	Derby County	1-2	0-2	0-1	3-1	0-0		1-0	0-1	3-0	0-2	1-2	1-3	0-0	3-3	2-0	0-5	0-1	2-0	1-2	4-0
7	Everton	0-1	0-0	4-0	1-1	1-1	2-1		4-4	2-2	0-0	1-1	0-2	0-2	1-1	4-1	5-0	2-2	4-2	1-0	4-0
8	Leeds United	0-4	1-2	2-1	0-1	3-0	0-0	1-1		2-1	1-2	0-1	0-0	3-2	2-0	1-0	2-1	1-0	3-1	1-0	4-1
9	Leicester City	0-3	3-1	3-0	2-2	1-0	0-1	1-1	2-1		2-2	0-2	2-1	1-2	3-3	2-1	1-0	1-0	1-1	1-3	2-1
10	Liverpool	2-0	0-0	3-1	1-0	2-0	2-0	0-1	3-1	0-2		2-3	0-0	2-1	4-1	0-0	1-1	2-0	0-1	1-0	3-1
11	Manchester United	1-1	3-0	4-0	3-2	3-2	3-1	5-1	2-0	2-0	1-1		1-0	5-1	4-0	3-3	4-0	3-1	4-1	7-1	1-1
12	Middlesbrough	2-1	0-4	0-1	0-1	2-0	1-4	2-1	0-0	0-3	1-0	3-4		2-2	1-0	3-2	1-1	2-1	1-1	2-0	0-0
13	Newcastle United	4-2	0-1	2-0	0-1	2-0	2-0	1-1	2-2	0-2	2-2	3-0	2-1		8-0	5-0	1-2	2-1	1-0	2-2	3-3
14	Sheffield Wednesday	1-1	0-1	2-0	1-0	0-0	0-2	0-2	0-3	4-0	1-2	0-1	1-0	0-2		0-1	0-2	1-2	2-2	3-1	5-1
15	Southampton	0-1	2-0	1-0	1-2	0-0	3-3	2-0	0-3	1-2	1-1	1-3	1-1	4-2	2-0		1-2	0-1	2-0	2-1	2-0
16	Sunderland	0-0	2-1	0-1	4-1	1-1	1-1	2-1	1-2	2-0	0-2	2-2	1-1	2-2	1-0	2-0		2-1	2-0	1-0	2-1
17	Tottenham Hotspur	2-1	2-4	1-1	0-1	3-2	1-1	3-2	1-2	2-3	1-0	3-1	2-3	3-1	0-1	7-2	3-1		4-0	0-0	2-2
18	Watford	2-3	0-1	1-0	1-0	1-0	0-0	1-3	1-2	1-1	2-3	2-3	1-3	1-1	1-0	3-2	2-3	1-1		1-2	2-3
19	West Ham United	2-1	1-1	5-4	0-0	5-0	1-1	0-4	0-0	2-1	1-0	2-4	0-1	2-1	4-3	2-0	1-1	1-0	1-0		2-1
20	Wimbledon	1-3	2-2	3-2	0-1	1-1	2-2	0-3	2-0	2-1	1-2	2-2	2-3	2-0	0-2	1-1	1-0	1-1	5-0	2-2	

Final League Table

Pos	Team	Pld	Home W	Home D	Home L	Home F	Home A	Away W	Away D	Away L	Away F	Away A	Totals W	Totals D	Totals L	Totals F	Totals A	Pts	GD	Leading Goalscorer	Gls
1	Manchester Utd	38	15	4	0	59	16	13	3	3	38	29	28	7	3	97	45	91	+52	D Yorke	20
2	Arsenal	38	14	3	2	42	17	8	4	7	31	26	22	7	9	73	43	73	+30	T Henry	17
3	Leeds United	38	12	2	5	29	18	9	4	6	29	25	21	6	11	58	43	69	+15	M Bridges	19
4	Liverpool	38	11	4	4	28	13	8	6	5	23	17	19	10	9	51	30	67	+21	M Owen	11
5	Chelsea	38	12	5	2	35	12	6	6	7	18	22	18	11	9	53	34	65	+19	T Flo, G Poyet	10
6	Aston Villa	38	8	8	3	23	12	7	5	7	23	23	15	13	10	46	35	58	+11	D Dublin	12
7	Sunderland	38	10	6	3	28	17	6	4	9	29	39	16	10	12	57	56	58	+1	K Phillips	30
8	Leicester City	38	10	3	6	31	24	6	4	9	24	31	16	7	15	55	55	55	0	T Cottee	13
9	West Ham United	38	11	5	3	32	23	4	5	10	20	30	15	10	13	52	53	55	-1	P Di Canio	16
10	Tottenham H	38	10	3	6	40	26	5	5	9	17	23	15	8	15	57	49	53	+8	C Armstrong, S Iversen	14
11	Newcastle United	38	10	5	4	42	20	4	5	10	21	34	14	10	14	63	54	52	+9	A Shearer	23
12	Middlesbrough	38	8	5	6	23	26	6	5	8	23	26	14	10	14	46	52	52	-6	H Ricard	12
13	Everton	38	7	9	3	36	21	5	5	9	23	28	12	14	12	59	49	50	+10	K Campbell	12
14	Coventry City	38	12	1	6	38	22	0	7	12	9	32	12	8	18	47	54	44	-7	R Keane	12
15	Southampton	38	8	4	7	26	22	4	4	11	19	40	12	8	18	45	62	44	-17	M Pahars	13
16	Derby County	38	6	3	10	22	25	3	8	8	22	32	9	11	18	44	57	38	-13	R Delap	8
17	Bradford City	38	6	8	5	26	29	3	1	15	12	39	9	9	20	38	68	36	-30	D Windass	10
18	Wimbledon	38	6	7	6	30	28	1	5	13	16	46	7	12	19	46	74	33	-28	C Cort, J Hartson	9
19	Sheffield Weds	38	6	3	10	21	23	2	4	13	17	47	8	7	23	38	70	31	-32	G De Bilde	10
20	Watford	38	5	4	10	24	31	1	2	16	11	46	6	6	26	35	77	24	-42	H Helguson	6

1999/2000 NATIONWIDE LEAGUE DIVISION 1 [LEVEL 2]
SEASON 101

Total Matches 552
Total Goals 1391
Avg goals per match 2.52

Results Matrix

#	Team	Barnsley	Birmingham C	Blackburn Rov	Bolton Wand	Charlton Athletic	Crewe Alexandra	Crystal Palace	Fulham	Grimsby Town	Huddersfield T	Ipswich Town	Manchester City	Norwich City	Nottm Forest	Port Vale	Portsmouth	Queens Park R	Sheffield United	Stockport Co	Swindon Town	Tranmere Rov	Walsall	West Brom A	Wolverhampton
1	Barnsley		2-1	5-1	1-1	1-1	0-2	2-3	1-0	3-0	4-2	0-2	2-1	2-1	1-0	3-1	6-0	1-1	2-0	2-1	1-0	3-0	3-2	2-2	1-2
2	Birmingham City	3-1		1-0	2-1	1-0	5-1	2-0	2-2	0-0	1-0	1-1	0-1	2-0	0-1	4-2	1-0	2-0	0-2	2-1	1-1	3-1	2-0	1-1	1-0
3	Blackburn Rovers	1-2	1-0		3-1	1-1	0-1	1-1	2-0	1-1	2-0	2-2	1-4	1-1	2-1	0-0	1-1	0-2	5-0	2-0	0-0	2-0	2-0	2-1	1-1
4	Bolton Wand	2-2	3-3	3-1		0-2	2-2	2-0	3-1	2-0	1-0	1-1	0-1	1-0	3-2	2-1	3-0	2-1	2-0	0-1	2-0	2-3	4-3	1-1	2-1
5	Charlton Athletic	3-1	1-0	1-2	2-1		1-0	2-1	1-0	4-0	0-1	1-3	0-1	1-0	3-0	2-2	1-1	2-1	1-0	4-0	0-1	3-2	2-1	0-0	2-0
6	Crewe Alexandra	0-1	2-3	0-0	1-3	0-2		2-0	1-1	1-1	1-1	1-2	1-1	1-0	0-3	2-1	1-3	2-1	1-0	3-2	2-1	0-2	2-3	2-0	1-0
7	Crystal Palace	0-2	0-2	2-1	0-0	0-1	1-1		0-0	3-0	2-2	2-0	1-1	1-0	2-0	1-1	4-0	3-0	1-1	3-3	1-2	2-2	3-2	0-2	1-1
8	Fulham	1-3	0-0	2-2	1-1	2-1	3-0	1-0		0-1	3-0	0-0	0-0	1-1	1-1	3-1	1-0	1-0	4-0	4-1	1-0	1-0	2-0	1-0	0-1
9	Grimsby Town	0-3	1-1	0-0	0-1	2-5	1-1	1-0	1-1		0-0	2-1	1-1	2-1	4-3	2-0	1-0	2-1	2-2	0-1	1-0	1-2	1-0	1-1	1-1
10	Huddersfield T	2-1	0-0	3-2	0-3	1-2	3-0	7-1	1-1	3-1		1-1	0-0	1-1	2-2	0-1	1-0	4-1	0-2	4-0	1-0	1-1	1-2	0-0	0-0
11	Ipswich Town	6-1	0-1	0-0	1-0	4-2	2-1	1-0	1-0	2-0	2-1		2-1	0-2	3-1	3-0	0-1	1-4	1-1	1-0	3-0	0-0	2-0	3-1	1-0
12	Manchester City	3-1	1-0	2-0	2-0	1-1	4-0	2-1	4-0	2-1	0-1	1-0		3-1	1-0	2-1	4-2	1-3	6-0	1-2	3-0	2-0	1-1	2-1	0-1
13	Norwich City	2-2	0-1	0-2	2-1	0-3	2-1	0-1	1-2	3-0	1-1	0-0	1-0		0-0	2-1	2-1	2-0	0-2	1-1	1-1	2-1	2-1	1-0	1-1
14	Nottm Forest	3-0	1-0	0-1	1-1	1-1	1-0	2-0	0-0	2-1	1-3	0-1	1-3	1-1		2-0	2-0	1-1	0-0	1-1	3-1	1-1	4-1	0-0	1-1
15	Port Vale	2-2	3-1	0-0	0-1	2-2	1-0	2-2	0-2	3-1	1-2	1-2	1-2	0-1	0-2		2-0	1-1	2-3	1-1	2-0	1-0	1-2	1-2	0-1
16	Portsmouth	3-0	2-2	1-2	0-0	0-2	0-2	3-1	0-1	1-2	0-0	1-1	2-2	2-1	2-1	0-0		1-3	2-0	2-0	4-1	1-2	5-1	2-0	2-3
17	Queens Park R	2-2	2-2	0-0	0-1	0-0	1-0	0-1	0-0	1-0	3-1	3-1	1-1	2-2	1-1	3-2	0-0		3-1	1-1	2-1	2-1	2-1	0-0	1-1
18	Sheffield United	3-3	1-2	2-1	1-2	1-2	1-1	3-1	2-0	0-0	0-1	2-2	1-0	0-0	2-1	1-3	1-0	1-1		1-1	3-0	2-1	1-1	6-0	3-0
19	Stockport County	1-3	2-0	0-1	0-0	1-3	2-1	1-2	2-1	2-1	1-1	0-1	2-2	2-2	2-3	1-0	1-1	3-3	1-1		3-0	2-1	1-1	0-1	3-2
20	Swindon Town	1-2	1-4	2-1	0-4	1-2	0-1	2-4	1-0	0-1	2-0	1-4	0-2	0-0	0-0	0-2	2-1	1-1	0-1	2-2		3-1	1-1	1-2	1-2
21	Tranmere Rovers	2-2	2-1	2-1	0-0	2-2	2-0	1-2	1-1	3-2	1-0	0-2	1-1	1-2	3-0	2-1	2-1	1-1	1-3	0-0	3-1		1-1	3-0	1-0
22	Walsall	1-4	1-0	1-1	0-2	2-4	1-4	2-2	1-3	1-0	2-0	0-1	0-1	2-2	0-2	0-0	1-0	2-3	2-1	1-2	0-0	1-2		2-1	1-1
23	West Brom A	0-2	0-3	2-2	4-4	2-0	1-0	0-0	0-0	2-1	0-1	1-1	0-2	1-1	1-1	0-0	3-2	0-1	2-2	2-0	1-1	2-0	0-1		1-1
24	Wolverhampton	2-0	2-1	2-1	1-0	2-3	2-0	2-1	3-0	3-0	0-1	2-1	4-1	1-0	3-0	3-2	1-1	3-2	1-0	2-2	1-1	4-0	1-2	1-1	

Final League Table

Pos	Team	Pld	Home W	Home D	Home L	Home F	Home A	Away W	Away D	Away L	Away F	Away A	Totals W	Totals D	Totals L	Totals F	Totals A	Pts	GD	Leading Goalscorer	Gls
1	Charlton Athletic	46	15	3	5	37	18	12	7	4	42	27	27	10	9	79	45	91	+34	A Hunt	24
2	Manchester City	46	17	2	4	48	17	9	9	5	30	23	26	11	9	78	40	89	+38	S Goater	23
3	Ipswich T (P)	46	16	3	4	39	17	9	9	5	32	25	25	12	9	71	42	87	+29	D Johnson	22
4	Barnsley	46	15	4	4	48	24	9	6	8	40	43	24	10	12	88	67	82	+21	C Hignett	19
5	Birmingham City	46	15	5	3	37	16	7	6	10	28	28	22	11	13	65	44	77	+21	P Furlong	11
6	Bolton Wand	46	14	5	4	43	26	7	8	8	26	24	21	13	12	69	50	76	+19	E Gudjohnsen	13
7	Wolverhampton	46	15	5	3	45	20	6	6	11	19	28	21	11	14	64	48	74	+16	A Akinbiyi	16
8	Huddersfield T	46	14	5	4	43	21	7	6	10	19	28	21	11	14	62	49	74	+13	C Wijnhard	15
9	Fulham	46	13	7	3	33	13	4	9	10	16	34	17	16	13	49	41	67	+8	L Clark	8
10	Queens Park R	46	9	12	2	30	17	7	6	10	32	33	16	18	12	62	53	66	+9	C Kiwomya	13
11	Blackburn Rovers	46	10	9	4	33	20	5	8	10	22	31	15	17	14	55	51	62	+4	L Carsley	10
12	Norwich City	46	11	6	6	26	22	3	9	11	19	28	14	15	17	45	50	57	-5	I Roberts	17
13	Tranmere Rovers	46	10	8	5	35	27	5	4	14	22	41	15	12	19	57	68	57	-11	W Allison	16
14	Nottm Forest	46	9	10	4	29	18	5	4	14	24	37	14	14	18	53	55	56	-2	D Freedman, A Rogers	9
15	Crystal Palace	46	7	11	5	33	26	6	4	13	24	41	13	15	18	57	67	54	-10	C Morrison	13
16	Sheffield United	46	10	8	5	38	24	3	7	13	21	47	13	15	18	59	71	54	-12	M Bent	15
17	Stockport County	46	8	8	7	33	31	5	7	11	22	36	13	15	18	55	67	54	-12	T Dinning	12
18	Portsmouth	46	9	6	8	36	27	4	6	13	19	39	13	12	21	55	66	51	-11	S Claridge	14
19	Crewe Alexandra	46	9	5	9	27	31	5	4	14	19	36	14	9	23	46	67	51	-21	M Rivers	7
20	Grimsby Town	46	10	8	5	29	25	3	4	16	14	42	13	12	21	41	67	51	-26	L Ashcroft	12
21	West Brom A	46	6	11	6	25	26	4	8	11	18	34	10	19	17	43	60	49	-17	L Hughes	12
22	Walsall	46	7	6	10	26	34	4	7	12	26	43	11	13	22	52	77	46	-25	M Ricketts	11
23	Port Vale	46	6	6	11	27	30	1	9	13	21	39	7	15	24	48	69	36	-21	T Rougier	8
24	Swindon Town	46	5	7	11	23	37	3	6	14	15	40	8	12	26	38	77	36	-39	C Hay	10

1999/2000 NATIONWIDE LEAGUE DIVISION 2 [LEVEL 3]
SEASON 101

Total Matches 552
Total Goals 1404
Avg goals per match 2.54

	Blackpool	Bournemouth	Brentford	Bristol City	Bristol Rovers	Burnley	Bury	Cambridge Utd	Cardiff City	Chesterfield	Colchester Utd	Gillingham	Luton Town	Millwall	Notts County	Oldham Athletic	Oxford United	Preston N E	Reading	Scunthorpe Utd	Stoke City	Wigan Athletic	Wrexham	Wycombe Wand
1 Blackpool		0-0 18S	0-1 29J	1-2 12F	2-1 24A	1-1 21M	0-5 16O	2-1 27N	2-2 11M	2-2 6m	1-1 3J	1-1 21a	3-3 15J	1-2 23N	2-1 4M	1-2 19O	1-1 30a	0-0 1A	0-2 8F	0-2 15A	1-2 26D	2-2 6N	2-1 7a	1-2 25S
2 Bournemouth	2-0 26F		4-1 23N	2-3 15J	0-1 19O	1-1 12F	2-1 25S	1-0 7a	1-1 6N	4-0 25A	0-1 21a	1-0 21M	1-2 31a	1-1 27N	3-0 8J	4-0 8A	0-1 18D	3-1 11M	1-1 11S	1-1 29J	2-2 16O	1-0 6m	2-2 26D	2-0 25M
3 Brentford	2-0 28a	0-2 18M		2-1 26D	0-3 4D	2-3 24A	2-1 22J	1-1 4M	2-1 28S	1-1 10D	0-0 6m	1-2 19O	2-0 18S	1-3 15A	0-2 5F	2-0 14a	2-0 16O	2-2 25S	1-1 2N	4-3 12N	0-1 3J	0-1 1A	0-2 7M	0-0 19F
4 Bristol City	5-2 4S	3-1 14a	1-0 25M		0-0 17O	0-0 25S	1-1 28a	1-0 6N	3-0 9J	1-1 5F	0-0 19O	0-0 11M	0-0 28D	2-2 11S	1-2 19F	0-2 23N	3-1 24A	2-1 6m	2-2 4D	0-0 26F	4-0 28M	0-0 22J	4-0 8A	0-0 17D
5 Bristol Rovers	3-1 2O	2-2 29A	0-0 7a	2-2 22A		1-0 30a	0-0 2N	1-0 3J	1-1 9O	3-1 18M	2-1 11D	2-1 15J	3-0 2N	1-0 26D	0-1 23O	3-2 18S	1-0 21a	0-1 15A	1-1 12F	3-3 1A	1-1 4M	3-1 29J	3-1 7M	1-0 7M
6 Burnley	1-0 14N	2-1 3S	2-2 2O	2-0 23O	1-0 5F		2-2 25M	2-0 29A	2-1 18D	2-1 14a	3-0 18S	0-3 18A	0-2 7M	4-3 22A	2-1 8A	3-0 22J	3-2 28D	0-3 4M	3-0 18M	1-2 10O	1-0 28a	0-0 19F	5-0 2N	1-0 4D
7 Bury	3-2 22A	2-2 23O	2-2 21a	0-0 29J	0-0 11M	4-2 26D		0-2 22F	3-2 2O	1-1 15A	5-2 30a	2-1 7a	1-0 12F	2-2 4J	1-3 9O	2-2 4M	2-2 21M	1-3 27N	1-1 29A	3-0 1A	0-0 6N	2-2 23N	0-2 15J	2-0 18S
8 Cambridge United	0-2 19F	0-2 4D	2-2 11S	3-0 7M	1-1 8A	0-1 19O	3-0 4A		0-0 28D	2-0 22J	5-2 15O	2-2 25S	3-1 12N	0-2 26F	1-1 28a	2-3 18D	2-0 25M	2-0 24A	3-1 14a	1-3 2N	1-3 4S	1-1 5F	3-4 18M	1-2 6m
9 Cardiff City	1-1 2N	1-2 7M	1-1 12F	0-0 22F	1-0 6m	1-0 1A	0-2 24A	0-4 15A		2-1 12N	3-2 17M	1-2 27N	1-3 30J	1-1 7a	2-1 18s	1-1 16O	0-4 15J	1-0 3J	1-1 26D	0-4 30a	1-2 19O	0-0 25S	0-1 20a	2-2 3M
10 Chesterfield	0-0 9O	0-1 2O	1-0 8J	0-2 7D	0-1 20O	1-1 15J	0-1 28M	4-2 21a	1-1 21M		0-1 7a	0-0 1F	1-3 25M	2-0 29J	2-1 29A	0-1 6N	0-0 27N	0-1 12F	2-0 26F	1-1 23O	0-2 11S	1-1 11M	0-3 22A	1-2 8A
11 Colchester United	1-1 8A	3-1 22J	0-3 19N	3-4 29A	5-4 8J	1-2 26F	1-3 5F	3-1 22A	0-3 23N	1-0 3D		2-1 25M	3-0 17D	1-2 23O	0-3 14a	0-1 21M	1-2 11M	2-2 6N	3-2 28a	0-1 11S	1-0 19F	2-2 26O	2-2 10	1-0 18J
12 Gillingham	1-3 22J	4-1 12N	2-0 29A	3-0 2N	0-1 14a	2-2 14M	1-0 4D	2-1 23O	4-1 2m	1-0 1A	2-1 26D		2-0 22A	2-0 2O	0-1 7M	1-0 4S	2-1 4M	0-2 18S	2-2 3J	3-1 18M	3-0 5F	2-1 15A	5-1 9O	2-2 28a
13 Luton Town	3-2 14a	1-2 5F	1-2 26F	1-2 18A	1-4 19F	2-1 6N	1-1 4S	2-2 21M	1-0 28a	1-0 26D	3-2 1A	3-1 16O		3-1 11M	3-1 4D	2-2 6m	1-1 20	4-2 25S	0-2 23N	3-1 22J	4-1 3J	2-1 8F	1-1 24A	1-1 11S	1-1 19O
14 Millwall	1-1 18M	3-1 19F	3-2 28D	4-1 4M	3-0 25M	1-1 16O	3-0 8A	2-1 18S	2-0 4D	1-1 28a	3-0 25S	2-1 24A	1-0 2N		1-0 18D	2-2 5F	1-0 6m	1-0 19O	5-0 16N	1-2 7M	1-0 22J	3-3 14a	0-0 12N	1-1 8J
15 Notts County	2-1 11S	5-1 11D	0-1 26O	4-4 27N	0-2 25S	2-0 3J	2-2 6m	2-3 15F	2-1 26F	1-0 19O	1-2 15J	1-1 6N	0-0 7a	1-1 1A		0-1 24A	0-1 23N	1-0 21M	1-2 15A	3-0 21a	0-0 11M	0-0 26D	2-1 12F	2-0 16O
16 Oldham Athletic	1-1 29A	1-0 3J	3-0 15J	1-1 18M	1-1 26F	0-1 21a	2-0 11S	1-0 1A	1-2 22A	1-2 18A	1-2 14N	1-3 12F	2-1 9O	1-2 20	2-1 29J		2-0 7a	0-1 23O	1-2 26D	1-1 4A	0-1 11A	2-1 27N	2-0 2N	0-0 22-2
17 Oxford United	0-1 5F	1-0 1A	1-1 22A	3-0 2O	0-5 22J	1-2 15A	1-1 13N	1-0 26D	2-3 14a	2-1 19F	1-1 2N	1-2 11S	0-1 23O	1-3 9O	2-3 18M	1-0 28a		0-4 1F	1-3 7M	2-0 29A	1-1 4D	1-2 3J	1-4 26F	0-0 4S
18 Preston N E	3-0 18D	1-0 2N	2-1 23O	1-0 9O	2-1 28D	0-0 11S	1-1 19F	2-1 20	0-0 8A	0-2 4S	2-3 7M	0-2 26F	0-1 18M	3-2 29A	2-0 12N	3-2 4M	3-1 14M		2-2 5F	1-0 22A	2-1 14a	1-4 28a	1-0 25M	3-2 22J
19 Reading	1-1 8J	2-0 4M	1-0 11M	1-2 7a	1-0 22M	2-0 24N	0-0 20O	1-0 15J	2-1 25M	1-1 18S	2-2 29J	1-2 7A	2-0 21a	0-0 12F	1-1 28D	1-1 25S	2-2 7N	1-2 1S		1-1 27N	1-0 6m	0-2 16O	2-2 18D	2-1 24A
20 Scunthorpe United	1-0 28D	3-1 28a	0-0 21M	1-2 18S	0-2 4S	1-2 6m	0-2 18D	0-3 11M	0-0 5F	0-0 25S	0-0 4M	1-4 23N	1-2 8A	1-4 6N	1-0 22J	1-2 25M	1-0 19O	1-1 16O	2-2 19F		0-2 24A	1-2 4D	0-2 1F	0-1 14a
21 Stoke City	3-0 25M	1-0 22A	1-0 8A	1-1 14N	1-2 18D	2-2 29J	3-0 3m	1-0 12F	2-1 30A	5-1 4M	1-1 27N	2-1 30a	1-1 8J	3-1 22a	0-0 3N	0-0 28D	0-0 7a	1-2 14J	1-0 9O	2-0		1-1 18S	2-0 23O	1-1 18M
22 Wigan Athletic	5-1 7M	3-1 16N	1-0 18D	2-1 21a	3-1 11S	1-0 27N	1-0 18M	2-0 30a	3-0 2N	0-1 12F	0-0 28D	1-1 20	0-1 15J	2-0 25M	0-1 7J	2-0 8A	0-1 4A	2-0 22A	2-0 7a	3-0 26F	1-2		0-1 29A	2-1 12N
23 Wrexham	1-1 4D	1-0 15A	0-1 6N	0-1 3J	2-1 28a	0-1 11M	1-1 14a	1-0 23N	1-0 22J	1-0 16O	1-0 24A	1-0 6m	1-2 4M	2-3 21M	0-1 3S	1-3 19F	0-3 18S	0-0 26D	0-1 1A	3-1 28M	2-3 25S	1-1 19O		1-3 5F
24 Wycombe Wand	0-2 23O	1-0 26D	2-0 27N	1-2 1A	1-1 6N	1-1 7a	3-0 26F	1-0 9O	1-3 11S	3-0 3J	1-0 15A	0-1 28M	1-2 29A	2-0 11D	0-0 21A	0-1 11M	1-1 12F	5-3 21a	2-1 2O	0-4 15J	0-2 23N	0-1 21M	1-3 31a	

Final League Table

Pos	Team	Pld	Home					Away					Totals						Leading Goalscorer	Gls
			W	D	L	F	A	W	D	L	F	A	W	D	L	F	A	Pts	GD		
1	Preston N E	46	15	4	4	37	23	13	7	3	37	14	28	11	7	74	37	95	+37	J Macken	22
2	Burnley	46	16	3	4	42	23	9	10	4	27	24	25	13	8	69	47	88	+22	**A Payton**	**27**
3	Gillingham (P)	46	16	3	4	46	21	9	7	7	33	27	25	10	11	79	48	85	+31	R Taylor	15
4	Wigan Athletic	46	15	3	5	37	16	7	14	2	35	24	22	17	7	72	38	83	+34	S Barlow	18
5	Millwall	46	14	7	2	41	18	9	6	8	35	32	23	13	10	76	50	82	+26	N Harris	25
6	Stoke City	46	13	7	3	37	18	10	6	7	31	24	23	13	10	68	42	82	+26	P Thorne	24
7	Bristol Rovers	46	13	7	3	34	19	10	4	9	35	26	23	11	12	69	45	80	+24	J Cureton, J Roberts	22
8	Notts County	46	9	6	8	32	27	9	5	9	29	28	18	11	17	61	55	65	+6	M Stallard	14
9	Bristol City	46	7	14	2	31	18	8	5	10	28	26	15	19	12	59	57	64	+2	T Thorpe	13
10	Reading	46	10	9	4	28	18	6	5	12	29	45	16	14	16	57	63	62	-6	D Caskey	17
11	Wrexham	46	9	6	8	23	24	8	5	10	29	37	17	11	18	52	61	62	-9	K Connolly	9
12	Wycombe Wand	46	9	11	3	28	18	7	5	11	24	39	16	16	14	52	57	64	+3	S Devine	23
13	Luton Town	46	10	7	6	41	35	7	3	13	20	30	17	10	19	61	65	61	-4	L George	13
14	Oldham Athletic	46	8	5	10	27	28	8	7	8	23	27	16	12	18	50	55	60	-5	M Allott	10
15	Bury	46	8	10	5	38	24	5	7	11	23	33	13	18	15	61	64	57	-3	A Preece	12
16	Bournemouth	46	11	6	6	37	19	5	3	15	22	43	16	9	21	59	62	57	-3	M Stein	11
17	Brentford	46	8	9	6	27	19	5	7	11	20	30	13	13	20	61	52	52	-14	L Owusu	12
18	Colchester United	46	9	4	10	36	40	5	6	12	23	42	14	10	22	59	82	52	-23	S McGavin	16
19	Cambridge United	46	8	8	7	38	33	4	6	13	26	32	12	12	22	64	65	48	-1	T Benjamin	20
20	Oxford United	46	6	5	12	24	38	6	4	13	19	35	12	9	25	43	73	45	-30	M Murphy	11
21	Cardiff City	46	5	10	8	23	34	4	7	12	22	33	9	17	20	45	67	44	-22	J Bowen	12
22	Blackpool	46	4	10	9	26	37	4	7	12	23	40	8	17	21	49	77	41	-28	J Murphy	10
23	Scunthorpe Utd	46	4	6	13	16	34	5	6	12	24	40	9	12	25	40	74	39	-34	G Ipoua	9
24	Chesterfield	46	5	11	7	17	25	2	8	13	17	38	7	15	24	34	63	36	-29	D Reeves	14

1999/2000

NATIONWIDE LEAGUE DIVISION 3 [LEVEL 4]
SEASON 101

Total Matches	552
Total Goals	1303
Avg goals per match	2.36

		Barnet	Brighton & H A	Carlisle United	Cheltenham T	Chester City	Darlington	Exeter City	Halifax Town	Hartlepool Utd	Hull City	Leyton Orient	Lincoln City	Macclesfield T	Mansfield Town	Northampton T	Peterborough U	Plymouth Argyle	Rochdale	Rotherham Utd	Shrewsbury T	Southend United	Swansea City	Torquay Utd	York City
1	Barnet		0-1 25M	3-0 23N	3-2 5F	2-0 4D	1-0 6N	2-2 14a	0-1 28D	1-1 11M	0-0 20	2-2 29A	5-3 22J	2-1 5S	0-0 18D	2-1 18S	0-2 19F	1-0 21M	1-0 9O	1-0 22A	1-1 8A	2-1 8J	0-1 4M	1-2 23O	6-3 28a
2	Brighton & H A	1-1 26D		1-0 6m	1-0 25S	2-3 18S	1-1 29J	4-2 3J	2-1 4M	1-0 6N	3-0 31a	0-1 15J	2-2 23N	5-2 21M	6-0 7a	1-3 27N	0-0 26A	1-1 12F	3-4 10D	1-1 15A	1-0 19O	1-0 11M	1-1 1A	0-1 21a	0-1 16O
3	Carlisle United	3-1 18M	0-1 9O		1-1 4A	4-1 3J	1-0 29A	0-0 22A	1-1 23O	0-3 21a	0-4 1A	2-1 7a	1-0 11S	0-1 15A	0-2 29J	0-1 11A	1-1 12N	4-2 30a	1-2 26D	0-1 27N	1-1 26F	1-1 2O	2-0 28M	0-0 14D	0-1 2N
4	Cheltenham T	1-2 30a	0-2 23O	3-1 6N		1-0 29A	0-0 22A	3-1 26D	3-0 11M	2-1 29J	1-0 21a	2-0 27N	0-2 3J	1-1 11D	1-3 15J	1-2 21M	2-1 26F	2-0 23N	0-2 7a	0-2 2O	0-1 12S	2-1 9O	0-0 13F	2-0 1A	1-0 15A
5	Chester City	0-2 7a	1-7 26F	0-1 8A	2-1 19O		1-2 8J	1-1 11S	2-1 18D	1-1 21M	0-0 12F	1-5 28D	1-3 25S	1-2 16O	5-0 25M	0-2 18a	0-1 6m	0-1 6N	0-2 30a	0-0 15J	0-0 11M	0-1 23N	1-1 27N	2-1 29J	2-0 24A
6	Darlington	4-0 7M	1-1 28a	3-1 19O	1-0 16O	3-1 15D		1-0 4S	4-0 4D	1-1 24A	0-0 26D	3-1 2N	2-0 6m	3-0 14a	0-0 18S	0-1 15A	2-0 6F	2-0 25S	4-1 4M	2-2 1A	2-2 5A	1-0 19F	1-1 18M	1-1 12N	2-2 18J
7	Exeter City	0-0 15J	0-0 8A	1-1 16O	1-0 25M	0-2 4M	1-4 12F		1-0 21M	1-2 18D	1-0 7a	1-3 8J	3-0 24A	0-3 25S	1-0 30a	1-2 23N	2-2 28D	1-1 11M	2-0 29J	3-1 21a	1-2 6m	0-1 6N	1-1 19O	3-2 27N	2-1 18S
8	Halifax Town	1-2 15A	2-1 11S	5-2 25S	1-1 2N	0-1 1A	0-1 7a	1-0 12N		1-1 15J	0-1 15M	0-2 29J	3-0 26D	0-1 6m	0-1 27N	2-2 3J	2-1 16O	0-1 21a	0-2 12F	0-0 11D	2-1 24A	0-0 26F	1-0 7M	2-0 31a	0-2 19O
9	Hartlepool United	3-0 2N	0-0 7M	1-0 22J	0-1 28a	1-0 13N	2-0 20	0-2 1A	2-1 14a		2-0 9O	1-0 23O	2-0 15A	1-4 19F	1-0 22A	2-1 4M	1-0 4D	3-2 18S	1-2 3J	1-0 29A	1-2 5F	0-1 4S	2-0 11D	2-1 18M	2-1 26D
10	Hull City	1-3 24A	2-0 5F	2-1 18D	1-1 22J	2-1 3S	0-1 25M	4-0 4D	0-1 23N	0-3 6m		2-0 8A	1-1 14a	2-3 28a	2-0 28D	0-1 16O	2-3 8J	0-1 19O	2-2 11M	0-0 6N	0-0 19F	0-0 21M	2-0 18S	0-0 4M	1-1 25S
11	Leyton Orient	0-0 19O	1-2 14a	0-1 4D	1-0 19F	1-2 15A	2-1 11M	4-1 8F	1-0 28a	2-1 25S	0-0 3J		2-3 16O	1-0 1A	0-0 4M	1-3 6N	0-0 12J	1-1 24A	3-0 23N	0-0 21M	0-1 3S	2-1 5F	0-1 26D	0-1 18S	0-0 6m
12	Lincoln City	0-0 21a	1-3 18M	5-0 4M	1-2 8A	4-1 23O	1-0 9O	1-0 20	1-1 25M	1-2 28D	2-1 15J	0-0 22A		1-1 18S	3-0 7M	2-2 29J	1-2 2N	3-0 22F	1-1 27N	1-2 7a	1-2 18D	1-0 29A	0-1 30a	2-1 12F	4-2 12N
13	Macclesfield T	2-0 12F	1-1 14N	2-1 28D	1-2 8J	1-1 22A	1-0 15J	0-2 23O	3-3 9O	0-2 27N	1-0 29J	1-0 18D	1-1 26F		5-2 2N	1-0 7a	1-0 18M	4-1 8A	1-2 29A	4-2 30a	1-2 25M	1-2 11S	1-2 21a	1-2 2O	1-1 7M
14	Mansfield Town	0-1 1A	1-0 1F	1-1 28a	0-1 14a	2-1 26D	1-2 26F	1-1 4F	0-2 19F	2-3 16O	0-1 15A	1-1 11S	5-2 6N	1-0 11M		0-0 19O	3-1 3S	2-2 6m	0-0 28M	1-2 23N	4-0 24S	3-1 22J	0-1 24A	4-3 3J	1-0 8F
15	Northampton T	1-0 26F	1-0 19F	0-0 4S	3-2 12N	3-1 22J	0-3 28D	2-1 18M	3-4 8A	2-1 11S	0-0 21A	2-1 7M	1-0 27a	2-0 4D	1-0 29A		0-1 14a	1-1 17D	0-1 2O	3-0 23O	2-0 8J	2-1 25M	3-0 2N	3-0 9O	3-0 5F
16	Peterborough U	1-2 27N	0-0 2O	2-1 21M	0-1 18S	4-2 9O	3-1 30a	2-1 15A	2-1 22A	2-1 7a	2-1 22F	1-0 21a	1-0 11M	2-2 20N	1-0 12F	1-0 15J		2-0 29J	1-1 1A	1-1 26D	4-1 6N	1-0 23O	2-3 3J	0-2 29A	2-0 4M
17	Plymouth Argyle	4-1 14N	3-3 5S	2-0 5F	0-0 18M	0-0 7M	1-0 23O	1-1 2N	1-1 22J	0-1 26F	5-0 29A	1-1 2O	3-2 14M	2-1 3J	2-1 9O	2-1 1A	2-1 28a		1-1 22A	1-1 11S	0-0 14a	3-1 4D	1-0 15A	2-2 26D	2-0 19F
18	Rochdale	1-1 6m	0-0 8J	3-2 25M	0-0 4D	2-1 5F	0-0 11S	0-2 28a	0-1 3S	2-0 8A	0-2 2N	1-4 18M	0-1 19F	0-1 19O	0-3 14N	1-2 24A	0-3 18A	1-2 16O		0-0 26F	2-1 28D	2-0 14a	1-1 25S	0-1 5A	2-1 22J
19	Rotherham Utd	2-0 16O	1-3 28D	4-2 19F	2-0 24A	4-0 14a	2-1 18D	5-0 22J	0-1 8J	3-0 19O	1-1 7M	2-1 12N	2-3 4D	0-1 5F	0-0 17M	1-1 25S	2-2 25M	1-1 4M	1-1 18S		4-0 28a	0-0 8A	1-1 6m	1-0 2N	1-0 4S
20	Shrewsbury T	1-1 3J	1-2 29A	4-1 18S	0-2 4M	0-1 2N	0-1 21a	1-4 9O	0-0 20	3-0 31a	1-0 27N	1-2 12F	0-1 1A	1-2 26D	1-2 23O	1-0 11D	1-2 7M	0-0 15J	2-4 15A	0-0 29J		2-1 22A	1-1 12N	1-2 7a	0-1 18M
21	Southend United	1-3 10D	2-1 2N	2-0 24A	2-1 6m	3-1 18M	1-2 27N	4-1 7M	2-1 18S	1-2 12F	1-1 12N	2-2 30a	1-1 19O	0-0 3M	1-0 21a	2-2 26D	0-1 25S	3-3 7a	1-2 15J	3-2 16O	2-1 29J		0-2 2m	0-0 1A	
22	Swansea City	1-2 11S	2-0 18D	1-0 14a	0-0 16N	0-0 18F	2-3 23N	0-1 5N	0-0 8J	2-1 26F	0-0 25M	1-0 4F	0-1 22J	4-1 2O	0-0 10M	1-0 8A	4-1 28D	1-0 22O	0-0 8O	1-1 21M	3-1 28a			2-1 22A	1-0 4D
23	Torquay United	0-1 25S	0-0 22J	4-1 8J	1-1 14M	2-2 28a	1-0 21M	1-0 19F	4-0 5F	0-0 23N	0-1 11S	5-2 26F	3-2 4S	4-0 24A	1-2 8A	2-1 6m	0-4 19O	1-0 25M	2-1 6N	3-1 11M	0-1 4D	1-0 28D	0-0 16O		0-0 14a
24	York City	1-0 29J	0-0 22A	1-1 11M	1-2 28D	2-2 2O	0-0 8A	0-0 26F	2-0 29A	2-1 25M	1-1 23O	2-0 9O	2-1 21M	2-0 6N	0-2 8J	0-1 30a	0-1 11S	0-0 27N	0-3 21a	1-2 12F	1-0 23N	2-2 17D	2-1 7a	2-2 15J	

Final League Table

Pos	Team	Pld	Home					Away					Totals						Leading Goalscorer	Gls
			W	D	L	F	A	W	D	L	F	A	W	D	L	F	A	Pts	GD		
1	Swansea City	46	15	6	2	32	11	9	7	7	19	19	24	13	9	51	30	85	+21	W Boyd, N Cusack, S Watkin	7
2	Rotherham United	46	13	5	5	43	17	11	7	5	29	19	24	12	10	72	36	84	+36	L Fortune-West	17
3	Northampton T	46	16	2	5	36	18	9	5	9	27	27	25	7	14	63	45	82	+18	C Corazzin	14
4	Darlington	46	13	9	1	43	15	8	7	8	23	21	21	16	9	66	36	79	+30	M Gabbiadini	24
5	Peterboro' U (P)	46	14	4	5	39	30	8	8	7	24	24	22	12	12	63	54	78	+9	A Clarke	15
6	Barnet	46	12	6	5	36	24	9	6	8	23	29	21	12	13	59	53	75	+6	K Charlery	13
7	Hartlepool United	46	16	1	6	32	17	5	8	10	28	32	21	9	16	60	49	72	+11	T Miller	14
8	Cheltenham T	46	13	4	6	28	17	7	6	10	22	25	20	10	16	50	42	70	+8	N Grayson	10
9	Torquay United	46	12	6	5	35	20	7	6	10	27	32	19	12	15	62	52	69	+10	A Bedeau	13
10	Rochdale	46	8	7	8	21	25	10	7	6	36	29	18	14	14	57	54	68	+3	T Ellis	11
11	Brighton & H A	46	10	7	6	38	25	7	9	7	26	21	17	16	13	64	46	67	+18	D Freedman	12
12	Plymouth Argyle	46	12	10	1	38	18	4	8	11	17	33	16	18	12	55	51	66	+4	P McGregor	13
13	Macclesfield T	46	9	7	7	36	30	9	4	10	30	31	18	11	17	66	61	65	+5	R Barker	16
14	Hull City	46	7	8	8	26	23	8	9	6	17	20	15	17	14	43	43	59	0	J Eyre	8
15	Lincoln City	46	11	6	6	38	23	4	8	11	29	46	15	14	17	67	69	59	-2	L Thorpe	16
16	Southend United	46	11	5	7	37	31	4	6	13	16	30	15	11	20	53	61	56	-8	M Carruthers	19
17	Mansfield Town	46	9	6	8	33	26	7	2	14	17	39	16	8	22	50	65	56	-15	C Greenacre, T Lormor	9
18	Halifax Town	46	7	5	11	22	24	8	4	11	22	34	15	9	22	44	58	54	-14	R Painter	8
19	Leyton Orient	46	7	7	9	22	22	6	4	13	25	30	13	13	20	47	52	52	-5	I Christie	7
20	York City	46	7	10	6	21	21	5	6	12	18	32	12	16	18	39	53	52	-14	B Conlon	11
21	Exeter City	46	8	6	9	27	30	3	5	15	12	42	11	11	24	46	72	44	-26	G Alexander	7
22	Shrewsbury T	46	5	6	12	20	27	7	12	4	20	40	13	18	24	40	67	40	-27	L Steele	11
23	Carlisle United	46	6	8	9	23	27	3	4	16	19	48	9	12	25	42	75	39	-33	S Soley	8
24	Chester City	46	5	6	13	20	36	5	4	14	24	43	10	9	27	44	79	39	-35	L Beckett	14

2000/01 FA CARLING PREMIERSHIP
SEASON 9

Total Matches	380
Total Goals	992
Avg goals per match	2.61

Results Grid

	Team	Arsenal	Aston Villa	Bradford City	Charlton Athletic	Chelsea	Coventry City	Derby County	Everton	Ipswich Town	Leeds United	Leicester City	Liverpool	Manchester City	Manchester Utd	Middlesbrough	Newcastle Utd	Southampton	Sunderland	Tottenham H	West Ham Utd
1	Arsenal		1-0	2-0	5-3	1-1	2-1	0-0	4-1	1-0	2-1	6-1	2-0	5-0	1-0	0-3	5-0	1-0	2-2	2-0	3-0
2	Aston Villa	0-0		2-0	2-1	1-1	3-2	4-1	2-1	2-1	1-2	2-1	0-3	2-2	0-1	1-1	1-1	0-0	0-0	2-0	2-2
3	Bradford City	1-1	0-3		2-0	2-0	2-1	2-0	0-1	0-2	1-1	0-0	0-2	2-2	0-3	1-1	2-2	0-1	1-4	3-3	1-2
4	Charlton Athletic	1-0	3-3	2-0		2-0	2-2	2-1	1-0	2-1	1-2	2-0	0-4	4-0	3-3	1-0	2-0	1-1	0-1	1-0	1-1
5	Chelsea	2-2	1-0	3-0	0-1		6-1	4-1	2-1	4-1	1-1	0-2	3-0	2-1	1-1	2-1	3-1	1-0	2-4	3-0	4-2
6	Coventry City	0-1	1-1	0-0	2-2	0-0		2-0	1-3	0-1	0-0	1-0	0-2	1-1	1-2	1-3	0-2	1-1	1-0	2-1	0-3
7	Derby County	1-2	1-0	2-0	2-2	0-4	1-0		1-0	1-1	1-1	2-0	0-4	1-1	0-3	3-3	2-0	2-2	1-0	2-1	0-0
8	Everton	2-0	0-1	2-1	3-0	2-1	1-2	2-2		0-3	2-2	2-1	2-3	3-1	1-3	2-2	1-1	1-1	2-2	0-0	1-1
9	Ipswich Town	1-1	1-2	3-1	2-0	2-2	2-0	0-1	2-0		1-2	2-0	1-1	2-1	1-1	2-1	1-0	3-1	1-0	3-0	1-1
10	Leeds United	1-0	1-2	6-1	3-1	2-0	1-0	0-0	2-0	1-2		3-1	4-3	1-2	1-1	1-1	1-3	2-0	2-0	4-3	0-1
11	Leicester City	0-0	0-0	1-2	3-1	2-1	1-3	2-1	1-1	2-1	3-1		2-0	1-2	0-3	0-3	1-1	1-0	2-0	4-2	2-1
12	Liverpool	4-0	3-1	1-0	3-0	2-2	4-1	1-1	3-1	0-1	1-2	1-0		3-2	2-0	0-0	3-0	2-1	1-1	3-1	3-0
13	Manchester City	0-4	1-3	2-0	1-4	1-2	1-2	0-0	5-0	2-3	0-4	0-1	1-1		0-1	1-1	0-1	0-1	4-2	0-1	1-0
14	Manchester United	6-1	2-0	6-0	2-1	3-3	4-2	0-1	1-0	2-0	3-0	2-0	0-1	1-1		2-1	2-0	5-0	3-0	2-0	3-1
15	Middlesbrough	0-1	1-1	2-2	0-0	1-0	1-1	4-0	1-2	1-2	1-2	0-3	1-0	1-1	0-2		1-3	0-1	0-0	1-1	2-1
16	Newcastle United	0-0	3-0	2-1	0-0	0-0	3-1	3-2	0-1	2-1	1-0	2-1	1-2	0-1	1-1	1-2		1-1	1-2	2-0	2-1
17	Southampton	3-2	2-0	2-0	0-0	3-2	1-2	1-0	1-0	0-3	1-0	3-3	0-2	2-1	1-3	2-0		0-1	2-0	2-3
18	Sunderland	1-0	1-1	0-0	3-2	1-0	1-0	2-1	2-0	4-1	0-2	0-0	1-1	1-0	0-1	1-0	1-1	2-2		2-3	1-1
19	Tottenham Hotspur	1-1	0-0	2-1	0-0	0-3	3-0	3-1	3-2	3-1	1-2	3-0	2-1	0-0	3-1	0-0	4-2	0-0	2-1		1-0
20	West Ham United	1-2	1-1	1-1	5-0	0-2	1-1	3-1	0-2	0-1	0-2	0-1	1-1	4-1	2-2	1-0	1-0	3-0	0-2	0-0	

From this season onward, the number of points awarded for a win increased from 2 to 3.

Final League Table

Pos	Team	Pld	Home W	Home D	Home L	Home F	Home A	Away W	Away D	Away L	Away F	Away A	Totals W	Totals D	Totals L	Totals F	Totals A	Pts	GD	Leading Goalscorer	Gls
1	Manchester Utd	38	15	2	2	49	12	9	6	4	30	19	24	8	6	79	31	80	+48	T Sheringham	15
2	Arsenal	38	15	3	1	45	13	5	7	7	18	25	20	10	8	63	38	70	+25	T Henry	17
3	Liverpool	38	13	4	2	40	14	7	5	7	31	25	20	9	9	71	39	69	+32	M Owen	16
4	Leeds United	38	11	3	5	36	21	9	5	5	28	22	20	8	10	64	43	68	+21	M Viduka	17
5	Ipswich Town	38	11	5	3	31	15	9	1	9	26	27	20	6	12	57	42	66	+15	M Stewart	19
6	Chelsea	38	13	3	3	44	20	4	7	8	24	25	17	10	11	68	45	61	+23	J Hasselbaink	23
7	Sunderland	38	9	7	3	24	16	6	5	8	22	25	15	12	11	46	41	57	+5	K Phillips	14
8	Aston Villa	38	8	8	3	27	20	5	7	7	19	23	13	15	10	46	43	54	+3	D Dublin	8
9	Charlton Athletic	38	11	5	3	31	19	3	5	11	19	38	14	10	14	50	57	52	-7	J Johansson	11
10	Southampton	38	11	2	6	27	22	3	8	8	13	26	14	10	14	40	48	52	-8	J Beattie	11
11	Newcastle United	38	10	4	5	26	17	4	5	10	18	33	14	9	15	44	50	51	-6	C Cort, N Solano	6
12	Tottenham H	38	11	6	2	31	16	2	4	13	16	38	13	10	15	47	54	49	-7	L Ferdinand	10
13	Leicester City	38	10	4	5	28	23	4	2	13	11	28	14	6	18	39	51	48	-12	A Akinbiyi	9
14	Middlesbrough	38	4	7	8	18	23	5	8	6	26	21	9	15	14	44	44	42	0	A Boksic	12
15	West Ham United	38	6	6	7	24	20	4	6	9	21	30	10	12	16	45	50	42	-5	F Kanoute	11
16	Everton	38	6	8	5	29	27	5	1	13	16	32	11	9	18	45	59	42	-14	K Campbell	9
17	Derby County	38	8	7	4	23	24	2	5	12	14	35	10	12	16	37	59	42	-22	M Christie	8
18	Manchester City	38	4	3	12	20	31	4	7	8	21	34	8	10	20	41	65	34	-24	P Wanchope	9
19	Coventry City	38	4	7	8	14	23	4	3	12	22	40	8	10	20	36	63	34	-27	C Bellamy, M Hadji, J Hartson	6
20	Bradford City	38	4	7	8	20	29	1	4	14	10	41	5	11	22	30	70	26	-40	B Carbone	5

2000/01 NATIONWIDE FOOTBALL LEAGUE DIVISION 1 [LEVEL 2]
SEASON 102

Total Matches: 552
Total Goals: 1373
Avg goals per match: 2.49

		Barnsley	Birmingham C	Blackburn Rov	Bolton Wand	Burnley	Crewe A	Crystal Palace	Fulham	Gillingham	Grimsby Town	Huddersfield T	Norwich City	Nottm Forest	Portsmouth	Preston N.E.	Q P R	Sheffield Utd	Sheffield Weds	Stockport Co	Tranmere Rov	Watford	West Brom A	Wimbledon	Wolverhampton
1	Barnsley		2-3	1-2	0-1	1-0	3-0	1-0	0-0	3-1	2-0	3-1	1-0	3-4	1-0	0-4	4-2	0-0	1-0	0-2	1-1	0-1	4-1	0-1	1-2
2	Birmingham City	4-1		0-2	1-1	3-2	2-0	2-1	1-3	1-0	1-0	2-1	2-1	0-2	0-0	3-1	0-0	1-0	1-2	4-0	2-0	2-0	2-1	0-3	0-1
3	Blackburn Rov	0-0	2-1		1-1	5-0	1-0	0-2	1-2	1-2	2-0	2-0	3-2	3-0	3-1	3-2	0-0	1-1	2-0	3-1	3-2	3-4	0-0	1-1	1-0
4	Bolton Wand	2-0	2-2	1-4		1-1	4-1	3-3	0-2	2-2	1-0	0-0	2-0	2-0	3-1	1-1	2-0	1-1	2-0	2-1	1-1	2-0	2-1	0-1	2-1
5	Burnley	2-1	0-0	0-2	0-2		1-0	1-2	2-1	1-1	1-1	1-0	2-0	1-0	1-1	3-0	2-1	2-0	1-0	2-1	2-1	2-0	1-1	1-0	1-2
6	Crewe Alex	2-2	0-2	0-0	2-1	4-2		1-1	1-2	2-1	2-0	1-0	0-0	1-0	1-3	2-2	1-0	1-0	1-2	3-1	2-0	0-1	0-4	2-0
7	Crystal Palace	1-0	1-2	2-3	0-2	0-1	1-0		0-2	2-2	0-1	0-0	1-1	2-3	2-3	0-2	1-0	4-1	2-2	3-2	1-0	2-2	3-1	0-2
8	Fulham	5-1	0-1	2-1	1-1	3-1	2-0	3-1		3-0	2-1	3-0	2-0	1-0	3-1	0-1	2-0	1-1	1-1	4-1	3-1	5-0	0-0	1-1	2-0
9	Gillingham	0-0	1-2	1-1	2-2	0-0	0-1	4-1	0-2		1-0	2-1	4-3	1-3	1-1	4-0	0-1	4-1	2-0	1-3	2-0	0-3	1-2	0-0	1-0
10	Grimsby Town	0-2	1-1	1-4	0-1	1-0	1-3	2-2	1-0	1-0		2-0	0-2	2-1	1-2	3-1	0-1	1-1	3-1	2-1	2-0	1-1	0-2	1-1	0-2
11	Huddersfield T	1-1	1-2	0-1	2-3	0-1	3-1	1-2	1-2	2-3	0-0		2-0	1-1	4-1	0-0	2-1	2-1	0-0	0-0	3-0	1-2	0-2	0-2	3-0
12	Norwich City	0-0	1-0	1-1	0-2	2-3	1-1	0-0	0-1	1-0	2-1	1-1		0-0	0-0	1-2	1-0	4-2	1-0	4-0	1-0	2-1	0-1	1-2	1-0
13	Nottm Forest	1-0	1-2	2-1	0-5	1-0	0-3	0-1	3-1	1-3	0-0	2-0	3-1		1-1	2-0	0-1	1-0	3-1	0-2	1-0	1-2	0-0
14	Portsmouth	3-0	1-1	2-2	1-2	2-0	2-1	2-4	1-1	0-0	1-1	1-1	2-0	0-2		0-1	1-1	0-0	2-1	2-1	2-0	1-3	0-1	2-1	3-1
15	Preston N E	1-2	0-2	0-1	0-2	2-1	2-1	2-0	1-1	0-0	1-2	0-0	1-1	1-0		5-0	3-0	2-0	1-1	1-0	3-2	2-1	1-1	2-0
16	Queens Park R	2-0	0-0	1-3	1-1	0-1	1-0	1-0	0-2	2-2	0-1	1-1	2-3	1-0	1-1	0-0		1-3	1-2	0-3	2-0	1-1	2-0	2-1	2-2
17	Sheffield United	1-2	3-1	2-0	1-0	2-0	1-0	1-0	1-1	1-2	3-2	3-0	1-1	1-3	2-0	3-2	1-1		1-1	1-0	2-0	0-1	2-0	0-1	1-0
18	Sheffield Weds	2-1	1-0	1-1	0-3	2-0	0-0	4-1	3-3	2-1	1-0	2-3	3-2	0-1	0-0	1-3	5-2	1-2		2-4	1-0	2-3	1-2	0-5	1-1
19	Stockport Co	2-0	2-0	0-0	4-3	0-0	3-0	0-1	2-2	1-0	0-1	1-3	1-2	1-1	0-1	2-2	0-2	2-1		1-1	2-3	0-0	2-2	1-1
20	Tranmere Rov	2-3	1-0	0-1	0-1	2-3	1-3	1-1	1-4	3-2	2-0	2-0	0-1	2-2	1-1	1-1	1-0	2-0	2-1		2-0	2-2	0-4	0-2
21	Watford	1-0	2-0	0-1	1-0	0-1	3-0	2-2	1-3	0-0	4-0	1-2	4-1	3-0	2-2	2-3	1-1	4-1	1-3	2-2	1-1		3-3	3-1	3-2
22	West Brom A	1-0	1-1	1-0	0-2	1-1	2-2	1-0	1-3	3-1	0-1	1-1	2-3	3-0	2-0	2-1	2-1	1-2	1-1	2-1	3-0		3-1	1-0
23	Wimbledon	1-1	3-1	0-2	0-1	0-2	3-3	1-0	0-3	4-4	2-2	1-1	0-0	2-1	1-1	3-1	5-0	0-0	4-1	2-0	0-0	0-0	0-1		1-1
24	Wolverhampton	2-0	0-1	0-0	0-2	1-0	0-0	1-3	0-0	1-1	2-0	0-1	4-0	2-0	1-1	0-1	1-1	0-0	1-1	3-2	1-2	2-2	3-1	0-1	

Final League Table

Pos	Team	Pld	Home W	Home D	Home L	Home F	Home A	Away W	Away D	Away L	Away F	Away A	Totals W	Totals D	Totals L	Totals F	Totals A	Pts	GD	Leading Goalscorer	Gls
1	Fulham	46	16	5	2	49	14	14	6	3	41	18	30	11	5	90	32	101	+58	L Saha	27
2	Blackburn Rov	46	15	5	3	43	20	11	8	4	33	19	26	13	7	76	39	91	+37	M Jansen	23
3	Bolton Wand (P)	46	10	10	3	40	28	14	5	4	36	17	24	15	7	76	45	87	+31	M Ricketts	19
4	Preston N E	46	12	6	5	32	18	11	3	9	32	34	23	9	14	64	52	78	+12	J Macken	19
5	Birmingham City	46	14	3	6	34	22	9	6	8	25	26	23	9	14	59	48	78	+11	G Horsfield, Marcelo	7
6	West Brom A	46	13	5	5	37	23	8	6	9	23	29	21	11	14	60	52	74	+8	L Hughes	21
7	Burnley	46	14	5	4	30	17	7	4	12	20	37	21	9	16	50	54	72	-4	A Payton	9
8	Wimbledon	46	7	11	5	33	26	10	7	6	38	24	17	18	11	71	50	69	+21	J Euell	19
9	Watford	46	11	6	6	46	29	9	3	11	30	38	20	9	17	76	67	69	+9	T Mooney	19
10	Sheffield United	46	14	4	5	34	18	5	7	11	18	31	19	11	16	52	49	68	+3	D Kelly	6
11	Nottm Forest	46	11	3	9	28	24	9	5	9	27	29	20	8	18	55	53	68	+2	C Bart-Williams	14
12	Wolverhampton	46	7	9	7	25	20	7	4	12	20	28	14	13	19	45	48	55	-3	A Proudlock	8
13	Gillingham	46	9	6	8	32	28	4	10	9	29	38	13	16	17	61	66	55	-5	M King	15
14	Crewe Alexandra	46	12	5	6	30	24	3	5	15	17	38	15	10	21	47	62	55	-15	R Hulse	11
15	Norwich City	46	10	7	6	25	18	4	6	13	21	40	14	13	19	46	58	54	-12	I Roberts	15
16	Barnsley	46	11	3	9	32	26	4	8	11	17	36	15	9	22	49	62	54	-13	B Dyer	15
17	Sheffield Weds	46	9	4	10	34	38	6	4	13	18	33	15	8	23	52	71	53	-19	G Sibon	13
18	Grimsby Town	46	10	4	9	26	27	4	8	11	17	35	14	12	20	43	62	52	-19	S Livingstone	7
19	Stockport County	46	6	11	6	29	26	5	7	11	29	39	11	18	17	58	65	51	-7	A Wilbrahim	12
20	Portsmouth	46	9	8	6	31	25	1	11	11	16	34	10	19	17	47	59	49	-12	S Claridge	11
21	Crystal Palace	46	6	6	11	28	34	6	7	10	29	36	12	13	21	57	70	49	-13	C Morrison	14
22	Huddersfield T	46	7	6	10	29	26	4	9	10	19	31	11	15	20	48	57	48	-9	D Facey	10
23	Queens Park R	46	6	9	8	24	28	1	10	12	21	47	7	19	20	45	75	40	-30	P Crouch	10
24	Tranmere Rov	46	8	7	8	30	33	1	4	18	16	44	9	11	26	46	77	38	-31	J Koumas	10

2000/01 NATIONWIDE FOOTBALL LEAGUE DIVISION 2 [LEVEL 3]
SEASON 102

Total Matches: 552
Total Goals: 1466
Avg goals per match: 2.66

Results Grid

		Bournemouth	Brentford	Bristol City	Bristol Rovers	Bury	Cambridge Utd.	Colchester Utd.	Luton Town	Millwall	Northampton T	Notts. County	Oldham Athletic	Oxford United	Peterborough U.	Port Vale	Reading	Rotherham Utd.	Stoke City	Swansea City	Swindon Town	Walsall	Wigan Athletic	Wrexham	Wycombe Wand.
1	Bournemouth		2-0	4-0	1-2	1-0	1-1	2-2	3-2	1-2	2-0	0-1	1-1	4-3	2-1	1-1	1-2	0-1	1-0	2-0	3-0	2-2	0-0	1-2	2-0
2	Brentford	3-2		2-1	2-6	3-1	2-2	1-0	2-2	1-1	1-1	3-1	1-1	3-0	1-0	1-1	1-2	0-3	2-2	0-0	0-1	2-1	2-2	1-0	0-0
3	Bristol City	3-3	1-2		3-2	4-1	6-2	1-1	3-1	2-1	2-0	4-0	2-2	0-0	2-1	1-1	4-0	0-1	1-2	3-1	0-1	1-3	1-1	2-1	1-2
4	Bristol Rovers	1-1	0-0	1-1		2-0	2-1	2-0	3-3	1-2	0-1	0-0	0-2	6-2	1-2	0-3	2-2	1-1	0-3	1-0	0-0	0-0	0-0	4-1	1-1
5	Bury	2-5	0-1	0-1	1-0		0-1	0-0	1-1	2-1	1-0	1-1	3-1	2-1	2-0	0-2	0-0	1-0	3-0	1-0	2-0	0-1	1-4	1-1	
6	Cambridge Utd	0-2	1-1	1-0	0-3	0-1		2-1	2-1	1-5	1-2	2-2	2-0	1-0	0-0	4-0	1-1	6-1	1-1	3-3	0-1	0-1	1-2	2-3	1-0
7	Colchester Utd	3-1	3-1	4-0	2-1	1-1	2-0		3-1	0-1	0-2	2-0	1-1	3-2	2-2	0-1	2-1	0-1	0-1	0-2	0-2	1-1	1-1	0-0	
8	Luton Town	1-0	3-1	0-3	0-0	1-2	1-0	0-3		0-1	0-2	0-1	0-0	1-1	3-2	1-1	1-1	0-1	1-2	5-3	2-3	0-0	0-2	3-4	1-2
9	Millwall	0-1	1-0	1-1	3-0	4-0	3-1	6-1	1-0		0-1	2-3	5-0	5-0	1-0	2-0	4-0	2-0	1-1	1-0	2-0	3-1	1-0	1-2	
10	Northampton T	0-3	1-1	2-0	2-1	2-1	0-2	2-0	0-1	3-3		1-0	2-1	0-1	0-0	0-2	2-0	0-1	2-2	2-1	0-1	0-3	1-0	2-2	2-2
11	Notts County	0-2	2-2	2-1	1-1	1-0	0-1	2-2	1-3	3-4	2-0		1-0	2-1	3-3	0-1	3-2	4-1	2-2	0-1	3-2	2-0	2-2	1-0	0-2
12	Oldham Athletic	2-1	3-0	0-0	1-0	1-1	1-3	1-1	2-0	0-1	2-1	0-1		3-2	1-4	4-1	0-2	2-3	1-2	1-1	1-0	0-0	2-1	5-1	2-0
13	Oxford United	1-2	0-1	0-1	0-1	1-0	1-1	0-1	0-0	0-0	0-2	2-3	0-1		0-1	1-1	0-2	4-3	1-1	3-0	1-1	0-2	1-0	2-2	3-4
14	Peterborough U	1-2	1-1	2-1	2-2	1-1	4-1	3-1	1-4	1-2	1-0	0-0	4-2		2-0	1-1	0-0	4-0	0-2	4-0	2-0	2-0	1-0	3-2	
15	Port Vale	2-1	1-0	1-2	1-0	1-1	4-2	3-1	3-0	1-1	2-2	2-3	0-0	3-0	5-0		0-1	0-2	1-1	0-3	0-2	0-0	1-1	0-1	
16	Reading	3-3	4-0	1-3	1-0	4-1	3-0	0-1	4-1	3-4	1-1	2-3	4-3	1-1	1-0		2-0	3-3	5-2	2-2	1-0	4-1	2-0		
17	Rotherham Utd	3-1	2-1	1-3	3-0	1-2	3-0	3-2	1-1	3-2	1-0	0-0	3-1	3-0	3-2	1-3		2-1	4-2	4-3	2-3	1-1	2-0	1-0	
18	Stoke City	2-1	1-0	1-0	4-1	2-1	2-3	3-1	1-3	3-2	1-1	0-1	4-0	3-0	1-1	0-0	1-1		1-2	4-1	0-0	2-0	3-1	0-0	
19	Swansea City	0-3	6-0	2-2	0-0	0-2	1-1	0-2	4-0	0-0	1-1	0-1	1-2	1-2	2-2	0-1	0-1	0-0	2-1		0-0	3-1	0-0	0-1	3-1
20	Swindon Town	1-1	2-3	1-1	1-3	3-0	3-1	0-0	1-3	0-2	1-1	1-2	2-0	2-1	0-1	0-0	2-1	0-3	1-1		1-4	2-2	2-2	1-1	
21	Walsall	1-1	3-2	0-0	2-1	1-2	3-1	0-1	3-1	0-0	3-5	3-2	3-2	1-1	2-1	1-1	3-0	5-1	1-0	2-0	2-3		5-1		
22	Wigan Athletic	1-1	1-3	0-0	1-0	2-1	0-1	3-1	2-1	1-0	2-1	1-1	3-2	1-2	1-0	1-0	1-1	0-2	1-1	2-0	0-0	1-1		0-0	2-1
23	Wrexham	2-2	2-1	0-2	1-0	0-1	2-2	1-0	3-1	1-1	3-0	1-1	3-1	5-3	2-1	1-0	1-2	1-3	1-2	1-0	0-1	1-3			0-0
24	Wycombe Wand	0-3	0-0	1-2	0-1	2-1	0-2	1-1	1-1	0-0	1-0	3-1	2-1	2-0	0-1	1-1	0-1	3-2	0-1	0-2	1-1	1-2	1-1		

Final League Table

Pos	Team	Pld	Home W	Home D	Home L	Home F	Home A	Away W	Away D	Away L	Away F	Away A	Totals W	Totals D	Totals L	Totals F	Totals A	Pts	GD	Leading Goalscorer	Gls
1	Millwall	46	17	2	4	49	11	11	7	5	40	27	28	9	9	89	38	93	+51	N Harris	27
2	Rotherham Utd	46	16	4	3	50	26	11	6	6	29	29	27	10	9	79	55	91	+24	M Robbins	24
3	Reading	46	15	5	3	58	26	10	6	7	28	26	25	11	10	86	52	86	+34	J Cureton	26
4	Walsall (P)	46	15	5	3	51	23	8	7	8	28	27	23	12	11	79	50	81	+29	J Leitao	18
5	Stoke City	46	12	6	5	39	21	9	8	6	35	28	21	14	11	74	49	77	+25	P Thorne	16
6	Wigan Athletic	46	12	9	2	29	18	7	9	7	24	24	19	18	9	53	42	75	+11	S Haworth	11
7	Bournemouth	46	11	6	6	37	23	9	7	7	42	32	20	13	13	79	55	73	+24	J Defoe	18
8	Notts County	46	10	6	7	37	33	9	6	8	25	33	19	12	15	62	66	69	-4	M Stallard	17
9	Bristol City	46	11	6	6	47	29	7	8	8	23	27	18	14	14	70	56	68	+14	T Thorpe	19
10	Wrexham	46	10	6	7	33	28	7	6	10	32	43	17	12	17	65	71	63	-6	C Fauloonbridge	10
11	Port Vale	46	9	8	6	35	22	7	6	10	20	27	16	14	16	55	49	62	+6	T Naylor	9
12	Peterborough U	46	12	6	5	38	27	3	8	12	23	39	15	14	17	61	66	59	-5	L McKenzie	13
13	Wycombe Wand	46	8	7	8	24	23	7	7	9	22	30	15	14	17	46	53	59	-7	A Rammell	10
14	Brentford	46	9	10	4	34	30	5	7	11	22	40	14	17	15	56	70	59	-14	A Scott	13
15	Oldham Athletic	46	11	6	6	37	35	4	8	11	18	39	15	14	17	55	74	59	-19	L Duxbury	8
16	Bury	46	10	6	7	25	22	6	4	13	20	37	16	10	20	45	59	58	-14	C Cramb, J Newby	5
17	Colchester Utd	46	10	5	8	32	23	5	7	11	23	36	15	12	19	55	59	57	-4	M Stockwell	11
18	Northampton T	46	9	6	8	26	28	6	6	11	20	31	15	12	19	46	59	57	-13	J Forrester	17
19	Cambridge Utd	46	8	6	9	32	31	6	7	10	29	46	14	11	21	61	77	53	-16	T Youngs	14
20	Swindon Town	46	6	8	9	30	35	7	5	11	17	30	13	13	20	47	65	52	-18	D Invincible	9
21	Bristol Rovers	46	6	10	7	28	26	6	5	12	25	31	12	15	19	53	57	51	-4	N Ellington	15
22	Luton Town	46	5	6	12	24	35	4	7	12	28	45	9	13	24	52	80	40	-28	L George	7
23	Swansea City	46	5	9	9	26	24	3	4	16	21	49	8	13	25	47	73	37	-26	G Savarese	12
24	Oxford United	46	5	4	14	23	34	2	7	19	30	66	7	6	33	53	100	27	-47	J Beauchamp, P Gray	7

# 2000/01 NATIONWIDE FOOTBALL LEAGUE DIVISION 3 [LEVEL 4]
SEASON 102

Total Matches 552
Total Goals 1397
Avg goals per match 2.53

Final League Table

Pos	Team	Pld	Home					Away					Totals					Pts	GD	Leading Goalscorer	Gls
			W	D	L	F	A	W	D	L	F	A	W	D	L	F	A				
1	Brighton & H A	46	19	2	2	52	14	9	6	8	21	21	28	8	10	73	35	92	+38	B Zamora	28
2	Cardiff City	46	16	7	0	56	20	7	6	10	39	38	23	13	10	95	58	82	+37	R Earnshaw	19
3	Chesterfield *	46	16	5	2	46	14	9	5	9	33	28	25	14	7	79	42	80	+37	L Beckett	16
4	Hartlepool United	46	12	8	3	40	23	9	6	8	31	31	21	14	11	71	54	77	+17	K Henderson	17
5	Leyton Orient	46	13	7	3	31	18	7	8	8	28	33	20	15	11	59	51	75	+8	C Griffiths	14
6	Hull City	46	12	7	4	27	18	7	10	6	20	21	19	17	10	47	39	74	+8	R Rowe	6
7	Blackpool (P)	46	14	4	5	50	26	8	2	13	24	32	22	6	18	74	58	72	+16	J Murphy	18
8	Rochdale	46	11	8	4	36	25	7	9	7	23	23	18	17	11	59	48	71	+11	P Connor	10
9	Cheltenham T	46	12	5	6	37	27	6	9	8	22	25	18	14	14	59	52	68	+7	N Grayson	13
10	Scunthorpe Utd	46	13	7	3	42	16	5	4	14	20	36	18	11	17	62	52	65	+10	G Ipoua	14
11	Southend United	46	10	8	5	29	23	5	10	8	26	29	15	18	13	55	53	63	+2	B Abbey, D Lee	8
12	Plymouth Argyle	46	13	5	5	33	17	2	8	13	21	44	15	13	18	54	61	58	-7	I Stonebridge	11
13	Mansfield Town	46	12	7	4	40	26	3	6	14	24	46	15	13	18	64	72	58	-8	C Greenacre	19
14	Macclesfield T	46	10	5	8	23	21	4	9	10	28	41	14	14	18	51	62	56	-11	L Glover, D Whitehead	7
15	Shrewsbury T	46	12	5	6	30	26	3	5	15	19	39	15	10	21	49	65	55	-16	N Jemson	15
16	Kidderminster H	46	10	6	7	29	27	3	5	12	18	34	13	14	19	47	61	53	-14	J Durnin	9
17	York City	46	9	6	8	23	26	4	7	12	19	37	13	13	20	42	63	52	-21	D McNiven	8
18	Lincoln City	46	9	9	5	33	28	3	5	15	14	32	12	14	20	47	60	50	-13		
19	Exeter City	46	8	8	7	22	25	4	5	14	18	33	12	13	21	44	56	49	-12	G Naylor	11
20	Darlington	46	8	10	5	30	29	4	3	16	22	48	12	13	21	52	77	49	-25	K Hill, E Williams	9
21	Torquay United	46	8	9	6	30	29	4	3	16	22	48	12	13	21	52	77	49	-25	K Hill, E Williams	9
22	Carlisle United	46	8	8	7	26	26	3	7	13	16	39	11	15	20	42	65	48	-23	I Stevens	12
23	Halifax Town	46	7	6	10	33	33	5	5	13	21	36	12	11	23	54	68	47	-14	S Kerrigan	19
24	Barnet	46	8	6	9	44	29	1	19	23	52	12	9	25	67	81	45	-14	D Currie	10

* Chesterfield deducted 9 points for breach of rules.

2001/02 FA BARCLAYCARD PREMIERSHIP
SEASON 10

Total Matches	380
Total Goals	1001
Avg goals per match	2.63

Results Grid

	Team	Arsenal	Aston Villa	Blackburn Rov	Bolton Wand	Charlton Athletic	Chelsea	Derby County	Everton	Fulham	Ipswich Town	Leeds United	Leicester City	Liverpool	Manchester Utd	Middlesbrough	Newcastle Utd	Southampton	Sunderland	Tottenham H	West Ham Utd
1	Arsenal		3-2 9D	3-3 20O	1-1 22S	2-4 4N	2-1 26D	1-0 5M	4-3 11m	4-1 23F	1-0 21A	1-2 21a	4-0 25a	1-1 13J	3-1 25N	2-1 29D	1-3 18D	1-1 2F	3-0 30M	2-1 6A	2-0 24A
2	Aston Villa	1-2 17M		2-0 30S	3-2 27O	1-0 24O	1-1 9F	2-1 12J	0-0 30J	2-0 14O	2-1 17D	0-1 13A	0-2 1D	1-2 26D	1-1 26a	0-0 17N	1-1 2A	2-1 27A	0-0 16S	1-1 29D	2-1 2M
3	Blackburn Rovers	2-3 30J	3-0 5M		1-1 19S	4-1 12J	0-0 10A	0-1 29D	1-0 22S	3-0 11m	2-1 13M	1-2 9D	0-0 29O	1-1 17N	2-2 22a	0-1 1D	2-2 23A	2-0 1A	0-3 26D	2-1 25a	7-1 14O
4	Bolton Wanderers	0-2 29A	3-2 30M	1-1 2M		0-0 15D	2-2 12J	1-3 16M	2-2 3N	0-0 24N	4-1 6A	0-3 26D	2-2 29D	2-1 27a	0-4 29J	1-0 21a	0-4 13O	0-1 15S	0-2 29S	1-1 20A	1-0 9F
5	Charlton Athletic	0-3 1A	1-2 21J	0-2 22D	1-2 23M		2-1 2M	1-0 29J	1-2 18a	1-1 9S	3-2 1J	0-2 16S	2-0 29S	0-2 27O	0-2 10F	0-0 13O	1-1 1D	1-1 13A	2-2 27A	3-1 8D	4-4 19N
6	Chelsea	1-1 8S	1-3 11m	0-0 24N	5-1 23D	0-1 5D		2-1 30M	3-0 6A	3-2 6M	2-1 4N	2-0 30J	4-0 13O	0-3 16D	2-2 20A	1-1 23S	2-4 19a	4-0 1J	4-0 16M	4-0 13M	5-1 20J
7	Derby County	0-2 29S	3-1 22D	2-1 18a	1-0 8D	1-1 20O	1-1 28O		3-4 23M	0-1 2J	1-3 19J	0-1 27A	2-3 15S	0-1 1D	2-2 3M	0-1 1A	2-3 13A	1-0 17N	0-1 9F	1-0 2F	0-0 8S
8	Everton	0-1 10F	3-2 20O	1-2 28A	3-1 1A	0-3 29D	0-0 18N	1-0 15D		2-1 16M	1-2 2F	0-0 3M	2-2 13A	1-3 15S	0-2 26D	2-0 25a	1-3 27O	2-0 2D	1-0 12J	1-1 20a	5-0 29S
9	Fulham	1-3 15S	0-0 2F	2-0 9F	3-0 23A	0-0 26D	1-1 30S	0-0 25a	2-0 8D		1-1 21O	0-0 2D	0-0 27A	0-2 2M	2-3 30D	2-1 12J	3-1 17N	2-1 27O	0-0 22a	0-2 24M	0-1 1A
10	Ipswich Town	0-2 1D	0-0 23M	1-1 16S	1-2 18N	0-1 25a	0-0 1A	3-1 21a	0-0 13O	1-0 30J		1-2 30S	2-0 26D	0-6 9F	0-1 27A	1-0 24A	0-1 9D	1-3 2M	5-0 29D	2-1 12J	2-3 28O
11	Leeds United	1-1 20J	1-1 25N	3-1 17M	0-0 8S	0-0 24F	0-0 21O	3-2 23S	0-1 19D	2-0 20A	2-0 6M		2-2 16D	0-4 3F	3-4 30M	1-0 11m	3-4 22D	2-0 18a	2-0 7A	2-1 4N	3-0 1J
12	Leicester City	1-3 23J	2-2 20A	2-1 30M	0-5 18a	1-1 9M	2-3 2F	0-3 23F	0-0 24N	0-0 22S	1-1 8S	0-2 23M		1-4 20O	0-1 6A	1-2 17S	0-0 19J	0-4 8D	1-0 3N	2-1 11m	1-1 22D
13	Liverpool	1-2 23D	1-3 8S	4-3 8m	1-1 1J	2-0 30M	1-0 24M	2-0 20A	1-1 23F	0-0 12J	5-0 11m	1-1 13O	1-0 30J		3-1 4N	2-0 8D	3-0 6M	1-1 19J	1-0 25N	1-0 22S	2-1 18a
14	Manchester United	0-1 8m	1-0 23F	2-1 19J	1-2 20O	0-0 11m	0-3 1D	5-0 12D	4-1 8S	3-2 19a	4-0 22S	0-1 27O	2-0 17N	0-1 22J		0-1 23M	3-1 2J	6-1 22D	4-1 2F	4-0 6M	0-1 8D
15	Middlesbrough	0-4 18a	2-1 6A	1-3 20A	1-1 19J	0-0 3F	0-2 27A	5-1 3N	1-0 1J	2-1 19F	0-0 25N	2-2 9F	1-0 2M	1-2 16M	0-1 15D		1-4 8S	1-3 29S	2-0 22O	1-1 30M	2-0 15S
16	Newcastle United	0-2 2M	3-0 3N	2-1 15D	3-2 2F	3-0 20A	1-2 29D	1-0 24N	6-2 29M	1-1 8A	2-2 16M	3-1 12J	0-0 26S	0-2 30S	4-3 15S	3-0 26D		3-1 9F	1-1 26a	0-2 21O	3-1 27A
17	Southampton	0-2 13O	1-1 24S	1-2 3N	0-0 23F	1-0 24N	0-2 25a	0-1 6A	1-1 20A	3-3 30M	0-1 24O	2-2 29D	2-0 16M	1-3 9J	1-1 13J	3-1 6M	1-1 11m		2-0 15D	1-0 26D	2-0 30J
18	Sunderland	1-1 27O	1-1 1J	1-0 8S	1-0 5M	2-2 22S	0-0 9D	1-1 11m	1-0 22D	1-1 19J	1-0 18a	2-0 18N	2-1 1A	0-1 13A	1-3 13O	0-1 29J	0-1 24F	1-1 23M		1-2 19S	1-0 1D
19	Tottenham Hotspur	1-1 17N	0-0 18a	1-0 1J	3-2 3D	0-1 18M	2-3 16S	3-1 15O	1-1 19J	4-0 15D	1-2 22D	2-1 27A	2-1 9F	1-0 29S	3-5 27O	2-1 30J	1-3 9S	2-0 2M	2-1 13M		1-1 13A
20	West Ham United	1-1 15D	1-1 5D	2-0 2F	2-1 11m	2-0 6A	2-1 24O	4-0 26D	1-0 6M	3-1 3N	0-0 30M	1-0 25a	1-1 12J	3-5 29D	1-0 16M	3-5 23F	0-0 23S	2-0 20O	3-0 20A	0-1 24N	

Final League Table

Pos	Team	Pld	Home					Away					Totals					Pts	GD	Leading Goalscorer	Gls
			W	D	L	F	A	W	D	L	F	A	W	D	L	F	A				
1	Arsenal	38	12	4	3	42	25	14	5	0	37	11	26	9	3	79	36	87	43	T Henry	24
2	Liverpool	38	12	5	2	33	14	12	3	4	34	16	24	8	6	67	30	80	37	M Owen	19
3	Manchester Utd	38	11	2	6	40	17	13	3	3	47	28	24	5	9	87	45	77	42	R Van Nistelrooy	23
4	Newcastle United	38	12	3	4	40	23	9	5	5	34	29	21	8	9	74	52	71	22	A Shearer	23
5	Leeds United	38	9	6	4	31	21	9	6	4	22	16	18	12	8	53	37	66	16	R Fowler	12
6	Chelsea	38	11	4	4	43	21	6	9	4	23	17	17	13	8	66	38	64	28	J F Hasselbaink	23
7	West Ham Utd	38	12	4	3	32	14	3	4	12	16	43	15	8	15	48	57	53	-9	F Kanoute	11
8	Aston Villa	38	8	7	4	22	17	4	7	8	24	30	12	14	12	46	47	50	-1	J Angel, D Vassell	12
9	Tottenham H	38	10	4	5	32	24	4	4	11	17	29	14	8	16	49	53	50	-4	G Poyet, T Sheringham	10
10	Blackburn Rovers	38	8	6	5	33	20	4	4	11	22	31	12	10	16	55	51	46	4	M Jansen	10
11	Southampton	38	7	5	7	23	22	5	4	10	23	32	12	9	17	46	54	45	-8	M Pahars	14
12	Middlesbrough	38	7	5	7	23	26	5	4	10	12	21	12	9	17	35	47	45	-12	A Boksic	8
13	Fulham	38	7	7	5	21	16	3	7	9	15	28	10	14	14	36	44	44	-8	B Hayles, S Malbranque, L Saha	8
14	Charlton Athletic	38	5	6	8	23	30	5	8	6	15	19	10	14	14	38	49	44	-11	J Euell	11
15	Everton	38	8	4	7	26	23	3	6	10	19	34	11	10	17	45	57	43	-12	D Ferguson, T Radzinski	6
16	Bolton Wand	38	5	7	7	20	31	4	6	9	24	31	9	13	16	44	62	40	-18	M Ricketts	12
17	Sunderland	38	7	7	5	18	16	3	3	13	11	35	10	10	18	29	51	40	-22	K Phillips	11
18	Ipswich Town	38	6	4	9	20	24	3	5	11	21	40	9	9	20	41	64	36	-23	M Bent	9
19	Derby County	38	5	4	10	20	26	3	2	14	13	37	8	6	24	33	63	30	-30	M Christie, F Ravanelli	9
20	Leicester City	38	3	7	9	15	34	2	6	11	15	30	5	13	20	30	64	28	-34	B Deane	6

2001/02
NATIONWIDE FOOTBALL LEAGUE DIVISION 1 [LEVEL 2]
SEASON 103

Total Matches: 552
Total Goals: 1485
Avg goals per match: 2.69

		Barnsley	Birmingham C	Bradford C	Burnley	Coventry C	Crewe A	Crystal Palace	Gillingham	Grimsby T	Manchester C	Millwall	Norwich C	Nottm For	Portsmouth	Preston N E	Rotherham U	Sheff Utd	Sheff Wed	Stockport Co	Walsall	Watford	West Brom A	Wimbledon	Wolverhampton
1	Barnsley		1-3	3-3	1-1	1-1	2-0	1-4	4-1	0-0	0-3	1-1	0-2	2-1	1-4	2-1	1-1	1-1	3-0	0-2	4-1	2-0	3-2	1-1	1-0
2	Birmingham C	1-0		4-0	2-3	2-0	3-1	1-0	2-1	4-0	1-2	4-0	4-0	1-1	1-1	0-1	2-2	2-0	2-0	2-1	1-0	3-2	0-1	0-2	2-2
3	Bradford City	4-0	1-3		2-3	2-1	2-0	1-2	5-1	3-2	0-2	1-2	0-1	2-1	3-1	0-1	3-1	1-2	0-2	2-4	2-0	4-3	0-1	3-3	0-3
4	Burnley	3-3	0-1	1-1		1-0	3-3	1-0	2-0	2-4	0-0	1-1	1-1	1-1	2-1	0-3	2-0	1-2	3-2	5-2	1-0	0-2	3-2	2-3	0-0
5	Coventry City	4-0	1-1	4-0	0-2		1-0	2-0	1-2	0-1	4-3	0-1	2-1	0-0	2-0	2-2	2-0	1-0	2-0	0-0	2-1	0-2	0-1	3-1	0-1
6	Crewe Alex	2-0	0-0	2-2	1-2	1-6		0-0	0-0	2-0	1-3	1-0	1-0	0-3	1-1	2-1	2-0	0-2	0-0	2-1	1-0	1-1	0-4	1-4	1-4
7	Crystal Palace	1-0	0-0	2-0	1-2	1-3	4-1		3-1	5-0	2-1	1-3	3-2	1-0	0-0	2-0	2-0	0-1	4-1	4-1	2-0	0-2	0-1	4-0	0-2
8	Gillingham	3-0	1-1	0-4	2-2	1-2	1-0	3-0		2-1	1-3	1-0	0-2	3-1	2-0	5-0	2-1	0-1	2-1	3-3	2-0	0-0	2-1	0-0	2-3
9	Grimsby Town	1-0	3-1	0-1	3-1	0-1	1-0	5-2	1-2		0-2	2-2	0-2	0-0	3-1	2-2	0-2	1-0	0-0	3-1	2-2	0-3	0-0	6-2	1-1
10	Manchester C	5-1	3-0	3-1	5-1	4-2	5-2	1-0	4-1	4-0		2-0	3-1	3-0	3-1	3-2	2-1	0-0	4-0	2-2	3-0	3-0	0-0	0-4	1-0
11	Millwall	3-1	1-1	3-1	0-2	3-2	2-0	3-0	1-2	3-1	2-3		4-0	3-3	1-0	2-1	1-0	2-0	1-2	3-0	2-2	1-0	1-0	0-1	1-0
12	Norwich City	2-1	0-1	1-4	2-1	2-0	2-2	2-1	1-1	2-0	0-0	1-0		0-0	3-0	0-0	2-1	2-0	2-0	1-1	3-1	2-0	2-1	2-0	2-0
13	Nottm Forest	0-0	0-0	1-0	1-0	2-1	2-2	4-2	2-2	0-0	1-1	1-2	2-0		0-1	1-1	2-0	1-1	0-1	2-1	2-3	0-0	0-1	0-0	2-2
14	Portsmouth	4-4	1-1	0-1	1-1	1-0	2-4	4-2	2-1	4-2	2-1	3-0	1-2	3-2		0-1	0-0	1-0	0-0	2-0	1-1	0-1	1-2	1-2	2-3
15	Preston N E	2-2	1-0	1-1	2-3	4-0	2-2	2-1	0-2	0-1	1-0	4-0	2-1	1-0	2-0		2-1	3-0	4-2	6-0	1-1	1-1	1-0	1-1	1-2
16	Rotherham Utd	1-1	2-2	1-1	1-1	0-0	2-2	2-3	3-2	1-1	1-1	0-0	1-1	1-2	2-1	1-0		1-1	1-1	3-2	2-0	1-1	2-1	3-2	0-3
17	Sheffield United	1-1	4-0	2-2	3-0	0-1	1-0	1-3	0-0	3-1	1-3	3-2	2-1	0-0	4-3	2-2	2-2		0-0	3-0	0-1	0-2	0-3	0-1	2-1
18	Sheffield Weds	3-1	0-1	1-1	0-2	2-1	1-1	0-3	0-0	2-6	1-1	0-5	0-2	2-3	1-1	1-2	0-0	1-2		5-0	2-1	2-1	1-1	1-2	2-2
19	Stockport Co	1-3	0-3	1-0	0-2	0-2	0-1	0-1	0-2	3-3	2-1	0-4	2-1	1-3	0-1	0-2	0-1	1-2	3-1		0-2	2-1	1-2	1-2	1-4
20	Walsall	2-1	1-2	2-2	1-0	0-1	2-1	2-2	1-1	4-0	0-0	0-0	2-0	0-0	1-2	2-0	1-0	1-2	0-3	1-0		0-3	2-1	2-1	0-3
21	Watford	3-0	3-3	0-0	1-2	3-0	0-1	1-0	2-3	2-0	1-2	1-4	2-1	1-2	3-0	1-1	0-3	3-1	1-1	2-1	1-0		1-2	3-0	1-1
22	West Brom A	3-1	1-0	1-0	1-0	4-1	2-0	1-0	0-1	4-0	0-2	1-0	0-0	1-1	5-0	2-0	1-1	0-1	1-1	4-0	1-0	1-1		0-1	1-1
23	Wimbledon	0-1	3-1	1-2	0-0	0-1	2-0	1-1	3-1	2-1	2-1	2-2	0-1	1-0	3-3	2-0	1-0	1-1	1-1	3-2	2-2	0-0	0-1		0-1
24	Wolverhampton	4-1	2-1	3-1	3-0	3-1	0-1	0-1	2-0	0-2	1-0	0-0	1-0	2-2	2-3	2-1	1-0	0-0	2-2	3-0	1-0	0-1	1-0		

Final League Table

Pos	Team	Pld	Home					Away					Totals						Leading Goalscorer	Gls
			W	D	L	F	A	W	D	L	F	A	W	D	L	F	A	Pts	GD		
1	Manchester C	46	19	3	1	63	19	12	3	8	45	33	31	6	9	108	52	99	56	S Goater	28
2	West Brom A	46	15	4	4	36	11	12	4	7	25	18	27	8	11	61	29	89	32	S Dobie	10
3	Wolverhampton	46	13	4	6	33	18	12	7	4	43	25	25	11	10	76	43	86	33	D Sturridge	20
4	Millwall	46	15	3	5	43	22	7	8	8	26	26	22	11	13	69	48	77	21	S Claridge	17
5	Birmingham C (P)	46	14	4	5	44	20	7	9	7	26	29	21	13	12	70	49	76	21	T Mooney	13
6	Norwich City	46	15	6	2	36	16	7	3	13	24	35	22	9	15	60	51	75	9	I Roberts	13
7	Burnley	46	11	7	5	39	29	10	5	8	31	33	21	12	13	70	62	75	8	G Taylor	16
8	Preston N E	46	13	7	3	45	21	7	5	11	26	38	20	12	14	71	59	72	12	R Cresswell	13
9	Wimbledon	46	9	8	6	30	22	9	5	9	33	35	18	13	15	63	57	67	6	D Connolly	18
10	Crystal Palace	46	13	3	7	42	22	7	3	13	28	40	20	6	20	70	62	66	8	C Morrison	22
11	Coventry City	46	12	4	7	33	19	8	2	13	26	34	20	6	20	59	53	66	6	L Hughes	14
12	Gillingham	46	12	5	6	38	26	6	5	12	26	41	18	10	18	64	67	64	-3	M King	17
13	Sheffield United	46	8	8	7	34	30	7	7	9	19	24	15	15	16	53	54	60	-1	C Asaba	7
14	Watford	46	10	5	8	38	30	6	11	6	24	26	16	11	19	62	56	59	6	T Smith	11
15	Bradford City	46	10	1	12	41	39	5	9	9	28	37	15	10	21	69	76	55	-7	E Jess	12
16	Nottm Forest	46	7	11	5	26	21	5	7	11	24	30	12	18	16	50	51	54	-1	S John	13
17	Portsmouth	46	9	6	8	36	31	4	8	11	24	41	13	14	19	60	72	53	-12	P Crouch	18
18	Walsall	46	10	6	7	29	27	3	6	14	22	44	13	12	21	51	71	51	-20	J Leitao	8
19	Grimsby Town	46	9	7	7	34	28	3	7	13	16	44	12	14	20	50	72	50	-22	M Boulding	11
20	Sheffield Weds	46	8	7	10	28	37	5	10	8	21	34	12	17	17	49	71	50	-22	G Sibon	12
21	Rotherham Utd	46	7	13	3	32	29	3	6	14	20	37	10	19	17	52	66	49	-14	M Robins	15
22	Crewe Alexandra	46	8	8	7	23	32	4	5	14	24	44	12	13	21	47	76	49	-29	R Hulse	11
23	Barnsley	46	9	9	5	37	33	2	6	15	22	53	11	15	20	59	86	48	-27	B Dyer	14
24	Stockport County	46	5	1	17	19	44	1	7	15	23	58	6	8	32	42	102	26	-60	L Beckett	7

2001/02 NATIONWIDE FOOTBALL LEAGUE DIVISION 2 [LEVEL 3]
SEASON 103

Total Matches 552
Total Goals 1472
Avg goals per match 2.67

Final League Table

Pos	Team	Pld	Home W	D	L	F	A	Away W	D	L	F	A	Totals W	D	L	F	A	Pts	GD	Leading Goalscorer	Gls
1	Brighton & H A	46	17	5	1	42	16	8	10	5	24	26	25	15	6	66	42	90	+24	R Zamora	28
2	Reading	46	12	7	4	36	20	11	8	4	34	23	23	15	8	70	43	84	+27	N Forster	18
3	Brentford	46	17	5	1	48	12	7	6	10	29	31	24	11	11	77	43	83	+34	L Owusu	20
4	Cardiff City	46	12	8	3	39	25	11	6	6	36	25	23	14	9	75	50	83	+25	G Kavanagh	13
5	Stoke City (P)	46	16	4	3	43	12	7	7	9	24	28	23	11	12	67	40	80	+27	C Iwelumo	10
6	Huddersfield T	46	13	7	3	35	19	8	8	7	30	28	21	15	10	65	47	78	+18	L Knight	16
7	Bristol City	46	13	6	4	38	21	8	4	11	30	32	21	10	15	68	53	73	+15	T Thorpe	16
8	Q P R	46	11	10	2	35	18	8	4	11	25	31	19	14	13	60	49	71	+11	A Thomson	21
9	Oldham Athletic	46	14	6	3	47	27	4	10	9	30	38	18	16	12	77	65	70	+12	D Eyres, C Corazzin	9
10	Wigan Athletic	46	9	6	8	36	23	7	10	6	30	28	16	16	14	66	51	64	+15	A Liddell	17
11	Wycombe Wand	46	13	5	5	38	26	4	8	11	20	38	17	13	16	58	64	64	-6	A Rammell	11
12	Tranmere Rovers	46	10	9	4	39	19	6	11	24	41	16	15	15	63	60	63	+3	S Barlow	14
13	Swindon Town	46	10	7	6	26	21	5	7	11	20	35	15	14	17	46	56	59	-10	G Grazioli	8
14	Port Vale	46	11	6	6	35	24	5	4	14	16	38	16	10	20	51	62	58	-11	S McPhee	11
15	Colchester Utd	46	8	6	9	35	33	6	6	11	30	43	15	12	19	65	76	57	-11	S McGleish	15
16	Blackpool	46	8	9	6	39	31	6	5	12	27	38	14	14	18	66	69	56	-3	J Murphy, B Ormerod	13
17	Peterborough U	46	11	5	7	46	26	4	5	14	18	33	15	10	21	64	59	55	+5	L McKenzie	18
18	Chesterfield	46	9	3	11	35	36	4	10	9	18	29	13	13	20	53	65	52	-12	G Hurst	9
19	Notts County	46	8	8	7	28	29	5	4	14	31	42	13	11	22	59	71	50	-12	D Allsopp	20
20	Northampton T	46	9	4	10	30	33	5	3	15	24	46	14	7	25	54	79	49	-25	J Forrester	17
21	Bournemouth	46	9	4	10	36	33	1	10	12	20	38	10	14	22	56	71	44	-15	W Feeney	13
22	Bury	46	6	8	9	26	32	5	2	16	17	43	11	11	24	43	75	44	-32	G Seddon	7
23	Wrexham	46	7	7	9	29	32	4	3	16	27	57	11	10	25	56	89	43	-33	C Faulconbridge	13
24	Cambridge Utd	46	7	7	9	29	34	0	6	17	18	59	7	13	26	47	93	34	-46	T Youngs	11

2001/02 NATIONWIDE FOOTBALL LEAGUE DIVISION 3 [LEVEL 4]
SEASON 103

Total Matches 552
Total Goals 1397
Avg goals per match 2.53

Final League Table

Pos	Team	Pld	Home					Away					Totals					Pts	GD	Leading Goalscorer	Gls
			W	D	L	F	A	W	D	L	F	A	W	D	L	F	A				
1	Plymouth Argyle	46	19	2	2	41	11	12	7	4	30	17	31	9	6	71	28	102	+43	G Coughlan	11
2	Luton Town	46	15	5	3	50	18	15	2	6	46	30	30	7	9	96	48	97	+48	S Howard	24
3	Mansfield Town	46	17	3	3	49	24	7	4	12	23	36	24	7	15	72	60	79	+12	C Greenacre	21
4	Cheltenham T (P)	46	11	11	1	40	20	10	4	9	26	29	21	15	10	66	49	78	+17	J Alsop	20
5	Rochdale	46	13	8	2	41	22	8	7	8	24	30	21	15	10	65	52	78	+13	K Townson	14
6	Rushden & D	46	14	5	4	40	20	6	8	9	29	33	20	13	13	69	53	73	+18	O Lowe	19
7	Hartlepool United	46	12	6	5	53	23	8	5	10	21	25	20	11	15	74	48	71	+26	G Watson	18
8	Scunthorpe Utd	46	14	5	4	43	22	5	9	9	31	34	19	14	13	74	56	71	+18	M Carruthers	13
9	Shrewsbury T	46	13	4	6	36	19	7	6	10	28	34	20	10	16	64	53	70	+11	L Rodgers	22
10	Kidderminster H	46	13	6	4	35	17	6	3	14	21	30	19	9	18	56	47	66	+9	D Bennett, D Broughton, I Foster, B Henriksen	8
11	Hull City	46	12	6	5	38	18	4	7	12	19	33	16	13	17	57	51	61	+6	G Alexander	17
12	Southend United	46	12	6	5	36	22	3	8	12	15	32	15	13	18	51	54	58	-3	T Bramble	9
13	Macclesfield T	46	7	7	9	23	25	6	6	11	18	27	13	13	18	41	52	58	-11	L Glover	9
14	York City	46	11	5	7	26	20	5	4	14	28	47	16	9	21	54	67	57	-13	M Proctor	14
15	Darlington	46	11	6	6	37	26	4	5	14	23	46	15	11	20	60	71	56	-11	I Clark	13
16	Exeter City	46	7	9	7	25	32	7	4	12	23	41	14	13	19	48	73	55	-25	C Roberts	11
17	Carlisle United	46	11	5	7	31	21	1	11	11	18	35	12	16	18	49	56	52	-7	R Foran	14
18	Leyton Orient	46	10	6	7	37	25	3	6	14	18	46	13	12	21	55	71	52	-16	S Watts	9
19	Torquay United	46	8	8	7	27	31	4	9	10	19	32	12	17	17	46	63	51	-17	D Graham	11
20	Swansea City	46	7	8	8	28	26	6	4	13	12	31	13	12	21	53	77	51	-24	S Watkin	8
21	Oxford United	46	7	6	10	34	28	3	7	13	19	34	11	14	21	53	62	47	-9	P Moody	13
22	Lincoln City	46	8	4	11	26	27	2	12	9	18	35	10	20	44	62	46	-18	L Thorpe	13
23	Bristol Rovers	46	8	7	8	28	28	3	5	15	12	32	11	12	23	40	60	45	-20	N Ellington	15
24	Halifax Town	46	5	9	9	24	28	3	3	17	15	36	8	12	26	39	84	36	-45	P Harsley	11

2002/03 FA BARCLAYCARD PREMIERSHIP
SEASON 11

Total Matches: 380
Total Goals: 1000
Avg goals per match: 2.63

Results Grid

		Arsenal	Aston Villa	Birmingham City	Blackburn Rov	Bolton Wand	Charlton Athletic	Chelsea	Everton	Fulham	Leeds United	Liverpool	Manchester City	Manchester Utd	Middlesbrough	Newcastle Utd	Southampton	Sunderland	Tottenham H	West Brom A	West Ham Utd
1	Arsenal		3-1 30N	2-0 18a	1-2 26O	2-1 21S	2-0 2M	3-2 1J	2-1 23M	2-1 1F	2-3 4m	1-1 29D	2-1 10S	2-2 16A	2-0 21D	1-0 9N	6-1 7m	3-1 6O	3-0 16N	5-2 27a	3-1 19J
2	Aston Villa	1-1 5A		0-2 3M	3-0 2F	2-0 1J	2-0 11S	2-1 19A	3-2 22S	3-1 9N	0-0 6O	0-1 18a	1-0 28a	0-1 15M	1-0 28D	0-1 7D	0-1 21O	1-0 3m	0-1 18J	2-1 14D	4-1 23N
3	Birmingham City	0-4 12J	3-0 16S		0-1 24a	3-1 2N	1-1 21D	1-3 8F	1-1 26D	0-0 17N	2-1 31a	2-1 23F	0-2 26O	0-1 4F	3-0 26A	0-2 28S	3-2 21A	2-0 12A	1-1 30N	1-0 22M	2-2 11m
4	Blackburn Rovers	2-0 15M	0-0 3N	1-1 18J		0-0 21A	1-0 12A	2-3 11S	0-1 17N	2-1 30N	1-0 22S	2-2 28a	1-0 1M	1-0 22D	1-0 1J	5-2 19O	1-0 8F	0-0 17a	1-2 6O	1-1 3m	2-2 28D
5	Bolton Wanderers	2-2 26A	1-0 1S	4-2 1F	1-1 7D		1-2 24a	1-1 23N	1-2 28J	0-0 11J	0-3 16D	2-3 14S	2-0 5A	1-1 22F	2-1 11m	4-3 26D	1-1 28S	1-1 28O	1-0 24M	1-1 9N	1-0 19A
6	Charlton Athletic	0-3 14S	3-0 22F	0-2 19A	3-1 24N	1-1 18J		2-3 17a	2-1 8F	0-1 11m	1-6 5A	2-0 7D	1-3 14D	1-0 28S	0-2 20O	2-1 15M	1-1 26A	0-1 3N	1-0 27a	1-0 28D	4-2 22J
7	Chelsea	1-1 1S	2-0 21D	3-0 9N	1-2 22F	1-0 12A	4-1 11J		4-1 21A	1-1 26A	3-2 28J	2-1 11m	5-0 22M	2-2 23a	1-0 16N	3-0 14S	0-0 26D	3-0 30N	1-1 1F	2-0 26O	2-3 28S
8	Everton	2-1 19O	2-1 26A	1-1 28a	2-1 14D	0-0 28D	1-0 9N	1-3 7D		2-0 28S	1-0 1F	1-2 19A	2-2 1J	1-2 11m	2-1 14S	2-1 6A	2-1 22F	2-1 18J	2-2 17a	1-0 23N	0-0 15M
9	Fulham	0-1 3N	2-1 8F	0-1 15D	0-4 7A	4-1 17a	1-0 6O	0-0 23S	2-0 3m		1-0 7D	3-2 23N	0-1 28D	0-1 19O	3-2 19a	1-0 19J	3-2 15M	3-0 1M	3-0 11S	3-2 19F	0-1 23O
10	Leeds United	1-4 28S	3-1 11m	2-0 1J	2-3 26A	2-4 17N	1-2 1D	2-0 28D	0-1 3N	2-0 22A		0-1 19O	3-0 17a	1-0 14S	2-3 15M	0-3 22F	1-1 21D	0-1 28a	2-2 12A	0-0 18J	1-3 8F
11	Liverpool	2-2 29J	1-1 11J	2-2 4S	1-1 26D	2-0 8M	2-1 21A	1-0 6O	0-0 22D	2-0 12A	3-1 23M		1-2 3m	1-2 1D	1-1 8F	2-2 2S	3-0 24a	0-0 17N	2-1 26O	2-0 21S	2-0 2N
12	Manchester City	1-5 22F	2-1 26D	1-0 16M	2-2 15S	2-0 30N	0-1 16N	0-3 19O	3-1 31a	4-1 29J	2-1 11J	0-3 28S		3-1 9N	0-0 12A	1-0 24a	3-0 11m	2-3 21A	1-2 23D	0-1 1F	0-1 27a
13	Manchester United	2-0 7D	1-1 26O	2-0 28D	3-1 19A	0-1 11S	4-1 3m	2-1 18J	3-0 7O	3-0 22M	2-1 5M	4-0 5A	1-1 9F		1-0 3S	5-3 23N	2-1 2N	2-1 1J	1-0 21S	1-0 17a	3-0 14D
14	Middlesbrough	0-2 19A	2-5 28J	1-0 21S	1-0 31a	2-0 5O	1-1 22M	1-1 14D	1-2 1M	2-2 24a	1-0 26O	1-0 9N	3-1 23N	0-0 26D		1-0 5M	2-2 11J	3-0 10S	5-1 3m	3-0 5A	2-2 7D
15	Newcastle United	1-1 9F	1-1 21A	1-0 3m	5-1 22M	1-0 22J	2-1 26O	2-1 1M	2-0 1D	1-0 21D	0-2 11S	1-0 1J	2-0 18J	2-6 12A	2-0 4N		2-1 16N	2-0 21S	2-1 29D	2-1 5O	4-0 19a
16	Southampton	3-2 23N	2-2 22M	2-0 7D	1-1 9N	0-0 3m	0-0 21S	1-1 28a	1-0 11S	4-2 27O	3-2 19A	0-1 19J	2-0 5O	0-2 1F	0-0 17a	1-1 14D		2-1 28D	1-0 1J	1-0 1M	1-1 5A
17	Sunderland	0-4 11m	1-0 28S	0-1 23N	0-0 11J	0-2 15M	1-3 1F	1-2 5A	0-1 24a	0-3 14S	1-2 26D	0-3 15D	1-1 9D	1-1 31a	1-3 22F	0-1 26A	0-1 28J		2-0 10N	1-2 19A	0-1 19O
18	Tottenham Hotspur	1-1 15D	1-0 24a	2-1 5A	0-4 11m	3-1 20O	2-2 26D	0-0 3N	4-3 12J	1-1 24F	2-0 24N	2-3 16M	0-2 18A	0-2 27A	0-3 28S	0-1 29J	2-1 31a	4-1 8F		3-1 8d	3-2 15S
19	West Brom A	1-2 26D	0-0 16N	1-1 19O	0-2 30S	1-1 8F	0-1 29J	0-2 16M	1-2 12A	1-0 31a	1-3 24a	0-6 26A	1-2 2N	1-3 11J	1-0 30N	2-2 11m	1-0 14S	2-2 21D	2-3 21A		1-2 23F
20	West Ham United	2-2 24a	2-2 12A	1-2 5O	2-1 29J	1-1 21D	0-2 31a	1-0 3m	0-1 27O	1-1 26D	3-4 10N	0-3 2F	0-0 21S	1-1 17N	2-2 21A	0-1 11J	2-0 2D	2-0 22M	0-1 1M	0-1 11S	

Final League Table

Pos	Team	Pld	Home W	Home D	Home L	Home F	Home A	Away W	Away D	Away L	Away F	Away A	Totals W	Totals D	Totals L	Totals F	Totals A	Pts	GD	Leading Goalscorer	Gls
1	Manchester Utd	38	16	2	1	42	12	9	6	4	32	22	25	8	5	74	34	83	+40	R Van Nistelrooy	25
2	Arsenal	38	15	2	2	47	20	8	7	4	38	22	23	9	6	85	42	78	+43	T Henry	24
3	Newcastle United	38	15	2	2	36	17	6	4	9	27	31	21	6	11	63	48	69	+15	A Shearer	17
4	Chelsea	38	12	5	2	41	15	7	5	7	27	23	19	10	9	68	38	67	+30	G Zola	14
5	Liverpool	38	9	8	2	30	16	9	2	8	31	25	18	10	10	61	41	64	+20	M Owen	19
6	Blackburn Rovers	38	9	7	3	24	15	7	5	7	28	28	16	12	10	52	43	60	+9	D Duff	9
7	Everton	38	11	5	3	28	19	6	3	10	20	30	17	8	13	48	49	59	-1	T Radzinski	11
8	Southampton	38	9	8	2	25	16	4	5	10	18	30	13	13	12	43	46	52	-3	J Beattie	23
9	Manchester City	38	9	2	8	28	26	6	4	9	19	28	15	6	17	47	54	51	-7	N Anelka	14
10	Tottenham H	38	9	4	6	30	29	5	4	10	21	33	14	8	16	51	62	50	-11	R Keane	13
11	Middlesbrough	38	10	7	2	36	21	3	3	13	12	23	13	10	15	48	44	49	+4	M Maccarone	9
12	Charlton Athletic	38	8	3	8	26	30	6	4	9	19	26	14	7	17	45	56	49	-11	J Euell	10
13	Birmingham City	38	8	5	6	25	23	5	4	10	16	26	13	9	16	41	49	48	-8	C Morrison	6
14	Fulham	38	11	3	5	26	18	2	6	11	15	32	13	9	16	41	50	48	-9	S Malbranque	6
15	Leeds United	38	7	3	9	25	26	7	2	10	33	31	14	5	19	58	57	47	+1	M Viduka	20
16	Aston Villa	38	11	2	6	25	14	1	7	11	17	33	12	9	17	42	47	45	-5	D Dublin	7
17	Bolton Wanderers	38	7	8	4	27	24	3	6	10	14	27	10	14	14	41	51	44	-10	Y Djorkaeff, J-J Okacha, H Pedersen	
18	West Ham United	38	5	7	7	21	24	5	5	9	21	35	10	12	16	42	59	42	-17	P Di Canio	9
19	West Brom A	38	3	5	11	17	34	3	3	13	12	31	6	8	24	29	65	26	-36	D Dichio, S Dobie	5
20	Sunderland	38	3	2	14	11	31	1	5	13	10	34	4	7	27	21	65	19	-44	K Phillips	6

2002/03 NATIONWIDE FOOTBALL LEAGUE DIVISION 1 [LEVEL 2]
SEASON 104

Total Matches 552
Total Goals 1512
Avg goals per match 2.74

		Bradford C	Brighton & H A	Burnley	Coventry C	Crystal Palace	Derby County	Gillingham	Grimsby T	Ipswich Town	Leicester City	Millwall	Norwich C	Nottm For	Portsmouth	Preston N E	Reading	Rotherham U	Sheff Utd	Sheff Wed	Stoke City	Walsall	Watford	Wimbledon	Wolverhampton
1	Bradford City		0-1	2-2	1-1	2-1	0-0	1-3	0-0	2-0	0-0	0-1	2-1	1-0	0-5	1-1	0-1	4-2	0-5	1-1	4-2	1-2	2-1	3-5	0-0
			15F	21S	24S	8M	12O	7D	24a	1F	4M	5A	26O	14D	4m	50	22M	31a	23N	18M	26D	1M	19A	9N	11a
2	Brighton & H A	3-2		2-2	0-0	0-0	1-0	2-4	1-2	1-1	0-1	1-0	0-2	1-1	0-2	0-1	2-0	2-4	1-1	1-2	0-2	4-0	2-3	4-1
		2N		28D	13a	25M	16N	14S	28S	10D	20D	22F	17a	15M	18J	12A	30N	8M	19O	21A	17S	26a	26A	4F	8F
3	Burnley	0-2	1-3		3-1	0-0	2-0	2-0	1-1	1-1	1-2	2-2	2-0	1-0	0-3	2-0	2-5	2-6	0-1	2-7	2-1	2-1	4-7	1-0	2-1
		25M	10a		9N	31a	22F	19A	22M	11J	18M	17S	23N	7D	26O	8A	1F	14D	24a	26A	14S	12O	5A	28S	26D
4	Coventry City	0-2	0-0	0-1		1-0	3-0	0-0	3-2	2-4	1-2	3-1	1-1	0-0	0-4	1-2	2-0	2-1	2-1	1-1	0-1	0-0	0-1	2-2	0-2
		22F	11J	8F		24a	21D	26A	14S	12A	22M	28S	23O	31a	19M	30N	26D	2N	10a	18S	21A	26O	1F	8M	16N
5	Crystal Palace	1-1	5-0	1-1	1-1		0-1	2-2	2-0	1-1	0-0	1-0	2-0	0-0	2-3	2-0	0-1	0-0	2-2	0-0	1-0	2-0	0-1	0-1	4-2
		13a	26O	18J	1J		17S	29S	23N	11M	27a	7D	14D	9N	17a	28D	26N	19A	5A	22F	26A	22M	8A	18M	14S
6	Derby County	1-2	1-0	1-2	1-0	0-1		1-1	1-3	1-4	1-1	1-2	2-1	0-0	1-2	0-2	3-0	3-0	2-1	2-2	2-0	2-2	3-0	3-2	1-4
		15M	14D	7S	19A	5M		11J	26D	4m	1M	16A	5A	20O	9N	21S	10a	1F	30O	15F	31a	50	7D	25N	24a
7	Gillingham	1-0	3-0	4-2	0-2	2-1	1-0		3-0	1-3	3-2	1-0	1-0	1-4	1-3	1-1	0-1	1-1	1-1	1-1	1-1	0-1	3-0	3-3	0-4
		21A	1M	21D	50	4m	13a		15F	29M	18J	17a	25F	4M	7S	26a	9N	15M	21S	16N	30N	12A	19O	11M	29O
8	Grimsby Town	1-2	2-2	6-5	0-2	1-4	1-2	1-1		3-0	1-2	0-2	1-1	0-3	0-1	3-3	0-3	0-0	1-4	2-0	2-0	1-1	1-0	0-0	0-1
		25J	4m	29O	1M	12A	17a	2N		80	30N	18J	28D	21S	26a	16N	50	19O	4M	21D	8F	21A	15M	13a	8A
9	Ipswich Town	1-2	2-2	2-2	2-1	1-2	0-1	0-1	2-2		6-1	4-1	1-1	3-4	3-0	3-0	3-1	1-2	3-2	2-1	0-0	3-2	4-2	1-5	2-4
		26a	22M	22O	23N	3N	28S	26O	22F		18a	1J	15S	5A	18A	18J	18M	7D	8F	12O	8M	28D	14D	26A	19F
10	Leicester City	4-0	2-0	0-1	2-1	1-0	3-1	2-0	2-0	1-2		4-1	1-1	1-0	1-1	2-1	2-1	2-1	0-0	1-1	0-0	2-0	2-0	4-0	1-0
		17S	19A	19O	29O	1F	14S	31a	5A	26D		14D	27A	8A	17F	15M	24a	23N	7D	8M	11J	9N	10a	22F	28S
11	Millwall	1-0	1-0	1-1	2-0	3-2	3-0	2-2	2-4	1-1	2-2		0-2	1-2	0-5	2-1	0-2	0-6	1-0	3-0	3-1	0-3	4-0	1-1	1-1
		30N	7S	4M	4m	21A	26O	26S	31a	24a	16N		18M	50	1M	9N	15F	10a	1F	22M	12A	21S	11J	12O	21D
12	Norwich City	3-2	0-1	2-0	2-0	2-0	1-0	1-0	4-0	0-2	0-0	3-1		0-0	1-0	2-0	0-1	1-1	2-3	3-0	2-2	2-1	4-0	1-0	0-3
		29M	26D	12A	15M	16N	30N	24a	10a	2M	50	19O		29O	21S	4m	5M	11J	7S	9N	1F	21D	31a	25M	21A
13	Nottm Forest	3-0	3-2	2-0	1-1	2-1	3-0	4-1	2-2	2-1	2-2	3-3	4-0		1-2	2-2	2-0	3-2	3-0	4-0	6-0	1-1	0-1	2-0	2-2
		16N	27N	21A	18J	8F	19M	18S	10M	30N	26A	22M		28D	14a	21D	28S	2N	17a	22F	1J	14S	28a	11A	
14	Portsmouth	3-0	4-2	1-0	1-1	1-1	6-2	1-0	3-0	1-1	0-2	1-0	3-2	2-0		3-2	3-0	3-2	1-2	3-0	3-2	3-0	4-1	1-0	
		28S	31a	15A	19O	26D	8F	22F	1F	21D	2N	14S	12M	10a		29O	21A	27A	13J	12A	16N	30N	24a	17S	15M
15	Preston N E	1-0	2-2	3-1	2-2	1-2	4-2	3-0	3-0	0-0	2-4	2-1	1-2	1-1	1-1		1-0	0-2	2-2	4-3	5-0	1-1	3-5	0-2	
		26A	23N	2N	5A	10a	8M	1F	14D	1S	26N	8F	28S	25J	22M		26O	26D	19A	14S	24a	18M	17S	7D	22F
16	Reading	1-0	1-2	3-0	1-2	2-1	2-1	2-1	2-1	3-1	1-3	2-0	0-2	1-0	0-0	5-1		3-0	0-2	2-1	1-1	0-0	1-0	0-1	
		29O	4A	27a	17a	15M	28D	10F	26A	19O	28J	2N	18S	18A	7D	15A		22F	14D	13a	28S	18J	23N	14S	12M
17	Rotherham Utd	3-2	1-0	0-0	1-0	1-3	2-1	1-1	0-1	2-1	1-1	1-3	1-1	2-2	2-3	0-0	0-0		1-2	0-2	4-0	0-1	2-1	2-1	0-0
		18J	21S	16N	15F	22D	26a	12O	18M	21A	12A	28D	13a	4m	50	17a	7S		28F	1J	26O	4M	9N	22M	30N
18	Sheffield United	3-0	2-1	4-2	0-0	2-1	2-0	2-2	2-1	0-0	2-1	3-1	0-1	1-0	1-1	1-3	1-0			3-1	2-1	1-1	1-2	1-1	3-3
		29A	18M	12M	28D	30N	22M	25M	17S	9N	21A	27a	22F	15A	13a	21D	18F	14S		17J	23O	17a	28S	26O	26A
19	Sheffield Weds	2-1	1-1	1-3	5-1	0-0	1-3	0-2	0-0	0-0	0-1	2-2	2-0	1-3	0-1	3-2	1-2	2-0			0-0	2-1	2-2	4-2	0-4
		19O	7D	50	5M	25S	2N	14D	19A	15M	21S	30O	8F	26D	23N	1M	11J	24a	1S		10a	4m	29M	5A	1F
20	Stoke City	2-1	1-0	0-1	1-2	1-1	1-3	0-0	1-2	2-1	0-1	0-1	1-1	2-2	1-1	2-1	1-0	2-0	0-0	3-2		1-0	1-2	2-1	0-2
		17a	5M	1M	7D	50	18J	5A	9N	22S	14a	23N	26a	25S	14D	1J	4m	9A	15M	28D		26F	30O	19A	19O
21	Walsall	0-1	1-0	3-2	0-0	3-4	3-2	1-0	3-1	0-2	1-4	1-2	0-0	2-1	1-2	3-3	0-2	3-4	0-1	1-0	4-2		2-0	2-0	0-1
		14S	1F	15M	15A	29O	26A	23N	7D	10a	8F	8M	19A	24a	5A	19O	31a	17S	26D	28S	2N		22F	14D	11J
22	Watford	1-0	1-0	2-1	5-2	3-3	2-0	0-1	2-0	0-2	1-2	0-0	0-1	1-1	2-2	0-1	0-3	1-2	2-0	1-0	1-2	2-0		3-2	1-1
		21D	50	30N	26a	21S	21A	18M	12O	17N	28D	13a	19J	1M	1J	4M	30A	8F	4m	26O	22M	7S		17a	2N
23	Wimbledon	2-2	1-0	0-0	0-1	2-2	0-2	0-1	3-3	0-1	2-3	2-0	4-2	2-3	2-1	2-0	2-1	1-0	3-2	1-3	0-0			3-2	
		8F	24a	4m	21S	19O	12A	10a	11J	6O	7S	15M	2N	1F	4M	21A	1M	29O	7A	30N	21D	16N	26D		31a
24	Wolverhampton	1-2	1-0	3-0	0-2	4-0	1-1	6-0	4-1	1-1	1-1	3-0	1-0	2-1	1-1	4-0	0-1	0-0	1-3	2-0	0-0	3-1	0-0	1-1	
		28D	11N	17a	14D	1M	1J	22M	26O	5M	4m	19A	7D	23N	6N	24S	21S	5A	50	27a	18M	14a	25F	18J	

Final League Table

Pos	Team	Pld	Home					Away					Totals					Pts	GD	Leading Goalscorer	Gls
			W	D	L	F	A	W	D	L	F	A	W	D	L	F	A				
1	Portsmouth	46	17	3	3	52	22	12	8	3	45	23	29	11	6	97	45	98	+52	S Todorov	26
2	Leicester City	46	16	5	2	40	12	10	9	4	33	28	26	14	6	73	40	92	+33	P Dickov	17
3	Sheffield United	46	13	7	3	38	23	10	4	9	34	29	23	11	12	72	52	80	+20	M Brown	16
4	Reading	46	13	3	7	33	21	12	1	10	28	25	25	4	17	61	46	79	+15	N Forster	16
5	Wolverh'pton (P)	46	9	10	4	40	19	11	6	6	41	25	20	16	10	81	44	76	+37	K Miller	19
6	Nottm Forest	46	14	7	2	57	23	6	7	10	25	27	20	14	12	82	50	74	+32	D Johnson	25
7	Ipswich Town	46	10	5	8	49	39	9	8	6	31	25	19	13	14	80	64	70	+16	P Counago	17
8	Norwich City	46	14	4	5	36	17	5	8	10	24	32	19	12	15	60	49	69	+11	P McVeigh	14
9	Millwall	46	11	6	6	34	32	8	3	12	25	37	19	9	18	59	69	66	-10	N Harris	12
10	Wimbledon	46	12	5	6	39	28	6	6	11	37	45	18	11	17	76	73	65	+3	D Connolly	24
11	Gillingham	46	10	6	7	33	31	6	8	9	23	34	16	14	16	56	65	62	-9	P Shaw	12
12	Preston N E	46	11	7	5	44	29	5	6	12	24	41	16	13	17	68	70	61	-2	R Cresswell	16
13	Watford	46	11	5	7	33	26	6	4	13	21	44	17	9	20	54	70	60	-16	H Helguson	11
14	Crystal Palace	46	8	10	5	29	17	6	7	10	30	35	14	17	15	59	52	59	+7	A Johnson	11
15	Rotherham United	46	8	8	9	6	27	25	7	5	11	35	37	15	14	17	62	62	59	0	A Lee	15
16	Burnley	46	10	4	9	35	44	5	6	12	30	45	15	10	21	65	89	55	-24	G Taylor	16
17	Walsall	46	10	3	10	34	34	5	6	12	23	35	15	9	22	57	69	54	-12	Junior	15
18	Derby County	46	9	5	9	33	32	6	2	15	22	42	15	7	24	55	74	52	-19	M Christie, L Morris	8
19	Bradford City	46	7	8	8	27	35	7	2	14	24	38	14	10	22	51	73	52	-22	A Gray	15
20	Coventry City	46	6	6	11	23	31	6	9	8	23	31	12	14	20	46	62	50	-16	J Bothroyd	R
21	Stoke City	46	8	8	7	25	25	3	8	12	20	44	11	14	20	45	69	50	-24	A Cooke	6
22	Sheffield Weds	46	7	7	9	29	32	3	9	11	27	41	10	16	20	56	73	46	-17	S Kuqi	8
23	Brighton & H A	46	7	6	10	29	31	4	6	13	20	36	11	12	23	49	67	45	-18	R Zamora	14
24	Grimsby Town	46	5	6	12	26	39	4	6	13	22	46	9	12	25	48	85	39	-37	S Campbell, S Kabba, J Oster	6

2002/03 NATIONWIDE FOOTBALL LEAGUE DIVISION 2 [LEVEL 3]
SEASON 104

Total Matches: 552
Total Goals: 1421
Avg goals per match: 2.57

		Barnsley	Blackpool	Brentford	Bristol City	Cardiff City	Cheltenham T	Chesterfield	Colchester Utd	Crewe Alexandra	Huddersfield T	Luton Town	Mansfield Town	Northampton T	Notts County	Oldham Athletic	Peterborough U	Plymouth Argyle	Port Vale	Q P R	Stockport Co	Swindon Town	Tranmere Rov	Wigan Athletic	Wycombe Wand
1	Barnsley		2-1	1-0	1-4	3-2	1-1	2-1	1-1	1-2	0-1	2-3	0-1	1-2	0-0	2-2	1-2	1-1	2-1	1-0	1-0	1-1	1-1	1-3	1-1
2	Blackpool	1-2		1-0	0-0	1-0	3-1	1-1	3-1	0-1	1-1	5-2	3-3	2-1	1-1	0-0	3-0	1-1	3-2	1-3	1-3	0-0	3-0	0-2	1-0
3	Brentford	1-2	5-0		1-0	0-2	2-2	2-1	1-1	1-2	1-0	0-0	1-0	3-0	1-1	0-0	1-1	0-0	1-1	1-2	2-3	3-1	1-2	0-1	1-0
4	Bristol City	2-0	2-0	0-0		2-0	3-1	4-0	1-2	2-2	1-0	1-1	5-2	3-0	3-2	2-0	1-0	0-0	2-0	1-3	1-1	2-0	2-0	0-1	3-0
5	Cardiff City	1-1	2-1	2-0	0-2		2-1	1-0	0-3	2-1	4-0	0-0	1-0	1-2	0-2	1-1	3-0	1-1	3-1	1-2	2-1	1-1	4-0	0-0	1-0
6	Cheltenham T	1-3	3-0	1-0	2-3	1-1		0-0	1-1	0-4	1-0	2-2	3-1	1-1	1-4	1-1	1-1	1-2	0-1	1-1	0-2	2-0	3-1	0-2	0-0
7	Chesterfield	1-0	1-0	0-2	2-0	0-3	2-2		0-4	0-2	1-0	2-1	1-2	4-0	0-0	0-1	0-0	3-2	2-1	2-4	1-0	2-4	1-0	0-0	4-0
8	Colchester Utd	1-1	0-2	0-1	2-2	1-2	1-1	2-0		1-2	2-0	0-5	1-0	2-0	1-1	0-1	1-1	0-0	4-1	0-1	1-0	1-0	2-2	1-0	0-1
9	Crewe Alexandra	2-0	3-0	2-1	1-1	1-1	1-0	0-0	2-0		1-0	0-1	2-0	3-3	0-3	1-2	0-1	0-1	1-2	2-0	1-0	0-1	2-0	0-1	4-2
10	Huddersfield T	1-0	0-0	0-2	1-2	1-0	3-3	4-0	1-1	1-1		0-1	1-1	2-0	3-0	1-1	0-1	1-0	2-2	0-3	2-1	2-3	1-2	0-0	0-0
11	Luton Town	2-3	1-3	0-1	2-2	2-0	2-1	3-0	1-2	0-4	3-0		2-3	2-2	2-0	2-3	1-0	0-0	0-0	1-1	3-0	0-0	1-1	1-0	
12	Mansfield Town	0-1	4-0	0-0	4-5	0-1	0-2	0-2	4-2	0-5	0-2	3-2		2-1	3-2	0-1	1-5	4-3	0-1	0-4	4-2	2-1	6-1	1-2	0-0
13	Northampton T	1-0	0-1	1-2	1-2	0-1	1-2	0-1	4-1	1-1	1-1	0-0	3-0		2-0	0-2	0-1	2-2	3-2	1-1	0-3	1-0	0-4	0-2	0-5
14	Notts County	3-2	3-1	2-1	2-0	0-1	1-0	1-1	2-3	2-2	3-2	2-1	2-1		1-3	2-2	0-2	1-0	3-0	3-2	1-1	0-1	0-2	1-1	
15	Oldham Athletic	2-1	1-1	2-1	0-1	1-2	0-0	4-0	2-0	1-3	4-0	1-2	6-1	4-0	1-1		0-0	1-1	0-0	2-0	4-0	2-0	0-2	0-2	
16	Peterborough U	1-3	1-0	5-1	1-3	2-0	4-1	1-0	0-0	1-1	0-0	0-0	1-0	0-1		2-0		1-2	0-2	0-0	1-1	1-0	0-0	1-1	1-2
17	Plymouth Argyle	1-1	1-3	3-0	2-0	2-2	3-1	0-1	0-0	1-3	2-1	2-1	3-1	0-0	1-0	2-2	6-1		3-0	0-1	4-1	1-1	0-1	1-3	1-0
18	Port Vale	0-0	1-0	1-0	2-3	0-2	1-2	5-2	1-0	1-2	5-1	1-2	4-2	3-2	3-2	1-1	1-0	1-2		0-0	1-1	1-4	0-1	1-1	
19	Q P R	1-0	2-1	1-1	1-0	0-4	4-1	3-1	2-0	0-0	2-0	2-2	0-1	2-0	1-2	2-0	4-0		1-0	2-0	1-2	4-0	1-0	2-0	
20	Stockport County	4-1	2-2	2-3	1-4	1-1	1-1	2-1	1-1	1-4	2-1	2-3	2-0	4-0	0-0	1-2	2-1	2-1	1-1	1-1		2-5	2-3	1-1	2-1
21	Swindon Town	3-1	1-1	2-1	1-1	0-1	0-3	3-0	2-2	1-3	0-1	2-1	2-1	2-0	5-0	0-1	1-1	2-0	1-2	3-1	0-1		1-1	2-1	0-3
22	Tranmere Rov	1-0	2-1	3-1	1-1	3-3	1-0	2-1	1-1	2-1	2-1	1-3	3-1	4-0	2-2	1-2	1-1	2-1	1-0	3-0	1-0	0-1		0-2	1-0
23	Wigan Athletic	1-0	1-1	2-0	2-0	2-2	0-0	3-1	2-1	2-0	1-0	1-1	3-2	1-0	3-1	3-1	2-2	0-1	0-1	1-1	2-1	2-0	0-0		3-0
24	Wycombe Wand	2-2	1-2	4-0	2-1	0-4	1-1	2-0	0-0	1-2	0-0	1-2	3-3	1-1	3-1	2-2	3-2	2-1	3-1	4-1	1-4	2-3	1-3	0-2	

Final League Table

Pos	Team	Pld	Home W	Home D	Home L	Home F	Home A	Away W	Away D	Away L	Away F	Away A	Totals W	Totals D	Totals L	Totals F	Totals A	Pts	GD	Leading Goalscorer	Gls
1	Wigan Athletic	46	14	7	2	37	16	15	6	2	31	9	29	13	4	68	25	100	+43	A Liddell	16
2	Crewe Alexandra	46	11	5	7	29	19	14	6	3	47	21	25	11	10	76	40	86	+36	R Hulse	22
3	Bristol City	46	15	5	3	43	15	9	6	8	36	33	24	11	11	79	48	83	+31	S Murray	19
4	Queens Park R	46	14	4	5	38	19	10	7	6	31	26	24	11	11	69	45	83	+24	P Furlong	13
5	Oldham Athletic	46	11	6	6	39	18	11	10	2	29	20	22	16	8	68	38	82	+30	D Eyres	13
6	Cardiff City (P)	46	12	6	5	33	20	11	6	6	35	23	23	12	11	68	43	81	+25	**R Earnshaw**	**31**
7	Tranmere Rovers	46	14	5	4	38	23	9	6	8	28	34	23	11	12	66	57	80	+9	S Haworth	20
8	Plymouth Argyle	46	11	6	6	39	24	6	8	9	24	28	17	14	15	63	52	65	+11	M Keith	11
9	Luton Town	46	8	8	7	32	28	9	6	8	35	34	17	14	15	67	62	65	+5	S Howard	22
10	Swindon Town	46	10	5	8	34	27	6	7	10	25	36	16	12	18	59	63	60	-4	S Parkin	25
11	Peterborough U	46	8	7	8	25	20	6	9	8	26	38	14	16	16	51	54	58	-3	A Clarke	16
12	Colchester United	46	8	7	8	24	18	6	8	9	28	32	14	16	16	52	56	58	-4	J Keith	9
13	Blackpool	46	10	5	8	35	25	5	5	13	21	39	15	10	21	56	64	55	-8	J Murphy	16
14	Stockport County	46	8	8	7	39	38	7	2	14	26	32	15	10	21	65	70	55	-5	L Beckett	27
15	Notts County	46	10	7	6	37	32	3	9	11	25	38	13	16	17	62	70	55	-8	M Stallard	24
16	Brentford	46	8	8	7	28	21	6	4	13	19	35	14	12	20	47	56	54	-9	R Vine	10
17	Port Vale	46	9	5	9	34	31	5	6	12	20	39	14	11	21	54	70	53	-16	M Bridge-Wilkinson	9
18	Wycombe Wand	46	8	7	8	39	38	5	6	12	20	28	13	13	20	59	66	52	-7	C Faulconbridge	9
19	Barnsley	46	7	8	8	27	25	6	5	12	24	33	13	13	20	51	64	52	-13	B Dyer	17
20	Chesterfield	46	11	4	8	29	28	4	3	16	14	45	14	8	24	43	73	50	-30	D Reeves	8
21	Cheltenham T	46	6	9	8	26	31	4	9	10	27	37	10	18	18	53	68	48	-15	J Alsop	7
22	Huddersfield T	46	7	8	8	27	24	4	3	16	12	37	11	11	24	39	61	45	-22	M Smith	17
23	Mansfield Town	46	9	2	12	38	45	3	6	14	28	52	12	8	26	66	97	44	-31	I Christie	18
24	Northampton T	46	7	4	12	23	31	3	5	15	17	48	10	9	27	40	79	39	-39	M Gabbiadini	12

2002/03

NATIONWIDE FOOTBALL LEAGUE DIVISION 3 [LEVEL 4]
SEASON 104

Total Matches: 552
Total Goals: 1419
Avg goals per match: 2.57

Final League Table

Pos	Team	Pld	Home W	Home D	Home L	Home F	Home A	Away W	Away D	Away L	Away F	Away A	Totals W	Totals D	Totals L	Totals F	Totals A	Pts	GD	Leading Goalscorer	
1	Rushden & D	46	16	5	2	48	19	8	10	5	25	28	24	15	7	73	47	87	+26	P Hall	16
2	Hartlepool United	46	16	5	2	49	21	8	8	7	22	30	24	13	9	71	51	85	+20	E Williams	15
3	Wrexham	46	12	7	4	48	26	11	8	4	36	24	23	15	8	84	50	84	+34	A Morrell	34
4	Bournemouth (P)	46	14	7	2	38	18	6	7	10	22	30	20	14	12	60	48	74	+12	J Hayter	9
5	Scunthorpe Utd	46	11	8	4	40	20	8	7	8	28	29	19	15	12	68	49	72	+19	M Carruthers	20
6	Lincoln City	46	10	9	4	29	18	8	7	8	17	19	18	16	12	46	37	70	+9	B Futcher	8
7	Bury	46	8	8	7	25	26	10	8	5	32	30	18	16	12	57	56	70	+1	J Newby	10
8	Oxford United	46	9	7	7	26	20	10	5	8	31	27	19	12	15	57	47	69	+10	A Scott	11
9	Torquay United	46	9	11	3	41	31	7	7	9	30	40	16	18	12	71	71	66	0	D Graham	15
10	York City	46	11	9	3	34	24	6	6	11	18	29	17	15	14	52	53	66	-1	P Duffield	13
11	Kidderminster H	46	8	8	7	30	33	8	7	8	32	30	16	15	15	62	63	63	-1	B Henriksen	20
12	Cambridge United	46	10	7	6	38	25	6	6	11	29	45	16	13	17	67	70	61	-3	D Kitson	20
13	Hull City	46	9	10	4	39	19	5	7	11	19	34	14	17	15	58	53	59	+5	S Elliott	12
14	Darlington	46	8	10	5	36	27	4	8	11	22	32	12	18	16	58	59	54	-1	B Conlon	15
15	Boston United *	46	11	6	6	34	22	4	7	12	21	34	15	13	18	55	56	54	-1	R Logan	10
16	Macclesfield T	46	8	6	9	29	28	6	6	11	28	35	14	12	20	57	63	54	-6	K Lightbourne	11
17	Southend United	46	12	1	10	29	23	5	2	16	18	36	17	3	26	47	59	54	-12	T Bramble, M Rawle	9
18	Leyton Orient	46	9	6	8	28	14	5	5	13	23	37	14	11	21	51	61	53	-10	L Thorpe	8
19	Rochdale	46	7	6	10	30	24	5	10	8	33	40	12	16	18	63	70	52	-7	L McEvilly	15
20	Bristol Rovers	46	7	7	9	25	27	5	8	10	25	28	12	15	19	50	57	51	-7	G Grazioli	11
21	Swansea City	46	9	6	8	28	25	3	7	13	20	40	12	13	21	48	65	49	-17	J Thomas	11
22	Carlisle United	46	5	5	13	26	40	8	5	10	26	38	13	10	23	52	78	49	-26	C Farrell	13
23	Exeter City	46	7	7	9	24	31	4	8	11	26	33	11	15	20	50	64	48	-14	S Flack	13
24	Shrewsbury T	46	5	6	12	34	39	4	8	11	28	53	9	14	23	62	92	41	-30	L Rodgers	16

* Boston United deducted 4 points for financial irregularities.

2003/04 FA CARLING PREMIERSHIP — SEASON 12

Total Matches: 380
Total Goals: 1012
Avg goals per match: 2.66

Results Grid

		Arsenal	Aston Villa	Birmingham City	Blackburn Rov	Bolton Wand	Charlton Athletic	Chelsea	Everton	Fulham	Leeds United	Leicester City	Liverpool	Manchester City	Manchester Utd	Middlesbrough	Newcastle Utd	Portsmouth	Southampton	Tottenham H	Wolverhampton
1	Arsenal		2-0 (27a)	0-0 (1m)	1-0 (14D)	2-1 (20M)	2-1 (28F)	2-1 (18O)	2-1 (16a)	0-0 (30N)	5-0 (16A)	2-1 (15m)	4-2 (9A)	2-1 (1F)	1-1 (28M)	4-1 (10J)	3-2 (26S)	1-1 (13S)	2-0 (10F)	2-1 (8N)	3-0 (26D)
2	Aston Villa	0-2 (18J)		2-2 (22F)	0-2 (20M)	1-1 (5O)	2-1 (20S)	3-2 (12A)	0-0 (25O)	3-0 (28D)	2-0 (7F)	3-1 (30a)	0-0 (24a)	1-1 (4A)	0-2 (15m)	0-2 (8N)	0-0 (18A)	2-1 (6J)	1-0 (29N)	1-0 (2m)	3-2 (14D)
3	Birmingham City	0-3 (22N)	0-0 (19O)		0-4 (6D)	2-0 (6M)	1-2 (3N)	0-0 (14O)	3-0 (11F)	2-2 (14S)	4-1 (27M)	0-1 (13M)	0-3 (8m)	2-1 (26D)	1-2 (10A)	3-1 (3M)	1-1 (31J)	2-0 (27S)	2-1 (10J)	1-0 (16a)	2-2 (25A)
4	Blackburn Rovers	0-2 (13M)	0-2 (20D)	1-1 (15m)		3-4 (10J)	0-1 (20O)	2-3 (1F)	2-1 (10N)	0-2 (28S)	1-2 (10A)	1-0 (17A)	1-3 (13S)	2-3 (25a)	1-0 (1m)	2-2 (26D)	1-1 (11F)	1-2 (27M)	1-1 (28F)	1-0 (29N)	5-1 (16a)
5	Bolton Wanderers	1-1 (20D)	2-2 (10A)	0-1 (25O)	2-2 (23a)		0-0 (30a)	0-2 (13M)	2-0 (29M)	0-2 (15m)	4-1 (2m)	2-2 (28D)	2-2 (7F)	1-3 (21F)	1-2 (7J)	2-0 (13S)	1-0 (28M)	1-0 (17J)	0-0 (8N)	2-0 (17A)	1-1 (27S)
6	Charlton Athletic	1-1 (26O)	1-2 (27M)	1-1 (17A)	3-2 (21F)	1-2 (31J)		4-2 (26D)	2-2 (26a)	3-1 (8N)	0-1 (29N)	2-2 (1m)	3-2 (28S)	0-3 (17a)	0-2 (13S)	1-0 (13M)	0-0 (20D)	1-1 (10A)	2-1 (15m)	2-4 (11F)	2-0 (10J)
7	Chelsea	1-2 (21F)	1-0 (27S)	0-0 (18J)	2-2 (30a)	1-2 (13D)	1-0 (8F)		0-0 (17A)	2-1 (20M)	1-0 (15m)	2-1 (23a)	0-1 (7J)	1-0 (25O)	1-0 (30N)	0-0 (10A)	5-0 (9N)	3-0 (28D)	4-0 (1m)	4-2 (13S)	5-2 (27M)
8	Everton	1-1 (7J)	2-0 (28F)	1-0 (28D)	0-1 (24A)	1-2 (8m)	0-1 (17J)	0-1 (1N)		3-1 (23a)	4-0 (28S)	3-2 (20D)	0-3 (30a)	0-0 (7D)	3-4 (7F)	1-1 (27M)	2-2 (13S)	1-0 (13M)	0-0 (19O)	3-1 (9A)	2-0 (22N)
9	Fulham	0-1 (9m)	1-2 (11F)	0-0 (3A)	3-4 (12A)	2-1 (6D)	2-0 (24A)	0-1 (20D)	2-1 (10J)		2-0 (13M)	2-0 (4O)	1-2 (2N)	2-2 (20S)	1-1 (28F)	3-2 (16a)	2-3 (21O)	2-0 (24N)	2-1 (26D)	2-1 (31J)	0-0 (18O)
10	Leeds United	1-4 (1N)	0-0 (26D)	0-2 (20S)	2-1 (4O)	0-2 (22N)	3-3 (8m)	1-1 (6D)	1-1 (13A)	3-2 (14D)		3-2 (5A)	2-2 (29F)	2-1 (22M)	0-1 (18O)	0-3 (31J)	2-2 (17a)	1-2 (25A)	0-0 (26a)	0-1 (10J)	4-1 (10F)
11	Leicester City	1-1 (6D)	0-5 (31J)	0-2 (13D)	2-0 (2N)	1-1 (10F)	1-1 (22N)	0-4 (11J)	1-1 (20M)	2-0 (10A)	4-0 (15S)		0-0 (28M)	1-1 (24A)	1-4 (27S)	0-0 (26a)	1-1 (26D)	0-1 (8m)	3-1 (16a)	1-2 (19O)	0-0 (28F)
12	Liverpool	1-2 (4O)	1-0 (10J)	3-1 (30N)	4-0 (4A)	3-1 (26D)	0-1 (12A)	1-2 (17a)	0-0 (31J)	0-0 (17A)	3-1 (25O)	2-1 (20S)		2-1 (11F)	1-2 (9N)	2-0 (2m)	1-1 (15m)	3-0 (17M)	1-2 (13D)	0-0 (27a)	1-0 (20M)
13	Manchester City	1-2 (31a)	4-1 (14S)	0-0 (8F)	1-1 (17J)	6-2 (18O)	1-1 (7J)	0-1 (28F)	5-1 (15m)	0-0 (27M)	1-1 (22D)	0-3 (9N)	2-2 (28D)		4-1 (14M)	0-1 (30N)	1-0 (1m)	1-1 (23a)	1-3 (17A)	0-0 (28S)	3-3 (10A)
14	Manchester United	0-0 (21S)	4-0 (6D)	3-0 (4O)	2-1 (22N)	4-0 (16a)	2-0 (20A)	1-1 (8m)	3-2 (26D)	1-3 (25O)	1-1 (21F)	1-0 (13A)	0-1 (24A)	3-1 (13D)		2-3 (11F)	0-0 (11J)	3-0 (1N)	3-2 (31J)	2-0 (20M)	1-0 (27a)
15	Middlesbrough	0-4 (24a)	1-2 (24A)	5-3 (20M)	0-1 (7F)	2-0 (3A)	0-0 (13D)	1-2 (5O)	1-0 (21S)	2-1 (7J)	2-3 (30a)	3-3 (17J)	0-0 (22N)	2-1 (8m)	0-1 (28D)		0-1 (18O)	0-0 (6D)	3-1 (12A)	1-0 (9M)	2-0 (1N)
16	Newcastle United	0-0 (11A)	1-1 (1N)	0-1 (30a)	0-1 (28D)	0-0 (20S)	3-1 (20M)	2-1 (25A)	4-2 (3A)	3-1 (19J)	1-0 (7J)	3-1 (7F)	1-1 (6D)	3-0 (22N)	1-2 (23a)	2-1 (21F)		3-0 (25O)	1-0 (4O)	4-0 (13D)	1-1 (9m)
17	Portsmouth	1-1 (4m)	2-1 (16a)	3-1 (12A)	1-2 (20S)	4-0 (26a)	1-2 (4O)	0-2 (11F)	1-2 (13D)	1-1 (1m)	6-1 (8N)	0-2 (29N)	1-0 (18O)	4-2 (10J)	0-0 (17A)	5-1 (15m)	1-1 (29F)		1-0 (21M)	2-0 (26D)	0-0 (31J)
18	Southampton	0-1 (29D)	1-1 (8m)	0-0 (23a)	2-0 (25O)	1-2 (24A)	3-2 (7D)	0-1 (22N)	3-3 (21F)	0-0 (7F)	2-1 (17J)	0-0 (7J)	2-0 (14M)	0-2 (1N)	1-0 (31a)	0-1 (27S)	3-3 (12m)	3-0 (21D)		1-0 (27M)	2-0 (13S)
19	Tottenham Hotspur	2-2 (25A)	2-1 (23N)	4-1 (7J)	1-0 (8m)	0-1 (1N)	0-1 (28D)	0-1 (3A)	3-0 (4O)	0-3 (30a)	2-1 (23a)	4-4 (22F)	2-1 (17J)	1-1 (12A)	0-1 (21D)	0-0 (26O)	1-0 (14M)	4-3 (7F)	1-3 (20S)		5-2 (6D)
20	Wolverhampton Wanderers	1-3 (7F)	0-4 (14M)	1-1 (8N)	2-2 (7J)	1-2 (12A)	0-4 (23a)	0-5 (20S)	2-1 (1m)	2-1 (28D)	3-1 (25O)	4-3 (21J)	1-1 (4O)	1-0 (17J)	0-2 (17A)	2-0 (29N)	1-1 (30a)	0-0 (3A)	1-4 (15m)	0-2	

Final League Table

Pos	Team	Pld	Home W	Home D	Home L	Home F	Home A	Away W	Away D	Away L	Away F	Away A	Tot W	Tot D	Tot L	Tot F	Tot A	Pts	GD	Leading Goalscorer	Gls
1	Arsenal	38	15	4	0	40	14	11	8	0	33	12	26	12	0	73	26	90	+47	T Henry	30
2	Chelsea	38	12	4	3	34	13	12	3	4	33	17	24	7	7	67	30	79	+37	J Hasselbaink	12
3	Manchester Utd	38	12	4	3	37	15	11	2	6	27	20	23	6	9	64	35	75	+29	R Van Nistelrooy	20
4	Liverpool	38	10	4	5	29	15	6	8	5	26	22	16	12	10	55	37	60	+18	M Owen	16
5	Newcastle United	38	11	5	3	33	14	2	12	5	19	26	13	17	8	52	40	56	+12	A Shearer	22
6	Aston Villa	38	9	6	4	24	19	6	5	8	24	25	15	11	12	48	44	56	+4	J Angel	16
7	Charlton Athletic	38	7	6	6	29	29	7	5	7	22	22	14	11	13	51	51	53	0	J Euell	10
8	Bolton Wanderers	38	6	8	5	24	21	8	3	8	24	35	14	11	13	48	56	53	-8	K Davies, K Nolan	9
9	Fulham	38	9	4	6	29	21	5	6	8	23	25	14	10	14	52	46	52	+6	L Saha	13
10	Birmingham City	38	8	5	6	26	24	4	9	6	17	24	12	14	12	43	48	50	-5	M Forssell	16
11	Middlesbrough	38	8	4	7	25	23	5	5	9	19	29	13	9	16	44	52	48	-8	S Nemeth	9
12	Southampton	38	8	6	5	24	17	4	5	10	20	28	12	11	15	44	45	47	-1	J Beattie	14
13	Portsmouth	38	10	4	5	35	19	2	5	12	12	35	12	9	17	47	54	45	-7	A Yakubu	16
14	Tottenham H	38	9	4	6	33	27	4	2	13	14	30	13	6	19	47	57	45	-10	R Keane	16
15	Blackburn Rovers	38	8	5	6	29	28	4	10	5	22	31	12	15	11	51	59	44	-8	A Cole	11
16	Manchester City	38	5	9	5	31	24	4	5	10	24	30	9	14	15	55	54	41	+1	N Anelka	16
17	Everton	38	8	5	6	27	20	1	7	11	18	37	9	12	17	45	57	39	-12	W Rooney	9
18	Leicester City	38	3	10	6	19	28	3	5	11	29	37	6	15	17	48	65	33	-17	L Ferdinand	12
19	Leeds United	38	5	7	7	25	31	3	2	14	15	48	8	9	21	40	79	33	-39	M Viduka	11
20	Wolverhampton	38	7	8	4	23	35	0	7	12	15	42	7	15	16	38	77	33	-39	H Camara	7

2003/04 NATIONWIDE FOOTBALL LEAGUE DIVISION 1 [LEVEL 2]
SEASON 105

Total Matches	552
Total Goals	1440
Avg goals per match	2.61

Results Grid

#	Team	Bradford C	Burnley	Cardiff City	Coventry C	Crewe Alexandra	Crystal Palace	Derby County	Gillingham	Ipswich Town	Millwall	Norwich C	Nottm For	Preston N E	Reading	Rotherham U	Sheff Utd	Stoke City	Sunderland	Walsall	Watford	West Brom A	West Ham Utd	Wigan Athletic	Wimbledon
1	Bradford City		1-2	0-1	1-0	2-1	1-2	1-2	0-1	0-1	3-2	2-2	1-2	2-1	2-1	0-2	1-2	0-2	0-4	1-1	0-4	0-1	1-2	0-0	2-3
2	Burnley	4-0		1-1	1-2	1-0	2-3	1-0	1-0	4-2	1-1	3-5	0-3	1-1	3-0	1-1	3-2	0-1	1-2	3-1	2-3	1-1	1-1	0-2	2-0
3	Cardiff City	0-2	2-0		0-1	3-0	0-2	4-1	5-0	2-3	1-3	2-1	0-0	2-2	2-3	3-2	2-1	3-1	4-0	0-1	3-0	1-1	0-0	0-0	1-1
4	Coventry City	0-0	4-0	1-3		2-0	2-1	2-0	2-2	1-1	4-0	0-2	1-3	4-1	1-2	1-1	0-1	4-2	1-1	0-0	0-0	1-0	1-1	1-1	0-0
5	Crewe Alexandra	2-2	3-1	0-1	3-1		2-3	3-0	1-1	1-0	1-2	1-3	3-1	2-1	1-0	0-0	3-0	1-0	0-1	1-2	0-3	2-3	1-0		
6	Crystal Palace	0-1	0-0	2-1	1-1	1-3		1-1	1-0	3-4	0-1	1-0	1-0	1-1	2-2	1-1	1-2	6-3	3-0	1-0	2-2	1-0	1-1	3-1	
7	Derby County	3-2	2-0	2-2	1-3	0-0	2-1		2-2	2-0	0-4	4-2	5-1	2-3	1-0	2-0	0-3	0-1	3-2	0-1	0-4	2-2	3-1		
8	Gillingham	1-0	0-3	1-2	2-5	2-0	1-0	0-0		1-2	4-3	1-2	2-1	0-1	0-1	2-0	0-3	3-1	1-3	3-0	1-0	0-2	2-0	0-3	1-2
9	Ipswich Town	3-1	6-1	1-1	1-1	6-4	1-3	2-1	3-4		1-3	0-2	1-2	2-0	1-1	2-1	3-0	1-0	1-0	2-1	4-1	2-3	1-2	1-3	4-1
10	Millwall	1-0	2-0	0-0	2-1	1-1	1-1	0-0	1-2	0-0		0-0	1-0	0-1	2-1	2-0	1-1	2-1	2-1	1-2	1-1	1-1	2-0	2-0	
11	Norwich City	0-1	2-0	4-1	1-1	1-0	2-1	3-0	3-1	3-1			1-0	3-2	2-1	2-0	1-0	1-0	5-0	1-2	0-0	1-1	2-0	3-3	
12	Nottm Forest	2-1	1-1	1-2	0-1	2-0	3-2	1-1	0-0	1-1	2-2	2-0		0-1	0-1	2-2	3-1	0-0	3-3	1-1	0-3	0-2	1-0	6-0	
13	Preston N E	1-0	5-3	1-2	4-2	0-0	4-1	3-0	0-0	1-1	1-2	0-0	2-2		2-2	4-1	3-3	1-0	0-2	1-2	2-1	3-0	1-2	2-4	1-0
14	Reading	2-2	2-2	2-1	1-2	1-1	0-3	3-1	1-1	1-0	0-1	3-2			3-2	0-0	2-1	0-0	0-2	0-1	2-1	1-0	2-0	1-0	0-3
15	Rotherham Utd	1-2	3-0	0-0	2-0	0-2	1-2	0-0	1-1	1-3	0-0	4-4	1-1	1-0	5-1		1-1	3-0	0-2	2-0	1-1	0-3	1-0	0-3	3-1
16	Sheffield United	2-0	1-0	5-3	2-1	2-0	0-3	1-1	0-0	1-1	2-1	1-0	1-2	2-0	1-2	5-0		0-1	0-1	2-0	2-2	1-2	3-3	1-1	2-1
17	Stoke City	1-0	1-2	2-3	1-0	1-1	0-1	2-1	0-0	2-0	0-0	1-1	2-1	1-1	3-0	0-2	2-2		3-1	3-2	3-1	4-1	0-2	1-1	2-1
18	Sunderland	3-0	1-1	0-0	0-0	1-1	2-1	2-1	3-2	0-1	1-0	3-3	2-0	0-0	0-1	3-3	0-0	1-1		1-0	2-0	0-1	2-0	1-1	2-1
19	Walsall	1-0	0-1	1-1	1-6	1-1	0-0	0-1	2-1	1-3	1-1	3-1	4-1	2-1	1-1	3-2	0-1	1-1	1-3		0-1	4-1	1-1	2-0	1-0
20	Watford	1-0	1-1	2-1	1-1	2-1	1-5	2-1	2-2	1-2	3-1	1-2	1-2	2-0	1-0	1-0	0-2	1-3	2-2	1-1		0-1	0-0	1-1	4-0
21	West Brom A	2-0	4-1	2-3	3-0	2-2	2-0	1-1	1-0	4-1	2-1	1-0	0-2	1-0	0-0	0-1	0-2	1-0	0-0	2-0	3-1		1-1	2-1	0-1
22	West Ham United	1-0	2-2	1-0	2-0	4-2	3-0	0-0	2-1	1-2	1-1	1-1	1-1	1-2	1-0	2-1	0-0	0-1	3-2	0-0	4-0	3-4		4-0	5-0
23	Wigan Athletic	1-0	0-0	3-0	2-1	2-3	5-0	2-0	1-0	0-0	1-1	2-2	1-1	0-2	1-2	1-1	2-1	0-0	1-0	1-0	1-1			0-1	
24	Wimbledon	2-1	2-0	0-1	0-3	3-1	1-0	1-2	1-2	0-1	0-1	3-3	0-3	1-2	0-1	1-2	0-1	1-2	0-1	1-3	0-0	1-1	2-4		

Final League Table

Pos	Team	Pld	Home W	Home D	Home L	Home F	Home A	Away W	Away D	Away L	Away F	Away A	Totals W	Totals D	Totals L	Totals F	Totals A	Pts	GD	Leading Goalscorer	Gls
1	Norwich City	46	18	3	2	44	15	10	7	6	35	24	28	10	8	79	39	94	+40	D Huckerby	14
2	West Brom A	46	14	5	4	34	16	11	6	6	30	26	25	11	10	64	42	86	+22	L Hughes	11
3	Sunderland	46	13	8	2	33	15	9	5	9	29	30	22	13	11	62	45	79	+17	M Stewart	14
4	West Ham United	46	12	7	4	42	20	7	10	6	25	25	19	17	10	67	45	74	+22	M Harewood	13
5	Ipswich Town	46	12	3	8	49	36	9	7	7	35	36	21	10	15	84	72	73	+12	D Bent	16
6	Crystal Palace (P)	46	10	8	5	34	25	11	2	10	38	36	21	10	15	72	61	73	+11	A Johnson	27
7	Wigan Athletic	46	11	8	4	29	16	7	9	7	31	29	18	17	11	60	45	71	+15	N Ellington	18
8	Sheffield United	46	11	6	6	37	25	9	5	9	28	31	20	11	15	65	56	71	+9	J Lester	12
9	Reading	46	11	6	6	29	25	9	4	10	26	32	20	10	16	55	57	70	-2	S Goater	12
10	Millwall	46	11	8	4	28	15	7	7	9	27	33	18	15	13	55	48	69	+7	T Cahill, N Harris	9
11	Stoke City	46	11	7	5	35	24	7	5	11	23	31	18	12	16	58	55	66	+3	A Akinbiyi, G N-Williams	10
12	Coventry City	46	9	9	5	34	22	8	5	10	33	32	17	14	15	67	54	65	+13	G McSheffrey	11
13	Cardiff City	46	10	6	7	40	25	7	8	8	28	33	17	14	15	68	58	65	+10	R Earnshaw	21
14	Nottm Forest	46	8	9	6	33	25	7	6	10	28	33	15	15	16	61	58	60	+3	A Reid	13
15	Preston N E	46	11	7	5	43	29	4	7	12	26	42	15	14	17	69	71	59	-2	R Fuller	17
16	Watford	46	9	8	6	31	28	6	4	13	23	40	15	12	19	54	68	57	-14	S Fitzgerald	10
17	Rotherham United	46	8	8	7	31	27	5	7	11	22	34	13	15	18	53	61	54	-8	M Butler	15
18	Crewe Alexandra	46	11	3	9	33	26	3	4	16	24	40	14	7	25	57	66	53	-9	D Ashton	19
19	Burnley	46	9	6	8	37	32	4	8	11	23	45	13	14	19	60	77	53	-17	R Blake	19
20	Derby County	46	11	5	7	39	33	2	8	13	14	34	13	13	20	53	67	52	-14	I Taylor	11
21	Gillingham	46	10	1	12	28	34	4	8	11	20	33	14	9	23	48	67	51	-19	P Agyemang, P Shaw, D Spiller	6
22	Walsall	46	8	7	8	20	31	5	3	15	16	34	13	12	21	45	65	51	-20	J Leitao	7
23	Bradford City	46	6	3	14	23	35	4	3	16	15	34	10	6	30	38	69	36	-31	P Branch, D Windass	6
24	Wimbledon	46	4	4	16	21	40	4	5	14	20	49	8	9	33	41	89	29	-48	P Agyemang	7

2003/04 NATIONWIDE FOOTBALL LEAGUE DIVISION 2 [LEVEL 3]
SEASON 105

Total Matches: 552
Total Goals: 1460
Avg goals per match: 2.64

Results Grid

		Barnsley	Blackpool	Bournemouth	Brentford	Brighton & H A	Bristol City	Chesterfield	Colchester Utd	Grimsby Town	Hartlepool Utd	Luton Town	Notts County	Oldham Athletic	Peterborough U	Plymouth Argyle	Port Vale	Q P R	Rushden & D	Sheffield Weds	Stockport Co	Swindon Town	Tranmere Rov	Wrexham	Wycombe Wand
1	Barnsley	—	3-0	1-1	0-2	1-0	0-1	0-1	1-0	0-0	2-2	0-0	1-1	1-1	0-1	1-0	0-0	3-3	2-0	1-1	3-3	1-1	2-0	2-1	0-0
2	Blackpool	0-2	—	1-2	1-1	3-1	1-0	1-0	0-0	0-1	4-0	0-1	2-1	1-1	1-4	0-1	2-1	0-3	2-3	4-1	1-1	2-2	2-1	0-1	3-2
3	Bournemouth	2-2	1-2	—	1-0	1-0	0-0	2-2	1-1	0-0	2-2	6-3	1-0	1-0	1-2	0-2	2-1	1-0	2-1	1-0	0-0	2-2	1-5	6-0	1-0
4	Brentford	2-1	0-0	1-0	—	4-0	1-2	1-1	3-2	1-3	2-1	4-2	2-3	2-1	0-3	1-3	3-2	1-1	3-2	0-3	0-2	0-2	2-2	0-1	1-1
5	Brighton & H A	1-0	3-0	3-0	1-0	—	1-4	1-0	2-1	3-0	2-0	2-0	1-0	0-0	1-0	2-1	1-1	2-1	0-0	2-0	0-1	2-2	3-0	2-0	4-0
6	Bristol City	2-1	2-1	2-0	3-1	0-0	—	4-0	1-0	1-1	0-4	5-0	0-2	1-1	1-0	0-1	1-0	1-1	1-0	2-1	2-0	1-0	1-1
7	Chesterfield	0-2	1-0	1-1	1-2	0-2	1-1	—	1-2	4-4	1-2	1-0	0-1	1-1	2-1	1-1	1-0	4-2	2-0	3-1	0-3	3-0	2-2	2-1	2-2
8	Colchester Utd	1-1	1-1	1-0	1-1	1-0	2-1	1-0	—	2-0	1-2	1-1	4-1	2-1	0-0	0-2	1-4	2-2	2-0	3-1	2-1	0-1	1-1	3-1	1-1
9	Grimsby Town	6-1	0-2	1-1	1-0	2-1	1-2	4-0	2-0	—	0-2	3-2	2-0	3-3	1-1	0-0	1-2	0-1	1-0	2-0	1-1	1-2	0-1	1-3	3-1
10	Hartlepool United	1-2	1-1	2-1	1-2	0-0	1-2	2-0	1-2	8-1	—	4-3	4-0	0-0	1-0	1-3	2-0	1-4	2-1	1-1	2-2	2-0	0-0	2-0	1-1
11	Luton Town	0-1	3-2	1-1	4-1	2-0	3-2	1-0	1-0	1-2	3-2	—	2-0	1-1	1-1	1-1	2-0	1-1	3-1	3-2	2-2	0-3	3-1	3-2	3-1
12	Notts County	1-1	4-1	0-1	2-0	1-2	1-1	3-1	1-0	1-1		1-1	—	0-1	0-0	1-2	3-3	1-3	0-0	4-1	1-2	2-2	0-1	1-1
13	Oldham Athletic	1-1	2-3	1-1	1-1	1-3	1-1	2-0	0-0	6-0	0-2	3-0	0-1	—	1-1	4-1	2-1	2-1	3-2	1-0	2-0	0-1	1-1	1-1	2-3
14	Peterborough U	2-3	0-1	0-1	0-0	2-2	0-1	0-2	1-2	0-0	3-4	1-2	5-2	2-2	—	2-2	3-1	0-0	3-1	0-1	1-2	4-2	0-0	6-1	1-1
15	Plymouth Argyle	2-0	1-0	0-0	0-0	3-3	0-0	1-0	7-0	2-0	2-2	2-0	2-1	2-2	2-0	—	2-1	2-0	3-0	2-1	1-0	6-0	0-2	1-1
16	Port Vale	3-1	2-1	2-1	1-0	1-1	2-1	1-1	4-3	5-1	2-5	1-0	1-0	3-0	1-5		—	2-0	1-1	3-0	2-2	3-3	2-1	1-0	1-1
17	Q P R	4-0	5-0	1-0	1-0	2-1	1-1	3-0	2-0	3-0	4-1	1-1	3-2	1-1	1-1	3-0	3-2	—	1-0	3-0	1-1	1-0	1-1	2-0	0-0
18	Rushden & D	2-3	0-0	0-3	0-1	1-3	1-1	2-1	4-0	3-1	0-2	2-2	2-1	4-1	0-1	2-1	0-2	3-3	—	1-2	2-2	2-0	1-2	2-3	2-0
19	Sheffield Weds	2-1	0-1	0-2	1-1	2-1	1-0	0-0	0-1	1-0	0-0	2-1	2-2	2-0	1-3	2-3	1-3	0-0		—	2-2	1-1	2-0	2-3	1-1
20	Stockport County	2-3	1-3	3-2	1-1	1-1	2-0	0-0	1-3	2-1	1-2	1-2	2-2	1-1	2-0	0-2	2-2	1-2	2-1	1-0	—	2-4	1-1	0-1	2-0
21	Swindon Town	1-1	2-2	2-1	2-1	2-1	1-1	2-0	2-0	2-0	1-1	2-2	4-0	1-2	2-0	0-0	1-1	4-2	2-3	1-2		—	2-0	1-0	2-0
22	Tranmere Rov	2-0	1-1	5-4	4-1	1-0	1-0	2-3	1-1	2-1	0-0	1-0	4-0	2-1	0-0	3-0	1-0	0-0	1-2	2-2	3-2	1-0	—	1-2	2-1
23	Wrexham	1-0	4-2	0-1	1-0	0-2	0-0	0-1	3-0	1-2	2-1	0-1	4-0	2-0	2-2	2-1	0-2	1-1	1-2	0-3	3-2	0-1		—	0-0
24	Wycombe Wand	1-2	0-3	2-0	1-2	1-1	3-0	3-3	1-2	4-1	3-4	0-0	1-1	2-5	1-2	0-0	2-1	2-2	0-2	1-2	1-0	0-3	1-2	1-1	—

Final League Table

Pos	Team	Pld	Home W	Home D	Home L	Home F	Home A	Away W	Away D	Away L	Away F	Away A	Totals W	Totals D	Totals L	Totals F	Totals A	Pts	GD	Leading Goalscorer	Gls
1	**Plymouth Argyle**	46	17	5	1	52	13	9	7	7	33	28	26	12	8	85	41	90	+44	D Friio	14
2	Queens Park R	46	16	7	0	47	12	6	10	7	33	33	22	17	7	80	45	83	+35	K Gallen	17
3	Bristol City	46	15	6	2	34	12	8	7	8	24	25	23	13	10	58	37	82	+21	L Peacock	14
4	Brighton & H A (P)	46	17	4	2	39	11	5	7	11	25	32	22	11	13	64	43	77	+21	**L Knight**	25
5	Swindon Town	46	12	7	4	41	23	8	6	9	35	35	20	13	13	76	58	73	+18	T Mooney	19
6	Hartlepool United	46	10	8	5	39	24	10	5	8	37	37	20	13	13	76	61	73	+15	E Williams	13
7	Port Vale	46	15	6	2	45	28	6	4	13	28	35	21	10	15	73	63	73	+10	**S McPhee**	25
8	Tranmere Rovers	46	13	7	3	36	18	4	9	10	23	38	17	16	13	59	56	67	+3	E Dadi	16
9	Bournemouth	46	11	8	4	35	25	6	7	10	21	26	17	15	14	56	51	66	+5	J Hayter	14
10	Luton Town	46	14	6	3	44	27	3	9	11	22	39	17	15	14	69	66	66	+3	S Howard	14
11	Colchester United	46	11	8	4	33	23	6	5	12	19	33	17	13	16	52	56	64	-4	W Andrews	12
12	Barnsley	46	7	12	4	25	19	8	5	10	29	39	15	17	14	54	58	62	-4	K Betsy	10
13	Wrexham	46	9	6	8	27	21	8	3	12	23	39	17	9	20	50	60	60	-10	H Sam	10
14	Blackpool	46	9	5	9	31	28	7	6	10	27	37	16	11	19	58	65	59	-7	S Taylor	16
15	Oldham Athletic	46	9	8	6	37	25	3	13	7	29	35	12	21	13	66	60	57	+6	S Vernon	12
16	Sheffield Weds	46	7	9	7	25	26	6	5	12	23	38	13	14	19	48	64	53	-16	G N'dumbu-Nsungu	9
17	Brentford	46	8	9	5	34	28	6	5	12	18	31	14	14	17	52	59	53	-17	S Hunt	11
18	Peterborough U	46	8	8	8	10	36	33	7	3	8	22	15	11	16	58	58	52	0	A Clarke, L McKenzie	9
19	Stockport County	46	6	8	9	31	36	5	11	7	31	34	11	19	16	62	70	52	-8	R Lambert	12
20	Chesterfield	46	9	7	7	34	31	3	8	12	15	42	12	15	19	49	71	51	-22	G Hurst	13
21	Grimsby Town	46	10	5	8	36	26	3	6	14	19	55	13	11	22	55	81	50	-26	M Boulding, P Jevons	12
22	Rushden & D	46	9	5	9	37	34	4	4	15	23	40	13	9	24	60	74	48	-14	O Lowe	15
23	Notts County	46	6	9	8	32	27	4	3	16	18	51	10	12	24	50	78	42	-28	P Heffernan	20
24	Wycombe Wand	46	5	8	10	31	39	1	12	10	19	36	6	20	20	50	75	37	-25	N Tyson	9

2003/04 NATIONWIDE FOOTBALL LEAGUE DIVISION 3 [LEVEL 4]
SEASON 105

Total Matches: 552
Total Goals: 1398
Avg goals per match: 2.53

	Boston United	Bristol Rovers	Bury	Cambridge Utd	Carlisle United	Cheltenham T	Darlington	Doncaster Rov	Huddersfield T	Hull City	Kidderminster H	Leyton Orient	Lincoln City	Macclesfield T	Mansfield Town	Northampton T	Oxford United	Rochdale	Scunthorpe Utd	Southend Utd	Swansea City	Torquay United	Yeovil Town	York City
1 Boston United		1-0	1-0	1-2	1-0	3-1	1-0	0-0	2-2	1-2	2-2	3-0	0-1	3-1	1-2	1-1	1-1	2-0	1-1	0-2	1-1	4-0	3-2	2-0
2 Bristol Rovers	2-0		1-2	0-2	1-0	2-0	0-3	1-2	1-1	2-1	1-0	1-1	3-1	2-2	1-3	1-2	1-1	0-0	1-0	1-1	2-1	2-2	0-1	3-0
3 Bury	1-3	0-0		1-0	1-3	1-1	1-1	1-3	2-1	0-0	0-0	1-1	2-1	2-0	3-0	1-0	0-4	1-2	2-3	1-1	2-0	2-1	2-1	2-0
4 Cambridge Utd	0-1	3-1	1-2		2-2	2-1	1-0	3-3	1-2	0-2	0-0	1-4	0-0	3-1	1-2	0-1	1-1	0-0	3-2	0-1	0-1	1-1	1-4	2-0
5 Carlisle United	2-1	0-2	2-1	0-0		1-1	1-1	0-1	1-1	1-0	0-1	0-2	0-1	0-2	1-2	1-4	1-2	1-2	2-0	2-0			1-7	1-2
6 Cheltenham T	1-0	1-2	1-2	0-3	2-1		2-1	1-3	1-1	0-2	2-1	1-0	3-2	3-2	4-2	4-3	0-0	0-2	2-1	1-1	3-4	1-3	3-1	1-1
7 Darlington	3-0	1-0	3-4	3-4	2-0	2-1		0-1	0-1	0-2	2-1	0-0	1-0	1-0	2-0	1-0	2-0	2-2	0-0	1-1	1-1	3-2	3-2	3-0
8 Doncaster Rov	3-0	5-1	3-1	2-0	1-0	1-1	1-1		1-1	0-0	5-0	5-0	0-2	1-0	4-2	1-0	2-0	2-1	1-0	2-0	3-1	1-0	0-1	3-1
9 Huddersfield T	2-0	2-1	1-0	2-2	2-1	0-0	0-2	3-1		3-1	1-0	3-0	2-1	4-0	1-3	3-0	1-1	1-1	3-2	1-0	3-0	1-0	3-1	0-1
10 Hull City	2-1	3-0	2-0	2-0	2-1	3-3	4-1	3-1	0-0		6-1	3-0	3-0	2-2	0-1	2-3	4-2	1-0	2-1	3-2	1-0	0-1	0-0	2-1
11 Kidderminster H	2-0	1-0	0-2	2-2	2-1	0-0	1-1	0-2	2-1	1-1		2-1	1-2	1-4	2-1	2-1	1-1	0-1	0-2	1-2	2-0	1-2	0-1	4-1
12 Leyton Orient	1-3	1-1	2-0	0-1	1-1	1-4	1-0	1-3	1-1	1-1	1-1		0-2	2-0	3-1	1-1	0-0	2-1	1-1	2-1	1-2	0-0	2-0	2-2
13 Lincoln City	1-1	3-1	2-1	2-2	2-0	0-1	1-1	0-0	3-1	2-0	1-1	0-0		3-2	4-1	0-0	0-1	1-1	2-2	2-1	1-3	2-3	3-0	
14 Macclesfield T	0-0	2-1	1-0	0-1	1-1	1-2	0-1	1-3	4-1	1-1	1-0	0-0			1-1	0-4	2-1	2-1	2-2	1-2	2-1	1-1	4-1	0-0
15 Mansfield Town	2-1	0-0	5-3	1-1	2-3	4-0	3-1	1-2	3-3	1-0	1-1	1-2	3-2		1-2	3-1	1-0	5-0	1-0	1-1	2-1	0-1	2-1	
16 Northampton T	2-0	2-0	3-2	1-2	1-0	1-0	1-0	0-1	1-5	0-1	1-0	1-1	0-0	0-3		2-1	3-1	1-1	2-2	2-1	0-1	2-0	2-1	
17 Oxford United	0-0	0-0	1-1	2-2	2-1	1-0	3-1	0-0	0-1	2-1	2-1	0-0	3-1	1-0	3-0			2-0	3-2	2-0	3-0	1-0	1-0	0-0
18 Rochdale	1-0	2-2	0-0	2-2	2-0	0-0	4-2	1-1	1-1	0-2	3-0	0-3	1-2	3-0	1-1	1-2		2-0	1-1	0-1	1-0	1-3	1-2	
19 Scunthorpe Utd	0-1	1-2	0-0	4-0	2-3	5-2	0-1	2-2	6-2	1-1	0-2	1-1	1-3	1-0	0-0	1-0	1-1	2-2		1-1	2-2	2-1	3-0	0-0
20 Southend United	0-2	0-1	1-0	1-0	2-2	2-0	3-2	0-2	1-2	2-2	3-0	1-2	0-2	1-0	0-3	0-1	0-1	4-0	4-2		1-1	1-2	0-2	0-0
21 Swansea City	3-0	0-0	4-2	0-2	1-2	0-0	1-0	1-1	2-0	2-3	0-0	2-1	2-2	3-0	4-1	0-2	0-0	1-1	4-2	2-3		1-2	3-2	0-0
22 Torquay United	2-0	2-1	3-1	3-0	4-1	3-1	2-2	1-0	0-1	1-1	1-1	2-1	1-0	4-1	1-0	3-1	1-0	3-0	1-3	1-0	3-0		0-0	1-1
23 Yeovil Town	2-0	4-0	2-1	4-1	3-0	0-0	1-0	0-1	3-1	1-2	1-2	1-2	3-1	2-2	1-1	0-2	1-0	2-1	4-0	2-0	0-2			3-0
24 York City	1-1	2-1	1-1	2-0	2-0	0-2	1-1	1-0	0-2	0-2	1-0	1-2	1-4	0-2	1-0	1-2	1-0	2-2	1-2	1-3	2-0	0-0	1-2	

Final League Table

Pos	Team	Pld	Home W	Home D	Home L	Home F	Home A	Away W	Away D	Away L	Away F	Away A	Totals W	Totals D	Totals L	Totals F	Totals A	Pts	GD	Leading Goalscorer	Gls
1	Doncaster Rovers	46	17	4	2	47	13	10	7	6	32	24	27	11	8	79	37	92	+42	G Blundell	18
2	Hull City	46	16	4	3	50	21	9	9	5	32	23	25	13	8	82	44	88	+38	B Burgess	18
3	Torquay United	46	15	6	2	44	18	8	6	9	24	26	23	12	11	68	44	81	+24	D Graham	22
4	Huddersfield T (P)	46	16	4	3	42	18	7	8	8	26	34	23	12	11	68	52	81	+16	J Stead	16
5	Mansfield Town	46	13	5	5	44	25	9	4	10	32	37	22	9	15	76	62	75	+14	L Lawrence	18
6	Northampton T	46	13	4	6	30	23	9	9	5	28	28	22	9	15	58	51	75	+7	M Smith	11
7	Lincoln City	46	9	11	3	36	23	10	6	7	32	24	19	17	10	68	47	74	+21	G Fletcher	16
8	Yeovil Town	46	14	3	6	40	19	9	2	12	30	38	23	5	18	70	57	74	+13	G Williams	9
9	Oxford United	46	14	8	1	34	13	4	9	10	21	31	18	17	11	55	44	71	+11	S Basham	14
10	Swansea City	46	9	8	6	36	26	6	6	11	22	35	15	14	17	58	61	59	-3	L Trundle	16
11	Boston United	46	11	7	5	35	21	5	6	12	19	33	16	11	17	54	54	59	-4	G Jones, N Redfearn	6
12	Bury	46	10	7	6	29	26	5	4	14	25	38	15	11	20	54	64	56	-10	G Seddon	11
13	Cambridge United	46	6	7	10	26	32	8	7	8	29	35	14	14	18	55	67	56	-12	L Guttridge	11
14	Cheltenham T	46	11	4	8	37	28	3	10	10	20	33	14	14	18	57	71	56	-14	D Spencer	9
15	Bristol Rovers	46	9	7	7	28	26	5	8	10	17	30	14	15	17	45	56	57	-11	P Tait	10
16	Kidderminster H	46	9	5	9	28	29	5	8	10	17	30	14	13	19	45	59	55	-14	D Williams	5
17	Southend United	46	8	4	11	27	29	6	8	9	24	34	14	12	20	51	63	54	-12	L Constantine	21
18	Darlington	46	10	4	9	30	28	4	7	12	18	25	14	11	21	53	61	53	-8	B Conlon	15
19	Leyton Orient	46	8	9	6	29	28	5	5	13	23	37	13	14	19	48	65	53	-17	G Alexander	15
20	Macclesfield T	46	8	9	6	28	25	5	4	14	26	44	13	13	20	54	69	52	-15	M Tipton	16
21	Rochdale	46	7	8	8	28	26	4	7	12	21	32	11	14	20	49	58	50	-9	K Townson	10
22	Scunthorpe Utd	46	7	10	6	36	27	4	6	13	33	45	11	16	19	69	72	49	-3	**S MacLean**	23
23	Carlisle United	46	8	5	10	23	27	4	4	15	23	42	12	9	25	46	69	45	-23	C Farrell, B McGill	7
24	York City	46	7	6	10	23	29	3	8	12	12	37	10	14	22	35	66	44	-31	L Nogan	8

2004/05 FA BARCLAYCARD PREMIERSHIP
SEASON 13

Total Matches	380
Total Goals	975
Avg goals per match	2.57

		Arsenal	Aston Villa	Birmingham City	Blackburn Rov	Bolton Wand	Charlton Athletic	Chelsea	Crystal Palace	Everton	Fulham	Liverpool	Manchester City	Manchester Utd	Middlesbrough	Newcastle Utd	Norwich City	Portsmouth	Southampton	Tottenham H	West Brom A
1	Arsenal		3-1 16O	3-0 4D	3-0 25a	2-2 18S	4-0 20	2-2 12D	5-1 14F	7-0 11m	2-0 26D	3-1 8m	1-1 4J	2-4 1F	5-3 22a	1-0 23J	4-1 2A	3-0 5M	2-2 30O	1-0 25A	1-1 20N
2	Aston Villa	1-3 5F		1-2 12D	1-0 1J	1-1 23A	0-0 20A	0-0 11S	1-1 25S	1-3 26F	2-0 23O	1-1 4D	1-2 7m	0-1 28D	2-0 5M	4-2 28a	3-0 15J	3-0 6N	2-0 14a	1-0 22N	1-1 10A
3	Birmingham City	2-1 15m	2-0 20M		2-1 30A	1-2 4J	1-1 18S	0-1 21a	0-1 30O	1-2 13N	2-0 22J	1-0 12F	0-0 24a	0-0 16O	2-0 26D	2-2 3O	1-1 27N	0-0 16A	2-1 2F	1-1 2A	4-0 18D
4	Blackburn Rovers	0-1 19M	2-2 2O	3-3 21N		0-1 24J	1-0 3J	0-1 2F	1-0 2OA	0-0 18D	1-3 7m	2-2 30O	0-0 23A	1-1 28a	0-4 16O	2-2 26D	3-0 12F	1-0 18S	3-0 9A	0-1 4D	1-1 14a
5	Bolton Wanderers	1-0 15J	1-2 13N	1-1 25S	0-1 28D		4-1 14a	0-2 30A	1-0 16O	3-2 15m	3-1 9A	1-0 29a	0-1 18D	2-2 11S	0-0 12F	2-1 31O	1-0 19M	0-1 27N	1-1 19A	3-1 1F	1-1 1J
6	Charlton Athletic	1-3 1J	3-0 25a	3-1 15J	1-0 27S	1-2 16A		0-4 27N	2-2 15m	2-1 28D	1-2 20D	2-2 1F	0-4 2A	1-1 1m	1-2 30O	4-0 17O	2-1 13N	0-0 21a	2-0 13S	2-0 16M	1-4 19M
7	Chelsea	0-0 20A	1-0 26D	1-1 9A	4-0 23O	2-2 20N	1-0 7m		4-1 19M	1-0 6N	3-1 23A	1-0 3O	0-0 6F	1-0 15a	2-0 4J	4-0 4D	4-0 18D	3-0 22J	2-1 28a	0-0 19S	1-1 15M
8	Crystal Palace	1-1 6N	2-0 3J	2-0 26F	0-0 11D	0-1 5F	0-1 24a	0-2		1-3 21a	2-0 4O	1-0 23A	1-2 18S	0-0 5M	0-1 2A	0-2 2ON	3-3 16A	0-1 26D	2-2 7m	3-0 22J	3-0 23O
9	Everton	1-4 15a	1-1 30O	1-1 23A	0-1 6M	3-2 4D	0-1 22J	0-1 12F	4-0 10A		1-0 2ON	1-0 11D	2-0 26D	0-0 2OA	1-0 19S	2-0 7m	1-0 2F	2-1 4J	1-0 16O	0-1 2O	2-1 28a
10	Fulham	0-3 11S	1-1 2F	2-3 28D	0-2 27N	2-0 21a	0-0 5M	1-4 13N	3-1 1J	2-0 30A		2-4 16O	1-1 16A	1-1 13D	0-2 25a	1-3 4m	6-0 15m	3-1 3A	1-0 25S	2-0 30O	1-0 16J
11	Liverpool	2-1 28N	2-1 15m	0-1 6N	2-1 16M	0-1 2A	2-0 23O	0-1 1J	3-2 13N	2-1 20M	3-1 5F		2-1 21a	0-1 15J	1-1 30A	3-1 19D	3-0 25S	1-1 14D	0-1 28D	2-2 16A	2-3 11S
12	Manchester City	0-1 25S	2-0 27N	3-0 2OA	1-1 13N	0-1 7M	1-0 28a	0-1 16O	3-1 15J	0-1 11S	1-1 14a	1-0 9A		0-2 13F	1-1 15m	1-1 2F	1-1 1N	2-0 30A	2-1 1J	0-1 11D	1-1 28D
13	Manchester United	2-0 24O	3-1 22J	2-0 5F	0-0 2A	2-0 26D	2-0 2ON	1-3 10m	5-2 18D	0-0 30a	1-0 19M	2-1 2OS	0-0 7N		1-1 3O	2-1 24A	2-1 21a	3-0 26F	0-0 4D	0-0 4J	1-1 7m
14	Middlesbrough	0-1 9A	3-0 18D	2-1 11S	1-0 5F	1-1 7N	2-2 27F	0-1 25S	2-1 28a	1-1 16J	2-0 19A	3-2 2ON	0-2 6D	3-2 1J		2-2 14a	2-0 28D	1-3 24O	1-3 2OM	1-0 7m	4-0 23A
15	Newcastle United	0-1 29D	0-3 2A	2-1 1J	3-0 11S	2-1 27F	1-1 5F	1-1 15m	0-0 30A	1-1 28N	1-4 7N	1-0 5M	4-3 24O	1-3 14N	0-0 27A		2-2 25a	1-1 11D	2-1 15J	0-1 21a	3-1 25S
16	Norwich City	1-4 28a	0-0 18S	1-0 7m	1-1 6N	3-2 11D	1-0 23A	1-3 5M	1-1 14a	2-3 23O	0-1 4D	1-2 3J	2-3 28F	2-0 9A	4-4 22J	2-1 2OA		2-2 2O	2-1 2ON	0-2 26D	3-2 5F
17	Portsmouth	0-1 19D	1-2 12F	1-1 14a	0-1 15J	1-1 7m	4-2 9A	0-2 28D	3-1 11S	0-1 26S	4-3 30a	1-2 2OA	1-3 2ON	2-0 30O	2-1 1F	1-1 19M	1-1 1J		4-1 24A	1-0 18O	2-0 4D
18	Southampton	1-1 26F	2-3 16A	0-0 24O	3-2 21a	1-2 25a	0-0 26D	1-3 2A	2-2 27N	2-2 6F	3-3 5J	2-0 22J	0-0 2O	1-2 15m	2-2 11D	1-2 19S	4-3 30A	2-1 13N		1-0 5M	2-2 6N
19	Tottenham Hotspur	4-5 13N	5-1 1m	1-0 28a	0-0 15m	1-2 23O	2-3 6N	0-2 15J	1-1 28D	5-2 1J	2-1 26F	1-0 14a	2-1 19M	0-1 25S	2-0 28N	1-0 1OA	0-0 12S	3-1 5F	5-1 18D		1-1 2OA
20	West Bromwich Albion	0-2 2m	1-1 22A	2-0 6M	1-1 26A	2-1 2O	0-1 11D	1-4 30O	2-2 1F	1-0 3A	1-1 18S	0-5 26D	2-0 22J	0-3 27N	1-2 14N	0-0 3J	0-0 16O	2-0 15m	0-0 22F	1-1 25a	

Final League Table

Pos	Team	Pld	Home W	Home D	Home L	Home F	Home A	Away W	Away D	Away L	Away F	Away A	Totals W	Totals D	Totals L	Totals F	Totals A	Pts	GD	Leading Goalscorer	Gls
1	Chelsea	38	14	5	0	35	6	15	3	1	37	9	29	8	1	72	15	95	+57	F Lampard	13
2	Arsenal	38	13	5	1	54	19	12	3	4	33	17	25	8	5	87	36	83	+51	T Henry	25
3	Manchester Utd	38	12	6	1	31	12	10	5	4	27	14	22	11	5	58	26	77	+32	W Rooney	11
4	Everton	38	12	2	5	24	15	6	5	8	21	31	18	7	13	45	46	61	-1	T Cahill	11
5	Liverpool	38	12	4	3	31	15	5	3	11	21	26	17	7	14	52	41	58	+11	M Baros	9
6	Bolton Wanderers	38	9	5	5	25	18	7	5	7	24	26	16	10	12	49	44	58	+5	E Diouf	9
7	Middlesbrough	38	9	6	4	29	19	5	7	7	24	27	14	13	11	53	46	55	+7	J Hasselbaink	13
8	Manchester City	38	8	6	5	24	14	5	7	7	23	25	13	13	12	47	39	52	+8	R Fowler	11
9	Tottenham H	38	9	5	5	36	22	5	5	9	11	19	14	10	14	47	41	52	+6	J Defoe	13
10	Aston Villa	38	8	6	5	26	17	4	5	10	19	35	12	11	15	45	52	47	-7	N Solano	9
11	Charlton Athletic	38	8	4	7	29	29	4	6	9	13	29	12	10	16	42	58	46	-16	S Bartlett	6
12	Birmingham City	38	8	6	5	24	15	3	6	10	16	31	11	12	15	40	46	45	-6	E Heskey	10
13	Fulham	38	8	4	7	29	26	4	4	11	23	34	12	8	18	52	60	44	-8	A Cole	12
14	Newcastle United	38	7	7	5	25	25	3	7	9	22	32	10	14	14	47	57	44	-10	C Bellamy, A Shearer	7
15	Blackburn Rovers	38	5	8	6	21	22	4	7	8	11	21	9	15	14	32	43	42	-11	P Dickov	9
16	Portsmouth	38	8	4	7	30	26	2	5	12	13	33	10	9	19	43	59	39	-16	A Yakubu	12
17	West Brom A	38	5	8	6	17	24	1	8	10	19	37	6	16	16	36	61	34	-25	R Earnshaw	11
18	Crystal Palace	38	6	5	8	21	19	1	7	11	20	43	7	12	19	41	62	33	-21	A Johnson	21
19	Norwich City	38	7	5	7	29	32	0	7	12	13	45	7	12	19	42	77	33	-35	D Ashton, D Francis, L McKenzie	7
20	Southampton	38	5	9	5	30	30	1	5	13	15	36	6	14	18	45	66	32	-21	P Crouch	12

2004/05 COCA-COLA FOOTBALL LEAGUE CHAMPIONSHIP [LEVEL 2]
SEASON 106

Total Matches: 552
Total Goals: 1342
Avg goals per match: 2.43

		Brighton & H A	Burnley	Cardiff City	Coventry C	Crewe Alexandra	Derby County	Gillingham	Ipswich Town	Leeds United	Leicester City	Millwall	Nottm For	Plymouth Argyle	Preston N E	Q P R	Reading	Rotherham U	Sheff Utd	Stoke City	Sunderland	Watford	West Ham Utd	Wigan Athletic	Wolverhampton
1	Brighton & H A		0-1 20N	1-1 19O	1-1 14a	1-3 6N	2-3 5F	2-1 26D	1-1 8m	1-0 23O	1-1 9A	1-0 26F	0-0 22J	0-2 10a	1-0 28a	2-3 18S	0-1 21M	1-0 4D	1-1 20	0-1 17O	2-1 19F	2-1 3J	2-2 23A	2-4 15M	0-1 14S
2	Burnley	1-1 16A		1-0 28S	2-2 19O	3-0 11S	0-2 22O	1-2 30a	0-2 6N	0-1 5F	1-0 8M	1-0 27N	2-0 13N	2-0 30A	2-0 11D	0-0 19A	2-1 15J	1-1 12M	2-2 7a	0-2 25S	3-1 4M	0-1 2A	1-0 5A	1-1 28D	2-1 21a
3	Cardiff City	2-0 12F	2-0 22J		2-1 10a	1-1 19M	0-2 18S	3-1 4D	0-1 15M	0-0 20	0-1 30O	3-0 22F	0-1 3J	0-1 13a	1-0 19N	2-0 8m	2-0 23A	1-0 16O	0-1 5M	0-1 28a	0-2 11D	0-3 14S	4-1 2N	0-2 9A	1-1 26D
4	Coventry City	2-1 2A	0-2 12F	1-1 12M		0-1 27N	6-2 30A	2-2 15S	1-2 3O	1-1 3J	0-0 16O	2-1 21a	2-0 6A	1-1 13N	1-2 3N	3-2 22J	0-0 30O	1-2 18S	0-0 26D	2-0 26F	1-0 7a	2-1 18D	1-2 30a	2-2 23F	2-2 16A
5	Crewe Alexandra	3-1 16O	1-1 15F	2-2 7a	2-1 8m		1-2 5A	4-1 20N	2-2 4D	2-2 18S	2-2 2N	2-1 30N	1-1 2A	3-0 11D	1-2 3J	0-2 14S	1-1 22F	1-1 22J	2-3 29O	0-2 23A	0-1 12M	3-0 2O	2-3 21a	1-3 12F	1-4 5M
6	Derby County	3-0 3N	1-1 23F	0-1 1J	2-2 4D	2-4 28a		2-0 23A	3-2 14a	2-0 26J	1-2 11a	0-3 28D	3-0 11D	1-0 5M	3-1 8m	0-0 16M	2-1 11S	3-2 30O	0-1 20N	3-1 9A	0-2 16J	2-1 16O	1-1 29S	1-1 25S	3-3 2M
7	Gillingham	0-1 25S	1-0 9A	0-1 30A	1-3 28D	1-1 16A	0-2 13N		0-0 19M	2-1 10a	0-2 28S	0-0 12F	2-1 27N	1-0 15J	2-0 14a	0-0 27a	3-1 1J	1-3 18D	2-1 17O	0-4 15M	0-0 11S	0-1 2N	1-1 22F	2-1 26F	1-0 30O
8	Ipswich Town	1-0 27N	1-1 16O	3-1 21a	3-2 15J	5-1 3O	3-2 2A	2-1 7a		1-0 13N	2-1 12F	2-0 12S	6-0 25S	3-2 30O	3-0 26F	0-2 28S	1-1 5A	4-3 2m	5-1 28D	1-0 17A	2-2 22F	1-2 1J	0-2 21D	2-1 30a	2-1
9	Leeds United	1-1 29J	1-2 3N	1-1 15J	3-0 11S	0-2 1J	1-0 7a	1-1 12M	1-1 23A		0-2 4D	1-1 19D	1-1 21a	2-1 28D	1-0 16O	6-1 20N	3-1 12F	0-0 8m	0-4 5A	0-0 28S	0-1 24S	2-2 24N	2-1 26F	2-2 31O	1-1 2A
10	Leicester City	0-1 30a	0-0 18S	1-1 19A	3-0 8N	1-1 5F	1-0 26A	2-0 22J	2-2 19O	2-0 1m		3-1 2A	0-1 5M	1-1 27N	1-0 2O	0-2 3J	0-1 11D	2-1 26D	1-1 14S	0-1 23O	0-1 13N	0-0 21a	0-2 7a	0-2 16A	1-1 5A
11	Millwall	2-0 11D	0-0 8m	2-2 23O	1-1 15M	4-3 9A	3-1 22S	2-1 19O	3-1 26D	1-1 6M	2-0 14a		1-0 30	3-0 20M	2-1 24A	0-0 5F	1-0 28a	1-2 3J	1-2 4D	0-1 19F	2-0 5N	0-2 19S	1-0 21N	0-2 10a	1-2 22J
12	Nottm Forest	0-1 29S	1-0 23A	0-0 11S	1-4 28a	2-2 14a	2-2 26F	2-2 8m	1-1 11a	0-0 16M	1-1 17O	1-2 15J		0-3 9A	2-0 23F	2-1 4D	1-0 20N	2-2 3N	1-1 12A	1-0 1J	1-2 28D	1-2 30O	2-1 26S	1-1 19M	1-0 15O
13	Plymouth Argyle	5-1 12M	1-0 4D	1-1 2A	1-1 23A	3-0 26F	0-2 18D	2-1 20	1-2 3J	0-0 14S	0-0 8m	3-2 7a		0-2 30a	2-1 22J	2-2 26D	1-1 2O	3-0 12F	0-0 22F	2-1 20N	1-0 21a	1-1 5A	1-2 30O	1-2 16O	1-2 18S
14	Preston N E	3-0 5A	1-0 26F	3-0 16A	3-2 5F	1-0 25S	3-0 27N	1-1 2A	2-4 18F	1-1 6N	1-1 15J	3-2 13N	1-1 23O	3-2 28S		2-1 19O	3-0 28D	2-0 30a	0-1 20a	3-0 11S	3-2 1J	2-1 7a	2-1 18D	1-1 30A	2-2 12M
15	Queens Park R	0-0 1J	3-0 30O	0-1 27N	4-1 28S	1-2 21a	0-2 5A	1-1 11D	2-4 16A	1-1 25S	3-2 2N	1-1 30A	2-1 11S	3-2 12F	1-2		0-0 5M	1-1 7a	0-1 31a	1-3 14J	3-1 2A	1-0 12M	1-0 16O	1-1 13N	1-1 22F
16	Reading	3-2 7a	0-0 2O	2-1 13N	1-2 19F	4-0 23O	0-1 3J	3-1 18S	1-1 22J	1-0 19O	0-0 26F	1-2 5A	0-0 16A	1-2 5F	0-0 14S	1-0 18D		0-0 21a	1-0 2A	3-0 6N	0-0 31a	3-1 26D	3-1 12M	1-1 27N	1-2 30A
17	Rotherham Utd	0-1 30A	0-0 16A	2-2 6N	1-2 1J	2-3 28S	1-3 19F	1-3 5M	0-2 28a	1-0 29N	2-4 11S	1-0 25S	0-1 5F	1-0 19O	0-0 9A	1-1 19M	1-2 15M		0-1 11D	1-0 14a	2-2 25O	1-1 16A	0-1 28S	2-2 15J	0-2 13N
18	Sheffield United	1-2 15J	2-1 19M	1-1 18D	1-1 25S	4-0 8M	0-1 15A	0-0 6N	0-2 5F	2-0 29a	0-1 28D	1-1 30A	2-1 19O	1-1 23O	3-2 15M	0-1 9A	1-0 14a	1-0 26F		0-0 10a	1-0 28S	1-1 13N	1-2 11S	0-2 1J	3-3 27N
19	Stoke City	2-0 5M	0-1 3J	1-3 5A	1-0 11D	1-0 13N	2-0 30a	3-2 21a	0-1 14S	3-2 22J	2-1 22F	0-0 30O	2-0 18S	0-0 16A	0-0 26D	0-0 20	1-2 16O	2-0 2A	1-0 12M		0-1 27N	0-1 30A	0-1 19A	2-1 2N	2-1 8a
20	Sunderland	2-0 30O	2-1 18D	2-1 26F	1-0 19M	3-1 10a	0-0 20	1-1 3J	2-0 21N	2-3 26D	2-1 23A	1-0 16O	0-0 14S	2-1 15M	5-1 18S	3-1 14a	2-2 9A	1-2 22F	4-1 22J	1-0 8m		1-0	4-2 12F	0-2 4D	1-1 28a	3-1 2N
21	Watford	1-1 11S	0-1 14a	1-0 28D	3-0 5M	2-3 15J	3-1 6N	2-2 5F	2-2 23O	1-2 9A	2-2 15M	1-2 1J	1-0 8M	0-2 28a	3-1 19M	0-2 9a	3-0 25S	0-1 20N	0-0 23A	0-0 4D	0-1 19O		1-1 8m	1-2 28S	0-0 11D
22	West Ham United	0-1 13N	1-0 28a	1-0 6F	3-0 9A	1-1 15M	1-1 23J	1-1 23O	2-1 18S	1-1 10D	2-2 18M	1-1 16A	3-2 26D	5-0 19F	1-2 5M	2-1 6N	1-0 10a	1-0 14S	0-2 3J	1-1 19O	2-1 29A	3-2 27N		1-3 15a	1-0 2O
23	Wigan Athletic	3-0 21a	0-0 14S	2-1 30a	4-1 23O	4-1 19O	1-2 26D	2-0 11D	1-0 5M	3-0 19F	0-0 20N	2-0 12M	1-1 7a	0-2 6N	5-0 5D	0-0 23A	3-1 8m	2-0 20	4-0 18S	0-1 5F	0-1 5A	2-2 22J	1-2 2A		2-0 4J
24	Wolverhampton	1-1 28D	2-0 15M	2-3 25S	0-1 20N	1-1 18D	2-0 19O	2-2 19F	2-0 11A	0-0 14a	1-1 28a	2-1 7D	2-1 6N	2-2 1J	2-1 11a	4-1 23O	2-0 4D	4-2 23A	1-1 8m	1-1 19M	0-0 4F	4-2 26F	3-3 15J	2-0 11S	

Final League Table

Pos	Team	Pld	Home					Away					Totals					Pts	GD	Leading Goalscorer	Gls
			W	D	L	F	A	W	D	L	F	A	W	D	L	F	A				
1	Sunderland	46	16	4	3	45	21	13	3	7	31	20	29	7	10	76	41	94	+35	M Stewart	16
2	Wigan Athletic	46	13	5	5	42	15	12	7	4	37	20	25	12	9	79	35	87	+44	N Ellington	24
3	Ipswich Town	46	17	3	3	53	26	7	10	6	32	30	24	13	9	85	56	85	+29	D Bent	20
4	Derby County	46	10	7	6	38	30	12	3	8	33	30	22	10	14	71	60	76	+11	G Rasiak	16
5	Preston N E	46	14	7	2	44	22	7	5	11	23	36	21	12	13	67	58	75	+9	R Cresswell	16
6	West Ham Utd (P)	46	12	5	6	36	24	9	5	9	30	32	21	10	15	66	56	73	+10	T Sheringham	20
7	Reading	46	13	7	3	33	15	6	6	11	18	29	19	13	14	51	44	70	+7	D Kitson	19
8	Sheffield United	46	9	7	7	28	23	9	6	8	29	33	18	13	15	57	56	67	+1	A Gray	15
9	Wolverhampton	46	9	11	3	40	26	6	10	7	32	33	15	21	10	72	59	66	+13	K Miller	19
10	Millwall	46	12	6	5	33	18	6	7	10	18	23	18	12	16	51	45	66	+6	B Hayles	12
11	Queens Park R	46	10	7	6	32	25	7	4	12	22	32	17	11	18	54	58	62	-4	P Furlong	18
12	Stoke City	46	11	2	10	22	18	6	9	8	14	20	17	10	19	36	38	61	-2	G Noel-Williams	13
13	Burnley	46	10	8	5	26	19	5	8	10	12	20	15	15	16	38	39	60	-1	R Blake	10
14	Leeds United	46	7	10	6	28	26	7	8	8	21	26	14	18	14	49	52	60	-3	D Healy	7
15	Leicester City	46	8	8	7	24	20	4	13	6	25	26	12	21	13	49	46	57	+3	D Connolly	13
16	Cardiff City	46	10	4	9	24	19	3	11	9	24	32	13	15	18	48	51	54	-3	P Thorne	12
17	Plymouth Argyle	46	9	8	6	31	23	5	3	15	21	41	14	11	21	52	64	53	-12	P Wotton	12
18	Watford	46	5	10	8	25	25	7	6	10	27	34	12	16	18	52	59	52	-7	H Helguson	16
19	Coventry City	46	8	7	8	32	28	5	6	12	29	45	13	13	20	61	73	52	-12	G McSheffrey	12
20	Brighton & H A	46	7	7	9	24	29	6	5	12	16	36	13	12	21	40	65	51	-25	A Virgo	8
21	Crewe Alexandra	46	6	8	9	37	38	6	6	11	29	48	12	14	20	66	86	50	-20	D Ashton	17
22	Gillingham	46	10	6	7	22	23	2	8	13	23	43	12	14	20	45	66	50	-21	D Henderson	9
23	Nottm Forest	46	7	10	6	26	28	2	7	14	16	38	9	17	20	42	66	44	-24	G Taylor	7
24	Rotherham United	46	2	6	14	17	34	3	7	13	18	35	5	14	27	35	69	29	-34	M Butler	6

2004/05 COCA-COLA FOOTBALL LEAGUE DIVISION 1 [LEVEL 3]
SEASON 106

Total Matches: 552
Total Goals: 1551
Avg goals per match: 2.81

Final League Table

Pos	Team	Pld	Home W	Home D	Home L	Home F	Home A	Away W	Away D	Away L	Away F	Away A	Totals W	Totals D	Totals L	Totals F	Totals A	Pts	GD	Leading Goalscorer	Gls
1	Luton Town	46	17	4	2	46	16	12	7	4	41	32	29	11	6	87	48	98	+39	S Howard	18
2	Hull City	46	16	5	2	42	17	10	3	10	38	36	26	8	12	80	53	86	+27	S Elliott	27
3	Tranmere Rovers	46	14	5	4	43	23	8	8	7	30	32	22	13	11	73	55	79	+18	I Hume	15
4	Brentford	46	15	4	4	34	22	7	5	11	23	38	22	9	15	57	60	75	-3	D Burton	10
5	Sheffield Wed (P)	46	10	6	7	34	28	9	9	5	43	31	19	15	12	77	59	72	+18	S MacLean	18
6	Hartlepool United	46	15	3	5	51	30	6	5	12	25	36	21	8	17	76	66	71	+10	A Boyd	22
7	Bristol City	46	9	8	6	42	25	9	8	6	32	32	18	16	12	74	57	70	+17	L Lita	24
8	Bournemouth	46	9	7	7	40	30	11	3	9	37	34	20	10	16	77	64	70	+13	J Hayter	19
9	Huddersfield T	46	12	6	5	42	28	8	4	11	32	37	20	10	16	74	65	70	+9	P Abbott	26
10	Doncaster Rovers	46	10	11	2	35	20	6	7	10	30	40	16	18	12	65	60	66	+5	M McIndoe	10
11	Bradford City	46	10	6	7	40	35	8	8	7	24	27	17	14	15	64	62	65	+2	D Windass	27
12	Swindon Town	46	12	5	6	40	29	10	5	7	26	38	17	12	17	66	68	63	-2	S Parkin	23
13	Barnsley	46	7	11	5	38	31	7	8	8	31	33	14	19	13	69	64	61	+5	M Chopra	17
14	Walsall	46	11	7	5	40	28	5	5	13	25	41	16	12	18	65	69	60	-4	M Fryatt	15
15	Colchester United	46	8	6	9	27	23	6	11	6	33	27	14	17	15	60	50	59	+10	N Danns	11
16	Blackpool	46	8	7	8	28	30	7	5	11	26	29	15	12	19	54	59	57	-5	S Taylor	12
17	Chesterfield	46	11	6	6	32	28	5	7	11	23	34	16	13	17	55	62	57	-7	T N'Toya	8
18	Port Vale	46	13	2	8	33	23	4	3	16	16	36	17	5	24	49	59	56	-10	L Matthews	11
19	Oldham Athletic	46	10	5	8	42	34	4	5	14	18	34	14	10	22	60	73	52	-13	C Killen	10
20	M K Dons	46	8	10	5	33	28	4	5	14	21	40	12	15	19	54	68	51	-14	I McLeod	16
21	Torquay United	46	8	5	10	27	36	4	10	9	28	43	12	15	19	55	79	51	-24	A Akinfenwa	14
22	Wrexham *	46	6	8	9	26	37	7	4	12	18	26	13	12	21	44	63	51	-18	J Ugarte	17
23	Peterborough U	46	6	5	12	27	35	4	6	13	22	38	9	11	25	49	73	39	-24	C Willock	12
24	Stockport County	46	6	3	14	16	29	0	7	16	27	69	6	10	30	43	98	26	-49	W Feeney	15

* Wrexham deducted 10 points for entering administration.

2004/05 COCA-COLA FOOTBALL LEAGUE DIVISION 2 [LEVEL 4]

SEASON 106

Total Matches: 552
Total Goals: 1347
Avg goals per match: 2.44

	Boston United	Bristol Rovers	Bury	Cambridge Utd	Cheltenham T	Chester City	Darlington	Grimsby Town	Kidderminster H	Leyton Orient	Lincoln City	Macclesfield T	Mansfield Town	Northampton T	Notts County	Oxford United	Rochdale	Rushden & D	Scunthorpe Utd	Shrewsbury T	Southend Utd	Swansea City	Wycombe Wand	Yeovil Town
1 Boston United		2-2	2-2	2-1	2-1	3-1	3-1	1-1	3-0	2-2	0-2	1-1	0-0	0-1	4-0	1-0	1-1	1-0	2-1	2-2	2-0	2-3	2-0	1-2
2 Bristol Rovers	1-1		2-2	1-1	1-1	4-1	3-3	3-0	2-0	1-1	0-0	0-0	4-4	3-1	2-1	2-0	0-0	3-0	0-3	0-0	2-1	2-0	1-0	2-2
3 Bury	1-1	1-1		2-1	3-1	1-1	0-1	3-1	4-0	0-0	0-1	2-1	0-2	2-0	1-0	0-0	0-0	1-1	0-1	0-0	0-1	0-1	2-2	3-1
4 Cambridge Utd	0-1	1-0	1-1		1-0	0-0	3-1	0-2	1-3	1-1	0-1	0-1	2-2	0-1	0-0	2-1	0-0	3-1	1-2	1-0	0-2	0-1	2-1	3-5
5 Cheltenham T	1-0	1-1	1-0	2-1		0-0	0-2	2-3	2-0	1-2	1-0	3-0	2-0	1-0	0-2	0-1	2-0	4-1	0-2	1-1	0-3	1-2	1-1	1-1
6 Chester City	2-1	2-2	2-1	0-0	0-3		0-3	2-1	3-0	1-1	0-1	1-0	0-3	0-2	3-2	1-3	0-0	3-1	1-1	1-1	2-2	1-1	0-2	0-2
7 Darlington	1-0	0-1	1-2	1-1	3-1	1-0		1-0	0-2	3-0	0-3	3-1	2-1	1-1	1-2	1-1	0-3	2-0	0-0	3-0	4-0	2-1	1-0	2-2
8 Grimsby Town	1-1	0-0	5-1	3-0	1-1	1-0	0-1		2-1	2-0	2-4	0-0	2-0	1-2	3-2	1-1	0-1	0-0	0-0	0-1	1-1	1-1	0-0	2-1
9 Kidderminster H	0-4	1-1	2-2	1-1	1-0	0-1	1-0	1-4		1-2	2-1	1-0	1-3	0-2	0-0	1-3	2-1	0-0	3-2	0-1	1-3	1-5	0-2	1-1
10 Leyton Orient	0-0	4-2	1-1	1-1	2-3	2-0	1-0	1-2	2-1		1-1	1-3	2-1	3-2	0-0	2-1	2-2	1-1	4-1	2-2	3-1	1-2	2-3	
11 Lincoln City	2-2	1-1	1-0	2-1	0-0	1-1	0-0	0-0	3-0	3-4		2-0	2-0	3-2	1-2	3-0	1-1	1-3	2-0	2-0	1-1	1-0	2-3	3-1
12 Macclesfield T	1-1	2-1	2-1	1-1	0-2	1-2	1-0	3-1	2-0	3-1	2-1		3-1	1-3	1-2	1-0	3-0	1-0	2-2	1-1	1-2	1-2	2-1	3-1
13 Mansfield Town	3-2	0-2	1-0	0-0	1-2	0-0	1-1	2-0	2-1	0-1	2-2	0-1		4-1	3-1	1-3	1-0	0-0	1-0	1-1	1-1	1-0	1-4	4-1
14 Northampton T	2-1	2-1	2-0	2-2	1-1	1-1	1-1	0-1	3-0	2-2	1-0	2-1			0-0	1-0	5-1	1-0	1-2	2-0	1-2	2-2	1-1	1-1
15 Notts County	2-1	1-2	0-1	2-1	0-0	1-1	1-1	2-2	1-3	1-2	1-0	0-5	0-1	0-0		0-1	0-0	1-1	2-0	3-0	1-2	1-0	0-1	1-2
16 Oxford United	2-0	3-2	3-1	2-1	1-0	0-1	1-2	1-2	0-2	2-2	0-1	1-1	0-1	1-2	2-1		0-1	0-0	1-1	2-1	2-0	0-1	1-1	1-1
17 Rochdale	2-0	0-0	0-3	2-1	1-2	2-2	1-1	2-0	1-1	2-0	3-1	3-0	1-1	1-0	0-3	5-1		2-0	0-0	1-1	2-0	0-2	1-1	2-1
18 Rushden & D	4-2	0-0	3-0	0-1	1-0	0-1	1-2	1-0	0-0	2-0	1-4	0-2	0-0	3-2	5-1	3-3	0-0		1-3	0-0	1-4	0-2	1-2	2-0
19 Scunthorpe Utd	1-1	4-0	3-2	4-0	4-1	1-2	0-1	2-1	1-0	3-2	0-0	1-1	2-0	0-0	1-1	3-1	1-0			3-1	3-2	1-0	2-0	1-0
20 Shrewsbury T	0-0	2-0	2-2	0-0	2-0	5-0	4-0	1-1	4-2	4-1	0-1	0-1	0-2	2-0	1-1	3-0	0-2	0-1	0-0		1-1	2-0	0-1	1-2
21 Southend United	2-1	2-0	1-0	1-0	0-2	1-0	2-0	1-1	1-0	1-1	2-1	0-1	2-1	0-0	4-0	3-0	0-0	1-0				4-2	1-2	0-1
22 Swansea City	3-1	1-0	1-3	3-0	1-1	3-0	2-1	0-0	3-0	1-0	1-0	2-0	1-0	0-2	4-0	1-0	2-2	1-0	2-1	1-0	1-1		2-2	0-2
23 Wycombe Wand	1-2	1-0	1-2	2-1	1-1	4-2	1-1	2-0	3-0	3-2	1-0	1-1	0-1	1-2	1-1	0-3	1-1	2-1	1-1	0-1	0-1			0-1
24 Yeovil Town	2-0	4-2	0-1	2-1	4-1	4-1	1-1	2-1	2-1	1-0	1-0	3-0	1-2	5-2	1-1	1-3	6-1	2-2	3-1	4-3	3-1	1-0	1-1	

Final League Table

Pos	Team	Pld	Home W	D	L	F	A	Away W	D	L	F	A	Totals W	D	L	F	A	Pts	GD	Leading Goalscorer	Gls
1	Yeovil Town	46	16	4	3	57	28	9	4	10	33	37	25	8	13	90	65	83	+25	P Jevons	27
2	Scunthorpe Utd	46	16	5	2	43	16	6	9	8	26	26	22	14	10	69	42	80	+27	P Hayes	18
3	Swansea City	46	15	5	3	36	16	9	3	11	26	27	24	8	14	62	43	80	+19	L Trundle	22
4	Southend Utd (P)	46	13	5	5	31	14	9	7	7	34	32	22	12	12	65	46	78	+19	F Eastwood	19
5	Macclesfield T	46	15	3	5	39	24	7	6	10	21	25	22	9	15	60	49	75	+11	J Parkin	22
6	Lincoln City	46	11	8	4	37	22	9	4	10	27	25	20	12	14	64	47	72	+17	S Yeo	21
7	Northampton T	46	11	9	3	35	20	9	3	11	27	31	20	12	14	62	51	72	+11	S McGleish	13
8	Darlington	46	13	4	6	33	21	7	8	8	24	28	20	12	14	57	49	72	+8	C Wijnhard	14
9	Rochdale	46	11	8	4	34	21	5	10	8	20	27	16	18	12	54	48	66	+6	G Holt	17
10	Wycombe Wand	46	8	7	8	28	26	9	7	7	30	26	17	14	15	58	52	65	+6	N Tyson	22
11	Leyton Orient	46	10	8	5	40	30	6	7	10	25	37	16	15	15	65	67	63	-2	L Steele	16
12	Bristol Rovers	46	10	12	1	39	22	9	11	21	35	13	21	12	60	57	60	+3	J Agogo	19
13	Mansfield Town	46	9	8	6	29	24	7	10	6	27	32	16	15	19	56	56	60	0	C Larkin	11
14	Cheltenham T	46	10	5	8	27	23	6	7	10	24	31	16	12	18	51	54	60	-3	M Devaney	10
15	Oxford United	46	11	4	8	29	24	5	7	11	21	39	16	11	19	50	63	59	-13	T Mooney	15
16	Boston United	46	11	8	4	39	24	3	8	12	23	34	14	16	16	62	58	58	+4	A Kirk	19
17	Bury	46	8	9	6	26	18	6	7	10	28	36	14	16	16	54	54	58	0	D Nugent	11
18	Grimsby Town	46	8	10	5	28	19	6	8	9	23	33	14	18	14	51	52	58	-1	M Reddy	9
19	Notts County	46	6	7	10	21	27	7	6	10	25	35	13	13	20	46	62	52	-16	G Hurst	14
20	Chester City	46	7	8	8	26	33	5	8	10	18	36	12	16	18	43	69	52	-26	M Branch	11
21	Shrewsbury T	46	9	7	7	34	18	2	9	12	14	35	11	16	19	48	49	-5	D Muss, L Rodgers	6
22	Rushden & D	46	8	6	9	29	29	2	8	13	13	34	10	14	22	42	63	44	-21	B Sharp	9
23	Kidderminster H	46	6	6	11	21	39	4	2	17	18	46	10	8	28	39	85	38	-46	I Foster	6
24	Cambridge Utd *	46	7	6	10	20	27	1	10	12	17	35	8	16	22	39	62	30	-23	J Easter, S Tudor, J Turner	6

* Cambridge United deducted 10 points for entering administration.

2005/06 FA BARCLAYCARD PREMIERSHIP
SEASON 14

Total Matches	380
Total Goals	944
Avg goals per match	2.48

	Team	Arsenal	Aston Villa	Birmingham City	Blackburn Rov	Bolton Wand	Charlton Athletic	Chelsea	Everton	Fulham	Liverpool	Manchester City	Manchester Utd	Middlesbrough	Newcastle Utd	Portsmouth	Sunderland	Tottenham H	West Brom A	West Ham Utd	Wigan Athletic
1	Arsenal		5-0	1-0	3-0	1-1	3-0	0-2	2-0	4-1	2-1	1-0	0-0	7-0	2-0	4-0	3-1	1-1	3-1	2-3	4-2
2	Aston Villa	0-0		3-1	1-0	2-2	1-0	1-1	4-0	0-0	0-2	0-1	0-2	2-3	1-2	1-0	2-1	1-1	0-0	1-2	0-2
3	Birmingham City	0-2	0-1		2-1	1-0	0-1	0-0	0-1	1-0	2-2	1-2	2-2	0-3	0-0	5-0	1-0	0-2	1-1	1-2	2-0
4	Blackburn Rovers	1-0	2-0	2-0		0-0	4-1	1-0	0-2	2-1	0-1	2-0	4-3	3-2	0-3	2-1	2-0	0-0	2-0	3-2	1-1
5	Bolton Wanderers	2-0	1-1	1-0	0-0		4-1	0-2	0-1	2-1	2-2	2-0	1-2	1-1	2-0	1-0	2-0	1-0	2-0	4-1	1-1
6	Charlton Athletic	0-1	0-0	2-0	0-2	0-1		0-2	0-0	1-1	2-0	2-5	1-3	2-1	3-1	2-1	2-0	2-3	0-0	2-1	1-0
7	Chelsea	1-0	2-1	2-0	4-2	5-1	1-1		3-0	3-2	2-0	2-0	3-0	1-0	3-0	2-0	2-0	2-1	4-0	4-1	1-0
8	Everton	1-0	4-1	0-0	1-0	4-3	3-1	1-1		3-1	1-3	1-0	0-2	1-0	1-0	0-1	2-2	0-1	2-2	1-2	0-1
9	Fulham	0-4	3-3	0-0	2-1	2-1	2-1	0-1	1-0		2-0	2-1	2-3	1-0	1-0	1-3	2-1	1-0	6-1	1-2	1-0
10	Liverpool	1-0	3-1	1-1	1-0	1-0	0-0	1-4	3-1	5-1		1-0	0-0	2-0	2-0	3-0	1-0	0-0	1-0	2-0	3-0
11	Manchester City	1-3	3-1	4-1	0-0	0-1	3-2	0-1	2-0	1-2	0-1		3-1	0-1	3-0	2-1	2-1	0-2	0-0	2-1	0-1
12	Manchester United	2-0	1-0	3-0	1-2	4-1	4-0	1-0	1-1	4-2	1-0	1-1		0-0	2-0	3-0	0-0	1-1	3-0	1-0	4-0
13	Middlesbrough	2-1	0-4	1-0	0-2	4-3	0-3	3-0	0-1	3-2	0-0	0-0	4-1		1-2	1-1	0-2	3-3	2-2	2-0	2-3
14	Newcastle United	1-0	1-1	1-0	0-1	3-1	0-0	1-0	2-0	1-1	1-3	1-0	0-2	2-2		2-0	3-2	3-1	3-0	0-0	3-1
15	Portsmouth	1-1	1-1	1-1	2-2	1-1	1-2	0-2	0-1	1-0	1-3	2-1	1-3	1-0	0-0		2-1	0-2	1-0	1-1	0-2
16	Sunderland	0-3	1-3	0-1	1-0	0-0	1-3	1-2	0-1	2-1	0-2	1-2	1-3	0-3	1-4	1-4		1-1	1-1	1-1	0-1
17	Tottenham Hotspur	1-1	0-0	2-0	3-2	1-0	3-1	0-2	2-0	1-0	0-0	2-1	1-2	2-0	3-1	3-2		2-1	1-1	2-2	
18	West Bromwich Albion	2-1	1-2	2-3	2-0	0-0	1-2	1-2	4-0	0-0	1-2	2-0	1-2	0-2	0-3	2-1	0-1	2-0		0-1	1-2
19	West Ham United	0-0	4-0	3-0	3-1	1-2	0-0	1-3	2-2	2-1	1-2	1-0	1-2	2-1	2-4	2-4	2-0	2-1	1-0		0-2
20	Wigan Athletic	2-3	3-2	1-1	0-3	2-1	3-0	0-1	1-1	1-0	0-1	4-3	1-2	1-1	1-0	1-2	1-0	1-2	0-1	1-2	

Final League Table

Pos	Team	Pld	Home W	Home D	Home L	Home F	Home A	Away W	Away D	Away L	Away F	Away A	Totals W	Totals D	Totals L	Totals F	Totals A	Pts	GD	Leading Goalscorer	Gls
1	Chelsea	38	18	1	0	47	9	11	3	5	25	13	29	4	5	72	22	91	+50	F Lampard	16
2	Manchester Utd	38	13	5	1	37	8	12	3	4	35	26	25	8	5	72	34	83	+38	R Van Nistelrooy	21
3	Liverpool	38	15	3	1	32	8	10	4	5	25	17	25	7	6	57	25	82	+32	S Gerrard	10
4	Arsenal	38	14	3	2	48	13	6	4	9	20	18	20	7	11	68	31	67	+37	T Henry	27
5	Tottenham H	38	12	5	2	31	16	6	6	7	22	22	18	11	9	53	38	65	+15	R Keane	16
6	Blackburn Rovers	38	13	3	3	31	17	6	3	10	20	25	19	6	13	51	42	63	+9	C Bellamy	13
7	Newcastle United	38	11	5	3	28	15	6	2	11	19	27	17	7	14	47	42	58	+5	A Shearer	10
8	Bolton Wanderers	38	11	5	3	29	13	4	6	9	20	28	15	11	12	49	41	56	+8	S Giannakopoulos, K Nolan	9
9	West Ham United	38	9	3	7	30	25	7	4	8	22	30	16	7	15	52	55	55	-3	M Harewood	14
10	Wigan Athletic	38	7	3	9	24	26	8	3	8	21	26	15	6	17	45	52	51	-7	H Camara	12
11	Everton	38	8	4	7	22	22	6	4	9	12	27	14	8	16	34	49	50	-15	J Beattie	10
12	Fulham	38	13	2	4	31	21	1	4	14	17	37	14	6	18	48	58	48	-10	C John	11
13	Charlton Athletic	38	8	4	7	22	21	5	4	10	19	34	13	8	17	41	55	47	-14	D Bent	18
14	Middlesbrough	38	7	5	7	28	30	5	4	10	20	28	12	9	17	48	58	45	-10	A Yakubu	13
15	Manchester City	38	9	2	8	26	20	4	2	13	17	28	13	4	21	43	48	43	-5	A Cole	9
16	Aston Villa	38	6	6	7	20	20	4	6	9	22	35	10	12	16	42	55	42	-13	M Baros, L Moore	5
17	Portsmouth	38	5	7	7	17	24	5	1	13	20	38	10	8	20	37	62	38	-25	L Lua-Lua	7
18	Birmingham City	38	6	5	8	19	20	2	5	12	9	30	8	10	20	28	50	34	-22	J Jarosik	5
19	West Brom A	38	6	2	11	21	24	1	7	11	10	34	7	9	22	31	58	30	-27	N Ellington, N Kanu	5
20	Sunderland	38	1	4	14	12	37	2	2	15	14	32	3	6	29	26	69	15	-43	L Lawrence, A Le Tallec, T Miller, D Whitehead	3

2005/06

COCA-COLA FOOTBALL LEAGUE CHAMPIONSHIP [LEVEL 2]
SEASON 107

Total Matches: 552
Total Goals: 1341
Avg goals per match: 2.43

		Brighton & H A	Burnley	Cardiff City	Coventry C	Crewe Alexandra	Crystal Palace	Derby County	Hull City	Ipswich Town	Leeds United	Leicester City	Luton Town	Millwall	Norwich City	Plymouth Argyle	Preston N E	Q P R	Reading	Sheffield United	Sheffield Weds	Southampton	Stoke City	Watford	Wolverhampton
1	Brighton & H A		0-0	1-2	2-2	2-2	2-3	0-0	2-1	1-1	2-1	1-2	1-1	1-2	1-3	2-0	0-0	1-0	0-2	0-1	0-2	0-2	1-5	0-1	1-1
2	Burnley	1-1		3-3	4-0	3-0	0-0	2-2	1-0	3-0	1-2	1-0	1-1	2-1	2-0	1-0	0-2	1-0	0-3	1-2	1-2	1-1	1-0	4-1	0-1
3	Cardiff City	1-1	3-0		0-0	6-1	1-0	0-0	1-0	2-1	2-1	1-0	1-2	1-1	0-1	0-2	2-2	0-0	2-5	0-1	1-0	2-1	3-0	1-3	2-2
4	Coventry City	2-0	1-0	3-1		1-1	1-4	6-1	0-2	1-1	1-1	1-0	1-0	2-2	3-1	0-1	3-0	1-1	2-0	2-1	1-1	1-2	3-1	2-0	
5	Crewe Alexandra	2-1	2-1	1-1	4-1		2-2	1-1	2-2	1-2	1-0	2-3	3-1	4-2	1-2	1-2	0-2	3-4	3-4	1-3	2-0	1-1	1-2	0-0	0-4
6	Crystal Palace	0-1	2-0	1-0	2-0	2-2		2-0	2-0	2-2	1-2	2-0	1-2	1-1	4-1	1-0	1-1	2-1	1-1	2-3	2-0	2-1	2-0	3-1	1-1
7	Derby County	1-1	3-0	2-1	1-1	5-1	2-1		1-1	3-3	0-0	1-1	1-1	1-0	2-0	1-0	1-1	1-2	2-2	0-1	0-2	2-2	2-1	1-2	0-3
8	Hull City	2-0	0-0	2-0	1-2	1-0	1-2	2-1		2-0	1-0	1-1	0-1	1-1	1-1	1-0	1-1	0-0	1-1	1-3	1-0	1-1	0-1	1-2	2-3
9	Ipswich Town	1-2	2-1	1-0	2-2	2-1	0-2	2-0	1-1		1-1	2-0	1-0	1-1	0-1	3-1	0-4	2-2	0-3	1-1	2-1	2-2	1-4	0-1	1-1
10	Leeds United	3-3	2-0	0-1	3-1	1-0	0-1	3-1	2-0	0-2		2-1	2-1	2-2	0-0	0-0	2-0	1-1	1-1	1-1	3-0	2-1	0-0	2-1	2-0
11	Leicester City	0-0	0-1	1-2	2-1	1-1	2-0	2-2	3-2	0-0	1-1		0-2	1-1	0-1	1-0	1-2	1-2	1-1	4-2	2-0	0-0	4-2	2-2	1-0
12	Luton Town	3-0	2-3	3-3	1-2	4-1	2-0	1-0	2-3	1-0	0-0	1-2		2-1	4-2	1-1	3-0	2-0	3-2	1-1	2-2	3-2	2-3	1-2	1-1
13	Millwall	0-2	1-0	0-0	0-0	1-3	1-1	2-1	1-0	0-1	2-1	2-1		1-0	1-1	1-2	1-1	1-1	0-2	0-4	0-1	0-2	0-1	0-0	0-0
14	Norwich City	3-0	2-1	1-0	1-1	1-1	1-1	2-0	2-1	1-2	0-1	2-1	2-0	1-1		2-0	0-3	3-2	0-1	2-1	0-1	3-1	2-1	2-3	1-2
15	Plymouth Argyle	1-0	1-0	0-1	3-1	1-1	2-0	0-2	0-1	2-1	0-3	1-0	1-2	0-0	1-1		0-0	3-1	0-2	0-0	1-1	2-1	2-1	3-3	2-0
16	Preston N E	0-0	0-0	2-1	3-1	1-0	2-1	1-1	3-0	3-1	2-0	0-0	5-1	2-0	0-0		0-0	1-1	0-3	0-0	0-0	1-1	0-1	1-1	2-0
17	Queens Park R	1-1	1-1	1-0	0-1	1-2	1-3	1-1	2-2	2-1	0-1	2-3	1-0	3-0	1-1	0-2		1-2	2-1	0-0	1-0	1-2	1-2	0-0	
18	Reading	5-1	2-1	5-1	2-0	1-0	3-2	5-0	3-1	2-0	1-1	2-0	3-0	5-0	4-0	1-2	2-1	2-1		2-1	2-0	2-0	3-1	0-0	1-1
19	Sheffield United	3-1	3-0	0-0	2-1	0-0	1-0	2-0	2-1	1-1	4-1	4-0	2-2	1-3	2-0	2-1	2-3	1-1	1-0		3-0	1-1	1-4	1-0	
20	Sheffield Weds	1-1	0-0	1-3	3-2	3-0	0-0	2-1	1-1	0-1	1-0	2-1	0-2	1-2	1-0	0-0	2-0	1-1	1-1	1-2		0-1	0-2	1-1	0-2
21	Southampton	2-1	1-1	3-2	1-1	2-0	0-0	0-1	1-0	2-3	4-2	2-0	1-0	0-0	0-0	1-1	1-0	0-1	1-0	0-1	3-0		2-0	1-3	0-0
22	Stoke City	3-0	1-0	0-3	0-1	2-0	1-3	1-2	0-3	2-2	0-1	3-2	2-1	2-1	3-1	0-0	0-0	1-2	0-1	1-1	0-0	1-2		0-3	1-3
23	Watford	1-1	3-1	2-1	4-0	4-1	1-2	2-2	0-0	2-1	0-0	1-2	0-2	2-1	1-1	1-2	3-1	0-0	2-3	2-1	3-0	1-0	3-3		3-1
24	Wolverhampton	1-0	0-1	2-0	2-2	1-1	2-1	1-1	0-0	1-0	0-0	2-1	1-2	2-0	1-1	1-1	3-1	0-2	0-0	1-3	0-0	0-0	1-1		

Final League Table

Pos	Team	Pld	Home					Away					Totals						Leading Goalscorer	Gls
			W	D	L	F	A	W	D	L	F	A	W	D	L	F	A	Pts	GD		
1	Reading	46	19	3	1	58	14	12	10	1	41	18	31	13	2	99	32	106	+67	K Doyle, D Kitson	18
2	Sheffield United	46	15	5	3	43	22	11	7	5	33	24	26	12	8	76	46	90	+30	N Shipperley	11
3	Watford (P)	46	11	7	5	39	24	11	8	4	38	29	22	15	9	77	53	81	+24	M King	21
4	Preston N E	46	11	10	2	31	12	9	10	4	28	18	20	20	6	59	30	80	+29	D Nugent	10
5	Leeds United	46	13	7	3	35	18	8	8	7	22	20	21	15	10	57	38	78	+19	D Healy, R Hulse	12
6	Crystal Palace	46	13	6	4	39	20	8	6	9	28	28	21	12	13	67	48	75	+19	A Johnson	15
7	Wolverhampton	46	9	10	4	24	18	7	9	7	26	24	16	19	11	50	42	67	+8	C Cort	11
8	Coventry City	46	12	7	4	39	22	4	8	11	23	43	16	15	15	62	65	63	-3	G McSheffrey	15
9	Norwich City	46	12	4	7	34	25	6	4	13	22	40	18	8	20	56	65	62	-9	D Ashton	10
10	Luton Town	46	11	6	6	45	31	6	4	13	21	36	17	10	19	66	67	61	-1	S Howard	14
11	Cardiff City	46	10	6	7	32	24	6	5	12	26	35	16	11	19	58	59	60	-1	C Jerome	18
12	Southampton	46	9	10	4	26	17	4	9	10	23	33	13	19	14	49	50	58	-1	R Fuller	9
13	Stoke City	46	7	5	11	24	32	10	2	11	30	31	17	7	22	54	63	58	-9	P Gallagher	11
14	Plymouth Argyle	46	10	7	6	26	23	3	10	10	13	24	13	17	16	39	46	58	-7	P Wotton	8
15	Ipswich Town	46	9	8	7	28	27	4	6	13	25	34	14	14	18	53	66	56	-13	N Forster	7
16	Leicester City	46	8	9	6	30	25	6	5	12	21	34	13	15	18	51	59	54	-8	I Hume	9
17	Burnley	46	8	11	6	34	22	6	3	14	13	32	14	12	20	46	54	54	-8	A Akinbiyi	12
18	Hull City	46	8	8	7	34	21	4	8	11	15	34	12	16	18	49	55	52	-6	S Elliott	7
19	Sheffield Weds	46	7	8	8	22	24	6	5	12	17	28	13	13	20	39	52	52	-13	C Brunt	7
20	Derby County	46	8	10	5	33	27	2	10	11	20	40	10	20	16	53	67	50	-14	I Idiakez	11
21	Queens Park R	46	7	7	9	24	26	5	7	11	26	39	12	14	20	50	65	50	-15	G Ainsworth, M Nygaard	9
22	Crewe Alexandra	46	7	7	9	38	40	2	8	13	19	46	9	15	22	57	86	42	-29	B Jones, L Rodgers	6
23	Millwall	46	4	8	11	13	27	4	8	11	22	35	8	16	22	35	62	40	-27	B May	10
24	Brighton & H A	46	4	8	11	21	34	3	9	11	18	37	7	17	22	39	71	38	-32	C Kazim-Richards	6

2005/06 COCA-COLA FOOTBALL LEAGUE DIVISION 1 [LEVEL 3]
SEASON 107

Total Matches 552
Total Goals 1384
Avg goals per match 2.49

	Barnsley	Blackpool	Bournemouth	Bradford City	Brentford	Bristol City	Chesterfield	Colchester Utd	Doncaster Rov	Gillingham	Hartlepool Utd	Huddersfield T	M K Dons	Nottm Forest	Oldham Athletic	Port Vale	Rotherham Utd	Scunthorpe Utd	Southend United	Swansea City	Swindon Town	Tranmere Rov	Walsall	Yeovil Town
1 Barnsley		2-2	0-0	0-0	1-1	2-0	1-1	1-0	0-2	1-0	1-1	2-2	0-0	2-0	4-0	1-1	1-1	5-2	2-2	2-2	2-0	2-1	2-1	1-0
2 Blackpool	1-1		1-3	1-0	0-0	1-1	1-3	1-2	4-2	3-3	1-2	0-1	3-2	2-2	1-0	1-0	0-0	5-2	1-2	1-0	0-0	1-1	2-0	2-0
3 Bournemouth	1-1	1-1		0-1	2-2	2-0	1-2	1-2	2-1	2-1	1-1	1-1	2-0	1-1	0-0	1-2	2-0	1-1	1-1	0-1	2-1	0-0	0-0	1-0
4 Bradford City	0-0	1-0	1-2		3-3	1-1	2-0	1-1	2-1	1-0	0-1	1-2	2-0	1-1	1-4	1-0	1-2	4-2	0-2	1-1	1-1	0-0	2-0	1-1
5 Brentford	3-1	1-1	0-2	1-1		2-3	1-1	0-2	0-1	1-1	1-1	2-0	1-0	1-1	3-3	0-1	2-1	2-0	2-1	0-0	2-0	5-0	3-2	
6 Bristol City	3-0	1-1	3-1	0-1	0-1		2-4	0-0	0-0	6-0	0-1	2-0	2-2	1-1	2-1	4-2	3-1	1-1	0-3	1-0	1-1	1-0	3-0	2-1
7 Chesterfield	0-0	1-1	3-0	1-0	1-3	3-0		0-1	1-1	3-1	4-3	1-2	1-3	1-1	2-0	0-1	1-2	3-4	0-4	1-1	0-2	2-2	0-3	
8 Colchester Utd	1-0	3-2	0-1	3-1	1-1	3-2	1-2		3-2	5-0	2-0	1-1	2-0	3-1	0-0	2-1	2-0	1-0	0-3	1-2	1-0	1-0	0-0	3-2
9 Doncaster Rov	2-0	0-1	4-2	2-2	0-0	2-0	1-1	0-0		2-0	0-1	1-2	1-1	1-2	1-0	1-1	3-1	3-1	2-0	2-1	1-0	0-2	1-0	0-1
10 Gillingham	0-3	2-1	1-0	2-1	3-2	1-1	1-0	2-1	1-0		1-0	2-0	0-3	1-3	0-1	3-0	1-1	1-3	1-2	1-0	3-0	1-1	0-1	0-0
11 Hartlepool United	1-1	0-3	2-1	0-2	1-2	1-2	1-0	0-1	1-1	3-1		2-1	3-2	1-1	1-1	0-0	3-3	1-2	2-2	1-1	0-0	1-1	0-0	1-1
12 Huddersfield T	1-0	2-0	2-2	0-0	3-2	1-0	1-2	2-0	2-2	0-0	2-1		5-0	2-1	3-2	0-3	4-1	1-4	0-0	3-1	1-1	1-0	3-1	1-2
13 M K Dons	0-0	3-0	2-2	2-1	0-1	0-1	0-0	1-1	2-3	1-2	2-1	2-2		0-0	1-1	0-1	0-0	1-1	1-0	2-1	1-3	3-1	1-2	2-1
14 Nottm Forest	0-2	1-1	1-1	1-0	1-2	3-1	0-0	4-1	0-0	2-0	1-0	0-1	3-0		3-0	1-0	2-0	0-0	2-0	1-2	7-1	1-0	1-1	2-1
15 Oldham Athletic	0-3	3-1	1-0	0-1	0-1	4-3	4-1	1-0	0-1	2-0	2-1	0-3	1-2	3-0		0-1	0-1	1-1	0-0	1-1	2-2	1-0	2-1	2-0
16 Port Vale	3-2	1-2	0-0	0-1	1-0	0-1	3-1	0-1	2-0	0-0	1-2	1-1	3-1	0-2	2-2		2-0	1-2	2-1	3-2	1-1	0-2	3-2	1-0
17 Rotherham Utd	0-1	4-0	2-0	1-1	2-2	3-1	0-4	1-2	1-0	3-0	0-0	1-1	0-0	1-1	2-0	1-1		1-1	2-4	2-2	0-1	2-0	1-2	1-2
18 Scunthorpe Utd	2-1	1-0	2-2	0-0	1-3	0-2	2-2	0-0	1-2	1-1	2-0	2-2	0-0	2-1	3-1	4-2	2-0		2-2	1-0	2-2	1-2	1-3	3-4
19 Southend United	1-1	2-1	2-1	1-1	4-1	1-0	0-0	3-1	0-1	0-1	3-1	1-0	0-0	1-0	2-1	1-2	2-0	3-0		1-2	2-0	3-1	0-0	4-1
20 Swansea City	3-1	3-2	1-0	1-1	2-1	7-1	5-1	1-1	1-2	1-2	1-1	2-2	3-1	1-1	0-0	0-0	0-2	2-0	2-2		2-1	1-0	1-5	2-0
21 Swindon Town	0-3	0-0	4-2	2-3	1-3	2-1	2-0	1-0	2-1	1-0	1-1	0-0	0-1	2-1	2-3	1-2	2-3	1-1	1-2	0-0		1-2	1-0	4-2
22 Tranmere Rov	0-1	2-2	0-0	2-2	1-4	0-3	4-1	0-0	0-2	2-2	0-0	2-1	1-2	0-1	4-0	3-0	3-2	0-2	0-0	2-2	1-0		2-2	1-0
23 Walsall	1-2	2-0	0-1	2-2	0-0	0-3	2-3	0-2	1-0	2-0	1-0	1-3	1-1	3-2	0-2	1-1	3-1	2-2	2-2	2-5	1-0	0-0		0-2
24 Yeovil Town	2-1	1-1	1-1	0-1	1-2	1-1	1-3	0-0	3-0	4-3	2-0	1-2	1-1	3-0	0-2	1-0	0-0	0-1	1-0	0-0	2-2	2-1		

Final League Table

Pos	Team	Pld	Home W	D	L	F	A	Away W	D	L	F	A	Totals W	D	L	F	A	Pts	GD	Leading Goalscorer	Gls
1	Southend United	46	13	6	4	37	16	10	7	6	35	27	23	13	10	72	43	82	+29	F Eastwood	23
2	Colchester United	46	15	4	4	39	21	7	9	7	19	19	22	13	11	58	40	79	+18	C Iwelumo	17
3	Brentford	46	10	8	5	35	23	10	8	5	37	29	20	16	10	72	52	76	+20	L Owusu	12
4	Huddersfield T	46	13	6	4	40	25	6	10	7	32	34	19	16	11	72	59	73	+13	A Booth	13
5	Barnsley (P)	46	11	11	1	37	19	7	7	9	25	25	18	18	10	62	44	72	+18	M Richards	12
6	Swansea City	46	11	9	3	42	23	7	8	8	36	32	18	17	11	78	55	71	+23	L Trundle	20
7	Nottm Forest	46	14	5	4	40	15	5	7	11	27	37	19	12	15	67	52	69	+15	N Tyson	10
8	Doncaster Rovers	46	11	6	6	30	19	9	3	11	25	32	20	9	17	55	51	69	+4	P Heffernan, M McIndoe	8
9	Bristol City	46	11	7	5	38	22	7	4	12	28	40	18	11	17	66	62	65	+4	S Brooker	16
10	Oldham Athletic	46	12	4	7	32	24	6	7	10	26	36	18	11	17	58	60	65	-2	L Beckett	18
11	Bradford City	46	8	9	6	28	25	6	10	7	23	28	14	19	13	51	49	61	+2	D Windass	16
12	Scunthorpe Utd	46	8	8	7	36	33	7	7	9	32	40	15	15	16	68	73	60	-5	B Sharp	23
13	Port Vale	46	10	5	8	30	26	6	7	10	19	28	16	12	18	49	54	60	-5	L Constantine, M Cummins	10
14	Gillingham	46	13	4	6	31	21	3	8	12	19	43	16	12	18	50	64	60	-14	D Byfield	13
15	Yeovil Town	46	8	8	7	27	24	6	3	13	27	38	14	11	20	54	62	56	-8	P Jevons	15
16	Chesterfield	46	6	7	10	31	37	8	7	8	32	36	14	14	18	63	73	56	-10	P Hall	15
17	Bournemouth	46	7	11	5	25	20	5	8	10	24	35	12	19	15	49	55	55	-6	J Hayter	20
18	Tranmere Rovers	46	7	8	8	32	30	6	5	12	18	22	13	13	20	50	52	52	-2	C Greenacre	16
19	Blackpool	46	9	8	6	33	27	3	9	11	23	36	12	17	17	56	63	53	-7	K Parker	12
20	Rotherham United	46	8	7	8	31	28	4	7	12	17	31	12	14	20	48	59	50	-10	D Burton	12
21	Hartlepool United	46	6	10	7	28	30	5	7	11	16	29	11	17	18	44	59	50	-15	E Williams	7
22	M K Dons	46	8	8	7	28	25	4	6	13	17	41	12	14	20	45	66	50	-21	I McLeod	17
23	Swindon Town	46	9	5	9	31	31	2	10	11	15	20	11	15	20	46	65	48	-19	R Fallon	12
24	Walsall	46	7	7	9	27	34	4	7	12	20	36	11	14	21	47	70	47	-23	M Fryatt	11

2005/06 COCA-COLA FOOTBALL LEAGUE DIVISION 2 [LEVEL 4]
SEASON 107

Total Matches 552
Total Goals 1392
Avg goals per match 2.52

		Barnet	Boston United	Bristol Rovers	Bury	Carlisle United	Cheltenham T	Chester City	Darlington	Grimsby Town	Leyton Orient	Lincoln City	Macclesfield T	Mansfield Town	Northampton T	Notts County	Oxford United	Peterborough U	Rochdale	Rushden & D	Shrewsbury T	Stockport Co	Torquay United	Wrexham	Wycombe Wand
1	Barnet		1-0	1-1	1-1	1-2	1-1	1-3	1-0	0-1	2-3	2-3	1-0	1-0	0-1	2-1	0-0	2-1	1-1	2-1	1-0	0-0	1-0	2-2	0-0
2	Boston United	2-1		3-1	3-1	0-5	0-0	1-3	0-0	1-1	1-2	2-1	3-1	2-2	0-1	1-2	1-0	3-2	2-0	1-1	2-2	2-0	2-1	1-1
3	Bristol Rovers	2-1	3-1		1-0	1-1	0-1	2-1	1-0	1-2	3-3	0-0	2-3	2-0	0-0	1-2	1-1	2-3	1-2	0-1	2-1	2-2	0-1	2-1	1-2
4	Bury	0-0	1-1	1-0		0-1	0-0	0-0	1-0	1-2	1-2	1-1	0-0	0-0	0-2	2-3	1-1	1-3	2-1	1-1	2-0	0-1	3-2	2-2	2-1
5	Carlisle United	1-3	4-2	1-3	4-0		1-1	5-0	1-1	1-0	2-3	1-0	2-0	1-1	2-0	1-1	2-1	1-0	2-1	5-0	2-2	6-0	1-2	2-1	0-1
6	Cheltenham T	1-1	3-0	2-3	2-1	2-3		1-0	1-1	0-3	1-1	4-1	2-2	0-2	3-1	2-0	1-2	2-1	1-1	3-1	1-0	3-3	0-1	2-2	2-1
7	Chester City	0-0	0-1	4-0	1-1	2-0	0-1		4-4	1-2	0-2	2-2	2-1	3-1	0-0	0-2	0-1	3-1	2-3	1-2	0-1	1-2	1-1	2-1	1-0
8	Darlington	2-1	0-0	1-1	2-3	0-5	3-1	1-0		0-0	0-1	4-2	1-0	4-0	0-1	1-1	1-2	2-1	1-1	0-1	2-0	1-1	0-3	1-1	1-1
9	Grimsby Town	3-0	1-0	0-1	2-1	1-2	1-0	1-0	0-1		0-1	3-0	3-1	2-1	1-1	4-0	1-1	1-2	4-1	2-0	1-1	1-3	3-0	2-0	0-1
10	Leyton Orient	0-0	2-0	2-3	0-1	0-0	1-0	0-1	1-0	0-1		1-1	2-3	1-2	1-0	1-0	2-1	1-4	5-1	0-1	2-2	2-1	1-1	1-0	1-0
11	Lincoln City	4-1	0-0	1-0	1-1	0-0	0-1	3-1	2-2	5-0	1-1		2-2	1-1	1-1	2-1	2-1	1-1	2-2	1-1	2-0	2-0	1-2		
12	Macclesfield T	1-1	2-2	2-1	1-0	3-0	2-2	1-0	1-1	0-0	1-1			1-1	1-4	0-0	1-1	0-4	1-3	3-1	2-0	6-0	0-2	3-2	2-1
13	Mansfield Town	4-0	5-0	3-3	0-3	1-1	0-5	1-2	2-2	2-1	0-0	0-0	1-1		1-0	2-3	1-0	0-0	1-0	0-1	4-0	2-1	3-0	2-2	2-3
14	Northampton T	1-2	3-2	4-0	1-1	0-3	1-2	1-0	0-0	1-1	1-1	5-0	1-0		2-0	1-0	0-1	2-2	2-0	1-0	2-0	1-0	0-0	0-0	0-0
15	Notts County	1-0	1-2	2-0	2-2	0-0	2-3	1-1	3-2	0-1	1-1	1-1	2-2	2-2		0-0	1-2	1-1	0-0	2-1	2-0	2-2	1-0		1-2
16	Oxford United	2-0	0-0	1-0	2-1	1-0	1-1	0-1	0-2	2-3	2-3	0-1	1-1	1-2	1-3	0-0		1-0	1-1	2-2	0-3	1-1	1-0	0-3	2-2
17	Peterborough U	2-2	0-1	1-2	4-1	1-1	1-0	0-1	2-1	0-1	1-1	1-1	3-2	2-0	0-1	2-0	0-0		3-1	2-0	0-2	0-0	1-1	0-2	
18	Rochdale	1-1	1-1	2-0	1-1	0-2	1-1	2-2	0-2	2-2	2-4	1-2	3-1	2-0	1-1	3-0	0-1	1-0		2-1	4-3	0-1	4-1	0-1	1-2
19	Rushden & D	1-2	1-0	2-3	0-2	0-4	0-1	1-1	1-1	1-1	1-0	1-1	1-0	1-2	1-3	1-0	3-0	0-2	1-1		3-0	3-2	1-0	0-2	1-3
20	Shrewsbury T	2-2	1-1	1-0	0-1	2-1	2-0	3-1	3-1	0-0	3-3	0-1	1-1	0-0	1-1	2-0	2-0	2-1	0-1	4-1		2-2	0-1	1-0	1-1
21	Stockport County	1-1	0-1	0-1	0-1	0-0	2-2	0-0	0-3	2-1	1-0	2-3	2-0	2-2	4-2	1-1	2-1	1-1	3-0	2-2	3-1		1-1	2-1	3-3
22	Torquay United	0-0	0-0	2-3	0-0	3-4	1-2	0-1	1-2	2-2	2-0	2-1	1-1	0-2	3-3	1-0	1-3	2-1	2-1	4-0	1-0	2-2		1-0	2-2
23	Wrexham	3-1	2-0	1-0	0-0	0-1	2-0	2-1	1-0	1-2	1-2	1-1	1-1	4-1	0-1	1-1	1-1	2-0	1-2	3-0	4-2		2-0		
24	Wycombe Wand	1-0	1-1	1-3	4-0	1-1	0-0	3-3	0-1	3-1	4-2	0-3	4-5	2-2	1-1	2-0	2-1	2-2	3-0	0-0	2-0	1-1	0-1	4-1	

Final League Table

Pos	Team	Pld	Home W	Home D	Home L	Home F	Home A	Away W	Away D	Away L	Away F	Away A	Totals W	Totals D	Totals L	Totals F	Totals A	Pts	GD	Leading Goalscorer	Gls
1	Carlisle United	46	14	3	6	47	23	11	8	4	37	19	25	11	10	84	42	86	+42	K Hawley	22
2	Northampton T	46	11	8	4	30	15	11	9	3	33	22	22	17	7	63	37	83	+26	S McGleish	17
3	Leyton Orient	46	11	6	6	29	21	11	9	3	38	30	22	15	9	67	51	81	+16	G Alexander	14
4	Grimsby Town	46	13	3	7	37	18	9	9	5	27	26	22	12	12	64	44	78	+20	G Jones, M Reddy	13
5	Cheltenham T (P)	46	10	7	6	39	31	9	8	6	26	22	19	15	12	65	53	72	+12	K Odejayi	11
6	Wycombe Wand	46	9	9	5	41	29	9	8	6	31	27	18	17	11	72	56	71	+16	T Mooney	17
7	Lincoln City	46	9	11	3	37	21	6	10	7	28	32	15	21	10	65	53	66	+12	G Birch	8
8	Darlington	46	10	7	6	32	26	6	8	9	26	26	16	15	15	58	52	63	+6	G N'Dumbu Nsungu	10
9	Peterborough U	46	9	7	7	28	21	8	4	11	29	28	17	11	18	57	49	62	+8	D Crow	15
10	Shrewsbury T	46	10	9	4	33	20	6	4	13	22	35	16	13	17	55	55	61	0	C McMenamin	10
11	Boston United	46	11	7	5	34	28	4	10	9	16	32	15	16	15	50	60	61	-10	J Joachim	14
12	Bristol Rovers	46	8	6	9	30	29	9	3	11	29	38	17	9	20	59	67	60	-8	R Walker	20
13	Wrexham	46	12	6	5	36	19	3	8	12	25	35	15	14	17	61	54	59	+7	Mark Jones,	13
14	Rochdale	46	8	7	8	34	30	6	7	10	32	39	14	14	18	66	69	56	-3	R Lambert	22
15	Chester City	46	7	6	10	30	29	6	10	7	23	30	13	16	17	53	59	55	-6	R Lowe	10
16	Mansfield Town	46	9	7	7	37	29	4	8	11	22	37	13	15	18	59	66	54	-7	R Barker	18
17	Macclesfield T	46	10	9	4	35	27	2	9	12	25	44	12	18	16	60	71	54	-11	C Wijnhard	8
18	Barnet	46	9	8	6	24	22	3	10	10	20	35	12	18	16	44	57	54	-13	N Bailey, G Grazioli	7
19	Bury *	46	6	9	8	22	25	6	8	9	23	32	12	17	17	45	57	52	-12	S Whaley	7
20	Torquay United	46	7	9	7	00	31	4	6	13	20	35	13	13	20	53	66	52	-13	A Bedeau, K Hill	9
21	Notts County	46	7	11	5	30	26	5	5	13	18	37	12	16	18	48	63	52	-15	G Hurst	9
22	Stockport County	46	7	11	5	34	29	4	8	11	23	49	11	19	16	57	78	52	-21	J Easter	8
23	Oxford United	46	7	7	9	25	30	4	9	10	18	27	11	16	19	43	57	49	-14	S Basham	8
24	Rushden & D	46	8	5	10	25	31	3	7	13	19	45	11	12	23	44	76	45	-32	D Broughton	10

* Bury deducted one point for fielding an ineligible player.

2006/07 FA BARCLAYCARD PREMIERSHIP
SEASON 15

Total Matches	380
Total Goals	931
Avg goals per match	2.45

	Arsenal	Aston Villa	Blackburn Rov	Bolton Wand	Charlton Athletic	Chelsea	Everton	Fulham	Liverpool	Manchester City	Manchester Utd	Middlesbrough	Newcastle Utd	Portsmouth	Reading	Sheffield United	Tottenham H	Watford	West Ham Utd	Wigan Athletic
1 Arsenal		1-1 19a	6-2 23D	2-1 14A	4-0 2J	1-1 6m	1-1 28O	3-1 29A	3-0 12N	3-1 17A	2-1 21J	1-1 9S	1-1 18N	2-2 16D	2-1 3M	3-0 23S	3-0 2D	3-0 14O	0-1 7A	2-1 11F
2 Aston Villa	0-1 14M		2-0 5N	0-1 16D	2-0 23S	0-0 2J	1-1 2A	1-1 21O	0-0 18M	1-3 29N	0-3 23D	1-1 25N	2-0 27a	0-0 22A	2-1 23a	3-0 5m	1-1 14O	2-0 20J	1-0 3F	1-1 9A
3 Blackburn Rovers	0-2 13J	1-2 7A		0-1 22O	4-1 28A	0-2 27a	1-1 23a	2-0 2D	1-0 26D	4-2 17S	0-1 11N	2-1 30D	1-3 9D	3-0 25F	3-3 13m	2-1 3F	1-1 19N	3-1 18A	1-2 17M	2-1 1O
4 Bolton Wanderers	3-1 25N	2-2 13m	1-2 4M		1-1 31J	0-1 29N	1-1 9A	2-1 11F	2-0 30S	0-0 13J	0-4 28O	0-0 16S	2-1 26D	3-2 30D	1-3 21A	1-0 31M	2-0 19a	1-0 9S	4-0 9D	0-1 4N
5 Charlton Athletic	1-2 30S	2-1 30D	1-0 5D	2-0 26a		0-1 3F	1-1 25M	2-2 27O	0-3 16D	1-0 4N	0-3 23a	1-3 13J	2-0 18M	0-1 16S	0-0 9A	1-1 21A	0-2 7m	0-0 21O	4-0 24F	1-0 31M
6 Chelsea	1-1 10D	1-1 30S	3-0 31J	2-2 26A	2-1 9S		1-1 13m	2-2 30D	1-0 17S	3-0 20a	0-0 9m	3-0 10F	1-0 13D	2-1 21O	2-2 26D	3-0 17M	1-0 7A	4-0 11N	1-0 18N	4-0 13J
7 Everton	1-0 18M	0-1 11N	1-0 10F	1-0 18N	2-1 15A	2-3 17D		4-1 6A	3-0 9S	1-1 30S	2-4 28A	0-0 26D	3-0 30D	3-0 5m	1-1 14J	2-0 21O	1-2 21F	2-1 19a	2-0 3D	2-2 16S
8 Fulham	2-1 29N	1-1 3M	1-1 21A	1-1 23a	2-1 16O	0-2 23S	1-0 4N		1-0 5m	1-3 9A	1-2 24F	2-1 18D	2-1 3F	0-1 31M	1-0 25N	1-1 26a	0-0 20J	1-1 1J	0-0 23D	0-1 28O
9 Liverpool	4-1 31M	3-1 28O	1-1 14O	3-0 1J	2-2 13m	2-0 20J	0-0 3F	4-0 9D		1-0 25N	0-1 3M	2-0 18A	2-0 20S	0-0 29N	2-0 4N	4-0 24F	3-0 23S	2-0 23D	2-1 26a	2-0 21A
10 Manchester City	1-0 26a	0-2 28A	0-3 20J	0-2 23D	0-0 6A	0-1 14M	2-1 1J	3-1 18N	0-0 14A		0-1 5m	1-0 30O	0-0 11N	0-0 23a	0-2 3F	0-0 14O	1-2 17D	0-0 4D	2-0 23S	0-1 3M
11 Manchester United	0-1 17S	3-1 13J	4-1 31M	4-1 17M	2-0 10F	1-1 26N	3-0 29N	5-1 20a	2-0 22O	3-1 9D		1-1 21A	2-0 1O	3-0 4N	3-2 30D	2-0 17A	1-0 9S	4-0 31J	0-1 13m	3-1 26D
12 Middlesbrough	1-1 3F	1-3 14A	0-1 23S	5-1 20J	2-1 23D	2-1 23a	2-1 14O	3-1 13m	0-0 18N	0-2 17M	1-2 2D		1-0 22O	0-4 28a	2-1 24F	3-1 1J	2-3 28A	4-1 7A	1-0 11N	1-1 9D
13 Newcastle United	0-0 9A	3-1 31J	0-2 5m	1-2 15O	0-0 28O	0-0 22A	1-1 24S	1-2 9S	2-1 10F	0-1 31M	2-2 1J	0-0 3M		1-0 26N	3-2 6D	0-1 4N	3-1 23D	2-1 16D	2-2 20J	2-1 19a
14 Portsmouth	0-0 13m	2-2 2D	3-0 19a	0-1 25S	0-1 20J	0-2 3M	2-0 9D	1-1 11N	2-1 28A	2-1 10F	2-1 7A	0-0 30J	2-1 14A		3-1 28O	3-1 23D	1-1 1J	2-1 18N	2-0 14O	1-0 9S
15 Reading	0-4 22O	2-0 10F	1-2 16D	1-0 2D	2-0 18N	0-2 14O	1-0 23D	1-2 14A	1-0 7A	1-1 11S	3-2 23S	1-0 19a	0-0 30A		3-1 17M	3-1 20J	0-2 12N	6-0 5m	3-2 1J	
16 Sheffield United	1-0 30D	2-2 11D	0-0 9S	2-2 11N	2-1 2D	0-2 28O	1-1 3M	2-0 30J	1-1 19a	0-1 26D	1-2 18N	1-2 30S	1-1 7A	1-2 13J	1-1 16S		2-1 10F	1-0 28A	3-0 14A	1-2 13m
17 Tottenham Hotspur	2-2 21A	2-1 26D	1-1 10m	4-1 25F	5-1 9D	2-1 5N	0-2 26a	0-0 17S	0-1 30D	2-1 13m	0-4 4F	2-1 5D	2-3 14J	2-1 1O	1-0 1A	2-0 22a		3-1 17M	1-0 22O	3-1 26N
18 Watford	1-2 26D	0-0 16S	2-1 23J	0-1 3F	2-2 3M	0-1 31M	0-3 24F	3-3 2O	0-3 13J	1-1 21A	2-0 26a	1-1 4N	1-1 13m	4-2 9A	0-0 9D	0-1 28N	0-0 28O		1-1 22a	1-1 21F
19 West Ham United	1-0 5N	1-1 10S	2-1 29O	3-1 5m	3-1 19a	1-4 18A	1-0 21A	3-3 13J	1-2 30J	0-1 30D	1-0 17D	2-0 31M	0-2 17S	1-2 26D	0-1 1O	1-0 25N	3-4 4M	0-1 10F		0-2 6D
20 Wigan Athletic	0-1 13D	0-0 19N	0-3 1J	1-3 7A	3-2 11N	2-3 23D	0-2 21J	0-0 17M	0-4 2D	1-3 21O	0-1 14O	1-0 5m	1-0 25F	1-0 3F	0-1 26a	3-3 16D	1-1 15A	0-3 23S	0-3 28A	

From this season, for each division, goal difference replaced goal average to determine the placing of teams finishing equal on points.

Final League Table

Pos	Team	Pld	Home					Away					Totals					Pts	GD	Leading Goalscorer	Gls
			W	D	L	F	A	W	D	L	F	A	W	D	L	F	A				
1	Manchester Utd	38	15	2	2	46	12	13	3	3	37	15	28	5	5	83	27	89	+56	C Ronaldo	17
2	Chelsea	38	12	7	0	37	11	12	4	3	27	13	24	11	3	64	24	83	+40	**D Drogba**	**20**
3	Liverpool	38	14	4	1	39	7	6	4	9	18	20	20	8	10	57	27	68	+30	D Kuyt	12
4	Arsenal	38	12	6	1	43	16	7	5	7	20	19	19	11	8	63	35	68	+28	R Van Persie	11
5	Tottenham H	38	12	3	4	34	22	5	6	8	23	32	17	9	12	57	54	60	+3	D Berbatov	12
6	Everton	38	11	4	4	33	17	4	9	6	19	19	15	13	10	52	36	58	+16	A Johnson	11
7	Bolton Wanderers	38	9	5	5	26	20	7	3	9	21	32	16	8	14	47	52	56	-5	N Anelka	11
8	Reading	38	11	2	6	29	20	5	5	9	23	27	16	7	15	52	47	55	+5	K Doyle	13
9	Portsmouth	38	11	5	3	28	15	3	7	9	17	27	14	12	12	45	42	54	+3	N Kanu	10
10	Blackburn Rovers	38	9	3	7	31	25	6	4	9	21	29	15	7	16	52	54	52	-2	B McCarthy	18
11	Aston Villa	38	7	8	4	20	14	4	9	6	23	27	11	17	10	43	41	50	+2	G Agbonlahor	9
12	Middlesbrough	38	10	3	6	31	24	2	7	10	13	25	12	10	16	44	49	46	-5	M Viduka	14
13	Newcastle United	38	7	7	5	23	20	4	3	12	15	27	11	10	17	38	47	43	-9	O Martins	11
14	Manchester City	38	5	6	8	10	16	6	3	10	19	28	11	9	18	29	44	42	-15	J Barton	6
15	West Ham United	38	8	2	9	24	26	4	3	12	11	33	12	5	21	35	59	41	-24	R Zamora	11
16	Fulham	38	7	7	5	18	18	1	8	10	20	42	8	15	15	38	60	39	-22	B McBride	9
17	Wigan Athletic	38	5	4	10	18	30	5	4	10	19	29	10	8	20	37	59	38	-22	E Heskey	8
18	Sheffield United	38	7	6	6	24	21	3	2	14	8	34	10	8	20	32	55	38	-23	R Hulse	8
19	Charlton Athletic	38	7	5	7	19	20	1	5	13	15	40	8	10	20	34	60	34	-26	D Bent	13
20	Watford	38	3	9	7	19	25	2	4	13	10	34	5	13	20	29	59	28	-30	H Bouazza	6

2006/07 COCA-COLA FOOTBALL LEAGUE CHAMPIONSHIP [LEVEL 2]
SEASON 108

Total Matches: 552
Total Goals: 1439
Avg goals per match: 2.61

	Team	Barnsley	Birmingham C	Burnley	Cardiff City	Colchester Utd	Coventry C	Crystal Palace	Derby County	Hull City	Ipswich Town	Leeds United	Leicester City	Luton Town	Norwich City	Plymouth Argyle	Preston NE	QPR	Sheffield Weds	Southampton	Southend United	Stoke City	Sunderland	West Brom A	Wolverhampton
1	Barnsley		1-0 (9A)	1-0 (26D)	1-2 (5a)	0-3 (10F)	0-1 (28O)	2-0 (21A)	1-2 (31M)	3-0 (20F)	1-0 (25N)	3-2 (4N)	0-1 (28A)	1-2 (30S)	1-3 (3M)	2-2 (17O)	0-1 (13J)	2-0 (30J)	0-3 (30D)	2-2 (19a)	2-0 (28N)	2-2 (9S)	0-2 (10M)	1-1 (10D)	1-0 (16S)
2	Birmingham City	2-0 (11N)		0-1 (7A)	1-0 (4M)	2-1 (5a)	3-0 (1A)	2-1 (19a)	1-0 (9M)	2-1 (9S)	2-2 (16S)	1-0 (27F)	1-1 (30S)	2-2 (29D)	0-1 (17O)	3-0 (2D)	3-1 (9D)	2-0 (26D)	2-1 (28A)	1-3 (14A)	1-3 (30J)	1-0 (11F)	1-1 (20F)	2-0 (28O)	1-1 (18N)
3	Burnley	4-2 (12S)	1-2 (25N)		2-0 (9A)	1-2 (9S)	1-2 (6m)	1-1 (3M)	0-0 (23D)	2-0 (14O)	1-0 (4N)	2-1 (28N)	0-1 (20F)	0-0 (31M)	3-0 (17A)	4-0 (3A)	3-2 (27O)	2-0 (5a)	1-1 (10F)	2-3 (23S)	0-0 (17O)	0-1 (23J)	2-2 (16D)	3-2 (23A)	0-1 (19a)
4	Cardiff City	2-0 (2F)	2-0 (26a)	1-0 (11N)		0-0 (2D)	1-0 (12a)	0-0 (30D)	2-2 (28O)	0-1 (28A)	2-2 (9D)	1-0 (17F)	3-2 (27J)	4-1 (16S)	1-0 (10M)	2-2 (26D)	4-1 (23F)	0-1 (17N)	1-2 (7A)	1-0 (17O)	0-1 (13J)	1-1 (14A)	0-1 (31M)	1-1 (8a)	4-0 (30S)
5	Colchester Utd	1-2 (12a)	1-1 (3F)	0-0 (24F)	3-1 (4N)		0-0 (10M)	0-2 (6m)	4-3 (26a)	5-1 (28N)	1-0 (29S)	2-1 (9A)	1-1 (13J)	4-1 (26D)	3-0 (31M)	0-1 (8a)	1-0 (30J)	2-0 (16S)	3-0 (18O)	3-0 (28O)	3-1 (25N)	1-2 (16D)	1-2 (21A)	2-1 (13F)	0-0 (30D)
6	Coventry City	4-1 (17M)	0-1 (31O)	2-0 (9D)	2-2 (10F)	2-1 (23O)		2-4 (13J)	1-2 (11N)	2-0 (3M)	1-2 (26D)	1-0 (16S)	0-0 (18a)	1-0 (30J)	3-0 (9S)	0-1 (30S)	0-4 (14A)	0-1 (7A)	3-1 (18N)	2-1 (20F)	1-1 (30D)	0-0 (2D)	2-1 (6a)	0-1 (28A)	2-1 (13M)
7	Crystal Palace	2-0 (18N)	5-0 (17F)	2-2 (26a)	1-2 (14O)	1-3 (9D)	1-0 (23S)		2-0 (29A)	1-0 (20J)	2-1 (3F)	2-0 (13a)	1-0 (10M)	2-0 (24F)	2-1 (1J)	3-1 (28O)	3-0 (7A)	1-2 (2D)	0-2 (31M)	1-2 (12S)	0-1 (8a)	1-0 (11N)	0-2 (22D)	0-2 (17O)	2-2 (14A)
8	Derby County	2-1 (1N)	0-1 (21O)	1-0 (30J)	3-1 (17M)	5-1 (2M)	1-1 (9A)	1-0 (16D)		2-2 (10F)	2-1 (29N)	2-0 (6m)	1-0 (25N)	1-0 (20A)	0-0 (19a)	1-0 (30D)	1-1 (16S)	1-1 (13M)	1-0 (13J)	2-2 (6a)	3-0 (30S)	0-2 (21F)	1-2 (9S)	2-1 (4N)	0-2 (26D)
9	Hull City	2-3 (8a)	2-0 (24F)	2-0 (30D)	4-1 (16D)	1-1 (14A)	0-1 (26a)	1-1 (30S)	1-2 (12a)		2-5 (6M)	1-2 (3J)	1-2 (26D)	0-0 (17O)	1-2 (6A)	1-2 (6m)	2-0 (10M)	2-1 (13J)	2-1 (15S)	2-4 (2D)	4-0 (31M)	0-2 (18N)	0-1 (28O)	0-1 (3F)	2-0 (11N)
10	Ipswich Town	5-1 (7A)	1-0 (1J)	1-1 (2D)	3-1 (6m)	3-2 (20J)	2-1 (12S)	1-2 (5a)	2-1 (14A)	0-0 (19a)		1-0 (16D)	0-2 (10F)	5-0 (29O)	3-1 (19N)	3-0 (31M)	2-3 (17O)	2-1 (3M)	0-2 (11N)	2-1 (9S)	0-2 (10M)	0-1 (23D)	3-1 (23S)	1-5 (14O)	0-1 (20F)
11	Leeds United	2-2 (2D)	3-2 (23S)	1-0 (14A)	0-3 (19a)	2-1 (11N)	2-1 (1J)	0-1 (10F)	0-0 (9D)	1-1 (23D)	0-0 (28A)		1-2 (17O)	1-0 (10M)	2-1 (5a)	2-1 (7A)	0-0 (30M)	2-1 (20F)	0-3 (3M)	2-0 (18N)	0-4 (28O)	0-3 (14O)	2-3 (13S)	0-1 (20J)	0-0 (10S)
12	Leicester City	2-0 (16D)	1-2 (17A)	0-1 (8a)	0-0 (23D)	0-0 (23S)	3-0 (17F)	1-1 (21O)	1-1 (6A)	0-1 (12S)	3-1 (12a)	1-1 (13M)		1-1 (3F)	1-2 (14A)	2-2 (11N)	0-1 (18N)	1-3 (17M)	1-4 (2D)	3-2 (14O)	1-0 (26a)	2-1 (31O)	0-2 (1J)	1-1 (24F)	1-4 (6m)
13	Luton Town	0-2 (20J)	3-2 (14O)	0-2 (31O)	1-0 (1J)	1-1 (12S)	3-1 (23D)	2-1 (9S)	0-2 (18N)	1-2 (13M)	0-2 (17M)	5-1 (21O)	2-0 (5a)		2-3 (27F)	1-2 (14A)	2-0 (2D)	2-3 (11N)	3-2 (20F)	0-2 (7A)	0-0 (15D)	2-2 (19a)	0-5 (6m)	2-2 (23S)	2-3 (3M)
14	Norwich City	5-1 (26a)	1-0 (13M)	1-4 (10)	1-0 (21O)	1-1 (31O)	1-1 (24F)	0-1 (16S)	1-2 (6M)	1-1 (25N)	2-1 (22A)	1-1 (3F)	3-1 (28N)	3-2 (12a)		1-3 (13J)	2-0 (8a)	1-0 (30D)	1-2 (9D)	0-1 (28A)	0-1 (26D)	0-1 (17M)	0-1 (4N)	1-2 (9A)	0-1 (30J)
15	Plymouth Argyle	2-4 (14M)	0-1 (4N)	0-0 (21O)	3-3 (12S)	3-0 (20F)	3-2 (22J)	1-0 (17M)	3-1 (15O)	1-0 (9D)	1-1 (31O)	1-2 (25N)	3-0 (9A)	1-0 (28N)	3-1 (23S)		2-0 (28A)	1-1 (9S)	1-2 (19a)	1-1 (1J)	2-1 (21A)	1-1 (3M)	0-2 (10F)	2-2 (17 23D)	1-1 (5a)
16	Preston NE	1-0 (22S)	1-0 (6m)	2-0 (17M)	2-1 (9S)	1-0 (23D)	1-1 (28N)	0-0 (25N)	1-2 (1J)	2-1 (21O)	1-0 (13M)	4-1 (31O)	0-1 (21A)	3-0 (4N)	2-1 (20F)	3-0 (16D)		1-1 (19a)	0-0 (5a)	3-1 (5M)	2-3 (9A)	3-2 (20J)	4-1 (14O)	1-0 (12S)	0-1 (10F)
17	Queens Park R	1-0 (23D)	0-2 (12S)	3-1 (3F)	1-0 (21A)	0-1 (1J)	4-2 (25N)	1-2 (4N)	2-0 (17O)	1-3 (23S)	2-2 (25a)	1-1 (8a)	2-2 (28O)	3-3 (9A)	1-1 (14O)	0-2 (24F)	3-3 (3A)		1-1 (10M)	0-2 (20J)	1-0 (12a)	1-1 (6m)	1-2 (28N)	0-1 (31M)	0-2 (16D)
18	Sheffield Weds	2-1 (14O)	0-3 (16D)	1-1 (12a)	0-0 (15M)	2-0 (13M)	2-1 (21A)	3-2 (31O)	1-2 (23S)	1-2 (1J)	2-0 (9A)	0-1 (27a)	2-1 (4N)	0-1 (8a)	1-0 (6m)	3-2 (6M)	1-1 (3F)	1-3 (21O)		3-3 (23D)	3-2 (24F)	1-1 (12S)	2-4 (20J)	3-1 (28N)	2-2 (17M)
19	Southampton	5-2 (17F)	4-3 (29N)	0-0 (13J)	2-2 (13M)	1-2 (16M)	2-0 (9a)	1-1 (26D)	0-1 (3F)	0-1 (4N)	1-0 (24F)	2-0 (21A)	2-1 (30D)	1-0 (25N)	2-1 (16D)	1-0 (16S)	1-1 (26a)	1-2 (30S)	2-1 (31J)		4-1 (6m)	1-0 (21O)	1-2 (9A)	0-0 (12a)	0-1 (1N)
20	Southend United	1-3 (14A)	0-4 (23D)	1-0 (13M)	0-3 (24S)	2-3 (6A)	0-1 (13O)	0-1 (20F)	2-3 (20J)	1-3 (31O)	1-1 (21O)	2-2 (17M)	1-3 (3M)	3-3 (28A)	1-1 (12S)	1-0 (18N)	0-0 (11N)	5-0 (9F)	0-0 (9S)	2-1 (9D)		1-0 (5a)	3-1 (19a)	0-1 (1J)	0-1 (2D)
21	Stoke City	0-1 (26F)	0-0 (12a)	0-1 (16S)	3-0 (28N)	3-1 (6N)	1-0 (9A)	2-1 (8a)	2-0 (21A)	1-1 (30J)	0-0 (30D)	3-1 (31M)	4-2 (17F)	0-0 (28O)	5-0 (26a)	1-1 (30S)	1-1 (31J)	1-0 (26D)	1-2 (10M)	2-1 (3F)	1-1		2-1 (17O)	1-0 (25N)	1-1 (13J)
22	Sunderland	2-0 (21O)	0-1 (9a)	3-2 (27A)	1-2 (31O)	3-1 (18N)	2-0 (3F)	0-0 (30J)	2-1 (24F)	2-0 (17M)	1-0 (13J)	2-0 (26D)	1-1 (16S)	2-1 (9D)	1-0 (2 12a)	2-3 (30D)	0-1 (14A)	2-1 (30S)	1-0 (11N)	1-1 (17F)	4-0 (13M)	2-2		2-0 (28a)	2-1 (7A)
23	West Brom A	7-0 (6m)	1-1 (18M)	3-0 (18N)	1-0 (20F)	2-1 (19a)	5-0 (16D)	2-3 (14M)	1-0 (2D)	2-0 (5a)	4-2 (30D)	2-0 (30S)	2-0 (9S)	4-2 (12J)	3-3 (11N)	0-1 (31J)	1-1 (26D)	4-1 (31O)	1-1 (13A)	1-5 (10F)	1-3 (16S)	1-2 (7A)	1-0 (3M)		3-0 (22O)
24	Wolverhampton	2-0 (1J)	2-3 (22A)	2-1 (17F)	1-2 (20J)	1-2 (14O)	1-0 (17O)	1-1 (28N)	0-1 (12S)	3-1 (9A)	1-0 (8a)	1-0 (24F)	1-2 (9D)	1-0 (26a)	2-2 (23D)	2-2 (3F)	1-3 (11a)	2-0 (28A)	2-2 (28O)	0-6 (31M)	3-1 (4N)	2-0 (23S)	1-1 (24N)	1-0 (11M)	

Final League Table

Pos	Team	Pld	Home W	Home D	Home L	Home F	Home A	Away W	Away D	Away L	Away F	Away A	Totals W	Totals D	Totals L	Totals F	Totals A	Pts	GD	Leading Goalscorer	Gls
1	Sunderland	46	15	4	4	38	18	12	3	8	38	29	27	7	12	76	47	88	+29	D Connolly	13
2	Birmingham City	46	15	5	3	37	18	11	3	9	30	24	26	8	12	67	42	86	+25	G McSheffrey	13
3	Derby County (P)	46	13	6	4	33	19	12	3	8	29	27	25	9	12	62	46	84	+16	S Howard	16
4	West Brom A	46	14	4	5	51	24	8	6	9	30	31	22	10	14	81	55	76	+26	D Kamara	20
5	Wolverhampton	46	12	5	6	33	28	10	5	8	26	28	22	10	14	59	56	76	+3	J Bothroyd	9
6	Southampton	46	13	6	4	36	20	8	6	9	41	33	21	12	13	77	53	75	+24	G Rasiak	18
7	Preston NE	46	15	4	4	38	17	7	4	12	26	36	22	8	16	64	53	74	+11	D Nugent	15
8	Stoke City	46	12	8	3	35	16	7	8	8	27	25	19	16	11	62	41	73	+21	R Fuller	10
9	Sheffield Weds	46	10	6	7	38	36	10	5	8	32	30	20	11	15	70	66	71	+4	D Burton, S MacLean	12
10	Colchester United	46	15	4	4	46	19	5	5	13	24	37	20	9	17	70	56	69	+14	J Cureton	23
11	Plymouth Argyle	46	10	6	7	26	24	7	8	8	37	36	17	16	13	63	62	67	+1	B Hayles	13
12	Crystal Palace	46	12	3	8	33	22	6	8	9	26	29	18	11	17	59	51	65	+8	C Morrison	12
13	Cardiff City	46	11	7	5	33	18	6	6	11	24	35	17	13	16	57	53	64	+4	M Chopra	22
14	Ipswich Town	46	13	2	8	40	29	5	6	12	24	30	18	8	20	64	59	62	+5	A Lee	16
15	Burnley	46	10	6	7	35	23	5	6	12	17	26	15	12	19	52	49	57	+3	A Gray	14
16	Norwich City	46	10	5	8	29	25	6	4	13	27	46	16	9	21	56	71	57	-15	R Earnshaw	19
17	Coventry City	46	11	4	8	30	29	5	4	14	17	37	16	8	22	47	62	56	-15	D Adebola	8
18	Queens Park R	46	9	6	8	31	29	5	5	13	23	39	14	11	21	54	68	53	-14	D Blackstock	13
19	Leicester City	46	6	8	9	26	31	7	6	10	23	33	13	14	19	49	64	53	-15	I Hume	13
20	Barnsley	46	9	4	10	27	29	6	1	16	26	56	15	5	26	53	85	50	-32	D Nardiello	9
21	Hull City	46	8	3	12	33	32	5	7	11	18	35	13	10	23	51	67	49	-16	D Windass	8
22	Southend United	46	6	6	11	29	38	4	6	13	18	42	10	12	24	47	80	42	-33	F Eastwood	11
23	Luton Town	46	7	5	11	33	40	3	5	15	20	41	10	10	26	53	81	40	-28	R Vine	12
24	Leeds United *	46	10	4	9	27	30	3	7	13	19	42	13	7	26	46	72	36	-26	D Healy	10

* Leeds United deducted 10 points for entering administration.

2006/07 COCA-COLA FOOTBALL LEAGUE DIVISION 1 [LEVEL 3]
SEASON 108

Total Matches: 552
Total Goals: 1386
Avg goals per match: 2.51

		Blackpool	Bournemouth	Bradford City	Brentford	Brighton & H A	Bristol City	Carlisle United	Cheltenham T	Chesterfield	Crewe Alexandra	Doncaster Rov	Gillingham	Huddersfield T	Leyton Orient	Millwall	Northampton T	Nottm Forest	Oldham Athletic	Port Vale	Rotherham Utd	Scunthorpe Utd	Swansea City	Tranmere Rov	Yeovil Town
1	Blackpool		2-0 6M	4-1 28O	1-3 3F	0-0 10M	0-1 17F	2-1 26D	2-1 5D	1-1 12S	2-1 31M	3-1 30D	1-1 26a	3-1 18N	3-0 30S	0-1 24F	4-1 14A	0-2 8a	2-2 16S	2-1 13J	0-1 12a	3-1 28A	1-1 9D	3-2 7A	1-1 14O
2	Bournemouth	1-3 23D		1-1 7A	1-0 6J	1-0 1J	0-1 26S	2-1 18N	0-3 19a	1-0 5a	2-0 9S	1-1 3M	1-2 28A	5-0 20J	1-0 10F	0-0 17M	2-0 6O	3-2 5D	0-4 2S	1-3 9D	1-1 21O	2-2 23S	2-0 14A	0-2 24M	0-2 20F
3	Bradford City	1-3 24M	0-0 25N		1-1 24F	2-3 4N	2-1 8a	1-1 12S	2-2 30D	1-0 16D	0-1 17F	0-1 26D	4-2 12a	0-1 7O	0-2 21A	2-2 5m	2-2 17M	1-2 3F	2-2 9A	1-1 16S	2-0 26a	1-1 21O	0-1 13J	2-2 30S	0-2 27J
4	Brentford	1-0 5a	0-0 16S	2-1 2S		1-0 10F	1-1 7O	0-0 27J	0-2 7A	2-1 30D	0-4 18N	0-4 5D	2-2 21O	2-2 19a	1-4 13J	0-1 26D	2-2 19F	1-4 14A	4-3 25M	0-1 28A	0-2 17M	0-2 3M	1-1 12S	1-2 9D	1-2 30S
5	Brighton & H A	0-3 8O	2-2 12S	0-1 14A	2-2 12a		0-2 24F	1-2 30D	1-2 9D	1-4 30S	0-2 27a	1-0 7A	0-0 8a	4-1 24M	0-1 16S	1-1 13J	2-1 21O	1-2 17F	0-0 28A	0-0 27J	1-1 3F	1-3 17M	5-2 18N	0-1 26D	1-3
6	Bristol City	2-4 19a	2-2 26D	2-3 13M	1-0 10M	1-0 2S		1-0 5D	0-1 31J	3-1 16S	2-1 14O	1-0 28O	3-1 18N	1-1 10F	2-1 12S	1-0 16D	1-0 3M	1-1 31M	0-0 30S	2-1 30D	3-1 5m	1-0 5a	0-0 7A	3-2 13J	2-0 14A
7	Carlisle United	2-0 26S	3-1 9A	1-0 1J	2-0 23D	3-1 23S	1-3 21A		2-0 3S	0-0 20F	0-2 20J	1-0 5a	5-0 24M	1-1 17M	3-1 19a	1-2 7O	1-0 9S	1-1 31J	1-0 3M	1-1 25N	3-2 4N	1-1 9D	2-1 28A	1-0 21O	1-4 10F
8	Cheltenham T	1-2 21F	1-0 17F	1-2 23S	2-0 24N	1-1 5m	2-2 23D	0-1 24F		0-0 9A	1-1 2J	0-2 14O	1-1 20J	2-1 9S	2-1 31M	3-2 26a	0-2 26S	0-2 28O	1-2 4N	0-1 12a	2-0 16D	1-1 16J	2-1 3F	1-0 8a	1-2 10M
9	Chesterfield	2-0 1J	0-1 3F	3-0 28A	3-1 23S	0-1 20J	1-3 7M	0-0 9a	1-0 18N		2-1 7A	1-1 21M	0-1 14A	0-0 23D	0-0 10M	5-1 12a	1-0 6D	1-2 24F	2-3 9D	3-0 17F	2-1 9S	0-1 27S	2-3 14O	0-2 26a	1-1 28O
10	Crewe Alexandra	1-2 21O	0-3 13J	0-3 19a	3-1 9A	1-1 3M	0-1 17M	5-1 30S	3-1 12S	2-2 25N		2-1 20F	4-3 7O	2-0 2S	0-4 27J	1-0 16S	2-2 5a	1-2 9D	2-1 21A	1-0 4N	1-3 24M	1-3 27F	1-2 26D	1-3 28A	1-2 30D
11	Doncaster Rov	0-0 23S	1-1 26a	3-3 26S	3-0 21A	1-0 25N	0-1 24M	1-2 3F	0-2 17M	1-0 21O	3-1 8a		1-2 9S	3-0 1J	0-0 4N	1-2 9A	2-2 5m	1-1 23D	1-0 6O	3-2 24F	2-2 27J	2-2 20J	0-0 17F	0-0 12a	1-2 27F
12	Gillingham	2-2 3M	1-1 16D	1-0 10F	2-1 31M	0-1 20F	1-0 9A	2-0 28O	2-1 30S	2-1 4N	1-0 10M	0-2 13J		2-1 5a	2-1 26D	2-1 12S	0-1 19a	0-1 14O	0-3 30D	3-2 21A	1-0 25N	0-2 1S	0-0 16S	3-1 26J	0-2 5m
13	Huddersfield T	0-2 9A	2-2 30S	2-0 10M	0-3 17F	2-1 28O	1-2 12a	2-0 14O	1-1 13J	1-2 27J	0-0 24F	3-1 12S	0-0 3F		3-1 5m	4-2 21A	1-1 26a	0-3 25N	2-2 31M	3-0 8a	1-1 4N	0-0 30D	3-2 26D	2-3 16S	
14	Leyton Orient	0-1 20J	3-2 12a	1-2 5D	1-1 9S	1-4 13F	1-1 1J	1-1 17F	2-0 21O	0-0 7O	1-1 23D	3-3 14A	1-0 26S	3-3 9D		1-0 8a	2-0 7A	0-2 28A	1-3 17M	2-2 3F	2-1 23S	2-3 24M	2-2 26a	0-1 24F	3-1 0-0
15	Millwall	0-0 2S	1-0 14O	2-0 9D	1-1 26S	1-0 9S	2-0 28A	2-0 10M	2-2 3M	2-2 10F	4-1 13M	0-0 18N	0-0 1J	2-5 5D	0-1 20F		1-0 23S	1-0 7A	1-1 19a	4-0 28O	0-1 20J	0-1 22D	2-2 31M	1-1 14A	5a
16	Northampton T	1-1 4N	3-1 10M	0-0 13O	0-1 8a	0-2 31M	1-3 29a	3-2 13J	0-1 26D	1-2 21A	1-2 3F	0-2 9D	1-1 16F	1-1 27A	0-1 19D	3-0 23J		0-1 12a	2-3 28J	0-0 30S	0-2 24F	1-0 9A	2-0 28O	1-3 16S	1-1 12S
17	Nottm Forest	1-1 20F	3-0 21A	1-0 5a	2-0 4N	2-1 19a	1-0 21O	0-0 16S	3-0 24M	4-0 2S	0-0 5m	0-1 6M	1-0 17M	5-1 3M	1-3 16D	3-1 25N	1-0 10F		0-2 12S	3-0 26D	1-1 9A	0-4 7O	3-1 30S	1-1 30D	1-0 13J
18	Oldham Athletic	0-1 27F	1-2 24F	2-0 18N	3-0 28O	1-1 16D	0-3 20J	0-0 27a	0-2 14A	1-0 5m	4-0 11M	4-1 23S	1-1 7A	3-3 14O	1-2 17F	3-0 23D	5-0 1J			0-1 8a	2-1 26S	1-0 9S	1-0 12a	1-0 3F	1-0 31M
19	Port Vale	2-1 9S	2-1 5m	0-1 6J	1-0 16D	2-1 23D	0-2 23S	1-1 7A	3-2 6M	3-0 19a	1-2 14A	2-0 3S	1-2 5D	3-0 21O	2-0 5a	1-0 24M	3-0 6F	1-1 26S	3-0 20F		1-3 8O	0-0 1J	2-3 18N	4-2 17M	3M
20	Rotherham Utd	1-0 27M	0-2 31M	4-1 3M	2-0 14O	0-1 5a	1-1 9D	0-1 14A	2-4 28A	0-1 13J	5-1 28O	0-0 16S	3-2 7A	2-3 20F	2-2 30D	2-3 30S	1-2 1S	1-1 18N	2-3 26D	1-5 10M		2-1 19a	1-2 27F	2-1 12S	3-2 2D
21	Scunthorpe Utd	1-3 15D	3-2 30D	2-0 31M	1-1 26a	1-2 14O	1-0 5F	3-0 5m	1-0 16S	1-0 26D	2-2 12a	2-0 30S	3-1 24F	2-0 14A	3-1 28O	1-0 27J	1-1 18N	1-1 10M	3-0 13J	1-0 12S	1-1 17F		2-2 8a	1-1 5D	1-0 6A
22	Swansea City	3-6 5m	4-2 3N	2-0 9S	2-1 1J	0-0 21A	5-0 26N	1-2 16D	2-1 5a	2-0 16M	1-2 26S	0-2 19a	2-0 23J	1-2 23S	0-1 3M	0-1 22O	0-1 24M	2-1 20J	0-0 10F	0-1 9A	3-0 23D	1-1 20F		0-0 6O	1-1 1S
23	Tranmere Rov	2-0 24N	1-0 28O	1-1 19J	3-1 5m	2-1 9A	1-0 8S	0-2 30M	2-2 20F	2-2 2M	1-0 16J	1-1 10F	0-0 23D	1-0 26S	2-3 2S	2-2 3N	3-1 6J	0-1 23S	1-2 5a	2-1 13O	0-2 1J	0-2 21A	0-2 10M		2-1 19a
24	Yeovil Town	0-1 17M	0-0 8a	0-0 23D	1-0 20J	2-0 26S	2-1 4N	0-1 12a	1-0 6O	2-0 24M	1-1 23S	3-1 28A	0-0 9D	1-0 5J	1-0 9A	2-0 3F	0-0 1J	0-1 9S	1-0 21O	1-0 26a	1-0 21A	0-2 25N	0-2 24F	1-0 17F	

Final League Table

Pos	Team	Pld	Home					Away					Totals					Pts	GD	Leading Goalscorer	Gls
			W	D	L	F	A	W	D	L	F	A	W	D	L	F	A				
1	Scunthorpe Utd	46	15	6	2	40	17	11	7	5	33	18	26	13	7	73	35	91	+38	B Sharp	30
2	Bristol City	46	15	5	3	35	20	10	5	8	28	19	25	10	11	63	39	85	+24	P Jevons	11
3	Blackpool (P)	46	12	6	5	40	25	12	5	6	36	24	24	11	11	76	49	83	+27	A Morrell	16
4	Nottm Forest	46	14	5	4	37	17	9	8	6	28	24	23	13	10	65	41	82	+24	Grant Holt	14
5	Yeovil Town	46	14	3	6	22	12	9	7	7	33	27	23	10	13	55	39	79	+16	W Gray	11
6	Oldham Athletic	46	13	4	6	36	18	8	8	7	33	29	21	12	13	69	47	75	+22	C Porter	21
7	Swansea City	46	12	6	5	36	20	8	6	9	33	33	20	12	14	69	53	72	+16	L Trundle	19
8	Carlisle United	46	12	5	6	35	24	7	6	10	19	31	19	11	16	54	55	68	-1	K Hawley	12
9	Tranmere Rovers	46	13	5	5	33	22	5	8	10	25	31	18	13	15	58	53	67	+5	C Greenacre	17
10	Millwall	46	11	8	4	33	19	8	1	14	26	43	19	9	18	59	62	66	-3	D Byfield	16
11	Doncaster Rovers	46	8	10	5	30	23	8	5	10	22	24	16	15	15	52	47	63	+5	P Heffernan	11
12	Port Vale	46	12	3	8	35	26	6	3	14	29	39	18	6	22	64	65	60	-1	L Constantine	22
13	Crewe Alexandra	46	11	4	8	39	38	6	5	12	27	34	17	9	20	66	72	60	-6	L Varney	17
14	Northampton T	46	8	5	10	27	28	7	9	7	21	23	15	14	17	48	51	59	-3	S McGleish	12
15	Huddersfield T	46	9	8	6	37	33	5	9	9	23	36	14	17	15	60	69	59	-9	L Beckett	15
16	Gillingham	46	14	2	7	29	24	3	6	14	27	53	17	8	21	56	77	59	-21	M Flynn	10
17	Cheltenham T	46	8	6	9	25	27	7	3	13	24	27	15	9	22	49	61	54	-12	K Odejayi	13
18	Brighton & H A	46	5	7	11	23	27	9	4	10	26	24	14	11	21	49	58	53	-9	D Hammond	8
19	Bournemouth	46	10	5	8	28	28	3	8	12	22	36	13	13	20	50	64	52	-14	J Hayter	10
20	Leyton Orient	46	6	10	7	30	32	6	5	12	31	45	12	15	19	61	77	51	-16	G Alexander	12
21	Chesterfield	46	9	5	9	29	22	3	6	14	16	31	12	11	23	45	53	47	-8	C Folan	8
22	Bradford City	46	5	9	9	29	31	6	5	12	20	34	11	14	21	47	65	47	-18	D Windass	11
23	Rotherham Utd *	46	8	4	11	37	39	5	5	13	21	36	13	9	24	58	75	38	-17	W Hoskins	15
24	Brentford	46	5	8	10	24	41	3	5	15	16	38	8	13	25	40	79	37	-39	J Osei-Kuffour	11

* Rotherham United deducted 10 points for entering administration.

2006/07 COCA-COLA FOOTBALL LEAGUE DIVISION 2 [LEVEL 4]
SEASON 108

Total Matches 552
Total Goals 1372
Avg goals per match 2.49

		Accrington S	Barnet	Boston United	Bristol Rovers	Bury	Chester City	Darlington	Grimsby Town	Hartlepool Utd	Hereford United	Lincoln City	Macclesfield T	Mansfield Town	M K Dons	Notts County	Peterborough U	Rochdale	Shrewsbury T	Stockport Co	Swindon Town	Torquay United	Walsall	Wrexham	Wycombe Wand
1	Accrington S		2-1	2-1	1-1	1-1	0-1	0-2	4-1	1-2	2-0	2-2	3-2	3-2	3-4	1-2	3-2	1-1	3-3	0-1	1-1	1-0	1-2	5-0	2-1
			12a	16S	6M	26D	3F	8a	14A	18N	24M	24F	28A	16J	9D	13J	7A	26a	2D	17F	7O	17M	21O	13S	30S
2	Barnet	1-2		3-3	1-1	2-1	1-1	0-1	2-1	0-1	2-1	3-0	0-5	1-0	2-1	3-3	2-3	1-0	3-2	0-0	3-1	1-0	0-1	1-1	1-2	2-1
		10F		12S	14A	30D	28O	31M	5D	7A	19a	14O	13J	16D	30S	16	26D	18N	20M	10M	20F	5a	2S	3M	5m
3	Boston United	1-0	2-1		2-1	0-1	1-0	4-1	0-6	0-1	1-1	0-0	4-1	1-1	0-1	3-3	0-1	0-3	0-3	2-1	1-3	1-1	1-1	4-0	0-1
		6J	1J		10M	31M	21A	12a	3F	24F	25N	27S	9A	14O	26a	4N	9a	23S	17F	9S	20J	28A	23D	9D	28O
4	Bristol Rovers	4-0	2-0	1-0		2-0	0-0	1-2	1-0	0-2	2-1	0-0	0-0	1-0	1-1	2-0	3-2	0-0	1-0	2-1	1-0	1-0	1-2	0-1	1-2
		23D	26N	7O		9A	20J	6F	12a	9D	27S	21A	21O	4N	17F	17M	3F	9S	26a	20M	28A	1J	23S	24M	8a
5	Bury	2-2	2-2	2-1	0-2		1-3	1-1	3-0	0-1	2-2	2-2	1-1	0-2	0-1	1-2	0-3	0-1	1-2	2-0	0-1	0-1	1-2	1-0	0-4
		26S	23S	21O	18N		8a	16J	26a	23D	30J	20J	17M	5m	3F	24M	24F	7A	12a	16D	14A	9S	5D	7N	17F
6	Chester City	2-0	2-0	3-1	2-0	1-0		1-1	0-2	2-1	1-1	4-1	0-3	1-1	0-3	0-0	1-1	0-0	1-1	0-2	1-1	0-0	1-2	0-1
		5a	24M	5D	30S	21F		6A	16S	20O	27F	9D	26D	27J	30D	12S	28A	16M	15A	17N	1S	2M	6O	20a	13J
7	Darlington	2-1	2-0	2-0	1-1	1-0	1-0		2-2	0-3	1-0	1-1	4-0	0-2	1-0	0-1	3-1	0-5	1-2	0-5	1-2	1-1	0-0	1-1	3-2
		20F	21O	10F	16S	12S	3N		29S	25M	17M	9A	5a	26D	25N	16D	13J	6O	30D	5m	19a	1S	3M	27J	21A
8	Grimsby Town	2-0	5-0	3-2	4-3	2-0	0-2	0-1		1-4	2-1	0-0	1-1	1-1	1-3	0-2	0-2	4-2	2-1	0-1	1-0	2-0	2-1	2-1	2-2
		25N	21A	5a	10F	3M	20J		26S	8O	28A	1S	18a	4N	21O	24M	1J	9D	23S	17M	22D	9S	20F	9A	
9	Hartlepool United	1-0	1-1	2-1	1-2	2-0	3-0	0-0	2-0		3-2	1-1	3-2	2-0	1-0	1-1	1-0	0-3	1-1	0-1	1-1	3-1	3-0	2-0
		9A	4N	1S	5m	27J	30M	28O	26D		3M	9M	20F	12S	13J	20A	30D	15D	16S	14O	5a	19a	10F	30S	25N
10	Hereford United	1-0	2-0	3-0	0-0	1-0	2-0	1-1	0-1	3-1		1-2	1-0	1-3	0-0	3-2	0-0	0-0	0-1	0-2	0-0	1-1	2-0	1-0	1-2
		28O	17F	14A	26D	16S	12a	14O	10M	26a		8a	30S	13J	31M	27J	5D	24F	28A	3F	7A	9D	18N	30D	12S
11	Lincoln City	3-1	1-0	2-1	1-0	0-2	2-0	1-3	2-0	2-0	1-4		2-1	1-2	2-3	1-1	1-0	7-1	1-1	0-0	2-3	1-0	2-2	0-3	1-0
		1S	17M	26D	5D	30S	5m	18N	16D	6O	20F		12S	3M	16S	5a	27J	21O	13J	7A	25M	10F	19a	14A	30D
12	Macclesfield T	3-3	2-3	2-3	0-1	2-3	1-1	1-1	2-1	0-0	3-0	2-1		2-3	1-2	2-1	1-2	2-1	1-0	2-2	2-0	2-1	3-3	0-2	0-2
		16D	9S	18N	24A	14O	26S	3F	24F	8a	20J	1J		28O	12a	5m	17F	5D	10M	14A	23S	30J	7A		26a
13	Mansfield Town	2-2	2-1	1-2	0-0	1-1	0-1	0-2	2-1	0-1	4-1	2-4	1-2		2-1	2-2	0-2	1-2	1-1	1-1	2-0	5-0	2-1	3-0	3-2
		23S	28A	17M	7A	9D	6M	26S	17F	1J	9S	26a	23M		8a	7O	18N	14A	3F	12a	5D	30J	20J	21O	24F
14	M K Dons	3-1	3-1	3-2	2-0	1-2	1-0	1-2	0-3	2-2	3-0	1-1		3-2	0-2	2-1	2-0	2-0	3-2	1-1	2-1	3-1	
		5m	20J	3M	19a	5a	23S	14A	7A	9S	21O	8J	13M	20F		2S	6O	23D	18N	5D	1J	26S	25M	17M	16D
15	Notts County	3-2	1-1	2-0	1-2	0-1	1-2	0-1	2-0	0-1	0-1	3-1	1-2	0-0	2-2		0-0	1-2	1-1	1-1	5-2	1-2	2-1	1-0	
		9S	30J	7A	14O	28O	1J	28A	31M	5D	22D	3F	9D	10M	24F		26a	17F	8a	26S	23S	20J	14A	18N	12a
16	Peterborough U	4-2	1-1	1-1	4-1	0-1	0-2	1-3	2-2	3-5	3-0	1-2	3-1	2-0	4-0	2-0		3-3	2-1	0-3	1-1	5-2	0-2	0-3	3-3
		4N	26S	20F	3S	16D	9S	28O	23S	21A	20D	19a	9A	10M	3M			5m	14O	20J	25N	1J	10F	31M	
17	Rochdale	4-2	0-2	4-0	0-1	1-3	0-0	0-0	1-0	2-0	1-1	2-0	5-0	2-0	5-0	0-1	0-1		1-1	1-3	0-0	2-0	0-1	2-2	0-2
		3M	9A	30D	13J	4N	14O	10M	12S	28A	2S	31M	21A	25N	27J	19a	9D		30S	28O	3A	20F	5a	26D	16S
18	Shrewsbury T	2-1	1-0	5-0	0-0	1-3	2-1	2-2	2-2	1-1	3-0	0-1	2-1	2-2	2-1	2-0	2-1	3-0		4-2	1-2	1-0	1-1	0-1	0-0
		21A	22D	19a	2M	3A	25N	23S	5m	6J	16D	9S	6O	5a	9A	20F	16M	27M		1J	21O	24M	26S	24A	4N
19	Stockport County	1-1	2-0	2-0	2-1	0-0	2-0	5-2	3-0	3-3	0-2	2-0	1-1	4-1	2-0	0-1	2-7	0-3		3-0	1-0	1-0	5-2	2-0	
		18a	7O	13J	3S	28A	9A	9D	30D	17M	5a	4N	25N	10F	21A	26D	30S	24M	12S		3M	21O	6F	16S	27J
20	Swindon Town	2-0	2-1	1-1	2-1	2-1	1-0	1-1	3-0	1-0	1-2	0-2	2-0	2-0	2-1	1-1	0-1	1-0	2-1	2-0		2-1	1-1	2-1	2-1
		10M	8a	30S	16D	25N	24F	17F	14O	3F	4N	28O	27J	21A	12S	30D	16S	12a	31M	26a		9A	5m	13J	26D
21	Torquay United	0-2	1-1	0-1	0-0	2-2	2-2	0-1	4-1	0-1	0-1	1-2	0-1	1-1	0-2	1-1	0-0	0-0	1-1	0-1		1-1	3-0
		14O	3F	16D	13S	13J	26a	24F	26J	17F	5m	12a	30D	16S	26D	30S	14A	8a	28O	31M	18N		7A	5D	10M
22	Walsall	3-2	4-1	1-2	0-1	1-0	1-0	2-0	1-0	1-2	2-0	4-0	0-0	2-1	5-0	1-1	1-0	2-0	0-2	1-0	0-0	1-0		2-0	
		31M	24F	27J	30D	21A	10M	26a	15J	12a	9A	16F	16S	30S	28O	25N	12S	3F	26D	8a	9D	4N		28A	14O
23	Wrexham	1-3	1-1	3-1	2-0	1-1	0-0	1-0	3-0	1-1	1-0	2-1	0-0	0-0	1-2	0-1	0-0	1-2	1-3	0-1	2-1	1-0	1-1		0-2
		1J	26a	5m	28O	9M	18F	23D	8a	20J	24S	25N	4N	31M	14O	9A	12a	27S	25F	30J	9S	21A	16D		3F
24	Wycombe Wand	1-1	1-1	0-0	0-1	3-0	1-0	1-0	1-1	0-1	0-0	1-3	3-0	1-0	0-2	0-0	2-0	1-1	1-1	2-0	1-1	2-0	0-0	1-1	
		20J	9D	23M	27M	19a	9S	5D	18N	14A	1J	23S	3M	1S	28A	10F	21O	6J	7A	23D	26S	6O	17M	5a	

Final League Table

Pos	Team	Pld	Home					Away					Totals					Pts	GD	Leading Goalscorer	Gls
			W	D	L	F	A	W	D	L	F	A	W	D	L	F	A				
1	Walsall	46	16	4	3	39	13	9	10	4	27	21	25	14	7	66	34	89	+32	D Keates	13
2	Hartlepool United	46	14	5	4	34	17	12	5	6	31	23	26	10	10	65	40	88	+25	R Barker+, J Daly	9
3	Swindon Town	46	15	4	4	34	17	10	6	7	24	21	25	10	11	58	38	85	+20	L Peacock, C Roberts	10
4	M K Dons	46	14	4	5	41	26	11	5	7	35	32	25	9	12	76	58	84	+18	I McLeod	21
5	Lincoln City	46	12	4	7	36	28	9	7	7	34	31	21	11	14	70	59	74	+11	J Forrester	18
6	Bristol Rovers (P)	46	13	5	5	27	14	7	9	7	22	28	20	12	14	49	42	72	+7	R Walker	12
7	Shrewsbury T	46	11	7	5	38	23	7	10	6	30	23	18	17	11	68	46	71	+22	B Davies	12
8	Stockport County	46	14	4	5	41	25	7	4	12	24	29	21	8	17	65	54	71	+11	A Elding	11
9	Rochdale	46	9	6	8	33	20	9	8	6	37	30	18	12	16	70	50	66	+20	C Dagnall	17
10	Peterborough U	46	10	6	7	48	36	8	5	10	22	25	18	11	17	70	61	65	+9	C Mackail-Smith	8
11	Darlington	46	10	6	7	28	30	7	8	8	24	26	17	14	15	52	56	65	-4	J Joachim	7
12	Wycombe Wand	46	8	11	4	23	14	8	3	12	29	33	16	14	16	52	47	62	+5	J Easter	17
13	Notts County	46	8	6	9	29	25	8	8	7	26	28	16	14	16	55	53	62	+2	J Lee	15
14	Barnet	46	12	5	6	35	30	4	6	13	20	40	16	11	19	55	70	59	-15	A Birchall, T Kandol, D Sinclair	6
15	Grimsby Town	46	11	4	8	33	32	6	4	13	24	41	17	8	21	57	73	59	-16	P Bore, G Jones, C Toner	9
16	Hereford United	46	9	7	7	23	17	5	9	9	22	36	14	16	16	45	53	58	-8	A Connell	9
17	Mansfield Town	46	10	4	9	38	31	4	8	11	20	32	14	12	20	58	63	54	-5	R Barker+	12
18	Chester City	46	7	9	7	23	23	6	5	12	17	25	13	14	19	40	48	53	-8	J Walters	9
19	Wrexham	46	8	8	7	23	21	5	4	14	20	44	13	12	21	43	65	51	-22	C Llewellyn	9
20	Accrington S	46	10	6	7	42	33	5	5	13	28	48	15	11	20	70	81	50	-11	P Mullin	14
21	Bury	46	9	7	7	26	20	4	6	13	20	41	13	13	20	46	61	50	-15	A Bishop	16
22	Macclesfield T	46	8	7	8	36	34	4	1	18	19	43	12	12	22	55	77	48	-22	K McIntyre	9
23	Boston United *	46	9	6	8	29	32	5	15	19	48	12	10	24	51	80	36	-29	D Broughton	8
24	Torquay United	46	5	8	10	19	22	2	6	15	17	41	7	14	25	36	63	35	-27	J Ward	9

+ **R Barker** scored 21 goals in total.   * Boston United deducted 10 points for entering administration.

2007/08 FA BARCLAYCARD PREMIERSHIP
SEASON 16

Total Matches	380
Total Goals	1002
Avg goals per match	2.64

		Arsenal	Aston Villa	Birmingham City	Blackburn Rov	Bolton Wand	Chelsea	Derby County	Everton	Fulham	Liverpool	Manchester City	Manchester Utd	Middlesbrough	Newcastle Utd	Portsmouth	Reading	Sunderland	Tottenham H	West Ham Utd	Wigan Athletic
1	Arsenal		1-1 1M	1-1 12J	2-0 11F	2-0 20O	1-0 16D	5-0 22S	1-0 4m	2-1 12a	1-1 5A	1-0 25a	2-2 3N	1-1 15M	3-0 29J	3-1 2S	2-0 19A	3-2 7O	2-1 22D	2-0 1J	2-0 24N
2	Aston Villa	1-2 1D		5-1 20A	1-1 26J	4-0 5A	2-0 2S	2-0 3N	2-0 23S	2-1 25a	1-2 11a	1-1 22D	1-4 20O	1-1 12M	4-1 9F	1-3 8D	3-1 12J	0-1 22M	2-1 1J	1-0 6O	0-2 3m
3	Birmingham City	2-2 23F	1-2 11N		4-1 11m	1-0 15S	0-1 19J	1-1 2F	1-1 12A	1-1 29D	2-2 26A	3-1 29M	0-1 26D	3-0 17M	1-1 24N	0-2 15D	1-1 15a	2-2 1M	4-1 18a	0-1 27O	3-2
4	Blackburn Rovers	1-1 19a	0-4 28N	2-1 7O		4-1 24F	0-1 23D	3-1 3m	0-0 2F	1-1 8M	0-0 3N	1-0 2S	1-1 19A	1-1 19J	3-1 1D	0-1 23S	4-2 20O	1-0 2J	0-1 5A	0-1 9D	3-1 22M
5	Bolton Wanderers	2-3 29M	1-1 28O	3-0 22D	1-2 13J		0-1 7O	1-1 2J	1-2 1S	0-0 29J	1-3 2M	0-0 22M	0-0 24N	0-0 11N	1-3 11a	0-1 9F	3-0 25a	2-0 3m	1-1 23S	1-0 12A	4-1 9D
6	Chelsea	2-1 23M	4-4 26D	3-2 12a	0-0 15S	1-1 11m		6-1 12M	1-1 11N	0-0 29S	0-0 10F	6-0 27O	2-1 26A	1-0 30M	1-0 29D	2-0 25a	1-0 30J	2-0 8D	2-0 12J	1-0 1D	1-1 14A
7	Derby County	2-6 28A	0-6 12A	1-2 25a	1-2 30D	1-1 29S	0-2 24N		0-2 28O	2-2 29M	1-2 26D	1-1 30J	0-1 15M	0-1 15D	1-0 17S	2-2 11a	0-4 11m	0-0 1M	0-3 9F	0-5 10N	1-2 12J
8	Everton	1-4 29M	2-2 27A	3-1 3N	1-1 25a	2-0 26D	0-1 17A	1-0 6A		3-0 8D	1-2 20O	1-0 12J	0-1 15S	2-0 30S	3-1 11m	3-1 2M	1-0 9F	7-1 24N	0-0 30J	1-1 22M	2-1 11a
9	Fulham	0-3 19J	2-1 3F	2-0 3m	2-2 25N	2-1 15a	1-2 1J	0-1 20O			0-2 19A	3-3 22S	0-3 1M	1-0 18a	1-0 15D	1-1 7O	1-3 3N	3-3 5A	0-1 1S	1-1 23F	1-1 22D
10	Liverpool	1-1 28O	2-2 21J	0-0 22S	3-1 13A	4-0 2D	1-1 19a	6-0 1S	1-0 30M	2-0 10N		1-0 4m	0-1 16D	3-2 23F	3-0 8M	4-1 22D	2-1 15M	3-0 2F	2-2 7O	4-0 5M	1-1 2J
11	Manchester City	1-3 2F	1-0 16S	1-0 20O	2-2 27D	4-2 15D	0-2 5A	0-2 15a	2-3 25F	0-0 26A	0-0 30D		1-0 19a	3-1 7O	3-1 29S	3-1 20A	1-0 24N	2-1 5N	1-1 16M	1-1 20J	0-0 1M
12	Manchester United	2-1 13A	4-0 29M	1-0 1J	2-0 11N	2-0 19M	2-0 23S	4-1 8D	2-1 23D	2-0 3D	1-0 23M	1-2 10F		4-1 27O	6-0 12J	2-0 30J	0-0 12a	1-0 1S	1-1 26a	4-1 3m	4-0 6O
13	Middlesbrough	2-1 9D	0-3 24N	2-0 1S	1-2 11a	0-1 19A	0-2 20O	1-0 22M	0-2 1J	1-0 9F	1-1 12J	8-1 11m	2-2 6A		2-2 26a	0-1 3m	2-2 1M	1-1 22S	1-2 3N	2-0 22D	1-0 29J
14	Newcastle United	1-1 5D	0-0 18a	2-1 8D	0-1 1M	0-0 19J	0-2 5m	2-2 23D	3-2 7O	2-0 22M	0-3 24N	0-2 2J	1-1 23F	1-1 3F		1-4 3N	3-0 5A	2-0 20A	3-1 22O	3-1 23S	1-0 1S
15	Portsmouth	0-0 26D	2-0 15M	4-2 12M	0-1 27A	3-1 18a	1-1 2F	3-1 19J	0-0 1D	0-1 11m	0-0 15S	0-0 11N	1-1 15a	0-1 29D	0-0 12A		7-4 29S	1-0 23F	0-1 15D	0-0 27O	2-0 29M
16	Reading	1-3 12N	1-2 24F	2-1 22M	0-0 29M	0-2 2F	1-2 15a	1-0 7O	1-0 18a	0-2 12A	3-1 8D	2-0 8M	0-2 19J	1-1 1D	2-1 27O	0-2 1J		2-1 22D	0-1 3m	0-3 1S	2-1 22S
17	Sunderland	0-1 11m	1-1 15D	2-0 29J	1-2 29S	3-1 29D	0-1 15M	1-0 1D	0-1 9M	1-1 27O	0-2 25a	1-2 12A	0-4 26D	3-2 26A	1-1 10N	2-0 13J	2-1 15S		1-0 11a	2-1 29M	2-0 9F
18	Tottenham Hotspur	1-3 15S	4-4 1O	2-3 2D	1-2 28O	1-1 26A	4-4 19M	4-0 18a	1-3 14a	5-1 26D	0-2 11m	2-1 9D	1-1 2F	1-1 12A	1-4 30M	2-0 22M	6-4 29D	2-0 19J		4-0 9M	4-0 11N
19	West Ham United	0-1 29S	2-2 11m	1-1 9F	2-1 15M	1-1 4N	0-4 1M	2-1 19A	0-2 15D	2-1 12J	1-0 30J	0-2 11a	1-0 29D	3-0 15S	2-2 26A	0-1 8A	1-1 26D	3-1 21O	1-1 25N		1-1 25a
20	Wigan Athletic	0-0 9M	1-2 29D	2-0 5A	5-3 15D	1-0 16M	0-2 3N	2-0 23F	1-2 20J	1-1 15S	0-1 29S	1-1 1D	0-2 11m	1-0 15a	0-2 26D	1-0 20O	3-0 26A	1-1 18a	1-0 19A	1-0 2F	

Final League Table

Pos	Team	Pld	Home					Away					Totals						Leading Goalscorer	Gls
			W	D	L	F	A	W	D	L	F	A	W	D	L	F	A	Pts	GD		
1	Manchester Utd	38	17	1	1	47	7	10	5	4	33	15	27	6	5	80	22	87	+58	C Ronaldo	31
2	Chelsea	38	12	7	0	36	13	13	3	3	29	13	25	10	3	65	26	85	+39	F Lampard	10
3	Arsenal	38	14	5	0	37	11	10	6	3	37	20	24	11	3	74	31	83	+43	E Adebayor	24
4	Liverpool	38	12	6	1	43	13	9	7	3	24	15	21	13	4	67	28	76	+39	F Torres	24
5	Everton	38	11	4	4	34	17	8	4	7	21	16	19	8	11	55	33	65	+22	A Yakubu	15
6	Aston Villa	38	10	3	6	34	22	6	9	4	37	29	16	12	10	71	51	60	+20	J Carew	13
7	Blackburn Rovers	38	8	7	4	26	19	7	6	6	24	29	15	13	10	50	48	58	+2	R Santa Cruz	19
8	Portsmouth	38	7	8	4	24	14	9	1	9	24	26	16	9	13	48	40	57	+8	B Mwaruwari	12
9	Manchester City	38	11	4	4	28	20	4	6	9	17	33	15	10	13	45	53	55	-8	Elano Blumer	8
10	West Ham United	38	7	7	5	24	24	6	3	10	18	26	13	10	15	42	50	49	-8	D Ashton	10
11	Tottenham H	38	8	5	6	46	34	3	8	8	20	27	11	13	14	66	61	46	+5	D Berbatov	15
12	Newcastle United	38	8	5	6	25	26	3	5	11	20	39	11	10	17	45	65	43	-20	M Owen	11
13	Middlesbrough	38	7	5	7	27	23	3	7	9	16	30	10	12	16	43	53	42	-10	S Downing	9
14	Wigan Athletic	38	8	5	6	21	17	2	5	12	13	34	10	10	18	34	51	40	-17	M Bent	7
15	Sunderland	38	9	3	7	23	21	2	3	14	13	38	11	6	21	36	59	39	-23	K Jones	7
16	Bolton Wanderers	38	7	5	7	23	18	2	5	12	13	36	9	10	19	36	54	37	-18	N Anelka	10
17	Fulham	38	5	5	9	22	31	3	7	9	16	29	8	12	18	38	60	36	-22	C Dempsey	6
18	Reading	38	8	2	9	19	25	2	4	13	22	41	10	6	22	41	66	36	-25	D Kitson	10
19	Birmingham City	38	6	8	5	30	23	2	4	13	16	39	8	11	19	46	62	35	-16	M Forssell	9
20	Derby County	38	1	5	13	12	43	0	6	13	8	46	1	8	29	20	89	11	-69	K Miller	4

2007/08

COCA-COLA FOOTBALL LEAGUE CHAMPIONSHIP [LEVEL 2]
SEASON 109

Total Matches	552
Total Goals	1394
Avg goals per match	2.53

		Barnsley	Blackpool	Bristol City	Burnley	Cardiff City	Charlton Athletic	Colchester Utd	Coventry C	Crystal Palace	Hull City	Ipswich Town	Leicester City	Norwich City	Plymouth Argyle	Preston N E	Q P R	Scunthorpe U	Sheffield United	Sheffield Weds	Southampton	Stoke City	Watford	West Brom A	Wolverhampton
1	Barnsley		2-1	3-0	1-1	1-1	3-0	1-0	1-4	0-0	1-3	4-1	0-1	1-3	3-2	1-0	0-0	2-0	0-1	0-0	2-2	3-3	3-2	2-1	1-0
2	Blackpool	1-1		1-1	3-0	0-1	5-3	2-2	4-0	1-1	2-1	1-1	2-1	1-3	0-0	0-0	1-0	1-0	2-2	2-1	2-2	2-3	1-1	1-3	0-0
3	Bristol City	3-2	1-0		2-2	1-0	0-1	1-1	2-1	1-1	2-1	2-0	0-2	2-1	1-2	3-0	2-2	2-1	2-0	2-1	2-1	1-0	0-0	1-1	0-0
4	Burnley	2-1	2-2	0-1		3-3	1-0	1-1	2-0	1-1	0-1	2-2	1-1	2-1	1-0	2-3	0-2	2-0	1-2	1-1	2-3	0-0	2-2	2-1	1-3
5	Cardiff City	3-0	3-1	2-1	2-1		0-2	4-1	0-1	1-1	1-0	1-0	0-1	1-2	1-0	2-2	3-1	1-1	1-0	1-0	0-1	1-2	0-0	2-0	2-0
6	Charlton Athletic	1-1	4-1	1-1	1-3	3-0		1-2	4-1	2-0	1-1	3-1	2-0	2-0	1-2	1-2	0-1	1-1	0-3	3-2	1-1	1-0	2-2	1-1	2-3
7	Colchester Utd	2-2	0-2	1-2	2-3	1-1	2-2		1-5	1-2	1-3	2-0	1-1	1-1	2-1	4-2	0-1	2-2	1-2	1-1	0-1	2-3	3-2	0-1	1-0
8	Coventry City	4-0	3-1	0-3	1-2	0-0	1-1	1-0		0-2	1-1	2-1	2-0	1-0	3-1	2-1	0-0	1-1	0-1	0-0	1-1	1-2	0-3	0-4	1-1
9	Crystal Palace	2-0	0-0	2-0	5-0	0-0	0-1	2-1	1-1		1-1	0-0	2-2	1-1	2-1	0-1	1-0	2-0	3-2	2-1	1-1	1-3	0-2	1-1	0-2
10	Hull City	3-0	2-2	0-0	2-0	2-2	1-2	1-1	1-0	2-1		3-1	2-0	2-1	2-3	3-0	1-1	2-0	1-1	1-0	5-0	1-1	3-0	1-3	2-0
11	Ipswich Town	0-0	2-1	6-0	0-0	1-1	2-0	3-1	4-1	1-0	1-0		3-1	2-1	0-0	2-1	0-0	3-2	1-1	4-1	2-0	1-1	1-2	2-0	3-0
12	Leicester City	2-0	0-1	0-0	0-1	0-0	1-1	1-1	2-0	1-0	0-2	2-0		4-0	0-1	0-1	1-1	1-0	0-1	1-3	1-2	1-1	4-1	1-2	0-0
13	Norwich City	1-0	1-2	1-3	2-0	1-2	1-1	5-1	2-0	1-0	1-1	2-2	0-0		0-0	1-0	3-0	0-0	0-1	2-1	0-1	1-3	1-1	1-2	1-1
14	Plymouth Argyle	3-0	3-0	1-1	3-1	2-2	1-2	4-1	1-0	1-0	1-1	0-0	3-0			2-2	2-1	3-0	0-1	1-2	1-1	2-2	1-1	1-2	1-1
15	Preston N E	1-2	0-1	0-0	2-1	1-2	0-2	0-3	1-0	3-0	2-1	1-1	0-0	2-0		0-0	0-1	3-1	1-0	5-1	2-0	1-0	2-1	2-1	
16	Queens Park R	2-0	3-2	3-0	2-4	0-2	1-0	2-1	1-2	1-2	2-0	1-1	3-1	1-0	0-2	2-2		3-1	1-1	0-0	3-0	1-1	0-2	0-0	
17	Scunthorpe Utd	2-2	1-1	0-1	2-0	3-2	1-0	3-3	2-1	0-0	1-2	1-2	0-0	0-1	1-2	0-2	2-1		2-2	3-2	1-1	1-1	2-3	1-3	2-3	0-2
18	Sheffield United	1-0	1-1	2-1	0-0	3-3	0-2	2-1	0-1	2-0	3-1	1-0	2-1	0-1	1-1	2-1	0-0			2-2	1-2	0-3	1-1	1-0	3-1
19	Sheffield Weds	1-0	2-1	0-1	0-2	1-0	1-2	1-1	2-2	1-0	1-0	0-2	4-1	1-1	2-1	2-1	1-2	2-0			5-0	1-1	0-1	0-1	1-3
20	Southampton	2-3	1-0	2-0	0-1	1-0	0-1	1-1	0-0	1-4	4-0	1-1	0-1	0-1	0-2	1-1	2-3	1-0	3-2	0-0		3-2	0-3	3-2	0-0
21	Stoke City	0-0	1-1	2-1	1-1	2-1	2-1	1-3	1-2	1-1	1-0	0-0	2-1	3-2	3-1	3-2	1-0	2-4	3-2		0-0	3-1	0-0		
22	Watford	0-3	1-1	1-2	1-2	2-2	1-1	2-2	2-1	0-2	1-0	2-0	1-0	0-1	0-0	2-4	0-1	1-0	2-1	3-2	0-0			0-3	3-0	2-F
23	West Brom A	2-0	2-1	4-1	2-1	3-3	4-2	4-3	2-4	1-1	1-2	4-0	1-4	2-0	3-0	2-0	5-1	5-0	0-0	1-1	1-1	1-1	1-1		0-0
24	Wolverhampton	2-1	2-1	1-1	2-3	3-0	2-0	1-0	1-0	0-3	0-1	1-1	1-1	2-0	1-0	3-3	2-1	0-0	2-1	2-2	2-4	1-2	0-1		

Final League Table

Pos	Team	Pld	Home					Away					Totals					Pts	GD	Leading Goalscorer	Gls
			W	D	L	F	A	W	D	L	F	A	W	D	L	F	A				
1	West Brom A	46	12	8	3	51	27	11	4	8	37	28	23	12	11	88	55	81	+33	K Phillips	22
2	Stoke City	46	12	7	4	36	27	9	9	5	33	28	21	16	9	69	55	79	+14	R Fuller	15
3	Hull City (P)	46	13	7	3	43	19	8	5	10	22	28	21	12	13	65	47	75	+18	F Campbell	15
4	Bristol City	46	13	3	7	33	20	7	7	9	21	33	20	14	12	54	53	74	+1	D Byfield	8
5	Crystal Palace	46	9	9	5	31	23	9	8	6	27	19	18	17	11	58	42	71	+16	C Morrison	16
6	Watford	46	8	7	8	26	29	10	9	4	36	27	18	16	12	62	56	70	+6	D Henderson	12
7	Wolverhampton	46	11	6	6	31	25	7	10	6	22	23	18	16	12	53	48	70	+5	S Ebanks-Blake	12
8	Ipswich Town	46	15	7	1	44	14	3	8	12	21	42	18	15	13	65	56	69	+9	J Walters	13
9	Sheffield United	46	10	8	5	32	24	7	7	9	24	27	17	15	14	56	51	66	+5	J Beattie	22
10	Plymouth Argyle	46	9	9	5	37	22	8	4	11	23	28	17	13	16	60	50	64	+10	S Ebanks-Blake	11
11	Charlton Athletic	46	9	7	7	38	29	8	6	9	25	29	17	13	16	63	58	64	+5	C Iwelumo	10
12	Cardiff City	46	12	4	7	31	21	4	12	7	28	34	16	16	14	59	55	64	+4	J Ledley, P Parry	10
13	Burnley	46	7	8	7	31	31	9	5	9	29	36	16	14	16	60	67	62	-7	A Gray	11
14	Queens Park R	46	10	6	7	32	27	4	10	9	28	39	14	16	16	60	66	58	-6	A Buzsaky	10
15	Preston N E	46	11	5	7	29	20	4	6	13	21	36	15	11	20	50	56	56	-6	N Mellor	9
16	Sheffield Weds	46	9	9	5	29	25	5	8	10	25	30	14	13	19	54	55	55	-1	D Burton, A Sodje, M Tudgay	7
17	Norwich City	46	10	6	7	30	22	5	4	14	19	37	15	10	21	49	59	55	-10	J Cureton	12
18	Barnsley	46	11	7	5	35	26	3	6	14	17	39	14	13	19	52	65	55	-13	B Howard	13
19	Blackpool	46	8	11	4	35	27	4	7	12	24	37	12	18	16	59	64	54	-5	B Burgess	9
20	Southampton	46	9	8	6	28	27	4	10	9	30	45	13	18	15	56	72	54	-16	S John	19
21	Coventry City	46	8	8	7	25	26	6	3	14	27	38	14	11	21	52	64	53	-12	M Mifsud	10
22	Leicester City	46	7	7	9	23	19	5	9	9	19	26	12	16	18	42	45	52	-3	I Hume	11
23	Scunthorpe Utd	46	7	8	8	31	33	4	5	14	15	36	11	13	22	46	69	46	-23	M Paterson	13
24	Colchester Utd	46	4	8	11	31	41	3	5	15	31	45	7	17	22	62	86	38	-24	K Lisbie	17

Leading goalscorer for the Division was **S Ebanks-Blake** with 23 goals.

2007/08 COCA-COLA FOOTBALL LEAGUE DIVISION 1 [LEVEL 3]
SEASON 109

Total Matches 552
Total Goals 1335
Avg goals per match 2.42

		Bournemouth	Brighton & HA	Bristol Rovers	Carlisle United	Cheltenham T	Crewe Alexandra	Doncaster Rov	Gillingham	Hartlepool Utd	Huddersfield T	Leeds United	Leyton Orient	Luton Town	Millwall	Northampton T	Nottm Forest	Oldham Athletic	Port Vale	Southend United	Swansea City	Swindon Town	Tranmere Rov	Walsall	Yeovil Town
1	Bournemouth		0-2 2O	2-1 12A	1-3 29S	2-2 23F	1-0 26A	0-2 12F	1-0 15D	2-0 1M	0-1 18a	1-3 6N	3-1 26D	4-3 22J	2-0 29M	1-1 15S	2-0 2F	0-3 24N	0-1 1S	1-4 19J	1-4 14O	2-2 29D	2-1 24M	1-1 27O	2-0 15M
2	Brighton & H A	3-2 1J		0-0 6O	2-2 24N	2-1 19F	3-0 2F	1-0 15M	4-2 4M	2-1 19A	1-1 19J	1-1 20O	3-1 1M	3-0 3N	2-1 7S	0-2 18a	1-0 7D	2-3 23F	3-2 5A	0-1 3m	2-1 22M	0-0 12F	1-1 6N	1-1 22S	1-2
3	Bristol Rovers	0-2 3N	0-2 26A		3-0 29D	2-0 5F	1-1 18a	0-1 4M	1-1 19A	0-0 5A	2-3 22M	0-3 14S	2-3 29S	1-1 26D	2-1 17N	1-1 12M	2-2 1S	0-0 12F	3-2 2F	1-1 2O	0-2 18M	0-1 22A	1-1 23F	1-1 19J	1-1 20O
4	Carlisle United	1-1 3m	2-0 8M	1-1 22S		1-0 1S	1-0 19J	1-0 23F	0-0 20O	4-2 1J	2-1 12F	3-1 3N	1-0 15D	2-1 11M	4-0 6O	2-0 24M	0-2 1A	1-0 18a	3-2 5J	1-2 19A	0-0 8A	3-0 4D	0-1 8S	2-1 2F	2-1 5A
5	Cheltenham T	1-0 12J	2-1 9F	1-0 15M	1-0 25J		2-2 27O	2-1 3m	1-0 11a	1-1 16F	0-2 22D	1-0 25N	1-0 24M	0-1 14D	1-1 29J	0-3 29M	1-1 130	1-0 6O	1-0 2J	1-1 29F	1-2 18S	1-1 25a	1-1 22S	1-2 12A	1-1 5A
6	Crewe Alexandra	1-4 6O	2-1 11a	1-1 29J	0-1 26F	3-1 19A		0-4 22D	2-3 4D	3-1 22M	2-0 8S	0-1 14J	0-2 25a	2-0 200	0-0 22S	1-0 17N	1-4 8M	0-2 3m	1-3 11M	2-2 5A	0-0 9F	4-3 26J	0-0 1J	2-0 8D	2-0 3N
7	Doncaster Rov	1-2 25a	0-0 4D	2-0 9F	1-0 12J	2-0 29S	2-0 16S		2-1 11M	2-0 29J	0-0 14O	4-2 1A	2-0 28O	0-0 26a	1-0 11a	1-1 26D	2-1 28M	3-0 24M	1-0 8M	1-1 29D	2-0 25J	0-4 11A	2-0 17N	2-3 2O	1-2 16D
8	Gillingham	2-1 22M	1-0 15S	3-2 27O	0-0 29M	0-0 2F	0-3 15M	1-1 6N		2-1 24N	0-0 23F	1-1 29S	3-1 2O	2-1 1A	1-1 130	1-1 19J	0-1 29D	3-0 22J	0-0 8D	1-2 26D	1-1 12A	1-2 26a	1-1 18a	0-2 1S	2-1 1M
9	Hartlepool United	1-1 18N	1-2 27O	1-0 12O	2-2 2O	0-2 18J	3-0 15D	2-1 18a	4-0 8M		2-1 11M	1-1 26D	1-1 29D	0-4 2F	0-1 12A	0-1 22F	4-1 26A	3-3 1S	4-3 12F	1-3 22J	1-1 29M	3-1 15S	0-1 4D	3-1 29S	0-1 24M
10	Huddersfield T	1-0 29J	2-1 18M	2-1 15D	0-2 25a	2-3 15S	1-1 26D	2-2 5A	2-0 12J	1-3 6N		1-0 15A	0-0 24N	2-0 29S	1-0 19F	0-1 29D	1-1 20	3-1 200	1-0 3N	0-1 15M	1-0 1M	2-0 9F	1-0 19A	1-0 26A	1-0 11a
11	Leeds United	2-0 8M	0-0 29M	1-0 22D	3-2 1A	1-2 11M	1-1 23F	0-1 19J	2-1 3m	2-0 8S	4-0 8D		1-1 13O	1-0 1S	4-2 27O	3-0 5J	1-1 12F	1-3 1J	3-0 4D	4-1 18a	2-0 22S	2-1 17N	0-2 2F	1-1 22M	1-0 6O
12	Leyton Orient	1-0 8S	2-2 17N	3-1 3m	0-3 22M	2-0 8D	0-1 12F	1-1 19A	0-0 1J	2-4 22S	0-1 8M	0-2 5A		2-1 19J	0-1 4D	2-2 1S	0-1 23F	1-1 3N	1-1 200	3-1 2F	2-2 6O	0-5 11M	3-1 8J	1-0 18a	0-0 22D
13	Luton Town	1-4 9F	1-2 12A	1-2 8S	0-0 6N	1-1 12M	2-1 29M	3-1 6O	2-1 25a	0-1 11a	1-1 3m	0-1 26J		1-1 16F		1-1 26F	4-1 15O	2-1 27O	3-0 15M	2-1 22S	1-0 24N	1-3 12J	0-1 29J	0-1 22D	1-0 1M 1J
14	Millwall	2-1 200	3-0 26D	0-1 1M	3-0 26a	1-2 18a	1-0 29D	2-0 2F	0-3 5A	1-1 3N	0-1 1S	1-2 19A	0-2 15M	0-0 24M		2-0 2O	2-2 23J	2-3 15D	3-0 23F	2-1 12F	2-2 6N	1-2 29S	0-1 19J	1-2 15S	2-1 24M
15	Northampton T	4-1 21D	1-0 29J	0-1 6N	2-2 8D	2-1 200	0-0 1M	2-0 7S	4-0 16F	1-1 12J	3-0 22S	1-1 9F	2-0 25J	2-1 5A	1-1 1J		1-2 21M	2-0 19A	0-1 6O	4-2 3N	1-1 15M	2-1 11a	0-2 3m	1-2 24N	1-2 25a
16	Nottm Forest	0-0 11a	0-0 24M	1-1 8A	0-1 3M	3-1 5A	2-0 24N	0-0 200	4-0 22S	2-1 6O	1-2 1J	4-0 25a	1-0 12J	1-1 19A	2-0 9F	2-2 15D		0-0 300	2-0 22D	4-1 6N	0-0 29J	1-0 16F	2-0 3N	1-1 15M	3-2 3m
17	Oldham Athletic	2-0 1M	1-1 12J	1-1 25a	2-0 29J	2-1 26A	3-2 29S	2-1 8D	2-1 9F	4-1 4M	0-1 29M	0-1 20	4-1 12A	0-1 4D	1-1 22M	1-0 270	0-0 26D		1-1 17N	0-1 15S	2-1 11a	2-2 26F	3-1 8M	0-2 29D	3-0 16F
18	Port Vale	1-3 26J	0-1 130	1-1 11a	1-1 9F	3-0 2O	0-1 6N	1-3 24N	2-1 24M	0-0 25a	3-3 12A	2-1 15M	1-2 29M	1-1 29D	2-1 12J	3-1 26A	2-2 15S	0-3 1M		1-2 29S	0-2 16F	2-1 27O	0-0 15D	1-1 26D	2-2 29J
19	Southend United	2-1 16F	2-0 8A	0-1 1J	0-1 27O	2-2 17N	3-0 13O	3-2 22S	2-1 8S	4-1 7F	1-0 5D	1-2 29J	2-0 11a	1-0 8M	1-1 25a	1-1 12A	1-1 11M	0-1 22D	1-1 3m		1-1 21M	2-1 8D	1-2 60	1-0 29M	1-1 12J
20	Swansea City	1-2 5A	0-0 29S	2-2 24M	2-1 14S	4-1 26D	2-1 22J	1-1 1S	1-0 2N	0-1 27N	3-2 16N	4-1 29D	1-0 26A	1-2 22F	3-0 7M	0-0 4D	2-1 18a	3-0 2F		2-1 19J		2-1 200	1-1 11M	1-0 12F	1-2 19A
21	Swindon Town	4-1 22S	0-3 15D	1-0 24N	2-3 15M	2-1 12F	1-0 1S	1-2 3N	5-0 60	2-1 22D	3-2 4M	0-1 1M	1-1 6N	2-1 18a	2-1 3m	1-1 2F	2-1 19J	3-0 5A	6-0 19A	0-1 24M	1-1 1J		1-0 200	0-3 23F	0-1 9S
22	Tranmere Rov	3-1 8D	2-0 25a	0-2 11J	1-1 26D	1-1 29D	0-1 2O	2-0 1M	3-1 29J	1-0 15M	2-1 260	1-2 11a	1-1 9F	1-1 14S	2-0 16F	2-2 23S	0-2 12a	0-1 6N	2-0 20M	1-0 26A	0-1 24N	2-1 28M		0-0 120	2-1 26J
23	Walsall	1-3 19A	1-2 11M	0-1 15A	1-1 11a	1-1 3N	1-1 24M	2-1 1J	2-2 26J	4-0 3m	1-1 6O	0-0 15D	0-0 29J	3-0 17N	1-0 22D	0-3 8M	0-0 4D	0-2 22S	1-3 8S	2-2 200	2-1 26a		2-0 12J 5A		0F
24	Yeovil Town	2-1 4D	2-1 29D	0-0 29M	2-1 130	2-1 8M	0-3 12A	2-1 21M	3-1 18N	0-2 8D	0-1 2F	0-1 25A	0-0 15S	1-0 2O	0-1 11M	0-3 12F	1-0 29S	0-3 19J	1-0 18a	1-2 23F	0-1 27O	1-1 26D	0-2 1S	0-2 8J	

Final League Table

Pos	Team	Pld	Home					Away					Totals					Pts	GD	Leading Goalscorer	Gls
			W	D	L	F	A	W	D	L	F	A	W	D	L	F	A				
1	Swansea City	46	13	5	5	38	21	14	6	3	44	21	27	11	8	82	42	92	+40	J Scotland	24
2	Nottm Forest	46	13	8	2	37	13	9	8	6	27	19	22	16	8	64	32	82	+32	J Agogo	13
3	Doncaster R (P)	46	14	4	5	34	18	9	7	7	31	23	23	11	12	65	41	80	+24	J Hayter, P Heffernan, J Price	7
4	Carlisle United	46	17	3	3	39	16	6	8	9	25	30	23	11	12	64	46	80	+18	J Garner, D Graham	14
5	Leeds United *	46	15	4	4	41	18	12	6	5	31	20	27	10	9	72	38	76	+34	J Beckford	20
6	Southend United	46	12	6	5	35	20	10	4	9	35	35	22	10	14	70	55	76	+15	N Bailey, L Barnard, M Gower	9
7	Brighton & H A	46	12	6	5	37	25	7	6	10	21	25	19	12	15	58	50	69	+8	N Forster	15
8	Oldham Athletic	46	10	7	6	32	21	8	6	9	26	25	18	13	15	58	46	67	+12	C Davies	10
9	Northampton T	46	12	6	5	38	21	5	9	9	22	34	17	15	14	60	55	66	+5	P Hubertz	10
10	Huddersfield T	46	12	4	7	29	22	8	2	13	21	40	20	6	20	50	62	66	-12	A Booth	9
11	Tranmere Rovers	46	13	4	6	32	18	5	7	11	20	29	18	11	17	52	47	65	+5	C Greenacre	11
12	Walsall	46	7	9	7	29	25	9	7	7	26	20	16	16	14	52	46	64	+6	T Mooney	11
13	Swindon Town	46	12	5	6	41	24	4	8	11	22	32	16	13	17	63	56	61	+7	S Cox	15
14	Leyton Orient	46	9	6	8	27	29	7	6	10	22	34	16	12	18	49	63	60	-14	A Boyd	14
15	Hartlepool United	46	11	5	7	40	26	4	7	12	26	40	15	12	19	66	66	54	-3	R Barker	13
16	Bristol Rovers	46	5	10	8	25	30	7	7	9	20	23	12	17	17	45	53	53	-8	R Lambert	14
17	Millwall	46	9	4	10	30	26	5	6	12	15	34	14	10	22	45	60	52	-15	G Alexander	7
18	Yeovil Town	46	10	4	9	19	27	5	6	12	19	32	15	10	21	38	59	52	-21	L Owusu	14
19	Cheltenham T	46	8	10	5	23	21	3	6	14	19	43	13	12	21	42	64	51	-22	S Gillespie	14
20	Crewe Alexandra	46	8	8	7	27	33	4	8	11	20	32	12	14	20	47	65	50	-18	N Maynard	14
21	Bournemouth *	46	10	4	9	31	35	7	3	13	31	37	17	7	22	62	72	48	-10	J Osei-Kuffour, S Vokes	7
22	Gillingham	46	9	9	5	29	22	2	4	17	18	51	11	13	22	44	73	46	-29	C Dickson	9
23	Port Vale	46	5	8	10	26	35	4	3	16	21	46	9	11	26	47	81	38	-34	L Rodgers	9
24	Luton Town *	46	10	7	6	27	17	4	4	15	16	26	14	11	21	43	63	33	-20	M Spring	9

* Leeds U deducted 15 pts, Luton T and Bournemouth deducted 10 pts

2007/08

COCA-COLA FOOTBALL LEAGUE DIVISION 2 [LEVEL 4]
SEASON 109

Total Matches 552
Total Goals 1427
Avg goals per match 2.59

		Accrington S	Barnet	Bradford City	Brentford	Bury	Chester City	Chesterfield	Dagenham & R	Darlington	Grimsby Town	Hereford United	Lincoln City	Macclesfield T	Mansfield Town	M K Dons	Morecambe	Notts County	Peterborough U	Rochdale	Rotherham Utd	Shrewsbury T	Stockport Co	Wrexham	Wycombe Wand
1	Accrington S		0-2	0-2	1-0	0-2	3-3	2-1	1-0	0-3	4-1	0-2	0-3	3-2	1-0	0-1	3-2	0-2	0-2	1-2	0-1	1-2	0-2	0-2	0-2
2	Barnet	2-2		2-1	1-2	3-0	3-1	0-2	3-1	0-0	0-3	1-2	5-2	2-2	1-1	0-2	0-1	1-1	0-2	0-0	2-0	4-1	2-1	3-2	2-1
3	Bradford City	0-3	1-1		1-2	1-2	2-1	1-0	0-2	0-0	2-1	1-3	2-1	1-1	1-2	1-2	1-0	3-0	1-0	1-2	3-2	4-2	1-1	2-1	0-1
4	Brentford	3-1	2-1	2-2		1-4	3-0	2-1	2-3	0-2	0-1	0-3	1-0	1-0	1-1	0-3	0-1	0-0	1-2	0-2	1-1	1-1	1-3	2-0	1-3
5	Bury	2-1	3-0	2-2	1-2		0-2	0-1	0-2	1-2	1-1	0-1	1-1	1-0	1-6	1-2	0-1	0-0	1-1	0-0	1-1	0-0	1-1	0-0	1-1
6	Chester City	2-3	3-0	0-1	0-2	2-1		0-0	4-0	2-1	0-2	1-1	1-2	0-0	0-1	0-2	0-1	0-1	1-2	0-4	0-1	3-1	0-0	0-2	2-2
7	Chesterfield	4-2	0-1	1-0	1-0	3-1	1-1		1-1	1-1	1-2	4-0	4-1	2-2	2-0	1-2	2-2	1-1	1-2	3-4	0-2	4-1	1-1	2-1	2-0
8	Dagenham & R	1-3	1-1	1-4	1-2	1-1	6-2	0-3		0-3	0-0	1-0	1-0	0-1	2-0	1-1	2-3	1-1	0-2	1-1	0-1	3-0	0-2	2-2	0-2
9	Darlington	1-0	1-0	1-3	3-1	3-0	1-0	0-0	2-3		3-2	0-1	2-0	2-2	1-2	0-1	2-2	2-2	1-1	1-1	1-1	2-0	4-0	2-0	1-0
10	Grimsby Town	1-2	4-1	1-1	1-2	1-0	1-2	4-2	1-4	0-4		2-1	1-0	1-1	1-0	0-1	1-2	1-1	1-4	1-2	0-1	1-1	1-1	0-1	0-1
11	Hereford United	0-0	1-2	4-2	2-0	0-0	2-2	2-0	4-1	5-1	2-0		3-1	0-1	2-1	0-1	0-3	0-0	0-1	1-1	0-0	3-1	0-1	2-0	1-0
12	Lincoln City	2-0	4-1	1-2	3-1	1-1	0-1	2-4	2-0	0-4	1-2	2-1		3-1	1-2	1-1	2-1	1-1	2-1	1-3	0-4	0-1	2-4	1-0	1-1
13	Macclesfield T	2-1	3-0	0-1	1-0	2-2	1-2	1-0	1-1	0-0	1-0	2-0	1-2		0-0	3-3	1-2	1-1	0-3	2-2	1-1	0-2	3-2	1-2	1-2
14	Mansfield Town	1-2	2-2	0-0	2-3	1-1	1-3	1-3	0-1	0-1	1-2	0-1	1-3	5-0		1-2	1-2	2-0	2-0	0-4	0-1	3-1	2-1	2-1	0-4
15	M K Dons	5-0	0-1	2-1	1-1	1-2	1-0	1-2	4-0	1-0	2-0	0-0	4-0	1-1	1-0		1-1	3-0	1-1	1-1	3-0	0-2	4-1	2-2	
16	Morecambe	0-1	0-0	2-1	3-1	2-1	5-3	1-1	1-0	0-3	0-4	0-3	1-2	0-1	0-1			1-1	3-2	1-1	5-1	1-1	2-0	2-2	
17	Notts County	1-0	0-0	1-3	1-1	1-3	1-0	1-0	0-1	1-1	2-3	0-1	0-1	0-0	1-2	1-1			0-1	1-0	0-1	2-1	1-2	2-1	1-0
18	Peterborough U	8-2	1-0	2-1	7-0	1-0	1-0	2-3	3-1	0-2	1-1	4-0	0-1	2-1	1-2	1-1	0-0			3-0	3-1	2-0	1-1	0-1	0-0	2-1
19	Rochdale	4-1	3-0	2-1	1-1	1-2	1-2	0-1	0-1	1-0	3-1	3-1	2-4	0-2	1-1	1-0	3-2	1-0	4-2		0-2	4-1	1-1	1-2	0-0
20	Rotherham Utd	0-1	1-0	1-1	1-2	2-1	1-1	2-1	2-1	0-1	3-2	3-0	3-2	0-1	3-1	1-1	3-1	2-4		2-0		1-4	3-0	1-1	
21	Shrewsbury T	2-0	1-0	1-0	0-1	0-0	2-3	4-0	0-0	2-1	1-2	1-2	2-0	0-3	2-0	0-0	0-2	3-4	1-1		2-6		3-1	3-0	0-1
22	Stockport County	2-0	2-2	1-0	1-2	1-2	2-2	1-0	1-0	1-1	2-3	1-3	2-0	2-1	2-3	2-1	1-1	1-2	2-0	2-2	1-1			2-1	6-0
23	Wrexham	1-3	0-2	1-1	1-3	2-1	2-2	0-4	0-0	2-0	0-0	0-2	1-0	1-1	1-1	0-2	1-0	1-0	0-2	0-2	0-1	0-1	0-1		0-0
24	Wycombe Wand	0-1	0-0	2-1	1-0	1-0	1-0	0-1	3-0	2-2	1-0	0-0	2-1	1-2	1-1	2-0	0-0	3-1	2-2	0-1	1-1	1-1	0-0	2-1	

Final League Table

Pos	Team	Pld	Home W	Home D	Home L	Home F	Home A	Away W	Away D	Away L	Away F	Away A	Totals W	Totals D	Totals L	Totals F	Totals A	Pts	GD	Leading Goalscorer	Gls
1	M K Dons	46	11	7	5	39	17	18	3	2	43	20	29	10	7	82	37	97	+45	M Wright	13
2	Peterborough U	46	14	4	5	46	20	14	4	5	38	23	28	8	10	84	43	92	+41	A McLean	29
3	Hereford United	46	11	6	6	34	19	15	4	4	38	22	26	10	10	72	41	88	+31	T Robinson	13
4	Stockport Co (P)	46	11	5	7	40	30	13	5	5	32	24	24	10	12	72	54	82	+18	L Dickinson	19
5	Rochdale	46	11	4	8	37	28	12	7	4	40	26	23	11	12	77	54	80	+23	A Le Fondre	16
6	Darlington	46	11	7	5	36	22	11	5	7	31	18	22	12	12	67	40	78	+27	T Wright	13
7	Wycombe Wand	46	13	6	4	29	15	9	6	8	27	27	22	12	12	56	42	78	+14	S McGleish	26
8	Chesterfield	46	9	8	6	42	29	10	4	9	34	27	19	12	15	76	56	69	+20	J Lester	23
9	Rotherham Utd *	46	12	4	7	37	29	9	7	7	25	29	21	11	14	62	58	64	+4	D Holmes	11
10	Bradford City	46	10	4	9	30	30	7	7	9	33	31	17	11	18	63	61	62	+2	P Thorne	14
11	Morecambe	46	9	6	8	33	32	7	6	10	25	31	16	12	18	59	63	60	-4	C Baker, M Blinkhorn	10
12	Barnet	46	10	6	7	37	28	6	6	11	19	33	16	12	18	56	63	60	-7	A Birchall	11
13	Bury	46	8	6	9	30	30	8	5	10	28	31	16	11	19	58	61	59	-3	A Bishop	19
14	Brentford	46	7	5	11	25	35	10	3	10	27	35	17	8	21	52	70	59	-18	G Poole	14
15	Lincoln City	46	9	3	11	33	38	9	1	13	28	39	18	4	24	61	77	58	-16	B Wright	15
16	Grimsby Town	46	7	5	11	26	34	8	5	10	29	32	15	10	21	55	66	55	-11	D North	9
17	Accrington S	46	7	1	15	20	39	9	2	12	29	44	16	3	27	49	83	51	-34	P Mullin	12
18	Shrewsbury T	46	9	6	8	31	22	3	9	11	25	43	12	14	20	56	65	50	-9	D Hibbert	12
19	Macclesfield T	46	6	9	8	27	31	5	9	9	20	33	11	17	18	47	64	50	-17	F Green	11
20	Dagenham & R	46	6	7	10	27	32	7	4	12	22	38	13	11	22	49	70	49	-21	B Strevens	15
21	Notts County	46	8	5	10	19	23	2	13	8	18	30	10	18	18	37	53	48	-16	H Butcher	12
22	Chester City	46	5	5	13	21	30	7	6	10	30	38	12	11	23	51	68	47	-17	K Ellison	11
23	Mansfield Town	46	6	3	14	30	39	5	6	12	18	29	11	9	26	48	68	42	-20	M Boulding	22
24	Wrexham	46	6	6	11	16	28	4	3	16	22	42	10	10	26	38	70	40	-32	M Proctor	11

*Rotherham Utd deducted 10 points for entering administration.

2008/09 FA BARCLAYCARD PREMIERSHIP
SEASON 17

Total Matches: 380
Total Goals: 942
Avg goals per match: 2.48

Results Grid

	Team	Arsenal	Aston Villa	Blackburn Rov	Bolton Wand	Chelsea	Everton	Fulham	Hull City	Liverpool	Manchester City	Manchester Utd	Middlesbrough	Newcastle Utd	Portsmouth	Stoke City	Sunderland	Tottenham H	West Brom A	West Ham Utd	Wigan Athletic
1	Arsenal		0-2	4-0	1-0	1-4	3-1	0-0	1-2	1-1	2-0	2-1	2-0	3-0	1-0	4-1	0-0	4-4	1-0	0-0	1-0
2	Aston Villa	2-2		3-2	4-2	0-1	3-3	0-0	1-0	0-0	4-2	0-0	1-2	1-0	0-0	2-2	2-1	1-2	2-1	1-1	0-0
3	Blackburn Rovers	0-4	0-2		2-2	0-2	0-0	1-0	1-1	1-3	2-2	0-2	1-1	3-0	2-0	3-0	1-2	2-1	0-0	1-1	2-0
4	Bolton Wanderers	1-3	1-1	0-0		0-2	0-1	1-3	1-1	0-2	2-0	0-1	4-1	1-0	2-1	3-1	0-0	3-2	0-0	2-1	0-1
5	Chelsea	1-2	2-0	2-0	4-3		0-0	3-1	0-0	0-1	1-0	1-1	2-0	0-0	4-0	2-1	5-0	1-1	2-0	1-1	2-1
6	Everton	1-1	2-3	2-3	3-0	0-0		1-0	2-0	0-0	1-1	1-1	1-1	2-2	0-3	3-1	3-0	0-0	2-0	3-1	4-0
7	Fulham	1-0	3-1	1-2	2-1	2-2	0-2		0-1	0-1	1-1	2-0	3-0	2-1	3-1	1-0	0-0	2-1	2-0	1-2	2-0
8	Hull City	1-3	0-1	1-2	0-1	0-3	2-2	2-1		1-3	2-2	0-1	2-1	1-1	0-0	1-2	1-4	1-2	2-2	1-0	0-5
9	Liverpool	4-4	5-0	4-0	3-0	2-0	1-1	0-0	2-2		1-1	2-1	2-1	3-0	1-0	0-0	2-0	3-1	3-0	0-0	3-2
10	Manchester City	3-0	2-0	3-1	1-0	1-3	0-1	1-3	5-1	2-3		0-1	1-0	2-1	6-0	3-0	1-0	1-2	4-2	3-0	1-0
11	Manchester United	0-0	3-2	2-1	2-0	3-0	1-0	3-0	4-3	1-4	2-0		1-0	1-1	2-0	5-0	1-0	5-2	4-0	2-0	1-0
12	Middlesbrough	1-1	1-1	0-0	1-3	0-5	0-1	0-0	3-1	2-0	0-2	0-2		0-0	1-1	2-1	1-1	2-1	0-1	1-1	0-0
13	Newcastle United	1-3	2-0	1-2	1-0	0-2	0-0	0-1	1-2	1-5	2-2	1-2	3-1		0-0	2-2	1-1	2-1	2-1	2-2	2-2
14	Portsmouth	0-3	0-1	3-2	1-0	0-1	2-1	1-1	2-2	2-3	2-0	0-1	2-1	0-3		2-1	3-1	2-0	2-2	1-4	1-2
15	Stoke City	2-1	3-2	1-0	2-0	0-2	2-3	0-0	1-1	0-0	0-1	1-0	1-1	2-2		1-0	2-1	1-0	0-1	2-0
16	Sunderland	1-1	1-0	0-0	1-4	2-3	0-2	1-0	1-0	0-1	0-3	1-2	2-0	2-1	1-2	2-0		1-1	4-0	0-1	1-2
17	Tottenham Hotspur	0-0	1-2	1-0	2-0	1-0	0-1	0-0	0-1	2-1	2-1	0-0	4-0	1-0	1-1	3-1	1-2		1-0	0-0	0-0
18	West Bromwich Albion	1-3	1-2	2-2	1-1	0-3	1-2	1-0	0-3	0-2	1-2	0-5	3-0	2-3	1-1	0-2	3-0	2-0		3-2	3-1
19	West Ham United	0-2	0-1	4-1	1-3	0-1	1-3	3-1	2-0	0-3	1-0	0-1	2-1	3-1	0-0	2-1	2-0	0-2	0-0		2-1
20	Wigan Athletic	1-4	0-4	3-0	0-0	0-1	1-0	0-0	1-0	1-1	2-1	1-2	0-1	2-1	1-0	0-0	1-1	1-0	2-1	0-1	

Final League Table

Pos	Team	Pld	Home W	Home D	Home L	Home F	Home A	Away W	Away D	Away L	Away F	Away A	Tot W	Tot D	Tot L	Tot F	Tot A	Pts	GD	Leading Goalscorer	Gls
1	Manchester Utd	38	16	2	1	43	13	12	4	3	25	11	28	6	4	68	24	90	+44	C Ronaldo	18
2	Liverpool	38	12	7	0	41	13	13	4	2	36	14	25	11	2	77	27	86	+50	S Gerrard	16
3	Chelsea	38	11	6	2	33	12	14	2	3	35	12	25	8	5	68	24	83	+44	N Anelka	19
4	Arsenal	38	11	5	3	31	16	9	7	3	37	21	20	12	6	68	37	72	+31	R Van Persie	11
5	Everton	38	8	6	5	31	18	9	6	4	24	17	17	12	9	55	37	63	+18	T Cahill, M Fellaini	8
6	Aston Villa	38	7	9	3	27	21	10	2	7	27	27	17	11	10	54	48	62	+6	G Agbonlahor	12
7	Fulham	38	11	3	5	28	16	3	8	8	11	18	14	11	13	39	34	53	+5	C Dempsey, A Johnson	7
8	Tottenham H	38	10	5	4	21	10	4	4	11	24	35	14	9	15	45	45	51	0	D Bent	12
9	West Ham United	38	9	2	8	23	22	5	7	7	19	23	14	9	15	42	45	51	-3	C Cole	10
10	Manchester City	38	13	0	6	40	18	2	5	12	18	32	15	5	18	58	50	50	+8	Robinho	14
11	Wigan Athletic	38	8	5	6	17	18	4	4	11	17	27	12	9	17	34	45	45	-11	A Zaki	10
12	Stoke City	38	10	5	4	22	15	2	4	13	16	40	12	9	17	38	55	45	-17	R Fuller	11
13	Bolton Wanderers	38	7	5	7	21	21	4	3	12	20	32	11	8	19	41	53	41	-12	K Davies	11
14	Portsmouth	38	8	3	8	26	29	2	8	9	12	28	10	11	17	38	57	41	-19	P Crouch	10
15	Blackburn Rovers	38	6	7	6	22	23	4	4	11	18	37	10	11	17	40	60	41	-20	B McCarthy	10
16	Sunderland	38	6	3	10	21	25	3	6	10	13	29	9	9	20	34	54	36	-20	D Cisse, K Jones	10
17	Hull City	38	3	5	11	18	36	5	6	8	21	28	8	11	19	39	64	35	-25	Geovanni Mauricio	8
18	Newcastle United	38	5	7	7	24	29	2	6	11	16	30	7	13	18	40	59	34	-19	O Martins, M Owen	8
19	Middlesbrough	38	5	9	5	17	20	2	2	15	11	37	7	11	20	28	57	32	-29	S Tuncay	7
20	West Brom A	38	7	5	7	19	26	1	5	13	10	34	8	8	22	36	67	32	-31	C Brunt	8

2008/09 COCA-COLA FOOTBALL LEAGUE CHAMPIONSHIP [LEVEL 2]
SEASON 110

Total Matches 552
Total Goals 1350
Avg goals per match 2.45

	Team	Barnsley	Birmingham C	Blackpool	Bristol City	Burnley	Cardiff City	Charlton Athletic	Coventry C	Crystal Palace	Derby County	Doncaster Rov	Ipswich Town	Norwich City	Nottm Forest	Plymouth Argyle	Preston N E	Q P R	Reading	Sheffield United	Sheffield Weds	Southampton	Swansea City	Watford	Wolverhampton
1	Barnsley		1-1	0-1	0-0	3-2	0-1	0-0	1-2	3-1	2-0	4-1	1-2	0-0	1-1	2-0	1-1	2-1	0-1	1-2	2-1	0-1	1-3	2-1	1-1
2	Birmingham City	2-0		0-1	1-0	1-1	3-2	0-1	1-0	1-0	1-0	2-1	1-1	2-0	1-1	1-2	1-0	1-3	1-0	3-1	1-0	0-0	3-2	2-0	4-0
3	Blackpool	1-0	2-0		0-1	0-1	1-1	2-0	1-1	2-2	3-2	2-3	2-0	2-0	1-1	0-1	1-3	0-3	2-2	1-3	0-2	1-1	1-1	0-2	2-2
4	Bristol City	2-0	1-2	0-0		1-2	1-1	2-1	1-0	1-1	4-1	1-0	1-2	2-2	1-1	1-1	1-4	0-0	1-1	2-0	0-0	1-1	2-2	1-1	2-2
5	Burnley	1-2	1-1	2-0	4-0		2-2	2-1	1-1	4-2	3-0	0-0	0-3	2-0	5-0	0-0	3-1	1-0	1-0	1-0	0-1	0-2	3-2	1-0	
6	Cardiff City	3-1	1-2	2-0	0-0	3-1		2-0	2-1	2-1	4-1	3-0	0-3	2-2	2-0	1-0	2-0	0-0	2-2	0-3	2-0	2-1	2-2	2-1	1-2
7	Charlton Athletic	1-3	0-0	2-2	0-2	1-1	2-2		1-2	1-0	2-2	1-2	2-0	2-2	0-3	3-0	1-3	1-4	0-2	1-2	1-2	0-0	2-0	2-3	1-3
8	Coventry City	1-1	1-0	2-1	0-3	1-3	0-2	0-0		0-2	1-1	1-0	2-2	2-0	2-2	0-1	0-0	1-0	0-0	1-2	2-0	4-1	1-1	2-3	2-1
9	Crystal Palace	3-0	0-0	0-1	4-2	0-0	0-2	1-1			1-0	2-1	1-4	3-1	1-2	1-2	0-1	0-0	0-0	1-1	3-0	2-0	0-0		0-1
10	Derby County	0-0	1-1	4-1	2-1	1-1	1-1	1-1	1-0	2-1		0-1	0-1	3-1	1-1	2-1	2-2	0-2	2-1	3-0	0-1	2-2	1-0	2-0	2-3
11	Doncaster Rov	0-1	0-2	0-0	1-0	2-1	1-1	0-1	1-0	2-0	2-1		1-0	1-1	0-0	1-0	0-2	2-0	0-1	0-2	1-0	0-2	0-0	1-2	0-1
12	Ipswich Town	3-0	0-1	1-1	3-1	1-1	1-2	1-1	2-1	1-1	2-0	1-3		3-2	2-1	0-0	1-2	2-0	1-1	1-1	0-3	2-2	0-0	0-2	
13	Norwich City	4-0	1-1	0-1	1-1	2-1	1-2	1-1	2-0	1-0	1-2	1-2	2-0		2-3	1-0	2-2	0-1	0-2	1-0	0-1	2-2	2-3	0-0	5-2
14	Nottm Forest	1-0	1-1	0-0	3-2	1-2	0-1	0-0	1-0	0-2	1-3	2-4	1-1	1-2		2-0	2-1	2-2	0-0	0-1	2-1	3-1	1-1	3-2	0-1
15	Plymouth Argyle	1-2	0-1	1-2	0-2	1-2	2-1	2-2	4-0	1-3	0-3	0-3	1-3	1-2	1-0		1-0	1-1	2-2	2-2	4-0	2-0	0-1	2-1	2-2
16	Preston N E	2-1	1-0	0-1	2-0	2-1	6-0	2-1	2-1	2-0	1-0	3-2	1-0	2-1	1-1			2-1	2-1	0-0	1-1	2-3	0-2	2-0	1-3
17	Queens Park R	2-1	1-0	1-1	2-1	1-2	1-0	2-1	1-1	0-0	0-2	2-0	1-3	0-1	2-1	0-0	3-2		0-0	3-2	4-1	1-0	0-0	0-0	1-0
18	Reading	0-0	1-2	1-0	0-2	3-1	1-1	2-2	3-1	4-2	3-0	2-1	0-1	2-0	0-1	2-0	0-0	1-1		0-1	6-0	1-2	4-0	4-0	1-1
19	Sheffield United	2-1	2-1	2-2	3-0	2-3	0-0	3-1	1-1	2-2	4-2	0-1	2-0	1-0	0-0	2-0	1-0	3-0	0-2		1-2	0-0	1-0	2-1	1-3
20	Sheffield Weds	0-1	1-1	1-1	0-0	4-1	1-0	4-1	0-0	1-0	1-0	0-0	3-2	1-0	0-1	1-1	1-0	1-2	1-0			2-0	0-0	2-0	0-1
21	Southampton	0-0	1-2	0-1	0-1	2-2	1-0	2-3	1-1	1-0	1-1	1-2	2-2	2-0	0-2	0-0	3-1	0-0	1-1	1-2	1-1		2-2	0-3	1-2
22	Swansea City	2-2	2-3	0-1	1-0	1-1	2-2	1-1	0-0	1-3	1-1	3-0	2-1	3-1	1-0	4-1	0-0	2-0	1-1	1-1	3-0			3-1	3-1
23	Watford	1-1	0-1	3-4	2-4	3-0	2-2	1-0	2-1	2-0	3-1	1-1	2-1	2-1	1-1	1-2	2-1	3-0	2-2	0-2	2-2	2-2	2-0		2-3
24	Wolverhampton	2-0	1-1	2-0	2-0	2-0	2-2	2-1	2-1	3-0	1-0	0-0	3-3	5-1	0-1	1-3	1-0	0-3	1-1	4-1	3-0	2-1	3-1		

Final League Table

Pos	Team	Pld	Home					Away					Totals						Leading Goalscorer	Gls
			W	D	L	F	A	W	D	L	F	A	W	D	L	F	A	Pts	GD		
1	Wolverhampton	46	15	5	3	44	21	12	4	7	36	31	27	9	10	80	52	90	+28	S Ebanks-Blake	25
2	Birmingham City	46	14	5	4	30	17	9	9	5	24	20	23	14	9	54	37	83	+17	K Phillips	14
3	Sheffield United	46	12	6	5	35	22	10	8	5	29	17	22	14	10	64	39	80	+25	J Beattie	12
4	Reading	46	12	5	6	40	17	9	9	5	32	23	21	14	11	72	40	77	+32	K Doyle	18
5	Burnley	46	14	5	4	42	23	7	8	8	30	37	21	13	12	72	60	76	+12	M Paterson	12
6	Preston N E	46	16	3	4	39	20	5	8	10	27	34	21	11	14	66	54	74	+12	J Parkin	11
7	Cardiff City	46	14	5	4	40	23	5	12	6	25	30	19	17	10	65	53	74	+12	R McCormack	21
8	Swansea City	46	11	9	3	40	22	5	11	7	23	28	16	20	10	63	50	68	+13	J Scotland	21
9	Ipswich Town	46	8	9	6	30	26	9	6	8	32	27	17	15	14	62	53	66	+9	J Stead	12
10	Bristol City	46	7	13	3	30	23	8	3	12	24	31	15	16	15	54	54	61	0	N Maynard	11
11	Queens Park R	46	12	6	5	27	17	3	9	11	15	25	15	15	16	42	44	61	-2	D Blackstock	11
12	Sheffield Weds	46	11	6	6	26	16	5	7	11	25	44	16	13	17	51	58	61	-7	M Tudgay	14
13	Watford	46	11	6	6	42	32	5	4	14	26	40	16	10	20	68	72	58	-4	T Smith	17
14	Doncaster Rovers	46	9	5	9	16	18	8	2	13	26	35	17	7	22	42	53	58	-11	P Heffernan	10
15	Crystal Palace *	46	9	8	6	26	19	6	4	13	26	36	15	12	19	52	55	56	-3	S Kuqi	10
16	Blackpool	46	5	8	10	25	33	8	9	6	22	25	13	17	16	47	58	56	-11	D Campbell	9
17	Coventry City	46	8	8	7	28	26	5	7	11	19	32	13	15	18	47	58	54	-11	C Morrison	10
18	Derby County	46	9	7	7	31	26	5	5	13	24	41	14	12	20	55	67	54	-12	R Hulse	15
19	Nottm Forest	46	8	7	8	27	28	5	7	11	23	37	13	14	19	50	65	53	-15	R Earnshaw	12
20	Barnsley	46	8	7	8	28	24	5	6	12	17	34	13	13	20	45	58	52	-13	J Campbell-Rice, J Macken	9
21	Plymouth Argyle	46	7	5	11	31	35	6	7	10	13	22	13	11	21	44	57	51	-13	P Gallagher	13
22	Norwich City	46	9	5	9	35	28	3	5	15	22	42	12	10	24	57	70	46	-13	L Lita	7
23	Southampton	46	4	10	9	23	29	6	5	12	23	40	10	15	21	46	69	45	-23	D McGoldrick	12
24	Charlton Athletic	46	6	8	9	23	38	2	7	14	29	36	8	15	23	52	74	39	-22	N Bailey	13

* Crystal Palace deducted 1 point for fielding an ineligible player.

2008/09 COCA-COLA FOOTBALL LEAGUE DIVISION 1 [LEVEL 3]
SEASON 110

Total Matches	552
Total Goals	1516
Avg goals per match	2.75

#	Team	Brighton & HA	Bristol Rovers	Carlisle United	Cheltenham T	Colchester Utd	Crewe Alexandra	Hartlepool Utd	Hereford United	Huddersfield T	Leeds United	Leicester City	Leyton Orient	Millwall	MK Dons	Northampton T	Oldham Athletic	Peterborough U	Scunthorpe U	Southend United	Stockport Co	Swindon Town	Tranmere Rov	Walsall	Yeovil Town
1	Brighton & H A		1-1	0-2	3-3	1-2	0-4	2-1	0-0	0-1	0-2	3-2	0-0	4-1	2-4	1-1	3-1	2-4	1-4	1-3	1-0	2-3	0-0	0-1	5-0
2	Bristol Rovers	1-2		2-3	3-2	0-0	0-0	4-1	6-1	1-2	2-2	0-1	2-1	4-2	1-2	1-0	2-0	0-1	1-2	4-2	2-0	2-2	2-0	1-3	3-0
3	Carlisle United	3-1	1-1		1-0	0-2	4-2	0-1	1-2	3-0	0-2	1-2	1-3	2-0	3-2	1-1	1-1	3-3	1-1	2-1	1-2	1-1	1-2	1-1	4-1
4	Cheltenham T	2-2	2-1	1-1		4-3	1-0	2-0	2-3	1-2	0-1	0-4	0-1	1-3	3-5	0-1	1-1	3-6	1-2	0-0	2-2	2-0	1-0	0-0	1-0
5	Colchester Utd	0-1	0-1	5-0	3-1		0-1	1-1	1-2	0-0	0-0	0-1	1-2	1-0	0-3	2-1	2-2	0-1	0-0	0-1	1-0	3-2	0-1	0-2	1-0
6	Crewe Alexandra	1-2	1-1	1-2	1-2	2-0		0-0	2-1	3-1	2-3	0-3	0-2	0-1	2-2	1-3	0-3	1-1	3-2	3-4	0-3	1-0	2-1	2-1	2-0
7	Hartlepool United	1-0	1-1	2-2	4-1	4-2	1-4		4-2	5-3	0-1	2-2	0-1	2-3	1-3	2-0	3-3	1-2	2-3	3-0	0-1	3-3	2-1	2-2	0-0
8	Hereford United	1-2	0-3	1-0	3-0	0-2	2-0	1-1		0-1	2-0	1-3	2-1	0-2	0-1	0-2	5-0	0-1	1-2	0-1	0-1	1-1	2-2	0-0	1-2
9	Huddersfield T	2-2	1-1	1-0	2-2	2-2	3-2	1-1	2-0		1-0	2-3	0-1	1-2	1-3	3-2	1-1	1-0	2-0	0-1	1-1	2-1	1-2	2-1	0-0
10	Leeds United	3-1	2-2	0-2	2-0	1-2	5-2	4-1	1-0	1-2		1-1	2-1	2-0	3-0	0-2	3-1	3-2	2-0	1-0	1-0	3-1	3-0	4-0	1-0
11	Leicester City	0-0	2-1	2-2	4-0	1-1	2-1	1-0	2-1	4-2	1-0		3-0	0-1	2-0	0-0	0-0	4-0	2-2	3-0	1-1	1-1	3-1	2-3	1-0
12	Leyton Orient	2-1	1-2	0-0	1-2	2-1	1-0	1-0	2-1	1-1	2-2	1-3		0-0	1-2	1-3	2-1	2-3	2-2	1-1	0-3	1-2	0-1	0-1	1-1
13	Millwall	0-1	3-2	1-0	2-0	0-1	0-0	2-0	1-0	2-1	3-1	0-1	2-1		0-0	1-2	2-3	2-0	1-2	1-0	1-1	1-0	3-1	1-1	
14	MK Dons	2-0	2-1	3-1	3-1	1-1	2-2	3-1	3-0	1-1	3-1	2-2	1-2	0-1		1-0	6-2	1-2	0-2	2-0	1-2	1-2	1-0	0-1	3-0
15	Northampton T	2-2	0-0	1-0	4-2	1-2	5-1	1-0	2-1	1-2	2-1	1-1	0-0	0-1	0-1		0-1	1-3	2-3	4-0	3-4	1-1	0-2	3-0	
16	Oldham Athletic	1-1	0-0	1-0	4-0	0-1	1-1	2-1	4-0	1-1	1-1	1-1	1-1	2-0	1-2	2-1		1-2	3-0	1-1	3-1	0-0	0-2	3-2	0-2
17	Peterborough U	0-0	5-4	1-0	1-1	2-1	4-2	1-2	2-0	4-0	2-0	2-0	3-0	1-0	0-0	1-0	2-2		2-1	1-2	1-0	2-2	2-2	1-0	1-3
18	Scunthorpe Utd	2-0	0-2	2-1	3-0	3-0	3-0	3-0	1-2	1-2	1-2	2-1	3-2	0-1	4-4	2-0	1-0			1-1	2-1	3-3	1-1	1-1	2-0	1-2
19	Southend United	0-2	1-0	3-0	2-0	3-3	0-1	3-2	1-0	0-1	1-0	0-2	0-1	0-2	1-0	1-2	1-0	2-0			2-0	1-1	2-1	2-1	2-0	0-1
20	Stockport County	2-0	3-1	3-0	1-0	1-2	4-3	2-1	4-1	1-1	1-3	0-0	0-1	2-2	0-1	1-1	3-1	1-3	0-3	3-1		1-1	0-0	1-2	0-0
21	Swindon Town	0-2	2-1	1-1	2-2	1-2	1-3	0-0	0-1	3-0	1-3	1-3	2-2	0-1	1-1	2-2	1-1	2-2	4-2	3-0	1-1		3-1	3-2	2-2
22	Tranmere Rov	1-0	2-0	4-1	2-0	3-4	2-0	1-0	2-1	3-1	2-1	0-0	1-3	1-1	4-1	0-1	1-1	2-0	2-2	2-1	1-0			2-1	1-1
23	Walsall	3-0	0-5	2-1	1-1	2-0	1-1	2-3	1-1	2-3	1-0	1-4	0-2	1-2	0-3	3-1	1-2	2-1	5-2	1-0	2-1	0-1			28M
24	Yeovil Town	1-1	2-2	1-1	1-1	0-2	3-2	2-3	2-2	1-0	1-1	0-2	0-0	0-0	1-0	2-2	0-1	1-2	1-2	2-4	1-0	1-0	1-1		

Final League Table

Pos	Team	Pld	Home W	Home D	Home L	Home F	Home A	Away W	Away D	Away L	Away F	Away A	Totals W	Totals D	Totals L	Totals F	Totals A	Pts	GD	Leading Goalscorer	Gls
1	Leicester City	46	13	9	1	41	16	14	6	3	43	23	27	15	4	84	39	96	+45	M Fryatt	27
2	Peterborough U	46	14	6	3	41	22	12	5	6	37	32	26	11	9	78	54	89	+24	C Mackail-Smith	23
3	M K Dons	46	12	4	7	42	25	14	5	4	41	22	26	9	11	83	47	87	+36	A Wilbraham	16
4	Leeds United	46	17	2	4	49	20	9	4	10	28	29	26	6	14	77	49	84	+28	J Beckford	26
5	Millwall	46	13	4	6	30	21	12	3	8	33	32	25	7	14	63	53	82	+10	G Alexander	11
6	Scunthorpe U (P)	46	13	5	5	44	24	9	5	9	38	39	22	10	14	82	63	76	+19	G Hooper	24
7	Tranmere Rovers	46	15	5	3	41	20	6	6	11	21	29	21	11	14	62	49	74	+13	A Kay	11
8	Southend United	46	13	2	8	29	20	8	6	9	29	41	21	8	17	58	61	71	-3	L Barnard	11
9	Huddersfield T	46	9	8	6	32	28	9	4	10	30	37	18	14	14	62	65	68	-3	M Collins, G Roberts	9
10	Oldham Athletic	46	9	9	5	35	24	7	8	8	31	41	16	17	13	66	65	65	+1	L Hughes	18
11	Bristol Rovers	46	11	4	8	44	29	6	8	9	35	32	17	12	17	79	61	63	+18	R Lambert	29
12	Colchester Utd	46	7	4	12	21	24	11	5	7	37	34	18	9	19	58	58	63	0	M Yeates	12
13	Walsall	46	10	3	10	34	36	7	7	9	27	30	17	10	19	61	66	61	-5	T Deeney	12
14	Leyton Orient	46	6	6	11	24	33	9	5	9	21	24	15	11	20	45	57	56	-12	A Boyd	9
15	Swindon Town	46	8	7	8	37	34	4	10	9	31	37	12	17	17	68	71	53	-3	S Cox	29
16	Brighton & H A	46	6	6	11	32	40	7	4	12	23	30	13	10	23	55	70	52	-15	N Forster	12
17	Yeovil Town	46	6	10	7	26	29	6	5	12	15	37	12	15	19	41	66	51	-25	G Tomlin	7
18	Stockport Co *	46	9	7	7	34	28	7	5	11	25	29	16	12	18	59	57	50	+2	T Rowe	7
19	Hartlepool United	46	8	7	8	45	40	6	4	13	21	39	14	11	21	66	79	50	-13	J Porter	18
20	Carlisle United	46	11	8	4	36	22	4	7	12	20	37	15	15	16	56	69	50	-13	D Graham	15
21	Northampton T	46	8	8	7	38	29	4	4	15	23	36	12	13	21	61	65	49	-4	A Akinfenwa	13
22	Crewe Alexandra	46	8	4	11	30	38	6	6	13	29	44	12	10	24	59	82	46	-23	T Pope	10
23	Cheltenham T	46	7	6	10	28	38	2	6	15	21	53	9	12	25	51	91	39	-40	L Owusu	7
24	Hereford United	46	6	4	13	23	28	3	7	13	19	51	9	7	30	42	79	34	-37	S Guinan	15

* Stockport County deducted 10 points for entering administration.

2008/09 COCA-COLA FOOTBALL LEAGUE DIVISION 2 [LEVEL 4]
SEASON 110

Total Matches: 552
Total Goals: 1374
Avg goals per match: 2.49

Results Grid

		Accrington S	Aldershot Town	Barnet	Bournemouth	Bradford City	Brentford	Bury	Chester City	Chesterfield	Dagenham & R	Darlington	Exeter City	Gillingham	Grimsby Town	Lincoln City	Luton Town	Macclesfield T	Morecambe	Notts County	Port Vale	Rochdale	Rotherham Utd	Shrewsbury T	Wycombe Wand
1	Accrington S		0-1	1-1	3-0	2-3	1-1	1-2	0-1	1-0	0-0	1-0	2-1	0-2	3-1	0-2	0-0	2-0	1-0	1-1	2-0	1-3	1-3	2-1	0-1
2	Aldershot Town	3-1		1-1	1-0	3-2	1-1	3-3	2-2	1-1	1-2	2-1	1-0	2-1	2-2	2-0	2-1	1-1	0-2	2-2	1-0	2-4	0-1	0-0	3-2
3	Barnet	2-1	0-3		1-0	4-1	0-1	1-2	3-1	1-3	1-1	0-1	0-1	2-2	3-3	3-2	1-1	1-3	1-1	0-4	1-2	2-1	2-0	0-0	1-1
4	Bournemouth	1-0	2-0	0-2		4-1	1-0	2-0	1-0	1-1	2-1	3-1	0-1	1-1	2-1	0-1	1-1	0-1	0-0	1-1	0-0	4-0	0-0	1-0	3-1
5	Bradford City	1-1	5-0	3-3	1-3		1-1	1-0	0-0	3-2	1-1	0-0	4-1	2-2	2-0	1-1	1-1	0-0	4-0	2-1	0-1	2-6	0-0	0-0	1-0
6	Brentford	3-0	3-0	1-0	2-0	2-1		1-0	3-0	0-1	2-1	1-1	1-1	1-1	4-0	1-1	2-0	1-0	3-1	1-1	2-0	1-2	0-0	1-1	3-3
7	Bury	1-0	2-1	1-0	1-0	1-0	1-0		1-1	1-2	2-2	2-2	0-1	4-0	0-2	3-1	1-2	3-0	2-1	2-0	3-0	2-1	1-2	2-1	0-0
8	Chester City	2-0	0-1	5-1	0-0	0-0	3-0	1-1		1-3	2-2	1-2	1-0	0-1	1-1	0-2	2-2	0-2	1-2	2-0	1-2	0-2	1-5	1-3	0-2
9	Chesterfield	1-1	5-1	1-1	1-0	0-2	0-1	1-3	1-1		1-1	0-0	2-1	0-1	2-1	1-1	2-2	2-4	1-2	3-1	2-1	3-0	1-0	2-2	0-1
10	Dagenham & R	0-0	3-1	2-0	0-1	3-0	3-1	1-3	6-0	3-0		0-1	1-2	2-0	4-0	0-3	2-1	2-1	0-2	6-1	1-1	3-2	1-1	1-2	1-1
11	Darlington	3-0	2-0	2-2	2-1	2-1	1-3	2-2	1-2	0-0	3-0		1-1	1-2	1-0	2-0	5-1	1-2	0-0	1-0	2-1	1-2	1-0	1-1	1-2
12	Exeter City	2-1	3-2	2-1	1-3	1-0	0-2	0-0	2-0	1-6	2-1	2-0		3-0	0-0	2-1	0-1	4-0	2-2	2-2	1-0	4-1	1-1	0-1	1-0
13	Gillingham	1-0	4-4	0-2	1-0	0-2	1-1	0-0	2-1	2-1	1-0	1-0	0-0		3-0	1-2	0-1	3-1	5-0	2-2	1-1	2-0	4-0	2-2	1-1
14	Grimsby Town	0-1	1-0	0-1	3-3	1-3	0-1	1-2	1-3	0-1	1-1	1-2	2-2	3-0		5-1	2-2	0-0	2-3	0-1	3-0	0-3	1-0	1-1	1-1
15	Lincoln City	5-1	0-2	2-0	3-3	0-0	2-2	1-1	1-1	3-1	1-3	0-1	0-1	2-0	1-1		0-0	1-1	1-1	0-1	1-1	0-1	0-0	1-0	
16	Luton Town	1-2	3-1	1-0	3-3	3-3	0-0	1-1	0-0	2-1	1-2	1-2	0-0	0-0	2-1	3-2		1-0	1-1	1-1	1-3	1-1	2-4	3-1	0-1
17	Macclesfield T	0-2	4-2	2-1	0-2	0-2	2-0	1-1	3-1	1-1	0-4	0-6	1-4	0-1	1-0	1-2	2-1		0-1	1-1	0-2	0-1	1-2	3-0	0-0
18	Morecambe	1-1	2-0	2-1	0-4	2-1	2-0	0-0	3-1	2-2	1-2	1-0	1-1	1-1	1-1	1-2	4-1			1-0	1-1	1-1	1-3	1-0	0-0
19	Notts County	1-1	2-1	2-0	1-1	0-1	1-1	1-2	0-1	0-3	0-0	0-1	1-1	0-2	0-1	0-2	1-1	1-0		4-2	1-2	0-3	2-2	0-2	
20	Port Vale	0-2	0-0	0-0	3-1	0-2	0-3	1-1	3-0	0-1	0-1	3-1	1-3	2-1	0-1	1-3	1-4	2-1	1-2		2-1	0-0	1-1	1-1	
21	Rochdale	3-1	3-1	3-1	1-1	3-0	1-2	1-1	6-1	2-1	0-2	0-2	2-2	0-1	2-0	2-2	2-0	1-1	1-1	3-0	1-0		1-2	2-1	0-1
22	Rotherham Utd	0-0	1-2	3-4	1-0	0-2	0-0	1-1	3-1	3-0	1-1	0-1	2-0	4-1	1-0	1-0	2-0	3-2	2-1	1-0	2-2	1-0		1-2	0-0
23	Shrewsbury T	2-0	1-0	2-2	4-1	2-0	1-3	1-0	1-0	2-1	2-1	1-0	1-1	7-0	1-1	0-0	3-0	4-0	0-0	3-2	1-2	1-1	1-0		0-1
24	Wycombe Wand	2-1	3-0	1-1	3-1	1-0	0-0	2-1	2-0	1-1	2-1	1-1	1-0	1-0	0-0	1-0	1-0	0-0	4-1	1-2	4-2	1-5	0-0	1-1	

Final League Table

Pos	Team	Pld	Home W	Home D	Home L	Home F	Home A	Away W	Away D	Away L	Away F	Away A	Totals W	Totals D	Totals L	Totals F	Totals A	Pts	GD	Leading Goalscorer	Gls
1	Brentford	46	13	8	2	39	15	10	8	5	26	21	23	16	7	65	36	85	+29	C MacDonald	16
2	Exeter City	46	13	5	5	36	25	9	8	6	29	25	22	13	11	65	50	79	+15	A Stansfield	10
3	Wycombe Wand	46	11	9	3	32	16	9	9	5	22	17	20	18	8	54	33	78	+21	M Harrold	9
4	Bury	46	14	4	5	36	19	7	11	5	27	24	21	15	10	63	43	78	+20	A Bishop	16
5	Gillingham (P)	46	12	7	4	38	21	9	5	9	20	34	21	12	13	58	55	75	+3	S Jackson	17
6	Rochdale	46	11	6	6	40	24	8	7	8	30	35	19	13	14	70	59	70	+11	A Le Fondre	18
7	Shrewsbury T	46	14	6	3	41	16	3	12	8	20	28	17	18	11	61	44	69	+17	G Holt	20
8	Dagenham & R	46	12	3	8	44	24	7	8	8	33	29	19	11	16	77	53	68	+24	P Benson	17
9	Bradford City	46	11	10	2	39	18	7	3	13	27	37	18	13	15	66	55	67	+11	P Thorne	17
10	Chesterfield	46	8	8	7	32	26	8	7	8	30	29	16	15	15	62	57	63	+5	J Lester	20
11	Morecambe	46	9	9	5	29	24	6	9	8	24	32	15	18	13	53	56	63	-3	S Drummond, R Howe	10
12	Darlington *	46	11	6	6	36	23	9	6	8	26	21	20	12	14	61	44	62	+17	P Abbott, B Clarke, L Hatch	8
13	Lincoln City	46	8	11	4	26	22	6	8	9	27	30	14	19	13	53	52	59	+1	A Patulea	11
14	Rotherham Utd *	46	11	6	6	32	21	10	6	7	28	25	21	12	13	60	46	58	+14	R Reid	18
15	Aldershot Town	46	9	10	4	36	31	5	2	16	23	49	14	12	20	59	80	54	-21	S Davies	13
16	Accrington S	46	9	5	9	25	24	4	6	13	17	35	13	11	22	42	59	50	-17	J Ryan	10
17	Barnet	46	7	7	9	30	35	4	8	11	26	39	11	15	20	56	74	48	-18	J O'Flynn	9
18	Port Vale	46	6	6	11	23	33	7	8	8	21	33	13	9	24	44	66	48	-22	M Richards	10
19	Notts County	46	6	6	11	22	31	5	8	10	27	38	11	14	21	49	69	47	-20	D Facey	9
20	Macclesfield T	46	7	4	12	23	37	6	4	13	22	46	13	8	25	45	77	47	-32	G Evans	10
21	Bournemouth *	46	11	6	6	28	15	6	11	6	31	31	17	17	12	59	51	46	+8	B Pitman	17
22	Grimsby Town	46	6	7	10	31	28	3	7	13	20	41	9	14	23	51	69	41	-18	A Proudlock	8
23	Chester City	46	5	4	14	19	34	4	6	13	19	47	8	13	25	43	81	37	-38	R Lowe	16
24	Luton Town *	46	7	7	9	34	34	6	9	8	24	31	13	17	16	58	65	26	-7	C Martin	11

* Points deductions - Darlington -10, Rotherham -17, Bournemouth -17, Luton -30.

2009/2010 BARCLAYS PREMIER LEAGUE
SEASON 18

Total Matches	380
Total Goals	1053
Avg goals per match	2.77

		Arsenal	Aston Villa	Birmingham C	Blackburn Rov	Bolton Wand	Burnley	Chelsea	Everton	Fulham	Hull City	Liverpool	Manchester City	Manchester Utd	Portsmouth	Stoke City	Sunderland	Tottenham H	West Ham Utd	Wigan Athletic	Wolverhampton
1	Arsenal		3-0	3-1	6-2	4-2	3-1	0-3	2-2	4-0	3-0	1-0	0-0	1-3	4-1	2-0	2-0	3-0	2-0	4-0	1-0
			27D	17O	4O	20J	6M	29N	9J	9m	19D	10F	24A	31J	22a	5D	20F	31O	20M	19S	3A
2	Aston Villa	0-0		1-0	0-1	5-1	5-2	2-1	2-2	2-0	3-0	0-1	1-1	1-1	2-0	1-0	1-1	1-1	0-0	0-2	2-2
		27J		25A	9m	7N	21F	17O	14A	30a	5D	29D	50	10F	19S	19D	24M	26N	17J	15a	20M
3	Birmingham City	1-1	0-1		2-1	1-2	2-1	0-0	2-2	1-0	0-0	1-1	0-0	1-1	1-0	0-0	2-1	1-1	1-0	1-0	2-1
		27M	13S		15D	26S	1m	26D	13M	21N	17A	4A	1N	9J	19a	22a	24O	30J	12D	27F	7F
4	Blackburn Rovers	2-1	2-1	2-1		3-0	3-2	1-1	2-3	2-0	1-0	0-0	0-2	0-0	3-1	0-0	2-2	0-2	0-0	2-1	3-1
		3m	26S	24M		21F	18O	21M	17A	17J	10F	5D	15a	11A	7N	28N	28D	19D	29a	27J	12S
5	Bolton Wanderers	0-2	0-1	2-1	0-2		1-0	0-4	3-2	0-0	2-2	2-3	3-3	0-4	2-2	1-1	0-1	2-2	3-1	4-0	1-0
		17J	3A	9m	22N		26J	31O	25O	6F	29D	29a	12D	27M	24A	19S	15a	3O	15D	13M	27F
6	Burnley	1-1	1-1	2-1	0-1	1-1		1-2	1-0	1-1	2-0	0-4	1-6	1-0	1-2	1-1	3-1	4-2	2-1	1-3	1-2
		16D	21N	3O	28M	26D		30J	23a	12D	31O	25A	3A	19a	27F	10M	19S	9m	6F	24O	13M
7	Chelsea	2-0	7-1	3-0	5-0	1-0	3-0		3-3	2-1	2-1	2-0	2-4	1-0	2-1	7-0	7-2	3-0	4-1	8-0	4-0
		7F	27M	27J	24O	13A	29a		12D	28D	15a	4O	27F	8N	16D	25A	16J	20S	13M	9m	21N
8	Everton	1-6	1-1	1-1	3-0	2-0	2-0	2-1		2-1	5-1	0-2	0-0	3-1	1-0	1-1	2-0	2-2	2-2	2-1	1-1
		15a	31O	20D	20S	20M	28D	10F		25A	7M	29N	16J	20F	9m	4O	27J	6D	4A	30a	17O
9	Fulham	0-1	0-2	2-1	3-0	1-3	3-0	0-2	2-1		2-0	3-1	1-2	3-0	1-0	0-1	1-0	0-1	0-0	3-2	2-1	0-0
		26S	30J	21F	25N	28N	9F	23a	13S		19O	31O	21M	19D	3F	5m	6D	26D	2m	4A	17A
10	Hull City	1-2	0-2	0-1	0-0	1-0	1-4	1-1	3-2	2-0		0-0	2-1	1-3	0-0	2-1	0-1	1-5	3-3	2-1	2-2
		13M	21A	19S	12D	22a	10A	2F	25N	27M		9m	6F	27D	24O	8N	24A	19a	21N	3O	30J
11	Liverpool	1-2	1-3	2-2	2-1	2-0	4-0	0-2	1-0	0-0	6-1		2-2	2-0	4-1	4-0	3-0	2-0	3-0	2-1	2-0
		13D	24a	9N	28F	30J	12S	2m	6F	11A	26S		21N	25O	15M	19a	28M	20J	19A	16D	26D
12	Manchester City	4-2	3-1	5-1	4-1	2-0	3-3	2-1	0-2	2-2	1-1	0-0		0-1	2-0	2-0	4-3	0-1	3-1	3-0	1-0
		12S	1m	11A	11J	9F	7N	5D	24M	25O	28N	21F		17A	31J	26D	19D	5m	28S	29M	22a
13	Manchester United	2-1	0-1	1-0	2-0	2-1	3-0	1-2	3-0	3-0	4-0	2-1	4-3		5-0	4-0	2-2	3-1	3-0	5-0	3-0
		29a	12D	16a	31O	17O	16J	3A	21N	14M	23J	21M	20S		6F	9m	3O	24A	23F	30D	15D
14	Portsmouth	1-4	12	1-2	0-0	2-3	2-0	0-5	0-1	0-1	0-0	3-2	2-0	0-1		1-4		1-2	1-1	1-2	1-1	4-0	3-1
		30D	18A	9M	3A	12S	5D	24M	26S	15a	20M	19D	30a	28N		20F	9F	17O	26J	31O	1m
15	Stoke City	1-3	0-0	0-1	3-0	1-2	2-0	1-2	0-0	3-2	2-0	1-1	1-1	0-2	1-0		1-0	1-2	2-1	2-2	2-2
		27F	13M	28D	6F	17A	15a	12S	1m	5J	3A	16J	16F	26S	22N		29a	20M	17O	12D	31O
16	Sunderland	1-0	0-2	3-1	2-1	4-0	2-1	1-3	1-1	0-0	4-1	1-0	0-1	0-1	1-1	0-0		3-1	2-2	1-1	5-2
		21N	15D	20M	22a	9M	17A	18a	26D	28F	12S	17O	14M	2m	12D	1F		3A	31O	6F	27S
17	Tottenham Hotspur	2-1	0-0	2-1	3-1	1-0	5-0	2-1	2-1	2-0	0-0	2-1	3-0	1-3	2-0	0-1	2-0		2-0	9-1	0-1
		14A	6F	29a	13M	1m	26S	17A	28F	26J	16J	16a	16D	12S	27M	24O	7N		28D	22N	12D
18	West Ham United	2-2	2-1	2-0	0-0	1-2	5-3	1-1	1-2	2-2	3-0	2-3	1-1	0-4	2-0	0-1	1-0	1-2		3-2	1-3
		25O	4N	10F	30J	6M	28N	20D	8N	4O	20F	19S	9m	5D	26D	27M	10A	23a		24A	23M
19	Wigan Athletic	3-2	1-2	2-3	1-1	0-0	1-0	3-1	0-1	1-1	2-2	1-0	1-1	0-5	0-0	1-1	1-0	0-3	1-0		0-1
		18A	16M	5D	26D	17F	20M	26S	30J	8N	3m	8M	18O	22a	14A	9F	28N	21F	12S		18a
20	Wolverhampton Wanderers	1-4	1-1	0-1	1-1	2-1	2-0	0-2	0-0	2-1	1-1	0-0	0-3	0-1	0-0	2-1	1-0	0-2	1-0	0-2	
		7N	24O	29N	24A	5D	20D	20F	27M	20S	29a	26J	28D	6M	3O	11A	9m	10F	15a	16J	

Final League Table

Pos	Team	Pld	Home					Away					Totals					Pts	GD	Leading Goalscorer	Gls
			W	D	L	F	A	W	D	L	F	A	W	D	L	F	A				
1	Chelsea	38	17	1	1	68	14	10	4	5	35	18	27	2	6	103	32	86	+71	D Drogba	29
2	Manchester Utd	38	16	1	2	52	12	11	3	5	34	16	27	4	7	86	28	85	+58	W Rooney	26
3	Arsenal	38	15	2	2	48	15	8	4	7	35	26	23	6	9	83	41	75	+42	C Fabregas	15
4	Tottenham H	38	14	2	3	40	12	7	5	7	27	29	21	7	10	67	41	70	+26	J Defoe	18
5	Manchester City	38	12	4	3	41	20	6	9	4	32	25	18	13	7	73	45	67	+28	C Tevez	23
6	Aston Villa	38	8	8	3	29	16	9	5	5	23	23	17	13	8	52	39	64	+13	G Agbonlahor	13
7	Liverpool	38	13	3	3	43	15	5	6	8	18	20	18	9	11	61	35	63	+26	F Torres	18
8	Everton	38	11	6	2	35	14	5	7	7	25	28	16	13	9	60	49	61	+11	L Saha	13
9	Birmingham City	38	8	9	2	19	13	5	2	12	19	34	13	11	14	38	47	50	-9	C Jerome	11
10	Blackburn Rovers	38	10	6	3	28	18	3	5	11	13	37	13	11	14	41	55	50	-14	D Dunn	9
11	Stoke city	38	7	6	6	24	21	4	8	7	10	27	11	14	13	34	48	47	-14	M Etherington	5
12	Fulham	38	11	3	5	27	15	1	7	11	12	31	12	10	16	39	46	46	-7	B Zamora	8
13	Sunderland	38	9	7	3	32	19	2	4	13	16	37	11	11	16	48	56	44	-8	D Bent	24
14	Bolton Wanderers	38	6	6	7	26	31	4	3	12	16	36	10	9	19	42	67	39	-25	I Klasnic, M Taylor	8
15	Wolverhampton W	38	5	6	8	13	22	4	3	12	19	34	9	11	18	32	56	38	-24	K Doyle	9
16	Wigan Athletic	38	6	7	6	19	24	3	2	14	18	55	9	9	20	37	79	36	-42	H Rodallega	10
17	West Ham United	38	7	5	7	30	29	1	6	12	17	37	8	11	19	47	66	35	-19	C Cole	10
18	Burnley	38	7	5	7	25	30	1	1	17	17	52	8	6	24	42	82	30	-40	S Fletcher	8
19	Hull City	38	6	6	7	22	29	0	6	13	12	46	6	12	20	34	75	30	-41	S Hunt	6
20	Portsmouth *	38	5	3	11	24	32	2	4	13	10	34	7	7	24	34	66	19	-32	A Dindane	8

* Portsmouth deducted 9 points

2009/2010 COCA-COLA CHAMPIONSHIP [LEVEL 2]
SEASON 111

Total Matches	552
Total Goals	1446
Avg goals per match	2.60

		Barnsley	Blackpool	Bristol City	Cardiff City	Coventry C	Crystal Palace	Derby County	Doncaster Rov	Ipswich Town	Leicester City	Middlesbrough	Newcastle Utd	Nottm Forest	Peterborough U	Plymouth Argyle	Preston N E	Q P R	Reading	Scunthorpe U	Sheffield United	Sheffield Weds	Swansea City	Watford	West Brom A
1	Barnsley		1-0	2-3	1-0	0-2	0-0	0-0	0-1	2-1	1-0	2-1	2-2	2-1	2-2	1-3	0-3	0-1	1-3	1-1	2-2	1-2	0-0	1-0	3-1
2	Blackpool	1-2		1-1	1-1	3-0	2-2	0-0	2-0	1-0	1-2	2-0	2-1	3-1	2-0	2-0	1-1	2-2	2-0	4-1	3-0	1-2	5-1	3-2	2-3
3	Bristol City	5-3	2-0		0-6	1-1	1-0	2-1	2-5	0-0	1-1	2-1	2-2	1-1	1-1	3-1	4-2	1-0	1-1	1-1	2-3	1-1	1-0	2-2	2-1
4	Cardiff City	0-2	1-1	3-0		2-0	1-1	6-1	2-1	1-2	2-1	1-0	0-1	1-1	0-1	1-0	0-2	0-0	4-0	1-1	3-2	2-1	3-1	1-1	
5	Coventry City	3-1	1-1	1-1	1-2		1-1	0-1	1-0	2-1	1-1	2-2	0-2	1-0	3-2	1-1	1-1	1-0	1-2			1-1		0-0	0-0
6	Crystal Palace	1-1	4-1	0-1	1-2	0-1		1-0	0-3	3-1	0-1	1-0	0-2	1-1	2-0	1-1	3-1	0-2	1-3	0-4	1-0	0-0	0-1	3-0	1-1
7	Derby County	2-3	0-2	1-0	2-0	2-1	1-1		0-2	1-3	1-0	2-2	3-0	1-0	2-1	5-3	2-4	2-1	1-4	0-1	3-0	0-0	2-0	6-M	2-2
8	Doncaster Rov	0-1	3-3	1-0	2-0	0-0	1-1	2-1		3-3	0-1	1-4	0-1	1-0	3-1	1-2	1-1	2-0	1-2	4-3	1-1	1-0	0-0	2-1	2-3
9	Ipswich Town	1-0	3-1	0-0	2-0	3-2	1-3	1-0	1-1		0-0	1-1	0-4	1-1	0-0	0-2	1-1	3-0	2-1	1-0	0-3	0-0	1-1	1-1	1-1
10	Leicester City	1-0	2-1	1-3	1-0	2-2	2-0	0-0	0-0	1-1		2-0	0-0	3-0	1-1	1-0	1-2	4-0	1-2	5-1	2-1	3-0	2-1	4-1	1-2
11	Middlesbrough	2-1	0-3	0-0	0-1	1-1	1-1	2-0	2-0	3-1	0-1		2-2	1-1	1-0	0-1	2-0	2-0	1-1	3-0	0-0	1-1	1-1	0-1	0-5
12	Newcastle United	6-1	4-1	0-0	5-1	4-1	2-0	0-0	2-1	2-2	1-0	2-0		2-0	3-1	3-1	3-0	1-1	3-0	3-0	2-1	1-0	3-0	2-0	2-2
13	Nottm Forest	1-0	0-1	1-1	0-0	2-0	2-0	3-2	4-1	3-0	5-1	1-0	1-0		1-0	3-0	3-0	5-0	2-1	2-0	1-0	2-1	1-0	2-4	0-1
14	Peterborough U	1-2	0-1	0-1	4-4	0-1	1-1	0-3	1-2	3-1	1-2	2-2	2-3	1-2		1-2	0-1	1-0	3-2	3-0	1-0	1-1	2-2	2-1	2-3
15	Plymouth Argyle	0-0	0-2	3-2	1-3	0-1	0-1	1-0	2-1	1-1	1-1	0-2	0-2	0-1	1-2		1-1	4-1	2-1	0-1	1-3	1-1	0-0	0-1	
16	Preston N E	1-4	0-0	2-2	3-0	3-2	1-1	0-0	1-1	2-0	0-1	2-2	0-1	3-2	2-0	2-0		2-2	1-2	3-2	2-1	2-2	2-0	1-1	0-0
17	Queens Park R	5-2	1-1	2-1	0-1	2-2	1-1	1-1	2-1	1-2	1-2	1-5	0-1	1-1	1-1	2-0	4-0		4-1	0-1	1-1	1-1	1-1	1-0	3-1
18	Reading	1-0	2-1	2-0	0-1	3-0	2-4	4-1	0-0	1-1	0-1	0-2	1-2	0-0	6-0	2-1	4-1	1-0		1-1	3-5	1-1	1-1	1-1	1-1
19	Scunthorpe Utd	2-1	2-4	3-0	1-1	1-0	1-2	3-2	2-2	1-1	1-1	0-2	2-1	2-2	4-0	2-1	3-1	0-1	2-2		3-1	2-0	0-2	2-2	1-3
20	Sheffield United	0-0	3-0	2-0	3-4	1-0	2-0	1-1	3-3	1-1	1-0	0-0	1-0	4-3	1-0	1-1	3-0	0-1		3-2	2-0	2-0	2-2		
21	Sheffield Weds	2-2	2-0	0-1	3-1	2-0	2-2	0-0	0-2	0-1	2-0	1-3	2-2	1-1	2-1	2-1	1-2	1-2	0-2	4-0	1-1		0-2	2-1	0-4
22	Swansea City	3-1	0-0	0-0	3-2	0-0	1-0	0-0	0-0	1-0	0-3	1-1	0-1	1-0	1-0	2-0	2-0	0-0	3-0	2-1	0-0			1-1	0-2
23	Watford	1-0	2-2	2-0	0-4	2-3	1-3	0-1	1-1	2-1	3-3	1-1	1-2	0-0	1-1	0-0	1-0	2-0	3-1	3-0	3-0	4-1	0-1		1-1
24	West Brom A	1-1	3-2	4-1	0-2	1-0	0-1	3-1	3-1	2-0	3-0	2-0	1-1	1-3	2-0	3-1	3-2	2-2	3-1	2-0	3-1	1-0	0-1	5-0	

Final League Table

Pos	Team	Pld	Home					Away					Totals					Pts	GD	Leading Goalscorer	Gls
			W	D	L	F	A	W	D	L	F	A	W	D	L	F	A				
1	Newcastle United	46	18	5	0	56	13	12	7	4	34	22	30	12	4	90	35	102	+55	A Carroll, K Nolan	17
2	West Brom A	46	16	3	4	48	21	10	10	3	41	27	26	13	7	89	48	91	+41	C Brunt, G Dorrans	13
3	Nottm Forest	46	18	2	3	45	13	4	11	8	20	27	22	13	11	65	40	79	+25	R Earnshaw	15
4	Cardiff City	46	12	6	5	37	20	10	4	9	36	34	22	10	14	73	54	76	+19	P Whittingham	20
5	Leicester City	46	13	6	4	40	18	8	7	8	21	27	21	13	12	61	45	76	+16	M Waghorn	12
6	Blackpool (P)	46	13	6	4	46	22	6	7	10	28	36	19	13	14	74	58	70	+16	C Adam	16
7	Swansea City	46	10	10	3	21	12	7	8	8	19	25	17	18	11	40	37	69	+3	D Pratley	7
8	Sheffield United	46	12	8	3	37	20	5	6	12	25	35	17	14	15	62	55	65	+7	R Cresswell, D Henderson	12
9	Reading	46	10	7	6	39	22	7	5	11	29	41	17	12	17	68	63	63	+5	G Sigurdsson	16
10	Bristol City	46	10	10	3	38	34	5	8	10	18	31	15	18	13	56	65	63	-9	N Maynard	20
11	Middlesbrough	46	9	8	6	25	21	7	6	10	33	29	16	14	16	58	50	62	+8	A Johnson	11
12	Doncaster Rovers	46	9	7	7	32	29	6	8	9	27	29	15	15	16	59	58	60	+1	B Sharp	15
13	Queens Park R	46	8	9	6	36	28	6	6	11	22	37	14	15	17	58	65	57	-7	J Simpson	12
14	Derby County	46	12	3	8	37	22	3	8	12	16	31	15	11	20	53	63	56	-10	R Hulse	12
15	Ipswich Town	46	8	11	4	24	23	4	9	10	26	38	12	20	14	50	61	56	-11	J Walters	8
16	Watford	46	10	6	7	36	26	4	6	13	25	42	14	12	20	61	68	54	-7	D Graham	14
17	Preston N E	46	9	10	4	35	26	4	5	14	23	47	13	15	18	58	73	54	-15	N Mellor, J Parkin	10
18	Barnsley	46	8	7	8	25	29	6	5	12	28	40	14	12	20	53	69	54	-16	D Bogdanovic	11
19	Coventry City	46	8	9	6	29	25	5	6	12	18	35	13	15	18	47	64	54	-17	C Morrison	11
20	Scunthorpe Utd	46	10	7	6	40	32	4	3	16	22	52	14	10	22	62	84	52	-22	G Hooper	19
21	Crystal Palace *	46	8	5	10	24	27	6	7	10	26	36	14	17	15	50	53	49	-3	J Ambrose	15
22	Sheffield Weds	46	8	6	9	30	31	3	8	12	19	38	11	14	21	49	69	47	-20	M Tudgay	10
23	Plymouth Argyle	46	5	6	12	20	30	6	2	15	23	38	11	8	27	43	68	41	-25	J Mackie	8
24	Peterborough U	46	6	5	12	32	37	2	5	16	14	43	8	10	28	46	80	34	-34	C Makail-Smith	10

* Crystal Palace deducted 10 points.

2009/2010 COCA-COLA LEAGUE 1 [LEVEL 3]
SEASON 111

Total Matches	552
Total Goals	1459
Avg goals per match	2.64

		Brentford	Brighton & H A	Bristol Rovers	Carlisle United	Charlton Athletic	Colchester Utd	Exeter City	Gillingham	Hartlepool Utd	Huddersfield T	Leeds United	Leyton Orient	Millwall	M K Dons	Norwich City	Oldham Athletic	Southampton	Southend United	Stockport Co	Swindon Town	Tranmere Rov	Walsall	Wycombe Wand	Yeovil Town
1	Brentford		0-0	1-3	3-1	1-1	1-0	0-0	4-0	0-0	3-0	0-0	1-0	2-2	3-3	2-1	1-1	1-1	2-1	2-0	2-3	2-1	1-1	1-1	1-1
2	Brighton & H A	3-0		2-1	1-2	0-2	1-2	2-0	2-0	3-3	0-0	0-3	0-0	0-1	0-1	1-2	0-2	2-2	2-3	2-4	0-1	3-0	0-1	1-0	1-0
3	Bristol Rovers	0-0	1-1		3-2	2-1	3-2	1-2	2-1	2-0	1-0	0-4	1-2	2-0	1-0	0-3	0-1	1-5	4-3	1-0	3-0	0-0	0-1	2-3	1-2
4	Carlisle United	1-3	0-2	3-1		3-1	2-1	0-1	2-0	3-2	1-2	1-3	2-2	1-3	5-0	0-1	1-2	1-1	2-1	0-0	0-1	3-0	1-1	1-0	1-0
5	Charlton Athletic	2-0	1-2	4-2	1-0		1-0	2-1	2-2	2-1	2-1	1-0	0-1	4-4	5-1	0-1	0-0	1-1	1-0	2-0	2-2	1-1	2-0	3-2	2-0
6	Colchester Utd	3-3	0-0	1-0	2-1	3-0		2-2	2-1	2-0	1-0	1-2	1-0	1-2	2-0	0-5	1-0	2-1	2-0	3-0	1-1	2-1	1-1	2-1	2-1
7	Exeter City	3-0	1-0	1-0	2-3	1-1	2-0		1-1	3-1	2-1	2-0	0-0	1-1	1-2	1-1	1-1	1-0	0-1	1-1	2-1	2-1	1-1	1-1	1-1
8	Gillingham	0-1	1-1	1-0	0-0	1-1	0-0	3-0		0-1	2-0	3-2	1-1	2-0	2-2	1-1	1-0	2-1	3-0	3-1	5-0	0-1	0-0	3-2	1-0
9	Hartlepool United	0-0	2-0	1-2	4-1	0-2	3-1	1-1	1-1		0-2	2-2	1-1	3-0	0-5	0-2	2-1	1-3	3-0	3-0	0-1	1-0	3-0	1-1	1-1
10	Huddersfield T	0-0	7-1	0-0	1-1	1-1	2-1	4-0	2-1	2-1		2-2	4-0	1-0	1-0	1-3	2-0	3-1	2-1	0-0	2-2	3-3	4-3	6-0	2-1
11	Leeds United	1-1	1-1	2-1	1-1	0-0	2-0	2-1	4-1	3-1	1-2		2-0	1-0	2-2	4-1	2-1	2-0	1-0	2-0	0-3	3-0	1-2	1-1	4-0
12	Leyton Orient	2-1	1-1	5-0	2-2	1-2	0-1	1-1	3-1	1-3	0-2	1-1		1-0	1-2	2-1	1-2	2-2	1-2	0-0	0-1	2-0	2-0	2-0	2-1
13	Millwall	1-1	1-1	2-0	0-0	4-0	2-1	1-0	4-0	3-1	2-1	2-1		3-2	2-1	2-0	1-1	2-0	5-0	3-2	5-0	2-1	0-2	0-0	
14	M K Dons	0-1	0-0	2-1	3-4	0-0	2-1	1-1	2-0	0-0	2-3	0-1	1-0	1-3		2-1	0-0	0-3	3-1	4-1	2-1	1-0	2-3	2-2	
15	Norwich City	1-0	4-1	5-1	0-2	2-2	1-7	3-1	2-0	1-3	0-0	1-0	4-0	2-0	1-1		2-0	0-2	2-1	1-0	2-0	0-5	5-2	3-0	6M
16	Oldham Athletic	2-3	0-0	2-1	2-0	0-2	2-2	1-0	0-3	0-1	0-2	2-0	0-1	2-1	0-1	0-1		1-3	2-0	0-0	2-2	0-0	1-0	2-2	1-0
17	Southampton	1-1	1-3	2-3	3-2	1-0	0-0	3-1	4-1	3-2	5-0	1-0	2-1	1-1	3-1	2-2	0-0		3-1	2-0	0-1	3-0	5-1	1-0	2-0
18	Southend United	2-2	0-1	2-1	2-2	1-2	1-2	1-2	0-0	1-0	3-2	2-2	0-0	0-0	2-1	0-3	0-1	1-3		2-1	2-2	1-1	3-0	1-1	0-0
19	Stockport County	0-1	1-1	0-2	1-2	1-2	2-2	1-3	0-0	2-2	0-6	2-4	2-1	0-4	1-3	1-3	0-1	1-0	0-2		0-1	0-3	1-1	4-3	1-3
20	Swindon Town	3-2	2-1	0-4	2-0	1-1	1-1	1-1	6-2	1-0	1-0	2-1	3-0	3-2	1-1	0-0	1-1	4-2	1-0	2-1		4-1	3-0	1-1	3-1
21	Tranmere Rov	1-0	2-1	2-0	0-0	0-4	1-1	3-1	4-2	0-0	0-2	1-4	2-1	0-0	0-1	3-1	0-1	2-1	2-0	0-1	1-4		2-3	0-3	2-1
22	Walsall	2-1	1-2	0-0	2-2	1-1	1-0	3-0	0-0	3-1	2-1	1-2	2-2	2-2	2-1	1-2	3-0	1-3	2-2	2-0	1-1	2-1		2-1	0-1
23	Wycombe Wand	1-0	2-5	2-1	0-0	1-2	1-1	2-2	3-0	2-0	1-2	0-1	0-1	1-0	0-1	0-1	2-2	0-0	1-1	2-1	2-2	0-1	2-3		1-4
24	Yeovil Town	2-0	2-2	0-3	3-1	1-1	0-1	2-1	0-0	4-0	0-1	1-2	3-3	1-1	0-0	3-3	3-0	0-1	1-0	2-2	0-1	2-0	1-3	4-0	

Final League Table

Pos	Team	Pld	Home W	D	L	F	A	Away W	D	L	F	A	Totals W	D	L	F	A	Pts	GD	Leading Goalscorer	Gls
1	Norwich City	46	17	3	3	48	22	12	5	6	41	25	29	8	9	89	47	95	+42	G Holt	24
2	Leeds United	46	14	6	3	41	19	11	5	7	36	25	25	11	10	77	44	86	+33	J Beckford	25
3	Millwall (P)	46	17	5	1	48	15	7	8	8	28	29	24	13	9	76	44	85	+32	S Morison	20
4	Charlton Athletic	46	14	6	3	41	22	9	9	5	30	26	23	15	8	71	48	84	+23	D Burton	13
5	Swindon Town	46	13	8	2	42	25	9	8	6	31	32	22	16	8	73	57	82	+16	B Paynter	26
6	Huddersfield T	46	14	8	1	52	22	9	3	11	30	34	23	11	12	82	56	80	+26	J Rhodes	19
7	Southampton *	46	13	5	3	48	21	8	9	6	37	26	21	14	9	85	47	73	+38	R Lambert	30
8	Colchester United	46	15	5	3	37	21	5	7	11	27	31	20	12	14	64	52	72	+12	K Lisbie	13
9	Brentford	46	9	12	2	34	21	5	8	10	21	31	14	20	12	55	52	62	+3	C MacDonald	15
10	Walsall	46	10	8	5	36	26	6	6	11	24	37	16	14	16	60	63	62	-3	T Deeney	14
11	Bristol Rovers	46	13	3	7	32	30	6	2	15	27	40	19	5	22	59	70	62	-11	J Osei-Kuffour	14
12	M K Dons	46	10	5	8	31	28	7	4	12	29	40	17	9	20	60	68	60	-8	J Easter	14
13	Brighton & H A	46	7	4	12	26	30	8	10	5	30	30	15	14	17	56	60	59	-4	N Forster	13
14	Carlisle United	46	10	4	9	34	28	5	9	9	29	38	15	13	18	63	66	58	-3	I Harte	10
15	Yeovil Town	46	9	4	10	36	27	4	7	12	19	33	13	11	22	55	59	53	-4	D Bowditch	10
16	Oldham Athletic	46	7	7	9	23	28	6	6	11	16	29	13	13	20	39	57	52	-18	P Abbott	13
17	Leyton Orient	46	10	6	7	35	25	3	6	14	18	38	13	12	21	53	63	51	-10	S McGleish	12
18	Exeter City	46	9	10	4	30	20	2	6	15	18	40	11	16	19	48	60	51	-12	R Harley	10
19	Tranmere Rovers	46	11	4	9	30	32	3	6	14	15	40	14	10	23	45	72	51	-27	I Thomas-Moore	13
20	Hartlepool Utd *	46	10	6	7	33	26	4	5	14	26	41	14	11	21	59	67	50	-8	A Monkhouse	11
21	Gillingham	46	12	8	3	35	15	0	6	17	13	49	12	14	20	48	64	50	-16	S Jackson	14
22	Wycombe Wand	46	6	7	10	26	31	4	8	11	30	45	10	15	21	56	76	45	-20	M Harrold	8
23	Southend United	46	7	10	6	29	27	3	3	17	22	45	10	13	23	51	72	43	-21	L Barnard	15
24	Stockport County	46	2	6	15	21	51	3	4	16	14	44	5	10	31	35	95	25	-60	C Baker	9

* Southampton deducted 10 points. Hartlepool United deducted 3 points.

2009/2010 COCA-COLA LEAGUE 1 [LEVEL 4]
SEASON 111

Total Matches: 552
Total Goals: 1463
Avg goals per match: 2.63

	Team	Accrington S	Aldershot Town	Barnet	Bournemouth	Bradford City	Burton Albion	Bury	Cheltenham T	Chesterfield	Crewe Alexandra	Dagenham & R	Darlington	Grimsby Town	Hereford United	Lincoln City	Macclesfield T	Morecambe	Northampton T	Notts County	Port Vale	Rochdale	Rotherham Utd	Shrewsbury T	Torquay United
1	Accrington S		2-1 26J	1-0 27A	0-1 17O	2-0 20F	0-2 23M	2-4 28D	4-0 10O	2-0 1m	5-3 25S	0-1 14N	2-1 11S	2-3 5A	1-2 17A	1-0 15a	1-1 9M	3-2 6F	0-3 18a	0-3 6M	1-2 13M	2-4 20M	2-1 16M	1-3 29a	4-2 5D
2	Aldershot Town	3-1 22a		4-0 26D	2-1 23J	1-0 2M	0-2 6M	2-3 17O	4-1 26S	1-0 5D	1-1 17A	2-3 23F	3-1 8a	1-1 30J	2-2 5S	3-1 1m	0-0 14N	4-1 10O	2-1 24N	1-1 20F	1-1 12S	1-1 19J	3-0 5A	2-0 20M	0-2 13A
3	Barnet	1-2 13M	3-0 6F		1-1 1D	2-2 19S	1-1 27M	0-0 27F	1-1 13F	3-1 5A	1-2 12D	2-0 29S	3-0 24O	3-0 3O	0-0 14N	1-2 16J	1-2 10A	2-0 18a	0-0 28D	1-0 29a	0-0 21N	1-0 8m	0-1 24A	2-2 15a	1-1 26J
4	Bournemouth	2-0 27M	1-0 18a	3-0 23F		1-0 3A	1-0 26S	1-2 16J	0-0 6F	1-2 10O	1-0 29a	0-0 24N	2-0 17A	3-1 24O	2-1 13A	3-1 12S	1-1 20F	1-0 6M	0-2 2J	2-1 9F	4-0 1m	0-4 31O	1-0 15a	1-0 5D	2-1 28D
5	Bradford City	1-1 21N	2-1 13M	2-1 17A	1-1 14N		1-1 12S	0-1 6F	1-1 2J	3-0 26S	2-3 10O	3-3 27M	1-0 27F	0-0 13F	1-0 24O	0-2 18a	1-2 5A	2-0 13A	0-0 1m	0-0 23M	0-0 15a	0-3 1D	2-4 12D	1-3 28D	2-0 29a
6	Burton Albion	0-2 1D	6-1 12D	2-0 17O	0-2 24A	1-1 10A		0-0 31O	5-6 13M	2-2 20M	1-2 12F	0-1 19S	1-2 3A	3-2 8m	1-0 21N	1-1 27J	5-2 29S	3-2 15a	1-4 29a	1-0 28D	1-0 6F	1-0 4O	0-1 27F	1-1 16J	0-2 18a
7	Bury	0-2 5S	1-2 27M	2-0 5D	0-3 8a	2-1 19J	3-0 5A		0-1 12S	2-1 24N	3-0 13A	0-0 6M	1-1 9M	1-0 22a	2-0 23J	1-0 26S	0-0 9F	2-2 23F	3-3 10O	1-1 14N	2-1 17A	1-0 1F	2-1 24O	1-0 19F	0-3 1m
8	Cheltenham T	1-1 8m	1-2 24A	5-1 14N	0-1 26D	4-5 22a	0-1 9F	5-2 10A		0-1 6M	0-4 31O	1-1 5S	3-3 20A	2-1 8a	0-1 2M	1-0 3A	1-2 16O	2-0 20F	2-2 5D	1-1 3O	1-1 20M	1-4 23J	1-1 19S	1-2 29S	1-1 23F
9	Chesterfield	1-0 3O	0-1 27F	1-0 31O	2-1 8m	1-1 24A	5-2 24O	1-0 13F	1-0 12D		2-3 2D	2-2 10A	5-2 21N	3-2 30S	1-2 27M	2-1 6F	4-1 19S	1-1 29a	1-0 15a	2-1 19a	0-5 13M	2-0 3A	0-1 26J	0-1 2J	1-0 16J
10	Crewe Alexandra	5-1 24A	1-2 19S	2-2 6M	1-2 30J	0-1 8m	2-1 24N	2-3 29S	1-2 5A	0-1 24F		1-2 8a	3-0 23J	4-2 9M	1-0 22a	0-0 5D	2-1 5S	1-2 14N	3-2 20F	0-1 20M	1-2 17O	2-2 26D	2-3 3O	0-3 10A	1-1 2F
11	Dagenham & R	3-1 3A	2-5 1D	4-1 13A	1-0 13F	2-1 17A	2-1 12D	3-1 28D	0-2 12S	2-1 16J	2-0		2-0 100	2-0 27F	2-1 1m	3-0 29a	1-1 20M	0-1 26S	0-3 6F	1-1 26J	1-2 31O	0-3 21N	1-2 13M	0-1 18a	5-0 15a	5-3 2F
12	Darlington	0-0 10A	1-2 23M	1-2 20M	0-2 19S	0-1 5D	1-0 14N	0-1 15a	1-1 29a	2-3 20F	0-1 18a	0-2 8m		0-2 24N	1-1 5A	0-1 9F	1-2 3O	0-5 24O	1-3 26J	0-2 27A	2-2 29S	1-2 6F	0-0 17O	2-1 13M	1-3 6M
13	Grimsby Town	2-2 30O	1-2 29a	1-2 1m	2-0 20M	1-2 24N	1-2 10O	0-0 2J	0-0 16J	2-2 13A	4-1 15a	1-1 5D	1-1 26S		1-0 12S	2-2 20F	1-1 23F	0-0 18D	1-0 2A	1-2 6F	0-2 28D	1-2 17O	3-6 8m	0-3 6M	0-3 17A
14	Hereford United	2-0 19S	2-0 16F	2-1 3A	2-1 29S	2-0 20M	3-4 20F	1-3 18a	1-1 15a	1-0 17O	1-1 19J	1-1 3O	2-1 31O	0-1 10A		2-0 2F	0-2 6M	0-1 16M	0-2 23F	0-2 5D	2-2 29a	2-1 24A	3-0 8m	2-1 24N	1-0 6F
15	Lincoln City	2-1 16F	1-0 3O	1-0 8a	2-1 10A	0-2 23J	1-0 22a	1-1 24A	2-1 14N	1-1 26D	3-0 27F	0-0 16M	3-1 5S	0-0 21N	0-0 12M		8m	1-3 5A	1-1 27M	0-3 29S	1-2 1D	1-3 12D	1-2 13F	0-2 19S	0-0 24O
16	Macclesfield T	0-0 13F	1-1 3A	1-1 12S	1-2 21N	2-2 31O	1-1 13A	2-0 13M	1-0 27M	2-0 17A	4-1 28D	2-2 24O	0-2 1m	0-0 28N	3-1 12D	0-1 10O		2-2 26J	0-2 20J	0-4 15a	2-0 18a	0-0 27F	1-1 29a	1-3 6F	0-1 26S
17	Morecambe	1-2 26D	1-0 8m	2-1 25A	5-0 12D	0-0 29S	3-2 16F	3-0 1D	1-0 21N	4-3 30J	0-1 2A	1-0 24A	2-0 13F	1-1 13M	2-2 8a	3-1 31O	2-2 22a		2-4 24O	2-1 19S	1-0 27F	3-3 4S	2-0 10A	1-1 3O	2-0 27M
18	Northampton T	4-0 9F	0-3 12F	1-3 4S	2-0 22a	2-2 3O	1-1 30J	1-1 8m	2-1 27F	0-0 23J	2-2 21N	1-0 26D	2-0 13M	3-0 14N	1-1 1D	1-0 17O	0-0 8a	2-0 20M		1-1 10A	1-2 12D	3-1 19S	2-0 29S	2-1 24A	2-2 5A
19	Notts County	1-2 12D	0-0 21N	2-0 30J	2-0 15M	1-1 8a	1-1 5S	5-0 3A	5-0 1m	2-0 9M	3-0 24O	4-0 22a	1-1 1D	5-2 17F	1-0 27F	1-0 13A	5-2 2M	3-1 17A	1-0 12S		1-0 26S	1-1 20A	1-2 27M	2-2 31O	2-2 11O
20	Port Vale	2-2 29S	1-1 10A	0-2 20F	0-0 3O	2-1 9M	3-1 19J	1-1 19S	1-2 24O	0-1 9F	3-1 27M	1-0 5A	4-0 22a	2-0 5S	4-0 30J	0-0 23F	0-0 23J	0-2 5D	1-3 6M	2-1 24A		1-1 8a	1-1 14N	1-1 26S	2-2 24N
21	Rochdale	1-2 24O	1-0 15a	2-1 10O	0-0 5A	1-3 23F	1-2 1m	0-1 29a	2-3 18a	2-0 14N	3-1 6F	4-1 20F	4-1 13A	1-1 27M	0-1 26S	4-1 6M	1-1 5D	0-0 28D	1-0 17A	0-0 24N	0-0 26J		2M	4-0 19D	4-0 12S	2-1
22	Rotherham Utd	1-0 8a	0-0 31O	3-0 26S	1-3 2F	1-2 6M	1-0 5D	0-0 20M	3-1 17A	0-0 5S	2-0 1m	1-2 9F	2-1 29A	1-1 19J	2-0 23J	3-1 10O	0-0 24N	1-0 23M	0-0 13M	5-2 17O	0-0 3A	1-2 23a		1-1 22F	1-1 19F
23	Shrewsbury T	0-1 30J	3-1 24O	2-0 9F	1-0 27F	1-2 5S	3-1 8a	1-1 21N	0-0 13A	1-1 22a	2-0 12S	2-1 23J	0-2 27M	0-0 12F	3-1 17A	1-0 26D	2-2 1m	2-3 26S	3-0 5A	0-1 10O	0-1 13M	0-1 1D	2-0		1-1 14N
24	Torquay United	2-1 27F	1-1 29S	0-1 22a	1-2 5S	1-2 30J	2-3 23J	1-1 3O	3-0 1D	2-0 8a	1-1 13M	0-0 2M	5-0 12D	0-2 19S	1-0 26D	2-3 20M	1-0 24A	2-2 17O	1-0 31O	0-0 8m	1-2 13F	5-0 10A	0-2 21N	2-1 3A	

Final League Table

Pos	Team	Pld	Home					Away					Totals					Pts	GD	Leading Goalscorer	Gls
			W	D	L	F	A	W	D	L	F	A	W	D	L	F	A				
1	Notts County	46	16	6	1	58	14	11	6	6	38	17	27	12	7	96	31	93	+65	L Hughes	30
2	Bournemouth	46	16	3	4	33	16	9	5	9	28	28	25	8	13	61	44	83	+17	B Pitman	26
3	Rochdale	46	14	6	3	45	20	11	4	8	37	28	25	7	14	82	48	82	+34	C O'Grady	22
4	Morecambe	46	14	6	3	44	24	6	7	10	29	40	20	13	13	73	64	73	+9	P Jevons	18
5	Rotherham Utd	46	10	9	4	29	18	11	1	11	26	34	21	10	15	55	52	73	+3	A Le Fondre	25
6	Aldershot Town	46	12	8	3	43	24	8	6	9	26	32	20	12	14	69	56	72	+13	M Morgan	15
7	Dagenham & R (P)	46	15	2	6	46	27	5	10	8	23	31	20	12	14	69	58	72	+11	P Benson	17
8	Chesterfield	46	14	3	6	38	27	7	4	12	23	35	21	7	18	61	62	70	-1	J Lester	11
9	Bury	46	11	6	6	29	23	8	6	9	25	36	19	12	15	54	59	69	-5	R Lowe	18
10	Port Vale	46	8	8	7	32	25	9	5	9	29	25	17	17	12	61	50	68	+11	M Richards	20
11	Northampton T	46	9	9	5	29	21	9	4	10	33	32	18	13	15	62	53	67	+9	A Akinfenwa	17
12	Shrewsbury T	46	10	6	7	30	20	7	6	10	25	34	17	12	17	55	54	63	+1	D Hibbert	14
13	Burton Albion	46	9	5	9	38	34	8	6	9	33	37	17	11	18	71	71	62	0	S Harrad	21
14	Bradford City	46	8	8	7	28	27	8	6	9	31	35	16	14	16	59	62	62	-3	J Hanson	12
15	Accrington S	46	11	1	11	38	39	7	6	10	24	35	18	7	21	62	74	61	-12	R Grant	14
16	Hereford United	46	12	4	7	32	25	5	4	14	22	40	17	8	21	54	65	59	-11	M Pugh	13
17	Torquay United	46	9	6	8	34	24	5	9	9	30	34	14	15	17	64	55	57	+9	S Rendell	12
18	Crewe Alexandra	46	7	4	12	35	36	8	5	9	33	37	15	9	21	68	73	55	-5	C Zola	15
19	Macclesfield T	46	7	8	8	27	28	5	10	8	22	30	12	18	16	49	58	54	-9	R Sappleton, E Sinclair	7
20	Lincoln City	46	9	7	7	25	26	4	4	15	17	39	13	11	22	42	65	50	-23	D Somma	9
21	Barnet	46	8	10	5	30	18	4	2	17	17	45	12	12	22	47	63	48	-16	J O'Flynn	9
22	Cheltenham T	46	5	8	10	34	38	5	10	8	20	33	10	18	18	54	71	48	-17	J Richards	15
23	Grimsby Town	46	4	9	10	25	36	5	8	10	20	35	9	17	20	45	71	44	-26	J Akpa Akpro, B Conlon, M Coulson, J Devitt	5
24	Darlington	46	3	8	12	17	40	6	4	13	15	47	9	12	25	32	87	30	-54	T Purcell	9

2010/11 BARCLAYS PREMIER LEAGUE
SEASON 19

Total Matches	380
Total Goals	1063
Avg goals per match	2.80

	Team	Arsenal	Aston Villa	Birmingham C	Blackburn Rov	Blackpool	Bolton Wand	Chelsea	Everton	Fulham	Liverpool	Manchester City	Manchester Utd	Newcastle Utd	Stoke City	Sunderland	Tottenham H	West Brom A	West Ham Utd	Wigan Athletic	Wolverhampton
1	Arsenal		1-2 15m	2-1 16O	0-0 2A	6-0 21a	4-1 11S	3-1 27D	2-1 1F	2-1 4D	1-1 17A	0-0 5J	1-0 1m	0-1 7N	1-0 23F	0-0 5M	2-3 20N	2-3 25S	1-0 30O	3-0 22J	2-0 12F
2	Aston Villa	2-4 27N		0-0 31O	4-1 26F	3-2 10N	1-1 18S	0-0 16O	1-0 29a	2-2 5F	1-0 22m	1-0 22J	2-2 13N	1-0 10A	1-1 23A	0-1 5J	1-2 26D	2-1 11D	3-0 14a	1-1 7m	0-1 19M
3	Birmingham City	0-3 1J	1-1 16J		2-1 21a	2-0 23O	2-1 2A	1-0 20N	0-2 20	0-2 15m	0-0 12S	2-2 2F	1-1 28D	0-2 15F	1-0 12F	2-0 16A	1-1 4D	1-3 5M	2-2 6N	0-0 25S	1-1 1m
4	Blackburn Rovers	1-2 28a	2-0 21N	1-1 9A		2-2 19M	1-0 30A	1-2 30O	1-0 14a	1-1 18S	3-1 5J	0-1 25A	1-1 14m	0-0 12F	0-2 26D	0-0 18O	0-1 2F	2-0 23J	1-1 18D	2-1 6N	3-0 4D
5	Blackpool	1-3 10A	1-1 12F	1-2 4J	1-2 25S		4-3 14m	1-3 7M	2-2 6N	2-2 28a	2-1 12J	2-3 17O	2-3 25J	1-1 23A	0-0 30A	1-2 22J	3-1 22F	2-1 1N	1-3 2F	1-3 16A	2-1 20N
6	Bolton Wanderers	2-1 24A	3-2 5M	2-2 29a	2-1 12D	2-2 27N		0-4 24J	2-0 13F	0-0 14a	0-1 31O	0-2 22m	0-1 26S	5-1 20N	2-1 16O	1-2 7m	4-2 6N	2-0 26D	3-1 9A	1-1 5J	1-0 2F
7	Chelsea	2-0 3O	3-3 2J	3-1 20A	2-0 15J	4-0 19S	1-0 29D		1-1 4D	1-0 10N	0-1 6F	2-0 20M	2-1 1M	2-2 15m	2-0 28a	0-3 14N	2-1 30A	6-0 14a	3-0 23A	1-0 9A	2-0 23O
8	Everton	1-2 14N	2-2 2A	1-1 9M	2-0 16A	5-3 5F	1-1 10N	1-0 22m		2-1 19M	2-0 17O	2-1 7m	3-3 11S	0-1 18S	1-0 30O	2-0 26F	2-1 5J	1-4 27N	2-2 22J	0-0 11D	1-1 21a
9	Fulham	2-2 22m	1-1 6N	1-1 27N	3-2 5M	3-0 3A	3-0 27A	0-0 14F	0-0 25S		2-5 9m	1-4 21N	2-2 22a	1-0 2F	2-0 22J	0-0 11D	1-2 16O	1-3 4J	1-3 26D	2-0 30O	1-1 11S
10	Liverpool	1-1 15a	3-0 6D	5-0 23A	2-1 24O	1-2 3O	2-1 1J	2-0 7N	2-2 16J	1-0 26J		3-0 11A	3-1 6M	3-0 1m	2-0 2F	2-2 25S	0-2 15m	1-0 29a	3-0 20N	1-1 12F	0-1 29D
11	Manchester City	0-3 24O	4-0 28D	0-0 13N	1-1 11S	1-0 1J	1-0 4D	1-2 25S	1-1 20D	3-0 27F	3-0 23a		0-0 10N	2-1 3O	3-0 17m	5-0 3A	1-0 5F	2-1 1m	3-1 1m	1-0 5M	4-3 15J
12	Manchester United	1-0 13D	3-1 1F	5-0 22J	7-1 27N	4-2 22m	2-1 19M	2-1 8m	1-0 23A	2-0 9A	3-2 19S	2-1 12F		3-0 16a	2-1 4J	2-0 26D	2-2 30O	3-0 16O	2-0 28a	4-1 20N	2-1 6N
13	Newcastle United	4-4 5F	6-0 22a	2-1 7m	1-2 10N	0-2 11S	1-1 26F	1-1 28N	1-2 5M	0-0 13N	3-1 11D	1-3 26D	0-0 19A		1-2 26S	5-1 31O	1-1 22J	3-3 22m	5-0 5J	2-2 16O	4-1 2A
14	Stoke City	3-1 8m	2-1 13S	3-2 9N	1-0 2O	0-1 11D	2-0 15J	1-1 2A	2-0 1J	0-2 28D	2-0 13N	1-1 27N	1-2 24O	4-0 19M		3-2 5F	3-2 21a	1-1 28F	1-1 18S	3-0 22m	2-0 26A
15	Sunderland	1-1 18S	1-0 23O	2-2 14a	3-0 1J	0-2 28D	1-0 18D	2-4 1F	2-2 22N	0-3 30A	0-2 20M	1-0 29a	0-0 2O	1-1 16J	2-0 6N		1-2 12F	2-3 9A	1-0 5D	4-2 23A	1-3 14m
16	Tottenham Hotspur	3-3 20A	2-1 2O	1-1 22m	4-2 13N	1-1 7m	2-1 5F	1-1 12D	1-1 23O	1-0 1J	2-0 28N	0-0 14a	0-0 16J	2-0 28D	3-2 9A	1-1 9N		2-2 23A	0-0 19M	0-0 28a	3-1 18S
17	West Bromwich Albion	2-2 19M	2-1 30A	3-1 18S	1-3 28D	3-2 15J	1-1 2O	1-3 16A	1-0 14m	2-1 23O	2-1 2A	0-2 7N	1-2 1J	3-1 5D	0-3 20N	1-0 21a	1-1 11S		3-3 12F	2-2 1F	1-1 20F
18	West Ham United	0-3 15J	1-2 16A	0-1 6F	1-1 7m	0-0 13N	1-3 21a	1-3 11S	1-1 28D	1-1 20	3-1 27F	1-3 11D	2-4 2A	1-2 23O	3-0 5M	0-3 22m	1-0 25S	2-2 10N		3-1 27N	2-0 1J
19	Wigan Athletic	2-2 29D	1-2 25J	2-1 19M	4-3 5F	0-4 14a	1-1 23O	0-6 21a	1-1 30A	1-1 15J	1-1 10N	0-2 19S	0-4 26F	2-2 2J	1-1 4D	0-0 11S	1-0 13N	1-1 12m	3-2 15m		2-0 20
20	Wolverhampton Wanderers	0-2 10N	1-2 26S	1-0 12D	2-3 22m	4-0 26F	2-3 13N	1-0 5J	0-3 9A	1-1 23A	0-3 22J	2-1 30O	2-1 5F	1-1 28a	2-1 14a	3-2 27N	3-3 6M	3-1 8m	1-1 16O	1-2 26D	

From this season onward, the number of points awarded for a win increased from 2 to 3.

Final League Table

Pos	Team	Pld	Home W	Home D	Home L	Home F	Home A	Away W	Away D	Away L	Away F	Away A	Totals W	Totals D	Totals L	Totals F	Totals A	Pts	GD	Leading Goalscorer	Gls
1	Manchester Utd	38	18	1	0	49	12	5	10	4	29	25	23	11	4	78	37	80	+41	D Berbatov	20
2	Chelsea	38	14	3	2	39	13	7	5	7	30	20	21	8	9	69	33	71	+36	F Malouda	13
3	Manchester City	38	13	4	2	34	12	8	4	7	26	21	21	8	9	60	33	71	+27	C Tevez	20
4	Arsenal	38	11	4	4	33	15	8	7	4	39	28	19	11	8	72	43	68	+29	R Van Persie	18
5	Tottenham H	38	9	9	1	30	19	7	5	7	25	27	16	14	8	55	46	62	+9	R Van der Vaart	13
6	Liverpool	38	12	4	3	37	14	5	3	11	22	30	17	7	14	59	44	58	+15	D Kuyt	13
7	Everton	38	9	7	3	31	23	4	8	7	20	22	13	15	10	51	45	54	+6	T Cahill	9
8	Fulham	38	8	7	4	30	23	3	9	7	19	20	11	16	11	49	43	49	+6	C Dempsey	12
9	Aston Villa	38	8	7	4	26	19	4	5	10	22	40	12	12	14	48	59	48	-11	D Bent	9
10	Sunderland	38	7	5	7	25	27	5	6	8	20	29	12	11	15	45	56	47	-11	A Gyan	10
11	West Brom A	38	8	6	5	30	30	4	5	10	26	41	12	11	15	56	71	47	-15	P Odemwingie	15
12	Newcastle United	38	6	8	5	41	27	5	5	9	15	30	11	13	14	56	57	46	-1	K Nolan	12
13	Stoke City	38	10	4	5	31	18	3	3	13	15	30	13	7	18	46	48	46	-2	K Jones	9
14	Bolton Wanderers	38	10	5	4	34	24	2	5	12	18	32	12	10	16	52	56	46	-4	J Elmander	10
15	Blackburn Rovers	38	7	5	7	22	16	4	3	12	24	43	11	10	17	46	59	43	-13	D Hoilett, N Kalinic, J Roberts	5
16	Wigan Athletic	38	5	8	6	22	34	4	7	8	18	27	9	15	14	40	61	42	-21	C N'zogbia, H Rodallega	7
17	Wolverhampton W	38	8	4	7	30	30	3	3	13	16	36	11	7	20	46	66	40	-20	S Fletcher	10
18	Birmingham City	38	6	8	5	19	22	2	7	10	18	36	8	15	15	37	58	39	-21	C Gardner	8
19	Blackpool	38	5	5	9	30	37	5	4	10	25	41	10	9	19	55	78	39	-23	D Campbell	13
20	West Ham United	38	5	5	9	24	31	2	7	10	19	39	7	12	19	43	70	33	-27	D Ba	7

2010/11 NPOWER LEAGUE 2 [LEVEL 4]
SEASON 112

Total Matches 552
Total Goals 1509
Avg goals per match 2.73

		Accrington S	Aldershot Town	Barnet	Bradford City	Burton Albion	Bury	Cheltenham T	Chesterfield	Crewe Alexandra	Gillingham	Hereford United	Lincoln City	Macclesfield T	Morecambe	Northampton T	Oxford United	Port Vale	Rotherham Utd	Shrewsbury T	Southend United	Stevenage	Stockport Co	Torquay United	Wycombe W
1	Accrington S		0-0	3-1	3-0	3-1	1-0	2-4	2-2	3-2	7-4	4-0	3-0	3-0	1-1	3-1	0-0	3-0	2-3	1-3	3-1	1-0	3-0	1-0	1-1
			7a	30A	23A	15M	8J	30O	3J	22F	2O	30M	17S	21a	1F	2A	16A	19M	16O	18J	5A	20N	8M	26F	4S
2	Aldershot Town	1-1		1-0	1-0	1-2	1-3	0-2	0-2	3-2	1-1	1-2	2-2	0-0	2-1	1-1	1-2	1-2	2-2	3-0	1-0	1-1	1-0	1-0	0-0
		26M		22M	18J	23A	30O	2O	20N	22J	1M	3J	15F	12F	16O	4S	8J	26F	30A	9A	14a	28a	19M	8M	18S
3	Barnet	2-0	1-2		0-2	0-0	1-1	3-1	2-2	2-1	1-2	2-0	4-2	1-0	1-2	4-1	2-2	1-0	1-4	1-1	0-2	0-3	1-3	0-3	0-1
		11D	1J		9O	14a	28a	4S	26M	9A	23N	2O	26F	23O	19M	20N	25A	7m	18S	15J	29J	2N	28D	12F	8M
4	Bradford City	1-1	2-1	1-3		1-1	1-0	3-1	0-1	1-5	1-0	1-0	1-2	0-1	0-1	1-1	5-0	0-2	2-1	1-2	0-2	1-0	3-2	0-3	1-0
		23N	25A	8J		19A	3J	16O	22F	7m	18S	11D	1F	20N	2O	19M	30O	4S	8M	26M	27a	14a	26F	9A	12F
5	Burton Albion	1-1	1-2	1-4	3-0		1-3	2-0	1-0	1-1	1-1	3-0	3-1	3-2	3-2	1-1	0-0	0-0	2-4	0-0	3-1	0-2	2-1	3-3	1-2
		7m	23N	2A	23O		19N	16A	11F	18S	19M	4S	8M	30M	21a	5A	7a	2N	26F	1J	11D	22M	2O	25A	9O
6	Bury	3-0	1-1	2-0	0-1	1-0		2-3	1-1	3-1	5-4	1-1	1-0	2-2	1-0	1-1	3-0	0-1	1-1	1-0	1-0	3-0	0-1	1-2	1-3
		9O	15J	16A	2N	12A		19M	15F	26F	4S	18S	22A	1J	8M	21a	2A	7a	2O	28J	23O	8F	13N	15M	30A
7	Cheltenham T	1-2	1-2	1-1	4-0	2-1	0-2		0-3	3-2	1-2	0-3	1-2	0-1	1-1	1-0	1-1	0-1	0-1	0-2	1-0	2-1	2-2	1-2
		15J	12M	19F	28D	28a	25S		5M	14a	27M	12F	25J	23A	20N	9O	28S	23O	9A	30A	14D	11S	1M	22F	1J
8	Chesterfield	5-2	2-2	2-1	2-2	1-2	2-3	3-0		5-5	3-1	4-0	2-1	2-1	0-2	2-1	1-2	2-0	5-0	4-3	2-1	1-0	4-1	1-0	4-1
		2N	5F	7a	29J	13N	25A	18S		2O	7m	21a	4S	16A	26F	8M	23N	2A	18M	23O	9O	15J	1J	11D	1M
9	Crewe Alexandra	0-0	3-1	7-0	2-1	4-1	3-0	8-1	2-0		1-1	0-1	1-1	2-1	2-1	2-0	1-1	2-1	0-1	1-2	1-0	0-1	2-0	3-3	3-0
		22M	23O	21a	25J	5M	11S	2A	12M		12F	7a	16A	28S	22A	1J	25S	15J	20N	2N	15M	19F	30A	9O	8J
10	Gillingham	3-1	2-1	2-4	2-0	1-0	1-1	1-1	0-2	1-3		0-0	0-1	2-4	1-1	1-0	0-0	3-0	3-1	2-0	0-0	1-0	2-1	1-1	0-2
		12M	29J	23A	5M	25S	19F	7a	25J	13N		2A	21a	30A	16A	15J	5F	28D	8F	11S	28S	1J	9O	23O	2N
11	Hereford United	1-1	2-2	1-2	1-1	0-0	0-3	1-1	3-0	1-0	0-0		0-1	2-2	2-1	1-1	0-2	1-1	0-2	1-3	1-4	3-0	2-2	0-0
		23O	2N	12M	30A	19F	5M	13N	9A	27M	14a		5F	8F	25J	22F	11S	9O	28a	23A	25S	28S	15J	1J	5A
12	Lincoln City	0-0	0-3	1-0	1-2	0-0	0-5	0-2	0-2	1-1	0-4	3-1		2-1	2-0	0-2	3-1	1-0	0-6	1-5	2-1	0-1	0-0	0-2	1-2
		5M	7m	11S	1J	28S	23N	25A	19F	28a	9A	20N		9O	12F	2N	1M	29J	25M	8F	12M	25S	23O	14a	15J
13	Macclesfield T	2-2	2-0	1-1	0-1	2-1	2-4	0-2	1-1	2-4	1-1	1-1	1-1		2-0	2-0	3-2	0-3	0-2	0-1	0-0	0-4	0-2	3-3	0-1
		8A	13N	22J	5A	30O	1F	23N	28a	8M	11D	7m	15M		22F	2O	16O	18S	3J	14a	25A	26M	4S	19M	26F
14	Morecambe	1-2	1-1	2-2	0-1	2-1	1-4	1-1	1-1	1-2	1-1	1-1	1-2	1-2		1-2	0-3	1-0	0-0	1-0	2-1	0-0	5-0	2-1	0-3
		1J	8F	25S	12M	9A	28S	5F	11S	27N	28a	25A	13N	22M		7m	19F	11D	14a	9O	5M	23O	2N	15J	26M
15	Northampton T	0-0	1-1	0-0	2-0	2-3	2-4	1-1	1-2	6-2	2-1	3-4	2-1	0-1	3-3		2-1	0-0	2-2	2-3	2-1	2-0	2-2	2-2	1-1
		14a	19F	5F	25S	1M	9A	8J	28S	1F	30O	16O	3J	12M	15F		22J	13N	22A	5M	11S	30A	4D	25M	28a
16	Oxford United	0-0	0-1	2-1	3-0	1-2	1-0	0-0	2-1	0-1	0-2	2-1	2-1	4-0	3-1		2-1	2-1	3-0	0-2	1-2	0-1	0-0	2-2
		28a	9O	4D	15J	27M	14a	29J	23A	19M	20N	26F	30A	28D	4S	23O		2O	12F	25J	1J	15M	18S	2N	9A
17	Port Vale	2-0	1-0	0-0	2-1	2-1	0-0	0-1	1-1	2-1	0-0	1-1	2-1	2-1	7-2	1-1	1-2		1-0	1-0	1-3	1-2	1-2	2-1
		25S	11S	25J	18F	3J	26M	22J	14a	30O	16O	22M	29M	5M	30A	12F	12M		1F	28S	9A	22F	23A	28a	20N
18	Rotherham Utd	2-0	1-0	0-0	0-0	3-3	0-0	6-4	1-0	3-1	0-1	0-0	2-1	1-1	0-1	0-1	2-2	2-1	5-0		1-3	1-2	1-1	4-0	3-1	3-4
		15F	11D	5M	28S	11S	12M	21a	25S	5F	25A	16A	7a	2N	2A	23N	1J		29M	15J	9O	29J	7m	23O
19	Shrewsbury T	0-0	1-1	2-1	3-1	3-0	0-3	1-1	1-1	0-0	0-1	0-0	4-0	4-1	1-3	3-1	3-0	2-2	1-0		1-1	1-0	2-0	1-1	1-1
		25A	21a	30O	7a	1F	1M	11D	22J	3J	26F	23N	16O	2A	8J	18S	7m	8M	4S		20N	12F	16A	2O	19M
20	Southend United	1-1	0-0	2-1	4-0	1-1	1-1	1-2	2-3	0-2	2-2	4-0	1-1	4-1	2-3	1-1	2-1	1-3	1-0	0-2		1-1	1-1	2-1	3-2
		13N	2A	22F	15A	30A	21J	3J	8J	16O	8M	18M	2O	25J	18S	26F	1F	21a	30O	5F		22A	7a	4S	15F
21	Stevenage	2-2	2-2	4-2	2-1	2-1	3-3	4-0	0-0	1-1	2-2	0-1	2-1	2-2	0-0	0-0	1-0	3-0	1-1	1-1		3-1	0-0	0-2
		5F	16A	3J	2A	16O	7m	26F	30O	4S	1F	8M	19M	7a	22J	11D	15F	25A	25J	13N	23N		21a	18S	2O
22	Stockport County	2-2	2-2	2-1	1-1	0-0	2-1	1-1	1-1	3-3	1-5	0-5	3-4	1-4	0-2	2-2	2-1	0-5	3-3	0-4	2-1	2-2		1-1	0-0
		28S	25S	16O	15S	12M	12F	7m	1F	11D	8J	30O	22J	19F	3J	25A	5M	23N	11J	28a	26M	9A		20N	14a
23	Torquay United	0-0	0-1	1-1	2-0	1-0	3-4	2-1	0-0	2-1	1-1	1-3	2-0	1-3	3-1	3-0	3-4	0-0	1-1	5-0	1-1	2-0	2-0		0-0
		11S	28S	13N	21a	15F	16O	22M	29A	11J	22J	1F	2A	25S	30O	7a	3J	16N	1M	19F	5N	5F			22A
24	Wycombe Wand	1-2	1-2	4-2	1-0	4-1	1-0	2-1	1-2	2-0	1-0	2-1	2-2	1-2	2-0	2-2	0-0	1-1	1-0	2-2	3-1	0-1	2-0	1-3	
		19F	5M	28S	13N	22F	11D	1F	16O	25A	3J	26F	30O	11S	7a	16A	5F	22J	25S	7m	12M	2A	23N		

Final League Table

Pos	Team	Pld	Home					Away					Totals					Pts	GD	Leading Goalscorer	Gls
			W	D	L	F	A	W	D	L	F	A	W	D	L	F	A				
1	Chesterfield	46	16	3	4	59	31	8	11	4	26	20	24	14	8	85	51	86	+34	C Davies	23
2	Bury	46	11	6	6	35	23	12	6	5	47	27	23	12	11	82	50	81	+32	R Lowe	27
3	Wycombe Wand	46	12	6	5	38	25	10	8	5	31	25	22	14	10	69	50	80	+19	S Rendell	14
4	Shrewsbury T	46	11	9	3	36	18	11	4	8	36	31	22	13	11	72	49	79	+23	M Wright	14
5	Accrington S	46	15	5	3	53	24	3	14	6	20	31	18	19	9	73	55	73	+18	P Edwards, T Gornell, S McConville	13
6	Stevenage (P)	46	9	11	3	37	24	9	4	10	25	21	18	15	13	62	45	69	+17	B Harrison	8
7	Torquay Utd *	46	10	8	5	36	22	7	10	6	38	31	17	18	11	74	53	68	+21	C Zebroski	14
8	Gillingham	46	10	7	6	29	24	7	10	6	38	33	17	17	12	67	57	68	+10	C McDonald	25
9	Rotherham United	46	10	8	5	41	26	7	7	9	34	34	17	15	14	75	60	66	+15	A Le Fondre	23
10	Crewe Alexandra	46	13	6	4	49	18	5	5	13	38	47	18	11	17	87	65	65	+22	C Donaldson	28
11	Port Vale	46	11	7	5	32	22	6	7	10	22	27	17	14	15	54	49	65	+5	M Richards	16
12	Oxford United	46	11	4	8	32	25	6	8	9	26	35	17	12	17	58	60	63	-2	J Constable	15
13	Southend United	46	10	7	6	37	28	6	6	11	25	28	16	13	17	62	56	61	+6	B Corr	18
14	Aldershot Town	46	8	8	7	26	26	6	11	6	28	28	14	19	13	54	54	61	0	L Guttridge	8
15	Macclesfield T	46	6	7	10	25	36	8	6	9	34	37	14	13	19	59	73	55	-14	T Barnett	13
16	Northampton T	46	8	9	6	40	33	3	10	10	23	38	11	19	16	63	71	52	-8	L McKenzie	10
17	Cheltenham T	46	6	6	11	24	32	7	7	9	32	45	13	13	20	56	77	52	-21	W Thomas	18
18	Bradford City	46	10	3	10	27	30	5	4	14	16	38	15	7	24	43	68	52	-25	D Syers	8
19	Burton Albion	46	9	8	6	36	31	3	7	13	20	39	12	15	19	56	70	51	-14	A Webster	11
20	Morecambe	46	8	6	9	20	31	7	4	12	28	42	13	12	21	54	73	51	-19	P Jevons, J Spencer	8
21	Hereford Utd *	46	4	11	8	23	30	6	6	11	27	36	12	17	17	50	66	50	-16	S Fleetwood	14
22	Barnet	46	8	5	10	30	35	4	7	12	28	42	12	12	22	58	77	48	-19	I McLeod	14
23	Lincoln City	46	7	4	12	18	41	6	4	13	27	40	13	8	25	45	81	47	-36	A Grimes	15
24	Stockport County	46	4	6	13	17	31	5	2	16	17	45	9	14	23	48	96	41	-48	G Tansey	10

* Points deducted, Torquay United -1, Hereford United -3.

2011/12 BARCLAYS PREMIER LEAGUE
SEASON 20

Total Matches 380
Total Goals 1066
Avg goals per match 2.81

		Arsenal	Aston Villa	Blackburn Rov	Bolton Wand	Chelsea	Everton	Fulham	Liverpool	Manchester City	Manchester Utd	Newcastle Utd	Norwich City	QPR	Stoke City	Sunderland	Swansea City	Tottenham H	West Brom A	Wigan Athletic	Wolverhampton
1	Arsenal		3-0	7-1	3-0	0-0	1-0	1-1	0-2	1-0	1-2	2-1	3-3	1-0	3-1	2-1	1-0	5-2	3-0	1-2	1-1
2	Aston Villa	1-2		3-1	1-2	2-4	1-1	1-0	0-2	0-1	0-1	1-1	3-2	2-2	1-1	0-0	0-2	1-1	1-2	2-0	0-0
3	Blackburn Rovers	4-3	1-1		1-2	0-1	0-1	3-1	2-3	0-4	0-2	0-2	2-0	3-2	1-2	2-0	4-2	1-2	1-2	0-1	1-2
4	Bolton Wanderers	0-0	1-2	2-1		1-5	0-2	0-3	3-1	2-3	0-5	0-2	1-2	2-1	5-0	0-2	1-1	1-4	2-2	1-2	1-1
5	Chelsea	3-5	1-3	2-1	3-0		3-1	1-1	1-2	2-1	3-3	0-2	3-1	6-1	1-0	1-0	4-1	0-0	2-1	2-1	3-0
6	Everton	0-1	2-2	1-1	1-2	2-0		4-0	0-2	1-0	0-1	3-1	1-1	0-1	1-0	4-0	1-0	1-0	2-0	3-1	2-1
7	Fulham	2-1	0-0	1-1	2-0	1-1	1-3		1-0	2-2	0-5	5-2	2-1	6-0	2-1	2-1	0-3	1-3	1-1	2-1	5-0
8	Liverpool	1-2	1-1	1-1	3-1	4-1	3-0	0-1		1-1	1-1	3-1	1-1	1-0	0-0	1-1	0-0	0-0	0-1	1-2	2-1
9	Manchester City	1-0	4-1	3-0	2-0	2-1	2-0	3-0	3-0		1-0	3-1	5-1	3-2	3-3	4-0	3-2	3-2	4-0	3-0	3-1
10	Manchester United	8-2	4-0	2-3	3-0	3-1	4-4	1-0	2-1	1-6		1-1	2-0	2-0	2-0	1-0	2-0	3-0	2-0	5-0	4-1
11	Newcastle United	0-0	2-1	3-1	2-0	0-3	2-1	2-1	2-0	0-2	3-0		1-0	1-0	3-0	1-1	0-0	2-2	2-3	1-0	2-2
12	Norwich City	1-2	2-0	3-3	2-0	0-0	2-2	1-1	0-3	1-6	1-2	4-2		2-1	1-1	2-1	3-1	0-2	0-1	1-1	2-1
13	Queens Park Rangers	2-1	1-1	1-1	0-4	1-0	1-1	0-1	3-2	2-3	0-2	0-0	1-2		1-0	2-3	3-0	1-0	1-1	3-1	1-2
14	Stoke City	1-1	0-0	3-1	2-2	0-0	1-1	2-0	1-0	1-1	1-1	1-3	1-0	2-3		0-1	2-0	1-2	1-2	2-2	2-1
15	Sunderland	1-2	2-2	2-1	2-2	1-2	1-1	0-0	1-0	1-0	0-1	0-1	3-0	3-1	4-0		2-0	0-0	2-2	1-2	0-0
16	Swansea City	3-2	0-0	3-0	3-1	1-1	0-2	2-0	1-0	0-1	0-1	0-2	2-3	1-1	2-0	0-0		1-1	3-0	0-0	4-4
17	Tottenham Hotspur	2-1	2-0	2-0	3-0	1-1	2-0	2-0	4-0	1-5	1-3	5-0	2-0	3-1	1-1	1-0	3-1		1-0	3-1	1-1
18	West Bromwich Albion	2-3	0-0	3-0	2-1	1-0	0-1	0-0	0-2	0-0	1-2	1-3	1-2	1-0	0-1	4-0	1-2	1-3		1-2	2-0
19	Wigan Athletic	0-4	0-0	3-3	1-3	1-1	1-1	1-1	0-2	0-0	0-1	1-0	4-0	1-1	2-0	2-0	1-4	0-2	1-2		3-2
20	Wolverhampton Wanderers	0-3	2-3	0-2	2-3	1-2	0-0	2-0	0-3	0-2	0-5	1-2	2-2	0-3	1-2	2-1	2-2	0-2	1-5	3-1	

Final League Table

Pos	Team	Pld	Home					Away					Totals					Pts	GD	Leading Goalscorer	Gls
			W	D	L	F	A	W	D	L	F	A	W	D	L	F	A				
1	Manchester City	38	18	1	0	55	12	10	4	5	38	17	28	5	5	93	29	89	+64	S Aguero	23
2	Manchester Utd	38	15	2	2	52	19	13	3	3	37	14	28	5	5	89	33	89	+56	W Rooney	27
3	Arsenal	38	12	4	3	39	17	9	3	7	35	32	21	7	10	74	49	70	+25	R Van Persie	30
4	Tottenham H	38	13	3	3	39	17	7	6	6	27	24	20	9	9	66	41	69	+25	E Adebayor	17
5	Newcastle United	38	11	5	3	29	17	8	3	8	27	34	19	8	11	56	51	65	+5	D Ba	16
6	Chelsea	38	12	3	4	41	24	6	7	6	24	22	18	10	10	65	46	64	+19	F Lampard, D Sturridge	11
7	Everton	38	10	3	6	28	15	5	8	6	22	25	15	11	12	50	40	56	+10	N Jelavic	9
8	Liverpool	38	6	9	4	24	16	8	1	10	23	24	14	10	14	47	40	52	+7	L Suarez	11
9	Fulham	38	10	5	4	36	26	4	5	10	12	25	14	10	14	48	51	52	-3	C Dempsey	17
10	West Brom A	38	6	3	10	21	22	7	5	7	24	30	13	8	17	45	52	47	-7	P Odemwingie	10
11	Swansea City	38	8	7	4	27	18	4	4	11	17	33	12	11	15	44	51	47	-7	D Graham	12
12	Norwich City	38	7	6	6	28	30	5	5	9	24	36	12	11	15	52	66	47	-14	G Holt	15
13	Sunderland	38	7	7	5	26	17	4	5	10	19	29	11	12	15	45	46	45	-1	N Bendtner	8
14	Stoke City	38	7	8	4	25	20	4	4	11	11	33	11	12	15	36	53	45	-17	P Crouch	10
15	Wigan Athletic	38	5	5	7	22	27	6	3	10	20	35	11	10	17	42	62	43	-20	F Di Santo	7
16	Aston Villa	38	4	7	8	20	25	3	10	6	17	28	7	17	14	37	53	38	-16	D Bent	9
17	Queens Park R	38	7	5	7	24	25	3	2	14	19	41	10	7	21	43	66	37	-23	H Helguson	8
18	Bolton Wand	38	4	4	11	23	39	6	2	11	23	38	10	6	22	46	77	36	-31	I Klasnic	8
19	Blackburn Rovers	38	6	1	12	26	33	2	6	11	22	45	8	7	23	48	78	31	-30	A Yakubu	17
20	Wolverhampton W	38	3	3	13	19	43	2	7	10	21	39	5	10	23	40	82	25	-42	S Fletcher	12

2011/12 NPOWER CHAMPIONSHIP [LEVEL 2]
SEASON 113

Total Matches: 552
Total Goals: 1419
Avg goals per match: 2.57

Pos	Team	Barnsley	Birmingham C	Blackpool	Brighton & H A	Bristol City	Burnley	Cardiff City	Coventry C	Crystal Palace	Derby County	Doncaster Rov	Hull City	Ipswich Town	Leeds United	Leicester City	Middlesbrough	Millwall	Nottm Forest	Peterborough U	Portsmouth	Reading	Southampton	Watford	West Ham Utd
1	Barnsley		1-3 21F	1-3 26D	0-0 28A	1-2 29O	2-0 18O	0-1 14A	2-0 1O	2-1 6D	3-2 31J	2-0 19N	2-1 1N	3-5 10D	4-1 31D	1-1 10S	1-3 16a	1-3 21J	1-1 3M	1-0 24M	2-0 18F	0-4 17M	0-1 13a	1-1 17S	0-4 6A
2	Birmingham City	1-1 24S		3-0 31D	0-0 29O	2-2 14A	2-1 22N	1-1 25M	1-0 13a	3-1 7A	2-2 3M	2-1 10D	0-0 14F	2-1 11J	1-0 26O	2-0 16O	3-0 17M	3-0 11S	1-2 25F	1-1 19N	1-0 7F	2-0 28A	0-0 4F	3-0 21J	1-1 26D
3	Blackpool	1-1 9A	2-2 26N		3-1 17M	5-0 1O	4-0 21A	1-1 17S	2-1 31J	2-1 21J	0-1 17a	2-1 18O	1-1 2M	2-0 10S	1-0 17A	3-3 21M	3-0 2J	0-1 5N	1-2 22O	2-1 14a	1-1 11F	1-0 3D	3-0 31M	0-0 17D	1-4 21F
4	Brighton & H A	2-0 6N	1-1 21A	2-2 20a		2-0 14J	0-1 17D	2-2 7M	2-1 26N	1-3 27S	2-0 20M	2-1 6a	0-0 15O	3-3 25F	1-0 23S	1-1 4F	2-2 31M	1-0 14F	2-0 3D	2-0 27a	0-1 10M	3-0 10A	2-2 2J	0-1 17A	0-1 24O
5	Bristol City	2-0 21A	0-2 23O	1-3 25F	0-1 10S		3-1 5N	1-2 10M	3-1 9A	2-2 14F	1-1 31M	2-1 21J	1-1 24S	0-1 6a	3-2 4F	0-1 6M	1-0 3D	0-0 3J	1-2 17D	2-3 15O	0-2 20a	2-3 27S	2-0 26N	0-2 20M	1-1 17A
6	Burnley	2-0 14F	1-3 3A	3-1 29O	1-0 6A	1-1 28A		1-1 20a	1-1 14A	1-1 10M	1-1 21J	0-0 26D	3-0 31D	1-0 29N	4-0 19N	1-2 1N	1-3 10S	0-2 25F	1-3 27S	5-1 4F	1-1 10D	0-1 15O	0-1 24S	1-1 6a	2-2 24M
7	Cardiff City	5-3 22O	1-0 4D	1-3 4F	1-3 17a	3-1 14a	0-0 18M		2-2 21M	2-0 5N	2-0 17A	0-3 10S	2-2 13M	1-1 15O	0-0 21A	2-3 25S	0-0 17D	1-0 31M	3-1 26N	3-2 14F	3-1 21J	2-1 2J	1-1 28S	1-1 9A	0-2 4M
8	Coventry City	1-0 25F	1-1 10M	2-2 27S	2-0 31D	1-0 26D	1-2 22O	1-1 22N		2-0 6M	0-2 10S	0-1 21A	2-3 10D	2-1 4F	0-1 14F	3-1 6a	1-0 21J	1-0 17A	2-2 15O	2-0 7A	1-1 24M	2-4 24S	0-0 5N	1-2 20a	1-2 19N
9	Crystal Palace	1-0 20M	1-0 19D	1-1 27a	1-1 31J	1-1 18O	2-0 13a	1-2 28A	2-1 16a		1-1 2D	1-1 27M	1-0 17M	1-1 14A	1-2 14J	0-1 2J	0-0 17S	0-3 26N	1-0 31M	0-0 3M	0-0 1N	0-2 29O	4-0 9A	2-2 18F	2-2 1O
10	Derby County	1-1 27S	2-1 6a	2-1 6M	0-1 29N	2-1 10D	1-2 27a	0-3 2N	1-0 14J	3-2 24M		3-0 20a	0-2 19N	0-0 7A	0-1 26D	0-1 23F	1-0 14A	3-0 24S	1-0 13M	1-1 28A	3-1 29O	0-1 14F	1-1 15O	1-2 10M	2-1 31D
11	Doncaster Rov	2-0 2J	1-3 30M	1-3 14F	1-1 3M	1-1 27a	1-2 9A	0-0 14J	1-1 29O	1-0 24S	1-2 17M		1-1 27S	2-3 28A	0-3 14O	2-1 17D	1-3 1N	0-3 20M	0-1 16a	1-1 25F	3-4 14A	1-1 13M	1-0 3D	0-0 26N	0-1 13a
12	Hull City	3-1 17A	2-1 7D	1-0 5a	0-0 22F	3-0 11F	2-3 26N	2-3 1O	0-2 31M	0-1 20a	0-1 2J	0-1 31J		2-2 10M	0-0 6M	2-1 3D	2-0 9A	2-1 17D	1-0 21A	1-0 14J	0-2 17S	3-2 27a	0-2 20M	0-2 22O	0-2 5N
13	Ipswich Town	1-0 31M	1-1 17A	2-2 14J	3-0 1O	1-0 3M	3-0 21M	2-1 18F	4-3 19S	1-0 22O	2-3 7N	1-0 13a	2-3 5N		2-1 27a	1-2 9A	1-1 27M	0-3 21A	1-3 2J	3-2 17M	1-0 18O	2-5 26N	1-2 16a	1-2 3D	5-1 31J
14	Leeds United	1-2 26N	1-4 31J	0-5 2N	1-2 11F	2-1 17S	2-1 2J	1-1 30O	1-1 10S	3-2 9A	0-2 18F	3-2 16a	4-1 21J	3-1		2-0 28A	0-1 13a	2-0 3D	3-7 20M	4-1 14A	1-0 1O	0-1 17D	0-1 3M	0-2 31M	1-1 17M
15	Leicester City	1-2 14J	3-1 13M	1-0 29N	1-1 17S	0-0 17a	2-1 17A	2-0 11F	3-0 3M	4-0 20N	4-0 1O	2-1 7A	1-1 24M	0-1 26D	0-1 6N		2-2 1F	0-3 22O	0-0 27M	1-1 10D	1-1 31D	0-2 13a	3-2 27a	2-0 19O	1-2 23A
16	Middlesbrough	2-0 6M	3-1 21a	2-2 19N	1-0 10D	1-0 24M	0-2 14J	0-1 7a	0-0 27a	2-0 4F	0-0 22O	1-0 17A	0-0 26D	1-0 24S	0-2 11M	0-0 28S		1-1 15O	2-1 14F	1-1 31D	2-2 6a	0-2 25F	1-0 21A	0-1 5N	0-2 29N
17	Millwall	0-0 27a	0-6 14J	2-2 28A	1-1 18O	1-2 20N	0-1 1O	0-0 10D	3-0 1N	0-1 31D	3-0 11F	0-2 29N	3-2 7A	2-0 29O	4-1 24M	0-1 14A	2-1 21F		1-3 13a	2-0 17a	2-2 26D	1-0 3M	1-2 17M	2-3 31J	0-0 17S
18	Nottm Forest	0-0 6a	1-3 2O	0-0 14A	1-1 24M	0-1 7A	0-2 31J	0-1 31D	2-0 18F	0-1 10D	1-2 17S	1-2 6M	3-2 29O	0-1 19N	0-4 29N	2-2 20a	2-0 18O	3-1 10M		0-1 26D	2-0 28A	0-0 1N	0-3 14J	1-1 11F	1-4 28a
19	Peterborough U	3-4 3D	1-1 2J	3-1 10M	2-1 21J	0-1 18F	4-3 17S	1-0 18O	2-1 17D	3-2 6a	1-2 5N	1-0 1O	7-1 10S	2-3 20a	2-3 22O	1-1 31M	1-0 26N	0-3 6M	0-1 9A		0-3 28J	3-1 1O	1-3 17A	2-2 21A	0-2 27M
20	Portsmouth	2-0 15O	4-1 20M	1-0 24S	0-1 13a	0-0 17M	1-5 31M	1-1 27a	2-1 3D	2-1 17A	1-2 21A	3-1 22O	2-0 27M	0-1 14F	0-0 25F	1-1 26N	1-3 3M	0-1 10A	3-0 5N	2-3 27S		1-0 16a	1-1 18D	2-0 2J	0-1 14J
21	Reading	1-2 20a	1-0 6N	3-1 24M	3-0 26D	1-0 28J	1-0 17F	2-0 19N	2-2 11F	2-2 21A	2-0 18O	0-1 17S	1-0 21J	2-0 31D	3-1 6A	0-0 10M	2-2 1O	1-0 6a	3-2 17A	1-0 29N	1-0 6M		1-1 22O	2-0 10S	3-0 10D
22	Southampton	2-0 10M	4-1 18S	2-2 10D	3-0 19N	0-1 30D	2-0 11F	1-1 31J	4-0 28A	2-0 26D	4-0 18F	2-2 24M	2-1 29N	1-1 6M	3-1 6a	0-2 23J	3-0 29O	1-0 20a	3-2 10S	2-1 1N	2-2 7A	1-3 13A		4-0 1O	1-0 18O
23	Watford	2-1 4F	2-2 28a	0-2 6A	1-0 1N	2-2 29M	3-2 3M	1-1 26D	0-0 17M	0-2 15O	0-1 13a	4-1 31D	1-1 14A	2-1 24M	1-1 10D	3-2 14F	2-1 28A	2-1 27S	0-1 24S	3-2 29O	2-0 19N	1-2 14J	0-3 25F		0-4 16a
24	West Ham United	1-0 17D	3-3 9A	4-0 15O	6-0 14A	0-0 1N	1-2 3D	0-1 7a	1-0 2J	0-0 25F	3-1 26N	1-1 10M	2-1 28A	0-1 27S	2-2 21a	3-2 29O	1-1 20M	2-1 4F	1-0 21J	4-3 24S	2-4 10S	1-1 31M	1-1 14F	1-1 7M	

Final League Table

Pos	Team	Pld	Home					Away					Totals					Pts	GD	Leading Goalscorer	Gls
			W	D	L	F	A	W	D	L	F	A	W	D	L	F	A				
1	Reading	46	14	5	4	36	18	13	3	7	33	23	27	8	11	69	41	89	+28	A Le Fondre	12
2	Southampton	46	16	4	3	49	18	10	6	7	36	28	26	10	10	85	46	88	+39	R Lambert	27
3	West Ham Utd (P)	46	11	8	4	41	26	13	6	4	40	22	24	14	8	81	48	86	+33	C Cole	14
4	Birmingham City	46	13	9	1	37	14	7	7	9	41	37	20	16	10	78	51	76	+27	M King	16
5	Blackpool	46	13	7	3	42	21	7	8	8	37	38	20	15	11	79	59	75	+20	K Phillips	16
6	Cardiff City	46	11	7	5	37	29	8	11	4	29	24	19	18	9	66	53	75	+13	P Whittingham	12
7	Middlesbrough	46	8	10	5	22	21	10	6	7	30	30	18	16	12	52	51	70	+1	M Emnes	14
8	Hull City	46	12	4	7	28	22	7	7	9	19	22	19	11	16	47	44	68	+3	M Fryatt	16
9	Leicester City	46	11	6	6	36	22	7	6	10	30	33	18	12	16	66	55	66	+11	D Nugent	15
10	Brighton & H A	46	8	8	7	26	21	6	7	10	26	31	17	15	14	52	52	66	0	A Barnes	11
11	Watford	46	10	6	7	32	33	6	10	7	24	31	16	16	14	56	64	64	-8	T Deeney	11
12	Derby County	46	9	4	10	28	28	7	6	10	22	35	16	10	20	50	58	58	-8	S Davies	11
13	Burnley	46	7	9	7	33	27	10	2	11	28	31	17	11	18	61	58	62	+3	C Austin	16
14	Leeds United	46	9	3	11	34	41	8	7	8	31	27	17	10	19	65	68	61	-3	R McCormack	18
15	Ipswich Town	46	11	3	9	39	32	6	7	10	30	45	17	10	19	69	77	61	-8	M Chopra	14
16	Millwall	46	7	7	9	27	30	8	5	10	28	27	15	12	19	55	57	57	-2	D Henderson	15
17	Crystal Palace	46	7	11	5	22	19	6	6	11	24	32	13	17	16	46	51	56	-5	D Ambrose, C Martin	7
18	Peterborough U	46	10	3	10	41	38	3	8	12	26	39	13	11	22	67	77	50	-10	P Taylor	12
19	Nottm Forest	46	6	5	12	21	32	8	3	12	27	31	14	8	24	48	63	50	-15	G McCleary	9
20	Bristol City	46	7	6	10	26	32	5	7	11	18	12	13	21	44	68	49	-24	N Maynard	8
21	Barnsley	46	9	4	10	31	37	4	7	12	18	37	13	11	22	49	74	48	-25	C Davies	11
22	Portsmouth *	46	10	5	8	30	24	3	6	14	20	35	13	11	22	50	59	40	-9	D Norris	8
23	Coventry City	46	8	7	8	28	26	1	6	16	13	39	9	13	24	41	65	40	-24	L Jutkiewicz	9
24	Doncaster Rovers	46	7	11	22	35	4	4	15	21	45	8	12	26	43	80	36	-37	B Sharp	10

* Portsmouth deducted 10 points.

2011/12 NPOWER LEAGUE 1 [LEVEL 3]
SEASON 113

Total Matches	552
Total Goals	1489
Avg goals per match	2.70

Final League Table

Pos	Team	Pld	Home					Away					Totals					Pts	GD	Leading Goalscorer	Gls
			W	D	L	F	A	W	D	L	F	A	W	D	L	F	A				
1	Charlton Athletic	46	15	6	2	46	20	15	5	3	36	16	30	11	5	82	36	101	+46	B Wright-Phillips	22
2	Sheffield Weds	46	17	4	2	48	19	11	5	7	33	29	28	9	9	81	48	93	+33	G Madine	18
3	Sheffield United	46	16	4	3	54	27	11	5	7	38	24	27	9	10	92	51	90	+41	C Evans	29
4	Huddersfield T (P)	46	14	6	3	35	19	7	12	4	44	28	21	18	7	79	47	81	+32	J Rhodes	35
5	M K Dons	46	12	6	5	45	22	10	8	5	39	25	22	14	10	84	47	80	+37	D Bowditch	12
6	Stevenage	46	10	10	3	36	23	8	9	6	33	21	18	19	9	69	44	73	+25	S Laird	8
7	Notts County	46	13	5	5	42	29	8	5	10	33	34	21	10	15	75	63	73	+12	J Hughes	13
8	Carlisle United	46	12	7	4	41	30	6	8	9	24	36	18	15	13	65	66	69	-1	L Miller	14
9	Brentford	46	10	6	7	36	24	8	7	8	27	28	18	13	15	63	52	67	+11	G Alexander	12
10	Colchester United	46	8	11	4	38	33	5	9	9	23	33	13	20	13	61	66	59	-5	A Wordsworth	13
11	Bournemouth	46	9	5	9	23	23	6	8	9	25	29	15	13	18	48	52	58	-4	W Thomas	11
12	Tranmere Rovers	46	9	11	3	27	16	5	3	15	22	37	14	14	18	49	53	56	-4	L Akins, J Cassidy, J Labadie	5
13	Hartlepool United	46	6	6	11	21	22	8	8	7	29	33	14	14	18	50	55	56	-5	A Sweeney	8
14	Bury	46	8	8	7	31	32	7	3	13	29	47	15	11	20	60	79	56	-19	A Bishop	8
15	Preston N E	46	7	7	9	30	35	6	6	11	28	47	13	13	18	54	68	54	-14	I Hume	9
16	Oldham Athletic	46	9	5	9	26	26	5	7	11	24	40	14	12	20	50	66	54	-16	S Kuqi	11
17	Yeovil Town	46	10	3	10	34	41	4	9	10	25	39	14	12	20	59	80	54	-21	A Williams	16
18	Scunthorpe Utd	46	5	10	8	28	33	5	12	6	27	26	10	22	14	55	59	52	-4	A Barcham	9
19	Walsall	46	7	9	7	27	27	3	11	9	24	30	10	20	16	51	57	50	-6	J Macken, A Nicholls	7
20	Leyton Orient	46	6	6	11	23	34	7	5	11	25	41	13	11	22	48	75	50	-27	K Lisbie	12
21	Wycombe Wand	46	7	6	10	37	38	4	4	15	28	50	11	10	25	65	88	43	-23	S Beavon	21
22	Chesterfield	46	7	6	10	26	33	3	6	14	30	48	10	12	24	56	81	42	-25	L Clarke	9
23	Exeter City	46	8	8	7	31	29	2	4	17	15	46	10	12	24	46	75	42	-29	D Nardiello	9
24	Rochdale	46	6	8	9	28	30	2	6	15	19	47	8	14	24	47	81	38	-34	A Grimes	8

2011/12 NPOWER LEAGUE 2 [LEVEL 4]
SEASON 113

Total Matches: 552
Total Goals: 1458
Avg goals per match: 2.64

Results Grid

#	Team	Accrington S	AFC Wimbledon	Aldershot Town	Barnet	Bradford City	Bristol Rovers	Burton Albion	Cheltenham T	Crawley Town	Crewe Alexandra	Dagenham & R	Gillingham	Hereford United	Macclesfield T	Morecambe	Northampton T	Oxford United	Plymouth Argyle	Port Vale	Rotherham Utd	Shrewsbury T	Southend United	Swindon Town	Torquay United
1	Accrington S		2-1	3-2	0-3	1-0	2-1	2-1	0-1	0-1	0-2	3-0	4-3	2-1	4-0	1-1	2-1	0-2	0-4	2-2	1-1	1-1	1-2	0-2	3-1
2	AFC Wimbledon	0-2		1-2	1-1	3-1	2-3	4-0	4-1	2-5	1-3	2-1	3-1	1-1	2-1	1-1	0-3	0-2	1-2	3-2	1-2	3-1	1-4	1-1	2-0
3	Aldershot Town	0-0	1-1		4-1	1-0	1-0	2-0	1-0	3-1	1-1	1-2	1-0	1-2	1-0	0-1	0-3	0-3	0-0	1-2	2-2	1-0	2-0	2-1	0-1
4	Barnet	0-0	2-2	2-1		0-4	2-0	3-6	2-2	1-2	2-0	2-2	2-2	1-1	2-1	0-2	1-2	0-2	2-0	1-3	1-1	1-2	0-3	0-2	0-1
5	Bradford City	1-1	1-2	1-2	4-2		2-2	1-1	0-1	1-2	3-0	0-1	2-2	1-1	1-0	2-2	2-1	1-1	1-1	2-3	3-1	2-0	0-0	1-0	
6	Bristol Rovers	5-1	1-0	0-1	0-2	2-1		7-1	1-3	0-0	2-5	2-0	2-2	0-0	0-0	2-1	2-1	0-0	2-3	0-3	5-2	1-0	1-0	1-1	1-2
7	Burton Albion	0-2	3-2	0-4	1-2	2-2	2-1		0-2	0-0	1-0	1-1	1-0	2-2	3-2	0-1	1-1	2-1	1-1	1-1	1-1	0-2	2-0	1-4	
8	Cheltenham T	4-1	0-0	2-0	0-0	3-1	0-2	2-0		3-1	0-1	2-1	0-3	0-0	2-0	1-2	2-2	0-0	2-1	2-0	1-0	0-0	3-0	1-0	0-1
9	Crawley Town	1-1	1-1	2-2	1-0	3-1	4-1	3-0	4-2		1-1	3-1	1-2	0-3	2-0	1-1	3-1	4-1	2-0	3-2	3-0	2-1	3-0	0-3	0-1
10	Crewe Alexandra	2-0	3-3	2-2	3-1	1-0	3-0	3-2	1-0	1-1		4-1	1-2	1-0	0-1	0-1	1-1	3-3	3-2	1-1	1-2	1-1	1-3	2-0	0-3
11	Dagenham & R	2-1	0-2	2-5	3-0	1-0	4-0	1-1	0-5	1-1	2-1		2-1	0-1	2-0	1-2	0-1	0-1	2-3	1-2	3-2	0-2	2-3	1-0	1-1
12	Gillingham	1-1	3-4	1-0	3-1	0-0	4-1	3-1	1-0	0-1	3-4	1-2		5-4	2-0	2-0	4-3	1-0	3-0	1-1	0-0	0-1	1-2	3-1	2-0
13	Hereford United	1-0	2-1	0-2	1-0	2-0	1-2	2-3	1-1	1-1	0-1	1-0	1-6		0-4	0-3	0-0	0-1	1-1	1-2	2-3	0-2	2-3	1-2	3-2
14	Macclesfield T	1-1	4-0	0-1	0-0	1-0	0-0	0-2	1-3	2-2	2-2	0-1	0-0	2-2		1-1	3-1	1-1	1-1	0-0	1-3	0-2	2-0	1-2	
15	Morecambe	1-2	1-2	2-0	0-1	1-1	2-3	2-2	3-1	6-0	1-2	1-2	2-1	0-1	1-0		1-2	0-0	2-2	0-0	3-3	0-1	1-0	0-1	1-2
16	Northampton T	0-0	1-0	3-1	1-2	1-3	3-2	2-3	2-3	0-1	1-1	2-1	1-1	3-3	3-2	0-2		2-1	0-0	1-2	1-1	2-7	2-5	1-2	0-0
17	Oxford United	1-1	1-0	1-1	2-1	1-1	3-0	2-2	1-3	1-1	0-1	2-1	0-0	2-2	1-1	1-2	2-0		5-1	2-1	2-1	2-0	0-2	2-2	
18	Plymouth Argyle	2-2	0-2	1-0	0-0	1-0	1-1	2-1	1-2	1-1	0-0	0-1	1-1	2-0	1-1	4-1	1-1		0-2	1-4	1-0	2-2	0-1	1-2	
19	Port Vale	4-1	1-2	4-0	1-2	3-2	1-0	3-0	1-2	2-2	1-1	0-1	1-0	1-0	3-0	3-0	1-0		2-0	2-3	2-3	0-2	0-0		
20	Rotherham Utd	1-0	1-0	2-2	3-0	0-1	0-1	1-0	1-2	1-1	3-1	3-0	1-0	4-2	3-2	1-1	1-0	0-1		1-1	0-4	1-2	0-1		
21	Shrewsbury T	1-0	1-0	1-1	3-2	1-0	1-0	2-1	2-0	1-1	2-0	3-1	1-0	1-0	1-1	2-2	1-1	0-1	3-1		2-1	2-1	2-0		
22	Southend United	2-2	2-0	0-1	3-0	0-1	1-1	0-1	4-0	0-0	1-0	1-1	1-0	1-0	2-0	1-1	2-2	2-1	2-0	3-0	0-2	3-0		1-4	4-1
23	Swindon Town	2-0	2-0	2-0	4-0	0-0	0-0	1-0	3-0	3-0	4-0	2-0	3-3	1-0	3-0	1-0	1-2	1-0	5-0	3-2	2-1	2-0			2-0
24	Torquay United	1-0	4-0	1-0	1-0	1-2	2-2	2-2	2-2	1-3	1-1	1-0	2-5	2-0	3-0	1-1	1-0	0-0	3-1	2-1	3-3	1-0	0-0	1-0	

Final League Table

Pos	Team	Pld	Home W	Home D	Home L	Home F	Home A	Away W	Away D	Away L	Away F	Away A	Totals W	Totals D	Totals L	Totals F	Totals A	Pts	GD	Leading Goalscorer	Gls
1	Swindon Town	46	19	3	1	49	8	10	3	10	26	24	29	6	11	75	32	93	+43	P Benson, A Connell	11
2	Shrewsbury T	46	18	5	0	37	12	8	5	10	29	29	26	10	10	66	41	88	+25	J Collins	14
3	Crawley Town	46	14	5	4	47	25	9	10	4	29	29	23	15	8	76	54	84	+22	T Barnett	14
4	Southend United	46	12	6	5	36	18	13	2	8	41	30	25	8	13	77	48	83	+29	B Mohsni	13
5	Torquay United	46	12	8	3	36	23	11	4	8	27	27	23	12	11	63	50	81	+13	R Howe, L Mansell	12
6	Cheltenham T	46	13	5	5	32	16	10	3	10	34	34	23	8	15	66	50	77	+16	D Duffy, K Mohammed	11
7	Crewe Alex (P)	46	11	6	6	38	28	9	6	8	29	31	20	12	14	67	59	72	+8	N Powell	14
8	Gillingham	46	13	4	6	44	27	7	6	10	35	35	20	10	16	79	62	70	+17	D Kedwell, C Whelpdale	12
9	Oxford United	46	10	9	4	36	24	7	8	8	23	24	17	17	12	59	48	68	+11	J Constable	11
10	Rotherham United	46	12	4	7	31	22	6	9	8	36	41	18	13	15	67	63	67	+4	L Grabban	18
11	Aldershot Town	46	11	5	7	26	19	8	4	11	28	33	19	9	18	54	52	66	+2	D Hylton	13
12	Port Vale *	46	12	3	8	38	26	8	6	9	30	34	20	9	17	68	60	59	+8	M Richards	17
13	Bristol Rovers	46	10	6	7	37	29	5	6	12	23	41	15	12	19	60	70	57	-10	M Harrold	16
14	Accrington S	46	11	4	8	34	33	3	11	9	20	33	14	15	17	54	66	57	-12	P Amond	7
15	Morecambe	46	8	6	9	31	29	8	8	7	32	28	14	14	18	63	57	56	+6	K Ellison	15
16	AFC Wimbledon	46	9	4	10	39	40	6	5	12	23	38	15	9	22	62	78	54	-16	J Midson	18
17	Burton Albion	46	8	7	8	24	32	6	5	12	30	49	14	12	20	54	81	54	-27	B Kee, C Zola	12
18	Bradford City	46	8	9	6	34	27	4	5	14	20	32	12	14	20	54	59	50	-5	J Hanson	13
19	Dagenham & R	46	9	3	11	31	35	5	5	13	19	37	14	8	24	50	72	50	-22	B Woodall	11
20	Northampton T	46	8	6	9	31	30	3	8	12	26	36	12	12	22	56	79	48	-23	A Akinfenwa	18
21	Plymouth Argyle	46	6	9	8	23	26	4	7	12	24	38	10	16	20	47	64	46	-17	S Walton	8
22	Barnet	46	6	6	11	29	39	6	4	13	23	40	12	10	24	52	79	46	-27	I McLeod	18
23	Hereford United	46	5	5	13	23	41	5	9	9	27	29	10	14	22	50	70	44	-20	T Barkhuizen	11
24	Macclesfield T	46	5	11	7	25	26	3	2	18	14	38	8	13	25	39	64	37	-25	G Donnelly, B Tomlinson	6

* Port Vale deducted 10 points.

2012/13 BARCLAYS PREMIER LEAGUE
SEASON 21

Total Matches	380
Total Goals	1063
Avg goals per match	2.80

		Arsenal	Aston Villa	Chelsea	Everton	Fulham	Liverpool	Manchester City	Manchester Utd	Newcastle Utd	Norwich City	Q P R	Reading	Southampton	Stoke City	Sunderland	Swansea City	Tottenham H	West Brom A	West Ham Utd	Wigan Athletic
1	Arsenal		2-1 23F	1-2 29S	0-0 16A	3-3 10N	2-2 30J	0-2 13J	1-1 28A	7-3 29D	3-1 13A	1-0 27O	4-1 30M	6-1 15S	1-0 2F	0-0 18a	0-2 1D	5-2 17N	2-0 8D	5-1 23J	4-1 14m
2	Aston Villa	0-0 24N		1-2 11m	1-3 25a	1-1 13A	1-2 31M	0-1 4M	2-3 10N	1-2 29J	1-1 27O	3-2 16M	1-0 27N	0-1 12J	0-0 8D	6-1 29A	2-0 15S	0-4 26D	1-1 30S	2-1 10F	0-3 29D
3	Chelsea	2-1 20J	8-0 23D		2-1 19m	0-0 28N	1-1 11N	0-0 25N	2-3 28O	4-1 25a	0-1 6O	4-2 2J	2-2 22a	1-0 16J	2-1 22S	2-0 7A	2-2 28A	1-0 5m	2-0 2M	2-0 17M	4-1 9F
4	Everton	1-1 28N	3-3 2F	1-2 30D		1-0 27A	2-2 28O	2-0 16M	1-0 20a	2-2 17S	1-1 24N	2-0 13A	3-1 2M	3-1 29S	1-0 30M	2-1 10N	0-0 12J	2-1 9D	2-1 30J	2-0 12m	2-1 26D
5	Fulham	0-1 20A	1-0 20O	0-3 17A	2-2 3N		1-3 12m	1-2 29S	0-1 2F	2-1 10D	5-0 18a	3-2 1A	2-4 4m	1-1 26D	1-0 23F	1-3 18N	1-2 29D	0-3 1D	3-0 15S	3-1 30J	1-1 12J
6	Liverpool	0-2 2S	1-3 15D	2-2 21A	0-0 5m	4-0 22D		2-2 26a	1-2 23S	5-0 4N	1-0 19J	3-0 19m	1-0 20O	1-0 1D	3-0 7O	3-0 2J	5-0 17F	3-2 10M	0-2 11F	0-0 7A	3-0 17N
7	Manchester City	1-1 23S	5-0 17N	2-0 24F	1-1 1D	2-0 19J	2-2 3F		2-3 9D	4-0 30M	2-3 19m	3-1 1S	1-0 22D	3-2 19a	3-0 1J	3-0 6O	1-0 27O	2-1 11N	1-0 7m	2-1 27A	1-0 17A
8	Manchester United	2-1 3N	3-0 22A	0-1 5m	2-0 10F	3-2 25a	2-1 13J	1-2 8A		4-3 26D	4-0 2M	3-1 24N	1-0 16M	2-1 30J	4-2 20O	3-1 15D	2-1 12m	2-3 29S	2-0 29D	1-0 28N	4-0 15S
9	Newcastle United	0-1 19m	1-1 2S	3-2 2F	1-2 2J	1-0 7A	0-6 27A	1-3 15D	0-3 7O		1-0 23S	1-0 22D	1-2 19J	4-2 24F	2-1 10M	0-3 14A	1-2 17N	2-1 18a	2-1 28O	0-1 11N	0-1 3D
10	Norwich City	1-0 20O	1-2 4m	0-1 26D	2-1 23F	0-0 9F	2-5 29S	3-4 29D	1-0 17N	0-0 12J		1-1 25a	2-1 20A	0-0 9M	1-0 3N	2-1 2D	2-2 6A	1-1 30J	4-0 12m	0-0 15S	2-1 15D
11	Queens Park Rangers	0-1 4m	1-1 1D	0-1 15S	0-1 21O	0-3 15D	0-0 30D	0-2 29J	1-2 23F	0-0 12m	1-2 2F		1-1 4N	1-3 17N	0-2 20A	3-1 9M	0-5 18a	0-0 12J	1-2 26D	1-1 10	1-1 7A
12	Reading	2-5 17D	1-2 9M	2-2 30J	2-1 17N	3-3 27O	0-0 13A	0-2 14m	3-4 1D	2-2 29S	0-0 10N	0-0 28A		0-2 6A	1-1 18a	2-1 2F	0-0 26D	1-3 16S	3-2 12J	1-0 29D	0-3 23F
13	Southampton	1-1 1J	4-1 22S	2-1 30M	0-0 21J	2-2 7O	3-1 16M	3-1 9F	2-3 2S	2-0 25N	1-1 28N	1-2 2M	1-0 8D		1-1 19m	0-1 22D	1-1 10N	1-2 28O	0-3 27A	1-1 13A	0-2 25a
14	Stoke City	0-0 26a	1-3 6A	0-4 12J	1-1 15D	1-0 24N	3-1 26D	1-1 15S	0-2 14A	2-1 28N	1-0 27A	1-0 10N	2-1 9F	3-3 29D		0-0 27O	0-0 29S	0-1 12m	0-0 16M	1-1 2M	2-2 29J
15	Sunderland	0-1 9F	0-1 3N	1-3 8D	1-0 20A	2-2 2M	1-1 15S	1-0 26D	0-1 30M	1-1 21O	1-1 17M	1-1 27N	0-0 11D	3-0 12m	1-1 6m		0-0 29J	1-2 29D	2-4 24N	3-0 12J	1-0 29S
16	Swansea City	0-2 16M	2-2 1J	1-1 3N	0-3 22S	0-3 19m	0-0 25N	0-0 4m	1-1 23D	3-4 2M	4-1 8D	2-2 9F	2-0 6O	3-1 20A	2-2 19J	1-1 1S		1-2 30M	3-1 28N	3-0 25a	2-1 20O
17	Tottenham Hotspur	2-1 3M	2-0 7O	2-4 20O	2-2 7A	0-1 17M	2-1 28N	3-1 21A	1-1 20J	2-1 9F	1-1 1S	2-1 23S	3-1 1J	1-0 4m	0-0 22D	1-0 19m	1-0 16D		1-1 25a	3-1 25N	0-1 3N
18	West Bromwich Albion	1-2 6A	2-2 19J	2-1 17N	2-0 1S	1-2 1J	3-0 18a	1-2 20O	5-5 19m	1-1 20A	2-1 22D	3-2 6O	1-0 22S	2-0 5N	0-1 1D	2-1 23F	2-1 9M	0-1 3F		0-0 16D	2-3 4m
19	West Ham United	1-3 6O	1-0 18a	3-1 1D	1-2 22D	3-0 1S	2-3 9D	0-0 3N	2-2 17A	0-0 4m	2-1 1J	1-1 19J	4-2 19m	4-1 20O	1-1 19N	1-0 22S	1-0 2F	2-3 25F	3-1 30M		2-0 20A
20	Wigan Athletic	0-1 22D	2-2 19a	0-2 6O	2-2 22S	1-2 2M	0-4 28N	0-2 1J	0-4 17M	2-1 30M	1-0 8D	2-2 24N	3-2 2F	2-2 1S	2-2 19J	2-3 7m	2-3 27A	2-2 10N	1-2 27O	2-1	

Final League Table

Pos	Team	Pld	Home					Away					Totals					Pts	GD	Leading Goalscorer	Gls
			W	D	L	F	A	W	D	L	F	A	W	D	L	F	A				
1	Manchester Utd	38	16	0	3	45	19	12	5	2	41	24	28	5	5	86	43	89	+43	R Van Persie	26
2	Manchester City	38	14	3	2	41	15	9	6	4	25	19	23	9	6	66	34	78	+32	E Dzeko	14
3	Chelsea	38	12	5	2	41	16	10	4	5	34	23	22	9	7	75	39	75	+36	F Lampard	15
4	Arsenal	38	11	5	3	47	23	10	5	4	25	14	21	10	7	72	37	73	+35	T Walcott	14
5	Tottenham H	38	11	5	3	29	18	10	4	5	37	28	21	9	8	66	46	72	+20	G Bale	21
6	Everton	38	12	6	1	33	17	4	9	6	22	23	16	15	7	55	40	63	+15	M Fellaini	11
7	Liverpool	38	9	6	4	33	16	7	7	5	38	27	16	13	9	71	43	61	+28	L Suarez	23
8	West Brom A	38	9	4	6	32	25	5	3	11	21	32	14	7	17	53	57	49	-4	R Lukaku	17
9	Swansea City	38	6	8	5	28	26	5	5	9	19	25	11	13	14	47	51	46	-4	M Michu	18
10	West Ham United	38	9	6	4	34	22	3	4	12	11	31	12	10	16	45	53	46	-8	K Nolan	10
11	Norwich City	38	8	7	4	25	20	2	7	10	16	38	10	14	14	41	58	44	-17	G Holt	8
12	Fulham	38	7	3	9	28	30	4	7	8	22	30	11	10	17	50	60	43	-10	D Berbatov	15
13	Stoke City	38	7	7	5	21	22	2	8	9	13	23	9	15	14	34	45	42	-11	J Walters	8
14	Southampton	38	6	7	6	26	24	3	7	9	23	36	9	14	15	49	60	41	-11	R Lambert	15
15	Aston Villa	38	5	5	9	23	28	5	6	8	24	41	10	11	17	47	69	41	-22	C Benteke	19
16	Newcastle United	38	9	1	9	24	31	2	7	10	21	37	11	8	19	45	68	41	-23	D Ba	13
17	Sunderland	38	5	8	6	20	19	4	4	11	21	35	9	12	17	41	54	39	-13	S Fletcher	11
18	Wigan Athletic	38	4	6	9	26	39	5	3	11	21	34	9	9	20	47	73	36	-26	A Kone	11
19	Reading	38	4	8	7	23	33	2	2	15	20	40	6	10	22	43	73	28	-30	A Le Fondre	12
20	Queens Park R	38	2	8	9	13	28	2	5	12	17	32	4	13	21	30	60	25	-30	L Remy	6

2012/13 NPOWER CHAMPIONSHIP [LEVEL 2]
SEASON 114

Total Matches: 552
Total Goals: 1494
Avg goals per match: 2.71

#	Team	Barnsley	Birmingham C	Blackburn Rov	Blackpool	Bolton Wand	Brighton & H A	Bristol City	Burnley	Cardiff City	Charlton Ath	Crystal Palace	Derby County	Huddersfield T	Hull City	Ipswich Town	Leeds United	Leicester City	Middlesbrough	Millwall	Nottm Forest	Peterborough U	Sheffield Weds	Watford	Wolverhampton
1	Barnsley		1-2	1-3	1-1	2-3	2-1	1-0	1-1	1-2	0-6	1-1	1-1	0-1	2-0	1-1	2-0	2-0	1-0	2-0	1-4	0-2	0-1	1-0	2-1
2	Birmingham City	0-5		1-1	1-1	2-1	2-2	2-0	2-2	0-1	1-1	2-2	3-1	0-1	2-3	0-1	1-0	1-1	3-2	1-1	2-1	1-0	0-0	0-4	2-3
3	Blackburn Rovers	2-1	1-1		1-1	1-2	1-1	2-0	1-1	1-4	1-2	1-1	2-0	1-0	1-0	1-0	0-0	2-1	1-2	0-2	3-0	2-3	1-0	1-0	0-1
4	Blackpool	1-2	1-0	2-0		2-2	1-1	0-0	1-0	1-2	0-2	1-0	2-1	1-3	0-0	6-0	2-1	1-1	2-1	0-0	4-1	2-1	2-2	0-0	1-2
5	Bolton Wand	1-1	3-1	5-0	2-2		1-0	3-2	2-1	2-1	2-0	0-1	2-0	0-1	4-1	1-2	2-2	0-0	2-1	1-1	2-2	1-0	0-1	2-1	2-0
6	Brighton & H A	5-1	0-1	1-1	6-1	1-1		2-0	1-0	0-0	3-0	2-1	4-1	1-0	1-1	2-2	1-1	0-1	2-2	0-0	1-0	3-0	1-3	2-0	
7	Bristol City	5-3	0-1	3-5	1-1	1-2	0-0		3-4	4-2	0-2	4-1	0-2	1-3	1-2	2-3	0-4	2-0	1-1	2-0	4-2	1-1	2-0	1-4	
8	Burnley	1-1	1-2	1-1	1-0	2-0	1-3	3-1		1-1	0-1	1-0	2-0	0-1	0-1	2-0	1-0	0-1	0-0	2-2	1-1	5-2	3-3	1-1	2-0
9	Cardiff City	1-1	2-1	3-0	3-0	1-1	0-2	2-1	4-0		0-2	1-1	1-0	2-1	0-0	2-1	1-1	1-0	1-0	3-0	1-2	1-0	2-1	3-1	
10	Charlton Athletic	0-1	1-1	1-1	2-1	3-2	2-2	4-1		0-1		0-1	1-1	1-0	1-2	2-1	1-4	0-2	0-2	2-0	1-2	2-1	5-4		
11	Crystal Palace	0-0	0-4	2-0	2-2	0-0	3-0	2-1	4-3	3-2	2-1		3-0	1-1	4-2	5-0	2-2	2-2	4-1	2-2	1-1	3-2	2-1	2-3	3-1
12	Derby County	2-0	3-2	2-0	4-1	1-1	0-0	3-0	1-2	1-1	3-2	0-1		3-0	1-2	0-1	3-1	2-1	3-1	1-0	1-1	3-1	2-2	5-1	0-0
13	Huddersfield T	2-2	1-1	2-2	1-1	2-2	1-2	1-0	2-0	0-0	0-1	1-0		0-1	0-0	2-4	0-2	2-1	3-0	1-1	2-2	0-0	2-3	2-1	
14	Hull City	1-0	5-2	2-0	2-3	3-1	1-0	0-0	0-1	2-2	1-0	0-0	2-1	2-0		2-1	2-0	0-0	1-0	4-1	1-2	1-3	1-3	0-1	2-1
15	Ipswich Town	1-1	3-1	1-1	1-0	1-0	0-3	1-1	2-1	1-2	1-2	3-0	1-2	2-2	1-2		3-0	1-0	4-0	3-0	3-1	1-1	0-3	0-2	0-2
16	Leeds United	1-0	0-1	3-3	2-0	1-0	1-2	1-0	0-1	1-1	2-1	1-2	1-2	2-3	2-0		1-0	2-1	1-0	2-1	1-0	2-1	1-6	1-0	
17	Leicester City	2-2	2-2	3-0	1-0	3-2	1-0	2-0	2-1	0-1	1-2	1-2	4-1	6-1	3-1	6-0	1-1		1-0	0-1	2-2	2-0	0-1	1-2	2-1
18	Middlesbrough	2-3	0-1	1-0	4-2	2-0	0-2	1-3	3-2	2-1	2-2	2-1	2-2	3-0	2-0	2-0	1-0	1-2		1-2	1-0	0-0	3-1	1-2	
19	Millwall	1-2	3-3	1-2	0-2	2-1	1-2	2-1	0-2	0-0	0-2	1-1	4-0	0-1	0-0	1-0	1-3	0-1	1-5		1-2	1-0	0-2		
20	Nottm Forest	0-0	2-2	0-0	1-1	1-1	2-2	1-0	2-0	3-1	2-1	2-2	0-1	6-1	1-2	1-2	4-2	2-3	0-0	1-4		2-1	1-0	0-3	3-1
21	Peterborough U	2-1	0-2	1-4	1-4	5-4	0-0	1-2	2-2	2-1	2-2	1-2	2-0	3-1	1-1	0-0	1-2	2-1	2-3	1-2	0-1		1-0	3-2	0-2
22	Sheffield Weds	2-1	3-2	3-2	0-2	1-2	3-1	2-3	0-2	0-2	2-0	1-0	2-2	1-3	0-1	1-1	1-1	0-2	2-0	3-2	0-1	2-1		1-4	0-0
23	Watford	4-1	2-0	4-0	1-2	2-1	0-1	2-2	3-3	0-0	3-4	2-2	4-0	1-2	0-1	1-2	2-1	1-2	0-0	2-0	1-2	2-1			2-1
24	Wolverhampton	3-1	1-0	1-1	1-2	2-2	3-3	2-1	1-2	1-2	1-1	1-2	1-1	1-3	1-0	0-2	2-2	2-1	3-2	0-1	1-2	0-3	1-0	1-1	

Final League Table

Pos	Team	Pld	Home W	Home D	Home L	Home F	Home A	Away W	Away D	Away L	Away F	Away A	Totals W	Totals D	Totals L	Totals F	Totals A	Pts	GD	Leading Goalscorer	Gls
1	Cardiff City	46	15	6	2	37	15	10	6	7	35	30	25	12	9	72	45	87	+27	A Gunnarsson, H Helguson, P Whittingham	8
2	Hull City	46	13	4	6	35	22	11	3	9	26	30	24	7	15	61	52	79	+9	R Koren	9
3	Watford	46	11	5	7	41	27	12	3	8	44	31	23	8	15	85	58	77	+27	M Vydra	20
4	Brighton & H A	46	11	9	3	39	17	8	9	6	30	26	19	18	9	69	43	75	+26	C Mackail-Smith	11
5	Crystal Palace (P)	46	13	8	2	52	31	6	7	10	21	31	19	15	12	73	62	72	+11	G Murray	30
6	Leicester City	46	13	4	6	46	23	6	7	10	25	25	19	11	16	71	48	68	+23	D Nugent	14
7	Bolton Wanderers	46	14	6	3	37	20	4	8	11	32	41	18	14	14	69	61	68	+8	C Eagles	12
8	Nottm Forest	46	10	8	5	37	28	7	8	8	26	31	17	16	13	63	59	67	+4	B Sharp	10
9	Charlton Athletic	46	8	8	9	32	34	9	8	6	33	25	17	14	15	65	59	65	+6	J Jackson, Y Kermorgant	12
10	Derby County	46	12	7	4	43	22	4	6	13	22	40	16	13	17	65	62	61	+3	J Ward	13
11	Burnley	46	9	6	8	31	22	7	5	11	31	38	16	11	19	62	60	61	+2	C Austin	24
12	Birmingham City	46	7	9	7	29	34	8	7	8	34	35	15	16	15	63	69	61	-6	M King	10
13	Leeds United	46	13	3	7	30	26	4	7	12	27	40	17	10	19	57	66	61	-9	L Becchio	15
14	Ipswich Town	46	10	5	8	34	27	6	7	10	14	34	16	12	18	48	61	60	-13	D Campbell	10
15	Blackpool	46	8	9	6	32	24	6	8	9	30	39	14	17	15	62	63	59	-1	T Ince	18
16	Middlesbrough	46	13	3	7	38	26	5	2	16	23	43	18	5	23	61	70	59	-9	S McDonald	9
17	Blackburn Rovers	46	10	6	7	32	23	4	10	9	23	39	14	16	16	55	62	58	-7	J Rhodes	27
18	Sheffield Weds	46	9	4	10	30	35	7	6	10	23	26	16	10	20	53	61	58	-8	M Antonio	8
19	Huddersfield T	46	7	10	6	28	26	8	3	12	25	47	15	13	18	53	73	58	-20	J Vaughan	14
20	Millwall	46	8	4	11	28	30	7	7	9	27	32	15	11	20	51	62	56	-11	C Wood	11
21	Barnsley	46	9	5	9	26	31	5	6	8	10	30	14	13	19	56	70	55	-14	C Davies	8
22	Peterborough U	46	8	5	10	34	39	7	4	12	32	36	15	9	22	66	75	54	-9	D Gayle	13
23	Wolverhampton	46	7	7	9	30	35	7	2	14	25	34	14	9	23	55	69	51	-14	S Ebanks-Blake	14
24	Bristol City	46	4	8	11	40	44	3	4	16	19	40	7	12	27	59	84	41	-25	S Davies	13

2012/13 NPOWER LEAGUE 1 [LEVEL 3]
SEASON 114

Total Matches	552
Total Goals	1367
Avg goals per match	2.62

Results Grid

#	Team	Bournemouth	Brentford	Bury	Carlisle United	Colchester Utd	Coventry City	Crawley Town	Crewe Alexandra	Doncaster Rov	Hartlepool Utd	Leyton Orient	M K Dons	Notts County	Oldham Athletic	Portsmouth	Preston N E	Scunthorpe Utd	Sheffield United	Shrewsbury T	Stevenage	Swindon Town	Tranmere Rov	Walsall	Yeovil Town
1	Bournemouth		2-2	4-1	3-1	1-0	0-2	3-0	3-1	1-2	1-1	2-0	1-1	3-1	4-1	2-0	1-1	1-0	0-1	2-1	1-1	1-1	3-1	1-2	3-0
2	Brentford	0-0		2-2	2-1	1-0	2-1	2-1	5-1	0-1	2-2	2-2	3-2	2-1	1-0	3-2	1-0	1-0	2-0	0-0	2-2	2-1	1-2	0-0	1-3
3	Bury	2-2	0-0		1-1	1-2	0-2	0-2	2-2	2-0	2-1	0-2	1-4	0-2	0-1	2-0	1-2	2-1	0-2	2-2	2-0	0-1	0-1	1-1	3-2
4	Carlisle United	2-4	2-0	2-1		0-2	1-0	0-2	0-0	1-3	3-0	1-4	1-1	0-4	3-1	4-2	1-1	1-1	1-3	2-2	2-1	2-2	0-3	0-3	3-3
5	Colchester Utd	0-1	1-3	2-0	2-0		1-3	1-1	1-2	3-1	2-1	0-2	0-2	0-2	2-1	1-0	1-2	1-1	0-0	1-0	1-1	0-1	1-5	2-0	2-0
6	Coventry City	1-0	1-1	2-2	1-2	2-2		3-1	1-2	1-0	1-0	0-1	1-1	1-2	2-1	1-1	1-1	1-2	1-1	0-1	1-2	1-2	1-0	5-1	0-1
7	Crawley Town	3-1	1-2	3-2	1-1	3-0	2-0		2-0	1-1	2-2	1-0	2-0	0-0	1-1	0-3	1-0	3-0	0-2	2-2	1-1	1-1	2-5	2-2	0-1
8	Crewe Alexandra	1-2	0-2	1-0	1-0	3-2	1-0	2-0		1-2	2-1	1-1	2-1	1-2	0-2	1-2	1-0	1-0	1-1	1-2	2-1	0-0	0-0	0-1	0-1
9	Doncaster Rovers	0-1	2-1	2-1	0-2	1-0	1-4	0-1	0-2		3-0	2-0	0-0	0-1	1-0	1-1	1-3	4-0	2-2	1-0	1-1	1-0	1-0	1-2	1-1
10	Hartlepool United	1-2	1-1	2-0	1-2	0-0	0-5	0-1	3-0	1-1		2-1	0-2	2-1	1-2	0-0	0-1	2-2	0-2	0-0	0-2	0-0	0-0	0-0	0-0
11	Leyton Orient	3-1	1-0	2-0	4-1	0-0	0-1	0-1	1-0	1-2	0-0		2-0	2-1	1-1	1-0	2-0	1-3	0-1	2-1	0-0	0-0	2-1	2-1	4-1
12	M K Dons	0-3	2-0	1-1	2-0	5-1	2-3	0-0	1-0	3-0	1-0	1-0		1-1	2-0	2-2	1-1	0-1	1-0	2-3	0-1	2-0	3-0	2-4	1-0
13	Notts County	3-3	1-2	4-1	1-0	3-1	2-2	1-1	1-1	0-2	2-0	1-1	1-2		1-0	3-0	0-1	1-0	1-1	3-2	1-2	1-0	0-1	0-1	1-2
14	Oldham Athletic	0-1	0-2	1-2	1-2	1-1	0-1	2-1	1-2	1-2	3-0	2-0	3-1	2-2		1-0	3-1	1-0	0-2	1-0	0-1	0-2	1-1	1-0	0-0
15	Portsmouth	1-1	0-1	2-0	1-1	2-3	2-0	1-2	2-0	0-1	1-3	2-3	1-1	1-2	0-1		0-0	2-1	3-0	3-1	0-0	1-2	1-0	1-2	1-2
16	Preston N E	2-0	1-1	0-0	1-1	0-0	2-2	1-2	1-3	3-0	5-0	0-0	0-0	0-0	2-0	1-1		3-0	0-1	1-2	2-0	4-1	1-0	1-3	3-2
17	Scunthorpe Utd	1-2	1-1	1-2	3-1	1-0	1-2	2-1	1-2	2-3	1-2	2-1	0-3	2-2	2-2	2-1	2-3		1-1	0-0	1-3	1-1	1-3	1-3	0-4
18	Sheffield United	5-3	2-2	1-1	0-0	3-0	1-1	0-2	3-3	0-0	2-3	0-0	0-0	1-1	1-1	0-0	3-0	1-0		4-1	2-0	0-0	1-0	0-2	
19	Shrewsbury T	0-3	0-0	0-0	2-1	2-2	4-1	3-0	1-0	1-2	1-0	2-2	2-2	1-0	3-2	1-0	0-1	1-2		2-1	0-1	1-1	1-0	1-3	
20	Stevenage	0-1	1-0	2-2	1-1	0-2	1-3	1-2	2-2	1-2	1-0	0-1	0-2	2-0	1-2	2-1	1-4	1-0	4-0	1-1		0-4	1-1	3-1	0-2
21	Swindon Town	4-0	0-1	0-1	4-0	0-1	2-2	3-0	4-1	1-1	1-1	0-1	1-0	0-0	1-1	5-0	1-1	1-0	0-0	2-0	3-0		5-0	2-2	4-1
22	Tranmere Rov	0-0	1-1	3-0	0-1	4-0	2-0	2-0	2-1	1-2	0-1	3-1	1-1	0-0	2-1	1-1	0-0	0-1	0-2	3-1	1-3			0-0	3-2
23	Walsall	3-1	2-2	1-1	1-2	1-0	4-0	2-2	2-2	0-3	1-1	1-2	0-1	1-1	3-1	2-0	3-1	1-4	3-1	1-0	0-2	2-0			2-2
24	Yeovil Town	0-1	3-0	2-1	1-3	3-1	1-1	2-2	1-0	2-1	1-0	3-0	2-1	0-4	1-1	2-2	3-1	3-0	0-1	2-1	1-3	0-2	1-0	0-0	

Final League Table

Pos	Team	Pld	Home W	Home D	Home L	Home F	Home A	Away W	Away D	Away L	Away F	Away A	Totals W	Totals D	Totals L	Totals F	Totals A	Pts	GD	Leading Goalscorer	Gls
1	Doncaster Rovers	46	10	5	8	26	23	15	4	4	36	21	25	9	12	62	44	84	+18	B Paynter	13
2	Bournemouth	46	13	6	4	43	21	11	5	7	33	32	24	11	11	76	53	83	+23	B Pitman	19
3	Brentford	46	14	6	3	37	22	7	10	6	25	25	21	16	9	62	47	79	+15	C Donaldson	18
4	Yeovil Town	46	13	4	6	36	22	10	4	9	35	34	23	8	15	71	56	77	+15	P Madden	22
5	Sheffield United	46	8	11	4	31	21	11	7	5	25	21	19	18	9	56	42	75	+14	N Blackman, D Kitson	11
6	Swindon T (P)	46	10	9	4	44	15	10	5	8	28	24	20	14	12	72	39	74	+33	J Collins	15
7	Leyton Orient	46	13	3	7	31	20	8	5	10	24	28	21	8	17	55	48	71	+7	K Lisbie	16
8	M K Dons	46	12	5	6	35	21	7	8	8	27	24	19	13	14	62	45	70	+17	R Lowe	11
9	Walsall	46	10	8	5	38	29	7	9	7	27	29	17	17	12	65	58	68	+7	W Grigg	19
10	Crawley Town	46	9	9	5	34	27	9	5	9	25	31	18	14	14	59	58	68	+1	B Clarke	10
11	Tranmere Rovers	46	10	6	7	31	21	9	4	10	27	27	19	10	17	58	48	67	+10	J Cassidy	11
12	Notts County	46	9	6	8	32	26	7	11	5	29	23	16	17	13	61	49	65	+12	J Campbell-Ryce, A Judge	8
13	Crewe Alexandra	46	12	3	8	26	22	6	7	10	28	40	18	10	18	54	62	64	-8	M Pogba	12
14	Preston N E	46	8	9	6	31	22	6	8	9	23	27	14	17	15	54	49	59	+5	N Wroe	8
15	Coventry City *	46	7	7	9	29	27	11	4	8	37	32	18	11	17	66	59	55	+7	D McGoldrick	16
16	Shrewsbury T	46	9	7	7	29	27	4	9	10	25	33	13	16	17	54	60	55	-6	M Morgan, M Richards, J Taylor	7
17	Carlisle United	46	7	7	9	32	43	7	6	10	24	34	14	13	19	56	77	55	-21	L Miller	9
18	Stevenage	46	7	8	8	26	26	8	4	11	21	30	15	9	22	47	64	54	-17	L Akins	10
19	Oldham Athletic	46	8	4	11	25	26	6	5	12	22	33	14	9	23	47	59	51	-13	J Baxter	13
20	Colchester Utd	46	8	4	11	25	31	6	5	12	22	37	14	9	23	47	68	51	-21	J Ibehre	10
21	Scunthorpe Utd	46	7	6	10	31	38	6	3	14	18	35	13	9	24	49	73	48	-24	L Clarke, K Hawley	11
22	Bury	46	6	6	11	24	33	3	8	12	21	40	9	14	23	45	73	41	-28	S Schumacher	8
23	Hartlepool United	46	8	6	9	19	27	6	4	13	20	40	14	10	23	39	67	41	-28	A Monkhouse	7
24	Portsmouth *	46	7	5	11	27	37	3	7	13	24	42	10	12	24	51	69	32	-18	I McLeod	10

* Coventry City and Portsmouth each deducted 10 points.

2012/13 NPOWER LEAGUE 2 [LEVEL 4]
SEASON 114

Total Matches: 552
Total Goals: 1415
Avg goals per match: 2.56

Results Grid

#	Team	Accrington S	AFC Wimbledon	Aldershot Town	Barnet	Bradford City	Bristol Rovers	Burton Albion	Cheltenham T	Chesterfield	Dagenham & R	Exeter City	Fleetwood Town	Gillingham	Morecambe	Northampton T	Oxford United	Plymouth Argyle	Port Vale	Rochdale	Rotherham Utd	Southend United	Torquay United	Wycombe W	York City
1	Accrington S		4-0	1-0	3-2	1-1	1-0	3-3	2-2	1-0	0-2	0-3	0-3	1-1	2-0	2-4	0-3	1-1	2-0	2-3	1-2	1-1	0-0	0-2	0-1
2	AFC Wimbledon	1-2		1-1	0-1	2-1	3-1	1-1	1-2	1-0	2-2	2-2	2-1	0-1	2-0	1-1	0-3	1-1	2-2	1-2	0-1	0-4	0-1	2-2	3-2
3	Aldershot Town	2-0	0-1		1-0	0-2	2-2	1-2	0-1	0-1	1-0	1-2	2-0	1-1	0-0	1-2	3-2	1-2	1-3	4-2	0-3	0-2	1-0	0-0	0-2
4	Barnet	1-1	1-1	0-1		2-0	1-1	3-2	0-0	0-2	0-0	1-2	2-0	1-3	4-1	4-0	2-2	1-4	0-0	0-0	0-0	2-0	1-0	1-0	1-3
5	Bradford City	2-1	5-1	1-1	3-0		4-1	1-0	3-1	0-0	1-1	0-1	0-1	3-1	1-0	1-2	1-0	0-1	2-4	0-2	2-2	1-0	1-0	1-1	
6	Bristol Rovers	0-1	1-0	2-2	2-1	3-3		3-0	0-1	3-2	0-1	2-0	0-0	0-2	0-3	3-1	0-2	2-1	2-0	2-1	1-2	2-3	3-2	1-0	0-0
7	Burton Albion	1-0	6-2	0-1	1-0	1-0	1-1		3-1	0-1	3-2	4-2	0-1	3-2	3-2	3-3	4-0	1-0	1-1	3-2	2-0	2-0	2-1	2-0	3-1
8	Cheltenham T	0-3	2-1	1-1	1-0	0-0	1-1	1-0		1-0	2-0	3-0	2-2	1-0	2-0	1-0	2-1	2-1	1-1	0-0	3-0	1-3	2-1	4-0	1-1
9	Chesterfield	4-3	2-0	0-0	0-1	2-2	2-0	1-1	4-1		1-2	4-0	1-2	0-1	1-1	3-0	2-1	1-2	2-2	1-1	1-1	0-1	1-1	3-1	3-0
10	Dagenham & R	1-1	0-1	0-0	1-0	4-3	2-4	1-1	1-0	0-1		1-1	1-0	1-2	1-2	0-1	0-1	0-0	2-3	2-1	5-0	0-3	2-2	3-0	0-1
11	Exeter City	2-0	2-0	0-0	2-2	4-1	1-2	3-0	0-1	0-1	0-1		2-2	0-0	0-3	3-0	1-3	1-1	0-2	1-2	0-1	3-0	0-1	3-2	1-1
12	Fleetwood Town	1-3	1-1	4-1	2-1	2-2	0-3	0-4	1-1	1-3	2-1	0-0		2-2	1-0	3-0	3-0	2-5	0-3	1-1	0-0	0-0	0-1	0-0	
13	Gillingham	1-0	2-2	4-0	0-1	3-1	4-0	4-1	0-0	1-1	2-1	2-3	2-2		2-1	2-0	0-1	2-1	1-2	1-2	1-0	1-0	1-0	1-1	
14	Morecambe	0-0	3-1	2-1	4-1	0-0	1-1	0-0	0-0	2-1	0-3	0-4	1-1		1-1	2-3	1-3	3-0	2-1	1-0	0-2	0-1	2-2		
15	Northampton T	2-0	2-0	2-0	0-1	1-0	1-0	2-3	1-0	3-0	3-1	1-2	3-0	1-0	1-0		2-0	3-1	2-1	3-3	1-0	3-1	0-2		
16	Oxford United	5-0	3-2	1-1	1-0	0-2	0-2	1-1	1-0	0-1	2-3	2-4	1-2	0-0	1-1		2-1	2-1	3-0	0-4	2-0	0-0	1-0	0-0	
17	Plymouth Argyle	0-0	1-2	0-2	2-1	0-0	1-1	1-2	2-0	0-1	0-0	2-1	2-2	2-1	3-2	0-1		1-3	3-1	0-1	1-1	1-1	1-1	2-0	
18	Port Vale	3-0	3-0	1-1	3-0	0-0	4-0	7-1	3-2	0-2	1-1	0-2	0-2	0-1	2-2	3-0	4-0		2-2	6-2	1-2	1-1	4-1	2-2	
19	Rochdale	0-3	0-1	1-1	2-0	0-0	2-1	0-1	4-1	1-1	2-2	2-3	0-0	1-1	1-2	0-0	2-0	1-0	2-2		1-2	4-2	1-0	1-4	2-3
20	Rotherham Utd	4-1	1-0	2-0	0-2	4-0	1-3	3-0	4-2	1-1	1-2	4-1	2-1	1-2	2-1	3-1	3-1	1-0	1-2	2-3		0-3	2-3	1-1	
21	Southend United	0-1	1-3	1-2	2-2	2-2	0-0	0-1	1-2	3-0	3-1	2-1	1-1	0-0	0-1	1-2	1-0	0-0	3-1	1-1		1-1	1-0	0-0	
22	Torquay United	3-1	2-3	4-3	3-1	2-3	1-1	2-2	2-1	2-1	1-1	1-1	0-1	2-1	1-1	1-3	0-0	0-1	4-2	1-3	1-4		1-2	2-1	
23	Wycombe Wand	0-1	0-1	2-1	0-0	0-3	2-0	3-0	1-1	2-1	1-0	0-1	1-0	0-1	2-2	0-0	1-3	1-1	1-1	1-2	2-2	1-2	2-1		4-0
24	York City	1-1	0-3	0-0	1-2	0-2	4-1	3-0	0-0	2-2	3-2	1-2	0-0	0-0	1-4	1-1	3-1	0-2	0-0	0-0	0-1	2-1	1-3		

Final League Table

Pos	Team	Pld	Home W	Home D	Home L	Home F	Home A	Away W	Away D	Away L	Away F	Away A	Totals W	Totals D	Totals L	Totals F	Totals A	Pts	GD	Leading Goalscorer	Gls
1	Gillingham	46	12	5	6	37	21	11	9	3	29	18	23	14	9	66	39	83	+27	D Kedwell	14
2	Rotherham Utd	46	14	1	8	44	29	10	6	7	30	30	24	7	15	74	59	79	+15	D Nardiello	19
3	Port Vale	46	10	7	6	50	26	11	8	4	37	26	21	15	10	87	52	78	+35	T Pope	31
4	Burton Albion	46	17	3	3	49	23	5	7	11	22	42	22	10	14	71	65	76	+6	J Maghoma	15
5	Cheltenham T	46	14	7	2	34	16	6	8	9	24	35	20	15	11	58	51	75	+7	S Harrad	8
6	Northampton T	46	17	2	4	41	16	4	8	11	23	39	21	10	15	64	55	73	+9	A Akinfenwa	16
7	Bradford City (P)	46	12	5	6	34	21	6	10	7	29	31	18	15	13	63	52	69	+11	N Wells	18
8	Chesterfield	46	9	8	6	39	24	9	5	9	21	21	18	13	15	60	45	67	+15	M Richards	12
9	Oxford United	46	9	6	8	29	27	10	2	11	31	34	19	8	19	60	61	65	-1	T Craddock, A Potter	10
10	Exeter City	46	7	6	10	29	26	11	4	8	34	34	18	10	18	63	62	64	+1	J Cureton	21
11	Southend United	46	6	8	9	24	25	10	5	8	37	30	16	13	17	61	55	61	+6	B Assombalonga	15
12	Rochdale	46	8	8	7	33	27	5	8	10	35	43	13	16	17	68	70	61	-2	R Grant	15
13	Fleetwood Town	46	7	9	7	27	32	8	6	9	28	25	15	15	16	55	57	60	-2	J Brown	11
14	Bristol Rovers	46	11	4	8	32	28	5	8	10	28	41	16	12	18	60	69	60	-9	T Eaves	7
15	Wycombe Wand	46	8	7	8	27	24	9	2	12	23	36	17	9	20	50	60	60	-10	M McClure	11
16	Morecambe	46	8	9	6	28	27	7	4	12	27	34	15	13	18	55	61	58	-6	J Redshaw	15
17	York City	46	8	8	7	25	25	6	11	6	25	29	12	19	15	50	60	55	-10	A Chambers	10
18	Accrington S	46	7	7	9	28	34	7	5	11	23	34	14	12	20	51	68	54	-17	R Boco	15
19	Torquay United	46	9	4	10	28	40	4	8	11	17	23	13	14	19	55	62	53	-7	R Howe	16
20	AFC Wimbledon	46	9	6	8	28	34	8	3	12	26	42	14	11	21	54	76	53	-22	J Midson	13
21	Plymouth Argyle	46	8	7	8	26	28	4	6	13	12	21	13	13	21	50	46	53	-9	J Banton	6
22	Dagenham & R	46	7	6	10	28	28	6	6	11	27	34	13	12	21	55	62	51	-7	L Howell	9
23	Barnet	46	8	9	6	28	23	5	3	15	19	36	13	12	21	47	59	51	-12	J Hyde	14
24	Aldershot Town	46	7	4	12	22	30	4	11	8	20	30	11	15	20	42	60	48	-18	C Reid	11

2013/14 BARCLAYS PREMIER LEAGUE
SEASON 22

Total Matches: 380
Total Goals: 1052
Avg goals per match: 2.77

		Arsenal	Aston Villa	Cardiff City	Chelsea	Crystal Palace	Everton	Fulham	Hull City	Liverpool	Manchester City	Manchester Utd	Newcastle Utd	Norwich City	Southampton	Stoke City	Sunderland	Swansea City	Tottenham H	West Brom A	West Ham Utd
1	Arsenal		1-3 17a	2-0 1J	0-0 23D	2-0 2F	1-1 8D	2-0 18J	2-0 4D	2-0 2N	1-1 29M	0-0 12F	4-1 28A	2-0 19O	2-0 23N	3-1 22S	4-1 22F	2-2 25M	1-0 1S	1-0 4m	3-1 15A
2	Aston Villa	1-2 13J		2-0 9N	1-0 15M	0-1 26D	0-2 26O	1-2 5A	3-1 3m	0-1 24a	3-2 28S	0-3 15D	1-2 14S	4-1 2M	0-0 19A	1-4 23M	0-0 30M	1-1 28D	0-2 20O	4-3 29J	0-2 8F
3	Cardiff City	0-3 30N	0-0 11F		1-2 11m	0-3 5A	0-0 31a	3-1 8M	0-4 22F	3-6 25a	3-2 24N	2-2 5O	1-2 1F	2-1 26D	0-3 19A	1-1 28D	2-2 19A	1-0 3N	0-1 22S	1-0 14D	0-2 11J
4	Chelsea	6-0 22M	2-1 21a	4-1 19O		2-1 14D	1-0 22F	2-0 21S	2-0 18a	2-1 29D	2-1 27O	3-1 19J	3-0 8F	0-0 4m	3-1 1D	3-0 5A	1-2 19A	1-0 26D	4-0 8M	2-2 9N	0-0 29J
5	Crystal Palace	0-2 26O	1-0 12A	2-0 7D	1-0 29M		0-0 9N	1-4 21O	0-0 28J	3-3 5m	0-2 27A	0-2 22F	0-3 21D	1-1 1J	0-1 8M	1-0 18J	3-1 31a	0-2 22S	0-1 18a	3-1 8F	1-0 3D
6	Everton	3-0 6A	2-1 1F	1-0 15M	0-1 14S	2-3 16A		4-1 14D	2-1 19O	3-3 23N	2-3 3m	2-0 20A	2-0 30S	2-1 11J	4-0 29D	0-1 30N	3-2 26D	0-0 22M	0-0 3N	1-0 24a	1-0 1M
7	Fulham	1-3 24a	2-0 8D	1-2 28S	1-3 1M	2-2 11m	1-3 30M		2-2 26A	2-3 12F	2-4 21D	1-3 2N	1-0 15M	0-3 12A	1-0 1F	1-4 5O	1-2 11J	1-2 23N	1-1 4D	2-1 14S	2-1 1J
8	Hull City	0-3 20A	0-0 5O	1-1 14S	0-2 11J	0-1 23N	0-2 11m	6-0 28D		3-1 1D	0-2 15M	2-3 26D	1-4 1M	1-0 24a	0-1 11F	0-0 14D	1-0 2N	1-0 5A	1-1 1F	2-0 22M	1-0 28S
9	Liverpool	5-1 8F	2-2 18J	3-1 21D	0-2 27A	3-1 5O	4-0 28J	4-0 9N	2-0 1J		3-2 13A	1-0 1S	2-1 11m	5-1 4D	0-1 21S	1-0 17a	2-2 26M	4-3 23F	4-0 30M	4-1 26O	4-1 7D
10	Manchester City	6-3 14D	4-0 18J	4-2 3F	0-1 28D	1-0 5O	3-1 22M	5-0 31a	2-0 26D	2-1		4-1 22S	4-0 19a	7-0 2N	4-1 5A	1-0 22F	2-2 16A	3-0 1D	6-0 24N	3-1 21A	2-0 11m
11	Manchester United	1-0 10N	4-1 29M	2-0 28J	0-0 26a	2-0 14S	0-1 4D	2-2 9F	3-1 6m	0-3 16M	0-3 25M		0-1 7D	4-0 26A	1-1 19O	3-2 26O	0-1 3m	2-0 11J	1-2 1J	1-2 28S	3-1 21D
12	Newcastle United	0-1 29D	1-0 23F	3-0 3m	2-0 2N	1-0 22M	0-3 25M	1-0 31a	2-3 21S	2-2 19O	0-2 12J	0-4 5A		2-1 23N	1-1 14D	5-1 26D	0-3 1F	1-2 19A	0-4 12F	2-1 30N	0-0 24a
13	Norwich City	0-2 11m	0-1 21S	0-0 26O	1-3 6O	1-0 30N	2-2 17a	1-2 26D	1-0 18J	2-3 20A	0-0 8F	0-1 28D	0-0 28J		1-0 31a	1-1 8M	2-0 22M	1-1 15D	1-0 23F	0-1 5A	3-1 9N
14	Southampton	2-2 28J	2-3 4D	0-1 12A	0-3 1J	2-0 28S	2-0 26A	2-0 26O	4-1 9N	0-3 1M	1-1 7D	1-1 11m	4-0 29M	4-2 15M		2-2 8F	1-1 24a	2-0 6O	2-3 22D	1-0 11J	0-0 15S
15	Stoke City	1-0 1M	2-1 21D	0-0 4D	3-2 7D	2-1 24a	1-1 1J	4-1 3m	1-0 29M	3-5 12J	0-0 14S	2-1 1F	1-0 12A	0-1 29S	1-1 2N		2-0 23N	1-1 12F	0-1 26A	0-0 19O	3-1 15M
16	Sunderland	1-3 14S	0-1 1J	4-0 27A	3-4 4D	0-0 15M	0-1 12A	0-1 17a	0-2 8F	1-3 29S	0-0 10N	1-2 5O	2-1 27O	0-0 21D	2-2 18J	1-0 29J		1-3	1-2 7D	2-0 7m	1-2 31M
17	Swansea City	1-2 28S	4-1 26A	3-0 8F	0-1 13A	1-1 2M	1-2 22D	2-0 28J	1-1 9D	2-2 16S	2-3 1J	1-4 17a	3-0 4D	3-0 29M	0-1 3m	3-3 10N	4-0 19O		1-3 19J	1-2 15M	0-0 27O
18	Tottenham Hotspur	0-1 16M	3-0 11m	1-0 2M	1-1 28S	2-0 11J	0-1 9F	3-1 19A	0-5 27O	1-5 15D	2-2 29J	0-1 1D	2-0 10N	3-2 14S	3-0 23M	5-1 29D	1-0 7A	3-1 25a		1-1 26D	0-3 6O
19	West Bromwich Albion	1-1 6O	2-3 25N	3-3 29M	1-1 11F	2-0 2N	1-1 20J	1-1 22F	1-1 21D	1-1 2-3 4D	0-3 8M	1-0 1J	0-2 7D	0-1 17a	1-2 11m	3-0 21S	0-2 1S	3-3 12A	1-0 26A		
20	West Ham United	1-3 26D	0-0 2N	2-0 17a	0-3 23N	0-1 19A	2-3 21S	3-0 30N	2-1 26M	1-2 6A	1-3 19O	0-2 22M	1-3 18J	0-2 11F	3-1 22F	0-1 31a	2-0 14D	2-0 1F	3-3 3m		

Final League Table

Pos	Team	Pld	Home					Away					Totals						Leading Goalscorer	Gls
			W	D	L	F	A	W	D	L	F	A	W	D	L	F	A	Pts	GD		
1	Manchester City	38	17	1	1	63	13	10	4	5	39	24	27	5	6	102	37	86	+65	Y Toure	20
2	Liverpool	38	16	1	2	53	18	10	5	4	48	32	26	6	6	101	50	84	+51	L Suarez	31
3	Chelsea	38	15	3	1	43	11	10	4	5	28	16	25	7	6	71	27	82	+44	E Hazard	14
4	Arsenal	38	13	5	1	36	11	11	2	6	32	30	24	7	7	68	41	79	+27	O Giroud	16
5	Everton	38	13	3	3	38	19	8	6	5	23	20	21	9	8	61	39	72	+22	R Lukaku	15
6	Tottenham H	38	11	3	5	30	23	10	3	6	25	28	21	6	11	55	51	69	+4	E Adebayor	11
7	Manchester Utd	38	9	3	7	29	21	10	4	5	35	22	19	7	12	64	43	64	+21	W Rooney	17
8	Southampton	38	8	6	5	32	23	7	5	7	22	23	15	11	12	54	46	56	+8	J Rodriguez	15
9	Stoke City	38	10	6	3	27	17	3	5	11	18	35	13	11	14	45	52	50	-7	P Crouch	8
10	Newcastle United	38	8	3	8	23	28	7	1	11	20	31	15	4	19	43	59	49	-16	L Remy	14
11	Crystal Palace	38	8	3	8	18	23	5	3	11	15	25	13	6	19	33	48	45	-15	D Gayle, J Puncheon	7
12	Swansea City	38	6	5	8	33	26	5	4	10	21	28	11	9	18	54	54	42	0	W Bony	16
13	West Ham United	38	7	3	9	25	26	4	4	11	15	25	11	7	20	40	51	40	-11	K Nolan	7
14	Sunderland	38	5	3	11	21	27	5	5	9	20	33	10	8	20	41	60	38	-19	A Johnson	8
15	Aston Villa	38	6	3	10	22	29	4	5	10	17	32	10	8	20	39	61	38	-22	C Benteke	10
16	Hull City	38	7	4	8	20	21	3	3	13	18	32	10	7	21	38	53	37	-15	N Jelavic, S Long	4
17	West Brom A	38	4	9	6	24	27	3	6	10	19	32	7	15	16	43	59	36	-16	S Berahino, S Sessegnon	5
18	Norwich City	38	6	6	7	17	18	2	3	14	11	44	8	9	21	28	62	33	-34	G Hooper, R Snodgrass	6
19	Fulham	38	5	3	11	24	38	4	2	13	16	47	9	5	24	40	85	32	-45	S Sidwell	7
20	Cardiff City	38	5	5	9	20	35	2	4	13	12	39	7	9	22	32	74	30	-42	J Mutch	7

2013/14 SKY BET CHAMPIONSHIP [LEVEL 2]
SEASON 115

Total Matches	552
Total Goals	1434
Avg goals per match	2.59

Results Grid

#	Team	Barnsley	Birmingham C	Blackburn Rov	Blackpool	Bolton Wand	Bournemouth	Brighton & H A	Burnley	Charlton Ath	Derby County	Doncaster Rov	Huddersfield T	Ipswich Town	Leeds United	Leicester City	Middlesbrough	Millwall	Nottm Forest	Queens Park R	Reading	Sheffield Weds	Watford	Wigan Athletic	Yeovil Town
1	Barnsley		0-3	2-2	2-0	0-1	0-1	0-0	0-1	2-2	1-2	0-0	2-1	2-2	0-1	0-3	3-2	1-0	1-0	2-3	1-1	1-1	1-5	0-4	1-1
2	Birmingham City	1-1		2-4	1-1	1-2	2-4	0-1	3-3	0-1	3-3	1-1	1-2	1-1	1-3	1-2	2-2	4-0	0-0	0-2	1-2	4-1	0-1	0-1	0-2
3	Blackburn Rovers	5-2	2-3		2-0	4-1	0-1	3-3	1-2	0-1	1-1	1-0	0-0	2-0	1-0	1-1	1-0	3-2	0-1	2-0	0-0	0-0	1-0	4-3	0-0
4	Blackpool	1-0	1-2	2-2		0-0	0-1	0-1	0-3	1-3	1-1	1-0	2-3	1-2	2-2	0-2	1-0	1-1	0-2	1-1	0-2	1-0	2-0	1-0	1-2
5	Bolton Wand	1-0	2-2	4-0	1-0		2-2	0-2	1-1	1-1	2-2	3-0	0-1	1-1	0-1	2-2	3-1	1-1	0-1	1-1	1-1	2-0	1-1	0-1	1-1
6	Bournemouth	1-0	0-2	1-3	1-2	0-2		1-1	1-1	2-1	0-1	5-0	2-1	1-1	4-1	0-1	0-0	5-2	4-1	2-1	3-1	2-4	1-1	1-0	3-0
7	Brighton & H A	1-2	1-0	3-0	1-1	3-1	1-1		2-0	3-0	1-2	1-0	0-0	0-2	1-0	3-1	2-0	1-1	1-3	2-0	1-1	1-1	1-1	1-2	2-0
8	Burnley	1-0	3-0	1-1	2-1	1-1	1-1	1-0		3-0	2-0	2-0	3-2	1-0	2-1	0-2	0-1	3-1	3-1	2-0	2-1	1-1	0-0	2-0	2-0
9	Charlton Athletic	1-2	0-2	1-3	0-0	0-0	1-0	3-2	0-3		0-2	2-0	0-0	0-1	2-4	2-1	0-1	0-1	1-1	0-0	1-1	3-1	0-0	3-2	3-2
10	Derby County	2-1	1-1	1-1	5-1	0-0	1-0	1-0	0-3	3-0		3-1	3-1	4-4	3-1	0-1	2-1	0-1	5-0	1-0	1-3	3-0	4-2	0-1	3-2
11	Doncaster Rovers	2-2	1-3	2-0	1-3	1-2	0-1	1-3	0-2	3-0	0-2		2-0	0-3	0-3	1-0	0-0	0-0	2-2	2-1	1-3	1-0	2-1	3-0	2-1
12	Huddersfield T	5-0	1-3	2-4	1-1	0-1	5-1	1-1	2-1	2-1	1-1	0-0		0-2	3-2	0-2	2-0	1-0	0-3	1-1	0-1	0-2	1-2	1-0	5-1
13	Ipswich Town	1-1	1-0	3-1	0-0	1-0	2-2	2-0	0-1	1-1	2-1	2-1	2-1		1-2	1-2	3-1	3-0	1-1	1-3	2-0	1-1	1-3	2-1	
14	Leeds United	0-0	4-0	1-2	2-0	1-5	2-3	2-1	1-1	1-2	5-1	1-1		0-1		2-1	2-1	0-2	0-1	2-4	1-1	3-3	2-0	2-0	
15	Leicester City	2-1	3-2	2-1	3-1	5-3	2-1	1-4	1-1	3-0	4-1	1-0	2-1	3-0	0-0		2-0	3-0	0-2	1-0	1-0	2-1	2-2	2-0	1-1
16	Middlesbrough	3-1	3-1	0-0	1-0	1-0	3-3	0-1	1-0	1-0	1-0	4-1	2-0	0-0	1-2	1-2		1-1	1-3	3-0	1-1	2-0	0-0	4-1	
17	Millwall	1-0	2-3	2-2	3-1	1-1	1-0	0-1	2-2	0-0	1-5	0-0	0-1	1-0	2-0	1-3	0-2		2-2	2-2	0-3	1-1	2-2	2-1	0-1
18	Nottm Forest	3-2	1-0	4-1	0-1	3-0	1-1	1-2	1-1	0-1	1-0	0-0	0-0	2-1	2-2	2-2	1-2	2-0		2-3	3-3	4-2	1-4	3-1	
19	Queens Park R	2-0	1-0	0-0	1-1	0-0	0-0	3-3	1-0	2-1	2-1	2-1	1-0	0-1	1-1	0-1	2-0	1-1	5-2		1-3	2-1	2-1	1-0	
20	Reading	1-3	2-0	0-1	5-1	7-1	1-2	0-0	2-2	1-0	0-0	4-1	1-2	2-1	1-0	1-1	2-0	1-1	1-1	1-1		0-2	3-3	1-2	1-1
21	Sheffield Weds	1-0	4-1	3-3	2-0	1-3	1-2	1-0	1-2	3-3	0-1	0-1	1-2	1-1	6-0	2-1	1-0	2-2	0-1	3-0	5-2		1-4	0-3	1-1
22	Watford	3-0	1-0	0-3	4-0	0-1	6-1	2-0	1-1	1-1	2-3	2-1	1-4	3-1	3-0	0-3	1-0	4-0	1-1	0-0	0-1	0-1		1-0	
23	Wigan Athletic	2-0	0-0	2-1	0-2	3-2	3-0	0-1	0-0	2-1	1-3	2-2	2-1	2-0	1-0	0-2	2-2	0-1	2-1	1-0	3-0	1-0	2-1		3-3
24	Yeovil Town	1-4	0-1	0-1	1-0	2-2	1-1	0-0	1-2	2-2	0-3	1-0	1-2	0-1	1-2	1-2	1-4	1-1	3-1	0-1	0-1	2-0	0-0	0-1	

Final League Table

Pos	Team	Pld	Home W	Home D	Home L	Home F	Home A	Away W	Away D	Away L	Away F	Away A	Tot W	Tot D	Tot L	Tot F	Tot A	Pts	GD	Leading Goalscorer	Gls
1	Leicester City	46	17	4	2	46	22	14	5	4	37	21	31	9	6	83	43	102	+40	D Nugent	20
2	Burnley	46	15	6	2	37	14	11	9	3	35	23	26	15	5	72	37	93	+35	D Ings	21
3	Derby County	46	14	4	5	46	25	11	6	6	38	27	25	10	11	84	52	85	+32	C Martin	20
4	Queens P R (P)	46	15	6	2	38	18	8	5	10	22	26	23	11	12	60	44	80	+16	C Austin	17
5	Wigan Athletic	46	12	7	4	35	23	9	3	11	26	25	21	10	15	61	48	73	+13	J Gomez, N Powell	7
6	Brighton & H A	46	10	7	6	31	21	9	8	6	24	19	19	15	12	55	40	72	+15	J Ulloa	14
7	Reading	46	8	10	5	38	25	11	4	8	32	31	19	14	13	70	56	71	+14	A Le Fondre	15
8	Blackburn Rovers	46	11	7	5	34	21	7	9	7	36	41	18	16	12	70	62	70	+8	J Rhodes	25
9	Ipswich Town	46	12	6	5	35	24	6	8	9	25	30	18	14	14	60	54	68	+6	D McGoldrick	14
10	Bournemouth	46	11	5	7	40	27	7	4	9	27	39	18	12	16	67	66	66	+1	L Grabban	22
11	Nottm Forest	46	10	7	6	38	29	6	10	7	29	35	16	17	13	67	64	65	+3	A Reid	9
12	Middlesbrough	46	10	9	4	35	20	6	7	10	27	30	16	16	14	62	50	64	+12	A Adomah	12
13	Watford	46	11	5	7	39	25	4	9	10	35	39	15	15	16	74	64	60	+10	T Deeney	24
14	Bolton Wand	46	6	11	6	29	23	8	6	9	30	37	14	17	15	59	60	59	-1	J Beckford, L Jutkiewicz, A Moritz	7
15	Leeds United	46	9	5	9	35	31	7	4	12	24	36	16	9	21	59	67	57	-8	R McCormack	28
16	Sheffield Weds	46	9	4	10	39	33	4	10	9	24	32	13	14	19	63	65	53	-2	C Maguire	9
17	Huddersfield T	46	8	6	9	34	32	6	5	12	24	33	14	11	21	58	65	53	-7	J Vaughan, D Ward	10
18	Charlton Athletic	46	7	6	10	21	28	6	6	11	20	33	13	12	21	41	61	51	-20	M Sordell	7
19	Millwall	46	6	9	8	26	33	6	6	11	20	41	11	15	20	46	74	48	-28	S Morison	8
20	Blackpool	46	7	6	10	20	27	4	7	12	18	39	11	13	22	38	66	46	-28	T Ince	8
21	Birmingham City	46	2	8	13	29	40	9	5	9	29	34	11	13	22	58	74	44	-16	F Macheda	10
22	Doncaster Rovers	46	9	4	10	27	32	2	7	14	12	38	11	11	24	39	70	44	-31	C Brown	9
23	Barnsley	46	5	8	10	22	36	4	4	15	22	41	9	12	25	44	77	39	-33	C O'Grady	15
24	Yeovil Town	46	4	6	13	19	32	4	7	12	25	43	8	13	25	44	75	37	-31	I Miller	10

2013/14 SKY BET LEAGUE 1 [LEVEL 3]
SEASON 115

Total Matches	552
Total Goals	1473
Avg goals per match	2.67

Results Grid

		Bradford City	Brentford	Bristol City	Carlisle United	Colchester Utd	Coventry City	Crawley Town	Crewe Alexandra	Gillingham	Leyton Orient	M K Dons	Notts County	Oldham Athletic	Peterborough U	Port Vale	Preston N E	Rotherham Utd	Sheffield United	Shrewsbury T	Stevenage	Swindon Town	Tranmere Rov	Walsall	Wolverhampton
1	Bradford City		4-0	1-1	4-0	2-2	3-3	2-1	3-3	1-1	1-1	1-0	1-1	2-3	1-0	1-0	0-0	0-1	2-0	2-1	2-3	1-1	0-1	0-2	1-2
2	Brentford	2-0		3-1	0-0	3-1	3-1	1-0	5-0	2-1	0-2	3-1	3-1	1-0	3-2	2-0	1-0	0-1	3-1	1-0	2-0	3-2	2-0	1-0	0-3
3	Bristol City	2-2	1-2		2-1	1-1	1-2	2-0	0-0	2-1	2-2	2-2	2-1	1-1	0-3	5-0	1-1	1-2	0-1	1-1	4-1	0-0	2-2	1-0	1-2
4	Carlisle United	1-0	0-0	2-4		2-4	0-4	1-1	2-1	1-2	1-5	3-0	2-1	0-1	2-1	0-1	0-1	1-2	1-0	0-0	0-0	1-1	4-1	1-1	2-2
5	Colchester Utd	0-2	4-1	2-2	1-1		2-1	1-1	1-2	3-0	1-2	3-0	0-1	1-0	1-0	1-2	0-0	0-1	1-0	0-1	4-0	1-2	1-1	0-3	
6	Coventry City	0-0	0-2	5-4	1-2	2-0		2-2	2-2	2-1	3-1	1-2	3-0	1-1	4-2	2-2	4-4	0-3	3-2	0-0	1-0	1-2	1-5	2-1	1-1
7	Crawley Town	1-0	0-1	1-1	0-0	1-0	3-2		1-2	3-2	2-1	0-2	1-0	1-0	0-3	2-2	1-2	0-2	1-1	1-1	0-0	2-0	0-0	2-1	
8	Crewe Alexandra	0-0	1-3	1-0	2-1	0-0	1-2	1-0		0-3	1-2	2-0	1-3	1-1	2-2	1-2	2-1	3-3	0-1	1-1	0-3	1-1	2-1	0-3	0-2
9	Gillingham	0-1	1-1	1-1	1-0	0-1	4-2	1-0	1-3		1-2	3-2	2-1	0-1	2-2	3-2	1-2	3-4	0-1	1-1	3-2	2-0	2-0	2-2	1-0
10	Leyton Orient	0-1	0-1	1-3	4-0	2-0	2-3	2-0	5-1		2-1	5-1	1-1	1-2	3-2	0-1	1-0	1-1	3-0	2-0	2-0	2-0	1-1	1-3	
11	M K Dons	2-3	2-2	2-2	0-1	0-0	1-3	0-2	1-0	0-1	1-3		3-1	2-1	0-2	3-0	0-0	3-2	0-1	4-1	1-1	0-1	1-0	0-1	
12	Notts County	3-0	0-1	1-1	4-1	2-0	3-0	1-0	4-0	3-1	0-0	1-3		3-2	2-4	4-2	0-1	0-1	2-1	2-3	0-1	2-0	2-0	1-5	0-1
13	Oldham Athletic	1-1	0-0	1-1	1-0	0-2	0-0	1-1	0-1	1-1	1-2	1-1		5-4	3-1	1-3	0-2	1-1	1-2	1-0	2-1	0-1	0-1	0-3	
14	Peterborough U	2-1	1-3	1-2	4-1	2-0	1-0	0-2	4-2	2-0	1-3	2-1	4-3	2-1		0-0	2-2	0-1	0-0	1-0	0-1	1-0	3-0	0-0	1-0
15	Port Vale	2-1	1-1	1-1	2-1	2-0	3-2	2-1	1-3	2-1	0-2	1-0	2-1	0-1		0-2	2-0	1-2	3-1	2-2	2-3	3-2	1-0	1-3	
16	Preston N E	2-2	0-3	1-0	6-1	1-1	1-1	1-0	0-2	3-1	1-1	2-2	0-1	2-1	3-1	3-2		3-3	0-0	5-2	3-0	2-1	1-1	2-1	0-0
17	Rotherham Utd	0-0	3-0	2-1	0-0	2-2	1-3	2-2	4-2	4-1	2-1	2-2	6-0	3-2	0-1	1-0	0-0		3-1	2-2	0-4	1-1	1-1	3-3	
18	Sheffield United	2-2	0-0	3-0	1-0	1-1	2-1	1-3	1-2	1-0	1-1	2-1	1-1	2-0	2-1	0-1	1-0		2-0	1-0	0-1	3-1	1-1	0-2	
19	Shrewsbury T	2-1	1-1	2-3	2-2	1-1	1-1	1-3	2-0	0-2	0-0	1-0	1-2	2-4	0-0	0-1	0-3	2-0		1-0	2-0	0-1	0-1	0-1	
20	Stevenage	1-1	2-1	1-3	1-3	2-3	0-1	2-0	1-0	3-1	0-1	2-3	0-1	3-4	0-1	1-1	1-0	0-3	0-0	1-3		2-0	3-1	3-2	0-0
21	Swindon Town	1-0	1-0	3-2	3-1	0-0	2-1	1-1	5-0	2-2	1-3	1-2	2-0	0-1	1-5	2-1	0-1	1-2	2-1	3-1	1-0		1-0	1-3	1-2
22	Tranmere Rov	1-2	3-4	1-1	0-0	2-1	3-3	1-0	1-2	0-4	3-2	3-2	0-5	0-1	1-2	1-2	0-0	2-1	0-0	0-0	1-2	1-1		1-1	
23	Walsall	0-1	1-1	0-1	2-0	0-1	0-1	1-2	1-1	1-1	0-3	1-1	1-0	0-0	0-2	0-3	1-1	2-1	1-0	2-1	1-1	3-1		0-3	
24	Wolverhampton	2-0	0-0	3-1	3-0	4-2	1-1	2-1	2-0	4-1	1-1	0-2	2-0	2-0	2-0	6-4	2-0	0-0	2-0	0-2	3-2	2-0	0-1		

Final League Table

Pos	Team	Pld	Home W	D	L	F	A	Away W	D	L	F	A	Totals W	D	L	F	A	Pts	GD	Leading Goalscorer	Gls
1	Wolverhampton	46	17	4	2	48	15	14	6	3	41	16	31	10	5	89	31	103	+58	N Dicko, L Griffiths, B Sako	12
2	Brentford	46	19	1	3	44	17	9	9	5	28	26	28	10	8	72	43	94	+29	C Donaldson	17
3	Leyton Orient	46	13	3	7	43	23	12	8	3	42	22	25	11	10	85	45	86	+40	D Mooney	19
4	Rotherham U (P)	46	10	10	3	44	30	14	4	5	42	28	24	14	8	86	58	86	+28	K Agard	21
5	Preston N E	46	12	9	2	44	26	11	7	5	28	20	23	16	7	72	46	85	+26	J Garner	18
6	Peterborough U	46	14	3	6	34	21	9	2	12	38	37	23	5	18	72	58	74	+14	B Assombalonga	23
7	Sheffield United	46	12	7	4	31	18	6	6	11	17	28	18	13	15	48	46	67	+2	C Porter	7
8	Swindon Town	46	14	3	6	40	27	5	6	12	23	32	19	9	18	63	59	66	+4	D N'Guessan, N Ranger, M Smith	8
9	Port Vale	46	13	3	7	35	30	5	4	14	24	43	18	7	21	59	73	61	-14	T Pope	12
10	M K Dons	46	8	5	10	29	30	9	4	10	34	35	17	9	20	63	65	60	-2	P Bamford	14
11	Bradford City	46	8	8	9	35	27	6	8	9	22	27	14	17	15	57	54	59	+3	N Wells	14
12	Bristol City	46	7	10	6	34	28	6	8	9	36	39	13	19	14	70	67	58	+3	S Baldock	24
13	Walsall	46	7	7	9	21	28	7	9	7	28	21	14	16	16	49	49	58	0	C Westcarr	14
14	Crawley Town	46	10	7	6	24	23	4	8	11	24	31	14	15	17	48	54	57	-6	M Tubbs	15
15	Oldham Athletic	46	7	8	8	23	18	7	6	10	27	31	14	14	18	50	59	56	-9	J Clarke-Harris	6
16	Colchester Utd	46	8	5	10	29	29	5	9	9	24	32	13	14	19	53	61	53	-8	F Sears	12
17	Gillingham	46	10	5	8	35	31	5	2	15	25	48	15	8	23	60	79	53	-19	C McDonald	12
18	Coventry City *	46	9	8	6	41	39	7	5	11	33	38	16	13	17	74	77	51	-3	C Wilson	21
19	Crewe Alexandra	46	7	9	7	26	34	6	6	11	28	46	13	12	21	54	80	51	-26	C Aneke	15
20	Notts County	46	12	2	9	40	28	3	9	11	24	49	15	11	20	64	77	50	-13	C McGregor	12
21	Tranmere Rovers	46	6	8	9	30	39	6	2	14	22	40	12	11	23	52	79	47	-27	R Lowe	19
22	Carlisle United	46	8	6	9	27	32	3	6	14	16	44	11	12	23	43	76	45	-33	D Amoo	8
23	Shrewsbury T	46	6	7	10	22	28	3	8	12	22	37	9	15	22	44	65	42	-21	J Taylor	9
24	Stevenage	46	7	5	11	29	34	4	4	15	17	38	11	9	26	46	72	42	-26	F Zoko	10

* Coventry City deducted 10 points.

2013/14 SKY BET LEAGUE 2 [LEVEL 4]
SEASON 115

Total Matches: 552
Total Goals: 1291
Avg goals per match: 2.34

		Accrington S	AFC Wimbledon	Bristol Rovers	Burton Albion	Bury	Cheltenham T	Chesterfield	Dagenham & R	Exeter City	Fleetwood Town	Hartlepool United	Mansfield Town	Morecambe	Newport County	Northampton T	Oxford United	Plymouth Argyle	Portsmouth	Rochdale	Scunthorpe Utd	Southend United	Torquay United	Wycombe W	York City
1	Accrington S		3-2	2-1	0-1	0-0	0-1	3-1	1-2	2-3	2-0	0-0	1-1	5-1	3-3	0-1	0-0	1-1	2-2	1-2	2-3	1-1	2-1	1-1	1-1
2	AFC Wimbledon	1-1		0-0	3-1	0-1	4-3	1-1	1-1	2-1	2-0	2-1	0-0	0-3	2-2	0-2	0-2	1-1	4-0	0-3	3-2	0-1	0-2	1-0	0-1
3	Bristol Rovers	0-1	3-0		2-0	1-1	1-0	0-0	1-2	2-1	1-3	2-2	0-1	1-0	3-1	1-0	1-1	2-1	2-0	1-2	0-0	0-0	1-2	0-1	3-2
4	Burton Albion	2-1	1-1	1-0		2-2	2-1	0-2	1-1	1-2	2-4	3-0	1-0	0-1	1-0	0-1	0-1	0-1	1-2	1-0	2-2	0-1	2-0	1-0	1-1
5	Bury	3-0	1-1	2-1	0-0		4-1	0-2	1-1	2-0	2-2	1-0	0-0	0-2	0-0	1-1	4-0	4-4	0-0	2-2	1-1	1-3	1-0	2-1	
6	Cheltenham T	1-2	1-0	0-0	2-2	2-1		1-4	2-3	1-0	1-2	2-2	1-2	3-0	0-0	1-1	2-2	1-3	2-2	1-2	0-2	1-2	1-0	1-1	2-2
7	Chesterfield	1-0	2-0	3-1	0-2	4-0	2-0		1-1	1-1	2-1	1-1	1-0	1-1	0-0	3-0	2-0	0-0	2-2	1-1	2-1	3-1	2-0	2-2	
8	Dagenham & R	0-0	1-0	2-0	2-0	2-1	1-2	0-1		1-1	0-0	2-0	0-0	1-1	1-1	0-3	1-0	1-2	1-4	3-1	3-3	1-1	0-1	2-0	
9	Exeter City	0-1	2-0	2-1	0-1	2-2	1-1	0-2	2-2		3-0	0-3	0-1	1-1	0-2	0-1	0-0	3-1	1-1	0-1	2-0	0-2	1-2	0-1	2-1
10	Fleetwood Town	3-1	0-0	3-1	2-3	2-1	0-2	1-1	3-1	1-2		2-0	5-4	2-2	4-1	2-0	1-1	0-4	3-1	0-0	0-1	1-1	4-1	1-0	1-2
11	Hartlepool United	2-1	3-1	4-0	1-1	0-3	0-1	1-2	2-1	0-2	0-1		2-4	2-1	3-0	2-0	1-3	1-0	0-0	0-3	0-0	1-1	3-0	1-2	2-0
12	Mansfield Town	2-3	1-0	1-1	0-0	1-4	0-2	0-0	3-0	0-0	1-0	1-4		2-1	3-0	1-3	0-1	2-2	3-0	0-2	1-1	3-2	2-2	0-1	
13	Morecambe	1-2	1-1	2-1	0-1	0-0	0-1	4-3	2-2	2-0	1-0	1-2	0-1		4-1	1-1	2-1	2-2	1-2	1-1	2-1	1-1	1-0	1-1	
14	Newport County	4-1	1-2	1-0	1-1	0-0	0-1	3-2	1-2	1-1	0-0	2-0	1-1	2-3		1-2	3-2	1-2	1-2	2-1	2-2	3-1	2-0	3-0	
15	Northampton T	1-0	2-2	0-0	1-0	0-3	1-1	1-3	2-2	1-2	1-0	2-0	1-1	0-0	3-1		3-1	0-2	0-1	0-3	1-1	2-1	1-2	1-4	0-2
16	Oxford United	1-2	2-1	0-1	1-2	2-1	1-1	0-1	0-0	0-2	1-0	3-0	3-0	0-0	3-0	2-0		2-3	0-0	1-1	0-2	0-2	1-0	2-2	0-1
17	Plymouth Argyle	0-0	1-2	1-0	0-1	2-1	1-1	2-1	2-1	1-2	0-2	1-1	1-1	5-0	0-0	1-0	0-2		1-1	1-0	0-1	2-0	0-3	0-4	
18	Portsmouth	1-0	1-0	3-2	0-0	1-0	0-0	0-2	1-0	3-2	0-1	1-0	1-1	3-0	0-2	0-0	1-4	3-3		3-0	1-2	1-2	0-1	2-2	0-1
19	Rochdale	2-1	1-2	2-0	1-1	1-0	2-0	2-2	0-1	3-1	1-2	3-0	3-0	2-1	3-0	3-2	3-0	3-0	3-0		0-4	0-3	1-0	3-2	0-0
20	Scunthorpe Utd	0-2	0-0	1-1	1-0	2-2	2-0	1-1	1-1	0-4	0-0	1-1	2-0	2-0	2-0	1-1	1-1	1-0	5-1	3-0		2-2	3-1	0-0	2-2
21	Southend United	1-0	1-1	1-1	1-0	0-0	1-1	3-0	0-1	2-3	2-0	1-1	1-3	0-0	2-0	3-0	1-0	2-1	1-1	0-1			1-0	1-1	2-1
22	Torquay United	0-1	1-1	1-1	1-1	2-1	4-2	0-2	0-1	1-3	0-1	0-0	0-0	1-1	0-1	1-2	1-3	1-1	1-1	2-1	0-1	1-0		0-3	0-3
23	Wycombe Wand	0-0	0-3	1-2	1-2	1-2	1-0	2-0	1-1	2-1	0-1	1-1	0-0	1-1	1-1	0-1	0-1	1-0	1-1	0-2	1-1	2-1	3-2		1-1
24	York City	1-1	0-2	0-0	0-0	1-0	0-2	3-1	2-1	0-2	0-0	1-1	1-0	0-0	1-1	1-0	0-0	1-1	0-2	1-1	4-2	0-0	4-1	0-0	

Final League Table

Pos	Team	Pld	Home W	Home D	Home L	Home F	Home A	Away W	Away D	Away L	Away F	Away A	Totals W	Totals D	Totals L	Totals F	Totals A	Pts	GD	Leading Goalscorer	Gls
1	Chesterfield	46	12	9	2	36	16	11	6	6	35	24	23	15	8	71	40	84	+31	E Doyle, G Roberts	11
2	Scunthorpe Utd	46	10	11	2	32	19	10	10	3	36	25	20	21	5	68	44	81	+24	S Winnall	23
3	Rochdale	46	15	3	5	42	22	9	6	8	27	26	24	9	13	69	48	81	+21	S Hogan	17
4	Fleetwood T (P)	46	11	6	6	41	30	11	4	8	28	22	22	10	14	66	52	76	+14	A Sarcevic	13
5	Southend United	46	11	7	5	29	16	8	8	7	27	23	19	15	12	56	39	72	+17	B Corr	12
6	Burton Albion	46	11	6	6	27	22	8	6	9	20	25	19	15	12	47	42	72	+5	B Kee	12
7	York City	46	10	9	4	23	15	8	8	7	29	26	18	17	11	52	41	71	+11	W Fletcher	10
8	Oxford United	46	8	6	9	24	23	8	6	9	29	27	16	14	16	53	50	62	+3	J Constable	10
9	Dagenham & R	46	8	7	8	25	25	7	8	8	28	34	15	15	16	53	59	60	-6	R Murphy	13
10	Plymouth Argyle	46	8	8	7	23	26	8	5	10	28	32	16	12	18	51	58	60	-7	R Reid	17
11	Mansfield Town	46	7	6	10	27	32	8	9	6	22	26	15	15	16	49	58	60	-9	S Clucas	8
12	Bury	46	8	12	3	33	23	5	8	10	26	28	13	20	13	59	51	59	+8	D Nardiello	11
13	Portsmouth	46	9	8	6	26	25	5	11	7	30	41	14	19	13	56	66	59	-10	J Wallace	7
14	Newport County	46	10	6	7	37	27	4	10	9	19	32	14	16	16	56	59	58	-3	C Zebroski	9
15	Accrington S	46	8	6	10	7	33	29	8	5	10	21	27	14	15	17	54	57	-2	K Naismith	10
16	Exeter City	46	6	6	11	22	27	8	7	8	32	30	14	13	19	54	55	-3	A Gow	7
17	Cheltenham T	46	5	9	9	29	35	8	7	8	24	28	13	16	17	53	63	55	-10	B Harrison	13
18	Morecambe	46	7	10	6	30	26	6	5	12	22	38	13	15	18	52	64	54	-12	P Amond	14
19	Hartlepool United	46	10	3	10	30	29	4	8	11	20	29	14	11	21	50	56	53	-6	L James	13
20	AFC Wimbledon *	46	8	7	8	27	29	6	7	10	22	28	14	14	18	49	57	53	-8	M Smith	9
21	Northampton T	46	7	7	9	24	32	6	7	10	18	25	13	14	19	42	57	53	-15	D Carter	5
22	Wycombe Wand	46	6	6	11	20	27	6	8	9	26	27	12	14	20	46	54	50	-8	D Morgan	8
23	Bristol Rovers	46	10	6	7	28	25	2	8	13	15	33	12	14	20	43	54	50	-11	J O'Toole	13
24	Torquay United	46	7	8	11	18	31	5	1	14	24	35	12	9	25	42	66	45	-24	J Chapell	5

* AFC Wimbledon deducted 3 points.

2014/15 BARCLAYS PREMIER LEAGUE
SEASON 23

Total Matches	380
Total Goals	975
Avg goals per match	2.57

		Arsenal	Aston Villa	Burnley	Chelsea	Crystal Palace	Everton	Hull City	Leicester City	Liverpool	Manchester City	Manchester Utd	Newcastle Utd	Queens Park R	Southampton	Stoke City	Sunderland	Swansea City	Tottenham H	West Brom A	West Ham Utd
1	Arsenal		5-0 1F	3-0 1N	0-0 26A	2-1 16a	2-0 1M	2-2 18O	2-1 10F	4-1 4A	2-2 13S	1-2 22N	4-1 13D	2-1 26D	1-0 3D	3-0 11J	0-0 20m	0-1 11m	1-1 27S	4-1 24m	3-0 14M
2	Aston Villa	0-3 20S		0-1 24m	1-2 7F	0-0 1J	3-2 2m	2-1 31a	2-1 7D	0-2 17J	0-2 4O	1-1 20D	0-0 23a	3-3 7A	1-1 24N	1-2 21F	0-0 28F	0-1 21M	1-2 2N	2-1 3M	1-0 9m
3	Burnley	0-1 11A	1-1 29N		1-3 18a	2-3 17J	1-3 26O	2-1 8N	1-0 25A	0-0 26D	1-1 11M	2-1 30a	1-0 2D	0-0 10J	0-0 13D	0-1 16m	0-0 20S	0-0 28F	2-2 5A	2-2 8F	1-3 18O
4	Chelsea	2-0 5O	3-0 27J	1-1 21F		1-0 3m	1-0 11F	2-0 13D	2-0 23a	1-1 10m	1-1 31J	1-0 18A	2-0 10J	2-1 1N	1-1 15M	2-1 4A	3-1 24m	4-2 13S	3-0 3D	2-0 22N	2-0 26D
5	Crystal Palace	1-2 21F	0-1 2D	0-0 13S	1-2 18O		0-1 31J	0-2 25A	2-1 27S	3-1 23N	2-1 6A	1-2 9m	1-1 11F	3-1 14M	1-3 26D	1-1 13D	1-3 3N	1-0 24m	2-1 10J	0-2 18A	1-3 23a
6	Everton	2-2 23a	3-0 18O	3-1 18A	3-6 30a	2-3 21S		1-1 3D	2-2 22F	0-0 7F	1-1 10J	3-0 26A	3-0 15M	1-1 15D	3-0 4A	0-0 26D	1-0 9m	0-0 1N	0-1 24m	0-0 19J	2-1 22N
7	Hull City	1-3 4m	2-0 10F	0-1 9m	2-3 22M	2-0 4O	2-0 1J		0-1 28D	1-0 28A	2-4 27S	0-0 24m	0-3 31J	2-1 21F	0-1 1N	1-1 24a	1-1 3M	0-1 20D	1-2 23N	0-0 6D	2-2 15S
8	Leicester City	1-1 31a	1-0 10J	2-2 4O	1-3 29A	0-1 7F	2-2 16a	0-0 14M		1-3 2D	0-1 13D	5-3 21S	3-0 2m	5-1 24m	2-0 9m	0-1 17J	0-0 22N	2-0 18A	1-2 26D	0-1 1N	2-1 4A
9	Liverpool	2-2 21D	0-1 13S	2-0 4M	1-2 8N	1-3 16m	1-1 27S	0-0 25O	2-2 1J		2-1 1M	1-2 22M	2-0 13A	2-1 2m	2-1 17a	1-0 29N	0-0 6D	4-1 29D	3-2 10F	2-1 4O	2-0 31J
10	Manchester City	0-2 18J	3-2 25A	2-2 28D	1-1 21S	3-0 20D	1-0 6D	1-1 7F	2-0 4M	3-1 25a		1-0 2N	5-0 21F	6-0 10m	2-0 24m	0-1 30a	3-2 1J	2-1 22N	4-1 18O	3-0 21M	2-0 19A
11	Manchester United	1-1 17m	3-1 4A	3-1 11F	1-1 26O	2-1 8N	2-1 5O	3-0 29N	3-0 31J	4-2 12A	4-2		3-1 26D	4-0 14S	0-1 11J	2-1 2D	2-0 28F	1-2 16a	3-0 15M	0-1 2m	2-1 27S
12	Newcastle United	1-2 21M	28F	3-3 1J	2-1 6D	3-3 30a	3-2 28D	2-2 20S	1-0 18O	1-0 1N	0-2 17a	0-1 4M		1-0 22N	1-2 17J	1-1 8F	2-3 21D	1-3 25A	1-1 19A	2-0 9m	0-0 24m
13	Queens Park Rangers	1-2 4M	2-0 27O	2-0 6D	0-1 12A	0-0 28D	1-2 22M	0-1 16a	3-2 29N	2-3 19O	2-2 8N	0-2 17J	2-1 16m		0-1 7F	2-2 20S	1-0 30a	1-1 1J	1-2 7M	3-2 20D	0-0 25A
14	Southampton	2-0 1J	6-1 16m	1-1 21M	0-1 28D	1-0 3M	3-0 20D	2-0 11A	2-0 8N	0-2 22F	0-3 30N	1-2 8D	4-0 13S	1-2 27S		1-0 25O	8-0 18O	0-1 1F	2-2 25A	0-0 23a	0-0 11F
15	Stoke City	3-2 6D	0-1 16a	1-2 22N	0-2 22D	1-2 21M	2-0 4M	1-0 28F	0-1 13S	6-1 24m	1-4 11F	1-1 1J	1-0 29S	3-1 31J	2-1 18A		1-1 25A	2-1 19O	3-0 9m	2-0 28D	2-2 1N
16	Sunderland	0-2 25O	0-4 14M	2-0 31J	0-0 29M	1-4 11A	1-1 9N	1-3 26D	0-0 16m	0-1 10J	1-4 3D	1-1 24a	1-0 5A	0-2 10F	2-1 2m	3-1 4O		0-0 27S	2-2 13S	0-0 21F	1-1 13D
17	Swansea City	2-1 9N	1-0 26D	1-0 23a	0-5 17J	1-1 29N	1-1 11A	1-1 4A	2-0 25O	0-1 16M	2-4 17m	2-1 21F	2-2 40	2-0 2D	0-1 20S	1-1 2m	1-1 7F		1-2 14D	3-0 30a	1-1 10J
18	Tottenham Hotspur	2-1 7F	0-1 11A	2-1 20D	5-3 1J	0-0 6D	2-1 30N	2-0 16m	4-3 21M	0-3 31a	0-1 3m	0-0 28D	1-2 26O	4-0 24a	1-0 50	1-2 9N	2-1 17J	3-2 4M		0-1 21S	2-2 22F
19	West Bromwich Albion	0-1 29N	1-0 13D	4-0 28S	3-0 18m	2-2 25O	0-2 13S	1-0 10J	3-2 11A	0-1 25A	3-0 26D	2-2 20O	0-2 9N	1-4 4A	1-0 28F	0-1 14M	2-2 16a	2-0 11F	0-3 31J		1-2 2D
20	West Ham United	1-2 28D	0-0 8N	1-0 2m	0-1 4M	1-3 28F	1-2 16m	3-0 18J	2-0 20S	3-1 25O	2-1 8F	1-1 29N	1-0 5O	2-0 30a	1-3 11A	1-1 21M	3-1 7D	0-1 16a	3-1 1J	1-1	

Final League Table

Pos	Team	Pld	Home					Away					Totals					Pts	GD	Leading Goalscorer	Gls
			W	D	L	F	A	W	D	L	F	A	W	D	L	F	A				
1	Chelsea	38	15	4	0	36	9	11	5	3	37	23	26	9	3	73	32	87	+41	D Costa	20
2	Manchester City	38	14	3	2	44	14	10	4	5	39	24	24	7	7	83	38	79	+45	S Aguero	26
3	Arsenal	38	12	5	2	41	14	10	4	5	30	22	22	9	7	71	36	75	+35	A Sanchez	16
4	Manchester Utd	38	14	2	3	41	15	6	8	5	21	22	20	10	8	62	37	70	+25	W Rooney	12
5	Tottenham H	38	10	3	6	31	24	9	4	6	27	29	19	7	12	58	53	64	+5	H Kane	21
6	Liverpool	38	10	5	4	30	20	8	3	8	22	28	18	8	12	52	48	62	+4	S Gerrard	9
7	Southampton	38	11	4	4	37	13	7	2	10	17	20	18	6	14	54	33	60	+21	G Pelle	12
8	Swansea City	38	9	5	5	27	22	7	3	9	19	27	16	8	14	46	49	56	-3	W Bony	9
9	Stoke City	38	10	3	6	32	22	5	6	8	16	23	15	9	14	48	45	54	+3	M Diouf	11
10	Crystal Palace	38	6	3	10	21	27	7	6	6	26	24	13	9	16	47	51	48	-4	G Murray	7
11	Everton	38	7	7	5	27	21	5	4	10	21	29	12	11	15	48	50	47	-2	R Lukaku	10
12	West Ham United	38	9	4	6	25	18	3	7	9	19	29	12	11	15	44	47	47	-3	D Sakho	10
13	West Brom A	38	7	4	8	24	26	4	5	10	14	25	11	11	16	38	51	44	-13	S Berahino	14
14	Leicester City	38	7	5	7	28	22	4	3	12	18	33	11	8	19	46	55	41	-9	J Ulloa	11
15	Newcastle United	38	7	5	7	26	27	3	4	12	14	36	10	9	19	40	63	39	-23	P Cisse	11
16	Sunderland	38	4	8	7	16	27	3	9	7	15	26	7	17	14	31	53	38	-22	S Fletcher, C Wickham	5
17	Aston Villa	38	5	6	8	18	25	5	2	12	13	32	10	8	20	31	57	38	-26	C Benteke	13
18	Hull City	38	5	5	9	19	24	3	6	10	14	27	8	11	19	33	51	35	-18	N Jelavic	8
19	Burnley	38	4	7	8	14	21	3	5	11	14	32	7	12	19	28	53	33	-25	D Ings	11
20	Queens Park R	38	6	5	8	23	24	2	1	16	19	49	8	6	24	42	73	30	-31	C Austin	18

2014/15 SKY BET LEAGUE 2 [LEVEL 4]
SEASON 116

Total Matches 552
Total Goals 1317
Avg goals per match 2.38

		Accrington S	AFC Wimbledon	Burton Albion	Bury	Cambridge Utd	Carlisle United	Cheltenham T	Dagenham & R	Exeter City	Hartlepool Utd	Luton Town	Mansfield Town	Morecambe	Newport County	Northampton T	Oxford United	Plymouth Argyle	Portsmouth	Shrewsbury T	Southend United	Stevenage	Tranmere Rov	Wycombe W	York City
1	Accrington S		1-0	1-0	0-1	2-1	3-1	1-1	1-2	2-3	3-1	2-2	2-1	2-1	0-2	1-5	1-0	1-0	1-1	1-2	0-1	2-2	3-2	1-1	2-2
2	AFC Wimbledon	2-1		3-0	3-2	1-2	1-3	1-1	1-0	4-1	1-2	3-2	0-1	1-0	2-0	2-2	0-0	0-0	1-0	2-2	0-0	2-3	2-2	0-0	2-1
3	Burton Albion	3-0	0-0		1-0	1-3	1-1	1-0	2-1	1-0	4-0	1-0	2-1	0-2	0-1	3-1	2-0	1-1	2-0	1-0	2-1	1-1	2-0	1-0	2-0
4	Bury	2-1	2-0	3-1		2-0	2-1	0-1	0-2	1-1	1-0	1-0	2-4	1-2	1-3	2-1	0-1	2-1	3-0	1-0	0-1	2-1	2-0	1-1	2-2
5	Cambridge Utd	2-2	0-0	2-3	0-2		5-0	1-2	1-1	1-2	2-1	0-1	3-1	1-2	4-0	2-1	5-1	1-0	2-6	0-0	0-1	1-1	1-2	0-1	0-3
6	Carlisle United	1-0	4-4	3-4	0-3	0-1		1-0	1-0	1-3	3-3	0-1	2-1	1-1	2-3	2-1	2-1	0-2	2-2	1-2	1-1	3-0	1-0	2-3	0-3
7	Cheltenham T	2-1	1-1	1-3	1-2	3-1	0-0		1-1	1-2	1-0	1-1	0-1	1-1	0-3	2-3	1-1	0-3	1-1	0-1	0-1	2-0	1-4	0-1	
8	Dagenham & R	4-0	4-0	1-3	1-0	2-3	4-2	3-1		1-2	2-0	0-0	2-0	0-3	0-1	0-2	0-0	2-0	1-2	1-3	0-2	0-1	0-1	2-0	2-7
9	Exeter City	1-2	3-2	1-1	2-1	2-2	0-0	1-0	2-1		1-2	1-1	1-2	1-0	2-0	1-1	1-3	1-1	3-2	0-1	0-0	1-2	2-1	1-1	
10	Hartlepool United	1-1	1-0	0-1	0-2	2-1	0-3	2-0	0-2	2-1		1-2	1-0	0-2	2-2	1-0	1-1	3-2	0-0	2-0	1-3	0-0	1-3	1-3	
11	Luton Town	2-0	0-1	0-1	1-1	3-2	1-0	3-1	2-3	3-0		3-0	2-3	3-0	1-0	2-0	0-1	1-1	0-0	2-0	1-0	0-1	0-1	2-3	2-2
12	Mansfield Town	0-1	2-1	1-2	0-1	0-0	3-2	1-1	2-1	2-3	1-1	1-0		1-0	1-1	1-0	2-1	1-0	1-2	1-2	1-0	0-0	1-4		
13	Morecambe	1-1	1-1	1-0	0-2	0-1	0-0	2-3	0-2	0-3	2-1		3-2	0-1	1-0	3-1	1-4	3-1	0-0	1-3	1-1				
14	Newport County	1-1	4-1	1-1	0-2	1-1	2-1	1-2	2-3	2-2	1-0	0-1		3-2	0-1	2-0	0-1	1-0	0-1	1-0	1-1	0-2	3-1		
15	Northampton T	4-5	2-0	1-2	2-3	0-1	0-2	1-0	1-0	5-1	2-1	0-2	3-0		1-3	2-3	1-0	1-1	1-0	0-2	1-0	2-3	3-0		
16	Oxford United	3-1	0-0	0-1	2-0	2-1	1-2	3-3	2-2	0-2	1-1	3-0	1-1	0-0		1-0	2-3	0-0	2-1	1-2	0-0				
17	Plymouth Argyle	1-0	1-1	1-1	0-2	2-0	1-0	3-0	3-0	3-0	2-0	0-1	2-1	1-1	0-0	2-0	1-2		3-0	1-0	1-1	3-2	0-1	1-1
18	Portsmouth	2-3	2-0	1-1	0-1	2-1	3-0	2-2	3-0	1-0	1-1	2-0	1-1	0-1	2-0	0-0	2-1		0-2	1-2	3-2	3-2	1-1	1-1
19	Shrewsbury T	4-0	2-0	1-0	5-0	1-1	1-0	3-1	2-0	4-0	3-0	2-0	1-0	0-1	1-2	2-0	0-0	2-1		1-1	3-2	2-1	0-0	1-0
20	Southend United	1-2	0-1	0-0	1-1	0-0	2-0	0-0	1-1	1-0	1-0	2-0	0-1	2-0	2-0	1-1	0-0	1-0		2-0	1-0	2-2	1-0	
21	Stevenage	2-1	2-1	1-0	0-0	3-2	1-0	5-1	0-1	1-0	1-0	1-2	3-0	1-1	2-1	2-1	0-2	1-0	1-1	1-0		4-2	2-1	2-3
22	Tranmere Rovers	3-0	1-1	1-4	0-1	1-1	0-2	2-3	2-3	1-2	1-1	0-0	2-1	0-0	0-1	1-0		0-3	0-1	3-1	2-1	1-2		1-2	1-1
23	Wycombe Wand	2-2	2-0	1-3	0-0	1-0	3-1	2-1	1-1	2-1	1-0	2-1	0-1	1-2	1-1	2-3	0-2	0-0	0-0	4-1	2-2	0-2		1-0
24	York City	1-0	2-3	1-1	0-1	2-2	0-0	1-0	0-2	0-0	1-1	0-0	1-1	2-1	0-2	1-1	0-1	0-0	0-0	2-3	0-2	2-0	0-0		

Final League Table

Pos	Team	Pld	Home W	Home D	Home L	Home F	Home A	Away W	Away D	Away L	Away F	Away A	Totals W	Totals D	Totals L	Totals F	Totals A	Pts	GD	Leading Goalscorer	Gls
1	Burton Albion	46	16	4	3	34	13	12	6	5	35	26	28	10	8	69	39	94	+30	L Akins	9
2	Shrewsbury T	46	17	4	2	43	11	10	4	9	24	20	27	8	11	67	31	89	+36	J Collins	15
3	Bury	46	14	3	6	33	20	12	4	7	27	20	26	7	13	60	40	85	+20	D Nardiello, D Rose	10
4	Wycombe Wand	46	10	7	6	30	25	13	8	2	37	20	23	15	8	67	45	84	+22	P Hayes	12
5	Southend Utd (P)	46	12	8	3	29	9	12	4	7	29	29	24	12	10	54	38	84	+16	B Corr	14
6	Stevenage	46	15	3	5	37	23	5	9	9	25	31	20	12	14	62	54	72	+8	C Lee	9
7	Plymouth Argyle	46	13	6	4	34	14	7	5	11	21	23	20	11	15	55	37	71	+18	R Reid	18
8	Luton Town	46	13	4	6	37	19	6	7	10	17	25	19	11	16	54	44	68	+10	M Cullen	13
9	Newport County	46	9	7	7	30	25	9	4	10	21	29	18	11	17	51	54	65	-3	A O'Connor	10
10	Exeter City	46	8	8	7	30	29	9	5	9	31	36	17	13	16	61	65	64	-4	T Nichols	15
11	Morecambe	46	8	6	9	26	28	9	6	8	27	24	17	12	17	53	52	63	+1	K Ellison, J Redshaw	11
12	Northampton T	46	13	2	8	39	28	5	5	13	28	35	18	7	21	67	63	61	+5	M Richards	18
13	Oxford United	46	7	9	7	27	24	8	7	8	23	25	15	16	15	50	49	61	+1	D Hylton	14
14	Dagenham & R	46	9	3	11	30	26	8	5	10	28	33	17	8	21	58	59	59	-1	J Cureton	19
15	AFC Wimbledon	46	10	8	5	34	25	4	8	11	20	35	14	16	16	54	60	58	-6	A Akinfenwa	13
16	Portsmouth	46	11	6	6	34	23	3	9	11	18	31	14	15	17	52	54	57	-2	J Wallace	14
17	Accrington S	46	10	4	9	29	26	5	13	5	29	26	15	11	20	58	55	56	-19	P Mingoia	8
18	York City	46	5	10	8	16	21	9	5	9	30	30	11	19	16	46	51	52	-5	J Hyde	9
19	Cambridge United	46	7	5	11	34	33	6	7	10	27	33	13	12	21	61	66	51	-5	T Elliott, R Simpson	8
20	Carlisle United	46	9	4	10	35	37	5	5	13	21	37	14	9	23	56	74	50	-18	K Dempsey	10
21	Mansfield United	46	10	5	8	24	24	3	4	16	14	38	13	9	24	38	62	48	-24	V Oliver	7
22	Hartlepool United	46	8	5	10	22	30	4	4	15	17	40	12	9	25	39	70	45	-31	S Fenwick	6
23	Cheltenham T	46	5	8	10	22	30	4	6	13	18	37	9	14	23	40	67	41	-27	W Burns, B Harrison	4
24	Tranmere Rovers	46	5	7	11	26	34	4	5	14	19	33	9	12	25	45	67	39	-22	M Power	7

Tubbs was the Division's leading goalscorer with 12 goals for AFC Wimbledon then 9 goals for Portsmouth, totalling 21 goals overall.

2015/16 BARCLAYS PREMIER LEAGUE
SEASON 24

Total Matches	380
Total Goals	1026
Avg goals per match	2.70

		Arsenal	Aston Villa	Bournemouth	Chelsea	Crystal Palace	Everton	Leicester City	Liverpool	Manchester City	Manchester Utd	Newcastle Utd	Norwich City	Southampton	Stoke City	Sunderland	Swansea City	Tottenham H	Watford	West Brom A	West Ham Utd
1	Arsenal		4-0 15m	2-0 28D	0-1 24J	1-1 17A	2-1 24O	2-1 14F	0-0 24a	2-1 21D	3-0 4O	1-0 2J	1-0 30A	0-0 2F	2-0 12S	3-1 5D	1-2 2M	4-0 8N	1-1 2A	4-0 21A	0-2 9a
2	Aston Villa	0-2 13D		1-2 9A	0-4 2A	1-0 12J	1-3 1M	1-1 16J	0-6 14F	0-0 8N	0-1 14a	0-0 7m	2-0 6F	2-4 23A	0-1 3O	2-2 29a	1-2 24O	0-2 13M	2-3 26N	0-1 19S	1-1 26D
3	Bournemouth	0-2 7F	0-1 8a		1-4 23A	0-0 26D	3-3 28N	1-1 29a	1-2 17A	0-4 2A	2-1 12D	0-1 7N	3-0 16J	2-0 1M	1-3 13F	2-0 19S	3-2 12M	1-5 25O	1-1 3O	1-1 7m	1-3 12J
4	Chelsea	2-0 19S	2-0 17O	0-1 5D		1-2 29a	3-3 16J	1-1 15m	1-3 31O	0-3 16A	1-1 7F	5-1 13F	1-0 21N	1-3 3O	1-1 5M	3-1 19D	2-2 8a	2-2 2m	2-2 26D	2-2 13J	2-2 19M
5	Crystal Palace	1-2 16a	2-1 22a	1-2 2F	0-3 3J		0-0 13A	0-1 19M	1-2 6M	0-1 12S	0-0 31O	5-1 28N	1-0 9A	1-0 12D	2-1 7m	0-1 23N	0-0 28D	1-3 23J	1-2 13F	2-0 3O	1-3 17O
6	Everton	0-2 19M	4-0 21N	2-1 30A	3-1 12S	1-1 7D		2-3 19D	1-1 4O	0-3 23a	3-0 17O	3-0 3F	1-1 15m	3-4 16A	6-2 28D	1-2 1N	1-1 24J	0-1 3J	2-2 8a	0-1 13F	2-3 5M
7	Leicester City	2-5 26S	3-2 13S	0-0 2J	2-1 14D	1-0 24O	3-1 7m		2-0 2F	0-0 29D	1-1 28N	1-0 14M	1-0 27F	0-0 3A	3-0 23J	4-2 8a	4-0 24A	1-1 22a	2-1 7N	2-2 1M	2-2 17A
8	Liverpool	3-3 13J	3-2 26S	1-0 17a	1-1 11m	1-2 8N	4-0 20A	1-0 26D		3-0 2M	0-1 17J	2-2 23A	1-1 20S	1-1 25O	4-1 10A	2-2 6F	1-0 29N	1-1 2A	2-0 8m	2-2 13D	0-3 29a
9	Manchester City	2-2 8m	4-0 5M	5-1 17O	3-0 16a	4-0 16J	0-0 13J	1-3 6F	1-4 21N		0-1 20M	6-1 3O	2-1 31O	3-1 28N	4-0 23A	4-1 26D	2-1 12D	1-2 14F	2-0 29a	2-1 9A	1-2 19S
10	Manchester United	3-2 28F	1-0 16A	3-1 17m	0-0 28D	2-0 20A	1-0 3M	1-1 1m	3-1 12S	0-0 25O		0-0 22a	1-2 19D	0-1 23J	3-0 2F	3-0 26S	2-1 2J	1-0 8a	1-0 2M	2-0 7N	0-0 5D
11	Newcastle United	0-1 29a	1-1 19D	1-3 5M	2-2 26S	1-0 30A	0-1 26D	0-3 21N	2-0 6D	1-1 19A	3-3 12J		6-2 18O	2-2 9a	0-0 31O	1-1 20M	3-0 16A	5-1 15m	1-2 19S	1-0 6F	2-1 16J
12	Norwich City	1-1 29N	2-0 28D	3-1 12S	1-2 1M	1-3 8a	1-1 12D	1-2 30	4-5 23J	0-0 12M	0-1 7m	3-2 2A		1-0 2J	1-1 22a	0-3 16A	1-0 7N	0-3 2F	4-2 11m	0-1 24O	2-2 13F
13	Southampton	4-0 26D	1-1 5D	2-0 1N	1-2 27F	4-1 15m	0-3 15a	2-2 17O	3-2 20M	4-2 1m	2-3 20S	3-1 9A	3-0 30a		0-1 21N	1-1 5M	3-1 26S	0-2 19D	2-0 13J	3-0 16J	1-0 6F
14	Stoke City	0-0 17J	2-1 27F	2-1 26S	1-0 7N	1-2 19D	0-3 6F	0-3 19S	2-2 9a	2-0 5D	1-0 26D	1-0 2M	3-1 13J	1-2 12M		1-1 30A	2-2 2A	0-4 18A	0-2 24O	2-1 29a	2-1 15m
15	Sunderland	0-0 24A	3-1 2J	1-1 23J	3-2 7m	2-2 1M	3-0 11m	0-2 10A	0-1 30D	0-1 2F	2-1 13F	3-0 25O	1-3 15a	0-1 7N	2-0 28N		1-1 22a	0-1 13S	0-1 12D	0-0 2A	2-2 3O
16	Swansea City	0-3 31O	1-0 19M	2-2 21N	1-0 9A	1-1 6F	0-0 19S	0-3 5D	3-1 1m	1-1 15m	2-1 30a	2-0 15a	1-0 5M	0-1 13F	0-1 19O	2-4 13J		2-2 4O	1-0 18J	1-0 26D	0-0 20D
17	Tottenham Hotspur	2-2 5M	3-1 2N	3-0 20M	0-0 29N	1-0 20S	0-0 29a	0-1 13J	0-0 17O	4-1 26S	3-0 10A	5-0 13D	3-1 26D	1-2 8m	4-1 15a	4-1 16J	2-1 28F		1-0 6F	1-1 25A	4-1 22N
18	Watford	0-3 17O	3-2 30A	0-0 27F	0-0 3F	0-1 27S	1-1 9A	0-1 5M	3-0 20D	1-2 2J	1-2 21N	2-1 23J	2-0 5D	0-0 23a	1-2 19M	2-2 15m	1-0 12S	1-2 28D		0-0 15a	2-0 31O
19	West Bromwich Albion	2-1 21N	0-0 23J	1-2 19D	2-3 23a	2-3 27F	2-3 28S	1-1 31O	0-3 15m	1-0 10a	1-0 6M	1-0 28D	0-1 19M	0-0 12S	2-1 2J	1-0 17O	1-1 2F	1-1 5D	0-1 16A		0-3 30A
20	West Ham United	3-3 9A	2-0 2F	3-4 22a	2-1 24O	2-2 2A	1-1 7N	1-2 15a	2-0 2J	2-2 23J	3-2 10m	2-0 14S	2-2 26S	2-1 28D	0-0 12D	1-0 27F	1-4 7m	1-0 2M	3-1 20A	1-1 29N	

Final League Table

Pos	Team	Pld	Home					Away					Totals					Pts	GD	Leading Goalscorer	Gls
			W	D	L	F	A	W	D	L	F	A	W	D	L	F	A				
1	Leicester City	38	12	6	1	35	18	11	6	2	33	18	23	12	3	68	36	81	+32	J Vardy	24
2	Arsenal	38	12	4	3	31	11	8	7	4	34	25	20	11	7	65	36	71	+29	O Giroud	16
3	Tottenham H	38	10	6	3	35	15	9	7	3	34	20	19	13	6	69	35	70	+34	H Kane	25
4	Manchester City	38	12	2	5	47	21	7	7	5	24	20	19	9	10	71	41	66	+30	S Aguero	24
5	Manchester Utd	38	12	5	2	27	9	7	4	8	22	26	19	9	10	49	35	66	+14	A Martial	11
6	Southampton	38	11	3	5	39	22	7	6	6	20	19	18	9	11	59	41	63	+18	S Mane, G Pelle	11
7	West Ham United	38	9	7	3	34	26	7	7	5	31	25	16	14	8	65	51	62	+14	A Carroll, D Payet	9
8	Liverpool	38	8	8	3	33	22	8	4	7	30	28	16	12	10	63	50	60	+13	R Firmino	10
9	Stoke City	38	8	4	7	22	24	6	5	8	19	31	14	9	15	41	55	51	-14	M Arnautovic	11
10	Chelsea	38	5	9	5	32	30	7	5	7	27	23	12	14	12	59	53	50	+6	D Costa	12
11	Everton	38	6	5	8	35	30	5	9	5	24	25	11	14	13	59	55	47	+4	R Lukaku	18
12	Swansea City	38	8	6	5	20	20	4	5	10	22	32	12	11	15	42	52	47	-10	J Ayew	12
13	Watford	38	6	6	7	20	19	6	3	10	20	31	12	9	17	40	50	45	-10	O Ighalo	15
14	West Brom A	38	6	5	8	20	26	4	8	7	14	22	10	13	15	34	48	43	-14	J Rondon	9
15	Crystal Palace	38	6	3	10	19	23	5	6	8	20	28	11	9	18	39	51	42	-12	Y Bolasie, Y Cabaye, S Dann, C Wickham	5
16	Bournemouth	38	5	5	9	23	34	6	4	9	22	33	11	9	18	45	67	42	-22	J King	6
17	Sunderland	38	6	6	7	23	20	3	6	10	25	42	9	12	17	48	62	39	-14	J Defoe	15
18	Newcastle United	38	7	7	5	32	24	2	3	14	12	41	9	10	19	44	65	37	-21	G Wijnaldum	11
19	Norwich City	38	6	5	8	26	30	3	2	14	13	37	9	7	22	39	67	34	-28	D Mbokani	7
20	Aston Villa	38	2	5	12	14	35	1	3	15	13	41	3	8	27	27	76	17	-49	J Ayew	7

2015/16 SKY BET CHAMPIONSHIP [LEVEL 2]
SEASON 117

Total Matches: 552
Total Goals: 1337
Avg goals per match: 2.42

	Birmingham C	Blackburn Rov	Bolton Wand	Brentford	Brighton & H A	Bristol City	Burnley	Cardiff City	Charlton Ath	Derby County	Fulham	Huddersfield T	Hull City	Ipswich Town	Leeds United	Middlesbrough	M K Dons	Nottm Forest	Preston N E	Queens Park R	Reading	Rotherham Utd	Sheffield Weds	Wolverhampton
1 Birmingham City		0-0 3N	1-0 23F	2-1 2J	1-2 5A	4-2 12S	1-2 16A	1-0 18D	0-1 21N	1-1 21a	1-1 19M	0-2 5D	1-0 3M	3-0 23J	1-2 12A	2-2 29A	1-0 28D	0-1 15S	2-2 19A	2-1 17O	2-1 8a	0-2 26S	1-2 6F	0-2 31O
2 Blackburn Rovers	2-0 8M		0-0 28a	1-1 7N	0-1 16J	2-2 23A	0-1 24O	1-1 18a	3-0 19S	0-0 21O	3-0 16F	0-2 16A	0-2 13F	2-0 3O	1-2 12M	2-1 1M	3-2 27F	0-0 14D	1-2 2A	1-1 12J	3-1 7m	1-0 11D	2-2 28N	1-2 8a
3 Bolton Wand	0-1 20O	1-0 28D		1-1 30N	2-2 26S	0-0 7N	1-2 27F	2-3 5D	0-0 19A	0-0 8a	2-2 19D	0-2 2J	1-2 30A	1-1 8M	3-1 24O	1-1 16A	1-2 23J	1-1 22a	1-1 12M	2-1 20F	0-1 2A	2-1 6F	0-0 15S	2-1 12S
4 Brentford	0-2 29S	0-1 19M	3-1 5A		0-0 26D	1-1 16A	1-3 15J	2-1 19A	1-2 5M	1-3 20F	4-2 30A	0-2 19D	2-2 3N	1-1 8a	2-0 26J	2-1 12J	2-1 5D	1-0 21N	1-3 19S	2-1 30O	1-3 29a	2-1 17O	1-2 26S	3-0 23F
5 Brighton & H A	2-1 26N	1-0 22a	3-2 13F	3-0 5F		2-1 20U	2-2 2A	1-1 3O	3-2 5D	1-1 2m	5-0 15A	2-1 23J	1-0 12S	0-1 29D	4-0 19D	0-2 7N	0-1 7a	1-0 24O	0-0 19A	4-0 15M	1-0 15S	2-1 8M	0-0 6F	0-1 1J
6 Bristol City	0-0 30J	0-2 5D	6-0 19M	2-4 15a	0-4 23F		1-2 29a	0-2 5M	1-1 26D	2-3 19A	1-4 31O	4-0 30A	1-1 21N	2-2 13F	1-0 19a	1-0 16J	2-2 3O	1-2 16O	0-2 12J	1-0 19D	1-2 19S	0-2 5A	1-1 9A	4-1 3N
7 Burnley	2-2 15a	1-0 5M	2-0 17O	1-0 22a	1-1 22N	4-0 28D		0-0 5A	4-0 19D	4-1 25J	3-1 3N	2-1 31O	1-0 6F	0-0 2J	1-0 9A	2-1 19A	1-0 15S	0-2 23F	1-0 5D	1-2 2m	2-3 26S	0-1 20F	3-1 12S	1-1 19M
8 Cardiff City	1-1 7m	1-0 2J	2-1 23A	3-2 15D	4-1 20F	0-0 26O	2-2 28N		2-1 26S	2-1 2A	1-1 8a	2-0 12S	0-2 15S	1-0 12M	0-2 8M	2-2 20O	0-0 6F	1-1 29D	2-1 27F	0-0 16A	2-0 7N	2-2 23J	2-2 12D	2-0 22a
9 Charlton Athletic	2-1 2A	1-1 23J	2-2 15D	0-3 24O	1-3 23A	0-1 6F	0-3 7m	0-0 13F		0-1 16A	2-2 4O	1-2 15S	2-1 22a	0-3 28N	0-0 12D	0-3 13M	0-3 8M	1-0 2J	1-0 20O	3-4 8a	1-1 27F	3-1 12S	1-1 7N	0-2 28D
10 Derby County	0-3 16J	1-0 24F	4-1 9A	2-2 3O	4-0 12D	0-0 15D	2-0 21S	1-1 21N	1-1 15a		2-0 26D	2-0 5M	4-0 5A	1-2 7m	1-1 29a	0-1 18a	1-0 13F	0-0 19M	1-1 2F	0-0 3N	1-3 12J	1-0 31O	0-1 23A	4-2 18O
11 Fulham	2-5 7N	2-1 13S	1-0 7m	2-2 12D	1-2 15a	1-2 12M	2-3 8M	2-1 9A	3-0 20F	1-1 6F		1-1 22a	0-1 23J	1-2 15D	1-1 21O	0-2 27F	2-1 2A	1-3 23A	4-0 28N	4-2 25S	4-1 24O	0-1 29D	0-3 2J	0-3 29S
12 Huddersfield T	1-1 23A	1-1 15a	4-1 19S	1-5 7m	1-1 18a	1-2 12D	1-3 12M	2-3 30J	5-0 12J	1-2 24O	1-1 16J		2-2 9A	0-1 27F	0-3 7N	0-2 28N	2-0 20O	1-1 24S	3-1 26D	0-1 29a	3-1 8M	0-1 15D	2-1 2A	1-0 20F
13 Hull City	2-0 24O	1-1 26S	1-0 12D	2-0 26A	0-0 16F	4-0 2A	3-0 26D	6-0 13J	0-2 16J	2-1 27N	2-0 19a	2-0 8a		3-0 20O	2-2 23A	3-0 7N	1-1 12M	2-0 15M	1-1 29a	2-1 19S	5-1 16D	0-0 7m	1-2 26F	1-0 15A
14 Ipswich Town	1-1 18S	1-2 15M	2-0 3N	1-3 9A	2-3 29a	2-2 26S	2-0 18a	0-0 31O	0-0 5A	0-1 19D	1-1 19A	0-0 17O	0-1 23F		2-1 19M	0-2 12J	3-2 4D	1-0 30A	1-1 5M	2-1 16J	0-1 26D	2-0 2F	0-1 19M	2-2 21N
15 Leeds United	0-2 3O	0-2 29O	2-1 5M	1-1 12S	1-2 17O	1-0 23J	1-0 8a	1-2 3N	2-2 30A	1-1 29D	1-4 23F	2-1 19M	0-1 5D	0-1 15S		0-0 15F	1-1 2J	1-0 6F	1-1 20D	1-0 5A	1-1 16A	3-2 21N	0-1 22a	2-1 19A
16 Middlesbrough	0-0 12D	1-1 6F	3-0 15a	3-1 15S	1-1 7m	0-1 22a	1-0 15D	3-1 23F	3-0 31O	2-0 2J	0-0 17O	3-0 5A	1-0 18M	0-0 23A	3-0 27S		2-0 12S	0-1 23J	1-0 9A	2-1 20N	1-0 2A	1-1 3N	1-0 28D	2-0 4M
17 M K Dons	0-2 29a	3-0 17O	1-0 18a	1-4 23A	1-2 19M	0-2 20F	0-5 12J	2-1 26D	1-0 3N	1-3 26S	1-1 21N	0-2 23F	0-1 31O	1-2 12D	0-1 19S	1-1 9F		1-2 7m	0-1 15a	2-0 5M	1-0 16J	0-4 9A	2-1 15D	1-2 5A
18 Nottm Forest	1-1 12J	1-1 19A	3-0 16J	0-3 2A	1-2 11A	1-2 27F	1-1 20O	0-0 29a	1-0 18a	3-0 6N	0-2 5D	0-1 13F	1-1 3O	1-2 24O	0-0 27D	1-1 19S	2-1 19D		1-0 8M	0-0 26J	3-1 28N	2-1 15a	0-3 12M	1-1 30A
19 Preston N E	1-1 15D	1-2 21N	0-0 31O	1-3 23J	0-0 5M	1-1 15S	0-0 22A	1-2 17O	1-2 23F	2-1 12S	2-1 5A	1-0 6F	1-2 28D	1-1 22a	0-0 7m	1-1 16A	1-0 3N	1-1 19M		0-0 12D	1-1 2J	0-1 10F	1-0 26S
20 Queens Park R	2-0 27F	2-2 16S	4-3 3O	3-0 12M	2-2 15D	1-0 7m	0-0 12D	2-2 15a	2-1 9A	1-3 8M	1-1 13F	1-2 28D	1-0 1J	0-0 6F	1-0 28N	2-3 1A	3-0 24O	1-2 12S	0-0 7N		1-1 23A	4-2 22a	0-0 20O	1-1 23J
21 Reading	0-2 9A	1-0 20D	2-1 21N	1-2 28D	1-1 31O	1-0 2J	0-0 13F	1-1 19M	0-1 17O	2-2 5M	2-2 3N	1-5 19A	0-0 11S	2-1 16a	0-0 30	0-0 22a	2-1 5A	1-2 20O	1-0 30A	0-1 3D		1-0 23F	1-1 23J	0-0 6F
22 Rotherham Utd	0-0 13F	0-1 30A	4-0 26D	2-1 27F	2-0 12J	3-0 28N	1-2 20	2-1 19S	1-4 30	3-3 12M	1-1 29a	2-0 19M	2-5 19D	2-1 7N	1-0 2A	1-4 8M	0-0 8a	0-3 16A	1-1 18a	0-0 16J	0-3 20O		1-2 23O	1-2 5D
23 Sheffield Weds	3-0 26D	2-1 5A	3-2 12J	4-0 13F	0-0 3N	2-0 8a	1-1 2F	3-0 30A	0-0 19M	0-3 6D	3-2 19S	1-1 21N	1-1 17O	2-0 16A	1-3 16J	0-0 29a	1-0 31O	3-1 30	1-1 23F	1-1 19a	0-1 5M			4-1 20D
24 Wolverhampton	0-0 13M	0-0 9A	2-2 2F	0-2 21O	0-0 19S	2-1 8M	0-0 7N	1-3 16J	2-1 29a	2-1 27F	3-0 12J	1-1 30	0-0 16a	2-3 2A	1-3 17D	0-0 24O	1-1 28N	1-2 11D	2-3 13F	1-0 19a	0-0 26D	2-1 23A		

Final League Table

Pos	Team	Pld	Home					Away					Totals					Pts	GD	Leading Goalscorer	Gls
			W	D	L	F	A	W	D	L	F	A	W	D	L	F	A				
1	Burnley	46	15	6	2	38	14	11	9	3	34	21	26	15	5	72	35	93	+37	A Gray **	23
2	Middlesbrough	46	16	5	2	34	8	10	6	7	29	23	26	11	9	63	31	89	+32	D Nugent	8
3	Brighton & H A	46	15	5	3	40	18	9	12	2	32	24	24	17	5	72	42	89	+30	T Hemed	17
4	Hull City (P)	46	15	7	1	47	12	9	4	10	22	23	24	11	11	69	35	83	+34	A Hernandez	20
5	Derby County	46	12	7	4	37	16	9	8	6	29	27	21	15	10	66	43	78	+23	C Martin	15
6	Sheffield Weds	46	13	8	2	42	17	6	9	8	24	28	19	17	10	66	45	74	+21	F Forestieri	15
7	Ipswich Town	46	9	8	6	28	24	9	7	7	25	27	18	15	13	53	51	69	+2	D Murphy, B Pitman	10
8	Cardiff City	46	12	9	2	33	20	5	8	10	23	31	17	17	12	56	51	68	+5	A Pilkington	9
9	Brentford	46	10	4	9	33	30	9	4	10	39	37	19	8	19	72	67	65	+5	A Judge, L Vibe	14
10	Birmingham City	46	9	9	5	27	22	7	10	6	26	22	16	15	15	53	49	63	+4	C Donaldson	11
11	Preston N E	46	7	10	6	21	21	8	7	8	24	24	15	17	14	45	45	62	0	D Johnson	8
12	Queens Park R	46	10	9	4	37	25	4	9	10	17	29	14	18	14	54	54	60	0	C Austin, T Chery	10
13	Leeds United	46	7	8	8	23	28	7	9	7	27	30	14	17	15	50	58	59	-8	C Wood	13
14	Wolverhampton	46	7	10	6	26	26	7	6	10	27	32	14	16	16	53	58	58	-5	B Afobe	9
15	Blackburn Rovers	46	8	8	7	29	23	5	8	10	17	23	13	16	17	46	46	55	0	J Rhodes	10
16	Nottm Forest	46	7	8	8	25	26	6	8	9	18	21	13	16	17	43	47	55	-4	M Nelson Oliveira	9
17	Reading	46	8	9	6	25	20	5	4	14	27	39	13	13	20	52	59	52	-7	N Blackman	11
18	Bristol City	46	7	7	9	33	34	6	6	11	20	37	13	13	20	54	71	52	-17	J Kodjia	19
19	Huddersfield T	46	7	6	10	33	37	6	6	11	26	37	13	12	21	59	70	51	-11	N Wells	17
20	Fulham	46	8	5	10	30	36	4	10	9	30	43	12	15	19	66	79	51	-13	R McCormack	21
21	Rotherham United *	46	8	6	9	31	34	5	4	14	22	37	13	10	23	53	71	49	-18	M Derbyshire	8
22	Charlton Athletic	46	5	8	10	23	35	4	5	14	17	45	9	13	24	40	80	40	-40	J Gudmundsson	6
23	M K Dons	46	7	3	13	21	37	2	9	12	18	32	9	12	25	39	69	39	-30	N Maynard	8
24	Bolton Wanderers	46	5	11	7	24	26	0	4	19	17	55	5	15	26	41	81	30	-40	Z Clough	7

* Rotherham United were deducted 3 points. ** **A Gray** was the leading goalscorer in the division with 25 goals including 2 for Brentford.

2015/16 SKY BET LEAGUE 1 [LEVEL 3]
SEASON 117

Total Matches 552
Total Goals 1457
Avg goals per match 2.64

Results Grid

		Barnsley	Blackpool	Bradford City	Burton Albion	Bury	Chesterfield	Colchester Utd	Coventry City	Crewe Alexandra	Doncaster Rov	Fleetwood Town	Gillingham	Millwall	Oldham Athletic	Peterborough U	Port Vale	Rochdale	Scunthorpe Utd	Sheffield United	Shrewsbury T	Southend Utd	Swindon Town	Walsall	Wigan Athletic
1	Barnsley		4-2	0-0	1-0	3-0	1-2	2-2	2-0	1-2	1-0	0-1	2-0	2-1	2-1	1-0	1-2	6-1	0-0	1-1	1-2	0-2	4-1	0-2
2	Blackpool	1-1		0-1	1-2	1-1	2-0	0-1	0-1	2-0	0-2	1-0	1-1	0-0	2-0	0-1	0-2	5-0	0-0	2-3	2-0	1-0	0-4	0-4
3	Bradford City	0-1	1-0		2-0	2-1	2-0	1-2	0-0	2-0	2-1	2-1	1-2	1-0	1-0	0-2	1-0	2-2	1-0	2-2	1-1	2-0	1-0	4-0
4	Burton Albion	0-0	4-3	3-1		1-1	1-0	5-1	1-2	0-0	3-3	2-1	2-1	2-1	0-0	2-1	2-0	1-0	2-1	0-0	1-2	1-0	1-0	1-1
5	Bury	0-0	4-3	0-0	1-0		1-0	5-2	2-1	0-0	1-0	3-4	0-1	1-3	1-1	3-1	1-0	0-0	1-2	1-0	2-2	3-2	2-2	2-3
6	Chesterfield	3-1	1-1	0-1	1-2	3-0		3-3	1-1	3-1	1-1	0-0	1-3	1-2	0-1	4-2	0-0	0-3	0-3	7-1	3-0	0-4	1-4	2-3
7	Colchester Utd	2-3	2-2	2-0	0-3	0-1	1-1		1-3	2-3	4-1	1-1	2-1	0-0	1-4	2-1	1-2	2-2	1-2	0-0	0-2	1-4	4-4	3-3
8	Coventry City	4-3	0-0	1-0	0-2	6-0	1-0	0-1		3-2	2-2	1-2	4-1	2-1	1-1	3-2	1-0	0-1	1-2	3-1	3-0	2-2	0-0	1-1	2-0
9	Crewe Alexandra	1-2	1-2	0-1	1-1	3-3	1-2	1-1	0-5		3-1	1-1	0-1	1-3	1-0	1-5	0-0	2-0	2-3	1-0	1-2	1-3	1-1	1-1	1-1
10	Doncaster Rovers	2-1	0-1	0-1	0-0	1-1	3-0	2-0	2-0	3-2		2-0	2-2	1-1	1-1	1-2	0-2	0-1	0-1	0-1	0-2	1-2	3-1
11	Fleetwood Town	0-2	0-0	1-1	4-0	2-0	0-1	4-0	0-1	2-0	0-0		2-1	2-1	1-0	2-0	1-2	1-1	2-1	2-2	0-0	1-1	5-1	0-1	1-3
12	Gillingham	2-1	2-1	3-0	0-3	3-1	1-2	1-0	0-0	3-0	1-0	5-1		1-2	3-3	2-1	0-2	2-0	2-1	4-0	2-3	1-1	0-0	1-2	2-0
13	Millwall	2-3	3-0	0-0	2-0	1-0	0-2	4-1	0-4	1-1	2-0	1-0	0-3		3-0	3-0	3-1	3-1	0-2	1-0	3-1	0-2	2-0	0-1	0-0
14	Oldham Athletic	1-2	1-0	1-2	0-1	1-0	1-0	1-0	0-2	1-0	1-2	0-1	2-1	1-2		1-5	1-2	2-3	2-4	1-1	1-1	2-5	2-0	1-0	1-1
15	Peterborough U	3-2	5-1	0-4	0-1	2-3	2-0	2-1	3-1	3-0	4-0	2-1	1-1	5-3	1-2		2-3	1-2	0-2	1-3	1-1	0-0	1-2	1-1	2-3
16	Port Vale	0-1	2-0	1-1	0-4	1-0	3-2	2-0	1-1	3-0	0-0	1-1	0-2	1-1	1-1		4-1	1-1	2-1	2-0	3-1	1-0	0-5	3-2
17	Rochdale	3-0	3-0	1-3	2-1	3-0	2-3	3-1	0-0	2-2	2-2	1-0	1-1	0-1	0-0	2-0	2-1		2-1	2-0	3-2	4-1	2-2	1-2	0-2
18	Scunthorpe Utd	2-0	0-1	0-2	1-0	2-1	1-1	3-0	1-0	2-0	1-0	0-0	0-0	1-0	4-0	1-0	1-1		0-1	2-1	1-0	6-0	0-1	1-1
19	Sheffield United	0-0	2-0	3-1	0-1	1-3	2-0	2-3	1-0	3-2	3-0	0-0	1-2	3-0	2-3	1-0	3-2	0-2		2-4	2-2	1-1	2-0	0-2
20	Shrewsbury T	0-3	2-0	1-1	0-1	2-0	1-2	4-2	2-1	0-1	1-2	1-1	2-2	1-2	0-1	3-4	1-1	2-0	2-2	1-2		1-2	0-1	1-3	1-5
21	Southend United	2-1	1-0	0-1	3-1	4-1	0-1	3-0	3-0	1-1	0-3	2-2	1-1	0-4	0-1	2-1	1-0	2-2	2-1	3-1	0-1		0-1	0-2	0-0
22	Swindon Town	0-1	3-2	4-1	0-1	0-1	1-0	1-2	2-2	4-3	2-0	1-1	1-3	2-2	1-2	1-2	2-2	2-1	2-1	0-2	3-0	4-2		2-1	1-4
23	Walsall	1-3	1-1	2-1	2-0	0-1	1-2	2-1	2-1	1-1	2-0	3-1	3-2	0-3	1-1	2-0	2-0	0-3	0-0	1-1	2-1	1-0	1-1		1-2
24	Wigan Athletic	1-4	0-1	1-0	0-1	3-0	3-1	5-0	1-0	0-0	1-0	0-0	2-1	3-2	2-2	0-0	1-1	3-0	1-0	3-0	3-3	1-0	4-1	1-0	

Final League Table

Pos	Team	Pld	Home					Away					Totals					Pts	GD	Leading Goalscorer	Gls
			W	D	L	F	A	W	D	L	F	A	W	D	L	F	A				
1	Wigan Athletic	46	14	6	3	39	17	10	9	4	43	28	24	15	7	82	45	87	+37	W Grigg	25
2	Burton Albion	46	13	8	2	32	16	12	2	9	25	21	25	10	11	57	37	85	+20	L Akins	12
3	Walsall	46	11	6	6	31	26	13	6	4	40	23	24	12	10	71	49	84	+22	T Bradshaw	17
4	Millwall	46	13	3	7	34	22	11	6	6	39	27	24	9	13	73	49	81	+24	L Gregory	18
5	Bradford City	46	14	5	4	32	16	9	6	8	23	24	23	11	12	55	40	80	+15	J Hanson	11
6	Barnsley (P)	46	11	4	8	35	24	11	4	8	35	30	22	8	16	70	54	74	+16	S Winnall	21
7	Scunthorpe Utd	46	12	6	5	28	15	9	5	9	32	32	21	11	14	60	47	74	+13	P Madden	20
8	Coventry City	46	12	6	5	41	24	7	6	10	26	25	19	12	15	67	49	69	+18	A Armstrong	20
9	Gillingham	46	13	4	6	41	24	6	8	9	30	32	19	12	15	71	56	69	+15	B Dack	13
10	Rochdale	46	12	6	5	41	25	7	6	10	27	36	19	12	15	68	61	69	+7	I Henderson	13
11	Sheffield United	46	11	8	4	37	29	7	8	8	27	30	18	12	16	64	59	66	+5	B Sharp	21
12	Port Vale	46	12	7	4	35	25	6	4	13	23	33	18	11	17	58	58	65	-2	A Leitch-Smith	10
13	Peterborough U	46	9	4	10	42	37	10	2	11	40	36	19	6	21	82	73	63	+9	L Angol, M Maddison, J Taylor	11
14	Southend United	46	10	6	8	30	26	6	6	11	28	38	16	11	19	58	64	59	-6	J Payne	9
15	Swindon Town	46	10	4	9	39	36	6	7	10	25	35	16	11	19	64	71	59	-7	N Ajose	24
16	Bury *	46	10	8	5	36	29	6	4	13	20	44	16	12	18	56	73	57	-17	L Clarke	15
17	Oldham Athletic	46	7	5	11	25	35	5	13	5	19	23	12	18	16	44	58	54	-14	L Kelly	6
18	Chesterfield	46	6	6	11	36	39	9	2	12	22	31	15	8	23	58	70	53	-12	L Novak	14
19	Fleetwood Town	46	9	8	6	33	20	3	7	13	19	36	12	15	19	52	56	51	-4	R Grant	10
20	Shrewsbury T	46	5	5	13	29	39	8	6	9	29	40	13	11	22	58	79	50	-21	S KaiKai	12
21	Doncaster Rovers	46	7	7	9	27	24	4	6	13	21	40	11	13	22	48	64	46	-16	A Williams	12
22	Blackpool	46	8	5	10	22	24	4	5	14	18	39	12	10	24	40	63	46	-23	M Cullen	9
23	Colchester United	46	6	9	8	32	43	5	4	14	25	56	9	13	24	57	99	40	-42	G Moncur	12
24	Crewe Alexandra	46	4	7	12	25	40	3	6	14	21	43	7	13	26	46	83	34	-37	B Inman	10

* Bury deducted 3 points.

2015/16 SKY BET LEAGUE 2 [LEVEL 4]
SEASON 117

Total Matches: 552
Total Goals: 1472
Avg goals per match: 2.67

		Accrington S	AFC Wimbledon	Barnet	Bristol Rovers	Cambridge United	Carlisle Town	Crawley Town	Dagenham & R	Exeter City	Hartlepool Utd	Leyton Orient	Luton Town	Mansfield Town	Morecambe	Newport County	Northampton T	Notts County	Oxford United	Plymouth Argyle	Portsmouth	Stevenage	Wycombe W	Yeovil Town	York City
1	Accrington S		3-4 200	2-2 27F	1-0 30J	1-1 2A	1-1 16F	4-1 13F	3-1 240	4-2 19S	3-1 19J	1-0 25M	1-1 8a	1-0 18a	2-2 16A	2-2 14N	1-1 29a	3-2 23F	1-3 30	2-1 12M	1-3 8M	0-0 7m	1-1 16M	2-1 29S	3-0 23A
2	AFC Wimbledon	0-0 5M		2-0 30	0-0 26D	1-2 18a	1-0 23F	1-0 16A	0-1 24N	2-1 29a	2-0 31O	1-0 23A	4-1 13F	3-1 16J	2-5 17O	1-0 7m	1-1 29S	2-1 19S	1-2 27F	0-2 8a	0-1 26A	1-2 12D	1-2 21N	2-3 30J	2-1 19M
3	Barnet	1-2 10O	1-2 20F		1-0 9J	0-0 29a	0-0 16J	4-2 19D	3-1 26S	2-0 31O	1-3 5M	3-0 9A	2-1 28M	1-3 28N	0-0 21N	2-0 26D	2-0 18a	3-1 19A	0-3 19M	1-0 1M	1-0 23F	3-2 19S	0-2 15a	3-4 30A	3-1 17O
4	Bristol Rovers	0-1 12S	3-1 8M	3-1 22a		3-0 25M	2-0 14N	3-0 2A	2-1 7m	3-1 23A	4-1 1M	2-1 28D	2-0 2J	1-0 12M	2-1 20F	1-4 240	0-1 8a	0-0 200	0-1 6S	1-1 23J	1-2 26S	1-2 24N	3-0 1D	2-1 16A	2-1 12D
5	Cambridge Utd	2-3 21N	1-4 2J	2-1 28D	1-2 30O		0-0 16A	0-3 22a	1-0 6F	0-1 5M	1-1 23J	1-1 12S	1-0 5S	1-0 19D	1-1 19a	0-0 8a	2-0 17O	2-1 28N	3-1 30A	0-0 10O	2-2 26S	1-3 1M	1-0 19M	1-0 19M	3-1 20F
6	Carlisle United	2-0 6F	1-1 22a	3-2 5S	3-2 28M	4-4 15a		3-1 28N	2-1 12S	1-0 17O	1-0 5A	2-2 1M	1-2 19A	1-2 9A	2-3 100	0-1 26S	1-4 5M	3-0 19D	0-2 30A	0-2 2J	2-2 21N	1-1 20F	1-1 19M	3-2 31O	1-1 23J
7	Crawley Town	0-3 26S	1-2 15a	0-3 7m	1-2 21N	0-1 9J	0-1 23A		3-2 12D	0-2 28M	0-0 19M	3-2 100	2-1 17O	0-1 30J	1-1 5M	2-0 1M	1-2 24N	0-1 16J	1-5 9A	1-1 20F	0-0 18a	2-1 26D	0-0 2a	0-1 31O	1-1 19S
8	Dagenham & R	0-1 19M	0-2 19A	0-2 13F	0-3 19D	0-3 26D	0-0 8M	3-0 30A		1-2 18a	0-1 17O	1-3 15a	0-2 1N	3-4 30	2-1 5A	0-0 19S	1-2 16J	1-1 19S	0-1 21N	1-1 28N	1-1 9A	1-1 29a	1-2 9F	1-0 27F	1-0 5M
9	Exeter City	2-1 23J	0-2 28D	1-1 25M	1-1 28N	1-0 21O	2-2 12M	2-2 14N	1-2 2J		1-0 12S	4-0 5S	2-3 19D	2-3 19A	1-1 30A	0-0 20F	1-1 16A	1-4 240	2-1 23F	1-1 2A	3-3 1M	0-2 110	3-2 26S	0-0 8a	0-0 22a
10	Hartlepool United	1-2 19A	1-0 25M	1-0 200	1-0 29S	0-3 19S	1-2 29a	2-3 240	1-2 12M	0-2 30J		3-1 150	1-4 30	2-1 8a	2-0 18a	1-0 27F	0-0 16F	2-3 28N	0-1 19D	1-2 30A	0-2 9F	1-2 16J	2-1 13F	2-1 16A	
11	Leyton Orient	0-1 31O	1-1 28N	2-0 8a	2-0 29a	1-3 30J	1-2 29S	2-0 27F	3-2 16L	1-3 16J	0-2 28M		0-1 5M	1-0 30A	1-0 19M	0-0 26J	1-0 13F	0-4 30	3-1 170	2-1 19M	1-3 26D	3-2 18a	3-0 19S	1-1 18O	1-1 3-2 21N
12	Luton Town	0-2 9A	2-0 26S	2-0 14N	0-1 18a	0-0 16J	3-4 24N	0-1 12A	1-0 7m	4-1 20F	2-1 200	1-1		1-0 19S	1-0 1M	3-4 23A	0-2 12D	2-2 30J	1-2 15a	1-2 240	1-0 29a	0-2 2A	0-1 26D	1-1 2F	1-1 10O
13	Mansfield Town	2-3 2J	1-1 5S	1-1 23A	1-2 170	0-0 7m	1-0 8a	4-0 12S	3-2 20F	0-2 24N	3-1 21N	1-1 12D	0-2 23J		2-1 6F	3-0 100	2-2 28M	5-0 16A	1-1 22a	1-0 26S	1-1 19M	2-1 9J	0-2 31O	0-1 5M	1-1 28D
14	Morecambe	1-0 15a	2-1 12M	4-2 2A	3-4 30	2-4 24N	1-2 27F	3-1 200	1-0 1D	1-1 12J	2-5 9A	0-1 240	1-3 29S	1-2 26J		1-2 30J	2-4 19S	4-1 29a	2-4 13F	0-2 25M	1-1 2F	1-4 23A	0-1 18a	2-1 16J	1-1 7m
15	Newport County	0-2 28M	2-2 19D	0-3 8M	1-4 19M	0-1 9A	1-0 13F	0-3 29S	2-2 23J	1-1 3O	0-2 15M	0-3 22a	3-0 28N	1-0 27F	1-2 12S		2-2 31O	0-1 30A	1-1 19A	0-1 28D	2-2 17O	1-0 15a	1-0 5M	0-0 21N	0-3 5S
16	Northampton T	1-0 28D	1-1 1M	3-0 2J	2-2 9A	1-1 12M	3-2 200	2-1 19A	1-2 5S	3-0 15a	1-1 100	2-0 26S	1-0 30A	2-1 14N	1-1 23J	1-0 25M		2-2 2A	1-0 12S	1-2 22a	1-2 19D	1-0 240	1-0 20F	2-0 28N	2-0 6F
17	Notts County	1-1 22a	0-2 23J	4-2 24N	0-2 5M	1-2 23A	0-5 7m	4-1 22S	0-0 1M	1-4 19M	1-0 12A	0-1 20F	3-2 12S	0-2 14a	2-2 28D	4-3 12D	1-2 21O		2-4 2A	0-2 19S	2-1 310	1-0 29S	0-0 4A	2-0 170	1-0 26S
18	Oxford United	1-2 20F	0-2 10O	2-3 24O	1-2 17J	1-0 14N	1-1 12D	4-0 8a	3-0 15M	0-1 26D	2-3 23A	2-2 12M	0-0 16A	0-1 9F	2-3 26S	2-2 24N	0-0 16F	3-1 18a		1-0 200	1-1 19S	1-1 25M	3-0 7m	2-0 29a	4-0 1M
19	Plymouth Argyle	1-0 17O	1-2 9A	0-1 29S	1-1 19S	4-1 12D	2-1 18a	2-1 3O	1-2 23A	1-2 21N	5-0 7m	1-1 24N	1-0 19M	3-0 13F	2-0 31O	1-0 29a	1-2 12J	1-0 27F	1-2 5M		1-2 3-2 15a	0-1 16J	3-2 30J	3-2 26D	1-0 28M
20	Portsmouth	0-0 5S	0-0 15N	3-1 12S	3-1 13F	2-1 27F	1-0 2A	3-0 2J	3-0 8a	1-2 29S	4-0 12D	0-1 6F	0-0 28D	3-3 240	0-3 22a	1-2 12M	4-0 7m	0-1 25M	1-2 23J	1-1 16A		1-1 200	2-1 23A	0-0 30	6-0 24N
21	Stevenage	1-1 19D	0-0 30A	0-0 23J	0-0 19A	2-0 13F	0-1 3O	1-3 6F	0-2 28D	2-0 27F	2-2 22a	0-0 2J	0-0 21N	2-2 29S	0-2 28N	4-3 16A	2-1 19M	2-3 8a	0-2 310	1-5 5M	2-1 5M		0-2 170	2-1 5A	2-2 12S
22	Wycombe Wand	0-1 30A	1-2 2A	1-1 16A	1-0 27F	1-0 29S	1-1 26D	2-0 22a	1-1 13F	2-0 5S	2-2 23J	1-2 6F	1-0 25M	2-1 2J	0-2 200	0-2 30	2-2 15D	2-1 19D	1-2 12S	2-2 28N	1-0 12M	0-0 19A		0-0 8a	3-0
23	Yeovil Town	1-0 1M	1-1 12S	2-2 12D	0-1 15a	2-3 24O	0-0 25M	2-1 23J	2-2 100	0-2 9A	1-2 26S	0-1 7m	2-4 22a	0-1 200	1-1 5S	1-0 2A	0-0 23A	0-0 12M	1-1 28D	2-2 23F	0-1 20F	1-1 14N	0-1 24N		1-0 2J
24	York City	1-5 28N	1-3 240	1-1 12M	1-4 30A	2-2 30	2-2 19S	2-2 25M	2-2 200	2-0 16F	1-2 15a	1-2 2A	1-2 7F	1-2 29a	2-1 19D	0-1 16J	1-2 23F	1-2 13F	1-0 29S	2-1 14N	1-2 19A	3-1 30J	2-1 9A	1-0 18a	

Final League Table

Pos	Team	Pld	Home W	D	L	F	A	Away W	D	L	F	A	Totals W	D	L	F	A	Pts	GD	Leading Goalscorer	Gls
1	Northampton T	46	15	5	3	38	19	14	7	2	44	27	29	12	5	82	46	99	+36	M Richards	15
2	Oxford United	46	10	7	6	37	20	14	7	2	47	21	24	14	8	84	41	86	+43	K Roofe	18
3	Bristol Rovers	46	15	2	6	41	21	11	5	7	36	25	26	7	13	77	46	85	+31	M Taylor	27
4	Accrington S	46	11	9	3	43	30	13	4	6	31	18	24	13	9	74	48	85	+26	B Kee	17
5	Plymouth Argyle	46	12	3	8	39	26	12	6	5	33	20	24	9	13	72	46	81	+26	G Carey, J Jervis	11
6	Portsmouth	46	10	7	6	38	19	11	8	4	37	25	21	15	10	75	44	78	+31	G Evans, M McNulty	10
7	AFC Wimbledon (P)	46	11	4	8	30	25	10	8	5	34	25	21	12	13	64	50	75	+14	L Taylor	20
8	Leyton Orient	46	11	5	7	30	27	8	8	7	27	30	19	12	15	60	61	69	-1	J Simpson	25
9	Cambridge United	46	10	6	7	37	28	8	7	8	29	27	18	14	14	66	55	68	+11	L Berry, B Corr, B Williamson	12
10	Carlisle United	46	10	6	7	38	35	7	10	6	29	27	17	16	13	67	62	67	+5	J Ibehre	15
11	Luton Town	46	7	6	10	27	29	12	3	8	36	32	19	9	18	63	61	66	+2	J Marriott	14
12	Mansfield Town	46	7	10	6	34	26	10	3	10	27	27	17	13	16	61	53	64	+8	M Green	16
13	Wycombe Wand	46	9	6	8	25	24	8	7	8	20	20	17	13	16	45	44	64	+1	M Harriman, G Thompson	7
14	Exeter City	46	6	11	6	32	33	11	2	10	31	32	17	13	16	63	65	64	-2	A Nichols, J Stockley	10
15	Barnet	46	13	3	7	37	27	4	8	11	30	41	17	11	18	67	68	62	-1	J Akinde	23
16	Hartlepool United	46	9	3	11	27	32	6	3	14	22	40	15	6	25	49	72	51	-23	B Paynter	14
17	Notts County	46	9	4	10	30	38	5	7	11	24	25	14	11	21	54	83	51	-29	J Stead	11
18	Stevenage	46	6	8	9	23	27	5	7	11	29	35	11	15	20	52	67	48	-15	C Whelpdale	8
19	Yeovil Town	46	6	9	8	23	27	5	4	14	20	32	11	13	22	43	59	48	-16	R Bird	9
20	Crawley Town	46	8	5	10	21	30	5	3	15	24	48	13	8	25	45	78	47	-33	R Murphy	9
21	Morecambe	46	7	2	14	36	47	5	7	11	33	44	12	10	24	69	91	46	-22	S Miller	15
22	Newport County	46	4	8	11	21	35	6	5	12	22	29	10	13	23	43	64	43	-21	S Boden	13
23	Dagenham & R	46	3	6	14	15	37	5	8	10	29	44	8	10	28	46	81	34	-35	C Doidge	8
24	York City	46	6	7	10	33	41	1	6	16	18	46	7	13	26	51	87	34	-36	B Fewster	8

2016/17 BARCLAYS PREMIER LEAGUE
SEASON 25

Total Matches: 380
Total Goals: 1064
Avg goals per match: 2.80

		Arsenal	Bournemouth	Burnley	Chelsea	Crystal Palace	Everton	Hull City	Leicester City	Liverpool	Manchester City	Manchester Utd	Middlesbrough	Southampton	Stoke City	Sunderland	Swansea City	Tottenham H	Watford	West Brom A	West Ham Utd
1	Arsenal		3-1	2-1	3-0	2-0	3-1	2-0	1-0	3-4	2-2	2-0	0-0	2-1	3-1	2-0	3-2	1-1	1-2	1-0	3-0
			27N	22J	24S	1J	21m	11F	26A	14a	2A	7m	22O	10S	10D	16m	15O	6N	31J	26D	5A
2	Bournemouth	3-3		2-1	1-3	0-2	1-0	6-1	1-0	4-3	0-2	1-3	4-0	1-3	2-2	1-2	2-0	0-0	2-2	1-0	3-2
		3J		13m	8A	31J	24S	15O	13D	4D	13F	14a	22A	18D	6m	5N	18M	22O	21J	10S	11M
3	Burnley	0-1	3-2		1-1	3-2	2-1	1-1	1-0	2-0	1-2	0-2	1-0	1-0	1-0	4-1	0-1	0-2	2-0	2-2	1-2
		2O	10D		12F	5N	22O	10S	31J	20a	26N	23A	26D	14J	4A	31F	13a	1A	26S	6m	21m
4	Chelsea	3-1	3-0	3-0		1-2	5-0	2-0	3-0	1-2	2-1	4-0	3-0	4-2	4-2	5-1	3-1	2-1	4-3	1-0	2-1
		4F	26D	27a		1A	5N	22J	15O	16S	5A	23O	8m	25A	31D	21m	24F	26N	15m	11D	15a
5	Crystal Palace	3-0	1-1	0-2	0-1		0-1	4-0	2-2	2-4	1-2	1-2	1-0	3-0	4-1	0-4	1-2	0-1	1-0	0-1	0-1
		10A	27a	29A	17D		21J	14m	15A	29O	19N	14D	25F	3D	18S	4F	3J	26A	18M	13a	15O
6	Everton	2-1	6-3	3-1	0-3	1-1		4-0	4-2	0-1	4-0	1-1	3-1	3-0	1-0	2-0	1-1	1-1	1-0	3-0	2-0
		13D	4F	15A	30A	30S		18M	9A	19D	15J	4D	17S	2J	27a	25F	19N	13a	12m	11M	30O
7	Hull City	1-4	3-1	1-1	0-2	3-3	2-2		2-1	2-0	0-3	0-1	4-2	2-1	0-2	0-2	2-1	1-7	2-0	1-1	2-1
		17S	14J	25F	1O	10D	30D		13a	4F	26D	27a	5A	6N	22O	6m	11M	21m	22A	26N	1A
8	Leicester City	0-0	1-1	3-0	0-3	3-1	0-2	3-1		3-1	4-2	0-3	2-2	0-0	2-0	2-0	2-1	1-6	3-0	1-2	1-0
		20a	21m	17S	14J	22O	26D	4M		27F	10D	5F	26N	2O	1A	4A	27a	18m	6m	6N	31D
9	Liverpool	3-1	2-2	2-1	1-1	2-3	3-1	5-1	4-1		1-0	0-0	3-0	0-0	4-1	2-0	2-3	0-0	6-1	2-1	2-2
		4M	5A	12M	31J	23A	1A	24S	10S		31D	17O	21m	7m	27D	26N	21J	11F	6N	22O	11D
10	Manchester City	2-1	4-0	2-1	1-3	5-0	1-1	3-1	2-1	1-1		0-0	1-1	1-1	0-0	2-1	2-1	2-2	2-0	3-1	3-1
		18D	17S	2J	3D	6m	15O	8A	13m	19M		27A	5N	23O	8M	13a	5F	21J	14D	6m	28a
11	Manchester United	1-1	1-1	0-0	2-0	2-0	1-1	0-0	4-1	1-1	1-2		2-1	2-0	1-1	3-1	1-1	1-0	2-0	0-0	1-1
		19N	4M	29O	16A	21m	4A	1F	24S	15J	10S		31D	19a	2O	26D	30A	11D	11F	1A	27N
12	Middlesbrough	1-2	2-0	0-0	0-1	1-2	0-0	1-0	0-0	0-3	2-2	1-3		1-2	1-1	1-0	3-0	1-2	0-1	1-1	1-3
		17A	29O	8A	20N	10S	11F	5D	2J	14D	30A	19M		13m	13a	26A	17D	24S	16O	31J	21J
13	Southampton	0-2	0-0	3-1	0-2	3-1	1-0	0-0	3-0	0-0	0-3	0-0	1-0		0-1	1-1	1-0	1-4	1-1	1-2	1-3
		10m	1A	16O	30O	5A	27N	29A	22J	19N	15A	17m	11D		21m	27a	18S	28D	13a	31D	4F
14	Stoke City	1-4	0-1	2-0	1-2	1-0	1-1	3-1	2-2	1-2	1-4	1-1	2-0	0-0		2-0	3-1	0-4	2-0	1-1	0-0
		13m	19N	3D	18M	11F	1F	15A	17D	8A	20a	21J	4M	14D		15O	31O	10S	3J	24S	29A
15	Sunderland	1-4	0-1	0-0	0-1	2-3	0-3	3-0	2-1	2-2	0-2	0-3	1-2	0-4	1-3		0-2	0-0	1-0	1-1	2-2
		29O	29A	8M	14D	24S	12S	19N	3D	2J	5M	9A	21a	11F	14J		13m	31J	17D	1O	15A
16	Swansea City	0-4	0-3	3-2	2-2	5-4	1-0	0-2	2-0	1-2	1-3	1-3	0-0	2-1	2-0	3-0		1-3	0-0	2-1	1-4
		14J	31D	4M	11S	26N	6m	20a	12F	1O	24S	6N	2A	31J	22A	10D		5A	22O	21m	26D
17	Tottenham Hotspur	2-0	4-0	2-1	2-0	1-0	3-2	3-0	1-1	1-1	2-0	2-1	1-0	2-1	4-0	1-0	5-0		4-0	4-0	3-2
		30A	15A	18D	4J	20a	5M	14D	29O	27a	2O	14m	4F	19M	26F	18S	3D		8A	14J	19N
18	Watford	1-3	2-2	2-1	1-2	1-1	3-2	1-0	2-1	0-1	0-5	3-1	0-0	3-4	0-1	1-0	1-0	1-4		2-0	1-1
		27a	1O	4F	20a	26D	10D	29O	19N	1m	21m	18S	14J	4M	27N	1A	15A	1J		4A	25F
19	West Bromwich Albion	3-1	2-1	4-0	0-1	0-2	1-2	3-1	0-1	0-1	0-4	0-2	0-0	0-1	1-0	2-0	3-1	1-1	3-1		4-2
		18M	25F	21N	12m	4M	20a	2J	29A	16A	29O	17D	28a	8A	4F	21J	14D	15O	3D		17S
20	West Ham United	1-5	1-0	1-0	1-2	3-0	0-0	1-0	2-3	0-4	0-4	0-2	1-1	0-3	1-1	1-0	1-0	1-0	2-4	2-2	
		3D	21a	14D	6M	14J	22A	17D	18M	14m	1F	2J	25S	5N	22O	8A	5m	10S	11F		

Final League Table

Pos	Team	Pld	Home					Away					Totals					Pts	GD	Leading Goalscorer	Gls
			W	D	L	F	A	W	D	L	F	A	W	D	L	F	A				
1	Chelsea	38	17	0	2	55	17	13	3	3	30	16	30	3	5	85	33	93	+52	D Costa	20
2	Tottenham H	38	17	2	0	47	9	9	6	4	39	17	26	8	4	86	26	86	+60	H Kane	29
3	Manchester City	38	11	7	1	37	17	12	2	5	43	22	23	9	6	80	39	78	+41	S Aguero	20
4	Liverpool	38	12	5	2	45	18	10	5	4	33	24	22	10	6	78	42	76	+36	P Coutinho, S Mane	13
5	Arsenal	38	14	3	2	39	16	9	3	7	38	28	23	6	9	77	44	75	+33	A Sanchez	24
6	Manchester Utd	38	8	10	1	26	12	10	5	4	28	17	18	15	5	54	29	69	+25	Z Ibrahimovic	17
7	Everton	38	13	4	2	42	16	4	6	9	20	28	17	10	11	62	44	61	+18	R Lukaku	25
8	Southampton	38	6	6	7	17	21	6	4	9	24	27	12	10	16	41	48	46	-7	N Redmond	7
9	Bournemouth	38	9	4	6	35	29	3	6	10	20	38	12	10	16	55	67	46	-12	J King	16
10	West Brom A	38	9	2	8	27	22	3	7	9	16	29	12	9	17	43	51	45	-8	J Rondon	8
11	West Ham United	38	7	4	8	19	31	5	5	9	28	33	12	9	17	47	64	45	-17	M Antonio	9
12	Leicester City	38	10	4	5	31	25	2	4	13	17	38	12	8	18	48	63	44	-15	J Vardy	13
13	Stoke City	38	7	6	6	24	24	4	5	10	17	32	11	11	16	41	56	44	-15	P Crouch	7
14	Crystal Palace	38	6	2	11	24	25	6	3	10	26	38	12	5	21	50	63	41	-13	C Benteke	15
15	Swansea City	38	8	3	8	27	34	4	2	13	18	36	12	5	21	45	70	41	-25	F Llorente	15
16	Burnley	38	10	3	6	26	20	1	4	14	13	35	11	7	20	39	55	40	-16	S Vokes	16
17	Watford	38	8	4	7	25	29	3	3	13	15	39	11	7	20	40	68	40	-28	T Deeney	10
18	Hull City	38	8	4	7	28	35	1	3	15	9	45	9	7	22	37	80	34	-43	R Snodgrass	7
19	Middlesbrough	38	4	6	9	17	23	1	7	11	10	30	5	13	20	27	53	28	-26	A Negredo	9
20	Sunderland	38	3	5	11	16	34	3	1	15	13	35	6	6	26	29	69	24	-40	J Defoe	15

2016/17 SKY BET CHAMPIONSHIP [LEVEL 2]
SEASON 118

Total Matches	552
Total Goals	1441
Avg goals per match	2.61

Final League Table

Pos	Team	Pld	Home					Away					Totals						Leading Goalscorer	Gls
			W	D	L	F	A	W	D	L	F	A	W	D	L	F	A	Pts	GD		
1	Newcastle United	46	15	3	5	49	23	14	4	5	36	17	29	7	10	85	40	94	+45	D Gayle	23
2	Brighton & H A	46	17	3	3	46	14	11	6	6	28	26	28	9	9	74	40	93	+34	G Murray	23
3	Reading	46	16	5	2	35	16	10	2	11	33	48	26	7	13	68	64	85	+4	Y Kermorgant	18
4	Sheffield Weds	46	15	2	6	36	22	9	7	7	24	23	24	9	13	60	45	81	+15	F Forestieri	12
5	Huddersfield T (P)	46	15	2	6	34	26	10	4	9	22	32	25	6	15	56	58	81	-2	E Kachunga	12
6	Fulham	46	10	8	5	45	32	12	6	5	40	25	22	14	10	85	57	80	+28	T Cairney	12
7	Leeds United	46	14	4	5	32	16	8	5	10	29	31	22	9	15	61	47	75	+14	C Wood	27
8	Norwich City	46	15	4	4	55	22	5	6	12	30	47	20	10	16	85	69	70	+16	C Jerome	16
9	Derby County	46	11	8	4	33	20	7	5	11	21	30	18	13	15	54	50	67	+4	T Ince	14
10	Brentford	46	11	5	7	42	25	7	5	11	33	40	18	10	18	75	65	64	+10	L Vibe	14
11	Preston N E	46	11	6	6	40	26	5	8	10	24	37	16	14	16	64	63	62	+1	J Hugill	12
12	Cardiff City	46	11	4	8	31	26	6	7	10	29	35	17	11	18	60	61	62	-1	K Zahore	12
13	Aston Villa	46	12	8	3	33	20	4	6	13	14	28	16	14	16	47	48	62	-1	J Kodjia	19
14	Barnsley	46	6	11	6	32	33	9	2	12	32	34	15	13	18	64	67	58	-3	S Winnall	11
15	Wolverhampton	46	8	4	11	25	30	8	6	9	29	28	16	10	20	54	58	58	-4	D Edwards, Helder Costa	10
16	Ipswich Town	46	8	10	5	30	24	5	9	9	22	18	13	19	14	52	42	58	-10	T Lawrence	9
17	Bristol City	46	11	4	8	33	26	4	5	14	27	40	15	9	22	60	66	54	-6	T Abraham	23
18	Queens Park R	46	9	4	10	30	32	6	4	13	22	34	15	8	23	52	66	53	-14	I Sylla	10
19	Birmingham City	46	8	10	25	31	5	9	9	20	33	13	14	19	45	64	53	-19	L Jutkiewicz	11
20	Burton Albion	46	9	6	8	28	30	4	9	10	21	33	13	15	18	49	63	52	-14	J Irvine	10
21	Nottm Forest	46	12	4	7	42	30	2	5	16	20	42	14	9	23	62	72	51	-10	B Assombalonga	14
22	Blackburn Rovers	46	8	7	8	29	30	7	12	24	35	12	15	19	53	65	51	-12	D Graham	12
23	Wigan Athletic	46	5	8	10	19	26	5	4	14	21	31	10	12	24	40	57	42	-17	N Powell	6
24	Rotherham United *	46	5	6	12	23	34	0	2	21	17	64	5	8	33	40	98	23	-58	D Ward	10

* Rotherham United were deducted 3 points.

2016/17 SKY BET LEAGUE 1 [LEVEL 3]
SEASON 118

Total Matches	552
Total Goals	1417
Avg goals per match	2.57

	Team	AFC Wimbledon	Bolton Wand	Bradford City	Bristol Rovers	Bury	Charlton Athletic	Chesterfield	Coventry City	Fleetwood Town	Gillingham	Millwall	M K Dons	Northampton T	Oldham Athletic	Oxford United	Peterborough U	Port Vale	Rochdale	Scunthorpe Utd	Sheffield United	Shrewsbury T	Southend Utd	Swindon Town	Walsall
1	AFC Wimbledon		1-2	2-3	0-1	5-1	1-1	2-1	1-1	2-2	2-0	2-2	2-0	0-1	0-0	2-1	0-0	4-0	3-1	1-2	2-3	1-1	0-2	0-0	1-0
2	Bolton Wand	1-1		0-0	1-1	0-0	1-2	0-0	1-0	2-1	4-0	2-0	1-1	2-1	2-0	0-2	3-0	3-1	1-0	2-1	1-0	2-1	1-1	1-2	4-1
3	Bradford City	3-0	2-2		1-1	1-1	0-0	2-0	3-1	2-1	2-2	1-1	2-2	1-0	1-1	1-0	0-0	4-0	0-0	3-3	2-0	1-1	2-1	1-0
4	Bristol Rovers	2-0	1-2	1-1		4-2	1-5	2-1	4-1	2-1	3-4	0-0	5-0	1-0	2-1	1-2	2-1	2-2	1-1	0-0	2-0	2-0	1-0	1-1
5	Bury	1-2	0-2	0-2	3-0		2-0	2-1	2-1	0-0	1-2	2-3	0-0	3-0	0-1	2-3	5-1	4-1	0-1	1-2	1-3	2-1	1-4	1-0	3-3
6	Charlton Athletic	1-2	1-1	1-1	4-1	0-1		1-0	3-0	1-1	3-0	0-0	0-2	1-1	1-1	0-1	0-2	2-0	0-1	2-1	1-1	3-0	2-1	3-0	1-1
7	Chesterfield	0-0	1-1	0-1	3-2	1-2	1-2		1-0	0-1	3-3	1-3	0-0	3-1	0-1	0-4	2-3	1-4	1-3	0-4	1-4	1-1	0-4	3-1	2-0
8	Coventry City	2-2	2-2	0-2	1-0	0-0	1-1	2-0		0-1	2-1	0-2	1-2	1-1	0-0	2-1	1-0	2-1	2-0	0-1	1-2	0-0	0-2	1-3	1-0
9	Fleetwood Town	0-0	2-4	2-1	3-1	0-0	2-2	2-1	2-0		2-1	1-0	1-4	3-0	1-0	2-0	2-0	0-0	2-2	1-1	3-0	1-1	0-1	2-1
10	Gillingham	2-2	0-4	1-1	3-1	2-1	1-1	2-1	2-3		1-1	2-0	2-1	1-2	0-1	0-1	1-3	3-2	1-2	1-2	1-1	2-1	1-1	1-1
11	Millwall	0-0	0-2	1-1	4-0	0-0	3-1	0-0	1-1	2-1	2-1		2-1	3-0	3-0	0-3	1-0	2-0	2-3	3-1	2-1	0-1	1-0	2-0	0-0
12	M K Dons	1-0	1-1	1-2	3-3	1-3	0-1	2-3	1-0	0-1	3-2	2-2		5-3	1-0	0-0	0-2	1-1	2-2	0-1	0-3	2-1	0-3	3-2	1-1
13	Northampton T	0-0	1-1	1-2	2-3	3-2	2-1	3-0	1-1	0-0	3-2	1-2	3-2		1-2	0-0	0-1	2-1	2-3	1-2	1-2	1-1	4-0	2-1	2-0
14	Oldham Athletic	0-0	1-0	1-2	0-2	0-0	1-0	0-0	3-2	2-0	0-0	0-0	0-2	0-0		2-1	2-0	0-0	1-1	2-0	1-1	2-3	0-2	0-0
15	Oxford United	1-3	2-4	1-0	0-2	5-1	1-1	4-1	1-3	1-0	1-2	1-0	1-1		2-1	2-0	0-1	2-3	2-0	2-0	0-0
16	Peterborough U	0-1	1-0	0-1	4-2	3-1	2-0	5-2	1-1	1-2	1-1	5-1	0-4	3-0	1-1	1-2		2-2	3-1	0-2	0-1	2-1	1-4	2-2	1-1
17	Port Vale	2-0	0-2	1-2	1-1	2-2	1-1	0-0	0-2	2-1	2-1	3-1	0-0	2-3	2-2	2-2	0-3		1-0	3-1	0-3	2-1	2-0	3-2	0-1
18	Rochdale	1-1	1-0	1-1	0-0	2-0	3-3	2-0	2-0	4-1	3-3	0-1	1-1	1-0	0-4	2-3	3-0		3-2	3-3	2-1	3-0	4-0	4-3
19	Scunthorpe Utd	1-2	1-0	3-2	3-1	3-2	0-0	1-1	3-1	0-2	5-0	3-0	2-1	1-1	1-0	1-1	1-1	3-2	2-1		2-2	0-1	4-0	4-1	0-0
20	Sheffield United	4-0	2-0	3-0	1-0	1-0	2-1	3-2	2-0	0-2	2-2	2-0	2-1	1-0	2-0	2-1	1-0	4-0	1-1	1-1		2-1	0-3	4-0	0-1
21	Shrewsbury T	2-1	0-2	1-0	2-0	2-1	4-3	2-1	0-0	0-1	2-3	1-2	2-0	1-1	0-1	1-1	0-0	1-1	0-1	0-3		1-0	1-1	1-1
22	Southend United	3-0	0-1	3-0	1-1	1-0	1-1	1-0	3-1	0-2	1-3	3-1	1-2	2-2	3-0	2-1	1-1	1-1	2-1	3-1	2-4	1-1		1-1	3-2
23	Swindon Town	0-0	0-1	1-0	1-2	3-0	0-1	1-0	1-1	3-1	1-0	1-3	0-0	1-2	0-1	1-0	3-0	1-2	2-4	1-1	0-0		0-2
24	Walsall	3-1	1-0	1-1	3-1	3-3	1-2	1-0	1-1	0-1	1-2	2-1	1-4	2-1	2-0	1-1	2-0	0-1	0-2	1-4	4-1	3-2	0-0	1-0	

Final League Table

Pos	Team	Pld	Home W	Home D	Home L	Home F	Home A	Away W	Away D	Away L	Away F	Away A	Totals W	Totals D	Totals L	Totals F	Totals A	Pts	GD	Leading Goalscorer	Gls
1	Sheffield United	46	17	3	3	42	16	13	7	3	50	31	30	10	6	92	47	100	+45	B Sharp	30
2	Bolton Wand	46	13	7	3	35	16	12	4	7	33	20	25	11	10	68	36	86	+32	Z Clough, G Madine, J Vela, D Wheater	9
3	Scunthorpe Utd	46	14	6	3	46	22	10	4	9	34	32	24	10	12	80	54	82	+26	J Morris	19
4	Fleetwood Town	46	12	8	3	34	20	11	5	7	30	23	23	13	10	64	43	82	+21	D Ball	14
5	Bradford City	46	11	12	0	36	17	9	7	7	26	26	20	19	7	62	43	79	+19	J Hiwula	9
6	Millwall (P)	46	13	6	4	34	17	7	7	9	32	40	20	13	13	66	57	73	+9	L Gregory	17
7	Southend United	46	11	7	5	39	27	9	5	9	31	26	20	12	14	70	53	72	+17	S Cox	16
8	Oxford United	46	11	4	8	33	27	9	5	9	32	25	20	9	17	65	52	69	+13	C Maguire	13
9	Rochdale	46	13	7	3	48	25	6	5	12	23	37	19	12	15	71	62	69	+9	I Henderson	15
10	Bristol Rovers	46	13	6	4	42	26	5	6	12	26	44	18	12	16	68	70	66	-2	M Taylor	16
11	Peterborough U	46	9	6	8	39	33	8	5	10	23	29	17	11	18	62	62	62	0	T Nichols	10
12	M K Dons	46	7	6	10	29	37	9	7	7	31	21	16	13	17	60	58	61	+2	K Agard	12
13	Charlton Athletic	46	9	8	6	31	19	5	10	8	29	34	14	18	14	60	53	60	+7	R Holmes	13
14	Walsall	46	11	5	7	34	25	3	11	9	17	29	14	16	16	51	58	58	-7	E Oztumer	13
15	AFC Wimbledon	46	8	8	7	34	25	5	10	8	18	30	13	18	15	52	55	57	-3	L Taylor	10
16	Northampton T	46	9	5	9	35	29	5	6	12	29	44	14	11	21	60	73	53	-13	J O'Toole, M Richards	10
17	Oldham Athletic	46	8	8	7	26	19	6	4	13	18	44	14	12	20	44	63	54	-19	L Erwin	8
18	Shrewsbury T	46	10	5	8	26	26	3	7	13	20	37	13	12	21	46	63	51	-17	L Dodds	8
19	Bury	46	9	3	11	36	33	4	8	11	25	40	13	11	22	61	73	50	-12	J Vaughan	24
20	Gillingham	46	9	8	6	32	30	4	5	14	27	49	12	14	20	59	79	50	-20	J Wright	13
21	Port Vale	46	10	6	7	32	31	2	7	14	13	39	12	13	21	45	70	49	-25	A Jones	9
22	Swindon Town	46	7	6	10	23	24	5	5	14	21	42	11	11	24	44	66	44	-22	J Obika	6
23	Coventry City	46	8	7	8	22	24	1	5	17	15	44	9	12	25	37	68	39	-31	G Thomas	5
24	Chesterfield	46	7	5	11	26	39	2	5	16	17	39	9	10	27	43	78	37	-35	K Dennis	8

2016/17 SKY BET LEAGUE 2 [LEVEL 4]
SEASON 118

Total Matches 552
Total Goals 1465
Avg goals per match 2.65

		Accrington S	Barnet	Blackpool	Cambridge Utd	Carlisle United	Cheltenham T	Colchester Utd	Crawley Town	Crewe Alexandra	Doncaster Rov	Exeter City	Grimsby Town	Hartlepool Utd	Leyton Orient	Luton Town	Mansfield Town	Morecambe	Newport County	Notts County	Plymouth Argyle	Portsmouth	Stevenage	Wycombe W	Yeovil Town
1	Accrington S		1-0	2-1	2-0	1-1	1-1	2-1	1-0	3-2	3-2	1-2	1-1	2-2	5-0	1-4	1-1	2-3	1-3	2-0	0-1	1-0	0-1	2-2	1-1
2	Barnet	2-0		1-1	0-1	0-1	3-1	1-1	2-2	0-0	1-3	1-4	3-1	3-2	0-0	0-1	0-2	2-2	0-0	3-2	1-0	1-1	1-2	0-2	2-2
3	Blackpool	0-0	2-2		1-1	2-2	3-0	1-1	0-0	2-2	4-2	2-0	1-3	2-1	3-1	0-2	0-1	3-1	4-1	4-0	0-1	3-1	1-0	0-0	2-2
4	Cambridge Utd	2-1	1-1	0-0		2-2	3-1	1-1	2-0	2-1	2-3	1-0	0-1	0-1	3-0	0-3	1-3	1-2	3-2	4-0	0-1	0-1	0-0	1-2	1-0
5	Carlisle United	1-1	1-1	1-4	0-3		1-1	2-0	3-1	0-2	2-1	3-2	1-3	3-2	0-0	1-1	1-1	1-2	1-0	0-3	1-1	0-0		2-1	
6	Cheltenham T	3-0	1-2	2-2	0-1	1-0		0-3	2-1	2-0	0-1	1-3	2-1	1-0	1-1	1-1	0-0	3-1	1-1	2-3	1-2	1-1	0-0	0-1	2-2
7	Colchester Utd	1-2	2-1	3-2	2-0	4-1	2-0		2-3	4-0	1-1	2-3	3-2	2-1	0-3	2-1	2-0	2-2	0-0	2-1	0-0	4-4	4-0	1-0	2-1
8	Crawley Town	0-0	1-1	1-0	1-3	3-3	0-0	1-1		0-3	0-0	1-2	3-2	1-0	3-0	2-0	2-2	1-3	1-1	1-2	0-2	1-2	1-0	1-3	1-0
9	Crewe Alexandra	0-1	4-1	1-1	1-2	1-1	0-0	2-0	0-2		2-1	2-0	5-0	3-3	3-0	1-2	1-1	2-1	1-2	2-2	1-2	0-0	1-2	2-1	0-1
10	Doncaster Rov	2-2	3-2	0-1	1-0	2-2	2-0	1-0	1-1	3-1		1-3	1-0	2-1	3-1	1-1	1-0	1-1	2-0	3-1	0-1	3-1	1-0	2-2	4-1
11	Exeter City	0-2	2-1	2-2	1-2	2-3	3-0	3-0	0-1	4-0	1-3		0-0	1-2	4-0	0-0	2-0	3-1	0-1	0-2	0-2	0-1	1-1	4-2	3-3
12	Grimsby Town	2-0	2-2	0-5	2-1	2-2	0-1	1-0	1-1	0-2	1-5	0-3		0-3	1-2	1-1	3-0	2-0	1-0	2-0	1-1	0-1	5-2	1-2	4-2
13	Hartlepool United	2-0	0-2	0-1	0-5	1-2	2-0	1-1	1-1	4-0	2-1	3-1	0-1		1-3	1-1	0-0	3-2	2-2	1-2	1-1	0-2	2-0	0-2	1-1
14	Leyton Orient	1-0	1-3	1-2	1-1	4-2	2-5	1-1	2-0	0-1	1-3	3-2	0-2	1-4		0-3	2-1	1-2	1-2	0-1	2-3	0-2	0-1	0-2	0-1
15	Luton Town	1-0	3-1	1-0	2-0	1-1	2-3	0-1	2-1	1-1	3-1	1-1	1-2	3-0	2-2		1-1	3-1	2-1	1-1	1-3	0-2	4-1	1-1	
16	Mansfield Town	4-4	0-1	1-0	0-0	2-0	1-1	0-0	3-1	3-0	1-1	1-2	0-1	4-0	2-0	1-1		0-1	2-1	3-1	0-2	0-1	1-2	1-1	1-0
17	Morecambe	1-2	0-1	2-1	2-0	0-3	1-2	1-1	2-3	0-0	1-5	0-3	1-0	1-1	1-2	0-2	1-3		0-1	4-1	2-1	2-0	0-2	1-1	1-3
18	Newport County	1-0	2-2	1-3	1-2	2-0	2-2	1-1	1-0	0-0	1-4	0-0	3-1	0-4	1-1	2-3	1-1		2-1	1-3	2-3	0-2	0-1	1-0	
19	Notts County	0-2	1-0	1-0	0-1	2-3	2-1	3-1	2-1	1-1	0-1	2-2	2-2	2-1	1-1	0-0	0-0	1-2	0-3		1-2	1-3	1-1	0-2	0-0
20	Plymouth Argyle	0-1	0-2	0-3	2-1	2-0	1-0	2-0	2-1	2-0	3-0	0-3	1-1	2-3	0-3	2-0	1-0	6-1	0-1		2-2	4-2	3-3	4-1	
21	Portsmouth	2-0	5-1	2-0	2-1	1-1	6-1	2-0	3-0	0-1	1-2	0-1	4-0	0-0	2-1	1-0	4-0	1-1	2-1	1-2	1-1		1-2	4-2	3-1
22	Stevenage	0-3	1-0	0-2	1-2	1-2	2-1	2-4	2-1	1-2	3-4	0-2	2-2	6-1	4-1	2-1	0-1	0-1	3-1	3-0	1-2	3-0		3-0	2-2
23	Wycombe Wand	1-1	0-2	0-0	1-0	1-2	3-3	0-2	1-2	5-1	2-1	0-0	2-1	1-0	1-1	0-1	2-0	2-1	0-1	1-1	1-0	1-0	1-0		1-1
24	Yeovil Town	1-1	0-1	0-3	1-1	0-2	4-2	2-1	5-0	3-0	0-3	0-0	1-2	1-1	0-4	0-0	0-1	1-0	2-0	2-1	0-0	1-1	1-0		

Final League Table

Pos	Team	Pld	Home					Away					Totals						Leading Goalscorer	Gls
			W	D	L	F	A	W	D	L	F	A	W	D	L	F	A	Pts	GD		
1	Portsmouth	46	14	4	5	48	19	12	5	6	31	21	26	9	11	79	40	87	+39	K Naismith	13
2	Plymouth Argyle	46	13	3	7	41	29	13	6	4	30	17	26	9	11	71	46	87	+25	G Carey	14
3	Doncaster Rovers	46	14	6	3	40	22	11	4	8	45	33	25	10	11	85	55	85	+30	J Marquis	26
4	Luton Town	46	11	7	5	38	26	9	10	4	32	17	20	17	9	70	43	77	+27	D Hylton	21
5	Exeter City	46	8	5	10	36	29	13	3	7	39	27	21	8	17	75	56	71	+19	D Wheeler	17
6	Carlisle United	46	10	7	6	34	34	8	10	5	35	34	18	17	11	69	68	71	+1	C Wyke	14
7	Blackpool (P)	46	10	9	4	40	24	8	7	8	29	22	18	16	12	69	46	70	+23	K Vassell	11
8	Colchester United	46	14	4	5	43	27	5	8	10	24	30	19	12	15	67	57	69	+10	C Porter	16
9	Wycombe Wand	46	11	6	6	29	21	8	6	9	29	32	19	12	15	58	53	69	+5	A Akinfenwa	12
10	Stevenage	46	11	1	11	42	33	9	6	8	25	30	20	7	19	67	63	67	+4	M Godden	20
11	Cambridge United	46	9	5	9	30	26	10	4	9	28	24	19	9	18	58	50	66	+8	L Berry	17
12	Mansfield Town	46	9	7	7	31	21	8	8	7	23	29	17	15	14	54	50	66	+4	M Green	10
13	Accrington S	46	10	7	6	36	29	7	7	9	23	27	17	14	15	59	56	65	+3	B Kee	13
14	Grimsby Town	46	9	6	8	32	31	8	5	10	27	32	17	11	18	59	63	62	-4	O Bogle	19
15	Barnet	46	6	9	8	27	31	8	6	9	30	33	14	15	17	57	64	57	-7	J Akinde	26
16	Notts County	46	7	7	9	25	30	5	1	13	29	46	12	8	22	54	76	56	-22	J Stead	14
17	Crewe Alexandra	46	8	7	8	35	26	6	6	11	23	41	14	13	19	58	67	55	-9	C Dagnall	14
18	Morecambe	46	6	4	13	24	38	8	6	9	29	35	14	10	22	53	73	52	-20	K Ellison, P Mullin	8
19	Crawley Town	46	8	5	10	28	29	5	5	13	24	41	13	10	23	52	70	49	-21	J Collins	8
20	Yeovil Town	46	8	6	9	31	24	3	7	11	24	40	11	13	20	55	64	46	-18	F Zoko	8
21	Cheltenham T	46	8	8	7	27	25	4	7	12	22	44	12	15	19	49	69	51	-20	B Waters	12
22	Newport County	46	6	8	9	26	35	6	4	13	25	38	12	12	22	51	73	48	-22	R Bird, R Healey, S Rigg	6
23	Hartlepool United	46	7	8	8	28	30	4	5	14	26	45	11	13	22	54	75	46	-21	P Amond	14
24	Leyton Orient	46	4	1	18	19	40	6	5	12	28	47	10	6	30	47	87	36	-40	G Massey, P McCallum	8

2017/18 PREMIER LEAGUE
SEASON 26

Total Matches	380
Total Goals	1018
Avg goals per match	2.68

Results Grid

	Team	Arsenal	Bournemouth	Brighton & HA	Burnley	Chelsea	Crystal Palace	Everton	Huddersfield T	Leicester City	Liverpool	Manchester City	Manchester Utd	Newcastle Utd	Southampton	Stoke City	Swansea City	Tottenham H	Watford	West Brom A	West Ham Utd
1	Arsenal		3-0	2-0	5-0	2-2	4-1	5-1	5-0	4-3	3-3	0-3	1-3	1-0	3-2	3-0	2-1	2-0	3-0	2-0	4-1
2	Bournemouth	2-1		2-1	1-2	0-1	2-2	2-1	4-0	0-0	0-4	1-2	0-2	2-2	1-1	2-1	1-0	1-4	0-2	2-1	3-3
3	Brighton & HA	2-1	2-2		0-0	0-4	0-0	1-1	1-1	0-2	1-5	0-2	1-0	1-0	1-1	2-2	4-1	1-1	0-1	3-1	3-1
4	Burnley	0-1	1-2	0-0		1-2	1-0	2-1	0-0	2-1	1-2	1-1	0-1	1-0	1-1	1-0	2-0	0-3	1-0	0-1	1-1
5	Chelsea	0-0	0-3	2-0	2-3		2-1	2-0	1-1	0-0	1-0	0-1	1-0	3-1	1-0	5-0	1-0	1-3	4-2	3-0	1-1
6	Crystal Palace	2-3	2-2	3-2	1-0	2-1		2-2	0-3	5-0	1-2	0-0	2-3	1-1	0-1	2-1	0-2	0-1	2-1	2-2	
7	Everton	2-5	2-1	2-0	0-1	0-0	3-1		2-0	2-1	0-0	1-3	0-2	1-0	1-1	1-0	3-1	0-3	3-2	1-1	4-0
8	Huddersfield Town	0-1	4-1	2-0	0-0	1-3	0-2	0-2		1-1	0-3	1-2	2-1	1-0	0-0	1-1	0-0	0-4	1-0	1-0	1-4
9	Leicester City	3-1	1-1	2-0	1-0	1-2	0-3	2-0	3-0		2-3	0-2	2-2	1-2	0-0	1-1	1-1	2-1	2-0	1-1	0-0
10	Liverpool	4-0	3-0	4-0	1-1	1-1	1-0	1-1	3-0	2-1		4-3	0-0	2-0	3-0	1-0	5-0	2-2	5-0	0-0	4-1
11	Manchester City	3-1	4-0	3-1	3-0	1-0	5-0	1-1	2-1	5-1	5-0		2-3	3-1	2-1	7-2	5-0	4-1	3-1	3-0	2-1
12	Manchester United	2-1	1-0	1-0	2-2	2-1	4-0	4-0	2-0	2-0	2-1	1-2		4-1	0-0	3-0	2-0	1-0	1-0	0-1	4-0
13	Newcastle United	2-1	0-1	0-0	1-1	3-0	1-0	0-1	1-0	2-3	1-1	0-1	1-0		3-0	2-1	1-0	0-2	0-3	0-1	3-0
14	Southampton	1-1	2-1	1-1	0-1	2-3	1-2	4-1	1-1	1-4	0-2	0-1	0-1	2-2		0-0	0-0	1-1	0-2	1-0	3-2
15	Stoke City	1-0	1-2	1-1	1-1	0-4	1-2	1-2	2-0	2-2	0-3	0-2	2-2	0-1	2-1		2-1	1-2	0-0	3-1	0-3
16	Swansea City	3-1	0-0	0-1	1-0	0-1	1-1	1-1	2-0	1-2	1-0	0-4	0-1	0-1	1-2			0-2	1-2	1-0	4-1
17	Tottenham Hotspur	1-0	1-0	2-0	1-1	1-2	1-0	4-0	2-0	5-4	4-1	1-3	2-0	1-0	5-2	5-1	0-0		2-0	1-1	1-1
18	Watford	2-1	2-2	0-0	1-2	4-1	0-0	1-0	1-4	2-1	3-3	0-6	2-4	2-1	2-2	0-1	1-2	1-1		1-0	2-0
19	West Bromwich Albion	1-1	1-0	2-0	1-2	0-4	0-0	0-0	1-2	1-4	2-2	2-3	1-2	2-2	2-3	1-1	1-1	1-0	2-2		0-0
20	West Ham United	0-0	1-1	0-3	0-3	1-0	1-1	3-1	2-0	1-1	1-4	1-4	0-0	2-3	3-0	1-1	1-0	2-3	2-0	2-1	

From this season, for each division, goal difference replaced goal average to determine the placing of teams finishing equal on points.

Final League Table

Pos	Team	Pld	Home W	Home D	Home L	Home F	Home A	Away W	Away D	Away L	Away F	Away A	Totals W	Totals D	Totals L	Totals F	Totals A	Pts	GD	Leading Goalscorer	Gls
1	Manchester City	38	16	2	1	61	14	16	2	1	45	13	32	4	2	106	27	100	+79	S Aguero	21
2	Manchester Utd	38	15	2	2	38	9	10	4	5	30	19	25	6	7	68	28	81	+40	R Lukaku	16
3	Tottenham H	38	13	4	2	40	16	10	4	5	34	20	23	8	7	74	36	77	+38	H Kane	30
4	Liverpool	38	12	7	0	45	10	9	5	5	39	28	21	12	5	84	38	75	+46	M Salah	32
5	Chelsea	38	11	4	4	30	16	10	3	6	32	22	21	7	10	62	38	70	+24	E Hazard	12
6	Arsenal	38	15	2	2	54	20	4	4	11	20	31	19	6	13	74	51	63	+23	A Lacazette	14
7	Burnley	38	7	5	7	16	17	7	7	5	20	22	14	12	12	36	39	54	-3	C Wood	10
8	Everton	38	10	4	5	28	22	3	6	10	16	36	13	10	15	44	58	49	-14	W Rooney	10
9	Leicester City	38	7	6	6	25	22	5	5	9	31	38	12	11	15	56	60	47	-4	J Vardy	20
10	Newcastle United	38	8	4	7	21	17	4	4	11	18	30	12	8	18	39	47	44	-8	A Perez	8
11	Crystal Palace	38	7	5	7	29	27	4	6	9	16	28	11	11	16	45	55	44	-10	L Milivojevic	10
12	Bournemouth	38	7	5	7	26	30	4	6	9	19	31	11	11	16	45	61	44	-16	J King, C Wilson	8
13	West Ham United	38	7	6	6	24	26	3	6	10	24	42	10	12	16	48	68	42	-20	M Arnautovic	11
14	Watford	38	7	6	6	27	31	4	2	13	17	33	11	8	19	44	64	41	-20	A Doucoure	7
15	Brighton & HA	38	7	8	4	24	25	2	5	12	10	29	9	13	16	34	54	40	-20	G Murray	12
16	Huddersfield T	38	6	5	8	16	25	3	5	11	12	33	9	10	19	28	58	37	-30	S Mounie	7
17	Southampton	38	4	7	8	20	26	3	8	8	17	30	7	15	16	37	56	36	-19	C Austin	7
18	Swansea City	38	6	3	10	17	24	2	6	11	11	32	8	9	21	28	56	33	-28	J Ayew	7
19	Stoke City	38	5	5	9	20	30	2	7	10	15	38	7	12	19	35	68	33	-33	X Shaqiri	8
20	West Brom A	38	3	9	7	21	29	3	4	12	10	27	6	13	19	31	56	31	-25	J Rodriguez, J Rondon	7

2017/18 SKY BET CHAMPIONSHIP [LEVEL 2]
SEASON 119

Total Matches: 552
Total Goals: 1409
Avg goals per match: 2.55

Results Grid

#	Team	Aston Villa	Barnsley	Birmingham C	Bolton Wand	Brentford	Bristol City	Burton Albion	Cardiff City	Derby County	Fulham	Hull City	Ipswich Town	Leeds United	Middlesbrough	Millwall	Norwich City	Nottm Forest	Preston NE	Queens Park R	Reading	Sheffield United	Sheffield Weds	Sunderland	Wolverhampton
1	Aston Villa		3-1	2-0	1-0	0-0	5-0	3-2	1-0	1-1	2-1	1-1	2-0	1-0	0-0	0-0	4-2	2-1	1-1	1-3	3-0	2-2	1-2	2-1	4-1
2	Barnsley	0-3		2-0	2-2	2-0	2-2	1-2	0-1	0-3	1-3	0-1	1-2	0-2	2-2	0-2	1-1	2-1	0-0	1-1	1-1	3-2	1-1	3-0	0-0
3	Birmingham City	0-0	0-2		0-0	0-2	2-1	1-1	1-0	0-3	3-1	3-0	1-0	1-0	0-1	0-1	0-2	1-0	1-3	1-2	0-2	2-1	1-0	3-1	0-1
4	Bolton Wand	1-0	3-1	0-1		0-3	1-0	0-1	2-0	1-2	1-1	1-0	1-1	2-3	0-3	0-2	2-1	3-2	1-3	1-1	2-2	0-1	2-1	1-0	0-4
5	Brentford	2-1	0-0	5-0	2-0		2-2	1-1	1-3	1-1	3-0	1-1	1-0	3-1	1-1	1-0	0-1	0-1	1-1	1-1	1-1	2-0	3-3	6-0	
6	Bristol City	1-1	3-1	3-1	2-0	0-1		0-0	2-1	4-1	1-1	5-5	1-0	0-3	2-1	0-0	0-1	2-1	1-2	2-0	2-3	4-0	3-3	1-2	
7	Burton Albion	0-4	2-4	2-1	2-0	0-2	0-0		0-1	3-1	2-1	0-5	1-2	1-2	1-1	0-1	0-0	0-0	1-2	1-3	1-3	1-3	1-1	0-2	0-4
8	Cardiff City	3-0	2-1	3-2	2-0	2-0	1-0	3-1		0-0	2-4	1-0	3-1	3-1	1-0	0-0	3-1	2-1	0-1	2-1	0-0	2-0	1-1	4-0	0-1
9	Derby County	2-0	4-1	1-1	3-0	3-0	0-0	1-0	3-1		1-2	5-0	0-1	2-2	1-2	3-0	1-1	2-0	1-0	2-0	2-4	1-1	2-0	1-4	0-2
10	Fulham	2-0	2-1	1-0	1-1	1-1	0-2	6-0	1-1	1-1		2-1	4-1	2-0	1-1	1-0	1-1	2-0	2-2	2-2	1-0	3-0	0-1	2-1	2-0
11	Hull City	0-0	1-1	6-1	4-0	3-2	2-3	4-1	0-2	0-0	2-2		2-2	0-0	1-3	1-2	4-3	2-3	1-2	4-0	0-0	1-0	0-1	1-1	2-3
12	Ipswich Town	0-4	1-0	1-0	2-0	2-0	1-3	0-0	0-1	1-2	0-2	0-3		1-0	2-2	2-2	0-1	4-2	3-0	0-0	2-0	1-2	5-2	0-1	
13	Leeds United	1-1	2-1	2-0	2-1	1-0	2-2	5-0	1-4	1-2	0-0	1-0	3-2		2-1	3-4	1-0	0-0	0-0	2-0	0-1	1-2	1-2	1-1	0-3
14	Middlesbrough	0-1	3-1	2-0	2-2	2-1	2-0	0-3	0-1	3-1	2-0	3-0		2-0		2-0	0-1	2-0	0-0	3-2	2-1	1-0	0-0	1-0	1-2
15	Millwall	1-0	1-3	2-0	1-1	1-0	2-0	1-1	1-1	0-0	0-3	0-0	3-4	1-0	2-1		4-0	1-1	1-0	2-1	3-1	2-1	1-1	2-2	
16	Norwich City	3-1	1-1	0-0	0-0	1-2	0-0	0-0	0-2	1-2	0-2	1-1	1-1	2-1	1-1	2-1		0-0	1-1	2-0	3-2	1-2	3-1	1-3	0-2
17	Nottm Forest	0-1	3-0	2-1	3-2	0-1	0-0	2-0	0-0	1-3	0-2	2-1	0-2	2-1	1-0	1-0	0-3		4-0	1-1	2-1	0-3	0-1	1-2	
18	Preston NE	0-2	1-1	1-1	0-0	2-3	2-1	2-1	3-0	0-1	1-2	2-1	0-1	3-1	2-3	0-0	0-0	1-1		1-0	1-0	1-0	2-2	1-1	
19	Queens Park R	1-2	1-0	3-1	2-0	2-2	1-1	0-0	2-1	1-1	1-2	2-1	2-1	1-3	0-3	2-2	4-1	2-5	1-2		2-0	1-0	4-2	1-0	2-1
20	Reading	2-1	3-0	0-2	1-1	0-1	0-1	1-2	2-2	3-3	1-1	1-1	0-4	2-2	0-2	0-2	1-2	3-1	1-0	1-0		1-3	0-0	2-2	0-2
21	Sheffield United	0-1	1-0	1-1	0-1	1-0	1-2	2-0	1-1	3-1	4-5	4-1	1-0	2-1	2-1	1-1	0-0	0-0	2-1	2-1	1-0		0-0	3-0	2-0
22	Sheffield Weds	2-4	1-1	1-3	1-1	2-1	0-0	0-3	0-0	2-0	0-1	2-2	1-2	3-0	1-2	2-1	5-1	3-1	4-1	1-1	3-0	2-4		1-1	0-1
23	Sunderland	0-3	0-1	1-1	3-3	0-2	1-2	1-2	1-1	1-0	1-0	0-2	0-2	3-3	2-2	1-1	0-1	0-2	1-1	1-3	1-2	1-3			3-0
24	Wolverhampton	2-0	2-1	2-0	5-1	3-0	3-3	3-1	1-2	2-0	2-0	2-2	1-0	4-1	1-0	2-2	0-2	3-2	2-1	3-0	3-0	0-0	0-0		

Final League Table

Pos	Team	Pld	Home W	Home D	Home L	Home F	Home A	Away W	Away D	Away L	Away F	Away A	Totals W	Totals D	Totals L	Totals F	Totals A	Pts	GD	Leading Goalscorer	Gls
1	Wolverhampton	46	16	5	2	47	18	14	4	5	35	21	30	9	7	82	39	99	+43	D Jota	17
2	Cardiff City	46	16	4	3	40	16	11	5	7	29	23	27	9	10	69	39	90	+30	C Paterson	10
3	Fulham (P)	46	13	8	2	40	17	12	5	6	39	29	25	13	8	79	46	88	+33	R Sessegnon	15
4	Aston Villa	46	14	7	2	42	19	10	4	9	30	23	24	11	11	72	42	83	+30	A Adomah	14
5	Middlesbrough	46	14	3	6	33	17	8	7	8	34	28	22	10	14	67	45	76	+22	B Assombalonga	15
6	Derby County	46	12	5	6	41	22	8	10	5	29	26	20	15	11	70	48	75	+22	M Vydra	21
7	Preston NE	46	9	8	6	27	22	10	8	5	30	24	19	16	11	57	46	73	+11	S Maguire	10
8	Millwall	46	12	7	4	33	21	7	8	8	23	24	19	15	12	56	45	72	+11	L Gregory, G Saville	10
9	Brentford	46	9	11	3	37	24	9	4	10	25	28	18	15	13	62	52	69	+10	N Maupay	12
10	Sheffield United	46	12	5	6	33	20	8	4	11	29	35	20	9	17	62	55	69	+7	L Clarke	19
11	Bristol City	46	11	6	6	41	28	6	10	7	26	30	17	16	13	67	58	67	+9	R Reid	19
12	Ipswich Town	46	9	6	8	29	27	8	3	12	28	33	17	9	20	57	60	60	-3	M Waghorn	16
13	Leeds United	46	10	6	7	32	25	7	3	13	27	37	17	9	20	59	64	60	-5	K Roofe	11
14	Norwich City	46	8	8	7	25	25	7	7	9	24	35	15	15	16	49	60	60	-11	J Maddison	14
15	Sheffield Weds	46	8	7	8	37	31	6	8	9	22	29	14	15	17	59	60	57	-1	A Nuhiu	11
16	Queens Park R	46	12	5	6	38	25	3	6	14	20	39	15	11	20	58	70	56	-12	M Smith	11
17	Nottm Forest	46	10	3	10	25	27	5	13	5	26	38	15	6	23	51	65	53	-14	K Dowell	9
18	Hull City	46	7	8	8	41	32	4	8	11	29	38	11	16	19	70	70	49	0	J Bowen	14
19	Birmingham City	46	10	3	10	21	24	3	4	16	17	44	13	7	26	38	68	46	-30	S Gallagher	6
20	Reading	46	5	8	10	25	35	5	6	12	23	35	10	14	22	48	70	44	-22	M Barrow	10
21	Bolton Wand	46	4	10	9	25	33	1	9	13	14	41	10	10	22	39	74	43	-35	G Madine	10
22	Barnsley	46	5	9	9	25	32	4	5	14	23	40	9	14	23	48	72	41	-24	T Bradshaw, O McBurnie	9
23	Burton Albion	46	4	5	14	19	43	6	6	11	19	38	10	11	25	38	81	41	-43	L Dyer	7
24	Sunderland	46	3	6	14	13	23	4	9	10	29	41	7	16	23	52	80	37	-28	L Grabban	12

2017/18 SKY BET LEAGUE 1 [LEVEL 3]
SEASON 119

Total Matches 552
Total Goals 1401
Avg goals per match 2.54

Results Table

		AFC Wimbledon	Blackburn Rov	Blackpool	Bradford City	Bristol Rovers	Bury	Charlton Athletic	Doncaster Rov	Fleetwood Town	Gillingham	M K Dons	Northampton T	Oldham Athletic	Oxford United	Peterborough U	Plymouth Argyle	Portsmouth	Rochdale	Rotherham Utd	Scunthorpe Utd	Shrewsbury T	Southend Utd	Walsall	Wigan Athletic
1	AFC Wimbledon		0-3 27J	2-0 20J	2-1 23D	1-0 17F	2-2 5m	1-0 10A	2-0 26a	0-1 30M	1-1 12S	0-2 22S	1-3 10F	2-2 21A	2-1 10M	2-2 12N	0-1 21O	0-2 9S	0-0 30S	3-1 17O	1-1 7A	0-1 12a	2-0 1J	1-2 25N	0-4 16D
2	Blackburn Rovers	0-1 16S		3-0 10M	2-0 29M	2-1 25N	2-0 19F	1-3 16D	2-2 12a	1-0 31O	4-1 30S	1-1 26a	2-2 27J	2-1 10F	3-1 5m	1-1 19A	3-0 17O	2-0 21O	2-0 26D	2-2 26S	3-1 30D	1-0 13J	3-1 7A	1-2 30J	2-2 4M
3	Blackpool	1-0 2S	2-4 28N		5-0 7A	0-0 13J	2-1 17O	1-0 13M	1-2 30M	2-1 14A	1-1 21N	1-0 12a	3-0 10A	2-1 26a	3-1 16S	1-1 18F	2-2 30D	2-3 11N	0-0 26S	1-2 9D	2-3 26D	1-1 28A	1-1 17M	2-2 10F	1-3 21O
4	Bradford City	0-4 27J	0-1 19a	2-1 5a		3-1 2S	2-2 10F	0-1 21O	2-0 30S	0-3 26S	1-0 24M	2-0 24A	1-2 13J	1-1 17O	3-2 30D	1-3 26D	0-1 11N	3-1 17A	4-3 9D	1-0 16S	1-2 21N	0-0 12A	0-2 28A	1-1 1m	0-3 14M
5	Bristol Rovers	1-3 18N	1-1 14A	3-1 23S	3-1 20J		2-1 30M	1-1 7A	0-1 23D	3-1 26a	1-0 28A	0-1 28O	1-1 10M	2-3 12S	0-1 14O	1-4 12a	2-1 30S	2-1 1J	3-2 13F	2-1 2D	1-1 24F	1-1 3F	2-3 9D	0-1 9S	1-1 24A
6	Bury	2-1 6F	0-3 18N	1-1 3F	3-1 14O	2-3 19a		0-1 13J	1-0 28O	0-2 30D	2-1 24F	0-2 30S	2-3 14A	2-2 10M	3-0 26S	0-1 13M	0-0 16S	1-0 28A	0-2 3A	0-3 26D	0-1 2S	1-0 21N	0-0 13F	1-0 5a	0-2 24M
7	Charlton Athletic	1-0 28O	1-0 28A	1-1 23D	1-1 13F	1-0 5a	1-1 23S		1-0 14O	0-0 17M	1-2 1J	2-2 18N	4-1 19a	1-0 6J	2-3 3F	2-2 28N	2-0 24M	0-1 9D	2-1 21N	3-1 2A	0-1 14A	0-2 24F	2-1 9S	3-1 20J	1-3 12S
8	Doncaster Rovers	0-0 1m	0-1 24A	3-3 19a	2-0 19M	1-3 27J	1-1 17A	3-3 10F		1-1 17F	3-0 5a	0-0 25N	2-1 26D	3-0 16D	1-1 21A	1-0 2S	0-0 13J	1-1 17O	2-0 29D	2-0 11N	1-0 17S	0-1 26S	1-2 7O	4-1 21O	0-3 5m
9	Fleetwood Town	2-0 19a	1-2 20J	0-0 25N	1-2 1J	2-0 2A	3-2 12S	1-3 30S	0-0 18N		0-2 22D	1-1 24F	2-0 24M	2-2 9S	0-2 28O	2-3 17D	1-1 10M	1-2 20F	2-2 14O	2-0 5a	2-3 3F	1-2 13F	2-4 23S	2-0 5m	0-4 21A
10	Gillingham	2-2 30D	0-0 10A	0-3 21A	0-1 12a	4-1 16D	1-1 11N	1-0 16S	0-0 7A	2-1 27J		1-2 29M	1-2 21O	0-0 25N	1-1 26D	1-1 10F	5-2 5m	0-1 80	2-1 13J	0-0 17A	0-2 26S	1-2 2S	3-3 26a	0-0 17F	1-0 17O
11	M K Dons	0-0 13J	1-2 2A	0-0 24M	1-4 7O	0-1 3M	2-1 17M	1-2 17F	1-2 14A	1-0 11N	1-0 19a		0-0 26S	4-4 21O	1-1 2S	0-1 30D	0-0 26D	1-0 10F	3-2 5m	3-2 8O	0-2 13M	1-1 28A	1-1 9D	1-1 21N	0-1 17O
12	Northampton T	0-1 14O	1-1 23D	1-0 28O	0-1 23S	0-6 7O	0-0 25N	0-4 30M	1-0 9S	0-1 12a	1-2 13F	2-1 20J		2-2 5m	0-0 24F	1-4 26a	2-0 21A	3-1 12S	0-1 3F	0-3 17M	1-1 18N	3-1 20M	2-1 6J	0-1 16D	1J
13	Oldham Athletic	0-0 21N	1-0 14O	2-1 2A	2-1 3F	1-1 30D	2-1 24O	3-4 2S	0-0 28A	1-2 26D	1-1 14A	1-0 13F	5-1 9D		0-2 5a	3-2 26S	2-0 27J	1-1 17M	3-1 18N	1-2 13J	2-3 28O	1-2 16S	0-3 24A	1-1 11A	0-2 19a
14	Oxford United	3-0 7O	2-4 21N	1-0 6J	2-2 12S	1-2 10F	1-2 20J	1-1 17O	0-1 9D	3-0 10A	3-1 9S	1-2 1J	0-0 11N	0-0 7A		2-1 17M	0-1 17F	3-0 12a	2-1 28A	3-3 21O	1-1 30M	1-1 26a	2-0 14A	1-2 23S	0-7 23D
15	Peterborough U	1-1 24F	2-3 9D	0-1 18N	1-3 9S	1-1 24M	3-0 23D	4-1 10M	1-1 1J	2-0 28A	0-1 12O	2-0 14O	3-0 12S	1-4 2A		2-1 20J	2-1 5a	0-1 21N	2-2 14A	1-0 19a	0-1 13F	2-1 28O	3-2 3F	1-2 27F	3-2 23S
16	Plymouth Argyle	4-2 13F	2-0 3F	1-3 12S	1-0 24F	3-2 17M	3-0 6J	2-0 12a	0-3 23S	1-2 7O	2-1 9D	0-1 9S	2-0 21N	4-1 23D	0-4 18N	2-1 7A		1-1 28O	2-1 28A	0-4 26a	1-1 140	4-0 30M	1-0 1J	1-3 20J	
17	Portsmouth	2-1 26D	1-2 13F	0-2 24F	0-1 28O	3-0 26S	1-0 16D	0-1 21A	2-2 3F	4-1 2S	2-0 16S	3-1 10M	1-2 14O	3-0 30D	2-0 30S	3-0 25M	2-0 5m		2-0 25N	0-0 14A	1-1 5a	1-1 3S	1-0 13J	0-1 27J	1-1 18N	1-0 19a	2-1 2A
18	Rochdale	1-1 17M	0-3 9S	1-2 1J	1-1 21A	1-0 21O	0-0 26a	1-0 5m	2-1 12S	0-2 20M	3-0 23S	0-0 21F	2-2 17O	0-0 17A	2-2 16D	0-0 26N	1-1 24A	3-3 7A		0-1 7O	1-1 12a	3-1 30M	0-0 13M	1-1 23D	1-4 10A
19	Rotherham Utd	2-0 3F	1-1 1J	0-0 5m	2-0 23J	3-2 21A	0-2 9S	2-1 26a	3-2 24F	1-3 7A	2-1 28O	1-0 23D	3-1 30S	1-1 23S	3-1 13F	1-1 30M	1-1 16D	0-0 20J	1-1 10M		2-0 14O	1-2 18N	5-1 12a	1-3 12S	1-3 25N
20	Scunthorpe Utd	1-1 5a	0-1 12S	0-0 9S	1-1 5m	1-1 11N	1-0 1J	2-0 25N	1-1 23J	1-3 17O	2-2 20J	2-2 16D	0-2 17F	2-1 3M	2-1 19a	2-0 21O	1-1 1m	3-0 23S	2-0 24M	1-1 10F		1-2 17M	1-2 23D	3-1 21A	1-0 7O	1-2
21	Shrewsbury T	1-0 24M	1-1 23S	1-0 16D	0-1 25N	4-0 17O	1-1 21A	0-2 17A	2-2 20J	1-0 21O	1-1 20F	1-0 5m	3-2 5a	3-1 1J	1-2 2A	2-0 24A	3-2 10F	0-1 23D	2-0 19a	2-0 17F	1-0 30S		1-0 12S	2-0 10M	1-2 9S
22	Southend United	1-0 26S	2-1 5a	2-1 30S	1-2 16D	0-0 5m	1-0 21O	3-1 5D	0-0 10M	1-2 13J	4-0 2A	2-2 21A	2-0 16S	1-1 2D	1-1 25N	1-1 17O	3-0 19a	2-0 17F	3-2 2S	0-0 24M	1-2 27J	0-3 30D		3-1 3M	3-1 10F
23	Walsall	2-3 14A	1-2 24F	1-1 14O	3-3 26D	0-0 7A	1-0 26S	2-2 13F	4-2 21N	4-2 18N	0-1 3F	1-0 28A	2-1 12a	2-1 13J	1-1 16S	2-1 2S	1-1 31M	0-1 6M	0-3 30D	1-2 9D	1-1 7O	0-1 28O			0-3 21M
24	Wigan Athletic	1-1 28A	0-0 28O	0-2 13F	1-2 18N	3-0 16S	4-1 13a	0-0 29D	3-0 21N	2-0 9D	5-1 3F	1-0 7A	3-0 19S	1-0 30M	0-0 17A	1-0 13J	1-0 20G	0-0 26a	3-3 24F	0-0 14A	3-0 10M	2-0 26D		3-0 140	2-0 30S	

Final League Table

Pos	Team	Pld	Home					Away					Totals					Pts	GD	Leading Goalscorer	Gls
			W	D	L	F	A	W	D	L	F	A	W	D	L	F	A				
1	Wigan Athletic	46	13	8	2	37	11	16	3	4	52	18	29	11	6	89	29	98	+60	W Grigg	19
2	Blackburn Rovers	46	15	6	2	46	20	13	6	4	36	20	28	12	6	82	40	96	+42	B Dack	19
3	Shrewsbury T	46	14	4	5	32	17	11	8	4	28	22	25	12	9	60	39	87	+21	S Payne	11
4	Rotherham U (P)	46	15	3	5	45	23	9	4	10	28	30	24	7	15	73	53	79	+20	K Moore	13
5	Scunthorpe Utd	46	9	8	6	28	23	10	9	4	37	27	19	17	10	65	50	74	+15	J Morris	11
6	Charlton Athletic	46	11	6	6	31	24	9	5	9	27	27	20	11	15	58	51	71	+7	J Magennis	10
7	Plymouth Argyle	46	13	3	7	37	30	6	8	9	21	29	19	11	16	58	59	68	-1	G Carey	14
8	Portsmouth	46	12	3	8	33	21	8	3	12	24	35	20	6	20	57	56	66	+1	B Pitman	24
9	Peterborough U	46	12	4	7	37	26	5	9	9	31	34	17	13	16	68	60	64	+8	J Marriott	27
10	Southend United	46	12	7	4	38	21	5	5	13	20	41	17	12	17	58	62	62	-4	S Cox	10
11	Bradford City	46	9	4	10	28	32	9	5	9	29	35	18	9	19	57	67	63	-10	C Wyke	15
12	Blackpool	46	9	8	6	37	29	6	7	10	23	26	15	15	16	60	55	60	+5	K Vassell	11
13	Bristol Rovers	46	11	6	6	38	30	5	5	13	22	36	16	11	19	60	66	59	-6	E Harrison	12
14	Fleetwood Town	46	7	6	10	32	35	9	3	11	27	33	16	9	21	59	68	57	-9	D Cole	10
15	Doncaster Rovers	46	7	9	7	30	25	6	8	9	26	27	13	17	16	52	52	56	0	J Marquis	14
16	Oxford United	46	9	6	8	34	26	6	5	12	27	34	15	11	20	61	66	56	-5	J Henry, W Thomas	10
17	Gillingham	46	5	11	7	26	26	8	6	9	27	30	13	17	16	50	56	56	-5	T Eaves	14
18	AFC Wimbledon	46	8	6	9	25	30	5	8	10	22	28	13	14	19	47	58	53	-11	L Taylor	14
19	Walsall	46	9	8	6	30	31	4	7	12	23	35	13	13	20	53	66	52	-13	E Oztumer	16
20	Rochdale	46	6	12	5	24	24	6	12	11	25	33	11	18	17	49	57	51	-8	I Henderson	13
21	Oldham Athletic	46	8	6	9	31	33	3	11	9	27	42	11	17	18	58	75	50	-17	E Doyle	15
22	Northampton T	46	7	5	11	20	35	5	6	12	23	42	12	11	23	43	77	47	-34	C Long	9
23	M K Dons	46	6	8	9	24	30	5	4	14	19	39	11	12	23	43	69	45	-26	C Aneke	9
24	Bury	46	4	7	12	20	30	1	8	14	21	41	5	15	26	41	71	36	-30	J Beckford, G Miller	8

2017/18 SKY BET LEAGUE 2 [LEVEL 4]
SEASON 119

Total Matches: 552
Total Goals: 1458
Avg goals per match: 2.64

	Team	Accrington S	Barnet	Cambridge Utd	Carlisle United	Cheltenham T	Chesterfield	Colchester Utd	Coventry City	Crawley Town	Crewe Alexandra	Exeter City	Forest Green R	Grimsby Town	Lincoln City	Luton Town	Mansfield Town	Morecambe	Newport County	Notts County	Port Vale	Stevenage	Swindon Town	Wycombe W	Yeovil Town
1	Accrington S		4-1	1-0	3-0	1-1	4-0	3-1	1-0	2-3	1-0	1-1	3-1	1-2	1-0	0-2	2-1	1-0	1-1	1-0	3-2	3-2	2-1	1-0	2-0
2	Barnet	1-1		3-1	1-3	0-2	3-0	0-0	0-1	1-2	2-1	1-2	1-0	0-2	1-1	2-1	2-0	1-0	1-1	0-1	1-2	0-2	1-1
3	Cambridge Utd	0-0	1-0		1-2	4-3	2-1	1-0	2-1	3-1	3-1	2-3	3-0	3-1	0-0	1-1	0-0	0-0	1-2	1-0	5-0	1-0	1-3	1-3	2-1
4	Carlisle United	3-1	1-1	1-1		3-0	2-0	1-1	0-0	2-2	1-0	0-1	1-0	2-0	0-1	1-1	1-1	1-1	1-1	1-2	0-2	1-2	3-3	4-0
5	Cheltenham T	0-2	1-1	0-0	0-1		1-1	3-1	1-6	1-0	1-0	3-4	0-1	2-3	1-0	0-0	0-0	1-1	1-1	0-1	2-1	0-2	0-2
6	Chesterfield	1-2	2-1	2-3	2-2	0-2		0-0	0-0	1-2	0-2	1-3	1-3	2-0	0-1	2-0	1-0	3-1	2-0	0-1	2-1	1-2	2-3
7	Colchester Utd	0-1	0-1	0-0	0-1	1-4	1-1		2-1	3-1	3-1	5-1	1-1	0-2	2-1	2-0	0-0	2-0	1-3	1-1	0-0	1-2	0-1
8	Coventry City	0-2	1-0	3-1	2-0	2-1	1-0	0-0		1-1	1-0	2-0	0-1	4-0	2-2	2-2	0-1	0-0	0-1	3-0	1-0	3-1	3-1	3-2	2-6
9	Crawley Town	2-1	2-0	0-1	0-1	3-5	0-2	0-2	1-2		1-2	3-1	1-1	3-0	3-1	0-0	2-0	1-1	1-2	0-1	1-3	1-0	1-1	2-3	2-0
10	Crewe Alexandra	0-2	1-0	1-0	0-5	2-1	5-1	1-0	1-2	3-0		1-2	3-1	2-0	1-4	1-2	2-0	1-1	2-0	2-2	1-0	0-3	2-3	0-0
11	Exeter City	2-0	2-1	1-0	1-1	2-1	2-1	1-0	0-2	3-0	2-0		2-0	1-0	1-4	4-1	1-0	0-3	0-1	2-1	3-1	1-1	0-0
12	Forest Green R	0-1	2-2	5-2	0-1	1-1	4-1	1-2	2-1	2-0	3-2	1-3		0-3	0-1	0-2	2-0	0-4	1-2	1-0	3-1	0-2	1-2	4-3
13	Grimsby Town	0-3	2-2	0-0	0-1	1-1	1-0	2-2	0-2	0-0	0-1	1-0	1-0		0-0	1-1	0-1	0-2	1-2	2-1	1-1	0-0	3-2	2-3
14	Lincoln City	2-0	2-1	1-0	4-1	1-0	2-1	1-2	0-0	1-4	3-2	2-1	3-1		0-0	0-1	1-1	3-1	2-2	3-1	3-0	0-2	0-0	1-1
15	Luton Town	1-2	2-0	7-0	3-0	2-2	1-0	3-0	0-3	4-1	3-1	1-0	3-1	2-0	4-2		2-1	1-0	3-1	1-1	2-0	7-1	0-3	8-2
16	Mansfield Town	0-1	3-1	2-1	3-1	3-2	2-2	1-1	1-1	3-4	1-1	2-0	4-1	1-1	2-2	2-2		2-1	5-0	3-1	1-1	1-0	1-3	0-0
17	Morecambe	1-2	0-1	0-0	1-1	2-1	2-2	0-0	2-0	0-1	0-1	2-1	1-1	0-0	0-0	0-0	1-2		2-1	1-4	0-3	1-1	0-1	2-1	4-3
18	Newport County	2-1	1-2	2-1	3-3	1-0	4-1	1-2	1-1	2-1	1-2	2-1	3-3	1-0	0-0	1-1	1-1	1-1		0-0	1-1	0-2	1-0	0-2
19	Notts County	2-2	2-1	3-3	2-1	3-1	2-0	2-1	1-2	4-1	1-2	1-1	0-0	4-1	0-1	1-1	2-0	3-0		1-0	2-0	1-0	0-0	4-1
20	Port Vale	1-2	1-0	2-0	1-2	3-1	2-1	2-2	1-0	1-2	0-1	0-1	1-1	1-2	1-0	4-0	0-4	0-0	0-0	0-1		2-2	0-3	2-3	1-1
21	Stevenage	3-2	4-1	0-2	0-0	4-1	5-1	0-1	1-1	1-1	2-2	3-1	1-2	3-1	1-1	1-1	2-1	3-3	1-1	2-0		0-1	0-0	4-1
22	Swindon Town	3-0	1-4	2-0	0-0	0-3	2-2	2-3	1-2	0-3	4-3	1-1	0-0	0-1	0-5	1-0	1-1	0-1	1-0	3-2	3-2		1-0	2-2
23	Wycombe Wand	0-4	3-1	1-1	4-3	3-3	1-0	3-1	0-1	4-0	3-2	0-0	3-1	2-1	2-2	1-2	1-2	2-4	2-0	2-4	0-0	1-0	3-2		2-1
24	Yeovil Town	3-2	2-0	2-0	0-1	0-0	1-2	0-1	2-0	2-1	0-3	1-0	0-3	0-3	2-3	2-2	0-2	1-1	1-1	3-0	1-2	0-1	

Final League Table

Pos	Team	Pld	Home W	Home D	Home L	Home F	Home A	Away W	Away D	Away L	Away F	Away A	Totals W	Totals D	Totals L	Totals F	Totals A	Pts	GD	Leading Goalscorer	Gls
1	Accrington S	46	17	3	3	42	19	12	3	8	34	27	29	6	11	76	46	93	+30	B Kee	25
2	Luton Town	46	17	2	4	62	24	8	11	4	32	22	25	13	8	94	46	88	+48	D Hylton	21
3	Wycombe Wand	46	12	5	6	43	35	12	7	4	36	25	24	12	10	79	60	84	+19	A Akinfenwa	17
4	Exeter City	46	15	4	4	34	19	9	4	10	30	35	24	8	14	64	54	80	+10	J Stockley	19
5	Notts County	46	14	7	2	43	19	7	7	9	28	29	21	14	11	71	48	77	+23	J Grant	15
6	Coventry City (P)	46	13	4	6	36	24	9	5	9	28	23	22	9	15	64	47	75	+17	M McNulty	23
7	Lincoln City	46	12	8	3	38	23	8	7	8	26	25	20	15	11	64	48	75	+16	M Green	13
8	Mansfield Town	46	10	10	3	42	26	8	7	8	25	26	18	18	10	67	52	72	+15	K Hemmings	15
9	Swindon Town	46	9	5	9	29	36	11	3	9	38	29	20	8	18	67	65	68	+2	L Norris	13
10	Carlisle United	46	7	10	6	31	23	10	6	7	31	31	17	16	13	62	54	67	+8	J Devitt	10
11	Newport County	46	9	10	4	32	24	7	6	10	24	34	16	16	14	56	58	64	-2	P Amond	13
12	Cambridge Utd	46	13	5	5	26	18	3	6	11	18	37	16	11	16	56	60	64	-4	U Ikpeazu	13
13	Colchester Utd	46	9	7	7	30	23	7	6	9	23	29	16	14	16	53	52	62	+1	S Szmodics	12
14	Crawley Town	46	8	4	11	30	30	8	7	8	28	36	16	11	19	58	66	59	-8	E Boldewijn, J Smith	10
15	Crewe Alexandra	46	10	4	9	32	32	7	1	15	30	43	17	5	24	62	75	56	-13	J Bowery	13
16	Stevenage	46	9	5	9	42	27	5	4	14	18	38	14	9	23	60	65	55	-5	D Newton	14
17	Cheltenham T	46	8	8	7	31	31	5	6	12	26	42	13	14	19	57	73	53	-16	M Eisa	23
18	Grimsby Town	46	6	9	8	20	26	7	3	13	22	40	13	12	21	42	66	51	-24	M Rose	8
19	Yeovil Town	46	8	5	10	29	29	4	7	12	30	46	12	12	22	59	75	48	-16	F Zoko	13
20	Port Vale	46	7	6	10	26	29	4	8	11	23	38	11	14	21	49	67	47	-18	T Pope	17
21	Forest Green R	46	10	2	11	35	36	3	6	14	19	41	13	8	25	54	77	47	-23	C Doidge	20
22	Morecambe	46	6	8	9	22	27	3	10	10	19	29	9	18	19	41	56	45	-15	C Lang	10
23	Barnet	46	8	6	9	24	25	4	4	15	22	40	12	10	24	46	65	46	-19	S Coulthirst	10
24	Chesterfield	46	7	4	12	27	33	2	6	15	20	50	9	10	27	47	83	38	-36	K Dennis	19

2018/19 PREMIER LEAGUE
SEASON 27

Total Matches	380
Total Goals	1072
Avg goals per match	2.82

Results Grid

		Arsenal	Bournemouth	Brighton & H A	Burnley	Cardiff City	Chelsea	Crystal Palace	Everton	Fulham	Huddersfield T	Leicester City	Liverpool	Manchester City	Manchester Utd	Newcastle Utd	Southampton	Tottenham H	Watford	West Ham Utd	Wolverhampton
1	Arsenal		5-1 27F	1-1 5m	3-1 22D	2-1 29J	2-0 19J	2-3 21A	2-0 23S	4-1 1J	1-0 8D	3-1 22O	1-1 3N	0-2 12a	2-0 10M	2-0 1A	2-0 24F	4-2 2D	2-0 29S	3-1 25a	1-1 11N
2	AFC Bournemouth	1-2 25N		2-0 22D	1-3 6A	2-0 11a	4-0 30J	2-1 10	2-2 25a	0-1 20A	2-1 4D	4-2 15S	0-4 8D	0-1 2M	1-2 3N	2-2 16M	0-0 20O	1-0 4m	3-3 2J	2-0 19J	1-1 23F
3	Brighton & H A	1-1 26D	0-5 13A		1-3 9F	0-2 16A	1-2 16D	3-1 4D	1-0 29D	2-2 1S	1-0 2M	1-1 24N	0-1 12J	1-4 12m	3-2 19a	1-1 27A	1-2 30M	0-0 22S	1-0 2F	1-0 5O	1-0 27O
4	Burnley	1-3 12m	4-0 22S	1-0 8D		2-0 13A	0-4 28O	1-3 2M	1-5 26D	2-1 12J	1-1 6O	1-2 16M	1-3 5D	0-1 28A	0-2 2S	1-2 26N	1-1 2F	2-1 23F	1-3 19a	2-0 30D	2-0 30M
5	Cardiff City	2-3 2S	2-0 2F	2-1 10N	1-2 30S		1-2 31M	0-0 4m	0-3 26F	4-2 20O	0-0 12J	0-1 3N	0-2 21A	0-5 22S	1-5 22D	0-0 18a	1-0 8D	0-3 1J	1-5 22F	2-0 9M	2-1 30N
6	Chelsea	3-2 18a	2-0 1S	2-2 3A	2-2 22A	4-1 15S		3-1 4N	0-0 11N	2-0 2D	5-0 2F	0-1 22D	1-1 29S	2-0 8D	2-2 20O	2-1 12J	0-0 2J	2-0 27F	3-0 5m	2-0 8A	1-1 10M
7	Crystal Palace	2-2 28O	5-3 12m	1-2 9M	2-0 1D	0-0 26D	0-1 30D		0-0 27A	2-0 2F	2-0 30M	1-0 15D	0-2 20a	1-3 14A	1-3 27F	0-0 22S	0-2 1S	0-1 10N	1-2 12J	1-1 9F	0-1 6O
8	Everton	1-0 7A	2-0 13J	3-1 3N	2-0 3m	1-0 24N	2-0 17M	2-0 21O		3-0 29S	1-1 1S	0-1 1J	0-0 3M	0-2 6F	4-0 21A	1-1 5D	2-1 18a	2-6 23D	2-2 10D	1-3 16S	1-3 2F
9	Fulham	1-5 7O	0-3 27O	4-2 29J	4-2 26a	1-0 27A	0-2 3M	2-0 11a	0-3 13G		1-0 29D	1-1 5D	1-2 17M	0-2 30M	0-3 9F	0-4 12m	3-2 24N	1-2 20J	1-1 22S	0-2 15D	1-1 26D
10	Huddersfield Town	1-2 9F	0-2 9M	1-2 1D	1-2 2J	0-0 25a	0-3 11a	0-1 15S	0-1 29J	1-0 5N		1-4 6A	0-1 20O	0-3 20J	1-1 5m	0-1 15D	1-3 22D	0-2 29S	1-2 20A	1-1 10N	1-0 26F
11	Leicester City	3-0 28A	2-0 30M	2-1 26F	0-0 10N	0-1 29D	0-0 12m	1-4 23F	1-2 6O	3-1 9M	3-1 22S		1-2 1S	2-1 26D	0-1 3F	0-1 12A	1-2 12J	0-2 8D	2-1 1D	1-1 27O	2-0 18a
12	Liverpool	5-1 29D	3-0 9F	1-0 25a	4-2 10M	4-1 27O	2-0 14A	4-3 19J	1-0 2D	2-0 11N	5-0 26A	1-1 30J		0-0 7O	3-1 16D	4-0 26D	3-0 22S	2-1 31M	5-0 27F	4-0 12a	2-0 12m
13	Manchester City	3-1 3F	3-1 1D	2-0 29S	5-0 20O	2-0 3A	6-0 10F	2-3 22D	3-1 15D	3-0 15S	6-1 19a	1-0 6m	2-1 3J		3-1 11N	2-1 1S	6-1 4N	1-0 20A	3-1 9M	1-0 27F	3-0 14J
14	Manchester United	2-2 5D	4-1 30D	2-1 19J	2-2 29J	0-2 12m	0-2 28A	1-1 24N	0-0 28O	4-1 8D	3-1 26D	2-1 10a	0-0 24F	0-2 24A		3-2 6O	3-2 2M	0-3 27a	2-1 30M	2-1 13A	1-1 22S
15	Newcastle United	1-2 15S	2-1 10N	0-1 20O	2-0 26F	3-0 19J	1-2 26a	0-1 6A	3-2 9M	0-0 22D	2-0 23F	0-2 29S	0-2 5m	2-3 29J	2-1 2J		0-2 20A	3-1 11a	1-2 3N	1-0 1D	0-3 9D
16	Southampton	3-2 16D	3-3 27A	2-2 17S	0-0 12a	1-2 9F	0-3 7O	1-1 30J	2-1 19J	2-0 27F	1-1 12m	1-2 25a	1-3 5A	1-3 30D	2-2 1D	0-0 27O		2-1 9M	1-1 10N	1-2 27D	3-1 13A
17	Tottenham Hotspur	1-1 2M	5-0 26D	1-0 23A	1-0 15D	1-0 6O	3-1 24N	2-0 3A	2-2 12m	3-1 18a	4-0 13A	3-1 10F	1-2 15S	0-1 29O	0-1 13J	3-1 2F	1-0 5D		2-1 30J	0-1 27A	1-3 29D
18	Watford	0-1 15A	0-4 6O	2-0 11a	0-0 19J	3-2 15D	1-2 26D	2-1 26a	1-0 9F	4-1 2A	3-0 27O	2-1 3M	0-3 24N	1-2 4D	1-2 15S	1-1 29D	1-1 23A	2-1 2S		1-4 12m	1-2 27A
19	West Ham United	1-0 12J	1-2 18a	2-2 2J	4-2 3N	3-1 4D	0-0 23S	3-2 8D	2-0 30M	3-1 22F	4-3 16M	2-2 20A	1-1 4F	0-1 24N	3-1 29S	2-0 2M	3-0 4m	0-1 20O	0-2 22D		0-1 1S
20	Wolverhampton Wanderers	3-1 24A	2-0 15D	0-0 20A	1-0 16S	2-0 2M	2-1 5D	0-2 2J	2-2 11a	1-0 4m	0-2 25N	4-3 19J	0-2 21D	1-1 25a	2-1 2A	1-1 11F	2-0 29S	2-3 3N	0-2 20O	3-0 29J	

Final League Table

Pos	Team	Pld	Home					Away					Totals					Pts	GD	Leading Goalscorer	Gls
			W	D	L	F	A	W	D	L	F	A	W	D	L	F	A				
1	Manchester City	38	18	0	1	57	12	14	2	3	38	11	32	2	4	95	23	98	+72	S Aguero	21
2	Liverpool	38	17	2	0	55	10	13	5	1	34	12	30	7	1	89	22	97	+67	**S Mane, M Salah**	**22**
3	Chelsea	38	12	6	1	39	12	9	3	7	24	27	21	9	8	63	39	72	+24	E Hazard	16
4	Tottenham H	38	12	2	5	34	16	11	0	8	33	23	23	2	13	67	39	71	+28	H Kane	17
5	Arsenal	38	14	3	2	42	16	7	4	8	31	35	21	7	10	73	51	70	+22	P-E Aubameyang	22
6	Manchester Utd	38	10	6	3	33	25	9	3	7	32	29	19	9	10	65	54	66	+11	P Pogba	13
7	Wolverhampton W	38	10	4	5	28	21	6	5	8	19	25	16	9	13	47	46	57	+1	R Jimenez	13
8	Everton	38	10	4	5	30	24	5	5	9	24	25	15	9	14	54	46	54	+8	Richarlison, G Sigurdsson	13
9	Leicester City	38	8	3	8	24	20	7	4	8	27	28	15	7	16	51	48	52	+3	J Vardy	18
10	West Ham United	38	9	4	6	32	27	6	3	10	20	28	15	7	16	52	55	52	-3	M Arnautovic	10
11	Watford	38	8	3	8	26	28	6	5	8	26	31	14	8	16	52	59	50	-7	G Deulofeu	10
12	Crystal Palace	38	5	5	9	19	23	9	2	8	32	30	14	7	17	51	53	49	-2	L Milivojevic	12
13	Newcastle United	38	8	1	10	24	25	4	8	7	18	23	12	9	17	42	48	45	-6	A Perez	12
14	Bournemouth	38	8	5	6	30	25	5	1	13	26	45	13	6	19	56	70	45	-14	C Wilson	14
15	Burnley	38	7	2	10	24	32	4	5	10	21	36	11	7	20	45	68	40	-23	A Barnes	12
16	Southampton	38	5	5	9	27	30	4	4	11	18	35	9	12	17	45	65	39	-20	D Ings	7
17	Brighton & H A	38	6	5	8	19	23	3	4	12	16	32	9	9	20	35	60	36	-25	G Murray	13
18	Cardiff City	38	6	2	11	21	38	4	2	13	13	31	10	4	24	34	69	34	-35	V Camarasa	5
19	Fulham	38	6	3	10	22	36	1	2	16	12	45	7	5	26	34	81	26	-47	A Mitrovic	11
20	Huddersfield T	38	2	3	14	10	31	1	4	14	12	45	3	7	28	22	76	16	-54	K Grant	3

2018/19 SKY BET CHAMPIONSHIP [LEVEL 2]
SEASON 120

Total Matches	552
Total Goals	1473
Avg goals per match	2.67

		Aston Villa	Birmingham C	Blackburn Rov	Bolton Wand	Brentford	Bristol City	Derby County	Hull City	Ipswich Town	Leeds United	Middlesbrough	Millwall	Norwich City	Nottm Forest	Preston N E	Queens Park R	Reading	Rotherham Utd	Sheffield United	Sheffield Weds	Stoke City	Swansea City	West Brom A	Wigan Athletic
1	Aston Villa		4-2	2-1	2-0	2-2	2-1	4-0	2-2	2-1	2-3	3-0	1-0	1-2	5-5	3-3	2-2	1-1	2-0	3-3	1-2	2-2	1-0	0-2	3-2
2	Birmingham City	0-1		2-2	0-1	0-0	0-1	2-2	3-3	2-2	1-0	1-2	0-2	2-2	2-0	3-0	0-0	2-1	3-1	1-1	3-2	0-0	1-1	1-1	1-1
3	Blackburn Rovers	1-1	2-2		2-0	1-0	0-1	2-0	3-0	2-0	2-1	0-1	0-0	0-1	2-2	0-1	1-0	2-2	1-1	0-2	4-2	0-1	2-2	2-1	3-0
4	Bolton Wand	0-2	1-0	0-1		0-1	2-2	1-0	0-1	1-2	0-0	0-2	2-1	0-4	0-3	1-2	1-2	1-1	2-1	0-3	0-2	0-0	0-0	0-2	1-1
5	Brentford	1-0	1-1	5-2	1-0		0-1	3-3	5-1	2-0	2-0	1-2	2-0	1-1	2-1	1-0	2-0	0-1	2-3	2-0	3-1	2-3	0-1	2-0	2-0
6	Bristol City	1-1	1-2	4-1	2-1	1-1		0-2	1-0	1-1	0-1	2-2	1-1	0-1	2-1	1-1	1-0	1-0	2-1	0-1	2-1	1-0	2-0	3-2	2-2
7	Derby County	0-3	3-1	0-0	4-0	3-1	1-1		2-0	2-0	1-4	1-0	1-1	1-0	0-0	2-0	2-0	2-1	6-1	2-1	1-0	0-0	2-1	3-1	2-1
8	Hull City	1-3	2-0	0-1	6-0	2-0	1-1	1-2		2-0	0-1	1-1	2-1	0-0	0-2	1-1	2-2	3-1	2-2	0-3	3-0	2-0	3-2	1-0	2-1
9	Ipswich Town	1-1	1-1	2-2	0-0	1-1	2-3	1-1	0-2		3-2	0-2	2-3	1-1	1-1	1-1	0-2	1-2	1-0	1-1	0-1	1-1	0-1	1-2	1-0
10	Leeds United	1-1	1-2	3-2	2-1	1-1	2-0	2-0	0-2	2-0		0-0	3-2	1-3	1-1	3-0	2-1	1-0	2-0	0-1	1-0	3-1	2-1	4-0	1-2
11	Middlesbrough	0-3	1-0	1-1	2-0	1-2	0-1	1-1	0-0	2-0	1-1		1-1	0-1	0-2	1-2	2-0	2-1	0-0	3-0	0-1	1-0	0-0	1-0	2-0
12	Millwall	2-1	0-2	0-2	1-1	1-1	1-2	2-2	3-0	1-1	2-2			1-3	1-0	1-3	0-0	1-0	0-0	2-3	0-0	0-0	1-2	2-0	2-1
13	Norwich City	2-1	3-1	2-1	3-2	1-0	3-2	3-4	3-2	3-0	0-3	1-0	4-3		3-3	2-0	4-0	2-2	3-1	2-2	2-2	2-2	0-1	1-0	3-4
14	Nottm Forest	1-3	2-2	1-2	1-0	2-1	0-0	1-0	3-0	2-0	4-2	3-0	2-2	1-2		0-1	0-1	1-0	1-0	2-1	0-0	2-1	1-1	0-0	3-1
15	Preston N E	1-1	1-0	4-1	2-2	4-3	1-1	0-0	1-2	4-0	0-2	1-1	3-2	3-1	0-0		1-0	2-3	1-1	0-1	3-3	2-1	1-1	2-3	4-0
16	Queens Park R	1-0	3-4	1-2	1-2	3-2	0-3	1-1	2-3	3-0	1-0	2-1	2-0	0-1	1-4		0-0	1-2	1-2	3-0	0-0	4-0	2-3	1-0	1-1
17	Reading	0-0	0-0	2-1	0-1	2-1	3-2	1-2	3-0	2-2	0-3	0-1	3-1	1-2	2-0	2-1	0-1		1-1	0-2	1-2	2-2	1-4	0-0	3-2
18	Rotherham Utd	1-2	1-3	3-2	1-1	2-0	1-0	2-3	1-0	1-2	1-2	1-0	1-2	1-2	2-1	2-1	1-1			2-2	2-2	2-2	0-4	1-1	1-1
19	Sheffield United	4-1	0-0	3-0	2-0	2-0	2-3	3-1	1-0	2-0	0-1	1-0	1-1	2-1	2-0	3-2	1-0	4-0		2-0	0-0	1-1	1-2	1-2	4-2
20	Sheffield Weds	1-3	1-1	4-2	1-0	2-0	1-2	1-1	2-1	1-1	1-2	0-4	3-0	1-0	1-2	0-0	2-2	0-0			2-2	3-1	2-2	1-0	1-0
21	Stoke City	1-1	0-1	2-3	2-0	1-1	0-2	2-1	2-0	2-0	2-1	0-0	1-0	2-2	0-0	0-2	2-0	0-2	2-0	0-0		1-0	1-0	0-3	
22	Swansea City	0-1	3-3	3-1	2-0	3-0	0-1	1-1	2-2	2-3	2-2	3-1	1-0	1-4	0-0	1-1	2-0	0-4	4-3	1-0	2-1	3-1		1-2	2-2
23	West Brom A	2-2	3-2	1-1	1-2	1-1	4-2	1-4	3-2	1-1	4-1	2-3	2-0	1-1	2-2	4-1	7-1	4-1	2-1	0-1	1-1	2-1	3-0		2-0
24	Wigan Athletic	3-0	0-3	0-1	5-2	0-0	1-0	0-1	2-1	1-1	1-2	0-0	1-1	2-2	2-0	2-1	0-0	1-0	0-3	3-2	0-0	0-0	1-0		

Final League Table

Pos	Team	Pld	Home					Away					Totals					Pts	GD	Leading Goalscorer	Gls
			W	D	L	F	A	W	D	L	F	A	W	D	L	F	A				
1	Norwich City	46	15	4	4	51	34	12	9	2	42	23	27	13	6	93	57	94	+36	T Pukki	29
2	Sheffield United	46	15	4	4	42	17	11	7	5	36	24	26	11	9	78	41	89	+37	W Sharp	23
3	Leeds United	46	14	4	5	38	21	11	4	8	35	29	25	8	13	73	50	83	+23	K Roofe	14
4	West Brom A	46	12	7	4	53	31	11	4	8	34	31	23	11	12	87	62	80	+25	D Gayle	23
5	Aston Villa (P)	46	11	8	4	50	36	9	8	6	32	25	20	16	10	82	61	76	+21	T Abraham	25
6	Derby County	46	13	7	3	40	20	7	7	9	29	34	20	14	12	69	54	74	+15	H Wilson	15
7	Middlesbrough	46	10	6	7	23	17	10	7	6	26	24	20	13	13	49	41	73	+8	B Assombalonga	14
8	Bristol City	46	8	8	7	28	26	11	5	7	31	27	19	13	14	59	53	70	+6	F Diedhiou	13
9	Nottm Forest	46	13	6	4	34	21	4	11	8	27	33	17	15	14	61	54	66	+7	L Grabban	16
10	Swansea City	46	12	6	5	42	28	6	5	12	23	34	18	11	17	65	62	65	+3	O McBurnie	22
11	Brentford	46	14	4	5	50	23	3	9	11	23	36	17	13	16	73	59	64	+14	N Maupay	25
12	Sheffield Weds	46	8	6	9	34	27	6	8	9	26	35	14	14	18	60	62	64	-2	S Fletcher	11
13	Hull City	46	11	6	6	37	24	6	5	12	29	44	17	11	18	66	68	62	-2	J Bowen	22
14	Preston N E	46	8	10	5	41	30	8	3	12	26	37	16	13	17	67	67	61	0	A Browne, C Robinson	12
15	Blackburn Rovers	46	10	7	6	32	21	6	5	12	32	48	16	12	18	64	69	60	-5	B Dack, D Graham	15
16	Stoke City	46	8	9	6	26	24	3	13	7	19	28	11	22	13	45	52	55	-7	B Afobe	8
17	Birmingham City	46	7	11	5	31	24	8	7	8	33	34	14	18	13	64	58	52	+6	C Adams	22
18	Wigan Athletic	46	11	8	4	29	20	2	5	16	22	44	13	13	20	51	64	52	-13	J Garner	8
19	Queens Park R	46	9	3	11	33	31	5	6	12	20	40	14	9	23	53	71	51	-18	L Freeman, T Hemed	7
20	Reading	46	6	6	11	20	29	5	2	11	10	20	11	17	19	49	66	47	-17	Y Meite	12
21	Millwall	46	9	7	7	26	23	3	5	15	22	37	10	14	22	48	64	44	-16	L Gregory	10
22	Rotherham Utd	46	7	8	8	32	38	1	8	14	20	45	8	16	22	52	83	40	-31	W Vaulks	8
23	Bolton Wand	46	4	4	15	13	35	4	4	15	16	43	8	8	30	29	78	32	-49	W Buckley	5
24	Ipswich Town	46	3	11	9	22	31	2	5	16	14	46	5	16	25	36	77	31	-41	G Edwards	6

Birmingham deducted 9 points for breach of FFP rules. Bolton v Brentford not played due to Bolton dispute over wages. Brentford awarded a 1-0 win.

2018/19 SKY BET LEAGUE 1 [LEVEL 3]
SEASON 120

Total Matches: 552
Total Goals: 1462
Avg goals per match: 2.65

Results Grid

	Accrington S	AFC Wimbledon	Barnsley	Blackpool	Bradford City	Bristol Rovers	Burton Albion	Charlton Athletic	Coventry City	Doncaster Rov	Fleetwood Town	Gillingham	Luton Town	Oxford United	Peterborough U	Plymouth Argyle	Portsmouth	Rochdale	Scunthorpe Utd	Shrewsbury T	Southend Utd	Sunderland	Walsall	Wycombe W
1 Accrington S		2-1	0-2	1-2	3-1	0-0	1-1	1-1	0-1	1-0	0-1	0-2	0-3	4-2	0-4	5-1	1-1	0-1	1-1	2-1	1-1	0-3	2-1	1-2
2 AFC Wimbledon	1-1		1-4	0-0	0-1	1-1	0-2	1-2	0-0	2-0	0-3	2-4	0-2	2-1	1-0	2-1	1-2	1-1	2-3	1-2	2-1	1-2	1-3	2-1
3 Barnsley	2-0	0-0		2-1	3-0	1-0	0-0	2-1	2-2	1-1	4-2	2-1	3-2	4-0	2-0	1-1	1-1	2-1	2-0	2-1	1-0	0-0	1-1	2-1
4 Blackpool	1-1	2-0	0-1		3-2	0-3	3-0	2-1	2-0	1-1	2-1	0-3	0-0	0-1	0-1	2-2	2-2	2-2	1-0	0-0	2-2	0-1	2-0	2-2
5 Bradford City	3-0	0-0	0-2	1-4		0-0	1-0	0-2	2-4	0-1	0-1	1-1	0-1	2-0	3-1	0-0	0-1	0-2	2-0	4-3	0-4	1-2	4-0	1-2
6 Bristol Rovers	1-2	2-0	2-1	4-0	3-2		0-0	0-0	3-1	0-4	2-1	1-2	1-2	0-0	2-2	0-0	1-2	0-1	1-2	1-1	0-1	0-2	0-1	0-1
7 Burton Albion	5-2	3-0	3-1	3-0	1-1	1-0		1-2	1-0	0-1	2-3	2-1	0-0	1-2	1-1	1-2	0-0	2-1	1-2	2-1	1-1	0-0	3-1
8 Charlton Athletic	1-0	2-0	2-0	0-0	1-0	3-1	2-1		1-2	2-0	0-0	2-0	3-1	1-1	0-1	2-1	2-1	4-0	4-0	2-1	1-1	1-1	3-2
9 Coventry City	1-1	1-1	1-0	0-2	2-0	0-0	1-2	2-1		2-1	2-1	1-1	1-2	0-1	1-1	0-0	0-1	1-2	1-1	1-0	1-1	3-0	1-0
10 Doncaster Rovers	1-2	2-1	0-0	2-0	2-1	4-1	2-2	1-1	2-0		0-4	3-3	2-1	2-2	3-1	2-0	0-0	5-0	3-0	0-0	3-0	0-1	3-1	3-0
11 Fleetwood Town	1-1	0-1	1-3	3-2	2-1	0-0	1-0	1-0	3-0	3-0		1-1	2-2	1-1	2-0	2-5	2-2	0-1	2-1	2-2	2-1	0-0	1-1
12 Gillingham	0-0	0-1	1-4	0-1	4-0	0-1	3-1	0-2	1-1	1-3	3-0		1-3	1-0	2-4	3-1	2-0	1-1	1-0	0-2	2-2	1-4	0-3	2-2
13 Luton Town	4-1	2-2	0-0	2-2	4-0	1-0	2-0	2-2	1-1	2-2		3-1	4-0	5-1	3-2	2-0	3-2	2-0	1-1	2-1	1-0	3-0
14 Oxford United	2-3	0-0	2-2	2-0	1-0	0-2	3-1	1-2	2-0	0-2	1-0	1-2		0-1	2-0	2-1	4-2	2-1	3-0	0-1	1-1	1-2	2-1
15 Peterborough U	0-1	1-0	0-4	2-2	1-1	2-1	3-1	0-0	1-2	1-1	1-0	2-0	3-1	2-2		0-1	1-2	2-1	0-2	1-2	0-1	1-1	4-2
16 Plymouth Argyle	0-3	1-0	0-3	0-1	3-3	2-2	2-3	0-1	2-3	2-1	3-1	0-0	3-0	1-5	1-5		1-1	5-1	3-2	2-1	1-1	0-2	2-1
17 Portsmouth	1-1	2-1	0-0	0-1	5-1	1-1	2-2	1-2	2-1	1-1	1-0	0-2	1-0	4-1	2-3	3-0		4-1	2-0	1-1	2-0	3-1	2-0	2-2
18 Rochdale	1-0	3-4	0-4	2-1	0-4	0-0	0-4	1-0	0-1	2-3	1-1	3-0	0-0	0-0	1-4	1-2	1-3		3-1	2-1	1-0	1-2	1-2	1-0
19 Scunthorpe Utd	2-0	1-2	2-2	0-0	2-3	0-1	0-3	5-3	2-1	1-1	0-5	0-2	2-2	3-3	0-2	1-4	1-2	3-3		1-0	4-1	1-1	1-1	1-0
20 Shrewsbury T	1-0	0-0	3-1	0-0	0-1	1-1	1-1	0-3	1-0	0-0	2-2	0-3	2-3	2-2	0-0	0-2	3-2	1-1		2-0	0-2	0-0	2-1
21 Southend United	3-0	0-1	0-3	1-2	2-0	1-2	3-2	1-2	1-2	2-3	1-0	2-0	0-1	0-0	2-3	2-3	3-3	1-2	2-0	0-2		4m	3-0	1-3
22 Sunderland	2-2	1-0	4-2	1-1	1-0	2-1	1-1	2-1	4-5	2-0	1-1	4-2	1-1	1-1	2-2	2-0	1-1	4-1	3-0	1-1	3-0		2-1	1-1
23 Walsall	0-1	0-1	0-1	0-0	3-2	1-3	1-3	0-2	2-1	1-4	2-0	2-1	2-2	1-3	3-0	2-1	2-3	1-2	1-2	0-0	1-1	2-2		3-2
24 Wycombe Wand	1-3	1-2	1-0	0-0	0-0	1-2	2-1	0-1	3-2	1-0	0-1	1-1	0-0	1-0	2-3	1-0	0-2	2-3	3-2	3-2	2-3	1-1	1-0	

Final League Table

Pos	Team	Pld	Home W	Home D	Home L	Home F	Home A	Away W	Away D	Away L	Away F	Away A	Tot W	Tot D	Tot L	Tot F	Tot A	Pts	GD	Leading Goalscorer	Gls
1	Luton Town	46	16	7	0	57	19	11	6	6	33	23	27	13	6	90	42	94	+48	J Collins	25
2	Barnsley	46	15	8	0	40	16	11	5	7	40	23	26	13	7	80	39	91	+41	K Moore	17
3	Charlton Ath (P)	46	16	6	2	41	15	10	5	8	32	25	26	10	10	73	40	88	+33	L Taylor	21
4	Portsmouth	46	12	7	4	42	22	13	6	4	41	29	25	13	8	83	51	88	+32	J Lowe	15
5	Sunderland	46	12	10	1	46	25	10	9	4	34	22	22	19	5	80	47	85	+33	J Maja	15
6	Doncaster Rovers	46	13	7	3	45	21	7	6	10	31	37	20	13	13	76	58	73	+18	J Marquis	21
7	Peterborough U	46	9	7	7	31	28	11	5	7	40	34	20	12	14	71	62	72	+9	I Toney	16
8	Coventry City	46	9	7	7	24	20	9	4	10	30	34	18	11	17	54	54	65	0	J Hiwula-Mayifuila	12
9	Burton Albion	46	11	5	7	35	23	6	7	10	31	34	17	12	17	66	57	63	+9	L Akins	13
10	Blackpool	46	8	8	7	28	26	9	7	7	22	26	15	17	14	50	52	62	-2	A Gnanduillet	10
11	Fleetwood Town	46	9	9	5	33	27	7	4	12	25	25	15	13	17	58	52	61	+6	C Evans	17
12	Oxford United	46	11	4	8	34	27	4	11	8	24	37	15	15	16	58	64	60	-6	J Henry	11
13	Gillingham	46	7	4	12	27	36	8	6	9	34	36	15	10	21	61	72	55	-11	T Eaves	21
14	Accrington S	46	7	6	10	26	33	7	7	9	25	34	14	13	19	51	67	55	-16	S McConville	15
15	Bristol Rovers	46	9	8	6	27	24	4	7	12	24	35	13	15	18	47	59	54	-3	J Clarke-Harris	11
16	Rochdale	46	8	4	11	25	37	5	6	12	29	50	13	10	23	54	87	54	-33	I Henderson	20
17	Wycombe Wand	46	10	5	8	26	26	4	6	13	27	41	14	11	21	53	67	53	-12	A Akinfenwa	8
18	Shrewsbury T	46	8	9	6	25	26	4	7	12	26	34	12	16	18	51	59	52	-8	F Okenabirhie	10
19	Southend United	46	8	2	13	32	34	6	7	10	23	34	14	9	23	55	68	50	-13	S Cox	15
20	AFC Wimbledon	46	6	5	12	24	37	7	6	10	18	26	13	11	22	42	63	50	-21	J Pigott	15
21	Plymouth Argyle	46	9	6	8	36	34	5	4	14	20	42	13	11	22	56	80	50	-24	F Ladapo	18
22	Walsall	46	7	5	11	30	37	5	6	12	19	34	12	11	23	49	71	47	-22	A Cook	13
23	Scunthorpe Utd	46	6	7	10	31	42	6	4	13	22	41	12	11	23	53	83	46	-30	L Novak	12
24	Bradford City	46	6	4	13	22	35	5	4	14	15	34	11	8	27	37	69	41	-28	E Doyle	11

2018/19 SKY BET LEAGUE 2 [LEVEL 4]
SEASON 120

Total Matches: 552
Total Goals: 1409
Avg goals per match: 2.55

		Bury	Cambridge Utd	Carlisle United	Cheltenham T	Colchester Utd	Crawley Town	Crewe Alexandra	Exeter City	Forest Green R	Grimsby Town	Lincoln City	Macclesfield T	Mansfield Town	M K Dons	Morecambe	Newport County	Northampton T	Notts County	Oldham Athletic	Port Vale	Stevenage	Swindon Town	Tranmere Rov	Yeovil Town
1	Bury		0-3	0-1	4-1	2-0	1-1	3-1	2-0	1-1	4-0	3-3	3-0	2-2	4-3	3-2	1-1	3-1	4-0	3-1	1-1	4-0	1-3	2-1	1-0
2	Cambridge Utd	2-2		1-2	0-1	0-1	2-1	0-0	0-2	1-3	1-0	1-2	1-0	1-1	0-1	1-2	0-3	3-2	3-2	1-1	1-0	2-0	0-0	0-0	0-0
3	Carlisle United	3-2	2-2		2-0	4-0	4-2	1-0	1-1	1-2	0-1	1-0	2-1	3-2	2-3	0-2	3-2	2-2	1-3	6-0	2-1	0-1	2-1	0-2	0-1
4	Cheltenham T	1-1	2-0	0-1		1-3	0-1	0-0	1-1	2-2	2-1	0-2	3-2	2-2	3-1	2-2	2-1	3-1	4-1	0-0	1-0	0-2	3-2	1-3	1-0
5	Colchester Utd	1-2	3-0	1-1	3-0		3-1	6-0	1-1	0-0	1-1	0-2	1-0	1-1	1-8	1-2	1-2	3-3	0-2	2-0	1-2	1-0	0-2	1-3	3-1
6	Crawley Town	3-2	0-2	2-3	1-0	2-0		3-0	1-1	1-2	2-1	0-3	1-1	0-0	0-4	2-0	4-1	0-1	1-1	0-3	0-1	1-3	2-2	3-1	3-1
7	Crewe Alexandra	1-1	2-0	2-1	1-3	2-1	6-1		1-2	4-3	2-0	2-1	3-0	0-3	0-0	6-0	3-2	0-2	3-0	0-2	0-1	1-0	1-0	3-2	2-0
8	Exeter City	0-1	1-0	3-1	3-1	3-0	1-3	1-0		1-2	1-2	0-3	0-1	1-4	3-1	0-0	1-1	2-2	5-1	1-0	2-0	1-0	2-0	0-1	2-1
9	Forest Green R	1-2	2-1	1-1	1-1	0-1	1-0	1-0	0-0		3-0	1-2	2-0	1-1	1-2	0-1	1-1	2-1	1-2	1-1	1-1	0-0	1-1	3-1	3-0
10	Grimsby Town	0-0	0-2	1-0	1-0	1-0	2-0	0-0	1-4		1-1	0-2	0-1	1-1	1-2	0-0	4-0	0-3	2-0	2-2	2-1	5-2	0-1		1-S
11	Lincoln City	2-1	1-1	2-2	1-1	0-3	0-1	1-0	1-1	2-1	1-0		1-1	1-1	2-1	3-1	3-2	1-1	3-1	2-0	1-1	2-2	4-1	0-0	1-0
12	Macclesfield T	1-4	1-0	2-1	1-1	1-1	2-0	3-3	3-2	1-1	0-2	1-2		1-3	1-1	0-0	0-5	0-1	2-1	0-0	2-2	1-2	1-1	1-1	0-0
13	Mansfield Town	2-1	1-0	1-0	4-2	1-1	1-0	1-2	1-2	0-2	1-1	3-1			1-1	4-0	3-0	4-0	0-0	1-0	1-2	0-0	3-0	0-1	
14	M K Dons	1-0	6-0	2-0	8-0	2-2	1-0	1-0	1-1	1-1	0-2	2-0	1-2		2-0	2-0	1-0	2-1	2-1	1-1	1-1	2-3	1-1	2-0	
15	Morecambe	2-3	3-0	0-2	4-0	0-1	1-0	2-2	0-2	3-0	1-1	0-2	2-1	0-1	4-2		1-1	1-0	1-1	0-2	2-2	1-2	0-1	3-4	2-1
16	Newport County	1-1	4-2	2-0	1-0	2-0	0-0	1-0	1-0	1-4	1-0	1-0	3-3	0-0	1-3	1-1		3-1	3-2	0-0	2-1	0-0	0-0	0-6	
17	Northampton T	0-0	2-2	3-0	1-3	0-4	0-0	2-0	2-1	2-1	2-2	0-1	3-1	1-2	2-2	1-1	1-0		0-0	2-1	1-2	1-1	1-1	1-1	2-2
18	Notts County	0-0	0-1	1-1	0-3	0-0	3-1	2-1	0-1	1-3	2-1	1-1	1-2	1-0	1-2	0-0	1-4	2-2		0-0	0-0	3-3	1-2	3-2	0-4
19	Oldham Athletic	4-2	3-1	1-1	2-0	3-3	2-1	1-1	2-3	0-0	2-0	1-1	3-1	3-2	1-2	1-2	1-0	2-5	2-0		0-1	1-1	2-2	2-0	4-1
20	Port Vale	1-0	3-0	0-1	2-2	0-3	1-0	1-1	0-2	0-1	2-6	0-1	2-1	0-2	0-1	1-2	2-0	2-2	1-4		1-4	0-1	1-2	3-0	
21	Stevenage	0-1	0-1	3-0	2-0	3-1	2-1	0-1	1-1	0-2	1-0	0-1	1-0	1-3	3-2	1-0	1-0	1-2	0-3	3-2	0-0		2-0	2-2	1-0
22	Swindon Town	1-2	0-2	0-4	0-0	3-0	0-1	1-2	0-2	2-0	1-1	2-2	3-2	0-0	1-1	4-0	2-1	1-1	3-1	0-0	0-0	3-2		1-1	
23	Tranmere Rovers	1-1	1-0	3-0	1-0	1-1	5-1	1-0	2-0	0-1	4-1	1-0	0-0	0-0	2-1	3-1	0-1	1-2	1-0	1-1	1-0	2-0	1-2		0-0
24	Yeovil Town	0-1	1-0	0-0	1-4	0-1	0-1	1-1	2-2	1-3	0-2	0-2	2-2	1-1	3-2	1-3	1-1	2-0	0-0	0-3	2-0	0-3	0-0		

Final League Table

Pos	Team	Pld	Home					Away					Totals					Pts	GD	Leading Goalscorer	Gls
			W	D	L	F	A	W	D	L	F	A	W	D	L	F	A				
1	Lincoln City	46	11	10	2	35	23	12	6	5	38	20	23	16	7	73	43	85	+30	J Akinde	15
2	Bury	46	14	6	3	52	26	8	7	8	30	30	22	13	11	82	56	79	+26	N Maynard	21
3	M K Dons	46	14	5	4	35	14	9	5	9	36	35	23	10	13	71	49	79	+22	K Agard	20
4	Mansfield Town	46	14	5	4	38	15	6	11	6	31	26	20	16	10	69	41	76	+28	T Walker	22
5	Forest Green R	46	8	9	6	28	20	12	5	6	40	27	20	14	12	68	47	74	+21	C Doidge	14
6	Tranmere Rov (P)	46	14	9	4	33	13	6	8	9	30	37	20	13	13	63	50	73	+13	J Norwood	29
7	Newport County	46	14	6	3	32	22	6	5	12	27	37	20	11	15	59	59	71	0	P Amond, J Matt	14
8	Colchester Utd	46	12	4	7	39	23	8	6	9	26	30	20	10	16	65	53	70	+12	S Szmodics	14
9	Exeter City	46	12	3	8	34	25	7	10	6	26	24	19	13	14	60	49	70	+11	J Stockley	16
10	Stevenage	46	12	6	5	28	23	8	7	8	31	32	20	10	16	59	55	70	+4	K Guthrie	11
11	Carlisle United	46	12	3	8	42	31	8	5	10	25	31	20	8	18	67	62	68	+5	H Hope	14
12	Crewe Alexandra	46	15	2	6	45	25	4	6	13	15	34	19	8	19	60	59	65	+1	C Porter	13
13	Swindon Town	46	8	8	6	31	27	8	7	8	28	29	16	14	14	59	56	64	+3	M Doughty	13
14	Oldham Athletic	46	10	6	7	42	33	6	8	9	25	27	16	14	16	67	60	62	+7	C Lang	13
15	Northampton T	46	7	12	4	30	27	7	7	9	34	36	14	19	13	64	63	61	+1	A Williams	12
16	Cheltenham T	46	10	7	6	34	29	5	5	13	23	39	15	12	19	57	68	57	-11	L Varney	14
17	Grimsby Town	46	11	4	8	26	21	5	7	14	19	35	16	8	22	45	56	56	-11	W Thomas	11
18	Morecambe	46	8	5	10	33	31	6	7	10	21	39	14	12	20	54	70	54	-16	A Collins	8
19	Crawley Town	46	10	5	8	34	31	5	3	15	17	37	15	8	23	51	68	53	-17	O Palmer	14
20	Port Vale	46	7	3	13	24	36	5	10	8	15	19	12	13	21	39	55	49	-16	T Pope	11
21	Cambridge Utd	46	7	7	9	21	20	5	4	14	19	40	12	11	23	40	66	47	-26	J Brown	7
22	Macclesfield T	46	5	11	7	26	35	5	3	15	22	39	10	14	22	48	74	44	-26	S Wilson	10
23	Notts County	46	5	9	9	23	34	4	5	14	25	50	9	14	23	48	84	41	-36	K Hemmings	14
24	Yeovil Town	46	4	9	10	20	34	5	4	14	21	32	9	13	24	41	66	40	-25	A Fisher	7

2019/20 PREMIER LEAGUE
SEASON 28

Total Matches: 380
Total Goals: 1034
Avg goals per match: 2.72

Results Grid

#	Team	Arsenal	Aston Villa	Bournemouth	Brighton & H A	Burnley	Chelsea	Crystal Palace	Everton	Leicester City	Liverpool	Manchester City	Manchester Utd	Newcastle Utd	Norwich City	Sheffield Utd	Southampton	Tottenham H	Watford	West Ham Utd	Wolverhampton
1	Arsenal		3-2 22S	1-0 6O	1-2 5D	2-1 17a	1-2 29D	2-2 27O	3-2 23F	2-1 7Jy	2-1 15Jy	0-3 15D	2-0 1J	4-0 16F	4-0 1Jy	1-1 18J	2-2 23N	3-2 1S	3-2 26Jy	1-0 7M	1-1 2N
2	Aston Villa	1-0 21Jy		1-2 17a	2-1 19O	2-2 28S	1-2 21J	2-0 12Jy	2-0 23A	1-4 8D	1-2 2N	1-6 12J	0-3 9Jy	2-0 25N	1-0 26D	0-0 17J	1-3 21D	2-3 16F	2-1 21J	0-0 16S	0-1 27J
3	AFC Bournemouth	1-1 26D	2-1 1F		3-1 21J	0-1 21D	2-2 29F	0-2 20	3-1 15S	4-1 12Jy	0-3 7D	1-3 25a	0-1 2N	1-4 1Jy	0-0 19O	1-1 10a	0-2 19Jy	0-0 9Jy	0-3 12J	2-2 28S	1-2 23N
4	Brighton & H A	2-1 20j	1-1 18J	2-0 28D		1-1 14S	1-1 1J	0-1 29F	3-2 26O	0-2 23N	1-3 8Jy	0-5 11Jy	0-3 30j	0-0 20Jy	2-0 2N	0-1 21D	1-1 24a	0-3 5O	1-1 8F	1-1 17a	2-2 8D
5	Burnley	0-0 2F	1-2 1J	3-0 22F	1-2 26Jy		2-4 26O	0-2 30N	1-0 5O	2-1 19J	0-3 31a	1-4 3D	0-2 28D	1-0 14D	2-0 21S	1-1 5Jy	3-0 10a	1-1 7M	1-0 25j	3-0 9N	1-1 15Jy
6	Chelsea	2-2 21J	2-1 4D	0-1 14D	1-1 28S	3-0 11J		2-0 9N	4-0 8M	1-1 18a	1-2 22S	1-2 25j	2-0 17F	1-0 19O	1-0 14Jy	2-2 31a	0-2 26D	2-1 22F	3-0 4Jy	1-0 30N	2-0 26Jy
7	Crystal Palace	1-1 11J	1-0 31a	1-0 3D	1-1 16D	0-1 29j	2-3 7Jy		0-0 10a	0-2 3N	1-2 23N	0-2 19O	0-2 16Jy	2-0 22F	2-0 28S	0-1 1F	0-2 21J	1-1 26Jy	2-1 7M	2-1 26D	1-1 22S
8	Everton	0-0 21D	2-1 16Jy	1-3 26Jy	1-0 11J	1-0 26D	3-1 7D	3-1 8F		2-1 1Jy	0-0 21J	1-3 28S	1-1 1M	2-2 21D	0-2 23N	0-2 21S	1-1 9Jy	1-1 3N	1-0 17a	2-0 19O	3-2 1S
9	Leicester City	2-0 9N	4-0 9M	3-1 31a	0-0 23j	2-1 19O	2-2 1F	3-0 4Jy	2-1 1D		0-4 26D	0-1 22F	0-2 26Jy	0-1 29S	1-1 14D	2-0 16Jy	1-2 11J	2-1 21S	2-0 4D	4-1 22J	0-0 11a
10	Liverpool	3-1 24a	2-0 5Jy	2-1 7M	2-1 30N	1-1 11Jy	5-3 22Jy	4-0 24j	5-2 4D	2-1 5O		3-1 10N	2-0 19J	3-1 14S	4-1 9a	2-0 2J	4-0 1F	2-1 27O	2-0 14D	3-2 23F	1-0 29D
11	Manchester City	3-0 17j	3-0 26O	2-1 15Jy	4-0 31a	5-0 22j	2-1 23N	2-2 18J	2-1 1J	3-1 21D	4-0 2Jy		1-2 7D	5-0 8Jy	5-0 26Jy	2-0 29D	2-1 2N	2-2 17a	8-0 21S	2-0 19F	0-2 6O
12	Manchester United	1-1 30S	2-2 1D	5-2 4Jy	3-1 10N	0-2 22J	4-0 11a	1-2 24a	1-1 15D	1-0 14S	1-1 20O	2-0 8M		4-1 26D	4-0 11J	3-0 24j	2-2 13Jy	2-1 4D	3-0 23F	1-1 22Jy	0-0 1F
13	Newcastle United	0-1 11a	1-1 24j	2-1 9N	0-0 21S	0-0 29F	0-1 18J	1-0 21D	1-2 28D	0-3 1J	1-3 26Jy	2-2 30N	1-0 6O		0-0 1F	3-0 21j	2-1 8D	1-3 15Jy	1-1 31a	2-2 5Jy	1-1 27O
14	Norwich City	2-2 1D	1-5 5O	0-0 18J	0-2 4Jy	0-2 18Jy	2-3 24a	1-1 1J	0-1 24j	1-1 28F	0-4 15F	2-0 14S	1-3 27O	3-1 17a		2-1 8D	2-2 19j	0-2 28D	0-0 8N	0-2 11Jy	1-2 21D
15	Sheffield United	1-0 21O	2-0 14D	2-1 9F	1-1 22F	3-0 2N	3-0 11Jy	1-0 18a	0-1 20Jy	1-2 24a	0-1 28S	0-1 21J	3-3 24N	0-2 5D	1-0 7M		0-1 14S	3-1 2Jy	1-1 26D	1-0 10J	1-0 8Jy
16	Southampton	0-2 25j	1-1 22F	1-3 20S	1-1 16Jy	1-2 15F	1-4 6O	1-1 28D	1-2 9N	0-9 25O	1-2 17a	1-0 5Jy	1-1 31a	2-0 7M	1-1 4D	0-1 26Jy		1-0 1J	2-1 30N	0-1 14D	2-3 18J
17	Tottenham Hotspur	2-1 12Jy	3-1 10a	3-2 30N	2-1 26D	5-0 7D	0-2 22D	4-0 14S	1-0 5Jy	1-3 19Jy	0-1 11J	0-1 2F	1-1 19j	2-1 25a	1-1 22J	2-1 9N	2-1 28S		1-1 19O	2-0 23j	2-3 1M
18	Watford	2-2 15S	3-0 28D	0-0 26O	0-3 10a	0-3 23N	1-2 2N	0-0 7D	2-3 1F	1-1 20j	3-0 29F	0-4 21Jy	2-0 22D	2-1 11Jy	2-1 7Jy	0-0 5O	1-3 28j	0-0 18J		1-3 24a	2-1 1J
19	West Ham United	1-3 9D	1-1 26Jy	4-0 1J	3-3 1F	0-1 8Jy	1-2 1Jy	1-1 50	1-2 18J	0-2 28D	0-5 29J	2-0 10a	2-3 22S	2-0 2N	1-1 31a	3-1 26O	2-3 29F	3-1 23N	3-1 17Jy		0-2 20j
20	Wolverhampton Wanderers	0-2 4Jy	2-1 10N	1-0 24j	0-0 7M	1-1 25a	2-5 14S	2-0 20Jy	0-0 12Jy	1-2 14F	3-2 23J	1-1 27D	1-1 19a	3-0 11J	1-1 23F	1-1 1D	1-2 19O	2-0 15D	2-0 28S	2-0 4D	

Final League Table

Pos	Team	Pld	Home W	D	L	F	A	Away W	D	L	F	A	Totals W	D	L	F	A	Pts	GD	Leading Goalscorer	Gls
1	Liverpool	38	18	1	0	52	16	14	2	3	33	17	32	3	3	85	33	99	+52	M Salah	19
2	Manchester City	38	15	2	2	57	13	11	1	7	45	22	26	3	9	102	35	81	+67	R Sterling	20
3	Manchester Utd.	38	10	7	2	40	17	8	5	6	26	19	18	12	8	66	36	66	+30	A Martial, M Rashford	17
4	Chelsea	38	11	3	5	30	16	9	3	7	39	38	20	6	12	69	54	66	+15	T Abraham	15
5	Leicester City	38	11	4	4	35	17	7	4	8	32	24	18	8	12	67	41	62	+26	J Vardy	23
6	Tottenham H.	38	12	3	4	36	17	4	8	7	25	30	16	11	11	61	47	59	+14	H Kane	18
7	Wolverhampton W	38	8	7	4	27	19	7	7	5	24	21	15	14	9	51	40	59	+11	R Jimenez	17
8	Arsenal	38	10	6	3	36	24	4	8	7	20	24	14	14	10	56	48	56	+8	P Aubameyang	22
9	Sheffield United	38	10	3	6	24	15	4	9	6	15	24	14	12	12	39	39	54	0	O McBurnie, L Mousset	6
10	Burnley	38	8	4	7	24	23	7	5	7	19	27	15	9	14	43	50	54	-7	C Wood	14
11	Southampton	38	6	3	10	21	35	9	4	6	30	25	15	7	16	51	60	52	-9	D Ings	22
12	Everton	38	8	4	7	24	21	5	3	11	20	35	13	10	15	44	56	49	-12	Calvert-Lewin, Richarlison	13
13	Newcastle United	38	6	8	5	20	21	5	3	11	18	37	11	11	16	38	58	44	-20	J Shelvey	6
14	Crystal Palace	38	6	5	8	15	20	5	5	9	16	30	11	10	17	31	50	43	-19	J Ayew	9
15	Brighton & H A	38	5	7	7	20	27	4	7	8	19	27	9	14	15	39	54	41	-15	N Maupay	10
16	West Ham United	38	6	3	10	19	30	4	5	10	30	32	10	8	20	49	62	39	-13	M Antonio	10
17	Aston Villa	38	7	3	9	22	30	2	5	12	19	37	9	8	21	41	67	35	-26	J Grealish	8
18	AFC Bournemouth	38	5	6	8	22	30	4	1	14	18	35	9	7	22	40	65	34	-25	C Wilson	8
19	Watford	38	6	6	7	22	27	2	4	13	14	37	8	10	20	36	64	34	-28	T Deeney	10
20	Norwich City	38	4	3	12	19	37	1	3	15	7	38	5	6	27	26	75	21	-49	T Pukki	11

2019/20 SKY BET CHAMPIONSHIP [LEVEL 2]
SEASON 121

Total Matches: 552
Total Goals: 1457
Avg goals per match: 2.64

		Barnsley	Birmingham C	Blackburn Rov	Brentford	Bristol City	Cardiff City	Charlton Ath	Derby County	Fulham	Huddersfield T	Hull City	Leeds United	Luton Town	Middlesbrough	Millwall	Nottm Forest	Preston N E	Queens Park R	Reading	Sheffield Weds	Stoke City	Swansea City	West Brom A	Wigan Athletic
1	Barnsley		0-1 11F	2-0 30j	1-3 29S	2-2 1N	0-2 7M	2-2 17a	2-2 2O	1-0 3a	2-1 11J	3-1 30N	0-2 15S	1-3 24a	1-0 22F	0-0 27j	1-0 19Jy	0-3 21J	5-3 14D	1-1 11D	1-1 8F	2-4 9N	1-1 19O	1-1 26D	0-0 11Jy
2	Birmingham City	2-0 20a		1-0 22O	1-1 15F	1-1 10a	1-1 18J	1-3 15Jy	0-1 22Jy	0-3 9N	3-3 1Jy	4-5 27j	2-1 29D	2-1 26O	1-0 4O	0-2 30N	1-1 1F	2-1 21S	0-1 11D	1-3 7M	3-3 22F	2-1 31a	1-3 8Jy	2-3 14D	2-3 1J
3	Blackburn Rovers	3-2 23N	1-1 26D		1-0 27N	3-1 20j	0-0 24a	1-2 3a	1-0 7D	0-1 8F	2-2 19O	3-0 11F	1-3 4Jy	1-2 28S	0-2 17a	1-1 14S	1-1 1O	2-1 11J	4-3 28J	2-1 18Jy	1-0 2N	2-2 26F	1-0 29F	2-2 11Jy	0-0 23D
4	Brentford	1-2 22Jy	0-1 3a	2-2 22F		1-1 2O	2-1 11D	2-1 7Jy	3-0 31a	1-0 14D	0-1 2N	1-1 17a	1-1 11F	7-0 30N	3-2 8F	0-1 19O	0-1 28J	1-0 15Jy	3-1 11J	1-0 23N	5-0 7M	0-0 21S	3-1 26D	1-0 26j	3-0 4Jy
5	Bristol City	1-0 18J	1-3 7F	0-2 14D	0-4 1J		0-1 4Jy	2-1 23O	3-2 12F	1-1 7M	5-2 30N	2-1 8Jy	1-3 4a	3-0 29D	2-2 31a	1-0 10D	0-0 23N	1-1 22Jy	1-0 17a	1-0 5O	1-1 28j	1-1 15Jy	0-3 21S	2-2 22F	2-2 27O
6	Cardiff City	3-2 7D	4-2 2N	2-3 7Jy	2-2 29F	0-1 10N		0-0 30j	2-1 14Jy	1-1 30a	2-1 21a	3-0 22Jy	2-0 21j	2-1 10a	1-1 21S	0-1 26D	0-0 25F	3-0 21D	1-1 2O	1-1 31J	1-1 18O	0-0 26N	2-1 12J	2-2 28J	2-2 15F
7	Charlton Athletic	2-1 1F	0-1 14S	0-2 15F	1-0 24a	3-2 26D	2-2 23N		3-0 19O	0-0 22J	0-1 10D	1-1 13D	1-0 28S	1-3 22F	1-0 7M	0-1 3Jy	1-1 21a	0-1 3N	0-1 27j	1-3 11Jy	1-3 30N	2-1 10a	1-2 2O	0-0 11J	1-0 18Jy
8	Derby County	2-1 2J	3-2 28S	3-0 8M	1-3 11Jy	1-2 20a	1-1 13S	2-1 30D		1-1 21F	1-1 15F	1-0 18J	1-3 19Jy	2-0 5O	0-1 2N	1-1 14D	1-1 4Jy	2-1 23N	1-0 30N	1-1 27j	2-1 11D	1-1 31J	4-0 10a	0-0 24a	1-1 23O
9	Fulham	0-3 15F	1-0 4Jy	2-0 10a	0-2 20j	1-2 7D	2-0 10Jy	2-2 5O	3-0 26N		1F	3-2 2N	0-3 21D	2-1 23O	3-2 17J	1-0 21a	4-0 24a	1-2 29F	2-0 22N	2-1 1J	1-2 18Jy	5-3 29D	1-0 26F	1-1 14S	2-0 27S
10	Huddersfield T	2-1 26O	1-1 23N	2-1 29D	0-0 18J	2-1 25F	0-3 12F	4-0 29F	1-2 5a	1-2 16a		3-0 50	0-2 7D	0-0 10jy	1-1 23O	2-1 28S	0-0 21D	0-2 4Jy	0-2 8F	0-2 24a	2-5 15S	1-1 1J	2-1 26N	1-2 17Jy	0-2 2Oj
11	Hull City	0-1 26F	3-0 21D	0-1 2Oa	1-5 1F	1-3 24a	2-2 28S	0-1 2O	2-0 26O	0-1 11J	1-2 28J		0-4 29F	0-1 18Jy	2-1 2Jy	1-1 11Jy	0-2 26D	4-0 27N	2-3 19O	2-1 10a	1-0 1O	2-1 7D	4-4 14F	0-1 9N	2-2 14S
12	Leeds United	1-0 16Jy	1-0 19O	2-1 9N	1-0 21a	3-3 15F	4-0 14D	1-0 22Jy	3-0 21S	2-0 27j	2-0 7M	1-0 10D		1-1 30j	4-3 30N	3-2 28J	1-1 10a	1-1 26D	2-0 2N	1-0 22F	1-0 11J	5-0 9Jy	0-1 31a	1-0 1O	0-1 1F
13	Luton Town	1-1 7Jy	1-2 11J	2-1 22Jy	1-0 25F	3-0 19O	0-1 8F	3-2 26N	3-3 28J	0-1 26D	1-2 31a	3-0 21S	1-2 23N		3-3 2a	1-1 20	1-1 2N	1-1 20j	1-0 14Jy	0-5 4Jy	1-1 12F	1-0 29F	1-2 21D	0-2 17a	2-1 7D
14	Middlesbrough	1-0 27N	1-1 21J	1-1 1F	1-0 10a	1-3 11Jy	1-3 18Jy	1-0 7D	2-0 11J	0-0 26D	1-0 24N	1-0 26F	2-2 24a	0-1	0-1	1-1 24a	2-2 2M	1-1 10	0-1 4Jy	1-0 14S	1-4 28S	2-1 20D	0-3 20O	0-1 19O	1-0 20a
15	Millwall	1-2 21D	0-0 26F	1-0 14Jy	1-0 29D	2-2 29F	2-1 22O	2-3 9N	1-1 20j	4-1 12F	1-1 22Jy	2-1 31a	3-1 5O	0-2 1J	2-2 8Jy		2-2 6D	1-0 3a	1-2 21S	2-0 18J	0-0 17a	2-0 26O	1-1 30j	0-2 9F	2-2 26N
16	Nottm Forest	1-0 21S	3-0 17a	3-2 1J	1-0 5O	1-0 1Jy	0-1 30N	3-1 11F	1-0 9N	1-2 7Jy	3-1 28j	2-0 23O	3-1 8F	1-1 19J	0-3 10D	1-1 6M		1-1 31a	0-0 22F	1-1 22J	0-4 14D	2-2 22Jy	1-1 15Jy	3a	2-0 29D
17	Preston N E	5-1 5O	2-0 18Jy	3-2 26O	2-0 14S	3-3 28S	1-3 27j	2-1 4Jy	0-1 1Jy	2-1 9N	3-1 22F	2-1 22O	1-1 14D	1-1 1J	1-1 15F	0-2 11Jy	0-1		1-1 7M	1-3 29D	0-2 24	2-1 21a	3-1 1F	1-1 2D	3-0 10a
18	Queens Park R	0-1 20j	2-2 29F	4-2 50	1-3 28O	0-1 1F	6-1 1J	2-2 21D	2-1 25F	1-2 30j	1-2 10a	1-0 29D	1-0 18J	3-2 14S	2-2 9N	4-3 18Jy	0-4 27N	2-0 7D		2-2 22O	0-3 11jy	4-2 15F	1-3 21a	1-2 28S	0-3 24a
19	Reading	2-0 29F	2-1 7D	0-2 21S	0-3 30j	0-3 28J	3-0 18a	3-0 31a	1-4 21D	0-0 1O	1-1 7Jy	3-0 8F	1-2 26N	0-0 9N	3-0 14Jy	0-2 2N	1-1 11J	1-0 19O	1-0 26D		1-3 3a	1-1 2Oj	1-4 22Jy	1-2 12F	0-3 26F
20	Sheffield Weds	2-0 10a	1-1 27N	0-5 18J	2-1 7D	1-0 22D	1-2 29D	1-0 26F	1-3 29F	1-1 21S	0-0 14Jy	0-0 1J	1-0 26O	1-2 20a	1-2 22Jy	0-0 1F	1-1 20j	1-3 8Jy	1-2 31a	0-3 15F		1-0 22O	2-2 9N	0-3 1Jy	1-0 5O
21	Stoke City	4-0 4Jy	2-0 12Jy	1-2 30N	1-0 18Jy	2-0 14S	3-1 22F	2-2 8F	2-0 17a	0-1 19O	5-1 1O	0-3 7M	0-0 24a	1-0 10D	2-1 27j	2-3 11J	1-2 27S	0-2 12F	3-1 3a	3-2 14D	1-2 26D		0-0 25J	2-0 4N	0-2 23N
22	Swansea City	0-0 29D	3-0 25a	1-1 11D	0-3 22O	1-0 18Jy	1-0 27O	2-3 2J	1-2 8F	1-0 29N	2-3 22F	3-1 3a	2-0 12Jy	1-2 27j	2-1 14D	0-1 23N	3-1 14S	0-1 17a	3-2 11F	0-0 28S	1-1 5Jy	2-1 50		7M 0-0	2-1 18J
23	West Brom A	2-2 22O	0-0 20j	3-2 31a	1-1 21D	4-1 27N	4-2 5O	2-2 26O	2-0 8Jy	0-0 14Jy	4-2 22S	4-2 4Jy	1-1 1J	2-0 1F	0-2 29D	1-1 10a	2-2 15F	2-0 25F	2-2 22Jy	1-1 21a	2-1 23N	0-1 20J	5-1 8D		0-1 29F
24	Wigan Athletic	0-0 31a	1-0 10	2-0 27j	0-3 9N	0-2 11J	3-2 3a	2-0 21S	1-1 26D	1-1 22Jy	1-1 14D	8-0 14Jy	0-2 17a	0-0 7M	2-2 11F	1-0 22F	1-0 20O	1-2 8F	1-3 8Jy	2-1 30N	3-0 28J	1-2 30j	1-1 2N	0-1 11D	

Final League Table

Pos	Team	Pld	Home W	Home D	Home L	Home F	Home A	Away W	Away D	Away L	Away F	Away A	Totals W	Totals D	Totals L	Totals F	Totals A	Pts	GD	Leading Goalscorer	Gls
1	Leeds United	46	15	5	3	40	14	13	4	6	37	21	28	9	9	77	35	93	+42	P Bamford	16
2	West Brom A.	46	10	10	3	44	27	12	7	4	33	18	22	17	7	77	45	83	+32	C Austin, H Robson-Kanu	10
3	Brentford	46	14	5	4	44	18	10	4	9	36	20	24	9	13	80	38	81	+42	O Watkins	26
4	Fulham (P)	46	15	2	6	40	26	8	10	5	24	22	23	12	11	64	48	81	+16	A Mitrovic	26
5	Cardiff City	46	11	9	3	35	21	8	7	8	33	37	19	16	11	68	58	73	+10	L Tomlin	8
6	Swansea City	46	10	8	5	27	23	8	11	4	35	30	18	16	12	62	53	70	+9	A Ayew	16
7	Nottm Forest	46	10	5	8	27	27	8	11	4	31	23	18	16	12	58	50	70	+8	L Grabban	20
8	Millwall	46	10	8	5	33	25	7	9	7	24	26	17	17	12	57	51	68	+6	M Smith	13
9	Preston N E	46	12	4	7	39	29	6	8	9	20	25	18	12	16	59	54	66	+5	D Johnson	12
10	Derby County	46	11	8	4	33	21	6	5	12	29	43	17	13	16	62	64	64	-2	M Waghorn	12
11	Blackburn Rovers	46	10	9	4	33	24	7	3	13	33	39	17	12	17	66	63	63	+3	A Armstrong	16
12	Bristol City	46	8	7	8	30	33	9	5	9	30	32	17	12	17	60	65	63	-5	F Diedhiou	12
13	Queens Park R	46	9	5	9	42	42	7	5	11	25	34	16	10	20	67	76	58	-9	E Eze	14
14	Reading	46	7	4	12	26	34	8	7	8	33	24	15	11	20	59	58	56	+1	Y Meite	13
15	Stoke city	46	11	3	9	36	26	5	5	13	26	42	16	8	22	62	68	56	-6	S Clucas	11
16	Sheffield Weds	46	7	7	9	19	30	8	4	11	39	36	15	11	20	58	66	56	-8	S Fletcher	13
17	Middlesbrough	46	6	8	9	20	29	7	6	10	28	32	13	14	19	48	61	53	-13	Assombalonga/A Fletcher	11
18	Huddersfield T	46	8	6	9	26	30	5	6	12	26	40	13	12	21	52	70	51	-18	K Grant	19
19	Luton Town	46	8	7	8	33	37	6	2	15	21	45	14	9	23	54	82	51	-28	J Collins	14
20	Birmingham City	46	6	7	10	30	33	6	7	10	21	33	12	14	20	54	75	50	-21	L Jutkiewicz	16
21	Barnsley	46	9	7	7	29	33	5	4	14	20	36	14	11	21	49	69	49	-20	C Woodrow	14
22	Charlton Athletic	46	9	6	9	28	27	4	6	13	22	38	12	12	22	50	65	48	-15	M Bonne, L Taylor	11
23	Wigan Athletic *	46	10	7	6	33	23	5	7	11	24	33	15	14	17	57	56	47	+1	K Moore	10
24	Hull City	46	7	3	13	29	37	5	4	14	28	50	12	9	25	57	87	45	-30	J Bowen	16

* Wigan Athletic deducted 12 points for entering administration.

2019/20 SKY BET LEAGUE 1 [LEVEL 3]
SEASON 121

Total Matches: 398
Total Goals: 1044
Avg goals per match: 2.62

Results Grid

	Team	Accrington S	AFC Wimbledon	Blackpool	Bolton Wand	Bristol Rovers	Burton Albion	Coventry City	Doncaster Rov	Fleetwood Town	Gillingham	Ipswich Town	Lincoln City	M K Dons	Oxford United	Peterborough U	Portsmouth	Rochdale	Rotherham U	Shrewsbury T	Southend Utd	Sunderland	Tranmere Rov	Wycombe W
1	Accrington S		2-1	1-1	7-1	x	2-0	x	x	0-1	2-0	4-3	2-1	2-2	0-2	4-1	1-2	1-2	2-3	1-2	1-3	1-2	x	1-2
2	AFC Wimbledon	1-1		0-0	0-0	1-3	2-2	x	2-1	1-2	1-0	0-0	1-1	x	1-2	1-0	1-0	3-2	1-2	1-1	1-1	x	x	0-0	2-1
3	Blackpool	0-1	2-0		2-1	2-0	x	x	3-1	2-3	2-1	2-1	0-3	2-1	4-3	1-1	x	1-2	0-1	2-1	x	1-2	1-1	2-1
4	Bolton Wand	0-0	2-2	0-0		1-1	3-4	0-0	P	2-1	x	0-5	x	1-0	0-0	x	0-1	1-3	x	1-1	3-2	1-1	2-0	2-2
5	Bristol Rovers	3-3	1-2	2-1	0-2		x	1-2	0-2	0-0	1-1	x	x	1-0	3-1	0-0	2-2	x	1-0	0-1	4-2	2-0	0-0	1-2
6	Burton Albion	1-1	1-0	0-0	2-2	2-0		0-0	x	0-0	0-1	0-2	1-0	2-2	1-1	x	3-1	0-1	x	1-1	x	4-2	x	0-1
7	Coventry City	0-0	2-1	3-2	2-1	2-0	x		1-1	2-1	1-0	1-1	1-0	1-1	x	x	1-0	2-1	1-1	x	1-0	1-0	0-1	3-1
8	Doncaster Rovers	1-1	x	0-1	2-1	2-0	2-2	0-1		3-2	1-1	x	2-1	1-1	1-0	2-0	1-2	1-1	2-1	2-0	3-1	1-2	x	3-1	3-2
9	Fleetwood Town	2-0	2-1	0-0		0-0	4-1	0-0	2-1		1-1	0-1	x	1-0	2-1	2-1	1-0	2-1	x	2-2	x	1-1	2-1	1-1
10	Gillingham	x	1-2	2-2	5-0	x	1-2	x	2-1	x		0-1	1-0	3-1	1-1	1-2	1-1	1-0	0-3	2-0	3-1	1-0	x	2-0	3-0
11	Ipswich Town	4-1	2-1	2-2	x	1-2	4-1	0-5	0-0	0-1	0-0		1-0	x	0-1	1-4	x	x	0-2	3-0	x	1-1	4-1	0-0	1-1
12	Lincoln City	2-0	x	1-0	5-1	0-1	3-2	x	x	2-0	0-0	5-3		1-1	0-6	2-1	0-2	x	0-1	0-0	4-0	2-0	1-0	x	2-2
13	M K Dons	x	2-1	x	1-0	3-0	0-3	0-0	0-1	x		0-1	2-1		1-0	0-4	3-1	2-1	2-3	1-0	0-1	1-3	2-0	3-0
14	Oxford United	3-0	5-0	2-1	x	2-4	3-3	3-0	x	3-0	0-0	1-0	x		1-0	x	3-0	1-3	0-0	2-1	0-1	3-0	1-0	2-1
15	Peterborough U	4-0	3-2	x	1-0	x	1-0	2-2	0-3	1-3	0-0	2-2	2-0	x	4-0		2-0	6-0	2-1	x	4-0	3-0	x	4-0	4-2
16	Portsmouth	x	2-1	x	1-0	x	2-2	3-3	x	2-0	1-0	1-0	3-1	1-1	2-2		3-0	3-2	2-0	4-1	2-0	2-0	1-1
17	Rochdale	2-1	x	0-0	2-0	1-2	x	1-2	1-1	2-3	2-2	0-1	1-1	2-0	x	x	0-3		3-1	1-0	x	1-2	x	0-3	2-2
18	Rotherham Utd	1-0	2-2	2-1	6-1	3-0	3-2	4-0	x	2-2	x	1-0	0-2	1-0	1-2	4-0	x	0-1		0-0	x	x	1-1	0-1	1-0
19	Shrewsbury T	0-2	x	x	x	3-4	0-0	2-1	1-0	0-3	1-1	x	1-1	1-1	2-3	1-0	1-0	0-0	1-2		4-3	1-0	2-3	x	1-0
20	Southend United	0-1	1-4	1-3	x	3-1	2-3	0-2	1-7	3-3	0-1	1-3	x	2-2	0-4	0-2	x	0-3	2-2	x		x	0-0	x	2-1
21	Sunderland	x	3-1	1-1	0-0	3-0	1-2	1-1	0-0	1-1	2-2	1-0	3-1	2-1	1-1	x	2-0	1-0	1-1	x	1-0		5-0	4-0	0-2
22	Tranmere Rovers	1-1	1-0	1-1	5-0	0-0	2-1	1-4	0-3	x	2-2	1-2	x	x	2-2	0-2	2-3	x	0-1	1-1	0-1		0-2	1-1
23	Wycombe Wand	1-1	x	2-1	2-0	3-1	2-0	1-4	1-0	0-1	x	1-3	3-2	x	3-3	1-0	2-1	x	1-0	4-3	1-0	3-1	3-2	

Bury were expelled from the League on 27 August 2019 for financial irregularities and did not complete any fixtures.

Final League Table

Pos	Team	Pld	Home W	Home D	Home L	Home F	Home A	Away W	Away D	Away L	Away F	Away A	Totals W	Totals D	Totals L	Totals F	Totals A	Pts	GD	Leading Goalscorer	Gls
1	Coventry City	34	11	5	1	22	11	7	8	2	26	19	18	13	3	48	30	67	+18	M Godden	14
2	Rotherham United	35	8	5	4	31	16	10	3	5	30	22	18	8	9	61	38	62	+23	F Ladapo	14
3	Wycombe W (P)	34	13	3	2	34	20	4	5	7	11	20	17	8	9	45	40	59	+5	A Akinfenwa	10
4	Oxford United	35	11	3	3	33	13	6	6	6	28	24	17	9	9	61	37	60	+24	M Taylor	13
5	Portsmouth	35	12	6	0	36	15	5	3	9	17	21	17	9	9	53	36	60	+17	R Curtis	11
6	Fleetwood Town	35	10	7	1	25	13	6	5	6	26	25	16	12	7	51	38	60	+13	P Madden	15
7	Peterborough U	35	12	3	2	41	13	5	5	8	27	27	17	8	10	68	40	59	+28	I Toney	24
8	Sunderland	36	10	8	1	35	13	6	3	8	13	19	16	11	9	48	32	59	+16	L Gooch	10
9	Doncaster Rovers	34	10	5	4	30	19	5	4	8	21	14	15	9	10	51	33	54	+18	K Sadlier	11
10	Gillingham	35	9	3	5	27	17	3	12	3	15	17	12	15	8	42	34	51	+8	A Jakubiak	6
11	Ipswich Town	36	6	5	6	23	18	8	5	6	23	18	14	10	12	46	36	52	+10	Jackson/Norwood	11
12	Burton Albion	35	6	8	3	19	14	6	4	8	31	36	12	12	11	50	50	48	0	L Akins	9
13	Blackpool	35	9	2	6	27	23	2	10	6	17	20	11	12	12	44	43	45	+1	A Gnanduillet	15
14	Bristol Rovers	35	7	6	5	23	19	5	3	9	15	30	12	9	14	38	49	45	-11	J Clarke-Harris	13
15	Shrewsbury T	34	6	6	5	21	24	4	6	7	10	18	10	11	13	31	42	41	-11	J Cummings, D Udoh	4
16	Lincoln City	35	10	3	4	28	18	2	3	13	16	28	12	6	17	44	46	42	-2	T Walker	14
17	Accrington S	35	7	2	8	33	27	3	8	7	14	26	10	10	15	47	53	40	-6	C Bishop	10
18	Rochdale	34	6	4	7	19	22	5	2	11	20	35	10	6	18	39	57	36	-18	I Henderson	15
19	M K Dons	35	9	1	8	20	21	1	6	10	16	26	10	7	18	36	47	37	-11	R Healey	11
20	AFC Wimbledon	35	5	5	8	18	18	3	2	12	21	34	8	11	16	39	52	35	-13	M Forss	11
21	Tranmere Rov	34	3	6	8	19	26	5	2	10	17	34	8	8	18	36	60	32	-24	M Ferrier	5
22	Southend United	35	2	4	11	18	42	2	3	13	21	43	4	7	24	39	85	19	-46	Humphrys/Kelman	5
23	Bolton Wand *	34	4	8	5	17	23	1	3	13	10	43	5	11	18	27	66	14	-39	D Murphy	8

Season ended early due to global pandemic. x = match not played. Positions determined on points per game basis. * Bolton Wanderers deducted 12 points for entering administration.

2019/20 SKY BET LEAGUE 2 [LEVEL 4]
SEASON 121

Total Matches: 440
Total Goals: 1108
Avg goals per match: 2.52

Final League Table

Pos	Team	Pld	Home W	Home D	Home L	Home F	Home A	Away W	Away D	Away L	Away F	Away A	Totals W	Totals D	Totals L	Totals F	Totals A	Pts	GD	Leading Goalscorer	Gls
1	Swindon Town	36	13	2	4	34	17	8	4	5	28	22	21	6	9	62	39	69	+23	E Doyle	25
2	Crewe Alexandra	37	13	3	3	38	17	7	6	5	29	26	20	9	8	67	43	69	+24	C Porter	12
3	Plymouth Argyle	37	12	5	2	38	16	8	3	7	23	23	20	8	9	61	39	68	+22	A Sarcevic	10
4	Cheltenham T	36	11	5	2	35	17	6	8	4	17	10	17	13	6	52	27	64	+25	R Broom	8
5	Exeter City	37	10	7	1	31	15	8	4	7	22	28	18	11	8	53	43	65	+10	R Bowman	13
6	Colchester Utd	37	9	5	4	28	16	6	8	5	24	20	15	13	9	52	37	58	+15	T Robinson	11
7	Northampton T (P)	37	11	2	6	31	14	6	5	7	23	26	17	7	13	54	40	58	+14	S Hoskins/A Williams	8
8	Port Vale	37	9	8	1	28	15	5	7	7	22	29	14	15	8	50	44	57	+6	R Bennett, T Pope	9
9	Bradford City	37	11	5	2	29	14	3	7	9	15	26	14	12	11	44	40	54	+4	J Vaughan	11
10	Forest Green R	36	5	4	8	16	22	8	6	5	27	18	13	10	13	43	40	49	+3	J Mills	7
11	Salford City	37	5	6	8	20	24	8	5	5	29	22	13	11	13	49	46	50	+3	A Rooney	8
12	Walsall	36	6	5	8	21	26	7	3	7	19	23	13	8	15	40	49	47	-9	J Gordon	9
13	Crawley Town	37	10	5	4	30	19	1	10	7	21	28	11	15	11	51	47	48	+4	O Palmer	13
14	Newport County	36	9	7	3	20	13	3	5	11	12	26	12	10	14	32	39	46	-7	P Amond	8
15	Grimsby Town	37	6	5	7	22	22	6	5	7	23	24	12	11	14	45	51	47	-6	J Hanson	5
16	Cambridge Utd	37	7	3	8	23	27	5	6	8	17	21	12	9	16	40	48	45	-8	H Knibbs, S Smith	7
17	Leyton Orient	36	5	8	6	26	30	5	4	8	21	25	10	12	14	47	55	42	-8	J Wright	8
18	Carlisle United	37	5	7	7	17	26	7	1	8	22	30	12	8	15	39	56	42	-17	H McKirdy/O Olomola**	5
19	Oldham Athletic	37	6	7	5	28	21	3	7	9	16	36	9	14	14	44	57	41	-13	J Smith	9
20	Scunthorpe Utd	37	6	6	7	24	25	4	10	2	20	31	10	17	10	44	56	40	-12	K van Veen	10
21	Mansfield Town	36	4	5	10	27	29	5	6	8	21	26	9	11	18	48	55	38	-7	N Maynard	14
22	Morecambe	37	4	8	6	20	23	3	3	13	15	37	7	11	19	35	60	32	-25	Alessandra/Stockton	5
23	Stevenage	36	2	6	9	10	22	1	7	11	14	28	3	13	20	24	50	22	-26	C Carter/K Guthrie	5
24	Macclesfield T *	37	4	4	9	19	17	3	2	6	11	13	7	15	15	32	47	19	-15	J Ironside	6

Season ended early due to global pandemic. x = match not played. Positions determined on points per game basis. * Macclesfield Town deducted a total of 17 points for various rule breaches. ** N Thomas also scored 5 for Carlisle

2020/21 PREMIER LEAGUE
SEASON 29

Total Matches	380
Total Goals	1024
Avg goals per match	2.69

		Arsenal	Aston Villa	Brighton & H A	Burnley	Chelsea	Crystal Palace	Everton	Fulham	Leeds United	Leicester City	Liverpool	Manchester City	Manchester Utd	Newcastle Utd	Sheffield Utd.	Southampton	Tottenham H	West Brom A.	West Ham Utd	Wolverhampton
1	Arsenal		0-3	2-0	0-0	3-1	0-0	0-1	1-1	4-2	0-1	0-3	0-1	0-0	3-0	2-1	1-1	2-1	3-1	2-1	1-2
			8N	23m	13D	26D	14J	23A	18A	14F	25O	3A	21F	30J	18J	4O	16D	14M	9m	19S	29N
2	Aston Villa	1-0		1-2	0-0	2-1	3-0	0-0	3-1	0-3	1-2	7-2	1-2	1-3	2-0	1-0	3-4	0-2	2-2	1-3	0-0
		6F		21N	17D	23m	26D	13m	4A	23O	21F	4O	21A	9m	23J	21S	1N	21M	25A	3F	6M
3	Brighton & H A	0-1	0-0		0-0	1-3	1-2	0-0	0-0	2-0	1-2	1-1	3-2	2-3	3-0	1-1	1-2	1-0	1-1	1-1	3-3
		29D	13F		6N	14S	22F	12A	27J	1m	6M	28N	18m	26S	20D	7D	31J	26O	15m	2J
4	Burnley	1-1	3-2	1-1		0-3	1-0	1-1	1-1	0-4	1-0	0-3	0-2	0-1	1-2	1-0	0-1	0-1	0-0	1-2	2-1
		6M	27J	6F		31O	23N	5D	17F	15m	3M	19m	3F	12J	11A	29D	26S	26O	20F	3m	21D
5	Chelsea	0-1	1-1	0-0	2-0		4-0	2-0	2-0	3-1	2-1	0-2	1-3	0-0	2-0	4-1	3-3	0-0	2-5	3-0	0-0
		12m	28D	20A	31J		3O	8M	1m	5D	18m	20S	3J	28F	15F	7N	17O	29N	3A	21D	27J
6	Crystal Palace	1-3	3-2	1-1	0-3	1-4		1-2	0-0	4-1	1-1	0-7	0-2	0-0	0-2	2-0	0-1	1-1	1-0	2-3	1-0
		19m	16m	18O	13F	10A		26S	30N	2BF	7N	28D	19D	1m	3M	27N	2J	12S	13D	13M	26J	30J
7	Everton	2-1	1-2	4-2	1-2	1-0	1-1		0-2	0-1	1-1	2-2	1-3	1-3	0-2	0-1	1-0	2-2	5-2	0-1	1-0
		19D	1m	3O	13M	12D	5A		14F	28N	27J	17O	17F	7N	30J	16m	1M	16A	19S	1J	19m
8	Fulham	0-3	0-3	0-0	0-2	0-1	1-2	2-3		1-2	0-2	1-1	0-3	1-2	0-2	1-0	0-0	0-1	2-0	0-0	0-1
		12S	28S	16D	10m	16J	24O	22N		19M	3F	13D	13M	20J	23m	20F	26D	4M	2N	6F	9A
9	Leeds United	0-0	0-0	1-0	4-0	0-0	2-0	1-2	4-3		1-4	1-1	1-1	0-0	5-2	2-1	3-0	3-1	3-1	1-2	0-1
		22N	27F	16J	27D	13M	8F	3F	19S		2N	19A	3O	25A	16D	3A	23F	8m	23m	11D	19O
10	Leicester City	1-3	0-1	3-0	4-2	2-0	2-1	0-2	1-2	1-3		3-1	0-2	2-2	2-4	5-0	2-0	2-4	3-0	0-3	1-0
		28F	18O	13D	20S	19J	26A	16D	30N	31J		13F	3A	26D	7m	14M	16J	23m	22A	4O	8N
11	Liverpool	3-1	2-1	0-1	0-1	0-1	7-0	0-2	0-1	4-3	3-0		1-4	0-0	1-1	2-1	2-0	2-1	1-1	2-1	4-0
		28S	10A	3F	21J	4M	23m	20F	7M	12S	22N		7F	17J	24O	24O	16D	27D	31O	6D
12	Manchester City	1-0	2-0	1-0	5-0	1-2	4-0	5-0	2-0	1-2	2-5	1-1		0-2	2-0	1-0	5-2	3-0	1-1	2-1	4-1
		17O	20J	13J	28N	8m	17J	23m	5D	10A	27S	8N		7M	26D	30J	10M	13F	15D	27F	2M
13	Manchester United	0-1	2-1	2-1	3-1	0-0	1-3	3-3	1-1	6-2	1-2	2-4	0-0		3-1	1-2	9-0	1-6	1-0	1-0	1-0
		1N	1J	4A	18A	24O	19S	6F	18m	20D	11m	13m	12D		21F	27J	2F	4O	21N	14M	29D
14	Newcastle United	0-2	1-1	0-3	3-1	0-2	1-2	2-1	1-1	1-2	1-2	0-2	0-0	3-4		1-4		1-0	3-2	2-2	2-1	1-1
		2m	12M	20S	3O	21N	2F	1N	19D	26J	3J	30D	14m	17O		19m	6F	4A	12D	17A	27F
15	Sheffield United	0-3	1-0	1-0	1-0	1-2	0-2	0-1	1-1	0-1	1-2	0-2	0-1	2-3	1-0		0-2	1-3	2-1	0-1	0-2
		11A	3M	24A	23m	7F	8m	26D	18O	27S	6D	28F	31O	17D	12J		6M	17J	2F	22N	14S
16	Southampton	1-3	0-1	1-2	3-2	1-1	3-1	2-0	3-1	0-2	1-1	1-0	0-1	2-3	2-0	3-0		2-5	2-0	0-0	1-2
		26J	30J	14M	4A	20F	11m	25O	15m	18m	30A	4J	19D	29N	6N	13D		20S	4O	29D	14F
17	Tottenham Hotspur	2-0	1-2	2-1	4-0	0-1	4-1	0-1	1-1	1-1	3-0	0-2	1-3	2-0	1-3	1-1	4-0		2-1	2-0	3-3	2-0
		6D	19m	1N	28F	4F	7M	13S	13J	2J	20D	28J	21N	11A	27S	2m	21A		7F	18O	16m
18	West Brom A.	0-4	0-3	1-0	0-0	3-3	1-5	0-1	2-2	0-5	0-3	1-2	0-5	1-1	0-0	1-0	3-0	0-1		1-3	1-1
		2J	20D	27F	19O	26S	6D	4M	30J	29D	13S	16m	26J	14F	7M	28N	12A	8N		19m	3m
19	West Ham United	3-3	2-1	2-2	1-0	0-1	1-1	0-1	1-0	2-0	3-2	1-3	1-1	1-3	0-2	3-0	3-0	2-1	2-1		4-0
		21M	30N	27D	16J	24A	16D	9m	7N	8M	11A	31J	24O	5D	12S	15F	23m	21	19J		27S
20	Wolverhampton Wanderers	2-1	0-1	2-1	0-4	2-1	2-0	1-2	1-0	1-0	0-0	0-1	1-3	1-2	1-1	0-1	1-1	1-1	2-3	2-3	
		2F	12D	9m	25A	15D	30O	12J	4O	19F	7F	15M	21S	23m	25O	17A	23N	27D	16J	5A	

Final League Table

Pos	Team	Pld	Home					Away					Totals						Leading Goalscorer	Gls
			W	D	L	F	A	W	D	L	F	A	W	D	L	F	A	Pts	GD		
1	Manchester City	38	13	2	4	43	17	14	3	2	40	15	27	5	6	83	32	86	+51	I Gundogan	13
2	Manchester United	38	9	4	6	38	28	12	7	0	35	16	21	11	6	73	44	74	+29	B Fernandes	18
3	Liverpool	38	10	3	6	29	20	10	6	3	39	22	20	9	9	68	42	69	+26	M Salah	22
4	Chelsea	38	9	6	4	31	18	10	4	5	27	18	19	10	9	58	36	67	+22	J L F Filho (Jorginho)	7
5	Leicester City	38	9	1	9	34	30	11	5	3	34	20	20	6	12	68	50	66	+18	J Vardy	15
6	West Ham United	38	10	4	5	32	22	9	4	6	30	25	19	8	11	62	47	65	+15	M Antonio	10
7	Tottenham Hotspur	38	10	3	6	35	20	8	5	6	33	25	18	8	14	68	45	62	+23	H Kane	23
8	Arsenal	38	8	3	4	7	24	21	10	3	6	31	18	18	7	13	55	39	61	+16	A Lacazette	13
9	Leeds United	38	8	5	6	28	21	10	0	9	34	33	18	5	15	62	54	59	+8	P Bamford	17
10	Everton	38	6	4	9	24	28	11	4	4	23	20	17	8	13	47	48	59	-1	D Calvert-Lewin	16
11	Aston Villa	38	7	4	8	29	27	9	3	7	26	19	16	7	15	55	46	55	+9	O Watkins	14
12	Newcastle United	38	6	5	8	26	33	6	4	9	20	29	12	9	17	46	62	45	-16	C Wilson	12
13	Wolverhampton W	38	7	4	8	21	25	5	5	9	15	27	12	9	17	36	52	45	-16	P Neto, R Neves	5
14	Crystal Palace	38	6	3	10	20	28	6	3	10	21	38	12	6	20	41	66	44	-25	W Zaha	11
15	Southampton	38	8	3	8	28	25	4	4	11	19	43	12	7	19	47	68	43	-21	D Ings	12
16	Brighton & H A	38	4	9	6	22	22	5	5	9	18	24	9	14	15	40	46	41	-6	N Maupay	8
17	Burnley	38	4	6	9	14	27	6	3	10	19	28	10	9	19	33	55	39	-22	C Wood	12
18	Fulham	38	2	4	13	9	28	3	9	7	18	25	5	13	20	27	53	28	-26	B Decordova-Reid	5
19	West Brom A	38	3	6	10	15	39	2	5	12	20	37	5	11	22	35	76	26	-41	M Pereira	11
20	Sheffield United	38	5	1	13	12	27	2	1	16	8	36	7	2	29	20	63	23	-43	D McGoldrick	8

2020/21 SKY BET CHAMPIONSHIP [LEVEL 2]
SEASON 122

Total Matches: 552
Total Goals: 1274
Avg goals per match: 2.31

		AFC Bournem'th	Barnsley	Birmingham C	Blackburn Rov	Brentford	Bristol City	Cardiff City	Coventry City	Derby County	Huddersfield T	Luton Town	Middlesbrough	Millwall	Norwich City	Nottm Forest	Preston N E	Queens Park R	Reading	Rotherham Utd	Sheffield Weds	Stoke City	Swansea City	Watford	Wycombe Wand
1	AFC Bournem'th		2-3 13M	3-2 6F	3-2 12S	0-1 24A	1-0 28O	1-2 24F	4-1 10A	1-1 31O	5-0 12D	0-1 16J	3-1 2A	1-1 12J	1-0 27S	2-0 24N	2-3 1D	0-0 17O	4-2 21N	1-0 17F	1-2 2F	0-0 8m	3-0 16M	1-0 27F	1-0 15D
2	Barnsley	0-4 4D		1-0 6M	2-1 17F	0-1 24N	2-2 17O	2-2 27J	0-0 26S	0-0 10M	2-1 26D	0-0 12S	2-1 10A	2-2 27F	2-0 8m	2-1 21N	3-0 15D	1-1 27O	1-0 2A	1-2 24A	2-0 20M	0-2 24F	1-0 16J	1-0 31O	2-1 9D
3	Birmingham City	1-3 7N	1-2 1D		0-2 2J	1-0 12S	3-0 13M	0-4 1m	1-1 30J	0-4 29D	2-1 28O	0-1 13F	1-4 19D	0-0 28N	1-3 23F	1-1 21A	0-1 20J	2-1 27F	2-1 17M	1-1 26S	0-1 17O	2-0 10A	1-0 2A	0-1 12D	1-2 4N
4	Blackburn Rovers	0-2 5A	2-1 28N	5-2 8m		0-1 12M	0-0 17M	0-0 3O	1-1 27F	2-1 16A	5-2 24A	1-0 30J	0-0 3N	2-1 2D	1-2 12D	0-1 17O	1-2 12F	3-1 7N	2-4 27O	2-1 16D	1-1 26D	1-1 16J	1-1 9M	2-3 24F	5-0 19S
5	Brentford	2-1 00D	0-2 1F	0-2 6A	2-2 9U		3-2 3F	1-1 20A	2-0 17O	3-0 9D	1-0 19S	0-0 20J	0-0 7N	1-1 17A	1-1 27O	1-1 20M	1-4 4O	2-1 27N	1-0 19D	3-1 27A	1-0 24F	2-1 27F	1-1 3N	1-1 1m	7-2 30J
6	Bristol City	1-2 3M	0-1 20F	0-1 5D	1-0 9D	1-3 8m		0-2 6F	1-0 12S	2-1 21N	2-3 26J	0-0 25A	0-2 20O	1-3 15D	0-0 31O	2-0 10A	0-2 16J	0-2 6M	2-0 16F	0-2 20M	2-0 27S	0-2 2A	1-1 24O	0-2 25N	2-1 26D
7	Cardiff City	1-1 21O	3-0 3N	2-2 16D	2-2 10A	2-3 26D	0-1 6N		3-1 13F	4-0 2M	3-0 1D	1-1 28N	1-2 24O	0-1 30J	1-1 16J	4-0 2A	0-1 20F	1-1 20J	0-1 26S	1-0 12S	0-0 16M	0-2 12D	1-2 13M	2-1 24A	
8	Coventry City	1-3 2O	2-0 18A	0-0 20N	0-4 24O	2-0 20F	3-1 5A	1-0 25N		1-0 6M	0-0 16D	0-0 8D	0-0 2M	1-2 8m	6-1 17F	0-2 2F	1-2 24A	0-1 18S	3-2 30O	3-2 5D	3-1 27J	2-0 26D	0-0 20O	1-1 6F	0-0 20M
9	Derby County	1-0 19J	0-2 7N	1-2 24A	0-4 26S	2-2 16M	1-0 30J	1-1 28O	1-1 1D		2-0 23F	2-0 2A	2-1 13F	0-1 13M	0-1 10A	1-1 26F	0-1 26D	0-1 4N	0-0 12S	3-3 16J	0-0 8m	2-0 12D	0-1 16O	0-1 2O	1-1 28N
10	Huddersfield T	1-2 13A	0-1 21A	1-1 2M	2-1 29D	1-1 3A	1-2 3M	0-0 1m	1-0 20O		1-1 7N	3-2 28N	1-0 20J	0-0 12S	2-0 25S	1-2 24O	0-0 5D	2-0 2J	0-0 10A	2-0 8D	1-1 30J	1-1 20F	4-1 19D	2-3 13F	
11	Luton Town	0-0 19D	1-2 5A	1-1 24N	1-1 21N	0-3 31O	2-1 29D	0-2 16F	2-0 19S	2-1 6F	1-1 1m		1-1 23F	1-1 2D	3-1 28O	1-1 12D	3-0 12J	0-2 21A	0-0 4m	0-0 27F	3-2 17O	0-2 13M	0-1 17A	1-0 3O	2-1
12	Middlesbrough	1-1 19S	2-1 3O	0-1 16J	0-1 24J	1-4 6F	1-3 23F	1-1 27O	2-0 25N	2-1 16F	1-0 16D		3-0 12D	0-1 21N	2-0 31O	1-2 16M	0-0 17A	0-3 17O	3-1 27J	3-0 24A	2-1 13M	1-1 2D	0-1 5A		0-3 8m
13	Millwall	1-4 21A	1-1 24O	2-0 17F	0-2 6M	1-1 26S	4-1 1m	1-1 21N	1-2 2J	0-1 5D	0-3 31O	2-0 20O	1-0 20M		0-0 2F	1-1 19D	2-1 2M	1-1 8D	1-1 25N	4-1 2A	0-0 6F	0-3 12S	0-0 10A	0-0 26J	1-0 20F
14	Norwich City	1-3 17A	1-0 2J	1-0 20O	1-0 20M	1-0 3M	2-0 20J	2-0 19D	0-1 28N	7-0 3O	3-0 6A	0-0 6M	0-0 30J	2-1 3N		2-2 9D	1-1 19S	4-1 29N	0-2 1m	1-0 20F	2-1 5D	4-1 13F	1-0 7N	0-1 20A	2-1 24O
15	Nottm Forest	0-0 13F	0-0 30J	1-0 26D	1-3 20F	1-2 12D	0-2 3O	2-1 19S	1-1 4N	0-2 23O	1-1 17A	0-2 2M	3-1 20J	0-2 16J	0-1 17M		1-2 8m	3-1 5A	1-1 13M	1-1 20O	2-0 15D	1-1 24A	0-0 29N	2-0 2D	2-0 7N
16	Preston N E	1-1 6M	2-0 1m	1-2 31O	0-3 24N	0-5 10A	1-0 18D	2-0 18O	3-0 29D	0-0 20A	3-0 27F	0-1 20M	0-1 9D	0-2 28O	1-1 2A	0-1 2J		0-0 24F	0-0 24J	1-2 6F	1-0 21N	0-1 26S	0-1 12S	1-2 16F	2-2 5D
17	Queens Park R	2-1 20F	1-3 3M	0-0 24O	1-0 6F	2-1 17F	1-2 1D	3-2 31O	0-1 2A	2-1 13M	3-1 8m	1-1 26S	3-2 17M	1-3 24A	1-3 12S	2-0 21O	0-2		0-1 12D	3-2 24N	4-1 10A	0-0 15D	0-2 26D	1-1 21N	1-0 9M
18	Reading	3-1 29J	2-0 19S	1-2 9D	1-0 2M	1-3 10F	3-1 28N	3-1 16A	2-2 19J	2-1 2A	1-2 8m	0-2 26D	1-2 20F	1-2 13F	2-0 16D	0-3 5D	1-1 4N	0-3 20M		3-0 24O	3-0 6M	3-2 7N	2-2 25A	1-0 3O	1-0 20O
19	Rotherham Utd	2-2 28N	1-0 29D	0-1 18A	1-0 1m	0-2 1D	2-0 12D	1-2 9F	0-1 15A	1-0 3F	1-2 3O	0-1 4N	0-1 21A	1-2 19S	0-1 17O	2-1 23F	0-1 7N	2-1 13A	3-1 27F		3-0 28O	3-3 19J	1-3 16M	1-4 8m	0-3 5A
20	Sheffield Weds	1-0 3N	1-2 12D	0-1 20F	1-2 20A	1-1 21O	5-0 17A	1-0 5A	1-0 19D	1-0 1J	1-1 17M	2-1 24O	0-0 29D	1-2 7N	0-0 14M	1-0 1m	1-1 30J	1-1 3O	1-2 2D	1-1 3M		0-0 28N	0-2 13A	0-0 19S	2-0 9F
21	Stoke City	0-1 2J	2-2 21O	1-1 4O	1-0 19D	3-2 24O	0-2 20S	1-2 8D	2-3 21A	1-0 20M	4-3 21N	3-0 20F	1-0 5D	1-2 5A	2-3 24N	1-1 29D	0-0 17A	0-2 1m	0-0 6F	1-0 31O	1-0 16F		1-2 3M	1-2 22J	0-2 6M
22	Swansea City	0-0 8D	2-0 19D	0-0 19S	2-0 31O	1-1 27J	1-3 27F	0-1 20M	0-1 24F	2-1 1m	1-2 17O	2-0 5D	1-0 6M	2-1 3O	0-0 5F	0-1 17F	0-1 5A	0-1 20A	0-0 30D	1-0 21N	1-1 25N	2-0 27O		2-1 2J	2-2 17A
23	Watford	1-1 24O	1-0 19J	3-0 20M	3-1 21O	1-1 15D	6-0 13F	0-1 5D	3-2 7N	2-1 19F	2-0 16J	1-0 26S	1-0 11S	1-0 24A	0-1 26D	1-0 6M	1-0 28N	4-1 1F	1-2 9A	2-0 8D	3-2 2A	2-0 4N	1-0 8m		2-0 3M
24	Wycombe Wand	1-0 1m	1-3 17M	0-0 2F	1-0 2A	0-0 21N	2-1 21A	2-1 29D	1-2 12D	1-2 16F	0-0 24N	1-3 10A	1-3 2J	1-2 17O	0-2 28F	0-3 6F	1-0 13M	1-1 19D	1-0 23F	0-1 12S	0-1 2D	0-1 26S	0-2 27O	1-1	

Final League Table

Pos	Team	Pld	Home					Away					Totals					Pts	GD	Leading Goalscorer	Gls
			W	D	L	F	A	W	D	L	F	A	W	D	L	F	A				
1	Norwich City	46	14	6	3	39	15	15	4	4	36	21	29	10	7	75	36	97	+39	T Pukki	26
2	Watford	46	19	2	2	44	12	8	8	7	19	18	27	10	9	63	30	91	+33	I Sarr	13
3	Brentford (P)	46	12	9	2	39	20	12	6	5	40	22	24	15	7	79	42	87	+37	I Toney	31
4	Swansea City	46	12	6	5	27	16	11	5	7	29	23	23	11	12	56	39	80	+17	A Ayew	16
5	Barnsley	46	12	6	5	30	22	11	3	9	28	28	23	9	14	58	50	78	+8	C Woodrow	12
6	AFC Bournemouth	46	13	3	7	40	24	9	8	6	33	22	22	11	13	73	46	77	+27	A Groeneveld, D Solanke	15
7	Reading	46	12	4	7	37	27	7	9	7	25	27	19	13	14	62	54	70	+8	Lucas Joao	19
8	Cardiff City	46	8	6	9	37	26	10	8	5	29	23	18	14	14	66	49	68	+17	K Moore	20
9	Queens Park R.	46	11	4	8	32	27	8	7	8	25	28	19	11	16	57	55	68	+2	L Dykes	12
10	Middlesbrough	46	11	4	8	30	25	7	6	10	25	28	18	10	18	55	53	64	+2	D Watmore	9
11	Millwall	46	7	10	6	24	18	8	7	8	23	28	15	17	14	47	52	62	-5	J Wallace	11
12	Luton Town	46	8	9	6	25	23	9	2	12	16	29	17	11	18	41	52	62	-11	J Collins	10
13	Preston North End	46	7	5	11	21	24	11	2	10	28	32	18	7	21	49	56	61	-7	S Sinclair	9
14	Stoke City	46	9	5	9	29	28	6	10	7	21	24	15	15	16	50	52	60	-2	N Powell	12
15	Blackburn Rovers	46	9	7	7	37	28	6	5	12	28	26	15	12	19	65	54	57	+11	A Armstrong	28
16	Coventry City	46	10	7	6	30	22	6	6	13	19	39	14	13	19	49	61	55	-12	T Walker	7
17	Nottm Forest	46	6	8	9	21	24	6	8	9	16	21	12	16	18	37	45	52	-8	L Grabban	6
18	Birmingham City	46	6	4	13	18	37	7	9	7	19	24	13	13	20	37	61	52	-24	L Jutkiewicz	8
19	Bristol City	46	7	3	13	18	30	8	4	12	28	38	15	6	25	46	68	51	-22	N Wells	10
20	Huddersfield Town	46	8	7	8	28	23	4	6	13	22	48	12	13	21	50	71	49	-21	J Koroma	8
21	Derby County	46	6	7	10	20	26	5	4	14	11	24	11	11	24	36	58	44	-22	C Kazim-Richards	8
22	Wycombe Wand.	46	7	8	5	11	17	28	4	14	22	41	11	10	25	39	69	43	-30	U Ikpeazu	6
23	Rotherham United	46	5	8	9	14	26	35	6	5	12	18	25	11	9	26	44	60	42	-16	M Smith	10
24	Sheffield Weds.	46	8	8	7	22	17	4	6	13	18	44	12	11	23	40	61	41	-21	J Windass	9

Sheffield Wednesday deducted 6 points, reduced from 12 by an arbitration panel, for breaching the League's Profitability and Sustainability rules.

2020/21 | SKY BET LEAGUE 1 [LEVEL 3]

SEASON 122

Total Matches	552
Total Goals	1447
Avg goals per match	2.62

Pos	Team	AFC Wimbledon	Accrington S	Blackpool	Bristol Rovers	Burton Albion	Charlton Athletic	Crewe Alexandra	Doncaster Rov	Fleetwood Town	Gillingham	Hull City	Ipswich Town	Lincoln City	M K Dons	Northampton T	Oxford United	Peterborough U	Plymouth A	Portsmouth	Rochdale	Shrewsbury T	Sunderland	Swindon Town	Wigan Athletic
1	AFC Wimbledon		1-2	1-0	2-4	0-1	2-2	1-2	2-2	0-1	1-0	0-3	3-0	1-2	0-2	1-0	2-1	2-1	4-4	1-3	3-3	0-1	0-3	4-1	1-1
			3O	27O	5D	9M	20M	19D	3N	5A	23F	27F	13A	2J	30J	27M	20A	2D	19S	1m	27A	17O	16J	17A	16M
2	Accrington S	1-5		0-0	6-1	0-0	1-1	1-0	2-1	1-0	0-1	2-0	1-2	0-0	2-1	0-0	1-4	2-0	0-1	3-3	2-1	1-1	0-2	2-1	3-1
		10A		19D	2F	2A	1m	24N	20A	20O	16J	26J	2M	21N	5D	6F	26S	12S	9F	27A	10O	20F	17M	6M	20M
3	Blackpool	1-1	0-0		1-0	1-1	0-1	1-1	2-0	0-0	4-1	3-2	1-4	2-3	1-0	2-0	0-0	3-1	2-2	1-0	1-0	0-1	1-0	2-0	1-0
		6M	13A		9m	16M	20O	2M	4m	13M	5A	15D	10O	3O	24O	2F	12D	23M	27M	1D	16F	24A	17A	19S	3N
4	Bristol Rovers	0-0	4-1	2-1		1-1	0-1	0-1	2-1	1-4	0-0	1-3	2-1	0-1	0-2	2-0	0-2	0-2	3-0	3-1	1-2	2-1	0-1	0-1	1-2
		13M	9M	2J		17O	16J	1m	5A	14N	2D	27O	19S	17A	20A	3O	9F	3N	12D	16F	30J	27F	27M	23M	23F
5	Burton Albion	1-1	2-1	1-2	1-0		4-2	1-1	1-3	5-2	1-1	1-0	0-1	0-1	1-2	1-3	1-5	2-1	1-1	2-4	0-1	1-2	0-3	2-1	3-4
		27O	19S	31O	2M		24N	5D	19D	27A	1m	6F	16J	20A	20M	21N	2J	6M	17A	3O	20O	23M	20F	5A	29D
6	Charlton Athletic	5-2	0-2	0-3	3-2	1-2		2-2	1-3	3-2	2-3	1-0	0-0	3-1	0-1	2-1	2-0	0-1	2-2	1-3	4-4	1-1	0-0	2-2	1-0
		12D	8J	27F	16M	23F		27A	19S	3N	13F	9m	17A	4m	2D	9M	27O	24A	26D	2F	12J	13M	3O	23J	17O
7	Crewe Alexandra	1-1	2-0	1-1	3-2	0-3	0-2		1-0	1-1	0-1	1-2	1-1	0-1	2-0	2-1	0-6	2-0	2-1	0-0	1-1	3-2	2-2	4-2	3-0
		23J	23F	17O	19J	13M	12S		9M	26D	3N	2A	30J	27O	26S	12D	10A	14N	15D	13A	24A	9m	27F	1D	10O
8	Doncaster Rovers	2-0	0-1	3-2	4-1	0-3	0-1	1-2		0-1	2-1	3-3	4-1	1-0	1-1	0-0	3-2	1-4	2-1	2-1	1-0	0-1	1-1	2-1	1-4
		26J	17F	24N	26S	13A	2A	24O		24A	12D	20F	20O	31O	12S	13M	6F	9m	6M	2M	19J	22D	21N	15D	10A
9	Fleetwood Town	0-1	1-1	0-1	0-0	2-1	1-1	0-2	3-1		1-0	4-1	2-0	0-0	1-1	0-0	2-0	0-1	5-1	0-1	1-0	1-0	1-1	0-2	1-1
		26S	27F	5D	6F	12S	20F	20A	9F		9M	9O	16M	17O	1m	26J	31O	2A	21N	16J	10A	27O	27N	20M	19D
10	Gillingham	2-1	0-2	2-0	2-0	0-1	1-1	4-1	2-2	0-2		0-2	3-1	0-3	3-2	2-2	3-1	1-3	1-0	0-2	2-2	0-0	0-2	2-0	1-0
		24N	15d	26S	20F	9J	21N	26J	20M	24O		12S	6M	5F	2M	24A	10O	16F	9m	20O	23J	10A	31O	5D	31M
11	Hull City	1-0	3-0	1-1	2-0	2-0	2-0	1-0	2-1	2-1	1-1		0-1	0-0	0-1	3-0	2-0	1-2	1-0	0-2	2-0	0-1	2-2	1-0	3-1
		20O	19J	16J	6M	14N	2J	19S	2D	17A	27M		23F	9F	13F	5A	13M	24O	3O	18D	2M	12D	20A	30J	1m
12	Ipswich Town	0-0	2-0	2-0	2-1	2-1	0-2	1-0	2-1	3-1	1-0	0-3		1-1	0-0	0-0	0-0	0-1	1-0	0-2	2-0	2-1	0-1	2-3	2-0
		24A	17O	6F	2A	15D	28N	31O	27F	9m	27O	24N		9M	10A	16F	20F	23J	13M	12D	26S	21N	26J	9J	13S
13	Lincoln City	0-0	2-2	2-2	1-2	5-1	2-0	3-0	0-1	1-2	0-3	1-2	1-0		4-0	2-1	2-0	1-1	2-0	1-3	1-2	0-1	0-4	2-2	2-1
		9m	14F	10A	10O	26D	27S	6M	30J	2M	16M	24A	24O		13A	23J	12S	9J	20O	3N	13M	15D	12D	23F	1D
14	M K Dons	1-1	3-2	0-1	2-0	1-1	0-1	0-2	1-0	3-1	2-0	1-3	1-1	1-2		4-3	1-1	1-1	2-1	1-0	0-3	2-2	2-2	5-0	2-0
		31O	13M	9M	26D	12D	26J	5A	27M	19J	17O	21N	3O	19S		20F	27F	15D	16M	17A	9m	24N	6F	24A	27O
15	Northampton T	2-2	0-1	0-3	1-1	0-2	0-2	0-1	0-2	1-0	3-1	0-2	3-0	0-4	0-0		1-0	0-2	2-0	4-1	0-0	1-0	0-0	2-1	0-1
		12S	14N	1m	10A	13F	24O	20M	5D	1D	29D	26S	20A	19D	3N		23M	10O	2M	6M	23F	2A	2J	20O	9F
16	Oxford United	2-0	1-2	0-2	2-0	4-0	0-0	0-2	3-0	1-0	3-2	1-1	0-0	2-1	3-2	4-0		0-0	3-1	0-1	3-1	4-1	0-2	1-2	2-1
		26D	5A	20M	23J	9m	6M	17N	16M	30J	17A	5D	1D	26M	20O	15D		2M	24A	23F	3N	13A	19S	28N	14F
17	Peterborough U	3-0	7-0	1-2	0-0	2-2	2-1	2-0	2-2	2-1	0-1	1-3	2-1	3-3	3-0	3-1	2-0		1-0	1-0	4-1	5-1	1-1	3-1	2-1
		20F	27M	21N	26J	27O	19J	6F	27A	19S	20A	9M	9F	1m	16J	16A	17O		24N	16M	12D	31O	5A	3O	27F
18	Plymouth A	1-0	2-2	1-0	2-0	2-0	0-6	1-1	2-1	1-0	1-0	0-3	1-2	4-3	1-0	2-1	2-3	0-3		2-2	0-4	1-1	1-3	4-2	0-2
		2A	30J	12S	20M	10O	20A	16J	27O	13F	2J	10A	5D	27F	19D	17O	29D	23F		16N	1D	26S	1m	3N	9M
19	Portsmouth	4-0	0-1	0-1	1-0	1-2	0-2	4-1	0-1	0-0	1-1	0-4	2-1	0-1	2-1	4-0	1-1	2-0	2-2		2-1	0-0	0-2	2-0	1-2
		19J	9m	20F	24A	10A	31O	21N	17O	15D	27F	23J	20M	26J	10O	27O	24N	5D	6F		2A	12S	9M	9F	26S
20	Rochdale	0-1	3-1	1-0	1-1	0-2	0-2	3-3	1-2	2-1	1-4	0-3	0-0	0-2	1-4	1-1	3-4	3-3	0-0	0-0		0-2	2-2	2-1	3-3
		21N	17A	20A	31O	27F	6F	9J	1m	3O	19D	17O	5A	5D	9F	24N	26J	20M	20F	20S		9M	27O	13A	16J
21	Shrewsbury T	1-1	2-2	1-0	0-1	1-1	1-1	0-1	0-2	0-2	1-1	1-1	0-0	0-1	4-2	1-2	2-3	2-0	3-0	1-2	1-2		2-1	3-3	1-2
		2M	2D	29D	20O	3N	5D	2F	17A	6M	3O	20M	4m	27A	23F	19S	1m	30J	5A	27M	24O		9F	14N	20A
22	Sunderland	1-1	3-3	0-1	1-1	1-1	1-2	1-0	4-1	2-0	2-2	1-1	2-1	1-1	1-2	1-1	3-1	1-0	1-2	1-3	2-0	1-0		1-0	0-1
		15D	24A	27A	12S	1D	10A	20O	13F	23F	30J	9J	3N	20M	14N	9m	2A	26S	19J	24O	6M	23J		2M	5D
23	Swindon Town	0-1	0-3	0-2	1-0	4-2	2-2	2-1	1-2	0-1	1-3	2-1	1-2	0-1	1-4	2-1	1-2	0-3	0-2	3-1	3-1	0-1	0-2		1-0
		10O	17N	2A	21N	26S	19D	20F	16J	12D	13M	31O	1m	24N	29D	27F	9M	10A	26J	20A	12S	6F	17O		2F
24	Wigan Athletic	2-3	4-3	0-5	0-0	1-1	0-1	2-0	1-0	0-0	2-3	0-5	0-0	1-2	3-0	2-3	1-2	0-1	1-1	0-1	0-5	1-1	2-1	3-4	
		6F	12D	26J	24N	24A	2M	17A	3O	23J	19S	17F	27M	20F	6M	31O	21N	20O	24O	5A	15D	26D	13A		

Final League Table

Pos	Team	Pld	Home					Away					Totals							Leading Goalscorer	Gls
			W	D	L	F	A	W	D	L	F	A	W	D	L	F	A	Pts	GD		
1	**Hull City**	**46**	**14**	**4**	**5**	**32**	**14**	**13**	**4**	**6**	**48**	**24**	**27**	**8**	**11**	**80**	**38**	**89**	**+42**	M Wilks	19
2	Peterborough Utd.	46	15	5	3	52	22	11	4	8	31	24	26	9	11	83	46	87	+37	**J Clarke-Harris**	**31**
3	Blackpool (P)	46	12	7	4	30	18	11	4	8	30	19	23	11	12	60	37	80	+23	J Yates	20
4	Sunderland	46	9	8	6	32	25	11	9	3	38	17	20	17	9	70	42	77	+28	C Wyke	25
5	Lincoln City	46	9	5	9	35	30	13	6	4	34	20	22	11	13	69	50	77	+19	J Grant	13
6	Oxford United	46	13	4	6	39	21	9	4	10	38	35	22	8	16	77	56	74	+21	M Taylor	18
7	Charlton Athletic	46	8	7	8	36	37	12	7	4	34	19	20	14	12	70	56	74	+14	C Aneke	15
8	Portsmouth	46	9	5	9	29	24	12	4	7	36	27	21	9	16	65	51	72	+14	J Marquis	16
9	Ipswich Town	46	12	5	6	25	18	7	7	9	21	28	19	12	15	46	46	69	0	J Norwood	9
10	Gillingham	46	10	5	8	31	30	9	5	9	32	30	19	10	17	63	60	67	+3	V Oliver	17
11	Accrington Stanley	46	10	7	6	31	26	8	6	9	32	42	18	13	15	63	68	67	-5	D Charles	19
12	Crewe Alexandra	46	10	7	6	32	30	8	5	10	24	31	18	12	16	56	61	66	-5	O Dale, M Mandron	11
13	M K Dons	46	10	7	6	36	28	8	4	11	28	34	18	11	17	64	62	65	+2	S Fraser	14
14	Doncaster Rovers	46	11	4	8	34	32	8	3	12	29	35	19	7	20	63	67	64	-4	F Okenabirhie	11
15	Fleetwood Town.	46	9	8	6	26	17	7	4	12	23	29	16	12	18	49	46	60	+3	C Camps	9
16	Burton Albion	46	7	4	12	32	42	8	8	7	29	31	15	12	19	61	73	57	-12	K Hemmings	15
17	Shrewsbury Town	46	5	8	10	28	31	8	7	8	22	26	13	15	18	50	57	54	-7	S Whalley	9
18	Plymouth Argyle	46	11	4	8	31	39	3	7	13	22	41	14	11	21	53	80	53	-27	L Jephcott	16
19	AFC Wimbledon	46	7	5	11	32	39	5	10	8	22	31	12	15	19	54	70	51	-16	J Pigott	20
20	Wigan Athletic	46	5	6	12	26	42	8	3	12	28	35	13	9	24	54	77	48	-23	W Keane	10
21	Rochdale	46	4	9	10	27	42	7	5	11	34	36	11	14	21	61	78	47	-17	S Humphrys, M Lund	11
22	Northampton T.	46	8	5	10	20	26	3	7	13	21	41	11	12	23	41	67	45	-26	R Watson	8
22	Swindon Town	46	8	1	14	25	38	5	3	15	30	51	13	4	29	55	89	43	-34	B Pitman	11
24	Bristol Rovers	46	7	2	14	23	32	3	6	14	17	38	10	8	28	40	70	38	-30	L Leahy	8

2020/21 SKY BET LEAGUE 2 [LEVEL 4]
SEASON 122

Total Matches: 552
Total Goals: 1303
Avg goals per match: 2.36

		Barrow	Bolton Wand	Bradford City	Cambridge Utd	Carlisle United	Cheltenham T	Colchester Utd	Crawley Town	Exeter City	Forest Green R	Grimsby Town	Harrogate Town	Leyton Orient	Mansfield Town	Morecambe	Newport County	Oldham Athletic	Port Vale	Salford City	Scunthorpe Utd	Southend United	Stevenage	Tranmere Rovers	Walsall
1	Barrow		3-3	1-0	0-2	2-2	3-0	1-1	3-2	2-1	2-2	0-1	0-1	1-1	2-0	1-2	2-1	3-4	0-2	0-1	1-0	1-2	1-1	1-1	2-2
2	Bolton Wand	1-0		1-0	2-1	1-0	1-1	0-0	1-1	0-0	2-1	2-1	2-0	1-1	1-1	0-2	1-2	3-6	2-0	2-0	3-0	1-0	0-3	2-1
3	Bradford City	2-1	1-1		1-0	0-1	1-2	0-0	0-2	2-2	4-1	1-0	0-1	1-0	2-1	0-3	0-0	0-0	0-1	0-0	3-0	2-1	0-1	1-1
4	Cambridge Utd	1-1	1-1	0-0		3-0	0-1	2-1	3-1	1-4	1-0	3-0	2-1	0-1	2-1	2-1	1-2	3-1	2-1	0-1	0-0	0-1	0-0	1-0
5	Carlisle United	1-0	3-3	3-1	1-2		1-2	3-2	2-0	1-0	1-2	1-1	1-1	0-1	1-0	3-1	3-2	1-3	0-0	2-1	2-0	2-0	4-0	2-3	0-0
6	Cheltenham T	0-2	0-1	0-2	1-1	1-1		1-0	2-0	5-3	2-1	1-3	4-1	1-0	0-0	1-1	2-0	3-2	2-0	1-0	1-1	1-0	4-0	3-0
7	Colchester Utd	1-1	2-0	1-1	1-1	2-1	0-0		1-1	1-1	1-2	1-0	2-1	2-1	2-2	1-2	0-2	3-3	0-1	1-0	0-1	2-0	3-1	2-2	2-1
8	Crawley Town	4-2	1-4	1-1	2-1	0-3	1-0	1-0		2-0	0-0	1-2	1-3	0-0	1-0	4-0	1-1	1-4	1-3	1-0	1-1	0-1	4-0	1-1
9	Exeter City	1-1	1-1	3-2	2-0	1-0	6-1	2-1		1-1	3-2	1-2	4-0	0-0	0-2	1-0	3-1	0-0	3-1	5-0	0-0				
10	Forest Green R	0-2	0-1	2-2	2-0	1-0	0-0	3-0	1-2	0-0		1-0	2-1	2-1	1-2	2-1	1-1	4-3	1-1	0-2	3-2	1-3	1-0	2-1	1-1
11	Grimsby Town	1-0	2-1	1-2	1-2	1-1	1-1	0-0	2-1	1-4	1-2		1-2	0-1	1-1	0-3	0-2	0-0	1-0	0-4	1-0	0-0	1-2	0-0	1-1
12	Harrogate Town	1-0	1-2	2-1	5-4	1-0	3-0	1-1	0-0	0-1	1-0		2-2	1-0	2-1	0-3	0-2	1-0	2-5	0-1	0-0	0-1	2-2		
13	Leyton Orient	2-0	4-0	1-0	2-4	2-3	0-2	0-0	1-2	1-1	0-1	2-3	3-0		2-2	2-0	2-1	1-1	1-0	1-1	2-0	0-0	1-3	0-0
14	Mansfield Town	2-4	2-3	1-3	0-3	1-1	3-1	1-1	3-3	1-2	0-0	2-2	0-1	0-2		1-0	1-1	4-1	4-0	2-1	3-0	1-1	0-0	0-0	1-1
15	Morecambe	1-0	0-1	2-0	0-5	3-1	1-0	3-0	3-1	2-2	1-2	3-1	1-0	2-1	1-1		1-3	4-3	1-0	2-1	4-1	1-1	0-1	1-1
16	Newport County	2-1	1-0	0-1	0-0	1-0	2-1	2-0	1-1	0-2	1-0	2-1	0-1	2-1	2-1		2-4	1-0	0-0	4-0	0-1	0-0	1-0	1-1
17	Oldham Athletic	0-1	0-2	3-1	2-4	1-1	2-1	5-2	2-3	2-1	0-3	1-2	1-2	0-1	2-3	2-3	3-2		1-2	2-1	0-2	0-0	0-1	0-1	2-3
18	Port Vale	0-2	0-1	2-1	0-1	0-1	2-1	1-1	2-0	1-0	1-1	3-0	0-0	2-3	0-3	1-0	2-1	0-0		1-0	5-1	0-0	3-4	1-3
19	Salford City	1-0	0-1	3-0	4-1	1-1	0-0	0-0	1-1	2-2	0-0	1-1	2-3	2-0	2-1	1-1	2-0	1-1	2-0		1-1	3-0	2-1	2-2	2-0
20	Scunthorpe Utd	2-1	0-1	2-0	0-5	1-0	0-2	0-1	0-0	0-2	1-4	3-0	3-1	2-0	2-3	1-1	1-1	1-1	2-0	0-1		1-1	0-0	0-0	0-2
21	Southend United	1-0	0-1	1-3	1-2	0-2	0-2	2-0	0-0	2-2	0-1	3-1	0-4	2-1	0-1	1-2	1-0	2-1	0-2	0-0	1-0		0-0	0-2	1-0
22	Stevenage	2-1	1-2	1-1	1-0	3-1	0-1	0-0	3-3	0-1	1-2	3-0	0-0	1-0	0-2	0-1	2-0	2-2	0-1	3-1	3-1	0-0		0-0	1-1
23	Tranmere Rovers	1-0	2-1	0-1	1-1	1-0	0-3	0-0	0-1	2-1	3-2	5-0	3-0	0-1	1-1	0-1	1-0	2-2	3-1	0-0	2-0	2-0	0-1		1-3
24	Walsall	0-1	2-1	1-2	0-2	0-2	1-2	1-1	1-0	0-0	2-1	1-0	0-0	2-1	1-0	0-2	0-1	1-1	4-3	0-2	1-2	0-1	1-1	1-0	

Final League Table

Pos	Team	Pld	Home W	Home D	Home L	Home F	Home A	Away W	Away D	Away L	Away F	Away A	Totals W	Totals D	Totals L	Totals F	Totals A	Pts	GD	Leading Goalscorer	Gls
1	Cheltenham Town	46	13	5	5	37	21	11	5	7	24	18	24	10	12	61	39	82	+22	A May	9
2	Cambridge United	46	12	5	6	33	20	12	3	8	43	29	24	8	14	73	49	80	+24	P Mullin	32
3	Bolton Wanderers	46	11	5	7	27	23	12	5	6	32	27	23	10	13	59	50	79	+9	E Doyle	19
4	Morecambe (P)	46	13	5	5	38	27	10	4	9	31	31	23	9	14	69	58	78	+11	C Mendes Gomes	15
5	Newport County	46	13	5	5	27	17	7	8	8	30	25	20	13	13	57	42	73	+15	P Amond, M Dolan, *	6
6	Forest Green Rov.	46	10	7	6	31	27	10	6	7	28	24	20	13	13	59	51	73	+8	J Matt	16
7	Tranmere Rovers	46	11	5	7	30	22	9	8	6	25	28	20	13	13	55	50	73	+5	J Vaughan	18
8	Salford City	46	11	11	1	36	15	8	3	12	18	19	19	14	13	54	34	71	+20	I Henderson	17
9	Exeter City	46	11	7	5	38	20	7	9	7	33	30	18	16	12	71	50	70	+21	M Jay	18
10	Carlisle United	46	12	5	6	38	25	6	7	10	22	26	18	12	16	60	51	66	+9	J Mellish	11
11	Leyton Orient	46	9	7	7	32	25	8	3	12	21	30	17	10	19	53	55	61	-2	D Johnson	11
12	Crawley Town	46	10	6	7	30	27	6	7	10	26	35	16	13	17	56	62	61	-6	M Watters	13
13	Port Vale	46	9	5	9	27	25	8	4	11	30	32	17	9	20	57	57	60	0	D Rodney	11
14	Stevenage	46	8	8	7	26	20	6	10	7	15	21	14	18	14	41	41	60	0	L Norris	11
15	Bradford City	46	9	7	7	22	19	7	4	12	26	34	16	11	19	48	53	59	-5	A Cook	11
16	Mansfield Town	46	6	10	7	33	31	7	9	7	24	24	13	19	14	57	55	58	+2	J Bowery	10
17	Harrogate Town	46	8	5	10	24	29	8	4	11	28	32	16	9	21	52	61	57	-9	J Muldoon	15
18	Oldham Athletic	46	6	2	15	31	42	9	7	7	41	39	15	9	22	72	81	54	-9	C McAleney	17
19	Walsall	46	7	6	10	20	27	4	14	5	25	26	11	20	15	45	53	53	-8	E Adebayo	10
20	Colchester United	46	10	7	6	32	26	1	11	11	12	35	11	18	17	44	61	51	-17	C Hamlott	9
21	Barrow	46	7	8	8	32	32	6	3	14	21	27	13	11	22	53	59	50	-6	S Quigley	15
22	Scunthorpe United	46	7	6	10	22	28	6	14	19	36	13	9	24	41	64	48	-23	A Eisa	9
23	Southend United	46	5	6	12	16	29	5	9	9	13	29	10	15	21	29	58	45	-29	T Clifford, T Dieng	3
24	Grimsby Town	46	5	8	10	17	30	5	5	13	20	39	10	13	23	37	69	43	-32	L John-Lewis	4

* S Twine also scored 6 For Newport County.

2021/22 PREMIER LEAGUE
SEASON 30

Total Matches	380	
Total Goals	1071	
Avg goals per match	2.82	

		Arsenal	Aston Villa	Brentford	Brighton & H A	Burnley	Chelsea	Crystal Palace	Everton	Leeds United	Leicester City	Liverpool	Manchester City	Manchester Utd	Newcastle Utd	Norwich City	Southampton	Tottenham H	Watford	West Ham Utd	Wolverhampton
1	Arsenal		3-1	2-1	1-2	0-0	0-2	2-2	5-1	2-1	2-0	0-2	1-2	3-1	2-0	1-0	3-0	3-1	1-0	2-0	2-1
2	Aston Villa	0-1		1-1	2-0	1-1	1-3	1-1	3-0	3-3	2-1	1-2	1-2	2-2	2-0	2-0	4-0	0-4	0-1	1-4	2-3
3	Brentford	2-0	2-1		0-1	2-0	0-1	0-0	1-0	1-2	1-2	3-3	0-1	1-3	0-2	1-2	3-0	0-0	2-1	2-0	1-2
4	Brighton & H A	0-0	0-2	2-0		0-3	1-1	1-1	0-2	0-0	2-1	0-2	1-4	4-0	1-1	0-0	2-2	0-2	2-0	3-1	0-1
5	Burnley	0-1	1-3	3-1	1-2		0-4	3-3	3-2	1-1	0-2	0-1	0-2	1-1	1-2	0-0	2-0	1-0	0-0	0-0	1-0
6	Chelsea	2-4	3-0	1-4	1-1	1-1		3-0	1-1	3-2	1-1	2-2	0-1	1-1	3-0	7-0	3-1	2-0	2-1	1-0	2-2
7	Crystal Palace	3-0	1-2	0-0	1-1	1-1	0-1		3-1	0-0	2-2	1-3	0-0	1-0	1-1	3-0	2-2	3-0	1-0	2-3	2-0
8	Everton	2-1	0-1	2-3	2-3	3-1	1-0	3-2		3-0	1-1	1-4	0-1	1-0	1-0	2-0	3-1	0-0	2-5	0-1	0-1
9	Leeds United	1-4	0-3	2-2	1-1	3-1	0-3	1-0	2-2		1-0	0-3	0-4	2-4	0-1	2-1	1-1	0-4	1-0	1-2	1-1
10	Leicester City	0-2	0-0	2-1	1-1	2-2	0-3	2-1	1-2	1-0		1-0	0-1	4-2	4-0	3-0	4-1	2-3	4-2	2-2	1-0
11	Liverpool	4-0	1-0	3-0	2-2	2-0	1-1	3-0	2-0	6-0	2-0		2-2	4-0	3-1	3-1	4-0	1-1	2-0	1-0	3-1
12	Manchester City	5-0	3-2	2-0	3-0	2-0	1-0	0-2	3-0	7-0	6-3	2-2		4-1	5-0	5-0	0-0	2-3	5-1	2-1	1-0
13	Manchester United	3-2	0-1	3-0	2-0	3-1	1-1	1-0	1-1	5-1	1-1	0-5	0-2		4-1	3-2	1-1	3-2	0-0	1-0	0-1
14	Newcastle United	2-0	1-0	3-3	2-1	1-0	0-3	1-0	3-0	1-1	2-1	0-1	0-4	1-1		1-1	2-2	2-3	1-1	2-4	1-0
15	Norwich City	0-5	0-2	1-3	0-0	0-2	1-3	1-1	2-1	1-2	1-2	0-3	0-4	0-1	0-3		2-1	0-5	1-3	0-4	0-0
16	Southampton	1-0	1-0	4-1	1-1	2-2	0-6	2-2	2-0	1-0	2-2	1-2	1-1	1-1	1-2	2-0		1-1	1-2	0-0	0-1
17	Tottenham Hotspur	3-0	2-1	2-0	0-1	1-0	0-3	3-0	5-0	2-1	3-1	3-1	2-2	1-0	0-3	3-0	2-3		1-0	3-1	0-2
18	Watford	2-3	3-2	1-2	0-2	1-2	1-2	1-4	0-0	0-3	1-5	0-5	1-3	4-1	1-1	0-3	0-1	0-1		1-4	0-0
19	West Ham United	1-2	2-1	1-2	1-1	1-1	3-2	2-2	2-1	2-3	4-1	3-2	2-2	1-2	1-1	2-0	2-3	1-0	1-0		1-0
20	Wolverhampton Wanderers	0-1	2-1	0-2	0-3	0-0	0-0	0-2	2-1	2-3	2-1	0-1	1-5	0-1	2-1	1-1	3-1	0-1	4-0	1-0	

Final League Table

Pos	Team	Pld	Home W	Home D	Home L	Home F	Home A	Away W	Away D	Away L	Away F	Away A	Totals W	Totals D	Totals L	Totals F	Totals A	Pts	GD	Leading Goalscorer	Gls
1	Manchester City	38	15	2	2	58	15	14	4	1	41	11	29	6	3	99	26	93	+73	K De Bruyne	15
2	Liverpool	38	15	4	0	49	9	13	4	2	45	17	28	8	2	94	26	92	+68	M Salah	23
3	Chelsea	38	9	7	3	37	22	12	4	3	39	11	21	11	6	76	33	74	+43	M Mount	11
4	Tottenham Hotspur	38	13	1	5	38	19	9	4	6	31	21	22	5	11	69	40	71	+29	Heung-Min Son	23
5	Arsenal	38	13	2	4	35	17	9	1	9	26	31	22	3	13	61	48	69	+13	B Saka	11
6	Manchester Utd.	38	10	5	4	32	22	6	5	8	25	35	16	10	12	57	57	58	0	C Ronaldo	18
7	West Ham United	38	9	5	5	33	26	7	3	9	27	25	16	8	14	60	51	56	+9	J Bowen	12
8	Leicester City	38	10	4	5	34	23	4	6	9	28	36	14	10	14	62	59	52	+3	J Vardy	15
9	Brighton & H A	38	5	7	7	19	23	7	8	4	23	21	12	15	11	42	44	51	-2	N Maupay, L Trossard	8
10	Wolverhampton W	38	7	3	9	20	25	8	3	8	18	18	15	6	17	38	43	51	-5	R Jimenez	6
11	Newcastle United	38	8	6	5	26	27	5	4	10	18	35	13	10	15	44	62	49	-18	C Wilson	8
12	Crystal Palace	38	7	8	4	27	17	4	7	8	23	29	11	15	12	50	46	48	+4	W Zaha	14
13	Brentford	38	7	3	9	22	21	6	4	9	26	35	13	7	18	48	56	46	-8	I Toney	12
14	Aston Villa	38	6	5	8	29	29	7	1	11	23	25	13	6	19	52	54	45	-2	O Watkins	11
15	Southampton	38	6	7	6	23	24	3	6	10	20	43	9	13	16	43	67	40	-24	J Ward-Prowse	10
16	Everton	38	9	2	8	27	25	2	4	13	16	41	11	6	21	43	66	39	-23	Richarlison de Andrade	10
17	Leeds United	38	4	6	9	19	38	5	5	9	23	41	9	11	18	42	79	38	-37	Raphinha (R D Belloli)	11
18	Burnley	38	5	6	8	18	25	2	8	9	16	28	7	14	17	34	53	35	-19	M Cornet	9
19	Watford	38	2	2	15	17	46	4	3	12	17	31	6	5	27	34	77	23	-43	E Dennis	10
20	Norwich City	38	3	3	13	12	43	2	4	13	11	41	5	7	26	23	84	22	-61	T Pukki	11

2021/22 SKY BET CHAMPIONSHIP [LEVEL 2]
SEASON 123

Total Matches	552
Total Goals	1385
Avg goals per match	2.51

		AFC Bournem'th	Barnsley	Birmingham C	Blackburn Rov	Blackpool	Bristol City	Cardiff City	Coventry City	Derby County	Fulham	Huddersfield T	Hull City	Luton Town	Middlesbrough	Millwall	Nottm Forest	Peterborough U.	Preston N E	Queens Park R	Reading	Sheffield United	Stoke City	Swansea City	West Brom A.
1	AFC Bournem'th	—	3-0	3-1	0-2	2-2	3-2	3-0	2-2	2-0	1-1	3-0	0-1	2-1	0-0	1-0	1-0	1-1	1-2	2-1	1-1	2-1	2-1	4-0	2-0
2	Barnsley	0-1	—	1-1	0-0	0-2	2-0	0-1	1-0	2-1	1-1	1-1	0-2	0-1	3-2	0-1	1-3	0-2	1-3	1-0	1-1	2-3	1-1	0-2	0-0
3	Birmingham City	0-2	2-1	—	1-2	1-0	3-0	2-2	2-4	2-0	1-4	0-2	0-0	3-0	0-2	2-2	0-3	2-2	0-0	1-2	1-2	1-2	0-0	2-1	1-0
4	Blackburn Rovers	0-3	2-1	4-0	—	1-1	0-1	5-1	2-2	3-1	0-7	0-0	2-0	2-2	1-0	0-0	0-2	4-0	1-0	1-0	2-0	3-1	0-1	2-1	1-2
5	Blackpool	1-2	1-0	6-1	2-1	—	3-1	0-2	0-1	0-2	1-0	0-3	1-0	0-3	1-2	1-0	1-1	0-1	2-0	1-1	4-1	0-0	0-1	1-0	0-0
6	Bristol City	0-2	2-1	1-2	1-1	1-1	—	3-2	1-2	1-0	1-1	2-3	5-0	1-1	2-1	3-2	1-2	1-1	0-0	1-2	2-1	1-1	1-0	0-1	2-2
7	Cardiff City	0-1	1-1	1-1	0-1	1-1	1-2	—	2-0	1-0	0-1	2-1	0-1	0-1	0-2	3-1	2-1	4-0	0-0	0-1	0-1	2-3	2-1	0-4	0-4
8	Coventry City	0-3	1-0	0-0	2-2	1-1	3-2	1-0	—	1-1	4-1	1-2	0-2	0-1	2-0	0-1	2-1	3-0	1-1	1-2	2-1	4-1	1-0	1-2	1-2
9	Derby County	3-2	2-0	2-1	1-2	1-0	1-3	0-1	1-1	—	2-1	1-1	3-1	2-2	0-0	1-2	1-1	1-0	1-0	1-2	1-0	2-0	2-1	0-0	1-0
10	Fulham	1-1	4-1	6-2	2-0	1-1	6-2	2-0	1-3	0-0	—	1-2	2-0	7-0	1-1	3-0	0-1	2-1	3-0	4-1	1-2	0-1	3-0	3-1	3-0
11	Huddersfield T	0-3	2-1	0-0	3-2	3-2	2-0	2-1	1-1	2-0	1-5	—	2-0	2-0	1-2	0-2	3-0	1-0	2-2	4-0	0-0	1-1	1-1	1-0	
12	Hull City	0-0	0-2	2-0	2-0	1-1	2-2	2-1	0-1	0-1	0-1	0-1	—	1-3	2-0	2-1	1-1	1-2	0-1	0-3	3-0	1-3	0-2	2-0	0-2
13	Luton Town	3-2	2-1	0-5	0-0	1-1	2-1	1-2	5-0	1-0	1-1	0-0	1-0	—	3-1	2-2	1-0	3-0	4-0	1-2	1-0	0-0	0-1	3-3	2-0
14	Middlesbrough	1-0	2-0	0-2	1-1	1-2	2-1	2-0	1-0	4-1	0-1	0-2	0-1	2-1	—	1-1	2-0	2-0	1-2	2-3	2-1	2-0	3-1	1-0	2-1
15	Millwall	1-1	4-1	3-1	1-1	2-1	1-0	2-1	1-1	1-1	1-2	2-0	2-1	0-2	0-0	—	0-1	3-0	0-0	2-0	1-0	1-2	0-1	0-1	2-0
16	Nottm Forest	1-2	3-0	0-1	1-2	2-0	1-2	2-0	2-1	0-4	0-1	2-1	0-0	0-2	1-1	2-0	—	2-0	3-0	3-1	4-0	1-1	2-2	5-1	4-0
17	Peterborough Utd	0-0	0-0	3-0	2-1	5-0	2-3	2-2	1-4	2-1	0-1	1-1	0-3	1-1	0-4	2-1	0-1	—	0-1	2-1	0-0	0-2	2-2	2-3	0-1
18	Preston N E	2-1	1-1	1-1	1-4	1-0	2-2	1-2	2-1	0-0	1-1	0-0	1-4	2-0	4-1	1-1	0-0	1-0	—	2-1	2-3	2-2	1-1	3-1	1-1
19	Queens Park R	0-1	2-2	2-0	1-0	2-1	1-2	1-2	1-0	0-2	1-0	1-1	2-0	2-2	1-1	1-1	1-3	3-2	1-1	—	4-0	1-3	0-2	0-0	1-0
20	Reading	0-2	1-0	3-0	2-3	2-3	1-2	2-3	2-2	0-7	3-4	1-0	0-2	1-0	0-1	1-1	3-1	2-1	3-3		—	0-1	4-4	0-1	
21	Sheffield United	0-0	2-0	0-1	1-0	2-0	1-0	0-0	1-0	4-0	1-0	0-0	2-0	4-1	1-2	6-2	2-0	1-0	1-2		2-1	—	4-0	2-1	2-1
22	Stoke City	0-1	1-1	2-2	0-1	0-1	0-1	3-3	1-1	1-2	2-3	2-1	2-0	1-2	0-0	2-0	1-0	2-0	1-2	1-0	3-2	1-0	—	3-0	1-0
23	Swansea City	3-3	1-1	0-0	1-0	1-1	3-1	3-0	3-1	2-1	1-5	1-0	0-0	0-1	1-1	0-0	1-4	3-0	1-0	0-1	2-3	0-0	1-3	—	2-1
24	West Brom A.	2-0	4-0	1-0	0-0	2-1	3-0	1-1	0-0	0-0	1-0	2-2	1-0	3-2	1-1	0-0	0-0	3-1	0-2	2-1	1-0	4-0	1-3	0-2	—

Final League Table

Pos	Team	Pld	Home W	Home D	Home L	Home F	Home A	Away W	Away D	Away L	Away F	Away A	Totals W	Totals D	Totals L	Totals F	Totals A	Pts	GD	Leading Goalscorer	Gls
1	Fulham	46	14	4	5	56	20	13	5	5	50	23	27	9	10	106	43	90	+63	A Mitrovic	43
2	AFC Bournem'th	46	13	7	3	41	21	12	6	5	33	18	25	13	8	74	39	88	+35	D Solanke	29
3	Huddersfield T	46	13	6	4	35	23	10	7	6	29	24	23	13	10	64	47	82	+17	D Ward	14
4	Nottm Forest (P)	46	13	4	6	43	22	10	7	6	30	18	23	11	12	73	40	80	+33	B Johnson	16
5	Sheffield United	46	13	5	5	38	15	8	7	8	25	30	21	12	13	63	45	75	+18	B Sharp	14
6	Luton Town	46	12	7	4	37	22	9	5	9	26	33	21	12	13	63	55	75	+8	E Adebayo	16
7	Middlesbrough	46	14	2	7	34	21	6	8	9	25	29	20	10	16	59	50	70	+9	M Crooks	10
8	Blackburn Rovers	46	12	5	6	36	26	7	7	9	23	24	19	12	15	59	50	69	+9	B Brereton	22
9	Millwall	46	13	6	4	32	16	5	9	9	21	29	18	15	13	53	45	69	+8	B Afobe	12
10	West Brom A.	46	12	8	3	33	16	6	5	12	19	29	18	13	15	52	45	67	+7	K Grant	18
11	Queens Park R	46	12	5	6	30	25	9	3	11	30	34	19	9	18	60	59	66	+1	A Gray	10
12	Coventry City	46	10	5	8	32	26	7	8	8	28	33	17	13	16	60	59	64	+1	V Gyokeres	17
13	Preston N E	46	9	10	4	33	28	7	6	10	19	28	16	16	14	52	56	64	-4	R Ris Jakobsen	16
14	Stoke City	46	10	5	8	30	23	7	6	10	27	29	17	11	18	57	52	62	+5	J Brown	13
15	Swansea City	46	9	8	6	30	27	7	5	11	28	41	16	13	17	58	68	61	-10	J Piroe	22
16	Blackpool	46	11	3	9	29	26	5	9	9	25	32	16	12	18	54	58	60	-4	G Madine	9
17	Bristol City	46	8	8	7	33	29	7	2	14	29	48	15	10	21	62	77	55	-15	A Weimann	22
18	Cardiff City	46	7	4	12	22	29	8	4	11	28	39	15	8	23	50	68	53	-18	A Flint	6
19	Hull City	46	7	4	12	22	28	7	5	11	19	26	14	9	23	41	54	51	-13	K Lewis-Potter	12
20	Birmingham City	46	7	6	10	27	33	1	8	11	23	42	11	14	21	50	75	47	-25	S Hogan	10
21	Reading *	46	7	5	11	33	44	6	3	14	21	43	13	8	25	54	87	41	-33	J Swift	11
22	Peterborough Utd	46	6	7	10	27	33	3	3	17	16	54	9	10	27	43	87	37	-44	J Clarke-Harris	12
23	Derby County **	46	11	8	4	30	22	3	6	14	15	31	14	13	19	45	53	34	-8	T Lawrence	11
24	Barnsley	46	5	7	11	18	29	1	5	17	15	44	8	12	28	33	73	30	-40	C Morris	7

* Deducted 6 points due to breaching the EFL's profitability and sustainability rules. ** Deducted 21 points for entering administration.

2021/22 SKY BET LEAGUE 1 [LEVEL 3]
SEASON 123

Total Matches 552
Total Goals 1489
Avg goals per match 2.70

Final League Table

Pos	Team	Pld	Home					Away					Totals					Pts	GD	Leading Goalscorer	Gls
			W	D	L	F	A	W	D	L	F	A	W	D	L	F	A				
1	Wigan Athletic	46	13	5	5	36	22	14	6	3	46	22	27	11	8	82	44	92	+38	W Keane	26
2	Rotherham Utd	46	15	3	5	43	22	12	6	5	27	11	27	9	10	70	33	90	+37	M Smith	19
3	M K Dons	46	13	5	5	34	21	13	6	4	44	23	26	11	9	78	44	89	+34	S Twine	20
4	Sheffield Weds	46	16	5	2	48	18	8	7	8	30	32	24	13	9	78	50	85	+28	L Gregory	16
5	Sunderland (P)	46	16	3	4	49	19	8	9	6	30	34	24	12	10	79	53	84	+26	R Stewart	24
6	Wycombe Wand	46	14	5	4	39	26	9	9	5	36	25	23	14	9	75	51	83	+24	S Vokes	16
7	Plymouth A	46	14	4	5	32	19	9	7	7	36	29	23	11	12	68	48	80	+20	R Hardie	16
8	Oxford United	46	13	6	4	47	27	9	4	10	35	22	22	10	14	82	59	76	+23	M Taylor	20
9	Bolton Wand	46	12	7	4	45	26	9	3	11	29	31	21	10	15	74	57	73	+17	O Afolayan	12
10	Portsmouth	46	14	5	4	46	25	6	8	9	22	26	20	13	13	68	51	73	+17	G Hirst	13
11	Ipswich Town	46	11	9	3	38	22	7	9	7	29	24	18	16	12	67	46	70	+21	M Bonne	12
12	Accrington S	46	12	6	5	41	33	5	4	14	20	47	17	10	19	61	80	61	-19	C Bishop	11
13	Charlton Athletic	46	10	4	9	32	28	7	4	12	23	31	17	8	21	55	59	59	-4	J Stockley	13
14	Cambridge Utd	46	8	8	7	28	29	7	5	11	28	45	15	13	18	56	74	58	-18	S Smith	15
15	Cheltenham T	46	10	7	6	33	30	3	10	10	33	50	13	17	16	66	80	56	-14	A May	23
16	Burton Albion	46	10	6	7	34	26	4	5	14	17	41	14	11	21	51	67	53	-16	D Jebbison	7
17	Lincoln City	46	7	5	11	25	29	5	11	7	30	34	12	16	18	55	63	52	-8	A Scully	11
18	Shrewsbury T	46	9	7	7	30	25	3	7	13	17	26	12	14	20	47	51	50	-4	D Udoh	13
19	Morecambe	46	7	8	8	33	35	3	6	14	24	53	10	14	22	57	88	42	-31	C Stockton	23
20	Fleetwood Town	46	5	8	10	33	37	3	8	12	29	45	8	16	22	62	82	40	-20	G Garner	7
21	Gillingham	46	4	8	11	13	36	4	8	11	22	33	8	16	22	35	69	40	-34	V Oliver	10
22	Doncaster Rovers	46	7	3	13	20	32	3	5	15	17	50	10	8	28	37	82	38	-45	T Rowe	7
22	AFC Wimbledon	46	2	14	7	27	34	4	5	14	22	41	6	19	21	49	75	37	-26	J Rudoni	12
24	Crewe Alexandra	46	5	5	13	22	40	3	1	18	15	43	7	8	31	37	83	29	-46	C Long	10

2021/22 SKY BET LEAGUE 2 [LEVEL 4]
SEASON 123

Total Matches: 552
Total Goals: 1359
Avg goals per match: 2.46

Final League Table

Pos	Team	Pld	Home					Away					Totals					Pts	GD	Leading Goalscorer	Gls
			W	D	L	F	A	W	D	L	F	A	W	D	L	F	A				
1	Forest Green R	46	14	4	5	34	18	9	11	3	41	26	23	15	8	75	44	84	+31	M Stevens	23
2	Exeter City	46	14	6	3	37	19	9	9	5	28	22	23	15	8	65	41	84	+24	M Jay	14
3	Bristol Rovers	46	14	4	5	38	20	9	7	7	33	29	23	11	12	71	49	80	+22	A Collins	15
4	Northampton T	46	13	5	5	32	15	10	6	7	28	23	23	11	12	60	38	80	+22	S Hoskins	13
5	Port Vale (P)	46	11	6	6	35	22	11	6	6	32	24	22	12	12	67	46	78	+21	B Garrityt	12
6	Swindon Town	46	9	7	7	35	25	13	4	6	42	29	22	11	13	77	54	77	+23	H McKirdy	19
7	Mansfield Town	46	15	4	4	40	24	7	7	9	27	28	22	11	13	67	52	77	+15	R Oates	9
8	Sutton United	46	14	5	4	38	20	8	5	10	31	33	22	10	14	69	53	76	+16	D Ajiboye, I Olaofe, *	8
9	Tranmere Rovers	46	16	3	4	36	16	5	9	9	17	24	21	12	13	53	40	75	+13	K Hemmings	8
10	Salford City	46	10	9	4	33	21	9	4	10	27	25	19	13	14	60	46	70	+14	B Thomas-Asante	11
11	Newport County	46	9	6	8	36	31	10	6	7	27	27	19	12	15	67	58	69	+9	D Telford	25
12	Crawley Town	46	9	6	8	28	29	8	4	11	28	37	17	10	19	56	66	61	-10	M Watters	13
13	Leyton Orient	46	9	6	8	36	22	5	11	7	26	25	14	16	16	62	47	58	+15	A Drinan	13
14	Bradford City	46	6	10	7	29	29	8	6	9	24	26	14	16	16	53	55	58	-2	A Cook	12
15	Colchester Utd	46	6	9	8	25	28	8	4	11	23	32	14	13	19	48	60	55	-12	F Sears	14
16	Walsall	46	10	5	8	30	29	4	7	12	17	31	14	12	20	47	60	54	-13	G Miller	12
17	Hartlepool Utd	46	9	7	7	24	24	5	5	13	20	38	14	12	20	44	64	54	-20	L Molyneux	8
18	Rochdale	46	7	11	5	28	23	5	6	12	23	36	12	17	17	51	59	53	-8	J Beesley	9
19	Harrogate Town	46	6	7	10	32	36	8	4	11	32	39	14	11	21	64	75	53	-11	J Diamond	13
20	Carlisle United	46	7	7	9	19	23	4	4	15	20	39	11	11	24	39	62	53	-23	P Omari	0
21	Stevenage	16	0	0	8	29	30	2	8	13	16	38	11	14	21	45	68	47	-23	L Norris	14
22	Barrow	46	5	9	9	25	28	5	4	13	19	29	10	14	22	44	57	44	-13	O Banks	9
23	Oldham Athletic	46	5	4	14	29	42	4	7	12	17	33	9	11	26	46	75	38	-29	D Kellior-Dunn	15
24	Scunthorpe Utd	46	3	7	13	15	36	1	7	15	14	54	4	14	28	29	90	26	-61	M Hippolyte, R Loft	4

A Smith also scored 8 goals for Sutton United.

2022/23 PREMIER LEAGUE
SEASON 31

Total Matches 380
Total Goals 1084
Avg goals per match 2.85

		AFC Bournemouth	Arsenal	Aston Villa	Brentford	Brighton & H A	Chelsea	Crystal Palace	Everton	Fulham	Leeds United	Leicester City	Liverpool	Manchester City	Manchester Utd	Newcastle Utd	Nottm. Forest	Southampton	Tottenham H	West Ham Utd	Wolverhampton
1	AFC Bournemouth		0-3 20a	2-0 6a	0-0 1O	0-2 4A	1-3 6m	0-2 31D	3-0 12N	2-1 1A	4-1 30A	2-1 8O	1-0 11M	1-4 25F	0-1 20m	1-1 11F	1-1 21J	0-1 19O	2-3 29O	0-4 23A	0-0 31a
2	Arsenal	3-2 4M		2-1 31a	1-1 11F	0-3 14m	3-1 2m	4-1 19M	4-0 1M	2-1 27a	4-1 1A	4-2 13a	3-2 9O	1-3 15F	3-2 22J	0-0 3J	5-0 30O	3-3 21A	3-1 1O	3-1 26D	5-0 28m
3	Aston Villa	3-0 18M	2-4 18F		4-0 23O	2-1 28m	0-2 16O	1-0 4M	2-1 13a	1-0 25A	2-1 13J	2-4 4F	1-3 26D	1-1 3S	3-1 6N	3-0 15A	2-0 8A	1-0 16S	2-1 13m	0-1 28a	1-1 4J
4	Brentford	2-0 14J	0-3 18S	1-1 22A		2-0 14O	0-0 19O	1-1 18F	3-1 27a	5-2 6M	1-1 3S	3-1 18M	5-2 2J	1-1 28m	1-2 13a	2-1 8A	3-0 29A	2-2 4F	3-0 26D	2-0 14m	1-1 29O
5	Brighton & H A	1-0 4F	2-4 31D	1-2 13N	3-3 1A		4-1 29O	1-0 15M	1-5 8m	0-1 18F	1-0 27a	5-2 4S	3-0 14J	1-1 24m	1-0 4m	0-0 13a	0-0 18O	3-1 21m	0-1 8O	4-0 4M	6-0 29A
6	Chelsea	2-0 27D	0-1 6N	0-2 1A	0-2 26A	1-2 15A		1-0 15J	2-2 19M	0-0 3F	1-0 4M	2-1 27a	0-0 4A	0-1 5J	1-1 22O	1-1 28m	2-2 13m	0-1 18F	2-2 14a	2-1 3S	3-0 8O
7	Crystal Palace	2-0 13m	0-2 5a	3-1 20a	1-1 30a	1-1 11F	1-2 1O		0-0 22A	0-3 26D	2-1 9O	2-1 1A	0-0 25F	1-1 11M	0-0 18J	0-0 21J	1-1 28m	1-0 29O	0-4 4J	4-3 29A	2-1 18O
8	Everton	1-0 28m	1-0 4F	0-2 25F	1-0 11M	1-4 3J	0-1 6a	3-0 22O		1-3 15A	1-0 18F	0-2 5N	0-0 3S	0-3 14m	1-2 9O	1-4 27M	1-1 20a	1-2 14J	1-1 3A	1-0 18S	1-2 26D
9	Fulham	2-2 15O	0-3 12M	3-0 20O	3-2 20a	2-1 30a	2-1 12J	2-2 20m	0-0 29O		2-1 22A	5-3 8m	2-2 6a	1-2 30A	1-2 13N	1-0 1O	2-0 11F	2-1 31D	0-1 23J	0-1 8A	1-3 24F
10	Leeds United	4-3 5N	0-1 16O	0-0 2O	0-0 22J	2-2 11M	3-0 21a	1-5 9A	1-1 30a	2-3 23O		1-1 25A	1-6 17A	1-3 28D	0-2 12F	2-2 13m	2-1 4A	1-0 25F	1-4 28m	2-2 4J	2-1 6a
11	Leicester City	0-1 8A	0-1 25F	1-2 4A	2-2 7a	2-2 21J	1-3 11M	0-0 15O	2-2 1m	0-1 3J	2-0 200		0-3 15m	0-1 29O	0-1 1S	0-3 26D	4-0 30	1-2 20a	4-1 11F	2-1 28m	2-1 22A
12	Liverpool	9-0 27a	2-2 9A	1-1 20m	1-1 6m	3-3 1O	0-0 21J	0-0 15a	2-0 13F	1-0 3m	1-2 29O	2-1 30D		1-0 16O	7-0 5M	2-1 31a	3-2 22A	3-1 12N	4-3 30a	1-0 19O	2-0 4M
13	Manchester City	4-0 13a	4-1 26A	3-1 12F	1-2 12N	3-1 22O	1-0 21m	4-2 27a	1-1 31D	2-1 5N	2-1 6m	3-1 15A	4-1 1A		6-3 2O	2-0 4M	6-0 31a	4-0 8O	4-2 19J	3-0 3m	3-0 22J
14	Manchester United	3-0 3J	3-1 4S	1-0 30A	1-0 5A	1-2 7a	4-1 25m	2-1 4F	2-0 8A	2-1 28m	2-2 8F	3-0 19F	2-1 22a	2-1 14J		0-0 16O	3-0 27D	2-0 12M	2-0 19O	1-0 30O	2-0 13m
15	Newcastle United	1-1 17S	0-2 7m	4-0 29O	5-1 8O	4-1 18m	1-0 12N	0-0 3S	1-1 19O	1-0 15J	0-0 31D	0-0 22m	0-2 18F	3-3 21a	2-0 2A		2-0 6a	3-1 30A	6-1 23A	1-1 4F	2-1 12M
16	Nottingham Forest	2-3 3S	1-0 20m	1-1 10O	2-2 5N	3-1 26A	1-1 1J	1-0 12N	2-2 5M	2-3 16S	1-0 5F	2-0 14J	1-1 22O	0-2 18F	0-2 16A	1-2 17M		4-3 8m	0-2 28a	1-0 14a	1-1 1A
17	Southampton	0-1 27a	1-1 23O	0-2 21J	1-3 15M	2-1 26D	0-1 30a	0-2 15A	1-2 1O	2-2 13m	2-2 13a	4-4 4M	1-4 28m	1-0 8A	0-1 27a	0-1 6N	1-0 4J		3-3 18M	1-1 16O	1-2 11F
18	Tottenham Hotspur	2-3 15A	0-2 15J	0-2 1J	1-3 20m	2-1 8A	2-0 26F	1-0 6m	2-0 15O	2-1 3S	4-3 12N	6-2 17S	1-2 6N	1-0 5F	2-2 27A	1-2 23O	3-1 11M	4-1 6a		2-0 19F	1-0 20a
19	West Ham United	2-0 24O	2-2 16A	1-1 12M	0-2 30D	0-2 21a	1-1 11F	1-2 6N	2-0 21J	3-1 9O	3-1 21m	0-2 12N	0-1 26A	0-2 7a	0-1 7m	1-5 5A	4-0 25F	1-2 2A	1-1 31a		2-0 1O
20	Wolverhampton Wanderers	0-1 18F	0-2 12N	1-0 6m	2-0 15A	2-3 5N	1-0 8A	2-0 25A	1-1 20m	0-0 13a	2-4 18M	0-4 23O	3-0 4F	0-3 17S	0-1 31D	1-1 28a	1-0 15O	1-0 3S	0-1 4M	1-0 14J	

Final League Table

Pos	Team	Pld	Home					Away					Totals						Leading Goalscorer	Gls
			W	D	L	F	A	W	D	L	F	A	W	D	L	F	A	Pts	GD		
1	Manchester City	38	17	1	1	60	17	11	4	4	34	16	28	5	5	94	33	89	+61	E Haaland	36
2	Arsenal	38	14	3	2	53	25	12	3	4	35	18	26	6	6	88	43	84	+45	G Martinelli, M Odegaard	15
3	Manchester United	38	15	3	1	36	10	8	3	8	22	33	23	6	9	58	43	75	+15	M Rashford	17
4	Newcastle United	38	11	6	2	36	14	8	8	3	32	19	19	14	5	68	33	71	+35	C Wilson	18
5	Liverpool	38	13	5	1	46	17	6	5	8	29	30	19	10	9	75	47	67	+28	M Salah	19
6	Brighton & H A	38	10	4	5	37	21	8	4	7	35	32	18	8	12	72	53	62	+19	A Mac Allister	10
7	Aston Villa	38	12	2	5	33	21	6	5	8	18	25	18	7	13	51	46	61	+5	O Watkins	15
8	Tottenham Hotspur	38	12	1	6	37	25	6	5	8	33	38	18	6	14	70	63	60	+7	H Kane	30
9	Brentford	38	10	7	2	35	18	5	7	7	23	28	15	14	9	58	46	59	+12	I Toney	20
10	Fulham	38	8	5	6	31	29	7	2	10	24	24	15	7	16	55	53	52	+2	A Mitrovic	14
11	Crystal Palace	38	7	7	5	21	23	4	5	10	19	26	11	12	15	40	49	45	-9	E Eze	10
12	Chelsea	38	6	7	6	20	19	5	4	10	18	28	11	11	16	38	47	44	-9	K Havertz	7
13	Wolverhampton W	38	9	3	7	19	20	2	5	12	12	38	11	8	19	31	58	41	-27	R Neves, D Podence	6
14	West Ham United	38	8	4	7	26	24	3	3	13	16	31	11	7	20	42	55	40	-13	S Benrahma, J Bowen	6
15	AFC Bournemouth	38	6	4	9	20	28	5	2	12	17	43	11	6	21	37	71	39	-34	P Billing	7
16	Nottingham Forest	38	8	6	5	27	24	1	5	13	11	44	9	11	18	38	68	38	-30	T Awoniyi	10
17	Everton	38	6	3	10	16	27	2	9	8	18	30	8	12	18	34	57	36	-23	D McNeil	7
18	Leicester City	38	5	4	10	23	27	4	3	12	28	41	9	7	22	51	68	34	-17	H Barnes	13
19	Leeds United	38	5	7	7	26	37	2	3	14	22	41	7	10	21	48	78	31	-30	Rodrigo Machado	13
20	Southampton	38	2	5	12	19	37	4	2	13	17	36	6	7	25	36	73	25	-37	J Ward-Prowse	9

2022/23 SKY BET CHAMPIONSHIP [LEVEL 2]
SEASON 124

Total Matches 552
Total Goals 1342
Avg goals per match 2.43

		Birmingham C	Blackburn Rov	Blackpool	Bristol City	Burnley	Cardiff City	Coventry City	Huddersfield T	Hull City	Luton Town	Middlesbrough	Millwall	Norwich City	Preston N E	Queens Park R	Reading	Rotherham Utd	Sheffield United	Stoke City	Sunderland	Swansea City	Watford	West Brom A.	Wigan Athletic
1	Birmingham City		1-0	0-1	3-0	1-1	0-2	0-0	2-1	0-1	0-1	1-3	0-0	1-2	1-2	2-0	3-2	0-0	1-2	2-2	1-1	2-0	0-1
			1A	22A	8O	19O	14F	17S	5a	30D	25F	2J	2N	30a	21J	28O	16D	11M	8m	10A	11N	8N	16a	10F	20a
2	Blackburn Rovers	2-1		1-0	2-3	0-1	1-0	1-1	1-0	0-0	1-1	1-2	2-1	0-2	1-4	1-0	2-1	3-0	1-0	0-1	2-0	1-0	2-0	2-1	0-0
		22O		21F	3S	25A	1J	9A	5N	15A	1m	29D	1O	7A	10D	30jy	15M	8O	4M	27a	18O	18F	13S	14a	6F
3	Blackpool	0-0	0-1		3-3	0-0	1-3	1-4	2-2	1-3	0-1	0-3	2-3	0-1	4-2	6-1	1-0	0-0	1-2	1-0	1-1	0-1	3-1	0-2	1-0
		10D	31a		27a	4M	7A	18M	7F	19O	5N	8N	28A	10	22O	14M	30jy	11F	29D	18F	1J	13a	8O	18A	15A
4	Bristol City	4-2	1-1	2-0		1-2	2-0	0-0	2-0	1-0	2-0	2-2	1-2	1-0	2-1	1-2	1-1	2-1	0-1	1-2	2-3	1-1	0-0	0-2	1-1
		14J	21J	11M		29A	21a	4O	31a	25F	16a	10A	15O	11F	12O	1O	1A	22A	1N	17D	6a	29O	12N	20D	1OF
5	Burnley	3-0	3-0	3-3	2-1		3-0	1-0	4-0	1-1	1-1	3-1	2-0	1-0	0-0	1-2	2-1	3-2	2-0	1-1	0-0	4-0	1-1	2-1	3-0
		27D	13N	20a	17S		8m	14O	25F	16a	6a	17D	30a	25O	11F	22A	29O	2N	10A	5O	31M	15O	14F	20J	11M
6	Cardiff City	1-0	1-0	1-1	2-0	1-1		0-1	1-2	2-3	1-2	1-3	0-1	1-0	0-0	0-0	1-0	0-1	1-1	0-1	2-3	1-2	1-1	1-1	1-1
		13a	4O	17D	4M	1O		15O	30A	8N	30a	11F	21J	30jy	27a	26D	17F	29O	12N	22A	10A	1A	2N	15M	14J
7	Coventry City	2-0	1-0	1-2	1-1	0-1	0-0		2-0	1-1	1-1	1-0	1-0	2-4	0-1	2-0	2-1	2-2	1-0	0-4	2-1	3-3	2-2	1-0	2-0
		29A	1N	29O	1J	8O	29D		28J	11M	11F	1O	14F	21J	31a	12N	22A	25O	19O	1A	25F	17D	10A	21D	8N
8	Huddersfield T	2-1	2-2	0-1	0-0	0-1	1-0	0-4		2-0	1-2	4-2	1-0	1-1	0-1	1-1	2-0	2-0	1-0	3-1	0-2	0-0	0-2	2-2	1-2
		18F	10A	4S	7M	29jy	17S	4M		9O	1J	1A	29O	15M	18O	4F	8m	29D	4m	13a	2N	12N	17D	27a	13S
9	Hull City	0-2	0-1	1-1	2-1	1-3	1-0	3-2	1-1		0-2	1-3	1-0	2-1	0-0	3-0	1-2	0-0	0-2	0-3	1-1	1-1	1-0	2-0	2-1
		16O	29O	26D	30jy	15M	4F	27a	14J		17S	1N	10A	13a	18F	28J	12N	1A	4S	13S	17D	29A	22A	3M	5O
10	Luton Town	0-0	2-0	3-1	1-0	0-1	1-0	2-2	3-3	0-0		2-1	2-2	2-0	0-1	3-1	0-0	1-1	1-1	1-0	1-1	1-0	2-0	2-3	1-2
		30jy	17S	10A	15M	18F	31J	14S	4O	8m		24A	28F	26D	13a	15O	1N	12N	26a	4F	29O	4M	1A	14J	3S
11	Middlesbrough	1-0	1-2	3-0	1-1	1-2	2-3	1-1	0-0	3-1	2-1		1-0	5-1	4-0	3-1	5-0	0-0	2-2	1-1	1-0	2-1	2-0	1-1	4-1
		5O	15O	4F	5N	7A	13S	8m	22O	19A	10D		14J	14A	18M	18F	4M	17S	14a	14M	5S	27a	28J	30j	26D
12	Millwall	0-1	3-4	2-1	0-0	1-1	2-0	3-2	0-1	0-0	0-0	2-0		2-3	2-0	0-2	0-1	3-0	3-2	2-0	1-1	2-1	2-1	3-0	1-1
		18A	8m	17S	29D	21F	3S	13a	18M	5N	7A	8O		4M	15A	14S	27a	1J	18F	30jy	4F	14M	19O	22O	10D
13	Norwich City	3-1	0-2	0-1	3-2	0-3	2-0	3-0	2-1	3-1	0-1	1-2	2-0		2-3	0-0	1-1	0-0	3-1	0-0	0-3	1-1	1-1	1-1	1-1
		21F	17D	8m	14S	4F	25F	3S	16a	14F	18O	12N	19a		8O	2N	30D	10A	1A	29O	12M	22A	2J	17S	6a
14	Preston N E	0-1	1-1	3-1	1-2	1-1	2-0	0-0	1-2	0-0	1-1	2-1	2-4	0-4		0-1	2-1	0-0	0-2	0-2	0-3	1-0	0-0	1-2	0-2	2-1
		3S	22A	1A	4F	13S	11M	28F	26D	6a	15F	29O	12N	14J		17D	10A	16a	17S	15O	8m	1N	20a	5O	25F
15	Queens Park R	0-1	1-3	0-1	0-2	0-3	3-0	3-3	2-1	0-3	3-2	1-2	1-1	0-2		2-1	1-1	1-0	0-0	0-3	1-1	1-0	0-1	2-1
		18M	25F	16a	8m	11D	19O	15A	8N	30a	29D	6a	11F	19A	7A		7O	20a	2J	17S	14F	21J	11M	5N	22O
16	Reading	1-1	3-0	3-1	2-0	0-0	2-1	1-0	3-1	1-1	1-0	0-1	1-1	1-2	2-2		2-1	0-1	2-1	0-3	2-1	2-2	0-2	1-1
		7A	17a	25F	22O	15A	6a	10D	1O	18M	19A	20a	11M	4O	4N	14J		14F	7M	4S	14S	27D	4F	15O	29A
17	Rotherham Utd	2-0	4-0	0-0	1-3	2-2	1-2	0-2	2-1	2-4	0-2	1-0	1-1	1-2	1-2	3-1	4-0		0-0	2-2	2-1	1-1	1-1	3-1	0-2
		27a	14J	14S	10D	18A	27A	18F	15O	22O	15A	1m	5O	5N	14M	4M	13a		4F	26D	21F	30jy	3S	7A	1O
18	Sheffield United	1-1	3-0	3-3	1-0	5-2	4-1	3-1	1-0	1-0	0-1	1-3	2-0	2-2	4-1	0-1	4-0	0-1		3-1	2-1	3-0	1-0	2-0	1-0
		1O	20a	15O	18A	5N	15A	26D	10D	20J	11M	15F	6a	22O	29A	4O	30a	8N		14J	17a	11F	25F	26A	7A
19	Stoke City	1-1	3-2	2-0	1-2	0-1	2-2	0-2	3-0	0-0	2-0	2-2	0-1	0-1	0-1	4-0	0-1	3-1		0-1	1-1	0-4	1-2	0-1
		5N	10M	6a	7A	30D	10D	22O	15F	11F	8N	17a	25F	18M	2J	29A	21J	18O	8O		20a	31a	2O	15A	18A
20	Sunderland	2-1	2-1	0-0	1-1	2-4	0-1	1-1	1-4	4-4	1-1	2-0	3-0	0-1	0-0	2-2	1-0	3-0	1-2	1-5		1-3	2-2	1-2	2-1
		15A	26D	4O	18F	22O	5N	31jy	18A	7A	18M	22J	3D	27a	1O	13a	11F	31a	15M	4M		14J	29A	12D	15O
21	Swansea City	3-4	0-3	2-1	2-0	1-2	2-0	0-0	1-0	3-0	0-2	1-3	2-2	0-1	4-2	1-0	2-1	1-1	1-3	2-1		4-0	3-2	2-2
		4F	6a	15F	19M	2J	23O	7A	15A	17S	20a	11M	16a	10D	19A	3S	18O	27F	13S	21F	8O		30D	8m	5N
22	Watford	3-0	1-1	2-0	2-0	1-0	1-3	0-1	2-3	0-0	4-0	2-1	0-2	2-1	0-0	2-3	2-0	1-1	1-0	2-0	2-2	1-2		3-2	1-1
		14M	11F	14J	15A	12a	19A	5N	7A	11D	23O	30a	26D	15O	4M	27a	8N	21J	1a	8m	17S	5O		20F	18M
23	West Brom A.	2-3	1-1	1-0	0-2	1-1	0-0	1-0	1-0	5-2	0-0	2-0	0-0	2-1	2-0	2-2	1-0	3-0	0-2	2-0	1-2	2-3	1-1		1-0
		14S	15F	1N	18O	2S	17a	3F	11M	20a	8O	25F	1A	29A	29D	10A	2J	17D	29O	12N	23A	1O	8a		7M
24	Wigan Athletic	1-1	1-0	2-1	1-1	1-5	1-3	1-1	1-0	1-4	0-2	1-4	2-1	0-0	0-0	1-0	0-1	0-0	1-2	0-1	1-4	0-2	0-1	1-1	
		4M	11O	12N	13a	27a	8O	14M	11F	2J	21J	19O	22A	18F	30jy	1A	17S	8m	19D	2N	29D	10A	29O	30a	

Final League Table

Pos	Team	Pld	Home					Away					Totals					Pts	GD	Leading Goalscorer	Gls
			W	D	L	F	A	W	D	L	F	A	W	D	L	F	A				
1	Burnley	46	16	6	1	49	15	13	8	2	38	20	29	14	3	87	35	101	+52	N Tella	17
2	Sheffield United	46	16	3	4	47	19	12	4	7	26	20	28	7	11	73	39	91	+34	I Ndiaye	14
3	Luton Town (P)	46	10	9	4	31	17	11	8	4	26	18	21	17	8	57	39	80	+18	C Morris	20
4	Middlesbrough	46	13	7	3	46	19	9	2	12	38	37	22	9	15	84	56	75	+28	C Akpom	28
5	Coventry City	46	11	7	5	30	24	7	9	7	28	22	18	16	12	58	46	70	+12	V Gyokeres	21
6	Sunderland	46	9	7	7	33	28	9	5	9	35	26	18	15	13	68	55	69	+13	A Diallo	13
7	Blackburn Rovers	46	13	4	6	27	19	7	5	11	25	35	20	9	17	52	54	69	-2	B Brereton	14
8	Millwall	46	11	6	6	34	22	8	5	10	23	28	19	11	16	57	50	68	+7	T Bradshaw	17
9	West Brom. Albion	46	11	7	5	31	20	7	5	11	28	33	18	12	16	59	53	66	+6	D Dike, B Thomas-Asante	7
10	Swansea City	46	11	4	8	38	32	7	8	8	30	32	18	12	16	68	64	66	+4	J Piroe	19
11	Watford	46	11	6	6	35	23	5	9	9	21	30	16	15	15	56	53	63	+3	J Pedro	11
12	Preston North End	46	7	7	9	20	28	10	5	8	25	31	17	12	17	45	59	63	-14	C Evans	9
13	Norwich City	46	8	5	10	27	27	9	6	8	30	27	17	11	18	57	54	62	+3	J Sargent	13
14	Bristol City	46	9	7	7	30	24	6	7	10	25	32	15	14	17	55	56	59	-1	N Wells	11
15	Hull City	46	9	6	8	24	27	5	10	8	27	34	14	16	16	51	61	58	-10	O Estupinan	13
16	Stoke City	46	6	5	12	25	27	8	6	9	30	27	14	11	21	55	54	53	+1	T Campbell	9
17	Birmingham City	46	7	6	10	24	24	7	5	11	23	34	14	11	21	47	58	53	-11	S Hogan	10
18	Huddersfield Town	46	9	6	8	26	26	5	5	13	21	37	14	11	21	47	63	53	-15	M Pearson, J Rhodes,*	5
19	Rotherham United	46	9	6	8	37	30	2	11	10	12	30	11	17	18	49	60	50	-11	C Ogbene	8
20	Queens Park R.	46	6	5	12	21	35	7	6	10	23	36	13	11	22	44	71	50	-27	I Dykes	8
21	Cardiff City	46	6	7	10	20	24	7	3	13	21	34	13	10	23	41	58	49	-17	S Kaba	8
22	Reading	46	10	3	5	31	24	3	5	17	15	44	13	11	22	46	68	44	-22	A Carroll, T Ince	9
23	Blackpool	46	6	6	11	28	34	5	5	13	20	38	11	11	24	48	72	44	-24	J Yates	14
24	Wigan Athletic	46	5	7	11	17	35	5	8	10	21	30	10	15	21	38	65	39	-27	W Keane	12

Reading deducted 6 points for financial rules breach. Wigan deducted 6 points for non-payment of players wages. * D Ward also scored 5 for Huddersfield.

2022/23 SKY BET LEAGUE 1 [LEVEL 3]
SEASON 124

Total Matches	552
Total Goals	1414
Avg goals per match	2.56

Results Grid

#	Team	Accrington S	Barnsley	Bolton Wand	Bristol Rovers	Burton Albion	Cambridge Utd	Charlton Athletic	Cheltenham T	Derby County	Exeter City	Fleetwood Town	Forest Green R	Ipswich Town	Lincoln City	M K Dons	Morecambe	Oxford United	Peterborough U	Plymouth A	Portsmouth	Port Vale	Sheffield Weds	Shrewsbury T	Wycombe Wand
1	Accrington S		1-1	2-3	2-0	4-4	1-2	2-2	1-0	0-3	0-0	2-5	2-1	0-2	0-3	0-1	3-1	1-1	1-2	0-2	1-3	3-0	0-1	1-0	0-2
2	Barnsley	3-1		0-3	3-0	2-0	2-0	3-1	1-0	4-1	0-2	2-1	2-0	0-3	0-1	3-1	5-0	2-0	0-2	3-0	3-1	1-1	4-2	2-1	0-3
3	Bolton Wand	0-1	0-0		1-1	2-1	1-1	3-1	1-0	0-0	2-0	2-0	1-0	0-2	2-0	5-0	1-0	1-3	1-0	0-0	3-0	2-1	1-0	1-0	3-0
4	Bristol Rovers	0-1	0-0	2-3		1-2	2-1	1-0	2-1	1-1	3-4	2-2	1-2	0-0	3-6	0-2	2-2	1-0	1-0	2-2	0-2	1-0	1-2	1-1	0-2
5	Burton Albion	0-0	2-1	1-1	0-4		1-0	3-3	1-0	1-1	1-0	0-1	3-2	0-1	3-0	0-0	1-1	2-0	2-5	2-2	0-2	0-2	3-2	0-4	2-1
6	Cambridge Utd	0-1	0-3	0-0	1-2	4-3		1-2	1-2	0-2	2-1	2-1	2-0	1-1	2-0	1-1	1-0	2-0	0-0	0-1	0-1	3-2	2-1	1-2	
7	Charlton Athletic	1-1	2-0	1-2	1-2	3-2	1-1		0-1	1-0	4-2	1-2	1-1	4-4	2-1	0-2	2-3	1-1	1-1	5-1	3-0	3-2	0-1	6-0	1-1
8	Cheltenham T	0-0	0-4	1-0	1-4	0-0	2-1	2-2		2-3	3-1	1-0	3-1	1-1	0-0	0-0	1-0	1-2	2-3	0-1	0-2	0-0	2-2	2-0	1-0
9	Derby County	4-0	2-1	2-1	4-2	1-0	1-0	2-0	2-0		0-0	0-2	4-0	0-2	1-1	1-1	5-0	2-0	2-3	1-1	1-2	0-0	2-2	2-1	
10	Exeter City	5-0	3-1	0-1	2-2	0-2	2-0	1-2	4-1	2-2		2-1	1-0	2-0	2-1	1-0	3-2	2-4	3-2	0-1	0-0	4-0	1-1	0-0	3-1
11	Fleetwood Town	3-0	0-1	1-2	1-2	2-3	1-0	1-1	0-0	0-0	2-2		1-0	1-2	2-1	1-0	1-2	1-0	2-1	0-2	1-1	1-2	0-1	1-1	
12	Forest Green Rov	2-1	1-5	1-0	1-3	1-2	2-1	0-1	1-0	0-2	0-4	0-0		1-2	1-1	1-2	0-3	0-2	0-3	0-1	1-3	1-0	0-2	0-2	
13	Ipswich Town	3-0	2-2	1-1	2-0	4-0	3-0	6-0	1-1	1-0	6-0	1-1	4-0		0-1	3-0	4-0	3-0	2-1	1-1	3-2	2-2	2-2	0-0	4-0
14	Lincoln City	1-1	0-0	1-1	1-0	0-1	0-0	0-0	2-0	1-1	2-2	1-1	1-1		1-1	2-1	1-0	0-3	1-1	0-0	3-2	1-1	1-1	0-0	
15	M K Dons	1-1	4-4	0-2	0-1	1-1	1-0	0-1	2-2	1-3	0-2	1-2	1-0	1-0	0-0		1-0	1-1	2-3	1-4	1-1	2-1	0-1	0-1	0-1
16	Morecambe	2-0	1-0	0-0	5-1	5-0	1-2	1-4	2-1	1-1	1-1	1-1	1-1	1-2	3-2	0-6		1-1	0-3	1-1	1-0	3-0	0-0	0-1	
17	Oxford United	1-2	1-2	0-1	0-3	2-1	1-0	3-1	4-0	2-3	0-1	1-1	2-1	1-2	1-1		1-2		1-3	1-1	4-0	1-1	0-1	0-1	
18	Peterborough U	3-1	1-2	0-5	0-0	1-1	1-0	0-0	0-3	2-0	3-1	0-1	4-1	0-3	4-0	2-0	3-0	0-0		5-2	2-1	3-0	2-0	2-1	0-3
19	Plymouth A	3-0	1-0	2-0	2-0	1-0	3-1	2-1	4-2	0-0	2-0	2-1	0-2	3-1	2-1	1-0	2-0		3-1		0-2	2-1	1-0		
20	Portsmouth	1-0	1-1	3-1	3-1	1-0	4-1	1-3	4-0	0-0	2-0	1-1	2-2	1-0	0-2	0-0	1-1	2-1	2-2		2-2	0-1	1-1	2-2	
21	Port Vale	1-1	1-3	0-0	2-0	2-3	0-2	1-0	2-2	1-2	1-0	2-1	2-2	2-3	1-0	1-0	1-0	0-0	0-2	0-1			0-1	2-1	0-3
22	Sheffield Weds	3-0	0-2	1-1	1-1	4-2	5-0	1-0	3-0	1-0	2-1	1-0	5-0	2-2	1-1	5-2	3-0	0-0	1-0	1-0	3-3	2-0		1-0	3-1
23	Shrewsbury Town	0-1	0-1	3-2	2-1	2-1	5-1	0-1	0-0	3-2	0-3	2-1	0-3	2-1	3-1	1-1	0-3	1-2	1-1	3-2	0-3		2-0		
24	Wycombe Wand	1-0	0-1	1-0	2-1	3-0	2-3	1-1	0-3	3-2	1-1	2-0	2-0	1-0	0-2	2-2	1-1	2-0	3-1	0-1	2-0	2-2	0-1	1-2	

Final League Table

Pos	Team	Pld	Home W	Home D	Home L	Home F	Home A	Away W	Away D	Away L	Away F	Away A	Totals W	Totals D	Totals L	Totals F	Totals A	Pts	GD	Leading Goalscorer	Gls
1	**Plymouth Argyle**	46	20	1	2	44	16	11	7	5	38	31	31	8	7	82	47	101	+35	R Hardie	13
2	Ipswich Town	46	16	6	1	60	13	12	8	3	41	22	28	14	4	101	35	98	+66	C Chaplin	26
3	Sheffield Weds (P)	46	16	6	1	49	16	12	6	5	32	21	28	12	6	81	37	96	+44	M Smith	17
4	Barnsley	46	16	1	6	45	24	10	7	6	35	23	26	8	12	80	47	86	+33	D Cole	15
5	Bolton Wanderers	46	14	5	4	32	13	9	7	7	30	23	23	12	11	62	36	81	+26	D Charles	16
6	Peterborough Utd.	46	13	4	6	38	25	11	1	11	37	29	24	5	17	75	54	77	+21	J Clarke-Harris	26
7	Derby County	46	13	6	4	40	20	8	7	8	27	26	21	13	12	67	46	76	+21	D McGoldrick	22
8	Portsmouth	46	9	11	3	34	22	8	8	7	27	28	17	19	10	61	50	70	+11	C Bishop	20
9	Wycombe Wand.	46	11	5	7	32	24	9	4	10	27	27	20	9	17	59	51	69	+8	A Mehmeti, L Wing	9
10	Charlton Athletic	46	9	7	7	44	31	7	7	9	26	35	16	14	16	70	66	62	+4	J Rak-Sakyi	15
11	Lincoln City	46	7	14	2	22	17	7	6	10	25	30	14	20	12	47	47	62	0	B House	12
12	Shrewsbury Town	46	11	3	9	32	32	6	5	12	20	29	17	8	21	52	61	59	-9	L Leahy	9
13	Fleetwood Town	46	7	8	8	25	25	7	8	8	28	26	14	16	16	53	51	58	+2	J Marriott *	12
14	Exeter City	46	10	5	8	36	27	5	6	12	28	41	15	11	20	64	68	56	-4	S Nombe	15
15	Burton Albion	46	9	7	7	28	33	6	4	13	29	45	15	11	20	57	79	56	-22	V Adeboyejo **	14
16	Cheltenham Town	46	8	8	7	25	20	6	4	13	20	34	14	12	20	45	61	54	-16	A May	20
17	Bristol Rovers	46	8	6	9	31	27	6	7	10	27	36	14	13	19	58	73	53	-15	A Collins	16
18	Port Vale	46	6	5	12	23	30	7	5	11	25	26	13	10	23	48	71	49	-23	E Harrison	11
19	Oxford United	46	8	6	9	25	27	3	9	11	24	29	11	15	20	49	56	47	-7	C Brannagan, K Joseph	9
20	Cambridge United	46	9	4	10	24	26	3	16	7	17	42	13	7	26	41	68	46	-27	S Smith	13
21	M K Dons	46	4	7	12	20	33	7	5	11	24	33	11	12	23	44	66	45	-22	M Eisa	11
22	Morecambe	46	8	8	7	30	28	2	6	15	17	47	10	14	22	47	78	44	-31	C Stockton	11
22	Accrington S.	46	6	6	11	27	39	5	4	14	13	38	11	11	24	40	77	44	-37	T Leigh	7
24	Forest Green Rov.	46	2	2	16	15	42	4	5	15	16	47	6	9	31	31	89	27	-58	C Wickham	6

* J Marriott total includes 4 goals for Peterborough Utd. ** V Adeboyejo total includes 3 goals for Bolton Wanderers.

2022/23 SKY BET LEAGUE 2 [LEVEL 4]
SEASON 124

Total Matches 552
Total Goals 1294
Avg goals per match 2.34

	Team	AFC Wimbledon	Barrow	Bradford City	Carlisle United	Colchester Utd	Crawley Town	Crewe Alexandra	Doncaster Rov	Gillingham	Grimsby Town	Harrogate Town	Hartlepool Utd	Leyton Orient	Mansfield Town	Newport County	Northampton T	Rochdale	Salford City	Stevenage	Stockport Co.	Sutton United	Swindon Town	Tranmere Rovers	Walsall
1	AFC Wimbledon		0-1	0-0	0-0	2-1	0-1	1-1	2-2	2-0	1-0	3-2	2-2	2-0	1-3	1-1	0-2	0-1	2-3	2-3	1-0	0-1	1-5	1-1	2-0
2	Barrow	2-1		3-2	0-1	3-1	4-0	3-0	2-0	2-1	1-0	1-0	3-1	0-2	0-1	1-1	0-1	0-2	1-1	0-1	1-0	0-0	0-1	1-2	2-1
3	Bradford City	2-2	0-1		0-0	2-0	1-1	0-0	0-0	2-2	3-2	1-0	2-2	1-1	1-1	2-0	1-3	1-2	3-2	3-0	0-1	3-1	1-1	2-0	2-1
4	Carlisle United	2-1	5-1	1-0		1-0	1-0	0-0	3-1	1-0	2-0	0-1	3-1	2-3	0-4	2-0	0-0	3-3	2-3	0-0	2-2	1-1	1-1	2-0	1-2
5	Colchester Utd	1-2	1-1	1-0	1-1		0-0	1-0	0-0	0-2	0-1	1-1	1-1	1-3	1-3	0-0	0-1	1-1	1-1	0-1	4-1	1-0	1-1	0-0	
6	Crawley Town	0-2	1-0	0-0	2-5	0-0		2-2	1-1	0-0	1-1	3-1	0-2	0-1	3-2	2-1	2-3	2-0	3-2	1-2	3-2	1-2	2-0	2-1	0-0
7	Crewe Alexandra	0-0	3-0	3-2	0-3	1-0	1-0		1-1	1-1	0-3	0-0	2-0	1-2	2-2	1-1	4-3	1-2	1-1	0-2	2-1	1-0	2-1	1-2	2-0
8	Doncaster Rovers	2-1	1-0	0-1	2-1	1-0	4-1	0-2		1-0	1-2	0-2	0-1	1-1	1-3	1-3	0-2	4-3	2-1	0-1	2-1	2-1	0-1	2-0	0-2
9	Gillingham	2-1	1-0	0-2	0-1	0-1	2-1	1-0		2-1	0-2	2-0	0-2	0-2	0-2	0-3	1-1	1-1	0-0	1-1	1-1	0-0	3S	1-1	20a
10	Grimsby Town	1-0	1-0	0-0	1-2	0-1	3-0	2-0	1-3	1-1		0-0	1-4	2-2	1-1	1-1	1-4	1-1	1-0	0-0	1-2	1-0	1-3	1-1	1-1
11	Harrogate Town	2-2	1-0	1-2	3-3	1-3	0-0	2-2	2-2	0-0	3-2		2-1	3-0	0-4	1-1	1-1	0-1	1-1	1-3	0-1	3-0	1-1	3-0	
12	Hartlepool Utd	0-0	3-1	1-3	1-3	1-2	0-2	1-1	2-1	0-0	2-1	3-3		0-1	1-2	0-1	1-1	2-0	0-2	1-1	0-5	2-2	2-1	0-0	3-3
13	Leyton Orient	1-0	1-0	3-0	1-0	2-2	1-0	2-0	2-0	2-2	4-2		1-0		1-2	0-0	2-1	1-0	0-0	0-3	2-1	1-1	2-0	1-0	
14	Mansfield Town	5-2	2-3	1-2	0-0	2-1	4-1	4-1	2-0	0-0	2-2	1-2		0-0		1-0	1-1	2-5	1-0	0-2	2-5	1-0	2-1		
15	Newport County	1-1	0-2	1-1	1-1	0-2	2-2	0-1	2-0	2-3	2-0	0-0	1-2		3-0		1-1	2-3	2-2	1-2	0-2	2-1	2-1	0-1	
16	Northampton T	0-0	3-1	1-2	3-2	1-0	1-0	0-1	2-1	1-2	3-1	2-1	1-0	1-0	1-1		3-0	0-1	1-1	2-1	2-2	1-2	0-0	3-0	0-0
17	Rochdale	1-2	2-1	0-3	0-1	1-1	1-2	1-2	1-2	0-2	0-1	1-4	1-2	0-1	0-1	1-1	1-1		1-0	2-0	1-2	4-1	4-4	2-2	4-2
18	Salford City	0-0	1-1	0-1	1-4	0-1	2-2	3-0	3-1	0-1	1-1	1-1	0-2	3-1	2-1		1-0	0-2		1-0	0-2	1-2	0-1	1-5	3-1
19	Stevenage	2-1	5-0	2-3	2-1	1-1	3-1	1-0	1-0	1-0	2-0	1-0	3-0	0-0	1-0	1-3			2-3		2-1	3-0	2-0	0-1	3-1
20	Stockport Co.	1-0	2-3	0-0	2-0	1-0	2-1	2-0	0-0	0-0	1-3	0-0	1-1	1-2	1-1	4-0	2-0	1-0	1-1	2-0		3-0	1-1	3-2	1-1
21	Sutton United	2-1	1-0	0-2	1-1	1-0	3-0	1-1	2-0	2-1	0-1	2-1	0-2	2-1	1-2	1-0	1-2	0-0	0-1		2-1	0-0	1-1		
22	Swindon Town	0-0	0-0	1-0	1-2	1-0	2-1	0-1	0-2	3-3	5-0	3-0	2-1	1-1	2-4	1-0	1-2	2-3	0-0	0-1	0-1	3-2		1-1	1-2
23	Tranmere Rovers	0-2	1-2	1-2	0-2	2-0	1-0	3-0	3-0	2-0	1-1	1-1	1-0	0-2	1-3	0-1	1-1	1-0	1-2	0-0	2-2	1-0			1-1
24	Walsall	3-1	0-1	0-0	0-0	1-1	2-1	0-0	0-0	2-1	2-0	1-2	3-1	4-0	1-1	1-1	1-0	1-0	2-3	1-1	0-2	1-1	0-0	0-1	

Final League Table

Pos	Team	Pld	Home W	D	L	F	A	Away W	D	L	F	A	Totals W	D	L	F	A	Pts	GD	Leading Goalscorer	Gls
1	Leyton Orient	46	15	6	2	32	13	11	7	5	29	21	26	13	7	61	34	91	+27	P Smyth	10
2	Stevenage	46	17	2	4	40	16	7	11	5	21	23	24	13	9	61	39	85	+22	L Norris, J Reid, J Roberts	10
3	Northampton T	46	12	6	5	31	20	11	8	4	31	22	23	14	9	62	42	83	+20	S Hoskins	22
4	Stockport Co.	46	11	9	3	32	16	11	4	8	33	21	22	13	11	65	37	79	+28	K Wootton	14
5	Carlisle United (P)	46	11	8	4	34	21	9	8	6	32	22	20	16	10	66	43	76	+23	K Dennis	20
6	Bradford City	46	9	10	4	33	23	11	6	6	28	20	20	16	10	61	43	76	+18	A Cook	28
7	Salford City	46	10	5	8	28	23	12	4	7	44	31	22	9	15	72	54	75	+18	C Hendry	12
8	Mansfield Town	46	9	8	6	37	31	12	4	7	35	24	21	12	13	72	55	75	+17	W Swan	20
9	Barrow	46	12	3	8	29	19	6	5	12	18	34	18	8	20	47	53	62	-6	J Gordon	15
10	Swindon Town	46	9	6	8	31	24	7	7	9	30	31	16	13	17	61	55	61	+6	J Williams	10
11	Grimsby Town	46	7	10	6	24	25	9	3	11	25	31	16	13	17	49	56	61	-7	H Clifton	7
12	Tranmere Rovers	46	10	6	7	27	20	5	7	11	18	28	15	13	18	45	48	58	-3	J Hawkes	10
13	Crewe Alexandra	46	11	6	6	32	26	3	10	10	16	34	14	16	16	48	60	58	-12	D Agyei	16
14	Sutton United	46	11	5	7	26	21	4	8	11	20	37	15	13	18	46	58	58	-8	O Bugiel, *	6
15	Newport County	46	6	7	10	27	30	8	7	8	26	26	14	15	17	53	56	57	-3	O Bogle	17
16	Walsall	46	9	9	5	28	19	3	10	10	18	30	12	19	15	46	49	55	-3	D Johnson **	13
17	Gillingham	46	11	5	7	21	20	3	8	12	15	29	14	13	19	36	49	55	-13	T Nichols	6
18	Doncaster Rovers	46	11	1	11	27	30	6	4	13	19	26	17	5	24	46	56	56	-10	G Miller	11
19	Harrogate Town	46	6	10	7	31	32	6	6	11	28	36	12	16	18	59	68	52	-9	L Armstrong	16
20	Colchester Utd	46	9	8	6	25	23	5	4	14	19	28	14	12	20	44	51	54	-7	N Chilvers	9
21	AFC Wimbledon	46	7	7	9	28	30	4	8	11	20	35	11	15	20	48	60	48	-12	A l Al-Hamadi	13
22	Crawley Town	46	9	7	7	31	30	2	6	15	17	41	11	13	22	48	71	46	-23	D Telford	12
23	Hartlepool United	46	5	10	8	27	36	4	6	13	25	42	9	16	21	52	78	43	-26	J Umerah	12
24	Rochdale	46	5	5	13	29	38	6	13	13	17	32	9	11	26	46	70	38	-24	D Rodney	11

W Randall-Hurren also scored 6 goals for Sutton United. ** D Johnson total includes 1 goal for Mansfield Town.

2023/24 PREMIER LEAGUE
SEASON 32

		Total Matches	380
		Total Goals	1246
		Avg goals per match	3.28

#	Team	AFC Bournemouth	Arsenal	Aston Villa	Brentford	Brighton & H A	Burnley	Chelsea	Crystal Palace	Everton	Fulham	Liverpool	Luton Town	Manchester City	Manchester Utd	Newcastle Utd	Nottm. Forest	Sheffield United	Tottenham H	West Ham Utd	Wolverhampton
1	AFC Bournemouth		0-4 30S	2-2 3D	1-2 11m	3-0 28A	2-1 28O	0-0 17S	1-0 2A	2-1 30M	3-0 26D	0-4 21J	4-3 13M	0-1 24F	2-2 13A	2-0 11N	1-1 4F	2-2 9M	0-2 26a	1-1 12a	1-2 21O
2	Arsenal	3-0 4m		0-2 14A	2-1 9M	2-0 17D	3-1 11N	5-0 23A	5-0 20J	2-1 19m	2-2 26a	3-1 4F	2-0 3A	1-0 80	3-1 3S	4-1 24F	2-1 12a	5-0 28O	2-2 24S	0-2 28D	2-1 2D
3	Aston Villa	3-1 21A	1-0 9D		3-3 6A	6-1 30S	3-2 30D	2-2 27A	3-1 16S	4-0 20a	3-1 12N	3-1 13m	1-0 29O	1-2 6D	1-3 11F	4-2 30J	1-1 24F	3-1 22D	0-4 10M	4-1 22O	2-0 30M
4	Brentford	2-2 2S	0-1 25N	1-2 17D		0-0 3A	3-0 21O	2-2 2M	1-1 26a	1-3 23S	0-0 4m	1-4 17F	3-1 2D	1-1 5F	2-4 30M	3-2 19m	2-0 20J	1-1 13A	3-2 13a	2-2 4N	1-4 27D
5	Brighton & H A	3-1 24S	0-3 6A	1-0 5m	2-1 6D		1-1 9D	1-2 15m	4-1 3F	1-1 24F	1-1 29O	2-2 80	4-1 12a	0-4 25A	0-2 19m	3-1 2S	1-0 10M	1-1 12N	4-2 28D	1-3 26a	0-0 22J
6	Burnley	0-2 3M	1-3 17F	2-1 27a	1-1 16M		1-1 13A		1-4 7O	0-2 4N	2-2 16D	1-1 3F	0-3 26D	0-1 12J	1-4 11a	1-4 23S	2-2 4m	1-1 19m	2-1 2D	1-2 2S	1-1 25N	1-1 2A
7	Chelsea	2-1 19m	2-2 21O	0-1 24S	0-2 28O	3-2 3D	2-2 30M		2-1 27D	6-0 15A	1-0 13J	1-1 13a	3-0 25a	4-4 12N	4-3 4A	3-2 11M	0-1 2S	2-0 16D	2-0 2m	5-0 5m	2-4 4F
8	Crystal Palace	0-2 6D	0-1 21a	5-0 19m	3-1 30D	1-1 21D	1-3 24F		2-3 12F	0-0 11N	1-2 23S	1-1 9M	2-4 6A	4-0 6m	2-0 24A	0-0 7O	3-2 30J	1-2 27O	5-2 21A	3-2 3S
9	Everton	3-0 7O	0-1 17S	0-0 14J	1-0 27A	1-1 4N	1-0 6A	2-0 10D	1-1 19F		0-1 12a	2-0 24A	1-2 30S	1-3 27D	0-3 26N	2-0 7D	1-0 21A	2-0 11m	1-2 3F	1-3 2M	0-1 26a
10	Fulham	3-1 10F	2-1 31D	1-2 17F	0-3 19a	3-0 2M	0-2 23D	0-2 2O	1-1 27A	0-0 30J		1-3 21A	1-0 16S	0-4 11m	0-1 4N	0-1 6A	5-0 6D	3-1 7O	3-0 16M	5-0 10D	3-2 27N
11	Liverpool	3-1 19a	1-1 23D	3-0 3S	3-0 12N	1-2 31M	3-0 10F	4-1 31J	0-1 14A	2-0 21O	4-3 3D		4-1 21F	1-1 10M	0-0 17D	4-2 1J	3-0 29O	3-1 4A	4-2 5m	3-1 24S	2-0 19m
12	Luton Town	2-1 6A	3-4 5D	2-3 2M	1-5 20A	4-0 30J	1-2 30	2-3 30D	2-1 25N	1-1 3m	2-4 19m	1-1 5N		1-2 10D	1-2 18F	1-0 23D	1-1 16M	1-3 10F	0-1 7O	1-2 1S	1-1 23S
13	Manchester City	6-1 4N	0-0 31M	4-1 3A	1-0 20F	2-1 21O	3-1 31J	1-1 17F	2-2 16D	3-1 10F	5-1 2S	1-1 25N	5-1 13A		3-1 3M	1-0 19a	2-0 23S	2-0 30D	3-3 3D	3-1 19m	5-1 4m
14	Manchester United	0-3 9D	0-1 12m	3-2 26D	2-1 7O	1-3 16S	1-1 27A	2-1 6D	0-1 30S	2-0 9M	1-2 24F	0-0 7A	1-0 11N	0-3 29O		3-2 15m	3-2 26a	4-2 24A	2-2 14J	2-0 4F	1-0 14a
15	Newcastle United	2-2 17F	1-0 4N	5-1 12a	1-0 16S	1-1 11m	2-0 30S	4-1 25N	4-0 21O	1-1 2A	3-0 16D	1-2 27a	4-4 3F	2-3 13J	1-0 2D		1-3 26D	5-1 27A	4-0 13A	4-3 30M	3-0 2M
16	Nottingham Forest	2-3 23D	1-2 30J	2-0 5N	1-1 10	2-3 25N	1-2 18S	2-3 11m	1-1 30M	0-1 2D	3-1 2A	0-1 2M	2-2 21O	0-2 28A	2-2 30D	2-3 10F		2-1 18a	0-2 15D	2-0 17F	2-2 13A
17	Sheffield United	1-3 25N	0-6 4M	0-5 3F	1-0 9D	0-5 18F	1-4 20A	2-2 7A	0-1 12a	2-2 2S	3-3 30M	0-2 6D	2-3 26D	1-2 27a	1-2 21O	0-8 24S	1-3 4m		0-3 19m	2-2 21J	2-1 4N
18	Tottenham Hotspur	3-1 31D	2-3 28A	1-2 25N	3-2 31J	2-1 10F	2-1 11m	1-4 6N	3-1 2M	2-1 23D	2-0 23O	2-1 30S	1-0 30M	0-2 14m	2-0 19a	4-1 10D	3-1 7A	2-1 16S		1-2 7D	1-2 17F
19	West Ham United	1-1 1F	0-6 11F	1-1 17M	4-2 26F	0-0 2J	2-3 10M	1-5 20a	1-1 3D	0-1 29O	0-2 14A	1-3 27A	3-1 11m	0-0 16S	2-0 23D	0-2 80	2-2 12N	1-2 30S	1-1 2A		3-0 17D
20	Wolverhampton Wanderers	0-1 24A	0-2 20A	1-1 80	0-2 10F	1-4 19a	1-0 5D	2-1 24D	1-3 11m	3-0 30D	2-1 9M	1-3 16S	2-1 27A	2-1 30S	3-4 1F	2-2 28O	1-1 9D	1-0 25F	2-1 11N	1-2 6A	

Everton were deducted 8 points for breaching the Premier League's profitability and sustainability rules. They were originally deducted 10 points but this was reduced to 6 after an appeal. The club were then deducted an additional 2 points for further breaches which they appealed, but then withdrew their appeal. **Nottingham Forest** were deducted 4 points for breaching profitability and sustainability rules. Their appeal was unsuccessful.

Final League Table

Pos	Team	Pld	Home W	Home D	Home L	Home F	Home A	Away W	Away D	Away L	Away F	Away A	Totals W	Totals D	Totals L	Totals F	Totals A	Pts	GD	Leading Goalscorer	Gls
1	Manchester City	38	14	5	0	51	16	14	2	3	45	18	28	7	3	96	34	91	+62	E Haaland	27
2	Arsenal	38	15	2	2	48	16	13	3	3	43	13	28	5	5	91	29	89	+62	B Saka	16
3	Liverpool	38	15	3	1	49	17	9	7	3	37	24	24	10	4	86	41	82	+45	M Salah	18
4	Aston Villa	38	12	4	3	48	28	8	4	7	28	33	20	8	10	76	61	68	+15	O Watkins	19
5	Tottenham Hotspur	38	13	0	6	38	27	7	6	6	36	34	20	6	12	74	61	66	+13	Son Heung-Min	17
6	Chelsea	38	11	4	4	44	26	7	5	7	33	27	18	9	11	77	63	63	+14	C Palmer	22
7	Newcastle United	38	12	4	3	49	22	6	2	11	36	40	18	6	14	85	62	60	+23	A Isak	21
8	Manchester United	38	10	3	6	31	28	8	3	8	26	30	18	6	14	57	58	60	-1	B Fernandes, R Hojlund	10
9	West Ham United	38	7	8	4	31	28	7	2	10	29	46	14	10	14	60	74	52	-14	J Bowen	16
10	Crystal Palace	38	8	4	7	37	26	5	6	8	20	32	13	10	15	57	58	49	-1	J-P Mateta	16
11	Brighton & H A	38	8	6	5	30	27	4	6	9	25	35	12	12	14	55	62	48	-7	J Pedro	9
12	AFC Bournemouth	38	7	6	6	27	28	6	3	10	27	39	13	9	16	54	67	48	-13	D Solanke	19
13	Fulham	38	9	2	8	31	24	4	6	9	24	37	13	8	17	55	61	47	-6	R Muniz	9
14	Wolverhampton W	38	8	3	8	26	30	5	4	10	24	36	13	7	18	50	65	46	-15	M Cunha, H-C Hwang	12
15	Everton	38	8	4	7	22	18	5	5	9	18	33	13	9	16	40	51	40	-11	D Calvert-Lewin *	7
16	Brentford	38	5	7	7	29	34	5	2	12	27	31	10	9	19	56	65	39	-9	Y Wissa	13
17	Nottingham Forest	38	5	5	9	27	30	4	4	11	22	37	9	9	20	49	67	32	-18	C Wood	14
18	Luton Town	38	4	4	11	28	37	2	4	13	24	48	6	8	24	52	85	26	-33	C Morris	11
19	Burnley	38	2	4	13	19	43	3	5	11	22	35	5	9	24	41	78	24	-37	J Bruun Larsen	6
20	Sheffield United	38	2	4	13	19	57	1	3	15	16	47	3	7	28	35	104	16	-69	B Brereton, O McBurnie	6

* A Doucoure also scored 7 for Everton.

2023/24 SKY BET CHAMPIONSHIP [LEVEL 2]
SEASON 125

Total Matches	552
Total Goals	1480
Avg goals per match	2.68

Results Grid

	Birmingham C	Blackburn Rov	Bristol City	Cardiff City	Coventry City	Huddersfield T	Hull City	Ipswich Town	Leeds United	Leicester City	Middlesbrough	Millwall	Norwich City	Plymouth Argyle	Preston N E	Queens Park R	Rotherham Utd	Sheffield Weds	Southampton	Stoke City	Sunderland	Swansea City	Watford	West Brom A.
1 Birmingham City		1-0	0-0	0-1	3-0	4-1	0-2	2-2	1-0	2-3	0-1	1-1	1-0	2-1	1-0	0-0	0-0	2-1	3-4	1-3	2-1	2-2	0-1	3-1
2 Blackburn Rovers	4-2		2-1	1-0	0-0	1-1	1-2	0-1	0-2	1-4	2-1	1-1	1-1	1-1	1-2	2-2	1-3	0-0	3-1	1-3	0-1	1-2	2-1
3 Bristol City	0-2	5-0		0-1	1-0	1-1	3-2	0-1	0-1	1-0	3-2	0-1	1-2	4-1	1-1	0-1	2-0	1-0	3-1	2-3	1-0	1-0	1-1	0-0
4 Cardiff City	0-1	0-0	2-0		3-2	1-0	1-3	2-1	0-3	0-2	1-4	1-0	2-3	2-2	0-2	1-2	2-0	2-1	2-1	0-2	0-1	1-1	0-1
5 Coventry City	2-0	1-0	2-2	1-2		1-1	2-3	1-2	2-1	3-1	3-0	2-1	1-1	0-3	2-1	5-0	2-0	1-1	0-0	0-0	0-2
6 Huddersfield T	1-1	3-0	1-1	0-4	1-3		1-2	1-1	1-1	0-1	1-2	1-0	0-4	1-1	1-3	2-1	2-0	4-0	1-1	2-2	1-0	0-4	0-1	1-4
7 Hull City	1-1	3-2	1-1	3-0	1-1	1-0		3-3	0-0	2-2	2-2	1-0	1-2	1-1	1-0	3-0	4-1	4-2	1-2	0-2	0-1	0-1	1-2	1-1
8 Ipswich Town	3-1	4-3	3-2	2-1	2-0	3-0		3-4	1-1	1-1	3-1	2-2	3-2	4-2	0-0	4-3	6-0	3-2	2-0	2-1	3-2	0-0	2-2
9 Leeds United	3-0	0-1	2-1	2-2	1-1	4-1	3-1	4-0		3-1	3-2	2-0	0-1	2-1	1-0	3-0	0-0	1-2	1-0	0-0	3-1	3-0	1-1
10 Leicester City	2-1	0-2	1-0	2-1	2-1	4-1	0-1	1-1	0-1		1-2	3-2	3-1	4-0	3-0	1-2	3-2	1-0	5-0	2-0	1-0	3-1	2-0	2-1
11 Middlesbrough	1-0	0-0	1-2	2-0	1-3	1-1	1-2	0-2	3-4	1-0		0-1	3-1	0-2	4-0	0-2	1-1	2-0	2-1	1-1	2-0	3-1	1-0
12 Millwall	1-0	1-2	0-1	3-1	0-3	1-1	2-2	0-4	0-3	1-0	1-3		1-0	1-0	1-1	2-0	3-0	0-2	1-0	1-1	0-3	1-0	1-1
13 Norwich City	2-0	1-3	1-1	4-1	2-1	2-0	1-0	2-3	0-2	1-2	3-1		1-0	1-1	5-0	3-1	1-1	1-0	2-2	4-2	2-0
14 Plymouth Argyle	3-3	3-0	0-1	3-1	2-2	3-1	1-0	0-2	1-3	0-2	6-2		0-1	1-1	3-2	3-0	1-2	2-1	2-0	1-3	3-3	0-3
15 Preston N E	2-1	2-2	2-0	1-2	3-2	4-1	0-0	3-2	2-1	0-3	2-1	1-1	0-1	2-1		0-2	3-0	0-1	2-2	1-2	2-1	1-5	0-4
16 Queens Park R	2-1	0-4	0-0	1-2	1-3	1-1	2-0	4-0	1-2	0-2	2-2	0-0	1-0		2-1	0-2	0-1	4-2	1-3	1-1	1-2	0-1	2-2
17 Rotherham Utd	0-0	2-2	1-2	5-2	2-0	0-0	1-2	2-2	1-1	1-2	1-0	2-1	2-1	0-1	1-1	1-1		0-1	0-2	0-1	1-1	1-2	0-1	1-2
18 Sheffield Weds	2-0	3-1	2-1	1-2	1-2	0-0	3-1	0-1	0-2	1-1	1-1	0-4	2-2	1-0	0-1	2-1	2-0		1-2	1-0	0-3	1-1	0-0	3-0
19 Southampton	3-1	4-0	1-0	2-0	1-2	5-3	1-0	2-1	1-1	1-4	1-1	2-4	2-1	3-0	2-1	1-1	4-0		0-1	4-2	5-0	3-2	2-1
20 Stoke City	1-2	0-3	4-0	0-0	0-1	1-1	1-0	0-5	2-0	0-0	0-3	3-0	0-2	1-0	4-1	0-1	0-1		2-1	1-1	1-0	2-2
21 Sunderland	3-1	1-5	0-0	0-1	0-3	1-2	0-1	1-2	1-0	0-1	0-4	0-1	3-1	3-1	2-0	0-0	2-1	0-2	5-0	3-1		1-2	2-0	2-1
22 Swansea City	1-1	2-1	1-2	2-0	1-1	1-1	2-2	1-2	0-4	1-3	1-2	2-1	0-1	2-1	0-1	0-1	1-0	3-0	1-3	3-0	0-0		0-1	1-0
23 Watford	2-0	0-1	1-4	0-1	1-2	1-2	0-0	1-2	2-2	1-2	2-3	2-2	3-2	0-0	0-0	4-0	5-0	1-0	1-1	1-0	1-1		2-2
24 West Brom A.	1-0	4-1	0-0	2-0	2-1	1-2	3-1	2-0	1-0	2-0	4-2	0-0	1-0	0-0	3-0	2-0	2-0	1-0	0-2	1-1	0-1	3-2	2-2	

Final League Table

Pos	Team	Pld	Home W	Home D	Home L	Home F	Home A	Away W	Away D	Away L	Away F	Away A	Totals W	Totals D	Totals L	Totals F	Totals A	Pts	GD	Leading Goalscorer	Gls
1	Leicester City	46	17	1	5	47	18	14	3	6	42	23	31	4	11	89	41	97	+48	J Vardy	18
2	Ipswich Town	46	16	6	1	59	32	12	6	5	33	25	28	12	6	92	57	96	+35	N Broadhead, C Chaplin	13
3	Leeds United	46	16	5	2	45	16	11	4	8	36	27	27	9	10	81	43	90	+38	C Summerville	19
4	Southampton (P)	46	15	3	5	54	29	11	6	6	33	34	26	9	11	87	63	87	+24	A Armstrong	21
5	West Brom. Albion	46	15	4	4	38	17	6	8	9	32	30	21	12	13	70	47	75	+23	B Thomas-Asanti	11
6	Norwich City	46	15	4	4	43	22	6	6	11	36	42	21	10	15	79	64	73	+15	J Sargent	16
7	Hull City	46	8	9	6	35	27	11	4	8	33	33	19	13	14	68	60	70	+8	J Philogene	12
8	Middlesbrough	46	10	4	9	30	26	10	5	8	41	36	20	9	17	71	62	69	+9	E Latte Lath	16
9	Coventry City	46	9	8	6	36	27	8	5	10	34	32	17	13	16	70	59	64	+11	H Wright	16
10	Preston North End	46	11	4	8	35	36	7	5	11	21	31	18	9	19	56	67	63	-11	W Keane	13
11	Bristol City	46	11	4	8	31	21	6	7	10	22	30	17	11	18	53	51	62	+2	T Conway	10
12	Cardiff City	46	10	3	10	27	32	9	2	12	26	38	19	5	22	53	70	62	-17	K Grant, P Ng	6
13	Millwall	46	9	5	9	22	29	7	6	10	23	26	16	11	19	45	55	59	-10	Z Flemming	7
14	Swansea City	46	8	5	10	26	28	7	7	9	33	37	15	12	19	59	65	57	-6	J Lowe	9
15	Watford	46	6	9	8	32	28	8	8	29	33	13	17	16	61	61	56	0	M Rajovic	10
16	Sunderland	46	10	2	11	30	30	6	6	11	22	24	16	8	22	52	54	56	-2	J Clarke	15
17	Stoke City	46	8	6	9	24	27	7	5	11	25	33	15	11	20	49	60	56	-11	A Vidigal	6
18	Queens Park R.	46	7	6	10	28	32	8	5	10	19	26	15	11	20	47	58	56	-11	I Chair	7
19	Blackburn Rovers	46	6	7	10	27	34	8	4	11	33	40	14	11	21	60	74	53	-14	S Szmodics	27
20	Sheffield Weds.	46	8	7	8	27	27	7	1	15	17	41	15	8	23	44	68	53	-24	A Musaba, I Ugbo	7
21	Plymouth Argyle	46	10	5	8	41	35	3	7	13	18	35	13	12	21	59	70	51	-11	M Whittaker	19
22	Birmingham City	46	10	6	7	31	25	3	5	15	19	40	13	11	22	50	65	50	-15	J Stansfield	12
23	Huddersfield Town	46	6	8	9	26	36	3	10	10	22	41	9	18	19	48	77	45	-29	M Helik	9
24	Rotherham United	46	5	4	14	24	28	0	4	19	13	61	5	12	29	37	89	27	-52	T Eaves	6

2023/24 SKY BET LEAGUE 1 [LEVEL 3]
SEASON 125

Total Matches 552
Total Goals 1427
Avg goals per match 2.59

		Barnsley	Blackpool	Bolton Wand	Bristol Rovers	Burton Albion	Cambridge Utd	Carlisle United	Charlton Athletic	Cheltenham T	Derby County	Exeter City	Fleetwood Town	Leyton Orient	Lincoln City	Northampton T	Oxford United	Peterborough U	Portsmouth	Port Vale	Reading	Shrewsbury T	Stevenage	Wigan Athletic	Wycombe Wand
1	Barnsley		0-1	2-2	2-1	2-0	0-2	2-1	1-1	0-0	2-1	1-2	2-2	2-1	1-5	1-1	1-3	1-3	2-3	7-0	2-2	3-0	2-1	1-1	1-0
2	Blackpool	3-2		4-1	3-1	2-0	1-0	3-0	1-1	3-2	1-3	2-0	1-0	0-0	2-0	1-2	1-1	2-4	0-0	0-0	4-1	4-0	3-0	2-1	0-0
3	Bolton Wand	1-1	1-0		1-2	1-0	2-0	1-3	3-3	1-0	2-1	7-0	3-1	3-2	3-0	2-1	5-0	1-1	1-1	2-0	5-2	2-2	3-2	0-4	2-1
4	Bristol Rovers	1-1	1-2	0-2		1-2	1-0	2-1	2-1	1-1	0-3	0-1	0-2	1-1	1-1	2-1	3-1	0-2	2-1	3-0	0-2	0-0	1-1	4-1	1-2
5	Burton Albion	1-3	1-0	1-1	4-1		2-1	0-1	2-0	0-3	0-1	1-1	0-0	0-1	0-2	0-4	1-3	0-2	0-1	3-2	1-0	1-2	2-1	1-1	
6	Cambridge Utd	0-4	2-1	1-2	2-0	0-0		1-0	1-1	0-1	0-1	2-0	2-1	0-2	0-3	1-0	2-0	0-1	0-0	1-1	1-0	1-1	1-2	3-1	1-1
7	Carlisle United	2-3	0-1	1-4	0-1	2-1	0-4		1-1	0-1	0-2	0-2	0-1	1-0	1-3	2-2	1-3	1-1	0-1	2-1	1-3	2-0	2-2	1-1	1-3
8	Charlton Athletic	2-1	2-2	0-2	1-2	1-1	2-2	3-2		2-1	0-1	4-1	2-1	1-0	1-1	2-3	1-2	1-2	0-0	2-3	4-0	1-1	0-0	2-2	3-1
9	Cheltenham T	0-2	2-0	0-3	1-3	0-0	1-0	0-1	1-3		1-1	1-2	0-0	1-2	1-2	0-1	2-0	2-0	1-3	2-2	2-0	0-3	1-1	1-3	
10	Derby County	3-0	1-0	1-0	2-1	3-2	0-0	2-0	1-2	2-1		2-0	1-0	3-0	3-1	4-0	1-2	2-3	1-1	3-0	2-1	1-1	1-0	1-2	1-1
11	Exeter City	0-1	0-0	2-2	0-1	1-0	0-0	2-1	1-1	1-0	0-3		1-1	1-2	1-2	2-1	0-2	1-2	2-1	0-0	2-1	0-0	1-0	1-0	1-0
12	Fleetwood Town	1-2	3-3	0-2	0-0	3-0	0-2	1-1	1-2	1-3	3-0	1-0		0-1	2-0	0-3	0-1	3-0	1-1	0-1	0-3	4-2	1-4		
13	Leyton Orient	1-1	1-0	1-0	0-1	1-2	2-0	3-2	1-0	3-1	0-3	2-2	0-1		0-1	4-3	2-3	1-2	0-4	0-0	2-1	1-0	0-3	1-1	0-0
14	Lincoln City	2-2	3-0	0-1	5-0	0-1	6-0	1-1	3-1	2-0	0-0	1-0	2-1	1-0		1-2	0-2	0-0	0-2	1-1	1-1	0-0	2-2	1-2	3-0
15	Northampton T	1-2	0-1	1-1	3-1	2-0	2-1	2-0	1-1	1-0	1-2	3-0	2-2	2-2		2-1	1-0	0-3	2-0	3-1	0-0	2-1	1-1	0-1	
16	Oxford United	0-1	1-0	0-0	2-1	3-0	2-1	1-0	2-1	2-3	3-0	4-0	2-2	0-1	2-2		5-0	2-2	1-2	1-1	3-0	1-1	4-2	2-2	
17	Peterborough U	2-2	1-2	3-3	2-0	4-0	5-0	1-3	1-0	3-0	2-4	2-1	4-1	1-1	2-0	5-1	3-0		0-1	3-0	2-2	2-1	3-1	2-3	2-2
18	Portsmouth	3-2	0-4	2-0	1-1	2-1	3-1	1-0	2-0	0-0	2-2	1-0	1-1	0-3	2-1	4-1	2-1	3-1		2-0	4-1	3-1	2-1	1-2	2-1
19	Port Vale	2-3	3-0	0-1	2-0	2-3	0-0	1-0	3-3	1-2	0-1	2-4	2-2	0-1	0-2	1-0	0-2	0-1	0-1		1-0	1-2	2-2	3-2	1-2
20	Reading	1-3	3-2	2-1	1-1	0-0	4-0	5-1	2-0	1-0	3-2	1-2	1-1	1-0	1-0	1-1	0-1	2-3	2-0		2-3	2-0	2-0	1-2	
21	Shrewsbury Town	1-1	0-2	0-2	0-2	2-1	1-2	1-0	0-0	1-0	1-0	3-1	1-3	0-1	1-1	1-1	1-2	0-3	2-1	3-2		0-1	0-1	0-2	
22	Stevenage	2-1	1-0	0-3	1-3	1-2	1-0	2-2	1-1	2-1	3-1	1-1	0-0	0-1	1-0	3-0	1-3	2-2	0-0	0-1	0-0		1-0	1-0	
23	Wigan Athletic	0-2	1-0	1-0	2-0	1-1	2-1	2-0	2-3	1-1	0-1	1-2	3-0	1-0	0-0	2-1	2-0	2-1	1-2	0-0	1-4	2-0	2-3		1-0
24	Wycombe Wand	2-4	2-0	2-4	3-2	0-0	0-0	1-0	2-0	0-0	0-3	2-2	3-2	1-1	2-0	0-0	5-2	1-3	1-1	1-2	0-1	0-1	1-0		

Final League Table

Pos	Team	Pld	Home W	Home D	Home L	Home F	Home A	Away W	Away D	Away L	Away F	Away A	Totals W	Totals D	Totals L	Totals F	Totals A	Pts	GD	Leading Goalscorer	Gls
1	Portsmouth	46	15	5	3	43	27	13	8	2	35	14	28	13	5	78	41	97	+37	C Bishop	21
2	Derby County	46	15	4	4	41	18	13	4	6	37	19	28	8	10	78	37	92	+41	J Collins	14
3	Bolton Wanderers	46	15	5	3	52	27	10	7	6	34	24	25	12	9	86	51	87	+35	D Charles	14
4	Peterborough Utd.	46	13	5	5	55	28	12	4	7	34	33	25	9	12	89	61	84	+28	E Mason-Clark	14
5	Oxford United (P)	46	11	5	7	44	24	11	4	8	35	32	22	11	13	79	56	77	+23	M Harris	15
6	Barnsley	46	9	7	7	38	33	12	6	5	44	31	21	13	12	82	64	76	+18	D Cole	18
7	Lincoln City	46	10	7	6	36	17	10	7	6	29	23	20	14	12	65	40	74	+25	J Taylor	10
8	Blackpool	46	14	6	3	43	19	7	4	12	22	29	21	10	15	65	48	73	+17	J Rhodes	15
9	Stevenage	46	10	8	5	27	19	9	6	8	30	27	19	14	13	57	46	71	+11	J Reid	18
10	Wycombe Wand.	46	9	7	7	31	28	8	7	8	29	27	17	14	15	60	55	65	+5	L Leahy	11
11	Leyton Orient	46	9	5	9	26	31	9	6	8	27	24	18	11	17	53	55	65	-2	R Sotiriou	11
12	Wigan Athletic *	46	13	4	6	30	18	7	6	10	33	38	20	10	16	63	56	62	+7	S Humphrys	9
13	Exeter City	46	7	8	8	17	22	10	2	11	29	39	17	10	19	46	61	61	-15	R Cole	7
14	Northampton Town	46	11	5	7	31	23	6	4	13	26	43	17	9	20	57	66	60	-9	S Hoskins	13
15	Bristol Rovers	46	8	6	9	27	29	8	3	12	25	39	16	9	21	52	68	57	-16	C Martin	16
16	Charlton Athletic	46	8	8	7	37	31	3	12	8	27	34	11	20	15	64	65	53	-1	A May	23
17	Reading **	46	12	5	6	39	24	4	6	13	29	46	16	11	19	68	70	53	-2	S Smith	15
18	Cambridge United	46	8	7	8	22	24	4	5	14	17	37	12	12	22	39	61	48	-22	G Ahadme	11
19	Shrewsbury Town	46	8	3	12	19	31	5	6	12	16	36	13	9	24	35	67	48	-32	D Udoh	10
20	Burton Albion	46	7	4	12	22	33	5	6	12	17	34	12	10	24	39	67	46	-28	M Helm, B Lubala, #	5
21	Cheltenham Town	46	7	4	12	24	34	5	4	14	17	31	12	8	26	41	65	44	-24	L Sercombe	11
22	Fleetwood Town	46	6	5	12	26	34	3	4	16	17	38	9	9	28	43	72	36	-29	J Stockley	9
22	Port Vale	46	6	6	11	27	34	4	5	14	14	40	10	11	25	41	74	41	-33	E Chislett, B Garrity	9
24	Carlisle United	46	6	3	14	21	42	3	6	14	20	39	9	9	28	41	81	30	-40	J Gibson	7

* Wigan Athletic deducted 8 points and ** Reading deducted 6 points for breaches of financial rules. # J Powell also scored 5 for Burton Albion.

2023/24 SKY BET LEAGUE 2 [LEVEL 4]
SEASON 125

Total Matches: 552
Total Goals: 1645
Avg goals per match: 2.98

		Accrington S	AFC Wimbledon	Barrow	Bradford City	Colchester Utd	Crawley Town	Crewe Alexandra	Doncaster Rov	Forest Green Rov	Gillingham	Grimsby Town	Harrogate Town	Mansfield Town	M K Dons	Morecambe	Newport County	Notts. County	Salford City	Stockport Co.	Sutton United	Swindon Town	Tranmere Rovers	Walsall	Wrexham
1	Accrington S		2-0	1-1	0-3	0-1	0-1	0-0	0-0	2-1	1-2	0-0	2-1	0-3	1-0	1-2	3-0	2-2	3-0	1-3	4-1	3-4	4-1	2-1	2-0
2	AFC Wimbledon	2-4		2-0	0-1	5-3	0-1	2-2	2-0	1-1	2-0	0-0	1-1	2-1	1-0	1-1	0-2	4-2	1-0	1-2	0-1	4-0	4-1	5-1	1-1
3	Barrow	1-1	0-0		1-2	2-0	1-0	1-3	3-2	1-2	2-0	3-1	0-0	1-1	1-0	1-0	1-0	1-1	0-0	2-2	2-1	0-2	1-0	2-0	1-1
4	Bradford City	1-0	0-0	1-2		2-1	2-4	1-0	1-1	0-2	1-0	1-1	1-1	1-5	4-0	2-2	4-1	0-3	1-1	0-0	1-0	1-0	2-0	1-3	1-1
5	Colchester Utd	1-1	0-2	1-1	1-1		1-2	1-1	1-4	3-3	0-1	2-0	1-2	1-1	2-3	1-3	8-4	1-2	1-1	0-1	2-0	1-1	0-1	1-0
6	Crawley Town	3-1	1-2	1-1	1-0	2-3		2-4	0-2	2-0	0-1	2-2	2-1	1-3	2-1	1-2	4-1	2-1	0-1	1-1	3-0	3-1	3-2	1-1	0-1
7	Crewe Alexandra	3-3	1-1	1-3	1-0	2-1	1-0		3-2	0-3	0-3	0-0	2-2	3-1	2-3	2-0	2-1	2-3	0-2	1-5	2-1	1-2	2-0	2-2	0-3
8	Doncaster Rovers	4-0	1-0	4-2	1-3	3-1	2-0	2-0		2-0	1-0	0-1	2-2	3-0	0-5	0-1	1-3	0-3	1-5	4-1	0-0	2-1	2-1	1-0
9	Forest Green Rov	0-1	1-1	0-2	0-3	5-0	2-1	1-1	1-2		0-0	2-2	0-2	0-4	0-2	1-2	0-3	0-1	0-2	0-3	0-1	1-2	1-0	2-0	1-1
10	Gillingham	1-0	1-0	3-0	0-2	0-3	0-2	0-0	2-2	1-1		1-1	0-0	1-1	2-1	2-1	0-2	1-2	3-1	0-0	1-0	2-2	1-1	1-1	1-0
11	Grimsby Town	0-2	0-0	2-1	1-1	2-3	2-3	2-1	1-5	1-2	2-0		1-2	1-1	3-2	1-0	5-5	2-0	1-3	1-1	2-0	1-2	1-6	1-3
12	Harrogate Town	2-1	0-1	0-1	3-3	1-0	1-2	0-1	3-1	0-1	5-1	1-0		1-4	3-5	2-0	1-4	3-1	3-2	1-3	2-2	1-1	0-2	0-2	2-2
13	Mansfield Town	2-1	0-0	1-0	0-0	1-1	1-4	0-1	1-1	0-2	1-0	2-0	9-2		1-2	3-0	2-0	1-0	5-1	3-0	1-1	3-2	2-2	2-1	0-0
14	M K Dons	2-1	3-1	2-2	4-1	1-0	2-0	3-1	2-1	2-0	2-1	1-1	0-1	1-4		1-2	3-0	1-1	3-1	1-2	4-4	3-2	1-1	5-0	1-1
15	Morecambe	1-1	4-1	2-1	3-0	0-1	1-0	0-1	0-3	1-2	2-3	1-1	2-2	1-1	1-3		1-2	0-0	1-0	1-1	1-0	2-2	1-0	2-1	1-3
16	Newport County	1-3	2-2	1-1	1-0	0-4	1-1	4-0	4-2	1-0	1-1	1-2	0-1	0-0	5-3		1-3	0-1	2-1	3-1	2-1	1-2	3-3	1-1
17	Notts. County	3-1	0-2	1-1	4-2	1-0	3-1	1-3	3-0	4-3	1-3	2-3	3-0	1-4	3-3	5-0	3-0		1-2	2-5	3-4	3-1	2-1	1-2	0-2
18	Salford City	1-2	0-0	5-3	1-2	1-1	1-1	4-2	2-2	2-2	0-3	2-2	1-2	2-4	3-1	2-1	0-2	2-2		1-2	2-2	1-2	1-5	2-3	3-1
19	Stockport Co.	4-2	1-0	1-0	1-1	2-0	3-3	1-3	1-0	2-0	0-1	3-2	1-1	0-2	5-0	2-0	1-0	2-1	0-0		8-0	0-0	2-0	3-1	5-0
20	Sutton United	3-1	0-3	2-2	2-1	1-1	2-2	1-1	1-1	0-1	0-1	1-2	0-2	1-1	2-3	1-1	5-1	0-2	1-3		3-1	1-1	4-0	1-2
21	Swindon Town	1-2	3-2	0-3	2-0	2-2	6-0	2-2	1-2	2-1	0-1	2-1	1-2	2-1	3-3	2-0	2-1	1-1	2-4	5-3		3-1	0-1
22	Tranmere Rovers	2-0	3-2	1-2	2-1	1-1	1-3	1-2	3-0	3-1	2-2	3-0	2-1	1-2	2-3	2-1	4-2	3-4	4-0	1-0	2-1		1-3	0-1
23	Walsall	2-1	1-3	1-1	2-3	1-0	1-1	2-0	3-1	0-0	4-1	1-1	0-1	2-1	0-0	3-0	0-3	2-1	2-1	1-1	2-1	1-0		3-1
24	Wrexham	4-0	2-0	4-0	0-1	2-1	4-1	3-3	2-1	6-0	0-0	2-0	3-5	6-0	2-0	1-0	3-2	2-1	2-1	5-5	0-1	4-2		

Final League Table

Pos	Team	Pld	Home W	Home D	Home L	Home F	Home A	Away W	Away D	Away L	Away F	Away A	Totals W	Totals D	Totals L	Totals F	Totals A	Pts	GD	Leading Goalscorer	Gls
1	Stockport County	46	15	5	3	48	17	12	6	5	48	31	27	11	8	96	48	92	+48	I Olaofe	20
2	Wrexham	46	17	3	3	62	25	9	7	7	27	27	26	10	10	89	52	88	+37	P Mullin	24
3	Mansfield Town	46	13	7	3	43	22	11	7	5	47	25	24	14	8	90	47	86	+43	D Kellior-Dunn	22
4	M K Dons	46	14	5	4	48	27	9	4	10	35	41	23	9	14	83	68	78	+15	M Dean	15
5	Doncaster Rovers	46	14	2	7	38	30	7	6	10	35	38	21	8	17	73	68	71	+5	J Ironside	20
6	Crewe Alexandra	46	11	5	7	35	35	8	9	6	34	30	19	14	13	69	65	71	+4	D Agyei	16
7	Crawley Town (P)	46	11	3	9	37	30	10	4	9	36	37	21	7	18	73	67	70	+6	D Orsi-Dadamo	19
8	Barrow	46	11	8	4	28	19	7	9	7	34	37	18	15	13	62	56	69	+6	K Spence	9
9	Bradford City	46	9	8	6	29	28	10	4	9	32	31	19	12	15	61	59	69	+2	A Cook	17
10	AFC Wimbledon	46	11	6	6	41	25	6	8	9	23	26	17	14	15	64	51	65	+13	A Al Hamadi, O Bugiel	13
11	Walsall	46	12	6	5	35	25	6	5	12	34	48	18	11	17	69	73	65	-4	I Hutchinson	12
12	Gillingham	46	9	9	5	25	23	9	1	13	21	34	18	10	18	46	57	64	-11	C Mahoney	7
13	Harrogate Town	46	9	3	11	35	37	8	9	6	25	32	17	12	17	60	69	63	-9	G Thomson	16
14	Notts County	46	12	2	9	51	42	6	5	12	38	45	18	7	21	89	86	61	+3	M Langstaff	28
15	Morecambe *	46	8	7	8	29	29	3	11	9	38	52	17	10	19	67	81	58	-14	M Mellon	13
16	Tranmere Rovers	46	12	3	8	44	32	5	8	10	23	38	17	6	23	67	70	57	-3	R Apter, C Jennings	12
17	Accrington Stanley	46	10	6	5	34	27	6	4	13	29	44	16	9	21	63	71	57	-8	J Nolan	17
18	Newport County	46	9	6	8	37	37	7	1	15	25	39	16	7	23	62	76	55	-14	W Evans	21
19	Swindon Town	46	11	5	7	45	34	3	7	13	32	49	14	12	20	77	83	54	-6	J Young	16
20	Salford City	46	6	8	10	37	46	8	4	11	29	36	13	12	21	66	82	51	-16	M Smith	24
21	Grimsby Town	46	9	5	9	33	41	2	11	10	23	33	11	16	19	57	74	49	-17	D Rose	13
22	Colchester United	46	6	7	10	34	41	5	6	13	25	39	11	12	23	59	80	45	-21	J Taylor	11
23	Sutton United	46	5	9	9	33	34	4	6	13	26	50	9	15	22	59	84	42	-25	H Smith	11
24	Forest Green Rov.	46	5	4	14	19	38	6	5	12	25	40	11	9	26	44	78	42	-34	M Stevens	9

*Morecambe deducted 3 points for failing to pay players and staff on time.

Steve Bull
Wolves and England
250 League goals in 474 League Matches.
His total of 306 goals in 561 matches makes him Wolves all-time leading goalscorer.

1895-96

Date	Home	Score	Away	Score	Venue
18 April 1896	Liverpool Allan (2), Bradshaw, McCartney	4	Small Heath	0	At Anfield, Liverpool. Att. 20,000 (D2-1 v D1-15)
	Manchester City Rowan	1	West Bromwich A. Perry	1	At Hyde Road, Ardwick, Manchester. Att. 6,000 (D2-2 v D1-16)
20 April 1896	Small Heath	0	Liverpool	0	At Muntz Street, Small Heath. Att. 5,000 (D1-15 v D2-1)
	West Bromwich A. Higgins, Flewitt (2), Williams (Billy), Richards (John), Johnson	6	Manchester City McBride	1	At Stoney Lane, West Bromwich. Att. 8,000 (D1-16 v D2-2)
25 April 1896	Liverpool Bradshaw, Allan	2	West Bromwich A.	0	At Anfield, Liverpool. Att. 20,000 (D2-1 v D1-16)
	Manchester City Davies, Meates og, Morris	3	Small Heath	0	At Hyde Road, Ardwick, Manchester. Att. 9,500 (D2-2 v D1-15)
27 April 1896	West Bromwich A. Williams (Billy) pen Richards (William)	2	Liverpool	0	At Stoney Lane, West Bromwich. Att. 15,000 (D1-16 v D2-1)
27 April 1896	Small Heath Jones (3), Hallam, Wheldon (3), Abbott	8	Manchester City	0	At Muntz Street, Small Heath. Att. 2,000 (D1-15 v D2-2)

Final Table

	P	W	D	L	F	A	GA	Pts	League	Pos	
Liverpool	4	2	1	1	6	2	3.00	5	D2	1	Promoted to Division One
West Bromwich A.	4	2	1	1	9	4	2.25	5	D1	16	Remain in Division One
Small Heath	4	1	1	2	8	7	1.14	3	D1	15	Relegated to Division Two
Manchester City	4	1	1	2	5	15	0.33	3	D2	2	Remain in Division Two

Test Matches continued

1896-97

Date	Home	Score	Away	Score	Venue
17 April 1897	Notts County Langham	1	Sunderland	0	At Trent Bridge, Nottingham. Att. 7,000 (D2-1 v D1-15)
19 April 1897	Burnley Bowes, Ferguson	2	Newton Heath	0	At Turf Moor, Burnley. Att. 10,000 (D1-16 v D2-2)
	Sunderland	0	Notts County	0	At Newcastle Road, Sunderland. Att. 10,000 (D1-15 v D2-1)
21 April 1897	Newton Heath Jenkyns, Boyd	2	Burnley	0	At Bank Street, Clayton, Manchester. Att. 7,000 (D2-2 v D1-16)
24 April 1897	Newton Heath Boyd	1	Sunderland Morgan	1	At Bank Street, Clayton, Manchester. Att. 18,000 (D2-2 v D1-15)
	Notts County Boucher pen	1	Burnley Brown	1	At the Town Ground, Nottingham. Att. 15,000 (D2-1 v D1-16)
26 April 1897	Burnley	0	Notts County Brearley	1	At Turf Moor, Burnley. Att. 11,000 (D1-16 v D2-1)
	Sunderland Gillespie (James) (2)	2	Newton Heath	0	At Newcastle Road, Sunderland. Att. 8,000 (D1-15 v D2-2)

Final Table

	P	W	D	L	F	A	GA	Pts	League	Pos	
Notts County	4	2	2	0	3	1	3.00	6	D2	1	Promoted to Division One
Sunderland	4	1	2	1	3	2	1.50	4	D1	15	Remain in Division One
Burnley	4	1	1	2	3	4	0.75	3	D1	16	Relegated to Division Two
Newton Heath	4	1	1	2	3	5	0.60	3	D2	2	Remain in Division Two

1897-98

Date	Home		Away		Venue
20 April 1898	Newcastle United Harvie, Smith	2	Stoke Maxwell	1	At St James' Park, Newcastle. Att. 17,000 (D2-2 v D1-16)
21 April 1898	Blackburn Rovers Briercliffe	1	Burnley Toman (3)	3	At Ewood Park, Blackburn. Att. 8,000 (D1-15 v D2-1)
23 April 1898	Stoke Maxwell	1	Newcastle United	0	At the Victoria Ground, Stoke. Att. 20,000 (D1-16 v D2-2)
	Burnley Toman, Ross	2	Blackburn Rovers	0	At Turf Moor, Burnley. Att. 12,000 (D2-1 v D1-15)
26 April 1898	Burnley	0	Stoke Schofield (2)	2	At Turf Moor, Burnley. Att. 9,000 (D2-1 v D1-16)
28 April 1898	Blackburn Rovers Blackburn, Hurst (2), Anderson	4	Newcastle United Aitken, Smith, Wardrope	3	At Ewood Park, Blackburn. Att. 1,000 (D1-15 v D2-2)
30 April 1898	Newcastle United Campbell, Ghee, Harvie, Jackson J	4	Blackburn Rovers	0	At St James' Park, Newcastle. Att. 13,324 (D2-2 v D1-15)
	Stoke	0	Burnley	0	At the Victoria Ground, Stoke. Att. 4,000 (D1-16 v D2-1)

Final Table

	P	W	D	L	F	A	GA	Pts	League	Pos
Stoke	4	2	1	1	4	2	2.00	5	D1	16
Burnley	4	2	1	1	5	3	1.66	5	D2	1
Newcastle United	4	2	0	2	9	6	1.50	4	D2	2
Blackburn Rovers	4	1	0	3	5	12	0.41	2	D1	15

Test matches were played, but each Division was increased to 18 clubs.
Blackburn and Stoke stayed in Division 1 and Burnley and Newcastle United were promoted.

Football League Play-Off Matches

1986-87 1 and 2

14 May 1987	SF1	Ipswich Town	(0)	0	Charlton Athletic	(0)	0	18,465
	SF1	Leeds United Edwards 89	(0)	1	Oldham Athletic	(0)	0	29,472
17 May 1987	SF2	Charlton Athletic Melrose (2) 17, 19	(2)	2	Ipswich Town McCall 85	(0)	1	11,234
		(Charlton Athletic won 2-1 on aggregate)						
	SF2	Oldham Athletic Williams 17, Cecere 89	(1)	2	Leeds United Edwards 90	(0)	1	19,216
		(Aet. Aggregate 2-2. Leeds United won on away goals rule)						
23 May 1987	Final 1	Charlton Athletic Melrose 88	(0)	1	Leeds United	(0)	0	16,680
25 May 1987	Final 2	Leeds United Ormsby 53	(0)	1	Charlton Athletic	(0)	0	31,395
29 May 1987	Final Replay	Leeds United Sheridan 100	(0) Aet.	1	Charlton Athletic Shirtliff (2) 113, 117	(0)	2	18,000
		(Charlton remain in Division 1)						

1986-87 2 and 3

14 May 1987	SF1	Gillingham Cascarino (3) 48, 64, 74	(0)	3	Sunderland Proctor (2) 26 pen, 77	(1)	2	13,804
	SF1	Wigan Athletic Thompson 2, Lowe 15	(2)	2	Swindon Town Bamber 7, Quinn 80, Coyne 88	(0)	3	6,718
17 May 1987	SF2	Sunderland Gates (2) 17, 22, Bennett 88, Bertschin 109	(2)	4	Gillingham Pritchard 3, Cascarino (2) 52, 93	(1)	3	25,470
		(Aet. Aggregate 6-6. Gillingham won on away goals rule)						
	SF2	Swindon Town	(0)	0	Wigan Athletic	(0)	0	12,485
		(Swindon Town won 3-2 on aggregate)						
22 May 1987	Final 1	Gillingham Smith 81	(0)	1	Swindon Town	(0)	0	16,775
25 May 1987	Final 2	Swindon Town Coyne 61, Henry 80	(0)	2	Gillingham Elsey 17	(1)	1	14,382

| 29 May 1987 | Final Replay | **Swindon Town**
White (2) 2, 65 | (1) | 2 | Gillingham | (0) | 0 | 18,491 |

(Swindon Town promoted to Division 2)

1986-87 3 and 4

14 May 1987	SF1	**Aldershot** Johnson 77	(0)	1	Bolton Wanderers	(0)	0	4,164
	SF1	**Colchester United**	(0)	0	Wolverhampton Wand. Kelly 73, Bull 77	(0)	2	4,829
17 May 1987	SF2	**Bolton Wanderers** Caldwell (2) 50 pen, 81. Aet.	(0)	2	Aldershot Anderson 75, Burvill 103	(0)	2	7,445

(Aldershot won 3-2 on aggregate)

| | SF2 | **Wolverhampton Wand.** | (0) | 0 | Colchester United | (0) | 0 | 16,330 |

(Wolverhampton Wanderers won 2-0 on aggregate)

| 22 May 1987 | Final 1 | **Aldershot**
McDonald 4, Barnes 46 pen | (1) | 2 | Wolverhampton Wand. | (0) | 0 | 5,000 |
| 25 May 1987 | Final 2 | **Wolverhampton Wand.** | (0) | 0 | Aldershot
Barnes 82 | (0) | 1 | 19,962 |

(Aldershot won 3-0 on aggregate)

(Aldershot promoted to Division 3)

1987-88 1 and 2

15 May 1988	SF1	**Blackburn Rovers**	(0)	0	Chelsea Durie 47, Nevin 70	(0)	2	16,568
	SF1	**Bradford City** Goddard 66, McCall 69	(0)	2	Middlesbrough Senior 67	(0)	1	16,017
18 May 1988	SF2	**Chelsea** Wilson (2) 26, 78, Dixon 54, Durie 83	(1)	4	Blackburn Rovers Sellars 61	(0)	1	22,757

(Chelsea won 6-1 on aggregate)

| | SF2 | **Middlesbrough**
Slaven 35, Hamilton 91 | (1) | 2 | Bradford City
Aet. | (0) | 0 | 25,868 |

(Middlesbrough won 3-2 on aggregate)

| 25 May 1988 | Final 1 | **Middlesbrough**
Senior 30, Slaven 81 | (1) | 2 | Chelsea | (0) | 0 | 25,531 |
| 28 May 1988 | Final 2 | **Chelsea**
Durie 19 | (1) | 1 | Middlesbrough | (0) | 0 | 40,550 |

(Middlesbrough won 2-1 on aggregate)

(Middlesbrough promoted to Division 1)

Football League Play-Off Matches continued

1987-88 2 and 3

15 May 1988	SF1	Bristol City	(1)	1	Sheffield United	(0)	0	25,335
		Walsh 42						

	SF1	Notts County	(1)	1	Walsall	(1)	3	11,522
		Yates 2			Kelly (2) 41, 56, Shakespeare 47			

18 May 1988	SF2	Sheffield United	(0)	1	Bristol City	(1)	1	19,066
		Morris 47			Shutt 17			

(Bristol City won 2-1 on aggregate)

	SF2	Walsall	(0)	1	Notts County	(1)	1	8,901
		Christie 60			Yates 12			

(Walsall won 4-2 on aggregate)

25 May 1988	Final 1	Bristol City (1)	(1)	1	Walsall	(0)	3	25,128
		Walsh 38			Christie 63, Kelly (2) 79, 90			

28 May 1988	Final 2	Walsall	(0)	0	Bristol City	(1)	2	13,941
					Newmann 31, Shutt 65			

(3-3 on aggregate. Walsall won 4-2 on penalties to decide which team would have home advantage in the Final replay)

30 May 1988	Final Replay	Walsall	(3)	4	Bristol City	(0)	0	13,007
		Kelly (3) 11, 17, 64, Hawker 19						

(Walsall promoted to Division 2)

1987-88 3 and 4

15 May 1988	SF1	Swansea City	(0)	1	Rotherham United	(0)	0	9,148
		McCarthy 85						

	SF1	Torquay United	(2)	2	Scunthorpe United	(0)	1	4,602
		Caldwell 29, Dobson 43			Flounders 77			

18 May 1988	SF2	Rotherham United	(1)	1	Swansea City	(1)	1	5,568
		Johnson 44			McCarthy 19			

(Swansea City won 2-1 on aggregate)

	SF2	Scunthorpe United	(0)	1	Torquay United	(0)	1	6,482
		Lister 84 pen			Loram 80			

(Torquay United won 3-2 on aggregate)

25 May 1988	Final 1	Swansea City	(0)	2	Torquay United	(0)	1	10,825
		McCarthy 73, Love 86			McNichol 88			

Date	Round	Home	(HT)	FT	Away	(HT)	FT	Att
28 May 1988	Final 2	Torquay United McNichol (2) 33, 39, Caldwell 67	(2)	3	Swansea City Raynor 23, McCarthy 28 pen, Davies 45	(3)	3	4,999

(Swansea City won 5-4 on aggregate)
(Swansea City promoted to Division 3)

1988-89 D 2

Date	Round	Home	(HT)	FT	Away	(HT)	FT	Att
21 May 1989	SF1	Blackburn Rovers	(0)	0	Watford	(0)	0	14008
	SF1	Swindon Town Hopkins 53 og	(0)	1	Crystal Palace	(0)	0	16656
24 May 1989	SF2	Crystal Palace Bright 9, Wright 39	(2)	2	Swindon Town	(0)	0	23677

(Crystal Palace won 2-1 on aggregate)

	SF2	Watford Redfearn 29	(1)	1	Blackburn Rovers Garner 2	(1)	1	13854

(Aet. Blackburn Rovers won on away goals)

31 May 1989	Final 1	Blackburn Rovers Gayle (2) 21, 27, Garner 90	(2)	3	Crystal Palace McGoldrick 86	(0)	1	16421
3 June 1989	Final 2	Crystal Palace Wright (2) 17, 117 Madden 47 pen	(1)	3	Blackburn Rovers Aet.	(0)	0	30000

(Crystal Palace won 4-3 on aggregate)
(Crystal Palace promoted to Division 1)

1988-89 D 3

Date	Round	Home	(HT)	FT	Away	(HT)	FT	Att
21 May 1989	SF1	Bristol Rovers Penrice 72	(0)	1	Fulham	(0)	0	9029
22 May 1989	SF1	Preston North End Jemson 15	(1)	1	Port Vale Earle 68	(0)	1	14280
25 May 1989	SF2	Fulham	(0)	0	Bristol Rovers Clark 63, Holloway 75, Bailey 83, Reece 87	(0)	4	10668

(Bristol Rovers won 5-0 on aggregate)

	SF2	Port Vale Beckford (3) 11, 51, 75	(1)	3	Preston North End Patterson 13	(1)	1	13416

(Port Vale won 4-2 on aggregate)

continued

Football League Play-Off Matches continued

Date	Round	Home		Score	Away		Score	Att
31 May 1989	Final 1	**Bristol Rovers** Penrice 30	(1)	1	**Port Vale** Earle 73	(0)	1	9042
3 June 1989	Final 2	**Port Vale** Earle 51	(0)	1	**Bristol Rovers**	(0)	0	17353

(Port Vale won 2-1 on aggregate)

(Port Vale promoted to Division 2)

1988-89 D 4

Date	Round	Home		Score	Away		Score	Att
21 May 1989	SF1	**Leyton Orient** Cooper (2) 6, 83	(1)	2	**Scarborough**	(0)	0	9,298
	SF1	**Wrexham** Wright 2, Kearns (2) 26, 28	(3)	3	**Scunthorpe United** Cowling 9	(1)	1	5,449
24 May 1989	SF2	**Scarborough** M Russell 69	(0)	1	**Leyton Orient**	(0)	0	4,377

(Leyton Orient won 2-1 on aggregate)

	SF2	**Scunthorpe United**	(0)	0	**Wrexham** K Russell (2) 2, 34	(2)	2	5,516

(Wrexham won 5-1 on aggregate)

30 May 1989	Final 1	**Wrexham**	(0)	0	**Leyton Orient**	(0)	0	7,915
3 June 1989	Final 2	**Leyton Orient** Harvey 44, Cooper 81	(1)	2	**Wrexham** Bowden 47	(1)	1	13,355

(Leyton Orient won 2-1 on aggregate)

(Leyton Orient promoted to Division 3)

1989-90 D 2

Date	Round	Home		Score	Away		Score	Att
13 May 1990	SF1	**Blackburn Rovers** Kennedy 73	(0)	1	**Swindon Town** White 30, Foley 55	(1)	2	15,636
	SF1	**Sunderland**	(0)	0	**Newcastle United**	(0)	0	26,641
16 May 1990	SF2	**Newcastle United**	(0)	0	**Sunderland** Gates 13, Gabbiadini 85	(1)	2	32,216

(Sunderland won 2-0 on aggregate)

	SF2	**Swindon Town** Shearer 34, White 37	(2)	2	**Blackburn Rovers** Gayle 65	(0)	1	12,416

(Swindon Town won 4-2 on aggregate)

28 May 1990	Final	**Sunderland**	(0)	0	**Swindon Town**	(1)	1	72,873
					McLoughlin 27			
		(At Wembley Stadium) **(Swindon Town promoted to Division 1)**						

1989-90 D 3

13 May 1990	SF1	**Bolton Wanderers**	(1)	1	**Notts County**	(1)	1	15,108
		Philliskirk 44 pen			Lund 43			
	SF1	**Bury**	(0)	0	**Tranmere Rovers**	(0)	0	7,019
16 May 1990	SF2	**Notts County**	(1)	2	**Bolton Wanderers**	(0)	0	15,197
		Johnson 2, Bartlett 65						
		(Notts County won 3-1 on aggregate)						
	SF2	**Tranmere Rovers**	(1)	2	**Bury**	(0)	0	10,343
		Malkin 41, Muir 70 pen						
		(Tranmere Rovers won 2-0 on aggregate)						
27 May 1990	Final	**Notts County**	(1)	2	**Tranmere Rovers**	(0)	0	29,252
		Johnson 31, Short 62						
		(At Wembley Stadium)						
		(Notts County promoted to Division 2)						

1989-90 D 4

13 May 1990	SF1	**Cambridge United**	(0)	1	**Maidstone United**	(0)	1	7,264
		Cheetham 54 pen			Gall 90			
	SF1	**Chesterfield**	(2)	4	**Stockport County**	(0)	0	8,277
		Plummer (3) 38, 45, 56, Ryan 71						
16 May 1990	SF2	**Maidstone United**	(0)	0	**Cambridge United**	(0)	2	5,538
					Dublin 108,			
		Aet.			Cheetham 113 pen			
		(Aet. Cambridge United won 3-1 on aggregate)						
	SF2	**Stockport County**	(0)	0	**Chesterfield**	(1)	2	7,339
					Plummer 37, Chiedozie 50			
		(Chesterfield won 6-0 on aggregate)						
26 May 1990	Final	**Cambridge United**	(0)	1	**Chesterfield**	(0)	0	26,404
		Dublin 76						
		(At Wembley Stadium)						
		(Cambridge United promoted to Division 3)						

Football League Play-Off Matches continued

1990-91 D 2

Date	Round	Home	(HT)	FT	Away	(HT)	FT	Att
19 May 1991	SF1	Brighton & H A Barham 40, Small 53, Walker 55, Codner 60	(1)	4	Millwall Stephenson 14	(1)	1	15,390
	SF1	Middlesbrough Phillips 86	(0)	1	Notts County Turner 27	(1)	1	22,343
22 May 1991	SF2	Millwall McGinlay 17	(1)	1	Brighton & H A Codner 47, Robinson 72	(0)	2	17,370

(Brighton & H A won 6-2 on aggregate)

	SF2	Notts County Harding 78	(0)	1	Middlesbrough	(0)	0	16,249

(Notts County won 2-1 on aggregate)

2 June 1991	Final	Brighton & H A Wilkins 89	(0)	1	Notts County Johnson (2) 29, 59, Regis 71	(1)	3	59,940

(At Wembley Stadium)

(Notts County promoted to Division 1)

1990-91 D 3

Date	Round	Home	(HT)	FT	Away	(HT)	FT	Att
19 May 1991	SF1	Bury Lee 42 pen	(1)	1	Bolton Wanderers Philliskirk 59 pen	(0)	1	8,000
	SF1	Brentford Evans 13, Godfrey 90	(1)	2	Tranmere Rovers Cooper (2) 52, 72	(0)	2	9,330
22 May 1991	SF2	Bolton Wanderers Philliskirk 45	(1)	1	Bury	(0)	0	19,198

(Bolton Wanderers won 2-1 on aggregate)

	SF2	Tranmere Rovers Brannan 34	(1)	1	Brentford	(0)	0	11,438

(Tranmere Rovers won 3-2 on aggregate)

1 June 1991	Final	Bolton Wanderers Aet.	(0)	0	Tranmere Rovers Malkin 98	(0)	1	30,217

(At Wembley Stadium)

(Tranmere Rovers promoted to Division 2)

	SF1	Swindon Town Vickers 2 og, Mitchell 3, Maskell 27	(3)	3	Tranmere Rovers Morrissey 58	(0)	1	14,230

| 19 May 1993 | SF2 | Tranmere Rovers
Proctor 45, Nevin 64, Irons 83 pen | (1) | 3 | Swindon Town
Moncur 28, Maskell 81 | (1) | 2 | 16,083 |

(Swindon Town won 5-4 on aggregate)

| | SF2 | Portsmouth
McLoughlin 51, Kristensen 72 | (0) | 2 | Leicester City
Ormandroyd 53, Thompson 69 | (0) | 2 | 25,438 |

(Leicester City won 3-2 on aggregate)

| 31 May 1993 | Final | Leicester City
Joachim 57, Walsh 68,
Thompson 69 | (0) | 3 | Swindon Town
Hoddle 42, Maskell 47,
Taylor 53, Bodin 84 pen | (1) | 4 | 73,802 |

(At Wembley Stadium)

(Swindon Town promoted to the F A Carling Premiership)

1992-93 BLD2

| 16 May 1993 | SF1 | Stockport County
Gannon 5 pen | (1) | 1 | Port Vale
Glover 24 | (1) | 1 | 7,856 |

| | SF1 | Swansea City
McFarlane 50, Hayes 65 | (0) | 2 | West Bromwich Albion
McFarlane 72 og | (0) | 1 | 13,917 |

| 19 May 1993 | SF2 | Port Vale
Foyle 84 | (0) | 1 | Stockport County | (0) | 0 | 12,689 |

(Port Vale won 2-1 on aggregate)

| | SF2 | West Bromwich Albion
Hunt 10, Hamilton 20 | (2) | 2 | Swansea City | (0) | 0 | 26,045 |

(West Bromwich Albion won 3-2 on aggregate)

| 30 May 1993 | Final | Port Vale | (0) | 0 | West Bromwich Albion
Hunt 66, Reid 82, Donovan 90 | (0) | 3 | 53,471 |

(At Wembley Stadium)

(West Bromwich Albion promoted to Endsleigh Insurance League Division 1)

1992-93 BLD3

| 16 May 1993 | SF1 | Bury | (0) | 0 | York City | (0) | 0 | 6,520 |

| | SF1 | Crewe Alexandra
Naylor (2) 19, 39, Clarkson 45,
Edwards 50, Ward 83 | (3) | 5 | Walsall
Cecere 38 | (1) | 1 | 6,196 |

continued

Football League Play-Off Matches continued

| 19 May 1993 | SF2 | Walsall | (1) | 2 | Crewe Alexandra | (2) | 4 | 7,398 |

Clarke 18, O'Connor 78 — Naylor (3) 31, 42, 88, Ward 77

(Crewe Alexandra won 9-3 on aggregate)

| | SF2 | York City | (0) | 1 | Bury | (0) | 0 | 9,206 |

Swann 59

(York City won 1-0 on aggregate)

| 29 May 1993 | Final | Crewe Alexandra | (0) | 1 | York City | (0) | 1 | 22,416 |

McKearney 119 pen — Swann 104

(Aet. At Wembley Stadium. York City won 5-3 on penalties)

(York City promoted to Endsleigh Insurance League Division 2)

1993-94 EILD1

| 15 May 1994 | SF1 | Tranmere Rovers | (0) | 0 | Leicester City | (0) | 0 | 14,962 |

| | SF1 | Derby County | (1) | 2 | Millwall | (0) | 0 | 17,401 |

Cowans 22, Johnson 60

| 18 May 1994 | SF2 | Leicester City | (1) | 2 | Tranmere Rovers | (0) | 1 | 16,470 |

Ormandroyd 45, Speedie 86 — Nevin 46

(Leicester City won 2-1 on aggregate)

| | SF2 | Millwall | (0) | 1 | Derby County | (3) | 3 | 13,999 |

Berry 63 — Gabbiadini 16, Johnson 22, Van Den Hauwe 42 og

(Derby County won 5-1 on aggregate)

| 30 May 1994 | Final | Derby County | (1) | 1 | Leicester City | (1) | 2 | 73,671 |

Johnson 27 — Walsh (2) 41, 87

(At Wembley Stadium)

(Leicester City promoted to the F A Carling Premiership)

1993-94 EILD2

| 15 May 1994 | SF1 | Burnley | (0) | 0 | Plymouth Argyle | (0) | 0 | 18,794 |

| | SF1 | York City | (0) | 0 | Stockport County | (0) | 0 | 8,744 |

| 18 May 1994 | SF2 | Stockport County | (0) | 1 | York City | (0) | 0 | 6,743 |

Beaumont 85

(Stockport County won 1-0 on aggregate)

| | SF2 | Plymouth Argyle | (1) | 1 | Burnley | (2) | 3 | 17,515 |

Marshall 15 — Francis (2) 29, 31, Joyce 81

(Burnley won 3-1 on aggregate)

29 May 1994	Final	**Burnley**	(1)	2	Stockport County	(1)	1	44,806
		Eyres 28,			Beaumont 2			
		Parkinson 65						

(At Wembley Stadium)

(Burnley promoted to the Endsleigh Insurance League Division 1)

1993-94 EILD3

15 May 1994	SF1	Torquay United	(1)	2	Preston North End	(0)	0	4,440
		Darby 20, Moore 57						
	SF1	Carlisle United	(0)	0	Wycombe Wanderers	(1)	2	10,862
					Thompson 33, Garner 86			
18 May 1994	SF2	Preston North End	(2)	4	Torquay United	(1)	1	11,442
		Ellis 8, Moyes 43,			Goodridge 15			
		Hicks 52,						
		Raynor 116				Aet.		

(Preston North End won 4-3 on aggregate)

	SF2	Wycombe Wanderers	(1)	2	Carlisle United	(0)	1	5,265
		Carroll 12,			Davey 81 pen			
		Garner 58						

(Wycombe Wanderers won 4-1 on aggregate)

28 May 1994	Final	Preston North End	(2)	2	**Wycombe Wanderers**	(1)	4	40,109
		Bryson 32, Raynor 37			Squires 33 og,			
					Garner 47,			
					Carroll (2) 57, 72			

(At Wembley Stadium)

(Wycombe Wanderers promoted to the Endsleigh Insurance League Division 2)

1994-95 EILD1

14 May 1995	SF1	Tranmere Rovers	(1)	1	Reading	(1)	3	12,207
		Malkin 14			Lovell (2) 9, 81, Nogan 74			
	SF1	Wolverhampton Wand.	(1)	2	Bolton Wanderers	(0)	1	26,153
		Bull 44, Venus 51			McAteer 46			
17 May 1995	SF2	Bolton Wanderers	(1)	2	Wolverhampton Wand.	(0)	0	20,041
		McGinlay (2) 44, 109				Aet.		

(Bolton Wanderers won 3-2 on aggregate)

	SF2	Reading	(0)	0	Tranmere Rovers	(0)	0	13,245

(Reading won 3-1 on aggregate)

continued

Football League Play-Off Matches continued

29 May 1995	Final	Bolton Wanderers	(0)	4	Reading	(2)	3	64,107
		Coyle 75, de Freitas (2) 86, 118,			Nogan 4, Williams 12,			
		Paatelainen 105			Quinn 119		Aet.	
		(At Wembley Stadium)						
		(Bolton Wanderers promoted to the F A Carling Premiership)						

1994-95 EILD2

14 May 1995	SF1	Bristol Rovers	(0)	0	Crewe Alexandra	(0)	0	8,538
	SF1	Huddersfield Town	(1)	1	Brentford	(1)	1	14,160
		Billy 9			Forster 42			
17 May 1995	SF2	Crewe Alexandra	(0)	1	Bristol Rovers	(0)	1	6,578
		Rowbotham 97			Miller 106			
		(Aet. Bristol Rovers won on away goals)						
	SF2	Brentford	(1)	1	Huddersfield Town	(1)	1	11,161
		Grainger 18 pen			Booth 30			
		(Aet. Aggregate 2-2. Huddersfield Town won 4-3 on penalties)						
28 May 1995	Final	Bristol Rovers	(1)	1	Huddersfield Town	(1)	2	59,175
		Stewart 45			Booth 45, Billy 81			
		(At Wembley Stadium)						
		(Huddersfield Town promoted to the Endsleigh Insurance League Division 1)						

1994-95 EILD3

14 May 1995	SF1	Mansfield Town	(0)	1	Chesterfield	(0)	1	6,562
		Hadley 72			Robinson 64			
	SF1	Preston North End	(0)	0	Bury	(1)	1	13,297
					Pugh 40			
17 May 1995	SF2	Bury	(0)	1	Preston North End	(0)	0	9,094
		Rigby 88						
		(Bury won 2-0 on aggregate)						
	SF2	Chesterfield	(1)	5	Mansfield Town	(2)	2	8,165
		Lormor 27, Robinson 56,			Holland 3, Wilkinson 32			
		Law (2) 95 pen, 101, Howard 115						
		(Chesterfield won 6-3 on aggregate)						
27 May 1995	Final	Bury	(0)	0	Chesterfield	(2)	2	22,814
					Lormor 23, Robinson 41			
		(At Wembley Stadium)						
		(Chesterfield promoted to the Endsleigh Insurance League Division 2)						

1995-96 EILD1

Date	Round	Home			Away			Att.
12 May 1996	SF1	Charlton Athletic Newton 1	(1)	1	Crystal Palace Brown 65, Veart 71	(0)	2	14,618
	SF1	Leicester City	(0)	0	Stoke City	(0)	0	20,325
15 May 1996	SF2	Crystal Palace Houghton 4	(1)	1	Charlton Athletic	(0)	0	22,880

(Crystal Palace won 3-1 on aggregate)

	SF2	Stoke City	(0)	0	Leicester City Parker 46	(0)	1	21,037

(Leicester City won 1-0 on aggregate)

27 May 1996	Final	Crystal Palace Roberts 14	(1)	1 Aet.	Leicester City Parker 76 pen, Claridge 120	(0)	2	73,573

(At Wembley Stadium)

(Leicester City promoted to the F A Carling Premiership)

1995-96 EILD2

12 May 1996	SF1	Bradford City	(0)	0	Blackpool Bonner 72, Ellis 78	(0)	2	14,273
	SF1	Crewe Alexandra Little 3, Rivers 17	(2)	2	Notts County Finnan 55, Martindale 90	(0)	2	4,931
15 May 1996	SF2	Blackpool	(0)	0	Bradford City Shutt 39, Hamilton 68, Stallard 78	(1)	3	9,593

(Bradford City won 3-2 on aggregate)

	SF2	Notts County Martindale 61	(0)	1	Crewe Alexandra	(0)	0	9,640

(Notts County won 3-2 on aggregate)

26 May 1996	Final	Bradford City Hamilton 8, Stallard 75	(1)	2	Notts County	(0)	0	39,972

(at Wembley Stadium)

(Bradford City promoted to the Nationwide Football League Division 1)

1995-96 EILD3

12 May 1996	SF1	Hereford United Smith 2	(1)	1	Darlington Gregan 27, Blake 37	(2)	2	6,622
	SF1	Colchester United Kinsella 45	(1)	1	Plymouth Argyle	(0)	0	6,511

continued

Football League Play-Off Matches continued

15 May 1996	SF2	Plymouth Argyle Evans 3, Leadbitter 41, Williams 85	(2)	3	Colchester United Kinsella 66	(0)	1	14,525

(Plymouth Argyle won 3-2 on aggregate)

	SF2	Darlington Painter 17, Appleby 47 pen	(1)	2	Hereford United White 65	(0)	1	6,584

(Darlington won 4-2 on aggregate)

25 May 1996	Final	Darlington	(0)	0	Plymouth Argyle Mauge 65	(0)	1	43,431

(At Wembley Stadium)

(Plymouth Argyle promoted to the Nationwide Football League Division 2)

1996-97 NFLD1

10 May 1997	SF1	Crystal Palace Shipperley 68, Freedman (2) 89, 90	(0)	3	Wolverhampton Wand. Smith 90	(0)	1	21,053
	SF1	Sheffield United Fjortoft 41	(1)	1	Ipswich Town Stockwell 78	(0)	1	22,312
14 May 1997	SF2	Ipswich Town Scowcroft 32, Gudmundsson 73	(1)	2	Sheffield United Kachura 9, Walker 77	(1)	2	21,467

(Sheffield United won on away goals)

	SF2	Wolverhampton Wand. Atkins 30, Williams 85	(1)	2	Crystal Palace Hopkin 66	(0)	1	26,403

(Crystal Palace won 4-3 on aggregate)

26 May 1997	Final	Crystal Palace Hopkin 90	(0)	1	Sheffield United	(0)	0	64,383

(At Wembley Stadium)

(Crystal Palace promoted to the F A Carling Premiership)

1996-97 NFLD2

11 May 1997	SF1	Bristol City Owers 28,	(1)	1	Brentford Smith 13, Taylor 30	(2)	2	15,581
	SF1	Crewe Alexandra Rivers 53, Little 68	(0)	2	Luton Town Oldfield 3	(1)	1	5,467
14 May 1997	SF2	Brentford Taylor 67, Bent 79	(0)	2	Bristol City Barnard 49	(0)	1	21,467

(Brentford won 4-2 on aggregate)

	SF2	Luton Town Oldfield (2) 20, 31	(2)	2	Crewe Alexandra Little 32, Smith 62	(1)	2	8,168
		(Crewe Alexandra won 4-3 on aggregate)					
25 May 1997	Final	Brentford	(0)	0	Crewe Alexandra Smith 34	(1)	1	34,149
		(At Wembley Stadium)					
		(Crewe Alexandra promoted to the Nationwide Football League Division 1)					

1996-97 NFLD3

11 May 1997	SF1	Cardiff City	(0)	0	Northampton Town Parrish 77	(0)	1	11,369
	SF1	Chester City	(0)	0	Swansea City	(0)	0	5,104
14 May 1997	SF2	Swansea City Thomas 39, Torpey 43,	(2)	3	Chester City	(0)	0	10,027
		(Swansea City won 3-0 on aggregate)					
	SF2	Northampton Town Sampson 23, Warburton 68, Gayle 77	(1)	3	Cardiff City Fowler 36, Haworth 90	(1)	2	7,302
		(Northampton Town won 4-2 on aggregate)					
24 May 1997	Final	Northampton Town Frain 90	(0)	1	Swansea City	(0)	0	46,804
		(At Wembley Stadium)					
		(Northampton Town promoted to the Nationwide Football League Division 2)					

1997-98 NFLD1

10 May 1998	SF1	Ipswich Town	(0)	0	Charlton Athletic Clapham 12 og	(1)	1	21,681
	SF1	Sheffield United Marcelo 57, Borbokis 76	(0)	2	Sunderland Ball 17	(1)	1	23,800
13 May 1998	SF2	Charlton Athletic Newton 36	(1)	1	Ipswich Town	(0)	0	15,585
		(Charlton Athletic won 2-0 on aggregate)					
	SF2	Sunderland Marker 21 og, Phillips 38	(2)	2	Sheffield United	(0)	0	40,092
		(Sunderland won 3-2 on aggregate)					

continued

Football League Play-Off Matches continued

25 May 1998	Final	Charlton Athletic	(1)	4	Sunderland	(0)	4	77,739
		Mendonca (3) 23, 71, 103,			Quinn (2) 50, 73, Phillips 58,			
		Rufus 85			Summerbee 99			

(Aet. At Wembley Stadium. Charlton Athletic won 7-6 on Penalties)

(Charlton Athletic promoted to the F A Carling Premiership)

1997-98 NFLD2

9 May 1998	SF1	Fulham	(1)	1	Grimsby Town	(0)	1	13,954
		Beardsley 45 pen			Smith 53			

10 May 1998	SF1	Bristol Rovers	(2)	3	Northampton Town	(0)	1	9,173
		Beadle 30 pen, Bennett 37,			Gayle 74			
		Hayles 46						

13 May 1998	SF2	Grimsby Town	(0)	1	Fulham	(0)	0	8,689
		Donovan 81						

(Grimsby Town won 2-1 on aggregate)

	SF2	Northampton Town	(1)	3	Bristol Rovers	(0)	0	7,501
		Heggs 34, Clarkson 61,						
		Warburton 77						

(Northampton Town won 4-3 on aggregate)

24 May 1998	Final	Grimsby Town	(0)	1	Northampton Town	(0)	0	62,988
		Donovan 19						

(At Wembley Stadium)

(Grimsby Town promoted to the Nationwide Football League Division 1)

1997-98 NFLD3

10 May 1998	SF1	Barnet	(0)	1	Colchester United	(0)	0	3,858
		Heald 48						

	SF1	Scarborough	(1)	1	Torquay United	(1)	3	5,246
		Rockett 40			Jack 22, Gittens 50,			
					McFarlane 72			

13 May 1998	SF2	Colchester United	(1)	3	Barnet	(1)	1	5,863
		Gregory (2) 12 pen, 95, Greene 65			Goodhind 41			

(Colchester United won 3-2 on aggregate)

	SF2	Torquay United	(3)	4	Scarborough	(1)	1	5,386
		Jack (2) 6, 7, McCall 38,			Rockett 22			
		Gibbs 55						

(Torquay United won 7-2 on aggregate)

22 May 1998	Final	Colchester United	(1)	1	Torquay United	(0)	0	19,486
		Gregory 22 pen						

(At Wembley Stadium)

(Colchester United promoted to the Nationwide Football League Division 2)

1998-99 NFLD1

16 May 1999	SF1	Bolton Wanderers	(0)	1	Ipswich Town	(0)	0	18,295
		Johansen 84						
	SF1	Watford	(1)	1	Birmingham City	(0)	0	18,535
		Ngonge 5						
19 May 1999	SF2	Ipswich Town	(1)	4	Bolton Wanderers	(0)	3	21,755
		Holland (2) 14, 116,			Taylor (2) 51, 96,			
		Dyer (2) 52, 90			Frandsen 84			

(Aggregate 4-4. Bolton Wanderers won on away goals)

20 May 1999	SF2	Birmingham City	(1)	1	Watford	(0)	0	29,100
		Adebola 2			Aet.			

(Aggregate 1-1. Watford won 7-6 on penalties)

31 May 1999	Final	Bolton Wanderers	(0)	0	Watford	(1)	2	70,343
					Wright 38, Smart 89			

(At Wembley Stadium)

(Watford promoted to the F A Carling Premiership)

1998-99 NFLD2

15 May 1999	SF1	Wigan Athletic	(1)	1	Manchester City	(0)	1	6,762
		Barlow 1			Dickov 76			
16 May 1999	SF1	Preston North End	(0)	1	Gillingham	(0)	1	18,584
		Eyres 54			Taylor 79			
19 May 1999	SF2	Gillingham	(1)	1	Preston North End	(0)	0	10,105
		Hessenthaler 2						

(Gillingham won 2-1 on aggregate)

	SF2	Manchester City	(1)	1	Wigan Athletic	(0)	0	31,305

(Manchester City won 2-1 on aggregate)

30 May 1999	Final	Gillingham	(0)	2	Manchester City	(0)	2	76,935
		Asaba 81,			Horlock 89,			
		Taylor 86			Dickov 90			

(Aet. At Wembley Stadium. Manchester City won 3-1 on penalties)

(Manchester City promoted to the Nationwide Football League Division 1)

Football League Play-Off Matches continued

1998-99 NFLD3

16 May 1999	SF1	Leyton Orient	(0)	0	Rotherham United	(0)	0	9,419
	SF1	Swansea City Bound 44	(1)	1	Scunthorpe United	(0)	0	7,828
19 May 1999	SF2	Rotherham United	(0)	0	Leyton Orient	(0)	0	9,529

(Aet. Aggregate 0-0. Leyton Orient won 4-2 on penalties)

	SF2	Scunthorpe United Dawson 2, Sheldon (2) 92, 102	(1)	3	Swansea City Bird 98 Aet	(0)	1	7,089

(Scunthorpe United won 3-2 on aggregate)

29 May 1999	Final	Leyton Orient	(0)	0	Scunthorpe United Calvo Garcia 6	(1)	1	36,985

(At Wembley Stadium)

(Scunthorpe United promoted to the Nationwide Football League Division 1)

1999-2000 NFLD1

13 May 2000	SF1	Birmingham City	(0)	0	Barnsley Shipperley 12, Dyer (2) 48, 60 Hignett 84	(1)	4	26,492
14 May 2000	SF1	Bolton Wanderers Holdsworth 5, Gudjohnsen 26	(2)	2	Ipswich Town Stewart (2) 36, 65	(1)	2	18,814
17 May 2000	SF2	Ipswich Town Magilton (3) 18 pen, 49,90, Clapham 94 pen, Reuser 110	(1)	5	Bolton Wanderers Holdsworth (2) 6, 39 Johnston 50 Aet.	(2)	3	21,543

(Ipswich Town won 7-5 on aggregate)

18 May 2000	SF2	Barnsley Dyer 54	(0)	1	Birmingham City Rowett 33, Marcelo 75	(1)	2	19,050

(Barnsley won 5-2 on aggregate)

29 May 2000	Final	Barnsley Wright 6 og, Hignett 78 pen	(1)	2	Ipswich Town Mowbray 28, Naylor 52, Stewart 58, Reuser 90	(1)	4	73,427

(At Wembley Stadium)

(Ipswich Town promoted to the F A Carling Premiership)

1999-2000 NFLD2

13 May 2000	SF1	Millwall	(0)	0	Wigan Athletic	(0)	0	14,091
	SF1	Stoke City Gunnlaugsson 1, Lightbourne 8, Thorne 67	(2)	3	Gillingham Gooden 18, Hassenthaler 90	(1)	2	22,124
17 May 2000	SF2	Gillingham Ashby 55, Onuora 102, Smith 118	(0)	3	Stoke City Aet.	(0)	0	10,386

(Gillingham won 5-3 on aggregate)

	SF2	Wigan Athletic Sheridan 61	(0)	1	Millwall	(0)	0	10,642

(Wigan Athletic won 1-0 on aggregate)

28 May 2000	Final	Gillingham McGibbon 35 og, Butler 114, Thomson 118	(1)	3	Wigan Athletic Haworth 59, Barlow 99 pen Aet.	(0)	2	53,764

(At Wembley Stadium Aet. FT 1-1.)

(Gillingham promoted to the Nationwide Football League Division 1)

1999-2000 NFLD3

13 May 2000	SF1	Barnet Arber 22	(1)	1	Peterborough United Lee 5, Clarke 68	(1)	2	4,535
	SF1	Hartlepool United	(0)	0	Darlington Liddle 35, Gabbiadini 76 pen	(1)	2	6,995
17 May 2000	SF2	Darlington Strodder 9 og	(1)	1	Hartlepool United	(0)	0	8,238

(Darlington won 3-0 on aggregate)

	SF2	Peterborough United Farrell (3) 28, 70, 89	(1)	3	Barnet	(0)	0	10,515

(Peterborough United won 5-1 on aggregate)

26 May 2000	Final	Peterborough United Clarke 74	(0)	1	Darlington	(0)	0	33,383

(At Wembley Stadium)

(Peterborough United promoted to the Nationwide Football League Division 2)

2000-01 NFLD1

13 May 2001	SF1	Birmingham City Eaden 55	(0)	1	Preston North End	(0)	0	29,072

continued

Football League Play-Off Matches continued

	SF1	West Bromwich Albion Roberts 44, Hughes 55 pen	(1)	2	Bolton Wanderers Bergsson 81, Frandsen 88 pen	(0)	2	18,167
17 May 2001	SF2	Bolton Wanderers Bergsson 10, Gardner 63, Ricketts 90	(1)	3	West Bromwich Albion	(0)	0	23,515

(Bolton Wanderers won 5-2 on aggregate)

	SF2	Preston North End Healy 24, Rankine 90	(1)	2	Birmingham City Horsfield 58	(0)	1	16,928

(Aet. Aggregate 2-2. Preston won 4-2 on penalties)

28 May 2001	Final	Bolton Wanderers Farrelly 17, Ricketts 89, Gardner 90	(1)	3	Preston North End	(0)	0	54,328

(At the Millennium Stadium, Cardiff)

(Bolton Wanderers promoted to the F A Barclaycard Premiership)

2000-01 NFL2

13 May 2001	SF1	Stoke City	(0)	0	Walsall	(0)	0	23,689
	SF1	Wigan Athletic	(0)	0	Reading	(0)	0	12,638
16 May 2001	SF2	Reading Butler 86, Forster 90	(0)	2	Wigan Athletic Nicholls 26	(1)	1	22,034

(Reading won 2-1 on aggregate)

	SF2	Walsall Ward 42 og, Matias (2) 47, 61, Keates 50	(1)	4	Stoke City Kavanagh 31, Thorne 85	(1)	2	8,993

(Walsall won 4-2 on aggregate)

27 May 2001	Final	Reading Cureton 31, Butler 91 Aet.	(1)	2	Walsall Goodman 48, Rougier 108 og, Byfield 109	(0)	3	50,496

(Aet. FT 1-1. At the Millennium Stadium, Cardiff)

(Walsall promoted to the Nationwide Football League Division 1)

2000-01 NFL3

13 May 2001	SF1	Blackpool Ormerod (2) 61, 78	(0)	2	Hartlepool United	(0)	0	5,720
	SF1	Hull City Eyre 69	(0)	1	Leyton Orient	(0)	0	13,310

16 May 2001	SF2	**Hartlepool United** Henderson 48	(0)	1	**Blackpool** Ormerod (2) 21, 68, Hills 50	(1)	3	5,836
		(Blackpool won 5-1 on aggregate)						
	SF2	**Leyton Orient** Watts 44, Lockwood 70	(1)	2	**Hull City**	(0)	0	9,419
		(Leyton Orient won 2-1 on aggregate)						
26 May 2001	Final	**Blackpool** Hughes 35, Reid 45, Simpson 77, Ormerod 88	(2)	4	**Leyton Orient** Tate 1, Houghton 37	(2)	2	23,600
		(At the Millennium Stadium, Cardiff)						
		(Blackpool promoted to the Nationwide Football League Division 2)						

2001-02 NFL1

28 April 2002	SF1	**Birmingham City** Hughes 56	(0)	1	**Millwall** Dublin 80	(0)	1	28,282
	SF1	**Norwich City** Rivers 56, McVeigh 73, Mackay 90	(0)	3	**Wolverhampton Wand.** Sturridge 22	(1)	1	20,127
1 May 2002	SF2	**Wolverhampton Wand.** Cooper 77	(0)	1	**Norwich City**	(0)	0	27,418
		(Norwich City won 3-2 on aggregate)						
2 May 2002	SF2	**Millwall**	(0)	0	**Birmingham City** John 90	(0)	1	16,391
		(Birmingham City won 2-1 on aggregate)						
12 May 2002	Final	**Birmingham City** Horsfield 102	(0)	1	**Nowich City** Roberts 91	(0)	1	71,597
		(Birmingham won 4-2 on penalties)						
		(At the Millennium Stadium, Cardiff)						
		(Birmingham City promoted to the F A Barclaycard Premiership)						

2001-02 NFL2

28 April 2002	SF1	**Huddersfield Town**	(0)	0	**Brentford**	(0)	0	16,523
	SF1	**Stoke City** Burton 84	(0)	1	**Cardiff City** Earnshaw 12, Fortune-West 59	(1)	2	21,245
1 May 2002	SF2	**Brentford** Powell 14, Owusu 46	(1)	2	**Huddersfield Town** Booth 2	(1)	1	11,191
		(Brentford won 2-1 on aggregate)						

continued

Football League Play-Off Matches continued

| | SF2 | Cardiff City
Aet. | (0) | 0 | Stoke City
O'Connor 90, Oulare 115 | (0) | 2 | 19,367 |

(Aet. FT Aggregate 2-2)

| 11 May 2002 | Final | Brentford | (0) | 0 | Stoke City
Burton 16, Burgess 45 og | (2) | 2 | 42,523 |

(At the Millennium Stadium, Cardiff)

(Stoke City promoted to the Nationwide Football League Division 1)

2001-02 NFL3

| 27 April 2002 | SF1 | Hartlepool United
Williams 45 | (1) | 1 | Cheltenham Town
Grayson 89 | (0) | 1 | 7,135 |

| | SF1 | Rushden & Diamonds
Wardley 34, Butterworth 73 | (1) | 2 | Rochdale
McEvilly 8, Simpson 57 | (1) | 2 | 6,015 |

| 30 April 2002 | SF2 | Cheltenham Town
Williams 26 | (1) | 1 | Hartlepool United
Arnison 17 | (1) | 1 | 7,165 |

(Aet. Aggregate 2-2. Cheltenham won 5-4 on penalties)

| | SF2 | Rochdale
Peters 65 og | (0) | 1 | Rushden & Diamonds
Lowe 67, Hall 76 | (0) | 2 | 8,547 |

(Rushden & Diamonds won 4-3 on aggregate)

| 6 May 2002 | Final | Cheltenham Town
Devaney 27, Alsop 49,
Finnigan 80 | (1) | 3 | Rushden & Diamonds
Hall 28 | (1) | 1 | 24,368 |

(At the Millennium Stadium, Cardiff)

(Cheltenham Town promoted to the Nationwide Football League Division 2)

2002-03 NFL1

| 10 May 2003 | SF1 | Nottingham Forest
Johnson 55 | (0) | 1 | Sheffield United
Brown 58 pen | (0) | 1 | 29,064 |

| | SF1 | Wolverhampton Wand.
Murty 75 og, Naylor 84 | (0) | 2 | Reading
Forster 25 | (1) | 1 | 27,678 |

| 14 May 2003 | SF2 | Reading (0) | (0) | 0 | Wolverhampton Wand.
Rae 81 | (0) | 1 | 24,060 |

(Wolverhampton Wanderers won 3-1 on aggregate)

| 15 May 2003 | SF2 | Sheffield United
Brown 60, Kabba 68,
Peschisolido 112, Walker 117 og | (0) | 4 | Nottingham Forest
Johnson 30, Reid 58,
Page 119 og | (1) | 3 | 30,212 |

(Aet. FT 2-2. Sheffield United won 5-4 on aggregate)

| 26 May 2003 | Final | **Sheffield United** | (0) | 0 | Wolverhampton Wand. | (3) | 3 | 69,473 |
| | | | | | Kennedy 6, Blake 22, Miller 45 | | | |

(At the Millennium Stadium, Cardiff)

(Wolverhampton Wanderers promoted to the F A Barclaycard Premiership)

2002-03 NFL2

10 May 2003	SF1	**Cardiff City (0)**	(0)	1	Bristol City	(0)	0	19,146
		Thorne 74						
	SF1	**Oldham Athletic**	(1)	1	Queens Park Rangers	(0)	1	12,152
		Eyres 28			Langley 47			
13 May 2003	SF2	Bristol City	(0)	0	**Cardiff City**	(0)	0	16,307

(Cardiff City won 1-0 on aggregate)

| 14 May 2003 | SF2 | **Queens Park Rangers** | (0) | 1 | Oldham Athletic | (0) | 0 | 17,201 |
| | | Furlong 82 | | | | | | |

(Queens Park Rangers won 2-1 on aggregate)

| 25 May 2003 | Final | **Cardiff City** | (0) | 1 | Queens Park Rangers | (0) | 0 | 66,096 |
| | | Campbell 114 | | | Aet. | | | |

(Aet. At the Millennium Stadium, Cardiff)

(Cardiff City promoted to the Nationwide Football League Division 1)

2002-03 NFL3

10 May 2003	SF1	Bury	(0)	0	Bournemouth	(0)	0	5,782
	SF1	Lincoln City	(2)	5	Scunthorpe United	(1)	3	8,902
		Weaver 15, Mayo 18,			Calvo Garcia (2) 26, 69			
		Smith 55, Yeo (2) 82, 90			Stanton 70			
13 May 2003	SF2	**Bournemouth**	(2)	3	Bury	(0)	1	7,945
		O'Connor 21, Hayter (2) 38, 60			Preece 67			

(Bournemouth won 3-1 on aggregate)

| 14 May 2003 | SF2 | Scunthorpe United | (0) | 0 | **Lincoln City** | (0) | 1 | 8,295 |
| | | | | | Yeo 88 | | | |

(Lincoln City won 6-3 on aggregate)

24 May 2003	Final	**Bournemouth**	(2)	5	Lincoln City	(1)	2	32,148
		S Fletcher 29,			Futcher 35,			
		C Fletcher (2) 45, 77			Bailey 75			
		Purches 56, O'Connor 60						

(At the Millennium Stadium, Cardiff)

(Bournemouth promoted to the Nationwide Football League Division 2)

Football League Play-Off Matches continued

2003-04 NFL1

14 May 2004	SF1	Crystal Palace	(0)	3	Sunderland	(0)	2	25,287
		Shipperley 52, Butterfield 64, Johnson 87			Stewart 51 pen, Kyle 85			

15 May 2004	SF1	Ipswich Town	(0)	1	West Ham United	(0)	0	28,435
		Bent 57						

17 May 2004	SF2	Sunderland	(2)	2	Crystal Palace	(0)	1	34,536
		Kyle 42, Stewart 45			Powell 90 Aet.			

(Aet. FT aggregate 4-4. Crystal Palace won 5-4 on penalties)

18 May 2004	SF2	West Ham United	(0)	2	Ipswich Town	(0)	0	34,002
		Etherington 50, Dailly 71						

(West Ham United won 2-1 on aggregate)

29 May 2004	Final	Crystal Palace	(0)	1	West Ham United	(0)	0	72,523
		Shipperley 62						

(At the Millennium Stadium, Cardiff)
(Crystal Palace promoted to the F A Barclaycard Premiership)

2003-04 NFL2

15 May 2004	SF1	Hartlepool United	(0)	1	Bristol City	(1)	1	7,211
		Porter 74			Rougier 5			

16 May 2004	SF1	Swindon Town	(0)	0	Brighton & Hove Albion	(0)	1	14,034
					Carpenter 72			

19 May 2004	SF2	Bristol City	(0)	2	Hartlepool United	(0)	1	18,434
		Goodfellow 88, Roberts 90			Sweeney 63			

(Bristol City won 3-2 on aggregate)

20 May 2004	SF2	Brighton & Hove Albion	(0)	1	Swindon Town	(0)	2	6,876
		Virgo 120 Aet.			Parkin 81, Fallon 97			

(Aet. Aggregate 2-2. Brighton & Hove Albion won 4-3 on penalties)

30 May 2004	Final	Brighton & Hove Albion	(0)	1	Bristol City	(0)	0	65,167
		Knight 84 pen						

(At the Millennium Stadium, Cardiff)
(Brighton & Hove Albion promoted to the Coca-Cola Football League Championship)

2003-04 NFL3

15 May 2004	SF1	Lincoln City	(0)	1	Huddersfield Town	(1)	2	9,202
		Taylor-Fletcher 51			Onuora 5, Mirfin 72			

16 May 2004	SF1	**Northampton Town**	(0)	0	Mansfield Town Day 40, Mendes 67	(1)	2	6,960
19 May 2004	SF2	**Huddersfield Town** Schofield 60 pen, Edwards 83	(0)	2	Lincoln City Butcher 38, Bailey 39	(2)	2	19,467
		(Huddersfield Town won 4-3 on aggregate)						
20 May 2004	SF2	**Mansfield Town** Curtis 68 Aet.	(0)	1	Northampton Town Richards 36, Hargreaves 42, Smith 46	(2)	3	9,243
		(Aet. Aggregate 3-3. Mansfield Town won 5-4 on penalties)						
31 May 2004	Final	**Huddersfield Town** Aet.	(0)	0	Mansfield Town	(0)	0	37,298
		(Huddersfield Town won 4-1 on penalties) (At the Millennium Stadium, Cardiff)						
		(Huddersfield Town promoted to the Coca-Cola Football League Division 1)						

2004-05 CCFLC

14 May 2005	SF1	**West Ham United** Harewood 7, Zamora 13	(2)	2	Ipswich Town Walker 45 og, Kuqi 74	(1)	2	33,723
15 May 2005	SF1	**Preston North End** Nugent 38, Cresswell 90	(1)	2	Derby County	(0)	0	20,315
18 May 2005	SF2	**Ipswich Town**	(0)	0	West Ham United Zamora (2) 61, 72	(0)	2	30,010
		(West Ham United won 4-2 on aggregate)						
19 May 2005	SF2	**Derby County**	(0)	0	Preston North End	(0)	0	31,310
		(Preston North End won 2-0 on aggregate)						
30 May 2005	Final	**Preston North End**	(0)	0	West Ham United Zamora 57	(0)	1	70,275
		(At the Millennium Stadium, Cardiff)						
		(West Ham United promoted to the F A Barclaycard Premiership)						

2004-05 CCFL1

12 May 2005	SF1	**Sheffield Wednesday** McGovern 12	(1)	1	Brentford	(0)	0	28,625
13 May 2005	SF1	**Hartlepool United** Boyd (2) 32, 68	(1)	2	Tranmere Rovers	(0)	0	6,604
16 May 2005	SF2	**Brentford** Frampton 87	(0)	1	Sheffield Wednesday Peacock 27, Brunt 53	(1)	2	10,823
		(Sheffield Wednesday won 3-1 on aggregate)						

continued

Football League Play-Off Matches continued

17 May 2005	SF2	Tranmere Rovers	(0)	2	Hartlepool United	(0)	0	13,356
		Taylor 70, Beresford 87			Aet.			

(Aet. Aggregate 2-2. Hartlepool United won 6-5 on penalties)

29 May 2005	Final	Hartlepool United	(0)	2	Sheffield Wednesday	(1)	4	59,808
		Williams 47, Daly 71			McGovern 45,			
					MacLean 82 pen, Whelan 94,			
		Aet.			Talbot 120			

(Aet. FT 2-2. At the Millennium Stadium, Cardiff)

(Sheffield Wednesday promoted to the Coca-Cola Football League Championship)

2004-05 CCFL2

14 May 2005	SF1	Lincoln City	(1)	1	Macclesfield Town	(0)	0	7,032
		McAuley 11						

15 May 2005	SF1	Northampton Town	(0)	0	Southend United	(0)	0	6,601

21 May 2005	SF2	Macclesfield Town	(0)	1	Lincoln City	(1)	1	5,223
		Harsley 76			McAuley 15			

(Lincoln City won 2-1 on aggregate)

	SF2	Southend United	(0)	1	Northampton Town	(0)	0	9,152
		Eastwood 49 pen						

(Southend United won 1-0 on aggregate)

28 May 2005	Final	Lincoln City	(0)	0	Southend United	(0)	2	19,653
		Aet.			Eastwood 105, Jupp 110			

(Aet. At the Millennium Stadium, Cardiff)

(Southend United promoted to the Coca-Cola Football League Division 1)

2005-06 CCFLC

5 May 2006	SF1	Leeds United	(0)	1	Preston North End	(0)	1	35,239
		Lewis 74			Nugent 48			

6 May 2006	SF1	Crystal Palace	(0)	0	Watford	(0)	3	22,880
					King 46, Young 67,			
					Spring 85			

8 May 2006	SF2	Preston North End	(0)	0	Leeds United	(0)	2	20,383
					Hulse 56, Richardson 61			

(Leeds United won 3-1 on aggregate)

9 May 2006	SF2	Watford	(0)	0	Crystal Palace	(0)	0	19,041

(Watford won 3-0 on aggregate)

21 May 2006	Final	**Leeds United**	(0)	0	**Watford**	(1)	3	64,736
					DeMerit 25, Sullivan 57 og,			
					Henderson 84 pen			

(At the Millennium Stadium, Cardiff)

(Watford promoted to the F A Barclaycard Premiership)

2005-06 CCFL1

11 May 2006	SF1	**Barnsley**	(0)	0	**Huddersfield Town**	(0)	1	16,127
					Taylor-Fletcher 85			
	SF1	**Swansea City**	(0)	1	**Brentford**	(1)	1	19,060
		Ricketts 87			Tabb 29			
14 May 2006	SF2	**Brentford**	(0)	0	**Swansea City**	(2)	2	10,652
					Knight (2) 8, 15			

(Swansea City won 3-1 on aggregate)

15 May 2006	SF2	**Huddersfield Town**	(0)	1	**Barnsley**	(0)	3	19,223
		Worthington 65			Hayes 58 pen, Reid 71, Nardiello 78			

(Barnsley won 3-2 on aggregate)

27 May 2006	Final	**Barnsley**	(1)	2	**Swansea City**	(2)	2	55,419
		Hayes 19, Nardiello 62			Fallon 28, Robinson 40			

(Aet. FT 2-2. Barnsley won 4-3 on penalties)

(At the Millennium Stadium, Cardiff)

(Barnsley promoted to the Coca-Cola Football League Championship)

2005-06 CCFL2

13 May 2006	SF1	**Lincoln City**	(0)	0	**Grimsby Town**	(1)	1	8,037
					Jones 22			
	SF1	**Wycombe Wanderers**	(0)	1	**Cheltenham Town**	(1)	2	5,936
		Mooney 90			Finnigan 43, Guinan 75			
16 May 2006	SF2	**Grimsby Town**	(0)	2	**Lincoln City**	(1)	1	8,062
		Futcher 60, Jones 82			Robinson 27			

(Grimsby Town won 3-1 on aggregate)

18 May 2006	SF2	**Cheltenham Town**	(0)	0	**Wycombe Wanderers**	(0)	0	6,813

(Cheltenham Town won 2-1 on aggregate)

28 May 2006	Final	**Cheltenham Town**	(0)	1	**Grimsby Town**	(0)	0	29,196
		Guinan 63						

(At the Millennium Stadium, Cardiff)

(Cheltenham Town promoted to the Coca-Cola Football League Division 1)

Football League Play-Off Matches continued

2006-07 CCFLC

12 May 2007	SF1	Southampton	(1)	1	Derby County	(1)	2	30,602
		Surman 7			Howard (2) 36, 58 pen			

13 May 2007	SF1	Wolverhampton Wand.	(1)	2	West Bromwich Albion	(1)	3	27,750
		Craddock 44,			Phillips (2) 25, 54,			
		Olofinjana 52			Kamara 73			

15 May 2007	SF2	Derby County	(1)	2	Southampton	(1)	3	31,569
		Moore 3,			Viafara (2) 4, 54,			
		Best 66 og			Rasiak 89			

(Aet. Aggregate 4-4. Derby County won 4-3 on penalties)

16 May 2007	SF2	West Bromwich Albion	(0)	1	Wolverhampton Wand.	(0)	0	27,415
		Phillips 65						

(West Bromwich Albion won 4-2 on aggregate)

28 May 2007	Final	Derby County	(0)	1	West Bromwich Albion	(0)	0	74,993
		Pearson 61						

(At Wembley Stadium)

(Derby County promoted to the F A Barclaycard Premiership)

2006-07 CCFL1

11 May 2007	SF1	Yeovil Town	(0)	0	Nottingham Forest	(1)	2	8,935
					Commons 23 pen,			
					Perch 90 pen			

13 May 2007	SF1	Oldham Athletic	(0)	1	Blackpool	(0)	2	12,154
		Liddell 75 pen			Barker 52, Hoolahan 87			

18 May 2007	SF2	Nottingham Forest	(0)	2	Yeovil Town	(1)	5	27,819
		Dobie 47, Holt 93			Davies (2) 22,109,			
					Wright 82 og,			
					Stewart 87, Morris 92			

(Aet. FT aggregate 3-3. Yeovil Town won 5-4 on aggregate)

19 May 2007	SF2	Blackpool	(1)	3	Oldham Athletic	(0)	1	9,453
		Southern 28, Morrell 75,			Wolfenden 83			
		Parker 90						

(Blackpool won 5-2 on aggregate)

27 May 2007	Final	Blackpool	(1)	2	Yeovil Town	(0)	0	59,313
		Williams 43, Parker 52						

(At Wembley Stadium)

(Blackpool promoted to the Coca-Cola Football League Championship)

2006-07 CCFL2

| 12 May 2007 | SF1 | Bristol Rovers
Disley 10, Walker 54 | (1) | 2 | Lincoln City
Hughes 31 | (1) | 1 | 10,654 |

| 14 May 2007 | SF1 | Shrewsbury Town | (0) | 0 | Milton Keynes Dons | (0) | 0 | 7,126 |

| 17 May 2007 | SF2 | Lincoln City
Hughes (2) 25, 90,
Stallard 43 | (2) | 3 | Bristol Rovers
Campbell 3, Lambert 11,
Walker 36, Igoe 82,
Rigg 90 | (3) | 5 | 7,694 |

(Bristol Rovers won 7-4 on aggregate)

| 18 May 2007 | SF2 | Milton Keynes Dons
Andrews 74 | (0) | 1 | Shrewsbury Town
Cooke (2) 58, 76 | (0) | 2 | 8,212 |

(Shrewsbury Town won 2-1 on aggregate)

| 26 May 2007 | Final | Bristol Rovers
Walker (2) 21, 35,
Igoe 90 | (2) | 3 | Shrewsbury Town
Drummond 3 | (1) | 1 | 61,589 |

(At Wembley Stadium)

(Bristol Rovers promoted to the Coca-Cola Football League Division 1)

2007-08 CCFLC

| 10 May 2008 | SF1 | Crystal Palace
Watson 87 pen | (0) | 1 | Bristol City
Carey 53, Noble 90 | (0) | 2 | 22,869 |

| 11 May 2008 | SF1 | Watford | (0) | 0 | Hull City
Barmby 8, Windass 23 | (2) | 2 | 14,713 |

| 13 May 2008 | SF2 | Bristol City
Trundle 104,
McIndoe 110 | (0) | 2 | Crystal Palace
Watson 24   Aet. | (1) | 1 | 18,842 |

(Aet. Bristol City won 4-2 on aggregate)

| 14 May 2008 | SF2 | Hull City
Barmby 43,
Folan 70,
Garcia 88,
Doyle 90 | (1) | 4 | Watford
Henderson 12 | (1) | 1 | 23,155 |

(Hull City won 6-1 on aggregate)

| 24 May 2008 | Final | Bristol City | (0) | 0 | Hull City
Windass 38 | (1) | 1 | 86,703 |

(At Wembley Stadium)

(Hull City promoted to the F A Barclaycard Premiership)

Football League Play-Off Matches continued

2007-08 CCFL1

| 9 May 2008 | SF1 | Southend United | (0) | 0 | Doncaster Rovers | (0) | 0 | 9,109 |

| 12 May 2008 | SF1 | Leeds United
Freedman 90 | (0) | 1 | Carlisle United
Graham 32, Bridge-Wilkinson 50 | (1) | 2 | 36,297 |

| 15 May 2008 | SF2 | Carlisle United | (0) | 0 | Leeds United
Howson (2) 10, 90 | (1) | 2 | 12,873 |

(Leeds United won 3-2 on aggregate)

| 16 May 2008 | SF2 | Doncaster Rovers
Stock 11 pen, Barrett 21 og
Coppinger (3) 39, 52, 80 | (3) | 5 | Southend United
Bailey 88 | (0) | 1 | 13,081 |

(Doncaster Rovers won 5-1 on aggregate)

| 25 May 2008 | Final | Doncaster Rovers
Hayter 48 | (0) | 1 | Leeds United | (0) | 0 | 75,132 |

(At Wembley Stadium)

(Doncaster Rovers promoted to the Coca-Cola Football League Championship)

2007-08 CCFL2

| 10 May 2008 | SF1 | Darlington
Kennedy 28, Miller 90 | (1) | 2 | Rochdale
Dagnall 70 | (0) | 1 | 8,057 |

| 11 May 2008 | SF1 | Wycombe Wanderers
Facey 37 | (1) | 1 | Stockport County
Gleeson 82 | (0) | 1 | 6,371 |

| 17 May 2008 | SF2 | Rochdale
Dagnall 43, Perkins 78 | (1) | 2 | Darlington
Keltie 28 pen | (1) | 1 | 9,870 |

(Aet. FT aggregate 3-3. Rochdale won 5-4 on penalties)

| | SF2 | Stockport County
Dickinson 7 | (1) | 1 | Wycombe Wanderers | (0) | 0 | 9,245 |

(Stockport County won 2-1 on aggregate)

| 26 May 2008 | Final | Rochdale
McArdle 24,
Rundle 77 | (1) | 2 | Stockport County
Stanton 34 og, Pilkington 49
Dickinson 67 | (1) | 3 | 35,715 |

(At Wembley Stadium)

(Stockport County promoted to the Coca-Cola Football League Division 1)

2008-09 CCFLC

| 8 May 2009 | SF1 | Preston North End
St Ledger 21 | (1) | 1 | Sheffield United
Howard 46 | (0) | 1 | 19,840 |

9 May 2009	SF1	**Burnley**	(0)	1	Reading	(0)	0	18,005
		Alexander 84 pen						
11 May 2009	SF2	**Sheffield United**	(0)	1	Preston North End	(0)	0	26,354
		Halford 59						

(Sheffield United won 2-1 on aggregate)

12 May 2009	SF2	Reading	(0)	0	**Burnley**	(0)	2	19,909
					Paterson 51, Thompson 58			

(Burnley won 3-0 on aggregate)

25 May 2009	Final	**Burnley**	(1)	1	Sheffield United	(0)	0	80,518
		Elliott 13						

(At Wembley Stadium)

(Burnley promoted to the Barclays Premier League)

2008-09 CCFL1

8 May 2009	SF1	**Scunthorpe United**	(1)	1	Milton Keynes Dons	(1)	1	6,599
		Woolford 13			Wilbraham 27			
9 May 2009	SF1	**Millwall**	(1)	1	Leeds United	(0)	0	13,228
		Harris 71						
14 May 2009	SF2	**Leeds United**	(0)	1	Millwall	(0)	1	37,036
		Becchio 53			Abdou 74			

(Millwall won 2-1 on aggregate)

15 May 2009	SF2	**Milton Keynes Dons**	(0)	0	Scunthorpe United	(0)	0	14,479

(Aet. FT aggregate 1-1. Scunthorpe United won 7-6 on penalties)

24 May 2009	Final	**Millwall**	(2)	2	Scunthorpe United	(1)	3	59,661
		Alexander (2) 37, 39			Sparrow (2) 6, 70, Woolford 85			

(At Wembley Stadium)

(Scunthorpe United promoted to the Coca-Cola Championship)

2008-09 CCFL2

7 May 2009	SF1	**Shrewsbury Town**	(0)	0	Bury	(0)	1	8,429
					Ashton 81 og			
	SF1	**Rochdale**	(0)	0	Gillingham	(0)	0	4,450
10 May 2009	SF2	**Bury**	(0)	0	Shrewsbury Town	(0)	1	7,673
					McIntyre 88			

(Aet. FT aggregate 1-1. Shrewsbury Town won 4-3 on penalties)

continued

Football League Play-Off Matches continued

	SF2	Gillingham Jackson (2) 13, 58 pen	(1)	2	Rochdale Dagnall 36	(1)	1	9,585
		(Gillingham won 2-1 on aggregate)						
23 May 2009	Final	Gillingham Jackson 90	(0)	1	Shrewsbury Town	(0)	0	53,706
		(At Wembley Stadium)						
		(Gillingham promoted to the Coca-Cola League 1)						

2009-10 CCC

8 May 2010	SF1	Blackpool Southern 26, Adam 57 pen	(1)	2	Nottingham Forest Cohen 13	(1)	1	11,805
9 May 2010	SF1	Leicester City	(0)	0	Cardiff City Whittingham 78	(0)	1	29,165
11 May 2010	SF2	Nottingham Forest Earnshaw (2) 7, 66 Adebola 90+2	(1)	3	Blackpool Campbell (3) 56, 76, 79, Dobbie 72	(0)	4	28,358
		(Blackpool won 6-4 on aggregate)						
12 May 2010	SF2	Cardiff City Chopra 21, Whittingham 69 pen	(1)	2	Leicester City Fryatt 25, Hudson 36 og, King 49	(2)	3	26,033
		(Aet. FT aggregate 3-3. Cardiff City won 4-3 on penalties)						
22 May 2010	Final	Blackpool Adam 13, Taylor-Fletcher 41, Ormerod 45+1	(3)	3	Cardiff City Chopra 9, Ledley 37	(2)	2	82,244
		(At Wembley Stadium)						
		(Blackpool promoted to the Barclays Premier League)						

2009-10 CCL1

14 May 2010	SF1	Swindon Town Austin 52, Ward 60	(0)	2	Charlton Athletic Burton 65	(0)	1	13,560
15 May 2010	SF1	Huddersfield Town	(0)	0	Millwall	(0)	0	14,654
17 May 2010	SF2	Charlton Athletic Ferry 27 og, Mooney 45	(2)	2	Swindon Town Ward 74	(0)	1	21,521
		(Aet. FT aggregate 3-3. Swindon Town won 5-4 on penalties)						
18 May 2010	SF2	Millwall Morison 23, Robinson 82	(1)	2	Huddersfield Town	(0)	0	15,463
		(Millwall won 2-0 on aggregate)						

| 29 May 2010 | Final | Millwall
Robinson 39 | (1) | 1 | Swindon Town | (0) | 0 | 73,108 |

(At Wembley Stadium)

(Millwall promoted to the npower Championship)

2009-10 CCL2

15 May 2010	SF1	Aldershot Town	(0)	0	Rotherham United Le Fondre 88	(0)	1	5,470
16 May 2010	SF1	Dagenham & Redbridge Benson (2) 4, 66, Scott (4) 35, 48, 54, 69	(2)	6	Morecambe	(0)	0	4,566
19 May 2010	SF2	Rotherham United Le Fondre 43, Ellison 68	(1)	2	Aldershot Town	(0)	0	7,082

(Rotherham United won 3-0 on aggregate)

| 20 May 2010 | SF2 | Morecambe
Duffy 81, Artell 90 | (0) | 2 | Dagenham & Redbridge
Benson 85 | (0) | 1 | 4,972 |

(Dagenham & Redbridge won 7-2 on aggregate)

| 30 May 2010 | Final | Dagenham & Redbridge
Benson 38, Green 56, Nurse 70 | (1) | 3 | Rotherham United
Taylor (2) 39, 61 | (1) | 2 | 32,054 |

(At Wembley Stadium)

(Dagenham & Redbridge promoted to the npower League 1)

2010-11 npC

12 May 2011	SF1	Nottingham Forest	(0)	0	Swansea City	(0)	0	27,881
13 May 2011	SF1	Reading	(0)	0	Cardiff City	(0)	0	21,485
16 May 2011	SF2	Swansea City Britton 28, Dobbie 33, Pratley 90+3	(2)	3	Nottingham Forest Earnshaw 80	(0)	1	19,816

(Swansea City won 3-1 on aggregate)

| 17 May 2011 | SF2 | Cardiff City | (0) | 0 | Reading
Long (2) 28, 45 pen, McAnuff 84 | (2) | 3 | 24,081 |

(Reading won 3-0 on aggregate)

| 30 May 2011 | Final | Reading
Allen 49 og, Mills 57 | (0) | 2 | Swansea City
Sinclair (3) 21 pen, 22, 80 pen
Dobbie 40 | (3) | 4 | 86,581 |

(At Wembley Stadium)

(Swansea City promoted to the Barclays Premier League)

Football League Play-Off Matches continued

2010-11 npL1

Date	Round	Home			Away			Attendance
14 May 2011	SF1	Bournemouth McDermott 60	(0)	1	Huddersfield Town Kilbane 22	(1)	1	9,043
15 May 2011	SF1	Milton Keynes Dons Powell 47, Baldock 50, Balanta 56	(0)	3	Peterborough United Mackail-Smith 8, McCann 81 pen	(1)	2	12,662
18 May 2011	SF2	Huddersfield Town Peltier 26, Ward 45+2, Kay 105+2	(2)	3	Bournemouth Lovell (2) 44 pen, 63, Ings 104	(1)	3	16,444

(Aet. Aggregate 4-4. Huddersfield Town won 4-2 on penalties)

19 May 2011	SF2	Peterborough United McCann 11, Mackail-Smith 54	(1)	2	Milton Keynes Dons	(0)	0	11,920

(Peterborough United won 4-3 on aggregate)

29 May 2011	Final	Huddersfield Town	(0)	0	Peterborough United Rowe 78, Mackail-Smith 80, McCann 85	(0)	3	48,410

(At Old Trafford, Manchester)

(Peterborough United promoted to the npower Championship)

2010-11 npL2

Date	Round	Home			Away			Attendance
14 May 2011	SF1	Torquay United Zebroski 29, O'Kane 45+3	(1)	2	Shrewsbury Town	(0)	0	4,130
15 May 2011	SF1	Stevenage Long 24, Byrom 45	(2)	2	Accrington Stanley	(0)	0	4,424
20 May 2011	SF2	Shrewsbury Town	(0)	0	Torquay United	(0)	0	8,452

(Torquay United won 2-0 on aggregate)

	SF2	Accrington Stanley	(0)	0	Stevenage Beardsley 90	(0)	1	4,185

(Stevenage won 3-0 on aggregate)

28 May 2011	Final	Stevenage Mousinho 41	(1)	1	Torquay United	(0)	0	11,484

(At Old Trafford, Manchester)

(Stevenage promoted to the npower League 1)

2011-12 npC

Date	Round	Home			Away			Attendance
3 May 2012	SF1	Cardiff City	(0)	0	West Ham United Collison (2) 9, 41	(2)	2	23,029

4 May 2012	SF1	**Blackpool** Davies 45 og	(1)	1	Birmingham City	(0)	0	13,832
7 May 2012	SF2	**West Ham United** Nolan 15, Vaz Te 41, Maynard 90	(2)	3	Cardiff City	(0)	0	34,682
		(West Ham United won 5-0 on aggregate)						
9 May 2012	SF2	**Birmingham City** Zigic 64, Davies 73	(0)	2	**Blackpool** Dobbie 45, M Phillips 48	(1)	2	28,483
		(Blackpool won 3-2 on aggregate)						
19 May 2012	Final	**Blackpool** Ince 48	(0)	1	**West Ham United** Cole 35, Vaz Te 87	(1)	2	78,523
		(At Wembley Stadium)						
		(West Ham United promoted to the Barclays Premier League)						

2011-12 npL1

11 May 2012	SF1	**Stevenage**	(0)	0	Sheffield United	(0)	0	5,802
12 May 2012	SF1	**Milton Keynes Dons**	(0)	0	**Huddersfield Town** Rhodes 32, Hunt 73	(1)	2	11,893
14 May 2012	SF2	**Sheffield United** Porter 85	(0)	1	Stevenage	(0)	0	21,182
		(Sheffield United won 1-0 on aggregate)						
15 May 2012	SF2	**Huddersfield Town** Rhodes 18	(1)	1	**Milton Keynes Dons** Powell 39, Smith 90+2	(1)	2	15,085
		(Huddersfield Town won 3-2 on aggregate)						
26 May 2012	Final	**Huddersfield Town**	(0)	0	Sheffield United	(0)	0	52,100
		(Aet. Huddersfield Town won 8-7 on penalties)						
		(At Wembley Stadium)						
		(Huddersfield Town promoted to the npower Championship)						

2011-12 npL2

12 May 2012	SF1	**Crewe Alexandra** Dugdale 50	(0)	1	Southend United	(0)	0	7,221
13 May 2012	SF1	**Cheltenham Town** McGlashan 27, Burgess 50	(1)	2	Torquay United	(0)	0	5,273
16 May 2012	SF2	**Southend United** Harris 64, Barker 87	(0)	2	**Crewe Alexandra** Leitch-Smith 24, Clayton 86	(1)	2	8,190
		(Crewe Alexandra won 3-2 on aggregate)						

continued

Football League Play-Off Matches continued

17 May 2012	SF2	Torquay United	(0)	1	Cheltenham Town	(0)	2	3,606
		Atieno 85			McGlashan 75, Pack 87			

(Cheltenham Town won 4-1 on aggregate)

27 May 2012	Final	Cheltenham Town	(0)	0	Crewe Alexandra	(1)	2	24,029
					Powell 15, Moore 82			

(At Wembley Stadium)

(Crewe Alexandra promoted to the npower League 1)

2012-13 npC

9 May 2013	SF1	Leicester City	(0)	1	Watford	(0)	0	29,650
		Nugent 82						
10 May 2013	SF1	Crystal Palace	(0)	0	Brighton & Hove Albion	(0)	0	23,294
12 May 2013	SF2	Watford	(1)	3	Leicester City	(1)	1	16,142
		Vydra (2) 15, 69, Deeney 90+7			Nugent 19			

(Watford won 3-2 on aggregate)

13 May 2013	SF2	Brighton & Hove Albion	(0)	0	Crystal Palace	(0)	2	29,518
					Zaha (2) 69, 88			

(Crystal Palace won 2-0 on aggregate)

27 May 2013	Final	Crystal Palace	(0)	1	Watford	(0)	0	82,025
		Phillips 105+1 pen						

(Aet. At Wembley Stadium)

(Crystal Palace promoted to the Barclays Premier League)

2012-13 npL1

3 May 2013	SF1	Sheffield United	(0)	1	Yeovil Town	(0)	0	15,262
		McFadzean 46						
4 May 2013	SF1	Swindon Town	(0)	1	Brentford	(0)	1	10,595
		Luongo 70			O'Connor 90+4 pen			
6 May 2013	SF2	Yeovil Town	(1)	2	Sheffield United	(0)	0	8,152
		Dawson 6, Upson 85						

(Yeovil Town won 2-1 on aggregate)

	SF2	Brentford	(2)	3	Swindon Town	(1)	3	9,109
		Rooney A 24 og,			Rooney A 44,			
		Donaldson (2) 40, 47			Devera 57,			
					Flint 90+5			

(Aet. Aggregate 4-4. Brentford won 5-4 on penalties)

| 9 May 2013 | Final | Brentford
Dean 51 | (0) | 1 | Yeovil Town
Madden 6, Burn 42 | (2) | 2 | 41,955 |

(At Wembley Stadium)

(Yeovil Town promoted to the Sky Bet Championship)

2012-13 npL2

2 May 2013	SF1	Bradford City Wells 37 pen, Thompson 75	(1)	2	Burton Albion Zola (2) 22, 27, Weir 44	(3)	3	14,657
	SF1	Northampton Town O'Donovan 26	(1)	1	Cheltenham Town	(0)	0	6,563
5 May 2013	SF2	Burton Albion Maghoma 55 pen	(0)	1	Bradford City Wells (2) 27, 57, Hanson 50	(1)	3	6,148

(Bradford City won 5-4 on aggregate)

| | SF2 | Cheltenham Town | (0) | 0 | Northampton Town
Guttridge 28 | (1) | 1 | 5,955 |

(Northampton Town won 2-0 on aggregate)

| 18 May 2013 | Final | Bradford City
Hanson 15, McArdle 19, Wells 28 | (3) | 3 | Northampton Town | (0) | 0 | 47,127 |

(At Wembley Stadium)

(Bradford City promoted to the Sky Bet League 1)

2013-14 SBC

8 May 2014	SF1	Brighton & Hove Albion Lingard 18	(1)	1	Derby County Martin 29 pen, Kuszczak 45+2 og	(2)	2	27,118
9 May 2014	SF1	Wigan Athletic	(0)	0	Queens Park Rangers	(0)	0	14,560
11 May 2014	SF2	Derby County Hughes 34, Martin 56, Thorne 76, Hendrick 87	(1)	4	Brighton & Hove Albion LuaLua 89	(0)	1	31,708

(Derby County won 6-2 on aggregate)

| 12 May 2014 | SF2 | Queens Park Rangers
Austin (2) 73 pen, 96 | (0) | 2 | Wigan Athletic
Perch 9   Aet. | (1) | 1 | 17,061 |

(Aet. Queens Park Rangers won 2-1 on aggregate)

| 24 May 2014 | Final | Derby County | (0) | 0 | Queens Park Rangers
Zamora 90 | (0) | 1 | 87,348 |

(At Wembley Stadium)

(Queens Park Rangers promoted to the Barclays Premier League)

Football League Play-Off Matches continued

2013-14 SBL1

Date	Round	Home			Away			Attendance
10 May 2014	SF1	Peterborough United Assombalonga 16	(1)	1	Leyton Orient Odubajo 72	(0)	1	9,519
	SF1	Preston North End Garner 49	(0)	1	Rotherham United Revell 21	(1)	1	17,221
13 May 2014	SF2	Leyton Orient Cox 60, Dagnall 88	(0)	2	Peterborough United Washington 90+2	(0)	1	8,545

(Leyton Orient won 3-2 on aggregate)

15 May 2014	SF2	Rotherham United Thomas 24, Frecklington 34, Agard 67	(2)	3	Preston North End Gallagher 16	(1)	1	11,576

(Rotherham United won 4-2 on aggregate)

25 May 2014	Final	Leyton Orient Odubajo 34, Cox 39	(2)	2	Rotherham United Revell (2) 55, 60	(0)	2	43,401

(At Wembley Stadium)
(Aet. Rotherham United won 4-3 on penalties)
(Rotherham United promoted to the Sky Bet Championship)

2013-14 SBL2

Date	Round	Home			Away			Attendance
11 May 2014	SF1	Burton Albion McGurk 45	(1)	1	Southend United	(0)	0	4,581
12 May 2014	SF1	York City	(0)	0	Fleetwood Town Blair 50	(0)	1	5,124
16 May 2014	SF2	Fleetwood Town	(0)	0	York City	(0)	0	5,194

(Fleetwood Town won 1-0 on aggregate)

17 May 2014	SF2	Southend United Leonard 32, Straker 39	(2)	2	Burton Albion Holness 21, McGurk 69	(1)	2	9,696

(Burton Albion won 3-2 on aggregate)

26 May 2014	Final	Burton Albion	(0)	0	Fleetwood Town Sarcevic 75	(0)	1	14,007

(At Wembley Stadium)
(Fleetwood Town promoted to the Sky Bet League 1)

2014-15 SBC

Date	Round	Home			Away			Attendance
8 May 2015	SF1	Brentford Gray 54	(0)	1	Middlesbrough Vossen 26, Amorebieta 90+3	(1)	2	11,691

| 9 May 2015 | SF1 | Ipswich Town | (1) | 1 | Norwich City | (1) | 1 | 29,166 |
| | | Anderson 45 | | | Howson 41 | | | |

15 May 2015	SF2	Middlesbrough	(1)	3	Brentford	(0)	0	33,266
		Tomlin 23, Kike 55,						
		Adomah 78						

(Middlesbrough won 5-1 on aggregate)

16 May 2015	SF2	Norwich City	(0)	3	Ipswich Town	(0)	1	26,994
		Hoolahan 50 pen,			Smith 60			
		Redmond 64, Jerome 76						

(Norwich City won 4-2 on aggregate)

| 25 May 2015 | Final | Middlesbrough | (0) | 0 | Norwich City | (2) | 2 | 85,656 |
| | | | | | Jerome 12, Redmond 15 | | | |

(At Wembley Stadium)

(Norwich City promoted to the Barclays Premier League)

2014-15 SBL1

| 7 May 2015 | SF1 | Chesterfield | (0) | 0 | Preston North End | (1) | 1 | 8,409 |
| | | | | | Beckford 6 | | | |

| | SF1 | Sheffield United | (1) | 1 | Swindon Town | (0) | 2 | 20,890 |
| | | Freeman 19 | | | Ricketts 51, Byrne 90+4 | | | |

10 May 2015	SF2	Preston North End	(1)	3	Chesterfield	(0)	0	15,641
		Beckford (2) 38, 87						
		Garner 62 pen						

(Preston North End won 4-0 on aggregate)

11 May 2015	SF2	Swindon Town	(3)	5	Sheffield United	(2)	5	13,065
		Gladwin (2) 4, 10,			Thompson 19 og, Basham 38			
		Smith (2) 18, 59 pen, Obika 84			Davies 65, Done 88, Adams 90			

(Swindon Town won 7-6 on aggregate)

24 May 2015	Final	Preston North End	(3)	4	Swindon Town	(0)	0	48,236
		Beckford (3) 3, 44, 57,						
		Huntington 13						

(At Wembley Stadium)

(Preston North End promoted to the Sky Bet Championship)

2014-15 SBL2

| 9 May 2015 | SF1 | Plymouth Argyle | (0) | 2 | Wycombe Wanderers | (2) | 3 | 14,175 |
| | | Ansah 86, Banton 89 | | | Hayes 10, Holloway 22, Craig 52 | | | |

continued

Football League Play-Off Matches continued

10 May 2015	SF1	Stevenage	(0)	1	Southend United	(0)	1	5,183
		Parrett 51			Corr 60			

14 May 2015	SF2	Wycombe Wanderers	(2)	2	Plymouth Argyle	(0)	1	7,750
		Hayes 7,			Brunt 70			
		Mawson 35						

(Wycombe Wanderers won 5-3 on aggregate)

	SF2	Southend United	(0)	3	Stevenage	(0)	1	8,998
		Leonard 67, McLaughlin 108			Pett 55			
		Timlin 120						

(Aet. Southend United won 4-2 on aggregate)

23 May 2015	Final	Southend United	(0)	1	Wycombe Wanderers	(0)	1	38,252
		Pigott 120+2			Bentley 95 og			

(Aet. Southend United won 7-6 on penalties)
(At Wembley Stadium)

(Southend United promoted to the Sky Bet League 1)

2015-16 SBC

13 May 2016	SF1	Sheffield Wednesday	(1)	2	Brighton & Hove Albion	(0)	0	34,260
		Wallace 45, Lee 73						

14 May 2016	SF1	Derby County	(0)	0	Hull City	(2)	3	29,969
					Hernandez 30, Shackell 40 og			
					Robertson 90+8			

16 May 2016	SF2	Brighton & Hove Albion	(1)	1	Sheffield Wednesday	(1)	1	27,272
		Dunk 19			Wallace 28			

(Sheffield Wednesday won 3-1 on aggregate)

17 May 2016	SF2	Hull City	(0)	0	Derby County	(2)	2	20,470
					Russell 7, Robertson 36 og			

(Hull City won 3-2 on aggregate)

28 May 2016	Final	Sheffield Wednesday	(0)	0	Hull City	(0)	1	70,189
					Diame 71			

(At Wembley Stadium)

(Hull City promoted to the Barclays Premier League)

2015-16 SBL1

14 May 2016	SF1	Barnsley	(1)	3	Walsall	(0)	0	16,051
		Demetriou 45 og,						
		Winnall (2) 54, 55						

15 May 2016	SF1	Bradford City McMahon 13 pen	(1)	1	Millwall Gregory 15, Morison 34, Martin J 45	(3)	3	19,241
19 May 2016	SF2	Walsall Cook 85	(0)	1	Barnsley Hammill 18, Fletcher 66, Brownhill 90	(1)	3	8,022

(Barnsley won 6-1 on aggregate)

20 May 2016	SF2	Millwall Gregory 34	(1)	1	Bradford City Proctor 44	(1)	1	16,301

(Millwall won 4-2 on aggregate)

29 May 2016	Final	Barnsley Fletcher 2, Hammill 19, Isgrove 74	(2)	3	Millwall Beevers 34	(1)	1	51,277

(At Wembley Stadium)

(Barnsley promoted to the Sky Bet Championship)

2015-16 SBL2

12 May 2016	SF1	Portsmouth Mc Nulty 3, Roberts 51 pen	(1)	2	Plymouth Argyle Matt 9, 19	(2)	2	17,622
14 May 2016	SF1	AFC Wimbledon Beere 90+3	(0)	1	Accrington Stanley	(0)	0	4,870
15 May 2016	SF2	Plymouth Argyle Hartley 90+1	(0)	1	Portsmouth	(0)	0	15,011

(Plymouth Argyle won 3-2 on aggregate)

18 May 2016	SF2	Accrington Stanley Windass 39 pen, Mingoia 59	(1)	2	AFC Wimbledon Akinfenwa 68, Taylor 104	(0)	2	4,634

(AFC Wimbledon won 3-2 on aggregate)

30 May 2016	Final	AFC Wimbledon Taylor 78, Akinfenwa 90+11 pen	(0)	2	Plymouth Argyle	(0)	0	57,956

(At Wembley Stadium)

(AFC Wimbledon promoted to the Sky Bet League 1)

2016-17 SBC

13 May 2017	SF1	Fulham Cairney 65	(0)	1	Reading Obita 53	(0)	1	23,717

continued

Football League Play-Off Matches continued

| 14 May 2017 | SF1 | Huddersfield Town | (0) | 0 | Sheffield Wednesday | (0) | 0 | 20,357 |

| 16 May 2017 | SF2 | Reading | (0) | 1 | Fulham | (0) | 0 | 22,044 |

Kermorgant 49 pen

(Reading won 2-1 on aggregate)

| 17 May 2017 | SF2 | Sheffield Wednesday | (0) | 1 | Huddersfield Town | (0) | 1 | 32,625 |

Fletcher 51   Lees 73 og

(Aet. Aggregate 1-1. Huddersfield Town won 4-3 on penalties)

| 29 May 2017 | Final | Huddersfield Town | (0) | 0 | Reading | (0) | 0 | 76,682 |

(Huddersfield Town won 4-3 on penalties)

(At Wembley Stadium)

(Huddersfield Town promoted to the Premier League)

2016-17 SBL1

| 4 May 2017 | SF1 | Bradford City | (0) | 1 | Fleetwood Town | (0) | 0 | 15,696 |

McArdle 77

| 4 May 2017 | SF1 | Millwall | (0) | 0 | Scunthorpe United | (0) | 0 | 12,568 |

| 7 May 2017 | SF2 | Fleetwood Town | (0) | 0 | Bradford City | (0) | 0 | 5,076 |

(Bradford City won 1-0 on aggregate)

| 7 May 2017 | SF2 | Scunthorpe United | (1) | 2 | Millwall | (1) | 3 | 7,190 |

Toney 19, Dawson 81   Morison (2) 45, 58, Gregory 52

(Millwall won 3-2 on aggregate)

| 20 May 2017 | Final | Bradford City | (0) | 0 | Millwall | (0) | 1 | 53,320 |

Morison 85

(At Wembley Stadium)

(Millwall promoted to the Sky Bet Championship)

2016-17 SBL2

| 14 May 2017 | SF1 | Blackpool | (1) | 3 | Luton Town | (2) | 2 | 3,882 |

Cullen (3) 19, 47, 67 pen   Potts 26, Vassell 28

| 14 May 2017 | SF1 | Carlisle United | (1) | 3 | Exeter City | (2) | 3 | 9,708 |

Moore-Taylor 32 og,
O'Sullivan 71, S Miller 73
Grant 15, Harley 45,
Wheeler 56

| 18 May 2017 | SF2 | Exeter City | (1) | 3 | Carlisle United | (0) | 2 | 7,450 |

Watkins (2) 10, 79, Stacey 90   Kennedy 81, O'Sullivan 90

(Exeter City won 6-5 on aggregate)

18 May 2017	SF2	Luton Town	(2)	3	Blackpool	(1)	3	10,032
		Mellor 36 og, Cuthbert 45,			Delfouneso 22, Gnanduillet 76,			
		Hylton 57 pen			Moore 90 og			

(Blackpool won 6-5 on aggregate)

28 May 2017	Final	Blackpool	(1)	2	Exeter City	(1)	1	23,380
		Potts 3, Cullen 64			Wheeler 40			

(At Wembley Stadium)

(Blackpool promoted to the Sky Bet League 1)

2017-18 SBC

11 May 2018	SF1	Derby County	(0)	1	Fulham	(0)	0	27,163
		Jerome 34						

12 May 2018	SF1	Middlesbrough	(0)	0	Aston Villa	(1)	1	29,233
					Jedinak 15			

14 May 2018	SF2	Fulham	(0)	2	Derby County	(0)	0	23,529
		Sessegnon 47, Odoi 66						

(Fulham won 2-1 on aggregate)

15 May 2018	SF2	Aston Villa	(0)	0	Middlesbrough	(0)	0	40,505

(Aston Villa won 1-0 on aggregate)

26 May 2018	Final	Aston Villa	(0)	0	Fulham	(1)	1	85,243
					Cairney 23			

(At Wembley Stadium)

(Fulham promoted to the Premier League)

2017-18 SBL1

10 May 2018	SF1	Charlton Athletic	(0)	0	Shrewsbury Town	(0)	1	14,367
					Nolan 80			

12 May 2018	SF1	Scunthorpe United	(1)	2	Rotherham United	(1)	2	6,591
		Ihiekwe 18 og, McGeehan 88			Taylor 17, Newell 64			

13 May 2018	SF2	Shrewsbury Town	(0)	1	Charlton Athletic	(0)	0	9,016
		C Morris 58						

(Shrewsbury Town won 2-0 on aggregate)

16 May 2018	SF2	Rotherham United	(1)	2	Scunthorpe United	(0)	0	11,061
		Wood 45+2, Vaulks 63						

(Rotherham United won 4-2 on aggregate)

27 May 2018	Final	Rotherham United	(1)	2	Shrewsbury Town	(0)	1	26,218
		Wood (2) 32, 103			Rodman 58	Aet.		

(At Wembley Stadium)

Rotherham United promoted to the Sky Bet Championship

Football League Play-Off Matches continued

2017-18 SBL2

12 May 2018	SF1	Coventry City	(0)	1	Notts County	(0)	1	17,404
		McNulty 87 pen			Forte 49			

12 May 2018	SF1	Lincoln City	(0)	0	Exeter City	(0)	0	9,509

17 May 2018	SF2	Exeter City	(1)	3	Lincoln City	(0)	1	5,645
		Stockley 27, Boateng 47, Harley 69			Green 78			

(Exeter City won 3-1 on aggregate)

18 May 2018	SF2	Notts County	(1)	1	Coventry City	(2)	4	17,615
		Grant 44			Biamou (2) 6, 71, McNulty 37, Bayliss 86			

(Coventry City won 5-2 on aggregate)

28 May 2018	Final	Coventry City	(0)	3	Exeter City	(0)	1	50,196
		Willis 49, Shipley 54, Grimmer 68			Edwards 89			

(At Wembley Stadium)

Coventry City promoted to the Sky Bet League 1

2018-19 SBC

11 May 2019	SF1	Aston Villa	(0)	2	West Bromwich Albion	(1)	1	40,754
		Hourihane 75, Abraham 79 pen.			Gayle 16			

11 May 2019	SF1	Derby County	(0)	0	Leeds United	(0)	1	31,723
					Roofe 55			

14 May 2019	SF2	West Bromwich Albion	(1)	1	Aston Villa	(0)	0	25,702
		Dawson 29						

(Aet. Aggregate 2-2. Aston Villa won 4-3 on penalties)

15 May 2019	SF2	Leeds United	(1)	2	Derby County	(1)	4	36,326
		Dallas (2) 24, 62			Marriott (2) 45, 85, Mount 46, Wilson 58 pen			

(Derby County won 4-3 on aggregate)

27 May 2019	Final	Aston Villa	(1)	2	Derby County	(0)	1	85,826
		El Ghazi 44, McGinn 59			Waghorn 81			

(At Wembley Stadium)

Aston Villa promoted to the Premier League

2018-19 SBL1

Date	Round	Home		Score		Away		Score	Attendance
11 May 2019	SF1	**Sunderland** Maguire 62	(0)	1		Portsmouth	(0)	0	26,610
12 May 2019	SF1	**Doncaster Rovers** Blair 87	(0)	1		Charlton Athletic Taylor 32, Aribo 34	(2)	2	11,140
16 May 2019	SF2	**Portsmouth**	(0)	0		Sunderland	(0)	0	18,077

(Sunderland won 1-0 on aggregate)

17 May 2019	SF2	**Charlton Athletic** Bielik 2, Pratley 101	(1)	2		Doncaster Rovers Rowe 11, Butler 88, Marquis 100	(1)	3	25,428

(Aet. FT 1-2. Aggregate 4-4.
Charlton Athletic won 4-3 on penalties)

26 May 2019	Final	**Charlton Athletic** Purrington 35, Bauer 90+4	(1)	2		Sunderland Sarr 5 og	(1)	1	76,155

(At Wembley Stadium)

Charlton Athletic promoted to the Sky Bet Championship

2018-19 SBL2

Date	Round	Home		Score		Away		Score	Attendance
9 May 2019	SF1	**Newport County** Amond 83	(0)	1		Mansfield Town Hamilton 12	(1)	1	6,035
10 May 2019	SF1	**Tranmere Rovers** Banks 26	(1)	1		Forest Green Rovers	(0)	0	9,579
12 May 2019	SF2	**Mansfield Town**	(0)	0		Newport County	(0)	0	7,361

(Aet. Aggregate 1-1. Newport County won 5-3 on penalties)

13 May 2019	SF2	**Forest Green Rovers** Mills 12	(1)	1		Tranmere Rovers Norwood 27	(1)	1	4,492

(Tranmere Rovers won 2-1 on aggregate)

25 May 2019	Final	**Newport County**	(0)	0		Tranmere Rovers Jennings 119	(0)	1	25,217

(Aet. FT 0-0)
(At Wembley Stadium)

Tranmere Rovers promoted to the Sky Bet League 1

Football League Play-Off Matches continued

For attendances CD = Closed doors. ie no official attendance due to Coronavirus regulations.

2019-20 SBC

Date	Round	Home			Away			Att
26 Jul 2020	SF1	Swansea City A Ayew 81	(0)	1	Brentford	(0)	0	CD
27 Jul 2020	SF1	Cardiff City	(0)	0	Fulham Onomah 49, Kebano 90+1	(0)	2	CD
29 Jul 2020	SF2	Brentford Watkins 11, Marcondes 15, Mbeumo 46	(2)	3	Swansea City Brewster 78	(0)	1	CD

(Brentford won 3-2 on aggregate)

30 Jul 2020	SF2	Fulham Kebano 9	(1)	1	Cardiff City Nelson 8, Tomlin 47	(1)	2	CD

(Fulham won 3-2 on aggregate)

4 Aug 2020	Final	Brentford Dalsgaard 120+4	(0)	1	Fulham Bryan 105, 117	(0)	2	CD

(Aet. FT 0-0)
(At Wembley Stadium)

Fulham promoted to the Premier League

2019-20 SBL1

Date	Round	Home			Away			Att
3 Jul 2020	SF1	Fleetwood Town Evans 4 pen	(1)	1	Wycombe Wanderers Ofoborh 2, Jacobson 6, Wheeler 45+3, Samuel 57	(3)	4	CD
3 Jul 2020	SF1	Portsmouth Curtis 32	(1)	1	Oxford United Browne 43	(1)	1	CD
6 Jul 2020	SF2	Oxford United Harrison 45+3 og	(1)	1	Portsmouth Harness 38	(1)	1	CD

(Aet. Aggregate 2-2. Oxford United won 5-4 on penalties)

6 Jul 2020	SF2	Wycombe Wanderers Onyedinma (2) 47, 90+4	(0)	2	Fleetwood Town Andrew 22, Evans 60 pen	(1)	2	CD

(Wycombe Wanderers won 6-3 on aggregate)

13 Jul 2020	Final	Oxford United Sykes 57	(0)	1	Wycombe Wanderers Stewart 9, Jacobson 79 pen	(1)	2	CD

(At Wembley Stadium)

Wycombe Wanderers promoted to the Sky Bet Championship

2019-20 SBL2

Date	Round	Home		Score	Away		Score	Venue
18 Jun 2020	SF1	Colchester United Bramall 81	(0)	0	Exeter City	(0)	0	CD
18 Jun 2020	SF1	Northampton Town	(0)	0	Cheltenham Town Raglan 26, Thomas 86	(1)	2	CD
22 Jun 2020	SF2	Exeter City Martin 10, Richardson 58, Bowman 111	(1)	3	Colchester United Senior 78	(0)	1	CD

(Aet. FT 2-1. Exeter City won 3-2 on aggregate)

| 22 Jun 2020 | SF2 | Cheltenham Town | (0) | 0 | Northampton Town
Oliver 9,
Morton (2) 57, 77 | (1) | 3 | CD |

(Northampton Town won 3-2 on aggregate)

| 29 Jun 2020 | Final | Exeter City | (0) | 0 | Northampton Town
Watson 11, Morton 31,
Hoskins 80,
Williams 89 | (2) | 4 | CD |

(At Wembley Stadium)

Northampton Town promoted to the Sky Bet League 1

2020-21 SBC

17 May 2021	SF1	AFC Bournemouth Danjuma 55	(0)	1	Brentford	(0)	0	2,300 CR
17 May 2021	SF1	Barnsley	(0)	0	Swansea City A Ayew	(1)	1	4,000 CR
22 May 2021	SF2	Brentford Toney 16 pen., Janelt 50, Forss 81	(1)	3	AFC Bournemouth Danjuma 5	(1)	1	4,000 CR

(Brentford won 3-2 on aggregate)

| 22 May 2021 | SF2 | Swansea City
Grimes 39 | (1) | 1 | Barnsley
Woodrow 71 | (0) | 1 | 3,000
CR |

(Swansea City won 2-1 on aggregate)

| 29 May 2021 | Final | Brentford
Toney 10 pen., Marcondes 20 | (2) | 2 | Swansea City | (0) | 0 | 11,689
CR |

(At Wembley Stadium)

Brentford promoted to the Premier League

Football League Play-Off Matches continued

For attendances CD = Closed doors. ie no official attendance due to Coronavirus regulations.
For attendances CR = Covid Restricted attendance due to Coronavirus regulations.

2020-21 SBL1

Date	Round	Home	(HT)	FT	Away	(HT)	FT	Att
18 May 2021	SF1	Oxford United	(0)	0	Blackpool Turton 23, Simms (2) 26, 74	(2)	3	3,224 CR
19 May 2021	SF1	Lincoln City Hopper 51, Johnson 77	(0)	2	Sunderland	(0)	0	3,145 CR
21 May 2021	SF2	Blackpool Embleton 11, Dougall 13, Yates 54	(2)	3	Oxford United Taylor 7, Atkinson 52, Shodipo 74	(1)	3	4,000 CR

(Blackpool won 6-3 on aggregate)

22 May 2021	SF2	Sunderland Stewart 13, Wyke 33	(2)	2	Lincoln City Hopper 56	(0)	1	9,971 CR

(Lincoln City won 3-2 on aggregate)

30 May 2021	Final	Blackpool Dougall (2) 34, 54	(1)	2	Lincoln City Turton 1 og	(1)	1	9,751 CR

(At Wembley Stadium)

Blackpool promoted to the Sky Bet Championship

2020-21 SBL2

18 May 2021	SF1	Newport County Dolan 31, Collins 56	(1)	2	Forest Green Rovers	(0)	0	900 CR
20 May 2021	SF1	Tranmere Rovers Clarke 19	(1)	1	Morecambe Knight-Percival 15, McAlinden 45+1	(2)	2	3,400 CR
23 May 2021	SF2	Morecambe Wildig 9	(1)	1	Tranmere Rovers Vaughan 53	(0)	1	1,558 CR

(Morecambe won 3-2 on aggregate)

23 May 2021	SF2	Forest Green Rovers Adams 7, Collins 8, Cadden 53, Matt 87	(2)	4	Newport County Ellison 70, Labadie 76, Maynard 119	(0)	3	1,300 CR

(Aet. FT aggregate 4-4. Newport County won 5-4 on aggregate)

31 May 2021	Final	Morecambe Mendes Gomes 107 pen	(0)	1	Newport County	(0)	0	9,083 CR

(Aet. FT 0-0. At Wembley Stadium)

Morecambe promoted to Sky Bet League One

2021-22 SBC

Date	Round	Home			Away			Att.
13 May 2022	SF 1	**Luton Town** Bradley 30	(1)	1	**Huddersfield Town** Sinani 12	(1)	1	10,005
14 May 2022	SF 1	**Sheffield United** Berge 90+1	(0)	1	**Nottingham Forest** Colback 10, Johnson 71	(1)	2	30,225
16 May 2022	SF 2	**Huddersfield Town** Rhodes 82	(0)	1	**Luton Town**	(0)	0	23,507

(Huddersfield Town won 2-1 on aggregate)

17 May 2022	SF 2	**Nottingham Forest** Johnson 19	(1)	1	**Sheffield United** Gibbs-White 47, Fleck 75	(0)	2	29,015

(Aet. FT aggregate 3-3. Nottingham Forest won 3-2 on penalties)

29 May 2022	Final	**Huddersfield Town**	(0)	0	**Nottingham Forest** Colwill 43 og	(1)	1	80,019

(At Wembley Stadium)

Nottingham Forest promoted to the Premier League

2021-22 SBL1

5 May 2022	SF 1	**Wycombe Wanderers** Tafazolli 38, Vokes 82	(1)	2	**Milton Keynes Dons**	(0)	0	8,987
6 May 2022	SF 1	**Sunderland** Stewart 45+1	(1)	1	**Sheffield Wednesday**	(0)	0	44,742
8 May 2022	SF 2	**Milton Keynes Dons** Parrott 26	(1)	1	**Wycombe Wanderers**	(0)	0	13,012

(Wycombe Wanderers won 2-1 on aggregate)

9 May 2022	SF 2	**Sheffield Wednesday** Gregory 74	(0)	1	**Sunderland** Roberts 90+3	(0)	1	32,978

(Sunderland won 2-1 on aggregate)

21 May 2022	Final	**Sunderland** Embleton 12, Stewart 79	(1)	2	**Wycombe Wanderers**	(0)	0	72,332

(At Wembley Stadium)

Sunderland promoted to the Sky Bet Championship

Football League Play-Off Matches continued

2021-22 SBL2

Date	Round	Home			Away			Att.
14 May 2022	SF 1	Mansfield Town Oates 13, Bowery 32	(2)	2	Northampton Town Koiki 61	(0)	1	7,469
15 May 2022	SF 1	Swindon Town McKirdy (2) 26, 68	(1)	2	Port Vale Wilson 83	(0)	1	14,086
18 May 2022	SF 2	Northampton Town	(0)	0	Mansfield Town McLaughlin 32	(1)	1	7,619

(Mansfield Town won 3-1 on aggregate.)

19 May 2022	SF2	Port Vale Wilson 8	(1)	1	Swindon Town	(0)	0	11,669

(Aet. FT Aggregate 2-2. Port Vale won 6-5 on penalties.)

28 May 2022	Final	Mansfield Town	(0)	0	Port Vale Harratt 20, Wilson 24, Benning 85	(2)	3	37,303

(At Wembley Stadium)

Port Vale promoted to Sky Bet League One

2022-23 SBC

13 May 2023	SF 1	Sunderland Diallo 39, Hume 63	(1)	2	Luton Town Adebayo 11	(1)	1	46,060
14 May 2023	SF 1	Coventry City	(0)	0	Middlesbrough	(0)	0	28,874
16 May 2023	SF 2	Luton Town Osho 10, Lockyer 43	(2)	2	Sunderland (0)	(0)	0	10,013

(Luton Town won 3-2 on aggregate.)

17 May 2023	SF 2	Middlesbrough	(0)	0	Coventry City Hamer 57	(0)	1	32,154

(Coventry City won 1-0 on aggregate.)

27 May 2023	Final	Coventry City Hamer 66	(0)	1	Luton Town Clark 23	(1)	1	85,711

(At Wembley Stadium. Aet. FT 1-1. Luton Town won 6-5 on penalties.)

Luton Town promoted to the Premier League

2022-23 SBL1

12 May 2023	SF 1	**Peterborough United** Taylor 20, Ward 36, Poku 50, Clarke-Harris 82	(2)	4	Sheffield Wednesday	(0) 0	12,965
13 May 2023	SF 1	**Bolton Wanderers** Charles 67	(0)	1	Barnsley Cadden 63	(0) 1	23,450
18 May 2023	SF 2	**Sheffield Wednesday** Smith 9 pen., Gregory 25, James 71, Palmer 90+8, Paterson 112	(2)	5	Peterborough United Gregory 105 og	(0) 1	31,835
		(Aet. FT Aggregate 5-5. Sheffield Wednesday won 5-3 on penalties.)					
19 May 2023	SF 2	**Barnsley** Kitching 24	(1)	1	Bolton Wanderers	(0) 0	16,274
		(Barnsley won 2-1 on aggregate.)					
29 May 2023	Final	**Barnsley**	(0)	0	Sheffield Wednesday Windass 120+3	(0) 1	72,492
		(At Wembley Stadium)					
		Sheffield Wednesday promoted to the Sky Bet Championship					

2022-23 SBL2

13 May 2023	SF 1	**Salford City** Smith 17	(1)	1	Stockport County	(0) 0	3,923
14 May 2023	SF 1	**Bradford City** Walker 18	(1)	1	Carlisle United	(0) 0	20,575
20 May 2023	SF 2	**Stockport County** Olaofe 68, Stretton 115	(0)	2	Salford City Mallan 112	(0) 1	10,023
		(Aet. FT Aggregate 2-2. Stockport County won 3-1 on penalties.)					
20 May 2023	SF 2	**Carlisle United** Halliday 21 og., Guy 98, Barclay 112	(1)	3	Bradford City Derbyshire 106	(0) 1	15,401
		(Aet. FT Aggregate 1-1. Carlisle United won 3-2 on Aggregate.)					
28 May 2023	Final	**Carlisle United** Patrick 84	(0)	1	Stockport County Mellish 34 og	(1) 1	34,004
		(At Wembley Stadium. Aet. FT 1-1. Carlisle United won 5-4 on penalties.)					
		Carlisle United promoted to Sky Bet League One					

Football League Play-Off Matches continued

2023-24 SBC

| 12 May 2024 | SF 1 | Norwich City | (0) | 0 | Leeds United | (0) | 0 | 26,982 |

| 12 May 2024 | SF 1 | West Bromwich Albion | (0) | 0 | Southampton | (0) | 0 | 25,367 |

| 16 May 2024 | SF 2 | Leeds United
Gruev 7,
Piroe 20,
Rutter 40,
Summerville 68 | (3) | 4 | Norwich City | (0) | 0 | 36,384 |

(Leeds United won 4-0 on aggregate.)

| 17 May 2024 | SF 2 | Southampton
Smallbone 49,
Armstrong (2) 78, 86 pen | (0) | 3 | West Bromwich Albion
Kipre 90+7 | (0) | 1 | 30,712 |

(Southampton won 3-1 on aggregate.)

| 26 May 2024 | Final | Leeds United | (0) | 0 | Southampton
Armstrong 24 | (1) | 1 | 85,962 |

(At Wembley Stadium)

Southampton promoted to the Premier League

2023-24 SBL1

| 3 May 2024 | SF 1 | Barnsley
Cosgrove 75 | (0) | 1 | Bolton Wanderers
Charles (2) 23, 53 pen.,
Williams 90+4 | (1) | 3 | 13,846 |

| 4 May 2024 | SF 1 | Oxford United
Moore 53 | (0) | 1 | Peterborough United | (0) | 0 | 11,125 |

| 7 May 2024 | SF 2 | Bolton Wanderers
Collins 43,
Toal 45+1 | (2) | 2 | Barnsley
Cosgrove (2) 36, 76,
Phillips 64 | (1) | 3 | 24,518 |

(Bolton Wanderers won 5-4 on aggregate.)

| 8 May 2024 | SF 2 | Peterborough United
Knight 41 | (1) | 1 | Oxford United
Brannagan 45+3 pen. | (1) | 1 | 12,420 |

(Oxford United won 2-1 on aggregate.)

| 18 May 2024 | Final | Bolton Wanderers | (0) | 0 | Oxford United
Murphy (2) 31, 42 | (2) | 2 | 70,472 |

(At Wembley Stadium)

Oxford United promoted to the Sky Bet Championship

2023-24 SBL2

6 May 2024	SF 1	**Crewe Alexandra**	(0)	0	Doncaster Rovers Molyneux 34, Biggins 48	(1)	2	8,220
7 May 2024	SF 1	**Crawley Town** L Kelly 5, Williams 45+1, Darcy 65	(2)	3	Milton Keynes Dons	(0)	0	5,564
10 May 2024	SF 2	**Doncaster Rovers**	(0)	0	Crewe Alexandra Demetriou 6, Maxwell 16 og.	(2)	2	12,889

(Aet. FT aggregate 2-2. Crewe Alexandra won 4-3 on penalties.)

11 May 2024	SF 2	**Milton Keynes Dons** Dean 45+1	(1)	1	Crawley Town Williams 3, Orsi (3) 30, 48, 90+2, Roles 80	(2)	5	10,053

(Crawley Town won 8-1 on aggregate)

19 May 2024	Final	**Crawley Town** Orsi 41, L Kelly 85	(1)	2	Crewe Alexandra	(0)	0	33,341

(At Wembley Stadium)

Crawley Town promoted to Sky Bet League One

Play-off facts

Blackpool and **Huddersfield** are the only teams to have won play-offs at all three levels.

Blackpool have appeared in the most finals (8). They have had five wins; 1992 Division 4, 2001 Division Three (level 4), 2007 Division One (level 3), 2010 Championship (level 2) and 2017 League Two (level 4) and 2021 League One (level 3) and two losses (1991 Division 4 and 2012 Championship (level 2).

Blackpool's 6 final wins are the current record, as is their 8 appearances in finals - 1991, 1992, 2001, 2007, 2010, 2012, 2017, 2021

The most play-off final defeats is 4 by Reading - 1995, 2001, 2011 and 2017 and Sheffield United 1997, 2003, 2009 and 2012.

The most play-off participations is 10 by Preston North End and Brentford. That 9 of these participations were unsuccessful in each case is also a record.

The most participations in the play-offs without making the final is 5 by M K Dons - 2007, 2009, 2011, 2012 and 2022.

The most participations in the play-offs without winning the final is 8 by Brentford - 1991, 1995, 1997, 2002, 2005, 2006, 2013, 2015 and Sheffield United 1988, 1997, 1998, 2003, 2009, 2012, 2013, 2015.

Teams with total play-off success: 2 - Coventry City, 1 - AFC Wimbledon, Crawley Town, Dagenham & Redbridge and Manchester City.

Most consecutive games won is 10 by Blackpool from 2001 to 2012.

The biggest aggregate win is Crewe Alexandra 9 Walsall 3 in the Third Division Semi-final in 1993.

The biggest home win is Dagenham & Redbridge 6 Morecambe 0 in the League Two Semi-final in 2010.

The biggest away win is Fulham 0 Bristol Rovers 4 in the Third Division Semi-final in 1989 and Birmingham City 0 Barnsley 4 in the First Division Semi-final in 2000.

The highest scoring play-off match is Swindon Town 5 Sheffield United 5 in the League One Semi-final second leg in 2015.

The biggest win in a final is Preston North End 4 Swindon Town 0 in the League 1 final of 2015.

The highest scoring final is Charlton Athletic 4 Sunderland 4 in the First Division Final in 1998 (Charlton won 7-6 on penalties).

The highest scoring tie on aggregate is Swindon Town 7 Sheffield United 6 in the League One Semi-final in 2015.

The highest attendance is 87,348 for the 2014 Championship Final at Wembley Stadium between Derby County and Queens Park Rangers.

The lowest attendance is 3,606 for the 2012 League Two Semi-final at Torquay against Cheltenham Town.

Nine teams have won the play-offs the year after losing a final. Tranmere Rovers 1991, Blackpool 1992, Leicester City 1995, Crystal Palace 1997, Gillingham 2000, West Ham United 2005, Millwall 2010 and 2017, Huddersfield Town in 2012 and Aston Villa in 2019.

Ipswich Town have failed to progress from the semi-finals on seven occasions, more than any other team.

Neil Warnock has won more play-off finals than any other manager. He won Division Three (1990) and Division Two (1991) with Notts County and then Division Two (level 3) with Huddersfield Town (1995) and then Division Three (level 4) with Plymouth Argyle (1996).

Crystal Palace are the only team to have won play-off finals at four different venues. Selhurst Park 1989, the old Wembley 1997, the Millennium Stadium 2004 and the new Wembley in 2013.

Brentford, Bristol City, Leeds United, Reading and **Sheffield United** are the only teams to have lost play-off finals at three different venues.

Points Deductions and Other Penalties

Season	Division	Deduction/ Penalty	Detail
1889-90	Football League	1 point	**Notts County deducted 1 point for playing an ineligible player.** This was later rescinded on appeal, but the accompanying fine of £5 was increased to £25.00.
1890-91	Football League	2 points	**Sunderland deducted 2 points for playing an ineligible player.** The first league club to suffer a permanent points deduction.
1919-20	2	Expulsion	**Leeds City were expelled after 8 matches following financial irregularities.** Port Vale took over their results and remaining fixtures.
1926-27	3 (N)	2 points	**Stockport County deducted 2 points for playing an ineligible player.** They were also fined £100.
1931-32	Div. 3 (N)	Resignation	**Wigan Borough resigned from the League on 26 October 1931 due to financial problems.** Their 12 match record was expunged.
1961-62	Div. 4	Resignation	**Accrington Stanley resigned from the League on 11 March 1962 due to financial problems.** Their 33 match record was expunged.
1967-68	Div. 4	Expulsion	**Port Vale were expelled from the Football League at the end of the season due to financial irregularities.** They were however, voted back through the re-election process at the League AGM.
1967-68	Div. 3	Relegation/ 19 points deduction	**Peterborough United were relegated to Division 4 for financial irregularities.** The punishment was particularly severe as it was known in November that they would be relegated at the end of the season but they still had to complete their season's fixtures in Division 3.
1973-74	Div. 2	1 point	**Preston North End deducted 1 point for playing an ineligible player.**
1973-74	Div. 4	1 point	**Newport County deducted 1 point for playing an ineligible player.**
1973-74	Div. 4	Awarded 2 points	**Scunthorpe United were awarded 2 points when Exeter City failed to fulfil their fixture at Scunthorpe on 2 April 1974.** Illness and injury meant that Exeter only had nine fit players. Exeter also suffered financial penalties.
1974-75	Div. 3	1 point	**Aldershot deducted 1 point for playing an ineligible player.**
1981-82	Div. 4	2 points	**Mansfield Town deducted 2 points for playing an unregistered player.**
1981-82	Div. 3	2 points	**Bristol Rovers deducted 2 points for playing an unregistered player.**
1982-83	Div. 4	2 points	**Blackpool deducted 2 points for playing an ineligible player.**
1987-88	Div. 4	2 points and a £2,000 fine	**Tranmere Rovers deducted 2 points for not fulfilling a fixture.** Due to policing costs, Tranmere postponed their match against Bolton without League authorisation.
1987-88	Div. 4	1 point	**Halifax Town deducted 1 point for playing an unregistered player.**
1989-90	Div. 2	Denied Promotion	**Swindon Town admitted to 36 breaches of League rules at a Football League hearing.** Having beaten Sunderland in the play-off final for a place in the First Division, they were initially relegated to Division 3. After an appeal, they had to forfeit their promotion and Sunderland were promoted to the First Division in their place.

continued

Points Deductions and Other Penaltiess continued

Season	Division	Deduction/ Penalty	Detail
1990-91	Div. 1	1 point	**Manchester United deducted 1 point for bringing the game into disrepute.**
		2 points	**Arsenal deducted 2 points for bringing the game into disrepute.** The League match at Old Trafford on 20 October 1990 developed into a brawl following a clash between two players. Arsenal suffered the bigger penalty as they had been involved in a brawl the previous season against Norwich City.
1991-92	Div. 4	Resignation	**Aldershot resigned from the Football league on 25 March 1992 having been declared bankrupt.**
1992-93	Div. 3	Resignation	**Maidstone United resigned from the Football League on 17 August 1992 due to financial difficulties.**
1996-97	Div. 3	2 points	**Brighton & Hove Albion were deducted 2 points for pitch invasions.** Brighton suffered a 3 point suspended penalty following a pitch invasion against York City on 27 April 1996. On 1 October 1996 fans again invaded the pitch during the match against Lincoln City. The League punishment for the club was to remove 2 of the 3 points from the suspended penalty.
1996-97	Premier League	3 points and a fine of £50,000	**Middlesbrough deducted 3 points for the unauthorised postponement of a match.** Because of illness, injury and suspension, Middlesbrough claimed they had 23 players unavailable to play in their fixture at Blackburn. Middlesbrough postponed the match, but without Premier League permission. The loss of points saw them relegated at the end of the season.
1997-98	Div. 3	3 points	**Leyton Orient deducted 3 points for playing suspended players.** Due to administration failures, Leyton Orient played three players when they should have been suspended. The club received a £20,000 fine, of which £12,500 was suspended and they were deducted 3 points.
2000-01	Div. 3	9 points	**Chesterfield deducted 9 points for financial irregularities.** Failing to pay a transfer fee and the under-reporting of gate receipts.
2002-03	Div. 3	4 points	**Boston United deducted 4 points for financial irregularities.** Relating to overpayment of players whilst in the Conference during the previous season.
2004-05	League 2	10 points	**Cambridge United deducted 10 points after entering administration.**
2004-05	League 1	10 points	**Wrexham deducted 10 points after entering administration.**
2006-07	League 2	10 points	**Boston United deducted 10 points after entering administration.**
2006-07	League 1	10 points	**Rotherham United deducted 10 points after entering administration.**
2006-07	Champ.	10 points	**Leeds United deducted 10 points after entering administration.**
2007-08	League 2	10 points	**Rotherham United deducted 10 points after entering administration.**
2007-08	League 1	10 points	**Luton Town deducted 10 points after entering administration.**
2007-08	League 1	15 points	**Leeds United deducted 15 points for breach of inancial rules.** Leaving administration without a Company Voluntary Agreement, a Football League requirement
2007-08	League 1	10 points	**Bournemouth deducted 10 points after entering administration.**

Season	Division	Deduction/Penalty	Detail
2008-09	League 2	17 points	**Bournemouth deducted 17 points for breach of insolvency rules** Leaving administration without a Company Voluntary Agreement.
2008-09	League 2	17 points	**Rotherham United deducted 17 points for breach of insolvency rules** Leaving administration without a Company Voluntary Agreement.
2008-09	League 2	30 points	**Luton Town deducted 30 points for breach of insolvency rules and financial iiregularities.** Leaving administration without a Company Voluntary Agreement and irregular payments to agents.
2008-09	League 2	10 points	**Darlington deducted 10 points after entering administration.**
2008-09	League 1	10 points	**Stockport County deducted 10 points after entering administration.**
2009-10	League 1	10 points	**Southampton deducted 10 points after entering administration.**
2009-10	League 1	3 points	**Hartlepool United deducted 3 points for playing an ineligible player.** Playing a player who should have been suspended.
2009-10	Champ.	10 points	**Crystal Palace deducted 10 points after entering administration.**
2009-10	Premier League	9 points	**Portsmouth deducted 9 points after entering administration.** Lower deduction relates to fewer games played.
2010-11	League 2	3 points	**Hereford United deducted 3 points for playing an ineligible player.**
2010-11	League 2	1 point	**Torquay United deducted 1 point for playing an ineligible player.**
2010-11	League 1	10 points	**Plymouth Argyle deducted 10 points after entering administration.**
2011-12	League 2	10 points	**Port Vale deducted 10 points after entering administration.**
2011-12	Champ.	10 points	**Portsmouth deducted 10 points after entering administration.**
2012-13	League 1	10 points	**Portsmouth deducted 10 points after leaving administration with a Company Voluntary Agreement not fully compliant with the League's insolvency policy.**
2012-13	League 1	10 points	**Coventry City deducted 10 points after entering administration.**
2013-14	League 2	3 points	**AFC Wimbledon deducted 3 points for playing an ineligible player.**
2013-14	League 1	10 points	**Coventry City deducted 10 points after failing to reach an agreement to leave administration with a Company Voluntary Agreement acceptable to their creditors.**
2014-15	Champ.	3 points	**Rotherham United deducted 3 points for playing an ineligible player.** (Playing a loan player after his loan term had ended.)
2018-19	Champ.	9 points	**Birmingham City deducted 9 points for breach of Financial Fair Play rules.**
2019-20	Champ.	12 points	**Wigan Athletic deducted 12 points for entering administration..**
2019-20	League 1	12 points	**After their relegation from the Championship, Bolton Wanderers started their season in League 1 with a 12 point deduction for going into administration.**

continued

Points Deductions and Other Penaltiess continued

Season	Division	Deduction/Penalty	Detail
2019-20	League 2	17 points	Macclesfield Town deducted a total of 17 points for various rule breaches.
2020-21	Champ.	6 points	Sheffield Wednesday deducted 6 points, reduced from 12 by an arbitration panel, for breaching the EFL's Profitability and Sustainability rules.
2021-22	Champ.	21 points 6 points	Derby County deducted 21 points for entering administration. Reading deducted 6 points for breaching the EFL's Profitability and Sustainability rules.
2022-23	Champ.	6 points 6 points	Reading deducted 6 points for financial rules breach. Wigan Athletic deducted 6 points for non-payment of players wages.
2023-24	Premier L	8 points	Everton were deducted 8 points for breaching the Premier League's profitability and sustainability rules. They were originally deducted 10 points but this was reduced to 6 after an appeal. The club were then deducted an additional 2 points for further breaches. They appealed the second deduction, but then withdrew their appeal.
2023-24	Premier L	4 points	Nottingham Forest deducted 4 points for breaching profitability and sustainability rules. Their appeal was unsuccessful.
2023-24	League 1	6 points	On 16 August 2023 Reading were deducted one point for failing to pay players on time and in full on three occasions in the 2022-23 season. Another 3 point deduction was applied on 13 September, for failing to deposit wages on time. Another 2 point deduction was added on 27 February due to late payments to HMRC.
2023-24	League 1	8 points	On 19 May 2023, Wigan Athletic were deducted four points for failing to pay players and staff on time following previous EFL rules breaches in the 2022–23 season. Another four-point deduction was applied on 26 May, after the club's owners missed a deadline to deposit an amount equalling 125% of its monthly wage bill.
2023-24	League 2	3 points	On 11 April 2024 Morecambe were deducted 3 points for failing to pay players and staff on time following previous rule breaches in the season.

Relegations to and promotions from the Football Conference/National League

The competition was known as the Football Conference from 1986 to 2015. It then became the National League.

Season	Relegated from the Football League	Promoted to the Football League
1986-87	Lincoln City	Scarborough
1987-88	Newport County	Lincoln City
1988-89	Darlington	Maidstone United
1989-90	Colchester United	Darlington
1990-91	none	Barnet
1991-92	none	Colchester United
1992-93	Halifax Town	Wycombe Wanderers
1993-94	none	none (1)
1994-95	none	none (2)
1995-96	none	none (3)
1996-97	Hereford United	Macclesfield Town
1997-98	Doncaster Rovers	Halifax Town
1998-99	Scarborough	Cheltenham Town
1999-2000	Chester City	Kidderminster Harriers
2000-01	Barnet	Rushden & Diamonds
2001-02	Halifax Town	Boston United
2002-03	Shrewsbury Town & Exeter City	Yeovil Town & Doncaster Rovers
2003-04	Carlisle United & York City	Chester City & Shrewsbury Town
2004-05	Kidderminster Harriers & Cambridge United	Barnet & Carlisle United
2005-06	Oxford United & Rushden & Diamonds	Accrington Stanley & Hereford United
2006-07	Boston United & Torquay United	Dagenham & Redbridge & Morecambe
2007-08	Mansfield Town & Wrexham	Aldershot Town & Exeter City
2008-09	Chester City & Luton Town	Burton Albion & Torquay United
2009-10	Grimsby Town & Darlington	Stevenage Borough & Oxford United
2010-11	Lincoln City & Stockport County	Crawley Town & AFC Wimbledon
2011-12	Hereford United & Macclesfield Town	Fleetwood Town & York City
2012-13	Barnet & Aldershot Town	Mansfield Town & Newport County
2013-14	Bristol Rovers & Torquay United	Luton Town & Cambridge United
2014-15	Cheltenham Town & Tranmere Rovers	Barnet & Bristol Rovers
2015-16	Dagenham & Redbridge & York City	Cheltenham Town & Grimsby Town
2016-17	Hartlepool United & Leyton Orient	Lincoln City & Forest Green Rovers
2017-18	Barnet & Chesterfield	Macclesfield Town & Tranmere Rovers
2018-19	Notts County & Yeovil Town	Leyton Orient & Salford City
2019-20	Macclesfield Town	Barrow & Harrogate Town
2020-21	Grimsby Town & Southend United	Sutton United & Hartlepool United
2021-22	Oldham Athletic & Scunthorpe United	Stockport County & Grimsby Town
2022-23	Hartlepool United & Rochdale	Wrexham & Notts. County
2023-24	Sutton United & Forest Green Rovers	Chesterfield & Bromley

(1) Kidderminster Harriers ground did not satisfy league requirements. Northampton Town retained their place.

(2) Macclesfield Town's ground did not satisfy league requirements. Exeter City retained their place.

(3) Stevenage Borough's ground did not satisfy league requirements. Torquay United retained their place.

For the years when two teams were promoted, the second named team were play-off winners.

No teams were relegated to the Conference in 1990-91 and 1991-92 seasons due to Aldershot and Maidstone United losing their league places.

Champions by Division

	Team	Level 1			Level 2				Level 3						Level 4			
		Division 1 1888-1992	Premier Lge 1992-	Total	Division 2 1892-1992	First Division 1992-2004	Championship 2004-	Total	Division 3 (N) 1921-1958	Division 3 (S) 1920-1958	Division 3 1958-1992	Second Division 1992-2004	Football Lge 1 2004-	Total	Division 4 1958-1992	Third Division 1992-2004	Football Lge 2 2004-	Total
1	Manchester United	7	13	20	2			2										
2	Liverpool	18	1	19	4			4										
3	Arsenal	10	3	13														
4	Manchester City	2	8	10	6	1		7										
5	Everton	9		9	1			1										
6	Aston Villa	7		7	2			2			1			1				
7	Sunderland	6		6	1	1	2	4			1			1				
8	Chelsea	1	5	6	2			2										
9	Sheffield Wednesday	4		4	5			5										
10	Newcastle United	4		4	1	1	2	4										
11	Wolverhampton Wanderers	3		3	2		2	4	1		1		1	3	1			1
12	Leeds United	3		3	3		1	4										
13	Blackburn Rovers	2	1	3	1			1			1			1				
14	Huddersfield Town	3		3	1			1							1			1
15	Derby County	2		2	4			4	1					1				
16	Burnley	2		2	2		2	4			1			1	1			1
17	Preston North End	2		2	3			3			1	1		2		1		1
18	Tottenham Hotspur	2		2	2			2										
19	Portsmouth	2		2	1			1		1	2		1	4			1	1
20	Leicester City		1	1	6		2	8					1	1				
21	Ipswich Town	1		1	3			3		2				2				
22	Nottingham Forest	1		1	2	1		3		1				1				
23	West Bromwich Albion	1		1	2		1	3										
24	Sheffield United	1		1	1			1					1	1	1			1
25	Norwich City				2	1	2	5		1			1	2				
26	Birmingham City				4			4				1		1				
27	Middlesbrough				3	1		4										
28	Notts County				3			3		2				2	1	1	1	3
29	Fulham				1	1	1	3		1		1		2				
30	Bolton Wanderers				2	1		3			1			1				
31=	Grimsby Town				2			2	2		1			3	1			1
31=	Reading						2	2		1	1	1		3	1			1
33=	Stoke City				2			2	1			1		2				
33=	Queens Park Rangers				1		1	2		1	1			2				
35	Crystal Palace				1	1		2		1				1				
36	West Ham United				2			2										
37	Bristol City				1			1		3			1	4				
38=	Luton Town				1			1		1			2	3	1			1
38=	Millwall				1			1		2		1		3	1			1
40=	Charlton Athletic		1					1		2			1	3				
40=	Coventry City				1			1		1	1		1	3				
42	Brentford				1			1		1	1			2	1	1	1	3
43=	Bradford City				1			1	1		1			2				
43=	Bury				1			1			1	1		2				
43=	Oldham Athletic				1			1	1		1			2				
43=	Oxford United				1			1				2		2				
47	Cardiff City						1	1		1				1		1		1
48	AFC Bournemouth						1	1			1			1				
49	Blackpool				1			1										

	Team	Level 1			Level 2				Level 3						Level 4			
		Division 1 (1888-1992)	Premier Lge (1992-)	Total	Division 2 (1892-1992)	First Division (1992-2004)	Championship (2004-)	Total	Division 3 (N) (1921-1958)	Division 3 (S) (1920-1958)	Division 3 (1958-1992)	Second Division (1992-2004)	Football Lge 1 (2004-)	Total	Division 4 (1958-1992)	Third Division (1992-2004)	Football Lge 2 (2004-)	Total
50	Plymouth Argyle									2	1	1	1	5		1		1
51=	Doncaster Rovers				3							1		4	2	1		3
51=	Wigan Athletic											1	3	4		1		1
53	Hull City								2		1		1	4				
54=	Brighton & H A									1		1	1	3	1	1		2
54=	Lincoln City				3									3	1		1	2
56	Swansea City									2			1	3		1		1
57	Barnsley								3					3				
58	Chesterfield				2									2	2		2	4
59	Stockport County				2									2	1		1	2
60=	Leyton Orient								1	1				2			1	1
60=	Port Vale				2									2	1			1
60=	Rotherham United				1						1			2	1			1
60=	Watford										1	1		2	1			1
64=	Bristol Rovers								1	1				2				
64=	Scunthorpe United				1								1	2				
64=	Southampton								1	1				2				
67	Swindon Town											1		1	1		2	3
68=	Carlisle United										1			1		1	1	2
68=	Northampton Town										1			1	1		1	2
70=	Cambridge United										1			1	1			1
70=	Darlington				1									1	1			1
70=	Mansfield Town										1			1	1			1
70=	Shrewsbury Town										1			1		1		1
70=	Southend United												1	1	1			1
75=	Bradford Park Avenue				1									1				
75=	Hereford United										1			1				
75=	Nelson				1									1				
75=	Newport County									1				1				
75=	Tranmere Rovers				1									1				
75=	Wrexham										1			1				
81=	Gillingham														1		1	2
81=	Peterborough United														2			2
81=	Walsall														1		1	2
84=	Accrington Stanley																1	1
84=	Burton Albion																1	1
84=	Cheltenham Town																1	1
84=	Exeter City														1			1
84=	Forest Green Rovers																1	1
84=	Milton Keynes Dons																1	1
84=	Rushden & Diamonds															1		1
84=	Southport														1			1
84=	AFC Wimbledon														1			1
84=	Yeovil Town																1	1
84=	York City														1			1

The ranking of teams is based on the number of wins at their highest level. Where they are equal with other teams their wins at the next level down determines the order. If they are still equal then reference is made to the next level down etc.

Burnley, Portsmouth, Preston North End, Sheffield United and Wolverhampton Wanderers have all won championships at each level.

Most Consecutive League Titles = 4

Manchester City   2020-21, 2021-22, 2022-23, 2023-24. Managed by Pep Guardiola.

Three consecutive League Titles achieved by:

Huddersfield Town   1923-24, 1924-25, 1925-26. Managed by Herbert Chapman for the first two seasons.

Arsenal   1932-33, 1933-34, 1934-35. Managed by Herbert Chapman until his death on 6 January 1934.

Liverpool   1981-82, 1982-83, 1983-84. Managed by Bob Paisley for the first two seasons and then Joe Fagan.

Manchester United (1)   1998-99, 1999-2000, 2000-01. Managed by Sir Alex Ferguson.

Manchester United (2)   2006-07, 2007-08, 2008-09. Managed by Sir Alex Ferguson.

Ipswich Town won the Division One title at the first attempt in 1961-62, having won the Division Two title the previous season. Both titles were won under the management of Sir Alf Ramsey.

Wolverhampton Wanderers won Division One in 1957-58 and 1958-59 and, with one game remaining in the entire Division at the end of the 1959-60 season, they led the Division again. However, in that remaining game, Burnley won 2-1 at Manchester City to take the title by one point. Wolves also won the F A Cup that season and got so close to three successive titles and the double under the management of Stan Cullis. It was only 28 years later that Wolves and Burnley set the attendance record of 80,841 for a match between two Fourth Division teams when Wolves beat Burnley 2-0 in the Football League Trophy Final at Wembley. Such are the ups and downs of football that they have both returned the top level since then.

Close Finishes

1923-24	**Huddersfield Town** (1.81) beat **Cardiff City** (1.79) on goal average. Both teams finished on 57 points.
1949-50	**Portsmouth** (1.94) beat **Wolverhampton W.** (1.55) on goal average. Both teams finished on 53 points.
1952-53	**Arsenal** (1.51) beat **Preston North End** (1.41) on goal average. Both teams finished on 54 points.
1964-65	**Manchester United** (2.28) beat **Leeds United** (1.59) on goal average. Both teams finished on 61 points.
1988-89	**Arsenal** (73) beat **Liverpool** (65) on goals scored. Both teams finished on 76 points with the same goal difference.
2011-12	**Manchester City** (+64) beat **Manchester United** (+56) on goal difference. Both teams finished on 89 points.
1971-72	**Derby County** finished on 58 points. **Leeds United**, **Liverpool** and **Manchester City** all finished on 57 points.

Leading League Goalscorers

Only league goals scored within the stated division are included.

It is thought that there are over 1,000 goals on record where the actual scorer is in doubt. Many of these relate to instances where the match reporters would designate a goal as an own goal, only for the club to later credit the goal to the player who initiated the shot. Clearly many of these situations will never be resolved.

With more statistics now available, this version of leading goalscorers has been completely updated.

The Football League

Season	Player	Club	Goals
1888-89	J Goodall	Preston North End	20
1889-90	J Southworth	Blackburn Rovers	22
	N J Ross	Preston North End	22
1890-91	J Southworth	Blackburn Rovers	26
1891-92	J M Campbell	Sunderland	32

Division One / Division Two

Season	Player (Div One)	Club	Goals	Player (Div Two)	Club	Goals
1892-93	J M Campbell	Sunderland	30	G F Wheldon	Small Heath	25
1893-94	J Southworth	Everton	27	F Mobley	Small Heath	24
1894-95	J M Campbell	Sunderland	21	D Skea	Leicester Fosse	23
1895-96	J J Campbell	Aston Villa	26	G Allan	Liverpool	25
1896-97	S Bloomer	Derby County	24	T Boucher	Notts County	22
				J Murphy	Notts County	22
1897-98	G F Wheldon	Aston Villa	23	J Ross	Burnley	23
1898-99	S Bloomer	Derby County	24	W Abbott	Small Heath	34
1899-1900	W Garraty	Aston Villa	27	J Wright	Sheffield Wednesday	26
1900-01	S Bloomer	Derby County	24	A Swann	Barnsley	18
1901-02	A Priest	Sheffield United	18	C Simmons	West Bromwich Albion	23
	J Settle	Everton	18			
1902-03	S Raybould	Liverpool	31	W Gillespie	Manchester City	30
1903-04	S Bloomer	Derby County	20	P Smith	Preston North End	26
1904-05	A Brown	Sheffield United	23	S Marsh	Bolton Wanderers	26
1905-06	A Shepherd	Bolton Wanderers	26	W Maxwell	Bristol City	25
1906-07	A Young	Everton	28	F Shinton	West Bromwich Albion	28
1907-08	E West	Nottingham Forest	26	J Smith	Hull City	31
1908-09	B Freeman	Everton	36	A Bentley	Derby County	24
1909-10	J Parkinson	Liverpool	30	J Smith	Hull City	32
1910-11	A Shepherd	Newcastle United	25	R Whittingham	Chelsea	30
1911-12	H Hampton	Aston Villa	25	B Freeman	Burnley	32
	G Holley	Sunderland	25			
	D McLean	Sheffield Wednesday	25			
1912-13	D McLean	Sheffield Wednesday	30	B Freeman	Burnley	31
1913-14	G Elliott	Middlesbrough	31	J Peart	Notts County	28
1914-15	R Parker	Everton	36	J Lane	Blackpool	28
1915-19	League Competition Suspended			League Competition Suspended		
1919-20	F Morris	West Bromwich Albion	37	S Taylor	Huddersfield Town	35
1920-21	J Smith	Bolton Wanderers	38	S Puddefoot	West Ham United	29
1921-22	A Wilson	Middlesbrough	32	J Broad	Stoke City	25
1922-23	C Buchan	Sunderland	30	H Bedford	Blackpool	32
1923-24	W Chadwick	Everton	28	H Bedford	Blackpool	32
1924-25	F Roberts	Manchester City	31	A Chandler	Leicester City	32
1925-26	E Harper	Blackburn Rovers	43	J Trotter	Sheffield Wednesday	37
1926-27	J Trotter	Sheffield Wednesday	37	G Camsell	Middlesbrough	59

continued

Leading League Goalscorers continued

Season	Division One (continued)			Division Two (continued)		
1927-28	W Dean	Everton	60	J Cookson	West Bromwich Albion	38
1928-29	D Halliday	Sunderland	43	J Hampson	Blackpool	40
1929-30	V Watson	West Ham United	42	J Hampson	Blackpool	45
1930-31	T Waring	Aston Villa	49	W Dean	Everton	39
1931-32	W Dean	Everton	45	C Pearce	Swansea Town	35
1932-33	J Bowers	Derby County	35	E Harper	Preston North End	37
1933-34	J Bowers	Derby County	34	E Glover	Grimsby Town	42
1934-35	E Drake	Arsenal	42	J Milsom	Bolton Wanderers	31
1935-36	W G Richardson	West Bromwich Albion	39	E Dodds	Sheffield United	34
				R Finan	Blackpool	34
1936-37	F Steel	Stoke City	33	J Bowers	Leicester City	33
1937-38	T Lawton	Everton	28	G Henson	Bradford Park Avenue	27
1938-39	T Lawton	Everton	34	H Billington	Luton Town	28
1939-46	League Competition Suspended			League Competition Suspended		
1946-47	D Westcott	Wolverhampton Wand.	38	C Wayman	Newcastle United	30
1947-48	R Rooke	Arsenal	33	E Quigley	Sheffield Wednesday	22
				A Wakefield	Leeds United	22
				D Walsh	West Bromwich Albion	22
1948-49	W Moir	Bolton Wanderers	25	C Wayman	Southampton	32
1949-50	R Davis	Sunderland	25	T Briggs	Grimsby Town	36
1950-51	S Mortensen	Blackpool	30	J McCormack	Barnsley	33
1951-52	G Robledo	Newcastle United	33	D Dooley	Sheffield Wednesday	46
1952-53	C Wayman	Preston North End	23	A Rowley	Leicester City	39
1953-54	J Glazzard	Huddersfield Town	29	W J Charles	Leeds United	42
1954-55	R Allen	West Bromwich Albion	27	T Briggs	Blackburn Rovers	33
1955-56	N Lofthouse	Bolton Wanderers	32	W Gardiner	Leicester City	34
1956-57	W J Charles	Leeds United	38	A Rowley	Leicester City	44
1957-58	R Smith	Tottenham Hotspur	36	T Johnston	Leyton Orient	43
				(Includes 8 goals for Blackburn Rovers)		
1958-59	J Greaves	Chelsea	32	B Clough	Middlesbrough	43
1959-60	D Viollet	Manchester United	32	B Clough	Middlesbrough	39
1960-61	J Greaves	Chelsea	41	R Crawford	Ipswich Town	40
1961-62	R Crawford	Ipswich Town	33	R Hunt	Liverpool	41
	D Kevan	West Bromwich Albion	33			
1962-63	J Greaves	Tottenham Hotspur	37	R Tambling	Chelsea	35
1963-64	J Greaves	Tottenham Hotspur	35	R Saunders	Portsmouth	33
1964-65	J Greaves	Tottenham Hotspur	29	G O'Brien	Southampton	32
	A McEvoy	Blackburn Rovers	29			
1965-66	R Hunt	Liverpool	29	M Chivers	Southampton	30
	W Irvine	Burnley	29			
1966-67	R Davies	Southampton	37	R Gould	Coventry City	24
1967-68	G Best	Manchester United	28	J Hickton	Middlesbrough	24
	R Davies	Southampton	28			
1968-69	J Greaves	Tottenham Hotspur	27	J Toshack	Cardiff City	22
1969-70	J Astle	West Bromwich Albion	25	J Hickton	Middlesbrough	24
1970-71	A Brown	West Bromwich Albion	28	J Hickton	Middlesbrough	25
1971-72	F Lee	Manchester City	33	R Latchford	Birmingham City	23
1972-73	B Robson	West Ham United	28	D Givens	Queens Park Rangers	23
1973-74	M Channon	Southampton	21	D McKenzie	Nottingham Forest	26
1974-75	M Macdonald	Newcastle United	21	B Little	Aston Villa	20
1975-76	E MacDougall	Norwich City	23	D Hales	Charlton Athletic	28
1976-77	A Gray	Aston Villa	25	M Walsh	Blackpool	26
	M Macdonald	Arsenal	25			
1977-78	R Latchford	Everton	30	R Hatton	Blackpool	22

Leading League Goalscorers continued

Division Two

Season	Player	Club	Goals
1992-93	B Taylor	West Bromwich Albion	30
1993-94	J Quinn	Reading	35
1994-95	G Bennett	Wrexham	29
1995-96	G Martindale	Notts County	21
	(Includes 15 goals for Peterborough U)		
	M Stewart	Bristol Rovers	21
1996-97	T Thorpe	Luton Town	28
1997-98	B Hayles	Bristol Rovers	23
1998-99	J Cureton	Bristol Rovers	25
1999-2000	A Payton	Burnley	27
2000-01	N Harris	Millwall	27
2001-02	B Zamora	Brighton & H A	28
2002-03	R Earnshaw	Cardiff City	31
2003-04	L Knight	Brighton & H A	25
	S McPhee	Port Vale	25

Division One

Season	Player	Club	Goals
2004-05	S Elliott	Hull City	27
	D Windass	Bradford City	27
2005-06	F Eastwood	Southend United	23
	B Sharp	Scunthorpe United	23
2006-07	B Sharp	Scunthorpe United	30
2007-08	J Scotland	Swansea City	24
2008-09	S Cox	Swindon Town	29
	R Lambert	Bristol Rovers	29

League One

Season	Player	Club	Goals
2009-10	R Lambert	Southampton	30
2010-11	C Mackail-Smith	Peterborough United	27
2011-12	J Rhodes	Huddersfield Town	35
2012-13	P Madden	Yeovil Town	22
2013-14	S Baldock	Bristol City	24
2014-15	J Garner	Preston North End	25
2015-16	W Grigg	Wigan Athletic	25
2016-17	B Sharp	Sheffield United	30
2017-18	J Marriott	Peterborough United	27
2018-19	J Collins	Luton Town	25
2019-20	I Toney	Peterborough United	24
2020-21	J Clarke-Harris	Peterborough United	31
2021-22	W Keane	Wigan Athletic	26
2022-23	C Chaplin	Ipswich Town	26
	J Clarke-Harris	Peterborough United	26
2023-24	A May	Charlton Athletic	23

Division Three

Season	Player	Club	Goals
1992-93	D Foreman	Scarborough	27
	C Griffiths	Shrewsbury Town	27
1993-94	T Ellis	Preston North End	26
1994-95	D Freedman	Barnet	24
1995-96	A Saville	Preston North End	29
	S White	Hereford United	29
1996-97	G A Jones	Wigan Athletic	31
1997-98	G Jones	Notts County	28
1998-99	M Gabbiadini	Darlington	23
1999-2000	M Gabbiadini	Darlington	24
2000-01	B Zamora	Brighton & H A	28
2001-02	S Howard	Luton Town	24
2002-03	A Morrell	Wrexham	34
2003-04	S McLean	Scunthorpe United	23

Division Two

Season	Player	Club	Goals
2004-05	P Jevons	Yeovil Town	27
2005-06	K Hawley	Carlisle United	22
	R Lambert	Rochdale	22
2006-07	R Barker	Hartlepool United	21
	(Includes 12 goals for Mansfield Town)		
	I McLeod	M K Dons	21
2007-08	A McLean	Peterborough United	29
2008-09	G Holt	Shrewsbury Town	20
	J Lester	Chesterfield	20

League Two

Season	Player	Club	Goals
2009-10	L Hughes	Notts County	30
2010-11	C Donaldson	Crewe Alexandra	28
2011-12	A Akinfenwa	Northampton Town	18
	L Grabban	Rotherham United	18
	I McLeod	Barnet	18
	J Midson	AFC Wimbledon	18
2012-13	T Pope	Port Vale	31
2013-14	S Winnall	Scunthorpe United	23
2014-15	M Tubbs	Portsmouth	21
	(Includes 12 goals for AFC Wimbledon)		
2015-16	M Taylor	Bristol Rovers	27
2016-17	J Akinde	Barnet	26
	J Marquis	Doncaster Rovers	26
2017-18	B Kee	Accrington Stanley	25
2018-19	J Norwood	Tranmere Rovers	29
2019-20	E Doyle	Swindon Town	25
2020-21	P Mullin	Cambridge United	32
2021-22	D Telford	Newport County	25
2022-23	A Cook	Bradford City	28
2023-24	M Langstaff	Notts County	28

Former Names

League clubs name changes and other facts

Current or most recent name	From	Former name(s) / significant facts
Accrington Stanley	1968	1891 Original club formed, liquidated in 1966. Re-formed in 1968.
Aldershot Town	1992	1926 Aldershot Town FC, 1932 Aldershot FC. Became defunct 25 March 1992 and the new Aldershot Town was formed shortly afterwards.
Arsenal	1919	Woolwich Arsenal, 1914 The Arsenal.
AFC Bournemouth	1972	Boscombe FC, 1923 Bournemouth and Boscombe Athletic FC.
AFC Wimbledon	2002	Club formed by supporters of Wimbledon FC when that club moved to Milton Keynes.
Birmingham City	1943	1888 Small Heath, 1905 Birmingham.
Blackpool	1887	In 1899 South Shore combined with Blackpool.
Burton Albion	1950	Not associated with Burton Swifts, Burton Wanderers or Burton United.
Burton United	1901	Burton Swifts and Burton United amalgamated.
Chesterfield	1919	Chesterfield Town.
Gateshead AFC	1930	South Shields.
Glossop	1898	Glossop North End. Glossop dropped the 'North End' to avoid confusion with Preston.
Hartlepool United	1977	1908 Hartlepools United Football Athletic Company, 1968 Hartlepool FC.
Leeds United	1919	Formed after the FA ordered the disbandment of Leeds City (formed 1904).
Leicester City	1919	Leicester Fosse.
Leyton Orient	1987	1888 Orient FC, 1898 Clapton Orient, 1946 Leyton Orient, 1966 Orient.
Manchester City	1894	Ardwick Association Football Club.
Manchester United	1902	Newton Heath Lancashire and Yorkshire Railway Football Club.
Middlesbrough	1876	Not associated with Middlesbrough Ironopolis.
Milton Keynes Dons	2004	Wimbledon FC. Relocated to Milton Keynes 2002. Name changed to current 2004.
Newport County AFC	1999	Bankrupt 27 February 1989. Reformed June 1989. Adopted current name 1999.
Rotherham United	1925	Rotherham Town and Rotherham County merged.
Scunthorpe United	1958	1910 Scunthorpe and Lindsey United.
Sheffield Wednesday	1929	The Wednesday. However, the name Sheffield Wednesday dates back to 1883. Their former ground at The Olive Grove had the name Sheffield Wednesday painted on the stand roof. For this reason and for clarity the team is referred to as Sheffield Wednesday throughout this book.
Stoke City	1925	Stoke.
Swansea City AFC	1969	Swansea Town.
Walsall	1895	Walsall Town Swifts.
West Ham United	1900	1895 Thames Ironworks.
Wigan Athletic	1932	Wigan County, Wigan United, Wigan Town and Wigan Borough were all defunct before the formation of Wigan Athletic and have no association with the modern club.

First Division and Premier League Winning Teams

Name	Pos	Apps	Gls	Name	Pos	Apps	Gls	Name	Pos	Apps	Gls
1888-89				**Preston North End** (18 players used in 22 matches)				**Total goals = 74**			
F Dewhurst	IL	16	12	J Graham	LH	22		T Robertson	RH	21	3
G Drummond	W	12	1	W Graham	CH	5		J D Ross	IR	21	19
J Edwards	W	4	3	R Holmes	LB	22		D Russell	CH	18	
A L Goodall	CH	2	1	R H Howarth	RB	18		S Thomson	OL	16	3
J Goodall	CF	21	20	J Inglis	IF	1	1	J Trainor	GK	20	
J B Gordon	OR	20	10	R H Mills-Roberts	GK	2		R Whittle	FB	1	1
1889-90				**Preston North End** (19 players used in 22 matches)				**Total goals = 71**			
F Dewhurst	IL	6		R Holmes	LB	18		J D Ross	IR	21	19
G Drummond	IL	18	10	R H Howarth	RB	21		N J Ross	FB	20	22
J B Gordon	OR	22	5	J Inglis	IF	2	1	D Russell	CH	21	4
J Graham	LH	17		W Johnstone	IF	2		S Thomson	CF	18	7
F J G Gray	W	1	1	R Kelso	RH	20		J Trainor	GK	22	
C Heaton	W	2	1	C A Pauls	W	3		Own Goal			1
W H Hendry	CH	1		T Robertson	RH	7					
1890-91				**Everton** (20 players used in 22 matches)				**Total goals = 63**			
J A Angus	GK	11		P Gordon	W	3		D McLean	FB	5	
A Brady	IR	21	9	A B Hannah	RB	20		A Milward	OL	22	11
W C Campbell	HB	13	1	J Holt	CH	21	1	C F Parry	LH	13	
E W Chadwick	IL	22	10	D Jardine	GK	10		H Robertson	HB	3	1
D Doyle	LB	20		D Kirkwood	RH	19	1	R E Smalley	GK	1	
J Elliott	W	1		A Latta	OR	10	4	T G Wylie	W	4	4
F Geary	CF	22	20	A Lochhead	WH	1		Own goal			1
1891-92				**Sunderland** (15 players used in 26 matches)				**Total goals = 93**			
J R Auld	CH	24	4	D Hannah	IF	18	3	J Oliver	FB	3	
J M Campbell	CF	24	32	J Hannah	OR	22	17	T S Porteous	RB	25	
J E Doig	GK	26		J Logan	CF	2		J Scott	OL	24	10
W Gibson	LH	20		J Millar	IF	24	15	J Smith	W	14	1
D R Gow	LB	16		J W Murray	LB	22		H Wilson	RH	22	9
								Own goals			2
1892-93				**Sunderland** (15 players used in 30 matches)				**Total Goals = 100**			
J R Auld	CH	27		James Gillespie	OR	23	12	J Millar	IF	22	13
J M Campbell	CF	27	30	John Gillespie	FB	5		T S Porteous	RB	30	
J E Doig	GK	30		D Hannah	IF	20	4	J Scott	OL	10	5
W Dunlop	F/HB	5		J Hannah	OL	28	19	R J Smellie	LB	23	
W Gibson	LH	30	3	J Harvie	IF	21	5	H Wilson	HB	29	8
								Own goal			1

Name	Pos	Apps	Gls	Name	Pos	Apps	Gls	Name	Pos	Apps	Gls
1893-94	**Aston Villa**	**(23 players used in 30 matches)**						**Total goals = 84**			
W C Athersmith	OR	25	10	J H G Devey	IF	29	20	J Logan	CF	4	1
J Baird	RB	29		W Devey	CF	4		W Randle	W	1	
L A Benwell	GK	1		W Dunning	GK	28		J Reynolds	RH	26	7
A Brown	W	6	2	J E Elliott	FB	12		G Russell	HB	5	
G F Burton	HB	4		J Gillan	WH	3		S Smith	OL	15	2
R Chatt	IF	13	5	W Groves	LH	22	3	J W Welford	LB	19	
T Coulton	FR	1		C B Hare	IF	10	7	A Woolley	OL	14	8
James Cowan	CH	30	3	D Hodgetts	IF	29	12	Own goals			4
1894-95	**Sunderland**	**(18 players used in 30 matches)**						**Total goals = 80**			
J R Auld	CH	4		D R Gow	LB	7		A McCreadie	CH	27	7
J M Campbell	CF	30	21	D Hannah	IF	1		R McNeil	LB	22	
J E Doig	GK	30		J Hannah	OL	28	11	P Meehan	RB	19	1
W Dunlop	F/HB	18	1	J Harvie	IF	6		J Millar	IF	29	12
James Gillespie	OR	26	14	T Hyslop	IF	12	7	J Scott	OL	16	
G Goodchild	W	1		H Johnston	LH	29	1	H Wilson	HB	25	4
								Own goal			1
1895-96	**Aston Villa**	**(18 players used in 30 matches)**						**Total Goals = 78**			
W C Athersmith	OR	29	8	J W Crabtree	LH	28	3	D Hodgetts	IF	21	3
G F Burton	HB	14		J H G Devey	IR	30	16	J Reynolds	RH	22	2
J Campbell	CF	26	26	W Dorrell	W	2	1	S Smith	OL	11	2
R Chatt	HB	17	3	J E Elliott	FB	1		H Spencer	RB	29	1
James Cowan	CH	23	2	J Griffiths	HB	1		J W Welford	LB	24	1
John Cowan	OL	22	9	G Harris	GK	1		T H Wilkes	GK	29	
								Own goal			1
1896-97	**Aston Villa**	**(18 players used in 30 matches)**						**Total goals = 73**			
W C Athersmith	OR	30	8	J W Crabtree	LH	25		H Spencer	RB	28	
G F Burton	HB	8	1	J H G Devey	IR	29	17	J W Welford	LB	10	
J Campbell	CF	25	13	A J Evans	LB	15		G F Wheldon	IL	30	18
R Chatt	HB	11	1	J Griffiths	HB	1		J Whitehouse	GK	22	
James Cowan	CH	30	1	J Reynolds	RH	24	2	T H Wilkes	GK	8	
John Cowan	OL	15	7	S Smith	OL	15	3	Own goals			2
1897-98	**Sheffield United**	**(23 players used in 30 matches)**						**Total goals = 56**			
J Almond	CF	20	8	R Gaudie	CF	6	2	T Morren	CH	26	2
W Bennett	OR	26	12	G A Hedley	CF	2		D Morton	IF	2	
J Blair	CH	1		H Howard	HB	3		E Needham	LH	29	8
A E Bradshaw	GK	1		R Howell	RH	24		A E Priest	OL	28	4
R Cain	LB	30		T J Jenkinson	W	2		H Thickett	RB	29	
J Cunningham	IL	24	7	W H Johnson	HB	10	2	H White	CF	6	
W J Foulke	GK	29		N Logan	CH	5	4	M Witham	FB	1	
A French	IF	1		K McKay	IR	25	5	Own goal			1
								Untraced			1

continued

First Division and Premier League Winning Teams continued

1898-99 — Aston Villa (23 players used in 34 matches) — Total goals = 76

Name	Pos	Apps	Gls	Name	Pos	Apps	Gls	Name	Pos	Apps	Gls
C L Aston	RB	13		A J Evans	LB	29		J Sharp	W	8	4
W C Athersmith	OR	28	4	W Garraty *	CF	9+1	6	S Smith	OL	27	2
F Bedingfield	CF	1	1	R Gaudie	CF	5	1	H Spencer	RB	10	
T Bowman	RH	34	2	W George	GK	30		R Templeton	W	1	
James Cowan	CH	33	2	W Haggart	FB	1		G F Wheldon	IL	33	16
John Cowan	OL	7	4	G Johnson	CF	24	9	A Wilkes	WH	11	1
J W Crabtree	LH	31	2	W Leigh	IF	1		T H Wilkes	GK	4	
J H G Devey	IR	30	21	B Sharp	WH	4		Own goal			1

* The Football League insisted that the remaining ten and a half minutes of the abandoned match v Sheffield Wednesday be played later in the season. Bedingfield who had scored in the first game was replaced by Garraty, hence the extra appearance.

1899-1900 — Aston Villa (21 players used in 34 matches) — Total goals = 77

Name	Pos	Apps	Gls	Name	Pos	Apps	Gls	Name	Pos	Apps	Gls
C L Aston	RB	3		J Garfield	W	1	1	M Noon	FB	15	
W C Athersmith	OR	24	4	W Garraty	CF	33	27	S Smith	OL	31	7
T Bowman	RH	27		W George	GK	34		H Spencer	RB	28	
James Cowan	CH	25	1	W Haggart	FB	1		R Templeton	W	11	4
J W Crabtree	LH	17		G Johnson	CF	9	5	A E Watkins	W	1	
J H G Devey	IR	25	13	G Mann	CH	7		G F Wheldon	IL	34	11
A J Evans	LB	26		C McEleney	CH	1		A Wilkes	WH	21	1

1900-01 — Liverpool (18 players used in 34 matches) — Total goals = 59

Name	Pos	Apps	Gls	Name	Pos	Apps	Gls	Name	Pos	Apps	Gls
J Cox	OR	32	10	S Hunter	IF	8	3	S F Raybould	CF	31	16
J Davies	IF	1		T Hunter	CH	2		J T Robertson	RB	25	
W Dunlop	LB	32		A McGuigan	IF	13	5	T Robertson	OL	34	9
J Glover	FB	11		M Parry	RH	8		S Satterthwaite	IR	22	5
W Goldie	LH	34	2	W Perkins	GK	34		J Walker	IL	29	7
R Howell	RH	2		A Raisbeck	CH	31	1	C Wilson	RH	25	1

1901-02 — Sunderland (19 players used in 34 matches) — Total goals = 50

Name	Pos	Apps	Gls	Name	Pos	Apps	Gls	Name	Pos	Apps	Gls
A Common	IF	4	2	J Hewitt	CF	5	1	F Mearns	GK	2	
J Craggs	W	6	2	R Hogg	OR	29	5	J Millar	CF	32	9
J E Doig	GK	32		W Hogg	IF	28	10	W Murray	W	7	2
W Farquhar	LH	13		R Jackson	LH	32	3	G Prior	CF	5	
M Ferguson	RH	29		A McAllister	CH	34	1	J Watson	LB	33	
J Gemmell	IF	31	10	A McCombie	RB	26	1				
W Gibson	FB	1		C McLatchie	OL	25	4				

1902-03 — Sheffield Wednesday (23 players used in 34 matches) — Total goals = 54

Name	Pos	Apps	Gls	Name	Pos	Apps	Gls	Name	Pos	Apps	Gls
G Barron	W	1		A Langley	LB	34	5	G Simpson	OL	1	
G C Beech	IF	3		W Layton	RB	29		V S Simpson	IF	3	
H Chapman	IR	32	12	J Lyall	GK	33		F Spikesley	OL	32	8
P Crawshaw	WH	1		J N Malloch	IL	33	1	J Stewart	IF	1	
T H Crawshaw	CH	33		T Marrison	IF	1	1	F L Stubbs	GK	1	
H Davis	OR	26	13	M Moralee	CH	1		F Thackeray	FB	5	
R Ferrier	RH	33		H Ruddlesdin	LH	34	2	A Wilson	CF	34	12
R E Hounsfield	W	2		J Ryalls	W	1					

Name	Pos	Apps	Gls	Name	Pos	Apps	Gls	Name	Pos	Apps	Gls
1903-04	**Sheffield Wednesday** (22 players used in 34 matches)							**Total goals = 48**			
W Bartlett	WH	4		W E Hemmingfield	WH	6	1	H Ruddlesdin	LH	30	
G C Beech	IF	4		G F Hoyland	WH	1		J Ryalls	W	1	
H A Burton	LB	26		R T Jarvis	GK	1		G Simpson	OL	25	7
H Chapman	IR	34	16	A Langley	LB	8	1	V S Simpson	IF	7	2
T H Crawshaw	CH	32	2	W Layton	RB	34		J Stewart	IF	10	1
H Davis	OR	32	5	J Lyall	GK	33		A Wilson	CF	29	10
I Eyre	CF	1		J N Malloch	IL	24	2	Own goal			1
R Ferrier	RH	31		M Moralee	CH	1					
1904-05	**Newcastle United** (21 players used in 34 matches)							**Total goals = 72**			
A Aitken	CH	28	2	J Howie	IR	31	13	P McWilliam	LH	26	4
W Appleyard	CF	28	13	W Innerd	CH	1		R Orr	IL	20	10
J Carr	LB	27		J Lawrence	GK	29		J Rutherford	OR	31	10
R Crumley	GK	1		J McClarence	IF	6	4	R Templeton	W	10	
A Gardner	RH	32	1	A McCombie	RB	31		C Veitch	IF	24	10
A Gosnell	OL	25	4	W McCracken	LB	13		C Watts	GK	4	
S Graham	W	3		E McIntyre	WH	2		T Wills	FB	2	
								Own goal			1
1905-06	**Liverpool** (21 players used in 38 matches)							**Total goals = 79**			
J Bradley	LH	31		J Garside	W	4		D Murray	FB	3	
J Carlin	IF	14	6	A Goddard	OR	38	7	J Parkinson	CF	9	7
T Chorlton	FB	6	1	J Gorman	CH	1		M Parry	RH	36	1
J Cox	OR	28	8	H Griffiths	FB	1		A Raisbeck	CH	36	1
J E Doig	GK	8		S Hardy	GK	30		S A Raybould	CF	25	10
W Dunlop	LB	31		J Hewitt	CF	37	23	R J Robinson	IF	34	11
G Flemming	WH	4		G Latham	WH	5		A West	FB	37	3
1906-07	**Newcastle United** (27 players used in 38 matches)							**Total goals = 74**			
A Aitken	CH	3		A Higgins	IF	1		W McCracken	FB	22	1
W Appleyard	CF	23	17	J Howie	IR	31	7	P McWilliam	LH	32	2
R Blackburn	W	3		G Jobey	WH	1		B Nicholson	FB	1	
H Brown	IF	22	8	W J Kelsey	GK	2		R Orr	IL	19	4
J Carr	LB	26		J W Kirkaldy	WH	3	1	J Rutherford	OR	34	10
J T Dodds	W	4		J Lawrence	GK	33		T Sinclair	GK	3	
C F Duffy	W	7	1	R Liddell	WH	1		J Soye	IF	1	
A Gardner	RH	33	1	J McClarence	IF	5	2	F Speedie	IF	27	10
A Gosnell	OL	26	3	A McCombie	RB	26		C Veitch	IF	29	7

continued

First Division and Premier League Winning Teams continued

1907-08 Manchester United (25 players used in 38 matches) — Total goals = 81

Name	Pos	Apps	Gls	Name	Pos	Apps	Gls	Name	Pos	Apps	Gls
J Bannister	IR	36	5	R Holden	RB	26		E Thomson	CH	3	
A Bell	LH	35	1	A Hulme	FB	1		A Turnbull	IF	30	25
W Berry	W	3	1	J McGillivray	CH	1		J Turnbull	CF	26	10
H Broomfield	GK	9		A Menzies	CF	6		G Wall	OL	36	19
H Burgess	LB	27		W Meredith	OR	37	10	K D Whiteside	WH	1	
E Dalton	FB	1		H H Moger	GK	29		H Williams	W	1	
A L B Downie	WH	10		J Picken	IF	8	1	T Wilson	W	1	
R Duckworth	RH	35		C Roberts	CH	32	2	Own goals			2
H J Halse	IR	6		G Stacey	FB	18	1				

1908-09 Newcastle United (25 players used in 38 matches) — Total goals = 65

Name	Pos	Apps	Gls	Name	Pos	Apps	Gls	Name	Pos	Apps	Gls
J S Allan	CF	9	5	G Jobey	WH	10	1	J Rutherford	OR	24	5
A L Anderson	W	19	3	J Lawrence	GK	38		A Shepherd	CF	14	11
R Blanthorne	CF	1		R Liddell	WH	5	1	J Stewart	IF	25	8
J Carr	LB	11		A McCombie	RB	1		C Veitch	IF	34	9
A S M Duncan	W	14	2	W McCracken	FB	30	1	T Whitson	LB	30	
A Gardner	RH	12		P McWilliam	LH	27		D Willis	RH	20	1
A Gosnell	OL	5		D Pudan	FB	3		G Wilson	W	28	5
A Higgins	IF	26	5	C E Randall	IF	1		Own goal			1
J Howie	IR	26	6	J Ridley	W	5	1				

1909-10 Aston Villa (18 players used in 38 matches) — Total goals = 84

Name	Pos	Apps	Gls	Name	Pos	Apps	Gls	Name	Pos	Apps	Gls
J W Bache	IL	32	20	A E Hall	OL	25	6	A T Lyons	RB	35	
C S Buckley	CH	37	1	H Hampton	CF	32	26	A Miles	LB	27	
A Cartlidge	GK	35		G C Hunter	LH	32	1	A J Moss	WH	1	
E E Eyre	W	13	2	J Kearns	FB	10		G H Tranter	RH	28	
W George	GK	3		E A Layton	FB	4		C W Wallace	OR	38	7
W W Gerrish	IR	36	14	J L Logan	WH	16		J Walters	IF	14	6
								Own goal			1

1910-11 Manchester United (26 players used in 38 matches) — Total goals = 72

Name	Pos	Apps	Gls	Name	Pos	Apps	Gls	Name	Pos	Apps	Gls
A Bell	LH	27		J Hodge	FB	2		J Picken	IF	14	4
S P Blott	WH	1		L Hofton	FB	9		C Roberts	CH	33	1
E Connor	W	7	1	R Holden	RB	8		J Sheldon	W	5	
J Curry	CH	5		T P Homer	CF	7	6	G Stacey	FB	36	
A Donnelly	FB	15		A Hooper	IF	2		A Turnbull	IF	35	18
R Duckworth	RH	22	2	O H S Linkson	FB	7		G Wall	OL	26	5
H Edmonds	GK	13		G T Livingstone	IF	10		E West	CF	35	19
H J Halse	IR	23	9	W Meredith	OR	35	5	A Whalley	CH	15	
J V Hayes	FB	1		H H Moger	GK	25		Own goals			2

Name	Pos	Apps	Gls	Name	Pos	Apps	Gls	Name	Pos	Apps	Gls
1911-12	**Blackburn Rovers**	**(21 players used in 38 matches)**						**Total goals = 60**			
W Aitkenhead	IF	29	15	A Cowell	LB	31		J Orr	IF	19	9
W Anthony	W	27	1	R Crompton	RB	33		R Proctor	W	1	
J Ashcroft	GK	8		W Davies	CF	11	2	A Robinson	GK	30	
W Bradshaw	LH	36	3	H Dennison	IF	1		J Simpson	OR	35	2
W Cameron	IF	13	1	W Garbutt	W	1		P J Smith	CH	31	1
G Chapman	CF	23	9	J Johnston	FB	5		T Suttie	FB	7	
J Clennell	IF	18	9	E Latheron	IF	22	7	A Walmsley	RH	37	
1912-13	**Sunderland**	**(22 players used in 38 matches)**						**Total goals = 86**			
G A Anderson	GK	2		T Hall	IF	20	7	J Richardson	CF	18	11
R Best	W	3		B Hobson	FB	3		W Scott	GK	4	
C M Buchan	IR	36	27	G R Holley	IL	30	12	J Small	WH	1	
J H Butler	GK	32		H E Low	LH	37	4	C Thomson	CH	35	1
J Connor	CF	2		H Martin	OL	38	5	W Tinsley	IF	7	3
W Cringan	WH	10		A Milton	LB	27		W Troughear	FB	6	
F Cuggy	RH	32	1	C Mordue	OR	35	15				
C E Gladwin	RB	27		H M Ness	FB	13					
1913-14	**Blackburn Rovers**	**(21 players used in 38 matches)**						**Total goals = 78**			
W Aitkenhead	IF	17	7	J Crabtree	GK	10		J Orr	IF	5	2
W Anthony	W	1		R Crompton	RB	33		G Porteous	CH	1	
A Bell	WH	8		P Dawson	CF	8	3	A Robinson	GK	28	
W Bradshaw	LH	27	3	J Hodkinson	OL	33	2	D Shea	IR	36	27
G Chapman	CF	19	9	J Johnston	FB	2		J Simpson	OR	34	2
J Clennell	IF	4	1	E Latheron	IF	35	13	P J Smith	CH	33	3
A Cowell	LB	38		A McGhie	W	9	3	A Walmsley	RH	37	1
								Own goals			2
1914-15	**Everton**	**(24 players used in 38 matches)**						**Total goals = 76**			
W Brown	WH	4		J Houston	W	1		W Palmer	W	17	1
S Chedgzoy	OR	30	2	H Howarth	IF	1		R N Parker	CF	35	36
J Clennell	IF	36	14	F Jefferis	IF	18	4	J Roberts	W	1	
T E Fern	GK	36		W S Kirsopp	IF	16	9	R H Simpson	FB	9	
T Fleetwood	WH	35	2	J S Maconnachie	LB	28		R Thompson	RB	33	
J Galt	CH	32	2	H Makepeace	RH	23	1	W Wareing	WH	8	
A Grenyer	WH	14	1	F Mitchell	GK	2		L C Weller	FB	6	
G Harrison	OL	26	4	T A Nuttall	IF	5		W P Wright	CF	2	
1919-20	**West Bromwich Albion**	**(18 players used in 42 matches)**						**Total goals = 104**			
A Bentley	CF	24	15	A C Jephcott	OR	21	5	J Pennington	LB	37	
S Bowser	CH	41	10	R McNeal	LH	24	7	F Reed	CH	1	
A F Cook	FB	7		T Magee	RH	42	2	S Richardson	CH	40	
J Crisp	W	38	8	L Moorwood	GK	3		A W Smith	CF	29	7
H Gregory	OL	34	12	F Morris	CF	39	37	J Smith	RB	40	
S Hatton	WH	1		H Pearson	GK	39		F Waterhouse	WH	2	
								Own goal			1

continued

First Division and Premier League Winning Teams continued

Name	Pos	Apps	Gls	Name	Pos	Apps	Gls	Name	Pos	Apps	Gls
1920-21		Burnley (23 players used in 42 matches)						Total goals = 79			
J Anderson	CF	41	25	B C Freeman	CF	3		E Mosscrop	W	14	1
A Basnett	WH	15		G Halley	WH	26		W Nesbitt	OR	40	5
F Birchenough	GK	2		C Jones	LB	31		L Smelt	RB	39	
T W Boyle	CH	38	7	R Kelly	IR	37	20	D Taylor	FB	11	
T Brophy	FB	3		J W Lane	IF	1		W Taylor	WH	2	
B Cross	OL	37	14	J Lindsay	IF	8	2	W Watson	WH	42	2
J Dawson	GK	39		R McGrory	FB	3		W Weaver	W	27	2
G H Douglas	W	2		L Moorwood	GK	1		Own goal			1
1921-22		Liverpool (22 players used in 42 matches)						Total goals = 63			
J Bamber	WH	8		F Hopkin	OL	42		F Mitchell	GK	3	
H Beadles	IF	11	6	W Lacey	OR	39	1	E Parry	FB	7	
T G Bromilow	LH	40	2	H Lewis	IF	19	1	E Scott	GK	39	
H Chambers	IF	32	19	E Longworth	FB	26		D Shone	CF	15	6
F Checkland	WH	5		T Lucas	FB	27	2	H Wadsworth	W	1	
W Cunningham	WH	1		R W Matthews	CH	7	4	W Wadsworth	CH	38	
R Forshaw	IF	42	17	D McKinlay	FB	29	1	Own goal			1
C Gilhespy	W	2	1	J McNab	RH	29	2				
1922-23		Liverpool (19 players used in 42 matches)						Total goals = 70			
J Bamber	WH	4		R K Johnson	CF	37	14	J Sambrooke	CF	2	
H Beadles	IF	4		W Lacey	OR	30	1	E Scott	GK	42	
T G Bromilow	LH	41	3	E Longworth	FB	41		D Shone	CF	1	
H Chambers	IF	39	22	T Lucas	FB	1		H Wadsworth	W	3	
R Forshaw	IF	42	19	D McKinlay	FB	42	5	W Wadsworth	CH	37	2
C Gilhespy	W	10	2	J McNab	RH	39	1				
F Hopkin	OL	40	1	D Pratt	WH	7					
1923-24		Huddersfield Town (22 players used in 42 matches)						Total goals = 60			
E Barkas	RB	21		W G Johnston	IF	8		E Taylor	GK	35	
L G W Boot	GK	5		E Richardson	W	5		S J Wadsworth	LB	37	
G Brown	CF	22	8	G E Richardson	W	2		J Walter	OR	26	
H Cawthorne	RH	16		G E Shaw	FB	9		W Watson	LH	42	
G W Cook	IR	25	9	A W Smith	CH	8		C Wilson	CF	31	18
W Cowell	GK	2		W H Smith	OL	39	13	T Wilson	CH	41	
F R Goodall	RB	14		D Steele	RH	31		Own goal			1
E Islip	IF	3		C Stephenson	IL	40	11				

Name	Pos	Apps	Gls	Name	Pos	Apps	Gls	Name	Pos	Apps	Gls
1924-25	**Huddersfield Town**	**(22 Players used in 42 matches)**						**Total goals = 69**			
E Barkas	RB	1		E Richardson	W	1		S J Wadsworth	LB	33	
S Binks	CF	2		G E Shaw	FB	11		J Walter	OR	7	1
L G W Boot	GK	5		N Smith	WH	1		W Watson	LH	41	
G Brown	CF	32	20	W H Smith	OL	41	9	J J Williams	OR	35	
H Cawthorne	RH	2	1	M B Spence	FB	4		C Wilson	CF	38	24
G W Cook	IR	25	9	D Steele	RH	39		T Wilson	CH	40	
F R Goodall	RB	38		C Stephenson	IL	29	5				
W Mercer	GK	27		E Taylor	GK	10					
1925-26	**Huddersfield Town**	**(24 players used in 42 matches)**						**Total goals = 92**			
E Barkas	RB	13		A Jackson	OR	39	16	E Taylor	GK	29	
S Binks	CF	2	1	W Mercer	GK	13		S J Wadsworth	LB	38	
G Brown	CF	41	35	H Raw	IF	2		W Watson	LH	40	
H Cawthorne	RH	24		G E Shaw	FB	4		J J Williams	OR	23	6
G W Cook	IR	29	14	A W Smith	CH	1	1	C Wilson	CF	4	2
H Dennis	W	1		W H Smith	OL	28	6	T Wilson	CH	41	
W Devlin	CF	4	4	M B Spence	FB	1		Own goal			1
F R Goodall	RB	29	2	D Steele	RH	18					
R G Hobson	WH	2		C Stephenson	IL	36	4				
1926-27	**Newcastle United**	**(21 players used in 42 matches)**						**Total goals = 96**			
J M Boyd	W	2		F C Hudspeth	LB	42	3	O Park	CH	5	
A Chandler	FB	4		J Loughlin	CF	4		G S Seymour	OL	42	18
J R Clark	IF	17	4	J Low	W	2	1	C W Spencer	CH	34	
T Curry	WH	5		A E Maitland	RB	36		T Urwin	OR	39	4
H Gallacher	CF	38	36	T McDonald	IL	41	17	W Wilson	GK	42	
W M Gibson	LH	32		R McKay	IR	25	10	Own goal			1
W Hampson	FB	2		R McKenzie	RH	38	2				
J Harris	WH	9		E P Mooney	WH	3					
1927-28	**Everton**	**(24 players used in 42 matches)**						**Total goals = 102**			
D Bain	WH	2		H Hardy	GK	6		W F Rooney	WH	4	
W Brown	WH	2		H Hart	CH	41	1	E Taylor	GK	26	
W Cresswell	FB	36		H Houghton	IF	1		A Troup	OL	42	10
E Critchley	OR	40	6	R Irvine	IF	9	3	A E Virr	LH	39	1
A L Davies	GK	10		J Kelly	RH	40	1	A Weldon	IL	38	7
W R Dean	CF	39	60	G S Martin	IF	10	3	T A White	CH	1	2
A A Dominy	IF	1		S W Meston	W	1		Own goal			1
W Easton	IF	3	1	J O'Donnell	FB	42	1				
D Forshaw	IF	23	5	D Raitt	FB	6					

First Division and Premier League Winning Teams continued

1928-29 — Sheffield Wednesday (22 players used in 42 matches) — Total goals = 86

Name	Pos	Apps	Gls	Name	Pos	Apps	Gls	Name	Pos	Apps	Gls
J D W Allen	CF	35	33	E Hatfield	FB	1		A H Strange	RH	42	5
E Blenkinsop	LB	39	1	H Hill	IF	1		J Trotter	CF	6	1
J H Brown	GK	42		M Hooper	OR	42	15	T Walker	RB	41	
B J H Burridge	WH	2		F W Kean	WH	4		J C Whitehouse	IF	6	1
W Felton	FB	3		T J Leach	CH	36		J Wilkinson	W	6	
R E Gregg	IL	30	7	W Marsden	LH	42	1	C Wilson	IF	3	1
L Hargreaves	WH	2	1	E J Rimmer	OL	34	7				
E Harper	CF	6	5	J M Seed	IR	39	8				

1929-30 — Sheffield Wednesday (22 players used in 42 matches) — Total goals = 105

Name	Pos	Apps	Gls	Name	Pos	Apps	Gls	Name	Pos	Apps	Gls
J D W Allen	CF	41	33	T J Jones	W	1		W S Smith	WH	4	
G W Beeson	FB	2		T J Leach	CH	40	2	A H Strange	RH	41	3
E Blenkinsop	LB	39		T S Mackey	FB	1		T Walker	RB	34	
J H Brown	GK	41		W Marsden	LH	37	3	J C Whitehouse	IF	4	
H Burgess	IL	39	19	R D Mellors	GK	1		J Wilkinson	WH	1	
B J H Burridge	WH	2		W Millership	CH	6	1	C Wilson	IF	9	
R E Gregg	IL	5		E J Rimmer	OL	40	15	Own Goals			2
M Hooper	OR	42	18	J M Seed	IR	32	9				

1930-31 — Arsenal (22 players used in 42 matches) — Total goals = 127

Name	Pos	Apps	Gls	Name	Pos	Apps	Gls	Name	Pos	Apps	Gls
A Baker	WH	1		D B N Jack	IR	35	31	T R Parker	RB	41	
C S Bastin	OL	42	28	A W James	IL	40	5	C J Preedy	GK	11	
J Brain	CF	16	4	R F John	LH	40	2	H Roberts	CH	40	1
H Cope	FB	1		W Johnstone	CF	2	1	W C Seddon	RH	18	
E A Hapgood	LB	38		C Jones	RH	24	1	L Thompson	IF	2	
W Harper	GK	19		G P Keizer	GK	12		J J Williams	W	9	2
A E Haynes	WH	2		J Lambert	CF	34	38				
J H A Hulme	OR	32	14	C G Male	RB	3					

1931-32 — Everton (20 players used in 42 matches) — Total goals = 116

Name	Pos	Apps	Gls	Name	Pos	Apps	Gls	Name	Pos	Apps	Gls
W Bocking	FB	10		C W Gee	CH	38		A Rigby	W	3	
A Clark	RH	39	1	P H Griffiths	W	7	3	E Sagar	GK	41	
W Coggins	GK	1		T C F Johnson	IL	41	22	J Stein	OL	37	9
W Cresswell	FB	40		H Lowe	FB	1		J Thomson	LH	39	
E Critchley	OR	37	8	G S Martin	IF	2		T A White	IR	23	18
W R Dean	CF	38	45	J H McClure	WH	7		B D Williams	RB	33	
J Dunn	IR	22	10	L M McPherson	WH	3					

Name	Pos	Apps	Gls	Name	Pos	Apps	Gls	Name	Pos	Apps	Gls
1932-33	**Arsenal**	**(22 players used in 42 matches)**						**Total goals = 118**			
C S Bastin	OL	42	33	F R Hill	RH	26	1	G Male	RB	35	
E R Bowden	IF	7	2	J H A Hulme	OR	40	20	F Moss	GK	41	
E Coleman	CF	27	24	D B N Jack	IR	34	18	T R Parker	RB	5	
L H Compton	CH	4		A W James	IL	40	3	R Parkin	IF	5	
H Cope	FB	4		R F John	LH	37		C J Preedy	GK	1	
E Hapgood	LB	38		C Jones	RH	16		H Roberts	CH	36	
A Haynes	WH	6		J Lambert	CF	12	14	N Sidey	CH	2	
								R Stockhill	IF	4	3
1933-34	**Arsenal**	**(24 players used in 42 matches)**						**Total goals = 75**			
C S Bastin	OL	38	13	J Dunne	CF	21	9	C Jones	RH	29	
A Beasley	OR	23	10	E A Hapgood	LB	40		J Lambert	CF	3	1
R J E Birkett	OR	15	5	A E Haynes	WH	1		C G Male	RB	42	
E R Bowden	IR	32	13	F R Hill	RH	25		F Moss	GK	37	
E Coleman	CF	12	1	J H A Hulme	OR	8	5	R Parkin	IF	5	
G Cox	IF	2		D B N Jack	IR	14	5	H Roberts	CH	30	1
P G Dougall	IL	5		A W James	IL	22	3	N W Sidey	CH	12	
E Drake	CF	10	7	R F John	LH	31	1	A Wilson	GK	5	
								Own goal			1
1934-35	**Arsenal**	**(25 players used in 42 matches)**						**Total goals = 115**			
C S Bastin	OL	36	20	E J Drake	CF	41	42	J Marshall	IF	4	
A Beasley	OR	20	6	J Dunne	CF	1		F Moss	GK	33	1
R J E Birkett	OR	4	2	E A Hapgood	LB	34	1	H Roberts	CH	36	
E R Bowden	IR	24	14	F R Hill	RH	15	3	E Rogers	W	5	2
L H Compton	CH	5	1	J H A Hulme	OR	16	8	N W Sidey	CH	6	
W Copping	LH	31		A James	IL	30	4	R F Trim	FB	1	
W J Crayston	RH	37	3	R F John	LH	9		A Wilson	GK	9	
R T Davidson	IF	11	2	A J Kirchen	OR	7	2	Own goals			3
P Dougall	IL	8	1	C G Male	RB	39					
1935-36	**Sunderland**	**(23 players used in 42 matches)**						**Total goals = 109**			
H S Carter	IR	39	31	A W Hall	LB	38		T Morrison	RB	21	
J M C Clark	CH	28		A C Hastings	LH	31		W Murray	RB	21	
J Connor	OL	42	7	C F Hornby	WH	8	2	R Rodgerson	FB	3	
H Davis	OR	25	10	R Johnston	CH	10		J Russell	IF	1	
L Duns	W	17	5	J D Mapson	GK	7		H B Shaw	FB	1	
P Gallacher	IL	37	19	L J McDowall	CH	1		C Thomson	WH	42	1
G Goddard	CF	3	1	A McNab	WH	13	1	J Thorpe	GK	26	
R Gurney	CF	39	31	M Y Middleton	GK	9		Own goal			1

continued

First Division and Premier League Winning Teams continued

1936-37 Manchester City (22 players used in 42 matches) — Total goals = 107

Name	Pos	Apps	Gls	Name	Pos	Apps	Gls	Name	Pos	Apps	Gls
S Barkas	LB	30		R A Freeman	CF	1		R Regan	W	4	
J Bray	LH	40	2	J A Heale	IF	10	6	C Rodger	W	9	7
E F G Brook	OL	42	20	A Herd	IR	32	15	J Rogers	WH	2	
J A Cassidy	IF	1		R S Marshall	CH	38		F V Swift	GK	42	
G V Clark	FB	13		K McCullough	WH	2		S F Tilson	CF	23	15
W Dale	RB	36		J S McLeod	CF	3	2	E Toseland	OR	42	7
P D Doherty	IL	41	30	R Neilson	CH	2	1				
R Donnelly	CH	7	1	J Percival	RH	42	1				

1937-38 Arsenal (29 players used in 42 matches) — Total goals = 77

Name	Pos	Apps	Gls	Name	Pos	Apps	Gls	Name	Pos	Apps	Gls
C S Bastin	OL	38	15	W Copping	LH	38		B Joy	CH	26	
A G Biggs	IF	2		W J Crayston	RH	31	4	A J Kirchen	OR	19	6
F P Boulton	GK	15		R T Davidson	IF	5	2	R J Lewis	CF	4	2
E R Bowden	IR	10	1	E J Drake	CF	27	17	C G Male	RB	34	
G H Bremner	IF	2	1	G B Drury	IL	11		J V Milne	OR	16	4
E M Carr	CF	11	7	M W Griffiths	W	9	5	H Roberts	CH	13	
S Cartwright	WH	6	2	E A Hapgood	LB	41		N W Sidey	CH	3	
E Collett	WH	5		J H A Hulme	OR	7	2	G H Swindin	GK	17	
D C S Compton	W	7	1	G S Hunt	CF	18	3	A Wilson	GK	10	
L H Compton	CH	9	1	L J Jones	IF	28	3	Own goal			1

1938-39 Everton (22 players used in 42 matches) — Total goals = 88

Name	Pos	Apps	Gls	Name	Pos	Apps	Gls	Name	Pos	Apps	Gls
A W Barber	W	2		C W Gee	CH	2		H Morton	GK	1	
R J Bell	CF	4	3	T Gillick	OR	40	14	E Sagar	GK	41	
S J Bentham	IL	41	9	N H Greenhalgh	LB	42	1	A E Stevenson	IL	36	11
W E Boyes	OL	36	4	G Jackson	FB	2		J R Thomson	LH	26	
C S Britton	WH	1		T G Jones	CH	39		D H Trentham	W	1	1
J Caskie	W	5	1	T Lawton	CF	38	34	T G Watson	LH	16	
W Cook	RB	40	5	J Mercer	RH	41		Own goals			2
J N Cunliffe	IF	7	3	G H Milligan	WH	1					

1946-47 Liverpool (26 players used in 42 matches) — Total goals = 84

Name	Pos	Apps	Gls	Name	Pos	Apps	Gls	Name	Pos	Apps	Gls
C T Ashcroft	GK	2		L Hughes	CH	30		S Polk	IF	6	
J Balmer	IR	39	24	W H Jones	CH	26	2	R H Priday	W	9	2
T W Bush	CH	3		G H Kaye	WH	1		B Ramsden	FB	23	
L F Carney	IF	2	1	R Lambert	RB	36		C Sidlow	GK	34	
C C Done	CF	17	10	W B Liddell	OL	34	7	E W Spicer	FB	10	
J Easdale	CH	2		T McLeod	WH	3		A Stubbins	CF	36	24
H Eastham	OR	19		R Minshull	GK	6		P H Taylor	RH	35	1
W Fagan	IL	18	7	B Nieuwenhuys	W	15	5	W W Watkinson	CF	6	1
J Harley	LB	17		R Paisley	WH	33					

Name	Pos	Apps	Gls	Name	Pos	Apps	Gls	Name	Pos	Apps	Gls
1947-48	**Arsenal**	**(19 players used in 42 matches)**						**Total goals = 81**			
W Barnes	LB	35		J T Logie	IR	39	8	L Scott	RB	39	
D C S Compton	W	14	6	A R Macaulay	RH	40		J W Sloan	WH	3	
L H Compton	CH	35		C G Male	FB	8		L Smith	FB	1	
A G Fields	CH	6		I B McPherson	OL	29	5	G H Swindin	GK	42	
A R Forbes	WH	11	2	J Mercer	RH	40		S J Wade	FB	3	
B Jones	IF	7	1	R L Rooke	CF	42	33	Own goals			2
R J Lewis	CF	28	14	D G B Roper	OR	40	10				
1948-49	**Portsmouth**	**(18 players used in 42 matches)**						**Total goals = 84**			
H Barlow	IL	29	8	H Ferrier	LB	40		L H Phillips	IL	40	11
G C Bowler	CH	2		R Flewin	CH	39		J D J Reid	IR	29	17
E A E Butler	GK	42		J Froggatt	OL	41	15	P W Rookes	RB	25	
I Clarke	CF	24	14	P P Harris	OR	40	17	J Scoular	RH	42	
L L Delapenha	W	2		W J Hindmarsh	RB	10		W G Thompson	FB	3	
J W Dickinson	LH	41		C H Parker	W	5		J H Yeuell	FB	8	
								Own goals			2
1949-50	**Portsmouth**	**(25 players used in 42 matches)**						**Total goals = 74**			
H Barlow	IL	2	1	H Ferrier	LB	42		J D J Reid	IR	27	16
R Bennett	W	2	1	R Flewin	CH	24		P W Rookes	RB	3	
E A E Butler	GK	42		J Froggatt	OL	39	14	J Scoular	RH	36	
I Clarke	CF	37	17	P P Harris	OR	40	16	W J Spence	CH	16	
J Dawson	W	1		P Higham	CF	1		J W Stephen	FB	1	
L L Delapenha	W	5		W J Hindmarsh	RB	34		W G Thompson	FB	9	2
J W Dickinson	LH	40		C H Parker	W	3		J H Yeuell	FB	4	
D H Ekner	CF	5		L H Phillips	IL	34	5				
J Elder	WH	1		R A Pickett	WH	14	1				
1950-51	**Tottenham Hotspur**	**(19 players used in 42 matches)**						**Total goals = 82**			
E F Bailey	IL	40	12	S B McClellan	W	7	3	D E Uphill	IF	2	1
L D Bennett	IR	25	7	L D Medley	OL	35	11	W E Walters	OR	40	15
C Brittan	WH	8		P Murphy	IR	25	9	A Willis	LB	39	
R W A Burgess	LH	35	2	W E Nicholson	RH	41	1	C F Withers	FB	4	
H A Clarke	CH	42		A E Ramsey	RB	40	4	A M Wright	IF	2	1
E G Ditchburn	GK	42		J W Scarth	W	1		Own goals			2
L S Duquemin	CF	33	14	S Tickridge	FB	1					

continued

First Division and Premier League Winning Teams continued

1951-52 Manchester United (24 players used in 42 matches) — Total goals = 95

Name	Pos	Apps	Gls	Name	Pos	Apps	Gls	Name	Pos	Apps	Gls
R A Allen	GK	33		L Cassidy	IF	1		W McGlen	WH	2	
J Aston	LB	18	4	A Chilton	CH	42		T McNulty	RB	24	
J J Berry	OR	36	6	F Clempson	WH	8	2	H McShane	W	12	1
B Birch	IF	2		H Cockburn	LH	38	2	S C Pearson	IF	41	22
J Blanchflower	IF	1		J Crompton	GK	9		W Redman	FB	18	
J E Bond	OL	19	4	J D Downie	IF	31	11	J F Rowley	CF	40	30
R W Byrne	LB	24	7	T R D Gibson	WH	17		J A Walton	IF	2	
J J Carey	RH	38	3	M Jones	CH	3		J Whitefoot	WH	3	
								Own goals			3

1952-53 Arsenal (21 players used in 42 matches) — Total goals = 97

Name	Pos	Apps	Gls	Name	Pos	Apps	Gls	Name	Pos	Apps	Gls
D L Bowen	WH	2		C C Holton	CF	21	19	D J Oakes	WH	2	1
J C Chenhall	FB	13		A J Kelsey	GK	25		E H Platt	GK	3	
F J A Cox	W	9	1	D J Lishman	IL	39	22	D G B Roper	OL	41	14
R W Daniel	CH	41	5	J T Logie	IR	32	10	A Shaw	WH	25	
W Dodgin	CH	1		R J Marden	W	8	4	L Smith	LB	31	
A R Forbes	RH	33	1	J Mercer	LH	28	2	G H Swindin	GK	14	
H Goring	RH	29	10	C A Milton	OR	25	7	S J Wade	RB	40	
								Own goal			1

1953-54 Wolverhampton Wanderers (22 players used in 42 matches) — Total goals = 96

Name	Pos	Apps	Gls	Name	Pos	Apps	Gls	Name	Pos	Apps	Gls
W A Baxter	WH	5		J Hancocks	OR	42	24	R Stockin	IF	6	
P F Broadbent	IR	36	12	J Mullen	OL	38	7	E A Stuart	RB	12	
R H Chatham	CH	1		R T Pritchard	LB	27		R H Swinbourne	CF	40	24
E Clamp	RH	2		J Short	RB	26		B F Williams	GK	34	
N V Deeley	OR	6		W H Shorthouse	CH	40		D J Wilshaw	IL	39	26
R Flowers	LH	15		N D Sims	GK	8		W A Wright	LH	39	
L Gibbons	FB	1		W J Slater	RH	39	2				
W H Guttridge	FB	2		L J Smith	W	4	1				

1954-55 Chelsea (20 players used in 42 matches) — Total goals = 81

Name	Pos	Apps	Gls	Name	Pos	Apps	Gls	Name	Pos	Apps	Gls
K Armstrong	RH	39	1	J Harris	RB	31		R P Sillett	FB	21	6
R T F Bentley	CF	41	22	J L Lewis	W	17	6	R A Smith	CF	4	
F Blunstone	OL	23	3	J McNichol	IF	40	14	L L Stubbs	IF	27	5
P Brabrook	W	3		S C P O'Connell	IF	10	7	C R Thomson	GK	16	
A V Dicks	WH	1		E G Parsons	OR	42	11	M S Wicks	CH	21	1
R H Edwards	IF	1		W G Robertson	GK	26		S B Willemse	LB	36	1
R Greenwood	CH	21		D W Saunders	LH	42	1	Own goals			3

Name	Pos	Apps	Gls	Name	Pos	Apps	Gls	Name	Pos	Apps	Gls
1955-56	**Manchester United**	**(24 players used in 42 matches)**						**Total goals = 83**			
G Bent	FB	4		W A Foulkes	RB	26		J Scott	W	1	
R J Berry	OR	34	4	F Goodwin	WH	8		T Taylor	CF	33	25
J Blanchflower	IL	18	3	I D Greaves	FB	15		D S Viollet	IL	34	20
R W Byrne	LB	39	3	M Jones	CH	42	1	C Webster	IF	15	4
E Colman	RH	25		E Lewis	FB	4	1	W A Whelan	IR	13	4
J Crompton	GK	1		W McGuinness	WH	3	1	J Whitefoot	WH	15	
J Doherty	IF	16	4	D Pegg	OL	35	9	W Whitehurst	WH	1	
D Edwards	LH	33	3	A Scanlon	WH	6	1	R E Wood	GK	41	
1956-57	**Manchester United**	**(24 players used in 42 matches)**						**Total goals = 103**			
G Bent	FB	6		A Dawson	CF	3	3	W McGuinness	WH	13	
R J Berry	OR	40	8	J Doherty	IF	3		D Pegg	OL	37	6
J Blanchflower	IL	11		D Edwards	LH	34	5	A Scanlon	W	5	2
R W Byrne	LB	36		W A Foulkes	CH	39		T Taylor	CF	32	22
R Charlton	IF	14	10	F Goodwin	WH	6		D S Viollet	IL	27	16
G Clayton	GK	2		I D Greaves	FB	3		C Webster	IF	5	3
E Colman	RH	36	1	A Hawksworth	GK	1		W A Whelan	IR	39	26
R Cope	CH	2		M Jones	CH	29		R E Wood	GK	39	
								Own goal			1
1957-58	**Wolverhampton Wanderers**	**(21 players used in 42 matches)**						**Total goals = 103**			
C Booth	IF	13	2	G W Harris	LB	39		J Mullen	OL	38	4
P F Broadbent	IR	40	17	J G Henderson	OL	1		J R Murray	CF	41	29
E Clamp	RH	41	10	R Howells	WH	2		G W Showell	CH	7	1
N V Deeley	OR	41	23	A Jackson	IF	2		W J Slater	LH	14	
N M Dwyer	GK	5		G Jones	FB	2		E A Stuart	RB	40	
M J Finlayson	GK	37		M J Lill	OR	1	1	D J Wilshaw	IL	12	4
R Flowers	LH	28	3	R H Mason	IL	20	7	W A Wright	CH	38	
								Own goals			2
1958-59	**Wolverhampton Wanderers**	**(22 players used in 42 matches)**						**Total goals = 110**			
C Booth	IF	13	7	J G Henderson	OL	8	3	J R Murray	CF	28	21
P F Broadbent	IR	40	20	D T Horne	W	8	3	G W Showell	CH	8	2
E Clamp	RH	26	3	A Jackson	IF	2	1	G Sidebottom	GK	3	
N V Deeley	OR	38	17	G Jones	FB	4		W J Slater	LH	27	1
C M Durandt	OL	1		J P V Kelly	FB	1		E A Stuart	RB	38	
M J Finlayson	GK	39		M J Lill	OR	18	12	W A Wright	CH	39	
R Flowers	LH	31		R H Mason	IL	34	13	Own goals			2
G W Harris	LB	40	1	J Mullen	OL	16	4				

continued

First Division and Premier League Winning Teams continued

Name	Pos	Apps	Gls	Name	Pos	Apps	Gls	Name	Pos	Apps	Gls
1959-60				**Burnley** (18 players used in 42 matches)				**Total goals = 85**			
J Adamson	LH	42	1	J Furnell	GK	1		B G Miller	WH	42	3
J Angus	RB	41		G Harris	MF	2		B Pilkington	OL	41	9
A S Blacklaw	GK	41		F I A Lawson	IF	8	3	R Pointer	CF	42	19
J M Connelly	OR	34	20	W Marshall	FB	1		J Robson	IL	38	18
T S Cummings	CH	23		J McIlroy	IR	32	6	R Seith	WH	27	
A R Elder	LB	34		T G Meredith	W	7	3	W H White	IF	6	2
								Own goal			1
1960-61				**Tottenham Hotspur** (17 players used in 42 matches)				**Total goals = 115**			
L W Allen	IL	42	23	R P Henry	LB	42		M Norman	CH	41	4
P R B Baker	RB	41	1	J F Hollowbread	GK	1		F L Saul	CF	6	3
K R Barton	FB	1		C W Jones	OR	29	15	J Smith	M	1	
R D Blanchflower	RH	42	6	D C Mackay	LH	37	4	R A Smith	CF	36	28
W D F Brown	GK	41		A V Marchi	LH	6		J A White	IR	42	13
T K Dyson	OL	40	12	T C Medwin	W	14	5	Own goal			1
1961-62				**Ipswich Town** (16 players used in 42 matches)				**Total goals = 93**			
R M Bailey	GK	37		J T Elsworthy	LH	LH		A W Owen	W	W	
W A Baxter	RH	40		W Hall	GK	GK		E J Phillips	IL	40	28
L J Carberry	RB	42		J Leadbetter	OL	41	8	R A Pickett	WH	3	
J F Compton	LB	39		K C Malcolm	FB	3		R Stephenson	OR	41	7
R Crawford	CF	41	33	D W Moran	IR	42	14	Own goal			1
D P Curtis	F	4		A N Nelson	CH	42					
1962-63				**Everton** (20 players used in 42 matches)				**Total goals = 84**			
W L Bingham	OR	23	5	M K Meagan	LB	32		G M Thomson	FB	19	
A Dunlop	GK	4		J J Morrissey	OL	28	7	R J Veall	W	11	1
J Gabriel	RH	40	5	A H Parker	RB	33	2	T R Vernon	IL	41	24
B Harris	LH	24	1	A S Scott	OR	17	4	G West	GK	38	
G W Heslop	CH	1		G F V Sharples	CH	2		F Wignall	F	1	1
A H Kay	LH	19	1	D Stevens	IR	42	7	A Young	CF	42	22
B L Labone	CH	40		D W Temple	W	5	1	Own goals			3
1963-64				**Liverpool** (17 players used in 42 matches)				**Total goals = 92**			
A W Arrowsmith	IL	20	15	C Lawler	RB	6		W Stevenson	LH	38	1
G Byrne	RB	33		T Lawrence	GK	40		P Thompson	OL	42	6
I R Callaghan	OR	42	8	J Melia	IL	24	4	R Thompson	FB	2	
P Ferns	CH	18		G Milne	RH	42	3	G H Wallace	FB	1	
J Furnell	GK	2		R Moran	LB	35	1	R Yeats	CH	36	1
R Hunt	IR	41	31	I St John	CF	40	21	Own goal			1

Name	Pos	Apps	Gls	Name	Pos	Apps	Gls	Name	Pos	Apps	Gls
1964-65	**Manchester United**	**(18 players used in 42 matches)**						**Total goals = 89**			
J Aston	OL	1		P T Crerand	RH	39	3	D G Herd	CF	37	20
G Best	OL	41	10	A P Dunne	LB	42		D Law	IL	36	28
S A Brennan	RB	42		P A J Dunne	GK	37		I Moir	W	1	
N Cantwell	FB	2	1	J H N Fitzpatrick	M	2		D Sadler	CH	6	1
R Charlton	IR	41	10	W A Foulkes	CH	42		M E Setters	CH	5	
J Connelly	OR	42	15	J D Gaskell	GK	5		N P Stiles	LH	41	
								Own goal			1
1965-66	**Liverpool**	**(14 players used in 42 matches)**						**Total goals = 79**			
A W Arrowsmith	IL	3+2		C Lawler	RB	40	5	I St John	CF	41	10
G Byrne	RB	42	1	T Lawrence	GK	42		G Strong	IF	21+1	5
I R Callaghan	OR	42	5	G Milne	RH	28	7	P Thompson	OL	40	5
R Graham	F	1		T Smith	CH	42	3	R Yeats	CH	42	2
R Hunt	IR	37	29	W Stevenson	LH	41	5				
1966-67	**Manchester United**	**(20 players use in 42 matches)**						**Total goals = 84**			
W J Anderson	W	0+1		P T Crerand	RH	39	3	D Law	IL	36	23
J Aston	W	26+4	5	A P Dunne	LB	40		R Noble	LB	29	
G Best	OL	42	10	J H N Fitzpatrick	M	3		J Ryan	W	4+1	
S A Brennan	RB	16		W A Foulkes	CH	33	4	D Sadler	CH	35+1	5
N Cantwell	FB	4		J D Gaskell	GK	5		A C Stepney	GK	35	
R Charlton	IR	42	12	H Gregg	GK	2		N P Stiles	LH	37	3
J Connelly	OR	6	2	D G Herd	CF	28	16	Own goal			1
1967-68	**Manchester City**	**(21 players used in 42 matches)**						**Total goals = 86**			
C Bell	IR	35	14	H W Dowd	GK	7		F H Lee	F	31	16
A K Book	RB	42	1	M Doyle	RH	37+1	5	K J Mulhearn	GK	33	
S Bowles	M	4	2	G W Heslop	CH	41	1	A A Oakes	LH	41	2
R A Cheetham	WH	2+1		P F Hince	W	6	2	A Ogley	GK	2	
J H Clay	F	1+1		S F Horne	M	4+1		G Pardoe	LB	41	
A G Coleman	OL	38	8	C M N Jones	F	2		M G Summerbee	W	41	14
D R Connor	FB	10+3	1	R Kennedy	M	4+2		N J Young	IL	40	19
								Own goal			1
1968-69	**Leeds United**	**(17 players used in 42 matches)**						**Total goals = 66**			
M J Bates	M	3+1		E Gray	OL	32+1	5	P P Lorimer	IR	25+4	9
R M Belfitt	F	6+2	3	J Greenhof	F	3		P E Madeley	CH	31	3
W J Bremner	RH	42	6	T A Hibbitt	W	9+3	3	M O'Grady	OR	38	8
J Charlton	CH	41	3	N Hunter	LH	42		P Reaney	RB	42	1
T Cooper	LB	34+1	1	A Johanneson	W	0+1	1	G Sprake	GK	42	
M J Giles	IL	32	8	M D Jones	CF	40	14	Own goal			1

continued

First Division and Premier League Winning Teams continued

1969-70 — Everton (17 players used in 42 matches) — Total goals = 72

Name	Pos	Apps	Gls	Name	Pos	Apps	Gls	Name	Pos	Apps	Gls
A J Ball	IR	37	10	J Husband	OR	30	6	K R Newton	FB	12	
A D Brown	LB	31+5		T Jackson	WH	14+1		J Royle	CF	42	23
F A Darcy	FB	0+5		H Kendall	RH	36	4	G West	GK	42	
J C Harvey	LH	35	3	R N Kenyon	CH	8+1		A Whittle	OR	15	11
G Humphreys	W	1		B L Labone	CH	34		T J Wright	RB	42	1
J Hurst	IL	42	5	J J Morrissey	OL	41	9				

1970-71 — Arsenal (16 players used in 42 matches) — Total goals = 71

Name	Pos	Apps	Gls	Name	Pos	Apps	Gls	Name	Pos	Apps	Gls
G Armstrong	OR	42	7	F McLintock	CH	42	5	J C Sammels	MF	13+2	1
F C George	OL	17	5	R McNab	FB	40		P F Simpson	CH	25	
G Graham	IF	36+2	11	S Nelson	FB	2+2		P E Storey	HB	40	2
E P Kelly	HB	21+2	4	J Radford	CF	41	15	R P Wilson	GK	42	
R Kennedy	IF	41	19	P J Rice	FB	41		Own goals			2
P Marinello	W	1+2		J G Roberts	HB	18					

1971-72 — Derby County (16 Players used in 42 matches) — Total goals = 69

Name	Pos	Apps	Gls	Name	Pos	Apps	Gls	Name	Pos	Apps	Gls
A Bailey	CH	1		A T Hinton	OL	38	15	C Todd	CH	40	2
C D Boulton	GK	42		R L McFarland	CH	38	4	J M Walker	FB	3+3	1
W A Durban	HB	31	6	J P McGovern	MF	39+1	3	R Webster	FB	38	1
A Gemmill	MF	40	3	J O'Hare	F	40	13	F Wignall	F	10+1	5
K J Hector	F	42	12	S Powell	MF	2+1		Own goals			2
W T Hennessey	MF	17+1		J D Robson	FB	41	2				

1972-73 — Liverpool (16 players used in 42 matches) — Total goals = 72

Name	Pos	Apps	Gls	Name	Pos	Apps	Gls	Name	Pos	Apps	Gls
P Boersma	MF	19	7	E W Hughes	CD	41	7	T Smith	CD	33	2
I R Callaghan	W	42	3	J K Keegan	F	41	13	T G Storton	CD	4	
R N Clemence	GK	41		F Lane	GK	1		P B Thompson	CD	12+2	
P B Cormack	MF	30	8	C Lawler	FB	42	3	J B Toshack	F	22	13
B W Hall	MF	17+4	2	A Lindsay	FB	37	4	Own goals			2
S D Heighway	W	38	6	L B Lloyd	CD	42	2				

1973-74 — Leeds United (20 players used in 42 matches) — Total goals = 66

Name	Pos	Apps	Gls	Name	Pos	Apps	Gls	Name	Pos	Apps	Gls
M J Bates	MF	9+1	2	E Gray	W	8		P P Lorimer	F	37	12
W J Bremner	MF	42	10	F T Gray	FB	3+3		P E Madeley	CD	39	2
T J Cherry	CD	37+1	1	D Harvey	GK	39		G McQueen	CD	36	
A J Clarke	F	34	13	N Hunter	CD	42		P Reaney	FB	36	
T Cooper	FB	1+1		M D Jones	F	28+3	14	D Stewart	GK	3	
R Ellam	CD	3+1		J Jordan	F	25+8	7	T C Yorath	MF	23+5	2
M J Giles	MF	17	2	G Liddell	F	0+1		Own goal			1

Name	Pos	Apps	Gls	Name	Pos	Apps	Gls	Name	Pos	Apps	Gls
1974-75	**Derby County** (16 players used in 42 matches)							**Total goals = 67**			
C D Boulton	GK	42		A T Hinton	OL	8+5	2	B D Rioch	MF	42	15
J A Bourne	F	7+10	2	F H Lee	F	34	12	R J Thomas	FB	22	
P A Daniel	CD	37	3	R L McFarland	CD	4		C Todd	CD	39	
R Davies	F	39+1	12	H A Newton	MF	35+1	3	R Webster	FB	24	1
A Gemmill	MF	41		D J Nish	FB	38	2				
K J Hector	F	38	13	S Powell	MF	12+3	2				
1975-76	**Liverpool** (19 players used in 42 matches)							**Total goals = 66**			
P Boersma	MF	1+2		S D Heighway	W	39	4	T McDermott	MF	7+2	1
I R Callaghan	W	40	3	E W Hughes	CD	41	2	P G Neal	FB	42	6
J R Case	MF	27	6	J P Jones	FB	13		T Smith	CD	24	
R N Clemence	GK	42		J K Keegan	F	41	12	P B Thompson	CD	41	
P B Cormack	MF	16+1	1	R Kennedy	MF	29+1	6	J B Toshack	F	35	16
D Fairclough	F	5+9	7	B Kettle	FB	1					
B W Hall	MF	12+1	2	A Lindsay	FB	6					
1976-77	**Liverpool** (17 players used in 42 matches)							**Total goals = 62**			
I R Callaghan	W	32+1	1	D E Johnson	F	19+7	5	T McDermott	MF	25+1	1
J R Case	MF	24+3	1	J P Jones	FB	39	3	P G Neal	FB	42	7
R N Clemence	GK	42		J K Keegan	F	38	12	T Smith	CD	16	
D Fairclough	F	12+8	3	R Kennedy	MF	41	7	P B Thompson	CD	26	2
S D Heighway	W	39	8	B Kettle	FB	2		J B Toshack	F	22	10
E W Hughes	CD	42	1	A Lindsay	FB	1		Own goal			1
1977-78	**Nottingham Forest** (16 players used in 42 matches)							**Total goals = 69**			
V A Anderson	FB	37	3	L V Lloyd	CD	26		J N Robertson	W	42	12
C Barrett	FB	33+2	1	J P McGovern	MF	31	4	P L Shilton	GK	37	
I Bowyer	MF	26+3	4	J Middleton	GK	5		P Withe	F	40	12
K Burns	CD	41	4	D W Needham	CD	16	4	A S Woodcock	F	36	11
F A Clark	FB	12+1	1	J O'Hare	F	10		Own goals			2
A Gemmill	MF	32+2	3	M H M O'Neill	MF	38+2	8				
1978-79	**Liverpool** (15 players used in 42 matches)							**Total goals = 85**			
J R Case	MF	37	7	S D Heighway	W	26+2	4	S Lee	MF	1+1	
R N Clemence	GK	42		E W Hughes	CD	16		T McDermott	MF	34+3	8
K M Dalglish	F	42	21	D E Johnson	F	26+4	16	P G Neal	FB	42	5
D Fairclough	F	3+1	2	A P Kennedy	FB	37	3	G J Souness	MF	41	8
A D Hansen	CD	34	1	R Kennedy	MF	42	10	P B Thompson	CD	39	
1979-80	**Liverpool** (17 players used in 42 matches)							**Total goals = 81**			
J R Case	MF	37	3	S D Heighway	W	2+7		T McDermott	MF	37	11
R N Clemence	GK	41		C T Irwin	CD	7+1	2	P G Neal	FB	42	1
A Cohen	FB	3+1	1	D E Johnson	F	37	21	S Ogrizovic	GK	1	
K M Dalglish	F	42	16	A P Kennedy	FB	37	1	G J Souness	MF	41	1
D Fairclough	F	9+5	5	R Kennedy	F	40	9	P B Thompson	CD	42	
A D Hansen	CD	38	4	S Lee	MF	6+1		Own goals			6

continued

First Division and Premier League Winning Teams continued

Name	Pos	Apps	Gls	Name	Pos	Apps	Gls	Name	Pos	Apps	Gls
1980-81				**Aston Villa** (14 players used in 42 matches)				**Total goals = 72**			
D G Bremner	MF	42	2	C J Gibson	FB	19+2		G R Shaw	F	40	18
G S Cowans	MF	42	5	K McNaught	CD	42		K Swain	FB	42	
E Deacy	FB	5+4		A W Morley	W	42	10	G Williams	FB	21+1	
A Evans	CD	39	7	D G Mortimer	MF	42	4	P Withe	F	36	20
D Geddis	F	8+1	4	J J Rimmer	GK	42		Own goals			2
1981-82				**Liverpool** (16 players used in 42 matches)				**Total goals = 80**			
K M Dalglish	F	42	13	R Kennedy	MF	15	2	K M Sheedy	MF	0+2	
B D Grobbelaar	GK	42		M T Lawrenson	CD	37+2	2	G J Souness	MF	34+1	5
A D Hansen	CD	35		S Lee	MF	35	3	P B Thompson	CD	34	
D E Johnson	F	10+5	2	T McDermott	MF	28+1	14	R A Whelan	MF	31+1	10
C P Johnston	MF	13+5	6	P G Neal	FB	42	2	Own goal			1
A P Kennedy	FB	32+2	3	I J Rush	F	32	17				
1982-83				**Liverpool** (16 players used in 42 matches)				**Total goals = 87**			
K M Dalglish	F	42	18	A P Kennedy	FB	42	3	I J Rush	F	34	24
D Fairclough	F	3+5	3	M T Lawrenson	CD	40	5	G J Souness	MF	41	9
B D Grobbelaar	GK	42		S Lee	MF	40	3	P B Thompson	CD	24	
A D Hansen	CD	34		T McDermott	MF	0+2		R A Whelan	MF	26+2	2
D J Hodgson	F	20+3	4	P G Neal	FB	42	8	Own goal			1
C P Johnston	MF	30+3	7	S Nicol	MF	2+2					
1983-84				**Liverpool** (15 players used in 42 matches)				**Total goals = 73**			
K M Dalglish	F	33	7	A P Kennedy	FB	42	2	M J Robinson	F	23+1	6
B D Grobbelaar	GK	42		M T Lawrenson	CD	42		I J Rush	F	41	32
A D Hansen	CD	42	1	S Lee	MF	42	2	G J Souness	MF	37	7
D J Hodgson	F	1+4		P G Neal	FB	41	1	J Wark	MF	9	2
C P Johnston	MF	28+1	2	S Nicol	MF	19+4	6	R A Whelan	MF	20+3	3
								Own goals			2
1984-85				**Everton** (25 players used in 42 matches)				**Total goals = 88**			
I Atkins	MF	6	1	J Morrissey	W	1		N Southall	GK	42	
J A Bailey	FB	15		D N Mountfield	CD	37	10	T M Steven	W	40	12
P W Bracewell	MF	37	2	D R Oldroyd	FB	0+1		M G Stevens	FB	37	3
E Curran	W	4+4		K Ratcliffe	CD	40		P W R Van Den Hauwe	FB	31	
J Danskin	MF	1		P Reid	MF	36	2	R A Wakenshaw	F	1+1	
A M Gray	F	21+5	9	K Richardson	MF	14+1	4	D Walsh	MF	1	
A Harper	FB	10+2		N Rimmer	MF	0+1		P Wilkinson	F	4+1	2
A P Heath	F	17	11	G M Sharp	F	36	21				
D J Hughes	FB	2		K M Sheedy	MF	29	11				

Name	Pos	Apps	Gls	Name	Pos	Apps	Gls	Name	Pos	Apps	Gls
1985-86	**Liverpool (18 players used in 42 matches)**							**Total goals = 89**			
J M Beglin	FB	34	1	A P Kennedy	FB	8		P G Neal	FB	11+2	1
K M Dalglish	F	17+4	3	M T Lawrenson	CD	36+1	3	S Nicol	MF	33+1	4
G T Gillespie	CD	14	3	S Lee	MF	13+2		I J Rush	FB	40	22
B D Grobbelaar	GK	42		K D MacDonald	MF	10+7	1	P A Walsh	F	17+3	11
A D Hansen	CD	41		S McMahon	MF	23	6	J Wark	MF	7+2	3
C P Johnston	MF	38+3	7	J Molby	MF	39	14	R A Whelan	MF	39	10
1986-87	**Everton (23 players used in 42 matches)**							**Total goals = 76**			
N J Adams	W	10+2		D N Mountfield	CD	12+1	3	I Snodin	MF	15+1	
W Aspinall	MF	0+6		N G Pointon	FB	10+2	1	N Southall	GK	31	
W Clarke	F	10	5	P C Power	MF	40	4	T M Steven	W	41	14
A Harper	FB	29+7	3	K Ratcliffe	CD	42		M G Stevens	FB	25	3
A P Heath	F	41	11	P Reid	MF	15+1	1	P W R Van Den Hauwe	FB	11	1
K J Langley	MF	16	2	K Richardson	MF	1		D Watson	CD	35	3
I P Marshall	F	0+2	1	G M Sharp	F	27	5	P Wilkinson	F	12+10	3
R A Mimms	GK	11		K M Sheedy	MF	28	13	Own goals			3
1987-88	**Liverpool (22 players used in 40 matches)**							**Total goals = 87**			
G I Ablett	CD	15+2		M D Hooper	GK	2		N J Spackman	MF	19+8	
J W Aldridge	F	36	26	R J Houghton	MF	26+2	5	B Venison	FB	18	
J C B Barnes	W	38	15	C P Johnston	MF	18+12	5	P A Walsh	F	1+7	
P A Beardsley	F	36+2	15	M T Lawrenson	CD	10+4		J Wark	MF	0+1	
K M Dalglish	F	0+2		K D MacDonald	MF	0+1		A F Watson	CD	2	
G T Gillespie	CD	35	4	S McMahon	MF	40	9	R A Whelan	MF	26+2	1
B D Grobbelaar	GK	38		J Molby	MF	1+6					
A D Hansen	CD	39	1	S Nicol	MF	40	6				
1988-89	**Arsenal (17 players used in 38 matches)**							**Total goals = 73**			
T A Adams	CD	36	4	M Hayes	W	3+14	1	K Richardson	MF	32+2	1
S A Bould	CD	26+4	2	J Lukic	GK	38		D Rocastle	MF	38	6
G C Caesar	CD	2		B Marwood	W	31	9	A M Smith	F	36	23
P V Davis	MF	11+1	1	P C Merson	F	29+8	10	M L Thomas	MF	33+4	7
L M Dixon	FB	31+2	1	D A O'Leary	CD	26		N Winterburn	FB	38	3
P Groves	W	6+15	4	N J Quinn	F	2+1	1				
1989-90	**Liverpool (21 players used in 38 matches)**							**Total goals = 78**			
G I Ablett	CD	13+2		B D Grobbelaar	GK	38		S Nicol	MF	21+2	6
J W Aldridge	F	0+2	1	A D Hansen	CD	31		R Rosenthal	F	5+3	7
J C B Barnes	W	34	22	R J Houghton	MF	16+3	1	I J Rush	F	36	18
P A Beardsley	F	27+2	10	G I Hysen	CD	35	1	S Staunton	CD	18+2	
D Burrows	FB	23+3		M A Marsh	MF	0+2		N Tanner	CD	2+2	
K M Dalglish	F	0+1		S McMahon	MF	37+1	5	B Venison	FB	25	
G T Gillespie	CD	11+2	4	J Molby	MF	12+5	1	R A Whelan	MF	34	1
								Own goal			1

continued

First Division and Premier League Winning Teams continued

Name	Pos	Apps	Gls	Name	Pos	Apps	Gls	Name	Pos	Apps	Gls
1990-91		**Arsenal**	(19 players used in 38 matches)					**Total goals = 74**			
T A Adams	CD	30	1	D Hillier	MF	9+7		D Rocastle	MF	13+3	2
S A Bould	CD	38		S Jonsson	MF	2		D A Seaman	GK	38	
K J Campbell	F	15+7	9	A Limpar	W	32+2		A M Smith	F	35+2	23
A A Cole	F	0+1		A Linighan	CD	7+3		M L Thomas	MF	27+4	2
P V Davis	MF	36+1		P C Merson	F	36+1	13	N Winterburn	FB	38	
L M Dixon	FB	38		D A O'Leary	CD	11+10	1	Own goals			2
P Groves	W	13+19	3	C G Pates	CD	0+1					
1991-92		**Leeds United**	(23 players used in 42 matches)					**Total goals = 74**			
P AO Agana	F	1+1		C Kamara	MF	0+2		M Sterland	FB	29+2	6
D Batty	MF	40	2	G Kelly	FB	0+2		G D Strachan	MF	35+1	4
E Cantona	F	6+9	3	J Lukic	GK	42		I Varadi	F	2+1	
L R Chapman	F	38	16	G McAllister	MF	41+1	5	R S Wallace	MF	34	11
R Davison	F	0+2		J McClelland	CD	16+2		D Wetherall	CD	0+1	
A R Dorigo	FB	38	3	J Newsome	CD	7+3		M Whitlow	FB	3+7	1
C H Fairclough	CD	30+1	2	C S Shutt	F	6+8		C A Whyte	CD	41	1
S B Hodge	MF	12+11	7	G A Speed	MF	41	7	own goals			2
1992-93		**Manchester United**	(20 players used in 42 matches)					**Total goals = 67**			
C Blackmore	FB	12+2		L M Hughes	F	41	15	M C Phelan	MF	5+6	
S R Bruce	CD	42	5	P E Ince	MF	41	6	B Robson	MF	5+9	1
N Butt	MF	0+1		J D Irwin	FB	40	5	P B Schmeichel	GK	42	
E Cantona	F	21+1	9	A Kanchelskis	W	14+13	3	L S Sharpe	W	27	1
D Dublin	F	3+4	1	B J McClair	F	41+1	9	D L Wallace	F	0+2	
D Ferguson	MF	15		G A Pallister	CD	42	1	N J Webb	MF	0+1	
R J Giggs	W	40+1	9	P A Parker	FB	31	1	Own goal			1
1993-94		**Manchester United**	(23 players used in 42 matches)					**Total goals = 80**			
S R Bruce	CD	41	3	J D Irwin	FB	42	2	P A Parker	FB	39+1	
N Butt	MF	0+1		A Kanchelskis	W	28+3	6	M C Phelan	MF	1+1	
E Cantona	F	34	18	R M Keane	MF	34+3	5	B Robson	MF	10+5	1
D Dublin	F	1+4	1	L A Martin	FB	1		P B Schmeichel	GK	40	
D Ferguson	MF	1+2		B J McClair	F	12+14	1	L S Sharpe	W	26+4	9
R J Giggs	W	32+6	13	C McKee	F	1		B L Thornley	W	0+1	
L M Hughes	F	36	11	G A Neville	FB	1		G Walsh	GK	2+1	
P E Ince	MF	39	8	G A Pallister	CD	41	1	Own goal			1
1994-95		**Blackburn Rovers**	(21 players used in 42 matches)					**Total goals = 80**			
M N Atkins	MF	30+4	6	J J Kenna	FB	9	1	T M Sherwood	MF	38	6
D Batty	MF	4+1		G P Le Saux	FB	39	3	R Slater	W	12+6	
H Berg	CD	40	1	R A Mimms	GK	3+1		C R Sutton	F	40	15
T D Flowers	GK	39		M C Newell	F	2+10		P Warhurst	MF	20+7	2
A P Gale	CD	15		I A Pearce	CD	22+6		J M Wilcox	W	27	5
K W Gallacher	F	1	1	S E Ripley	W	36+1		R Witschge	MF	1	
E C J Hendry	CD	38	4	A Shearer	F	42	34	A Wright	FB	4+1	
								Own goals			2

Name	Pos	Apps	Gls	Name	Pos	Apps	Gls	Name	Pos	Apps	Gls
1995-96	**Manchester United**			**(23 players used in 38 matches)**				**Total goals = 73**			
D R J Beckham	MF	26+7	7	J D Irwin	FB	31	1	P A Parker	FB	5+1	
S R Bruce	CD	30	1	R M Keane	MF	29	6	K W Pilkington	GK	2+1	
N Butt	MF	31+1	2	D May	CD	11+5	1	W Prunier	CD	2	
E Cantona	F	30	14	B J McClair	FB	12+10	3	P B Schmeichel	GK	36	
A A Cole	F	32+2	11	G A Neville	FB	30+1		P Scholes	MF	16+10	10
T J Cooke	W	1+3		P J Neville	FB	21+3		L S Sharpe	W	21+10	4
S I Davies	MF	1+5		J A O'Kane	MF	0+1		B L Thornley	W	0+1	
R J Giggs	W	30+3	11	G A Pallister	CD	21	1	Own goal			1
1996-97	**Manchester United**			**(23 players used in 38 matches)**				**Total goals = 76**			
D R J Beckham	MF	33+3	8	J D Irwin	FB	29+2	1	G A Pallister	CD	27	3
N Butt	MF	24+2	5	J R Johnsen	CD	26+5		K Poborsky	W	15+7	3
E Cantona	F	36	11	R M Keane	MF	21	2	P B Schmeichel	GK	36	
C M Casper	CD	0+2		D May	CD	28+1	3	P Scholes	MF	16+8	3
M J Clegg	FB	3+1		B J McClair	F	4+15		O G Solskjaer	F	25+8	18
A A Cole	F	10+10	6	G A Neville	FB	30+1	1	B L Thornley	W	1+1	
J Cruyff	F	11+5	3	P J Neville	FB	15+3		R Van der Gouw	GK	2	
R J Giggs	W	25+1	3	J A O'Kane	MF	1		Own goals			6
1997-98	**Arsenal**			**(26 players used in 38 matches)**				**Total goals = 68**			
T A Adams	CD	26	3	M R Keown	CD	18		I Rankin	F	0+1	
N Anelka	F	16+10	6	A Manninger	GK	7		D A Seaman	GK	31	
D N Bergkamp	F	28	16	S R Marshall	CD	1+2		M J Upson	CD	5	
L Boa Morte	W	4+11		G G McGowan	FB	0+1		P A Vernazza	MF	1	
S A Bould	CD	21+3		A Mendez	FB	1+2		P Vieira	MF	31+2	2
L M Dixon	FB	26+2		M Overmars	W	32	12	N Winterburn	FB	35+1	1
R Garde	MF	6+4		R Parlour	MF	34	5	C Wreh	F	7+9	3
G Grimandi	CD	16+6	1	E Petit	MF	32	2	I E Wright	F	22+2	10
S J Hughes	MF	7+10	2	D A Platt	MF	11+20	3	Own goals			2
1998-99	**Manchester United**			**(23 players used in 38 matches)**				**Total goals = 80**			
D R J Beckham	MF	33+1	6	R J Giggs	W	20+4	3	P B Schmeichel	GK	34	
H Berg	CD	10+6		J Greening	W	0+3		P Scholes	MF	24+7	6
L J Blomqvist	MF	20+5	1	J D Irwin	FB	26+3	2	E P Sheringham	F	7+10	2
W M Brown	CD	11+3		J R Johnsen	CD	19+3	3	O G Solskjaer	F	9+10	12
N Butt	MF	22+9	2	R M Keane	MF	33+2	2	J Stam	CD	30	1
A A Cole	F	26+6	17	D May	CD	4+2		R Van der Gouw	GK	4+1	
J Cruyff	F	0+5	2	G A Neville	FB	34	1	D Yorke	F	32	18
J C K Curtis	FB	1+3		P J Neville	FB	19+9		Own goals			2

continued

First Division and Premier League Winning Teams continued

Name	Pos	Apps	Gls	Name	Pos	Apps	Gls	Name	Pos	Apps	Gls
1999-2000				**Manchester United** (29 players used in 38 matches)				**Total goals = 97**			
D R J Beckham	MF	30+1	6	R J Giggs	W	30	6	E P Sheringham	F	15+12	5
H Berg	CD	16+6	1	J Greening	W	1+3		M S Silvestre	CD	30+1	
M J Bosnich	GK	23		D J Higginbotham	FB	2+1		O G Solskjaer	F	15+13	12
N Butt	MF	21+11	3	J D Irwin	FB	25	3	J Stam	CD	33	
M J Clegg	MF	0+2		J R Johnsen	CD	2+1		M Taibi	GK	4	
A A Cole	F	23+5	19	R M Keane	MF	28+1	5	R Van der Gouw	GK	11+3	
J Cruyff	F	1+7	3	D May	CD	0+1		R Wallwork	MF	0+5	
N J Culkin	GK	0+1		G A Neville	FB	22		M A Wilson	MF	1+2	
J C K Curtis	FB	0+1		P J Neville	FB	25+4		D Yorke	F	29+3	20
Q Fortune	MF	4+2	2	P Scholes	MF	27+4	9	Own goals			3
2000-01				**Manchester United** (29 players used in 38 matches)				**Total goals = 79**			
F A Barthez	GK	30		A L Goram	GK	2		P Scholes	MF	28+4	6
D R J Beckham	MF	29+2	9	J Greening	W	3+4		E P Sheringham	F	23+6	15
H Berg	CD	0+1		D J Healy	F	0+1		M S Silvestre	CD	25+5	1
W M Brown	CD	25+3		J D Irwin	FB	20+1		O G Solskjaer	F	19+12	10
N Butt	MF	24+4	3	J R Johnsen	CD	11	1	J Stam	CD	15	
L H Chadwick	W	6+10	2	R M Keane	MF	28	2	M J Stewart	MF	3	
A A Cole	F	15+4	9	D May	CD	1+1		R Van der Gouw	GK	5+5	
B Djordjic	F	0+1		G A Neville	FB	32	1	R Wallwork	MF	4+8	
Q Fortune	MF	6+1	2	P J Neville	FB	24+5	1	D Yorke	F	15+7	9
R J Giggs	W	24+7	5	P S Rachubka	GK	1		Own goals			3
2001-02				**Arsenal** (25 players used in 38 matches)				**Total goals = 79**			
T A Adams	CD	10		F Jeffers	F	2+4	2	I Stepanovs	CD	6	
J Aliadiere	F	0+1		N Kanu	F	9+14	3	S J Taylor	GK	9+1	
D N Bergkamp	F	22+11	9	M R Keown	CD	21+1		M J Upson	CD	10+4	
S J Campbell	CD	29+2	2	E Lauren	FB	27	2	G C Van Bronckhorst	MF	13+8	1
A Cole	FB	29	2	K F Ljungberg	W	24+1	12	P Vieira	MF	35+1	2
L M Dixon	FB	3+10		O Luzhny	FB	15+3		S Wiltord	F	23+10	10
Edu (E C D Gaspar)	MF	8+6	1	R Parlour	MF	25+2		R Wright	GK	12	
G Grimandi	CD	11+15		R Pires	MF	27+1	9				
T Henry	F	31+2	24	D A Seaman	GK	17					
2002-03				**Manchester United** (26 players used in 38 matches)				**Total goals = 74**			
F A Barthez	GK	30		Q Fortune	MF	5+4		K E Richardson	W	0+2	
D R J Beckham	MF	27+4	6	R J Giggs	W	32+4	8	L P Roche	FB	0+1	
L R Blanc	CD	15+4		R M Keane	MF	19+2		P Scholes	MF	31+2	14
W M Brown	CD	22		D May	CD	0+1		M S Silvestre	CD	34	1
N Butt	MF	14+4		G A Neville	FB	19+7		O G Solskjaer	F	29+8	9
R E Carroll	GK	8+2		P J Neville	FB	19+6	1	M J Stewart	MF	0+1	
L H Chadwick	W	0+1		J F O'Shea	CD	26+6		R J M Van Nistelrooy	F	33+1	25
R G Ferdinand	CD	27+1		D A Pugh	FB	0+1		J S Veron	MF	21+4	2
D Forlan	F	7+18	6	Ricardo (R F Lopez)	GK	0+1		Own goals			2

Name	Pos	Apps	Gls	Name	Pos	Apps	Gls	Name	Pos	Apps	Gls
2003-04	**Arsenal (22 players used in 38 matches)**							**Total goals = 73**			
J Aliadiere	F	3+7		T Henry	F	37	30	R Pires	MF	33+3	14
D M Bentley	W	1		J R Hoyte	FB	0+1		J A Reyes	F	7+6	2
D N Bergkamp	F	21+7	4	N Kanu	F	3+7	1	G Silva	MF	29+3	4
S J Campbell	CD	35	1	M R Keown	CD	3+7		H K Toure	CD	36+1	1
G Clichy	FB	7+5		E Lauren	FB	30+2		P Vieira	MF	29	3
A Cole	FB	32		J Lehmann	GK	38		S Wiltord	F	8+4	3
P Cygan	CD	10+8		K F Ljungberg	W	27+3	4	Own goals			4
Edu (E C D Gaspar)	MF	13+17	2	R Parlour	MF	16+9					
2004-05	**Chelsea (30 players used in 38 matches)**							**Total goals = 72**			
C Babayaro	FB	3+1		M K Forssell	F	0+1		C Makelele	MF	36	1
W M Bridge	FB	12+3		W Gallas	CD	28	2	N Morais	CD	0+2	
R Carvalho	CD	22+3	1	Geremi (G S Njitap Fotso)	MF	6+7		A Mutu	F	0+2	
P Cech	GK	35		A P S A Grant	MF	0+1		S M Parker	MF	1+3	
J J Cole	MF	19+9	8	E S Gudjohnsen	F	30+7	12	L J Pidgeley	GK	0+1	
C Cudicini	GK	3		R Huth	CD	6+4		A Robben	W	14+4	7
F V De Oliveira	FB	0+1		J Jarosik	MF	3+11		A Smertin	MF	11+5	
D Y T Drogba	F	18+8	10	G M C Johnson	FB	13+4		J G Terry	CD	36	3
D A Duff	W	28+2	6	M Kezman	F	6+19	4	Tiago (Tiago Mendes)	MF	21+13	1
P Ferreira	FB	29		F J Lampard	MF	38	13	S M Watt	CD	0+1	
								Own goal			1
2005-06	**Chelsea (25 players used in 38 matches)**							**Total goals = 72**			
R Carvalho	CD	22+2	1	D A Duff	W	18+10	3	C Makelele	MF	29+2	
P Cech	GK	34		M Essien	MF	27+4	2	Maniche			
C M Cole	F	0+9		P Ferreira	FB	18+3		(N R Oliveira Ribeiro)	MF	3+5	
J J Cole	MF	26+8	7	W Gallas	CD	33+1	5	L J Pidgeley	GK	1	
H J Crespo	F	20+10	10	Geremi (G S Njitap Fotso)	MF	8+7	2	A Robben	W	21+7	6
C Cudicini	GK	3+1		E S Gudjohnsen	F	16+10	2	J D Smith	MF	0+1	
A Del Horno	FB	25	1	R Huth	CD	7+6		J G Terry	CD	36	4
L Diarra	MF	2+1		G M C Johnson	FB	4		S C Wright-Phillips	W	10+17	
D Y T Drogba	F	20+9	12	F J Lampard	MF	35	16	Own goal			1
2006-07	**Manchester United (25 players used in 38 matches)**							**Total goals = 83**			
W M Brown	CD	17+5		T Kuszczak	GK	6		L L Saha	F	18+6	8
M Carrick	MF	29+4	3	H Larsson	F	5+2	1	P Scholes	MF	29+1	6
Dong Fangzhou	F	1		K C Lee	FB	1		M S Silvestre	CD	6+8	1
C M Eagles	W	1+1	1	G A Neville	FB	24		A Smith	MF	6+3	
P L Evra	FB	22+2	1	J F O'Shea	CD	16+16	4	O G Solskjaer	F	9+10	7
R G Ferdinand	CD	33	1	J-S Park	MF	8+6	5	E Van der Sar	GK	32	
D B Fletcher	MF	16+8	3	K E Richardson	W	8+7	1	N Vidic	CD	25	3
R J Giggs	W	25+5	4	C d S A Ronaldo	W	31+3	17	Own goals			3
G I Heinze	FB	17+5		W M Rooney	F	33+2	14				

continued

First Division and Premier League Winning Teams continued

2007-08 Manchester United (25 players used in 38 matches) Total goals = 80

Name	Pos	Apps	Gls	Name	Pos	Apps	Gls	Name	Pos	Apps	Gls
Anderson Oliveira	MF	16+8		R J Giggs	W	26+5	3	L L Saha	F	6+11	5
W M Brown	CD	34+2	1	O L Hargreaves	MF	16+7	2	P Scholes	MF	22+2	1
F L Campbell	F	0+1		T Kuszczak	GK	8+1		M S Silvestre	CD	3	
M Carrick	MF	24+7	2	Nani (L C A da Cunha)	W	16+10	3	D P Simpson	FB	1+2	
C M Eagles	W	1+3		J F O'Shea	CD	10+18		C A M Tevez	F	31+3	14
P L Evra	FB	33		J-S Park	MF	8+4	1	E Van der Sar	GK	29	
R G Ferdinand	CD	35	2	G Pique	CD	5+4		N Vidic	CD	32	1
D B Fletcher	MF	5+11		C d S A Ronaldo	W	31+3	31	Own goals			2
B A Foster	GK	1		W M Rooney	F	25+2	12				

2008-09 Manchester United (33 players used in 38 matches) Total goals = 68

Name	Pos	Apps	Gls	Name	Pos	Apps	Gls	Name	Pos	Apps	Gls
Anderson Oliveira	MF	11+6		D T D Gibson	MF	1+2	1	R P Possebon	MF	0+3	
D Berbatov	F	29+2	9	R J Giggs	W	15+13	2	Rafael P da Silva	FB	12+4	1
W M Brown	CD	6+2	1	O L Hargreaves	MF	1+1		C d S A Ronaldo	W	31+2	18
F L Campbell	F	1		T Kuszczak	GK	3+1		W M Rooney	F	25+5	12
M Carrick	MF	24+4	4	F Macheda	F	2+2	2	P Scholes	MF	14+7	2
R R A De Laet	FB	1		Manucho				C A M Tevez	F	18+11	5
R J Eckersley	FB	0+2		(M A C Goncalves)	F	0+1		Z Tosic	W	0+2	
J G Evans	CD	16+1		L R Martin	W	1		E Van der Sar	GK	33	
P L Evra	FB	28		Nani (L C A da Cunha)	W	7+6	1	N Vidic	CD	33+1	4
R G Ferdinand	CD	24		G A Neville	FB	13+3		D N T M Welbeck	F	1+2	1
D B Fletcher	MF	25+1	3	J F O'Shea	CD	20+10					
B A Foster	GK	2		J-S Park	MF	21+4	2				

2009-10 Chelsea (30 players used in 38 matches) Total goals = 103

Name	Pos	Apps	Gls	Name	Pos	Apps	Gls	Name	Pos	Apps	Gls
Alex (A R D Da Costa)	CD	13+3	1	J J Cole	MF	14+12	2	F J Lampard	MF	36	22
N S Anelka	F	31+2	11	Deco (A L de Souza)	MF	14+5	2	F J Malouda	W	26+7	12
M Ballack	MF	26+6	4	D Y T Drogba	F	31+1	29	N Matic	MF	0+2	
J H Belletti	FB	4+7		M K Essien	MF	13+1	3	J M N O Mikel	MF	21+4	
F Borini	F	0+4		R P R Ferreira	FB	11+2		A M Shevchenko	F	0+1	
J Bosingwa	FB	8		H M A S Hilario	GK	2+1		D A Sturridge	F	2+11	1
J V H Bruma	CD	0+2		S E Hutchinson	FB	0+2		J G Terry	CD	37	2
A R S Carvalho	CD	22		B Ivanovic	FB	25+3	1	R Turnbull	GK	2	
P Cech	GK	34		G Kakuta	W	0+1		P J M Van Aanholt	FB	0+2	
A Cole	FB	25+2	4	S A M Kalou	F	11+12	5	Y V Zhirkov	W	10+7	
								Own goals			4

Name	Pos	Apps	Gls	Name	Pos	Apps	Gls	Name	Pos	Apps	Gls
2010-11	**Manchester United**	**(29 players used in 38 matches)**						**Total goals = 78**			
Anderson Oliveira	MF	14+4	1	D T D Gibson	MF	6+6		M J Owen	F	1+10	2
D Berbatov	F	24+8	20	R J Giggs	W	19+6	2	J-S Park	MF	13+2	5
W M Brown	CD	4+3		O L Hargreaves	MF	1		Rafael (R P da Silva)	FB	15+1	
M Carrick	MF	23+5		J Hernandez	F	15+12	13	W M Rooney	F	25+3	11
T M D Correia	F	0+2		T Kuszczak	GK	5		P Scholes	MF	16+6	1
J G Evans	CD	11+2		F Macheda	F	2+5	1	C L Smalling	CD	11+5	
P L Evra	FB	34+1	1	Nani (L C A da Cunha)	W	31+2	9	L A Valencia	W	8+2	1
Fabio (F P da Silva)	FB	5+6	1	G A Neville	FB	3		E Van der Sar	GK	33	
R G Ferdinand	CD	19		J F O'Shea	CD	18+2		N Vidic	CD	35	5
D B Fletcher	MF	24+2	2	G A Obertan	W	3+4		Own goals			3
2011-12	**Manchester City**	**(24 players used in 38 matches)**						**Total goals = 93**			
S L Aguero	F	31+3	23	A Johnson	W	10+16	6	A Razak	MF	0+1	
M B Balotelli	F	14+9	13	A Kolarov	FB	9+3	2	M L Richards	FB	23+6	1
G Barry	MF	31+3	1	V J M Kompany	CD	31	3	S Savic	CD	5+6	1
G Clichy	FB	28		J P Lescott	CD	30+1	2	D J J Silva	W	33+3	6
N De Jong	MF	11+10		J P Milner	MF	17+9	3	C A M Tevez	F	7+6	4
E Dzeko	F	16+14	14	S Nasri	MF	26+4	5	G Y Toure	MF	31+1	6
O L Hargreaves	MF	0+1		C Onuoha	CD	0+1		H K Toure	CD	8+6	
C J J Hart	GK	38		D M Pizarro	MF	1+4		P J Zabaleta	FB	18+3	1
								Own goals			2
2012-13	**Manchester United**	**(25 players used in 38 matches)**						**Total goals = 86**			
Anderson Oliveira	MF	9+8	1	R J Giggs	W	12+10	2	P Scholes	MF	8+8	1
A Buttner	FB	4+1	2	J Hernandez	F	9+13	10	C L Smalling	CD	10+5	
M Carrick	MF	34+2	1	P A Jones	CD	13+4		L A Valencia	W	24+6	1
T W Cleverley	MF	18+4	2	S Kagawa	W	17+3	6	R Van Persie	F	35+3	26
D de Gea	GK	28		A R Lindegaard	GK	10		N Vidic	CD	18+1	1
J G Evans	CD	21+2	3	Nani (L C A da Cunha)	W	7+4	1	D N T M Welbeck	F	13+14	1
P L Evra	FB	34	4	N E Powell	F	0+2	1	A Young	W	17+2	
R G Ferdinand	CD	26+2	1	Rafael (R P da Silva)	FB	27+1	3	Own goals			6
D B Fletcher	MF	2+1	1	W M Rooney	F	22+5	12				
2013-14	**Manchester City**	**(23 players used in 38 matches)**						**Total goals = 102**			
S L Aguero	F	20+3	17	S Jovetic	F	2+11	3	A Negredo	F	21+11	9
A D Boyata	CD	1		A Kolarov	FB	21+9	1	C F Pantilimon	GK	7	
G Clichy	FB	18+2		V J M Kompany	CD	28	4	M L Richards	FB	2	
M G Demichelis	CD	27	2	J P Lescott	CD	8+2		J C Rodwell	MF	1+4	
E Dzeko	F	23+8	16	J P Milner	MF	12+19	1	D J J Silva	W	261	7
Fernandinho (F L Roza)	MF	29+4	5	S Nasri	MF	29+5	7	G Y Toure	MF	35	20
F J Garcia	MF	14+15		M Nastasic	CD	11+2		P J Zabaleta	FB	34+1	1
C J J Hart	GK	31		J Navas	W	18+12	4	Own goals			5

continued

First Division and Premier League Winning Teams continued

2014-15 — Chelsea (25 players used in 38 matches) — Total goals = 73

Player	Pos	Apps	Gls	Player	Pos	Apps	Gls	Player	Pos	Apps	Gls
N B Ake	CD	0+1		D Y T Drogba	F	8+20	4	Ramires (R S do Nascimento)	MF	11+12	2
C Azpilicueta	FB	29		C Fabregas	MF	33+1	3	L Remy	F	6+13	7
I J Brown	F	0+1		Filipe Luis Kasmirski	FB	9+6		M Salah	W	0+3	
G J Cahill	CD	33+3	1	E M Hazard	W	38	14	A H Schurrle	W	5+9	3
P Cech	GK	6+1		B Ivanovic	FB	38	4	J G Terry	CD	38	5
A B Christensen	FB	0+1		R I Loftus-Cheek	MF	2+1		Willian (W B da Silva)	W	28+8	2
D d S Costa	F	24+2	20	N Matic	MF	35+1	1	K H Zouma	CD	7+8	
T N M Courtois	GK	32		J M N O Mikel	MF	6+12		Own goals			1
J G Cuadrado	W	4+8		Oscar (O d S E Junior)	MF	26+2	6				

2015-16 — Leicester City (23 players used in 38 matches) — Total goals = 68

Player	Pos	Apps	Gls	Player	Pos	Apps	Gls	Player	Pos	Apps	Gls
M K Albrighton	W	34+4	2	D R Gray	W	1+11		S Okazaki	F	28+8	5
D Amartey	MF	1+4		R Huth	CD	35	3	J Schlupp	W	14+10	1
Y Benalouane	CD	0+4		G Inler	MF	3+2		K P Schmeichel	GK	38	
R R A De Laet	FB	7+5	1	N Kante	MF	33+4	1	D P Simpson	FB	30	
J Dodoo	F	0+1		A P King	MF	9+16	2	J L Ulloa	F	7+22	6
D N Drinkwater	MF	35	2	A Kramaric	F	0+2		J R Vardy	F	36	24
N A J Dyer	W	0+12	1	R Mahrez	W	36+1	17	M Wasilewski	CD	3+1	
C Fuchs	FB	30+2		W N Morgan	CD	38	2	Own goal			1

2016-17 — Chelsea (24 players used in 38 matches) — Total goals = 85

Player	Pos	Apps	Gls	Player	Pos	Apps	Gls	Player	Pos	Apps	Gls
T O Aina	FB	0+3		D d S Costa	F	35	20	R I Loftus-Cheek	MF	0+6	
N B Ake	CD	1+1		T N M Courtois	GK	36		N Matic	MF	30+5	1
M Alonso	FB	30+1	6	D Luiz M Marinho	CD	33	1	V Moses	W	29+5	3
C Azpilicueta	FB	38	1	C Fabregas	MF	13+16	5	Oscar (O d S E Junior)	MF	5+4	
M Batshuayi	F	1+19	5	E M Hazard	W	36	16	Pedro (P E Rodriguez)	W	26+9	9
A Begovic	GK	2		B Ivanovic	FB	6+7		J G Terry	CD	6+3	1
G J Cahill	CD	36+1	6	N Kante	MF	35	1	Willian (W B da Silva)	W	15+19	8
N N Chalobah	MF	1+9		Kenedy (R K N do Nascimento)	F	1		K H Zouma	CD	3+6	
								Own goals			2

2017-18 — Manchester City (24 players used in 38 matches) — Total goals = 106

Player	Pos	Apps	Gls	Player	Pos	Apps	Gls	Player	Pos	Apps	Gls
S L Aguero	F	22+3	21	I Gundogen	MF	15+15	4	B M V d C Silva	MF	15+20	6
C A Bravo	GK	2+1		G F Jesus	F	19+10	13	D J J Silva	W	28+1	9
K De Bruyne	MF	36+1	8	V J M Kompany	CD	17	1	R S Sterling	W	29+4	18
Danilo L da Silva	FB	13+10	3	A Laporte	CD	9		J Stones	CD	16+2	
F Delph	MF	21+1	1	E Mangala	CD	4+5		G Y Toure	MF	1+9	
B A Diaz	MF	0+5		B Mendy	FB	4+3		K A Walker	FB	32	
Ederson S de Moraes	GK	36		L Nmecha	F	0+2		O Zinchenko	MF	6+2	
Fernandinho (F L Roza)	MF	33+1	5	N H G Otamendi	CD	33+1	4	Own goals			3
P W Foden	MF	0+5		L Sane	W	27+5	10				

2018-19 — Manchester City (21 players used in 38 matches) — Total goals = 95

Player	Pos	Apps	Gls	Player	Pos	Apps	Gls	Player	Pos	Apps	Gls
S L Aguero	F	31+2	21	I Gundogen	MF	23+8	6	L Sane	W	21+10	10
Danilo L da Silva	FB	9+2	1	G F Jesus	F	8+21	7	B M V d C Silva	MF	31+5	7
K De Bruyne	MF	11+8	2	V J M Kompany	CD	13+4	1	D J J Silva	W	28+5	6
F Delph	MF	8+3		A Laporte	CD	34+1	3	R S Sterling	W	31+3	17
Ederson S de Moraes	GK	38		R Mahrez	F	14+13	7	J Stones	CD	20+4	
Fernandinho (F L Roza)	MF	27+2	1	B Mendy	FB	10		K A Walker	FB	30+3	1
P W Foden	MF	3+10	1	N H G Otamendi	CD	14+4		O Zinchenko	MF	14	
								Own goals			4

2019-20 — Liverpool (24 players used in 38 matches) — Total goals = 85

Player	Pos	Apps	Gls	Player	Pos	Apps	Gls	Player	Pos	Apps	Gls
Adrian Lopez	GK	9+2		N Keita	MF	9+9	2	A Oxlade-Chamberlain	MF	17+13	4
T Alexander-Arnold	D	35+3	4	A Lallana	MF	3+12	1	R Firmino B de Oliveira	F	34+4	9
Alisson Becker	GK	29		D Lovren	D	9+1		A Robertson	D	34+2	2
H Elliott	MF	0+2		S Mane	F	31+4	18	M Salah	F	33+1	19
Fabinho H Tavares	MF	22+6	2	J Matip	D	8+1	1	X Shaqiri	F	2+5	1
J Gomez	D	22+6		J Milner	MF	9+13	2	G Wijnaldum	MF	35+2	4
J Henderson	MF	26+4	4	T Minamino	F	2+8		N Williams	D	3+3	
C Jones	MF	1+5	1	D Origi	F	7+21	4	V van Dijk	D	38	5
								Own goals			2

2020-21 — Manchester City (24 players used in 38 matches) — Total goals = 83

Player	Pos	Apps	Gls	Player	Pos	Apps	Gls	Player	Pos	Apps	Gls
S L Aguero	F	7+5	4	Fernandinho (F L Roza)	MF	12+9		B Mendy	D	11+2	2
N B Ake	D	9+1	1	P W Foden	MF	17+11	9	R H Cascante (Rodri)	MF	31+3	2
S P Carson	G	1		Ferran Torres Garcia	F	15+9	7	B M V d C Silva	MF	24+2	2
K De Bruyne	MF	23+2	6	I Gundogen	MF	23+5	13	Z T Steffen	GK	1	
Joao P C Cancelo	D	27+1	2	G F Jesus	F	22+7	9	R S Sterling	F	28+3	10
L R Delap	F	0+1		A Laporte	D	14+2		J Stones	D	22	4
Ruben d S G A Dias	D	32	1	R Mahrez	F	23+4	9	K A Walker	D	22+2	1
Ederson S de Moraes	GK	36		Eric Garcia Martret	D	3+3		O Zinchenko	MF	15+5	
								Own goals			1

2021-22 — Manchester City (26 players used in 38 matches) — Total goals = 99

Player	Pos	Apps	Gls	Player	Pos	Apps	Gls	Player	Pos	Apps	Gls
N B Ake	D	10+4	2	P W Foden	MF	24+4	9	R H Cascante (Rodri)	MF	33	7
K De Bruyne	MF	25+5	15	J Grealish	M	22+4	3	B M V d C Silva	MF	33+2	8
Joao P C Cancelo	D	36	1	I Gundogen	MF	20+7	8	Z T Steffen	GK	1	
Kayky da Silva Chagas	F	0+1		G F Jesus	F	21+7	8	R S Sterling	F	23+7	13
L R Delap	F	0+1		A Laporte	D	33	4	J Stones	D	12+2	1
Ruben d S G A Dias	D	27+2	2	R Mahrez	F	15+13	11	F Torres	F	4	2
Ederson S de Moraes	GK	37		J Mcatee	MF	0+2		K A Walker	D	20	
C Egan-Riley	D	0+1		B Mendy	D	1		O Zinchenko	MF	10+5	
Fernandinho (F L Roza)	MF	10+9	2	C Palmer	MF	1+3		Own goals			3

continued

First Division and Premier League Winning Teams continued

2022-23   Manchester City   (24 players used in 38 matches)   Total goals = 94

Player	Pos	Apps	Gls	Player	Pos	Apps	Gls	Player	Pos	Apps	Gls
M Akanji	D	24+5		Ederson S de Moraes	GK	35		R Mahrez	F	22+8	5
N Ake	D	22+4	1	P W Foden	MF	22+10	11	M Perrone	MF	0+1	
J Alvarez	F	13+18	9	S Gomez	F	2+10		S Moreno	GK	3	
J Cancelo	D	16+1	2	J Grealish	F	23+5	5	C Palmer	MF	2+12	
R H Cascante (Rodri)	MF	34+2	2	I Gundogen	MF	27+4	8	K Phillips	MF	2+10	
S Charles	MF	0+1		E Haaland	F	33+2	36	B Silva	F	24+10	4
K De Bruyne	MF	28+4	7	A Laporte	D	11+1		J Stones	D	21+2	2
R Dias	D	22+4		R Lewis	MF	10+4		K A Walker	D	22+5	
								Own Goals			2

2023-24   Manchester City   (25 players used in 38 matches)   Total goals = 96

Player	Pos	Apps	Gls	Player	Pos	Apps	Gls	Player	Pos	Apps	Gls
M Akanji	D	28+2	2	P W Foden	MF	33+2	19	J McAtee	MF	0+1	
N Ake	D	24+5	2	S Gomez	MF	0+6		S Ortega	GK	5+4	
J Alvarez	F	31+5	11	J Grealish	MF	10+10	3	C Palmer	MF	0+1	
O Bobb	MF	2+12	1	J Gvardiol	D	26+2	4	K Phillips	MF	0+4	
R H Cascante (Rodri)	MF	34	8	E Haaland	F	29+2	27	B Silva	MF	29+4	6
K De Bruyne	MF	15+3	4	M Kovacic	MF	16+14	1	J Stones	D	12+4	1
R Dias	D	28+2		A Laporte	D	0+1		K A Walker	D	30+2	
J Doku	MF	18+11	3	R Lewis	D	8+8	2	Own Goals			2
Ederson S de Moraes	GK	33		M Nunes	MF	7+10					

Fewest Players Used

1965-66		
Liverpool	14	
1980-81		
Aston Villa	14	

Most Players Used

2008-09		
Manchester United	33	

Fewest Goals Scored

1897-98		
Sheffield United	56	in 30 matches
1903-04		
Sheffield Wednesday	48	in 34 matches
1911-12		
Blackburn Rovers	60	in 38 matches
1923-24		
Huddersfield Town	60	in 42 matches

Most Goals Scored

1892-93		
Sunderland	100	in 30 matches
1899-1900		
Aston Villa	77	in 34 matches
2017-18		
Manchester City	106	in 38 matches
1930-31		
Arsenal	127	in 42 matches

Third Division North v Third Division South Representative Matches

During the last three years of the old Third Divisions North and South, six matches were played between teams representing each section. There had been considerable discussion as to which section was the stronger and, if these results are the yardstick, then the South have the edge with three wins and two draws from the six matches, with 11 goals scored and 8 conceded.

The average attendance for these matches was 12,193 which might be considered good today, but this was well below some of the attendances for Third Division matches at the time.

16 March 1955
Elm Park, Reading, k.o. 7:15 pm. Att. 10,424

| Third Division South | (0) | 2 | Third Division North | (0) | 0 |

Rainford 60, Wilson 84

Third Division South:

K Oxford (Norwich City); M McDonnell (Coventry City), J Langley (Brighton); B Nicholas (QPR), J Crosland (Bournemouth), G Hughes (Northampton T); W Hinshelwood (Reading), J Rainford (Brentford), E Day (Southampton), D Mills (Torquay U), M Grice (Colchester U). G Wilson (Brighton) replaced the injured Hughes for the second half.

Third Division North:

R Minshull (Southport); R Jackson (Oldham A), J Harrower (Accrington S); K Furphy (Darlington), T Callender (Gateshead), F Clempson (Stockport Co); R Finney (Stockport Co), J Prescott (Southport), G Stewart (Accrington S), G Darwin (Mansfield T), M Jones (Scunthorpe U).

13 October 1955
Peel Park, Accrington, k.o. 7:00 pm. Att. 10,521

| Third Division North | (1) | 3 | Third Division South | (2) | 3 |

Connor (2) 18, 76, Ryan 73 pen   Morgan (2) 10,78, D Mills 22

Third Division North:

R Minshull (Southport); J Fleming (Workington), V Kenny (Carlisle U); D Stokoe (Workington), J Ryden (Accrington S), R Ryan (Derby Co); R Webb (Bradford C), I Broadis (Carlisle U), J Connor (Stockport Co), G Smith (Chesterfield), D Woodhead (Chesterfield).

Third Division South:

R Matthews (Coventry C); A Jardine (Millwall), S Charlton (Leyton O); D Simpson (Coventry C), D Rees (Ipswich T), R Ashman (Norwich C); R Mills (Northampton T), D Mills (Torquay U), M Cook (Watford), A Morgan (Leyton O), A Wheeler (Reading).

continued

Third Division North v Third Division South Representative Matches
continued

8 October 1956
Highfield Road, Coventry, k.o. 7:30 pm. Att. 14,156

Third Division South	(2)	2	Third Division North	(0)	1
Newsham 9, Hollis 42			Johnson 65		

Third Division South:
R Matthews (Coventry C); A Jardine (Millwall), J Langley (Brighton); J Belcher (Crystal P), P Parker (Southampton), J Elsworthy (Ipswich T); J Gavin (Norwich C), S Newsham (Bournemouth), R Hollis (Southend U), D Mills (Torquay U), K Flint (Aldershot). M Cook (Watford) replaced Newsham after 82 mins.

Third Division North:
M Newlands (Workington); M Currie (Bradford C), J Brownsword (Scunthorpe U); A Mays (Derby Co), W Moore (Hartlepool U), C Sneddon (Accrington S); G Burrell (Chesterfield), R Hewitt (Wrexham), K Johnson (Hartlepool U), G Smith (Chesterfield), J Simm (Bradford C).

2 April 1957
Edgeley Park, Stockport, k.o. 7:30 pm. Att. 12,372

Third Division North	(1)	2	Third Division South	(1)	1
Holden 4, Ackerman 88			Langman 18		

Third Division North:
R Gray (Gateshead); R Brown (Workington), T Cahill (Barrow); E Hunter (Accrington S), R Greener (Darlington), B Hutchinson (Chesterfield); K Finney (Stockport Co), I Broadis (Carlisle U), A Ackerman (Carlisle U), W Holden (Stockport Co), B Cripsey (Hull C).

Third Division South:
P Pickering (Northampton T); A Jardine (Millwall), G Fisher (Colchester U); G Wilson (Brighton), P Parker (Southampton), J Elsworthy (Ipswich T); M Hellawell (QPR), D Dorman (Walsall), P Langman (Plymouth A), D Mills (Torquay U), R Cutler (Bournemouth).

30 October 1957
Selhurst Park, London SE25, k.o. 7:30 pm. Att. 12,688

Third Division South	(1)	2	Third Division North	(0)	2
Steele (2) 12, 80			Luke 59, Tomlinson 64		

Third Division South:
R Springett (QPR); J Bannister (Shrewsbury T), A Sherwood (Newport Co); G Veitch (Millwall), K Harvey (Exeter C), G Wilson (Brighton); B Harrison (Crystal P), J Shepherd (Millwall), R Hollis (Southend U), S Steele (Port V), P Wright (Colchester U).

Third Division North:
R MacLaren (Bury); E Robertson (Bury), P Feasey (Hull C); J Bertolini (Workington), W Taylor (Southport), C Crowe (Mansfield T); J Tomlinson (Chesterfield), I Broadis (Carlisle U), G Stewart (Accrington S), W Holden (Stockport Co), G Luke (Hartlepool U).

18 March 1958
Brunton Park, Carlisle, k.o. 7:30 pm. Att. 13,000

| Third Division North | (0) | 0 | Third Division South | (0) | 1 |

Harburn 50

Third Division North:
W Bly (Hull C); E Robertson (Bury), J Brownsword (Scunthorpe U); F Marshall (Scunthorpe U), D Blakey (Chesterfield), R Thompson (Carlisle U); W Stephens (Hull C), I Broadis (Carlisle U), A Ackerman (Carlisle U), J Reid (Bradford C), M Bakes (Bradford City).

Third Division South:
J Savage (Walsall); J Neal (Swindon T), A Ingham (QPR); R Yeoman (Northampton T), W Davies (Reading), K Coote (Brentford); E Crossan (Southend U), D Harris (Newport Co), P Harburn (Brighton), D Sexton (Brighton), J Hoskins (Southampton). F Howard (Brighton) replaced Harris for the second half.

Appearances by club

Third Division North		Third Division South	
8	Carlisle U	6	Brighton (plus two substitutes)
7	Chesterfield	5	Millwall
6	Accrington S, Stockport Co,	4	Coventry C, Northampton T, QPR, Southampton, Torquay U,
5	Bradford C, Workington		
4	Hull C, Scunthorpe U, Southport	3	Bournemouth, Colchester U, Ipswich T, Norwich C, Reading, Southend U,
3	Bury, Hartlepool U		
2	Darlington, Derby Co, Gatehead, Mansfield T,	2	Brentford, Crystal P, Leyton O, Newport Co, Walsall,
1	Barrow, Oldham A, Wrexham.	1	Aldershot, Exeter C, Plymouth A, Port V, Shrewsbury T, Swindon T. Watford (plus one substitute)

Football League Third Division North and South Cup Competitions 1933-1946

These cup competitions were introduced to provide extra competitive matches for teams in the Third Divisions North and South, especially after having been eliminated from the F A Cup. Usually the matches were played in midweek and the diffiulties of getting to matches after work showed in the very low attendance figures.

Third Division North Cup 1933–34

Date	Round	Home Team	FT	Away Team	FT	Attendance
25 Oct 1933	1	Chesterfield Hales, Robinson, Malam	3	Doncaster Rovers Waterston, Burton	2	2,703
3 Jan 1934	1	Darlington Middleton	1	Gateshead Wesley	1	1,720
3 Jan 1934	1	Wrexham Bamford (6), Waller, Bryant (3), Findlay	11	New Brighton Miller	1	2,600
11 Jan 1934	1	Barrow Parker	1	Carlisle United Dougal, Ferguson (2)	3	1,220
13 Jan 1934	1	York City Dando, Lax	2	Hartlepool United Hird	1	3,000
23 Jan 1934	1	Rochdale Collins (2)	2	Stockport County Foulkes, Stevenson, Lythgoe (2)	4	882
29 Jan 1934	1	Accrington Stanley Lennox, Cheetham	2	Halifax Town Tunstall, Chambers	2	882
29 Jan 1934	1	Rotherham United V Wright, Briggs	2	Barnsley Shotton	1	1,845
29 Jan 1934	1	Walsall Lee	1	Mansfield Town Foster, Methven	2	1,500
30 Jan 1934	1	Southport Reid	1	Chester Hughes pen	1	1,000
15 Feb 1934	1	Tranmere Rovers Urmson	1	Crewe Alexandra Cunningham (2)	2	2,100
5 Feb 1934	1R	Halifax Town	0	Accrington Stanley Wyper, Travis (2)	3	2,500

Date	Round	Home Team	FT	Away Team	FT	Attendance
7 Feb 1934	1R	Gateshead	2	Darlington	3	1,300
		Meek, Kennedy Aet		Best (2), Alderson		
14 Feb 1934	1R	Chester	3	Southport	2	2,000
		Hughes (2, 1 pen), Vaughan		Diamond (2)		
14 Feb 1934	2	Chesterfield	4	Rotherham United	1	2,055
		Hales, Robinson (3)		Hicks		
19 Feb 1934	2	Stockport County	1	Accrington Stanley	0	1,689
		Hill				
28 Feb 1934	2	Wrexham	2	Chester	0	10,487
		Bryant (2)				
7 Mar 1934	2	York City	2	Carlisle United	1	2,500
		Dando, Wilcockson		Slinger		

Byes: Darlington, Crewe Alexandra and Mansfield Town.

Date	Round	Home Team	FT	Away Team	FT	Attendance
21 Mar 1934	3	Crewe Alexandra	1	Wrexham	2	1,800
		Swindells		Bulling, Bamford		
21 Mar 1934	3	Darlington	4	York City	3	2,000
		Edgar, Strang, Smith, Alderson		Hathway, Dando (2)		
21 Mar 1934	3	Mansfield Town	4	Chesterfield	1	3,500
		Johnson (2), England pen, Prentice		Clifton		

Bye: Stockport County.

Date	Round	Home Team	FT	Away Team	FT	Attendance
16 Apr 1934	Semi Final	Darlington	3	Wrexham	1	3,823
		Cassidy, Best, Alderson		Snow		
16 Apr 1934	Semi Final	Stockport County	4	Mansfield Town	0	3,419
		H Taylor (2), Lythgoe (2)				
1 May 1934	Final	Darlington	4	Stockport County	3	4,640
		Middleton, Cassidy, Best, Alderson		Vincent pen, Lythgoe, Stevenson		
		(At Old Trafford, Manchester.)				

Third Division South Cup 1933–34

Date	Round	Home Team	FT	Away Team	FT	Attendance
1 Jan 1934	1	**Cardiff City**	0	Aldershot	1	3,000
				Simmons		
13 Jan 1934	1	**Coventry City**	2	Bristol Rovers	2	9,543
		Lauderdale, Lake		Lewis, Smith		
24 Jan 1934	1	**Bournemouth**	7	Bristol City	1	2,000
		Littlewood (2), Russell,		Banfield		
		Friar (2), Chalmers, Fletcher				
24 Jan 1934	1	**Exeter City**	11	Crystal Palace	6	2,000
		Wrightson (2), Hurst (2),		Dawes (2), Thompson (2),		
		Scott, Whitlow (6 - 1 pen)		Fyffe (2)		
25 Jan 1934	1	**Newport County**	7	Swindon Town	2	2,000
		Higgins (2), Reynolds (2),		Manuel, Fisher		
		Thomas (3)				
25 Jan 1934	1	**Norwich City**	4	Gillingham	0	2,763
		Vinall, Warnes (2), Bell,				
1 Feb 1934	1R	**Coventry City**	2	Bristol Rovers	1	3,098
		Bacon, Lake		McCambridge		
		(Both ties played at Coventry)				

Byes: Brighton & H A, Charlton Athletic, Luton Town, Northampton Town, Clapton Orient, Queens Park Rangers, Reading, Southend United, Torquay United and Watford.

Date	Round	Home Team	FT	Away Team	FT	Attendance
2 Feb 1934	2	**Queens Park Rangers**	2	Reading	0	9,000
		Brown (2)				
8 Feb 1934	2	**Norwich City**	3	Clapton Orient	0	2,581
		Vinall (2), Warnes				
14 Feb 1934	2	**Torquay United**	2	Charlton Athletic	1	3,000
		Stabb, Fowler pen.		Prior		
21 Feb 1934	2	**Exeter City**	4	Watford	2	3,000
		Hurst, Clarke (2), Barnes		Irvine, Woodward		
22 Feb 1934	2	**Coventry City**	3	Southend United	1	2,995
		Bacon, Lauderdale, Frith		Barnett		

Date	Round	Home Team	FT	Away Team	FT	Attendance
22 Feb 1934	2	Newport County	0	Brighton & H A	1	2,000
				Attwood		
28 Feb 1934	2	Aldershot	4	Luton Town	3	2,000
		Sharp, Lee (3)		Martin, Bell(2)		
7 Mar 1934	2	Bournemouth & B A	1	Northampton Town	2	2,000
		Surtees		Henson (2)		
8 Mar 1934	3	Queens Park Rangers	1	Brighton & H A	2	4,000
		Hammond		Short, Egan		
14 Mar 1934	3	Aldershot	1	Torquay United	2	3,000
		McDougall		McDougall og, Hutchinson		
14 Mar 1934	3	Exeter City	1	Coventry City	1	1,000
		Barnes		Bourton		
21 Mar 1934	3	Norwich City	3	Northampton Town	2	2,738
		Williams (3)		Morris og, Wells		
22 Mar 1934	3R	Coventry City	0	Exeter City	1	2,296
				Barnes		
11 Apr 1934	Semi Final	Norwich City	1	Torquay United	4	3,727
		Roy		Welsh, Bird, Flavell (2)		
		(At Highbury, London)				
12 Apr 1934	Semi Final	Exeter City	1	Brighton & Hove Albion	1	3,221
		Hurst		Egan		
		(Aet. At Craven Cottage, Fulham)				
23 Apr 1934	Semi Final (Replay)	Exeter City	1	Brighton & Hove Albion	1	5,000
		Hurst Aet		Brown		
26 Apr 1934	Semi Final (2nd Replay)	Brighton & Hove Albion	3	Exeter City	4	5,486
		Brown (3)		Poulter (2), Hurst, Wrightson		
2 May 1934	Final	Exeter City	1	Torquay United	0	6,198
		Hurst				
		(At Home Park, Plymouth)				

Third Division North Cup 1934–35

Date	Round	Home Team	FT	Away Team	FT	Attendance
14 Nov 1934	1	**Wrexham** Fryer	1	Chester Wallbanks	1	6,190
8 Dec 1934	1	**Carlisle United** Elliott	1	Rochdale Eaton	1	2,500
1 Jan 1935	1	**New Brighton** Butler	1	Crewe Alexandra Swindells (2)	2	1,225
2 Jan 1935	1	**Gateshead** Turnbull (2)	2	York City Dando, Jenkins	2	2,200
21 Jan 1935	1	**Halifax Town** Cooke, Feeney, Tunstall	3	Barrow Tinnion	1	1,958
23 Jan 1935	1	**Hartlepool United** Lindsay (2), Hird	3	Darlington Eden	1	2,509
23 Jan 1935	1	**Tranmere Rovers** Burgin, Bell (3), Glasper (2)	6	Southport Worswick	1	1,200
28 Jan 1935	1	**Doncaster Rovers** Turner, Burton, Dodd	3	Rotherham United Fenoughey (2), Bastow, Raynor,	4	1,630
28 Jan 1935	1	**Walsall** Bradford	1	Lincoln City Iverson	1	992
30 Jan 1935	1	**Chesterfield** A Brown (5), Lovett, Sliman, Haywood	8	Mansfield Town Carr pen.	1	1,501
27 Feb 1935	1	**Accrington Stanley** Harker	1	Stockport County Collins (2)	2	500
8 Jan 1935	1R	**Rochdale** Humpish, Clarke (2)	3	Carlisle United	0	1,500
30 Jan 1935	1R	**York City** Hughes, Dando, Bowater	3	Gateshead Turnbull	1	2,117
6 Feb 1935	1R	**Lincoln City** Burke, Iverson Aet	2	Walsall Alsop (3)	3	1,596

Date	Round	Home Team	FT	Away Team	FT	Attendance
27 Feb 1935	1R	Chester Kelly	1	Wrexham	0	2,900
13 Feb 1935	2	Chesterfield A Brown, Clifton (2)	3	Rotherham	0	4,007
20 Feb 1935	2	Hartlepool United Colquhoun, Lindsay, Wigham (2),	4	York City	0	1,700
21 Feb 1935	2	Tranmere Rovers Glasper, Woodward	2	Crewe Alexandra Swindells (2), Dyer	3	1,000
11 Mar 1935	2	Halifax	0	Stockport County	0	1,500
20 Mar 1935	2R	Stockport County Stevenson, McNaughton, Bullock,	3	Halifax Town Betteridge	1	2,225

Byes: Chester, Rochdale, Walsall.

Date	Round	Home Team	FT	Away Team	FT	Attendance
13 Mar 1935	3	Chester	0	Crewe Alexandra Swindells	1	1,598
13 Mar 1935	3	Chesterfield A R Brown	1	Walsall Alsop	1	2,000
25 Mar 1935	3	Stockport County Dunkerley (2), Hill	3	Rochdale	0	1,400
4 Apr 1935	3R	Walsall Lee	1	Chesterfield	0	880

Bye: Hartlepool United.

Date	Round	Home Team	FT	Away Team	FT	Attendance
8 Apr 1935	Semi Final	Stockport County Green (2, 1pen), Foulkes, Collins (3)	6	Hartlepool United Lindsay, Bonass	2	1,318
29 Apr 1935	Semi Final	Crewe Alexandra	0	Walsall Alsop	1	2,000
1 May 1935	Final	Stockport County Foulkes, McNaughton	2	Walsall	0	4,035

(At Maine Road, Manchester.)

Third Division South Cup 1934–35

Date	Round	Home Team	FT	Away Team	FT	Attendance
12 Sep 1934	1	**Aldershot** Walterson (4), Bunch, Black	6	**Charlton Athletic** Butt	1	2,000
19 Sep 1934	1	**Bristol Rovers** Harwood, Berry	2	**Reading** Samuel	1	3,000
19 Sep 1934	1	**Southend United** Lane	1	**Brighton & H A** Mooney	1	4,442
24 Sep 1934	1	**Northampton Town** Brown	1	**Clapton Orient** Halliday	1	3,600
		(Played at Lea Bridge, Hackney, London. Clapton Orient's home ground.)				
26 Sep 1934	1	**Bournemouth & B A** Tait, Farrow (2, 1 pen)	3	**Swindon Town**	0	2,292
26 Sep 1934	1	**Gillingham** Williams	1	**Luton Town** S Bell, Pease, Stephenson	3	1,000
26 Sep 1934	1R	**Brighton & H A** Jepson, Brown, Egan	3	**Southend United** Johnson	1	3,185
1 Oct 1934	1R	**Northampton Town** Dick Brown (2), Tolland, Edwards	4	**Clapton Orient**	0	3,000

Byes: Bristol City, Cardiff City, Coventry City, Crystal Palace, Exeter City, Millwall, Newport County, Queens Park Rangers, Torquay United and Watford.

Date	Round	Home Team	FT	Away Team	FT	Attendance
17 Oct 1934	2	**Bournemouth & B A** Tait, Townsend	2	**Coventry City** Bourton (2), Birtley (2) Watson	5	1,000
17 Oct 1934	2	**Crystal Palace** Dawes (2), Rooke	3	**Cardiff City** Vaughan	1	3,000
18 Oct 1934	2	**Queens Park Rangers** Blackman, Crawford	2	**Luton Town** S Bell	1	4,000
22 Oct 1934	2	**Northampton Town** Tolland, Hobbs (2)	3	**Newport County**	0	2,500
24 Oct 1934	2	**Exeter City** Dryden (2), T Scott (2)	4	**Aldershot**	0	1,500

Date	Round	Home Team	FT	Away Team	FT	Attendance
24 Oct 1934	2	**Watford**	4	**Bristol City**	1	1,623
		Lane (3), Poxton		Harston		
29 Oct 1934	2	**Millwall**	2	**Brighton & H A**	1	4,000
		Alexander, Yardley		Jepson		
31 Oct 1934	2	**Bristol Rovers**	1	**Torquay United**	1	3,000
		Murray		Walters		
7 Nov 1934	2R	**Torquay United**	1	**Bristol Rovers**	2	2,000
		Walters		Jimmy Smith (2)		
7 Feb 1935	3	**Coventry City**	5	**Crystal Palace**	1	2,500
		Bourton (3), Watson, Lake		Bigg		
13 Feb 1935	3	**Watford**	1	**Queens Park Rangers**	1	3,000
		Lane		Blackman		
20 Feb 1935	3	**Exeter City**	5	**Millwall**	0	2,000
		Poulter (4), Wrightson				
21 Feb 1935	3	**Northampton Town**	0	**Bristol Rovers**	2	1,060
				McNestry (2)		
28 Feb 1935	3R	**Queens Park Rangers**	1	**Watford**	1	3,000
		Blake pen.		Lane		
14 Mar 1935	3 (2R)	**Queens Park Rangers**	0	**Watford**	2	3,000
				Lane (2)		
27 Mar 1935	Semi Final	**Bristol Rovers**	2	**Exeter City**	1	2,000
		Prout, Mc Nestry		Poulter		
28 Mar 1935	Semi Final	**Coventry City**	0	**Watford**	0	2,500
3 Apr 1935	Semi Final Replay	**Watford**	2	**Coventry City**	1	2,057
		Mc Pherson (2)		Wilson		
15 April 1935	Final	**Bristol Rovers**	3	**Watford**	2	5,294
		Wipfler, McKay, Harwood,		O'Brien, Lane		
		(At Millwall)				

Third Division North Cup 1935-36

Date	Round	Home Team	FT	Away Team	FT	Attendance
23 Sep 1935	1	**Carlisle United** Cliffe (2), Manns, James	4	Hartlepool Thompson, Lloyd og	2	2,300
26 Sep 1935	1	**Barrow** Lawson, Robinson	2	Stockport County	0	2,609
1 Oct 1935	1	**Oldham Athletic** Chambers pen, Walsh (2), Schofield, A Jones, Buckley	6	Rochdale Johnson, Worthy, Duff	3	967
2 Oct 1935	1	**Halifax Town** Presgrave	1	Accrington Stanley Mutch, Mortimer, Brown	3	1,000
9 Oct 1935	1	**Darlington** Reed, Alderson (2)	3	York City Speed, Lawie	2	1,588
21 Oct 1935	1	**Chesterfield** Spence, Wass	2	Mansfield Town Hunter, Whittam	2	1,000
21 Oct 1935	1	**Southport** Worswick, Reed	2	New Brighton	0	600
30 Oct 1935	1	**Lincoln City** Campbell, Sellars	2	Rotherham United Rushforth	1	1,745
6 Nov 1935	1	**Tranmere Rovers** Woodward, Crompton (2)	3	Crewe Alexandra Armstrong (2)	2	1,000
29 Jan 1936	1	**Wrexham** Burgon (2)	2	Chester Cresswell, Sargeant	2	2,577
13 Nov 1935	1R	**Mansfield Town**	0	Chesterfied Brown, Dando, Jackson, Miller	4	1,000
19 Feb 1936	1R	**Chester** Sargeant (2), Cresswell, Wrightson,	4	Wrexham	0	1,000

Byes: Gateshead, Walsall.

Date	Round	Home Team	FT	Away Team	FT	Attendance
1 Jan 1936	2	Barrow	4	Accrington Stanley	3	1,753
		Baker, Reid pen, Foy (2)		Green (2), Mortimer		
16 Jan 1936	2	Carlisle United	6	Gateshead	2	300
		Round, Cliffe, Varty, Galloway (2), W Henderson		Heslop, Oxley		
10 Feb 1936	2	Walsall	0	Chesterfield	0	454
25 Feb 1936	2	Southport	2	Tranmere Rovers	1	1,000
		Golding, Curran		Stevens		
24 Feb 1936	2R	Chesterfield	2	Walsall	1	755
		Brown, Dando		Shelton		

Byes: Chester, Darlington, Lincoln City, Oldham Athletic.

Date	Round	Home Team	FT	Away Team	FT	Attendance
11 Mar 1936	3	Chesterfield	0	Lincoln City	3	1,258
				Horne pen, Hill, Littledyke		
24 Mar 1936	3	Oldham Athletic	1	Barrow	0	752
		Butler				
25 Mar 1936	3	Chester	4	Southport	1	2,000
		Wrightson (4)		Worswick		
25 Mar 1936	3	Darlington	5	Carlisle United	2	1,042
		Alderson (2), Childs, Smith, Best		Mantle, Galloway		
21 Apr 1936	Semi Final	Oldham Athletic	2	Darlington	4	2,458
		Walsh, Jones		Best (3), Alderson		
23 April 1936	Semi Final	Lincoln City	2	Chester	3	1,680
		Green, Campbell		Wharton, Sargeant, Wrightson		
27 April 1936	Final	Darlington	1	Chester	2	7,820
		Alderson		Horsman, Wrightson		

(At Feethams, Darlington)

Third Division South Cup 1935-36

Date	Round	Home Team	FT	Away Team	FT	Attendance
25 Sep 1935	1	**Notts County** Green, Chandler	2	Watford Lane	1	3,000
25 Sep 1935	1	**Swindon Town** Brae, Fowler (4)	5	Luton Town Stephenson (3)	3	3,057
26 Sep 1935	1	**Clapton Orient** Campbell	1	Bournemouth & B A Barrow	1	1,000
30 Sep 1935	1	**Crystal Palace** Waldron, Manders	2	Cardiff City Diamond	1	8,000
2 Oct 1935	1	**Bristol Rovers** Crisp (2)	2	Bristol City Cainey, Smith, White (2)	4	2,100
2 Oct 1935	1	**Gillingham**	0	Exeter City	0	2,000
2 Oct 1935	1	**Northampton Town** Melville, Jones, Brown, Bartram	4	Torquay United Flavell	1	1,000
2 Oct 1935	1	**Southend United** Stevens, Firth, Lane	3	Newport County	0	4,000
9 Oct 1935	1R	**Bournemouth & B A** Riley (2), Barrow, Chalmers, Parris (2)	6	Clapton Orient Mayson, King og	2	2,300
16 Oct 1935	1R	**Exeter City** Scott (3), McCambridge	4	Gillingham Baldwin, Hopkins	2	2,500

Byes: Aldershot, Brighton & H A, Coventry City, Millwall, Reading, Queens Park Rangers.

Date	Round	Home Team	FT	Away Team	FT	Attendance
21 Oct 1935	2	**Millwall**	0	Coventry City Lake	1	4,000
23 Oct 1935	2	**Brighton & H A** Rowe og, Prest	2	Queens Park Rangers Crawford	1	2,222

Date	Round	Home Team	FT	Away Team	FT	Attendance
23 Oct 1935	2	Swindon Town Peters (3), Fowler	4	Notts county Shaw, Fallon, Bramham	3	1,814
28 Oct 1935	2	Crystal Palace Dawes (2), Bigg, Birtley	4	Exeter City McCambridge, Scott	2	3,500
30 Oct 1935	2	Bournemouth Burgin	1	Bristol City	0	2,261
30 Oct 1935	2	Reading Carter (2)	2	Aldershot Oxberry	1	2,496

Byes: Northampton Town, Southend United

Date	Round	Home Team	FT	Away Team	FT	Attendance
7 Nov 1935	3	Coventry City Lager (2), McNestry pen	3	Bournemouth & B A Parris, Morgan	2	2,000
11 Nov 1935	3	Crystal Palace Hanson, Hooke (2 - 1pen)	3	Southend United Lane (2)	2	1,500
13 Nov 1935	3	Swindon Town Peters (2)	2	Brighton & H A Farrell	1	1,761
14 Nov 1935	3	Northampton Town Lyman, Tolland, Bartram (2)	4	Reading	0	1,000
11 Jan 1936	Semi Final	Crystal Palace Birtley	1	Coventry City Lake, Bourton	2	10,500
26 Feb 1936	Semi Final	Swindon Town Fowler	1	Northampton Town	0	2,605
25 Mar 1936	Final (first leg)	Swindon Town	0	Coventry City Frith, Lauderdale	2	3,610
2 Apr 1936	Final (second leg)	Coventry City Jones, Liddle, Lake	3	Swindon Town Peters, McPhail	2	2,000

(Coventry City won 5-2 on aggregate)

Third Division North Cup 1936-37

Date	Round	Home Team	FT	Away Team	FT	Attendance
16 Sep 1936	1	**Accrington Stanley** Nisbet, Singleton, Andrews	3	**Carlisle United** McArdle (2), Taylor	3	?
16 Sep 1936	1	**York City** Hughes (2), Fox	3	**Hull City** Edwards, Hubbard	2	7,022
30 Sep 1936	1	**Crewe Alexandra** Turnbull, Waring, Dyer	3	**Stockport County** Reid (2), Hill	3	500
30 Sep 1936	1	**Gateshead** Reed (2), Pickard	3	**Darlington** Brallisford, Cassidy (2)	3	1,068
7 Oct 1936	1	**Lincoln City**	0	**Hartlepool United** Robertson, Firman	2	1,115
13 Oct 1936	1	**Southport** Patrick (2), McCarthy	3	**Rochdale**	0	1,620
14 Oct 1936	1	**Tranmere Rovers**	0	**Chester** Amery og	1	3,000
20 Oct 1936	1	**Oldham Athletic** Davis (3 - 1pen)	3	**Barrow**	0	875
21 Oct 1936	1	**Wrexham**	0	**New Brighton** Leonard	1	1,382
2 Nov 1936	1	**Rotherham United** Forde	1	**Halifax Town**	0	1,592
11 Nov 1936	1	**Mansfield Town**	0	**Port Vale** Ward (2)	2	1,008
7 Oct 1936	1R	**Darlington** Parmley, Stanger, Glasper	3	**Gateshead**	0	1,730
8 Oct 1936	1R	**Carlisle United** O'Grady, McArdle (2)	3	**Accrington Stanley**	0	1,600
26 Oct 1936	1R	**Stockport County** Hill, Sullivan (2), Stevens	4	**Crewe Alexandra** Rigby, Waring	2	700

Date	Round	Home Team	FT	Away Team	FT	Attendance
28 Jan 1937	2	Carlisle United	0	Southport Carter	1	350
8 Feb 1937	2	Port Vale Tunnicliffe, Evans, Ward (2)	4	Stockport County	0	150
17 Mar 1937	2	York City Whitelaw (2), Thompson, Comrie, Hathway	5	Hartlepool United	0	1,600

Byes: Chester, Darlington, New Brighton, Oldham Athletic, Rotherham United.

Date	Round	Home Team	FT	Away Team	FT	Attendance
8 Mar 1937	3	Port Vale Nolan	1	Rotherham United	0	?
9 Mar 1937	3	Southport Alden, Patrick, Crawford	3	Oldham Athletic McCormick	1	800
10 Mar 1937	3	Chester Davies, Alderson, Sargeant (5 - 1pen), Wrightson (2)	9	New Brighton Ainsworth, Hullett	2	?
7 Apr 1937	3	Darlington Harris (2), Parmley	3	York City Scott, Hathaway	2	1,004
10 Apr 1937	Semi Final	Chester Chambers, Gale, Horsman	3	Port Vale	0	?
14 Apr 1937	Semi Final	Darlington Simpson, Parmley	2	Southport Patrick, McKay	2	2,030
21 Apr 1937	Semi Final Replay	Southport Wardle, Patrick, Kitchin	3	Darlington	0	3,115
27 Apr 1937	Final	Southport Purdon pen	1	Chester Frame og, Horsman, Davies	3	6,000

(At Haig Avenue, Southport)

Third Division South Cup 1936–37

Date	Round	Home Team	FT	Away Team	FT	Attendance
30 Sep 1936	1	Bristol City	0	Gillingham	2	1,150
				Wheeler, Robinson		
30 Sep 1936	1	Crystal Palace	3	Brighton & H A	2	2,822
		Waldron (2), Levene		Stephens (2)		
30 Sep 1936	1	Luton Town	3	Bournemouth & B A	1	2,527
		Stephenson, Roberts, Beresford,		Parris		
30 Sep 1936	1	Swindon Town	0	Bristol Rovers	3	1,800
				Bruce, Mills (2)		
30 Sep 1936	1	Torquay United	5	Northampton	0	?
		McArthur, Morton (3),				
		Wallbanks og				
1 Oct 1936	1	Newport County	1	Watford	4	1,102
		Crisp		Walters, Hurst, Devan, Davies		
5 Oct 1936	1	Millwall	5	Walsall	2	3,000
		McCartney, Thorogood,		Evans (2 - 1 pen)		
		Mangnall (2), Brolley				
7 Oct 1936	1	Reading	2	Queens Park Rangers	1	7,800
		McGough, Watkin		McMahon		

Byes: Aldershot, Cardiff City, Clapton Orient, Exeter City, Notts County, Southend.

Date	Round	Home Team	FT	Away Team	FT	Attendance
21 Oct 1936	2	Notts County	3	Reading	2	3,212
		Mardon (2), Rickards		Fielding, Wright		
21 Oct 1936	2	Torquay United	1	Crystal Palace	0	?
		Morton				
28 Oct 1936	2	Exeter City	1	Cardiff City	0	3,000
		Johnson				
28 Oct 1936	2	Luton Town	1	Aldershot	0	1,660
		Stephenson				
28 Oct 1936	2	Southend United	0	Clapton Orient	2	2,068
				Fisher (2)		

Date	Round	Home Team	FT	Away Team	FT	Attendance
28 Oct 1936	2	**Watford** Davies pen., Hurst, Barnett	3	Gillingham Wheeler, Dodds	2	4,201

Byes: Bristol Rovers, Millwall.

Date	Round	Home Team	FT	Away Team	FT	Attendance
11 Nov 1936	3	Bristol Rovers	0	**Watford** Fletcher	1	1,000
11 Nov 1936	3	Luton Town Beresford, Stevens	2	**Notts County** Mardon (2), Ferguson (2)	4	1,500
11 Nov 1936	3	**Torquay United** Morgan (2)	2	Exeter City Williams	1	1,000
16 Nov 1936	3	**Millwall** McCartney, Mangnall, Burditt	3	Clapton Orient Wells, Smith	2	4,000
21 Apr 1937	Semi Final	Torquay United Hutchinson, McDonough	2	Millwall Burditt, Barker	2	2,000
26 Apr 1937	Semi Final	Notts County Morgan og	1	Watford W Davies	1	1,300
29 Apr 1937	Semi Final Replay	**Millwall** Thorogood (3), Steele, Burditt	5	Torquay United	0	3,000
13 Sep 1937	Semi Final Replay	**Watford** Jones, Black (4), Morgan, Barnett (2)	8	Notts County Mardon, Hatton, Rickards	3	1,065
29 Sep 1937	Final	Watford Evans (2)	2	Millwall Burditt, Mangnall	2	2,714

(At Watford)

Date	Round	Home Team	FT	Away Team	FT	Attendance
18 Oct 1937	Final Replay	Millwall McCartney	1	Watford Walters	1	3,368

(At The Den, Millwall. Trophy shared for six months each)

Third Division North Cup 1937-38

Date	Round	Home Team	FT	Away Team	FT	Attendance
20 Sep 1937	1	**Barrow** Samuel, McCamon, Renwick (2),	4	**Accrington Stanley** Mortimer (3)	3	1,704
21 Sep 1937	1	**Rochdale** Hunt (2)	2	**Oldham Athletic** Blackshaw, Robbins (2)	3	1,000
29 Sep 1937	1	**Bradford City** Buttery, Gallon (2), Swales (2)	5	**Darlington** Chester, Smyth	2	1,722
11 Oct 1937	1	**Port Vale** Rattray	1	**Tranmere Rovers** Waring	1	900
19 Oct 1937	1	**Southport** Atkinson	1	**Carlisle United** McCartney	1	1,400
20 Oct 1937	1	**Chester** Chambers (2), Sargeant, Alderson	4	**Crewe Alexandra** Waring (2)	2	1,100
20 Oct 1937	1	**Halifax Town** Dawson, Hoyland, Barkas, Pritchard,	4	**York City** Gledhill	1	2,000
21 Oct 1937	1	**Hull City** Fryer	1	**Hartlepool United** Wigham	1	4,000
21 Oct 1937	1	**New Brighton** Montgomery (2)	2	**Wrexham**	0	2,000
28 Oct 1937	1	**Doncaster Rovers** Little (2), Morgan (3), Dutton (2 - 1pen)	7	**Lincoln City** Kerr, White	2	2,544
1 Nov 1937	1	**Rotherham United**	0	**Gateshead** J Smith	1	?
27 Oct 1937	1R	**Hartlepool United** Embleton, English, Proctor pen	3	**Hull City**	0	1,900
10 Nov 1937	1R	**Tranmere Rovers** Waring, King	2	**Port Vale**	0	1,000
3 Jan 1938	1R	**Carlisle United** Hamilton, Beresford	2	**Southport** Patrick (2), Hampson	3	1,800

Date	Round	Home Team	FT	Away Team	FT	Attendance
17 Jan 1938	2	Doncaster Rovers	4	Halifax Town	1	1,072
		Brooks (3), Mitchell		Jackson pen		
9 Feb 1938	2	Chester	5	New Brighton	0	1,600
		Horsman (3), Sargeant pen, Smith				
15 Feb 1938	2	Southport	6	Hartlepool United	0	1,000
		Hampson (2), Patrick (2), Baker (2				

Byes: Barrow, Bradford City, Gateshead, Oldham Athletic, Tranmere Rovers.

Date	Round	Home Team	FT	Away Team	FT	Attendance
9 Feb 1938	3	Bradford City	1	Gateshead	1	1,471
		Deakin		Neilson		
15 Mar 1938	3	Oldham Athletic	1	Southport	1	1,066
		McCormick		Hampson		
16 Mar 1938	3	Chester	2	Tranmere Rovers	2	1,700
		Horsman, Sargeant		McCreary og, Davis		
28 Mar 1938	3	Barrow	1	Doncaster Rovers	2	989
		Baker		Morgan, Little		
16 Feb 1938	3R	Gateshead	1	Bradford City	4	2,000
		Smith		Whittingham, Bartholomew, Buttery, Scrimshaw		
29 Mar 1938	3R	Southport	3	Oldham Athletic	0	1,600
		Patrick, Stapleton, McKay				
30 Mar 1938	3R	Tranmere Rovers	3	Chester	2	1,300
		Cassidy, Jones, Waring		Chambers, McCreary		
6 Apr 1938	Semi Final	Bradford City	2	Doncaster Rovers	1	1,684
		Gore, Dalton		Dutton Aet		
20 Apr 1938	Semi Final	Southport	1	Tranmere Rovers	0	3,100
		Patrick				
4 May 1938	Final	Southport	4	Bradford City	1	4,642
		Patrick (2), Hampson (2)		Whittingham		
		(At Haig Avenue, Southport)				

Third Division South Cup 1937-38

Date	Round	Home Team	FT	Away Team	FT	Attendance
22 Sep 1937	1	**Southend United** Bell	1	Exeter City Bowl (2)	2	2,580
27 Sep 1937	1	**Cardiff City** Turner	1	Northampton Town	0	3,869
27 Sep 1937	1	**Mansfield Town**	0	Crystal Palace Robson	1	1,500
28 Sep 1937	1	**Gillingham** Watson (2), Walker	3	Brighton & H A Risdon	1	2,000
29 Sep 1937	1	**Aldershot** Egan	1	Walsall Redwood	1	1,500
6 Oct 1937	1	**Bournemouth & B A** Riley	1	Reading Glidden, Layton	2	2,000
6 Oct 1937	1	**Bristol City** Haycox, Dryden (2 - 1pen)	3	Torquay United	0	1,337
21 Oct 1937	1	**Newport County** Wood (2)	2	Watford Walters (2)	2	1,000
18 Oct 1937	1R	**Walsall** Evans, Bulger	2	Aldershot Butt	1	200
27 Oct 1937	1R	**Watford** Morgan pen, Brown, Lewis (2)	4	Newport County	0	261

Byes: Bristol Rovers, Clapton Orient, Millwall, Notts County, Queens Park Rangers, Swindon Town.

Date	Round	Home Team	FT	Away Team	FT	Attendance
8 Nov 1937	2	**Millwall** Mangnall (3), R Smith	4	Gillingham	0	2,000
10 Nov 1937	2	**Bristol City** Brain, Haycox	2	Cardiff City Collins	1	2,130

Date	Round	Home Team	FT	Away Team	FT	Attendance
10 Nov 1937	2	**Notts County**	0	Watford Evans, Lewis	2	1,000
11 Nov 1937	2	**Queens Park Rangers** Lowe, Fitzgerald	2	Clapton Orient	0	3,500
17 Nov 1937	2	**Bristol Rovers** Iles (2), Harris, Pendergast (2)	5	Crystal Palace	0	?
17 Nov 1937	2	**Swindon Town** Emery pen, Lucas	2	Exeter City	0	900

Byes: Reading, Walsall.

Date	Round	Home Team	FT	Away Team	FT	Attendance
10 Jan 1938	3	**Walsall** Redwood	1	Bristol City Brain, Colquhoun	2	526
2 Feb 1938	3	**Reading** Cook, Simpson, Tait	3	Bristol Rovers Gardiner	1	1,392
16 Feb 1938	3	**Swindon Town** Moreland	1	Millwall Thomas, McLeod	2	922
28 Feb 1938	3	**Queens Park Rangers** Cheetham, McCarthy	2	Watford Laing, Walters (2)	3	2,095
16 Mar 1938	Semi Final	**Reading** Simpson, Tait (2)	3	Watford	0	1,629
30 Mar 1938	Semi Final	**Bristol City** Brain, Booth	2	Millwall	0	1,513
28 Sep 1938	Final First Leg	**Reading** McPhee (4), Smallwood, Tait	6	Bristol City Willshaw	1	1,097
12 Oct 1938	Final Second Leg	**Bristol City** Brain	1	Reading	0	718

Third Division North Cup 1938–39

Clubs which qualified for the third round of the F A Cup were excluded from this competition.
These were: Barnsley, Chester, Doncaster Rovers, Halifax Town, Lincoln City, Southport, Stockport County and York City.

Date	Round	Home Team	FT	Away Team	FT	Attendance
2 Jan 1939	1	**Accrington Stanley** Waring, Alexander	2	Rochdale Knowles	1	1,663
2 Jan 1939	1	**Hartlepool United** McGarry (2), Wigham, Robbins	4	Darlington Towers	1	2,000
18 Jan 1939	1	**Gateshead** McDermott, Gallacher (3 - 2pens)	4	Carlisle United Hunt pen, Kirkpatrick	2	290
19 Jan 1939	1	**Barrow** Harris, King, Allcock, Samuel, Davies	5	Oldham Athletic Vallance, Wright	2	1,239
30 Jan 1939	1	**Rotherham United**	0	Bradford City	0	947
1 Feb 1939	1	**Wrexham** Adamson, Burgon	2	Crewe Alexandra Stevens	1	774
8 Feb 1939	1R	**Bradford City** Deakin	1	Rotherham United	0	1,154

Byes: Hull City, New Brighton.

Date	Round	Home Team	FT	Away Team	FT	Attendance
22 Feb 1939	2	**Bradford City** Gore, Smailes, Hinsley (2), Deakin (2 - 1pen)	6	Hull City	0	1,678
8 Mar 1939	2	**Accrington Stanley** Waring, Kearney (2), Mee	4	Barrow King, Harris, Samuel	3	250
8 Mar 1939	2	**Gateshead**	0	Hartlepool United	0	290

Date	Round	Home Team	FT	Away Team	FT	Attendance
8 Mar 1939	2	Wrexham	1	New Brighton	1	389
		Burditt		Montgomery		
15 Mar 1939	2R	Hartlepool United	5	Gateshead	1	680
		Price, Diamond (4)		Embleton		
22 Mar 1939	2R	New Brighton	4	Wrexham	3	903
		Smith, Stein, Ainsworth, Matthias og		Nelson (2), Burditt		
29 Mar 1939	Semi Final	Bradford City	5	Hartlepool United	2	1,125
		Hinsley (2), Deakin (3)		Love, Spencer pen		
19 Apr 1939	Semi Final	New Brighton	0	Accrington Stanley	0	2,000
26 April 1939	Semi Final Replay	Accrington Stanley	2	New Brighton	0	1,400
		Storey, Waring				
1 May 1939	Final	Bradford City	3	Accrington Stanley	0	3,117
		Hastie, Hinsley, Smailes				

Third Division South Cup 1938-39

Date	Round	Home Team	FT	Away Team	FT	Attendance
14 Sep 1938	1	**Exeter City** Ebdon	1	Swindon Town Fowler	1	1,000
26 Sep 1938	1	**Northampton Town** McCullough	1	Southend United Smirk	1	?
26 Sep 1938	1	**Port Vale** Masters, J Smith, Griffiths, Davies	4	Walsall	0	2,500
29 Sep 1938	1	**Newport County** Duggan	1	Bristol Rovers	0	709
12 Oct 1938	1	**Mansfield Town** Gardiner, Wilson, Bell	3	Notts County	0	1,616
28 Oct 1938	1	**Reading** McPhee (2), Smallwood, Tait (2)	5	Watford Evans	1	801
5 Oct 1938	1R	**Southend United** Davis (2)	2	Northampton Town Allen (3) Aet	3	1,000
19 Oct 1938	1R	**Swindon Town** Morton, Fowler	2	Exeter City Rich (2), Walker	3	1,381

Byes: Aldershot, Bournemouth & B A, Brighton & H A, Bristol City, Cardiff City, Clapton Orient, Crystal Palace, Ipswich Town, Queens Park Rangers, Torquay United.

Date	Round	Home Team	FT	Away Team	FT	Attendance
16 Nov 1938	2	**Bristol City** Gallagher, Mardon(2), C Morgan, M Morgan (2)	6	Cardiff City	0	670
10 Dec 1938	2	**Brighton & H A** Davie, Cargill	2	Crystal Palace Bott, Robson, Steele	3	6,000
7 Jan 1939	2	**Reading** Smallwood, MacPhee, Brown (2)	4	Clapton Orient	0	2,335

Date	Round	Home Team	FT	Away Team	FT	Attendance
23 Jan 1939	2	**Northampton Town** Dickinson	1	Ipswich Town Cope	1	400
30 Jan 1939	2	**Queens Park Rangers** Bott	1	Aldershot	0	?
1 Feb 1939	2	**Exeter City** Riley	1	Bournemouth & B A Shaw, Jones	2	1,000
8 Feb 1939	2	**Torquay United**	0	Newport County	0	?
13 Feb 1939	2	**Port Vale** Ward (2), Smith	3	Mansfield Town Bell	1	?
1 Feb 1939	2R	**Ipswich Town** Chadwick pen	1	Northampton Town	0	2,858
22 Feb 1939	2R	**Newport County** Brinton pen	1	Torquay United Preskett, Shelley, Day	3	618
20 Feb 1939	3	**Queens Park Rangers** Stock (2), Fitzgerald	3	Bournemouth & B A Paton (2)	2	2,000
27 Feb 1939	3	**Port Vale** Masters, Ward	2	Ipswich Town	0	300
8 Mar 1939	3	**Reading**	0	Crystal Palace	0	1,218
22 Mar 1939	3	**Bristol City**	0	Torquay United Wildman	1	633
22 Mar 1939	3R	**Crystal Palace** Robson (3), Steele, Waldron (2)	6	Reading Tait (4)	4	2,071
29 Mar 1939	Semi Final	**Torquay United** Shelley (3), Coley	4	Crystal Palace Waldron, Keeton og	2	?
4 May 1939	Semi Final	**Queens Park Rangers**	0	Port Vale	0	?

(The semi-final replay and the final were not played due to the outbreak of the Second World War)

Third Division North and South Cups 1945-46

The resumption of normal league football after the end of the Second World War did not start until the 1946-47 season. The Third Division North and South Cup competitions were continued in a lengthy league format in 1945-46 to provide additional competitive football in the immediate aftermath of the war. As none of these matches were regarded as official, they have not been detailed here, but the knock-out cup matches have been noted for the sake of interest.

Third Division North Cup 1945-46

The Northern section was divided into two groups of ten teams with Hull City and New Brighton not competing. The top eight teams in each group then combined to play in a home and away knock-out cup competition. The qualifiers from the West Section were: Stockport County, Southport, Accrington Stanley, Oldham Athletic, Crewe Alexandra, Wrexham, Chester and Tranmere Rovers. Rochdale and Barrow did not qualify. The qualifiers from the East Section were: Doncaster Rovers, Carlisle United, Bradford City, Hartlepools United, Gateshead, Darlington, Rotherham United and York City. Halifax Town and Lincoln City did not qualify.

Third Division North (West Section) Cup 1945-46

Qualifying Competition Final League Table

		P	Home					Away					Totals					Pts	GA
			W	D	L	F	A	W	D	L	F	A	W	D	L	F	A		
1	Stockport County	10	4	1	0	17	5	3	0	2	9	10	7	1	2	26	15	15	1.73
2	Southport	10	4	0	1	12	6	2	2	1	8	7	6	2	2	20	13	14	1.54
3	Accrington Stanley	10	4	1	0	15	7	2	0	3	9	10	6	1	3	24	17	13	1.41
4	Oldham Athletic	10	2	2	1	6	5	2	2	1	12	10	4	4	2	18	15	12	1.20
5	Crewe Alexandra	10	3	2	0	15	10	0	2	3	8	17	3	4	3	23	27	10	0.85
6	Wrexham	10	3	1	1	13	7	1	0	4	8	13	4	1	5	21	20	9	1.05
7	Chester	10	4	0	1	19	8	0	1	4	7	17	4	1	5	26	25	9	1.04
8	Tranmere Rovers	10	3	1	1	12	8	1	0	4	5	17	4	1	5	17	25	9	0.68
9	Rochdale	10	1	1	3	12	11	1	1	3	6	9	2	2	6	18	20	6	0.90
10	Barrow	10	1	0	4	5	13	0	1	4	8	16	1	1	8	13	29	3	0.45

Third Division North (East Section) Cup 1945-46

Qualifying Competition Final League Table

		P	Home					Away					Totals					Pts	GA
			W	D	L	F	A	W	D	L	F	A	W	D	L	F	A		
1	Doncaster Rovers	10	3	2	0	11	4	3	1	1	13	11	6	3	1	24	15	15	1.60
2	Carlisle United	10	4	0	1	18	7	3	0	2	12	10	7	0	3	30	17	14	1.76
3	Bradford City	10	3	1	1	18	10	1	2	2	9	12	4	3	3	27	22	11	1.23
4	Hartlepools United	10	2	2	1	13	8	2	1	2	12	13	4	3	3	25	21	11	1.19
5	Gateshead	10	2	2	1	14	12	2	0	3	7	11	4	2	4	21	23	10	0.91
6	Darlington	10	4	0	1	16	8	1	0	4	10	23	5	0	5	26	31	10	0.84
7	Rotherham United	10	1	1	3	11	12	2	1	2	13	14	3	2	5	24	26	8	0.92
8	York City	10	1	2	2	11	10	1	2	2	5	8	2	4	4	16	18	8	0.89
9	Halifax Town	10	1	0	4	7	11	1	4	0	8	7	2	4	4	15	18	8	0.83
10	Lincoln City	10	1	1	3	13	15	1	0	4	8	23	2	1	7	21	38	5	0.55

The top eight clubs in each section of the Third Division North Cup then combined to play in a home and away knock-out cup competition.

First Round	First leg on 23 March 1946. Second leg on 30 March 1946.					
	First named team at home in first leg.			Leg 1	Leg 2	Aggregate
	Accrington Stanley	v	York City	1-0	1-3	2-3
	Carlisle United	v	Tranmere Rovers	5-1	1-2	6-3
	Chester	v	Bradford City	3-0	2-2	5-2
	Crewe Alexandra	v	Hartlepools United	1-2	3-3	4-5
	(Second leg aet. Score at 90 mins 2-1)					
	Darlington	v	Southport	2-1	1-3	3-4
	(Second leg aet. Score at 90 mins 1-2)					
	Oldham Athletic	v	Gateshead	2-2	0-3	2-5
	Rotherham United	v	Wrexham	4-0	2-0	6-0
	Doncaster Rovers	v	Stockport County	2-2	2-2	4-4
	(Second leg aet. Score at 90 mins 2-2)					
Replay 3 April 1946	Doncaster Rovers (At Doncaster)	v	Stockport County			4-0
Second Round	First leg on 6 April 1946. Second leg on 13 April 1946.					
	Carlisle United	v	Gateshead	1-2	1-2	2-4
	(Second leg aet. Score at 90 mins 1-0)					
	Chester	v	York City	4-0	0-1	4-1
	Doncaster Rovers	v	Rotherham United	0-0	0-2	0-2
	Hartlepools United	v	Southport	1-2	1-1	2-3
Semi-Finals	First leg on 19 April 1946. Second leg on 22 April 1946.					
	Chester	v	Southport	3-0	4-2	7-2
	Gateshead	v	Rotherham United	2-2	1-3	3-5

| Final First Leg
27 April 1946 | Rotherham United
Shaw (2) | (1) | 2 | Chester
Bett, Hamilton | (2) | 2 | 12,000 |

Rotherham United: Warnes, Selkirk, Hanson, Edwards, Williams H, Mills, Guest, Shaw, Ardron, Burke, Dawson.
Chester: Scale, James, McNeil, Marsh, Walters, Lee, Bett, Leahy, Burden, Astbury, Hamilton.

| Final Second Leg
4 May 1946 | Chester
Leahy, Bett | (0) | 2 | Rotherham United
Dawson, Burke, Shaw | (1) | 3 | 12,650 |

Chester: As in first leg.
Rotherham United: Warnes, Selkirk, Hanson, Mills, Williams H, Williams D, Wilson, Shaw, Burke, Ardron, Dawson.

(Rotherham United won 5-4 on aggregate)

Third Division South Cup 1945-46

The Third Division South competition was formed of two sections of 11 teams in each. The top two teams from each section progressed to the Semi-finals of a knock-out competition. Queens Park Rangers and Walsall progressed from the Northern section which also included Mansfield Town, Southend United, Norwich City, Ipswich Town, Clapton Orient, Port Vale, Northampton Town, Watford and Notts County. Bournemouth and Bristol Rovers progressed from the Southern section which also included Reading, Crystal Palace, Cardiff City, Bristol City, Torquay United, Exeter City, Swindon Town, Aldershot and Brighton & Hove Albion. Although there were eleven teams in each section, teams only played eight of the other teams on a home and away basis.

Third Division South (North Section) Cup 1945-46

Qualifying Competition Final League Table

		P	Home					Away					Totals					Pts	GA
			W	D	L	F	A	W	D	L	F	A	W	D	L	F	A		
1	Queens Park R	16	8	0	0	30	7	3	3	2	8	4	11	3	2	38	11	25	3.45
2	Walsall	16	7	1	0	23	10	3	3	2	11	8	10	4	2	34	18	24	1.89
3	Mansfield Town	16	5	1	2	13	6	3	3	2	11	9	8	4	4	24	15	20	1.60
4	Southend United	16	4	4	0	13	9	3	1	4	9	12	7	5	4	22	21	19	1.05
5	Norwich City	16	5	1	2	18	9	2	1	5	9	16	7	2	7	27	24	16	1.12
6	Ipswich Town	16	6	1	1	15	7	1	0	7	4	17	7	1	8	19	24	15	0.79
7	Clapton Orient	16	3	2	3	8	11	3	1	4	14	20	6	3	7	22	31	15	0.71
8	Port Vale	16	5	2	1	12	7	0	2	6	9	18	5	4	7	21	25	14	0.84
9	Northampton Town	16	3	2	3	14	12	2	0	6	13	17	5	2	9	27	29	12	0.93
10	Watford	16	4	0	4	13	17	1	1	6	10	18	5	1	10	23	35	11	0.66
11	Notts County	16	4	0	4	9	11	1	0	7	8	20	5	0	11	17	31	10	0.55

Third Division South (South Section) Cup 1945-46

Qualifying Competition Final League Table

		P	Home					Away					Totals					Pts	GA
			W	D	L	F	A	W	D	L	F	A	W	D	L	F	A		
1	Bournemouth	16	6	2	0	27	9	2	2	4	10	11	8	4	4	37	20	20	1.85
2	Bristol Rovers	16	5	2	1	17	7	3	1	4	10	12	8	3	5	27	19	19	1.42
3	Reading	16	6	1	1	26	7	2	1	5	20	22	8	2	6	46	29	18	1.59
4	Crystal Palace	16	4	2	2	24	11	3	2	3	13	19	7	4	5	37	30	18	1.23
5	Cardiff City	16	7	0	1	24	7	1	1	6	15	15	8	1	7	39	22	17	1.77
6	Bristol City	16	6	1	1	19	8	1	2	5	11	19	7	3	6	30	27	17	1.11
7	Torquay United	16	6	1	1	15	7	0	3	5	4	23	6	4	6	19	30	16	0.63
8	Exeter City	16	4	2	2	12	7	1	2	5	10	21	5	4	7	22	28	14	0.79
9	Swindon Town	16	4	3	1	14	10	1	1	6	7	25	5	4	7	21	35	14	0.60
10	Aldershot	16	2	3	3	14	21	1	1	6	9	27	3	4	9	23	48	10	0.48
11	Brighton & H A	16	1	3	4	17	21	0	3	5	6	24	1	6	9	23	45	8	0.51

Third Division South Cup 1945-46. Knock-out section
The top two teams in each section progressed to the semi-finals of the competition

Date	Round	Home Team	FT	Away Team	FT	Attendance
27 Apr 1946	Semi-Finals	Bournemouth & B A	1	Queens Park Rangers	1	13,000
		Tagg		Heathcote		
		Bristol Rovers	1	Walsall	3	14,673
		Rotherbridge		Hancocks, Wilshaw, Talbot		
1 May 1946	Replay	Queens Park Rangers	0	Bournemouth & B A	1	?
		Aet.		Kirkham		
4 May 1946	Final	Bournemouth & B A	1	Walsall	0	19,715
		McDonald				

(At Stamford Bridge)

Bournemouth: Bird, Marsden, Sanaghan, Woodward, Wilson, Gallacher, J C Currie, Paton, Kirkham, Tagg, McDonald.
Walsall: Lewis, Methley, Shelton, Crutchley, Foulkes, Newman, Hancocks, Talbot, Mullard, Wilshaw, Alsop.

Summary

The Northern Section Finals

1933-34	Darlington	4	Stockport County	3	
1934-35	Stockport County	2	Walsall	0	
1935-36	Chester	2	Darlington	1	
1936-37	Chester	3	Southport	1	
1937-38	Southport	4	Bradford City	1	
1938-39	Bradford City	3	Accrington Stanley	0	
1945-46	Rotherham United	5	Chester	4	On aggregate

The Southern Section Finals

1933-34	Exeter City	1	Torquay United	0	
1934-35	Bristol Rovers	3	Watford	2	
1935-36	Coventry City	3	Swindon Town	2	
1936-37	Millwall	1	Watford	1	Trophy shared
1937-38	Bristol City	1	Reading	0	
1938-39			Final not played due to war		
1945-46	Bournemouth & B A	1	Walsall	0	

Highest Scores

North	3 Jan 1934	Wrexham	11	New Brighton	1	
South	29 Jan 1934	Exeter City	11	Crystal Palace	6	

Highest Attendances

North	4 May 1946	Chester	2	Rotherham United	3	12,650
South	4 May 1946	Bournemouth & B A	1	Walsall	0	19,715

(At Stamford Bridge)

English Football League Representative Matches

Matches against the Scottish League, the Irish League (Northern Ireland) and the League of Ireland (Republic of Ireland).

Date	Home Team	Score	Away Team	Venue
24 Apr 1891	Football Alliance	1-1	Football League	The Olive Grove, Sheffield
11 Apr 1892	Football League	2-2	Scottish League	Pike's Lane, Bolton
8 Apr 1893	Scottish League	3-4	Football League	Celtic Park, Glasgow
10 Feb 1894	Irish League	2-4	Football League	Ulster Grounds, Belfast
21 Apr 1894	Football League	1-1	Scottish League	Goodison Park, Liverpool
13 Apr 1895	Scottish League	1-4	Football League	Celtic Park, Glasgow
9 Nov 1895	Football League	2-2	Irish League	Victoria Ground, Stoke
11 Apr 1896	Football League	5-1	Scottish League	Goodison Park, Liverpool
7 Nov 1896	Irish League	0-2	Football League	The Oval, Belfast
24 Apr 1897	Scottish League	3-0	Football League	Ibrox, Glasgow
6 Nov 1897	Football League	8-1	Irish League	Hyde Road, Manchester
9 Apr 1898	Football League	1-2	Scottish League	Villa Park, Birmingham
5 Nov 1898	Irish League	1-5	Football League	Grosvenor Park, Belfast
1 Apr 1899	Scottish League	1-4	Football League	Celtic Park, Glasgow
11 Nov 1899	Football League	3-1	Irish League	Burnden Park, Bolton
31 Mar 1900	Football League	2-2	Scottish League	Crystal Palace, London
10 Nov 1900	Irish League	2-4	Football League	Cliftonville, Belfast
16 Mar 1901	Scottish League	6-2	Football League	Ibrox, Glasgow
19 Nov 1901	Football League	9-0	Irish League	Manor Ground, Woolwich.
8 Mar 1902	Football League	6-3	Scottish League	St. James' Park, Newcastle
11 Oct 1902	Irish League	2-3	Football League	Cliftonville, Belfast
14 Mar 1903	Scottish League	0-3	Football League	Celtic Park, Glasgow
10 Oct 1903	Football League	2-1	Irish League	Valley Parade, Bradford
4 Apr 1904	Football League	2-1	Scottish League	Bank Street, Manchester
15 Oct 1904	Irish League	0-2	Football League	Grosvenor Park, Belfast
11 Mar 1905	Scottish League	2-3	Football League	Hampden Park, Glasgow
14 Oct 1905	Football League	4-0	Irish League	Hyde Road, Manchester
24 Mar 1906	Football League	6-2	Scottish League	Stamford Bridge, London
13 Oct 1906	Irish League	0-6	Football League	Cliftonville, Belfast
2 Mar 1907	Scottish League	0-0	Football League	Ibrox, Glasgow
12 Oct 1907	Football League	6-3	Irish League	Roker Park, Sunderland
29 Feb 1908	Football League	2-0	Scottish League	Villa Park, Birmingham
10 Oct 1908	Irish League	0-5	Football League	Cliftonville, Belfast
27 Feb 1909	Scottish League	3-1	Football League	Celtic Park, Glasgow
9 Oct 1909	Football League	8-1	Irish League	Boundary Park, Oldham
26 Feb 1910	Football League	2-3	Scottish League	Ewood Park, Blackburn
8 Oct 1910	Irish League	2-6	Football League	Celtic Park, Belfast
4 Mar 1911	Scottish League	1-1	Football League	Ibrox, Glasgow
16 Oct 1911	Football League	4-0	Irish League	Anfield, Liverpool
17 Feb 1012	Football League	2-0	Scottish League	Ayresome Park, Middlesbrough

English Football League Representative Matches continued

Date	Home Team	Score	Away Team	Venue
23 Oct 1912	Irish League	0-0	Football League	The Oval, Belfast
1 Mar 1913	Scottish League	4-1	Football League	Hampden Park, Glasgow
1 Oct 1913	Irish League	0-2	Football League	Cliftonville, Belfast
21 Mar 1914	Football League	2-3	Scottish League	Turf Moor, Burnley
7 Oct 1914	Football League	2-1	Irish League	The Hawthorns, West Bromwich
20 Mar 1915	Scottish League	1-4	Football League	Celtic Park, Glasgow
11 Nov 1916	W McCracken XI	0-2	Football League	St. James' Park, Newcastle
22 Feb 1919	Football League	3-1	Scottish League	St. Andrews, Birmingham
5 Apr 1919	Scottish League	3-2	Football League	Ibrox, Glasgow
19 Nov 1919	Football League	2-2	Irish League	Anfield, Liverpool
20 Mar 1920	Scottish League	0-4	Football League	Celtic Park, Glasgow
12 Mar 1921	Football League	1-0	Scottish League	Highbury, London
1 Oct 1921	Irish League	0-1	Football League	The Oval, Belfast
18 Mar 1922	Scottish League	0-3	Football League	Ibrox, Glasgow
4 Oct 1922	Football League	5-1	Irish League	Burnden Park, Bolton
17 Feb 1923	Football League	2-1	Scottish League	St. James' Park, Newcastle
29 Sep 1923	Irish League	2-6	Football League	Windsor Park, Belfast
15 Mar 1924	Scottish League	1-1	Football League	Ibrox, Glasgow
11 Oct 1924	Irish League	0-5	Football League	Cliftonville, Belfast
14 Mar 1925	Football League	4-3	Scottish League	Goodison Park, Liverpool
7 Oct 1925	Football League	5-1	Irish League	Anfield, Liverpool
13 Mar 1926	Scottish League	0-2	Football League	Celtic Park, Glasgow
9 Oct 1926	Irish League	1-6	Football League	Celtic Park, Belfast
19 Mar 1927	Football League	2-2	Scottish League	Filbert Street, Leicester
21 Sep 1927	Football League	9-1	Irish League	St. James' Park, Newcastle
10 Mar 1928	Scottish League	2-6	Football League	Ibrox, Glasgow
22 Sep 1928	Irish League	0-5	Football League	Windsor Park, Belfast
7 Nov 1928	Football League	2-1	Scottish League	Villa Park, Birmingham
25 Sep 1929	Football League	7-2	Irish League	Goodison Park, Liverpool
2 Nov 1929	Scottish League	2-1	Football League	Ibrox, Glasgow
24 Sep 1930	Irish League	2-2	Football League	Windsor Park, Belfast
5 Nov 1930	Football League	7-3	Scottish League	White Hart Lane, London
23 Sep 1931	Football League	4-0	Irish League	Bloomfield Road, Blackpool
7 Nov 1931	Scottish League	4-3	Football League	Celtic Park, Glasgow
1 Oct 1932	Irish League	2-5	Football League	Windsor Park, Belfast
9 Nov 1932	Football League	0-3	Scottish League	Maine Road, Manchester
4 Oct 1933	Football League	4-0	Irish League	Deepdale, Preston
10 Feb 1934	Scottish League	2-2	Football League	Ibrox, Glasgow
19 Sep 1934	Irish League	1-6	Football League	The Oval, Belfast
31 Oct 1934	Football League	2-1	Scottish League	Stamford Bridge, London

Date	Home Team	Score	Away Team	Venue
25 Sep 1935	Football League	1-2	Irish League	Bloomfield Road, Blackpool
30 Oct 1935	Scottish League	2-2	Football League	Ibrox, Glasgow
23 Sep 1936	Irish League	3-2	Football League	Windsor Park, Belfast
21 Oct 1936	Football League	2-0	Scottish League	Goodison Park, Liverpool
22 Sep 1937	Scottish League	1-0	Football League	Ibrox, Glasgow
6 Oct 1937	Football League	3-0	Irish League	Bloomfield Road, Blackpool
21 Sep 1938	Irish League	2-8	Football League	Windsor Park, Belfast
2 Nov 1938	Football League	3-1	Scottish League	Molineux, Wolverhampton
19 Feb 1947	Football League	4-2	Irish League	Goodison Park, Liverpool
12 Mar 1947	Scottish League	1-3	Football League	Hampden Park, Glasgow
30 Apr 1947	League of Ireland	1-3	Football League	Dalymount Park, Dublin
22 Oct 1947	Irish League	3-4	Football League	Windsor Park, Belfast
17 Mar 1948	Football League	1-1	Scottish League	St. James' Park, Newcastle
14 Apr 1948	Football League	4-0	League of Ireland	Deepdale, Preston
20 Sep 1948	Football League	5-1	Irish League	Anfield, Liverpool
23 Mar 1949	Scottish League	0-3	Football League	Ibrox, Glasgow
4 May 1949	League of Ireland	0-5	Football League	Dalymount Park, Dublin
15 Feb 1950	Football League	7-0	League of Ireland	Molineux, Wolverhampton
22 Mar 1950	Football League	3-1	Scottish League	Ayresome Park, Middlesbrough
26 Apr 1950	Irish League	1-3	Football League	Windsor Park, Belfast
18 Oct 1950	Football League	6-3	Irish League	Bloomfield Road, Blackpool
29 Nov 1950	Scottish League	1-0	Football League	Ibrox, Glasgow
4 Apr 1951	League of Ireland	0-1	Football League	Dalymount Park, Dublin
10 Oct 1951	Football League	9-1	League of Ireland	Goodison Park, Liverpool
31 Oct 1951	Football League	2-1	Scottish League	Hillsborough, Sheffield
26 Mar 1952	Irish League	0-9	Football League	Windsor Park, Belfast
24 Sep 1952	Football League	7-1	Irish League	Molineux, Wolverhampton
17 Mar 1953	League of Ireland	0-2	Football League	Dalymount Park, Dublin
25 Mar 1953	Scottish League	1-0	Football League	Ibrox, Glasgow
23 Sep 1953	Irish League	0-5	Football League	Windsor Park, Belfast
10 Feb 1954	Football League	9-1	League of Ireland	Maine Road, Manchester
28 Apr 1954	Football League	4-0	Scottish League	Stamford Bridge, London
22 Sep 1954	League of Ireland	0-6	Football League	Dalymount Park, Dublin
20 Oct 1954	Football League	4-2	Irish League	Anfield, Liverpool
16 Mar 1955	Scottish League	3-2	Football League	Hampden Park, Glasgow
26 Oct 1955	Football League	4-2	Scottish League	Hillsborough, Sheffield
7 Dec 1955	Football League	5-1	League of Ireland	Goodison Park, Liverpool
25 April 1956	Irish League	5-2	Football League	Windsor Park, Belfast
19 Sep 1956	League of Ireland	3-3	Football League	Dalymount Park, Dublin
31 Oct 1956	Football League	3-2	Irish League	St. James' Park, Newcastle

English Football League Representative Matches continued

Date	Home Team	Score	Away Team	Venue
13 Mar 1957	Scottish League	3-2	Football League	Ibrox, Glasgow
9 Oct 1957	Football League	3-1	League of Ireland	Elland Road, Leeds
30 Oct 1957	Irish League	2-4	Football League	Windsor Park, Belfast
26 Mar 1958	Football League	4-1	Scottish League	St. James' Park, Newcastle
8 Oct 1958	Scottish League	1-1	Football League	Ibrox, Glasgow
12 Nov 1958	Football League	5-2	Irish League	Anfield, Liverpool
17 Mar 1959	League of Ireland	0-0	Football League	Dalymount Park, Dublin
23 Sep 1959	Irish League	0-5	Football League	Windsor Park, Belfast
4 Nov 1959	Football League	2-0	League of Ireland	Ewood Park, Blackburn
23 Mar 1960	Football League	1-0	Scottish League	Highbury, London
14 Sep 1960	League of Ireland	0-4	Football League	Dalymount Park, Dublin
12 Oct 1960	Football League	5-2	Irish League	Bloomfield Road, Blackpool
22 Mar 1961	Scottish League	3-2	Football League	Ibrox, Glasgow
11 Oct 1961	Football League	5-2	League of Ireland	Eastville Stadium, Bristol
1 Nov 1961	Irish League	1-6	Football League	Windsor Park, Belfast
21 Mar 1962	Football League	3-4	Scottish League	Villa Park, Birmingham
31 Oct 1962	Football League	3-1	Irish League	Carrow Road, Norwich
2 Oct 1963	League of Ireland	2-1	Football League	Dalymount Park, Dublin
18 Mar 1964	Football League	2-2	Scottish League	Roker Park, Sunderland
28 Oct 1964	Irish League	0-4	Football League	The Oval, Belfast
17 Mar 1965	Scottish League	2-2	Football League	Hampden Park, Glasgow
27 Oct 1965	Football League	5-0	League of Ireland	Boothferry Park, Hull
16 Mar 1966	Football League	1-3	Scottish League	St. James' Park, Newcastle
21 Sep 1966	Football League	12-0	Irish League	Home Park, Plymouth
15 Mar 1967	Scottish League	0-3	Football League	Hampden Park, Glasgow
8 Nov 1967	League of Ireland	2-7	Football League	Dalymount Park, Dublin
20 Mar 1968	Football League	2-0	Scottish League	Ayresome Park, Middlesbrough
27 Nov 1968	Irish League	0-1	Football League	Windsor Park, Belfast
26 Mar 1969	Scottish League	1-3	Football League	Hampden Park, Glasgow
10 Sep 1969	Football League	3-0	League of Ireland	Oakwell, Barnsley
18 Mar 1970	Football League	3-2	Scottish League	Highfield Road, Coventry
23 Sep 1970	Football League	5-0	Irish League	Carrow Road, Norwich
17 Mar 1971	Scottish League	0-1	Football League	Hampden Park, Glasgow
22 Sep 1971	League of Ireland	1-2	Football League	Lansdowne Road, Dublin
15 Mar 1972	Football League	3-2	Scottish League	Ayresome Park, Middlesbrough
27 Mar 1973	Scottish League	2-2	Football League	Hampden Park, Glasgow
20 Mar 1974	Football League	5-0	Scottish League	Maine Road, Manchester
17 Mar 1976	Scottish League	0-1	Football League	Hampden Park, Glasgow
9 Sep 1987	Irish League	2-2	Football League	Windsor Park, Belfast
13 Nov 1990	Irish League	1-1	Football League	Windsor Park, Belfast

Other International Matches

Date	Home Team	Score	Away Team	Venue
11 May 1935	Football League	10-2	Wales and All Ireland XI	Goodison Park, Liverpool
5 May 1953	Danish Combination XI	0-4	Football League	Idraetspark, Copenhagen
1 Nov 1960	Italian League	4-2	Football League	San Siro, Milan
8 Nov 1961	Football League	0-2	Italian League	Old Trafford, Manchester
29 Nov 1962	Football League	3-2	Italian League	Highbury, London
24 May 1963	England	3-3	Football League	Highbury, London
9 May 1964	Italian League	1-0	Football League	San Siro, Milan
27 Sep 1967	Belgian League	2-2	Football League	Heysal Stadium, Brussels
8 Aug 1987	Football League	3-0	Rest of the World	Wembley Stadium, London

Matches against the Southern League

Date	Home Team	Score	Away Team	Venue
11 Apr 1910	Football League	2-2	Southern League	Stamford Bridge, London
14 Nov 1910	Football League	2-3	Southern League	White Hart Lane, London
9 Oct 1911	Football League	2-1	Southern League	Victoria Ground, Stoke
30 Sep 1912	Football League	2-1	Southern League	Old Trafford, Manchester
9 Feb 2014	Football League	3-1	Southern League	The Den, Millwall, London
26 Oct 1914	Football League	2-1	Southern League	Highbury, London

Wartime Matches

Date	Home Team	Score	Away Team	Venue
4 Nov 1939	Football League	3-3	All British XI	Goodison Park, Liverpool
26 Dec 1939	Football League	3-2	All British XI	Molineux, Wolverhampton
2 Mar 1940	Football League	4-4	All British XI	Park Avenue, Bradford
9 Mar 1940	Football League	2-5	British Army XI	Anfield, Liverpool
22 Mar 1940	Football League	1-1	All British XI	Bloomfield Road, Blackpool
18 Jan 1941	Football League	5-3	All British XI	Hillsborough, Sheffield
19 Apr 1941	Football League	9-7	All British XI	Anfield, Liverpool
11 Oct 1941	Football League	3-2	Scottish Southern Football Lge	Bloomfield Road, Blackpool
2 May 1942	Football League	5-3	Western Command	Molineux, Wolverhampton
17 Oct 1942	Football League	9-2	Northern Command	Bootham Crescent, York
28 Nov 1942	Football League	0-2	Western Command	Ninian Park, Cardiff
13 Feb 1943	Football League	2-2	Eastern Command	Portman Road, Ipswich

League Representative matches against other teams

Date	Home Team	Score	Away Team	Venue
24 Sep 1894	Aston Villa	1-3	Football League	Perry Bar, Birmingham
10 Dec 1913	Notts Co/Nottm For. combined XI	1-1	Football League	Meadow Lane, Nottingham
22 Sep 1919	Burnley	1-5	Football League	Turf Moor, Burnley
10 Nov 1921	The Army	1-4	Football League	County Cricket Ground
20 Oct 1924	Chelsea	2-0	Football League	Stamford Bridge, London
28 Oct 1926	Football League	4-1	The Army	The Den, Millwall, London
2 May 1927	Blackburn Rovers	3-4	Football League	Ewood Park, Blackburn
8 May 1935	West Bromwich Albion	6-9	Football League	The Hawthorns, West Bromwich

Football League Centenary Matches

Date	Home Team	Score	Away Team	Venue
8 Aug 1987	Football League XI	3-0	Rest of the World XI	Wembley Stadium, London
	Robson (2) 23, 88, Whiteside 58	HT 1-0		Att. 61,000

Football League: Shilton (Derby County) [Ogrizovic (Coventry City)], Gough (Tottenham H) [Clarke (Chelsea)], Sansom (Arsenal), McClelland (Watford), McGrath (Manchester Utd.), Brady (West Ham Utd) [Nevin (Everton)], Robson (Manchester U), Webb (Nottm Forest) [Ardiles (QPR)], Allen (Tottenham H) [Whiteside (Manchester Utd.)], Beardsley (Liverpool) [Smith A. (Arsenal)], Waddle (Tottenham H). **Manager:** Bobby Robson.

Rest of the World: Dasayev (Spartak Moscow & USSR) [Zubizarreta (Barcelona & Spain)], Josimar (Botafogo & Brazil) [Detari (Eintracht Frankfurt & Hungary)], Celso (Porto & Brazil), [Stojkovic (Red Star Belgrade & Yugoslavia)], Julio Alberto (Barcelona & Spain), Hysen (Fiorentina & Sweden), Bagni (Napoli & Italy), [Belanov (Dynamo Kiev & USSR)], Berthold (Verona & West Germany), Lineker (Barcelona & England) [Elkjaer (Verona & Denmark)], Platini (Retired, France) [Larsson (IFK Gothenburg & Sweden)], Maradona (Napoli & Argentina), Futre (Atletico Madrid & Portugal) [Zavarov (Dynamo Kiev & USSR)]. **Manager:** Terry Venables.

Date	Home Team	Score	Away Team	Venue
8 Sep 1987	Irish League	2-2	Football League	Windsor Park, Belfast
	Caskey, Burrows	HT 2-1	Gibson, Mirandinha	Att. 4,800

Irish League: Dunlop, McMullan, Curliss, Bowers, Jeffrey, McCreadie (Cleary), Wade, Caskey, McGaughey, (Magee), Mullan (Baxter), Burrows.

Football League: Grobbelaar (Liverpool), Sterland (Sheffield Wednesday), Winterburn (Arsenal), Bruce, (Norwich City), McClelland (Watford), Ardiles (Tottenham H - Capt.), Fereday (QPR), Drinkell (Norwich City), Mirandinha (Newcastle Utd), Metgod (Tottenham H), Gibson (Manchester Utd).

The Football League Centenary Tournament
(Also known as the Mercantile Credit Football Festival)

This was a friendly tournament played on 16 and 17 April 1988 at Wembley Stadium. The matches up to the semi-finals were of 40 minutes duration. The semi-finals and final played on 17 April were of 60 minutes duration.

Round	Home	Score	Away	Result
First Round	Aston Villa	0-0	Blackburn Rovers	Aston Villa won 2-1 on penalties
	Leeds United	0-3	Nottingham Forest	
	Liverpool	0-0	Newcastle United	Newcastle won 1-0 on penalties
	Tranmere Rovers	1-0	Wimbledon	
	Crystal Palace	0-0	Sheffield Wednesday	Sheffield Weds won 2-1 on pens
	Everton	1-1	Wolverhampton Wanderers	Everton won 3-2 on penalties
	Luton Town	0-2	Manchester United	
	Wigan Athletic	0-0	Sunderland	Wigan Athletic won 2-1 on pens
Quarter Finals	Newcastle United	0-2	Tranmere Rovers	
	Nottingham Forest	0-0	Aston Villa	Nottm Forest won 1-0 on pens
	Everton	0-1	Manchester United	
	Sheffield Wednesday	1-1	Wigan Athletic	Sheff. Weds won 3-2 on pens
Semi Finals	Tranmere Rovers	2-2	Nottingham Forest	Nottm Forest won 1-0 on pens
	Sheffield Wednesday	2-1	Manchester United	
Final	Nottingham Forest	0-0	Sheffield Wednesday	Nottm Forest won 3-2 on pens

The Football League Centenary Trophy
(Also known as the Mercantile Credit Centenary Trophy)

This tournament was the final part of the Football League's centenary celebrations. It was played in the early part of the 1988-89 season and the qualifying clubs were the previous season's top eight First Division teams.

Quarter Finals

29 Aug 1988	**Liverpool**	4-1	Nottingham Forest		Anfield, Liverpool
	Venison 50, Molby 70 pen,		Webb 90		Att. 20,141
	Houghton 75, Barnes 84		HT 0-0		
29 Aug 1988	**Manchester United**	1-0	Everton		Old Trafford, Manchester
	Strachan 66		HT 0-0		Att. 16,439
29 Aug 1988	**Newcastle United**	1-0	Wimbledon		St James' Park, Newcastle
	O'Neill 109		HT 0-0	Aet	Att. 17,141
31 Aug 1988	Queens Park Rangers	0-2	**Arsenal**		Loftus Road, London
	HT 0-1		Adams 3, Marwood 76		Att. 10,019

Semi Finals

20 Sep 1988	**Arsenal**	2-1	Liverpool		Highbury, London
	Groves 33, Marwood 82		Staunton 80	HT 1-0	Att. 29,135
21 Sep 1988	**Manchester United**	2-0	Newcastle United		Old Trafford, Manchester
	Bruce 91, McClair 101		HT 0-0	Aet	Att. 14,968

Final

9 Oct 1988	**Arsenal**	2-1	Manchester United		Villa Park, Birmingham
	Davis 36, Thomas 40		Blackmore 84	HT 2-0	Att. 22,182

Other Centenary Matches

League champions Everton played Bayern Munich in a challenge match at a time when English clubs were banned from competitive European football.

25 Nov 1987	**Everton**	3-1	Bayern Munich	Goodison Park, Liverpool
	Sharp (2), Heath	HT 2-1	Hughes	Att. 13,083
16 May 1989	Skol Northern League	2-2	Barclays League	Croft Park, Blyth

Barclays League: Barber, Anderson, Wharton, Bennett, Linighan D, Robson B, Gleghorn, Robson G, Slaven, Currie, Waddle. Substitutes: Gabbiadini, Prudhoe, Owers, Armstrong, Dalton.

22 Apr 1989	Russia U18s	1-2	**Football League U18s**	Moscow
			Kitson, Stevens	

Football League u18s squad: Marriott, Noble, Whitehouse, Round, Rowland, Tonge, Mooney, Stevens, Boughey, Hayward, Garner, Beauchamp, Griffiths, Baraclough, Kitson.

The Football League team was managed by Lawrie McMenemy and Alan Ball.

Records

Teams scoring 10 or more goals in a league match

(1) Record home win (2) Record away win (3) Record aggregate score (4) Result void and does not count in the records

Date	Competition	Home Team	Score	Away Team	
14 Sep 1889	Football League	Preston North End	10-0	Stoke	
12 Mar 1892	Football League	Aston Villa	12-2	Accrington	
4 Apr 1892	Football League	West Bromwich Albion	12-0	Darwen	
15 Oct 1892	Division 1	Newton Heath	10-1	Wolverhampton Wanderers	
10 Dec 1892	Division 2	Burslem Port Vale	0-10	Sheffield United	(2)
17 Dec 1892	Division 2	Small Heath	12-0	Walsall Town Swifts	
17 Mar 1894	Division 2	Small Heath	10-2	Ardwick	
26 Feb 1895	Division 2	Notts County	10-0	Burslem Port Vale	
9 Mar 1895	Division 2	Newton Heath	14-0	Walsall Town Swifts	(4)
		Result void. Ordered to be replayed due to the state of the pitch.			
23 Mar 1895	Division 2	Manchester City	11-3	Lincoln City	
13 Jan 1896	Division 2	Darwen	10-2	Rotherham Town	
18 Feb 1896	Division 2	Liverpool	10-1	Rotherham Town	
26 Dec 1896	Division 2	Darwen	12-0	Walsall	
18 Feb 1899	Division 2	Manchester City	10-0	Darwen	
4 Mar 1899	Division 2	Walsall	10-0	Darwen	
1 Apr 1899	Division 2	Loughborough	10-0	Darwen	
12 Mar 1900	Division 2	Woolwich Arsenal	12-0	Loughborough	
2 Mar 1901	Division 2	Small Heath	10-1	Blackpool	
17 Jan 1903	Division 2	Chesterfield Town	10-0	Glossop	
11 Apr 1903	Division 2	Small Heath	12-0	Doncaster Rovers	
21 Apr 1909	Division 1	Nottingham Forest	12-0	Leicester Fosse	
5 Oct 1912	Division 1	Aston Villa	10-0	Sheffield Wednesday	
23 Jan 1915	Division 2	Birmingham	11-1	Glossop	
27 Dec 1919	Division 2	Hull City	10-3	Wolverhampton Wanderers	
29 Aug 1925	Division 1	Aston Villa	10-0	Burnley	
1 Jan 1926	Division 1	Sheffield United	11-2	Cardiff City	
5 Nov 1927	Division 3 (South)	Northampton Town	10-0	Walsall	
7 Jan 1928	Division 3 (North)	Tranmere Rovers	11-1	Durham City	
25 Aug 1928	Division 3 (North)	Bradford City	11-1	Rotherham United	
20 Oct 1928	Division 1	Leicester City	10-0	Portsmouth	
19 Jan 1929	Division 1	Sheffield United	10-0	Burnley	
16 Mar 1929	Division 3 (North)	South Shields	10-1	Rotherham United	
15 Mar 1930	Division 3 (South)	Norwich City	10-2	Coventry City	
10 Apr 1930	Division 3 (South)	Newport County	10-0	Merthyr Town	
13 Dec 1930	Division 1	Huddersfield Town	10-1	Blackpool	

Teams scoring 10 or more goals in a league match continued

(1) Record home win (2) Record away win (3) Record aggregate score (4) Result void and does not count in the records

Date	Competition	Home Team	Score	Away Team	
26 Dec 1930	Division 3 (North)	Hull City	10-0	Halifax Town	
7 Sep 1931	Division 3 (South)	Fulham	10-2	Torquay United	
2 Sep 1933	Division 3 (South)	Luton Town	10-2	Torquay United	
18 Nov 1933	Division 1	Middlesbrough	10-3	Sheffield United	
6 Jan 1934	Division 3 (North)	Stockport County	13-0	Halifax Town	(1)
5 May 1934	Division 3 (North)	Barrow	12-1	Gateshead	
26 Dec 1935	Division 3 (North)	Tranmere Rovers	13-4	Oldham Athletic	(3)
1 Feb 1936	Division 3 (North)	Chester	12-0	York City	
13 Apr 1936	Division 3 (South)	Luton Town	12-0	Bristol Rovers	
4 Feb 1937	Division 1	Stoke City	10-3	West Bromwich Albion	
13 Jan 1938	Division 3 (North)	Hull City	10-1	Southport	
15 Apr 1938	Division 1	Wolverhampton Wanderers	10-1	Leicester City	
14 Jan 1939	Division 3 (North)	Hull City	11-1	Carlisle United	
2 Sep 1939	Division 3 (South)	Bournemouth & B A	10-0	Northampton Town	(4)
	(Result void due to the outbreak of war causing the cancellation of the League programme)				
4 Sep 1946	Division 3 (South)	Reading	10-2	Crystal Palace	
5 Oct 1946	Division 2	Newcastle United	13-0	Newport County	(1)
15 Jan 1949	Division 3 (South)	Notts County	11-1	Newport County	
29 Sep 1951	Division 3 (North)	Lincoln City	11-1	Crewe Alexandra	
19 Jan 1952	Division 3 (North)	Oldham Athletic	11-2	Chester	
11 Oct 1958	Division 1	Tottenham Hotspur	10-4	Everton	
4 April 1959	Division 4	Hartlepools United	10-1	Barrow	
14 Nov 1959	Division 2	Aston Villa	11-1	Charlton Athletic	
3 Mar 1962	Division 4	Wrexham	10-1	Hartlepools United	
26 Dec 1962	Division 4	Oldham Athletic	11-0	Southport	
26 Dec 1963	Division 1	Fulham	10-1	Ipswich Town	
25 Jan 1964	Division 4	Doncaster Rovers	10-0	Darlington	
5 Sep 1987	Division 3	Gillingham	10-0	Chesterfield	
7 Nov 1987	Division 2	Manchester City	10-1	Huddersfield	

Teams scoring 10 or more goals in League Divisional Cup matches

Date	Competition	Home Team	Score	Away Team	
3 Jan 1934	Third Division North Cup	Wrexham	11-1	New Brighton	
24 Jan 1934	Third Division South Cup	Exeter City	11-6	Crystal Palace	(3)

Highest Scoring Draws

Date	Competition	Home Team	Score	Away Team
21 Apr 1930	Division 1	Leicester City	6-6	Arsenal
22 Oct 1960	Division 2	Charlton Athletic	6-6	Middlesbrough

Penalties

The first penalty scored in an English league match was by Joseph Frederick Heath (also known as Billy Heath and John Heath), for Wolverhampton Wanderers in their 5-0 Football League win against Accrington on Monday 14 September 1891.

The most penalties awarded in an English League match is 5. Referee Kelvin Morton awarded 5 penalties in 27 minutes during the Division 2 match between Crystal Palace v Brighton and Hove Albion at Selhurst Park on 27 March 1989. Palace missed 3 of their 4, whilst Brighton scored from their only one. Palace won the match 2-1.

The most penalties scored by a player in a league season is 13. Francis Lee scored 13 league penalties in 1971-72 for Manchester City. He also scored one in the League Cup and one in the FA Cup. His total league goals for the season was 33.

The most penalties saved by a player in a league season is 8 (out of 10) by Paul Cooper for Ipswich Town in 1979-80.

Goals and Sequences

The most goals scored by a losing side in a league match is 6 by Huddersfield Town in losing 7-6 in the Division Two match at Charlton Athletic on 21 December 1957. Crystal Palace also scored 6 in losing 11-6 at Exeter City in a Third Division South Cup match on 24 January 1934 which came under the auspices of the Football League.

The most league goals scored in a season is 134 by Peterborough United in the Fourth Division in 1960-61.

The most league goals conceded in a season is 141 by Darwen in the Second Division in 1898-99.

The fewest league goals scored in a season is 18 by Loughborough in the Second Division in 1899-1900.

The fewest league goals conceded in a season is 15 by Preston North End in the Football league in 1888-89 and also by Chelsea in the Premier league in 2004-05.

The most home league goals scored in a season is 87 by Millwall in the Third Division South in 1927-28.

The most home league goals conceded in a season is 63 by Rochdale in the Third Division North in 1931-32.

The most away league goals scored in a season is 60 by Arsenal in the First Division in 1930-31.

The most away league goals conceded in a season is 109 by Darwen in the second Division in 1898-99.

The fewest home league goals scored in a season is 10 by Manchester City in the Premier League in 2006-07.

The most consecutive matches scoring record is 55 by Arsenal in The Premier League from 19 May 2001 to 30 Nov 2002.

The record for the most consecutive matches without scoring is 11 by Coventry City in the Second Division in 1919-20 and Hartlepool United in League Two in 1992-93.

The longest unbeaten run of league matches is 49 by Arsenal in the Premier League from 7 May 2003 to 24 October 2004.

The longest run of consecutive defeats is 18 by Darwen in Division Two in 1898-99.

The record for the most losses in a season is 34 by Doncaster Rovers in the Third Division in 1997-98.

The record for the fewest losses in a season is 0 by Preston North End in the Football League in 1888-89 and by Arsenal in the Premier League in 2003-04 and by Liverpool in Division Two in 1893-94.

The longest unbeaten run of matches in a season is 38 by Arsenal in the Premier League in 2003-04.

The longest unbeaten start to a season is 38 matches by Arsenal in 2003-04 in the Premier League. The next best is 29 by Leeds United in 1973-74 and Liverpool in 1987-88 both in the First Division.

The longest sequence without a win in a season is 32 matches by Derby County in the Premier League in 2007-08. Derby County also hold the record for the most consecutive league matches without a win which is 38 matches in the Premier League and Championship from 22 September 2007 to 13 September 2008.

The longest run of matches without a win from the start of the season is 25 by Newport County in Division Four in 1970-71.

The longest winning run of matches from the start of the season is 13 by Reading in 1985-86.

The longest winning run of matches is 18 by Manchester City from 26 August 2017 to 27 December 2017 and Liverpool from 27 October 2019 to 29 February 2020 both in the Premier League.

The record for the most wins in a season is 33 by Doncaster Rovers out of 42 matches in the Third Division North in 1946-47.

The record for the fewest wins in a season is 1 by Loughborough in Division Two in 1899-1900 and by Derby County in the Premier League in 2007-08.

The record for the most home wins in a season is 21 by Brentford, winning all 21 home games in Division Three South in 1929-30.

The record for the most away wins in a season is 18 by Doncaster Rovers out of 21 matches in Division Three North in 1946-47.

The record for the most consecutive home wins is 25 by Bradford (Park Avenue) in the Third Division North in 1926-27

The record for the most consecutive away wins is 12 by Arsenal in the Premier League in 2012-13 and again in 2013-14.

The record for the most consecutive home league matches without a loss is 86 by Chelsea in the Premier League from 20 March 2004 to 26 October 2008.

The record for the most consecutive away league matches without a loss is 27 by Arsenal in the Premier League from 5 April 2003 to 25 September 2004.

The record for the most drawn matches in a season is 23, held by four teams. Norwich City from 42 games in the First Division in 1978-79, Exeter City from 46 games in the Fourth Division in 1986-87, Hartlepool United from 46 games in the Third Division in 1997-98 and Cardiff City from 46 games in the Third Division in 1997-98.

The record for the most consecutive draws is 8, held by seven teams. Torquay United in Division Three in 1969-70, Middlesbrough in the Second Division in 1970-71, Peterborough United in the Fourth Division in 1971-72, Birmingham City in the Third Division in 1990-91, Chesterfield in League One in 2005-06, Southampton in the Championship in 2005-06 and Swansea City in the Championship in 2008-09.

Points

The most points gained in a season (2 points for a win) is 74 by Lincoln City in Division Four in 1975-76.

The most points gained in a season (3 points for a win) is 106 by Reading in the Championship in 2005-06.

The fewest points gained in a season (2 points for a win) is 8 by Loughborough in Division Two in 1899-1900 and by Doncaster Rovers in Division Two in 1904-05.

The fewest points gained in a season (3 points for a win) is 11 by Derby County in the Premier League in 2007-08.

The most points gained in a season whilst still being relegated (2 points for a win) is 41 by Rotherham United in Division Three in 1972-73.

The most points gained in a season whilst still being relegated (3 points for a win) is 54 by Southend United in Division Three 1988-89 and Peterborough United in the Championship in 2012-13.

Discipline

The fastest yellow card issued from the start of a match was after 3 seconds to Vinnie Jones of Chelsea v Sheffield United in the Division One (level 1) match at Stamford Bridge on 21 March 1992. (Sometimes stated as 5 seconds).

The fastest red card issued from the start of a match was after 13 seconds to Sheffield Wednesday goalkeeper Kevin Pressman in their Division One (level 2) match at Wolverhampton Wanderers on 13 August 2000.

The fastest red card for a substitute on the field of play was after 0 seconds. Issued to Walter Boyd of Swansea City at home to Darlington in the Division Three (level 4) match on 23 November 1999. Boyd was red-carded by referee Clive Wilkes for elbowing Darlington's Martin Gray. Keith Gillespie of Sheffield United playing in the Premier League match at Reading on 20 January 2007 was red-carded for elbowing Reading's Stephen Hunt 12 seconds after coming on as a substitute. Since Gillespie was sent off before the ball had come back into play, he had technically been sent off after 0 seconds of play.

The most red cards in one league match is 5: Chesterfield (2) v Plymouth Argyle (3) in Division Two (level 3) on 22 February 1997. Wigan Athletic (1) v Bristol Rovers (4) in Division Two (level 3) on 2 December 1997. Exeter City (3) v Cambridge United (2) in Division Three (level 4) on 23 November 2002. Bradford City (3) v Crawley Town (2) in League Two (level 4) on 27 March 2012.

The most red cards for one team in a league match is 4: Bristol Rovers at Wigan as detailed above and Northampton Town (0) v Hereford United (4) in Division Three (level 4) on 6 September 1992.

The most league red cards on one day is 19 on Saturday 13 December 2003.

continued

Appearances

Appearance totals include substitute appearances.

The most league appearances is 1005 by Peter Shilton as follows: 286 Leicester City, 110 Stoke City, 202 Nottingham Forest, 188 Southampton, 175 Derby County, 34 Plymouth Argyle, 1 Bolton Wanderers, 9 Leyton Orient, (Goalkeeper 1966-97).

The most league appearances by an outfield player is 931 by Tony Ford as follows: 423 Grimsby Town, 9 Sunderland, 112 Stoke City, 114 West Bromwich Albion, 5 Bradford City, 76 Scunthorpe United, 103 Mansfield Town, 89 Rochdale, (1975-2002).

The most league appearances for one club is 770 by John Trollope for Swindon Town, (1960-1980).

The most consecutive league appearances record is 375 by Harold Bell of Tranmere Rovers, (1946 -1955).

The youngest player to appear in a league match was Reuben Noble-Lazarus at 15 years and 45 days for Barnsley at Ipswich Town in the Championship (level 2) on 30 September 2008.

The oldest player to appear in a league match was Neil McBain at 51 years and 120 days for New Brighton at Hartlepools United in Division Three North on 15 March 1947. New Brighton had an injury crisis particularly with their goalkeepers. McBain, who was their manager at the time and a career central defender, played in goal. Hatlepools United won 3-0. Stanley Matthews at 50 years and 5 days was the oldest regular player to end his career, for Stoke City at home to Fulham in the Division One match on 6 February 1965.

Individual Goalscoring

The record for the most career league goals is held by George Arthur Rowley, usually referred to as Arthur Rowley, with 433. Rowley's goals were scored in a total of 619 appearances as follows: West Bromwich Albion (1946-48) 4 goals in 24 appearances, Fulham (1948-50) 26 goals in 56 appearances, Leicester City (1950-58) 251 goals in 303 appearances and Shrewsbury town (1958-65) 152 goals in 236 appearances. Some sources credit Rowley with 27 goals at Fulham but this is not supported by statistics from the English National Football Archive.

The record for the most career league goals at the top level (First Division/Premier League) is held by Jimmy Greaves with 357. Greaves achieved his record from a total of 516 appearances as follows: Chelsea (1957-61) 124 goals in 157 appearances, Tottenham Hotspur (1961-70) 220 goals in 321 appearances and West Ham United (1970-71) 13 goals in 38 appearances. Greaves also scored 9 goals in 14 appearances for A C Milan in 1961.

The most league goals scored in a season is 60 by W R 'Dixie' Dean in 39 appearances for Everton in Division One in 1927-28.

The most league goals scored in a match is 10 by Joe Payne for Luton Town v Bristol Rovers in Division Three (S), 13 April 1936.

The record for the longest sequence of individual consecutive scoring is held by Tom Phillipson of Wolverhampton Wanderers who scored 23 goals in 13 matches in Division Two in 1926-27. Phillipson scored 5 in the home match against Bradford City on Christmas day 1926 during this run.

Fastest goal in a league match is generally accepted as Jim Fryatt's 4 second goal for Bradford Park Avenue v Tranmere Rovers in Division Four on 25 April 1964. Colin Cowperthwaite scored in 3.5 seconds for Barrow v Kettering Town in a non-league match in 1979.

Fastest goal on a league debut is 7 seconds by Freddy Eastwood for Southend United v Swansea City in Division Two (level 4) on 16 October 2004.

Fastest goal by a substitute is 1.8 seconds by Nicklas Bendtner for Arsenal v Tottenham Hotspur on 22 December 2007 in the Premier League.

The youngest league goalscorer is Ronnie Dix at 15 years and 180 days for Bristol Rovers v Norwich City in Division Three South on 3 March 1928.

Most career hat-tricks is 37 by W R 'Dixie' Dean of Tranmere Rovers and Everton from 1923 to 1937.

Most hat-tricks in one season is 9 by George Camsell of Middlesbrough in Division Two in season 1926-27.

The youngest hat-trick goalscorer is Trevor Francis at 16 years and 317 days for Birmingham City v Bolton Wanderers in Division Two on 20 February 1971.

The fastest hat-trick was in 2 minutes and 20 seconds by James Hayter for AFC Bournemouth v Wrexham in Division Two (level 3) on 24 February 2004.

Three hat-tricks for one team in a match has occurred five times: A Spouncer, E West and W Hooper for Nottingham Forest in their 12-0 home win v Leicester Fosse in Division One on 21 April 1909; H Loasby, T Wells and T Smith for

Northampton Town in their 10-0 home win v Walsall in Division Three South on 5 November 1927; J Readman, W Hoyland and G Bowater for Mansfield Town in their 9-2 home win v Rotherham United in Division Three North on 27 December 1932; W Davies, R Ambler and R Barnes for Wrexham in their 10-1 home win v Hartlepools United in Division Four on 3 March 1962; P Stewart, T Adcock and D White for Manchester City in their 10-1 home win v Huddersfield Town in Division Two on 7 November 1987.

Most own goals in a season is 5 by Bobby Stuart of Middlesbrough in season 1934-35.

Miscellany

Longest league goalkeeping run without conceding a goal is 1,311 minutes by Edwin van der Sar for Manchester United during the 2008-09 season.

The most clean sheets in a season is 24 by Petr Cech of Chelsea in the Premier League in season 2004-05.

The highest final position in the top flight after promotion is first place by: Liverpool in 1905-06, Everton in 1931-32, Tottenham Hotspur in 1950-51, Ipswich Town in 1961-62 and Nottingham Forest in 1977-78. For Ipswich Town it was their first ever season in the top flight.

The most successful manager is Sir Alex Ferguson CBE at Manchester United from 1986-2013. He won 25 major trophies which were 13 Premier League titles, 5 FA Cups, 4 League Cups, 2 Champions Leagues and 1 Cup Winners Cup. Bob Paisley of Liverpool from 1974-83 won 13 major trophies which were 6 League titles, 3 League Cups, 3 European Cups and 1 UEFA Cup.

The longest serving manager at one club is Fred Everiss with 46 years at West Bromwich Albion from 1902-1948.

A century of league and cup goals in successive seasons. George Camsell for Middlesbrough in 1926-27 scored 59 league and 5 cup goals and in 1927-28 scored 33 league and 4 cup goals - a total of 101 goals in the two seasons. Steve Bull for Wolverhampton Wanderers in 1987-88 scored 34 league and 18 cup goals and in 1988-89 scored 37 league and 13 cup goals - a total of 102 goals in the two seasons. Camsell's cup goals were all scored in the FA Cup. In 1987-88 Bull scored 3 in the FA Cup, 3 in the Littlewoods Cup and 12 in the Sherpa Van Trophy and in 1988-89 he scored 2 in the Littlewoods Cup and 11 in the Sherpa Van Trophy.

Charlton Athletic's fantastic comeback. In Division Two on 21 December 1957, with central defender Derek Ufton off injured and down to 10 men, Charlton were losing 1-5 to Huddersfield Town after 62 minutes. In the last 28 minutes Charlton scored six goals to Huddersfield's one and ran out winners by 7-6. Five of the Charlton goals were scored by Johnny Summers in 34 second-half minutes. On 22 October 1960, Summers played against another team which scored six goals and did not win when he scored in the last minute to equalise against Middlesbrough in the Division Two match at Charlton which ended in a 6-6 draw. Sadly Johnny Summers died of cancer aged 34 on 2 June 1962.

Everton's amazing goalscoring streak. At the beginning of October 1931, newly promoted from Division Two, Everton were in sixth place in Division One after losing 3-2 at Arsenal. They then won eight and drew one of their next nine league matches scoring 46 goals and conceding 14 to propel themselves into first place where they stayed until they eventually won the Division. During this run William Ralph 'Dixie' Dean scored 19 goals, including two fives, a four and a three.

A remarkable occurrence in Division One on Wednesday 6 April 1949. Second placed Newcastle United were at home to league leaders Portsmouth and they lost 0-5. Unusual, but perhaps not particularly noteworthy. However the Portsmouth goals were all scored by their wingers, three to Jack Froggatt and two to Peter Harris. What made the event really noteworthy was that all the goals came from headers!

A fitting goodbye from a great team

Manchester United's last league match before the Munich air crash

RIP
To all who died as a result of this tragedy. You were all part of our great footballing history.

1 February 1958

Arsenal (0) **4**
Herd 58, Bloomfield (2) 60, 61, Tapscott 77

Manchester Utd (3) **5**
Edwards 10, R Charlton 34, Taylor (2) 43, 72, Viollet 65

Attendance: 63,578

Roll of Honour

Susan Laschke
Roy Adsley
Andrew Allerton
Geoffrey T E Bartlett
Richard Bateman
Geoff Beer
John Bridger
Tony Brown
Mark Bryant
Jane Bryant
Karen Buckley
Bernie Buckley
Matthew Buckley
Alisha Dowling
Jack Buckley
Daniel Buckley
Noah Collier
Paul Collier
Chris Conquer
James Corbett
Malcolm Couch
Allen Coyne
Pauline Coyne
David Cozens
Colin Ditum
Karen Donovan
Alan Eaton
Steve Eaton
David Edgar
Chris Evans
Fergus Fleming

Nigel Fortnam
Dave Fuoco
Nick Gay
Margaret Harold
Martin Harold
Annette Harold
Tarnia Harold
Vicky Harold
Ian Harold
Jamie Harold
Chris Heighes
Barbara Heighes
Brian Hirst
Chris Hirst
Barry Hugman
Taff Jenkins
Chris Jenkins
Cherry Jones
Jon Kincaid
C C (Kim) Laschke
David Laschke
Claire Laschke
Oliver Laschke
Hannah Laschke
Alan Lee
Christine Manson
Ev Manson
Paul Malynn
Penny Malynn
Aimee Malynn
Josh Malynn

Mike McLean
Alex McLean
Frank McGovern
Nick Offord
Irene Offord
Lee Pelham
Megan Pollard
Leslie Priestley
John Radford
George Richardson
Liz Richardson
Don Ross
Martin Scott
Fred Shears
Peter Spink (Mango)
Adrian Stephenson
Andrea Stidwill
Mark Stidwill
Evan Stidwill
Ferdy Stidwill
Eileen Welland
Garth Wheeler
Janet Wheeler
Peter Wickham
Sean Willis
Keith Wiscombe

About the Author

Ian Laschke *(Pronounced Lass-key)* **is a former RAF Navigator** who spent most of his time on leaving the service as a Financial Consultant. Born in Worthing, Sussex, his interest in football started when he went to Lyme Regis Grammar School and he has been a keen Wolves supporter since 1956. His interest in football led him to join the Association of Football Statisticians and that experience encouraged him to author the Rothmans Book of Football League Records 1888-89 to 1978-79, which was published in March 1980. Ian completed an FA coaching course and coached in youth football for 8 years, taking a team to a major Surrey cup final.

This book, English League Football: The Complete Record represents his vision of the book he always wanted to produce as a long overdue source of reference for English League Football.

mountvernonpublishing.com

www.ingramcontent.com/pod-product-compliance
Lightning Source LLC
Chambersburg PA
CBHW080751300426
44114CB00020B/2694